LITHUANIAN DICTIONARY

This compact and up-to-date two-way dictionary provides a comprehensive and modern vocabulary. It is an ideal reference for beginners or specialists. The maximum information is provided in the minimum space, making the dictionary an invaluable reference source.

Features include:

- special supplement covering essential aspects of Lithuanian pronunciation and grammar
- expressions and idioms of current written and spoken language
- full coverage with exceptional simplicity and clarity

D0061147

First published 1994
by Žodynas Publishers, Vilnius

Second edition with supplement published 1995
by Routledge
11 New Fetter Lane, London EC4P 4EE

Simultaneously published in the USA and Canada
by Routledge
29 West 35th Street, New York, NY 10001

Anglų–lietuvių, lietuvių–anglų kalbų žodynas
English–Lithuanian, Lithuanian–English Dictionary
© Žodynas Publishers, Vilnius, Lithuania, 1994
Text copyright © Bronius Piesarskas, 1994
Text copyright © Bronius Svecevičius, 1994
This English edition with supplement © Routledge, 1995
Supplement © Ian Press, 1995

Typeset in Times

Printed and bound in Great Britain by Clays Ltd, St Ives plc

British Library Cataloguing in Publication Data
A catalogue record for this book is available from the British Library

Library of Congress Cataloguing in Publication Data
A catalogue record for this book has been requested

ISBN 0–415–12856–0 (hardback)
ISBN 0–415–12857–9 (pbk)

LITHUANIAN DICTIONARY

English–Lithuanian Lithuanian–English

*Bronius Piesarskas
and Bronius Svecevičius*

With a supplement by Ian Press

London and New York

CONTENTS

PRATARMĖ

Šis žodynas susideda iš dviejų maždaug vienodos apimties lietuvių-anglų ir anglų–lietuvių kalbų dalių. Žodynas skirtas įvairaus kalbinio pasirengimo asmenims ir padės suprasti bei versti vidutinio sunkumo angliškus ir lietuviškus tekstus. Į žodyną įtraukti dažniausiai vartojami tų kalbų žodžiai, jų pagrindinės reikšmės. Žodžiai apibūdinami ir gramatiniu požiūriu.

APIE ŽODYNO SANDARĄ

Žodyne vartojama lizdų sistema. Pagrindiniai arba antraštiniai lizdo žodžiai, taip pat žodžiai lizdo viduje, išdėstyti abėcėline tvarka.

Pagrindinį lizdo žodį lizde pakeičia tildės ženklas ~ (lietuvių–anglų kalbų dalyje — pirmoji antraštinio žodžio raidė). Prie šio ženklo prirašomos žodžių galūnės ir priesagos. Lizdo pagrindinio žodžio dalis, pasikartojanti kituose lizdo žodžiuose, nuo kintamos žodžio dalies atskiriama dviem statmenais brūkšniais ||, pvz.,

> **communicat||e** ... *v* 1 pranešti, perduoti 2 bendrauti, susisieti **~ion** (*skaityk*: communication) ... *n* 1 pranešimas, perdavimas 2 susisiekimas; *pl* ryšiai; **means of ~ion** susisiekimo / ryšių priemonė

> **peln||as** prófit(s) (*pl*); gain, retúrn; **grynas p.** (*skaityk*: **pelnas**) net prófit; **gauti ~ą** (*iš*) prófit (*by*) **~ingas** (*skaityk*: pelningas) prófitable, lúcrative; **~inga įmonė** prófitable énterprise ...

Skirtingos žodžių reikšmės skiriamos arabiškais skaitmenimis. Žodžių verstiniai atitikmenys skiriami kableliais, o atitikmenys, atspindintys didesnius skirtumus vienos reikšmės viduje, skiriami kabliataškiais.

Įžambusis brūkšnys / (žr. **communicate**) dedamas posakiuose tarp žodžių, galinčių vienas kitą pakeisti: susisiekimo / ryšių priemonė (*skaityk*: susisiekimo priemonė, ryšių priemonė).

Antraštinio žodžio **pelnas** pavyzdys iliustruoja du lenktinių skliaustelių vartojimo atvejus: profit(s) (*skaityk*: profit, profits), t.y. skliausteliai pažymi galūnės -s fakultatyvumą. Taip nurodomas ir žodžių fakultatyvumas sakiniuose ir žodžių junginiuose. Skliausteliuose kursyvu duodamas žodžių valdymas: **gauti pelną** (*iš*) prófit (*by*). Be to, skliausteliuose pateikiami žodžių reikšmės paaiškinimai ir patikslinimai, pvz.,

chamber ... *n* 1 (*parlamento ir pan.*) rūmai ...

pasitaikyti 1 háppen 2 (*būti aptinkamam*) be* found, be* met

Homonimai žymimi romėniškais skaitmenimis ir pateikti atskirais lizdais, pvz.,

chink [tʃɪŋk] I *žr.* **clink**

chink II *n* plyšys, įskilimas

Angliški antraštiniai žodžiai, priklausantys skirtingoms kalbos dalims, bet turintys tą pačią žodyninę formą, skiriami tik kalbos dalies pažyma, pvz.,

charge ... *n* (*skaityk:* noun – daiktavardis) 1 kaltinimas 2 puolimas, ataka *v* (*skaityk:* verb – veiksmažodis) 1 (ap)kaltinti ...

Anglų kalbos veiksmažodinės struktūros **to give in, to stand up** ir pan. duodamos po ženklo ▢, o frazeologiniai vienetai ir idiominiai posakiai abiejose žodyno dalyse duodami po ženklo △, pvz.,

clean ... *v* išvalyti ▢ **to ~ down** nuvalyti

peč‖iai shóulders ... △ *turėti galvą ant ~ių* have* a good head on one's shóulders

Netaisyklingai sudaromos angliškų žodžių gramatinės formos anglų–lietuvių kalbų dalyje duodamos skliausteliuose po kalbos dalies pažymos, o lietuvių–anglų kalbų dalyje prie tokių žodžių dedamas ženklas * (jų formas vartotojas ras žodyno gale pridedamame sąraše), pvz.,

come [kʌm] *v* (**came; come**) ...

(**came** yra būtojo laiko forma, o po kabliataškio — būtojo laiko dalyvis)

foot [fut] *n* (*pl* **feet**)

pėda 1 foot* ...

Netaisyklingos formos, savo rašyba nutolusios nuo pagrindinio žodžio, abėcėliškai pateikiamos kaip antraštiniai žodžiai su nuoroda į pagrindinį žodį, pvz.,

feet [fiːt] *n pl žr.* **foot**

Prie kiekvieno angliško antraštinio žodžio duodama fonetinė transkripcija. Iš vienodai tariamų homonimų transkribuojamas tik pirmasis homonimas (žr. pateiktą pavyzdį **chink**). Jei, pridėjus priesagą (retai galūnę), antraštinio žodžio tarimas (įskaitant kirtį) kinta, transkribuojamas arba visas žodis, arba ta dalis, kurioje tarimas pasikeičia, pvz.,

hygien‖e ['haɪdʒi:n] *n* higiena ~**ic** [haɪ'dʒi:nɪk] *a* higieniškas, sveikas

coerc‖e [kəu'ə:s] *v* priversti ~**ion** [-'ə:ʃn] (*skaityk*: [kəu'ə:ʃn]) *n* prievarta ...

Antraštinio žodžio tarimui nekintant, transkribuojama tik priesaga ar sudurtinio žodžio antrasis dėmuo. Vietos taupymo sumetimais daugelis angliškų priesagų šiuo atveju visai netranskribuojamos. Štai jų sąrašas:

-able (-ible) [-əbl]; **-al** [-(ə)l]; **-ance** [-(ə)ns]; **-ary** [-(ə)rɪ] ; **-(a)cy** [-(ə)sɪ]; **-an** [-ən]; **-ant** [-(ə)nt]; **-dom** [-dəm]; **-ed** [-d, -t, -ɪd]; **-(e)n** [-(ə)n]; **-ence** [-(ə)ns]; **-ent** [-(ə)nt]; **-er** [-ə]; **-ful** [-f(ə)l] *a*; **-(i)fy** [-(ɪ)faɪ]; **-ic(al)** [-ɪk(l)]; **-ics** [-ɪks]; **-ing** [-ɪŋ]; **-(t)ion** [-ʃn]; **-ish** [-ɪʃ]; **-ism** [-ɪz(ə)m]; **-ist** [-ɪst]; **-(i)ty** [-(ə)tɪ]; **-ive** [-ɪv]; **-ively** [-ɪvlɪ]; **-ize** [-aɪz]; **-less** [-ləs]; **-like** [-laɪk]; **-ly** [-lɪ]; **-man (-men)** [-mən]; **-ment** [-mənt]; **-ness** [-nɪs]; **-or** [-ə]; **-ory** [-(ə)rɪ]; **-ous** [-əs]; **-ship** [-ʃɪp]; **-some** [-s(ə)m]; **-ward(s)** [-wəd(z)]; **-y** [-ɪ].

Žodyne vartojami dvejopi kirčio ženklai pagrindiniam ir antriniam kirčiui žymėti (žr. *Apie fonetinę transkripciją*). Lietuvių–anglų kalbų dalyje angliški žodžiai netranskribuojami (išskyrus tuos retus atvejus, kai pateiktų žodžių nėra anglų–lietuvių kalbų dalyje).

Vienskiemeniai žodžiai abiejose žodyno dalyse nekirčiuojami. Anglų–lietuvių kalbų dalyje, pridėjus priesagą, vienskiemenis lizdo žodis tampa keliaskiemeniu; jei nepažymėta kitaip, tokie žodžiai kirčiuojami pirmame skiemenyje, pvz.,

hymn [hɪm] *n* ... ~**al** [-nəl] (*skaityk*: ['hɪmnəl])

APIE FONETINĘ TRANSKRIPCIJĄ

Angliškųjų žodžių tarimas žymimas tarptautinės fonetinės transkripcijos ženklais. Žodžio ar žodžių junginio transkripcija pateikiama laužtiniuose skliaustuose [ ]. Dvitaškis (:) žymi balsio ilgumą. Pagrindinis ['] bei antrinis, silpnesnysis [ˌ] žodžio bei sakinio kirtis dedamas prieš kirčiuojamąjį skiemenį (pvz., **understand** [ˌʌndə'stænd]. Kirčiuojami ir tokie žodžiai kaip **table** ['teɪbl], **taken** ['teɪkn], kadangi [l], [m], [n] anglų kalboje yra skiemenį sudarantieji garsai. Žemiau pateikiamos atitinkamų garsų simbolių reikšmės ir palyginamos su lietuvių kalba.

Balsiai

[i:] – panašus į lietuviškąjį ilgąjį ý (pvz., výras): me [mi:], see [si:], tea [ti:], field [fi:ld], receive [rɪ'si:v].

[ɪ] – artimas trumpajam i (vìsì), tik žymiai atviresnis: sit [sɪt], Kitty ['kɪtɪ], pity ['pɪtɪ].

[e] – atitinka trumpąjį è tarptautiniuose žodžiuose (pvz., novèlė): net [net], Betty ['betɪ], bread [bred].

[æ] – trumpas (kartais pusilgis), labai atviras balsis, panašus į lietuviškąjį ē (ēsti, kę̃sti): am [æm], man [mæn], marry ['mærɪ].

[ɑ:] – ilgas, labai atviras, žemo tono balsis (tamsesnis, negu lietuviškasis ã žodyje ãklas): dark [dɑ:k], pass [pɑ:s], last [lɑ:st], ask [ɑ:sk], grasp [grɑ:sp], half [hɑ:f], calm [kɑ:m], plant [plɑ:nt], heart [hɑ:t].

[ɔ] – trumpas, atviresnis už lietuviškąjį ò (pvz., bòksas): on [ɔn], box [bɔks].

[ɔ:] – ilgas, atviresnis už lietuviškąjį ó (óras): sport [spɔ:t], all [ɔ:l], source [sɔ:s], draw [drɔ:], taught [tɔ:t], fought [fɔ:t], war [wɔ:].

[u] – labai trumpas, artimas lietuviškajam ù (pvz., bùvo): put [put], book [buk], took [tuk].

[u:] – ilgas, artimas lietuviškajam ū́ (kū́rė): moon [mu:n], suit [su:t].

[ʌ] – trumpas, artimas lietuviškajam à (kàs, tàs): but [bʌt], up [ʌp], done [dʌn].

[ə:] – ilgas, neturintis analogo lietuvių kalboje. Norint ištarti [ə:], reikia pratęsti labai uždara à, smarkiai prailginant lūpų angą (lyg šypsantis): first [fə:st], berth [bə:θ], fur [fə:], learn [lə:n].

[ə] – trumpas, labai silpnas balsis, sutinkamas tik nekirčiuotuose skiemenyse. [ə] artimas balsiui [ʌ]. Panašų garsą girdime tardami duslųjį priebalsį ir suskardindami jo pabaigą (pvz., tə, pə, fə): about [ə'baut], ago [ə'gəu].

Dvibalsiai

Visi anglų kalbos dvibalsiai — tvirtapradžiai, t.y. jų pirmasis elementas žymiai stipresnis už antrąjį.

[aɪ] – panašus į lietuviškąjį ái (áibė); [au] – artimas lietuviškajam áu (áukštas); [eɪ] panašus į ėj (pvz., dešinėj, jei pirmąjį elementą sutrumpinsime); [ɔɪ] – artimas lietuviškajam ȯi (bȯileris); [əu] – panašus į žemaičių ou (pvz., douna); [ɪə] – panašus į lietuvių tvirtapradiškąjį íe (síeksnis); [ɛə] – panašus į junginį ėa (tik pirmasis jo sandas [ė] (ɛ) žymiai atviresnis); [uə] – panašus į lietuvių tvirtapradiškąjį úo (úoga).

Priebalsiai

1. Visi anglų kalbos priebalsiai (išskyrus [l] ir [j]) neminkštinami prieš priešakinės eilės balsius [iː, ı, e, æ].

2. Skardieji anglų kalbos priebalsiai prieš dusliuosius ir žodžio gale išlaiko skardumą: dog [dɔg], dog-cart ['dɔgkɑːt].

3. Duslieji priebalsiai prieš skardžiuosius išlaiko duslumą: classdoor ['klɑːsdɔː].

4. Anglų kalbos priebalsiai [b], [m], [g], [v], [f], [j] labai panašūs į atitinkamus lietuviškuosius priebalsius: big [bıg], mum [mʌm], visa ['viːzə], yes [jes].

Priebalsiai [t], [d], [n], [l], [s], [z] tariami prispaudžiant liežuvio smaigalį prie viršutinių dantų smegenų iškilimo (alveolių): tit [tıt], dad [dæd], nap [næp], lose [luːz], so [səu], Zoo [zuː].

Priebalsiai [ʃ](=š), [ʒ](=ž), [tʃ](=č), [dʒ](=dž) yra vidutinio minkštumo (tariami šiek tiek kiečiau, negu lietuvių žodžiuose šiaudo, žiūri, čiaudo, džiūsta): ship [ʃıp], pleasure ['pleʒə], choose [tʃuːz], bridge [brıdʒ].

Angliškieji priebalsiai [θ] ir [ð] — dantiniai: liežuvio smaigalys švelniai liečia priekinių viršutinių dantų ašmenis; [θ] — duslusis, o [ð] — skardusis priebalsis. Panašų garsą taria švepluojantys lietuviai (pvz., žodį susisukęs ištaria [θuθıθùkæːθ], o žodį zigzagas taria [ðıgðɑ̃ːgaθ]).

Anglų kalbos priebalsis [r] savotiškas. Jį tariant liežuvio galiukas nevirpa. [r] primena labai kietą lietuviškąjį [ž], tik dar labiau atitraukiamas liežuvio smaigalys prie kietojo gomurio pradžios.

Priebalsis [h] (have [hæv], has [hæz]) dažniausiai duslus, tariamas lengvai iškvepiant orą.

Priebalsis [ŋ] (pingpong ['pıŋpɔŋ]) — skardus nosinis garsas. Liežuvio padėtis tokia pat kaip ir tariant [k], [g], tik oras išleidžiamas per nosį. Lietuvių kalboje tokį garsą tariame žodžiuose bañgos, lañkos.

PAGRINDINĖS ANGLIŠKŲJŲ RAIDŽIŲ IR JŲ JUNGINIŲ SKAITYMO TAISYKLĖS

Žemiau pateikiamos taisyklės apima daugumą žodyno žodžių. Kadangi angliškoji rašyba nėra nuosekli, kiekviena taisyklė turi ir nemaža išimčių, kurias prisieina įsidėmėti.

KETURI KIRČIUOTŲJŲ BALSIŲ SKAITYMO TIPAI

Ti-pai	Raidės					
	a	o	e	i	y[1]	u
I	[eɪ] late [leɪt] paper ['peɪpə]	[əu] note [nəut] motive ['məutɪv]	[i:] be [bi:] fever ['fi:və]	[aɪ] fine [faɪn] final ['faɪnl]	[aɪ] my [maɪ] type [taɪp]	[ju:] tube [tju:b] music ['mju:zɪk]
II	[æ] man [mæn] battle ['bætl]	[ɔ] long [lɔŋ] doctor ['dɔktə]	[e] pen [pen] better ['betə]	[ɪ] sit [sɪt] bitter ['bɪtə]	[ɪ] myth [mɪθ] mystery ['mɪstərɪ]	[ʌ] but [bʌt] rubber ['rʌbə]
III	[ɑ:] car [kɑ:]	[ɔ:] port [pɔ:t]	[ə:] her [hə:]	[ə:] firm [fə:m]	[ə:] Byrd [bə:d]	[ə:] turn [tə:n]
IV	[ɛə] care [kɛə]	[ɔ:] more [mɔ:]	[ɪə] here [hɪə]	[aɪə] tired ['taɪəd]	[aɪə] tyre ['taɪə]	[juə] pure [pjuə]

---

[1] Raidė y skaitoma: [j] pradžioje žodžio prieš balsę: yes [jes], you [ju:]; [aɪ] kirčiuota žodžio gale: deny [dɪ'naɪ]; [ɪ] nekirčiuota žodžio gale: factory ['fæktərɪ].

Balsių junginiai

ai [eɪ]   main [meɪn]
au [ɔ:]   launch [lɔ:ntʃ]
ay [eɪ]   day [deɪ]
ea [i:]   meat [mi:t]
ee [i:]   see [si:]
ey [eɪ]   convey [kən'veɪ]
ey [ɪ] (nekirčiuotas) money ['mʌnɪ]

oa [əu]   boat [bəut]
oi [ɔɪ]   soil [sɔɪl]
oo [u:]   soon [su:n]
oo [u] (prieš k) book [buk]
ou [au]   round [raund]
oy [ɔɪ]   boy [bɔɪ]

Balsių junginiai + r

air $\Big\}$ [ɛə]   chair [tʃɛə]
are   care [kɛə]

ear $\Big\}$ [ɪə]   hear [hɪə]
ere   here [hɪə]

oor [uə]   poor [puə]

our [auə]   hour ['auə]
ire [aɪə]   fire ['faɪə]
yre [aɪə]   tyre ['taɪə]
ure [juə]   pure [pjuə]

Balsių ir priebalsių junginiai

aw [ɔ:]   law [lɔ:]
ew [ju:]   new [nju:]
ow [əu]   low [ləu]
qu [kw]   quite [kwaɪt]

igh [aɪ]   high [haɪ]
ture [tʃə]   picture ['pɪktʃə]
ar, or, er [ə] (žodžio gale nekirčiuoti)
    lunar ['lu:nə], teacher ['ti:tʃə],
    motor ['məutə]

a prieš priebalsių junginius

a + lk $\Big\}$ [ɔ:]   talk [tɔ:k]
a + ll   all [ɔ:l]
a + ft [a:] after ['a:ftə]
a + nce [a:] chance [tʃa:ns]

a + sk $\Big\}$ [a:]   ask [a:sk]
a + ss   class [kla:s]
a + st   past [pa:st]
a + th   path [pa:θ]

Priebalsių junginiai

ck [k] clock [klɔk]

ch [tʃ] chess [tʃes]

dg [dʒ] edge [edʒ]

kn [n] know [nəu]

nk [ŋk] pink [pɪŋk]

ph [f] phone [fəun]

sh [ʃ] she [ʃi:]

tch [tʃ] match [mætʃ]

wr [r] write [raɪt]

ng žodžio gale [ŋ]: reading ['ri:dɪŋ].

wh 1. žodžio pradžioje prieš visas balses (išskyrus **o**) [w]: when [wen], where [wɛə], what [wɔt].

 2. prieš balsę **o** [h]: whole [həul], who [hu:].

th 1. reikšminiuose žodžiuose (pradžioje ir gale) [θ]: thick [θɪk], myth [mɪθ].

 2. tarnybiniuose žodžiuose (pradžioje) [ð]: them [ðem], this [ðɪs], that [ðæt].

 3. tarp balsių [ð]: breathe [bri:ð], breathes [bri:ðz], breathing ['bri:ðɪŋ].

Dvejopai skaitomi priebalsiai

c 1. Prieš **e, i, y** — [s]: cent [sent], pencil ['pensl], icy ['aɪsɪ].

 2. Prieš **a, o, u**, prieš visas priebalses ir žodžio gale — [k]: cat [kæt], coat [kəut], cup [kʌp], cross [krɔs], public ['pʌblɪk].

g 1. Prieš **e, i, y** — [dʒ]: page [peɪdʒ], ginger ['dʒɪndʒə], gym [dʒɪm].

 2. Prieš **a, o, u**, prieš visas priebalses ir žodžio gale — [g]: game [geɪm], good [gud], gun [gʌn], green [gri:n], big [bɪg].

s 1. Tarp dviejų balsių ir po skardžiųjų garsų žodžio gale — [z]: choose [tʃu:z], as [æz], pens [penz].

 2. Žodžio pradžioje ir gale po dusliųjų priebalsių — [s]: sand [sænd], student ['stju:dnt], lists [lɪsts].

Apie kirčių žymėjimą lietuvių–anglų žodyne

Kad būtų lengviau skaityti angliškus žodžius, žodyne vartojami du kirčio ženklai (´) — pagrindinis ir (`) — antrinis kirtis, pvz., òccupátion [ˌɔkju'peɪʃn], mémorìze ['meməraɪz], rècapìtulátion [ˌri:kəˌpɪtʃu'leɪʃn].

Antrinio kirčio ženklas (`) rodo, kad kirčiuotą balsę atitinkantis garsas tariamas beveik taip pat aiškiai kaip ir garsas, atitinkantis balsę, kirčiuotą pagrindiniu kirčiu (´), pvz., cònsolátion [ˌkɔnsə'leıʃn].

Jeigu žodyje yra vienas iš junginių **ae, ai, au, ay, ea, ee, ei, eu, ey, oa, oi, oo, oy**, tai pagrindinio kirčio ženklas rašomas ant pirmojo elemento, pvz., réading ['riːdıŋ], áegis ['iːdʒıs] ir pan. Antrinis kirtis šiuose junginiuose nežymimas.

SANTRUMPŲ SĄRAŠAS – ABBREVIATIONS

English – Angliškosios

a – *adjective* – būdvardis
adv – *adverb* – prieveiksmis
attr – *attributive* – eina pažyminiu
aux – *auxiliary* – pagalbinis (žodis)
comp – *comparative* – aukštesnysis laipsnis
conj – *conjunction* – jungtukas
ger – *gerund* – gerundijus
inf – *infinitive* – bendratis
int – *interjection* – jaustukas
n – *noun* – daiktavardis
num – *numeral* – skaitvardis
part – *particle* – dalelytė
pass – *passive* – neveikiamoji rūšis
pers pron – *personal pronoun* – asmeninis įvardis
pl – *plural* – daugiskaita

pp – *past participle* – būtojo laiko dalyvis
predic – *predicative* – eina vardine tarinio dalimi
pref – *prefix* – priešdėlis
prep – *preposition* – prielinksnis
pres – *present* – esamasis laikas
pres p – *present participle* – esamojo laiko dalyvis
pron – *pronoun* – įvardis
refl – *reflexive* (*pronoun*) – sangrąžinis (įvardis)
sg – *singular* – vienaskaita
smb – *somebody* – kažkas (kalbant apie asmenį)
smth – *something* – kažkas (kalbant apie daiktą, dalyką)
sup – *superlative* – aukščiausiasis laipsnis
v – *verb* – veiksmažodis

Lietuviškosios – Lithuanian

amer. – *amerikanizmas* – americanism
anat. – *anatomija* – anatomy
archit. – *architektūra* – architecture
astr. – *astronomija* – astronomy
aut. – *automobili(zma)s* – automobile
av. – *aviacija* – aviation
bažn. – *bažnytinis terminas* – church

bdv. – *būdvardis* – adjective
beasm. – *beasmenis veiksmažodis* – impersonal verb
biol. – *biologija* – biology
buh. – *buhalterija* – accountancy
chem. – *chemija* – chemistry
dgs. – *daugiskaita* – plural
dipl. – *diplomatija* – diplomatic

14

dkt. – daiktavardis – noun
dll. – dalelytė – particle
džn. – dažniausiai – most often
ekon. – ekonomika – economics
el. – elektrotechnika – electronics
fam. – familiariai – familiar
farm. – farmacija – pharmacology
filol. – filologija – philology
filos. – filosofija – philosophy
fin. – finansai – finance
fiz. – fizika – physics
fiziol. – fiziologija – physiology
flk. – folkloras – folklore
fon. – fonetika – phonetics
fot. – fotografija – photography
geogr. – geografija – geography
geol. – geologija – geology
geom. – geometrija – geometry
glžk. – geležinkelio terminas –
railways
gram. – gramatika – grammar
idiom. – idioma – idiom
įn. l. – įnagininko linksnis –
instrumental
ir kt. – ir kiti – etc./et al.
iron. – ironiškai – ironic
ir pan. – ir panašiai – and similar
ist. – istorija – history
išt. – ištiktukas – onomatopoeic
įterp. – įterpinys – parenthesis
įv. – įvardis – pronoun
*įv. reikšmėmis – įvairiomis
reikšmėmis –* various meanings
jng. – jungtukas – conjunction
jst. – jaustukas – interjection
juok. – juokaujamai – jocular
jūr. – jūreivystė, laivininkystė –
maritime
kaln. – kalnakasyba – mining
kar. – karinis terminas – military
kin. – kinas, kinematografas –
cinema
knyg. – knyginis žodis ar posakis –
bookish
kom. – komercija –
business/commerce
kort. – kortos – cards

kul. – kulinarija – cookery
kuop. – kuopinis – collective
lingv. – lingvistika, kalbotyra –
linguistics
liter. – literatūra – literature
log. – logika – logic
lot. – lotynų kalba – Latin
malon. – maloninamai – affectionate
mat. – matematika – mathematics
med. – medicina – medicine
medž. – medžioklė – hunting
men. – menas – art
menk. – menkinamai – pejorative
meteor. – meteorologija –
meteorology
min. – mineralogija – mineralogy
mit. – mitologija – mythology
moksl. – mokslinėje kalboje –
scientific language
muz. – muzika – music
neig. – neigiamai – negative
niek. – niekinamai – derogatory
obj. – objektinis linksnis – object case
ofic. – oficialioje kalboje – official
language
papr. – paprastai – usually
parl. – parlamento terminas –
parliamentary
pat. – patarlė – proverb
poet. – poetinis žodis – poetic
poligr. – poligrafija – printing
polit. – politika – politics
pr. – prancūzų kalba – French
priešd. – priešdėlis – prefix
priež. – priežodis – saying
prk. – perkeltine reikšme –
figurative/metaphorical
prl. – prielinksnis – preposition
prv. – prieveiksmis – adverb
psichol. – psichologija – psychology
psn. – pasenęs žodis ar posakis –
obsolete
pvz. – pavyzdžiui – e.g.
rad. – radiotechnika – radio
engineering
rel. – religinis terminas – religious
terms

ret. – retai – seldom
sak. – sakinys – sentence
sl. – slengas – slang
spec. – specialus – specialist
sport. – sportas – sport
stat. – statyba – building
sutr. – sutrumpintai – abbreviation
šachm. – šachmatai – chess
šnek. – šnekamosios kalbos žodis –
  colloquial
tap. – tapyba – painting
tarm. – tarminis – dialectal
teatr. – teatras – theatre
tech. – technika – technology
teis. – teisės terminas – legal

tekst. – tekstilė – textile
tel. – televizija – television
t.p. – taip pat – also
vaik. – vaikų kalba – child language
vard. – vardininko linksnis –
  nominative case
vet. – veterinarija – veterinary
  science
vksm. – veiksmažodis – verb
vns. – vienaskaita – singular
vok. – vokiečių kalba – German
vulg. – vulgarizmas – vulgarism
zool. – zoologija – zoology
žr. – žiūrėk – see
ž.ū. – žemės ūkis – agriculture

LEKSIKOGRAFINIAI ŠALTINIAI
LEXICOGRAPHICAL SOURCES

1. Dabartinės lietuvių kalbos žodynas. III pataisytas ir papildytas leidimas. Vilnius, 1993.

2. *Laučka A., Piesarskas B., Stasiulevičiūtė E.* Anglų–lietuvių kalbų žodynas. 4-asis stereotipinis leidimas. Vilnius, 1992.

3. *Piesarskas B., Svecevičius B.* Lietuvių–anglų kalbų žodynas. 2-asis pataisytas leidimas. Vilnius, 1991.

4. *Piesarskas B.* Mokomasis anglų–lietuvių kalbų žodynas. 2-asis pataisytas leidimas. Kaunas, 1991.

5. *Piesarskas B.* Mokomasis lietuvių–anglų kalbų žodynas. 2-asis pataisytas leidimas. Kaunas, 1992.

6. *Baravykas V.* Anglų–lietuvių kalbų žodynas, Vilnius, 1958.

7. *Svecevičius B.* Anglų–lietuvių kalbų žodynas, Kaunas, 1992.

8. *Jones D.* Everyman's English Pronouncing Dictionary. 14th edition, London, 1982.

9. *Hornby A. C., Cowie A. P.* Oxford Advanced Learner's Dictionary. London, Oxford University Press, 1989.

10. Longman Dictionary of Contemporary English, London, 1978.

Be to, naudotasi kitų kalbų dvikalbiais žodynais, angliškais ir lietuviškais leksikografiniais leidiniais.

ANGLŲ–LIETUVIŲ KALBŲ
ŽODYNAS

ANGLIŠKOJI ABĖCĖLĖ

A a [eɪ]	B b [biː]	C c [siː]	D d [diː]
Ẹ e [iː]	F f [ef]	G g [dʒiː]	H h [eɪtʃ]
I i [aɪ]	J j [dʒeɪ]	K k [keɪ]	L l [el]
M m [em]	N n [en]	O o [əu]	P p [piː]
Q q [kjuː]	R r [ɑː]	S s [es]	T t [tiː]
U u [juː]	V v [viː]	W w ['dʌbljuː]	X x [eks]
Y y [waɪ]	Z z [zed]		

A

A, a I [eɪ] *n* (*pl* **A's, a's** [eɪz]) *pirmoji*
anglų abėcėlės raidė **A-1** [ˌeɪˈwʌn] *a*
puikus, aukščiausios rūšies

a II [ə, eɪ] 1 *gram.* *nežymimasis artikelis*
2 vienas; kažkoks

abandon [əˈbændən] *v* 1 palikti, apleis-
ti; atsisakyti **2:** *to* ~ *oneself* (*to*) at-
siduoti; pasinerti ~**ed** *a* 1 apleistas
2 nevaržomas ~**ment** *n* 1 apleidimas
• 2 *teis.* atsisakymas (*ieškinio*)

abase [əˈbeɪs] *v* pažeminti ~**ment** *n*
(pa)žeminimas

abash [əˈbæʃ] *v* sugėdinti; sukonfūzyti
~**ment** *n* su(si)gėdinimas; sumišimas

abate [əˈbeɪt] *v* 1 (su)mažinti; (su)mažė-
ti 2 *teis.* panaikinti ~**ment** *n* 1 (su)-
mažinimas; (su)mažėjimas 2 nuolaida
3 *teis.* panaikinimas

abb||**ey** [ˈæbɪ] *n* abatija, vienuolynas
~**ot** [ˈæbət] *n* abatas

abbreviat||**e** [əˈbriːvɪeɪt] *v* (su)trum-
pinti ~**ion** [əˌbriːvɪˈeɪʃn] *n* (su)trum-
pinimas; santrumpa

ABC [ˌeɪbiːˈsiː] *n* 1 abėcėlė, alfabetas
2 pagrindai; *the* ~ *of chemistry*
chemijos pagrindai ~**-book** [-buk] *n*
elementorius

abdicat||**e** [ˈæbdɪkeɪt] *v* atsisakyti (*val-
džios, teisių*); atsižadėti; atsistatydin-
ti ~**ion** [ˌæbdɪˈkeɪʃn] *n* atsisakymas;
atsižadėjimas; atsistatydinimas

abdom||**en** [ˈæbdəmən] *n* pilvas ~**inal**
[æbˈdɒmɪnl] *a* pilvo

abduct [əbˈdʌkt] *v* pagrobti; apgaule
nusivesti (*vaiką*) ~**ion** [-kʃn] *n* pagro-
bimas

aberr||**ance** [æˈberəns], ~**ancy** [-ənsɪ],
~**ation** [ˌæbəˈreɪʃn] *n* nukrypimas

abet [əˈbet] *v* kurstyti ~**ment** *n* kursty-
mas ~**tor** [əˈbetə] *n* kurstytojas

abeyance [əˈbeɪəns] *n:* *in* ~ a) ne-
žinioje; b) be valdytojo; *to be*

in ~ būti laikinai atšauktam (*apie
įsakymą, įstatymą*)

abhor [əbˈhɔː] *v* bjaurėtis ~**rence** [əb-
ˈhɔrəns] *n* pasibjaurėjimas ~**rent** [əb-
ˈhɔrənt] *a* bjaurus; ne(ap)kenčiamas

abid||**e** [əˈbaɪd] *v* (**abode, abided**)
1 tvirtai laikytis (*by*) 2 (pa)kęsti ~**ing**
a nuolatinis; tvirtas

ability [əˈbɪlətɪ] *n* 1 galėjimas; sugebė-
jimas; *to the best of one's* ~ kiek
galint geriau 2 *pl* gabumai

abject [ˈæbdʒekt] *a* 1 apgailėtinas, ne-
laimingas 2 niekingas, žemas; *in* ~
poverty dideliame skurde ~**ion** [æb-
ˈdʒekʃn] *n* žemumas, niekingumas

ablaze [əˈbleɪz] *a predic* 1 ugnyje, lieps-
nose (*esantis*); *to be* ~ a) liepsnoti;
b) žėrėti, spindėti 2 sujaudintas

able [ˈeɪbl] *a* 1 galintis, pajėgus; *to be*
~ galėti 2 gabus; sumanus

able-bodied [ˌeɪblˈbɒdɪd] *a* tvirtas,
sveikas; tinkamas (*karo tarnybai*); ~
seaman jūrininkas (*laipsnis*)

ably [ˈeɪblɪ] *adv* gabiai, sumaniai, gerai

abnormal [æbˈnɔːml] *a* nenormalus
~**ity** [ˌæbnɔːˈmælətɪ] *n* nenormalumas

aboard [əˈbɔːd] *adv, prep* 1 laive, lėktu-
ve, vagone; į laivą, į lėktuvą, į vagoną;
to go ~ *a ship* sėsti į laivą 2 išilgai,
palei

abode [əˈbəud] *past ir pp žr.* **abide**

abolish [əˈbɒlɪʃ] *v* panaikinti ~**ment**,
abolition [ˌæbəˈlɪʃn] *n* panaikinimas

A-bomb [ˈeɪbɒm] *n* atominė bomba

abomin||**able** [əˈbɒmɪnəbl] *a* pasibjau-
rėtinas, bjaurus ~**ate** [-eɪt] *v* bjaurėtis
~**ation** [əˌbɒmɪˈneɪʃn] *n* pasibjaurėji-
mas

aborigin||**al** [ˌæbəˈrɪdʒənl] *a* vietinis,
senasis *n* čiabuvis; aborigenas ~**es**
[-niːz] *n pl* čiabuviai; aborigenai

abort [əˈbɔːt] *v* 1 persileisti, prieš laiką
gimdyti 2 nutraukti (*bandymą ir pan.*)
~**ion** [əˈbɔːʃn] *n* 1 abortas, persilei-
dimas 2 nutraukimas ~**ive** [-ɪv] *a*
1 priešlaikinis 2 nepavykęs, nevaisin-
gas **3** *biol.* neišsivystęs

abound [əˈbaund] *v* būti gausiai / per-
tekus (*in*); knibždėti (*with*)

about [ə'baut] *prep* 1 apie, aplink 2 netoli, prie (*apie vietą*) 3 po; *to run ~ the garden* bėgioti po sodą 4 su; *I have no money ~ me* neturiu pinigų su savim 5 dėl; *t.p. verčiama įnagininku*; *he was troubled ~ his work* jis rūpinosi savo darbu; *there is no doubt whatever ~ that* dėl to nekyla jokios abejonės; *I'll see ~ it* aš tuo pasirūpinsiu *adv* 1 maždaug, arti; *she is ~ forty* jai maždaug 40 metų; *just the other way ~* kaip tik priešingai 2 aplink, netoli(ese); *he is somewhere ~* jis kažkur (čia) netoli

above [ə'bʌv] *prep* 1 virš, ties; *~ my head* virš mano galvos 2 daugiau negu; *~ two hundred men* per 200 vyrų; *~ zero* virš nulio △ *~ all* svarbiausia *adv* viršuje, aukščiau; aukštyn; *as stated ~* kaip aukščiau pasakyta; *staircase leading ~* laiptai į viršų; *from ~* iš viršaus *a* (*the ~*) aukščiau paminėtas *~board* [ə,bʌv'bɔ:d] *a* sąžiningas, atviras, tiesus

abra||de [ə'breɪd] *v* 1 (nu)trinti (*odą*) 2 *tech.* šlifuoti *~sion* [ə'breɪʒn] *n* 1 nutrynimas 2 *tech.* šlifavimas

abrasive [ə'breɪsɪv] *n* šlifavimo medžiaga

abreast [ə'brest] *adv* neatsiliekant, greta; *to keep ~* (*with*) neatsilikti (*nuo gyvenimo ir pan.*)

abridge [ə'brɪdʒ] *v* (su)trumpinti, sutraukti *~ment* *n* sutrumpinimas; sutrumpintas konspektas *ir pan.*

abroad [ə'brɔ:d] *adv* 1 į užsienį, užsienyje; *from ~* iš užsienio 2 visur, plačiai; *to get ~* pasklisti; *there are rumours ~* sklinda gandas

abrogat||e ['æbrəgeit] *v* panaikinti (*įstatymą*) *~ion* [,æbrə'geɪʃn] *n* panaikinimas

abrupt [ə'brʌpt] *a* 1 staigus, nelauktas 2 atžarus 3 status *~ness* *n* 1 staigumas 2 atžarumas 3 statumas

abscess ['æbses] *n* abscesas, pūlinys

abscond [əb'skɔnd] *v* pasislėpti (*nuo bausmės, teismo ir pan.*)

absence ['æbsəns] *n* 1 nebuvimas; *~ without leave* savavališkas pasišalinimas 2 neturėjimas, trūkumas; *~ of mind* išsiblaškymas

absent *a* ['æbsənt] 1 nesantis; *to be ~* nebūti, nedalyvauti 2 išsiblaškęs *v* [əb'sent]: *to ~ oneself* pasišalinti, nebūti; *to ~ oneself* (*from*) vengti (*ko*) *~ee* [,æbsən'ti:] *n* nesantysis, nedalyvaujantysis

absent-minded [,æbsənt'maɪndɪd] *a* išsiblaškęs *~ness* *n* išsiblaškymas

absolut||e ['æbsəlu:t] *a* 1 visiškas, absoliutus; neribotas 2 grynas, be priemaišų *~ion* [,æbsə'lu:ʃn] *n* 1 *rel.* atleidimas (*nuodėmių*) 2 *teis.* išteisinimas *~ism* *n* aboliutizmas

absolve [əb'zɔlv] *v* atleisti (*nuo pažado ir pan.*; *t.p. nuodėmes*); išteisinti

absorb [əb'sɔ:b] *v* sugerti, absorbuoti; *to be ~ed* (*in*) paskęsti, įnikti *~ent* *a* sugeriantis *n* sugėriklis *~ing* *a* pagaunantis, patrauklus

absorp||tion [əb'sɔ:pʃn] *n* 1 sugėrimas, absorbavimas 2 įsigilinimas *~tive* [-tɪv] *a* sugeriantis, absorbuojantis

abst||ain [əb'steɪn] *v* susilaikyti (*from*) *~ainer* *n* 1 abstinentas, negeriantysis 2 susilaikęs (*balsuojant*) *~emious* [əb'sti:mɪəs] *a* saikingas *~ention* [əb'stenʃn] *n* susilaikymas

abstin||ence ['æbstɪnəns] *n* susilaikymas; blaivumas; saikingumas *~ent* *a* 1 susilaikantis 2 blaivus, negeriantis

abstract ['æbstrækt] *a* abstraktus *n* 1 abstrakcija; *in the ~* abstrakčiai, teoriškai 2 konspektas, santrauka *v* [əb'strækt] 1 ištraukti, išimti 2 abstrahuoti 3 reziumuoti, konspektuoti 4 *šnek.* vogti *~ed* [əb'stræktɪd] *a* išsiblaškęs, užsimąstęs *~edly* [əb'stræktɪdlɪ] *adv* 1 abstrakčiai 2 išsiblaškius, užsigalvojus *~ion* [əb'strækʃn] *n* 1 abstrakcija 2 išsiblaškymas

abstruse [əb'stru:s] *a* 1 neaiškus, nesuprantamas 2 gilus (*apie mintis*)

absurd [əb'sə:d] *a* 1 beprasmiškas, absurdiškas 2 kvailas ∼**ity** *n* nesąmonė, absurdas

abund‖ance [ə'bʌndəns] *n* gausumas, perteklius ∼**ant** *a* gausus

abus‖e *v* [ə'bju:z] 1 piktnaudžiauti 2 įžeidinėti, plūsti *n* [ə'bju:s] 1 piktnaudžiavimas 2 plūdimas, įžeidinėjimai ∼**ive** [ə'bju:sɪv] *a* įžeidžiamas, plūstamas; ∼*ive language* keiksmai, plūdimas

abut [ə'bʌt] *v* ribotis, būti greta, šlietis, prieiti (*on*)

abys‖mal [ə'bɪzməl] *a* labai blogas, baisus, visiškas ∼**s** [ə'bɪs] *n* 1 bedugnė, pragarmė, praraja 2 pirmykštis chaosas

acacia [ə'keɪʃə] *n* akacija

academic [ˌækə'demɪk] *a* 1 akademinis, universitetinis 2 teorinis 3 mokymo, mokslo *n* mokslininkas, dėstytojas, profesorius ∼**al** [-kl] *a* akademinis, universiteto ∼**ian** [əˌkædə'mʊʃn] *n* akademikas

academy [ə'kædəmɪ] *n* 1 akademija 2 specialioji mokykla

accelerat‖e [ək'seləreɪt] *v* (pa)greitinti; greitėti ∼**ion** [əkˌselə'reɪʃn] *n* 1 pagreitinimas 2 *fiz.* pagreitis ∼**or** *n* 1 greitintuvas; akceleratorius 2 *chem.* katalizatorius

accent *n* ['æksənt] 1 kirtis; priegaidė 2 tarsena, akcentas *v* [ək'sent] kirčiuoti, pabrėžti (*žodžius ištariant*) ∼**uate** [ək'sentʃueɪt] *v* 1 kirčiuoti 2 pabrėžti ∼**uation** [əkˌsentʃu'eɪʃn] *n* 1 kirčiavimas 2 pabrėžimas 3 (ryški) tarsena

accept [ək'sept] *v* 1 priimti 2 sutikti (*su nuomone ir pan.*) ∼**able** *a* priimtinas ∼**ance** *n* 1 priėmimas 2 sutikimas, pritarimas 3 *kom.* akceptas

access *n* ['ækses] 1 priėjimas; *easy of* ∼ prieinamas, pasiekiamas 2 įėjimas *v* [æk'ses] gauti / išrinkti informaciją (*iš kompiuterio*)

accessary [ək'sesərɪ] *n žr.* **accessory** 1

access‖ibility [əkˌsesə'bɪlətɪ] *n* prieinamumas ∼**ible** [ək'sesəbl] *a* 1 prieinamas, pasiekiamas 2 pasiduodantis (*įtakai ir pan.*)

accession [ək'seʃn] *n* 1 padidėjimas; pa(si)pildymas 2 pradėjimas eiti pareigas; įžengimas (*į sostą*)

accessory [ək'sesərɪ] *n* 1 (*nusikaltimo*) bendrininkas, dalyvis 2 *pl* reikmenys *a* 1 papildomas; antraeilis 2 *teis.* prisidėjęs, įsivėlęs

accident ['æksɪdənt] *n* 1 nelaimingas atsitikimas; avarija; *industrial* ∼ nelaimingas atsitikimas gamyboje 2 atsitiktinumas; *by* ∼ atsitiktinai; *pure* ∼ tikras atsitiktinumas ∼**al** [ˌæksɪ'dentl] *a* atsitiktinis, netikėtas

accla‖im [ə'kleɪm] *v* 1 audringai sveikinti / pritarti 2 pripažinti, paskelbti *n* 1 audringi aplodismentai 2 pritarimas ∼**mation** [ˌæklə'meɪʃn] *n* 1 pritarimas; *voted / carried by* ∼*mation* priimta vieningai pritariant 2 *pl* ovacijos

acclimatize [ə'klaɪmətaɪz] *v* aklimatizuoti(s)

accolade ['ækəleɪd] *n* pripažinimas, gyrimas, pagerbimas

accomodat‖e [ə'kɔmədeɪt] *v* 1 pri(si)taikyti (*to*) 2 aprūpinti, suteikti 3 apgyvendinti ∼**ing** *a* 1 malonus, paslaugus 2 sukalbamas, nuolaidus 3 prisitaikantis ∼**ion** [əˌkɔmə'deɪʃn] *n* 1 būstas, patalpa, butas, kambarys; (*buto*) patogumai 2 pri(si)taikymas

accompan‖iment [ə'kʌmpənɪmənt] *n muz.* akompanavimas; akompanimentas ∼**y** [-nɪ] *v* 1 (pa)lydėti 2 *muz.* akompanuoti

accomplice [ə'kʌmplɪs] *n* (*nusikaltimo*) bendrininkas

accomplish [ə'kʌmplɪʃ] *v* 1 atlikti, užbaigti 2 tobulinti ∼**ed** *a* 1 užbaigtas; ∼*ed fact* įvykęs faktas 2 puikus, prityręs ∼**ment** *n* 1 atlikimas 2 pasiekimas

accord [ə'kɔ:d] *n* 1 sutarimas, sutikimas 2 susitarimas 3 *muz.* akordas, sąskambis △ *with one* ∼ vieningai; *of one's own* ∼ savo / laisvu noru *v* 1 (su)derinti; derintis 2 sutarti; *to* ~ *a hearty welcome* nuoširdžiai priimti ~ance *n* sutarimas; *in* ~ance *with* pagal ~ing: ~ing *to prep* pagal; ~ing *as prep* atitinkamai su, pagal ~ingly *adv* atitinkamai; tokiu būdu

accordion [ə'kɔːdɪən] *n muz.* armonika; akordeonas

accost [ə'kɔst] *v* kreiptis, sveikinti; užkalbinti *n* sveikinimas, kreipimasis

account [ə'kaunt] *n* 1 sąskaita; *current* ~ (*sutr.* a / c) einamoji sąskaita 2 ataskaita; *to call to* ~ pareikalauti pasiaiškinti 3 pranešimas △ *of no* ~ nežymus, nedidelis; *on* ~ *of* dėl; *on no* ~ jokiu būdu; *to turn to* ~ pakreipti savo naudai; *to take into* ~ atsižvelgti *v* 1 laikyti 2 aiškinti (*for*) ~ability [ə,kauntə'bɪlətɪ] *n* atskaitomybė ~able *a* 1 paaiškinamas 2 atsakingas

accountant [ə'kauntənt] *n* 1 buhalteris 2 sąskaitininkas 3 *teis.* atsakovas ~-general [ə,kauntənt'dʒenərəl] *n* vyriausiasis buhalteris

accredit [ə'kredɪt] *v* 1 įgalioti; akredituoti 2 priskirti

accretion [ə'kriːʃn] *n* 1 priaugimas; suaugimas 2 padidėjimas

accrue [ə'kruː] *v* priaugti (*ypač apie palūkanas*)

accumulat‖**e** [ə'kjuːmjuleɪt] *v* kaupti(s), su(si)kaupti ~ion [ə,kjuːmju'leɪʃn] *n* su(si)kaupimas ~or *n tech.* akumuliatorius

accura‖**cy** ['ækjərəsɪ] *n* 1 tikslumas 2 teisingumas ~te [-rət] *a* 1 tikslus, tvarkingas 2 teisingas

accursed [ə'kəːsɪd], **accurst** [ə'kəːst] *a* prakeiktas

accusation [,ækjuː'zeɪʃn] *n* kaltinimas

accusative [ə'kjuːzətɪv] *n gram.* galininko linksnis

accus‖**e** [ə'kjuːz] *v* (ap)kaltinti ~ed *n* kaltinamasis ~er *n* kaltintojas

accustom [ə'kʌstəm] *v* (į)pratinti; *to* ~ *oneself* įprasti, priprasti ~ed *a* įpratęs; įprastas, įprastinis; *I am* ~ed *to get up early* įpratau anksti keltis

ace [eɪs] *n* 1 (*kortos, domino*) akis 2 tūzas (*korta*) 3 *šnek.* pagarsėjęs / garsus lakūnas / sportininkas *ir pan.*; asas △ *within an* ~ (*of*) per plaukelį (*nuo*)

ache ['eɪk] *n* (*ilgai trunkantis*) skausmas *v* skaudėti; *my head* ~s man skauda galvą ~less *a* neskausmingas

achieve [ə'tʃiːv] *v* 1 pasiekti, laimėti 2 užbaigti, nuveikti ~ment *n* 1 pasiekimas, laimėjimas 2 žygdarbis

acid ['æsɪd] *a* rūgštus *n* rūgštis ~ify [ə'sɪdɪfaɪ] *v* parūgštinti ~ity [ə'sɪdətɪ] *n* 1 rūgštumas; rūgštingumas 2 aštrumas ~-proof ['æsɪdpruːf] *a* rūgštims atsparus ~ulated [ə'sɪdjuleɪtɪd] *a* parūgštintas ~ulous [ə'sɪdjuləs] *a* rūgštokas

acknowledge [ək'nɔlɪdʒ] *v* 1 pripažinti 2 patvirtinti (*laiško ir pan. gavimą*) 3 pareikšti padėką, apdovanoti ~ment *n* 1 pripažinimas 2 padėka 3 (*gavimo*) patvirtinimas

acme ['ækmɪ] *n:* ~ *of perfection* tobulybės viršūnė

acne ['æknɪ] *n med.* aknė, spuogas

acorn ['eɪkɔːn] *n* gilė

acoustic [ə'kuːstɪk] *a* akustinis; klausos ~s *n* akustika

acquaint [ə'kweɪnt] *v* 1 supažindinti; *to be* ~ed (*with*) būti pažįstamam; *to get* ~ed susipažinti 2 pranešti ~ance *n* 1 pažintis; supažindinimas; *to make smb's* ~ance susipažinti su kuo; *to cultivate the* ~ance palaikyti pažintį 2 pažįstamas

acquiesc‖**e** [,ækwɪ'es] *v* (*tylomis, nenoromis*) sutikti, priimti ~ence *n* sutikimas ~ent *a* paklusnus, nuolankus

acquire [ə'kwaɪə] *v* į(si)gyti ~ment *n* 1 į(si)gijimas, pasiekimas 2 *pl* įgytos žinios, įgūdžiai

acquisit‖**ion** [,ækwɪ'zɪʃn] *n* į(si)gijimas ~ive [ə'kwɪzɪtɪv] *a* gobšus

acquit [ə'kwɪt] v išteisinti (of) ~tal [-l]
n teis. išteisinimas ~tance n 1 (sko-
los) sumokėjimas 2 atleidimas (skolos
ir pan.)
acre ['eɪkə] n akras (=0,4 ha) ~age
[-rɪdʒ] n plotas akrais
acri‖d ['ækrɪd] a 1 (apie kvapą) aš-
trus, aitrus 2 kandus ~dity [ə'krɪ-
dətɪ] n 1 (kvapo) aštrumas, aitru-
mas 2 (kalbos) kandumas ~monious
[,ækrɪ'məunɪəs] a kandus, piktas
acrobat ['ækrəbæt] n akrobatas ~ics
[,ækrə'bætɪks] n akrobatika
across [ə'krɔs] adv, prep 1 skersai; kryž-
mai; ~ the street kitoje gatvės pu-
sėje 2 per; ~ the bridge per tiltą;
~ from amer. priešais
act [ækt] n 1 veiksmas, poelgis, ak-
tas; to be in the ~ (of) ketinti ką
(pa)daryti 2 teatr. veiksmas 3 doku-
mentas, aktas 4 įstatymas, nutarimas
v 1 veikti; elgtis 2 dirbti; to ~ as in-
terpreter eiti vertėjo pareigas 3 vai-
dinti; to ~ the fool vaidinti kvailį
~ing a 1 veikiantis 2 (laikinai) einan-
tis pareigas n teatr. vaidinimas
action ['ækʃn] n 1 veiksmas; poelgis;
to take ~ imtis priemonių / žygių; to
put in ~ paleisti veikti; to put out
of ~ išvesti iš rikiuotės 2 teis. byla,
ieškinys 3 kova, mūšis
activ‖e ['æktɪv] a aktyvus, veiklus; vei-
kiantis n gram. veikiamoji rūšis ~ity
[æk'tɪvətɪ] n 1 veikla 2 aktyvumas,
veiklumas
act‖or ['æktə] n artistas; aktorius
~ress ['æktrɪs] n artistė; aktorė
actual ['æktʃuəl] a 1 tikras 2 dabartinis
~ly [-ɪ] adv faktiškai, iš tikrųjų; tiesą
sakant
actuate ['æktʃueɪt] v 1 paleisti (mecha-
nizmą) 2 žadinti; skatinti
acumen ['ækjumėn] n įžvalgumas, su-
manumas
acute [ə'kju:t] a 1 aštrus (apie klausą,
regą); smarkus (apie skausmą) 2 įžval-
gus 3 smailus (apie kampą) ~ness n
aštrumas ir pan. žr. acute

adamant ['ædəmənt] a tvirtas, nepalen-
kiamas
adapt [ə'dæpt] v pri(si)taikyti; adap-
tuoti (tekstą) ~ability [ə,dæptə'bɪlə-
tɪ] n prisitaikomumas ~ation [,ædəp-
'teɪʃn] n 1 (kūrinio) adaptacija, per-
dirbimas 2 pri(si)taikymas
add [æd] v 1 pridėti, sudėti 2 pridurti;
papildyti □ to ~ in įtraukti; to ~
together / up sudėti, susumuoti
adden‖dum [ə'dendəm] (pl ~da [-də])
priedas (knygoje)
adder ['ædə] n 1 gyvatė 2 amer. žaltys
addict   ['ædɪkt] n narkomanas ~ed
[ə'dɪktɪd] a įpratęs, linkęs ~ion
[ə'dɪkʃn] n palinkimas, žalingas įpro-
tis; drug ~ narkomanija
addition [ə'dɪʃn] n 1 pridėjimas, prie-
das, papildymas; in ~ to be to 2 mat.
sudėtis ~al [ə'dɪʃənl] a pridėtinis, pa-
pildomas
addle ['ædl] v 1 gesti (apie kiaušinj)
2 painioti(s)
address [ə'dres] n 1 adresas 2 kreipi-
masis; kalba 3 taktas v 1 adresuoti
2 kreiptis (į ką) ~ee [,ædre'si:] n ad-
resatas
adduce [ə'dju:s] v pateikti (įrodymą)
adept ['ædept] a nusimanantis n žino-
vas
adequ‖acy ['ædɪkwəsɪ] n 1 atitikimas;
adekvatumas 2 pakankamumas ~ate
[-kwət] a 1 atitinkamas; adekvatus
2 pakankamas ~ation [,ædɪ'kweɪʃn] n
1 sulyginimas; 2 ekvivalentas
adher‖e [əd'hɪə] v 1 būti / likti ištiki-
mam, laikytis (principų ir pan.) 2 pri-
kibti, prilipti ~ence [-rəns] n laiky-
masis; ištikimybė ~ent [-rənt] a lip-
nus n pasekėjas, šalininkas
adhes‖ion [əd'hi:ʒn] n 1 prilipimas
2 tech. sukibimas ~ive [əd'hi:sɪv] a
lipnus
adieu [ə'dju:] int lik sveikas! n atsi-
sveikinimas; to make / take one's ~
atsisveikinti
adipose ['ædɪpəus] a riebalinis, riebalų

adjac||ency [ə'dʒeɪsnsɪ] n kaimynystė; gretimumas ~ent a kaimyninis, gretimas

adjective ['ædʒɪktɪv] n gram. būdvardis

adjoin [ə'dʒɔɪn] v ribotis, šlietis

adjourn [ə'dʒə:n] v 1 atidėti 2 padaryti pertrauką ~ment n 1 atidėjimas 2 (posėdžio) pertrauka

adjudge [ə'dʒʌdʒ] v knyg. 1 nuspręsti; nuteisti 2 priteisti ~ment n 1 teismo nuosprendis 2 priteisimas

adjunct ['ædʒʌŋkt] n 1 padėjėjas 2 papildymas

adjur||ation [,ædʒuə'reɪʃn] n 1 maldavimas 2 priesaika ~e [ə'dʒuə] v 1 maldauti 2 prisaikdinti

adjust [ə'dʒʌst] v 1 pataisyti, sutvarkyti 2 sureguliuoti (mechanizmą) 3 pri(si)taikyti, priderinti ~able a reguliuojamas; kilnojamas ~ment (su)reguliavimas

adjutant ['ædʒutənt] n adjutantas

administer [əd'mɪnɪstə] v 1 tvarkyti (reikalus); valdyti 2 paskirti (vaistų); to ~ first aid suteikti pirmąją pagalbą

administrat||ion [əd,mɪnɪ'streɪʃn] n 1 tvarkymas; valdymas 2 administracija; vyriausybė ~ive [əd'mɪnɪstrətɪv] a 1 administracinis 2 vykdomasis (apie valdžią) ~or [əd'mɪnɪstreɪtə] n administratorius; valdytojas

admirable ['ædmərəbl] a žavus, puikus

admiral ['ædmərəl] n admirolas

Admiralty ['ædmərəltɪ] n (Didžiosios Britanijos) jūrų ministerija

admiration [,ædmə'reɪʃn] n 1 gėrėjimasis 2 susižavėjimo objektas

admir||e [əd'maɪə] v 1 žavėtis, grožėtis, gėrėtis 2 amer. trokšti ~er [-rə] n garbintojas

admiss||ible [əd'mɪsəbl] a leistinas; priimtinas ~ion [əd'mɪʃn] n 1 priėmimas; prileidimas 2 įstojimas; įėjimas 3 pri(si)pažinimas

admit [əd'mɪt] v 1 priimti, prileisti 2 leisti ~tance [-əns] n leidimas (įeiti); no ~tance! [eiti draudžiama!

admix [əd'mɪks] v primaišyti; su(si)maišyti ~ture [-tʃə] n priemaiša; mišinys

admonish [əd'mɒnɪʃ] v 1 įspėti; priminti 2 įtikinėti, patarinėti

ado [ə'du:] n 1 sambrūzdis; triukšmas; much ~ about nothing daug triukšmo dėl nieko; without more ~ iš karto, nedelsiant 2 rūpesčiai; sunkumai

adolesc||ence [,ædə'lesns] n paauglystė ~ent n paauglys a paaugliškas

adopt [ə'dɒpt] v 1 įsūnyti, įdukrinti 2 priimti; pasisavinti (mintį) 3 polit. (iš)rinkti 4 skolintis (žodį) ~ion [-pʃn] n 1 įsūnijimas, įdukrinimas 2 priėmimas, pasisavinimas ~ive a 1 įsūnytas, įdukrinta 2 imlus

ador||able [ə'dɔ:rəbl] a 1 garbintinas 2 šnek. nuostabus ~ation [,ædə'reɪʃn] n garbinimas, dievinimas

adore [ə'dɔ:] v garbinti, dievinti

adorn [ə'dɔ:n] v (pa)puošti, (pa)gražinti ~ment n (pa)puošimas, (pa)gražinimas; puošmena

adrift [ə'drɪft] adv, a predic 1 pasroviui 2 bangų ir vėjo valioje; to cut ~ leisti pasroviui

adroit [ə'drɔɪt] a mitrus; sumanus

adulat||e ['ædjuleɪt] v liaupsinti; meilikauti ~ion [,ædju'leɪʃn] n liaupsinimas; meilikavimas

adult ['ædʌlt] a, n pilnametis; suaugęs

adulter||ate [ə'dʌltəreɪt] v 1 atskiesti, primaišyti 2 falsifikuoti, klastoti a atskiestas, primaišytas; netikras ~ation [ə,dʌltə'reɪʃn] n primaišymas; falsifikavimas ~y [-rɪ] n (vyro, žmonos) neištikimybė

advance [əd'vɑ:ns] v 1 žengti į priekį, eiti pirmyn 2 paaukštinti (tarnyboje) 3 paankstinti, atkelti (anksčiau) 4 mokėti avansą 5 (pa)kelti (kainas ir pan.); (pa)kilti n 1 žengimas į priekį; pažanga 2 paankstinimas; in ~ a) anksčiau; iš anksto; b) pirmyn; to be *in* ~ a) aplenkti; b) skubėti (*apie laik-rodį*) **3** *kom.* avansas **4** *kar.* puolimas ~d *a* **1** esantis priešakyje, priešakinis **2** pažangus; pažengęs į priekį ~ment *n* **1** pažanga **2** paaukštinimas (*tarnyboje*)

advantage [əd'vɑ:ntɪdʒ] *n* **1** pranašumas **2** nauda; *to take* ~ *of smth* pasinaudoti kuo △ *to take* ~ *of smb* apgauti ką ~ous [ˌædvən'teɪdʒəs] *a* naudingas, palankus

advent ['ædvənt] *n* **1** atėjimas **2** (A.) *bažn.* adventas

adventitious [ˌædvən'tɪʃəs] *a* atsitiktinis

adventur‖e [əd'ventʃə] *n* **1** nuotykis; **2** avantiūra *v* išdrįsti; rizikuoti ~er [-rə] *n* nuotykių ieškotojas ~ous [-rəs] *a* **1** drąsus **2** rizikingas

adverb ['ædvə:b] *n* *gram.* prieveiksmis ~ial [əd'və:bɪəl] *a* prieveiksminis

advers‖ary ['ædvəsərɪ] *n* priešininkas, konkurentas ~ative [əd'və:sətɪv] *a* priešingas; ~ative conjunction priešpriešinis jungtukas ~e ['ædvə:s] *a* nepalankus, priešiškas ~ity [əd'və:sətɪ] *n* nelaimė, bėda, nepalanki padėtis

advertise ['ædvətaɪz] *v* skelbti ~ment [əd'və:tɪsmənt] *n* skelbimas; reklama

advi‖ce [əd'vaɪs] *n* **1** patarimas; konsultacija **2** *kom.* pranešimas ~sable [-zəbl] *a* patartinas; protingas

advis‖e [əd'vaɪz] *v* **1** patarti; tartis **2** pranešti ~edly [əd'vaɪzɪdlɪ] *adv* apgalvotai, sąmoningai ~er *n* konsultantas; patarėjas ~ory [-zərɪ] *a* patariamasis, konsultacinis

advoca‖cy ['ædvəkəsɪ] *n* **1** gynimas **2** propagavimas ~te *n* ['ædvəkət] gynėjas, advokatas *v* [-keɪt] ginti (*pažiūras ir pan.*); propaguoti

aerate ['eəreɪt] *v* **1** vėdinti **2** gazuoti

aerial ['eərɪəl] *a* oro, aviacinis *n* antena

aero‖drome ['eərədrəum] *n* aerodromas ~dynamics [ˌeərəudaɪ'næmɪks] *n* aerodinamika ~nautics [ˌeərə'nɔ:tɪks] *n* oreivystė ~plane [-pleɪn] *n* lėktuvas

aesthet‖e ['i:sθi:t] *n* estetas ~ic [i:s-'θetɪk] *a* estetinis, estetiškas

afar [ə'fɑ:] *adv* *knyg.* toli; *from* ~ iš tolo; ~ *off* toli, tolumoje

affable ['æfəbl] *a* malonus, mielas

affair [ə'feə] *n* reikalas, dalykas; *mind your own* ~s žiūrėk savo reikalų; *an* ~ *of honour* a) garbės dalykas; b) dvikova; *love* ~ meilės romanas

affect [ə'fekt] I *v* **1** apsimesti, dėtis **2** mėgti (*vartoti*)

affect II **1** (pa)veikti **2** (su)jaudinti **3** paleisti

affectation [ˌæfek'teɪʃn] *n* apsimetimas

affection [ə'fekʃn] *n* **1** meilė, prisirišimas **2** liga ~ate [ə'fekʃənət] *a* mylintis, prisirišęs, meilus

affective [ə'fektɪv] *a* emocinis, emocingas

affidavit [ˌæfɪ'deɪvɪt] *n* *teis.* rašytinis parodymas, patvirtintas priesaika

affiliat‖e [ə'fɪlɪeɪt] *v* **1** pri(si)jungti **2** priimti nariu **3** *teis.* įsūnyti ~ion [əˌfɪlɪ'eɪʃn] *n* **1** pri(si)jungimas **2** priėmimas / buvimas nariu **3** *teis.* įsūnijimas

affinity [ə'fɪnətɪ] *n* **1** giminiškumas **2** artumas, panašumas **3** patraukimas

affirm [ə'fə:m] *v* (pa)tvirtinti ~ation [ˌæfə'meɪʃn] *n* (pa)tvirtinimas ~ative [-ətɪv] *n:* *to answer in the* ~ative atsakyti teigiamai *a* pritariamas(is); teigiamas

affix *v* [ə'fɪks] **1** pritvirtinti (*to, on*) **2** uždėti (*antspaudą*); *to* ~ *one's signature* pasirašyti *n* ['æfɪks] *gram.* afiksas

afflict [ə'flɪkt] *v* nuliūdinti, sukelti sielvartą, kančias ~ion [-kʃn] *n* sielvartas, kančia; bėda

affluen‖ce ['æfluəns] *n* turtingumas, gausumas; antplūdis ~t *n* intakas *a* gausus; turtingas, pasiturintis

afford [ə'fɔ:d] *v* išgalėti, įstengti, pajėgti; *I can't* ~ (*to buy*) *it* tai man per brangu

afforest [ə'fɔrɪst] *v* želdinti mišką ~**ation** [ə,fɔrɪ'steɪʃn] *n* apželdinimas

affray [ə'freɪ] *n knyg.* kivirčas; muštynės

affront [ə'frʌnt] *v* užgauti, įžeisti *n* įžeidimas

Afghan ['æfgæn] *n* 1 afganas 2 afganų kalba *a* afganų, afganiškas; Afganistano

afire [ə'faɪə] *adv, a predic* ugnyje; degantis; **to set** ~ padegti

aflame [ə'fleɪm] *adv, a predic* liepsnose

afloat [ə'fləʊt] *adv, a predic* 1 ant vandens paviršiaus, vandenyje; ore; plūduriuojantis 2 įkarštyje

afoot [ə'fʊt] *adv, a predic* ruošiamas

aforesaid [ə'fɔːsed] *a* anksčiau minėtas

afraid [ə'freɪd] *a* išsigandęs (*of*); **to be** ~ a) bijoti; b) apgailestauti

afresh [ə'freʃ] *adv* iš naujo

African ['æfrɪkən] *n* afrikietis *a* Afrikos; afrikiečių

aft [ɑːft] *adv jūr.* laivo užpakalyje, į laivo užpakalį

after ['ɑːftə] *conj* po to, kai *adv, prep* 1 (*žymint vietą*) po, užpakaly; **the man was close** ~ **him** vyras sekė įkandin jo 2 (*žymint laiką*) po (*to*), vėliau; ~ **dinner** po pietų; ~ **to-morrow** poryt **3** pagal; ~ **the latest fashion** pagal paskutinę madą; ~ **Byron** Bairono stiliumi △ ~ **all** pagaliau *a* sekantis, kitas

after||crop ['ɑːftəkrɔp] *n ž.ū.* antras derlius ~**effects** ['ɑːftərɪfekts] *n pl* pasekmės ~**glow** [-gləʊ] *n* vakaro žara ~**math** [-mæθ] *n* 1 *ž.ū.* atolas; antroji žolė 2 pasekmė

afternoon [,ɑːftə'nuːn] *n* popietis; **good** ~ **!** laba diena! (*sveikinantis antroje dienos pusėje*); viso labo! (*atsisveikinant antroje dienos pusėje*)

afterthought ['ɑːftəθɔːt] *n* pavėluotai atėjusi mintis; **I had an** ~ man tik po to tai atėjo į galvą

afterward(s) ['ɑːftəwəd(z)] *adv* vėliau, po to

again [ə'gen] *adv* 1 vėl; dar; **as many / much** ~ dar tiek (pat) 2 antra vertus; **be to**

against [ə'genst] *prep* 1 prieš; **"for" and "~"** „už" ir „prieš" 2 į, ant; **he leaned** ~ **the wall** jis atsirėmė į sieną; **the ship ran** ~ **a rock** laivas užplaukė ant uolos **3** nuo; **an injection** ~ **the flue** injekcija nuo gripo; ~ **a rainy day** juodai dienai

agape [ə'geɪp] *adv, a predic* išsižiojęs (*nustebus, žiopsant*)

age [eɪdʒ] *n* 1 (*žmogaus*) amžius 2 senatvė (*t.p.* **old** ~) **3** pilnametystė; **to be of** ~ būti pilnamečiu; **to be under** ~ būti nepilnamečiu; **to come of** ~ tapti pilnamečiu 4 amžius, epocha *v* senti; sendinti

aged *a* 1 ['eɪdʒd] sulaukęs (*kokio*) amžiaus; ~ **ten** dešimties metų 2 ['eɪdʒɪd] pagyvenęs, senas

ageless ['eɪdʒləs] *a* 1 nesenstantis 2 amžinas

agency ['eɪdʒənsɪ] *n* 1 agentūra, biuras 2 tarpininkavimas; **by the** ~ (*of*) (*kam*) tarpininkaujant

agenda [ə'dʒendə] *n* darbotvarkė, dienotvarkė

agent ['eɪdʒənt] *n* 1 agentas, atstovas 2 veiksnys; veikianti jėga; faktorius

agglomerate [ə'glɔməreɪt] *v* su(si)rinkti, su(si)kaupti

aggrandize [ə'grændaɪz] *v* 1 (pa)didinti 2 (pa)kelti, paaukštinti ~**ment** [ə'grændɪzmənt] *n* 1 (pa)didinimas 2 iškėlimas, paaukštinimas

aggravate ['ægrəveɪt] *v* 1 (ap)sunkinti, pabloginti 2 *šnek.* (su)pykdyti, (su)erzinti, įkyrėti

aggregat||e *v* ['ægrɪgeɪt] su(si)rinkti, su(si)jungti *a* [-gət] bendras, visas *n* [-gət] 1 visuma; **in the** ~ iš viso, kartu paėmus 2 *tech.* agregatas ~**ion** [,ægrɪ'geɪʃn] *n* 1 su(si)rinkimas, su(si)kaupimas *a* masė

aggress||ion [ə'greʃn] *n* agresija, užpuolimas ~**ive** [-esiv] *a* puolamasis, agresyvus ~**or** [-esə] *n* agresorius

aggrieved [ə'griːvd] *a* 1 įžeistas 2 *teis.* nukentėjęs

aghast [əˈgɑːst] *a predic* pritrenktas; apstulbintas; siaubo apimtas

agil‖e [ˈædʒaɪl] *a* guvus, judrus ~**ity** [əˈdʒɪlətɪ] *n* guvumas, judrumas

agitat‖e [ˈædʒɪteɪt] *v* 1 (su)plakti, (su)maišyti 2 jaudinti 3 agituoti (*for*) ~**ion** [ˌædʒɪˈteɪʃn] *n* 1 (su)kratymas, (su)maišymas 2 susijaudinimas 3 agitacija

agnostic [ægˈnɔstik] *n filos.* agnostikas

ago [əˈgəu] *adv* prieš (tai); *long* ~ seniai

agog [əˈgɔg] *a predic* susijaudinęs, nekantraujantis; *to be* ~ *for news* nekantriai laukti žinių

agon‖ize [ˈægənaɪz] *v* kankinti(s) ~**y** *n* didelė kančia, kankinimasis; agonija

agrarian [əˈgreərɪən] *a* agrarinis *n* žemvaldys

agree [əˈgriː] *v* 1 sutikti, sutarti; susitarti (*on*, *about*) 2 atitikti (*with*) 3 būti tinkamam 4 *gram.* derintis ~**able** *a* 1 malonus 2 mielai sutinkantis 3 atitinkantis ~**ment** *n* 1 sutikimas, sutarimas 2 sutartis 3 *gram.* derinimas

agricultural [ˌægrɪˈkʌltʃərəl] *a* žemės ūkio, agrokultūrinis

agricultur‖e [ˈægrɪkʌltʃə] *n* žemės ūkis, žemdirbystė ~**ist** [ˌægrɪˈkʌltʃərɪst] *n* agronomas

agronom‖ic(al) [ˌægrəˈnɔmɪk(l)] *a* agronominis ~**ics** *n* agronomija ~**ist** [əˈgrɔnəmɪst] *n* agronomas ~**y** [əˈgrɔnəmɪ] *n* agronomija

aground [əˈgraund] *adv, a predic jūr.* seklumoje; *to run* ~ užplaukti ant seklumos

ague [ˈeɪgjuː] *n* drugys (*maliarija*); karštligė, drebulys (*sergant*)

ah [ɑː] *int* ak!, o! (*reiškiant nusistebėjimą, apgailestavimą ir pan.*)

aha [ɑːˈhɑː] *int* aha! (*reiškiant nuostabą, pasitenkinimą ir pan.*)

ahead [əˈhed] *adv* priešaky; į priekį, pirmyn; ~ *of time šnek.* prieš laiką; *to get* ~ (*of*) pralenkti; *go* ~*!* pirmyn!, toliau!, tęsk!

aid [eɪd] *v* padėti *n* 1 pagalba 2 padėjėjas 3 *pl* (pagalbinės) priemonės; *visual* ~*s* vaizdinės priemonės

aid-de-camp [ˌeɪddəˈkɔŋ] *n* (*sutr.* ADC) adjutantas

ail [eɪl] *v* 1 sirguliuoti, sirgti 2 skaudinti; *what* ~*s him?* kas jį kankina? ~**ing** *a* ligotas, liguistas, sergantis ~**ment** *n* sirgimas, negalavimas

aim [eɪm] *n* 1 taikinys; *to take* ~ (prisi)taikyti 2 tikslas *v* 1 taikyti (*at*) 2 siekti ~**less** *a* betikslis

ain't [eɪnt] *sutr. šnek.* = am not, is not, are not, has not, have not

air [eə] *n* 1 oras; atmosfera; *stale* ~ tvankus oras; *by* ~ lėktuvu; oro paštu; *to take the* ~ pasivaikščioti gryname ore; *to clear the* ~ praskaidrinti atmosferą 2 melodija, arija △ *to put on* ~*s, to give oneself* ~*s* puikuotis, didžiuotis; *on the* ~ per radiją; *to be on the* ~ transliuoti; *hot* ~ tuščios kalbos *v* 1 vėdinti 2 džiovinti (*skalbinius*) 3 skelbti

air‖craft [ˈeəkrɑːft] *n* lėktuvas; aviacija ~**field** [ˈeəfiːld] *n* aerodromas ~**-gauge** [-geɪdʒ] *n* manometras ~**man** [-mən] *n* lakūnas ~**plane** [-pleɪn] *n amer.* lėktuvas ~**port** [-pɔːt] *n* aerouostas ~**-raid** [-reɪd] *n* antskrydis ~**-tight** [-taɪt] *a* nepraleidžiantis oro ~**way** [-weɪ] *n* avialinija

airy [ˈeərɪ] *a* 1 oro 2 lengvas 3 erdvus 4 tuščias; lengvabūdiškas 5 linksmas

aisle [aɪl] *n* 1 praėjimas (*tarp eilių*) 2 *bažn.* šoninė nava

ajar [əˈdʒɑː] *a predic* praviras

akimbo [əˈkɪmbəu] *adv* įsirėmus rankas į šonus

akin [əˈkɪn] *a predic* giminingas; artimas

alabaster [ˈæləbɑːstə] *n* alebastras

alacrity [əˈlækrətɪ] *n* gyvumas, skubumas

alarm [əˈlɑːm] *n* 1 aliarmas; *to give / sound the* ~ skelbti pavojų 2 nerimas, baimė *v* jaudinti ~**-clock** [-klɔk] *n* žadintuvas ~**ist** *n* panikos kėlėjas

alas [əˈlæs] *int* deja!, o!

Albanian [æl'beɪnɪən] n 1 albanas 2 albanų kalba a albanų, albaniškas; Albanijos

albeit [ˌɔːl'biːɪt] conj knyg. nors

album ['ælbəm] n albumas

albumen ['ælbjumɪn] n (kiaušinio) baltymas

alcohol ['ælkəhɔl] n alkoholis; spiritas ~ic [ˌælkə'hɔlɪk] a alkoholinis, spiritinis n alkoholikas

alder ['ɔːldə] n alksnis

alderman ['ɔːldəmən] n miesto tarybos (municipaliteto) narys, oldermanas

ale [eɪl] n alus

alert [ə'ləːt] a 1 budrus 2 judrus, gyvas n pavojus, aliarmas; on the ~ pasiruošęs, budintis

alga ['ælgə] n (pl algae ['ældʒiː]) bot. jūros dumbliai

algebra ['ældʒɪbrə] n algebra ~ic [ˌældʒɪ'breɪk] a algebrinis

alias ['eɪlɪəs] adv kitaip (vadinamas) n išgalvotas vardas, pravardė (ypač nusikaltėlio)

alibi ['ælɪbaɪ] n teis. alibi

alien ['eɪlɪən] a svetimas, tolimas n svetimšalis ~able a teis. nusavinamas ~ate v 1 nusavinti 2 atitolinti; atitolti ~ation [ˌeɪlɪə'neɪʃn] n 1 nusavinimas 2 atitolinimas; atitolimas

alight [ə'laɪt] I v (alighted, alit) 1 nulipti; išlipti 2 nutūpti

alight II a predic 1 uždegtas 2 šviečiantis; spindintis

align [ə'laɪn] v iš(si)rikiuoti ~ment n 1 iš(si)rikiavimas 2 (iš)lyginimas

alike [ə'laɪk] a predic panašus adv vienodai

aliment ['ælɪmənt] n 1 maistas 2 išlaikymas ~ary [ˌælɪ'mentərɪ] a maisto; maitinantis; ~ary canal virškinimo traktas ~ation [ˌælɪmen'teɪʃn] n maitinimas; išlaikymas

alimony ['ælɪmənɪ] n alimentai

alive [ə'laɪv] a 1 gyvas; žvalus; no man ~ niekas; any man ~ kas nors 2 suprantantis; to be ~ (to) aiškiai

ką suprasti 3 knibždantis 4 tech. veikiantis, dirbantis

alkali ['ælkəlaɪ] n chem. šarmas ~ne [-laɪn] a šarminis; šarmingas

all [ɔːl] pron 1 visas; visi; in ~ viso 2 viskas 3 ištisas; visiškai, visai △ ~ but beveik; ~ one (to) vis tiek; ~ over visur; it is ~ over with him su juo baigta; ~ in ~ a) apskritai (paėmus); b) svarbiausias dalykas, viskas (kam)

allay [ə'leɪ] v 1 nuraminti 2 sumažinti

allegation [ˌælɪ'geɪʃn] n 1 (nepagrįstas) teigimas 2 pareiškimas (teismui)

allege [ə'ledʒ] v 1 tvirtinti (nepagrįstai) 2 remtis (teisinantis, įrodinėjant)

allegiance [ə'liːdʒəns] n ištikimybė

allegor||**ic(al)** [ˌælɪ'gɔrɪk(l)] a alegoriškas ~y ['ælɪgərɪ] n alegorija

alleviat||**e** [ə'liːvɪeɪt] v palengvinti (skausmą ir pan.) ~ion [əˌliːvɪ'eɪʃn] n palengvinimas

alley ['ælɪ] n 1 siaura gatvelė, skersgatvis 2 alėja (sode, parke)

alliance [ə'laɪəns] n 1 sąjunga 2 giminystė

allied ['ælaɪd] a 1 sąjunginis; sąjungininkų 2 giminingas, artimas (to)

allocat||**e** ['æləkeɪt] v (pa)skirti; (pa)skirstyti ~ion [ˌælə'keɪʃn] n paskyrimas; paskirstymas

allot [ə'lɔt] v 1 padalyti, paskirstyti 2 paskirti ~ment n 1 paskirstymas 2 dalis 3 žemės sklypelis

allow [ə'lau] v 1 leisti 2 skirti, išmokėti; to ~ discount kom. daryti nuolaidą; to ~ time paskirti laiką ~ance n 1 atlyginimas; kišenpinigiai 2 nuolaida; to make ~ances (for) atsižvelgti 3 tech. tolerancija

alloy ['ælɔɪ] n 1 lydinys 2 (aukso) praba 3 priemaiša

all-right [ˌɔːl'raɪt] a predic geras, tinka adv tinkamai, kaip reikiant int gerai!, tvarka

allude [ə'luːd] v užsiminti, daryti užuominą

allur||**e** [ə'luə] v 1 vilioti, masinti 2 gundyti ~ement n 1 vilionė; gundymas

2 masalas ~ing *a* viliojantis, gundantis; kerintis, patrauklus

allus||ion [ə'lu:ʒn] *n* užuomina, aliuzija ~ive [ə'hu:siv] *a* su užuominomis

ally *v* [ə'laɪ] jungti(s) *n* ['ælaɪ] sąjungininkas

almanac ['ɔːlmənæk] *n* 1 almanachas 2 kalendorius

almighty [ɔːl'maɪtɪ] *a* 1 visagalis 2 *šnek.* baisus *adv šnek.* baisiai

almond ['ɑːmənd] *n* migdolas

almost ['ɔːlməust] *adv* beveik; vos ne

alms [ɑːmz] *n* išmalda

aloe ['æləu] *n* alijošius

aloft [ə'lɔft] *adv* viršuje; aukštai ore

alone [ə'ləun] *a predic* vienas, vienišas △ to leave / let ~ palikti ramybėje *adv* tiktai; he ~ can do it tik jis tai gali padaryti

along [ə'lɔŋ] *adv* 1 išilgai 2 pirmyn △ ~ with kartu su; come ~! eikime!, einam!; all ~ visą laiką *prep* palei, išilgai ~side [-saɪd] *adv* šalia

aloof [ə'lu:f] *adv* nuošaliai; atokiai *a* nuošalus, atitolęs

aloud [ə'laud] *adv* balsu; garsiai

alphabet ['ælfəbɪt] *n* abėcėlė, raidynas, alfabetas ~ic(al) [ˌælfə'betɪk(l)] *a* abėcėlinis, alfabetinis ~ically [ˌælfə'betɪklɪ] *adv* abėcėline / alfabetine tvarka

alpine ['ælpaɪn] *a* Alpių; alpinis

already [ɔːl'redɪ] *adv* jau

also ['ɔːlsəu] *adv* taip pat, irgi

altar ['ɔːltə] *n bažn.* altorius

alter ['ɔːltə] *v* keisti(s) ~ation [ˌɔːltə'reɪʃn] *n* pakeitimas; permaina

altercation [ˌɔːltə'keɪʃn] *n knyg.* kivirčas, vaidas

alternat||e *a* [ɔːl'tə:nət] kintamas; besikaitaliojantis; on ~ days kas antrą dieną *v* ['ɔːltəneɪt] keisti(s), kaitalioti(s) ~ion [ˌɔːltə'neɪʃn] *n* kaitaliojimas(is) ~ive [ɔːl'tə:nətɪv] *a* alternatyvus *n* alternatyva, pasirinkimas

although [ɔːl'ðəu] *conj* nors, net jei

altitude ['æltɪtjuːd] *n* aukštis, aukštumas

altogether [ˌɔːltə'geðə] *adv* visiškai; iš viso *n* visuma; for ~ visiems laikams

aluminium [ˌælju'mɪnɪəm] *n* aliuminis

alum||na [ə'lʌmnə] *n* (*pl* ~nae [-niː])) *amer.* buvusi (*mokyklos, universiteto*) auklėtinė ~nus [-nəs] *n* (*pl* ~ni [-naɪ]) *amer.* buvęs auklėtinis

always ['ɔːlwəz] *adv* 1 visuomet, visada 2 amžinai

am [əm; æm] *esam. laiko vns.* 1 *asmuo žr.* be

a.m. *žr.* ante meridiem

amalgamat||e [ə'mælgəmeɪt] *v* su(si)jungti, susilieti ~ation [əˌmælgə'meɪʃn] *n* susijungimas

amass [ə'mæs] *v* kaupti, rinkti

amateur ['æmətə] *n* mėgėjas ~ish *a* mėgėjiškas, neprofesionalus

amatory ['æmətərɪ] *a knyg.* meilės

amaz||e [ə'meɪz] *v* nustebinti ~ement *n* nustebimas ~ing *a* nuostabus, nepaprastas

ambassad||or [æm'bæsədə] *n* ambasadorius ~ress [-drɪs] *n* ambasadorė

amber ['æmbə] *n* gintaras

ambidextrous [ˌæmbɪ'dekstrəs] *a, n* abirankis (*lygiai galintis abiem rankomis dirbti*)

ambigu||ity [ˌæmbɪ'gjuːtɪ] *n* dviprasmybė, dviprasmiškumas ~ous [æm'bɪgjuəs] *a* dviprasmiškas

ambit||ion [æm'bɪʃn] *n* 1 garbės troškimas 2 siekimas ~ious [-'bɪʃəs] *a* 1 (*garbės ir pan.*) trokštantis 2 pretenzingas

ambulance ['æmbjuləns] *n* 1 lauko ligoninė 2 greitosios pagalbos mašina

ambush ['æmbuʃ] *n* pasala; to make / lay an ~ surengti pasalą; to lie in ~ tykoti pasaloje *v* tykoti; užpulti iš pasalų

ameliorat||e [ə'miːljəreɪt] *v* gerinti; gerėti ~ion [əˌmiːljə'reɪʃn] *n* 1 gerinimas; gerėjimas 2 melioracija

amen [ɑː'men] *int* amen!

amenable [ə'miːnəbl] *a* 1 paklusnus, nuolaidus 2 *teis.* atsakingas

amend [ə'mend] *v* 1 (pa)gerinti; (pa)gerėti 2 daryti pataisas, ištaisyti ~able

a pataisomas ~ment *n* 1 pataisymas
2 pataisa ~s *n* *pl* kompensacija; *to*
make ~s *to smb* for *smth* atlyginti
kam už ką
amenity [ə'mi:nətɪ] *n* 1 malonumas 2 *pl*
patogumai
American [ə'merɪkən] *n* amerikietis
a amerikiečių, amerikietiškas; Ameri-
kos
amiable ['eɪmɪəbl] *a* malonus, draugiš-
kas
amicab||ility [ˌæmɪkə'bɪlətɪ] *n* draugiš-
kumas ~le ['æmɪkəbl] *a* draugiškas
amid(st) [ə'mɪd(st)] *prep knyg.* tarp;
vidury
amiss [ə'mɪs] *adv* 1 negerai, neteisingai;
to do / deal ~ suklysti; *to take* ~
blogai suprasti, įsižeisti 2 (*neigiam.*
sakiniuose) ne vietoje, nelaiku △
what's ~? kas yra?, kas ne taip?
amity ['æmətɪ] *n* bičiulystė, draugystė
ammeter ['æmɪtə] *n el.* ampermetras
ammonia [ə'məunɪə] *n chem.* amonia-
kas
ammunition [ˌæmju'nɪʃn] *n kar.* amu-
nicija; šaudmenys
amnesty ['æmnəstɪ] *n* amnestija *v* am-
nestuoti
amoeba [ə'mi:bə] *n* (*pl* ~s [-z], ~e
[-bi:]) *zool.* ameba
amok [ə'mɔk] *žr.* amuck
among [ə'mʌŋ], ~st [-st] *prep* tarp
(*daugelio*); iš; *it is one instance* ~
many tai vienas iš daugelio pavyzdžių
amoral [ˌeɪ'mɔrəl] *a* amoralus
amorous ['æmərəs] *n* 1 įsimylėjęs (*of*)
2 dažnai įsimylintis 3 meilės ~ness *n*
įsimylėjimas
amorphous [ə'mɔ:fəs] *a* 1 beformis;
amorfinis 2 *chem.* nekristalinis
amortize [ə'mɔ:taɪz] *v* grąžinti skolą
(*dalimis*)
amount [ə'maunt] *v* 1 siekti, sudaryti
(*apie sumą*) 2 prilygti *n* 1 kiekis 2 su-
ma
ampere ['æmpeə] *n el.* amperas
ample ['æmpl] *a* 1 erdvus 2 gausus; pa-
kankamas

ampl||ification [ˌæmplɪfɪ'keɪʃn] *n* plė-
timas *ir pan. žr.* amplify; ~ifier
['æmplɪfaɪə] *n rad.* stiprintuvas ~ify
['æmplɪfaɪ] *v* 1 plėsti, plėtoti 2 (pa)di-
dinti 3 *rad.* stiprinti
amplitude ['æmplɪtju:d] *n* 1 platumas,
erdvumas; gausumas 2 *fiz.* amplitudė
amputat||e ['æmpjuteɪt] *v* amputuoti
~ion [ˌæmpju'teɪʃn] *n med.* am-
putacija
amuck [ə'mʌk] *adv*: *to run* ~ siautėti,
puldinėti
amus||e [ə'mju:z] *v* linksminti(s)
~ement *n* pramoga; pasilinksmini-
mas ~ing *a* 1 linksmas; 2 juokingas,
įdomus
an [ən; æn] *nežymimasis artikelis; vart.*
prieš žodį, prasidedantį balsiu (*pvz.,*
an apple [ən'æpl])
anaesthe||sia [ˌænɪs'θi:zɪə] *n* narkozė,
anestezija ~tic [ˌænɪs'θetɪk] *a* aneste-
zinis *n* anestezikas ~tize [ə'ni:sθɪtaɪz]
v nuskausminti
analog||ous [ə'næləgəs] *a* analogiškas,
panašus ~ue (*t.p.* analog) ['ænəlɔg]
n analogas
analogy [ə'nælədʒɪ] *n* panašumas; ana-
logija; *by* ~ (*with*), *on the* ~ (*of*)
analogiškai
analy||se ['ænəlaɪz] *v* nagrinėti, ana-
lizuoti ~sis [ə'nælɪsɪs] *n* 1 analizė;
nagrinėjimas 2 *chem., fiz.* (su)-
skaidymas ~st [-lɪst] *n* 1 analiti-
kas 2 laborantas chemikas ~tic(al)
[ˌænə'lɪtɪk(l)] *a* analitinis, analizinis
anarch||ic(al) [æ'nɑ:kɪk(l)] *a* anarchiš-
kas ~ist ['ænəkɪst] *n* anarchistas ~y
['ænəkɪ] *n* anarchija
anatom||ic(al) [ˌænə'tɔmɪk(l)] *a* anato-
minis ~y [ə'nætəmɪ] *n* anatomija
ancest||or ['ænsəstə] *n* protėvis ~ral
[ˌæn'sestrəl] *a* protėvių, paveldėtas
~ry ['ænsəstrɪ] *n* 1 protėviai 2 kilmė
anchor ['æŋkə] *n* 1 inkaras; *to stand*
at ~ stovėti nuleidus inkarą; *to cast*
(*to weigh*) ~ nuleisti (pakelti) inkarą
2 *prk.* ramstis, viltis *v* 1 sustoti / sto-
vėti nuleidus inkarą 2 pri(si)tvirtinti

△ to ~ one's hopes (*in, on*) dėti viltis (*į*) ~age [-rɪdʒ] *n* 1 stovėjimas nuleidus inkarą 2 uosto mokestis

ancient ['eɪnʃənt] *a* senovinis ~s *n pl* senovės tautos; antikiniai autoriai

and [ənd; ænd] *conj* 1 ir; bei; *he saw me ~ my sister* jis pamatė mane ir mano seserį 2 (*reiškiant priešpriešą*) o; *I went to school ~ he to the theatre* aš nuėjau į mokyklą, o jis į teatrą 3 (*su skaitvardžiais neverčiamas*): *two hundred ~ forty* du šimtai keturiasdešimt 4 (*vietoj dalelytės* to): *try ~ come* pasistenkite ateiti

anecdote ['ænɪkdəut] *n* anekdotas; istorija

anew [ə'nju:] *adv* iš naujo, vėl

angel ['eɪndʒl] *n* angelas ~ic [æn'dʒelɪk] *a* angeliškas

anger ['æŋgə] *n* pyktis *v* pykinti, pykdyti

angina [æn'dʒaɪnə] *n med.* angina

angle ['æŋgl] I *n* 1 *geom.* kampas 2 požiūris

angle II *v* meškerioti ~r *n* meškeriotojas

Anglican ['æŋglɪkən] *a* 1 anglikonų 2 *amer.* angliškas *n* anglikonas

Anglo-Saxon [ˌæŋgləu'sæksn] *n* 1 anglosaksas 2 senoji anglų kalba *a* anglosaksiškas

angry ['æŋgrɪ] *a* supykęs, piktas; *to be ~ with smb* pykti ant ko; *to get ~ at smth* supykti už ką; *to make ~* supykdyti

anguish ['æŋgwɪʃ] *n* didelis skausmas

angular ['æŋgjulə] *a* 1 kampinis 2 kampuotas

animal ['ænɪməl] *n* gyvulys; gyvūnas *a* gyvuliškas; gyvulių

animat‖e *v* ['ænɪmeɪt] 1 pagyvinti 2 atgaivinti *a* ['ænɪmət] gyvas (*t.p. prk.*) ~ed ['ænɪmeɪtɪd] *a* gyvas, žvalus ~ion [ˌænɪ'meɪʃn] *n* 1 gyvumas 2 (*dvasios*) pakilimas

animosity [ˌænɪ'mɒsətɪ] *n* priešiškumas

ankle ['æŋkl] *n anat.* kulkšnis

annal‖ist ['ænəlɪst] *n* metraštininkas ~s *n pl* metraščiai

annex *v* [ə'neks] prijungti, aneksuoti *n* ['æneks] 1 (*dokumento ir pan.*) priedas 2 priestatas ~ation [ˌænek'seɪʃn] *n* prijungimas, aneksija

annihilat‖e [ə'naɪəleɪt] *v* (su)naikinti ~ion [əˌnaɪə'leɪʃn] *n* (su)naikinimas

anniversary [ˌænɪ'vɜ:sərɪ] *n* metinės, jubiliejus

annotat‖e ['ænəteɪt] *v* anotuoti; (pa)aiškinti ~ion [ˌænə'teɪʃn] *n* anotacija; pastaba

announce [ə'nauns] *v* (pa)skelbti ~ment *n* (pa)skelbimas ~r *n* diktorius

annoy [ə'nɔɪ] *v* (su)pykdyti, (su)erzinti ~ance *n* 1 apmaudas 2 su(si)erzinimas

annual ['ænjuəl] *a* (kas)metinis *n* 1 metraštis 2 vienmetis augalas

annuity [ə'nju:ətɪ] *n* kasmetinė renta

annul [ə'nʌl] *v* panaikinti, anuliuoti

anode ['ænəud] *n el.* anodas

anodyne ['ænədaɪn] *a* malšinantis skausmą *n* skausmą malšinantis vaistas

anoint [ə'nɔɪnt] *v* patepti (*žaizdą; t.p. bažn.*)

anomal‖ous [ə'nɒmələs] *a* nenormalus; netaisyklingas ~y *n* anomalija; nenormalumas

anonym ['ænənɪm] *n* anonimas ~ous [ə'nɒnɪməs] *a* anoniminis, bevardis

another [ə'nʌðə] *pron* 1 kitas; *one ~* vienas kitą 2 dar (*vienas*); antrasis

answer ['ɑ:nsə] *v* 1 atsakyti 2 atitikti 3 (pa)tenkinti (*reikmes ir pan.*) 4 laiduoti (*for – už*) *n* 1 atsakymas; *in ~ (to)* atsakant (į) 2 *mat.* sprendinys ~able [-rəbl] *a* atsakingas

ant [ænt] *n* skruzdėlė

an't [ɑ:nt] *sutr. šnek.* = am not, are not

antagon‖ism [æn'tægənɪzm] *n* priešiškumas, antagonizmas ~ist *n* antagonistas; priešininkas ~istic [ænˌtægə'nɪstɪk] *a* priešiškas, antagonistinis ~ize [-gənaɪz] *v* priešintis

antarctic [æn'tɑ:ktɪk] *a* pietų ašigalio, antarktinis; *the A.* Antarktika

antecedent [ˌæntɪ'si:dənt] *a* pirmesnis (*to*); apriorinis *n* pirmtakas; *pl* senoliai

antechamber ['æntɪtʃeɪmbə] *n* prieškambaris

antedate [ˌæntɪ'deɪt] *n* atgalinė data *v* pažymėti atgalinę datą

antediluvian [ˌæntɪdɪ'lu:vɪən] *a* 1 prieštvaninis 2 senoviškas

antenna [æn'tenə] *n* 1 (*pl* ~s [-z]) antena 2 (*pl* ~e [-ni:]) *zool.* čiuptuvėlis

anterior [æn'tɪərɪə] *a* 1 pirmesnis 2 priekinis, priešakinis

anteroom ['æntɪrum] *n* 1 prieškambaris 2 laukiamasis

anthem ['ænθəm] *n* himnas

ant-hill ['ænthɪl] *n* skruzdėlynas

anthology [æn'θɔlədʒɪ] *n* antologija

anthracite ['ænθrəsaɪt] *n* antracitas

anti- ['æntɪ-] *pref* prieš-, anti-

anti-aircraft [ˌæntɪ'eəkrɑ:ft] *a* zenitinis; priešlėktuvinis

anticipat‖e [æn'tɪsɪpeɪt] *v* 1 numatyti; tikėtis, laukti 2 pasakyti anksčiau, užbėgti už akių ~ion [ænˌtɪsɪ'peɪʃn] *n* numatymas, nujautimas; laukimas ~ory [ænˌtɪsɪ'peɪtərɪ] *a* numatomas, išankstinis

anticlimax [ˌæntɪ'klaɪmæks] *n* įtampos sumažėjimas

anticlockwise [ˌæntɪ'klɔkwaɪz] *adv* prieš laikrodžio rodyklę

antics ['æntɪks] *n pl* darkymasis, maivymasis

antidote ['æntɪdəut] *n* priešnuodis

anti-fascist [ˌæntɪ'fæʃɪst] *n* antifašistas *a* antifašistinis

antimony ['æntɪmənɪ] *n chem.* stibis

antipath‖etic [ˌæntɪpə'θetɪk] *a* jaučiantis antipatiją; antipatiškas ~y [æn'tɪpəθɪ] *n* antipatija

antiquarian [ˌæntɪ'kweərɪən] *a* antikvarinis *n* antikvaras

antiqu‖e [æn'ti:k] *a* antikinis; senovinis *n* seniena ~ity [æn'tɪkwətɪ]

n 1 senovė; *high* ~ity žila senovė 2 *pl* senienos

antiseptic [ˌæntɪ'septɪk] *a* antiseptinis *n* antiseptikas

antisocial [ˌæntɪ'səuʃl] *a* nevisuomeniškas, antisocialus; antisocialinis

antithesis [æn'tɪθəsɪs] *n* (*pl* -ses [-si:z]) antitezė; priešprieša, priešybė

antonym ['æntənɪm] *n* antonimas

anvil ['ænvɪl] *n* priekalas

anxi‖ety [æŋ'zaɪətɪ] *n* 1 susirūpinimas 2 nerimas 3 troškimas ~ous ['æŋkʃəs] *a* 1 susirūpinęs; neramus 2 trokštantis; *I am* ~ *ous to see it* aš labai noriu tai pamatyti

any ['enɪ] *pron* 1 kas nors; koks nors 2 bet koks; *in* ~ *case* bet kuriuo atveju *adv* kiek nors

anybody ['enɪbɔdɪ] *pron* 1 bet kas 2 kas nors (*kalbant apie asmenį klausiamuosiuose sakiniuose*)

anyhow ['enɪhau] *adv* 1 bet kaip, kaip nors 2 bet kuriuo atveju; vis tiek

anyone ['enɪwʌn] *pron* bet kas

anything ['enɪθɪŋ] *pron* 1 kas nors (*kalbant apie daiktą klausiamuosiuose sakiniuose*) 2 bet kas; viskas; ~ *but* bet kas tik ne; toli gražu ne

any‖way ['enɪweɪ] = **anyhow**; ~where [-weə] *adv* 1 kur nors (*klausiamuosiuose ir neigiamuosiuose sakiniuose*) 2 bet kur

apart [ə'pɑ:t] *adv* 1 atskirai, skyrium; nuošaliai; *to stand* ~ būti / laikytis nuošaliai 2 (~ *from*) neskaitant; be to

apartment [ə'pɑ:tmənt] *n* 1 kambarys 2 *amer.* butas

apath‖etic [ˌæpə'θetɪk] *a* abejingas, apatiškas ~y ['æpəθɪ] *n* apatija, abejingumas

ape [eɪp] *n* beždžionė *v* mėgdžioti

aperture ['æpətʃə] *n* anga; plyšys

apex ['eɪpeks] *n* viršūnė

apiar‖ist ['eɪpɪərɪst] *n* bitininkas ~y *n* bitynas

apiculture ['eɪpɪkʌltʃə] *n* bitininkystė

apiece [ə'pi:s] *adv* už vienetą, vienetais; kiekvienas

apish ['eɪpɪʃ] a beždžioniškas; beždžio-
niaujantis; kvailas

apogee ['æpɔdʒiː] n aukščiausias taš-
kas, apogėjus

apolog‖etic [ə,pɔlə'dʒetɪk] a 1 atsipra-
šantis 2 apologetiškas ~ize [ə'pɔlə-
dʒaɪz] v atsiprašyti ~y [ə'pɔlədʒɪ] n
atsiprašymas; teisinimas; to make /
offer an ~ atsiprašyti

apople‖ctic [,æpə'plektɪk] a apopleksi-
nis ~xy ['æpəpleksɪ] n paralyžius;
apopleksija

apost‖le [ə'pɔsl] n apaštalas ~olic
[,æpə'stɔlɪk] a apaštališkas; popiežiaus

apostrophe [ə'pɔstrəfɪ] n 1 liter. krei-
pinys 2 apostrofas (ženklas ')

appal [ə'pɔːl] v gąsdinti ~ling a baisus

apparatus [,æpə'reɪtəs] n (pl ~es [-ɪz])
1 aparatas 2 prietaisas

apparent [ə'pærənt] a 1 aiškus, mato-
mas 2 tariamas ~ly adv aiškiai; matyt

apparition [,æpə'rɪʃn] n šmėkla

appeal [ə'piːl] v 1 apeliuoti; kreiptis; to
~ to arms griebtis ginklo 2 patrauk-
ti; patikti n 1 apeliacija; kreipimasis
2 patrauklumas; to make an ~ (to)
patraukti (ką)

appear [ə'pɪə] v 1 pasirodyti, rodytis
2 atrodyti; you ~ to forget jūs,
atrodo, pamirštate ~ance [-rəns]
n 1 pasirodymas; to put in an
~ance tik pasirodyti, trumpam ateiti
2 išvaizda, išorė △ to keep up
~ances laikytis mandagumo; by /
in all ~ance iš visko sprendžiant /
matyti

appease [ə'piːz] v nuraminti; numalšinti
(alkį ir pan.) ~ment n nuraminimas

appellate [ə'pelət] a teis. apeliacinis

append [ə'pend] v pridėti, prijungti
~age n priedas

appendicitis [ə,pendɪ'saɪtɪs] n med.
apendicitas

appendix [ə'pendɪks] n 1 (knygos ir
pan.) priedas 2 anat. apendiksas

appertain [,æpə'teɪn] v knyg. priklau-
syti

appeti‖te ['æpɪtaɪt] n apetitas (t.p.
prk.) ~zing ['æpɪtaɪzɪŋ] a žadinantis
apetitą, skanus

applau‖d [ə'plɔːd] v 1 ploti (delnais)
2 pritarti ~se [ə'plɔːz] n 1 pritarimas
2 aplodismentai

apple ['æpl] n obuolys △ ~ of discord
nesantaikos obuolys; ~ of the eye
akies vyzdys ~-pie [-paɪ] n obuolinis
pyragas ~-tree [-triː] n obelis

appl‖iance [ə'plaɪəns] n prietaisas,
įtaisas ~icable ['æplɪkəbl] a pritaiko-
mas; tinkamas

applicant ['æplɪkənt] n prašytojas; pre-
tendentas

appl‖ication [,æplɪ'keɪʃn] n 1 (pri)tai-
kymas 2 (vaistų) vartojimas 3 pra-
šymas, pareiškimas 4 uolumas ~ied
[ə'plaɪd] a taikomasis

apply [ə'plaɪ] v 1 (pa)vartoti, panaudoti
2 pritaikyti 3 kreiptis; prašyti 4 liesti
5: to ~ oneself užsiimti (kuo)

appoint [ə'pɔɪnt] v paskirti; išrinkti
(pareigoms) ~ment n 1 paskyrimas
2 tarnyba, postas 3 pasimatymas 4 pl
įranga; baldai △ by ~ment pagal
susitarimą

apportion [ə'pɔːʃn] v paskirstyti, išda-
lyti

apposition [,æpə'zɪʃn] n 1 pridėjimas
2 gram. priedėlis

apprais‖al [ə'preɪzl] n įvertinimas ~e
[ə'preɪz] v įvertinti

appreci‖able [ə'priːʃəbl] a 1 pastebi-
mas, žymus 2 vertinamas ~ate [-ʃɪ-
eɪt] v 1 vertinti 2 suprasti; pripažinti
3 (pa)kilti (apie vertę, kainą) ~ation
[ə,priːʃɪ'eɪʃn] n 1 (į)vertinimas 2 pripa-
žinimas 3 (vertės) kilimas

apprehen‖d [,æprɪ'hend] v 1 suvokti
2 areštuoti, suimti ~sible [-nsəbl]
a suvokiamas, suprantamas ~sion
[-nʃn] n 1 nuogąstavimas 2 su-
vokimas, supratimas 3 suėmimas
~sive [-sɪv] a 1 nuovokus, sumanus
2 nuogąstaujantis

apprentice [ə'prentɪs] n mokinys, pa-
meistrys v atiduoti mokytis (amato)

appro ['æprəu] n: *goods on* ~ prekės
išbandymui (*su teise grąžinti*)

approach [ə'prəutʃ] v 1 artėti, prisi-
artinti 2 kreiptis n 1 prisiartinimas
2 metodas, būdas 3 požiūris 4 pl mė-
ginimai (*užmegzti asmeninius ryšius*)
~**able** a prieinamas

approbat||e ['æprəbeɪt] v pritarti;
sankcionuoti ~**ion** [ˌæprə'beɪʃn] n pri-
tarimas; sankcija

appropriat||e v [ə'prəuprɪeɪt] 1 (pa)-
skirti, asignuoti 2 pasisavinti a [-prɪət]
1 būdingas 2 tinkamas ~**ion** [əˌprəu-
prɪ'eɪʃn] n 1 asignavimas 2 pasisavini-
mas

approval [ə'pru:vl] n pritarimas

approv||e [ə'pru:v] v 1 patvirtinti 2 pri-
tarti ~**ed** a: ~ *school* pataisos na-
mai (*mokykla*) ~**ingly** adv pritaria-
mai

approximat||e v [ə'prɔksɪmeɪt] artin-
ti(s), artėti; beveik prilygti a [-mət]
1 apytikris 2 artimas ~**ely** [-mətlɪ]
adv maždaug, apytikriai ~**ion** [əˌprɔk-
sɪ'meɪʃn] n pri(si)artinimas; priartėji-
mas

appurtenance [ə'pə:tɪnəns] n (*papr.
pl*) teis. pirmenybės teisė turto valdy-
mui

apricot ['eɪprɪkɔt] n abrikosas

April ['eɪprəl] n balandžio mėnuo; ~
fool žmogus, apgautas balandžio pir-
mąją dieną

apron ['eɪprən] n 1 prijuostė; ~ *string*
prijuostės raištis 2 teatr. avanscena

apropos ['æprəpəu] knyg. a savalaikis,
tinkamas adv beje, tarp kitko; dėl

apt [æpt] a 1 linkęs; galimas 2 gabus
3 tikęs; an ~ *remark* vykusi pastaba
~**itude** [-ɪtju:d], ~**ness** n 1 polinkis
2 gabumai

aqualung ['ækwəlʌŋ] n akvalangas

aquarium [ə'kweənəm] n akvariumas

aquatic [ə'kwætɪk] a vandens; ~
sports vandens sportas

aquiline ['ækwɪlaɪn] a erelio, ereliškas

Arab ['ærəb] n 1 arabas 2 arabų veislės
arklys △ *street* a. beglobis / benamis
vaikas a arabų, arabiškas

arabesque [ˌærə'besk] n arabeska(s)

Arab||**ian** [ə'reɪbɪən] a arabų, arabiš-
kas n arabas ~**ic** ['ærəbɪk] a arabiškas,
arabų n arabų kalba

arable ['ærəbl] a ariamas n arimas

arbit||**er** ['a:bɪtə] n 1 arbitras 2 trečiųjų
teismo teisėjas ~**rary** [-trən] a 1 sa-
vavališkas 2 sutartinis ~**rate** [-treɪt]
v spręsti; būti trečiųjų teismo teisė-
ju ~**ration** [ˌa:bɪ'treɪʃn] n arbitražas
~**rator** ['a:bɪtreɪtə] n arbitras

arboreal [a:'bɔ:rɪəl] a 1 medžio; medi-
nis 2 zool. gyvenantis medžiuose

arbour ['a:bə] n lapinė, pavėnė

arc [a:k] n 1 geom. lankas 2 elektros
lankas

arcade [a:'keɪd] n archit. 1 arkada 2 pa-
sažas

arch [a:tʃ] I n 1 arka; skliautas 2 lankas
v sulenkti lanku; riesti (*nugarą*)

arch II a 1 suktas, gudrus 2 šelmiškas

arch- [a:tʃ-] pref archi-, arki-

archaeolog||**ical** [ˌa:kɪə'lɔdʒɪkl] a ar-
cheologinis ~**y** [ˌa:kɪ'ɔlədʒɪ] n archeo-
logija

archa||**ic** [a:'keɪɪk] a archaiškas, senovi-
nis ~**ism** ['a:keɪɪzm] n archaizmas

archangel ['a:keɪndʒl] n arkangelas

archbishop [ˌa:tʃ'bɪʃəp] n arkivyskupas

archdeacon [ˌa:tʃ'di:kən] n arkidiako-
nas

archer ['a:tʃə] n lankininkas ~**y** [-rɪ] n
šaudymas iš lanko

archetype ['a:kɪtaɪp] n prototipas

archipelago [ˌa:kɪ'peləgəu] n salynas

architect ['a:kɪtekt] n architektas ~**ure**
['a:kɪtektʃə] n 1 architektūra 2 struk-
tūra, sandara

archiv||**es** ['a:kaɪvz] n pl archyvas ~**ist**
['a:kɪvɪst] n archyvaras

arctic ['a:ktɪk] a šiaurinis, arktinis; *the*
A. Arktika

ardent ['a:dənt] a aistringas, karštas

ardour ['a:də] n aistra, užsidegimas

arduous ['a:djuəs] a sunkus; įtemptas

are I [a:; ə] pres pl žr. be

are II [a:] n aras (= 100 m^2)

area [ˈɛərɪə] *n* 1 plotas 2 zona; sritis; sfera 3 užmojis

arena [əˈriːnə] *n* arena; veiksmo vieta

aren't [ɑːnt] *sutr.* = are not

argot [ˈɑːgəu] *n* žargonas, argo

argu‖e [ˈɑːgjuː] *v* 1 ginčytis 2 įrodinėti 3 įtikin(ė)ti (*into*) ~ment [-jumənt] *n* 1 įrodymas, argumentas 2 ginčas ~mentation [ˌɑːgjumenˈteɪʃn] *n* 1 argumentacija 2 ginčas

arid [ˈærɪd] *a* 1 sausas (*t.p. prk.*) 2 tuščias, bergždžias

arise [əˈraɪz] *v* (**arose** [əˈrəuz]; **arisen** [əˈrɪzn]) kilti; iškilti

aristocr‖acy [ˌærɪˈstɔkrəsɪ] *n* aristokratija ~at [ˈærɪstəkræt] *n* aristokratas ~atic [ˌærɪstəˈkrætɪk] *a* aristokratinis

arithmetic [əˈrɪθmətɪk] *n* aritmetika

arm [ɑːm] I *n* 1 ranka; at ~'s length pagarbiu / prideramu atstumu 2 šaka; ~ of a river upės atšaka 3 rankovė 4 (*krėslo*) atrama

arm II *n* (*papr. pl*) 1 ginklas; under ~s ginkluotas; to ~s! prie ginklo!; up in ~s a) pasiruošęs kovai; b) sukilęs; to bear ~s tarnauti kariuomenėje; to lay down ~s sudėti ginklus, pasiduoti; to take up ~s griebtis ginklo 2 kariuomenės rūšis *v* ginkluoti(s)

armament [ˈɑːməmənt] *n* 1 ap(si)ginklavimas 2 ginklai

armchair [ˈɑːmtʃɛə] *n* krėslas, fotelis

armed [ɑːmd] *a* 1 ginkluotas 2 *prk.* apsiginklavęs, apsišarvavęs

Armenian [ɑːˈmiːnɪən] *n* 1 armėnas 2 armėnų kalba *a* armėnų, armėniškas; Armėnijos

arm‖ful [ˈɑːmful] *n* glėbys ~hole [-həul] *n* prakarpa rankovei

arm-in-arm [ˌɑːmɪnˈɑːm] *adv* už parankės

arming [ˈɑːmɪŋ] *n* ap(si)ginklavimas

armistice [ˈɑːmɪstɪs] *n* paliaubos

armless [ˈɑːmləs] I *a* 1 berankis 2 bešakis

armless II *a* beginklis

armlet [ˈɑːmlɪt] *n* 1 antrankovis; apyrankė 2 įlankėlė

armo(u)r [ˈɑːmə] *n* 1 šarvai 2 šarvuočiai *v* dengti šarvais ~-clad [-klæd], ~ed *a* šarvuotas; ~ed car šarvuotas automobilis

armo(u)ry [ˈɑːmərɪ] *n* ginklų sandėlis

armpit [ˈɑːmpɪt] *n* pažastis

army [ˈɑːmɪ] *n* 1 kariuomenė, armija; to join the ~ įstoti į kariuomenę; standing ~ reguliarioji kariuomenė 2 *prk.* daugybė

aroma [əˈrəumə] *n* aromatas ~tic [ˌærəˈmætɪk] *a* aromatinis

arose [əˈrəuz] *past žr.* arise

around [əˈraund] *prep* apie, aplink; ~ a thousand apie tūkstantį *adv* 1 aplink(ui), arti; he looked ~ jis apsidairė aplink; all ~ visur 2 arti

arouse [əˈrauz] *v* 1 žadinti, kelti 2 *prk.* sužadinti

arraign [əˈreɪn] *v* apkaltinti ~ment *n* kaltinimas; patraukimas tieson

arrange [əˈreɪndʒ] *v* 1 (su)rengti 2 (su)tvarkyti 3 susitarti ~ment *n* 1 rengimas (*koncerto ir pan.*) 2 sutvarkymas 3 susitarimas; to make ~ments susitarti 4 *pl* planai, pasirengimai

array [əˈreɪ] *v knyg.* 1 išrikiuoti, išdėstyti 2 puošti(s), ap(si)rengti *n* 1 iš(si)dėstymas; demonstravimas 2 daugybė 3 *poet.* rūbai

arrears [əˈrɪəz] *n pl* įsiskolinimas, nepriemoka; atsilikimas; to be in ~ turėti įsiskolinimą; atsilikti

arrest [əˈrest] *v* 1 areštuoti, suimti 2 sulaikyti, sustabdyti 3 patraukti (*dėmesį*) *n* 1 suėmimas 2 sustabdymas, sulaikymas ~er *n* 1 *tech.* stabdiklis 2 *el.* iškroviklis ~ing *a* 1 *tech.* sulaikantis 2 patraukiantis (*dėmesį*)

arriv‖al [əˈraɪvl] *n* 1 atvykimas 2 atvykėlis ~e [əˈraɪv] *v* 1 atvykti 2 pasiekti; to ~e at a conclusion prieiti išvadą

arrog‖ance [ˈærəgəns] *n* išdidumas, pasipūtimas ~ant *a* išdidus, išpuikęs, arogantiškas ~ate [ˈærəgeɪt] *v* 1 prisiskirti 2 įžūliai reikalauti

arrow [ˈærəu] *n* strėlė ~head [-hed] *n* strėlės smaigalys

arsenal [ˈɑːsənl] n arsenalas; ginklų sandėlis

arsenic [ˈɑːsnɪk] n chem. aršenikas

arson [ˈɑːsn] n teis. padegimas

art [ɑːt] n 1 menas; dailė(t.p. fine ~s) 2 pl amatas (papr. ~s and crafts) △ to have / be ~ and part (in) būti (ko) bendrininku

arter‖ial [ɑːˈtɪərɪəl] a 1 išsišakojęs 2 anat. arterinis ~iosclerosis [ɑːˌtɪərɪəuskləˈrəusɪs] n med. arteriosklerozė ~y [ˈɑːtərɪ] n arterija

artful [ˈɑːtfl] a gudrus; suktas, apsukrus

arthritis [ɑːˈθraɪtɪs] n med. artritas

article [ˈɑːtɪkl] n 1 straipsnis 2 (sutartyje ir pan.) paragrafas, punktas 3 dalykas, prekė, gaminys 4 gram. artikelis; (in)definite ~ (ne)žymimasis artikelis

articulat‖e a [ɑːˈtɪkjulət] ryškus, aiškus; artikuliuotas v [ɑːˈtɪkjuleɪt] aiškiai tarti / išreikšti; artikuliuoti ~ion [ɑːˌtɪkjuˈleɪʃn] n artikuliacija

artific‖e [ˈɑːtɪfɪs] n išmonė; gudrybė ~ial [ˌɑːtɪˈfɪʃl] a dirbtinis

artillery [ɑːˈtɪlərɪ] n artilerija

artisan [ˌɑːtɪˈzæn] n amatininkas

artist [ˈɑːtɪst] n 1 menininkas 2 artistas 3 meistras; žinovas ~e [ɑːˈtiːst] n dainininkas / šokėjas profesionalas ~ic(al) [ɑːˈtɪstɪk(l)] a 1 meno; dailės 2 artistiškas, meniškas

artless [ˈɑːtləs] a paprastas, be gudrybių

as [əz, æz] adv kaip; as ... as taip / toks pat ... kaip; he is as tall as I am jis tokio pat ūgio kaip ir aš; as many / much as tiek pat kiek prep kaip; t.p. verčiamas įnagininku; to work as a teacher dirbti mokytoju pron kuris; I have the same books ~ you have aš turiu tas pačias knygas, kurias ir jūs turite conj 1 kada, kai; tuo laiku kai; as I was walking in the street, I met my teacher beeidamas gatve, sutikau savo mokytoją 2 nes, kadangi; as it is getting dark, I go home aš einu namo, nes jau temsta 3 nors;

clever ~ he is ... koks jis bebūtų gudrus ...; as if / though tarytum; lyg; as to / for (o) dėl; ~ it were taip sakant

asbestos [æzˈbestɔs] n min. asbestas

ascend [əˈsend] v kopti, (pa)kilti; to ~ a river plaukti upe prieš srovę ~ancy n įtaka, viršenybė ~ant a 1 dominuojantis 2 kylantis

ascension [əˈsenʃn] n kopimas, lipimas; kilimas; the A. rel. Dangun žengimo šventė, Šeštinės

ascent [əˈsent] n (pa)kilimas

ascertain [ˌæsəˈteɪn] v nustatyti, įsitikinti

ascetic [əˈsetɪk] a asketiškas n asketas ~ism [-tɪsɪzm] n asketizmas

ascri‖be [əˈskraɪb] v priskirti; aiškinti ~ption [əˈskrɪpʃn] n priskyrimas

aseptic [eɪˈseptɪk] n aseptikas a aseptinis

ash [æʃ] I n uosis; mountain ~ šermukšnis

ash II n (papr. pl) 1 pelenai; to burn to ~es visiškai sudeginti 2 palaikai

ashamed [əˈʃeɪmd] a predic susigėdęs; to be / feel ~ (of) gėdytis

ashcan [ˈæʃkæn] n amer. šiukšlių dėžė

ashen [ˈæʃn] I a 1 peleninis, pelenų 2 pelenų spalvos; išbalęs

ashen II a uosio, uosinis

ashore [əˈʃɔː] adv ant kranto; į krantą; to go ~ išlipti į krantą

ash‖pot [ˈæʃpɔt], ~tray [-treɪ] n peleninė ~y a peleninis, pelenuotas

Asian [ˈeɪʃn], **Asiatic** [ˌeɪʃɪˈætɪk] n azijietis a Azijos; azijinis; azijiečių

aside [əˈsaɪd] adv šalia, šalin; to speak ~ kalbėti į šalį (scenoje); to take ~ nuvesti į šalį prep (~ from) amer. be, išskyrus

asinine [ˈæsɪnaɪn] a knyg. asiliškas; kvailas

ask [ɑːsk] v 1 klausti; teirautis 2 prašyti 3 kviesti 4 būti reikalingam; it ~s (for) attention tai reikalauja dėmesio △ ~ me another! šnek. nežinau, neklausk manęs

askance [ə'skæns] adv žvairai, šnairo-
mis; to look ~ (at) žiūrėti šnairomis,
šnairuoti
askew [ə'skju:] adv kreivai; šnairai
asking ['ɑːskɪŋ] n: for the ~ tik pa-
prašius
aslant [ə'slɑːnt] adv nuožulniai, įstrižai
asleep [ə'sliːp] a predic miegantis; to be
~ miegoti; to fall ~ užmigti
asparagus [ə'spærəgəs] n bot. šparagas
aspect ['æspekt] n 1 aspektas; požiūris
2 žvilgsnis 3 gram. veikslas
aspen ['æspən] a epušinis; drebulinis
n epušė; drebulė
asperity [æ'sperətɪ] n 1 šiurkštumas
2 atšiaurumas
aspersion [ə'spəːʃn] n šmeižimas; šmeiž-
tas
asphalt ['æsfælt] n asfaltas v asfaltuoti
aspirant [ə'spaɪərənt] n pretendentas,
kandidatas
aspira||te ['æspəreɪt] v fon. aspiruoti
~tion [ˌæspə'reɪʃn] n 1 siekimas 2 as-
piravimas; aspiracija
aspire [ə'spaɪə] v siekti, veržtis (to, af-
ter)
aspirin ['æspərɪn] n aspirinas
ass [æs] n 1 asilas 2 šnek. kvailys; to
make an ~ of oneself a) kvailioti;
b) apsikvailinti
assail [ə'seɪl] v 1 (už)pulti (t.p. prk.)
2 (energingai) imtis, griebtis ~able
a pažeidžiamas ~ant n užpuolikas
assassin [ə'sæsɪn] n samdytas žudi-
kas ~ate v nužudyti ~ation [əˌsæ-
sɪ'neɪʃn] n nužudymas
assault [ə'sɔːlt] n (už)puolimas; štur-
mas v (už)pulti; šturmuoti
assay [ə'seɪ] n bandymas; praba v ban-
dyti; prabuoti
assemblage [ə'semblɪdʒ] n 1 su(si)rin-
kimas 2 tech. montažas
assemble [ə'sembl] v 1 su(si)rinkti 2 su-
tvarkyti 3 tech. montuoti
assembly [ə'semblɪ] n 1 asamblėja; su-
sirinkimas, draugija 2 tech. mon-
tažas; agregatas ~-room [ə'semblɪ-
rum] n susirinkimų / koncertų ir pan.
salė

assent [ə'sent] v pritarti, sutikti n pri-
tarimas, sutikimas
assert [ə'səːt] v 1 tvirtinti 2 ginti (savo
teises) ~ion [ə'səːʃn] n 1 tvirtinimas;
a mere ~ion nepagrįstas tvirtinimas
2 (savo teisių ir pan.) gynimas ~ive
a tvirtinantis; kategoriškas
assess [ə'ses] v 1 apmokestinti 2 įvertin-
ti, nustatyti ~able a apmokestintinas
~ment n 1 apmokestinimas; apmo-
kestinimo suma 2 ivertinimas ~or n
1 teis. ekspertas konsultantas 2 mo-
kesčių inspektorius
assets ['æsets] n pl 1 turtas 2 aktyvai;
lėšos
asseverat||e [ə'sevəreɪt] v iškilmin-
gai / prisiekiant tvirtinti ~ion [əˌsevə-
'reɪʃn] n iškilmingas pareiškimas; kate-
goriškas tvirtinimas
assidu||ity [ˌæsɪ'djuətɪ] n 1 stropumas,
uolumas 2 pl atidumas, dėmesio sky-
rimas ~ous [ə'sɪdjuəs] a 1 stropus
2 dėmesingas
assign [ə'saɪn] v 1 paskirti 2 asignuo-
ti ~ation [ˌæsɪg'neɪʃn] n 1 paskyri-
mas, asignavimas 2 (turto, teisių) per-
davimas ~ee [ˌæsɪ'niː] n įgaliotinis
2 teis. teisių perėmėjas
assimilat||e [ə'sɪmɪleɪt] v 1 sulyginti;
asimiliuoti(s) 2 įsisavinti ~ion [ə-
ˌsɪmɪ'leɪʃn] n asimiliacija
assist [ə'sɪst] v 1 padėti 2 dalyvauti
~ance n pagalba ~ant n 1 padėjė-
jas; asistentas 2 pavaduotojas
assize [ə'saɪz] n teisminis nagrinėjimas
associat||e v [ə'səuʃɪeɪt] su(si)jungti;
asocijuoti(s) a [-ʃɪət] susijęs; jungtinis
n [-ʃɪət] kompanionas, kolega; sąjungi-
ninkas, draugas ~ion [əˌsəuʃɪ'eɪʃn] n
1 asociacija 2 draugija; bendrovė
assort [ə'sɔːt] v 1 rūšiuoti, grupuo-
ti 2 aprūpinti (prekėmis) 3 derintis
(with) ~ment n 1 rūšiavimas 2 asor-
timentas

assuage [æ'sweɪdʒ] *v* 1 nuraminti; palengvinti (*skausmą*) 2 numalšinti (*alkį*) ~ment *n* 1 nuraminimas (*skausmo ir pan.*) 2 skausmą malšinantis vaistas

assume [ə'sju:m] *v* 1 imtis, prisiimti (*atsakomybę*) 2 dėtis, apsimesti 3 tarti, manyti; *let us ~ that ...* tarkime, kad ...

assum‖ed [ə'sju:md] *a* 1 išgalvotas 2 apsimestinis 3 tariamas ~ing *a* pasipūtęs ~ption [ə'sʌmpʃn] *n* 1 pri(si)ėmimas 2 prielaida 3 apsimetimas ~ptive [ə'sʌmptɪv] *a* 1 manomas 2 pasipūtęs

assurance [ə'ʃuərəns] *n* 1 užtikrinimas, garantija 2 tikrumas, įsitikinimas; pasitikėjimas 3 draudimas (*nuo*)

assure [ə'ʃuə] *v* 1 užtikrinti, garantuoti 2 įtikinėti 3 apdrausti ~d *a* 1 tikras, užtikrintas 2 pasitikintis ~dly [-rɪdlɪ] *adv* žinoma; užtikrintai

aster ['æstə] *n bot.* astra

asterisk ['æstərɪsk] *n poligr.* žvaigždutė, asteriskas *v* pažymėti žvaigždute

astern [ə'stə:n] *adv jūr.* atgal; užpakalyje

astir [ə'stə:] *a predic* 1 judantis; sujudęs 2 atsikėlęs (*iš lovos*)

astonish [ə'stɔnɪʃ] *v* (nu)stebinti ~ing *a* 1 stebinantis 2 nuostabus ~ment *n* nustebimas, nuostaba

astound [ə'staund] *v* apstulbinti ~ing *a* stulbinantis

astrakhan [ˌæstrə'kæn] *n* karakulis

astray [ə'streɪ] *adv*: *to go ~* paklysti; *to lead ~* suklaidinti, nuvesti blogu keliu

astride [ə'straɪd] *adv* raitomis

astrology [ə'strɔlədʒɪ] *n* astrologija

astronaut ['æstrənɔ:t] *n* astronautas, kosmonautas

astronom‖er [ə'strɔnəmə] *n* astronomas ~ic(al) [ˌæstrə'nɔmɪk(l)] *a* astronominis ~y [ə'strɔnəmɪ] *n* astronomija

astute [ə'stju:t] *a* 1 įžvalgus 2 gudrus

asunder [ə'sʌndə] *adv* 1 atskirai 2 į gabalus; pusiau

asylum [ə'saɪləm] *n* prieglauda, prieglobstis; *lunatic ~* pamišėlių namai

at [ət; æt] *prep* 1 (*reiškiant vietą*) prie; *t.p. verčiama vietininku*; *at the window* prie lango; *at Kaunas* Kaune; *at the lesson* pamokoje 2 *reiškiant laiką verčiama galininku, prieveiksmiu*: *at two o'clock* antrą valandą; *at dinner* pietų metu; *at times* kartais 3 *reiškiant veiksmo būdą, būseną verčiama įnagininku, vietininku*: *the flowers are at their best* gėlės pačiame žydėjime; *at a gulp* vienu gurkšniu 4 (*reiškiant kainą, kiekį*) po; už; *at three shillings a pound* po tris šilingus už svarą; *at a good price* už gerą kainą 5 (*reiškiant veiksmo kryptį*) į, prie; *he rushed at me* jis metėsi į mane, prie manęs △ *at all* visai, visiškai; *at that* ir dar, o be to dar

ate [et] *past žr.* eat

athe‖ism ['eɪθɪɪzm] *n* ateizmas ~ist *n* ateistas, bedievis ~istic [ˌeɪθɪ'ɪstɪk] *a* ateistinis

athlet‖e ['æθli:t] *n* 1 atletas 2 sportininkas ~ic [æθ'letɪk] *a* atletiškas; sporto ~ics [æθ'letɪks] *n* atletika

atishoo [ə'tɪʃu:] *int* apči! (*reiškiant čiaudėjimą*)

Atlantic [ət'læntɪk] *n*: *the ~* Atlanto vandenynas (*t.p. ~ Ocean*) *a* Atlanto

atlas ['ætləs] *n* atlasas

atmospher‖e ['ætməsfɪə] *n* atmosfera ~ic [ˌætməs'ferɪk] *a* atmosferinis

atom ['ætəm] *n* 1 atomas 2 smulkiausia dalelė; *to break to ~s* visiškai sudaužyti į šipulius ~ic [ə'tɔmɪk] *a* atominis ~ize ['ætəmaɪz] *v* 1 smulkinti 2 purkšti

atone [ə'təun] *v* išpirkti (*kaltę*); atitaisyti (*klaidą; for*) ~ment *n* išpirkimas

attach [ə'tætʃ] *v* 1 pritvirtinti, pritaisyti 2 pri(si)rišti 3 teikti (*reikšmę*)

attaché [ə'tæʃeɪ] *pr. n* atašė

attach||ed [ə'tætʃt] a 1 prisirišęs, atsidavęs 2 pritvirtintas ~ment n prisirišimas

attack [ə'tæk] n 1 (už)puolimas, ataka 2 (*ligos*) priepuolis v pulti, atakuoti

attain [ə'teɪn] v pasiekti, gauti ~able a pasiekiamas ~ment n 1 pasiekimas 2 *pl* žinios, mokėjimas

attempt [ə'tempt] n 1 mėginimas 2 pasikėsinimas v 1 mėginti 2 pasikėsinti

attend [ə'tend] v 1 rūpintis, kreipti dėmesį 2 slaugyti 3 dalyvauti; lankyti, klausyti (*paskaitų ir pan.*) ~ance n 1 slaugymas; aptarnavimas 2 dalyvavimas; lankymas; lankomumas 3 auditorija, publika ~ant a lydintis n 1 palydovas 2 patarnautojas

attent||ion [ə'tenʃn] n dėmesys; to attract / call ~ atkreipti dėmesį; to pay ~ kreipti dėmesį ~ive [-tɪv] a 1 atidus; rūpestingas 2 paslaugus

attenuat||e v [ə'tenjueɪt] 1 praskiesti; suliesinti 2 sumažinti, susilpninti a [-juət] 1 liesas 2 praskiestas ~ion [ə,tenju'eɪʃn] n 1 praskiedimas 2 sumažinimas

attestation [,æte'steɪʃn] n *knyg.* 1 liudijimas 2 *teis.* prisaikdinimas

attic ['ætɪk] n mansarda

attire [ə'taɪə] v aprengti n rūbai

attitude ['ætɪtjuːd] n 1 nusistatymas, požiūris, pozicija 2 poza, laikysena

attorney [ə'təːnɪ] n patikėtinis, advokatas; *letter / warrant of* ~ įgaliojimas; *by* ~ pagal įgaliojimą, per patikėtinį

attract [ə'trækt] v 1 pritraukti; (pa)traukti 2 (pa)vilioti ~ion [-kʃn] n 1 (pri)traukimas; trauka 2 paviliojimas 3 patrauklumas 4 *pl* atrakcionai ~ive a patrauklus; viliojantis

attribut||e n ['ætrɪbjuːt] 1 savybė 2 *gram.* pažyminys v [ə'trɪbjuːt] 1 priskirti 2 aiškinti (*to - kuo*) ~ion [,ætrɪ'bjuːʃn] n 1 priskyrimas 2 valdžia; kompetencija

attune [ə'tjuːn] v 1 (su)derinti 2 pripratinti

auburn ['ɔːbən] a kaštonų spalvos

auction ['ɔːkʃn] n varžytinės, aukcionas; *to put up to* ~, *to sell by* ~ parduoti iš varžytinių v parduoti iš varžytinių ~eer [,ɔːkʃə'nɪə] n aukcionistas

audaci||ous [ɔː'deɪʃəs] a 1 drąsus 2 įžūlus ~ty [ɔː'dæsətɪ] n 1 drąsa 2 įžūlumas

audib||le ['ɔːdəbl] a girdimas ~ly *adv* girdimai; garsiai, aiškiai

audience ['ɔːdiəns] n 1 audiencija; *to give* ~ išklausyti 2 klausytojai, publika, auditorija

audit ['ɔːdɪt] *buh.* n revizija v revizuoti

audition [ɔː'dɪʃn] n 1 klausymas; klausa 2 dainininkų konkursas

auditor ['ɔːdɪtə] n *buh.* revizorius

audit||orium [,ɔːdɪ'tɔːriəm] n žiūrovų salė, auditorija ~ory ['ɔːdɪtrɪ] a klausos

auger ['ɔːgə] n *tech.* grąžtas

augment [ɔːg'ment] v didinti; didėti ~ation [,ɔːgmen'teɪʃn] n 1 didinimas 2 priaugimas, padidėjimas

August ['ɔːgəst] n rugpjūtis

aunt [ɑːnt] n teta ~ie [-ɪ] n *šnek.* tetulė, tetulytė

aural ['ɔːrəl] a ausų; klausos ~ly *adv* žodžiu; iš klausos

aureola [ɔː'rɪələ] n aureolė

auricular [ɔː'rɪkjulə] a ausies, klausos

auriferous [ɔː'rɪfərəs] a auksingas

aurora [ɔː'rɔːrə] n *poet.* aurora, aušra

auscultation [,ɔːskəl'teɪʃn] n *med.* auskultavimas, išklausymas

auspic||es ['ɔːspɪsɪz] n *pl* globa; *under smb's* ~ kam globojant, remiant ~ious [ɔː'spɪʃəs] a palankus

auster||e [ɔː'stɪə] a 1 griežtas, rūstus 2 aitrus 3 asketiškas ~ity [ɔː'sterətɪ] n 1 griežtumas 2 paprastumas 3 asketizmas

Australian [ɔ'streɪliən] a australiškas, australų; Australijos n australas

Austrian ['ɔstriən] a austriškas, austrų; Austrijos n austras

authentic [ɔː'θentɪk] a tikras, autentiškas

author ['ɔ:θə] *n* 1 autorius, rašytojas, kūrėjas 2 pradininkas ~ess ['ɔ:θərɪs] *n* autorė, rašytoja

authoritative [ɔ:'θɔrɪtətɪv] *a* 1 autoritetingas; patikimas 2 įsakmus, valdingas

authority [ɔ:'θɔrətɪ] *n* 1 autoritetas; svoris, įtaka 2 *pl* valdžia, valdžios organai 3 autoritetingas šaltinis / tvirtinimas

authorization [ˌɔ:θəraɪ'zeɪʃn] *n* 1 įgaliojimas 2 leidimas

author||ize ['ɔ:θəraɪz] *v* 1 įgalioti 2 leisti ~ized *a* 1 įgaliotas 2 autorizuotas ~ship [-əʃɪp] *n* autorystė

autobiograph||ic [ˌɔ:təbaɪə'græfɪk] *a* autobiografinis ~y [ˌɔ:təbaɪ'ɔgrəfɪ] *n* autobiografija

autocra||cy [ɔ:'tɔkrəsɪ] *n* autokratija, patvaldystė ~t ['ɔ:təkræt] *n* autokratas, patvaldys; despotas ~tic [ˌɔ:tə'krætɪk] *a* 1 autokratiškas 2 despotiškas

autograph ['ɔ:təgrɑ:f] *n* autografas ~ic [ˌɔ:tə'græfɪk] *a* savo ranka rašytas

automat ['ɔ:təmæt] *n* amer. restoranas / kavinė automatas ~ic [ˌɔ:tə'mætɪk] *n* 1 automatinis įrenginys, automatas 2 automatinis ginklas *a* automatinis; automatiškas ~on [ɔ:'tɔmətən] *n* automatas

automobile ['ɔ:təməbi:l] *n* (*ypač amer.*) automobilis

autonom||ous [ɔ:'tɔnəməs] *a* autonominis ~y *n* autonomija

autopsy ['ɔ:təpsɪ] *n* (*lavono*) skrodimas

autumn ['ɔ:təm] *n* ruduo ~al [ɔ:'tʌmnəl] *a* rudeninis, rudens

auxiliary [ɔ:g'zɪlɪərɪ] *a* pagalbinis (*t.p. gram.*) *n* 1 pagalbininkas 2 *gram.* pagalbinis veiksmažodis

avail [ə'veɪl] *v* būti naudingam; padėti; *to* ~ *oneself* (*of*) pasinaudoti *n* nauda; *of* ~ naudingas; *of no* ~ nenaudingas, be naudos ~able *a* 1 esamas, turimas; gaunamas 2 galiojantis; tinkamas 3 laisvas

avalanche ['ævəlɑ:nʃ] *n* lavina, (*sniego*) griūtis

avaric||e ['ævərɪs] *n* šykštumas, godumas ~ious [ˌævə'rɪʃəs] *a* godus, šykštus

avenge [ə'vendʒ] *v* keršyti ~ful *a* kerštingas ~r [-ə] *n* keršytojas

avenue ['ævənju:] *n* 1 platus takas 2 plati gatvė, prospektas, alėja 3 būdas

average ['ævərɪdʒ] *n* vidurkis; *at / on the* ~ vidutiniškai; *to strike an* ~ išvesti vidurkį *a* vidutinis *v* išvesti vidurkį; vidutiniškai siekti / prilygti

avers||e [ə'vɜ:s] *a* nelinkęs, nenusiteikęs ~ion [ə'vɜ:ʃn] *n* pasibjaurėjimas, antipatija

avert [ə'vɜ:t] *v* 1 nukreipti 2 išvengti ~ible *a* išvengiamas

aviat||ion [ˌeɪvɪ'eɪʃn] *n* aviacija ~or ['eɪvɪeɪtə] *n* lakūnas

avid ['ævɪd] *a* godus (*for*) ~ity [ə'vɪdətɪ] *a* godumas

avocation [ˌævə'keɪʃn] *n* mėgiamas užsiėmimas, pramoga

avoid [ə'vɔɪd] *v* 1 (iš)vengti 2 *teis.* panaikinti, anuliuoti ~able *n* (iš)vengiamas ~ance *n* 1 vengimas 2 anuliavimas

avow [ə'vau] *v* pri(si)pažinti ~al *n* pri(si)pažinimas ~edly [-ɪdlɪ] *adv* atvirai, tiesiai

await [ə'weɪt] *v* laukti

awake [ə'weɪk] *v* (awoke; awoke, awaked) 1 budinti; (su)žadinti (*t.p. prk.*) 2 atsibusti; pabusti (*t.p. prk.*) *a predic* 1 pabudęs; *to be* ~ nemiegoti 2 budrus, aiškiai suprantantis ~n *v* = awake

award [ə'wɔ:d] *v* apdovanoti; pripažinti, suteikti (*premiją ir pan.*) *n* 1 apdovanojimas 2 premija, dovana; stipendija

aware [ə'weə] *a predic* žinantis; *to be* ~ (*of; that*) žinoti, suprasti

awash [ə'wɔʃ] *a predic* 1 užlietas, užtvindytas 2 (*bangų*) mėtomas

away [ə'weɪ] *adv* toli (*t.p.* far ~); šalin; ~ *from home* toli nuo namų; *he is*

~ jo nėra (*namie*); ~ *with you!* pasitrauk!, šalin!; *two miles* ~ už dviejų mylių △ ~ *back* labai seniai *part* 1 (*reiškiant judėjimo / veiksmo kryptį tolyn*) iš-, nu-; *to go* ~ išvykti, išeiti; *to run* ~ nubėgti; *to carry* ~ nunešti 2 (*reiškiant atskyrimą, pa(si)šalinimą*) at-, iš-; *to pull* ~ išsilaisvinti, ištrūkti, atitraukti; *to boil* ~ išgaruoti 3 (*reiškiant nepertraukiamą veiksmą*) tebe-, toliau; *the soldiers fired* ~ kareiviai tebešaudė; *to work* ~ toliau tebedirbti

awe [ɔ:] *n* (*pagarbi*) baimė ~-struck ['ɔ:strʌk] *a* apimtas (*pagarbios*) baimės

awful ['ɔ:fl] *a* baisus ~ly *adv* 1 baisiai 2 *šnek.* labai

awhile [ə'waɪl] *adv* kurį laiką, neilgam

awkward ['ɔ:kwəd] *a* 1 nerangus; nemiklus 2 nepatogus; keblus ~ness *n* nerangumas *ir pan. žr.* akward

awl [ɔ:l] *n* yla

awn [ɔ:n] *n* (*varpos*) akuotas

awning ['ɔ:nɪŋ] *n* tentas, (*brezentinė*) uždanga (*nuo saulės, lietaus*)

awoke [ə'wəuk] *past ir pp žr.* awake

awry [ə'raɪ] *adv* 1 kreivai 2 neteisingai, negerai *a predic* 1 kreivas, iškreiptas 2 neteisingas

ax(e) [æks] *n* kirvis *v* 1 kapoti, tašyti, kirsti 2 (su)mažinti, „apkarpyti" 3 *šnek.* staiga atleisti (*iš darbo*)

axiom ['æksɪəm] *n* aksioma ~atic(al) [ˌæksɪə'mætɪk(l)] *a* aksiominis; aiškus be įrodymų

axis ['æksɪs] *n* (*pl* axes [-i:z]) ašis

axle ['æksl] *n tech.* ašis

ay [aɪ] *n* balsas „už" (*balsuojant*)

Azerbaijan [ˌɑːzəbaɪ'dʒɑːn] *a* Azerbaidžano; azerbaidžaniečių ~ian *n* azerbaidžanietis

azimuth ['æzɪməθ] *n* azimutas

azure ['æʒə] *a* žydras *n* žydrynė; žydrumas

B

B, b [bi:] *n* 1 antroji anglų abėcėlės raidė 2 *muz.* nata si

baa [bɑ:] *n* (*avių*) bliovimas *v* bliauti

babble ['bæbl] *v* 1 (iš)plepėti 2 vapalioti, vapėti 3 čiurlenti *n* 1 vapaliojimas 2 klegesys; plepalai 3 čiurlenimas

baby ['beɪbɪ] *n* kūdikis ~hood *n* kūdikystė ~ish *a* kūdikiškas, vaikiškas

bachelor ['bætʃələ] *n* 1 viengungis 2 bakalauras

bacillus [bə'sɪləs] *n* (*pl* -li [-laɪ]) bacila

back [bæk] *n* 1 nugara 2 užpakalinė dalis, atvirkščioji pusė; ~ *of the hand* plaštakos viršutinė pusė 3 (*kėdės, sofos*) atlošas, atrama 4 (*knygos*) nugarėlė 5 (*galvos, bangos*) gūbrys 6 *sport.* gynėjas △ *with one's* ~ *to the wall* priremtas prie sienos; *at the* ~ *of one's mind* pasąmonėje; *to break the* ~ (*of*) įveikti sunkumus, padaryti (*ko*) sunkiausią dalį *a* 1 užpakalinis 2 pasenęs; senas (*apie laikraščio numerį*); laiku nesumokėtas (*apie mokestį ir pan.*) *adv* 1 atgal; *I am glad to see you* ~ džiaugiuosi, kad jūs grįžote; ~ *and forth* atgal ir pirmyn 2 prieš 3: ~ *from* nuošaliai nuo *part* at- (*reiškiant atsakomąjį veiksmą*); *to pay* ~ atsimokėti *v* 1 palaikyti, paremti (*t.p. to* ~ *up*) 2 būti (*ko*) atrama / fonu 3 važiuoti atgal 4 statyti (*pvz., už arklį*) □ *to* ~ *down* atsitraukti, atsisakyti; *to* ~ *out* išsisukinėti, atsisakyti (*of*)

back‖ache ['bækeɪk] *n* skausmas nugaroje ~bone [-bəun] *n* 1 *anat.* stuburas 2 atrama, pagrindas ~breaking [-breɪkɪŋ] *a* labai sunkus ~door [ˌbæk'dɔ:] *n* užpakalinės durys *a* slaptas, užkulisinis ~er *n* 1 rėmėjas, palaikytojas 2 lažybininkas ~ground [-graund] *n* fonas; *to stay in the* ~ground likti šešėlyje / nuošalyje ~ing *n* parama; palaikymas ~most [-məust] *a* pats užpakalinis ~side [-saɪd] *n šnek.* sėdynė, užpakalis ~sight [-saɪt] *n* taikiklis

~**stair(s)** [ˌbækˈsteə(z)] *a* slaptas, už-
kulisinis ~**ward** *a* 1 atbulinis, at-
galinis 2 atsilikęs; neišsivystęs 3 ne-
drąsus, drovus *adv* 1 atgal; atbu-
lomis, užpakaliu 2 atbulai, priešingai
~**wardness** *n* atsilikimas ~**wards**
žr. **backward** *adv* ~**water** [-wɔ:tə] *n*
1 užutėkis; užtvenktas vanduo 2 *prk.*
sąstingis, stagnacija ~**woods** [-wudz]
n pl miško tankmė

bacon [ˈbeɪkən] *n* (*kiaulienos*) nugari-
nė / šoninė △ *to save one's* ~ *šnek.*
išgelbėti savo kailį

bacteri‖ological [bækˌtɪərɪəˈlɔdʒɪkl] *a*
bakteriologinis ~**ologist** [-rɪˈɔlədʒɪst]
n bakteriologas ~**ology** [-rɪˈɔlədʒɪ] *n*
bakteriologija ~**um** [bækˈtɪərɪəm] *n*
(*pl* **bacteria**) bakterija

bad [bæd] *a* (**worse**; **worst**) 1 blogas,
negeras; nevykęs 2 nesveikas; *to be*
taken ~ susirgti 3 sugedęs; *to go* ~
gesti, pūti △ *from* ~ *to worse* vis
blogiau ir blogiau; *to go from* ~ *to*
worse dar pablogėti

bade [bæd] *past žr.* **bid** *v*

badge [bædʒ] *n* ženkliukas

badger [ˈbædʒə] *n zool.* barsukas, opš-
rus *v* varginti, kamuoti, erzinti

badly [ˈbædlɪ] *adv* (**worse**; **worst**)
1 blogai 2 labai 3 smarkiai, sunkiai △
to be ~ *off* būti sunkioje padėtyje,
skursti

baffle [ˈbæfl] *v* 1 (su)gluminti 2 (su)ar-
dyti (*planus*); kliudyti, trukdyti

bag [bæg] *n* maišas; krepšys; lagaminė-
lis; portfelis △ ~ *and baggage* su
visa manta; ~ *of bones* vieni kaulai
v krauti / dėti į maišą / krepšį *ir pan.*

baggage [ˈbægɪdʒ] *n amer.* bagažas

bagpipes [ˈbægpaɪps] *n pl* dūdmaišis

bail [beɪl] I *n* 1 užstatas, laidas 2 laida-
vimas 3 laiduotojas *v* laiduoti (*t.p. to*
~ *out*)

bail II *n* (*kibiro, virdulio*) rankena, lan-
kelis

bailiff [ˈbeɪlɪf] *n* 1 *teis.* antstolis 2 dvaro
valdytojas

bait [beɪt] *v* 1 masinti, gundyti 2 už-
mauti (*masalą meškeriojant*) 3 pjudy-
ti (*šunimis*); erzinti *n* 1 masalas, jau-
kas 2 pagunda

bake [beɪk] *v* kepti ~**r** *n* kepėjas; *the*
~**r's** duonos parduotuvė ~**ry** [-kərɪ]
n kepykla

balance [ˈbæləns] *n* 1 svarstyklės 2 pu-
siausvyra; *to keep* ~ išlaikyti pu-
siausvyrą 3 *kom.* balansas 4 švy-
tuoklė *v* 1 balansuoti, išlaikyti / suda-
ryti pusiausvyrą 2 svyruoti (*between*)
3 *buh.* subalansuoti (*sąskaitas*) ~**d**
a išlaikantis pusiausvyrą; subalansuo-
tas, harmoningas ~**-sheet** [-ʃiːt] *n*
buh. balansas

balcony [ˈbælkənɪ] *n* balkonas

bald [bɔːld] *a* plikas; nuplikęs ~**-head-**
ed [ˌbɔːldˈhedɪd] *a* plikagalvis, plikas
~**ly** *adv* atvirai, tiesiai

bale [beɪl] *n* ryšulys *v* (su)rišti (*į ry-*
šulius)

baleful [ˈbeɪlfəl] *a* pražūtingas

balk [bɔːk] *n* 1 sienojas; sija 2 kliūtis
v 1 spyriotis (*at*) 2 trukdyti

Balkan [ˈbɔːlkən] *a* Balkanų

ball [bɔːl] I *n* 1 rutulys 2 kamuolys;
sviedinys △ *to keep the* ~ *rolling*
palaikyti (*pašnekesį ir pan.*) *v* suru-
tulioti; vynioti(s) į kamuolį

ball II *n* balius, šokių vakaras

ballad [ˈbæləd] *n* baladė

ballast [ˈbæləst] *n* 1 balastas 2 skalda

ball-bearing [ˌbɔːlˈbeərɪŋ] *n tech.* rutu-
linis guolis

ballet [ˈbæleɪ] *n* baletas ~**-dancer**
[-dɑːnsə] *n* baleto šokėja(s); balerina

ballistic [bəˈlɪstɪk] *a* balistinis; ~
rocket balistinė raketa ~**s** *n* balistika

balloon [bəˈluːn] *n* 1 balionas 2 aero-
statas *v* 1 pūstis 2 skristi aerostatu

ballot [ˈbælət] *n* 1 balsavimas; *by se-*
cret ~ slaptu balsavimu 2 rinkiminis
biuletenis (*t.p.* ~**-paper**) *v* balsuoti
~**-box** [-bɔks] *n* rinkiminė urna

ball-pen, ~**point** [ˈbɔːlpen, -pɔɪnt] *n*
šratinukas

balm [bɑːm] *n* balzamas ~**y** *a* 1 švelnus,
malonus (*apie orą*) 2 aromatingas

balsam ['bɔ:lsəm] *n* 1 balzamas 2 *bot.* balzamina

bamboo [bæm'bu:] *n* bambukas

bamboozle [bæm'bu:zl] *v šnek.* (ap)- mulkinti; mistifikuoti

ban [bæn] *n* (už)draudimas *v* uždrausti

banal [bə'nɑ:l] *a* banalus

banana [bə'nɑ:nə] *n* bananas

band [bænd] I *n* 1 kaspinas; raištis, ry- šys 2 juosta *v* rišti

band II *n* 1 banda, gauja 2 orkestras *v* jungti(s), vienyti(s)

bandage ['bændɪdʒ] *n* raištis; *med.* tvarstis *v* (su)tvarstyti (*t.p.* ~ up)

bandit ['bændɪt] *n* banditas, plėšikas

bandsman ['bændzmən] *n* (*pl* ~men [-mən]) orkestrantas

bandstand ['bændstænd] *n* orkestro estrada

bandy ['bændɪ] I *v* persimesti, keistis (*žodžiais, žvilgsniais ir pan*)

bandy II *a* kreivas ~-legged [ˌbændɪ- 'legd] *a* kreivakojis

bane [beɪn] *n* pražūtis, nelaimė ~ful *a* pražūtingas

bang [bæŋ] I *n* trenksmas; smū- gis *v* trenkti, smogti; trinktelėti □ **to** ~ **away** darbuotis, triūsti (*at*) *int* bumpt! *adv šnek.* 1 kaip tik 2 stai- ga

bang II *n* karčiukai

banish ['bænɪʃ] *v* 1 ištremti 2 išmesti iš galvos ~ment *n* ištrėmimas

bank [bæŋk] I *n* 1 (*upės, ežero*) krantas 2 pylimas 3 sąnašos *v* 1 supilti pylimą 2 (su)nešti, (už)versti 3 *av.* pakrypti

bank II *n* bankas *v* 1 (pa)dėti (*pinigus*) į banką; laikyti banke (*pinigus*) 2 būti bankininku 3 dėti viltis (*on – į*)

bank‖er ['bæŋkə] *n* bankininkas ~note [-nəut] *n* banknotas ~rupt [-rəpt] *n* bankrotas *a* subankrutavęs; **to go** ~**rupt** bankrutuoti *v* atvesti prie bankroto ~ruptcy [-rəptsɪ] *n* bank- rotas

banner ['bænə] *n* transparantas; vėlia- va

banns [bænz] *n pl bažn.* užsakai

banquet ['bæŋkwɪt] *n* banketas; puota *v* surengti banketą; puotauti

banter ['bæntə] *v* pajuokauti, paerzinti

bapt‖ism ['bæptɪzm] *n* krikštas; ~ **of fire** *prk.* kovos krikštas ~ize *v* krikš- tyti

bar [bɑ:] I *n* 1 (*muilo ir pan.*) gabalas; (*šokolado*) plytelė 2 kliūtis; užtvara 3 sekluma 4 *muz.* taktas *v* 1 užsklęsti; užtverti 2 drausti, neleisti □ **to** ~ **in** neišleisti; **to** ~ **out** neįleisti, palikti lauke

bar II *n* 1 baras 2 bufetas

bar III *n teis.* 1 advokatūra 2 barje- ras 3 teismas; ~ **of public opinion** viešosios nuomonės teismas

barb [bɑ:b] *n* 1 (*varpos*) akuotas 2 (*vie- los*) spyglys 3 (*strėlės*) užkarpa

barbar‖ian [bɑ:'beərɪən] *n* barbaras *a* barbariškas ~ic [bɑ:'bærɪk] *a* = **barbarous**; ~ism ['bɑ:bərɪzm] *n* 1 barbariškumas 2 *lingv.* barbarizmas ~ous ['bɑ:bərəs] *a* 1 barbariškas, lau- kinis 2 grubus, žiaurus

barbed [bɑ:bd] *a* 1 spygliuotas 2 kan- dus

barber ['bɑ:bə] *n* (*vyrų*) kirpėjas

bare [beə] *a* 1 nuogas, plikas (*t.p. prk.*); **to lay** ~ atskleisti 2 tuščias; pa- prastas 3 menkas, nežymus *v* apnuo- ginti; atidengti ~back [-bæk] *a* nepa- balnotas ~faced [-feɪst] *a* 1 be barz- dos 2 begėdiškas ~foot [-fut] *a* basas *adv* basomis ~ly *adv* 1 vos tik 2 skur- džiai

bargain ['bɑ:gɪn] *n* 1 sandėris; **that's a** ~**!** duok ranką!; sutarta!; **to make a** ~ susitarti, su(si)derėti 2 pigus pirkinys *v* 1 derėtis 2 laukti, tikėtis (*for, on*) ~-sale [-seɪl] *n* (pigus) iš- pardavimas

barge [bɑ:dʒ] *n* barža; laivas *v* 1 (per)- vežti laivu / barža 2 sunkiai eiti / ju- dėti 3 susidurti (*against, into*) □ **to** ~ **in** įsigrūsti

baritone ['bærɪtəun] *n* baritonas

barium ['beərɪəm] *n chem.* baris

bark [bɑ:k] I *n* (*medžio*) žievė △ **to go between the** ~ **and the tree** kištis į svetimus reikalus *v* **1** nulupti žievę **2** nubrozdinti

bark II *v* **1** loti **2** rėkti, šaukti (*at*) *n* lojimas

barley ['bɑːlɪ] *n* miežiai

barm [bɑːm] *n* (*alaus*) mielės

bar‖maid ['bɑːmeɪd] *n* bufetininkė ~**man** [-mən] *n* bufetininkas; barmenas

barmy ['bɑːmɪ] *a* **1** putojantis **2** *šnek.* pakvaišęs

barn [bɑːn] *n* daržinė; klojimas; klėtis

baromet‖er [bə'rɔmɪtə] *n* barometras ~**ric** [,bærə'metrɪk] *a* barometrinis

baron ['bærən] *n* **1** baronas **2** (*pramonės*) magnatas ~**ess** *n* baronienė

baroque [bə'rəuk] *n* barokas *a* įmantrus

barque [bɑːk] *n* *jūr.* barka

barrack ['bærək] *v* nutraukti, nušvilpti

barracks ['bærəks] *n* barakas; kareivinės

barrage ['bærɑːʒ] *n* užtvara; užtvanka

barrel ['bærəl] *n* **1** statinė **2** barelis (*skysčių matas; angl.* = 163,65 *litro; amer.* = 119 *litrų*)

barren ['bærən] *a* **1** bergždžia, nevaisinga **2** nederlingas **3** tuščias, bergždžias, neįdomus

barret ['bærət] *n* beretė

barricade [,bærɪ'keɪd] *n* barikada *v* (už)barikaduoti, statyti barikadas

barrier ['bærɪə] *n* **1** užtvara; barjeras **2** kliūtis

barring ['bɑːrɪŋ] *prep* išskyrus

barrister ['bærɪstə] *n* advokatas

barrow ['bærəu] I *n* milžinkapis; kalva

barrow II *n* **1** karutis **2** vežimėlis su prekystaliu

barter ['bɑːtə] *v* mainikauti, mainyti *n* mainikavimas; mainų / barterinė prekyba

base [beɪs] I *a* žemas, niekšiškas

base II *n* bazė; pagrindas, pamatas *v* pagrįsti; *to* ~ *oneself* (*on*) remtis

baseball ['beɪsbɔːl] *n* beisbolas

baseless ['beɪsləs] *a* nepagrįstas, be pagrindo

basement ['beɪsmənt] *n* rūsys, pusrūsis

bashful ['bæʃfl] *a* nedrąsus, drovus

basic ['beɪsɪk] *a* pagrindinis ~**ally** [-lɪ] *adv* iš esmės

basin ['beɪsn] *n* **1** dubuo **2** dirbtinis (*vandens*) telkinys, baseinas **3** įlankėlė

basis ['beɪsɪs] *n* (*pl* bases ['beɪsiːz]) **1** pagrindas; *on this* ~ tuo remiantis **2** bazė

bask [bɑːsk] *v* **1** šildytis (*saulėje, prie ugnies*) **2** mėgautis, džiaugtis

basket ['bɑːskɪt] *n* krepšys; pintinė ~**ball** [-bɔːl] *n* krepšinis ~**ful** [-ful] *n* pilnas krepšys (*of* – *ko*)

bas-relief ['bæsrɪliːf] *n* bareljefas

bass [bæs] I *n* *zool.* ešerys

bass II *n* (*liepos*) karna

bass [beɪs] III *n* *muz.* bosas *a* bosinis, žemas

bassoon [bə'suːn] *n* *muz.* fagotas

bast [bæst] *n* luobas, plaušai

bastard ['bæstəd] *n* pavainikis *a* nesantuokinis

baste [beɪst] I *v* (su)daigstyti (*drabužį*)

baste II *v* laistyti riebalais (*kepamą mėsą*)

bastion ['bæstɪən] *n* bastionas

bat [bæt] I *n* šikšnosparnis △ *as blind as a* ~ visai aklas

bat II *n* **1** lazda **2** blokštas (*krikete, beisbole*) **3** = **batsman 4** smarkus smūgis *v* mušti, kirsti lazda / blokštu

batch [bætʃ] *n* **1** vienu kartu kepamos duonos *ir pan.* kiekis **2** partija, pluoštas, krūva △ *of the same* ~ tos pat rūšies

bate [beɪt] *v* **1** (su)mažinti; *with* ~*d breath* sulaikius kvapą **2** (su)mažėti

bath [bɑːθ] *n* (*pl* baths [bɑːðz]) **1** vonia **2** (*papr. pl*) pirtis; maudyklės **3** maudymasis; *to have / take a* ~ maudytis vonioje

bathe [beɪð] *v* maudyti(s); plauti(s)

bath‖robe ['bɑːθrəub] *n* (*maudymosi*) chalatas ~**room** [-rum] *n* vonia (*kambarys*)

batman ['bætmən] *n* (*pl* batmen [-mən]) kareivis pasiuntinys

baton ['bætən] n lazda, lazdelė

batsman ['bætsmən] n mušėjas (*krike-te, beisbole*)

battalion [bə'tælıən] n batalionas

batten ['bætn] I n lenta v sutvirtinti lentomis

batten II v prabangiai gyventi (*kitų sąskaita; on*)

batter ['bætə] v 1 mušti, daužyti 2 smarkiai kritikuoti n plakta tešla ~ed ['bætəd] a 1 sudaužytas 2 sulamdytas

battery ['bætərı] n el., kar. baterija

battle ['bætl] n mūšis; kova v kautis ~-cruiser [-kru:zə] n linijinis kreiseris ~field [-fi:ld] n mūšio laukas ~ship [-ʃıp] n linijinis laivas

bauble||e ['bɔ:bl] n menkniekis, mažmožis ~ing a nereikšmingas, menkas

bauxite ['bɔ:ksaɪt] n boksitas

bawdy ['bɔ:dı] a nepadorus

bawl [bɔ:l] n riksmas v rėkti

bay [beı] I n įlanka; užutėkis

bay II n lojimas △ at ~ beviltiškoje padėtyje; *to bring to* ~ prispirti prie sienos v loti

bay III n niša; švieslangis (*t.p.* ~ *window*)

bay IV n bėris a bėras

bay V n 1 laurų medis 2 pl laurai, laurų vainikas

bayonet ['beıənıt] n durtuvas v durti durtuvu

bazaar [bə'za:] n 1 turgus 2 mugė

be [bi:] v (*pres sg am, is, pl are; past sg was, pl were; pp been*) 1 būti; egzistuoti 2 jaustis; *to be well* gerai jaustis; *how are you?* kaip gyvenate?, kaip jaučiatės? 3 kainuoti; *how much is it?* kiek tai kainuoja? 4 (+ to *inf*) reikėti, turėti; *he is to go there at once* jis ten turi vykti tuojau 5 *tarinio jungtis; dažnai į lietuvių kalbą neverčiama; he is my father* jis (yra) mano tėvas; *I am twenty years old* man dvidešimt metų 6 *aux eigos* (*Continuous*) *veikslui ir neveikiamajai rūšiai sudaryti; I am going*

home einu namo; *my work is done well* darbas (yra) atliktas gerai □ *to be about* (+ to *inf*) rengtis, ketinti; *to be away* būti išvykus, nebūti; *to be back* grįžti; *to be in* a) būti namie / viduje; b) ateiti; *to be off* nebūti namie; išeiti; *to be on* a) degti, būti įjungtam; b) vykti *to be out* a) nedegti, būti išjungtam; b) nebūti namie; *to be up* a) baigtis; b) atsikelti; c) taip sakant; įvykti; *what's up?* kas atsitiko?

beach [bi:tʃ] n paplūdimys, pliažas; pajūris v ištraukti laivą / valtį į krantą

beacon ['bi:kən] n 1 švyturys 2 signalinė ugnis

bead [bi:d] n 1 karolis, rutuliukas 2 lašas, lašelis v verti karolius, puošti karoliais

beak [bi:k] n snapas

beaker ['bi:kə] n 1 taurė 2 menzūra

beam [bi:m] n 1 sija; tašas 2 spindulys v 1 spindėti 2 džiugiai šypsotis

bean [bi:n] n pupa; *French / kidney* ~ pupelės △ *full of* ~s *šnek.* labai gyvas, energingas; *to spill the* ~s *šnek.* prasiplepėti ~-pod [-pɔd] n pupos ankštis

bear [beə] I n 1 meška, lokys 2 *astr.*: *the Great* (*Little*) *B.* Didieji (Mažieji) Grįžulo Ratai 3 biržos spekuliantas

bear II v (bore; borne) 1 nešti 2 gimdyti 3 pakęsti, pakelti 4 išlaikyti (*svorį, naštą*) 5: *to* ~ *oneself* laikytis, elgtis 6 jausti □ *to* ~ *down* a) nugalėti; b) stengtis; *to* ~ *off* nukrypti; *to* ~ *out* patvirtinti; *to* ~ *up* a) palaikyti; b) laikytis

bearable ['beərəbl] a pakenčiamas

beard [bıəd] n barzda v drąsiai pasisakyti prieš

bearded ['bıədıd] a barzdotas

bear||**er** ['beərə] n 1 nešėjas, nešikas 2 įteikėjas; pateikėjas ~ing ['beərıŋ] n 1 elgesys 2 pakanta 3 neš(ioj)imas 4 ryšys, sąryšis 5 pl kryptis; koordinatės; azimutas 6 *tech.* guolis

beast 44

beast [bi:st] *n* žvėris, gyvulys (*t.p. prk.*); ~ **of prey** plėšrusis žvėris ~ly *a* 1 gyvuliškas, žvėriškas 2 *šnek.* baisus, bjaurus *adv šnek.* baisiai, bjauriai

beat [bi:t] *v* (beat; beaten) 1 mušti, daužyti 2 plakti 3 išdulkinti 4 grūsti 5 sumušti, nugalėti 6 muštis, plaktis, daužytis (*against, on*) □ to ~ back atmušti; to ~ down a) sumušti b) numušti (*kainą*); to ~ off atmušti, atremti (*ataką*); to ~ out a) iškalti, išdaužyti; b) išaiškinti (*reikšmę*); to ~ up a) suplakti; b) sumušti *n* 1 smūgis, mušimas 2 plakimas 3 *muz.* taktas

beaut||iful ['bju:tifl] *a* gražus ~y *n* 1 grožis 2 gražuolė △ *you are a* ~y *iron.* geras tu, nėra ko sakyti!

beaver ['bi:və] *n* 1 bebras 2 bebrena

became [bɪ'keɪm] *past žr.* become

because [bɪ'kɔz] *conj* nes, todėl kad; kadangi *prep* (~ of) dėl

beck [bek] *n* mojimas △ *to be at smb's* ~ *and call* visiškai nuo ko priklausyti *v* pamoti

beckon ['bekən] *v* pamoti, pašaukti mostu

becom||e [bɪ'kʌm] *v* (became; become) 1 tapti, pavirsti 2 nutikti; *what has* ~ *of him?* kas jam nutiko? 3 tikti; *this suit* ~es *you well* ši eilutė jums gerai tinka ~ing *a* (pri)deramas; tinkamas

bed [bed] *n* 1 lova, guolis; *to go to* ~ eiti miegoti; *to make the* ~ kloti lovą; *to take to (one's)* ~ atsigulti (*susirgus*) 2 lysvė 3 (*upės*) dugnas 4 *geol.* sluoksnis △ ~ *of roses* lengvas / malonus gyvenimas; ~ *of thorns* sunki padėtis *v* 1 guldyti / gulti į lovą 2 sodinti į lysves

bed||clothes ['bedklouðz] *n pl* patalynė, lovos baltiniai ~ding *n* patalynė

bedeck [bɪ'dek] *v* (pa)puošti

bedevil [bɪ'devl] *v* kamuoti; supainioti

bedlam ['bedləm] *n* betvarkė; didžiulis triukšmas

bed||room ['bedrum] *n* miegamasis ~side [-saɪd] *n* lovos kraštas; *to sit at smb's* ~side slaugyti ką ~time [-taɪm] *n* laikas miegoti

bee [bi:] *n* bitė △ *to have a* ~ *in one's bonnet* būti keistokam

beech [bi:tʃ] *n bot.* bukas ~en *a* buko

beef [bi:f] *n* jautiena ~steak ['bi:fsteɪk] *n* bifšteksas ~-tea [-'ti:] *n* sultinys, buljonas ~y *a* raumeningas, stiprus

bee||hive ['bi:haɪv] *n* avilys ~-master [-mɑ:stə] *n* bitininkas

been [bi:n] *pp žr.* be

beep [bi:p] *n* (*telefono ir pan.*) pypsėjimas

beer [bɪə] *n* alus ~y ['bɪərɪ] *a* alaus; atsiduodantis alum

beeswax ['bi:zwæks] *n* vaškas

beet [bi:t] *n* runkelis, burokas; *white / sugar* ~ cukriniai runkeliai

beetle ['bi:tl] I *n* plūktuvas

beetle II *n* vabalas

beetle-browed ['bi:tlbraud] *a* atsikišusiais antakiais

befall [bɪ'fɔ:l] *v* (befell [bɪ'fel]; befallen [bɪ'fɔ:lən]) atsitikti, ištikti

befit [bɪ'fit] *v* (pri)tikti, derėti

before [bɪ'fɔ:] *adv* 1 priešais, priešaky 2 pirma, anksčiau, jau *prep* 1 prieš, priešais; *he stood* ~ *us* jis stovėjo prieš mus; ~ *dinner* prieš pietus 2 greičiau ... negu 3 labiau už; *he loves her* ~ *himself* jis ją myli labiau už save *conj* anksčiau negu, prieš, kol ~hand [-hænd] *adv* iš anksto; *to be* ~hand *with smb* pralenkti ką

befriend [bɪ'frend] *v* būti draugiškam; susidraugauti

beg [beg] *v* 1 prašyti, maldauti (*of; from*) 2 elgetauti △ *I* ~ *to differ* atleiskite, bet aš nesutinku; *we* ~ *to enclose* prie šio pridedame; *I* ~ *your pardon* atsiprašau; *we* ~ *to inform you kom.* pranešame jums

began [bɪ'gæn] *past žr.* begin

beggar ['begə] *n* 1 elgeta 2 žmogelis, vyrukas; *insolent* ~ akiplėša; *poor*

~ vargšas; *little* ~*s* vaikiukai, mažiukai *v* paversti elgeta, nuskurdinti

begin [bɪ'gɪn] *v* (**began**; **begun**) pra-(si)dėti △ *to* ~ *with* pirmiausia ~*ner* *n* pradedantysis; naujokas ~*ning* *n* pradžia

begone [bɪ'gɔn] *int ret.* nešdinkis!

begrudge [bɪ'grʌdʒ] *v* 1 pavydėti 2 gailėti, šykštėti

beguile [bɪ'gaɪl] *v* 1 apgauti 2 maloniai (pra)leisti (*laiką*) 3 (su)žavėti

begun [bɪ'gʌn] *pp* žr. **begin**

behalf [bɪ'hɑ:f]: *on* / *in* ~ (*of*) (*kieno*) vardu, (*kieno*) naudai, dėl

behav||e [bɪ'heɪv] *v* 1 elgtis 2 funkcionuoti, veikti ~**iour** [-ɪə] *n* elgesys, elgsena, elgimasis; manieros

behead [bɪ'hed] *v* nukirsti galvą

behest [bɪ'hest] *n*: *at the* ~ (*of*) (*kam*) įsakius

behind [bɪ'haɪnd] *adv* 1 užpakalyje 2 atgal *prep* 1 už; ~ *a tree* už medžio 2 po; paskui; ~ *time* pavėlavus *part verčiama priešdėliniais vksmž.*: *to fall* / *lag* ~ atsilikti ~**hand** [-hænd] *a predic* atsilikęs, pavėlavęs

being ['bi:ɪŋ] *n* 1 būtis, gyvenimas; *to call into* ~ sukurti; *to come into* ~ kilti, atsirasti 2 būtybė, žmogus; *human* ~*s* žmonės *a* esantis, gyvuojantis, egzistuojantis; *for the time* ~ a) šiuo metu; b) kuriam laikui

belated [bɪ'leɪtɪd] *a* per vėlus, pavėluotas

belch [beltʃ] *v* raugėti □ *to* ~ *out* išmesti *n* raugėjimas, raugulys

beleaguer [bɪ'li:gə] *v* apgulti, apsiausti

belfry ['belfrɪ] *n* varpinė

Belgian ['beldʒən] *n* belgas *a* belgiškas, belgų; Belgijos

belief [bɪ'li:f] *n* 1 tikėjimas; *beyond* ~ neįtikėtinas 2 nuomonė, įsitikinimas; *to the best of* 'my ~ mano giliu įsitikinimu

believe [bɪ'li:v] *v* 1 tikėti 2 manyti; *I* ~ *not* manau, kad ne

belittle [bɪ'lɪtl] *v* (su)mažinti, (su)menkinti

bell [bel] *n* varpas; varpelis, skambutis *v* įtaisyti varpus ~**boy** [-bɔɪ] *n* berniukas pasiuntinys (*viešbutyje*)

belle [bel] *n* gražuolė; (*pokylio ir pan.*) karalienė

belles-lettres [ˌbel'letr] *n* grožinė literatūra, beletristika

bellicos||e ['belɪkəus] *a* karingas ~**ity** [ˌbelɪ'kɔsətɪ] *n* karingumas

belligerent [bɪ'lɪdʒərənt] *teis.* *a* kariaujantis *n* kariaujančioji pusė

bellow ['beləu] *v* baubti, riaumoti; bliauti

bellows ['beləuz] *n pl* dumplės

belly ['belɪ] *n* pilvas; skrandis ~**ache** [-eɪk] *n* pilvo skausmai

belong [bɪ'lɔŋ] *v* 1 priklausyti (*to* – *kam*) 2 kilti ~**ings** *n pl* savi daiktai, manta

beloved [bɪ'lʌvd] *a predic* mylimas *n* [*t.p.* bɪ'lʌvɪd] mylimasis, -oji

below [bɪ'ləu] *adv* žemiau, apačioje, į apačią *prep* žemiau; po; ~ *zero* žemiau nulio; ~ (*the*) *average* žemiau vidurkio

belt [belt] *n* 1 diržas, juosta 2 zona *v* 1 ap(si)juosti 2 perti diržu

bemoan [bɪ'məun] *v* apverkti

bench [bentʃ] *n* 1 suolas 2 *pl* vietos (*parlamente*) 3 teisėjo vieta; teismas; teisėjai 4 darbastalis; staklės

bend [bend] *v* (**bent**) 1 (pa)linkti; lenkti(s), riesti(s) 2 nukreipti; *to* ~ *every effort* įtempti visas jėgas *n* 1 (su)lenkimas, užlinkimas 2 vingis

beneath [bɪ'ni:θ] *adv* žemai, žemiau *prep* po

benediction [ˌbenɪ'dɪkʃn] *n bažn.* palaiminimas

benefact||ion [ˌbenɪ'fækʃn] *n* 1 geradarystė 2 auka ~**or** ['benɪfæktə] *n* geradarys; aukotojas ~**ress** ['benɪfæktrɪs] *n* geradarė; aukotoja

beneficen||ce [bɪ'nefɪsns] *n* labdarybė, geradarybė ~**t** *a* geradariškas

beneficial [ˌbenɪ'fɪʃl] *a* naudingas

benefit ['benɪfɪt] *n* 1 nauda; privilegija; *for your* ~ dėl jūsų 2 pašalpa, išmoka *v* 1 daryti gera, padėti 2 turėti naudos (*by – iš*)

benevolent [bːˈnevələnt] *a* geranoriškas, palankus

benign [bɪˈnaɪn] *a* 1 švelnus, malonus 2 *med.* gėrybinis, nepiktybinis

bent [bent] *n* palinkimas, polinkis *a* lenktas; sulinkęs, palinkęs *past ir pp žr.* **bend** *v*

benumb [bɪˈnʌmb] *v* 1 sustingdyti 2 atbukinti

benzene [ˈbenziːn] *n* benzolas

benzine [ˈbenziːn] *n* benzinas

bequeath [bɪˈkwiːð] *v* palikti testamentu

bequest [bɪˈkwest] *n* *teis.* palikimas

bereave [bɪˈriːv] *v* (**bereaved, bereft** [bɪˈreft]) atimti (*of*), atplėšti; *to be* ~*d* (*of*) netekti (*ko*) ~**ment** *n* (*skaudi*) netektis

beret [ˈbereɪ] *n* beretė

berry [ˈberɪ] *n* uoga

berth [bəːθ] *n* 1 lova (*laive*); miegamoji vieta (*vagone*) 2 laivo stovėjimo ant inkaro vieta 3 *šnek.* tarnyba, vieta △ *to give a wide* ~ (*to*) šalintis (*ko*) *v* 1 nuleisti inkarą 2 duoti lovą / vietą miegoti 3 duoti vietą / tarnybą

beset [bɪˈset] *v* (**beset**) apnikti; apsupti

beside [bɪˈsaɪd] *prep* 1 šalia, prie, arti 2 palyginus su; *she seems dull* ~ *her sister* ji atrodo neįdomi lyginant su seserimi △ ~ *oneself* (*with*) nebesitveriant

besides [bɪˈsaɪdz] *adv* be to *prep* be

besiege [bɪˈsiːdʒ] *v* 1 apgulti, apsiausti 2 apipilti (*klausimais*)

besmear [bɪˈsmɪə] *v* apteplioti; sutepti

besom [ˈbiːzəm] *n* šluota *v* (iš)šluoti

bespatter [bɪˈspætə] *v* 1 aptaškyti 2 apšmeižti

bespeak [bɪˈspiːk] *v* (**bespoke** [bɪˈspəuk]; **bespoken** [bɪˈspəukən]) 1 už(si)sakyti, susitarti (*iš anksto*) 2 liudyti, rodyti

best [best] *a* (*sup žr.* **good**) 1 geriausias 2 didysis, didžiausias; *the* ~ *part* didžioji dalis △ ~ *man* pajaunys *adv* (*sup žr.* **well**) geriausiai

n tai kas geriausia; *at* ~ geriausiu atveju; *to get / have the* ~ (*of*) laimėti; *to the* ~ *of my knowledge* kiek man žinoma; *to do one's* ~ daryti visa, kas įmanoma

bestial [ˈbestɪəl] *a* gyvuliškas, žiaurus ~**ity** [ˌbestɪˈælətɪ] *n* gyvuliškumas

bestir [bɪˈstəː] *v:* *to* ~ *oneself* sujusti

bestow [bɪˈstəu] *v* *knyg.* duoti, dovanoti

bestrew [bɪˈstruː] *v* (**bestrewed**; **strewed, bestrewn** [-n]) *knyg.* apiberti, nukloti

bestride [bɪˈstraɪd] *v* (**bestrode** [bɪˈstrəud]; **bestridden** [bɪˈstrɪdn]) apžergti; sėdėti / sėsti apžargomis

best-seller [ˌbestˈselə] *n* bestseleris

bet [bet] *v* eiti / kirsti lažybų, lažintis; *I* ~ *galiu lažintis, esu tikras n lažybos

betoken [bɪˈtəukən] *v* *knyg.* 1 reikšti, rodyti 2 pranašauti

betray [bɪˈtreɪ] *v* išduoti ~**al** [-əl] *n* išdavimas; išdavystė

betrothal [bɪˈtrəuðl] *n* sužieduotuvės

better [ˈbetə] I *a* (*comp žr.* **good**) geresnis; didesnis; sveikesnis; *to be / feel / get* ~ geriau jaustis △ *to be* ~ *off* būti turtingesniam; *for* ~ *for worse* kas beatsitiktų / bebūtų *adv* (*comp žr.* **well**) geriau, daugiau; *he had* ~ (*go*) jis geriau tegu (eina); *all the* ~, *so much the* ~ juo geriau *n:* *to get the* ~ (*of*) paimti viršų, įveikti; *one's* ~*s* vyresnieji, aukštesnieji asmenys

better II, **bettor** [ˈbetə] *n* lažybininkas

betterment [ˈbetəmənt] *n* pagerinimas, pataisymas; pagerėjimas

betting [ˈbetɪŋ] *n* lažinimasis

between [bɪˈtwiːn] *prep, adv* tarp (*papr. tarp dviejų*); ~ *ourselves* tarp mūsų; *in* ~ tarpe

beverage [ˈbevərɪdʒ] *n* gėrimas

bevy [ˈbevɪ] *n* 1 pulkas (*papr. paukščių*) 2 kompanija, susirinkimas

bewail [bɪˈweɪl] *v* apverkti; liūdėti

beware [bɪˈweə] *v* saugotis

bewilder [bɪˈwɪldə] *v* sugluminti, supainioti ~**ment** *n* sumišimas; maišatis

bewitch [bɪ'wɪtʃ] *v* apkerėti; sužavėti

beyond [bɪ'jɔnd] *prep* 1 anapus, už 2 vėliau, po **3** per, virš (*reiškiant lyginimą*); ~ *all hope* beviltiškai; ~ *measure* pernelyg, per daug; *it is* ~ *my power* tai viršija mano jėgas *adv* toli *n*: *the* ~ pomirtinis gyvenimas

bias ['baɪəs] *n* 1 šališkumas; tendencingumas **2** nukrypimas, palinkimas *v* nuteikti, daryti įtakos

bib [bɪb] *n* 1 seilinukas **2** viršutinė prijuostės dalis

Bible ['baɪbl] *n* 1 biblija 2 (**b.**) parankinė knyga

biblical ['bɪblɪkl] *a* biblinis, bibliškas

bibliograph||er [ˌbɪblɪ'ɔgrəfə] *n* bibliografas ~**y** *n* bibliografija

bicentenary [ˌbaɪsen'tiːnərɪ] *a* dviejų šimtų metų *n* dviejų šimtų metų sukaktis

bicker ['bɪkə] *v* peštis; bartis (*over, about* – *dėl*) *n* barniai, peštynės

bicycle ['baɪsɪkl] *n* dviratis

bid [bɪd] *v* (**bid, bade** [bæd]; **bid, bidden** [-n]) 1 kviesti, prašyti 2 siūlyti kainą *n* 1 siūlymas 2 siūloma kaina ~**der** *n* kainos siūlytojas (*varžytinėse*)

biennial [baɪ'enɪəl] *a* dvimetis *n* dvimetis augalas

bier [bɪə] *n* neštuvai karstui

bifurcate *v* ['baɪfəkeɪt] šakotis, skirtis į dvi šakas *a* [-kɪt] dvišakas

big [bɪg] *a* 1 didelis; stambus; aukštas; *B. Ben* [ˌbɪg'ben] *n* Didysis Benas (*parlamento rūmų laikrodis Londone*) 2 išdidus; išsipūtęs; ~ *with news* kupinas naujienų **3** nėščia 4 svarbus

bigamy ['bɪgəmɪ] *n* dvipatystė

bight [baɪt] *n* 1 *jūr.* (*virvės*) kilpa 2 (*kranto*) vingis

bigot ['bɪgət] *n* fanatikas ~**ry** [-rɪ] *n* fanatizmas

bijou ['biːʒuː] *pr.* *n* (*pl* ~**x** [-z]) brangenybė *a* mažas ir dailus

bike [baɪk] *n* *šnek.* dviratis

bikini [bɪ'kiːnɪ] *n* bikinis

bilateral [baɪ'lætərəl] *a* dvišalis

bilberry ['bɪlbərɪ] *n* mėlynė (*uoga*)

bile [baɪl] *n* 1 tulžis 2 *prk.* irzlumas

bilingual [baɪ'lɪŋgwəl] *a* dvikalbis

bilious ['bɪlɪəs] *a* tulžingas; irzlus

bilk [bɪlk] *a* apgaudinėti, išvilioti

bill [bɪl] I *n* snapas, snapelis

bill II *n* 1 įstatymo projektas 2 sąskaita **3** sąrašas; ~ *of fare* meniu; ~ *of lading* važtaraštis; ~ *of parcels* faktūra; *clean* ~ *of health* sveikatos pažymėjimas 4 skelbimas, afiša, plakatas **5** vekselis **6** *amer.* banknotas *v* paskelbti

billet ['bɪlɪt] I *v* paskirstyti po butus (*kareivius*)

billet II *n* pliauska, malka

billiards ['bɪlɪədz] *n* biliardas

billion ['bɪlɪən] *n* bilijonas (*Anglijoje — milijonas milijonų, Amerikoje — milijardas*)

billow ['bɪləu] *n* didelė banga *v* banguoti

bill-poster ['bɪlˌpəustə] *n* skelbimų / plakatų lipdytojas

billy-goat ['bɪlɪgəut] *n* ožys

bin [bɪn] *n* 1 aruodas; skrynia, dėžė 2 šiukšlių dėžė

binary ['baɪnərɪ] *a* dvinaris, binarinis

bind [baɪnd] *v* (**bound**) 1 (su)rišti; įrišti (*knygą*) 2 įpareigoti; (su)saistyti (*by*); sieti □ *to* ~ *up* subintuoti (*žaizdą*); *bound up* (*with*) susijęs (*su*) ~**er** *n* 1 knygrišys 2 rišamoji medžiaga **3** segtuvas ~**ery** [-ərɪ] *n* knygrišykla ~**ing** *n* 1 įrišimas 2 apvadas *a* 1 rišamasis 2 įpareigojantis

bindweed ['baɪndwiːd] *n* *bot.* vijoklis

binoculars [bɪ'nɔkjuləz] *n* *pl* žiūrovai

binomial [baɪ'nəumɪəl] *n* *mat.* binomas, dvinaris

biograph||ic(al) [ˌbaɪə'græfɪk(l)] *a* biografinis ~**y** [baɪ'ɔgrəfɪ] *n* biografija

biolog||ic(al) [ˌbaɪə'lɔdʒɪk(l)] *a* biologinis ~**y** [baɪ'ɔlədʒɪ] *n* biologija

biplane ['baɪpleɪn] *n* biplanas

birch [bəːtʃ] *n* beržas ~**en** *a* beržinis

bird [bəːd] *n* paukštis; ~ *of prey* plėšrusis paukštis △ *a* ~ *in the hand* kas nors realaus; *a* ~ *in the bush*

kas nors netikro; *queer* ~ keistuolis
~*seed* [-si:d] *n* paukščių lesalas ~*'s-eye* [-zaɪ] *n*: ~*'s-eye view* vaizdas iš
viršaus; bendra perspektyva
birth [bə:θ] *n* 1 gimimas (*t.p. prk.*)
2 kilmė 3 pradžia ~*day* [-deɪ] *n* gimi-
mo diena ~*mark* [-mɑ:k] *n* apgamas
~*place* [-pleɪs] *n* gimimo vieta ~*rate*
[-reɪt] *n* gimimų koeficientas
bisect [baɪ'sekt] *v* perpjauti pusiau
bisexual [‚baɪ'sekʃuəl] *a* dvilytis
bishop ['bɪʃəp] *n* 1 vyskupas 2 (*šach-
maty*) rikis
bismuth ['bɪzməθ] *n* bismutas
bison ['baɪsn] *n zool.* bizonas
bistro ['bi:strəu] *n* bistro (*restoranėlis*)
bit [bɪt] I *past ir pp žr.* **bite** *v*
bit II *n* gabalėlis; truputis; kąsnelis; *a*
~ truputį; *a* ~ *of a fool* kvailokas;
~ *by* ~ palaipsniui, po truputį; *not
a* ~ nė kiek
bit III *n* žąslai
bit IV *n* bitas (*informacijos vienetas*)
bitch [bɪtʃ] *n* kalė; ~ *wolf* vilkė
bit‖e [baɪt] *v* (**bit; bit, bitten** ['bɪtn])
1 (į)kąsti; (į)gelti 2 kibti (*apie žuvį*)
3 *pass* užvaldyti, apimti (*with*) □ to
~ *off* atkąsti *n* 1 įkandimas 2 kąsnis
3 kibimas (*žuvų*) ~*ing a* kandus;
geliantis, aštrus
bitter ['bɪtə] *a* 1 kartus (*t.p. prk.*)
2 aštrus; aršus, piktas △ *to the* ~
end iki pat galo (*kovoti ir pan.*) *n*
kartusis alus ~*ly adv* 1 karčiai 2 pik-
tai ~*ness n* 1 kartumas; aitrumas
2 kartėlis, pyktis
bitumen ['bɪtjumən] *n* bitumas
bizarre [bɪ'zɑ:] *a* keistas, keistuoliškas
blab [blæb] *v šnek.* (iš)plepėti
black [blæk] *a* 1 juodas; tamsus
2 niūrus; *to look* ~ atrodyti niūriam;
būti paniurusiam △ ~ *and blue*
vienos mėlynės; *in* ~ *and white*
juodu ant balto, raštu; *to look* ~
in the face pamėlynuoti (*iš pykčio
ir pan.*) *n* 1 juodumas; juoda spalva
2 juodaodis *v* juodinti □ to ~ *out* a)
užtepti; b) užtemdyti

black‖berry ['blækbərɪ] *n* gervuogė
~*bird* [-bə:d] *n* juodasis strazdas
black‖board ['blækbɔ:d] *n* klasės lenta
~*cock* [-kɔk] *n* tetervinas
blacken ['blækən] *v* juodinti (*t.p. prk.*);
juosti
blackguard ['blægɑ:d] *n* niekšas
blacking ['blækɪŋ] *n* juodas batų
tepalas
blackleg ['blækleg] *n* 1 sukčius 2 streik-
laužys
blacklist ['blæklɪst] *n* juodasis sąrašas
v įtraukti į juodąjį sąrašą
blackmail ['blækmeɪl] *n* šantažas
blackout ['blækaut] *n* 1 užtemdymas
2 sąmonės aptemimas
blacksmith ['blæksmɪθ] *n* kalvis
bladder ['blædə] *n* 1 (*kamuolio ir pan.*)
kamera 2 *anat.* pūslė
blade [bleɪd] *n* 1 ašmenys; geležtė; pei-
liukas barzdai skusti 2 plokštė 3 žolės
stiebelis, žolelė
blame [bleɪm] *v* kaltinti; peikti; *he
is to* ~ *for it* jis dėl to kaltas
n 1 priekaištas 2 kaltė
blanch [blɑ:ntʃ] *v* 1 balinti 2 išbalti
bland [blænd] *a* 1 mandagus; mielas
2 švelnus (*apie orą, maistą, gėrimą*)
~*ishments* [-ɪʃmənts] *n pl* meilikavi-
mas; meilios kalbos
blank [blæŋk] *a* 1 tuščias, neprirašy-
tas 2 sumišęs, sutrikęs 3 visiškas; ~
despair visiška neviltis *n* 1 tuščias
bilietas (*loterijoje*) 2 brūkšnys (*vie-
toj praleisto žodžio*) 3 tuščia vieta;
tuštuma 4 blankas
blanket ['blæŋkɪt] *n* vilnonė antklodė
△ *a wet* ~ žmogus, atšaldantis kitus;
niurzga *v* apkloti
blare [bleə] *v* trimituoti; būgnyti, kaukti
blarney ['blɑ:nɪ] *n šnek.* meilikavimas
blasphem‖e [blæs'fi:m] *v* piktžodžiauti,
Dievą koneveikti ~*ous* ['blæsfəməs] *a*
šventvagiškas ~*y* ['blæsfəmɪ] *n* švent-
vagiškos kalbos, piktžodžiavimas
blast [blɑ:st] *n* 1 smarkus vėjo gūsis;
oro srovė 2 (*trimito*) garsas 3 sprogi-
mas *v* 1 sunaikinti 2 (su)sprogdinti ~-
furnace [-fə:nɪs] *n* aukštakrosnė

blot

blatant ['bleɪtənt] n baisus; rėksmingas

blaze [bleɪz] I n 1 balta žvaigždė (gyvu-
lio kaktoje) 2 žymė, įpjova (medyje)
v žymėti, ženklinti; to ~ the trail
a) žymėti kelią miške; b) prk. nutiesti
kelią

blaze II n 1 liepsna 2 ryški šviesa /
spalva; spindesys v 1 liepsnoti, degti
(t.p. prk.) 2 spindėti □ to ~ up su-
liepsnoti

blazer ['bleɪzə] n sportinė palaidinukė /
striukė

blazon ['bleɪzn] n herbas v (pa)puošti
(heraldikos ženklais)

bleach [bli:tʃ] v balinti; balti

bleak [bli:k] a 1 niūrus 2 plikas, be au-
galų 3 šaltas

bleary ['blɪərɪ] a paraudęs (apie akis)

bleat [bli:t] n bliovimas v bliauti

bleed [bli:d] v (bled [bled]) 1 kraujuoti
2 šantažu išgauti (pinigus)

blemish ['blemɪʃ] n 1 trūkumas, defek-
tas 2 dėmė v 1 (pa)kenkti 2 sutepti

blench [blentʃ] v krūptelėti

blend [blend] v 1 sumaišyti 2 derintis
3 susilieti (into) n mišinys

bless [bles] v (blessed, blest [blest])
laiminti △ ~ you į sveikatą (sučiau-
dėjus) ~ing n 1 palaiminimas 2 pa-
laima

blew [blu:] past žr. blow I v

blight [blaɪt] n rūdys, amaras v kenkti;
gadinti

blind [blaɪnd] a 1 aklas; aklinas 2 neaiš-
kus; ~ letter laiškas be adreso △ ~
alley aklavietė v apakinti, užtemdyti
n 1: the ~ aklieji 2 užuolaida
3 dingstis, pretekstas

blind||fold ['blaɪndfəuld] a 1 užrištomis
akimis 2 veikiantis aklai; to know
one's way ~ gerai žinoti kelią
~man's-buff [ˌblaɪndmænz'bʌf] n
gūžynės

blink [blɪŋk] v 1 mirkčioti 2 mirgėti
3 ignoruoti, nepaišyti

blinkers ['blɪŋkəz] n pl (arklio) aki-
dangčiai

bliss [blɪs] n palaima ~ful a laimingas;
palaimingas

blister ['blɪstə] n pūslė, pūslelė v 1 su-
trinti pūsles 2 pūslėti

blithe [blaɪð] a linksmas, džiugus

blizzard ['blɪzəd] n pūga

bloat [bləut] v išsipūsti; tinti ~ed a iš-
sipūtęs, išpampęs; ištinęs ~er n rūky-
ta silkė

blob [blɔb] n lašelis; gniužulėlis

bloc [blɔk] n polit. blokas

block [blɔk] n 1 blokas 2 (miesto) kvar-
talas 3 daugiabutis namas (t.p. ~ of
flats) 4 rąstas 5 užsikimšimas, kliūtis
v 1 užtverti, užkimšti (t.p. to ~ up)
2 užblokuoti

blockade [blɔ'keɪd] n blokada; to
break the ~ pralaužti blokadą
v (už)blokuoti

blockhead ['blɔkhed] n šnek. buka-
galvis

bloke [bləuk] n šnek. vaikinas

blond [blɔnd] n, a blondinas, šviesia-
plaukis ~e [blɔnd] n, a blondinė, švie-
siaplaukė

blood [blʌd] n 1 kraujas 2 giminystė;
kilmė 3 temperamentas; in cold ~
šaltakraujiškai 4 sultys

bloodheat ['blʌdhi:t] n normali kūno
temperatūra

bloodhound ['blʌdhaund] n pėdsekys
(šuo)

bloodiness ['blʌdɪnɪs] n kraugerišku-
mas

blood||-poisoning ['blʌdpɔɪznɪŋ] n
kraujo užkrėtimas ~shed [-ʃed] n
kraujo praliejimas ~shot [-ʃɔt] a
krauju pasruvęs (apie akis) ~sucker
[-sʌkə] n kraugerys, išnaudotojas
~thirsty [-θə:stɪ] a trokštantis kraujo
~-vessel [-vesl] n kraujagyslė

bloody ['blʌdɪ] a 1 kraujuotas, kruvi-
nas 2 vulg. prakeiktas v sukruvinti

bloom [blu:m] n žiedas; žydėjimas
v žydėti

bloom||ing ['blu:mɪŋ], ~y a žydintis

blossom ['blɔsəm] n žiedas; (su)žy-
dėjimas v (su)žydėti

blot [blɔt] n dėmė, sutepimas v sutepti;
terlioti; to ~ one's copy-book prk.

blotch

sutešti savo reputaciją □ **to** ~ **out**
a) išbraukti; nuslėpti; b) sunaikinti

blotch [blɔtʃ] *n* 1 spuogas 2 dėmė

blottingpaper ['blɔtɪŋpeɪpə] *n* sugeria-
masis popierius

blouse [blauz] *n* palaidinukė

blow [bləu] I *v* (blew; blown) 1 (iš)-
pūsti; papūsti; **to** ~ **one's nose**
nusišnirpšti (*nosį*) 2 pukšėti, sunkiai
kvėpuoti 3 pūsti (*dūdą ir pan.*)
4 *el.* perdegti (*apie saugiklius*) □ **to**
~ **about / abroad** skleisti (*gandą*);
sklaidyti (*vėjyje*); **to** ~ **in** *šnek.*
staiga pasirodyti; **to** ~ **off** a) nupūsti;
b) *šnek.* švaistyti (*pinigus*); **to** ~
out užgesinti; **to** ~ **over** praeiti;
to ~ **up** a) išsprogdinti; b) pripūsti
n 1 pūtimas 2 audra 3 gyrimasis

blow II *n* smūgis; **at a / one** ~ vienu
smūgiu, iš karto

blower ['bləuə] *n* 1 pūtėjas 2 *tech.* ven-
tiliatorius

blown [bləun] I *a* pražydęs

blown II *pp žr.* **blow** I *v*

blowy ['bləuɪ] *a* vėjuotas

blowzy ['blauzɪ] *a* nevalyvas, apsileidęs,
netvarkingai apsirengęs (*apie moterį*)

blubber ['blʌbə] *n* verksmas *v* verkti,
bliauti

bludgeon ['blʌdʒən] *n* vėzdas, kuoka
v mušti vėzdu / kuoka

blue [blu:] *a* 1 mėlynas, žydras;
dark ~ tamsiai mėlynas 2 nusiminęs
n 1 mėlyna spalva; melsvė, mėlis
2 dangaus mėlynė 3 (*the* ~*s*) bloga
nuotaika △ **out of the** ~*s* visiškai
netikėtai *v* mėlynai dažyti, mėlinti
~**bell** [-bel] *n bot.* katilėlis

bluff [blʌf] I *a* 1 status 2 šiurkštokas
n status krantas

bluff II *n* apgavystė; blefas *v* blefuoti;
apgau(dinė)ti

bluish ['blu:ɪʃ] *a* melsvas

blunder ['blʌndə] *n* didžiulė klaida
v 1 apsirikti 2 aklai eiti 3 atsitikti-
nai aptikti (*on, upon*) □ **to** ~ **out**
nusišnekėti

blunt [blʌnt] *a* 1 atšipęs; bukas 2 sta-
čiokiškas *v* atšipinti

blur [blə:] *n* dėmė *v* 1 sutepti
2 aptemdyti (*sąmonę, akis*)

blurt [blə:t] *v:* **to** ~ **out** prasitarti, iš-
plepėti

blush [blʌʃ] *v* (pa)raudonuoti, parausti
n paraudimas (*susigėdus*)

bluster ['blʌstə] *v* siausti, ūžti *n* 1 siau-
timas; triukšmas 2 gąsdinimas

boa ['bəuə] *n* 1 smauglys 2 boa, šerpė

boar [bɔ:] *n* kuilys; šernas

board [bɔ:d] I *n* 1 lenta 2 maitini-
mas; ~ **and lodging** maistas ir bu-
tas 3 (*laivo, lėktuvo*) bortas; **on** ~
laive, lėktuve 4 *pl* scena 5 kartonas
v 1 apmušti lentomis 2 maitinti(s) (*at,
with*) 3 sėsti (*į laivą, traukinį ir pan.*)

board II *n* valdyba; taryba; komisija;
kolegija; departamentas; ministerija;
B. of Trade a) prekybos ministerija;
b) *amer.* prekybos rūmai

boarding‖-house ['bɔ:dɪŋhaus] *n* pen-
sionas ~**-school** [-sku:l] *n* pensionas,
internatinė mokykla

boast [bəust] *n* pasigyrimas *v* girtis;
didžiuotis ~**er** *n* pagyrūnas

boat [bəut] *n* valtis; laivas △ **to be in
the same** ~ turėti vienodas sąlygas
v plaukti valtimi ~**man** [-mən] *n* val-
tininkas ~**-race** [-reɪs] *n* irklavimo
varžybos

boatswain ['bəusn] *n* bocmanas

bob [bɔb] *n* 1 pritūpimas 2 (*moterų*)
trumpai pakirpti plaukai *v* 1 pritūpti,
tūptelėti 2 trumpai kirptis

bobbin ['bɔbɪn] *n* ritė; šeiva

bobby ['bɔbɪ] *n šnek.* policininkas

bobtailed ['bɔbteɪld] *a* trumpauodegis

bode [bəud] *v* lemti, pranašauti

bodice ['bɔdɪs] *n* kiklikas, liemenėlė

bodkin ['bɔdkɪn] *n* yla; ilga buka adata;
smeigtukas

body ['bɔdɪ] *n* 1 kūnas 2 lavonas
3 lįemuo; korpusas 4 svarbiausia (*ko*)
dalis 5 korporacija; draugija; *elective*
~ rinkėjai; *diplomatic* ~ diplomati-
nis korpusas 6 *šnek.* žmogus △ **in a**
~ visi drauge

bodyguard ['bɔdɪgɑ:d] n asmens sargy-
binis / sargyba

bog [bɔg] n pelkė, bala v nuklimpti □ to
~ **down** (papr. pass) įklimpti ~gy
['bɔgɪ] a balotas, pelkėtas

bogus ['bəugəs] a netikras, fiktyvus

bohemian [bəu'hi:mɪən] a bohemiškas,
bohemos

boil [bɔɪl] I n votis, skaudė

boil II v virti, virinti □ to ~ **away**
išvirti; išgaruoti; to ~ **down** a) nu-
vir(in)ti; sutirštėti; b) slypėti (kur);
to ~ **over** verdant išbėgti ~ed a vir-
tas ~er n 1 virintuvas 2 garo katilas;
boileris

boisterous ['bɔɪstərəs] a padūkęs, smar-
kus

bold [bəuld] a 1 drąsus; to make ~
(iš)drįsti 2 įžūlus; to make ~ (with)
leisti sau

bole [bəul] n (medžio) kamienas

bolster ['bəulstə] n velenėlis / atrama
po pagalve v palaikyti, paremti

bolt [bəult] n 1 skląstis 2 varž-
tas 3 žaibas; ~ **from the blue**
(kaip) perkūnas iš giedro dangaus
v 1 užstumti; užsklęsti 2 suveržti
(varžtais) 3 mestis (apie arklį) 4 go-
džiai (su)ryti 5 pabėgti adv: ~ up-
right tiesiai kaip strėlė

bomb [bɔm] n bomba v mesti bom-
bas ~ard [-'bɑ:d] v bombarduoti (t.p.
prk.)

bombast ['bɔmbæst] n išpūstumas,
pompastiškumas ~ic [bɔm'bæstɪk] a
išpūstas; pompastiškas

bomber ['bɔmə] n bombonešis

bond [bɔnd] n 1 saitai; ryšys 2 įsiparei-
gojimas, susitarimas 3 obligacija

bondage ['bɔndɪdʒ] n vergovė

bone [bəun] n kaulas △ I have a ~
to **pick with you** aš turiu jums
pretenzijų; ~ **of contention** ne-
santaikos obuolys v išimti kaulus (iš
mėsos, žuvies)

bonfire ['bɔnfaɪə] n laužas

bonnet ['bɔnɪt] n 1 moteriška skrybėlė
2 tech. gaubtas, gaubtuvas

bonus ['bəunəs] n premija; tantjema

bony ['bəunɪ] a kaulėtas; kaulingas

boo [bu:] int bet!, et! (reiškiant ne-
pritarimą) △ couldn't say ~ to a
goose šnek. labai nedrąsus / bailus

book [buk] n knyga; reference ~
vadovas, žinynas △ to be on the
~s būti sąrašuose; to bring to ~s
patraukti atsakomybėn v 1 įtraukti į
knygą 2 užsakyti (bilietą, vietą); to
~ **a ticket in advance** iš anksto
užsakyti bilietą ~binder [-baɪndə]
n knygrišys ~case [-keɪs] n knygų
spinta

booking||-**clerk** ['bukɪŋklɑ:k] n kasi-
ninkas ~-**office** [-ɔfɪs] n bilietų kasa

bookish ['bukɪʃ] a 1 knyginis; mokslin-
gas 2 pedantiškas

bookkeep||**er** ['bukki:pə] n buhalteris
~**ing** n buhalterija

book||**let** ['buklɪt] n brošiūra; knygelė
~**seller** [-selə] n knygų pardavėjas

book||**shelf** ['bukʃelf] n knygų lentyna
~**shop** [-ʃɔp], ~**store** [-stɔ:] n knygy-
nas ~**stall** [-stɔ:l] n knygų kioskas

boom [bu:m] n 1 dundesys, gaudesys
2 (ekonominis) pakilimas, bumas
v 1 dundėti, griausti 2 klestėti
3 sukelti sensaciją / triukšmą

boon [bu:n] n palaima, patogumas

boor [buə] n storžievis ~**ish** [-rɪʃ] a
šiurkštus, neišauklėtas

boost [bu:st] v 1 pakelti 2 palaikyti 3 el.
padidinti įtampą

boot [bu:t] I n batas △ to get the
~ būti atleistam; to give the ~
atleisti (iš darbo) v šnek. išvyti (ypač
iš darbo; t.p. to ~ out)

boot II n: to ~ priedo; be to

booth [bu:ð] n 1 palapinė; kioskas 2 ka-
bina, būdelė

boot||**lace** ['bu:tleɪs] n batraištis ~-**top**
[-tɔp] n bato aulas ~-**tree** [-tri:] n
kurpalis

booty ['bu:tɪ] n grobis, laimikis

booz||**e** [bu:z] šnek. v girtauti n (svai-
gusis) gėrimas ~**y** a šnek. girtas

border ['bɔːdə] *n* 1 siena, riba 2 kraštas; apsiuvas *v* 1 ribotis 2 apsiūti (*kraštus*) ~**land** [-lænd] *n* pasienio ruožas

bore [bɔː] I *v* 1 gręžti; tekinti 2 įkyrėti; *I am* ~*d* man įkyrėjo / nuobodu *n* 1 išgręžta skylė 2 nuobodus dalykas / žmogus

bore II *n* smarki potvynio srovė

bore III *past žr.* **bear** II

boredom ['bɔːdəm] *n* nuobodulys

boring ['bɔːrɪŋ] *n* 1 gręžimas 2 gręžinys 3 įkyrėjimas *a* 1 gręžiantis; gręžiamas 2 įkyrus, nuobodus

born [bɔːn] *a* 1 gimęs; *to be* ~ gimti; ~ *in 1990* gimęs 1990 metais 2 apsigimęs (*pvz., poetas*)

borne [bɔːn] *pp žr.* **bear** II

borough ['bʌrə] *n* miestelis (*turintis miesto teises*); didelio miesto rajonas

borrow ['bɔrəu] *v* pasiskolinti, skolintis

bosom ['buzəm] *n* 1 krūtinė; užantis 2 prieglobstis; *in the* ~ *of one's family* šeimos židinyje *a* artimas; ~ *friend* artimas draugas

boss [bɔs] I *n* šeimininkas; *šnek.* bosas, viršininkas *v* šeimininkauti

boss II *n* gumbas, bumbulas

botan‖ist ['bɔtənɪst] *n* botanikas ~**y** *n* botanika

both [bəuθ] *pron* abu *conj*: ~ ... *and* ... tiek ..., tiek ...; ir ..., ir ...; ~ *she and her mother* tiek ji, tiek ir jos motina

bother ['bɔðə] *v* 1 rūpintis 2 trukdyti; įgristi *n* sunkumai, rūpestis; ~**some** *a* įkyrus

bottle ['bɔtl] *n* butelis *v* pilstyti į butelius □ *to* ~ *up* (už)slėpti, užgniaužti (*pyktį*) ~**neck** [-nek] *n* 1 butelio kaklas 2 kelio susiaurėjimas

bottom ['bɔtəm] *n* 1 dugnas; apačia; *at the* ~ *of the page* puslapio apačioje; ~*s up!* iki dugno! 2 priežastis; pagrindas, esmė; *to get to the* ~ ištirti / išsiaiškinti esmę △ *from the* ~ *of the heart* iš visos širdies *v* 1 pasiekti dugną (*t.p.* ~ *out*)

2 (į)dėti dugną ~**less** *a* 1 bedugnis 2 *prk.* neišsenkamas

bough [bau] *n* šaka

bought [bɔːt] *past ir pp žr.* **buy**

boulder ['bəuldə] *n* riedulys

boulevard ['buːlvɑːd] *n* 1 bulvaras 2 *amer.* prospektas

bounc‖e [bauns] *v* 1 šokinėti, atšokti (*apie kamuolį*) 2 šokinti (*vaiką ant kelių*) *n* 1 atšokimas 2 gyvumas ~**ing** *a* sveikas, stambus ~**y** 1 žvalus 2 šokus (*apie sviedinį*)

bound [baund] I *n* riba; *to set* ~*s* (*to*) apriboti *v* apriboti; ribotis

bound II *n* 1 šuolis 2 atšokimas *v* 1 atšokti 2 šok(inė)ti

bound III *past ir pp žr.* **bind**

bound IV *a* (iš)vykstantis; *the ship is* ~ *for New York* laivas išvyksta į Niujorką

bound‖ary ['baundərɪ] *n* siena, riba ~**less** *a* beribis

bounty ['bauntɪ] *n* 1 dosnumas 2 dovana; premija

bouquet [buˈkeɪ] *n* puokštė, bukietas

bourgeois ['buəʒwɑː] *n pr.* buržua *a* buržuazinis ~**ie** [ˌbuəʒwɑːˈziː] *n pr.* buržuazija

bout [baut] *n* 1 (*ligos*) priepuolis 2 (*veiklos*) tarpas 3 *sport.* susirėmimas, susitikimas, imtis

bovine ['bəuvaɪn] *a* 1 jaučio 2 lėtas, bukas

bow I [bəu] *n* 1 lankas (*šaudyti strėlėmis*) 2 (*smuiko*) strykas 3 kaspinas *v* griežti

bow [bau] II *v* 1 (pa)lenkti; (pa)linkti (*t.p. to* ~ *down*) 2 pasilenkti (*to, before; sveikinantis, dėkojant*); ~*ing acquaintance* (*with*) tolima pažintis *n* nusilenkimas; *to make one's* ~ atsisveikinti; *to take a* ~ nusilenkti (*į plojimus*)

bow III *n* (*laivo*) priekis

bowels ['bauəlz] *n pl* 1 žarnos; viduriai 2 gelmės

bower ['bauə] *n* pavėsinė ~**y** [-rɪ] *a* apsodintas medžiais; ūksmingas

bowl [bəul] I *n* 1 taurė 2 vaza 3 dubuo

bowl II *n* 1 rutulys 2 žaidimas rutuliais *v* 1 žaisti rutuliais 2 ridenti

bowler ['bəulə] I *n* paduodantysis (*beisbole*, **krikete**)

bowler II *n* katiliukas (*kieta skrybėlė*)

bowstring ['bəustrıŋ] *n* lanko timpa

box [bɔks] I *n* 1 dėžė 2 *teatr.* ložė 3 (*sargybinio*, *telefono*) būdelė

box II *n* 1 smūgis; ~ *on the ear* antausis 2 *sport.* boksas *v* boksuoti(s); suduoti kumščiu ~**er** *n* boksininkas ~**ing** *n* boksas

box-office ['bɔksɔfıs] *n* bilietų kasa

boy [bɔı] *n* 1 berniukas 2 vaikinas 3 sūnus

boycott ['bɔıkɔt] *n* boikotas *v* boikotuo-ti

boy‖hood ['bɔıhud] *n* paauglystė ~**ish** *a* vaikiškas, berniokiškas

brace [breıs] *v* surišti, sutvirtinti; (su)-stiprinti *n* 1 sankaba, sąvarža 2 *pl* riestiniai skliaustai 3 *pl* petnešos ~**let** [-lıt] *n* apyrankė

bracket ['brækıt] *n* skliaustas *v* suskliausti

brackish ['brækıʃ] *a* sūrokas (*apie vandenį*)

bradawl ['brædɔːl] *n* yla

brag [bræg] *v* girtis *n* gyrimasis ~**gart** [-ət] *n* pagyrūnas

braid [breıd] *n* 1 (*plaukų*) kasa 2 juostelė; galionas *v* pinti (*kasas*)

brain [breın] *n* 1 smegenys 2 protas △ *to have smth on the* ~ tik ir galvoti apie ką ~**drain** [-dreın] *n* protinio potencialo nutekėjimas ~**less** *a* besmegenis ~**wave** [-weıv] *n* puiki mintis ~**y** *a* šnek. gabus, protingas

brake [breık] I *n* stabdys *v* stabdyti

brake II *n* 1 tankynė; krūmai 2 papartis

bramble ['bræmbl] *n* gervuogė

bran [bræn] *n* sėlenos

branch [brɑːntʃ] *n* 1 šaka 2 skyrius 3 atšaka *v* šakotis □ to · ~ out išsišakoti ~**y** *a* šakotas

brand [brænd] *n* 1 įspaudas; fabriko ženklas 2 (*prekių*, *gaminių*) rūšis 3 nuodėgulys *v* ženklinti, įspauduoti

brandish ['brændıʃ] *v* mosuoti, mosikuoti

brand-new ['brænd'njuː] *a* naujutėlis

brandy ['brændı] *n* brendis, konjakas

brass [brɑːs] *n* žalvaris *a* (žal)varinis △ *to get down to* ~ *tacks* pereiti prie rimtų dalykų ~**y** *a* 1 (žal)varinis 2 begėdiškas, įžūlus

brat [bræt] *n* šnek. vaikpalaikis

bravado [brə'vɑːdəu] *n* bravūra; apsimestinė drąsa

brave [breıv] *a* drąsus, narsus *v* drąsiai sutikti (*pavojų*); mesti iššūkį ~**ry** [-ərı] *n* drąsumas

bravo [ˌbrɑː'vəu] *int* bravo!

brawl [brɔːl] *v* peštis, triukšmauti *n* peštynės, triukšmas

brawn [brɔːn] *n* raumenys ~**y** *a* raumeningas, stiprus

bray [breı] *n* asilo bliovimas *v* bliauti

brazen ['breızn] *a* 1 metalinis; varinis 2 begėdis, begėdiškas

breach [briːtʃ] *n* 1 pra(si)laužimas; spraga (*sienoje*) 2 (*sutarties ir pan.*) (su)laužymas *v* pra(si)laužti, padaryti spragą

bread [bred] *n* 1 duona; ~ *and butter* a) sumuštinis; b) pragyvenimo šaltinis 2 pragyvenimas; *to make one's* ~ užsidirbti duonai / pragyvenimui △ *to know on which side one's* ~ *is buttered* žinoti iš kur vėjas pučia

breadline ['bredlaın] *n* (*bedarbių ir pan.*) eilė prie maisto

breadth [bredθ] *n* platumas; plotis △ *to a hair's* ~ tiksliai ~**ways**, ~**wise** [-weız, -waız] *adv* į plotį

bread-winner ['bredwınə] *n* (*šeimos*) maitintojas

break [breık] *v* (**broke**; **broken**) 1 (su)laužyti, daužyti; lūžti, dūžti 2 (nu)traukti; (nu)trūkti 3 atpratinti, atprasti (*of* – *nuo*) 4 švisti □ to ~ **down** a) sulūžti; b) užgriauti; palaužti; c) sužlugti; to ~ **in** įsilaužti; to ~ **off** a) staiga nutraukti; b) nulaužti; nulūžti; to ~ **out** a) išlaužti; b) pratrūkti (*juokais ir pan.*); c) kilti (*apie karą*, *epidemiją*); to ~ **through** prasilaužti; to ~

up a) sudužti; b) išsiskirstyti △ *to* ~ *free / loose* išsivaduoti, pabėgti į laisvę *n* 1 pralaužimas, lūžis, pradauža 2 nutrūkimas 3 pertrauka ~**able** *a* trapus, lūžus, dūžtamas ~**age** *n* lūžimas, gedimas; avarija

breakdown ['breɪkdaun] *n* 1 visiškas (*jėgų ir pan.*) išsekimas 2 suirimas; žlugimas 3 *tech.* avarija

breakfast ['brekfəst] *n* pusryčiai *v* pusryčiauti

breakneck ['breɪknek] *a* pavojingas (*apie greitį*)

breakup ['breɪkʌp] *n* 1 žlugimas, suirimas 2 (*santykių*) nutrūkimas 3 mokyklos uždarymas (*atostogoms*)

breakwater ['breɪkwɔːtə] *n* bangolaužis, molas

bream [briːm] *n zool.* karšis

breast [brest] *n* 1 krūtinė 2 krūtis 3 sąžinė; *to make a clean* ~ *of it* nuoširdžiai ką prisipažinti *v* priešintis

breath [breθ] *n* 1 kvėpavimas, kvapas; *out of* ~ uždusęs; *to take* ~ atsikvėpti, pailsėti; *deep* ~ atodūsis 2 dvelkimas △ *below / under one's* ~ pašnibždomis; *to waste one's* ~ veltui kalbėti; *in one* ~ pirma, pirmiausia

breathe [briːð] *v* 1 kvėpuoti; atsikvėpti 2 dvelkti 3 gyventi 4 kalbėti tyliai; *not to* ~ *a word* laikyti paslaptyje □ *to* ~ *in* įkvėpti

breathing ['briːðɪŋ] *n* kvėpavimas ~-**space** [-speɪs] *n* atokvėpis

breathless ['breθləs] *a* 1 uždusęs, be kvapo; sulaikęs kvapą 2 *prk.* be žado

bred [bred] *past ir pp žr.* **breed** △ ~ *in the bone* įgimtas

breeches ['brɪtʃɪz] *n pl* kelnės

breed [briːd] *v* (**bred**) 1 veisti(s); daugintis 2 perėtis 3 auklėti; auginti *n* veislė ~**er** *n:* *plant* ~**er** selekcininkas; *cattle* ~**er** gyvulių augintojas ~**ing** *n* 1 veisimas, auginimas 2 iš(si)auklėjimas

breeze [briːz] I *n zool.* gylys

breez||**e** II *n* lengvas vėjelis ~**y** *a* 1 vėjuotas, vėsus 2 gyvas, linksmas

brevity ['brevətɪ] *n* trumpumas

brew [bruː] *v* 1 daryti alų 2 ruošti, virti; užpilti (*kavą, arbatą*) 3 rengti, sumanyti (*ką nors bloga*) *n* gėrimas; užpilas ~**er** *n* aludaris ~**ery** [-ərɪ] *n* alaus darykla

bribe [braɪb] *n* kyšis; papirkimas *v* papirkti; duoti kyšius ~**ry** [-ərɪ] *n* papirkimas; kyšininkavimas ~**taker** [-teɪkə] *n* kyšininkas

brick [brɪk] *n* 1 plyta 2 (*muilo*) gabaliukas; (*ledų*) porcija *v* kloti plytomis □ *to* ~ *up* užmūryti ~-**field** [-fiːld] *n* plytinė ~**layer** [-leɪə] *n* mūrininkas ~**work** [-wəːk] *n* plytų mūrinys

bridal ['braɪdl] *a* vestuvinis

bride [braɪd] *n* nuotaka

bride||**groom** ['braɪdgrum] *n* jaunikis ~**smaid** [-zmeɪd] *n* pamergė ~**sman** [-zmən] *n* pajaunys

bridge [brɪdʒ] I *n* 1 tiltas 2 kapitono tiltelis (*laive*) *v* 1 statyti tiltą 2 jungti tiltu □ *to* ~ *over* a) įveikti (*kliūtis, sunkumus*); b) pagelbėti

bridge II *n* bridžas (*kortų lošimas*)

bridle ['braɪdl] *n* apynasris *v* 1 užmauti apynasrį 2 (su)valdyti, tramdyti

brief [briːf] *a* trumpas, (su)glaustas *n* 1 suvestinė; reziumė 2 *teis.* trumpas bylos išdėstymas *v* 1 (pa)instruktuoti 2) reziumuoti

briefcase ['briːfkeɪs] *n* mažas lagaminėlis; portfelis

brier ['braɪə] *n* erškėtis, erškėtrožė

brig [brɪg] *n* 1 brigas (*dvistiebis burlaivis*) 2 *amer.* daboklė (*laive*)

brigad||**e** [brɪ'geɪd] *n* brigada ~**ier** [ˌbrɪgə'dɪə] *n* brigados generolas / vadas

brigand ['brɪgənd] *n* plėšikas; banditas

bright [braɪt] *a* 1 šviesus, ryškus, skaistus 2 giedras 3 sumanus, gabus ~**en** *v* nušvisti, pagyvėti (*t.p.* to ~ up); pagyvinti

brilli||**ance** ['brɪlɪəns] *n* blizgesys ~**ant** *a* 1 blizgantis 2 puikus *n* briliantas

brim [brɪm] *n* kraštas, briauna *v* pri(si)pildyti iki kraštų ~**ful** *a* sklidinas

brindled [ˈbrɪndld] *a* margas, rainas

brine [braɪn] *n* sūrymas *v* sūdyti

bring [brɪŋ] *v* (**brought**) 1 atnešti, atvesti, atvežti; pristatyti 2 priversti; sukelti (*t.p.* **to ~ about**); *to* **~ oneself** (+ *inf*) prisiversti □ *to* **~ back** a) grąžinti; b) priminti; *to* **~ down** a) numušti (*lėktuvą*); b) sumažinti (*kainas*); *to* **~ forward** iškelti, pateikti (*klausimą ir pan.*); *to* **~ in** a) įvesti; įnešti; b) duoti (*pelną*); c) *teis.* paskelbti (*nuosprendį*) *to* **~ out** a) išvesti; parodyti; b) išleisti, išspausdinti; *to* **~ up** a) auklėti, ugdyti, auginti; b) iškelti (*klausimą*)

brink [brɪŋk] *n* kraštas; krantas

briny [ˈbraɪnɪ] *a* sūrus

briquette [brɪˈket] *n* briketas

brisk [brɪsk] *a* 1 gyvas, smarkus, smagus 2 gaivus (*apie vėją*) *v* pagyvinti; pagyvėti

bristl‖e [ˈbrɪsl] *n* šeriai *v* šiauštis, pasišiaušti (*t.p.* **to ~ up**); **~y** 1 šeriuotas; duriantis 2 šiurkštus, ūmus

British [ˈbrɪtɪʃ] *a* britų; (Didžiosios) Britanijos; *the* **~** britai, anglai **~er** *n amer.* britas, anglas

brittle [ˈbrɪtl] *a* trapus, dūžtamas

broach [brəutʃ] *v* 1 ištraukti volę; atkimšti (*butelį*) 2 iškelti, pradėti kalbėti

broad [brɔːd] *a* 1 platus (*t.p. prk.*) 2 aiškus, ryškus 3 liberalus *adv* 1 plačiai 2 visiškai; **~ awake** visai pabudęs

broadcast [ˈbrɔːdkɑːst] *n rad., tel.* laida, transliacija *v* transliuoti

broad‖en [ˈbrɔːdn] *v* platėti; (pra)plėsti **~ly** *adv* 1 plačiai 2 apskritai kalbant (*t.p.* **~ly speaking**)

broadside [ˈbrɔːdsaɪd] *n* (*laivo*) šonas, bortas

brocade [brəˈkeɪd] *n* brokatas

brochure [ˈbrəuʃə] *n* bukletas; brošiūra

brogue [brəug] I *n* tarmiškas tarimas (*ypač airių*)

brogue II *n* nedailūs batai

broil [brɔɪl] I *n* vaidai, triukšmas

broil II *v* kepti, kepinti(s) **~er** *n* broileris

broke [brəuk] *past žr.* **break**

broken [ˈbrəukən] *a* 1 (su)laužytas; sudaužytas 2 pertrauktas, su pertrūkiais 3 sužlugdytas, žlugęs *pp žr.* **break**; **~-down** [-daun] *a* 1 sulūžęs; sugedęs 2 palaužtas (*vargo, ligos*) **~-hearted** [-ˈhɑːtɪd] *a* susisielojęs

broker [ˈbrəukə] *n* brokeris, makleris; tarpininkas

brolly [ˈbrɔlɪ] *n šnek.* skietis

bronchi [ˈbrɔŋkaɪ] *n pl anat.* bronchai **~al** [-kɪəl] *a* bronchų, bronchinis **~tis** [brɔŋˈkaɪtɪs] *n* bronchitas

bronze [brɔnz] *n* bronza *v* bronzuoti *a* bronzinis

brooch [brəutʃ] *n* sagė (*papuošalas*)

brood [bruːd] *n* 1 jaunikliai 2 *juok.* šeimynėlė *v* 1 perėti 2 galvoti, mąstyti **~-hen** [-hen] *n* perekšlė **~-mare** [-meə] *n* veislinė kumelė

brook [bruk] I *v knyg.* pakęsti, ištverti (*neig. sakinyje*)

brook II *n* upelis, upokšnis

broom [bruːm] *n* šluota, šepetys **~-stick** [-stɪk] *n* šluotkotis

broth [brɔθ] *n* sriuba, buljonas

brother [ˈbrʌðə] *n* brolis **~hood** *n* brolybė; broliškumas

brother-in-law [ˈbrʌðərɪnlɔː] *n* svainis (*žmonos brolis, sesers vyras*); dieveris (*vyro brolis*)

brotherly [ˈbrʌðəlɪ] *a* broliškas

brought [brɔːt] *past ir pp žr.* **bring**

brow [brau] *n* 1 antakis 2 kakta 3 (*kalno ir pan.*) viršus, kraštas **~beat** [-biːt] *v* (**~beat; ~beaten** [-biːtn]) gąsdinti, bauginti

brown [braun] *a* 1 rudas, rusvas 2 tamsus, įdegęs saulėje *n* ruda spalva *v* 1 rudai nudažyti 2 įdegti (*saulėje*)

brownie [ˈbraunɪ] *n* aitvaras, naminis

browse [brauz] *v* 1 ganytis 2 paskaitinėti, pavartyti (*knygas*)

bruise [bruːz] *v* 1 su(si)mušti, už(si)gauti (*iki mėlynių*) 2 susidaužyti (*apie vaisius*) *n* mėlynė, sumušimas

brunette [bru:'net] *n* brunetė, tamsiaplaukė

brunt [brʌnt] *n* pagrindinis smūgis

brush [brʌʃ] I *n* 1 šepetys 2 teptukas **3** valymas šepečiu *v* 1 valyti (*šepečiu*) 2 šukuoti (*plaukus*) **3** lengvai liesti (*against*) □ **to ~ aside** a) nubraukti; b) atmesti; **to ~ off** a) išsivalyti (*šepečiu*); b) neklausyti; atstumti; **to ~ up** a) atnaujinti (*kalbos mokėjimą*); b) apsivalyti, su(si)tvarkyti

brush II *n amer.* krūmai, brūzgynas **~wood** [-wud] *n* žabai **~y** *a* apaugęs krūmais

brusque [bru:sk] *a* stačiokiškas, šiurkštus *v* šiurkščiai elgtis

brutal ['bru:tl] *a* žiaurus, brutalus **~ity** [ˌbru:'tæləti] *n* žiaurumas **~ize** ['bru:təlaız] *v* 1 sugyvulėti 2 brutaliai elgtis

brut‖**e** [bru:t] *n* 1 gyvulys 2 žiaurus žmogus, žvėris *a* 1 žiaurus; gyvuliškas 2 neprotingas **~ish** *a* 1 žiaurus, žvėriškas 2 gyvuliškas

bubble. ['bʌbl] *n* 1 burbulas 2 (*oro*) pūslė *v* 1 burbuliuoti 2 kunkuliuoti (*t.p. prk.*)

buccaneer [ˌbʌkə'nıə] *n* piratas

buck [bʌk] *n* 1 (*elnio, zuikio*) patinas 2 *amer. šnek.* doleris *v* piestu stotis, spardytis □ **to ~ off** numesti (*raitelį*); **to ~ up** *šnek.* atgyti; **~ up!** paskubėk!, sukrusk!

bucket ['bʌkıt] *n* 1 kibiras 2 (*žemsemės*) kaušas △ **to kick the ~** *šnek.* pasimirti

buckle ['bʌkl] *n* sagtis *v* 1 už(si)segti (*t.p.* **to ~ up**) 2 su(si)lenkti □ **to ~ down** / **to** energingai imtis

buckskin ['bʌkskın] *n* elnio oda, elnena

buckwheat ['bʌkwi:t] *n* grikiai

bud [bʌd] *n* pumpuras △ **to nip in the ~** sunaikinti užuomazgoje *v* pumpuruoti

buddy ['bʌdı] *n šnek.* bičiulis

budge [bʌdʒ] *v* pa(si)judinti, pasislinkti (*neigiamuosiuose sakiniuose*)

budget ['bʌdʒıt] *n* biudžetas *v* sudaryti biudžetą; numatyti lėšas **~ary** *a* biudžetinis

buff [bʌf] *n* 1 buivolo oda 2 tamsiai geltona spalva

buffalo ['bʌfələu] *n* buivolas; bizonas

buffer ['bʌfə] *n* buferis

buffet I ['bufeı] *n* bufetas (*restorane ir pan.*)

buffet II ['bʌfıt] *n* smūgis *v* mušti, smogti

buffoon [bə'fu:n] *n* juokdarys *v* juokus / išdaigas krėsti

bug [bʌg] *n* 1 blakė 2 *amer.* vabalas, vabzdys **3** *šnek.* slaptas klausymosi aparatas; slaptas mikrofonas

bugbear ['bʌgbeə] *n* (*tikra*) kankynė, baubas

buggy ['bʌgı] *n* 1 lengvas vežimėlis, brikelė 2 *amer.* vaikų vežimėlis

bugl‖**e** ['bju:gl] *n* trimitas **~er** *n* trimitininkas

build [bıld] *v* (**built** [bılt]) 1 statyti; tiesti (*kelią*) 2 kurti **3** įtaisyti (*t.p.* **to ~ in**) 4 remtis (*on*) □ **to ~ up** pastatyti; sukurti *n* 1 kūno sudėjimas 2 forma, konstrukcija **~ing** *n* 1 pastatas 2 statymas; statyba

bulb [bʌlb] *n* 1 *bot.* svogūnėlis 2 elektros lemputė

Bulgarian [bʌl'geərıən] *n* 1 bulgaras 2 bulgarų kalba *a* bulgariškas; Bulgarijos

bulg‖**e** [bʌldʒ] *n* 1 išsikišimas, išsipūtimas 2 (*kiekio*) laikinas padidėjimas *v* pūpsoti; išsipūsti; išsikišti **~ing** *a* pūpsantis, išsipūtęs **~y** *a* išsipūtęs

bulk [bʌlk] *n* 1 dydis; apimtis; tūris; **to sell in ~** parduoti didmenomis 2 didžioji dalis **3** (*laivo*) krovinys *v:* **to ~ large** atrodyti dideliam / svarbiam **~y** *a* didžiulis, stambus

bull [bul] *n* 1 bulius 2 biržos spekuliantas *v* spekuliuoti

bulldog ['buldɔg] *n* buldogas

bulldozer ['buldəuzə] *n* buldozeris

bullet ['bulıt] *n* kulka

bulletin ['bulətın] *n* biuletenis

bullion ['bulıən] *n* (*aukso, sidabro*) luitai, lydiniai bullock ['bulək] n jautukas, jautis

bully ['bulı] I n peštukas v bauginti; ieškoti priekabių

bully II n mėsos konservai (t.p. ~ beef)

bulrush ['bulrʌʃ] n bot. meldas

bulwark ['bulwək] n pylimas; tvirtovė; atrama

bumblebee ['bʌmblbi:] n kamanė

bump [bʌmp] n 1 smūgis 2 guzas v trenktis, atsimušti; susidurti (t.p. to ~ together) adv staiga; bumpt ~er aut. buferis

bumpkin ['bʌmpkın] n prasčiokas

bumptious ['bʌmpʃəs] a pasipūtęs

bumpy ['bʌmpı] a nelygus (apie kelią)

bun [bʌn] n saldi bandelė

bunch [bʌntʃ] n 1 puokštė 2 kekė 3 (raktų) ryšelis 4 šnek. (žmonių) būrys; the best of the ~ geriausias iš visų v 1 (su)rišti 2 susiburti, susimesti

bundle ['bʌndl] n ryšulys v 1 (su)rišti (t.p. to ~ up) 2 netvarkingai sudėti / sumesti; su(si)grūsti; sukišti (into) 3 skubiai išsiųsti, išgrūsti (papr. to ~ off)

bung [bʌŋ] n kamštis; volė v užkimšti, užkišti (papr. to ~ up)

bungalow ['bʌŋgələu] n vieno aukšto namas

bungle ['bʌŋgl] n prastas darbas v prastai / nemokšiškai dirbti

bunk [bʌŋk] I n lova, gultas

bunk II n šnek. pabėgimas

bunker ['bʌŋkə] n 1 bunkeris 2 (anglių, pelenų) dėžė

bunting ['bʌntıŋ] I n zool. (geltonoji, raiboji) starta

bunting II n 1 audeklas vėliavoms siūti 2 vėliavos (gatvėms puošti)

buoy [bɔı] n bakenas, plūduras v 1 plūduriuoti 2 statyti plūdurus

buoyant ['bɔıənt] a 1 plūduriuojantis 2 žvalus, džiugus

bur [bə:] žr. burr

burbot ['bə:bət] n vėgėlė

burden ['bə:dn] I n 1 priedainis, refrenas 2 tema, pagrindinė mintis

burden II n našta; sunkenybė v 1 (ap)krauti 2 apsunkinti ~some a sunkus, apsunkinantis

bureau ['bjuərəu] n 1 biuras; kontora 2 stalas (su stalčiais) 3 amer. komoda

bureau‖cracy [ˌbjuə'rɔkrəsı] n biurokratija; biurokratizmas ~crat ['bjuərəkræt] n biurokratas ~cratic [ˌbjuərə'krætık] a biurokratinis; biurokratiškas

burglar ['bə:glə] n vagis, įsilaužėlis ~y [-rı] n teis. įsilaužiamoji vagystė

burial ['berıəl] n laidotuvės ~-ground [-graund] n kapinės ~-service [-sə:vıs] n gedulingos pamaldos

burlesque [bə:'lesk] a juokingas; parodijinis n parodija v parodijuoti

burly ['bə:lı] a stambus, apkūnus; tvirtas

Burmese [bə:'mi:z] n 1 birmietis 2 birmiečių kalba a birmiečių; Birmos

burn [bə:n] v (burnt) 1 degti (t.p. prk.) 2 (ap)deginti; sudeginti 3 med. prideginti □ to ~ up a) sudeg(in)ti; b) įsidegti n nudegimas ~er n 1 degintojas 2 tech. degiklis

burning ['bə:nıŋ] n degimas, deginimas; apdegimas a degantis; karštas; ~ question opus klausimas

burnish ['bə:nıʃ] v poliruoti

burnt [bə:nt] past ir pp žr. burn

burr [bə:] n bot. dagys, kibis, varnalėša

burrow ['bʌrəu] n urvas v 1 raustis, knistis 2 kasti urvą

burst [bə:st] v (burst) 1 (pra)trūkti, plyšti, sprogti 2 išsiveržti; 3 perplėšti, sudraskyti 4 staiga prasidėti, prapliupti (t.p. to ~ out) □ to ~ in a) įsiveržti; b) įsiterpti n 1 sprogimas 2 išsiveržimas; ~ of laughter juoko protrūkis

bury ['berı] v 1 (pa)laidoti 2 (pa)slėpti

bus [bʌs] n autobusas v vežti / važiuoti autobusu

bush [buʃ] n krūmas △ to beat about the ~ kalbėti išsisukinėjant (ne į temą)

bushel ['buʃl] n bušelis (*anglų saikas —
apie 36,3 l*)

bushy ['buʃɪ] a 1 apaugęs krūmais
2 tankus

business ['bɪznɪs] n 1 reikalas, dalykas;
on ~ su reikalais; *mind your own
~!* žiūrėk savo reikalų! 2 vers-
las, biznis, komercinė veikla 3 firma,
komercinė įstaiga ~like [-laık] a da-
lykiškas, praktiškas

businessman ['bɪznɪsmən] n komersan-
tas, verslininkas; biznierius

bust [bʌst] n biustas

bustle ['bʌsl] v bruzdėti; bėgioti,
skubėti n sujudimas, bruzdesys

busy ['bɪzɪ] a 1 užsiėmęs 2 užimtas
3 įtemptas, sunkus (*apie dieną ir
pan.*) v: to ~ oneself užsiimti (*with
- kuo*)

busybody ['bɪzɪbɔdɪ] n *šnek.* mėgstantis
kištis į svetimus reikalus

but [bət, bʌt] *conj* 1 bet, o; tačiau 2 jei
ne; kad ne; *what could he do ~
confess?* kas jam beliko daryti, jei ne
prisipažinti? *prep* be, išskyrus; *all ~
one* visi, išskyrus vieną; *the last ~
one* priešpaskutinis *adv* tik, vos; *it's
~ one o'clock* dabar tik pirma va-
landa; *all* ~ beveik, vos ne

butcher ['butʃə] n 1 mėsininkas, sker-
dikas 2 budelis v 1 skersti, pjauti
2 žudyti ~y [-rı] n 1 skerdykla 2 sker-
dynės

butler ['bʌtlə] n vyresnysis liokajus

butt [bʌt] I n didelė statinė

butt II n 1 taikinys 2 *pl* šaudykla

butt III n 1 drūtgalys 2 (*šautuvo*) buožė
3 nuorūka

butt IV n dūris, smūgis (*ragais, galva*)
v 1 durti (*ragais*); badytis 2 suduoti
(*galva*) □ to ~ in *šnek.* įsiterpti,
įsikišti

butter ['bʌtə] n sviestas v tepti sviestu

buttercup ['bʌtəkʌp] n *bot.* vėdrynas

butterfly ['bʌtəflaɪ] n drugelis, pe-
teliškė

buttocks ['bʌtəks] n *pl* sėdmenys, sėdy-
nė

button ['bʌtn] n 1 saga 2 mygtukas
v 1 (su)sagstyti, (su)segti (*t.p.* to ~
up) 2 (pri)siūti sagas ~hole [-həul] n
kilpa sagai

buxom ['bʌksəm] a apkūni, sveika

buy [baɪ] v (bought) (nu)pirkti □ to ~
~ in supirkti; užpirkti; to ~ off at-
sipirkti; to ~ out išpirkti; to ~ over
papirkti; to ~ up supirkti ~er n
supirkėjas; ~er's market pirkėjams
palanki konjunktūra

buzz [bʌz] v 1 zvimbti, birbti 2 ūžti,
gausti 3 skleisti (*gandus*) □ to ~
about sukinėtis; to ~ off *šnek.* pa-
sitraukti ~er n 1 švilpukas, sirena
2 *tech.* zirzeklis, zumeris

by [baɪ] *prep* 1 prie, šalia, greta;
~ the river palei upę 2 *reiškiant
priemonę verčiamas įnagininku:* ~
air mail oro paštu; ~ *train* traukiniu
3 *reiškiant veikėją verčiamas kilmi-
ninku:* a play ~ W. Shake-
speare V. Šekspyro pjesė 4 metu;
to travel ~ day keliauti dieną
(*dienos metu*) 5 po (*žymint kiekį*)
6 pagal; ~ my watch pagal mano
laikrodį; ~ profession pagal pro-
fesiją 7 *reiškiant veiksmo būdą džn.
verčiamas prieveiksmiu:* little ~ lit-
tle pamažu; po truputį; ~ chance at-
sitiktinai 8 už; to take smb ~ the
hand paimti ką už rankos *adv* 1 šalia;
the post is close ~ paštas yra arti
2 pro (šalį); he passed me ~ jis
praėjo pro mane △ ~ and ~ netrukus
part pra- (*reiškiant judėjimą pro šalį*);
to run ~ prabėgti

bye(-bye) [(ˌbaɪ)'baɪ] *int šnek.* iki pasi-
matymo!

bye-bye(s) ['baɪbaɪ(z)] n, *int vaik.*
miegutis; čiūčia liūlia, miegok!

by-election ['baɪɪlekʃn] n papildomi
rinkimai

Byelorussian [ˌbjelə'rʌʃn] n 1 baltaru-
sis 2 baltarusių kalba a baltarusiškas,
baltarusių; Baltarusijos

bygone ['baɪgɔn] n *papr. pl* praeitis; *let
~s be ~s prież.* kas praėjo, tai praėjo
a praėjęs, praeities

by-law ['baɪlɔ:] n vietinės valdžios potvarkis

by-pass ['baɪpɑ:s] n aplinkinis kelias v aplenkti, apeiti (t.p. prk.)

bypath ['baɪpɑ:θ] n šuntakis

byplay ['baɪpleɪ] n epizodas, nebyli scena (pjesėje)

by-product ['baɪprɔdəkt] n šalutinis produktas

by-road ['baɪrəud] žr. by-way

bystander ['baɪstændə] n pašalinis stebėtojas

by-way ['baɪweɪ] n šalutinis kelias, keliukas, šunkelis

byword ['baɪwə:d] n pertaras, priežodis

by-work ['baɪwə:k] n pašalinis darbas

C

C, c [si:] 1 trečioji anglų abėcėlės raidė 2 muz. nata do 3 amer. šimtas dolerių

cabbage ['kæbɪdʒ] n 1 kopūstas 2 kopūstai (valgis)

cable ['keɪbl] n 1 trosas 2 kabelis v telegrafuoti

cacao [kə'kɑ:əu] n 1 kakavmedis 2 kakava

cache [kæʃ] n slaptas sandėlis v slėpti

cackle ['kækl] v 1 kudakuoti, gagėti 2 kikenti

caddish ['kædɪʃ] a grubus, vulgarus

cadet [kə'det] n 1 jaunesnysis sūnus 2 karo mokyklos kursantas, kadetas

cadg||e [kædʒ] v elgetauti; prašinėti ~er n elgeta

cadre ['kɑ:də] n (papr. pl) kadrai

café ['kæfeɪ] n kavinė

cage [keɪdʒ] n narvelis v uždaryti į narvelį

cajole [kə'dʒəul] v meilikauti; apgaudinėti; palenkti meilikaujant (into)

cake [keɪk] n 1 pyragaitis, keksas; tortas 2 paplotėlis 3 plytelė; gabaliukas △ to go like hot ~s grobstyte išgrobstyti

calamit||ous [kə'læmɪtəs] a pražūtingas, nelaimingas ~y [-mətɪ] n nelaimė, negandas

calcium ['kælsɪəm] n chem. kalcis

calcul||ate ['kælkjuleɪt] v 1 išskaičiuoti, apskaičiuoti 2 pasikliauti (on) ~ation [ˌkælkju'leɪʃn] n išskaičiavimas; apskaičiavimas

calculus ['kælkjuləs] n mat. (integralinis ir diferencialinis) skaičiavimas

calendar ['kælɪndə] n kalendorius

calf [kɑ:f] I n (pl calves) veršiukas; in / with ~ veršinga

calf II n (pl calves) blauzda

calibrate ['kælɪbreɪt] v kalibruoti; graduoti; tikrinti

calibre ['kælɪbə] n 1 kalibras 2 reikšmingumas; erudicija

caliph ['kælɪf] n ist. kalifas

calk [kɔ:k] n (pasagos) grifas v kaustyti

call [kɔ:l] v 1 (pa)šaukti; iškviesti 2 vadinti 3 aplankyti, užeiti (on smb; at smb's place) 4 (pa)skambinti (telefonu; t.p. to ~ up) □ to ~ forth iššaukti; to ~ in a) iškviesti; b) išimti iš apyvartos (pinigus); c) reikalauti grąžinti; to ~ off a) atšaukti (susirinkimą); b) atitraukti (dėmesį); to ~ out a) iškviesti (pvz., greitąją); b) raginti streikuoti △ to ~ to mind prisiminti n 1 riksmas, šauksmas; šūkis 2 vizitas 3 iškvietimas, iššaukimas 4 (telefono) skambutis, pokalbis telefonu ~er n 1 lankytojas, svečias 2 skambintojas telefonu ~ing n 1 pašaukimas 2 profesija

calligraphy [kə'lɪgrəfɪ] n 1 kaligrafija, dailyraštis 2 graži rašysena

cal(l)ipers ['kælɪpəz] n pl skriestuvas (matavimui); outside ~ išormatis; inside ~ vidmatis

callisthenics [ˌkælɪs'θenɪks] n ritminė gimnastika

callous ['kæləs] a 1 nuospaudotas, įdiržęs 2 bejausmis, beširdis

callow ['kæləu] a 1 nepatyręs, žalias 2 neapsiplunksnavęs

call-up ['kɔ:lʌp] 1 šaukimas (į karinę tarnybą) 2 šaukiamieji

callus [ˈkæləs] n (odos) sukietėjimas; nuospauda

calm [kɑːm] a ramus n ramybė, tyla v nu(si)raminti (t.p. **to** ~ **down**)

calori‖e [ˈkælərɪ] n kalorija ~**fic** [ˌkælə-ˈrɪfɪk] a šiluminis

calumn‖iate [kəˈlʌmnɪeɪt] v apkalbėti, šmeižti ~**y** [ˈkæləmnɪ] n šmeižtas

calve [kɑːv] v veršiuotis

calves [kɑːvz] pl žr. **calf**

cam [kæm] n tech. kumštelis, pirštas

cambric [ˈkeɪmbrɪk] n tekst. batistas

came [keɪm] past žr. **come**

camel [ˈkæml] n kupranugaris

camera [ˈkæmərə] n fotoaparatas; kino / televizijos kamera ~**man** [-mən] n 1 kin., tel. operatorius 2 fotoreporteris

camomile [ˈkæməmaɪl] n bot. ramunėlė

camouflage [ˈkæməflɑːʒ] n maskavimas(is) v maskuoti(s)

camp [kæmp] n stovykla, stovyklavietė v stovyklauti □ **to** ~ **out** nakvoti palapinėje, atvirame ore

campaign [kæmˈpeɪn] n žygis, kampanija v dalyvauti kampanijoje / žygyje; vykdyti kampaniją

camphor [ˈkæmfə] n kamparas

camping [ˈkæmpɪŋ] n stovyklavimas; **to go** ~ turistauti, stovyklauti

campus [ˈkæmpəs] n universiteto / mokyklos teritorija

camshaft [ˈkæmʃɑːft] n tech. skirstymo velenas

can I [kən, kæn] v (**could**) 1 galiu, gali, galime ir t.t. 2 moku, moki, moka, mokame ir t.t. 3 turiu, turi, turime ir t.t. teisę; **you** ~ **rest now** jūs dabar galite (turite teisę) pailsėti; ~ **I come in?** ar galima įeiti?

can II [kæn] n 1 bidonas 2 konservų dėžutė; skardinė v konservuoti

Canadian [kəˈneɪdɪən] n kanadietis a kanadietiškas, kanadiečių; Kanados

canal [kəˈnæl] n kanalas

canard [kæˈnɑːd] n netikras gandas; (spaudos) antis

canary [kəˈneərɪ] n zool. kanarėlė

cancel [ˈkænsl] v 1 išbraukti 2 anuliuoti, panaikinti 3 antspauduoti (pašto ženklus) ~**lation** [ˌkænsəˈleɪʃn] n 1 panaikinimas 2 išbraukimas 3 antspaudavimas

cancer [ˈkænsə] n 1 vėžys (liga) 2 rykštė, nelaimė

candid [ˈkændɪd] a tiesus, atviras

candidat‖e [ˈkændɪdət] n kandidatas ~**ure** [-tʃə] n kandidatūra

candle [ˈkændl] n žvakė ~-**end** [-end] n žvakigalis ~**stick** [-stɪk] n žvakidė

candour [ˈkændə] n atvirumas, tiesumas

candy [ˈkændɪ] n ledinukas; amer. saldainiai v cukruoti(s)

cane [keɪn] n 1 (nendrinė) lazda 2 nendrė v mušti (lazda)

canine [ˈkeɪnaɪn] a šuns, šuniškas

canister [ˈkænɪstə] n skardinė dėžutė (arbatžolėms, kavai ir pan.)

cannabis [ˈkænəbɪs] n 1 kanapė 2 marihuana

cann‖ed [kænd] a konservuotas; ~ **goods** konservai ~**ery** n konservų fabrikas

cannibal [ˈkænɪbl] n žmogėdra

cannon [ˈkænən] n patranka ~-**fodder** [-fɔdə] n patrankų mėsa ~**ade** [ˌkænəˈneɪd] n kanonada

cannot [ˈkænɔt] v **can** esamojo laiko neigiamoji forma

canny [ˈkænɪ] a apsukrus, gudrus

canoe [kəˈnuː] n baidarė; kanoja

canon [ˈkænən] n 1 taisyklė, kriterijus 2 kanonas ~**ize** v kanonizuoti

canopy [ˈkænəpɪ] n baldakimas; tentas

can't [kɑːnt] v sutr. = **cannot**

cant [kænt] I n 1 nuožulnumas 2 pakrypimas

cant II n 1 žargonas 2 verksmingas tonas 3 veidmainystė v 1 kalbėti žargonu 2 veidmainiauti 3 prašinėti

cantankerous [kænˈtæŋkərəs] a vaidingas, barningas

cantata [kænˈtɑːtə] n muz. kantata

canteen [kænˈtiːn] n 1 valgykla (įstaigoje, gamykloje) 2 dėžė stalo įrankiams

canto [ˈkæntəu] *n* giesmė (*poemos dalis*)

cantonment [kænˈtuːnmənt] *n* kareivinės

canvas [ˈkænvəs] *n* 1 stora drobė; brezentas 2 tapytas paveikslas

canvass [ˈkænvəs] *v* 1 agituoti (*for*) 2 svarstyti

canyon [ˈkænɪən] *n* gilus tarpeklis

cap [kæp] *n* 1 kepurė, kepuraitė 2 gaubtukas

capab‖ility [ˌkeɪpəˈbɪlətɪ] *n* 1 gabumai; sugebėjimas 2 *pl* galimybės ~**le** [ˈkeɪpəbl] *a* 1 gabus 2 galintis, sugebantis

capaci‖ous [kəˈpeɪʃəs] *a* erdvus, talpus ~**ty** [kəˈpæsətɪ] *n* 1 gabumas; sugebėjimas 2 (*tarnybinė*) padėtis, postas 3 talpumas; talpa 4 *ekon.*, *tech.* pajėgumas, našumas; **labour** ~**ty** darbo našumas

cape [keɪp] I *n* apsiaustas su gobtuvu; pelerina

cape II *n geogr.* iškyšulys

caper [ˈkeɪpə] *n* 1 šokinėjimas 2 išdaiga *v* šokinėti; išdykauti, kvailioti

capillary [kəˈpɪlərɪ] *n* kapiliaras

capital [ˈkæpɪtl] *a* 1 pagrindinis, svarbiausias; **of** ~ **importance** labai svarbus 2 baudžiamas mirtimi; ~ **punishment** mirties bausmė *n* 1 sostinė 2 kapitalas; **fixed** ~ pagrindinis kapitalas; **floating / circulating** ~ apyvartinis kapitalas; ~ **expenditure** kapitalo sąnaudos 3 didžioji raidė (*t.p.* ~ **letter**)

capital‖ism [ˈkæpɪtəlɪzm] *n* kapitalizmas ~**ist** *n* kapitalistas *a* kapitalistinis

capitation [ˌkæpɪˈteɪʃn] *n* pagalvės mokestis (*t.p.* ~ **tax**)

Capitol [ˈkæpɪtl] *n* Kapitolijus (*JAV kongreso rūmai*)

capitulat‖e [kəˈpɪtjuleɪt] *v* kapituliuoti ~**ion** [kəˌpɪtjuˈleɪʃn] *n* kapituliacija, pasidavimas

capric‖e [kəˈpriːs] *n* kaprizas, užgaida ~**ious** [kəˈprɪʃəs] *n* 1 nepastovus 2 kaprizingas, užgaidus

capsize [kæpˈsaɪz] *v* apvirsti, apversti

captain [ˈkæptɪn] *n* 1 kapitonas 2 vadas ~**ship** *n* karvedžio meistriškumas

caption [ˈkæpʃn] *n* 1 antraštė 2 titras

captious [ˈkæpʃəs] *a* priekabus

captivate [ˈkæptɪveɪt] *v* sužavėti, patraukti

captiv‖e [ˈkæptɪv] *n* belaisvis ~**ity** [kæpˈtɪvətɪ] *n* nelaisvė

capture [ˈkæptʃə] *n* 1 užgrobimas 2 grobis 3 paėmimas į nelaisvę *v* 1 pagrobti 2 paimti į nelaisvę 3 sugauti

car [kɑː] *n* 1 automobilis 2 vagonas 3 (*lifto, baliono ir pan.*) kabina

carafe [kəˈræf] *n* grafinas

caramel [ˈkærəmel] *n* karamelė

carat [ˈkærət] *n* karatas (*brangakmenių svorio vienetas = 200 mg*)

caravan [ˈkærəvæn] *n* 1 vilkstinė, karavanas 2 furgonas 3 autopriekaba namelis

caraway [ˈkærəweɪ] *n bot.* kmynas

carbide [ˈkɑːbaɪd] *n chem.* karbidas

carbine [ˈkɑːbaɪn] *n* karabinas

carbolic [kɑːˈbɔlɪk] *a* karbolinis; ~ **acid** karbolio rūgštis

carbon [ˈkɑːbən] *n* anglis (*elementas*); ~ **black** smalkės; ~ **paper** kalkė ~**ate** [-nɪt] *n chem.* karbonatas

carburet(t)or [ˌkɑːbjuˈretə] *n tech.* karbiuratorius

carcass [ˈkɑːkəs] *n* 1 (*gyvulio*) lavonas, skerdena 2 (*automobilio ir pan.*) laužas

card [kɑːd] *n* 1 kortelė 2 korta; *pl* kortos, lošimas kortomis 3 (*nario*) bilietas; pakvietimas, bilietas 4 *amer.* skelbimas (*laikraštyje*) △ **on the** ~**s** galimas daiktas; **to have a** ~ **up one's sleeve** turėti atsarginį kozirį

cardboard [ˈkɑːdbɔːd] *n* kartonas

cardiac [ˈkɑːdɪæk] *a med.* širdies

cardigan [ˈkɑːdɪgən] *n* nertinis, megztinis

cardinal [ˈkɑːdɪnl] *n* kardinolas *a* 1 svarbiausias, pagrindinis 2 skaisčiai raudonas 3 *gram.* kiekinis care [keə] *n* 1 rūpinimasis; rūpestis; globa; **to take** ~ rūpintis (*of*) 2 atidumas, atsargumas; **take** ~! saugokis! *v* 1 rūpintis 2 mėgti, mylėti (*for*) △ *I don't* ~ *a straw / damn / feather* man vistiek, man nusispjaut

career [kə'rɪə] *n* 1 karjera; profesinė veikla 2 greitis *a* profesinis *v* lėkti

carefree ['keəfri:] *a* be rūpesčių

care‖ful ['keəfəl] *a* 1 rūpestingas 2 atidus 3 atsargus ~less *a* 1 nerūpestingas; lengvabūdis 2 neatsargus

caress [kə'res] *n* glamonėjimas *v* glamonėti; glostyti

careworn ['keəwɔ:n] *a* rūpesčių iškankintas

cargo ['ka:gəu] *n* (*laivo*, *lėktuvo*) krovinys; ~ *ship* krovininis laivas

caricatur‖e [ˌkærɪkə'tʃuə] *n* karikatūra *v* karikatūrinti ~ist [ˌkærɪkə'tʃuərɪst] *n* karikatūrininkas

carnage ['ka:nɪdʒ] *n* skerdynės

carnation [ka:'neɪʃn] *n* bot. raudonasis gvazdikas *a* skaisčiai raudonas

carnival ['ka:nɪvl] *n* karnavalas

carnivorous [ka:'nɪvərəs] *a* mėsėdis

carol ['kærəl] *n* linksma (*Kalėdų*) giesmė

carouse [kə'rauz] *v* girtauti, ūžti

carp [ka:p] I *n* zool. karpis

carp II *v* kabinėtis, ieškoti priekabių

carpen‖ter ['ka:pɪntə] *n* dailidė ~try *n* dailidės amatas

carpet ['ka:pɪt] *n* kilimas, patiesalas △ *on the* ~ a) svarstomas (*apie klausimą*); b) baramas *v* 1 iškloti kilimais 2 iškviesti ir duoti pastabą

carriage ['kærɪdʒ] *n* 1 vežimas, karieta 2 vagonas 3 pervežimas; pervežimo kaštai 4 laikysena

carrier ['kærɪə] *n* 1 nešikas; nešiotojas 2 lėktuvnešis 3 (*motociklo*) bagažinė ~-bag [-bæg] *n* ūkinis krepšelis (*pirkiniams*)

carrion ['kærɪən] *n* dvėsena, maita

carrot ['kærət] *n* morka ~y *a* rudaplaukis; morkinis

carry ['kærɪ] *v* 1 gabenti, nešti; vežti 2 priimti (*nutarimą ir pan.*) 3 (iš)laikyti 4 prekiauti, pardavinėti □ to ~ **away** a) nunešti; b) nesusivaldyti; to ~ **back** a) grąžinti atgal; b) priminti praeitį; to ~ **forward** a) paspartinti (*reikalą*); b) buh. perkelti (*į kitą puslapį*); to ~ **off** a) nunešti, pagrobti; b) laimėti (*prizą ir pan.*); to ~ **on** a) tęsti; b) šnek. flirtuoti; to ~ **out / through** atlikti, įvykdyti △ to ~ **too far** persistengti

cart [ka:t] *n* (*dviratis*) vežimas △ *to put the* ~ *before the horse* daryti atvirkščiai

cartel [ka:'tel] *n* ekon. kartelis

carter ['ka:tə] *n* vežikas

cartilage ['ka:tɪlɪdʒ] *n* kremzlė

carton ['ka:tən] *n* kartoninė dėžutė

cartoon [ka:'tu:n] *n* 1 karikatūra; šaržas 2 animacinis filmas ~ist *n* karikatūristas

cartridge ['ka:trɪdʒ] *n* patronas, šovinys ~-case [-keɪs] *n* šovinio tūtelė ~-paper [-peɪpə] *n* storas popierius (*piešimui ir pan.*)

carv‖e [ka:v] *v* (iš)pjaustyti; raižyti; iškalti □ to ~ **up** padalyti ~er *n* raižytojas ~ing *n* drožinys, raižinys

cascade [kæ'skeɪd] *n* kaskada

case [keɪs] I *n* 1 atvejis; *in any* ~ bet kuriuo atveju; *in* ~ jei 2 ligonis 3 argumentai, įrodymas 4 teis. byla 5 gram. linksnis

case II *n* 1 dėžė, dėžutė 2 lagaminėlis 3 futliaras, makštis 4 vitrina *v* 1 įdėti (*į dėžę, makštį*) 2 įreminti

case-hardened [ˌkeɪs'ha:dnd] *a* užgrūdintas

casement ['keɪsmənt] *n* suveriamas langas

case-history [ˌkeɪs'hɪstrɪ] *n* ligos istorija

cash [kæʃ] *n* (*grynieji*) pinigai; *short / out of* ~ be pinigų; ~ *down* grynaisiais (pinigais); ~ *on delivery* (*sutr. C.O.D.*) išperkamuoju mokesčiu *v* gauti pinigus pagal čekį □ to ~ *in* pasinaudoti (*on – kuo*)

cashier I [kæ'ʃɪə] *n* kasininkas

cashier II [kə'ʃɪə] *v* atleisti (*iš karinės tarnybos*)

casing ['keɪsɪŋ] *n* 1 aptaisas, apvalkalas 2 (*durų, lango*) stakta

cask [kɑːsk] *n* statinėlė, boselis

casket ['kɑːskɪt] *n* 1 dėžutė 2 *amer.* karstas

cassock ['kæsək] *n* sutana

cast [kɑːst] *v* (**cast**) 1 mesti, mėtyti, sviesti; **to ~ a glance** pažvelgti 2 keisti (*ragus ir pan.*) **3** *tech.* (nu)lieti (*iš metalo*) 4 *teatr., kin.* skirstyti (*vaidmenis*) ☐ **to ~ away** išmesti; **to ~ down** nuliūdinti; **to ~ off** a) numesti; b) *jūr.* atrišti; **to ~ up** išmesti (*į krantą*) *n* 1 (už)metimas 2 veikiantieji asmenys (*pvz., pjesėje*) **3** liejimo forma 4 gipso tvarstis **5** (*mąstymo, charakterio*) tipas

castaway ['kɑːstəweɪ] *n* 1 išsigelbėjęs, išmestas į krantą žmogus 2 atstumtasis

caste [kɑːst] *n* kasta, privilegijuota klasė

castigate ['kæstɪgeɪt] *v* 1 pliekti (*ydas*) 2 barti, griežtai kritikuoti

casting ['kɑːstɪŋ] *n* 1 (už)metimas (*meškerės ir pan.*) 2 *tech.* liejimas; liejinys

casting-vote ['kɑːstɪŋvəut] *n* lemiamas balsas

castiron ['kɑːstaɪən] *n* ketus *a* 1 ketaus 2 tvirtas

castle ['kɑːsl] *n* 1 pilis 2 (*šachmatų*) bokštas △ **~s in the air** svajonės

castor-oil [ˌkɑːstər'ɔɪl] *n* ricina

casual ['kæʒuəl] *a* 1 atsitiktinis; nenumatytas 2 nepastovus **3** nerūpestingas **~ty** *n* 1 (*nelaimingo atsitikimo*) auka, nukentėjėlis 2 (*karo*) nuostoliai (*užmuštais ir sužeistais*)

cat [kæt] *n* katė, katinas △ **~ and dog life** gyvenimas kaip katės su šunimi; **to let the ~ out of the bag** išplepėti paslaptį; **it rains ~s and dogs** pila kaip iš kibiro

catalogue ['kætələg] *n* katalogas *v* katalogizuoti

cataract ['kætərækt] *n* 1 krioklys 2 (*upės*) sraunuma **3** *med.* katarakta

catarrh [kə'tɑː] *n* 1 *med.* kataras 2 *šnek.* peršalimas

catastroph‖e [kə'tæstrəfɪ] *n* katastrofa, nelaimė **~ic** [ˌkætə'strɔfɪk] *a* katastrofiškas

catcall ['kætkɔːl] *n* nušvilpimas *v* nušvilpti

catch [kætʃ] *v* (**caught**) 1 sugauti, pagauti; gaudyti 2 suprasti (*t.p.* **to ~ on**) **3** griebti(s) (*at*); kabintis (*on*) 4 suspėti (*į traukinį ir pan.*) ☐ **to ~ out** nutverti, pagauti (*meluojant ir pan.*); **to ~ up** a) pagriebti; b) pa(si)vyti (*with*) *n* 1 sugavimas 2 grobis, laimikis **3** gudrybė 4 skląstis

catching ['kætʃɪŋ] *n* 1 patrauklus 2 užkrečiamas (*apie ligą*)

catchword ['kætʃwə:d] *n* populiarus / madingas žodis / posakis

catchy ['kætʃɪ] *a* patrauklus, patraukiantis dėmesį

categor‖ical [ˌkætɪ'gɔrɪkl] *a* kategoriškas **~y** ['kætɪgərɪ] *n* kategorija

cater ['keɪtə] *v* 1 aprūpinti maistu (*for*) 2 įtikti **~er** [-rə] *n* tiekėjas

caterpillar ['kætəpɪlə] *n* *zool., tech.* vikšras; **~ tractor** vikšrinis traktorius

caterwaul ['kætəwɔːl] *v* kniaukti

cathedral [kə'θiːdrəl] *n* katedra (*bažnyčia*)

cathode ['kæθəud] *n* *el.* katodas

catholic ['kæθəlɪk] *a* 1 (**C.**) katalikų, katalikiškas 2 visaapimantis *n* (**C.**) katalikas

catkin ['kætkɪn] *n* *bot.* žirginys

cattle ['kætl] *n* raguočiai **~-ranch** [-ræntʃ] *n* gyvulininkystės ferma

Caucasian [kɔː'keɪzɪən] *a* Kaukazo; kaukazietiškas *n* kaukazietis

caught [kɔːt] *past ir pp* žr. **catch**

cauldron ['kɔːldrən] *n* katilas

cauliflower ['kɔlɪflauə] *n* žiediniai kopūstai

caulk [kɔːk] *v* (už)kamšyti (*plyšius*)

caus||al, ~ative ['kɔ:zl, -ətɪv] a prie-
žastinis, priežastingas ~ality [kɔ:'zæ-
lətɪ] n priežastingumas

cause [kɔ:z] n 1 priežastis; pagrindas
2 reikalas 3 teis. byla; to plead
the ~ ginti bylą teisme v 1 būti
priežastimi, sukelti 2 priversti ~less
a be priežasties; nepagrįstas

causeway ['kɔ:zweɪ] n kelio pylimas

caustic ['kɔ:stɪk] a 1 kandus, dygus
2 chem. kaustinis

cauter||ize ['kɔ:təraɪz] v med. prideginti
~y [-rɪ] n med. prideginimas

cauti||on ['kɔ:ʃn] n 1 atsargumas 2 įs-
pėjimas v įspėti ~ous a atsargus

cavalcade [ˌkævl'keɪd] n kavalkada

cavalier [ˌkævə'lɪə] a 1 galantiškas 2 iš-
didus

cavalry ['kævəlrɪ] n kavalerija ~man
[-mən] n kavaleristas

cave [keɪv] n 1 urvas, ola 2 įdubi-
mas v išskaptuoti; iškasti □ to ~ in
a) įgriūti; b) šnek. nusileisti, pasiduoti
~-dweller [-dwelə] n urvinis žmogus

cavern ['kævən] n didelis urvas, ola

caviar(e) ['kævɪɑ:] n ikrai

cavil ['kævl] n priekabė v ieškoti prieka-
bių

cavity ['kævətɪ] n įduba, tuštuma, ert-
mė

caw [kɔ:] v kranksėti, krankti

cease [si:s] v nustoti, liautis; to ~ fire
nutraukti ugnį ~less a nepaliauja-
mas; nepertraukiamas

cedar ['si:də] n bot. kedras

cede [si:d] v 1 užleisti (teritoriją) 2 nu-
sileisti, atsisakyti

ceiling ['si:lɪŋ] n 1 lubos 2 perdanga

celebr||ate ['seləbreɪt] v 1 (at)švęsti
2 šlovinti ~ated a žymus, garsus
~ation [ˌselə'breɪʃn] n 1 šventimas,
(pa)minėjimas 2 aukštinimas

celebrity [sɪ'lebrətɪ] n žymus asmuo,
garsenybė

celery ['selərɪ] n bot. salieras

celestial [sɪ'lestɪəl] a dangaus, dangiškas

celib||acy ['selɪbəsɪ] n celibatas ~ate
[-bət] n viengungis a nevedęs

cell [sel] n 1 (vienuolio) celė 2 (kalinio)
vienutė 3 biol. ląstelė 4 (tinklo, korio)
akis, akutė 5 el. elementas

cellar ['selə] n rūsys, pogrindis

cell||ist ['tʃelɪst] n violončelistas ~o
['tʃeləu] n violončelė

cellulose ['seljuləus] n celiuliozė

cement [sɪ'ment] n cementas v 1 cemen-
tuoti(s) 2 (su)tvirtinti

cemetery ['semətrɪ] n kapinės, kapai

censor ['sensə] n cenzorius v cenzūruoti
~ship n cenzūra

census ['sensəs] n (gyventojų) surašymas

cent [sent] n centas; per ~ procentas

centen||arian [ˌsentɪ'neərɪən] n šimta-
metis (žmogus, turintis šimtą metų ar
daugiau) ~ary [sen'ti:nərɪ] n šimtme-
tis; šimto metų sukaktis

center ['sentə] n amer. žr. centre

centigrade ['sentɪgreɪd] a šimtalaips-
nis; ~ thermometer Celsijaus ter-
mometras

centigram(me) ['sentɪgræm] n centi-
gramas

centimetre ['sentɪmi:tə] n centimetras

central ['sentrəl] a 1 centrinis; viduri-
nis 2 svarbiausias ~ism n centraliz-
mas ~ization [ˌsentrəlaɪ'zeɪʃn] n cen-
tralizacija ~ize [-aɪz] v centralizuoti

centre ['sentə] n centras; shopping ~
prekybos centras v su(si)kaupti, su-
(si)koncentruoti

centri||fugal [sen'trɪfjugl] a fiz. išcen-
trinis ~petal [-pɪtl] a fiz. įcentrinis

century ['sentʃərɪ] n šimtmetis, amžius

ceramic [sɪ'ræmɪk] a keramiškas, puo-
džiaus ~s n keramika

cereal ['sɪərɪəl] a grūdinis, duoninis
n 1 košė 2 pl grūdinės kultūros

cereb||ral ['serɪbrəl] a anat. galvos
smegenų ~rum ['serɪbrəm] n anat.
galvos smegenys

ceremon||ial [ˌserə'məunɪəl] a forma-
lus; ceremonialinis n ceremonialas
~ious [-ɪəs] a ceremoningas ~y ['se-
rəmənɪ] n 1 apeigos; ceremonija; to
stand on ~ laikytis etiketo 2 forma-
lumas

certain ['sə:tn] a 1 tikras; for ~ tikrai;
he is ~ to come jis būtinai ateis
2 tam tikras, kažkoks ~ly adv žinoma
~ty n 1 tikrumas 2 neabejotinas fak-
tas

certificate [sə'tıfıkeıt] v liudyti, pažy-
mėti n [-kət] 1 liudijimas, pažymė-
jimas; birth ~ gimimo liudijimas
2 atestatas

certify ['sə:tıfaı] v 1 pažymėti, paliudyti
2 laiduoti

certitude ['sə:tıtju:d] n tikrumas

cessation [se'seıʃn] n nustojimas; nu-
traukimas, pertrauka

cesspit, cesspool ['sespıt, 'sespu:l] n
pamazgų / išmatų duobė

chafe [tʃeıf] v 1 trinti(s), ištrinti 2 ner-
vintis, karščiuotis

chaff [tʃɑ:f] I v šaipytis, juokauti

chaff II n 1 pelai 2 pjaustinys, kapojai
3 spaliai

chaffinch ['tʃæfıntʃ] n zool. kikilis

chagrin ['ʃægrın] n nusivylimas; susi-
graužimas v nu(si)vilti, susigraužti

chain [tʃeın] n 1 grandinė(lė); moun-
tain ~ kalnų grandinė 2 pl prk.
grandinės, pančiai v sukaustyti, su-
pančioti; prirakinti (to)

chair [tʃeə] n 1 kėdė 2 katedra
3 pirmininkavimas; pirmininkaujan-
tis; to be / sit in the ~ pirmi-
ninkauti ~man [-mən] n pirmininkas
~woman [-wumən] n pirmininkė

chalk [tʃɔ:k] n kreida △ by a long ~
žymiai; not by a long ~ visai ne
v rašyti / piešti kreida □ to ~ out
nužymėti (planą)

challenge ['tʃælındʒ] n 1 iššūkis; iššau-
kimas, kvietimas (lenktyniauti, į dvi-
kovą) 2 teis. nušalinimas v 1 iššaukti
(į dvikovą, lenktyniauti); mesti iššūkį
2 teis. nušalinti (prisiekusįjį)

chamber ['tʃeımbə] n 1 (parlamento ir
pan.) rūmai 2 pl (advokato) kontora
3 kamera ~maid [-meıd] n kambarinė
~-pot [-pɔt] n naktinis puodas

champ [tʃæmp] I v 1 čiaukšnoti, čepsėti
2 nekantrauti

champ II n šnek. čempionas

champagne [,ʃæm'peın] n šampanas

champion ['tʃæmpıən] n 1 čempio-
nas; nugalėtojas 2 šalininkas a šnek.
pirmos rūšies v ginti, kovoti ~ship
n 1 čempiono vardas 2 čempionatas
3 gynimas (of)

chance [tʃɑ:ns] n 1 proga, galimybė,
šansas; to stand a (good) ~ turėti
šansų 2 rizika; atsitiktinumas; to
take a ~ rizikuoti; by ~ atsitiktinai
a atsitiktinis v 1 (su)rizikuoti 2 atsi-
tikti, pasitaikyti; he ~d to be there
jis atsitiktinai ten buvo 3 netikėtai
rasti, susidurti (on)

chancel ['tʃɑ:nsl] n bažn. presbiterija

chancellor ['tʃɑ:nsələ] n 1 kancleris; C.
of the Exchequer Anglijos finansų
ministras 2 pirmasis pasiuntinybės
sekretorius 3 (Anglijos universitetų)
garbės rektorius

chancery ['tʃɑ:nsərı] n lordo kanclerio
teismas △ in ~ beviltiškoje padėtyje

chancy ['tʃɑ:nsı] a rizikingas; netikras

chandelier [,ʃændı'lıə] n sietynas, lius-
tra

change [tʃeındʒ] n 1 permaina, pa-
(si)keitimas 2 persėdimas (keliaujant)
3 grąža (smulkiais pinigais) 4: the C.
Londono birža △ for a ~ dėl įvairu-
mo v 1 pa(si)keisti, mainytis 2 persėsti
~able a nepastovus, permainingas

channel ['tʃænl] n 1 sąsiauris; the C.
Lamanšas 2 kanalas; upės vaga; nute-
kėjimas

chant [tʃɑ:nt] n 1 skandavimas 2 giedo-
jimas v 1 giedoti 2 skanduoti

chaos ['keıɔs] n chaosas ~tic [keı'ɔtık]
a chaotiškas

chap [tʃæp] I n šnek. vaikinas, vyrukas;
old ~ bičiulis

chap II n (papr. pl) žandas

chap III n (odos) įtrūkimas, supleišėji-
mas v pleišėti, trūkinėti, skeldėti

chap||el ['tʃæpl] n 1 bažnytėlė, koplyčia
2 kapela ~lain [-plın] n kapelionas

chaplet ['tʃæplıt] n 1 vainikas (ant
galvos) 2 (karolių) vėrinys 3 bažn.
rožančius, rožinis

chapter [ˈtʃæptə] *n* (*knygos*) skyrius; *to the end of the* ~ *prk.* iki pat galo

char [tʃɑ:] I *v* apdeginti; apdegti

char II *n* = **charwoman** *v* 1 dirbti valytoja 2 ruoštis (*namuose*)

character [ˈkærəktə] *n* 1 charakteris 2 reputacija 3 rekomendacija, charakteristika 4 raidė, skaitmuo 5 veikėjas; personažas 6 būdinga savybė △ *to be in* ~ (*with*) derintis ~**istic** [ˌkærəktəˈrɪstɪk] *a* būdingas, tipiškas (*of*) *n* būdinga savybė

characteriz‖e [ˈkærəktəraɪz] *v* apibūdinti, charakterizuoti ~**ation** [ˌkærəktəraɪˈzeɪʃn] *n* charakteristika

charade [ʃəˈrɑ:d] *n* šarada, mįslė

charcoal [ˈtʃɑ:kəul] *n* medžio anglys

charge [tʃɑ:dʒ] *n* 1 kaltinimas 2 atsakomybė; pareiga; *to be in* ~ (*of*) būti atsakingam (*už*) 3 įpareigojimas, pavedimas 4 kaina; *pl* išlaidos; *free of* ~ nemokamas 5 *el.* krūvis 6 puolimas, ataka *v* 1 (ap)kaltinti 2 pavesti 3 nustatyti kainą, prašyti; *what, arba how much, do you* ~ *for it?* kiek prašote už tai?; ~ *this to my account* įrašykite tai į mano sąskaitą 4 pulti, atakuoti 5 užtaisyti (*ginklą*) 6 *el.* pakrauti

charit‖able [ˈtʃærɪtəbl] *a* labdaringas; dosnus ~**y** [ˈtʃærətɪ] *n* labdarybė; dosnumas

charlatan [ˈʃɑ:lətən] *n* šarlatanas, apgavikas

charm [tʃɑ:m] *n* žavesys; *pl* burtai *v* užburti; sužavėti ~**er** *n* žavėtojas, kerėtojas ~**ing** *a* žavingas, žavus

chart [tʃɑ:t] *n* 1 (*jūrų*) žemėlapis 2 diagrama

charter [ˈtʃɑ:tə] *n* 1 chartija, raštas 2 teisė, privilegija 3 statutas; įstatai 4 *kom.* čarteris *v* 1 suteikti privilegiją 2 samdyti; frachtuoti

charwoman [ˈtʃɑ:wumən] *n* namų darbininkė, valytoja

chary [ˈtʃɛərɪ] *a* 1 atsargus 2 šykštus (*pagyrimams ir pan.*)

chase [tʃeɪs] I *n* 1 vijimasis 2 medžioklė △ *to give* ~ vytis, persekioti *v* 1 vytis; vaikytis 2 medžioti

chase II *v* graviruoti

chasm [kæzm] *n* gilus plyšys; bedugnė

chassis [ˈʃæsɪ] *n tech.* šasi

chast‖e [tʃeɪst] *a* 1 paprastas, neįmantrus (*apie stilių*) 2 skaistus ~**en** [ˈtʃeɪsn] *v* 1 bausti 2 taisyti (*stilių*) ~**ise** [tʃæˈstaɪz] *v* bausti ~**ity** [ˈtʃæstətɪ] *n* 1 skaistybė 2 paprastumas

chat [tʃæt] *n* pasikalbėjimas, šneka; *to have a* ~ (pasi)šnekėti *v* pasišnekėti, paplepėti; šnekučiuotis

chattels [ˈtʃætlz] *n pl* kilnojamasis turtas; *goods and* ~ visas turtas

chatter [ˈtʃætə] *v* 1 plepėti, taukšti 2 kalenti (*dantimis*) 3 čiulbėti, čirškėti ~**box** [-bɔks], ~**er** [-rə] *n* plepys

chatty [ˈtʃætɪ] *a* šnekus, plepus

chauffeur [ˈʃəufə] *n* šoferis

chauvin‖ism [ˈʃəuvɪnɪzm] *n* šovinizmas ~**ist** *n* šovinistas

cheap [tʃi:p] *a* 1 pigus 2 blogas, prastas *adv* pigiai ~**en** *v* (at)pig(in)ti ~**ly** *adv* 1 pigiai 2 lengvai

cheat [tʃi:t] *n* 1 apgaulė 2 apgavikas, sukčius *v* 1 apgau(dinė)ti, sukčiauti 2 išvengti

check [tʃek] *n* 1 (*bagažo*) kvitas; (*rūbinės*) numeriukas 2 tikrinimas, kontrolė 3 stabdymas, trukdymas, kliūtis 4 šachas (*šachmatuose*) *v* 1 (su)stabdyti 2 (pa)tikrinti (*t.p.* to ~ up) 3 šachuoti; atitikti (*t.p.* to ~ out; with) ~**ers** *n amer.* šaškės (*žaidimas*)

checkmate [ˈtʃekmeɪt] *n* matas *v* duoti matą

check-up [ˈtʃekʌp] *n* patikrinimas

cheek [tʃi:k] *n* 1 skruostas 2 akiplėšiškumas ~**bone** [-bəun] *n* skruostikaulis ~**y** *a* akiplėšiškas, įžūlus

cheer [tʃɪə] *n* 1 džiaugsmo / pritarimo šūksmas 2 *pl* plojimai 3 nuotaika; *to be of good* ~ būti geros nuotaikos *v* džiūgauti; sveikinti šūksmais □ *to* ~ *on* drąsinti; *to* ~ *up* pralinksmėti; ~ *up!* nenusimink! ~**ful** *a* linksmas

cheerio [ˌtʃɪərɪ'əu] *int šnek.* 1 viso (gero)! lik sveikas! 2 į sveikatą!

cheers [tʃɪəz] *int šnek.* 1 į sveikatą! 2 valio! 3 viso (gero)!

cheese [tʃiːz] *n* sūris ~-paring [-pɛərɪŋ] *a* šykštus

chemical ['kemɪkəl] *a* cheminis; ~ warfare cheminis karas *n pl* chemikalai

chemise [ʃə'miːz] *n* moteriški marškiniai

chemist ['kemɪst] *n* 1 chemikas 2 vaistininkas; *the ~'s (shop)* vaistinė ~ry [-rɪ] *n* chemija

cheque [tʃek] *n* čekis

cherish ['tʃerɪʃ] *v* 1 puoselėti (*viltį*) 2 saugoti, mylėti

cherry ['tʃerɪ] *n* vyšnia; *a* vyšninis ~-stone [-stəun] *n* vyšnios kauliukas

cherub ['tʃerəb] *n* cherubinas; angelėlis

chess [tʃes] *n* šachmatai ~man [-mæn] *n* šachmatų figūra

chest [tʃest] *n* 1 dėžė; ~ *of drawers* komoda 2 krūtinė; krūtinės ląsta 3 iždas, fondas

chestnut ['tʃestnʌt] *n* kaštonas *a* kaštonų spalvos, kaštoninis

chew [tʃuː] *v* 1 kramtyti 2 *šnek.* svarstyti, apgalvoti (*on, over*) *n* kramtymas ~ing-gum ['tʃuːŋgʌm] *n* kramtomoji guma

chicanery [ʃɪ'keɪnərɪ] *n* 1 sofistika 2 priekabė

chick [tʃɪk] *n* viščiukas; paukščiukas

chicken ['tʃɪkɪn] *n* 1 viščiukas; paukščiukas 2 višta, vištiena ~-hearted [-'hɑːtɪd] *a* bailus ~-liver [-lɪvə] *n* bailys ~-pox [-pɔks] *n* vėjaraupiai

chicory ['tʃɪkərɪ] *n* cikorija

chief [tʃiːf] *n* vadas; vadovas, viršininkas *a* 1 vyriausias(is) 2 svarbiausias ~ly *adv* 1 svarbiausia 2 daugiausia; dažniausiai ~tain [-tən] *n* vadas; vadeiva

child [tʃaɪld] *n* (*pl* ~ren ['tʃɪldrən]) 1 vaikas; *from a* ~ iš mažens; *with* ~ nėščia 2 palikuonis, atžala ~birth [-bəːθ] *n* 1 gimdymas 2 gimimų skaičius ~hood *n* vaikystė ~ish *a* vaikiškas; vaikų ~less *a* bevaikis ~like

chill [tʃɪl] *n* 1 šaltis, vėsuma 2 (*santykių*) šaltumas 3 persišaldymas, drebulys; *to catch a* ~ peršalti *v* 1 (at)šaldyti 2 (su)šalti *a* šaltas, vėsus ~y *a* šaltokas, vėsus *adv* šaltai (*t.p. prk.*)

chime [tʃaɪm] *n* 1 (*džn. pl*) varpai; varpų skambesys 2 harmonija *v* 1 skambėti; skambinti 2 išmušti (*valandas*) 3 derintis, atitikti (*t.p. to* ~ in; *with*) □ *to* ~ in įsiterpti (*į pokalbį*)

chimera [kaɪ'mɪərə] *n* chimera

chimney ['tʃɪmnɪ] *n* kaminas ~-piece [-piːs] *n* židinio lentyna ~-sweep(er) [-swiːp(ə)] *n* kaminkrėtys

chimpanzee [ˌtʃɪmpən'ziː] *n* šimpanzė

chin [tʃɪn] *n* smakras

china ['tʃaɪnə] *n* porcelianas; porceliano indai *a* porcelianinis

Chinese [ˌtʃaɪ'niːz] *n* 1 kinas 2 kinų kalba *a* kiniškas, kinų; Kinijos

chink [tʃɪŋk] I *žr.* clink

chink II *n* plyšys, įskilimas

chintz [tʃɪnts] *n* kartūnas

chip [tʃɪp] *n* 1 skiedra 2 atplaiša, šukė, nuolauža 3 *el.* mikroschema 4 *pl* (*bulvių*) traškučiai 5 žetonas (*lošime*) *v* nudaužti, nulaužti

chiropody [kɪ'rɔpədɪ] *n* pedikiūras

chir‖p, ~rup [tʃəːp, 'tʃɪrəp] *v* čirkšti, čiulbėti ~py *a* linksmas, gyvas

chisel ['tʃɪzl] *n* kaltas; kirstukas *v* 1 (iš)kalti 2 *šnek.* apgauti □ *to* ~ in *šnek.* įsikišti

chit [tʃɪt] I *n* mažutėlis, vaikelis

chit II *n* raštelis, laiškelis; sąskaita

chivalr‖ous ['ʃɪvlrəs] *a* riteriškas ~y *n* riteriškumas

chlorine ['klɔːriːn] *n.chem.* chloras

chock [tʃɔk] *n* pleištas; kaištis, atrama *v* atremti, (už)pleišyti (*t.p. to* ~ up) ~-full [tʃɔk'ful] *a* sausakimšas, kimšte prikimštas

chocolate ['tʃɔklət] *n* 1 šokoladas 2 *pl* šokoladinis saldainis *a* šokoladinis

choice [tʃɔɪs] *n* pasirinkimas; alternatyva; *to make one's* ~ pasirinkti; *to have no* ~ *but to* ... man nieko nelieka, kaip ... *a* rinktinis, geriausias

choir ['kwaɪə] *n* (*bažnytinis*) choras

chok||e [tʃəuk] *v* 1 (už)dusti 2 (pa)springti 3 smaugti □ *to* ~ *down* sunkiai nuryti; *to* ~ *up* užteršti, užkimšti ~*y a* dusinantis, tvankus

cholera ['kɔlərə] *n* cholera

choleric ['kɔlərɪk] *a* piktas, irzlus

choos||e [tʃuːz] *v* (**chose; chosen**) 1 (pasi)rinkti 2 labiau norėti / mėgti △ *nothing to* ~ *between them* jie vienas kito verti ~(e)y ['tʃuːzɪ] *a* išrankus

chop [tʃɔp] *v* 1 (su)kapoti; pjaustyti 2 keistis (*t.p. to* ~ *about*) *n* 1 kapojimas 2 kirtis (*kirviu*) 3 muštinis kotletas 4 pasikeitimas; bangavimas

choral ['kɔːrəl] *a* choro, chorinis

chord [kɔːd] I *n muz.* akordas

chord II *n* 1 styga; *vocal* ~s balso stygos 2 *geom.* styga

chorister ['kɔrɪstə] *n* choristas

chorus ['kɔːrəs] *n* 1 choras; *in* ~ choru 2 refrenas

chose [tʃəuz] *past žr.* **choose**

chosen ['tʃəuzn] *pp žr.* **choose**

christen ['krɪsn] *v* (pa)krikštyti; duoti vardą, pavardę

Christian ['krɪstʃən] *n* krikščionis *a* krikščioniškas, krikščionių

Christmas ['krɪsməs] *n* Kalėdos ~-**box** [-bɔks] *n* Kalėdų dovanos (*dėžutė*) ~-**tree** [-triː] *n* Kalėdų eglutė

chrome [krəum] *n chem.* chromo lydinys; chromas

chronic ['krɔnɪk] *a* 1 chroniškas 2 nuolatinis

chronicle ['krɔnɪkl] *n* metraštis, kronika *v* įrašyti į metraštį

chronolog||ic(al) [ˌkrɔnə'lɔdʒɪk(l)] *a* chronologinis ~*y* [krə'nɔlədʒɪ] *n* 1 chronologija 2 chronologinė lentelė

chronometer [krə'nɔmɪtə] *n* chronometras

chubby ['tʃʌbɪ] *a* putnus, pilnas

chuck [tʃʌk] *v šnek.* sviesti □ *to* ~ *out* išvyti, išmesti; *to* ~ *up* mesti (*darbą*)

chuckle ['tʃʌkl] *v* juoktis, kikenti

chum [tʃʌm] *šnek. n* draugužis, bičiulis

chump [tʃʌmp] *n* 1 pliauska, rąstgalys 2 *šnek.* mulkis 3 filė

chunk [tʃʌŋk] *n* gabalas

church [tʃəːtʃ] *n* bažnyčia ~**yard** [-jɑːd] *n* kapinės (*prie bažnyčios*); šventorius

churl [tʃəːl] *n* storžievis ~**ish** *a* storžieviškas

churn [tʃəːn] *n* muštuvas *v* sukti, mušti (*sviestą*)

chute [ʃuːt] *n* nuleistuvas, nuotakas

cider ['saɪdə] *n* sidras

cigar [sɪ'gɑː] *n* cigaras ~**ette** [ˌsɪgə'ret] *n* papirosas, cigaretė ~**ette-case** [ˌsɪgə'retkeɪs] *n* portsigaras ~**ette-holder** [sɪgə'rethəuldə] *n* kandiklis

cinder ['sɪndə] *n* žarijos, pelenai

Cinderella [ˌsɪndə'relə] *n* (*pasakų*) Pelenė

cinema ['sɪnɪmə] *n* 1 kinas, kinoteatras 2: *the* ~ kinematografas

cinnamon ['sɪnəmən] *n* cinamonas

cipher ['saɪfə] *n* 1 (*arabiškas*) skaitmuo 2 nulis 3 šifras *v* šifruoti

circle ['səːkl] *n* 1 ratas; apskritimas 2 sfera, sritis; ciklas 3 *teatr.* aukštas *v* eiti ratu, suktis

circuit ['səːkɪt] *n* 1 apvažiavimas (*savo rajono ir pan.*); maršrutas 2 *el.* grandinė 3 (*teismo*) apygarda

circular ['səːkjulə] *a* 1 apvalus, apskritas 2 žiedinis; ~ *ticket* bilietas žiediniam maršrutui *n* cirkuliaras

circulate ['səːkjuleɪt] *v* cirkuliuoti; plėstis

circulation [ˌsəːkju'leɪʃn] *n* 1 cirkuliacija; apytaka; apyvarta 2 tiražas

circum- ['səːkəm-] *pref* apie, aplink

circumlocution [ˌsəːkəmlə'kjuːʃn] *n* daugiažodiškumas

circumnavigate [ˌsəːkəm'nævɪgeɪt] *v* apiplaukti (*pasaulį, žemę*)

circumscribe ['səːkəmskraɪb] *v* 1 apriboti 2 *geom.* apibrėžti

circumspect ['səːkəmspekt] *a* atsargus, apdairus

circumstan||ce ['səːkəmstəns] *n* 1 atvejis, faktas 2 *pl* materialinė padėtis;

In reduced ~*ces* vargingoje materia-linėje padėtyje; *to be in easy* ~*ces* turėti pakankamai lėšų **3** *pl* aplinky-bės; *in / under the* ~*ces* tokiomis aplinkybėmis; *in / under no* ~*ces* niekada ~*tial* [ˌsɔ:kəmˈstænʃl] *a* smul-kus, detalus

circumvent [ˌsə:kəmˈvent] *v* 1 pergud-rauti 2 apeiti (*įstatymą ir pan.*)

circus [ˈsə:kəs] *n* 1 cirkas 2 apskrita aikštė

cistern [ˈsɪstən] *n* 1 cisterna; rezervua-ras 2 bakas (*tualete*)

citadel [ˈsɪtədəl] *n* tvirtovė, citadelė

citation [saɪˈteɪʃn] *n* 1 citata, nuoroda 2 (*viešas*) pagyrimas **3** šaukimas į teis-mą

cite [saɪt] *v* 1 cituoti, remtis (*kuo*) 2 šaukti į teismą

citizen [ˈsɪtɪzn] *n* 1 miesto gyventojas 2 pilietis ~**ship** *n* pilietybė

citron [ˈsɪtrən] *n* citronas

city [ˈsɪtɪ] *n* didelis miestas; *the C.* Sitis, Londono centras

civic [ˈsɪvɪk] *a* piliečių, pilietinis

civics [ˈsɪvɪks] *n* civilinė teisė

civil [ˈsɪvl] *a* 1 pilietinis; civilinis 2 man-dagus ~**ian** [sɪˈvɪlɪən] *a* civilinis *n* ci-vilis (*ne kariškis*)

civil‖ization [ˌsɪvɪlaɪˈzeɪʃn] *n* civilizaci-ja ~**ize** [ˈsɪvɪlaɪz] *v* civilizuoti ~**ized** [-laɪzd] *a* civilizuotas; kultūringas

clack [klæk] *v* traškėti, tarškėti; taukšti

clad [klæd] *past ir pp žr.* clothe

claim [kleɪm] *n* 1 reikalavimas; preten-zija; *to lay* ~ (*to*) reikšti pretenzijas (*į*) 2 *teis.* ieškinys *v* 1 reikalauti; pre-tenduoti 2 pareikšti; tvirtinti *n* 1 *teis.* ieškovas 2 pretendentas

clairvoy‖ance [kleəˈvɔɪəns] *n* *knyg.* aiškiaregystė ~**ant** *a* aiškiaregys

clamber [ˈklæmbə] *v* ropšti(s), karstytis

clammy [ˈklæmɪ] *a* lipnus; drėgnas ir šaltas

clamour [ˈklæmə] *n* 1 triukšmas, šūka-vimas 2 protestas *v* šūkauti, protes-tuoti (*against*); reikalauti (*for*)

clamp [klæmp] *n* *tech.* veržiklis, gnyb-tas *v* suveržti, suspausti

clan [klæn] *n* gentis; klanas

clandestine [klænˈdestɪn] *a* slaptas

clang [klæŋ] *n* skambesys, žvangėjimas *v* žvangėti; skambinti, žvanginti

clank [klæŋk] *n* (*grandinės*) žvangėji-mas *v* žvanginti; žvangėti

clap [klæp] *v* 1 ploti 2 plekšnoti (*per petį*) **3** užtrenkti (*duris*) ☐ *to* ~ *up* paskubomis sudaryti / organizuoti *n* 1 plojimas 2 (*perkūno*) trenksmas ~**per** *n* (*varpo*) šerdis

claptrap [ˈklæptræp] *n* skambi frazė

claret [ˈklærət] *n* raudonasis vynas

clari‖fy [ˈklærɪfaɪ] *v* 1 išaiškinti; iš-aiškėti; *to* ~ *the disputes* išspręs-ti ginčus 2 valyti; (nu)skaidrinti ~**ty** [ˈklærətɪ] *n* 1 aiškumas 2 grynumas; tyrumas

clash [klæʃ] *n* 1 susidūrimas; konflik-tas 2 žvangėjimas, tarškėjimas *v* 1 su-sidurti, susikirsti 2 žvangėti, tarškėti; tarškinti

clasp [klɑ:sp] *n* 1 apkabinimas; (*rankos*) paspaudimas 2 sąsaga, sagtis *v* 1 už-(si)segti 2 (pa)spausti (*ranką*) **3** apka-binti

clasp-knife [ˈklɑ:spnaɪf] *n* lenktinis pei-lis

class [klɑ:s] *n* 1 (*visuomenės*) kla-sė 2 klasė, kategorija (*klasifikuojant*) **3** (*mokyklos*) klasė 4 pamoka, (*prak-tinis*) užsiėmimas, pratybos 5 *amer.* (*studentų*) laida *v* klasifikuoti

classic [ˈklæsɪk] *a* klasikinis; klasiškas *n* klasikas ~**al** *a* klasikinis ~**ism** [ˈklæsɪsɪzm] *n* klasicizmas

classif‖ication [ˌklæsɪfɪˈkeɪʃn] *n* klasifi-kacija ~**y** [ˈklæsɪfaɪ] *v* klasifikuoti

classmate [ˈklɑ:smeɪt] *n* klasės draugas

classroom [ˈklɑ:srum] *n* klasė (*kamba-rys*)

clatter [ˈklætə] *v* tarškėti, barškėti, dar-dėti; tarškinti

clause [klɔ:z] *n* 1 (*dokumento*) straips-nis, paragrafas 2 *gram.* sakinys (*sudė-tinio sakinio dėmuo*)

claw [klɔ:] *n* 1 nagas 2 (*vėžio*) žnyplės *v* draskyti; įsikibti, griebti

clay [kleɪ] *n* molis *v* aptepti moliu ~ey ['kleɪɪ] *a* molinis; ~ey *soil* priemolis

clean [kli:n] *a* švarus; **to have a ~ record** turėti gerą vardą *adv* 1 visai, visiškai 2 švariai *v* (iš)valyti □ to ~ down nuvalyti; to ~ out išvalyti; to ~ up sutvarkyti (*kambarį ir pan.*)

clean-cut [kli:n'kʌt] *a* ryškus, tikslus

cleaning ['kli:nɪŋ] *n* (ap)valymas; (ap)tvarkymas

cleanly *adv* ['kli:nlɪ] švariai *a* ['klenlɪ] švarus

cleanse [klenz] *v* 1 (ap)valyti 2 dezinfekuoti

clear [klɪə] *a* 1 švarus 2 skaidrus 3 aiškus, suprantamas 4 laisvas, saugus (*apie kelią ir pan.*) 5 visas; **three ~ days** ištisas tris dienas △ **to keep ~** (*of*) vengti *v* 1 valyti(s); tvarkyti(s) 2 giedrėti; skaidrėti 3 išteisinti 4 peršokti, perlėkti 5 iš(si)sklaidyti (*t.p.* to ~ away) □ to ~ out išvalyti; iš(si)kraustyti; to ~ up išaiškinti *adv* 1 aiškiai 2 ištisai ~ance [-rəns] *n* 1 valymas 2 kliūčių pašalinimas

clear-cut ['klɪə'kʌt] *a* ryškus, aiškiai apibrėžtas

clearing ['klɪərɪŋ] *n* 1 valymas, tvarkymas 2 skynimas 3 *kom.* kliringas

clearsighted ['klɪə'saɪtɪd] *a* įžvalgus

clef [klef] *n muz.* raktas

cleft [kleft] *n* plyšys; įskilimas

clematis ['klemətɪs] *n bot.* raganė

clem||ency ['klemənsɪ] *n* 1 gailestingumas 2 minkštumas, švelnumas ~ent *a* 1 gailestingas 2 minkštas (*apie charakterį, klimatą*)

clench [klentʃ] *v* 1 (su)gniaužti (*kumštį*); sukąsti (*dantis*) 2 tvirtai laikyti

clergy ['klə:dʒɪ] *n* dvasininkija ~man [-mən] *n* dvasininkas, dvasiškis

cleric(al) ['klerɪk(l)] *a* 1 klerikalinis 2 kanceliarinis

clerk [klɑ:k] *n* 1 valdininkas; klerkas; raštininkas; sekretorius 2 *amer.* pardavėjas

clever ['klevə] *a* 1 gudrus 2 gabus, sumanus

click [klɪk] *n* spragtelėjimas *v* spragtelėti

client ['klaɪənt] *n* klientas, pirkėjas

cliff [klɪf] *n* stati uola

climat||e ['klaɪmɪt] *n* klimatas ~ic [klaɪ'mætɪk] *a* klimato, klimatinis

climax ['klaɪmæks] *n* kulminacijos taškas; viršūnė

climb [klaɪm] *v* 1 (į)lipti, (į)kopti (*t.p.* to ~ up) 2 vijotis ~er *n* 1 alpinistas 2 vijoklis 3 garbėtroška, karjeristas

clinch [klɪntʃ] *v* galutinai nuspręsti, susitarti

cling [klɪŋ] *v* (clung) 1 laikytis 2 kabintis, lipti 3 likti ištikimam 4 aptempti (*apie drabužius*)

clinic ['klɪnɪk] *n* klinika ~al *a* klinikinis

clink [klɪŋk] *v* dzingtelėti; skambėti

clinker ['klɪŋkə] *n* šlakas

clip [klɪp] I *n* sąvarža; sąvaržėlė *v* prisegti, pritvirtinti (*sąvaržėle*)

clip II *v* kirpti ~pers *n pl* (*sodo*) žirklės ~ping *n* iškarpa (*iš laikraščių*)

clique [kli:k] *pr.* *n* klika

cloak [kləuk] *n* 1 apsiaustas 2 danga 3 *prk.* priedanga *v* 1 apsiausti 2 (nu)slėpti, maskuoti ~room [-rum] *n* 1 bagažo saugojimo kamera 2 rūbinė

clock [klɔk] *n* laikrodis (*sieninis, stalinis*)

clock-face ['klɔkfeɪs] *n* ciferblatas

clockwise ['klɔkwaɪz] *adv* pagal laikrodžio rodyklę

clockwork ['klɔkwə:k] *n* (*laikrodžio*) mechanizmas

clodhopper ['klɔdhɔpə] *n šnek.* stuobrys; liurbis

clog [klɔg] *n* 1 klumpė 2 kliūtis *v* 1 kliudyti 2 užkimšti 3 pančioti

cloister ['klɔɪstə] *n* vienuolynas

close I [kləus] *a* 1 artimas; esantis arti 2 tamprus; glaustas; aptemptas 3 tankus (*apie medžiagą, mišką*) 4 nuodugnus; tikslus 5 šykštus (*with*) 6 *fon.* uždaras 7 tvankus (*apie orą*) *adv* 1 arti (*t.p.* ~ by / to) 2 trumpai *n* 1 aptverta vieta 2 (*mokyklos*) žaidimų aikštelė ~ly *adv* 1 artimai; glaudžiai 2 atidžiai, nuodugniai

close II [kləuz] *v* 1 už(si)daryti (*t.p.* to ~ up) 2 baigti(s) 3 (pri)artėti □ to ~ about apsupti; to ~ down uždaryti (*apie įmonę, įstaigą*); to ~ in a) priartėti ir apsupti; b) trumpėti *n* pabaiga, galas; **to bring to a** ~ užbaigti; **to draw to a** ~ eiti prie galo

closet [ˈklɔzɪt] *n amer.* sieninė spinta

closing [ˈkləuzɪŋ] *a* (už)baigiamasis

close-up [ˈkləusʌp] *n kin.* stambus planas

closure [ˈkləuʒə] *n* 1 uždarymas 2 *parl.* debatų nutraukimas

clot [klɔt] *n* 1 gumulėlis 2 *med.* krešulys *v* (su)krešėti, (su)tirštėti

cloth [klɔθ] *n* 1 audeklas 2 staltiesė; skudurėlis (*dulkėms šluostyti ir pan.*)

cloth||e [kləuð] *v* (clothed, clad) 1 ap-(si)vilkti 2 (ap)dengti, apgaubti ~es *n pl,* ~ing *n* drabužiai, apdaras, apranga

cloud [klaud] *n* 1 debesis 2 *pl* daugybė (*of*) △ under a ~ nemalonėje; every ~ has a silver lining *priež.* nėra blogo, kas neišeitų į gera *v* 1 apsiniaukti (*t.p.* to ~ over) 2 aptemdyti

cloud-burst [ˈklaudbə:st] *n* liūtis

cloudless [ˈklaudləs] *a* giedras, né debesėlio

cloudy [ˈklaudɪ] *a* 1 debesuotas 2 *prk.* miglotas 3 drumstas (*apie skystį*)

clout [klaut] *v šnek.* (su)duoti, (su)šerti

clove [kləuv] I *n* gvazdikėliai (*prieskonis*)

clove II *n* (*česnako*) skiltelė

clover [ˈkləuvə] *n* dobilai △ (to be) in ~ (*vartytis*) kaip inkstas taukuose

clown [klaun] *n* juokdarys; klounas ~ish *a* juokdariškas

cloy [klɔɪ] *v* persotinti

club [klʌb] I *n* klubas *v* susirinkti

club II *n* vėzdas, kuoka, lazda *v* mušti (*kuoka, buože*)

cluck [klʌk] *v* kudakuoti, kvaksėti (*kaip višta*)

clue [klu:] *n* raktas (*problemai išspręsti*)

clump [klʌmp] *n* 1 grumstas, gabalas 2 (*medžių ir pan.*) grupė *v:* to ~ together susispiesti, susiburti

clumsy [ˈklʌmzɪ] *a* 1 nevikrus, nerangus; gremėzdiškas 2 netaktiškas

clung [klʌŋ] *past ir pp žr.* cling

cluster [ˈklʌstə] *n* 1 kekė 2 grupė 3 puokštė

clutch [klʌtʃ] I *v* 1 griebti(s) 2 suspausti *n* 1 griebimas 2 (*rankos*) suspaudimas 3 *pl prk.* letenos, nagai 4 *tech.* sankaba

clutch II *n* perimi kiaušiniai *v* perėti

clutter [ˈklʌtə] *n* betvarkė, griozdynė

co- [kəu] *pref* ko-, bendra-

coach [kəutʃ] I *n* 1 repetitorius 2 instruktorius, treneris

coach II *n* 1 keleivinis vagonas 2 turistinis tarpmiestinis autobusas 3 karieta

coagulat||e [kəuˈægjuleɪt] *v* tirštėti, krekėti ~ion [kəuˌægjuˈleɪʃn] *n* koaguliacija

coal [kəul] *n* (*akmens*) anglys

coalesce [ˌkəuəˈles] *n* 1 susivienyti, susijungti 2 suaugti

coalfield [ˈkəulfi:ld] *n* akmens anglies baseinas

coalition [ˌkəuəˈlɪʃn] *n* koalicija; sąjunga

coalmine [ˈkəulmaɪn] *n* anglių kasykla

coarse [kɔ:s] *a* 1 šiurkštus 2 grabus, nemandagus 3 neapdirbtas

coast [kəust] *n* pajūris *v* plaukioti pakrante ~al *a* pakrantės

coat [kəut] *n* 1 apsiaustas 2 švarkas; ~ and skirt moteriškas kostiumas 3 (*gyvulio*) vilna △ to turn one's ~ išversti kailį *v* padengti (*dažais, metalu ir pan.*)

co-author [kəuˈɔ:θə] *n* bendraautoris

coax [kəuks] *v* įkalbinėti; meilikauti

cobble [ˈkɔbl] I *n* 1 grindinio akmuo 2 *pl* grindinys *v* grįsti (*grindinį*)

cobble II *v* taisyti, lopyti

cobby [ˈkɔbɪ] *a* kresnas, žemas

cobweb ['kɔbweb] n voratinklis
coca-cola [ˌkəukə'kəulə] n kokakola
cocaine [kəu'keɪn] n kokainas
cock [kɔk] I n 1 gaidys 2 (šautuvo) gaidukas 3 čiaupas v atlaužti (gaiduką)
cock II n kupeta v dėti į kupetas
cockade [kə'keɪd] n kokarda
cock-a-doodle-do [ˌkɔkədu:dl'du:] n 1 gaidžio giedojimas 2 vaik. gaidys, gaidelis int kakaryku!
cockchafer ['kɔktʃeɪfə] n grambuolys, paprastasis karkvabalis
cockney ['kɔknɪ] n kokni (londonietis iš rytinės dalies; Londono prastakalbė)
cockpit ['kɔkpɪt] n 1 kovos arena 2 (lakūno, vairuotojo) kabina
cockroach ['kɔkrəutʃ] n zool. tarakonas
cocktail ['kɔkteɪl] n kokteilis
cocky ['kɔkɪ] a pasipūtęs; įžūlus
coco ['kəukəu] n kokoso palmė
cocoa ['kəukəu] n kakava
coconut ['kəukəunʌt] n kokoso riešutas
cocoon [kə'ku:n] n kokonas
cod [kɔd] I n menkė
cod II v šnek. kvailinti, mulkinti
coddle ['kɔdl] v 1 lepinti 2 virti ant mažos ugnies
code [kəud] n 1 kodeksas; penal ~ baudžiamasis kodeksas 2 kodas v koduoti; šifruoti
codify ['kəudɪfaɪ] v 1 kodifikuoti 2 šifruoti
cod-liver ['kɔdlɪvə] n: ~ oil žuvų taukai
co-ed [ˌkəu'ed] n amer. šnek. mišraus koledžo / universiteto studentė
co-education [ˌkəuˌedju'keɪʃn] n bendras berniukų ir mergaičių mokymas ~al a bendras, mišrus
coefficient [ˌkəu'fɪʃnt] n koeficientas
coerc‖e [kəu'ə:s] v priversti ~ion [-'ə:ʃn] n prievarta ~ive a priverstinis
coexist [ˌkəuɪg'zɪst] v koegzistuoti, egzistuoti greta ~ence n sambūvis
coffee ['kɔfɪ] n kava ~-grounds [-graundz] n kavos tirščiai ~-mill [-mɪl] n kavamalė ~-pot [-pɔt] n kavinukas

coffer ['kɔfə] n 1 dėžė 2 pl iždas
coffin ['kɔfɪn] n karstas
cog [kɔg] I n (rato) krumplys
cog II apgaudinėti, sukčiauti
cogent ['kəudʒənt] n įtikinamas, nenuginčijamas
cogitate ['kɔdʒɪteɪt] v apmąstyti, svarstyti
cognac ['kɔnjæk] n konjakas
cognate ['kɔgneɪt] a giminingas, artimas
cognition [kɔg'nɪʃn] n knyg. pažinimas, žinojimas; sugebėjimas pažinti
cognizable ['kɔgnɪzəbl] a 1 teis. teismingas 2 filos. pažinus
cogwheel ['kɔgwi:l] n tech. krumpliaratis
cohabit [kəu'hæbɪt] v gyventi drauge
coheir [kəu'eə] n teis. bendrasis įpėdinis
coher‖e [kəu'hɪə] v 1 būti susijusiam 2 derintis ~ence [-rəns], ~ency [-rənsɪ] n 1 ryšys, sąsaja; (teksto) rišlumas 2 darnumas ~ent [-rənt] a rišlus, nuoseklus
cohesion [kəu'hi:ʒn] n susitelkimas; sukibimas
coiffure [kwɑ:'fjuə] pr. n šukuosena
coil [kɔɪl] v su(si)sukti (į spiralę) n 1 spiralė 2 (virvės, gyvatės ir pan.) ringė 3 el. ritė
coin [kɔɪn] n moneta △ to pay smb in his own ~ atsimokėti kam tuo pačiu v 1 kalti (pinigus) 2 nukalti (naujus žodžius / posakius)
coincid‖e [ˌkəuɪn'saɪd] v sutapti ~ence [kəu'ɪnsɪdəns] n sutapimas; atsitiktinumas
coke [kəuk] n koksas
colander ['kʌləndə] n kiaurasamtis
cold [kəuld] a šaltas (t.p. prk.); I am ~ man šalta n 1 šaltis 2 peršalimas; to catch ~ peršalti; a ~ in the head sloga
cold‖-blooded [ˌkəuld'blʌdɪd] a šaltakraujis ~-bloodedness n šaltakraujiškumas ~-hearted [-'hɑ:tɪd] a kietaširdis

colic ['kɔlɪk] n dieglys

collaborat||e [kə'læbəreɪt] v bendradarbiauti ~ion [kə,læbə'reɪʃn] n bendradarbiavimas ~or n bendradarbis

collaps||e [kə'læps] n 1 (su)griuvimas 2 jėgų išsekimas 3 žlugimas v 1 (su)griūti 2 (su)žlugti 3 staiga susilpnėti ~ible a sudedamas, sustumiamas, sulankstomas

collar ['kɔlə] n 1 apykaklė 2 antkaklis 3 pavalkai ~-bone [-bəun] n anat. raktikaulis

collate [kə'leɪt] v (su)lyginti, gretinti

collateral [kə'lætərəl] a šalutinis

colleage ['kɔliːg] n kolega

collect [kə'lekt] v 1 su(si)rinkti 2 su(si)kaupti, su(si)koncentruoti ~ion [-kʃn] n 1 (su)rinkimas 2 rinkinys, kolekcija ~ive a kolektyvinis n kolektyvas ~ively adv kolektyviai; bendrai

collectivize [kə'lektɪvaɪz] v (su)kolektyvinti, kolektyvizuoti

collector [kə'lektə] n 1 (mokesčių) rinkėjas 2 kolekcionierius 3 kontrolierius (traukinyje ir pan.)

colleg||e ['kɔlɪdʒ] n 1 koledžas 2 amer. universitetas 3 kolegija ~iate [kə'liːdʒɪət] a koledžo; universitetinis

collide [kə'laɪd] v 1 susidurti 2 susikirsti

collie ['kɔlɪ] n kolis, škotų aviganis

collier ['kɔlɪə] n 1 angliakasys 2 laivas (anglims pervežti) ~y ['kɔlɪərɪ] n anglių kasykla

collision [kə'lɪʒn] n susidūrimas (t.p. prk.); kolizija

collocation [,kɔlə'keɪʃn] n 1 iš(si)dėstymas 2 lingv. žodžių jungimas (sakinyje)

collocutor [kə'lɔkjutə] n pašnekovas

colloquial [kə'ləukwɪəl] a gyvosios kalbos, šnekamasis ~ism n šnekamosios kalbos posakis / žodis

colloquy ['kɔləkwɪ] n oficialus pokalbis

collusion [kə'luːʒn] n knyg. suokalbis

colon ['kəulən] n dvitaškis

colonel ['kəːnl] n pulkininkas

colon||ial [kə'ləunɪəl] a kolonijinis ~ist ['kɔlənɪst] n kolonistas ~ize ['kɔlənaɪz] v kolonizuoti ~izer ['kɔlənaɪzə] n kolonizatorius ~y ['kɔlənɪ] n kolonija

color ['kʌlə] amer. = colour

color||ation [,kʌlə'reɪʃn] n nudažymas ~ific [,kɔlə'nfɪk] a 1 dažantis 2 spalvotas

coloss||al [kə'lɔsl] a milžiniškas, kolosalinis ~us [kə'lɔsəs] n milžinas, gigantas

colour ['kʌlə] n 1 spalva; dažai 2 (veido) nuraudimas; to lose ~ išbalti 3 pl vėliava 4 koloritas v 1 nuspalvinti; dažyti(s) 2 gražinti 3 rausti (apie veidą) ~ing [-rɪŋ] n 1 (nu)dažymas 2 koloritas 3 spalva; spalvos ~less a 1 bespalvis 2 blankus

colt [kəult] n kumeliukas

column ['kɔləm] n 1 kolona; stulpas, stulpelis 2 skiltis

columnist ['kɔləmnɪst] n (laikraščio, žurnalo) straipsnių autorius; feljetonistas

coma ['kəumə] n med., astr. koma ~tose [-təuz] a 1 be sąmonės; mieguistas 2 med. kominis

comb [kəum] n 1 šukos 2 (vilnų) karštuvai

combat ['kɔmbæt] n mūšis, kova; single ~ dvikova v kovoti ~ant ['kɔmbətənt] n 1 kovotojas 2 kovojančioji pusė

combination [,kɔmbɪ'neɪʃn] n su(si)jungimas; darinys, kombinacija

combine v [kəm'baɪn] kombinuoti, derinti; jungti(s) n ['kɔmbaɪn] 1 kombainas 2 susivienijimas

combust||ible [kəm'bʌstəbl] a degus n pl degalai ~ion [-'bʌstʃn] n (su)degimas

come [kʌm] v (came; come) 1 ateiti, atvykti, atvažiuoti 2 užeiti 3 prieiti; to ~ right prieiti prie tvarkos 4 (atsitiktinai) susitikti, susidurti (across) 5 kilti, būti kilusiam (from) □ to ~ about atsitikti; to ~ along eiti (kartu); ~ along! eime!; to ~ apart suirti, subyrėti; to ~ back (su)grįžti;

to ~ by a) praeiti; b) gauti; to ~
down a) nulipti, nusileisti; b) kristi
(*apie sniegą; kainas*) c) pereiti (*pagal
tradiciją ir pan.*); to ~ forward a) iš-
eiti į priekį; b) siūlyti savo paslaugas;
to ~ in a) įeiti; b) įeiti į madą; to ~
off a) nusilupti; nutrūkti (*apie sagą*);
b) pasisekti; to ~ on a) pasirodyti;
b) priartėti; ~ on! gyviau!, greičiau!;
eime!; to ~ out a) išeiti; pasirodyti;
b) sustreikuoti; c) pareikšti (*with*); to
~ over a) atvykti; b) pereiti (*į kitą
pusę*); c) apimti (*apie jausmą*); to ~
round a) užeiti; b) atsigauti; to ~ to
atsigauti; to ~ up a) pasikelti, užlip-
ti; b) pakilti; iškilti; c) įvykti; pasi-
taikyti; d) prieiti (*to*); e) prilygti (*to*);
f) pasivyti (*with*) *int* na na (*raminant,
raginant*)
comeback ['kʌmbæk] *n* 1 grįžimas 2 at-
sikirtimas
comedian [kə'mi:dıən] *n* 1 komedijų
autorius 2 komikas (*aktorius*)
comedown ['kʌmdaun] *n* smukimas;
nuosmukis; žlugimas
comedy ['kɔmədı] *n* komedija
comer ['kʌmə] *n* ateivis
comet ['kɔmıt] *n* kometa
comfort ['kʌmfət] *n* 1 paguoda 2 ištai-
ga, patogumai *v* (pa)guosti, raminti
~able *a* patogus ~er *n* 1 (pa)guodė-
jas 2 žindukas 3 šiltas vilnonis šalikas
comfy ['kʌmfı] *a* *šnek.* patogus
comic ['kɔmık] *a* juokingas, komiškas
~al *a* komiškas, keistas ~s *n* *pl* ko-
miksai
coming ['kʌmıŋ] *a* būsimas, ateinantis
comma ['kɔmə] *n* kablelis; *inverted*
~s kabutės
command [kə'mɑ:nd] *v* 1 įsakyti; ko-
manduoti 2 valdyti *n* 1 įsakymas, ko-
manda; 2 vadovavimas; *kar.* vadovy-
bė 3 karinė apygarda 4 mokėjimas; *to
have a good ~ of a language* gerai
mokėti kalbą ~ant [,kɔmən'dænt] *n*
komendantas ~eer [,kɔmən'dıə] *v* rek-
vizuoti ~er *n* *kar.* vadas, viršininkas

~er-in-Chief [-ərin'tʃi:f] *n* vyriausia-
sis kariuomenės vadas ~ing *a* 1 vado-
vaujantis; dominuojantis 2 įsakmus
Commandment [kə'mɑ:ndmənt] *n* Die-
vo įsakymas; *the Ten* ~s dešimt Die-
vo įsakymų
commemorat||e [kə'meməreıt] *v* švęs-
ti, minėti, pažymėti ~ive [kə'memə-
rətıv] *a* memorialinis, atminimo
commence [kə'mens] *v* pra(si)dėti
~ment *n* 1 pradžia 2 *amer.* aktas
(*diplomų įteikimas*)
commend [kə'mend] *v* (pa)girti, reko-
menduoti ~able *a* (pa)girtinas
commensur||able [kə'menʃərəbl] *a*
bendramatis ~ate *a* proporcingas
comment ['kɔment] *n* pastaba; komen-
taras *v* komentuoti; aiškinti ~ary
['kɔməntərı] *n* komentaras ~ator ['kɔ-
mənteıtə] *n* komentatorius
commerc||e ['kɔmə:s] *n* komercija; pre-
kyba ~ial [kə'mə:ʃl] *a* komercinis,
prekybinis
commiserate [kɔ'mızəreıt] *v* užjausti
commissar [,kɔmı'sa:] *n* komisaras
~iat [,kɔmı'seərıət] *n* komisariatas
~y ['kɔmısərı] *n* 1 *kar.* parduotuvė
2 intendantas
commission [kə'mıʃn] *n* 1 įgaliojimas;
pavedimas 2 komisija 3 komisas (*nu-
sikaltimo*) įvykdymas *v* 1 *kar.* skirti
pareigoms 2 pavesti, įgalioti ~er [-ʃə-
nə] *n* 1 komisijos narys 2 įgaliotinis
commit [kə'mıt] *v* 1 padaryti (*ką blo-
ga*) 2 į(si)pareigoti 3 pavesti, patikėti
(*to*) 4 skirti (*to – kam*) △ to ~ to
paper / writing užrašyti; to ~ to
memory išmokti atmintinai ~ment
n 1 (*nusikaltimo*) įvykdymas 2 į(si)-
pareigojimas 3 perdavimas (*teismui ir
pan.*)
committee [kə'mıtı] *n* komitetas; komi-
sija; *organizing* ~ organizacinis ko-
mitetas; *credentials* ~ mandatų ko-
misija
commod||e [kə'məud] *n* komoda ~ious
a erdvus
commodity [kə'mɔdətı] *n* prekė; reik-
muo

commodore [ˈkɔmədɔ:] *n jūr.* komodoras; pirmojo rango kapitonas

common [ˈkɔmən] *a* 1 bendras, visų 2 paprastas; įprastas 3 vulgarus *n* 1 bendruomenės žemė / ganykla 2 bendra; *in* ~ bendrai; *to have nothing in* ~ neturėti nieko bendro ~**er** *n* nekilmingas žmogus

commonplace [ˈkɔmənpleɪs] *n* įprastinis dalykas; banalybė *a* kasdieniškas; banalus

Commons [ˈkɔmənz] *n parl.* Bendruomenių rūmai (*t.p.* the House of ~)

Commonwealth [ˈkɔmənwelθ] *n* Britanijos tautų sandrauga (*t.p.* the ~ of Nations)

commotion [kəˈməuʃn] *n* 1 bruzdėjimas 2 sumišimas, sąmyšis

communal [ˈkɔmjunl] *a* komunalinis; bendruomeninis

commune [ˈkɔmju:n] bendruomenė; komuna *v* [kəˈmju:n] bendrauti

communicat‖e [kəˈmju:nɪkeɪt] *v* 1 pranešti, perduoti 2 bendrauti, susisiekti ~**ion** [kəˌmju:nɪˈkeɪʃn] *n* 1 pranešimas, perdavimas 2 susisiekimas; *pl* ryšiai; *means of* ~*ion* susisiekimo / ryšių priemonė ~**ive** *a* 1 kalbus, mėgstantis bendrauti 2 komunikacinis

communiqué [kəˈmju:nɪkeɪ] *n* oficialus pranešimas, komunikatas

commun‖ism [ˈkɔmjunɪzm] *n* komunizmas ~**ist** *n* komunistas *a* komunistinis

community [kəˈmju:nətɪ] *n* 1 bendruomenė; *the* ~ visuomenė, bendrija 2 bendrumas

commut‖ation [ˌkɔmju:ˈteɪʃn] *n* 1 pakeitimas 2 *teis.* bausmės sušvelninimas ~**ator** [ˈkɔmju:teɪtə] *n* komutatorius

commute [kəˈmju:t] *v* 1 pakeisti 2 *teis.* sušvelninti bausmę 3 kasdien važinėti priemiestiniu autobusu, traukiniu

compact I [ˈkɔmpækt] *n* susitarimas

compact II [kəmˈpækt] *a* glaustas; kompaktiškas *v* suspausti, suglausti

companion [kəmˈpænɪən] *n* 1 draugas; pašnekovas 2 vadovas (*knyga*) ~**able** *a* mėgstantis kompaniją, draugiškas ~**ship** *n* draugystė; kompanija

company [ˈkʌmpənɪ] *n* 1 kompanija; *in* ~ *with* kartu su; *to keep* ~ (*with*) bendrauti 2 *ekon.* kompanija, bendrovė 3 trupė, ansamblis; svečiai △ *to part* ~ (*with*) atsiskirti, nutraukti santykius

compar‖able [ˈkɔmpərəbl] *a* (su)lyginamas ~**ative** [kəmˈpærətɪv] *a* lyginamasis *n gram.* aukštesnysis laipsnis ~**atively** [kəmˈpærətɪvlɪ] *adv* palyginti

compar‖e [kəmˈpeə] *v* (pa)lyginti ~**ison** [kəmˈpærɪsn] *n* 1 (pa)lyginimas, sugretinimas; *in* ~*ison with* palyginus su 2 *gram.* laipsniavimas

compartment [kəmˈpɑ:tmənt] *n* 1 kupė 2 skyrius; kamera

compass [ˈkʌmpəs] *n* 1 kompasas 2 apimtis; diapazonas; *beyond my* ~ daugiau negu aš galiu suprasti 3 *pl* skriestuvas

compassion [kəmˈpæʃn] *n* gailestis; užuojauta ~**ate** [-ʃənət] *a* gailiaširdis; užjaučiantis

compatible [kəmˈpætəbl] *a* suderinamas

compatriot [kəmˈpætrɪət] *n* tėvynainis

compel [kəmˈpel] *v* priversti

compend‖ious [kəmˈpendɪəs] *a* trumpas, glaustas ~**ium** [-dɪəm] *n* kompendiumas; santrauka, konspektas

compensat‖e [ˈkɔmpənseɪt] *v* atlyginti, kompensuoti ~**ion** [ˌkɔmpənˈseɪʃn] *a* atlyginimas, kompensacija

compete [kəmˈpi:t] *v* konkuruoti, varžytis

competence [ˈkɔmpɪtəns] *n* 1 sugebėjimas 2 *teis.* kompetencija

compet‖ition [ˌkɔmpəˈtɪʃn] *n* 1 konkurencija 2 lenktynės, varžybos, rungtynės ~**itive** [kəmˈpetətɪv] *a* konkursinis ~**itor** [kəmˈpetɪtə] *n* konkurentas, varžovas

compilation [ˌkɔmpɪˈleɪʃn] *n* kompiliacija

complac‖ency [kəm'pleɪsnsɪ] *n* pasitenkinimas, nusiraminimas ~**ent** *a* patenkintas savimi, nusiraminęs

complain [kəm'pleɪn] *v* skųstis ~**t** *n* 1 skundas, nusiskundimas 2 liga

complaisant [kəm'pleɪzənt] *a* paslaugus; mandagus, nuolaidus

complement ['kɔmplɪmənt] *n* 1 papildymas 2 pilnas komplektas, pilna sudėtis 3 *gram.* papildinys *v* [-ment] 1 papildyti 2 komplektuoti ~**ary** [ˌkɔmplɪ'mentərɪ] *a* papildomas

complet‖e [kəm'pliːt] *a* 1 vis(išk)as; ~ **works** pilnas raštų rinkinys 2 (už)baigtas *v* užbaigti ~**ely** *adv* visai; ištisai; visiškai ~**ion** [-'pliːʃn] *n* (už)baigimas

complex ['kɔmpleks] *a* 1 sudėtingas 2 sudėtinis; kompleksinis; ~ *sentence gram.* sudėtinis prijungiamasis sakinys *n* kompleksas

complexion [kəm'plekʃn] *n* 1 veido spalva 2 pobūdis, charakteris

compli‖ance [kəm'plaɪəns] *n* 1 sutikimas; *in* ~ *with* sutinkamai su, atsižvelgiant į 2 nuolaidumas ~**ant** *a* nuolaidus, greit sutinkantis

complic‖acy ['kɔmplɪkəsɪ] *n* sudėtingumas, painiava ~**ate** *v* komplikuoti, painioti ~**ated** *a* sudėtingas, komplikuotas ~**ation** [ˌkɔmplɪ'keɪʃn] *n* 1 *med.* komplikacija 2 sudėtingumas, painumas

complicity [kəm'plɪsətɪ] *n* bendrininkavimas (*nusikaltime ar pan.*)

compliment ['kɔmplɪmənt] *n* 1 komplimentas; pagyrimas; *to pay a* ~ pasakyti komplimentą 2 *pl* sveikinimai, linkėjimai *v* [-ment] 1 sveikinti 2 (pa)girti ~**ary** [ˌkɔmplɪ'mentərɪ] *a* 1 (pa)giriamasis; sveikinamasis 2 duotas nemokamai (*apie bilietą ir pan.*)

comply [kəm'plaɪ] *v* 1 sutikti; nusileisti 2 įvykdyti (*prašymą*) 3 laikytis (*taisyklių*)

component [kəm'pəunənt] *n* sudėtinė dalis *a* sudedamasis

compos‖e [kəm'pəuz] *v* 1 sudaryti 2 (su)kurti, (pa)rašyti 3: *to* ~ *oneself* nusiraminti ~**ed** *a* ramus ~**er** *n* kompozitorius

composit‖e ['kɔmpəzɪt] *a* sudėtinis; mišrus; kombinuotas *n* mišinys

composit‖ion [ˌkɔmpə'zɪʃn] *n* 1 sudėtis 2 sudarymas 3 muzikos kūrinys 4 kompozicija 5 rašinys ~**or** [kəm'pɔzɪtə] *n* *poligr.* rinkėjas

compost ['kɔmpɔst] *n* kompostas

composure [kəm'pəuʒə] *n* ramumas, šaltakraujiškumas

compote ['kɔmpəut] *n* kompotas

compound ['kɔmpaund] *a* sudurtinis, sudėtinis; ~ *sentence gram.* sudėtinis sujungiamasis sakinys *n* 1 junginys, mišinys 2 sudurtinis žodis *v* [kəm'paund] 1 sudaryti; sumaišyti 2 susidėti (*of*) 3 padidinti, pasunkinti (*skausmą, skriaudą ir pan.*)

comprehen‖d [ˌkɔmprɪ'hend] *v* suprasti ~**sible** [-nsəbl] *a* suprantamas ~**sion** [-nʃn] *n* supratimas ~**sive** [-sɪv] *a* visapusiškas; išsamus; ~ *school* bendro lavinimo mokykla

compress *n* ['kɔmpres] kompresas *v* [kəm'pres] suspausti ~**ion** [kəm'preʃn] *n* 1 suspaudimas 2 *tech.* kompresija

comprise [kəm'praɪz] *v* su(si)daryti; susidėti

compromise ['kɔmprəmaɪz] *n* kompromisas *v* 1 eiti į kompromisą 2 kompromituoti 3 statyti į pavojų

compuls‖ion [kəm'pʌlʃn] *n* prievarta; *under* ~ prievarta ~**ory** [-'pʌlsərɪ] *a* priverstinis; privalomas

compunction [kəm'pʌŋkʃn] *n* sąžinės graužimas

computation [ˌkɔmpju'teɪʃn] *n* (ap)skaičiavimas

compute [kəm'pjuːt] *v* 1 (ap)skaičiuoti 2 apdoroti kompiuteriu

computer [kəm'pjuːtə] *n* kompiuteris ~**ize** *v* 1 kompiuterizuoti 2 įvesti informaciją į kompiuterį

comrade ['kɔmrɪd] *n* draugas (*ypač tos pačios organizacijos / partijos narys*) ~**ship** *n* draugiški santykiai con [kɔn] n: *the pros and* ∼s argumentai už ir prieš

concave ['kɔŋkeɪv] a įdubęs, įgaubtas

conceal [kən'si:l] v 1 slėpti 2 nutylėti ∼ment n 1 slėpimas 2 slaptavietė

concede [kən'si:d] v 1 užleisti, perleisti 2 nusileisti; 3 pri(si)pažinti

conceit [kən'si:t] n pasipūtimas, išpuikimas ∼ed a išpuikęs, pasipūtęs

conceivable [kən'si:vəbl] a suvokiamas; įmanomas

conceive [kən'si:v] v 1 įsivaizduoti; suvokti, suprasti 2 sugalvoti, sumanyti

concentr||ate ['kɔnsəntreɪt] v su(si)koncentruoti ∼ation [ˌkɔnsən'treɪʃn] n koncentracija; susikaupimas

concentric [kən'sentrɪk] a koncentrinis

concept ['kɔnsept] n sąvoka, idėja ∼ion [kən'sepʃn] n 1 koncepcija 2 *filos.* sąvoka 3 suvokimas, supratimas

concern [kən'sə:n] n 1 rūpinimasis, susirūpinimas; *a matter of great* ∼ labai svarbus dalykas 2 reikalas, dalykas; *it is no* ∼ *of yours* tai ne tavo / jūsų reikalas 3 įmonė; koncernas v 1 liesti, turėti ryšį 2 rūpėti; *to* ∼ *oneself* domėtis (*with*); rūpintis (*about*) ∼ing *prep* dėl, apie

concert ['kɔnsət] n 1 koncertas 2 sutarimas ∼ed [kən'sə:tɪd] a sutartinis, suderintas

concess||ion [kən'seʃn] n 1 nuolaida 2 koncesija ∼ive [-sɪv] a 1 nuolaidus 2 *gram.* nuolaidos

conch [kɔntʃ] n kriauklė

conciliat||e [kən'sɪlɪeɪt] v su(si)taikyti ∼ory [-'sɪlɪətərɪ] a taikinamasis

concise [kən'saɪs] a glaustas, trumpas

conclu||de [kən'klu:d] v 1 užbaigti; padaryti išvadą 2 sudaryti (*sutartį ir pan.*) ∼ding a baigiamasis ∼sion [-'klu:ʒn] n 1 pabaiga; *in* ∼*sion* užbaigiant; *to bring to a* ∼*sion* (už)baigti 2 išvada △ *to try* ∼*sions* (*with*) varžytis, rungtis ∼sive [-'klu:sɪv] a galutinis, baigiamasis; sprendžiamasis

concoct [kən'kɔkt] v 1 pagaminti 2 išgalvoti

concomitant [kən'kɔmɪtənt] a kartu vykstantis, lydintis

concord ['kɔŋkɔ:d] n 1 sutarimas, santarvė; sutartis 2 *gram.* derinimas ∼ance [kən'kɔ:dəns] n sutikimas; atitikimas

concourse ['kɔŋkɔ:s] n 1 suėjimas; minia 2 (*rūmų*) didelė salė

concrete ['kɔŋkri:t] I a konkretus, realus; *in the* ∼ konkrečiai, realiai

concrete II a betoninis n betonas v 1 betonuoti 2 kietėti; kietinti

concur [kən'kə:] v 1 sutapti 2 sutikti ∼rence [-'kʌrəns] n 1 sutapimas 2 sutikimas ∼rent [-'kʌrənt] a 1 sutampantis 2 veikiantis drauge

concuss [kən'kʌs] v sutrenkti, sukrėsti ∼ion [-'kʌʃn] n sutrenkimas; smūgis; kontuzija

condemn [kən'dem] v 1 nuteisti 2 (pa)smerkti 3 (iš)brokuoti; pripažinti netinkamu 4 išduoti (*apie elgesį, išvaizdą*) ∼ation [ˌkɔndem'neɪʃn] n 1 nuosprendis 2 pasmerkimas

condensation [ˌkɔnden'seɪʃn] n kondensacija

condens||e [kən'dens] v 1 glaustai išdėstyti / išreikšti 2 kondensuoti(s) ∼er n *tech.* kondensatorius

condescen||d [ˌkɔndɪ'send] v 1 nusileisti, nusižeminti (*to – iki*) 2 malonėti, teiktis ∼sion [-'senʃn] n 1 malonėjimas; maloningumas 2 nusižeminimas (*iki*)

condiment ['kɔndɪmənt] n prieskonis

condition [kən'dɪʃn] n 1 būklė, padėtis 2 sąlyga; *on* ∼ *that* ... su sąlyga, kad ... 3 *pl* sąlygos, aplinkybės; padėtis; *under existing* ∼s esamomis aplinkybėmis v sąlygoti ∼al a 1 sąlyginis 2 *gram.* sąlygos; ∼al *clauses* sąlygos šalutiniai sakiniai ∼ed a 1 sąlyginis; sąlygojamas 2 kondicinis ∼ing n kondicionavimas

condol||e [kən'dəul] v užjausti ∼ence n užuojauta

condone [kən'dəun] v dovanoti, atleisti
conducive [kən'djuːsɪv] a palankus, padedantis
conduct n ['kɔndʌkt] 1 elgesys 2 vadovavimas v [kən'dʌkt] 1: to ~ oneself elgtis 2 vadovauti, vesti 3 muz. diriguoti 4 praleisti (šilimą, elektrą) ~ion [kən'dʌkʃn], ~ivity [ˌkɔndək'tɪvətɪ] n fiz. laidumas ~or [kən'dʌktə] n 1 vadovas 2 dirigentas 3 konduktorius 4 fiz. laidininkas
cone [kəun] n 1 kankorėžis 2 geom. kūgis
coney ['kəunɪ] žr. cony
confection [kən'fekʃn] n saldumynai ~er n konditeris ~ery n 1 konditerijos parduotuvė 2 saldumynai, konditerijos gaminiai
confeder‖**acy** [kən'fedərəsɪ] n (valstybių) sąjunga; konfederacija ~ate a sąjunginis, konfederacinis n sąjungininkas; bendrininkas v jungtis į sąjungą, sudaryti federaciją ~ation [kənˌfedə'reɪʃn] n konfederacija, sąjunga
confer [kən'fəː] v 1 suteikti, pripažinti (laipsnį ir pan.; on) 2 tartis (with) ~ence ['kɔnfərəns] n 1 pasitarimas 2 konferencija
confess [kən'fes] v 1 prisipažinti 2 bažn. išpažinti (nuodėmes); klausyti išpažinties ~ion [-'feʃn] n 1 prisipažinimas 2 bažn. išpažintis 3 konfesija, religija ~or n nuodėmklausys
confidant [ˌkɔnfɪ'dænt] n patikimas draugas
confide [kən'faɪd] v išsipasakoti (to); pasikliauti (in)
confid‖**ence** ['kɔnfɪdəns] n 1 pa(si)tikėjimas 2 įsitikinimas; tikrumas 3 konfidencialus pranešimas ~ent a 1 įsitikinęs; tikras 2 pasitikintis ~ential [ˌkɔnfɪ'denʃl] a 1 slaptas; konfidencialus 2 patikimas
configuration [kənˌfɪgju'reɪʃn] n konfigūracija
confine v [kən'faɪn] 1 uždaryti; įkalinti 2 ap(si)riboti n ['kɔnfaɪn] pl ribos ~ment n 1 įkalinimas 2 apribojimas

confirm [kən'fəːm] v patvirtinti; ratifikuoti ~ation [ˌkɔnfə'meɪʃn] n 1 patvirtinimas 2 bažn. sutvirtinimas, konfirmacija ~ed a chroniškas, nepataisomas
confiscat‖**e** ['kɔnfɪskeɪt] v konfiskuoti ~ion [ˌkɔnfɪs'keɪʃn] n konfiskacija
conflagration [ˌkɔnflə'greɪʃn] n knyg. didelis gaisras
conflict n ['kɔnflɪkt] n susidūrimas, konfliktas v [kən'flɪkt] v prieštarauti; susidurti (with)
conflu‖**ence** ['kɔnfluəns] n (upių) santaka ~ent a sutekantis; susiliejantis
conform [kən'fɔːm] v 1 derintis, pri(si)derinti, paklusti 2 atitikti ~able a 1 atitinkamas 2 paklūstantis ~ation [ˌkɔnfɔː'meɪʃn] n pavidalas, forma
conformity [kən'fɔːmətɪ] n atitikimas; in ~ (with) sutinkamai (su)
confound [kən'faund] v (ap)stulbinti, sugluminti △ ~ it! po velnių! ~ed a 1 apstulbintas 2 šnek. prakeiktas
confront [kən'frʌnt] v 1 stovėti / stoti priešais 2 susidurti 3 sugretinti 4 teis. surengti akistatą ~ation [ˌkɔnfrʌn'teɪʃn] n 1 konfrontacija 2 sugretinimas 3 teis. akistata
confus‖**e** [kən'fjuːz] v 1 (su)maišyti; su(si)painioti 2 kelti sąmyšį ~ion [-'fjuːʒn] n 1 painiava, maišatis; netvarka 2 supainiojimas; sumišimas
confute [kən'fjuːt] v paneigti
congeal [kən'dʒiːl] v 1 stingdyti, (už)šaldyti 2 atšalti, (su)stingti
congenial [kən'dʒiːnɪəl] a 1 tinkamas, palankus 2 bendramintis
congenital [kən'dʒenɪtl] a 1 med. įgimtas 2 apsigimęs
congest [kən'dʒest] v per(si)pildyti ~ed a per tankiai gyvenamas ~ion [-tʃn] n 1 per didelis (gyventojų) gausumas 2 (transporto) susigrūdimas
conglomerat‖**e** n [kən'glɔmərət] konglomeratas v [-reɪt] susikaupti; virsti ištisine mase ~ion [kənˌglɔmə'reɪʃn] n 1 su(si)kaupimas 2 konglomeracija

congratulat‖e [kən'grætjuleɪt] v svei-
kinti (on, upon) ~ion [kən‚grætju-
'leɪʃn] n sveikinimas ~ory [-lətərɪ] a
sveikinimo
congregat‖e ['kɔŋgrɪgeɪt] v su(si)rinkti
~ion [‚kɔŋgrɪ'geɪʃn] n 1 kongregacija
2 susirinkimas
congress ['kɔŋgres] n kongresas, suva-
žiavimas; the C. JAV kongresas
congru‖ence ['kɔŋgruəns] n 1 atitiki-
mas; sutapimas 2 geom. kongruencija
~ent a 1 atitinkantis 2 geom. kong-
ruentus ~ous a atitinkantis; sutam-
pantis
conic ['kɔnɪk] a kūginis ~al a kūgiškas
conifer ['kɔnɪfə] n spygliuotis (medis)
~ous [kə'nɪfərəs] a spygliuočių
conjecture [kən'dʒektʃə] n spėjimas,
numanymas v spėti, spėlioti, nu-
manyti
conjugal ['kɔndʒugl] a santuokinis
conjugat‖e v ['kɔndʒugeɪt] 1 biol.
jungtis, poruotis 2 gram. asmenuo-
ti a [-gət] 1 bot. porinis 2 jungtinis,
sujungtas 3 lingv. bendrašaknis (apie
žodį) ~ion [‚kɔndʒu'geɪʃn] n 1 gram.
asmenavimas 2 su(si)jungimas
conjunct [kən'dʒʌŋkt] a sujungtas,
jungtinis ~ion [-kʃn] n 1 susijungi-
mas, susidėjimas; in ~ion with kartu
su 2 gram. jungtukas ~ive a jungian-
tis ~ure [-tʃə] n konjunktūra
conjur‖e ['kʌndʒə] v 1 burti 2 rodyti
fokusus ~er, ~or [-rə] n fokusinin-
kas; burtininkas
conk [kɔŋk] n šnek. 1 nosis 2 (variklio)
trūkčiojimas
connect [kə'nekt] v 1 jungti(s) 2 sie-
ti(s); asocijuoti(s) ~ed a 1 susijęs;
sujungtas; well ~ed turintis dide-
lių pažinčių 2 rišlus, nuoseklus ~ion
[-kʃn] n 1 sąryšis; ryšys; in ~ion
with ryšium su 2 sujungimas 3 (papr.
pl) ryšiai, pažintys; klientūra ~ive n
gram. jungiamasis žodis a 1 jungian-
tis 2 anat. jungiamasis (apie audinį)
connexion [kə'nekʃn] n = connection

connive [kə'naɪv] v nuolaidžiauti (at)
connoisseur [‚kɔnə'sə:] pr. n žinovas
connotation [‚kɔnə'teɪʃn] n lingv. ko-
notacija, prierekšmis
conquer ['kɔŋkə] v 1 užkariauti (t.p.
prk.) 2 nugalėti ~or [-rə] n užkariau-
tojas; nugalėtojas
conquest ['kɔŋkwest] n 1 užkariavimas
(t.p. prk.); pergalė 2 užkariauta teri-
torija
conscien‖ce ['kɔnʃəns] n sąžinė; good /
clear ~ švari sąžinė ~tious [‚kɔnʃɪ-
'enʃəs] a sąžiningas
conscious ['kɔnʃəs] a 1 suprantantis;
jaučiantis; to be ~ (of) suvokti
2 sąmoningas ~ness n 1 sąmonė;
to recover / regain ~ness atsigauti,
atgauti sąmonę 2 sąmoningumas
conscrip‖t v [kən'skrɪpt] šaukti į ka-
riuomenę n ['kɔnskrɪpt] naujokas, šau-
kiamasis ~tion [-'skrɪpʃn] n karinė
prievolė; naujokų šaukimas
consecrate ['kɔnsɪkreɪt] v 1 (pa)skirti,
pašvęsti 2 pašventinti
consecutive [kən'sekjutɪv] a nuoseklus
consensus [kən'sensəs] n sutarimas,
konsensus
consent [kən'sent] n sutikimas; leidi-
mas v sutikti, leisti
consequ‖ence ['kɔnsɪkwəns] n 1 išdava,
padarinys; in ~ of dėl (ko) 2 reikš-
mė, svarba; of no ~ nesvarbus, ne-
esminis ~ent a 1 išplaukiantis (iš)
2 nuoseklus ~ently adv todėl, dėl tos
priežasties; taigi
conservation [‚kɔnsə'veɪʃn] n 1 išsau-
gojimas; konservacija 2 konservavimas
conservative [kən'sə:vətɪv] a 1 konser-
vatyvus 2 apsauginis 3 atsargus; kuk-
lus n konservatorius
conservatoire [kən'sə:vətwɑ:] pr. n
konservatorija
conservatory [kən'sə:vətrɪ] n 1 šiltna-
mis, oranžerija 2 konservatorija
conserve [kən'sə:v] v 1 saugoti, laikyti
2 konservuoti n pl vaisių konservai

consider [kən'sıdə] *v* 1 manyti; laikyti, būti nuomonės 2 atsižvelgti, skaitytis (*su*) 3 svarstyti, (ap)galvoti

consider‖able [kən'sıdərəbl] *a* žymus, didelis ~**ate** *a* atidus; malonus; taktiškas

consideration [kən,sıdə'reıʃn] *n* 1 apgalvojimas; (ap)svarstymas; *under* ~ svarstomas 2 sumetimas 3 dėmesys △ *to take into* ~ atsižvelgti; *in* ~ atsižvelgiant; *on no* ~ jokiu būdu

considering [kən'sıdərıŋ] *prep, conj* atsižvelgiant

consign [kən'saın] *v* 1 pavesti; perduoti 2 *kom.* siųsti (*prekes*) ~**ment** *n* (*prekių*) siuntimas; siunta ~**ee** [,kənsaı'ni:] *n* adresatas, gavėjas ~**er**, ~**or** *n* (*prekių*) siuntėjas

consist [kən'sıst] *v* 1 susidėti, susidaryti (*of*) 2 būti, glūdėti (*in*)

consist‖ency [kən'sıstənsı] *n* nuoseklumas; pastovumas ~**ent** *a* 1 nuoseklus; pastovus 2 atitinkantis, neprieštaraujantis (*with*)

consolation [,kənsə'leıʃn] *n* (nu)raminimas; paguoda

console [kən'səul] *v* raminti, (pa)guosti

consolidat‖e [kən'sɔlıdeıt] *v* 1 (su)stiprinti, (su)tvirtinti; (su)stiprėti; (su)tvirtėti 2 suvienyti; vienytis ~**ion** [kən,sɔlı'deıʃn] *n* 1 sutvirtinimas; konsolidacija 2 suvienijimas

consonant ['kɔnsənənt] *a* derinąsis; darnus *n* priebalsis

consort *n* ['kɔnsɔ:t] karalienės vyras; karaliaus žmona *v* [kən'sɔ:t] 1 bendrauti; susidėti (*with*) 2 atitikti, derintis

conspicuous [kən'spıkjuəs] *a* pastebimas, krintantis į akis

conspir‖acy [kən'spırəsı] *n* sąmokslas; konspiracija ~**ator** [-rətə] *n* sąmokslininkas

conspire [kən'spaıə] *v* rengti sąmokslą

constable ['kʌnstəbl] *n* policininkas

const‖ancy ['kɔnstənsı] *n* 1 pastovumas; tvirtybė 2 ištikimybė ~**ant** *a* 1 pastovus 2 ištikimas ~**antly** *adv* nuolat; pastoviai

constellation [,kɔnstə'leıʃn] *n* 1 žvaigždynas 2 *poet.* plejada

consternation [,kɔnstə'neıʃn] *n* siaubas; nustėrimas

constipation [,kɔnstı'peıʃn] *n med.* vidurių užkietėjimas

constitu‖ency [kən'stıtjuənsı] *n* 1 rinkėjai 2 rinkiminė apygarda ~**ent** *a* sudedamasis *n* 1 rinkėjas 2 sudėtinė dalis

constitut‖e ['kɔnstıtju:t] *v* 1 įsteigti; sudaryti 2 (pa)skirti (*pareigoms*) 3 išleisti (*įstatymą*) ~**ion** [,kɔnstı'tju:ʃn] *n* 1 kūno sudėjimas 2 sudėtis, sudarymas 3 *polit.* konstitucija ~**ional** [,kɔnstı'tju:ʃənl] *a* 1 *polit.* konstitucinis 2 *med.* organizmo, sudėjimo

constrain [kən'streın] *v* 1 (pri)versti 2 (su)varžyti ~**ed** *a* 1 priverstas 2 suvaržytas, sukaustytas; įtemptas ~**t** *n* 1 prievarta 2 suvaržymas, sukaustymas

constrict [kən'strıkt] *v* 1 (su)varžyti, sutraukti 2 suspausti ~**ion** [-'strıkʃn] *n* 1 suvaržymas; suveržimas 2 suspaudimas ~**or** *n anat.* sutraukiamasis raumuo

construct [kən'strʌkt] *v* 1 statyti; konstruoti 2 sukurti, sugalvoti ~**ion** [-kʃn] *n* 1 statyba; statymas; *under* ~**ion** statomas 2 statinys ~**ive** *a* konstruktyvus

construe [kən'stru:] *v* 1 aiškinti 2 *gram.* konstruoti, jungti; nagrinėti

consul ['kɔnsəl] *n* konsulas ~**ar** ['kɔnsjulə] *a* konsulo; konsulinis ~**ate** ['kɔnsjulət] *n* konsulatas

consult [kən'sʌlt] *v* 1 tartis, konsultuotis 2 pa(si)žiūrėti (*į žodyną ir pan.*) 3 atsižvelgti ~**ant** *n* konsultantas ~**ation** [,kɔnsl'teıʃn] *n* pasitarimas; konsultacija; konsiliumas ~**ative** [-ətıv] *a* patariamasis ~**ing-room** [-ıŋrum] *n* gydytojo kabinetas

consum||e [kən'sju:m] v 1 suvartoti
2 (su)valgyti, sulesti, (iš)gerti 3 su-
naikinti (apie ugnį) 4 graužti (apie pa-
vydą) ~er n vartotojas; ~er goods
plataus vartojimo prekės
consumption [kən'sʌmpʃn] n 1 (su)-
vartojimas 2 išeikvojimas
contact ['kɔntækt] n 1 sąlytis 2 pl kon-
taktai, ryšiai ~breaker [-breikə] n el.
pertraukiklis
contagi||on [kən'teidʒn] n 1 užkrėti-
mas, infekcija 2 infekcinė liga ~ous a
1 infekcinis 2 užkrečiamas (t.p. prk.)
contain [kən'tein] v 1 turėti (savyje)
2 tilpti 3 su(si)laikyti 4 mat. dalytis
be liekanos ~er n 1 rezervuaras 2 dė-
žė, statinė, konteineris
contaminat||e [kən'tæmineit] v terš-
ti, užkrėsti ~ion [kən,tæmi'neiʃn] n
(už)teršimas; užkrėtimas
contemplat||e ['kɔntəmpleit] v 1 stebė-
ti susimąsčius 2 (ap)mąstyti 3 ruoštis,
ketinti ~ion [,kɔntəm'pleiʃn] n 1 ste-
bėjimas 2 (ap)mąstymas ~ive [kən-
'templətiv] a apmąstantis, mąslus
contempor||aneous [kən,tempə'reini-
əs] a dabartinis; vienalaikis ~ary
[kən'tempərəri] a 1 bendralaikis, tuo-
metinis 2 dabartinis n bendralaikis,
amžininkas
contempt [kən'tempt] n 1 panieka
2 negarbė; to fall into ~ užsitraukti
negarbę 3 teis. teismo negerbimas
~ible a niekingas ~uous [-ptʃuəs] a
paniekinamas
contend [kən'tend] v 1 kovoti, varžytis
2 tvirtinti ~er n varžovas
content I [kən'tent] a predic patenkin-
tas v pa(si)tenkinti n pasitenkinimas;
to one's heart's ~ lig valiai, sočiai
~ed a patenkintas
content II ['kɔntent] n (papr. pl) turi-
nys
content||ion [kən'tenʃn] n 1 ginčas
2 varžymasis, kova ~ious [-ʃəs] a
1 ginčijamas 2 vaidingas
contest v [kən'test] 1 (nu)ginčyti, už-
ginčyti 2 varžytis; dalyvauti (konkurse

ir pan.) 3 kovoti n ['kɔntest] 1 gin-
čas 2 varžybos; kova ~ant [-'testənt]
n varžovas; konkurentas
context ['kɔntekst] n kontekstas ~ual
[kən'tekstʃuəl] a pagal kontekstą
contiguous [kən'tigjuəs] a gretimas, ar-
timas, susiliečiantis
continence ['kɔntinəns] n susilaikymas
continent ['kɔntinənt] I a susilaikantis
continent II n žemynas, kontinentas;
the C. Europos žemynas ~al [,kɔnti-
'nentl] a kontinentinis, žemyninis
conting||ency [kən'tindʒənsi] n atsitik-
tinumas; nenumatyta aplinkybė ~ent
a 1 atsitiktinis 2 priklausantis (on –
nuo) n kontingentas; grupė
continu||al [kən'tinjuəl] a nuolatinis
~ance n trukmė; of long ~ance il-
gas ~ation [kən,tinju'eiʃn] n tęsinys
continu||e [kən'tinju:] v tęsti(s), trukti;
to be ~ed bus daugiau ~ous [-uəs]
a 1 nuolatinis, nepertraukiamas, toly-
dus 2 gram. eigos
contort [kən'tɔ:t] v iškreipti, iškraipyti
contour ['kɔntuə] n kontūras
contra- ['kɔntrə-] pref kontr(a)-
contraband ['kɔntrəbænd] n kontra-
banda ~ist n kontrabandininkas
contract n ['kɔntrækt] sutartis, kont-
raktas; to enter into a ~, to
make a ~ sudaryti sutartį v [kən-
'trækt] 1 sudaryti sutartį 2 su(si)-
traukti 3 raukti (antakius) ~ion [kən-
'trækʃn] n su(si)traukimas, sutrumpi-
nimas ~ive [kən'træktiv] a sutraukti-
nis ~or [kən'træktə] n rangovas; su-
tarties dalyvis
contradict [,kɔntrə'dikt] v 1 prieš-
tarauti 2 (pa)neigti ~ion [-kʃn] n
1 prieštaravimas 2 paneigimas ~ory
a prieštaraujantis, nesuderinamas;
prieštaringas
contrar||iety [,kɔntrə'raiəti] n priešin-
gumas; prieštaravimas ~iwise ['kɔn-
trəriwaiz] adv priešingai
contrary ['kɔntrəri] a 1 priešingas 2 ne-
palankus n priešingumas; on the ~

priešingai; *to the* ~ priešinga pras-
me, kitaip *prep* (~ *to*) priešingai,
prieš, nepaisant

contrast *n* [ˈkɔntrɑːst] kontrastas; prie-
šybė; *in* ~ *with smth* priešingai kam
v [kənˈtrɑːst] (su)priešinti; sugretinti

contraven‖e [ˌkɔntrəˈviːn] *v* 1 pažeis-
ti (*įstatymą*) 2 prieštarauti; neatitikti
~**tion** [-ˈvenʃn] *n* (*įstatymo ir pan.*)
pažeidimas

contribu‖e [kənˈtrɪbjuːt] *v* 1 padė-
ti, teikti pagalbą 2 aukoti (*pinigus*)
3 įnešti įnašą / indėlį; bendradarbiau-
ti (*spaudoje*) ~**ion** [ˌkɔntrɪˈbjuːʃn] *n*
1 aukos; įmoka 2 kontribucija; mo-
kestis 3 įnašas (*į mokslą, kultūrą*)
4 straipsnis (*laikraščiui*) ~**or** [-ˈtrɪ-
bjutə] *n* 1 pagalbininkas; aukotojas
2 (*straipsnių*) autorius ~**ory** [-ˈtrɪ-
bjutərɪ] *a* 1 prisidedantis; aukojantis
2 darantis įnašus

contrite [ˈkɔntraɪt] *a* atgailaujantis

contriv‖ance [kənˈtraɪvəns] *n* 1 išmo-
nė, sumanymas 2 gudrybė 3 išrastas
aparatas / įtaisas ~**e** *v* 1 sugalvoti; iš-
rasti 2 įsigudrinti, sugebėti

control [kənˈtrəul] *n* 1 kontrolė, tikrini-
mas 2 valdymas *v* 1 tikrinti; kontro-
liuoti 2 valdyti; tvarkyti 3 reguliuoti

controver‖sial [ˌkɔntrəˈvəːʃl] *a* ginčija-
mas, diskusinis ~**sy** [ˈkɔntrəvəːsɪ] *n*
ginčas, diskusija, polemika

contumacious [ˌkɔntjuːˈmeɪʃəs] *a* užsi-
spyręs; nepaklusnus

contus‖e [kənˈtjuːz] *v* sumušti; kontū-
zyti ~**ion** [-ˈtjuːʒn] *n* kontūzija; su-
mušimas

convalesc‖e [ˌkɔnvəˈles] *v* sveikti, (iš)-
gyti ~**ent** *a* gyjantis, sveikstantis

conven‖e [kənˈviːn] *v* 1 sušaukti (*susi-
rinkimą*) 2 susirinkti ~**er** *n* šaukiantis
susirinkimą asmuo

conveni‖ence [kənˈviːnɪəns] *n* 1 pato-
gumas 2 *pl* patogumai 3 nauda 4 tua-
letas ~**ent** *a* patogus; tinkamas

convent [ˈkɔnvənt] *n* (*moterų*) vienuo-
lynas

convention [kənˈvenʃn] *n* 1 suvažiavi-
mas 2 sutartis, konvencija ~**al** *a* su-
tartinis; sutartas, bendrai priimtas

converg‖e [kənˈvəːdʒ] *v* 1 susirinkti,
susiburti 2 sueiti (*apie linijas, kelius*)
~**ence** *n* 1 suėjimas, susiliejimas (*vie-
name taške*) 2 konvergencija ~**ent** *a*
susieinantis

conversant [ˈkɔnvəsnt] *a* nusimanantis

conversation [ˌkɔnvəˈseɪʃn] *n* pasikal-
bėjimas; pokalbis ~**al** [-ʃənl] *a* 1 šne-
kamasis; pokalbio 2 šnekus

converse 1 [kənˈvəːs] *v* kalbėtis, šne-
kėti(s)

conver‖se II [ˈkɔnvəːs] *a* atvirkščias
n atvirkščias teiginys ~**sion** [kən-
ˈvəːʃn] *n* 1 pavertimas; pa(si)keitimas
2 at(si)vertimas, perėjimas (*į kitą re-
ligiją, partiją*) 3 konversija

convert [kənˈvəːt] *v* 1 paversti 2 at(si)-
versti (*į kitą tikėjimą ir pan.*) 3 kon-
vertuoti

convex [ˈkɔnveks] *a* išgaubtas

convey [kənˈveɪ] *v* 1 (per)gabenti 2 per-
duoti; perteikti, (iš)reikšti ~**ance** *n*
1 gabenimas, pervežimas 2 perveži-
mo priemonė ~**er** *n tech.* konvejeris;
transporteris

convict *v* [kənˈvɪkt] nuteisti; pripažin-
ti kaltu *n* [ˈkɔnvɪkt] nuteistasis; kator-
gininkas ~**ion** [-ɪkʃn] *n* 1 nuteisimas
2 įsitikinimas

convinc‖e [kənˈvɪns] *v* įtikinti (*of*)
~**ing** *a* įtikinamas

convivial [kənˈvɪvɪəl] *a* 1 linksmas
2 šventinis ~**ity** [kənˌvɪvɪˈælətɪ] *a*
linksmumas, šventinė nuotaika

convo‖cation [ˌkɔnvəˈkeɪʃn] *n* sušauki-
mas ~**ke** [kənˈvəuk] *v* sušaukti (*posėdį
ir pan.*)

convoy [ˈkɔnvɔɪ] *v* lydėti *n* 1 konvojus;
palyda 2 laivų vilkstinė

convuls‖e [kənˈvʌls] *v* 1 traukyti, rai-
tytis (*konvulsijose*) 2 supurtyti 3 pri-
sukrėsti ~**ion** [-ˈvʌlʃn] *n* 1 konvul-
sija, mėšlungis 2 nesuvaldomas juo-
kas 3 drebėjimas ~**ive** *a* mėšlungiš-
kas, konvulsiškas

coo [kuː] *v* burkuoti *n* burkavimas

cook [kuk] v virti, kepti n virėjas △
too many ~s spoil the broth priež.
tarp dviejų auklių vaikas be galvos
~er n 1 viryklė 2 vaisiai kompotams
virti ~ery [-ərı] n valgių gaminimas;
kulinarija

cookie, cooky ['kukı] n sausainis

cool [ku:l] a 1 vėsus 2 ramus; šaltakrau-
jiškas n 1 vėsumas 2 šaltakraujišku-
mas v (at)vėsinti; (at)vėsti ~er n šal-
dytuvas; aušintuvas

coolheaded ['ku:l'hedıd] a šaltakraujis

coon [ku:n] n meškėnas

coop [ku:p] n narvelis; vištidė v uždary-
ti narvelyje; laikyti uždarius (t.p. to
~ up)

co-op ['kəuɔp] n kooperatyvas

cooper ['ku:pə] n kubilius

co-operat||e [kəu'ɔpəreıt] v bendradar-
biauti; padėti ~ion [kəu,ɔpə'reıʃn] n
1 bendradarbiavimas 2 kooperacija
~ive [-rətıv] a 1 linkęs bendradar-
biauti; paslaugus 2 kooperacinis

co-opt [kəu'ɔpt] v kooptuoti

coordinat||e [,kəu'ɔ:dınət] a 1 vienos
kategorijos, to paties laipsnio, lygus
2 gram. sujungiamasis n pl koordi-
natės v [,kəu'ɔ:dıneıt] (su)derinti, ko-
ordinuoti ~ion [kəu,ɔ:dı'neıʃn] n ko-
ordinacija

cop [kɔp] v šnek. pačiupti, nutverti △
you will ~ it tau klius n policininkas

copartner [kəu'pɑ:tnə] n kompanionas,
draugijos narys ~ship n draugija,
partnerystė

cope [kəup] I v susidoroti (*with*)

cope II n bažn. arnota

copilot [kəu'paılət] n antrasis pilotas

copious ['kəupıəs] a 1 gausus 2 produk-
tyvus

copper ['kɔpə] n 1 varis 2 varinis pini-
gas 3 katilas a varinis v padengti variu

coppice, copse ['kɔpıs, kɔps] n giraitė,
miškelis

copula ['kɔpjulə] n anat., gram. jungtis

copulat||e ['kɔpjuleıt] v biol. poruotis;
kergtis ~ive [-lətıv] a gram. jungia-
masis

copy ['kɔpı] v 1 nu(si)rašyti 2 ko-
pijuoti (t.p. prk.) n 1 nuorašas
2 egzempliorius 3 medžiaga knygai /
straipsniui 4: *rough* ~ juodraštis
~book [-buk] n sąsiuvinis (*dailyraš-
čiui*) ~ist n 1 perrašinėtojas 2 kopi-
juotojas ~right [-raıt] n autorinė teisė
v saugoti autorinę teisę

coquet||te [kɔ'ket] n koketė ~tish a
koketiškas

coral ['kɔrəl] n koralas a koralo spalvos

cord [kɔ:d] n 1 virvutė 2 styga; *vocal*
~s balso stygos v (su)rišti

cordial ['kɔ:dıəl] a širdingas, nuoširdus

cordon ['kɔ:dən] n kordonas

corduroy ['kɔ:dərɔı] n 1 rumbuotas
plisas, velvetas 2 pl velvetinės kelnės

core [kɔ:] n 1 šerdis (t.p. prk.) esmė;
2 tech. šerdesas

corespondent [,kəurı'spɔndənt] n teis.
atsakomybės bendrininkas

cork [kɔ:k] n 1 kamštis 2 plūdė
v užkimšti ~screw [-skru:] n kamščia-
traukis

cormorant ['kɔ:mərənt] n jūrvarnis,
kormoranas

corn [kɔ:n] I n 1 javai 2 grūdai; kviečiai
3 amer. kukurūzai v 1 sėti (*kviečius,
kukurūzus*) 2 tech. granuliuoti

corn II n nuospauda

corn III v sūdyti (*mėsą*)

corncob ['kɔ:nkɔb] n kukurūzų burbuo-
lės kotas

corner ['kɔ:nə] n 1 kampas; *to turn
the* ~ a) pasukti už kampo; b) prk.
išsisukti iš bėdos 2 kampinis (*futbole*)
3 kom. korneris; supirkimas (*kainos
pakėlimo tikslu*) △ *to drive into* a ~
priremti prie sienos v 1 kom. supirkti
2 pastatyti į sunkią padėtį

cornet ['kɔ:nıt] n 1 kornetas 2 kūgio for-
mos indelis (*pvz., ledams*)

cornflower ['kɔ:nflauə] n rugiagėlė

cornice ['kɔ:nıs] n archit. atbraila, kar-
nizas

cornucopia [,kɔ:nju'kəupıə] n gausybės
ragas

corollary [kə'rɔlərı] n 1 log. išvada
2 pasekmė, rezultatas

corona [kə'rəunə] n (*saulės*) vainikas

coronary ['kɔrənrı] a *med.* vainikinis, koronarinis

coronation [ˌkɔrə'neıʃn] n karūnavimas, vainikavimas

coronet ['kɔrənıt] n 1 diadema 2 (*pero, princo*) karūnėlė

corporal ['kɔːpərəl] I a kūno, fizinis; ~ *punishment* fizinė bausmė

corporal II n kapralas

corporat‖e ['kɔːpərət] a 1 korporacinis 2 bendras ~ion [ˌkɔːpə'reıʃn] n 1 korporacija 2 *amer.* akcinė bendrovė

corporeal [kɔː'pɔːrıəl] a 1 kūniškas 2 fizinis, materialus

corps [kɔː] *pr.* n (*pl* corps [kɔːz]) *dipl., kar.* korpusas ~ de ballet [ˌkɔːdə'bæleı] *pr.* n kordebaletas

corpse [kɔːps] n lavonas

corpul‖ence ['kɔːpjuləns] n storumas, apkūnumas ~ent a storas, apkūnus

corpus ['kɔːpəs] n (*medžiagos*) rinkinys

corpuscle ['kɔːpʌsl] n dalelė; red (white) ~s raudonieji (baltieji) kraujo kūneliai

correct [kə'rekt] a 1 teisingas 2 taisyklingas, tikslus 3 korektiškas v 1 (iš)-taisyti 2 bausti ~ion [-kʃn] n pataisymas; pataisa ~ive a pataisomas

correlat‖e ['kɔrəleıt] v santykiauti, (su)sieti tarpusavyje n koreliatas ~ion [ˌkɔrə'leıʃn] n santykiavimas; koreliacija ~ive [kɔ'relətıv] a korelia-tyvus, susijęs n koreliatas

correspond [ˌkɔrı'spɔnd] v 1 atitikti (with, to) 2 susirašinėti ~ence n 1 atitikimas; analogija 2 korespondencija; susirašinėjimas; ~ence courses neakivaizdiniai kursai ~ent n 1 korespondentas 2 susirašinėtojas ~ing a atitinkamas

corridor ['kɔrıdə] n koridorius

corrig‖enda [ˌkɔrı'dʒendə] n pl spaudos klaidų sąrašas ~ible ['kɔrıdʒəbl] a pataisomas

corroborat‖e [kə'rɔbəreıt] v patvirtinti; paremti ~ion [kəˌrɔbə'reıʃn] n patvirtinimas (*faktais*) ~ive [-'rɔbərə-tıv] a patvirtinantis

corro‖de [kə'rəud] v (iš)ėsti; rūdyti ~sion [-'rəuʒn] n rūdijimas; korozija ~sive [-'rəusıv] a (iš)ėdantis n ėdanti medžiaga

corrugat‖e ['kɔrəgeıt] v su(si)raukšlėti ~ion [ˌkɔrə'geıʃn] n raukšlė

corrupt [kə'rʌpt] n 1 sugadintas, sugedęs; ištvirkęs 2 paperkamas v 1 sugadinti, ištvirkinti; ištvirkti 2 papirkti ~ible a paperkamas ~ion [-pʃn] n 1 gedimas 2 (*teksto*) iškraipymas 3 ištvirkimas 4 paperkamumas, korupcija

corsage [kɔː'sɑːʒ] n kiklikas; korsažas

corset ['kɔːsıt] n korsetas

cortege [kɔː'teıʒ] n eisena, procesija

cortex ['kɔːteks] n (*pl* cortices ['kɔːtı-siːz]) n 1 žievė 2 *anat.* smegenų žievė

cosily ['kəuzılı] adv jaukiai

cosine ['kəusaın] n *geom.* kosinusas

cosiness ['kəuzınıs] n jaukumas

cosmetic [kɔz'metık] a kosmetinis n kosmetika

cosm‖ic ['kɔzmık] a kosminis ~onaut [-ənɔːt] n kosmonautas

cosmopolit‖an [ˌkɔzmə'pɔlıtən] n kosmopolitas a kosmopolitinis ~ism n kosmopolitizmas

cosmos ['kɔzmɔs] n kosmosas, visata

cosset ['kɔsıt] v lepinti

cost [kɔst] n 1 kaina (*t.p. prk.*); ~ price savikaina; at all ~s bet kokia kaina; trūks plyš 2 pl išlaidos; kaštai v (cost) kainuoti

costermonger ['kɔstəmʌŋgə] n (*daržovių, vaisių*) gatvės pardavėjas

costly ['kɔstlı] a labai brangus (*t.p. prk.*)

costume ['kɔstjuːm] n kostiumas; drabužis

cosy ['kəuzı] a jaukus; malonus n apdangalas (*arbatinukui ir pan.*)

cot [kɔt] n 1 (*vaiko*) lovelė 2 *amer.* sulankstomoji lovelė

cote [kəut] n 1 aptvaras 2 karvelidė

cottage ['kɔtıdʒ] n (*užmiesčio*) namelis; vasarnamis; kotedžas

cotton ['kɔtn] *n* 1 medvilnė 2 vata
3 (*medvilninis*) siūlas ~wool [ˌkɔtn-
'wul] *n* medvilnė (*žaliava*); vata
couch [kautʃ] *n* sofa; kušetė
cough [kɔf] *n* kosulys *v* kosėti □ to ~
down kosėjimu priversti (*kalbantįjį*)
nutilti; to ~ out / up atsikosėti ~
-drop [-drɔp] *n* vaistai nuo kosulio
could [kud] *past žr.* can
council ['kaunsl] *n* 1 taryba; *Security
C.* Saugumo Taryba; *town* ~ muni-
cipalitetas 2 pasitarimas ~lor [-sələ]
n municipaliteto / tarybos narys
counsel ['kaunsəl] *n* 1 pasitarimas,
svarstymas; *to take* ~ tartis, svarsty-
ti (*with*) 2 patarimas 3 advokatas; ~
for the prosecution prokuroras △
to keep one's (*own*) ~ laikyti pa-
slaptyje *v* patarti, rekomenduoti ~lor
[-ə] *n* 1 patarėjas 2 *amer.* advokatas
count [kaunt] I *v* 1 (su)skaičiuoti (*t.p.*
to ~ up) 2 būti svarbiam; skaitytis;
that doesn't ~ tai nieko nereiškia
3 tikėtis (*on, upon*) □ to ~ in
priskaičiuoti; to ~ out neskaičiuoti,
atmesti *n* skaičiavimas; *to lose* ~ pa-
mesti skaičių
count II *n* grafas
countenance ['kauntɪnəns] *n* 1 veido iš-
raiška 2 palaikymas, pritarimas 3 sa-
vitvarda; *to keep one's* ~ laikytis
(*nesusijuokus*), susitvardyti; *to put
out of* ~ sukonfūzyti *v* palaikyti, pri-
tarti
counter ['kauntə] I *n* prekystalis
counter II *a* priešingas *adv* priešingai;
to run ~ (*to*) prieštarauti *v* priešintis
counter- ['kauntə-] *pref* kontr(a)-,
prieš-
counteract [ˌkauntər'ækt] *v* veikti
prieš; neutralizuoti (*t.p. prk.*)
counterattack ['kauntərəˌtæk] *n* kontr-
ataka *v* kontratakuoti
counterbalance *n* ['kauntəbæləns] at-
svara *v* [ˌkauntə'bæləns] atsverti
counterblow ['kauntəbləu] *n* kontr-
smūgis, atsakomasis smūgis

counter-clockwise [ˌkauntə'klɔkwaɪz]
adv amer. prieš laikrodžio rodyklę
counter-espionage [ˌkauntər'espɪənɑ:ʒ]
n kontržvalgyba
counterfeit ['kauntəfɪt] *v* padirbti, klas-
toti *a* padirbtas, suklastotas
counterfoil ['kauntəfɔɪl] *n* (*kvito, čekio*)
šaknelė
countermand [ˌkauntə'mɑːnd] *v* at-
šaukti įsakymą / užsakymą
countermeasure ['kauntəmeʒə] *n* atsa-
komoji priemonė
counterpane ['kauntəpeɪn] *n* lovatiesė
counterpart ['kauntəpɑːt] *n* 1 parei-
gūnas / kolega, užimantis analogišką
postą 2 dublikatas, kopija
counterpoise ['kauntəpɔɪz] = coun-
terbalance
counter-revolution [ˌkauntəˌrevə'luːʃn]
n kontrrevoliucija ~ary *a* kontrrevo-
liucinis *n* kontrrevoliucionierius
countersign ['kauntəsaɪn] *n* slaptažodis
v patvirtinti (*kito parašą dokumente*)
countess ['kauntɪs] *n* grafienė
counting-house ['kauntɪŋhaus] *n* kon-
tora; buhalterija
countless ['kauntləs] *a* nesuskaičiuoja-
mas
countrified ['kʌntrɪfaɪd] *a* kaimiškas
country ['kʌntrɪ] *n* 1 šalis 2 tėvynė
3 kaimas ~-house [-haus] *n* užmies-
čio namas, vila ~man [-mən] *n* 1 tė-
vynainis; tautietis 2 kaimietis ~side
[-saɪd] *n* kaimo vietovė
county ['kauntɪ] *n* grafystė (*Anglijos
administracinis vienetas*); apygarda
(*JAV*)
coup [ku:] *pr. n* sėkmingas ėjimas ~
d'état [ˌkuːdeɪ'tɑː] *pr. n* valstybės
perversmas
coupl‖e ['kʌpl] *n* pora; dvejetas
v 1 (su)jungti, sukabinti 2 poruoti(s)
~er *n* 1 sukabinamasis prietaisas
2 sukabinėtojas ~et [-ɪt] *n* rimuotas
dvieilis, kupletas ~ing *n* 1 sukabin(ė-
j)imas 2 poravimas(is) 3 *tech.* mova
coupon ['kuːpɔn] *n* 1 kuponas 2 talonas
courage ['kʌrɪdʒ] *n* drąsa, drąsumas
~ous [kə'reɪdʒəs] *a* drąsus, narsus

courier ['kurɪə] n kurjeris; agentas

course [kɔ:s] n 1 kursas 2 eiga; in the ~ of a year per vienerius metus 3 kryptis, kelias 4 patiekalas △ a matter of ~ savaime suprantamas dalykas; of ~ žinoma v tekėti (apie ašaras)

court [kɔ:t] n 1 kiemas 2 teismas (t.p. ~ of justice / law); Supreme C. Aukščiausiasis Teismas 3 (žaidimo) aikštelė, kortas 4 merginimas v 1 pirštis; merginti(s) 2 stengtis įsiteikti, siekti △ to ~ disaster užtraukti nelaimę

courteous ['kə:tɪəs] a mandagus, pagarbus

courtesy ['kə:təsɪ] n 1 mandagumas, pagarbumas 2 malonė; by the ~ (of) maloniai (kam) sutikus; dėka

courtier ['kɔ:tɪə] n dvariškis

courtly ['kɔ:tlɪ] a kilnus, mandagus

courtship ['kɔ:tʃɪp] n merginimasis

courtyard ['kɔ:tjɑ:d] n kiemas

cousin ['kʌzn] n 1 pusbrolis; pusseserė 2 giminaitis; to call ~(s) with smb laikyti ką giminaičiu

cove [kəuv] n 1 maža įlanka 2 skliautas

cover ['kʌvə] v 1 (už)dengti 2 slėpti 3 apimti, aprėpti 4 nueiti (atstumą) 5 padengti (išlaidas) n 1 dangtis, uždangalai, danga 2 priedanga; under the ~ (of) po priedanga 3 viršelis 4 pietų įrankių komplektas ~age [-rɪdʒ] n 1 apimtis, aprėpimas 2 (įvykių) nušvietimas ~all(s) [-rɔ:l(z)] n kombinezonas ~let [-lɪt] n lovatiesė

covert ['kʌvət] a paslėptas, užmaskuotas n prieglauda

covet ['kʌvɪt] v trokšti, geisti ~ous a godus, gobšus

cow [kau] I n 1 karvė 2 (dramblio, banginio, ruonio ir pan.) patelė

cow II v įbauginti, terorizuoti

coward ['kauəd] n bailys ~ice [-ɪs] n bailumas ~ly a bailus

cowboy ['kaubɔɪ] n amer. kaubojus

cower ['kauə] v susitraukti, susiriesti, susigūžti (iš baimės, nuo šalčio)

cowherd ['kauhə:d] n piemuo

cowl [kaul] n 1 gobtuvas; sutana su gobtuvu 2 gaubtas; apdanga

coxcomb ['kɔkskəum] n dabita, tuštuolis

coy [kɔɪ] a drovus; kuklus

crab [kræb] n 1 krabas 2 tech. keltuvas

crabbed ['kræbɪd] a 1 niurzgus, irzlus 2 neįskaitomas; nesuprantamas

crack [kræk] n 1 trakštelėjimas; poškėjimas 2 plyšys; įtrūkimas 3 smūgis a rinktinis, pirmarūšis v 1 traškėti; tratėti; trakštelėti 2 sprogti, įtrūkti, suskilti □ to ~ down palaužti (pasipriešinimą); (su)varžyti ~ed a šnek. trenktas ~er n 1 sausainis 2 fejerverkas 3 pl spaustukai (riešutams)

crackl||e ['krækl] v traškėti, spragsėti; traškinti n traškėjimas, spragsėjimas ~ing n 1 traškesys 2 pl spirgai

cradle ['kreɪdl] n lopšys (t.p. prk.) v supti, liūliuoti

craft [krɑ:ft] n 1 sugebėjimas 2 gudrybė 3 amatas 4 cechas 5 laivai; lėktuvai

craftsman ['krɑ:ftsmən] n meistras, amatininkas

crafty ['krɑ:ftɪ] a gudrus, klastingas

crag [kræg] n uola ~gy [-ɪ] a uolėtas

cram [kræm] v 1 pri(si)kimšti; (su)grūsti, įgrūsti 2 iškalti (pamoką ir pan.); skubotai / paviršutiniškai ruošti(s) (egzaminams) n 1 spūstis, kamšatis 2 kalimas ~mer n 1 repetitorius 2 kalikas

cramp [kræmp] n 1 spazmas, mėšlungis 2 tech. sankaba, sąvara v 1 sutraukti, traukyti (dėl mėšlungio) 2 trukdyti, varžyti 3 tech. sukabinti ~ed a 1 ankštas 2 per daug glaustas (apie stilių) 3 neįskaitomas (apie raštą)

cranberry ['krænbərɪ] n spanguolė

crane [kreɪn] n 1 gervė 2 tech. keliamasis kranas v 1 ištiesti kaklą (t.p. to ~ out / over / down) 2 kelti kranu

crani||al ['kreɪnɪəl] a kaukolės ~um [-ɪəm] n kaukolė

crank [kræŋk] I n 1 tech. alkūninis svertas 2 aut. (užvedimo) rankena *v tech.* 1 įsukti 2 užvesti variklį (*rankena*)

crank II *n* keistuolis

crankshaft [ˈkræŋkʃɑ:ft] *n tech.* alkūninis velenas

cranky [ˈkræŋkɪ] *a* 1 išklibęs 2 pakvaišęs, ekscentriškas

crann||ied [ˈkrænɪd] *a* sutrūkinėjęs, supleišėjęs ~y [-nɪ] *n* plyšys

crape [kreɪp] *n* 1 krepas 2 gedulo juostelė iš krepo

crash [kræʃ] *n* 1 trenksmas; dardesys 2 bankrotas, krachas 3 avarija *v* 1 su trenksmu kristi, nudardėti 2 sudaužyti (*mašiną, lėktuvą*); sudužti (*apie lėktuvą*) 3 trenkti(s); atsitrenkti 4 patirti krachą / avariją 5 *šnek.* prasmukti, ateiti (*nekviestam*) *adv* su trenksmu

crass [kræs] *a* 1 visiškas (*apie kvailumą, neišprusimą*) 2 kvailas, netaktiškas

crater [ˈkreɪtə] *n* 1 krateris 2 duobė (*nuo sviedinio*)

crave [kreɪv] *v* 1 geisti, trokšti (*for, after*) 2 maldauti

craven [ˈkreɪvn] *a* bailus *n* bailys

craving [ˈkreɪvɪŋ] *n* potraukis, troškimas (*for*)

crawl [krɔːl] *v* 1 šliaužti, šliaužioti; rėplioti 2 knibždėte knibždėti *n* 1 šliaužimas; rėpliojimas 2 *sport.* kraulis (*plaukimo būdas*)

crayfish [ˈkreɪfɪʃ] *n* (*upinis*) vėžys

crayon [ˈkreɪən] *n* 1 spalvotas pieštukas; spalvota kreida 2 piešinys spalvotais pieštukais

craz||e [kreɪz] *n* 1 pamišimas, manija 2 mada; *to be the* ~ būti madingam *v* eiti / varyti iš proto ~y *a* beprotiškas; pamišęs

creak [krɪːk] *v* girgždėti

cream [kriːm] *n* 1 kremas 2 grietinėlė *a* kreminis *v* nugriebti (*grietinę*) ~ery *n* 1 pieninė 2 pieno produktų parduotuvė ~y *a* riebus

creas||e [kriːs] *n* 1 raukšlė 2 klostė *v* glamžyti(s), raukšlėti(s) ~y *a* 1 raukšlėtas 2 klostėtas

creat||e [kriˈeɪt] *v* 1 kurti; sudaryti 2 (su)kelti ~ion [-ˈeɪʃn] *n* 1 kūryba 2 (su)kūrimas ~ive *a* kūrybinis ~or *n* (su)kūrėjas; autorius

creature [ˈkriːtʃə] *n* būtybė, padaras; sutvėrimas △ ~ *comforts* žemiškos gėrybės

crèche [kreɪʃ] *pr.* *n* vaikų lopšelis

cred||ence [ˈkriːdns] *a* (pa)tikėjimas ~entials [krɪˈdenʃlz] *n* *pl* kredencialai, akreditavimo raštai; mandatas

credible [ˈkredəbl] *a* (į)tikėtinas, įtikimas

credit [ˈkredɪt] *n* 1 (pasi)tikėjimas 2 reputacija, garbė 3 kreditas; *a letter of* ~ akredityvas; *on* ~ skolon *v* 1 tikėti 2 kredituoti ~able *a* (pa)girtinas; darantis garbę ~or *n* kreditorius

cred||o [ˈkriːdəu] *n* *bažn.* kredo (*t.p.* *prk.*) ~ulity [krɪˈdjuːlətɪ] *n* patiklumas ~ulous [ˈkredjuləs] *a* lengvatikis, patiklus

creed [kriːd] *n* tikėjimas; pažiūros, kredo

creek [kriːk] *n* 1 užtakis; įlanka 2 *amer.* upokšnis

creep [kriːp] *v* (crept) 1 šliaužti 2 sėlinti; slinkti □ *to* ~ *in* įslinkti; įsibrauti (*apie klaidą ir pan.*) *n* *pl* šiurpuliai ~er *n* 1 vijoklis 2 roplys ~y *a* 1 keliantis baimę / šiurpą 2 šliaužiantis

cremat||e [krɪˈmeɪt] *v* (su)deginti ~ion [-ˈmeɪʃn] *n* kremacija, (su)deginimas ~orium [ˌkreməˈtɔːrɪəm], ~ory [ˈkremətərɪ] *n* krematoriumas

crêpe [kreɪp] *pr.* *n* krepas

crept [krept] *past ir pp žr.* **creep**

crescent [ˈkresnt] *n* 1 pusmėnulis 2 pusratis *a* 1 pusmėnulio formos 2 augantis, didėjantis

crest [krest] *n* 1 skiauterė; kuodas 2 (*kalno*) ketera, gūbrys

crest-fallen [ˈkrestfɔːlən] *a* nusiminęs

cretin [ˈkretɪn] *n* kretinas ~ous [-ənəs] *a* idiotiškas

crev||asse [krɪˈvæs] *n* įtrūkimas (*ledyne*) ~ice [ˈkrevɪs] *n* plyšys (*uoloje, sienoje*)

crew [kru:] I *n* 1 (*laivo, lėktuvo*) komanda, įgula 2 brigada 3 *šnek.* kompanija

crew II *past žr.* crow II

crib [krɪb] *n* 1 *šnek.* špargalka 2 vaiko lovelė 3 ėdžios; prakartėlė *v šnek.* nusirašyti

cricket ['krɪkɪt] I *n zool.* svirplys

cricket II *n* kriketas (*žaidimas*) △ *it is not* ~ tai negarbinga

cried [kraɪd] *past ir pp žr.* cry

crier ['kraɪə] *n* šauklys

crim||e [kraɪm] *n* nusižengimas, nusikaltimas ~inal ['krɪmɪnl] *a* 1 nusikalstamas 2 kriminalinis *n* nusikaltėlis

crimp [krɪmp] *v* garbanoti; gofruoti

crimson ['krɪmzn] *a* tamsiai raudonas *v* paraudonuoti, (pa)rausti

cringe [krɪndʒ] *v* 1 gūžtis, susitraukti 2 keliaklupsčiauti (*to, before*)

crinkl||e ['krɪŋkl] *n* raukšlė, klostė *v* raukšlėti(s) ~y *a* 1 raukšlėtas 2 garbanotas

cripple ['krɪpl] *n* luošys, invalidas *v* (su)luošinti, (su)žaloti

crisis ['kraɪsɪs] *n* (*pl* crises) ['kraɪsi:z] 1 krizė; *cabinet* ~ vyriausybės krizė 2 persilaužimas

crisp [krɪsp] *a* 1 traškus 2 šaltas, gaivus (*apie orą*) 3 glaustas, trumpas (*apie stilių ir pan.*) 4 garbanotas *v* 1 garbanoti(s) 2 traškėti

criterion [kraɪ'tɪərɪən] *n* kriterijus

critic ['krɪtɪk] *n* kritikas ~al *a* kritiškas ~ism *n* kritika ~ize *v* 1 kritikuoti 2 recenzuoti

croak [krəuk] *v* kvarksėti; krankti

crochet ['krəuʃeɪ] *n* 1 nėrimas vąšeliu 2 vąšelis *v* nerti vąšeliu

crock [krɔk] I *n* puodas, ąsotis ~ery *n* (*moliniai, porcelianiniai*) indai

crock II *n šnek.* 1 kledaras, išklerėlis (*apie seną dviratį ir pan.*) 2 sugriuvėlis (*apie seną žmogų*)

crocodile ['krɔkədaɪl] *n* krokodilas

crony ['krəunɪ] *n* artimas draugas

crook [kruk] *n* 1 lazda 2 kablys 3 vingis 4 *šnek.* sukčius *v* su(si)lenkti; su(si)riesti ~ed [-ɪd] *a* 1 sulenktas, kreivas 2 nedoras, negarbingas; suktas

croon [kru:n] *v* niūniuoti, tyliai dainuoti

crop [krɔp] *n* 1 derlius; ~ *failure* nederlius 2 pasėliai; kultūra; *technical* ~s techninės kultūros; *in* ~ pasėta; *out of* ~ neužsėta 3 trumpai nukirpti plaukai 4 (*paukščio*) gurklys *v* 1 nukirpti (*trumpai*) 2 užderėti; išauginti derlių 3 ganytis 4 (ap)sėti, (ap)sodinti □ *to* ~ *up* netikėtai iškilti aikštėn ~per *n* 1 pjovėjas 2 pjaunamoji, kertamoji

croquet ['krəukeɪ] *n pr.* kroketas

cross [krɔs] *n* 1 (*įvairiomis reikšmėmis*) kryžius 2 kryžma, kryželis 3 *biol.* hibridas *a* 1 skersinis; kryžminis 2 priešingas 3 piktas; *to be* ~ (*with*) pykti (*ant*); *as* ~ *as two sticks* piktas kaip velnias *v* 1 su(si)kryžiuoti 2 pereiti, pervažiuoti, kirsti 3 priešgyniauti; trukdyti 4 kryžminti (*veisles*) 5 žegnoti(s) □ *to* ~ *off* / *out* išbraukti

cross||-country ['krɔs'kʌntrɪ] *a* visur praeinantis *n* krosas ~cut [-kʌt] *n* 1 skersinis pjūvis 2 tiesiausias kelias ~-examination [ˌkrɔsɪgˌzæmɪ'neɪʃn] *n teis.* kryžminė apklausa ~ing *n* 1 persikėlimas, pervažiavimas 2 *glžk.* pervaža 3 kryžkelė 4 *biol.* kryžminimas

cross||piece ['krɔspi:s] *n* skersinis ~purposes [ˌkrɔs'pə:pəsɪz] *n pl* nesusipratimai ~road [-rəud] *n* kryžkelė; sankryža ~wise [-waɪz] *adv* kryžmais ~word [-wə:d] *n* kryžiažodis

crotchet ['krɔtʃɪt] *n* 1 ketvirtinė nata 2 užgaida ~y *a* įnoringas, užgaidus

crouch [krautʃ] *v* priglusti (*prie žemės*)

crow [krəu] I *n* varna △ *as the* ~ *flies* tiesia linija, tiesiai

crow II *n* 1 (*gaidžio*) giedojimas 2 (*kūdikio*) krykštavimas *v* (crowed, crew; crowed) 1 giedoti 2 krykštauti 3 piktdžiugiauti (*over*)

crowbar ['krəuba:] *n* dalba, laužtuvas

crowd [kraud] *n* 1 minia 2 *šnek.* kompanija 3 *šnek.* daugybė (*of*) *v* 1 spiestis, apspisti 2 grūstis 3 sugrūsti;

prisikimšti □ to ~ out išstumti ~ed a perpildytas; prigrūstas

crown [kraun] *n* 1 karūna; vainikas 2 karaliaus sostas / valdžia; *the C. Prince* kronprincas (*sosto įpėdinis*) 3 (*medžio*) viršūnė (*t.p.* *prk.*) *v* (ap)vainikuoti; karūnuoti

crow's-feet ['krəuzfiːt] *n pl* raukšlės apie akis

crucial ['kruːʃl] *a* lemiamas, kritiškas

crucif||ix ['kruːsɪfɪks] *n* nukryžiuotasis ~y [-faɪ] *v* 1 nukryžiuoti 2 *prk. šnek.* nulinčiuoti

crud||e [kruːd] *a* 1 žalias, neapdirbtas 2 grubus, netašytas ~ity *n* 1 grubumas 2 šiurkštybė

cruel [kruəl] *a* 1 žiaurus 2 kankinantis, baisus ~ty *n* žiaurumas

cruis||e [kruːz] *v* plaukioti *n* kruizas, plaukiojimas ~er *n* kreiseris

crumb [krʌm] *n* 1 trupinys 2 truputis; *pl* nuotrupos *v* trupinti ~le [-bl] *v* 1 trupinti; trupėti 2 (su)byrėti ~ly [-blɪ] *a* trapus, trupus ~y [-mɪ] *a* trupiniuotas

crumpet ['krʌmpɪt] *n* minkšta bandelė

crumple ['krʌmpl] *v* 1 glamžyti(s), maigyti(s) 2 susmukti, sukristi; sumušti (*priešq*)

crunch [krʌntʃ] *v* 1 traškinti, triuškinti 2 girgždėti, traškėti (*po kojomis*)

crusad||e [kruːˈseɪd] *n* kampanija, žygis ~er *n* 1 žygio / kampanijos dalyvis 2 *ist.* kryžiuotis

crush [krʌʃ] *v* 1 (su)traiškyti 2 (su)triuškinti (*t.p.* to ~ down) □ to ~ out išspauti; to ~ up susmulkinti, sutrinti *n* 1 (su)traiškymas 2 spūstis, grūstis ~er *n tech.* smulkintuvas, trupintuvas ~ing *a* triuškinantis

crust [krʌst] *n* plutelė; (*žemės*) pluta *v* apsitraukti pluta ~ed *a* 1 apsitraukęs pluta 2 *šnek.* įsisenėjęs ~ily [-ɪlɪ] *adv* irzliai

crutch [krʌtʃ] *n* 1 ramentas 2 *prk.* atrama

crux [krʌks]: *the ~ of the matter* dalyko esmė

cry [kraɪ] *v* 1 šaukti; rėkti; *to ~ for help* šauktis pagalbos 2 verkti □ *to ~ off* išsižadėti; *to ~ out* a) šūkauti; šūktelėti; b) išverkti; *to ~ up* (iš)girti *n* 1 riksmas; šauksmas 2 verksmas △ *much ~ and little wool* daug šnekos, mažai naudos; *a far ~* didelis nuotolis / skirtumas

cry-baby ['kraɪbeɪbɪ] *n* verksnys

crypt [krɪpt] *n bažn.* kripta ~ic *a* paslaptingas

crystal ['krɪstl] *n* 1 krištolas 2 kristalas 3 *amer.* (*laikrodžio*) stiklas *a* 1 krištolinis 2 kristalinis 3 skaidrus ~line ['krɪstəlaɪn] *a* 1 krištolo 2 kristališkas; permatomas

crystal||ization [ˌkrɪstəlaɪˈzeɪʃn] *n* kristalizacija ~ize ['krɪstəlaɪz] *v* kristalizuoti(s)

cub [kʌb] *n zool.* jauniklis

cub||e [kjuːb] *n* kubas *v mat.* pakelti kubu ~ic(al) *a* kubiškas; kubinis

cuckoo ['kukuː] *n* gegutė

cucumber ['kjuːkʌmbə] *n* agurkas △ *as cool as a ~* ramus, šaltakraujis

cud [kʌd] *n* atrajojimas, atraja

cuddle ['kʌdl] *v* 1 pri(si)glausti 2 apkabinti

cudgel ['kʌdʒəl] *n* vėzdas *v* mušti vėzdu △ *to ~ one's brains* laužyti galvą

cue [kjuː] I *n* 1 *teatr.* replika 2 užuomina

cue II *n* (*biliardo*) lazda

cuff [kʌf] I *n* 1 manketas, rankogalis 2 (*kelnių*) atraitas

cuff II *n* smūgis plaštaka *v* šerti plaštaka

cul-de-sac ['kʌldəsæk] *n* 1 akligatvis 2 aklavietė, padėtis be išeities

cull [kʌl] *v* pasirinkti, at(si)rinkti

cullender ['kʌlɪndə] *žr.* colander

culminat||e ['kʌlmɪneɪt] *v* pasiekti aukščiausią tašką (*in*) ~ion [ˌkʌlmɪˈneɪʃn] *n* 1 kulminacinis taškas 2 *astr.* kulminacija; zenitas

culp||able ['kʌlpəbl] *a* kaltas, baustinas ~rit [-rɪt] *n* kaltinamasis; kaltininkas

cult [kʌlt] *n* kultas

cultivat||e ['kʌltɪveɪt] *v* 1 įdirbti (*žemę*) 2 ugdyti 3 kultivuoti ~ed *a* išsilavinęs, kultūringas ~ion [ˌkʌltɪ'veɪʃn] *n* 1 įdirbimas 2 ugdymas 3 kultivavimas; veisimas ~or *n* 1 žemdirbys 2 *ž.ū.* kultivatorius

cultural ['kʌltʃərəl] *a* kultūrinis

cultur||e ['kʌltʃə] *n* 1 kultūra 2 auginimas, veisimas ~ed *a* kultūringas, gerai išauklėtas

culvert ['kʌlvət] *n* (*drenažo ir pan.*) vamzdis

cumbersome ['kʌmbəsəm] *a* 1 apsunkinantis 2 gremėzdiškas

cumulative ['kju:mjulətɪv] *a* 1 augantis; didėjantis 2 kumuliacinis

cuneiform ['kju:nɪfɔ:m] *a* 1 pleištinis 2 dantiraščio

cunning ['kʌnɪŋ] *a* 1 gudrus, klastingas 2 gabus, sumanus 3 *amer.* gražus, mielas; pikantiškas *n* 1 gudrybė 2 sumanumas

cup [kʌp] *n* 1 puodelis, puodukas 2 taurė (*t.p. prk.*); **the ~ is full** kantrybė išsisėmė ~**board** ['kʌbəd] *n* spinta, bufetas ~**ful** [-ful] *n* (*ko*) pilna taurė

cupidity [kju:'pɪdətɪ] *n* godumas

cur [kə:] *n* 1 (*sarginis, neveislinis*) šuo 2 nepraustaburnis; bailys

cur||able ['kjuərəbl] *a* išgydomas ~**ative** [-rətɪv] *n* gydomoji priemonė *a* gydomasis

curator [kjuə'reɪtə] *n* (*bibliotekos, muziejaus*) saugotojas, prižiūrėtojas

curb [kə:b] *n* 1 apynasris 2 (*apynasrio*) dirželis 3 *prk.* varžtai, pažabojanti jėga *v* 1 (pa)žaboti 2) užmauti apynasrį

curd [kə:d] *n* (*papr. pl*) varškė ~**le** [-l] *v* sukrekėti; sukrešėti

cure [kjuə] *n* 1 vaistai 2 gydymas *v* 1 išgydyti 2 konservuoti (*maistą*)

cure||-all ['kjuərɔ:l] *n* vaistai nuo visų ligų ~**less** ['kjuələs] *a* neišgydomas

curi||osity [ˌkjuərɪ'ɔsətɪ] *n* 1 smalsumas 2 retenybė ~**ous** ['kjuərɪəs] *a* 1 smalsus 2 keistas, kurioziškas

curl [kə:l] *v* 1) sukti(s), raityti(s), garbanoti(s) 2: **to ~ one's lip** paniekinamai / pašaipiai patempti lūpas □ **to ~ up** a) užsiriesti; b) susirangyti, susiraityti *n* 1 garbana; garbanoti plaukai 2 spiralė ~**y** *a* garbanotas

currant ['kʌrənt] *n* 1 smulkios razinos 2 serbentai (*krūmai, uogos*)

currency ['kʌrənsɪ] *n* 1 pinigai; pinigų apyvarta 2 valiuta 3 paplitimas

current ['kʌrənt] *a* 1 einamasis 2 esantis apyvartoje 3 paplitęs *n* 1 srovė; **alternating ~** *el.* kintamoji srovė 2 (*įvykių*) eiga

curriculum [kə'rɪkjuləm] *n* (*pl -la* [-lə]) mokymo planas / programa; ~ **vitae** [...'vi:taɪ] *lot.* gyvenimo aprašymas, autobiografija

currier ['kʌrɪə] *n* odininkas

curry ['kʌrɪ] I *v* 1 išdirbti (*odą*) 2 valyti grandykle ~-**comb** [-kəum] *n* grandyklė (*arkliams šukuoti*)

curry II *n* aštrus mėsiškas patiekalas, aštrus ragu *v* gaminti aštrų patiekalą

curse [kə:s] *n* 1 prakeikimas 2 keiksmas, keiksmažodis 3 kryžius, bėda, vargas *v* keikti(s); prakeikti ~**d** [-ɪd] *a* prakeiktas

curs||ive ['kə:sɪv] *n* 1 greitraštis 2 *poligr.* kursyvas (*šriftas*) *a* 1 kursyvinis 2 greitraščio ~**ory** *a* 1 paviršutiniškas, greitomis padarytas 2 kursorinis, laisvas (*apie skaitymą*)

curt [kə:t] *a* trumpas ir atžarus ~**ail** [-'teɪl] *v* (su)trumpinti; (su)mažinti

curtain ['kə:tn] *n* 1 užuolaida 2 uždanga *v* uždengti užuolaida; pakabinti užuolaidą

curts(e)y ['kə:tsɪ] *n* reveransas *v* daryti reveransą

curvature ['kə:vətʃə] *n* 1 kreivumas, išlinkimas 2 iškrypimas

curve [kə:v] *v* iš(si)lenkti *n* *mat.* kreivė

cushion ['kuʃn] *n* pagalvėlė *v* 1 padėti pagalvę 2 *prk.* sušvelninti

cusp [kʌsp] *n* smaigalys

custard ['kʌstəd] *n* kremas (*valgis*)

custod||ian [kʌ'stəudɪən] *n* 1 sargas; saugotojas 2 globėjas ~**y** ['kʌstədɪ] *n* 1 saugojimas, laikymas 2 globa

3 areštas; **to take into** ~y suimti, areštuoti

custom ['kʌstəm] **n 1** paprotys; įprotis **2** pl muitas; muitinė ~**ary** a įprastas, įprastinis ~**er** n pirkėjas, klientas ~**house** [-haus] n muitinė

cut [kʌt] v (**cut**) **1** (per)pjauti; pjaustyti; įsipjauti **2** ap(si)kirpti **3** sukirpti (*drabužį*) (*t.p.* **to** ~ **out**) **4** pereiti (*gatvę*); kirsti(s) **5** sumažinti (*kainą*) (*t.p.* **to** ~ **down**) **6** sutrumpinti **7** įžeisti **8** atjungti (*elektrą, dujas*) **9** nutraukti (*pažintį ir pan.*) **10** praleisti; **to** ~ **a lecture** praleisti paskaitą □ **to** ~ **off** a) nupjauti; b) nutraukti (*pagalbos tiekimą ir pan.*); c) nukirsti; **to** ~ **out** a) iškirpti; b): ~ **it out!** *šnek.* nustokit!; **to** ~ **up** sukapoti, supjaustyti △ **to** ~ **and run** *šnek.* pasprukti; pabėgti **n 1** žaizda; įpjovimas **2** kirtis, smūgis (*t. p. sporte*) **3** ap(si)kirpimas **4** sukirpimas, fasonas **5** išpjova; atpjova **6** (*kainų, etatų*) sumažinimas **7** sutrumpinimas

cute [kju:t] a **1** gudrus, sumanus **2** gražus, žavus; patrauklus

cutlery ['kʌtlərɪ] n peiliai ir šakutės

cutlet ['kʌtlɪt] n muštinis, kotletas

cutter ['kʌtə] n **1** pjovikas, pjaustytojas; raižytojas **2** sukirpėjas **3** kirtėjas **4** pjoviklis, rėžiklis, rėžtuvas **5** kateris

cutthroat ['kʌtθrəut] n žudikas, galvažudys

cutting ['kʌtɪŋ] n **1** pjovimas, (su)pjaustymas **2** kirtimas **3** iškarpa **4** pl drožlės, pjuvenos a aštrus

cuttlefish ['kʌtlfɪʃ] n zool. sepija

cutworm ['kʌtwə:m] n kopūstinis vikšras

cybernetics [ˌsaɪbə'netɪks] n kibernetika

cycle ['saɪkl] I n ciklas; ratas

cycl||e II n **1** dviratis **2** amer. motociklas v važiuoti dviračiu ~**ist** n dviratininkas

cyclone ['saɪkləun] n ciklonas

cylinder ['sɪlɪndə] n geom., tech. ritinys, cilindras

cymbals ['sɪmbəlz] n pl muz. lėkštės

cynic ['sɪnɪk] n cinikas ~**al** a ciniškas, begėdiškas ~**ism** [-nɪsɪzm] n cinizmas

cypher = **cipher**

cypress ['saɪprəs] n kiparisas

czar [zɑ:] = **tsar**

Czech [tʃek] n **1** čekas **2** čekų kalba a čekiškas; Čekijos

---

D

D, d [di:] n **1** kertvirtoji anglų abėcėlės raidė **2** muz. nata re

'd *sutr.* = **had, should, would: I'd, you'd, she'd, who'd** ir t.t.

dab [dæb] I v **1** (už)tepti **2** tekštelėti **3** palytėti, liestelėti n **1** lengvas prisilietimas **2** teptelėjimas, brūkštelėjimas teptuku **3** (*dažų*) dėmė

dab II n *šnek.* savo srities meistras

dabbl||e ['dæbl] v **1** pliuškenti(s); taškyti(s) (*purvu*) **2** mėgėjiškai užsiimti; **to** ~ **in politics** politikuoti ~**er** n mėgėjas, diletantas

dace [deɪs] n (pl ~) zool. strepetys

dad, daddy [dæd, 'dædɪ] n *šnek.* tėvelis, tėtis

daffodil ['dæfədɪl] n gelsvasis narcizas

daft [dɑ:ft] a *šnek.* kvailas, idiotiškas

dagger ['dægə] n durklas △ **at** ~s **drawn** (*with*) piktuoju; **to look** ~s (*at*) piktai žiūrėti

dahlia ['deɪlɪə] n jurginas

daily ['deɪlɪ] adv kasdien a kasdieninis n dienraštis

dainty ['deɪntɪ] n skanėstas, skanumynas a **1** išrankus **2** elegantiškas

dairy ['deərɪ] n pieninė; ~ **products** pieno produktai ~**ing** n pienininkystė ~**man** [-mən] n pienininkas

daisy ['deɪzɪ] n bot. saulutė

dally ['dælɪ] v **1** gaišti laiką; delsti **2** žaisti, flirtuoti

dam [dæm] I n užtvanka v (už)tvenkti

dam II n (*gyvulio*) patelė

damage ['dæmɪdʒ] n **1** nuostolis, žala **2** pl teis. nuostolių atlyginimas

3 *šnek.* vertė; *what's the* ∼*?* kiek kaštuoja? *v* 1 pakenkti; daryti nuostolius 2 gadinti

dame [deɪm] *n amer. šnek.* moteris, dama

damn [dæm] *v* prakeikti *n*, *int* prakeikimas ∼**able** [-nəbl] *a* 1 smerktinas 2 *šnek.* bjaurus, šlykštus ∼**ation** [dæm'neɪʃn] *n* 1 prakeikimas 2 pasmerkimas ∼**ed** [-d] *a* 1 prakeiktas; pasmerktas 2 *šnek.* kvailas; velniškas, bjaurus

damp [dæmp] *n* 1 drėgmė 2 nusiminimas *a* drėgnas *v* 1 drėkinti 2 *prk.* atvėsinti (*jausmus*); sušvelninti **3** *tech.* slopinti, stabdyti ∼**er** *n* 1 drėkintuvas 2 *tech.* duslintuvas; amortizatorius ∼**ish** *a* drėgnokas ∼**-proof** [-pru:f] *a* nepralaidus drėgmei

damson ['dæmzn] *n bot.* aitrioji slyva

danc‖**e** [dɑ:ns] *v* 1 šokti; šokinėti 2 šokdinti *n* 1 šokis 2 šokių vakaras **3** šokių muzika △ *to lead smb a* (*pretty*) ∼ vedžioti ką už nosies ∼**er** *n* šokėja(s) ∼**ing** *n* šokiai; ∼**ing party** šokių vakaras *a* žvitrus (*apie akis*)

dandelion ['dændɪlaɪən] *n bot.* kiaulpienė

dander ['dændə] *n šnek.* pyktis; *to get one's* ∼ *up* supykti

dandle ['dændl] *v* supti (*vaiką ant kelių / rankų*)

dandruff ['dændrəf] *n* pleiskanos

dandy ['dændɪ] *n* dabita *a amer. šnek.* puikus; nuostabus

Dane [deɪn] *n* danas

danger ['deɪndʒə] *n* pavojus; grėsmė ∼**ous** [-rəs] *a* pavojingas

dangle ['dæŋgl] *v* 1 kaboti, karoti, tabaluoti 2 vilioti

Danish ['deɪnɪʃ] *n* danų kalba *a* danų, daniškas; Danijos

dank [dæŋk] *a* drėgnas

dapper ['dæpə] *a* 1 puošniai apsirengęs 2 žvitrus

dappled ['dæpld] *a* išmargintas, margas

dar‖**e** [deə] *v* 1 (iš)drįsti 2 rizikuoti **3** iššaukti *n* iššūkis ∼**edevil** [-devl]

a beprotiškai drąsus *n* drąsuolis, nutrūktgalvis ∼**esay** [-'seɪ] *v* (aš) manau, turbūt ∼**ing** [-rɪŋ] *a* drąsus *n* drąsumas, drąsa

dark [dɑ:k] *a* 1 tamsus 2 niūrus **3** tamsiaplaukis 4 paslaptingas △ *the D. Ages* viduramžiai (*nuo VI iki XII amžiaus*) *n* 1 tamsa 2 tamsybė (*t.p. prk.*); nežinojimas; *to be in the* ∼ (*about*) nežinoti ∼**en** *v* užtemti, aptemti (*t.p. prk.*); užtemdyti ∼**ly** *adv* 1 tamsiai, niūriai 2 neaiškiai ∼**ness** *n* tamsa, tamsumas, tamsybė

darkey, darky ['dɑ:kɪ] *n niek.* juodis

darling ['dɑ:lɪŋ] *a*, *n* brangus(is), mylimas(is); numylėtinis

darn [dɑ:n] *v* adyti ∼**er** *n* 1 adytojas 2 grybas (*adymui*) ∼**ing** *n* 1 adymas 2 adinys

dart [dɑ:t] *n* strėlė *v* 1 mesti(s) 2 lėkti

dash [dæʃ] *v* 1 pulti, mestis, veržtis 2 (pra)lėkti **3** mesti, sviesti 4 sudužti; daužytis; **5** sugriauti (*viltis*) △ ∼ *it!*, ∼ *you!* po velnių! *n* 1 staigus smarkus judesys, veržimasis; puolimas 2 ryžtas **3** brūkšnys 4 priemaiša, truputis **5** *amer. sport.* bėgimas, sprintas ∼**ing** *a* 1 šaunus 2 smarkus, veržlus

data ['deɪtə] *n pl* 1 *žr.* **datum** 2 duomenys, faktai, žinios

date [deɪt] **I** *n* 1 data; (*mėnesio*) diena 2 laikotarpis; *to* ∼ iki šiol; kol kas **3** pasimatymas *v* 1 datuoti 2 prasidėti (*nuo*) **3** pasenti, išeiti iš mados

date **II** *n* datulė (*vaisius*)

dated ['deɪtɪd] *a* pasenęs

dative ['deɪtɪv] *n gram.* naudininkas

datum ['deɪtəm] *n* (*pl* **data**) duotasis dydis

daub [dɔ:b] *v* (ap)tepti; teplioti *n* 1 (ap)tepimas 2 terlionė; prastas paveikslas ∼**er** *n* tepliotojas, prastas tapytojas

daughter ['dɔ:tə] *n* duktė ∼**-in-law** [-trɪnlɔ:] *n* (*pl* ∼**s-in-law** [-zɪnlɔ:]) marti ∼**ly** *a* dukters

daunt [dɔ:nt] *v* (iš)gąsdinti, (į)bauginti ∼**less** *a* bebaimis

dawdle ['dɔːdl] *v* dykinėti; slampinėti ~**r** *n* dykinėtojas

dawn [dɔːn] *v* 1 (iš)aušti, (pra)švisti (*t.p. prk.*) 2 paaiškėti, susivokti *n* aušra (*t.p. prk.*); at ~ švintant

day ['deɪ] *n* 1 diena; at ~ auštant; *all* ~ (*long*) ištisą dieną; *before* ~ prieš auštant; *by* ~ dieną, dienos metu; *by the* ~ padieniui; *the* ~ *after tomorrow* užporyt; ~ *in*, ~ *out* diena iš dienos, pastoviai; ~ *off* poilsio diena; *first* ~ sekmadienis; *one* ~ kartą; *some* ~ kada nors; *from* ~ *to* ~ dieną iš dienos; *to a* ~ diena dienon; ~ *by* ~ su kiekviena diena; *in* ~*s to come* ateityje; *at the present* ~ dabar, mūsų laikais 2 para; *a* ~ *has 24 hours* para turi 24 valandas 3 pergalė; *to carry / win the* ~ laimėti pergalę; *to lose the* ~ pralaimėti kautynes △ *let's call it a* ~ šiandien tikrai daug padaryta

day‖break ['deɪbreɪk] *n* aušra; at ~ auštant ~**dream** [-driːm] *n* svajonės ~**light** [-laɪt] *n* 1 dienos šviesa; natūralus apšvietimas 2 viešuma; *to let* ~*light* (*into*) viešai paskelbti ~**-long** [-lɔŋ] *adv* ištisą dieną ~**time** [-taɪm] *n* dienos metas; *in the* ~*time* dieną

daze [deɪz] *v* apstulbti, apstulbinti

dazzle ['dæzl] *v* (ap)akinti *n* 1 akinantis blizgesys 2 apakinimas

dead [ded] *a* 1 miręs, negyvas 2 visiškas; mirtinas; ~ *certainty* visiškas tikrumas 3 nutirpęs; *my fingers are* ~ man nutirpo pirštai 4 užgesęs, ne(be)-veikiantis *n* 1: *the* ~ mirusieji; numirėliai 2: *in the* ~ *of night* nakties glūdumoje *adv* visai, visiškai

deadbeat ['ded'biːt] *a* mirtinai išvargęs

deaden ['dedn] *v* 1 atimti, sumažinti (*jėgas, džiaugsmą ir pan.*) 2 slopinti; duslinti

deadline ['dedlaɪn] *n* kritinė riba; paskutinis terminas

deadlock ['dedlɔk] *a* aklavietė

deadly ['dedlɪ] *a* 1 mirtinas 2 *šnek.* nuobodus, baisus *adv* 1 mirtinai 2 *šnek.* baisiai

deaf [def] *a* kurčias (*t.p. prk.*) ~**en** *v* 1 (ap)kurtinti 2 (nu)slopinti ~**-mute** [ˌdef'mjuːt] *n* kurčnebylis

deal [diːl] *v* (**dealt**) 1 užsiimti, tvarkyti (*reikalus*); *to* ~ *with a problem* nagrinėti / spręsti klausimą 2 prekiauti; būti klientu 3 išdalyti, paskirstyti 4 elgtis 5 smogti (*smūgį*) *n* 1 kiekis; *a great / good* ~ (*of*) daug; *a great* ~ *better* žymiai geriau 2 sandėris, susitarimas 3 (iš)dalijimas (*kortų*) ~**er** *n* 1 prekiautojas, pirklys 2 dalintojas (*kortų*) △ *a plain* ~**er** tiesus žmogus ~**ing** *n* 1 elgesys 2 *pl* santykiai; prekybiniai ryšiai

dealt [delt] *past ir pp žr.* deal

dean [diːn] *n* dekanas

dear [dɪə] *a* brangus, mielas *n* 1 brangusis, mielasis 2 *šnek.* puikumėlis *adv* brangiai (*papr. prk.*) *int:* ~ *me!*, *oh* ~*!* oi!, ai! ~**ly** *adv* 1 brangiai 2 švelniai

dearth [dəːθ] *n* trūkumas (*ypač maisto*)

death [deθ] *n* mirtis; *to be the* ~ *of smb* nuvaryti ką į kapus; *tired to* ~ mirtinai pavargęs; *to put to* ~ įvykdyti mirties bausmę ~**blow** [-bləu] *n* mirtinas smūgis ~**less** *a* nemirtingas ~**ly** *a* mirtinas *adv* mirtinai ~**-rate** [-reɪt] *n* mirtingumo procentas ~**-roll** [-rəul] *n* užmuštųjų sąrašas ~**-warrant** [-wɔrənt] *n* įsakymas įvykdyti mirties nuosprendį

debacle [deɪ'bɑːkl] *pr. n* 1 žlugimas 2 (*armijos*) paniškas bėgimas

debar [dɪ'bɑː] *v* neleisti, atimti (*teisę*)

debarkation [ˌdiːbɑː'keɪʃn] *n* 1 iškrovimas 2 išlaipinimas

debase [dɪ'beɪs] *v* 1 nuvertinti 2 sumenkinti

debatable [dɪ'beɪtəbl] *a* ginčijamas; ginčytinas

debat‖e [dɪ'beɪt] *v* 1 svarstyti, diskutuoti 2 apgalvoti *n* diskusija, debatai; *beyond* ~ neginčijamas ~**er** *n* debatų dalyvis

debauch [dɪ'bɔːtʃ] *v* 1 (iš)tvirkinti 2 (su)gadinti *n* 1 ištvirkavimas 2 išgertuvės ~ee [ˌdebɔː'tʃiː] *n* ištvirkėlis ~ery *n* 1 ištvirkavimas 2 girtavimas

debilitate [dɪ'bɪlɪteɪt] *v* silpninti

debit ['debɪt] *buh.* *n* debetas *v* debetuoti

debris ['debriː] *n* 1 nuolaužos 2 griuvėsiai

debt [det] *n* skola; **to run / get into** ~ (į)bristi į skolas ~or *n* skolininkas

debut ['deɪbjuː] *pr.* *n* debiutas; **to make one's** ~ debiutuoti ~ante ['debjuːtɑːnt] *n* debiutantė

deca- ['dekə] *pref* dešimt-, deka-

decade ['dekeɪd] *n* dešimtmetis

decaden||ce ['dekədəns] *n* smukimas, sunykimas; dekadansas ~t *a* 1 nusmukęs 2 dekadentiškas *n* dekadentas

decamp [dɪ'kæmp] *v* pabėgti, išvykti

decant [dɪ'kænt] *v* perpilti, pilstyti (*vyną*) ~er *n* grafinas

decapitate [dɪ'kæpɪteɪt] *v* nukirsti galvą

decay [dɪ'keɪ] *v* 1 pūti, gesti 2 smukti *n* 1 puvimas 2 smukimas, (su)nykimas; (*sveikatos*) irimas; **to fall into** ~ smukti, (su)irti

deceas||e [dɪ'siːs] *n* *teis.* mirtis ~ed *n* velionis

deceit [dɪ'siːt] *n* apgaulė ~ful *a* apgaulingas; melagingas

deceiv||e [dɪ'siːv] *v* apgauti; (su)klaidinti ~er *n* apgavikas

December [dɪ'sembə] *n* gruodis

decen||cy ['diːsnsɪ] *n* 1 padorumas 2 mandagumas ~t *a* 1 padorus 2 tinkamas, geras; šaunus

decept||ion [dɪ'sepʃn] *n* apgavystė ~ive [-tɪv] *a* apgaulingas; klaidinantis

decide [dɪ'saɪd] *v* 1 nuspręsti, nutarti 2 apsispręsti, ryžtis ~d *a* 1 ryžtingas 2 aiškus, neabejotinas ~dly [-ɪdlɪ] *adv* 1 ryžtingai 2 aiškiai

decimal ['desɪml] *a* dešimtainis *n* dešimtainė trupmena ~ize *v* pervesti į dešimtainę sistemą

decipher [dɪ'saɪfə] *v* iššifruoti

decis||ion [dɪ'sɪʒn] *n* 1 nutarimas, sprendimas; **to arrive at a** ~ nutarti 2 ryžtingumas; **a man of** ~ ryžtingas žmogus ~ive [-'saɪsɪv] *a* 1 sprendžiamasis, lemiamasis 2 ryžtingas

deck [dek] *n* 1 denis 2 (*kortų*) kaladė

decla||im [dɪ'kleɪm] *v* 1 deklamuoti 2 kalbėti (*su patosu*) 3 protestuoti (*against*) ~mation [ˌdeklə'meɪʃn] *n* deklamacija

declar||ation [ˌdeklə'reɪʃn] *n* 1 pareiškimas; deklaracija 2 paskelbimas ~ative [dɪ'klærətɪv] *a* deklaratyvus ~atory [dɪ'klærətrɪ] *a* 1 deklaratyvus 2 aiškinamasis

declare [dɪ'kleə] *v* 1 pareikšti; deklaruoti 2 pasisakyti (*against* – prieš, *for* – už) 3 paskelbti; **to** ~ **war** (*on*, *upon*) paskelbti karą

declension [dɪ'klenʃn] *n* *gram.* linksniavimas; linksniuotė

declination [ˌdeklɪ'neɪʃn] *n* *astr.*, *fiz.* nukrypimas, deklinacija

decline [dɪ'klaɪn] *v* 1 atmesti; atsisakyti 2 smukti, nykti 3 leistis (*apie saulę*) 4 silpti, blogėti 5 *gram.* linksniuoti *n* 1 smukimas, nuosmukis, nykimas 2 (*sveikatos*) pablogėjimas 3 pabaiga; (*gyvenimo*) saulėlydis.

declutch [ˌdiː'klʌtʃ] *v* *tech.* išjungti sankabą

decode [ˌdiː'kəud] *v* iššifruoti

decolonize [ˌdiː'kɔlənaɪz] *v* dekolonizuoti

decompose [ˌdiːkəm'pəuz] *v* 1 skaidyti(s) 2 (su)irti, pūti

decompress [ˌdiːkəm'pres] *v* sumažinti spaudimą / slėgimą

decontaminate [ˌdiːkən'tæmɪneɪt] *v* dezaktyvuoti; dezinfekuoti

decorat||e ['dekəreɪt] *v* 1 (pa)puošti 2 dekoruoti 3 apdovanoti (*pasižymėjimo ženklu*) ~ion [ˌdekə'reɪʃn] *n* 1 (pa)puošimas 2 (*namo*) apdaila; dekoravimas 3 apdovanojimas, pasižymėjimo ženklas ~or *n* 1 dekoratorius 2 dažytojas decor‖ous ['dekərəs] a padorus, prideramas ~um [dı'kɔ:rəm] n padorumas; etiketas

decoy [dı'kɔı] n 1 spąstai 2 masalas v (į)vilioti į spąstus

decrease v [dı'kri:s] (su)mažėti; (su)mažinti n ['di:kri:s] (su)mažėjimas

decree [dı'kri:] n potvarkis, įsakas, dekretas v išleisti / paskelbti įsaką / dekretą

decrepit [dı'krepıt] a senas, iškaršęs ~ude [-ju:d] n karšatis, nusenimas

decry [dı'kraı] v viešai smerkti

dedicat‖e ['dedıkeıt] v 1 dedikuoti, skirti 2 pašvęsti ~ion [ˌdedı'keıʃn] n 1 paskyrimas; dedikacija 2 pasišventimas

deduce [dı'dju:s] v išvesti (formulę); padaryti išvadą

deduct [dı'dʌkt] v atimti; išskaityti ~ion [-'dʌkʃn] n 1 mat. atimtis 2 išvada

deed [di:d] n 1 veiksmas; poelgis 2 žygdarbis 3 teis. dokumentas, aktas; to draw up a ~ surašyti dokumentą

deem [di:m] v knyg. laikyti, manyti

deep [di:p] a 1 gilus (t.p. prk.); ~ in love labai įsimylėjęs 2 tamsus (apie spalvą) 3 žemas (apie garsą) adv giliai (t.p. prk.) Δ still waters run ~ tylioji kiaulė gilią šaknį knisa ~en v 1 gilinti, gilėti 2 tamsėti 3 žemėti

deep-rooted ['di:p'ru:tıd] a giliai įsišaknijęs

deer [dıə] n (pl ~) elnias ~skin [-skın] n 1 elnena 2 zomša

deface [dı'feıs] v 1 sudarkyti 2 išbraukyti

defam‖ation [ˌdefə'meıʃn] n šmeižimas ~atory [dı'fæmətərı] a šmeižikiškas ~e [dı'feım] v šmeižti

default [dı'fɔ:lt] n 1 trūkumas, nebuvimas 2 į(si)pareigojimų nevykdymas; neatvykimas (į varžybas, teismą) v 1 nevykdyti įsipareigojimų 2 neatvykti

defeat [dı'fi:t] n 1 nugalėjimas 2 pralaimėjimas; to suffer a ~ pralaimėti

3 (planų) žlugimas v 1 nugalėti, sumušti 2 suardyti, sužlugdyti (planus) 3 pass pralaimėti

defecate ['defıkeıt] v med. išsituštinti

defect [dı'fekt] n trūkumas, defektas; yda ~ive a netobulas; su trūkumais

defence [dı'fens] n 1 gynyba, gynimas(is) (t.p. sport., teis.) 2 apsauga

defend [dı'fend] v 1 ginti 2 saugoti ~ant n teis. atsakovas; kaltinamasis ~er n gynėjas

difensive [dı'fensıv] a gynybos, ginamasis n gynyba; to be / stand on the ~ gintis

defer [dı'fə:] I v atidėti

defer II v skaitytis, nusileisti (to) ~ence ['defərəns] n pagarba, skaitymasis; in ~ence (to) iš pagarbos ~ential [ˌdefə'renʃl] a pagarbus

defi‖ance [dı'faıəns] n ne(pa)klusnumas; (pavojaus) niekinimas; in ~ of nepaisant, ignoruojant ~ant a nesiskaitantis; nepaklūstantis

defici‖ency [dı'fıʃnsı] n stoka, trūkumas; deficitas ~ent a 1 neišsivystęs, nepakankamas 2 trūkstamas

deficit ['defısıt] n deficitas, trūkumas

defile I ['di:faıl] n siaura tarpukalnė

defile II [dı'faıl] v teršti

define [dı'faın] v 1 apibrėžti 2 nustatyti

definit‖e ['defınıt] a apibrėžtas; nustatytas; aiškus, tikslus ~ely adv 1 aiškiai 2 (atsakant) žinoma, būtinai ~ion [ˌdefı'nıʃn] n 1 apibrėžimas 2 aiškumas, tikslumas

deflat‖e [dı'fleıt] v 1 išleisti (orą) 2 mažinti pinigų emisiją / išleidimą ~ion [-'fleıʃn] n 1 fin. defliacija 2 (oro) išleidimas

deflect [dı'flekt] v nukreipti; pakeisti kryptį; nukrypti ~ion [-'flekʃn] n nukrypimas

defraud [dı'frɔ:d] v apgau(dinė)ti; neteisėtai atimti

defray [dı'freı] v kom. apmokėti ~al n (išlaidų) apmokėjimas

deft [deft] a miklus, mitrus

defy [dɪ'faɪ] v 1 nepaisyti, ignoruoti, niekinti 2 iššaukti (į kovą, ginčą) 3 būti neįmanomam

degener||acy [dɪ'dʒenərəsɪ] n išsigimimas ~ate [-rət] a išsigimęs n išsigimėlis, degeneratas v [-reɪt] v išsigimti ~ation [dɪ,dʒenə'reɪʃn] n išsigimimas

degrad||ation [,degrə'deɪʃn] n 1 pažeminimas; (laipsnio) atėmimas 2 smukimas, degradacija ~e [dɪ'greid] v 1 (pa)žeminti 2 atimti laipsnį ir pan.

degree [dɪ'griː] n 1 laipsnis; in some ~, to a certain ~ tam tikru laipsniu; 30 ~s Centigrade 30 °C; by ~s palaipsniui 2 padėtis (visuomenėje); rangas 3 mokslo laipsnis

deify ['diːɪfaɪ] v dievinti

deign [deɪn] v teiktis, malonėti

deity ['diːɪtɪ] n 1 dievybė 2 dieviškumas

deject||ed [dɪ'dʒektɪd] a nuliūdęs, prislėgtas ~ion [-'dʒekʃn] n prislėgta nuotaika, nusiminimas

de jure [,diː'dʒuərɪ] adv de jure, juridiškai

delay [dɪ'leɪ] n 1 (už)delsimas; gaišatis 2 atidėjimas; without ~ neatidėliojant v 1 delsti, gaišti; užlaikyti 2 atidėti

delegat||e v ['delɪgeɪt] 1 deleguoti 2 įgalioti n ['delɪgət] atstovas, delegatas ~ion [,delɪ'geɪʃn] n delegacija

delete [dɪ'liːt] v išbraukti

deliberat||e v [dɪ'lɪbəreɪt] (ap)galvoti, (ap)svarstyti a [dɪ'lɪbərət] 1 apgalvotas; tyčinis 2 atsargus 3 lėtas, neskubotas ~ion [dɪ,lɪbə'reɪʃn] n 1 apgalvojimas 2 apdairumas ~ive a 1 svarstymo 2 patariamasis

delica||cy ['delɪkəsɪ] n 1 švelnumas 2 subtilumas, delikatumas 3 gležnumas, trapumas 4 delikatesas, skanėstas ~te [-kət] a 1 švelnus 2 subtilus; keblus; delikatus 3 trapus, gležnas; silpnas 4 jautrus (apie prietaisą)

delicatessen [,delɪkə'tesn] n 1 delikatesai 2 gastronomijos parduotuvė

delicious [dɪ'lɪʃəs] a 1 puikus 2 skanus

delight [dɪ'laɪt] n pasigėrėjimas; malonumas; žavesys; to take ~ (in) rasti malonumą v žavėti(s), gėrėtis ~ful a žavingas

delimit(ate) [diː'lɪmɪt(eɪt)] v nustatyti ribas, atriboti ~ation [di,lɪmɪ'teɪʃn] n ribų nustatymas, atribojimas

delineate [dɪ'lɪnɪeɪt] v apibrėžti; aprašyti

delinqu||ency [dɪ'lɪŋkwənsɪ] n 1 nusikaltimas 2 nusikalstamumas ~ent n nusikaltėlis, teisės pažeidėjas a nusikaltęs

deliri||ous [dɪ'lɪrɪəs] a 1 kliedintis 2 paklaikęs, ekstazės apimtas ~um [-əm] n 1 kliedėjimas; ~um tremens baltoji karštinė 2 svaičiojimas; paklaikimas

deliver [dɪ'lɪvə] v 1 pristatyti; atgabenti 2 įteikti 3 išvaduoti (from) 4 sakyti (kalbą); to ~ a lecture skaityti paskaitą 5 kirsti (smūgį); to ~ an attack atakuoti □ to ~ over perduoti; to ~ up pasiduoti; atiduoti (priešui) ~ance [-rəns] n 1 išlaisvinimas 2 pareiškimas ~y [-rɪ] n 1 pristatymas; atgabenimas; išnešiojimas 2 įteikimas 3 tiekimas 4 gimdymas

delta ['deltə] n delta

delude [dɪ'luːd] v apgauti, suklaidinti

deluge ['deljuːdʒ] n 1 potvynis, tvanas 2 liūtis v 1 užtvindyti 2 prk. užplūsti

delus||ion [dɪ'luːʒn] n 1 klydimas; to be under the ~ klysti 2 iliuzija, apgaulė 3 manija ~ive [-sɪv] a apgaulingas; iliuzinis

de luxe [dɪ'lʌks] n liuksusinis, prabangiškas

demand [dɪ'mɑːnd] n 1 (pa)reikalavimas 2 ekon. paklausa; poreikis v 1 reikalauti 2 reikėti, būti reikalingam 3 klausti

demarcation [,diːmɑː'keɪʃn] n ribų nustatymas; demarkacija.

demean [dɪ'miːn] v žeminti; to ~ oneself negarbingai elgtis ~our [-ə] n elgesys

demented [dɪ'mentɪd] a išprotėjęs

demerit [diː'merɪt] n trūkumas, yda

demilitariz‖ation [ˌdiːˌmɪlɪtəraɪˈzeɪʃn] *n* demilitarizacija ~e [ˌdiːˈmɪlɪtəraɪz] *v* demilitarizuoti

demise [dɪˈmaɪz] *n* 1 (*ko*) baigtis 2 *teis.* mirtis

demobiliz‖ation [diːˌməubɪlaɪˈzeɪʃn] *n* demobilizacija ~e [diːˈməubɪ laɪz] *v* demobilizuoti

democr‖acy [dɪˈmɔkrəsɪ] *n* demokratija ~at [ˈdeməkræt] *n* demokratas ~atic [ˌdeməˈkrætɪk] *a* demokratinis, demokratiškas

demoli‖sh [dɪˈmɔlɪʃ] *v* (su)griauti; nugriauti ~tion [ˌdeməˈlɪʃn] *n* (su)griovimas

demon [ˈdiːmən] *n* 1 demonas, velnias 2 energingas žmogus; *he is a ~ for work* jis dirba kaip arklys

demonstrat‖e [ˈdemənstreɪt] *v* 1 demonstruoti; (akivaizdžiai) rodyti 2 įrodyti 3 dalyvauti demonstracijoje ~ion [ˌdemənˈstreɪʃn] *n* 1 demonstracija; demonstravimas 2 įrodymas ~ive [dɪˈmɔnstrətɪv] *a* 1 akivaizdus; įtikinamas 2 betarpiškas, ekspansyvus 3 *gram.* parodomasis ~or *n* 1 demonstrantas 2 demonstruotojas

demoraliz‖ation [dɪˌmɔrəlaɪˈzeɪʃn] *n* demoralizacija ~e [dɪˈmɔrəlaɪz] *v* demoralizuoti

demur [dɪˈməː] *v* prieštarauti, nesutikti *n* prieštaravimas

demure [dɪˈmjuə] *a* 1 rimtas; ramus 2 apsimestinai kuklus

den [den] *n* 1 urvas 2 narvas 3 lindynė

denationalize [ˌdiːˈnæʃnəlaɪz] *v* denacionalizuoti

denaturalize [diːˈnætʃrəlaɪz] *v* atimti pilietybę

denial [dɪˈnaɪəl] *n* 1 (pa)neigimas (*of*) 2 atsisakymas

denominat‖ion [dɪˌnɔmɪˈneɪʃn] *n* 1 pavadinimas 2 sekta 3 nominalioji vertė ~or [dɪˈnɔmɪneɪtə] *n* *mat.* vardiklis

denote [dɪˈnəut] *v* 1 (pa)žymėti, reikšti 2 nurodyti, būti ženklu

denounce [dɪˈnauns] *v* 1 (pa)smerkti 2 *teis.* įskųsti (*to*) 3 *dipl.* denonsuoti (*sutartį*)

dens‖e [dens] *a* 1 tankus 2 tirštas 3 sunkiai suprantamas 4 bukas, kvailas ~ity *n* 1 tankumas; tirštumas 2 bukumas, kvailumas 3 (*knygos, filmo*) sudėtingumas, gilumas 4 *fiz.* tankis

dent [dent] *n* įdubimas, įspaudimas; įlenkimas *v* įduobti, įspausti; įlenkti

dent‖al [ˈdentl] *a* dantų, dantinis ~ist *n* dantų gydytojas

denude [dɪˈnjuːd] *v* 1 apnuoginti 2 atimti

denunciation [dɪˌnʌnsɪˈeɪʃn] *n* 1 pasmerkimas; demaskavimas 2 *teis.* įskundimas 3 *dipl.* denonsavimas

deny [dɪˈnaɪ] *v* 1 (pa)neigti 2 atsisakyti; atsižadėti

depart [dɪˈpaːt] *v* 1 išvykti, išeiti 2 nukrypti; *to ~ from one's word* nesilaikyti žodžio ~ed *a* miręs

department [dɪˈpaːtmənt] *n* 1 skyrius; cechas; *~ store* universalinė parduotuvė 2 sritis 3 žinyba; departamentas; ministerija

departure [dɪˈpaːtʃə] *n* 1 išvykimas, išvažiaviimas; *to take one's ~* išvykti 2 nukrypimas

depend [dɪˈpend] *v* 1 priklausyti (*on*); *it / that (all) ~s* pažiūrėsim, tai nuo daug ko priklauso 2 būti išlaikomam 3 pasitikėti, pasikliauti; *~ upon it* būk tikras ~able *a* patikimas; tikras ~ant *n* išlaikytinis ~ence *n* 1 priklausomybė, priklausomumas 2 pasitikėjimas ~ency *n* priklausoma šalis, kolonija ~ent *a* priklausantis; priklausomas

depict [dɪˈpɪkt] *v* piešti, vaizduoti; aprašyti ~ion [-ˈpɪkʃn] *n* atvaizdavimas

deplete [dɪˈpliːt] *v* išsemti; išeikvoti

deplor‖able [dɪˈplɔːrəbl] *a* 1 apverktinas, apgailėtinas 2 labai blogas ~e [dɪˈplɔː] *v* 1 apverkti; apgailestauti 2 smerkti

deploy [dɪˈplɔɪ] *v* iš(si)dėstyti, dislokuoti

depopulate [diːˈpɔpjuleɪt] *v* sumažinti gyventojų skaičių (*vietovėje*)

deport [dɪˈpɔːt] *v* išsiųsti, ištremti ~**ee** [ˌdiːpɔːˈtiː] *n* tremtinys, deportuotasis

deportment [dɪˈpɔːtmənt] *n* elgsena

depose [dɪˈpəuz] *v* pašalinti; nuversti

deposit [dɪˈpɔzɪt] *n* 1 indėlis 2 užstatas 3 *pl* nuosėdos, sąnašos *v* 1 dėti į banką 2 atiduoti apsaugai 3 duoti užstatą 4 nusėsti (*apie nuosėdas*) ~**ion** [ˌdepəˈzɪʃn] *n* 1 atleidimas (*iš pareigų*); nuvertimas (*nuo sosto*) 2 *teis.* liudijimas (*prisiekus*) ~**or** *n* indėlininkas ~**ory** *n* 1 saugykla 2 *prk.* lobynas

depot [ˈdepəu] *n* 1 depas; parkas; 2 sandėlis; bazė 3 *amer.* geležinkelio / autobusų stotis

deprav‖**e** [dɪˈpreɪv] *v* tvirkinti, gadinti ~**ity** [-ˈprævətɪ] *n* ištvirkimas

deprecate [ˈdeprɪkeɪt] *v* griežtai (pa)-smerkti, prieštarauti; protestuoti

depreciat‖**e** [dɪˈpriːʃɪeɪt] *v* 1 nuvertinti; nustoti vertės 2 nepakankamai vertinti; mažinti vertę ~**ion** [dɪˌpriːʃɪˈeɪʃn] *n* 1 nuvertinimas 2 vertės sumažinimas / sumažėjimas

depress [dɪˈpres] *v* 1 slopinti, silpninti; mažinti (*kainą ir pan.*) 2 prislėgti, (nu)liūdinti 3 (nu)spausti (*mygtuką ir pan.*) ~**ion** [-ˈpreʃn] *n* 1 prislėgta nuotaika 2 *ekon.* depresija, nuosmukis, sustingimas 3 įdubimas

depriv‖**ation** [ˌdeprɪˈveɪʃn] *n* 1 atėmimas; netekimas 2 skurdas, nepriteklius ~**e** [dɪˈpraɪv] *v* atimti, netekti (*of*)

depth [depθ] *n* 1 gylis, giluma(s); *pl* gelmės 2 vidurys; *in the* ~ *of night* vidurnaktį; nakties glūdumoje

deputation [ˌdepjuˈteɪʃn] *n* delegacija

depute [dɪˈpjuːt] *v* įgalioti; suteikti įgaliojimus

deputize [ˈdepjutaɪz] *v* atstovauti

deputy [ˈdepjutɪ] *n* 1 deputatas; atstovas 2 pavaduotojas; padėjėjas; ~ *director* direktoriaus pavaduotojas

derail [dɪˈreɪl] *v* nuversti / nueiti nuo bėgių

derange [dɪˈreɪndʒ] *v* suardyti, sutrikdyti, sužlugdyti (*planą, darbą*) ~**d**

pamišęs ~**ment** *n* sutrikimas; **mental** ~ psichinis sutrikimas, pamišimas

Derby [ˈdɑːbɪ] *n* ristūnų lenktynės

derelict [ˈderəlɪkt] *a* paliktas be priežiūros, apleistas ~**ion** [ˌderəˈlɪkʃn] *n* 1 apleidimas 2 pareigos nevykdymas

deri‖**de** [dɪˈraɪd] *v* išjuokti, pajuokti ~**sion** [-ˈrɪʒn] *n* pajuoka ~**sive** [-ˈraɪsɪv] *a* 1 pajuokiamas 2 juokingas ~**sory** [-ˈraɪsərɪ] juokingas, tik juoko vertas

deriv‖**ation** [ˌderɪˈveɪʃn] *n* 1 kilmė; šaltinis 2 (*žodžių*) vedyba, derivacija ~**ative** [dɪˈrɪvətɪv] *a* išvestinis ~**e** [dɪˈraɪv] *v* 1 kilti (*from*) 2 išvesti; kildinti (*from*) 3 gauti

derogatory [dɪˈrɔgətərɪ] *a* 1 žeminantis 2 menkinamasis

derrick [ˈderɪk] *n* 1 keliamasis kranas 2 gręžimo bokštas

derv [dəːv] *n* dyzelinis kuras

descant *muz.* *n* [ˈdeskænt] diskantas *v* [dɪˈskænt] dainuoti / groti diskantu

descend [dɪˈsend] *v* 1 nusileisti (*žemyn*) 2 kilti, būti kilus (*from*) 3 užpulti ~**ant** *n* palikuonis

descent [dɪˈsent] *n* 1 nusileidimas 2 staigus užpuolimas; desantas 3 kilmė

descri‖**be** [dɪˈskraɪb] *v* 1 aprašyti; apibūdinti 2 *geom.* apibrėžti (*apskritimą*) ~**ption** [dɪˈskrɪpʃn] *n* 1 aprašymas; atvaizdavimas 2 rūšis ~**ptive** [-ˈskrɪptɪv] *a* aprašomasis, vaizduojamasis

desert *n* [ˈdezət] dykuma; negyvenama vieta *a* [ˈdezət] negyvenamas; dykumos *v* [dɪˈzəːt] 1 palikti, apleisti 2 *kar.* dezertyruoti, pabėgti ~**er** [dɪˈzəːtə] *n* dezertyras

deserts [dɪˈzəːts] *n pl* nuopelnai

deserv‖**e** [dɪˈzəːv] *v* nusipelnyti, būti vertam ~**edly** [-ɪdlɪ] *adv* pelnytai, pagal nuopelnus ~**ing** *a* nusipelnęs; vertas

desiccat‖**e** [ˈdesɪkeɪt] *v* (iš)džiovinti; išdžiūti

design [dı'zaın] *v* 1 skirti 2 sukurti, sumanyti 3 konstruoti, projektuoti *n* 1 sumanymas, planas, ketinimas; *by* ~ tyčia 2 projektas; dizainas 3 piešinys, eskizas

designat||e *v* ['dezıgneıt] 1 (pa)žymėti 2 (pa)skirti (*pareigoms*) *a* ['dezıgnət] paskirtas **~ion** [ˌdezıg'neıʃn] *n* 1 pažymėjimas; nurodymas 2 (pa)skyrimas

designedly [dı'zaınıdlı] *adv* tyčia

designer [dı'zaınə] *n* 1 projektuotojas, konstruktorius 2 modeliuotojas; dizaineris

desirable [dı'zaıərəbl] *a* pageidaujamas, norimas; geidžiamas

desir||e [dı'zaıə] *n* troškimas; noras; aistra *v* 1 trokšti, norėti; geisti 2 prašyti, reikalauti **~ous** [-rəs] *a* trokštantis, geidžiantis

desist [dı'zıst] *v* liautis, nustoti

desk [desk] *n* 1 rašomasis stalas 2 mokyklos suolas

desolate *a* ['desələt] apleistas; negyvenamas *v* ['desəleıt] 1 nuniokoti, nusiaubti 2 apleisti, palikti 3 (su)kelti neviltį

despair [dı'speə] *n* nusivylimas, beviltiškumas *v* neturėti / netekti vilties

desperat||e ['despərət] *a* 1 beviltiškas 2 baisus, žūtbūtinis **~ion** [ˌdespə'reıʃn] *n* neviltis, desperacija

desp||icable [dı'spıkəbl] *a* žemas, niekingas **~ise** [dı'spaız] *v* niekinti, neapkęsti

despite [dı'spaıt] *prep* nepaisant

despoil [dı'spɔıl] *n* grobti; atimti (*of*)

despond [dı'spɔnd] *v* netekti vilties, nusiminti **~ency** *n* nusiminimas **~ent** *a* prislėgtas, nusiminęs

despot ['despɔt] *n* despotas **~ic** [dı'spɔtık] *a* despotiškas **~ism** ['despətızm] *n* despotizmas

dessert [dı'zə:t] *n* desertas

destination [ˌdestı'neıʃn] *n* 1 (*kelionės*) tikslas; paskyrimo vieta 2 paskirtis

destined ['destınd] *a* 1 paskirtas; lemtas 2 vykstantis

destiny ['destını] *n* likimas, lemtis

destr||oy [dı'strɔı] *v* (su)griauti, (su)naikinti **~oyer** *n* 1 griovėjas 2 *jūr.* eskadrinis minininkas **~uction** [-'strʌkʃn] *n* (su)griovimas; (su)naikinimas **~uctive** [-'strʌktıv] *a* 1 naikinamasis; griaunamasis 2 pragaištingas, žalingas

desultory ['desəltrı] *a* padrikas, be (są)ryšio; nesistemingas

detach [dı'tætʃ] *v* at(si)skirti; atjungti, atkabinti **~able** *a* atskiriamas; nuplėšiamas **~ed** *a* 1 atskiras 2 nešališkas, savarankiškas **~ment** *n* 1 atskyrimas, išskyrimas 2 *kar.* padalinys

detail ['di:teıl] *n* smulkmena, detalė; *In* ~ smulkiai, detaliai; *to go into* ~s leistis į smulkmenas **~ed** *a* detalus, smulkus

detain [dı'teın] *v* 1 užlaikyti 2 sulaikyti **~er** *n* *teis.* (*turto*) neteisėtas užlaikymas

detect [dı'tekt] *v* atskleisti, susekti **~ive** *a* detektyvinis *n* seklys

detention [dı'tenʃn] *n* 1 sulaikymas; įkalinimas 2 užlaikymas

deter [dı'tə:] *v* atbaidyti, sulaikyti (*from*)

detergent [dı'tə:dʒənt] *n* valymo / dezinfekavimo priemonė

deteriorate [dı'tıərıəreıt] *v* (pa)blogėti; gesti; (pa)bloginti

determin||ant [dı'tə:mınənt] *a* lemiamas *n* 1 sprendžiamasis faktorius 2 *mat.* determinantas **~ation** [dıˌtə:mı'neıʃn] *n* 1 apibrėžimas; nustatymas 2 sprendimas 3 ryžtingumas

determin||e [dı'tə:mın] *v* 1 (nu)lemti, apspręsti 2 apibrėžti; nustatyti 3 pasiryžti; nuspręsti **~ed** *a* ryžtingas; pasiryžęs

deterrent [dı'terənt] *a* sulaikantis, atbaidantis *n* atgrasomoji / atbaidymo priemonė

detest [dı'test] *v* neapkęsti, bjaurėtis **~able** *a* šlykštus, bjaurus

dethrone [dı'θrəun] *v* nuversti nuo sosto; *prk.* nuvainikuoti

detonat‖e [ˈdetəneɪt] *v* sprogti, sprogdinti ~ion [ˌdetəˈneɪʃn] *n* detonacija; sprogimas ~or [ˈdetəneɪtə] *n* detonatorius

detour [ˈdiːtuə] *n* lankstas, aplinkinis kelias; **to make a** ~ daryti lankstą

detract [dɪˈtrækt] *v* menkinti, mažinti

detriment [ˈdetrɪmənt] *n* nuostolis; žala ~al [ˌdetrɪˈmentl] *a* nuostolingas, žalingas

deuce [djuːs] *n* 1 (*kauliuko*) dvi akys; dviākė korta 2 velnias; ~ **take it!** po velnių!

devaluation [dɪˌvæljuˈeɪʃn] *n* nuvertinimas; devalvacija

devastate [ˈdevəsteɪt] *v* (nu)niokoti, nusiaubti

develop [dɪˈveləp] *v* 1 plėtoti(s), (išsi)vystyti 2 lavinti(s) 3 išrutulioti, išdėstyti 4 *fot.* (iš)ryškinti ~ment *n* 1 plėtojimas(is), išsivystymas, augimas 2 raida, evoliucija 3 *fot.* ryškinimas

deviat‖e [ˈdiːvɪeɪt] *v* nukrypti ~ion [ˌdiːvɪˈeɪʃn] *n* nukrypimas

device [dɪˈvaɪs] *n* 1 įtaisas, prietaisas; mechanizmas; aparatas 2 priemonė 3 devizas; emblema

devil [ˈdevl] *n* 1 velnias, nelabasis 2 *šnek.* žmogus, vaikinas; **poor** ~ vargšas △ **between the** ~ **and the deep sea** tarp dviejų ugnių; **talk of the** ~ **and he will appear** vilką mini — vilkas čia ~ish *a* velniškas *adv* velniškai ~-may-care [ˌdevlmeɪˈkeə] *a* nerūpestingas, pramuštgalviškas

devious [ˈdiːvɪəs] *a* 1 aplinkinis, netiesus 2 nenuoširdus; nesąžiningas

devise [dɪˈvaɪz] *v* 1 sugalvoti, išrasti (*būdą ir pan.*) 2 *teis.* palikti (*turtą*) testamentu

devoid [dɪˈvɔɪd] *a* neturintis (*of*); ~ **of sense** beprasmis, neturintis prasmės; ~ **of fear** bebaimis

devolution [ˌdiːvəˈluːʃn] *n* (*pareigų, valdžios*) perdavimas; decentralizacija

devolve [dɪˈvɔlv] *v* 1 perduoti 2 pereiti kitam

devot‖e [dɪˈvəut] *v* atsiduoti, atsidėti; skirti (*laiką ir pan.*) ~ed *a* 1 pasišventęs, atsidavęs 2 ištikimas ~ee [ˌdevəˈtiː] *n* 1 pasišventėlis; entuziastas 2 dievobaimingas žmogus ~ion [-ˈvəuʃn] *n* pasišventimas, atsidavimas

devour [dɪˈvauə] *v* suryti, (pra)ryti (*t.p. prk.*) ~ingly [-rɪŋlɪ] *adv* godžiai

devout [dɪˈvaut] *a* 1 pamaldus 2 nuoširdus

dew [djuː] *n* rasa *v* drėkinti

dewlap [ˈdjuːlæp] *n* pagurklis

dexter‖ity [dekˈsterətɪ] *n* 1 vikrumas, miklumas 2 sumanumas ~ous [ˈdekstərəs] *a* 1 vikrus, miklus 2 sumanus

diabetes [ˌdaɪəˈbiːtɪz] *n* cukraligė, diabetas

diabolic(al) [ˌdaɪəˈbɔlɪk(l)] *a* 1 velniškas 2 piktas, žiaurus

diadem [ˈdaɪədəm] *n* diadema, karūna; vainikas

diagnos‖e [ˈdaɪəgnəuz] *v* diagnozuoti; nustatyti diagnozę ~is [ˌdaɪəgˈnəusɪs] *n* diagnozė ~tic [ˌdaɪəgˈnɔstɪk] *a* diagnostinis *n* simptomas

diagonal [daɪˈægənl] *a* įstrižinis, diagonalus *n geom.* įstrižainė

diagram [ˈdaɪəgræm] *n* diagrama; schema

dial [ˈdaɪəl] *n* 1 ciferblatas 2 skalė 3 (*telefono*) diskas *v* surinkti telefono numerį

dialect [ˈdaɪəlekt] *n* dialektas, tarmė ~al [ˌdaɪəˈlektl] *a lingv.* dialektinis, tarminis

dialect‖ical [ˌdaɪəˈlektɪkl] *a* dialektinis ~ics [ˌdaɪəˈlektɪks] *n* dialektika

dialogue [ˈdaɪəlɔg] *n* dialogas

diameter [daɪˈæmɪtə] *n* diametras; skersmuo

diametrical [ˌdaɪəˈmetrɪkl] *a* diametralus ~ly *adv* diametraliai, visiškai

diamond [ˈdaɪəmənd] *n* 1 deimantas 2 *pl* būgnai (*korta*) 3 beisbolo aikštelė

diaphragm [ˈdaɪəfræm] *n* 1 diafragma 2 membrana

dimension

diarrhoea, diarrhea [ˌdaɪə'nə] *n med.*
viduriavimas

diary ['daɪərɪ] *n* dienoraštis

diatribe ['daɪətraɪb] *n* griežta kritika

dice [daɪs] *n* 1 (*žaidimo*) kauliukas
2 žaidimas kauliukais *v* žaisti / lošti
kauliukais

dickens ['dɪkɪnz] *n šnek.* velnias, kipšas

dick(e)y ['dɪkɪ] *n* (*marškinių*) krūtinė
a šnek. netvirtas; silpnas

dictat‖e *v* [dɪk'teɪt] diktuoti; (į)sakyti
n ['dɪkteɪt] *polit.* diktatas ~**ion**
[-'teɪʃn] *n* 1 diktantas 2 įsakymas ~**or**
n diktatorius ~**orial** [ˌdɪktə'tɔ:riəl] *a*
diktatoriškas; diktatorinis ~**orship** *n*
diktatūra

diction ['dɪkʃn] *n* dikcija

dictionary ['dɪkʃənrɪ] *n* žodynas; *to
look up a word in a* ~ paieškoti
žodžio žodyne

did [dɪd] *past žr.* **do** *v*

didactic [dɪ'dæktɪk] *a* 1 didaktinis 2 di-
daktiškas, mėgstantis mokyti

die [daɪ] I *n šnek.* štampas

die II *v* 1 mirti; *to* ~ *in one's bed*
mirti sava mirtimi 2 išmirti, išnykti
(*t.p.* to ~out) □ to ~ *away* a) nu-
tilti; b) apalpti; *to* ~ *off* išmirti

die-hard ['daɪhɑ:d] *n* kietakaktis, kon-
servatorius

diet ['daɪət] *n* 1 maistas 2 dieta ~**ary**
a dietinis *n* 1 davinys 2 dieta

differ ['dɪfə] *v* 1 skirtis 2 nesutarti
~**ence** ['dɪfrəns] *n* 1 skirtumas; *it
makes no* ~**ence** visai nesvarbu
2 nesutarimas, nuomonių skirtingu-
mas ~**ent** ['dɪfrənt] *a* skirtingas; ki-
toks

differential [ˌdɪfə'renʃl] *a* diferenci(ali)-
nis; skiriamasis *n mat., tech.* diferen-
cialas

difficult ['dɪfɪkəlt] *a* sunkus; varginantis
~**y** *n* 1 sunkumas; *with* ~**y** sunkiai,
su dideliu vargu 2 kliūtis 3 kebli
padėtis

diffident ['dɪfɪdənt] *a* drovus, nepasiti-
kintis savimi

diffuse *v* [dɪ'fju:z] 1 skleisti 2 sklaidy-
ti(s) *a* [dɪ'fju:s] išsisklaidęs

dig [dɪg] *v* (**dug**) 1 kasti; rausti(s)
2 knaisiotis, ieškoti □ *to* ~ *up*
a) iškasti; b) sukasti; c) surasti
n 1 kasimas; kasinėjimas 2 *šnek.* baks-
telėjimas; įgėlimas 3 *pl šnek.* išnuo-
motas kambarys

digest *v* [dɪ'dʒest] 1 (su)virškinti (*t.p.
prk.*) 2 suprasti *n* ['daɪdʒest] reziu-
mė, santrauka ~**ible** *a* suvirškinamas
~**ion** [dɪ'dʒestʃn] *n* virškinimas ~**ive**
a virškinimo; padedantis virškinti

digger ['dɪgə] *n* 1 žemkasys; angliaka-
sys, kasėjas 2 kasimo mašina

digit ['dɪdʒɪt] *n* 1 skaitmuo, vienaženklis
skaičius 2 pirštas ~**al** *a* skaitmeninis

digni‖fied ['dɪgnɪfaɪd] *a* orus, kilnus
~**tary** [-tərɪ] *n* asmuo, užimantis gar-
bingą postą ~**ty** [-nətɪ] *n* 1 orumas,
kilnumas 2 titulas

digress [daɪ'gres] *v* nutolti, nukrypti
~**ion** [-'greʃn] *n* nutolimas, nukrypi-
mas

dike [daɪk] *n* pylimas, užtvanka *v* 1 ap-
saugoti (*pylimu, užtvanka*) 2 iškasti
griovį aplink

dilapidated [dɪ'læpɪdeɪtɪd] *n* apgriuvęs,
aplūžęs, apšiuręs

dilate [daɪ'leɪt] *v* plėsti(s); iš(si)plėsti

dilatory ['dɪlətərɪ] *a* delsiantis; lėtas

dilemma [dɪ'lemə] *n* dilema

dilettante [ˌdɪlɪ'tæntɪ] *n* diletantas,
mėgėjas *a* diletantiškas, mėgėjiškas

diligen‖ce ['dɪlɪdʒəns] *n* stropumas; uo-
lumas ~**t** *a* stropus, uolus; kruopštus

dill [dɪl] *n* krapas

dillydally ['dɪlɪdælɪ] *v šnek.* delsti

dilut‖e [daɪ'lu:t] *v* 1 (at)skiesti 2 su-
silpninti *a* atskiestas ~**ion** [-'lu:ʃn] *n*
atskiedimas

dim [dɪm] *a* 1 neaiškus, miglotas
2 blankus 3 *šnek.* bukas, neprotin-
gas *v* 1 tapti neaiškiam / miglotam
2 blaustis, tamsėti

dime [daɪm] *n amer.* 10 centų moneta

dimension [dɪ'menʃn] *n* 1 mastas, dy-
dis 2 *pl* matmenys; dimensija

diminish 102

dimin‖ish [dɪˈmɪnɪʃ] v (su)mažėti; (su)mažinti ~ution [ˌdɪmɪˈnjuːʃn] n mažėjimas, (su)mažinimas ~utive [-ˈmɪnjutɪv] a 1 mažas, 2 *gram.* mažybinis

dimness [ˈdɪmnɪs] n 1 tamsuma; blausumas 2 neaiškumas

dimpl‖e [ˈdɪmpl] n 1 (*skruosto, smakro*) duobutė 2 bangelės ~ed a 1 su duobutėmis 2 raibuliuojantis

din [dɪn] n ūžesys, bildesys v 1 užti, bildėti; apkurtinti 2 (į)kalti (*į galvą*)

din‖e [daɪn] v 1 pietauti; to ~ out pietauti ne namie 2 vaišinti pietumis ~er n 1 pietautojas 2 *amer.* pigi užkandinė (*ypač pakelėje*)

ding-dong [ˌdɪŋˈdɔŋ] n bimbam (*varpo skambėjimas*) a permainingas

dingy [ˈdɪndʒɪ] a 1 tamsus, aprūkęs, purvinas 2 blankios spalvos

dining‖-car [ˈdaɪnɪŋkaː] n vagonas-restoranas ~room [-rum] n valgomasis

dinner [ˈdɪnə] n pietūs; to have / take ~ pietauti ~-jacket [-ˌdʒækɪt] n smokingas ~-party [-paːtɪ] n kviestiniai pietūs; pietų svečiai ~-set [-set] n pietų servizas

dint [dɪnt] n: by ~ of dėka, dėl

dip [dɪp] v 1 pa(si)nerti; įmerkti 2 nu(si)leisti 3 *aut.* perjungti šviesas (*kad neapakinty*) □ to ~ out / up išsemti n 1 pa(si)nėrimas; panardinimas; to take a ~ pasimaudyti 2 nuolaidumas

diphthong [ˈdɪfθɔŋ] n *fon.* dvibalsis

diploma [dɪˈpləumə] n diplomas

diplom‖acy [dɪˈpləuməsɪ] n diplomatija ~at [ˈdɪpləmæt] n diplomatas ~atic [ˌdɪpləˈmætɪk] a diplomatinis; diplomatiškas

dipper [ˈdɪpə] n 1 samtis, kaušas 2 *amer.*: the (*Big*) D. Didieji Grįžulo Ratai; the *Little* D. Mažieji Grįžulo Ratai

dipsomaniac [ˌdɪpsəˈmeɪnɪæk] n alkoholikas

dire [ˈdaɪə] a baisus, skaudus

direct [dɪˈrekt] a 1 tiesus 2 tiesioginis; betarpiškas 3 atviras, aiškus adv tiesiai; tiesiogiai v 1 nukreipti; nurodyti;

adresuoti 2 vadovauti (*įmonei ir pan.*) 3 diriguoti ~ion [-ˈrekʃn] n 1 kryptis; in the ~ion (*of*) kryptimi 2 vadovavimas; vadovybė; under the ~ion a) vadovaujant; b) *muz.* diriguojant 3 nurodymas, instrukcija; *pl* direktyvos 4 *pl* adresas ~ive n direktyva ~ly adv 1 tiesiai; tiesiog; betarpiškai 2 tuojau pat *conj* kai tik

director [dɪˈrektə] n 1 direktorius; vadovas 2 režisierius 3 dirigentas ~ate [-ˈrektərət] n direkcija, valdyba ~y [-ˈrektərɪ] n adresų knyga

dirge [dəːdʒ] n gedulinga giesmė

dirigible [ˈdɪrɪdʒəbl] n dirižablis; valdomas aerostatas

dirt [dəːt] n 1 purvas; nešvarumai 2 žemė, dirva, gruntas ~-cheap [ˌdəːtˈtʃiːp] a *šnek.* labai pigus ~ily [-ɪlɪ] adv 1 purvinai, nešvariai 2 niekšiškai ~iness [-ɪnɪs] n 1 purvas, nešvarumas 2 niekšiškumas, žemumas ~y a 1 purvinas, nešvarus 2 nešvankus, nepadorus; ~y player nesąžiningas žaidėjas v su(si)purvinti

dis- [dɪs-] *pref* 1 ne- (*žymint neigimą*) 2 nu- (*žymint priešingą veiksmą*) 3 at-, iš-, nu- (*žymint atskyrimą, atėmimą*)

disab‖ility [ˌdɪsəˈbɪlətɪ] n 1 negebėjimas 2 nedarbingumas ~le [dɪsˈeɪbl] v daryti bejėgį ~led [dɪsˈeɪbld] a suluošintas, sužalotas; ~led worker darbo invalidas

disabuse [ˌdɪsəˈbjuːz] v atverti akis (*klystančiam, suklaidintam*)

disadvantage [ˌdɪsədˈvaːntɪdʒ] n 1 nenauda; žala; nuostolis 2 nepatogumas; nepalanki padėtis ~ous [ˌdɪsædvənˈteɪdʒəs] a nenaudingas, nepalankus

disaffect‖ed [ˌdɪsəˈfektɪd] a nepatenkintas ~ion [-ˈfekʃn] n nepasitenkinimas

disagree [ˌdɪsəˈgriː] v 1 nesutikti, nesutarti 2 netikti ~able a nemalonus ~ment n 1 nesutarimas 2 nesantaika

disallow [ˌdɪsəˈlau] *v* nepripažinti; atmesti

disappear [ˌdɪsəˈpɪə] *v* (iš)nykti, dingti ~**ance** [-rəns] *n* išnykimas, dingimas

disappoint [ˌdɪsəˈpɔɪnt] *n* 1 apvilti 2 (su)žlugdyti (*viltis*) ~**ing** *a* liūdnas; keliantis nusivylimą ~**ment** *n* 1 nusivylimas 2 nemalonumas

disappro||val [ˌdɪsəˈpruːvl] *n* nepritarimas ~**ve** [ˌdɪsəˈpruːv] *v* nepritarti; nepalankiai žiūrėti

disarm [dɪsˈɑːm] *v* nu(si)ginkluoti ~**ament** [-əmənt] *n* nu(si)ginklavimas

disarrange [ˌdɪsəˈreɪndʒ] *v* suardyti; dezorganizuoti *n* suardymas, dezorganizacija

disarray [ˌdɪsəˈreɪ] *v* padaryti netvarką *n* betvarkė; sumišimas

disast||er [dɪˈzɑːstə] *n* nelaimė, negandas ~**rous** [-strəs] *a* pragaištingas, pražūtingas

disavow [ˌdɪsəˈvau] *v* (pa)neigti; atsisakyti, neprisipažinti ~**al** *n* (pa)neigimas; atsisakymas, nepripažinimas

disband [dɪsˈbænd] *v* išformuoti, paleisti; išsiskirstyti

disbelie||f [ˌdɪsbɪˈliːf] *n* ne(pa)tikėjimas ~**ve** [ˌdɪsbɪˈliːv] *v* ne(pa)tikėti

disburse [dɪsˈbəːs] *v* (iš)mokėti, apmokėti ~**ment** *n* išmokėjimas; išmoka

disc [dɪsk] 1 diskas; plokštė 2 (*patefono*) plokštelė

discard [dɪsˈkɑːd] *v* 1 išmesti kaip nereikalingą 2 atmesti, atsisakyti (*pažiūrų*)

discern [dɪˈsəːn] *v* 1 (at)skirti 2 išskirti, įžiūrėti (*tamsoje, tolumoje*) ~**ible** *a* išskiriamas, pastebimas ~**ing** *a* įžvalgus; numanantis ~**ment** *n* įžvalgumas, numanymas

discharge [dɪsˈtʃɑːdʒ] *v* 1 išleisti, išmesti (*vandenis, dūmus*) 2 paleisti; išrašyti (*iš ligoninės*) 3 atleisti 4 įtekėti (*apie upę*) 5 apmokėti (*skolas*) 6 iškrauti (*laivą*) 7 *el.* iš(si)krauti 8 iššauti *n* 1 atleidimas (*iš darbo*) 2 paleidimas 3 (*įsipareigojimų*) vykdymas 4 (*krovinio*) iškrovimas 5 *el.* išlydis

6 (*dujų ir pan.*) nutekėjimas 7 *teis.* išteisinimas

disciple [dɪˈsaɪpl] *n* 1 mokinys; pasekėjas 2 *rel.* apaštalas

discipline [ˈdɪsɪplɪn] *n* 1 drausmė, disciplina 2 disciplina (*mokymo dalykas*) *v* 1 drausminti 2 bausti

disclaim [dɪsˈkleɪm] *v* 1 neigti 2 *teis.* atsisakyti ~**er** *n* 1 (pa)neigimas 2 *teis.* atsisakymas

disclos||e [dɪsˈkləuz] *v* atskleisti, demaskuoti; parodyti ~**ure** [-əuʒə] *n* atskleidimas, demaskavimas

disco [ˈdɪskəu] *n* *šnek.* diskoteka

discolo(u)r [dɪsˈkʌlə] *v* (pa)keisti spalvą; išbluk(in)ti

discomfit [dɪsˈkʌmfɪt] *v* sutrikdyti; *pass* sumišti, sutrikti ~**ure** [-tʃə] *n* sumišimas

discomfort [dɪsˈkʌmfət] *n* nepatogumas; neramumas *v* sudaryti nepatogumų; varžyti

disconcert [ˌdɪskənˈsəːt] *v* sutrikdyti; sunervinti

disconnect [ˌdɪskəˈnekt] *v* atjungti, išjungti ~**edly** *adv* be sąryšio, padrikai

disconsolate [dɪsˈkɔnsələt] *a* nepaguodžiamas, nuliūdęs, nelaimingas

discontent [ˌdɪskənˈtent] *n* nepasitenkinimas; apmaudas *a* nepatenkintas ~**ed** *a* nepatenkintas

discontinu||e [ˌdɪskənˈtɪnjuː] *v* nutraukti, nebetęsti; nutrūkti ~**ous** [-juəs] *a* nutrūkstantis, netolydus

discord, ~**ance** [ˈdɪskɔːd, dɪˈskɔːdəns] *n* 1 nesutarimas 2 *muz.* disonansas ~**ant** [dɪˈskɔːdənt] *a* 1 nederantis 2 disonuojantis

discotheque [ˈdɪskətək] *n* diskoteka

discount [ˈdɪskaunt] *n* 1 *fin.* diskontas 2 *kom.* nuolaida *v* 1 *fin.* diskontuoti 2 *kom.* daryti nuolaidą 3 [dɪsˈkaunt] nekreipti dėmesio, neatsižvelgti

discourage [dɪˈskʌrɪdʒ] *v* 1 prislėgti, atimti drąsą / norą 2 atkalbėti (*from*)

discourse [dɪˈskɔːs] *knyg.* *n* kalba; paskaita; pasikalbėjimas *v* sakyti kalbą; vesti pokalbį

discourteous

discourte‖ous [dıs'kə:tıəs] *a* nemanda-
gus, šiurkštus ~sy [-təsı] *n* ne-
mandagumas, grubumas
discover [dı'skʌvə] *v* 1 atrasti 2 at-
skleisti, išaiškinti ~y [-rı] *n* atradimas
discredit [dıs'kredıt] *v* 1 diskredituoti,
kompromituoti 2 ne(pa)tikėti *n* 1 dis-
kreditacija 2 netikėjimas
discreet [dı'skri:t] *a* 1 diskretiškas;
taktiškas 2 atsargus; protingas
discrepancy [dı'skrepənsı] *n* neatitiki-
mas; prieštaravimas; skirtingumas
discrete [dı'skri:t] *a* atskiras; pavienis
discretion [dı'skreʃn] *n* 1 atsargu-
mas; taktiškumas 2 nuožiūra; veiksmų
laisvė
discriminat‖e [dı'skrımıneıt] *v* 1 at-
skirti 2 diskriminuoti, skirtingai trak-
tuoti ~ing *a* 1 mokantis atskirti 2 dis-
kriminacinis ~ion [dı,skrımı'neıʃn] *n*
diskriminacija
discus ['dıskəs] *n sport.* diskas
discuss [dı'skʌs] *v* svarstyti, diskutuoti
~ion [-'skʌʃn] *n* svarstymas; diskusija
disdain [dıs'deın] *v* niekinti; laikyti
žemesniu / nevertu *n* panieka; niekini-
mas ~ful *a* niekinamas
disease [dı'zi:z] *n* liga ~d *a* 1 nesveikas,
ligotas 2 liguistas
disembark [,dısım'ba:k] *v* 1 iškrauti
2 išlaipinti (*į krantą*)
disembodied [,dısım'bɔdıd] *a* bekūnis
disembowel [,dısım'bauəl] *v* (iš)darinėti,
išmėsinėti
disenchant [,dısın'tʃa:nt] *v* išsklaidyti
iliuzijas; atkerėti
disengage [,dısın'geıdʒ] *v* iš(si)vaduoti
~d *a* laisvas, neužimtas
disentangle [,dısın'tæŋgl] *v* 1 iš-
narplioti, atnarplioti 2 *prk.* išpainioti
(*from*)
disestablishment [,dısı'stæblıʃmənt] *n*
bažnyčios atskyrimas nuo valstybės
disfavour [,dıs'feıvə] *n* nepalankumas,
nemalonė; *to fall into* ~ pakliūti į
nemalonę
disfigure [dıs'fıgə] *v* sudarkyti, subjau-
roti

disgorge [dıs'gɔ:dʒ] *v* 1 išmesti, išversti
2 išvemti 3 įtekėti (*apie upę*) 4 grąžinti
savininkui
disgrace [dıs'greıs] *n* 1 nemalonė 2 ne-
garbė, gėda *v* daryti gėdą ~ful *a* ne-
garbingas, gėdingas
disgruntled [dıs'grʌntld] *a* nepatenkin-
tas, suirzęs
disguise [dıs'gaız] *v* maskuoti; slėpti;
persirengti *n* 1 maskavimas(is), slė-
pimas(is); persirengimas 2 apgaulinga
išorė
disgust [dıs'gʌst] *n* pasibjaurėjimas
v sukelti pasibjaurėjimą; *pass* bjaurėtis
~ful, ~ing *a* bjaurus, šlykštus
dish [dıʃ] *n* 1 dubuo, lėkštė 2 valgis,
patiekalas 3 *pl* indai *v* 1 dėti į dubenį /
lėkštę, paduoti į stalą (*t.p.* to ~ out /
up) 2 išlenkti □ to ~ out davinėti;
išdalyti; to ~ up pateikti
disharmon‖ious [,dısha:'məunıəs] *a*
nedarnus, disharmoniškas ~y [dıs-
'ha:mənı] *n* nesutarimas; disharmoni-
ja
dishcloth ['dıʃklɔθ] *n* pašluostė indams
dishearten [dıs'ha:tn] *v* atimti drąsą
dishevelled [dı'ʃevld] *a* susivėlęs, pasi-
šiaušęs
dishonest [dıs'ɔnıst] *a* nedoras; nesąži-
ningas
dishonour [dıs'ɔnə] *v* 1 plėšti garbę;
įžeisti 2: ~ *a cheque* neapmokėti
čekio *n* negarbė, gėda ~able [-rəbl] *a*
negarbingas
dish-water ['dıʃwɔ:tə] *n* pamazgos
disillusion [,dısı'lu:ʒn] *n* nusivylimas
v sugriauti iliuzijas; apvilti
disinclined [,dısın'klaınd] *a* nelinkęs,
nenorintis
disinfect [,dısın'fekt] *v* dezinfekuoti
~ant *n* dezinfekavimo priemonė
desingenuous [,dısın'dʒenjuəs] *a* ne-
nuoširdus, nesąžiningas
disinherit [,dısın'herıt] *v* atimti pavel-
dėjimo teisę
disintegrat‖e [dıs'ıntıgreıt] *v* su(si)-
skaidyti; suirti ~ion [dıs,ıntı'greıʃn] *n*
su(si)skaidymas; skilimas, (su)irimas

disinterested [dɪs'ɪntrɪstɪd] *a* 1 nesavanaudiškas 2 abejingas

disjoin [dɪs'dʒɔɪn] *v* atskirti; perskirti

disjointed [dɪs'dʒɔɪntɪd] *a* padrikas, nerišlus

disjunctive [dɪs'dʒʌŋktɪv] *a* 1 (at)skiriantis 2 *gram.* skiriamasis

disk [dɪsk] *n amer.* = disc

dislike [dɪs'laɪk] *v* nemėgti, nepatikti *n* nemėgimas; *pl* nemėgstami dalykai

dislocat‖e ['dɪsləkeɪt] *v* 1 iš(si)narinti 2 sutrikdyti ~ion [ˌdɪslə'keɪʃn] *n* 1 išnirimas; išnarinimas 2 sutrikimas

dislodge [dɪs'lɔdʒ] *v* 1 pašalinti 2 išstumti

disloyal [dɪs'lɔɪəl] *a* nelojalus ~ty *n* nelojalumas; išdavystė

dismal ['dɪzməl] *a* niūrus, liūdnas; prislėgtas

dismantle [dɪs'mæntl] *v* 1 išnarstyti; demontuoti 2 sugriauti, išardyti

dismay [dɪs'meɪ] *v* 1 nuliūdinti 2 kelti nerimą *n* baimė, nerimas

dismember [dɪs'membə] *v* 1 dalyti, (su)skaldyti 2 nutraukti, nuplėšti (*rankas, kojas*)

dismiss [dɪs'mɪs] *v* 1 atleisti (*iš tarnybos*); paleisti 2 vyti nuo savęs (*mintis*) 3 nutraukti (*svarstymą*) ~al *n* 1 atleidimas; paleidimas 2 (*minčių*) vijimas

dismount [dɪs'maunt] *v* 1 nulipti, nusėsti 2 demontuoti

disob‖edience [ˌdɪsə'biːdɪəns] *n* ne-(pa)klusnumas ~edient [-dɪənt] *a* ne-(pa)klusnus ~ey [ˌdɪsə'beɪ] *v* nepaklusti

disoblig‖e [ˌdɪsə'blaɪdʒ] *v* elgtis nedraugiškai / nemandagiai, nepaisyti ~ing *a* nedraugiškas, nepaslaugus

disorder [dɪs'ɔːdə] *n* 1 netvarka 2 bruzdėjimas 3 *med.* sutrikimas *v* 1 daryti netvarką 2 ardyti (*sveikatą*) ~ly *a* 1 netvarkingas 2 triukšmingas, nesuvaldomas

disorganize [dɪs'ɔːgənaɪz] *v* (su)ardyti, (su)trikdyti; dezorganizuoti

disown [dɪs'əun] *v* išsižadėti, neprisipažinti

disparage [dɪ'spærɪdʒ] *v* blogai / nepagarbiai atsiliepti

disparate ['dɪspərət] *a* nesulyginamas; labai skirtingas

disparity [dɪ'spærətɪ] *n* nelygumas; skirtingumas

dispassionate [dɪ'spæʃnət] *a* 1 beaistris, šaltakraujis 2 bešališkas

dispatch [dɪ'spætʃ] *v* 1 (iš)siųsti 2 greitai atlikti / susitvarkyti *n* 1 siunta; siuntimas 2 (*skubus*) pranešimas 3 (*darbo*) greitumas ~er *n* dispečeris; ekspeditorius

dispel [dɪ'spel] *v* išsklaidyti, išblaškyti

dispensable [dɪ'spensəbl] *a* nebūtinas

dispensary [dɪ'spensərɪ] *n* 1 vaistinė (*ligoninėje*) 2 *amer.* ambulatorija

dispensation [ˌdɪspən'seɪʃn] *n* 1 vykdymas (*teisingumo*) 2 atleidimas (*nuo ko*) 3 leidimas

dispens‖e [dɪ'spens] *v* 1 (iš)dalyti 2 paruošti (*vaistus*) 3 atleisti (*from* – nuo); apsieiti (*with* – be) ~er *n* 1 farmacininkas 2 išdavimo įtaisas

dispersal [dɪ'spəːsl] *n* iš(si)sklaidymas

dispers‖e [dɪ'spəːs] *v* 1 iš(si)sklaidyti 2 (iš)platinti; (iš)plisti ~ion [-'spəːʃn] *n* 1 išsisklaidymas 2 *mat.* sklaida

dispirit [dɪ'spɪrɪt] *v* nuliūdinti, prislėgti

displace [dɪs'pleɪs] *v* 1 perkelti; perstatyti (*kitur*); ~d persons perkeltieji asmenys 2 pakeisti, išstumti

display [dɪ'spleɪ] *v* 1 parodyti 2 išstatyti *n* 1 paroda 2 pa(si)rodymas

displeas‖e [dɪs'pliːz] *v* nepatikti; pykinti, erzinti ~ed *a* nepatenkintas, supykęs ~ing *a* nemalonus, atstumiantis ~ure [-'pleʒə] *n* nepasitenkinimas; apmaudas

disport [dɪ'spɔːt] *v juok.* pramogauti; linksmintis

dispos‖able [dɪ'spəuzəbl] *a* 1 išmetamas, vienkartinis 2 turimas ~al *n* 1 (*turto*) perdavimas 2 turėjimas (*savo žinioje*), dispozicija; at one's ~al savo dispozicijoje / žinioje

dispos||e [dɪ'spəuz] v 1 turėti, dispo-
nuoti; išdėstyti 2 pass būti nusiteiku-
siam 3 atsikratyti, išmesti (of) ~ition
[ˌdɪspə'zɪʃn] n 1 iš(si)dėstymas 2 nusi-
teikimas; polinkis; būdas 3 dispozicija
dispossess [ˌdɪspə'zes] v 1 atimti nuo-
savybės teises 2 iškraustyti; iškelti
disproof [dɪs'pru:f] n paneigimas
disproportion [ˌdɪsprə'pɔ:ʃn] n nepro-
porcingumas; disproporcija ~ate a
neproporcingas
disprove [dɪs'pru:v] v paneigti
disputable [dɪ'spju:təbl] a abejojamas,
ginčijamas
dispute v [dɪ'spju:t] 1 ginčytis
2 aptarti; diskutuoti n ['dɪspju:t]
ginčas; disputas; beyond / past ~
neginčijamas
disqualification [dɪsˌkwɔlɪfɪ'keɪʃn] n
1 diskvalifikacija 2 netinkamumas
disqualify [dɪs'kwɔlɪfaɪ] v 1 daryti
netinkamą; pripažinti netinkamu 2 dis-
kvalifikuoti
disquiet [dɪs'kwaɪət] n nerimas v nera-
minti
disregard [ˌdɪsrɪ'gɑ:d] n nepaisymas,
ignoravimas v nekreipti dėmesio, ne-
paisyti, ignoruoti
disrepair [ˌdɪsrɪ'peə] n bloga būklė, re-
monto reikalingumas
disreputable [dɪs'repjutəbl] a 1 turin-
tis blogą vardą 2 diskredituojantis
disrepute [ˌdɪsrɪ'pju:t] n bloga reputa-
cija
disrespect [ˌdɪsrɪ'spekt] n nepagarba
~ful a nepagarbus; nemandagus
disrobe [dɪs'rəub] v nu(si)rengti
disrupt [dɪs'rʌpt] v sužlugdyti, sugriau-
ti ~ion [-'rʌpʃn] n žlugdymas; žlugi-
mas
dissatisf||action [ˌdɪsˌsætɪs'fækʃn] n
nepasitenkinimas ~ied [dɪs'sætɪsfaɪd]
a nepatenkintas
dissect [dɪ'sekt] v 1 anat. perpjauti,
skrosti 2 analizuoti
dissemble [dɪ'sembl] v 1 slėpti (jaus-
mus, mintis) 2 apsimesti, veidmai-
niauti

disseminat||e [dɪ'semɪneɪt] v skleisti
(mokslą, pažiūras) ~ion [dɪˌsemɪ-
'neɪʃn] n skleidimas, platinimas
dissen||sion [dɪ'senʃn] n nesantarvė;
vaidai ~t [-'sent] v nesutikti n nesuti-
kimas ~ter n 1 sektantas; atskalūnas
2 disidentas
dissertation [ˌdɪsə'teɪʃn] n disertacija
disservice [dɪs'sə:vɪs] n bloga paslauga
dissident ['dɪsɪdənt] n disidentas
dissimilar [dɪ'sɪmɪlə] a nepanašus ~ity
[dɪˌsɪmɪ'lærətɪ] n nepanašumas, skirtu-
mas
dissimulate [dɪ'sɪmjuleɪt] v slėpti (jaus-
mus, mintis); apsimesti
dissipat||e ['dɪsɪpeɪt] v 1 iš(si)sklaidy-
ti; išblaškyti 2 išeikvoti; prašvilpti
(turtą) ~ed a 1 išblaškytas 2 palai-
das
dissociate [dɪ'səuʃieɪt] v at(si)skirti, at-
siriboti
dissolut||e ['dɪsəlu:t] a pasileidęs ~ion
[ˌdɪsə'lu:ʃn] n 1 ištirpimas 2 su-
siskaldymas 3 (sutarties) panaikini-
mas 4 (parlamento) paleidimas
dissolve [dɪ'zɔlv] v 1 tirpti; tirpinti
2 pa(si)leisti; to ~ into tears
pravirkti 3 nutraukti (sutartį ir pan.)
dissonance ['dɪsənəns] n disonansas
dissuade [dɪ'sweɪd] v atkalbėti
distan||ce ['dɪstəns] n 1 nuotolis, atstu-
mas; at a ~ iš tolo 2 distancija 3 laiko
tarpas; at this ~ of time po tiek
laiko v atitol(in)ti ~t a tolimas; nu-
tolęs
distaste [dɪs'teɪst] n nemėgimas ~ful a
bjaurus, nemalonus
distemper [dɪ'stempə] n tempera (dažai)
disten||d [dɪ'stend] v išsipūsti ~sible
[-səbl] a tampus, elastingas
distil [dɪ'stɪl] v 1 distiliuoti; valyti
2 varyti (spiritą) 3 lašėti, varvėti
~lation [ˌdɪstɪ'leɪʃn] n distiliacija;
varymas ~lery [-ərɪ] n 1 spirito
varykla 2 spirito varymo aparatūra
distinct. [dɪ'stɪŋkt] a 1 skirtingas
2 ryškus, aiškus 3 atskiras, individu-
alus ~ion [-kʃn] n 1 skirt(ing)umas

2 pasižymėjimas; pasižymėjimo ženklas ~ive a skiriamasis, savitas ~ly adv aiškiai; žymiai ~ness n aiškumas

distinguish [dɪˈstɪŋgwɪʃ] v 1 skirti (between) 2 iš(si)skirti; to ~ oneself pasižymėti ~ed a įžymus; pasižymėjęs

distort [dɪˈstɔ:t] v iškreipti; iškraipyti

distract [dɪˈstrækt] v atitraukti, išblaškyti ~ed a 1 išsiblaškęs 2 suglumintas ~ion [-kʃn] n 1 pramoga; išsiblaškymas 2 pamišimas

distraught [dɪˈstrɔ:t] a pamišęs

distress [dɪˈstres] n 1 sielvartas, kančia 2 nelaimė; ~ signal nelaimės signalas (SOS) v sukelti sielvartą; to ~ oneself sielvartauti, sielotis ~ful a sielvartingas, nelaimingas

distribut||e [dɪˈstrɪbjuːt] v skirstyti; dalyti, platinti (to, among) ~ion [ˌdɪstrɪˈbjuːʃn] n skirstymas; dalijimas ~ive a 1 skirstantis; dalijantis 2 gram. skiriamasis ~or n 1 skirstytojas 2 tech. skirstytuvas

district [ˈdɪstrɪkt] n sritis; apygarda; rajonas

distrust [dɪsˈtrʌst] n nepasitikėjimas; įtarimas v nepasitikėti; įtar(inė)ti ~ful a nepasitikintis; įtarus

disturb [dɪsˈtə:b] v 1 trukdyti 2 (su)-ardyti 3 neraminti ~ance n 1 (ramybės) drumstimas 2 trukdymas 3 pl neramumai, bruzdėjimai

disunite [ˌdɪsjuːˈnaɪt] v atskirti; suskaldyti

disuse [dɪsˈjuːs] n nebevartojimas; to fall into ~ išeiti iš apyvartos ~d [-ˈjuːzd] a nebevartojamas

ditch [dɪtʃ] n griovys v 1 kasti / valyti griovį 2 įvažiuoti į griovį

ditto [ˈdɪtəu] n tas pats; tiek pat; to say ~ pritarti

ditty [ˈdɪtɪ] n dainelė

diurnal [daɪˈə:nl] a 1 knyg. dienos, dieninis 2 astr. parõs

divan [dɪˈvæn] n sofa; kušetė

div||e [daɪv] v 1 nerti; pasinerti 2 av. smigti 3 (į)kišti (into) n 1 nėrimas 2 av. pikiravimas ~er n naras

diverg||e [daɪˈvə:dʒ] v 1 skirtis 2 nukrypti ~ence n 1 skirtingumas 2 nukrypimas

divers||e [daɪˈvə:s] a įvairus; skirtingas ~ify v įvairinti ~ion [-ˈvə:ʃn] n 1 apvažiavimas 2 (dėmesio) atitraukimas; nukreipimas ~ity n skirtingumas; įvairumas

divert [daɪˈvə:t] v 1 nukreipti 2 atitraukti (dėmesį) 3 linksminti

divest [daɪˈvest] v knyg. 1 nurengti (of) 2 atimti (of) 3: to ~ oneself (of) atsikratyti

divide [dɪˈvaɪd] v 1 dalyti(s) 2 skirtis (apie nuomones) 3 atskirti; skirstyti, klasifikuoti

dividend [ˈdɪvɪdənd] n 1 dividendas 2 mat. dalinys, dalijamasis

dividers [dɪˈvaɪdəz] n pl skriestuvas

divin||e [dɪˈvaɪn] a dieviškas; Dievo v 1 pranašauti 2 spėlioti ~ity [-ˈvɪnətɪ] n 1 dievybė 2 teologija

divis||ible [dɪˈvɪzəbl] a dalomas; dalus ~ion [-ˈvɪʒn] n 1 dalyba; pa(si)dalijimas 2 skyrius 3 skirtingumas 4 kar. divizija

divisor [dɪˈvaɪzə] n mat. daliklis

divorc||e [dɪˈvɔ:s] n 1 skyrybos 2 at-(si)skyrimas v 1 atskirti 2 išsiskirti (apie sutuoktinius) ~ee [dɪˌvɔ:ˈsi:] n išsiskyręs, -usi

divulge [daɪˈvʌldʒ] v atskleisti

dizz||iness [ˈdɪzɪnɪs] n galvos sukimasis, svaigulys ~y [ˈdɪzɪ] a svaiginamas; I am / feel ~y man sukasi galva v (ap)-svaiginti

do I [du:] v (did; done) 1 daryti 2 veikti 3 vykdyti; atlikti 4 ruošti(s); tvarkyti; to ~ one's room tvarkyti kambarį 5 (už)baigti; the work is done darbas baigtas 6 virti, kepti 7 tikti; užtekti; that will ~ užteks 8 pakęsti (with); apsieiti (without - be) 9 aux a) Present ir Past Indefinite laikų klausiamajai ir neigiamajai formai sudaryti: ~ you like it? ar jūs tai mėgstate?; I ~ not know him aš jo nepažįstu; *she lives in London, doesn't she?* ji gyvena Londone, ar ne? b) *liepiamosios nuosakos neigiamajai formai sudaryti:* don't be noisy! netriukšmaukite! 10 *aux veiksmažodžiui Present, Past Indefinite laikuose ir liepiamojoje nuosakoje pabrėžti:* we did like them! jie tikrai mums patiko!; do tell me! pasakykite gi man! 11 *aux išvengiant veiksmažodžio pakartojimo:* she likes sports and so ~ I ji mėgsta sportą, ir aš taip pat □ to ~ away (*with*) a) atsikratyti, panaikinti; b) užmušti; to ~ in *šnek.* nudėti, užmušti; to ~ out aptvarkyti, apvalyti; to ~ over perdažyti (*kambarį*); to ~ up a) sutvarkyti (*plaukus*); b) užsegioti (*sagas*); už(si)rišti (*raištelius*) △ to ~ well (badly) by smb gerai (blogai) su kuo pasielgti; how ~ you ~ ? sveiki! (*pirmąkart oficialiai susipažįstant*); to have nothing to ~ with neturėti nieko bendro n *šnek.* 1 apgaulė 2 pobūvis △ ~s and don'ts taisyklės, nurodymai

do II [dəu] n *muz.* nata do

docile ['dəusail] a 1 gabus, nuovokus 2 romus, paklusnus

dock [dɔk] I n *bot.* rūgštynė(s)

dock II v 1 nupjauti, nukirpti (*uodegą*) 2 apkarpyti, sumažinti (*atlyginimą*)

dock III n *teis.* kaltinamųjų suolas

dock IV n 1 dokas 2 *amer.* prieplauka v statyti į doką ~er n dokininkas

docket ['dɔkit] n 1 etiketė, lentelė 2 kvitas v klijuoti etiketes

dockyard ['dɔkjɑ:d] n laivų statykla

doctor ['dɔktə] n 1 daktaras, gydytojas 2 daktaras (*mokslo laipsnis*) v 1 *šnek.* gydyti 2 įdėti nuodų 3 pakeisti; falsifikuoti ~ate [-rət] n daktaro laipsnis

doctrin||aire [,dɔktri'neə] a doktrorieriškas ~al [dɔk'trainl] a doktriniškas, dogmatinis ~e ['dɔktrin] n doktrina

document ['dɔkjumənt] n dokumentas; liudijimas, pažymėjimas v [-ment]

dokumentuoti ~ary [,dɔkju'mentəri] a dokumentinis

dodder ['dɔdə] v drebėti, kretėti (*vaikštant*)

dodge [dɔdʒ] n 1 metimasis (į šalį) 2 išsisuk(inė)jimas; gudrybė v 1 išsisukinėti; vengti 2 mestis (į šalį)

dodgy ['dɔdʒi] a 1 mokantis išsisukinėti, gudrus 2 rizikingas

doe [dəu] n (*elnio, kiškio, triušio ir pan.*) patelė

doer ['du:ə] n atlikėjas; veikėjas; *he is a ~, not a talker* jis veikia, o ne plepa

dog [dɔg] n 1 šuo 2 *šnek.* vyrukas; *a lucky ~* laimingas žmogus △ *to go to the ~s* eiti velniop, nusmukti; *to lead a ~'s life* šuniškai gyventi; *let sleeping ~s lie* neieškok bėdos; *love me, love my ~* myli mane, mylėk ir mano šunį; *hot ~* sumuštinis su karšta dešrele v 1 sekti (*iš paskos*) 2 *prk.* persekioti

dog-days ['dɔgdeiz] n *pl* karštosios vasaros dienos

dog-eared ['dɔgiəd] a užlankstytais lapų kampais (*apie knygas, popierius*)

dogged ['dɔgid] a užsispyręs, atkaklus

doggie, doggy ['dɔgi] n *vaik.* šunytis, šuniukas

dogma ['dɔgmə] n dogma ~tic [dɔg'mætik] a dogmatiškas

doings ['du:iŋz] n *pl* dalykai; veikla

doldrums ['dɔldrəmz] n *pl* bloga nuotaika; depresija

dole [dəul] n pašalpa v (su)šelpti

doll [dɔl] n lėlė v: to ~ up *šnek.* puošti(s), dabinti(s)

dollar ['dɔlə] n doleris

dolly ['dɔli] n lėlytė

dolphin ['dɔlfin] n delfinas

dolt [dəult] n kvailys, bukaprotis

domain [də'mein] n 1 valdos; teritorija 2 sritis, sfera

dome [dəum] n kupolas; skliautas

domestic [də'mestik] a 1 namų, naminis; šeimyninis 2 prijaukintas 3 vidaus; tėvyninis ~ate v 1 įpratinti šeimininkauti 2 prijaukinti (*gyvulius*)

domicile ['dɔmisail] n *knyg.* buveinė, nuolatinė gyvenamoji vieta

domin‖ant ['dɔmɪnənt] a 1 dominuo-
jantis, vyraujantis 2 viešpataujan-
tis ~ate v 1 dominuoti, vyrauti
2 viešpatauti ~ation [ˌdɔmɪ'neɪʃn] n
1 vyravimas 2 viešpatavimas ~eer
[ˌdɔmɪ'nɪə] v despotiškai valdyti
dominion [də'mɪnɪən] n 1 dominija; pl
valdos 2 viešpatavimas, valdžia
domino ['dɔmɪnəu] n dominas (kauliukas,
žaidimas)
don [dɔn] n (koledžo, universiteto) dės-
tytojas
donation [dəu'neɪʃn] n dovana, auka
done [dʌn] pp žr. do
donkey ['dʌŋkɪ] n asilas
donor ['dəunə] n 1 aukotojas 2 donoras
do-nothing ['du:ˌnʌθɪŋ] n dykinėtojas
don't [dəunt] sutr. = do not
doom [du:m] n lemtis, likimas v lemti;
pasmerkti; ~ed to failure pasmerk-
tas žlugti
Doomsday ['du:mzdeɪ] n paskutiniojo
teismo diena; pasaulio pabaiga
door [dɔ:] n durys; next ~ šalia,
kaimynystėje; out of ~s lauke
~knob [-nɔb] n durų rankenos bum-
bulas ~man [-mən] n durininkas
~step [-step] n slenkstis ~way [-weɪ]
n tarpduris
dope [dəup] n 1 tirštas tepalas 2 nar-
kotikas v 1 apsvaiginti (narkotikais)
2 sport. duoti dopingo
dormant ['dɔ:mənt] a 1 neveikiantis
2 slypintis; potencialus 3 biol. mie-
gantis žiemos miegu
dormer ['dɔ:mə] n stogo langas
dormitory ['dɔ:mɪtrɪ] n 1 (mokyklos)
miegamasis 2 amer. studentų ben-
drabutis
dos‖age ['dəusɪdʒ] n dozė ~e [dəus] n
dozė v dozuoti, duoti dozėmis
dot [dɔt] n taškas △ on the ~ kaip
tik laiku v 1 (pa)dėti tašką 2 nubrėžti
punktyru 3 nusėti (kuo)
dot‖age ['dəutɪdʒ] n suvaikėjimas ~ard
[-təd] n suvaikėjęs ~e [dəut] v 1 su-
vaikėti 2 beprotiškai įsimylėti (on)
dott‖ed ['dɔtɪd] a taškuotas ~y a šnek.
pamišęs, pakvaišęs

double ['dʌbl] a dvigubas; dvejopas;
sudvejintas adv 1 dukart; dvigubai
2 dviese; dvejopai; to play ~ veid-
mainiauti n 1 gyvavaizdis 2 dvigubas
kiekis 3 teatr. dubleris v 1 dvejinti;
dvigubinti; padvigubėti 2 sugniauž-
ti (kumštį) ~-barrelled ['-bærəld] a
1 dvivamzdis 2 dviprasmis ~-bass
[ˌdʌbl'beɪs] n kontrabosas ~-breast-
ed [ˌdʌbl'brestɪd] a dvieilis (apie švar-
ką) ~-dealer [ˌdʌbl'di:lə] n dviveidis
~-dealing [ˌdʌbl'di:lɪŋ] n dviveidiš-
kumas ~-decker [ˌdʌbl'dekə] n dvi-
aukštis autobusas
doubt [daut] n abejonė; no / beyond
~ be abejo v 1 abejoti 2 netikėti ~ful
a 1 abejojantis 2 abejotinas, įtartinas
~less adv neabejotinai; turbūt
dough [dəu] n 1 tešla; pasta 2 šnek.
pinigai ~nut [-nʌt] n spurga (pyragė-
lis) ~y a tešlinis, kaip tešla
dove [dʌv] n zool. balandis ~-cot(e)
[-kɔt] n karvelidė ~tail [-teɪl] v
(pri)tikti
dowdy ['daudɪ] a neelegantiškas; nesko-
ningai apsirengęs (ypač apie moterį)
down [daun] I n pūkas
down II prep 1 nuo, žemyn; ~ the
road keliu 2 per; ~ to iki adv 1 že-
myn; žemai, apačioje; the guests
are ~ in the sitting-room svečiai
apačioje svetainėje 2 žymint judėjimą
iš centro į periferiją, į pietus: to go
~ to the country vykti į kaimą △ ~
with! šalin! part 1 nu-, par- (žymint
veiksmo kryptį žemyn); to climb ~
nulipti 2 su-, už-, pa-, iš- (žymint
veiksmo baigtumą); to write ~ už-
(si)rašyti, parašyti; to pay ~ išmo-
kėti
downcast ['daunkɑ:st] a 1 nusiminęs
2 nuleistas žemyn (apie akis); nuleidęs
(akis)
down‖fall ['daunfɔ:l] n 1 smarkus lie-
tus 2 kritimas, žlugimas ~-hearted
[ˌdaun'hɑ:tɪd] a nusiminęs ~hill [ˌdaun-
'hɪl] n šlaitas a pakrypęs, nuožulnus
adv žemyn, apačioje, pakalniui

Downing Street ['daunɪŋstriːt] Dauning Strytas (*gatvė Londone, kurioje yra oficiali ministro pirmininko rezidencija*)

down‖right ['daunraɪt] *a* 1 tiesus, doras 2 visiškas, absoliutus ~**stairs** [-'steəz] *adv* žemyn (*laiptais*) *a* (esantis) apačioje, žemutiniame aukšte

downstream [ˌdaun'striːm] *adv* pasroviui

downtown ['dauntaun] *adv* į miesto centrą, miesto centre

downtrodden ['dauntrɔdn] *a* pažemintas

downward ['daunwəd] *a* žemėjantis

downward(s) ['daunwəd(z)] *adv* žemyn

downy ['dauni] *a* 1 pūkuotas 2 pūkinis

dowry ['dauərı] *n* kraitis

doze [dəuz] *v* snausti *n* snaudulys

dozen ['dʌzn] *n* 1 tuzinas; **baker's / devil's** ~ velnio tuzinas 2 *pl* daugybė

drab [dræb] *a* 1 pilkai / gelsvai rusvas 2 nuobodus, vienodas *n* 1 gelsvai / pilkšvai ruda spalva 2 vienodumas, pilkuma

draft [drɑːft] *n* 1 brėžinys, eskizas 2 planas; projektas; metmenys 3 vekselis 4 *amer.* šaukimas į kariuomenę *v* 1 projektuoti (*dokumentą, brėžinį, planą*) 2 *amer.* imti į kariuomenę

draftsman ['drɑːftsmən] *n* 1 braižytojas 2 (*įstatymo projekto*) autorius 3 *amer.* šaškė

drag [dræg] *v* vilkti(s); traukti □ to ~ **in** paminėti (*nereikalingą dalyką*); to ~ **on** nuobodžiai slinkti (*apie laiką*); to ~ **up** a) (*be reikalo*) vėl kelti (*klausimą*); b) blogai išauklėti *n* 1 žemsemė 2 stabdymas 3 stabdys (*t.p. prk.*); **to be a** ~ **on smb** būti kam stabdžiu / našta

dragon ['drægən] *n* drakonas, slibinas ~-**fly** [-flaɪ] *n* laumžirgis

dragoon [drə'guːn] *v* priversti (*ką daryti; into*)

drain [dreɪn] *v* 1 sausinti; drenuoti 2 išsekinti 3 (iš)gerti iki dugno *n* 1 drenažo vamzdis / griovys 2 vandens nuotakas ~**age** *n* nusausinimas; drenažas

drake [dreɪk] *n* antinas, gaigalas

dram [dræm] *n* 1 drachma (*svorio matas* = 31,1 *g*) 2 gurkšnelis alkoholio

drama ['drɑːmə] *n* drama ~**tic** [drə'mætık] *a* 1 draminis 2 dramatiškas ~**tist** ['dræmətɪst] *n* dramaturgas ~**tize** ['dræmətaɪz] *v* 1 inscenizuoti 2 dramatizuoti

drank [dræŋk] *past žr.* **drink**

drap‖e [dreɪp] *v* drapiruoti ~**ery** *n* 1 manufaktūra; audiniai 2 draperija; drapiruotė 3 *pl* štorai, užuolaidos

drastic ['dræstık] *a* 1 griežtas; drastiškas (*apie priemones*) 2 stipriai veikiantis (*apie vaistus*)

drat [dræt] *int šnek.* po šimts kelmų!

draught [drɑːft] *n* 1 traukimas (*pvz., tinklo*) 2 skersvėjis 3 gurkšnis; ~ **beer** pilstomas alus 4 *pl* šaškės ~**sman** [-smən] *n* šaškė

draw [drɔː] *n* 1 traukimas 2 masalas; **to be a great** ~ turėti didelį pasisekimą 3 *sport.* lygiosios *v* (**drew; drawn**) 1 (nu)piešti; (nu)braižyti 2 traukti, tempti 3 (iš)traukti (*burtus, vinį, kamštį ir pan.*) 4 (iš)gauti; (iš)imti 5 patraukti (*dėmesį*) 6 užtraukti (*užuolaidą; t.p. prk.*) □ to ~ **away** a) nuvažiuoti; b) pasitraukti; **to** ~ **back** atsitraukti; **to** ~ **down** nuleisti; **to** ~ **in** a) įtraukti; b) trumpėti (*apie dienas*); **to** ~ **off** atitraukti (*kariuomenę*); **to** ~ **on** a) už(si)mauti (*pirštines*); b) artintis; **to** ~ **out** a) iš(si)traukti; b) pailgėti (*apie dienas*); **to** ~ **up** a) sudaryti; b) sustoti (*apie transportą*); c) iš(si)rikiuoti △ ~ **it mild!** neperdėk(ite)!

drawback ['drɔːbæk] *n* trūkumas

drawbridge ['drɔːbrɪdʒ] *n* pakeliamasis tiltas

drawer I [drɔː] *n* stalčius

drawer II ['drɔːə] *n* piešėjas, braižytojas

drawers [drɔːz] *n pl* apatinės kelnės

drawing [ˈdrɔ:ɪŋ] *n* 1 piešinys; brėžinys
2 piešimas; braižyba ~-**board** [-bɔ:d]
n braižybos lenta ~-**pin** [-pɪn] *n*
smeigtukas

drawing-room [ˈdrɔ:ɪŋrum] *n* svetainė

drawl [drɔ:l] *v* tęsti žodžius / balsius

drawn [drɔ:n] *pp žr.* **draw**

dray [dreɪ] *n* ratai, vežimas

dread [dred] *v* baimintis, bijoti *n* baimė
~**ful** *a* baisus, bauginantis

dream [dri:m] *n* 1 sapnas 2 svajonė
v (**dreamt** [dremt], **dreamed**) 1 sap-
nuoti 2 svajoti (*about, of*); fantazuoti,
įsivaizduoti □ **to** ~ **away** prasva-
joti; **to** ~ **up** sugalvoti ~**er** *n* sva-
jotojas ~**y** *a* svajingas; užsisvajojęs;
nepraktiškas

dreary [ˈdrɪərɪ] *a* liūdnas; niūrus

dredge [dredʒ] apibarstyti (*cukrumi,
miltais*)

dredger [ˈdredʒə] *n* žemsiurbė

dregs [dregz] *n pl* 1 nuosėdos 2 (*vi-
suomenės*) padugnės

drench [drentʃ] *v* kiaurai permerkti

dress [dres] *v* 1 ap(si)rengti, rengti(s)
2 puošti (*eglutę, vitriną*) 3 šukuoti
4 išdirbti (*odą*) 5 ruošti (*valgį*), su-
taisyti (*salotas*) 6 išdarinėti (*žuvį,
vištą*) 7 perrišti (*žaizdą*) 8 *kar.* ly-
giuoti □ **to** ~ **down** *šnek.* išbarti;
to ~ **up** iš(si)puošti *n* drabužiai;
suknelė; rūbai; *evening* ~ a) frakas;
b) vakarinė suknelė; *full* ~ paradinė
uniforma

dress-circle [ˈdresə:kl] *n teatr.* beleta-
žas

dresser [ˈdresə] I *n* 1 virtuvės stalas,
spintelė 2 *amer.* tualetinis staliukas

dresser II *n* 1 dabita, puošeiva 2 *teatr.*
perrengėjas, kostiumininkas

dressing [ˈdresɪŋ] *n* 1 apsirengimas
2 puošimas 3 (*žaizdos*) perrišimas
4 padažas, uždaras ~-**gown** [-gaun]
n chalatas ~-**table** [-teɪbl] *n* tualeti-
nis staliukas

dressmaker [ˈdresmeɪkə] *n* (*moteriškų
drabužių*) siuvėja

drew [dru:] *past žr.* **draw**

dribble [ˈdrɪbl] *v* 1 varvėti; varvinti
2 seilėtis 3 *sport.* varyti(s) kamuolį

drift [drɪft] *n* 1 tėkmė, nešimas (*pasro-
viui, pavėjui*) 2 savieiga 3 pusnis; są-
naša 4 dreifas *v* 1 plaukti / nešti pasro-
viui / pavėjui, dreifuoti 2 sunešti, su-
pustyti

drill [drɪl] I *n tech.* grąžtas *v* gręžti

drill II *n* 1 apmokymas (*rikiuotė*)
2 treniruotė *v* 1 (ap)mokyti; treniruoti
2 įkalti į galvą (*into*)

drink [drɪŋk] *v* (**drank**; **drunk**) 1 gerti
2 girtauti □ **to** ~ **in** gėrėtis; **to** ~
off / **up** išgerti iki dugno *n* 1 gėrimas;
strong ~ svaigusis gėrimas; *small* ~
alus 2 gurkšnis ~**able** *a* geriamas, tin-
kamas gerti ~**er** *n* gėrėjas, girtuoklis

drip [drɪp] *v* varvėti, lašėti *n* varvėjimas
~**ping** *n* taukai, varvantys nuo kepa-
mos mėsos

drive [draɪv] *v* (**drove**; **driven**) 1 vai-
ruoti; vežti, važiuoti 2 varyti, vyti
3 sukti, taikyti (*at – į*) 4 kalti (*vinį*)
□ **to** ~ **away** išvyti, išvaryti; **to** ~
in a) įginti; b) įkalti į galvą; **to** ~ **off**
nuvažiuoti; **to** ~ **on** važiuoti toliau;
to ~ **out** a) išvyti, išmušti, išstumti;
b) pasivažinėti; **to** ~ **up** privažiuoti
△ **to** ~ **smth home** giliai ką įsimin-
ti *n* 1 važiavimas; pasivažinėjimas; *to
go for a* ~ pasivažinėti 2 keliukas,
alėja 3 kampanija 4 skatulys, paskata;
veržlumas 6 *kar.* puolimas 7 *tech.*
pavara

drivel [ˈdrɪvl] *v* niekus tauzyti *n* kvailos
kalbos, nesąmonė

driven [ˈdrɪvn] *pp žr.* **drive**

driver [ˈdraɪvə] *n* 1 šoferis, vairuotojas;
mašinistas 2 varovas 3 *tech.* pavara;
varantysis ratas

drizzle [ˈdrɪzl] *v* dulk(sno)ti *n* dulksna

droll [drəul] *a* juokingas

drone [drəun] *n* 1 ūžimas, zirzimas,
zvimbimas; gausmas 2 *zool.* tranas
v 1 ūžti, zirzti, zvimbti, gausti
2 monotoniškai kalbėti

droop [dru:p] *v* 1 nusvirti; palinkti 2 vysti; silpnėti 3 nusiminti

drop [drɔp] *n* 1 lašas; **a ~ in the bucket / ocean** *priež.* lašas jūroje 2 gurkšnelis; **to take a ~ too much** perdaug išgerti 3 (*temperatūros, kainų*) kritimas, sumažėjimas *v* 1 varvėti, lašėti 2 (nu)kristi 3 (iš)mesti 4 mesti, nustoti 5 nuleisti (*akis, uždangą*) 6 išsodinti (*t.p.* **to ~ off**) 7 pralošti 8 atsitiktinai su(si)tikti (*across*) □ **to ~ back / behind** atsilikti; **to ~ in** užeiti, užsukti; **to ~ off** a) sumažėti; b) užsnūsti; **to ~ out** a) iškristi (*iš varžybų ir pan.*); b) būti nebevartojamam ~**let** [-lɪt] *n* lašelis ~**pings** *n pl* (*gyvulių*) mėšlas

dropsy [ˈdrɔpsɪ] *n med.* vandenligė

dross [drɔs] *n* nuodegos, šlakas

drought [draut] *n* sausra ~**y** *a* sausas

drove [drəuv] I *past žr.* **drive**

drove II *n* 1 (*žmonių*) būrys 2 (*gyvulių*) banda

drown [draun] *v* skęsti; skandinti(s); *pass* paskęsti, prigerti

drows‖**e** [drauz] *v* snausti; snūduriuoti ~**y** *a* 1 apsnūdęs 2 (už)migdantis

drub [drʌb] *v* 1 (ap)mušti, (ap)kulti 2 įkalti (*į galvą; into*) □ **to ~ out** išmušti (*iš galvos*)

drudg‖**e** [drʌdʒ] darbininkas, dirbantis sunkų, nuobodų darbą; triuslys ~**ery** *n* sunkus, nuobodus darbas

drug [drʌg] *n* 1 vaistas 2 narkotikas; **the ~ habit** narkomanija *v* 1 įmaišyti narkotikų 2 duoti narkotikų ~**gist** *n amer.* vaistininkas ~**store** [-stɔ:] *n amer.* vaistinė

drum [drʌm] *n* 1 būgnas 2 būgno mušimas 3 *anat.* (*ausies*) būgnelis 4 *tech.* būgnas, cilindras *v* 1 mušti būgną 2 barbenti (*pirštais*) 3 (į)kalti (*į galvą; into*)

drummer [ˈdrʌmə] *n* būgnininkas

drunk [drʌŋk] *pp žr.* **drink** *a* 1 girtas; **to get ~** pasigerti 2 *prk.*

apsvaigęs ~**ard** [-əd] *n* girtuoklis ~**en** *a* pasigėręs

dry [draɪ] *a* 1 sausas 2 nuobodus 3 išdžiūvęs 4 jaučiantis troškulį *v* (iš)džiūti; džiovinti □ **to ~ up** a) išdžiūti; išdžiovinti; b) nutilti; užsikirsti; **~ up!** nutilk!

dry-clean [ˌdraɪˈkli:n] *v* chemiškai valyti

dual [ˈdju:əl] *a* 1 dvilypis 2 dvejopas, dvigubas

dub [dʌb] I *v* pravardžiuoti, duoti pravardę

dub II dubliuoti; ~**bed film** dubliuotas filmas

dubious [ˈdju:bɪəs] *a* 1 abejotinas 2 abejojantis

ducal [ˈdju:kl] *a* hercogiškas; kunigaikščio

duch‖**ess** [ˈdʌtʃɪs] *n* hercogienė; kunigaikštienė ~**y** *n* hercogystė; kunigaikštystė

duck [dʌk] I *v* 1 pa(si)nerti 2 nerti; sprukti 3 (iš)vengti

duck II *n* antis △ **lame ~** a) nevykėlis; b) bankrotas; **to play / make ~s and drakes** (*with*) iššvaistyti (*pinigus*) ~**ling** [-lɪŋ] *n* ančiukas

duct [dʌkt] *n* 1 vamzdis 2 *anat.* kanalas

ductile [ˈdʌktaɪl] *a* kalus (*apie metalą*)

dud [dʌd] *n šnek.* niekam tikęs žmogus / daiktas

dudgeon [ˈdʌdʒən] *n* pasipiktinimas; **in ~** įsižeidęs

due [dju:] *a* 1 sumokėtinas; apmokėtinas; priklausantis 2 (ati)tinkamas, reikiamas; laukiamas; **in ~ time** savo laiku; **when is the train ~?** kada turi atvykti traukinys? *prep* (~ **to**) dėl (*ko*) *adv* tiesiai, tiksliai *n* 1 tai kas priklauso / užtarnauta 2 *pl* (*nario*) mokestis

duel [ˈdju:əl] *n* dvikova

duet [dju:ˈet] *n* duetas

duffer [ˈdʌfə] *n šnek.* negabus / nevykęs mokinys

dug [dʌg] *past ir pp žr.* **dig**

dugout [ˈdʌgaut] *n* 1 *kar.* blindažas 2 luotas, išskobtas iš medžio kamieno duke [dju:k] *n* hercogas; kunigaikštis ~dom *n* 1 hercogystė; kunigaikštystė 2 hercogo titulas

dull [dʌl] *a* 1 nuobodus 2 vangus 3 bukas, kvailas 4 atšipęs 5 apsiniaukęs; niūrus (*t.p.* *prk.*) *v* atbuk(in)ti (*t.p.* *prk.*); atšipinti ~ard [-əd] *n* kvailys, bukaprotis

duly ['dju:lı] *adv* 1 tinkamai 2 laiku

dumb [dʌm] *a* 1 nebylus; ~ *show* pantomima 2 nekalbus; be žado 3 *šnek.* kvailas ~found [dʌm'faund] *v* apstulbinti

dummy ['dʌmı] *n* 1 manekenas 2 maketas 3 žindukas *a* 1 netikras, fiktyvus 2 mokomasis

dump [dʌmp] *n* 1 sąvartynas 2 *kar.* (*laikinas*) sandėlis *v* 1 suversti (*laužą, šiukšles*); iškrauti 2 *ekon.* prekiauti dempingo pagrindais

dumps [dʌmps] *n* *pl:* (*down*) *in the* ~ *šnek.* blogos nuotaikos

dumpy ['dʌmpı] *a* kresnas

dun [dʌn] *a* pilkšvai rudas *n* pilkšvai ruda spalva

dunce [dʌns] *n* negabus mokinys, bukagalvis

dune [dju:n] *n* kopa

dung [dʌŋ] *a* mėšlas *v* tręšti mėšlu

dungeon ['dʌndʒən] *n* požeminis kalėjimas

duodenum [,dju:ə'di:nəm] *n* *anat.* dvylikapirštė žarna

dupe [dju:p] *n* apgautasis, apgaulės auka *v* apgauti; apkvailinti

duplex ['dju:pleks] *a* dvipusis; dvigubas; ~ *apartment* *amer.* dviaukštis butas

duplicat||e *a* ['dju:plıkət] dvigubas *n* dublikatas, nuorašas *v* [-keıt] 1 (pa)daryti dublikatą; dubliuoti 2 (pa)dvigubinti ~ion [,dju:plı'keıʃn] *n* 1 (pa)dvigubinimas 2 kopijavimas ~or ['dju:plıkeıtə] *n* kopijavimo aparatas

duplicity [dju:'plısətı] *n* dviveidiškumas

dur||able ['djuərəbl] *a* ilgalaikis; tvirtas ~ation [djuə'reıʃn] *n* trukmė

during ['djuərıŋ] *prep* metu, per; ~ *his* *absence* jam nesant

dusk [dʌsk] *n* prieblanda, prietema ~y *a* tamsus; sutemų

dust [dʌst] *n* dulkės *v* 1 (iš)dulkinti; šluostyti dulkes 2 apibarstyti ~bin [-bın] *n* šiukšlių dėžė ~er *n* skuduras dulkėms šluostyti ~man [-mən] *n* šiukšlininkas ~y *a* 1 dulkinas, dulkėtas 2 *prk.* sausas 3 pilkšvas

Dutch [dʌtʃ] *a* olandų, olandiškas; Nyderlandų *n* 1 olandų kalba 2 (*the* ~) olandai ~man [-mən] *n* olandas

duti||able ['dju:tıəbl] *a* apmuitinamas ~ful *a* paklusnus; pareigingas

duty ['dju:tı] *n* 1 pareiga; *to do one's* ~ atlikti pareigą 2 tarnybinės pareigos; budėjimas; *off* ~ ne darbe, ne tarnyboje; *on* ~ budintis 3 muitas; mokestis ~-free [,dju:tı'fri:] *a* neapmuitinamas

dwarf [dwɔ:f] *n* 1 nykštukas 2 neūžauga ~ish *a* nykštukinis; žemaūgis

dwell [dwel] *v* (dwelt, dwelled) 1 gyventi 2 sustoti, apsistoti (*on* – *ties, prie*) ~er *n* gyventojas ~ing *n* buveinė, butas

dwindle ['dwındl] *v* 1 mažėti, nykti (*t.p.* to ~ away) 2 netekti reikšmės

dye [daı] *v* nudažyti *n* dažai

dying ['daıŋ] *a* 1 mirštantis; *to be* ~ merdėti 2 priešmirtinis *n* mirtis *prk.* gesimas

dyke [daık] = dike

dynamic [daı'næmık] *a* dinamiškas; veiklus, energingas ~s *n* 1 dinamika 2 varomosios jėgos

dynamite ['daınəmaıt] *n* dinamitas *v* sprogdinti dinamitu

dynamo ['daınəməu] *n* *el.* dinama

dynast||ic [dı'næstık] *a* dinastinis ~y ['dınəstı] *n* dinastija

dysentery ['dısəntrı] *n* *med.* dizenterija

dyspepsia [dıs'pepsıə] *n* *med.* dispepsija, virškinimo sutrikimas

E

E, e [i:] *n* 1 *penktoji anglų abėcėlės raidė* 2 *muz.* nata mi **3** antros klasės laivas

each [i:tʃ] *pron* kiekvienas; ~ *other* vienas kitą; ~ *and all* visi (*be išimties*)

eager ['i:gə] *a* labai trokštantis, siekiantis (*for*); nekantrus ~ness *n* troškimas

eagle ['i:gl] *n* erelis ~eyed [-'aɪd] *a* ereliško žvilgsnio

ear [ɪə] I *n* 1 ausis 2 klausa; *to be all* ~s įdėmiai klausyti **3** ąsa, ąselė

ear II *n* (*javo*) varpa

earl [ə:l] *n* grafas ~dom [-dəm] *n* grafo titulas

early ['ə:lɪ] *a* 1 ankstyvas 2 artimiausias, greitas **3** priešlaikinis *adv* anksti; ~ *in the day* a) anksti rytą; b) *prk.* iš anksto

earmark ['ɪəmɑ:k] *n* 1 užlenktas knygos lapo kampas 2 įspaudas *v* 1 įspauduoti 2 užlenkti knygos lapą

earn [ə:n] *v* 1 už(si)dirbti 2 nusipelnyti

earnest ['ə:nɪst] I *a* 1 rimtas; uolus 2 įsitikinęs *n*: *in* ~ a) rimtai; b) nuoširdžiai

earnest II *n* rankpinigiai; užstatas

earnings ['ə:nɪŋz] *n pl* uždarbis

earring ['ɪərɪŋ] *n* auskaras

ear-shot ['ɪəʃɔt] *n* girdimumo riba (*atstumas*); *within* ~ girdimumo ribose

earth [ə:θ] *n* 1 žemė; žemės rutulys 2 sausuma **3** dirva 4 *el.* įžeminimas 5 ola, urvas 6 po galais (*sustiprinant klausimą, neigimą*); *why on* ~? kuriam galui?, kodėl gi? *v* 1 įsikasti į žemę / olą; užkasti / apkasti žeme 2 *el.* įžeminti □ *to* ~ *up ž.ū.* apkaupti ~en *a* žemės; molio

earthenware ['ə:θnwɛə] *n* moliniai indai / dirbiniai; keramika

earthly ['ə:θlɪ] *a* žemės, žemiškas

earth‖quake ['ə:θkweɪk] *n* žemės drebėjimas ~work [-wə:k] *n* 1 žemės darbai 2 *kar.* įtvirtinimai ~y *a* 1 žemiškas 2 tiesus, nesigėdintis

earwig ['ɪəwig] *n* auslinda (*vabzdys*)

ease [i:z] *n* 1 ramybė 2 lengvumas; laisvumas; patogumas; *at* ~ patogiai, laisvai *v* 1 (pa)lengvinti 2 (nu)raminti **3** susilpninti, sumažinti (*t.p.* to ~ off / up)

easel ['i:zl] *n* molbertas

easi‖ly ['i:zɪlɪ] *adv* lengvai; laisvai ~ness *n* lengvumas; laisvumas

east [i:st] *n* rytai *a* rytinis; rytų; *the E. End* Ist Endas (*Londono rytinė dalis*) *adv* į rytus

Easter ['i:stə] *n* Velykos

east‖erly ['i:stəlɪ], ~ern [-ən] *a* rytinis, rytų ~ward [-wəd] *adv* į rytus *a* judantis / esantis į rytus *n* rytų kryptis ~wards [-wədz] *adv* į rytus

easy ['i:zɪ] *a* 1 lengvas 2 patogus; ~ *chair* krėslas, minkšta kėdė **3** ramus 4 laisvas, nesuvaržytas *adv* lengvai; ramiai; *to take it* ~ nepersistengti; *stand* ~! *kar.* laisvai! ~going [-'gəʊɪŋ] *a* neimantis į galvą, nerūpestingas; ramus

eat [i:t] *v* (ate [et]; **eaten** ['i:tn]) 1 valgyti 2 (iš)ėsti **3** įsiėsti (*apie rūgštį; into*) □ *to* ~ *up* suėsti (*t.p. prk.*) △ *to* ~ *one's heart out* tyliai kęsti / kentėti; *to* ~ *one's words* atsiimti savo žodžius ~able *a* valgomas

eau-de-cologne [ˌəu də kə'ləun] *n pr.* odekolonas

eaves [i:vz] *n pl* atbraila

ebb [eb] *n* 1 atoslūgis 2 *prk.* kritimas, smukimas *v* 1 slūgti (*apie vandenį*) 2 silpnėti, mažėti ~-tide [ˌeb'taɪd] *n* atoslūgis

ebony ['ebənɪ] *n* juodmedis *a* 1 juodmedžio 2 juodas

ebullient [ɪ'bʌlɪənt] *a* 1 entuziastingas 2 verdantis

eccentric [ɪk'sentrɪk] *a* ekscentriškas, keistas ~ity [ˌeksen'trɪsətɪ] *n* ekscentriškumas

ecclesiastic [ɪˌkliːzɪˈæstɪk] n dvasinin-
kas ~al a bažnytinis, dvasiškas
echelon [ˈeʃələn] n kar. ešelonas
echo [ˈekəu] n 1 aidas, atgarsis 2 atkar-
tojimas (žodžių) v 1 aidėti 2 atkartoti
eclectic [ɪˈklektɪk] n eklektikas a eklek-
tinis ~ism [-tɪsɪzm] n eklektizmas
eclipse [ɪˈklɪps] n astr. užtemimas
v 1 užtemti 2 prk. užtemdyti
ecolog‖ical [ˌiːkəˈlɔdʒɪkl] a ekologinis
~y [iːˈkɔlədʒɪ] n ekologija
econom‖ic [ˌiːkəˈnɔmɪk] a ekonomi-
nis, ūkinis ~ical a ekonomiškas, tau-
pus; ūkiškas ~ics n 1 ekonomika
2 (šalies, tautos) ūkis ~ist [ɪˈkɔnə-
mɪst] n ekonomistas ~ize [ɪˈkɔnəmaɪz]
v taupyti ~y [iːˈkɔnəmɪ] n 1 eko-
nomija, taupumas 2 ekonomika; ūkis;
national ~y tautos ūkis; krašto
ekonomika
ecsta‖sy [ˈekstəsɪ] n ekstazė ~tic [ɪk-
ˈstætɪk] a ekstazės pagautas
eddy [ˈedɪ] n 1 verpetas, sūkurys 2 (dū-
mų) kamuolys v 1 sūkuriuoti 2 verstis
kamuoliais
edge [edʒ] n 1 ašmenys 2 kraštas, briau-
na 3 (kalno) ketera △ on ~ susierzi-
nęs; to take the ~ off one's hunger
numalšinti alkį v 1 aštrinti, galąsti
2 apvedžioti kraštus 3 pamažu slinkti
/ traukti; sprausti(s)
edgeways [ˈedʒweɪz] adv kraštu, šonu
edgy [ˈedʒɪ] a 1 aštrus 2 šnek. susier-
zinęs
edible [ˈedɪbl] a valgomas
edict [ˈiːdɪkt] n ediktas; įsakas
edifice [ˈedɪfɪs] n pastatas
edify [ˈedɪfaɪ] v (pa)mokyti
edit [ˈedɪt] v ruošti spaudai; redaguoti
~ion [ɪˈdɪʃn] n leidimas; leidinys ~or
n redaktorius ~orial [ˌedɪˈtɔːrɪəl] a
redaktoriaus, redakcinis n vedamasis
(straipsnis) ~or-in-chief [ˌedɪtərɪn-
ˈtʃiːf] n vyriausiasis redaktorius
educat‖e [ˈedjukeɪt] v auklėti; mokyti,
šviesti ~ed a 1 apsišvietęs, išsilavinęs
2 išlavintas ~ion [ˌedjuˈkeɪʃn] n auk-
lėjimas; ugdymas; švietimas ~ional

[ˌedjuˈkeɪʃənl] a 1 mokomasis 2 auk-
lėjamasis ~ive [ˈedjukətɪv] a šviečia-
masis; auklėjamasis ~or n pedagogas,
auklėtojas
eel [iːl] n ungurys
e'er [ɛə] poet. žr. ever
efface [ɪˈfeɪs] v 1 ištrinti, išbraukti, pa-
naikinti 2: to ~ oneself likti nepa-
stebimam
effect [ɪˈfekt] n 1 pasekmė; efektas; of /
to no ~ veltui; to be of ~ (pa)veik-
ti 2 galiojimas; veikimas; to bring /
put into ~ įvykdyti; in ~ a) galio-
jantis; b) iš tikrųjų 3 pl turtas 4 turi-
nys; the letter was to the ~ laiške
parašyta v įvykdyti ~ive a 1 efekty-
vus 2 įspūdingas 3 galiojantis 4 tech.
naudingas ~ual [-tʃuəl] a 1 veiks-
mingas, efektyvus 2 teis. galiojantis
effemina‖cy [ɪˈfemɪnəsɪ] n išlepimas,
moteriškumas (apie vyrą) ~te a
išlepęs, moteriškas
effervesc‖ence [ˌefəˈvesns] v 1 (dujų)
burbuliukų išsiskyrimas, burbuliavi-
mas 2 prk. kunkuliavimas ~ent a
1 burbuliuojantis, putojantis 2 prk.
kunkuliuojantis
effete [ɪˈfiːt] a išsekęs, bejėgis
effica‖cious [ˌefɪˈkeɪʃəs] a veiksmingas,
efektyvus ~cy [ˈefɪkəsɪ] n veiksmingu-
mas
effici‖ency [ɪˈfɪʃənsɪ] n 1 efektyvumas
2 produktyvumas ~ent a 1 veiks-
mingas, efektyvus 2 produktyvus
effigy [ˈefɪdʒɪ] n atvaizdas, paveikslas
effluent [ˈefluənt] a 1 ištekantis 2 nu-
tekamasis n 1 upė (ištekanti iš ežero)
2 nutekamieji vandenys
effort [ˈefət] n 1 pastanga 2 bandy-
mas ~less a 1 nesistengiantis 2 ne-
reikalaujantis pastangų
effrontery [ɪˈfrʌntərɪ] n įžūlumas; įžū-
lybė
effulgence [ɪˈfʌldʒəns] n knyg. blizge-
sys, spindėjimas
effus‖ion [ɪˈfjuːʒn] n iš(si)liejimas (t.p.
prk.) ~ive [ɪˈfjuːsɪv] a ekspansyvus;
perdėtas

e.g. [ˌiːˈdʒiː] (**exempli gratia** *sutr.*) pavyzdžiui

egg [eg] I *n* kiaušinis △ *as sure as ∼s is ∼s* aišku kaip diena; *teach your grandmother to suck ∼s prież.* kiaušinis vištą moko; *a bad ∼ šnek.* netikėlis *∼shell* [-ʃel] *n* kiaušinio lukštas

egg II *v: to ∼ on* (su)kurstyti

eglantine [ˈegləntaɪn] *n* erškėtis

ego‖ism [ˈegəuɪzm] *n* egoizmas *∼ist n* egoistas

egot‖ism [ˈegəutɪzm] *n* egotizmas *∼ist n* savimana

egregious [ɪˈgriːdʒɪəs] *n* nepaprastas, negirdėtas (*apie klaidą, melą*)

Egyptian [ɪˈdʒɪpʃn] *n* egiptietis *a* Egipto; egiptiečių

eh [eɪ] *int* 1 *a?* (*abejojant, nustebus*); ar(gi) ne? (*ieškant pritarimo*) 2 ką? (*neužgirdus*)

eigh‖t [eɪt] *num* aštuoni *∼teen* [eɪˈtiːn] *num* aštuoniolika *∼teenth* [eɪˈtiːnθ] *num* aštuonioliktas *∼th* [eɪtθ] *num* aštuntas *∼tieth* [ˈeɪtɪəθ] *num* aštuoniasdešimtas *∼ty* [ˈeɪtɪ] *num* aštuoniasdešimt

either [ˈaɪðə] *pron* 1 vienas iš dviejų; tas ar kitas 2 bet kuris (*iš dviejų*); abu *conj* arba; *∼ ... or* arba ... arba *adv* taip pat (*neigiamajame sakinyje*); *if he does not come, I shall not ∼* jeigu jis neateis, aš taip pat neateisiu

ejaculate [ɪˈdʒækjuleɪt] *v* 1 *knyg.* sušukti 2 *fiziol.* išmesti (*sėklą*)

eject [ɪˈdʒekt] *v* 1 iškelti (*iš buto*) 2 *fiziol.* išmesti, išleisti (*skystį, sėklą ir pan.*)

eke [iːk] *v: to ∼ out* vos verstis; *to ∼ out a living* šiaip taip užsidirbti pragyvenimui

elaborat‖e *a* [ɪˈlæbərət] 1 kruopščiai paruoštas 2 sudėtingas *v* [ɪˈlæbəreɪt] 1 detalizuoti 2 išrutulioti (*mintį ir pan.*); ištobulinti *∼ion* [ɪˌlæbəˈreɪʃn] *n* 1 detalizavimas 2 išrutuliojimas

elapse [ɪˈlæps] *v* praeiti, praslinkti, prabėgti (*apie laiką*)

elastic [ɪˈlæstɪk] *a* elastiškas, lankstus (*t.p. prk.*) *n* guminė juostelė *∼ity* [ˌelæˈstɪsətɪ] *n* lankstumas; elastingumas; tampra

elat‖ed [ɪˈleɪtɪd] *a* pradžiugintas; pakilus; pakilios nuotaikos *∼ion* [ɪˈleɪʃn] *n* pakili nuotaika

elbow [ˈelbəu] *n* alkūnė △ *at one's ∼* prie savęs, šalia; *up to the ∼s in work* paskendęs darbe; *out at ∼s* apiplyšęs; apskuręs *v* atstumti / stumdyti alkūnėmis; *to ∼ ones way* prasibrauti (*in, into, through*)

elder [ˈeldə] I *n* šeivamedis

eld‖er II *a* vyresnis *n* vyresnysis *∼erly a* pagyvenęs *∼est* [ˈeldɪst] *a* vyriausias (*ypač šeimoje*)

elect [ɪˈlekt] *v* (iš)rinkti (*balsuojant*) *a* išrinktas *∼ion* [-kʃn] *n* rinkimai; *general ∼ion* visuotiniai rinkimai *∼ive a* renkamas *∼or n* rinkėjas *∼oral* [-ərəl] *a* rinkiminis, rinkimų *∼orate* [-ərət] *n* rinkėjų kontingentas

electri‖c(al) [ɪˈlektrɪk(l)] *a* elektrinis *∼cian* [ɪˌlekˈtrɪʃn] *n* 1 elektrikas, elektrotechnikas 2 elektromonteris *∼city* [ɪˌlekˈtrɪsətɪ] *n* elektra *∼fication* [ɪˌlektrɪfɪˈkeɪʃn] *n* elektrifikacija *∼fy v* 1 elektrifikuoti 2 įelektrinti

electro- [ɪˈlektrəu] (*sudurtiniuose žodžiuose*) elektro-

electrocute [ɪˈlektrəkjuːt] *v* 1 užmušti elektra 2 įvykdyti mirties bausmę elektros kėdėje

electrode [ɪˈlektrəud] *n* elektrodas

electrolysis [ɪˌlekˈtrɒləsɪs] *n* elektroiizė

electron [ɪˈlektrɒn] *n* elektronas *∼ics* [ɪˌlekˈtrɒnɪks] *n* elektronika

electroplate [ɪˈlektrəupleɪt] *v* galvanizuoti

eleg‖ance [ˈelɪgəns] *n* elegantiškumas, grakštumas *∼ant a* grakštus, elegantiškas

eleg‖iac [ˌelɪˈdʒaɪək] *a* elegiškas *∼y* [ˈelɪdʒɪ] *n* elegija

element [ˈelɪmənt] *n* 1 elementas 2 (*sudėtinė*) dalis; dalelė 3 stichija 4 *pl*

(*mokslo*) pagrindai ~al [ˌelɪˈmentl] *a*
1 gaivalinis, stichiškas 2 pradinis, pag-
rindinis ~ary [ˌelɪˈmentərɪ] *a* 1 ele-
mentarus 2 pirminis; ~ary *school*
pradinė mokykla

elephant [ˈelɪfənt] *n* dramblys △ *whíte*
~ nereikalingas turtas ~ine [ˌelɪˈfæn-
taɪn] *a* dramblio; drambliškas

elevat||e [ˈelɪveɪt] *v* (pa)kelti, iškelti;
to ~ *hopes* sukelti viltis ~ed *a*
1 iškilus; aukštas (*apie stilių*) 2 iš-
keltas ~ion [ˌelɪˈveɪʃn] *n* 1 (pa)-
kėlimas 2 aukštis (*virš jūros lygio*)
~or *n* 1 elevatorius 2 *amer.* liftas

eleven [ɪˈlevn] *num* vienuolika ~ses
[-sɪz] *n šnek.* lengvi priešpiečiai ~th
[-θ] *num* vienuoliktas △ *at the* ~*th
hour* paskutinę minutę

elf [elf] *n* (*pl* elves) *mit.* elfas, nykštu-
kas

elicit [ɪˈlɪsɪt] *v* 1 sukelti (*reakciją*);
išgauti (*atsakymą*) 2 išaiškinti (*tiesą*)

eligib||ility [ˌelɪdʒəˈbɪlətɪ] *n* teisė būti
renkamam ~le [ˈelɪdʒəbl] *a* 1 galintis
būti išrinktas 2 tinkamas, pageidauja-
mas

eliminate [ɪˈlɪmɪneɪt] *v* 1 pašalinti, at-
mesti 2 panaikinti

elite [ɪˈliːt] *n* elitas

elixir [ɪˈlɪksə] *n* eliksyras

elk [elk] *n* briedis

ellip||se [ɪˈlɪps] *n geom.* elipsė ~sis
[ɪˈlɪpsɪs] *n lingv.* elipsė ~tic(al) [-tɪ-
k(l)] *a* elipsinis

elm [elm] *n bot.* guoba, vinkšna

elocution [ˌeləˈkjuːʃn] *n* retorika

elongate [ˈiːlɔŋgeɪt] *v* ištęsti; pailginti

elope [ɪˈləup] *v* slapta pabėgti

eloqu||ence [ˈeləkwəns] *n* iškalba ~ent
a iškalbingas

else [els] *adv* 1 dar; be to; *who* ~? kas
dar? 2 kitaip, priešingu atveju (*papr.*
or ~) ~where [ˌelsˈweə] *adv* kur ki-
tur

elucidate [ɪˈluːsɪdeɪt] *v* nušviesti, paaiš-
kinti

elu||de [ɪˈluːd] *v* (iš)vengti, išsisukti
~sion [-ʒn] *n* vengimas, išsisukimas

~sive *a* 1 nepagaunamas; išsisukinė-
jimas 2 silpnas (*apie atmintį*)

elves [elvz] *n pl žr.* elf

'em [əm] *pron šnek.* = them juos, jiems

emaciated [ɪˈmeɪʃɪeɪtɪd] *a* išsekęs, išse-
kintas

emanate [ˈeməneɪt] *v* kilti, sklisti
(*from*)

emancipat||e [ɪˈmænsɪpeɪt] *v* išlaisvinti,
išvaduoti ~ion [ɪˌmænsɪˈpeɪʃn] *n* iš-
laisvinimas; emancipacija

emasculate *v* [ɪˈmæskjuleɪt] 1 (iš)kas-
truoti 2 (nu)silpninti

embalm [ɪmˈbɑːm] *v* balzamuoti

embankment [ɪmˈbæŋkmənt] *n* kranti-
nė; pylimas

embargo [emˈbɑːgəu] *n* embargas
v įvesti embargą, uždrausti

embark [ɪmˈbɑːk] *v* 1 pakrauti laivą
2 sėsti į laivą 3 imtis (*on* – *ko*)
~ation [ˌembɑːˈkeɪʃn] *n* pakrovimas,
įsodinimas (*į laivą*)

embarrass [ɪmˈbærəs] *v* 1 (su)trikdyti;
(su)konfūzyti 2 sudaryti sunkumų

embassy [ˈembəsɪ] *n* pasiuntinybė, am-
basada

embattled [ɪmˈbætld] *v* 1 įtrauktas į
karą 2 kamuojamas sunkumų

embed [ɪmˈbed] *v* 1 įtvirtinti, įkasti,
įstatyti 2 įsmigti (*atmintyje ir pan.*)

embellish [ɪmˈbelɪʃ] *v* 1 puošti 2 pagra-
žinti, padailinti (*pasakojant*)

ember [ˈembə] *n* (*papr. pl*) karšti pele-
nai; žarijos

embezzle [ɪmˈbezl] *v* pasisavinti, išeik-
voti (*svetimus pinigus*)

embitter [ɪmˈbɪtə] *v* apkartinti (*gyve-
nimą*)

emblem [ˈembləm] *n* simbolis; emblema
v būti emblema, simbolizuoti ~atic
[ˌembləˈmætɪk] *a* simbolinis

embod||iment [ɪmˈbɔdɪmənt] *n* įkūniji-
mas ~y [-dɪ] *v* 1 įkūnyti; įgyvendinti
(*idėją*) 2 apimti, jungti

embolden [ɪmˈbəuldən] *v* (pa)drąsinti

emboss [ɪmˈbɔs] *v* iškalti, puošti reljefu

embrace [ɪmˈbreɪs] *v* 1 ap(si)kabinti 2 priimti (*teoriją, tikėjimą*) 3 apimti *n* ap(si)kabinimas; glėbys
embrasure [ɪmˈbreɪʒə] *n* 1 ambrazūra, šaudymo anga 2 *archit.* anga
embroider [ɪmˈbrɔɪdə] *v* 1 (iš)siuvinėti 2 pagražinti (*pasakojant*) **~y** [-rɪ] *n* (iš)siuvinėjimas; išsiuvinėtas daiktas
embroil [ɪmˈbrɔɪl] *v* į(si)painioti, supainioti
embryo [ˈembrɪəu] *n* 1 embrionas, gemalas 2 *prk.* užuomazga *a* užuomazginis **~nic** [ˌembrɪˈɔnɪk] *a* embrioninis
emend [ɪˈmend] *v* ištaisyti (*tekstą*)
emerald [ˈemərəld] *n* smaragdas *a* smaragdinis
emerg||e [ɪˈmə:dʒ] *v* 1 pasirodyti 2 iškilti **~ence** *n* pasirodymas; iškilimas **~ency** *n* nenumatytas atvejis; kritiška padėtis; ***in an ~ency, in case of ~ency*** būtiniausiu atveju *a* nepaprastas; atsarginis
emeritus [ɪˈmerɪtəs] *a* garbės, nusipelnęs; ***~ professor*** nusipelnęs (*nebedirbantis*) profesorius
emery [ˈemərɪ] *n* švitras
emigr||ant [ˈemɪgrənt] *a* emigruojantis *n* emigrantas, išeivis **~ate** *v* emigruoti **~ation** [ˌemɪˈgreɪʃn] *n* emigracija; išeivija
emin||ence [ˈemɪnəns] *n* 1 garsybė 2: ***your E.*** Jūsų šventenybe (*kreipiantis į kardinolą*) **~ent** *a* 1 įžymus, garsus 2 iškilus
emir [eˈmɪə] *n* emyras
emiss||ary [ˈemɪsərɪ] *n* emisaras **~ion** [ɪˈmɪʃn] *n* 1 iš(si)skyrimas, spinduliavimas 2 emisija
emit [ɪˈmɪt] *v* 1 išmesti (*dūmus ir pan.*) 2 išleisti (*pinigus, garsus*)
emolument [ɪˈmɔljumənt] *n* (*papr. pl*) uždarbis; pajamos
emotion [ɪˈməuʃn] *n* 1 jaudinimasis 2 emocija **~al** [-ʃənl] *a* 1 emocionalus 2 emocinis
emperor [ˈempərə] *n* imperatorius
empha||sis [ˈemfəsɪs] *n* pabrėžimas; emfazė; ***to lay special ~*** ypatingai pabrėžti **~size** [-saɪz] *v* akcentuoti, pabrėžti **~tic** [ɪmˈfætɪk] *a* emfatiškas; pabrėžtas
empire [ˈempaɪə] *n* imperija
empiric||al [emˈpɪrɪkl] *a* empirinis, patirtinis **~ism** [emˈpɪrɪsɪzm] *n* empirizmas **~ist** [-sɪst] *n* empirikas
employ [ɪmˈplɔɪ] *v* 1 samdyti 2 naudoti, vartoti 3 užsiimti *n* užsiėmimas, tarnyba; ***to be in the ~ of smb*** tarnauti / dirbti pas ką **~ee** [ˌemplɔɪˈi:] *n* tarnautojas **~er** *n* darbdavys **~ment** *n* 1 panaudojimas 2 tarnyba, darbas; užsiėmimas
emporium [emˈpɔ:rɪəm] *n* prekybos centras; didelė universalinė parduotuvė
empower [ɪmˈpauə] *v* 1 įgalioti 2 įgalinti
empress [ˈemprɪs] *n* 1 imperatorė 2 imperatorienė
empt||iness [ˈemptɪnɪs] *n* tuštuma **~y** *a* tuščias (*t.p. prk.*) *n pl* tušti vagonai / buteliai *v* 1 ištuštinti 2 išpilti 3 įtekėti (*apie upę; into*) 4 tuštėti
empty-handed [ˌemptɪˈhændɪd] *a* tuščiomis rankomis
empty-headed [ˌemptɪˈhedɪd] *a* tuščiagalvis
emul||ate [ˈemjuleɪt] *v* pamėgdžioti; lenktyniauti **~ation** [ˌemjuˈleɪʃn] *n* lenktyniavimas
emulsion [ɪˈmʌlʃn] *n* emulsija
enable [ɪˈneɪbl] *v* 1 duoti teisę / galimybę 2 įgalinti; leisti
enact [ɪˈnækt] *v* 1 nutarti; priimti (*įstatymą*) 2 vaidinti (*vaidmenį*) **~ment** *n* 1 potvarkis, įstatymas 2 įsigaliojimas
enamel [ɪˈnæml] *n* emalė *v* emaliuoti
enamour [ɪˈnæmə] *v* su(si)žavėti
encamp [ɪnˈkæmp] *v* (įsi)ruošti stovyklą **~ment** *n* stovykla
encase [ɪnˈkeɪs] *v* 1 pakuoti 2 padengti **~ment** *n* 1 įpakavimas 2 dėžė
enchant [ɪnˈtʃɑ:nt] *v* 1 (su)žavėti 2 užburti **~ment** *n* 1 žavesys 2 kerai **~ress** [-rɪs] *n* 1 burtininkė 2 žavinga moteris

encircle [ɪn'sə:kl] v apsupti ~ment n
apsupimas, apsuptis

enclos||e [ɪn'kləuz] v 1 įdėti (į voką);
pridėti 2 apsupti, aptverti ~ure [ɪn-
'kləuʒə] n 1 (laiško, paketo) priedas,
įdėtis 2 aptvaras

encode [ɪn'kəud] v (už)šifruoti

encompass [ɪn'kʌmpəs] v 1 apsupti
2 apimti

encore ['ɔŋkɔ:] pr. int bis!, dar! v rei-
kalauti pakartoti, šaukti „bis"

encounter [ɪn'kauntə] v 1 susidurti
2 susitikti n 1 susidūrimas 2 susitiki-
mas

encourage [ɪn'kʌrɪdʒ] v 1 padrąsinti
2 (pa)raginti, (pa)skatinti

encroach [ɪn'krəutʃ] v 1 kėsintis, pasi-
kėsinti 2 įsiveržti, įsibrauti

encrust [ɪn'krʌst] v 1 pa(si)dengti; ap-
(si)traukti (plėvele, rūdimis) 2 in-
krustuoti

encumb||er [ɪn'kʌmbə] v 1 užgriozdinti
2 apsunkinti, varžyti ~rance [-brəns]
n apsunkinimas; našta

encyclop(a)ed||ia [ɪn,saɪklə'pi:dɪə] n
enciklopedija ~ic a enciklopedinis
~ist n enciklopedininkas

end [end] n 1 galas; pabaiga; to put an
~ to smth padaryti kam galą 2 tiks-
las △ at a loose ~ be užsiėmimo; in
the ~ galų gale; to make both ~s
meet sudurti galą su galu v baigti(s)
□ to ~ off / up užbaigti

endanger [ɪn'deɪndʒə] v statyti į pavojų

endear [ɪn'dɪə] v padaryti mylimą; tap-
ti mylimam / brangiam (to) ~ment n
meilumas, švelnumas

endeavo(u)r [ɪn'devə] v stengtis n pa-
stanga, stengimasis

endemic [en'demɪk] a endeminis, vie-
tinis (apie ligą) n endemija (vietinė
liga)

end||ing ['endɪŋ] n 1 pabaiga 2 gram.
galūnė a baigiamasis ~less a nesibai-
giantis, begalinis

endorse [ɪn'dɔ:s] v 1 patvirtinti 2 kom.
pasirašyti (kitoje vertybinio popie-
riaus pusėje)

endow [ɪn'dau] v 1 suteikti; šelpti
2 pass apdovanoti (gabumais) ~ment
n 1 šelpimas 2 dovana, auka 3 ga-
bumai

endurance [ɪn'djuərəns] n ištvermingu-
mas; beyond / past ~ nepakeliamas

endure [ɪn'djuə] v 1 iškęsti, išlaikyti,
pakelti 2 trukti

endways ['endweɪz] adv galu į priekį

enema ['enɪmə] n med. klizma

enemy ['enəmɪ] n priešas, priešininkas
a priešiškas, priešo

energ||etic [,enə'dʒetɪk] a energingas
~etics n energetika ~y ['enədʒɪ] n
1 energija 2 energingumas; jėga

enervated ['enəveɪtɪd] a nusilpęs

enfeeble [ɪn'fi:bl] v (su)silpninti

enfold [ɪn'fəuld] v 1 apglėbti, apkabinti
2 supti; ap(si)supti

enforce [ɪn'fɔ:s] v 1 versti, spausti
2 (pri)versti vykdyti (įstatymą)

enfranchise [ɪn'fræntʃaɪz] v suteikti
rinkimų teisę

engage [ɪn'geɪdʒ] v 1 iš(si)nuomoti, už-
(si)sakyti 2 (pa)samdyti, angažuoti
3 įsipareigoti; pasižadėti 4 susižadėti
5 įtraukti (į pokalbį); patraukti (dė-
mesį) 6 užsiimti (in – kuo) ~d a
1 užimtas; užsiėmęs 2 susižiedavęs
~ment n 1 įsipareigojimas 2 su-
žadėtuvės 3 mūšis

engaging [ɪn'geɪdʒɪŋ] a žavus, patrauk-
lus

engender [ɪn'dʒendə] v sukelti, būti
priežastimi

engine ['endʒɪn] n 1 variklis; internal
combustion ~ vidaus degimo varik-
lis 2 garvežys ~-driver [-draɪvə] n
garvežio mašinistas

engineer [,endʒɪ'nɪə] n 1 inžinierius
2 mechanikas 3 amer. mašinistas
v 1 konstruoti, projektuoti 2 orga-
nizuoti, ruošti

engineering [,endʒɪ'nɪərɪŋ] n inžinerija;
technika; electrical ~ elektrotechni-
ka; ~ works mašinų gamykla

English ['ɪŋglɪʃ] a angliškas, anglų;
Anglijos n 1 anglų kalba 2 (the

~) anglai ~**man** [-mən] *n* anglas ~**woman** [-wumən] *n* anglė

engraft [ɪn'grɑːft] *v* skiepyti (*medž; idėją*)

engrav‖e [ɪn'greɪv] *v* 1 graviruoti; raižyti 2 įsmigti (*atmintin*) ~**er** *n* graveris ~**ing** *n* 1 graviravimas 2 graviūra

engross [ɪn'grəus] *v* 1 būti įsigilinusiam / įnikusiam 2 rašyti (*dokumentą*) stambiomis raidėmis ~**ing** *a* įdomus, patraukiantis

enhance [ɪn'hɑːns] *v* padidinti; pakelti (*kokybę, vertę*)

enigma [ɪ'nɪgmə] *n* mįslė ~**tic(al)** [ˌenɪg'mætɪk(l)] *a* paslaptingas, mįslingas

enjoin [ɪn'dʒɔɪn] *v* įsakyti, reikalauti

enjoy [ɪn'dʒɔɪ] *v* 1 gėrėtis 2 patikti 3 turėti (*sveikatos, teises ir pan.*) ~**able** *a* malonus ~**ment** *n* 1 malonumas, pomėgis 2 turėjimas (*sveikatos ir pan.*)

enlarge [ɪn'lɑːdʒ] *v* 1 (pa)didinti; (pa)didėti, iš(si)plėsti 2 plačiau kalbėti ~**ment** *n* iš(si)plėtimas, padidinimas

enlighten [ɪn'laɪtn] *v* apšviesti, informuoti ~**ment** *n* švietimas

enlist [ɪn'lɪst] *v* 1 verbuoti / stoti į karo tarnybą 2 užsitikrinti (*paramą*), patraukti savo pusėn

enliven [ɪn'laɪvn] *v* pagyvinti

enmesh [ɪn'meʃ] *v* įpainioti

enmity ['enmətɪ] *n* nesantaika; priešiškumas

ennoble [ɪ'nəubl] *v* 1 kilninti 2 suteikti pero titulą

enorm‖ity [ɪ'nɔːmətɪ] *n* 1 (*problemos ir pan.*) rimtumas, didumas 2 baisus nusikaltimas ~**ous** *a* milžiniškas, didžiulis

enough [ɪ'nʌf] *a* pakankamas *n* pakankamas kiekis; *I've had ~ of him* jis man įkyrėjo *adv* pakankamai; gana

enquire [ɪn'kwaɪə] *žr.* **inquire**

enrage [ɪn'reɪdʒ] *v* (į)siutinti

enrapture [ɪn'ræptʃə] *v* su(si)žavėti

enrich [ɪn'rɪtʃ] *v* 1 (pra)turtinti 2 tręšti

enrol(l) [ɪn'rəul] *v* įsirašyti; (į)stoti ~**ment** *n* 1 užsirašymas 2 (*narių*) priėmimas

ensconce [ɪn'skɔns] *v: to ~ oneself* patogiai įsitaisyti

ensemble [ɔn'sɔmbl] *n* ansamblis

enshrine [ɪn'ʃraɪn] *v* saugoti, puoselėti (*atminimą ir pan.*)

enshroud [ɪn'ʃraud] *v* apgaubti, apdengti

ensign ['ensaɪn] *n* 1 (*laivo*) vėliava 2 *amer. jūr.* jaunesnysis leitenantas 3 ženklelis

enslave [ɪn'sleɪv] *v* pavergti

ensnare [ɪn'sneə] *v* 1 pagauti spąstais 2 *prk.* įvilioti į pinkles / spąstus

ensu‖e [ɪn'sjuː] *v* vykti (*po ko*); sekti; *silence ~ed* stojo tyla ~**ing** *a* po to vykstantis, kitas

ensure [ɪn'ʃuə] *v* garantuoti, užtikrinti

entail [ɪn'teɪl] *v* sukelti; pareikalauti (*išlaidų*)

entangle [ɪn'tæŋgl] *v* į(si)painioti; su(si)painioti; į(si)velti ~**ment** *n* 1 į(si)painiojimas 2 kliuvinys

enter ['entə] *v* 1 įeiti 2 įstoti 3 į(si)rašyti; į(si)traukti 4 užsirašyti (*norint dalyvauti; for*) 5 pradėti (*into, on*)

enterpris‖e ['entəpraɪz] *n* 1 įmonė; verslininkystė 2 verslumas; iniciatyva ~**ing** *a* verslus, iniciatyvus

entertain [ˌentə'teɪn] *v* 1 vaišinti 2 užimti, linksminti 3 atsižvelgti; reaguoti ~**ing** *a* įdomus ~**ment** *n* 1 (*svečių*) priėmimas, vaišinimas; pobūvis 2 (pasi)linksminimas, pramoga; divertismentas

enthral(l) [ɪn'θrɔːl] *v* pavergti, sužavėti

enthrone [ɪn'θrəun] *v* pasodinti į sostą

enthusias‖m [ɪn'θjuːzɪæzm] *n* entuziazmas ~**t** *n* entuziastas ~**tic** [ɪnˌθjuːzɪ'æstɪk] *a* entuziastiškas

entice [ɪn'taɪs] *v* (su)gundyti, (su)vilioti ~**ment** *n* 1 viliojimas 2 pagunda; jaukas

entire [ɪn'taɪə] *a* visas, ištisas ~**ly** *adv* 1 visiškai, visai 2 tiktai; išimtinai ~**ty** *n* visuma; bendra suma

entitle [ɪn'taɪtl] *v* 1 duoti teisę; *pass* turėti teisę 2 pavadinti

entity ['entətɪ] *n* 1 būtis 2 objektyvioji realybė

entomb [ɪn'tuːm] *v* palaidoti

entomology [ˌentə'mɔlədʒɪ] *n* entomologija

entourage [ˌɔntu'rɑːʒ] *pr. n* palyda

entrails ['entreɪlz] *n pl* viduriai, žarnos

entrance I ['entrəns] *n* 1 įėjimas; **back** ~ užpakalinės durys 2 įstojimas; ~ **examinations** stojamieji egzaminai

entrance II [ɪn'trɑːns] *v* sukelti (*džiaugsmą, baimę, ekstazę*)

entrap [ɪn'træp] *v* 1 pagauti spąstais 2 apgauti, įpainioti

entreat [ɪn'triːt] *v* maldauti ~y *n* maldavimas, meldimas

entrée ['ɔntreɪ] *pr. n* 1 įėjimo teisė 2 patiekalas, duodamas tarp žuvies ir mėsos

entrench [ɪn'trentʃ] *v* į(si)tvirtinti ~ment *n kar.* tranšėja, įtvirtinimai

entrust [ɪn'trʌst] *v* patikėti, pavesti

entry ['entrɪ] *n* 1 įėjimas, įžengimas; įvažiavimas 2 durys; vartai, praėjimas 3 įrašas sąraše; dalyvių sąrašas; *large* ~ didelis konkursas 4 įstojimas

entwine [ɪn'twaɪn] *v* su(si)pinti

enumerat‖e [ɪ'njuːməreɪt] *v* išvardyti ~ion [ɪˌnjuːmə'reɪʃn] *n* 1 išvardijimas 2 sąrašas

enunciat‖e [ɪ'nʌnsɪeɪt] *v* 1 formuluoti 2 (*aiškiai*) tarti (*žodžius*) ~ion [ɪˌnʌnsɪ'eɪʃn] *n* 1 formulavimas 2 geras tarimas, dikcija

envelop [ɪn'veləp] *v* (ap)vynioti, apgaubti

envelope ['envələup] *n* 1 vokas 2 apvalkalas

envi‖**able** ['envɪəbl] *a* pavydėtinas ~ous *a* pavydus

environ‖**ment** [ɪn'vaɪərənmənt] *n* aplinka ~s *n pl* apylinkės

envisage [ɪn'vɪzɪdʒ] *v* įsivaizduoti, numatyti

envoy ['envɔɪ] *n* pasiuntinys

envy ['envɪ] *n* pavydas *v* pavydėti

epaulet(te) ['epəlet] *n* (*paradiniai*) antpečiai

ephemeral [ɪ'femərəl] *a* 1 efemeriškas, trumpalaikis 2 *biol.* vienadienis

epic ['epɪk] *a* epinis *n* epinė poema

epicentre ['epɪsentə] *n* epicentras

epidemic [ˌepɪ'demɪk] *a* epideminis *n* epidemija

epiglottis [ˌepɪ'glɔtɪs] *n anat.* antgerklis

epigram ['epɪgræm] *n* epigrama

epilepsy ['epɪlepsɪ] *n* epilepsija

epilogue ['epɪlɔg] *n* epilogas

episcopal [ɪ'pɪskəpl] *a* vyskupo, vyskupiškas

episod‖**e** ['epɪsəud] *n* epizodas ~ic [ˌepɪ'sɔdɪk] *a* epizodiškas

epistle [ɪ'pɪsl] *n knyg., juok.* laiškas

epitaph ['epɪtɑːf] *n* epitafija, antkapio įrašas

epithet ['epɪθet] *n* epitetas

epitome [ɪ'pɪtəmɪ] *n* įkūnijimas

epoch ['iːpɔk] *n* epocha ~-making [-meɪkɪŋ] *a* epochinis, reikšmingas

equable ['ekwəbl] *a* vienodas, pastovus; santūrus

equal ['iːkwəl] *a* 1 lygus, vienodas 2 prilygstantis, sulyginamas *v* būti lygiam; prilygti ~ity [ɪ'kwɔlətɪ] *n* lygybė

equanimity [ˌiːkwə'nɪmətɪ] *n* šaltakraujiškumas, ramumas

equat‖**e** [ɪ'kweɪt] *v* sulyginti ~ion [-ʃn] *n* 1 išlyginimas 2 *mat.* lygtis

equator [ɪ'kweɪtə] *n* pusiaujas, ekvatorius ~ial [ˌekwə'tɔːrɪəl] *a* pusiaujo, ekvatoriaus, ekvatorinis

equestrian [ɪ'kwestrɪən] *a* raitas *n* raitelis

equiangular [ˌiːkwɪ'æŋgjulə] *a geom.* lygiakampis

equidistant [ˌiːkwɪ'dɪstənt] *a* vienodai nutolęs

equilateral [ˌiːkwɪ'lætərəl] *a geom.* lygiakraštis

equilibr‖**ate** [ˌiːkwɪ'laɪbreɪt] *v* iš(si)lyginti, (išsi)balansuoti ~ium [ˌiːkwɪ'lɪbrɪəm] *n* pusiausvyra

equine ['ekwaɪn] *a* arklio; arkliškas

equin‖octial [ˌiːkwɪˈnɔkʃl] a ekvinokci-nis ~ox [ˈiːkwɪnɔks] n ekvinokcija

equip [ɪˈkwɪp] v 1 aprūpinti (with); įrengti 2 parengti ~ment n 1 įren-gimas 2 įrengimai, įrenginiai

equipoise [ˈekwɪpɔɪz] n pusiausvyra; atsvara

equit‖able [ˈekwɪtəbl] a teisingas, be-šališkas ~y [-wətɪ] n 1 teisingumas, bešališkumas 2 pl paprastosios akcijos

equival‖ence [ɪˈkwɪvələns] n ekviva-lentiškumas, lygiavertiškumas ~ent a lygiavertis, lygiareikšmis; tolygus n ekvivalentas, atitikmuo

equivoc‖al [ɪˈkwɪvəkl] a 1 dviprasmis 2 abejotinas ~ate v kalbėti dvipras-miškai, išsisukinėti

era [ˈɪərə] n era, epocha

eradicat‖e [ɪˈrædɪkeɪt] v išrauti su šak-nimis ~ion [ɪˌrædɪˈkeɪʃn] n išnaikini-mas

eras‖e [ɪˈreɪz] v 1 ištrinti, išskusti 2 prk. išdildyti ~er n trintukas ~ure [ɪˈreɪ-ʒə] n išskutimas, ištrynimas

ere [εə] prep poet. iki, prieš

erect [ɪˈrekt] v 1 (pa)statyti 2 iškelti; ištiesinti a 1 tiesus, stačias 2 iškeltas ~ion [-kʃn] n 1 (pa)statymas 2 ištie-sinimas 3 erekcija

ergo [ˈəːgəu] adv lot. ergo, taigi

ergonomics [ˌəːgəˈnɔmɪks] n ergonomi-ka

ermine [ˈəːmɪn] n zool. šermuonėlis

ero‖de [ɪˈrəud] v (iš)ėsti, (iš)graužti; ar-dyti ~sion [-ʒn] 1 (iš)ėdimas 2 erozija

erotic [ɪˈrɔtɪk] a erotinis, meilės

err [əː] v (su)klysti

errand [ˈerənd] n pavedimas; to run ~s, to go on ~s būti siuntinėjamam

err‖ant [ˈerənt] a klystantis; pakly-dęs ~atic [ɪˈrætɪk] a nepastovus, per-mainingas

erratum [ɪˈreɪtəm] lot. n (pl -ta [-tə]) 1 spaudos klaida 2 pl spaudos klaidų sąrašas

erroneous [ɪˈrəunɪəs] a klaidingas

error [ˈerə] n klaida, suklydimas

erudit‖e [ˈerudaɪt] n eruditas ~ion [ˌeruˈdɪʃn] n apsiskaitymas, erudicija

erupt [ɪˈrʌpt] v 1 išsiveržti (apie ug-nikalnį) 2 staiga kilti / prasidėti (apie ligas, karą) ~ion [-pʃn] n 1 iš-siveržimas 2 išbėrimas 3 prasidėjimas

erysipelas [ˌerɪˈsɪpɪləs] n med. rožė

escalate [ˈeskəleɪt] v eskaluoti

escalator [ˈeskəleɪtə] n eskalatorius, ju-dantieji laiptai

escapade [ˌeskəˈpeɪd] n išsišokimas, išdaiga

escape [ɪˈskeɪp] v 1 pabėgti (iš kalė-jimo ir pan.) 2 išsigelbėti; išvengti (bausmės ir pan.) 3 nutekėti (apie dujas) 4 išsiveržti, ištrūkti; išslysti n 1 pabėgimas 2 išsigelbėjimas, išven-gimas; to have a narrow ~ vos išvengti / išsigelbėti 3 (dujų, skysčių) nuotėkis 4 tech. (garo) išleidimas

escarpment [ɪˈskaːpmənt] n status šlaitas

eschew [ɪsˈtʃuː] v knyg. vengti

escort n [ˈeskɔːt] apsauga, palyda; kon-vojus v [ɪˈskɔːt] (pa)lydėti

Eskimo [ˈeskɪməu] n 1 eskimas 2 eski-mų kalba

esophagus [ɪˈsɔfəgəs] n anat. stemplė

especial [ɪˈspeʃl] a ypatingas, specialus ~ly adv ypač; ypatingai

Esperanto [ˌespəˈræntəu] n esperanto (kalba)

espionage [ˈespɪɑːʒ] pr. n šnipinėji-mas, špionažas

espous‖al [ɪˈspauzl] n (idėjų) palaiky-mas ~e v palaikyti (teoriją ir pan.)

espy [ɪˈspaɪ] v knyg., juok. pamatyti iš tolo

esquire [ɪˈskwaɪə] n (e)skvairas (sutr. Esq; prierašas adrese, rašomas po pa-vardės)

essay I [ˈeseɪ] n 1 apybraiža, esė 2 raši-nys ~ist n apybraižininkas

essay II [eˈseɪ] v knyg. (pa)bandyti, (pa)mėginti

essen‖ce [ˈesns] n 1 esmė 2 esencija ~tial [ɪˈsenʃl] a 1 esminis; būtinas 2 esencijos; ~tial oil eterinis alie-jus n esmė, esminiai dalykai; the

~tials of English angių kalbos pa-
grindai ~tiality [ı‚senʃı'ælətı] n esmė,
esmingumas ~tially [ı'senʃəlı] adv iš
esmės
establish [ı'stæblıʃ] v 1 įkurti, įsteigti
2 įsikurti; įsitaisyti 3 nustatyti ~ed
a 1 nustatytas 2 nusistovėjęs 3 pripa-
žintas
establishment [ı'stæblıʃmənt] n 1 įkū-
rimas, įsteigimas 2 nustatymas 3 įstai-
ga 4 personalas
estate [ı'steıt] n 1 dvaras 2 teis. turtas;
personal ~ kilnojamasis turtas; real
~ nekilnojamasis turtas
esteem [ı'sti:m] knyg. v gerbti n pagar-
ba
esthetic [‚i:s'θetık] žr. aesthetic
estimable ['estıməbl] a gerbtinas
estimat‖e n ['estımət] 1 įvertinimas
2 apskaičiavimas v ['estımeıt] 1 įver-
tinti 2 apytikriai apskaičiuoti ~ion
[‚estı'meıʃn] n 1 įvertinimas, nuomonė;
in my ~ion mano nuomone 2 apskai-
čiavimas
Estonian [e'stəunıən] n 1 estas 2 estų
kalba a estų, estiškas; Estijos
estranged [ı'streındʒd] a 1 atitolęs; su-
svetimėjęs 2 išsiskyręs ~ment n nu-
tolimas; (santykių) atšalimas
estuary ['estjuərı] n upės žiotys
et cetera, etc [ıt'setrə] ir taip toliau
etch [etʃ] v graviruoti; ėsdinti (metalą)
~er n graviruotojas ~ing n 1 gra-
viravimas 2 graviūra, ofortas
etern‖al [ı'tə:nəl] a amžinas, nepabai-
giamas ~alize v įamžinti ~ity n am-
žinybė, amžinumas
ether ['i:θə] n eteris ~eal [ı'θıərıəl] a
1 eterinis 2 lengvas; nežemiškas
ethic‖al ['eθıkl] a 1 etiškas 2 etinis, eti-
kos ~s n etika; moralė
ethnic(al) ['eθnık(l)] a etninis
ethnograph‖ic(al) [‚eθnə'græfık(l)] a
etnografinis ~y [eθ'nɔgrəfı] n etnogra-
fija
ethos ['i:θɔs] n etosas
etiquette ['etıket] n etiketas

etymolog‖ic(al) [‚etımə'lɔdʒık(l)] a
etimologinis ~y [‚etı'mɔlədʒı] n eti-
mologija
eugenics [ju:'dʒenıks] n eugenika
eulog‖ize ['ju:lədʒaız] v girti ~y [-dʒı]
n gyrimas, panegirika
European [‚juərə'pıən] n europietis
a europietiškas; europinis, Europos
evacuat‖e [ı'vækjueıt] v 1 evakuoti
2 iš(si)tuštinti ~ion [ı‚vækju'eıʃn] n
1 evakuacija 2 iš(si)tuštinimas
evacuee [ı‚vækju:'i:] n evakuotasis,
evakuojamasis
evade [ı'veıd] v 1 (iš)vengti, išsisukti
2 apeiti (įstatymą)
evaluat‖e [ı'væljueıt] v įvertinti ~ion
[ı‚vælju'eıʃn] n įvertinimas
evaporat‖e [ı'væpəreıt] v išgaruoti
(t.p. prk.); išgarinti ~ion [ı‚væpə-
'reıʃn] n išgaravimas; išgarinimas
evas‖ion [ı'veıʒn] n 1 išsisuk(inėj)imas;
(iš)vengimas 2 (įstatymo) apėjimas
~ive [-sıv] a išsisukinėjantis; ven-
giantis
eve [i:v] n išvakarės; Christmas E. Kū-
čios; on the ~ išvakarėse
even ['i:vn] a 1 lygus; vienodas, mo-
notoniškas 2 lyginis (apie skaičių) Δ
to get / be ~ (with) suvesti sąskaitas
adv 1 net 2 dar 3: ~ as kaip tik tada,
kai v (iš)lyginti
even-handed ['i:vn'hændıd] a bešališ-
kas
evening ['i:vnıŋ] n 1 vakaras; ~ meal
vakarienė 2 vakarėlis, vakaras 3 attr
vakarinis; ~ papers vakariniai laik-
raščiai
event [ı'vent] n 1 įvykis; atsitikimas
2 atvejis; at all ~s, in any ~ bet
kuriuo atveju 3 renginys 4 rungtis;
numeris (sporto programoje) ~ful a
gausus įvykių
eventual [ı'ventʃuəl] a 1 galimas 2 ga-
lutinis ~ity [ı‚ventʃu'ælətı] n galimas
atvejis ~ly adv pagaliau
ever ['evə] adv 1 kada nors; bet kada
2 niekada; hardly ~ retai, beveik
niekada
evergreen ['evəgri:n] a amžinai žalias
n amžinai žaliuojantis augalas

ever||lasting [ˌevəˈlɑːstɪŋ] a 1 amžinas 2 nuolatinis, nesiliaujantis ~more [-ˈmɔː] adv knyg. visiems laikams, amžinai

every [ˈevrɪ] pron kiekvienas; ~ other kas antras; ~ other day kas antrą dieną △ ~ now and then kartkartėmis ~body [-bɔdɪ] pron kiekvienas, visi ~day [-deɪ] a kasdieninis, įprastas ~one [-wʌn] = everybody ~thing [-θɪŋ] pron viskas ~where [-weə] adv visur

evict [ɪˈvɪkt] v teis. išvaryti (nuo žemės); iškraustyti, iškelti

evid||ence [ˈevɪdəns] n 1 akivaizdumas 2 įrodymas, pagrindas 3 teis. įkaltis; parodymas ~ent a aiškus, akivaizdus ~ently adv 1 aiškiai 2 matyt

evil [ˈiːvl] a 1 blogas 2 žalingas n 1 blogis, blogybė 2 bėda, nelaimė ~doer [ˌiːvlˈduːə] n 1 piktadarys 2 nusidėjėlis ~-minded [ˌiːvlˈmaɪndɪd] a piktavalis

evince [ɪˈvɪns] v (pa)rodyti (drąsą ir pan.)

evocative [ɪˈvɔkətɪv] a sukeliantis, žadinantis (jausmus ir pan.)

evoke [ɪˈvəuk] v sukelti (atsiminimus)

evolution [ˌiːvəˈluːʃn] n 1 evoliucija; raida, vystymasis 2 mat. šaknies traukimas ~ary a evoliucinis; vystymosi

evolve [ɪˈvɔlv] v plėtoti(s), vystyti(s)

ewe [juː] n avis

ewer [ˈjuːə] n didelis ąsotis

ex- [eks-] pref 1 buvęs, eks- 2 iš-, eks- (žymint atskyrimą ir pan.)

exacerbate [ɪgˈzæsəbeɪt] v knyg. (pa)bloginti, pasunkinti (ligą, skausmą ir pan.); (pa)gilinti (krizę)

exact [ɪgˈzækt] a tikslus; tikras v 1 (pa)reikalauti 2 išieškoti (mokestį) ~ing a reiklus, griežtas ~itude [-ɪtjuːd] n tikslumas ~ly adv 1 tiksliai 2 kaip tik; būtent 3 visai teisingai (atsakant)

exaggerat||e [ɪgˈzædʒəreɪt] v perdėti, išpūsti ~ion [ɪgˌzædʒəˈreɪʃn] n perdėjimas

exalt [ɪgˈzɔːlt] v 1 iškelti, išaukštinti 2 (iš)girti ~ed a 1 egzaltuotas, pakilus 2 aukštas

exam [ɪgˈzæm] n žr. examination

examination [ɪgˌzæmɪˈneɪʃn] n 1 (iš)tyrimas, apžiūrėjimas; (pa)tikrinimas 2 egzaminas; to pass one's ~ išlaikyti egzaminą; to fail an ~ neišlaikyti egzamino 3 teis. apklausa

examin||e [ɪgˈzæmɪn] v 1 apžiūrėti; (iš)tirti; nagrinėti 2 egzaminuoti 3 tardyti, apklausti ~er n egzaminuotojas

example [ɪgˈzɑːmpl] n pavyzdys; for ~ pavyzdžiui

exasperat||e [ɪgˈzɑːspəreɪt] v pykdyti, erzinti ~ion [ɪgˌzɑːspəˈreɪʃn] n su(si)erzinimas

excavat||e [ˈekskəveɪt] v 1 iškasti (duobę) 2 kasinėti ~ion [ˌekskəˈveɪʃn] n 1 kasinėjimas 2 iškasimas 3 iškasena ~or n ekskavatorius

exceed [ɪkˈsiːd] v (per)viršyti; pralenkti; to ~ the bounds of decency peržengti padorumo ribas ~ingly adv nepaprastai, be galo

excel [ɪkˈsel] v pralenkti, pranokti; pasižymėti ~lence [ˈeksələns] n meistriškumas ~lency [ˈeksələnsɪ] n ekscelencija ~lent [ˈeksələnt] a puikus, labai geras

except [ɪkˈsept] v išskirti (from) prep išskyrus, be; ~ for jeigu ne ~ing prep išskyrus ~ion [-pʃn] n išimtis; with the ~ion of išskyrus ~ionable [-pʃnəbl] a ginčijamas, priekaištingas ~ional [-pʃənl] a išimtinis, išskirtinis; nepaprastas

excerpt [ˈeksəːpt] n fragmentas, ištrauka

excess [ɪkˈses] n 1 perteklius; perviršis; in ~ of daugiau kaip 2 nesaikingumas; to ~ be saiko 3 pl ekscesai ~ive a perteklinis; papildomas

exchange [ɪksˈtʃeɪndʒ] n 1 keitimas, mainas 2 pasikeitimas 3 birža 4 telefono centrinė v keistis, apsikeisti; pamainyti ~able a keičiamas, mainomas

exchequer [ɪksˈtʃekə] n valstybės iždas

excise I [ɪkˈsaɪz] *v* **1** pašalinti (*iš teksto*) **2** išpjauti

excise II [ˈeksaɪz] *n* akcizas, akcizo mokestis ~**man** [-mən] *n* akcizininkas

excit‖able [ɪkˈsaɪtəbl] *a* sujaudinamas; jaudrus ~**ant** [ˈeksɪtənt] *a* jaudinantis ~**ation** [ˌeksɪˈteɪʃn] *n* susijaudinimas

excit‖e [ɪkˈsaɪt] *v* **1** sukelti; sužadinti (*jausmą*) **2** jaudinti ~**ment** *n* susijaudinimas

excl‖aim [ɪkˈskleɪm] *v* sušukti ~**amation** [ˌekskləˈmeɪʃn] *n* sušukimas, šauksmas; ~**amation mark** šauktukas ~**amatory** [ɪkˈsklæmətərɪ] *a* šaukiamasis

exclu‖de [ɪkˈskluːd] *v* **1** išskirti, neįtraukti **2** pašalinti ~**sion** [-ʒn] *n* išskyrimas; pašalinimas ~**sive** *a* **1** išskirtinis, išimtinis; ~**sive of** neskaitant **2** privilegijuotas; pirmaklasis ~**sively** *adv* išimtinai, tik

excommunicate [ˌekskəˈmjuːnɪkeɪt] *v* atskirti nuo bažnyčios

excrement [ˈekskrɪmənt] *n* ekskrementai, išmatos

excrescence [ɪkˈskresns] *n* antauga, auglys

excreta [ɪkˈskriːtə] *n pl med.* išskyros

excrete [ɪkˈskriːt] *v* išskirti, (pa)šalinti

excruciating [ɪkˈskruːʃɪeɪtɪŋ] *a* skausmingas; nepakeliamas

exculpate [ˈekskʌlpeɪt] *v teis.* išteisinti, reabilituoti

excursion [ɪkˈskəːʃn] *n* ekskursija ~**ist** *n* ekskursantas

excusable [ɪkˈskjuːzəbl] *a* atleistinas, dovanotinas

excuse *n* [ɪkˈskjuːs] **1** atsiprašymas, pa(si)teisinimas; **in** ~ **of smth** pateisinant ką **2** pretekstas *v* [ɪkˈskjuːz] **1** pateisinti **2** atleisti, dovanoti; ~ **me!** atsiprašau!

execr‖able [ˈeksɪkrəbl] *a* bjaurus, blogas ~**ate** *v* **1** ne(ap)kęsti **2** (pra)keikti

execut‖e [ˈeksɪkjuːt] *v* **1** (į)vykdyti (*įsakymą ir pan.*) **2** atlikti **3** *teis.* įforminti (*dokumentą*) **4** įvykdyti mirties bausmę ~**ion** [ˌeksɪˈkjuːʃn] *n* **1** (į)vykdymas **2** egzekucija ~**ioner** [ˌeksɪˈkjuːʃənə] *n* budelis ~**ive** [ɪgˈzekjutɪv] *a* vykdomasis *n* **1** vadovaujantis darbuotojas, administratorius **2** vykdomoji valdžia ~**or** *n* testamento vykdytojas

exempl‖ary [ɪgˈzemplərɪ] *a* pavyzdingas ~**ify** *n* **1** pateikti pavyzdį, iliustruoti **2** būti pavyzdžiu

exempt [ɪgˈzempt] *a* atleistas (*from* – nuo) *v* atleisti ~**ion** [-ˈzempʃn] *n* atleidimas

exercise [ˈeksəsaɪz] *n* **1** pratimas **2** mankšta; **to take** ~ sportuoti, mankštintis **3** *kar.* mokymas **4** *pl amer.* iškilmės, ceremonijos *v* **1** mankštinti(s) **2** panaudoti (*teises*) **3** vykdyti (*pareigas*) **4** jaudinti(s)

exert [ɪgˈzəːt] *v* **1** įtempti (*jėgas*) **2**: **to** ~ **oneself** dėti pastangas, stengtis ~**ion** [-əːʃn] *n* pastangos

exhale [eksˈheɪl] *v* **1** iškvėpti **2** (iš)garuoti

exhaust [ɪgˈzɔːst] *v* **1** išvarginti **2** išsekinti; išsemti; išsekti **3** ištraukti (*orą*) *n tech.* išmetimas, išleidimas (*garų ir pan.*) ~**ed** *a* **1** išvargęs **2** išsekęs ~**ion** [-stʃn] *n* išvarg(in)imas; išsek(in)imas ~**ive** *a* **1** išsemiantis, išsekinantis **2** išsamus ~**-pipe** [-paɪp] *n aut.* išmetimo vamzdis

exhibit [ɪgˈzɪbɪt] *n* **1** eksponatas **2** *teis.* daiktinis įrodymas *v* **1** išstatyti (*parodoje*) **2** (pa)rodyti (*drąsą, gabumus*) ~**ion** [ˌeksɪˈbɪʃn] *n* **1** paroda **2** pa(si)rodymas; **to make an** ~**ion of oneself** netikusiai elgtis, blogai pasirodyti **3** stipendija ~**ioner** [ˌeksɪˈbɪʃnə] *n* stipendininkas ~**or** *n* eksponentas

exhilarat‖e [ɪgˈzɪləreɪt] *v* pralinksminti, pagyvinti ~**ion** [ɪgˌzɪləˈreɪʃn] *n* linksma nuotaika, linksmumas

exhort [ɪgˈzɔːt] *v* raginti, įtikinėti ~**ation** [ˌegzɔːˈteɪʃn] *n* raginimas, įtikinėjimas

exhume [eksˈhjuːm] *v* **1** iškasti (*t.p. prk.*) **2** ekshumuoti exig‖ency [ˈeksɪdʒənsɪ] *n* skubus reikalas; kritiška padėtis ~ent *a* 1 neatidėliotinas 2 priekabiai reiklus

exile [ˈeksaɪl] *n* 1 ištrėmimas, tremtis 2 tremtinys *v* ištremti

exist [ɪgˈzɪst] *v* egziztuoti, būti; gyventi ~ence *n* 1 buvimas; egzistavimas 2 gyvenimas, būvis ~ent *a* egzistuojantis; esamas

exit [ˈeksɪt] *n* išėjimas (*t.p. aktoriaus*)

exodus [ˈeksədəs] *n* masinis išsikėlimas / išvykimas; egzodas

exonerate [ɪgˈzɔnəreɪt] *v* atleisti (*nuo bausmės*), reabilituoti

exorbitant [ɪgˈzɔːbɪtənt] *a* lupikiškas; pernelyg didelis

exotic [ɪgˈzɔtɪk] *a* egzotiškas

expan‖d [ɪkˈspænd] *v* 1 iš(si)plėsti, padidėti, padidinti 2 išsiskleisti ~se [-ns] *n* platybė, erdvė ~sion [-nʃn] *n* 1 iš-(si)plėtimas; padidinimas 2 ekspansija ~sive *a* 1 išsiplečiantis 2 platus 3 ekspansyvus

expatiate [ɪkˈspeɪʃɪeɪt] *v* *knyg.* plačiai dėstyti, išsiplėsti

expatriate *n* [ekˈspætrɪət] emigrantas *v* [ekˈspætrɪeɪt] 1 ištremti 2 emigruoti

expect [ɪkˈspekt] *v* 1 laukti; reikalauti 2 tikėtis 3 manyti ~ancy *n* 1 laukimas; tikėjimasis 2 viltis; galimybė ~ant *a* laukiantis; besitikintis ~ation [ˌekspekˈteɪʃn] *n* tikėjimasis; viltis; *beyond* ~ation(s) daugiau negu tikėtasi; *contrary to* ~ation(s) priešingai negu tikėtasi

expectorate [ɪkˈspektəreɪt] *v* atsikrenkšti, atsikosėti, (iš)spjauti

expedi‖ence, ~ency [ɪkˈspiːdɪəns, -sɪ] *n* 1 tikslingumas 2 naudingumas, tinkamumas ~ent *a* 1 tikslingas 2 naudingas, tinkamas *n* priemonė, būdas (*tikslui pasiekti*)

expedite [ˈekspɪdaɪt] *v* *knyg.* pagreitinti

expedit‖ion [ˌekspɪˈdɪʃn] *n* 1 ekspedicija 2 greitumas ~ionary [-ˈdɪʃnərɪ] *a* ekspedicinis, ekspedicijos ~ious [ˌekspɪˈdɪʃəs] *a* *knyg.* greitas, operatyvus

expel [ɪkˈspel] *v* išvaryti, išmesti

expend [ɪkˈspend] *v* (iš)eikvoti, išleisti ~iture [-ɪtʃə] *n* 1 eikvojimas 2 išlaidos; sąnaudos

expens‖e [ɪkˈspens] *n* 1 išlaidos, kaštai 2 *prk.* sąskaita, kaina; *at the* ~ (*of*) (*kieno, ko*) sąskaita ~ive *a* brangus

experienc‖e [ɪkˈspɪərɪəns] *n* 1 patirtis, patyrimas; *by* ~ iš patirties 2 pergyvenimas, atsitikimas 3 stažas *v* pergyventi; patirti ~ed *a* prityręs, įgudęs

experiment *n* [ɪkˈsperɪmənt] bandymas, eksperimentas *v* [-ment] eksperimentuoti, daryti bandymus ~al [ɪksˌperɪˈmentl] *a* eksperimentinis ~ation [ɪkˌsperɪmenˈteɪʃn] *n* eksperimentavimas

expert [ˈekspəːt] *a* prityręs, nusimanantis *n* žinovas; specialistas, ekspertas ~ise [ˌekspəːˈtiːz] *n* ekspertizė

expiate [ˈekspɪeɪt] *v* išpirkti (*kaltę*)

expiration [ˌekspɪˈreɪʃn] *n* 1 iškvėpimas 2 (*laiko*) pasibaigimas

expire [ɪkˈspaɪə] *v* 1 iškvėpti 2 pasibaigti (*apie terminą, laiką*) 3 *poet.* mirti

expl‖ain [ɪkˈspleɪn] *v* (iš)aiškinti; paaiškinti □ *to* ~ *away* pateisinti ~anation [ˌekspləˈneɪʃn] *n* (pa)aiškinimas ~anatory [-ˈsplænətrɪ] *a* aiškinamasis

expletive [ɪkˈspliːtɪv] *n* keiksmas, keiksmažodis

explic‖able [ˈeksplɪkəbl] *a* paaiškinamas ~ate *v* išaiškinti

explicit [ɪkˈsplɪsɪt] *a* aiškus; tikslus, apibrėžtas

explode [ɪkˈspləud] *v* 1 sprogti; sprogdinti (*miną, užtaisą*) 2 pratrūkti (*juokais*); užsidegti (*pykčiu*) 3 sugriauti (*teoriją*)

exploit I [ˈeksplɔɪt] *n* žygis, žygdarbis

exploit II [ɪkˈsplɔɪt] *v* eksploatuoti, išnaudoti ~ation [ˌeksplɔɪˈteɪʃn] *n* eksploatacija, išnaudojimas ~er *n* išnaudotojas

explor‖ation [ˌekspləˈreɪʃn] *n* tyrinėjimas ~ative [ɪkˈsplɔrətɪv], ~atory [ɪkˈsplɔrətrɪ] *a* tiriamasis, tyrimo

explor‖e [ɪkˈsplɔː] *v* (iš)tirti, tyrinėti ~**er** [ɪkˈsplɔːrə] *n* tyrinėtojas

explos‖ion [ɪkˈspləuʒn] *n* 1 sprogimas (*t.p. prk.*) 2 (*pykčio, juoko*) protrūkis, prasiveržimas ~**ive** [-əusɪv] *a* sprogstamasis *n* sprogstamoji medžiaga

exponent [ɪkˈspəunənt] *n* 1 aiškintojas 2 (*mokslo, teorijos*) atstovas 3 pavyzdys 4 *mat.* laipsnio rodiklis

export *v* [ɪkˈspɔːt] eksportuoti, išvežti *n* [ˈekspɔːt] eksportas ~**ation** [ˌekspɔːˈteɪʃn] *n* eksportavimas, išvežimas ~**er** *n* eksportininkas

expose [ɪkˈspəuz] *v* 1 išstatyti; eksponuoti (*t.p. fot.*) 2 atidengti, demaskuoti

exposition [ˌekspəˈzɪʃn] *n* 1 išaiškinimas, išdėstymas 2 ekspozicija; paroda 3 *fot.* išlaikymas

expostulat‖e [ɪkˈspɔstjuleɪt] *v* protestuoti, priekaištauti (*with smb on / about smth*) ~**ion** [ɪkˌspɔstjuˈleɪʃn] *n* protestas, priekaištas

exposure [ɪkˈspəuʒə] *n* 1 palikimas, neapsaugojimas 2 (*prekių pavyzdžių*) demonstravimas 3 demaskavimas 4 *fot.* išlaikymas

expound [ɪkˈspaund] *v* išdėstyti, išaiškinti

express [ɪkˈspres] *a* 1 tikslus, aiškus 2 skubus; specialus *n* 1 ekspresas 2 kurjeris, pasiuntinys 3 skubus (*pinigų, prekių*) persiuntimas *v* 1 (iš)reikšti 2 siųsti skubiu paštu 3 išspausti (*sultis ir pan.*) ~**ible** *a* išreiškiamas ~**ion** [-ˈspreʃn] *n* 1 (iš)reiškimas; išraiška 2 posakis 3 raiškumas; ekspresija ~**ive** *a* išraiškingas ~**ly** *adv* 1 tiksliai, aiškiai 2 specialiai

expropriat‖e [eksˈprəuprɪeɪt] *v* eksproprijuoti; atimti (*turtą, teises ir pan.*) ~**ion** [ˌeksprəuprɪˈeɪʃn] *n* ekspropriacija

expulsion [ɪkˈspʌlʃn] *n* išvarymas; išmetimas

expunge [ɪkˈspʌndʒ] *v* išbraukti (*iš teksto*)

exquisite [ˈekskwɪzɪt] *a* 1 rafinuotas 2 rinktinis; puikus 3 aštrus (*apie skausmą*)

ex-serviceman [ˌeksˈsəːvɪsmən] *n* demobilizuotas kariškis

extant [ɪkˈstænt] *a* išlikęs (*iki šių dienų*)

extempore [ɪkˈstempərɪ] *adj* improvizuotas, neparuoštas *adv* ekspromtu

exten‖d [ɪkˈstend] *v* 1 tęsti(s); nusitęsti, nusidriekti 2 pailginti; praplėsti; pratęsti 3 ištiesti 4 įtempti jėgas 5 teikti (*pagalbą*) ~**dable**, ~**sible** *a* ištęsiamas; prailginamas ~**sion** [ɪkˈstenʃn] *n* 1 (iš)tęsimas; iš(si)plėtimas 2 ištiesimas 3 pratęsimas, prailginimas 4 papildomas (*telefono*) numeris ~**sive** *a* 1 išplėstas, platus 2 ekstensyvus

extent [ɪkˈstent] *n* 1 ilgis, plotis; dydis 2 apimtis, laipsnis; **to a great** ~ žymiu mastu

extenuate [ɪkˈstenjueɪt] *v* sumažinti (*kaltę*)

exterior [ɪkˈstɪərɪə] *a* išorinis *n* išorė; išvaizda

exterminat‖e [ɪkˈstəːmɪneɪt] *v* išnaikinti ~**ion** [ɪkˌstəːmɪˈneɪʃn] *n* (iš)naikinimas

external [ɪkˈstəːnl] *a* 1 išorinis 2 užsieninis *n pl* 1 išorė 2 išorinės aplinkybės

extinct [ɪkˈstɪŋkt] *a* 1 užgesęs (*t.p. prk.*) 2 išmiręs ~**ion** [-kʃn] *n* 1 (už)gesimas; (už)gesinimas 2 išmirimas

extinguish [ɪkˈstɪŋgwɪʃ] *v* 1 užgesinti (*t.p. prk.*) 2 *teis.* sumokėti (*skolą*), anuliuoti ~**er** *n* gesintuvas

extol [ɪkˈstəul] *v knyg.* (iš)garbinti, liaupsinti

extort [ɪkˈstɔːt] *v* išplėšti, prievarta išgauti (*pinigus; paslaptį ir pan.*) ~**ion** [-ˈstɔːʃn] *n* 1 (iš)plėšimas 2 *pl* lupikavimas 3 *teis.* prievartavimas ~**ionate** [-ˈstɔːʃnət] *a* plėšikiškas, lupikiškas ~**ioner** [-ʃnə] *n* plėšikas, prievartautojas

extra [ˈekstrə] *a* 1 pridėtinis, papildomas 2 ekstra; aukščiausios rūšies *adv* 1 ypač 2 papildomai; *charged* ~

papildomai apmokamas *n* 1 priemoka;
priedas 2 aukščiausia rūšis 3 (*laikraš-
čio*) specialus numeris 4 *kin.* statistas
extra- ['ekstrə] *pref* virš-, už-, ne-,
ekstra-
extract *v* [ık'strækt] 1 ištraukti 2 išgau-
ti 3 *mat.* (iš)traukti šaknį 4 (iš)rink-
ti (*pavyzdžius, citatas*) *n* ['ekstrækt]
1 ekstraktas 2 ištrauka ~ion [-kʃn] *n*
1 ištraukimas 2 gavyba 3 kilmė
extradite ['ekstrədaıt] *v teis.* išduoti
(*nusikaltėlį kitai valstybei*)
extramural [ˌekstrə'mjuərəl] *a* 1 neaki-
vaizdinis 2 nepriklausantis įstaigai /
organizacijai
extraneous [ık'streınıəs] *a knyg.* sveti-
mas, pašalinis; šalutinis
extraordinary [ık'strɔ:dnrı] *a* nepa-
prastas, ypatingas
extravag‖ance [ık'strævəgəns] *n* 1 eks-
travagantiškumas 2 išlaidumas ~ant
a 1 ekstravagantiškas, pernelyg didelis
2 išlaidus
extrem‖e [ık'stri:m] *a* 1 kraštuti-
nis; ekstremistinis, priešingas 2 ne-
paprastas, ypatingas 3 paskutinis
n 1 aukščiausias laipsnis; kraštuti-
nybė; *to go to* ~**es** imtis kraštutinių
priemonių; *in the* ~ ypatingai, nepa-
prastai 2 priešingybė ~**ely** *adv* nepa-
prastai, be galo ~**ist** *n* ekstremistas
~**ity** [-'stremətı] *n* 1 kraštutinumas
2 didžiausias vargas / skausmas 3 *pl*
galūnės (*rankos ir kojos*) 4 ypatingos /
kraštutinės priemonės
extricate ['ekstrıkeıt] *v* 1 išpainioti, iš-
traukti 2 išnarplioti, išspręsti
extrinsic [ek'strınsık] *a knyg.* 1 neesmi-
nis, pašalinis 2 išorinis
extrude [ık'stru:d] *v* 1 išstumti; iš-
spausti 2 *tech.* štampuoti, presuoti
exuberant [ıg'zju:bərənt] *a* 1 džiugus,
gyvas, energingas 2 vešlus 3 produk-
tyvus (*apie rašytoją*)
exude [ıg'zju:d] *v* 1 sunktis (*apie skystį*)
2 trykšti (*apie jausmus*)
exult [ıg'zʌlt] *v* džiūgauti ~**ation**
[ˌegzəl'teıʃn] *n* džiūgavimas; triumfas
~**ant** *a* džiūgaujantis; triumfuojantis

eye [aı] *n* 1 akis 2 (*adatos, bulvės ir
pan.*) akis, akutė △ *to be all* ~**s**
atidžiai stebėti; *to make* ~**s** (*at*) šau-
dyti akimis; *to see with half an* ~
iškart pastebėti; *up to the* ~**s** *šnek.*
iki ausų, labai daug; *an* ~ *for an* ~
akis už akį; *to have an* ~ (*to*) siekti
(*ko*); *to keep an* ~ *open / peeled*
būti budriam; *to see* ~ *to* ~ (*with*)
būti vienodos nuomonės (*su*) *v* žiūrėti,
(ap)žiūrinėti
eye‖ball ['aıbɔ:l] *n anat.* akies obuolys
~**brow** [-brau] *n* antakis ~**ful** *n* (*ko*)
pilna akis ~**glass** [-glɑ:s] *n* 1 stiklas
akiniams 2 *pl* akiniai ~**lash** [-læʃ] *n*
blakstiena ~**let** [-lıt] *n* 1 kilpelė, ąse-
lė 2 plyšelis ~**lid** [-lıd] *n* akies vokas
~**piece** [-pi:s] *n* (*mikroskopo, teles-
kopo*) okuliaras ~**shot** [-ʃɔt] *n* akira-
tis, matomas plotas ~**sight** [-saıt] *n*
regėjimas ~**sore** [-sɔ:] *n* tai, kas ba-
do akis; krislas akyje ~**wash** [-wɔʃ] *n*
1 pavilgas akims 2 *šnek.* akių dūmi-
mas, apgaudinėjimas ~~**wink** [-wınk]
n mirktelėjimas, merkimas (*akies*)
~**witness** [-wıtnıs] *n* liudytojas (*pats
matęs įvykį*)

F

F, f [ef] *n* 1 šeštoji anglų abėcėlės raidė
2 *muz.* nata fa
fable ['feıbl] *n* 1 pasakėčia 2 nebūtas
dalykas; melas 3 mitai, legendos ~**d**
a legendinis
fabric ['fæbrık] *n* 1 struktūra, sandara
2 audeklas, medžiaga ~**ate** *v* 1 ga-
minti 2 fabrikuoti, išgalvoti ~**ation**
[ˌfæbrı'keıʃn] *n* 1 gamyba 2 išgalvoji-
mas; klastotė
fabulous ['fæbjuləs] *a* 1 pasakiškas;
nuostabus 2 mitinis, legendinis
façade [fə'sɑ:d] *pr. n* fasadas
face [feıs] *n* 1 veidas 2 veido išraiš-
ka; grimasa; *a sad* ~ liūdna išraiška;
his ~ *fell* jo veidas ištįso; *to draw /*

pull / make a ~ daryti grimasą **3** fasadas; ciferblatas **4** *šnek.* įžūlumas; *to have the* ~ būti tiek įžūliam, išdrįsti △ ~ *to* ~ akis į akį; *to smb's* ~ kam į akis; *in the* ~ (*of*) (*ko*) akivaizdoje; nepaisant (*ko*) *v* 1 stovėti veidu (*į*); pasisukti veidu (*į*) 2 drąsiai sutikti, žiūrėti be baimės į akis **3** pripažinti (*faktą, teisybę*) **4** apsiuvinėti; padengti (*paviršių*)

facet ['fæsɪt] *n* 1 briauna 2 aspektas

facetious [fə'si:ʃəs] *a* mėgstantis pajuokauti

facial ['feɪʃl] *a* veido *n* veido masažas

facil‖e ['fæsaɪl] *a* 1 lengvas, lengvai pasiekiamas 2 paviršutiniškas **~itate** [fə'sɪlɪteɪt] *v* palengvinti **~ity** [fə'sɪlətɪ] *n* 1 lengvumas 2 sugebėjimas **3** *pl* patogumai, paslaugos; įrengimai

facing ['feɪsɪŋ] *n* 1 (*sienų*) apdaras; apdaila 2 antsiuvas; *pl* apsiuvai

fact [fækt] *n* 1 faktas; *the* ~ *is that* ... dalykas tas, kad ... 2 tiesa, tikrovė △ *in* (*point of*) ~, *as a matter of* ~ a) iš esmės; b) iš tikrųjų, faktiškai

fact‖ion ['fækʃn] *n* 1 frakcija; klika 2 frakcinė nesantaika; kivirčai (*partijoje*) **~ious** [-ʃəs] *a* frakcinis; skaldytojiškas

factitious [fæk'tɪʃəs] *a* dirbtinis, nenatūralus

factor ['fæktə] *n* 1 veiksnys, faktorius 2 agentas **3** koeficientas **4** *mat.* daugiklis

factory ['fæktərɪj] *n* fabrikas, gamykla

factotum [fæk'təʊtəm] *n* visų darbų meistras (*apie tarną*)

factual ['fæktʃʊəl] *a* faktiškas, faktinis

faculty ['fækltɪ] *n* 1 (su)gebėjimas; gabumas 2 fakultetas **3** aukštosios mokyklos profesoriai ir dėstytojai

fad [fæd] *n* 1 (*greit praeinantis*) susižavėjimas 2 užgaidas **~dy** [-ɪ] *a* užgaidus, įnoringas; keistokas

fade [feɪd] *v* 1 vysti 2 blukti; blukinti **3** nykti; išdilti 4 silpnėti (*apie garsą, šviesą*) **5** *prk.* (už)gesti □ *to* ~ *away*

išnykti, išdilti **~less** *a* 1 neblunkantis 2 nevystantis

faeces ['fi:si:z] *n pl* fekalijos, išmatos

fag [fæg] *v* vargti, triūsti *n* 1 varginantis / nuobodus darbas 2 *šnek.* cigaretė

fag(g)ot ['fægət] *n* 1 žagarų kūlelis (*kūrenimui*) 2 *pl* mėsos kukuliai

fail [feɪl] *v* 1 nepasisekti, (su)žlugti 2 neišlaikyti, su(si)kirsti **3** trūkti (*ko*) 4 ne-; ~ *to see your meaning* nesuprantu, ką jūs kalbate 5 silpnėti, nusilpti 6 apvilti *n*: *without* ~ būtinai, tikrai **~ing** *n* silpnybė, trūkumas *prep* trūkstant, nesant **~ure** [-jə] *n* 1 nesėkmė, nepasisekimas; žlugimas 2 neišlaikymas (*egzamino*); susikirtimas **3** avarija **4** *kom.* bankrotas, krachas **5** nepadarymas (*ko*); ne-; ~ *to pay* nesumokėjimas **6** nevykėlis

faint [feɪnt] *a* 1 silpnas 2 menkas **3** alpstantis *v* (nu)alpti (*t.p.* *to* ~ *away*) *n* apalpimas, sąmonės netekimas **~-hearted** [-'hɑ:tɪd] *a* bailus **~ly** *adv* silpnai; vos

fair [feə] I *n* mugė, prekymetis

fair II *a* 1 doras, bešališkas, teisingas 2 neblogas **3** giedras, geras (*apie orą*) 4 šviesus, šviesiaplaukis **5** švarus; *a* ~ *copy* švarraštis *adv* 1 teisingai, dorai 2 tiesiai △ ~ *and softly* tyliau! **~ly** *adv* 1 teisingai, dorai 2 gana, visai

fairway ['feəweɪ] *n jūr.* farvateris

fairy ['feərɪ] *n* fėja *a* 1 fėjų 2 pasakiškas **~land** [-lænd] *a* pasakų / stebuklų šalis **~-tale** [-teɪl] *n* 1 pasaka 2 prasimanymas

faith [feɪθ] *n* 1 tikėjimas (*t.p. bažn.*); *to pin one's* ~ aklai pasikliauti 2 ištikimybė; *in good* ~ sąžiningai **3** žodis, pažadas; *to keep* (*to break*) *one's* ~ laikytis (nesilaikyti) žodžio; *upon my* ~!, *in* ~! garbės žodis!, duodu žodį! **~ful** *a* 1 ištikimas 2 tikras, tikslus **~fully** *adv: yours* **~fully** su pagarba (*laiške*) **~fulness** *n* 1 ištikimybė; patikimumas 2 tikslumas **~less** *a* 1 neištikimas; nepatikimas 2 netikintis (*ypač bažn.*)

fake [feɪk] *v* 1 padirbti, klastoti 2 apsimesti (*sergančiu ir pan.*) *n* 1 klastotė, falsifikatas 2 apgavikas, apsimetėlis

falcon [ˈfɔː(l)kən] *n* sakalas ~er *n* medžiotojas su sakalais ~ry [-rɪ] *n* medžioklė su sakalais

fall [fɔːl] *v* (**fell; fallen**) 1 (nu)kristi, (nu)griūti (*t.p.* to ~ **down**); nusileisti 2 žūti, žlugti (*t.p.* to ~ **through**) 3 tapti, pasidaryti; *to* ~ *silent* nutilti 4 tekti; *the expense* ~*s on me* išlaidos tenka man 5 patekti (*į kieno įtaką, kieno valdžią*; *under*) 6 nurimti (*apie vėją*) 7 pulti (*on* – *prie*) 8 įpulti (*į kokią nors būseną*; *in, into*); *to* ~ *into rage* įpykti 9 atsitiktinai sutikti (*across*) 10 *šnek.* susižavėti (*for*) 11 dalytis (*into*) □ to ~ **away** a) atkristi; b) išnykti; to ~ **back** a) atsitraukti; b) griebtis (*on*); to ~ **behind** atsilikti; to ~ **in** a) įgriūti, sugriūti; b) pasibaigti; c) *kar.* iš(si)rikiuoti (*paradui*); d) sutikti (*with*); to ~ **off** sumažėti; to ~ **out** a) iškristi; b) atsitikti; c) susiginčyti, susipykti (*with*); to ~ **over** a) parkristi; b): *to* ~ *over oneself* nertis iš kailio; to ~ *to* energingai imtis, pulti △ *to* ~ *to pieces* suirti, subyrėti *n* 1 (nu)kritimas 2 krituliai; *a heavy* ~ *of rain* liūtis 3 (*valstybės*) žlugimas 4 *amer.* ruduo 5 *pl* krioklys 6 *sport.* varžybos

fallac||ious [fəˈleɪʃəs] *a* klaidingas ~y [ˈfæləsɪ] *n* suklydimas; klaidinga argumentacija

fallen [ˈfɔːlən] *pp žr.* **fall;** *the* ~ kritusieji, žuvusieji (*mūšyje*)

fallow [ˈfæləu] *n* pūdymas (*žemė*)

false [fɔːls] *a* 1 klaidingas, neteisingas; melagingas; ~ *pretences* apgaulė; apsimetimas; *to play smb* ~ apgauti ką 2 padirbtas, dirbtinis, netikras

false||hood [ˈfɔːlshud] *n* melas, neteisybė ~**ness** *n* 1 klaidingumas 2 melagingumas

fals||ification [ˌfɔːlsɪfɪˈkeɪʃn] *n* falsifikacija ~**ify** [ˈfɔːlsɪfaɪ] *v* 1 (su)falsifikuoti, padirbti 2 iškreipti ~**ity** [ˈfɔːlsətɪ] *n*

1 melagingumas; klaidingumas 2 neištikimybė

falter [ˈfɔːltə] *v* 1 svyruoti (*einant*) 2 užsikirsti (*kalbant*) □ to ~ **out** mykti (*kalbant*)

fame [feɪm] *n* 1 garbė, garsas 2 reputacija ~**d** *a* garsus, išgarsėjęs

familiar [fəˈmɪlɪə] *a* 1 pažįstamas, žinomas 2 susipažinęs (*with*) 3 familiarus 4 artimas, intymus *n* artimas draugas ~**ity** [fəˌmɪlɪˈærətɪ] *n* 1 žinojimas 2 familiarumas ~**ize** [-raɪz] *v* susipažinti; supažindinti

family [ˈfæmɪlɪ] *n* 1 šeima, šeimyna; giminė 2 *attr* šeimos, šeimyninis; ~ *name* pavardė; ~ *tree* genealoginis medis △ *in the* ~ *way šnek.* nėščia

famine [ˈfæmɪn] *n* badas, badmetis

famous [ˈfeɪməs] *a* garsus, žinomas

fan [fæn] I *n* 1 vėduoklė 2 ventiliatorius *v* 1 vėduoti 2 dvelkti 3 įpūsti (*ugnį*) 4 *prk.* kurstyti 5 *ž.ū.* vėtyti □ to ~ **out** išsiskleisti

fan II *n* aistruolis, sirgalius

fanatic [fəˈnætɪk] *a* fanatiškas *n* fanatikas ~**al** *a* fanatiškas ~**ism** [-tɪsɪzm] *n* fanatizmas

fanciful [ˈfænsɪfl] *a* 1 nerealus, fantastiškas 2 įmantrus

fancy [ˈfænsɪ] *n* 1 vaizduotė; fantazija 2 pamėgimas 3 užgaida, įgeidis *a* 1 fantastiškas 2 imantrus 3 madingas 4 išpuoštas; maskaradinis *v* 1 įsivaizduoti; *just / only* ~! tik įsivaizduok(ite)! 2 manyti 3 patikti; norėti ~**-ball** [ˌfænsɪˈbɔːl] *n* kaukių balius

fanfare [ˈfænfeə] *n* fanfara

fang [fæŋ] *n* 1 iltis 2 (*gyvatės*) geluonis

fanner [ˈfænə] *n ž.ū.* arpas

fantas||tic [fænˈtæstɪk] *a* 1 nerealus, fantastinis; fantastiškas 2 *šnek.* nuostabus ~**y** [ˈfæntəsɪ] *n* 1 vaizduotė, fantazija 2 iliuzija; svajonė

far [fɑː] *adv* (**farther, further; farthest, furthest**) 1 toli (*t.p.* ~ *away / off / out*) 2 daug, žymiai 3: *in so* ~ *as* tiek kiek; *so* ~ iki šiol; *as* ~ *as I know* kiek man žinoma; *as* ~

as a) iki; b) kiek △ ~ **and near** / **wide** visur; ~ **from it** toli gražu ne; ~ **and away** nepalyginamai a tolimas, nutolęs ~**away** [-rəweɪ] a 1 tolimas 2 užsisvajojęs

farce [fɑ:s] n farsas(t.p. prk.)

fare [feə] n 1 mokestis už važiavimą, bilieto kaina 2 keleivis 3 maistas v sektis ~**well** [feə'wel] int sudie! n atsisveikinimas

far||-**famed** [ˌfɑ:'feɪmd] a plačiai žinomas ~-**fetched** [-'fetʃt] a dirbtinis ~-**flung** [-'flʌŋ] a išplitęs, platus ~-**gone** [-'gɔn] a 1 paskendęs, įklimpęs (skolose) 2 išprotėjęs; įsisirgęs; prasigėręs

farm [fɑ:m] n 1 ūkis, ferma 2 (fermerio) namas v ūkininkauti □ **to** ~ **out** a) perduoti; b) (iš)nuomoti (žemę) ~**er** n ūkininkas, fermeris ~-**hand** [-hænd] n žemės ūkio darbininkas ~**ing** n 1 ūkininkavimas 2 žemės ūkis ~**stead** [-sted] n fermos / ūkio sodyba

far-reaching [ˈfɑ:'ri:tʃɪŋ] a toli siekiantis; sukeliantis (rimtas) pasekmes

farrier [ˈfærɪə] n kalvis (kaustantis arklius)

farrow [ˈfærəu] n paršiavimasis; paršiukų vada v paršiuotis

farsighted [ˈfɑ:'saɪtɪd] a toliaregis (t.p. prk.); įžvalgus

fart [fɑ:t] v vulg. bezdėti

farth||**er** [ˈfɑ:ðə] adv toliau a tolesnis ~**ermost** [-məust] a tolimiausias ~**est** a tolimiausias; at (the) ~**est** toliausiai; vėliausiai adv toliausiai

fascia [ˈfæʃɪə] n aut. prietaisų skydas

fascinat||**e** [ˈfæsɪneɪt] n 1 (su)žavėti 2 užkerėti ~**ion** [ˌfæsɪ'neɪʃn] n žavesys

fasc||**ism** [ˈfæʃɪzm] n fašizmas ~**ist** n fašistas a fašistinis, fašistų

fashion [ˈfæʃn] n 1 mada; in ~ madingas; out of ~ išėjęs iš mados; to be the ~ būti madingam 2 būdas; after / in a ~ šiaip taip 3 stilius; after the ~ (of) pagal, (kieno) stiliumi

~**able** a madingas ~-**paper** [-peɪpə] n madų žurnalas

fast [fɑ:st] I v pasninkauti n pasninkas

fast II a 1 tvirtas, pritvirtintas; **to stand** ~ tvirtai laikytis; ~ **colour** neblunkanti spalva 2 greitas; ~ **train** greitasis traukinys; **my watch is** ~ mano laikrodis skuba adv 1 tvirtai, stipriai; ~ **shut** tvirtai uždarytas 2 greitai 3 palaidai △ **to play** ~ **and loose** neatsakingai elgtis

fasten [ˈfɑ:sn] v 1 pri(si)rišti; su(si)rišti 2 pri(si)tvirtinti; sutvirtinti 3 už(si)daryti, užsklęsti 4 susegti, susagstyti (t.p. to ~ up) 5 įsmeigti (žvilgsnį; on) 6 primesti, suversti (kaltę; on, upon) 7 nusitverti (minties) ~**er** n 1 skląstis, velkė 2 segtukas; sąvaržėlė ~**ing** n 1 surišimas, (su)tvirtinimas 2 = **fastener**

fastidious [fə'stɪdɪəs] a 1 išrankus, lepus 2 pernelyg pedantiškas

fastness [ˈfɑ:stnɪs] n 1 tvirtumas 2 greitumas 3 tvirtovė, citadelė

fat [fæt] a 1 riebus 2 storas 3 nupenėtas, nutukęs 4 derlingas 5 gausus; pelningas n riebalai, taukai

fatal [ˈfeɪtl] a 1 lemtingas, fatalus, pražūtingas 2 mirtinas ~**ism** [-təlɪzm] n fatalizmas ~**ist** [-təlɪst] n fatalistas ~**ity** [fə'tælətɪ] n 1 lemtis 2 nelaimė, mirtis

fate [feɪt] n 1 likimas, lemtis 2 mirtis, pražūtis v (nu)lemti ~**ful** a 1 lemtingas, lemiamas 2 svarbus; pranašiškas

father [ˈfɑ:ðə] n 1 tėvas 2 prk. (į)kūrėjas, pradininkas 3 pl protėviai 4 seniausias narys v 1 būti tėvu / autoriumi / pradininku 2 pri(si)pažinti / laikyti tėvu ~**hood** n tėvystė ~-**in-law** [-ɪnlɔ:] n uošvis ~**land** [-lænd] n tėvynė ~**less** a betėvis ~**ly** a tėviškas adv tėviškai

fathom [ˈfæðəm] n jūros sieksnis (gilumo matas = 1,8 m) v 1 matuoti gylį 2 prk. suvokti ~**less** a 1 neišmatuojamas, bedugnis 2 nesuvokiamas, nesuprantamas

fatigue [fə'ti:g] n nuovargis v (nu)varginti

fatten   **132**

fatt‖en ['fætn] v 1 (nu)penėti 2 tukti
3 turtėti ~y ['fætɪ] a nutukęs, riebus
n *šnek.* storulis
fatuous ['fætjuəs] a kvailas; beprasmiš-
kas
faucet ['fɔ:sɪt] n 1 *amer.* čiaupas 2 *tech.*
ventilis, kaištis
fault [fɔ:lt] n 1 klaida 2 trūkumas, de-
fektas 3 kaltė, nusižengimas; to be at
~ būti kaltam △ to find ~ (*with*)
ieškoti priekabių; to a ~ perdaug
~finding [-ˌfaɪndɪŋ] n priekabės; prie-
kabumas a priekabus ~less a neprie-
kaištingas; be klaidų ~y a 1 su trūku-
mais, kliaudingas 2 klaidingas 3 suga-
dintas
fauna ['fɔ:nə] n fauna, gyvūnija
favo(u)r ['feɪvə] n 1 palankumas, ma-
lonė 2 nauda, interesas; pritarimas;
in his ~ jo naudai; in ~ of už ką;
(*kieno*) pusėje 3 paslauga 4 ženklelis,
kaspinas; suvenyras 5 *kom.* laiškas
v 1 malonėti, teiktis 2 pritarti, palai-
kyti; būti palankiam ~able [-vərəbl]
a 1 palankus 2 tinkamas ~ed a privi-
legijuotas ~ite [-rɪt] a mylimas, mėgs-
tamas n numylėtinis; favoritas
fawn [fɔ:n] I n jaunas elnias, elniukas
fawn II a gelsvai rudas
fawn III v 1 vizginti uodegą 2 pataikau-
ti, šunuodegiauti (*on*) ~er n pataikū-
nas
fear [fɪə] n 1 baimė; for ~ (*of*) iš baimės
2 būgštavimas, nuogąstavimas △ no
~! žinoma ne! v 1 bijoti 2 nuogąstau-
ti, būgštauti ~ful a 1 baisus 2 bijantis
(*of*) ~less a bebaimis ~some a bai-
sus, bauginantis
feasible ['fi:zəbl] a 1 galimas atlikti;
įvykdomas 2 įtikimas
feast [fi:st] n 1 atlaidai, (*religinė*) šven-
tė 2 puota, pokylis 3 kas nors labai
malonaus v 1 puotauti; švęsti 2 vai-
šinti(s) 3 gėrėtis; to ~ one's eyes
akis paganyti
feat [fi:t] n žygis; žygdarbis
feather ['feðə] n 1 plunksna 2 *pl*
plunksnos, plunksnų danga △ to

show the white ~ pabūgti; birds
of a ~ flock together toks to-
kį pažino (ir į svečius pavadino);
in full / high ~ pakilios nuotaikos;
a ~ in one's cap (*kieno*) pasidi-
džiavimas v 1 puošti(s) plunksnomis
2 plunksnuotis ~bed [-bed] n pa-
talai ~-brained [-breɪnd] a tuščia-
galvis ~ed a 1 papuoštas plunksno-
mis; plunksnuotas 2 greitas, sparnuo-
tas ~weight, ~weit n 1 pusleng-
vio svorio boksininkas 2 *prk.* ne-
reikšmingas žmogus / daiktas ~y [-rɪ]
a 1 plunksninis 2 plunksniškas, kaip
plunksna
feature ['fi:tʃə] n 1 bruožas, ypatybė,
savybė 2 *pl* veido bruožai 3 (*laikraš-
čio*) straipsnis 4 pilnametražis meni-
nis filmas (*t.p.* ~ film) v 1 vaizduoti
2 rodyti (*ekrane*)
February ['februərɪ] n vasario mėnuo
feckless ['fekləs] n bejėgis, neatsakingas
fecund ['fi:kənd] a derlingas; vaisingas
fed [fed] *past ir pp žr.* feed
feder‖al ['fedərəl] a federacinis; fe-
deralinis ~ate v jungti(s) federaci-
niais pagrindais a federacinis ~ation
[ˌfedəˈreɪʃn] n federacija
fee [fi:] n mokestis; atlyginimas, hono-
raras
feeble ['fi:bl] a 1 silpnas 2 menkas
~-minded [-ˈmaɪndɪd] a silpnaprotis
feed [fi:d] v (fed) 1 maitinti(s); valgy-
dinti; penėti 2 šerti; ganyti(s) 3 tiekti,
aprūpinti 4 *ž.ū.* tręšti □ to ~
up a) atpenėti; b) *šnek.* įgrįsti; I
am fed up man jau gana, įkyrėjo
n 1 maitinimas 2 maistas 3 šėrimas;
pašaras ~back [-bæk] n grįžtamasis
ryšys ~er n 1 seilinukas 2 valgytojas
3 *tech.* maitintuvas; fideris ~ing n
1 maitinimas 2 šėrimas
feel [fi:l] v (felt) 1 jausti(s), justi
2 (pa)čiupinėti, (už)čiuopti 3 pergy-
venti 4 užjausti (*for*, *with*) 5 *kar.*
žvalgyti △ it ~s like rain panašu
į lietų □ to ~ about (*for*) čiupinė-
ti, ieškoti (*tamsoje*); to ~ up (*to*)

būti pajėgiam *n* 1 (pa)lytėjimas 2 ju-
timas ∼er *n* *zool.* čiuptuvėlis ∼ing
n 1 jausmas 2 jutimas **3** užuojauta
4 nuojauta **5** nusistatymas, požiūris
6 nuotaika *a* 1 jautrus 2 užjaučiamas

feet [fi:t] *n pl* *žr.* **foot**

feign [feɪn] *v* 1 apsimesti, dėtis 2 išsi-
galvoti

feint [feɪnt] *n* 1 apsimetimas 2 *sport.*
apgaulingas judesys / manevras

felicitous [fɪˈlɪsɪtəs] *a* vykęs, taiklus
(*apie žodžius, pastabas*)

felicity [fɪˈlɪsɪtɪ] *n* 1 laimė, palaima
2 (*posakio*) taiklumas; *pl* taiklūs
posakiai

feline [ˈfiːlaɪn] *a* 1 katiškas 2 *zool.* kačių

fell [fel] I *n* (*gyvulio*) kailis

fell II *past žr.* **fall**

fell III *v* 1 kirsti, nuleisti (*medžius*)
2 parblokšti ∼er *n* kirtėjas

fellow [ˈfeləu] *n* 1 draugas; žmogus;
poor ∼ vargšas; *my dear* ∼ mano
brangusis; *old* ∼ draugužis 2 *šnek.*
vaikinas, vyrukas; *a good* ∼ šaunus
vaikinas **3** (*mokslo draugijos, koledžo*)
narys 4 kolega, bendradarbis; ∼ *citi-
zen* bendrapilietis **5** vienas iš poros

fellow‖-countryman [ˌfeləuˈkʌntrɪ-
mən] *n* tėvynainis ∼-**feeling** [-ˈfiːlɪŋ]
n 1 užuojauta; simpatija 2 (*interesų*)
bendrumas ∼**ship** [ˈfeləuʃɪp] *n* 1 drau-
gija, korporacija 2 draugystė; draugiš-
kumas ∼-**traveller** [-ˈtrævlə] *n* ben-
drakeleivis

felon [ˈfelən] *n* *teis.* kriminalinis nu-
sikaltėlis ∼**y** *n* kriminalinis nusikal-
timas

felt [felt] I *n* veltinys, fetras *v* 1 velti
(*vilną*) 2 dengti / aptraukti veltiniu

felt II *past ir pp žr.* **feel**

female [ˈfiːmeɪl] *a* moterų; moteriškas
n 1 moteris 2 *zool.* patelė

feminin‖e [ˈfemɪnɪn] *a* 1 moteriškas
2 moteriškos giminės ∼**ity** [ˌfemɪˈnɪ-
nətɪ] *n* moteriškumas

fen [fen] *n* pelkė, bala

fenc‖e [fens] *n* tvora; užtvara △ *to sit
on the* ∼ užimti neutralią / laukimo

poziciją *v* 1 (ap)tverti, užtverti (*t.p.*
to ∼ *in*) 2 fechtuotis **3** išsisukinėti
(*nuo atsakymo*) ∼**eless** *a* atviras, ne-
aptvertas ∼**ing** *n* 1 aptvėrimas 2 fech-
tavimasis

fend [fend] *v* 1 atremti (*papr.* *to* ∼
off) 2: *to* ∼ *for oneself* rūpintis sav-
imi ∼**er** *n* 1 apsauginės grotelės 2 *jūr.*
fenderis **3** *aut.* sparnas, buferis

feral [ˈfɪərl] *a* *knyg.* laukinis, neprijau-
kintas

ferment *n* [ˈfəːment] 1 fermentas;
raugalas 2 bruzdėjimas, sujudimas
v [fəˈment] 1 rūgti, fermentuoti(s)
2 *prk.* sujudinti; bruzdėti ∼**ation**
[ˌfəːmenˈteɪʃn] *n* 1 fermentacija, rūgi-
mas 2 *prk.* sujudimas

fern [fəːn] *n* papartis

feroci‖ous [fəˈrəuʃəs] *n* žiaurus; nuož-
mus ∼**ty** [-ˈrɔsətɪ] *n* žiaurumas

ferret [ˈferɪt] *n* *zool.* šeškas *v* šniukšti-
nėti, ieškoti (*t.p.* *to* ∼ *about*) □ ∼
out suieškoti, iššniukštinėti

ferr‖o-concrete [ˌferəuˈkɔŋkriːt] *n* gelž-
betonis ∼**ous** [ˈferəs] *a* geležingas

ferrule [ˈferuːl] *n* (*lazdos, kietsargio*)
metalinis / guminis antgalis

ferry [ˈferɪ] *v* pervežti, perkelti *n* 1 per-
kėla; perkėlimas 2 keltas △ *to take
the* ∼ numirti ∼**boat** [-bəut] *n* kel-
tas ∼**man** [-mən] *n* keltininkas

fertil‖e [ˈfəːtaɪl] *a* 1 derlingas, našus
2 *biol.* vaisingas ∼**ity** [-ˈtɪlətɪ] *n* der-
lingumas ∼**ization** [ˌfəːtɪlaɪˈzeɪʃn] *n*
1 (*žemės*) tręšimas 2 *biol.* apvaisi-
nimas ∼**ize** [-tɪlaɪz] *v* tręšti ∼**izer**
[-tɪlaɪzə] *n* 1 trąša 2 *biol.* apvaisintojas

fervent [ˈfəːvənt] *a* karštas, aistringas

fervid [ˈfəːvɪd] *a* liepsningas, aistringas

fervour [ˈfəːvə] *n* aistra, užsidegimas

festal [ˈfestl] *a* šventiškas; iškilmingas

fester [ˈfestə] *v* pūliuoti *n* pūliavimas

festiv‖al [ˈfestɪvl] *n* 1 festivalis 2 šven-
tė; iškilmės ∼**e** [ˈfestɪv] *a* šventinis,
šventiškas, linksmas ∼**ity** [feˈstɪvətɪ] *n*
1 linksminimasis 2 *pl* iškilmės

festoon [feˈstuːn] *n* girlianda *v* puošti
girliandomis

fetch [fetʃ] *v* 1 atnešti, atgabenti; at-
vesti 2 užeiti, užvažiuoti (*ko paimti*)
3 sukelti (*ašaras*) 4 (su)duoti (*smūgį*)
△ **to ~ and carry** (*for*) patarnauti
(*kam*) **~ing** *a* patrauklus, žavingas

fetid ['fetɪd] *a* dvokiantis

fetish ['fetɪʃ] *n* fetišas; stabas

fetter ['fetə] *n* (*papr. pl*) pančiai; gran-
dinės *v* (su)pančioti, surakinti, su-
kaustyti

fettle ['fetl] *n*: **in fine / good ~**
a) geros būklės; b) gerai nusiteikęs

feud [fju:d] *n* vaidas, ilgalaikė nesantai-
ka; **blood ~** kraujo kerštas

feudal ['fju:dl] *a* feodalinis **~alism**
[-əlɪzm] *n* feodalizmas

fever ['fi:və] *n* 1 karštis, karščiavimas
2 karštligė; **spotted ~** dėmėtoji šil-
tinė **3** jaudinimasis; jaudulys **~ed**,
~ish [-rɪʃ] *a* 1 karščiuojantis 2 karšt-
ligiškas

few [fju:] *a* mažai, nedaug; **a ~** kele-
tas; **in a ~ words** trumpai, keliais žo-
džiais; **some ~**, **quite a ~**, **a good
~**, **not a ~** gana daug, nemažai
n nedidelis skaičius; **the ~** mažuma
~ness *n* negausumas

fiancé [fɪ'ɔnseɪ] *n* sužadėtinis **~e** *n* su-
žadėtinė

fiasco [fɪ'æskəu] *n* fiasko, (su)žlugimas

fiat ['faɪæt] *lot. n* įsakas, dekretas

fib [fɪb] *n* prasimanymas, melas *v* pra-
simanyti, meluoti **~ber** *šnek. n* me-
lag(ėl)is

fibre ['faɪbə] *n* 1 skaidula; gyslelė
2 pluoštas **3** struktūra 4 charakteris,
būdas **~board** [-bɔːd] *n* medienos
plokštė **~glass** [-glɑːs] *n* stiklo pluoš-
tas / vata

fibrous ['faɪbrəs] *a* pluoštinis

fickle ['fɪkl] *a* nepastovus; permainingas

fiction ['fɪkʃn] *n* 1 prasimanymas; fikci-
ja 2 beletristika; **works of ~** grožinės
literatūros veikalai (*proza*) **~al** [-ʃənl]
a 1 išgalvotas; fiktyvus 2 beletristinis

fictitious [fɪk'tɪʃəs] *a* išgalvotas; fikty-
vus

fiddl||e ['fɪdl] *n šnek.* smuikas *v šnek.*
griežti smuiku 2 čiupinėti; krapštyti
(*t.p.* **to ~ about; with**) **~er** *n*
1 smuikininkas 2 *šnek.* sukčius

fiddling ['fɪdlɪŋ] *a* smulkus; tuščias

fidelity [fɪ'delətɪ] *n* 1 ištikimybė 2 tiks-
lumas

fidget ['fɪdʒɪt] *n* nenuorama, neramus
žmogus *v* nerimti; nenustygti; **stop
~ing!** sėdėk ramiai!, apsiramink! **~y**
a neramus, bruzdus

fie [faɪ] *int* fe!, fui!; **~ upon you!** gėda!

field [fi:ld] *n* 1 laukas; pieva 2 kovos
laukas; mūšis; **to take the ~** eiti į
kovą **3** sritis, sfera 4 (*anglies*) telkinys
5 *sport.* aikštė **6** *sport.* (*varžybų*) da-
lyviai

fieldwork ['fi:ldwə:k] *n* faktinės me-
džiagos rinkimas vietoje, iš pirmųjų
šaltinių

fiend [fi:nd] *n* 1 šėtonas; nevidonas
2 (*ko*) fanatikas, entuziastas **~ish** *a*
velniškas; žiaurus

fierce [fɪəs] *a* 1 nuožmus; piktas, niršus
2 įnirtingas; smarkus, didžiulis

fiery ['faɪərɪ] *a* 1 liepsnojantis 2 *prk.*
ugningas, karštas

fife [faɪf] *n* fleita, dūdelė

fif||teen ['fɪf'ti:n] *num* penkiolika
~teenth [-'ti:nθ] *num* penkioliktas
~th [fɪfθ] *num* penktas **~ties** [-tɪz]
n (**the ~ties**) 1 šeštas dešimtmetis
2 amžius nuo 50 iki 60 metų **~tieth**
[-tɪθ] *num* penkiasdešimtas **~ty** [-tɪ]
num penkiasdešimt **fifty-fifty** [ˌfɪftɪ-
'fɪftɪ] *adv* lygiomis, pusiau *a* lygus
(*apie dalį*)

fig [fɪg] *n* 1 figa; figmedis 2 *šnek.* špyga

fight [faɪt] *v* (**fought**) 1 kovoti, kau-
tis, grumtis; kariauti 2 peštis, muštis;
to put up a good (poor) ~ drąsiai
(silpnai) kovoti □ **to ~ down** nuslo-
pinti, įveikti; **to ~ off** atmušti; **to ~
(it) out** kovoti iki galo △ **to ~ shy**
(*of*) vengti, nesikišti *n* 1 kova 2 pešty-
nės **3** kovingumas **~er** *n* 1 kovotojas
2 *av.* naikintuvas **~ing** *n* 1 mūšis,
kova 2 peštynės *a* kovos, kovinis

figment ['fɪgmənt] *n* prasimanymas

figurative [ˈfɪgjurətɪv] *a* perkeltinis; vaizdingas ~ly *adv* perkeltine reikšme

figure [ˈfɪgə] *n* 1 skaitmuo 2 *pl* skaičiavimas, aritmetika 3 (*knygos*) iliustracija; piešinys 4 statula, atvaizdas, figūra *v* 1 vaizduoti 2 įsivaizduoti 3 figūruoti (*as*); vaidinti svarbų vaidmenį (*in*) 4 *amer.* apskaičiuoti (*t.p.* to ~ out) 5 *amer.* manyti, nuspręsti □ to ~ up suskaičiuoti ~d *a* raštuotas ~head [-hed] *n* (nominalus) vadovas

filament [ˈfɪləmənt] *n* 1 plaušelis 2 (*kaitinimo*) siūlelis

filch [fɪltʃ] *v* vagiliauti, nukniaukti

file [faɪl] I *n* dildė, brūžeklis *v* 1 (nu)brūžinti 2 (nu)šlifuoti

file II *n* 1 aplankas, segtuvas, byla 2 kartoteka; susegti dokumentai *v* 1 dėti į aplanką / bylą 2 tvarkyti, registruoti (*dokumentus*)

file III *n* vora, eilė, greta; *in single / Indian* ~ žąsele *v* eiti vorele / žąsele

filial [ˈfɪlɪəl] *a* sūnaus, dukters

filibuster [ˈfɪlɪbʌstə] *n* *amer.* obstrukcija

fill [fɪl] *v* 1 pri(si)pildyti 2 prisotinti; patenkinti 3 vykdyti, atlikti 4 (už)-plombuoti (*dantį*) □ to ~ in užpildyti (*anketą ir pan.*); to ~ out papilnėti, iš(si)plėsti; to ~ up užpildyti *n* pakankamas kiekis; to eat one's ~ prisivalgyti (*ligi soties*)

fillet [ˈfɪlɪt] *n* 1 kaspinas, juostelė 2 *kul.* filė *v* 1 (pa)rišti juostele 2 ruošti filė

filling [ˈfɪlɪŋ] *n* 1 pripildymas 2 plomba

fillip [ˈfɪlɪp] *n* 1 sprigtas, sprigtukas 2 pagyvinimas, akstinas *v* 1 pagyvinti; skatinti 2 sprigtelėti

filly [ˈfɪlɪ] *n* kumelaitė

film [fɪlm] *n* 1 filmas; kino juosta 2 plonas sluoksnis; plėvelė *v* 1 filmuoti 2 ekranizuoti 3 pa(si)dengti plėvele

filter [ˈfɪltə] *n* koštuvas, filtras *v* košti, filtruoti

filth [fɪlθ] *n* 1 purvas 2 nešvankybė(s) ~y *a* 1 purvinas 2 šlykštus; nešvankus 3 *šnek.* bjaurus

fin [fɪn] *n* (*žuvies*) pelekas

final [ˈfaɪnl] *a* 1 galutinis, baigiamasis 2 paskutinis *n* 1 finalas; *pl* finalinės varžybos 2 *pl* baigiamieji egzaminai ~e [fɪˈnɑːlɪ] *n* *muz.* finalas ~ist *n* finalininkas ~ly *adv* pagaliau, galų gale

financ‖e [faɪˈnæns] *n* finansai; pajamos *v* finansuoti ~ial [-nʃl] *a* finansinis ~ier [faɪˈnænsɪə] *n* finansininkas

finch [fɪntʃ] *n* *zool.* kikilis

find [faɪnd] *v* (found) 1 (su)rasti; aptikti (*t.p.* to ~ out); to ~ oneself a) atsidurti; b) surasti savo pašaukimą, surasti save 2 suprasti, įsitikinti, pajusti 3 aprūpinti 4 *teis.* nuspręsti; to ~ smb guilty pripažinti ką kaltu □ to ~ out a) sužinoti; išsiaiškinti; b) nustatyti *n* radinys ~ing *n* 1 radimas 2 radinys 3 *pl* (*gauti*) duomenys 4 *teis.* nuosprendis

fine [faɪn] I *n* (*piniginė*) bauda, pabauda *v* bausti (*pinigine bauda*)

fine II *a* 1 plonas; švelnus 2 giedras, puikus, gražus 3 smulkus 4 subtilus 5 tikslus (*apie prietaisus*) *adv* 1 puikiai 2 plonai *n* giedra, gražus oras ~ry [ˈfaɪnərɪ] *n* papuošalai; gražūs apdarai

finesse [fɪˈnes] *pr.* *n* subtilumas

finger [ˈfɪŋgə] *n* 1 pirštas; *little* ~ mažasis pirštas; *fourth* ~ bevardis pirštas 2 (*durų*) velkė 3 (*laikrodžio*) rodyklė △ *to lay one's* ~ (*on*) paliesti, nuskriausti; *to have a* ~ *in the pie* būti įsivėlusiam į ką *v* liesti, čiupinėti ~print [-prɪnt] *n* pirštų atspaudas ~tips [-tɪps] *n* *pl* pirštų galai; *to have smth at one's* ~*tips* žinoti kaip savo penkis pirštus

fini‖cal, ~cky [ˈfɪnɪkl, -kɪ] *a* 1 smulkmeniškas 2 pernelyg išrankus

finis [ˈfaɪnɪs] *lot.* *n* galas (*užrašas*)

finish [ˈfɪnɪʃ] *v* 1 baigti(s), pabaigti 2 apdailinti 3 pribaigti (*t.p.* to ~ off) 4 išvarginti 5 *sport.* finišuoti □ to ~ up viską suvalgyti *n* 1 galas, pabaiga 2 apdailinimas; (už)baigtumas 3 *sport.* finišas finite ['faɪnaɪt] a ribotas; baigtinis

Finn [fɪn] n suomis ~ish a suomių, suomiškas; Suomijos n suomių kalba

finny ['fɪnɪ] a 1 su pelekais 2 žuvingas

fiord, fjord [fiː'ɔːd] n fiordas

fir [fə:] n eglė

fire ['faɪə] n 1 ugnis; gaisras; laužas; to catch / take ~ užsidegti; to set on ~, to set ~ (to) padegti 2 (dujinė, elektrinė) krosnelė △ to hang ~ delsti v 1 šauti, šaudyti (at) 2 padegti 3 prk. uždegti, įkvėpti 4 kūrenti (krosnį) 5 degti (plytas) 6 šnek. atleisti (iš darbo) □ ~ away! pradėk!, varyk!; to ~ off iššauti; to ~ up staiga supykti

fire||-alarm ['faɪərəlɑːm] n gaisro signalas ~arm [-rɑːm] n šaunamasis ginklas ~ball [-bɔːl] n ugnies kamuolys ~bomb [-bɔm] n padegamoji bomba ~brand [-brænd] n 1 nuodėgulis 2 kiršintojas ~break [-breɪk] n priešgaisrinė proskyna / juosta ~brick [-brɪk] n ugniai atspari plyta ~-brigade [-brɪgeɪd] n gaisrininkų komanda ~-engine [-rendʒɪn] n gaisrininkų mašina ~-escape [-rɪskeɪp] n gaisrininkų kopėčios ~fly [-flaɪ] n zool. jonvabalis ~-insurance [-rɪnʃuərəns] n draudimas nuo gaisro ~man [-mən] n 1 gaisrininkas 2 kūrikas ~place [-pleɪs] n židinys ~plug [-plʌg] n amer. hidrantas ~proof [-pruːf] a nedegamas, atsparus ugniai ~side [-saɪd] n 1 vieta prie židinio 2 prk. šeimos židinys ~wood [-wud] n malkos ~works [-wə:ks] n pl fejerverkas

firing ['faɪərɪŋ] n 1 šaudymas 2 kuras

firm [fə:m] I n firma

firm II a 1 tvirtas (t.p. prk.); stiprus; kietas 2 ryžtingas; nepajudinamas adv tvirtai v (su)tvirtinti, (su)tvirtėti

first [fə:st] a pirmas; ~ name vardas; the ~ floor antras aukštas (Anglijoje); amer. pirmas aukštas adv iš pradžių; pirmą sykį; ~ and foremost, ~ of all visų pirma, pirmiausia n: at ~ pirma; from the ~ iš pradžių ~-born [-bɔːn] n pirmagimis ~-class [-'klɑːs] a pirmos klasės, geriausias ~-hand [-'hænd] a iš pirmų rankų, tiesioginis ~ly adv pirma ~-rate [-'reɪt] a pirmaklasis; pirmos rūšies

fiscal ['fɪskl] a biudžetinis; fiskalinis

fish [fɪʃ] n 1 žuvis 2 šnek. tipas, žmogysta; poor ~ nevykėlis; odd / queer ~ keistuolis △ to have other ~ to fry turėti kitų reikalų v žuvauti, žvejoti □ to ~ up ištraukti ką iš vandens ~bone [-bəun] n ašaka ~erman [-əmən] n žvejys ~ery n 1 žuvininkystė; žvejyba 2 žūklės rajonas ~ing n žūklė ~ing-line [-ɪŋlaɪn] n valas ~ing-rod [-ɪŋrɔd] n meškerykotis ~monger [-mʌŋgə] n žuvų pardavėjas ~y [-ɪ] a 1 žuvies; žuvingas 2 šnek. įtartinas, abejotinas

fiss||ile ['fɪsaɪl] a skalus ~ion ['fɪʃn] n skilimas ~ure ['fɪʃə] n plyšys, įtrūkimas

fist [fɪst] n 1 kumštis 2 juok. ranka

fit [fɪt] I n 1 priepuolis 2 nuotaika △ by ~s and starts neritmingai, priešokiais

fit II a 1 tinkamas 2 pasirengęs 3 sveikas v 1 tikti; (pri)derėti 2 (pri)taikyti, priderinti; montuoti □ to ~ on primatuoti; to ~ out / up tiekti, aprūpinti n tikimas, gulėjimas (apie drabužį)

fitful ['fɪtfl] a nereguliarus, neritmingas

fitness ['fɪtnɪs] n tinkamumas; tikimas

fitt||er ['fɪtə] n 1 monteris; šaltkalvis 2 sukirpėjas ~ing n 1 pritaikymas 2 pri(si)matavimas 3 surinkimas; montavimas 4 pl (įtaisų, baldų) detalės, priedai; armatūra a tinkamas

fiv||e [faɪv] num penki n penket(uk)as ~efold [-fəuld] a penkeriopas adv penkeriopai; penkis kartus tiek ~er n šnek. penkių dolerių / svarų banknotas

fix [fıks] *v* 1 pritvirtinti 2 užfiksuoti; nustatyti 3 įbesti (*akis*); atkreipti (*dėmesį*) 4 sutvarkyti 5 sutaisyti, suremontuoti 6 pasirinkti, apsistoti pasirenkant (*on*) 7 *fot.* fiksuoti □ **to** ~ **up** parūpinti, suorganizuoti *n* 1 kebli padėtis 2 (*lėktuvo, laivo*) vietos nustatymas

fixation [fık'seıʃn] *n* 1 fiksavimas 2 įtvirtinimas

fix||ed [fıkst] *a* 1 nejudamas; nekintamas 2 nustatytas; pastovus 3 *tech.* fiksuotas ~**edly** [-sıdlı] *adv* 1 pastoviai; nekintamai 2 įdėmiai ~**ity** *n* 1 pastovumas 2 įdėmumas ~**ture** [-tʃə] *n* 1 įrenginio armatūra 2 nustatyta data 3 pastovus darbuotojas / svečias *ir pan.*

fizz [fız] *v* šnypšti *n* 1 šnypštimas 2 *šnek.* šampanas ~**le** *v* tyliai šnypšti □ **to** ~**le out** baigtis šnipštu *n* 1 šnypštimas 2 šnipštas

flabbergast ['flæbəgɑ:st] *v* apstulbinti, pritrenkti

flabby ['flæbı] *a* 1 suglebęs, sudribęs, gležnas 2 *prk.* silpnavalis

flag [flæg] I *n* plokštė, plyta

flag II *v* 1 nusvirti 2 (su)silpnėti, prigesti (*apie jėgą, entuziazmą*)

flag III *n* vėliava *v* signalizuoti vėliavėle

flagon ['flægən] *n* flakonas

flagrant ['fleıgrənt] *a* keliantis pasipiktinimą; baisus

flag||ship ['flægʃıp] *n* *jūr.* flagmanas (*laivas*) ~**staff** [-stɑ:f] *n* vėliavos stiebas

flail [fleıl] *n* spragilas

flair [fleə] *n* 1 gabumai 2 nuojauta, uoslė

flak [flæk] *n* zenitinė artilerija

flak||e [fleık] *n* *pl* snieguolės, snaigės; dribsniai *v* kristi dribsniais □ **to** ~ **off** luptis ~**y** *a* dribsniuotas

flamboyant [flæm'bɔıənt] *a* 1 spalvingas, puošnus 2 ryškus, perdėtas

flam||e [fleım] *n* 1 liepsna 2 ryški šviesa 3 meilė; aistra *v* 1 liepsnoti (*t.p. prk.*) 2 *prk.* degti, (pa)rausti □ **to**

~ **up** užsiliepsnoti, užsidegti ~**ing** *a* 1 liepsnojantis 2 liepsningas, karštas

flammable ['flæməbl] *a* degus, lengvai užsidegantis

flank [flæŋk] 1 *anat.* šonas 2 šlaitas 3 *kar.* flangas, sparnas *v* 1 būti šone 2 pulti iš flango

flannel ['flænl] *n* 1 flanelė 2 *pl* flanelinės kelnės

flap [flæp] *v* 1 plaikstytis, plazdenti 2 plasnoti 3 pliaukštelėti, suduoti *n* 1 plazdenimas 2 plasnojimas 3 pliaukštelėjimas 4 atlošas, atvartas ~**per** *n* tauškutis (*musėms mušti*)

flare [fleə] I *v* 1 tviskėti, tvykstelėti, suliepsnoti (*t.p.* **to** ~ **up**) 2 *prk.* įsiliepsnoti, užsiplieksti (*t.p.* **to** ~ **up**) *n* 1 tvykstelėjimas, tviskėjimas; liepsna 2 šviesos signalas

flare II *v* platėti (*į apačią*) ~**d** *a* kliošinis (*apie sijoną, kelnes*)

flash [flæʃ] *v* blykstelėti; žybtelėti (*t.p.* **to** ~ **out**); žybčioti, užsidegti *n* 1 blykstelėjimas; blyksnis 2 akimirka; **in a** ~ (vienu) akimirksniu 3 *kar.* antsiuvas (*ant uniformos*) △ **a** ~ **in the pan** atsitiktinė sėkmė *a* prašmatnus, prabangus

flashlight ['flæʃlaıt] *n* 1 (*kišeninis*) žibintuvėlis 2 šviesos signalas 3 *fot.* blykstė

flashy ['flæʃı] *a* pernelyg išpuoštas, prašmatnus

flask [flɑ:sk] *n* 1 plokščias butelis 2 gertuvė

flat [flæt] I *n* butas

flat II *a* 1 plokščias, lėkštas (*t.p. prk.*) 2 nuobodus 3 kategoriškas; **and that's** ~ ir tai galutinai!, baigta! (*atsisakant*) 4 *muz.* bemolinis 5 supliuškęs (*apie padangą*) 6 išsikvėpęs (*apie alų ir pan.*) △ **to fall** ~ nepavykti, žlugti *n* 1 plokštuma; plokščioji pusė 2 nuleista padanga 3 *muz.* bemolis *adv* 1 plokščiai 2 lygiai (*apie laiką*) 3 *šnek.* visiškai, kategoriškai

flat||car ['flætkɑ:] n amer. glžk. vagonas platforma ~fish [-fiʃ] n zool. plekšnė ~-footed [-'futid] a pilnapadis ~-iron [-aiən] n laidynė ~ly adv 1 plokščiai; lygiai 2 kategoriškai ~ten ['flætn] v 1 (iš)lyginti; (su)plokštinti 2 (su)ploti, priploti

flatter ['flætə] v 1 meilikauti, girti 2 glostyti (širdį, savimeilę) ~er [-rə] n meilikautojas ~y [-ri] n meilikavimas

flatulence ['flætjuləns] n med. dujų susikaupimas (žarnyne)

flatwise ['flætwaiz] adv plokščiai

flaunt [flɔ:nt] v puikuotis, afišuotis

flautist ['flɔ:tist] n fleitistas

flavo(u)r ['fleivə] n 1 skonis 2 kvapas v suteikti skonio, (pa)skaninti ~less a beskonis; prėskas

flaw [flɔ:] n 1 įtrūkimas; įplyšimas 2 yda, trūkumas v 1 įtrūkti, įplyšti 2 gadinti ~less a nepriekaištingas, be ydų

flax [flæks] n linai; linas ~en a linų, lininis

flay [flei] v 1 (nu)lupti, (nu)dirbti (kailį) 2 prk. griežtai kritikuoti

flea [fli:] n blusa △ a ~ in one's ear kandus atkirtis ~bite [-bait] n 1 blusos įkandimas 2 prk. mažas nemalonumas

fleck [flek] n dėmė v sudėmėti

fled [fled] past ir pp žr. flee

fledged [fledʒd] a apsiplunksnavęs

fledg(e)ling ['fledʒliŋ] n jauniklis (paukštis) a neapsiplunksnavęs, neprityręs

flee [fli:] v (fled) (pa)bėgti, gelbėtis

fleec||e [fli:s] n 1 vilna 2 prikirpis v 1 nukirpti 2 apsukti, nulupti ~y a švelnus; panašus į vilną, plunksninis (apie debesis)

fleet [fli:t] n 1 laivynas; flotilė 2 (maši-nų) parkas

fleeting ['fli:tiŋ] a greitai pralekiantis, trumpalaikis

Fleet Street ['fli:tstri:t] n 1 Flytstrytas (Londono gatvė, kurioje daug laikraš-čių redakcijų) 2 prk. (Anglijos) spauda

flesh [fleʃ] n 1 mėsa 2 kūnas △ to lose ~ (su)liesėti; to put on ~ tukti, priaugti (svorio); ~ and blood žmogus; žmonės ~ings n pl kūno spalvos triko ~ly a kūniškas ~-wound [-wu:nd] n lengvas sužeidimas ~y a mėsingas

flew [flu:] past žr. fly

flex [fleks] n izoliuota viela, laidas v lenkti ~ible a lankstus (t.p. prk.) ~ion [-kʃn] n 1 (iš)linkimas 2 gram. galūnė

flick [flik] n 1 pliaukštelėjimas, lengvas smūgis 2 staigus judesys 3 šnek. sprigtas v 1 pliaukštelėti, lengvai suduoti 2 sprigtelėti 3 spragtelėti (mygtuką) □ to ~ away / off nubraukti, nukratyti

flicker ['flikə] v 1 mirgėti, mirguliuoti; virpėti 2 mirkčioti n 1 mirgėjimas; virpėjimas 2 mirkčiojimas

flier ['flaiə] = flyer

flight [flait] I n 1 skridimas; skraidymas 2 (skrendančių paukščių) pulkas 3 av. reisas 4 polėkis 5 (laiko) lėkimas 6 (laiptų) maršas △ in the first ~ pirmaujantis

flight II n (pa)bėgimas; atsitraukimas; to put to ~ priversti bėgti; to take to ~ (pa)bėgti

flighty ['flaiti] a nepastovus, kaprizingas

flimsy ['flimzi] a 1 lengvas ir plonas 2 prastas, netvirtas n plonas popierius; kalkė

flinch [flintʃ] v 1 vengti, nenorėti (from) 2 suvirpėti, krūpčioti (iš skausmo)

fling [fliŋ] v (flung) 1 pulti, mestis 2 mesti, sviesti, blokšti n šėlimas, (pa)siautėjimas; to have one's ~ (pa)siausti, paužti

flint [flint] n 1 titnagas; 2 (žiebtuvėlio) akmenėlis ~y a 1 titnaginis 2 prk. kietas, nuožmus

flip [flip] n sprigtas; spragtelėjimas v 1 sprigtelėti 2 spragtelėti, spustelėti (jungiklį) 3 greitai versti (knygą)

flippant ['flipənt] a nerimtas, lengvabūdis; nepagarbus

flipper ['flɪpə] n plaukmuo, pelekas

flirt [flə:t] v 1 flirtuoti 2 prk. žaisti n flirtininkas; koketė ~**ation** [-'teɪʃn] n 1 flirtas 2 prk. žaidimas ~**atious** [-'teɪʃəs] a mėgstantis flirtuoti, koketiškas

flit [flɪt] v 1 skraidyti, plasnoti 2 šmėkštelėti, šmėkčioti

float [fləut] v 1 plaukioti, plaukti (apie daiktus, debesis); plūduriuoti 2 plukdyti 3 svyruoti (apie valiutos kursą) 4 sklisti (apie gandus, idėjas) n 1 plūdė 2 plaustas 3 (žuvies) pūslė 4 vežimas (su platforma) 5 smulkūs pinigai (grąžai) ~**able** a 1 plūduriuojantis 2 plūdrus ~**age** n 1 plūdrumas 2 laivo dalis virš vandens ~**ation** [-'teɪʃn] = **flotation**; ~**ing** a 1 plūduriuojantis; ~**ing bridge** pontoninis tiltas 2 nepastovus; svyruojantis

flock [flɔk] I n 1 (paukščių) pulkas; banda 2 būrys, pulkas v būriuotis, spiestis; plūsti (apie žmones)

flock II n (vilnų, plaukų) kuokštas

floe [fləu] n ledo lytis

flog [flɔg] v 1 perti, čaižyti, mušti 2 šnek. parduoti, iškišti

flood [flʌd] n 1 potvynis; tvanas 2 prk. srautas; **a** ~ **of tears** ašarų srautas v užlieti (t.p. prk.); patvinti □ **to** ~ **in** plaukte plaukti; **to** ~ **out** iškeldinti dėl potvynio ~**gate** [-geɪt] n šliuzas ~**light** [-laɪt] n prožektorius (apšviesti aikštynus, pastatus)

floor [flɔ:] n 1 grindys 2 (namo) aukštas 3 tech. paklotas 4 (jūros) dugnas 5 teisė pasisakyti; **to take / have the** ~ kalbėti (susirinkime) v 1 dėti grindis 2 partrenkti ant grindų 3 pritrenkti, sugluminti ~**ing** [-rɪŋ] n klojinys, grįstai

flop [flɔp] v 1 pliumptelėti, šleptelėti 2 šnek. visiškai sužlugti, nepavykti

flor‖a ['flɔ:rə] n flora ~**al** a 1 gėlėtas, gėlių 2 augmenijos

floriculture ['flɔ:rɪkʌltʃə] n gėlininkystė

flor‖id ['flɔrɪd] a 1 ornamentuotas; įmantrus 2 rausvas (apie veidą) ~**ist** ['flɔrɪst] n gėlininkas (augintojas; pardavėjas)

floss [flɔs] n žaliavinis šilkas

flotation [fləu'teɪʃn] n 1 plūduriavimas 2 kom. akcijų pardavinėjimas

flotilla [fləu'tɪlə] n jūr. flotilė

flotsam ['flɔtsəm] n sudužusio laivo plūduriuojantys likučiai

flounce [flauns] I v mėtytis, blaškytis n blaškymasis; staigus judesys

flounce II n klostėtas apsiuvas v apsiūti klostėmis

flounder ['flaundə] I v 1 kepurnėtis, kapstytis 2 svyruoti, neapsispręsti

flounder II n zool. plekšnė

flour ['flauə] n miltai v apibarstyti miltais

flourish ['flʌrɪʃ] v 1 vešėti, klestėti, tarpti 2 mosuoti (ginklu ir pan.) n 1 (raidės, parašo) puošnus užsukimas 2 mosavimas 3 fanfaros

floury ['flauərɪ] a miltuotas; miltinis

flout [flaut] v nepaisyti, neklausyti, niekinti

flow [fləu] v 1 tekėti, sruventi; lietis (t.p. prk.) 2 plūsti; pakilti (apie vandens lygį) 3 laisvai kristi žemyn (apie plaukus, drabužio klostes) □ **to** ~ **down** nutekėti; **to** ~ **out** ištekėti n 1 tekėjimas; srovė; srautas (t.p. prk.) 2 (jūros) potvynis 3 (kalbos) sklandumas

flower ['flauə] n 1 gėlė; **natural** ~**s** gyvos gėlės 2 žiedas; žydėjimas (t.p. prk.) 3 pažiba; ~**s of speech** kalbos puošmenos v 1 žydėti; (prk. t.p.) (su)klestėti 2 puošti gėlėmis ~**-bed** [-bed] n gėlių lysvė ~**-girl** [-gə:l] n gėlininkė ~**pot** [-pɔt] n (gėlių) vazonas ~**-show** [-ʃəu] n gėlių paroda ~**y** [-rɪ] a 1 papuoštas gėlėmis; gėlėtas 2 įmantrus (apie stilių ir pan.)

flown [fləun] pp žr. **fly**

flu [flu:] n šnek. gripas

fluctuat‖e ['flʌktʃueɪt] v svyruoti ~**ion** [ˌflʌktʃu'eɪʃn] n svyravimas; kaita; nepastovumas

flue [flu:] *n* dūmtraukis

flu‖ency ['flu:ənsɪ] *n* (*kalbos*) sklandu-
mas ~ent *a* sklandus, laisvas

fluff [flʌf] *n* 1 pūkai; pūkeliai 2 *teatr.*
blogai išmokta rolė *v* (pa)šiaušti; (pa)-
purenti (*plunksnas, pagalvius*) ~y *a*
pūkuotas

fluid ['flu:ɪd] *a* 1 skystas; takus 2 nesta-
bilus *n* skystis ~ity [flu:'ɪdətɪ] *n* 1 sky-
stas būvis 2 nestabilumas

fluke [flu:k] *n* *šnek.* laimingas atsitikti-
numas

flummox ['flʌməks] *n* suglumyti, su-
trikdyti

flung [flʌŋ] *past ir pp žr.* **fling**

flunk [flʌŋk] *v* *šnek.* su(si)kirsti; neiš-
laikyti (*egzamino*)

flunk(e)y ['flʌŋkɪ] *n* 1 tarnas 2 *prk.* lio-
kajus, pataikūnas

fluorescent [fluə'resnt] *a* fluorescen-
tinis

flurry ['flʌrɪ] *n* 1 bruzdesys; sąmyšis
2 (*lietaus, vėjo*) gūsis *v* jaudinti;
don't get flurried! nesijaudink(ite)!

flush [flʌʃ] I *v* išbaidyti □ *to* ~ *out*
išvyti, išvaryti *n* pabaidytas paukščių
būrys

flush II *v* 1 paplūsti; siūbtelėti 2 (pa)-
rausti, (pa)raudonuoti (*t.p.* *to* ~
up) 3 plauti vandens srove; nuleisti
vandenį 4 *prk.* užplūsti, būti apim-
tam (*džiaugsmo ir pan.*) *n* 1 (*van-
dens*) srovė, srautas 2 vandens nuleidi-
mas (*tualete*) 3 raudonis, paraudimas
4 *prk.* antplūdis *a* 1 esantis vieno ly-
gio 2 turintis daug, turtingas

fluster ['flʌstə] *v* nervinti(s), jaudin-
ti(s) *n* pasimetimas, su(si)jaudinimas

flut‖e [flu:t] *n* fleita *v* groti fleita ~ist
n fleitistas

flutter ['flʌtə] *v* 1 plasnoti, skrajoti
2 plastėti, tvinkčioti (*apie širdį, pul-
są*) 3 plevėsuoti, pleventi 4 jaudin-
tis 5 bėginėti; šmižinėti (*t.p.* *to* ~
about)

flux [flʌks] *n* 1 tekėjimas 2 nuolatinė
kaita *v* 1 tekėti 2 *tech.* lydyti ~ible
a lydus

fly [flaɪ] I *n* musė △ *to break a* ~ *on
the wheel* iš patrankos į žvirblį šau-
dyti; *a* ~ *in the ointment* šaukštas
deguto medaus statinėje ~blown
[-bləun] *a* musių apdirbtas; nešvarus

fly II *v* (**flew; flown**) 1 skristi, lėkti
2 skraidinti; pervežti oro transportu
3 leisti (*aitvarą*) 4 vairuoti (*lėktuvą*)
5 plevėsuoti, plaikstytis 6 skubėti, lėk-
ti, dumti 7 pulti, mestis (*at*) □ *to* ~
out užsipulti, imti plūsti (*at*) *n* 1 skri-
dimas 2 (*kelnių priekio*) įsiuvas; pras-
kiepas ~er *n* lakūnas ~ing *a* skren-
dantis; ~ing officer aviacijos kari-
ninkas, vyresnysis leitenantas

flyleaf ['flaɪli:f] *n* priešlapis

flyover ['flaɪəuvə] *n* viaduko pervaža

flypaper ['flaɪpeɪpə] *n* muslipdis

fly‖trap ['flaɪtræp] *n* musgaudis ~
weight [-weɪt] *n* visų lengviausiojo
svorio boksininkas

flywheel ['flaɪwi:l] *n* *tech.* smagratis

foal [fəul] *n* kumeliukas; asiliukas; *in /
with* ~ kumelinga *v* kumeliuotis

foam [fəum] *n* 1 puta 2 porolonas (*t.p.*
~ *rubber*) *v* putoti ~y *a* putotas

fob [fɔb] *n* (*kišeninio laikrodžio*) gran-
dinėlė *v*: *to* ~ *off* įkišti, įbrukti; ap-
sukti

foc‖al ['fəukl] *a* *fiz.* židinio ~us [-kəs]
n 1 židinys, fokusas 2 centras *v* 1 fo-
kusuoti 2 su(si)telkti, susikaupti

fodder ['fɔdə] *n* pašaras

foe [fəu] *n* *knyg.* priešas

foetus ['fi:təs] *n* *biol.* vaisius, gemalas

fog [fɔg] *n* 1 rūkas, ūkana 2 nesuprati-
mas; *in a* ~ susipainiojęs, nesupran-
tantis *v* 1 ap(si)traukti rūku 2 su(si)-
painioti ~gy [-ɪ] *a* 1 ūkanotas 2 *prk.*
miglotas

fog(e)y ['fəugɪ] *n* *šnek.* senpalaikis žmo-
gus

foible ['fɔɪbl] *n* silpnybė, keistybė

foil [fɔɪl] I *n* 1 folga 2 kontrastas

foil II *v* sukliudyti; žlugdyti (*planus*)

foil III *n* rapyra

foist [fɔɪst] *v* į(si)piršti, įsiūlyti

fold [fəuld] I *n* aptvaras (*avims*)

fold II *v* 1 su(si)lankstyti 2 (ap)vynioti; *to ~ smb in one's arms* apkabinti, apglėbti; *to ~ one's arms* sukryžiuoti rankas □ *to ~ in kul.* įmaišyti *n* 1 klostė 2 (*durų*) suvėrimas *~er n* aplankas *~ing a* 1 sudedamas 2 suveriamas

foliage [ˈfəulııdʒ] *n* lapai, lapija

folio [ˈfəulıəu] *n* 1 pusės lakšto formatas 2 foliantas

folk [fəuk] *n* 1 žmonės; *old ~* seniai; *young ~* jaunimas 2 *pl šnek.* giminės; *my ~s* maniškiai 3 *attr* liaudies; liaudiškas; *~ music* liaudies muzika *~lore* [-lɔ:] *n* folkloras

folksy [ˈfəuksı] *a šnek.* 1 liaudiškas 2 mėgstantis bendrauti, paprastas

follow [ˈfɔləu] *v* 1 sekti; vykti, eiti (*po ko*); *~ me!* sek paskui mane! 2 būti sekėju / šalininku 3 (*logiškai*) išplaukti 4 suprasti, sekti (*mintį*); *I ~ you* aš jus suprantu 5 būti (*kuo*); *to ~ the sea* būti jūrininku □ *to ~ on* toliau sekti; *to ~ out / through* įvykdyti iki galo; *to ~ up* toliau tirti / veikti △ *as ~s* taip; toks, šis *~er n* 1 (pa)sekėjas 2 garbintojas *~ing a* 1 sekantis 2 kitas (*žymint laiką*)

folly [ˈfɔlı] *n* beprotybė; kvailybė

foment [fəuˈment] *v* 1 dėti karštą kompresą 2 kurstyti, skatinti *~ation* [ˌfəumenˈteıʃn] *n* karštas kompresas, šuteklis

fond [fɔnd] *a* 1 mylintis; meilus, švelnus; *to be ~* (*of*) mylėti, mėgti 2 perdaug optimistiškas; nerealus *~le* [-l] *v* glamonėti, myluoti *~ness n* švelnumas; meilumas; meilė

food [fu:d] *n* maistas *~stuffs* [-stʌfs] *n pl* maisto produktai

fool [fu:l] *n* 1 kvailys, beprotis; *to make a ~ of smb* apkvailinti ką; *to play the ~* kvailioti, apsimesti kvailiu 2 *ist.* juokdarys △ *~'s errand* tuščias / beprasmiškas reikalas / sumanymas; *All Fools' Day* balandžio pirma *v* (ap)mulkinti; apgauti □

to ~ about a) dykinėti; b) kvailioti; *to ~ away* kvailai (iš)švaistyti

fool‖ery [ˈfu:lərı] *n* kvailiojimas; kvailystė *~hardy* [-ha:dı] *a* beprotiškai rizikuojantis *~ish a* kvailas

foolproof [ˈfu:lpru:f] *a* aiškus (*visiems*); paprastas; nepavojingas netinkamai vartojant

foot [fut] *n* (*pl* **feet**) 1 koja, pėda 2 eisena; žingsnis; *light* (*heavy*) *feet* lengvi (sunkūs) žingsniai 3 pėda (= 30,48 *cm*) 4 papėdė; apačia; *at the ~ of the page* puslapio apačioje △ *on ~* pėsčiomis; *to keep one's feet* išsilaikyti ant kojų; *to find one's feet* išmokti būti savarankiškam; *to put one's ~ in it* (*nelaiku, nevietoje*) įsiterpti; *to put one's ~ down* būti ryžtingam / tvirtam (*priešinantis*) *v* 1 primegzti (*kojinės pėdą*) 2 eiti pėsčiom (*papr. to ~ it*) 3: *to ~ the bill šnek.* apmokėti sąskaitą

footage [ˈfutıdʒ] *n* ilgis (*pėdomis*)

foot-and-mouth [ˌfutənˈmauθ] *n:* *~ disease* snukio ir nagų liga

foot‖ball [ˈfutbɔ:l] *n* futbolas *~board* [-bɔ:d] *n* pakoja *~fall* [-fɔ:l] *n* žingsnių garsas *~hold* [-həuld] *n* atramos taškas *~ing* [-ıŋ] *n* 1 atrama kojoms 2 sąlygos, padėtis (*visuomenėje*); santykiai *~lights* [-laıts] *n pl* rampa *~man* [-mən] *n* liokajus *~mark* [-ma:k] *n* pėdsakas *~note* [-nəut] *n* išnaša, pastaba *~print* [-prınt] *n* pėdsakas *~race* [-reıs] *n* bėgimo varžybos *~sore* [-sɔ:] *a* nutrintomis kojomis *~step* [-step] *n* 1 pėda, pėdsakas; *to follow in one's ~steps prk.* eiti kieno pėdomis 2 *pl* žingsniai *~stool* [-stu:l] *n* suoliukas kojoms *~ wear* [-weə] *n* avalynė

fop [fɔp] *n* dabita, puošeiva (*apie vyrą*) *~pish a* dabitiškas

for [fə, fɔ:] *prep* 1 reiškiant paskirtį, asmenį, verčiamas naudininku: *books ~ children* knygos vaikams; *a tool*

~ *drilling holes* instrumentas skylėms gręžti 2 *už, dėl (reiškiant tikslą, atpildą, apmokėjimą, vertę);* ~ *bravery už* drąsą; ~ *pound už* svarą; *Just* ~ *fun* tik dėl juoko; *to fight* ~ *freedom* kovoti dėl laisvės, už laisvę 3 *iš, dėl (reiškiant priežastį);* ~ *fear iš* baimės; ~ *want of time* dėl laiko stokos 4 *už (vietoj); to sign* ~ *smb* pasirašyti už ką 5 nuo; *medicine* ~ *a cough* vaistai nuo kosulio 6 *reiškiant laiką, nuotolį papr. verčiamas galininku; t.p. prieveiksmiu, kitais linksniais:* ~ *good* amžinai, visiems laikams; ~ *the present* dabar, šiuo metu; ~ *miles and miles* daugelį mylių 7 į *(reiškiant kryptį); the ship is bound* ~ *New York* laivas plaukia į Niujorką △ *as* ~ *me* kai dėl manęs; ~ *all I know* kiek aš žinau; ~ *all that* nepaisant viso to *conj* nes; *I had to go* ~ *it was late* man reikėjo eiti, nes buvo vėlu

forage [ˈfɔrıdʒ] *n* pašaras *v* 1 ieškoti pašaro / maisto 2 ieškoti, raustis

foray [ˈfɔreı] *n* staigus užpuolimas *v* užpulti, įsiveržti

forbad, forbade [fəˈbæd, fəˈbeıd] *past žr.* **forbid**

forbear [fɔːˈbeə] *v* (**forbore; forborne**) susilaikyti ~**ance** [-rəns] *n* susilaikymas; pakantumas ~**ing** [-rıŋ] *a* pakantus

forbid [fəˈbıd] *v* (**forbad(e); forbidden**) (už)drausti ~**den** *a* draudžiamas; uždraustas ~**ding** *a* atgrasus, atstumiantis

forbor‖**e** [fɔːˈbɔː] *past žr.* **forbear** ~**ne** [-n] *pp žr.* **forbear**

force [fɔːs] *n* 1 jėga; *by* ~ jėga, prievarta 2 galia; *in* ~ a) veikiantis, galiojantis; b) būriu, gausiai; *by* ~ *of habit* iš įpročio 3 *pl* kariuomenė, ginkluotosios pajėgos *v* 1 (pri)versti 2 išlaužti; sulaužyti (*užraktą*) 3 forsuoti 4 (pa)greitinti (*augimą ir pan.*) 5 primesti (*mintį; on*) ~**d** *a* 1 priverčiamas(is); priverstinis 2 dirbtinis, nenatūralus 3 forsuotas ~**ful** *a* 1 stiprus; valingas 2 įtikinamas

forcemeat [ˈfɔːsmiːt] *n* faršas, įdaras

forceps [ˈfɔːseps] *n pl* chirurginės replės

forcible [ˈfɔːsəbl] *a* 1 prievartinis 2 įtaigus; įtikinamas

ford [fɔːd] *n* brasta *v* perbristi

fore [fɔː] *adv jūr.* priešakyje *a* prie(ša)kinis *n jūr.* (*laivo*) priešakys △ *to the* ~ priekyje, gerai matomas

forearm I [ˈfɔːrɑːm] *n anat.* dilbis

forearm II [fɔːrˈɑːm] *v* iš anksto apginkluoti

forebears [fɔːˈbeəz] *n pl* protėviai, senoliai

foreboding [fɔːˈbəudıŋ] *n* nujautimas

forecast *v* [fɔːˈkɑːst] (**forecast, forecasted**) nuspėti, numatyti; prognozuoti *n* [ˈfɔːkɑːst] spėjimas, prognozė

forecourt [ˈfɔːkɔːt] *n* aptvertas kiemas (*prieš namą*)

foredoom [fɔːˈduːm] *v knyg.* nulemti, pasmerkti

forefather [ˈfɔːfɑːðə] *n* (*papr. pl*) protėvis, prosenelis

forefinger [ˈfɔːfıŋgə] *n* smilius, smaližius (*pirštas*)

forefoot [ˈfɔːfut] *n* (*gyvulio*) priekinė koja

forefront [ˈfɔːfrʌnt] *n* 1 priešakys 2 *prk.* (*veiklos*) centras

forego [fɔːˈgəu] *v* (**forewent; foregone**) 1 eiti / vykti pirma 2 susilaikyti ~**ing** *a* aukščiau paminėtas ~**ne** [fɔːˈgɔn] *pp žr.* **forego** *a* iš anksto nuspręstas / nutartas; ~**ne conclusion** išankstinė išvada

foreground [ˈfɔːgraund] *n* 1 priekinis / pirmas planas 2 *teatr.* avanscena

forehand [ˈfɔːhænd] *a* išankstinis

forehead [ˈfɔrıd] *n* kakta

foreign [ˈfɔrın] *a* 1 užsienio, užsieninis; *F. Secretary* užsienio reikalų ministras 2 svetimas ~**er** *n* užsienietis; svetimšalis

foreknow [fɔ:'nəu] (**foreknew** [-'nju:]; **foreknown** [-'nəun]) *v* numatyti, žinoti iš anksto ~**ledge** [ˌfɔ:'nɔlidʒ] *n* numatymas

foreleg ['fɔ:leg] *n* (*gyvulio*) priekinė koja

forelock ['fɔ:lɔk] *n* garbana, plaukų kuokštas (*ant kaktos*) △ *to take time / occasion by the* ~ pasinaudoti proga

foreman ['fɔ:mən] *n* 1 meistras; dešimtininkas 2 *teis.* (*prisiekusiųjų*) seniūnas

foremost ['fɔ:məust] *a* 1 priekinis 2 svarbiausias *adv* pirmiausia (*papr. first and* ~)

forename ['fɔ:neim] *n* vardas

forenoon ['fɔ:nu:n] *n* priešpietis

forensic [fə'rensik] *a* teismo; ~ *medicine* teismo medicina

forepart ['fɔ:pa:t] *n* priešakinė dalis

forerunner ['fɔ:rʌnə] *n* 1 pirmtakas 2 (*ko*) pranašas, ženklas

foresee [fɔ:'si:] *v* (**foresaw** [-'sɔ:]; **foreseen** [-'si:n]) numatyti ~**able** *a* iš anksto numatomas; nuspėjamas

foreshadow [fɔ:'ʃædəu] *v* pranašauti, būti (*ko*) ženklu

foreshore ['fɔ:ʃɔ:] *n* (*jūros užliejama*) pakrantė

foreshorten [fɔ:'ʃɔ:tn] *v* sumažinti (*vaizdą*) perspektyvoje

foresight ['fɔ:sait] *n* numatymas, įžvalgumas

forest ['fɔrist] *n* miškas, giria *v* apsodinti mišku

forestall [fɔ:'stɔ:l] *v* užbėgti už akių

forest||er ['fɔristə] *n* miškininkas; eigulys ~**ry** [-ri] *n* miškininkystė; miškų ūkis

foretaste *n* ['fɔ:teist] išankstinis jautimas *v* [fɔ:'teist] *v* iš anksto (nu)jausti

foretell [fɔ:'tel] *v* (**foretold** [-təuld]) pranašauti

forethought ['fɔ:θɔ:t] *n* numatymas; (*išankstinis*) apgalvojimas

forever [fə'revə] *adv* amžinai, visam laikui

forewarn [fɔ:'wɔ:n] *v* perspėti, įspėti

forewent [fɔ:'went] *past žr.* **forego**

foreword ['fɔ:wə:d] *n* pratarmė

forfeit ['fɔ:fit] *a* konfiskuotas, atimtas *n* 1 praradimas 2 pabauda 3 konfiskavimas 4 fantas; *pl* žaidimas fantais *v* prarasti, netekti ~**ure** [-fitʃə] *n* praradimas; konfiskavimas

forgave [fə'geiv] *past žr.* **forgive**

forg||e [fɔ:dʒ] I *n* kalvė; žaizdras *v* 1 kalti 2 *prk.* nukalti 3 suklastoti ~**er** *n* klastotojas ~**ery** *n* 1 (su)klastojimas 2 klastotė

forge II *v* išsiveržti / judėti į priekį

forget [fə'get] *v* (**forgot**; **forgotten**) už(si)miršti; *to* ~ *oneself* a) netinkamai elgtis; b) negalvoti apie save ~**ful** *a* užmaršus

forget-me-not [fə'getminɔt] *n* neužmirštuolė

forgive [fə'giv] *v* (**forgave**; **forgiven** [-'givn]) atleisti, dovanoti ~**ness** *n* atleidimas, dovanojimas

forgo [fɔ:'gəu] *žr.* **forego**

forgot [fə'gɔt] *past žr.* **forget**; ~**ten** [-tn] *pp žr.* **forget**

fork [fɔ:k] *n* 1 šakės; šakutė(s) 2 išsišakojimas *v* 1 valgyti su šakute 2 dirbti su šakėmis 3 šakotis □ *to* ~ *out / up šnek.* sumokėti (*sumą*) ~**ed** *a* išsišakojęs

forlorn [fə'lɔ:n] *a* 1 apleistas; nelaimingas, vienišas 2 beviltiškas

form [fɔ:m] *n* 1 forma; pavidalas; išvaizda 2 elgesys, etiketas 3 klasė (*mokykloje*) 4 suolas *v* 1 formuoti(s), su(si)daryti 2 įkurti 3 *kar.* rikiuoti(s)

form||al ['fɔ:məl] *a* 1 formalus; oficialus 2 taisyklingas, simetriškas 3 ceremoningas ~**alism** *n* formalizmas ~**ality** [-'mæləti] *n* formalumas ~**ation** [-'meiʃn] *n* 1 su(si)darymas, formavimas(is) 2 *geol.* formacija 3 *kar.* rikiuotė ~**ative** *a* formuojantis; formavimo(si); formuojamas

former ['fɔ:mə] *a* 1 buvęs, ankstesnis 2: *the* ~ ... *and the latter* pirmasis ..., pastarasis ... ~**ly** *adv* anksčiau, pirmiau

formidable ['fɔːmɪdəbl] *a* 1 grėsmingas 2 sunkiai įveikiamas 3 didžiulis

formless ['fɔːmləs] *a* beformis, amorfinis

formula ['fɔːmjulə] *n* 1 formulė 2 receptas 3 formuluotė ~te [-leɪt] *v* formuluoti ~tion [ˌfɔːmjuˈleɪʃn] *n* formulavimas

forsake [fəˈseɪk] *v* (**forsook** [-ˈsuk]; **forsaken** [-ˈseɪkn]) 1 apleisti, palikti 2 atsisakyti

forswear [fɔːˈswɛə] *v* (**forswore** [-ˈswɔː]; **forsworn** [-ˈswɔːn]) 1 atsižadėti 2 melagingai prisiekti

fort [fɔːt] *n* fortas

forte ['fɔːteɪ] *n* (*žmogaus*) stiprioji pusė *adv muz.* forte

forth [fɔːθ] *adv* pirmyn; tolyn; **from that day** ~ (pradedant) nuo tos dienos ~**coming** [-ˈkʌmɪŋ] *a* būsimas, artėjantis

forthright ['fɔːθraɪt] *a* atviras, tiesus

forthwith [ˌfɔːθˈwɪθ] *adv* tuojau, nedelsiant

forties ['fɔːtɪz] *n pl* 1 penktas dešimtmetis 2 amžius nuo 40 iki 49 metų

fortieth ['fɔːtɪəθ] *num* keturiasdešimtas

forti‖fications [ˌfɔːtɪfɪˈkeɪʃnz] *n pl* įtvirtinimai ~**fy** ['fɔːtɪfaɪ] *v* 1 sustiprinti, sutvirtinti 2 paremti (*faktais, skaičiais*)

fortitude ['fɔːtɪtjuːd] *n* (*dvasios*) tvirtumas

fortnight ['fɔːtnaɪt] *n* dvi savaitės; **this day** ~ lygiai po dviejų savaičių ~**ly** *a* dvisavaitinis

fortress ['fɔːtrɪs] *n* tvirtovė

fortuit‖ous [fɔːˈtjuːɪtəs] *a* atsitiktinis ~**y** [-ˈtjuːətɪ] *n* atsitiktinumas

fortunate ['fɔːtʃənət] *a* laimingas, sėkmingas ~**ly** *adv* laimei

fortune ['fɔːtʃən] *n* 1 laimė; **bad / ill** ~ nelaimė, nesėkmė 2 likimas 3 turtas; **to make a** ~ pralobti; **to come into a** ~ paveldėti turtą ~**teller** [-telə] *n* būrėja, ateities spėliotoja

forty ['fɔːtɪ] *num* keturiasdešimt

forum ['fɔːrəm] *n* forumas

forward ['fɔːwəd] *a* 1 priešakinis 2 ankstyvas; anksti subrendęs 3 šiuolaikinis, pažangus 4 *kom.* būsimas; iš-ankstinis *adv* 1 pirmyn, į priekį 2 toliau; **from this time** ~ nuo šio laiko *v* 1 paspartinti; padėti 2 (per)siųsti *n sport.* puolėjas ~**s** *adv* pirmyn

fossil ['fɔsl] *n* 1 iškasena 2 priešvaninių pažiūrų žmogus *a* 1 suakmenėjęs 2 senamadiškas, priešvaninis

foster ['fɔstə] *v* 1 auklėti; globoti 2 skatinti; puoselėti ~-**brother** [-brʌðə] *n* įbrolis ~-**child** [-tʃaɪld] *n* įvaikis; augintinis ~-**father** [-fɑːðə] *n* įtėvis ~-**mother** [-mʌðə] *n* įmotė

fought [fɔːt] *past ir pp žr.* **fight**

foul [faul] *a* 1 nešvarus, dvokiantis 2 nešvankus 3 šlykštus, bjaurus 4 negarbingas; ~ **play** a) nesąžiningas žaidimas; b) nusikaltimas 5 užsikimšęs (*apie vamzdį, kaminą*) 6 ūmus; **to fall** ~ (*of*) supykinti *n* 1 susidūrimas 2 *sport.* pražanga *v* 1 teršti 2 susidurti 3 *sport.* prasižengti ~-**mouthed** [-ˈmauðd] *a* nepraustaburnis

found [faund] I *past ir pp žr.* **find**

found II *v* 1 įkurti, įsteigti 2 pagrįsti, remtis (*on, upon*) 3 padėti pamatus

foundation [faunˈdeɪʃn] *n* 1 įkūrimas, įsteigimas 2 pagrindas 3 pamatas

founder ['faundə] I *n* įkūrėjas, steigėjas

founder II *v* 1 *jūr.* nuskęsti, paskandinti (*laivą*) 2 apšlubti (*apie arklį*) 3 (su)-žlugti (*apie planus*)

foundling ['faundlɪŋ] *n* pamestinukas

foundry ['faundrɪ] *n* 1 liejykla 2 liejimas

fountain ['fauntɪn] *n* 1 šaltinis 2 fontanas

fountain-pen ['fauntɪnpen] *n* parkeris

four [fɔː] *num* keturi *n* ketvertas; **on all** ~**s** keturpėsčia(s), visomis keturiomis ~**fold** [-fəuld] *a* keturgubas *adv* keturis kartus ~-**footed** [-ˈfutɪd] *a* keturkojis ~-**letter** [-letə] *a:* ~ **words** necenzūriški žodžiai ~**some** *n* ketvertas, keturių grupė ~-**square** [-ˈskwɛə] *a* kvadratinis ~**teen** [-ˈtiːn] *num* keturiolika ~**teenth** *num* keturioliktas ~th [-θ] *num* ketvirtas *n* ketvirtis, ketvirtadalis; (*ménesio*) ketvirta diena ~thly [-θlɪ] *adv* ketvirta

fowl [faul] *n* 1 naminis paukštis; naminiai paukščiai 2 paukštiena

fox [fɔks] *n* lapė (*t.p. prk.*); a *sly* ~ gudruolis *v* 1 apsimesti, apgaudinėti 2 statyti į sunkią padėtį

foxglove [ˈfɔksglʌv] *n bot.* rusmenė

foxtrot [ˈfɔkstrɔt] *n* fokstrotas

foxy [ˈfɔksɪ] *a* gudrus, klastingas

foyer [ˈfɔɪeɪ] *pr. n teatr.* fojė

fracas [ˈfrækɑ:] *pr. n* peštynės, barnis

fraction [ˈfrækʃn] *n* 1 trupmena; *common / vulgar* ~ paprastoji trupmena 2 dalelė; truputis ~al *a* 1 trupmeninis 2 nežymus

fractious [ˈfrækʃəs] *a* irzlus, užgaidus

fracture [ˈfræktʃə] *n* lūžimas, lūžis; įtrūkimas *v* lūžti; pra(si)skelti

fragile [ˈfrædʒaɪl] *a* 1 trapus (*t.p. prk.*); dūžtamas 2 *šnek.* silpnas

fragment [ˈfrægmənt] *n* 1 nuolauža; skeveldra 2 (*pašnekesio*) nuotrupa 3 fragmentas ~ary *a* fragmentinis ~ation [ˌfrægmənˈteɪʃn] *n* (su)skilimas

fragran||ce [ˈfreɪgrəns] *n* aromatas ~t *a* aromatiškas, kvapus

frail [freɪl] *a* 1 trapus, netvirtas 2 silpnas ~ty *n* 1 silpnumas 2 trapumas

frame [freɪm] *v* 1 (pa)statyti; sukurti 2 įrėminti 3 *šnek.* neteisingai apkaltinti (*t.p.* to ~ up) *n* 1 rėmai 2 griaučiai, karkasas 3 struktūra, sistema 4 aplinka, fonas 5 nuotaika (*papr.* ~ of mind) 6 inspektas 7 *fot.* kadras ~-up [ˈfreɪmʌp] *n šnek.* neteisingas apkaltinimas, suokalbis ~work [-wə:k] *n* 1 griaučiai, karkasas 2 *prk.* ribos, rėmai

franchize [ˈfræntʃaɪz] *n* 1 balsavimo teisė 2 privilegija, lengvata

frank [fræŋk] I *a* atviras, nuoširdus

frank II *v* frankuoti (*laišką, siuntą*)

frankfurter [ˈfræŋkfə:tə] *n* rūkyta dešrelė

frankly [ˈfræŋklɪ] *adv* 1 atvirai, nuoširdžiai 2 atvirai kalbant

frantic [ˈfræntɪk] *a* siutingas, pašėlęs

fratern||al [frəˈtə:nl] *a* broliškas ~ity [-nətɪ] *n* 1 brolybė 2 *rel.* brolija 3 *amer.* studentų asociacija ~ize [ˈfrætənaɪz] *v* broliautis

fratricide [ˈfrætrɪsaɪd] *n* 1 brolžudystė 2 brolžudys

fraud [frɔ:d] *n* 1 apgavystė 2 apgavikas, sukčius ~ulent [-julənt] *a* apgavikiškas

fraught [frɔ:t] *a* pilnas, kupinas (*with*)

fray [freɪ] I *n knyg.* susidūrimas; peštynės

fray II *v* (at)spurti, apsitrinti, nu(si)dėvėti ~ed *a* atspuręs, nuspuręs

frazzle [ˈfræzl] *n: burned to a* ~ perviręs; *worn to a* ~ visiškai nusialinęs ~d *a* 1 nusialinęs, išsekęs 2 perviręs; persideginęs (*saulėje*)

freak [fri:k] *n* 1 užgaida, įnoris 2 keistybė, nenormalybė 3 apsigimėlis (*papr.* ~ of nature) *v:* to ~ out *šnek.* pakvaišti, susijaudinti ~ish *a* 1 įnoringas 2 keistas, nenormalus

freckl||e [ˈfrekl] *n* strazdana, šlakas ~ed *a* strazdanotas, šlakuotas

free [fri:] *a* 1 laisvas; išlaisvintas; *to make / set* ~ išlaisvinti 2 nemokamas (*t.p.* ~ of charge) 3 neturintis, be; ~ from fear bebaimis *v* išlaisvinti, paleisti *adv* 1 laisvai 2 nemokamai ~-and-easy [-ənd-ˈi:zɪ] *a* laisvas, nesuvaržytas

freedom [ˈfri:dəm] *n* laisvė; ~ of speech žodžio laisvė

free-for-all [ˌfri:fərˈɔ:l] *n šnek.* peštynės

freehand [ˈfri:hænd] *n* veikimo laisvė *a* ranka atliktas (*apie piešinį*)

free-handed [ˌfri:ˈhændɪd] *a* dosnus

freelance [ˈfri:lɑ:ns] *n* politikas / žurnalistas, nepriklausantis kuriai nors partijai / redakcijai

freely [ˈfri:lɪ] *adv* 1 laisvai 2 gausiai, dosniai

freeman [ˈfri:mən] *n* (*miesto*) garbės pilietis

free-thinker [ˌfriːˈθɪŋkə] *n* laisvamanis
free-will [ˌfriːˈwɪl] *a* savanoriškas
freez‖e [friːz] *v* (**froze**; **frozen**) 1 (už)-
šalti; sušalti; *I am frozen* aš vi-
sai sušalau; *It ~es* šąla 2 sting(dy)ti
3 užšaldyti □ *to ~ over* užšalti, pasi-
dengti ledu; *to ~ up* a) užšalti; b) su-
sting(dy)ti *~ing n* 1 užšalimas 2 už-
šaldymas; *~ing of wages* uždarbio
įšaldymas *a* labai šaltas, ledinis *~ing-
point* [ˈfriːzɪŋpɔɪnt] *n* užšalimo taškas
freight [freɪt] *n* 1 frachtas; važtapinigiai
2 kroviniai; *~ train amer.* preki-
nis traukinys *v* 1 pakrauti (*krovinius*)
2 frachtuoti
French [frentʃ] *a* prancūzų, prancūziš-
kas; Pranzūzijos *n* 1 (the *~*) pran-
cūzai 2 prancūzų kalba *~man* [-mən]
n prancūzas *~woman* [-wumən] *n*
prancūzė
frenz‖ied [frenzɪd] *a* siautulingas; įtū-
žęs, įsiutęs *~y n* siautulys; įtūžis
frequ‖ency [ˈfriːkwənsɪ] *n* 1 dažnumas;
pasikartojimas 2 *fiz.* dažnis *~ent a*
[ˈfriːkwənt] 1 dažnas, dažnai pasikar-
tojantis 2 įprastas *v* [frɪˈkwent] dažnai
lankyti(s) *~entative* [frɪˈkwentətɪv] *a*
gram. dažninis *~ently adv* dažnai
fresco [ˈfreskəu] *n* freska *v* tapyti fres-
kas
fresh [freʃ] *a* 1 šviežias; naujas 2 nepri-
tyręs **3** švarus, grynas; gaivus, vėsus
4 gėlas **5** žvalus **6** nesenas, ką tik
įvykęs **7** *šnek.* įžūlus *~en v* 1 gaivin-
ti, at(si)gaivinti 2 (at)šviežinti 3 (su)-
stiprėti (*apie vėją*) *~er n šnek.* pir-
makursis *~ness n* vėsumas *~water*
[-wɔːtə] *a* gėlavandenis
fret [fret] I *v* 1 trinti, šiaušti; gniaužti
2 nerimti *n* su(si)erzinimas, nervini-
masis
fret II *v* puošti, ornamentuoti (*raižiniais,
drožiniais*)
fretful [ˈfretfl] *a* irzlus
fret‖saw [ˈfretsɔː] *n* siūlinis pjūklelis
~work [-wəːk] *n* raižinys, ornamentas
friable [ˈfraɪəbl] *a* trapus, purus

friar [ˈfraɪə] *n* vienuolis *~y* [-rɪ] *n* (*vyrų*)
vienuolynas
fric‖ative [ˈfrɪkətɪv] *a fon.* pučiamasis,
frikatyvinis *n* frikatyvinis priebalsis
~tion [-kʃn] *n* trintis; trynimasis (*t.p.
prk.*)
Friday [ˈfraɪdɪ] *n* penktadienis
fridge [frɪdʒ] *n* šaldytuvas
friend [frend] *n* 1 draugas, bičiulis;
to make ~s (*with*) susidraugauti
2 kolega, kompanionas **3** rėmėjas △ *a
~ in need is a friend indeed prież.*
draugą nelaimėje pažinsi *~less a* vie-
nišas, be draugų *~ly a* draugiškas *adv*
draugiškai *~ship n* draugystė
frieze [friːz] *n archit.* frizas; bordiūras
frigate [ˈfrɪgət] *n jūr.* fregata
fright [fraɪt] *n* 1 išgąstis; *to give a ~*
išgąsdinti; *to take a ~* išsigąsti 2 bai-
dyklė *~en v* (iš)gąsdinti □ *to ~en
away* nubaidyti *~ful a* 1 baimingas,
baugus 2 *šnek.* baisus; bjaurus
frigid [ˈfrɪdʒɪd] *a* šaltas (*t.p. prk.*)
frill [frɪl] *n* 1 kriputė, pinikai, klostėtas
apsiuvas 2 *pl* nereikalingos puošmenos
3 *pl* maivymasis; *to put on ~s* mai-
vytis
fringe [frɪndʒ] *n* 1 spurgai, kutai 2 kirp-
čiukai **3** kraštas, pakraštys *v* 1 apsiū-
ti / puošti spurgais 2 (ap)supti (*me-
džiais*)
frippery [ˈfrɪpərɪ] *n* mažmožiai, blizgu-
čiai
frisk [frɪsk] *v* 1 strikinėti, šokinėti 2 ap-
čiupinėti (*ieškant ginklo*) *~y a* švit-
rus, gyvas, judrus
fritter [ˈfrɪtə] *v: to ~ away* išvaistyti,
praleisti (*laiką, pinigus*)
frivol‖ity [frɪˈvɔlətɪ] *n* lengvabūdišku-
mas, frivoliškumas *~ous* [ˈfrɪvələs] *a*
lengvabūdis, tuščias
frizz(le) [ˈfrɪz(l)] *v* garbanoti *n* garbana
frizzy [ˈfrɪzɪ] *a* garbanotas
fro [frəu] *adv: to and ~* ten ir atgal
frock [frɔk] *n* 1 suknelė 2 (*vienuolio*)
rūbai
frog [frɔg] *n* varlė △ *~ in the throat
šnek.* užkimimas *~man* [-mən] *n*
naras

frolic ['frɔlɪk] *v* išdykauti, dūsti *n* išdaiga; išdykavimas ~**some** *a* linksmas, išdykęs

from [frəm, frɔm] *prep* 1 iš; ~ *London* iš Londono; ~ *my brother* iš mano brolio; *made* ~ *iron* padarytas iš geležies 2 nuo; ~ *childhood* nuo vaikystės; ~ *morning till night* nuo ryto iki vakaro; ~ *floor to ceiling* nuo grindų iki lubų; *she concealed it* ~ *me* ji nuslėpė tai nuo manęs

front [frʌnt] *n* 1 priekis, priešakys; *in* ~ *of* priešakyje, priešais 2 fasadas **3** frontas 4 įžūlumas, drąsa; *to have the* ~ (*to*) neturėti gėdos (*padaryti ką*) **5** pridėtų plaukų kuokštas *a* prie(ša)kinis *v* išeiti (*į; apie langą*), būti atgręžtam / priešais (*apie namą*) ~**age** [-ɪdʒ] *n* fasadas ~**al** *a* 1 frontalus 2 priekinis

frontier ['frʌntɪə] *n* 1 (*valstybės*) siena; pasienis 2 *pl* (*pažinimo*) ribos

frontispiece ['frʌntɪspi:s] *n poligr.* iliustracija prieš titulinį lapą

front-rank ['frʌnt'ræŋk] *a* pirmaklasis, geriausias; svarbiausias

frost [frɔst] *n* 1 šaltis, speigas; *black* ~ šaltis be sniego; *sharp* ~ stiprus šaltis; *white* ~ šerkšnas 2 *prk.* šaltumas **3** *šnek.* nesėkmė *v* 1 nušaldyti 2 apšarmoti ~**bite** [-baɪt] *n* (*kūno dalies*) nušalimas ~**bitten** [-bɪtn] *a* nušaldytas ~**ed** *a* 1 apšerkšnijęs 2 pašalęs; apšalęs; **3** matinis (*apie stiklą*) ~**y** *a* 1 šaltas (*t.p. prk.*) 2 apšerkšnijęs; šarmotas

froth [frɔθ] *n* 1 puta 2 tuščios kalbos *v* putoti ~**y** *a* 1 putotas 2 *prk.* tuščias

frown [fraun] *v* susiraukti, paniurti *n* piktas žvilgsnis

frowzy ['frauzɪ] *a* 1 tvankus; sudusęs; priplėkęs 2 nešvarus

froze [frəuz] *past žr.* **freeze**

frozen ['frəuzn] *pp žr.* **freeze**

frugal ['fru:gl] *a* 1 taupus 2 kuklus, be prabangos ~**ity** [fru:'gælətɪ] *n* 1 taupumas 2 kuklumas

fruit [fru:t] *n* vaisiai (*t.p. prk.*); *soft* ~*s* uogos ~**ful** *a* vaisingas (*t.p. prk.*); našus ~**less** *a* nevaisingas, bevaisis (*t.p. prk.*) ~**y** *a* 1 vaisinis 2 sodrus

fruition [fru:'ɪʃn] *n knyg.* išsipildymas

frump [frʌmp] *n* senamadė moteris

frustrat‖**e** [frʌ'streɪt] *v* suardyti, (su)žlugdyti (*planus ir pan.*) ~**ion** [-ʃn] *n* 1 (*planų*) suardymas 2 (*vilčių*) žlugimas

fry [fraɪ] I *n* mailius (*žuvies jaunikliai*) △ *small* ~ smulkmė, mažas / nežymus žmogelis

fry II *v* kepti (*keptuvėje, taukuose*) ~**ing-pan** [-ɪŋpæn] *n* keptuvė

fuck [fʌk] *int* po velnių! *v:* ~ *off!* nešdinkis!, atsiknisk!

fuddle ['fʌdl] *v* apsvaigti; pasigerti

fudge [fʌdʒ] *n* (*minkštas pieninis*) saldainis *v* 1 sulipdyti (*t.p.* to ~ up) 2 išsisukinėti

fuel [fjuəl] *n* kuras; degalai *v* ap(si)rūpinti kuru / degalais

fug [fʌg] *n* tvankumas, troškus oras

fugitive ['fju:dʒətɪv] *a* 1 pabėgęs 2 trumpalaikis *n* pabėgėlis, bėglys

fugue [fju:g] *n muz.* fuga

fulcrum ['fʌlkrəm] *n* atramos taškas; sukimosi centras

fulfil [ful'fɪl] *v* 1 atlikti; įvykdyti 2 patenkinti ~**ment** *n* 1 atlikimas; įvykdymas 2 pasitenkinimas

full [ful] *a* 1 pilnas, kupinas 2 visas; *at* ~ *speed* visu greičiu; ~ *time* visa darbo diena *adv* 1 tiesiai 2 pilnai; labai *n: in* ~ pilnai; *to the* ~ iki galo, pilnutinai

full‖**back** ['fulbæk] *n sport.* gynėjas ~**-blooded** [-'blʌdɪd] *a* 1 grynakraujis 2 pilnakraujis ~**-blown** [-'bləun] *a* visiškai išsiskleidęs (*apie žiedą*) ~**-face** [-feɪs] *a, adv* veidu į žiūrintį, iš priekio ~**-length** [-'leŋθ] *a* 1 visu ilgiu, nesutrumpintas 2 visu ūgiu

fullness ['fulnɪs] *n* 1 pilnumas 2 sotumas

fully ['fulɪ] *adv* 1 pilnai; visai, visiškai 2 pilnutinai

fulminate [ˈfʌlmɪneɪt] *v* koneveikti, plūsti

fulsome [ˈfulsəm] *a* nenuoširdus, perdėtas

fumble [ˈfʌmbl] *v* apgraibomis ieškoti, grabalioti

fum‖e [fju:m] *n* dūmai; garai *v* 1 smilkti; leisti dūmus / garus 2 pykti ~igation [ˌfju:mɪˈɡeɪʃn] *n* dezinfekavimas ~y *a* pilnas dūmų / garų

fun [fʌn] *n* juokas; malonumas, smagumas; **what** ~*!* kaip linksma!; **to make** ~ (*of*), **to poke** ~ (*at*) pasijuokti (*iš ko*); **for / in** ~ juokais

function [ˈfʌŋkʃn] *n* 1 funkcija (*t.p. mat.*) 2 pareigos **3** ceremonija *v* funkcionuoti, veikti ~al [ˈfʌŋkʃənl] *a* funkcinis ~ary *n* pareigūnas; funkcionierius

fund [fʌnd] *n* 1 fondas 2 kapitalas, lėšos **3** (*žinių*) atsarga 4 *pl* vertybiniai popieriai *v* finansuoti

fundamental [ˌfʌndəˈmentl] *a* pagrindinis, esminis, svarbiausias *n pl* pagrindai

funer‖al [ˈfju:nərəl] *n* laidotuvės △ *it is not my* ~ *šnek.* tai ne mano reikalas *a* laidotuvių; ~ **parlour** laidotuvių biuras ~**eal** [fju:ˈnɪərɪəl] *a* laidotuviškas, gedulingas

fungus [ˈfʌŋɡəs] *n* 1 grybas 2 *med.* grybelis

funicular [fju:ˈnɪkjulə] *a* lyno; ~ *railway* funikulierius

funk [fʌŋk] *šnek.* *n* baimė; **to be in a** ~ baisiai bijoti *v* 1 bijoti 2 vengti (*daryti ką iš baimės*)

funnel [ˈfʌnəl] *n* 1 piltuvėlis 2 (*laivo, garvežio*) kaminas, dūmtraukis

funny [ˈfʌnɪ] *a* 1 juokingas 2 keistas

fur [fə:] *n* 1 kailis; *a* ~ *coat* kailiniai 2 kailiniai žvėreliai **3** (*liežuvio*) apnašos

furbish [ˈfə:bɪʃ] *v* 1 (nu)šveisti, (nu)blizginti 2 atnaujinti

furious [ˈfjuərɪəs] *a* 1 įsiutęs 2 pašėlęs, padūkęs

furl [fə:l] *v* suvynioti; sudėti (*skėtį*)

furlong [ˈfə:lɔŋ] *n* furlongas (*aštuntoji mylios dalis* = 201 *m*)

furnace [ˈfə:nɪs] *n* 1 *tech.* krosnis; žaizdras 2 karšta vieta

furnish [ˈfə:nɪʃ] *v* 1 aprūpinti, tiekti, pristatyti 2 apstatyti (*baldais*) ~**ings** *n pl* apstatymas, baldai

furniture [ˈfə:nɪtʃə] *n* baldai; (*buto*) apstatymas

furrier [ˈfʌrɪə] *n* kailininkas, kailiadirbys; prekiautojas kailiais

furrow [ˈfʌrəu] *n* 1 vaga 2 (*veido*) gili raukšlė *v* 1 vagoti 2 raukšlėti

furry [ˈfə:rɪ] *a* kailinis, pamuštas kailiu

further [ˈfə:ðə] *adv* 1 toliau 2 be to *a* 1 tolimesnis, tolesnis 2 papildomas, sekantis *v* prisidėti, suteikti paramos ~**ance** [-rəns] *n* prisidėjimas; palaikymas ~**more** [-mɔ:] *adv* be to ~**most** [-məust] *a* tolimiausias

furthest [ˈfə:ðɪst] = **farthest**

furtive [ˈfə:tɪv] *a* slapus, slapukiškas; slaptas ~**ly** *adv* vogčiomis

fury [ˈfjuərɪ] *n* 1 įtūžis, siutimas, šėlimas, įniršimas 2 (**F.**) *mit.* furija

fuse [fju:z] I *v* 1 lydyti(s) 2 perdegti **3** tirpdyti; tirpti *n* 1 lydymas 2 *el.* kamštis; saugiklis (*t.p.* **safety** ~); detonatorius

fuse II *n* degiklis; *kar.* sprogiklis

fuselage [ˈfju:zəlɑ:ʒ] *n* *av.* fiuzeliažas

fusible [ˈfju:zəbl] *a* tirpus, lydus

fusillade [ˌfju:zɪˈleɪd] *n* 1 (su)šaudymas 2 kruša *v* (su)šaudyti

fusion [ˈfju:ʒn] *n* 1 lydymas(is) 2 lydinys

fuss [fʌs] *n* 1 sambrūzdis; triukšmas 2 nervinimasis; **to make a** ~ a) nervintis (*about*); b) *šnek.* perdėtai rūpintis (*of – kuo*) *v* 1 bruzdėti, bėgioti, nerimauti 2 *šnek.* nervinti ~**pot** [-pɔt] *n* *šnek.* bruzdalas ~**y** *a* 1 nervingas 2 neramus, bruzdus **3** besijaudinantis dėl menkniekių; išrankus

fusty [ˈfʌstɪ] *a* 1 priplėkęs, pridvisęs 2 pasenęs, senamadiškas

futil‖e [ˈfju:taɪl] *a* 1 tuščias, bergždžias 2 beprasmiškas ~**ity** [fju:ˈtɪlɪtɪ] *n* 1 tuštumas 2 beprasmiškumas future ['fju:tʃə] a būsimas(is) n 1 ateitis 2 gram. būsimasis laikas

fuzz [fʌz] n 1 pūkas, pūkelis 2 papurę plaukai ~ily [-ılı] adv neaiškiai ~y a 1 pūkuotas 2 papuręs, putlus 3 neaiškus

G

G, g [dʒi:] n 1 septintoji anglų abėcėlės raidė 2 muz. nata sol

gab [gæb] n šnek. plepalai; plepumas; *stop your ~!* nutilk(ite)! △ *to have the gift of the ~* turėti gerą liežuvį v plepėti

gabardine, gaberdine ['gæbədi:n] n tekst. gabardinas

gabbl||e ['gæbl] n klegesys; padrika kalba v klegėti, veblėti ~er n plepys

gable ['geɪbl] n archit. frontonas, stogo kraigas

gad [gæd] I int vaje!, dievulėliau!

gad II v bastytis, trankytis (*papr.* to ~ about); ~about ['gædəbaut] n bastūnas

gadfly ['gædflaɪ] n gylys, sparva

gadget ['gædʒıt] n (*naujas*) prietaisas, įtaisas

gaff [gæf] I n žeberklas

gaff II n: *to blow the ~* šnek. išduoti paslaptį

gaffe [gæf] n netaktas; neapdairus žingsnis

gaffer ['gæfə] n šnek. 1 senis 2 dešimtininkas, brigadininkas

gag [gæg] n 1 kamšalas (*burnai užkimšti*) 2 teatr. triukas; (*aktoriaus*) improvizacija v 1 užkimšti burną 2 nutildyti 3 teatr. improvizuoti

gage [geɪdʒ] I n įkaitas, užstatas

gage II amer. = gauge

gaggle ['gægl] n (*žąsų*) pulkas v gagenti

gai||ety ['geɪətı] n 1 linksmumas 2 pl linksmybės, pramogos ~ly adv 1 linksmai, džiaugsmingai 2 ryškiai

gain [geɪn] v 1 uždirbti 2 gauti; įgyti 3 pasiekti 4 išlošti, laimėti; *to ~ time*

laimėti laiko 5 skubėti (*apie laikrodį*) 6 pavyti (*on*) n 1 padidėjimas, augimas 2 pelnas; laimėjimas 3 pl pajamos (*from*) ~ful a naudingas, pelningas ~ings n pl 1 pajamos, uždarbis 2 laimėjimas

gainsay [geɪn'seɪ] v (gainsaid [geɪn'sed]) knyg. prieštarauti; neigti

gait [geɪt] n eisena

gaiters ['geɪtəz] n pl antkurpiai, getrai

gala ['gɑ:lə] n iškilmės, šventė

galaxy ['gæləksɪ] n 1 (G.) astr. galaktika 2 prk. plejada

gale [geɪl] n 1 stiprus vėjas, audra 2 (*juoko*) pliūpsnis

gall [gɔ:l] v (su)erzinti, (pa)žeminti, įžeisti

gallant ['gælənt] a 1 narsus 2 (*t.p.* [gə'lænt]) galantiškas n 1 kavalierius 2 dabita 3 (*t.p.* [gə'lænt]) moterų gerbėjas v (*t.p.* [gə'lænt]) 1 lydėti (*damą*) 2 asistuoti ~ry [-rı] n 1 narsumas 2 galantiškumas

gall-bladder ['gɔ:lblædə] n anat. tulžies pūslė

gallery ['gælərɪ] n 1 galerija 2 teatr. viršutinis aukštas, galerija

Gallic ['gælɪk] a 1 ist. galų 2 prancūzų

gallivant ['gælɪvænt] v valkiotis, bastytis

gallon ['gælən] n galonas (*skysčių ir biralų matas; angl.* = 4,54 *l, amer.* = 3,78 *l*)

gallop ['gæləp] n galopas, šuoliai; *at full ~* šuoliais v 1 joti šuoliais, šuoliuoti 2 greit skaityti / kalbėti *ir pan.* ~ing a greit progresuojantis (*apie ligą ir pan.*)

gallows ['gæləuz] n kartuvės

gallstone ['gɔ:lstəun] n med. tulžies akmuo

galore [gə'lɔ:] adv šnek. gausiai

galoshes [gə'lɔʃɪz] n pl kaliošai

galvani||c [gæl'vænɪk] a 1 el. galvaninis 2 prk. staigus, nenatūralus, dirbtinis ~zation [ˌgælvənaɪ'zeɪʃn] n tech., med. galvanizacija ~ze ['gælvənaɪz] v 1 tech., med. galvanizuoti 2 prk. elektrinti

gambl||e ['gæmbl] *v* 1 azartiškai loš-
ti (*kortomis ir pan.*) 2 spekuliuoti
(*biržoje*) 3 rizikuoti (*with*) □ to ∼
away prasilošti *n* 1 azartinis loši-
mas 2 rizikingas sumanymas ∼er *n*
1 lošikas, kortuotojas 2 aferistas

gambol ['gæmbəl] *v* šokinėti, straksėti

game [geɪm] I *n* 1 žaidimas; ∼s *of
chance* azartiniai žaidimai; *to play
a good (poor)* ∼ būti geru (blogu)
žaidėju 2 juokai, pokštas; *to make* ∼
(*of*) išjuokti 3 *sport.* (*žaidimo*) partija
4 *pl* varžybos △ *the* ∼ *is up šnek.*
viskas baigta / žuvo

game II *n* medžiojami paukščiai /
žvėrys

game III *a* drąsus; visada pasiruošęs; *to
die* ∼ mirti, bet nepasiduoti

game IV *a* sužalotas, paralyžiuotas
(*apie kojas*)

game||-laws ['geɪmlɔ:z] *n pl* medžioklės
taisyklės ∼ly *adv* narsiai ∼some *a*
linksmas, žaismingas ∼ster [-stə] *n*
lošėjas, kortuotojas

gammon ['gæmən] *n* kumpis

gamut ['gæmət] *n* diapazonas; gama

gander ['gændə] *n* žąsinas

gang [gæŋ] *n* 1 gauja; šutvė 2 (*darbi-
ninkų*) būrys

gangland ['gæŋlænd] *n* gangsterių / nu-
sikaltėlių pasaulis

ganglion ['gæŋglɪən] *n* 1 *anat.* nervinis
mazgas 2 (*veiklos, interesų*) centras

gangplank ['gæŋplæŋk] *n* prietiltis (*iš
laivo išlipti*)

gangrene ['gæŋgri:n] *n* gangrena

gangster ['gæŋstə] *n* gangsteris, bandi-
tas

gangway ['gæŋweɪ] *n* 1 laipteliai (*iš
laivo išlipti*) 2 praėjimas (*tarp eilių*)

gantry ['gæntrɪ] *n* (*keliamojo krano*)
portalas

gaol [dʒeɪl] *n* kalėjimas *v* įkalinti ∼er *n*
kalėjimo sargas

gap [gæp] *n* 1 spraga (*t.p. prk.*); plyšys;
to stop a ∼ užkišti spragą 2 tarpas,
intervalas; protarpis 3 (*nuomonių ir
pan.*) didelis skirtumas

gape [geɪp] *v* 1 plačiai išsižioti 2 žiopsoti
(*at*) 3 žiojėti

garage ['gærɑ:ʒ] *n* 1 garažas 2 au-
toservisas

garb [gɑ:b] *n* rūbai, drabužiai, apdaras

garbage ['gɑ:bɪdʒ] *n* 1 (*maisto*) atliekos;
šiukšlės 2 *šnek.* šlamštas, skaitalas

garble ['gɑ:bl] *v* iškraipyti (*faktus*)

garden ['gɑ:dn] *n* 1 sodas 2 *pl* parkas
3 daržas (*t.p* kitchen ∼) *v* so-
dininkauti ∼er *n* sodininkas ∼ing *n*
sodininkystė

gargle ['gɑ:gl] *v* skalauti (*gerklę*)

garish ['geərɪʃ] *a* akį rėžiantis, ryškus

garland ['gɑ:lənd] *n* girlianda, vainikas
v papuošti girliandomis

garlic ['gɑ:lɪk] *n* česnakas

garment ['gɑ:mənt] *n* drabužis, rūbas

garnish ['gɑ:nɪʃ] *n* (*valgio*) papuošimas;
garnyras *v* papuošti garnyru

garret ['gærət] *n* pastogė, mansarda

garrison ['gærɪsn] *n kar.* įgula

garrotte [gə'rɔt] *v* pasmaugti

garrulous ['gærələs] *a* plepus

garter ['gɑ:tə] *n* keliaraištis

gas [gæs] *n* 1 dujos 2 *amer.* ben-
zinas, degalai *v* 1 nuodyti dujomis
2 *šnek.* plepėti ∼bag [-bæg] *n* plepys
∼-cooker [-kukə] *n* dujinė viryklė

gaseous ['gæsɪəs] *a* dujinis, dujų

gash [gæʃ] *n* gili žaizda *v* giliai įpjauti

gas||holder ['gæshəuldə] *n* dujų re-
zervuaras ∼ify *v* dujofikuoti, pa-
versti dujomis ∼light [-laɪt] *n* duji-
nis apšvietimas ∼-mask [-mɑ:sk] *n*
dujokaukė ∼-meter [-mi:tə] *n* dujų
skaitiklis ∼oline [-səlɪ:n] *n* 1 gazoli-
nas 2 *amer.* benzinas

gasp [gɑ:sp] *v* aiktelėti, žioptelėti,
išsižioti (*iš nustebimo*); *to* ∼ *for
breath* gaudyti orą, dusti □ to ∼out
ištarti dūstant

gassy ['gæsɪ] *a* 1 dujinis 2 pilnas dujų

gastric ['gæstrɪk] *a* skrandžio

gasworks ['gæswə:ks] *n* dujų gamykla

gate [geɪt] *n* 1 vartai 2 žiūrovų skaičius
(*stadione*) ∼leg(ged) [-leg(d)] *a*·su-
lankstomas (*apie stalą*) ∼money

[-mʌnɪ] n mokestis už įėjimą (į stadio-
ną) ~way [-weɪ] n įėjimas; vartai
gather ['gæðə] v 1 rinkti(s) 2 skinti
(gėles); nuimti (derlių) 3 suprasti,
daryti išvadą 4 kaupti (informaciją,
jėgas ir pan.) 5 (su)raukti; klostyti
□ to ~ up a) surinkti; b) susumuoti
n pl klostės ~ing [-rɪŋ] n 1 (su)-
rinkimas 2 susirinkimas 3 (dulkių ir
pan.) susikaupimas
gauch||e [ɡəuʃ] pr. a netaktiškas ~erie
[-ərɪ] n netaktas
gaudy ['ɡɔːdɪ] a neskoningas, akį
rėžiantis
gauge [ɡeɪdʒ] n 1 matas, dydis; to take
the ~ (of) a) išmatuoti; b) įver-
tinti 2 kalibras 3 glžk. vėžės plo-
tis 4 kriterijus 5 matavimo prietaisas
v 1 išmatuoti 2 prk. įvertinti
gaunt [ɡɔːnt] a sulysęs, išvargęs, niūrus,
nykus
gauntlet ['ɡɔːtlɪt] n pirštinė △ to
throw down the ~ mesti pirštinę /
iššūkį; to pick / take up the ~ pri-
imti iššūkį
gauz||e [ɡɔːz] n 1 marlė 2 metalinis tin-
klelis ~y a plonytis, permatomas
gave [ɡeɪv] past žr. give
gawk [ɡɔːk] v žiopsoti, vėpsoti ~y a ne-
rangus, griozdiškas; vėpliškas
gay [ɡeɪ] a 1 linksmas 2 ryškus, margas
n homoseksualistas
gaze [ɡeɪz] v įdėmiai žiūrėti, spoksoti
n įdėmus žvilgsnis
gazelle [ɡə'zel] n zool. gazelė
gazette [ɡə'zet] n oficialus vyriausybės
laikraštis
gear [ɡɪə] n 1 mechanizmas, aparatas;
prietaisas 2 tech. pavara; krum-
pliaratis; out of ~ a) neįjungtas,
neveikiantis b) prk. dezorganizuotas
v 1 paleisti (mechanizmą) 2 pajungti,
pritaikyti (to) ~box [-bɔks] n aut.
pavarų dėžė
gee [dʒiː] int 1 na! (arklį raginant)
2 amer. tai bent!, oho!
geese [ɡiːs] pl žr. goose
geisha ['ɡeɪʃə] n geiša

gelatin||e [ˌdʒelə'tiːn] n želatina ~ous
[dʒɪ'lætɪnəs] a želatinos
geld [ɡeld] v kastruoti
gem [dʒem] n 1 brangakmenis 2 prk.
brangenybė, perlas
gender ['dʒendə] n gram. giminė
gene [dʒiːn] n biol. genas
genealog||ical [ˌdʒiːnɪə'lɔdʒɪkl] a gene-
aloginis ~y [ˌdʒiːnɪ'ælədʒɪ] n genealo-
gija
genera ['dʒenərə] pl žr. genus
general ['dʒenərəl] a 1 bendras, vi-
suotinis; ~ strike visuotinis streikas
2 paprastas 3 vyriausiasis; generalinis
△ in ~ apskritai n generolas ~ity
[ˌdʒenə'rælətɪ] n 1 bendrumas, visuo-
tinumas 2 neapibrėžtumas 3 bendras
teiginys ~ization [ˌdʒenərəlaɪ'zeɪʃn] n
apibendrinimas ~ize v 1 apibendrin-
ti 2 paskleisti ~ly adv 1 daugiausia;
apskritai 2 paprastai
generat||e ['dʒenəreɪt] v sukelti; ge-
neruoti; gaminti ~ion [ˌdʒenə'reɪʃn]
n 1 karta 2 gaminimas, generavimas
~ive [-rətɪv] a gaminantis; generaty-
vinis ~or n tech. generatorius
gener||osity [ˌdʒenə'rɔsətɪ] n 1 kilnu-
mas, didžiadvasiškumas 2 dosnumas
~ous ['dʒenərəs] a 1 dosnus 2 kilnus
gen||esis ['dʒenɪsɪs] n kilmė; genezė
~etic [dʒɪ'netɪk] a genetinis ~etics
[dʒɪ'netɪks] n genetika
genial ['dʒiːnɪəl] a 1 švelnus (apie kli-
matą) 2 linksmas ir draugiškas; malo-
nus
genital ['dʒenɪtl] anat. a lytinis, lyties;
~s n pl lyties organai
genitive ['dʒenətɪv] a: the ~ case kil-
mininko linksnis
genius ['dʒiːnɪəs] n 1 genijus; a man of
~ genialus žmogus 2 (kalbos, tautos ir
pan.) dvasia
genocide ['dʒenəsaɪd] n genocidas
genre ['ʒɑːnrə] pr. n žanras, maniera,
stilius
gent [dʒent] n šnek. 1 džentelmenas
2 pl vyrų tualetas

gent‖eel [dʒen'ti:l] *a iron.* elegantiškas; gerai išauklėtas ~**ility** [-'tɪlətɪ] *n* elegantiškumas; aristokratiškumas

gentle ['dʒentl] *a* 1 švelnus; romus 2 kilmingas ~**folk(s)** [-fəuk(s)] *n pl* kilmingieji, diduomenė ~**man** [-mən] *n* džentelmenas; ponas; ~**men!** Ponai! ~**ness** *n* švelnumas; gerumas ~**woman** [-wumən] *n* dama

gently ['dʒentlɪ] *adv* 1 švelniai 2 atsargiai 3 iš lengvo, nesmarkiai

gentry ['dʒentrɪ] *n* netituluota bajorija

genuine ['dʒenjuɪn] *a* 1 tikras, nesuklastotas 2 nuoširdus

genus ['dʒi:nəs] *n* (*pl* **genera**) 1 *biol.* gentis 2 rūšis

geodesy [dʒɪ'ɔdəsɪ] *n* geodezija

geograph‖er [dʒɪ'ɔgrəfə] *n* geografas ~**ic(al)** [ˌdʒɪə'græfɪk(l)] *a* geografinis ~**y** *n* geografija

geolog‖ic(al) [ˌdʒɪə'lɔdʒɪk(l)] *a* geologinis ~**ist** [dʒɪ'ɔlədʒɪst] *n* geologas ~**y** [dʒɪ'ɔlədʒɪ] *n* geologija

geometr‖ic(al) [dʒɪə'metrɪk(l)] *a* geometrinis ~**y** [dʒɪ'ɔmətrɪ] *n* geometrija; *descriptive* ~**y** braižomoji geometrija; *plane* ~**y** planimetrija

Georgian ['dʒɔ:dʒɪən] I *n* 1 gruzinas 2 gruzinų kalba *a* gruzinų, gruziniškas; Gruzijos

Georgian II *a* karaliaus Jurgio epochos

geranium [dʒɪ'reɪnɪəm] *n bot.* snaputis; pelargonija

germ [dʒə:m] *n* 1 bakterija 2 užuomazga, pradmuo 3 *biol.* gemalas

German ['dʒə:mən] *a* vokiečių, vokiškas; Vokietijos *n* 1 vokietis 2 vokiečių kalba ~**ic** [dʒə:'mænɪk] *a* 1 vokiškas 2 germanų, germaniškas

germinat‖e ['dʒə:mɪneɪt] *v* 1 (su)dygti; (iš)sprogti 2 *prk.* kilti, atsirasti ~**ion** [ˌdʒə:mɪ'neɪʃn] *n* 1 dygimas 2 vystymasis, augimas

gerrymander [ˌdʒerɪ'mændə] *v* suklastoti (*rinkimus*) *n* rinkiminės machinacijos

gerund ['dʒerənd] *n gram.* gerundijus

gestation [dʒe'steɪʃn] *n biol.* nėštumas; nėštumo laikotarpis

gesticulat‖e [dʒe'stɪkjuleɪt] *v* mostaguoti, gestikuliuoti ~**ion** [-ˌstɪkju'leɪʃn] *n* gestikuliacija

gesture ['dʒestʃə] *n* gestas (*t.p. prk.*), mostas

get [get] *v* (**got**; *amer. pp t.p.* **gotten**) 1 gauti 2 į(si)gyti 3 pasiekti, atvykti (*to*); prieiti (*at*); patekti (*into*); *to* ~ *home* ateiti / pareiti namo 4 suprasti 5 sugauti 6 (*ypač perfect*) turėti; *he has got a car* jis turi (*savo*) automobilį 7 priversti, įtikinti (*ką daryti*) 8 tapti; *it is* ~*ting dark* temsta; *to* ~ *angry* supykti 9 imtis (*darbo ir pan.; to*) 10 ruošti (*valgį*) □ *to* ~ *about* a) atsigauti; b) keliauti; c) pasklisti (*apie žinią, gandus*); *to* ~ *across* a) persikelti (*per upę*); b) suprantamai perteikti, išdėstyti; *to* ~ *ahead* pralenkti; *to* ~ *along* a) sektis; b) sugyventi; c) išsiversti (*without – be*); d): ~ *along with you! šnek.* išsinešdinkit!; *to* ~ *away* a) pabėgti, išeiti, ištrūkti; b) laimingai baigtis; *to* ~ *back* a) (su)grįžti; b) atsitraukti; *to* ~ *by* a) praeiti; b) apsieiti; *to* ~ *in* a) įeiti; ateiti; b) nuimti (*derlių*); *to* ~ *off* a) išeiti; b) nulipti; c) išvengti; iš(si)gelbėti; *to* ~ *on* a) pažengti, žengti pirmyn; artėti; b) sėsti (*į autobusą ir pan.*); *to* ~ *out* a) išeiti; išlipti; b) išimti; c) paaiškėti; *to* ~ *over* a) perlipti; pereiti; b) įveikti; *to* ~ *round* a) keliauti; vaikščioti; b) apgauti; c) apeiti (*įstatymą*); d) prisiruošti (*ką daryti; to*); *to* ~ *through* a) susitvarkyti, įveikti; b) išlaikyti (*egzaminą*); c) praeiti (*apie įstatymą ir pan.*); *to* ~ *together* su(si)rinkti; *to* ~ *up* a) atsikelti; (pa)kelti; b) kopti; c) surengti, organizuoti; apipavidalinti (*knygą*); d) šukuoti (*plaukus*); e) stiprėti; f) brangti (*apie prekes*)

getaway ['getəweɪ] *n* pabėgimas; *to make one's* ~ pabėgti

get-up [ˈgetʌp] *n* 1 apsirengimo maniera; apranga; kostiumas 2 (*knygos*) apipavidalinimas 3 (*pjesės*) pastatymas

geyser [ˈgaɪzə] *n* geizeris

ghastly [ˈgɑːstli] *a* 1 baisus, šiurpus 2 mirtinai išbalęs *adv* baisiai

ghost [gəust] *n* 1 dvasia, vėlė; *the Holy G.* Šventoji Dvasia 2 vaiduoklis, šmėkla 3 *tel.* sudvigubintasis atvaizdas, šešėliai ~ly *a* vaiduokliškas

ghoul [guːl] *n* vampyras

GI [ˌdʒiːˈaɪ] *n amer.* kareivis

giant [ˈdʒaɪənt] *n* gigantas, milžinas; titanas

gibber [ˈdʒɪbə] *v* greitai ir neaiškiai kalbėti, veblėti *n* neaiški kalba, veblėjimas

gibbous [ˈgɪbəs] *a* priešpilnis (*apie mėnulį*)

gibe [dʒaɪb] *n* pašaipa, pajuoka *v* pašiepti, pajuokti (*at*)

gidd‖iness [ˈgɪdɪnɪs] *n* galvos sukimasis; svaigulys; (ap)svaigimas ~y *a* 1 svaigstantis; svaiginantis 2 lengvabūdiškas

gift [gɪft] *n* 1 dovana 2 talentas ~ed *a* gabus, talentingas

gig [gɪg] I *n* dvirātis vežimas

gig II *n* šnek.* angažementas

gigantic [dʒaɪˈgæntɪk] *a* gigantiškas, milžiniškas, didžiulis

giggle [ˈgɪgl] *v* kikenti *n* kikenimas

gigolo [ˈʒɪgələu] *n* (*moters*) samdomas partneris, meilužis, alfonsas

gild [gɪld] *v* paauksuoti; pagražinti

gill I [gɪl] *n* (*papr. pl*) žiaunos

gill II [dʒɪl] *n* ketvirtis pintos (= 0,142 *l*)

gilt [gɪlt] *n* paauksavimas △ *to take the ~ off the ginger-bread* parodyti (*ką*) be pagražinimų *a* paauksuotas ~-edged [-ˈedʒd] *a* paauksuotais kraštais △ ~-edged securities* patikimai vertybiniai popieriai

gimcrack [ˈdʒɪmkræk] *n* pigūs papuošalai; žibučiai, blizgučiai *a* pigus, niekam vertas

gimlet [ˈgɪmlɪt] *n* grąžtas (*medžiui*)

gin [dʒɪn] *n* džinas (*degtinė*)

ginger [ˈdʒɪndʒə] *n* imbieras *a* rausvai gelsvas ~bread [-bred] *n* imbierinis tešlainis ~ly *adv* atsargiai

gipsy [ˈdʒɪpsɪ] *n* čigonas *a* čigoniškas, čigonų

giraffe [dʒɪˈrɑːf] *n* žirafa

gird [gəːd] *v* (**girded, girt**) *knyg.* 1 ap(si)juosti 2 (ap)supti

girder [ˈgəːdə] *n* 1 sija 2 *tech.* (*tilto*) ferma

girdle [ˈgəːdl] *n* diržas *v* apjuosti

girl [gəːl] *n* 1 mergaitė, mergina; jauna moteris 2 tarnaitė △ *G. Guide, amer. G. Scout* skautė ~friend [-frend] *n* (*jaunuolio, vyro*) draugė ~hood *n* mergystė ~ish *a* mergaičių, mergiškas

girth [gəːθ] *n* 1 (*balno*) pavarža 2 apglėbimas, apimtis (*matuojant*)

gist [dʒɪst] *n* (**the ~**) esmė

give [gɪv] *v* (**gave; given**) 1 duoti; suteikti 2 įteikti 3 (pa)dovanoti; aukoti 4 (už)mokėti 5: *to ~ a cry* sušukti; *to ~ birth* gimdyti; *to ~ ear* (*to*) išklausyti; *to ~ way* pasiduoti, nusileisti ▢ *to ~ away* išduoti; *to ~ back* a) atiduoti; grąžinti; b) atmokėti (*už skriaudą*); *to ~ in* a) pasiduoti, nusileisti; b) įteikti (*pareiškimą*); *to ~ off* išleisti (*dūmus, kvapą*); *to ~ out* a) išdalyti, paskirstyti; b) išleisti (*knygą*); c) pasibaigti (*apie jėgas*); *to ~ over* a) perduoti; b) *šnek.* nustoti, liautis (*ką darius*); *to ~ up* a) mesti (*rūkyti, užsiėmimus*); atsisakyti; b) apleisti, palikti; c): *to ~ oneself up* pasiduoti; atsiduoti (*to*)

given [ˈgɪvn] *pp žr.* **give** *a* 1 duotas(is); (pa)dovanotas 2 linkęs, turintis palinkimą (*to – į*) 3 nustatytas (*apie laiką*)

giver [ˈgɪvə] *n* davėjas; dalytojas

glaci‖al [ˈgleɪsɪəl] *a* 1 ledinis 2 ledyninis, ledynų ~er [ˈglæsɪə] *n* ledynas

glad [glæd] *a* patenkintas; linksmas; *I'm ~ to see you* džiaugiuosi jus matydamas ~den *v* džiuginti, linksminti

glade [gleɪd] *n (miško)* aikštė, trakas

gladly ['glædlɪ] *adv* linksmai; mielai, su džiaugsmu

glamo(u)r ['glæmə] *n* 1 žavesys, romantiška aureolė 2 kerai ~ize [-raɪz] gražinti ~ous [-rəs] *a* žavingas, kerintis

glance [glɑ:ns] *v* 1 žvilgtelėti *(at)* 2 blizgėti; blykstelėti *n* 1 žvilgsnis; **at a ~** iš pirmo žvilgsnio; **to cast a ~ *(at)*** žvilgtelėti; **to give a ~** pažvelgti 2 žybtelėjimas

gland [glænd] *anat. n* liauka ~ular [-julə] *a* liaukinis, liaukų

glar‖e [gleə] *v* 1 akinamai spindėti 2 įdėmiai / veriamai žiūrėti *n* 1 veriamas / nuožmus žvilgsnis 2 spindėjimas ~ing ['gleərɪŋ] *a* 1 ryškus, akinąs 2 stambus, didelis, šiurkštus *(apie klaidą ir pan.)* 3 nuožmus, veriamas *(apie žvilgsnį)*

glass [glɑ:s] *n* 1 stiklas 2 stiklinė; taurė; **to clink ~es** sudaužti stiklelius, taures 3 linzė; teleskopas; mikroskopas; barometras 4 *pl* akiniai; binoklis *v* įstiklinti *(t.p.* **to ~ in**); ~blower [-bləuə] *n* stiklapūtys ~cutter [-kʌtə] *n* 1 stiklo rėžiklis 2 stiklius ~ful [-ful] *n* stiklinė *(kaip matas)* ~house [-haus] *n* šiltnamis ~ware [-weə] *n* stiklo dirbiniai ~works [-wə:ks] *n* stiklo fabrikas

glassy ['glɑ:sɪ] *a* 1 stiklinis; stikliškas 2 lygus

glaz‖e [gleɪz] *v* 1 įstiklinti 2 glazūruoti *n* glazūra ~ier [-ɪə] *n* stiklius

gleam [gli:m] *n* 1 silpna šviesa 2 atspindys 3 *prk.* prošvaistė *v* šviesti, spindėti

glean [gli:n] *v* 1 rinkti varpas 2 rankioti, rinkti *(žinias, faktus)*

glee [gli:] *n* 1 džiūgavimas 2 sutartinė *(daina)* ~ful *a* linksmas, džiugus

glib [glɪb] *a* gražiažodis, vingrus

glid‖e [glaɪd] *v* 1 slysti *(slidėmis ir pan.)* 2 *av.* sklandyti *n* 1 slydimas 2 *av.* sklandymas ~er *n av.* sklandytuvas

glimmer ['glɪmə] *v* mirgėti, spingsėti *n* mirgėjimas; spingsėjimas

glimpse [glɪmps] *n* greitas žvilgsnis; **at a ~** iš pirmo žvilgsnio *v* 1 pamatyti prabėgomis 2 suprasti

glint [glɪnt] *n* spindėjimas; žybtelėjimas *v* spindėti; sužibsėti

glisten ['glɪsn] *v* blizgėti, spindėti

glitter ['glɪtə] *n* 1 blizgėjimas; žėrėjimas *v* blizgėti; švytėti, žvilgėti, žėrėti

gloat [gləut] *v* piktdžiugiauti *(over)*

global ['gləubl] *a* globalinis; pasaulinis

glob‖e [gləub] *n* 1 *(the ~)* Žemės rutulys 2 gaublys 3 rutulys ~ular ['glɔbjulə] *a* sferinis; rutuliškas ~ule ['glɔbju:l] *n* rutuliukas; lašelis

gloom [glu:m] *n* 1 tamsuma 2 niūrumas, nusiminimas ~y *a* 1 tamsus; niūrus 2 liūdnas; nusiminęs

glor‖ification [ˌglɔ:rɪfɪ'keɪʃn] *n* garbinimas ~ify ['glɔ:rɪfaɪ] *v* garbinti, šlovinti ~ious ['glɔ:rɪəs] *a* 1 šlovingas 2 nuostabus, puikus ~y ['glɔ:rɪ] *n* 1 šlovė 2 didybė; puikybė *v* 1 didžiuotis 2 triumfuoti

gloss [glɔs] I *n* 1 blizgesys 2 apgaulinga išorė

gloss II *n (teksto)* aiškinimas, interpretacija *v* aiškinti, duoti komentarus / paaiškinimus ~ary ['glɔsərɪ] *n* glosarijus, žodynas su paaiškinimais

glossy ['glɔsɪ] *a* lygus ir blizgantis, blizgus

glove [glʌv] *n* pirštinė △ **to handle smb without ~s** negailestingai su kuo elgtis

glow [gləu] *v* 1 baltai / raudonai įkaisti 2 žėrėti, spindėti *(t.p. prk.)* *n* 1 švytėjimas 2 paraudimas, raudonis 3 įkarštis ~ing *a* 1 švytintis, spindintis; ryškus 2 *prk.* karštas ~-worm [-wə:m] *n zool.* jonvabalis

glower ['glauə] *v* piktai žiūrėti *(at)*

glucose ['glu:kəus] *n* gliukozė

glue [glu:] *n* klijai *v* klijuoti ~y *a* lipnus

glum [glʌm] *a* niūrus, liūdnas; nusivylęs

glut [glʌt] *v* persotinti, prisotinti *n* 1 prisotinimas 2 perteklius; *(rinkos)* užvertimas prekėmis

glutinous ['glu:tınəs] a lipnus
glutton ['glʌtən] n apsirijėlis, besotis
~ous a rajus ~y n apsirijimas
glycerine ['glısəri:n] n glicerinas
gnarled [nɑ:ld] a gumbuotas; grubus
gnash [næʃ] v griežti dantimis
gnat [næt] n uodas
gnaw [nɔ:] v 1 graužti; apgraužinėti
2 kankinti
gnome [nəum] n gnomas; nykštukas
go [gəu] v (went; gone) 1 eiti, vaikš-
čioti; to ~ for a walk (a swim)
eiti pasivaikščioti (pasimaudyti) 2 va-
žiuoti; (iš)vykti, išeiti, nueiti 3 žūti;
(iš)nykti; the bank may ~ bankas
gali žlugti; he has gone this year
jis mirė šįmet 4 veikti, dirbti (apie
mechanizmą); the clock doesn't
~ laikrodis neina 5 sakyti, skambėti
(apie tekstą, straipsnis); the story
~es that ... sakoma, kad ... 6 tapti;
būti (kokio būvio); to ~ dry išdžiūti
7: (be ~ing + inf) ruoštis, ketinti
(ką daryti); we are ~ing to buy
a house mes ketiname pirkti, pirk-
sime namą 8 vaikytis, siekti (after)
9 (against) būti (prieš), prieštarauti
10 (at) mestis; pulti (ant); imtis
(ko) 11 kruopščiai tyrinėti / svarstyti
(into) 12 tikti, derėti (with – prie);
to ~ for nothing niekam netikti □
to ~ about a) vaikštinėti; vaikščioti;
b) sklisti (apie gandus); to ~ ahead
a) (iš naujo) pradėti; b) žengti
pirmyn; to ~ along a) eiti toliau,
tęsti; b) lydėti; c) sutikti (with – su);
to ~ away išeiti, išvykti; nueiti; to
~ back a) grįžti; b) (on smth) ne-
silaikyti (žodžio, susitarimo); to ~
behind iš naujo nagrinėti (faktus ir
pan.); to ~ between būti tarpininku;
to ~ beyond viršyti (įgaliojimus); to
~ by a) praeiti / pravažiuoti pro šalį;
b) praeiti (apie laiką); to ~ down
a) nusileisti; (nu)smukti; b) nuskęsti;
c) kristi (apie kainas); d) nutilti (apie
vėją, audrą); to ~ in a) įeiti; b) da-
lyvauti (varžybose, patikrinime; for);

c) užsiiminėti, domėtis (for); to ~ off
a) išeiti, išvažiuoti, išvykti; b) sprogti;
iš(si)šauti (apie ginklą); c) (su)gesti
(apie mėsą, pieną); d) apalpti (into);
e) praeiti (apie koncertą); to ~ on
a) tęsti; b) elgtis; c) darytis, vykti;
to ~ out a) išeiti; b) streikuoti;
c) užgesti; d) baigtis (apie metus,
mėnesį); e) atsistatydinti; to ~ over
a) pereiti (į kitą pusę); b) perskaityti;
peržiūrėti; c) apžiūrėti; to ~ round
a) užsukti į svečius; b) apeiti ratu;
c) suktis; to ~ through a) praeiti;
b) būti priimtam (apie įstatymą);
c) apsvarstyti; d) apieškoti; e) patirti,
iškentėti (operaciją ir pan.); f) išleisti,
iššvaistyti (pinigus, turtą); g) užbaigti
iki galo (with); to ~ together
derėti, tikti; to ~ under a) skęsti;
b) bankrutuoti; to ~ up a) pakil-
ti; b) prieiti (to – prie); c) augti,
didėti; d) susprogti, sudegti; e) vykti
(į miestą; į šiaurę; to); to ~ with-
out išsiversti be ko △ It ~es like this
dalykas toks; it ~es without saying
savaime suprantama n šnek. 1 ėjimas,
vaikščiojimas 2 bandymas △ at one
~ vienu ypu; it is no ~ tai nepraeis;
all the ~ madingas
goad [gəud] n badiklis (galvijams
varyti) v 1 varyti (bandą) 2 raginti,
skatinti
go-ahead ['gəuəhed] n leidimas (pradėti
veikti) a progresuojantis; iniciatyvus,
veiklus
goal [gəul] n 1 tikslas 2 sport. vartai
3 sport. įvartis ~keeper [-ki:pə] n
sport. vartininkas
goat [gəut] n ožys, ožka ~herd [-hə:d]
n piemuo, ožkaganys
gobbet ['gɔbıt] n (mėsos ir pan.) ga-
balas
gobble ['gɔbl] I v godžiai ryti
gobble II v burbuliuoti (apie kalakutą)
gobbler ['gɔblə] n kalakutas
go-between ['gəubıtwi:n] n tarpininkas
goblet ['gɔblıt] n taurė; bokalas
goblin ['gɔblın] n naminis (pikta dvasia)

go-by ['gəubaɪ] n: *to give smb / smth
the* ~ praeiti pro šalį nepasisveikinus,
neatkreipus dėmesio
go-cart ['gəukɑːt] n rankinis vežimėlis
god [gɔd] n Dievas ~**child** [-tʃaɪld]
n krikštavaikis ~**daughter** [-dɔːtə]
n krikštaduktė ~**dess** [-ɪs] n deivė
~**father** [-fɑːðə] n krikštatėvis ~**fear-
ing** [-fɪərɪŋ] a dievobaimingas ~**less**
n bedievis ~**mother** [-mʌðə] n
krikštamotė ~**son** [-sʌn] n krikštasūnis
goggle [ˈgɔgl] v vartyti / išversti akis
n pl (*apsauginiai*) akiniai
going [ˈgəuɪŋ] n 1 išvykimas 2 ėjimas;
važiavimas ~**s-on** [ˌgəuɪŋzˈɔn] n pl
nutikimai; poelgiai
goitre [ˈgɔɪtə] n *med.* gūžys
gold [gəuld] n auksas a auksinis
~**-digger** [-dɪgə] n aukso ieškotojas
~**en** a aukso, auksinis (*t.p. prk.*)
~**mine** [-maɪn] n aukso kasykla
~**smith** [-smɪθ] n auksakalys
golf [gɔlf] n golfas
golly [ˈgɔulɪ] *int:* ~*!* vaje! (*reiškiant
nuostabą*)
gondol||**a** [ˈgɔndələ] n gondola ~**ier**
[ˌgɔndəˈlɪə] n gondolininkas
gone [gɔn] pp žr. **go**
gong [gɔŋ] n gongas
good [gud] a (**better; best**) 1 geras;
geros kokybės 2 malonus, mielas 3 tin-
kamas 4 gabus (*at*) 5 patikimas △ *as*
~ *as* praktiškai, beveik; ~ *morn-
ing* (*evening*) labas rytas (vakaras)
n gėris; nauda; *it's no* ~ neapsimoka;
to do smb ~ padėti kam, daryti kam
gera; *what* ~ *will it do?* kokia iš to
nauda? △ *for* ~ (*and all*) galutinai,
visam laikui, amžinai
goodbye [gudˈbaɪ] *int* viso labo!, sudie!
n atsisveikinimas; *to say* ~ *to smb*
atsisveikinti
good||**-for-nothing** [ˈgudfənʌθɪŋ] n dy-
kinėtojas a niekam tikęs ~**-humou-
red** [-ˈhjuːməd] a gerai nusiteikęs, ge-
raširdis ~**ish** a gerokas ~**-looking**
[-ˈlukɪŋ] a gražus ~**ly** a žymus,

nemažas (*apie kiekį*) ~**-natured**
[-ˈneɪtʃəd] a geraširdi(ška)s
goodness [ˈgudnɪs] n 1 (*širdies*) geru-
mas 2 dorybė △ *for* ~' *sake!*
dėl Dievo!; ~ *knows!* galai jį
žino!; *thank* ~*!* dėkui Dievui!;
~ *gracious!* Viešpatie! (*reiškiant
nustebimą / pasipiktinimą*)
goods [gudz] n pl 1 prekės; *industrial*
~ pramoninės prekės 2 daiktai, turtas
3 bagažas, kroviniys
goodwill [ˌgudˈwɪl] n 1 geranoriškumas,
palankumas 2 gera valia
goody [ˈgudɪ] n (*papr. pl*) saldumynai;
gėrybės
goose [guːs] n (*pl* **geese**) 1 žąsis
2 kvailutis △ *all his geese are
swans prież.* jis (visada) perdeda; *to
kill the* ~ *that lays the golden
eggs prież.* nukirsti šaką, ant kurios
pats sėdi
goose||**berry** [ˈguzbərɪ] n agrastas △ *to
play* ~ būti trečiu (*prie įsimylėjėlių
poros*) ~**flesh** [ˈguːsfleʃ] n pašiurpusi
oda
gore [gɔː] I n sukrešėjęs kraujas
gore II v (už)badyti
gorge [gɔːdʒ] n siauras tarpeklis v godžiai
ryti, prisiryti
gorgeous [ˈgɔːdʒəs] a *šnek.* 1 puikus
2 spalvingas; puošnus
gorilla [gəˈrɪlə] n gorila
gormandize [ˈgɔːməndaɪz] v persival-
gyti
gory [ˈgɔːrɪ] a kruvinas
gosh [gɔʃ] *int:* by ~*!* velniai griebtų!,
negali būti! (*reiškiant nustebimą*)
goshawk [ˈgɔshɔːk] n vištvanagis
gosling [ˈgɔzlɪŋ] n žąsiukas
gospel [ˈgɔspl] n 1 (*the G.*) evangelija
2 doktrina; *juok.* principas
gossamer [ˈgɔsəmə] n 1 voratinkliai
2 plonas audinys a plonytis
gossip [ˈgɔsɪp] n 1 paskala; liežuviai,
liežuvavimas 2 liežuvautojas, plepys
v liežuvauti
got [gɔt] past ir pp žr. **get**
Gothic [ˈgɔθɪk] a gotiškas; gotų n gotika
gotten [ˈgɔtn] *amer.* pp žr. **get**

gouge [gaudʒ] n skaptukas, pusiau apvalus kaltas v (papr. to ~ out) iškalti, (iš)skaptuoti; išspausti (akį)

gourd [guəd] n bot. moliūgas

gout [gaut] n podagra ~y a sergantis podagra; podagros

govern ['gʌvn] v valdyti ~able a paklusnus ~ess [-ıs] n auklėtoja, guvernantė ~ment n 1 vyriausybė 2 valdymo forma 3 valdymas ~mental [ˌgʌvn'mentl] a vyriausybinis ~or n 1 valdytojas; vedėjas 2 gubernatorius 3 šnek. šefas 4 šnek. tėvas

gown [gaun] n 1 moteriškas rūbas (iškilmių proga) 2 mantija

grab [græb] v griebti, čiupti n (pa)griebimas; bandymas pagriebti ~ber n glemžikas

grace [greıs] n 1 gracija, grakštumas 2 palankumas, malonė; act of ~ amnestija 3 malda (prieš ir po valgio) v 1 puošti 2 suteikti (garbę) ~ful a grakštus, gracingas ~less a 1 netaktiškas, begėdiškas 2 negrakštus, negražus

gracious ['greıʃəs] a maloningas; ~ me! Viešpatie! ~ly adv maloningai, atlaidžiai

gradation [grə'deıʃn] n gradacija; laipsniškumas

grade [greıd] n 1 laipsnis, rangas; rūšis 2 amer. nuolydis 3 amer. (mokyklos) klasė; the ~s, ~ school pradinė mokykla v išdėstyti pagal rangą / laipsnį; rūšiuoti

gradual ['grædʒuəl] a laipsniškas ~ly adv palaipsniui, pamažu

graduat||e v ['grædʒueıt] 1 baigti universitetą (from) 2 amer. baigti (bet kokią) mokyklą 3 išdėstyti pagal gradaciją 4 chem. sutirštinti (skystį garinant) n ['grædʒuət] 1 žmogus su aukštuoju mokslu 2 amer. absolventas ~ion [ˌgrædʒu'eıʃn] n 1 mokyklos baigimas (from) 2 mokslinio laipsnio suteikimas / gavimas 3 gradacija

graft [grɑːft] I n 1 bot. skiepas 2 med. persodintas audinys 3 (augalo) skiepijimas v 1 skiepyti (augalą) 2 med. persodinti

graft II amer. n papirkinėjimas; kyšis v duoti / imti kyšį ~er n kyšininkas

grafting ['grɑːftıŋ] n skiepijimas

grain [greın] n 1 grūdas; javai 2 kruopelė △ against the ~ prieš plauką, prieš norą

gramm||ar ['græmə] n gramatika ~atical [grə'mætıkl] a gramatinis

gram(me) [græm] n gramas

gramophone ['græməfəun] n patefonas, gramofonas

granary ['grænərı] n 1 klėtis, svirnas 2 aruodas prk.

grand [grænd] a 1 didingas, grandiozinis 2 didysis 3 svarbus, svarbiausias, įžymus 4 išdidus ~child [-ntʃaıld] n anūkas ~(d)ad [-æd] n šnek. senelis ~daughter [-ndɔːtə] n dukraitė, anūkė

grandeur ['grændʒə] n didingumas

grandfather ['grænfɑːðə] n senelis

grandiloquent [græn'dıləkwənt] n pompastiškas, išpūstas

grandiose ['grændıəus] a 1 grandiozinis 2 išpūstas

grand||ma, -mother ['grænmɑː, -mʌðə] n senelė, močiutė ~pa [-pɑː] n senelis ~parents [-peərənts] n seneliai ~son [-sʌn] n vaikaitis, anūkas

grandstand ['grændstænd] n centrinė tribūna

grange [greındʒ] n sodyba

granite ['grænıt] n granitas

granny ['grænı] n šnek. senelė, močiutė

grant [grɑːnt] v 1 duoti, skirti; suteikti 2 laikyti; pripažinti △ to take for ~ed imti už gryną pinigą, laikyti savaime suprantamu dalyku n subsidija, dotacija; pašalpa, stipendija

granul||ar ['grænjulə] a granuliuotas ~ate v smulkinti; granuliuoti

grape [greıp] n vynuogė ~fruit [-fruːt] n greipfrutas ~vine [-vaın] n vynuogienojas

graph [græf] n diagrama, grafikas ~ic a 1 grafinis, grafiškas 2 vaizdingas

graphite ['græfaɪt] *n* grafitas

grapple ['græpl] *v* susikibti, susigrumti *n* grumtynės

grasp [grɑ:sp] *v* 1 (su)griebti 2 pagauti, suprasti (*reikšmę, mintį*) *n* 1 sugriebimas, suspaudimas 2 suvokimas, supratimas △ *within* ~ pasiekiamas; *beyond* ~ nepasiekiamas ~**er** *n* glemžikas, savanaudis ~**ing** *a* godus

grass [grɑ:s] *n* žolė *v* 1 iškloti velėna 2 ganytis 3 *šnek.* įskųsti (*on*)

grass‖hopper ['grɑ:shɔpə] *n* žiogas ~**-snake** [-sneɪk] *n* žaltys ~**y** *a* žolėtas; žolinis

grate [greɪt] I *n* (*krosnies*) grotelės

grate II *v* 1 trinti (*trintuve*); tarkuoti 2 erzinti

grateful ['greɪtfl] *a* dėkingas

grater ['greɪtə] *n* trintuvė

grat‖ification [ˌgrætɪfɪ'keɪʃn] *n* patenkinimas; pasitenkinimas ~**ify** ['grætɪfaɪ] *v* patenkinti; džiuginti (akį)

grating ['greɪtɪŋ] *n* grotos

gratis ['greɪtɪs] *adv* nemokamai

grat‖itude ['grætɪtjuːd] *n* dėkingumas ~**uitous** [grə'tjuːɪtəs] *a* neapmokamas ~**uity** [grə'tjuːətɪ] *n* piniginė dovana; arbatpinigiai

grave [greɪv] I *a* 1 rimtas; svarus 2 liūdnas; sunkus

grave II *n* kapas

gravel ['grævl] *n* žvyras *v* žvyruoti

graver ['greɪvə] *n* graveris; raižytojas

grave‖stone ['greɪvstəun] *n* antkapis ~**yard** [-jɑːd] *n* kapinės

gravit‖ate ['grævɪteɪt] *v* traukti ~**ation** [ˌgrævɪ'teɪʃn] *n* fiz. trauka ~**y** *n* 1 rimtumas; svarba 2 *fiz.* sunkio jėga, sunkis

gravy ['greɪvɪ] *n* padažas

gray [greɪ] = **grey**

graze [greɪz] I *v* 1 prisiliesti 2 įdrėksti, nudrėksti (*odą*)

graz‖e II *v* ganyti(s) ~**ing** *n* ganykla

greas‖e [griːs] *n* 1 taukai; riebalai 2 tepalas *v* [griːz] (iš)tepti (*riebalais*) ~**e-box** [-bɔks] *n* tepalinė ~**y** [-zɪ] *a* taukuotas; riebus

great [greɪt] *a* 1 didelis; didysis; didžiulis; *G. Britain* Didžioji Britanija 2 puikus 3 sumanus, įgudęs (*at*) ~**coat** [-kəut] *n* paltas; milinė ~**hearted** [-'hɑːtɪd] *a* didžiadvasi(š-ka)s, kilniaširdi(ška)s ~**ly** *adv* žymiai; labai

greed [griːd] *n* godumas ~**y** *a* godus

Greek [griːk] *n* 1 graikas 2 graikų kalba △ *it's all* ~ *to me* tai man visai nesuprantama *a* graikiškas

green [griːn] *a* 1 žalias 2 nesubrendęs, žalias *n* 1 žalia spalva 2 pievelė 3 *pl* žalumynai; žalesiai *v* 1 žaliuoti 2 dažyti žalia spalva ~**backs** [-bæks] *n pl amer.* banknotai ~**ery** *n* žalumynai ~**grocer** [-grəusə] *n* daržovių ir vaisių pardavėjas ~**horn** [-hɔːn] *n* naujokas; neprityręs žmogus ~**house** [-haus] *n* šiltnamis ~**ish** *a* žalsvas ~**ness** *n* 1 žalumas 2 neprityrimas ~**stuffs** [-stʌfs] *n pl* daržovės, žalumynai

Greenwich ['grɪnɪdʒ] *n:* ~ *mean time* (*sutr.* GMT) Grinvičo laikas

greet [griːt] *v* 1 sveikinti(s) 2 sutikti (*šūksniais ir pan.*)

gregarious [grɪ'gɛərɪəs] *a* gyvenantis bendruomenėmis

grenade ['grɪneɪd] *n* granata

grew [gruː] *past žr.* **grow**

grey [greɪ] *a* 1 pilkas (*t.p. prk.*) 2 žilas; *to turn* ~ pražilti ~**-headed** [-'hedɪd] *a* žilagaivis; senas ~**hound** [-haund] *n* kurtas (*šuo*) ~**ish** *a* 1 pilkšvas 2 žilstelėjęs

grid [grɪd] *n* 1 grotelės 2 *rad., tel.* tinklelis

gride [graɪd] *n* girgždesys *v* gergždžiamai įsibesti / įsmigti

grief [griːf] *n* sielvartas; vargas, bėda

grievance ['griːvəns] *n* 1 skriauda 2 nusiskundimas

griev‖e [griːv] *v* 1 nuliūdinti, sukelti sielvarto 2 sielvartauti, liūdėti ~**ous** *a* 1 sunkus, skausmingas 2 sielvartingas, liūdnas

grill [grɪl] *n* 1 kepta mėsa 2 grilis; grotelės (*kepimui*) *v* 1 kepti 2 kvosti (*tardant*)

grille [grɪl] *n* (*apsauginės*) grotelės

grim [grɪm] *a* 1 niūrus 2 nuožmus, negailestingas 3 *šnek.* baisus; blogas

grimace [grɪ'meɪs] *n* grimasa *v* daryti grimasas

grim‖e [graɪm] *n* nešvarumai; suodžiai ~y *a* nešvarus, suodinas

grin [grɪn] *v* vieptis; šaipytis, rodyti dantis *n* vaipymasis; išsišiepimas

grind [graɪnd] *v* (**ground**) 1 malti 2 griežti (*dantimis*) 3 galąsti; šlifuoti 4 kalti (*atmintinai*) *n* sunkus, nuobodus darbas ~er *n* 1 galandėjas, galąstojas 2 (*kavos*) malūnėlis 3 *šnek.* kalikas ~stone [-stəun] *n* tekėlas

grip [grɪp] *n* 1 suspaudimas, pagriebimas 2 *prk.* varžtai 3 rankena 4 kelionės krepšys, lagaminėlis *v* 1 suspausti, sugniaužti 2 pagriebti 3 pagauti, suprasti 4 patraukti dėmesį

gripe [graɪp] *v* 1 suspausti 2 *šnek.* niurzgėti, nuolat skųstis *n* 1 suspaudimas 2 *pl šnek.* (*vidurių*) diegliai

grippe [grɪp] *n* gripas

grisly ['grɪzlɪ] *a* šiurpus, baisus

grist [grɪst] *n* grūdai (*malimui*) △ to bring ~ to the mill duoti pelno / naudos

gristle ['grɪsl] *n* kremzlė

grit [grɪt] *n* 1 *šnek.* būdo tvirtumas, ištvermė 2 smėlis; žvyras *v* girgždėti; griežti (*dantimis*)

grits [grɪts] *n pl amer.* kruopos

gritty ['grɪtɪ] *a* 1 smėlėtas 2 ištvermingas

grizzle ['grɪzl] *v* 1 zirzti (*apie vaikus*) 2 ožiuotis

grizzled ['grɪzld] *a* žilas, pražilęs

groan [grəun] *n* dejavimas *v* dejuoti; sunkiai dūsauti □ to ~ down aičiojimais ir dūsavimais priversti (*kalbėtoją*) nutilti

grocer ['grəusə] *n* bakalėjininkas ~y [-rɪ] *n* bakalėjos prekių parduotuvė

grog [grɔg] *n* grogas

groggy ['grɔgɪ] *n* netvirtas (*ant kojų*); nusilpęs (*po ligos*)

groin [grɔɪn] *n anat.* slėpsna, kirkšnis

groom [grum] *n* 1 arklininkas 2 jaunasis, jaunikis *v* prižiūrėti (*arklius*)

groove [gru:v] *n* 1 išdroža; griovelis 2 *prk.* rutina

grop‖e [grəup] *v* 1 eiti apgraibomis 2 *prk.* apčiuopti, užčiuopti 3 grabalioti, ieškoti (*for*) ~ingly *adv* apgraibomis

gross [grəus] *a* 1 šiurkštus, storžieviškas 2 didelis, stambus 3 storas, riebus 4 *ekon.* bendras(is), bruto

grotesque [grəu'tesk] *n* groteskas *a* 1 komiškas; groteskinis 2 šlykštus (*apie išvaizdą*)

grouch [grautʃ] *v* skųstis, niurzgėti

ground [graund] I *past ir pp žr.* grind

ground II *n* 1 žemė, dirva (*t.p. prk.*) 2 pagrindas 3 (*sodybinis*) sklypas; (*sporto*) aikštelė 4 (*jūros*) dugnas; gruntas 5 *pl* nuosėdos *v* 1 pagrįsti 2 (ap)mokyti (*in – ko*) 3 užplaukti ant seklumos 4 įžeminti ~-floor [-'flɔ:] *n* apatinis (*pirmas*) aukštas ~less *a* nepagrįstas ~work [-wə:k] *n* pagrindas, pamatas (*papr. prk.*)

group [gru:p] *n* 1 grupė 2 grupuotė, frakcija *v* grupuoti(s)

grouse [graus] I *n* škotinė kurapka

grouse II *v šnek.* murmėti, bambėti

grove [grəuv] *n* miškelis, giraitė

grovel ['grɔvl] *v* šliaužioti, keliaklupsčiauti ~ler *n* keliaklupsčiautojas, palaižūnas

grow [grəu] *v* (**grew**; **grown**) 1 augti 2 (iš)auginti 3 didėti 4 tapti, darytis 5 išaugti, peraugti (*into, out of*) 6 vis daugiau patikti; užvaldyti (*mintis, jausmus*) □ to ~ over apželti (*žole*); to ~ up a) užaugti; b) kilti, susidaryti (*apie įpročius ir pan.*) ~er *n* sodininkas, daržininkas ~ing *a* augantis, didėjantis *n* 1 augimas 2 auginimas

growl [graul] *v* 1 urgzti 2 niurnėti, bambėti *n* 1 urzgimas 2 bambėjimas ~er *n* niurzga, bambeklis

grown [grəun] *pp žr.* grow; ~-up [-ʌp]
n suaugęs žmogus

growth [grəuθ] *n* 1 augimas; didėjimas
2 auginimas 3 *med.* auglys

grub [grʌb] *v* 1 kasinėti, raustis
2 (iš)rauti su šaknimis *n* 1 *zool.*
vikšras 2 *šnek.* valgis, maistas ~by
a nešvarus, purvinas; nevalus

grudg||e [grʌdʒ] *n* nepasitenkinimas;
to have a ~ against smb griežti
dantį ant ko *v* gailėti, nenorom duoti
~ingly *adv* nenorom

gruel ['gru:əl] *n* skysta košė △ to
have / take / get one's ~ būti nu-
baustam

gruelling ['gru:əlɪŋ] *a* varginantis,
sunkus

gruesome ['gru:səm] *a* baisus, siaubin-
gas

gruff [grʌf] *a* šiurkštus, grubus, piktas
(*apie balsą, elgesį*)

grumbl||e ['grʌmbl] *n* niurnėjimas;
bambėjimas *v* niurnėti ~er *n* bam-
beklis

grumpy ['grʌmpɪ] *a* piktas, irzlus

grunt [grʌnt] *v* 1 kriuksėti 2 niurnėti

guarant||ee [,gærən'ti:] *n* 1 garantija
2 laiduotojas *v* garantuoti, laiduoti
~or [-'tɔ:] *n teis.* laiduotojas; garan-
tas ~y ['gærəntɪ] *n teis.* laidas, garan-
tija

guard [gɑ:d] *n* 1 sargyba, apsauga; to
be on ~ saugoti; eiti sargybą 2 sar-
gybinis 3 *glžk.* palydovas 4 *pl* gvardija
~ed *a* atsargus

guardian ['gɑ:dɪən] *n* globėjas; saugo-
tojas ~ship *n teis.* globa

guard||room ['gɑ:drum] *n* sargybos pa-
talpa ~sman [-zmən] *n* gvardietis

guerilla [gə'rɪlə] *n* partizanas

guess [ges] *v* 1 (at)spėti 2 *amer.*
šnek. manyti *n* 1 apytikris apskaičia-
vimas 2 spėjimas; spėliojimas ~work
[-wə:k] *n* spėlionė; prielaida

guest [gest] *n* svečias ~house [-haus]
n pansionas, viešbutis (*su maitinimu*)

guffaw [gə'fɔ:] *n* kvatojimas *v* kvatotis

guidance ['gaɪdəns] *n* vadovavimas,
patarimas

guide [gaɪd] *v* 1 vadovauti 2 vesti
3 duoti patarimus *n* 1 vadovas; gi-
das 2 vadovas (*knyga*) ~book [-buk]
n turisto vadovas

guild [gɪld] *n* (*profesinė*) sąjunga

guile [gaɪl] *n knyg.* apgavimas, klasta
~less *a* atviraširdiškas, be klastos

guilt [gɪlt] *n* kaltumas, kaltė ~ily *adv*
kaltai ~less *a* nekaltas ~y *a* kaltas
(*of*)

guinea ['gɪnɪ] *n* ginėja (= £ 1,05) ~-pig
[-pɪg] *n* jūrų kiaulytė

guise [gaɪz] *n* (*apgaulinga*) išorė; pavi-
dalas

guitar [gɪ'tɑ:] *n* gitara ~ist *n* gitaristas

gulf [gʌlf] *n* 1 įlanka 2 bedugnė; praraja

gull [gʌl] I *n zool.* kiras

gull II *n* kvailutis, mulkis *v* apgauti;
išvilioti

gullet ['gʌlɪt] *n* stemplė

gullib||ility [,gʌlə'bɪlətɪ] *n* patiklumas,
lengvatikystė ~le ['gʌləbl] *a* leng-
vatikis

gully ['gʌlɪ] *n* 1 (*lietaus*) išgrauža 2 van-
dens nutekamasis griovys

gulp [gʌlp] *v* (nu)gurkti, godžiai ryti,
springti (*t.p.* to ~ down) *n* didelis
gurkšnis; at one ~ iš karto, vienu
mauku

gum [gʌm] I *n* (*papr. pl*) dantų smege-
nys

gum II *v* klijuoti; *n* 1 guma 2 sakai;
klijai ~-boots [-bu:ts] *n pl* guminiai
batai ~my *a* lipnus

gumption ['gʌmpʃn] *n šnek.* sumanu-
mas

gun [gʌn] *n* šautuvas, pabūklas, pa-
tranka, revolveris △ big / great ~
šnek. didelis žmogus, šulas ~boat
[-bəut] *n* kanonierė ~man [-mən] *n*
ginkluotas banditas ~ner *n* kulkos-
vaidininkas; artileristas ~nery [-ərɪ]
n šaudymo menas; artilerija

gun||powder ['gʌnpaudə] *n* parakas
~smith [-smɪθ] *n* ginklininkas

gurgle ['gə:gl] *v* kliuksėti *n* kliuksėjimas

gush [gʌʃ] n 1 stipri srovė 2 *prk.*
išsiliejimas; žodžių srautas *v* 1 pa-
pliupti, siūbtelėti 2 karštai ir daug
kalbėti

gust [gʌst] n 1 (*vėjo*) gūsis 2 (*jausmų*)
išsiveržimas, protrūkis *v* gūsiuoti

gusto [ˈgʌstəu] n pasitenkinimas, malo-
numas (*ką nors darant*)

gusty [ˈgʌstɪ] a 1 gūsiuotas; vėjuotas
2 *prk.* audringas, smarkus

gut [gʌt] n 1 žarna; *pl* žarnos, viduriai
2 *šnek.* pilvas 3 *pl šnek.* vidaus me-
chanizmas, viduriai 4 *pl šnek.* vertė
5 *pl šnek.* ištvermė, valios stiprybė
v 1 išdoroti (*vidurius*) 2 sunaikinti
(*namo vidų; ypač apie gaisrą*)

gutter [ˈgʌtə] n 1 vandens nutekamasis
vamzdis / latakas 2 (*the* ~) skurdas;
(*visuomenės*) dugnas ~-press [-pres]
n bulvarinė spauda

guttural [ˈgʌtərəl] a gerklinis

guy [gaɪ] I n *šnek.* vyrukas, vaikinas

guy II n *jūr.* virvė, lynas, trosas

guzzl‖e [ˈgʌzl] *v* godžiai ryti / gerti ~er
n girtuoklis; besotis

gym [dʒɪm] n *šnek.* 1 gimnazija 2 gim-
nastika

gymnasium [dʒɪmˈneɪzɪəm] n 1 gim-
nastikos salė 2 gimnazija

gymnast [ˈdʒɪmnæst] n gimnastas

gymnastic [dʒɪmˈnæstɪk] a gimnastikos
~s n gimnastika

gyn(a)ecolog‖ical [ˌgaɪnɪkəˈlɔdʒɪkl] a
ginekologinis ~y [ˌgaɪnɪˈkɔlədʒɪ] n gi-
nekologija

gypsum [ˈdʒɪpsəm] n gipsas *v* gipsuoti

gypsy = gipsy

gyrate [ˌdʒaɪˈreɪt] *v* suktis ratu / spirale

H

H, h [eɪtʃ] n *aštuntoji anglų abėcėlės
raidė*; to drop one's h's kalbant
praleisti garsą „h" (*tarmiškumas*)

ha [hɑ:] *int* ha!, na! (*reiškiant nuste-
bimą*)

haberdasher [ˈhæbədæʃə] n 1 galante-
rininkas 2 *amer.* vyriškos galanterijos
parduotuvė / pardavėjas ~y [-rɪ] n ga-
lanterijos parduotuvė / prekyba

habit [ˈhæbɪt] n 1 įprotis, įpratimas; to
be in the ~ (*of*) turėti įprotį; to
break off a ~ mesti įprotį; to fall
into a ~ įprasti 2 abitas (*vienuolio
drabužis*) △ ~ of mind galvosena

habit‖able [ˈhæbɪtəbl] a tinkamas gy-
venti; gyvenamas ~ant n gyventojas
~at [-æt] n (*augalo, gyvulio*) tėvynė
~ation [ˌhæbɪˈteɪʃn] n 1 buveinė 2 gy-
venimas (*kur nors*)

habitu‖al [həˈbɪtʃuəl] a 1 įprastas
2 nuolatinis, nepataisomas; ~ drunk-
ard amžinas girtuoklis ~ate *v* įpra-
tinti; *pass* įprasti

hack [hæk] I n 1 nuomojamas arklys
2 samdomas rašeiva

hack II *v* 1 (su)pjaustyti, (su)kapoti
2 kirsti, kapoti (*at*) ~ing a: ~ cough
sausas kosulys

hackles [ˈhæklz] n *pl* (*gaidžio ar ki-
tų paukščių*) kaklo plunksnos △ with
one's ~ up pasiruošęs pradėti pešty-
nes

hackneyed [ˈhæknɪd] a nuvalkiotas, ba-
nalus

hacksaw [ˈhæksɔ:] n *tech.* metalo pjūk-
las

had [həd, hæd] *past* ir *pp* žr. have

haddock [ˈhædək] n juodalopė menkė

hadn't [hədnt, ˈhædnt] *sutr.* = had
not

h(a)emoglobin [ˌhi:məˈgləubɪn] n he-
moglobinas

h(a)emorrhage [ˈhemərɪdʒ] n *med.*
kraujoplūdis, kraujavimas

haft [hɑ:ft] n kotas, rankena

hag [hæg] n ragana

haggard [ˈhægəd] a išsekęs, išvargęs

haggle [ˈhægl] *v* ginčytis, derėtis

ha-ha [ˌhɑ:ˈhɑ:] *int* cha cha

hail [heɪl] I *v* 1 sveikinti 2 šūktelėti,
(pa)šaukti; to ~ a taxi sustabdyti
taksi (*šūktelėjus*) 3 (*from*) atplaukti
(*apie laivą ir pan.*) 4 *šnek.* atvykti;

where do you ~ *from?* iš kur jūs?
n 1 sveikinimas 2 šūktelėjimas; šūksmas; *within* ~ žmogaus balso nuotoliu *int* sveikas!

hail II *n* kruša *v* 1 apipilti, apiberti (*smūgiais, žodžiais*) 2: *it* ~*s* krinta kruša ~**stone** [-stəun] *n* krušos (*ledo*) gabaliukas / kruopa

hair [heə] *n* 1 plaukas, -ai; *to have one's* ~ *cut* apsikirpti plaukus 2 (*gyvulio*) plaukai, šeriai, vilna △ *not to turn a* ~ neparodyti baimės, nuovargio *ir pan.*; *to a* ~ tiksliausiai; *within a* ~ (*of*) per plauką (*nuo*); *to split* ~*s* būti pedantiškam ~**brush** [-brʌʃ] *n* šepetys (*plaukams*) ~**do** [-du:] *n* šukuosena ~**dresser** [-dresə] *n* kirpėjas (*ypač moterų*) ~**pin** [-pɪn] *n* segtukas ~**-splitting** [-ˌsplɪtɪŋ] *a* pedantiškas *n* smulkmeniškumas ~**spring** [-sprɪŋ] *n* (*laikrodžio*) plunksna, plaukas ~**y** [ˈheərɪ] *a* plaukuotas, gauruotas

hale [heɪl] *a*: ~ *and hearty* tvirtas ir žvalus

half [hɑ:f] *n* (*pl* **halves**) 1 pusė; dalis; *in* ~ pusiau; *to cry halves* reikalauti (*sau*) lygios dalies; *to do things by halves* bet kaip daryti; *to go halves* (*in*) dalytis pusiau (*išlaidas, pajamas*) 2 *sport.* kėlinys, puslaikis *a* pusinis, pusės *adv* pusiau △ *not* ~ *bad* šnek. visai neblogai!; *not* ~ šnek. a) visai ne; b) labai, baisiai ~**-and-half** [ˌhɑ:fəndˈhɑ:f] *a* sumaišytas per pusę (*lygiomis dalimis*) ~**back** [-bæk] *n sport.* saugas ~**-baked** [ˌhɑ:fˈbeɪkt] *a* nesubrendęs; kvailas, neapgalvotas ~**-brother** [-brʌðə] *n* įbrolis ~**-caste** [-kɑ:st] *n* maišytos rasės žmogus ~**-hearted** [-ˈhɑ:tɪd] *a* abejingas; neryžtingas ~**penny** [ˈheɪpnɪ] *n* pusė penso ~**-sister** [-sɪstə] *n* įseserė ~**-time** [-ˈtaɪm] *n sport.* pertrauka tarp kėlinių ~**way** [-ˈweɪ] *a* 1 esantis pusiaukelėje 2 dalinis, kompromisinis *adv* 1 pusiaukelėje 2 dalinai, pusiau △ *to meet* ~**way** eiti į

kompromisą ~**-witted** [-ˈwɪtɪd] *a* silpnaprotis, puskvailis ~**-yearly** [ˌhɑ:fˈjə:lɪ] *a* pusmetinis; (*vykstantis*) kas pusmetį

hall [hɔ:l] *n* 1 salė 2 holas, menė; prieškambaris, vestibiulis 3 (*studentų*) bendrabutis

hallelujah [ˌhælɪˈlu:jə] *int* aleliuja

hallo [həˈləu] = **hello**

hallowed [ˈhæləud] *a* 1 *bažn.* pašventintas 2 šventas

hallucination [həˌlu:sɪˈneɪʃn] *n* haliucinacija

halo [ˈheɪləu] *n* aureolė *v* apsupti aureole

halt [hɔ:lt] *n* sustojimas; poilsis kelyje; *to call a* ~ liepti sustoti (*poilsiui*); *to come to a* ~ sustoti *v* sustoti; stabdyti *int* stok!

halter [ˈhɔ:ltə] *n* apinasris

halve [hɑ:v] *v* 1 dalyti pusiau 2 sumažinti perpus ~*s n pl žr.* **half**

ham [hæm] *n* 1 kumpis 2 šlaunis

hamburger [ˈhæmbə:gə] *n kul.* pjausnys; pjausnys bandelėje

ham‖-fisted, -handed [ˈhæmˈfɪstɪd, -ˈhændɪd] *a* negrabus, nemitrus

hamlet [ˈhæmlɪt] *n* kaimelis

hammer [ˈhæmə] *n* plaktukas; kūjis *v* 1 (pri)kalti; įkalti (*t.p. prk.; into*) 2 daužyti, trankyti į galvą 3 nuolat kritikuoti □ *to* ~ *out* a) iškalti; b) *prk.* pasiekti, parengti

hammock [ˈhæmək] *n* hamakas

hamper [ˈhæmpə] *n* pintinė su dangčiu (*valgiui nešti*) *v* trukdyti, kliudyti

hamster [ˈhæmstə] *n zool.* žiurkėnas

hamstring [ˈhæmstrɪŋ] (**hamstringed, hamstrung** [-ʌŋ]) *v* 1 perpjauti pakinklinę sausgyslę 2 *prk.* pakirpti sparnus *n* pakinklinė sausgyslė

hand [hænd] *n* 1 ranka; ·*at* ~ čia pat, po ranka; *at first* (*second*) ~ iš pirmų (antrų) rankų; *by the* ~ už rankos; *by* ~ a) ranka (*parašyta, padaryta*); b) asmeniškai; *to get out of* ~ išsprūsti iš rankų, nebeklausyti; *in* ~ ranka rankon, drauge; ~*s off!* šalin rankas!; ~*s up!* rankas aukštyn!;

in ~ a) rankose, žinioje; b) turimas; *to have in* ~ turėti; c) svarstomas, dirbamas **2** įgudimas, patirtis; *to get one's* ~ *in* įgusti; *old* ~ (*at*) senas vilkas **3** vykdytojas **4** darbininkas **5** rašysena **6** (*laikrodžio*) rodyklė **7** priešakinė koja / letena △ ~ *and foot* stipriai, visom keturiom; *on the one* ~..., *on the other* ~ iš vienos pusės..., iš antros pusės; *to work* ~ *in glove* (*with*) veikti išvien (*su*); *to have a* ~ (*in*) dalyvauti (*kame*); *to turn one's* ~ (*to*) imtis (*ko*); *to gain / get the upper* ~ paimti / turėti viršų; *to live from* ~ *to mouth* vos sudurti galą su galu; *to have one's* ~s *full* turėti marias darbo; *to keep* ~s *in pockets* dykinėti; ~s *down* lengvai, be vargo; *off* ~ a) nepasiruošus; b) atsainiai *v* paduoti, įteikti □ *to* ~ *down* a) paduoti žemyn; b) *prk.* per(si)duoti (*iš kartos į kartą*); *to* ~ *in* paduoti, įteikti; *to* ~ *out* išdalyti; *to* ~ *over* perduoti (*kitam*) △ *you have to* ~ *it to smb šnek.* reikia pripažinti (*kieno nuopelnus ir pan.*)

hand‖bag ['hændbæg] *n* rankinukas ~**ball** [-bɔ:l] *n sport.* rankinis ~**bill** [-bɪl] *n* reklaminis lapelis; skelbimas ~**book** [-buk] *n* vadovas (*knyga*); vadovėlis ~**-cuffs** [-kʌfs] *n pl* antrankiai ~**ful** [-ful] *n* sauja; saujelė (*kiekis*)

handicap ['hændɪkæp] *n* **1** *sport.* handikapas; foras **2** (*fizinis*) trūkumas; kliūtis *v* **1** *sport.* išlyginti jėgas **2** (pa)statyti į sunkią padėtį

handi‖craft ['hændɪkra:ft] *n* amatas; rankų darbas ~**craftsman** [-kra:ftsmən] *n* amatininkas

handiwork ['hændɪwə:k] *n* rankų darbas

handkerchief ['hæŋkətʃɪf] *n* nosinė

handle ['hændl] *n* **1** rankena; kotas **2** pretekstas, proga △ *to fly off the* ~ *šnek.* nebe(su)sivaldyti *v* **1** liesti / imti rankomis **2** valdyti (*mašiną*)

3 elgtis, traktuoti **4** *kom.* prekiauti ~**bars** [-ba:z] *n pl* (*dviračio, motociklo*) vairas

hand‖made ['hænd'meɪd] *a* rankų darbo ~**shake** [-ʃeɪk] *n* rankos paspaudimas

handsome ['hænsəm] *a* **1** gražus; stuomeningas **2** dosnus, gausus △ ~ *is that* ~ *does prież.* sprendžiama ne iš kalbų, o iš darbų

handwriting ['hændraɪtɪŋ] *n* rašysena

handy ['hændɪ] *a* patogus (*vartoti*) △ *to come in* ~ praversti ~**man** [-mæn] *n* visų galų / amatų meistras

hang [hæŋ] *v* (**hung**) **1** kabėti; (pa)kabinti **2** (**hanged**) karti (*bausti*) **3** gulėti (*apie drabužį*) □ *to* ~ *about / (a)round* a) pakibti, artėti (*apie pavojų, audrą*); b) lūkuriuoti; slampinėti; *to* ~ *back* dvejoti; *to* ~ *down* pakibti, nukabti; *to* ~ *on* a) tvirtai laikytis, išsilaikyti; b) *šnek.* palaukti; *to* ~ *out* a) išsikišti; b) iškabinti (*vėliavą, skelbimus*); *to* ~ *together* a) veikti / būti drauge; b) būti susijusiam; *to* ~ *up* a) atidėti, uždelsti, pertraukti; b) pakabinti telefono ragelį *n* (*suknelės*) gulėjimas, tikimas △ *to get a* ~ (*of*) *šnek.* suprasti (*kaip veikia, dirba*)

hangar ['hæŋə] *n* angaras

hanger ['hæŋə] *n* pakabas; pakaba

hanger-on [ˌhæŋər'ɔn] *n* pakalikas

hang‖ing ['hæŋɪŋ] *n* **1** pakorimas **2** *pl* portjeros, drapiruotės ~**man** [-mən] *n* budelis ~**over** [-əuvə] *n* **1** pagirios **2** (*praeities*) liekana

hank [hæŋk] *n* (*gijų*) sruoga

hanker ['hæŋkə] *v* geisti, trokšti (*after, for*)

haphazard ['hæp'hæzəd] *n* atsitiktinis

happen ['hæpən] *v* **1** atsitikti, įvykti **2** atsitiktinai būti, pasitaikyti, atsitiktinai sutikti (*on, upon*) ~**ing** *n* atsitikimas, įvykis

happi‖ly ['hæpɪlɪ] *adv* **1** laimingai **2** laimei ~**ness** *n* laimė

happy ['hæpɪ] *a* 1 laimingas 2 vykęs, tinkamas 3 patenkintas ∼-go-lucky [-gəu'lʌkɪ] *a* nerūpestingas

harangue [hə'ræŋ] *n* pompastiška kalba; prakalba; postringavimas

harass ['hærəs] *v* 1 (iš)varginti 2 neduoti ramybės; (už)puldinėti

harbinger ['ha:bɪndʒə] *n* pranašautojas

harbo(u)r ['ha:bə] *n* 1 uostas 2 prieglobstis *v* 1 priglausti 2 (nu)slėpti, užslėpti (*blogas mintis, jausmą*)

hard [ha:d] *a* 1 kietas (*t.p. prk.*) 2 sunkus (*apie darbą ir pan.*) 3 smarkus, stiprus 4 atšiaurus (*apie klimatą; t.p. prk.*) △ *to be* ∼ *up* būti sunkioje padėtyje; stokoti; ∼ *and fast rules* griežtos taisyklės *adv* 1 stipriai; smarkiai 2 daug △ ∼ *by* arti

hard‖-bitten ['ha:d'bɪtn] *a* tvirtas, užkietėjęs ∼-**boiled** [-'bɔɪld] *a* 1 kietai išviręs (*apie kiaušinį*) 2 užsigrūdinęs, visko matęs

harden ['ha:dn] *v* 1 kietėti; kietinti 2 grūdinti(s), už(si)grūdinti (*t.p. prk.*) ∼**ed** *a* užkietėjęs

hard‖-headed ['ha:d'hedɪd] *a* praktiškas, blaivus ∼-**hearted** [-'ha:tɪd] *a* kietaširdis, beširdis

hard‖ly ['ha:dlɪ] *adv* 1 vos (tik); beveik (ne) 2 vargu ar 3 vargais negalais ∼**ness** *n* 1 kietumas; patvarumas 2 sunkumas (*suprasti, dirbti*) 3 (*klimato*) atšiaurumas ∼**ship** *n* 1 vargas, neganda 2 sunkus išmėginimas ∼**ware** [-weə] *n* (*smulkieji*) metalo dirbiniai ∼**y** *a* 1 ištvermingas, atsparus 2 (per)drąsus

hare [heə] *n* kiškis △ *to hold / run with the* ∼ *and hunt with the hounds prieš.* tarnauti dviems ponams *v*: *to* ∼ *off* nudumti ∼-**brained** [-breɪnd] *a* neapgalvotas, lengvabūdiškas

harem ['ha:ri:m] *n* haremas

haricot ['hærɪkəu] *n* pupelės

hark [ha:k] *int* klausyk!, tš! *v*: *to* ∼ *back* (*to*) a) sugrįžti (*prisiminimuose*), prisiminti; b) sekti (*pavyzdžiu*)

harlequin ['ha:lɪkwɪn] *n* juokdarys; arlekinas

harlot ['ha:lɔt] *n* ištvirkėlė, prostitutė

harm [ha:m] *n* žala; skriauda *no* ∼ *done* viskas gerai; niekas nenukentėjo; *to do* ∼ kenkti, daryti žalą *v* 1 (pa)kenkti 2 (nu)skriausti ∼**ful** *a* žalingas ∼**less** *a* nekenksmingas

harmonica [ha:'mɔnɪkə] *n* lūpinė armonikėlė

harmon‖ious [ha:'məunɪəs] *a* harmoningas, darnus ∼**ize** ['ha:mənaɪz] *v* 1 harmonizuoti 2 suderinti ∼**y** ['ha:mənɪ] *n* darnumas; harmonija

harness ['ha:nɪs] *n* pakinktai △ *in* ∼ įsikinkęs, dirbantis; *to die in* ∼ mirti dirbant / poste *v* 1 įkinkyti 2 pajungti (*gamtos resursus*)

harp [ha:p] *n* arfa *v* 1 groti arfa 2 kartoti vieną ir tą patį (*on*)

harpoon [ha:'pu:n] *n* harpūnas

harrow ['hærəu] *n* akėčios *v* akėti ∼**ing** *a* kankinantis, jaudinantis

harry ['hærɪ] *v* 1 puldinėti 2 neduoti ramybės

harsh [ha:ʃ] *a* 1 šiurkštus 2 šaižus; atšiaurus 3 griežtas, žiaurus

harvest ['ha:vɪst] *n* 1 pjūtis; derlius 2 *prk.* rezultatas, vaisiai *v* nuimti derlių ∼**er** *n* 1 pjovėjas 2 derliaus nuėmimo mašina

has [həz, hæz] *v esam. laiko trečiasis asmuo žr.* have; ∼-**been** ['hæzbi:n] *n* buvusysis, anksčiau buvęs (*žmogus, daiktas*)

hash [hæʃ] *n* kapota mėsa (*valgis*) *v* 1 kapoti (*mėsą*) 2 pripainioti, sumaišyti (*t.p. to* ∼ *up*); ∼**er** *n* mėsmalė

hashish ['hæʃi:ʃ] *n* hašišas

hasn't ['hæznt] *sutr.* = has not

hasp [ha:sp] *n* skląstis, sklendė *v* uždaryti, užsklęsti

hast‖e [heɪst] *n* skubėjimas; *to make* ∼ skubėti ∼**en** ['heɪsn] *v* skubinti; skubėti ∼**ily** *adv* skubotai, (pa)skubomis ∼**iness** *n* skubotumas; neapgalvojimas ∼**y** *a* 1 skubotas 2 staigus, ūmus 3 neapgalvotas

hat [hæt] n skrybėlė; **cocked** ~
trikampė kepurė; **high / silk / top** ~
cilindras △ ~ **in hand** nuolankiai;
to take one's ~ (*to*) nusilenkti
(*reiškiant pagarbą*)

hatch [hætʃ] I n liukas

hatch II v 1 (iš)perėti 2 prasikalti (*iš
lukšto*) 3 brandinti, sugalvoti (*planą*)
n jaunikliai

hatchet ['hætʃɪt] n kirvis; kirvukas △
to bury the ~ sudaryti taiką

hat||e [heɪt] v 1 neapkęsti 2 nemėgti
n neapykanta ~eful a neapkenčiamas
~red [-rɪd] n neapykanta

hatter ['hætə] n skrybėlininkas △ **as
mad as a** ~ visai kvailas

haught||iness ['hɔːtɪnɪs] n išdidumas
~y a išdidus

haul [hɔːl] v 1 traukti, vilkti 2 pervež-
ti 3 *jūr.* keisti kryptį △ **to** ~ **smb
over the coals** išbarti n 1 (*prekių*)
pervežimas 2 laimikis, grobis ~age n
pervežimas ~ier [-ɪə] n (per)vežėjas

haunch [hɔːntʃ] n (*gyvulio, žmogaus*)
kulšis, užpakalis

haunt [hɔːnt] v 1 dažnai ateiti, lanky-
ti(s) 2 pasirodyti, vaidentis n 1 dažnai
lankoma vieta 2 lindynė

have [həv, hæv] v (had) 1 turėti; **to**
~ **a house in the country** turėti
namą kaime; **he has a headache** (**a
toothache**) jam skauda galvą (dantį)
2 (+ *inf*) turėti, reikėti; **I** ~ **to go
home** aš turiu, man reikia eiti namo
3 suprasti; **what** ~ **you in mind?**
ką tu turi galvoje? 4 valgyti, gerti; **to**
~ **breakfast** pusryčiauti; **to** ~ **tea**
gerti arbatą 5 (*su sudurtiniu papil-
diniu*) pasirūpinti; **to** ~ **one's dress
made** pasisiūdinti suknelę; **to** ~ **a
tooth pulled out** išsitraukti dantį
(*pas gydytoją*); **I would** ~ **you know
that**... noriu, kad tu žinotum, jog...;
please, ~ **the boy bring my books**
tegul berniukas atneša mano knygas
6 *aux* (*Perfect formoms sudaryti*): **I**
~ **done** padariau □ **to** ~ **back** at-
gauti, susigrąžinti; **to** ~ **in** a) iš-
kviesti į namus (*darbui, remontui*); b)

turėti namie (*ko atsargą*); **to** ~ **on** a)
dėvėti; b) būti užimtam; c) *šnek.* ap-
gauti; **to** ~ **out** a) (iš)traukti (*dantį*);
b) iš(si)aiškinti (*pokalbyje; with*); **to**
~ **over / round** turėti (*svečių*); **to**
~ **up** patraukti teisman (*for*) △ **had
better / rather** verčiau / geriau būtų
(*ką daryti*); **you had better go** tau
geriau būtų eiti / vykti

haven ['heɪvn] n prieglobstis, prieglau-
da

havoc ['hævək] n sąmyšis; nunioko-
jimas; **to play** ~ (su)griauti; su-
maišyti (*with, among*)

haw [hɔː] n gudobelės uoga

hawk [hɔːk] I n vanagas

hawk II v prekiauti išnešiotinai ~er n
gatvės prekiautojas

hawthorn ['hɔːθɔːn] n gudobelė

hay [heɪ] n šienas; **to make** ~ ruošti
šieną △ **make** ~ **while the sun
shines** *prež.* kalk geležį, kol karšta
~cock [-kɔk] n šieno kupeta ~fork
[-fɔːk] n šienšakės ~loft [-lɔft] n šieno
prėslas ~maker [-meɪkə] n šienpjo-
vys ~ making [-meɪkɪŋ] n šienapjūtė
~stack [-stæk] n šieno kūgis, stirta

hazard ['hæzəd] n rizika; **at all** ~s
žūtbūt, bet kuriomis aplinkybėmis
v rizikuoti ~ous a rizikingas

haze [heɪz] n 1 migla, rūkas 2 *prk.*
miglotumas v ap(si)traukti rūku

hazel ['heɪzl] n lazdynas a šviesiai rudas
~-nut [-nʌt] n riešutas

haz||iness ['heɪzɪnɪs] n miglotumas ~y
a 1 miglotas, ūkanotas 2 neaiškus

H-bomb ['eɪtʃbɔm] n vandenilinė bomba

he [hɪ, hiː] pron (*objektinis linksnis
him*) jis n vyriška būtybė; patinas
(*t.p. sudurtiniuose žodžiuose*): **he-
goat** ožys

head [hed] n 1 galva; protas; **above /
over one's** ~ ne mano galvai; **off
one's** ~ išprotėjęs 2 (*vinies*) gal-
vutė 3 (*lovos*) galvūgalis 4 (*medžio*)
viršūnė 5 (*puslapio ir pan.*)   viršus

6 galva, viršininkas; vedėjas **7** prie- kis, priešakys; **at the** ~ (*of*) (*ko*) priekyje △ ~ **over heels** kūlvirsčia; **to keep one's** ~ likti ramiam; **to put** ~**s together** tartis; **to be un- able to make** ~ **or tall of smth** nieko negalėti suprasti; **by the** ~ **and ears** prievarta (*pritraukti*) *a* vyriau- sias *v* 1 vadovauti; būti priekyje 2 pa- vadinti (*straipsnį*) **3** vykti (*for – į*) □ **to** ~ **back / off** užkirsti kelią

head‖ache ['hedeɪk] *n* galvos skaus- mas ~**er** *n* 1 šuolis galva žemyn 2 smūgis galva (*futbole*) ~**ing** *n* ant- raštė; rubrika ~**land** [-lənd] *n* *ge- ogr.* iškyšulys, ragas ~**light** [-laɪt] *n* *aut.* priekinės šviesos ~**line** [-laɪn] *n* antraštė ~**long** [-lɔŋ] *adv* galva į priekį *a* neapgalvotas, sku- botas ~**man** [-mən] *n* (*genties*) va- das ~**master** [-mɑ:stə] *n* mokyklos vedėjas ~**mistress** [-mɪstrɪs] *n* mo- kyklos vedėja ~**phones** [-fəunz] *n pl rad.* ausinės ~**piece** [-pi:s] *n* šalmas ~**quarters** [-'kwɔ:təz] *n* 1 *kar.* štabas 2 centras ~**strong** [-strɔŋ] *a* savava- lis ~**way** [-weɪ] *n* pažanga; žengimas į priekį *a* svaiginantis, svaigus; apsvai- gęs

heal [hi:l] *v* 1 (už)gyti 2 (iš)gydyti

health [helθ] *n* sveikata; **to drink smb's** ~ gerti į kieno sveikatą; **your** (**good**) ~**!** į jūsų sveikatą! ~**ful** *a* sveikatingas; gydantis ~**y** *a* sveikas

heap [hi:p] *n* 1 krūva 2 *pl šnek.* (*laiko, pinigų ir pan.*) daugybė; **she is** ~**s better** jai žymiai geriau *v* (pri)krauti, (pri)versti

hear [hɪə] *v* (**heard** [hə:d]) 1 girdėti; iš- klausyti (*t.p.* **to** ~ **out**) 2 sužinoti (*of, about – apie*) **3** gauti laiškų / žinių (*from*) △ ~**!** ~**!** teisingai! (*reiškiant pritarimą, ironiją*)

hear‖er ['hɪərə] *n* klausytojas ~**ing** [-rɪŋ] *n* 1 girdėjimas; **out of** ~**ing** taip toli, kad nebegirdėti 2 klausa **3** klau- symas; išklausymas; **to give both sides a** ~**ing** išklausyti abi šalis

hearsay ['hɪəseɪ] *n* gandas, nuogirdos

hearse [hə:s] *n* katafalkas

heart [hɑ:t] *n* 1 širdis (*t.p. prk.*); **at** ~ širdyje; ~ **and soul** iš visų jėgų, visa širdimi; **to lay to** ~ imti į širdį, rim- tai žiūrėti; **one's** ~ **in one's mouth** labai išsigandęs 2 drąsa; **out of** ~ nu- siminęs; **to lose** ~ netekti drąsos **3** *pl* čirvai 4 šerdis; centras △ **by** ~ at- mintinai; **to have one's** ~ **in one's boots** širdis atsidūrė kulnyse; **to lose one's** ~ (**to**) įsimylėti (*ką*); **to wear one's** ~ **on one's sleeve** būti atla- pios širdies

heart‖ache ['hɑ:teɪk] *n* širdies skaus- mas, liūdesys ~**beat** [-bi:t] *n* 1 širdies plakimas 2 jaudinimasis ~**breaking** [-breɪkɪŋ] *a* širdį veriantis ~**broken** [-brəukn] *a* sielvartingas, susisielojęs ~**burn** [-bə:n] *n* rėmuo ~**-disease** [-dɪzi:z] *n* širdies liga, širdies yda

hearten ['hɑ:tn] *v* padrąsinti (*t.p.* **to** ~ **up**)

heart-failure ['hɑ:tfeɪljə] *n med.* širdies nepakankamumas

hearth [hɑ:θ] *n* 1 židinys 2 *prk.* namų židinys **3** *tech.* žaizdras ~**rug** [-rʌg] *n* kilimėlis prieš židinį

heart‖ily ['hɑ:tɪlɪ] *adv* 1 nuoširdžiai, širdingai 2 noriai; stropiai; **to eat** ~ valgyti su apetitu **3** labai, visai ~**less** *a* beširdis, negailestingas ~**-rending** [-rendɪŋ] *a* širdį veriantis ~**sick** [-sɪk] *a* prislėgtas ~**strings** [-strɪŋz] *n pl* giliausi jausmai ~ **to-heart** [‚hɑ:tə- 'hɑ:t] *a:* ~**-to-heart talk** nuošir- dus pasikalbėjimas ~**y** *a* 1 nuoširdus, širdingas; draugiškas 2 entuziastingas; smarkus **3** gausus (*apie valgį*); **to eat a** ~**y meal** sočiai pavalgyti

heat [hi:t] *n* 1 kaitra; karštis 2 įsikarš- čiavimas, įkarštis, pyktis **3** *fiz.* šiluma 4 *zool.* ruja △ **in a dead** ~ vienu kartu, iš karto; **at a** ~ vienu sy- kiu / atveju *v* 1 įkaitinti (*t.p. prk.*), pašildyti (*t.p.* **to** ~ **up**) 2 įkaisti **3** kū- renti ~**ed** *a* 1 įkaitintas; apšildomas 2 susijaudinęs ~**er** *n* šildytuvas; kros- nis, radiatorius

heath [hi:θ] *n* 1 viržynas 2 *bot.* viržis

heathen ['hi:ðn] *a* pagoniškas *n* pagonis; stabmeldys

heather ['heðə] *n bot.* viržis

heating ['hi:tıŋ] *n* (ap)šildymas *a* 1 šildantis 2 apšildymo

heave [hi:v] *v* 1 kilnoti(s) 2 (pa)kelti (*sunkiai*) 3 *jūr.* traukti (*lyną, ínkarą*)

heaven ['hevn] *n* dangus; rojus ~ly *a* 1 dangaus; dangiškas 2 *šnek.* puikus, žavus

heavi||ly ['hevılı] *adv* 1 sunkiai 2 smarkiai, stipriai ~**ness** *n* 1 sunkumas, stiprybė 2 nusiminimas, liūdesys

heavy ['hevı] *a* 1 sunkus 2 didelis; gausus (*apie derlių*) 3 niūrus; liūdnas 4 audringas (*apie jūrą*) 5 smarkus (*apie lietų, audrą, smūgį*) ~ -duty [-'dju:tı] *a tech.* atsparus; sunkaus tipo; didelio galingumo ~ -hearted [-'ha:tıd] *a* liūdnas, prislėgtas ~**weight** [-weıt] *n sport.* sunkiasvoris

Hebrew ['hi:bru:] *n* 1 žydas 2 hebrajų kalba *a* hebrajų, hebrajiškas

heckle ['hekl] *v* pertraukinėti (*kalbėtojus*)

hectare ['hekta:] *n* hektaras

hectic ['hektık] *a* 1 džiovos, tuberkuliozinis 2 *šnek.* karštligiškas, beprotiškas, neramus

hector ['hektə] *v* (į)bauginti, gąsdinti

hedge [hedʒ] *n* 1 gyvatvorė 2 kliūtis; užtvara *v* 1 aptverti tvora 2 vengti tiesiai atsakyti 3 apsisaugoti (*nuo galimų nuostolių*) □ **to** ~ **about** / **in** apriboti, suvaržyti ~**hog** [-hɔg] *n* ežys

heed [hi:d] *n* dėmesys; atidumas; **to pay** ~ (*to*) kreipti dėmesį *v* kreipti dėmesį; rūpintis ~**less** *a* neatidus, nerūpestingas

heel [hi:l] I *n* 1 kulnas 2 užkulnis △ **at / on smb's** ~**s** ko įkandin; **down at** ~ išklypęs (*apie batą*); **to kick / cool one's** ~**s** (*priverstinai*) lūkuriuoti; **to take to one's** ~**s** pasprukti; **to turn on one's** ~**s** staigiai apsisukti

heel II *v.* **to** ~ **over** pasvirti į šoną (*apie laivą*)

hefty ['heftı] *a šnek.* tvirtas, stambus

hegemony [hı'gemənı] *a* hegemonija

heifer ['hefə] *n* telyčia

height [haıt] *n* 1 aukštis; ūgis 2 aukštuma 3 *prk.* viršūnė ~**en** *v* pakelti, sustiprinti; sustiprėti

heinous ['heınəs] *a knyg.* baisus, bjaurus (*apie nusikaltimą*)

heir [eə] *n* įpėdinis, paveldėtojas ~**dom** *n* paveldėjimas ~**ess** [-rıs] *n* įpėdinė; paveldėtoja ~**loom** [-lu:m] *n* palikimas; paveldimas daiktas

held [held] *past ir pp žr.* hold

helicopter ['helıkɔptə] *n* malūnsparnis

helium ['hi:lıəm] *n chem.* helis

hell [hel] *n* pragaras △ **go to** ~! eik po velnių!; **what the** ~ **do you want?** ko po galais jums reikia?; **for the** ~ **of it** dėl juoko / malonumo

he'll [hi:l] *sutr.* = he will

hello [hə'ləu] *int* 1 alio!; sveikas! 2 oje!, oi!

helm [helm] *n* 1 *jūr.* vairalazdė 2 *prk.* (*valdžios*) vairas

helmet ['helmıt] *n* šalmas

helmsman ['helmzmən] *n* vairininkas

help [help] *v* 1 padėti, pagelbėti 2 vaišinti (*to – kuo*) 3: **can't** ~ (*but*) negalėti susilaikyti; **I can't** ~ **laughing** (*going*) aš negaliu nesijuokti (nenueiti) □ **to** ~ **on** padėti apsivilkti / apsiauti; **to** ~ **out** padėti (*išeiti iš bėdos*) *n* 1 pagalba 2 pagalbininkas 3 tarnaitė, tarnas

help||ful ['helpfəl] *a* naudingas ~**ing** *n* (*valgio*) porcija ~**less** *a* 1 be pagalbos 2 bejėgis; bejėgiškas

helter-skelter [ˌheltə'skeltə] *a* skubotas; pakrikas *adv* kaip pakliuvo, bet kaip

hem [hem] *n* siūlė *v* 1 atsiūlėti, apsiūti 2 apsupti (*papr.* **to** ~ **around / in**)

he-man ['hi:mæn] *n šnek.* tikras vyras

hemisphere ['hemɪsfɪə] n geogr., anat. pusrutulis

hemp [hemp] n kanapės

hemstitch ['hemstɪtʃ] n peltakys

hen [hen] n 1 višta 2 patelė (t.p. sudurt. žodžiuose)

hence [hens] adv 1 vadinas, taigi 2 knyg. nuo to laiko; nuo čia ~forth [,hens'fɔ:θ] adv knyg. nuo šiol

henchman ['hentʃmən] n šalininkas; pakalikas

hen||-party ['hen,pɑ:tɪ] n juok. moterų kompanija ~pecked [-pekt] a žmonos valdomas (apie vyrą)

hepati||c [hɪ'pætɪk] a kepenų ~tis [,hepə'taɪtɪs] n kepenų uždegimas

her [hə, hə:] pron jos, jai, ją žr. she

herald ['herəld] n šauklys; pranašautojas v paskelbti, pranešti ~ic [he'ræl-dɪk] a heraldiškas ~ry [-rɪ] n heraldika

herb [hə:b] n vaistinis / prieskoninis augalas; vaistažolė ~al a žolių

herd [hə:d] n 1 banda 2 minia v 1 varyti (į bandą, pulką) 2 ganyti ~sman [-zmən] n kerdžius

here [hɪə] adv 1 čia; ~ and there šen ir ten 2 štai; ~ they are! štai ir jie! △ neither ~ nor there ne vietoje; nei į tvorą, nei į mietą ~about(s) [,hɪərə'baut(s)] adv netoliese, arti ~after [,hɪər'ɑ:ftə] adv vėliau; ateityje ~by [,hɪə'baɪ] adv 1 teis. šiuo 2 knyg. tokiu būdu

heredit||ary [hɪ'redɪtərɪ] a paveldimas; paveldėtas ~y [-dətɪ] n paveldimumas

herein [,hɪər'ɪn] adv teis. čia, tame; šiuo ~after [,hɪərɪn'ɑ:ftə] adv teis. žemiau, toliau

here||sy ['herəsɪ] n erezija ~tic ['herə-tɪk] n eretikas ~tical [hɪ'retɪkl] a eretiškas

here||to [,hɪə'tu:] adv teis. šiuo ~tofore [-tu:'fɔ:] adv knyg. iki dabar ~with [-'wɪð] adv knyg. kartu, tuo pačiu (pridedama ir pan.)

herit||able ['herɪtəbl] a paveldimas ~age n palikimas; paveldas

hermetic [hə:'metɪk] a sandarus; hermetiškas

hermit ['hə:mɪt] n atsiskyrėlis ~age n atsiskyrėlio būstas

hernia ['hə:nɪə] n med. išvarža, trūkis

hero ['hɪərəu] n 1 didvyris 2 liter. herojus ~ic [hɪ'rəuɪk] a 1 didvyriškas 2 liter. herojinis ~ine ['herəuɪn] n didvyrė ~ism n didvyriškumas, heroizmas

heroin ['herəuɪn] n heroinas

heron ['herən] n garnys

herring ['herɪŋ] n silkė; red ~ rūkyta silkė

herring-bone ['herɪŋbəun] n eglutė (siuvinėjimo / audimo raštas)

hers [hə:z] pron jos (priklauso jai); this book is ~ ši knyga yra jos

herself [hə(:)'self] pron 1 (pati) save; -si (sangrąžos dalelytė); she asks ~ ji pati savęs klausia; she washes ~ ji prausiasi; she hurt ~ ji susižeidė 2 pati (pabrėžiant); she does it (all by) ~ ji tai daro pati; she lives by ~ ji gyvena viena △ she came to ~ ji atsigavo; she is not ~ ji kaip nesava, ne savo kailyje

he's [hi:z] sutr. = he is, he has

hesitant ['hezɪtənt] a svyruojantis, neryžtingas

hesitat||e ['hezɪteɪt] v svyruoti, dvejoti; nesiryžti ~ingly adv neryžtingai ~ion [,hezɪ'teɪʃn] n svyravimas

heterogeneous [,hetərə'dʒi:nɪəs] a įvairiarūšis, heterogeninis

hew [hju:] v (hewed; hewed, hewn) 1 kapoti; kirsti; to ~ one's way prasikirsti kelią 2 tašyti (akmenį) ~er n 1 medkirtys 2 akmentašys

hexagon ['heksəgən] n geom. šešiakampis

hexameter [hek'sæmɪtə] n hegzametras

hey [heɪ] int ei! (norint atkreipti dėmesį)

heyday ['heɪdeɪ] n (su)klestėjimas, žydėjimas

hibernat||e ['haɪbəneɪt] v žiemoti (apie žvėrių žiemos miegą) ~ion [,haɪbə'neɪʃn] n 1 žiemos miegas 2 žiemojimas

hiccup, hiccough ['hɪkʌp] *v* žagsėti
hide [haɪd] I *v* (**hid** [hɪd]; **hid, hidden**
['hɪdn]) slėpti(s); slapstyti(s) ~**-and-
seek** [ˌhaɪdən'si:k] *n* slėpynės (*žaidi-
mas*)
hide II *n* kailis, oda
hideous ['hɪdɪəs] *a* bjaurus, baisus
hiding ['haɪdɪŋ] I *n* slėpimas(is) ~
-**place** [-pleɪs] *n* slėptuvė
hiding II *n šnek*. lupimas, mušimas; *to
give smb a good* ~ gerai ką išlupti
hierarchy ['haɪərɑ:kɪ] *n* hierarchija
hieroglyph ['haɪərəglɪf] *n* hieroglifas
hi-fi [ˌhaɪ'faɪ] *n šnek*. stereoaparatūra
higgledy-piggledy [ˌhɪgldɪ'pɪgldɪ] *šnek.*
a netvarkingas, sujauktas *adv* netvar-
kingai, bet kaip
high [haɪ] *a* 1 aukštas 2 didelis (*apie
greitį, kainas*) **3** vyriausias; ~ *com-
mand kar.* vyriausioji vadovybė
4 pakilus, linksmas *n* 1 aukštis;
aukščiausias taškas 2 (*jausmų*) paki-
limas *adv* 1 aukštai 2 smarkiai Δ *to
stand* ~ būti gerbiamam; ~ *and
low* visur ~-**born** [-bɔ:n] *a* aukštos
kilmės ~**brow** [-brau] *a* intelektualus,
mokytas ~-**coloured** [-'kʌləd] *a* raus-
vas; paraudęs ~-**fidelity** [-fɪ'delətɪ] *a*
aukštos kokybės (*apie magnetofoną*)
~**flown** [-'fləun] *a* išpūstas, pompas-
tiškas ~-**flyer** [ˌhaɪ'flaɪə] *n* ambicin-
gas žmogus; garbėtroška ~-**grade**
[-'greɪd] *a* aukštos rūšies / kokybės ~
-**handed** [-'hændɪd] *a* savavali(ška)s
~**lands** [-ləndz] *n pl* kalnuotas kraš-
tas ~**light** [-laɪt] *n* ryškiausias įvykis /
momentas *v* užakcentuoti, išryškinti
highly ['haɪlɪ] *adv* 1 labai; ~ *qual-
ified/ skilled* aukštos kvalifikacijos
2 palankiai; gerai
high||-minded ['haɪ'maɪndɪd] *a* prin-
cipingas, aukštos moralės ~**ness** *n*
1 aukštumas; didingumas 2 (*ko*) di-
delis laipsnis **3**: **Highness** Didenybė
(*titulas*) ~-**pitched** [-'pɪtʃt] *a* 1 aukš-
tas, rėžiantis (*apie balsą*) 2 aukštas ir
status (*apie stogą*) ~**road** [-'rəud] *n*
1 plentas, vieškelis 2 *prk.* tiesiausias

kelias (*to - į*) ~-**sounding** [-'saundɪŋ]
a skambus (*apie idėjas, žodžius*) ~
-**speed** [-'spi:d] *a* greitas(is); greitaei-
gis ~-**spirited** [-'spɪrɪtɪd] *a* geros nuo-
taikos, gyvas ~**way** ['-weɪ] *n* 1 vieške-
lis; plentas 2 *amer.* greitkelis
hijack ['haɪdʒæk] *v* 1 plėšikauti (*keliuo-
se*) 2 pagrobti (*lėktuvą*)
hike [haɪk] *v* keliauti pėsčiom *n* išvyka
pėsčiomis; (*pėsčiųjų*) žygis
hilar||ious [hɪ'leərɪəs] *a* linksmas, triukš-
mingas ~**ity** [hɪ'lærətɪ] *n* linksmumas
hill [hɪl] *n* 1 kalva, kalnelis 2 krūva
v 1 pilti krūvą 2 *ž.ū.* (ap)kaupti ~**ock**
[-ək] *n* kalvelė ~**side** [-saɪd] *n* kalno
šlaitas ~**y** *a* kalvotas
hilt [hɪlt] *n* (*kardo ir pan.*) rankena Δ
(*up*) *to the* ~ visiškai, visai
him [hɪm] *pron* jam, jį *žr.* he
himself [hɪm'self] *pron* 1 (pats) save; -si
(*sangrąžos dalelytė*); *he persuaded*
~ jis pats save įtikino; *he washes* ~
jis prausiasi 2 pats (*pabrėžiant*); *he
told so* ~ jis pats taip sakė; *by* ~
vienas, atsiskyręs Δ *he came to* ~ jis
atsigavo; *he is not* ~ jis kaip nesavas
hind [haɪnd] I *n* stirna
hind II *a* užpakalinis
hinder ['hɪndə] *v* trukdyti; kliudyti
Hindi ['hɪndi] *n* hindi (*kalba*)
hindrance ['hɪndrəns] *n* trukdymas;
kliūtis
hind-sight ['haɪndsaɪt] *n* nenumatymas
Hindu [ˌhɪn'du:] *n* indusas *a* indusų, in-
duizmo
hinge [hɪndʒ] *n* (*durų, lango*) įtvaras,
vyris Δ *off the* ~*s* pametęs galvą;
sutrikęs *v* 1 tvirtinti (*ant vyrių*) 2 su-
kiotis (*ant vyrių*) **3** priklausyti (*on -
nuo*)
hint [hɪnt] *n* užuomina *v* duoti suprasti;
užsiminti
hip [hɪp] I *n* klubas, šlaunis
hip II *n* erškėtuogė
hip III *int:* ~, ~, **hurrah!** valio!
hippie ['hɪpɪ] *n* hipis
hip-pocket [ˌhɪp'pɒkɪt] *n* (*kelnių*) kiše-
nė
hippopotamus [ˌhɪpə'pɒtəməs] *n* hipo-
potamas

hire 170

hire ['haɪə] *v* 1 samdyti 2 nuomoti □ to ~ out išnuomoti *n* 1 samda 2 nuomojimas; **to let out on** ~ išnuomoti **3** nuoma (*mokestis*) ~**ling** [-lɪŋ] *n niek.* samdinys ~-**purchase** [ˌhaɪə-ˈpəːtʃəs] *n* pirkimas / pardavimas išsimokėtinai

his [hɪz] *pron* jo *žr.* he

hiss [hɪs] *v* (su)šnypšti □ to ~ off nušvilpti (*artistą*) *n* šnypštimas

histor‖ian [hɪˈstɔːrɪən] *n* istorikas ~**ic**-(**al**) [-ˈstɔrɪk(l)] *a* istorinis ~**y** [ˈhɪstrɪ] *n* istorija

hit [hɪt] *v* (**hit**) 1 smogti, kirsti; atsitrenkti, su(si)duoti 2 pataikyti □ to ~ off (*tiksliai*) pavaizduoti; imituoti; **to** ~ **out** kirsti (*smūgį*); užsipulti (*at*) *n* 1 smūgis 2 pataikymas **3** (*spektaklio, dainos ir pan.*) pasisekimas

hitch [hɪtʃ] *v* 1 pastūmėti 2 prikabinti **3** kinkyti (*to – į*) *n* 1 pastūmimas 2 sutrukdymas (*laikinas*) ~**hike** [-haɪk] *v* keliauti nemokamai pakeliui važiuojančiais automobiliais

hither [ˈhɪðə] *adv knyg.* čionai, į čia; ~ **and thither** įvairiomis kryptimis; šen ir ten ~**to** [-ˈtuː] *adv knyg.* ligi tol

hive [haɪv] *n* avilys *v* 1 leisti (bites) į avilį 2 spiesti(s)

ho [həu] *int* ei!

hoard [hɔːd] *n* atsargos; turtai *v* krauti

hoarfrost [ˈhɔːfrɔst] *n* šerkšnas

hoarse [hɔːs] *a* kimus, išparpęs

hoary [ˈhɔːrɪ] *a* 1 žilas 2 labai senas

hoax [həuks] *v* pasijuokti (*iš*); apgauti *n* apgavimas, pokštas

hob [hɔb] *n* priekrosnis, priežda

hobble [ˈhɔbl] *v* 1 šlubuoti 2 (su)pančioti (*arklį*) *n* 1 šlubavimas 2 pančiai

hobby [ˈhɔbɪ] *n* hobis; pamėgtasis dalykas / užsiėmimas ~**horse** [-hɔːs] *n* 1 lazda su arklio galva, arkliukas (*žaislas*) 2 *prk.* mėgstama tema (*kalbant*)

hobnob [ˈhɔbnɔb] *v* (susi)draugauti, sėbrauti

hobo [ˈhəubəu] *n amer.* 1 keliaujantis sezoninis darbininkas 2 valkata

hockey [ˈhɔkɪ] *n* 1 lauko riedulys (*t.p.* **field** ~) 2 ledo ritulys (*t.p.* **ice** ~)

hocus-pocus [ˌhəukəsˈpəukəs] *n* fokusas *v* daryti fokusus; apgaudinėti

hodge-podge [ˈhɔdʒpɔdʒ] *amer.* = **hotchpotch**

hoe [həu] *n* kauptukas *v* kaupti, purenti

hog [hɔg] *n* 1 meitėlis 2 *prk. šnek.* kiaulė, kiauliškas žmogus △ **to go the whole** ~ iki galo padaryti *v* išlenkti (*nugarą*) ~**gish** *a* kiauliškas ~-**wash** [-wɔʃ] *n* 1 pamazgos (*kiaulėms*) 2 *šnek.* šlamštas

hoist [hɔɪst] *v* iškelti (*burę, vėliavą*) *n* 1 pakėlimas, iškėlimas 2 *tech.* keltuvas

hoity-toity [ˌhɔɪtɪˈtɔɪtɪ] *a šnek.* išdidus

hold [həuld] *v* (**held**) 1 laikyti(s); išlaikyti 2 *amer.* sulaikyti, suimti **3** turėti (*savyje*), talpinti 4 valdyti 5 eiti (*pareigas*) **6** turėti galią, galioti 7 (*neig. forma; with*) nesutikti (*su*), nepritarti (*kam*) △ **to** ~ **at bay** nepri(si)leisti; ~ **hard!** stok! □ to ~ **back** (su)silaikyti; **to** ~ **down** (su)varžyti; nuslopinti; **to** ~ **forth** postringauti, daug kalbėti; **to** ~ **off** atidėlioti; **to** ~ **on** a) laikytis; (iš)-laikyti; b) palaukti; **to** ~ **out** a) iš-(si)laikyti; b) ištiesti (*ranką*); c) užtekti (*atsargų*); d) reikalauti (*for*); **to** ~ **over** atidėti; **to** ~ **up** a) palaikyti; b) sulaikyti; c) sustabdyti; d) pakelti (*ranką*) *n* 1 (*laivo*) triumas 2 turėjimas; laikymas(is); **to** ~ **catch / take** ~ (*of*) nusitverti (*ko*) **3** galia, įtaka; **to have a** ~ **on/over smb** turėti įtakos kam; **to let go one's** ~ (*of*) išleisti iš rankų

hold‖all [ˈhəuldɔːl] *n* daiktmaišis; lagaminas ~**back** [-bæk] *n* kliūtis

hold‖er [ˈhəuldə] *n* 1 savininkas, turėtojas 2 nuomininkas **3** laikytojas 4 *tech.* laikiklis ~**ing** *n* 1 valda 2 turėjimas nuosavybėje

hole [həul] *n* 1 skylė 2 urvas, ola △ **to pick** ~s (*in*) surasti trūkumų / spragų; **to make a** ~ (*in*) gerokai apmažinti (*atsargas*) *v* padaryti skyles,

pramušti ~-and-corner [ˌhəulənd-
ˈkɔːnə] a šnek. užkulisinis, slaptas
holiday [ˈhɔlədɪ] n 1 šventė, poilsio
diena 2 atostogos; to be on ~
atostogauti ~maker [-meɪkə] n atos-
togautojas, poilsiautojas
holiness [ˈhəulɪnɪs] n šventenybė; Your
H. Jūsų Šventenybe (kreipiantis į
popiežių)
hollo(a) [ˈhɔləu] v šaukti n šauksmas
int ei!; ū-ū!
hollow [ˈhɔləu] a 1 tuščias; tuščiavidu-
ris; ~ tree drevėtas medis 2 įdubęs
(apie skruostus) 3 duslus adv visiškai
n 1 drevė 2 įduba 3 tuštuma v išskap-
tuoti, išduobti
holly [ˈhɔlɪ] n bot. bugienis
hollyhock [ˈhɔlɪhɔk] n bot. piliarožė
Hollywood [ˈhɔlɪwud] n Holivudas
holocaust [ˈhɔləkɔːst] n sunaikinimas,
sudeginimas
holster [ˈhəulstə] n (revolverio) dėklas
holy [ˈhəulɪ] a šventas; H. Week
Didžioji savaitė; H. Ghost / Spirit
Šventoji Dvasia
homage [ˈhɔmɪdʒ] n pagarba; to do /
pay ~ (to) reikšti pagarbą, gerbti
home [həum] n 1 namas, namai; at ~
namie; make yourself at ~ jauskitės
kaip namie 2 tėviškė, tėvynė 3 prie-
glauda △ to be at ~ (in) gerai
mokėti (ką) a 1 naminis 2 gimtasis;
šeimos 3 vidaus; tėvyninis; ~ in-
dustry tėvyninė pramonė; H. Of-
fice Vidaus reikalų ministerija; H.
Secretary Vidaus reikalų ministras;
~ trade vidaus prekyba adv namo
△ to bring smb ~ įsąmoninti ką;
nothing to write ~ about šnek.
nieko ypatingo, nėr kuo girtis ~ly a
1 namų, jaukus 2 paprastas, natūralus
3 amer. negražus, prastos išvaizdos
home‖sick [ˈhəumsɪk] a pasiilgęs na-
mų / savųjų ~stead [-sted] n sodyba
~ward a vedantis / einantis namo
adv namo, į namus ~wards adv namo
homey [ˈhəumɪ] a amer. šnek. namų,
jaukus

homicid‖al [ˌhɔmɪˈsaɪdl] a žmogžudiš-
kas ~e [ˈhɔmɪsaɪd] n 1 žmogžudys, žu-
dikas 2 žmogžudystė
homily [ˈhɔmɪlɪ] n pamokslas
homogeneous [ˌhɔməˈdʒiːnɪəs] a vieno-
das, vienarūšis
homonym [ˈhɔmənɪm] n lingv. homo-
nimas
hone [həun] v galąsti n galąstuvas
honest [ˈɔnɪst] a 1 doras; sąžiningas;
to be quite ~ (about it) atvirai
kalbant 2 tikras, nefalsifikuotas ~y n
1 dorumas; sąžiningumas 2 tiesumas
honey [ˈhʌnɪ] n 1 medus 2 amer. miela-
sis, -oji (kreipiantis) ~comb [-kəum]
n medaus koriai ~moon [-muːn] n
medaus mėnuo ~suckle [-sʌkl] n bot.
sausmedis
honk [hɔŋk] n automobilio signalas
honor amer. žr. honour
honorary [ˈɔnərərɪ] a 1 garbės (apie
narį, vardą) 2 neapmokamas
honour [ˈɔnə] n 1 garbė; pagarba; to do
the ~ (to) a) gerbti, reikšti pagarbą;
b) daryti garbę; upon my ~! garbės
žodis 2 pl pasižymėjimo ženklai 3 (H.)
malonybė (kreipinys į teisėją) v gerb-
ti ~able [-rəbl] a 1 garbingas 2 (H.)
gerbiamasis (titulas, kreipinys)
hood [hud] n 1 gobtuvas 2 tech. gaub-
tas ~wink [-wɪŋk] v apgaudinėti
hoof [huːf] n (pl hoofs, hooves) kano-
pa, naga ~ed a su kanopomis
hook [huk] n kablys; kabliukas △ by ~
or by crook ne lazda, tai pagaliu;
vienaip ar kitaip; to get off the ~
ištrūkti / išsisukti iš keblios padėties
v 1 (už)kabinti 2 užsagstyti
hook‖ed [hukt] a lenktas, kreivas
~nosed [-ˈnəuzd] a kumpanosis, su
erelio nosimi ~up [ˈhukʌp] n sujungi-
mas, sukabinimas
hooligan [ˈhuːlɪgən] n chuliganas
hoop [huːp] n lankas v užkalti / užvaryti
lankus (statinei)
hoot [huːt] v 1 rėkauti, šaukti 2 ūk(au)-
ti (apie pelėdą) 3 kaukti (apie sireną)

□ **to ~ down / off** nušvilpti, priversti nutilti *n* 1 (*pelėdos*) ūkimas 2 (*sirenos*) kauksmas ~**er** *n* sirena

hooves [hu:vz] *n pl žr.* **hoof**

hop [hɔp] I *n* apynys

hop II *v* 1 šokinėti 2 šokti (*į traukinį, iš lovos ir pan.*) □ **to ~ off** *av.* pakilti nuo žemės *n* 1 šuolis 2 *šnek.* šokiai △ **on the ~** *šnek.* netikėtai, nepasiruošus

hope [həup] *n* viltis; **to be past / beyond ~** būti beviltiškoje padėtyje *v* tikėtis, viltis, laukti (*for*); *I ~ so* tikiuosi, kad taip; *I ~ not* tikiuosi, kad ne; **to ~ against ~** vis dar tikėtis ~**ful** *a* 1 pilnas vilčių 2 daug žadantis *n* daug žadantis žmogus ~**less** *a* 1 praradęs viltį 2 beviltiškas ~**lessness** *n* beviltiškumas

hopscotch [ˈhɔpskɔtʃ] *n* „klasės" (*vaikų žaidimas*)

horde [hɔ:d] *n* 1 orda; gauja 2 *pl* daugybė; minios

horizon [həˈraɪzn] *n* akiratis, horizontas ~**tal** [ˌhɔrɪˈzɔntl] *n* horizontalė (*linija*) *a* horizontalus

hormone [ˈhɔ:məun] *n* hormonas

horn [hɔ:n] *n* 1 ragas 2 ragelis (*muz. instrumentas*) 3 (*automobilio ir pan.*) signalas, sirena △ **~ of plenty** gausybės ragas; **to draw in one's ~s** trauktis atgal, nurimti

hornet [ˈhɔ:nɪt] *n* širšė △ **to bring a ~s' nest about one's ears** paliesti širšių lizdą

horny [ˈhɔ:nɪ] *a* 1 raginis 2 raguotas 3 kietas kaip ragas

horoscope [ˈhɔrəskəup] *n* horoskopas

horr‖ible [ˈhɔrəbl] *a* baisus; bjaurus ~**id** [ˈhɔrɪd] *a* baisingas ~**ific** [-ˈrɪfɪk] *a* siaubingas ~**ify** *v* sukelti siaubą / šiurpą

horror [ˈhɔrə] *n* 1 pasibaisėjimas; siaubas; **~ film** siaubo filmas 2 pasibjaurėjimas

horror‖-stricken, ~-struck [ˈhɔrəstrɪkən, -strʌk] *a* siaubo apimtas

horse [hɔ:s] *n* arklys, žirgas; **to ~!** ant arklių! △ **don't look a gift ~ in the mouth** dovanotam arkliui į dantis nežiūrima

horse‖back [ˈhɔ:sbæk] *a:* **on ~** raitas ~**-collar** [-kɔlə] *n* pavalkai ~**-drawn** [-ˈdrɔ:n] *a* arklio traukiamas ~**flesh** [-fleʃ] *n* arkliena ~**fly** [-flaɪ] *n zool.* sparva ~**man** [-mən] *n* raitelis ~**manship** [-mənʃɪp] *n* jojimo menas ~**power** [-pauə] *n tech.* arklio galia ~**-radish** [-rædɪʃ] *n* krienas ~**-sense** [-sens] *n* sveikas protas ~**shoe** [-ʃu:] *n* pasaga ~**whip** [-wɪp] *n* botagas *v* plakti, čaižyti ~**woman** [-wumən] *n* amazonė

horticulture [ˈhɔ:tɪkʌltʃə] *n* sodininkystė

hos‖e [həuz] *n* žarna (*vandeniui laistyti*) ~**iery** [ˈhəuʒərɪ] *n* trikotažas

hospice [ˈhɔspɪs] *n* 1 prieglauda 2 viešbutis (*turistams*)

hospitable [ˈhɔspɪtəbl] *a* svetingas, vaišingas

hospital [ˈhɔspɪtl] *n* ligoninė

hospitality [ˌhɔspɪˈtælətɪ] *n* svetingumas

hospitalize [ˈhɔspɪtəlaɪz] *v* paguldyti į ligoninę

host [həust] I *n* šeimininkas

host II *n* minia, daugybė

hostage [ˈhɔstɪdʒ] *n* įkaitas

hostel [ˈhɔstl] *n* bendrabutis

hostess [ˈhəustɪs] *n* šeimininkė

hostil‖e [ˈhɔstaɪl] *a* priešo; priešiškas ~**ity** [hɔˈstɪlətɪ] *n* 1 priešiškumas 2 *pl* karo veiksmai

hot [hɔt] *a* 1 karštas (*t.p. prk.*); *I am ~* man karšta 2 šviežias (*apie žinias*) 3 aštrus (*apie valgį*); **to give it smb ~** išplūsti ką; išperti kam kailį ~**bed** [-bed] *n* inspektas ~**-blooded** [-ˈblʌdɪd] *a* karštas, aistringas ~**-brained** [-ˈbreɪnd] = **hot-headed**

hotchpotch [ˈhɔtʃpɔtʃ] *n* šiupinys, kratinys

hotel [həuˈtel] *n* viešbutis

hot‖-head ['hɔthed] *n* karštagalvis ~ -**headed** [-'hedıd] *a* karštas, karštako-šis ~**house** [-haus] *n* šiltnamis, oran-žerija ~**pot** [-pɔt] *n* troškinta mėsa su bulvėmis

hound [haund] *n* 1 skalikas 2 *prk.* šun-snukis *v* 1 pjudyti 2 uiti, persekioti

hour ['auə] *n* valanda; *office* ~*s* darbo valandos (*įstaigoje ir pan.*); *dinner* ~ pietų laikas; *the off* ~*s* laisvos valan-dos; *to keep good* ~*s* anksti keltis ir anksti gulti; *the small* ~*s* laikas po vidurnakčio ~**glass** [-glɑ:s] *n* smėlio laikrodis ~-**hand** [-hænd] *n* (*laikro-džio*) valandų rodyklė ~**ly** *a* valandi-nis *adv* kas valandą

house [haus] *n* (*pl* ~*s* ['hauzız]) 1 na-mas 2 (*parlamento*) rūmai; *The H. of Commons* bendruomenių rūmai; *The H. of Lords* lordų rūmai 3 gi-minė, dinastija 4 žiūrovų salė; žiūro-vai △ *to keep* ~ tvarkyti namų ūkio reikalus *v* [hauz] 1 priglausti (*kur*) 2 apgyvendinti; apsigyventi

house‖breaker ['hausbreıkə] *n* įsilau-žėlis ~**ful** [-ful] *n* pilnas / pilnutėlis namas (*of – ko*) ~**hold** [-həuld] *n* 1 namiškiai; šeimyna 2 namų ūkis ~**keeper** [-ki:pə] *n* ūkvedė, ūkve-dys ~**keeping** [-ki:pıŋ] *n* namų ūkis ~**maid** [-meıd] *n* tarnaitė, kamba-rinė ~**warming** [-wɔ:mıŋ] *n* įkurtuvės ~**wife** [-waıf] *n* namų šeimininkė

housing ['hauzıŋ] *n* gyvenamieji namai; aprūpinimas butu; *available* ~ butų fondas

hovel ['hɔvəl] *n* lūšnelė, lūšna

hover ['hɔvə] *v* 1 pleventi, sklandyti 2 slankioti, sukinėtis (*about*)

how [hau] *adv* kaip, kokiu būdu △ ~ *come?*, ~ *so?* kaip tai?, kodėl?; ~ *now?* ką tai reiškia? ~**ever** [-'evə] *conj* tačiau *adv* kaip, kad ir kaip (*da-rytum, būtų*)

howl [haul] *v* staugti, kaukti □ *to* ~ *down* nušvilpti (*kalbėtoją*) *n* staugi-mas, kaukimas ~**er** *n* šnek. kvai-liausia, juokingiausia klaida

hub [hʌb] *n* 1 stebulė 2 (*ko*) centras

hubbub ['hʌbʌb] *n* klegesys, triukšmas

hubby ['hʌbı] *n* šnek. vyrelis

huckleberry ['hʌklbərı] *n* mėlynė (*uo-ga*)

huckster ['hʌkstə] *n* prekiautojas smulk-menomis, (*vaikščiojantis*) pardavėjas

huddle ['hʌdl] *n* (*netvarkinga*) krūva; minia *v* 1 suversti į krūvą 2 spiestis; spaustis 3 susiriesti, susitraukti

hue [hju:] I *n* atspalvis

hue II *n:* ~ *and cry!* šauksmai „gau-dyk", „laikyk!"; baisus riksmas

huff [hʌf] *v* pūsti (*valant akinius*) *n* su-pykimas ~**y** *a* lengvai įsižeidžiantis

hug [hʌg] *v* 1 apkabinti 2 laikytis 3: *to* ~ *oneself* (*on, from*) būti savimi patenkintam *n* apkabinimas

huge [hju:dʒ] *a* milžiniškas, didžiulis ~**ly** *adv* labai

hulk [hʌlk] *n* 1 (*nebetinkančio plau-kioti*) laivo korpusas 2 griozdas (*apie žmogų*) ~**ing** *a* griozdiškas, nerangus

hull [hʌl] I *n* žievelė, lukštas *v* gliaudyti, lukštenti, lupti

hull II *n* (*laivo, tanko*) korpusas

hullo [hə'ləu] = **hello**

hum [hʌm] *v* 1 zvimbti, zirzti; ūžti 2 niūniuoti 3 kalbėti užsikertant; *to* ~ *and haw* mikčioti; dvejoti *n* zvim-bimas; ūžimas *int* hm!

human ['hju:mən] *a* žmogaus; žmogiš-kas

humane [hju:'meın] *a* žmoniškas, huma-niškas

human‖ism ['hju:mənızm] *n* huma-nizmas ~**ist** *n* humanistas ~**ita-rian** [hju:ˌmænı'teərıən] *n* humanistas *a* humanitarinis ~**ity** [hju:'mænətı] *n* 1 žmonija 2 žmogiškumas; humaniš-kumas 3 *pl:* the ~**ities** humanitari-niai mokslai

humble ['hʌmbl] *a* 1 kuklus; nuolankus 2 paprastas, nežymus *v* žeminti; *to* ~ *oneself* nusižeminti

humbug ['hʌmbʌg] *n* 1 apgavystė 2 ap-gavikas *v* apgaudinėti; *to* ~ *into smth* apgaule įtraukti kur; *to* ~ *out of smth* apgaule išgauti ką *int* niekai!

humdrum [ˈhʌmdrʌɪn] *a* nuobodus; neįdomus, banalus

humerus [ˈhjuːmərəs] *n anat.* žastikaulis

humid [ˈhjuːmɪd] *a* drėgnas ~ity [hjuːˈmɪdətɪ] *n* drėgnumas, drėgmė

humili‖ate [hjuːˈmɪlɪeɪt] *v* (pa)žeminti ~ation [hjuːˌmɪlɪˈeɪʃn] *n* pažeminimas ~ty [-ˈmɪlətɪ] *n* paklusnumas, nuolankumas

hummingbird [ˈhʌmɪŋbəːd] *n zool.* kolibris

humor‖ist [ˈhjuːmərɪst] *n* humoristas ~ous [-rəs] *a* humoristinis

humour [ˈhjuːmə] *n* 1 humoras 2 nuotaika; **out of** ~ blogai nusiteikęs *v* patenkinti (*norus*); gerintis

hump [hʌmp] *n* 1 kupra 2 kauburys ~back [-bæk] *n* 1 kupra 2 kuprius ~backed [-bækt] *a* kuprotas

hunch [hʌntʃ] *v* kūprintis; (su)lenkti (*nugarą*) *n* 1 kupra 2 didelis gabalas 3 nujautimas ~back [-bæk] *n* kuprius ~backed [-bækt] *a* kuprotas

hundred [ˈhʌndrəd] *num, n* šimtas; šimtinė ~fold [-fəuld] *a* šimteriopas *adv* šimteriopai ~th [-θ] *num* šimtasis *n* šimtoji dalis ~weight [-weɪt] *n* centneris (*Anglijoje* = 50,8 *kg, JAV* = 45,36 *kg*)

hung [hʌŋ] *past ir pp* **hang**

Hungarian [hʌŋˈgeərɪən] *n* 1 vengras 2 vengrų kalba *a* vengriškas, vengrų; Vengrijos

hung‖er [ˈhʌŋgə] *n* alkis, badas *v* trokšti (*for, after*) ~ry [-rɪ] *a* alkanas; badaujantis; **as ~ry as a hunter** alkanas kaip vilkas

hunk [hʌŋk] *n* didelis gabalas

hunt [hʌnt] *v* 1 medžioti 2 vyti(s); ieškoti (*for*) □ **to** ~ **away** išvyti; **to** ~ **down** privyti; pagauti; **to** ~ **out / up** suieškoti, atrasti *n* 1 medžioklė 2 ieškojimas (*for*) ~er *n* medžiotojas ~ing *n* medžioklė *a* medžioklinis ~sman [-smən] *n* medžiotojas; šunų prižiūrėtojas (*medžioklėje*)

hurdle [ˈhəːdl] *n* 1 kliūtis (*t.p. sport.*) 2 (*the* ~s) *pl* kliūtinis bėgimas

hurl [həːl] *v* sviesti *n* staigus, stiprus metimas ~y-burly [ˈhəːlɪbəːlɪ] *n* sąmyšis, sambrūzdis, triukšmas

hurrah, hurray [huˈrɑː, huˈreɪ] *int* valio!

hurricane [ˈhʌrɪkən] *n* uraganas

hurried [ˈhʌrɪd] *a* skubus, greitas ~ly *adv* paskubomis, skubotai

hurry [ˈhʌrɪ] *v* skubinti; skubėti □ **to** ~ **away / off** paskubom išeiti / išnešti / išvažiuoti; ~ **up!** greičiau!, skubėk(ite)! *n* skubotumas; **to be in a** ~ skubėti

hurt [həːt] *v* (hurt) 1 sukelti skausmą; padaryti žalos 2 su(si)žeisti, su(si)mušti 3 už(si)gauti 4 *šnek.* skaudėti (*apie kūno dalį*) *n* nuostolis; žala ~ful *a* užgaulus

hurtle [ˈhəːtl] *v* (nu)lėkti, nerti

husband [ˈhʌzbənd] *n* vyras (*sutuoktinis*) *v* taupiai eikvoti ~ry [-rɪ] *n* žemės ūkis; **animal** ~ry gyvulininkystė

hush [hʌʃ] *v* nutildyti; nutilti □ **to** ~ **up** nutylėti *n* tyla *int* ša!, tylėk! ~-money [-mʌnɪ] *n* kyšis už tylėjimą

husk [hʌsk] *n* lukštas, žievelė, išaiža *v* lupti (*žievelę*), lukštenti ~y *a* 1 lukšto, žievelės 2 kimus; užkimęs 3 augalotas, stiprus

hussy [ˈhʌsɪ] *n* 1 akiplėša (*moteris*) 2 ištvirkėlė

hustings [ˈhʌstɪŋz] *n pl* rinkimų kampanija

hustle [ˈhʌsl] *v* stumdyti(s), grūsti(s); išstumti (*out of*); įgrūsti (*into*) *n* 1 stumdymasis; grūstis 2 energinga veikla ~r *n* apsukrus vertelga

hut [hʌt] *n* 1 trobelė; lūšnelė; namelis 2 *kar.* barakas

hutch [hʌtʃ] *n* narvelis · (*triušiams ir pan.*)

hyacinth [ˈhaɪəsɪnθ] *n* hiacintas

hybrid [ˈhaɪbrɪd] *n* hibridas, mišrūnas

hydra [ˈhaɪdrə] *n* hidra

hydrant [ˈhaɪdrənt] *n* hidrantas

hydrate [ˈhaɪdreɪt] *n chem.* hidratas; ~ **of lime** gesintos kalkės

hydraulic [haɪˈdrɔːlɪk] *a* hidraulinis ~s *n* hidraulika

hydro‖carbon [ˌhaɪdrəˈkɑːbən] *n chem.* angliavandenilis ~**electric** [-ɪˈlektrɪk] *a* hidroelektrinis; ~*electric power station* hidroelektrinė ~**gen** [ˈhaɪdrədʒən] *n* vandenilis ~**plane** [ˈhaɪdrəpleɪn] *n* hidroplanas

hyena [haɪˈiːnə] *n zool.* hiena

hygien‖e [ˈhaɪdʒiːn] *n* higiena ~**ic** [haɪˈdʒiːnɪk] *a* higieniškas; sveikas

hymn [hɪm] *n* giesmė; himnas ~**al** [-nəl] *n* giesmynas

hyperbole [haɪˈpəːbəlɪ] *n* hiperbolė

hypercritical [ˌhaɪpəˈkrɪtɪkl] *a* priekabus, per griežtas

hypermarket [ˈhaɪpəmɑːkɪt] *n* supermarketas, didžiulė savitarnos parduotuvė

hyphen [ˈhaɪfn] *n* brūkšnelis (-) ~**ated** [-eɪtɪd] *a* rašomas su brūkšneliu

hypno‖sis [hɪpˈnəusɪs] *n* hipnozė ~**tic** [-ˈnɔtɪk] *a* 1 hipnozės; hipnotizuojantis 2 migdantis; migdomasis ~**tize** [ˈhɪpnətaɪz] *v* hipnotizuoti

hypochondria [ˌhaɪpəˈkɔndrɪə] *n* hipochondrija

hypocri‖sy [hɪˈpɔkrəsɪ] *n* veidmainiavimas ~**te** [ˈhɪpəkrɪt] *n* veidmainys ~**tical** [ˌhɪpəˈkrɪtɪkl] *a* veidmainiškas

hypodermic [ˌhaɪpəˈdəːmɪk] *a* poodinis

hypotenuse [haɪˈpɔtənjuːz] *n geom.* įžambinė

hypothe‖sis [haɪˈpɔθɪsɪs] *n* (*pl* -ses [-siːz]) hipotezė ~**tical** [ˌhaɪpəˈθetɪkl] *a* hipotetiškas, spėjamas

hysteri‖a [hɪˈstɪərɪə] *n* isterija ~**cal** [-ˈsterɪkl] *a* isteriškas ~**cs** [-ˈsterɪks] *n* isterija

---

I

I, i [aɪ] *n devintoji anglų abėcėlės raidė*
I [aɪ] *pron* aš
iamb(us) [aɪˈæmb(əs)] *n* jambas

ice [aɪs] *n* 1 ledas 2 (*valgomieji*) ledai △ *to break the* ~ pralaužti ledus, padaryti pirmuosius žingsnius; *to cut no* ~ nedaryti įspūdžio (*with*); *to be on thin* ~ būti sunkioje būklėje *v* 1 atšaldyti 2 apglaistyti cukrumi ~**-age** [-eɪdʒ] *n* ledynmetis ~**berg** [-bəːg] *n* aisbergas, ledkalnis ~**box** [-bɔks] *n amer.* šaldytuvas ~**breaker** [-breɪkə] *n* ledlaužis ~**-cream** [-ˈkriːm] *n* grietininiai ledai ~**floe** [-fləu] *n* plaukiojanti ledo lytis ~**-hockey** [-hɔkɪ] *sport.* ledo ritulys

Icelandic [aɪsˈlændɪk] *a* islandų, Islandijos *n* islandų kalba

ice-skate [ˈaɪsskeɪt] *n* (batas su) pačiūža

icicle [ˈaɪsɪkl] *n* (*ledo*) varveklis

icing [ˈaɪsɪŋ] *n* 1 (*cukraus*) glajus 2 *av.* apledėjimas

icon [ˈaɪkɔn] *n* ikona

icy [ˈaɪsɪ] *a* 1 ledinis, šaltas (*t.p. prk.*) 2 padengtas ledu

I'd [aɪd] *sutr.* = I should; I would; I had

idea [aɪˈdɪə] *n* 1 mintis; idėja; *fixed* ~ įkyri mintis 2 supratimas; sąvoka; *not the slightest* ~ nė mažiausio supratimo **3** fantazija, vaizduotė; sumanymas; *what an* ~! kokia fantazija!; *what's the (big)* ~? ką čia išsigalvoji?

ideal [aɪˈdɪəl] *a* 1 idealus 2 nerealus *n* idealas ~**ism** *n* idealizmas ~**ist** *n* idealistas ~**istic** [ˌaɪdɪəˈlɪstɪk] *a* idealistinis ~**ization** [aɪˌdɪəlaɪˈzeɪʃn] *n* idealizavimas ~**ize** *v* idealizuoti

identi‖c(al) [aɪˈdentɪk(l)] *a* tapatus, identiškas, tolygus (*to*, *with*) ~**fication** [aɪˌdentɪfɪˈkeɪʃn] *n* tapatybės nustatymas ~**fy** *v* nustatyti tapatybę ~**kit** [-kɪt] *n* fotorobotas ~**ty** [-tətɪ] *n* tapatybė; ~*ty card* asmens liudijimas

ideolog‖ical [ˌaɪdɪəˈlɔdʒɪkl] *a* ideologinis ~**ist** [ˌaɪdɪˈɔlədʒɪst] *n* ideologas ~**y** [ˌaɪdɪˈɔlədʒɪ] *n* ideologija

idiocy [ˈɪdɪəsɪ] *n* idiotizmas, silpnaprotybė

idiom ['ɪdɪəm] n 1 idioma, savitumas 2 kalba, tarmė ~atic [ˌɪdɪə'mætɪk] a idiominis

idiot ['ɪdɪət] n idiotas ~ic [ˌɪdɪ'ɔtɪk] a idiotiškas

idl||e ['aɪdl] a 1 tingus 2 neturintis darbo, neužimtas 3 tuščias; nenaudingas; ~ time (mašinos) prastova; ~ talk tušti plepalai v tinginiauti, dykinėti ~eness n 1 darbo nebuvimas, neveikimas 2 tingėjimas, tinginystė; dykinėjimas ~er n tinginys, dykinėtojas

idol ['aɪdl] n stabas, dievaitis ~atry [aɪ'dɔlətrɪ] n 1 dievinimas, garbinimas 2 stabmeldystė ~ize ['aɪdəlaɪz] v dievinti, garbinti

idyll ['ɪdɪl] n idilija ~ic [aɪ'dɪlɪk] a idiliškas

if [ɪf] conj 1 jeigu, jei; ~ he comes, I shall tell him jei jis ateis, aš jam pasakysiu 2 jeigu tik; (visuomet,) kai; ~ I don't understand, I always ask him visuomet, kai nesuprantu, klausiu jį 3 ar; I don't know ~ he is here nežinau, ar jis čia 4 o kad (reiškiant nerealų norą, apgailestavimą); ~ only I had known o kad aš būčiau žinojęs 5: as ~ tartum, lyg

ignit||e [ɪg'naɪt] v už(si)degti ~ion [ɪg-'nɪʃn] n už(si)degimas

ignoble [ɪg'nəubl] a žemas, niekingas

ignomin||ious [ˌɪgnə'mɪnɪəs] a negarbingas, gėdingas ~y ['ɪgnəmɪnɪ] n gėda, negarbė

ignoramus [ˌɪgnə'reɪməs] n neišmanėlis, nemokša

ignor||ance ['ɪgnərəns] n nemokšiškumas; nežinojimas (of) ~ant a neišmanantis, nežinantis; nemokšiškas

ignore [ɪg'nɔ:] v ignoruoti; atmesti

il- [ɪl-] pref (prieš l) žr. in-

I'll [aɪl] sutr. = I will, I shall

ill [ɪl] a 1 sergantis, nesveikas; to be ~ sirgti; to fall ~ susirgti 2 blogas; ~ success nesėkmė n 1 blogis 2 pl bėdos, nelaimės adv 1 blogai; to speak ~ of smb blogai atsiliepti apie ką; ~ at ease negėra, nesmagu 2 vargu ar, sunkiai ~-advised [-əd-'vaɪzd] a neprotingas

ill||-bred ['ɪl'bred] a neišauklėtas, šiurkštus ~-disposed [-dɪ'spəuzd] a 1 linkęs į bloga 2 nepalankiai nusistatęs (towards)

illegal [ɪ'li:gəl] a neteisėtas, nelegalus ~ity [ˌɪlɪ'gælətɪ] n neteisėtumas

illegible [ɪ'ledʒəbl] n neįskaitomas

illegitimate [ˌɪlɪ'dʒɪtɪmət] a 1 neteisėtas 2 nesantuokinis (apie vaiką)

ill||fated ['ɪl'feɪtɪd] a nelaimingas, nelemtas ~-favoured [-'feɪvəd] a negražus, bjaurus ~-founded [-'faundɪd] a nepagrįstas ~-gotten [-'gɔtn] a neteisėtai įgytas

illiberal [ɪ'lɪbərəl] a 1 nepakantus 2 šykštus

illicit [ɪ'lɪsɪt] a neteisėtas, uždraustas

illiter||acy [ɪ'lɪtərəsɪ] n neraštingumas ~ate a neraštingas; neapsišvietęs n beraštis

ill||mannered ['ɪl'mænəd] a neišauklėtas, šiurkštus ~-natured [-'neɪtʃəd] a piktas, grubus

illness ['ɪlnɪs] n liga

illogical [ɪ'lɔdʒɪkl] a nelogiškas

ill||-omened ['ɪl'əumənd] a nelaimę pranašaujantis ~-starred [-'stɑ:d] a nelaimingas, nelemtas ~-tempered [-'tempəd] a irzlus ~-timed [-'taɪmd] a netinkamas, nesavalaikis ~-treat [ˌɪl'tri:t] v blogai elgtis (su)

illuminat||e [ɪ'lu:mɪneɪt] v 1 apšviesti; iliuminuoti 2 prk. nušviesti ~ion [ɪˌlu:mɪ'neɪʃn] n apšvietimas; iliuminacija ~ive a apšviečiantis

illus||ion [ɪ'lu:ʒn] n iliuzija; miražas ~ionist n 1 svajotojas 2 fokusininkas ~ive [ɪ'lu:sɪv], ~ory [ɪ'lu:sərɪ] a apgaulingas, iliuzinis

illustrat||e ['ɪləstreɪt] v iliustruoti ~ion [ˌɪləs'treɪʃn] n 1 iliustracija, paveikslas 2 iliustravimas 3 pavyzdys ~ive ['ɪləstrətɪv] a iliustracinis

illustrious [ɪ'lʌstrɪəs] a įžymus, žinomas

ill-will [ˌɪlˈwɪl] n pikta valia; nepalanku-
mas

I'm [aɪm] sutr. = I am

im- [ɪm-] pref (prieš b, m, p) žr. in-

image [ˈɪmɪdʒ] n 1 (at)vaizdas, paveiks-
las 2 atvaizdas veidrodyje 3 visiškas
panašumas 4 liter. įvaizdis ~ry [-ərɪ]
n 1 paveikslai, vaizdai 2 (kalbos) vaiz-
dingumas

imagin‖able [ɪˈmædʒɪnəbl] a įsivaiz-
duojamas ~ary a įsivaizduojamas; ta-
riamas, menamas ~ation [ɪˌmædʒɪ-
ˈneɪʃn] n 1 vaizduotė; fantazija 2 įsi-
vaizdavimas ~ative [-nətɪv] a 1 lakios
vaizduotės 2 vaizdingas

imagine [ɪˈmædʒɪn] v 1 įsivaizduoti
2 manyti

imbecil‖e [ˈɪmbɪsiːl] a silpnaprotis,
kvailas n silpnaprotis, kvailys ~ity
[ˌɪmbɪˈsɪlətɪ] n 1 silpnaprotystė 2 kvai-
lumas

imbibe [ɪmˈbaɪb] v 1 sugerti; įtraukti
(oro) 2 prk. įsisavinti, asimiliuoti
3 juok. gerti

imbue [ɪmˈbjuː] v 1 prisotinti 2 prk.
įkvėpti; pripildyti

imitat‖e [ˈɪmɪteɪt] v (pa)mėgdžioti, imi-
tuoti ~ion [ˌɪmɪˈteɪʃn] n 1 pamėgdžio-
jimas 2 imitacija ~ive a 1 pamėgdžio-
jamas 2 netikras, dirbtinis ~or n pa-
mėgdžiotojas

immaculate [ɪˈmækjulət] a 1 švarus,
tvarkingas 2 nepriekaištingas

immaterial [ˌɪməˈtɪərɪəl] a 1 neesminis,
nesvarbus 2 nematerialus

immatur‖e [ˌɪməˈtʃuə] a nesubrendęs,
nepakankamai išsivystęs ~ity [ˌɪmə-
ˈtʃuərətɪ] n nesubrendimas

immeasurabl‖e [ɪˈmeʒərəbl] a neišma-
tuojamas, didžiulis ~y adv neišma-
tuojamai; nepaprastai

immediate [ɪˈmiːdɪət] a 1 betarpiškas,
tiesioginis 2 neatidėliojamas, skubus
~ly adv 1 betarpiškai, tiesiog 2 tuo-
jau (pat)

immemorial [ˌɪmɪˈmɔːrɪəl] a neatmena-
mas; from time ~ nuo neatmenamų
laikų

immens‖e [ɪˈmens] a didžiulis; neaprė-
piamas ~ely adv labai, nepaprastai,
be galo ~ity n didumas, didybė

immers‖e [ɪˈmɜːs] v 1 panerti; įmerkti
(in) 2 įtraukti; įvelti, įpainioti ~ion
[ɪˈmɜːʃn] n panardinimas; nugrimzdi-
mas

immigr‖ant [ˈɪmɪgrənt] n imigrantas
a persikeliantis ~ate v imigruoti
~ation [ˌɪmɪˈgreɪʃn] n imigracija

immin‖ence [ˈɪmɪnəns] n (pavojaus)
artumas, neišvengiamumas ~ent a
neišvengiamas (apie pavojų); gresian-
tis

immobil‖e [ɪˈməubaɪl] a nejudantis
~ity [ˌɪməˈbɪlətɪ] n nejudamumas
~ize [-bɪlaɪz] v 1 sustabdyti 2 sukaus-
tyti

immoderate [ɪˈmɔdərət] a per didelis,
nenuosaikus

immodest [ɪˈmɔdɪst] a nekuklus; nepa-
dorus

immoral [ɪˈmɔrəl] a amoralus, nedoras
~ity [ˌɪməˈrælətɪ] n nedorumas

immortal [ɪˈmɔːtl] a nemirtingas, am-
žinas n pl mit. nemirtingieji dievai
~ity [ˌɪmɔːˈtælətɪ] n nemirtingumas
~ize [-təlaɪz] v įamžinti

immovable [ɪˈmuːvəbl] a 1 nejudamas,
nekilnojamas (apie turtą) 2 nepajudi-
namas, tvirtas 3 ramus, šaltas n pl ne-
kilnojamasis turtas

immun‖e [ɪˈmjuːn] a 1 atleistas (from
- nuo) 2 apsaugotas 3 imuninis, imu-
niškas ~ity n 1 atleidimas (nuo mo-
kesčių ir pan.) 2 imunitetas

immut‖ability [ɪˌmjuːtəˈbɪlətɪ] n pas-
tovumas ~able [ɪˈmjuːtəbl] a nekei-
čiamas; nekintamas

imp [ɪmp] n nutrūktgalvis, išdykėlis
(apie vaiką)

impact n [ˈɪmpækt] 1 smūgis; susidū-
rimas (on, against) 2 poveikis, įtaka
v [ɪmˈpækt] (su)spausti; trenktis, susi-
durti

impair [ɪmˈpeə] v 1 susilpninti, suma-
žinti 2 pabloginti (kokybę); pakenkti

impale [ɪmˈpeɪl] v perdurti; užsmeigti

impalpable [ɪmˈpælpəbl] a 1 neapčiuo-
piamas, nejuntamas 2 sunkiai supran-
tamas

impart [ɪmˈpɑːt] v 1 duoti; suteikti
2 pranešti, perduoti (naujienas); per-
teikti (žinias)

impartial [ɪmˈpɑːʃl] a nešališkas ~ity
[ˌɪmˌpɑːʃɪˈælətɪ] n nešališkumas

impass‖able [ɪmˈpɑːsəbl] a nepraeina-
mas ~e [æmˈpɑːs] pr. n aklavietė; pa-
dėtis be išeities

impassioned [ɪmˈpæʃnd] a aistringas,
karštas

impassive [ɪmˈpæsɪv] a beaistris, ne-
jautrus

impati‖ence [ɪmˈpeɪʃns] n nekantru-
mas ~ent a nekantrus

impeach [ɪmˈpiːtʃ] v teis. apkaltinti
~ment n teis. impičmentas; apkal-
tinimas

impeccable [ɪmˈpekəbl] a 1 nepriekaiš-
tingas 2 neklystamas

impecunious [ˌɪmpɪˈkjuːnɪəs] a bepini-
gis, neturintis pinigų

imped‖e [ɪmˈpiːd] v trukdyti, stabdy-
ti ~iment [-ˈpedɪmənt] n kliūtis, su-
trukdymas

impedimenta [ɪmˌpedɪˈmentə] n pl (ka-
riškos) vežamos atsargos, manta

impel [ɪmˈpel] v (pri)versti, (pa)skatinti

impend [ɪmˈpend] v 1 grėsti, pakibti
2 artėti ~ing a gresiantis, artėjantis

impenetrable [ɪmˈpenɪtrəbl] a 1 neper-
einamas; neįžengiamas 2 nepermato-
mas 3 nesuprantamas

imperative [ɪmˈperətɪv] a 1 įsako-
mas, liepiamas 2 primygtinis; būtinas
n gram. liepiamoji nuosaka

imperceptible [ˌɪmpəˈseptəbl] a nepa-
stebimas, labai nežymus

imperfect [ɪmˈpəːfɪkt] a 1 nepilnutinis,
ne(už)baigtas 2 netobulas, nepakan-
kamas ~ion [ˌɪmpəˈfekʃn] n netobulu-
mas, trūkumas

imperial [ɪmˈpɪərɪəl] a imperijos, im-
perinis; imperatoriškas ~ism n impe-
rializmas ~ist n imperialistas ~istic
[ɪmˌpɪərɪəˈlɪstɪk] a imperialistinis

imperil [ɪmˈperɪl] v statyti į pavojų

imperious [ɪmˈpɪərɪəs] a valdingas;
įsakmus

imperishable [ɪmˈperɪʃəbl] a nežūstan-
tis, amžinas

impermeable [ɪmˈpəːmɪəbl] a neper-
šlampamas, nepralaidus; hermetiškas

impersonal [ɪmˈpəːsənl] a 1 neasmeniš-
kas 2 objektyvus 3 gram. beasmenis

impersonate [ɪmˈpəːsəneɪt] v 1 įasme-
ninti, įkūnyti 2 (su)vaidinti, pamėg-
džioti

impertin‖ence [ɪmˈpəːtɪnəns] n akiplė-
šiškumas, įžūlumas ~ent a 1 akiplė-
šiškas 2 netinkamas, ne vietoje

imperturbable [ˌɪmpəˈtəːbəbl] a ra-
mus, šaltakrauji(ška)s

impervious [ɪmˈpəːvɪəs] a 1 nepralei-
džiantis (vandens ir pan.) 2 nepavei-
kiamas; nepasiduodantis (įtakai); kur-
čias (prašymams)

impetu‖ous [ɪmˈpetʃuəs] a veržlus, im-
pulsyvus; karštas, staigus ~s [ˈɪmpɪ-
təs] n 1 veržlumas 2 (varomoji) jėga;
impulsas, akstinas

impiety [ɪmˈpaɪətɪ] n 1 bedieviškumas
2 nepagarba

impinge [ɪmˈpɪndʒ] v (on) 1 trenktis (į)
2 kėsintis (į), pažeisti (kieno teises ir
pan.)

impious [ˈɪmpɪəs] a bedieviškas

impish [ˈɪmpɪʃ] a padykęs, nutrūktgal-
viškas

implacable [ɪmˈplækəbl] a nepermal-
daujamas, nesutaikomas

implant [ɪmˈplɑːnt] v 1 implantuoti
2 įdiegti, įkvėpti (idėjas ir pan.)

implement n [ˈɪmplɪmənt] įrankis, pa-
dargas; agricultural ~s žemės ūkio
inventorius v [-ment] įvykdyti, įgyven-
dinti

implicate [ˈɪmplɪkeɪt] v įvelti, įpainio-
ti (in) ~ion [ˌɪmplɪˈkeɪʃn] n 1 į(si)-
painiojimas, dalyvavimas (nusikalti-
me) 2 potekstė; prasmė, reikšmė

implicit [ɪmˈplɪsɪt] a 1 numanomas
2 besąlygiškas, visiškas

implied [ɪmˈplaɪd] a numanomas, supran-
tamas

implore [ɪmˈplɔ:] v maldauti, melsti

imply [ɪmˈplaɪ] v 1 numanyti; duoti suprasti 2 reikšti; turėti mintyse

impolite [ˌɪmpəˈlaɪt] a nemandagus

imponderable [ɪmˈpɒndərəbl] a nepasveriamas, nesvarus, besvoris

import v [ɪmˈpɔ:t] 1 įvežti, importuoti 2 reikšti n [ˈɪmpɔ:t] 1 įvežimas, importas 2 pl importinės prekės 3 reikšmė, prasmė; svarba ~able [ɪmˈpɔ:təbl] a įvežamas, importuojamas

import‖ance [ɪmˈpɔ:təns] n reikšmė; reikšmingumas, svarbumas ~ant a svarbus, reikšmingas

importation [ˌɪmpɔ:ˈteɪʃn] n įvežimas; importas

importunate [ɪmˈpɔ:tʃunət] a įkyrus, landus

importun‖e [ˌɪmpəˈtju:n] v įkyriai prašyti / prikibti ~ity [ˌɪmpɔ:ˈtju:nətɪ] n įkyrumas; prikibimas

impos‖e [ɪmˈpəuz] v 1 uždėti (naštą, pabaudą); apmokestinti 2 primesti, už(si)karti 3 pasinaudoti ~ing a įspūdingas, imponuojantis ~ition [ˌɪmpəˈzɪʃn] n 1 mokestis; apmokestinimas 2 uždėjimas; nepagrįstas reikalavimas

imposs‖ibility [ɪmˌpɒsəˈbɪlətɪ] n negalimumas ~ible [ɪmˈpɒsəbl] a 1 negalimas, neįvykdomas 2 nepakenčiamas

impost‖or [ɪmˈpɒstə] n apsišaukėlis; apgavikas ~ure [ɪmˈpɒstʃə] n apgavimas

impot‖ence [ˈɪmpətəns] n bejėgiškumas; impotencija ~ent a bejėgis, silpnas

impound [ɪmˈpaund] v konfiskuoti

impoverish [ɪmˈpɒvərɪʃ] v 1 nuskurdinti 2 nualinti ~ed a nuskurdęs

impracticable [ɪmˈpræktɪkəbl] a neįgyvendinamas

imprecation [ˌɪmprɪˈkeɪʃn] n prakeikimas ~ory [ˈɪmprɪkeɪtərɪ] a prakeikiantis

impregnable [ɪmˈpregnəbl] a 1 neįveikiamas, neprieinamas 2 nepalaužiamas

impregnat‖e v [ˈɪmpregneɪt] 1 apvaisinti 2 pripildyti (t.p. prk.) 3 prisotinti, impregnuoti a [ɪmˈpregnət] 1 apvaisintas 2 nėščia 3 prisisunkęs; impregnuotas

impress [ɪmˈpres] v 1 (pa)daryti įspūdį 2 įspausti 3 antspauduoti ~ion [-ˈpreʃn] n 1 įspūdis; sharp ~ion stiprus įspūdis 2 atspaudas; (stereotipinis) leidimas ~ionable [-ˈpreʃnəbl] a jautrus (įspūdžiams) ~ive a įspūdingas

imprint v [ɪmˈprɪnt] 1 įspausti 2 įsmigti (atmintyje) n [ˈɪmprɪnt] žymė, pėdsakas; atspaudas

imprison [ɪmˈprɪzn] v uždaryti į kalėjimą; įkalinti ~ment n įkalinimas

improbable [ɪmˈprɒbəbl] a neįtikimas; nepanašus į tiesą

impromptu [ɪmˈprɒmptju:] a improvizuotas adv ekspromtu, be pasiruošimo n ekspromtas, improvizacija

improp‖er [ɪmˈprɒpə] a 1 netinkamas 2 neteisingas 3 nepadorus ~riety [ˌɪmprəˈpraɪətɪ] n 1 netinkamumas 2 etiketo pažeidimas

improve [ɪmˈpru:v] v (pa)gerinti, (pa)tobulinti (on); gerėti, tobulėti □ to ~ away pabloginti (norint pagerinti) ~ment n 1 pagerinimas, pa(si)tobulinimas 2 poslinkis

improvident [ɪmˈprɒvɪdənt] a išlaidus; nerūpestingas

improvis‖ation [ˌɪmprəvaɪˈzeɪʃn] n improvizacija ~e [ˈɪmprəvaɪz] v improvizuoti

imprud‖ent [ɪmˈpru:dənt] a neprotingas; neapgalvotas; neatsargus

impud‖ence [ˈɪmpjudəns] n begėdiškumas, įžūlumas; įžūlybė ~ent a begėdiškas, akiplėšiškas, įžūlus

impugn [ɪmˈpju:n] v (nu)ginčyti; suabejoti

impuls‖e [ˈɪmpʌls] n 1 impulsas 2 staigus entuziazmas ~ion [ɪmˈpʌlʃn] n impulsas ~ive [ɪmˈpʌlsɪv] a 1 skatinantis, raginantis 2 impulsyvus

impunity [ɪmˈpju:nətɪ] n nebaudžiamumas; with ~ nebaudžiamai

impur||e [ɪm'pjuə] *a* nešvarus; negry-
nas ∼**ity** [-rətɪ] *n* nešvarumas; užterš-
tumas
impute [ɪm'pju:t] *v* primesti (*kaltę*);
priskirti
in [ɪn] *prep* 1 *vietos reikšme verčiamas
vietininku;* į (*su judesio veiksmažo-
džiais*); ∼ *the room* kambaryje; *to
put smth* ∼*one's pocket* įdėti ką į
kišenę 2 *laiko reikšme verčiamas ga-
lininku / vietininku;* per, po; ∼ *win-
ter* žiemą; ∼ *an hour* per valandą;
po valandos; ∼ *the evening* vakare
3 *reiškiant priemonę, būdą verčiamas
įnagininku, prieveiksmiais:* ∼ *pen-
cil* pieštuku; *to paint* ∼ *oils* piešti aliejiniais dažais; ∼ *earnest* rimtai
4 *reiškiant būseną, aplinkybes verčia-
mas daiyviu, padalyviu:* ∼ *a gloomy
mood* blogai nusiteikęs; ∼ *crossing
the river* persikeliant per upę; ∼ *re-
ply* (*to*) atsakydamas (*į*) *adv* viduje;
į vidų; *come* ∼*!* prašau! (*įeikit!*);
to be ∼ a) būti namie; b) atvykti;
the train is ∼ traukinys atėjo; ∼
and out tai viduj, tai lauke △ *to be /
keep* ∼ (*with*) palaikyti draugiškus
santykius *n:* *the* ∼s partija valdžioje;
∼s *and outs* a) užkaboriai; b) smulk-
menos
in- [ɪn-] (*t.p.* **il-, im-, ir-**) *pref* ne-
(*reiškiant neigimą*): *inactive* neveik-
lus; *illocal* nevietinis; *impunctual*
nepunktualus; *irresolute* neryžtingas
inability [ˌɪnə'bɪlətɪ] *n* negalėjimas, ne-
sugebėjimas
inaccessib||ility [ˌɪnəkˌsesə'bɪlətɪ] *n* ne-
prieinamumas ∼**le** [ˌɪnək'sesəbl] *a* ne-
prieinamas, nepasiekiamas
inaccur||acy [ɪn'ækjurəsɪ] *n* netik-
slumas; klaida ∼**ate** *a* netikslus;
klaidingas
inact||ion [ɪn'ækʃn] *n* neveiklumas, ne-
veikimas ∼**ive** [-tɪv] *a* neveiklus; iner-
tiškas ∼**ivity** [ˌɪnæk'tɪvətɪ] *n* neveik-
lumas
inadequ||acy [ɪn'ædɪkwəsɪ] *n* 1 neati-
tikimas 2 nepakankamumas ∼**ate** *a*

1 neatitinkantis reikalavimų 2 nepa-
kankamas
inadmissible [ˌɪnəd'mɪsəbl] *a* neleisti-
nas, nepriimtinas
inadvertent [ˌɪnəd'və:tənt] *a* 1 neatidus,
nerūpestingas, neapdairus 2 netyčinis
inadvisable [ˌɪnəd'vaɪzəbl] *a* *predic* ne-
patartina, neprotinga
inalienable [ɪn'eɪliənəbl] *a* neatimamas,
neperleidžiamas (*apie teises*)
inalterable [ɪn'ɔ:ltərəbl] *a* nepakeičiamas
inane [ɪ'neɪn] *a* tuščias; kvailas
inanimat||e [ɪn'ænɪmət] *a* negyvas; ∼
matter neorganinė medžiaga
inapplicable [ɪn'æplɪkəbl] *a* nepritaiko-
mas, netinkamas
inappropriate [ˌɪnə'prəuprɪət] *a* netinka-
mas, nederamas, neatitinkantis
inapt [ɪn'æpt] *a* nesugebantis; netinka-
mas
inarticulate [ˌɪnɑ:'tɪkjulət] *a* neaiškus,
neartikuliuotas
inartificial [ɪnˌɑ:tɪ'fɪʃəl] *a* natūralus,
nedirbtinis
inartistic [ˌɪnɑ:'tɪstɪk] *a* nedailus, ne-
meniškas
inasmuch [ˌɪnəz'mʌtʃ] : ∼ *as conj* ka-
dangi
inattent||ion [ˌɪnə'tenʃn] *n* nedėmesin-
gumas, neatidumas ∼**ive** [ˌɪnə'tentɪv]
a neatidus, nedėmesingas
inaudible [ɪn'ɔ:dəbl] *a* negirdimas; ty-
lus
inaugur||al [ɪ'nɔ:gjurəl] *a* inauguracinis
∼**ate** *v* 1 iškilmingai priimti į tarnybą
2 atidengti (*paminklą*); atidaryti (*pa-
rodą*); pradėti (*konferenciją*) ∼**ation**
[ɪˌnɔ:gju'reɪʃn] *n* 1 iškilmingas atidary-
mas 2 inauguracija
inauspicious [ˌɪnɔ:'spɪʃəs] *a* lemiantis /
pranašaujantis nelaimę; nepalankus
inborn ['ɪn'bɔ:n] *a* įgimtas, prigimtas
inbound ['ɪnbaund] *a* *amer.* parplau-
kiantis (*apie laivą*), parskrendantis
(*apie lėktuvą*)
inbred ['ɪn'bred] *a* įgimtas, iš prigimties
incalculable [ɪn'kælkjuləbl] *a* neapskai-
čiuojamas; nesuskaičiuojamas

incandescent [ˌɪnkænˈdesnt] *a* baltai
įkaitintas
incantation [ˌɪnkænˈteɪʃn] *n* užkeikimas;
burtažodžiai
incap‖ability [ɪnˌkeɪpəˈbɪlətɪ] *n* nesu-
gebėjimas, negalėjimas ~**able** [ɪnˈkeɪ-
pəbl] *a* nesugebantis, negalintis (*ko
daryti*)
incapacit‖ate [ˌɪnkəˈpæsɪteɪt] *v* 1 daryti
netinkamą 2 *teis.* atimti teises ~**y**
[-sətɪ] *n* 1 nesugebėjimas, negalėjimas
2 *teis.* neturėjimas teisių
incarnat‖e [ɪnˈkɑːneɪt] *v* įkūnyti ~**ion**
[ˌɪnkɑːˈneɪʃn] *n* į(si)įkūnijimas
incautious [ɪnˈkɔːʃəs] *a* neatsargus,
neapdairus
incendiary [ɪnˈsendɪərɪ] *a* padegantis;
padegamasis
incense I [ɪnˈsens] *v* supykdyti, įsiutinti
incense II [ˈɪnsens] *n* smilkalas
incentive [ɪnˈsentɪv] *a* skatinamasis
n paskatinimas; skatulys; stimulas
inception [ɪnˈsepʃn] *n* *knyg.* pradžia
incertitude [ɪnˈsəːtɪtjuːd] *n* netikrumas
incessant [ɪnˈsesnt] *a* nenutrūkstamas
incest [ˈɪnsest] *n* kraujomaiša
inch [ɪntʃ] *n* 1 colis (= 2,5 *cm*) 2 *pl*
aukštis, ūgis; *a man of your* ~*es* jū-
sų ūgio vyras △ ~ *by* ~ pamažu; *by*
~*es* a) beveik; vos ne; b) po truputį
v judėti pamažu / atsargiai
incidence [ˈɪnsɪdəns] *n* (*veikimo*) sfera;
paplitimas, apimtis
incident [ˈɪnsɪdənt] *a* susijęs, būdingas
(*to*) *n* 1 atsitikimas, įvykis 2 inci-
dentas 3 epizodas ~**al** [ˌɪnsɪˈdentl] *a*
1 šalutinis; neesminis 2 susijęs, būdin-
gas ~**ally** [ˌɪnsɪˈdentlɪ] *adv* 1 atsitikti-
nai 2 beje
incinerat‖e [ɪnˈsɪnəreɪt] *v* sudeginti,
paversti pelenais ~**ion** [ɪnˌsɪnəˈreɪʃn]
n sudeginimas ~**or** *n* atliekų deginimo
mo krosnis
incipient [ɪnˈsɪpɪənt] *a* prasidedantis,
pradinis
incis‖e [ɪnˈsaɪz] *v* 1 įpjauti, įrėžti 2 gra-
viruoti ~**ion** [ɪnˈsɪʒn] *n* įpjovimas;

pjūvis ~**ive** [-ˈsaɪsɪv] *a* aštrus ~**or** *n*
priekinis dantis
incite [ɪnˈsaɪt] *v* kurstyti, raginti
incivility [ˌɪnsɪˈvɪlətɪ] *n* nemandagumas
inclement [ɪnˈklemənt] *a* atšiaurus
(*apie orą, klimatą*)
inclin‖able [ɪnˈklaɪnəbl] *a* linkęs (*į ką*)
~**ation** [ˌɪnklɪˈneɪʃn] *n* 1 nuolydis;
nuotakumas 2 pa(si)lenkimas 3 palin-
kimas (*to*)
incline [ɪnˈklaɪn] *v* 1 palinkti; palenkti
(*t.p. prk.*) 2 būti linkusiam (*į*) *n* nuo-
takumas; šlaitas
inclu‖de [ɪnˈkluːd] *v* 1 įtraukti, įskai-
tyti 2 apimti, turėti (*savyje*) ~**ding**
prep įskaitant (ir) ~**sion** [-ʒn] *n* įtrau-
kimas, įskaitymas ~**sive** [-sɪv] *a* įskai-
tantis; apimantis; ~*sive terms* kai-
na, įskaitant patarnavimus
incognito [ɪnˈkɔgnɪtəu] *adv* inkognito,
svetima pavarde
incoher‖ence [ˌɪnkəuˈhɪərəns] *n* (*min-
čių*) padrikumas; nenuoseklumas ~**ent**
a padrikas, be (są)ryšio; nenuoseklus
incombustible [ˌɪnkəmˈbʌstəbl] *a* nede-
gus; atsparus ugniai
incom‖e [ˈɪnkʌm] *n* pajamos; uždarbis
~**e-tax** [-tæks] *n* pajamų mokestis
~**ing** *n* 1 atėjimas, atvykimas 2 *pl* pa-
jamos *a* ateinantis, artėjantis
incomparable [ɪnˈkɔmprəbl] *a* nepaly-
ginamas, neprilygstamas
incompatib‖ility [ˌɪnkəmˌpætəˈbɪlətɪ]
n nesuderinamumas ~**le** [ˌɪnkəmˈpæt-
əbl] *a* nesuderinamas, nesutaikomas
incompetent [ɪnˈkɔmpɪtənt] *a* 1 ne-
kompetentingas; nemokantis 2 *teis.*
neteisnus
incomplete [ˌɪnkəmˈpliːt] *a* 1 nepilnas;
neužbaigtas 2 netobulas
incomprehens‖ible [ɪnˌkɔmprɪˈhens-
əbl] *a* nesuprantamas, nesuvokiamas
~**ion** [-ʃn] *n* nesupratimas
incompressible [ˌɪnkəmˈpresəbl] *a* ne-
suspaudžiamas
inconceivable [ˌɪnkənˈsiːvəbl] *a* 1 neįsi-
vaizduojamas 2 *šnek.* neįmanomas
inconclusive [ˌɪnkənˈkluːsɪv] *a* 1 neįti-
kinantis 2 negalutinis

incongru‖ity [ˌɪnkən'gruːətɪ] *n* neatitikimas, nesuderinamumas ~ous [ɪn-'kɔŋgruəs] *a* neatitinkantis; netinkamas

inconsequen‖ce [ɪn'kɔnsɪkwəns] *n* nenuoseklumas ~t *a* nenuoseklus ~tial [ɪnˌkɔnsɪ'kwenʃl] *a* nereikšmingas, nesvarbus

inconsiderable [ˌɪnkən'sɪdrəbl] *a* nežymus, nedidelis (*apie kiekį, apimtį*)

inconsiderate [ˌɪnkən'sɪdərət] *a* 1 neapgalvotas, neapdairus 2 neatidus (*kitiems*)

inconsistent [ˌɪnkən'sɪstənt] *a* 1 nesuderinamas 2 nepastovus

inconsolable [ˌɪnkən'səuləbl] *a* nepaguodžiamas, nenuraminamas

inconspicuous [ˌɪnkən'spɪkjuəs] *a* nepastebimas, neišsiskiriantis

inconst‖ancy [ɪn'kɔnstənsɪ] *n* nepastovumas ~ant *a* nepastovus

incontestable [ˌɪnkən'testəbl] *a* ne(nu)ginčijamas

incontin‖ence [ɪn'kɔntɪnəns] *n* nesusivaldymas ~ent *a* nesusivaldantis

incontrovertible [ɪnˌkɔntrə'vəːtəbl] *a* ne(nu)ginčijamas, nepaneigiamas

inconveni‖ence [ˌɪnkən'viːnɪəns] *n* nepatogumas; *to cause ~ (to)* apsunkinti ~ent *a* nepatogus

incorporat‖e *v* [ɪn'kɔːpəreɪt] 1 įtraukti 2 su(si)jungti *a* [ɪn'kɔːpərət] jungtinis, suvienytas ~ion [ɪnˌkɔːpə'reɪʃn] *n* susivienijimas, susijungimas; inkorporavimas

incorrect [ˌɪnkə'rekt] *a* 1 neteisingas, netikras 2 nekorektiškas

incorrigible [ɪn'kɔrɪdʒəbl] *a* nepataisomas

incorruptible [ˌɪnkə'rʌptəbl] *a* 1 negendantis 2 nepaperkamas

increas‖e *v* [ɪn'kriːs] augti, didėti; smarkėti *n* ['ɪŋkriːs] augimas, (pa)didėjimas, padaugėjimas; *wage ~* algų pakėlimas; *to be on the ~* augti, didėti ~ingly *adv* vis daugiau ir daugiau; vis labiau

incredible [ɪn'kredəbl] *a* neįtikėtinas, neįtikimas

incredul‖ity [ˌɪnkrɪ'djuːlətɪ] *n* nepasitikėjimas ~ous [ɪn'kredjuləs] *a* nepasitikintis, nepatiklus

increment ['ɪnkrəmənt] *n* 1 padidėjimas 2 priaugimas; pelnas

incriminate [ɪn'krɪmɪneɪt] *v* apkaltinti, inkriminuoti

incubat‖e ['ɪnkjubeɪt] *v* 1 perėti(s) 2 veisti(s) (*apie bakterijas*) ~ion [ˌɪŋkju'beɪʃn] *n* 1 perėjimas 2 *med.* inkubacinis periodas ~or *n* inkubatorius

inculcate ['ɪnkʌlkeɪt] *v* įteigti; įdiegti

incumbent [ɪn'kʌmbənt] *a* *knyg.* 1 gulintis (*on – ant*) 2 užimantis postą (*tam tikru laiku*) 3 *predic* privalu; *it is ~ on you to warn them* jums privalu juos įspėti

incur [ɪn'kəː] *v* užsitraukti; patirti; *to ~ debts* prasiskolinti

incurable [ɪn'kjuərəbl] *a* neišgydomas

incurious [ɪn'kjuərəs] *a* nesmalsus; nesidomintis

incursion [ɪn'kəːʃn] *n* įsiveržimas, įsibrovimas

indebted [ɪn'detɪd] *a* 1 įsiskolinęs, skolingas 2 dėkingas

indecen‖cy [ɪn'diːsnsɪ] *n* nepadorumas ~t *a* nepadorus, nekuklus

indecis‖ion [ˌɪndɪ'sɪʒn] *n* neryžtingumas, abejojimas, svyravimas ~ive [-'saɪsɪv] *a* 1 neryžtingas 2 negalutinis

indecorous [ɪn'dekərəs] *a* *knyg.* neprideramas, negražus, nepadorus

indeed [ɪn'diːd] *adv* 1 iš tikrųjų, tikrai 2 nejaugi? (*reiškiant klausimą, ironiją*) 3 galbūt; *I may, ~, be wrong* galbūt, aš ir klystu 4 (*pabrėžiant*): *very glad ~* labai, labai džiaugiuosi; *yes, ~!* taip, žinoma!; *no, ~!* žinoma, ne!

indefatigable [ˌɪndɪ'fætɪgəbl] *a* nenuilstamas; nesilpnėjantis

indefensible [ˌɪndɪ'fensəbl] *a* 1 neapginamas 2 neįrodomas 3 nepateisinamas

indefinable [ˌɪndɪ'faɪnəbl] *a* neapibrėžiamas

indefinite [ɪnˈdefɪnət] *a* 1 neapibrėžtas, neaiškus 2 neribotas 3 *gram.* nežymimasis

indelible [ɪnˈdeləbl] *a* neišdildomas; neištrinamas; ~ *disgrace* nenuplaunama gėda; ~ *pencil* cheminis pieštukas

indelicate [ɪnˈdelɪkət] *a* nekuklus, netaktiškas

indemni‖fy [ɪnˈdemnɪfaɪ] *v* 1 apdrausti 2 kompensuoti, atlyginti ~ty *n* 1 apdraudimas; garantija 2 atlyginimas

indent [ɪnˈdent] *v* 1 dantyti; įrantyti, įraižyti 2 užsakyti (*prekes*) 3 atitraukti eilutę nuo krašto (*rašant iš naujos eilutės*) ~ation [ˌɪndenˈteɪʃn] *n* 1 dantytumas; išpjova 2 (*kranto*) įlinkis 3 eilutės atitraukimas nuo krašto (*rašant iš naujos*)

independ‖ence [ˌɪndɪˈpendəns] *n* nepriklausomybė; savarankiškumas ~ent *a* nepriklausomas, savarankiškas *n polit.* nepriklausomasis

indescribable [ˌɪndɪˈskraɪbəbl] *a* neaprašomas, neapsakomas

indestructible [ˌɪndɪˈstrʌktəbl] *a* nesugriaunamas, nepanaikinamas

indeterminable [ˌɪndɪˈtə:mɪnəbl] *a* neapibrėžiamas, neapibrėžtas

indeterminat‖e [ˌɪndɪˈtə:mɪnət] *a* neapibrėžtas, neaiškus ~ion [ˌɪndɪˌtə:mɪˈneɪʃn] *n* 1 neapibrėžtumas 2 neryžtingumas

index [ˈɪndeks] *n* 1 indeksas; rodiklis 2 rodyklė 3 *mat.* laipsnio rodiklis *v* 1 įtraukti į rodyklę; pridėti rodyklę 2 indeksuoti

Indian [ˈɪndɪən] *n* 1 indėnas (*t. p.* American ~) 2 indas *a* 1 indėnų 2 indų; Indijos △ ~ *ink* tušas; ~ *summer* bobų vasara

india-rubber [ˈɪndɪəˈrʌbə] *n* 1 trintukas 2 kaučiukas; guma

indicat‖e [ˈɪndɪkeɪt] *v* 1 (pa)rodyti, nurodyti 2 duoti ženklą; duoti suprasti ~ion [ˌɪndɪˈkeɪʃn] *n* 1 nurodymas 2 požymis 3 *med.* simptomas, indikacija ~ive [ɪnˈdɪkətɪv] *a* (nu)rodantis

n gram. tiesioginė nuosaka ~or 1 rodyklė 2 rodiklis 3 indikatorius ~ary *a* nurodantis; parodomasis

indict [ɪnˈdaɪt] *v* apkaltinti (*for, as*) ~able *a teis.* kaltinamas ~ment *n* kaltinamasis aktas

indiffer‖ence [ɪnˈdɪfrəns] *n* abejingumas; indiferentiškumas ~ent *a* 1 abejingas, nesidomintis 2 vidutiniškas

indigenous [ɪnˈdɪdʒɪnəs] *a* vietinis, čiabuvis

indigent [ˈɪndɪdʒənt] *a knyg.* neturtingas; neturintis (*ko*)

indigest‖able [ˌɪndɪˈdʒestəbl] *a* nevirškinamas ~ion [-tʃn] *n* nevirškinimas, skrandžio sutrikimas

indign‖ant [ɪnˈdɪgnənt] *a* pasipiktinęs ~ation [ˌɪndɪgˈneɪʃn] *n* pasipiktinimas

indignity [ɪnˈdɪgnətɪ] *n* įžeidimas, pažeminimas

indirect [ˌɪndɪˈrekt] *a* netiesioginis

indiscernible [ˌɪndɪˈsə:nəbl] *a* neskiriamas, neįžiūrimas

indiscre‖et [ˌɪndɪˈskri:t] *a* neapdairus, neatsargus ~tion [ˌɪndɪˈskreʃn] *n* neapdairumas; netaktas

indiscriminate [ˌɪndɪˈskrɪmɪnət] *a* 1 nedarantis skirtumo; nesirenkantis 2 netvarkingas ~ion [ˌɪndɪˌskrɪmɪˈneɪʃn] *n* nemokėjimas daryti skirtumą, nesirinkimas

indispensable [ˌɪndɪˈspensəbl] *a* būtinai reikalingas, būtinas; privalomas

indispos‖e [ˌɪndɪˈspəuz] *v* 1 daryti netinkamą / negalintį 2 nuteikti (*prieš*) ~ed *a* nesveikas; *to be* ~ed sirgti, negaluoti ~ition [-pəˈzɪʃn] *n* nesveikata; negalavimas

indisputable [ˌɪndɪˈspju:təbl] *a* ne(nu)ginčijamas

indissoluble [ˌɪndɪˈsɔljubl] *a* nesugriaunamas, amžinas

indistinct [ˌɪndɪˈstɪŋkt] *a* neaiškus, neryškus

indistinguishable [ˌɪndɪˈstɪŋgwɪʃəbl] *a* ne(at)skiriamas

individual [ˌɪndɪ'vɪdʒuəl] *a* 1 individualus, asmeniškas 2 atskiras *n* individas; asmenybė ~ism *n* individualizmas ~ist *n* individualistas ~ity [ˌɪndɪˌvɪdʒu'ælətɪ] *n* individualumas; individualybė ~ization [ˌɪndɪˌvɪdʒuəlaɪ'zeɪʃn] *n* individualizacija ~ize *v* individualizuoti ~ly *adv* 1 individualiai, pavieniui 2 atskirai

indivisible [ˌɪndɪ'vɪzəbl] *a* nedalijamas

indoctrinate [ɪn'dɔktrɪneɪt] *v* (ap)mokyti; įdiegti (*pažiūras*)

Indo-European [ˌɪndəuˌjuərə'piːən] *a* indoeuropiečių

indolent ['ɪndələnt] *a* tingus

indomitable [ɪn'dɔmɪtəbl] *a* nesutvardomas, nesuvaldomas

Indonesian [ˌɪndə'niːzɪən] *n* indonezietis *a* indoneziečių; Indonezijos

indoor ['ɪndɔː] *a* esantis viduje; kambarinis ~s *adv* viduje, į vidų; *to keep* ~s neišeiti, sėdėti namuose

indrawn [ˌɪn'drɔːn] *a* įkvėptas, įtrauktas

indubitable [ɪn'djuːbɪtəbl] *a* neabejotinas

induce [ɪn'djuːs] *v* 1 paskatinti, paveikti 2 sukelti 3 *el.* indukuoti ~ment *n* paskatinimas, paskata

induct [ɪn'dʌkt] *v* oficialiai priimti į tarnybą; priimti (*narìu*) ~ion [-kʃn] *n* 1 oficialus priėmimas į tarnybą 2 *el.*, *log.* indukcija ~ive *a* 1 *log.* induktyvus 2 *el.* indukcinis ~or *n* induktorius

indulg||e [ɪn'dʌldʒ] *v* 1 leisti sau; įsitraukti (*in*); *to* ~ *in sports* pamėgti sportą 2 pataikauti, nuolaidžiauti ~ence *n* 1 atlaidumas 2 pataikavimas ~ent *a* pataikaujantis; atlaidus

industrial [ɪn'dʌstrɪəl] *a* pramoninis ~ize *v* industrializuoti

industrious [ɪn'dʌstrɪəs] *a* darbštus, stropus

industry ['ɪndəstrɪ] *n* 1 pramonė; *large-scale* ~ stambioji pramonė 2 darbštumas, stropumas

inebriate *knyg.* *n* [ɪ'niːbrɪət] girtuoklis; alkoholikas *v* [ɪ'niːbrɪeɪt] apsvaiginti

inedible [ɪn'edɪbl] *a* nevalgomas

ineffable [ɪn'efəbl] *a* neapsakomas

ineffective [ˌɪnɪ'fektɪv] *a* neveiksmingas, neefektyvus

ineffectual [ˌɪnɪ'fektʃuəl] *a* tuščias, nesėkmingas

ineffici||ency [ˌɪnɪ'fɪʃnsɪ] *n* 1 nesugebėjimas 2 neefektyvumas ~ent *a* 1 nesugebantis; mažai kvalifikuotas 2 neefektyvus

ineligible [ɪn'elɪdʒəbl] *a* 1 neturintis teisės; nerenkamas 2 netinkamas

inept [ɪ'nept] *a* 1 netinkamas, ne vietoje 2 nemokantis

inequality [ˌɪnɪ'kwɔlətɪ] *n* 1 nelygybė 2 (*paviršiaus*) nelygumas

inequit||able [ɪn'ekwɪtəbl] *a* neteisingas ~y [-wətɪ] *n* neteisingumas

ineradicable [ˌɪnɪ'rædɪkəbl] *a* neišnaikinamas, neišraunamas

inert [ɪ'nɜːt] *a* inertiškas; neveiklus ~ia [ɪ'nɜːʃə] *n* inercija; inertiškumas

inescapable [ˌɪnɪs'keɪpəbl] *a* neišvengiamas

inessential [ˌɪnɪ'senʃl] *a* neesminis

inestimable [ɪn'estɪməbl] *a* neįkainojamas, neįvertinamas

inevitab||ility [ɪnˌevɪtə'bɪlətɪ] *n* neišvengiamumas ~le [ɪn'evɪtəbl] *a* neišvengiamas

inexact [ˌɪnɪg'zækt] *a* netikslus

inexcusable [ˌɪnɪk'skjuːzəbl] *a* nedovanotinas

inexhaustible [ˌɪnɪg'zɔːstəbl] *a* neišsenkantis, neišsemiamas

inexorable [ɪn'eksərəbl] *a* nepalenkiamas, nepermaldaujamas

inexpedient [ˌɪnɪk'spiːdɪənt] *a* netikslingas

inexpensive [ˌɪnɪk'spensɪv] *a* nebrangus

inexperience [ˌɪnɪk'spɪərɪəns] *n* neprityrimas ~d *a* nepatyręs

inexpert [ɪn'ekspɜːt] *a* 1 neprityręs 2 nenusimanantis, nemokantis

inexplicable [ɪn'eksplɪkəbl] *a* nepaaiškinamas; nesuprantamas

inexpress‖ible [ˌɪnɪkˈspresəbl] a neiš-
reiškiamas, neapsakomas ~ive a ne-
raiškus

inextinguishable [ˌɪnɪkˈstɪŋgwɪʃəbl] a
negęstamas, negęstantis

inextricable [ˌɪnɪkˈstrɪkəbl] a 1 neatski-
riamas 2 neišsprendžiamas

infallible [ɪnˈfæləbl] a neklaidingas; ne-
klystamas

infam‖ous [ˈɪnfəməs] a 1 negarbingas,
blogos reputacijos 2 gėdingas ~y n
negarbė, gėda

infan‖cy [ˈɪnfənsɪ] n ankstyvoji vaikys-
tė, kūdikystė ~t n kūdikis ~ticide
[ɪnˈfæntɪsaɪd] n kūdikio nužudymas
~tile [-taɪl] a 1 vaikų, kūdikių; kū-
dikiškas 2 infantilus

infantry [ˈɪnfəntrɪ] n kar. pėstininkai

infatuat‖e [ɪnˈfætʃueɪt] v apsukti galvą,
sužavėti ~ion [ɪnˌfætʃuˈeɪʃn] n susiža-
vėjimas, aistra

infect [ɪnˈfekt] v užkrėsti ~ion [-kʃn] n
už(si)krėtimas; infekcija ~ious [-kʃəs]
a limpamas; užkrečiamas (t.p. prk.)

infer [ɪnˈfəː] v prieiti išvadą ~ence [ˈɪn-
fərəns] n išvada

inferior [ɪnˈfɪərɪə] a 1 žemesnis 2 nepil-
navertis n pavaldinys ~ity [ɪnˌfɪərɪ-
ˈɔrətɪ] n žemesnė padėtis; blogesnė ko-
kybė; ~ity complex nepilnavertišku-
mo kompleksas

infernal [ɪnˈfəːnl] a pragaro; pragariškas

infertile [ɪnˈfəːtaɪl] a 1 nevaisingas 2 ne-
derlingas

infest [ɪnˈfest] v apnikti, užplūsti;
knibždėti (apie parazitus)

infidel [ˈɪnfɪdəl] a netikintis n netikin-
tysis ~ity [ˌɪnfɪˈdelɪtɪ] n neištikimybė

infiltrat‖e [ˈɪnfɪltreɪt] v infiltruoti; pra-
sisunkti ~ion [ˌɪnfɪlˈtreɪʃn] n infiltra-
cija

infinite [ˈɪnfɪnət] a begalinis, neribotas
~simal [ˌɪnfɪnɪˈtesɪml] a be galo ma-
žas

infinitive [ɪnˈfɪnətɪv] n gram. bendratis

infinity [ɪnˈfɪnətɪ] n begalybė (t.p.
mat.)

infirm [ɪnˈfəːm] a silpnas; ligotas ~ary
n ligoninė ~ity n senatvės silpnumas;
negalia

inflam‖e [ɪnˈfleɪm] v už(si)degti (papr.
prk.) ~mable [ɪnˈflæməbl] a lengvai
užsidegantis ~mation [ˌɪnfləˈmeɪʃn] n
med. uždegimas

inflat‖e [ɪnˈfleɪt] v 1 išpūsti (t.p. prk.);
pripūsti (balioną ir pan.) 2 pasipūsti
3 ekon. sukelti infliaciją ~ion [-ʃn] n
1 (oro, dujų) pripūtimas 2 infliacija

inflect [ɪnˈflekt] v 1 moduliuoti (balsą)
2 gram. kaityti ~ive a gram. kaito-
mas ~ion [-ʃn] = inflexion

inflex‖ible [ɪnˈfleksəbl] a nelankstus;
nepalenkiamas ~ion [-kʃn] n 1 gram.
fleksija, galūnė 2 muz. moduliacija

inflict [ɪnˈflɪkt] v 1 kirsti (smūgį) 2 su-
kelti (skausmą) 3 paskirti (bausmę)

inflow [ˈɪnfləu] n (žaliavų ir pan.) įte-
kėjimas, įplaukis

influ‖ence [ˈɪnfluəns] n įtaka; poveikis
v daryti įtaką; (pa)veikti ~ential [ˌɪn-
fluˈenʃl] a įtakingas

influenza [ˌɪnfluˈenzə] n med. gripas

influx [ˈɪnflʌks] n antplūdis

inform [ɪnˈfɔːm] v 1 pranešti, informuo-
ti 2 įskųsti (against) ~al a neoficialus;
neformalus ~ant n 1 informatorius;
įskundėjas 2 informantas ~ation [ˌɪn-
fəˈmeɪʃn] n 1 pranešimas; informacija
2 žinios; žinia 3 įskundimas ~ative
[-ətɪv] a informatyvus ~ed a infor-
muotas, žinantis ~er n informatorius;
įskundėjas

infrequent [ɪnˈfriːkwənt] a retas, ne-
dažnas

infringe [ɪnˈfrɪndʒ] v 1 sulaužyti (prie-
saiką); pažeisti (įstatymą) 2 kėsintis
(on – į)

infuriate [ɪnˈfjuərɪeɪt] v (į)siutinti

infus‖e [ɪnˈfjuːz] v 1 įkvėpti, įskiepyti
2 užpilti, užlikyti (apie arbatą) ~ion
[-uːʒn] n 1 įkvėpimas 2 užpilas

ingenious [ɪnˈdʒiːnɪəs] a 1 išradingas
2 sąmojingas

ingenuous [ɪnˈdʒenjuəs] a nuoširdus;
nesuktas

inglorious [ɪnˈglɔːrɪəs] a negarbingas,
gėdingas

ingraft [ɪnˈgrɑːft] = engraft

ingrained [ˌɪnˈgreɪnd] a įsišaknijęs

ingratiate [ɪnˈgreɪʃɪeɪt] v: ~ oneself
įgyti palankumą, įsiteikti (with)

ingratitude [ɪnˈgrætɪtjuːd] n nedėkingumas

ingredient [ɪnˈgriːdɪənt] n sudėtinė dalis, ingredientas

ingrowing [ˈɪngrəʊɪŋ] a įaugantis

inhabit [ɪnˈhæbɪt] v apgyventi n gyventojas

inhale [ɪnˈheɪl] v įkvėpti; užtraukti ~r
n med. inhaliatorius

inherent [ɪnˈhɪərənt] a būdingas; neatskiriamas; įgimtas

inherit [ɪnˈherɪt] v paveldėti ~able a
paveldimas, paveldėtas ~ance n 1 paveldimumas 2 palikimas ~or n paveldėtojas, įpėdinis

inhibit [ɪnˈhɪbɪt] v 1 kliudyti, sulaikyti
2 slopinti

inhospitable [ˌɪnhɔˈspɪtəbl] a nesvetingas

inhuman [ɪnˈhjuːmən] a nežmoniškas
~e [ˌɪnhjuːˈmeɪn] a nehumaniškas;
žiaurus ~ity [ˌɪnhjuːˈmænətɪ] n nežmoniškumas; nehumaniškumas

inimical [ɪˈnɪmɪkl] a priešiškas, nedraugiškas; žalingas

inimitable [ɪˈnɪmɪtəbl] a nepamėgdžiojamas; neprilygstamas

iniquit‖ous [ɪˈnɪkwɪtəs] a knyg. neteisingas; ydingas ~y n neteisingumas; blogis

initi‖al [ɪˈnɪʃl] a pirminis, pradinis
n pl inicialai v parašyti inicialus ~ate
[-ʃɪeɪt] v 1 pradėti; parodyti iniciatyvą 2 priimti (nariu) 3 supažindinti; atskleisti ~ation [ɪˌnɪʃɪˈeɪʃn] n
1 pradėjimas, pradžia 2 atskleidimas
3 attr (į)stojamasis; priėmimo ~ative
[-ʃətɪv] n iniciatyva a pradinis ~ator
[-ʃɪeɪtə] n iniciatorius, pradininkas

inject [ɪnˈdʒekt] v įšvirkšti, įleisti (vaistus) ~ion [-kʃn] n 1 įšvirkštimas
2 įšvirkščiamas skystis

injudicious [ˌɪndʒuˈdɪʃəs] a neprotingas, neapgalvotas

injur‖e [ˈɪndʒə] v 1 sužeisti 2 įžeisti
~ed a 1 sužeistas; the ~ed sužeistieji 2 įžeistas ~ious [ɪnˈdʒuərɪəs] a
1 žalingas 2 įžeidžiantis ~y [-rɪ] n
1 sužalojimas 2 žala; nuostolis

injustice [ɪnˈdʒʌstɪs] n neteisingumas;
to do smb an ~ neteisingai su kuo
pasielgti

ink [ɪŋk] n rašalas v (su)tepti rašalu ~-
bottle [-bɔtl] n rašalinė

inkling [ˈɪŋklɪŋ] n numanymas; užuomina

ink-pot [ˈɪŋkpɔt] n rašalinė

inkstand [ˈɪŋkstænd] n rašiklinė

inlaid [ˌɪnˈleɪd] past ir pp žr. inlay

inland [ˈɪnlənd] a esantis toli nuo jūros / sienos; ~ trade vidaus prekyba
adv krašto gilumoje; į krašto gilumą

inlaws [ˈɪnlɔːz] n pl vyro / žmonos giminės

inlay n [ˈɪnleɪ] mozaika, inkrustacija
v [ˌɪnˈleɪ] (inlaid) 1 įdėti, įstatyti 2 inkrustuoti

inlet [ˈɪnlet] n 1 siaura įlankėlė 2 tech.
įėjimas, įleidimas

inlying [ˈɪnlaɪɪŋ] a giliai esantis, vidinis

inmate [ˈɪnmeɪt] n gyventojas, įnamys

inmost [ˈɪnməʊst] = innermost

inn [ɪn] n smuklė, užeigos namai

innate [ˌɪˈneɪt] a įgimtas

inner [ˈɪnə] a vidinis ~most [-məʊst] a
giliausias, slapčiausias (apie jausmus,
mintis)

innings [ˈɪnɪŋz] n sport. eilė paduoti kamuolį (krikete, beisbole)

innkeeper [ˈɪnkiːpə] n smuklininkas

innoc‖ence [ˈɪnəsns] n 1 nekaltumas
2 naivumas ~ent a 1 nekaltas 2 naivus n 1 nekaltas žmogus 2 naivuolis

innocuous [ɪˈnɔkjuəs] a nekenksmingas

innovat‖e [ˈɪnəveɪt] v įdiegti naujovę,
(pa)keisti; atnaujinti ~ion [ˌɪnəˈveɪʃn]
n naujovė; novatoriškumas ~or n novatorius, racionalizatorius

innuendo [ˌɪnjuˈendəu] n užuomina; insinuacija

innumerable [ɪˈnjuːmərəbl] a nesuskaičiuojamas

inoculat||e [ı'nɔkjuleıt] v skiepyti ~ion
[ı‚nɔkju'leıʃn] n skiepijimas
inoffensive [‚ınə'fensıv] a nekenksmin-
gas; nepavojingas, neįžeidžiantis
inoperative [ın'ɔpərətıv] a negaliojan-
tis; neveikiantis
inopportune [ın'ɔpətju:n] a nesavalai-
kis; netinkamas
inordinate [ın'ɔ:dınət] a besaikis, per-
nelyg didelis
inorganic [‚ınɔ:'gænık] a neorganinis
in-patient ['ınpeıʃnt] a stacionarinis li-
gonis
input ['ınput] n tech. 1 sąnaudos 2 (in-
formacijos) įvedimas
inquest ['ıŋkwest] n teis. tardymas,
kvota
inquir||e [ın'kwaıə] v 1 teirautis, klausi-
nėti (about) 2 tyrinėti (into) ~y [-rı] n
1 (pa)klausimas, pasiteiravimas; ~y
office informacijos biuras 2 tyrinėji-
mas (into); tardymas
inquisit||ion [‚ıŋkwı'zıʃn] n 1 ist. (the
I.) inkvizicija 2 tardymas ~ive [ın-
'kwızətıv] a smalsus ~or [ın'kwızıtə]
n 1 ist. inkvizitorius 2 teismo tardy-
tojas
inroad ['ınrəud] n užpuolimas, įsiverži-
mas; to make ~s upon smb's time
atimti kam laiko
insane [ın'seın] a psichiškai nesveikas;
pamišęs
insanitary [ın'sænıtrı] a antisanitarinis
insanity [ın'sænətı] n pamišimas; be-
protybė
insatiable [ın'seıʃəbl] a nepasotinamas;
godus
inscri||be [ın'skraıb] v užrašyti, įrašyti
~ption [-'skrıpʃn] n užrašas, įrašas
inscrutable [ın'skru:təbl] a paslaptin-
gas; nesuprantamas, nesuvokiamas
insect ['ınsekt] n vabzdys ~icide [ın-
'sektısaıd] n insekticidas
insecure [‚ınsı'kjuə] a 1 nesaugus; pa-
vojingas 2 nepatikimas
inseminate [ın'semıneıt] v apsėklinti

insens||ible [ın'sensəbl] a 1 nejautrus
2 netekęs sąmonės 3 nežymus, nepa-
stebimas ~itive [-sətıv] a nejautrus
inseparable [ın'seprəbl] a neperskiria-
mas; neatskiriamas
insert v [ın'sə:t] įdėti; įterpti n ['ınsə:t]
įklija; įdėklas, intarpas ~ion [-'sə:ʃn]
n 1 įdėjimas, įterpimas 2 prierašas, in-
tarpas 3 skelbimas (laikraštyje) 4 įsiu-
vas
inset ['ınset] n 1 įdėtinis lapas; įklija
2 (suknelės) įsiuvas
inshore [‚ın'ʃɔ:] a pakrantės adv pa-
krantėje, netoli kranto
inside n [ın'saıd] 1 vidinė pusė, vidus;
išvirkščioji pusė 2 pl šnek. viduriai
a ['ınsaıd] vidinis adv [ın'saıd] vidu-
je; į vidų; ~ out išvirkščiai ~r [ın-
'saıdə] n savas žmogus; (draugijos ir
pan.) narys
insidious [ın'sıdıəs] a klastingas; už-
maskuotas
insight ['ınsaıt] n 1 įžvalgumas, supra-
timas 2 intuicija
insignia [ın'sıgnıə] n pl pasižymėjimo
ženklai
insignificant [‚ınsıg'nıfıkənt] a nežymus,
nereikšmingas
insincer||e [‚ınsın'sıə] a nenuoširdus
~ity [-serətı] n nenuoširdumas
insinuat||e [ın'sınjueıt] v 1 duoti su-
prasti, (į)teigti užuominomis 2: to
~ oneself (into) įsiskverbti; įsigerin-
ti ~ion [ın‚sınju'eıʃn] n 1 insinuacija
2 įsimeilinimas, įsiteikimas
insipid [ın'sıpıd] a 1 beskonis 2 prk. ne-
įdomus, negyvas
insist [ın'sıst] v primygtinai reikalauti
(on); atkakliai tvirtinti ~ence n pri-
mygtinis reikalavimas ~ent a primyg-
tinis; atkaklus
insolent ['ınsələnt] a įžūlus, akiplėšiškas
insoluble [ın'sɔljubl] a neišsprendžiamas
insolvent [ın'sɔlvənt] a nemokus; neiš-
sigalintis (apie skolininką)
insomnia [ın'sɔmnıə] n nemiga
inspect [ın'spekt] v 1 apžiūrėti 2 in-
spektuoti ~ion [-kʃn] n apžiūrėjimas
~or n kontrolierius; inspektorius
~orate [-ərət] n inspektūra, inspek-
cija

inspiration [͵ɪnspə'reɪʃn] n 1 įkvėpimas (t.p. prk.); to draw ~ semtis įkvėpimo 2 įkvepianti idėja; įkvėpėjas

inspire [ɪn'spaɪə] v įkvėpti; (prk. t.p.) uždegti, įteigti

instability [͵ɪnstə'bɪlətɪ] n nepastovumas, nestabilumas

install [ɪn'stɔ:l] v 1 įvesdinti (į tarnybą) 2 įrengti (aparatūrą) 3 į(si)taisyti ~ation [͵ɪnstə'leɪʃn] n 1 įrengimas; instaliacija 2 įrenginys

instalment [ɪn'stɔ:lmənt] n 1 dalis (kai knyga spausdinama dalimis) 2 eilinė įmoka; by ~s įssimokėtinai; (atskiromis) dalimis

instance ['ɪnstəns] n 1 pavyzdys; for ~ pavyzdžiui 2 reikalavimas; at the ~ (of) (kieno) reikalavimu 3 atvejis; in this ~ šiuo atveju

instant ['ɪnstənt] a 1 neatidėliojamas; greitas, skubus 2 greit paruošiamas (apie valgį); greitai tirpstantis 3 kom. šis, dabartinis; the 5th ~ šio mėnesio penktą dieną n akimirksnis; on the ~ tuoj, neatidėliojant; this ~ tuojau; the ~ ... kai tik ... ~aneous [͵ɪnstən'teɪnɪəs] a momentalus, akimirksnio

instead [ɪn'sted] adv vietoj to prep (~ of) vietoj (ko), užuot

instep ['ɪnstep] n (kojos, bato) keltis

instigat‖e ['ɪnstɪgeɪt] v kurstyti; provokuoti ~ion [͵ɪnstɪ'geɪʃn] n kurstymas ~or n kurstytojas

instil(l) [ɪn'stɪl] v (pamažu) įdiegti, įteigti

instinct ['ɪnstɪŋkt] n instinktas ~ive [ɪn'stɪŋktɪv] a instinktyvus

institut‖e ['ɪnstɪtju:t] v įsteigti, įkurti n institutas; institucija ~ion [͵ɪnstɪ'tju:ʃn] n 1 įstaiga; organizacija 2 įsteigimas

instruct [ɪn'strʌkt] v 1 (ap)mokyti 2 instruktuoti ~ion [-kʃn] n (ap)mokymas; instruktavimas ~ive a 1 pamokomas 2 instrukcinis ~or n instruktorius; dėstytojas

instrument ['ɪnstrəmənt] n 1 įrankis; instrumentas (t.p. muz.) 2 teis. dokumentas ~al [͵ɪnstrə'mentl] a 1 esantis įrankiu, padedantis 2 instrumentinis (t.p. muz.); prietaiso ~ation [͵ɪnstrəmen'teɪʃn] n muz. instrumentuotė

insubordinate [͵ɪnsə'bɔ:dɪnət] a neklusnus, nedrausmingas

insubstantial [͵ɪnsəb'stænʃl] a 1 netvirtas 2 neesminis, nerealus

insufferable [ɪn'sʌfrəbl] a nepakenčiamas

insuffic‖iency [͵ɪnsə'fɪʃnsɪ] n nepakankamumas ~ient a nepakankamas

insular ['ɪnsjulə] a 1 uždaras 2 siauras, ribotas

insulat‖e ['ɪnsjuleɪt] v izoliuoti; atskirti ~ing a tech. izoliacinis ~ion [͵ɪnsju'leɪʃn] n izoliacija ~or n izoliatorius

insult n ['ɪnsʌlt] įžeidimas v [ɪn'sʌlt] įžeisti ~ing [ɪn'sʌltɪŋ] a įžeidžiamas, užgaulus

insuperable [ɪn'sju:pərəbl] a neįveikiamas

insupportable [͵ɪnsə'pɔ:təbl] a nepakeliamas, nepakenčiamas

insur‖ance [ɪn'ʃuərəns] n 1 (ap)draudimas 2 draudimo suma / premija ~e [ɪn'ʃuə] v ap(si)drausti (against – nuo)

insurgent [ɪn'sə:dʒənt] a sukilęs; maištaujantis n sukilėlis

insurmountable [͵ɪnsə'mauntəbl] a nenugalimas, neįveikiamas

insurrection [͵ɪnsə'rekʃn] n sukilimas

intact [ɪn'tækt] a nepaliestas, nesugadintas, sveikas

intake ['ɪnteɪk] n 1 priėmimas; suvartojimas 2 priimtųjų skaičius

intangible [ɪn'tændʒəbl] a neapčiuopiamas, nejuntamas; neaiškus

integer ['ɪntɪdʒə] n sveikasis skaičius

integr‖al ['ɪntɪgrəl] a neatimamas, būtinas ~ate v 1 (su)jungti (dalis) 2 integruoti ~ity [ɪn'tegrətɪ] n 1 vientisumas 2 dorumas, garbingumas

intellect ['ɪntəlekt] n protas, intelektas; the great ~s of the age didieji epochos protai ~ual [͵ɪntə'lektʃuəl] a

1 intelektualus 2 mąstantis n inteligentas; pl inteligentija

intellig||ence [ın'telıdʒəns] n 1 protas; protiniai gabumai 2 sumanumas 3 žinios; informacija 4 žvalgyba (t.p. ~ service); ~ent a protingas; sumanus ~entsia [ın,telı'dʒentsıə] n inteligentija ~ible a suprantamas

intemperate [ın'tempərət] a nesantūrus, nesusivaldantis

intend [ın'tend] v 1 ketinti 2 turėti galvoje 3 numatyti, skirti

intens||e [ın'tens] a 1 intensyvus; smarkus, stiprus 2 gilus, rimtas ~ification [ın,tensıfı'keıʃn] n (su)stiprėjimas; (su)stiprinimas ~ify v (su)stiprėti; (su)stiprinti ~ity n įtempimas, intensyvumas; jėga ~ive a intensyvus

intent [ın'tent] n ketinimas, tikslas △ to all ~s and purposes beveik visai, faktiškai a 1 siekiantis 2 įnikęs 3 įdėmus ~ion [-nʃn] n ketinimas, tikslas ~ional [-nʃənl] a tyčinis, tyčia padarytas

inter [ın'tə:] v palaidoti

inter- ['ıntə-] pref 1 tarp-; interdental tarpdantinis 2 tarpusavio, są-; interplay sąveika, tarpusavio ryšys 3 su(si)-, per(si)-, į(si)-; intermingle su(si)maišyti

interact v [,ıntə'rækt] sąveikauti ~ion [,ıntə'rækʃn] n sąveika

intercede [,ıntə'si:d] v užtarti, už(si)stoti

intercept [,ıntə'sept] v 1 sustabdyti 2 perimti (laišką, žinias) ~ion [-pʃn] n perėmimas

intercession [,ıntə'seʃn] n tarpininkavimas; užtarimas

interchange v [,ıntə'tʃeındʒ] 1 (tarpusavyje) pasikeisti 2 kaitalioti(s) n ['ıntətʃeındʒ] keitimas(is); kaitaliojimas(is) ~able a sukeičiamas; pasikeistinas

intercollegiate [,ıntəkə'li:dʒət] a tarpmokyklinis (apie rungtynes)

intercommunicat||e [,ıntəkə'mju:nıkeıt] v bendrauti, susižinoti ~ion [,ıntəkə,mju:nı'keıʃn] n ryšiai; susižinojimas

interconnect [,ıntəkə'nekt] v su(si)jungti, su(si)sieti

intercontinental [,ıntə,kɔntı'nentl] a tarpžemyninis

intercourse ['ıntə:kɔ:s] n 1 bendravimas; ryšiai 2 lytiniai santykiai (t.p. sexual ~)

interdependent [,ıntədı'pendənt] a tarpusavyje susiję; abipusiškai priklausomi

interest ['ıntrəst] n 1 susidomėjimas, interesas; to take ~ domėtis 2 svarba, reikšmė 3 (pelno) dalis (biznyje) 4 palūkanos, procentas v sudominti; pass domėtis (in) ~ing a įdomus

interfer||e [,ıntə'fıə] v 1 kištis, įsikišti 2 trukdyti 3 susidurti ~ence [-rəns] n 1 įsikišimas 2 trukdymas 3 interferencija

interim ['ıntərım] a laikinas n laiko tarpas; in the ~ tuo tarpu; at ~ laikinai einantis pareigas

interior [ın'tıərıə] a vidinis, vidaus n 1 vidus, vidinė pusė 2 interjeras

interjection [,ıntə'dʒekʃn] n 1 įsiterpimas 2 gram. jaustukas

interlace [,ıntə'leıs] v su(si)pinti

interlock [,ıntə'lɔk] v su(si)kabinti

interlocutor [,ıntə'lɔkjutə] n pašnekovas

interlope [,ıntə'ləup] v kištis į svetimus reikalus

interlude ['ıntəlu:d] n pertrauka

intermarry [,ıntə'mærı] v susigiminiuoti (per vedybas); susimaišyti

intermedi||ary [,ıntə'mi:dıərı] n tarpininkas ~ate a tarpinis; pereinamasis v tarpininkauti

interment [ın'tə:mənt] n (pa)laidojimas

interminable [ın'tə:mınəbl] a begalinis, nepabaigiamas

intermingle [,ıntə'mıŋgl] v su(si)maišyti

interm||ission [,ıntə'mıʃn] n pertrauka ~it [-'mıt] v nutrūkti, liautis ~ittent [-'mıtnt] a besikaitaliojantis, nutrūkstantis

intern *v* [ɪn'tə:n] internuoti *n* ['ɪntə:n] internas (*gydytojas*)

internal [ɪn'tə:nl] *a* vidinis, vidaus

international [ˌɪntə'næʃnəl] *a* tarptautinis ~**ism** *n* internacionalizmas ~**ly** *adv* tarptautiniu mastu; tarp įvairių valstybių

internecine [ˌɪntə'ni:saɪn] *a* tarpusavio (*apie karą*); naikinamasis

intern‖ee [ˌɪntə:'ni:] *n* internuotasis ~**ment** [ɪn'tə:nmənt] *n* internavimas

interplanetary [ˌɪntə'plænɪtrɪ] *a* tarpplanetinis

interplay ['ɪntəpleɪ] *n* sąveika

interpolate [ɪn'tə:pəleɪt] *v* įsiterpti; įterpti (*žodžius, pastabą*)

interpose [ˌɪntə'pəuz] *v* 1 padaryti pastabą; pareikšti; įsiterpti 2 įstatyti, įterpti

interpret [ɪn'tə:prɪt] *v* 1 versti (*žodžiu*) 2 aiškinti, interpretuoti ~**ation** [ɪnˌtə:prɪ'teɪʃn] *n* aiškinimas, interpretacija ~**ative** [-tətɪv] *a* aiškinamasis ~**er** *n* vertėjas (*žodžiu*)

interregnum [ˌɪntə'regnəm] *n* 1 tarpuvaldis 2 pertrauka

interrelation [ˌɪntərɪ'leɪʃn] *n* tarpusavio ryšys

interrogat‖e [ɪn'terəgeɪt] *v* klausinėti; kvosti ~**ion** [ɪnˌterə'geɪʃn] *n* (ap)klausinėjimas; ~**ion mark / note** klaustukas ~**ive** [ˌɪntə'rɔgətɪv] *a* klausiamasis

interrupt [ˌɪntə'rʌpt] *v* pertraukti ~**ion** [-'rʌpʃn] *n* 1 pertraukimas 2 trukdymas

intersect [ˌɪntə'sekt] *v* kirsti(s); perkirsti

intersperse [ˌɪntə'spə:s] *v* išsklaidyti, išbarstyti

intertwine [ˌɪntə'twaɪn] *v* su(si)pinti

interval ['ɪntəvl] *n* 1 tarpas; intervalas 2 pertrauka; antraktas

interven‖e [ˌɪntə'vi:n] *v* 1 įsikišti, įsiterpti 2 būti (*tarp*) ~**tion** [-'venʃn] *n* intervencija; įsikišimas

interview ['ɪntəvju:] *n* 1 interviu; pasikalbėjimas 2 susitikimas *v* imti interviu

interweave [ˌɪntə'wi:v] *v* (**interwove** [-'wəuv]; **interwoven** [-'wəuvn]) įausti; supinti

intestate [ɪn'testeɪt] *a* *pred* nepalikus testamento

intestin‖al [ɪn'testɪnl] *a* žarnų ~**e** *n* žarna; žarnynas; **small** ~**es** plonosios žarnos; **large** ~**es** storosios žarnos

intimacy ['ɪntɪməsɪ] *n* artimumas, intymumas

intimate I ['ɪntɪmət] *a* artimas; intymus

intimat‖e II ['ɪntɪmeɪt] *v* pareikšti; užsiminti ~**ion** [ˌɪntɪ'meɪʃn] *n* nuojauta; užuomina

intimidate [ɪn'tɪmɪdeɪt] *v* (į)bauginti

into ['ɪntə, 'ɪntu] *prep* 1 į (*reiškiant kryptį į vidų; judėjimą laike; pasikeitimą*); **to come** ~ **the room** įeiti į kambarį; **to make** ~ perdirbti į 2 *mat.* iš; **25** ~ **5 equals 5** 25 padaliję iš 5, gauname 5

intoler‖able [ɪn'tɔlərəbl] *a* nepakeliamas, nepakenčiamas ~**ance** [-rəns] *n* nepakantumas, netolerancija ~**ant** [-rənt] *a* nepakantus; nepakenčiamas

inton‖ation [ˌɪntə'neɪʃn] *n* intonacija ~**e** [ɪn'təun] *v* 1 intonuoti; moduliuoti 2 dainuoti rečitatyvu

intoxicat‖e [ɪn'tɔksɪkeɪt] *v* 1 (ap)svaiginti (*t.p. prk.*) 2 *med.* apnuodyti ~**ion** [ɪnˌtɔksɪ'keɪʃn] *n* 1 (ap)svaigimas, apsvaiginimas, nugirdymas 2 ap(si)nuodijimas

intractable [ɪn'træktəbl] *a* nenuolaidus; sunkiai suvaldomas

intransigent [ɪn'trænsɪdʒənt] *a* užsispyręs; nesutaikomas

intransitive [ɪn'trænsətɪv] *a* *gram.* negalininkinis (*apie veiksmažodį*)

intrepid [ɪn'trepɪd] *a* bebaimis, neįbauginamas ~**ity** [ˌɪntrə'pɪdətɪ] *n* drąsa, bebaimiškumas

intric‖acy ['ɪntrɪkəsɪ] *n* painiava; painumas, sudėtingumas ~**ate** *a* painus, supainiotas, sudėtingas

intrigu‖e [ɪn'tri:g] *n* intriga, pinklės *v* intriguoti

intrinsic [ɪn'trɪnsɪk] *a* 1 būdingas 2 esminis, vidinis introduc||e [ˌɪntrə'dju:s] v 1 įvesti 2 supažindinti (to) 3 pateikti, pasiūlyti ~tion [-'dʌkʃn] n 1 įvadas, įžanga 2 įvedimas 3 supažindinimas; letter of ~tion rekomendacinis laiškas ~tory [-'dʌktəri] a įžanginis

introspection [ˌɪntrə'spekʃn] n savistaba, introspekcija

introvert ['ɪntrəvə:t] n užsidarėlis

intru||de [ɪn'tru:d] v 1 įsibrauti (into) 2 primesti; įsipiršti (upon) ~der n įsibrovėlis ~sion [-ʒn] n įsibrovimas, įsiveržimas

intuit||ion [ˌɪntju'ɪʃn] n intuicija ~ive [ɪn'tju:ɪtɪv] a intuityvus

inundat||e ['ɪnʌndeɪt] v užtvindyti, užplūsti ~ion [ˌɪnʌn'deɪʃn] n potvynis

inure [ɪ'njuə] v 1 pripratinti, užgrūdinti (to) 2 teis. įsigalioti

invad||e [ɪn'veɪd] v 1 įsiveržti 2 užplūsti 3 pasikėsinti (į kieno teises) ~er n įsiveržėlis; okupantas

invalid I ['ɪnvəlɪd] n ligonis; invalidas

invalid II [ɪn'vælɪd] a negaliojantis ~ate v (pa)daryti negaliojantį

invaluable [ɪn'væljuəbl] a neįkainojamas, neįvertinamas

invariable [ɪn'veərɪəbl] v nekintamas; pastovus

invas||ion [ɪn'veɪʒn] n įsiveržimas; invazija ~ive [ɪn'veɪsɪv] a invazinis; grobikiškas

invective [ɪn'vektɪv] n keiksmai

inveigh [ɪn'veɪ] v koneveikti, plūsti (against)

inveigle [ɪn'veɪgl] v sugundyti; suvilioti

invent [ɪn'vent] v 1 išrasti 2 prasimanyti, išgalvoti ~ion [-nʃn] n 1 išradimas 2 prasimanymas, išgalvojimas ~ive a išradingas ~or n išradėjas

inventory ['ɪnvəntrɪ] n inventorius v inventorizuoti

inverse [ɪn'və:s] a atvirkštinis

inversion [ɪn'və:ʃn] n 1 inversija 2 apsukimas; apgręžimas

invert [ɪn'və:t] v apversti, perversti

invertebrate [ɪn'və:tɪbreɪt] a bestuburis

invest [ɪn'vest] v 1 įdėti, investuoti (kapitalą) 2 suteikti (įgaliojimus)

investigat||e [ɪn'vestɪgeɪt] v (iš)tirti ~ion [ɪnˌvestɪ'geɪʃn] n 1 tyrinėjimas 2 tardymas ~or n 1 tardytojas 2 tyrinėtojas ~ary [-tərɪ] a tiriamasis; tyrimo

invest||ment [ɪn'vestmənt] n 1 įdėjimas, investavimas 2 investicija, įdėtas kapitalas ~or n investorius

inveterate [ɪn'vetərət] a 1 įsišaknijęs 2 užkietėjęs

invidious [ɪn'vɪdɪəs] a nepavydėtinas

invigilate [ɪn'vɪdʒɪleɪt] v stebėti, sekti (studentus egzamino metu)

invigorate [ɪn'vɪgəreɪt] v teikti jėgos; pagyvinti

invincible [ɪn'vɪnsəbl] a nenugalimas

inviol||able [ɪn'vaɪələbl] a ne(pa)liečiamas, nesugriaunamas ~ate a nesulaužytas

invisible [ɪn'vɪzəbl] a nematomas

invit||ation [ˌɪnvɪ'teɪʃn] n (pa)kvietimas ~e [ɪn'vaɪt] v 1 pakviesti 2 (pa)traukti ~ing [ɪn'vaɪtɪŋ] a patrauklus, viliojantis

invoice ['ɪnvɔɪs] kom. n važtaraštis v rašyti važtaraštį

invoke [ɪn'vəuk] v 1 remtis (kuo) 2 šauktis, maldauti 3 sužadinti, sukelti

involuntary [ɪn'vɔləntrɪ] a nevalingas, nesąmoningas

involve [ɪn'vɔlv] v 1 į(si)traukti; įpainioti, įvelti 2 apimti; liesti 3 sietis (su), būti priežastimi ~d a 1 sudėtingas 2 įsitraukęs; įsivėlęs

invulnerable [ɪn'vʌlnərəbl] a nesužeidžiamas; prk. nepažeidžiamas

inward ['ɪnwəd] a 1 vidinis 2 proto, dvasinis adv (t.p. ~s) vidun ~ly adv 1 į vidų; viduje 2 širdyje

iodine ['aɪədi:n] n chem. jodas

ion ['aɪən] n fiz. jonas

IOU [ˌaɪəu'ju:] n skolos raštas

irascible [ɪ'ræsəbl] a greit supykstantis, ūmus

iridescent [ˌɪrɪ'desnt] a vaivorykštės spalvų; keičiantis spalvas iris ['aıərıs] n 1 bot. vilkdalgis 2 (akies) rainelė

Irish ['aıərıʃ] a airių, airiškas; Airijos n airių kalba ~man [-mən] n airis

irk [ə:k] v įkyrėti; erzinti ~some a nuobodus, įkyrus

iron ['aıən] n 1 geležis; cast ~ ketus 2 geležies dirbinys 3 laidynė 4 pl pančiai △ strike the ~ while it is hot prież. kalk geležį, kol karšta a geležinis v laidyti (drabužius) □ to ~ out sureguliuoti, sutvarkyti (konfliktą, sunkumus)

ironic(al) [aı'rɔnık(l)] a ironiškas

ironing ['aıənıŋ] n laidymas (drabužių)

irony ['aırənı] n ironija

irradiat‖e [ı'reıdıeıt] v 1 šviesti, spindėti 2 švitinti ~ion [ı,reıdı'eıʃn] n 1 spinduliavimas, spindėjimas 2 švitinimas

irrational [ı'ræʃənl] a 1 neprotingas; neracionalus 2 mat. iracionalus ~ity [ı,ræʃə'nælətı] n 1 neprotingumas, nelogiškumas 2 mat. iracionalumas

irreconcilable [ı,rekən'saıləbl] a nesutaikomas

irredeemable [,ırı'di:məbl] a nepataisomas, beviltiškas

irrefutable [,ırı'fju:təbl] a nepaneigiamas

irregular [ı'regjulə] a 1 netaisyklingas; nereguliarus 2 nenormalus, netvarkingas 3 nelygus (apie paviršių) n pl nereguliarioji kariuomenė ~ity [ı,regju'lærətı] n 1 nereguliarumas; netaisyklingumas 2 nelygumas

irrelevant [ı'reləvənt] a neliečiantis reikalo

irreligious [,ırı'lıdʒəs] a nereligingas; antireliginis

irremediable [,ırı'mi:dıəbl] a nepataisomas; neišgydomas

irremovable [,ırı'mu:vəbl] a 1 nepašalinamas 2 nenušalinamas (iš tarnybos)

irreparable [ı'repərəbl] a nepataisomas, neatitaisomas

irreplaceable [,ırı'pleısəbl] a nepakeičiamas

irrepressible [,ırı'presəbl] a 1 nesuvaldomas, nesulaikomas 2 nenusimenantis

irreproachable [,ırı'prəutʃəbl] a nepriekaištingas, nepeiktinas

irresistible [,ırı'zıstəbl] a 1 nenugalimas 2 neatremiamas; nesustabdomas

irresolute [ı'rezəlu:t] a neryžtingas

irrespective [,ırı'spektıv] a: ~ of nepriklausomai nuo

irresponsible [,ırı'spɔnsəbl] a neatsakingas

irretrievable [,ırı'tri:vəbl] a nepataisomas, ne(su)grąžinamas

irreverent [ı'revərənt] a nepagarbus

irreversible [,ırı'və:səbl] a 1 negrįžtamas 2 nepakeičiamas

irrevocable [ı'revəkəbl] a 1 nepakeičiamas, neatšaukiamas 2 negrąžinamas

irrigat‖e ['ırıgeıt] v 1 drėkinti 2 med. plauti ~ion [,ırı'geıʃn] n drėkinimas; irigacija

irrit‖able ['ırıtəbl] a irzlus ~ant a dirginantis, erzinantis ~ate v erzinti, pykinti ~ation [,ırı'teıʃn] n 1 su(si)erzinimas, pyktis 2 med. sudirginimas

is [ız] to be tiesiog. nuos. esam. laiko vienask. 3-asis asmuo

Islam ['ızla:m] n islamas

island ['aılənd] n sala ~er n salos gyventojas

isl‖e [aıl] n poet. sala ~et ['aılıt] n salelė

isn't ['ıznt] sutr. = is not

isolat‖e ['aısəleıt] v izoliuoti, atskirti ~ion [,aısə'leıʃn] n izoliacija

isosceles [aı'sɔsəli:z] a: ~ triangle geom. lygiašonis trikampis

isotope ['aısətəup] n izotopas

issue ['ıʃu:] n 1 ginčijamas klausimas, problema; at ~ a) nesutariant; b) neišspręstas (apie klausimą); to take / join ~ (with) pasigincyti 2 (iš)leidimas; (laikraščio) laida 3 išdava, rezultatas; in the ~ susumuojant rezultatus, taigi v 1 išleisti 2 išeiti; ištekėti 3 išduoti, išdavinėti

isthmus ['ısməs] n geogr. sąsmauka

it [ɪt] *pron* 1 jis, ji (*kalbant apie daik-
tą / gyvulį*) 2 tai; *who is it?* kas
tai?, kas ten? 3 *beasmeniuose saki-
niuose neverčiamas: it rains* lyja; *it
is in vain* veltui; *it is easy* (*late,
time, cold*) lengva (vėlu, laikas, šal-
ta) 4 *pabrėžimui: it is he who wrote
the letter* kaip tik jis (ir) parašė šį
laišką; *it is tea that I like best*
būtent arbatą aš labiausiai mėgstu
Italian [ɪˈtælɪən] *n* 1 italas 2 italų kalba
a itališkas, italų; Italijos
italics [ɪˈtælɪks] *n pl* kursyvas
itch [ɪtʃ] *n* niežai; niežėjimas *v* 1 niežėti
2 *šnek.* kniesti, knietėti, magėti
item [ˈaɪtəm] *n* 1 vienas iš išvardintų
daiktų; punktas 2 (*darbotvarkės*)
klausimas; (*programos*) numeris 3 ži-
nutė, pranešimas (*laikraštyje*) ~ize *v*
išvardyti papunkčiui; sudaryti sąrašą
(*daiktų*)
itiner‖ant [ɪˈtɪnərənt] *a* keliaujantis
~ary *n* 1 maršrutas 2 vadovas
(*knyga*) 3 kelionės užrašai
it'll [ˈɪtl] *sutr.* = it will
its [ɪts] *pron* jo, jos; savo
it's [ɪts] *sutr.* = it is, = it has
itself [ɪtˈself] 1 *pron* (pats / patį) save;
-si (*sangrąžos dalelytė*); *the dog sees
~ in the water* šuo (pats) save mato
vandenyje; *the cat washes ~* ka-
tė prausiasi 2 pats (*pabrėžiant*); *the
thing ~* pats daiktas; *by ~* pats vie-
nas; savaime
ivor‖y [ˈaɪvərɪ] *n* 1 dramblio kaulas
2 *pl šnek.* dirbiniai iš dramblio kaulo;
žaidimo kauliukai, biliardo kamuoliai,
klavišai
ivy [ˈaɪvɪ] *n bot.* gebenė

J

J, j [dʒeɪ] *n dešimtoji anglų abėcėlės
raidė*
jab [dʒæb] *v* 1 stumti; badyti 2 įdurti;
niūktelėti (*into*) *n* 1 smūgis 2 dūris

jabber [ˈdʒæbə] *v* taukšti; veblėti
jack [dʒæk] *n* 1 žmogus, vaikinas
2 (*kortų*) valetas, berniukas 3 *tech.*
domkratas, kėliklis △ *J. of all trades*
visų galų meistras; *every man ~* visi
iki vieno *v* (pa)kelti domkratu
jackal [ˈdʒækɔːl] *n zool.* šakalas
jackass [ˈdʒækæs] *n* 1 *ret.* asilas 2 kvai-
lys
jackboot [ˈdʒækbuːt] *n* aulinis batas
(*aukščiau kelių*)
jackdaw [ˈdʒækdɔː] *n* kuosa
jacket [ˈdʒækɪt] *n* 1 švarkas; striukė
2 (*gyvulio*) kailis 3 (*knygos*) aplankalas
4 (*mašinos*) apgaubas 5 (*bulvių*) lupe-
na △ *to dust smb's ~* iškaršti kam
kailį, prilupti ką
jack-knife [ˈdʒæknaɪf] *n* didelis lenkti-
nis peilis
jade [dʒeɪd] I *n min.* nefritas
jade II *n* kuinas ~d [-ɪd] *a* nusivaręs,
nusikamavęs
jagged, jaggy [ˈdʒegɪd, ˈdʒægɪ] *a* nely-
gus, dantytas
jaguar [ˈdʒægjuə] *n* jaguaras
jail [dʒeɪl] *n* kalėjimas *v* uždaryti į kalė-
jimą ~er *n* kalėjimo sargas
jam [dʒæm] I *v* 1 suspausti 2 grūsti(s);
kimšti 3 užtverti (*kelią*) 4 *tech.* už-
sikirsti 5 *rad., tel.* trukdyti, slopinti
transliaciją *n* 1 spūstis; susigrūdimas;
kamšatis 2 *tech.* (*mašinos*) užsikirti-
mas 3 *rad., tel.* trukdymas, trukdžiai
jam II *n* uogienė
jamb [dʒæm] *n* stakta; rėmas
jamboree [ˌdʒæmbəˈriː] *n* 1 pasilinks-
minimas, pokylis 2 (*skautų*) sąskrydis
jangle [ˈdʒæŋgl] *v* 1 džerškėti 2 triukš-
mauti
janitor [ˈdʒænɪtə] *n* 1 durininkas 2
amer. prižiūrėtojas, sargas
January [ˈdʒænjuərɪ] *n* sausis (*mėnuo*)
Japanese [ˌdʒæpəˈniːz] *n* 1 japonas;
the ~ japonai 2 japonų kalba *a* ja-
poniškas, japonų; Japonijos
jar [dʒɑː] I *n* 1 rėžiantis ausį, šaižus
garsas; girgždesys 2 (su)drebėjimas;
sukrėtimas *v* 1 (su)girgždėti 2 sukrėsti;

sudrebinti **3** nesiderinti **4** erzinti, nervinti (*on*)

jar II *n* ąsotis; stiklainis, stiklinis indas

jargon [ˈdʒɑːgən] *n* 1 žargonas 2 nesuprantama kalba

jasmine [ˈdʒæsmɪn] *n bot.* jazminas

jaundice [ˈdʒɔːndɪs] *n med.* gelta ~d *a* pavydus, skeptiškas

jaunt [dʒɔːnt] *n* iškyla, išvyka *v* iškylauti; pasivažinėti ~y *a* linksmas, gyvas

javelin [ˈdʒævlɪn] *n* ietis

jaw [dʒɔː] *n* 1 *anat.* žandikaulis; žandas **2** *pl* nasrai; žiotys; *in the* ~s *of death* mirties nasruose **3** *šnek.* plepėjimas **4** *tech.* gnybtas, žiauna *v šnek.* plepėti, kalbėti ~**bone** [-bəun] *n* žandikaulis

jay [dʒeɪ] *n zool.* kėkštas

jazz [dʒæz] *n* džiazas *v* 1 griežti (*apie džiazą*) **2** šokti (*grojant džiazui*) ☐ *to* ~ *up* pagyvinti, pralinksminti

jazzy [ˈdʒæzɪ] *a* 1 džiazo 2 blogo skonio

jealous [ˈdʒeləs] *a* pavydus; pavydulingas ~**y** *n* pavydas; pavyduliavimas

jeans [dʒiːnz] *n pl* džinsai

jeep [dʒiːp] *n* džipas

jeer [dʒɪə] *v* išjuokti, tyčiotis (*at*) *n* tyčiojimasis; *pl* patyčios

jelly [ˈdʒelɪ] *n* želė; drebučiai; *meat* ~ šaltiena *v* (su)stingti ~**fish** [-fɪʃ] *n zool.* medūza

jeopard||ize [ˈdʒepədaɪz] *v* statyti į pavojų, rizikuoti ~**y** *n* pavojus, rizika

jerk [dʒəːk] *n* 1 staigus judesys **2** *pl* gimnastikos pratimai (*t.p.* *physical* ~s) *v* stumtelėti; trūkčioti, trauk(y)ti ~**y** *a* 1 trūkčiojamas **2** *prk.* nelygus

jerry-built [ˈdʒerɪbɪlt] *a* greitomis pastatytas

jersey [ˈdʒəːzɪ] *n* 1 megztinis, nertinis **2** plona vilna **3** (**J.**) Džersio veislės karvė

jest [dʒest] *n* juokas; sąmojis; *in* ~ juokais *v* 1 juoktis (*at* – *iš*) **2** juokauti

jet [dʒet] I *n min.* gagatas

jet II *n* 1 srovė, čiurkšlė 2 reaktyvinis lėktuvas *v* veržtis srove *a* reaktyvinis

jet-black [ˈdʒetˈblæk] *a* juodas, kaip smala

jet-propelled [ˈdʒetprəˈpeld] *a* su reaktyviniu varikliu

jet||sam [ˈdʒetsəm] *n* krovinys (*išmestas iš laivo, ištikus avarijai*) ~**tison** [ˈdʒetɪsn] *v* išmesti iš laivo dalį krovinio

jetty [ˈdʒetɪ] *n* 1 damba; molas **2** prieplauka

Jew [dʒuː] *n* žydas

jewel [ˈdʒuːəl] *n* brangenybė, brangakmenis *v* puošti brangakmeniais ~**ler** *n* juvelyras ~(**le**)**ry** [-rɪ] *u* brangenybės

Jew||ess [ˈdʒuːɪs] *n* žydė ~**ish** *a* žydų, žydiškas

jib [dʒɪb] *v* staiga sustoti, užsispirti ~**ber** *n* nartus arklys

jiffy [ˈdʒɪfɪ] *n šnek.* akimirksnis, valandėlė; *in a* ~ vienu akimirksniu

jig [dʒɪg] *n* 1 džigas (*šokis*) **2** nedidelis įrankis *v* 1 šokinėti **2** šokti džigą

jiggle [ˈdʒɪgl] *v* sukinėti ☐ *to* ~ *about* svyrinėti; krypinėti

jigsaw [ˈdʒɪgsɔː] *n* pjūklelis (*fanerai*)

jingle [ˈdʒɪŋgl] *n* 1 skambesys; žvangėjimas **2** *liter.* aliteracija *v* žvangėti, skambėti

jingoism [ˈdʒɪŋgəuɪzm] *n* šovinizmas

jinx [dʒɪŋks] *n* nelaimę nešantis žmogus / daiktas; prakeikimas

job [dʒɔb] *n* 1 darbas, tarnyba; *out of a* ~ be darbo **2** užduotis; vienetinis darbas; *by the* ~ pavienečiui, už atliktą darbą **3** *šnek.* nešvarus darbelis; apiplėšimas △ *bad* ~ beviltiškas reikalas; ~ *lot* pigūs daiktai, parduodami kartu; *just the* ~ *šnek.* kaip tik tai, ko reikia ~**less** *a* bedarbis

jockey [ˈdʒɔkɪ] *n* žokėjus *v* pergudrauti, apgauti; *to* ~ *for position* gudrumu stengtis įgyti pranašumą

jocular [ˈdʒɔkjulə] *a* juokaujamas; linksmas, komiškas

jog [dʒɔg] *n* 1 lėtas važiavimas / ėjimas **2** lėtas bėgimas ristele *v* 1 pastumti **2** kratyti(s) (*važiuojant*) **3** lėtai bėgti / judėti

joggle [ˈdʒɔgl] *v* kresčioti; kratytis(s)

jogtrot [ˈdʒɔgtrɔt] n ristelė

join [dʒɔɪn] n sujungimas; sujungimo vieta v 1 su(si)jungti; sunerti, surišti (t.p. to ~ together); to ~ hands a) imtis už rankų; b) vienytis 2 prisidėti, prisijungti □ to ~ up įstoti į kariuomenę ~er n stalius

joint [dʒɔɪnt] n 1 sujungimo vieta 2 sąnarys; out of ~ išnarintas v sunarstyti; išnarstyti a (su)jungtinis, bendras ~-stock [-stɔk] n akcinis kapitalas ~ly adv kartu, drauge

joist [dʒɔɪst] n sija, gegnė

jok‖e [dʒəuk] n juokas, sąmojis; pokštas; to play a ~ on smb iškrėsti kam pokštą; to see a ~ suprasti juoką / sąmojį; It is no ~ tai ne juokai, dalykas rimtas v juokauti; pasijuokti ~er n 1 juokdarys, pokštininkas 2 (kortų) džiokeris

jolly [ˈdʒɔlɪ] a 1 linksmas, smagus 2 šnek. puikus, žavus adv šnek. labai; all ~ fine viskas (labai) gerai

jolt [dʒəult] n kratymas; atsitrenkimas v 1 kratyti 2 prk. sukrėsti a trankus, kratus

jostle [ˈdʒɔsl] v 1 stumdyti(s); grūstis 2 grumtis (for – dėl) 3 susidurti, atsimušti (against) □ to ~ away išstumti

jot [dʒɔt] n truputėlis, nežymus kiekis v trumpai užrašyti (t.p. to ~ down)

journal [ˈdʒəːnl] n 1 žurnalas; laikraštis 2 dienoraštis ~ese [ˌdʒəːnəˈliːz] n laikraštinė kalba ~ism n žurnalistika ~ist n žurnalistas ~istic [ˌdʒəːnəˈlɪstɪk] a žurnalistinis ~ize v rašyti žurnalą / dienoraštį

journey [ˈdʒəːnɪ] n kelionė; išvyka; to take a ~ išsirengti į kelionę; to be on a ~ keliauti v keliauti

jovial [ˈdʒəuvɪəl] a linksmas, draugiškas

jowl [dʒaul] n žandikaulis; žandas

joy [dʒɔɪ] n 1 džiaugsmas 2 šnek. laimė; I wish you ~ linkiu jums laimės ~ful a linksmas, džiaugsmingas ~less a liūdnas, bedžiaugsmis

jubil‖ate [ˈdʒuːbɪleɪt] v džiūgauti ~ee [-liː] n jubiliejus

Judas [ˈdʒuːdəs] n išdavikas, judas

judge [dʒʌdʒ] n 1 teisėjas 2 žinovas; ekspertas; pl žiuri v 1 teisti 2 spręsti; to ~ by appearances spręsti iš išorės ~ment n 1 nuosprendis; (teismo) sprendimas 2 sveikas protas 3 nuomonė

judici‖al [dʒuːˈdɪʃl] a 1 teismo; teisminis 2 kritiškas; bešališkas ~ous [-ˈdɪʃəs] a sveiko proto, protingas

judo [ˈdʒuːdəu] n dziudo (imtynės)

jug [dʒʌg] n ąsotis ~ful [-ful] n pilnas ąsotis

juggl‖e [ˈdʒʌgl] n 1 žongliravimas, fokusas 2 apgavimas, suktybė v 1 žongliruoti (t.p. prk.); daryti fokusus 2 sukčiauti ~er n 1 žonglierius, fokusininkas 2 šukčius

jugular [ˈdʒʌgjulə] a anat. kaklo

juic‖e [dʒuːs] n 1 syvai, sultys 2 šnek. elektros srovė 3 šnek. benzinas ~y a 1 sultingas 2 šnek. įdomus, pikantiškas

July [dʒuːˈlaɪ] n liepa (mėnuo)

jumble [ˈdʒʌmbl] n 1 kratinys, betvarkė 2 maišatis v maišyti(s); sujaukti □ to ~ up susimaišyti ~-sale [-seɪl] n (įvairių prekių) pigus išpardavimas

jumbo [ˈdʒʌmbəu] n didžiulis / gremėzdiškas žmogus / gyvulys / daiktas

jump [dʒʌmp] n 1 šuolis (t.p. sport.); high ~ šuolis į aukštį; long ~ šuolis į tolį; standing ~ šuolis iš vietos; running ~ šuolis įsibėgėjus 2 (the ~s) pl krūpčiojimas, traukuliai v 1 (pa)šokti; peršokti (t.p. to ~ over), šokinėti (t.p. to ~ about) 2 užsipulti, mestis (at, on – prie); pasigauti (mintį; at) □ to ~ up pašokti

jumper [ˈdʒʌmpə] I n džemperis (megztinis)

jump‖er II n šuolininkas ~y a 1 nervingas; nervinantis 2 šokinėjantis (apie kainas)

junction [ˈdʒʌŋkʃn] n 1 su(si)jungimas 2 glžk. mazgas

juncture [ˈdʒʌŋktʃə] n 1 susijungimas 2 padėtis, konjunktūra; at this ~

šiuo konkrečiu atveju, susidariusiomis aplinkybėmis

June [dʒuːn] *n* birželis (*mėnuo*)

jungle [ˈdʒʌŋgl] *n* 1 džiunglės (*t.p. prk.*) 2 brūzgynai

junior [ˈdʒuːnɪə] *a* jaunesnis; jaunesnysis *n* jaunesnysis; žemesnysis

juniper [ˈdʒuːnɪpə] *n bot.* kadagys

junk [dʒʌŋk] *n* 1 šlamštas; nereikalingi daiktai 2 makulatūra *v* išmesti kaip nereikalingą

junket [ˈdʒʌŋkɪt] *n* 1 saldi varškė su vaisiais / grietinėle 2 *šnek.* valdžios apmokama išvyka / iškyla

junk-shop [ˈdʒʌŋkʃɔp] *n* sendaikčių krautuvė

junta [ˈdʒʌntə] *n* chunta

juridical [dʒuəˈrɪdɪkl] *a* juridinis; teisminis

jurisdiction [ˌdʒuərɪsˈdɪkʃn] *n* jurisdikcija

jurisprudence [ˌdʒuərɪsˈpruːdns] *n* teisės mokslas; jurisprudencija

jur‖ist [ˈdʒuərɪst] *n* teisininkas, juristas ~or [ˈdʒuərə] *n* žiuri narys

jury [ˈdʒuərɪ] *n* 1 prisiekusieji 2 žiuri ~-box [-bɔks] *n* prisiekusiųjų suolas (*teismo salėje*)

just [dʒʌst] *a* 1 teisingas 2 pelnytas; pagrįstas *adv* 1 lygiai, kaip tik; ~ as you say kaip tik taip, kaip jūs sakote 2 ką tik △ ~ a minute palauk(ite) valandėlę ~ly *adv* 1 teisingai 2 pelnytai

justice [ˈdʒʌstɪs] *n* 1 teisingumas; teisumas; to administer ~ vykdyti teisingumą 2 teisėjas △ to do ~ a) prideramai įvertinti; b) pripažinti (*pvz., kieno sugebėjimus*)

justif‖iable [ˌdʒʌstɪˈfaɪəbl] *a* pateisinamas; atleistinas ~ication [-fɪˈkeɪʃn] *n* pa(si)teisinimas; išteisinimas ~y [ˈdʒʌstɪfaɪ] *v* 1 pateisinti; išteisinti; dovanoti 2 patvirtinti (*faktais*)

jut [dʒʌt] *n* išsikišimas *v* pasiduoti į priekį, išsikišti (*t.p.* to ~ out)

jute [dʒuːt] *n* džiutas

juvenile [ˈdʒuːvənaɪl] *n* jaunuolis, paauglys *a* jaunas, jaunuoliškas; ~ delinquent nepilnametis nusikaltėlis

juxtapos‖e [ˌdʒʌkstəˈpəuz] *v* sugretinti; sustatyti šalia ~ition [ˌdʒʌkstəpəˈzɪʃn] *n* sugretinimas

K

K, k [keɪ] *n* vienuoliktoji anglų abėcėlės raidė

kale [keɪl] *n* garbanotasis kopūstas

kangaroo [ˌkæŋgəˈruː] *n zool.* kengūra

Karelian [kəˈriːlɪən] *n* karelas *a* karelų; Karelijos

Kazakh [kɑːˈzɑːk] *n* 1 kazachas 2 kazachų kalba *a* kazachų; Kazachijos

keel [kiːl] *n* (*laivo*) kilis △ on an even ~ nesisupant į šonus; lygiai *v* versti ant šono (*laivą*) □ to ~ over ap(si)versti

keen [kiːn] *a* 1 labai trokštantis; entuziastingas; to be ~ (*on*) a) trokšti; mėgti; b) labai domėtis 2 kiaurai veriantis; smarkus (*apie šaltį, alkį*) 3 aštrus (*t.p. prk. apie uoslę, protą*)

keep [kiːp] *v* (kept) 1 (iš)laikyti; (iš)saugoti 2 būti, laikytis (*tam tikroje padėtyje*) 3 laikytis, tesėti 4 užlaikyti; sulaikyti (*from - nuo*) 5 toliau (*ką*) daryti 6 tvarkyti, vesti (*žurnalą, sąskaitybą ir pan.*); to ~ house vesti namų ūkį □ to ~ away a) saugotis (*šuns, ugnies ir pan.*); b) laikytis nuošalyje; c) slėpti; to ~ back a) sulaikyti; užlaikyti, neduoti; b) (nu)slėpti (*faktus*); to ~ down a) sulaikyti didėjimą; b) engti; (nu)malšinti; to ~ in a) neišleisti; palikti po pamokų (*mokinį*); b) išlaikyti gerus santykius (*with*); to ~ off a) laikyti(s) toliau; neprileisti; ~ off! atgal!; b) susilaikyti; to ~ on toliau (*ką*) daryti; to ~ out a) neprileisti, neįleisti; b) nesikišti, laikytis nuošalyje; to ~ together būti / pasilikti kartu; to ~ under laikyti savo žinioje; to ~ up a) palaikyti, neleisti kristi (*pvz., kainoms*); b) būti

žvaliam; c) išsilaikyti; d) (*with*) neat-
silikti, spėti (*kartu eiti*) *n* išlaikymas;
maistas △ **for** ~**s** visam laikui, amži-
nai

keep||er ['ki:pə] *n* saugotojas; sargas
~**ing** *n* 1 laikymas; valdymas 2 sau-
gojimas; *in safe* ~*ing* saugiai; *in
smb's* ~*ing* kieno globoje 3 sutari-
mas, harmonija; *to be in* ~*ing* (*with*)
derintis (*su*) ~**sake** [-seik] *n* atminimo
dovana

keg [keg] *n* statinaitė

ken [ken] *n*: *beyond his* ~ jam nesu-
prantama

kennel ['kenl] *n* 1 šuns būda 2 lūšna

kept [kept] *past ir pp žr.* keep

kerb [kə:b] *n* šaligatvio pakraštys

kerchief ['kə:tʃif] *n* skepeta, skarelė

kernel ['kə:nl] *n* 1 (*riešuto ir pan.*)
branduolys 2 (*dalyko*) esmė; racio-
nalus grūdas

kerosene ['kerəsi:n] *n* žibalas

ketchup ['ketʃəp] *n* aštrus pomidorų pa-
dažas

kettle ['ketl] *n* (*metalinis*) arbatinis △
a pretty / nice ~ *of fish iron.* na,
ir istorija!

kettledrum ['ketldrʌm] *n muz.* litaurai

key [ki:] *n* 1 raktas 2 *muz.* raktas;
tonas 3 klavišas 4 *attr* svarbiausias,
pagrindinis; ~ *industries* svarbiau-
sios pramonės šakos △ *to get / have
the* ~ *of the street* atsidurti gatvė-
je, netekti pastogės; *golden / silver*
~ kyšiai, papirkimas *v* 1 sutvirtinti
(*pleištu*) 2 (su)derinti (*muz. instru-
mentą*) □ *to* ~ *in* įvesti duomenis (*į
kompiuterį*) ~**board** [-bɔ:d] *n* 1 kla-
viatūra 2 *el.* komutatorius ~**hole**
[-həul] *n* raktaskylė ~**note** [-nəut] *n*
1 *muz.* pagrindinis tonas 2 *prk.* pa-
grindinė mintis, leitmotyvas ~**stone**
[-stəun] *n* kertinis akmuo

khaki ['kɑ:ki] *a* chaki spalvos *n* chaki
spalvos audinys

kick [kik] *v* 1 spirti; spardyti(s) 2 ati-
trenkti (*apie šautuvą*); atšokti (*t.p. to*
~ *back*) 3 spirtis, priešintis (*against*,

at) □ *to* ~ **back** atmokėti (*tuo pa-
čiu*); *to* ~ **off** a) nusimesti (*batus*);
b) pradėti žaidimą iš aikštės vidurio
(*futbole*); c) pradėti; *to* ~ **out** a) iš-
spirti; b) išvaryti; *to* ~ **up** sukel-
ti (*dulkes, triukšmą*) △ *to* ~ *smb
upstairs* garbingai ką atleisti (*sutei-
kiant tariamai geresnę tarnybą*); *to*
~ *downstairs* nuleisti nuo laiptų; iš-
mesti *n* 1 spyris, spyrimas 2 (*šautuvo*)
atatranka

kid [kid] *n* 1 ožiukas; ~ *gloves* (*minkš-
tos odos*) pirštinės 2 *šnek.* vaikas
3 *amer.* vaikinas *v šnek.* apgaudinėti
~**dy** *n* kūdikis, vaikiukas

kidnap ['kidnæp] *v* pagrobti (*vaiką*);
prievarta / apgaule išvežti ~**per** *n*
(*žmonių, ypač vaikų*) pagrobėjas

kidney ['kidni] *n* inkstas ~**-beans**
[-bi:nz] *n pl* pupelės

kill [kil] *v* 1 užmušti, (nu)žudyti; sker-
sti 2 *prk.* (pra)žudyti, (su)naikinti
3 *šnek.* pritrenkti, sužavėti □ *to* ~
off a) atsikratyti; b) sunaikinti *n* 1 nu-
žudymas, užmušimas 2 (*medžiotojo*)
laimikis △ *to be in at the* ~ daly-
vauti nužudant / varžybose *ir pan.*; *to
move in for the* ~ pasiruošti paskuti-
niam smūgiui ~**er** *n* žudikas ~**ing**
n nužudymas, užmušimas *a* mirtinas;
varginantis ~**joy** [-dʒɔi] *n* giželis; as-
muo, gadinantis kitiems malonumą /
džiaugsmą

kilo ['ki:ləu] *n* kilogramas

kilo- ['kilə-] (*sudurt. žodžiuose*) kilo-
(*tūkstantis*)

kilo||gram(me) ['kiləgræm] *n* kilogra-
mas ~**metre**, *amer.* ~**meter** [-mi:-
tə] *n* kilometras ~**watt** [-wɔt] *n* ki-
lovatas ~**watt-hour** [ˌkiləwɔt'auə] *n*
kilovatvalandė

kilt [kilt] *n* kiltas (*škotų sijonėlis*)

kimono [ki'məunəu] *n* kimono

kin [kin] *n* giminaičiai

kind [kaind] I *n* 1 rūšis; *all* ~*s of* viso-
kių rūšių; *what* ~ *of*? koks? 2 veis-
lė △ *in* ~ a) natūra; b) tuo pačiu;
nothing of the ~ nieko panašaus

kind II *a* 1 geras, malonus, meilus; *with* ~(*est*) *regards*, *Yours* ... su širdingiausiais sveikinimais Jūsų ... (*laiško pabaigoje*)

kindergarten [ˈkɪndəgɑːtn] *n vok.* vaikų darželis

kind-hearted [ˈkaɪndˈhɑːtɪd] *a* geras, geraširdis; minkštaširdis

kindle [ˈkɪndl] *v* užkurti; uždegti (*t.p. prk.*)

kindliness [ˈkaɪndlɪnɪs] *n* gerumas

kindling [ˈkɪndlɪŋ] *n* prakurai

kindly [ˈkaɪndlɪ] *a* geras, malonus *adv* maloniai; švelniai; ~ *show me the way* malonėkite parodyti man kelią

kindness [ˈkaɪndnɪs] *n* 1 gerumas; *have the* ~ malonėkite; prašom 2 geras darbas, malonė

kindred [ˈkɪndrɪd] *n* 1 giminingumas; giminystė 2 giminės *a* 1 giminingas 2 panašus

kinetic [kɪˈnetɪk] *a fiz.* kinetinis

king [kɪŋ] *n* karalius (*t.p. prk.*) ~**dom** *n* karalystė ~**ly** *a* didingas; karališkas

kink [kɪŋk] *n* 1 mazgas, kilpa 2 *šnek.* (*būdo*) keistenybė *v* susimazgioti; susisukti

kin‖**sfolk** [ˈkɪnzfəuk] *n* giminės ~**ship** [ˈkɪnʃɪp] *n* 1 giminystė 2 panašumas ~**sman** [ˈkɪnzmən] *n ret.* giminaitis, giminė ~**swoman** [ˈkɪnzwumən] *n ret.* giminaitė

kiosk [ˈkiːɔsk] *n* kioskas

kipper [ˈkɪpə] *n* rūkyta silkė

Kirghiz [ˈkəːgɪz] *n* 1 kirgizas 2 kirgizų kalba *a* kirgizų; Kirgizijos

kiss [kɪs] *n* bučinys; pa(si)bučiavimas; *to give a* ~ pabučiuoti; *to steal / snatch a* ~ pabučiuoti vogčiomis *v* bučiuoti(s); *to* ~ *one's hand* (*to*) pasiųsti bučinį (*ranka*)

kit [kɪt] *n* 1 (*reikmenų*) komplektas; reikmenys 2 kuprinė ~**bag** [-bæg] *n* daiktmaišis

kitchen [ˈkɪtʃɪn] *n* virtuvė; *public* ~ viešoji valgykla (*bedarbiams*) ~

-garden [ˌkɪtʃɪnˈgɑːdn] *n* daržas ~ **-maid** [-meɪd] *n* indų plovėja

kite [kaɪt] *n* 1 *zool.* peslys 2 (*popierinis*) aitvaras; *to fly a* ~ leisti aitvarą

kith [kɪθ] *n*: ~ *and kin* pažįstami ir giminės

kitsch [kɪtʃ] *n* menkavertis kūrinys, kičas

kitten [ˈkɪtn] *n* kačiukas

kitty [ˈkɪtɪ] I *n* katytė (*šaukiant vaiką / katę*)

kitty II *n* 1 sudėti pinigai (*bendram naudojimui*) 2 bankas (*lošiant kortomis*)

knack [næk] *n* mokėjimas; sugebėjimas; įgudimas

knapsack [ˈnæpsæk] *n* kuprinė

knav‖**e** [neɪv] *n* 1 niekšas 2 (*kortų*) valetas ~**ery** *n* niekšiškumas

knead [niːd] *v* 1 minkyti (*molį, tešlą*) 2 masažuoti

knee [niː] *n* 1 kelis; *to bring smb to his* ~*s prk.* paklupdyti ką ant kelių; *to be on one's* ~*s* klūpoti; *up to one's* ~*s* iki kelių 2 *tech.* (jungiamoji) alkūnė *v* suduoti (*kam*) keliu ~**cap** [-kæp] *n* 1 kelio girnelė 2 antkelis ~ **-deep** [-ˈdiːp] *a* iki kelių (*apie gylį*) ~ **-high** [-ˈhaɪ] *a* iki kelių (*apie aukštį*)

kneel [niːl] *v* (**knelt** [nelt], *amer.* **kneeled**) klaupti(s), klūpoti

knew [njuː] *past žr.* **know**

knickers [ˈnɪkəz] *n pl šnek.* 1 (**knickerbockers** *sutr.*) golfo kelnės 2 (*moteriškos*) kelnaitės

knick-knacks [ˈnɪknæks] *n pl* niekučiai, dailės mažmožiai

knife [naɪf] *n* (*pl* **knives**) 1 peilis 2 skalpelis; *šnek.* chirurginė operacija △ *to get / have a* ~ *in*(*to*) *smb šnek.* negailestingai pulti, nuolat kritikuoti ką; *to play a good* ~ *and fork* valgyti su apetitu *v* sužeisti peiliu ~**-edge** [-edʒ] *n* peilio ašmenys △ *on a* ~ **-edge** a) kaip ant adatų; b) kaip ant plauko

knight [naɪt] *n* 1 riteris (*t.p. titulas, žemesnis už baroneto*) 2 *šachm.* žirgas ~**hood** *n* riteriai ~**ly** *a* riteriškas

knit [nɪt] *v* (knitted, knit) 1 megzti
2 suraukti (*antakius*) 3 suaugti (*apie
kaulus*) 4 jungtis, vienytis □ to ~ up
a) numegzti; b) *prk.* užbaigti (*ginčą
ir pan.*) ~ted *a* megztas, trikotažinis
n 1 mezgimas 2 mezginys; trikotažas
~wear [-weə] *n* trikotažo gaminiai
knives [naɪvz] *n pl žr.* knife
knob [nɔb] *n* 1 bumbulas, gumbas
2 (*apskrita durų*) rankena 3 (*cukraus,
anglies ir pan.*) gabaliukas 4 *tech.*
rankenėlė, mygtukas ~by *a* gumbuo-
tas
knock [nɔk] *v* 1 (pa)barbenti, (pa)bels-
ti; to ~ at the door (on the win-
dow) belsti į duris (langą) 2 trankyti;
trenkti(s), susiduoti, trankytis 3 pri-
trenkti, nustebinti □ to ~ about
trankytis, bastytis; to ~ back trauk-
ti, (iš)gerti; to ~ down a) partrenkti;
b) nugriauti; c) sugriauti (*argumen-
tus ir pan.*); d) parduoti (*aukcione*);
to ~ off a) numušti; b) išmesti (*iš
sąrašo*); c) *šnek.* (*greitai*) baigti (*dar-
bą*); d) *šnek.* pavogti; to ~ out a) iš-
mušti, išdaužti; b) pritrenkti; c) *sport.*
nokautuoti; to ~ together greitomis
suruošti, sulipdyti; to ~ up a) mušti
aukštyn (*sviedinį*); b) greitomis patai-
syti, sukalti; c) pakelti, išbudinti (*bel-
džiant*) *n* 1 beldimas 2 smūgis (*t.p.
prk.*) 3 *aut.* detonacija
knockdown [ˈnɔkdaun] *n sport.* nok-
daunas *a* 1 triuškinantis (*apie smūgį*)
2 žemiausias (*apie kainą*)
knocker [ˈnɔkə] *n* plaktukas prie durų
(*vietoj skambučio*)
knockout [ˈnɔkaut] *n* 1 *sport.* nokau-
tas 2 *šnek.* gražuolis *a* 1 triuškinamas
2 eliminacinis (*apie varžybas*)
knot [nɔt] *n* 1 mazgas 2 šakelė, šaka
(*medienoje*) *v* surišti mazgu; užmegzti
~ty *a* 1 mazguotas 2 sunkus, sudė-
tingas
know [nəu] *v* (knew; known) 1 žino-
ti; pažinti; to get to ~ sužinoti; to
~ by sight pažinti iš veido; to ~
by name pažinti iš pavardės 2 mokėti

3 atskirti (*from*) *n*: to be in the ~
būti (gerai) informuotam
know‖all [ˈnəuɔːl] *n* visažinis ~-how
[-hau] *n* 1 patyrimas, mokėjimas (*ką
daryti*) 2 techninės žinios ~ing *a* su-
prantantis, nusimanantis ~ingly *adv*
1 sąmoningai 2 suprantančiai
knowledge [ˈnɔlɪdʒ] *n* 1 žinojimas, mo-
kėjimas, žinios; *patchy* ~ padrikos
žinios; to my ~ kiek man žinoma;
branches of ~ mokslo šakos 2 paži-
nimas; pažintis
known [nəun] *pp žr.* know *a* žinomas,
garsus
know-nothing [ˈnəunʌθɪŋ] *n* 1 nemok-
ša, neišmanėlis 2 *filos.* agnostikas
knuckle [ˈnʌkl] *n* piršto sąnarys, krum-
plys *v* suduoti, trinktelėti krumpliais
□ to ~ down (*to*) (ryžtingai) imtis
(*darbo*); to ~ under pasiduoti, pa-
klusti ~-duster [-dʌstə] *n* kastetas
Koran [kəˈrɑːn] *n* koranas
Korean [kəˈriːən] *n* 1 korėjietis 2 korė-
jiečių kalba *a* korėjiečių; Korėjos
kowtow [ˌkauˈtau] *v* 1 žemai lenktis
2 pataikauti
Kremlin [ˈkremlɪn] *n* Kremlius
Ku-Klux-Klan [ˌkuːklʌksˈklæn] *n* ku-
kluksklanas

L

L, l [el] *n* dvyliktoji anglų abėcėlės raidė
la [lɑː] *n muz.* nata la
label [ˈleɪbl] *n* etiketė *v* priklijuoti eti-
ketę
labial [ˈleɪbɪəl] *a* lūpinis *n* lūpinis garsas
labor [ˈleɪbə] *amer. žr.* labour
laboratory [ləˈbɔrətrɪ] *n* laboratorija
laborious [ləˈbɔːrɪəs] *a* sunkus
labour [ˈleɪbə] *n* 1 darbas; triūsas;
forced ~ priverstinis darbas; *hard*
~ katorgos darbai; *a* ~ of love ne-
savanaudiškas darbas; *lost* ~ tuš-
čios pastangos 2 darbininkų klasė;
darbininkai 3 gimdymas; to be in
~ gimdyti 4 *attr* darbo; ~ *dispute*

darbo konfliktas; **L. Party** leiboristų
partija; **L. Exchange** darbo birža
v 1 dirbti; triūsti 2 siekti (*for*); **to
~ for peace** siekti taikos **3** stumtis
su vargu pirmyn **4** tebemanyti, kank-
intis (*under*) **5** kruopščiai paruošti /
apdoroti **~er** [-rə] *n* (*nekvalifikuotas*)
darbininkas **~-saving** [-seɪvɪŋ] *a* tau-
pantis darbą, racionalizacinis
labyrinth [ˈlæbərɪnθ] *n* labirintas
lace [leɪs] *n* 1 (bat)raištis 2 nėriniai
 v 1 surišti, suvarstyti 2 papuošti
 nėriniais
lacerate [ˈlæsəreɪt] *v* draskyti, plėšyti;
 ~d wound plėštinė žaizda
lachrymose [ˈlækrɪməus] *a* knyg. verks-
 mingas
lack [læk] *n* trūkumas, stoka, nepritek-
 lius *v* stokoti, trūkti
lackey [ˈlækɪ] *n* liokajus
lacking [ˈlækɪŋ] *a* trūkstamas
lacklustre [ˈlæklʌstə] *a* blausus, blan-
 kus
laconic [ləˈkɔnɪk] *a* trumpas, lakoniškas
lacquer [ˈlækə] *n* lakas, politūra
lactose [ˈlæktəus] *n* chem. pieno cuk-
 rus, laktozė
lacy [ˈleɪsɪ] *a* nėrinių; nėriniuotas
lad [læd] *n* vaikinas, berniokas
ladder [ˈlædə] *n* 1 kopėčios 2 (*karjeros*)
 laiptai
laden [ˈleɪdn] *a* prikrautas; apsunkintas
ladies [ˈleɪdɪz] *n* 1 pl žr. **lady** 2 moterų
 tualetas (*t.p.* **~' room**)
ladle [ˈleɪdl] *n* samtis *v* semti, samstyti
 □ **to ~ out** a) išsemti; b) (iš)dalyti
lady [ˈleɪdɪ] *n* 1 ponia, dama; **young
 ~** panelė; **my ~** ponia (*kreipiantis*)
 2 (**L.**) ledi (*titulas*) **3** mylimoji, širdies
 dama **4** attr žymi moteriškąją giminę,
 pvz.: **~ doctor** daktarė; **~ friend**
 draugė △ **ladies' man** kavalierius;
 Our L. bažn. Dievo motina **~bird**
 [-bə:d] *n* dievo karvytė, boružė **~-in-
 waiting** [ˌleɪdɪnˈweɪtɪŋ] *n* freilina
lady||-killer [ˈleɪdɪkɪlə] *n* širdžių ėdikas
 ~like [-laɪk] *a* gerai išauklėta, gerų

manierų **~ship** *n* ledi titulas / padė-
 tis; **your ~ship** jūsų malonybe (*krei-
 piantis*)
lag [læg] *n* atsilikimas, vėlavimasis *v* at-
 silikti (*t.p.* **to ~ behind**)
lager [ˈlɑ:gə] *n* nestiprus alus
laggard [ˈlægəd] *n* atsilikėlis
lagoon [ləˈgu:n] *n* geogr. lagūna
laid [leɪd] *past* ir *pp* žr. **lay; ~-back**
 [-bæk] *a* ramus, nevaržomas
lain [leɪn] *pp* žr. **lie** II
lair [leə] *n* (*žvėries*) urvas, guolis
lake [leɪk] *n* ežeras **~let** *n* ežerėlis
 ~side [-saɪd] *n* paežerė
lamb [læm] *n* 1 ėriukas 2 ėriena △ **like
 a ~** nuolankiai *v* ėriuotis
lambskin [ˈlæmskɪn] *n* ėrena
lame [leɪm] *a* 1 raišas, luošas; **~ in a
 leg** viena koja šlubas 2 nevykęs
lament [ləˈment] *n* verksmas; rauda
 v (ap)verkti; bėdoti, dejuoti **~able**
 a liūdnas, apgailėtinas; verksmingas
 ~ation [ˌlæmenˈteɪʃn] *n* verksmas;
 raudojimas
laminate [ˈlæmɪneɪt] *v* 1 sluoksniuo-
 ti(s) 2 gaminti plastmasę (*iš plony-
 sluoksnių / lakštų*) **3** padengti (*plast-
 mase, metalu*)
lamp [læmp] *n* lempa
lampoon [læmˈpu:n] *n* paskvilis; pam-
 fletas
lamp||post [ˈlæmppəust] *n* žibinto stul-
 pas △ **between you and me and
 the ~** tarp mūsų (kalbant) **~shade**
 [-ʃeɪd] *n* abažūras, lempos gaubtas
lance [lɑ:ns] *n* ietis *v* prapjauti lancetu
 (*pūlinį*)
lancet [ˈlɑ:nsɪt] *n* lancetas
land [lænd] *n* 1 sausuma, žemė; **by ~**
 sausuma 2 šalis, kraštas △ **let us see
 how the ~ lies** pažiūrėkime, kokie
 reikalai *v* 1 išsikelti, išlipti 2 av. nusi-
 leisti, (nu)tūpti
land||ed [ˈlændɪd] *a* žemės; turintis
 (*daug*) žemės **~fall** [-fɔ:l] *n* pirmasis
 žemės pasirodymas horizonte **~hol-
 der** [-həuldə] *n* žemės sklypo savinin-
 kas / nuomininkas

landing ['lændɪŋ] *n* 1 išsikėlimas; nutūpimas; išlipimo / išlaipinimo / nutūpimo vieta 2 laiptų aikštelė ~**stage** [-steɪdʒ] *n* prieplauka

land‖**lady** ['lændleɪdɪ] *n* (*buto, viešbučio*) savininkė, šeimininkė ~**lord** [-lɔ:d] *n* 1 stambus žemvaldys, dvarininkas 2 (*buto, viešbučio*) šeimininkas ~**mark** [-mɑ:k] *n* 1 ribos ženklas 2 orientyras 3 posūkio punktas, gairė (*istorijoje*) ~**owner** [-əunə] *n* žemvaldys

landscape ['lændskeɪp] *n* peizažas, landšaftas

landward(s) ['lændwəd(z)] *adv* į krantą, kranto link

lane [leɪn] *n* 1 takas 2 skersgatvis 3 praėjimas 4 (*kelio*) juosta 5 *av., jūr.* trasa

language ['læŋgwɪdʒ] *n* kalba △ *bad* ~ keiksmai

langu‖**id** ['læŋgwɪd] *a* 1 išglebęs, nusilpęs 2 nuobodus ~**ish** [-wɪʃ] *v* 1 silpti, nykti 2 kankintis ~**or** [-gə] *n* 1 nuovargis, suglebimas 2 sustingimas (*veikloje*)

lank [læŋk] *a* 1 liesas 2 lygus, negarbanotas (*apie plaukus*) ~**y** *a* ištįsęs

lantern ['læntən] *n* žibintas

lap [læp] I *v* 1 lakti (*t.p. prk.*) 2 pleškentis, teškentis (*apie bangas*) □ **to** ~ **up** a) išlakti; b) *prk.* ryte ryti

lap II *n* 1 skvernas 2 keliai; sterblė 3 prieglobstis; *in the* ~ *of luxury* prabangoje *v* (ap)vynioti, apsiausti ~**dog** [-dɔg] *n* kambarinis šuo

lapel [lə'pel] *n* (*švarko, apsiausto*) atlapas

lapse [læps] *n* 1 klaida, apsirikimas 2 tarpas (*apie laiką*) *v* 1 pulti (*į nusiminimą ir pan.*) 2 suklysti 3 (*morališkai*) pulti, nusmukti

lapwing ['læpwɪŋ] *n zool.* pempė

larceny ['lɑ:sənɪ] *n teis.* vagystė

larch [lɑ:tʃ] *n bot.* maumedis

lard [lɑ:d] *n* kiauliniai taukai *v* 1 smaig(st)yti lašiniais 2 gausiai vartoti (*barbarizmus ir pan.*) ~**er** *n* (*maisto*) sandėliukas

large [lɑ:dʒ] *a* didelis; stambus △ *at* ~ a) laisvėje; b) smulkiai; c) iš viso, apskritai; *by and* ~ apskritai paėmus *adv* 1 plačiai, gausiai 2 stambiai ~**ly** *adv* žymiu mastu ~**-scale** [-skeɪl] *a* stambus, didelio masto

largess(e) [lɑ:'dʒes] *pr. n* dosnumas, dosni dovana

lark [lɑ:k] I *n* vieversys

lark II *šnek. n* juokas, juokai, pokštas *v*: *to* ~ *about* siausti, šėlti, kvailioti

larva ['lɑ:və] *n* (*pl* ~**e** [-vi:]) vikšras, lerva

laryngitis [ˌlærɪn'dʒaɪtɪs] *n med.* laringitas

larynx ['lærɪŋks] *n* gerklos

lascivious [lə'sɪvɪəs] *a* gašlus

laser ['leɪzə] *n fiz.* lazeris

lash [læʃ] *n* 1 botagas; rimbas 2 blakstiena *v* 1 mušti, čaižyti, pliekti (*t.p. prk.*) 2 surišti (*papr.* **to** ~ **together**); pririšti (*to, on*) □ **to** ~ **out** a) staiga (pa)spirti; b) užsipulti (*žodžiais*)

lassitude ['læsɪtju:d] *n* nuovargis, pavargimas

last [lɑ:st] I *a* 1 paskutinis; ~ *but one* priešpaskutinis 2 galutinis 3 praėjęs *n* 1 kas nors paskutinis (*laiko atžvilgiu*); *in my* ~ *letter* mano / savo paskutiniame laiške 2 galas; *to breathe one's* ~ numirti *to the* ~ iki galo, iki mirties; *at* ~ pagaliau *adv* 1 paskutinį kartą 2 paskiausiai; galiausiai

last II *v* 1 tęstis, trukti 2 pakakti *n* ištvermė

last III *n* kurpalis

lasting ['lɑ:stɪŋ] *a* patvarus, ilgalaikis

lastly ['lɑ:stlɪ] *adv* galiausiai, pagaliau; pabaigoje

latch [lætʃ] *n* 1 (*durų*) velkė 2 automatinė spyna ~**key** [-ki:] *n* (*durų*) skląsčio raktas

late [leɪt] *a* 1 vėlyvas; vėlus; pavėlavęs; *to be* ~ pavėluoti 2 miręs, buvęs 3 ankstesnis, nesenas, paskutinis; *of* ~ *years* pastaraisiais metais *adv* 1 vėlai 2 neseniai; pastaruoju laiku (*t.p.* of ~); ~ly *adv* neseniai; pastaruoju metu

latent ['leɪtənt] *a* slaptas, latentinis

later ['leɪtə] *a* vėlesnis; paskesnis *adv* vėliau; ~ on vėliau, po to

lateral ['lætərəl] *a* šoninis; horizontalus

latest ['leɪtɪst] *a* 1 vėliausias 2 naujausias, paskutinis (*apie žinias*)

lath [lɑ:θ] *n* 1 lentjuostė; balana; lotas 2 malksna, skiedra (*stogui dengti*)

lathe [leɪð] *n* tekinimo staklės

lather ['lɑ:ðə] *n* (*muilo*) putos *v* 1 muilinti(s) 2 apsiputoti (*apie arklį; t.p.* to ~ up)

Latin ['lætɪn] *n* lotynų kalba *a* lotynų, lotyniškas ~-American [-ə'merɪkən] *a* Lotynų Amerikos

latitude ['lætɪtju:d] *n* 1 *geogr.* platuma; low ~s tropikų juosta 2 (*veiksmo, pažiūrų*) laisvė, platumas

latter ['lætə] *a* pastarasis ~ly *adv* neseniai

lattice ['lætɪs] *n* grotelės, pinučiai

Latvian ['lætvɪən] *n* 1 latvis 2 latvių kalba *a* latvių, latviškas; Latvijos

laud‖able ['lɔ:dəbl] *a* 1 (pa)girtinas 2 *med.* gerybinis ~atory [-dətərɪ] *a* giriamasis

laugh [lɑ:f] *n* juokas *v* juoktis; pasijuokti (*at – iš*); to ~ to scorn išjuokti; he who ~s last ~s longest *prie* ž. juokiasi tas, kas juokiasi paskutinis □ to ~ away juoku issklaidyti, nuvyti (*liūdesį ir pan.*); to ~ down juoku nustelbti, nutildyti (*kalbėtoją ir pan.*); to ~ off nuleisti juokais ~able *a* juokingas; komiškas ~ing [-ɪŋ] *a* 1 besijuokiantis, besišypsantis 2 juokingas ~ingly *adv* juokais ~ing-stock [-ɪŋstɔk] *n* pajuokos objektas ~ter [-tə] *n* juokas

launch [lɔ:ntʃ] I *v* 1 paleisti (*mechanizmą, raketą*) 2 nuleisti (*į vandenį*) laivą 3 pradėti, imtis (*ko*) 4 (pradėti) leisti; išleisti (*gaminius, laikraštį*) □ to ~ out a) leistis (*kelionėn*); b) imtis (*darbo, biznio*)

launch II *n* 1 kateris 2 barkasas

launder ['lɔ:ndə] *v* skalbti ir lyginti

laund(e)rette [lɔ:n'dret] *n* savitarnos skalbykla

laundr‖ess ['lɔ:ndrɪs] *n* skalbėja ~y *n* skalbykla

laureate ['lɔ:rɪət] *n* laureatas

laurel ['brəl] *n* 1 lauras 2 *pl* laurų vainikas

lava ['lɑ:və] *n* lava

lavatory ['lævətərɪ] *n* 1 tualetas, išvietė 2 prausykla

lavender ['lævɪndə] *n* bot. levanda

lavish ['lævɪʃ] *a* 1 dosnus; išlaidus 2 gausus *v* 1 būti dosniam / išlaidžiam 2 švaistyti, eikvoti (*pinigus, laiką*)

law [lɔ:] *n* 1 įstatymas; common ~ nerašytas įstatymas; papročių teisė 2 dėsnis; taisyklė 3 teisė; ~ and order teisėtvarka; civil ~ civilinė teisė; International ~ tarptautinė teisė; to read ~ studijuoti teisę 4 teisininko profesija; to practise ~ būti teisininku 5 teismas, teismo procesas; to go to ~ kreiptis į teismą; to have / take the ~ of smb patraukti ką į teismą; to take the ~ Into one's own hands susidoroti be teismo ~-abiding [-əbaɪdɪŋ] *a* gerbiantis įstatymus ~-breaker [-breɪkə] *n* įstatymo pažeidėjas ~court [-kɔ:t] *n* teismas (*patalpa*) ~ful *a* įstatymiškas, teisėtas ~less *a* 1 neteisėtas; neturintis įstatymų 2 nežabotas

lawn [lɔ:n] I *n* 1 gazonas, veja 2 žaidimo aikštelė; ~ tennis lauko tenisas

lawn II *n* batistas (*audinys*)

lawsuit ['lɔ:su:t] *n* teismo procesas; byla; ieškinys

lawyer ['lɔ:jə] *n* advokatas; teisininkas

lax [læks] *a* 1 silpnas 2 neapibrėžtas 3 palaidas; negriežtas ~ative [-ətɪv] *n* vidurius paleidžiantis vaistas *a* vidurius paleidžiantis

lay [leɪ] I *past* žr. lie II

lay II *v* (laid) 1 (pa)dėti; (pa)guldyti 2 (pa)dengti; (pa)tiesti □ to ~ aside atidėti (*į šalį; taupant*); to ~ by atidėti, (su)taupyti; to ~ down a) paguldyti, padėti; b) *kar.* sudėti (*ginklus*); c) atsisakyti (*pareigų ir pan.*); d) sudaryti, apmesti (*planą*); e) pradėti statyti; to ~ in (su)kaupti atsargą; to ~ off a) mesti, liautis; b) laikinai atleisti iš darbo; to ~ on a) aprūpinti, teikti (*dujas, vandenį*); b) surengti; to ~ out a) išdėlioti, išstatyti (*parodai*); b) (iš)planuoti; c) *sport.* išvesti iš rikiuotės; d) išleisti (*pinigų*); e) pašarvoti; to ~ up a) sukaupti; b) atiduoti (*remontui*); c) pasidaryti (*bėdų; for oneself*); d): to be laid up gulėti (*sergant*)

lay III *n* baladė; trumpa dainelė

lay IV *a* 1 pasaulietinis 2 neprofesionalo

layabout ['leɪəbaut] *n* dykaduonis, valkata

layer ['leɪə] *n* 1 sluoksnis 2 dedeklė (*višta*)

layette [leɪ'et] *n* naujagimio kraitelis

lay-figure [ˌleɪ'fɪgə] *n* manekenas

layman ['leɪmən] *n* 1 pasaulietis 2 neprofesionalas

layoff ['leɪɔf] *n* 1 gamybos sustabdymas 2 priverstinis nedarbas 3 (*laikinas*) atleidimas

layout ['leɪaut] *n* 1 planas; (iš)planavimas 2 (*spaudinio*) maketavimas

laze [leɪz] *v* tinginiauti

laziness ['leɪzɪnɪs] *n* tinginystė, tingumas

lazy ['leɪzɪ] *a* tingus ~bones [-bəunz] *n* tinginių pantis

leach [liːtʃ] *n* šarmas *v* išplauti, filtruoti

lead I [liːd] *v* (led) 1 vesti 2 vadovauti 3 paskatinti, priversti 4 būti / eiti pirmuoju / priešakyje □ to ~ away nuvesti; patraukti; to ~ off pradėti (*diskusijas ir pan.*); to ~ on apgaulingai įtikinti; suvilioti; to ~ up (*to*) a) privesti (*prie*); b) užvesti (*kalbą apie*) *n* 1 vadovavimas; iniciatyva 2 pavyzdys; to follow the ~ sekti pavyzdžiu; to take the ~ parodyti pavyzdį 3 pirmavimas, pirmoji vieta (*varžybose*)

lead II [led] *n* švinas; black ~ grafitas ~en *a* švininis; (*prk. t.p.*) sunkus

leader ['liːdə] *n* 1 vadas; vadovas 2 lyderis (*t.p. sport.*) 3 vedamasis (*straipsnis*) ~ship *n* vadovavimas; under the ~ship (*of*) vadovaujant (*kam*)

leading ['liːdɪŋ] *a* pagrindinis; vadovaujantis; in ~ strings nesavarankiškas

leaf [liːf] *n* (*pl* leaves) 1 lapas; to come into ~ sulapoti, sužaliuoti 2 (*knygos*) lapas, puslapis 3 (*metalo*) lakštas △ to turn over a new ~ pradėti naują gyvenimą *v* 1 lapoti 2 sklaidyti (*knygą*) ~less *a* be lapų, belapis ~let *n* lapelis (*atsišaukimas*) ~y *a* lapotas, su lapais

league [liːg] *n* sąjunga; lyga (*t.p. sport.*); in ~ (*with*) sąjungoje (*su*)

leak [liːk] *n* 1 (*vandens, elektros*) ištekėjimas 2 (*informacijos*) nutekėjimas 3 skylė, protėkis *v* praleisti vandenį, (pra)tekėti, prakiurti; sunktis □ to ~ out prasisunkti; ištekėti ~age *n* pratekėjimas, prasisunkimas; nutekėjimas ~y *a* 1 kiauras, nesandarus 2 nemokantis saugoti paslapties

lean [liːn] I *a* liesas, sudžiūvęs

lean II *v* (leant, leaned) 1 palinkti 2 at(si)remti, at(si)šlieti (*on, against*) 3 pasiremti, remtis (*on, upon*)

leap [liːp] *n* šuolis △ by ~s and bounds nepaprastai greitai *v* (leapt [lept], leaped) šokti, šokinėti ~-day [-deɪ] *n* vasario 29 diena ~year [-jəː] *n* keliamieji metai

learn [ləːn] *v* (learnt, learned) 1 mokytis; išmokti 2 sužinoti (*of / about – apie*) ~ed [-ɪd] *a* mokytas ~er *n* mokinys, besimokantysis ~ing *n* 1 mokymasis 2 mokytumas, mokslingumas

lease [liːs] *n* (iš)nuomojimas, nuoma; by / on ~ nuomon *v* nuomoti(s), iš-(si)nuomoti ~hold [-həuld] *a* išnuomojamas; išnuomotas

leash [liːʃ] *n* saitas, pasaitėlis

least [liːst] *a* mažiausias *adv* mažiausia(i) *n*: at ~ mažiausiai; bent; not in the ~ nė kiek; in the ~

mažiausia; *to say the* ~ *of it* švelniai tariant

leather [ˈleðə] *n* (*išdirbta*) oda *a* odinis ~**ette** [ˌleðəˈret] *n* dirbtinė oda ~**y** [-rɪ] *a* 1 panašus į odą 2 kietas (*apie mėsą*)

leave [li:v] I *n* 1 leidimas; *by / with your* ~ jums leidžiant, jūsų leidimu 2 atostogos (*t.p.* ~ *of absence*); *to be on* ~ atostogauti 3 išvykimas; atsisveikinimas; *to take French* ~ išeiti neatsisveikinus

leave II *v* (**left**) 1 iškeliauti; išvykti; *to* ~ *for Kaunas* išvykti į Kauną 2 palikti; *to* ~ *smb / smth alone* palikti ką ramybėje □ *to* ~ *behind* a) užmiršti; b) pralenkti, palikti užpakalyje; *to* ~ *off* nustoti; liautis; *to* ~ *out* neįtraukti, praleisti; *to* ~ *over* nukelti, atidėti △ *to* ~ *open* palikti (*klausimą*) atvirą / neišspręstą

leaven [ˈlevn] *n* 1 raugas, mielės 2 *prk.* poveikis, įtaka *v* (už)raugti

leaves [li:vz] *pl žr.* **leaf**

leave-taking [ˈli:vˌteɪkɪŋ] *n* atsisveikinimas

leavings [ˈli:vɪŋz] *n pl* likučiai; atmatos

lecher‖ous [ˈletʃərəs] *a* ištvirkęs ~**y** [-rɪ] *n* ištvirkimas

lecture [ˈlektʃə] *n* 1 paskaita; *to give / deliver a* ~ skaityti paskaitą 2 pabarimas; *to give / read a* ~ išdrožti pamokslą, išbarti *v* 1 skaityti paskaitą 2 skaityti moralus ~**r** [-rə] *n* 1 (*aukštosios mokyklos*) dėstytojas 2 lektorius

led [led] *past ir pp žr.* **lead**

ledge [ledʒ] *n* 1 briauna; iškiša, išsikišimas 2 rifas, sekluma

ledger [ˈledʒə] *n buh.* didžioji knyga

lee [li:] *n* užuovėja

leech [li:tʃ] *n* 1 siurbėlė, dėlė 2 *prk.* siurbėlė, kraugerys

leer [lɪə] *n* šnairus / geismingas žvilgsnis *v* gašliai žiūrėti, šnairuoti

lees [li:z] *n pl* (*vyno, alaus*) nuosėdos

leeward [ˈli:wəd, *jūr.* ˈlu:əd] *n* pavėjis

leeway [ˈli:weɪ] *n* 1 (*laivo*) dreifas; (*lėktuvo*) nunešimas, nuokrypis (*dėl vėjo*) 2: *to make up* ~ pasivyti (*atsilikus darbe*)

left [left] I *past ir pp žr.* **leave** II; ~ *luggage office glžk.* (*bagažo*) saugojimo kamera

left II *a, n* kairysis, kairys; *to the* ~ kairėn; *the* ~ *polit.* kairieji *adv* į kairę ~**-hand** [-hænd] *a* kairys(is), (esantis) iš kairės ~**-handed** [-ˈhændɪd] *a* 1 kairiarankis 2 nevikrus, negrabus ~**-hander** [ˌleftˈhændə] *n* kairys, kairiarankis ~**ist** *n polit.* kairiosios partijos narys, kairysis ~**ward(s)** [-wəd(z)] *adv polit.* į kairę ~**-winger** [ˌleftˈwɪŋə] *n polit.* kairysis

leg [leg] *n* 1 koja (*iki pėdos*) 2 (*stalo ir pan.*) koja 3 pastovas, atrama △ *to give smb a* ~ *up* padėti (*nugalėti sunkumus ir pan.*)

legacy [ˈlegəsɪ] *n* palikimas

legal [ˈli:gl] *a* 1 įstatyminis; teisėtas, legalus 2 juridinis, teisinis ~**ity** [liˈgælɪtɪ] *n* teisėtumas ~**ize** [-gəlaɪz] *v* legalizuoti

legation [lɪˈgeɪʃn] *n* pasiuntinybė

legend [ˈledʒənd] *n* legenda ~**ary** *a* legendinis

leggings [ˈlegɪŋz] *n pl* antblauzdžiai

leggy [ˈlegɪ] *a* ilgakojis

legible [ˈledʒəbl] *a* įskaitomas, aiškus

legion [ˈli:dʒən] *n* 1 legionas 2 *prk.* daugybė, aibė ~**ary** *n* legionierius

legislat‖e [ˈledʒɪsleɪt] *v* leisti įstatymus ~**ion** [ˌledʒɪsˈleɪʃn] *n* įstatymų leidyba ~**ive** *a* įstatymų leidžiamasis ~**or** *n* įstatymų leidėjas ~**ure** [-lətʃə] *n* įstatymų leidybos organas

legitimat‖e [lɪˈdʒɪtɪmət] *a* įstatyminis, teisėtas *v* [-meɪt] įteisinti ~**ion** [lɪˌdʒɪtɪˈmeɪʃn] *n* įteisinimas

leg-pull [ˈlegpul] *n šnek.* apmulkinimas

leisure [ˈleʒə] *n* 1 laisvalaikis; *at* ~ laisvas, neužimtas 2 *attr* laisvas (*apie laiką*) ~**d** *a* 1 turintis daug laisvo laiko 2 lengvas; nerūpestingas (*apie gyvenimą*) ~**ly** *a* lėtas, neskubus

lemon ['lemən] *n* 1 citrina 2 citrininis gėrimas ~**ade** [ˌlemə'neɪd] *n* limonadas

lend [lend] *v* (**lent**) 1 (pa)skolinti 2 (su)teikti, duoti △ **to** ~ **a hand** padėti

length [leŋθ] *n* ilgis; ilgumas; trukmė; **to measure one's** ~ išsitiesti visu ūgiu; **of some** ~ gana ilgas; **in** ~ **of time** ilgainiui; su laiku △ **at** ~ a) plačiai, smulkiai; b) pagaliau; **at great** ~ labai smulkiai; **to go all** ~**s** (*arba* **to any** ~) eiti iki galo, veikti nieko nežiūrint ~**en** *v* (pa)ilginti; (pa)ilgėti □ **to** ~**en out** nepaprastai užtęsti ~**ways**, ~**wise** [-weɪz, -waɪz] *adv* į ilgį; išilgai ~**y** *a* (*labai*) ilgas; ištęstas

lenien‖ce, ~**cy** ['li:nɪəns, -sɪ] *n* atlaidumas; švelnumas ~**t** *a* atlaidus, švelnus

lens [lenz] *n fiz.* lęšis

lent [lent] *past ir pp žr.* lend

Lent [lent] *n rel.* gavėnia

lentil ['lentl] *n bot.* lęšis

leonine ['lɪənaɪn] *a knyg.* liūto, liūtiškas

leopard ['lepəd] *n* leopardas

leotard ['li:əta:d] *n* triko

lep‖er ['lepə] *n* raupsuotasis ~**rosy** ['leprəsɪ] *n* raupsai

lesion ['li:ʒn] *n med.* sužalojimas, žaizda

less [les] *a* mažesnis *adv* mažiau *prep* be; **a year** ~ **two days** metai be dviejų dienų

lessee [le'si:] *n* nuomininkas

lessen ['lesn] *v* (su)mažinti; mažėti

lesson ['lesn] *n* pamoka (*t.p. prk.*); **to do** ~**s** ruošti pamokas; **to say one's** ~ atsakinėti pamoką; **to give** (**to take**) ~**s** mokyti (mokytis); **he has / had a severe** ~ tai jam buvo gera pamoka

lest [lest] *conj* kad ne

let [let] *v* (**let**) 1 leisti; **to** ~ **water into a canal** paleisti vandenį į kanalą; **to** ~ **go** išleisti; paleisti; **to** ~ **smb hear / know** duoti žinių, pranešti kam; **to** ~ **smb see** parodyti kam 2 palikti; **to** ~ **alone** a) palikti ramybėje; b) nekalbant jau (*apie*) 3 išnuomoti; **the house is to** (**be**) ~ namas išnuomojamas 4 *aux kepiamajai nuosakai sudaryti:* ~ **us go!** eime! □ **to** ~ **down** a) nuleisti; b) apvilti, apleisti bėdoje; **to** ~ **in** a) įleisti; praleisti; b) į(si)velti į bėdą (*for*); c) atskleisti (*paslaptį; on*); **to** ~ **off** a) atleisti; b) iššauti; **to** ~ **on** *šnek.* išduoti, atskleisti (*paslaptį*); **to** ~ **out** a) išleisti; b) išnuomoti; **to** ~ **through** praleisti (*per egzaminą*); **to** ~ **up** nustoti, susilpnėti

lethal ['li:θl] *a* mirtinis, mirtinas; letalus

letharg‖ic [lɪ'θa:dʒɪk] *a* 1 letarginis 2 mieguistas ~**y** ['leθədʒɪ] *n* 1 letargija 2 mieguistumas; apatija

let-off ['letɔ:f] *n* atleidimas (*kaltės*)

Lett [let] *n* 1 latvis 2 latvių kalba

letter ['letə] *n* 1 raidė (*t.p. prk.*); ~ **for** ~ pažodžiui; **to the** ~ tiksliai 2 laiškas 3 *pl* literatūra; **man of** ~**s** rašytojas, literatas ~**box** [-bɔks] *n* pašto dėžutė ~**card** [-ka:d] *n* atvirukas

lettered ['letəd] *a* apsiskaitęs

Lettish ['letɪʃ] *n* latvių kalba *a* latviškas

lettuce ['letɪs] *n* salotos (*daržovė*)

level ['levl] *n* 1 lygis; lygmuo; pakopa; **on a** ~ (**with**) viename lygyje (*su*) 2 gulsčiukas △ **on the** ~ doras, tikras; dorai; **to do one's** ~ **best** padaryti visa, kas įmanoma *a* 1 lygus; plokščias 2 ramus; vienodas *v* 1 (iš)lyginti; 2 taikyti; nukreipti ~**-headed** [-'hedɪd] *a* ramus, šaltakraujis

lever ['li:və] *n* svertas (*t.p. prk.*); dalba *v* perkelti / pakelti svertu ~**age** [-rɪdʒ] *n* 1 sverto veikimas 2 keliančioji jėga 3 *prk.* priemonė tikslui pasiekti

leveret ['levərɪt] *n* zuikelis (*jauniklis*)

levity ['levətɪ] *n* lengvabūdiškumas

levy ['levɪ] *n* 1 (*mokesčių*) rinkliava 2 (*naujokų*) ėmimas *v* 1 rinkti, imti (*mokesčius*) 2 imti (*naujokus*)

lewd [lu:d] *a* gašlus; nepadorus

lexic‖al ['leksɪkl] a *lingv.* leksikos, leksinis; žodyno, žodyninis ~ographer [ˌleksɪ'kɔgrəfə] n leksikografas ~ography [ˌleksɪ'kɔgrəfɪ] n leksikografija ~on [-kən] n žodynas

liab‖ility [ˌlaɪə'bɪlətɪ] n 1 atsakomybė 2 *pl* įsipareigojimai, skolos 3 polinkis ~le ['laɪəbl] a 1 atsakingas (*for*); įpareigotas, privalantis (*to*) 2 linkęs (į ką) 3 galimas

liaison [lɪ'eɪzn] n 1 ryšys, sąveika 2 artimi santykiai

liar ['laɪə] n melagis

libel ['laɪbl] n paskvilis, šmeižtas v (ap)-šmeižti (*spaudoje*) ~ler n šmeižikas ~lous a šmeižikiškas

liberal ['lɪbərəl] a 1 dosnus, gausus 2 liberalus n liberalas ~ism n liberalizmas

liberat‖e ['lɪbəreɪt] v (iš)vaduoti ~ion [ˌlɪbə'reɪʃn] n išvadavimas, iš(si)laisvinimas

libertine ['lɪbəti:n] n ištvirkėlis

liberty ['lɪbətɪ] n 1 laisvė; ~ of the press spaudos laisvė; at ~ laisvas, laisvėje; to take the ~ to do, *arba* of doing, smth leisti sau padaryti ką 2 *pl* privilegijos

librar‖ian [laɪ'breərɪən] n bibliotekininkas ~y ['laɪbrərɪ] n biblioteka; free ~y nemokama biblioteka; lending ~y biblioteka, išduodanti knygas į namus; walking ~y *juok.* vaikščiojanti enciklopedija (*apie žmogų*)

lice [laɪs] *pl žr.* louse

licence ['laɪsns] n 1 leidimas; licencija; patentas; driving ~ vairuotojo pažymėjimas / teisės 2 (per didelis) laisvumas; palaidumas

license ['laɪsns] v duoti leidimą, patentą n *amer.* = licence

licentious [laɪ'senʃəs] a palaidas, pasileidęs

lichen ['laɪkən] n 1 kerpės 2 *med.* kerpligė

lick [lɪk] v 1 laižyti; ap(si)laižyti 2 *šnek.* mušti 3 *šnek.* pralenkti

lid [lɪd] n 1 dangtis; viršus 2 (*akies*) vokas

lido ['li:dəu] n 1 atviras plaukimo baseinas 2 viešas pliažas

lie [laɪ] I n melas; apgavystė; to tell ~s meluoti △ to give smb the ~ pagauti ką meluojant v meluoti

lie II v (lay; lain; *pres p* lying) 1 gulėti 2 būti, slypėti (*in*); as far as in me ~s tiek, kiek mano galimybės leidžia; it ~s with you (to do, to decide) jūsų reikalas (daryti, nuspręsti) □ to ~ down a) (atsi)gulti; b) nuolankiai priimti; to ~ in a) gulėti prieš gimdymą; b) vėlai keltis n padėtis

lieu [lu:] n: in ~ of knyg. vietoj ko

lieutenant [lef'tenənt] n leitenantas ~-colonel [lef,tenənt'kə:nl] n papulkininkis ~-general [lef,tenənt'dʒenərəl] n generolas leitenantas

life [laɪf] n 1 gyvenimas; never in one's ~ niekada savo gyvenime / amžiuje 2 gyvybė; to bring (to come) to ~ atgaivinti (atsigauti); to lay down one's ~ padėti galvą △ I cannot for the ~ of me nors užmušk, negaliu; upon my ~! garbės žodis, kaip mane gyvą matai!; as large as ~ natūralaus dydžio

life‖belt ['laɪfbelt] n gelbėjimosi diržas ~-boat [-bəut] n gelbėjimo valtis ~-guard [-gɑ:d] n 1 asmens sargyba 2 gelbėjimo stoties darbuotojas ~-jacket [-dʒækɪt] n gelbėjimosi liemenė ~less a 1 negyvas (*t.p. prk.*); bedvasis 2 nuobodus ~like [-laɪk] a tartum gyvas ~line [-laɪn] n gelbėjimo virvė ~long [-lɔŋ] a iki gyvos galvos ~-size [-saɪz] a natūralaus dydžio ~time [-taɪm] n visas gyvenimas, gyvenimo trukmė

lift [lɪft] v pakelti; pakilti n 1 pakėlimas; pakilimas 2 keltuvas; liftas △ to give a ~ a) (*pakeliui*) pavėžėti; b) *prk.* pagelbėti ~man [-mæn] n liftininkas

ligament ['lɪgəmənt] n *anat.* raištis

light [laɪt] I n 1 šviesa; apšvietimas; to stand in smb's ~ a) užstoti kam šviesą; b) *prk.* stovėti kam skersai kelio; trukdyti kam; in a good

~ prie geros šviesos; gerai matomas
2 žiburys; ugnis △ *to bring to*
~ išaiškinti; *to come to* ~ paaiš-
kėti; *to see the* ~ gimti, išvysti
šviesą; *to see the red* ~ matyti
pavojų / bėdą; nusigąsti; *to throw*
~ (*upon*) nušviesti; išaiškinti; *to*
shed ~ nušviesti; *northern / polar*
~*s* pašvaistė *a* šviesus *v* (lit, **lighted**)
1 apšviesti, nušviesti (*t.p.* to ~ up)
2 už(si)degti □ **to** ~ **up** a) užsirūky-
ti; b) uždegti šviesą; c) nušvisti (*apie*
veidą)

light II *a* 1 lengvas 2 nepastovus, leng-
vabūdiškas **3** nežymus, nedidelis; *to*
make ~ *of smth* nerimtai žiūrėti į
ką 4 purus *adv* lengvai

lighten ['laɪtn] I *v* 1 apšviesti 2 šviesėti,
giedrėti **3** žaibuoti, tviskėti

lighten II *v* (pa)lengvinti (*t.p.* *prk.*);
palengvėti

lighter ['laɪtə] *n* žiebtuvėlis

light‖-headed ['laɪt'hedɪd] *a* 1 aps-
vaigęs 2 lengvabūdi(ška)s; neapgalvo-
tas ~**-hearted** [-'hɑːtɪd] *a* linksmas
~**house** [-haus] *n* švyturys ~**ly** *adv*
1 lengvai, truputį 2 linksmai, ne-
rūpestingai **3** nerimtai, neapgalvotai
~**-minded** [-'maɪndɪd] *a* lengvabūdis
~**ness** *n* 1 lengvumas 2 linksma nuo-
taika, lengvabūdiškumas

lightning ['laɪtnɪŋ] *n* žaibas; *summer*
~ amalas (*žaibas be griaustinio*) ~
-**conductor**, ~**-rod** [-kəndʌktə, -rɔd]
n perkūnsargis, žaibolaidis

lights [laɪts] *n pl* patiekalas iš plaučių

lightweight ['laɪtweɪt] *n* 1 *sport.* leng-
vasvoris 2 *menk.* nerimtas žmogus
a lengvas, mažiau vidutinio svorio

like [laɪk] I *a* panašus; *to look* ~ būti
panašiam; *what is he* ~? kas jis
per žmogus? *adv* taip, panašiai; *do*
not talk ~ *that* nekalbėkite taip
prep kaip (ir); ~ *mad* kaip pašėlęs;
nepaprastai *n:* ~*s and dislikes*
mėgstami ir nemėgstami dalykai; *and*
the ~ ir panašiai

like II *v* 1 patikti, mėgti 2 norėti; *I*
should / would ~ (*šnek.* *I'd* ~) aš
norėčiau; *as you* ~ kaip norite

likelihood ['laɪklɪhud] *n* tikėtinumas,
galimumas; *in all* ~ tikriausia

likely ['laɪklɪ] *a* 1 galimas 2 tinkamas
3 daug žadantis *adv* turbūt, matyt
(*papr.* **most / very** ~); *as* ~ *as not*
visai įtikėtina, tikriausiai

like‖n ['laɪkn] *v* (pa)lyginti (*to*) ~**ness**
n panašumas ~**wise** [-waɪz] *adv* pana-
šiai; taip pat

liking ['laɪkɪŋ] *n* 1 pamėgimas, palinki-
mas 2 skonis; *to smb's* ~ pagal kieno
skonį

lilac ['laɪlək] *n bot.* alyva *a* alyvų

lily ['lɪlɪ] *n bot.* lelija; ~ *of the valley*
pakalnutė

limb [lɪm] *n* 1 galūnė (*ranka, koja, spar-*
nas) 2 šaka

limber ['lɪmbə] *a* lankstus; mitrus

lime [laɪm] I *n* kalkės; *burnt* ~ negesin-
tos kalkės; *slack / slaked* ~ gesintos
kalkės ~**stone** [-stəun] *n* kalkakmenis

lime II *n bot.* rūgščioji citrina

lime III *n* liepa (*t.p.* ~ **tree**)

limelight ['laɪmlaɪt] *n:* *in the* ~ dė-
mesio centre

limit ['lɪmɪt] *n* riba (*t.p. prk.*) *v* (ap)-
riboti ~**ation** [ˌlɪmɪ'teɪʃn] *n* 1 apribo-
jimas 2 *teis.* galutinis terminas ~**ed**
ribotas

limp [lɪmp] I *v* šlubuoti

limp II *a* 1 silpnas, sutižęs 2 minkštas,
nestandus

limpid ['lɪmpɪd] *a* 1 skaidrus, vaiskus,
permatomas 2 aiškus (*apie stilių, kal-*
bą)

linchpin ['lɪntʃpɪn] *n* 1 kaištis 2 *prk.*
gyvybiškai svarbus dalykas; ramstis

linden ['lɪndən] *n bot.* liepa

line [laɪn] I *v* 1 dėti pamušalą 2 *tech.*
apmušti (*iš vidaus*)

line II *n* 1 linija; brūkšnys 2 riba (*t.p.*
prk.) 3 raukšlė 4 eilutė 5 eilė 6 užsiė-
mimas; specialybė; veikimo būdas; *it*
is not in my ~ tai ne mano kompe-
tencijoje; *to take a strong* ~ ener-
gingai veikti △ *all along the* ~ visais

atžvilgiais; *in* ~ (*with*) sutinkamai
(*su*), suderinamas *v* 1 liniuoti 2 sustoti / sustatyti į eilę, iš(si)rikiuoti (*t.p.*
to ~ up) □ to ~ **through** išbraukti
line‖age [ˈlɪnɪɪdʒ] *n* kilmė; genealogija
~al [ˈlɪnɪəl] *a* tiesiogiai giminingas
linear [ˈlɪnɪə] *a* 1 linijinis 2 *mat.* tiesinis
linen [ˈlɪnɪn] *a* lininis *n* 1 drobė 2 baltiniai △ *to wash one's dirty* ~ (*in
public*) išnešti šiukšles iš namų
liner [ˈlaɪnə] *n* keleivinis laivas / lėktuvas
linesman [ˈlaɪnzmən] *n* 1 *sport.* šoninis
teisėjas 2 linijinis monteris
linger [ˈlɪŋɡə] *v* 1 (už)gaišti, uždelsti
2 užsitęsti (*t.p.* to ~ on)
lingo [ˈlɪŋɡəu] *n* 1 *niek.*, *juok.* svetima
kalba 2 žargonas; profesinė leksika
lingu‖al [ˈlɪŋɡwəl] *a* 1 kalbinis 2 liežuvio ~ist *n* kalbininkas, lingvistas ~istics [lɪŋˈɡwɪstɪks] *n* kalbotyra,
lingvistika
liniment [ˈlɪnɪmənt] *n* *med.* skystas tepalas
lining [ˈlaɪnɪŋ] *n* pamušalas
link [lɪŋk] *n* 1 grandis; jungtis 2 *pl*
ryšiai, saitai *v* (su)jungti, susieti
links [lɪŋks] *n* golfo aikštelė
linnet [ˈlɪnɪt] *n* *zool.* čivylis
lino [ˈlaɪnəu] *n* (linoleum [lɪˈnəulɪəm]
sutr.) linoleumas
linseed [ˈlɪnsiːd] *n* sėmenys
lion [ˈlaɪən] *n* 1 liūtas 2 žinomas asmuo,
įžymybė △ ~'s share didžioji dalis
lip [lɪp] *n* 1 lūpa 2 kraštas ~-service
[-səːvɪs] *n* tušti žodžiai
liquefy [ˈlɪkwɪfaɪ] *v* skystinti; skystėti
liqueur [lɪˈkjuə] *n* likeris
liquid [ˈlɪkwɪd] *a* skystas *n* skystis
liquidat‖e [ˈlɪkwɪdeɪt] *v* likviduoti; atsikratyti ~ion [ˌlɪkwɪˈdeɪʃn] *n* likvidacija ~or *n* likvidatorius
liquor [ˈlɪkə] *n* alkoholinis gėrimas
lisp [lɪsp] *v* švebeldžiuoti, švepluoti
lissom(e) [ˈlɪsəm] *a* mitrus; lankstus
list [lɪst] I *n* 1 sąrašas 2 apkraštys, apsiuvas *v* įrašyti į sąrašą
list II *v* svirti (*apie laivą*) *n* pasvirimas

listen [ˈlɪsn] *v* klausyti(s), išklausyti
(*to*) □ to ~ in a) klausyti radijo;
b) klausytis slapta ~er *n* klausytojas
listless [ˈlɪstləs] *a* abejingas; apatiškas
lit [lɪt] *past* ir *pp* *žr.* light I
litany [ˈlɪtənɪ] *n* litanija
liter [ˈliːtə] *amer.* = litre
liter‖acy [ˈlɪtərəsɪ] *n* raštingumas ~al
a 1 raidinis 2 pažodinis 3 tiesioginis
(*apie žodžio prasmę*) 4 tikslus ~ally
adv 1 pažodžiui 2 paraidžiui (*t.p.
prk.*); tiesiogine prasme ~ary *a* literatūrinis ~ate *a* 1 raštingas 2 mokytas
~ature [-rətʃə] *n* literatūra
lithe [laɪð] *a* lankstus
lithography [lɪˈθɒɡrəfɪ] *n* litografija
Lithuanian [ˌlɪθjuːˈeɪnɪən] *n* 1 lietuvis
2 lietuvių kalba *a* lietuvių, lietuviškas;
Lietuvos
litig‖ate [ˈlɪtɪɡeɪt] *v* bylinėtis ~ation
[ˌlɪtɪˈɡeɪʃn] *n* bylinėjimasis; ginčas
~ious [lɪˈtɪdʒəs] *a* mėgstantis bylinėtis
litre [ˈliːtə] *n* litras
litter [ˈlɪtə] *n* 1 šiukšlės, išmėtyti daiktai / popieriai 2 (*gyvulių*) vada 3 kraikas, pakratai 4 neštuvai *v* 1 (pa)kreikti 2 (pri)šiukšlinti, netvarkingai išmėtyti 3 paršiuotis, kaliuotis
little [ˈlɪtl] *a* mažas, menkas; nežymus
adv nedaug, mažai, po truputį *n* 1 nedaugelis; a ~ truputis; truputį; ~ by
~ po truputį, palaipsniui; *not a* ~
visai nemaža; ~ *or nothing* beveik
nieko 2 trumpas laikas; *after a* ~ po
kiek laiko; *for a* ~ neilgam
littoral [ˈlɪtərəl] *n* *geogr.* pakrantė; pajūris
liturgy [ˈlɪtədʒɪ] *n* liturgija
live I [lɪv] *v* gyventi; *to* ~ *to be
old* sulaukti senatvės; *to* ~ *high*
plačiai gyventi; *to* ~ *on one's salary*
gyventi iš algos □ to ~ **through** pergyventi; *to* ~ *up* (*to*) gyventi (*pagal
principus ir pan.*) △ ~ *and learn*
žmogus gyveni ir mokaisi
live II [laɪv] *a* 1 gyvas 2 gyvybinis, aktualus 3 energingas, gyvas

4 veikiantis ~lihood *n* pragyveni-
mas ~liness *n* gyvumas; pagyvėjimas
~ly *a* 1 gyvas, gyvybingas, linksmas
2 stiprus, ryškus (*apie įspūdį, aprašy-
mą ir pan.*) ~n *v* pagyvinti; pagyvėti
(*papr.* to ~n up)

liver ['lɪvə] *n* 1 *anat.* kepenys 2 kepe-
nėlės (*maistas*)

livery ['lɪvərɪ] *a* livrėja

lives [laɪvz] *pl žr.* life

livestock ['laɪvstɔk] *n* gyvasis invento-
rius, naminiai gyvuliai

livid ['lɪvɪd] *a* 1 melsvai pilkšvas, pamė-
lynavęs 2 *šnek.* piktas, įniršęs

living ['lɪvɪŋ] *n* 1 gyvenimas, gyveni-
mo būdas; high ~ turtingas gyveni-
mas 2 pragyvenimas; to earn / get /
make one's ~ užsidirbti pragyveni-
mui *a* 1 gyvas; gyvenantis 2 gyvena-
masis 3 labai panašus, gyvas

lizard ['lɪzəd] *n* driežas

'll *sutr. žr.* shall *ir* will (*po* I, you,
he *ir pan.*)

llama ['laːmə] *n zool.* lama

load [ləud] *n* 1 krovinys 2 krūvis 3 *prk.*
našta *v* 1 (pa)krauti 2 *prk.* apsunkin-
ti 3 apipilti (*dovanomis, priekaištais*)
4 *kar.* užtaisyti

loaf [ləuf] I *n* (*pl* loaves) kepalas
~sugar [-ʃugə] *n* gabalinis cukrus

loaf II *v* dykinėti, slankioti, bastytis

loam [ləum] *n* priemolis (*t.p.* clay ~);
derlinga dirva; sandy ~ priesmėlis

loan [ləun] *n* 1 paskola; on ~ sko-
lon 2 skolinimas, perėmimas (*žodžių,
papročių*) *v* skolinti ~word [-wəːd]
n skolinys

loath [ləuθ] *a* nelinkęs, nenorintis; to
be ~ nenorėti; nothing ~ noriai,
mielai

loath||e [ləuð] *v* jausti pasibjaurėjimą,
bjaurėtis; neapkęsti ~some *a* atstu-
miantis, bjaurus

loaves [ləuvz] *pl žr.* loaf

lob [lɔb] *v sport.* aukštai paduoti svie-
dinį / kamuoliuką

lobby ['lɔbɪ] *n* 1 prieangis, vestibiulis;
fojė 2 kuluarai; lòbiai ~ist *n* lobistas

lobe [ləub] *n* 1 *bot., anat.* skiltis 2 *anat.*
(*ausies*) spenelis

lobster ['lɔbstə] *n zool.* omaras (*jūros
vėžys*); red as a ~ raudonas kaip
vėžys

local ['ləukl] *a* 1 vietinis 2 paplitęs, ap-
tinkamas kai kur (*papr.* quite / very
~) *n* 1 priemiestinis traukinys 2 vieti-
nis gyventojas 3 *šnek.* smuklė

local||e [ləu'kaːl] *n* (*vyksmo*) vieta ~ity
[-'kælətɪ] *n* 1 vieta; vietovė 2 *pl* apy-
linkės ~ize ['ləukəlaɪz] *v* 1 lokalizuoti
2 nustatyti buvimo vietą / padėtį

locat||e [ləu'keɪt] *v* 1 įsikurti, apsigy-
venti; *pass* gyventi, būti (*tam tikroje
vietoje*) 2 rasti / nustatyti vietą / pa-
dėtį ~ion [-'keɪʃn] *n* 1 padėtis; iš(si)-
dėstymas 2 apgyvendinimas 3 (*buvi-
mo*) vieta; gyvenamoji vieta 4 vietos
radimas / nustatymas

lock [lɔk] I *n* 1 garbana; *pl* garbanos,
plaukai 2 sruoga

lock II *n* 1 užraktas; under ~ and
key užrakintas, po raktu 2 (*šautuvo*)
spyna 3 šliuzas, užtvanka 4 susigrū-
dimas *v* 1 už(si)rakinti 2 su(si)jungti;
su(si)kibti □ to ~ in užrakinti
(*kambaryje ir pan.*); to ~ out
a) už(si)rakinti ir neleisti / negalėti
įeiti; b) paskelbti lokautą; to ~ up
a) užrakinti; b) uždaryti (*į daboklę ir
pan.*) ~er *n* užrakinama spintelė

locket ['lɔkɪt] *n* medalionas

lockout ['lɔkaut] *n* lokautas

locksmith ['lɔksmɪθ] *n* šaltkalvis

lockup ['lɔkʌp] *n* areštinė; *šnek.*
kalėjimas

locomot||ion [,ləukə'məuʃn] *n* kilnoji-
masis; judėjimas ~ive [-'məutɪv] *n*
garvežys, lokomotyvas

locum ['ləukəm] *n*: to do ~s laikinai
pavaduoti (*gydytoją, kunigą*)

locust ['ləukəst] *n* skėrys

locution [lə'kjuːʃn] *n* posakis, idioma

lodestar ['ləudstaː] *n* 1 Šiaurės
žvaigždė 2 *prk.* kelrodė žvaigždė

lodg||e [lɔdʒ] *n* 1 namelis; sar-
ginė 2 (*masonų*) ložė *v* 1 apgy-
vendinti; (laikinai) gyventi 2 padėti
saugoti 3 paduoti (*skundą*) 4 įstrigti
~er *n* (*buto*) nuomininkas ~ing
n 1 būstas 2 *pl* (*išnuomojamas*)
butas; kambariai, kambarys ~ing-
house ['lɔdʒɪŋhaus] *n* nuomojami
kambariai ~ment (*t.p.* lodgement)
n 1 (*skundo*) įteikimas 2 (*ko*) susikau-
pimas

loft [lɔft] *n* 1 palėpė, aukštas; pastogė
2 galerija (*salėje*); viškos (*bažnyčioje*)
v mušti aukštyn (*žaidžiant golfą*) ~y *a*
1 (labai) aukštas (*t.p. prk.*) 2 išdidus,
išpuikęs 3 didingas

log [lɔg] I *n* rąstas Δ to sleep like a ~
labai kietai miegoti *v.* užrašyti, įregis-
truoti

log II = logarithm

logarithm: ['lɔgənðm] *n* *mat.* logarit-
mas

loggerheads ['lɔgəhedz] *n*: to be at ~
(*with*) bartis, pyktis (*su*)

loggia ['lɔdʒɪə] *n* dengta galerija, lodžija

logging ['lɔgɪŋ] *n* miško ruoša

logic ['lɔdʒɪk] *n* logika ~al *a* 1 logiškas
2 loginis

loin [lɔɪn] *n* 1 *pl* juosmuo, strėnos 2 nu-
garinė

loiter ['lɔɪtə] *v* gaišti; delsti; slampinėti
(*t.p.* to ~ about / around)

loll [lɔl] *v* 1 sėdėti atsilošus / išglebus;
drybsoti 2 iš(si)kišti (*apie liežuvį, t.p.*
to ~ out)

lollipop ['lɔlɪpɔp] *n* saldainis (*ant paga-
liuko*)

lone [ləun] *a* vienišas; vienas ~ly *a*
vienišas, atsiskyręs; nuošalus ~some
a 1 = lonely 2 liūdintis, nuliūdęs

long [lɔŋ] I *a* 1 ilgas 2 ilgalaikis, il-
gai trunkantis; to be ~ užtrukti;
how ~ kaip ilgai, kiek laiko (*apie
trukmę*) *adv* 1 ilgai; he is very ~ in
coming jis labai ilgai neateina; as /
so ~ as a) tol kol, iki; b) jei; ~
live ...! tegyvuoja ...! 2 seniai; ~
after praėjus daug laiko; ~ before

daug anksčiau, jau seniai; ~ ago /
since seniai, labai seniai Δ so ~!
šnek. viso labo!, iki pasimatymo! *n* il-
gas laiko tarpas; before ~ netrukus;
for ~ ilgam Δ the ~ and the short
of it trumpai sakant

long II *v* aistringai norėti; ilgėtis (*for*)

long-drawn-out ['lɔŋdrɔːn'aut] *a* (*per
daug*) užsitęsęs, užtrukęs

longevity [lɔn'dʒevətɪ] *n* ilgaamžišku-
mas

longing ['lɔŋɪŋ] *a* trokštantis, labai no-
rintis *n* aistringas noras, troškimas;
ilgesys (*for*)

longitud||e ['lɔndʒɪtjuːd] *n geogr.* (*rytų,
vakarų*) ilguma ~inal [‚lɔndʒɪ'tjuːdɪnl]
a 1 *geogr.* ilgumos 2 išilginis

long||-lived ['lɔŋ'lɪvd] *a* ilgaamžis, il-
gametis ~-range [-'reɪndʒ] *a* toli-
mo veikimo; toliašaudis ~-sighted
[-'saɪtɪd] *a* 1 toliaregis 2 *prk.* įžvalgus
~shoreman [-ʃɔːmən] *n amer.* uosto
krovėjas ~-standing [-'stændɪŋ] *a*
senas, užsitęsęs ~-term [-təːm] *a* il-
galaikis; perspektyvinis (*apie planą*)
~-winded [-'wɪndɪd] *a* 1 gerų plaučių,
nepailstantis 2 daugiakalbis, nuobo-
dus

look [luk] *v* 1 (pa)žiūrėti, pažvelgti
(*at*) 2 prižiūrėti, rūpintis (*after, to*)
3 ieškoti (*for*) 4 atrodyti; she does
not ~ beautiful pažiūrėti ji nėra
graži 5 išeiti (*apie langą, kambarį*) □
to ~ ahead žiūrėti pirmyn, į ateitį;
~ ahead! saugokis!; to ~ down
iš aukšto žiūrėti, niekinti (*on*); to
~ forward laukti, tikėtis (*ko nors
malonaus; to*); to ~ in užeiti; to
~ on stebėti; to ~ out a) būti
budriam / atsargiam; b) išeiti (*apie
langą, kambarį; on*); to ~ over
a) peržiūrėti; apžiūrėti; to ~ round
a) dairytis, apsidairyti; b) iš anksto
apgalvoti; to ~ up a) (pa)ieškoti
(*žodyne*); b) aplankyti; c) pažiūrėti
aukštyn; d) gerėti Δ ~ before
you leap būk(ite) atsargus; ~ here
(pa)klausyk(ite); ~ alive! gyviau!;
to ~ oneself again atsigauti; to

~ **at** *him* sprendžiant iš jo išvaizdos *n* 1 žvilgsnis; **to take / have a** ~ (*at*) pažiūrėti (*į*); susipažinti (*su*) 2 išvaizda; **good** ~**s** gera išvaizda, grožis

looker-on [ˌlukər'ɔn] *n* žiūrovas, stebėtojas

look-in ['lukɪn] *n šnek.* šansas

looking-glass ['lukɪŋglaːs] *n* veidrodis

lookout ['lukaut] *n* 1 budrumas 2 stebėtojas 3 stebėjimo punktas 4 perspektyva

loom [luːm] I *n* (*audimo*) staklės

loom II *v* šmėkščioti; dunksoti; dūloti

loop [luːp] *n* kilpa *v* daryti kilpą; **to** ~ **the** ~ *av.* (pa)daryti mirties kilpą

loophole ['luːphəul] *n* 1 *kar.* šaudomoji anga 2 spraga (*įstatyme*)

loose [luːs] *a* 1 laisvas 2 platus 3 palaidas *v* paleisti; atrišti ~**n** *v* 1 paleisti, at(si)rišti 2 susilpninti; susilpnėti

loot [luːt] *n* grobis *v* grobti, plėšti

lop [lɔp] I *v* 1 (ap)genėti 2 (ap)karpyti

lop II *v* nukarti; nulėpti □ **to** ~ **about** slampinėti ~**-eared** [-'ɪəd] *a* nulėpausis ~**-sided** [-'saɪdɪd] *a* nulinkęs į šoną

loquaci‖ous [lə'kweɪʃəs] *a* kalbus, plepus ~**ty** [lə'kwæsətɪ] *n* plepumas, kalbumas

lord [lɔːd] *n* 1 (L.) lordas; peras; *my L.* [mɪ'lɔːd] milordas (*kreipinys*) 2 ponas; valdovas; karalius, magnatas 3 (*the L.*) Dievas ~**ly** *a* lordo; poniškas ~**ship** *n* 1 valdymas, viešpatavimas 2: **Your Lordship** jūsų šviesybe!

lore [lɔː] *n* mokslas; žinios

lorry ['lɔrɪ] *n* sunkvežimis

los‖e [luːz] *v* (lost) 1 pamesti, prarasti; netekti; **to** ~ **one's way** paklysti 2 pralošti, pralaimėti; turėti nuostolių ~**er** *n* prasilošėlis, pralaimėtojas ~**ings** *n pl* nuostoliai

loss [lɔs] *n* 1 netekimas 2 pralošimas; pralaimėjimas 3 netektis; nuostolis △ **to be at a** ~ nežinoti ką daryti, pasimesti

lost [lɔst] *past ir pp žr.* **lose** *a* prarastas, dingęs

lot [lɔt] *n* 1 burtas; **to draw** ~**s** traukti burtus 2 likimas, dalia 3 (*žemės*) sklypas 4 *šnek.*: **a** ~ (*of*), ~**s** (*of*) daugybė, daug; **the** ~ visi; viskas △ **a bad** ~ blogas žmogus

loth [ləuθ] = **loath**

lotion ['ləuʃn] *n* losjonas

lottery ['lɔtərɪ] *n* loterija

lotus ['ləutəs] *n* lotosas

loud [laud] *a* 1 garsus 2 rėksmingas; triukšmingas 3 rėžiantis akį, ryškus (*apie spalvą*) *adv* garsiai ~**hailer** [ˌlaud'heɪlə] *n* ruporas ~**ly** *adv* 1 garsiai 2 rėksmingai; triukšmingai 3 rėžiamai ~**mouth** [-mauθ] *n* rėksnys ~**speaker** [ˌlaud'spiːkə] *n* garsiakalbis

lounge [laundʒ] *v* 1 šlaistytis, slankioti (*t.p.* **to** ~ **about**) 2 drybsoti (*kėdėje*) *n* 1 tuščias laiko leidimas 2 poilsio kambarys; laukiamasis, holas ~**r** *n* dykinėtojas

lour ['lauə] = **lower** II

louse [laus] *n* (*pl* lice) utėlė

lout [laut] *n* storžievis

lovable ['lʌvəbl] *a* mielas

love [lʌv] *n* 1 meilė; įsimylėjimas; **to be in** ~ (*with*) būti įsimylėjusiam, mylėti; **to fall in** ~ (*with*) įsimylėti, pamilti; **to make** ~ (*to*) meilintis; **cupboard** ~ savanaudiška meilė 2 mylimasis, -oji 3 *mit.* amūras △ **for the** ~ **of** dėl; **for** ~ **or money** bet kuria kaina, žūtbūt; **not for** ~ **or money** nė už ką, už jokius pinigus *v* 1 mylėti 2 mėgti; norėti ~**-affair** [-əfɛə] *n* meilės romanas ~**less** *a* 1 nemylintis; nemylimas 2 ne iš meilės (*apie vedybas*) ~**liness** [-lɪnɪs] *n* gražumas ~**ly** *a* 1 gražus, žavingas 2 mielas, malonus ~**making** [-meɪkɪŋ] *n* 1 fizinis artumas 2 meilinimasis

lover ['lʌvə] *n* 1 meilužis; įsimylėjėlis 2 mėgėjas; mylėtojas

loving ['lʌvɪŋ] *a* 1 mylintis; meilus 2 atsidavęs

low [ləu] I *v* mykti, baubti

low II *a* 1 žemas; ~ *tide / water* atoslūgis; **at a** ~ *price* pigiai 2 silpnas; tylus **3** prislėgtas 4 vulgarus

lower I ['ləuə] *a comp* žr. low *v* 1 pažeminti (*t.p. prk.*) 2 sumažėti; sumažinti **3** nuleisti

lower II ['lauə] *v* 1 būti paniurusiam, raukytis 2 niauktis

lowly ['ləulɪ] *a* užimantis žemą padėtį, kuklus *adv* kukliai; žemai

loyal ['lɔɪəl] *a* ištikimas, lojalus ~ty *n* ištikimybė, lojalumas

lubric||ant ['lu:brɪkənt] *n* tepalas; alyva ~ate *v* tepti

lucerne [lu:'sə:n] *n bot.* liucerna

lucid ['lu:sɪd] *a* šviesus, skaidrus, aiškus

luck [lʌk] *n* 1 laimė, pasisekimas; dalia; *bad / ill* ~ nelaimė, nedalia; *good* ~*!* sėkmės!, laimingai!; *by (good)* ~ laimei; *down on one's* ~ bėdoje, nelaimėje; *his* ~ *held* jam laimė nusišypsojo; *as ill* ~ *would have it* kaip tyčia, nelaimei; *devil's own* ~ velniškas pasisekimas; *worse* ~ deja, blogiau; *just my* ~*!* man visada nesiseka! ~ily [-ɪlɪ] *adv* laimei ~y *a* 1 laimingas; pasisekęs 2 atsitiktinis

lucre ['lu:kə] *n* pelnas, nauda

ludicrous ['lu:dɪkrəs] *a* juokingas, absurdiškas

lug [lʌg] *v* tempti, traukti, vilkti

luggage ['lʌgɪdʒ] *n* bagažas

lugubrious [lə'gu:brɪəs] *a* liūdnas, niūrus

lukewarm ['lu:kwɔ:m] *a* 1 drungnas, šiltokas 2 abejingas

lull [lʌl] *v* 1 užliūliuoti 2 raminti, (ap)malšinti (*skausmą*) *n* laikinas aprimimas; tyla ~aby [-əbaɪ] *n* lopšinė

lumber ['lʌmbə] *n* 1 šlamštas; griozdai 2 pjautinė miško medžiaga *v* 1 užgriozdinti, užversti 2 sunkiai judėti; dardėti ~jack [-dʒæk] *n* medkirtys ~yard [-jɑ:d] *n* miško medžiagos sandėlis

lumin||ary ['lu:mɪnərɪ] *n* 1 (*dangaus*) šviesulys 2 *prk.* žvaigždė ~ous *a* švytintis, šviečiantis

lump [lʌmp] *n* 1 gabalas, gniužulas, luitas 2 patinimas, gumbas **3** *šnek.* gvėra *v* 1 imti urmu; neskirti, suplakti 2 supulti į gabalus □ to ~ along rioglinti, kėblinti; to ~ down sunkiai / nevykusiai sėstis △ to ~ *it* norom nenorom taikstytis su kuo

lunacy ['lu:nəsɪ] *n* pamišimas, beprotystė

lunar ['lu:nə] *a* mėnulio

lunatic ['lu:nətɪk] *n*, *a* beprotis; beprotiškas

lunch [lʌntʃ] *n* priešpiečiai; *to have / take* ~ užkandžiauti (*vidudienį*) *v* priešpiečiauti ~eon [-ən] *n* (oficialūs) priešpiečiai

lung [lʌŋ] *n* plautis; *the* ~s plaučiai

lunge [lʌndʒ] *n* šuolis pirmyn *v* mestis / pulti į priekį

lurch [lə:tʃ] I *n*: *to leave smb in the* ~ palikti ką varge / bėdoje

lurch II *n* 1 (*laivo*) pasvirimas 2 svirduliavimas *v* 1 pasvirti 2 svirduliuoti

lure [luə] *n* 1 viliojimas; pagunda, vilionė 2 jaukas *v* vilioti; gundyti

lurid ['luərɪd] *a* 1 baisus 2 ryškus

lurk [lə:k] *v* slėptis (*tykojant*); tykoti

luscious ['lʌʃəs] *a* 1 saldus; sultingas 2 patrauklus

lush [lʌʃ] *a* 1 sodrus, vešlus 2 prabangus

lust [lʌst] *n* geidulys, geismas *v* geisti (*after, for*) ~ful *a* geidulingas; geidžiantis ~iness *n* jėga, tvirtumas

lustr||e ['lʌstə] *n* 1 blizgėjimas 2 šlovė **3** sietynas ~ous ['lʌstrəs] *a* blizgantis

lusty ['lʌstɪ] *a* 1 sveikas; stiprus 2 smarkus, gyvas

luxur||iance [lʌg'ʒuərɪəns] *n* 1 vešlumas 2 gausumas; prabanga ~iant [-rɪənt] *a* 1 turtingas, gausus 2 vešlus **3** prabangus ~ious [-rɪəs] *a* prabangus ~y ['lʌkʃərɪ] *n* prabanga

lying ['laɪɪŋ] I *a* gulintis

lying II *n* melas, melagystė *a* melagingas

lymph [lɪmf] *n* limfa

lynch [lɪntʃ] *v* linčiuoti *n*: ~ *law* linčo teismas

lynx [lɪŋks] n zool. lūšis

lyre ['laɪə] n lyra (muzikos instrumentas)

lyric ['lɪrɪk] a lyrinis; lyriškas ~al a 1 = lyric 2 kupinas jausmo ~ism [-sɪzəm] n lyrizmas; lyriškumas

M

M, m [em] n tryliktoji anglų abėcėlės raidė

ma [mɑ:] n (sutr. = mamma) mama

ma'am [mæm] n (sutr. = madam) ponia

macabre [mə'kɑ:brə] a siaubingas

macaroni [ˌmækə'rəʊnɪ] n makaronai

machination [ˌmækɪ'neɪʃn] n machinacija

machine [mə'ʃi:n] n 1 mašina; separatorius 2 automašina 3 mechanizmas 4 aparatas (valstybinis, organizacinis ir pan.) v 1 mechaniškai apdoroti 2 siūti drabužius (siuvamąja mašina)

machine||-gun [mə'ʃi:ngʌn] n (sunkusis) kulkosvaidis ~-rifle [-raɪfl] n lengvasis kulkosvaidis ~ry [-nərɪ] n 1 mechanizmas 2 organizacija, struktūra ~-shop [-ʃɔp] n mechaninė dirbtuvė ~-tool [-tu:l] n mechaninės staklės

mackintosh ['mækɪntɔʃ] n neperšlampamas apsiaustas

mad [mæd] a 1 pakvaišęs, beprotis 2 padūkęs, nesivaldantis 3 aistringai, beprotiškai mylintis, mėgstantis ką (after, about, for, on) 4 labai įširdęs △ to get ~ įsirsti; don't be ~ at me nepyk ant manęs; to go mad ~ išeiti iš proto; to drive / send one ~ išvesti iš proto v 1 išvesti, išeiti iš proto 2 šnek. išvesti iš pusiausvyros

madam ['mædəm] n ponia

madcap ['mædkæp] n nutrūktgalvis, išdykėlis

madden ['mædn] v 1 išvesti iš proto; įsiutinti 2 išprotėti

made [meɪd] past ir pp žr. make

made-up [ˌmeɪd'ʌp] a 1 dirbtinis 2 sudėtinis, surinktas 3 nugrimuotas

mad||house ['mædhaus] n bepročių namai ~man [-mən] n beprotis, pamišėlis ~woman [-wumən] n beprotė

magazine [ˌmægə'zi:n] n 1 žurnalas (periodinis) 2 amer. ginklų sandėlis 3 (šautuvo) dėtuvė, magazinas; kasetė

magic ['mædʒɪk] n magija a (t.p. ~al) magiškas; burtų, raganiškas ~ian [mə'dʒɪʃn] n burtininkas, kerėtojas

magistracy ['mædʒɪstrəsɪ] n 1 magistratūra 2 teisėjo pareigos

magistrate ['mædʒɪstreɪt] n 1 taikos teisėjas 2 magistrato narys

magnanimous [mæg'nænɪməs] a didžiadvasi(ška)s, kilniaširdi(ška)s

magnet ['mægnɪt] n magnetas ~ic [mæg'netɪk] a magnetinis ~ism n magnetizmas ~ize [-aɪz] v 1 į(si)magnetinti 2 hipnotizuoti 3 pritraukti; patraukti

magni||ficence [mæg'nɪfɪsns] n didybė, didingumas ~ficent [-fɪsnt] a 1 didingas 2 puošnus 3 nuostabus ~fier ['mægnɪfaɪə] n 1 lupa 2 rad. stiprintuvas ~fy ['mægnɪfaɪ] v didinti ~tude ['mægnɪtju:d] n 1 dydis, didumas 2 reikšmingumas; svarba

magnolia [mæg'nəʊlɪə] n bot. magnolija

magpie ['mægpaɪ] n 1 šarka 2 prk. plepys

Magyar ['mægjɑ:] n 1 vengras, vengrė 2 vengrų kalba a vengrų, vengriškas

mahogany [mə'hɔgənɪ] n raudonmedis

Mahometan [mə'hɔmɪtən] n mahometonas, mahometonė a mahometonų, mahometoniškas

maid [meɪd] n 1 mergaitė; mergina; merga 2 kambarinė; tarnaitė

maiden ['meɪdn] n mergina; netekėjusi moteris a 1 neištekėjusi; ~ name mergautinė pavardė 2 nekaltas, skaistus

mail [meɪl] n paštas v siųsti paštu

main [meɪn] a svarbiausias, pagrindinis, vyriausias; in (the) ~ pagrindiniais bruožais; iš esmės n magistralė ~land

[-lænd] *n* žemynas ~ly *adv* 1 didesne dalimi 2 svarbiausia

main‖tain [mein'tein] *v* 1 palaikyti, (pa)remti 2 tvirtinti, teigti 3 išlaikyti (*šeimą*) ~tenance ['meintənəns] *n* 1 parama 2 išlaikymas

maize [meiz] *n* 1 kukurūzai 2 geltona spalva; geltonumas

majest‖ic [mə'dʒestik] *a* didingas ~y ['mædʒəsti] *n* 1 didingumas 2 didenybė (*titulas*); **Your** *M.* Jūsų Didenybe

major ['meidʒə] *a* 1 didesnis 2 vyresnis 3 svarbesnis 4 *muz.* mažorinis *n* 1 *teis.* pilnametis 2 *kar.* majoras ~ity [mə'dʒɔrəti] *n* dauguma; *by a great* ~ity žymia dauguma; *narrow* ~ity nežymi dauguma; *to be in the / a* ~ sudaryti daugumą △ *the silent* ~ity neapsisprendusieji (*apklausoje ar balsuojant*)

make [meik] *v* (**made**) 1 daryti, dirbti, gaminti 2 sukurti, sudaryti, surašyti (*testamentą*) 3 priversti □ *to* ~ *after* persekioti, vytis; *to* ~ *at smb* užpulti (*ką*); *to* ~ *away with* a) nusikratyti; nužudyti; b) išnaudoti; išsemti; *to* ~ *for* a) bendrai veikti, patraukti; b) vykti; c) pulti; *to* ~ *off with smth* ką pavogti ir pabėgti; *to* ~ *out* a) suprasti, išsiaiškinti; b) surašyti (*dokumentą*); išrašyti (*čekį*); c) įrodyti; *to* ~ *over* a) perduoti; b) perdirbti; *to* ~ *up* a) papildyti, pavaduoti, kompensuoti; b) sudaryti, surinkti; c) grimuoti(s); d) išgalvoti; e) sutvarkyti, įtaisyti, organizuoti; f) taikytis; *let us* ~ *it up* susitaikykime; g) nuspręsti; h) siūti; kirpti △ *to* ~ *up for smth* atsiteisti, kompensuoti; *to* ~ *up to* gerintis, meilintis (*kam*); *to* ~ *oneself at home* jaustis kaip namie; *to* ~ *money* uždirbti pinigų; *to* ~ *as if* dėtis; *to* ~ *free* (*with*) daryti kaip tinkamam, leisti sau; *to* ~ *little / light of* žiūrėti pro pirštus; *what do*

you ~ *of it?* kaip jūs tai suprantate?; *to* ~ *up one's mind* nutarti, pasiryžti; *to* ~ *way* a) užleisti kelią; b) judėti į priekį *n* 1 gamyba 2 gaminys 3 fasonas, forma

make‖-believe ['meikbili:v] *n* 1 vaizduotė, fantazija 2 apsimetimas; pretekstas *a* 1 įsivaizduojamas 2 apsimestinis, tariamas *v* 1 įsivaizduoti 2 apsimesti ~r [-ə] *n* 1 gamintojas 2 (į)kūrėjas, (į)steigėjas ~up ['meikʌp] *n* grimas, kosmetika ~weight [-weit] *n* priesvoris, trūkstamas truputis

making ['meikiŋ] *n* 1 gaminimas, gamyba; *in the* ~ gamybos, darbo procese 2 gaminys 3 *pl* įgimti polinkiai

mal- ['mæl-] *pref* bloga-, ne-, klaidingai

malady ['mælədi] *n* liga; sveikatos sutrikimas

malaria [mə'leəriə] *n* maliarija

Malay [mə'lei] *n* 1 malajietis 2 malajiečių kalba *a* malajiečių

male [meil] *n* vyras; patinas *a* vyriškas; vyriškos lyties

male‖diction [ˌmæli'dikʃn] *n* prakeikimas ~volent [mə'levələnt] *a* bloga linkintis

malic‖e ['mælis] *n* 1 noras kam daryti pikta 2 *teis.* nusikalstamas ketinimas; *to bear* ~ turėti piktų ketinimų ~ious [mə'liʃəs] *a* 1 piktadariškas 2 piktavališkas

malign [mə'lain] *a* 1 priešiškas 2 žalingas; blogas; pragaištingas *v* šmeižti; apkalbėti

malignant [mə'lignənt] *a* 1 piktas; bjaurus 2 *med.* piktybinis

mallard ['mæləd] *n* laukinė antis

malleable ['mæliəbl] *a* 1 kalus; tampus 2 nuolaidus; perkalbamas

mallet ['mælit] *n* medinis plaktukas

malpractice [ˌmæl'præktis] *n* 1 neteisėtas veiksmas, veikimas 2 neatidumas; nerūpestingumas (*apie gydytoją ir pan.*)

malt [mɔːlt] *n* salyklas

maltreat [ˌmæl'triːt] *v* blogai elgtis (*su kuo nors*)

mam(m)a [mə'mɑː] *n* mama

mamm||al ['mæməl] n žinduolis ~ary [-ərı] a: ~ gland pieno liauka

mammy ['mæmı] n amer. mama

man [mæn] n (pl men) 1 žmogus 2 (sg be artikelio) žmonija 3 vyras 4 tarnas 5 darbininkas 6 šachm. pėstininkas △ public ~ visuomenės veikėjas; ~ of letters rašytojas; ~ of God dvasininkas; medical ~ gydytojas; ~ of genius genialus žmogus; ~ in the street eilinis žmogus v 1 aprūpinti žmonėmis; komplektuoti (komandą) 2 drąsinti

manacle ['mænəkl] n 1 pančiai, antrankiai 2 kliūtis v surakinti; uždėti pančius

manage ['mænıdʒ] v 1 vadovauti, vesti 2 susidoroti; mokėti vartoti; pajėgti 3 įsigudrinti 4 suspėti; pasisekti ~ment [-mənt] n 1 vadovavimas 2 vadyba; menedžmentas ~r [-ə] n 1 direktorius, vedėjas, valdytojas 2 menedžeris

mandarin ['mændərın] n 1 mandarinas (papr. ~ orange); 2 (M.) kinų literatūrinė kalba

mandate ['mændeıt] n 1 mandatas 2 įsakymas, paliepimas 3 (rinkėjų) priesakas

mandolin(e) ['mændəlın] n mandolina

mane [meın] n 1 (arklio) karčiai 2 prk. gaurai

manful ['mænfl] a vyriškas, tvirtas, ryžtingas

mangan||ese [ˌmæŋgə'ni:z] n chem. manganas ~ic [mæŋ'gænık] a chem. mangano

mange [meındʒ] n vet. susas, niežai

mangel-wurzel ['mæŋglwə:zl] n pašariniai runkeliai

manger ['meındʒə] n ėdžios; a dog in the ~ šuo ant šieno

mangle ['mæŋgl] I v 1 baisiai sužaloti 2 išdarkyti, iškraipyti

mangle II v kočioti; gręžti (skalbinius)

mangy ['meındʒı] a 1 nušašęs; nususęs 2 nešvarus

manhandle ['mænhændl] v 1 (rankomis) pernešti; pervežti, pakrauti 2 šnek. grubiai elgtis

manhole ['mænhəul] n 1 liukas 2 plyšys stebėjimui

manhood ['mænhud] n 1 subrendimas 2 vyriškumas; drąsumas 3 (šalies) gyventojai vyrai; vyrija

manicure ['mænıkjuə] n manikiūras v daryti manikiūrą

manifest ['mænıfest] a aiškus, akivaizdus v 1 aiškiai parodyti, pademonstruoti 2: ~ itself pasireikšti, pasirodyti n laivo krovinio, keleivių ir kt. sąrašas ~ation [ˌmænıfes'teıʃn] n 1 demonstravimas 2 manifestacija; pareiškimas 3 įrodymas ~o [ˌmænı'festəu] n manifestas, deklaracija

manifold ['mænıfəuld] a 1 daugeriopas, įvairialypis 2 įvairus; įvairiarūšis n 1 mat. daugdara 2 vamzdžių sistema, vamzdynas

manikin ['mænıkın] n 1 manekenas 2 neūžauga

mankind [mæn'kaınd] n 1 žmonija 2 ['mænkaınd] vyrai, vyrija

manlike ['mænlaık] a 1 panašus į vyrą 2 vyriškas

man||ly ['mænlı] a 1 vyriškas; drąsus 2 panašus į vyrą ~-made [ˌmæn'meıd] a dirbtinis; žmogaus rankų padarytas

manna ['mænə] n mana

mannequin ['mænıkın] n manekenas, -ė (žmogus)

manner ['mænə] n 1 būdas; metodas 2 pl elgimasis; manieros 3 rūšis, kategorija

mannish ['mænıʃ] 1 (apie moterį) vyriška 2 labiau tinkantis vyrams

manoeuvre [mə'nu:və] n manevras v manevruoti

man-of-war [ˌmænəv'wɔ:] (pl men-of-war [men-]) n karo laivas, šarvuotis

manor ['mænə] n dvaras

man-o'-war [ˌmænə'wɔ:] n (pl men-o'-war [ˌmen-]) = man-of-war

man-power ['mænpauə] n 1 darbo jėga; darbininkai 2 personalas

mansion ['mæn∫n] *n* (*atskiras*) pastatas; rūmai

manslaughter ['mænslɔ:tə] *n* 1 žmogžudystė; žudynės 2 *teis.* netyčinis nužudymas

mantelpiece ['mæntlpi:s] *n* lentyna virš židinio

mantle ['mæntl] *n* 1 skraistė, apsiaustas 2 *geol.* mantija 3 prisiimta atsakomybė

manual ['mænjuəl] *a* rankinis, rankų; ~ *labour* fizinis darbas *n* vadovėlis, vadovas

manufact‖ory [ˌmænju'fæktərı] *n* fabrikas; gamykla ~**ure** [-t∫ə] *n* 1 gamyba 2 dirbinys *v* gaminti ~**urer** [-t∫ərə] *n* 1 fabrikantas 2 gamintojas

manure [mə'njuə] *n* trąšos; mėšlas *v* tręšti

manuscript ['mænjuskrıpt] *n* rankraštis

Manx [mæŋks] *a* salos Men, iš salos Men

many ['menı] *a* (**more; most**) daugelis, daug; **as** ~ **as** iki (*nurodant kiek*); **how** ~? kiek; ~ **a time** dažnai; **as** ~ tiek pat *n* daugybė; **a good** ~ gana daug, gerokas skaičius; **a great** ~ labai didelis kiekis; daugybė ~**-sided** [ˌmenı'saıdıd] *a* daugiapusis

map [mæp] *n* 1 žemėlapis 2 planas *v* pažymėti, nubrėžti žemėlapyje

maple ['meıpl] *n* klevas

mar [mɑ:] *v* sugadinti, sudarkyti

maraud [mə'rɔ:d] *v* plėšikauti, grobti (*apie kareivius*) ~**er** *n* plėšikas, marodierius

marble ['mɑ:bl] *n* marmuras *v* imituoti marmurą

March [mɑ:t∫] *n* kovas (*mėnuo*)

march [mɑ:t∫] I *n* (*papr. pl*) (istorinės) valstybių sienos

march II *v* žygiuoti; judėti; judintis ☐ **to** ~ **ahead** eiti pirmyn; **to** ~ **off** a) išeiti, išžygiuoti; b) išvesti; nuvesti; **to** ~ **on** judėti pirmyn; **to** ~ **out** išeiti, išžygiuoti; išvesti (*kariuomenę*); **to** ~ **past** iškilmingai pražygiuoti

(*parade*) *n* 1 maršas 2 nueitas kelias; *kar.* žygis 3 (*įvykių*) vystymasis

marchioness [ˌmɑ:∫ə'nes] *n* markizė

marchpane ['mɑ:t∫peın] *n* marcipanas

mare [meə] *n* kumelė △ *a* ~*'s nest* iliuzija; nepagrįsta viltis; **on Shanks's** ~ pėsčias

margarine [ˌmɑ:dʒə'ri:n] *n* margarinas

margin ['mɑ:dʒın] *n* 1 kraštas 2 (*knygos*) paraštė 3 *kom.* skirtumas tarp gamybos ir pardavimo kainos ~**al** [-l] *a* 1 kraštinis, ribinis 2 parašytas paraštėje

marijuana, marihuana [ˌmærı'wɑ:nə] *n* marihuana

marine [mə'ri:n] *a* jūrinis; *poet.* marių *n* 1 laivynas 2 jūrininkystė ~**r** ['mærınə] *n* jūrininkas

marital [mə'raıtl] *a* vedybinis, santuokinis

maritime ['mærıtaım] *a* pajūrio; jūrinis, jūrų

mark I [mɑ:k] *n* markė (*piniginis vienetas*)

mark II *n* 1 žymė; ženklas; žyma 2 pažymys 3 taikinys; **to hit** (**miss**) **the** ~ pataikyti (nepataikyti) į taikinį 4 pėdsakas 5 markė, firmos ženklas *v* 1 pažymėti; atžymėti; (pa)ženklinti 2 pastebėti 3 stebėti △ **to** ~ **time** nedaryti pažangos, tūpčioti vietoje; **to** ~ **down** užrašyti sumažintą kainą ~**ed** [-t] *a* žymus, pastebimas ~**edly** [-ıdlı] *adv* žymiai

market ['mɑ:kıt] *n* 1 turgus; rinka; ~ **for smth** *ek.* paklausa; rinka 2 prekyba; pardavimas *v* pirkti arba parduoti turguje ~**able** [-əbl] *a* 1 daug reikalaujamas, daug perkamas 2 tinkamas parduoti ~**-day** [-deı] *n* turgaus diena ~**ing** *n* 1 prekyba; marketingas 2 prekė, prekybos objektas ~**-place** [-pleıs] *n* turgaus aikštė; prekyvietė

marksman ['mɑ:ksmən] *n* taiklus šaulys, snaiperis

marmalade ['mɑ:məleıd] *n* uogienė; marmeladas

marmot ['mɑ:mət] n zool. švilplys,
kalnų švilpikas

maroon [mə'ru:n] I n kaštoninė spalva
a kaštonų spalvos

maroon II v įkurdinti negyvenamoje
saloje n žmogus, įkurdintas negyvena-
moje saloje

marquis ['mɑ:kwɪs] n markizas ~e
[mɑ:'ki:z] n markizė

marriage ['mærɪdʒ] n 1 santuoka;
vedybos 2 vestuvės, jungtuvės; ~ of
convenience santuoka iš išskaičiavimo

married ['mærɪd] a vedęs; ištekėjusi; to
get ~ vesti, tekėti

marrow ['mærəu] I n kaulų smegenys

marrow II n agurotis (amer. squash)

marry ['mærɪ] v 1 vesti, ištekėti 2 su-
tuokti

Mars [mɑ:s] n Marsas

marsh [mɑ:ʃ] n pelkė; liūnas

marshal ['mɑ:ʃl] n 1 maršalas 2 ce-
remonmeisteris 3 amer. a) polici-
jos viršininkas; šerifas; b) ugniagesių
brigados viršininkas v 1 sustatyti į
eilę arba tam tikra tvarka išrikiuoti
2 tvarkyti

marshy ['mɑ:ʃɪ] a balotas

marten ['mɑ:tɪn] n zool. kiaunė

martial ['mɑ:ʃl] a 1 karinis, karo 2 ka-
ringas

Martian ['mɑ:ʃɪən] n marsietis

martin ['mɑ:tɪn] n langinė kregždė

martinet [ˌmɑ:tɪ'net] n niek. despotas

martyr ['mɑ:tə] n kankinys v nukankin-
ti

marvel ['mɑ:vl] n stebuklas v stebėtis;
žavėtis ~lous [-ləs] a nuostabus, ste-
buklingas

Marxist ['mɑ:ksɪst] n marksistas a
marksistinis

mascot ['mæskət] n talismanas

masculine ['mɑ:skjulɪn] a vyriškas n
gram. 1 vyriškoji giminė 2 vyriškosios
giminės žodis

mash [mæʃ] n 1 mišinys; ėdalas; bulvių
piurė 2 košė 3 masė v sutrinti, sugrūsti
(į košę); ~ed potatoes bulvių košė,
piurė

mask [mɑ:sk] n kaukė; kar. dujokaukė
v maskuoti; slėpti

mason ['meɪsn] n 1 mūrininkas 2 (M.)
masonas ~ry [-rɪ] n 1 plytų bei ak-
menų mūrinys 2 masonai

masquerade [ˌmæskə'reɪd] n kaukių
balius, maskaradas v 1 (užsi)maskuoti
2 dėtis, apsimesti

mass [mæs] I n 1 masė; in the ~
iš viso, apskritai 2 krūva 3 daugybė
4: the ~es liaudies masės; ~ me-
dia masinės informacijos priemonės v
1 rinkti į krūvą, kaupti 2 kar. koncen-
truoti

mass II n relig. mišios (t.p. M.)

massacre ['mæsəkə] n žudynės, sker-
dynės v žudyti; vykdyti skerdynes

massage ['mæsɑ:ʒ] n masažas v masa-
žuoti

massif [mæ'si:f] n (kalnų) masyvas

massive ['mæsɪv] a masyvus, stambus

mass-produce [ˌmæsprə'dju:s] v ga-
minti masiškai

mast [mɑ:st] n (laivo) stiebas

master ['mɑ:stə] n 1 šeimininkas
2 mokytojas; head ~ mokyklos di-
rektorius 3 meistras 4 magistras 5 ori-
ginalas (filmo, įrašo) △ M. of Cere-
monies a) ceremonimeisteris; b) kon-
feransjė v 1 išmokti; to ~ a foreign
language išmokti užsienio kalbą 2 nu-
galėti, užvaldyti; susidoroti ~ful a
valdingas ~key [-ki:] n visraktis ~ly
a tobulas, meistriškas adv meistriškai
~piece [-pi:s] n šedevras ~y [-rɪ] n
1 meistriškumas 2 valdymas, kontrolė

masticate ['mæstɪkeɪt] v kramtyti

mat [mæt] I n 1 plaušinys 2 padėklas
(po karštu indu, lempa ar pan.)
3 sport. kilimėlis v 1 pakloti 2 sudrai-
kyti (pvz., plaukus)

mat II a matinis; nepoliruotas; dulsvas

match [mætʃ] I n degtukas (t.p. safety
~)

match II n 1 pora 2 santuoka
3 varžybos, mačas, rungtynės v 1 tikti
(į porą pagal spalvą) 2 lenktyniauti,
rungtyniauti ~less a nepalyginamas,

neprilygstamas ~maker [-meɪkə] n piršlys

match-box ['mætʃbɔks] n degtukų dėžutė

mate [meɪt] I v šachm. matuoti (t.p. check-mate)

mate II n 1 draugas 2 patinas; patelė padėjėjas 4 vyras, žmona v su(si)poruoti (apie paukščius, gyvulius)

material [mə'tɪərɪəl] a 1 materialus, materialinis 2 esminis, svarbus; ~ evidence daiktinis įrodymas n 1 medžiaga; raw ~ žaliava 2 audinys ~ism [-ɪzəm] n materializmas ~ist n 1 materialistas 2 attr materialistinis ~istic [mə,tɪərɪə'lɪstɪk] a materialistinis ~ize [-laɪz] v 1 įvykdyti; įgyvendinti; įkūnyti 2 įvykti

matern||al [mə'tə:nl] a motiniškas ~ity [-'tə:nətɪ] n motinystė; ~ity hospital / home gimdymo namai

mathematic||al [,mæθɪ'mætɪkl] a 1 matematinis 2 tikslus ~ian [-mə'tɪʃn] n matematikas ~s [-ks] n matematika (t.p. pure ~s, šnek. maths [mæθs]); applied ~s taikomoji matematika

matinee ['mætɪneɪ] n dieninis spektaklis, kino seansas, koncertas

matrices pl žr. matrix

matricide ['meɪtrɪsaɪd] n 1 motinos nužudymas 2 motinos žudikas

matriculat||e [mə'trɪkjuleɪt] v būti priimtam arba priimti į aukštąją mokyklą ~ion [mə,trɪkju'leɪʃn] n oficialus priėmimas į aukštąją mokyklą

matrimon||ial [,mætrɪ'məunɪəl] a santuokos, santuokinis, vedybinis ~y ['mætrɪmənɪ] n santuoka

matrix ['meɪtrɪks] n (pl matrices ['meɪtrɪsi:z] arba ~es) matrica

matron ['meɪtrən] n 1 ūkvedė (mokykloje, ligoninėje) 2 vyresnioji medicinos sesuo 3 matrona

matter ['mætə] n 1 medžiaga, materija 2 dalykas, klausimas △ a ~ of fact iš tikrųjų; what is the ~? kas yra?, kas atsitiko?; no ~ vis tiek, kas bebūtų v būti svarbiam; reikšti; it doesn't ~

to me tai man nesvarbu ~-of-fact [,mætərəv'fækt] a dalykiškas, realus

matting ['mætɪŋ] n 1 plaušinė; medžiaga plaušiniams gaminti 2 demblys

mattock ['mætək] n kauptukas

mattress ['mætrɪs] n matracas, čiužinys

matur||e [mə'tjuə] a 1 subrendęs; prinokęs 2 mokėtinas (apie mokesčio terminą) v 1 bręsti; nokti 2 brandinti ~ity [-rətɪ] n 1 subrendimas 2 užbaigtumas

maudlin ['mɔ:dlɪn] a verksnus, verksmingas

maul [mɔ:l] n kūlė, tvoklė v 1 griežtai su kuo elgtis 2 draskyti, sukandžioti

maunder ['mɔ:ndə] v 1 kalbėti padrikai, murmėti 2 tingiai dirbti, vos judėti

mausoleum [,mɔ:sə'li:əm] n mauzoliejus

mauve [məuv] a šviesiai rožinis, violetinis

mawkish ['mɔ:kɪʃ] a sentimentalus

maxim ['mæksɪm] n 1 aforizmas, sentencija 2 elgesio taisyklė, principas

maxim||ize, ~ise ['mæksɪmaɪz] v padaryti maksimalų, maksimizuoti

maximum ['mæksɪməm] n (pl maxima ['mæksɪmə]) maksimumas; aukščiausias laipsnis a maksimalus

may [meɪ] v (past might) 1 galiu, man leista (t.p. gali, tau leista ir t.t.); he ~ go out of the classroom jis gali (jam leidžiama) išeiti iš klasės; they ~ come jie gali dar ateiti 2 junginiuose su Perfect Infinitive; gali būti, gal būt; he ~ have gone gal būt, jis išvyko; they ~ have seen us gali būti, kad jie mus matė 3 reiškiant tikslą: I'll write so that he ~ / might know when to expect us aš parašysiu, kad jis žinotų, kada mūsų laukti 4 reiškiant pageidavimą, linkėjimą: ~ success attend you! linkiu jums pasisekimo! △ be that as it ~ kaip ten bebūtų

May [meɪ] n gegužės mėnuo; ~ Day Gegužės pirmoji

maybe ['meɪbi:] adv gal būt

mayn't ['meɪənt] sutr. = may not

mayonnaise [ˌmeɪə'neɪz] *n* majonezas

mayor [mɛə] *n* meras; miesto galva ~**ess** [mɛə'res] *n* merė

maz||**e** [meɪz] *n* 1 labirintas 2 painiava ~**y** [-zɪ] *a* supainiotas, painus

me [mi:] *pron pers* man, mane; *it's ~ šnek.* tai aš △ *dear ~!* vaje!

mead [mi:d] *n* midus (*gėrimas*)

meadow ['medəu] *n* pieva

meagre, *amer.* **meager** ['mi:gə] *a* 1 liesas, sulysęs 2 menkas 3 skurdus

meal [mi:l] I *n* (*stambiai malti*) miltai

meal II *n* valgis; valgymas; *evening ~* vakarienė; *square ~* sotus valgis ~**time** [-taɪm] *n* valgymo laikas

mealy ['mi:lɪ] *a* 1 miltų; miltinis 2 miltuotas 3 miltingas

mean [mi:n] I *a* 1 prastas; žemas 2 *amer.* niekšiškas, šlykštus; *to be no ~ player* būti labai geru žaidėju

mean II *a* vidutinis; *~ time* vidutinis / standartinis laikas; *in the ~ time* tuo laiku; tuo tarpu *n* vidurys; *mat.* vidurkis △ *the happy / golden ~* aukso vidurys

mean III *v* (**meant**) 1 turėti galvoje 2 skirti 3 reikšti 4 ketinti

meander [mɪ'ændə] *v* vingiuoti

meaning ['mi:nɪŋ] *n* reikšmė; prasmė *a* reikšmingas (*t.p. ~***ful**)

means [mi:nz] *n pl* 1 priemonė, būdas 2 turtas △ *by all ~* a) žinoma; b) būtinai; *by no ~* jokiu būdu; *by ~ of* su (*kuo; atitinka įnagininką*)

meant [ment] *past ir pp žr.* **mean**

meantime ['mi:ntaɪm] *žr.* **meanwhile**

meanwhile ['mi:nwaɪl] *adv* tuo tarpu; tuo pat metu

measl||**es** ['mi:zlz] *n* tymai ~**y** [-lɪ] *a* be galo menkas; juokingai mažas

measurabl||**e** ['meʒərəbl] *a* išmatuojamas ~**y** *adv* žymiai

measure ['meʒə] *n* 1 matas, saikas; *dry ~s* biralų saikai; *linear / long ~s* ilgio matai; *~ of weight* svorio matai; *liquid ~s* skysčio matai; *square ~s* ploto matai; *short ~* per mažai atsverta / atmatuota 2 *muz.*

taktas 3 priemonė △ *in a ~*, *in some ~* iš dalies; *to take ~s* imtis priemonių, žygių *v* 1 matuoti; atmatuoti, išmatuoti (*t.p. to ~ off*) 2 įvertinti (*padėtį*); *to ~ up* (*to / with*) a) pasiekti (*kokį nors lygį*); b) atitikti (*reikalavimus*); c) pateisinti (*viltį*) ~**d** [-d] *a* 1 išmatuotas, atseikėtas 2 vienodas, ritmingas 3 nuosaikus, apgalvotas ~**ment** *n* matai, matų sistema; matavimas

meat [mi:t] *n* 1 mėsa 2 *prk.* esmė 3 maistas; *green ~* daržovės; *full of ~* turiningas (*apie knygą, straipsnį ir pan.*) ~**chopper** [-tʃɔpə] *n* mėsmalė ~**y** [-tɪ] *a* mėsingas; *prk.* turiningas

mechan||**ic** [mɪ'kænɪk] *n* 1 mechanikas 2 amatininkas ~**ical** [-kl] *a* 1 mašinos 2 mechaninis 3 mašinalus 4 *filos.* mechanistinis ~**ics** [-nɪks] *n* 1 mechanika 2 *prk.* mechanizmas ~**ize**, ~**ise** ['mekənaɪz] *v* mechanizuoti

medal ['medl] *n* medalis; *amer.* ordinas

meddle ['medl] *v* kištis (*in / with*)

media ['mi:dɪə] *n* (*pl iš* **medium**) masinės informacijos priemonės

mediaeval *žr.* **medieval**

medi||**al**, ~**an** ['mi:dɪəl, -ən] *a* vidurinis; vidutinis ~**ator** ['mi:dɪeɪtə] *n* tarpininkas

medic||**al** ['medɪkl] *a* medicinos, gydymo ~**ament** [mɪ'dɪkəmənt] *n* vaistas

medicine ['medsn] *n* 1 medicina 2 vaistas

medieval (*t.p.* **mediaeval**) [ˌmedɪ'i:vl] *a* viduramžių, viduramžiškas

mediocre [ˌmi:dɪ'əukə] *a* 1 pusėtinas, vidutiniškas 2 antrarūsis

meditate ['medɪteɪt] *v* 1 nuodugniai ką dvasiškai apmąstyti 2 medituoti, melstis 3 svarstyti; planuoti, ketinti; puoselėti

Mediterranean [ˌmedɪtə'reɪnɪən] *a* Viduržemio jūros *n: the M.* Viduržemio jūra

medium ['mi:dɪəm] *n* (*pl ~s*, **media** ['mi:dɪə]) 1 priemonė 2 vidurys

3 aplinka 4 *biol.* terpė; sąlygos 5 tarpininkas *a* 1 vidutinis 2 saikingas, nuosaikus

medley ['medlı] *n* 1 mišinys, susimaišymas, šiupinys 2 *muz.* popuri

meek [mi:k] *a* romus; nuolankus; švelnus

meet [mi:t] *v* (met) 1 su(si)tikti 2 susirinkti 3 patenkinti (*norus, reikalavimus*); *to* ~ *a bill* apmokėti sąskaitą 4 susipažinti; *please* ~ *Mr Brown* prašome susipažinti su ponu Braunu; *to* ~ *with* a) susitikti; b) patirti, pakelti ~*ing n* mitingas; susirinkimas; susitikimas; *general* ~*ing* visuotinis susirinkimas

mega- ['megə-] *pref* 1 milijonas; *megaton* milijonas tonų 2 labai didelis; *megastar* superžvaigždė

megaphone ['megəfəun] *n* ruporas, garsintuvas; megafonas

melanchol∥ic [ˌmelən'kɔlık] *a* nuliūdęs, liūdnas, melancholiškas ~*y* ['meləŋkəlı] *n* liūdesys; nuliūdimas *a* 1 liūdnas, nusiminęs 2 slegiantis

melliflu∥ous [mə'lıfluəs], ~*ent* [me'lıfluənt] *a* saldžiai, maloniai skambantis (*balsas*)

mellow ['meləu] *a* 1 nunokęs, išsirpęs 2 (*apie žmogų*) prityręs, subrendęs 3 švelnus, minkštas (*apie skambesį*) 4 malonus, linksmas *v* 1 nokti, sirpti 2 purenti

melodious [mə'ləudıəs] *a* melodingas, skambus

melody ['melədı] *n* 1 melodija 2 melodingumas

melon ['melən] *n bot.* melionas; *water* ~ arbūzas

melt [melt] *v* 1 tirpti; lydyti; lydytis 2 susigraudinti; suminkštėti 3 atsileisti; silpnėti □ *to* ~ *away* ištirpti, išnykti; *to* ~ *down* sulydyti, sutirpdyti; *to* ~ *out* išlydyti

member ['membə] *n* 1 narys; *M. of Parliament* parlamento narys (*sutr.* *MP*) 2 kūno dalis 3 konstrukcijos detalė ~*ship* [-ʃıp] *n* narystė

membrane ['membreın] *n anat.* plėvelė, plėvė, apvalkalas

memoir ['memwɑ:] *n* 1 svarbių įvykių aprašymas 2 *pl* memuarai

memorable ['memərəbl] *a* neužmirštinas, atmintinas

memorand∥um [ˌmemə'rændəm] *n* (*pl* ~*a* [-də] *arba* ~*ums*) 1 memorandumas 2 užrašas, atžyma

memorial [mə'mɔ:rıəl] *n* 1 paminklas 2 *pl* istorinė kronika *a* atmintinas, memorialinis

memor∥ize ['meməraız] *v* 1 išmokti atmintinai; atsiminti 2 įamžinti ~*y* ['memərı] *n* 1 atmintis 2 *pl* atsiminimai

men [men] *pl žr.* man

menace ['menəs] *n* 1 grasinimas; grėsmė 2 pavojus *v* grasinti, grūmoti (*with*)

menagerie [mı'nædʒərı] *n* žvėrynas

mend [mend] *v* 1 (pa)(si)taisyti, remontuoti 2 pagyti

mend∥acious [men'deıʃəs] *a* melagingas ~*acity* [-'dæsətı] *n* melagingumas; melas

menial ['mi:nıəl] *n* tarnas *a niek.* žemas; liokajiškas

men-o'-war, men-of-war *pl žr.* man-o'-war, man-of-war

mensurable ['mensjurəbl] *a* 1 išmatuojamas 2 *muz.* ritmingas

mental ['mentl] *a* 1 protinis 2 mintinis; ~ *arithmetic / calculations* mintinis skaičiavimas 3 psichinis *n šnek.* pamišėlis ~*ity* [men'tælətı] *n* 1 intelektas 2 galvosena; protavimo būdas ~*ly* ['mentəlı] *adv* įsivaizduojamai; mintyse

mention ['menʃn] *v* (pa)minėti; užsiminti; *don't* ~ *it* a) nėra už ką (*atsakant į padėką*); b) nieko, prašom (*atsakant į atsiprašymą*)

menu ['menju:] *n* meniu, valgiaraštis

mercantile ['mə:kəntaıl] *a* prekybinis, komercinis

mercenary ['mə:sınərı] *a* gobšus, savanaudis

merchandise ['mə:tʃəndaɪz] n prekės v
prekiauti

merchant ['mə:tʃənt] n pirklys, komer-
santas; ~ navy prekybos laivynas

merci‖ful ['mə:sɪfl] a gailestingas ~less
a negailestingas

mercury ['mə:kjurɪ] n gyvsidabris (t.p.
quicksilver)

mercy ['mə:sɪ] n 1 gailestingumas 2 pa-
sigailėjimas; malonė; to beg for ~
prašyti atleisti, pasigailėti; to have ~
on / upon gailėtis (ko); that's a ~!
tai tikra laimė!

mere [mɪə] a 1 aiškus, tikras; ~ blun-
der aiški klaida 2 paprastas, prastas
~ly adv tiesiog, tik

merg‖e [mə:dʒ] v 1 įsiurbti, įtraukti
2 su(si)lieti, su(si)jungti ~er n
įmonių susijungimas (į stambią)

meridian [mə'rɪdɪən] n 1 dienovidinis,
meridianas 2 pusiaudienis 3 aukščiau-
sias taškas

merit ['merɪt] n nuopelnas △ on its
~s iš esmės v nusipelnyti ~orious
[ˌmerɪ'tɔ:rɪəs] a nusipelnęs; apdovano-
tinas, pagirtinas

merr‖ily ['merɪlɪ] adv linksmai, gy-
vai ~iment [-rɪmənt] n pasilinksmin-
imas; linksmumas ~y ['merɪ] a links-
mas ~y-go-round [ˌmerɪgəu'raund]
n karuselė

mesh [meʃ] n 1 (tinklo) akis 2 pl prk.
tinklas; spąstai v 1 pagauti (tinklu)
2 prk. apraizgyti, apnarplioti

mess [mes] I n 1 bendras stalas /
maitinimasis (armijoje ir laivyne)
2 valgykla v pietauti už bendro stalo

mess II n netvarka; maišatis; nemalo-
numai

message ['mesɪdʒ] n 1 pranešimas;
žinia; laiškas, raštas, telegrama 2 pa-
vedimas, misija

messenger ['mesɪndʒə] n pasiuntinys,
pranešėjas, šauklys

messmate ['mesmeɪt] n būrio, grupės,
stalo draugas

Messrs ['mesəz] n pr. pl ponai (rašoma
prieš firmų savininkų pavardes)

met [met] past ir pp žr. meet

metal ['metl] n 1 metalas; ferrous ~s
juodieji metalai 2 pl bėgiai v grįsti
skalda ~led [-d] a grįstas akmenų
skalda ~lic [mɪ'tælɪk] a metalinis

metallurg‖ical [ˌmetə'lə:dʒɪkl] a meta-
lurgijos ~y [mɪ'tælədʒɪ] n metalurgija

metaphor ['metəfə] n metafora ~ical
[ˌmetə'fɔrɪkl] a metaforinis

metaphysic‖al [ˌmetə'fɪzɪkl] a metafizi-
nis ~s [-ks] n metafizika

mete [mi:t] v 1 matuoti 2 skirti (baus-
mę, apdovanojimą)

meteor ['mi:tɪə] n meteoras

meteorolog‖ical [ˌmi:tɪərə'lɔdʒɪkl] a
meteorologinis; atmosferinis ~y
[-'rɔlədʒɪ] n meteorologija

meter ['mi:tə] n 1 žr. metre 2 skaitik-
lis; matuoklis

methinks [mɪ'θɪŋks] v pasen. man
atrodo

method ['meθəd] n 1 metodas, būdas
2 sistema; tvarka ~ical [mɪ'θɔdɪkl] a
1 metodinis, metodiškas 2 sistemingas

meticulous [mɪ'tɪkjuləs] a smulkmeniš-
kas, pedantiškas; skrupulingas

metr‖e ['mi:tə] (amer. meter) n
1 metras (ilgio matas) 2 metras, rit-
mas (eilėdaroje) ~ic ['metrɪk] a metri-
nis

Metro ['metrəu] n (the M.) metropo-
litenas, metro

metropoli‖s [mɪ'trɔpəlɪs] n 1 sostinė
2 metropolija ~tan [ˌmetrə'pɔlɪtən]
a sostinės n 1 sostinės gyventojas
2 arkivyskupas

mettle ['metl] n 1 įkarštis, energija
2 charakteris, temperamentas; to put
a person on his ~ sužadinti kieno
nors drąsą, energiją

mew [mju:] I n kiras, žuvėdra

mew II v kniaukti n kniaukimas

mews [mju:z] n buvusios arklidės, pa-
verstos garažais ar butais

Mexican ['meksɪkən] n meksikietis a
meksikietiškas, meksikiečių

miaou, miaow [mi:'au] v kniaukti n
kniaukimas

mica ['maɪkə] n min. žėrutis

mice [maɪs] pl žr. mouse

microbe ['maɪkrəub] n mikrobas

microcomputer [ˌmaɪkrəukəm'pju:tə] n mikrokompiuteris

micro‖phone ['maɪkrəfəun] n mikrofonas ~scope ['maɪkrəskəup] n mikroskopas

mid [mɪd] I prep žr. amid

mid II a vidurinis ~day [-deɪ] n vidurdienis, pusiaudienis

middle ['mɪdl] a vidurinis n vidurys; M. Ages viduramžiai ~-aged [ˌmɪdl-'eɪdʒd] a vidutinio amžiaus; senyvas, nebejaunas ~man [-mæn] n tarpininkas; komisionierius

middling ['mɪdlɪŋ] a 1 vidurinis; vidutinis 2 antrinis, pusėtinas, vidutiniškas adv šiaip sau, vidutiniškai ~s [-z] n pl antros rūšies prekės

midge [mɪdʒ] n uodas; mašalas

midget ['mɪdʒɪt] n smulki būtybė; labai mažas daiktas; neūžauga

mid‖land ['mɪdlənd] a 1 vidurinis, centrinis 2 nutolęs nuo jūros n 1 centrinė krašto dalis 2 pl (the Midlands) centrinės Anglijos grafystės ~most [-məust] a centrinis ~-night [-naɪt] n pusiaunaktis, vidurnaktis

midst [mɪdst] I n vidurys; in the ~ of viduryje, tarp; in our ~ tarp mūsų, mūsų tarpe

midst II prep žr. amidst

midsummer ['mɪdsʌmə] n vidurvasaris; M. day joninės

midway [mɪd'weɪ] a, adv pusiaukelio; pusiaukelyje

midwife ['mɪdwaɪf] n akušerė, pribuvėja

mien [mi:n] n mina, veido išraiška

might [maɪt] I past žr. may

might II n galybė, galia ~ily [-ɪlɪ] adv 1 stipriai, galingai 2 šnek. labai, ypatingai ~iness [-ɪnɪs] n 1 stiprumas 2 didingumas ~y [-ɪ] a galingas adv šnek. labai; that is ~y easy tai labai lengva

migrate [maɪ'greɪt] v 1 persikelti; kilnotis; keliauti 2 migruoti, išskristi (apie paukščius)

mild [maɪld] a švelnus; minkštas

mildew ['mɪldju:] n pelėsiai

mile [maɪl] n mylia ~age [-ɪdʒ] n atstumas myliomis ~-post, ~stone [-pəust, -stəun] n atstumo rodyklė, stulpas

militant ['mɪlɪtənt] a karingas

militar‖ism ['mɪlɪtərɪzəm] n militarizmas ~ist [-rɪst] n militaristas ~ization [ˌmɪlɪtəraɪ'zeɪʃn] n militarizacija ~ize [-raɪz] v militarizuoti ~y [-rɪ] a karo, karinis; kariuomenės n (the ~y) kariškiai, kareiviai

militia [mɪ'lɪʃə] n milicija

milk [mɪlk] n pienas; new ~ šviežias, dar šiltas pienas; desiccated ~ sausas pienas, pieno milteliai; pigeon's ~ paukščių pienas ~maid [-meɪd] n 1 melžėja 2 pienininkė ~man [-mən] pieno prekiautojas; pienininkas ~sop [-sɔp] n prk. silpnabūdis; bailys ~y [-ɪ] a pieno, pieniškas; the Milky Way astr. Paukščių Takas

mill [mɪl] n 1 malūnas 2 fabrikas v malti

millennium [mɪ'lenɪəm] n tūkstantmetis

miller ['mɪlə] n malūnininkas

millet ['mɪlɪt] n bot. sora, soros

milliard ['mɪlɪɑ:d] n milijardas

milli‖gram(me) ['mɪlɪgræm] n miligramas ~metre [-mi:tə] n milimetras

milliner ['mɪlɪnə] n asmuo, gaminantis ar parduodantis moteriškų skrybėlių papuošalus

million ['mɪlɪən] n milijonas ~aire [ˌmɪlɪə'neə] n milijonierius

mill‖stone ['mɪlstəun] n girnapusė ~-wheel [-wi:l] n vandens malūno ratas

mimic ['mɪmɪk] a pamėgdžiojantis n pamėgdžiotojas v pamėgdžioti; parodijuoti

mince [mɪns] v 1 kapoti, malti (mėsą) 2 švelninti (žodžius, padėtį); not to ~ matters, not to ~ one's words

kalbėti tiesiai, be užuolankų ~meat
[-mi:t] *n* kamšalas, įdaras

mind [maɪnd] *n* 1 protas 2 atmintis
3 nuomonė, mintis; *to keep in* ~ at-
siminti, turėti galvoje; *to make up
one's* ~ pasiryžti, nutarti; *to change
one's* ~ apsigalvoti, pakeisti savo
nuomonę; *to my* ~ mano nuomone;
to be in two ~*s about doing
smth* dvejoti, abejoti; *v* atsiminti,
turėti galvoje; ~*!* žiūrėk!, atsar-
giai!; *never* ~ nesvarbu, nekreipkite
dėmesio; *would you* ~...*?* gal galima
paprašyti jus...?; *if you don't* ~ jei
jūs nieko prieš; *out of sight, out of*
~ iš akių — ir iš atminties

mind||ed ['maɪndɪd] *a* linkęs, nusiteikęs
~**ful** *a* 1 rūpestingas, atidus 2 at-
menantis ~**less** *a* 1 beprasmis, betik-
slis 2 negalvojantis, nesiskaitantis (*su
nieku; of*)

mine [maɪn] I *pron* mano

min||e II *n* 1 kasykla 2 mina *v*
1 (pa)kasti (*iš apačios*) 2 kasti rūdą
3 minuoti ~**er** *n* kalnakasys

mineral ['mɪnərəl] *n* mineralas; ~ *oil*
nafta ~**ogy** [ˌmɪnə'rælədʒɪ] *n* minera-
logija

mine||-sweeper ['maɪnswiːpə] *n* jūr.
minų traleris ~**-thrower** ['maɪnθrəuə]
n minosvaidis

mingle ['mɪŋgl] *v* 1 maišyti(s) 2 su(si)-
maišyti

mingy ['mɪndʒɪ] *a* šykštus

miniature ['mɪnətʃə] *n* miniatiūra

minikin ['mɪnɪkɪn] *n* smulkutis padaras,
daiktelis

minicomputer [ˌmɪnɪkəm'pjuːtə] *n* mini-
kompiuteris

minim||ize ['mɪnɪmaɪz] *v* mažinti; men-
kinti ~**um** [-məm] (*pl* minima [-mə])
n minimumas

mining ['maɪnɪŋ] *n* 1 kalnakasyba; kal-
nakasybos pramonė 2 *kar.* minavimas
3 *attr* kalnakasybos; grēžimo

minion ['mɪnɪən] *n* favoritas, numylėtinis

minister ['mɪnɪstə]   *n* 1 ministras
(*amer.* Secretary); *the Prime M.*

ministras pirmininkas, ministrų tary-
bos pirmininkas 2 *dipl.* pasiuntinys
3 dvasininkas *v* 1 tarnauti 2 padėti,
pagelbėti

ministry ['mɪnɪstrɪ] *n* 1 ministerija
(*amer.* department); *the M. of
Defence* gynybos ministerija 2 bu-
vimas dvasininku **3** dvasininkija (*the
M.*)

mink [mɪŋk] *n zool.* audinė (*žvėrelis ir
kailis*)

minor ['maɪnə] *a* 1 mažesnis 2 jau-
nesnis **3** *muz.* minorinis *n* 1 nepil-
nametis 2 *amer.* nespecialusis dalykas
ar kursas (*koledže*) ~**ity** [maɪ'nɔrətɪ] *n*
1 mažuma 2 nepilnametystė

minster ['mɪnstə] *n* katedra; didelė baž-
nyčia

mint [mɪnt] I *n* mėta

mint II *n* pinigų kalykla *v* kalti pinigus

minuend ['mɪnjuənd] *n mat.* turinys

minuet [ˌmɪnju'et] *n muz.* menuetas

minus ['maɪnəs] *prep* minus

minute ['mɪnɪt] I *n* 1 minutė, momentas
2 *pl* protokolas *v* 1 tiksliai nustatyti
laiką 2 protokoluoti

minute [maɪ'njuːt] II *a* 1 smulkus
2 tikslus, detalus

minutiae [maɪ'njuːʃiː]   *n pl* smulk-
menos, detalės

minx [mɪŋks] *n* koketė, išdykėlė

mirac||le ['mɪrəkl] *n* stebuklas ~**ulous**
[mɪ'rækjuləs] *a* stebuklingas, antgam-
tinis; įstabus

mirage ['mɪrɑːʒ] *n* miražas

mire ['maɪə] *n* 1 purvas 2 liūnas

mirror ['mɪrə] *n* veidrodis *v* atspindėti

mirth [mə:θ] *n* linksmybė, linksmumas
~**ful** *a* linksmas

miry ['maɪərɪ] *a* 1 klampus 2 purvinas

mis- [mɪs-] *pref reiškia blogumą, klai-
dingumą arba trūkumą*

misadventure [ˌmɪsəd'ventʃə] *n* nelaimė

misapply [ˌmɪsə'plaɪ] *v* 1 neteisingai
vartoti 2 piktnaudžiauti

misapprehen||d [ˌmɪsæprɪ'hend] *v* klai-
dingai, atvirkščiai suprasti ~**sion**

[ˌmɪsæprɪ'henʃn] *n* suklydimas; nesusipratimas

misappropriate [ˌmɪsə'prəuprɪeɪt] *v* neteisėtai pasisavinti

misbehave [ˌmɪsbɪ'heɪv] *v* blogai elgtis

miscalculate [ˌmɪs'kælkjuleɪt] *v* apsiskaičiuoti (*apsirikti*)

miscall [mɪs'kɔ:l] *v* 1 pavadinti ne tuo vardu 2 keikti, plūsti

miscarr||iage [mɪs'kærɪdʒ] *n* 1 persileidimas; abortas 2 nesėkmė, klaida ~y ·[-'kærɪ] *v* 1 persileisti, neišnešioti 2 nenusisekti

miscellan||eous [ˌmɪsə'leɪnɪəs] *a* maišytas, įvairus ~y [mɪ'selənɪ] *n* 1 mišinys 2 rinkinys (*knyga*)

mischance [ˌmɪs'tʃɑ:ns] *n* nelaimė

mischie||f ['mɪstʃɪf] *n* 1 išdaiga 2 kenkimas, žala ~vous [-vəs] *a* 1 nepaklusnus, išdykęs 2 piktas, piktavalis

misconduct [ˌmɪs'kɔndʌkt] *n* 1 blogas elgesys 2 neištikimybė (*santuokoje*) *v* [ˌmɪskən'dʌkt] 1 blogai elgtis (*apie vyrą ar moterį*) 2 blogai tvarkyti reikalus

miscount [ˌmɪs'kaunt] *n* neteisingas suskaičiavimas, apsiskaičiavimas *v* apsiskaičiuoti

miscreant ['mɪskrɪənt] *n* piktadarys *a* sugedęs, pasileidęs

misdeed [ˌmɪs'di:d] *n* piktadarybė; nusikaltimas

misdemeanour [ˌmɪsdɪ'mi:nə] *n* teis. baudžiamasis nusižengimas

miser ['maɪzə] *n* šykštuolis

miser||able ['mɪzərəbl] *a* nelaimingas, pasigailėtinas; skurdus, menkas ~y ['mɪzərɪ] *n* 1 nelaimė 2 vargas, skurdas

miserly ['maɪzəlɪ] *a* 1 šykštus 2 skurdus

misfire [ˌmɪs'faɪə] *n* 1 neiššovimas 2 (*šautuvo*) užsikirtimas 3 nepataikymas *v* 1 neiššauti 2 užsikirsti (*apie ginklą, mašiną*) 3 prašauti pro šalį

misfit [ˌmɪs'fɪt] *v* netikti, blogai gulėti (*apie drabužį*) *n* ['mɪsfɪt] 1 blogai gulintis drabužis 2 kas nors nesėkminga, netinkama

misfortune [ˌmɪs'fɔ:tʃu:n] *n* nelaimė, nepasisekimas

misgiv||e [ˌmɪs'gɪv] *v* (misgave [-'geɪv]; **misgiven** [-'gɪvn]) sukelti nuogąstavimą ~ing *n* 1 būgštavimas, nuogąstavimas 2 blogo nujautimas

mishap ['mɪshæp] *n* nepasisekimas

mishmash ['mɪʃmæʃ] *n* mišinys; maišatis; chaosas

misinform [ˌmɪsɪn'fɔ:m] *v* neteisingai informuoti; dezinformuoti

misinterpret [ˌmɪsɪn'tə:prɪt] *v* neteisingai, klaidingai aiškinti

misjudge [ˌmɪs'dʒʌdʒ] *v* klaidingai vertinti

mislay [ˌmɪs'leɪ] (mislaid) *v* padėti ne į vietą; pamesti; nukišti

mislead [ˌmɪs'li:d] *v* (misled) (su)klaidinti; nuvesti klaidinga kryptimi

misplace [ˌmɪs'pleɪs] *v* 1 *žr.* mislay 2 pasikliauti kuo nors, kas to nevertas

misprint ['mɪsprɪnt] *n* spaudos klaida

misrule [ˌmɪs'ru:l] *n* blogas valdymas

Miss [mɪs] I *n* mis (*prieš pavardę*); mergaitė (*kreipiantis į jauną moterį*)

miss II *v* 1 nepataikyti 2 praleisti (*progą*), nenugirsti, nepastebėti 3 nedalyvauti 4 pasigesti; **to** ~ **a train** pavėluoti į traukinį 5 ilgėtis *n* nepasisekimas; nepataikymas

missile ['mɪsaɪl] *n* raketa; **guided** ~ valdomoji raketa *a* svaidomasis; mėtomasis

missing ['mɪsɪŋ] *a* 1 nesantis 2 dingęs; trūkstamas

mission ['mɪʃn] *n* 1 misija 2 pasiuntinybė 3 pavedimas; komandiruotė ~ary ['mɪʃənrɪ] *n* misionierius

missis ['mɪsɪz] (*t.p.* misus ['mɪsəz]) *n* 1 *šnek.* (*kreipiantis į vyresnę moterį*) ponia (*sutr.* Mrs) 2 *šnek.* žmona

misspell [ˌmɪs'spel] *v* (misspelt) rašyti su klaidomis

misspend [ˌmɪs'spend] *v* (misspent) veltui leisti (*laiką*); išleisti (*pinigus*)

misstate [ˌmɪsˈsteɪt] v klaidingai pranešti; melagingai liudyti, nurodyti, pareikšti ~ment n melagingas pareiškimas

mist [mɪst] n 1 migla 2 šerkšnas

mistake [mɪˈsteɪk] n klaida, suklydimas; by ~ per klaidą; to make a ~ apsirikti v (mistook; mistaken) suklysti; (pa)laikyti kuo kitu (for) ~n [-ən] a klaidingas; ne vietoje

mister [ˈmɪstə] n ponas (sutr. Mr)

mistletoe [ˈmɪsltəu] n bot. amalas

mistress [ˈmɪstrɪs] n 1 šeimininkė 2 mokytoja; head ~ mokyklos vedėja, direktorė 3 meilužė; poet. mylimoji 4 [ˈmɪsɪz] misis, ponia (sutr. Mrs)

mistrust [ˌmɪsˈtrʌst] n nepa(si)tikėjimas v nepa(si)tikėti ~ful [ˌmɪsˈtrʌstfl] a nepasitikintis

misty [ˈmɪstɪ] a 1 miglotas, ūkanotas 2 neaiškus

misunderstand [ˌmɪsˌʌndəˈstænd] v (misunderstood [ˌmɪsˌʌndəˈstud]) neteisingai suprasti ~ing n nesu(si)pratimas

misuse [ˌmɪsˈjuːs] n piktnaudžiavimas v [ˌmɪsˈjuːz] 1 (pa)naudoti piktam 2 blogai elgtis (su kuo nors) 3 netinkamai naudoti(s)

mite [maɪt] n 1 skatikas, grašis 2 trupinėlis 3 maža būtybė

mitigate [ˈmɪtɪgeɪt] v sušvelninti, sumažinti (skausmą, kančią)

mitt(en) [ˈmɪt(n)] n kumštinė pirštinė

mix [mɪks] v 1 su(si)maišyti 2 sujungti 3 bendrauti; they do not ~ well jie netinka vienas antram, jie nesutaria; to ~ up a) gerai sumaišyti; b) supainioti; to be / get ~ed up in smth būti kur nors įpainiotam ~er n 1 tech. maišytuvas 2 amer.: bad (good) ~er nevisuomeniškas (visuomeniškas) žmogus ~ture [-tʃə] n 1 mišinys; mikstūra 2 sumaišymas ~-up [ˈmɪksʌp] n 1 peštynės 2 maišatis

moan [məun] n dejavimas v dejuoti; skųstis; apverkti

mob [mɔb] n minia; the ~ prastuomenė v būriuotis, grūstis, telktis

mobil‖e [ˈməubaɪl] a 1 judrus; lankstus 2 judamasis, kilnojamas; nepastovus; ~ troops / army lauko kariuomenė; ~ hospital lauko ligoninė ~ity [məuˈbɪlətɪ] n judrumas; judamumas

mobil‖ization, ~isation [ˌməubɪlaɪˈzeɪʃn] n mobilizacija

mobilize, mobilise [ˈməubɪlaɪz] v mobilizuoti

mock [mɔk] v erzinti, pajuokti, tyčiotis a suklastotas, netikras ~ery [-ərɪ] n pajuoka, tyčiojimasis; parodija

modal [ˈməudl] a gram. modalinis

mode [məud] n 1 mada 2 būdas; paprotys 3 gram. nuosaka

model [ˈmɔdl] n 1 modelis 2 pavyzdys 3 (menininko gyvas) modelis v 1 lipdyti 2 formuoti; modeliuoti; to ~ oneself sekti kieno pavyzdžiu

moderat‖e a [ˈmɔdərət] 1 nuosaikus 2 vidutinis 3 susivaldantis v [ˈmɔdəreɪt] su(si)valdyti, susilaikyti; pažaboti, sumažinti, apriboti, sutramdyti ~or [-reɪtə] n 1 reguliuotojas 2 tarpininkas; arbitras 3 fiz. moderatorius

modern [ˈmɔdn] a modernus, dabartinis; ~ languages naujosios kalbos ~ize [-dənaɪz] v modernizuoti

modest [ˈmɔdɪst] a kuklus; nuosaikus ~y [-ɪ] n kuklumas

modif‖ication [ˌmɔdɪfɪˈkeɪʃn] n 1 modifikacija 2 lingv. kaita ~y [ˈmɔdɪfaɪ] v 1 pakeisti, sušvelninti 2 gram. apibrėžti, nusakyti 3 modifikuoti

modish [ˈməudɪʃ] a madingas

modulate [ˈmɔdjuleɪt] v moduliuoti

module [ˈmɔdjuːl] n 1 matavimo vienetas 2 detalė 3 modulis 4 funkcinis mazgas

Mohammedan [məˈhæmɪdən] n žr. Mahometan

Mohican [ˈməuɪkən] n mohikanas

moist [mɔɪst] a drėgnas, šlapias ~en [ˈmɔɪsn] v sušlapinti, pavilgyti, sudrėkinti ~ure [-tʃə] n drėgmė

molar ['məulə] *a* krūminis (*apie dantį*)
n krūminis dantis

molasses [mə'læsɪz] *n* 1 melasa 2 *amer.*
sirupas

Moldavian [mɔl'deɪvɪən] *n* 1 moldavas
2 moldavų kalba; *a* moldavų, molda-
viškas

mole [məul] I *n* apgamas

mole II *n* kurmis

mole III *n* molas; pylimas

molecule ['mɔlɪkjuːl] *n* molekulė

molest [mə'lest] *v* varginti, kankinti,
įkyrėti, (pri)kibti

mollify ['mɔlɪfaɪ] *v* suminkštinti; nura-
minti

mollus||**c**, ~**k** ['mɔləsk] *n* moliuskas

mollycoddle ['mɔlɪkɔdl] *n* išlepėlis *v* le-
pinti, paikinti

molten ['məultən] *a* išsilydęs, išlydytas
(*metalas, uoliena*)

mom [mɔm] *n* amer. mama

moment ['məumənt] *n* 1 momentas;
akimirksnis; *in a* ~ tuojau, nedel-
siant; *this* ~ a) tučtuojau; b) tik ką;
to the ~ tiksliai 2 reikšmė; svarba;
of great ~ svarbus; *of little / no*
~ nesvarbus ~**ry** [-ərɪ] *a* 1 akimirks-
nio 2 praeinantis ~**ous** [məu'mentəs]
a svarbus

momentum [mə'mentəm] *n* 1 fiz. iner-
cija 2 prk. varomoji jėga

monarch ['mɔnək] *n* valdovas, monar-
chas ~**y** [-ɪ] *n* monarchija

monastery ['mɔnəstrɪ] *n* (*vyrų*) vienuo-
lynas

Monday ['mʌndɪ] *n* pirmadienis

monetary ['mʌnɪtrɪ] *a* piniginis

money ['mʌnɪ] *n* 1 pinigai 2 turtai;
ready ~ grynieji (*pinigai*); *to make*
~ uždirbti daug pinigų ~-**lender**
[-lendə] *n* palūkininkas, lupikautojas
~-**order** [-ɔːdə] *n* pašto perlaida

monger ['mʌŋə] *n* prekiautojas

Mongolian, **Mongol** [mɔŋ'gəulɪən,
'mɔŋgl] *n* 1 mongolas 2 mongolų kalba
a mongolų, mongoliškas

mongrel ['mʌŋgrəl] *n* 1 maišyta veislė
(*ypač šuny*) 2 mišrūnas, maišytos
veislės gyvulys *a* negrynakraujis

monit||**or** ['mɔnɪtə] *n* 1 seniūnas (*kla-
sės*) 2 fiz. monitorius ~**ress** [-trɪs] *n*
seniūnė

monk [mʌŋk] *n* vienuolis

monkey ['mʌŋkɪ] *n* beždžionė △ ~
business šnek. išdaiga, negarbingas
elgesys / veikla *v* 1 pamėgdžioti; erzin-
ti 2 amer. krėsti juokus, išdykauti

monograph ['mɔnəgrɑːf] *n* monografija

monologue ['mɔnɔlɔg] *n* monologas

monopol||**ist** [mə'nɔpəlɪst] *n* monopo-
listas ~**ize** [-laɪz] *v* monopolizuoti ~**y**
[-lɪ] *n* monopolija, monopolis

monosyllab||**le** ['mɔnəsɪləbl] *n* viens-
kiemenis žodis ~**ic** [ˌmɔnəsɪ'læbɪk] *a*
vienskiemenis

monoton||**e** ['mɔnətəun] *n* vienodu-
mas, monotoniškumas *v* monoto-
niškai kalbėti, skaityti (*ir pan.*)
~**ous** [mə'nɔtənəs] *a* monotoniškas
~**y** [mə'nɔtənɪ] *n* monotoniškumas;
nuobodumas

monoxide [mɔ'nɔksaɪd] *n* chem. oksi-
das, deginys

monsoon [mɔn'suːn] *n* musonas (*vėjas*)

monst||**er** ['mɔnstə] *n* 1 pabaisa, bai-
dyklė 2 išsigimėlis ~**rous** [-strəs] *a*
1 baisus; žvėriškas 2 didžiulis, milži-
niškas

montage ['mɔntɑːʒ] *n* montažas

month [mʌnθ] *n* mėnuo; *this day* ~
po mėnesio ~**ly** *n* mėnesinis žurnalas
a mėnesinis *adv* kas mėnesį

monument ['mɔnjumənt] *n* paminklas

moo [muː] *n* (*karvės*) mykimas *v* mykti,
baubti

mood [muːd] *n* 1 gram. nuosaka 2 nuo-
taika

moody ['muːdɪ] *a* paniuręs

moon [muːn] *n* mėnulis △ *to cry for
the* ~ norėti negalimo; *once in a
blue* ~ labai retai; niekad ~**light**
[-laɪt] *n* mėnesiena ~**shine** [-ʃaɪn] *n*
1 plepalai 2 amer. naminė degtinė
~**stone** [-stəun] *n* mėnulio akmuo
(*mineralas*) ~**struck** [-strʌk] *a* šnek.
šiek tiek pasimaišęs

moor [muə] I *n* 1 viržiais apaugusi dykynė 2 durpynė (*t.p.* **moorland**)

moor II *v* pritvirtinti, pririšti (*laivą*)

Moor III *v* 1 *ist.* mauras 2 marokietis

moot [muːt] *a* ginčijamas *v* iškelti klausimą (*diskusijai*)

mop [mɔp] *n* 1 plaušinė šluota 2 (*plaukų*) kuokštas *v* 1 valyti, šluoti plaušine šluota 2 nu(si)šluostyti (*prakaitą, ašaras*) △ **to ~ one's brow** nubraukti prakaitą nuo veido

mope ['məup] *n* 1 *pl* melancholija; nuobodulys *v* nuobodžiauti; nusiminti

moral ['mɔrəl] *a* 1 moralus, moralinis 2 doras *n* 1 moralas 2 *pl* moralė ~e [mə'rɑːl] *n* (*armijos ir pan.*) nuotaika, moralinė būklė ~ist *n* moralistas ~ity [mə'ræləti] *n* moralė; etika

morass [mə'ræs] *n* bala, klampynė, liūnas

morbid ['mɔːbɪd] *a* 1 liguistas, patologinis, prislėgtas 2 *med.* piktybinis

mordant ['mɔːdnt] *n* ėsdinanti medžiaga (*graverio darbe*) *a* 1 *prk.* kandus, dygus 2 aštrus (*apie skausmą*) 3 ėdantis, (iš)ėsdinantis (*apie chem. medžiagas*)

more [mɔː] (*comp žr.* **many** *ir* **much**) *a* didesnis *adv* 1 daugiau; **give me some ~** duokite man dar; **the ~ the better** juo daugiau, juo geriau; **once ~** dar kartą 2 *vartojamas aukštesniajam daugiaskiemenių būdvardžių ir prieveiksmių laipsniui sudaryti:* **~ slowly** lėčiau; **~ quickly** greičiau; **~ expensive** brangesnis

moreover [mɔː'rəuvə] *adv* toliau, be to (*vart. aiškinant nauja, papildant mintį*)

morgue [mɔːg] *n* lavoninė

morn [mɔːn] *n poet.* rytas

morning ['mɔːnɪŋ] *n* rytas; **good ~** labas rytas! sveiki!; **this ~** šiandien rytą; **Monday ~** pirmadienio rytą; *attr* rytinis; **the ~ star** ryški žvaigždė, Venera

morocco [mə'rɔkəu] *n* tymas

moron ['mɔːrɔn] *n* 1 kvailys 2 debilas

morose [mə'rəus] *a* niūrus, gaižus

morphine ['mɔːfiːn] *n* morfijus

morpholog‖ical [ˌmɔːfə'lɔdʒɪkl] *a* morfologinis ~y [mɔː'fɔlədʒɪ] *n* morfologija

morrow ['mɔrəu] *n poet.* rytdiena

morsel ['mɔːsl] *n* kąsnelis

mortal ['mɔːtl] *n* žmogus, mirtingasis *a* 1 mirtingas 2 mirštamas ~ity [mɔː'tæləti] *n* 1 mirtis, letalumas (*apie ligos baigtį*) 2 mirštamumas; ~ity rate mirimų skaičius ~ly [-təlɪ] *adv* 1 mirtinai 2 labai, be galo

mortar ['mɔːtə] *n* 1 kalkių ar cemento skiedinys 2 *kar.* mortira 3 grūstuvas

mortgage ['mɔːgɪdʒ] *n* hipoteka; užstatas, įkaitas *v* 1 užstatyti; įkeisti 2 garantuoti, užtikrinti

mortif‖ication [ˌmɔːtɪfɪ'keɪʃn] *n* 1 (*širdgėlos, skausmo, aistros*) (nu)malšinimas 2 pažeminimas 3 *med.* apmarinimas ~y ['mɔːtɪfaɪ] *v* 1 numalšinti (*aistrą*) 2 įžeisti, pažeminti 3 *med.* apmarinti

mortuary ['mɔːtʃuərɪ] *n* lavoninė *a* laidojimo, laidotuvių

mosaic [məu'zeɪk] *n* mozaika *a* mozaikos, mozaikinis

Moslem ['mɔzləm] *n* musulmonas, -ė *a* musulmonų

mosque [mɔsk] *n* mečetė

mosquito [mə'skiːtəu] *n* uodas, moskitas

moss [mɔs] *n* samanos

most [məust] *a sup žr.* **many, much** daugiausia; **for the ~ part** daugiausia *n* didžiausia dalis; **at (the) ~** daugiausia *adv* 1 daugiausia; **it is really ~ absurd** tai iš tikrųjų labai kvaila 2 *vartojamas sudaryti daugiaskiemenių prieveiksmių ir būdvardžių aukščiausiajam laipsniui:* **~ certain(ly)** tikriausiai 3: **ten at ~** daugiausia dešimt, ne daugiau kaip dešimt ~ly *adv* dažniausiai, paprastai

mote [məut] *n* dulkė; krislelis

motel [məu'tel] *n* motelis

moth [mɔθ] *n* 1 kandis 2 drugelis ~-eaten [-i:tn] *a* 1 kandžių suėstas 2 *prk.* pasenęs, sutrūnijęs

mother ['mʌðə] *n* motina; ~ *country* metropolija; tėvynė; ~ *of pearl* perlamutras; ~ *tongue* gimtoji kalba; ~ *wit* gera nuovoka ~hood [-hud] *n* motinystė ~-in-law ['mʌðərɪnlɔ:] *n* 1 uošvė 2 anyta ~land [-lænd] *n* tėvynė ~ly *a* motiniškas

motif [məu'ti:f] *n* pagrindinė tema; leitmotyvas

motion ['məuʃn] *n* 1 judėjimas; ~ *picture amer.* kinas 2 judesys; mostas, gestas 3 pasiūlymas (*susirinkime*) *v* parodyti gestu ~al [-l] *a* judinamasis; varomasis; motorinis ~less *a* nejudantis

motiv||e ['məutɪv] *n* motyvas; akstinas; *driving* ~ varomoji jėga *a* skatinantis; varomasis *v* motyvuoti (*t.p.* ~ate) ~less *a* nepagrįstas

motley ['mɔtlɪ] *a* margas

motor ['məutə] *n* motoras; variklis; ~ *car* automobilis; ~ *cycle* motociklas *v* vežti, važiuoti automobiliu ~ing [-rɪŋ] *n* 1 automobilizmas 2 automobilių sportas ~ist [-rɪst] *n* automobilistas ~man [-mən] *n* vairuotojas; mašinistas

mottle ['mɔtl] *v* (iš)marginti

motto ['mɔtəu] *n* moto; epigrafas

mould [məuld] I (*amer.* mold) *n* išpurenta žemė, dirva

mould II *n* pelėsiai *v* pelyti

mould III *n* 1 forma 2 šablonas 3 *prk.* charakteris; pavyzdys *v* 1 formuoti; daryti pagal šabloną; nulieti pagal pavyzdį, šabloną 2 formuoti charakterį

moulder I ['məuldə] *n* 1 liejikas, formuotojas 2 *prk.* kūrėjas

moulder II *v* subyrėti, sugriūti, trūnyti, dūlėti

moulding ['məuldɪŋ] *n* 1 liejimas 2 liejinys

mouldy ['məuldɪ] *a* 1 supelijęs 2 *prk.* persenęs, pasenęs; *to go* ~ supelyti

moult (*amer.* molt) [məult] *v* šertis (*apie šunis, kates, paukščius*)

mound [maund] *n* 1 pylimas 2 kauburys 3 suversta krūva (*daiktų*)

mount [maunt] I *n* kalva, kalnas *v* (pa)kilti

mount II *n* jojamas arklys *v* 1 užsėsti ant arklio; sėdėti raitam 2 sėsti (*į automobilį*)

mount III *n* 1 įrengimas, montavimas 2 apiforminimas *v* 1 įrengti; įmontuoti; įtaisyti 2 apiforminti (*spektaklį*)

mountain ['mauntɪn] *n* 1 kalnas 2 krūva, aibė ~eer [ˌmauntɪ'nɪə] *n* 1 kalnietis 2 alpinistas ~ous [-nəs] *a* kalnuotas ~-range [-reɪndʒ] (*t.p.* ~-chain [-tʃeɪn]) *n* kalnų virtinė, kalnagūbris

mountebank ['mauntɪbæŋk] *n* sukčius

mounted ['mauntɪd] *a* 1 raitas; raitininkų 2 įrengtas ant mašinos 3 (su)montuotas

mounting ['mauntɪŋ] I *n* įrengimas, montavimas; įtaisymas; montažas

mounting II *n* sėdimas ant arklio *arba* į automobilį

mourn [mɔ:n] *v* liūdėti; apverkti; raudoti ~ful *a* liūdnas; gedulingas ~ing *n* gedulas

mouse [maus] *n* (*pl* mice) pelė ~trap [-træp] *n* spąstai, pelėkautai

moustache [mə'stɑ:ʃ] *n* ūsai

mouth [mauθ] *n* 1 burna; *by* ~ žodžiu 2 anga; skylė 3 (*upės*) žiotys *v* [mauð] 1 iškilmingai kalbėti 2 kramtyti 3 vaipytis ~ful [-ful] *n* 1 kąsnis, gurkšnis 2 sunkiai ištariamas žodis ~piece [-pi:s] *n* 1 telefono ragelis 2 propaguotojas; *prk.* ruporas

movable ['mu:vəbl] *a* pajudinamas, perkeliamas *n pl* kilnojamasis turtas

mov||e [mu:v] *v* 1 judėti, judinti 2 kilnoti(s); kraustytis (*about / around*) 3 sujaudinti 4 pateikti pasiūlymą 5 eiti (*šachmatuose ir pan.*) 6 skatinti 7 imtis priemonių □ *to* ~ *accross / along / down / over / at* paeiti, pasistumti į priekį (*pvz., autobuse*); *to* ~

back a) atbulam trauktis; b) eiti pro
užpakalines duris; **to** ~ **for** *amer.*
teis.   teisėtai reikalauti; **to** ~ **in**
įsiveržti; įvažiuoti; **to** ~ **off** išva-
žiuoti, pradėti kelionę; **to** ~ **on** a)
tęsti kelionę; b) pakeisti vietą; **to** ~
smb on išsklaidyti (*minią ir pan.*); **to**
~ **out** a) išvesti, išjudėti; b) išvažiuoti
(*iš namo, garažo ir pan.*); **to** ~ **up**
a) pajudėti; arčiau prisistumti; b) pa-
sitempti; *n* 1 judėjimas; eiga 2 per-
sikėlimas **3** žingsnis, poelgis 4 ėjimas
(*žaidžiant šachmatais, kortomis*) △
on the ~ juda; vystosi; **to get a** ~
on išskubėti; **to make a** ~ a) išvykti;
b) atlikti veiksmą
mov‖ement ['mu:vmənt] *n* 1 judėji-
mas; judesys 2 persikėlimas, perkėli-
mas **3** *kom.* pagyvėjimas 4 (*mašinos*)
judėjimas, eiga 5 *muz.* tempas, ritmas
~**ies** [-ız] *n* *šnek.* kinas (*filmas*); **the**
~**ies** a) kino teatras; b) kinematogra-
fas ~**ing** *a* 1 judantis; ~**ing pictures**
= movies; 2 jaudinantis
mow I [məu] *n* kūgis, kupeta
mow II *v* pjauti, šienauti
Mr ['mıstə] (*sutr.* = Mister) ponas,
misteris (*vartojama prieš pavardę*)
Mrs ['mısız] (*sutr.* = Mistress) ponia,
misis (*vartojama prieš pavardę*)
much [mʌtʃ] *a* (more; most) 1 dau-
gelis 2 gausus; apstus **3** didelis; *how*
~*?* kiek? *to be too* ~ *for* nepajėgti,
neįstengti; *half as* ~ perpus mažiau;
half as ~ **again** pusantro karto dau-
giau *adv* daug; *very* ~ labai; ~ *the*
same beveik toks pat; beveik tiek pat;
~ *better* daug geriau *n* daug kas,
daugelis △ *not* ~ *of* blogas, prastas;
not ~ *of a painter* nekoks / prastas
dailininkas
mucilage ['mju:sılıdʒ] *n* 1 gleivės 2 au-
galiniai klijai
muck [mʌk] *n* 1 mėšlas; purvas 2 *prk.*
bjaurybė; niekšybė *v* 1 (iš)mėžti
(*out*); **to** ~ **about / around** dykinėti
2 tepti

muc‖ous ['mju:kəs] *a* gleivėtas ~**us**
[-kəs] *n* gleivės
mud [mʌd] *n* purvas; purvynė; dumblas
muddle ['mʌdl] *v* 1 sumaišyti, sujaukti;
dirbti bet kaip 2 painioti; **to** ~ **along**
veltui gaišti / eikvoti laiką
muddy ['mʌdı] *a* purvinas; drumzlinas;
tamsus; *v* purvinti; drumsti
muff [mʌf] I *n* mova (*rankoms ir tech.*)
muff II *n* 1 žioplys 2 klaida
muffin ['mʌfın] *n* 1 apskrita pieniška
bandelė; karštas sviestainis 2 *amer.*
saldi bandelė
muffl‖e ['mʌfl] *v* 1 apvynioti; apmutu-
riuoti 2 slopinti, duslinti (*garsą*) ~**er**
n 1 *amer.* duslintuvas 2 šalikas
mufti ['mʌftı] *n* civiliniai drabužiai
mug [mʌg] I *n* 1 puodukas 2 *šnek.* vei-
das
mug II *v* 1 skubiai ką išmokti 2 užpulti
ir apiplėšti (*gatvėje*) ~**ger** *n* (*gatvės*)
plėšikas
muggy ['mʌgı] *a* tvankus; šiltas ir drėg-
nas
mulberry ['mʌlbrı] *n* 1 šilkmedis 2 šilk-
medžio uoga
mulch [mʌltʃ] *n* (*dirvos*) mulčias *v*
mulčiuoti (*augalus, dirvą*)
mul‖e [mju:l] *n* 1 mulas 2 bukapro-
tis; užsispyrėlis **3** šlepetė ~**ish** *a*
užsispyręs
mull I [mʌl] *n* maišalynė, painiava *v* il-
gai ką svarstyti
mull II *n* grogas
multi- ['mʌltı] *pref* daug-, daugia-
multi‖barrel(l)ed [ˌmʌltı'bærəld] *a*
kar. daugiavamzdis ~**farious** [ˌmʌl-
tı'feərıəs] *a* įvairus
multipl‖e ['mʌltıpl] *n* *mat.* kartotinis
(skaičius); *least / lowest common*
~ mažiausias bendrasis kartotinis *a*
1 įvairiarūšis 2 sudėtingas; sudėtinis
~**ex** [-pleks] *a* sudėtingas ~**icand**
[ˌmʌltıplı'kænd] *n* *mat.* dauginama-
sis ~**ication** [ˌmʌltıplı'keıʃn] *n* *mat.*
daugyba, dauginimas ~**icity** [ˌmʌl-
tı'plısətı] *n* įvairumas; sudėtingumas
~**y** [-plaı] *v* 1 *mat.* (pa)dauginti 2 di-
dinti; didėti; daugėti

multitud‖e ['mʌltɪtju:d] n daugybė, masė

mum I [mʌm] a: to keep ~ tylėti; tylėk! tš!

mum II = mummy II

mumble ['mʌmbl] v bambėti, murmėti; neaiškiai kalbėti

mummery ['mʌmərɪ] n pantomima

mummify ['mʌmɪfaɪ] v paversti mumija; mumifikuoti

mummy ['mʌmɪ] I n mumija

mummy II n mama

mumps [mʌmps] n pl med. kiaulytė (liga)

mundane ['mʌndeɪn] a paprastas, ramus; neįdomus

municipal [mju:'nɪsɪpl] a municipalinis; komunalinis; ~ economy komunalinis ūkis ~ity [mju:ˌnɪsɪ'pælətɪ] n municipalitetas

munific‖ence [ˌmju:'nɪfɪsns] n dosnumas ~ent [-fɪsnt] a dosnus

muniments ['mju:nɪmənts] n pl teis. teisiniai dokumentai

munitions [mju:'nɪʃnz] n pl kar. amunicija; karinės atsargos; karinė apranga

mural ['mjuərəl] a sieninis; ~ painting freska

murder ['mə:də] n žmogžudystė △ ~ will out prież. ylos maiše nepaslėpsi v 1 (nu)žudyti 2 (su)darkyti int gelbėkite! ~er [-rə] n žmogžudys ~ous [-rəs] a žmogžudiškas; kruvinas

murk [mə:k] n tamsa, niūruma ~y a niūrus, tamsus

murmur ['mə:mə] n 1 murmėjimas; neaiški kalba 2 čiurlenimas v 1 murmėti 2 čiurlenti; šlamėti

muscle ['mʌsl] n raumuo

Muscovite ['mʌskəvaɪt] n maskvietis, -ė

muscular ['mʌskjulə] a raumeningas

muse [mju:z] I v galvoti, mąstyti (on / upon)

muse II n mūza; the Muses mūzos

museum [mju:'zɪəm] n muziejus

mush [mʌʃ] n 1 buza 2 kukurūzų košė

mushroom ['mʌʃrum] n grybas v 1 grybauti (papr. to go ~ing) 2 greitai augti

music ['mju:zɪk] n 1 muzika 2 gaidos ~al [-l] a 1 muzikalus 2 melodingas ~ian [mju:'zɪʃn] n muzikas; muzikantas

musket ['mʌskɪt] n muškieta ~eer [ˌmʌskɪ'tɪə] n ist. muškietininkas ~ry [-rɪ] šaudymas (t.p. mokymasis)

Muslim ['muzlɪm] n musulmonas (t.p. Moslem)

muslin ['mʌzlɪn] n muslinas

muss [mʌs] n amer. maišalynė, netvarka; v maišyti, kelti netvarką

mussel ['mʌsl] n dvigeldė kriauklė

must [mʌst, məst] v 1 turiu, privalau; turi, privalai ir t.t.; all ~ work visi privalo dirbti 2 junginiuose su Infinitive ar Perfect Infinitive turbūt, tikriausiai; you ~ be hungry jūs tikriausiai alkanas; you ~ have seen them jūs turbūt / tikriausiai juos (jau) matėte

mustache amer. žr. moustache

mustard ['mʌstəd] n garstyčios

muster ['mʌstə] n (kareivių) patikrinimas; apžiūra v kar. su(si)rinkti (apžiūrai)

mustn't ['mʌsnt] sutr. = must not

musty ['mʌstɪ] a 1 supelijęs; suplėkęs 2 prk. pasenęs

mutable ['mju:təbl] a nepastovus, kintamas

mute [mju:t] a 1 tylus 2 nebylus 3 fon. netariamas (apie raidę žodyje) n 1 muz. dusliklis 2 nebylys

mutilat‖e ['mju:tɪleɪt] v (su)žaloti, (su)luošinti

mutin‖y ['mju:tɪnɪ] n maištas

mutter ['mʌtə] v 1 murmėti 2 niurzgėti (at / against) n murmėjimas; neaiški kalba

mutton ['mʌtn] n aviena

mutual ['mju:tʃuəl] a 1 abipusiškas, savitarpinis 2 bendras

muzzle ['mʌzl] n 1 snukis 2 antsnukis 3 (šautuvo, patrankos) vamzdis v

1 priversti tylėti, nutildyti 2 uždėti antsnukį

my [maɪ] *pron* mano *int šnek.* (*nuste-bimui reikšti*): ~ *eyes / stars / aunt!* vaje!

myrmidon [ˈmə:mɪdən] *n* liokajus

myrtle [ˈmə:tl] *n bot.* mirta

myself [maɪˈself] *pron* 1 *atitinka lietu-vių sangrąžinio veiksmažodžio dalely-tę* -si: *I wash* ~ aš prausiuosi 2 *pron refl* save; save patį; *I saw* ~ *in the mirror* aš mačiau save veidrodyje 3 (*kaip pabrėžiamasis įvardis*) pats; *I did it* ~ aš pats tai padariau △ *I am not* ~ aš lyg nesavas; *I came to* ~ aš atsipeikėjau

myster‖ious [mɪsˈtɪərɪəs] *a* paslaptin-gas; neaiškus ~y [ˈmɪstərɪ] *n* 1 pa-slaptis 2 misterija 3 *bažn.* sakramen-tas

mystif‖ication [ˌmɪstɪfɪˈkeɪʃn] *n* misti-fikacija ~y [ˈmɪstɪfaɪ] *v* 1 mistifikuoti; apgaudinėti; suklaidinti 2 apgaubti paslaptingumu

myth [mɪθ] *n* 1 mitas 2 mitinė / išgal-vota būtybė

N

N, n [en] *n keturioliktoji anglų abėcėlės raidė*; **N, No** [ˈnʌmbə] eilės numeris

nab [næb] *v šnek.* sugauti, sučiupti nu-sikaltimo vietoje

nadir [ˈneɪdɪə] *n* 1 *astr.* nadyras 2 že-miausias lygis 3 didžiausia depresija

nag [næg] *n* arklys, kuinas *v* 1 kabintis, ieškoti priekabių 2 neduoti ramybės (*apie skausmą, rūpesčius*)

nail [neɪl] *n* 1 vinis; *on the* ~ tučtuo-jau; *to hit the* (*right*) ~ *on the head* pataikyti, įspėti; (*as*) *tough / hard as* ~s užsigrūdinęs; *to drive a* ~ *in somebody's coffin* (nu)vary-ti į kapus 2 nagas *v* 1 prikalti 2 *prk.* patraukti (*dėmesį ir pan.*)

naïve, naive [naɪˈi:v] *a* 1 naivus; paprastas, negudraujantis 2 patiklus ~té, ~ty [naɪˈi:vteɪ, -tɪ] *n* naivumas

naked [ˈneɪkɪd] *a* nuogas; plikas; atvi-ras; aiškus; ~ *eye* paprasta akis; *the* ~ *truth* gryna teisybė, tiesa

name [neɪm] *n* 1 vardas; *first / Chris-tian* ~ (*amer.* *given* ~) vardas; *in the* ~ *of* (*kieno nors*) vardu 2 pa-vardė; *maiden* ~ mergautinė pavar-dė 3 pavadinimas; *in* ~ pagal pa-vadinimą (*bet ne iš esmės*) 4 repu-tacija; *a bad / ill* ~ bloga reputacija, blogas vardas; *to call somebody* ~s (iš)plūsti *v* 1 vadinti; *to* ~ *af-ter somebody* pavadinti kieno gar-bei (*gatvę, miestą*) 2 nustatyti (*dieną, kainą*) 3 *amer.* paskirti (*į tarnybą*) ~-day.[-deɪ] *n* vardinės ~less *a* nepa-sakytas, neišaiškintas ~ly *adv* būtent

nanny [ˈnænɪ] *n* vaikų auklė

nanny(-goat) [ˈnænɪ(gəut)] *n* ožka

nap [næp] **I** *n* snaudulys; *to take a* ~ snūstelėti, užsnūsti *v* snausti

nap II *n* (*medžiagos*) pūkas; plaukeliai; šereliai (*audinyje*)

naphtha [ˈnæfθə] *n* 1 nafta 2 žibalas

napkin [ˈnæpkɪn] *n* 1 servetėlė (*t.p.* ta-ble napkin) 2 vystyklas

narco‖sis [nɑːˈkəusɪs] *n* narkozė ~tic [nɑːˈkɔtɪk] *a* narkotinis, migdantis *n* narkotikas

narrat‖e [nəˈreɪt] *v* pasakoti, atpa-sakoti ~ion [-ˈreɪʃn] *n* pasakojimas ~ive [ˈnærətɪv] *n* pasakojimas *a* pa-sakojimo, pasakojamasis ~or [nəˈreɪ-tə] *n* pasakotojas

narrow [ˈnærəu] *a* siauras, ankštas; ri-botas; *to have a* ~ *escape* vos ne vos išvengti, išsigelbėti *v* siaurėti, siaurin-ti, mažinti ~-minded [ˌnærəuˈmaɪn-dɪd] *a* nedidelio proto; siauras; ribotas (*apie intelektą*)

nasal [ˈneɪzl] *n fon.* nosinis garsas *a* no-sinis ~ize [ˈneɪzəlaɪz] *v* 1 kalbėti per nosį 2 *fon.* nazalizuoti

nasty [ˈnɑːstɪ] *a* 1 bjaurus, koktus, šlykštus 2 baisus; *to play a* ~ *trick* padaryti nemalonumą, niekšybę; ~ *weather* baisus oras

nation ['neɪʃn] *n* nacija, tauta ~al ['næ-
ʃnəl] *a* nacionalinis; tautinis; válstybi-
nis; ~*al anthem* valstybinis himnas;
~*al colours* valstybinė vėliava; ~*al
economy* liaudies ūkis; *N. Guard
amer.* nacionalinė gvardija

nation||alism ['næʃnəlɪzəm] *n* 1 patrio-
tizmas 2 nacionalizmas ~alist [-lɪst]
n 1 patriotas 2 nacionalistas ~ality
[ˌnæʃə'nælətɪ] *n* 1 tautybė; tautiniai
bruožai 2 tauta, nacija 3 pilietybė
~alization [ˌnæʃnəlaɪ'zeɪʃn] *n* nacio-
nalizacija ~alise, ~alise [-laɪz] *v* na-
cionalizuoti

nation-wide ['neɪʃnwaɪd] *a* visaliaudi-
nis

native ['neɪtɪv] *a* 1 gimtasis, gimtinės;
įgimtas 2 tėvyninis; vietinis; ~ *land /
country* tėvynė; ~ *customs* vieti-
niai papročiai *n* vietinis, čiabuvis ~
-born [-bɔːn] *a* vietinis

natural ['nætʃrəl] *a* natūralus; gamtos
△ ~ *flowers* gyvos gėlės; ~ *history*
gamtos mokslas; ~ *resources* gam-
tos turtai ~ism [-ɪzəm] *n* natūraliz-
mas ~ist *n* natūralistas; gamtininkas
~ization [ˌnætʃrəlaɪ'zeɪʃn] *n* 1 natū-
ralizacija 2 aklimatizacija ~ize [-laɪz]
v 1 natūralizuoti(s) 2 aklimatizuoti(s)
3 įvesti (*į kalbą*) naujų žodžių ~ly *adv*
1 žinoma 2 natūraliai; laisvai, lengvai

nature ['neɪtʃə] *n* 1 gamta; prigimtis;
by ~ iš prigimties; *against* ~ prieš-
gamtinis, priešingas prigimčiai 2 cha-
rakteris, būdas 3 giminė, rūšis

naught [nɔːt] *n* nulis

naughty ['nɔːtɪ] *a* 1 kaprizingas; nepa-
klusnus 2 nepadorus; ~ *story* nepa-
dorus anekdotas

nausea ['nɔːsɪə] *n* šleikštulys; kokțumas;
pasibjaurėjimas ~te [-sɪeɪt] *v* 1 sukelti
pasibjaurėjimą 2 jausti šleikštulį

nautical ['nɔːtɪkl] *a* jūrinis, laivybos;
~ / *sea mile* jūrmylė (1852 *m*)

naval ['neɪvl] *a* (*karinis*) jūrų; ~ *battle*
jūrų mūšis; ~ *power* jūrų valstybė

navel ['neɪvl] *n anat.* bamba

navig||able ['nævɪgəbl] *a* 1 tinkamas
laivybai 2 valdomas (*apie laivą, lėk-
tuvą*) ~ate [-eɪt] *v* 1 plaukioti (*lai-
vu*) 2 skraidyti (*lėktuvu*) 3 valdyti (*lai-
vą, lėktuvą*) ~ation [ˌnævɪ'geɪʃn] *n*
navigacija; plaukiojimas; laivininkys-
tė ~ator [-eɪtə] *n* šturmanas

navvy ['nævɪ] *n* 1 nekvalifikuotas sta-
tybos darbininkas 2 ekskavatorius

navy ['neɪvɪ] *n*: *the* ~ karinis jūrų lai-
vynas (*t.p. the Royal N.*); *N. De-
partment amer.* jūrų ministerija, ad-
miralitetas

nay [neɪ] *n* 1 (*įterptinis žodis*) dar dau-
giau; ir iš tikrųjų 2 ne; *yea and* ~ ir
taip, ir ne 3 balsas „prieš"

Nazi ['nɑːtsɪ] *n* nacistas, fašistas ~sm
[-zəm] *n* nacizmas, fašizmas

near [nɪə] *prep* 1 (*apie vietą*) arti, šalia
2 (*apie laiką*) apie, arti; ~ *midnight*
apie vidurnaktį; ~ *noon* apie vidur-
dienį *adv* 1 šalia, arti; *as* ~ *as I can
guess* kiek aš galiu suvokti, spresti;
far and ~ visur; ~ *at hand* po
ranka, čia pat; ~ *by* arti, netoliese
2 beveik; vos ~by [-baɪ] *a* artimas,
kaimyninis *v* artintis (*t.p.* to come
~); ~ly *adv* 1 arti 2 beveik ~sight
trumparegystė ~-sighted [ˌnɪə'saɪtɪd]
a trumparegis

neat [niːt] *a* 1 švarus, tvarkingas
2 tikslus, aiškus; ekonomiškas 3 gry-
nas, neskiestas (*apie gėrimą; amer.
straight*)

necessar||y ['nesəsərɪ] *a* 1 būtinas, rei-
kalingas 2 neišvengiamas; ~ery *evil*
neišvengiamas blogis *n* tai, kas būtina;
the ~ies *of life* būtiniausi, reikalin-
giausi daiktai, dalykai; *the* ~ *šnek.*
pinigai

necessarily [ˌnesə'serəlɪ] *adv* būtinai

necessit||ate [nɪ'sesɪteɪt] *v* 1 daryti ką
būtiną 2 *ret.* priversti, prispirti ~y
[-sətɪ] *n* 1 būtinumas 2 *pl* reikalas; sun-
kumai; bėdos

neck [nek] *n* 1 kaklas; kaklelis 2 są-
smauka △ *to break one's* ~ nusi-
sukti sprandą; *to risk one's* ~ ri-
zikuoti galva; ~ *or nothing* žūtbūt;

~ **and crop** a) greit, tuojau; b) visiškai, visai ~**lace** [-lıs] n antkaklis, (perlų) vėrinys ~**let** [-lıt] n moteriškas kailinis / plunksnų šalikas, boa ~**tie** [-taı] n kaklaryšis ~**wear** [-weə] n sg apykaklės, kaklaryšiai, šerpės

née [neı] a: (Mrs) Jane Smith, née Brown (ponia) Džein Smit, mergautinė pavardė — Braun

need [ni:d] n 1 reikalas, reikalingumas 2 stoka, nelaimė, vargas 3 pl būtinos reikmės, daiktai △ a friend in ~ is a friend indeed priež. draugą nelaimėje pažinsi; to be in ~ of būti reikalingam (ko nors); stokoti; v 1 būti reikalingam (ko nors) 2 privalėti; he ~ not (needn't sutr.) go jam nereikia eiti; (apie veiksmą praeity) you needn't have come jūs neturėjote ateiti ~ful a reikalingas, būtinas ~fully [-fəlı] adv būtinai, neišvengiamai

needle ['ni:dl] n 1 adata; ~'s eye adatos ąselė, skylutė 2 virbalas, kabliukas (megzti) 3 (kompaso) rodyklė 4 (bokšto) strėlė, špilis; obeliskas ~-case [-keıs] n adatų dėžutė

needless ['ni:dlıs] a nereikalingas, atliekamas; ~ to say neverta kalbėti; nekalbant jau apie

needle‖woman ['ni:dlwumən] n siuvėja ~work [-wə:k] n siuvimas; siuvinėjimas

ne'er-do-well ['neədu:wel] n dykinėtojas, bastūnas a niekam tikęs

nega‖te [nı'geıt] v neigti ~tion [-ʃn] n (pa)neigimas ~tive ['negətıv] n 1 neigimas 2 fot. negatyvas 3 gram. neiginys a neigiamas; the ~tive sign minusas v neigti ~tory ['negətrı] a neigiamas

neglect [nı'glekt] n 1 aplaidumas, nerūpestingumas, nesirūpinimas 2 apsileidimas v nesirūpinti; užleisti ~ed a apleistas ~ful a neatidus, apsileidęs, nerūpestingas

neglig‖ence ['neglıdʒəns] n apsileidimas; neapdairumas ~ent [-ənt]

a užmaršus, nerūpestingas, neatidus ~ible [-dʒəbl] a nereikšmingas, nesvarbus

negoti‖able [nı'gəuʃıəbl] 1 svarstytinas 2 laisvai keičiamas (čekis ir pan.) 3 įmanomas pravažiuoti ~ate [-eıt] v 1 vesti derybas 2 gauti pinigus pagal čekį ir pan. 3 sėkmingai pravažiuoti ~ations [nı,gəuʃı'eıʃnz] n derybos ~ator [-ʃıeıtə] n vedantis derybas, derybininkas

Negress ['ni:gres] n negrė

Negro ['ni:grəu] n negras ~id [-ıd] a negrų; juodas

neigh [neı] v žvengti n žvengimas

neighbo(u)r ['neıbə] n kaimynas, -ė ~hood [-hud] n kaimynystė, artimumas; in the ~hood of kaimynystėje; amer. apie, maždaug ~ing [-rıŋ] a kaimyninis ~ly a kaimyniškas, draugiškas adv kaimyniškai

neither ['naıðə] adv taip pat ne; if you don't go there, ~ shall I jeigu jūs ten neisite, aš taip pat neisiu conj: ~ ... nor nei ... nei; ~ here nor there nei į tvorą, nei į mietą; ne vietoje; netinka a nė vienas pron nei vienas, nei antras; nė vienas iš jų; ~ statement is true nė vienas teiginys nėra teisingas

neon ['ni:ɔn] n neonas

nephew ['nevju:] n sūnėnas, brolvaikis

nerv‖e [nə:v] n 1 nervas; iron ~s, ~s of steel geležiniai nervai; to suffer from ~s sirgti nervų pairimu; to get on smb's ~s erzinti, nervinti 2 bot. (lapo) gyslelė 3 drąsa; energija; to lose one's ~ prarasti drąsą; to strain every ~ įtempti visas jėgas 4 pl nervingumas v suteikti ryžto, energijos ~ous [-əs] a nervingas; to be ~ous nervintis ~y a 1 nervingas 2 amer. įžūlus

nest [nest] n lizdas, gūžta; a hornet's ~ širšių lizdas ~le ['nesl] v jaukiai / patogiai įsitaisyti, atsisėsti (down, in, into, among) ~ling ['nestlıŋ] n paukščiukas (jauniklis); to go ~ing draskyti paukščių lizdus

net [net] I *n* 1 tinklas; spąstai 2 vo-
ratinklis *v* 1 gaudyti tinklu (*žuvis*),
statyti tinklus 2 pinti, nerti tinklą
net II (*t.p.* **nett**) *a kom.* neto, gry-
nasis (*apie svorį, pajamas*); ~ **profit**
grynas pelnas *v* duoti gryną pelną
Netherland∥er [ˈneðəlændə] *n* olandas
~**ish** [-dɪʃ] *a* olandiškas
nethermost [ˈneðəməust] *a* pats žemu-
tinis, apatinis
nettle [ˈnetl] *n* dilgėlė *v* dilginti; erzinti
~**rash** [-ræʃ] *n med.* dilgėlinė
network [ˈnetwəːk] *n* tinklas (*sistema*)
neural [ˈnjuərəl] *a* nervų, nervinis
neurosis [njuəˈrəusɪs] *n* neurozė
neuter [ˈnjuːtə] *a gram.* niekatrosios
(bevardės) giminės; neutralus *n gram.*
niekatroji (bevardė) giminė
neutral [ˈnjuːtrəl] *a* neutralus *n* 1 ne-
utrali valstybė 2 neutralios valsty-
bės pilietis ~**ity** [njuːˈtrælətɪ] *n* neut-
ralumas
never [ˈnevə] *adv* 1 niekada; ~ **again**
niekada daugiau; *well, I* ~*!, I* ~
did! niekada nieko panašaus ne-
mačiau (nekalbėjau *ir pan.*) 2 nė
karto △ ~ *mind!* nieko!; niekai! ~
more niekada daugiau ~**theless** [ˌne-
vəðəˈles] *adv, conj* vis dėlto; nepaisant
to
new [njuː] *a* 1 naujas 2 švie-
žias ~**-born** [-bɔːn] *a* naujagimis
~**-comer** [-kʌmə] *n* naujai atvykęs;
ateivis ~**-fangled** [ˌnjuːˈfæŋgld] *a*
niek. naujamadiškas
newly [ˈnjuːlɪ] *adv* 1 iš naujo 2 neseniai
~**-wed** [-wed] *n* jaunavedys, -ė
news [njuːz] *pl* žinia, žinios; naujiena,
naujienos; *what's the* ~*?, is there
any* ~*?* kas naujo? ~**agent** [-zeɪd-
ʒent] *n* (*spaudos*) kioskininkas (*amer.*
~**dealer**); ~**boy** [-bɔɪ] *n* laikraščių
pardavėjas ~**monger** [-mʌŋgə] *n* lie-
žuvautojas, -a ~**paper** [ˈnjuːspeɪpə] *n*
laikraštis ~**print** [ˈnjuːsprɪnt] *n* laik-
raštinis popierius ~**reel** [-riːl] *n* kino
žurnalas ~**-stand** [-stænd] *n* laikraš-
čių kioskas ~**vendor** [-vendə] *n* laik-
raščių pardavėjas

New Year [ˌnjuː ˈjəː] *n* Naujieji me-
tai; *New Year's Day* sausio pirmoji;
New Year's Eve Naujųjų metų iš-
vakarės; *New Year's tree* Naujųjų
metų eglutė
next [nekst] *a* 1 kitas; artimiausias; *liv-
ing* ~ *door to* gyvenantis gretima-
me bute ar name; ~ *to nothing,* ~
to none beveik nieko 2 būsimas; ~
time kitą kartą *adv* po to; paskui; ~
he left po to jis išėjo *prep* šalia, prie;
I was standing ~ *to him* aš stovė-
jau šalia jo *n* kitas, sekantis (*žmogus
ar daiktas*); *I will tell you in my* ~
(*letter*) aš pranešiu jums kitame laiš-
ke ~**-door** [ˌnekstˈdɔː] *a* artimiausias,
kaimyninis
nib [nɪb] *n* plunksnos smaigalys
nibble [ˈnɪbl] *v* 1 apgraužti, apkramty-
ti; kąsti, kandinėti 2 kibti (*apie žuvį*)
3 rupšnoti (*žolę*); mažais kąsneliais
valgyti
nice [naɪs] *a* 1 geras, malonus; dai-
lus; puikus 2 lepus; įnoringas 3 skru-
pulingas, rūpestingas; atidus, akylas
4 *iron.* blogas △ *have a* ~ *time* gerai
praleisti laiką ~**-looking** [naɪsˈlukɪŋ]
a gražus ~**ly** *adv* 1 gerai, maloniai,
mielai 2 švelniai, subtiliai 3 *šnek.* kaip
tik; *it will suit me* ~*ly* tai man
kaip tik tiks ~**ty** [-sətɪ] *n* 1 tikslumas;
skrupulingumas 2 smulkmena 3 detalė
△ *to a* ~*ty* tiksliai; kaip tik
niche [nɪtʃ] *n* 1 niša 2 *prk.* prieglobstis;
slėptuvė
nick [nɪk] *n: in the (very)* ~ *of time*
kaip tik laiku
nickel [ˈnɪkl] *n* 1 nikelis 2 *amer.* 5 centų
moneta *v* nikeliuoti
nickname [ˈnɪkneɪm] *n* pravardė *v* pra-
vardžiuoti
nicotine [ˈnɪkətiːn] *n* nikotinas
niece [niːs] *n* dukterėčia
nig [nɪg] *v* tašyti akmenis
niggard [ˈnɪgəd] *n* šykštuolis *a* šykštus
~**ly** *a* 1 šykštus 2 skurdus *adv* šykš-
čiai; skurdžiai

nigger [ˈnɪgə] n niek. negras

niggle [ˈnɪgl] v 1 užsiimti niekais 2 nervinti

night [naɪt] n 1 naktis; *In the* ~, *at* ~ naktį; *by* ~ naktį, nakties metu; *all* ~ *long* ištisą naktį; *good* ~! labanakt!, labos nakties!; *to have a good* (*bad*) ~ gerai (blogai) išsimiegoti 2 vakaras; *last* ~ vakar vakare, pereitą vakarą △ *in the dead of* ~ vėlai naktį; *to make a* ~ *of it* praūžti visą naktį; *first* ~ premjera ~-**bird** [-bə:d] n 1 nakties paukštis 2 naktinis padauža, lėbautojas, girtuoklis ~-**cap** [-kæp] n naktinė kepuraitė △ *to take a* ~-*cap* išgerti taurę prieš miegą ~-**dress** n [-dres] = night-gown; ~**fall** [-fɔ:l] n sutemos ~-**gown** [-gaun] n (*moteriški, vaikiški*) naktiniai marškiniai

nightingale [ˈnaɪtɪŋgeɪl] n lakštingala

night‖-light [ˈnaɪtlaɪt] n naktinė lempa ~-**long** [ˈnaɪtlɔŋ] a trunkantis visą naktį ~**ly** a naktinis; kasnaktinis adv naktį, naktimis; kasnakt ~**mare** [-meə] n košmaras ~-**school** [-sku:l] n vakarinė mokykla ~-**shift** [-ʃɪft] n naktinė pamaina ~-**shirt** [-ʃə:t] n vyriški naktiniai marškiniai ~-**suit** [-su:t] n pižama ~-**time** [-taɪm] n nakties laikas, naktis ~-**watch** [ˌnaɪtˈwɔtʃ] n naktinis sargas; naktinė sargyba ~-**wear** [-weə] n naktiniai baltiniai

nihilism [ˈnaɪɪlɪzəm] n nihilizmas

nil [nɪl] n nulis (*ypač žaidimuose, sporte*)

nimble [ˈnɪmbl] a 1 šaunus, vikrus; judrus 2 lankstus; greitos orientacijos

nine [naɪn] num devyni n devynakė △ ~ *to five* normali darbo diena; *dressed up to the* ~*s* šnek. rūpestingai, prašmatniai apsirengęs; išsidabinęs ~**fold** [-fəuld] a devynis kartus adv devynis kartus daugiau ~**pins** [-pɪnz] n kėgliai (*žaidimas*) ~**teen** [ˌnaɪnˈti:n] num devyniolika ~**teenth** [ˌnaɪnˈti:nθ] num devynioliktas n devynioliktoji dalis ~**ties** [ˈnaɪntɪz] n pl

(*the* ~*ties*) 1 dešimtasis dešimtmetis 2 amžius nuo 90 iki 100 metų ~**tieth** [-tɪəθ] num 1 devyniasdešimtas 2 devyniasdešimtoji dalis ~**ty** [-tɪ] num, n devyniasdešimt

ninny [ˈnɪnɪ] n mulkis, kvailelis

ninth [naɪnθ] num devintas n devintoji dalis

nip [nɪp] n gnybis, įgnybimas v gnaibyti, žnaibyti; prk. (į)gelti; (pa)kąsti (*šaltis augalus*) △ *to* ~ *in the bud* užgniaužti užuomazgoje ~**per** [-ə] n 1 tas, kuris kanda, žnaibosi 2 pl pincetas, žnyplės ~**ping** [-ɪŋ] a 1 šaltas, žvarbus (*apie vėją*) 2 ėdantis, duriantis, badantis

nipple [ˈnɪpl] n 1 spenys; spenelis 2 čiulptukas

nippy [ˈnɪpɪ] a 1 šaltas, šaižus (*apie vėją*) 2 šnek. vikrus, mitrus; apsukrus

nitr‖ic [ˈnaɪtrɪk] a azoto, azotinis ~**ogen** [-rədʒən] n azotas

nitwit [ˈnɪtwɪt] n kvailelis

nix [nɪks] n šnek. niekas, nieko

no [nəu] part ne a joks; *in* ~ *time* akimirksniu, momentaliai; ~ *one* niekas; nė vienas; ~ *smoking* rūkyti draudžiama adv 1 (*po or*) ne; *whether or* ~ šiaip ar kitaip; taip ar ne 2 (*prieš aukštesnį laipsnį*) ne, nė trupučio; *he is* ~ *more* jo nebėra gyvo; ~ *sooner said than done* pasakyta — padaryta; *he is* ~ *better today* šiandien jam ne geriau

nob [nɔb] n šnek. 1 galva 2 šnek. ponas, didelė asmenybė, aukštas pareigūnas

nobility [nəuˈbɪlətɪ] n 1 bajorija, diduomenė 2 kilnumas, didžiadvasiškumas

noble [ˈnəubl] n bajoras a kilnus ~-**minded** [ˌnəublˈmaɪndɪd] a kilnus, taurus, kilniaširdis ~**woman** [-wumən] n didikė ~**man** [-mən] n didikas, peras

nobody [ˈnəubədɪ] pron niekas n menkysta △ ~ *home* amer. „ne visi namie", kvaiša

nocturn‖al [nɔk'tə:nl] *a* naktinis, naktis ~e ['nɔktə:n] *n muz.* noktiurnas

nod [nɔd] *n* 1 linktelėjimas 2 knapsėjimas (*snūduriuojant*) *v* 1 linktelėti galva 2 snausti; *to* ~ *off* užmigti △ ~*ding* **acquaintance** pažintis iš matymo

noddle ['nɔdl] *n šnek.* galva, makaulė

nohow ['nəuhau] *adv* niekaip, jokiu būdu

noise [nɔɪz] *n* 1 triukšmas 2 (*nemalonus*) garsas 3 *pl* priekaištai, pastabos; *to* **make** *a* ~ triukšmauti; *prk.* sukelti sensaciją ~**less** *a* netriukšmingas, tylus, begarsis

noisome ['nɔɪsəm] *a* 1 kenksmingas 2 dvokiantis; bjaurus (*apie kvapą*) 3 šlykštus

noisy ['nɔɪzɪ] *a* triukšmingas

nomad ['nəumæd] *n* 1 klajoklis 2 valkata, bastūnas ~**ic** [nəu'mædɪk] *a* klajojantis, klajokliškas, klajoklių

nomenclatur‖e [nə'menklətʃə] *n* 1 nomenklatūra 2 terminų sąrašas

nominal ['nɔmɪnl] *a* 1 nominalus 2 nerealus 3 *gram.* vardinis; daiktavardinis

nominat‖e ['nɔmɪneɪt] *v* 1 pasiūlyti, iškelti kandidatūrą (*smb for / as smth*) 2 vadinti vardu 3 paskirti (*datą, vietą, pareigas*) ~**ion** [,nɔmɪ'neɪʃn] *n* 1 (pa)skyrimas 2 kandidato iškėlimas; paskyrimas (*apie tarnybą*)

nominative ['nɔmɪnətɪv] *n gram.* vardininko linksnis *a* vardininko

nominee [,nɔmɪ'ni:] *n* kandidatas (*į tarnybą ar rinkimų metu*)

non- [nɔn-] *pref* ne- (*priešdėlis, teikiantis žodžiui neigiamą reikšmę*): **nonedible** nevalgomas

nonage ['nəunɪdʒ] *n* nepilnametystė

nonchalant ['nɔnʃələnt] *a* 1 abejingas; nesidomintis 2 nerūpestingas

non-claim ['nɔnkleɪm] *n teis.* termino ieškiniui pareikšti praleidimas

non-combatant [,nɔn'kɔmbətənt] *n* nerikiuotės kareivis

non-commissioned [,nɔnkə'mɪʃənd]: ~ **officer** puskarininkis; kapralas, seržantas

non-committal [,nɔnkə'mɪtl] *n* išsisukinėjimas; savo nuomonės nepasakymas *a* išsisukinėjantis

non-conductor [,nɔnkən'dʌktə] *n fiz.* izoliatorius; nelaidininkas

none [nʌn] *pron* · niekas; ~ **but** tik; niekas kitas tik; ~ **of this concerns** *me* visa tai manęs neliečia *a* nė joks, joks; *it is* ~ **of my business** tai ne mano reikalas *adv* nė kiek; visai ne; *I am* ~ **the better for it** man dėl to nė kiek ne geriau; ~ **the less** ne mažiau, nė kiek ne mažiau; juo labiau; neatsižvelgiant

nonentity [nɔ'nentətɪ] *n* 1 neegzistuojantis daiktas, fikcija 2 menkysta

non-inter‖ference [,nɔn,ɪntə'fɪərəns], ~**vention** [-'venʃn] *n polit.* nesikišimas

non-party [,nɔn'pɑ:tɪ] *a* nepartinis

non-persistent [,nɔnpə'sɪstənt] *a chem.* nepastovus; nepatvarus

nonplus [,nɔn'plʌs] *n* sumišimas, sąmyšis; sunki padėtis; *at a* ~ aklavietėje *v* suklaidinti, įvesti į aklavietę

nonsens‖e ['nɔnsns] *n* 1 niekai 2 nesąmonė; *to* **talk** ~ taukšti niekus *int* niekai!; nesąmonė! ~**ical** [,nɔn'sensɪkl] *a* absurdiškas, beprasmiškas

non-smoker [,nɔn'sməukə] *n* 1 nerūkantis (*asmuo*) 2 vieta, kur nerūkoma (*vagonas, patalpa*)

non-stop [,nɔn'stɔp] *a* nepertraukiamas, nenutrūkstamas *adv* be persėdimų / nutūpimų

non-union [,nɔn'ju:nɪən] *a* nepriklausantis profsąjungai ~**ist** *n* nepriklausantis profsąjungai žmogus

noodle ['nu:dl] I *n* mulkis, lepšis, pusgalvis

noodle II *n pl* lakštiniai, makaronai

nook [nuk] *n* jaukus, nuošalus kampelis

noon [nu:n] *n* vidurdienis, pusiaudienis ~**day** [-deɪ] *n* 1 vidurdienis, vidurdienio laikas 2 *attr* vidurdienio ~**tide**

[-taɪd] *n* 1 vidurdienis, pats vidurdienis 2 *prk.* (*gyvenimo, veiklos*) zenitas, sužydėjimas

noose [nuːs] *n* kilpa *v* 1 pagauti; įvilioti į spąstus 2 pakarti (*nusikaltėlį*)

nor [nɔː] *conj* 1 nei; *neither he ~ she* nei jis, nei ji; *neither here ~ there* nei šen, nei ten 2 taip pat; *you don't seem to be well. Nor am I* jūs, matyt, nesveikas, ir aš taip pat

norm [nɔːm] *n* norma; standartas ~al [-l] *a* 1 normalus 2 paprastas 3 *geom.* statmenas *n* 1 normali padėtis; normalus tipas, dydis (*temperatūra ir pan.*) 2 *geom.* normalė, statmuo

Norse [nɔːs] *n* 1 norvegai 2 senovės norvegai *arba* senovės skandinavai 3 senovės norvegų kalba *a* 1 norvegų 2 senovės skandinavų ~**man** [-mən] *n* 1 norvegas 2 senovės skandinavas

north [nɔːθ] *n* 1 šiaurė 2 šiaurės vėjas *adv* į šiaurę, šiaurėje; ~ *of* į šiaurę nuo; *lies ~ and south* tęsiasi iš šiaurės į pietus *a* šiaurinis

north-east [ˌnɔːθ'iːst] *n* šiaurės rytai (*jūr.* nord-ost) *a* šiaurės rytų *adv* į šiaurės rytus

norther ['nɔːðə] *n* stiprus šiaurės vėjas ~**ly** *a* 1 atkreiptas į šiaurę 2 šiaurys (*vėjas*) *adv* 1 į šiaurę; šiaurėn 2 iš šiaurės ~**n** [-n] *n* šiaurės gyventojas *a* šiaurės, šiaurinis, atkreiptas į šiaurę; ~*n lights* šiaurės pašvaistė ~**ner** [-nə] *n* šiaurietis, šiaurės gyventojas ~**nmost** [-nməust] *a* pats šiaurinis, šiauriausias

northing ['nɔːðiŋ] *n* nukrypimas į šiaurę

north||-polar [ˌnɔːθ'pəulə] *a* šiaurės, poliarinis, Arktikos, arktinis ~**ward** [-wəd] *n* šiaurės kryptis *a* atkreiptas į šiaurę *adv* į šiaurę ~**wardly** [-wədlɪ] *a* šiaurės, šiaurinis (*vėjas*) *adv* į šiaurę, šiaurėn ~**wards** [-wədz] *adv* į šiaurę ~**-west** [ˌnɔːθ'west] *n* šiaurės vakarai (*jūr.* nord-west) *a* šiaurės vakarų *adv* į šiaurės vakarus ~**-wester** [ˌnɔːθ-'westə] *n* stiprus šiaurės vakarų vėjas,

nordvestas ~**-westerly** [ˌnɔːθ'westəlɪ] *a* šiaurės vakarų, pučiantis iš šiaurės vakarų (*vėjas*) *adv* iš šiaurės vakarų; į šiaurės vakarus ~**-westward** [ˌnɔːθ-'westwəd] *n* šiaurės vakarai *a* šiaurės vakarų, esantis į šiaurės vakarus *adv* į šiaurės vakarus ~**-westwards** [ˌnɔːθ-'westwədz] *adv* į šiaurės vakarus

Norwegian [nɔː'wiːdʒən] *a* norvegų *n* 1 norvegas 2 norvegų kalba

nose [nəuz] *n* 1 nosis 2 uoslė △ *to bite one's ~ off* kandžiai atsakyti, smarkiai atkirsti; *to have a good ~* turėti gerą uoslę; *to follow one's ~* a) vadovautis nujautimu; b) eiti tiesiai į priekį; *to turn up one's ~ at* nugręžti nosį (*žiūrėti su panieka*) *v* 1 lėtai judėti 2 šniukštinėti 3 užuosti; suuosti 4 *jūr.* skrosti bangas ~**-bag** [-bæg] *n* 1 maišas (*pvz., avižų arkliui; amer.* feedbag) 2 krepšys (*su pusryčiais*) ~**dive** [-daɪv] *n* av. pikiravimas *v* pikiruoti ~**gay** [-geɪ] *n* gėlių puokštė

nostalgia [nɔs'tældʒə] *n* nostalgija, tėvynės ilgesys

nostril ['nɔstrəl] *n* šnervė

not [nɔt] *adv* ne; nė; ~ *at all* visai ne; ~ *in the least* nė kiek, nė trupučio; ~ *for the world* nė už ką (*pasaulyje*); ~ *only ... but also* ne tiktai ... bet ir

notab||ility [ˌnəutə'bɪlətɪ] *n* 1 garsumas, įžymumas 2 įžymybė; garsus žmogus ~**le** ['nəutəbl] *n* įžymus, garsus žmogus *a* 1 įžymus 2 žymus, pastebimas

notar||ial [nəu'teərɪəl] *a* notarinis ~**ize** ['nəutəraɪz] *v* patvirtinti (*pas notarą*) ~**y** ['nəutərɪ] *n* notaras (*t.p.* ~y public)

notation [nəu'teɪʃn] *n* žymėjimas; žymėjimo sistema; *musical ~* gaidos

notch [nɔtʃ] *n* 1 *tech.* įranta, įkarpa 2 laipsnis; lygmuo 3 *amer.* kalnų tarpeklis, perėja *v* įrantyti ~**ed** [-t] *a* dantytas, iškarpytas

note [nəut] *n* 1 pastaba; (*papr. pl*) pastabos 2 užrašai; *to take ~s of*

užsirašyti (*paskaitas ir t.t.*) 3 gaida; tonas; *to change one's ~ prk.* pakeisti toną 4 (*diplomatinė*) nota
v 1 pastebėti 2 atžymėti, užsirašyti ~**book** [-buk] *n* užrašų knygutė ~**d** [-ɪd] *a* žinomas, garsus ~**paper** [-peɪpə] *n* popierius laiškams ~**worthy** [-wə:ðɪ] *a* pažymėtinas; vertas dėmesio
nothing ['nʌθɪŋ] *n* 1 niekas; menkniekis 2 *pl* mažmožiai, smulkmenos △ ~ *of* the *kind / sort* nieko panašaus; *all to* ~ viskas veltui / niekais; ~ *but* tik, nieko be; *for* ~ neatlyginamai, veltui; ~ *much* a) nedaug; b) nieko svarbaus; *to make* ~ *of* neteikti jokios reikšmės; nesuprasti; (*there's*) ~ *to it* labai paprasta, nesudėtinga; ~ *but tiktai; to have ~ to do with* neturėti nieko bendro; ~ *if not* labai, be galo ~**ness** *n* 1 nebūtis; nerealybė 2 buvimas niekuo
notice ['nəutɪs] *n* 1 raštelis, skelbimas; pranešimas 2 įspėjimas (*pvz.*, *apie atleidimą*) 3 stebėjimas, dėmesys △ *to come into* ~ patraukti dėmesį; *to give* ~ pranešti; pranešti iš anksto apie atleidimą; *to take no* ~ *of* nekreipti dėmesio; *at short* ~ trumpu laiku *v* 1 pastebėti 2 atkreipti dėmesį ~**able** [-əbl] *a* pastebimas ~**-board** [-bɔ:d] *n* skelbimų lenta (*amer.* **bulletin board**)
notif‖ication [ˌnəutɪfɪˈkeɪʃn] *n* pranešimas; perspėjimas ~**y** ['nəutɪfaɪ] *v* pranešti; informuoti (*smb on smth*)
notion ['nəuʃn] *n* 1 supratimas 2 sąvoka 3 *pl amer.* siuvimo reikmenys ~**al** [-ʃənl] *a* filos. 1 spekuliatyvus; abstraktus, atsajus 2 tariamas, menamas, įsivaizduojamas 3 *gram.* prasminis
notori‖ety [ˌnəutəˈraɪətɪ] *n* 1 žinomumas; pagarsėjimas 2 bloga reputacija 3 (*kuo nors blogu*) išgarsėjęs žmogus ~**ous** [nəuˈtɔ:rɪəs] *a* 1 visiems žinomas 2 žinomas (*neigiamosiomis ypatybėmis*)
notwithstanding [ˌnɒtwɪθˈstændɪŋ] *prep* nepaisant (*ko*) *adv* tačiau

nought [nɔ:t] *n* 1 nulis 2 niekas (*t.p.* **naught**); *to bring to* ~ nuskurdinti, paversti niekais 3 menkysta (*žmogus*)
noun [naun] *n gram.* daiktavardis
nourish ['nʌrɪʃ] *v* 1 maitinti 2 puoselėti (*viltį*) ~**ing** *a* maistingas ~**ment** *n* 1 maistas 2 maitinimas
novel ['nɒvl] *n* romanas; *dime* ~ pigus bulvarinis romanas; ~*s of everyday life* buities romanai *a* naujas, neištirtas
novel‖ette [ˌnɒvəˈlet] *n* novelė; apysaka; apsakymas ~**ist** ['nɒvəlɪst] *n* rašytojas romanistas ~**ty** ['nɒvəltɪ] *n* 1 naujiena 2 naujenybė; retenybė
November [nəuˈvembə] *n* lapkričio mėnuo
novi‖ce ['nɒvɪs] *n* naujokas, pradedantysis ~**ciate**, ~**tiate** [nəˈvɪʃɪət] *n* naujoko mokymosi laikas; naujokystė
now [nau] *adv* 1 dabar; tuojau 2 tada, tuo laiku (*pasakojime*) 3: ~ *then* na!; taigi △ *he says* ~ *one thing* ~ *another* jis kalba tai viena, tai kita; *now, now / then* na, na (*reiškiant nepritarimą*); ~ *that* kada; jeigu; po to, kai; ~ *that I know it* dabar, kai aš tai žinau; *come* ~ nagi; (*every*) ~ *and then / again* kartais, tarpais; *n* dabartinis momentas; *by* ~ šiuo momentu, laiku; *till* ~ iki šio laiko ~**aday** [-ədeɪ] *a* dabartinis ~**adays** [-ədeɪz] *adv* dabar, mūsų laikais
noway ['nəuweɪ] *adv* jokiu būdu, jokiu atveju
nowhere ['nəuweə] *adv* niekur
noxious ['nɒkʃəs] *a* kenksmingas; žalingas
nozzle ['nɒzl] *n* 1 (*indo*) snapelis 2 tūtelė; šiaudelis
n't [nt] *sutr.* = **not**
nuance ['nju:ɑ:ns] *n* niuansas
nub, nubble [nʌb, 'nʌbl] *n* 1 (*anglies*) gabaliukas 2 kankorėžis 3: *the nub of smth amer.* dalyko esmė
nucl‖ear ['nju:klɪə] *a* 1 branduolio, branduolinis 2 atominis, atomo ~**eus** [-klɪəs] *n* (*pl* ~**ei** [-klɪaɪ]) 1 branduolys;

centras **2** atomo branduolys **3** *biol.* ląstelė

nude [nju:d] *a* **1** nuogas, plikas **2** *teis.* negaliojantis *n* **1** nuoga figūra (*skulptūroje, tapyboje*) **2**: *in the* ~ nuogas

nudge [nʌdʒ] *v* **1** stumtelėti alkūne **2** stuktelėti *n* **1** stumtelėjimas alkūne **2** stuktelėjimas

nudist ['nju:dɪst] *n* nudistas; ~ *camp / colony* nudistų stovykla

nudity ['nju:dətɪ] *n* nuogumas

nugget ['nʌgɪt] *n* (*aukso*) grynuolis

nuisance ['nju:sns] *n* **1** įkyruolis **2** trukdymas; *public* ~ viešosios tvarkos pažeidimas **3** kas nors nemalonaus; nemalonumas; *what a* ~! koks nemalonumas!; *to be a* ~ įkyrėti

null [nʌl] *a* bevertis, neveikiantis; ~ *and void teis.* negaliojantis ~**ify** [-ɪfaɪ] *v* anuliuoti, panaikinti ~**ity** [-ətɪ] *n teis.* negaliojimas

numb [nʌm] *a* sustingęs; nutirpęs, sugrubęs; *v* sustingdyti

number ['nʌmbə] *n* **1** skaičius; kiekis; *in* ~*s* gausiai, dideliais kiekiais; *even* ~ lyginis skaičius; *odd* ~ nelyginis skaičius; *broken* ~ trupmena; *prime* ~ paprastas skaičius; *whole* ~*s* sveikieji skaičiai; *a* ~ *of* keletas; *quite a* ~ gana daug; *without* ~ be skaičiaus **2** numeris; ~ *plate* numerio lentelė (*apie automobilį; amer.* *license plate* ['laɪsns pleɪt]) *v* **1** duoti, turėti (*skaičių*) **2** numeruoti; *I* ~ *him among my best friends* aš priskiriu jį prie geriausių savo draugų

numer‖able ['nju:mərəbl] *a* suskaičiuojamas, išskaičiuojamas ~**al** [-rəl] *n* **1** skaitmuo **2** *gram.* skaitvardis; *cardinal* ~*al* kiekinis skaitvardis; *ordinal* ~*al* kelintinis skaitvardis ~**ation** [ˌnju:məˈreɪʃn] *n* **1** numeracija **2** skaičiavimas; *decimal* ~*ation* dešimtainė skaičiavimo sistema ~**ator** [-reɪtə] *n mat., tech.* skaitiklis ~**ical** [nju:ˈmerɪkl] *a* skaičiaus; skaitinis; skaitmeninis ~**ous** [-rəs] *a* gausus

numskull ['nʌmskʌl] *n* avigalvis, kvailys

nun [nʌn] *n* vienuolė ~**nery** [-ərɪ] *n* moterų vienuolynas

nuptial ['nʌpʃl] *a* vedybinis ~**s** [-z] *n pl* vestuvės

nurse [nə:s] *n* auklė; slaugytoja; *trained* ~ medicinos sesuo; *wet* ~ žindyvė *v* **1** slaugyti **2** prižiūrėti (*vaiką*) **3** puoselėti ~**maid** [-meɪd] *n* auklė ~**ling** [-lɪŋ] *n* **1** (*žindomas*) kūdikis; **2** mylimasis ~**ry** [-rɪ] *n* **1** vaikų kambarys **2** lopšelis (*vaikų įstaiga*); ~**ry** *rhyme* eilėraštis / dainelė vaikams **3** medelynas; daigynas **4** žvėrių ūkis **5** inkubatorius

nurture ['nə:tʃə] *n* **1** auklėjimas **2** skatinimas *v* **1** auklėti; auginti **2** stimuliuoti augimą

nut [nʌt] *n* **1** riešutas **2** veržlė **3** smulkios anglys **4** *šnek.* galva △ *a hard* ~ *to crack* kietas riešutas; ne jo dantims; sunkus uždavinys; *to be* ~*s on* a) labai mėgti; b) labai gerai nusimanyti; *off one's* ~ *šnek.* beprotis ~**crackers** [-krækəz] *n pl* (*riešutų*) spaustukai ~**meg** [-meg] *n* muškatas

nutri‖ent ['nju:trɪənt] *a* maistingas ~**ment** [-mənt] *n* maistas ~**tion** [nju:ˈtrɪʃn] *n* maistas; maitinimas ~**tious** [nju:ˈtrɪʃəs] *a* maistingas ~**tive** [-tɪv] *a* **1** maisto **2** maistingas *n* maistinga medžiaga

nuts [nʌts] *a* pakvaišęs; ~ *about smth* labai įsimylėjęs *int* niekai!; kvailystė!

nut‖shell ['nʌtʃel] *n* riešuto kevalas △ *in a* ~ trumpai, keliais žodžiais ~-**tree** ['nʌttri:] *n* lazdynas ~**ty** ['nʌtɪ] *a* **1** riešuto skonio; skanus **2** pakvaišęs, ekscentriškas

nuzzle ['nʌzl] *v* **1** uostyti (*apie šunį*) **2** kišti nosį (*against / at / into*)

nylon ['naɪlɔn] *n* **1** nailonas **2** *pl* nailono kojinės

nymph [nɪmf] *n mit.* nimfa

O

O, o [əu] I *n* 1 *penkioliktoji anglų abėcėlės raidė*; **an ~ arba a round ~** ratas, skrituliukas 2 nulis (*sakant numerį*)

O II *int* (*papr.* oh, *jei sušukimas atskirtas skyrybos ženklu*) O!; *O dear me!* O, Dieve!; *oh, what a lie!* Koks melas!

o' [ə] *prep sutr.* = of, on: *o'clock, man-o'-war*

oak [əuk] *n* ąžuolas **~en** [-ən] *a* ąžuolinis

oar ['ɔː] *n* 1 irklas 2 irkluotojas **~sman** ['ɔːzmən] *n* irkluotojas

oasis [əu'eisis] *n* (*pl* **oases** [əu'eisiːz]) oazė

oat [əut] *n pl* avižos **~cake** [-keik] *n* avižinis paplotėlis, sklindis **~en** [-n] *a* 1 avižinis 2 šiaudinis, šiaudų

oath [əuθ] *n* (*pl* **~s** [əuðz]) 1 priesaika; *to take / swear an ~* prisiekti; *on my ~* prisiekiu 2 dievagojimasis

oatmeal ['əutmiːl] *n* 1 avižiniai dribsniai 2 avižų košė

obdur||acy ['ɔbdjuərəsi] *n* 1 surambėjimas, sukietėjimas 2 užsispyrimas **~ate** [-rət] *a* 1 surambėjęs 2 užsispyręs

obedi||ence [ə'biːdiəns] *n* (pa)klusnumas, nuolankumas △ *in ~ to* sutinkamai (*su kuo*), pagal **~ent** [-nt] *a* (pa)klusnus, nuolankus

obeisance [ə'beisns] *n* 1 nusilenkimas, reveransas 2 pagarba; *to do / pay / make ~ to smb* reikšti pagarbą

obes||e [əu'biːs] *a* nutukęs, apkūnus **~ity** [-əti] *n* nutukimas, apkūnumas

obey [ə'bei] *v* klausyti; paklusti; vykdyti reikalavimus

obituary [ə'bitjuəri] *n* 1 nekrologas 2 mirusių sąrašas *a* 1 nekrologinis 2 laidotuvių

object ['ɔbdʒikt] I *n* 1 daiktas, dalykas 2 tikslas 3 objektas 4 *gram.* papildinys; *direct (indirect) ~* tiesioginis (netiesioginis) papildinys **~ive** [əb'dʒektiv] *a* objektyvus *n* 1 objektas, tikslas 2 *gram.* objektinis linksnis **~ivity** [ˌɔbdʒek'tivəti] *n* objektyvumas, nešališkumas **~-lesson** [-lesn] *n* vaizdi pamoka

object [əb'dʒekt] II *v* priešintis; protestuoti; prieštarauti **~ion** [-kʃn] *n* prieštaravimas **~ionable** [əb'dʒekʃnəbl] *a* nepageidaujamas; nemalonus

objurgat||e ['ɔbdʒəgeit] *v* barti **~ion** [ˌɔbdʒə'geiʃn] *n* barimas; priekaištas; papeikimas

oblate ['ɔbleit] *a* suplotas (*apie rutulį*)

obligat||e ['ɔbligeit] *v* įpareigoti; priversti **~ion** [ˌɔbli'geiʃn] *n* įpareigojimas **~ory** [ə'bligətri] *a* būtinas; privalomas; įpareigojantis

oblig||e [ə'blaidʒ] *v* 1 įpareigoti; priversti 2 daryti paslaugą; *much ~ed* dėkoju **~ing** *a* 1 paslaugus 2 meilus, draugiškas

oblique [ə'bliːk] *a* 1 įžambus; pakrypęs 2 *gram.* netiesioginė (*nuosaka*)

obliterat||e [ə'blitəreit] *v* 1 išbraukti, sunaikinti 2 užmiršti, ištrinti (*iš atminties*) **~ion** [əˌblitə'reiʃn] *n* 1 išbraukimas; sunaikinimas 2 užmiršimas

obliv||ion [ə'bliviən] *n* 1 užmiršimas 2 (už)maršumas; *to fall / sink into ~* būti pasmerktam užmiršimui; būti užmirštam **~ious** [-viəs] *a* užmirštantis, užmaršus, išsiblaškęs

oblong ['ɔblɔŋ] *a* pailgas (*pvz., stalas*)

obnoxious [əb'nɔkʃəs] *a* nemalonus, skaudus; nepakeliamas

obscen||e [əb'siːn] *a* nešvankus, begėdiškas **~ity** [-'senəti] *n* nešvankumas, begėdiškumas

obscur||e [əb'skjuə] *a* 1 neryškus, neaiškus; dulsvas, tamsus 2 nepastebimas, nežymus; paslėptas 3 abejotinas, įtartinas *v* (už)temdyti; daryti neaiškų **~ity** [-rəti] *n* 1 tamsybė, tamsuma, tamsa 2 neaiškumas 3 nežinomybė

obsequi‖al [əb'si:kwɪəl] *a* laidotuvių ~es ['ɔbsɪkwɪz] *n pl* laidotuvės

obsequious [əb'si:kwɪəs] *a* vergiškas, vergiškai nuolankus *prk.* šliaužiojantis, padlaižiaujantis

observ‖able [əb'zə:vəbl] *a* 1 pastebimas 2 įsidėmėtinas, žymus ~ance [-vəns] *n* 1 (*įstatymo, papročių*) laikymasis, paisymas 2 apeigos, ritualas ~ant [-ənt] *a* 1 laikąsis (*įstatymų*) 2 atidus 3 pareigingas ~ation [ˌɔbzə'veɪʃn] *n* 1 stebėjimas 2 pastaba 3 pastabumas; **under ~ation** stebimas, tiriamas ~ational [ˌɔbzə'veɪʃnl] *a* atidus, pastabus ~atory [-vətrɪ] *n* 1 observatorija 2 *kar.* sekimo punktas

observe [əb'zə:v] *v* 1 stebėti 2 laikytis (*įstatymų, papročių*) 3 daryti pastabas ~r [-ə] *n* 1 stebėtojas; sekėjas 2 apžvalgininkas

obsess [əb'ses] *v* 1 persekioti 2 *prk.* apsėsti ~ion [-'seʃn] *n* manija, įkyri mintis

obsolete ['ɔbsəli:t] *a* pasenęs, nebevartojamas

obstacle ['ɔbstəkl] *n* kliūtis, trukdymas ~ **race** [-reɪs] *n* bėgimas su kliūtimis

obstin‖acy ['ɔbstɪnəsɪ] *n* atkaklumas; užsispyrimas ~ate [-nət] *a* atkaklus; užsispyręs

obstruct [əb'strʌkt] *v* 1 užversti, užgriozdinti; kliudyti judėjimą; **to ~ the view** užstoti vaizdą 2 surengti obstrukciją (*parlamente*) ~ion [-kʃn] *n* 1 kliūtis, trukdymas 2 obstrukcija ~ive [-tɪv] *a* 1 kliudantis, maišantis 2 obstruktyvus

obtain [əb'teɪn] *v* 1 gauti, suieškoti, laimėti, įsigyti 2 būti, taikyti; tebeegzistuoti ~able [-əbl] *a* pasiekiamas, prieinamas

obtru‖de [əb'tru:d] *v* į(si)siūlyti; į(si)piršti ~sion [-ʒn] *n* įkyrumas; landumas ~sive [-sɪv] *a* įkyrus, landus

obtuse [əb'tju:s] *a* bukas (*t.p. prk.*)

obviate ['ɔbvɪeɪt] *v* vengti; šalinti(s); išsigelbėti, išvengti (*nelaimės*)

obvious ['ɔbvɪəs] *a* aiškus, akivaizdus ~ly *adv* aiškiai, akivaizdžiai

occasion [ə'keɪʒn] *n* 1 proga, aplinkybė; **on the ~ of** ta proga 2 įvykis (*šventė, metinės*) 3 pagrindas, priežastis *v* sukelti, būti priežastimi ~al [-ʒnl] *a* atsitiktinis ~ally [-əlɪ] *adv* atsitiktinai, retkarčiais

Occident ['ɔksɪdənt] *n* (*the ~*) vakarai ~al [ˌɔksɪ'dentl] *a* vakarinis, vakarų

occult [ɔ'kʌlt] *a* slaptas, paslėptas, okultacinis *n* (*the ~*) okultizmas

occup‖ant ['ɔkjupənt] *n* 1 (*ko nors*) valdytojas 2 gyventojas ~ation [ˌɔkju'peɪʃn] *n* 1 okupacija 2 laikinas apsigyvenimas (*name*) 3 užsiėmimas, profesija ~ational [ˌɔkju'peɪʃənl] *a* profesinis (*pvz., susirgimas*) ~y [-paɪ] *v* 1 užimti, valdyti; okupuoti 2 užimti (*namą, kambarį*), nuomoti 3 užimti (*pareigas, laiką*); **to ~y oneself** kuo nors užsiimti, verstis

occur [ə'kə:] *v* 1 atsitikti; įvykti 2 ateiti į galvą 3 būti, rastis; **It ~ed to me** man atėjo į galvą ~rence [ə'kʌrəns] *n* 1 atsitikimas, įvykis; reiškinys 2 buveinė, buvimo vieta; paplitimas

ocean ['əuʃn] *n* 1 vandenynas, okeanas 2 aibė, galybė ~ic [ˌəuʃɪ'ænɪk] *a* okeaninis; vandenyno

ochre (*amer.* **ocher**) ['əukə] *n* 1 ochra 2 geltonai ruda spalva

o'clock [ə'klɔk]: **what's the time?** kelinta valanda? **It is two ~** antra valanda

October [ɔk'təubə] *n* spalio mėnuo

octopus ['ɔktəpəs] *n zool.* aštuonkojis

ocular ['ɔkjulə] *n* okuliaras *a* akių; ~ **demonstration** aiškus, akivaizdus įrodymas

odd [ɔd] *a* 1 nelyginis; ~ **and even** pora ir nepora 2 atliekamas; papildomas; **twenty ~** dvidešimt su viršum 3 keistas, neįprastas 4 laisvas; **at ~ moments** laisvalaikiu 5: ~ **job** atsitiktinis darbas 6 pavienis, neporinis (*pirštinė, kojinė, tomas*); ~

volumes paskiri tomai (*iš raštų rin-kinio*) ~**ity** [-ıtı] *n* 1 keistumas, keis-tuoliškumas 2 keistuolis 3 keistas at-sitikimas; stebėtinas dalykas ~**ly** *adv* keistai; stebėtinai ~**ments** *n pl* at-skiri vienetai

odds [ɔdz] *n pl* 1 skirtumas, nelygy-bė; *to make* ~ *even* panaikinti skir-tumą; ~ *and ends* likučiai 2 pir-menybė; šansai; *long* ~ nelygūs šan-sai 3 nesutarimai △ *to be at* ~ pyk-tis; *what's the* ~? ką tai reiškia?

odi‖ous ['ɔudıəs] *a* šlykštus, atstumian-tis ~**um** [-dıəm] *n* neapykanta

odor‖iferous [ˌɔudə'rıfərəs] *a* maloniai kvepiantis, kvapus ~**ous** ['ɔudərəs] *a* turintis kvapą

odo(u)r ['ɔudə] *n* 1 kvapas, aromatas 2 garbė, reputacija; *to be in bad / good* ~ *with* būti apie ką geros (blo-gos) nuomonės

of [ɔv, əv] *prep* 1 (*priklausomumui, kil-mei, medžiagai, visumos daliai reikš-ti*): *made* ~ *wood* pagamintas iš medžio; *a piece* ~ *bread* duonos gabalas 2 (*atitinka kilmininką*): *the city* ~ *Vilnius* Vilniaus miestas; *a friend* ~ *mine* (vienas) mano drau-gas 3 (*po veiksmaž. think, hear, speak, inform, remind*) apie; *I have heard nothing* ~ *it* aš nieko negirdėjau apie tai; *I know, you have thought* ~ *me* aš žinau, jūs galvojote apie mane 4 (*priežasčiai žymėti*): *he died* ~ *cancer* jis mirė nuo vėžio 5 (*išskirties kilmininkui žymėti*) iš, iš skaičiaus; *one* ~ *them* vienas iš jų 6 (*po žodžių ashamed, afraid, glad, proud verčiama kilmininko ir įnagininko linksniais*): *I am afraid* ~ *you* aš jūsų bijau; *I am proud* ~ *you* aš jumis didžiuo-juosi 7 (*po būdvardžių guilty, certain, sure, confident*): *he is guilty* ~ *that* jis dėl to kaltas; *I am sure* ~ *your coming* aš esu tikras, kad jūs ateisite

off [ɔːf, ɔf] *prep* nuo; ~ *the coast* netoli kranto; *the village was three miles* ~ *the town* kaimas buvo per tris mylias nuo miesto; ~ *the track* ne-teisingu keliu; ~ *the point* ne laiku, ne vietoje (*nukrypstant*) nuo temos *adv* 1 (*reiškia atitolinimą, atskyrimą*): ~ *with you!* *šnek.* šalin!, neš-dinkitės!; *I must be* ~ man laikas eiti; *to be far* ~ būti toli; *to be well* (*badly*) ~ būti pasiturin-čiam (neturtingam) 2 (*po veiksma-žodžio tampa prieveiksmine dalelyte ir atitinka priešdėlius nu-, iš-, nusi-*): *to take* ~ nusivilkti, nusiauti, nu-siimti; *to run* ~ nubėgti, išbėgti; *to be* ~ išvykti; prasidėti △ ~ *and on* su pertraukomis; pakaitomis; kartkarčiais *a* 1 tolimas; šalutinis; ~ *street* šalutinė gatvė 2 laisvas (*apie laiką*) *v šnek.* nutraukti, atsižadėti (*žodžio, sprendimo*); nutraukti (*pasi-kalbėjimą ir pan.*) *n* (*the* ~) startas

offal ['ɔfl] *n* gyvulio viduriai ir kogalviai maistui (*plaučiai, širdis, kepenys, gal-va, kojos ir pan.*)

offence [ə'fens] *n* 1 nusižengimas; teisės pažeidimas 2 skriauda, įžeidimas; *to give* ~ *to* įžeisti; *to take* ~ įsižeisti (*at*) 3 *kar.* puolimas, ataka

offend [ə'fend] *v* 1 pažeisti, sulaužyti (*įstatymą*) 2 įžeisti ~**er** *n* 1 įstatymo laužytojas; *juvenile* ~**er** mažametis nusikaltėlis 2 skriaudėjas, įžeidėjas

offense [ə'fens] *amer. žr.* offence

offensive [ə'fensıv] *a* 1 puolamasis 2 įžeidžiantis 3 bjaurus, atstumiantis *n* puolimas; *to take the* ~ pereiti į puolimą; *to be on the* ~ pulti

offer ['ɔfə] *v* 1 aukoti 2 siūlyti; teik-ti 3 mėginti △ *to* ~ *resistance* priešintis; *to* ~ *violence* pavartoti prievartą *n* pasiūlymas; *on* ~ par-duodamas (*sumažinta kaina*) ~**ing** [-rıŋ] *n* 1 auka; dovana 2 pasiūlymas

offhand [ˌɔf'hænd] *adv* 1 ekspromtu 2 be ceremonijų *a* 1 improvizuotas 2 be ceremonijų; nesivaržantis

office ['ɔfıs] *n* 1 įstaiga; biuras 2 parei-gos, vieta; *to hold* ~ užimti postą; *to take* ~ stoti į tarnybą; *to be in* ~ būti valdžioje 3 apeigos; pamaldos

4 raštinė, kontora 5 ministerija, žiny-
ba; **Foreign O.** užsienio reikalų mi-
nisterija (*Anglijoje*)

office-boy [ˈɔfɪsbɔɪ] *n* parankinis, ber-
niukas pasiuntinys

officer [ˈɔfɪsə] *n* 1 pareigūnas 2 poli-
cininkas (*kreipinys*); **police** ~ poli-
cininkas **3** karininkas; ~s **and men**
karininkai ir eiliniai

offici||al [əˈfɪʃl] *a* oficialus, tarnybinis
n pareigūnas ~ate [-ʃɪeɪt] *v* 1 eiti
pareigas 2 laikyti pamaldas; vadovau-
ti ceremonijai

officious [əˈfɪʃəs] *a* įkyrus, landus;
mėgstantis patarinėti

offing [ˈɔfɪŋ]: *in the* ~ netoli; netrukus

offprint [ˈɔfprɪnt] *n* (*straipsnio*) atspau-
das

off||set [ˈɔfset] *v* kompensuoti *n* ofsetas
~shoot [ˈɔfʃuːt] *n* atžala, ūgis; atšaka
~shore [ˌɔfˈʃɔː] *a* pakrantės; žemyno,
kontinentinis (*apie vėją*) ~side [ˌɔf-
ˈsaɪd] *a*, *adv* nuošalės; nuošalėje (*fut-
bole*)

offspring [ˈɔːfsprɪŋ] *n* palikuonis; atža-
la; (*gyvulio*) jauniklis

oft [ɔft] *adv* dažnai; *many a time and*
~ ne kartą; pakartotinai

often [ˈɔfn] *adv* dažnai, pakartotinai; ~
and ~ labai dažnai

ogle [ˈəʊgl] *v* smalsiai žvilgčioti, žvelgti;
(*akimis*) koketuoti *n* smalsus žvilgsnis

oh [əʊ] *int* o!

ohm [əʊm] *n el.* omas

oil [ɔɪl] *n* 1 aliejus; alyva; *codliver*
~ žuvų taukai; *blasting* ~ nitrogli-
cerinas 2 nafta **3** *pl* aliejiniai dažai
v tepti; *prk.* *to* ~ *the wheels*
duoti kyšį; papirkti △ *to pour* ~
on the flame dar labiau sukiršinti
(*besibarančius*), padidinti įtemptą at-
mosferą ~-**bearing** [-beərɪŋ] *a* naf-
tingas ~**cake** [-keɪk] *n* išspaudos
~**can** [-kæn] *n tech.* tepalinė ~**cloth**
[-klɔθ] *n* cerata ~-**field** [-fiːld] *n* 1 naf-
tos telkiniai 2 naftos pramonė ~-
painting [ˈɔɪlpeɪntɪŋ] *n* paveikslas,
nutapytas aliejiniais dažais; tapyba

aliejiniais dažais ~-**paper** [-peɪpə] *n*
vaškinis, sviestinis popierius ~**skin**
[-skɪn] *n* 1 impregnuotas audinys 2 ce-
ratinis drabužis ~**stone** [-stəʊn] *n*
galąstuvas ~-**well** [-wel] *n* naftos
gręžinys ~y [-lɪ] *a* 1 aliejaus, aliejinis
2 riebus, taukuotas **3** *prk.* perdėtai
malonus, saldus

ointment [ˈɔɪntmənt] *n* tepalas, kremas

O.K. (*t.p.* **okay**) [ˌəʊˈkeɪ] *a*, *adv* *šnek.*
viskas tvarkoje; gerai *v* (~'d) *šnek.*
pritarti *n* *šnek.* pritarimas

old [əʊld] *a* senas; įsisenėjęs, įsišak-
nijęs; senovinis, seniai buvęs, praėjęs;
to get / grow ~ senti △ *as* ~ *as
the hills* senas kaip pasaulis; ~ *boy /
man / fellow* *šnek.* draugas, bičiulis;
she is ten years ~ jai dešimt metų;
how ~ *are you?* kiek jums metų? *n*
1: *the* ~ sėniai 2: *from of* ~ iš seno;
anksčiau, senovėje ~**en** [-dən] *a* senas,
buvęs, praeities *v* senti ~-**fashioned**
[ˌəʊldˈfæʃnd] *a* 1 pasenęs; senoviškas
2 senamadiškas ~-**time** [ˈəʊldtaɪm] *a*
senoviškas, senovinis ~-**timer** [ˌəʊld-
ˈtaɪmə] *n* senbuvis, senas vietos gyven-
tojas

olive [ˈɔlɪv] *n* alyva (*vaisius*); alyvmedis
a alyvinis, gelsvai žalias ~-**branch**
[-brɑːntʃ] *n* alyvmedžio šakelė (*tai-
kos simbolis*); *to hold out the* ~-
branch siūlyti taikytis, taiką ~-**oil**
[ˌɔlɪvˈɔɪl] *n* Provanso aliejus

Olymp||iad [əˈlɪmpiæd] *n* olimpiada
~**ic** *a* olimpinis; *the* ~**ic Games**
olimpinės žaidynės

om||en [ˈəʊmen] *n* (*būsimo įvykio*) žen-
klas; pranašystė ~**inous** [ˈɔmɪnəs] *a*
nelaimę pranašaujantis; grėsmingas;
bloga reiškiantis (*pvz., ženklas*)

omi||ssion [əˈmɪʃn] *n* praleidimas ~t
[əˈmɪt] *v* 1 praleisti; neįtraukti 2 ne-
atlikti; nepaisyti

omnibus [ˈɔmnɪbəs] *n* 1 omnibusas
2 autobusas (**bus** *sutr.*) *a* apimantis
kelis punktus (*įstatymas, rezoliucija ir
pan.*)

omnipot‖ence [ɔm'nɪpətəns] *n* visagalybė **~ent** [-nt] *a* visagalis
omnipresent [ˌɔmnɪ'preznt] *a* visur esantis
omniscient [ɔm'nɪsɪənt] *a* visažinis
omnivorous [ɔm'nɪvərəs] *a* viskuo mintantis, viską ėdantis
on [ɔn] (*t.p.* upon) *prep* 1 (*vietai pažymėti*) ant; *he sits ~ the bench* jis sėdi ant suolo; *~ the plane / bus / train* lėktuve, autobuse, traukinyje 2 (*laikui pažymėti*): *~ Tuesday* antradienį; *~ this occasion* šia proga 3 apie; *a book ~ grammar* gramatikos knyga; *he spoke ~ economics* jis kalbėjo apie ekonomiką 4 (*padėčiai, procesui nurodyti*): *~ fire* dega, degantis; *~ high* aukštumoje; viršuj; *~ sale* parduodama; *to live ~ bread and water* gyventi duona ir vandeniu 5 (*veiksmo pagrindui bei tikslui pažymėti*): *~ that ground* tuo pagrindu; *~ purpose* tyčia, turint tikslą; *~ business* su reikalais *adv* 1: *~ and ~* nesustojant; ilgą laiką; *later ~* vėliau; *from that day ~* nuo tos dienos 2 *po veiksmažodžio reiškia* a) *veiksmo tęsimą*: *to go ~* tęsti; *to work ~* toliau dirbti; b) *dėvėjimą*: *to put ~* užsivilkti, apsimauti, užsidėti; c) (*aparato, mechanizmo įjungimą, paleidimą*) *to put / turn ~* įjungti; *to be ~* būti įjungtam; d) (*spektaklio, filmo*) rodymą: *what is ~ today?* ką šiandien rodo? *Hamlet is ~* rodomas „Hamletas"
once [wʌns] *adv* 1 (vieną) kartą; *~ and again* kelis kartus; kartais; *~ (and) for all* kartą visiems laikams; *~ in a way, ~ in a while* kartais, retkarčiais; *~ more* dar kartą 2 kadaise; *~ upon a time* kadaise (*pasakos pradžia*); *never ~* nė karto △ *at ~* tuojau; *all at ~* nelauktai; *in a blue moon* labai retai *n* vienas kartas; *for (this) ~* šį kartą; išimties būdu

oncoming ['ɔnkʌmɪŋ] *n* artėjimas, prisiartinimas *a* besiartinantis, ateinantis
one [wʌn] *num* vienas; *~ after another, ~ by ~* vienas po kito; po vieną *n* 1 vienetas, vienas; *at ~* sutartinai; *the ~* tas pats 2 žmogus, gyvas padaras; *the great ~s and the little ~s* didieji ir mažieji; *the little ~s* vaikai; *my little ~!* mano vaikeli! 3 *atstoja anksčiau pavartotą daiktavardį*: *this is a good car and that is a bad ~* šis automobilis geras, tas — blogas *a* 1 vienas; pirmas; *chapter ~* pirmas skyrius 2 vienintelis 3 vienas, vieningas 4 vienodas, toks pats; *it is all ~* vis vien, lygiai tas pat 5 vienas (*neapibrėžtas*), kažkoks; *~ fine morning* vieną gražų rytą *pron* niekas; vienas, kas nors, kažkas; *no ~* niekas; *~ another* vienas kitą (*tarp dviejų*); *~ never knows what may happen* niekada nežinai, kas gali atsitikti; *how can ~ do it?* kaip gali kas nors tai padaryti?
one‖-armed [ˌwʌn'ɑːmd] *a* vienarankis **~-eyed** [ˌwʌn'aɪd] *a* vienaakis **~-fold** ['wʌnfəuld] *a* paprastas, nesudėtingas **~-legged** [ˌwʌn'legd] *a* 1 vienakojis 2 *prk.* vienašališkas
onerous ['ɔnərəs] *a* reikalinga pastangų, keblus, sunkus
oneself [wʌn'self] *pron* 1 atitinka dalelytes -s, -si- *sangrąžiniuose veiksmažodžiuose*: *to hurt ~* užsigauti, susitrenkti; *to wash ~* praustis 2 save, save patį; *to do for ~* daryti sau; *(all) by ~* vienas pats; be pagalbos 3 (*vartojamas kaip pabrėžiamasis įvardis*) pats, patį, save patį; *one should know it ~* reikėtų žinoti tai pačiam △ *to come to ~* atsigauti
one-sided [ˌwʌn'saɪdɪd] *a* 1 vienpusiškas, šališkas 2 nelygus (*apie jėgas*)
ongoing ['ɔngəuɪŋ] *a* tebevykstantis
onion ['ʌnɪən] *n* svogūnas
onlooker ['ɔnlukə] *n* (*atsitiktinis*) liudytojas; stebėtojas, žiūrovas
only ['əunlɪ] *a* vienintelis *adv* tiktai; išimtinai; *not ~* ne tiktai; *if ~* jei tik,

jeigu tiktai; ~ *not* tik ne, vos ne; ~ *too glad* labai džiaugiuosi, labai malonu; ~ *think!* tik pagalvok(ite)! *conj* bet; tik, tiktai; ~ *that* išskyrus tai, kad; jei ne tai, kad

on‖rush [ˈɔnrʌʃ], ~set [-set] *n* antplūdis

onshore [ˈɔnʃɔ:] *a, adv* 1 į krantą (*apie vėją*) 2 ant *arba* arti kranto

onslaught [ˈɔnslɔ:t] *n* įnirtinga ataka; puolimas

onward(s) [ˈɔnwəd(z)] *adv* į priekį *a* nukreiptas, žengiantis į priekį

ooz‖e [u:z] *n* 1 dumblas; mauras 2 prasisunkimas, lėtas tekėjimas *v* lėtai tekėti, sunktis; *the secret* ~*d out* paslaptis paaiškėjo ~y [-ı] *a* dumblinas

opal [ˈəupl] *n* opalas

opaque [əuˈpeɪk] *a* 1 nepermatomas 2 neaiškus; sunkiai suprantamas

open [ˈəupən] *a* 1 atdaras, atviras; *to break* ~ smarkiai atverti (*duris*); įsilaužti (*pro duris*); *to cut / tear* ~ atplėšti (*antspauduotą laišką, paketą*) 2 atviras, aiškus, nuoširdus 3 laisvas, prieinamas △ ~ *weather* (*winter*) švelnus oras (švelni žiema); *an* ~ *hand* dosni ranka *v* 1 at(si)daryti 2 pradėti (*kampaniją*) □ *to* ~ *into* susisiekti; *to* ~ *on* išeiti į (*apie langą*); *to* ~ *out* a) atidaryti, atverti; b) išskleisti (*apie sparnus*); *to* ~ *up* a) padaryti, paruošti priėjimą, atidaryti lankymui; b) at(si)skleisti

open‖-armed [ˌəupənˈa:md] *a* išskėstomis rankomis ~-eared [ˌəupənˈıəd] *a* atidžiai klausantis ~-eyed [ˌəupənˈaɪd] *a* išplėstomis akimis; *prk.* budrus ~-handed [ˌəupənˈhændıd] *a* dosnus ~-hearted [ˌəupənˈha:tıd] *a* nuoširdus ~ing [ˈəupənıŋ] *n* 1 anga, skylė 2 pradžia, įžanga; (*konferencijos, parodos*) atidarymas *a* pirmas; pradinis; įžanginis ~ingly [ˈəupənıŋlı] *adv* 1 atvirai, viešai 2 nuoširdžiai, atvirai ~-minded [ˌəupənˈmaɪndıd] *a* 1 plačių pažiūrų, plataus

akiračio 2 teisingas ~ness [ˈəupənnıs] *n* 1 atvirumas, tiesumas 2 aiškumas

opera [ˈɔpərə] *n* opera ~-glass(es) [-gla:s(ız)] *n* teatriniai žiūronai ~-house [-haus] *n* operos teatras

operat‖e [ˈɔpəreɪt] *v* 1 veikti (*apie mechanizmą*) 2 vadovauti, valdyti 3 daryti operacijas; *med.* operuoti (*on*); ~ion [ˌɔpəˈreɪʃn] *n* 1 operacija 2 darbas; veikimas 3 procesas ~ive [ˈɔpərətɪv] *a* 1 veiksmingas, efektyvus 2 operatyvus; operatyvinis *n* 1 meistras, darbininkas, amatininkas 2 šnipas ~or *n* 1 operatorius; mechanikas 2 savininkas, valdytojas

operetta [ˌɔpəˈretə] *n* operetė

opinion [əˈpınıən] *n* 1 nuomonė; *public* ~ viešoji nuomonė; *in my* ~ mano nuomone; ~*s differ* prič. dėl skonio nesiginčijama 2 specialisto patarimas ~ated [-eıtıd] *a* (*t.p.* self-opinionated) 1 užsispyręs 2 per daug pasitikintis savimi

opium [ˈəupıəm] *n* opiumas

opponent [əˈpəunənt] *n* priešininkas, oponentas *a* priešingas, priešiškas

opportun‖e [ˈɔpətju:n] *a* savalaikis; palankus; tinkamas ~ism [-ızəm] *n* oportunizmas ~ist *n* oportunistas

opportunity [ˌɔpəˈtju:nətı] *n* gera proga; palanki galimybė; *to take the* ~ *to do smth* pasinaudoti proga; *to let / lose an* ~ praleisti progą

oppos‖e [əˈpəuz] *v* 1 prieštarauti 2 priešinti ~ite [ˈɔpəzıt] *a* priešingas *n* priešybė, priešingumas; *direct* ~ite visiškas priešingumas, priešybė *prep, adv* prieš, priešais ~ition [ˌɔpəˈzıʃn] *n* 1 priešinimasis 2 opozicija

oppress [əˈpres] *v* slėgti; engti, spausti ~ion [əˈpreʃn] *n* slėgimas; priespauda, engimas ~ive [-ıv] *a* slegiantis ~or *n* tironas, prispaudėjas

opt [ɔpt] *v* nuspręsti; pasirinkti

optic [ˈɔptık] *a* akių; regimasis ~al [-l] *a* optinis ~ian [ɔpˈtıʃn] *n* 1 optikos specialistas 2 okulistas ~s [-s] *n* optika

optim‖ism [ˈɔptɪmɪzəm] n optimizmas
~ist n optimistas ~istic [ˌɔptɪˈmɪs-
tɪk] a optimistiškas

optimum [ˈɔptɪməm] a palankiausias,
geriausias (t.p. optimal)

option [ˈɔpʃn] n pasirinkimas, teisė pa-
sirinkti ~al [-ʃənl] a nebūtinas, nepri-
valomas, fakultatyvus

opul‖ence [ˈɔpjuləns] n turtingumas,
gausumas ~ent [-ənt] a turtingas,
gausus, pasiturintis, prabangus

or [ɔ:] conj ar, arba; Is it red ~ blue?
ar tai raudonas ar mėlynas?; ~ else
kitaip; arba dar; either ... or arba ...,
arba

orac‖le [ˈɔrəkl] n 1 orakulas 2 prana-
šavimas ~ular [əˈrækjulə] a 1 dvi-
prasmiškas 2 pranašiškas

oral [ˈɔ:rəl] a 1 žodinis, žodžiu 2 med.
burnos, oralinis ~ly adv žodžiu

orange [ˈɔrɪndʒ] n 1 apelsinas; blood
~ raudonasis apelsinas 2 apelsinme-
dis 3 oranžinė spalva a oranžinis

orang-outang, orang-utan [ɔːˌræŋuˈ-
ˈtæŋ] n orangutangas

orat‖ion [ɔ:ˈreɪʃn] n kalba (ypač iškil-
minga); oracija ~or [ˈɔrətə] n kal-
bėtojas, oratorius ~orical [ˌɔrəˈtɔrɪkl]
a oratoriškas, retorinis ~ory [ˈɔrət-
rɪ] n 1 retorika; iškalbingumas, iškalba
2 (šeimyninė) koplytėlė

orb [ɔ:b] n 1 rutulys 2 monar-
cho karūnos puošmena (rutulys su
kryžiumi) 3 poet. akies obuolys, akis
~it [-ɪt] n 1 orbita 2 valdžios sfera

orchard [ˈɔ:tʃəd] n vaisių sodas

orchestr‖a [ˈɔ:kɪstrə] n 1 orkestras
2 vieta orkestrui 3 amer. pirmosios
parterio eilės ~al [ɔ:ˈkestrəl] a orkest-
rinis ~ate [-streɪt] v orkestruoti

ordeal [ɔ:ˈdi:l] n sunkus išmėginimas;
kankinimas

order [ˈɔ:də] n 1 tvarka; to put in
~ sutvarkyti, sutaisyti; the ~ of
the day dienotvarkė; to get out of
~ sugesti; in bad ~ netaisytas, ne-
tvarkoje; to keep ~ laikytis tvarkos;
ta call to ~ a) sudrausti, paprašyti

tylos, tvarkos (t.p. O.! O.!); b)
amer. atidaryti posėdį; to be out
of ~ neveikti, būti sugadintam; in
~ that / to kad; tam, kad 2 įsa-
kymas; by ~ pagal įsakymą; postal
(money) ~ pašto perlaida 3 už-
sakymas; made to ~ padarytas pa-
gal užsakymą 4 kar. rikiuotė 5 ran-
gas 6 ordinas (brolija) 7 ordinas (pa-
sižymėjimo ženklas) 8 orderis 9 arch.
stilius v 1 sutvarkyti 2 įsakyti; pri-
rašyti, paskirti vaistą 3 užsakyti; pa-
teikti užsakymą ~ly a 1 tvarkin-
gas 2 drausmingas n 1 karininko pa-
siuntinys (kariuomenėje) 2 sanitaras
(ligoninėje)

ordinal [ˈɔ:dɪnl] a eilės, eilinis n kelinti-
nis skaitvardis

ordinance [ˈɔ:dɪnəns] n įsakas, dekre-
tas; amer. nutarimas

ordinary [ˈɔ:dnrɪ] a paprastas, eilinis;
įprastinis; normalus; vidutiniškas

ordnance [ˈɔ:dnəns] n kariuomenės at-
sargos (medžiagų ir maisto)

ore [ɔ:] n rūda ~-dressing [ˈɔ:dresɪŋ] n
rūdos apdirbimas / sodrinimas

organ [ˈɔ:gən] n 1 organas (įv. reikš-
mėmis) 2 muz. vargonai ~-grinder
[-graɪndə] n rylininkas ~ic [ɔ:ˈgænɪk] a
organiškas ~ism [-ɪzəm] n organizmas
~ization, ~isation [ˌɔ:gənaɪˈzeɪʃn] n
organizacija ~ize, ~ise [-aɪz] v orga-
nizuoti

orgy [ˈɔ:dʒɪ] n orgija

orient [ˈɔ:rɪənt] n (papr. the O.) ry-
tai; rytų kraštai a 1 rytų 2 tviskantis;
brangus v [ˈɔ:rɪent] nustatyti buvimo
vietą (kompasu); to ~ oneself orien-
tuotis ~al [ˌɔ:rɪˈentl] a rytų, Azijos

orientat‖e [ˈɔ:rɪənteɪt] v orientuo-
ti; orientuotis ~ion [ˌɔ:rɪənˈteɪʃn] n
orientacija

orifice [ˈɔrɪfɪs] n anga, skylė

origin [ˈɔrɪdʒɪn] n šaltinis, pradžia,
kilmė ~al [əˈrɪdʒənl] a 1 pradi-
nis 2 originalus, tikras; autentiškas
n 1 originalas 2 keistuolis ~ality

[əˌndʒəˈnælətɪ] n 1 tikrumas; autentiškumas 2 originalumas ~ally [əˈndʒənəlɪ] adv 1 iš pradžių 2 pagal kilmę ~ate [əˈndʒɪneɪt] v 1 duoti pradžią, sukelti 2 kilti, atsirasti

ornament [ˈɔːnəmənt] n 1 papuošimas, ornamentas 2 gražus bruožas v [-ment] (pa)puošti ~al [ˌɔːnəˈmentl] a dekoratyvinis ~ation [ˌɔːnəmenˈteɪʃn] n (pa)puošimas

ornate [ɔːˈneɪt] a išpuoštas; įmantrus, išpūstas (apie stilių)

orphan [ˈɔːfən] n našlaitis, -ė ~age [-ɪdʒ] n 1 našlaitystė 2 našlaičių prieglauda

orthodox [ˈɔːθədɔks] a ortodoksinis

orthograph||ic [ˌɔːθəˈgræfɪk] a rašybos, ortografinis ~y [ɔːˈθɔgrəfɪ] n ortografija, rašyba

oscillat||e [ˈɔsɪleɪt] v 1 svyruoti 2 virpėti; vibruoti ~ion [ˌɔsɪˈleɪʃn] n 1 svyravimas 2 virpėjimas ~ory [-ərɪ] a virpamasis, virpėjimo

osier [ˈəuzɪə] n 1 žilvitis, karklas 2 vytelė, virbas

ossify [ˈɔsɪfaɪ] v kaulėti

ostensible [ɔsˈtensəbl] a (tik) išorinis, apsimetamas, tariamas

ostentat||ion [ˌɔstenˈteɪʃn] n pasigyrimas, stengimasis pa(si)rodyti ~ious [-ʃəs] a mėgstantis pasirodyti

ostrich [ˈɔstrɪtʃ] n strutis

other [ˈʌðə] a 1 kitas; every ~ day kas antra diena; on the ~ hand iš kitos pusės; some time or ~ kada nors; the ~ day prieš kelias dienas 2 (su daiktav. dgs.) kiti; ~ pupils kiti mokiniai pron kitas; one or ~ tas ar kitas; no ~ than niekas kitas kaip adv kitaip; he could not do ~ than he did jis kitaip negalėjo pasielgti ~wise [-waɪz] adv 1 kitaip 2 priešingu atveju 3 kitais atžvilgiais

ought [ɔːt] v (modalinis, reiškia privalėjimą, tikimybę): you ~ to go there jums reikėtų ten nueiti; it ~ to be a fine day tomorrow rytoj turėtų būti graži diena

ounce [auns] n uncija (28,35 g)

our [ɑː, ˈauə] pron mūsų; ~ house mūsų namas

ours [ɑːz, ˈauəz] pron (vart. be daiktavardžio) mūsų; this book is ~ ši knyga yra mūsų; ~ is a large room mūsų kambarys yra didelis; it's no business of ~ ne mūsų reikalas

ourselves [ˌauəˈselvz] pron 1 (atitinka dalelytes -s, -si- sangrąžiniuose veiksmažodžiuose): we wash ~ mes prausiamės; we hurt ~ mes susižeidėm 2 mes patys, save, save pačius; we cannot see ~ in this mirror mes negalime matyti savęs (patys savęs) šiame veidrodyje; we dined by ~ mes pietavome patys vieni (be svečių) 3 (kaip pabrėžiamasis įvardis) patys; we know nothing ~ mes patys nieko nežinome △ we came to ~ two hours later mes atsigavome po dviejų valandų; we are not ~ mes lyg nesavi

oust [aust] v išvaryti, užimti kieno vietą, išstumti

out [aut] adv 1 iš, už, išorėj 2 su veiksmažodžiu atitinka priešdėlį iš-; to go ~ išeiti; to take ~ išimti; prep 1 (žymi vietą) iš, už; he took it ~ of his pocket jis ištraukė tai iš kišenės; we found lodgings ~ of the town mes radome butą už miesto; ~ of the way iš kelio 2 iš (pažymi medžiagą); the house is built ~ of bricks namas pastatytas iš plytų 3 iš (iš tam tikro skaičiaus); ~ of this money iš šitų pinigų; two pupils ~ of ten du mokiniai iš dešimties; n pl (parlamento) opozicija △ at ~s bloguoju (su kuo nors); that is ~ of the question apie tai nė kalbos negali būti; ~ of curiosity iš smalsumo; he is ~ jo nėra namie; to have one's day ~ turėti poilsio dieną; miners are ~ kalnakasiai streikuoja; the candle (fire) is ~ žvakė (ugnis) užgeso; the book is ~ knyga išėjo iš spaudos; ~ and away žymiai, nepalyginamai; ~ at elbows neturtingas, kiauromis alkūnėmis, apdriskęs *int:* ~! šalin!; lauk!

out-and-out [ˌautənd'aut] *a* 1 pilnas, tobulas 2 kategoriškas (*apie atsakymą*)

outbalance [ˌaut'bæləns] *v* nusverti; būti pranašesniam, pralenkti, viršyti

outbid [ˌaut'bɪd] *v* (**outbid**) kelti kainą (*varžantis*); pasiūlyti didesnę kainą

outbreak ['autbreɪk] *n* 1 protrūkis, įpykis, įsikarščiavimas; (*karo ir pan.*) pradžia 2 sukilimas, maištas

outbuilding ['autbɪldɪŋ] *n* ūkinis pastatas

outburst ['autbə:st] *n* (*jausmo*) protrūkis, išsiveržimas

outcast ['autkɑ:st] *n* išstumtasis *a* ištremtas, atstumtas, benamis

outcome ['autkʌm] *n* rezultatas, išdava

outcry ['autkraɪ] *n* 1 sušukimas; riksmas 2 protestas *v* 1 garsiai šūkauti 2 protestuoti

outdated [ˌaut'deɪtɪd] *a* pasenęs

outdistance [aut'dɪstəns] *v* pralenkti, aplenkti

outdo [ˌaut'du:] *v* (**outdid** [-'dɪd], **outdone** [-'dʌn]) viršyti

outdoor ['autdɔ:] *a* (*esantis, vykstantis*) lauke, atvirame ore ~s [ˌaut'dɔ:z] *adv* lauke

outdrive [ˌaut'draɪv] *v* (**outdrove** [-'drəuv]; **outdriven** [-'drɪvn]) pralenkti važiuojant

outer ['autə] *a* 1 išorinis 2 esantis toliau nuo centro

outfall ['autfɔ:l] *n* (*upės*) ištaka

outfit ['autfɪt] *n* 1 reikmenys; įrankių komplektas; visa, kas reikalinga kelionei; (*ekspedicijos*) įranga 2 *sport.*, *kar.* apranga 3 kolektyvas, organizacija *v* aprengti; aprūpinti (*drabužiais*)

outflank [ˌaut'flæŋk] *v* apeiti priešo sparną

outflow *n* ['autfləu] (*upės*) ištakos; ištekėjimas *v* [ˌaut'fləu] ištekėti

outgo ['autgəu] *n* 1 išlaidos 2 išėjimas; išvykimas *v* [ˌaut'gəu] (**outwent**

[ˌaut'went]; **outgone** [ˌaut'gɔn]) viršyti, pralenkti ~**ing** ['autgəuɪŋ] *a* 1 išeinantis, išvažiuojantis; atsistatydinantis 2 draugiškas, linkęs bendrauti ~**ings** [-ɪŋz] *n pl* išlaidos

outgrow [ˌaut'grəu] *v* (**outgrew** [-'gru:]; **outgrown** [-'grəun]) 1 praaugti 2 išaugti (*iš drabužio*) 3 išaugti (*iš vaikiškų įpročių ir pan.*)

outhouse ['authaus] *n* 1 ūkinis pastatas 2 *amer.* išvietė (*kieme*)

outing ['autɪŋ] *n* ekskursija, išvyka

outlandish [aut'lændɪʃ] *a* keistas, nepaprastas

outlast [ˌaut'lɑ:st] *v* trukti ilgiau (*už ką nors*); pergyventi (*kitą žmogų*)

outlaw ['autlɔ:] *n* asmuo, esantis už įstatymo ribų; įstatymų neginamas *v* paskelbti už įstatymo ribų

outlay ['autleɪ] *n* 1 išlaidos 2 sąmata

outlet ['autlet] *n* 1 išėjimas; (*vandens, garo*) išleidimo vamzdis; anga 2 išsikrovimas

outline ['autlaɪn] *n* 1 kontūras; eskizas; metmenys 2 reziumė; *in* ~ bendrais bruožais *v* 1 nupiešti kontūrą 2 trumpai aprašyti, reziumuoti

outlive [ˌaut'lɪv] *v* pergyventi (*ilgiau gyventi už ką nors*), išlikti

outlook ['autluk] *n* 1 vaizdas; perspektyva 2 požiūris

outlying ['autlaɪɪŋ] *a* 1 tolimas; tolimas nuo centro 2 išorinis

outmoded [ˌaut'məudɪd] *a* išėjęs iš mados

outnumber [ˌaut'nʌmbə] *v* viršyti skaičiumi

out of ['aut əv] *prep* iš; už; ~ *order* netvarkingas; ~ *it* vienišas, svetimas; ~ *town* už miesto (*ribų*)

out-of-date [ˌautəv'deɪt] *a* pasenęs; senovinis

out-of-the-way [ˌautəvðə'weɪ] *a* 1 tolimas; atkampus 2 nepaprastas 3 ekscentriškas

out-of-work [ˌautəv'wə:k] *a* bedarbis

outpace [ˌaut'peɪs] *v* pralenkti, eiti greičiau

outpatient [ˈautpeɪʃnt] *n* ambulatorinis ligonis

outplay [ˌautˈpleɪ] *v* aplošti

outpost [ˈautpəust] *n* 1 sargyba, stebėjimo postas 2 tolima gyvenvietė

output [ˈautput] *n* 1 *tech.* galingumas 2 produkcija, išdirbis 3 (*skaičiavimo tech.*) gaunama informacija

outrage [ˈautreɪdʒ] *n* 1 (*įstatymo arba teisių*) šiurkštus pažeidimas 2 smurtas 3 įžeidimas, nuskriaudimas *v* 1 pažeisti (*įstatymą*) 2 įžeisti ~ous [autˈreɪdʒəs] *a* 1 žiaurus 2 įsiutęs 3 įžeidžiantis

outran [ˌautˈræn] *past žr.* outrun

outrank [ˌautˈræŋk] *v* viršyti ką

outright [ˈautraɪt] *adv* 1 atvirai 2 aiškiai, visiškai *a* 1 tiesus, atviras 2 visiškas

outrival [ˌautˈraɪvl] *v* pralenkti, nukonkuruoti

outrun [ˌautˈrʌn] *v* (outran; outrun) 1 aplenkti; pralenkti 2 *prk.* išeiti iš ribų

outset [ˈautset] *n* pradžia; išvykimas; at the ~ pradžioje; from the ~ iš pat pradžių

outshine [ˌautˈʃaɪn] *v prk.* užtemdyti, nustelbti

outside [ˌautˈsaɪd] *n* 1 išorinė pusė 2 išorė 3 kraštutinė riba; at the ~ geriausiu atveju *a* 1 išorinis 2 galinis *adv* 1 iš lauko, iš išorės; ~ and in iš išorės ir viduje 2 lauke, kieme; *prep* už (*ribų*); ~ the door už durų; ~ the house ne namie; prie namo; ~ the range virš galimybių, nebepasiekiamas ~r [-ə] *n* 1 pašalietis 2 autsaideris

outskirts [ˈautskə:ts] *n pl* priemiestis, apylinkė; pakraštys

outspoken [ˌautˈspəukn] *a* nuoširdus, atviras

outspread [ˌautˈspred] *a* išskleistas, užtiestas

outstanding [ˌautˈstændɪŋ] *a* 1 išsiskiriantis, įžymus 2 neapmokėtas 3 neišspręstas (*klausimas*)

outstay [ˌautˈsteɪ] *v:* to ~ one's welcome per ilgai užsibūti (*svečiuose*)

outstretched [ˌautˈstretʃt] *a* 1 ištiestas (*apie ranką ir pan.*) 2 ištemptas, išsitempęs

outstrip [ˌautˈstrɪp] *v* 1 pralenkti, būti pranašesniam 2 padidinti, išplėsti

outvote [ˌautˈvəut] *v* laimėti balsų dauguma; gauti daugiau balsų

outward [ˈautwəd] *a* 1 išorinis, išviršinis, matomas 2 esantis už vietovės ribų *n* 1 išorė 2 *pl* materialusis pasaulis ~ly *adv* iš išorės ~s [-dz] *adv* 1 išorėn; iš išorės 2 už ribų, išorėje

outweigh [ˌautˈweɪ] *v* nusverti; pralenkti, viršyti (*svoriu*)

outwent [ˌautˈwent] *past žr.* outgo

outwit [ˌautˈwɪt] *v* pergudrauti, gudrumu aplenkti

outwork *n* [ˈautwə:k] 1 namudinis darbas 2 *kar.* priešakiniai įtvirtinimai *v* [ˌautˈwə:k] pralenkti (*ką nors*) darbe

outworn [ˌautˈwɔ:n] *a* 1 nudėvėtas; *prk.* nuvalkiotas 2 pasenęs, atgyvenęs

ova [ˈəuvə] *pl žr.* ovum

oval [ˈəuvl] *a* ovalus, apvalainis *n* ovalas

ovary [ˈəuvərɪ] *n* 1 *anat.* kiaušidė 2 *bot.* mezginė

ovation [əuˈveɪʃn] *n* ovacija, plojimai

oven [ˈʌvn] *n* krosnis; orkaitė

over [ˈəuvə] I *prep* 1 (*žymi vietą*) virš, aukščiau; po, per; apie; all ~ the town po visą miestą; a bridge ~ the river tiltas per upę; they were sitting ~ the burning fire jie sėdėjo prie laužo, aplink laužą 2 (*žymi erdvinį veiksmo plitimą*) po; (*žymi laiko tarpą*) iki; he has travelled all ~ the world jis apkeliavo visą pasaulį; we had to stay there ~ night mes turėjome pasilikti ten nakčiai 3 ant, ant viršaus; she put her shawl ~ her dress ji užsimetė šaliką ant suknelės 4 virš, daugiau; this book costs ~ thirty dollars ši knyga kainuoja daugiau kaip 30 dolerių 5 (*išreiškia pagarbą, įtaką, prioritetą ir pan.*): I have no influence ~ him aš neturiu jam jokios įtakos △ ~ our

heads a) be mūsų žinios; b) daugiau
negu mes galime suprasti *adv* 1: ~
and ~ *again* vėl ir vėl; ~ *there*
štai ten 2 (*t.p. prieveiksminė dalelytė*) per; *to jump* ~ peršokti; *to read
a book* ~ perskaityti knygą; *to be*
~ pasibaigti, būti baigtam; *to freeze*
~ užšalti; *to repeat* ~ *amer.* kartoti
(*daug kartų*)

over II *a* 1 viršutinis 2 aukščiau esantis
3 atliekamas 4 per didelis

over- ['əuvə-] *pref* per-, virš-, ant-

overall ['əuvərɔ:l] *a* 1 bendras 2 visapusiškas *n* 1 chalatas 2 *pl* kombinezonas

overawe [,əuvər'ɔ:] *v* kelti pagarbią baimę

overbalance [,əuvə'bæləns] *v* 1 netekti
pusiausvyros; nukristi 2 išvesti iš pusiausvyros

overbear [,əuvə'beə] *v* (overbore;
overborne) viršyti, (nu)stelbti; nugalėti ~**ing** [-riŋ] *a* įsakmus (*tonas*);
valdingas, dominuojantis

overboard ['əuvəbɔ:d] *adv* 1 už borto
2: *to go* ~ (*about smb / smth*) per
daug kuo žavėtis

overbore [,əuvə'bɔ:] *past žr.* overbear

overborne [,əuvə'bɔ:n] *pp žr.* over-
bear

overcame [,əuvə'keɪm] *past žr.* over-
come

overcast [,əuvə'kɑ:st] *a* debesuotas;
rūškanas

overcharge [,əuvə'tʃɑ:dʒ] *v* 1 perkrauti, per daug apkrauti 2 užprašyti (*per
didelę kainą*) *n* 1 per aukšta kaina
2 per didelis apkrovimas

overcloud [,əuvə'klaud] *v* aptraukti debesimis, ap(si)niaukti

overcoat ['əuvəkəut] *n* apsiaustas, paltas

overcome [,əuvə'kʌm] *v* (overcame;
overcome) 1 nugalėti, įveikti; apimti
2 *pass* būti nusilpusiam, netekusiam
jėgų, išvargusiam, sunykusiam

overcrowd [,əuvə'kraud] *v* perpildyti
~**ed** *a* perkrautas

overdo [,əuvə'du:] *v* (overdid [-'dɪd];
overdone [-'dʌn]) 1 perdėti, per toli

nueiti 2 persistengti; persisotinti (*ko*)
3 perkepti

overdose *n* ['əuvədəus] per didelė dozė
v [,əuvə'dəus] duoti per didelę dozę

overdress [,əuvə'dres] *v* per daug puošniai apsirengti

overdue [,əuvə'dju:] *a* pasivėlinęs; praleistas (*apie skolą, mokestį*)

overestimate [,əuvər'estɪmeɪt] *v* pervertinti, per aukštai įvertinti

overflow *v* [,əuvə'fləu] per(si)pilti (*per
kraštus*) *n* ['əuvəfləu] 1 išsiliejimas per
kraštus; perteklius 2 potvynis

overfulfil [,əuvəful'fɪl] *v* viršyti (*planą*)
~**ment** *n* (*plano*) viršijimas

overgrow [,əuvə'grəu] *v* (overgrew
[-'gru:]; overgrown [-'grəun]) 1 per
greitai augti 2 apaugti, užželti; nustelbti ~**th** ['əuvəgrəuθ] *n* 1 nenormaliai greitas augimas 2 piktžolėmis apželęs plotas

overhang [,əuvə'hæŋ] *v* (overhung)
kaboti išsikišus, kyšoti (*virš ko*); išsikišti

overhaul [,əuvə'hɔ:l] *v* 1 kruopščiai apžiūrėti, patikrinti; remontuoti 2 pa-
(si)vyti ir pralenkti

overhead ['əuvəhed] *adv* viršuje; aukštai; viršutiniame aukšte *a* esantis
viršuje; antžeminis *n* *pl* (~**s** [-z])
valdymo išlaidos

overhear [,əuvə'hɪə] *v* (overheard
[-'hə:d]) 1 slapta klausytis 2 netyčia,
atsitiktinai nugirsti

overheat [əuvə'hi:t] *v* perkaisti, perkaitinti

overhung [,əuvə'hʌŋ] *past ir pp žr.*
overhang

overjoyed [,əuvə'dʒɔɪd] *a* nudžiugęs,
nesitveriantis džiaugsmu

overland ['əuvəlænd] *adv* sausuma *a*
sausumos

overlap [,əuvə'læp] *v* 1 iš dalies dengti
2 *prk.* iš dalies sutapti

overlay *n* ['əuvəleɪ] padengimas, danga
v [,əuvə'leɪ] (overlaid [-d]) padengti
(*dažų sluoksniu ir pan.*)

overleaf [ˈəuvəliːf] *adv* (*knygos lapo*) antroje pusėje

overload *v* [ˌəuvəˈləud] perkrauti, per daug apkrauti *n* [ˈəuvələud] per didelis apkrovimas, perkrovimas

overlook [ˌəuvəˈluk] *v* 1 praleisti, nepastebėti 2 atleisti; žiūrėti pro pirštus 3 atsiverti, matytis (*pro langus*); *my window ~s the sea* pro mano langą matyti jūra 4 apžvelgti

overmaster [ˌəuvəˈmɑːstə] *v* 1 laimėti, nugalėti 2 apvaldyti, apimti (*apie jausmus*)

overmuch [ˌəuvəˈmʌtʃ] *a, adv* per daug, be saiko, pernelyg

overnight [ˌəuvəˈnaɪt] *adv* 1 nakčiai; *to stay ~* (per)nakvoti 2 iš vakaro *a* [ˈəuvənaɪt] 1 naktinis 2 visos nakties

overpass [ˌəuvəˈpɑːs] *v* pereiti, kirsti, praeiti

overpay [ˌəuvəˈpeɪ] *v* (overpaid [-d]) permokėti

overpopulation [ˌəuvəˌpɔpjuˈleɪʃn] *n* gyventojų perteklius

overpower [ˌəuvəˈpauə] *v* nuslopinti, įveikti; užvaldyti ~ing [-rɪŋ] *a* nenugalimas, neįveikiamas

over-production [ˌəuvəprəˈdʌkʃn] *n* perprodukcija

overran [ˌəuvəˈræn] *past žr.* overrun

overrate [ˌəuvəˈreɪt] *v* pervertinti

overreach [ˌəuvəˈriːtʃ] *v: to ~ oneself* persistengti; apsigauti

override [ˌəuvəˈraɪd] *v* (overrode [-ˈrəud]; overridden [-ˈrɪdn]) *prk.* 1 nekreipti į ką dėmesio; nepaisyti kieno nuomonės 2 būti svarbesniam

overrule [ˌəuvəˈruːl] *v* panaikinti nutarimą, sprendimą

overrun [ˌəuvəˈrʌn] *v* (overran; overrun) 1 pasklisti, užtvindyti 2 užtęsti (*paskaitą, programą ir pan.*)

oversaw [ˌəuvəˈsɔː] *past žr.* oversee

overseas [ˌəuvəˈsiːz] *a* užjūrio; užsienio *adv* už jūros, užsienyje

oversee [ˌəuvəˈsiː] *v* (oversaw; overseen [-n]) prižiūrėti ~r [ˈəuvəsɪə] *n* prižiūrėtojas

overshadow [ˌəuvəˈʃædəu] *v* užtemdyti; užtamsinti; nustelbti

overshoe [ˈəuvəʃuː] *n* kaliošas, botas

oversleep [ˌəuvəˈsliːp] *v* (overslept [-ˈslept]) pramiegoti (*t.p. to ~ oneself*)

overstate [ˌəuvəˈsteɪt] *v* perdėti, padidinti, išpūsti

overstep [ˌəuvəˈstep] *v* peržengtl; peržengti ribas

overt [ˈəuvəːt] *a* atviras, nepaslėptas

overtake [ˌəuvəˈteɪk] *v* (overtook; overtaken) 1 pavyti ir aplenkti 2 *pass* būti užkluptam (*apie audrą*) ~n [-n] *pp žr.* overtake; *a: ~n in / with drink* girtas

overtax [ˌəuvəˈtæks] *v* 1 per daug įtempti jėgas, per daug apkrauti *ir pan.* 2 apdėti per dideliais mokesčiais

overthrow *v* [ˌəuvəˈθrəu] (overthrew [-ˈθruː]; overthrown [-ˈθrəun]) 1 apversti 2 *prk.* nuversti (*vyriausybę*) *n* [ˈəuvəθrəu] 1 (*vyriausybės*) nuvertimas 2 pralaimėjimas 3 (*planų*) žlugimas

overtime [ˈəuvətaɪm] *adv* viršvalandžiais, viršvalandžius; *to work ~* dirbti viršvalandžius

overtook [ˌəuvəˈtuk] *past žr.* overtake

overture [ˈəuvətjuə] *n* 1 (*paprastai pl*) derybų pradžia, formalus pasiūlymas 2 *muz.* uvertiūra

overturn *v* [ˌəuvəˈtəːn] apversti; apvirsti *n* [ˈəuvətəːn] perversmas

overvalue [ˌəuvəˈvæljuː] *n* pervertinimas *v* pervertinti, per daug vertinti

overweening [ˌəuvəˈwiːnɪŋ] *a* per daug pasitikintis savimi; išdidus, išpuikęs

overweight [ˈəuvəweɪt] *n* 1 persvara 2 svorio perviršis *a* [ˌəuvəˈweɪt] per didelio svorio *v* perkrauti, per daug apkrauti

overwhelm [ˌəuvəˈwelm] *v* 1 užversti 2 užlieti 3 apiberti (*klausimais*) 4 nugalėti, sumušti (*priešą*) 5 apimti (*apie jausmą*) ~ing *a* 1 nesutaikomas; žymus, didelis 2 nenugalimas, neįveikiamas overwork v [ˌəuvəˈwəːk] 1 persidirbti; pervargti (*t. p.* **to ~ oneself**) 2 varginti, reikalauti per daug darbo 3 nuvalkioti (*žodį, posakį*) n [ˈəuvəwəːk] 1 viršnorminis darbas 2 pervargimas, per didelis įtempimas

overwrought [ˌəuvəˈrɔːt] a pernelyg sujaudintas, suerzintas

ovum [ˈəuvəm] n (*pl* ova [ˈəuvə]) *biol.* kiaušinėlis

ow||e [əu] v 1 būti skolingam 2 būti dėkingam ~ing a skolingas △ ~ing to dėka, dėl

owl [aul] n 1 pelėda △ ~ train *amer.* naktinis traukinys 2 *prk.* mulkis, pusgalvis

own [əun] a 1 savas, nuosavas 2 tikras, savas; *my ~ father* mano (tikras) tėvas (*ne patėvis*) v 1 valdyti, turėti 2 pripažinti (*savo trūkumus ir pan.*); prisipažinti (*to*); **to ~ up** *šnek.* atvirai prisipažinti ~er n savininkas, valdytojas; **joint ~er** bendravaldis ~erless [-əlɪs] a benamis, neturintis šeimininko ~ership [-əʃɪp] n 1 nuosavybės teisė 2 nuosavybė

ox [ɔks] n (*pl* oxen [ˈɔksn]) jautis, bulius ~tail [-teɪl] n jaučio uodega

Oxbridge [ˈɔksbrɪdʒ] n senieji Oksfordo ir Kembridžo universitetai

oxen [ˈɔksn] n 1 *pl žr.* ox 2 galvijai

oxid||ation [ˌɔksɪˈdeɪʃn] n *chem.* oksidacija ~e [ˈɔksaɪd] n *chem.* deginys, oksidas ~ize [ˈɔksɪdaɪz] v oksiduoti(s)

oxygen [ˈɔksɪdʒən] n deguonis ~ate [-neɪt], ~ize [-aɪz] v oksiduoti(s)

oyster [ˈɔɪstə] n aūstrė

ozone [ˈəuzəun] n ozonas; ~ *layer* ozono sluoksnis

P

P, p [piː] n *šešioliktoji anglų abėcėlės raidė* △ **to mind one's P's and Q's** atsargiai ar mandagiai elgtis; daryti tai, kas dera

pa [pɑː] n *šnek.* (**papa** *sutr.*) tėtis

pace I [ˈpeɪsɪ] *prep* kam nors leidus

pace II [peɪs] n 1 žingsnis; bėgsena; eisena; **to keep ~ with** neatsilikti; **to put on ~** paspartinti (žingsnį) 2 greitis, tempas v 1 žingsniuoti, eiti 2 matuoti žingsniais 3 pirmauti (*rungtynėse*) 4 bėgti risčia ~maker [-meɪkə] n 1 vedantysis (*bėgikas*) 2 širdies stimuliatorius

pacif||ic [pəˈsɪfɪk] a ramus, taikingas ~ication [ˌpæsɪfɪˈkeɪʃn] n nuraminimas; sutaikymas ~ist [ˈpæsɪfɪst] n pacifistas ~y [ˈpæsɪfaɪ] v sutaikinti, nuraminti; sutramdyti

pack [pæk] n 1 ryšulys; paketas 2 kuprinė 3 gauja, būrys 4 kortų kaladė 5 daugybė; masė △ a ~ **of lies** grynas melas; **a ~ of nonsense** gryni niekai v 1 sudėti; su(si)pakuoti 2 prikimšti 3 rinktis (*į gaują*) 4 konservuoti ~age [-ɪdʒ] n 1 bagažas, ryšulys 2 įpakavimas ~er n 1 pakuotojas 2 pakavimo mašina ~-horse [-hɔːs] n nešulinis arklys

packet [ˈpækɪt] n paketas, ryšulys ~-boat [-bəut] n pašto garlaivis

pack||ing [ˈpækɪŋ] n 1 įpakavimas; pakavimo medžiaga; ~ **not included** kaina be įpakavimo 2 kimšimas, kamšymas

pact [pækt] n paktas, sutartis

pad [pæd] n 1 minkštas padėklas 2 letenėlė 3 minkštas balnas 4 popierius laiškams (*bloknotas*) v 1 apmušti, prikimšti ko nors minkšto 2 ištęsti (*apsakymą*) 3 pėdinti (*about / along / around*) ~ding [-ɪŋ] n 1 minkšta medžiaga kimšimui; vatinas 2 daugžodžiavimas (*knygoje, apsakyme*)

paddle [ˈpædl] n 1 irklas 2 (*garlaivio rato*) mentė 3 irklavimas v 1 irkluoti vienu irklu; plaukti baidare 2 pliuškentis vandenyje ~-wheel [-wiːl] n garlaivio ratas

paddock [ˈpædək] n užtvara (*arkliams*)

paddy [ˈpædɪ] n (*dar nepoliruoti*) ryžiai

padlock [ˈpædlɔk] n spyna v užrakinti spyna

padre [ˈpɑːdreɪ] *n* kunigas (*kreipiantis*)

pagan [ˈpeɪgən] *a* stabmeldiškas *n* stabmeldys ~**ism** [-ɪzəm] *n* stabmeldystė

page [peɪdʒ] I *n* puslapis *v* numeruoti puslapius

page II *n* pažas

pageant [ˈpædʒənt] *n* 1 puikus renginys 2 karnavalo eitynės ~**ry** [-rɪ] *n* 1 puikumas, spindesys 2 *prk.* apgaulinga išorė; fikcija

pah [pɑː] *int* fui!

paid [peɪd] *past ir pp žr.* **pay**

paid-in [ˌpeɪdˈɪn] *a* įmokėtas (*apie pinigus*)

pail [peɪl] *n* medinis *arba* skardinis kibiras ~**ful** [-ful] *n* kibiras (*kaip matas*)

pain [peɪn] *n* 1 skausmas, kentėjimas; *severe* ~ aštrus skausmas; *to stand the* ~ pakelti skausmą 2 *pl* pastangos; *to take great* ~**s** labai stengtis 3 bausmė *v* 1 sukelti skausmą; kankinti; nuliūdinti 2 skaudėti ~**ful** *a* 1 skausmingas; kankinantis 2 sunkus ~**less** *a* neskausmingas

painstaking [ˈpeɪnzteɪkɪŋ] *a* skausmingas; uolus, kruopštus

paint [peɪnt] *n* 1 dažai 2 raudoni dažai veidui △ **as smart / pretty as** ~ žavus, labai gražus *v* 1 tapyti 2 dažyti 3 (at)vaizduoti; *to* ~ *in bright colours* pagražinti (*pasakojant, aprašant*); *to* ~ *out / up* uždažyti ~**brush** [-brʌʃ] *n* teptukas ~**ed** [-tɪd] *a* 1 nudažytas 2 spalvotas, spalvingas ~**er** *n* 1 tapytojas 2 dažytojas ~**ing** *n* 1 paveikslas 2 tapyba 3 (nu)dažymas

pair [peə] *n* 1 pora; *in* ~**s** poromis; *a* ~ *of compasses* skriestuvas 2 sutuoktinių pora 3 pamaina, (*darbininkų*) brigada *v* 1 su(si)poruoti; su(si)jungti po du 2 susituokti; *to* ~ *off* dalytis poromis; *šnek.* ištekėti, vesti (*with*)

pajamas [pəˈdʒɑːməz] = **pyjamas**

pal [pæl] *n šnek.* draugas, bičiulis *v šnek.* (*papr.* *to* ~ *up*) (susi)draugauti (*with / to*)

palace [ˈpælɪs] *n* rūmai

palatab‖ility [ˌpælətəˈbɪlətɪ] *n* 1 malonus skonis 2 *prk.* malonumas ~**le** [ˈpælətəbl] *a* 1 skanus, pikantiškas 2 *prk.* malonus

palat‖al [ˈpælətl] *a* gomurinis *n fon.* palatalinis garsas ~**e** [ˈpælət] *n* 1 gomurys; *hard* ~**e** kietasis gomurys; *soft* ~**e** minkštasis gomurys 2 skonis

palatial [pəˈleɪʃl] *a* 1 didingas; puikus 2 rūmų

palaver [pəˈlɑːvə] *n* aptarinėjimas; įkyrios ir tuščios kalbos *v* įkyriai plepėti

pale [peɪl] I *n* 1 (*tvoros*) statinis 2 užtvara; riba; *beyond the* ~ už ribų ~**d** [-d] *a* aptvertas statinių tvora

pale II *a* 1 išblyškęs; *to turn* ~ pabalti, išblykšti 2 blankus (*apie spalvą*) 3 silpnas (*apie šviesą*) *v* (iš)balti, išblykšti ~-**face** [ˈpeɪlfeɪs] *n* baltaveidis

palette [ˈpælət] *n* (*tapytojo*) paletė

paling [ˈpeɪlɪŋ] *n* statinė tvora

palisade [ˌpælɪˈseɪd] *n* 1 statinė tvora, aštriatvorė 2 *pl amer.* aštrių uolų virtinė *v* aptverti statine tvora

pall [pɔːl] I *v* 1 persotinti 2 įkyrėti (*t.p.* *to* ~ *on*) 3 varginti

pall II *n* (*aksomo*) dangalas (*karstui*)

pallet [ˈpælɪt], **palliasse** [ˈpælɪæs] *n* šiaudinis čiužinys (*t.p.* **paill(i)asse**)

palliat‖e [ˈpælɪeɪt] *v* sumažinti, palengvinti (*skausmą, nuoskaudą, kaltę*) ~**tion** [ˌpælɪˈeɪʃn] *n* 1 (*skausmo*) laikinas sumažėjimas; palengvinimas 2 (*nusikaltimo*) dovanojimas, išteisinimas ~**ive** [ˈpælɪətɪv] *a* paliatyvinis *n* paliatyvas

pall‖id [ˈpælɪd] *a* mirtinai išbalęs, išblyškęs ~**or** [ˈpælə] *n* blyškumas

palm [pɑːm] I *n* 1 delnas 2 (*irklo*) platusis galas 3 inkaro nagas △ *to grease one's* ~ duoti kyšį *v* 1 slėpti rankoje 2 pasisveikinti ranka 3 papirkti, duoti kyšį; *to* ~ *off* vikriai įkišti (*on, upon*)

palm II *n* 1 palmė, palmės medis (*t.p.* ~**tree**) 2 palmės šakelė; *prk.* pergalė, triumfas

palmful [ˈpɑːmful] *n* (*ko nors*) sauja

palmist ['pɑːmɪst] n chiromantas ~ry [-rɪ] n chiromantija

palm-oil ['pɑːmɔɪl] n 1 palmių aliejus 2 *šnek.* kyšis

palp||able ['pælpəbl] a 1 apčiuopiamas, juntamas 2 aiškus, akivaizdus ~ate [-eɪt] v apčiuopti, jausti

palpit||ant ['pælpɪtənt] a drebantis, virpantis ~ate [-teɪt] v 1 virpėti 2 smarkiai plakti (*apie širdį*) ~ation [ˌpælpɪ'teɪʃn] n 1 širdies plakimas 2 virpėjimas

palsy ['pɔːlzɪ] n paralyžius; v paralyžiuoti

paltry ['pɔːltrɪ] a menkas, apgailėtinas

pampas ['pæmpəs] n pl (the ~) stepės (*Pietų Amerikoje*), pampos

pamper ['pæmpə] v lepinti

pamphlet ['pæmflɪt] n 1 bukletas 2 pamfletas 3 brošiūra

pan [pæn] n 1 keptuvė 2 prikaistuvis v 1: to ~ off plauti auksingą smėlį; to ~ out a) išplauti auksą; b) *prk.* vystytis, klostytis; pasisekti 2 aštriai kritikuoti ~cake [-keɪk] n blynas; *Pancake Day* Užgavėnės

pancreas ['pæŋkrɪəs] n kasa (*liauka*)

pandemonium [ˌpændɪ'məunɪəm] n *šnek.* baisus triukšmas, tikras pragaras

pander ['pændə] n sąvadautojas v sąvadauti

pane [peɪn] n lango stiklas v įstiklinti

panegyric [ˌpænɪ'dʒɪrɪk] n panegirika

panel ['pænl] n 1 (*durų, sienos*) panelis 2 (*ekspertų, prisiekusiųjų tarėjų*) grupės sudėtis (*sąrašas*) 3 įreminta lenta tapybai, pano v apmušti sienas paneliais

pang [pæŋ] n 1 aštrus skausmas 2 pl kančios

panic ['pænɪk] n panika a paniškas v kelti paniką ~ky [-ɪ] a *šnek.* paniškas ~-monger [-mʌŋgə] n panikos kėlėjas ~-stricken [-strɪkn] a pagautas panikos

panop||lied ['pænəplɪd] a pilnai apsiginklavęs ~ly [-lɪ] n (*kario*) ginkluotė; šarvai (*t.p. prk.*)

panorama [ˌpænə'rɑːmə] n panorama

pansy ['pænzɪ] n 1 *bot.* našlaitė 2 *niek.* homoseksualistas

pant [pænt] v greitai ir sunkiai kvėpuoti; (už)dusti; to ~ out kalbėti dūstant n 1 greitas, sunkus kvėpavimas 2 širdies plakimas

pantaloon [ˌpæntə'luːn] n 1 (*pantomimoje*) klounas, juokdarys 2 pl *amer.* kelnės

panther ['pænθə] n 1 pantera 2 *amer.* puma, jaguaras

panties ['pæntɪz] n pl moteriškos / vaikiškos kelnaitės

pantomim||e ['pæntəmaɪm] n vaidinimas be žodžių, pantomima ~ic [ˌpæntə'mɪmɪk] a pantomiminis

pantry ['pæntrɪ] n 1 sandėlis, sandėliukas 2 podėlis

pants [pænts] n pl *šnek.* 1 *amer.* kelnės 2 (*Anglijoje*) apatinės kelnės

pap [pæp] n košelė (*vaikams, ligoniams*)

papa [pə'pɑː] n tėvelis

paper ['peɪpə] n 1 popierius 2 laikraštis 3 straipsnis; mokslinis pranešimas 4 pl banknotai; vekseliai 5 pl dokumentai 6 egzamino sąlyga v (ap)klijuoti apmušalais, popieriais ~-mill [-mɪl] n popieriaus fabrikas ~-weight [-weɪt] n prespapjė ~y [-rɪ] a kaip popierius; plonas

pappy ['pæpɪ] a minkštas, sultingas

par [pɑː] n 1 lygybė; on a ~ with lygiai 2 nominalinė kaina; at ~ nominaline kaina 3 valiutos keitimo kursas

parable ['pærəbl] n alegorinis pasakojimas

parabol||a [pə'ræbələ] n parabolė ~ic(al) [ˌpærə'bɔlɪk(l)] a paraboliškas

parachute ['pærəʃuːt] n parašiutas v nusileisti parašiutu ~-jumper ['pærəʃuːtdʒʌmpə] parašiutininkas (*t.p.* parachutist)

parade [pə'reɪd] n paradas v 1 rinkti(s) į rikiuotę; paraduoti, žygiuoti 2 puikautis, pasirodyti ~-ground [-graund] n *kar.* užsiėmimų, mokomoji aikštė

paradise ['pærədaɪs] *n* rojus, dausos

paradox ['pærədɔks] *n* paradoksas

paraffin ['pærəfɪn] *n* 1 parafinas 2 parafino aliejus

paragon ['pærəgən] *n* (*tobulybės, dorybės*) pavyzdys

paragraph ['pærəgrɑ:f] *n* 1 (*teksto*) pastraipa; naujoji eilutė 2 laikraščio žinutė

parallel ['pærəlel] *n* paralelė, lygiagretė *a* 1 lygiagretis 2 panašus *v* (pa)lyginti (*su*); būti lygiam, panašiam ~**ogram** [ˌpærə'leləgræm] *n* lygiagretainis

paraly‖se, ~**ze** ['pærəlaɪz] *v* paralyžiuoti ~**sis** [pə'ræləsɪs] *n* stabas; paralyžius ~**tic** [ˌpærə'lɪtɪk] *n* paralitikas *a* paralitiškas

parameter [pə'ræmɪtə] *n* parametras

paramount ['pærəmaunt] *a* svarbiausias, pirmaeilis; *his influence became* ~ jo įtaka tapo didžiausia / vyraujanti

paramour ['pærəmuə] *n* meilužis, -ė

parapet ['pærəpɪt] *n* 1 parapetas (*pylimas nuo priešo šūvių apsisaugoti; apkaso kraštas*) 2 apsauginiai turėklai

paraphrase ['pærəfreɪz] *n* parafrazė, pasakymas savais žodžiais *v* parafrazuoti, pasakyti savais žodžiais

parasit‖e ['pærəsaɪt] *n* parazitas ~**ic** [ˌpærə'sɪtɪk] *a* parazitiškas; parazitinis

parasol [ˌpærə'sɔl] *n* skėtis (*nuo saulės*)

paratroop‖er ['pærətru:pə] *n* parašiutininkas desantininkas ~**s** ['pærətru:ps] *n pl kar.* oro desantiniai daliniai

parboil ['pɑ:bɔɪl] *v* truputį apvirinti, apšutinti

parcel ['pɑ:sl] *n* 1 ryšulys; paketas 2 siuntinys 3 *kom.* prekių partija *v* dalyti į dalis; **to** ~ **out** išskirstyti; išdalinti

parch [pɑ:tʃ] *v* 1 džiovinti; (ap)kepinti 2 (iš)deginti (*apie saulę*) 3 išdžiūti, sukepti (*apie lūpas*); **to** ~ **up** išdžiūti, sudžiūti, džiūti

parchment ['pɑ:tʃmənt] *n* pergamentas

pardon ['pɑ:dn] *n* 1 atleidimas, dovanojimas; *Pardon?* prašau? (*nenugirdus, prašant pakartoti*); *I beg your* ~*!* atsiprašau!, dovanokite! 2 *teis.* bausmės dovanojimas; *general* ~ amnestija; *free* ~ visiška amnestija *v* 1 atleisti, dovanoti 2 *teis.* amnestuoti; pasigailėti ~**able** [-dnəbl] *a* dovanotinas

pare [peə] *v* 1 nukarpyti, nupjauti; nulupti 2 sumažinti; **to** ~ **down** sumažinti (*išlaidas*)

parent ['peərənt] *n* 1 tėvas; motina 2 *pl* tėvai 3 protėvis 4 *prk.* priežastis, šaltinis 5 *attr* giminingas (*apie kalbą*) ~**age** [-ɪdʒ] *n* kilmė ~**al** [pə'rentl] *a* 1 tėvų, tėviškas 2 kilminis ~**hood** [-hud] *n* tėvystė; motinystė

parenthe‖sis [pə'renθəsɪs] *n* (*pl* ~**ses** [-əsi:z]) 1 įterptinis žodis *arba* sakinys 2 *pl* skliaustai ~**tic(al)** [ˌpærən'θetɪk(l)] *a* įterptinis

paring ['peərɪŋ] *n* 1 pjovimas; skutimas 2 *pl* žievelė, odelė, lupenos

parish ['pærɪʃ] *n* 1 parapija 2 (*grafystės*) apylinkė; apygarda ~**ioner** [pə'rɪʃənə] *n* parapijietis ~ **register** [ˌpærɪʃ'redʒɪstə] *n* metrikacijos knyga

parity ['pærətɪ] *n* 1 lygybė; lygiavertiškumas 2 analogija 3 *kom.* paritetas

park [pɑ:k] *n* 1 parkas 2 *amer.* sporto aikštė *v* pastatyti automobilį (*ilgesniam laikui*); *no* ~*ing* statyti automobilius draudžiama

parlance ['pɑ:ləns] *n* kalba; kalbėsena; *in legal* ~ teisine kalba; *in common* ~ kasdienine kalba

parley ['pɑ:lɪ] *n* 1 derybos 2 *amer.* pasitarimas, aptarimas *v* 1 vesti derybas 2 kalbėti (*svetima kalba*)

parliament ['pɑ:ləmənt] *n* parlamentas ~**ary** [ˌpɑ:lə'mentərɪ] *a* 1 parlamento, parlamentinis 2 *prk.* mandagus

parlo(u)r ['pɑ:lə] *n* 1 svečių kambarys 2 priėmimo kambarys 3 *amer.* salė; kabinetas; ateljė ~**-car** [-kɑ:] *n amer.* vagonas salonas ~**-maid** [-meɪd] *n* kambarinė

parochial [pə'rəukɪəl] *a* 1 vietinis; siauras, ribotas 2 parapijos

parod‖ist ['pærədɪst] *n* parodistas ~y ['pærədɪ] *n* parodija *v* parodijuoti

parole [pə'rəul] *n* 1 garbės žodis 2 *kar.* slaptažodis *v* išleisti (*kalinį*) pasitikint garbės žodžiu

parquet ['pɑːkeɪ] *n* 1 parketas 2 *amer.* parteris *v* (su)dėti parketą ~ry [-kɪtrɪ] *n* parketas

parrot ['pærət] *n* papūga

parry ['pærɪ] *v* pariruoti, atremti smūgį; *to ~ a question* vengti tiesioginio atsakymo į klausimą *n* smūgio atrėmimas; gynimasis (*nuo špagos ar kardo smūgio*); išsisukinėjimas

parse [pɑːz] *v* gramatiškai nagrinėti sakinį ar formą

parsimon‖ious [ˌpɑːsɪ'məunɪəs] *a* šykštus ~y ['pɑːsɪmənɪ] *n* šykštumas

parsley ['pɑːslɪ] *n bot.* petražolė

parsnip ['pɑːsnɪp] *n bot.* pastarnokas

parson ['pɑːsn] *n* dvasininkas; pastorius ~age [-snɪdʒ] *n* klebonija

part [pɑːt] *n* 1 dalis; *a great ~* didžioji dalis; *the better ~* didesnė pusė, dauguma; *for the most ~* daugiausia, dažniausiai; paprastai; *~ and parcel* neatskiriama dalis; *~ of speech gram.* kalbos dalis 2 kūno dalis; organas; *the ~s* lyties organai 3 *pl* vietovė, rajonas 4 dalyvavimas; *to take ~ in*-dalyvauti 5 pusė; *to take the ~ of* stoti į (kieno nors) pusę; *for my ~* iš mano pusės 6 vaidmuo; rolė; *to play a ~* vaidinti; *pale ~* nežymus, nedarantis įspūdžio; *to take in bad ~* įsižeisti *v* 1 dalyti(s) 2 atskirti; *to ~ from* skirtis; *to ~ with* persiskirti 3 *prk.* mirti

partake [pɑː'teɪk] *v* (partook; partaken [-n]) 1 dalyvauti 2 *šnek.* paragauti; išgerti; užvalgyti ~r [-kə] *n* dalyvis

parterre [pɑː'teə] *n* 1 gėlynas (*sode*) 2 *amer.* paskutinės parterio eilės, amfiteatras

partial ['pɑːʃl] *a* 1 šališkas 2 dalinis, nepilnas ~ity [ˌpɑːʃɪ'ælətɪ] *n* 1 palinkimas 2 šališkumas

particip‖ant [pɑː'tɪsɪpənt] *n* dalyvis ~ate [-peɪt] *v* dalyvauti (*in*); ~ation [pɑːˌtɪsɪ'peɪʃn] *n* dalyvavimas ~ator [-peɪtə] *n* dalyvis

particip‖ial [ˌpɑːtɪ'sɪpɪəl] *a gram.* dalyvinis ~le ['pɑːtɪsɪpl] *n gram.* dalyvis

particle ['pɑːtɪkl] *n* 1 dalelytė (*t.p. gram.*); *~ of dust* dulkelė, krislas 2 *gram.* priesaga, sufiksas; priešdėlis, prefiksas

particolo(u)red ['pɑːtɪkʌləd] *a* įvairiaspalvis, margas

particular [pə'tɪkjulə] *a* 1 ypatingas, savotiškas; skirtingas 2 smulkmeniškas 3 individualus, asmeniškas *n* 1 detalė, smulkmena; *in ~* ypatingai; *to go into ~s* įsileisti į smulkmenas 2 *pl* smulki ataskaita; *to give all the ~s* duoti smulkią ataskaitą 3 *pl* aplinkybės ~ism [-rɪzəm] *n* 1 ypatingas prisirišimas 2 *polit.* separatizmas ~ity [pəˌtɪkju'lærətɪ] *n* 1 ypatybė 2 smulkmeniškumas 3 specifika ~ize [-raɪz] *v* leistis į smulkmenas ~ly *adv* 1 labai, ypač 2 ypatingai 3 konkrečiai; skyrium imant

parting ['pɑːtɪŋ] *n* 1 atsiskyrimas; atsisveikinimas 2 sklastymas (*amer.* part) 3 (*kelio*) atsišakojimas *a* 1 atsisveikinimo 2 atsiskiriantis; mirštantis 3 besišakojantis; išsiskiriantis (*apie kelią*)

partisan [ˌpɑːtɪ'zæn] *n* 1 šalininkas 2 partizanas

partition [pɑː'tɪʃn] *n* 1 suskaldymas, suskaidymas, padalijimas 2 pertvara *v* suskaidyti; padalinti; *to ~ off* atidalyti, atitverti

partly ['pɑːtlɪ] *adv* iš dalies

partner ['pɑːtnə] *n* 1 dalyvis (*in / of*); draugas (*darbe, versle – with*); partneris 2 kompanionas, pajininkas ~ship [-ʃɪp] *n* 1 draugija, bendrovė, kompanija 2 dalyvavimas, partnerystė

partook [pɑː'tuk] *past žr.* partake

partridge ['pɑːtrɪdʒ] *n* kurapka

party ['pɑːtɪ] I *n* partija; *~ dues* partijos nario mokestis; *~ man, ~ member* partijos narys

party II *n* 1 grupė, komanda, būrys 2 svečių priėmimas; vakarėlis; *to give a* ~ suruošti priėmimą **3** *teis.* šalis

pass [pɑ:s] *n* 1 praėjimas; perėja; tarpeklis 2 leidimas praeiti; kontramarkė **3** (*kamuolio*) perdavimas 4 *kort.* pasavimas 5 (*egzamino*) išlaikymas *v* 1 praeiti, pravažiuoti 2 pravesti **3** išeiti, išnykti, mirti 4 perbraukti (*ranka*) 5 pereiti, perduoti **6** priimti (*nutarimą, nuosprendį*) 7 perduoti (*kamuolį*) 8 *kort.* pasuoti **9** praeiti, praleisti (*apie laiką*) 10 išlaikyti (*egzaminą*) □ to ~ **away** mirti; išnykti; **to** ~ **by** a) praeiti pro šalį; b) nekreipti dėmesio; **to** ~ **down** perduoti; **to** ~ **for** būti laikomam (*kuo*), dėtis (*kuo*); **to** ~ **in** būti priimtam (*į mokyklą*); **to** ~ **into** a) įeiti, tapti dalimi; b) pavirsti; **to** ~ **off** praeiti (*apie įvykius, jausmus*); **to** ~ **on** a) tęsti; b) perduoti; c) praeiti; ~ **on, please!** prašom praeiti! **to** ~ **out** apalpti; **to** ~ **over** nepastebėti; **to** ~ **round** a) perduoti vienas kitam; b) apsukti (*aplinkiniu keliu*); **to** ~ **through** a) praeiti per; b) pergyventi; praleisti ~**able** [-əbl] *a* 1 praeinamas; važiuojamas 2 pakenčiamas ~**ably** [-əblɪ] *adv* pakankamai, pakenčiamai ~**age** [ˈpæsɪdʒ] *n* 1 praėjimas 2 kelias, pravažiavimas **3** kelionės bilieto kaina 4 (*įstatymo*) tvirtinimas 5 koridorius **6** ištrauka (*iš knygos*)

passenger [ˈpæsɪndʒə] *n* keleivis

passer-by [ˌpɑ:səˈbaɪ] *n* (*pl* **passers-by** [-səzˈbaɪ]) praeivis

passing [ˈpɑ:sɪŋ] *a* 1 praeinantis; trumpas; *in* ~ pakeliui, prabėgomis 2 atsitiktinis ~**ly** *adv* prabėgomis, tarp kitko, beje

passion [ˈpæʃn] *n* 1 aistra 2 pykčio išsiliejimas, priepuolis; *to fly into a* ~ įpykti, įdūkti **3** meilė (*for*) ~**ate** [ˈpæʃənət] *a* 1 aistringas, ugningas 2 staigus **3** įsimylėjęs

passiv‖e [ˈpæsɪv] *a* 1 pasyvus; inertiškas 2 *gram.* neveikiamasis *n gram.* neveikiamoji rūšis ~**ity** [pæˈsɪvətɪ] *n* pasyvumas, inertiškumas

passkey [ˈpɑ:ski:] *n* visraktis

passport [ˈpɑ:spɔ:t] *n* 1 pasas 2 *prk.* priemonės *ar* asmeninės savybės, padedančios pasiekti tikslą

password [ˈpɑ:swə:d] *n* slaptažodis

past [pɑ:st] *n* praeitis (*papr. the* ~) *a* 1 praėjęs 2 *gram.* būtasis; ~ *participle gram.* būtojo laiko dalyvis; ~ *tense gram.* būtasis laikas *prep* 1 po 2 pro **3** už, virš; ~ *hope* be vilties *adv* pro šalį

paste [ˈpeɪst] *n* 1 (*pagerinta*) tešla 2 klijai **3** pasta *v* (*už*) / (*pri*)klijuoti; suklijuoti **to** ~ **up** išlipinti, išklijuoti ~**board** [-bɔ:d] *n* kartonas

pastime [ˈpɑ:staɪm] *n* malonus laiko leidimas; pramoga, žaidimas

pastor [ˈpɑ:stə] *n* pastorius, kunigas

pastoral [ˈpɑ:stərəl] *n* pastoralė *a* 1 piemenų 2 pastoralinis **3** ganytojiškas

pastry [ˈpeɪstrɪ] *n* pyragaitis, sausainis ~**-cook** [-kuk] *n* konditeris

pasture [ˈpɑ:stʃə] *n* ganykla *v* ganyti(s)

pasty *n* [ˈpæstɪ] įdaras; paštetas; (*kimštas*) pyragas *a* [ˈpeɪstɪ] 1 kaip tešla; tešlinis 2 išblyškęs

pat [pæt] *n* 1 plekšnojimas 2 (*sviesto*) gumulėlis *v* plekšnoti △ *to* ~ *smb on the back* sveikinti *adv* kaip tik; *the story came* ~ *to the occasion* pasakojimas labai tiko (*buvo kaip tik laiku*)

patch [pætʃ] *n* 1 lopas, lopinys 2 gabalėlis užklijuoto pleistro (*pvz., ant akies*) 3 dėmė 4 skuduras, skiautė △ *a purple* ~ geriausia vieta (*liter. kūrinyje*) *v* taisyti; lopyti; *to* ~ *up* a) užtaisyti, pataisyti bet kaip; b) užlopyti; c) sutaikinti (*susiginčijusius*) ~**work** [-wə:k] *n* daiktas iš įvairių gabalų, lopų ~**y** *a* 1 sulopytas 2 *prk.* ne visai geros kokybės, nevienodas

pate [peɪt] *n* šnek. galva, makaulė

patent [ˈpeɪtnt] *a* 1 aiškus, akivaizdus 2 patentuotas **3** firminis 4 lakuotas (*apie odą*) *n* diplomas, patentas *v* gauti, duoti patentą

pater [ˈpeɪtə] *n šnek.* tėvas ~nal [pə-ˈtəːnl] *a* tėvo, tėviškas ~nity [pəˈtəː-nətɪ] *n* **1** tėvystė **2** autorystė

path [pɑːθ] *n* **1** takas, kelias **2** šalikelė **3** trajektorija

pathetic [pəˈθetɪk] *a* patetiškas, jaudinantis, graudingas

pathfinder [ˈpɑːθfaɪndə] *n* **1** (*neištirto krašto*) tyrinėtojas **2** pėdsekys (*medžiotojas*)

pathless [ˈpɑːθlɪs] *a* **1** be kelių, nepraeinamas **2** neištirtas

pathway [ˈpɑːθweɪ] *n* takelis; takas

pati‖ence [ˈpeɪʃns] *n* **1** kantrybė **2** atkaklumas ~ent [-nt] *n* pacientas, ligonis *a* kantrus; atkaklus

patriarch [ˈpeɪtrɪɑːk] *n* patriarchas ~al [ˌpeɪtrɪˈɑːkl] *a* patriarchalinis ~y [-kɪ] *n* patriarchatas

patrician [pəˈtrɪʃn] *n ist.* **1** patricijus **2** aristokratas *a* **1** aristokratiškas **2** patricinis

patricide [ˈpætrɪsaɪd] *n* **1** tėvažudystė **2** tėvažudys

patrimon‖ial [ˌpætrɪˈməunɪəl] *a* paveldimas (*iš tėvo, giminės, šeimos*) ~y [ˈpætrɪmənɪ] *n* tėvonija; palikimas

patriot [ˈpætrɪət] *n* patriotas ~ic [ˌpætrɪˈɒtɪk] *a* patriotinis ~ism [ˈpætrɪətɪzəm] *n* patriotizmas

patrol [pəˈtrəul] *n* sargyba, patrulis; **on** ~ sargyboje patruliuojantis *v* patruliuoti

patron [ˈpeɪtrən] *n* **1** globėjas, mecenatas; patronas (*apie šventąjį*) **2** nuolatinis pirkėjas, klientas ~age [ˈpætrənɪdʒ] *n* globa, šefavimas ~ess [-nɪs] *n* globėja, užtarėja ~ize, ~ise [ˈpætrənaɪz] *v* **1** globoti, remti **2** žiūrėti truputį išdidžiai **3** būti nuolatiniu pirkėju

patronymic [ˌpætrəˈnɪmɪk] *n* tėvo vardas *a* tėvo, protėvio (*apie vardą*)

patter [ˈpætə] I *n* **1** greitas kalbėjimas, murmėjimas; rečitatyvas **2** *šnek.* žargonas; plepėjimas *v* greitai kalbėti, murmėti

patter II *n* **1** lietaus lašų barbenimas, teškenimas **2** tepsenimas; trepsėjimas *v* **1** barbenti, teškenti **2** trepsenti

pattern [ˈpætn] *n* pavyzdys, modelis; (*audinio*) forma, raštas; **dress** ~ suknelės modelis (*iškarpa*) *v* **1** sekti pavyzdžiu, kopijuoti (*after, upon*) **2** puošti (*raštais*)

patty [ˈpætɪ] *n* pyragaitis; paplotėlis

paunch [pɔːntʃ] *n* pilvas; *prk.* pilvočius *v* išmėsinėti, išdarinėti ~y [-ɪ] *a* storas, pilvotas

pauper [ˈpɔːpə] *n* beturtis, elgeta ~ism [-rɪzəm] *n* skurdas, vargas ~ize [-raɪz] *v* nuskurdinti

pause [pɔːz] *n* **1** pauzė, pertrauka **2** dvejojimas, neryžtingumas; **at** ~ svyruojantis, neryžtingas *v* daryti pauzę; sustoti, delsti

pave [peɪv] *v* grįsti; **to** ~ **the way** *prk.* praskinti kelią, paruošti ~ment *n* **1** *amer.* kelio danga, grindinys **2** šaligatvis (*amer.* **sidewalk**)

pavilion [pəˈvɪlɪən] *n* paviljonas; palapinė; (*ligoninės*) barakas

paving [ˈpeɪvɪŋ] *n* **1** grindinys **2** medžiaga grindiniui

paw [pɔː] *n* letena *v* **1** grubiai ką liesti ranka **2** kasti kanopa

pawl [pɔːl] *n tech.* **1** spragtukas; strektė **2** saugiklis

pawn [pɔːn] I *n šachm.* pėstininkas

pawn II *n* užstatas; įkaitas; **at / in** ~ įkeistas *v* užstatyti ~broker [-brəukə] *n* lombardo savininkas ~shop [-ʃɒp] *n* lombardas

pay [peɪ] *n* **1** (už)mokestis; atlyginimas **2** alga; **full** ~ visas (tarifinis) atlygis; **half** ~ pusė (tarifinio) atlygio **3** pašalpa; **strike** ~ pašalpa, profsąjungos mokama streikuojantiems *v* (**paid**) **1** mokėti; išmokėti; atmokėti; apmokėti **2** suteikti garbę; **to** ~ **tribute** pagerbti; **to** ~ **attention** (at)kreipti dėmesį; **to** ~ **a visit** (ap)lankyti **3** apsimokėti □ **to** ~ **back** a) at(si)mokėti; b) grąžinti pinigus; **to** ~ **down** mokėti grynais pinigais; **to** ~ **for** a) apmokėti; b) atsilyginti (*už* *skriaudą*); **to ~ in** įmokėti pinigus į einamąją sąskaitą; **to ~ off** a) atleisti (*darbininkus*); b) apsimokėti (*ką daryti*); **to ~ out** išmokėti; *prk.* atsilyginti; at(si)mokėti; **to ~ up** visai išmokėti **~able** [-əbl] a 1 mokėtinas 2 atlygintinas **~-day** [-deɪ] n algos mokėjimo diena **~ee** [peɪˈiː] n mokos, pinigų gavėjas **~master** [-mɑːstə] n iždininkas, kasininkas **~ment** n 1 užmokestis; mokėjimas 2 at(si)lyginimas **~-office** [-ɔfɪs] n *kar.* kasa **~-out** [ˈpeɪaut] n išmokėjimas **~-roll** [-rəul], **~-sheet** [-ʃiːt] n algalapis **~-slip** [-slɪp] n išmokos lapelis, kvitas

pea [piː] n žirnis; **sweet ~** kvapusis pelėžirnis △ **as like as two ~s** panašūs kaip du vandens lašai; **green ~s** (*konservuoti*) žirneliai

peace [piːs] n 1 taika; **at ~** (*with*) taikoje 2 ramybė; **~!** tyliau!, nutilkite! **~ful** a taikingas; taikus **~-lover** [-lʌvə] n taikos šalininkas **~maker** [-meɪkə] n taikintojas **~-pipe** [-paɪp] n taikos pypkė

peach [piːtʃ] n 1 persikas 2 *amer. šnek.* gražuolė **~y** [-ɪ] a 1 persiko, lyg persikas 2 *šnek.* puikus, malonus

pea||cock [ˈpiːkɔk] n povas **~-hen** [-hen] n povė

pea-jacket [ˈpiːdʒækɪt] n *jūr.* trumpas apsiaustas, striukė

peak [piːk] I n 1 viršūnė, smaigalys 2 kepurės snapelis, priekaktis 3 *fiz.* pikas **~ed** [-t] a smailu galu, smailus **~y** [-ɪ] išbalęs, nesveikas

peak II v blogėti, liesėti; (su)nykti, merdėti

peal [piːl] n 1 varpų skambėjimas 2 dundėjimas; griausmas v aidėti, skambėti; skambinti

peanut [ˈpiːnʌt] n žemės riešutas

pear [pɛə] n kriaušė

pearl [pəːl] n perlas; žemčiūgas v 1 gaudyti perlus 2 apiberti lašais **~-barley** [ˌpəːlˈbɑːlɪ] n perlinės kruopos **~-diver** [-daɪvə] n perlų gaudytojas **~-oyster** [-ɔɪstə] n *zool.* perluotė

~y [-ɪ] a 1 žemčiūginis 2 nusagstytas žemčiūgais

peasant [ˈpeznt] n valstietis **~ry** [-rɪ] n valstietija

peat [piːt] n durpės

pebble [ˈpebl] n riedulys, apvalus akmuo; žvirgždas

peccable [ˈpekəbl] a *bažn.* nuodėmingas

peck [pek] I v lesti; kapoti (*snapu*) n 1 smūgis snapu 2 lengvas pabučiavimas 3 *šnek.* maistas

peck II n 1/4 bušelio (*biralų matas;* 1 *bušelis* = 9,09 *litro*)

pectoral [ˈpektərəl] a krūtininis, krūtinės

peculat||e [ˈpekjuleɪt] v pasisavinti, išeikvoti **~ion** [ˌpekjuˈleɪʃn] n pasisavinimas, išeikvojimas

peculiar [pɪˈkjuːlɪə] a 1 ypatingas, specialus; individualus, savitas 2 keistas **~ity** [pɪˌkjuːlɪˈærətɪ] n 1 ypatumas, savumas; savotiškumas 2 keistumas

pecuniary [pɪˈkjuːnɪərɪ] a piniginis

pedagog||ic(al) [ˌpedəˈgɔdʒɪk(l)] a pedagoginis **~ics** [-ɪks] n pedagogika **~ue, ~** [ˈpedəgɔg] n pedagogas (*t. p. iron.*) **~y** [ˈpedəgɔdʒɪ] n pedagogika

pedal [ˈpedl] n pedalas a kojinis v 1 minti pedalus 2 *šnek.* važiuoti dviračiu

pedant [ˈpednt] n pedantas **~ic** [pɪˈdæntɪk] a pedantiškas **~ry** [-rɪ] n pedantiškumas

peddle [ˈpedl] v prekiauti išnešiotinai (*smulkiomis prekėmis*)

peddling [ˈpedlɪŋ] a smulkus, smulkmeniškas; tuščias

pedestrian [pɪˈdestrɪən] n 1 pėstysis 2 *sport.* ėjikas a 1 pėsčias 2 prozinis, nuobodus

pedigree [ˈpedɪgriː] n genealogija, kilmė; **~ cattle** veisliniai gyvuliai

pedlar [ˈpedlə] n prekiautojas; išnešiotojas **~y** [-rɪ] n 1 išnešiojamoji prekyba 2 smulkios prekės

pee [piː] n šlapimas v šlapintis

peel [piːl] n žievė, žievelė, odelė v valyti, (nu)lupti; luptis **~ing** n 1 žievė, odelė; lukštas 2 *pl* lupenos

peep [pi:p] I *v* cypsėti, čirškėti *n* cypsė-
jimas; čirškėjimas

peep II *n* 1 žvilgsnis paslapčiomis / vog-
čiomis; **to get a ~ of** pamatyti;
to have / take a ~ at pažvelgti (*į
ką nors*) 2 prošvaistė, pragiedrulis;
the ~ of day, the ~ of dawn
aušra *v* 1 žvilgtelėti paslapčiomis;
(pa)žvelgti (*at*) 2 žiūrėti pro plyšelį,
angą (*through*) 3 pasirodyti (*apie sau-
lę*) 4 pasireikšti (*apie ypatybes*; *dažn.*
to ~ out) □ **to ~ into** a) pažvelgti,
pažiūrėti; b) užeiti (*kur nors*); **to
~ out** žiūrinėti, žvilgčioti **~-hole**
[-həul] *n* langelis, plyšelis (*žvalgytis*)

peer [pɪə] I *v* įtemptai žiūrėti, įsižiūrėti
(*at, into*)

peer II *n* 1 lygus; prilygstantis (*apie
žmogų*) 2 peras **~age** [-rɪdʒ] *n* pero
vardas, perų luomas **~less** *a* nepaly-
ginamas, neturintis lygaus

peevish ['pi:vɪʃ] *a* piktas; barningas,
gaižus; aikštingas

peg [peg] *n* 1 kuolelis; medinė vinis
2 kablys, kabiklis; **off the ~** gatavas
(*drabužis*) 3 *n* medinė koja *v* prikalti,
(pri)smeigti; **to ~ away** atkakliai
siekti, atkakliai dirbti (*at*)

pellet ['pelɪt] *n* 1 kamuoliukas, rutulėlis
2 piliulė 3 šratas

pell-mell [ˌpel'mel] *n* betvarkė; maiša-
tis *a* netvarkingas

pellucid [pe'lu:sɪd] *a* 1 permatomas
2 aiškus, suprantamas (*apie stilių*)

pelt [pelt] I *v* 1 (ap)mėtyti (*akmenimis
ir pan.*) 2 apšaudyti 3 pilti (*apie lie-
tų*); **~ing rain** liūtis

pelt II *n* kailis **~ry** [-rɪ] *n* kailiai

pelvis ['pelvɪs] *anat.* dubuo

pen [pen] I *n* 1 plunksna 2 rašytojo pro-
fesija; **the best ~s of the day** *prk.*
geriausieji šių dienų rašytojai 3 lite-
ratūrinis darbas 4 stilius *v* 1 rašyti 2
kurti

pen II *n* 1 diendaržis, užtvaras 2 (*po-
vandeniniams laivams*) saugi vieta *v*
(**~ned** [-d], **~t** [-t]) 1 įginti (*gyvulius*)

2 laikyti uždarius (*dažnai* **to ~ up /
in**)

penal ['pi:nl] *a* baudžiamasis; **~ servi-
tude** katorgos darbai **~ty** ['penltɪ] *n*
1 bausmė 2 pabauda 3 *sport.* baudi-
nys

penance ['penəns] *n* 1 atgaila 2 bausmė

pence [pens] *n* (*pl iš* **penny**) pensai
(*monetos*)

pencil ['pensl] *n* 1 pieštukas; **lead ~**
paprastas pieštukas 2 teptukas 3 *opt.*
spindulių pluoštas *v* rašyti, paišyti;
braižinėti pieštuku **~-case** [-keɪs] *n*
plunksninė **~-sharpner** [-ʃɑ:pnə] *n*
drožtukas

pend‖ant, ~ent ['pendənt] *n* 1 ka-
bantis papuošalas; karulys 2 siety-
nas, liustra 3 vimpelas *a* 1 kaban-
tis 2 laukiantis sprendimo, spręstinas
3 *gram.* nebaigtas (*sakinys*) **~ing** *a*
1 laukiamas; neišvengiamas 2 laukian-
tis sprendimo, neišspręstas

pendulum ['pendjuləm] *n* švytuoklė

penetrat‖e ['penɪtreɪt] *v* 1 prasiskverbti;
įsnigti, įeiti (*through / in / into*) 2 per-
imti; apimti 3 persisunkti 4 permany-
ti, įsigilinti **~ing** *a* 1 skvarbus, prasi-
skverbiantis 2 įžvalgus 3 aštrus **~ion**
[ˌpenɪ'treɪʃn] *n* 1 prasiskverbimas; įsi-
gilinimas 2 įžvalgumas **~ive** [-trətɪv]
a 1 skvarbus, prasiskverbiantis; aštrus
2 įžvalgus

penguin ['peŋgwɪn] *n* pingvinas

penholder ['penhəuldə] *n* plunksnako-
tis

penis ['pi:nɪs] *n* vyriškasis lytinis orga-
nas

peninsula [pə'nɪnsjulə] *n* pusiasalis **~r**
[-lə] *a* pusiasalio

penit‖ence ['penɪtəns] *n* apgailestavi-
mas; atgaila **~ent** [-nt] *a* apgailestau-
jantis; atgailaujantis

penitentiary [ˌpenɪ'tenʃərɪ] *n* *amer.*
griežto režimo kalėjimas; pataisos dar-
bų kalėjimas *a* pataisos, pataisomasis

penknife ['pennaɪf] *n* (*kišeninis*) peiliu-
kas

penman ['penmən] *n* 1 rašytojas 2 per-
rašinėtojas; kaligrafas **~ship** [-ʃɪp] *n*

1 kaligrafija, dailyraštis 2 rašytojo stilius

pen-name ['penneɪn] *n* literatūrinis slapyvardis

pennies ['penɪz] *n pl* pensai (*atskiros monetos*)

penniless ['penɪlɪs] *a* be pinigų

penny ['penɪ] *n* (*pl* **pennies** *ir* **pence**) 1 pensas (1/100 *svaro sterlingų*) 2 *amer.* centas (1/100 *dolerio*) ~**weight** [-weɪt] *n svorio matas* (1/20 *uncijos* = 1,56 *g*) ~**worth** ['penɪwəθ] *n penso vertės daiktas*

pension ['penʃn] *n* 1 pensija; *to* **live on a** ~ gyventi iš pensijos 2 ['pɔn-sɪɔn] pensionas *v* skirti pensiją; subsidijuoti; **to** ~ **off** a) išleisti į pensiją; b) (*apie seną daiktą*) nurašyti ~**ary** ['penʃnərɪ] *a* pensinis ~**er** *n* pensininkas

pensive ['pensɪv] *a* liūdnai nusiteikęs; susimąstęs, svajingas

penta‖gon ['pentəgən] *n* penkiakampis; *the* **P.** JAV Karo ministerija ~**gonal** [pen'tægənl] *a* penkiakampis ~**hedron** [ˌpentə'hi:drən] *n* penkiasienis, pentaedras

penthouse ['penthauz] *n* 1 antstatas (*virš namo*) 2 pastogė (*priestatas*), pašiūrė

pent-up [ˌpent'ʌp] *a* tramdomas, suvaldytas (*apie jausmus*)

penur‖ious [pɪ'njuərɪəs] *a* 1 neturtingas, skurdus 2 šykštus ~**y** ['penjurɪ] *n* neturtingumas; skurdas; vargas; nepriteklius (*of*)

peony ['pi:ənɪ] *n bot.* bijūnas

people ['pi:pl] *n* 1 liaudis, tauta 2 asmenys; žmonės 3 (*papr. the* ~) piliečiai; gyventojai; *the common* ~ paprasti žmonės; ~ *say ...* sako, kalbama; *most* ~ dauguma 3 giminaičiai; šeima; *my* ~**-in-law** mano žmonos (vyro) giminės *v* apgyvendinti

pep [pep] *n amer. šnek.* žvalumas, energija, jėga *v:* **to** ~ **up** pasitempti; pažvalėti

pepper ['pepə] *n* 1 pipiras 2 *prk.* temperamento karštumas, staigumas *v* 1 pipirinti, dėti pipirų 2 apiberti ~**-box** [-bɔks], ~**-pot** [-pɔt] *n* pipirinė ~**y** [-rɪ] *a* 1 pripipirintas, aštrus 2 *prk.* staigus, ūmus (*apie charakterį*) ~**mint** *n* 1 mėta 2 mėtiniai saldainiai

pep‖sin ['pepsɪn] *n* pepsinas ~**tic** [-tɪk] *a* virškinamasis

per [pə:] *prep* per; padedant; ~ *post* (*rail, carrier*) paštu (geležinkeliu, per pasiuntinį); *60 miles* ~ *hour* 60 mylių per valandą; ~ *annum* per metus, kasmet; ~ *person* vienam asmeniui

perambulat‖e [pə'ræmbjuleɪt] *v* vaikščioti, keliauti, bastytis ~**or** *n* vaikų vežimėlis

perceiv‖able [pə'si:vəbl] *a* pastebimas, suvokiamas, pajuntamas ~**e** [pə'si:v] *v* 1 pastebėti, suprasti 2 suvokti, apčiuopti, pajusti

per cent [pə'sent] *n* nuošimtis, procentas

percentage [pə'sentɪdʒ] *n* 1 procentas 2 procentinis santykis 3 *šnek.* dalis

percept ['pə:sept] *n filos.* suvokimo objektas ~**ibility** [pəˌseptə'bɪlətɪ] *n* suvokiamumas ~**ible** [pə'septəbl] *a* 1 juntamas, apčiuopiamas 2 suvokiamas ~**ion** [pə'sepʃn] *n* suvokimas, supratimas; *filos.* percepcija ~**ive** [pə'septɪv] *a* suvokiantis, suprantantis

perch [pə:tʃ] I *n* 1 lakta 2 kartis, smaigas 3 *prk.* aukšta / tvirta padėtis 4 *ilgio matas* (5,03 *m*) *v* 1 (už)sėsti 2 (atsi)tūpti (*apie paukštį*); patupdyti

perch II *n* ešerys

perchance [pə'tʃɑ:ns] *adv pasen.* 1 galbūt 2 atsitiktinai

percolat‖e ['pə:kəleɪt] *v* 1 košti, filtruoti 2 sunktis ~**ion** [ˌpə:kə'leɪʃn] *n* filtravimas, sunkimas, košimas ~**or** *n* filtras, koštuvas, sietelis

percuss [pə:'kʌs] *v med.* perkutuoti ~**ion** [pə:'kʌʃn] *n* 1 (*dviejų kūnų*) susidūrimas; smūgis, sukrėtimas; ~**ion**

instrument muz. mušamasis instrumentas 2 *med.* perkusija ~ive [-sɪv] *a* suduodamasis, smogiamasis; mušamasis (*instrumentas*)

perdition [pə'dıʃn] *n* 1 prakeikimas 2 pražūtis 3 *rel.* amžinos kančios

perdurable [pə'djuərəbl] *a* labai tvirtas, amžinas

peregrinat||e ['perıgrıneıt] *v juok.* keliauti, bastytis ~ion [ˌperıgrı'neıʃn] *n juok.* keliavimas, bastymasis

peremptory [pə'remptərı] *a* 1 griežtas, kategoriškas, neleidžiantis prieštaravimų 2 *teis.* neapskundžiamas, galutinis

perennial [pə'renıəl] *n bot.* daugiametis augalas *a* 1 daugiametis 2 amžinas 3 neišdžiūstantis vasarą

perfect ['pə:fıkt] *a* 1 visiškai išbaigtas; tobulas; idealus 2 puikus (*oras*) 3 *gram.* atliktinis (*laikas*) *n* perfektas *v* [pə'fekt] 1 atlikti 2 tobulinti ~ion [pə'fekʃn] *n* 1 tobulinimas 2 tobulumas; *to* ~*ion* tobulai 3 užbaigimas ~ive [pə'fektıv] *gram.* atliktinis ~ly *adv* 1 puikiai 2 visiškai

perfid||ious [pə'fıdıəs] *a* 1 klastingas 2 išdavikiškas ~y ['pə:fıdı] *n* 1 klastingumas 2 išdavystė

perforat||e ['pə:fəreıt] *v* 1 pradurti; perforuoti; pragrežti 2 prasiskverbti (*into / through*) ~ion [ˌpə:fə'reıʃn] *n* 1 pragrežimas 2 perforavimas ~or *n* 1 grąžtas 2 perforatorius

perforce [pə'fɔ:s] *adv* būtinam reikalui esant; norom nenorom

perform [pə'fɔ:m] *v* 1 atlikti, įvykdyti 2 vaidinti ~ance [-əns] *n* 1 įvykdymas 2 vaidinimas ~er *n* atlikėjas; artistas ~ing *a* dresiruotas

perfume ['pə:fju:m] *n* 1 kvepėjimas, kvapas, aromatas 2 kvepalai *v* [pə'fju:m] (pri)kvėpinti ~ry [pə'fju:mərı] *n* parfumerija

perfunctory [pə'fʌŋktərı] *a* atsainus; paviršutiniškas

perhaps [pə'hæps] *adv* galbūt

peril ['perıl] *n* pavojus; rizika *v* pastatyti į pavojų ~ous [-əs] *a* pavojingas, rizikingas

period ['pıərıəd] *n* 1 periodas; laikotarpis, ciklas 2 epocha 3 taškas 4 *pl* mėnesinės ~ic [ˌpıərı'ɔdık] *a* periodinis ~ical [ˌpıərı'ɔdıkl] *a* periodiškas *n* periodinis leidinys

periphery [pə'nfərı] *n* periferija, kraštas

periscope ['perıskəup] *n* periskopas

perish ['perıʃ] *v* 1 žūti; mirti 2 žudyti; naikinti 3 kęsti (*šaltį ir pan.*) 4 gesti (*apie maistą*) ~able [-əbl] *a* dūlus, irus; greit gendantis *n pl* greit gendantys produktai

periwig ['perıwıg] *n* perukas

perjur||e ['pə:dʒə] *v: to* ~ *oneself* melagingai parodyti *ar* prisiekti ~er [-ərə] *n* priesaikos laužytojas ~y [-rı] *n* priesaikos sulaužymas; melagingas parodymas; kreiva priesaika

perk [pə:k] *v: to* ~ *up* riesti nosį; *to* ~ *oneself up* gražintis, puoštis ~y [-ı] *a* 1 linksmas; žvalus 2 įžūlus, pasipūtęs

perman||ence ['pə:mənəns] *n* nekintamumas, pastovumas ~ency [-sı] *n* 1 nuolatinis užsiėmimas (*darbas*) 2 pastovumas ~ent [-nt] *a* nuolatinis, permanentinis ~ently [-ntlı] *adv* pastoviai, nuolatos

perme||ability [ˌpə:mıə'bılətı] *n* laidumas; įlaidumas ~able ['pə:mıəbl], ~ant ['pə:mıənt] *a* praleidžiantis, pralaidus ~ate ['pə:mıeıt] *v* 1 prasiskverbti, praeiti (*pro*) 2 paplisti ~ation [ˌpə:mı'eıʃn] *n* 1 prasisunkimas 2 prasiskverbimas

permiss||ible [pə'nısəbl] *a* leidžiamas, leistinas ~ion [-'mıʃn] *n* leidimas ~ive [-sıv] *a* 1 leidžiamas 2 nebūtinas, fakultatyvus

permit *v* [pə'mıt] 1 leisti, duoti leidimą 2 leisti, duoti galimybę; *weather* ~*ting* jei bus geras oras *n* ['pə:mıt] leidimas ~tance [pə'mıtəns] *n* 1 leidimas ~tance [pə'mıtəns] *n* 1 *el.* imlumas

pernicious [pə'nıʃəs] *a* pražūtingas; kenksmingas; piktybinis

perorat||e ['perəreıt] *v* 1 sakyti išpūstas kalbas 2 reziumuoti ~ion [ˌperə'reıʃn] *n* 1 (*retorinė*) kalbos pabaiga 2 postringavimas, išpūstos kalbos

perpendicular [ˌpəːpənˈdɪkjulə] *n* 1
statmuo 2 vertikali padėtis *a* 1 stat-
menas 2 vertikalus, status

perpetrat||e [ˈpəːpɪtreɪt] *v* padaryti nu-
sikaltimą, klaidą ~ion [ˌpəːpɪˈtreɪʃn]
n nusikaltimo padarymas ~or *n* nu-
sikaltėlis, kaltininkas

perpetu||al [pəˈpetʃuəl] *a* amžinas;
nuolatinis ~ate [-tʃueɪt] *v* įamžinti, iš-
saugoti amžinai ~ity [ˌpəːpɪˈtjuːətɪ] *n*
amžinumas, amžinybė; *In* ~*ity* visam
laikui, amžinai

perplex [pəˈpleks] *v* supainioti; apstul-
binti, pritrenkti ~ity [-ətɪ] *n* 1 sunku-
mai; dilema 2 sumišimas, apstulbimas

perquisite [ˈpəːkwɪzɪt] *n* priedas, pa-
togumas (*suteikiamas darbovietėje*;
*pvz., naudojimasis tarnybine mašina
ne darbo metu; sutr.* perk)

persecut||e [ˈpəːsɪkjuːt] *v* 1 persekioti
2 įkyrėti ~ion [ˌpəːsɪˈkjuːʃn] *n* perse-
kiojimas ~or *n* persekiotojas

persever||ance [ˌpəːsɪˈvɪərəns] *n* 1 užsi-
spyrimas, atkaklumas 2 ištvermingu-
mas ~e [ˌpəːsɪˈvɪə] *v* užsispyrusiai, at-
kakliai ir ištvermingai ko siekti ar ką
daryti (*in*)

persist [pəˈsɪst] *v* 1 užsispirti (*in*) 2 at-
silaikyti; laikytis savo ~ence, ~ency
[-əns, -ənsɪ] *n* 1 užsispyrimas 2 atkak-
lumas 3 pastovumas ~ent [-ənt] *a*
1 pastovus 2 atsparus 3 atkaklus,
užsispyręs

person [ˈpəːsn] *n* (*pl* people; *niek.*
persons) 1 asmuo, žmogus; asme-
nybė; *in* ~, *in one's own* ~
pats, asmeniškai; *not a single* ~
nė gyvos dvasios, nieko; *to accept
the* ~ *of, to accept* ~*s* elg-
tis, veikti šališkai 2 išorė; išvaiz-
da 3 *gram.* asmuo ~able *a* gra-
žios išvaizdos ir gerų manierų ~age
[-sənɪdʒ] *n* 1 įžymi asmenybė 2 perso-
nažas ~al [-sənl] *a* asmeninis, priva-
tus; ~*al property* kilnojamasis tur-
tas ~ality [ˌpəːsəˈnælətɪ] *n* asmenybė
~ally [-sənəlɪ] *adv* asmeniškai, pats

~alty [-sənltɪ] *teis. n* kilnojama-
sis turtas ~ate [ˈpəːsəneɪt] *v* 1 *teatr.*
vaidinti vaidmenį 2 dėtis kuo nors
~ification [pəːˌsɔnɪfɪˈkeɪʃn] *n* įkūniji-
mas, įasmeninimas ~ify [pəːˈsɔnɪfaɪ]
v įasmeninti ~nel [ˌpəːsəˈnel] *n* per-
sonalas, tarnautojai; ~*nel depart-
ment* kadrų skyrius

perspective [pəˈspektɪv] *n* perspektyva
a perspektyvos, perspektyvinis

perspicaci||ous [ˌpəːspɪˈkeɪʃəs] *a* nuo-
vokus, įžvalgus ~ty [-ˈkæsətɪ] *n* įžval-
gumas

perspicu||ity [ˌpəːspɪˈkjuːətɪ] *n* 1 aišku-
mas; suprantamumas 2 permatomu-
mas; ryškumas ~ous [pəˈspɪkjuəs] *a*
1 aiškus 2 skaidrus, permatomas

perspir||ation [ˌpəːspəˈreɪʃn] *n* 1 pra-
kaitas 2 prakaitavimas ~e [pəˈspaɪə]
v prakaituoti

persua||de [pəˈsweɪd] *v* įtikinti (*smb of
smth*); įkalbėti; atkalbėti (*from, out of
smth*) ~sion [-ˈsweɪʒn] *n* įtikinimas;
įkalbėjimas ~sive [pəˈsweɪsɪv] *a* įtiki-
namas; įtikinantis

pert [pəːt] *a* 1 akiplėšiškas 2 *amer.* vik-
rus, guvus, nesivaržantis

pertain [pəˈteɪn] *n* 1 priklausyti (*to*)
2 sietis, turėti ką bendra su kuo nors
(*to*) 3 būti būdingam

pertinaci||ous [ˌpəːtɪˈneɪʃəs] *a* užsispyręs;
atkaklus ~ty [-ˈnæsətɪ] *n* užsispyrimas,
atkaklumas

pertin||ence, ~ency [ˈpəːtɪnəns, -nsɪ]
n ryšys; tikimas ~ent [-ənt] *a* tinka-
mas, savo vietoje; liečiantis reikalą

perturb [pəˈtəːb] *v* sukelti sąmyšį,
nerimą; (su)jaudinti, sudrumsti (*ra-
mybę*) ~ation [ˌpəːtəˈbeɪʃn] *n* susijau-
dinimas; sumišimas, nerimastis

perus||al [pəˈruːzl] *n* 1 atidus (per)skai-
tymas 2 peržiūrėjimas ~e [pəˈruːz]
v 1 (*atidžiai*) (per)skaityti 2 *prk.*
apžiūrėti, ištirti

perva||de [pəˈveɪd] *v* 1 apimti; paplisti;
pripildyti 2 prasiskverbti ~sion
[-ˈveɪʒn] *n* paplitimas ~sive [-sɪv] *a*
1 apimantis; plintantis 2 prasiskver-
biantis; esantis visur

perver‖se [pə'və:s] *a* 1 nesukalbamas; kaprizingas 2 klaidingas 3 ydingas ~**sion** [-'və:ʃn] *n* iškraipymas ~**sity** [-ətɪ] *n* 1 užsispyrimas, nesukalbamumas 2 iškrypimas; nenormalumas ~**t** *v* [pə'və:t] 1 iškraipyti 2 suvedžioti *n* ['pə:və:t] iškrypėlis

pervious ['pə:vɪəs] *a* 1 praeinamas; laidus, pralaidus 2 pasiduodantis (*įtakai ir pan.*)

pesky ['peskɪ] *a amer.* įkyrus, varginantis

pest [pest] *n* 1 *prk.* rykštė; įkyrus žmogus 2 kenkėjas, parazitas 3 *pasen.* maras

pester ['pestə] *v* įgristi, erzinti

pesti‖ferous [pes'tɪfərəs] *a* 1 kenksmingas 2 užkrečiamas ~**lence** ['pestɪləns] *n* 1 maras 2 epidemija ~**lent** ['pestɪlənt] *a* 1 kenksmingas; užkrečiamas 2 nuodingas, mirtinas

pestle ['pesl] *n* grūstuvas *v* grūsti

pet [pet] I *n* mylimasis, lepūnėlis; mylimas gyvulėlis; ~ *name* mažybinis, maloninis vardas *v* lepinti; glamonėti

pet II *n* bloga nuotaika

petal ['petl] *n* žiedlapis

peter ['pi:tə] *v šnek.*: to ~ out išsekti (*apie šaltinį*)

petition [pɪ'tɪʃn] *n* prašymas, peticija *v* 1 prašyti 2 maldauti ~**er** *n* 1 prašytojas 2 *teis.* ieškovas

petrel ['petrəl] *n zool.* audrapaukštis

petrif‖action [ˌpetrɪ'fækʃn] *n* suakmenėjimas, sustingimas ~**y** ['petrɪfaɪ] *v* 1 suakmenėti 2 apstulbinti

petrol ['petrəl] *n* (*amer.* **gasoline, gas**) benzinas ~**eum** [pə'trəulɪəm] *n* nafta; žibalas

petticoat ['petɪkəut] *n* 1 apatinis (sijonėlis) 2 *prk.* moteris, mergina; *pl* moteriškoji lytis, moterys

pettifog ['petɪfɒg] *v* vaidytis, kivirčytis (*dėl niekų*) ~**ging** [-ɪŋ] *a* smulkmeniškas; besiginčijantis (*dėl niekų*)

pettish ['petɪʃ] *a* lengvai įsižeidžiantis; irzlus

petty ['petɪ] *a* 1 menkas, nereikšmingas 2 smulkus; smulkmeniškas △ ~ **officer** laivyno viršila

petul‖ance ['petjuləns] *n* (susi)erzinimas; irzlumas ~**ant** [-nt] *a* irzlus, nekantrus

pew [pju:] *n* klauptas (*bažnyčioje*); kėdė, suolas △ **take a** ~! *šnek.* sėskite!

pewit ['pi:wɪt] = **peewit**

pewter ['pju:tə] *n* 1 alavas; alavo ir švino lydinys 2 iš tokio lydinio pagaminti indai

phantasy ['fæntəsɪ] *n* fantazija (*žr.* **fantasy**)

phantom ['fæntəm] *n* 1 šmėkla 2 iliuzija 3 šešėlis

pharma‖cology [ˌfɑ:mə'kɒlədʒɪ] *n* farmakologija, farmacija ~**cy** ['fɑ:məsɪ] *n* 1 farmacija 2 vaistinė

phase [feɪz] *n* fazė

pheasant ['feznt] *n* fazanas

phenomen‖a [fɪ'nɒmɪnə] *n pl žr.* **phenomenon**; ~**al** [-nl] *a* nepaprastas, fenomenalus ~**on** [-n] *n* (*pl* ~**a**) 1 reiškinys 2 fenomenas

phew [fju:] *int* (*t.p.* **whew**) fu! (*reiškiant pasibjaurėjimą, nepasitenkinimą ir pan.*)

philander [fɪ'lændə] *v* flirtuoti, mergintis ~**er** [-rə] *n* moterų garbintojas; mergininkas

philanthrop‖ic [ˌfɪlən'θrɒpɪk] *a* filantropinis ~**ist** [fɪ'lænθrəpɪst] *n* filantropas ~**y** [fɪ'lænθrəpɪ] *n* filantropija

philolog‖ical [ˌfɪlə'lɒdʒɪkl] *a* filologijos, filologinis ~**ist** [fɪ'blədʒɪst] *n* filologas ~**y** [fɪ'blədʒɪ] *n* filologija

philosoph‖er [fɪ'lɒsəfə] *n* filosofas ~**ic(al)** [ˌfɪlə'sɒfɪk(l)] *a* filosofinis ~**y** [-fɪ] *n* filosofija

phlegm [flem] *n* 1 skrepliai; gleivės 2 flegmatiškumas, šaltakraujiškumas ~**atic** [fleg'mætɪk] *a* flegmatiškas

phoenix ['fi:nɪks] *n* feniksas

phone [fəun] *n* 1 garsas; fonema 2 *šnek.* telefonas *v* telefonuoti, skambinti telefonu

phonem||e ['fəuni:m] n fon. fonema ~ic [fə'ni:mɪk] a foneminis, fonemos ~ics [fə'ni:mɪks] n fonologija

phonetic [fə'netɪk] a fonetinis ~ian [‚fəunɪ'tɪʃn] n fonetikas ~s [-s] n fonetika

phoney, phony ['fəunɪ] a apsimestinis; netikras, padirbtas

phonology [fə'nɔlədʒɪ] n fonologija

phosph||ate ['fɔsfeɪt] n fosfatas ~orus ['fɔsfərəs] n fosforas

photo||graph ['fəutəgrɑ:f] n fotografija (t.p. photo) v fotografuoti(s) ~grapher [fə'tɔgrəfə] n fotografas ~graphic [‚fəutə'græfɪk] a fotografiškas ~graphy [fə'tɔgrəfɪ] n fotografavimas, fotografija

phrase [freɪz] n 1 frazė; posakis; set ~ pastovi žodžių samplaika, žodžių junginys 2 kalba, stilius v 1 (pa)rinkti posakius 2 išreikšti (žodžiais) ~-book [-buk] n pasikalbėjimų knygelė ~ological [‚freɪzɪə'lɔdʒɪkl] a frazeologinis ~ology [‚freɪzɪ'ɔlədʒɪ] n frazeologija

phrenetic [frɪ'netɪk] a (t.p. frenetic) 1 įsiutęs, įniršęs 2 fanatiškas

physic||al ['fɪzɪkl] a fizinis, fiziškas ~ian [fɪ'zɪʃn] n gydytojas ~ist ['fɪzɪsɪst] n fizikas ~s ['fɪzɪks] n fizika

physiognomy [‚fɪzɪ'ɔnəmɪ] n fizionomija

physiolog||ical [‚fɪzɪə'lɔdʒɪkl] a fiziologinis ~ist [‚fɪzɪ'ɔlədʒɪst] n fiziologas ~y [‚fɪzɪə'ɔlədʒɪ] n fiziologija

physique [fɪ'zi:k] n kūno sudėjimas

pianist ['pɪənɪst] n pianistas

pian||o [pɪ'ænəu] n pianinas (t.p. upright ~); grand ~ rojalis; fortepijonas; to play the ~ skambinti pianinu, fortepijonu

piazza [pɪ'ætsə] n 1 (turgaus) aikštė (ypač Italijoje) 2 amer. veranda

pica||resque [‚pɪkə'resk] a nuotykių; avantiūrinis

pick [pɪk] I n 1 kaplys, kirtiklis; iešmas 2 dantų krapštukas (t.p. toothpick)

pick II n 1 pa(si)rinkimas 2 smūgis △ take your ~! pasirinkite! the

~ of the basket geriausia ko nors dalis v 1 (su)rinkti, parinkti, rūšiuoti; to ~ one's way / steps rinktis kelią (kad nejbridus į purvą) 2 lesti; rinkti, skinti 3 gręžti, (pra)kalti 4 vagiliauti 5 graužti (kaulą) □ to ~ at burbėti, įkyriai bambėti; to ~ off a) atplėšti; (nu)imti; b) (nu)šauti; to ~ on smb pasirinkti ką auka; to ~ out a) suprasti; b) išrinkti; to ~ up a) surinkti, pakelti; b) pasitaisyti; pagerėti; c) pagauti (žodžius); d) greit išmokti; to ~ smb up a) pavežti; b) atsitiktinai susipažinti; c) išgelbėti (skęstantį); d) sugauti (bėglį)

pick-a-back ['pɪkəbæk] adv (nešti) ant nugaros

pickax(e) ['pɪkæks] n kaplys, kirtiklis

picket ['pɪkɪt] n 1 (įsmeigtas) kuolelis 2 piketas 3 sargyba v 1 aptverti, užtverti 2 išstatyti sargybas 3 išstatyti piketus; piketuoti

picking ['pɪkɪŋ] n 1 rinkimas, atrinkimas 2 pl (valgio) likučiai 3 pl lengvas pelnas; nedorai įgytos pajamos

pickle ['pɪkl] n 1 sūrymas, actas marinavimui 2 pl marinuotos daržovės (agurkai ir kt.) 3: a sad / sorry / nice / pretty ~ nemaloni padėtis 4 išdykęs vaikas v sūdyti, marinuoti

pick-me-up ['pɪkmɪʌp] n skatinanti, stimuliuojanti priemonė

pickpocket ['pɪkpɔkɪt] n kišenvagis

picky ['pɪkɪ] a amer. išrankus

picnic ['pɪknɪk] n piknikas, iškyla △ it is no ~ tai nelengvas dalykas

pictorial [pɪk'tɔ:rɪəl] n iliustruotas žurnalas a 1 labai gražus; vaizdus 2 iliustruotas

picture ['pɪktʃə] n 1 paveikslas, fotografija; moving ~ filmas 2 portretas 3 pl kinas v 1 piešti 2 tapyti 3 įsivaizduoti ~-book [-buk] n iliustruota vaikų knyga ~-card [-kɑ:d] n kortų figūra ~sque [‚pɪktʃə'resk] a 1 vaizdingas; raiškus 2 spalvingas; gražus

pie [paɪ] I n 1 poligr. įvairių šriftų krūva 2 maišatis

pie II *n* 1 pyragas, pyragėlis 2 *amer.* tortas

piebald ['paɪbɔːld] *a* 1 keršas 2 *prk.* margas *n* keršis (*arklys*)

piece [piːs] *n* 1 gabalas, dalis, plotas; *to* ~*s* į gabalus 2 kūrinys; pjesė; paveikslas; **a** ~ *of music* muzikinis kūrinys **3** pavyzdys; faktas; poelgis 4 moneta 5 figūra (*šachmatuose*) **6** vienetas; **a** ~ *of furniture* baldas 7 pabūklas, patranka △ **a** ~ *of news* naujiena; **a** ~ *of luck* pasisekimas *v* 1 sudėti iš gabalų (*smth together*) 2 kombinuoti **3** sujungti į vieną vienetą □ **to** ~ **down** pridurti, pailginti (*drabužį*); **to** ~ **on** (pri)taikyti, priderinti; **to** ~ **out** sukombinuoti, sudaryti (*iš dalių*); **to** ~ **together** sujungti; **to** ~ **up** lopyti ~**meal** [-miːl] *a* dalinis, laipsniškas *adv* 1 gabalais, dalimis; palaipsniui 2 į dalis, į gabalus ~**-work** [-wəːk] *n* vienetinis darbas

pied [paɪd] *a* įvairiaspalvis, margas

pier [pɪə] *n* 1 polis, atrama, stulpas 2 jūros tiltas **3** molas, pylimas; prieplauka 4 tarpusienis

pierc||e [pɪəs] *v* 1 perverti, persmeigti, perdurti 2 praeiti, prasiskverbti ~**ing** [-ɪŋ] *a* 1 prasiskverbiantis 2 (per)veriantis, aštrus (*apie skausmą*)

pierglass ['pɪəglɑːs] *n* triumo (*veidrodis*)

piety ['paɪətɪ] *n* pamaldumas

piffl||e ['pɪfl] *n* plepalai ~**ing** *a* 1 banalus 2 menkas

pig [pɪg] *n* 1 kiaulė; paršiukas; *sucking* ~ (*žindomas*) paršiukas 2 *tech.* (*geležies*) luitas *v* 1 apsiparšiuoti 2 gyventi purve

pigeon ['pɪdʒɪn] *n* 1 karvelis; *homing* ~ pašto karvelis 2 mulkis ~**-hole** [-həul] *n* 1 stalčiaus skyrius (*popieriams*) 2 karvelio lizdas ~**ry** [-rɪ] *n* karvelidė

pig||gery ['pɪgərɪ] *n* kiaulidė ~**gish** [-gɪʃ] *a* 1 kiauliškas 2 godus **3** užsispyręs

pig-iron ['pɪgaɪən] *n* ketus (*luitais*)

pignut ['pɪgnʌt] *n* žemės kaštonas

pig||skin ['pɪgskɪn] *n* kiaulės oda ~**sty** [-staɪ] *n* kiaulidė ~**tail** [-teɪl] *n* 1 kiaulės uodegėlė 2 *prk.* (*plaukų*) kaselė

pike [paɪk] I *n* lydeka

pike II *n* 1 ietis 2 smaigalys **3** šakės ~**staff** [-stɑːf] *n* ieties / šakių kotas

pilchard ['pɪltʃəd] *n* sardinė

pile [paɪl] I *n* 1 krūva; šūsnis; masė 2 ryšulys, paketas **3** didelis pastatas 4 *el.* baterija 5 atominis reaktorius (*t.p.* atomic ~) *v* 1 krauti, dėti į krūvą 2 sukaupti

pile II *n* stulpas, kuolas; *pl* poliai *v* įkalti (*baslį*, *polį*) ~**-driver** [-draɪvə] *n* polių kalėjas

pile III *n* 1 vilna, minkšti plaukai, pūkas 2 plaukeliai, šereliai (*audinyje*)

pilfer ['pɪlfə] *v* vogti; nudžiauti ~**age** [-rɪdʒ] *n* smulki vagystė; vagiliavimas ~**er** [-rə] *n* vagilius; kišenvagis

pilgrim ['pɪlgrɪm] *n* piligrimas, maldininkas; keleivis ~**age** [-ɪdʒ] *n* 1 keliavimas į šventąsias vietas 2 ilgai trunkanti kelionė

pill [pɪl] *n* 1 tabletė, piliulė 2 *šnek.* (*teniso*) kamuoliukas **3** *pl* biliardas 4 *šnek.* kulka

pillage ['pɪlɪdʒ] *n* 1 plėšimas, grobimas 2 grobis *v* grobti, plėšti

pillar ['pɪlə] *n* stulpas, kolona *prk.* šulas △ *from* ~ *to post* (*siuntinėti, gainioti*) tai šen, tai ten ~**-box** [-bɔks] *n* pašto dėžutė

pill-box ['pɪlbɔks] *n* 1 piliulių dėžutė 2 *juok.* mažutėlis namelis **3** *kar.* atviras blindažas

pillion ['pɪlɪən] *n* užpakalinė motociklo sėdynė

pillory ['pɪlərɪ] *n* gėdos stulpas

pillow ['pɪləu] *n* pagalvė ~**-case** [-keɪs], ~**slip** [-slɪp] *n* užvalkalas (*pagalvei*)

pilot ['paɪlət] *n* 1 locmanas; vairininkas 2 pilotas, lakūnas **3** *amer.* prityręs palydovas *v* valdyti, vairuoti ~**age** [-ɪdʒ] *n* 1 laivo, lėktuvo valdymas; pilotažas 2 *prk.* vadovavimas

pimple ['pɪmpl] *n* spuogas ~**d** [-d] *a* spuoguotas

pin [pɪn] n 1 segtukas, smeigtukas 2 pl
šnek. kojos 3 tech. vinutė; smaigas,
štiftas; 4 tech. (veleno) šplintas v
prikalti, prismeigti; susegti (papr. to
~ up); to ~ down priremti prie
sienos

pinafore ['pɪnəfɔ:] n prijuostė

pincer ['pɪnsə] n 1 pl replės; pincetas
2 (vėžio) žnyplė

pinch [pɪntʃ] v 1 įgnybti 2 spausti (apie
batus) 3 apriboti; susispausti 4 šnek.
pavogti n 1 gnybis 2 žiupsnelis 3 (su)-
spaudimas 4 reikalas, bėda

pinchbeck ['pɪntʃbek] n klastotė, pa-
dirbtos brangenybės a padirbtas, suk-
lastotas

pinchers ['pɪntʃəz] n pl replės, žnyplės

pine [paɪn] I v 1 nykti, silpti (iš siel-
varto) 2 ilgėtis (for, after)

pine II n pušis (t.p.   pine tree);
~-apple [-æpl] n ananasas ~-cone
[-kəun] n pušies kankorėžis

ping [pɪŋ] n zyzimas; (kulkos) zvimbi-
mas v zyzti; zvimbti ~-pong [-pɔŋ] n
stalo tenisas

pinion ['pɪnɪən] I n 1 (paukščio sparno)
plunksna 2 poet. sparnas v 1 apkarpy-
ti, surišti sparnus 2 prk. surišti rankas

pinion II n tech. dantratis

pink I [pɪŋk] n 1 bot.   gvazdikas
2 ryškiai rožinė spalva a šviesiai
rožinis ~y [-ɪ] a rožinis (spalva)

pink II v prakalti, pradurti; išbadyti
(skylutes) n 1 skylutė, akutė 2 (amer.
ping) plerpimas; pyškėjimas

pinnace ['pɪnɪs] n jūr. kateris

pinnacle ['pɪnəkl] n 1 (kalno) viršūnė;
smailus bokštas 2 prk. kulminacinis
taškas v 1 puošti bokšteliais 2 iškelti

pinnate(d) ['pɪneɪt(ɪd)] a bot., zool.
plunksninis, plunksnos pavidalo, iš
atskirų lapelių

pint [paɪnt] n pinta (skysčių matas, ly-
gus 0,568 litro)

pioneer [ˌpaɪə'nɪə] n 1 kar. pionierius
2 iniciatorius v 1 skinti kelią; būti pio-
nieriumi 2 vadovauti

pious ['paɪəs] a 1 pamaldus, religingas
2 niek. šventeiviškas; veidmainiškas;
davatkiškas

pip [pɪp] I n (obuolio, vyšnios) sėkla,
kaulelis

pip II n 1 taškas (sporte), (domino,
kortų) akis 2 (antpečių) žvaigždutė

pip III n: to have the ~ šnek. būti
blogai nusiteikus; nesmagiai, nepato-
giai jaustis

pip IV v šnek. 1 pašauti, sužeisti 2 pa-
daryti galą 3 sužlugdyti planus

pipe [paɪp] n 1 vamzdis 2 pypkė
3 dūdelė, švilpukas; the ~s žr. bag-
pipes; 4 (paukščių) čiulbėjimas v
1 groti, švilpti 2 tiesti vamzdžius
~clay [-kleɪ] n baltasis molis ~line
[-laɪn] n naftotiekis; vamzdynas

piping ['paɪpɪŋ] n 1 (vandentiekio)
vamzdžiai 2 grojimas (dūdele ar dūd-
maišiu) 3 apvadas; apsiuvas a cypian-
tis (apie balsą); skvarbus

piquan||cy ['pi:kənsɪ] n pikantiškumas
~t [-nt] a pikantiškas

pique [pi:k] n įžeista savimeilė; nuo-
skauda; apmaudas v 1 įgelti, įžeisti
2 sužadinti 3: to ~ oneself on prk.
pūstis, puikautis (kuo) 4 av. pikiruoti

pira||cy ['paɪərəsɪ] n 1 piratavimas, plė-
šimas (jūroje) 2 autorinės teisės pa-
žeidimas ~te ['paɪərət] n 1 piratas
2 autorinės teisės pažeidėjas ~tic(al)
[ˌpaɪə'rætɪk(l)] a piratinis, piratiškas

pisc||atorial, ~atory [ˌpɪskə'tɔ:rɪəl,
'pɪskətərɪ] a žvejybos ~iculture ['pɪ-
sɪkʌltʃə] n žuvininkystė

piss [pɪs] v šlapintis; ~ off! nešdinkis!
(šnek., grub.)

pistachio [pɪ'stɑ:ʃɪəu] n pistacija (rie-
šutas)

pistil ['pɪstl] n bot. piestelė

pistol ['pɪstl] n pistoletas, revolveris

piston ['pɪstən] n 1 stūmoklis 2 vožtu-
vas 3 attr stūmoklinis ~-rod [-rɔd] n
švaistiklis

pit [pɪt] n 1 duobė; įdubimas; duobutė
(odoje) 2 šachta 3 parteris (paskuti-
nės eilės) v 1 kasti duobes 2 laikyti
duobėse (daržoves)

pit-a-pat [ˌpɪtə'pæt] *adv*: *his heart went* ~ jo širdis sudrebėjo

pitch [pɪtʃ] I *n* smala, derva, degutas; *as black as* ~ juodas kaip derva *v* dervuoti

pitch II *v* 1 (pa)statyti (*palapinės*) 2 išstatyti pardavimui 3 išmesti; išsviesti *n* 1 (*lėktuvo, laivo*) supimas 2 *sport.* aikštė 3 nuolatinė vieta (*pvz., gatvės prekiautojo*) 4 (*tono, garso*) aukštumas 5 nuolydis, nuolaidumas

pitcher ['pɪtʃə] *n* 1 molinis indas 2 *amer.* ąsotis

pitchfork ['pɪtʃfɔ:k] *n* šakės △ *it rains* ~s lyja kaip iš kibiro

piteous ['pɪtɪəs] *a* pasigailėtinas, vertas pasigailėjimo

pitfall ['pɪtfɔ:l] *n* vilkduobė; *prk.* spąstai

pith [pɪθ] *n* 1 *bot.* šerdis 2 nugarkaulio smegenys 3 jėga, energija 4 esmė

piti‖able ['pɪtɪəbl] *a* pasigailėtinas, nelaimingas ~ful *a* 1 niekingas, sukeliantis pasigailėjimą 2 gailestingas, gailiaširdis ~less *a* negailestingas

pittance ['pɪtəns] *n* menka alga *arba* pašalpa; išmalda

pity ['pɪtɪ] *n* gailestis; *it's a* ~ gaila; *to take / have* ~ pasigailėti (*on*) *v* gailėti, užjausti

pivot ['pɪvət] *n* 1 sukimosi / atsparos taškas 2 ašis; (*durų*) vyris; strypas; šerdesas; stiebas 3 centrinė figūra *v* sukti(s) apie ašį ~al [-l] *a* 1 ašies; ašinis 2 *prk.* centrinis, pagrindinis

pizza ['pi:tsə] *n* pica

placable ['plækəbl] *a* geraširdis; romus, atlaidus

placard ['plækɑ:d] *n* plakatas, afiša

placate [plə'keɪt] *v* 1 sutaikinti 2 nuteikti savo naudai

place [pleɪs] *n* 1 vieta; ~ *of birth* gimimo vieta △ *to take* ~ (į)vykti; *in* ~ *of* vietoj; *all over the* ~ visur 2 miestas; vietovė 3 butas, namai 4 padėtis; pareigos *v* 1 patalpinti; dėti 2 parūpinti darbą 3 realizuoti (*prekes*)

placid ['plæsɪd] *a* lėtas; taikus ~ity [plə'sɪdətɪ] *n* ramumas, lėtumas

plagiar‖ism ['pleɪdʒɪərɪzəm] *n* plagiatas ~ist [-rɪst] *n* plagiatorius ~ize [-raɪz] *v* plagijuoti

plague [pleɪg] *n* 1 maras 2 bėda, nelaimė 3 *šnek.* nemalonumas, trukdymas *v šnek.* įkyrėti, varginti, kankinti

plaid [plæd] *n* pledas, languota vilnonė danga, skara

plain [pleɪn] I *n* 1 lyguma 2 *poet.* laukas

plain II *a* 1 aiškus 2 paprastas, suprantamas 3 vienspalvis (*apie medžiagą*) 4. tiesus, atviras △ ~ *clothes* civiliniai drabužiai *adv* 1 aiškiai, paprastai 2 atvirai ~ly *adv* atvirai, tiesiog ~-spoken [ˌpleɪn'spəukn] *a* atviras, tiesus

plaint [pleɪnt] *n* 1 *teis.* ieškinys 2 *poet.* sielvartavimas ~iff [-ɪf] *n teis.* ieškovas ~ive [-tɪv] *a* graudus, liūdnas; gedulingas

plait [plæt] (*amer.* **braid**) *n* 1 (*plaukų*) kasa 2 klostė *v* 1 (su)pinti (*kasas*) 2 klostyti, dėti klostes

plan [plæn] *n* planas, projektas, schema, diagrama *v* 1 sudaryti planą; planuoti, projektuoti 2 sumanyti, ketinti

plane [pleɪn] I *n bot.* platanas

plane II *n* 1 plokštuma 2 *prk.* lygis 3 lėktuvas; *pursuit* ~ naikintuvas *a* plokščias *v* sklandyti

plane III *n* oblius; leistuvas *v* obliuoti, lyginti

planet ['plænɪt] *n* planeta ~arium [ˌplænɪ'teərɪəm] *n* planetarijumas ~ary [-rɪ] *a* planetinis

plank [plæŋk] *n* stora lenta *v* apkalti lentomis ~bed [-bed] *n* gultas ~ing *n* 1 (*grindų*) lentos 2 apmušimas lentomis

plant [plɑ:nt] *n* 1 augalas 2 įrengimai 3 *amer.* gamykla, fabrikas *v* skleisti, skiepyti

plantain ['plæntɪn] *n bot.* gyslotis

plantation [plæn'teɪʃn] *n* 1 plantacija; sodiniai 2 sodinimas

plash [plæʃ] I *v* taškyti(s) *n* 1 taškymas, pliuškenimas 2 balutė, klanas

plash II *v* pinti, regzti šakas gyvatvorei

plaster [ˈplɑːstə] n 1 trauklapis, pleistras 2 tinkas **3** gipsas; ~ *of Paris* alebastras *v* 1 uždėti trauklapį 2 tinkuoti; užtepti **3** *prk.* atvirai pataikauti

plastic [ˈplæstɪk] *a* plastiškas, plastinis ~ine [-siːn] n plastilinas ~ity [plæsˈtɪsətɪ] n plastiškumas; plastika

plate [pleɪt] n 1 plokštelė; lapas 2 lėkštė **3** sidabriniai stalo reikmenys *v* 1 padengti metalą (*auksu, sidabru, nikeliu ir pan.*) 2 apkalti, apšarvuoti **3** (su)-ploti (*metalą*)

plateau [ˈplætəu] n (*pl* -s, -x [-z]) plokščiakalnis

plateful [ˈpleɪtful] n pilna lėkštė

platform [ˈplætfɔːm] n 1 platforma 2 aikštelė **3** tribūna 4 peronas

platitud||e [ˈplætɪtjuːd] n banalumas, trivialumas ~inous [ˌplætɪˈtjuːdɪnəs] *a* nuvalkiotas, trivialus

platoon [pləˈtuːn] n *kar.* būrys

plaudit [ˈplɔːdɪt] n (*papr. pl*) plojimai

plaus||ibility [ˌplɔːzəˈbɪlətɪ] n 1 tikėtinumas, įtikinimas 2 mokėjimas įgyti pasitikėjimą ~ible [ˈplɔːzəbl] *a* 1 tikėtinas; patikimas 2 mokantis įgyti pasitikėjimą

play [pleɪ] n 1 žaidimas; žaismas, pokštas 2 pjesė **3** elgimasis; *fair* ~ sąžiningumas 4 veikimas 5 grojimas 6 lošimas (*kortomis*) *v* 1 žaisti; groti; *to* ~ *fair* garbingai pasielgti 2 veikti; atlikti; vaidinti; *to* ~ *smb a trick* iškrėsti pokštą, apgauti; *to* ~ *the fool* apsimesti, dėtis kvailiu

play||bill [ˈpleɪbɪl] n programa; afiša ~boy [-bɔɪ] n padauža, vėjavaikis ~-day [-deɪ] n 1 nedarbo diena 2 šventė (*moksleiviams*) ~er n 1 aktorius 2 žaidėjas ~fellow [-feləu] n vaikystės draugas ~-field [-fiːld] n sporto aikštelė ~ful *a* 1 žaismingas 2 juokaujamas ~game [-geɪm] n *prk.* vaikų žaidimas ~goer [-gəuə] n teatro mėgėjas ~ground [-graund] n žaidimų aikštė ~house [-haus] n (dramos) teatras ~mate [-meɪt] n 1 vaikystės draugas

2 partneris ~wright [-raɪt] n dramaturgas

plea [pliː] n 1 pasiteisinimas 2 dingstis, pretekstas **3** argumentas 4 *teis.* ginamoji kalba; *to hold* ~s patraukti tieson 5 prašymas; maldavimas

plead [pliːd] *v* (pleaded; *amer.* pled) 1 kreiptis į teismą 2 *teis.* ginti (*teisme*) **3** prašyti, pareikšti; *to* ~ *guilty* prisipažinti kaltu; *to* ~ *not guilty* neprisipažinti kaltu ~ing n 1 teismo procedūra 2 gynyba, gynimas

pleasant [ˈpleznt] *a* malonus; mandagus ir draugiškas ~ry [-rɪ] n juokai; juokavimas

pleas||e [pliːz] *v* 1 patikti 2 teikti malonumą; *to be* ~ed *with* būti patenkintam (*kuo nors*); *as you* ~ kaip jūs norite, kaip patinka **3** malonėti; (*if you*) ~! prašau!; jums leidžiant ~ing *a* 1 teikiantis malonumą, malonus 2 patrauklus

pleasure [ˈpleʒə] n 1 malonumas, pomėgis 2 noras, pageidavimas; *at* ~ pagal norą ~-boat [-bəut] n ekskursijų laivas, jachta ~-ground [-graund] n aikštelė (*žaidimams*); parkas (*su žaidimais, atrakcionais*)

pleat [pliːt] n (*drabužių*) raukšlė, klostė *v* daryti klostes

plebiscite [ˈplebɪsɪt] n plebiscitas

pled [pled] *amer. šnek.* past ir pp žr. **plead**

pledge [pledʒ] n 1 užstatas, įkaitas; *to put in* ~ užstatyti; *to take out of* ~ išpirkti (*užstatą*) 2 priesaika, pasižadėjimas; įsipareigojimas *v* 1 užstatyti 2 garantuoti, laiduoti; įsipareigoti; *to* ~ *one's word* tvirtai pa(si)žadėti

plenary [ˈpliːnərɪ] *a* 1 pilnas, visiškas 2 plenarinis (*posėdis*)

plenipotentiary [ˌplenɪpəˈtenʃərɪ] *a* 1 įgaliotas 2 neribotas, absoliutus n įgaliotasis atstovas

plenitude [ˈplenɪtjuːd] n gausumas, perteklius

plent||iful [ˈplentɪfl] *a* 1 gausus 2 derlingas ~y [ˈplentɪ] n 1 gausumas; daugybė; ~y *of* daug 2 perteklius; *in* ~y labai daug, gausiai *adv šnek.* gausiai, pertektinai

pleur‖a [ˈpluərə] *n anat.* pleura ~isy [-rəsı] *n med.* pleuritas

pli‖ability [ˌplaıəˈbılətı] *n* 1 lankstumas 2 nuolaidumas ~able [ˈplaıəbl] *a* 1 lankstus 2 nuolaidus ~ant [ˈplaıənt] *a* 1 lankstus 2 nuolaidus

pliers [ˈplaıəz] *n pl (plokščiosios)* replės

plight [plaıt] *n* sunki padėtis

plimsolls [ˈplımsəlz] *n* medžiaginiai batai

plinth [plınθ] *n* cokolis *(apatinė kolonos / paminklo dalis)*

plod [plɔd] *v* 1 pėdinti, sunkiai eiti 2 atkakliai ir kruopščiai dirbti / mokytis *(at)* ~der *n šnek.* darbštuolis ~ding *a* 1 darbštus 2 sunkus

plop [plɔp] *n* pliumptelėjimas *(į vandenį) v* plekštelėti, pliumptelėti

plos‖ion [ˈpləuʒn] *n fon.* sprogimas ~ive [ˈpləusıv] *n* sprogstamasis priebalsis *a* sprogstamasis *(apie priebalsį)*

plot [plɔt] I *n* 1 žemės sklypas 2 planas; grafikas; diagrama *v* 1 sudaryti planą 2 braižyti kreivę, grafiką, diagramą; pažymėti plane

plot II *n* 1 siužetas, fabula 2 sąmokslas *v* intriguoti, ruošti sąmokslą ~ter *n* sąmokslininkas; intrigantas

plough [plau] *n* 1 plūgas 2 arimas *(laukas)* 3 *šnek.* susikirtimas *(per egzaminą) v* 1 arti 2 vagoti □ to ~ through su vargu prasiskverbti; to ~ up išpurenti žemę ~man [-mən] *n* artojas ~share [-ʃeə] *n* noragas

plover [ˈplʌvə] *n zool.* sėjikas

plow [plau] *amer. žr.* plough

pluck [plʌk] *v* 1 skinti *(gėles)* 2 išpešti *(plauką);* nupešti *(paukštį)* 3 liesti *(stygas)* 4 sukirsti per egzaminą; to ~ up išrauti, išnaikinti *n* 1 rovimas, pešimas, skynimas 2 *prk.* drąsa, vyriškumas ~y [-ı] *a* drąsus

plug [plʌg] *n* 1 kamštis, kaištis 2 kištukas („štepselis") 3 uždegimo žvakė *(t.p.* sparking ~) 4 presuotas *(kramtomasis)* tabakas *v* 1 užkimšti, užkišti

2 uoliai dirbti 3 *šnek.* kirsti smūgį □ to ~ in įkišti kištuką; to ~ up užkimšti ~-switch [-swıtʃ] *n el.* išjungiklis

plum [plʌm] *n* slyva

plumage [ˈpluːmıdʒ] *n* plunksnos; plunksnų danga

plumb [plʌm] *n* 1 gabaliukas švino 2 svambalas *a* 1 vertikalus, statmenas 2 tikras *adv* 1 tiksliai, vertikaliai, statmenai 2 *amer.* visiškai *v* 1 stačiai pastatyti 2 matuoti gilumą ~er *n* 1 vandentiekio darbininkas 2 lituotojas ~line [-laın] *n* 1 svambalas 2 *prk.* kriterijus, matas

plume [pluːm] *n* 1 plunksna 2 pliumažas *v* 1 puošti pliumažu 2 valyti snapu plunksnas △ to ~ oneself didžiuotis, pūstis

plummet [ˈplʌmıt] *n* 1 svarelis 2 grimzdas 3 svambalas 4 *prk.* sunkumas, našta *v* kristi *(stačiai)* žemyn

plump [plʌmp] I *a* pilnas, apvalus, apkūnus *v* išpenėti *(up)* 2 tukti, storėti *(out / up)*

plump II *a* tiesus; ryžtingas; kategoriškas *v* 1 kristi, pargriūti 2 užgriūti *(upon)* 3 ryžtingai balsuoti *(už ką — for) adv* 1 staiga 2 tiesiai

plunder [ˈplʌndə] *n* 1 plėšimas, grobimas 2 grobis *v* grobti, plėšti; grobstyti ~er [-rə] *n* plėšikas

plunge [plʌndʒ] *n* nardymas; pasinėrimas *v* (pasi)nerti, nardyti

plural [ˈpluərəl] *a* 1 gausus; dauginis 2 *gram.* daugiskaitinis *n gram.* daugiskaita ~ity [pluːˈrælətı] *n* 1 gausumas 2 daugybė 3 *amer.* balsų daguma

plus [plʌs] *prep* plius *a* teigiamas *n* pliusas, pliuso ženklas (+) ~-fours [ˌplʌsˈfɔːz] *n* plačios sportinės kelnės

plush [plʌʃ] *n* 1 pliušas 2 *attr* elegantiškas, puikus ~y [-ı] *a* pliušinis

pluvi‖al [ˈpluːvıəl] *a* lietaus

ply I [plaı] *n* 1 sulenkimas; klostė; sluoksnis 2 sruoga, pluoštas 3 *(prk. ir tiesiog.)* kryptis; polinkis į; to take a ~ paimti kryptį

ply II *v* **1** uoliai dirbti **2** prisispyrus vaišinti **3** kursuoti **4** apiberti (*klausimais*)

plywood [ˈplaɪwud] *n* fanera

pneumatic [njuːˈmætɪk] *a* pneumatinis ~s [-s] *n* *pl* pneumatika

pneumoni‖a [njuːˈməʊnɪə] *n* plaučių uždegimas ~c [-ˈmɔnɪk] *a* plaučių uždegimo

poach I [pəʊtʃ] *v* **1** virti kiaušinius be lukštų **2** troškinti (*mėsą, žuvį*)

poach II [pəʊtʃ] *v* **1** brakonieriauti **2** įsibrauti (*į svetimas valdas*) ~er [-ə] *n* brakonierius

pock [pɔk] *n* raupas

pocket [ˈpɔkɪt] *n* **1** kišenė △ *empty* ~(s) pinigų stoka; *deep* ~(s) turtingumas **2** dėžė; bunkeris; biliardo kišenė **3** *av.* oro duobė **4** *attr* kišeninis *v* **1** dėti į kišenę **2** *prk.* pasisavinti, nudžiauti **3** įvaryti rutulį (*į biliardo kišenę*) ~-book [-buk] *n* **1** užrašų knygutė **2** piniginė ~-knife [-naɪf] *n* peiliukas

pock‖mark [ˈpɔkmɑːk] *n* raupo duobutė (*ant veido*) ~-marked [-mɑːkt] *a* raupuotas

pod [pɔd] *n* ankštis; kiautas; kokonas *v* gliaudyti, lukštenti

podgy [ˈpɔdʒɪ] *a* *šnek.* kresnas

poe‖m [ˈpəʊɪm] *n* poema, eilėraštis ~t [ˈpəʊɪt] *n* poetas ~tess [-ɪtɪs] *n* poetė ~tic(al) [pəʊˈetɪk(l)] *a* poetiškas ~tics [pəʊˈetɪks] *n* *pl* poetika ~try [ˈpəʊɪtrɪ] *n* poezija

poing‖ancy [ˈpɔɪnjənsɪ] *n* aštrumas, aitrumas; kandumas ~ant [-jənt] *a* aštrus, aitrus, kandus

point [pɔɪnt] *n* **1** taškas, punktas; *at all* ~s visais atžvilgiais; visur; *five* ~ *seven* (5.7) penki ir septynios dešimtosios (5,7); ~ *of interrogation* klaustukas; ~ *of view* požiūris; ~ *of departure* išsiuntimo punktas; *cardinal* ~s pasaulio šalys **2** *sport.* taškas **3** smailuma, smaigalys; *prk.* riba **4** iškyšulys, ragas **5** *prk.* reikalas, esmė; prasmė △ *the* ~ *in question*

pokalbio, svarstymo tema; *to speak to the* ~ kalbėti į temą; *off the* ~ ne į temą; *that is just the* ~ tas ir yra *v* **1** (nu)rodyti **2** (nu)taikyti **3** dėti skyrybos ženklus **4** nudrožti (*pieštuką*) ~-duty [-djuːtɪ] *n* budėjimas poste (*apie eismo reguliuotoją*) ~ed [-ɪd] *a* **1** aštrus, smailus **2** aštrus, griežtas **3** nukreiptas ~er *n* **1** rodyklė, strėlė **2** patarimas (*on smth*) ~less *a* **1** neužaštrintas; netaiklus **2** beprasmis, betikslis; blankus **3** *sport.* negavęs nė vieno taško

poise [pɔɪz] *n* **1** pusiausvyra; savitvarda **2** dvejojimas **3** poza *v* **1** išlaikyti pusiausvyrą **2** būti pakabintam **3** *prk.* svarstyti

poison [ˈpɔɪzn] *n* nuodai *v* nuodyti; užkrėsti ~er *n* nuodytojas ~ing *n* nunuodijimas, ap(si)nuodijimas ~ous [-əs] *a* nuodingas

poke [pəʊk] *n* bakstelėjimas, stumtelėjimas *v* **1** baksnoti, stumdyti; kaišioti (*in / up / down*) **2** maišyti žarstekliu □ *to* ~ *about* smalsauti; *to* ~ *into* ištirti; *to* ~ *through* pradurti, persmeigti

poker [ˈpəʊkə] I *n* žarstiklis

poker II *n* pokeris (*kortų lošimas*)

poky [ˈpəʊkɪ] *a* **1** ankštas **2** menkas, skurdus

polar [ˈpəʊlə] *a* poliarinis; polinis; ~ *bear* baltoji meška; ~ *lights* šiaurės pašvaistė ~ity [pəˈlærətɪ] *n* poliariškumas ~ize [-raɪz] *v* poliarizuoti

pole [pəʊl] I *n* mietas, stiebas, stulpas, kartis

pole II *n* ašigalis, polius

Pole [pəʊl] *n* lenkas, -ė

polecat [ˈpəʊlkæt] *n* *zool.* šeškas

polemic [pəˈlemɪk] *n* (*t.p.* *pl*) polemika *a* poleminis

pole-star [ˈpəʊlstɑː] *n* šiaurinė žvaigždė; *prk.* kelrodė žvaigždė

police [pəˈliːs] *n* policija ~man [-mən] *n* policininkas ~-station [-ssteɪʃn] *n* policijos nuovada ~woman [-wumən] *n* policininkė

policy ['pɔləsɪ] I *n* 1 politika 2 elgesio linija / kursas

policy II *n* polisas (*draudimo liudijimas*)

Polish ['pəulɪʃ] *a* lenkiškas *n* lenkų kalba

polish ['pɔlɪʃ] *n* 1 poliravimas; politūra 2 blizgesys *v* 1 blizginti, poliruoti 2 *prk.* šlifuoti (*pvz., tekstą*) △ to ~ off *šnek.* užbaigti, greitai susidoroti

polite [pə'laɪt] *a* 1 mandagus 2 rafinuotas (*apie kalbą, elgesį aukštojoje visuomenėje*) ~ness *n* mandagumas

politic ['pɔlɪtɪk] *a* protingas; apdairus; diplomatiškas

politic||al [pə'lɪtɪkl] *a* politinis; valstybinis ~ian [ˌpɔlɪ'tɪʃn] *n* 1 politikas 2 *amer.* valstybės veikėjas ~s ['pɔlɪtɪks] *n* 1 politika 2 politinės pažiūros

poll [pəul] *n* 1 rinkėjų sąrašas 2 balsavimas 3 *pl* (the ~s) balsavimo vieta 4 visuomenės nuomonės apklausa *v* 1 balsuoti 2 apklausti ~ing *n* balsavimas; ~ing booth balsavimo kabina

poll||en ['pɔlən] *n bot.* žiedadulkės ~inate [-ɪneɪt] *v* ap(si)dulkinti

pollut||ant [pə'lu:tənt] *n* teršalas ~e [pə'lu:t] *v* 1 (su)teršti, sutepti 2 išniekinti ~ion [-'lu:ʃn] *n* 1 (su)teršimas; išniekinimas 2 teršalas

polyhedr||on [ˌpɔlɪ'hi:drən] *n* (*pl* ~ons [-z] *arba* ~a [-rə]) *mat.* briaunainis

polytechnic [ˌpɔlɪ'teknɪk] *a* politechninis *n* politechnikos koledžas (*šnek.* poly)

pomegranate ['pɔmgrænɪt] *n bot.* granatas

pomp [pɔmp] *n* dirbtinis iškilmingumas, pompa ~ous [-əs] *a* pompastiškas; išdidus; kilmingas

pond [pɔnd] *n* baseinas; tvenkinys; kūdra *v* užtvenkti; įrengti tvenkinį

ponder ['pɔndə] *v* apgalvoti, apsvarstyti, apmąstyti ~able [-rəbl] *a* 1 materialus 2 svarus; turintis svorio ~osity [ˌpɔndə'rɔsɪtɪ] *n* sunkumas; svoris ~ous ['pɔndərəs] *a* 1 sunkus; griozdiškas 2 nuobodus, dirbtinis

pontiff ['pɔntɪf] *n* 1 Romos popiežius (*papr.* the P.) 2 vyskupas; archijerėjus 3 aukščiausiasis dvasininkas

pontoon [pɔn'tu:n] *n* 1 pontonas 2 hidroplano plūdė

pony ['pəunɪ] *n* 1 ponis 2 *šnek.* 25 svarai sterlingų 3 *amer.* „špargalka"

pooh [pu:] *int* fu!

pool [pu:l] I *n* 1 klanas 2 tvenkinys 3 baseinas (*t.p.* swimming-~)

pool II *n* 1 įmonininkų susitarimas, pulas 2 bendras fondas; bankas, pastatytoji suma (*lošiant ar einant lažybų*) 3 biuras 4 *amer.* bilijardas *v* sujungti kapitalus

poop [pu:p] *n* užpakalinė laivo dalis

poor [puə] *a* 1 skurdus, vargingas, neturtingas; the ~ vargšai; P. Law įstatymas, reguliuojantis varguomenės padėtį 2 nelaimingas 3 menkas, blogas ~-house [-haus] *n* vargšų prieglauda ~ly *adv* menkai, blogai; skurdžiai ~ness *n* 1 skurdumas, neturtingumas 2 nepakankamumas ~-spirited [ˌpuə'spɪrɪtɪd] *a* bailus

pop [pɔp] *n* 1 (*kamščio, šūvio*) pokštelėjimas, pykštelėjimas 2 *šnek.* šnypščiąs gėrimas 3 tėtė (*kreipinys*); tėvuk (*kreipiantis į vyresnįjį*) *v* 1 pokštelėti; pokšėti, pyškinti 2 staiga pasirodyti 3 *šnek.* staiga paklausti □ to ~ in užsukti, užeiti; to ~ in and out bėgioti ten ir atgal *a:* ~ music popmuzika

pope [pəup] *n* 1 popiežius 2 vyskupas

popinjay ['pɔpɪndʒeɪ] *n* gražeiva, dabita

poplar ['pɔplə] *n* tuopa; trembling ~ epušė

poppet ['pɔpɪt] *n* (*kreipinys*) pupytė

poppy ['pɔpɪ] *n* aguona ~cock [-kɔk] *n* niekai, nesąmonė

populace ['pɔpjuləs] *n* gyventojai

popular ['pɔpjulə] *a* 1 liaudies 2 populiarus 3 prieinamas ~ity [ˌpɔpju'lærətɪ] *n* populiarumas ~ize, ~ise [-raɪz] *v* populiarinti

popul‖ate ['pɔpjuleɪt] *v* įkurdinti; apgyvendinti ~**ation** [ˌpɔpju'leɪʃn] *n* gyventojai; *resident* ~*ation* nuolatiniai gyventojai ~**ous** ['pɔpjuləs] *a* gausus gyventojų, tirštai gyvenamas

porcelain ['pɔ:səlɪn] *n* 1 porcelianas 2 *attr* porcelianinis

porch [pɔ:tʃ] *n* 1 prieangis, portikas; įėjimas 2 *amer.* veranda, terasa

porcupine ['pɔ:kjupaɪn] *n zool.* dygliakiaulė

por‖e [pɔ:] I *v* įsigilinti, susikaupti (*over*); galvoti (*over*)

pore II *n* pora, skylutė ~**ous** [-rəs] *a* poringas, akytas

pork [pɔ:k] *n* kiauliena ~**y** [-ɪ] *a* 1 lašiningas, riebus 2 *šnek.* riebus, mėsingas

porridge ['pɔrɪdʒ] *n* (*avižų*) košė

port [pɔ:t] I *n* 1 uostas; ~ *of destination* paskyrimo uostas

port II *jūr. n* 1 borto anga, liukas 2 kairysis bortas *a* kairysis (*apie laivo šoną*)

port III *n* portveinas

port‖able ['pɔ:təbl] *a* kilnojamas, portatyvus ~**age** ['pɔ:tɪdʒ] *n* 1 pervežimas 2 pervežimo išlaidos 3 pervalkas

portal ['pɔ:tl] *n* portalas, paradinis įėjimas

port‖end [pɔ:'tend] *v* pranašauti ~**ent** ['pɔ:tənt] *n* 1 (*būsimo įvykio*) ženklas 2 stebuklas ~**entous** [pɔ:'tentəs] *a* 1 grėsmingas; nelaimę pranašaujantis 2 nepaprastas; nuostabus

porter ['pɔ:tə] I *n* 1 šveicorius 2 nešikas 3 *amer.* (*traukinio*) palydovas

porter II *n* porteris (*alus*)

portfolio [pɔ:t'fəuliəu] *n* 1 portfelis 2 akcijų paketas 3 ministro vieta

portico ['pɔ:tɪkəu] *n* portikas; atvira galerija

portion ['pɔ:ʃn] *n* 1 dalis; davinys 2 dalia, likimas *v* išdalyti, padalyti

portly ['pɔ:tlɪ] *a* įkūnus, stuomeningas

portmanteau [pɔ:t'mæntəu] *n* (*pl* ~s, ~x [-z]) lagaminas (*drabužiams*)

portra‖it ['pɔ:trɪt] *n* 1 portretas 2 (at)vaizdavimas, aprašymas ~**y** [pɔ:'treɪ] *v* 1 tapyti portretą 2 vaizduoti; aprašyti ~**yal** [pɔ:'treɪəl] *n* 1 portreto tapymas 2 vaizdavimas, aprašymas

Portuguese [ˌpɔ:tʃu'gi:z] *n* 1 portugalas, -ė 2 portugalų kalba *a* portugalų

pos‖e [pəuz] *n* poza *v* 1 pozuoti (*t.p. prk.*) 2 apsimesti (*kuo*) 3 (iš)kelti (*klausimą, uždavinį*) ~**er** *n* 1 sunkus klausimas 2 pozuotojas

position [pə'zɪʃn] *n* 1 padėtis, pozicija; stovis 2 vieta; tarnyba *v* 1 statyti, padėti 2 nustatyti padėtį

positive ['pɔzətɪv] *n* 1 *gram.* nelyginamasis laipsnis 2 *fot.* pozityvas *a* 1 teigiamas; pozityvus 2 neabejotinas; tikras 3 konstruktyvus; ~ *sign* pliuso ženklas ~**ly** *adv* 1 būtinai, besąlygiškai 2 kategoriškai

possess [pə'zes] *v* valdyti; turėti (*ką nuosavą*) ~**ed** [-t] *a* apimtas, apsėstas ~**ion** [-'zeʃn] *n* valdymas, turėjimas; *in* ~*ion of* turintis; *in the* ~*ion of* (*kieno*) valdžioje, nuosavybėje ~**ive** [-ɪv] *a* 1 savininkiškas 2 *gram.* savybinis; ~*ive case* savybinis linksnis ~**or** *n* valdytojas, savininkas

possib‖ility [ˌpɔsə'bɪlətɪ] *n* 1 galimybė 2 tikimybė ~**le** ['pɔsəbl] *a* galimas ~**ly** ['pɔsəblɪ] *adv* 1 kiek galima 2 galimas daiktas, galbūt

post [pəust] I *n* 1 stulpas, baslys 2 polis, ramstis 3 *sport.* starto / finišo vieta *v* iškabinti skelbimą, skelbti

post II *n* 1 paštas (*amer.* mail); *the P. (Office)* paštas 2 postas 3 tarnyba 4 pozicija *v* 1 siųsti paštu; įmesti į pašto dėžutę 2 suteikti darbą, tarnybą 3 pastatyti kareivį poste *adv: by* ~ paštu

post- [pəust-] *pref* po-: ~-*glacial* poledyninis

post‖age ['pəustɪdʒ] *n* pašto išlaidos ~-**stamp** [-stæmp] *n* pašto ženklas

postal ['pəustl] *a* pašto; ~ *order* pašto perlaida (*amer.* money order)

post‖boy [ˈpəustbɔɪ] *n* laiškanešys ~
-box [-bɔks] *n* pašto dėžutė (*amer.*
mailbox); ~card [-kɑːd] *n* atvirukas
poster [ˈpəustə] *n* 1 plakatas, afiša; *to
post up a* ~ klijuoti plakatą 2 (*pla-
katų, afišų*) išklijuotojas
poste restante [ˌpəustˈrestɑːnt] *n* laiš-
kai iki pareikalavimo
poster‖ior [pɔsˈtɪərɪə] *a* 1 užpakalinis
2 vėlesnis, sekantis ~ity [pɔsˈterətɪ] *n*
palikuonys
post-free [ˌpəustˈfriː] *a, adv* paštu ne-
mokamai
postgraduate [ˌpəustˈgrædʒuət] *n* as-
pirantas *a* aspirantūros; ~ *course* as-
pirantūra
posthumous [ˈpɔstjuməs] *a* pomirtinis;
po mirties
post‖man [ˈpəustmən] *n* laiškanešys
(*amer.* mailman); ~mark [-mɑːk] *n*
pašto antspaudas ~master [-mɑːstə]
n pašto viršininkas; *Postmaster
General* pašto ir telegrafo ministras
~mistress [-mɪstrɪs] *n* pašto viršinin-
kė
post meridiem [ˌpəustməˈrɪdɪəm] *adv*
po pusiaudienio (*sutr.* p.m.)
post-mortem [ˌpəustˈmɔːtem] *adv* po
mirties *a* 1 pomirtinis 2 pavėluotas *n*
(*lavono*) skrodimas
post office [ˈpəustɔfɪs] *n* paštas; pašto
skyrius
postpone [pəˈspəun] *v* atidėti ~ment
n atidėliojimas, atidėjimas
postulate [ˈpɔstjulət] *n* postulatas *v*
[ˈpɔstjuleɪt] priimti be įrodymų; pa-
reikšti
posture [ˈpɔstʃə] *n* padėtis, poza *v*
1 statyti į tam tikrą padėtį 2 pozuoti
post-war [ˌpəustˈwɔː] *a* pokarinis
posy [ˈpəuzɪ] *n* nedidelė gėlių puokštė
pot [pɔt] *n* 1 puodas, katiliukas △ *big*
~ žymi asmenybė; *to keep the* ~
boiling a) skubiai ką tęsti (*darbą, žai-
dimą*); b) nuolat kuo domėtis 2 *šnek.*
prizas, taurė *v* 1 sodinti (*augalą*) į
puodą 2 sodinti (*vaiką*) ant puodo
3 konservuoti

potash [ˈpɔtæʃ] *n chem.* potašas
potassium [pəˈtæsɪəm] *n chem.* kalis
potato [pəˈteɪtəu] (*pl* ~es) *n* bulvė △
hot ~ sunkus, nemalonus dalykas
poten‖cy [ˈpəutnsɪ] *n* jėga, galybė ~t
[-nt] *a* 1 stipriai veikiantis 2 (*apie vy-
rą*) stiprus, galingas ~tate [-nteɪt] *n*
valdovas, monarchas
potential [pəˈtenʃl] *n* 1 galimumas
2 potencialas *a* potencialus ~ity [pə-
ˌtenʃɪˈælətɪ] *n* galimybė ~ly [-ʃəlɪ] *adv*
galbūt, galimas daiktas
potion [ˈpəuʃn] *n* vaistų *arba* nuodų
dozė
pot-pourri [ˌpəuˈpuərɪ] *n* 1 (*vaistažolių*)
mišinys 2 *muz.* popuri
potter [ˈpɔtə] I *v* 1 nerimtai dirbti;
tingėti 2 tuščiai leisti laiką (*about /
around*)
potter II *n* puodžius ~y [-rɪ] *n* 1 moli-
niai indai 2 keramika 3 puodų dirbtu-
vė
potty [ˈpɔtɪ] *a šnek.* 1 smulkus; nežy-
mus, nereikšmingas 2 kvailas, nenor-
malus
pouch [pautʃ] *n* 1 maišiukas; krepše-
lis 2 *kar.* šovininė *v* 1 dėti (*į mai-
šiuką, rankinuką*) 2 išpūsti, suraukti
(*drabužį*)
poult [pəult] *n* jauniklis (*naminis
paukštis*) ~erer [-ərə] *n* paukščių par-
davėjas
poultice [ˈpəultɪs] *n* karštas kompresas
v dėti kompresą
poultry [ˈpəultrɪ] *n* naminiai paukščiai
pounce [pauns] *n* 1 (*plėšraus žvėries
ar paukščio*) staigus šuolis, puolimas
v 1 staiga pulti, mestis (*on / upon*)
2 *prk.* kibti, ieškoti priekabių, kabintis
(*prie ko*)
pound [paund] I *n* 1 svaras (*svorio
matas, anglų* = 453,6 *g, standartinis*
= 373,24 *g*) 2 svaras sterlingų (*£*)
pound II *v* 1 grūsti 2 mušti 3 bombar-
duoti ~er *n* grūstuvėlis; smulkintuvas
pour [pɔː] *v* 1 lyti; lietis 2 pripilti (*into*)
□ *to* ~ *in* a) pripilti; b) užplūsti; *to*

~ out a) išpilti; b) išsakyti; c) plūstelėti (*apie minią*)

pout [paut] *n* grimasa (*rodant nepasitenkinimą*) *v* patempti lūpas (*rodant nepasitenkinimą*)

poverty ['pɔvətɪ] *n* neturtas, skurdas

powder ['paudə] *n* 1 milteliai, dulkės 2 pudra *v* 1 grūsti, sutrinti 2 pudruoti(s) 3 (api)barstyti

power ['pauə] *n* 1 jėga, galia, energija 2 galėjimas, sugebėjimas; *purchasing* ~ perkamoji galia 3 valdžia; valstybė 4 *mat.* laipsnis ~-boat [-bəut] *n* motorinis kateris ~ful *a* galingas ~-house [-haus] *n* 1 jėgainė 2 labai galinga organizacija ~less *a* bejėgis ~-station [-steɪʃn] *n* jėgainė, elektrinė (*amer.* power plant)

practic||able ['præktɪkəbl] *a* 1 įvykdomas 2 galimas panaudoti; naudingas 3 praeinamas, pravažiuojamas ~al [-kl] *a* 1 praktiškas, praktinis 2 faktinis ~ally [-klɪ] *adv* 1 praktiškai 2 faktiškai 3 beveik

practic||e ['præktɪs] *n* 1 praktika; veikimas; panaudojimas, vartojimas; *to put in(to)* ~ įvykdyti, įgyvendinti 2 treniravimasis 3 įgūdis 4 įprotis 5 *kar.* užsiėmimas

practise ['præktɪs] *v* 1 panaudoti, pritaikyti, įvykdyti 2 verstis, užsiimti, dirbti 3 praktikuotis, treniruotis

practitioner [præk'tɪʃənə] (*t.p.* practician) *n* praktikuojantis gydytojas / teisininkas

prairie ['preərɪ] *n* prerija, stepė

praise [preɪz] *n* pagyrimas *v* girti ~worthy [-wə:ðɪ] *a* girtinas

pram [præm] *n* šnek. vaikų vežimėlis (**perambulator** *sutr.*; *amer.* baby buggy / carriage, buggy)

prance [prɑːns] *n* šuolis, kurbetas

prank [præŋk] *n* pokštas, išdaiga; *to play* ~s juokus krėsti *v* 1 puošti(s) (*out / up*) 2 neskoningai, rėžiančiomis spalvomis rengtis ~ster [-stə] *n* pokštininkas

prat||e [preɪt] *v* plepėti, taukšti *n* plepalai, tuščiažodžiavimas ~er *n* plepys

prattl||e ['prætl] *n* 1 (*apie vaiką*) čiauškesys 2 plepėjimas *v* čiauškėti (*apie vaikus*), plepėti

pray [preɪ] *v* 1 melstis 2 maldauti; prašyti; ~! prašau! ~er [preə] *n* 1 prašytojas 2 besimeldžiantis 3 malda; prašymas ~er-book ['preəbuk] *n* maldaknygė

pre- [pri:-] *pref* iki-, prieš-

preach [pri:tʃ] *v* sakyti pamokslą; mokyti ~er *n* pamokslininkas

preamble [pri:'æmbl] *n* 1 įžanga; pratarmė 2 preambulė

prearrange [ˌpri:ə'reɪndʒ] *v* iš anksto paruošti; planuoti

precarious [prɪ'keərɪəs] *a* atsitiktinis, netvirtas, nepastovus, nepatikimas

precast [ˌpri:'kɑːst] *n stat.* ruošinys, blokas, blokelis

precaut||ion [prɪ'kɔːʃn] *n* 1 atsargumo priemonė 2 atsargumas ~ionary [-ʃə-nərɪ] *a* atsargumo, preventyvus ~ious [-ʃəs] *a* atsargus, budrus

preced||e [prɪ'si:d] *v* 1 būti, įvykti, eiti (*anksčiau, pirma*); viršyti (*svarba*) 2 ruošti kelią ~ence ['presɪdəns] *n* pirmenybė; viršenybė ~ent ['president] *a* anksčiau įvykęs, galintis būti pavyzdžiu *n* 1 precedentas 2 ankstesnis įvykis, nutarimas *ir pan.*

preceding [prɪ'si:dɪŋ] *a* ankstesnis; ligšiolinis

precept ['pri:sept] *n* 1 taisyklė, pamokymas, nurodymas 2 priesakas ~or [prɪ'septə] *n* mokytojas, auklėtojas, instruktorius ~ress [prɪ'septrɪs] *n* mokytoja, auklėtoja, instruktorė

precinct ['pri:sɪŋkt] *n* 1 aptverta vieta (*aplink bažnyčią, įstaigą*) 2 draudžiama vieta (*mieste*) 3 *amer.* (*rinkimų, miesto*) rajonas

precious ['preʃəs] *a* 1 brangus; didelės vertės, vertingas 2 gražus; rinktinis *n*: *my* ~! mano mielas! *adv šnek.* labai; pašėlusiai, smarkiai; ~ *little* be galo mažai

precipice ['presɪpɪs] *n* praraja, bedugnė; skardis

precipit||ancy [prɪ'sɪpɪtənsɪ] n 1 veržlumas 2 skubotumas ~ant [-tənt] a 1 veržlus 2 skubotas, neapgalvotas ~ate v [-teɪt] 1 pagreitinti 2 nuversti, nublokšti 3 chem. nusistoti, nusėsti; kondensuotis a [-tət] 1 veržlus 2 neapgalvotas, pernelyg skubotas n [-tət] chem. 1 nuosėdos 2 kondensacija ~ation [prɪˌsɪpɪ'teɪʃn] n 1 kritimas; nuvertimas 2 veržlumas 3 chem. nusėdimas 4 krituliai ~ous [-təs] a labai status, skardingas

précis ['preɪsi:] n reziumė, santrauka

precis||e [prɪ'saɪs] a 1 tikslus, apibrėžtas 2 punktualus 3 skrupulingas ~ely [-lɪ] adv tiksliai; kaip tik ~ion [-'sɪʒn] n tikslumas

preclude [prɪ'klu:d] v 1 užkirsti kelią, įspėti, pašalinti 2 sutrukdyti (from)

precoci||ous [prɪ'kəuʃəs] a 1 ankstyvas 2 anksti išsivystęs ~ty [prɪ'kɔsətɪ] n ankstyvas išsivystymas

precon||ceive [ˌpri:kən'si:v] v iš anksto įsivaizduoti ~ception [ˌpri:kən'sepʃn] n iš anksto susidaryta nuomonė

precondition [ˌpri:kən'dɪʃn] n išankstinė / būtina sąlyga

precursor [ˌpri:'kə:sə] n 1 pirmtakas 2 prototipas

preda||cious [ˌpri:'deɪʃəs] a plėšrus, grobuoniškas ~tory ['predətrɪ] a 1 grobuoniškas 2 grobikiškas

predecessor ['pri:dɪsesə] n 1 pirmtakas 2 anksčiau buvęs (pvz., viršininkas)

predestin||ation [ˌpri:destɪ'neɪʃn] n likimas; (išankstinė) lemtis ~e [pri:-'destɪn] v nulemti iš anksto

predetermine [ˌpri:dɪ'tə:mɪn] v nulemti, nuspręsti (iš anksto)

predicament [prɪ'dɪkəmənt] n kebli, nemaloni padėtis

predicat||e ['predɪkeɪt] v 1 log. tvirtinti, teigti (of / about) 2 remtis (upon) n ['predɪkət] 1 gram. tarinys 2 log. predikatas ~ion [ˌpredɪ'keɪʃn] n log. predikatas ~ive [prɪ'dɪkətɪv] a gram. predikat(yv)inis n gram. vardinė tarinio dalis

predict [prɪ'dɪkt] v pranašauti ~able a prognozuojamas; nuspėjamas ~ion [-'dɪkʃn] n pranašavimas

predispos||e [ˌpri:dɪ'spəuz] v 1 palenkti (to / towards) 2 iš anksto nuteikti ~ition [ˌpri:dɪspə'zɪʃn] n palinkimas

predomin||ance [prɪ'dɔmɪnəns] n pranašumas; vyravimas ~ant [-ənt] a pralenkiantis, vyraujantis, dominuojantis ~ate [-neɪt] v valdyti, dominuoti (over); vyrauti

pre-emin||ence [ˌpri:'emɪnəns] n pranašumas ~ent [-ənt] a išsiskiriantis, įžymus

preen [pri:n] v (apie paukštį) valyti (plunksnas) snapu; to ~ oneself prk. gražintis, dabintis

prefabricate [ˌpri:'fæbrɪkeɪt] v gaminti surenkamąsias dalis (pvz., namo)

prefa||ce ['prefɪs] n pratarmė; (kalbos) įžanga v parašyti įžangą; pradėti (kalbą) ~tory ['prefətrɪ] a įvadinis, įžanginis

prefect ['pri:fekt] n 1 (papr. P.) prefektas 2 vyresnis, budintis mokinys ~ure ['pri:fektjuə] n prefektūra

prefer [prɪ'fə:] v 1 teikti pirmenybę, labiau mėgti 2 paaukštinti (tarnyboje) ~able ['prefərəbl] a mėgstamesnis ~ably ['prefərəblɪ] adv verčiau, geriau ~ence ['prefərəns] n pirmenybė ~ential [ˌprefə'renʃl] a 1 turintis / duodantis pirmenybę 2 privilegijuotas ~ment n 1 pirmenybė 2 pakėlimas (tarnyboje)

prefix ['pri:fɪks] n gram. priešdėlis, prefiksas v [ˌpri:'fɪks] 1 pristatyti iš priešakio 2 (iš anksto) išdėstyti

pregn||ancy ['pregnənsɪ] n 1 nėštumas 2 (idėjų, sumanymų) turtingumas; (vaizduotės) lakumas ~ant [-ənt] a 1 nėščia 2 turiningas; turtingas (sumanymų, idėjų)

prehensile [ˌpri:'hensaɪl] a padedantis įsikibti ir laikytis (pvz., apie beždžionės uodegą / koją)

prehistor||ic [ˌpri:hɪs'tɔrɪk] a priešistorinis ~y [ˌpri:'hɪstrɪ] n priešistorė

prejudge [ˌpriːˈdʒʌdʒ] v iš anksto (nu)-
teisti (*neišklausius teisiamojo*); iš
anksto susidaryti nuomonę

prejudic‖e [ˈpredʒudɪs] n 1 prietaras;
iš anksto susidariusi nepalanki nuo-
monė 2 žala; **to** / **in the** ~ **of** kieno
nors nenaudai; **without** ~ **to** be ža-
los (*kam*) v 1 padaryti žalą 2 iš anksto
nuteikti ~**ial** [ˌpredʒuˈdɪʃl] a žalingas,
pragaištingas

preliminary [prɪˈlɪmɪnərɪ] a prelimi-
narus, parengtinis, paruošiamasis n
1 paruošiamosios priemonės / varžy-
bos / derybos 2 *sport.* priežaismis
3 *pl poligr.* įvadiniai knygos puslapiai
(*pratarmė, nurodymai ir pan.*)

prelu‖de [ˈpreljuːd] n įžanga; preliudi-
ja v 1 atlikti preliudiją 2 eiti / būti
įžanga

prematur‖e [ˈpremətjuə] a priešlaikinis,
per ankstyvas

premeditat‖ed [ˌpriːˈmedɪteɪtɪd] a iš
anksto apgalvotas, sąmoningas ~**ion**
[ˌpriːmedɪˈteɪʃn] n apgalvojimas iš
anksto

prem‖ier [ˈpremɪə] a pirmas n minis-
tras pirmininkas ~**ière** [ˈpremɪeə] n
premjera

premise [ˈpremɪs] n 1 *log.* premisa,
prielaida 2 *pl teis.* įžanginė doku-
mento dalis 3 *pl* patalpos v [prɪˈmaɪz]
prieš ką nors (*pirma*) išdėstyti, išaiš-
kinti

premium [ˈpriːmɪəm] n 1 draudimo
mokestis; premija; atlyginimas △ **at**
a ~ a) aukščiau nominalinės vertės;
b) labai madingas; deficitinis (*apie
prekę, daiktą ir pan.*)

premonit‖ion [ˌpriːməˈnɪʃn] n 1 įspėji-
mas 2 (*negera*) nuojauta ~**ory** [prɪ-
ˈmɔnɪtərɪ] a nujaučiamas, įspėjamasis
(*apie nelaimę*)

preoccup‖ation [ˌpriːɔkjuˈpeɪʃn] n iš-
siblaškymas ~**y** [prɪːˈɔkjupaɪ] v pa-
traukti, sukaupti kieno dėmesį

prepaid [ˌpriːˈpeɪd] *past ir pp žr.* **pre-
pay**

preparat‖ion [ˌprepəˈreɪʃn] n 1 pa(si)-
ruošimas 2 preparatas ~**ory** [prɪˈpæ-
rətrɪ] a 1 įžanginis 2 paruošiamasis n
parengiamoji mokykla *adv:* ~**ory to**
anksčiau negu, prieš

prepare [prɪˈpeə] v ruošti(s), pa(si)-
ruošti ~**dness** [-rɪdnɪs] n pasiruošimas,
pasirengimas

prepay [ˌpriːˈpeɪ] v (**prepaid**) mokėti iš
anksto

preponder‖ance [prɪˈpɔndərəns] n 1
persvara 2 pranašumas ~**ant** [-nt] a
turintis persvarą; viršijantis; prašo-
kantis ~**ate** [-reɪt] v viršyti, pranokti

preposition [ˌprepəˈzɪʃn] n *gram.* prie-
linksnis ~**al** [-ʃənl] a prielinksninis

prepossess [ˌpriːpəˈzes] v 1 apvaldyti
(*apie mintis, jausmą*) 2 palankiai nu-
teikti 3 įkvėpti ~**ing** a malonus, pa-
trauklus, žavingas

preposterous [prɪˈpɔstərəs] a absurdiš-
kas, kvailas

prerequisite [ˌpriːˈrekwɪzɪt] a būtina
(*sąlyga*)

prerogative [prɪˈrɔgətɪv] n išimtinė tei-
sė, prerogatyva, privilegija

presage [ˈpresɪdʒ] n 1 (*būsimo įvy-
kio*) ženklas, pranašavimas 2 (*blogas*)
nujautimas v [prɪˈseɪdʒ] 1 pranašauti
2 nujausti

presbyter [ˈprezbɪtə] n dvasininkas ~**y**
[-rɪ] n klebonija

pre-school [ˌpriːˈskuːl] a ikimokyklinis

presci‖ence [ˈpresɪəns] n numatymas
~**ent** [-ənt] a numatantis, iš anksto
žinantis (*ateitį*)

prescri‖be [prɪˈskraɪb] v 1 nurodyti,
įsakyti 2 paskirti, išrašyti (*vaistą*)
(*to* / *for*) ~**pt** [ˈpriːskrɪpt] n įsakymas;
nurodymas ~**ption** [prɪˈskrɪpʃn] n
1 recepto išrašymas; nurodymas 2 re-
ceptas ~**ptive** [-ˈskrɪptɪv] a 1 nuro-
dantis, įsakantis 2 nusistovėjęs (*apie
paprotį*)

presence [ˈprezns] n buvimas; ~ **of
mind** šaltakraujiškumas, susivaldy-
mas

present [ˈpreznt] I a 1 esantis, dalyvau-
jantis; **to be** ~ dalyvauti 2 dabartinis

3 šis, kalbamasis *n* dabartis; **at** ~ dabar; **for the** ~ tuo tarpu, šį kartą
present II *n* dovana; **to make smb a** ~ **of** dovanoti kam ką nors
present III [prɪ'zent] *v* 1 atstovauti, būti; **to** ~ **oneself** ateiti, pasirodyti **2** pristatyti, supažindinti **3** pateikti **4** statyti (*pvz., pjesę*) **5** apdovanoti (*with*) **6** pareikšti (*apie padėką*)
present‖able [prɪ'zentəbl] *a* tinkamas pasirodymui; prezentabilus ~**ation** [ˌprezn'teɪʃn] *n* 1 supažindinimas; prezentacija **2** (*dovanos*) įteikimas; dovana **3** *teatr.* pastatymas
presentiment [prɪ'zentɪmənt] *n* nuojauta (*bloga*)
presently ['prezntlɪ] *adv* netrukus; tuojau pat
preservat‖ion [ˌprezə'veɪʃn] *n* 1 išsaugojimas **2** konservavimas ~**ive** [prɪ'zə:vətɪv] *n* apsauginė / konservavimo priemonė *a* apsaugantis
preserve [prɪ'zə:v] *v* 1 (ap)saugoti **2** prezervuoti, konservuoti *n* 1 *pl* uogienės; konservai **2** rezervatas **3** saugykla (*greitai gendantiems produktams*) ~**d** [-d] *a* konservuotas; ~**d food** konservai
presid‖e [prɪ'zaɪd] *v* pirmininkauti (*at / over*) ~**ency** ['prezɪdənsɪ] *n* pirmininkavimas; prezidentūra ~**ent** ['prezɪdənt] *n* 1 prezidentas **2** pirmininkas **3** *amer.* a) banko, firmos prezidentas; b) universiteto rektorius ~**ential** [ˌprezɪ'denʃl] *a* prezidento
presidium [prɪ'sɪdɪəm] *n* prezidiumas
press [pres] I *v* verbuoti jėga
press II *v* 1 spausti; presuoti **2** primygtinai reikalauti; primesti (*upon*) **3** skubinti, raginti (*for*); **to be** ~**ed for time** skubėti, neturėti laiko *n* 1 spūstis; minia **2** presas **3** spaustuvė **4** spauda; **gutter** ~ bulvarinė spauda **5** spausdinimas ~**ing** *a* 1 neatidėliotinas, skubus **2** primygtinis ~**man** [-mən] *n* 1 spaustuvininkas **2** žurnalistas ~**-mark** [-mɑ:k] *n* (*knygos*) šifras

pressur‖e ['preʃə] *n* 1 spaudimas; *prk.* priespauda **2** presavimas **3** (*atmosferos*) slėgis ~**egauge** [-geɪdʒ] *n* manometras ~**ize**, ~**ise** [-raɪz] *v* 1 priversti (*ką daryti*) **2** palaikyti vienodą slėgį
prestige [pres'ti:ʒ] *n* prestižas, įtaka
presum‖able [prɪ'zju:məbl] *a* numanomas, galimas ~**ably** [-əblɪ] *adv* turbūt, matyt ~**e** [prɪ'zju:m] *v* 1 spėti, manyti **2** drįsti; **to** ~**e upon / on** per daug pasitikėti ~**edly** [-mədlɪ] *adv* turbūt ~**ption** [prɪ'zʌmpʃn] *n* 1 spėjimas; prielaida **2** (*perdėtas*) pasitikėjimas savimi; arogancija ~**ptive** [-'zʌmptɪv] *a* spėjamas, manomas ~**ptuous** [-'zʌmptʃuəs] *a* akiplėšiškas, pernelyg pasitikintis savimi
presuppos‖e [ˌpri:sə'pəuz] *v* spėti, manyti ~**ition** [-sʌpə'zɪʃn] *n* spėjimas, prielaida
preten‖ce [prɪ'tens] *n* 1 apsimetimas **2** pretenzija, reikalavimas **3** atsikalbinėjimas, pretekstas ~**d** [-nd] *v* 1 apsimesti, dėtis **2** pretenduoti ~**der** [-ndə] *n* 1 apsimetėlis **2** pretendentas ~**sion** [-nʃn] *n* 1 pretenzija **2** pretenzingumas ~**tious** [-nʃəs] *a* pretenzingas; pasipūtęs
preterit(e) ['pretərət] *n* *gram.* būtasis laikas
preter‖natural [ˌpri:tə'nætʃrəl] *a* antgamtinis
pretext ['pri:tekst] *n* pretekstas (*for*); atsikalbinėjimas
prett‖ify ['prɪtɪfaɪ] *v* *niek.* padailinti, pagražinti ~**iness** [-nɪs] *n* grožis, žavingumas ~**y** ['prɪtɪ] *a* 1 gražus, puikus **2** malonus **3** žymus, gerokas *adv* *šnek.* gana, užtektinai; ~**y much / nearly / well** beveik
prevail [prɪ'veɪl] *v* 1 vyrauti **2** nugalėti, triumfuoti **3** egzistuoti; pasklisti; **to** ~ (**up)on** įtikinti, įkalbėti ~**ing** *a* 1 vyraujantis, paplitęs **2** dominuojantis
preval‖ence ['prevələns] *n* 1 vyravimas, pirmavimas **2** paplitimas ~**ent** [-lənt] *a* vyraujantis, paplitęs

prevaricat||e [prɪ'værɪkeɪt] v išsisukinėti ~ion [prɪˌværɪ'keɪʃn] n išsisukinėjimas

prevent [prɪ'vent] v (su)trukdyti, įspėti, užkirsti kelią ~ion [-nʃn] n 1 (su)-trukdymas; įspėjimas 2 prevencija; profilaktika ~ive [-ɪv] n apsaugos priemonė a įspėjantis, apsaugantis; profilaktinis

preview ['pri:vju:] n 1 reklaminis naujo filmo kadrų demonstravimas 2 filmo, pjesės recenzija (prieš demonstravimą, pastatymą)

previous ['pri:vɪəs] a 1 ankstyvesnis, pirmesnis; parengtinis 2 per skubus; per daug savimi pasitikintis ~ly adv anksčiau

prevision [ˌpri:'vɪʒn] n numatymas

pre-war [ˌpri:'wɔ:] a prieškarinis

prey [preɪ] n 1 grobis 2 prk. auka; to fall ~ to a) tapti auka; b) kankintis (dėl ko nors) v 1 grobti (upon), plėšti 2 apgaudinėti 3 kankinti, graužti

price [praɪs] n kaina △ at a ~ (gana) brangiai; cash ~ parduodamoji kaina; ceiling ~s išpūstos kainos; cost ~ savikaina; fixed ~s tvirtos kainos; spot ~ kaina grynais pinigais; trade ~ fabrikinė kaina; at any ~ bet kuria kaina v nustatyti kainą, įkainoti ~-cutting [-kʌtɪŋ] n kainų sumažinimas ~less a neįvertinamas, neįkainojamas ~-list [-lɪst] n kainoraštis

prick [prɪk] n 1 (į)dūrimas; sąžinės graužimas 2 adata 3 bot. dyglys 4 smaigalys △ the ~s of conscience v 1 į(si)durti 2 (pra)durti; to ~ off / out sodinti daigus ~le ['prɪkl] n dyglys v 1 badyti; peršėti 2 kurstyti ~ly a dygus, dygliuotas

pride [praɪd] n 1 išdidumas; pasididžiavimas 2 išpuikimas, puikybė; false ~ puikybė, pasipūtimas v: to ~ oneself on / upon didžiuotis

priest [pri:st] n kunigas, šventikas ~ess [-ɪs] n šventikė ~hood [-hud] n dvasininkija ~ly a dvasininkų, kunigiškas

prig [prɪg] n pedantas; išpuikėlis ~gish [-ɪʃ] a savimi patenkintas; išpuikęs

prim [prɪm] a 1 perdėtai skrupulingas, manieringas 2 pedantiškas

primacy ['praɪməsɪ] n 1 pirmenybė 2 arkivyskupo rangas, titulas

primal ['praɪml] a pirminis; pagrindinis

primar||y ['praɪmərɪ] n 1 svarbiausias dalykas 2 pagrindinė spalva 3 amer. pirminiai rinkimai a 1 pirminis; pradinis 2 pirmaeilis ~ily [-ɪlɪ] adv visų pirma, svarbiausia

primate ['praɪmeɪt] n arkivyskupas

prime [praɪm] n 1 prk. (su)žydėjimas; in the ~ of life pačiame gyvenimo gražume 2 pradžia, pavasaris 3 tobulybė a 1 svarbiausias, pagrindinis; P. Minister ministras pirmininkas 2 pirminis; ~ numbers mat. pirminiai skaičiai; ~ cost savikaina 3 geriausias v 1 (apie įrenginį) paruošti (darbui); pripildyti 2 dažyti (pirmą kartą), gruntuoti 3 pamokyti, painstruktuoti

primer ['praɪmə] n elementorius

primeval [praɪ'mi:vl] a pirmykštis

primitive ['prɪmɪtɪv] a 1 primityvus; pirmykštis 2 paprastas

primordial [praɪ'mɔ:dɪəl] a pirmapradis; nuo amžių esąs

primrose ['prɪmrəuz] n bot. raktažolė

prince [prɪns] n princas; kunigaikštis; valdovas ~ly a puošnus, prabangus ~ss [-'ses] n princesė

principal ['prɪnsəpl] n 1 viršininkas; patronas (globėjas) 2 (mokyklos) direktorius 3 pagrindinis aktorius 4 teis. pagrindinis kaltinamasis 5 fin. pagrindinis kapitalas a svarbiausias, pagrindinis; ~ clause gram. pagrindinis sakinys

principally ['prɪnsəplɪ] adv svarbiausia, visų pirma

principle ['prɪnsəpl] n 1 principas; įstatymas; in ~ iš principo; of ~ principinis; of no ~s neprincipinis 2 pirmoji priežastis, šaltinis ~d a principingas

print [prɪnt] n 1 atspaudas; pėdsakas 2 spauda; šriftas; atspaudas 3 graviūros atspaudas 4 kartūnas 5 nuotrauka △ out of ~ išparduotas (apie leidinį);

in ~ a) esantis spaudoje; b) spausd-
intas *v* 1 spausdinti 2 užspausti raštą
(*audinyje*) ~er *n* 1 spaustuvininkas
2 (*audinių*) raštuotojas 3 printeris
printing ['prɪntɪŋ] *n* spausdinimas ~
-**house** ['prɪntɪŋhaus], ~-**office** [-ɔfɪs]
n spaustuvė ~-**press** [-pres] *n* spaus-
dinimo mašina ~-**type** [-taɪp] *n* šrif-
tas
prior ['praɪə] *a* ankstesnis, pirmesny-
sis *n* prioras, vienuolyno vyresnysis
adv: ~ *to* anksčiau; prieš ~**ess** [-rɪs]
n priorė, vienuolyno vyresnioji ~**ity**
[praɪ'ɔrətɪ] *n* 1 prioritetas, vyresniš-
kumas 2 *kar.* vyresniškumo principas
~**y** [-rɪ] *n* vienuolynas
prison ['prɪzn] *n* kalėjimas ~er [-zənə]
n kalinys; belaisvis; ~**er of war** karo
belaisvis
pristine ['prɪstiːn] *a* 1 nesugadintas, ge-
rai išsilaikęs 2 naujutėlis
privacy ['prɪvəsɪ] *n* 1 vienatvė, nuoša-
lumas 2 individo asmeninis gyvenimas
3 slaptumas
private ['praɪvɪt] *a* 1 asmeninis; priva-
tus; ~ *member* eilinis parlamento
narys; ~ *soldier* eilinis 2 atskirtas
3 slaptas; *in* ~ a) privačiame gyve-
nime; b) vienu du; konfidencialiai *n*
kar. eilinis (*kareivis*)
privation [praɪ'veɪʃn] *n* skurdas, nepri-
teklius
privat||**ize**, ~**ise** ['praɪvɪtaɪz] *v* privati-
zuoti
privilege ['prɪvəlɪdʒ] *n* privilegija
privy ['prɪvɪ] *a* 1 slaptas; privatus
2 slaptai dalyvavęs
prize [praɪz] *n* prizas, premija, apdova-
nojimas *v* 1 aukštai vertinti 2 įvert-
inti ~-**fighter** [-faɪtə] *n* boksininkas
(*profesionalas*) ~-**ring** [-rɪŋ] *n* ringas
~**winner** [-wɪnə] *n* 1 laureatas 2 pre-
mijuotasis
pro- [prəu-] *pref* už; vietoj
pro and con ['prəuənd'kɔn] *adv* už ir
prieš *n*: ~**s and cons** argumentai už
ir prieš

probab||**ility** [ˌprɔbə'bɪlətɪ] *n* galimu-
mas, tikėtinumas, tikimybė ~**le** ['prɔ-
bəbl] *a* 1 galimas 2 spėjamas, tikėtinas
~**ly** ['prɔbəblɪ] *adv* gali būti, galimas
dalykas
probation [prə'beɪʃn] *n* bandymas, sta-
žavimasis; *on* ~ a) bandomajam lai-
kotarpiui; b) stažuotėje ~**ary** [-ʃnrɪ]
a bandomasis ~**er** *n* 1 bandomasis
2 stažuotojas; kandidatas
probe [prəub] *n* *med.* zondas *v* zonduoti
probity ['prəubətɪ] *n* dorumas, sąžinin-
gumas
problem ['prɔbləm] *n* 1 problema,
klausimas 2 *mat.* uždavinys; *to solve*
a ~ išspręsti uždavinį ~**atic(al)**
[ˌprɔblə'mætɪk(l)] *a* problemiškas, abe-
jojamas
proboscis [prə'bɔsɪs] *n* 1 (*dramblio*)
straublys 2 (*vabzdžio*) čiulptuvėlis,
snapelis 3 (*kiaulės*) šnipas, snukis
procedure [prə'siːdʒə] *n* procedūra
proceed [prə'siːd] *v* 1 tęsti 2 imtis,
pradėti; pereiti (*prie ko nors*) 3 iškelti
bylą ~**ing** *n* 1 pasielgimas 2 *pl* (*mok-
slinės draugijos*) darbai 3 *pl* protokolai
proceeds ['prəusiːdz] *n* *pl* pajamos,
įplaukos
process ['prəuses] *n* procesas; plėtotė
v [prə'ses] 1 (*technologiškai*) apdoro-
ti, perdirbti 2 *mat.* (*kompiuteriu*)
apdoroti duomenis ~**ing** [prə'sesɪŋ]
n 1 (*maisto*) gaminių perdirbimas
2 duomenų apdorojimas (*kompiute-
riu*)
procession [prə'seʃn] *n* procesija
procla||**im** [prə'kleɪm] *v* (pa)skelbti,
pranešti ~**mation** [ˌprɔklə'meɪʃn] *n*
1 atsišaukimas, proklamacija 2 dekla-
racija
proclivity [prə'klɪvətɪ] *n* palinkimas,
polinkis
procrastinat||**e** [prəu'kræstɪneɪt] *v* ati-
dėlioti, delsti ~**ion** [prəuˌkræstɪ'neɪʃn]
n atidėliojimas, delsimas
procreat||**e** ['prəukrɪeɪt] *v* gimdyti pa-
likuonis ~**ion** [ˌprəukrɪ'eɪʃn] *n* pali-
kuonių gimdymas

procure [prə'kjuə] *v* 1 gauti, parūpinti
2 tiekti, sąvadauti

prod [prɔd] *v* stumtelėti; durti, baksnoti
(*pirštu, lazdele*) *n* bakstelėjimas

prodigal ['prɔdɪgl] *a* išlaidus *n* švaistū-
nas; palaidūnas ~**ity** [ˌprɔdɪ'gælətɪ] *n*
1 švaistymas 2 (*perdėtas*) dosnumas

prodig‖ious [prə'dɪdʒəs] *a* 1 didžiulis
2 nuostabus ~**y** ['prɔdɪdʒɪ] *n* 1 nuo-
stabių gabumų žmogus 2 stebuklas

produc‖e [prə'djuːs] *v* 1 pateikti, pri-
statyti 2 gaminti **3** *biol.* produkuoti
4 sukelti, būti priežastimi *n* ['prɔdjuːs]
1 produkcija 2 produktas ~**er** *n* 1 ga-
mintojas 2 režisierius **3** generatorius

product ['prɔdəkt] *n* 1 produktas, ga-
minys 2 prekė **3** rezultatas 4 *mat.*
sandauga ~**ion** [prə'dʌkʃn] *n* 1 našu-
mas, išdirbis 2 produkcija ~**ive** [prə-
'dʌktɪv] *a* produktyvus, našus ~**ivity**
[ˌprɔdʌk'tɪvətɪ] *n* produktyvumas, na-
šumas

profanation [ˌprɔfə'neɪʃn] *n* profanacija

profane [prə'feɪn] *a* 1 pasaulietiškas,
nebažnytinis 2 neprofesionalus, mėgė-
jiškas **3** šventvagiškas *v* (su)teršti; pro-
fanuoti

profess [prə'fes] *v* 1 atvirai pripažinti,
pareikšti, prisipažinti 2 išpažinti (*ti-
kėjimą*) ~**edly** [-ɪdlɪ] *adv* atvirai, aiš-
kiai ~**ion** [-'feʃn] *n* 1 profesija 2 ti-
kyba **3** pripažinimas, prisipažinimas
~**ional** [-'feʃnəl] *a* profesinis *n* pro-
fesionalas ~**or** *n* profesorius ~**orial**
[ˌprɔfə'sɔːrɪəl] *a* profesoriaus ~**orship**
[-əʃɪp] *n* profesūra (*vardas, pareigos*)

proffer ['prɔfə] *n* pasiūlymas *v* siūlyti

profici‖ency [prə'fɪʃnsɪ] *n* patyrimas,
įgudimas ~**ent** [-ʃnt] *a* patyręs, suma-
nus, įgudęs

profile ['prəufaɪl] *n* 1 profilis 2 kontūras
3 forma *v* piešti, vaizduoti iš profilio

profit ['prɔfɪt] *n* 1 nauda 2 pelnas;
pl pajamos; **gross** ~ bruto pelnas;
net ~ grynas pelnas *v* 1 duoti pelną,
naudą 2 naudotis ~**able** [-əbl] *a* pel-
ningas; naudingas ~**eer** [ˌprɔfɪ'tɪə] *v*
spekuliuoti *n* spekuliantas

profliga‖cy ['prɔflɪgəsɪ] *n* 1 išlaidumas
2 ištvirkimas ~**te** ['prɔflɪgət] *a* 1 pa-
sileidęs, ištvirkęs 2 išlaidus *n* 1 ištvir-
kėlis 2 išlaidūnas, švaistūnas

prof‖ound [prə'faund] *a* 1 gilus; nuo-
dugnus (*t.p. prk.*) ~**undity** [prə'fʌn-
dətɪ] *n* 1 (*minties*) gilumas 2 gili min-
tis

profus‖e [prə'fjuːs] *a* 1 gausus 2 dos-
nus, išlaidus ~**ion** [prə'fjuːʒn] *n*
1 gausumas; perteklius 2 dosnumas;
išlaidumas

progeny ['prɔdʒənɪ] *n* 1 palikuonis; pa-
likuonys 2 rezultatas

prognos‖is [prɔg'nəusɪs] *n* (*pl* ~**es**
[-siːz]) prognozė ~**tic** [prəg'nɔstɪk] *n*
numatymas, pranašavimas *a* prana-
šaujantis ~**ticate** [prɔg'nɔstɪkeɪt] *v*
numatyti, pranašauti

program(me) ['prəugræm] *n* 1 pro-
grama, afiša 2 programa kompiuteriui
v programuoti

progress *n* ['prəugres] 1 pažanga; judė-
jimas į priekį 2 progresas, vystymasis;
to be in ~ a) vykti; tęstis; b) judė-
ti į priekį *v* [prə'gres] 1 judėti į priekį
2 progresuoti, vystytis; daryti pažan-
gą ~**ion** [prə'greʃn] *n* 1 judėjimas į
priekį 2 progresavimas **3** *mat.* progre-
sija ~**ive** [prə'gresɪv] *a* 1 progresyvus
2 progresuojantis, didėjantis **3** judan-
tis į priekį

prohibit [prə'hɪbɪt] *v* 1 uždrausti 2
trukdyti (*from*) ~**ion** [ˌprəuɪ'bɪʃn] *n*
1 uždraudimas 2 prohibicija ~**ive**
[prə'hɪbətɪv] *a* 1 draudžiantis 2 drau-
džiamasis

project *v* [prə'dʒekt] 1 projektuoti
2 apgalvoti, sudaryti (*planą*) **3** išsi-
kišti, kyšoti 4 mesti (*šešėlį*) **5** sviesti
(*granatą*) *n* ['prɔdʒekt] projektas; pla-
nas; pasiūlymas ~**ile** *n* [prə'dʒektaɪl]
sviedinys (raketa, kulka *ir pan.*) *a*
svaidomasis, mėtomasis ~**ion** [-kʃn] *n*
1 projektavimas 2 iškyšulys **3** projek-
cija ~**or** *n* projektorius

proletaria‖n [ˌprəulɪ'teərɪən] *n* prole-
taras *a* proletarinis ~**t** [-rɪət] *n* pro-
letariatas

prolif‖ic [prə'lıfık] *a* 1 gausus 2 vaisingas 3 produktyvus (*pvz.*, *rašytojas*)

prolix ['prəulıks] *a* ištęstas; nuobodus ~**ity** [prəu'lıksətı] *n* daugiažodiškumas, ištęstumas

prologue ['prəulɔg] *n* prologas

prolong [prə'lɔŋ] *v* prailginti ~**ation** [ˌprəulɔŋ'geıʃn] *n* 1 prailginimas, užtęsimas 2 atidėjimas ~**ed** [-d] *a* ilgai trunkantis

promenade [ˌprɔmə'nɑːd] *n* 1 pasivaikščiojimas (*šnek.* **prom**) 2 vieta pasivaikščiojimui *v* pasivaikščioti

promin‖ence ['prɔmınəns] *n* 1 išsikišimas, iškyšulys; iškilumas 2 aukšta padėtis 3 garsenybė (*t.p.* ~**ency**); ~**ent** [-nt] *a* 1 įžymus; garsus 2 iškilęs

promiscu‖ity [ˌprɔmıs'kjuːətı] *n* 1 įvairumas, nevienodumas 2 netvarkingumas ~**ous** [prə'mıskjuəs] *a* 1 nevienodas, sumaišytas 2 netvarkingas 3 atsitiktinis

promis‖e ['prɔmıs] *n* 1 pažadas; **to keep one's** ~ ištesėti pažadą; **to go back on one's** ~ netesėti pažado 2 viltis; graži ateitis; **a youth of great** ~ jaunuolis, teikiantis didelių vilčių *v* žadėti; teikti vilčių ~**ing** *a* teikiantis vilčių ~**sory** [-ərı] *a* (pa)žadantis

promontory ['prɔməntrı] *n* iškyšulys, ragas

promot‖e [prə'məut] *v* 1 paaukštinti (*tarnyboje*) 2 perkelti į aukštesnę klasę 3 padėti, pagelbėti ~**er** *n* užtarėjas, globėjas ~**ion** [-ʃn] *n* 1 paaukštinimas (*tarnyboje*) 2 pagalba, paspirtis, parama 3 perkėlimas į aukštesnę klasę

prompt ['prɔmpt] *a* 1 greitas; punktualus 2 paslaugus *adv* punktualiai *v* 1 paskatinti, paraginti; pastūmėti 2 sufleruoti ~**-box** [-bɔks] *n* suflerio būdelė ~**er** *n* sufleris ~**itude** [-ıtjuːd] *n* greitumas; punktualumas

promulgat‖e ['prɔmlgeıt] *v* paskelbti; paskleisti ~**ion** [ˌprɔml'geıʃn] *n* paskelbimas; paskleidimas

prone [prəun] *a* 1 gulintis kniūpsčias; išsiskėtęs 2 nuolaidus, nuotakus

prong [prɔŋ] *n* 1 (*šakutės*) dantis 2 (*šakių*) virbalas 3 (*upės*) šaka

pro‖nominal [prəu'nɔmınl] *a* gram. įvardinis ~**noun** ['prəunaun] *n* įvardis

pronounce [prə'nauns] *v* 1 (iš)tarti 2 paskelbti 3 pareikšti nuomonę (*dėl*), pasisakyti (*on*); skelbti nuosprendį (*už*, *prieš* – *for*, *against*) ~**d** [-t] *a* raiškus; aiškus ~**ment** *n* 1 sprendimo ar nutarimo paskelbimas 2 oficialus pareiškimas

pronunciation [prəˌnʌnsı'eıʃn] *n* (iš)tarimas, tartis

proof ['pruːf] *n* 1 įrodymas; parodymas (*teisme*) 2 patikrinimas; bandymas 3 *pl* korektūra 4 (*alkoholinio gėrimo*) stiprumo standartas *a* 1 nepralaidus; nepramušamas 2 *prk.* neprieinamas; atsparus ~**-read** [-riːd] *v* taisyti korektūrą ~**-reader** [-riːdə] *n* korektorius ~**-sheet** [-ʃiːt] *n* korektūrinis atspaudas

prop [prɔp] *n* 1 atrama, atspara 2 *prk.* pagalba *v* 1 paremti 2 *prk.* palaikyti (*t.p.* **to** ~ **up**)

propagand‖a [ˌprɔpə'gændə] *n* agitacija, propaganda ~**ist** [-dıst] *n* propagandininkas, agitatorius

propagat‖e ['prɔpəgeıt] *v* 1 skleisti; propaguoti 2 dauginti(s) ~**ion** [ˌprɔpə'geıʃn] *n* 1 dauginimasis 2 (pa)skleidimas; *fiz.* perdavimas

propel [prə'pel] *v* 1 varyti, stumti į priekį 2 (iš)judinti; stimuliuoti ~**ler** *n* propeleris; laivo sraigtas

propensity [prə'pensətı] *n* palinkimas, polinkis

proper ['prɔpə] *a* 1 (*kam nors*) įprastas, būdingas 2 prideramas, tinkamas 3 teisingas; tikras 4 rimtas, kruopštus; ~ *name* tikrinis vardas; ~ *noun* tikrinis daiktavardis; ~ *fraction* taisyklingoji trupmena ~**ly** *adv* 1 tinkamai, prideramai 2 *šnek.* gerai, kaip reikiant △ ~**ly speaking** tiesą sakant

propertied ['prɔpətıd] *a* turtingas; pasiturintis; ~ *classes* turtingieji

property ['prɔpətɪ] *n* 1 turtas, nuosavybė; *immovable* ~ nekilnojamasis turtas; *personal / portable* ~ kilnojamasis turtas; *private* ~ privatinė nuosavybė; **a** ~ ūkis, dvaras

proph‖ecy ['prɔfəsɪ] *n* pranašavimas, pranašystė ~**esy** [-fɪsaɪ] *v* pranašauti ~**et** [-fɪt] *n* pranašas ~**etess** ['prɔfɪtes] *n* pranašė ~**etic** [prə'fetɪk] *a* pranašiškas

propinquity [prə'pɪŋkwətɪ] *n* 1 artimumas 2 (*artimas*) giminingumas

propiti‖ate [prə'pɪʃɪeɪt] *v* 1 sutaikyti 2 permaldauti; suminkštinti širdį ~**ous** [-ʃəs] *a* palankus

proportion [prə'pɔ:ʃn] *n* 1 proporcija; santykis; proporcingumas; *in* ~ *to* proporcingai; *out of* ~ *to* neproporcingai 2 *pl šnek.* matmenys *v* suderinti ~**al** [-ʃənl] *a* proporcingas *n* proporcingas skaičius; proporcijos narys ~**ate** [-ʃənət] *a* proporcingas

propos‖al [prə'pəuzl] *n* pasiūlymas ~**e** [prə'pəuz] *v* 1 siūlyti 2 pasipiršti 3 kurti planus, ketinti ~**ition** [ˌprɔpə'zɪʃn] *n* 1 pasiūlymas 2 teiginys 3 sakinys 4 *mat.* teorema; uždavinys

propound [prə'paund] *v* 1 pateikti ką svarstymui 2 iškelti klausimą

propriet‖ary [prə'praɪətrɪ] *a* 1 savininkiškas 2 firminis; patentuotas ~**or** [-ətə] *n* savininkas ~**ress** [-rɪs] *n* savininkė

propriet‖y [prə'praɪətɪ] *n* 1 tinkamumas 2 padorumas; *the* ~*ies* mandagumo, padoraus elgesio taisyklės (*t.p.* **props**)

propuls‖ion [prə'pʌlʃn] *n* 1 pastūmėjimas, stūmimas 2 *prk.* varomoji jėga ~**ive** [-'pʌlsɪv] *a* stumiantis į priekį; verčiantis judėti; reaktyvinis

prorog‖ation [ˌprəurə'geɪʃn] *n* 1 pertrauka parlamento darbe 2 atidėjimas ~**ue** [prə'rəug] *v* atidėti parlamento sesiją

prosaic [prə'zeɪk] *a* 1 prozos, prozinis 2 *prk.* kasdieninis, pilkas

proscenium [prə'si:nɪəm] *n* avanscena

prose [prəuz] *n* proza

prosecut‖e ['prɔsɪkju:t] *v* 1 tęsti (*užsiėmimus*); toliau daryti (*ką*) 2 *teis.* persekioti per teismą ~**ion** [ˌprɔsɪ'kju:ʃn] *n* 1 *teis.* persekiojimas per teismą 2 *teis.* kaltinančioji pusė 3 (*darbo*) vykdymas, atlikimas ~**or** *n* 1 ieškovas 2 kaltintojas; *public* ~**or** prokuroras

prospect *n* ['prɔspekt] 1 perspektyva; *prk.* viltis 2 akiratis; vaizdas *v* [prə'spekt] tyrinėti; ieškoti (*for*) ~**ive** [prə'spektɪv] *a* 1 būsimas 2 laukiamas ~**or** [prə'spektə] *n* vietovės tyrinėtojas; aukso žvalgytojas

prosper ['prɔspə] *v* klestėti, tarpti; daryti pažangą ~**ity** [prə'sperətɪ] *n* gerovė; suklestėjimas ~**ous** ['prɔspərəs] *a* 1 klestintis 2 sėkmingas 3 turtingas 4 palankus (*apie vėją*)

prostitut‖e ['prɔstɪtju:t] *n* prostitutė ~**ion** [ˌprɔstɪ'tju:ʃn] *n* prostitucija

prostrat‖e *a* ['prɔstreɪt] 1 išsekęs, netekęs jėgų, nusilpęs 2 parblokštas, paslikas *v* [prɔ'streɪt] 1 parblokšti; *prk.* pažeminti 2 išvarginti; *to* ~ *oneself* pulti ant kelių (*at / before*); žemintis ~**ion** [prɔ'streɪʃn] *n* išsekimas; išsisėmimas

prosy ['prəuzɪ] *a* 1 proziškas 2 banalus; varginantis

protagonist [prə'tægənɪst] *n* 1 svarbiausias veikėjas 2 šalininkas, gynėjas

protect [prə'tekt] *v* 1 saugoti 2 ginti (*from / against*) 3 užtarti ~**ion** [-'tekʃn] *n* 1 saugojimas 2 gynimas 3 užtarimas, globa; protekcija ~**ive** [-ɪv] *a* 1 apsauginis 2 gynybinis, ginamasis ~**or** *n* 1 gynėjas; užtarėjas 2 apsauginis šarvas; mova; saugiklis

protest *v* [prə'test] 1 pareikšti nesutikimą 2 protestuoti (*about / against / at*) *n* ['prəutest] 1 protestas 2 (*vekselio*) protestavimas ~**ant** ['prɔtɪstənt] *n* 1 *rel.* protestantas 2 *attr* protestantiškas 3 protestuojantysis ~**ation** [ˌprɔtes'teɪʃn] *n* 1 iškilmingas pareiškimas 2 protestas, prieštaravimas protocol ['prəutəkɔl] n dipl. protokolas v protokoluoti

protract [prə'trækt] v 1 vilkinti, delsti 2 matuoti kampus (matlankiu) 3 prailginti ~ed [-tɪd] a užtęstas ~ion [prə'trækʃn] n 1 užtęsimas; prailginimas 2 kampų matavimas (matlankiu) ~or n matlankis

protru||de [prə'tru:d] v iš(si)kišti ~sion [prə'tru:ʒn] n iš(si)kišimas, iškyšulys

protuber||ance [prə'tju:bərəns] n 1 iškilimas, išgaubtumas 2 astr. protuberancas ~ant [-t] a iškilęs, išgaubtas

proud [praud] a 1 išdidus, pasipūtęs; to be ~ of didžiuotis (kuo) 2 puikus 3 poet. smarkus (apie arklį)

prove [pru:v] v (proved; proved, proven [-n]) 1 įrodyti (t.p. mat.) 2 bandyti; mėginti 3 iškilti (apie tešlą) 4 pasirodyti; the play ~d a success pjesė turėjo pasisekimą

provenance ['prɔvənəns] n kilmė; šaltinis

provender ['prɔvɪndə] n 1 (gyvuliams) pašaras 2 juok. maistas

proverb ['prɔvəb] n patarlė ~ial [prə-'və:bɪəl] a 1 vartojamas kaip patarlė 2 plačiai žinomas

provid||e [prə'vaɪd] v 1 ap(si)rūpinti 2 tiekti; pateikti 3 imtis priemonių 4 numatyti ~ed [-ɪd] conj (t.p. ~ed that; ~ing) su sąlyga, jei ~ence ['prɔvɪdəns] n 1 numatymas 2 taupumas 3 apvaizda ~ent ['prɔvɪdənt] a 1 apdairus; atsargus 2 taupus ~ential [ˌprɔvɪ'denʃl] a daromas pačiu laiku ~er n tiekėjas aprūpintojas

provinc||e ['prɔvɪns] n 1 provincija; sritis 2 prk. sritis, veikimo sfera ~ial [prə'vɪnʃl] a provincialus n niek. provincialas ~ialism [prə'vɪnʃlɪzəm] n provinciališkumas; provincializmas

provision [prə'vɪʒn] n 1 parūpinimas, aprūpinimas 2 pl (maisto) atsargos 3 atsargos priemonės (for / against) 4 už(si)tikrinimas (pvz., senatvės) △ to make ~ aprūpinti v tiekti maistą ~al [-ʒənl] a laikinas; parengtinis

proviso [prə'vaɪzəu] n išlyga (sutartyje) ~ry [-zərɪ] a 1 sąlyginis 2 laikinas

provo||cation [ˌprɔvə'keɪʃn] n 1 provokacija; iššūkis 2 erzinimas; dirginimas ~cative [prə'vɔkətɪv] a iššaukiantis, provokuojantis ~ke [prə'vəuk] v 1 sukelti 2 (iš)provokuoti 3 pykdyti, erzinti; dirginti 4 (pa)skatinti; (pa)raginti ~king [prə'vəukɪŋ] a nemalonus, apmaudingas, erzinantis

provost ['prɔvəst] n 1 koledžo rektorius 2 škot. miesto meras

prow [prau] n 1 laivo priešakys 2 poet. laivas

prowess ['prauɪs] n meistriškumas; šaunumas

prowl [praul] v 1 sėlinti, tykoti (ieškant grobio) 2 neramiai vaikštinėti

proxim||ate ['prɔksɪmət] a artimiausias, betarpiškas; kitas ~ity [prɔk'sɪmətɪ] n artimumas

proxy ['prɔksɪ] n 1 pavaduotojas; įgaliotinis; by ~ per įgaliotinį, pavaduotoją 2 įgaliojimas (dokumentas)

prude [pru:d] n apsimetėlė; perdėtai drovi moteris

prud||ence ['pru:dəns] n 1 protingumas 2 apdairumas ~ent [-nt] a 1 protingas 2 apdairus, atsargus

prud||ery ['pru:dərɪ] n 1 per didelis manieringumas, skrupulingumas 2 (apsimestinis) drovumas ~ish [-dɪʃ] a manieringas; per daug skrupulingas arba drovus

prune [pru:n] I n 1 džiovinta slyva 2 violetinė spalva

prune II v 1 apkarpyti medį / augalą 2 sutrumpinti; pašalinti, kas nereikalinga (away / down)

Prussian ['prʌʃn] n 1 prūsas 2 prūsų kalba a prūsiškas

prussic acid [ˌprʌsɪk 'æsɪd] n chem. ciano rūgštis

pry [praɪ] I n įrankis kam atidaryti v 1 atidaryti ką (įrankiu) 2 prievarta ką išgauti

pry II v kištis į svetimus reikalus; smalsauti; to ~ into tirti, šniukštinėti ~ing a smalsus

psal‖m [sɑːm] *n rel.* psalmė ~**ter** [ˈsɔːltə] *n* psalmių rinkinys

pseud [sjuːd] *n* pseudožinovas

pseudonym [ˈsjuːdənɪm] *n* pseudonimas, slapyvardis ~**ous** [sjuːˈdɔnɪməs] *a* (*pasirašytas, išleistas*) slapyvardžiu

psst [pst] *int* š(a)!

psychi‖atric [ˌsaɪkɪˈætrɪk] *a* psichiatrinis, psichiatrijos ~**atrist** [-ɪst] psichiatras ~**iatry** [saɪˈkaɪətrɪ] *n* psichiatrija ~**c** [ˈsaɪkɪk] *a* psichinis

psycholog‖ical [ˌsaɪkəˈlɔdʒɪkl] *a* psichologinis ~**ist** [saɪˈkɔlədʒɪst] *n* psichologas ~**y** [saɪˈkɔlədʒɪ] *n* psichologija

pub [pʌb] *n šnek.* (**public house** *sutr.*) alinė, smuklė

puberty [ˈpjuːbətɪ] *n* lytinis (su)brendimas

public [ˈpʌblɪk] *n* visuomenė, publika, žmonės; *general* ~ plačioji visuomenė; *in* ~ viešai *a* 1 viešas 2 visuomeninis, valstybinis; ~ *building* viešas, visuomeninis pastatas; ~ *house* = **pub**; ~ *law* valstybinė teisė; ~ *man* visuomeninis veikėjas; ~ *opinion* viešoji nuomonė; ~ *road* vieškelis; ~ *school* a) privati vidurinė mokykla (*Anglijoje*); b) nemokama valstybinė mokykla (*JAV, Škotijoje*); ~ *service* komunaliniai patarnavimai; ~ *utilities* komunalinės įmonės, pastatai; komunaliniai patarnavimai; ~ *works* viešieji darbai ~**an** [-ən] *n* alinės, smuklės savininkas

public‖ation [ˌpʌblɪˈkeɪʃn] *n* 1 paskelbimas; išleidimas 2 publikacija, leidinys

public‖ity [pʌbˈlɪsətɪ] *n* 1 viešumas; *to give* ~ (*to*) apgarsinti, paskelbti 2 reklama ~**ize**, ~**ise** [-saɪz] *v* reklamuoti ~**ly** [ˈpʌblɪklɪ] *adv* viešai

publish [ˈpʌblɪʃ] *v* 1 leisti (*knygas*) 2 skelbti ~**er** *n* (*knygų, žurnalų*) leidėjas; ~**ing house / office** leidykla

pucker [ˈpʌkə] *n* raukšlė; klostė *v* 1 daryti klostes 2 su(si)raukti

pudding [ˈpudɪŋ] *n* pudingas

puddl‖e [ˈpʌdl] *n* balutė, klanas

pudgy [ˈpʌdʒɪ] *a* riebus, putlus

pueril‖e [ˈpjuəraɪl] *a* vaikiškas ~**ity** [pjuəˈnlətɪ] *n* vaikiškumas

puff [pʌf] *n* 1 dvelkimas, pūstelėjimas 2 (*dūmų, garo*) kamuolys 3 rėkianti reklama 4 pūkutis (*pudravimuisi*) 5 sluoksniuotos tešlos pyragaitis 6 sunkus alsavimas, šniokštimas *v* 1 pūsti; rūkyti 2 reklamuoti, liaupsinti; *to* ~ *and blow / pant* sunkiai kvėpuoti, pūkštuoti, šniokštuoti **to be** ~**ed** uždusti ~**-box** [-bɔks] *n* pudrinė ~**ed-up** [ˌpʌftˈʌp] *a* pasipūtęs; išdidus, arogantiškas ~**y** [-ɪ] *a* 1 išputęs, papurtęs 2 gūsingas (*apie vėją*) 3 išpuikęs, pasipūtęs

pug [pʌg] *n* mopsas (*šuo*)

pugil‖ism [ˈpjuːdʒɪlɪzəm] *n* profesionalusis boksas ~**ist** [-st] *n* boksininkas profesionalas

pugnac‖ious [pʌgˈneɪʃəs] *a* linkęs muštis, vaidingas ~**ity** [-ˈnæsətɪ] *n* palinkimas muštis, peštis; agresyvumas

pug-nosed [ˈpʌgnəuzd] *a* riestanosis

puke [pjuːk] *v* vemti; pykinti

pull [pul] *v* 1 traukti, tempti, vilkti; pešti 2 tampyti; *to* ~ *a bell* skambinti 3 *jūr.* irkluoti 4 (iš)spausdinti 5 atmušti kamuolį (*žaidžiant*) 6 *amer.* apvogti, apiplėšti □ *to* ~ *at* a) tampyti; b) traukti dūmą; *to* ~ *back* atitraukti; atsitraukti; traukti atgal; *to* ~ *smth down* nugriauti; paversti; *to* ~ *smb down* nualinti (*apie ligą*); *to* ~ *in* a) iškviesti į policijos nuovadą; b) patraukti (*publiką*); c) uždirbti (*pinigų*); d) įvažiuoti; *to* ~ *off* a) nutraukti (*drabužį*); b) išlošti, laimėti (*prizą*); c) (*apie laivą*) išplaukti iš uosto; *to* ~ *off the road* iškrypti iš kelio; *to* ~ *on* traukti rankeną į save; *to* ~ *out* a) išeiti iš stoties; b) iš(si)traukti; *to* ~ *over* a) pasukti į šoną; b) užsivilkti (*per galvą*); *to* ~ *round / through* padėti nugalėti (*sunkumus*); išsigelbėti; *to* ~ *together* išvien dirbti; *to* ~

up a) sustabdyti (*automobilį, arklį*); b) pažengti į priekį (*moksle, rungtynė-se*); c) susilaikyti △ **to ~ faces** daryti grimasas; **to ~ the horse** patempti vadeles; **to ~ oneself together** paimti save į rankas; **to ~ to pieces** iškritikuoti *n* 1 trauka (*dūmtraukyje*) 2 pastangos; jėgos įtempimas 3 irklavimas 4 gurkšnis; (*dūmo*) įtraukimas 5 įtaka; protekcija 6 (*skambučio*) virvutė 7 potraukis 8 atspaudas (*korektūrai*) 9 lipimas (*į kalną*) **~er** *n* 1 tampytojas, traukėjas 2 irkluotojas **~-in** ['pulɪn] *n* pakelės kavinė, užeiga

pullet ['pulɪt] *n* jauniklė višta

pulley ['pulɪ] *n tech.* skriemulys; **driving ~** varomasis skriemulys

Pullman ['pulmən] *n glžk.* ištaigingas vagonas (*amer.* **parlor car**)

pullover ['puləuvə] *n* megztinis

pulp [pʌlp] *n* 1 vaisių minkštimas 2 medienos masė 3 minkšta masė 4 menkavertė literatūra *v* paversti / pavirsti minkšta mase

pulpit ['pulpɪt] *n bažn.* sakykla

pulpy ['pʌlpɪ] *a* minkštas, mėsingas (*apie vaisių*)

pulsat||e [pʌl'seɪt] *v* 1 pulsuoti, plakti 2 virpėti **~ion** [-'seɪʃn] *n* pulsacija, pulsavimas

pulse [pʌls] *n* 1 pulsas, plakimas; **to feel the ~** a) tikrinti pulsą; b) *prk.* sužinoti tikslus, ketinimus 2 vibracija *v* 1 pulsuoti 2 virpėti

pulveriz||e ['pʌlvəraɪz] *v* 1 sutrinti į miltus, dulkes 2 *prk.* sutriuškinti **~er** *n* purkštuvas, pulverizatorius

pumice ['pʌmɪs] *n* pemza (*išakijęs akmuo*) *v* valyti, šlifuoti pemza

pummel ['pʌml] *v* kumščiuoti (*t.p.* **pommel**)

pump [pʌmp] *n* siurblys; pompa *v* 1 dirbti siurbliu, pumpuoti; **to ~ a well dry** išsemti iki dugno; **to ~ hard** kietai pripūsti padangą 2 pripūsti oro 3 išgauti (*žinias*); **to ~ out** išpumpuoti; **to ~ up** pripumpuoti (*oro, vandens*)

pumpkin ['pʌmpkɪn] *n* moliūgas

pumps [pʌmps] *n pl* lakuoti bateliai

pun [pʌn] *n* kalambūras, žodžių žaismas

punch [pʌntʃ] I *v* 1 mušti (*kumščiu*) 2 pramušti (*skylę*); perforuoti 3 kompostiruoti 4 *amer.* ganyti (*galvijus*) *n* 1 smūgis (*kumščiu*) 2 skylmušys, perforatorius **~-card** [-'kɑ:d] *n* perfokorta

punch II *n* punšas

punctilious [pʌŋk'tɪlɪəs] *a* pedantiškas, skrupulingas

punctual ['pʌŋktʃuəl] *a* punktualus, tikslus **~ity** [,pʌŋktʃu'ælətɪ] *n* tikslumas, punktualumas

punctuat||e ['pʌŋktʃueɪt] *v* 1 dėti skyrybos ženklus 2 pertraukti **~ion** [,pʌŋktʃu'eɪʃn] *n* skyryba

puncture ['pʌŋktʃə] *n* 1 (*pradurta*) skylė (*pvz., padangoje*) 2 (*izoliacijos, padangos*) pradūrimas, pramušimas *v* pradurti; prakalti

pung||ency ['pʌndʒənsɪ] *n* kandumas, aitrumas, aštrumas **~ent** [-nt] *a* kandus, aitrus, aštrus; pikantiškas

punish ['pʌnɪʃ] *v* bausti **~ing** *a* varginantis **~ment** *n* bausmė

punitive ['pju:nətɪv] *a* baudžiamasis

punster ['pʌnst] *n* aštrialiežuvis

punt [pʌnt] I *n* plokščiadugnė valtis *v* plaukti valtimi (*stumiantis kartim*)

punt II *v* spirti (*kamuolį*) *n* spyris (*į kamuolį*)

punt III *v* 1 eiti lažybų (*arklių lenktynėse*) 2 (*lošiant kortomis*) pontiruoti *n* statymas, pastatyta suma (*lošiant, lažinantis*) **~er** *n* lošėjas; ponteris

puny ['pju:nɪ] *a* mažas, silpnas, geibus

pup [pʌp] *n* šuniukas *v* vaikuotis, šuniuotis

pupa ['pju:pə] *n* (*pl ~s arba ~e* [-pi:]) (*vabzdžio*) lėlytė

pupil ['pju:pl] I *n* akies lėlytė

pupil II *n* 1 mokinys, auklėtinis; praktikantas 2 *teis.* globotinis, nepilnametis

puppet ['pʌpɪt] *n* 1 marionetė; **~ government** marionetinė vyriausybė

2 lėlė; **~-play / show** lėlių teatras **~ry** [-rɪ] *n* lėlių teatro menas

puppy [ˈpʌpɪ] *n* **1** šuniukas **2** *šnek.* pienburnis

purblind [ˈpəːblaɪnd] *a* **1** neprimatantis; trumparegis **2** *prk.* neįžvalgus; neapdairus; bukaprotis

purchase [ˈpəːtʃəs] *n* **1** pirkinys **2** pirkimas, įsigijimas **3** *tech.* keltuvas *v* **1** pirkti; įsigyti **2** *tech.* kelti keltuvu, svertu

pure [pjuə] *a* **1** grynas; tikras; tyras; **~ mathematics** grynoji matematika **2** paprastas (*apie stilių*) **3** švarus, aiškus (*apie garsą*) **4** grynakraujis **~ly** *adv* **1** visiškai, pilnai **2** *ret.* švariai

purgat‖ive [ˈpəːgətɪv] *n* vidurių paleidžiamasis vaistas **~ory** [-trɪ] *n* *rel.* (*papr.* **Purgatory**) skaistykla

purge [pəːdʒ] *n* (iš)valymas (*t.p. politinis*) *v* **1** išvalyti, nuvalyti **2** *prk.* išpirkti kaltę **3** duoti vidurius paleidžiančiųjų vaistų

puri‖fication [ˌpjuərɪfɪˈkeɪʃn] *n* **1** (ap)valymas **2** *chem.* rektifikacija **~ficatory** [ˌpjuərɪfɪˈkeɪtrɪ] *a* valantis **~fy** [ˈpjuərɪfaɪ] *v* valyti(s) (*of / from*) **~ty** [ˈpjuərətɪ] *n* **1** grynumas; tyrumas **2** (*metalų*) praba

puritan [ˈpjuərɪtən] *a* puritoniškas *n* (**P.**) puritonas

purl [pəːl] I *v* čiurlenti *n* čiurlenimas

purl II *n* galionas; adytinis raštas *v* puošti galionu

purlieus [ˈpəːljuːz] *n* **1** *pl* pakraščiai **2** priemiestis

purloin [pəːˈlɔɪn] *v* vogti, grobti

purple [ˈpəːpl] *n* **1** purpuras, raudonai mėlyna spalva **2** *amer.* violetinė spalva *a* purpurinis, tamsiai raudonas

purport [ˈpəːpət] *n* **1** reikšmė; prasmė **2** *teis.* (*teksto*) turinys **3** tikslas, ketinimas *v* [pəˈpɔːt] reikšti; liudyti; rodyti; pretenduoti

purpose [ˈpəːpəs] *n* **1** tikslas, ketinimas; **to answer the ~** (ati)tikti; **of set ~** tyčia, iš anksto apgalvojus; **on ~** tyčia; **on ~ to** siekiant; tikslu; **to**

the ~ kaip tik; (*tinkamu*) laiku **2** rezultatas, pasisekimas; **to little / no ~** veltui, be rezultatų; **to some ~** ne veltui **3** ryžtingumas, valia *v* ketinti, rengtis **~ful** *a* **1** ketinantis, tikslo siekiantis **2** iš anksto apgalvotas **~less** *a* betikslis **~ly** *adv* tyčia, tam tikro tikslo siekiant

purr [pəː] *n* (*katės*) murkimas *v* murkti

purse [pəːs] *n* **1** piniginė **2** *prk.* pinigai **3** resursai, fondai △ **the public ~** iždas *v* su(si)raukti

pursu‖ance [pəˈsjuːəns] *n* įvykdymas, atlikimas; **in (the) ~ of smth** pagal, vykdant **~ant** [-ənt] *adv:* **~ant to** sutinkamai, atitinkamai

pursu‖e [pəˈsjuː] *v* **1** persekioti, vytis **2** siekti (*tikslo*); eiti užsibrėžtu keliu; **to ~ the policy of peace** vykdyti taikos politiką **3** užsiimti (*kuo nors*); tęsti **~er** *n* **1** persekiotojas **2** *teis.* ieškovas **~it** [-ˈsjuːt] *n* **1** persekiojimas; vaikymasis **2** užsiėmimas

purulent [ˈpjuərələnt] *a* pūliuojantis, pūlingas

purvey [pəˈveɪ] *v* aprūpinti, tiekti (*produktus*) **~ance** [-əns] *n* **1** (*produktų*) atsarga **2** aprūpinimas, tiekimas **~or** *n* tiekėjas

purview [ˈpəːvjuː] *n* **1** *teis.* įstatymo straipsnis **2** sfera, veikimo sritis; kompetencija

pus [pʌs] *n* pūliai

push [puʃ] *n* **1** stumtelėjimas, smūgis; **to give the ~** atstumti; atleisti iš darbo; **to get the ~** būti atleistam iš darbo; patekti į nemalonę; **to make a ~** nertis iš kailio **2** spaudimas **3** *kar.* ataka **4** energija; pastangos **5** mygtukas *v* **1** (pa)stumti **2** priversti **3** paspausti (*mygtuką*) **4** judėti, judinti į priekį **5** siūlyti pirkti (*prekes*) □ **to ~ aside** pašalinti (*kliūtis*); **to ~ away** atstumti, nustumti į šalį; **to ~ down** parblokšti; **to ~ forward** skubėti; veržtis į priekį; **to ~ in** priartėti (*prie kranto*), prisistumti; **to ~ off** a) atsistumti, išplaukti; b) realizuoti prekes;

to ~ on skubėti (*į prieki*); to ~ out
a) išleisti (*ataugas*); b) išeiti, išsikišti
į prieki; to ~ through pra(si)stumti;
prasiveržti ~ing, ~y *a* veiklus, ener-
gingas
pusillanim‖ity [ˌpjuːsɪləˈnɪmətɪ] *n* silp-
nadvasiškumas, bailumas ~ous [-ˈlæ-
nɪməs] *a* silpnadvasis; bailus
puss [pus] *n* katytė
pussy [ˈpusɪ] *n* 1 katytė (*t.p.* ~-cat)
2 minkštas, pūkuotas daiktas ~-wil-
low [-wɪləu] *n* karklas; žilvitis
pustule [ˈpʌstjuːl] *n* spuogas ~ous
[-juləs] *a* spuoguotas
put [put] *v* (put) 1 (pa)dėti, (pa)statyti;
to ~ to bed paguldyti miegoti
2 (pa)talpinti 3 skleisti (*apie gandą*)
4 išreikšti (*žodžiais*); to ~ it in black
and white parašyti, užrašyti (*juodu
ant balto*) 5 versti (*į kitą kalbą*) 6 įver-
tinti, nustatyti (*dydį ir pan.*) 7 (iš)-
kelti (*klausimą*) 8 mesti; mėtyti 9 pa-
rūpinti □ to ~ across a) pervežti; b)
per(si)kelti; to ~ aside a) atidėti; b)
nušalinti; c) taupyti; to ~ away a)
nunešti; b) atidėti (*pinigus*); nuimti;
c) *šnek.* suvalgyti; to ~ back a)
atgal pastatyti; b) grįžti į uostą; c)
atsukti (*laikrodį*) atgal; to ~ by a)
atidėti (*atsargai*); b) vengti (*pokalbio*);
c) stengtis nepastebėti; to ~ down
a) už(si)rašyti; b) laikyti (*kuo*); susie-
ti; c) numalšinti; priversti tylėti; to
~ forth a) įtempti jėgas, parodyti
(*jėgą*); b) leisti atžalas; to ~ for-
ward iškelti; to ~ in a) pateikti ap-
svarstyti; b) įterpti, padaryti pastabą;
įdėti, įstatyti; c) *šnek.* įvykdyti (*dar-
bą*); d) praleisti (*laiką*); to ~ in an
appearance pasirodyti; to ~ into
išversti (*į kitą kalbą*); to ~ off a) ati-
dėti; b) nusirengti, nusiimti nuo savęs;
c) nusikratyti; d) atkalbėti (*from*); to
~ on a) užsidėti; užsivilkti; apsimau-
ti; b) dėtis, apsimesti; c) pridėti; to
~ out a) iš(si)kišti; ištiesti; b) gesin-
ti (*šviesą*); c) erzinti, trukdyti; to ~

out of countenance sukelti sumiši-
mą; suglumyti; to ~ through *šnek.*
a) įvykdyti; b) sujungti (*telefonu*); to
~ to kinkyti; to ~ up a) statyti (*na-
mą, pjesę*); b) nubaidyti (*paukščius*);
c) pakelti (*kainą*); d) supakuoti, įdėti;
e) iškabinti; to ~ up at (*laikinai*)
apsistoti (*viešbutyje*); to ~ up with
pakęsti, taikstytis; to ~ upon a) ap-
krauti; b) apgauti △ to ~ an end to
nutraukti; užbaigti, padaryti galą; to
~ one's hand to imtis darbo; to ~
heads together tartis; to ~ in or-
der sutvarkyti; to ~ one at his ease
įgalinti ką laisvai jaustis; to ~ one in
charge of paskirti ką atsakingu; to ~
into one's head įteigti, į(si)kalbėti;
to ~ into shape sutvarkyti; api-
pavidalinti; to ~ into effect a)
paskelbti galiojančiu (*apie įstatymą*);
b) įvykdyti; to ~ off one's guard
susilpninti budrumą; to ~ off the
scent nukreipti klaidingu keliu; to ~
on airs nosį riesti, didžiuotis; to ~
on flesh *šnek.* storėti; to ~ one
on his guard įspėti, perspėti ką nors;
to ~ out of temper erzinti; to ~
smb right with pateisinti ką nors
kito akyse; to ~ to death bausti mir-
timi; to ~ to flight priversti bėgti;
to ~ to inconvenience apsunkinti;
to ~ to rout sutriuškinti, priversti
bėgti; to ~ to sea išplaukti į jūrą; to
~ to the test išbandyti
putative [ˈpjuːtətɪv] *a* faktiškasis; vi-
suotinai pripažintas, žinomas
putr‖efaction [ˌpjuːtrɪˈfækʃn] *n* puvi-
mas ~efy [ˈpjuːtrɪfaɪ] *v* pūti, užkrėsti
puvimu
putsch [putʃ] *n* pučas
putt [pʌt] *v* smūgiuoti (*golfe*)
puttees, putti(e)s [ˈpʌtɪz] *n* 1 *pl* autai
blauzdoms apvynioti 2 (*kieti, odiniai*)
antblauzdžiai.
putty [ˈpʌtɪ] *n* kitas, glaistas *v* užtepti,
užglaistyti (*t.p.* to ~ up)

puzzle ['pʌzl] *v* 1 sukelti sumišimą, su-
kvailinti, pastatyti į sunkią padėtį, su-
painioti 2 sukti galvą *n* 1 nustebi-
mas; sunkumas; painus, sunkiai iš-
sprendžiamas klausimas 2 kebli padė-
tis **3** mįslė, galvosūkis ~ing *a* 1 klai-
dinantis 2 keblus; painus ~ment *n*
sumišimas

pygmy, pigmy ['pɪgmɪ] *n* pigmėjus,
nykštukas

pyjamas (*amer.* pajamas) [pə'dʒa:-
məz] *n pl* pižama

pyramid ['pɪrəmɪd] *n* piramidė ~al
[pɪ'ræmɪdl] *a* piramidės formos, pi-
ramidinis

pyre ['paɪə] *n* laužas (*kremacijai*)

python ['paɪθn] *n zool.*   pitonas,
smauglys

Q

Q, q [kju:] *n septynioliktoji anglų abė-
cėlės raidė*

quack [kwæk] I *n* krykimas (*apie antis*)
v krykti, kvarksėti

quack II *n* šarlatanas, šundaktaris *v*
šundaktariauti *a* šarlataniškas ~ery
[-ərɪ] *n* šarlataniškumas

quadrangle [kwɔ'dræŋgl] *n* 1 ketur-
kampis 2 keturkampis kiemas

quadrant ['kwɔdrənt] *n* kvadrantas

quadrat||e ['kwɔdrɪt] *a* kvadratinis *n*
kvadratas ~ic [kwɔ'drætɪk] *a* kvadra-
tinis; ~ic *equation* kvadratinė lygtis

quadrilateral [ˌkwɔdrɪ'lætərəl] *a* ketur-
šonis

quadruped ['kwɔdruped] *n* keturkojis

quadruple ['kwɔdru:pl] *a* 1 susidedan-
tis iš keturių dalių; keturšalis 2 ketur-
gubas, keturlinkas *v* [kwɔ'dru:pl] ke-
turgubinti

quaff [kwa:f] *v poet.* gerti dideliais
gurkšniais

quag [kwæg] *n* liūnas ~gy [-ɪ] *a* 1 klam-
pus 2 balotas ~mire [-maɪə] *n* 1 bala,
liūnas 2 *prk.* kebli padėtis

quail [kweɪl] I *n* 1 putpelė 2 *šnek.* stu-
dentė

quail II *v* pabūgti (*at / before smb /
smth*)

quaint [kweɪnt] *a* keistas, neįprastas

quake [kweɪk] *v* drebėti, virpėti *n*
1 drebėjimas 2 žemės drebėjimas (*t.p.*
earthquake)

qualif||ication [ˌkwɔlɪfɪ'keɪʃn] *n* 1 kva-
lifikacija 2 kvalifikavimas **3** išlyga, ap-
ribojimas ~y ['kwɔlɪfaɪ] *v* 1 kvali-
fikuoti(s) 2 apibrėžti (*as*) **3** *gram.* api-
brėžti, aprašyti (*apie pažymįnį*) 4 ap-
riboti

qualit||ative ['kwɔlɪtətɪv] *a* kokybinis
~y ['kwɔlətɪ] *n* 1 kokybė; rūšis; *high*
~ aukščiausia rūšis; *poor* ~y blo-
ga rūšis 2 savumas, privalumas **3** tei-
giamybė

qualm [kwa:m] *n* abejojimas savo tei-
singumu; ~s *of conscience* sąžinės
graužimas

quandary ['kwɔndərɪ] *n* kebli padėtis;
keblumas; dvejojimas

quantit||ative ['kwɔntɪtətɪv] *a* kieky-
binis ~ify [-ɪfaɪ] *v* apskaičiuoti ~y
['kwɔntətɪ] *n* 1 kiekybė 2 daugybė
3 *fon.* garso ilgumas

quarantine ['kwɔrənti:n] *n* karantinas *v*
įvesti karantiną

quarrel ['kwɔrəl] *n* ginčas, kivirčas *v*
kivirčytis, ginčytis, kabinėtis ~some
[-səm] *a* priekabus; barningas

quarry ['kwɔrɪ] I *n* grobis, laimikis

quarry II *n* akmens skaldykla; *prk.*
žinių šaltinis *v* 1 skaldyti akmenis
(*karjere*) 2 knistis, raustis, (su)ieškoti
(*for*)

quart [kwɔ:t] *n* kvorta, ketvirtis (*skys-
čių saikas* = 1/4 *galono* = 1,4 *litro*)

quarter ['kwɔ:tə] *n* 1 ketvirtis; *a* ~ *to
twelve* be penkiolikos minučių dvy-
lika 2 *amer.* 25 centų moneta **3** kvar-
talas 4 kryptis **5** rajonas, vietovė **6** bu-
tas △ *from all* ~s iš visur; *to have
free* ~s gyventi veltui; *at close* ~s
betarpiškai *v* 1 dalyti į keturias dalis
2 apgyvendinti ~ly *a* trijų mėnesių

n žurnalas, išeinantis kartą per tris
mėnesius *adv* kartą per tris mėnesius
~**master** [-maːstə] *n kar.* ūkio dalies
viršininkas

quartet(te) [kwɔːˈtet] *n muz.* kvartetas

quarts [kwɔːts] *n* kvarcas

quash [kwɔʃ] *v* 1 anuliuoti 2 *prk.* (nu)-
slopinti

quaver [ˈkweɪvə] *n* 1 trelė 2 balso vir-
pėjimas **3** *amer.* aštuntinė nata *v*
1 drebėti, virpėti (*apie balsą*) 2 tre-
liuoti

quay [kiː] *n* krantinė, molas

queen [kwiːn] *n* 1 karalienė 2 (*kortų*)
dama **3** *šachm.* valdovė 4: ~ *bee* bi-
čių motina △ *the King's / Queen's
English* anglų literatūrinė kalba

queer [kwɪə] *a* 1 keistas, ekscentriškas
2 abejotinas; įtartinas; *there is
something* ~ *about it* čia kažkas
įtartino

quell [kwel] *v* sutriuškinti, užgniaužti,
nuslopinti, numalšinti

quench [kwentʃ] *v* 1 (už)gesinti 2 su-
stabdyti **3** nuraminti (*troškulį*) 4 at-
šaldyti (*karštą geležį vandeny*) ~**less**
a nenuslopinamas, nenutildomas, ne-
užgesinamas

querulous [ˈkweruləs] *a* niurzglus, gai-
žus, irzlus

query [ˈkwɪərɪ] *v* 1 klausinėti (*if,
whether*) 2 dėti klaustuką *n* 1 klau-
simas, abejonė 2 klaustukas

quest [kwest] *n* 1 ieškojimas 2 ty-
rinėjimas, klausinėjimas *v* ieškoti

question [ˈkwestʃən] *n* 1 klausimas
2 klausimas, problema △ *it is not
the* ~ ne tas dalykas; *out of* ~
negali būti ir kalbos; *a person in*
~ kalbamas, svarstomas asmuo *v*
1 klausti, klausinėti 2 tyrinėti (*fak-
tus*) **3** abejoti ~**able** [-tʃənəbl] *a* abe-
jotinas ~**er** [ˈkwestʃənə] *n* korespon-
dentas, klausėjas ~**less** [ˈkwestʃənlɪs]
a neabejotinas, neginčijamas *adv* ne-
abejotinai ~**mark** [ˈkwestʃənmaːk] *n*
klaustukas ~**naire** [ˌkwestʃəˈneə] *n*
anketa; klausimų sąrašas

queue [kjuː] *n* 1 (*plaukų*) kasa 2 eilė
(*belaukiančių žmonių*) *v* stoti, stovėti
eilėje (*t.p. to* ~ *up*)

quibble [ˈkwɪbl] *n* 1 smulkus priekaiš-
tas 2 išsisukinėjimas *v* 1 priekaištau-
ti (*dėl smulkmenų*) 2 išsisukinėti nuo
klausimo esmės

quick [kwɪk] *a* 1 gyvas, greitas, vik-
rus; *to be* ~ skubėti; ~ *to
take offence* greitai įsižeidžiantis
2: ~ *at smth* nuovokus, sumanus
n gyvuonis *adv* greitai ~**en** [-ən] *v*
1 (pa)spartinti, (pa)greitinti 2 pa-
gyvinti, pagyvėti ~**ly** *adv* gyvai; grei-
tai ~**ness** *n* 1 greitumas, gyvumas
2 sumanumas ~**sand** [-sænd] *n* la-
kusis smėlis ~**silver** [-sɪlvə] *n* gyvsi-
dabris ~-**witted** [ˌkwɪkˈwɪtɪd] *a* su-
manus, išradingas

quid [kwɪd] I *n* *šnek.* 1 svaras sterlingų
2: ~**s** *in* praturtėjęs

quid II *n* kramtomojo tabako gabaliu-
kas

quiescen‖ce [kwaɪˈesns] *n* neveiklumas;
ramybė ~**t** [-nt] *a* neaktyvus, ramus

quiet [ˈkwaɪət] *n* ramumas, ramybė;
tykumas △ *on the* ~ slaptai, pa-
tyliukais *a* tylus, ramus; *to keep* ~
tylėti *v* (nu)raminti ~**ly** *adv* tyliai,
ramiai ~**ness** *n* ramybė, tyluma

quietus [kwaɪˈiːtəs] *n* galas, žuvimas

quill [kwɪl] *n* 1 (*paukščio*) plunksna
2 žąsies plunksna rašymui

quilt [kwɪlt] *n* vatinė antklodė *v* dygs-
niuoti (*pamušus vata*)

quince [kwɪns] *n bot.* svarainis

quinine [kwɪˈniːn] *n* chininas

quinsy [ˈkwɪnzɪ] *n* angina

quip [kwɪp] *n* kandus žodis / frazė

quire [ˈkwaɪə] *n* 25 popieriaus lapai

quirk [kwəːk] *n* 1 kam būdingas įprotis
2 atsitiktinumas, sutapimas

quit [kwɪt] *v* 1 palikti, apleisti; mesti
(*darbą*) 2 at(si)lyginti *a predic* laisvas,
nusikratęs (*kuo*)

quite [kwaɪt] *adv* 1 gana; ~ *good* gana
geras; ~ *a few / lot* gana nemažai

2 visiškai, visai; ~ *empty* visai tuščias; *oh*, ~ *(so)! o*, taip!

quits [kwɪts]: *to be* ~ (*with smb*) atsiskaityti, susimokėti (*skolą*)

quiver ['kwɪvə] I *n* drebėjimas, virpėjimas *v* drebėti, virpėti

quiver II *n* strėlinė

quixotism, quixotry ['kwɪksətɪzəm, -trɪ] *n* donkichotiškumas

quiz ['kwɪz] *n* (*pl* **quizzes**) 1 (*radijo ar TV*) konkursas 2 apklausimas, egzaminas *v* egzaminuoti, apklausti ~**zical** [-ɪkl] *a* klausiamas

quorum ['kwɔ:rəm] *n* kvorumas

quota ['kwəutə] *n* kvota, dalis

quotation [kwəu'teɪʃn] *n* 1 citata, citavimas 2 *kom.* kaina, kursas ~**-marks** [-mɑ:ks] *n pl* kabutės

quote [kwəut] *v* 1 cituoti, remtis kuo nors 2 imti į kabutes 3 nustatyti kainą *n šnek.* 1 citata 2 *pl* kabutės

quotidian [kwəu'tɪdɪən] *a* 1 kasdieninis 2 banalus, nuvalkiotas

quotient ['kwəuʃnt] *n* 1 *mat.* dalmuo 2 koeficientas

R

R, r [ɑ:] *n aštuonioliktoji anglų abėcėlės raidė*

rabbit ['ræbɪt] *n* triušis ~**-punch** [-pʌntʃ] *n* smūgis skiausčiu delnu (*į sprandą*)

rabble ['ræbl] *n* 1 minia 2 padugnės, tamsuomenė

rabid ['ræbɪd] *a* 1 pasiutęs, pašėlęs 2 *med.* pasiutęs (*šuo*)

rabies ['reɪbi:z] *n med.* pasiutligė

rac(c)oon [rə'ku:n] *n* meškėnas

race I [reɪs] *n* 1 lenktynės; greitas judėjimas, ėjimas; *the* ~*s* arklių lenktynės 2 srautas *v* 1 lenktyniauti 2 bėgti 3 varyti, vyti; *to* ~ *the bill through* prastumti įstatymą skubos tvarka

race II [reɪs] *n* 1 rasė; *the human* ~ žmonija 2 giminė; kilmė 3 veislė, rūšis

racecourse ['reɪskɔ:s] *n* 1 hipodromas 2 bėgimo takas

race‖horse ['reɪshɔ:s] *n* lenktynių arklys

racial ['reɪʃl] *a* rasinis ~**ism** [-ʃəlɪzəm] *n* rasizmas

rack [ræk] I *n* 1 ėdžios, lovys 2 pakaba 3 lentyna; stovas; regztis (*vagone bagažui*) 4 grotelės, pinučiai 5 kankinimo suolas *v* 1 (pa)dėti (*ant lentynos, regzties, į ėdžias*) 2 kankinti; varginti sunkiu darbu △ *to* ~ *one's brains* sukti sau galvą

rack II *n* sunaikinimas, pražūtis; *to go to* ~ *and ruin* žūti, pražūti

racket ['rækɪt] I *n* (*teniso*) raketė

racket II *n* 1 triukšmas 2 *amer.* šantažas; reketas *v* 1 kelti triukšmą 2 ūžauti, linksmai gyventi (*about*) ~**eer** [ˌrækɪ'tɪə] *n amer.* gangsteris, banditas; reketininkas ~**y** [-ɪ] *a* triukšmingas, netvarkingas

racy ['reɪsɪ] *a* 1 vaizdingas, gyvas, turtingas (*apie stilių*) 2 būdingas, ryškus (*apie savybes*) 3 aštrus, pikantiškas 4 dygus, pašaipus, kandus

radar ['reɪdɑ:] *n* 1 radiolokatorius 2 radiolokacija

radi‖al ['reɪdɪəl] *a* 1 spindulių, spindulinis 2 *anat.* stipinkaulio ~**ance** [-əns] *n* švytėjimas, spindėjimas ~**ant** [-nt] *a* spinduliuojantis; spindulingas, šviečiantis ~**ate** [-eɪt] *v* spinduliuoti ~**ation** [ˌreɪdɪ'eɪʃn] *n* spinduliavimas ~**ator** [-eɪtə] *n* radiatorius

radical ['rædɪkl] *n* 1 *polit.* radikalas 2 *mat.* šaknis *a* 1 pagrindinis; radikalus; drastiškas 2 *mat.* šaknies

radio ['reɪdɪəu] *n* 1 radijas 2 radijo imtuvas ~**active** [ˌreɪdɪəu'æktɪv] *a* radioaktyvus ~**activity** [ˌreɪdɪəuæk'tɪvətɪ] *n* radioaktyvumas ~**gram** [-græm] *n* 1 radiograma 2 rentgeno nuotrauka ~**graph** [-grɑ:f] *n* rentgeno nuotrauka *v* daryti rentgeno nuotrauką ~**location** [ˌreɪdɪəuləu'keɪʃn] *n* radiolokacija; ~**man**, ~**-operator** [-mən, ˌreɪdɪəu'ɔpəreɪtə] *n* radistas ~

-set [-set] n radijo imtuvas ∼**telegram** [ˌreɪdɪəuˈtelɪgræm] n radiotelegrama

radish [ˈrædɪʃ] n ridikėlis, ridikas

radius [ˈreɪdɪəs] n (pl **radii** [-dɪəɪ]) 1 radiusas; spindulys 2 (rato) stipinas 3 anat. stipinkaulis

raffish [ˈræfɪʃ] a apsileidęs, netvarkingas; vulgarus

raffle [ˈræfl] n loterija v lošti (loterijoje)

raft [rɑːft] n 1 sielis; keltas, plaustas 2 amer. šnek. daugybė v 1 per(si)-kelti keltu 2 plukdyti sielius ∼**er** n 1 sielininkas; keltininkas 2 gegnė

rag [ræg] I n 1 skarmalas, skuduras; skiautė; in ∼s nudriskęs, nuplyšęs; not a ∼ of nė trupučio, nė lašelio, visai nieko 2 niek. laikraštpalaikis 3 pl popiergaliai (apie pinigus)

rag II v 1 šnek. erzinti, plūsti 2 triukšmauti

ragamuffin [ˈrægəmʌfɪn] n driskius, nuskurėlis

rage [reɪdʒ] n 1 pyktis 2 įniršimas; to fly into a ∼ įniršti 3 šnek. visuotinis susižavėjimas, mada v 1 įniršti 2 siausti, siautėti (at / against)

ragged [ˈrægɪd] a 1 nuplyšęs, apdriskęs; apleistas 2 šiurkštus, nelygus 3 netaisyklingas, neapdorotas (stilius)

raging [ˈreɪdʒɪŋ] a 1 piktas, įniršęs 2 stiprus (apie skausmą)

ragman [ˈrægmən] n skudurininkas

ragout [ˈræguː] n ragu (valgis)

raid [reɪd] n 1 užpuolimas, antpuolis 2 antskrydis 3 reidas v 1 užpulti, įsiveržti 2 surengti reidą

rail [reɪl] I v plūsti, keikti

rail II n 1 skersinis; turėklas 2 bėgis 3 geležinkelis; by ∼ geležinkeliu 4 kabiklis v 1 vežti, važiuoti geležinkeliu 2 tiesti bėgius 3 aptverti; to ∼ in aptverti; to ∼ off / round atitverti ∼**ing** n 1 tvora 2 turėklai

rail‖road (amer.), ∼**way** [ˈreɪlrəud, -weɪ] n geležinkelis ∼**man** [-mæn] n geležinkelininkas

raiment [ˈreɪmənt] n poet. rūbas, apdaras

rain [reɪn] n lietus; pouring / pelting ∼ liūtis, pyla Δ (as) right as ∼ šnek. visai sveikas; visiškai tvarkoje v 1: it ∼s, it is ∼ing lyja; it ∼s cats and dogs lyja kaip iš kibiro 2 pilti(s) ∼**bow** [-bəu] n vaivorykštė ∼**coat** [-kəut] n lietpaltis ∼**drop** [-drɔp] n lietaus lašas ∼**fall** [-fɔːl] n 1 liūtis 2 kritulių kiekis ∼**-gauge** [-geɪdʒ] n meteor. lietmatis ∼**less** a sausringas ∼**proof** [-pruːf] a neperšlampamas ∼**y** [-ɪ] a lietingas Δ for a ∼y day juodai dienai

raise [reɪz] v 1 pakelti; iškelti 2 sukelti; pažadinti 3 auginti; auklėti 4 pastatyti (pastatą) 5 surinkti (mokesčius) 6 sudaryti (armiją, laivyną) Δ to ∼ the blockade nutraukti blokadą; to ∼ bread užraugti tešlą (duonai); to ∼ hell / the devil / the roof kelti skandalą; triukšmauti n 1 (uždangos) pakilimas; pakėlimas 2 amer. (pvz., atlyginimo) pakėlimas, padidinimas (žr. rise)

raisin [ˈreɪzn] n razina

rajah [ˈrɑːdʒə] n radža

rake I [reɪk] n grėblys v 1 grėbti; sulyginti, išpurenti 2 rūpestingai ieškoti 3 prk. rinkti (up / together) □ to ∼ in daug uždirbti, susiglemžti pinigų; to ∼ out išgrėbti; prk. sunkiai ką nors gauti; to ∼ up sugrėbti; prk. (su)erzinti; sukelti

rake II n padauža, ištvirkėlis v išdykauti, trankytis

rally [ˈrælɪ] I v juokauti, ironizuoti

rally II n 1 susirinkimas, sueiga; amer. masinis mitingas 2 susivienijimas 3 atstatymas v 1 (vėl) su(si)telkti, su(si)-burti; sukaupti jėgas 2 ateiti į pagalbą 3 atsigauti

ram [ræm] n 1 avinas 2 taranas v 1 (į)kalti; įmušti, įvaryti; to ∼ into smb, to ∼ it home įkalti į galvą, įtikinti 2 susidurti (galvomis)

rambl‖e [ˈræmbl] n 1 ekskursija, pasivažinėjimas 2 klajojimas v 1 klajoti savo malonumui 2 kalbėti be sąryšio 3 vyniotis ∼**ing** a 1 padrikas, be sąryšio **2** klajojantis **3** sliaužiantis, vijoklinis (*apie augalą*)

ramif‖ication [ˌræmɪfɪˈkeɪʃn] *n* **1** issišakojimas **2** *pl* šakos ~**y** [ˈræmɪfaɪ] *v* . issišakoti

ramp [ræmp] *n* **1** slaitas **2** trapas (*léktuvo*) *v* **1** stotis piestu; *prk.* šélti **2** apgauti (*padídinus kainą*) ~**age** [ræmˈpeɪdʒ] *n* šélimas, siautéjimas *v* siautéti, šélti, dūkti ~**ant** [-ənt] *a* **1** nesuvaldomas, šélstantis, stojantis piestu **2** paplitęs (*apie ligą ir pan.*) **3** veslus (*apie augalus*)

rampart [ˈræmpɑːt] *n* **1** (*tvirtovés*) pylimas **2** *prk.* tvirtové **3** apsauga (*nuo ligos*)

ramshackle [ˈræmʃækl] *a* senas, suiręs, aplūžęs (*apie pastatą, mašiną*)

ran [ræn] *past žr.* **run**

ranch [rɑːntʃ] *n* rančo, gyvulininkystés ferma

rancid [ˈrænsɪd] *a* apkartęs, gaižus

ranc‖o(u)r [ˈræŋkə] *n* pyktis, pagieža ~**orous** [-rəs] *a* piktas

random [ˈrændəm] *a* padarytas *arba* išrinktas aklai; atsitiktinis *n*: **at** ~ iš akies, aklai; kaip papuola, atsitiktinai

rang [ræŋ] *v past žr.* **ring** I

range [reɪndʒ] *n* **1** (*namų*) eilé **2** (*kalnų*) virtiné **3** kryptis, linija **4** sfera, zona; spindulys; nuotolis; **out of** ~ nepasiekiamas **5** sritis, erdvé; ~ **of vision** akiratis, regéjimo laukas **6** amplitudé, diapazonas; ribos **7** (*virtuvés*) viryklé **8** ganykla *v* **1** iš(si)rikiuoti; tvarkyti(s) **2** klajoti **3** svyruoti (*tam tikrose ribose*) **4** siekti (*apie nuotolį*); tęstis (*over / with*)

ranger [ˈreɪndʒə] *n* **1** valkata, klajūnas; bastūnas **2** girininkas **3** *pl* kavalerijos dalinys **4** raitas policininkas

rank [ræŋk] I *n* **1** eilé, greta **2** laipsnis, rangas, užimama vieta **3** kategorija, atskyris △ **the** ~ **and file** (*t.p.* **the** ~**s**) eiliniai kareiviai; eiliniai (*partijos*) nariai; paprasti žmonés *v* **1** rikiuotis viena eile **2** klasifikuoti **3** duoti *arba* užimti vietą

rank II *a* **1** veslus, tankus **2** dvokiantis **3** bjaurus, šlykštus **4** apaugęs piktžolémis **5** aiškus, žinomas (*neigiamosiomis ypatybémis*)

rankle [ˈræŋkl] *v* **1** pūliuoti (*apie žaizdą*) **2** kankinti (*apie atsiminimus*), sukelti skausmą

ransack [ˈrænsæk] *v* **1** apieškoti; padaryti kratą; knistis **2** plésti

ransom [ˈrænsəm] *n* išpirka, išpirkimas *v* išpirkti; atpirkti

rant [rænt] *v* pompastiškai kalbéti

rap [ræp] I *n* **1** lengvas smūgis **2** pabeldimas **3** *amer.* greitas kalbéjimas *v* **1** lengvai suduoti **2** pabarbenti **3** *amer.* iškritikuoti, išpeikti **4** *amer. šnek.* greitai kalbéti; **to** ~ **smth out** išrėžti; riktelėti

rap II *n: I don't care a* ~ *man nusispjauti, man tai visiškai nerūpi; not a* ~ *né skatiko*

rapaci‖ous [rəˈpeɪʃəs] *a* **1** plésrus **2** godus; rajus ~**ty** [rəˈpæsətɪ] *n* **1** plésrumas **2** godumas

rape [reɪp] I *n* rapsas

rape II *n* **1** išprievartavimas **2** *poet.* (pa)grobimas *v* išprievartauti

rapid [ˈræpɪd] *a* greitas, smarkus *n pl* (*upés*) slenksčiai ~**ity** [rəˈpɪdətɪ] *n* greitumas

rapine [ˈræpaɪn] *n* plésimas

rapt [ræpt] *a* **1** sužavétas, pasigėréjimo pagautas; pasinéręs (*mintyse*) **2** pagrobtas ~**ure** [-tʃə] *n* susižavéjimas; ekstazé; protrūkis

rar‖e [reə] *a* **1** retas; praretintas **2** puikus **3** ne visai išvirtas, iškeptas ~**ely** *adv* **1** retai **2** puikiai ~**ity** [-rətɪ] *n* retenybé

rascal [ˈrɑːskl] *n* sukčius, nenaudélis

rash [ræʃ] I *n* (*odos*) išbérimas

rash II *a* **1** veržlus **2** skubotas, neapgalvotas, neatsargus ~**ness** *n* **1** veržlumas **2** skubotumas, neapgalvotumas

rasp [rɑːsp] *n* **1** trintuvé **2** dildé, brūžiklis *v* **1** brūžinti **2** *prk.* erzinti, rėžti ausį

raspberry [ˈrɑːzbrɪ] *n* avieté

rat [ræt] n 1 žiurkė 2 pl šnek. niekai!
△ to smell a ~ prk. a) nujausti ką
nors bloga; b) įtarti

rate [reɪt] I n 1 greitis, tempas 2 mo-
kestis **3** tarifas; tarifinis atlygis; ~
of exchange valiutos kursas 4 nor-
ma **5** klasė, rūšis; first-~ (second-
~ **ir** t.t.) pirmos rūšies (antros
rūšies **ir** t.t.) **6** koeficientas; procen-
tas; laipsnis **7** kaina △ at any ~
šiaip ar taip, kiekvienu atveju; at an
easy ~ pigiai; lengvai v 1 įvertinti
2 nustatyti **3** laikyti, manyti 4 ap-
mokestinti **5** amer. būti vertam; nusi-
pelnyti

rate II v barti, griežtai peikti

ratepayer ['reɪtpeɪə] n mokesčių mokė-
tojas

rather ['rɑːðə] adv 1 greičiau, verčiau;
mieliau; I would ~ go today than
tomorrow aš mieliau nueičiau šian-
dien negu ryt 2 gana, pakankamai;
gerokai; he was ~ tired jis gerokai
pavargo; ~ (than) verčiau, negu

ratif||ication [ˌrætɪfɪ'keɪʃn] n ratifikaci-
ja, patvirtinimas ~y ['rætɪfaɪ] v pa-
tvirtinti, ratifikuoti

rating ['reɪtɪŋ] I n 1 klasė; atskyris;
rangas, padėtis 2 įvertinimas; reitin-
gas **3** apmokestinimas 4 tech., ek. pa-
jėgumas; našumas

rating II n pabarimas, papeikimas

ratio ['reɪʃɪəu] n 1 santykis, proporcija
2 koeficientas

ration ['ræʃn] n 1 maisto atsargos
2 pl porcija, davinys **3** pl maistas v
1 išduoti davinį 2 apriboti / normuoti
produktų išdavimą

rational ['ræʃnəl] a 1 protingas, ra-
cionalus 2 saikingas ~ity [ˌræʃə-
'nælətɪ] n protingumas, racionalumas
~ization [ˌræʃnəlaɪ'zeɪʃn] n racional-
izacija ~ize, ~ise [-aɪz] v racional-
izuoti

rattle ['rætl] v 1 dardėti, dundėti, tarš-
kėti; smarkiai belsti 2 greit kalbėti,
malti liežuviu **3** šnek. gąsdinti, jaud-
inti n 1 dardėjimas, dundėjimas, tarš-
kėjimas 2 barškalas; tarškynė **3** šnek.

tarškalius; plepys ~snake [-sneɪk] n
barškuolė (gyvatė)

rattling ['rætlɪŋ] a 1 tarškantis, barš-
kantis; dundantis 2 stiprus, smarkus
(apie vėją, lietų) **3** šnek. puikus

rat-trap ['rættræp] n žiurkių spąstai

raucous ['rɔːkəs] a kimus, duslus, gergž-
džiantis

ravage ['rævɪdʒ] n nuniokojimas, sunai-
kinimas v nuniokoti, sunaikinti

rave [reɪv] v 1 kliedėti 2 siautėti, niršti
3 entuziastingai kalbėti

ravel ['rævl] v 1 (su)painioti 2 išnarp-
lioti; išsiaiškinti n painiava

raven ['reɪvn] I n varnas, kranklys

raven ['rævn] II v 1 plėšti 2 ieškoti gro-
bio **3** godžiai ryti; turėti vilko apetitą
~ous ['rævɪnəs] a 1 plėšrus 2 rajus;
~ous appetite vilko apetitas

ravine [rə'viːn] n 1 gilus kalnų tarpeklis
2 siaura dauba

ravish ['rævɪʃ] v 1 pagrobti (moterį);
prievartauti 2 sužavėti

raw [rɔː] a 1 žalias, neišdirbtas; neiš-
viręs; ~ material žaliava 2 neprity-
ręs; neapmokytas **3** žvarbus; darganas
(apie orą) 4 a) neužgijęs; b) be odos
5 prk. jautrus n 1 žaliava 2 įdrės-
kimas; skaudama vieta; to touch on
the ~ prk. paliesti skaudžią vietą

ray [reɪ] I n 1 spindulys 2 prošvaistė

ray II n zool. raja (žuvis)

rayon ['reɪɔn] n dirbtinis šilkas

raze [reɪz] v 1 sunaikinti, sugriauti iki
pamatų; to ~ to the ground su-
lyginti su žeme 2 prk. (iš)trinti, iš-
braukti, išdildyti

razor ['reɪzə] n skustuvas; safety ~
(barzdos) skutiklis (su peiliuku)

razzle ['ræzl] n: be / go (out) on the
~ švęsti, linksmintis

re [riː] I prep teis., kom. dėl; apie; re-
miantis

re II n muz. re

re- [riː-] pref suteikia veiksmažodžiui
reikšmes iš naujo, vėl, dar kartą, at-
gal

reach [ri:tʃ] *v* 1 pasiekti, siekti 2 ištiesti
3 paduoti, perduoti; pristatyti 4 pa-
siekti, privažiuoti; prieiti; liesti 5 su-
daryti (*apie sumą, kiekį*) 6 pasivyti
7 tįsoti, tęstis *n* 1 pasiekiamumas, ar-
tumas 2 akiratis; (*supratimo*) ribos;
sritis; *prk.* sfera; *It is beyond my* ~
tai man nesuprantama, neįkandama
3 erdvė 4 (*rankos*) ištiesimas; *out of*
~ nepasiekiamas

react [rɪ'ækt] *v* 1 reaguoti 2 veikti
prieš (*against*) ~ion [-kʃn] *n* 1 reak-
cija 2 sąveika 3. atoveiksmis ~ionary
[-kʃənrɪ] *a* 1 reakcingas 2 veikiantis
prieš *n* reakcionierius ~ive [-ɪv] *a*
1 reaguojantis 2 veikiantis prieš 3 re-
aktyvinis

read [ri:d] *v* (read [red]) 1 skaityti; *to*
~ *to oneself* skaityti tylomis, sau
2 suprasti; aiškinti, spėlioti (*mįslę*)
3 mokytis; *to* ~ *up for exami-
nations* ruoštis egzaminams 4 skam-
bėti, sakyti (*apie citatą, dokumentą*);
parodyti (*apie aparatą*) ~able [-əbl]
a 1 lengvai skaitomas, įdomus 2 aiš-
kus, ryškus; įskaitomas ~er *n* 1 skai-
tytojas; lektorius 2 korektorius 3 re-
cenzentas 4 chrestomatija

readily ['redɪlɪ] *adv* 1 noriai 2 lengvai

readiness ['redɪnɪs] *n* 1 pasiruošimas,
pasirengimas 2 sumanumas, nuo-
vokumas 3 sutikimas, noras

reading ['ri:dɪŋ] *n* 1 skaitymas 2 ap-
siskaitymas 3 prietaiso parodymas
~-room [-rum] *n* skaitykla

readjust [ˌri:ə'dʒʌst] *v* pertaisyti, pa-
keisti, pritaikyti

ready ['redɪ] *a* 1 gatavas, pagam-
intas, paruoštas; *to get* ~ pasiruošti;
to make ~ paruošti 2 pasiruošęs;
linkęs; guvus △ ~ *money* (*t.p. the*
~) grynieji (*pinigai*) ~-made [ˌredɪ-
'meɪd] *a* gatavas (*drabužis*)

reagent [ri:'eɪdʒənt] *n chem.* reaktyvas,
reagentas

real [nəl] *a* 1 tikras, realus 2 ne-
kilnojamasis (*turtas*)

real||ism ['nəlɪzəm] *n* realizmas ~ist *n*
realistas; ~istic [nə'lɪstɪk] *a* realisti-
nis ~ity [rɪ'ælətɪ] *n* tikrovė; *in* ~ity
iš tiesų, iš tikrųjų ~ization [ˌnəlaɪ-
'zeɪʃn] *n* 1 įvykdymas, įgyvendinimas
2 realizavimas 3 įsisamoninimas, su-
pratimas ~ize, ~ise [-aɪz] *v* 1 įvyk-
dyti, įgyvendinti 2 įsivaizduoti, su-
prasti 3 realizuoti ~ly [-əlɪ] *adv* tikrai,
iš tikrųjų

realm [relm] *n* 1 karalystė 2 *prk.* sritis,
sfera

realty ['nəltɪ] *n* nekilnojamasis turtas

ream [ri:m] I *n* 1 stopa (*popieriaus kie-
kio vienetas*, 480 *arba* 500 *lapų*) 2 *pl
šnek.* daugybė / kalnai popierių

ream II *v tech.* išgręžti

reap [ri:p] *v* 1 kirsti, pjauti (*javus*)
2 *prk.* susilaukti atpildo ~er [-ə] *n*
1 pjovėjas, kirtėjas 2 pjaunamoji, ker-
tamoji

reaping||-hook ['ri:pɪŋhuk] *n* pjautu-
vas ~-machine [-məʃi:n] *n* javapjovė

reappear [ˌri:ə'pɪə] *v* vėl pasirodyti

rear [nə] I *v* 1 (pa)statyti; iškelti 2 au-
ginti, auklėti 3 piestu stoti (*t.p. to* ~
up)

rear II *n* 1 užpakalinė dalis, pusė 2 už-
nugaris; užfrontė ~guard [-ga:d] *n*
ariergardas

rearm [ˌri:'a:m] *v* per(si)ginkluoti ~a-
ment [ri:'a:məmənt] *n* per(si)ginkla-
vimas

rearmost ['nəməust] *a* pats užpakali-
nis, paskutinis

rearrange [ˌri:ə'reɪndʒ] *v* vėl įtaisyti,
įrengti, organizuoti, sutvarkyti

reason ['ri:zn] *n* 1 priežastis; pagrindas;
argumentas; paaiškinimas; *for this* ~
dėl to 2 protas, supratimas; *to bring
to* ~ atvesti į protą; *to come to*
~ susiprotėti; *to lose one's* ~ iš-
eiti iš proto; *it stands to* ~ tai iš-
mintinga; tai suprantama *v* 1 sam-
protauti 2 reziumuoti; *to* ~ *into* įti-
kinti; *to* ~ *out* apgalvoti iki galo
~able *a* 1 protingas; nuosaikus 2 pri-
imtinas; prieinamas

reassure [ˌri:ə'ʃuə] *v* 1 nuraminti 2 vėl
užtikrinti

rebate v [rɪˈbeɪt] daryti nuolaidą, nu-(si)leisti n [ˈriːbeɪt] nuolaida

rebel n [ˈrebl] sukilėlis, maištininkas v [rɪˈbel] 1 sukilti 2 maištauti ~**lion** [rɪˈbeliən] n sukilimas; pasipriešinimas ~**lious** [rɪˈbeliəs] a nepaklusnus; nedrausmingas; maištingas; atkaklus

rebirth [ˌriːˈbəːθ] n atgimimas

reborn [ˌriːˈbɔːn] a atgimęs

rebound [rɪˈbaund] n atatranka, atšokimas; rikošetas v 1 atšokti, atsimušti (against / from / off) 2 nepataikyti; turėti priešingą efektą

rebuff [rɪˈbʌf] n 1 atmetimas (pasiūlymo ir pan.) 2 atkirtis v 1 atmesti; ignoruoti 2 atsikirsti, duoti atkirtį

rebuild [ˌriːˈbɪld] v (rebuilt [ˌriːˈbɪlt]) atstatyti

rebuke [rɪˈbjuːk] n priekaištas, papeikimas v priekaištauti, papeikti

recall [rɪˈkɔːl] v 1 atšaukti (deputatą, pareigūną) 2 atsiminti; priminti 3 panaikinti (įstatymą) n 1 atšaukimas; beyond / past ~ nepataisoma, neatšaukiama, nesugrąžinama 2 kar. signalas sugrįžti

recant [rɪˈkænt] v atsisakyti, išsižadėti, atšaukti

recapitulat||**e** [ˌriːkəˈpɪtʃuleɪt] v trumpai pakartoti, reziumuoti ~**ion** [-ˌpɪtʃuˈleɪʃn] n pakartojimas, trumpa santrauka

recapture [ˌriːˈkæptʃə] v atmušti; atsiimti, vėl užimti

recast [ˌriːˈkaːst] v (recast) 1 tech. perlieti, iš naujo nulieti 2 perdirbti, suteikti naują formą

recede [rɪˈsiːd] v 1 trauktis, eiti atgal; pasišalinti 2 atsisakyti 3 kristi (apie kainas)

receipt [rɪˈsiːt] n 1 gavimo patvirtinimas; kvitas 2 gavimas; on ~ gavus, gavęs 3 (kulinarinis) receptas 4 pl įplaukos

receive [rɪˈsiːv] v 1 gauti 2 priimti; the ~**d opinion** visų priimta, pripažinta nuomonė

receiver [rɪˈsiːvə] n 1 gavėjas 2 radijo imtuvas 3 telefono ragelis 4 teismo vykdytojas

recen||**cy** [ˈriːsnsɪ] n naujiena; naujovė ~**t** [-nt] a nesenas, naujas, paskutinis, dabartinis ~**tly** [-ntlɪ] adv neseniai, šiomis dienomis, pastaruoju metu

receptacle [rɪˈseptəkl] n konteineris, rezervuaras

recept||**ion** [rɪˈsepʃn] n 1 priėmimas; sutikimas 2 gavimas 3 suvokimas ~**ive** [-ˈseptɪv] a jautrus; imlus ~**ivity** [ˌriːsepˈtɪvətɪ] n 1 imlumas 2 sugebėjimas suvokti, įsisavinti

recess [rɪˈses] n 1 amer. atostogos; pertrauka (mokykloje) 2 įdubimas; niša ~**ion** [-ʃn] n 1 ekon. laikina depresija 2 atsiskyrimas; pasitraukimas ~**ive** [-sɪv] a 1 biol. recesyvinis (požymis) 2 nutolstantis, pasitraukiantis atgal

recipe [ˈresəpɪ] n 1 (maisto / vaistų gaminimo) receptas 2 veikimo būdas

recipient [rɪˈsɪpɪənt] n 1 gavėjas 2 recipientas a gaunantis, priimantis

reciproc||**al** [rɪˈsɪprəkl] a tarpusavio, abipusiškas; ekvivalentus ~**ate** [-keɪt] v 1 apsimainyti, pasikeisti kuo nors 2 at(si)mokėti 3 tech. judėti į priekį ir atgal ~**ity** [ˌresɪˈprɔsətɪ] n 1 abipusiškumas 2 tarpusavio sąveika; pasikeitimas (paslaugomis ir pan.)

recit||**al** [rɪˈsaɪtl] n 1 muz. rečitalis, (vieno atlikėjo) koncertas 2 deklamavimas ~**ation** [ˌresɪˈteɪʃn] n 1 deklamavimas 2 amer. mokinio atsakinėjimas / klausinėjimas ~**e** [-ˈsaɪt] v deklamuoti, atmintinai sakyti ~**er** [-ˈsaɪtə] n deklamatorius

reckless [ˈreklɪs] a 1 neapgalvotas, beprotiškas 2 beatodairiškai narsus

reckon [ˈrekən] n 1 skaityti, skaičiuoti 2 manyti; laikyti; galvoti ~**ing** n 1 sąskaita 2 apskaičiavimas, išskaičiavimas △ a day of ~**ing** atsiskaitymo diena

reclaim [rɪˈkleɪm] v 1 (ką) atgauti 2 pagerinti žemę 3 prk. pataisyti 4 gaminti ką iš atliekų n: beyond / past ~ nepataisoma(s)

reclamation [ˌreklə'meɪʃn] *n* 1 atgavimas 2 melioracija 3 gamyba iš atliekų 4 pretenzijų pareiškimas, reklamacija

recline [rɪ'klaɪn] *v* 1 pusiau gulėti 2 sėdėti atsilošus, atsirėmus; *prk.* remtis kuo (*on / upon*)

recluse [rɪ'klu:s] *n* atsiskyrėlis *a* (*gyvenantis*) atsiskyręs

recogni‖tion [ˌrekəg'nɪʃn] *n* 1 atpažinimas 2 pripažinimas ~ze, ~se ['rekəgnaɪz] *v* 1 atpažinti 2 pripažinti

recoil [rɪ'kɔɪl] *n* 1 atšokimas; atsitraukimas 2 *kar.* (*šautuvo*) atatranka; (*pabūklo*) atošliauža *v* 1 atšokti; *kar.* atitrenkti (*atgal*) 2 *prk.* pasibaisėti, pasibjaurėti

recollect [ˌrekə'lekt] *v* atsiminti ~ion [-kʃn] *n* 1 at(si)minimas 2 atmintis; *within my* ~ion kiek atsimenu

recommend [ˌrekə'mend] *v* 1 rekomenduoti; patarti 2 atiduoti globai ~ation [ˌrekəmen'deɪʃn] *n* rekomendacija, patarimas

recompense ['rekəmpens] *n* kompensacija, atlyginimas *v* kompensuoti, atlyginti

reconcil‖e ['rekənsaɪl] *v* sutaikyti, suderinti (*with / to*) ~iation [ˌrekənˌsɪli'eɪʃn] *n* su(si)taikymas

recondition [ˌri:kən'dɪʃn] *v* suremontuoti

reconn‖aissance [rɪ'kɔnɪsns] *n* 1 žvalgymas 2 žvalgybos būrys ~oitre [ˌrekə'nɔɪtə] *v* žvalgyti

reconsider [ˌri:kən'sɪdə] *v* iš naujo peržiūrėti (*sprendimą ir pan.*)

reconstruct [ˌri:kən'strʌkt] *v* 1 pertvarkyti 2 atstatyti, rekonstruoti ~ion [-kʃn] *n* pertvarkymas, rekonstrukcija

record *n* ['rekɔ:d] 1 dokumentas; protokolas 2 metraštis 3 (*patefono*) plokštelė; (*garso, vaizdo*) įrašas 4 rekordas 5 reputacija, vardas 6 *attr* rekordinis △ *on* ~ užrašytas, įregistruotas; *off the* ~ neoficialus *v* [rɪ'kɔ:d] 1 užrašyti; įrašyti; registruoti 2 įamžinti ~er [rɪ'kɔ:də] *n* 1 registratorius

2 rekorderis; *tape-recorder* magnetofonas; *video tape-recorder* videomagnetofonas

recount [rɪ'kaunt] *v* smulkiai nupasakoti; išdėstyti

re-count [ˌri:'kaunt] *v* (*pakartotinai*) suskaičiuoti (*balsus rinkimuose*)

recoup [rɪ'ku:p] *v* atgauti, išlyginti (*kas prarasta, išlaidas*)

recourse [rɪ'kɔ:s] *n* pagalbos prašymas; *to have* ~ *to* kreiptis pagalbos

recover [rɪ'kʌvə] *v* 1 at(si)gauti, pasveikti, išgyti 2 atsipeikėti 3 padengti (*nuostolius*) ~y [-rɪ] *n* 1 pasveikimas, išgijimas 2 atsigavimas, atsipeikėjimas

re-create [ˌri:krɪ'eɪt] *v* atkurti (*pvz., praeities įvykius*)

recreat‖e ['rekrɪeɪt] *v* 1 pailsėti, atgauti jėgas 2 pramogauti, linksmintis ~ion [ˌrekrɪ'eɪʃn] *n* 1 jėgų atgavimas 2 poilsis, pramogos

recriminate [rɪ'krɪmɪneɪt] *v* kaltinti vienas antrą; savo ruožtu apkaltinti

recruit [rɪ'kru:t] *n* 1 *kar.* naujokas 2 naujas narys *v* verbuoti, imti naujokus ~al [-l], ~ment *n* verbavimas; naujokų šaukimas

rectang‖le ['rektæŋgl] *n* stačiakampis ~ular [rek'tæŋgjulə] *a* stačiakampis

rectif‖ication [ˌrektɪfɪ'keɪʃn] *n* 1 ištaisymas 2 *chem.* rektifikacija ~y ['rektɪfaɪ] *v* 1 ištaisyti, išlyginti 2 *chem.* rektifikuoti

rectilinear [ˌrektɪ'lɪnɪə] *a* tiesus; tiesiaeigis

rectitude ['rektɪtju:d] *n* tiesumas, dorumas, sąžiningumas

rector ['rektə] *n* 1 rektorius 2 parapijos klebonas / pastorius ~y [-rɪ] *n* parapijos klebono namas; klebonija

recumbent [rɪ'kʌmbənt] *a* gulintis, gulsčias

recuperat‖e [rɪ'kju:pəreɪt] *v* 1 atgauti (*kas prarasta, jėgas*) 2 išgyti; ~ion [rɪˌkju:pə'reɪʃn] *n* 1 jėgų atgavimas; pasveikimas 2 atgavimas, (*nuostolių*) padengimas recur [rɪˈkəː] v 1 pasikartoti, kartotis 2 dingtelėti (to smb) ~rence [-ˈkʌrəns] n pasikartojimas ~rent [-ˈkʌrənt] a 1 pasikartojantis; periodinis 2 grįžtamas

red [red] a 1 raudonas; raudonskruostis; paraudęs △ ~ tape biurokratizmas 2 rudas (apie plaukus) 3 revoliucinis n 1 raudona spalva 2 amer. (the ~; R. Indians) indėnai 3 (R.) tarybinis, komunistas ~breast [-brest] n zool. liepsnelė ~den [-n] v 1 raudonai dažyti 2 rausti, raudonuoti ~dish [-ɪʃ] a rausvas

rede‖em [rɪˈdiːm] v 1 išgelbėti, išvaduoti 2 atpirkti 3 išpirkti ~emer n 1 (the Redeemer) Išganytojas 2 išgelbėtojas, išvaduotojas ~mption [rɪˈdempʃn] n (turto) atgavimas; beyond / past ~mption neatstatomai

red‖-handed [ˌredˈhændɪd] a 1 kruvinomis rankomis 2: to be caught ~ būti pagautam nusikaltimo vietoje ~-hot [ˌredˈhɒt] a įkaitintas iki raudonumo; prk. įsiutęs, įtūžęs ~-letter [ˌredˈletə] a: ~-letter day šventadienis; prk. atmintinas

redol‖ence [ˈredələns] n aštrus kvapas ~ent [-lənt] a 1 aštraus kvapo 2 kvepiantis (of) 3 prk. žadinantis prisiminimus

redouble [ˌriːˈdʌbl] v 1 dvigubinti; stiprinti 2 didėti; dvigubėti

redoubtable [rɪˈdautəbl] a rūstus, nuožmus, baisus

redress [rɪˈdres] n (išlaidų, nuostolių) atlyginimas; atsiteisimas v atitaisyti, išlyginti; atsiteisti

reduc‖e [rɪˈdjuːs] v 1 sumažinti 2 suvesti, privesti; to ~ to order įvesti tvarką 3 paversti 4 prk. priversti; to ~ to silence priversti nutilti ~tion [-ˈdʌkʃn] n 1 sumažinimas 2 nuolaida

redundan‖cy [rɪˈdʌndənsɪ] n perteklius ~t [-ənt] a perteklinis, perteklingas

reed [riːd] n nendrė ~-pipe [-paɪp] n birbynė, dūdelė

reef [riːf] n povandeninė uola, rifas

reek [riːk] v 1 atsiduoti, dvokti (of) 2 (apie tirštus dūmus) rūkti n 1 tvaikas 2 (tiršti) dūmai

reel I [riːl] v svirduliuoti; suktis n 1 svirduliavimas; svyravimas 2 rilas (škotų šokis) 3 viesulas, sūkurys

reel II n ritė v 1 išvynioti (t.p. to ~ off) 2 greit išsakyti (t.p. to ~ off); 3 suvynioti, privynioti (t.p. to ~ up)

re-elect [ˌriːɪˈlekt] v perrinkti, iš naujo išrinkti ~ion [-kʃn] n perrinkimas

re-establish [ˌriːɪsˈtæblɪʃ] v atstatyti, atkurti

refect‖ion [rɪˈfekʃn] n užkandis ~ory [-tərɪ] n valgykla (mokykloje)

refer [rɪˈfəː] v 1 remtis (kuo nors) 2 kreiptis, įteikti, siųsti (kad apsvarstytų) 3 minėti; liesti; cituoti (to) ~ee [ˌrefəˈriː] n sport. teisėjas, arbitras ~ence [ˈrefrəns] n 1 nurodymas; pasirėmimas; with ~ence to remiantis 2 išnaša, puslapio nurodymas 3 sąryšis, santykis; without ~ence to nepriklausomai nuo 4 informacija 5 paminėjimas 6 rekomendacija 7 pl (cituotos) literatūros sarašas

refill [ˌriːˈfɪl] v iš naujo pripildyti

refine [rɪˈfaɪn] v 1 valyti; rafinuoti 2 tobulinti ~d [-d] a rafinuotas ~ment n 1 valymas 2 tobulėjimas 3 rafinuotumas 4 nudailinimas ~ry [-ərɪ] n rafinavimo fabrikas

refit [ˌriːˈfɪt] v 1 iš naujo įrengti 2 remontuoti n 1 remontas 2 įrengimas

reflect [rɪˈflekt] v 1 atspindėti; vaizduoti 2 prk. mesti šešėlį 3 svarstyti, (ap)mąstyti (on) 4 atsispindėti (on / upon) ~ion [-kʃn] n 1 atspindys 2 fiziol. refleksas 3 apgalvojimas; svarstymas; mintis 4 dėmė, šešėlis; pasmerkimas △ on ~ion pagalvojus ~ive [-ɪv] a 1 svarstantis, susimąstęs 2 atspindintis ~or n reflektorius

reflex [ˈriːfleks] n 1 atspindys 2 fiziol. refleksas

reform [rɪˈfɔːm] *n* reforma; pataisymas; **currency** ~ piniginė reforma *v* pertvarkyti, pataisyti, reformuoti ~**ation** [ˌrefəˈmeɪʃn] *n* pertvarkymas; pagerinimas; **the Reformation** *ist.* reformacija ~**atory** [-ətərɪ] *n* amer. pataisos namai (*vaikams*) *a* pataisos; taisantis

refract [rɪˈfrækt] *v* laužyti (*spindulius*) ~**ion** [-kʃn] *n fiz.* (*spindulių*) lūžimas ~**ive** [-tɪv] *a* laužiantis; lūžtantis

refractory [rɪˈfræktərɪ] *n* ugniai atspari statybinė medžiaga *a* 1 sunkiai suvaldomas, nepaklusnus, užsispyręs 2 ugniai atsparus 3 sunkiai išlydomas (*apie medžiagas*) 4 sunkiai išgydomas (*apie ligas*)

refrain [rɪˈfreɪn] I *v* su(si)laikyti; **he could not** ~ **from saying** jis negalėjo nepasakyti

refrain II *n* priedainis, refrenas

refresh [rɪˈfreʃ] *v* 1 atgaivinti 2 atnaujinti 3 pa(si)stiprinti ~**ment** *n* 1 atsigaivinimas 2 *pl* užkandžiai ir gaivinamieji gėrimai; ~**ment room** *n* bufetas (*pvz., stotyje*)

refrigerat‖e [rɪˈfrɪdʒəreɪt] *v* atšaldyti, užšaldyti ~**or** *n* šaldytuvas (*šnek. sutr.* **fridge** [frɪdʒ])

refuel [ˌriːˈfjuːəl] *v* papildyti degalų

refuge [ˈrefjuːdʒ] *n* prieglauda; prieglobstis ~**e** [ˌrefjuˈdʒiː] *n* 1 pabėgėlis 2 emigrantas

refund [riːˈfʌnd] *v* sugrąžinti, atlyginti, apmokėti

refus‖al [rɪˈfjuːzl] *n* atsisakymas ~**e** [ˈrefjuːs] *n* atmatos; likučiai; šiukšlės *v* [rɪˈfjuːz] at(si)sakyti; atmesti; paneigti

refut‖ation [ˌrefjuːˈteɪʃn] *n* (*tvirtinimo, nuomonės, argumento*) paneigimas, atmetimas ~**e** [rɪˈfjuːt] *v* paneigti, atremti

regain [rɪˈgeɪn] *v* 1 atgauti 2 sugrįžti, vėl pasiekti (*vietą*)

regal [ˈriːgl] *a* karališkas

regale [rɪˈgeɪl] *v* (pa)vaišinti; puotauti *n* vaišės; puota, pokylis

regard [rɪˈgɑːd] *n* 1 įdėmus žvilgsnis; pagarba; dėmesys; rūpinimasis; **to show / pay** ~ **to** pagerbti 2 *pl* linkėjimai; **give my best** ~**s to** perduokite labų dienų 3 požiūris; **in / with** ~ **to** o dėl; dėl *v* 1 įdėmiai žiūrėti; laikyti (*kuo nors*) 2 atsižvelgti; liesti; **as** ~ (o) dėl; **that** ~**s you** tai liečia jus ~**ful** *a* įdėmus, atidus ~**ing** *prep* o dėl; dėl, apie ~**less** *a* nepaisantis *adv* nepaisant (*of*)

regency [ˈriːdʒənsɪ] *n* regentystė

regenerate *v* [rɪˈdʒenəreɪt] 1 atgimti; atgyti 2 atstatyti 3 (*moraliai*) persitvarkyti

regent [ˈriːdʒənt] *n* regentas

regime [reɪˈʒiːm] *n* režimas, santvarka

regiment [ˈredʒɪmənt] *n* pulkas ~**al** [ˌredʒɪˈmentl] *a* pulko ~**als** [ˌredʒɪˈmentlz] *n pl* pulko uniforma

region [ˈriːdʒən] *n* 1 kraštas, sritis 2 regionas, rajonas ~**al** [-l] *a* vietinis; srities, rajono

regist‖er [ˈredʒɪstə] *n* 1 registras, žurnalas, sąrašas 2 registras 3 matuoklis, skaitiklis *v* registruoti(s); ~**ered letter** registruotas laiškas ~**rar** [ˌredʒɪˈstrɑː] *n* registratorius ~**ration** [ˌredʒɪˈstreɪʃn] *n* registravimas ~**ry** [-strɪ] *n* 1 registratūra 2 registracijos biuras 3 įrašų žurnalas

regress *n* [ˈriːgres] 1 sugrįžimas 2 regresas *v* [rɪˈgres] grįžti; regresuoti ~**ion** [rɪˈgreʃn] *n* žengimas, judėjimas atgal, regresas ~**ive** [rɪˈgresɪv] *a* regresyvus, atgalinis

regret [rɪˈgret] *n* apgailestavimas; atgaila *v* apgailestauti; atgailauti ~**table** [-əbl] *a* apgailėtinas, liūdnas ~**ful** *a* labai apgailestaujantis

regular [ˈregjulə] *a* 1 reguliarus, taisyklingas 2 *šnek.* tikras; paprastas 3 *amer. šnek.* geras, puikus 4 tikslus *n* 1 reguliariosios kariuomenės karys 2 nuolatinis klientas ~**ity** [ˌregjuˈlærətɪ] *n* reguliarumas, taisyklingumas regulat||e ['regjuleɪt] *v* reguliuoti; tvarkyti ~ion [ˌregjuˈleɪʃn] *n* 1 taisyklė 2 nuostatas; įsakymas; nurodymas 3 reguliavimas

rehabilitat||e [ˌriːəˈbɪlɪteɪt] *v* 1 reabilituoti 2 atstatyti, rekonstruoti; restauruoti ~ion [ˌriːəˌbɪlɪˈteɪʃn] *n* 1 atstatymas, rekonstrukcija; remontas 2 reabilitacija

rehear [ˌriːˈhɪə] *v* persvarstyti (*apie bylą*)

rehears||al [rɪˈhəːsl] *n* 1 repeticija; **dress** ~ generalinė repeticija 2 pakartojimas, atpasakojimas ~e [rɪˈhəːs] *v* 1 repetuoti 2 (*mintyse*) pakartoti

rehouse [ˌriːˈhauz] *v* suteikti kitą butą (*iškeldinant*)

reign [reɪn] *n* 1 karaliavimas; viešpatavimas 2 *prk.* valdžia *v* karaliauti, viešpatauti, valdyti

reimburse [ˌriːɪmˈbəːs] *v* atlyginti (*išlaidas*)

rein [reɪn] *n* (*dažnai pl*) vadelės, vadžios; pavadis *v* 1 valdyti (*arklius*) 2 *prk.* valdyti; laikyti pažabojus

reindeer ['reɪndɪə] *n* (*pl t.p.*) šiaurės elnias

reinforce [ˌriːɪnˈfɔːs] *v* sustiprinti, pastiprinti; ~d **concrete** gelžbetonis ~ment *n* 1 pastiprinimas; sustiprinimas 2 papildymas

reinstate [ˌriːɪnˈsteɪt] *v* atstatyti, grąžinti (*į ankstyvesnę padėtį, teises, sveikatą*)

reiterate [riːˈɪtəreɪt] *v* (*kelis kartus*) pakartoti

reject [rɪˈdʒekt] *v* 1 atmesti, atstumti 2 at(si)sakyti 3 išmesti, išvemti ~ion [-kʃn] *n* 1 at(si)sakymas; atmetimas 2 pripažinimas netinkamu (*karo tarnybai*)

rejoice [rɪˈdʒɔɪs] *v* džiūgauti, linksmintis, džiaugtis (*at / in*)

rejoin I [ˌriːˈdʒɔɪn] *v* 1 vėl sujungti 2 prisijungti; grįžti (*į savo dalinį*)

rejoin II [rɪˈdʒɔɪn] *v* atsakyti; atsiliepti; atkirsti ~der [-də] *n* atsakymas, atsiliepimas; atkirtimas, atkirtis

rejuvenate [rɪˈdʒuːvəneɪt] *v* atjauninti; atjaunėti

relapse [rɪˈlæps] *n* pasikartojimas, recidyvas *v* 1 atkristi, vėl susirgti 2 vėl imti (*rūkyti, girtauti ir pan.*)

relat||e [rɪˈleɪt] *v* 1 pasakoti 2 būti susijusiam; turėti ryšio (*su kuo*) ~ed [-ɪd] *a* giminingas; susijęs (*to*) ~ion [-ˈleɪʃn] *n* 1 giminaitis, -tė 2 santykis; ~ions **of production** gamybiniai santykiai; **in** ~ion **to** ryšium su; kai dėl šito; **to be out of all** ~ions neturėti nieko bendro, jokios reikšmės 3 apsakymas, pasakojimas ~ionship [rɪˈleɪʃnʃɪp] *n* 1 giminingumas 2 giminės 3 ryšiai, santykiai ~ive ['relətɪv] *n* giminaitis, -tė *a* 1 reliatyvus, santykinis 2 susijęs, turintis ryšį ~ivity [ˌreləˈtɪvətɪ] *n* reliatyvumas

relax [rɪˈlæks] *v* 1 susilpninti; susilpnėti 2 suminkštėti, nuolaidžiauti 3 at(si)palaiduoti ~ation [ˌriːlækˈseɪʃn] *n* 1 pramoga, poilsis 2 susilpnėjimas, (*įtempimo*) sumažėjimas, (*bausmės*) sušvelninimas

relay ['riːleɪ] *n* 1 pamaina; ~ **race** estafetė (*pvz., bėgimas*) 2 *rad.* retransliatorius 3 perdavimas; transliavimas 4 *el.* relė; jungiklis *v* retransliuoti, perduoti

release [rɪˈliːs] *n* 1 (pa)leidimas 2 palengvėjimas 3 *tech.* išjungimo automatas *v* 1 (pa)leisti 2 išvaduoti (*from*) 3 išleisti; paskelbti (*apie žinias*)

relegate ['relɪgeɪt] *v* pažeminti (*tarnyboje*)

relent [rɪˈlent] *v* 1 sušvelnėti 2 sumažėti; nusileisti 3 pagerėti (*apie orą*)

relev||ance, ~ancy ['reləvəns, -ənsɪ] *n* dalykiškumas; tinkamumas; svarbumas ~ant [-nt] *a* 1 tinkamas, savo vietoje, dalykiškas 2 svarbus

reli||ability [rɪˌlaɪəˈbɪlətɪ] *n* 1 (*žinių ir pan.*) patikimumas; tikrumas 2 tvirtumas ~able [rɪˈlaɪəbl] *a* 1 patikimas

2 tvirtas ~ance [rɪˈlaɪəns] *n* 1 pa-
sitikėjimas (*on* / *upon* / *in*); tikrumas
2 ramstis, viltis ~ant [rɪˈlaɪənt] *a*
1 tikras 2 priklausomas (*nuo ko*)

relic [ˈrelɪk] *n* 1 relikvija 2 *pl* palaikai;
liekanos 3 *pl* bažn. relikvijos

relief [rɪˈliːf] I *n* 1 palengvinimas;
paguoda 2 pagalba, pašalpa 3 pamai-
na 4 (*tvirtovės*) apsupties pabaiga

relief II *n* reljefas

relieve [rɪˈliːv] *v* 1 palengvinti, padėti
2 pakeisti (*sargybą*) 3 išvaduoti, at-
palaiduoti 4 nutraukti apsuptį

relig||ion [rɪˈlɪdʒn] *n* religija ~ious
[-dʒəs] *a* religingas; religinis

relinquish [rɪˈlɪŋkwɪʃ] *v* 1 nustoti 2 at-
sisakyti; išsižadėti 3 atleisti (*apie
spaudimą*)

relish [ˈrelɪʃ] *n* 1 mėgavimasis 2 skonis
3 padažas, uždaras 4 gėrėjimasis, po-
mėgis *v* 1 mėgti, gardžiuotis 2 pagar-
dinti, paskaninti

reluct||ance [rɪˈlʌktəns] *n* nenoras
~ant [-nt] *a* 1 nenorintis, priešta-
raujantis; nepasiduodantis (*gydymui*)
2 darantis nenoromis

rely [rɪˈlaɪ] *v* pasitikėti, pasikliauti (*kuo
nors - on*); ~ upon *it* būkite tikras,
užtikrinu

remain [rɪˈmeɪn] *v* pasilikti *n* 1 *pl* lie-
kanos, likučiai 2 atgyvenęs dalykas,
atgyvena 3 palaikai ~der [-də] *n* li-
kutis *v* parduoti sumažinta kaina (*li-
kutį*)

remak||e [ˌriːˈmeɪk] *v* (remade [-ˈmeɪd])
(*naujai*) perdirbti ~ing *n* perdirbimas

remark [rɪˈmɑːk] *n* pastaba *v* 1 pa-
stebėti; pažymėti 2 daryti pastabą
(*on* / *upon*) ~able [-əbl] *a* žymus;
puikus; nuostabus

remedy [ˈremədɪ] *n* 1 vaistas; priemonė
2 *teis.* nuostolių atlyginimas

rememb||er [rɪˈmembə] *v* 1 atsiminti,
atminti 2 pasveikinti △ ~ me (*kind-
ly*) to your father perduokit mano
linkėjimus savo tėvui ~rance [-brəns]
n 1 atminimas, atmintis 2 suvenyras

remind [rɪˈmaɪnd] *v* priminti ~er *n* pri-
minimas

reminiscence [ˌremɪˈnɪsns] *n* 1 at(si)-
minimas 2 *pl* memuarai

remiss [rɪˈmɪs] *a* 1 apsileidęs, nerūpes-
tingas, neatidus 2 silpnas; išglebęs
~ion [-ɪʃn] *n* 1 (*apie skausmą*) su-
švelnėjimas, sumažėjimas 2 sušvelni-
nimas; atleidimas, (*bausmės*) dovano-
jimas

remit [rɪˈmɪt] *v* 1 mažinti, mažėti
2 (per)siųsti (*prekes, pinigus*) 3 at-
leisti (*nuodėmes*); dovanoti (*skolą*)
~tance [-əns] *n* 1 perlaida 2 per-
siuntimas ~tee [ˌremɪˈtiː] *n* pinigų
gavėjas (*pagal perlaidą*)

remnant [ˈremnənt] *n* 1 (*dažnai pl*) li-
kutis 2 liekana, atgyvenęs dalykas

remonstr||ance [rɪˈmɒnstrəns] *n* 1 pro-
testas 2 įkalbinėjimas, atkalbinėji-
mas ~ate [ˈremənstreɪt] *v* 1 pro-
testuoti (*against*) 2 įkalbinėti (*with*);
atkalbinėti

remorse [rɪˈmɔːs] *n* 1 sąžinės grauži-
mas 2 gailestis ~ful *a* atgailaujantis;
kenčiantis sąžinės graužimą ~less *a*
negailestingas, žiaurus

remote [rɪˈməut] *a* 1 tolimas, nu-
tolęs; ~ control distancinis valdymas
2 menkas, nežymus; vargiai įvyksian-
tis

remov||able [rɪˈmuːvəbl] *a* 1 judo-
mas, nuimamas 2 pakeičiamas, pa-
šalinamas ~al [-vl] *n* 1 atleidimas
2 pašalinimas; nuėmimas 3 per-
(si)kėlimas ~e [-ˈmuːv] *v* 1 pašalinti
2 nuimti; nunešti (*nuo stalo*) 3 per(si)-
kelti ~er *n* preparatas dėmėms šalinti

remunerat||e [rɪˈmjuːnəreɪt] *v* atlyginti;
apdovanoti ~ion [rɪˌmjuːnəˈreɪʃn] *n*
atlyginimas, kompensacija, darbo už-
mokestis ~ive [rɪˈmjuːnərətɪv] *a* 1 ge-
rai apmokamas; pelningas 2 (*dosniai*)
apdovanojantis

renaissance [rɪˈneɪsns] *n* 1 atgimimas,
atgijimas 2 *ist.* (the R.) renesansas

rename [ˌriːˈneɪm] *v* duoti naują vardą;
perkrikštyti

rend [rend] *v* (rent [rent]) 1 plėšti, plė-
šyti; skaldyti 2 plyšti, sprogti

render ['rendə] *v* 1 at(si)mokėti; teikti; *to* ~ *assistance* suteikti pagalbą; *to* ~ *a service* padaryti paslaugą 2 daryti (*kuo*); paversti 3 pateikti, duoti; *to* ~ *an account* duoti ataskaitą 4 interpretuoti (*kūrinį*) 5 versti (*į kitą kalbą*) ~ing [-rıŋ] *n* 1 vertimas 2 (*kūrinio*) interpretavimas; aiškinimas 3 (*rolės*) atlikimas 4 pagalbos, paslaugos teikimas

rendezvous ['rondıvu:] *n pr.* pasimatymas

renew [rı'nju:] *v* 1 pakeisti nauju (*pvz., apie mašinos dalis*) 2 atnaujinti *prk.* atgaivinti; tapti nauju 3 toliau tęsti (*darbą, kelionę*) ~al [-əl] *n* 1 atnaujinimas 2 atstatymas 3 (*dokumento, sutarties*) pratęsimas

renounce [rı'nauns] *v* 1 atsisakyti; pasmerkti 2 atsižadėti (*teisių, draugų*)

renovate ['renəveıt] *v* atnaujinti, atstatyti

renown [rı'naun] *n* garbė, pripažinimas ~ed [-d] *a* žymus, garsus

rent [rent] I *n* skylė, plyšys; trūkimas, plyšimas

rent II *n* 1 nuoma; nuomos mokestis; *for* ~ nuomon 2 renta *v* (iš)nuomoti

rent III *past ir pp žr.* **rend**

renunciation [rı‚nʌnsı'eıʃn] *n* 1 (*sosto*) atsisakymas (*t.p.* **renouncement**) 2 išsižadėjimas

reorganize [‚ri:'ɔ:gənaız] *v* reorganizuoti

repair [rı'peə] *n* 1 remontas, taisymas; *under* ~ remontuojamas 2 tinkamumas, būklė; *in good* ~ visai tvarkingas, tinkamas naudoti; *in bad* ~ nesuremontuotas; *to keep in* ~ (pa)laikyti tvarkingą; *beyond* ~ visai netinkamas naudoti; *out of* ~ sugedęs, remontuotinas *v* taisyti; remontuoti

reparation [‚repə'reıʃn] *n* 1 pataisymas 2 *pl* (*nuostolių*) atlyginimas, reparacijos

repartee [‚repɑ:'ti:] *n* sąmojingas / vykęs atsakymas

repast [rı'pɑ:st] *n* (*oficialus*) banketas

repatriat||e [ri:'pætrıeıt] *v* sugrąžinti į tėvynę, repatrijuoti ~ion [‚ri:pætrı'eıʃn] *n* repatriacija

repay [rı'peı] *v* atlyginti, apmokėti; atsimokėti; grąžinti skolą

repeal [rı'pi:l] *n* atšaukimas, panaikinimas *v* atšaukti, anuliuoti

repeat [rı'pi:t] *v* 1 (pa)kartoti 2 (at)sakyti atmintinai; *to* ~ *one's lesson* atsakinėti (*pamoką*) ~edly [-ıdlı] *adv* pakartotinai, kelis kartus ~er *n* 1 kartotojas 2 automatinis ginklas 3 laikrodis su repetyru 4 *amer.* antrametis studentas 5 signalą kartojantis įtaisas

repel [rı'pel] *v* 1 atstumti; atremti (*puolimą*) 2 atsisakyti priimti ~lent [-ənt] *a* 1 atstumiantis 2 nepatrauklus; bjaurus

repent [rı'pent] *v* apgailestauti, gailėtis ~ance [-əns] *n* atgaila; gailėjimas(is) ~ant [-ənt] *a* atgailaujantis, apgailestaujantis

repertoire ['repətwɑ:] *n* repertuaras

repertory ['repətrı] *n:* ~ *theatre* teatras, turintis pastovų aktorių kolektyvą ir repertuarą sezonui

repetition [‚repı'tıʃn] *n* 1 pakartojimas; kopija 2 kartojimas atmintinai

replace [rı'pleıs] *v* 1 statyti, padėti atgal į vietą 2 pakeisti (*by / with*); *impossible to* ~ nepakeičiamas ~ment *n* pakeitimas; atstatymas, sugrąžinimas

replenish [rı'plenıʃ] *v* 1 vėl pripildyti (*with*) 2 papildyti (*atsargas*)

replet||e [rı'pli:t] *a* pripildytas, prisotintas ~ion [-'pli:ʃn] *n* per(si)sotinimas, perpildymas

reply [rı'plaı] *n* atsakymas; *in* ~ *to* (*laiške*) atsakant, atsakydami *v* atsakyti (*for / to*)

report [rı'pɔ:t] *n* 1 pranešimas, ataskaita, raportas 2 gandas, paskala 3 reputacija 4 sprogimo, šūvio garsas *v* 1 pranešti, raportuoti 2 atvykti; *to* ~ *for work* atvykti į darbą 3 (pa)pasakoti 4 būti atsakingam (*prieš ką*) ~er *n* 1 pranešėjas 2 reporteris

repose [rɪ'pəuz] *n* 1 poilsis; ramybė *v* 1 ilsėtis (*t.p.* **to ~ oneself**) 2 remtis, pasiremti (*on*)

repository [rɪ'pɔzɪtrɪ] *n* 1 sandėlis; saugykla 2 patikėtinis (*apie slaptą informaciją*)

reprehend [ˌreprɪ'hend] *v* papeikti

represent [ˌreprɪ'zent] *v* 1 atstovauti 2 atvaizduoti 3 vaizduoti esant (*as*) 4 vaidinti (*vaidmenį*) **~ation** [ˌreprɪzen'teɪʃn] *n* 1 reprezentacija, atstovavimas 2 atvaizdavimas **~ative** [-tətɪv] *n* 1 atstovas; įgaliotinis 2 pavyzdys *a* 1 būdingas, tipingas 2 atstovaujantis; vaizduojantis

repress [rɪ'pres] *v* 1 numalšinti, nuslopinti 2 sulaikyti (*ašaras ir t.t.*) **~ion** [rɪ'preʃn] *n* numalšinimas; represija

reprieve [rɪ'priːv] *v* 1 atidėti nuosprendį 2 *prk.* leisti atsikvėpti

reprimand ['reprɪmɑːnd] *n* (*oficialus*) papeikimas; pabarimas *v* papeikti (*ypač oficialiai*)

reprint [ˌriː'prɪnt] *v* 1 išleisti naują leidimą 2 perspausdinti *n* (*knygos*) naujas leidimas

reprisal [rɪ'praɪzl] *n* (*papr. pl*) represalijos, atsakomosios priemonės

reproach [rɪ'prəutʃ] *n* priekaištas *v* priekaištauti, prikaišioti **~ful** *a* priekaištingas; gėdingas

reprobate ['reprəbeɪt] *n* niekšas

reproduc||e [ˌriːprə'djuːs] *v* 1 atgaminti 2 kopijuoti 3 dauginti(s) **~tion** [-'dʌkʃn] *n* atgaminimas; reprodukcija

repro||of [rɪ'pruːf] *n* papeikimas; priekaištas **~ve** [-'pruːv] *v* prikaišioti; papeikti

reptile ['reptaɪl] *n* 1 roplys 2 *prk.* palaižūnas, parsidavėlis

republic [rɪ'pʌblɪk] *n* respublika; **the R. of Lithuania** Lietuvos Respublika **~an** [-ən] *a* respublikinis *n* respublikonas

repudiate [rɪ'pjuːdɪeɪt] *v* 1 atsisakyti; atstumti 2 nutraukti santykius, išsižadėti (*draugo, sūnaus, žmonos*)

repugn||ance [rɪ'pʌgnəns] *n* 1 pasibjaurėjimas 2 prieštaravimas, nesuderinamumas **~ant** [-ənt] *a* 1 bjaurus, atstumiantis 2 prieštaraujantis, nesuderinamas, priešiškas

repuls||e [rɪ'pʌls] *n* 1 atrėmimas 2 atmetimas 3 *fiz.* stūma, atstūmimas *v* 1 atremti (*priešą*) 2 atmesti (*kaltinimą*), paneigti 3 *fiz.* atstumti **~ion** [-'pʌlʃn] *n* 1 pasibjaurėjimas; antipatija 2 *fiz.* stūma, atstūmimas **~ive** [-ɪv] *a* 1 atstumiantis, bjaurus 2 atremiantis, besipriešinantis

reputation [ˌrepju'teɪʃn] *n* reputacija, geras vardas

repute [rɪ'pjuːt] *n* reputacija; (*bendra*) nuomonė *v* manyti, laikyti; **to be ~d as** garsėti (*kaip*)

request [ɪ'kwest] *n* prašymas, reikalavimas; **at smb's ~** kam prašant, kieno nors prašymu; **in great ~** a) populiarus; b) labai reikalaujamas *v* 1 prašyti, paprašyti 2 reikalauti

require [rɪ'kwaɪə] *v* 1 įsakyti, reikalauti 2 reikėti, reikalauti **~ment** *n* 1 reikalavimas 2 poreikis, reikmė

requisit||e ['rekwɪzɪt] *a* reikalingas, būtinas **~ion** [ˌrekwɪ'zɪʃn] *n* 1 rekvizicija 2 oficialus reikalavimas; pareiškimas *v* rekvizuoti

rescu||e ['reskjuː] *n* išgelbėjimas, išvadavimas *v* išgelbėti, išvaduoti **~er** *n* išgelbėtojas, išvaduotojas

research [rɪ'səːtʃ] *n* 1 (*t.p. pl*) mokslinis tyrinėjimas (*into / on*) 2 tiriamasis darbas *v* tyrinėti (*into / on*) **~er** *n* tyrinėtojas

resembl||ance [rɪ'zembləns] *n* panašumas **~e** [-'zembl] *v* būti panašiam

resent [rɪ'zent] *v* piktintis; įsižeisti **~ful** *a* 1 pasipiktinęs 2 pagiežingas, kerštingas **~ment** *n* pasipiktinimas; įsižeidimas; pagieža

reservation [ˌrezə'veɪʃn] *n* 1 išlyga, sąlyga 2 *amer.* rezervatas, atskiras plotas indėnams 3 *amer.* rezervuota (*vieta*)

reserv∥e [rɪ'zəːv] *n* 1 atsarga, rezervas 2 santūrumas 3 išlyga, sąlyga *v* 1 atidėti, taupyti; rezervuoti 2 (pa)skirti 3 iš anksto užsakyti ~ed [-d] *a* 1 atsarginis 2 santūrus, užsidaręs 3 rezervuotas 4 užsakytas

reservoir ['rezəvwɑː] *n* 1 rezervuaras, baseinas 2 *prk.* šaltinis

resid∥e [rɪ'zaɪd] *v* 1 gyventi; būti; buvoti 2 reikštis (*kuo; in*) ~ence ['rezɪdəns] *n* gyvenamoji vieta, rezidencija ~ent ['rezɪdənt] *n* 1 (*vietinis*) gyventojas 2 svečias *a* 1 gyvenantis 2 turimas, esantis ~ential [,rezɪ'denʃl] *a* 1 gyvenamasis (*rajonas*) 2 gyvenamosios vietos

residue ['rezɪdjuː] *n* 1 liekana; likutis 2 *teis.* likusi turto dalis (*išmokėjus skolas*)

resign [rɪ'zaɪn] *v* 1 atsistatydinti, atsisakyti (*nuo pareigų*); to ~ oneself paklusti, nusilenkti 2 rezignuoti; nustoti (*vilties*) ~ation [,rezɪg'neɪʃn] *n* 1 atsistatydinimas; pareiškimas atsistatydinti 2 rezignacija, atsidavimas likimo valiai ~ed [-d] *a* susitaikęs, nuolankus, (pa)klusnus

resili∥ence, ~ency [rɪ'zɪlɪəns, -sɪ] *n* stangrumas, tamprumas ~ent [-nt] *a* 1 stangrus, tamprus, elastingas 2 gajus, atsparus (*apie charakterį*)

resin ['rezɪn] *n* derva, sakai

resist [rɪ'zɪst] *v* 1 priešintis; atsispirti 2 susilaikyti ~ance *n* 1 priešinimasis; pasipriešinimas 2 *fiz.* nelaidumas ~ant *a* 1 priešinąsis, besipriešinantis 2 patvarus, atsparus ~or *n fiz.* rezistorius

resolut∥e ['rezəluːt] *a* ryžtingas; nepajudinamas ~ion [,rezə'luːʃn] *n* 1 sprendimas, rezoliucija 2 su(si)skaidymas (*į sudėtines dalis*) 3 pasiryžimas

resolve [rɪ'zɔlv] *n* 1 sprendimas 2 *poet.* ryžtingumas *v* 1 (nu)spręsti 2 susiskaidyti (*į sudėtines dalis*) ~d *a* ryžtingas

reson∥ance ['rezənəns] *n* rezonansas ~ant *a* 1 skambantis 2 gerai rezonuojantis ~ate [-eɪt] *v* rezonuoti ~ator [-neɪtə] *n* rezonatorius

resort [rɪ'zɔːt] *n* 1 (*pagalbos*) kreipimasis; (*priemonės*) panaudojimas 2 prieglobstis 3 kurortas; health ~ kurortas; summer ~ vasarvietė *v* 1 kreiptis 2 imtis priemonių 3 dažnai lankyti

resound [rɪ'zaund] *v* 1 skardenti; skambėti; aidėti 2 atkartoti (*garsą*) 3 *prk.* garsėti (*kuo*), būti garsiam

resource [rɪ'sɔːs] *n* 1 *pl* turtai, šaltinis; ištekliai; natural ~s gamtos turtai 2 sumanumas; išradingumas; of ~ išradingas ~ful *a* sumanus, išradingas

respect [rɪ'spekt] *n* 1 pagarba; dėmesys (*for*) 2 atžvilgis; in all ~s visais atžvilgiais; in no ~ jokiu atžvilgiu, atveju *v* gerbti ~able *a* gerbiamas; gerbtinas ~ful *a* gerbiantis; pagarbus ~ing *prep* dėl ~ive *a* atitinkamas ~ively [-ɪvlɪ] *adv* 1 kiekvienam atskirai 2 atitinkamai

respir∥ation [,respə'reɪʃn] *n* kvėpavimas ~ator ['respəreɪtə] *n* respiratorius ~atory [rɪ'spaɪərətrɪ] *a* kvėpavimo, kvėpuojamasis ~e [rɪ'spaɪə] *v* kvėpuoti

respite ['respaɪt] *n* 1 atsikvėpimas 2 atidėjimas *v* 1 leisti atsikvėpti 2 atidėti (*ypač bausmės vykdymą*)

resplend∥ence [rɪ'splendəns] *n* tviskėjimas, didybė, puikybė ~ent *a* prašmatnus; blizgantis, žvilgantis

respon∥d [rɪ'spɔnd] *v* 1 atsakyti 2 reaguoti ~dent [-ənt] *n* atsakovas *a* 1 reaguojantis; atsišaukiantis 2 atsakantis, einantis atsakovo pareigas ~se [-'spɔns] *n* 1 atsakymas; in ~se to atsakant, atsakydami 2 atgarsis ~sibility [rɪ,spɔnsə'bɪlətɪ] *n* 1 atsakomybė 2 pareigos, įsipareigojimai ~sible [-'spɔnsəbl] *a* 1 atsakingas 2 sąmoningas; patikimas ~sive [-'spɔnsɪv] *a* jautrus; greit atliepiantis, reaguojantis

rest [rest] I *n* likutis, liekana; likusieji; (the ~); all the ~, the ~ of it likusieji; visa, kas liko; visi kiti

rest II *n* 1 ramybė; poilsis; **at** ~
a) ramybėje; b) nejudant 2 pertrauka
3 pauzė 4 pastovas, stovas 5 poilsio
vieta *v* 1 ilsėtis 2 pasikliauti, remtis
(*kuo* – *on*) 3 (pasi)likti 4 būti palai-
dotam; ilsėtis ramybėje

restaurant ['restrɔnt] *n* restoranas

rest||-cure ['restkjuə] *n* gydymas poil-
siu, ramybe ~ful *a* 1 raminantis 2 ra-
mus, tylus ~-home [-həum] *n* poilsio
namai

restitution [ˌrestɪ'tjuːʃn] *n* 1 (*turto*) su-
grąžinimas 2 (*nuostolių*) atlyginimas;
patenkinimas 3 atkūrimas, atstaty-
mas

restive ['restɪv] *a* 1 neramus; užsispy-
ręs; aikštingas 2 nartus (*apie arklį*)

restless ['restlɪs] *a* 1 nerimstantis, ne-
nustygstantis 2 neramus, sunerimęs

restor||ation [ˌrestə'reɪʃn] *n* restauraci-
ja; atstatymas ~e [rɪ'stɔː] *v* 1 atstaty-
ti; restauruoti 2 sugrąžinti (*į buvusią
vietą*) 3 rekonstruoti

restrain [rɪ'streɪn] *v* 1 sulaikyti 2 su-
varžyti ~ed *a* 1 santūrus 2 nuosai-
kus ~t [-t] *n* 1 susilaikymas, susival-
dymas, savitvarda 2 sulaikymas; už-
darymas 3 apribojimas; pažabojimas

restrict [rɪ'strɪkt] *v* apriboti ~ion
[-'strɪkʃn] *n* apribojimas ~ive *a* apri-
bojantis, suvaržantis

result [rɪ'zʌlt] *n* rezultatas *v* kilti, išeiti
(*from*); išplaukti; **to** ~ **in** pasibaigti
(*kuo*) ~ant *a* kylantis; išplaukiantis

resume [rɪ'zjuːm] *v* 1 atnaujinti, vėl
pradėti 2 susigrąžinti, atgauti

resumption [rɪ'zʌmpʃn] *n* 1 (*veiklos*)
atnaujinimas 2 grąžinimas; grįžimas
3 atgavimas

resurgent [rɪ'sɜːdʒənt] *a* atgimstantis,
vėl kylantis

resurrect [ˌrezə'rekt] 1 *relig.* pri(si)-
kelti 2 atgaivinti ~ion [-'rekʃn] *n* 1 *re-
lig.* prisikėlimas 2 atgaivinimas

retail ['riːteɪl] *n* mažmeninė prekyba;
by ~ mažmenomis *adv* mažmenomis
v 1 parduoti mažmenomis 2 detaliai

papasakoti ~er *n* 1 smulkus prekiau-
tojas 2 plepys

retake [ˌriː'teɪk] *v* 1 atsiimti (*kas pra-
rasta*) 2 perfilmuoti, perfotografuoti
3 perlaikyti (*egzaminą*)

retain [rɪ'teɪn] *v* 1 sulaikyti; išlaikyti
2 at(si)minti 3 pasamdyti (*advokatą*)
~er *n* 1 advokato honoraras 2 suma-
žinta nuomos kaina 3 ilgametis tarnas

retaliat||e [rɪ'tælɪeɪt] *v* at(si)lyginti, at-
(si)mokėti, at(si)keršyti ~ion [rɪˌtælɪ-
'eɪʃn] *n* atlyginimas, atmokėjimas, at-
keršijimas

retard [rɪ'tɑːd] *v* 1 (su)gaiš(in)ti 2 vė-
luotis, vėlintis 3 delsti ~ation [ˌriː-
tɑː'deɪʃn] *n* 1 delsimas 2 vėlinimasis
3 sugaišimas 4 atsilikimas (*ypač apie
psichiką*)

retent||ion [rɪ'tenʃn] *n* sulaikymas, iš-
laikymas; išlaikymas (*atminty*) ~ive
[-'tentɪv] *a* sulaikantis; išlaikantis; *a*
~ive *memory* gera atmintis

retic||ence ['retɪsəns] *n* tylumas; santū-
rumas; užsidarymas ~ent [-nt] *a* ty-
lus, užsidaręs, santūrus

retinue ['retɪnjuː] *n* palyda, palydovai

retir||e [rɪ'taɪə] *v* 1 atsitraukti 2 pasi-
šalinti; atsistatydinti 3 išeiti į pensi-
ją 4 eiti gulti ~ed [-d] *a* 1 atsistaty-
dinęs 2 vienišas, nuošalus ~ement *n*
1 atsistatydinimas; išėjimas į pensiją
2 vienuma, nuošalumas ~ing [-rɪŋ] *a*
1 santūrus; drovus, kuklus 2 mėgstan-
tis vienatvę

retort [rɪ'tɔːt] *n* at(si)kirtimas, taiklus
atsakymas *v* 1 atremti; prieštarauti
2 atsakyti tuo pačiu, atkirsti

retouch [ˌriː'tʌtʃ] *v* retušuoti *n* retuša-
vimas

retrace [ri'treɪs] *v* 1 atsekti (*pvz., aiš-
kinant nusikaltimą*) 2 grįžti (*tuo pačiu
keliu*)

retract [rɪ'trækt] *v* 1 įtraukti (*pvz., na-
gus*) 2 atsiimti, atšaukti (*žodžius*), at-
sisakyti

retreat [rɪ'triːt] *n* 1 atsitraukimas
2 prieglobstis; slėptuvė 3 vienatvė; at-
siskyrimas *v* atsitraukti; pasišalinti

retrench [rɪˈtrentʃ] v 1 sumažinti (*išlaidas*); taupyti; susiaurinti 2 apriboti

retrial [ˌriːˈtraɪəl] n bylos peržiūrėjimas (*teisme*)

retribution [ˌretrɪˈbjuːʃn] n 1 atpildas; bausmė 2 (*nuostolių*) atlyginimas

retrieve [rɪˈtriːv] v 1 sugrąžinti; atgauti, vėl rasti 2 atstatyti, atitaisyti

retrospect [ˈretrəuspekt] n žvilgsnis atgal; *in* ~ retrospektyviai ~ion [ˌretrəuˈspekʃn] n prisiminimas, mąstymas apie praeitį ~ive [ˌretrəuˈspektɪv] a 1 retrospektyvinis 2 turintis grįžtamą galią (*apie įstatymą*)

return [rɪˈtəːn] n 1 sugrįžimas 2 sugrąžinimas, atlyginimas; ~ *ticket* a) bilietas ten ir atgal; b) grąžinamas bilietas; *in* ~ a) atsakant; b) mainais 3 pelnas 4 oficiali ataskaita △ *many happy* ~*s!* sveikinu su gimimo diena! v 1 sugrįžti 2 sugrąžinti 3 atsakyti 4 duoti pelno 5: *to be* ~*ed* (*as*) būti išrinktam ~ee [ˌrɪtəːˈniː] n demobilizuotasis, grįžtantis namo

reveal [rɪˈviːl] v atskleisti; atrasti, parodyti; *to* ~ *a secret* išduoti paslaptį

reveille [rɪˈvælɪ] n *kar.* rytmetinis trimitas keltis (*t.p. the* ~)

revel [ˈrevl] v 1 puotauti, ūžauti 2 gėrėtis, mėgautis (*in*)

revelation [ˌrevəˈleɪʃn] n (*paslapties*) atidengimas, atskleidimas

revenge [rɪˈvendʒ] n 1 kerštas; *to take* ~ *on smb* atkeršyti kam 2 revanšas v (at)keršyti (*on smb; for smth*)

revenue [ˈrevənjuː] n (*valstybės*) pajamos (*iš mokesčių*)

reverberat||e [rɪˈvəːbəreɪt] v at(si)mušti, reverberuoti (*apie garsą, šviesą, šilumą*) ~ion [rɪˌvəːbəˈreɪʃn] n 1 at(si)mušimas; aidas 2 reverberacija

rever||ence [ˈrevərəns] n 1 pagarba, pagarbumas, nuolankumas 2: ~end [-nd] a didžiai gerbiamas (*kreipiantis į dvasininką*) ~ent [-nt] a gerbiantis; pagarbus, nuolankus

reverie [ˈrevərɪ] n 1 svajonės 2 svajingumas, susimąstymas

revers [rɪˈvɪə] n (*pl* revers [-z]; *papr. pl*) atlapas, atlapai

revers||al [rɪˈvəːsl] n 1 pakeitimas 2 perstatymas 3 panaikinimas, atšaukimas ~e [-ˈvəːs] v 1 apversti; perstatyti 2 panaikinti 3 važiuoti atgal a atbulas; atvirkštinis; priešingas n 1 atvirkščia, priešinga 2 nepasisekimas 3 antroji, atvirkščioji (*monetos*) pusė, reversas ~ible [-səbl] a 1 grįžtamas; apgręžiamas 2 abipusis (*apie audeklą*) ~ion [-ˈvəːʃn] n grąžinimas; grįžimas į buvusią padėtį

revert [rɪˈvəːt] v sugrįžti (*į buvusią padėtį*)

revet [rɪˈvet] v 1 (*pastatą*) aptaisyti, apmušti 2 apkrauti (*pvz., smėlio maišais*)

review [rɪˈvjuː] n 1 apžvalga 2 recenzija 3 patikrinimas; peržiūra; apžiūra v 1 apžvelgti; apžiūrėti 2 recenzuoti ~er n 1 apžvalgininkas 2 recenzentas

revis||e [rɪˈvaɪz] v 1 patikrinti, ištaisyti 2 pakeisti ~ion [-ˈvɪʒn] n peržiūrėjimas; revizija

reviv||al [rɪˈvaɪvl] n 1 atgimimas 2 atgaivinimas; atnaujinimas ~e [-ˈvaɪv] v 1 atgyti; atgaivinti 2 atgimti 3 atsigauti

revoke [rɪˈvəuk] v 1 panaikinti, pakeisti (*įstatymą*) 2 atsiimti (*pažadą*)

revolt [rɪˈvəult] n 1 maištas, sukilimas; *in* ~ apimtas sukilimo 2 pasibjaurėjimas v 1 sukilti 2 bjaurėtis ~ing a bjaurus, sukeliantis pasipiktinimą

revolution I [ˌrevəˈluːʃn] n 1 revoliucija 2 perversmas ~ary [-ʃənərɪ] n revoliucionierius a revoliucinis ~ist [-ʃənɪst] n revoliucionierius ~ize, ~ise [-ʃənaɪz] v revoliucionizuoti

revolution II n 1 sukimasis 2 pilnas apsisukimas

revolv||e [rɪˈvɔlv] v 1 sukti(s) (*around / round*) 2 periodiškai sugrįžti; pasikartoti 3 apsvarstyti; apgalvoti ~er n 1 revolveris 2 *tech.* volelis

revue [rɪˈvjuː] n *teatr.* apžiūra, apžvalga, reviu

revulsion [rɪ'vʌlʃn] n 1 pasibjaurėjimas; pasibaisėjimas 2 (jausmų) staigus pasikeitimas

reward [rɪ'wɔːd] n atlyginimas, apdovanojimas; atpildas, bausmė v atlyginti; apdovanoti

reword [ˌriː'wɔːd] v išreikšti kitais žodžiais

rewrite [ˌriː'raɪt] v perrašyti

rhapsody ['ræpsədɪ] n 1 rapsodija 2 iškilminga, pompastiška kalba

rhetoric ['retərɪk] n retorika ~al [rɪ'tɔrɪkl] a retorinis, retoriškas

rheumatic [ruː'mætɪk] a reumatinis n 1 reumatikas 2 pl šnek. reumatizmas

rhinoceros [raɪ'nɔsərəs] n raganosis

rhombus ['rɔmbəs] n rombas

rhubarb ['ruːbɑːb] n rabarbaras

rhyme [raɪm] n 1 rimas 2 pl rimuoti eilėraščiai v rimuoti

rhythm ['rɪðəm] n ritmas ~ic(al) ['rɪð-nuk(l)] a ritmiškas

rib [rɪb] n 1 šonkaulis 2 briauna

ribald ['rɪbld] a nepadorus, nešvankus

ribbon ['rɪbən] n 1 juosta, kaspinas 2 pl skara; skutas; ~s of mist miglos kamuoliai 3 juostelė (rašomajai mašinėlei ir pan.)

rice [raɪs] n ryžiai

rich [rɪtʃ] a 1 turtingas, gausus; the ~ turtuoliai 2 sodrus (apie spalvas); žemas (tonas) 3 stiprus (vynas) 4 maistingas; riebus ~es [-ɪz] n pl turtas; apstumas ~ness n turtingumas; turtai; gausumas

rick [rɪk] n kūgis; stirta

ricket||s ['rɪkɪts] n rachitas ~y ['rɪkətɪ] a 1 rachitiškas 2 nepatvarus, silpnas

rickshaw ['rɪkʃɔː] n rikša

rid [rɪd] v išvaduoti; išgelbėti; to be / get ~ of smb / smth nusikratyti; ištrūkti

ridden ['rɪdn] pp žr. ride

riddle ['rɪdl] I n mįslė

riddle II n (retas) sietas v sijoti

ride [raɪd] n 1 jojimas 2 amer. pasivažinėjimas 3 rida △ to take smb for a ~ apgauti v (rode; ridden) 1 joti 2 važiuoti (autobusu, tramvajum, dviračiu; amer. t.p. traukiniu, laivu) 3 plaukti, slysti (bangomis) ~er n 1 jojikas, važiuotojas 2 papildomoji pastaba

ridge [rɪdʒ] n 1 briauna, kraštas 2 kalno viršūnė, ketera 3 (stogo) kraigas

ridicul||e ['rɪdɪkjuːl] n pajuoka, išjuokimas v išjuokti ~ous [rɪ'dɪkjuləs] a juokingas, absurdiškas

riding ['raɪdɪŋ] n jojimas ~-breeches [-brɪtʃɪz] n pl raitelio kelnės ~-habit [-hæbɪt] n moteriškas jojimo kostiumas ~-hag [-hæg] n košmaras; slogutis

rife [raɪf] a predic 1 įprastas, įprastinis; paplitęs; to be / grow / wax ~ pasidaryti įprastam 2 gausus (ko – with)

riffle ['rɪfl] v maišyti kortas; to ~ through greit perversti lapus (knygos ir pan.)

riff-raff ['rɪfræf] n visuomenės padugnės; atmatos a šnek. niekam tikęs

rifle ['raɪfl] n 1 šautuvas 2 pl šauliai v 1 įsriegti (ginklo vamzdį) 2 (pa)grobti; apiplėšti ~man [-mən] n šaulys ~-range [-reɪndʒ] n šaudykla

rift [rɪft] n plyšys; įskilimas

rig [rɪg] I n 1 (laive) burių įranga, takelažas 2 specialūs įrengimai 3 šnek. apranga, drabužiai v įrengti, aprūpinti (with); šnek. ap(si)rengti

rig II v 1 išdaigauti 2 klastoti 3: to ~ the market dirbtinai pakelti arba numušti kainas

right [raɪt] a 1 dešinysis 2 tiesus; ~ line tiesė; ~ angle statusis kampas 3 teisingas, teisus △ to be ~ būti teisiam △ to get it ~ teisingai suprasti; to put / set ~ ištaisyti, sutvarkyti v 1 pasitaisyti; ištaisyti 2 ištiesinti n 1 teisė; teisingumas 2 dešinioji pusė arba ranka adv 1 teisingai 2 tiesiog 3 dešinėn 4 tiksliai, kaip tik 5 labai △ all ~ gerai, puiku; to feel all ~ gerai jaustis, būti sveikam; ~ away / now / off tuojau,

2 teisingas ~-**minded** [ˌraɪt'maɪndɪd] a protingas, sveiko proto

rigid ['ndʒɪd] a **1** kietas, nelankstus **2** griežtas; nepalenkiamas **3** atšiaurus ~**ity** [n'dʒɪdətɪ] n **1** kietumas **2** griežtumas **3** atšiaurumas

rigmarole ['rɪgmərəul] n **1** plepalai, niekai **2** biurokratinė procedūra

rigo(u)r ['rɪgə] n **1** griežtumas **2** rūstumas **3** atšiaurumas ~**ous** [-rəs] a **1** griežtas **2** atšiaurus **3** rūstus

rile [raɪl] v neraminti, nervinti

rim [rɪm] n **1** kraštas, briauna **2** pl akinių rėmai **3** ratlankis

rime [raɪm] I žr. **rhyme**

rim||**e** II n poet. šerkšnas ~**y** [-ɪ] a apšerkšnijęs

rind [raɪnd] n **1** žievė **2** žievelė, odelė; oda **3** pluta

ring [rɪŋ] I v (**rang**; **rung**) **1** skambėti **2** skambinti □ **to** ~ **for** pašaukti skambučiu; **to** ~ **in** įvesti, pristatyti (ką nors); **to** ~ **off** baigti kalbėti (telefonu); **to** ~ **up** (amer. **to call**) paskambinti (telefonu) n skambutis; skambinimas; garsas; **to give a** ~ paskambinti

ring II n **1** žiedas, apskritimas **2** (žmonių) ratas **3** cirko arena **4** sport. ringas **5** niek. klika v apjuosti žiedu (**in** / **round** / **about**)

ringfinger ['rɪŋfɪŋgə] n bevardis (pirštas)

ringing ['rɪŋɪŋ] a **1** skardus, skambus; skambantis **2** smarkus (apie šaltį)

ringleader ['rɪŋli:də] n klikos lyderis, iniciatorius

ringlet ['rɪŋlɪt] n **1** garbana **2** žiedelis

rinse [rɪns] v skalauti; plauti n skalavimas; plovimas; **to give a** ~ praplauti, praskalauti

riot ['raɪət] n **1** maištas; tvarkos ardymas **2** prk. lėbavimas, siautėjimas, šėlimas **3**: **a** ~ labai juokingas daiktas / žmogus v **1** maištauti; kelti triukšmą **2** ūžauti, lėbauti ~**ous** [-əs] a **1** maištingas; triukšmingas **2** ištvirkęs, palaidas

rip [rɪp] v **1** (per)pjauti **2** plėšti, ardyti **3** skelti, skaldyti **4** plyšti, skilti, irti □ **to** ~ **off** lupti, nulupti; nuplėšti; **to** ~ **out** a) išlupti, išplėšti; b) surikti, riktelėti; c) leptelėti; **to** ~ **up** a) (su)ardyti; atplėšti; b) aitrinti

rip||**e** [raɪp] a subrendęs, prinokęs; **to be** ~ a) būti prinokusiam; b) sueiti (apie laiką) ~**en** [-ən] v bręsti, nokti; brandinti

ripping ['rɪpɪŋ] a šnek. puikus

ripple ['rɪpl] n **1** (vandens) raibuliavimas; bangelės **2** čiurlenimas v **1** raibuliuoti **2** čiurlenti

rise [raɪz] (**rose** [rəuz]; **risen** ['rɪzn]) **1** keltis, (pa)kilti, iškilti; patekėti (apie saulę) **2** sukilti **3** sustiprėti, padidėti, augti **4** kilti, prasidėti △ **to** ~ **to the occasion** sugebėti susidoroti su reikalu n **1** (iš)kilimas, (pa)kėlimas **2** paaukštinimas; atlyginimo padidinimas **3** kilmė, pradžia **4** saulėtekis △ **to give** ~ **to smth** sukelti; **to take** / **get a** ~ **out of smb** sukiršinti, įerzinti

rising ['raɪzɪŋ] a (iš)kylantis, pakylantis; sukylantis; pasikeliantis n **1** sukilimas **2** (saulės) patekėjimas **3** pakilimas; paaukštinimas **4** atsistojimas

risk [rɪsk] n rizika; **at the** ~ rizikuojant v rizikuoti, drįsti ~**y** [-ɪ] a rizikingas, pavojingas

rite [raɪt] n apeigos, ritualas

rival ['raɪvl] n varžovas, konkurentas v varžytis, konkuruoti ~**ry** [-rɪ] n varžybos, konkurencija, lenktyniavimas

river ['rɪvə] n upė ~-**bed** ['rɪvəbed] n (upės) vaga ~**side** [-saɪd] n pakrantė, upės krantas

rivet ['rɪvɪt] n kniedė v **1** (su)kniedyti **2** prk. patraukti (dėmesį); įkalti (į galvą); stiprinti (draugystę)

rivulet ['rɪvjulɪt] n upelis, upeliukas

roach [rəutʃ] I n tarakonas (žr. **cockroach**)

roach II n zool. kuoja, mekšras

romp

road [rəud] *n* 1 kelias; *high* ~ vieškelis; *prk.* tiesus kelias 2 gatvė; *to cross the* ~ pereiti gatvę 3 *amer.* geležinkelis 4 *pl* prieplauka ~**bed** [-bed] *n* kelio sankasa ~**-metal** [-metl] *n* (*akmenų*) skalda ~**side** [-saɪd] *n* šalikelė *a* pakelės ~**stead** [-sted] *n* jūr. reidas ~**ster** [-stə] *n* 1 atviras dvivietis automobilis 2 kelionės arklys 3 prityręs keliautojas

roam [rəum] *v* klajoti, bastytis, keliauti *n* klajojimas

roan [rəun] *a* palšai margas; keršai margas (*arklys*)

roar [rɔ:] *n* 1 staugimas; maurojimas, rėkavimas 2 kvatojimas 3 dundesys, bildesys, dardesys *v* 1 mauroti, rėkauti 2 garsiai juoktis; *to* ~ *with laughter* plyšti juokais, smarkiai kvatoti

roast [rəust] *v* 1 kepti 2 *amer.* griežtai kritikuoti 3 *šnek.* išjuokti *a* keptas (*orkaitėje*) *n* 1 kepsnys 2 *amer.* griežta kritika 3 *amer.* piknikas gamtoje (*kai kas nors kepama*) ~**ing** *a* labai karštas

rob [rɔb] *v* grobti, plėšti ~**ber** [-ə] *n* plėšikas ~**bery** [-ərɪ] *n* 1 plėšimas 2 plėšikavimas

robe [rəub] *n* 1 mantija 2 *amer.* chalatas (*t.p.* bathrobe) *v prk.* ap(si)rengti, pa(si)puošti

robin ['rɔbɪn] *n* zool. liepsnelė (*t.p.* robin redbreast)

robot ['rəubɔt] *n* robotas

robust [rəu'bʌst] *a* 1 stiprus, tvirtas 2 grubus, netašytas (*apie elgesį*)

rock [rɔk] I *n* 1 uola 2 uoliena 3 *amer.* (*dirvos*) akmuo 4 (*ilgas*) saldainis

rock II *v* suptis, svyruoti; užsupti, užlinguoti, užliūliuoti

rock III *n* roko muzika (*t.p.* rock music); ~ *and roll* rokenrolas

Rocker ['rɔkə] *n* rokeris

rocket ['rɔkɪt] *n* raketa *v* leisti raketas

rocking||**-chair** ['rɔkɪŋtʃeə] *n* supamoji kėdė ~**-horse** [-hɔːs] *n* arkliukas-sūpuoklės

rocky ['rɔkɪ] *a* 1 uolėtas; uolos 2 tvirtas, nepajudinamas

rod [rɔd] *n* 1 meškerykotis 2 rykštė; *prk.* bausmė 3 strypas, virbalas 4 *ilgio matas*, = 5,03 *m*

rode [rəud] *past žr.* ride

rodent ['rəudənt] *n* zool. graužikas

roe [rəu] I *n* zool. stirna

roe II *n* (*žuvies*) ikrai

rogu||**e** [rəug] *n* sukčius; pokštininkas ~**ery** [-ərɪ] *n* 1 sukčiavimas, apgavystė 2 pokštai, išdaigos ~**ish** [-ɪʃ] *a* 1 suktas, apgavikiškas 2 išdykęs

roister ['rɔɪstə] *v* triukšmingai linksmintis

role [rəul] *n* 1 rolė, vaidmuo 2 funkcija

roll I *n* sąrašas; registras; žiniaraštis; *to be on the* ~*s* būti sąrašuose

roll II *n* 1 bandelė 2 (*mėsos*) vyniotinis, ruletas

roll III *n* 1 sukimas(is); supimas(is); siūbavimas 2 velenas; ritinys 3 dundėjimas; griaudimas *v* 1 sukti(s); riedėti; valcuoti; ritinti 2 griausti; dundėti; siūbuoti ~**er** *n* 1 ritinėlis; velenas 2 volas 3 didžiulė banga

rollick ['rɔlɪk] *v* linksmintis

rolling ['rəulɪŋ] *a* 1 supantis; ridinantis 2 dundantis 3 kalvotas, banguotas *n* 1 valcavimas, volavimas 2 (*laivo*) supimas ~**-pin** [-pɪn] *n* kočėlas (*tešlai*) ~**-stock** [-stɔk] *n* glžk. riedmenys

rollmop ['rəulmɔp] *n* rolmopsas (*t.p.* rollmop herring)

roly-poly I [ˌrəulɪ'pəulɪ] *n* 1 vyniotinis su uogiene 2 druckis, rubuilis (*vaikas, žmogus*)

Roman ['rəumən] *a* 1 Romos 2 katalikiškas *n* 1 romėnas 2 katalikas (*t.p.* **Roman Catholic**)

roman||**ce** [rəu'mæns] *n* 1 romanas 2 romantika; romantiškass įvykis 3 romansas *a* (R.) romanų; *R. languages* romanų kalbos ~**tic** [-tɪk] *a* romantiškas *n* romantikas

Romany ['rɔmənɪ] *n* 1 čigonas, -ė 2 čigonų kalba *a* čigonų, čigoniškas

romp [rɔmp] *v* triukšmingai žaisti, siausti, išdykauti; *to* ~ *home* /

in lengvai nugalėti, įveikti *n* 1 iš-
dykavimas 2 išdykėlis, -ė; pabalda
~ers [-əz] *n pl* vaikiškas kombi-
nezonas

roof [ru:f] *n* stogas △ *the* ~ *of the*
mouth gomurys

rook [ruk] *n* 1 *zool.* kovas 2 sukčius
3 *šach.* bokštas *v* apgaudinėti

room [ru:m] *n* 1 kambarys; *sing-*
le (*double*) ~ vienvietis (dvivie-
tis) kambarys 2 vieta; *to make* ~
for pasitraukti, užleisti vietą ~-mate
[-meɪt] *n* kambario draugas (*bendrabu-*
tyje) ~y [-ɪ] *a* erdvus

rooster ['ru:stə] *n* gaidys

root [ru:t] I *v* (prisi)kasti; knisti; *to* ~
out / up a) išrauti su šaknimis; b) su-
ieškoti, rasti

root II *v šnek.* padrąsinti, paskatinti;
paremti

root III *n* 1 šaknis; *to strike / take* ~
leisti šaknis; *prk.* įsitvirtinti, įsišak-
nyti 2 *pl* šakniavaisiai *v* 1 įsišaknyti
2 *prk.* prikalti, sukaustyti ~ed [-ɪd] *a*
įsišaknijęs ~y [-ɪ] *a* daugiašaknis

rop||e [rəup] *n* 1 virvė, lynas 2 *jūr.* ta-
kelažas △ *to know / learn the* ~s
gerai išmokti, orientuotis *v* 1 pririšti;
2 tyčia atsilikti (*varžybose*) 3 tempti,
vilkti 4 tirštėti (*apie skystį*); tįsti (*apie*
medų); *to* ~ *smth in / off* atitverti
ką virvėmis

rosary ['rəuzərɪ] *n relig.* (*the* ~) ro-
žančius

rose [rəuz] I *past žr.* rise

rose II *n* 1 rožė 2 akytas laistytuvo
antgalis 3 rožės spalva; raudonis ~
-bud [-bʌd] *n* rožės pumpuras

rosin ['rozɪn] *n* derva, kanifolija

roster ['rostə] *n kar. amer.* budėjimo,
užsiėmimų tvarkaraštis

rosy ['rəuzɪ] *a* 1 rožinis, raudonas 2 *prk.*
žydintis, spindintis

rot [rot] *v* 1 pūti; gesti 2 gadinti *n* 1 pu-
vimas 2 *šnek.* niekai, nesąmonė

rota ['rəutə] *n* budėjimo tvarkaraštis
(*amer.* roster)

rota||ry ['rəutərɪ] *a* besisukantis apie
ašį *n* rotacinė mašina ~te [rəu'teɪt]
v 1 sukti(s) apie ašį 2 kaitalioti(s)
~tion [rəu'teɪʃn] *n* 1 sukimasis; kaita-
liojimasis 2 periodinis pasikartojimas

rote [rəut] *n: by* ~ atmintinai; grynai
mechaniškai

rotten ['rotn] *a* 1 supuvęs, sutrešęs,
sugadintas, sugedęs 2 *šnek.* bjaurus

rotter ['rotə] *n šnek.* bjaurybė, nenau-
dėlis

rotund [rəu'tʌnd] *a* 1 apvalus 2 pilnas,
storas, kresnas

r(o)uble ['ru:bl] *n* rublis

rouge [ru:ʒ] *n* raudoni dažai (*veidui*) *v*
dažytis (*skruostus*)

rough [rʌf] *a* 1 grubus; šiurkštus, ne-
lygus; gruoblėtas; gauruotas 2 aud-
ringas, rūstus 3 apytikris 4 neišdirb-
tas; neišbaigtas *n* 1 grubumas; bloga
apdaila; *in the* ~ nebaigtas, nepa-
dailintas; juodraštinis 2 storžievis *v*
1 atlikti juodraštyje, bendrais bruo-
žais 2: *to* ~ *it* apsieiti be patogumų
▢ *to* ~ *in* apmesti; *to* ~ *up* sušiauš-
ti, suvelti; *to* ~ *smb up* suerzinti
(*ką nors*) *adv* grubiai ~-and-tumble
[,rʌfən'tʌmbl] *n* netvarka *a* netvarkin-
gas ~-cast [-kɑ:st] *a* 1 grubiai nutin-
kuotas 2 nebaigtas *v* 1 apmesti (*pla-*
ną) 2 grubiai tinkuoti ~ly *adv* apy-
tikriai; grubiai ~en *v* šiurkštėti, (su)-
grubti; grubinti; šiurkštinti ~-neck
[-nek] *n* chuliganas, mušeika

Ro(u)manian [ru:'meɪnɪən] *n* 1 rumu-
nas 2 rumunų kalba *a* rumuniškas, ru-
munų

round [raund] *a* 1 apskritas, apvalus
2 atviras, tiesus △ *a* ~ *oath* šiurkš-
tus, smarkus keiksmas 3 malonus (*bal-*
sas) *n* 1 ratas 2 judėjimas ratu; cik-
las 3 apėjimas; *to go / make the*
~ apeiti; apskrieti 4 *sport.* turas,
raundas △ *a* ~ *of cheers / applause*
audringi plojimai *adv* aplink; *all the*
year ~ visus metus △ *to sleep the*
clock ~ išmiegoti visą parą *prep* 1 ap-
link, apie △ *to show smb* ~ pa-
rodyti įžymybes, ~ *the corner* už

kampo 2 iš visų pusių; po *v* 1 dary-
ti apvalų, suapvalinti, aplenkti 2 ap-
sisukti ~about [-əbaut] *a* aplinkinis
n 1 karuselė (*amer. t.p.* carousel,
merry-go-round, whirligig) 2 ap-
linkinis kelias; *amer.* apvažiavimas;
viadukas ~ly *adv* 1 apvaliai 2 apy-
tikriai 3 tiesiai, stačiai
round-up ['raundʌp] *n* 1 užsukimas,
susukimas 2 bandos suvarymas į krū-
vą; varomoji medžioklė 3 žinių san-
trauka; press ~ spaudos apžvalga
rous||e [rauz] *v* 1 žadinti, kelti 2 įkvėp-
ti, sužadinti ~ing *a* įkvepiantis
rout [raut] I *n* sutriuškinimas; sąmyšis
v sutriuškinti
rout II *n* 1 rautas; pokylis 2 triukšmin-
gas susirinkimas
rout III *v* 1 knisti šaknis; iškasti 2 iš-
traukti, išknisti (*out*)
route [ru:t] *n* kelias, maršrutas
routine [ru:'ti:n] *n* 1 rutina 2 seniai
įvesta tvarka *a* įprastinis, reguliarus
rove [rəuv] *v* klajoti, keliauti, bastytis
(*about / around*)
row [rəu] I *n* eilė
row II *v* irtis, irkluoti *n* 1 irklas 2 irs-
tymasis valtimi
row III [rau] *n* 1 *šnek.* triukšmas; gin-
čas; muštynės 2 arši kritika
rowan ['rəuən] *n* šermukšnis (*t.p.*
mountain ash)
rowdy ['raudı] *a* triukšmingas *n* chuli-
ganas, mušeika
rower ['rəuə] *n* irkluotojas
rowing I ['rəuıŋ] *n* irklavimas
rowing II ['rauıŋ] *n* papeikimas, paba-
rimas; kritika
rowlock ['rɔlək] *n* (*irklo*) įkaba (*amer.
t.p.* oarlock)
royal ['rɔıəl] *a* 1 karališkas 2 puikus
~ty [-tı] *n* 1 karaliaus šeimos nariai
2 karaliaus privilegijos, valdžia; kara-
liška garbė 3 autorinis honoraras (*už
parduotus egzempliorius*)
rub [rʌb] *v* 1 trinti(s) 2 liestis 3 (*apie
batą*) spausti 4 liesti vienas kitą 5 er-
zinti 6 apsitrinti, nusišluostyti (*rankš-
luoščiu*) 7 valyti arklį □ to ~ in

įtrinti; *prk.* a) įkalti; b) pakarto-
ti; to ~ off nutrinti, ištrinti; to ~
through pratrinti; to ~ up a) poli-
ruoti; b) atnaujinti; c) atgaivinti at-
mintyje *n* 1 trynimas; valymas; *to
give a* ~ patrinti, įtrinti 2 *šnek.* kliū-
tis, sunkumas
rubber ['rʌbə] *n* 1 guma, kaučiukas
2 trintukas 3 *pl* kaliošai
rubbish ['rʌbıʃ] *n* šlamštas; niekai
rubble ['rʌbl] *n* 1 skalda 2 žvirgždas
rubicund ['ru:bıkənd] *a* raudonas, raus-
vas (*apie žmogaus išvaizdą*)
ruble ['ru:bl] *žr.* rouble
ruby ['ru:bı] *n* rubinas *a* rubino;
raudonas
ruck [rʌk] I *n* dezorganizuota / pasime-
tusi grupė / komanda
ruck II *n* raukšlė, klostė *v* raukšlėti(s)
rucksack ['rʌksæk] *n* kuprinė (*t.p.*
knapsack, *amer. t.p.* backpack)
rudder ['rʌdə] *n* (*valties, laivo*) vairas
~less *a* 1 be vairo 2 *prk.* nevadovau-
jamas
ruddy ['rʌdı] *a* (*apie veido spalvą*) raus-
vas, raudonas
rude [ru:d] *a* 1 grubus, nemandagus
2 nedailus 3 primityvus, šiurkštus
~ness *n* 1 nemandagumas 2 grubu-
mas, šiurkštumas 3 primityvumas
rudiment ['ru:dımənt] *n* 1 *pl* pradme-
nys, elementarios žinios 2 užuomazga
~ary [ˌru:dı'mentrı] *a* užuomazginis;
elementarus
rue [ru:] I *n bot.* rūta
rue II *v* gailėti(s) ~ful *a* nusiminęs,
liūdnas
ruff [rʌf] I *n* 1 *zool.* pūgžlys 2 *kort.*
švietalas
ruff II *n* 1 plunksnų / kailinė apykaklė
2 (*raukta*) apykaklė (*ypač madinga*
16 *a.*)
ruffian ['rʌfıən] *n* niekšas; galvažudys;
chuliganas
ruffle ['rʌfl] *n* 1 rauktas, klostuotas ap-
vadas (*papuošimui*) 2 ribėjimas 3 *prk.*

neramumas; sąmyšis *v* 1 (*plaukus*) taršyti; ribinti (*vandenį*) 2: *to* ~ *smb's feathers* sujaudinti, suerzinti

rug [rʌg] *n* 1 storas vilnonis apdangalas 2 gauruotas kilimėlis ~by ['rʌgbɪ] *n* regbis

rugged ['rʌgɪd] *a* 1 nelygus, šiurkštus; išvagotas 2 atšiaurus, griežtas

ruin ['ruːɪn] *n* 1 pražūtis 2 griuvėsiai *v* 1 griauti, ardyti 2 naikinti, žudyti; pražudyti ~ous [-əs] *a* 1 pražūtingas 2 griaunantis, ardantis 3 sugriuvęs

rul||e [ruːl] *n* 1 taisyklė; norma; *as a* (*general*) ~ kaip taisyklė, paprastai; *by* ~ pagal (*priimtas*) taisykles 2 valdymas, valdžia *v* 1 valdyti; viešpatauti 2 vadovauti; nuspręsti 3 liniuoti (*popierių*); *to* ~ *out* išskirti ~er *n* 1 valdovas 2 liniuotė ~ing *n* 1 valdymas 2 nuosprendis *a* valdantis

rum [rʌm] I *n* 1 romas 2 *amer.* (*bet koks*) alkoholinis gėrimas

rum II *a* šnek. ypatingas, keistas; įtartinas

rumble ['rʌmbl] *n* dundėjimas *v* 1 dundėti 2 šnek. permanyti, suvokti

rumin||ant ['ruːmɪnənt] *a zool.* atrajojantis ~ate [-neɪt] *v* 1 atrajoti 2 *prk.* apmąstyti, apgalvoti

rummage ['rʌmɪdʒ] *n* ieškojimas (*ko paslėpto*); krata *v* 1 ieškoti; knistis; kratyti 2 ištraukti (*out / up*)

rummy ['rʌmɪ] *n kort.* ramsas

rumo(u)r ['ruːmə] *n* gandas, kalbos; *there is a* ~ kalbama *v* skleisti gandus

rump [rʌmp] *n anat., kul.* 1 pasturgalis 2 (*paukščio*) uodega ~steak [-steɪk] *n* romšteksas

rumple ['rʌmpl] *v* glamžyti; taršyti; kelti netvarką

run [rʌn] *v* (ran; run) 1 bėgti; bėgioti 2 judėti, eiti; plaukti; kursuoti 3 (*nelegaliai*) įvežti 4 plisti 5 tekėti; lietis; pritekėti (*kraujo*) 6 (*apie galiojimo laiką*) tęstis; driektis (*apie linijas ir pan.*) 7 veikti (*apie mašiną*)

8 skambėti (*apie pasaką, tekstą, dokumentą*) 9 valdyti (*įmonę*); vesti (*bylą*); organizuoti 10 vyti (*žvėrį*) 11 būti rodomam (*apie spektaklį*); 12 pralaužti, pra(si)mušti; *to* ~ *a blockade* pralaužti blokadą 13 eksploatuoti (*įrenginį*) 14 balotiruotis (*for*); pasiūlyti kandidatu (*in*) 15 spausdinti, paskelbti (*laikraštyje*) 16 paleisti akis (*apie mezginį*) 17 *eina sudurtinio tarinio jungtimi*: *to* ~ *dry* išdžiūti to ~ *short* pritrūkti □ *to* ~ *about* a) blaškytis, bėginėti; b) lakstyti, siausti (*apie vaikus*); *to* ~ *across* atsitiktinai susitikti; užtikti; *to* ~ *at* (*užsi*)pulti ką; *to* ~ *down* a) partrenkti; b) surasti, aptikti (*po ilgo ieškojimo*); c) kritikuoti; d) mažinti gamybą; e) susidurti (*apie laivus*); f) nustoti galios; *to* ~ *for* a) bėgti; b) siekti ko; c) balotiruotis; *to* ~ *into* a) įbėgti, įsiveržti; b) užbėgti, užvažiuoti; c) pasiekti; *to* ~ *into debt* įlįsti į skolas; *to* ~ *off* pabėgti; *to* ~ *off the rails* nueiti nuo bėgių; *to* ~ *on* tęsti; *to* ~ *out* a) išbėgti; b) pasibaigti; *to* ~ *out of* išsekti, išeikvoti (*apie atsargas*); *to* ~ *over* a) pervažiuoti, sutraiškyti; b) peržiūrėti, perversti (*puslapius*); c) išsilieti per kraštus; *to* ~ *through* a) (*prabėgom*) peržvelgti; b) persmelkti; c) būti persunktam; vyrauti; *to* ~ *to* siekti (*apie sumą, laipsnį*); *to* ~ *up* a) užbėgti; b) pakelti (*vėliavą, kainas*); c) skubiai pasisiūti (*drabužį*) *n* 1 bėgimas; trumpas pasivažinėjimas, išvyka; *at a* ~ a) bėgte; b) paeiliui 2 eiga; kryptis; tendencija; *the* ~ *of events* įvykių eiga; *at / in the long* ~ pagaliau 3 laikotarpis 4 leidimas kuo naudotis 5 eilė, serija 6 vidutinis lygis 7 darbas, veikimas; tęsimasis 8 *amer.* upelis, srovė

runaway ['rʌnəweɪ] *n* pabėgėlis, bėglys

rung [rʌŋ] I *n* laiptelis; kopėčių skersinis; stipinas

rung II *pp žr.* ring

running ['rʌnɪŋ] *a* 1 bėgantis 2 nenutrūkstamas 3 *predic* iš eilės, paeiliui;

for four days ~ keturias dienas iš eilės *n* 1 bėgimas 2 veikla, darbas, eiga △ *to be in the* ~ turėti šansų laimėti

run‖-out ['rʌnaut] *n* 1 susidėvėjimas 2 išeiga **3** judėjimas (*iš inercijos*) **4** *tech.* difuzorius ~-up ['rʌnʌp] *n* įsibėgėjimas ~way ['rʌnweɪ] *n av.* pakilimo takas

rupture ['rʌptʃə] *n* 1 prasiveržimas; lūžis; (nu)trūkimas (*t.p. prk.*); lūžimas 2 *med.* trūkis *v* 1 pralaužti 2 nutraukti (*santykius ir pan.*)

rural ['ruərəl] *a* kaimo, kaimiškas

ruse [ru:z] *n* gudrybė, išsisukinėjimas

rush [rʌʃ] I *n bot.* 1 meldai, nendrės 2 niekis, mažmožis

rush II *v* 1 lėkti, dumti, rūkti 2 mestis, pulti (*at*); šturmuojant paimti **3** skubotai veikti; *to* ~ *a conclusion* skubotai daryti išvadas *n* 1 spaudimas 2 ataka; veržlus judėjimas **3** antplūdis, užplūdimas ~-hour [-auə] *n* (*apie eismą*) piko metas

rusk [rʌsk] *n* džiūvėsis; sausainis

russet ['rʌsɪt] *a* rausvai rudas (*pvz., lapas rudenį*)

Russian ['rʌʃn] *n* 1 rusas 2 rusų kalba *a* rusų, rusiškas

rust [rʌst] *n* rūdys *v* rūdyti

rustic ['rʌstɪk] *a* 1 paprastas 2 kaimietiškas **3** grubus, netašytas ~ate [-eɪt] *v* 1 gyventi kaime 2 laikinai pašalinti iš universiteto ~ity [rʌs'tɪsətɪ] *n* 1 paprastumas 2 kaimiški papročiai

rustle ['rʌsl] *n* šiugždėjimas, šlamėjimas, šlamesys *v* 1 šlamėti 2 *amer. šnek.* vogti (*arklius, galvijus iš ganyklos*)

rust-proof ['rʌstpru:f] *a* rūdims atsparus, nerūdijantis

rusty ['rʌstɪ] *a* 1 surūdijęs 2 užleistas; nekultivuotas

rut [rʌt] *n* 1 (*ratų, pavažų*) vėžė 2 rutina **3** (*apie gyvulius*) ruja

ruthless ['ru:θlɪs] *a* 1 negailestingas; žiaurus 2 nesustojantis

rutted, rutty ['rʌtɪd, 'rʌtɪ] *a* išvažinėtas, vėžėmis išraižytas (*kelias*)

rye [raɪ] *n* rugiai ~-bread [-bred] *n* 1 ruginė duona 2 juoda duona

S

S, s [es] *n devynioliktoji anglų abėcėlės raidė* △ *S-bend* kelio vingis (*panašus į raidę S*)

sable ['seɪbl] I *n* 1 sabalas 2 sabalo kailis

sable II *n* 1 *poet.* juoda spalva 2 *pl poet.* gedulo drabužis

sabot ['sæbəu] *n* klumpė

sabotage ['sæbətɑ:ʒ] *n* sabotažas; diversija *v* sabotuoti

saboteur [ˌsæbə'tə:] *n* 1 diversantas; kenkėjas 2 sabotuotojas

sabre, *amer.* **saber** ['seɪbə] *n* kardas; *the* ~ karinė galia, valdžia *v* kapoti, kirsti kardu

saccharin ['sækərɪn] *n* sacharinas

sack [sæk] I *v* plėšti, grobti

sack II *n* maišas △ *to get the* ~ būti atleistam; *to give the* ~ atleisti (*iš darbo*) *v* 1 pilti, dėti (*į maišą*) 2 *šnek.* atleisti (*iš darbo*) ~cloth [-klɔθ] *n* maišų, pašukinė drobė ~ful [-ful] *n* maišas (*matas*)

sacrament ['sækrəmənt] *n* 1 *bažn.* sakramentas 2 ženklas, simbolis **3** priesaika ~al [ˌsækrə'mentl] *a* šventas

sacred ['seɪkrɪd] *a* 1 šventas 2 pašvęstas, paskirtas **3** neliečiamas

sacrif‖ice ['sækrɪfaɪs] *v* aukoti *n* auka; aukojimas ~icial [ˌsækrɪ'fɪʃl] *a* aukos, aukojimo

sacrile‖ge ['sækrɪlɪdʒ] *n* šventvagystė ~gious [ˌsækrɪ'lɪdʒəs] *a* šventvagiškas

sad [sæd] *a* 1 liūdnas, nesmagus, nelinksmas 2 tamsus (*apie spalvą*) ~den [-n] *v* 1 (nu)liūdinti 2 nuliūsti

saddle ['sædl] *n* balnas *v* balnoti ~-horse [-hɔ:s] *n* jojamasis arklys ~r [-ə] *n* 1 balnius 2 *amer.* jojamasis arklys

safe [seɪf] *a* 1 apsaugotas; saugus; nesugadintas; sveikas; ~ *and sound* sveikas ir gyvas 2 laimingas (*atvyki-mas*) 3 patikimas, tikras 4 atsargus, apdairus *n* seifas, nedegamoji spinta

safeguard ['seɪfgɑːd] *n* 1 apsauga 2 garantija; *tech.* saugiklis *v* 1 saugoti 2 garantuoti

safely ['seɪflɪ] *adv* 1 saugiai 2 laimingai; užtikrintai

safety ['seɪftɪ] *n* saugumas; *in* ~ saugioje, patikimoje vietoje ~-belt [-belt] *n* gelbėjimo(si) ratas / diržas ~-match [-mætʃ] *n* impregnuotas degtukas ~-pin [-pɪn] *n* žiogelis (*toks segtukas*) ~-razor [-reɪzə] *n* (*barzdos*) skutiklis (*su peiliuku*)

saffron ['sæfrən] *n* bot. krokas *a* kroko

sag [sæg] *v* 1 įlinkti; įdubti; (į)smukti; įlenkti 2 prk. neatlaikyti, pasiduoti *n* įlinkimas; įdubimas

saga ['sɑːgə] *n* sakmė, saga

sagaci‖ous [sə'geɪʃəs] *a* 1 sumanus, įžvalgus, nuovokus 2 juslus, uoslus; protingas (*apie gyvulį*) ~ty [sə'gæsətɪ] *n* sumanumas, įžvalgumas, gudrumas

sage [seɪdʒ] I *n* šalavijas

sage II *a* išmintingas, gudrus *n* išminčius

said [sed] *past ir pp žr.* **say**

sail [seɪl] *n* 1 burė; burės; (*in / with*) *full* ~ visomis burėmis; *to set* ~ pakelti bures 2 (*vėjinio malūno*) sparnas 3 burlaivis 4 plaukiojimas; kelionė jūra *v* 1 plaukti 2 keliauti (*jūra*) 3 vesti, valdyti (*laivą, lėktuvą*) ~-cloth [-klɔθ] *n* stora drobinė medžiaga ~er *n* burlaivis ~ing *n* jūrininkystė; buriavimas ~or *n* jūreivis; jūrininkas; *I am a good* (*bad*) ~or aš gerai (sunkiai) pakeliu kelionę jūra

saint [seɪnt] *n* (*prieš vardus* St [snt]) šventasis (*sutr. t.p.* S)

sake [seɪk] *n:* *for the* ~ *of* dėl; *for conscience's* ~ sąžinei nuraminti

salable, saleable ['seɪləbl] *a* 1 labai reikalaujama, perkama (*apie prekę*) 2 nebrangus, įperkamas

salacious [sə'leɪʃəs] *a* gašlus, geidulingas

salad ['sæləd] *n* salotos; mišrainė ~-oil [-ɔɪl] *n* alyvų aliejus

salami [sə'lɑːmɪ] *n* salami (*dešros rūšis*)

salary ['sælərɪ] *n* (*tarnautojų*) alga, atlyginimas

sale [seɪl] *n* pardavinėjimas, pardavimas; *to be for / on* ~ parduodama ~sgirl [-zgəːl] *n* pardavėja ~sman [-zmən] *n* 1 pardavėjas 2 komisionierius ~speople [-zpiːpl] *n pl* pardavėjai ~swoman [-zwumən] *n* 1 pardavėja 2 komisionierė

salient ['seɪlɪənt] *n* iškyšulys *a* 1 kyšantis; išsikišęs 2 prk. žymus; ryškus

saliva [sə'laɪvə] *n* seilės (*t.p.* slaver) ~ry ['sælɪvərɪ] *a* seilinis, išskiriantis seiles

sallow ['sæləu] *a* gelsvas; išgeltęs *v* gelsti

sally ['sælɪ] *v* 1 kar. surengti išpuolį (*out*) 2 vykti (*forth / out*) *n* 1 kar. išpuolis 2 ekskursija; pasivaikščiojimas, pasivažinėjimas 3 protrūkis, sprogimas 4 netikėta replika

salmon ['sæmən] *n* lašiša *a* gelsvai rausvas, oranžinis

salon ['sælɔn] *n* 1 salonas 2 meno salonas

saloon [sə'luːn] *n* 1 salonas, salė; svetainė 2 amer. baras; smuklė

salt [sɔːlt] *n* druska △ *I am not made of* ~ šnek. aš ne iš cukraus, nesutirpsiu; *old* ~ prk. šnek. jūrų vilkas *a* 1 sūdytas, sūrus 2 kandus, dygus, aštrus *v* sūdyti ~-cellar [-selə] *n* druskinė ~-marsh [-mɑːʃ] *n* druskožemis

saltpetre, amer. **saltpeter** ['sɔːltpiːtə] *n* salietra

salty ['sɔːltɪ] *a* 1 apysūris, sūrus 2 prk. sąmojingas, pikantiškas

salubrious [sə'luːbrɪəs] *a* sveikas, naudingas sveikatai

salutary ['sæljutərɪ] *a* sveikas; gerai veikiantis; naudingas

salutation [ˌsælju'teɪʃn] *n* sveikinimas

salute [sə'luːt] *n* 1 sveikinimas 2 kar. saliutas *v* 1 sveikinti 2 kar. atiduoti pagarbą; saliutuoti; *to stand at the* ~ saliutuoti

salv‖age [ˈsælvɪdʒ] n 1 turto gelbėjimas nuo gaisro / paskendimo 2 atlyginimas už turto išgelbėjimą v gelbėti laivą / turtą ~ation [sælˈveɪʃn] n (iš)gelbėjimas; rel. išganymas
salve [sælv] I v žr. salvage v
salve II n 1 vaistinis, gydomasis tepalas 2 raminančioji priemonė v 1 ištepti, patepti 2 nuraminti (sąžinę) 3 pašalinti; išsklaidyti (abejonę)
salver [ˈsælvə] n padėklas (smulkiems daiktams, pvz., laiškams, paduoti)
salvo [ˈsælvəu] I (pl ~es) n atsikalbinėjimas; teis. išlyga
salvo II n 1 pabūklų salvė 2 audringi plojimai
same [seɪm] pron tas pats; all the ~ a) vis dėlto; nepaisant to; b) vis tiek; just the ~ a) lygiai toks pat; b) vis tiek; much the ~ beveik toks pat ~ness n 1 tapatybė 2 vienodumas
sample [ˈsɑːmpl] n 1 pavyzdys 2 šablonas, modelis ~r [-ə] n 1 (siuvinėjimo) pavyzdys 2 tech. modelis
sanat‖ive [ˈsænətɪv] a gydantis, gydomasis ~orium [ˌsænəˈtɔːrɪəm] n sanatorija ~ory [-tərɪ] a gydomasis
sancti‖fy [ˈsæŋktɪfaɪ] v pašvęsti, (pa)šventinti ~monious [ˌsæŋktɪˈməunɪəs] a šventeiviškas, veidmainiškas ~mony [-mənɪ] n šventeiviškumas, veidmainystė
sanction [ˈsæŋkʃn] n sankcija v sankcionuoti
sanctity [ˈsæŋktətɪ] n 1 šventybė, šventumas 2 pl šventa pareiga
sanctuary [ˈsæŋktʃuərɪ] n 1 šventovė 2 prieglauda, prieglobstis
sand [sænd] n 1 smėlys 2 pl smiltynai, smėlynė; pliažas 3 prk. pl laikas △ the ~s are running out (gyvenimo) laikas baigiasi v barstyti smėliu
sandal [ˈsændl] n sandalas
sandal(wood) [ˈsændl(wud)] n bot. sandalmedis
sandbag [ˈsændbæg] n smėlio maišas
sand‖-bank [ˈsændbæŋk] n sekluma, atabradas ~glass [-glɑːs] n smėlio

laikrodis ~paper [-peɪpə] n švitrinis popierius ~-stone [-stəun] n smiltainis ~storm [-stɔːm] n smėlio audra
sandwich [ˈsænwɪdʒ] n sumuštinis, sviestainis
sandy [ˈsændɪ] a 1 smėlėtas, smiltinis 2 smėlio spalvos 3 gelsvai raudonas 4 nepastovus
sane [seɪn] a 1 sveikas, sveiko proto 2 sveikas (apie nuomonę)
sang [sæŋ] past žr. sing
sanguin‖ary [ˈsæŋgwɪnərɪ] a 1 kruvinas 2 trokštantis kraujo ~e [ˈsæŋgwɪn] a 1 sangviniškas, gyvas 2 raudonas; žydintis 3 optimistiškas ~eous [sæŋˈgwɪnɪəs] a 1 pilnakraujis 2 med. kraujo 3 bot. kraujo spalvos
sanit‖ary [ˈsænɪtrɪ] n sanitarinis; higieniškas ~ation [ˌsænɪˈteɪʃn] n sanitarinių sąlygų gerinimas; sanitarija
sanity [ˈsænətɪ] n sveikas galvojimas, protas; normali psichinė būklė
sank [sæŋk] past žr. sink
Santa Claus [ˈsæntəklɔːz] n Kalėdų senelis, Senelis Šaltis (t.p. Father Christmas)
sap [sæp] I n 1 sultys; syvai 2 prk. gyvybinės jėgos v 1 iščiulpti syvus 2 išsekinti jėgas
sap II n kar. dengta tranšėja; prakasas v 1 prakasti; pakasti (iš apačios) 2 prk. pasirausti (po kuo)
sapi‖ence [ˈseɪpɪəns] n šnek. išmintingumas; išmintis ~ent [-nt] a papr. iron. išmintingas, protingas; gudraujantis
sapling [ˈsæplɪŋ] n jaunutė būtybė, augalas, medelis
sapphire [ˈsæfaɪə] n safyras a safyro (apie spalvą)
sappy [ˈsæpɪ] a 1 sultingas 2 prk. stiprus, jaunas; kupinas jėgų
sarcas‖m [ˈsɑːkæzəm] n sarkazmas ~tic [sɑːˈkæstɪk] a kandus, sarkastiškas
sardine [sɑːˈdiːn] n sardinė
sardonic [sɑːˈdɒnɪk] a sardoniškas; piktas, kandus
sash [sæʃ] I n juosta; diržas

sash II *n* lango rėmai ~-window [-'wındəu] *n* pakeliamasis langas

sat [sæt] *past ir pp žr.* sit

Satan ['seıtn] *n* šėtonas ~ic [sə'tænık] *a* šėtoniškas

satchel ['sætʃl] *n* kuprinė, krepšys

sate [seıt] *v* sotinti, prisotinti

sateen [sə'ti:n] *n* satinas

satellite ['sætəlaıt] *n* 1 satelitas, šalininkas 2 *astr.* palydovas

sati||ate ['seıʃıeıt] *v* pasotinti, prisotinti ~ation [ˌseıʃı'eıʃn] *n* 1 (pri)sotinimas 2 sotumas ~ety [sə'taıətı] *n* persisotinimas; prisotinimas

satin ['sætın] *n* atlasas (*audinys*)

satir||e ['sætaıə] *n* satyra ~ic(al) [sə'tırık(l)] *a* satyriškas, kandus ~ist ['sætərıst] *n* satyrikas

satisfact||ion [ˌsætıs'fækʃn] *n* 1 pa(si)tenkinimas (*at / with*) 2 satisfakcija ~ory [ˌsætıs'fæktərı] *a* patenkinamas

satisfy ['sætısfaı] *v* 1 pa(si)tenkinti 2 numalšinti (*alkį*) 3 įvykdyti (*įsipareigojimą*) 4 įtikinti (*of / that*)

saturat||e ['sætʃəreıt] *v* 1 *chem.* prisotinti 2 *prk.* persunkti, persiimti, neutralizuoti (*with*) ~ion [ˌsætʃə'reıʃn] *n* prisotinimas

Saturday ['sætədı] *n* šeštadienis

satyr ['sætə] *n* satyras

sauce [sɔ:s] *n* 1 padažas 2 *šnek.* įžūlumas, akiplėšiškumas *v šnek.* būti įžūliam ~pan [-pən] *n* prikaistuvis

saucer ['sɔ:sə] *n* lėkštelė

saucy ['sɔ:sı] *a* 1 įžūlus, akiplėšiškas 2 *šnek.* dabitiškas 3 gyvas, linksmas

sauna ['saunə] *n* sauna, suomiška pirtis

saunter ['sɔ:ntə] *v* slankioti, bastytis, klajoti *n* lėtas pasivaikščiojimas, slankiojimas

sausage ['sɔsıdʒ] *n* dešra; dešrelė

savage ['sævıdʒ] *a* laukinis; žiaurus, negailestingas *n* 1 laukinis žmogus 2 *prk.* barbaras ~ry [-rı] *n* barbariškumas; žiaurumas

savant ['sævənt] *n* mokslinčius, mokslo vyras

save [seıv] I *v* 1 gelbėti 2 taupyti △ *to ~ appearances* laikytis padorumo taisyklių; *to ~ one's breath* tylėti; *to ~ one's face* išvengti gėdos, išgelbėti prestižą

save II *prep, conj* išskyrus; neskaitant; be

saving ['seıvıŋ] *a* 1 išganingas(is) 2 taupantis; taupomasis *n* 1 taupymas 2 *pl* santaupos *prep* išskyrus △ *~ your presence* atleiskite už išsireiškimą ~-bank [-zbæŋk] *n* taupomasis bankas

savio(u)r ['seıvıə] *n* išgelbėtojas, išganytojas (*papr.* the S.)

savo(u)r ['seıvə] *n* 1 skonis 2 pikantiškumas *v* 1 gardžiuotis 2 kvepėti (*of – kuo nors*) ~y [-rı] *a* 1 skanus; kvapus 2 aštraus skonio; pikantiškas *n* 1 stiprus / aštrus užkandis 2 *bot.* dašis

saw [sɔ:] I *past žr.* see

saw II *n* priežodis, patarlė

saw III *n* pjūklas *v* (sawed; sawed, sawn [-n]) pjauti ~dust [-dʌst] *n* pjuvenos ~mill [-mıl] *n* lentpjūvė

Saxon ['sæksn] *n* 1 *ist.* (anglo)saksas 2 (anglo)saksų kalba *a* (anglo)saksų

say [seı] *n* nuomonė, žodis; žodžio teisė △ *to have one's ~* pasisakyti (*turėti teisę*; *turėti nuomonę*) *v* (said [sed]) kalbėti; sakyti; *to ~ over* pakartoti △ *I ~!* klausykite! *I should ~* aš manau *let us ~* sakykime *that is to ~* tai yra *they ~* kalbama, šnekama ~ing *n* priežodis △ *it goes without ~ing* savaime suprantama, aišku; *as the ~ing is / goes* kaip sakoma; *there is no ~ing* sunku pasakyti

scab [skæb] *n* 1 šašas 2 *šnek.* streiklaužys ~by [-ı] *a* 1 nušašęs, šašuotas 2 *prk.* šlykštus

scabbard ['skæbəd] *n* makštis

scaffold ['skæfəuld] *n* 1 ešafotas 2 pastolis ~ing [-fəldıŋ] *n* pastoliai; pakyla, tiltelis

scald [skɔ:ld] *v* nuplikinti, nudeginti; ~ing tears karštos ašaros *n* nudegimas

scale [skeıl] I *n* 1 svarstyklių lėkštė 2 *pl* svarstyklės (*t.p.* a pair of ~s) *v* sverti, svarstyti

scale II *n* 1 laiptai 2 mastas, mastelis;
  on a large / vast ~ dideliu mastu;
  to ~ pagal mastelį; *on a world*
  ~ pasauliniu mastu **3** skalė **4** gama
  5 *mat.* skaičiavimo sistema △ *to be*
  high in the social ~ užimti aukštą
  padėtį visuomenėje *v* 1 lipti (*laiptais*)
  2 matuoti pagal mastelį dirbti su mas-
  teliu □ *to* ~ **down** sumažinti (*algą*);
  to ~ **up** pakelti (*kainą*)
scale III *n* 1 žvynas, lupena; lukštas,
  kevalas 2 (*indo*) nuoviros; akmenys
  (*ant danty*) *v* lupinėti; skusti; valyti
  (*žvynus*); luptis ~d [-d] *a* 1 žvynuo-
  tas 2 apsinešęs nuoviromis
scalene ['skeɪliːn] *a geom.* nelygiašonis,
  įžambus (*apie trikampį*)
scalp [skælp] *n* skalpas, galvos oda *v*
  skalpuoti
scalpel ['skælpəl] *n med.* skalpelis
scamp [skæmp] *n* nenaudėlis, niekšas,
  sukčius *v* dirbti atmestinai
scamper ['skæmpə] *v* skubėti; bėgti
  galvotrūkčiais; pasprukti *n* 1 greitas
  bėgimas 2 skaitymas probėgom
scan [skæn] *v* 1 skanduoti (*eiles*)
  2 smulkiai, rūpestingai apžiūrėti **3** *fiz.*
  skanuoti
scandal ['skændl] *n* 1 skandalas 2 gėda,
  negarbė; paskalos, šmeižimas ~ize
  [-dəlaɪz] *v* sukelti pasipiktinimą; šoki-
  ruoti ~monger [-mʌŋgə] *n* liežuvau-
  tojas ~ous [-dələs] *a* 1 skandalingas
  2 šmeižikiškas; įžeidžiantis
Scandinavian [ˌskændɪ'neɪvɪən] *n* skan-
  dinavas *a* skandinavų, skandinaviškas
scant [skænt] *a* menkas, nepakankamas,
  ribotas
scanty ['skæntɪ] *a* 1 skurdus, menkas
  2 mažas, siauras **3** šykštus
scapegoat ['skeɪpgəut] *n* atpirkimo
  ožys
scapegrace ['skeɪpgreɪs] *n* plevėsa, pa-
  dauža
scar [skɑː] *n* 1 randas 2 *prk.* (*gėdos*)
  dėmė *v* 1 įdrėksti 2 randėti; randuotis
scarc||e [skeəs] *a* 1 retas 2 menkas,
  nepakankamas ~ely *adv* vos ne vos;

vargu ar ~ity [-ətɪ] *n* 1 trūkumas,
  stoka, nepriteklius 2 retumas; retenybė
scare [skeə] *n* išgąstis; panika *v*
  (iš)gąsdinti; (nu)baidyti ~crow
  [-krəu] *n* baidyklė ~monger [-mʌŋgə]
  n panikierius
scarf [skɑːf] *n* 1 šalikas 2 kaklaraištis
scarlet ['skɑːlət] *n* (*ryškiai*) raudona
  spalva *a* raudonas; ~ fever skarlatina
scarp [skɑːp] *n* status šlaitas; eskarpas
scathing ['skeɪðɪŋ] *a prk.* kandus, pik-
  tas
scatter ['skætə] *v* 1 apibarstyti (*with*)
  2 išmėtyti; išsklaidyti **3** išsisklaidyti
  (*apie debesis*) ~-brain [-breɪn] *n* vėja-
  vaikis; išsiblaškęs žmogus ~-brained
  [ˌskætə'breɪnd] *a* lengvabūdis ~ed [-d]
  a 1 išmėtytas 2 atskiras **3** išsisklaidęs
scaveng||e ['skævɪndʒ] *v* raustis šiukš-
  lėse ~er *n* 1 besirausiantis šiukšlėse
  2 gyvūnas, mintantis dvėseliena
scene [siːn] *n* 1 scena; *to quit the* ~
  nueiti nuo scenos; *prk.* mirti 2 veikimo
  vieta; *the* ~ *of operations* karo
  veiksmų laukas **3** *teatr.*   scena,
  paveikslas 4 dekoracija; *behind the*
  ~*s prk.* užkulisiuose **5** vaizdas, peiza-
  žas; *a striking* ~ sukrečiantis vaizdas
  ~-painter [-peɪntə] *n* dailininkas de-
  koratorius ~ry [-ərɪ] *n* 1 dekoracijos
  2 peizažas
scenic ['siːnɪk] *a* 1 sceniškas, scenos,
  teatro 2 gražus (*vaizdas*)
scent [sent] *n* 1 kvapas 2 kvepalai
  3 uoslė 4 pėdsakas; *to be on the* ~
  sekti pėdomis; *prk.* eiti teisingu keliu
  v 1 kvepėti; (iš)kvepinti 2 uosti; jausti
sceptic ['skeptɪk] *n* skeptikas ~al [-l] *a*
  skeptiškas
sceptre ['septə] *n* skeptras
schedule ['ʃedjuːl] *n* 1 katalogas, sąra-
  šas; planas; grafikas 2 *amer.* tvar-
  karaštis; *ahead of* ~ prieš laiką *v*
  sudaryti tvarkaraštį; (su)planuoti
schem||e ['skiːm] *n* 1 schema, projektas
  2 planas; brėžinys **3** *pl* pinklės; intri-
  gos *v* 1 planuoti 2 intriguoti ~er *n*
  1 planuotojas 2 intrigantas ~ing *a*
  linkęs intriguoti

schism ['sızəm] *n* schizma, (*bažnyčios*) suskilimas

scholar ['skɔlə] *n* 1 mokslininkas, klasikinės filologijos žinovas 2 *šnek.* mokytas žmogus 3 stipendininkas ~**ship** [-ʃɪp] *n* 1 erudicija 2 stipendija

scholastic [skə'læstɪk] *a* scholastiškas

school [sku:l] I *n* 1 mokykla; *elementary / primary* ~ pradinė mokykla; *secondary* ~, *amer.* *high* ~ vidurinė mokykla; *higher* ~ aukštoji mokykla; *public* ~ a) valstybinė nemokama mokykla (*JAV*); b) klasikinė gimnazija; c) uždaroji vidurinė mokykla (*Anglijoje*); *nursery* ~ vaikų darželis; ~ *board* mokyklos taryba 2 užsiėmimai, pamokos *v* 1 auklėti, lavinti 2 mokyti ~**-book** [-buk] *n* mokyklinis vadovėlis ~**boy** [-bɔı] *n* mokinys ~**fellow** [-feləu] *n* mokslo draugas ~**girl** [-gə:l] *n* mokinė ~**ing** *n* 1 mokymas; auklėjimas 2 dėstymas 3 papeikimas; pamokymas ~**master** [-mɑ:stə] *n* mokyklos mokytojas, pedagogas

school II *n* (*žuvų*) pulkas, guotas *v* būriuotis

schooner ['sku:nə] *n* škuna

scien||ce ['saıəns] *n* 1 mokslas; mokslo šaka; *applied* ~ taikomasis mokslas; *natural* ~*s* gamtos mokslai 2 mokėjimas ~**tific** [ˌsaıən'tıfık] *a* 1 mokslinis 2 miklus, įgudęs ~**tist** [-tɪst] *n* mokslininkas

scintillat||e ['sıntıleıt] *v* kibirkščiuoti; žėrėti, mirgėti ~**ion** [ˌsıntı'leıʃn] *n* žybsėjimas, žėrėjimas, mirgėjimas

scion ['saıən] *n* 1 skiepas; ūglis; atžala 2 palikuonis

scissors ['sızəz] *n pl* žirklės (*t.p.* a pair of ~)

scoff [skɔf] *n* 1 pajuoka 2 (*the* ~ *of*) pajuokos objektas *v* 1 išjuokti, tyčiotis 2 godžiai valgyti ~**er** *n* pašaipūnas

scold ['skəuld] *v* barti(s) ~**ing** *n* barimas(is), barniai

scone [skɔn] *n* sklindis, paplotėlis

scoop [sku:p] *n* 1 samtis, kaušas; semtuvas; bertuvas 2 sensacija *v* semti

scoot [sku:t] *v* pašokti iš vietos; bėgti, dumti ~**er** *n* motoroleris

scope [skəup] *n* 1 erdvė, akiratis 2 *prk.* (*veiklos*) sfera; užmojis; *it is beyond my* ~ tai ne mano kompetencija

scorch [skɔ:tʃ] *v* 1 deginti, svilinti; nudegti; išdeginti 2 *šnek.* dumti, spausti (*greitai važiuoti*) 3 *šnek.* negailestingai kritikuoti *n* paviršinis nudegimas ~**er** *n* karšta diena

scor||e [skɔ:] *n* 1 įranta; žymė 2 skaičius; apskaita; *to keep the* ~ vesti apskaitą, skaičiuoti taškus 3 *sport.* taškai, rezultatas 4 *muz.* partitūra 5 dvidešimt △ *to quit* ~*s with* atsiskaityti su kuo; ~*s of times* daug kartų *v* 1 ženklinti 2 *amer.* griežtai kritikuoti 3 išlošti, laimėti (*tašką, įvartį*) □ *to* ~ *off šnek.* laimėti, viršyti; *to* ~ *out* išbraukti; *to* ~ *under* pabraukti; *to* ~ *up* (su)skaičiuoti (*taškus lošiant*) ~**er** [-rə] *n* žymėtojas, taškų skaičiuotojas

scorn ['skɔ:n] *n* 1 panieka; *to think* ~ *of* niekinti 2 pajuoka *v* niekinti; *to* ~ *at* tyčiotis, pašiepti (*ką*) ~**ful** *a* (pa)niekinamas

Scot [skɔt] *n* škotas

Scotch [skɔtʃ] *a* škotų, škotiškas *n* škotų tarmė / kalba ~**man** [-mən] *n* škotas ~**woman** [-wumən] *n* škotė

scot-free [ˌskɔt'fri:] *a* 1 neapmokestintas, neapmuitintas 2 sveikas, nenukentėjęs; nenubaustas

Scotland Yard [ˌskɔtlənd'jɑ:d] *n* Skotland Jardas (*prk. Londono policija; jos kriminalinio skyriaus centrinė būstinė*)

Scots, Scottish [skɔts, 'skɔtıʃ] *a* škotų, škotiškas

scoundrel ['skaundrəl] *n* nenaudėlis, niekšas

scour ['skauə] *v* valyti; šveisti

scourge [skə:dʒ] *n* botagas, rykštė

scout [skaut] *n* 1 žvalgas; *boy* ~ skautas 2 tyrinėtojas, pionierius *v* 1 žvalgyti 2 stebėti 3 paniekinti ~**master** [-mɑ:stə] *n* skautų vadas

scowl [skaul] *n* rūstus veidas, rūsti išvaizda

scrabble ['skræbl] *v* 1 drėksti, braižyti, keverzoti 2 kabintis, lipti

scrag [skræg] *n* džiūsna, liesas gyvulys *arba* silpnas augalas ~**gy** [-ı] *a* liesas, sudžiūvęs

scramble ['skræmbl] *n* 1 repečkojimas 2 peštynės; kova *v* 1 ropštis, repečkoti 2 grumtis, kovoti (*siekiant ką pagriebti*) △ ~**d eggs** plakta kiaušinienė

scrap [skræp] I *n* 1 gabaliukas, skutelis 2 iškarpa (*iš laikraščio, žurnalo ir pan.*) 3 *pl* likučiai 4 metalo laužas *v* 1 išmesti kaip atliekas 2 paversti antrine žaliava

scrap II *n šnek.* ginčas; peštynės *v šnek.* ginčytis; peštis

scrape [skreıp] *n* 1 valymas, grandymas 2 sunkumas; keblumas *v* 1 skusti, grandyti; valyti 2 brūžinti, brūkšėti kojomis △ **to** ~ (**up**) **an acquaintance with** įkyriai stengtis susipažinti su kuo nors; **to** ~ **through** a) su vargu prasimušti; b) vos išlaikyti egzaminus

scrap||-heap ['skræphi:p] *n* atmatų krūva ~**-iron** [-aıən], ~**-metal** [-metl] *n* metalo laužas ~**py** [-ı] *a* 1 skudurų, atraižų 2 nerišlus

scratch [skrætʃ] *n* 1 į(si)drėskimas; į(si)brėžimas 2 kasymas(is) □ *v* 1 įbrėžti, į(si)drėksti □ **to** ~ **off** / **out** išbraukti; **to** ~ **together** / **up** priskusti; prigrandyti 2 kasyti(s); krapštyti(s) *a* atsitiktinis; surinktinis; mišrus ~**y** [-ı] *a* 1 nedailus 2 dreskiantis (*apie plunksną*) 3 atsitiktinis, blogai parinktas

scrawl [skrɔ:l] *n* keverzojimas *v* keverzoti (*rašant*)

scream [skri:m] *n* riksmas, klyksmas *v* rėkti, šaukti, klykti ~**y** [-ı] *a* rėkiantis, klykiantis, isteriškas

screech ['skri:tʃ] *n* riksmas, klyksmas, spiegimas *v* rėkti, spiegti ~**-owl** [-aul] *n* 1 pelėda 2 *prk.* nelaimės pranašas

screen [skri:n] *n* 1 uždanga; ekranas 2 širma, pertvara 3 rėtis, sietas *v* 1 pridengti, uždengti 2 demonstruoti ekrane 3 sijoti

screw [skru:] *n* 1 sraigtas; varžtas; *male / external* ~ varžtas; *internal / female* ~ veržlė 2 *prk.* lupikas, šykštuolis *v* 1 įsukti, prisukti sraigtais; įsriegti 2 spausti, slėgti; priversti; **to** ~ **up** užsukti; suveržti △ **to** ~ **out of** *prk.* prievarta išreikalauti (*pinigus*); **to** ~ **up one's courage** padrąsėti; **to** ~ **up one's eyes** prisimerkti ~**-driver** [-draıvə] *n* atsuktuvas ~**-jack** [-dʒæk] *n tech.* kėliklis, domkratas

scribbl||e ['skrıbl] *v* rašyti, keverzoti *n* keverzojimas; išraitymas ~**er** *n* rašeiva

scribe [skraıb] *n* 1 raštininkas, perrašinėtojas 2 raštingas žmogus

scrimmage ['skrımıdʒ] *n* 1 muštynės, peštynės 2 *sport.* grumtynės

scrimp [skrımp] *v* šykštauti; nuręžti ~**y** [-ı] *a* 1 ribotas, menkas, skurdus 2 šykštus

scrip [skrıp] *n* laikinoji akcija

script [skrıpt] *n* 1 rašysena, braižas 2 rankraštis 3 (*filmo*) scenarijus ~**writer** *n* scenarijaus autorius

scripture ['skrıptʃə] *n relig.* (*t.p.* the Scriptures) Šventasis raštas, Biblija

scroll [skrəul] *n* 1 popieriaus / pergamento ritinys 2 *archit.* voliuta, užraitas

scroop [skru:p] *v* girgždėti

scrounge ['skraundʒ] *v* elgetauti

scrub [skrʌb] I *n* 1 krūmas, krūmokšnis 2 tankynė, atvašynas, brūzgynas

scrub II *n* šveitimas, valymas šepečiu; grandymas *v* plauti, šveisti, trinti, grandyti ~**ber** [-bə] *n* grandyklė, gremžtukas ~**bing-brush** [-ıŋbrʌʃ] *n* šveistuvas (*kietas šepetys*)

scrubby ['skrʌbı] *a* 1 žemo ūgio 2 menkas, skurdus

scruff [skrʌf] *n* pakarpa; **to take / seize by the** ~ **of the neck** pagriebti už pakarpos

scruple ['skru:pl] *n* skrupulas, būgštavimas, dvejojimas; **to make no** ~**s**

to do something daryti ką su ramia sąžine; *a man of no* ~*s* nesąžiningas žmogus *v* drovėtis; nesiryžti, dvejoti

scrupul||osity [ˌskru:pjuˈlɔsətɪ] *n* skrupulingumas, sąžiningumas ~**ous** [ˈskru:pjuləs] *a* skrupulingas, sąžiningas

scrutin||ize [ˈskru:tɪnaɪz] *v* kruopščiai tirti ~*y* [-tɪnɪ] *n* 1 ištyrimas; tiriamas žvilgsnis 2 (*balsų*) skaičiavimas, rinkimų teisingumo tikrinimas

scud [skʌd] *v* 1 dumti, skrieti, bėgti 2 plaukti (*apie debesis*) *n* 1 bėgimas; skubėjimas 2 vėjo varomi debesys

scuff [skʌf] *v* 1 eiti, vilkti koją už kojos 2 pripėduoti (*pvz., grindis nešva.iais batais*)

scuffl||e [ˈskʌfl] *v* peštis, muštis *n* muštynės ~**er** *n* mušeika, peštukas

scull [skʌl] *n* 1 vairinis, mažas irklas 2 baidarė *v* irkluoti (*vienu irklu*)

scullery [ˈskʌlərɪ] *n* indų plovykla

sculpt||or [ˈskʌlptə] *n* skulptorius ~**ress** *n* skulptorė ~**ural** [-tʃərəl] *a* skulptūrinis, skulptūriškas ~**ure** [-ptʃə] *n* skulptūra *v* 1 kalti, lipdyti (*skulptūras*) 2 puošti skulptūromis

scum [skʌm] *n* 1 putos, nuoviros 2 *prk.* (*visuomenės*) padugnės *v* 1 putoti 2 nugriebti putas ~**my** [-ɪ] *a* putotas

scurf [skə:f] *n* 1 pleiskanos 2 (*metalo*) inkrustacija

scurrilous [ˈskʌrɪləs] *a* 1 šiurkštus, grubus 2 nepadorus, nešvankus

scurry [ˈskʌrɪ] *n* trepenimas; skubėjimas *v* trepenti; skubėti

scurvy [ˈskə:vɪ] I *n* skorbutas

scurvy II *a* žemas, bjaurus, niekšiškas

scutch [skʌtʃ] *v* brukti linus ~**er** *n* bruktuvė

scuttle [ˈskʌtl] I *n* 1 kibiras anglims 2 anglių kibiras

scuttle II *n* *jūr.* liukas *v* tyčia paskandinti (*savo*) laivą

scuttle III *n* 1 greitas ėjimas 2 bėgimas *v* bėgti, sprukti

scythe [saɪð] *n* dalgis *v* pjauti (*žolę*)

sea [si:] *n* jūra, vandenynas; *at* ~ atviroje jūroje; *beyond the* ~(*s*) už jūros, už jūrų △ ~*s mountains high* šėlstanti jūra; *to go to* ~, *to follow the* ~ tapti jūrininku; *to be at* ~ a) jūroje, laive; b) *prk.* nežinoti, ką daryti; *a high / heavy / rolling* ~ stiprus bangavimas; audringa jūra ~**bear** [ˈsi:bɛə] *n* zool. kotikas ~**board** [-bɔ:d] *n* pajūris ~**calf** [-kɑ:f] *n* zool. ruonis ~**coast** [-kəust] *n* jūros krantas ~**dog** [-dɔg] *n* 1 ruonis 2 jūrų šuo (*ryklys*) 3 *prk.* jūrų vilkas, senas jūrininkas ~**front** [-frʌnt] *n* miesto dalis prie jūros ~**going** [-gəuŋ] *a* toli plaukiojantis (*laivas*) ~**gull** [-gʌl] *n* zool. žuvėdra ~**-horse** [-hɔ:s] *n* zool. 1 jūrų vėplys 2 jūrų arkliukas

seal [si:l] I *n* antspaudas; ~ *of love* *prk.* a) santuoka; b) pabučiavimas *v* užantspauduoti, padėti antspaudą; *to* ~ *up* a) užanstpauduoti; b) užkituoti langą

seal II *n* zool. ruonis

sealing-wax [ˈsi:lɪŋwæks] *n* smalka, kietasis lakas

seam [si:m] *n* 1 siūlė 2 randas, rumbė 3 geol. sluoksnis, klodas *v* 1 susiūti 2 susiūti klostėmis 3 išraižyti, išvagoti

seamaid [ˈsi:meɪd] *n poet.* undinė

seaman [ˈsi:mən] *n* (*pl* seamen [-mən]) jūrininkas ~**ship** [-ʃɪp] *n* jūreivystė

sea-mew [ˈsi:mju:] = seagull

seamstress [ˈsi:mstrɪs] *n* siuvėja (*t.p.* sempstress)

seamy [ˈsi:mɪ] *a* 1 nemalonus, negražus 2 randuotas, rumbuotas; *the* ~*y side* išvirkščioji pusė

séance [ˈseɪɑ:ns] *n* *pr.* 1 posėdis, susirinkimas 2 (*spiritizmo*) seansas

seaplane [ˈsi:pleɪn] *n* hidroplanas

seaport [ˈsi:pɔ:t] *n* jūros uostas, uostamiestis

sear [sɪə] *v* 1 deginti; džiovinti 2 *prk.* sužiaurinti *a poet.* sudžiūvęs, nuvytęs *n* nudegimas

search [sə:tʃ] *n* 1 ieškojimas; tyrinėjimas; *in* ~ *of* beieškant 2 krata *v* 1 ieškoti, daryti kratą 2 tirti,

search [sə:tʃ] *n* 1 ieškojimas; tyrinė-
jimas; *in* ~ *of* beieškant 2 krata
v 1 ieškoti, daryti kratą 2 tirti,
sekti ~-**light** [-laɪt] *n* prožektorius
~-**warrant** [-wɔrənt] *n* orderis kratai
daryti

sea||**scape** ['si:skeɪp] *n* jūros peiza-
žas ~**shore** ['si:ʃɔ:] *n* pajūris, jūros
krantas ~**sickness** [-sɪknɪs] *n* jūrligė
~**side** ['si:saɪd] *n* pajūris (*papr.* the
~)

season ['si:zn] *n* 1 metų laikas 2 *prk.*
(*tinkamas*) laikas 3 sezonas *v* 1 pri-
pratinti; užgrūdinti 2 išlaikyti (*vyną ir
t.t.*) 3 (*apie maistą*) užkulti, uždaryti,
paskaninti ~**able** ['si:zənəbl] *a* tinka-
mas; savalaikis ~**al** ['si:zənl] *a* sezoni-
nis

seasoning ['si:zənɪŋ] *n* uždaras, užkulas;
prieskonis

seat [si:t] *n* 1 kėdė 2 vieta, sėdynė;
to take a ~ sėsti 3 buvimo, gyven-
amoji vieta 4 centras *v* 1 sodinti; *pray
be* ~*ed!* prašom sėstis! 2 įsikurti
3 talpinti 4 prastumti kandidatą par-
lamente

sea||**-wall** [ˌsi:ˈwɔ:l] *n* pylimas ~**ward(s)**
['si:wəd(z)] *a* nukreiptas į jūros pusę
adv jūros kryptimi ~**weed** ['si:wi:d]
n bot. jūrų dumbliai ~**worthy**
['si:wə:ði] *a* tinkamas plaukiojimui

secant ['si:kənt] *n mat.* sekantas *a* ker-
tantis

sece||**de** [sɪˈsi:d] *v* atskilti, atsiskirti, at-
simesti ~**ssion** [sɪˈseʃn] *n* pasitrauki-
mas; atskilimas, atsiskyrimas

seclu||**de** [sɪˈklu:d] *v* at(si)skirti, izoli-
uoti(s); pasitraukti ~**ded** [-dɪd] *a*
izoliuotas; vienišas, apleistas ~**sion**
[-ˈklu:ʒn] *n* atskyrimas; izoliacija;
nuošalumas

second ['sekənd] *n* 1 sekundė; mo-
mentas 2 sekundantas 3 *pl* antros
rūšies prekės *a* 1 antras 2 antraeilis,
žemesnis; *in the* ~ *place* añtra; ~
teeth nuolatiniai (*nepieniniai*) dan-
tys; *on* ~ *thoughts* apgalvojus *v*
1 paremti (*pasiūlymą*) 2 pagelbėti

~**ary** [-ərɪ] *a* 1 antrinis 2 antraeilis
~-**best** [ˌsekənd'best] *a* antros rūšies
△ *to come off* ~-*best* pralaimėti ~
-**class** [ˌsekənd'klɑ:s] *a* 1 antros klasės
2 antrarūšis ~-**hand** [ˌsekənd'hænd]
a 1 dėvėtas, naudotas 2 iš antrųjų
rankų 3 bukinistinis ~**ly** *adv* antra
~-**rate** [ˌsekənd'reɪt] *a* 1 antraeilis
2 antros rūšies

secrecy ['si:krəsɪ] *n* 1 laikymas paslap-
tyje 2 mokėjimas laikyti paslaptį
3 konspiracija; slaptumas

secret ['si:krɪt] *n* paslaptis, sekretas *a*
slaptas

secretar||**ial** [ˌsekrəˈteərɪəl] *a* sekreto-
riaus ~**iat** [-rɪət] *n* sekretoriatas ~**y**
['sekrətrɪ] *n* 1 sekretorius; ~*y gen-
eral* generalinis sekretorius 2 minis-
tras; *S* ~*y of State* 1 *angl.* ministras
2 *amer.* užsienio reikalų ministras

secret||**e** [sɪˈkri:t] *v* 1 slėpti 2 išskirti,
gaminti (*apie liaukas*) ~**ion** [sɪˈkri:ʃn]
n 1 slėpimas 2 sekrecija, išskyrimas
~**ive** [-tɪv] *a* 1 slapus; užsidaręs
2 *fiziol.* išskiriantis

sect [sekt] *n* sekta, atskala ~**arian**
[sekˈteərɪən] *a* sektantiškas *n* sektan-
tas

section ['sekʃn] *n* 1 pjūvis, per-
pjovimas; skrodimas 2 paragrafas
3 poskyris; sekcija 4 *kar.* skyrius
5 dalis; detalė 6 *amer.* a) pagrindinis
ekonominis-geografinis šalies vienetas;
b) miesto rajonas, kvartalas ~**al**
[-ʃənl] *a* 1 sekcinis 2 dalies, grupinis
3 išardomas

sector ['sektə] *n* sektorius

secular ['sekjulə] *a* 1 pasaulietinis
2 šimtmetinis

secure [sɪˈkjuə] *a* 1 saugus; ramus
2 tikras; tvirtas; patikimas *v* 1 garan-
tuoti, užtikrinti 2 apsaugoti; uždaryti
3 gauti, pasiekti

security [sɪˈkjuərətɪ] *n* 1 saugumas
2 tikrumas 3 garantija, užstatas 4 *pl*
vertybiniai popieriai

sedate [sɪˈdeɪt] *a* ramus, šaltakraujis;
rimtas, solidus *v* duoti raminančių

sedative ['sedətɪv] *a* raminantis; malši-
nantis skausmą

sedentary ['sedntrɪ] *a* sėdintis; sėdimas;
sėslus

sediment ['sedɪmənt] n nuosėdos ~ary [ˌsedɪ'mentrɪ] a nuosėdų

sedit‖ion [sɪ'dɪʃn] n 1 maištavimas 2 raginimas maištauti, maištavimas ~ious [sɪ'dɪʃəs] a maištingas

seduc‖e [sɪ'dju:s] v vilioti, gundyti; suvedžioti ~tion [sɪ'dʌkʃn] n (pa)viliojimas, gundymas ~tive [sɪ'dʌktɪv] a viliojantis; gundantis

sedulous ['sedjuləs] a uolus; stropus, rūpestingas

see [si:] v (saw [sɔ:]; seen [si:n]) 1 matyti; žiūrėti; stebėti; *let me ~ your book* parodykite man savo knygą 2 matytis, pasimatyti, susitikti; *to come to ~* ateiti aplankyti 3 suprasti □ *to ~ into* įsigilinti; *to ~ off* išlydėti (*išvykstantį*); *to ~ out* a) pergyventi; b) palydėti iki durų; *to ~ over* apžiūrėti (*patalpas*); *to ~ through* a) pažinti (*matyti*) ką nors kiaurai; b) privesti iki galo; *to ~ to* prižiūrėti; pasirūpinti (*kuo*) △ *oh! I ~!* taip, suprantu! *don't you ~?* argi neaišku? *let me ~* leiskite pagalvoti; *as far as I can ~* kiek aš suprantu; *to ~ someone home* palydėti namo; *to ~ about* pasirūpinti; *to ~ in* sutikti (*Naujuosius metus*)

seed [si:d] n sėkla, grūdas v 1 duoti sėklą 2 (pa)sėti ~-bed [-bed] n inspektas ~-corn [-kɔ:n] n sėkla, sėjamieji grūdai ~er n 1 sėjikas 2 sėjamoji ~ing-machine ['si:dɪŋməʃi:n] n sėjamoji mašina ~ling [-lɪŋ] n 1 sėjinukas 2 daigas ~-pearl [-pə:l] n smulkus žemčiūgas, perlas ~-plot [-plɔt] n daigynas ~-time [-taɪm] n sėjos laikas ~y [-ɪ] a 1 sėklingas, pilnas sėklų 2 *šnek.* nudėvėtas; apiplyšęs 3 nesveikas

seeing ['si:ɪŋ] n matymas, regėjimas *conj:* ~ *that* atsižvelgiant; turint galvoje, kad

seek [si:k] v (sought [sɔ:t]) ieškoti; stengtis □ *to ~ after / for* siekti (*ko nors*); stengtis (*ką gauti*); *to ~ through* apieškoti

seem [si:m] v rodytis, atrodyti; *It ~s to me* man atrodo ~ing a netikras, tariamas, menamas ~ingly [-ɪŋlɪ] adv matyt

seemly ['si:mlɪ] a tinkamas, prideramas, padorus

seen [si:n] pp *žr.* see

seer ['si:ə] n pranašas

see-saw ['si:sɔ:] n 1 supimasis ant lentos 2 vaikų sūpuoklės 3 svyravimas; ~ *policy* nepastovi politika v 1 suptis ant lentos 2 svyruoti

seethe [si:ð] v virti, kunkuliuoti

segment ['segmənt] n 1 atkarpa, gabalas; dalis 2 *mat.* segmentas

segregate ['segrɪgeɪt] v at(si)skirti, izoliuoti ~ion [ˌsegrɪ'geɪʃn] n atskyrimas; izoliavimas, segregacija

seine [seɪn] n didelis tinklas (*žuvims gaudyti*)

seism‖ic ['saɪzmɪk] a seisminis ~ograph [-məgrɑ:f] n seismografas

seiz‖e [si:z] v 1 pagriebti, pačiupti; užgrobti; *teis.* uždėti areštą; konfiskuoti 2 suprasti 3 *teis.* traukti į valdymą ~ure ['si:ʒə] n 1 pagrobimas 2 arešto uždėjimas; konfiskavimas

seldom ['seldəm] adv retai

select [sɪ'lekt] v atrinkti, parinkti, išrinkti a rinktinis, atrinktas ~ion [-kʃn] n 1 parinkimas 2 rinkinys, rinktinė 3 selekcija, atranka; *natural ~ion biol.* natūralioji atranka ~ive [-ɪv] a 1 atrenkantis 2 selektyvus

self [self] n (pl selves) 1 pats; aš 2 mano asmenybė a vienodas, tas pats

self- *pref* savi-, sava-

self‖-acting [ˌself'æktɪŋ] a automatinis ~-assertion [-ə'sə:ʃn] n savo teisių, reikalavimų gynimas ~-binder [-'baɪndə] n pėdų rišamoji mašina ~-centred [-'sentəd] a egocentrinis ~-conscious [-'kɔnʃəs] a drovus; sumišęs ~-contained [-kən'teɪnd] a užsidaręs; savarankiškas ~-control [-kən'trəul] n savitvarda ~-criticism [-'krɪtɪsɪzəm] n savikritika ~-denial [-dɪ'naɪəl] n pasiaukojimas; savimarša

~-determination [-dɪˌtəːmɪˈneɪʃn] *n*
apsisprendimas ~-evident [-ˈevɪdənt]
a savaime aiškus ~-government
[-ˈgʌvənmənt] *n* savivalda ~help
[-ˈhelp] *n* pagalba sau; savikliova
~-interest [-ˈɪntrɪst] *n* egoizmas
selfish [ˈselfɪʃ] *a* savanaudis, egoistiškas
~ness *n* savanaudiškumas, egoizmas
self‖-love [ˌselfˈlʌv] *n* savimeilė ~
-made [-ˈmeɪd] *a* iškilęs savo paties
pastangomis ~-portrait [-ˈpɔːtrɪt]
n autoportretas ~-possession [-pə-
ˈzeʃn] *n* savitvarda, šaltakraujiškumas ~-preservation [-ˌprezəˈveɪʃn]
n savisauga ~-reliant [-rɪˈlaɪənt] *a*
pasitikintis savimi ~-respect [-rɪ-
ˈspekt] *n* savigarba ~-restraint
[-rɪˈstreɪnt] *n* santūrumas ~-sacrifice
[-ˈsækrɪfaɪs] *n* pasiaukojimas, pasi-
šventimas ~-same [ˈselfseɪm] *a* tas
pats ~-seeking [-ˈsiːkɪŋ] *a* savanaudis
~-service [-ˈsəːvɪs] *n* savitarna ~
-starter [-ˈstɑːtə] *n* 1 iniciatyvus žmo-
gus 2 starteris ~-sufficient [-sə-
ˈfɪʃnt] *a* (*pernelyg*) patenkintas savimi
~-support [-səˈpɔːt] *n* nepriklauso-
mumas ~-will [-ˈwɪl] *n* savivalė; už-
sispyrimas
sell [sel] *v* (sold [səuld]) 1 par-
duoti 2 prekiauti □ to ~ off / out
išparduoti; to ~ up parduoti iš
varžytynių *n* apgavystė; *hard / soft*
~ primygtinis prekės įsiūlymas ~er
n pardavėjas; *best* ~er bestseleris
selvage, selvedge [ˈselvɪdʒ] *n* (*audinio*)
kraštelis, valas
selves [selvz] *pl žr.* self
semantic [sɪˈmæntɪk] *a lingv.* semanti-
nis ~s [-s] *n lingv.* semantika
semaphore [ˈseməfɔː] *n glžk.* semaforas
v signalizuoti
semblance [ˈsembləns] *n* 1 išvaizda
2 atrodymas; apgaulinga išorė 3 pa-
našumas
semester [sɪˈmestə] *n* semestras
semi- [ˈsemɪ-] *pref* pus(iau)-, semi-;
~-annual [ˌsemɪˈænjuəl] pusmetinis
semicircle [ˈsemɪsəːkl] *n* pusapskritimis

semicolon [ˌsemɪˈkəulən] *n* kabliataškis
seminar [ˈsemɪnɑː] *n* seminaras
seminary [ˈsemɪnərɪ] *n* 1 (*dvasinė*) se-
minarija 2 medelynas
semivowel [ˌsemɪˈvauəl] *n fon.* pusbal-
sis
semolina [ˌseməˈliːnə] *n* manų kruopos
senat‖e [ˈsenɪt] *n* senatas ~or [ˈsenətə]
n senatorius ~orial [ˌsenəˈtɔːrɪəl] *a*
senatoriškas
send [send] *v* (sent) 1 siųsti; pasiųsti
2 mesti (*sviedinį*) 3 leisti, skleisti
(*kvapą, šviesą*), duoti (*garsą*) 4 rad.
perduoti □ to ~ away a) pasiųsti;
b) išvyti; atleisti; to ~ down
pašalinti (*iš universiteto*); to ~
for pasiųsti, pakviesti; to ~ off
a) išsiųsti; išvaryti; b) surengti
išleistuves ~er *n* 1 siuntėjas 2 tele-
grafo aparatas, perdavėjas
senescen‖ce [seˈnesəns] *n* senatvė; se-
nėjimas ~t [-nt] *a* senstantis
senil‖e [ˈsiːnaɪl] *a* senatviškas; iškaršęs,
silpnas ~ity [sɪˈnɪlətɪ] *n* senatvė; iš-
karšimas, silpnumas
senior [ˈsiːnɪə] *a* vyresnis *n* 1 vyres-
nysis (*žmogus*) 2 amer. paskutiniojo
kurso studentas ~ity [ˌsiːnɪˈɔrətɪ] *n*
pirmenybė, vyresniškumas
sensation [senˈseɪʃn] *n* 1 pojūtis, jaus-
mas, įspūdis 2 sensacija ~al [-ʃənl] *a*
1 jutiminis 2 sensacingas
sense [sens] *n* 1 jausmas, jutimas; *the
five* ~s jutimo organai 2 *pl* sąmonė
3 sveikas protas (*papr.* common ~);
to talk ~ kalbėti protingai 4 prasmė,
reikšmė; *in a* ~ tam tikra prasme *v*
1 jausti 2 amer. suprasti ~less *a*
1 beprasmis; neprotingas 2 bejausmis;
be sąmonės
sensibility [ˌsensəˈbɪlətɪ] *n* 1 jautrumas
2 *pl* emocingumas
sensible [ˈsensəbl] *a* 1 protingas; su-
prantantis; *to be* ~ *of* pajusti, su-
prasti 2 juntamas
sensitive [ˈsensətɪv] *a* 1 jautrus, jus-
lus; ~ *paper* šviesai jautrus popierius
2 įžeidus, lengvai įsižeidžiantis ~ness
n jautrumas

sensory ['sensərı] a jutimo, jutiminis

sensu‖al ['senʃuəl] a 1 jausminis, juslinis 2 geidulingas, gašlus ~ality [ˌsenʃu'ælətı] n juslingumas; geidulingumas ~ous [-uəs] a 1 *filos.* jutiminis 2 estetinis

sent [sent] *past ir pp žr.* **send**

senten‖ce ['sentəns] n 1 nuosprendis 2 sakinys v padaryti nuosprendį, nuteisti ~tious [sen'tenʃəs] a pamokomas, moralizuojantis

sentiment ['sentımənt] n 1 jausmas; nuotaika 2 sentimentalumas 3 nuomonė ~al [ˌsentı'mentl] a jautrus; sentimentalus ~ality [ˌsentımen'tælətı] n jausmingumas, sentimentalumas

sentinel ['sentınl] n sargybinis; *poet.* sergėtojas

sentry ['sentrı] n sargybinis; *to stand / keep* ~ stovėti sargyboje ~-**box** [-bɔks] n sargybos būdelė

separable ['sepərəbl] a atskiriamas

separat‖e ['seprət] a atskiras v ['sepəreıt] 1 at(si)skirti; persiskirti; rūšiuoti 2 išskaidyti ~ion [ˌsepə'reıʃn] n atskyrimas; per(si)skyrimas ~ist ['sepərətıst] n separatistas ~ive ['sepərətıv] a separatinis

September [səp'tembə] n rugsėjo mėnuo

septennial [sep'tenıəl] a septynmetis

septic ['septık] a *med.* septinis ~aemia [ˌseptı'si:mıə] n sepsis, kraujo užkrėtimas

sepulchral [sı'pʌlkrəl] a kapų, laidotuvių

sequel ['si:kwəl] n 1 padarinys, išdava, pasekmė; *in the* ~ po to, išdavoje 2 tęsinys

sequ‖ence ['si:kwəns] n eilės tvarka; seka, nuoseklumas; ~ *of events* įvykių eiga; ~ *of tenses gram.* laikų derinimas ~ent [-ənt] a sekantis (*vienas po kito*) ~ential [sı'kwenʃl] a 1 nuoseklus 2 išplaukiantis, sekantis

seques‖ter [sı'kwestə] v 1 at(si)skirti, izoliuoti 2 sekvestruoti ~trate [sı'kwestreıt] v sekvestruoti; konfiskuoti

sere [sıə] a apsvilęs

serenade [ˌserə'neıd] n serenada v dainuoti serenádą

seren‖e [sı'ri:n] a 1 tylus, ramus 2 giedras; blaivas ~ity [sı'renətı] n 1 tyla, ramumas 2 giedrumas 3 šviesybė (*titulas*)

serf [sə:f] n baudžiauninkas; vergas ~age ['sə:fıdʒ], ~dom [-dəm] n baudžiava; vergija

sergeant ['sɑ:dʒənt] n seržantas

seria‖l ['sıərıəl] a serijinis n kelių serijų romanas, filmas ~tim [ˌsıərı'eıtım] adv papunkčiui; pagal eilę

series ['sıəri:z] n (*pl* **series**) 1 serija, eilė; komplektas 2 *el.* nuoseklus jungimas 3 *mat.* eilutė; progresija

serious ['sıərıəs] a 1 rimtas 2 svarbus ~ly adv rimtai ~ness n rimtumas; svarbumas

sermon ['sə:mən] n pamokslas, kalba, pamokymas

serpent ['sə:pənt] n 1 gyvatė (*t.p. prk.*) 2 gundytojas, velnias ~ine ['sə:pəntaın] a 1 vingiuotas, gyvatiškas, gyvatės pavidalo 2 išdavikiškas n 1 *min.* serpentinas 2 *tech.* gyvatukas (*įvijas vamzdis*) v vingiuoti, raitytis

serried ['serıd] a glaudus, petys į petį; kompaktiškas

servant ['sə:vənt] n tarnas; tarnaitė

serve [sə:v] v 1 tarnauti; *to* ~ *as* eiti kieno nors pareigas; tikti 2 paduoti, aptarnauti (*restorane ir pan.*) 3 *sport.* paduoti, servuoti 4 elgtis su kuo nors (*blogai, gerai*) □ *to* ~ *for* tikti (*kam*); *to* ~ *out* a) atmokėti, nubausti; b) išdalyti (*davinį*); *to* ~ *round* aptarnauti (*svečius*); *to* ~ *up* paduoti į stalą; *to* ~ (*one*) *with* aptarnauti, paduoti (*maistą*) △ *it* ~*s him right!* taip jam ir reikia n *sport.* (*kamuolio*) padavimas

service ['sə:vıs] n 1 tarnyba; *civil* ~ valstybinė, pilietinė tarnyba; *secret* ~ kontržvalgyba 2 aptarnavimas; paslauga; *public* ~ komunalinės paslaugos; *medical* ~ medicininis aptarnavimas 3 geležinkelių, garlaivių

judėjimas 4 servizas △ at your ~
jūsų paslaugoms; to be of ~ to būti
naudingam kam nors; to do a ~
patarnauti ~able [-əbl] a 1 tinkamas,
naudingas; paslaugus 2 patvarus, tvir-
tas

serviette [ˌsəːvɪˈet] n servetėlė

servi‖le [ˈsəːvaɪl] a vergiškas, vergiškai
nuolankus ~lity [səːˈvɪlətɪ] n vergiš-
kumas; šliaužiojimas ~tude [ˈsəːvɪ-
tjuːd] n vergovė; pavergimas

session [ˈseʃn] n 1 posėdis 2 sesija
3 amer. semestras

set [set] I v (set) 1 statyti; dėti;
talpinti 2 kietėti; tirštėti 3 gulėti
(apie drabužį); 4 leistis (apie saulę)
5 sodinti (augalą) □ to ~ about
pradėti; to ~ against supriešinti; to
~ aside a) atidėti; b) atmesti; to ~
at pulti (ką), užsiundyti; to ~ back
kliudyti; sustabdyti; to ~ before
išdėstyti (faktus); to ~ by atidėti,
taupyti; to ~ down a) užrašyti;
b) išsodinti; c) žiūrėti, skaityti; to
~ forth a) išdėstyti; b) išvykti; to
~ forward a) pastumti, palaikyti;
b) iškelti; c) leistis į kelionę; to
~ in a) prasidėti (apie orą, metų
laikus); b) įsigalėti (apie madą); to
~ off a) papuošti; b) leistis į ke-
lionę; to ~ on kiršinti, kurstyti; to
~ out a) išvažiuoti; išskristi (apie
lėktuvą); b) išstatyti, iškabinti; to
~ over a) pastatyti pirmoje vietoje;
b) pergabenti; to ~ to pradėti,
imtis; to ~ up a) pastatyti, įsteigti,
įkurti; b) pakelti (triukšmą); to ~
upon pulti, atakuoti △ to ~ ashore
išlaipinti į krantą; to ~ an example
duoti pavyzdį; to ~ at ease nuramin-
ti; to ~ at liberty išleisti į laisvę; to
~ at defiance niekinti, nesiskaityti,
pasipriešinti; to ~ eyes on pamatyti,
išvysti; to ~ free išlaisvinti; to ~ in
motion išjudinti, užvesti (mašiną);
to ~ on fire padegti; to ~ to mu-
sic (su)kurti muziką (tekstui); to ~

one's face against ryžtingai pasi-
priešinti; to ~ one's teeth sukąsti
dantis; to ~ a razor galąsti skustuvą;
to ~ store by didžiai vertinti; to ~
the table padengti stalą

set II a 1 nejudantis, sustingęs (žvilgs-
nis) 2 apgalvotas 3 paskirtas (laikas);
nustatytas (įstatymu) 4 nusistovėjęs
(oras) 5 ryžtingas; tvirtas, pastovus

set III n 1 (vėjo, upės) kryptis; ten-
dencija 2 forma, apmatai, kontūrai
3 (galvos) laikysena 4 ūglis, atžala

set IV n 1 eilė, serija; komplektas;
dinner ~ pietų servizas 2 grupė
3 aparatas; radio ~ radijo imtuvas;
TV ~ televizorius

set-back [ˈsetbæk] n sutrukdymas;
kliūtis

settee [seˈtiː] n (maža) sofa, minkšta-
suolis (paprastai 2 ar 3 žmonėms)

setting [ˈsetɪŋ] n 1 aptaisas 2 aplinku-
ma 3 muzika žodžiams 4 teatr. pasta-
tymas, dekoracijos ir kostiumai 5 sau-
lėlydis

settle [ˈsetl] v 1 į(si)kurti, su(si)tvarkyti,
apsigyventi 2 prieiti išvadą, nutarti,
nuspręsti 3 kolonizuoti 4 apmokėti
(sąskaitą) 5 nusistovėti, nurimti □
to ~ down to imtis ko; to ~ up
atsiskaityti, baigti pinigines sąskaitas
~ment n 1 nausėdija, kolonija; į(si)-
kurdinimas 2 (su)reguliavimas; aprū-
pinimas 3 (klausimo) išsprendimas ~r
n naujakurys, kolonistas

settling [ˈsetlɪŋ] n 1 nusėdimas; nuosė-
dos 2 stabilizacija

set-up [ˈsetʌp] n organizacija, struktūra

seven [ˈsevn] num septyni n 1 septyne-
tas 2 kort. septynakė ~fold [-fəuld] a
septyneriopas adv septynis kartus dau-
giau ~teen [ˌsevnˈtiːn] num septynio-
lika ~teenth [ˌsevnˈtiːnθ] num septy-
nioliktas ~th [ˈsevnθ] num septintas
~tieth [ˈsevntɪəθ] num septyniasde-
šimtas ~ty [-tɪ] num septyniasdešimt

sever [ˈsevə] v 1 atskirti, per(si)skir-
ti; nutraukti 2 perplėšti, perpjauti;
nukirsti, atskelti ~-able [-rəbl] a at-
skiriamas

several ['sevrəl] *pron* keletas, keli *a*
1 atskiras, skirtingas; įvairus 2 kai
kurie, keletas

sever‖ally ['sevrəlı] *adv* 1 atskirai;
pavieniui; ypatingai 2 atitinkamai
~ance [-rəns] *n* 1 at(si)skyrimas
2 (*ryšių*) nutraukimas

sever‖e [sı'vıə] *a* 1 griežtas, žiaurus,
smarkus 2 sunkus, nepakeliamas ~ity
[sı'verətı] *n* 1 griežtumas; žiaurumas
2 (*skausmo*) aštrumas

sew [səu] *v* (sewed; sewn, sewed) siūti
□ to ~ on prisiūti; to ~ up užsiūti

sew‖age ['sjuːıdʒ] *n* nutekanieji van-
denys; srutos ~erage ['sjuːərıdʒ] *n*
kanalizacija

sewing ['səuıŋ] *n* siuvimas ~-machine
[-məʃiːn] *n* siuvamoji mašina

sewn [səun] *pp* žr. sew

sex [seks] *n* biol. lytis; the fair /
gentle ~ dailioji lytis, moterys ~ual
a 1 sekso 2 seksualus ~y *a* seksualus

shabby ['ʃæbı] *a* 1 nudėvėtas; menkas;
nuskuręs, nudriskęs; apleistas 2 bjau-
rus, niekšiškas; ~ horse *n* kuinas

shack [ʃæk] *n* lūšna, trobelė

shackle ['ʃækl] *n papr. pl* 1 grandinės;
pančiai 2 *prk.* varžtai, kliūtis *v* 1 sura-
kinti, supančioti 2 sukabinti 3 kliudyti

shade [ʃeıd] *n* 1 paunksnė, šešėlis;
to cast / put / throw into the
~ užtemdyti 2 atspalvis, niuansas
3 gaubtas, ekranas, skydas 4 *amer.*
užuolaida 5 vaiduoklis, šmėkla *v*
1 apsaugoti nuo šviesos; užtemdyti
2 užstoti (*šviesą*); užtamsinti 3 tušuoti,
brūkšniuoti

shadow ['ʃædəu] *n* 1 šešėlis; tamsa 2 at-
spindys; šešėlinis vaizdas 3 šmėkla
4 mažumėlis, truputis 5 prieglobstis,
pavėsis *v* 1 mesti šešėlį; užtamsinti
2 eiti įkandin; slaptai sekti ~y
[-ı] *a* 1 pavėsingas; tamsus; niūrus
2 neaiškus, tariamas, iliuzinis

shady ['ʃeıdı] *a* 1 pavėsingas 2 *prk.* abe-
jotinos reputacijos; neaiškus; įtartinas

shaft [ʃɑːft] *n* 1 ieties kotas 2 ietis
3 (*šviesos*) spindulys 4 (*žaibo*) trenks-
mas 5 iena; velenas, ašis 6 stiebas,
kamienas 7 šachta; šachtos šulinys

shag [ʃæg] *n* 1 gaurai 2 šiurkštus mi-
las ~gy [-ı] *a* 1 gauruotas; grublėtas
2 sutaršytas 3 painus

shake [ʃeık] *n* 1 krėtimas, sukrėtimas;
drebėjimas; smūgis 2 rankos pas-
paudimas 3 *muz.* trelė *v* (shook [ʃuk];
shaken ['ʃeıkən]) 1 kratyti, sukrėsti
2 drebėti □ to ~ down a) (nu)krėsti;
b) nugriauti (*namą*); c) apsiprasti; to
~ off nusikratyti; nukratyti (*dulkes*);
to ~ up papurtyti, sukrėsti; *prk.*
išjudinti △ to ~ hands paspausti
vienas antram ranką; pasisveikinti

shaky ['ʃeıkı] *a* 1 netvirtas; judantis
2 netikras, svyruojantis; drebantis

shall [ʃæl] (*stiprioji forma*); [ʃl] (*silp-
noji forma*) *v* (should) 1 *vartoja-
mas kaip pagalbinis veiksmažodis, su-
darant būsimojo laiko vienaskaitos ir
daugiskaitos pirmuosius asmenis; I* ~
go aš eisiu 2 *modalinis veiksmažodis;
su vienask. ir daugisk. antruoju ir
trečiuoju asmenimis reiškia ketinimą,
įsitikinimą, įsakymą; he* ~ *be told
about it* jam bus (turi būti) apie tai
pranešta

shallow ['ʃæləu] *a* 1 seklus, negilus
2 paviršutiniškas, lėkštas *n* sekluma *v*
eiti seklyn, seklėti

sham [ʃæm] *n* 1 apsimetimas; apgaulė
2 apsimetėlis *v* apsimesti, dėtis *a* ap-
simetęs; netikras, suklastotas

shamble ['ʃæmbl] *n* nelygi, negraži
eisena *v* knapinėti; vos paeiti, vilktis

shambles ['ʃæmblz] *n pl* skerdykla

shame [ʃeım] *n* gėda; nešlovė; for
~! gėda! to put to ~ sugėdinti,
gėdą padaryti; ~ on you! kaip
jums negėda! *v* gėdinti; gėdytis
~faced [-feıst] *a* drovus, nedrąsus
~ful *a* gėdingas, skandalingas ~less
a begėdis, begėdiškas, ciniškas

shammy ['ʃæmı] *n* zomša (*t.p* ~
leather)

shampoo [ʃæm'puː] *n* 1 galvos plovi-
mas 2 šampūnas *v* plauti galvą

shamrock [ˈʃæmrɔk] *n bot.* (trilapis) dobilas

shank [ʃæŋk] *n* 1 blauzda, koja 2 kotas; stiebas; strypas △ *to go on ~'s mare* eiti pėsčiomis, savomis kojomis

shan't [ʃɑ:nt] *sutr.* = shall not

shape [ʃeɪp] *n* 1 pavidalas, forma, išvaizda; kontūrai; *to take ~* įgyti formą 2 *šnek.* padėtis; būklė 3 šmėkla *v* 1 sukurti, sudaryti 2 apiforminti, apipavidalinti 3 formuoti(s), pritaikyti **~less** *a* beformis **~ly** *a* 1 išvaizdus, gražiai sudėtas 2 simetriškas

share [ʃɛə] I *n* noragas

share II *n* 1 dalis 2 akcija; pajus *v* 1 (pa)dalyti; *to ~ out* (iš)dalyti 2 bendrai valdyti 3 turėti dalį, dalyvauti **~holder** [-həuldə] *n* akcininkas, dalininkas, pajininkas

shark [ʃɑ:k] *n* 1 ryklys 2 smurtininkas, apgavikas

sharp [ʃɑ:p] *a* 1 aštrus, smailus, nusmailintas 2 ryškus 3 status, staigus (*posūkis*) 4 perveriantis, spiegiantis 5 protingas, sąmojingas 6 aštrus (*apie regą, protą*) *n muz.* diezas *adv* 1 tiksliai, lygiai △ *at 7 o'clock ~* lygiai 7 valandą 2 aštriai; *look ~!* nežiopsok!; saugokitės! **~en** [-ən] *v* aštrinti, smailinti, drožti

sharper [ˈʃɑ:pə] *n* apgavikas, sukčius

sharpshooter [ˈʃɑ:pʃu:tə] *n* snaiperis

sharp‖-sighted [ˌʃɑ:pˈsaɪtɪd] *a* 1 aštriaregis 2 įžvalgus **~-witted**.[ˌʃɑ:pˈwɪtɪd] *a* išradingas; sąmojingas

shatter [ˈʃætə] *v* 1 sudužti į gabalus, subyrėti; sutriuškinti 2 (su)ardyti (*nervus, sveikatą*) 3 sugriauti (*viltis, planus*)

shave [ʃeɪv] *n* skutimas(is) *v* (shaved; shaved, shaven [-n]) 1 skusti(s) 2 drožti 3 prasmukti pro šalį, beveik paliesti

shaving [ˈʃeɪvɪŋ] *n* 1 skutimasis 2 *pl* drožlės **~-brush** [-brʌʃ] *n* skutimosi šepetukas, teptukas

shawl [ʃɔ:l] *n* skara; šalikas

she [ʃi:] *pron* ji *n* 1 moteris 2 patelė; **~-cat** katė; **~-goat** ožka

sheaf [ʃi:f] *n* (*pl* sheaves) pėdas; ryšulys *v* rišti pėdus

shear [ʃɪə] *v* (~ed; shorn [ʃɔ:n], ~ed) 1 kirpti, pjauti 2 *poet.* kirsti *n* 1 kirpimas 2 *pl* didelės žirklės

sheath [ʃi:θ] *n* (*pl* ~s [ʃi:ðz]) makštis, futliaras **~e** [ʃi:ð] *v* 1 įdėti į makštį 2 apdengti, apmušti, apkalti

sheaves [ʃi:vz] *pl žr.* sheaf *n*

shed [ʃed] I *v* (shed) 1 netekti, mesti, kristi, šertis 2 (pra)lieti (*kraują, ašaras*) 3 skleisti

shed II *n* 1 pašiūrė 2 daržinė 3 garažas

sheen [ʃi:n] *n* švytėjimas, spindėjimas

sheep [ʃi:p] *n* (*pl t.p.*) 1 avis; avinas 2 tylenis **~-dog** [-dɔg] *n* aviganis (*šuo*) **~-fold** [-fəuld] *n* avidė; gardas **~ish** [-ɪʃ] *a* 1 kvailokas 2 drovus; nedrąsus **~'s-head** [ˈʃi:pshed] *n* avigalvis **~skin** [-skɪn] *n* 1 avikailis 2 pergamentas

sheer [ʃɪə] I *a* 1 ryškus; aiškus; visiškas, grynas; permatomas 2 status (*šlaitas, uola*) *adv* 1 statmenai 2 visiškai; grynai, aiškiai

sheer II: *to ~ off / away v* 1 *jūr.* nukrypti nuo kurso 2 nukrypti nuo temos

sheet [ʃi:t] *n* 1 paklodė 2 lakštas 3 platus ruožas, juosta **~-iron** [-aɪən] *n* lakštinė geležis

shelf [ʃelf] *n* (*pl* shelves) 1 lentyna 2 pakopa, iškyšulys; rifas △ *to play / put on the ~ prk.* a) atiduoti į archyvą; b) giliai padėti į stalčių

shell [ʃel] *n* 1 kiaukutas, kiautas, lukštas 2 (*šovinio*) tūtelė 3 sviedinys, granata *v* 1 išlukštenti 2 apšaudyti artilerijos sviediniais **~-fish** [-fɪʃ] *n* moliuskas; vėžiagyvis **~-shock** [-ʃɔk] *n* kontuzija

shelter [ˈʃeltə] *n* prieglobstis, prieglauda, pastogė, slėptuvė *v* 1 pri(si)glausti 2 būti priedanga

shelve [ʃelv] I *v* 1 dėti ant lentynos 2 įrengti lentynas 3 *prk.* atidėti;

uždelsti (*klausimą, projektą*) 4 atleisti iš tarnybos

shelve II *v* pamažu slinkti (*apie upės dugną, krantą*)

shelves [ʃelvz] *pl žr.* shelf

shepherd ['ʃepəd] *n* kerdžius, piemuo *v* ganyti avis ~ess [-ıs] *n* piemenė

sheriff ['ʃerıf] *n* šerifas

sherry ['ʃerı] *n* baltas ispaniškas vynas

shield [ʃi:ld] *n* skydas; *prk.* gynėjas; apsauga *v* uždengti; ginti, apsaugoti

shift [ʃıft] *n* 1 pakeitimas, pakaitas 2 pamaina (*gamykloje*) 3 gudrybė, išsisukinėjimas *v* 1 (pa)keisti, perkelti 2 gudrauti, išsisukinėti; to ~ off a burden suversti naštą ant kito △ to ~ the blame suversti kaltę (*kitam*) ~ing *a*: ~ing sands lakusis smėlis ~less *a* bejėgis; negrabus; nesumanus ~y [-ı] *a* 1 nepastovus 2 apsukrus, gudrus

shilling ['ʃılıŋ] *n* šilingas

shilly-shally ['ʃılıʃælı] *n* neryžtingumas *a* neryžtingas *v* svyruoti, dvejoti

shimmer ['ʃımə] *n* mirkčiojanti šviesa, mirkčiojimas, mirgėjimas *v* mirkčioti, mirgėti

shin [ʃın] *n* blauzda

shine [ʃaın] *n* 1 (*saulės*) šviesa 2 spindėjimas, blizgėjimas 3 *šnek.* triukšmas; skandalas *v* (shone [ʃɔn]) 1 šviesti 2 švytėti, blizgėti 3 (*pp* ~d) poliruoti, blizginti; *amer.* valyti (*batus*)

shingle ['ʃıŋgl] I *n* malksna, skiedra, gontas *v* 1 dengti (*stogą*) 2 trumpai (ap)kirpti

shingl||e II *n* žvirgždas, žvyras ~y *a* žvyruotas, žvirgždėtas

shin||ing ['ʃaınıŋ] *a* 1 spindintis, ryškus 2 šviečiantis; *prk.* puikus; blizgantis ~y [-ı] *a* 1 saulėtas 2 šviesus, spindintis, blizgantis

ship [ʃıp] *n* laivas △ on board (the) ~ laive; the ~ of the desert kupranugaris *v* sodinti į laivą, (pa)krauti laivą ~man [-mən] *n poet.* jūrininkas ~-master [-ma:stə] *n* laivo kapitonas

~mate [-meıt] *n* plaukiojimo draugas ~ment *n* 1 pakrovimas 2 laivo krūvis, važta ~ping [-ıŋ] *n* 1 prekybos laivynas 2 krovinio pakrovimas, pervežimas

shipshape ['ʃıpʃeıp] *a predic* viskas tvarkoje

ship||wreck ['ʃıprek] *n* laivo avarija, sudužimas; sudužęs laivas *v* sudužti, sudaužyti (*apie laivą*); to be ~ed pergyventi laivo avariją ~wright [-raıt] *n* laivų statytojas ~yard [-ja:d] *n* laivų statykla

shire ['ʃaıə] *n* grafystė

shirk [ʃə:k] *n* vangus žmogus, slunkius (*t.p.* ~er) *v* sabotuoti; vengti (*pareigų, darbo*)

shirt [ʃə:t] *n* marškiniai △ in one's ~ -sleeves be švarko (*tik su liemene arba marškiniais*) ~ing *n* medžiaga marškiniams ~y *a* nervingas

shiver ['ʃıvə] I *n* skeveldra, nuolauža *v* sudužti, subyrėti į šipulius

shiver II *n* drebulys, šiurpulys *v* krūpčioti, drebėti ~y [-rı] *a* drebantis

shoal [ʃəul] I *n* 1 (*žuvų*) guotas, būrys 2 minia; daugybė *v* rinktis, būriuotis

shoal II *n* 1 sekluma 2 *pl prk.* povandeninės uolos *a* seklus, negilus *v* eiti seklyn, seklėti

shock [ʃɔk] I *n* guba, rikė *v* statyti į gubas

shock II *n* sutaršyti plaukai

shock III *n* 1 smūgis 2 sukrėtimas; šokas *v* 1 šokiruoti 2 (su)kelti šoką; sukrėsti, pritrenkti ~ing *a* sukrečiantis, baisus, skandalingas *adv* labai, baisiai

shoddy ['ʃɔdı] *n* 1 vilnonė medžiaga, pagaminta iš senų skudurų 2 *prk.* šlamštas *a* netikras; menkos vertės

shoe [ʃu:] *n* 1 batas 2 *pl* avalynė 3 pasaga 4 pavaža *v* 1 apauti 2 kaustyti ~black [-blæk] *n* batų valytojas ~lace [-leıs] *n* batų raištelis ~maker [-meıkə] *n* batsiuvys ~string [-strıŋ] *n* batų raištelis ~ -tree [-tri:] *n* kurpalis

shone [ʃɔn] *past ir pp žr.* shine *v*

shoo [ʃuː] *v* išgąsdinti, nubaidyti

shook [ʃuk] *past ir pp žr.* shake *v*

shoot [ʃuːt] *v* (shot) 1 (pa)šauti; (su)-šaudyti 2 pralėkti, (pra)dumti; švystelėti; dingtelėti (*apie mintį*) △ ～ing *star* krintanti žvaigždė 3 sprogti, skleisti pumpurus □ to ～ down / dead a) nušauti; b) sušaudyti; to ～ forth skleisti pumpurus, leisti atžalas; to ～ up greit augti *n* 1 pumpuras, daigas, atžala 2 latakas; srautas 3 šūvis; šaudymo rungtynės ～ing *n* 1 medžioklė 2 teisė medžioti 3 šaudymas ～ing-range [-ɪŋzeɪndʒ] *n* tiras, šaudykla

shop [ʃɔp] *n* 1 krautuvė 2 dirbtuvė, cechas; *barber's* ～ kirpykla; *chemist's* ～ vaistinė; *curiosity* ～ antikvariatas △ *to talk* ～ kalbėti apie savo profesinius interesus ～-assistant [-əsɪstənt] *n* pardavėjas (*amer.* salesclerk [ˈseɪlzklɑːk]) ～keeper [-kiːpə] *n* krautuvininkas ～ping [-ɪŋ] *n*: to do ～ping pirkti, apsipirkti ～-steward [-stjuəd] *n* cecho delegatas ～-window [ˈʃɔpwɪndəu] *n* vitrina

shore [ʃɔː] I *n* ramstis, atrama *v* remti, ramstyti

shore II *past žr.* shear *v*

shore III *n* krantas ～ward [-wəd] *adv*, *a* kranto link

shorn [ʃɔːn] *pp iš* shear *v*

short [ʃɔːt] *a* 1 trumpas; ～ *weight* nepilnas svoris; *we are* ～ *of hands* mums stinga darbininkų 2 žemo ūgio (*apie žmogų*) *adv* 1 trumpai 2 staiga, greit △ *to cut* ～ nutraukti, staiga sustabdyti; *to fall* ～ nepatenkinti; neužtekti; nepasiekti; *for* ～ trumpumo dėlei; *in* ～ trumpai; *he was very* ～ *with me* jis šiurkščiai elgėsi su manimi; ～ *of* jeigu neskaitytume; išskyrus; neprivažiavus; *to be* ～ *of* pritrūkti, stigti *n* 1 *pl* kelnaitės; glaudės 2 *pl* stiprus alkoholinis gėrimas 3 *el.* trumpas sujungimas ～age [-ɪdʒ] *n* stoka, trūkumas, nepriteklius

shortbread [ˈʃɔːtbred] *n* smėliniai pyragaičiai, sausainiai

short-circuit [ˌʃɔːtˈsəːkɪt] *n el.* trumpas sujungimas

shortcoming [ˈʃɔːtkʌmɪŋ] *n* (*papr. pl*) trūkumas, defektas

shorten [ˈʃɔːtn] *v* 1 (su)trumpinti; (su)trumpėti 2 *jūr.* mažinti bures

shorthand [ˈʃɔːthænd] *n* stenografija

short‖-handed [ˌʃɔːtˈhændɪd] *a* stokojantis darbo rankų ～ish [ˈʃɔːtɪʃ] *a* trumpokas ～-lived [-ˈlɪvd] *a* trumpalaikis ～ly [ˈʃɔːtlɪ] *adv* 1 trumpai 2 greitai; netrukus 3 aštriai, sausai ～-sighted [-ˈsaɪtɪd] *a* 1 trumparegis 2 neįžvalgus ～-spoken [-ˈspəukən] *a* trumpas, lakoniškas ～-tempered [-ˈtempəd] *a* staigus, ūmus, greit supykstantis

shot [ʃɔt] I *past ir pp žr.* shoot *v*

shot II *n* 1 šūvis 2 šaulys 3 sviedinys; kulka, šratas 4 (*kine*) kadras △ *not a* ～ *in the locker* nė skatiko kišenėje *v* užtaisyti (*šautuvą*)

should [ʃud] (*stiprioji forma*); [ʃəd] (*silpnoji forma*) *v past iš* shall 1 *pagalbinis veiksmažodis, padedantis sudaryti vienaskaitos ir daugiskaitos pirmųjų asmenų:* a) *būsimąjį laiką praeities požiūriu:* I said I ～ come home tomorrow aš sakiau, kad parvyksiu namo rytoj; b) *sąlyginę nuosaką:* I ～ be glad to come if I could aš mielai ateičiau, jei galėčiau 2 *modalinis veiksmažodis, išreiškiantis privalumą, būtinumą:* we ～ be punctual mes turėtume būti punktualūs; you ～ be more attentive jums reikėtų būti atidesniam

shoulder [ˈʃəuldə] *n* petys; to give the cold ～ to šaltai sutikti, priimti *v* 1 stumdytis (*pečiais*); prasiprausti 2 paimti ant pečių; *prk.* prisiimti atsakomybę ～-blade [-bleɪd] *n anat.* mentė ～-strap [-stræp] *n kar.* antpetis

shouldn't [ˈʃudnt] *sutr. =* should not

shout [ʃaut] n šauksmas; riksmas v
šaukti

shove [ʃʌv] v 1 stumti 2 kišti, įstumti;
to ~ off atsistumti (nuo kranto)

shovel ['ʃʌvl] n 1 bertuvė 2 kastuvas

show [ʃəu] n 1 (pa)rodymas 2 išori-
nė išvaizda 3 paroda; vaizdas 4 spek-
taklis v (showed; shown, showed)
(pa)rodyti, demonstruoti □ to ~ in
įvesti; to ~ off dumti akis; to
~ round parodyti kam nors (mies-
tą, muziejų ir pan.); to ~ up
atskleisti (melą), iškelti aikštėn; šnek.
pasirodyti △ to ~ one's teeth prk.
parodyti priešiškumą; niurzgėti

shower ['ʃauə] n 1 liūtis 2 dušas v 1 lyti
2 užpilti, apiberti

shown [ʃəun] pp žr. show v

show-window ['ʃəuwɪndəu] n vitrina

showy ['ʃəuɪ] a žymus, ryškus, efektin-
gas

shrank [ʃræŋk] past žr. shrink

shred [ʃred] n skuduras, skiautė, at-
raiža △ not a ~ of evidence nė
mažiausio įrodymo v (su)pjaustyti,
plėšti, draskyti

shrew [ʃru:] n 1 zool. kirstukas 2 furija,
vaidinga moteris

shrewd [ʃru:d] a gudrus, sumanus; įž-
valgus

shrewish ['ʃru:ɪʃ] a linkęs bartis, vaidin-
gas

shriek [ʃri:k] n riksmas, klyksmas v
rėkti, klykti

shrill [ʃrɪl] a (apie garsą) aštrus, verian-
tis, spiegiantis v spiegti, rėkti

shrimp [ʃrɪmp] n 1 mažas jūros
vėžys, krevetė 2 nykštukas, neūžauga;
vaikiščias

shrink [ʃrɪŋk] v (shrank, shrunk;
shrunk, shrunken) 1 su(si)traukti,
sumažėti, trauktis 2 atsitraukti, at-
šokti 3 vengti; to ~ from society
vengti visuomenės ~age [-ɪdʒ] n susi-
traukimas, sumažėjimas

shrivel ['ʃrɪvl] v susiraukšlėti, susiraukti
(t.p. to ~ up)

shroud [ʃraud] n 1 įkapės 2 prk. (už)-
danga v 1 įvynioti į drobulę 2 paslėpti,
pridengti

Shrove Tuesday [,ʃrəuv'tju:zdɪ] n
bažn. užgavėnės

shrub [ʃrʌb] n krūmas, krūmokšnis
~bery [-ərɪ] n krūmokšnynas, krūmy-
nas ~by [-ɪ] a apaugęs krūmais

shrug [ʃrʌg] v patraukti pečiais

shrunk [ʃrʌŋk] past ir pp žr. shrink;
~en [-ən] pp žr. shrink

shudder ['ʃʌdə] n drebulys, šiurpulys v
drebėti, krūpčioti

shuffle ['ʃʌfl] n 1 kojų vilkimas; kry-
puojanti eisena 2 kortų maišymas
3 perkėlimas 4 gudrybė v 1 vilkti ko-
jas 2 maišyti kortas 3 pa(si)keisti vie-
tomis 4 gudrauti □ to ~ along eiti
krypuojant; to ~ off a) nusikratyti;
b) numesti šalin

shun [ʃʌn] v vengti, saugotis

shunt [ʃʌnt] v 1 pervesti vagoną arba
traukinį į kitą kelią 2 atidėti; uždelsti
n 1 pervedimas į atsarginį kelią
2 iešmas; el. išsišakojimas, šuntas

shut [ʃʌt] v (shut) uždaryti, uždengti;
užsidaryti □ to ~ down a) uždaryti;
b) nutraukti darbą; to ~ off
a) išjungti (vandenį, srovę ir pan);
b) izoliuoti; to ~ out neįleisti,
neprileisti; to ~ up a) uždaryti (par-
duotuvę); b) pasodinti (į kalėjimą);
c) nutilti; nutildyti; ~ up! šnek.
užsičiaupk!

shutter ['ʃʌtə] n langinė v 1 įrengti lan-
gines 2 uždaryti langines

shuttle ['ʃʌtl] n 1 šaudyklė 2 amer.
priemiestinis traukinys v judėti pirmyn
ir atgal ~cock [-kɔk] n badmintono
sviedinukas ~-train [-treɪn] n amer.
priemiestinis traukinys

shy [ʃaɪ] a drovus, bailus · v baidytis
(pvz., apie arklį)

sick [sɪk] a 1 nesveikas; jaučiantis
šleikštulį 2 nuvargęs; atsibodęs; I am
~ of waiting man nusibodo laukti
~-bed [-bed] n ligonio lova ~en
[-n] v 1 susirgti 2 jausti pykinimą
3 bjaurėtis

sickle [ˈsɪkl] *n* pjautuvas

sick‖-leave [ˈsɪkliːv] *n* 1 atostogos dėl ligos 2 nedarbingumo lapelis ∼-list [-lɪst] *n* 1 ligonių sąrašas 2 nedarbingumo lapelis ∼ly *a* 1 nesveikas (*apie klimatą*); liguistas, silpnos sveikatos 2 sukeliantis vėmimą ∼ness *n* 1 liga 2 šleikštulys

side [saɪd] *n* 1 pusė, šonas; *blank* ∼ silpnoji pusė; *blind* ∼ (*žmogaus*) silpnoji vieta; ∼ *by* ∼ greta; *on the* ∼ *amer.* papildomai; beje; *on the wrong* ∼ *of forty* per keturiadešimt metų (*apie žmogaus amžių*) 2 kraštas; (*kalno*) šlaitas *v* prisijungti prie ko nors, būti kieno nors pusėje

sideboard [ˈsaɪdbɔːd] *n* bufetas, indauja

side-car [ˈsaɪdkɑː] *n* motociklo priekaba

sidelong [ˈsaɪdlɒŋ] *a* šoninis; įžambus *adv* įkypai, įstrižai

side-saddle [ˈsaɪdsædl] *n* moteriškas balnas

side-slip [ˈsaɪdslɪp] *v* slysti į šoną (*t.p. av.*)

side-step [ˈsaɪdstep] *v* 1 pasitraukti į šalį 2 vengti, išsisukinėti

side-track [ˈsaɪdtræk] *n* glžk. atsarginis kelias *v* 1 *amer. glžk.* pervesti į atsarginį kelią 2 atidėti svarstymą (*įstatymo projekto*)

side-view [ˈsaɪdvjuː] *n* profilis; vaizdas iš šono

side-walk [ˈsaɪdwɔːk] *n amer.* šaligatvis

side‖ward(s), ∼**ways** [ˈsaɪdwəd(z), -weɪz] *adv* į šalį, šonu, įstrižai

side-wind [ˈsaɪdwɪnd] *n* pašalinė įtaka

siding [ˈsaɪdɪŋ] *n* glžk. 1 atsarginis kelias 2 *amer.* (*pastato*) apkalas

sidle [ˈsaɪdl] *v* eiti šonu

siege [siːdʒ] *n* apgulimas, apsiaustis; *to lay* ∼ *to* apgulti, apsiausti; *to raise the* ∼ nutraukti apgulimą

sienna [sɪˈenə] *n* ochra (*dažai*)

sieve [sɪv] *n* rėtis, sietas; *prk.* plepys *v* sijoti

sift [sɪft] *v* 1 sijoti, nusijoti (*from*) 2 kruopščiai ištirti, patikrinti (*faktus*) 3 apibarstyti (*cukrumi ir pan.*)

sigh [saɪ] *n* dūsavimas, atodūsis *v* 1 dūsauti, atsidusti 2 liūdėti, ilgėtis (*for*)

sight [saɪt] *n* 1 regėjimas; žvilgsnis 2 vaizdas, reginys △ *to get / catch* ∼ *of* pamatyti; *to lose* ∼ *of* išleisti iš akių; užmiršti; *at first* ∼ iš pirmo žvilgsnio; *at / on* ∼ matant; pateikus; *to know by* ∼ pažinti iš matymo; *in* ∼ akyse, prieš akis, regimas, matomas; *out of* ∼ nematomas; *out of my* ∼! šalin iš (mano) akių! *within* ∼ regėjimo ribose, matomas; *to see the* ∼s apžiūrėti (*miesto*) įžymybes *v* 1 pamatyti, pastebėti 2 stebėti (*žvaigždes*) 3 taikyti ∼ly *a* gražus, malonus pažiūrėti ∼seeing [-siːɪŋ] *n* įžymybių apžiūrėjimas

sign [saɪn] *n* 1 ženklas; ∼ *manual* savarankiškas parašas 2 žymė, simbolis 3 iškaba *v* 1 paženklinti, pažymėti 2 pasirašyti 3 duoti ženklą (*ranka*) ▢ *to* ∼ *away* atsisakyti; *to* ∼ *for* kieno nors vardu pasirašyti; *to* ∼ *off rad.* paskelbti transliacijos pabaigą

signal [ˈsɪgnəl] *n* signalas, ženklas *a* 1 signalinis 2 įžymus, puikus *v* duoti signalą, signalizuoti; rodyti, įspėti ∼-man [-mən] *n* signalizuotojas

signatory [ˈsɪgnətrɪ] *n polit.* viena iš pasirašiusių šalių *a* pasirašęs sutartį

signature [ˈsɪgnətʃə] *n* 1 parašas 2 signatūra

signboard [ˈsaɪnbɔːd] *n* iškaba

signer [ˈsaɪnə] *n* pasirašantis asmuo, pasirašančioji pusė

signet [ˈsɪgnɪt] *n* (*asmeninis*) antspaudas

signific‖ance [sɪgˈnɪfɪkəns] *n* reikšmė; svarba ∼**ant** [-ənt] *a* reikšmingas; svarbus ∼**ation** [ˌsɪgnɪfɪˈkeɪʃn] *n* reikšmė prasmė ∼**ative** [-ətɪv] *a* reikšmingas; rodantis, prasminis

signify [ˈsɪgnɪfaɪ] *v* 1 reikšti 2 pranešti; pareikšti 3 turėti reikšmę, svarbą

signpost [ˈsaɪnpəust] n kelrodis, kelrodinis stulpas

silage [ˈsaɪlɪdʒ] n silosas v silosuoti

silen‖ce [ˈsaɪləns] n tylėjimas, tyla; *dead / haunted* ~ mirtina tyla; *in* ~ tyloje; be triukšmo; *to put to* ~ nutildyti; *to break* ~ sutrikdyti, sudrumsti tylą; *to keep* ~ tylėti v nutildyti; nuraminti; nuslopinti garsą ~cer [-sə] n 1 *tech.* duslintuvas 2 *muz.* dusliklis, moderatorius ~t [-t] a tylus, nešnekus

silhouette [ˌsɪluːˈet] n siluetas

silica [ˈsɪlɪkə] n titnagžemis; putnagas

silk [sɪlk] n. 1 šilkas 2 šilkinė medžiaga 3 *pl* šilko drabužiai ~en [-ən] a panašus į šilką, kaip šilkas ~-mill [-mɪl] n šilko verpimo fabrikas ~-worm [-wəːm] n šilkaverpis ~y [-ɪ] a 1 panašus į šilką 2 švelnus; minkštas

sill [sɪl] n 1 slenkstis 2 palangė

silly [ˈsɪlɪ] a 1 kvailas, silpnaprotis 2 absurdiškas

silo [ˈsaɪləu] n silosas; siloso duobė

silt [sɪlt] n dumblas, sąnašos, nuosėdos

silvan [ˈsɪlvən] a miško, miškingas

silver [ˈsɪlvə] n 1 sidabras; *German* ~ melchioras 2 sidabriniai indai, pinigai a sidabrinis; žibantis sidabru v sidabruoti; padengti (*veidrodį*) gyvsidabriu △ *every cloud has a* ~ *lining priež.* nėra to blogo, kuris neišeitų į gera ~smith [-smɪθ] n sidabrakalys ~-tongued [ˌsɪlvəˈtʌŋd] a iškalbingas; gražiakalbis ~ware [-weə] n sidabriniai dirbiniai ~y [-rɪ] a 1 sidabru spindintis, sidabrinis 2 grynas (*apie garsą*)

simi‖lar [ˈsɪmɪlə] a panašus ~larity [ˌsɪməˈlærətɪ] n panašumas ~le [-mɪlɪ] n *liter.* palyginimas ~litude [sɪˈmɪlɪtjuːd] n panašumas

simmer [ˈsɪmə] v 1 (už)virinti; pavirinti 2 vos sulaikyti (*pyktį, juoką ir pan.*); *to* ~ *down* a)nustoti virti; b) atslūgti (*apie pyktį*) n užvirimas

simper [ˈsɪmpə] n kvaila šypsena v kvailai šypsotis

simpl‖e [ˈsɪmpl] a paprastas, nesudėtingas; ~ *equation mat.* pirmojo laipsnio lygtis; ~ *fraction mat.* taisyklinga trupmena; ~ *sentence gram.* vientisinis sakinys ~e-hearted, ~e-minded [ˌsɪmplˈhɑːtɪd, ˌsɪmplˈmaɪndɪd] a atviraširdis ~eton [-tən] n lepšis, neišmanėlis ~icity [sɪmˈplɪsətɪ] n paprastumas ~ification [ˌsɪmplɪfɪˈkeɪʃn] n suprastinimas ~ify [-ɪfaɪ] v (su)prastinti ~y [-ɪ] adv 1 paprastai; tik; tiesiog 2 visiškai 3 nuoširdžiai, be gudravimo

simul‖ant [ˈsɪmjulənt] a 1 simuliuojantis 2 panašus į ką nors ~ate [ˈsɪmjuleɪt] v 1 apsimesti, simuliuoti 2 modeliuoti, dirbtinai atgaminti 3 panėšėti, būti panašiam (*į ką*)

simultane‖ity [ˌsɪmltəˈniːətɪ] n vienalaikiškumas ~ous [ˌsɪmlˈteɪnɪəs] a vienalaikis, kartu vykstantis

sin [sɪn] n *rel.* nuodėmė v nusidėti

since [sɪns] *prep* nuo △ *I have lived here* ~ *1985* aš čia gyvenu nuo 1985 m. *conj* 1 nuo to laiko, kai; *where have you been* ~ *I saw you last?* kur jūs buvote nuo to laiko, kai aš jus mačiau paskutinį kartą? 2 kadangi, jei taip; ~ *that is so, there is no more to be said* jei taip, tai nėra ko daugiau kalbėti *adv* nuo to laiko, nuo tada

sincer‖e [sɪnˈsɪə] a nuoširdus; tikras ~ity [sɪnˈserətɪ] n nuoširdumas; tikrumas ~ly adv nuoširdžiai; *Yours* ~ly (*laiško pabaigoje*) nuoširdžiai Jūsų

sine [saɪn] n *mat.* sinusas

sinew [ˈsɪnjuː] n 1 *pl* raumenys; fizinė jėga 2 sausgyslė ~y [ˈsɪnjuːɪ] a 1 raumeningas; tvirtas 2 raiškus (*stilius*)

sinful [ˈsɪnfl] a nuodėmingas

sing [sɪŋ] v (sang; sung) dainuoti, giedoti △ *to* ~ *another song / tune prk.* kitaip uždainuoti; *to* ~ *small* sušvelninti toną

singe [sɪndʒ] v nusvil(in)ti, nudeginti

singer [ˈsɪŋə] n dainininkas, dainininkė

single [ˈsɪŋgl] a 1 vienintelis, vienas 2 vienišas, nevedęs 3 atskiras, pavienis

4 (*apie bilietą*) į vieną pusę *v* atrinkti, išrinkti ~-breasted [ˌsɪŋglˈbrestɪd] *a* vienaeilis (*švarkas*) ~-hearted [ˌsɪŋglˈhɑːtɪd], ~-minded [ˌsɪŋglˈmaɪndɪd] *a* 1 nuoširdus, atviras 2 atsidavęs savo reikalui, tikslui ~ness *n* vienatvė; vienišumas

singlet [ˈsɪŋglɪt] *n* apatiniai marškinėliai (*be rankovių*)

singsong [ˈsɪŋsɔŋ] *n* monotoniškas skaitymas, dainavimas; improvizuotas choro dainavimas

singular [ˈsɪŋgjulə] *a* 1 keistas; nepaprastas, savotiškas 2 *gram.* vienintelis, vienas *n gram.* vienaskaita ~ity [ˌsɪŋgjuˈlærətɪ] *n* savitumas, ypatingumas; keistumas, nepaprastumas

sinister [ˈsɪnɪstə] *a* 1 pranašaujantis bloga, blogas; nelemtas 2 įtartinas

sink [sɪŋk] *n* (*vandentiekio*) kriauklė *v* (sank; sunk, sunken) 1 skęsti, grimzti 2 paskandinti, apsemti 3 įkristi; nusileisti 4 palūžti, silpti ~er *n* svambalas, gramzdiklis ~ing *n* (pa)skandinimas; skendimas ~ing-fund [-ɪŋfʌnd] *n* amortizacinis kapitalas

sinner [ˈsɪnə] *n rel.* nusidėjėlis

sinuous [ˈsɪnjuəs] *a* vingiuotas

sip [sɪp] *n* gurkšnis *v* pamažu gerti, siurbti (*per šiaudelį*); srėbčioti

siphon [ˈsaɪfn] *n* sifonas

sir [sə:] *n* seras, ponas (*kreipiantis*)

siren [ˈsaɪərən] *n* sirena

sirloin [ˈsə:lɔɪn] *n* jautienos filė

sissy [ˈsɪsɪ] *n* 1 mergaitė; mergiotė 2 mamytės sūnelis

sister [ˈsɪstə] *n* sesuo ~hood [-hud] *n* seserystė ~-in-law [-rɪnlɔ:] *n* brolienė; svainė; moša ~ly *a* seseriškas

sit [sɪt] *v* (sat) 1 sėdėti 2 posėdžiauti 3 perėti 4 gulėti, tikti (*apie drabužį*) □ to ~ for a) pozuoti; b) atstovauti parlamente; to ~ on / upon a) būti (*komisijos*) nariu; b) tyrinėti; to ~ out a) išsėdėti (*iki galo*); b) nedalyvauti šokiuose; to ~ through išlaikyti, išsėdėti iki galo; to ~ up

a) užsisėdėti, neiti gulti; b) sėdėti, atsisėsti (*lovoje*)

site [saɪt] *n* 1 vieta; sklypas 2 padėtis 3 šonas, kraštas

sitter [ˈsɪtə] *n* 1 asmuo, liekantis namie su vaikais 2 modelis, pozuotojas 3 perekšlė *n* ateinanti auklė (*t.p.* baby ~)

sit-in [ˈsɪtɪn] *n* sėdimasis streikas

sitting [ˈsɪtɪŋ] *n* 1 posėdis 2 seansas △ at a ~ vienu atsisėdimu, prisėdimu ~-room [-rum] *n* svetainė, svečių kambarys

situat‖e [ˈsɪtjueɪt] *v* išdėstyti; patalpinti; to be ~ed būti (*apie vietą*) ~ed *a* esantis, pastatytas, išdėstytas ~ion [ˌsɪtjuˈeɪʃn] *n* 1 vietovė, vieta 2 padėtis, situacija 3 tarnyba, vieta

six [sɪks] *num* šeši △ to be at ~es and sevens a) būti nesutvarkytam; b) būti pasimetusiam; c) nesutikti; d) būti svarstomam ~fold [-fəuld] *a* šešeriopas *adv* šešis kartus daugiau ~-shooter [ˌsɪksˈʃuːtə] *n* šešių šovinių revolveris ~teen [ˌsɪksˈtiːn] *num* šešiolika ~teenth [ˌsɪksˈtiːnθ] *num* šešioliktas ~th [-θ] *num* šeštas ~tieth [-tɪəθ] *num* šešiasdešimtas ~ty [-tɪ] *num* šešiasdešimt

sizable [ˈsaɪzəbl] *a* žymus, gana didelis

size [saɪz] *n* dydis, apimtis; formatas; kalibras *v* gaminti, rūšiuoti pagal tam tikrą dydį

sizzle [ˈsɪzl] *n* šnypštimas *v* šnypšti ~r *n* labai karšta diena

skate [skeɪt] I *n zool.* raja (*žuvis*)

skat‖e II *n* pačiūža *v* čiuožti ~er *n* čiuožėjas ~ing *n* čiuožimas pačiūžomis ~ing-rink [ˈskeɪtɪŋrɪŋk] *n* čiuožykla

skein [skeɪn] *n* (*verpalų*) sruoga

skeleton [ˈskelɪtn] *n* 1 skeletas, griaučiai 2 *prk.* metmenys, škicas, planas; ~ key visraktis

sketch [sketʃ] *n* 1 škicas; eskizas, metmenys 2 skečas; apybraiža *v* apmesti; škicuoti ~-book [-buk] *n* (*eskizų*) albumas ~y [-ɪ] *a* 1 paviršutiniškas 2 padrikas 3 lengvas (*valgymas*)

skew [skju:] *a* žvairas; kreivas, įžambus *v* žvairuoti

skewbald ['skjubɔ:ld] *a* keršas, margas

skewer ['skjuə] *n* iešmas *v* perverti iešmu, persmeigti; prismeigti

skew-eyed [ˌskju:'aɪd] *a* žvairaakis

ski [ski:] *n* slidė *v* (ski'd [-d]) slidinėti

skid [skɪd] *n* 1 (*vežimo*) stabdys 2 šliūžė, pavažėlė 3 slydimas, buksavimas; šliaužimas *v* 1 stabdyti 2 slysti, buksuoti (*apie ratus*)

skier ['ski:ə] *n* slidininkas

skiff [skɪf] *n* laivelis, lengva valtis

skiing ['ski:ɪŋ] *n* slidinėjimas

skilful ['skɪlfl] *a* sumanus, nagingas; įgudęs, patyręs

skill ['skɪl] *n* sumanumas; įgudimas; meistriškumas ~ed *a* prityręs, kvalifikuotas

skim [skɪm] *v* 1 nuimti, nugriebti (*grietinę*, *putą*) 2 greit, paviršutiniškai perskaityti 3 (pra)slysti paviršiumi (*along / over*) ~med-milk [-dmilk] *n* nugriebtas pienas ~mer [-ə] *n* (*putų*) graibštas

skimp [skɪmp] *v* šykštėti, mažinti, taupyti ~y [-ɪ] *a* šykštus, menkas, negausus, skurdus

skin [skɪn] *n* 1 oda, kailis 2 žievelė; odelė *v* 1 lupti odą, kailį, žievelę 2 apsidengti odele, surandėti ~-deep [ˌskɪn'di:p] *a* paviršutiniškas ~flint [-flɪnt] *n* šykštuolis ~ny [-ɪ] *a* liesas, sudžiūvęs

skip [skɪp] *n* šuolis, liuoktelėjimas *v* šokti, šokinėti; liuoktelėti; *prk.* peršokti, praleisti (*ką skaitant*)

skipper ['skɪpə] *n* (*prekybinio laivo*) kapitonas, škiperis

skirmish ['skə:mɪʃ] *n* (*nedidelis*) susirėmimas, susišaudymas, mūšis *v* kariauti nedideliais būriais

skirt [skə:t] *n* 1 sijonas; *devided* ~ plačios kelnės 2 skvernas 3 kraštas, pakraštys *v* 1 eiti tolyn pakrasčiu; nusitęsti 2 būti pakraštyje; ribotis

skit [skɪt] *n* satyra, parodija ~tish [-ɪʃ] *a* 1 linksmas, lengvabūdis 2 baikštus

skittles ['skɪtlz] *n* *pl* kėgliai (*žaidimas*)

skulk [skʌlk] *v* 1 slėptis, pasislėpti, lindėti 2 išsėlinti 3 simuliuoti

skull [skʌl] *n* kaukolė ~-cap [-kæp] *n* šlikė, tiubeteika

skunk [skʌŋk] *n* 1 skunkas 2 skunko kailiukas 3 *šnek.* niekšas, bjaurybė

sky [skaɪ] *n* dangus; padangė; *to praise to the skies* be galo išgirti, iškelti į padanges ~-blue [ˌskaɪ'blu:] *a* žydras ~-high [ˌskaɪ'haɪ] *adv* iki debesų, labai aukštai ~lerk [-lɑ:k] *n* vyturys, vieversys *v* krėsti pokštus ~light [-laɪt] *n* 1 stiklinis stogas 2 stoglangis 3 liukas ~scraper [-skreɪpə] *n* dangoraižis ~ward(s) [-wəd(z)] *adv* į dangų, į padanges

slab [slæb] *n* 1 plokštė 2 papentis (*lenta*)

slack [slæk] I *n* anglių dulkės

slack II *a* 1 lėtas; silpnas; išglebęs Δ ~ *water* stovintis vanduo 2 neįtemptas (*raumuo*) *n* 1 atsileidusi virvė 2 prekybos sustingimas 3 *pl* (*plačios*) kelnės *v* 1 vengti darbo 2 silpninti, sumažinti, atleisti (*off / up*) 3 numalšinti (*troškulį*) 4 gesinti (*kalkes*); *to* ~ *up* lėtinti greitį ~en [-n] *v* silpninti, silpnėti ~er *n* *šnek.* tinginys, dykūnas ~-lime [-laɪm] *n* gesintos kalkės

slag [slæg] *n* gargažė, šlakas

slain [sleɪn] *pp* žr. slay

slake [sleɪk] *v* 1 (nu)malšinti (*troškulį*); (pa)tenkinti (*norą*) 2 gesinti (*kalkes*)

slam [slæm] *v* (už)trenkti (*duris*) *n* (*durų*) užtrenkimas

slander ['slɑ:ndə] *n* šmeižtas, liežuvavimas *v* apšmeižti, liežuvauti ~ous [-rəs] *a* šmeižikiškas

slang [slæŋ] *n* žargonas, slengas ~y [-ɪ] *a* žargoniškas, vulgarus

slant [slɑ:nt] *n* šlaitas *v* eiti nuožulniai *a* nuožulnus ~ing *a* pasviręs, palinkęs; įžambus ~wise [-waɪz] *a* pasviręs, įžambus *adv* įžambiai, nuožulniai

slap [slæp] *n* pliaukštelėjimas Δ ~ *in the face* antausis; *prk.* atkirtis *v* pliaukštelėti *adv* tiesiog, staiga

slash [slæʃ] *n* 1 randas 2 kirtis, pjūvis *v* 1 čaižyti, pliekti; kirsti (*kardu, rimbu*) 2 prakirsti, prapjauti ~**ing** *a* 1 ryžtingas 2 triuškinantis, naikinantis; ~**ing criticism** aštri kritika *n* kapojimas, kirtimas

slat [slæt] *n* lentjuostė, lota; skersinis

slate [sleɪt] *n* 1 skalūnas, šiferis 2 grifelinė lentelė 3 *amer.* kandidatų sąrašas *v* 1 dengti (*stogą*) skalūnu 2 *šnek.* barti, aštriai kritikuoti ~**pencil** [ˌsleɪtˈpensl] *n* grifelis

slattern [ˈslætən] *n* apsileidėlė, suskretėlė ~**ly** *a* apsileidęs, suskretęs, nešvarus *adv* nešvariai, apsileidus

slaughter [ˈslɔːtə] *n* 1 skerdynės, žudynės, kraujo praliejimas 2 skerdimas; *v·*skersti; žudyti ~**house** [-haus] *n* skerdykla

Slav [slɑːv] *n* slavas *a* slavų, slaviškas

slave [sleɪv] *n* vergas *v* dirbti kaip vergui ~**-driver** [-draɪvə] *n* vergų prižiūrėtojas ~**holder** [-həuldə] *n* vergvaldys

slaver I [ˈsleɪvə] *n* 1 vergų pirklys 2 laivas, vežantis vergus

slaver II [ˈslævə] *n* 1 seilės 2 *prk.* bjaurus meilikavimas *v* 1 seilėtis; seilinti 2 meilikauti

slavery [ˈsleɪvərɪ] *n* 1 vergovė 2 sunkus darbas

Slavic [ˈslævɪk] *n* slavų, slaviškas

slay [sleɪ] *v* (slew; slain) užmušti, nužudyti

sled [sled] = sledge I

sledge [sledʒ] I *n* rogės, rogutės *v* važiuoti, vežti rogėmis

sledge II *n* kalvio kūjis ~**-hammer** [-hæmə] *a* triuškinamas *n* kalvio kūjis

sleek [sliːk] *a* 1 švelnus, glotnus 2 blizgantis 3 visko pertekęs (*apie žmogų*) *v* suglostyti; glotniai sušukuoti

sleep [sliːp] *n* miegas; *deep / profound* ~ gilus miegas; *sound* ~ kietas miegas; *to go to* ~ užmigti *v* (slept) miegoti, užmigti ▢ to ~ away pramiegoti; to ~ off išsimiegoti; to ~ on / over / upon atidėti iki rytojaus

△ to ~ the clock round išmiegoti visą parą ~**er** *n* 1 miegantis žmogus; miegalius, -ė 2 *amer.* miegamasis vagonas 3 *glžk.* pabėgis ~**less** *a* nemigo, nemiegotas; neramus ~**-walker** [-wɔːkə] *n* lunatikas ~**y** [-ɪ] *a* mieguistas, tingus; migdantis

sleet [sliːt] *n* šlapdriba; kruša *v:* it ~s šlapdriba krinta ~**y** *a* darganotas

sleeve [sliːv] *n* 1 rankovė △ to laugh in one's ~ tylomis juoktis iš ko 2 *tech.* mova

sleigh [sleɪ] *n* rogės

sleigh-bell [ˈsleɪbel] *n* žvangutis, rogių varpelis

slender [ˈslendə] *a* 1 grakštus, plonas, lieknas 2 silpnas, menkas, negausus (*apie maistą*)

slept [slept] *past ir pp žr.* sleep *v*

sleuth(-hound) [ˈsluːθ(haund)] *n* 1 pėdsekys (*šuo*) 2 *šnek.* seklys

slew [sluː] I *past žr.* slay

slew II *n* pasisukimas; posūkis *v* pasukti; suktis

slice [slaɪs] *n* 1 riekė; dalis 2 platus peilis *v* 1 raikyti 2 netiksliai suduoti (*į sviedinį*)

slick [slɪk] *a* 1 vikrus 2 sklandus; dailus 3 slidus *adv* sklandžiai

slide [slaɪd] *n* 1 slydimas; čiuožimas 2 nuošliauža 3 čiuožykla *v* (slid [slɪd]) (pa)slysti, slidinėti; slinkti ▢ to ~ away išslysti; išnirti; to ~ in įslysti į vidų; to ~ out išslysti; to ~ past pralėkti ~**-block** [-blɔk] *n tech.* slankiklis, šliaužiklis

sliding-scale [ˈslaɪdɪŋskeɪl] *n* slankiojanti skalė

slight [slaɪt] *n* niekinimas; ignoravimas *a* 1 silpnas (*apie kvapą*); nežymus, nedidelis 2 menkas, nepakankamas *v* niekinti, nepaisyti

slim [slɪm] *a* 1 plonas, grakštus, laibas, lengvas; menkas 2 *šnek.* gudrus, suktas

slim‖e [slaɪm] *n* dumblas, purvas; gleivės ~**y** [-ɪ] *a* 1 dumblinas, balotas 2 gleivėtas, valkšnus 3 *šnek.* šliaužiojantis, meilikaujantis

sling [slɪŋ] *n* 1 laidyklė, svaidyklė 2 diržas (*per petį kam nors pakabinti*) *v* (**slung**) 1 sviesti, mesti, blokšti 2 tempti virve 3 pakabinti (*per petį ir pan.*)

slink [slɪŋk] *v* (**slunk**) nusėlinti šalin; *to* ~ **off** / **away** pasprukti

slip [slɪp] I *n* 1 *bot.* ūgis, skiepas 2 atžala, palikuonis 3 ilga siaura juosta 4 *poligr.* skiltis

slip II *n* 1 slydimas 2 klaida; ~ **of the pen** / **tongue** apsirikimas rašant, kalbant *v* 1 slysti, paslysti 2 (*atsitiktinai*) suklysti □ *to* ~ **away** a) išsmukti, išeiti (*neatsisveikinus*); b) praslinkti, bėgti (*apie laiką*); *to* ~ **in** a) įsibrauti (*apie klaidą*); b) nepastebimai įeiti, įsmukti; *to* ~ **off** numesti (*drabužį*); *to* ~ **on** užsimesti (*drabužį*); *to* ~ **out** išslysti; *to* ~ **up** *amer.* suklysti

slipper [ˈslɪpə] *n* 1 šliurė 2 *tech.* slankiklis

slipp‖ery [ˈslɪpərɪ] *a* 1 slidus 2 *prk.* suktas; nepatikimas, neištikimas ~**y** *a* 1 slidus 2 *šnek.* greitas

slipshod [ˈslɪpʃɔd] *a* 1 apsiavęs batais nudėvėtais kulnais 2 *prk.* netvarkingas, nerūpestingas

slit [slɪt] *n* skylė, plyšys; įpjova *v* prapjauti; išilgai perplėšti

slither [ˈslɪðə] *v šnek.* slysti, slinkti, nuriedėti

sliver [ˈslɪvə] *n* atskala, atplaiša, balana

slobber [ˈslɔbə] *v* 1 ap(si)seilėti 2 blogai dirbti *n* seilės ~**y** [-rɪ] *a* seilėtas

sloe [sləu] *n bot.* dygioji kryklė, slyva

slog [slɔg] *n* smarkus smūgis *v* 1 smarkiai suduoti 2 atkakliai dirbti (*t.p. to* ~ **away** / **on**)

slogan [ˈsləugən] *n* šūkis, lozungas

slop [slɔp] *n* 1 *pl* pamazgos 2 klanas 3 *pl prk.* sentimentai *v* išpilti, iš(si)lieti □ *to* ~ **about** išlaistyti; *to* ~ **out** iš(si)lieti, išpilti; *to* ~ **over** verkšlenti

slop-basin [ˈslɔpbeɪsn] *n* plautuvė

slope [sləup] *n* šlaitas, atkalnė, atšlaitė *v* 1 (*įžambiai*) linkti, svirti

2 nuožulniai pakilti (*up*) 3 nuožulniai nusileisti (*down*)

sloppy [ˈslɔpɪ] *a* 1 purvinas, šlapias 2 sentimentalus 3 apsileidęs; nešvarus

slot [slɔt] *n* prapjova, išpjova, pailga skylė

sloth [sləuθ] *n* tingėjimas, tingumas

slot-machine [ˈslɔtməʃiːn] *n* (*lošimo, prekybos*) automatas

slouch [slautʃ] *n* 1 suglebęs žmogus, keverza 2 nerangi, gremėzdiška laikysena, eisena *v* 1 nukarti, karoti, nuslėpti 2 kumbrinti, vėžlinti

slough I [slau] *n* 1 bala, klampynė, liūnas 2 *prk.* depresija, nusiminimas

slough II [slʌf] *n* 1 gyvatės išnara 2 šašas *v* nertis (*apie gyvates*)

Slovak [ˈsləuvæk] *n* 1 slovakas 2 slovakų kalba *a* slovakų, slovakiškas

sloven [ˈslʌvn] *n* nevaleika, apsileidėlis ~**ly** [ˈslʌvnlɪ] *a* apsileidęs, nesusitvarkęs

slow [sləu] *a* 1 lėtas, ramus; ~ **but steady** lėtai, bet tikrai; **my watch is five minutes** ~ mano laikrodis vėluoja 5 minutes 2 bukaprotis, nenuovokus *adv* lėtai, pamažu *v* mažinti greitį, sulėtinti; sulėtėti (*down* / *up* / *off*) ~-**witted** [ˌsləuˈwɪtɪd] *a* bukaprotis

sludg‖e [ˈslʌdʒ] *n* 1 purvas, dumblas 2 ižas 3 kanalizacijos, nutekamieji vandenys ~**y** [-ɪ] *a* purvinas, dumblinas

slug‖gard [ˈslʌgəd] *n* tinginys *a* tingus ~**gardly** [-gədlɪ] *a* tingus ~**gish** [ˈslʌgɪʃ] *a* lėtas, tingus, nerangus

sluice [sluːs] *n* šliuzas ~-**gate** [ˈsluːsgeɪt] *n* šliuzo vartai

slum [slʌm] *n* lūšnų / lindynių rajonas ~**my** [-ɪ] *n* lūšnų, lindynių (*apie rajoną*)

slumber [ˈslʌmbə] *n* miegas, snaudulys *v* snausti, miegoti ~**ous** [-rəs] *a* 1 migdantis 2 mieguistas

slump [slʌmp] *n* staigus kainų *arba* prekių paklausos kritimas *v* 1 staiga kristi (*apie kainas*) 2 pliumptelėti slung [slʌŋ] *past ir pp žr.* sling

slunk [slʌŋk] *past ir pp žr.* slink

slur [sləː] *v* 1 neaiškiai tarti, ryti žodžius 2 neaiškiai, neįskaitomai rašyti 3 juodinti, teršti; to ~ over neatkreipti dėmesio, praleisti pro ausis *n* 1 garsų jungimas, nukandimas 2 dėmė (*apie reputacijq*); to cast / put a ~ upon žeminti, koneveikti, juodinti 3 *muz.* legato

slush [slʌʃ] *n* 1 purvynė 2 tirpstantis sniegas; purvas ~y [-ɪ] *a* nešvarus; pažliugęs (*apie sniegq*)

slut [slʌt] *n* nevaleika, apsileidėlė ~tish [-ɪʃ] *a* nešvarus, apsileidęs

sly [slaɪ] *a* 1 gudrus, suktas, klastingas 2 slaptingas; on the ~ slapta

smack [smæk] I *n* skonis; prieskonis *v* 1 turėti skonį 2 kuo atsiduoti

smack II *n* mažas žvejų laivas

smack III *n* 1 čepsėjimas 2 pliaukštelėjimas 3 pakštelėjimas; garsus pabučiavimas *v* 1 pliaukštelėti 2 čepsėti 3 pakštelėti (*bučiuojant*) *adv žnek.* smarkiai, staiga; tiesiog

small [smɔːl] *a* 1 mažas, mažutis 2 menkas, smulkus, nežymus; ~ change smulkūs pinigai, grąža 3 silpnas; ~ beer a) nestiprus alus; b) *prk.* niekai Δ ~ hours laikas po vidurnakčio; ~ of the back juosmuo, strėnos; ~ talk tuščia kalba *adv* smulkiai, į smulkius gabalus

small-arms [ˌsmɔːlˈɑːmz] *n pl* šaulių ginklai

smallpox [ˈsmɔːlpɔks] *n med.* raupai

smart [smɑːt] I *n* smarkus skausmas; *prk.* kančia *v* 1 skaudėti 2 sukelti skausmą 3 smarkiai kentėti; to ~ for atkentėti už ką nors

smart II *a* 1 smarkus, stiprus, veriantis, aštrus; light ~ of daug; a ~ few gana daug 2 vikrus, greitas 3 protingas, sąmojingas 4 gražiai apsirengęs, puošnus, madingas ~en [-n] *v* pa(si)puošti (*t.p.* ~en up); ~ness *n* šaunumas; puošnumas; mitrumas; aštrumas, smarkumas

smash [smæʃ] *n* 1 sudaužymas; sudužimas 2 sutriuškinimas 3 sunykimas, krachas *v* 1 laužti, lūžti, sudužti 2 sumušti, sunaikinti (*priešą*); sutriuškinti 3 subankrutuoti 4 pramušti, praskinti kelią (*t.p.* to ~ through / along); ~er *n žnek.* 1 stiprus smūgis 2 įtikinantis argumentas ~-up [-ʌp] *n* visiškas sutriuškinimas

smatter‖er [ˈsmætərə] *n* diletantas, neišmanėlis ~ing [ˈsmætərɪŋ] *n* paviršutiniškas mokėjimas; diletantiškumas

smear [smɪə] *v* (su)tepti *n* dėmė

smell [smel] *n* 1 kvapas 2 uoslė *v* (smelt) 1 kvepėti 2 uosti, uostyti; to ~ about apuostyti, išuostinėti Δ to ~ a rat *prk.* nujausti ką nors bloga; to ~ sweet maloniai kvepėti

smelt [smelt] I *past ir pp žr.* smell *v*

smelt II *v* (iš)lydyti (*metalą*)

smile [smaɪl] *n* šypsena *v* šypsotis; to ~ at 1 niekinti, išjuokti 2 šypsotis kam nors

smirch [sməːtʃ] *v* teršti, purvinti (*t.p. prk.*) *n* dėmė

smirk [sməːk] *n* dirbtinė / kvaila šypsena *v* nenatūraliai / kvailai šypsotis

smite [smaɪt] *v* (smote; smitten) 1 smogti, kirsti 2 parblokšti (*apie jausmą, ligą*) 3 sumušti, sutriuškinti

smith [smɪθ] *n* kalvis

smithereens [ˈsmɪðəriːnz] *n pl* nuolaužos, skeveldros, šukės; to break / smash into ~ sudaužyti į šipulius

smith‖ery [ˈsmɪθərɪ] *n* 1 kalvystė 2 kalvė ~y [ˈsmɪðɪ] *n* 1 kalvė 2 *amer.* kalvis

smitten [ˈsmɪtn] I *pp žr.* smite

smitten II *a* 1 palaužtas (*ligos*) 2 apimtas (*ligos, meilės ir pan.*)

smock [smɔk] *n* 1 (*nėščiosios*) laisva palaidinė 2 darbo chalatas

smog [smɔg] *n* smogas, tirštas rūkas (*rūko ir dūmų mišinys*)

smoke [sməuk] *n* 1 dūmai Δ there is no ~ without fire *priež.* nėra dūmų be ugnies; to end in ~ pasibaigti be rezultatų; like ~ *žnek.* greitai,

sėkmingai, kaip per sviestą 2 rūkymas
v 1 rūkti 2 rūkyti (*t.p. mėsą*); to ~
out išrūkyti (*cigaretę ir pan.*) ~r [-ə]
n 1 rūkantis žmogus; *to be a heavy*
~r daug rūkyti 2 rūkomasis skyrius,
vagonas

smoke-screen ['sməukskri:n] *n kar.*
dūmų uždanga

smoking‖-carriage, ~-compartment
['sməukıŋkærıdჳ, -kəmpɑ:tmənt] *n* va-
gonas, kupė rūkantiems ~-room
[-rum] *n* rūkomasis kambarys

smoky ['sməukı] *a* 1 dūminis 2 aprūkęs
3 pilnas dūmų

smooth [smu:ð] *a* 1 lygus, plynas
2 (*apie jūrą*) ramus 3 sklandus;
be kliūčių *v* 1 sulyginti, suglaistyti;
pašalinti nesklandumus 2 meilikauti
□ to ~ away a) nulyginti; b) (*apie
sunkumus*) pašalinti; to ~ down nu-
raminti, nurimti; to ~ over pašalinti
nesutarimus ~faced [ˌsmu:ð'feıst] *a*
1 nuskustas 2 jaunos išvaizdos 3 pa-
taikūniškas ~ly *adv* 1 lygiai; sklan-
džiai 2 ramiai ~-tongued [ˌsmu:ð-
'tʌŋd] *a* saldžiakalbis, auksaburnis

smote [sməut] *past žr.* smite

smother ['smʌðə] *v* 1 uždusinti, troš-
kinti; dusti 2 nustelbti 3 užglostyti,
neleisti iškilti aikštėn

smould‖er ['sməuldə] *v* 1 smilkti, ru-
senti 2 degti (*pykčiu ir pan.*) ~ing:
~ing discontent *prk.* paslėptas ne-
pasitenkinimas *n* smilkstanti ugnis

smudge [smʌdჳ] *n* dėmė *v* 1 tepti;
daryti dėmes 2 smilkyti (*dūmais*)

smug [smʌg] *a* patenkintas savimi

smuggl‖e ['smʌgl] *v* verstis kontra-
banda ~er *n* kontrabandininkas

smut [smʌt] *n* 1 suodžiai; suodžių dėmė
2 nepadori kalba 3 *bot.* kūlės *v* 1 suo-
dinti 2 užkrėsti augalus kūlėmis

smutty ['smʌtı] *a* 1 purvinas; suodinas
2 nepadorus

snack [snæk] *n* užkanda ~-bar [-bɑ:] *n*
užkandinė, bufetas

snag [snæg] *n* 1 paslėpta kliūtis 2 skylė
(*drabužyje*); (*mezginio*) paleista akis

snail [sneıl] *n* 1 sraigė △ at a ~'s pace
vėžlio žingsniu 2 *tech.* spiralė

snake [sneık] *n* gyvatė

snap [snæp] *v* 1 čiuptelėti, kaptelėti,
pagauti dantimis 2 *prk.* atkirs-
ti, atšauti 3 spragsėti, pliaukšėti,
paukšėti 4 padaryti momentinę foto-
nuotrauką; to ~ up a) pačiup-
ti, pagriebti; b) išgraibstyti (*bilietus*)
n 1 grybštelėjimas; pliaukštelėjimas,
spragtelėjimas 2 staigus oro atšalimas
3 *amer.* lengvai atliekamas reikalas
a skubotas; staigus, nelauktas *adv*
netikėtai ~pish [-ıʃ] *a* 1 kandantis
2 *prk.* irzlus, piktas; priekabus ~py
[-ı] *a* 1 energingas 2 *šnek.* gyvas
3 spragsintis (*apie ugnį*) ~shot [-ʃɔt]
n 1 šūvis nesitaikant 2 momentinė
fotonuotrauka

snare [sneə] *n* spąstai; žabangai *v* pa-
gauti spąstais

snarl [snɑ:l] *v* 1 urzėti, urgzti 2 piktai
niurnėti *n* 1 urzgimas 2 niurnėjimas

snatch [snætʃ] *v* pagauti, pagriebti,
išplėšti □ to ~ at stengtis ką pa-
griebti; to ~ out išgriebti, ištraukti
(*iš rankų*) *n* 1 pagavimas, griebimas
2 nuotrupa; fragmentas; *to work by*
~es dirbti su pertraukomis

snatchy ['snætʃı] *a* nutrūkstamas, nere-
guliarus

sneak [sni:k] *v* 1 įsėlinti (*into*); išsėlinti
(*out*) 2 *šnek.* įskųsti 3 slapta pasiimti
n 1 vergiškai nuolankus žmogus; bai-
lys; niekšas 2 *šnek.* skundikas ~er
n 1 skundėjas 2 *pl amer.* sportiniai
bateliai; šliurės ~y [-ı] *a* 1 nedrąsus,
bailus 2 pasalus, tykojantis

sneer [snıə] *n* pajuoka, pašaipa *v*
tyčiotis; šaipytis iš ko nors; pašaipiai
šypsotis

sneeze [sni:z] *n* čiaudėjimas, čiaudulys
v čiaudėti

sniff [snıf] *n* šnarpštimas, šnypštimas *v*
1 uostyti, uosti 2 šnarpšti; (*panieki-
namai*) šnypšti

sniffy ['snıfı] *a* 1 *šnek.* niekinantis;
niekinamai prunkščiantis 2 atsiduo-
dantis, dvokiantis

snigger ['snɪgə] n kikenimas v kikenti

snip [snɪp] n atkarpa; įkirpimas v įkirpti žirklėmis

snip‖e [snaɪp] n zool. perkūno oželis v 1 išjuokti, šaipytis 2 šaudyti iš priedangos ~er n taiklus šaulys, snaiperis

snivel ['snɪvl] n 1 varvanti nosis, snarglys 2 verkšlenimas, šniurkščiojimas v 1 verkšlenti, šniurkščioti 2 iš nosies varvėti

snob [snɔb] n snobas ~bery [-ərɪ] n snobizmas

snoop [snu:p] v sekti (ką), šniukštinėti

snooze [snu:z] šnek. v snūstelėti n snūstelėjimas (dieną)

snore [snɔ:] n knarkimas v knarkti

snort [snɔ:t] n prunkštimas, šniokštimas v prunkšti, šniokšti

snout [snaut] n snukis

snow [snəu] n sniegas; to be caught in the ~ pakliūti į pūgą / pusnis v. it ~s, it is ~ing sninga; to be ~ed in būti užsnigtam, užpustytam; to be ~ed up būti pusnių sulaikytam ~ball [-bɔ:l] n sniego gniūžtė ~-bound [-baund] a sniego užpustytas, apsnigtas ~-drift [-drɪft] n pusnis, vėpūtinis ~drop [-drɔp] n bot. snieguolė ~-fall [-fɔ:l] n snigimas ~-flake [-fleɪk] n snaigė ~-man [-mən] n senis besmegenis ~-plough [-plau] n sniego valytuvas ~-storm [-stɔ:m] n pūga ~y [-ɪ] a 1 sniego, snieguotas 2 baltutėlis, baltas kaip sniegas

snub [snʌb] I n 1 ignoravimas 2 papeikimas, pabarimas v 1 ignoruoti 2 papeikti, barti, trumpai atkirsti

snub II a trumpa, riesta (nosis) ~-nosed [-'nəuzd] a riestanosis

snuff [snʌf] I n (žvakės) nuodagas v nuimti nuodagą; to ~ out užpūsti žvakę

snuff II n uostomasis tabakas v uostyti (tabaką) ~-box [-bɔks] n tabakinė

snuffle ['snʌfl] v šnarpšti, kalbėti pro nosį

snug [snʌg] a jaukus; gerai įsitaisęs ~gle [-l] v prisiglausti; prisigūžti (up / down)

so [səu] adv taip; taigi, tuo būdu, vadinasi; tiek; is that ~? argi? you said it was good and ~ it is jūs pasakėte, kad tai gerai, taip ir yra pron šitai, tai; I told you ~ aš tai jums ir sakiau △ two hundred or ~ du šimtai arba maždaug tiek; ~ far tuo tarpu, kol kas; ~ far as kadangi; kiek; ~ long tuo tarpu, kol kas, iki pasimatant; so ~ šnek. nieko sau, pusėtinai; and ~ on / forth ir taip toliau; So! taip!, gerai, puiku!, užtenka!

soak [səuk] v 1 įmerkti, išmirkyti 2 į(si)gerti, į(si)siurbti, pri(si)sunkti; to be ~ed in permirkti, prisisunkti; to ~ up sugerti, susiurbti

so-and-so ['səuənsəu] a, n toks ir toks (vietoj vardo)

soap [səup] n muilas v muilinti, plauti su muilu ~-box [-bɔks] n 1 muilinė 2 amer. improvizuota tribūna ~-bubble [-bʌbl] n muilo burbulas ~stone [-stəun] n 1 muilo akmuo 2 talkas ~-suds [-sʌdz] n muilo putos ~y [-ɪ] a 1 muilinas 2 pataikūniškas

soar [sɔ:] v 1 aukštai skrajoti, aukštai iškilti 2 av. sklandyti

sob [sɔb] v raudoti, kūkčioti n raudojimas, kūkčiojimas

sober ['səubə] a 1 blaivus 2 sveikai mąstantis; protingas 3 rimtas; ramus; nuosaikus v išsiblaivyti; to ~ down išsipagirioti

sobriety [səu'braɪətɪ] n 1 blaivumas 2 rimtumas, saikingumas

so-called [,səu'kɔ:ld] a vadinamasis

soccer, socker ['sɔkə] n šnek. futbolas (ypač amer.)

sociab‖ility [,səuʃə'bɪlətɪ] n draugingumas ~le ['səuʃəbl] a draugingas, visuomeniškas; neužsidaręs, kalbus

social ['səuʃl] a 1 visuomeninis; socialinis 2 neužsidaręs, visuomeniškas; ~

welfare socialinis aprūpinimas n (klu-
bo, organizacijos) susirinkimas ~ism
['səuʃəlɪzəm] n socializmas ~ist [-əlɪst]
n socialistas a socialistinis, socialistų
society [sə'saɪətɪ] n visuomenė; draugija
sock [sɔk] n 1 kojinaitė, puskojinė
2 (avalynės) vidpadis, įklotas
socket ['sɔkɪt] n 1 įdubimas, lizdas
2 akiduobė 3 elektros rozetė
sod [sɔd] n velėna
soda ['səudə] n soda; ~ pop šnek. so-
dos vanduo (t.p. soda-water)
sodden ['sɔdn] a 1 prisisunkęs, išmir-
kęs 2 neiškepęs, žalias v per(si)sunkti;
(su)mirkyti; drėkti
sodium ['səudɪəm] n natris
sofa ['səufə] n sofa
soft [sɔft] a 1 minkštas; švelnus, ma-
lonus; ~ landing minkštas nusileidi-
mas 2 neryškus 3 tylus, silpnas (gar-
sas) n silpnabūdis, silpnavalis, apy-
kvailis žmogus adv minkštai, švel-
niai, tyliai int tyliau! ~en ['sɔfn]
v minkštinti, (su)švelnėti ~hearted
[ˌsɔft'hɑːtɪd] a minkštaširdis, jautrus,
užjaučiantis ~ware [-weə] n progra-
minė įranga (kompiuteriui) ~y [-tɪ]
n šnek. 1 silpno charakterio žmogus
2 kvailys, kvaiša
soggy ['sɔgɪ] a drėgnas, šlapias; permir-
kęs
soil [sɔɪl] I n žemė, dirva, dirvožemis;
poor ~ bloga žemė; rich ~ riebi,
trąši dirva
soil II v (susi)purvinti, (susi)tepti; tręš-
ti; prk. teršti n purvas (t.p. prk.);
dėmė ~-pipe [-paɪp] n kanalizacijos
vamzdis
sojourn ['sɔdʒən] n laikinas apsigyveni-
mas v laikinai apsigyventi; viešėti
sol [sɔl] n nata sol
solace ['sɔləs] n nuraminimas, paguoda
v paguosti, nuraminti
solar ['səulə] a saulės
sold [səuld] past ir pp žr. sell
solder ['sɔldə] n 1 sulitavimas 2 lydme-
talis v sulituoti

soldier ['səuldʒə] n 1 kareivis, karys; ka-
riškis; disabled ~ karo invalidas ~ly
a karingas, drąsus
sole [səul] I n 1 padas 2 puspadis v pri-
kalti puspadžius
sole II a 1 vienas, vienintelis 2 išimtinis
sole III n 1 plekšnė 2 otas
solely ['səulɪ] adv (vien) tiktai
solemn ['sɔləm] a iškilmingas, didingas,
rimtas ~ity [sə'lemnətɪ] n 1 iškilmin-
gumas 2 pl iškilmės ~ize [-naɪz] v
švęsti
solicit [sə'lɪsɪt] v 1 prašinėti; prašyti
2 (įkyriai) (pri)kibti (pvz., prie ko gat-
vėje) ~or n advokatas; patikėtinis,
įgaliotinis ~ous [-əs] a rūpestingas,
susirūpinęs ~ude [-juːd] n 1 rūpestin-
gumas, susirūpinimas 2 pl rūpesčiai
solid ['sɔlɪd] a 1 kietas; tvirtas 2 vien-
tisas, grynas, masyvus; nenutrūksta-
mas 3 patikimas; ~ argument svarus
argumentas; to have a ~ meal sočiai
pavalgyti 4 vieningas; ~ geometry
stereometrija n 1 fiz. kietasis kūnas
2 mat. geometrinis kūnas
solidarity [ˌsɔlɪ'dærətɪ] n solidarumas
solid||ify [sə'lɪdɪfaɪ] v 1 stiprinti, vienyti
2 stingti, sutirštinti, kietėti ~ity
[-'lɪdətɪ] n kietumas; tvirtumas
soliloquy [sə'lɪləkwɪ] n monologas
solit||ary ['sɔlɪtrɪ] a vienišas; atskir-
tas, atskiras; nuošalus ~ude [-tjuːd]
n vienuma, atsiskyrimas, nuošalumas
solo ['səuləu] n solo ~ist [-ɪst] n solistas
solstice ['sɔlstɪs] n astr. solsticija, sau-
lėgrįža
solub||ility [ˌsɔlju'bɪlətɪ] n tirpumas
~le ['sɔljubl] a 1 tirpus 2 išsprendžia-
mas; paaiškinamas
solution [sə'luːʃn] n 1 tirpalas, skiedinys
2 tirpimas 3 (iš)sprendimas
solv||able ['sɔlvəbl] a 1 tirpus, tirp-
stamas 2 išsprendžiamas ~e [sɔlv] v
spręsti ~ency [-ənsɪ] n ekon. moku-
mas, galėjimas sumokėti ~ent a 1 tir-
pinantis 2 ekon. mokus, galintis su-
mokėti n tirpiklis
sombre ['sɔmbə] a 1 (apie spalvą) tam-
sus 2 niūrus, liūdnas

some [sʌm] *a* 1 kažkoks, tam tikras; kuris 2 koks nors **3** keletas, keli; truputis, kiek nors, šiek tiek *pron* kai kas, kai kuris, vienas kitas; vieni ~*body* [-bədɪ] *pron*, *n* 1 (*apie žmogų*) kažkas, kas nors 2 žymus asmuo ~-*how* [-hau] *adv* kaip nors; kažkaip; ~-*how or other* šiaip ar taip ~*one* [-wʌn] *žr.* somebody 1

somer‖**sault**, ~**set** [ˈsʌməsɔːlt, -set] *n* šuolis kūliavirsčia, saltomortalė

some‖**thing** [ˈsʌmθɪŋ] *n* (*apie reiškinį, daiktą*) kažkas, kas nors *adv* kiek, šiek tiek, nedaug, truputį; ~ *like* šiek tiek panašus; maždaug ~*time* [-taɪm] *adv* kada nors; kažkada ~*times* [-taɪmz] *adv* kartais ~*what* [-wɔt] *adv* iš dalies, šiek tiek ~*where* [-weə] *adv* kur nors; kažkur; ~*where else* kažkur kitur

somnambulist [sɔmˈnæmbjulɪst] *n* lunatikas

somnol‖**ence** [ˈsɔmnələns] *n* apsnūdimas, snaudulys, mieguistumas ~*ent* [ˈsɔmnələnt] *a* mieguistas, snaudžiantis

son [sʌn] *n* sūnus △ *a* ~ *of a bitch* kalės vaikas, niekšas

song [sɔŋ] *n* daina; giesmė; romansas ~**ster** [ˈsɔŋstə] *n* 1 dainininkas 2 paukštis giesmininkas

son-in-law [ˈsʌnɪnlɔː] *n* (*pl* sons-in-law) žentas

sonny [ˈsʌnɪ] *n šnek.* sūnelis, vaikelis

sonor‖**ity** [səˈnɔrətɪ] *n* skambumas, skardumas ~**ous** [ˈsɔnərəs] *a* 1 skambus, skardus 2 pompastiškas, skambus (*stilius, kalba*)

soon [suːn] *adv* 1 greit, netrukus 2 anksti; *the* ~*er*, *the better* kuo anksčiau, tuo geriau; ~*er or later* anksčiau ar vėliau; *as* ~ *as* kai tik △ *no* ~*er said than done* pasakyta — padaryta

soot [sut] *n* suodžiai

soothe [suːð] *v* 1 raminti, guosti; malšinti (*skausmą*) 2 glostyti (*savimeilę*)

soother [ˈsuːðə] *n* čiulptukas, žindukas

soothsayer [ˈsuːθseɪə] *n* pranašautojas, žynys

sooty [ˈsutɪ] *a* suodinas, paišinas

sop [sɔp] *n* 1 (*pamirkytos padaže duonos*) gabaliukas 2 dovanėlė (*kam nuraminti*) *v* 1 mirkyti, dažyti 2 sugerti, įsiurbti

soph‖**ism** [ˈsɔfɪzəm] *n* sofizmas ~**isticated** [səˈfɪstɪkeɪtɪd] *a* 1 prityręs 2 sudėtingas **3** rafinuotas ~**istication** [səˌfɪstɪˈkeɪʃn] *n* sumoderninimas

sophomore [ˈsɔfəmɔː] *n amer.* antrojo kurso studentas

soporific [ˌsɔpəˈrɪfɪk] *a* migdomas, migdantis *n* migdomasis vaistas; narkotikas

sopp‖**ing** [ˈsɔpɪŋ] *a* kiaurai peršlapęs, permirkęs ~**y** [-ɪ] *a* sentimentalus, verksmingas, kvailokas

soprano [səˈprɑːnəu] *n* sopranas

sorce‖**rer** [ˈsɔːsərə] *n* burtininkas, kerėtojas ~**ress** [-rɪs] *n* burtininkė ~**ry** [ˈsɔːsərɪ] *n* burtai, kerai, raganavimas

sordid [ˈsɔːdɪd] *a* 1 niekingas, skurdus 2 žemas, niekšiškas

sore [sɔː] *a* 1 jautrus, sergantis 2 skausmingas; *I have a* ~ *throat* man skauda gerklę **3** įžeistas; susikrimtęs *n* skaudulys, opa, žaizda (*t.p. prk.*) *adv* skaudžiai, sunkiai

sorrel [ˈsɔrəl] I *n* rūgštynės

sorrel II *n* bėris *a* bėras

sorrow [ˈsɔrəu] *n* liūdesys; širdgėla; vargas *v* liūdėti; rūpintis, kentėti ~**ful** [ˈsɔrəfl] *a* liūdnas, graudus, sielvartingas

sorry [ˈsɔrɪ] *a* 1 liūdnas; nelaimingas; apgailestaujantis; *to be / feel* ~ *for* gailėti; *I am* ~ *for it* man gaila, kad taip atsitiko; (*I'm*) ~ atsiprašau; dovanokite 2 menkas, pasigailėtinas

sort [sɔːt] *n* 1 rūšis 2 būdas, maniera △ *all* ~*s and conditions of men* visokie žmonės; *a good* ~ *šnek.* puikus vyras; *the better* ~ *šnek.* įžymūs žmonės; *he's not my* ~ *šnek.* jis ne pagal mano skonį; *that is your* ~ *šnek.* štai kaip reikia padaryti; *that* ~ *of thing* panašus; *nothing of*

the ~ nieko panašaus; *to be out of*
~*s* būti blogai nusiteikusiam, blogai
jaustis *v* rūšiuoti; *to* ~ *out* atrinkti,
surūšiuoti

so-so [ˌsəuˈsəu] *a, adv* nelabai geras; ne-
labai gerai; šiaip sau

sot [sɔt] *n* amžinas girtuoklis

sough [sau] *n* 1 ošimas, ūžimas 2 (*vėjo*)
švilpimas *v* ūžti, švilpti

sought [sɔ:t] *past ir pp žr.* **seek**

soul [səul] *n* 1 siela, dvasia 2 esmė
3 žmogus, būtybė 4 įkvėpėjas △ *up*
on my ~*!* (*reiškiant nuostabą*)
prisiekiu!, garbės žodis! ~**less** *a* be-
sielis, beširdis, bedvasis

sound [saund] I *n* garsas, skambėji-
mas, ūžimas *v* 1 skambėti, aidėti
2 duoti signalą 3 išklausyti, auskul-
tuoti (*ligonį*)

sound II *a* 1 sveikas, stiprus, tvirtas,
nesugadintas 2 teisingas, logiškas △
safe and ~ nenukentėjęs, nesužeistas
adv tvirtai, kietai; *to be* ~ *asleep*
kietai miegoti

sound III *n med.* zondas *v* 1 zonduoti
2 matuoti gylį

sound-film [ˈsaundfɪlm] *n* garsinis fil-
mas

soup [su:p] *n* sriuba △ *In the* ~ bėdoje
~*-plate* [-pleɪt] *n* gili lėkštė ~*-
ticket* [-tɪkɪt] *n* talonas nemokamiems
pietums

sour [ˈsauə] *a* 1 rūgštus, surūgęs 2 gai-
žus, irzlus 3 nederlingas, balotas *v*
1 rūgti, rauginti 2 *prk.* pykti, susi-
erzinti

source [sɔ:s] *n* versmė, šaltinis (*ir prk.*)

south [sauθ] *n* pietūs; pietų kraštas
a pietinis, pietų *adv* į pietus, pietų
link ~*-east* [ˌsauθˈi:st] *n* pietryčiai
~**erly**, ~**ern** [ˈsʌðəlɪ, ˈsʌðən] *a* pieti-
nis, pietų ~**ernmost** [ˈsʌðənməust]
a piečiausias ~**ing** [ˈsauθɪŋ] *n* nu-
krypimas į pietus ~**most** [-məust] *a*
pats piečiausias ~**ward(s)** [-wəd(z)]
adv į pietus, pietų link *a* einantis į
pietus, nukreiptas į pietus ~*-west*
[ˌsauθˈwest] *a* pietvakarių

souvenir [ˌsu:vəˈnɪə] *n* dovana atmini-
mui, suvenyras

sovereign [ˈsɔvrɪn] *n* 1 monarchas, val-
dovas, suverenas 2 soverenas, vieno
svaro sterlingų vertės aukso pinigas *a*
1 aukščiausias 2 suverenus, nepriklau-
somas ~**ty** [ˈsɔvrəntɪ] *n* 1 aukščiau-
sioji valdžia; suverenitetas 2 suvereni
valstybė

Soviet [ˈsəuvɪət] *a* sovietinis, tarybinis

sow [sau] I *n* (paršavedė) kiaulė

sow [səu] II *v* (**sowed**; **sown** [-n],
sowed) (ap)sėti ~**er** *n* sėjėjas; sė-
jamoji ~**ing** *n* sėja, sėjimas ~**ing-
machine** [ˈsəuɪŋməʃi:n] *n* sėjamoji
mašina

spa [spɑ:] *n* mineralinių vandenų kuror-
tas

space [speɪs] *n* 1 tuščia vieta 2 erdvė
kosmosas (*t.p.* **outer** ~) 3 laiko
tarpas; *after a short* ~ netrukus; *In
the* ~ *of an hour* per valandą; po va-
landos 4 *spaust.* špacija *v* palikti tar-
pus ~**less** *a* beribis, bekraštis ~**man**
[-mæn] *n* (*pl* ~**men** [-men]) astronau-
tas, kosmonautas ~**ship** *n* kosminis
laivas

spacious [ˈspeɪʃəs] *a* erdvus, talpus

spade [speɪd] *n* 1 kastuvas 2 *pl kort.*
pikai, vynai; *to call a* ~ *a* ~ vadinti
daiktus tikraisiais vardais

span [spæn] I *n* 1 sprindis 2 *prk.* trum-
pas laiko tarpas; trumpas atstumas
3 arkos / tilto atramų plotis 4 upės
platumas *v* 1 matuoti sprindžiais
2 jungti krantus (*apie tiltą*) 3 *prk.*
apimti, aprėpti

span II *past žr.* **spin**

spangle [ˈspæŋgl] *n* blizgutis *v* 1 puošti
(*blizgučiais*) 2 žibėti

Spaniard [ˈspænɪəd] *n* ispanas

Spanish [ˈspænɪʃ] *a* ispaniškas, ispanų
n ispanų kalba

spank [spæŋk] *v* 1 lupti, įkrėsti (*į kailį*)
delnu 2 bėgti risčia *n* pliaukštelėjimas

spanner [ˈspænə] *n* veržliaraktis (*amer.*
wrench)

spar [spɑ:] I *n* skersinis, sijelė

spar II *v* 1 kumščiuotis; boksuotis; peštis (*apie gaidžius*) 2 *prk.* ginčytis

spar‖e [speə] *v* 1 taupyti; saugoti; apsieiti be ko nors 2 skirti (*laiką, pinigus, dėmesį*); *I have no time to ~ today* šiandien aš neturiu laisvo laiko; *~ me* pasigailėkite manęs *a* 1 atsarginis, rezervinis; laisvas, atliekamas; *~ parts* atsarginės dalys 2 negausus, kuklus *n* 1 atsarga, rezervas 2 atsarginė (*mašinos*) dalis 3 *sport.* atsarginis žaidėjas *~ing* [-rɪŋ] *n* nuosaikus; taupus

spark [spɑːk] *n* kibirkštis; žiežirba *v* (iš)skelti žiežirbas, kibirkštis

sparkl‖e [ˈspɑːkl] *n* žaižaravimas, žėrėjimas, žibėjimas; kibirkščiavimas *v* žaižaruoti, žėrėti, žibėti, kibirkščiuoti *~et* [-ɪt] *n* kibirkštėlė *~ing* *a* 1 žėrintis, žibantis; kibirkščiuojantis 2 putojantis, šampanizuotas, šnypščiantis (*vynas*)

sparrow [ˈspærəu] *n* žvirblis

sparse [spɑːs] *a* 1 retas, negausus (*apie gyventojus*) 2 išmėtytas, išbarstytas; padrikas

spasm [ˈspæzəm] *n* mėšlungis, spazma *~odic* [spæzˈmɔdɪk] *a* mėšlungiškas, spazminis

spat [spæt] I *past ir pp žr.* spit

spat II *žr.* spatterdashes

spate [speɪt] *n* 1 staigus upės potvynis; staigi liūtis 2 *prk.* antplūdis

spatial [ˈspeɪʃl] *a* erdvinis, erdvės

spatter [ˈspætə] *n* purslai; purkšlės *v* purkšti, taškyti; drabstyti (*prk.*)

spatterdashes [ˈspætədæʃɪz] *n pl* antkurpiai; getrai

spawn [spɔːn] *n* 1 ikrai 2 *niek.* išpera *v* 1 neršti 2 *niek.* veistis

speak [spiːk] *v* (spoke; spoken) kalbėti, šnekėti, sakyti, tarti; *to ~ English* (mokėti) kalbėti angliškai; *to ~ one's mind* atvirai pasisakyti; *so to ~* taip sakant □ *to ~ out* pasisakyti; garsiai kalbėti; *to ~ to* kreiptis į; *to ~ up* a) kalbėti garsiai ir aiškiai;

b) prakalbėti *~er* *n* 1 kalbėtojas, oratorius 2 (*papr.* the Speaker) spikeris (*Anglijos žemųjų rūmų pirmininkas, JAV atstovų rūmų pirmininkas*)

spear [spɪə] *n* 1 ietis 2 žeberklas *v* perverti; persmeigti (*ietimi*)

spearmint [ˈspɪəmɪnt] *n* gauruotoji mėta

special [ˈspeʃl] *a* specialus, nepaprastas, ypatingas, tam tikras *~ist* [-ʃəlɪst] *n* specialistas *~ity* [ˌspeʃɪˈælətɪ] *n* 1 specialybė 2 ypatybė *~ize* [-ʃəlaɪz] *v* 1 specializuotis 2 pri(si)taikyti

species [ˈspiːʃiːz] *n* 1 *biol.* rūšis 2 giminė; porūšis; atmaina

specific [spəˈsɪfɪk] *a* 1 *biol.* rūšinis, rūšies 2 būdingas; ypatingas, specifinis 3 *fiz.* lyginamasis; *~ gravity / weight* lyginamasis svoris *~ation* [ˌspesɪfɪˈkeɪʃn] *n* 1 specifikacija 2 detalė; smulkmena 3 *pl* vartojimo instrukcija

specify [ˈspesɪfaɪ] *v* tiksliai apibrėžti; smulkiai pažymėti

specimen [ˈspesɪmən] *n* pavyzdys; egzempliorius

specious [ˈspiːʃəs] *a* 1 įtikimas, patikimas 2 išorinis, apsimestinis

speck [spek] *n* 1 dėmelė, taškas 2 kruopelė, dalelė; *~ of dust* dulkelė *v* tepti, daryti dėmes; išmarginti *~le* [-l] *v* išmarginti, taškuoti

spectacle [ˈspektəkl] *n* 1 reginys 2 *pl* akiniai 3 spektaklis

spectacled [ˈspektəkld] *a* akiniuotas, su akiniais

spectacular [spekˈtækjulə] *a* impozantiškas, efektingas

spectator [spekˈteɪtə] *n* žiūrovas, stebėtojas

spectr‖al [ˈspektrəl] *a* 1 šmėklų, vaiduokliškas 2 *fiz.* spektrinis *~e* [ˈspektə] *n* 1 šmėkla, vaiduoklis 2 (*nelaimės*) nujautimas

spectrum [ˈspektrəm] *n* (*pl* spectra [-rə]) *fiz.* spektras

speculat‖e [ˈspekjuleɪt] *v* 1 galvoti, protauti; spėlioti 2 spekuliuoti *~ion* [ˌspekjuˈleɪʃn] *n* 1 protavimas; mąstymas; spėliojimas 2 spekuliacija *~ive*

[-lətɪv] *a* 1 spekuliatyvus 2 spekuliacinis ~or *n* 1 spekuliantas 2 mąstytojas

sped [sped] *past ir pp žr.* **speed** *v*

speech [spiːtʃ] *n* kalba, kalbėjimas; pranešimas; **to deliver / make a ~** pasakyti kalbą ~-day [-deɪ] *n* aktas (*mokymo įstaigoje*) ~less *a* nebylus; tylus

speed [spiːd] *n* 1 greitis, tempas; **at full ~** visu greičiu, tempu; **with ~** greitai; **to gather ~** paskubėti; didinti greitį *v* (**sped**) 1 skubėti, greitai eiti 2: **to ~** (**up**) greitinti, paspartinti 3 daryti pažangą ~ometer [spiː'dɔmɪtə] *n* spidometras ~y [-ɪ] *a* greitas, spartus, skubus

spell [spel] I *n* 1 trumpas laiko tarpas, akimirka 2 pertrauka, pamaina; laikas, periodas; **a cold ~** atšalimas 3 priepuolis

spell II *n* 1 burtai; užkeikimas 2 kerėjimas; žavesys; **under a ~** sužavėtas, užburtas

spell III *v* (**spelt, spelled**) pasakyti / parašyti žodį paraidžiui; **to ~ out / over** skaityti paraidžiui, skiemenimis ~ing *n* ortografija ~ing-book [-ɪŋbuk] *n* rašybos vadovėlis

spencer ['spensə] *n* trumpas švarkelis

spend [spend] *v* (**spent** [spent]) 1 (iš)leisti, eikvoti 2 leisti laiką 3: **to ~ itself** (iš)sekti, mažėti; nurimti, nutilti (*apie audrą*)

spendthrift ['spendθrɪft] *n* eikvotojas; išlaidus žmogus

sperm [spəːm] *n biol.* sperma

spher‖e [sfɪə] *n* 1 sfera, rutulys; Žemės rutulys, gaublys 2 sfera, sritis, veiklos sritis; **that is out of my ~** tai ne mano kompetencija ~ical ['sferɪkl] *a* rutulio pavidalo, sferinis

spice [spaɪs] *n* 1 specija; (*valgių*) prieskonis *v* (*valgį*) užkulti, dėti prieskonių

spick [spɪk]: **~ and span** [ˌspɪkən'spæn] *a* švarutis, labai tvarkingas (*pvz., kambarys*)

spicy ['spaɪsɪ] *a* su prieskoniais, aromatingas, pikantiškas

spider ['spaɪdə] *n* voras (*t.p. prk.*); ~'s **web** voratinklis

spigot ['spɪgət] *n* volė; medinis kamštis (*statinei, čiaupui užkimšti*); įvorė

spik‖e ['spaɪk] *n* 1 smaigalys 2 vinis (*bato puspadyje*) 3 pleištas 4 varpa *v* prikalti vinimis ~y [-ɪ] *a* 1 smailus, aštrus 2 *prk.* barningas, gaižus; užgaulus

spill [spɪl] I *v* (**spilt, spilled**) 1 iš(si)pilti, pa(si)lieti; išbarstyti 2 plepėti; **to ~ the beans** *šnek.* išplepėti paslaptį 3 numesti, išmesti (*iš balno*)

spill II *n* skala, šakalys

spilt [spɪlt] *past ir pp žr.* **spill** *v*

spin [spɪn] *v* (**spun, span; spun**) 1 verpti; sukti (*siūlą*) 2 sukti(s); **to ~ out** ištempti *n* sukimas(is) △ **to go for a ~, to take a ~** pasivažinėti

spinach, spinage ['spɪnɪdʒ] *n* špinatas

spinal ['spaɪnl] *a med.* nugaros, nugarkaulio; **~ cord** nugaros smegenys

spindle ['spɪndl] *n* 1 verpstas; verpstė 2 ašis, velenas

spine [spaɪn] *n* 1 nugarkaulis; *prk.* esmė 2 *bot. zool.* spyglys, dyglys ~less *a* 1 *zool.* bestuburis 2 *prk.* silpnabūdis, silpnavalis

spinning ['spɪnɪŋ] *n* 1 verpimas 2 spiningas ~-jenny [-dʒenɪ] *n* verpimo mašina ~-wheel [-wiːl] *n* ratelis (*verpimo*)

spinster ['spɪnstə] *n* 1 *šnek.* senmergė 2 *teis.* netekėjusi moteris

spiny ['spaɪnɪ] *a* dygliuotas

spiral ['spaɪərəl] *n* spiralė, įvija *a* spiralinis, sraigtiškas, įvijas

spire ['spaɪə] *n* 1 (*bokšto*) strėlė, špilis 2 viršukalnė, smailuma

spirit ['spɪrɪt] *n* 1 dvasia, siela 2 šmėkla; dvasia 3 žmogus, protas 4 prasmė 5 charakteris 6 nuotaika; **to be in high** (**low**) ~s būti linksmai (blogai) nusiteikusiam; **to keep up one's ~s** pataisyti nuotaiką, padrąsinti 7 narsumas, entuziazmas, dvasios pakilimas, gyvumas 8 *pl* spiritas *v* įkvėpti;

padrąsinti ~ed [-ɪd] a 1 vikrus; drąsus
(atsakymas, ataka ir pan.) 2 energin-
gas ~-lamp [-læmp] n spiritinė lem-
putė ~ual [-ʃuəl] a 1 dvasinis, dva-
sios 2 įdvasintas 3 religinis, bažnytinis
~uous [-ʃuəs] a spirito, alkoholinis
spit [spɪt] I n iešmas v 1 užmauti ant
iešmo (mėsą) 2 perdurti, perverti
spit II n sekluma
spit III n 1 seilės 2 spjaudymas v (spat)
1 spjauti, spjaudyti 2 prunkšti 3 spra-
gėti (apie degančias malkas) 4 dulkti
(apie lietų) □ to ~ at parodyti (kam)
savo priešiškumą; to ~ out a) išple-
pėti; išdėti; b) išspjauti; to ~ upon
prk. spjauti į ką, niekinti
spite [spaɪt] n pyktis, piktumas, pagieža
△ in ~ of nepaisant, neatsižvelgiant
v įpykinti, įerzinti ~ful a piktas
spitt||le ['spɪtl] n seilės; spjūvis ~oon
[spɪ'tuːn] n spjaudyklė
spiv [spɪv] n šnek. spekuliantas, sukčius
splash [splæʃ] n 1 (ap)taškymas; purs-
lai; pliuškenimas 2 purvo dėmė v
1 klampoti 2 pliuškenti, pliumptelėti
3 aptaškyti
splay [spleɪ] v 1 nukleipti, iškleipti (ba-
tus) ~-foot [-fut] a kreivakojis
spleen [spliːn] n 1 anat. blužnis 2 niūri
nuotaika
splend||id ['splendɪd] a puikus, praban-
gus ~o(u)r [-də] n puikybė, praban-
ga, puošnumas
splenetic [splɪ'netɪk] a 1 med. blužnies
2 irzlus; piktas
splint [splɪnt] n 1 med. įtvaras 2 žievė,
lunkas
splinter ['splɪntə] n 1 atlauža, skevel-
dra; rakštis 2 balana, skiedra v suskilti;
subyrėti į skeveldras
split [splɪt] n 1 skilimas 2 plyšys, skylė v
(split) (su)skilti, skaldyti(s), subyrėti
□ to ~ off atskelti; atskilti; to ~
up suskilti; to ~ with susipykti △
to ~ the difference imti vidurkį;
to ~ hairs ginčytis dėl smulkmenų;
to ~ one's sides trūkti, plyšti

juoku; ~ting headache smarkus gal-
vos skaudėjimas
splodge [splɔdʒ] žr. splotch
splotch ['splɔtʃ] n (purvo) dėmė ~y [-ɪ]
a suteptas
splutter ['splʌtə] v 1 kalbėti greitai ir
nerišliai; lementi 2 prunkšti
spoil [spɔɪl] n 1 grobis, laimikis 2 pel-
nas, nauda v (spoilt [-t], spoiled)
1 grobti, plėšti 2 lepinti 3 gadinti
~age [-lɪdʒ] n sugedusios prekės
spoke [spəuk] I n 1 stipinas; pagalys; to
put a ~ in one's wheel pakišti koją,
sukliudyti 2 laiptelis, kopėčių skersinis
spoke II past žr. speak
spoken ['spəukn] pp žr. speak
spokes||man ['spəuksmən] n (pl ~men
[-mən]) 1 oratorius 2 atstovas, dele-
gatas
spong||e [spʌndʒ] n 1 kempinė; to
have a ~ down ap(si)trinti kempine
2 girtuoklis, parazitas, veltėdys v
trinti, valyti kempine ~y [-ɪ] a 1 aky-
tas, korytas 2 balotas
sponsor ['spɔnsə] n 1 laiduotojas
2 krikšto tėvas, krikšto motina 3 spon-
sorius
spontaneous [spɔn'teɪnɪəs] a sponta-
niškas, savaimingas
spook [spuːk] n šnek. šmėkla, vaiduok-
lis
spool [spuːl] n ritė
spoon [spuːn] I n šaukštas ~ful [-ful] n
pilnas šaukštas
spoon II v šnek. mergintis; garbinti
(moterį) ~y [-ɪ] a (kvailai) įsimylėjęs
spoor [spuə] n (žvėries) pėdsakas v sekti
pėdsakus
sporadic [spə'rædɪk] a sporadinis
spore [spɔː] n bot. spora
sport [spɔːt] n 1 sportas; pramo-
ga, žaidimas; pl rungtynės; sporto
rūšys 2 bot., zool. atmaina, porūšis
3 amer. žaidėjas, sportininkas v
1 žaisti, linksmintis 2 biol. nukrypti
nuo normalaus tipo 3 šnek. visiems
demonstruoti ~ing a 1 sportuojantis
2 sportinis ~ive [-ɪv] a 1 gyvas, jud-
rus; žaismingas 2 sportinis ~sman

[-smən] *n* (*pl* ~smen [-smən]) sportininkas ~swoman [-swumən] *n* (*pl* ~swomen [-swımın]) sportininkė

spot [spɔt] *n* 1 dėmė, šlakelis 2 vieta; *to be on the* ~ a) būti (*įvykio*) liudytoju; b) nežiopsoti, būti vietoje; *on the* ~ vietoje, iš karto, nedelsiant *v* 1 daryti dėmes, tepti; pasidaryti dėmėtu 2 *šnek.* pastebėti, atpažinti ~less *a* 1 švarus, be dėmių, nesuteptas 2 nepriekaištingas ~light [-laıt] *n* dėmesio centras ~ty [-ı] *a* dėmėtas, margas

spout [spaut] *n* 1 (*indo*) snapelis, kaklelis 2 vandens nutekamasis vamzdis 3 vandens srovė *v* 1 trykšti čiurkšle, tekėti srove 2 *šnek.* deklamuoti; *prk.* gražbyliauti

sprain [spreın] *n* sausgyslių pertempimas *v* pertempti sausgysles

sprang [spræŋ] *past* *žr.* **spring** II *v*

sprat [spræt] *n* šprotas

sprawl [sprɔ:l] *v* iš(si)tiesti; tįsoti; iš(si)skėtoti ~y [-ı] *a* išsiskleidęs, išsitiesęs

spray [spreı] I *n* šakelė, ūglis, atžala

spray II *n* purškimas, purslai, dulksmas ~er *n* purkštuvas

spread [spred] *v* (spread) 1 sklisti; skleisti(s), plisti 2 užtepti, patepti 3 patiesti, apdengti *n* 1 paplitimas; skleidimas 2 erdvė 3 apimtis; užmojis 4 apdangalas 5 užtepas (*pvz., taukai / sviestas ant duonos*)

spree [spri:] *n* 1 juokas, pasilinksminimas 2 puota; išgertuvės

sprig [sprıg] *n* šakelė; ūglis, atžala (*t.p. prk.*)

sprightly [ˈspraıtlı] *a* gyvas, linksmas

spring [sprıŋ] I *n* pavasaris; *prk.* pradžia, pražydimas

spring II *v* (sprang; sprung) 1 šokti, pašokti, užšokti; *to* ~ up a) augti, sprogti, pasirodyti; b) kilti (*apie paprotius*) 2 prasidėti, kilti; atsirasti 3 nubaidyti (*paukštį ar žvėrį*) 4 būti elastingam, tampriam *n* 1 šaltinis, versmė 2 šuolis 3 tamprumas, elastingumas 4 spyruoklė; lingė

spring‖-bed [ˈsprıŋbed] *n* spyruoklinis matracas ~-board [-bɔ:d] *n* tramplinas ~time [-taım] *n* pavasaris, pavasario laikas

sprinkle [ˈsprıŋkl] *v* purkšti; taškyti, šlakstyti *n* 1 purkštimas, šlakstymas 2 dulksna, smulkus lietus

sprint [sprınt] *n* trumposios distancijos bėgimas *v* lenktyniauti, bėgti (*trumpąją distanciją*) ~er *n* trumpųjų distancijų bėgikas, sprinteris

sprite [spraıt] *n* elfas; kaukas

sprout [spraut] *n* 1 atžala, ūglis, daigas 2 *pl* Briuselio kopūstai (*t.p.* Brussels ~s) *v* 1 leisti atžalas, augti 2 atželdinti

spruce [spru:s] I *a* gražiai apsirengęs, elegantiškas

spruce II *n* melsvoji kanadinė eglė

sprung [sprʌŋ] *pp* *žr.* **spring** *v*; *a* spyruoklinis

spry [spraı] *a* 1 gyvas, vikrus 2 sumanus, nuovokus

spud [spʌd] *n* *šnek.* bulvė

spume [spju:m] *n* putos *v* putoti

spun [spʌn] *past* *ir* *pp* *žr.* **spin** *v*

spunk [spʌŋk] *n* drąsa; vyriškumas

spur [spə:] *n* 1 pentinas 2 viršūnė, smailuma 3 paskata, akstinas △ *on the* ~ *of the moment* ekspromtu *v* 1 paspausti pentinais 2 *prk.* raginti, skatinti (*on*)

spurious [ˈspjuərıəs] *a* suklastotas, netikras; melagingas

spurn [spə:n] *v* nuspirti; atmesti (*su panieka*), atstumti

spurt [spə:t] *v* švirkšti; veržtis

sputter [ˈspʌtə] *v* 1 spjaudytis, taškytis seilėmis 2 spragsėti; šnypšti (*apie šlapias malkas*)

spy [spaı] *n* šnipas *v* 1 šnipinėti, sekti 2 (pa)stebėti, ištirti ~glass [-glɑ:s] *n* žiūronas

squabble [ˈskwɔbl] *n* rietenos, kivirčas dėl menkniekio *v* rietis, kivirčytis dėl menkniekio (*with smb, about smth*)

squad [skwɔd] *n* *kar.* 1 būrys, grupė; brigada 2 komanda (*rinktinė*) 3 *amer.*

skyrius ~**ron** [-rən] *n* eskadronas; eskadra; eskadrilė

squalid ['skwɔlıd] *a* 1 labai purvinas, suterštas 2 moraliai degradavęs

squall [skwɔ:l] *n* 1 spiegimas, klyksmas 2 staigi vėtra, škvalas, viesulas *v* spiegti, klykti ~**y** [-ı] *a* audringas, viesuliškas

squalor ['skwɔlə] *n* 1 nešvarumas, apsileidimas, purvas 2 skurdas, vargas

squander ['skwɔndə] *v* (iš)eikvoti; gaiš(in)ti; **to ~ away** iššvaistyti, praleisti

square [skwɛə] *a* 1 kvadratinis, stačiakampis 2 taisyklingas, lygus, tikslus 3 teisingas, tiesus, sąžiningas; ~ **refusal** kategoriškas atsisakymas △ **to get ~ with** suvesti sąskaitas; **to have a ~ meal** sočiai pavalgyti *adv* 1 statmenai, tiesiai 2 atvirai, dorai, sąžiningai (*t.p.* **fair and ~**) *n* 1 kvadratas, stačiakampis 2 aikštė, skveras 3 (*miesto*) kvartalas 4 *mat.* (*skaičiaus*) kvadratas △ **on the ~** sąžiningai, be apgaulės *v* 1 daryti kvadrato pavidalo 2 sutvarkyti, apmokėti (*sąskaitą*) 3 suderinti; derintis 4 papirkti 5 *mat.* kelti kvadratu △ **to ~ accounts with** suvesti sąskaitas, atkeršyti; **to ~ the circle** *prk.* siekti to, kas aiškiai neįmanoma ~-**built** [ˌskwɛə'bılt] *a* kresnas, plačiapetis

squash [skwɔʃ] *n* 1 suspausta / sutraiškyta masė, košė 2 minia, kamšatis; spūstis 3 vaisių gėrimas *v* 1 suspausti, sutraiškyti 2 grūstis, kauptis 3 priversti nutilti, nutraukti (*kalbą*) ~**y** [-ı] *a* minkštas, mėsingas

squat [skwɔt] *v* 1 tupėti; pritūpti 2 neteisėtai apsigyventi *a* mažas ir storas, žemas

squaw [skwɔ:] *n* indėnė

squawk [skwɔ:k] *n* spiegimas, (*paukščio*) riksmas *v* spiegiamai rėkti, klykti (*apie paukščius*)

squeak [skwi:k] *n* 1 cypimas 2 girgždesys *v* 1 cypti 2 girgždėti 3 *šnek.* išduoti (*paslaptį*)

squeal [skwi:l] *n* kvykimas, žviegimas *v* 1 kvykti, žviegti; spiegti 2 *šnek.* įskųsti, išduoti

squeamish ['skwi:mıʃ] *a* 1 skrupulingas 2 lepus, išrankus (*valgio atžvilgiu*) 3 įžeidus, jautrus △ *I feel* ~ man bloga

squeez‖e [skwi:z] *n* spaudimas, slėgimas *v* 1 suspausti, suslėgti 2 išspausti; ištraukti, priversti 3 įstumti, įspausti (*in / into*) 4 prasibrauti, prasispausti (*past / through*)

squelch [skweltʃ] *v* *šnek.* 1 maknoti per purvą 2 sutrypti, sutraiškyti koja

squib [skwıb] *n* 1 petarda 2 epigrama; pamfletas

squint [skwınt] *n* 1 žvairumas 2 šnairavimas; šnairas žvilgsnis *v* žvairuoti, šnairuoti *a* žvairas ~-**eyed** [ˌskwınt'aıd] *a* 1 žvairas, žvairaakis 2 įtariamas; nelaimę pranašaujantis

squire ['skwaıə] *n* dvarininkas; skvairas

squirm [skwə:m] *v* 1 rangytis, raitytis 2 *prk.* jausti nepasitenkinimą

squirrel ['skwırəl] *n* voverė

squirt [skwə:t] *n* 1 srovė, čiurkšlė 2 švirkštas; švirkšlys *v* tekėti srove, trykšti čiurkšle

stab [stæb] *v* 1 nudurti, sužeisti, įsmeigti; **to ~ in the back** *prk.* klastingai užpulti 2 kenkti; pulti su durklu; **to ~ at** durti, smogti *n* 1 smūgis (*aštriu ginklu*); ~ **in the back** *prk.* klastingas užpuolimas 2 staigus smarkus skausmas

stabil‖ity [stə'bılətı] *n* pastovumas; patvarumas ~**ization**, ~**isation** [ˌsteıbəlaı'zeıʃn] *n* stabilizacija ~**ize**, ~**ise** ['steıbəlaız] *v* stabilizuoti(s) ~**izer**, ~**iser** ['steıbəlaızə] *n* *tech.* stabilizatorius

stable ['steıbl] I *a* pastovus; tvirtas; stabilus

stable II *n* arklidė ~-**man** [-mən] *n* arklininkas

stack [stæk] *n* 1 kūgis, stirta, kupeta 2 krūva; *prk.* didelis kiekis;

masė **3** malkų / anglių matas (*apie* 3
kub. m)

stadium ['steɪdɪəm] *n* stadionas

staff [stɑːf] *n* 1 lazda, ramstis 2 skept-
ras (*valdžios simbolis*) **3** *kar.* štabas
4 tarnautojai, personalas; *on the* ~
esantis etatų sąraše 5 *muz.* (*pl* staves
[steɪvz]) gaidų linijos *v* aprūpinti kad-
rais

stag [stæg] *n* 1 elnias 2 biržos speku-
liantas

stage [steɪdʒ] *n* 1 scena; (*lentinė*) paky-
la; estrada 2 teatras; dramos menas
3 *prk.* veikimo dirva, arena 4 fazė,
stadija, periodas, etapas; *initial* ~
pradinė stadija 5 (*keliaujant*) sustoji-
mo vieta, stotis *v* statyti pjesę, insce-
nizuoti ~-**coach** [-kəutʃ] *n* pašto ka-
rieta; diližansas ~-**manager** [ˌsteɪdʒ-
'mænɪdʒə] *n* režisieriaus padėjėjas

stagger ['stægə] *n* 1 svyravimas, svir-
duliavimas 2 *pl* galvos sukimasis **3** iš-
dėstymas tam tikra tvarka; grafikas *v*
1 svirduliuoti 2 *prk.* svyruoti **3** išdės-
tyti tam tikra tvarka, sudaryti grafiką
a pritrenkiantis (*apie žiną ir pan.*)

stagn‖ancy ['stægnənsɪ] *n* sustingimas,
stagnacija ~**ant** [-ənt] *a* 1 stovintis
(*apie vandenį*) 2 neveiklus, inertiškas
~**ate** [stæg'neɪt] *v* užsistovėti; susto-
ti ~**ation** [stæg'neɪʃn] *n* sustingimas,
stagnacija

staid [steɪd] *a* 1 rimtas, ramus, nuo-
saikus 2 senamadiškas

stain [steɪn] *n* 1 dėmė 2 dažai *v* 1 dažyti
2 *prk.* tepti, gadinti; ~*ed glass*
spalvotas stiklas, vitražas ~*less a*
1 nepriekaištingas; nesuteptas 2 do-
ras, sąžiningas △ ~*less steel* nerū-
dijantis plienas

stair [steə] *n* laiptelis ~**case**, ~**s** [-keɪs,
-z] *n* laiptai

stake [steɪk] *n* 1 mietas, stulpas; *prk.*
gėdos stulpas 2 pastatyta suma, staty-
mas (*einant lažyby, arklių lenktynėse*)
v 1 sutvirtinti mietu, paremti 2 rizi-
kuoti, statyti ant kortos

stale [steɪl] *a* 1 sužiedėjęs (*apie duo-
ną*) 2 išsivadėjęs (*gėrimas*) **3** *prk.* nu-
valkiotas, banalus; senas *v* nu(si)dėvė-
ti, pasenti

stalemate ['steɪlmeɪt] *n* *šachm.* patas

stalk [stɔːk] *n* 1 stiebas; kotas 2 išdi-
dus žingsnis *v* 1 išdidžiai žingsniuoti
2 vogčiomis sėlinti (*apie žvėrį*)

stall [stɔːl] *n* 1 (*tvarto, arklidės*) per-
tvaras, gardas 2 (*prekybos*) būdelė,
palapinė; prekystalis **3** vieta (*partery-
je*)

stallion ['stælɪən] *n* eržilas

stalwart ['stɔːlwət] *a* 1 augalotas, aukš-
tas, tvirtas 2 ištikimas, ryžtingas *n*
1 aktyvus, ištvermingas partijos narys
2 tvirtos sveikatos žmogus

stamen ['steɪmən] *n* *bot.* kuokelis

stamina ['stæmɪnə] *n* *pl* gyvybinės
jėgos; ištvermė

stammer ['stæmə] *v* mikčioti, kalbant
užsikirsti *n* mikčiojimas ~**er** [-rə] *n*
mikčius

stamp [stæmp] *v* 1 trypti; trepsėti
2 įspauduoti, kalti (*žymekliu*) **3** už-
dėti (*antspaudą, štampą*) 4 užklijuo-
ti pašto ženklą □ *to* ~ *down* / *flat*
suminti, sutrypti; *to* ~ *out* numal-
šinti, likviduoti *n* 1 trypimas, trypsė-
jimas 2 įspaudas, plomba **3** štampas,
antspaudas 4 pašto ženklas ~**-duty**
[-djuːtɪ] *n* žyminis mokestis

stampede [stæm'piːd] *n* (*gyvulių, prk.
t.p. žmonių*) paniškas bėgimas *v*
1 (*paniškai*) bėgti 2 išsisklaidyti

stanch [stɑːntʃ] *žr.* staunch

stanchion ['stænʃn] *n* ramstis, pasto-
vas; stulpas

stand [stænd] *v* (**stood**) 1 stovėti, at-
sistoti; pasitikėti tik savimi 2 susto-
ti **3** laikytis; išlaikyti, kęsti; *I can't*
~ *him* aš jo nepakenčiu; *to* ~ *one's
ground* nepasiduoti 4 būti (*tam tik-
roje padėtyje*) 5 pastatyti, padėti
6 vykti, plaukti □ *to* ~ *aside* nueiti
į šalį; *to* ~ *for* a) palaikyti; remti;
b) simbolizuoti, reikšti; c) būti kan-
didatu; *to* ~ *on* a) priklausyti (*nuo
ko*); b) stebėti, prižiūrėti; primygtinai
reikalauti; *to* ~ *out* išsiskirti; kyšoti,

išsikišti; **to** ~ **up** atsistoti; *to* ~ *up* **for** ginti; **to** ~ **upon** primygtinai reikalauti, ginti; *to* ~ *up to* drąsiai sutikti △ *it* ~*s to reason that* savaime suprantama, kad *n* 1 sustojimas **2** pasipriešinimas (*against*) **3** pozicija, vieta **4** pjedestalas; pastovas; etažerė **5** krautuvėlė, kioskas; stendas

standard [ˈstændəd] *n* 1 vėliava 2 standartas, norma, pavyzdys, matas; ~ *of living* pragyvenimo lygis *a* 1 standartinis 2 pavyzdinis **3** status, stovintis; pastatomas; ~ *lamp* toršeras ~ **-bearer** [-beərə] *n* vėliavininkas ~**ize**, ~**ise** [-aɪz] *v* standartizuoti

stand-by [ˈstændbaɪ] *n* patikimas ramstis

standing [ˈstændɪŋ] *a* 1 pastovus, nustatytas 2 stovintis **3** nuolatinis; ~ *committee* nuolatinis komitetas *n* 1 padėtis, svoris (*visuomenėje*) 2 trukmė

stand‖point [ˈstændpɔɪnt] *n* požiūris ~**still** [-stɪl] *n* neveiklumas; neveikimas; sustingimas; *to be at a* ~*still* neveikti, stovėti; *to come to a* ~*still* a) sustoti, užsikirsti; b) pakliūti į aklavietę; *to bring to a* ~*still* sustabdyti ~**-up** [-ʌp] *a* 1 stovintis; stačias 2 atviras (*apie kovą*)

stank [stæŋk] *past žr.* **stink** *v*

staple [ˈsteɪpl] I *n* 1 *ist.* turgus 2 pagrindinis produktas; svarbiausia prekė; pagrindinis elementas *a* pagrindinis

staple II *n* sankabas, sąvara, įkaba

star [stɑ:] *n* 1 žvaigždė, (*dangaus*) šviesulys 2 likimas; *film* ~ kino žvaigždė

starboard [ˈstɑ:bəd] *n jūr.* dešinysis bortas, štirbortas

starch [stɑ:tʃ] *n* krakmolas *v* krakmolyti ~**y** [-ɪ] *a* 1 krakmolytas; krakmolingas 2 *prk.* perdėtai mandagus

stare [steə] *n* nustebęs, įdėmus žvilgsnis; sploksojimas *v* atidžiai žiūrėti, išsproginti akis; sploksoti

stark [stɑ:k] *a* 1 sustiręs, sustingęs 2 absoliutus, visiškas *adv* visai, visiškai

starling [ˈstɑ:lɪŋ] *n zool.* varnėnas

starry [ˈstɑ:rɪ] *a* 1 žvaigždėtas 2 spindintis, žibantis

start [stɑ:t] *v* 1 krūptelėti 2 pašokti **3** išvykti 4 paleisti (*mašiną*) **5** pradėti, imtis **6** įsteigti 7 padėti 8 nubaidyti **9** *sport.* duoti startą *n* 1 krūptelėjimas 2 išvykimas; pradžia **3** *sport.* startas 4 pranašumas ~**er** *n* starteris ~**ing** *a* pradedamasis, pradinis

startl‖e [ˈstɑ:tl] *v* išgąsdinti, labai nustebinti

starv‖ation [stɑ:ˈveɪʃn] *n* badas; badavimas ~**e** [ˈstɑ:v] *v* 1 mirti, marinti badu 2 badauti ~**eling** [ˈstɑ:vlɪŋ] *n* išdvasa, badmira, dvasna

state [steɪt] I *n* 1 būsena, padėtis; visuomeninė padėtis 2 prašmatnumas; puikybė, prabanga *a* iškilmingas, paradinis *v* 1 pareikšti, konstatuoti 2 formuluoti

state II *n* 1 valstybė; *S. Department* JAV užsienio reikalų ministerija 2 valstija *a* valstybinis ~**craft** [-krɑ:ft] *n* valdymo menas

stately [ˈsteɪtlɪ] *a* didingas

statement [ˈsteɪtmənt] *n* pareiškimas, tvirtinimas, konstatavimas

state‖room [ˈsteɪtrum] *n* 1 iškilmių salė 2 *jūr.* atskira kajutė ~**sman** [-smən] *n* valstybės veikėjas, politikas

station [ˈsteɪʃn] *n* 1 vieta, postas, punktas; *dressing* ~ tvarstomasis punktas 2 stotis; *lifeboat* ~ gelbėjimo stotis; *wireless* ~ radijo stotis **3** visuomeninė padėtis *v* statyti, talpinti, dislokuoti ~**ary** [-ənrɪ] *a* 1 nejudamas, stacionarus 2 pastovus, nekintamas

stationer [ˈsteɪʃnə] *n* prekiautojas raštinės reikmenimis ~**y** [-ənrɪ] *n* raštinės reikmenys

station-master [ˈsteɪʃnmɑ:stə] *n* stoties viršininkas

statist‖ical [stəˈtɪstɪkl] *a* statistinis ~**ician** [ˌstætɪˈstɪʃn] *n* statistikas ~**ics** [-ɪks] *n* statistika

statuary ['stætʃuərı] *n* 1 skulptūra 2 skulptorius *a* skulptūrinis

statue ['stætʃu:] *n* statula, skulptūra ~**sque** [ˌstætʃu'esk] *a* monumentalus, didingas; skulptūrinis ~**tte** [ˌstætʃu'et] *n* statulėlė

stature ['stætʃə] *n* 1 ūgis, augumas 2 aukštis 3 reputacija

status ['steɪtəs] *n* padėtis, statusas, stovis

statut||**e** ['stætʃu:t] *n* statutas; įstatai; ~ *law* rašyti įstatymai ~**ory** ['stætʃutrı] *a* įstatymu nustatytas

staunch [stɔ:ntʃ] *v* sustabdyti (*kraują*) *a* 1 tvirtas, tikras 2 lojalus, ištikimas

stave [steɪv] *n* 1 statinės šulas 2 strofa 3 *žr.* **staff**; *v* (**staved**, **stove**): to ~ **in** pramušti, įlaužti (*valtį, statinę*); to ~ **off** a) atidėti; b) užkirsti kelią, įspėti

staves [steɪvz] *pl žr.* **staff**

stay [steɪ] *n* 1 buvimas; (apsi)stojimas (*kur*) 2 *teis.* (*bausmės*) atidėjimas 3 *pl* korsetas *v* 1 sustabdyti, sulaikyti 2 pasilikti 3 apsistoti, gyventi (*at*), viešėti (*with*) 4 laukti, delsti 5 parodyti ištvermę □ to ~ **away** neateiti, nebūti; to ~ **in** likti namie, neišeiti; to ~ **on** užsibūti, užtrukti; to ~ **out** negrįžti namo, nebūti

stead [sted] *n*: *in a person's* ~, *in* ~ *of* kieno nors vietoje, vietoj ko nors

steadfast ['stedfəst] *a* patvarus, tvirtas, atsparus

steady ['stedı] *a* 1 pastovus, patvarus; tvirtas 2 lygus, vienodas; nuolatinis, nenukrypstamas 3 ištikimas; nepajudinamas 4 ramus, rimtas *v* 1 tapti patvariam; tvirtam 2 surimtėti

steak [steɪk] *n* 1 mėsos / žuvies pjausnys 2 bifšteksas

steal [sti:l] *v* (**stole**; **stolen**) 1 vogti 2 sėlinti □ to ~ **away** nepastebimai pasprukti; to ~ **in** įsmukti; to ~ **out** pasprukti, išsmukti *n* vagystė ~**ing** *n* vogimas; vagystė ~**th** [stelθ] *n*: *by* ~*th* vogčiomis, slaptai ~**thily** ['stelθılı] *adv* vogčiomis ~**thy** ['stelθı] *a* slaptas; ~*thy glance* žvilgsnis vogčiomis

steam [sti:m] *n* garai *v* 1 garuoti; garinti 2 leisti garus 3 judėti (*garo varomam*) **steam**||**boat** ['sti:mbəut] *n* garlaivis ~-**boiler** [ˌsti:m'bɔılə] *n* garo katilas ~-**engine** [-endʒın] *n* garo mašina ~**er** *n* garlaivis ~-**gauge** [-geıdʒ] *n* manometras ~-**navvy** [-nævı] *n* žemsemė, ekskavatorius ~**ship** *žr.* **steamer**

steed [sti:d] *n poet.* žirgas

steel [sti:l] *n* 1 plienas 2 *poet.* kalavijas, kardas 3 galąstuvas *v* (už)grūdinti ~-**clad** [-klæd] *a* šarvuotas ~**works** [-wɔ:ks] *n* plieno gamykla / liejykla

steelyard ['sti:lja:d] *n* (*sveriamoji*) buožė, (*rankinis*) svertuvas

steep [sti:p] I *v* 1 panardinti; įmerkti 2 *prk.* paskęsti; nugrimzti; *to be* ~*ed in prejudice prk.* paskęsti prietaruose

steep II *a* 1 status 2 perdėtas, neįtikimas

steeple ['sti:pl] *n* bokšto smailuma, strėlė

steeplechase ['sti:pltʃeıs] *n* bėgimas / jojimas su kliūtimis

steeplejack ['sti:pldʒæk] *n* aukštalipys, darbininkas aukštybininkas

steer [stıə] I *n* jautukas

steer II *v* vairuoti, valdyti (*laivą, automobilį ir t.t.*) ~**age** [-rıdʒ] *n* ketvirtos klasės patalpa (*garlaivyje*) ~**ing-wheel** ['stıərıŋ wi:l] *n av., jūr.* šturvalas, vairo rankena, ratas ~**sman** [-zmən] *n* vairuotojas, vairininkas; šturmanas

stellar ['stelə] *a* žvaigždžių, žvaigždėtas

stem [stem] I *n* 1 stiebas; kamienas; kotas 2 *gram.* (*žodžio*) kamienas 3 laivo smaigalys

stem II *v* eiti prieš srovę, priešintis

stench [stentʃ] *n* smarvė, dvokimas

stencil ['stensl] *n* šablonas, trafaretas piešti pagal šabloną

stenograph||**er** [stə'nɔgrəfə] *n* stenografistas, stenografistė ~**ic** [ˌstenə'græfık] *a* stenografinis ~**y** [-fı] *n* stenografija

stentorian [sten'tɔ:rɪən] a griausmingas
(balsas)

step [step] v 1 žengtelėti; žengti 2 eiti
□ to ~ aside pasitraukti į šalį;
prk. duoti kam kelią; to ~ in / into
žengti į, įžengti; įsikišti; to ~ off
a) išlipti (iš laivo ir pan.); b) amer.
padaryti klaidą; c) numirti; to ~
over peržengti, pereiti n 1 žingsnis
(t.p. prk.) 2 laiptas 3 (kojos) pėda,
pėdsakas △ in ~ kojon; to keep ~
(with) eiti koja kojon; to take ~s
imtis žygių; ~ by ~ žingsnis po žin-
gsnio

step||daughter ['stepdɔ:tə] n podukra
~father [-fɑ:ðə] n patėvis ~mother
[-mʌðə] n pamotė ~son [-sʌn] n po-
sūnis

steril||e ['steraɪl] a 1 nevaisingas, tuš-
čias, bergždžias; bevaisis 2 sterilus
~ity [stə'nlətɪ] n 1 nevaisingumas
2 sterilumas ~ize, ~ise ['sterəlaɪz] v
sterilizuoti

sterling ['stə:lɪŋ] a 1 nustatytos prabos,
grynas, pilnasvoris, pilnavertis 2 prk.
patikimas n sterlingas (Anglijos pini-
gas; papr. a pound ~)

stern [stə:n] I a griežtas, rūstus, neper-
maldaujamas

stern II n 1 užpakalinė laivo dalis 2 už-
pakalis; (šuns) uodega

stetson ['stetsn] n plačiabrylė skrybėlė
(pvz., kaubojaus)

stevedore ['sti:vədɔ:] n uosto krovėjas

stew [stju:] n 1 troškinta mėsa, žuvis
2 susijaudinimas △ to get into a ~
susijaudinti v 1 troškinti (mėsą, vai-
sius) 2 prakaituoti; šusti

steward ['stjuəd] n 1 (dvaro, namo)
valdytojas 2 ūkvedys 3 restorano pa-
davėjas (laive) ~ess [-ɪs] n 1 kam-
barinė (garlaivyje) 2 padavėja (laive,
lėktuve)

stew||-pan, ~-pot ['stju:pæn, -pɔt] n
prikaistuvis

stick [stɪk] I n 1 lazda; walking ~
(nendrinė) lazda, lazdelė 2 rankena
3 dirigento lazdelė

stick II v (stuck) 1 durti; įkiš-
ti; užsmeigti 2 priklijuoti; prilipdyti
3 prilipti 4 laikytis (pažiūros, taisyk-
lės, nuomonės) □ to ~ at ryžtingai
tęsti; to ~ at nothing nė prieš nie-
ką nesustoti; to ~ out a) iškišti;
išsikišti, kyšoti; b) nepasiduoti; to ~
out for užsispirti, tvirtai laikytis; to
~ to pasilikti ištikimam; to ~ up
a) kyšoti; b) šnek. įvesti į aklavietę,
priversti sumišti; to ~ up for ginti
~er n 1 dyglys, spyglys 2 klijai
3 amer. afiša, skelbimas 4 streikuo-
jantis darbininkas ~ing a limpantis,
lipnus ~er [-lə] n 1 karštas šalinin-
kas, gynėjas 2 užsispyręs ginčininkas
~y [-ɪ] a 1 lipnus, limpantis 2 neryž-
tingas 3 priekabus

stiff [stɪf] a 1 standus, kietas, nelanks-
tus 2 nepajudinamas, nepalenkiamas
3 stiprus (apie gėrimus) 4 prk. ma-
nieringas, nenatūralus, šaltas ~en
[-n] v 1 darytis kietam, užsispyrusiam
2 tirštėti, kietėti; stangrėti, kaulėti ~
-necked [,stɪf'nekt] a užsispyręs, kie-
tasprandis

stifl||e ['staɪfl] v 1 smaugti; dusinti 2 ge-
sinti (ugnį) 3 numalšinti 4 prk. užtu-
šuoti ~ing a troškus, tvankus

stigma ['stɪgmə] n 1 dėmė, ženklas; prk.
gėda 2 ist. įdeginta žymė 3 bot. žio-
telė; zool. stigma, kvėptukas 4 (pl
~ta [-tə]) bažn. stigma, žaizda ~tize,
~ise [-taɪz] v vainoti, plūsti; niekinti,
plėšti garbę

stile [staɪl] n lipynė; laipteliai perlipti
per tvorą, sieną

still [stɪl] I n 1 distiliatorius 2 (spirito)
varykla

still II a 1 nejudamas, nejudantis 2 ty-
lus, ramus; to stand ~ sustoti; to
keep ~ netriukšmauti n tyla, ramybė,
rimtis v raminti, tildyti

still III adv 1 dar, vis dar, iki šiol
2 tačiau; vis dėlto 3 dar (palyginant);
~ longer dar ilgesnis

still-born ['stɪlbɔ:n] a negyvas gimęs
(t.p. prk.)

stilt [stɪlt] *n* (*papr. pl*) kojokai, stipynės ~ed [-ɪd] *a* išpūstas, pompastiškas; dirbtinis, nenatūralus

stimul‖ant [ˈstɪmjulənt] *a* sužadinantis, sukeliantis ~ate [-eɪt] *v* (pa)-skatinti; (su)žadinti ~ation [ˌstɪmjuˈleɪʃn] *n* paskatinimas; sužadinimas ~us [-əs] *n* stimulas, akstinas

sting [stɪŋ] *n* 1 gylys, geluonis 2 įgėlimas 3 smarkus skausmas *v* (stung) gelti; graužti ~ing *a* aštrus, dygus; geliantis

stingy [ˈstɪndʒɪ] *a* šykštus

stink [stɪŋk] *v* (stank, stunk; stunk) smirdėti; dvokti *n* smarvė, dvokimas

stint [stɪnt] *v* 1 mažinti; šykštėti 2 apriboti; paskirti kam nors tam tikrą darbą *n* apribojimas

stipend [ˈstaɪpend] *n* alga; (*dvasininko*) oficialus darbo užmokestis ~iary [staɪˈpendɪərɪ] *a* samdomas, apmokamas *n* (*gaunantis algą*) teisėjas

stipulat‖e [ˈstɪpjuleɪt] *v* sąlygoti, lygti; išlyginti ~ion [ˌstɪpjuˈleɪʃn] *n* sąlyga, susitarimas

stir [stə:] *n* judėjimas; sąmyšis, pagyvėjimas *v* 1 judėti, judinti 2 maišyti 3 išjudinti, sukelti; to ~ up a) sumaišyti, suplakti; b) sukelti (*susidomėjimą, ginčus*)

stirring [ˈstə:rɪŋ] *a* jaudinantis

stirrup [ˈstɪrəp] *n* balno kilpa

stitch [stɪtʃ] I *n* 1 dygsnis; siūlė 2 (*mezginio*) akis *v* daigstyti; siūti; issiuvinėti

stitch II *n* dieglys

stoat [stəut] *n* šermuonėlis

stock [stɔk] *n* 1 kelmas, kamienas; (*šautuvo*) buožė 2 giminė, šeima 3 atsarga, fondas; *in* ~ atsargoje; ~ exchange birža 4 leukonija 5 *pl* akcijos fondai 6 inventorius; *to take* ~ inventorizuoti *v* 1 tiekti, aprūpinti 2 turėti sandėlyje

stock‖-breeder [ˈstɔkbriːdə] *n* gyvulių augintojas ~broker [-brəukə] *n* biržos makleris ~farm [-fɑːm] *n* gyvulininkystės ferma ~fish [-fɪʃ] *n* (nesūdyta) džiovinta žuvis ~holder [-həuldə] *n* akcininkas

stockinet [ˈstɔkɪnet] *n* triko

stocking [ˈstɔkɪŋ] *n* kojinė

stock-jobber [ˈstɔkdʒɔbə] *n* biržos spekuliantas

stock‖-still [ˌstɔkˈstɪl] *a* nejudantis ~-taking [ˈstɔkteɪkɪŋ] *n* (*prekių*) inventorizacija ~y [ˈstɔkɪ] *a* storas, žemas, kresnas

stodgy [ˈstɔdʒɪ] *a* 1 sunkus (*apie maistą*) 2 perkrautas (*detalėmis*); nuobodus (*apie knygą*)

stoke [stəuk] *v* prižiūrėti ugnį, kūrenti ~hold, ~-hole [-həuld, -həul] *n* katilinė, kūrykla ~r [-ə] *n* krosniakurys; kūrikas

stole [stəul] *past žr.* steal; ~n [-ən] *pp žr.* steal

stolid [ˈstɔlɪd] *a* vangus, bejausmis; flegmatiškas ~ity [stəˈlɪdətɪ] *n* vangumas; flegmatiškumas, neveiklumas

stomach [ˈstʌmək] *n* 1 skrandis; *to turn one's* ~ pykinti 2 pilvas 3 apetitas *v* 1 valgyti su apetitu, gardžiuotis 2 *prk.* pakęsti, pakelti; *I cannot* ~ *it* aš negaliu to pakęsti

stone [stəun] *n* 1 akmuo 2 (*slyvos ir pan.*) kauliukas; (*vaisiaus*) grūdelis 3 stounas (*svorio matas = 14 angl. svarų = 6,33 kg*) △ *rolling* ~ *prk.* nenuorama, klajūnas *v* 1 apmėtyti akmenimis 2 išimti kauliukus (*iš vaisių*) ~-deaf [ˌstəunˈdef] *a* visiškai kurčias ~ware [-weə] *n* moliniai indai ~work [-wə:k] *n* mūrijimas (*iš akmenų*)

stood [stud] *past ir pp žr.* stand

stool [stuːl] *n* suoliukas, taburetė

stool-pigeon [ˈstuːlpɪdʒɪn] *n* 1 balandis viliotojas 2 provokatorius, skundikas

stoop [stuːp] *n* 1 nusilenkimas, pasilenkimas 2 pakumpimas *v* 1 nusilenkti, pasilenkti 2 žemintis 3 kūprintis

stop [stɔp] *n* 1 sustojimas; sulaikymas; *to bring to a* ~ sustabdyti; *to*

come to a ~ sustoti 2 pabaiga 3 pertrauka 4 vožtuvas, (*muzikos instrumento*) ventilis 5 skyrybos ženklas; *full* ~ taškas *v* 1 sustoti; sustabdyti 2 nutraukti, baigti(s) 3 viešėti □ to ~ by užeiti, užvažiuoti; to ~ in *amer.* užeiti; to ~ off / over sustoti; to ~ up a) užkišti, užkimšti; b) *šnek.* neiti miegoti △ to ~ a *tooth* užplombuoti dantį; to ~ a *wound* sulaikyti žaizdos kraujavimą

stop‖cock ['stɔpkɔk] *n* uždaromasis čiaupas ~**page** [-ɪdʒ] *n* 1 sustojimas; kliūtis 2 darbo nutraukimas, streikas ~**per** [-ə] *n* kamštis ~**ping** *n* dantų plomba

stop-watch ['stɔpwɔtʃ] *n* sekundometras

storage ['stɔːrɪdʒ] *n* 1 saugojimas 2 sandėliai, saugykla 3 mokestis už saugojimą

store [stɔː] *n* 1 atsarga, gausumas; *emergency* ~ neliečiamoji atsarga 2 *pl* universalinė parduotuvė 3 sandėlis *v* 1 aprūpinti, tiekti 2 daryti atsargas, kaupti 3 atiduoti apsaugon 4 talpinti ~**house** [-haus] *n* 1 sandėlis 2 *prk.* lobynas ~**-keeper** [-kiːpə] *n* sandėlininkas; *amer.* krautuvininkas ~**-room** [-rum] *n* sandėliukas

storey ['stɔːrɪ] *n* (*namo*) aukštas

-storeyed, -storied ['stɔːrɪd] *a* -aukštis; *two*~ dviaukštis

stork [stɔːk] *n* gandras

storm [stɔːm] *n* 1 audra, štormas 2 *kar.* šturmas; *to take by* ~ paimti šturmu 3 *prk.* smarkus susijaudinimas, sąmyšis *v* 1 šturmuoti, užimti puolant 2 siausti, dūkti ~**-bound** [-baund] *a* audros sulaikytas ~**y** [-ɪ] *a* audringas, siautulingas

story ['stɔːrɪ] I *n* = storey

story II *n* 1 pasakojimas; apysaka 2 pasaka; padavimas; *a funny* ~ anekdotas; *short* ~ trumpas apsakymas; novelė ~**-teller** [-telə] *n* 1 pasakininkas; pasakotojas 2 apsakymų rašytojas 3 *šnek.* melagis

stout [staut] I *a* 1 narsus, ryžtingas 2 stiprus, tvirtas 3 apkūnus, stambus

stout II *n* stiprus alus; porteris

stove [stəuv] I *n* krosnis

stove II *past ir pp žr.* **stave** *v*

stow [stəu] *v* 1 (*apie lagaminą*) sudėti 2 krauti (*laivą*) 3 *šnek.* baigti △ ~ *that nonsense* baikite tas kvailystes; to ~ **away** nuimti, slėpti ~**age** [-ɪdʒ] *n* 1 sudėjimas, krovimas 2 sankrova ~**away** [-əweɪ] *n* keleivis be bilieto (*garlaivyje, lėktuve*)

straddle ['strædl] *v* 1 išsižergti, žirgsoti; žirglioti 2 sėstis, sėdėti apžargomis

straggle ['strægl] *v* 1 atsilikti 2 pakrikai, netvarkingai judėti; driektis

straight [streɪt] *a* 1 tiesus, teisingas 2 sąžiningas, doras 3 *amer.* neatskiestas *adv* 1 tiesiai, tiesiog 2 nedelsiant, tuojau; ~ *off / away šnek.* iš karto, tuojau ~**en** [-n] *v* ištiesinti; sutvarkyti ~**forward** [ˌstreɪtˈfɔːwəd] *a* sąžiningas, tiesus, atviras *adv* tiesiog, tuojau ~**way** [-weɪ] *adv* nedelsiant, tuojau

strain [streɪn] I *n* 1 padermė, giminė, gentis 2 būdas, polinkis; stilius, tonas

strain II *n* 1 įtempimas, įtampa 2 ištempimas *v* 1 įtempti 2 stengtis; perviršyti 3 pervargti 4 apglėbti, suspausti 5 filtruoti, košti ~**ed** [-d] *a* 1 įtemptas; nenatūralus 2 iškoštas ~**er** *n* filtras, koštuvas

strait [streɪt] *a* 1 siauras 2 griežtas; ~ *jacket* tramdomieji marškiniai *n* 1 sąsiauris 2 *prk. pl* sunki padėtis, vargas ~**en** [-n] *v* 1 siaurinti; ankštinti; varžyti, apriboti 2 įstumti į vargą

strand [strænd] I *n* pajūris; krantas *v* užplaukti ant seklumos

strand II *n* 1 pavija (*viena iš virvių, iš kurių sukamas lynas*) 2 charakterio bruožas ~**ed** [-ɪd] *a* suvaržytas

strange [streɪndʒ] *a* 1 svetimas, nežinomas, nepažįstamas 2 keistas, neįprastas; nuostabus ~**r** [-ə] *n* 1 svetimšalis 2 nežinomasis, pašalinis žmogus

strangle ['stræŋgl] *v* dusinti, smaugti

strangulation [ˌstræŋju'leɪʃn] *n* (pa)-smaugimas

strap [stræp] *n* 1 diržas 2 juosta 3 sąvara; sankaba *v* 1 (su)veržti diržu 2 mušti diržu 3 uždėti pleistrą ~**ping** [-ɪŋ] *a* aukštas, stambus *n med.* pleistras

strata ['streɪtə] *pl žr.* **stratum**

stratagem ['strætədʒəm] *n* karinė gudrybė

strateg‖ic(al) [strə'tiːdʒɪk(l)] *a* strateginis; operatyvinis ~**ics** [-ɪks] *n pl* strategija ~**ist** ['strætədʒɪst] *n* strategas ~**y** ['strætədʒɪ] *n* strategija

stratify ['strætɪfaɪ] *v* su(si)klostyti (*sluoksniais*)

stratosphere ['strætəsfɪə] *n* stratosfera

stratum ['strɑːtəm] *n* (*pl* **strata**) sluoksnis, klodas

straw [strɔː] *n* šiaudas △ *the last* ~ *prk.* paskutinis lašas (*apie kantrybę*); *not to care a* ~ elgtis visai abejingai

strawberry ['strɔːbrɪ] *n* 1 braškė 2 žemuogė (*t.p.* **wild** ~)

stray [streɪ] *v* paklysti; iškrypti *n* paklydęs gyvulys *a* 1 paklydęs 2 atsitiktinis; *a* ~ *bullet* atsitiktinė kulka

streak [striːk] *n* ruoželis; dryželis; sluoksnelis; *prk.* (*charakterio*) bruožas *v* 1 dryžuoti 2 švystelėti ~**y** [-ɪ] *a* dryžuotas

stream [striːm] *n* 1 srovė; upė; upelis 2 tekėjimas, eiga; *up* (*down*) ~ prieš srovę (pasroviui) *v* 1 tekėti, sruventi, plaukti, lietis 2 plevėsuoti ~**er** *n* 1 gairelė 2 ilgas plevėsuojantis kaspinas ~**let** [-lɪt] *n* upelis ~**line** [-laɪn] *a* aptakus *v amer.* racionalizuoti

street [striːt] *n* gatvė; *the man in the* ~ paprastas / eilinis žmogus ~**car** [-kɑː] *n amer.* tramvajus

strength [streŋθ] *n* jėga; tvirtumas; atsparumas; *on the* ~ *of* remiantis, dėl ~**en** [-ən] *n* stiprinti

strenuous ['strenjuəs] *a* 1 veiklus, energingas, stiprus 2 įtemptas; sunkus

stress [stres] *n* 1 spaudimas; įtempimas 2 kirtis; *to lay* ~ *on* pabrėžti, pažymėti *v* pabrėžti, kirčiuoti

stretch [stretʃ] *n* 1 ištempimas; įtempimas 2 laiko tarpas 3 erdvė △ *at a* ~ be pertraukos, neatsitraukiant; vienu prisėdimu *v* 1 (išsi)tempti; (išsi)tiesti 2 padidinti, sustiprinti; įtempti ~**er** *n* neštuvai

strew [struː] *v* (**strewed; strewn** [-n], **strewed**) 1 apiberti; pabarstyti 2 išmėtyti

stricken ['strɪkn] I *pp žr.* **strike** II

stricken II *a* (*senatvės*) palaužtas, sugniužęs

strict [strɪkt] *a* tikslus; griežtas; reiklus ~**ure** [-tʃə] *n* 1 *pl* griežta kritika, pasmerkimas 2 *med.* striktūra, susiaurėjimas

stride [straɪd] *n* 1 didelis žingsnis 2 *pl* laimėjimai *v* (**strode** [strəud]; **stridden** ['strɪdn]) 1 žengti dideliais žingsniais; žirglioti; peržengti 2 sėdėti apžargomis

strident ['straɪdnt] *a* aštrus, gergždžiantis (*apie garsą*)

strife [straɪf] *n* kova, ginčas, kivirčai, nesantaika

strike [straɪk] I *n* streikas; *general* ~ visuotinis streikas; *sit-down* ~, *sit-in* ~, *stay-in* ~ itališkasis streikas; *to be* (*out*) *on* ~ streikuoti; *to go on* ~ paskelbti streiką *v* streikuoti, skelbti streiką ~**-breaker** [-breɪkə] *n* streiklaužys ~**r** [-ə] *n* streikininkas

strike II *v* (**struck; struck**, *pasen.* **stricken**) 1 mušti, suduoti, kalti 2 dingtelėti (*apie mintį*) 3 įskelti (*ugnį*); uždegti (*degtuką*) 4 mušti, skambinti (*valandas*) □ *to* ~ *off* a) atkirsti; b) *poligr.* išspausdinti; c) išbraukti; atleisti; *to* ~ *out* a) išbraukti; b) išvykti, nuvykti; c) sugalvoti planą; d) kirsti iš peties; *to* ~ *up* a) atmušti (*kirtį*); b) greitai / atsitiktinai užmegzti pažintį; c) užgroti (*apie orkestrą*) △ *to* ~ *a bargain* sudaryti sandėrį

striking ['straɪkɪŋ] *a* nuostabus, nepaprastas, puikus

string [strɪŋ] *n* 1 virvė, virvelė 2 styga; *the* ~*s* styginiai instrumentai **3** (*lanko*) timpa **4** eilė (*faktų, pavyzdžių*) **5** vėrinys *v* (**strung**) 1 užrišti; pririšti 2 įtempti **3** suverti (*karolius*) **4** įtempti (*nervus, jėgas*) ~-**band** [-bænd] *n* styginis orkestras ~**ed** [-d] *a* styginis, stygų

string‖ency ['strɪndʒənsɪ] *n* 1 griežtumas 2 pinigų stoka ~**ent** [-nt] *a* 1 griežtas, tikslus 2 suvaržytas (*finansine prasme*)

stringy ['strɪŋɪ] *a* 1 plaušingas, skaidulinis 2 toks kaip styga

strip [strɪp] *n* siaura juostelė; atraiža *v* 1 nuplėšti; nulupti (*of*) 2 nuvilkti; apnuoginti **3** atimti, grobti

stripe [straɪp] *n* 1 dryžis, juosta; rėžis (*botagu*) 2 antsiuvas; *pl* juostelės, žyminčios laipsnį ~**d** [-t] *a* dryžuotas

stripling ['strɪplɪŋ] *n* paauglys, jaunuolis

strive [straɪv] *v* (**strove** ['strəuv]; **striven** ['strɪvn]) 1 stengtis, siekti 2 kovoti

strode [strəud] *past žr.* **stride**

stroke [strəuk] *n* 1 smūgis, kirtis; (*laikrodžio*) mušimas 2 glostymas (*ranka*) **3** metodas, būdas (*politikoje ir pan.*) 4 brūkštelėjimas, brūkšnys **5** mostas, mojis **6** priepuolis *v* glostyti

stroll [strəul] *n* pasivaikščiojimas; *to take a* ~, *to go for a* ~ pasivaikščioti *v* vaikščioti; klaidžioti, bastytis

strong [strɔŋ] *a* 1 stiprus, tvirtas 2 aštrus; kandus **3** energingas 4 garsus (*apie balsą*) **5** griežtas, ryžtingas ~-**box** [-bɔks] *n* seifas ~**hold** [-həuld] *n* tvirtovė, citadelė

strop [strɔp] *n* diržas (*skustuvui galąsti*) *v* galąsti (*skustuvą*)

strove [strəuv] *past žr.* **strive**

struck [strʌk] *past ir pp žr.* **strike** II

structur‖al ['strʌktʃərəl] *a* struktūrinis ~**e** [-tʃə] *n* 1 struktūra; konstrukcija 2 pastatas; statinys

struggle ['strʌgl] *n* kova; grumtynės *v* stengtis iš visų jėgų; grumtis

strum [strʌm] *v* tarškinti, čirpinti *n* tarškinimas, čirpinimas

strung [strʌŋ] *past ir pp žr.* **string**

strut [strʌt] I *n* išdidi eisena *v* išdidžiai, pasipūtus vaikščioti

strut II *n* atrama, ramstis, spyrys *v* paspirti, paremti, paramstyti

stub [stʌb] *n* 1 kelmas 2 nuolauža **3** nuoruka *v* rauti kelmus

stubble ['stʌbl] *n* 1 ražiena 2 *prk.* šeriai, neskusta barzda

stubborn ['stʌbən] *a* užsispyręs, atkaklus ~**ness** [-ɪs] *n* užsispyrimas, atkaklumas

stucco ['stʌkəu] *n* tinkas *v* tinkuoti

stuck [stʌk] *past ir pp žr.* **stick** II

stuck-up [ˌstʌk'ʌp] *a šnek.* išdidus, arogantiškas

stud [stʌd] I *n* 1 vinis (*su didele galvute*) 2 saga, sąsaga (*marškinių rankogaliams ir pan.*) *v* išmušti, apkalti (*vinimis*), nusagstyti (*žvaigždėmis*)

stud II *n* žirgynas ~-**book** [-buk] *n* arklio kilmės pasas

student ['stjuːdnt] *n* 1 studentas, moksleivis 2 mokslininkas

studied ['stʌdɪd] *a* 1 iš anksto apgalvotas, tyčinis 2 apsiskaitęs, žinantis, mokantis

studio ['stjuːdɪəu] *n* studija

studious ['stjuːdɪəs] *a* 1 atsidėjęs studijoms 2 uolus, rūpestingas

study ['stʌdɪ] *n* 1 mokslinis darbas, tyrinėjimas (*of*); *to make a* ~ *of* pagrindinai studijuoti 2 mokslas; studijavimas **3** tiriamasis objektas 4 kabinetas △ *to be in a brown* ~ būti susimąsčiusiam *v* 1 mokytis, studijuoti 2 tirti

stuff [stʌf] *n* 1 medžiaga, materija 2 šlamštas, niekai *v* 1 kimšti, iškimšti 2 įdaryti, farširuoti **3** persivalgyti; *šnek.* kimšti 4 užkimšti (*ausis, skylę*) ~**ing** *n* 1 kamšalas, įdaras 2 kimšimas ~**y** [-ɪ] *a* tvankus, troškus

stultify ['stʌltɪfaɪ] *v* iškvailinti, apjuokti; paversti niekais

stumbl‖e ['stʌmbl] *n* suklupimas; suklydimas; stabtelėjimas *v* 1 suklupti (*over*); stabtelėti, užkliūti (*kalboje*) 2 apsirikti, suklysti; *to* ~ *across* / *against* atsitiktinai užtikti, užeiti ~**ingblock** [-ɪŋblɔk] *n* kliuvinys, suklupimo priežastis

stump [stʌmp] *n* 1 kelmas; rąstgalys 2 bigė, strampas (*likusi suluošintos rankos ar kojos dalis*) 3 nuorūka 4 paskubom įrengta tribūna *v* 1 šlubčioti, šleivoti 2 *šnek.* sugluminti

stun [stʌn] *v* 1 pritrenkti, apsvaiginti 2 apstulbinti

stung [stʌŋ] *past ir pp žr.* **sting**

stunk [stʌŋk] *past ir pp žr.* **stink**

stunn‖er ['stʌnə] *n šnek.* 1 stebuklas; nuostabus žmogus 2 sukrečiantis, jaudinantis vaizdas, reginys ~**ing** [-ɪŋ] *a* nuostabus; stulbinantis; puikus, nepaprastas

stunt [stʌnt] I *v* stabdyti augimą

stunt II *n* triukas, fokusas

stunted ['stʌntɪd] *a* žemaūgis, sunykęs

stupe‖faction [ˌstjuːpɪ'fækʃn] *n* nusтėrimas, apstulbimas ~**fy** ['stjuːpɪfaɪ] *v* 1 atbukinti (*jausmus, protą*) 2 nustebinti, apstulbinti ~**ndous** [stjuː'pendəs] *a* nuostabus, didžiulis; didžiai svarbus

stupid ['stjuːpɪd] *a* kvailas, bukaprotis ~**ity** [stjuː'pɪdətɪ] *n* kvailumas, bukaprotiškumas

stupor ['stjuːpə] *n* 1 sustingimas, apstulbimas 2 stabligė

sturdy ['stɜːdɪ] *a* 1 tvirtas, stiprus, sveikas 2 atsparus 3 drąsus

sturgeon ['stɜːdʒən] *n zool.* eršketas

stutter ['stʌtə] *v* mikčioti *n* mikčiojimas ~**er** [-rə] *n* mikčius

sty [staɪ] I *n* kiaulidė

sty II *n* (*akies*) miežis

styl‖e [staɪl] *n* 1 stilius 2 mokykla, srovė, kryptis (*mene*) 3 maniera, būdas 4 mada, fasonas, (*drabužio*) sukirpimas 5 titulas *v* tituluoti, vadinti ~**ish** [-ɪʃ] *a* dailus, elegantiškas, madingas ~**istic** [-'lɪstɪk] *a* stilistinis

suasion ['sweɪʒn] *n* įkalbinėjimas

suav‖e [swɑːv] *a* malonus, meilus, mandagus; lipšnus ~**ity** [-ətɪ] *n* meilumas, lipšnumas; mandagumas

sub- [sʌb] *pref* pa-, po-, sub-

subaltern ['sʌbltən] *n* jaunesnysis karininkas

subcommittee ['sʌbkəmɪtɪ] *n* pakomitetis

subconscious [ˌsʌb'kɔnʃəs] *a* pasąmoninis, pasąmonės

subdivi‖de [ˌsʌbdɪ'vaɪd] *v* (*toliau*) dalyti(s) ~**sion** [-'vɪʒn] *n* 1 (*smulkesnis*) padalijimas 2 padalinys; poskyris

subdue [səb'djuː] *v* 1 pavergti, pajungti; numalšinti 2 sušvelninti (*toną, įspūdį*)

subject ['sʌbdʒɪkt] *a* 1 priklausomas, pavaldus 2 linkęs 3 priklausantis *n* 1 pavaldinys 2 *gram.* veiksnys 3 tema, siužetas; dalykas; dingstis; *on the* ~ *of* dingstimi, tuo klausimu; apie *adv:* ~ *to* su sąlyga, prileidžiant *v* [səb'dʒekt] pajungti, palenkti ~**ion** [səb'dʒekʃn] *n* 1 pajungimas 2 priklausomybė ~**ive** [səb'dʒektɪv] *a* subjektyvus ~**-matter** [-mætə] *n* turinys, siužetas

subjoin [ˌsʌb'dʒɔɪn] *v* pridėti, pridurti; prirašyti pabaigoje

subjugat‖e ['sʌbdʒugeɪt] *v* pajungti, pavergti ~**ion** [ˌsʌbdʒu'geɪʃn] *n* pajungimas, pavergimas ~**or** *n* pajungėjas, pavergėjas

subjunctive [səb'dʒʌŋktɪv] *n gram.* tariamoji nuosaka

sublease [ˌsʌb'liːs] *n ekon.* subnuoma

sublime [sə'blaɪm] *a* didingas, kilnus, aukštas *v* 1 išaukštinti 2 sublimuoti

submarine [ˌsʌbmə'riːn] *n* povandeninis laivas *a* povandeninis

submerge [səb'mɜːdʒ] *v* panardinti, nugramzdinti, paskandinti; užtvindyti

submis‖sion [səb'nuʃn] *n* 1 paklusnumas, nuolankumas; pasidavimas, nusileidimas 2 (*dokumentų*) pateikimas ~**sive** [səb'nɪsɪv] *a* paklusnus, nuolankus

submit [səb'mɪt] *v* 1 paklusti, pasiduo-
ti, nusileisti 2 pateikti (*svarstyti*)

subordinat‖e *a* [sə'bɔ:dɪnət] pavaldus,
priklausomas (*to*); antraeilis; šalutinis
v [-neɪt] pajungti, padaryti priklauso-
mą ∼ion [sə,bɔ:dɪ'neɪʃn] *n* priklauso-
mumas; pavaldumas, subordinacija

suborn [sə'bɔ:n] *v* papirkti, sukurstyti

subpoena [sə'pi:nə] *n teis.* šaukimas į
teismą

subscri‖be [səb'skraɪb] *v* 1 pasirašyti;
užsisakyti; prenumeruoti (*to*) 2 prisi-
jungti, palaikyti (*nuomonę*) ∼ber [-ə]
n prenumeratorius ∼ption [-'skrɪpʃn]
n 1 prenumerata 2 pasirašymas 3 įna-
šas

subsequent ['sʌbsɪkwənt] *a* po to ei-
nantis, kitas, paskesnis ∼ly *adv* vė-
liau, paskui

subserv‖e [səb'sə:v] *v* 1 padėti, teik-
ti (*paramą*) 2 tarnauti (*tikslui*) ∼ient
[-ɪənt] *a* 1 naudingas, teikiantis (*para-
mą*) 2 paklusnus, vergiškai nuolankus

subside [səb'saɪd] *v* 1 kristi, mažėti;
slūgti (*apie potvynį*) 2 nusėsti, (į)dub-
ti (*apie žemę, pastatą*) 3 nurimti (*apie
vėją, audrą*)

subsid‖iary [səb'sɪdɪərɪ] *a* 1 pagalbinis,
papildomas 2 pašalpos *n* filialas ∼ize,
∼ise ['sʌbsɪdaɪz] *v* subsidijuoti, šelpti
∼y ['sʌbsədɪ] *n* pašalpa, dotacija

subsist [səb'sɪst] *v* gyvuoti, egzistuoti,
gyventi (*on*) ∼ence [-əns] *n* 1 gyvavi-
mas, egzistavimas 2 išlaikymas, lėšos
pragyvenimui

subsoil ['sʌbsɔɪl] *n* podirvis

substan‖ce ['sʌbstəns] *n* 1 *filos.* subs-
tancija, materija; medžiaga 2 es-
mė, turinys 3 realybė, tikrovė ∼tial
[səb'stænʃl] *a* 1 realus; medžiaginis
2 tvirtas 3 esminis, svarbus 4 turtin-
gas, pasiturintis ∼tiate [səb'stænʃɪ-
eɪt] *v* 1 pateikti pakankamai įrody-
mų; įrodyti 2 suteikti konkrečią formą
∼tiation [səb,stænʃɪ'eɪʃn] *n* 1 įrody-
mas 2 įrodinėjimas

substantive ['sʌbstəntɪv] *n gram.* daik-
tavardis *a* savarankiškas, nepriklauso-
mas

substation [sʌb'steɪʃn] *n el.* pastotė

substitut‖e ['sʌbstɪtju:t] *n* 1 pavaduo-
tojas 2 pakaitalas *v* pakeisti; pavaduo-
ti ∼ion [,sʌbstɪ'tju:ʃn] *n* 1 pakeitimas
2 pakaitalas 3 substitucija

substruct‖ion, ∼ure [sʌb'strʌkʃn,
'sʌbstrʌktʃə] *n* pamatas, pagrindas

subterfuge ['sʌbtəfju:dʒ] *n* atsikalbinė-
jimas; išsisukinėjimas, gudrybė

subterranean [,sʌbtə'reɪnɪən] *a* požе-
mio, požeminis

subtitle ['sʌbtaɪtl] *a* paantraštė

subtle ['sʌtl] *a* 1 subtilus, įmantrus;
švelnus (*apie jausmą*); aštrus (*apie
protą*) 2 gudrus, klastingas ∼ty [-tɪ]
n 1 subtilumas, įmantrumas; švelnu-
mas; aštrumas 2 gudrumas, klastin-
gumas

subtra‖ct [səb'trækt] *v mat.* atim-
ti ∼ction [-kʃn] *n* atimtis ∼hend
['sʌbtrəhend] *n* atėminys

suburb ['sʌbə:b] *n* priemiestis ∼an [sə-
'bə:bən] *a* priemiestinis, priemiesčio

subvention [səb'venʃn] *n* pašalpa; do-
tacija

subvers‖ion [sʌb'və:ʃn] *n* nuverti-
mas; sunaikinimas ∼ive [sʌb'və:sɪv] *a*
griaunamasis, naikinamasis

subvert [sʌb'və:t] *v* nuversti; sunaikinti

subway ['sʌbweɪ] *n* 1 tunelis 2 *amer.*
metropolitenas

succeed [sək'si:d] *v* 1 sekti, eiti po 2 pa-
sisekti; pasiekti tikslą (*in*); *I* ∼ed
man pasisekė 3 paveldėti (*to*)

success [sək'ses] *n* pasisekimas, sėkmė;
ill ∼ nesėkmė; *to be a* (*great*) ∼
turėti (didelį) pasisekimą; *this book
is a* ∼ ši knyga turi pasisekimą ∼ful
a sėkmingas; pavykęs; laimingas

success‖ion [sək'seʃn] *n* 1 eilė, seka;
in ∼ iš eilės 2 įpėdinystės teisė ∼ive
[sək'sesɪv] *a* einantis vienas paskui ki-
tą, eilinis ∼or [sək'sesə] *n* įpėdinis

succinct [sək'sɪŋkt] *a* trumpas, glaustas

succory ['sʌkərɪ] *n* cikorija

succour ['sʌkə] *v* padėti, pagelbėti *n* pa-
galba

succul||ence ['sʌkjuləns] n sultingumas
~ent [-lənt] a sultingas

succumb [sə'kʌm] v 1 būti nugalėtam,
nusileisti 2 pasiduoti, neišlaikyti (to);
mirti (to)

such [sʌtʃ] a pron toks; ~ as kaip an-
tai ~-and-~ [-nsʌtʃ] a toks ir toks ~
-like [-laik] a toks, panašus

suck [sʌk] v čiulpti, žįsti; sugerti □
to ~ in / up įsiurbti, įtraukti; su-
gerti, sutraukti; to ~ out isčiulpti n
čiulpimas, žindimas ~er n 1 žinduklis
2 siurblio stūmoklis 3 atžala 4 šnek.
parazitas; veltėdys ~le [-l] v žindyti
~ling [-lɪŋ] n žindomas vaikas

suction ['sʌkʃn] n (į)siurbimas, čiulpi-
mas

sudden ['sʌdn] a staigus, netikėtas, ne-
lauktas n: on a ~, of a ~, all of
a ~ staiga, netikėtai ~ly adv staiga,
netikėtai

suds [sʌdz] n pl muilo putos

sue [sju:] v 1 patraukti į teismą 2 pra-
šyti, reikalauti, maldauti

suede [sweid] n zomša attr zomšinis

suffer ['sʌfə] v 1 kęsti, kentėti 2 patirti
(pralaimėjimą, skausmą) 3 leisti, pa-
kęsti ~ance [-rəns] n tylus sutikimas,
nuolaidžiavimas ~ing [-rɪŋ] n pl kan-
čios, kentėjimas

suffic||e [sə'fais] v užtekti, pakakti
~iency [-'fiʃnsi] n pakankamumas
~ient [-'fiʃnt] a pakankamas

suffix ['sʌfiks] n gram. priesaga, sufik-
sas

suffocat||e ['sʌfəkeit] v 1 užtroškinti,
uždusinti 2 trokšti, dusti ~ion [ˌsʌfə-
'keiʃn] n 1 užtroškinimas 2 dusimas,
dusulys

suffrag||e ['sʌfrɪdʒ] n balsas, balsavi-
mo, rinkimų teisė ~ette [ˌsʌfrə'dʒet]
n sufražistė, kovotoja už moterų teisę
balsuoti ~ist ['sʌfrədʒist] n kovotojas
už moterų lygiateisiškumą

suffuse [sə'fju:z] v 1 parausti 2 apsipilti
(ašaromis)

sugar ['ʃugə] n cukrus; cane ~ cuk-
ranendrių cukrus v saldinti; apibars-
tyti cukrumi ~-basin[-beisn] n cuk-
rinė ~-beet [-bi:t] n cukrinis runke-
lis ~-cane [-kein] n cukranendrė ~
-refinery [-rɪfainəri] n cukraus, rafi-
nado fabrikas ~-tongs [-tʌŋz] n žnyp-
lelės cukrui imti ~y [-ri] a 1 saldus,
cukringas 2 šleikštus, meilikaujantis,
saldžialiežuvis

suggest [sə'dʒest] v 1 įteigti, sukel-
ti, pakišti (mintį) 2 duoti suprasti,
užsiminti 3 pasiūlyti, patarti ~ion
[-'dʒestʃn] n 1 įtaiga 2 patarimas, pa-
siūlymas ~ive [-ɪv] a 1 sukeliantis
mintis, įtaigus 2 nepadorus; dvipras-
miškas

suicid||al [ˌs(j)u:ı'saidl] a savižudiškas
~e ['s(j)u:ısaid] n 1 savižudis, nusižu-
dėlis 2 savižudybė; to commit ~e
nusižudyti

suit [su:t] I n 1 prašymas; pareiškimas
2 teis. byla; ieškinys; to bring a ~
against iškelti ieškinį

suit II n 1 kostiumas 2 rinkinys, komp-
lektas 3 kort. spalva, rūšis v 1 pritai-
kyti 2 tikti; to ~ oneself išsirinkti
pagal skonį ~able [-əbl] a tinkamas,
tinkantis, atitinkamas ~case [-keis] n
nedidelis lagaminas

suite [swi:t] n 1 svita, palyda 2 rin-
kinys, komplektas; ~ of rooms nu-
meris iš kelių kambarių (viešbutyje)
3 muz. siuita

suitor ['su:tə] n 1 gerbėjas 2 teis. ieš-
kovas; prašytojas

sulk [sʌlk] v pykti; raukytis ~y [-ı] a
niūrus, paniuręs, surūgęs, susiraukęs

sullen ['sʌlən] a niūrus, piktas

sully ['sʌlı] v (su)purvinti, (su)tepti (re-
putaciją)

sulph||ate ['sʌlfeit] n sulfatas ~ite
[-fait] n sulfitas ~ur ['sʌlfə] n siera
~urous ['sʌlfərəs] a sieringas ~uric
[sʌl'fjuərık] a sieros, sierinis; ~uric
acid sieros rūgštis

sultry ['sʌltrı] a kaitrus, karštas, tvan-
kus

sum [sʌm] n 1 suma, rezultatas; kiekis
2 esmė; in ~ trumpai sakant 3 arit-
metikos uždavinys; to do ~s spręsti

uždavinius *v* 1 sudėti 2 reziumuoti; *to*
~ up trumpai sutraukti, reziumuoti
summar‖ize [ˈsʌməraɪz] *v* susumuoti;
reziumuoti ~y [-rɪ] *n* santrauka; re-
ziumė *a* trumpas, sutrauktas
summer [ˈsʌmə] *n* vasara; *Indian* ~
bobų vasara ~-house [-haus] *n* vasa-
rinė, altana
summit [ˈsʌmɪt] *n* 1 viršūnė 2 *prk.*
aukščiausias laipsnis, riba
summon [ˈsʌmən] *v* 1 šaukti (*į teismą*)
2 iškviesti; sušaukti 3 reikalauti (*įvyk-
dymo*); *to* ~ *up one's courage* įsi-
drąsinti ~s [-z] *n* 1 šaukimas (*į teis-
mą*) 2 *kar.* ultimatumas
sump [sʌmp] *n* 1 kloaka 2 vandens nuo-
takas
sumptuous [ˈsʌmptʃuəs] *a* prabangus,
ištaigingas
sun [sʌn] *n* saulė; saulės šviesa; *in the*
~ įsauliui, prieš saulę *v* kaitinti(s)
saulėje ~-bath [-bɑ:θ] *n* saulės vo-
nia ~beam [-bi:m] *n* saulės spindulys
~blind [-blaɪnd] *n* išorinė (*langų*)
užuolaida; tentas ~burn [-bə:n] *n*
1 įdegimas 2 nudegimas (*nuo saulės*)
~burnt [-bə:nt] *a* 1 įdegęs 2 nudegęs
Sunday [ˈsʌndɪ] *n* sekmadienis
sundew [ˈsʌndju:] *n bot.* saulašarė
sun‖dial [ˈsʌndaɪəl] *n* saulės laikrodis
~down [-daun] *n amer.* saulėlydis
sundries [ˈsʌndrɪz] *n pl* (*visoks*) krati-
nys
sundry [ˈsʌndrɪ] *a* skirtingas, įvairus
sunflower [ˈsʌnflauə] *n* saulėgrąža
sung [sʌŋ] *pp žr.* sing
sunk(en) [ˈsʌŋk(ən)] *v pp žr.* sink *a* 1
paskendęs 2 įdubęs
sun‖light [ˈsʌnlaɪt] *n* saulės šviesa ~lit
[-lɪt] *a* saulės apšviestas ~ny [ˈsʌnɪ]
a 1 saulėtas 2 linksmas, džiugus
~rise [-raɪz] *n* saulėtekis ~set [-set]
n saulėlydis ~shade [-ʃeɪd] *n* 1 skėtis
(*nuo saulės*) 2 tentas ~shine [-ʃaɪn] *n*
1 saulės šviesa 2 gražus oras ~-spot
[-spɔt] *n* 1 dėmė (*saulėje*) 2 strazdana
~stroke [-strəuk] *n* saulės smūgis ~
-tan [-tæn] *n* įdegimas (*nuo saulės*)

sup [sʌp] *v* srėbti, siurbčioti *n* gurkšnis
super [ˈsu:pə] *a* aukščiausios rūšies
n (*policijos*) inspektorius
super- [ˈsu:pə-] *pref* virš-, ant-
superannuat‖e [ˌsu:pəˈrænjueɪt] *v* 1 at-
leisti dėl senatvės 2 *prk.* atidėti
į archyvą ~ion [ˌsu:pəˌrænjuˈeɪʃn] *n*
1 persenimas 2 atleidimas į pensiją
superb [su:ˈpə:b] *a* puikus, nuostabus
supercilious [ˌsu:pəˈsɪlɪəs] *a* išdidus, iš-
puikęs, pasipūtęs
superficial [ˌsu:pəˈfɪʃl] *a* paviršutiniš-
kas, lėkštas
superfine [ˌsu:pəˈfaɪn] *a* aukščiausios
kokybės, nepaprastai puikus
super‖fluity [ˌsu:pəˈfluətɪ] *n* nereika-
lingumas, perteklius ~fluous [su:ˈpə:-
fluəs] *a* atliekamas, nereikalingas
superhuman [ˌsu:pəˈhju:mən] *a* ant-
žmogiškas
superintend [ˌsu:pərɪnˈtend] *v* prižiū-
rėti, tvarkyti, valdyti ~ence [-əns]
n priežiūra; valdymas ~ent [-ənt]
n 1 valdytojas, vedėjas, direktorius
2 policijos inspektorius
superior [su:ˈpɪərɪə] *a* 1 aukštesnis, vy-
resnis 2 geresnis, pranašesnis 3 nepa-
siekiamas, esantis aukščiau 4 išdidus
n 1 vyresnysis, viršininkas 2 (*vienuo-
lyno*) vyresnysis ~ity [su:ˌpɪərɪˈɔrətɪ]
n 1 pranašumas 2 vyresniškumas
superlative [su:ˈpə:lətɪv] *a* aukščiausias
n gram. aukščiausias laipsnis
superman [ˈsu:pəmæn] *n* antžmogis
supermarket [ˌsu:pəˈmɑ:kɪt] *n* didelė
savitarnos parduotuvė
supernatural [ˌsu:pəˈnætʃrəl] *a* ant-
gamtinis
supernumerary [ˌsu:pəˈnju:mərərɪ] *a*
neetatinis; papildomas *n* 1 neetati-
nis darbuotojas; laikinas pavaduoto-
jas 2 *teatr.* statistas
superprofit [ˌsu:pəˈprɔfɪt] *n ekon.* virš-
pelnis
supersede [ˌsu:pəˈsi:d] *v* 1 pakeisti; iš-
stumti 2 atleisti iš darbo
superstar [ˈsu:pəstɑ:] *n* superžvaigždė

superstit‖ion [ˌsuːpə'stɪʃn] *n* prietaras ~**ious** [-'stɪʃəs] *a* prietaringas

superstructure ['suːpəstrʌktʃə] *n* antstatas

supertax ['suːpətæks] *n* viršpelnio mokestis

supervene [ˌsuːpə'viːn] *v* 1 ištikti, netikėtai atsitikti 2 eiti po; išplaukti iš

supervis‖e ['suːpəvaɪz] *v* prižiūrėti, stebėti ~**ion** [ˌsuːpə'vɪʒn] *n* priežiūra, stebėjimas ~**or** *n* prižiūrėtojas

supine ['suːpaɪn] *a* 1 aukštielninkas 2 tingus; abejingas

supper ['sʌpə] *n* vakarienė

supplant [sə'plɑːnt] *v* (*gudrumu*) užimti kieno nors vietą, išstumti

supple ['sʌpl] *a* 1 lankstus 2 *prk.* nuolaidus, paklusnus

supplement ['sʌplɪmənt] *n* priedas, papildymas *v* [-ment] papildyti, pridėti ~**al**, ~**ary** [ˌsʌplɪ'mentl, ˌsʌplɪ'mentrɪ] *a* papildomas

suppliant ['sʌplɪənt] *n* prašytojas, maldautojas *a* prašantis, maldaujantis

supplicat‖e ['sʌplɪkeɪt] *v* maldauti, prašyti ~**ion** [ˌsʌplɪ'keɪʃn] *n* maldavimas, prašymas

supply [sə'plaɪ] *n* 1 aprūpinimas, tiekimas 2 *pl* maistas, atsargos 3 *ekon.* pasiūla; ~ **and demand** pasiūla ir paklausa *v* 1 aprūpinti (*with*), tiekti 2 patenkinti, atlyginti 3 pakeisti, pavaduoti

support [sə'pɔːt] *n* 1 palaikymas; parama; atrama, ramstis; **to speak in** ~ **of** palaikyti, ginti 2 šeimos maitintojas *v* 1 palaikyti; paremti 2 išlaikyti (*šeimą*) 3 paremti, sustiprinti ~**er** *n* šalininkas

suppos‖e [sə'pəuz] *v* manyti, tarti, spėti ~**ed** [-d] *a* tariamas, menamas, spėjamas, įsivaizduojamas ~**edly** [-zɪdlɪ] *adv* gal būt, manoma, spėjama ~**ition** [ˌsʌpə'zɪʃn] *n* spėliojimas, prielaida, manymas

suppress [sə'pres] *v* 1 numalšinti, nuslopinti 2 suvaldyti, (su)stabdyti 3 uždrausti (*laikraštį*) 4 nuslėpti, nutylėti

(*tiesą*) ~**ion** [-'preʃn] *n* 1 numalšinimas 2 uždraudimas 3 nutylėjimas

suppurat‖e ['sʌpjureɪt] *v* pūliuoti ~**ion** [ˌsʌpju'reɪʃn] *n* pūliavimas

suprem‖acy [suː'preməsɪ] *a* aukščiausioji valdžia; viršenybė ~**e** [suː'priːm] *a* 1 aukščiausias 2 didžiausias 3 kraštutinis

surcharge ['səːtʃɑːdʒ] *n* 1 priemoka 2 bauda 3 perkrova

surd [səːd] *n* *mat.* irracionalusis skaičius

sure [ʃuə] *a* 1 tikras; įsitikinęs; **to stand** ~ tvirtai laikytis; ~ **of** įsitikinęs; ~ **of oneself** savimi pasitikintis; **are you** ~? ar jūs tikras? 2 patikimas, neabejotinas; **he is** ~ **to come** jis būtinai ateis; **to be** ~ žinoma, suprantama, neabejotina; **to be** ~ **she is not a beauty** žinoma, ji ne gražuolė; **well I'm** ~!, well, **to be** ~! še tau kad nori!; tik pažiūrėkit!; **to make** ~ a) įsitikinti; b) ap(si)rūpinti; **slow and** ~ lėtai, bet užtikrintai *adv* žinoma, be abejo; ~ **enough** tikrai, žinoma; **as** ~ **as eggs** *juok.* aišku, kaip dukart du ~**ly** *adv* 1 be abejo, žinoma 2 tikrai ~**ty** ['ʃuərətɪ] *n* 1 laiduotojas 2 laidas; **to stand** ~**ty for** laiduoti

surf [səːf] *n* bangų mūša, bangavimas

surface ['səːfɪs] *n* paviršius

surfeit ['səːfɪt] *n* persisotinimas, persivalgymas *v* persisotinti, persivalgyti

surge [səːdʒ] *n* 1 didelė banga, bangavimas 2 *poet.* jūra *v* banguoti, priplūsti (*apie minią*); (pa)kilti (*apie bangas*)

surg‖eon ['səːdʒn] *n* 1 chirurgas 2 karinis gydytojas ~**ery** [-dʒərɪ] *n* chirurgija ~**ical** [-dʒɪkl] *a* chirurginis

surly ['səːlɪ] *a* šiurpus, rūstus, niūrus; šiurkštus

surmise ['səːmaɪz] *n* spėliojimas *v* [sə'maɪz] spėlioti, manyti, tarti

surmount [səː'maunt] *v* įveikti; būti virš, aukščiau už; viršyti

surname ['səːneɪm] *n* 1 pavardė 2 pravardė

surpass [sə'pɑ:s] *v* pralenkti, viršyti

surplus ['sə:pləs] *n* likutis; perteklius *a* nereikalingas, atliekamas; ~ *value ek.* pridedamoji vertė

surpris||e [sə'praız] *n* 1 nustebimas 2 netikėtumas; staigmena; *by* ~ staiga, netikėtai; *to take by* ~ (*staiga*) užklupti **3** netikėtas puolimas *v* 1 užklupti 2 nustebinti ~ing *a* nelauktas; nuostabus, stebinantis

surrender [sə'rendə] *v* pasiduoti; atsisakyti *n* 1 pasidavimas; kapituliacija; *unconditional* ~ besąlyginė kapituliacija 2 atsisakymas

surreptitious [ˌsʌrəp'tıʃəs] *a* padarytas vogčia, paslapčiomis; pasalus; slaptas

surround [sə'raund] *v* apsupti; apspisti ~ings [-ıŋz] *n pl* 1 apylinkės 2 aplinka; aplinkuma

surtax ['sə:tæks] *n* pridėtinis mokestis

surveillance [sə:'veıləns] *n* priežiūra; prižiūrėjimas, sekimas

survey *n* ['sə:veı] 1 apžvalga, apžiūra; tyrimas 2 (*laukų*) matavimas, topografija *v* [sə'veı] 1 apžvelgti, apžiūrėti 2 matuoti **3** tyrinėti ~or [sə'veıə] *n* 1 matininkas 2 topografas

surviv||al [sə'vaıvl] *n* 1 išlikimas 2 pergyvenimas (*ilgiau už kitus*) **3** *prk.* atgyvena ~e [sə'vaıv] *v* 1 išgyventi, likti gyvam 2 išlaikyti, pakelti

susceptib||ility [səˌseptə'bılətı] *n* jautrumas (*įspūdžiams*) ~le [sə'septəbl] *a* jautrus (*įspūdžiams*)

suspect *v* [sə'spekt] įtarti, nepasitikėti *n* ['sʌspekt] įtariamasis (*žmogus*) *a* predic ['sʌspekt] įtartinas; įtariamas

suspend [sə'spend] *v* 1 (pa)kabinti 2 sustabdyti, nutraukti, atidėti **3** laikinai atleisti iš pareigų ~er *n* 1 pakaba, svarelis 2 *pl* [-əz] petnešos

suspense [sə'spens] *n* nežinojimas, netikrumas laukimas

suspension [sə'spenʃn] *n* 1 (pa)kabinimas 2 pristabdymas; suspendavimas **3** *chem.* suspensija ~-bridge [-brıdʒ] *n* kabantis tiltas

suspic||ion [sə'spıʃn] *n* įtarimas; *under* ~ įtariamas; įtartinas ~ious [səs'pıʃəs] *a* įtarus; įtartinas

sustain [sə'steın] *v* 1 palaikyti; paremti 2 patirti, išlaikyti **3** sustiprinti 4 patvirtinti, įrodyti

sustenance ['sʌstınəns] *n* 1 maitinimas 2 maistas

suture ['su:tʃə] *n* 1 siūlė 2 *med.* susiuvimas

swab [swɔb] *n* 1 plaušinė šluota, 2 *med.* tamponas

swaddle ['swɔdl] *v* (su)vystyti

swagger ['swægə] *n* 1 pasipūtėliška laikysena 2 akiplėšiškumas *v* 1 pūstis, riesti nosį 2 girtis *a* išsipuošęs; madingas

swallow ['swɔləu] I *n* kregždė

swallow II *v* 1 ryti; praryti 2 iškentėti, pakęsti; *to* ~ *an insult* pakęsti įžeidimą *n* 1 gurkšnis; (pra)rijimas 2 ryklė

swam [swæm] *past žr.* swim *v*

swamp ['swɔmp] *n* bala, pelkė; klampynė *v* 1 užlieti, užtvindyti; nugramzdinti 2 apiberti; užversti ~y [-ı] *a* pelkėtas, balotas

swan [swɔn] *n* gulbė

swank [swæŋk] *n* šnek. pasipūtimas, gyrimasis

sward [swɔ:d] *n* velėna, veja, (*dekoratyvinis*) žolynas

swarm [swɔ:m] *n* 1 spiečius 2 būrys **3** masė *v* 1 knibždėti; spiestis; burtis 2 *kar.* prasiveržti

swarthy ['swɔ:ðı] *a* tamsus; rusvas; įdegęs

swash [swɔʃ] *v* teškenti, pliuškenti; skalauti(s) (*apie vandenį*)

swath [swɔ:θ] *n* pradalgė; nušienautos žolės ruožas

swathe [sweıð] *v* (ap)rišti, tvarstyti; vystyti, vyturiuoti

sway [sweı] *n* 1 supimasis, svyravimas; mojavimas 2 valdžia; valdymas; įtaka *v* 1 supti(s), svyruoti, linguoti; mojuoti 2 valdyti; turėti įtakos

swear [sweə] *v* (swore; sworn) 1 prisiekti, prižadėti; *to* ~ *an oath* prisiekti 2 prisaikdinti **3** burnoti; keiktis;

to ~ **in** prisaikdinti ~**ing** n 1 prie-
saika 2 keikimasis; burnojimas; ~**ing
word** keiksmažodis

sweat [swet] n 1 prakaitas, prakaita-
vimas; **in a ~, all of a ~** visas
išprakaitavęs; **running / dripping /
wet with** ~ smarkiai prakaituoda-
mas 2 *prk.* sunkus darbas v 1 pra-
kaituoti 2 sunkiai dirbti; prakaituoti
3 išnaudoti, eksploatuoti ~**er** [-ə] n
1 megztinis, nertinis 2 išnaudotojas

Swed||e [swi:d] n švedas ~**ish** n švedų
kalba a švedų, švediškas

sweep [swi:p] v **(swept)** 1 šluoti; valy-
ti 2 (pra)lėkti, dumti, rūkti **3** tiestis,
apimti n 1 šlavimas; valymas; *to give
a* ~ šluoti, valyti 2 užmojis **3** mos-
telėjimas, mojis 4 vingis; išlinkimas
5 apimtis, ribos; **within the** ~ **of
the eye** kiek akys užmato ~**er** n.
1 *jūr.* traleris 2 šlavėjas, valytojas

sweet [swi:t] a 1 saldus; *to have a*
~ **tooth** būti smaguriu, smalyžiumi
2 kvapus **3** šviežias 4 malonus, švel-
nus **5** meilus n 1 saldainis 2 saldusis
patiekalas **3** mylimasis, -oji ~**-brier**
[ˌswi:tˈbraɪə] n erškėtis ~**en** [-n] v sal-
dinti ~**heart** [-hɑ:t] n mylimasis, -oji
~**meats** [-mi:ts] n saldainiai; saldu-
mynai

swell [swel] n 1 pakilimas; iškilumas;
išbrinkimas, ištinimas 2 bangavimas
3 *šnek.* dabita v **(swelled; swollen)**
tinti, brinkti; kilti; stiprėti a *šnek.*
dabitiškas; puikus ~**ing** n 1 patini-
mas 2 auglys a 1 tinstantis; augantis
2 pasipūtęs; išpūstas

swelter [ˈsweltə] v leipti, alpti (*nuo
kaitros*) n kaitra, karštis

swept [swept] *past ir pp žr.* sweep v

swerve [swə:v] v nukrypti, pasukti (*į
šalį*)

swift [swift] a greitas; sraunus; ūmus n
zool. čiurlys

swig [swig] n gurkšnis v gerti, siurbčioti

swill [swil] v 1 godžiai gerti; gurkti
2 skalauti n 1 skalavimas 2 pamazgos
(*kiaulėms*)

swim [swim] n plaukiojimas, plauki-
mas; *let's have a* ~ eikime maudy-
tis *v* (**swam; swum**) plaukioti, plauk-
ti; *to sink or* ~ kad ir kas bū-
tų ~**mer** [-ə] n 1 plaukikas 2 plūdė
~**mingly** [ˈswimɪŋlɪ] *adv* sklandžiai
~**ming-pool** [-ɪŋpu:l] n plaukimo ba-
seinas

swindle [ˈswindl] v apgaudinėti, išvilioti
n apgavimas, suktybė ~**r** n apgavikas

swine [swaɪn] n (*pl t.p.*) kiaulė ~**-herd**
[-hə:d] n kiauliaganys

swing [swiŋ] n 1 siūbavimas; supima-
sis; svyravimas 2 ritmas **3** *pl* sūpuok-
lės △ *in full* ~ pačiame įkarštyje v
(**swung**) 1 siūbuoti; supti(s) 2 svy-
ruoti

swingle [ˈswiŋgl] v brukti (*linus, kana-
pes*) n bruktuvė

swirl [swə:l] n 1 sūkurys 2 kilvateris,
laivo pėdsakas v 1 palikti pėdsaką
(*vandenyje*) 2 sukelti, daryti sūkurį;
suktis

swish [swiʃ] v 1 šmaukštelėti (*rykšte*);
pliauškinti (*botagu*) 2: *to* ~ *off* nu-
pjauti (*dalgiu*) n (*rimbo, dalgio*) švil-
pesys

Swiss [swis] n šveicaras a šveicariškas,
šveicarų

switch [switʃ] n 1 virbas; vytelė 2 netik-
ra (*plaukų*) kasa **3** *el.* jungiklis; komu-
tatorius 4 *glžk.* iešmas v 1 plakti (*vir-
bu, vytele*) 2 pervesti traukinį į kitus
bėgius **3** *el.* įjungti, išjungti, perjung-
ti srovę; *prk.* staiga nukreipti (*mintis,
kalbą*) kita kryptimi □ *to* ~ *off* iš-
jungti srovę; *to* ~ *on* įjungti srovę
~**-board** [-bɔ:d] n *el.* komutatorius,
valdymo pultas ~**-man** [-mən] n ieš-
mininkas

swollen [ˈswəulən] *pp žr.* swell v

swoon [swu:n] v apalpti n apalpimas

swoop [swu:p] v 1 pulti žemyn 2 pa-
griebti; pagauti; *to* ~ *down av.* pi-
kiruoti n staigus kritimas žemyn

sword [sɔ:d] n kardas; kalavijas ~**-belt**
[-belt] n diržas kardui

swore [swɔ:] *past žr.* swear v

sworn [swɔ:n] *pp žr.* **swear** *v*

swum [swʌm] *pp žr.* **swim** *v*

swung [swʌŋ] *past ir pp žr.* **swing** *v*

sycamore ['sɪkəmɔ:] *n* 1 figmedis 2 platanalapis klevas 3 *amer.* platanas

sycophant ['sɪkəfænt] *n* palaižūnas, šunuodegiautojas

syllab||ic [sɪ'læbɪk] *a* skiemeninis, skiemenų ~le ['sɪləbl] *n* skiemuo; *prk.* garsas

syllabus ['sɪləbəs] *n* (*mokymo*) programa; tvarkaraštis

sylvan ['sɪlvən] *a* 1 miško, miškinis 2 miškingas

symbol ['sɪmbl] *n* simbolis, ženklas, emblema ~ic(al) [sɪm'bɔlɪk(l)] *a* simboliškas, simbolinis ~ize, ~ise [-bəlaɪz] *v* simbolizuoti

symmetr||ic(al) [sɪ'metrɪk(l)] *a* simetriškas, simetrinis ~y ['sɪmətrɪ] *n* simetrija

sympath||etic [ˌsɪmpə'θetɪk] *a* užjaučiantis, kupinas užuojautos ~ize ['sɪmpəθaɪz] *v* užjausti ~y ['sɪmpəθɪ] *n* užuojauta (*with*)

symphony ['sɪmfənɪ] *n* simfonija

symptom ['sɪmptəm] *n* simptomas

syncopate ['sɪŋkəpeɪt] *v* 1 *gram.* sutrumpinti žodį 2 *muz.* išlaikyti sinkopę

syndicate ['sɪndɪkət] *n* sindikalizmas *n* sindikatas *v* [-keɪt] jungti į sindikatus

synonym ['sɪnənɪm] *n* sinonimas ~ous [sɪ'nɔnɪməs] *a* sinonimiškas

synopsis [sɪ'nɔpsɪs] *n* (*pl* ~ses [-si:z]) santrauka, reziumė; konspektas

syntax ['sɪntæks] *n* sintaksė

synthe||sis ['sɪnθəsɪs] *n* sintezė ~tic [sɪn'θetɪk] *a* sintetinis

syphon ['saɪfən] = siphon

Syrian ['sɪrɪən] *n* sirietis *a* siriečių

syringe ['sɪrɪndʒ] *n* 1 švirkštas 2 siurblys

syrup ['sɪrəp] *n* sirupas

system ['sɪstəm] *n* 1 sistema; ~ *of government* valstybės santvarka, valdymo sistema; *railway* ~ geležinkelių tinklas 2 sandara ~atic [ˌsɪstə'mætɪk] *a* sistemingas ~atize [-ətaɪz] *v* (su)sisteminti ~ic [sɪ'stemɪk, sɪ'sti:mɪk] *a* sisteminis

T

T, t [ti:] *n* dvidešimtoji anglų abėcėlės raidė △ **to a** *T* / **tee** visiškai tiksliai; taškas į tašką

tab [tæb] *n* 1 kabiklis, pakabas 2 antsiuvas; kilpa 3 *šnek. amer.* sąskaita; čekis; *to keep* ~s a) vesti sąskaitas; b) sekti, stebėti (*on*)

table ['teɪbl] *n* 1 stalas; *to lay* / *spread the* ~ padengti stalą; *at* ~ valgant (*pietus, pusryčius ir t.t.*) 2 lentelė (*išdėstymas skiltimis*); *multiplication* ~ daugybos lentelė 3 tabelis *v* dėti ant stalo ~-cloth [-klɔθ] *n* staltiesė ~-land [-lænd] *n* plokštikalnė ~-napkin [-næpkɪn] *n* servetėlė

table d'hôte [ˌtɑ:bl'dəut] *n* kompleksiniai pietūs

tablet ['tæblɪt] *n* 1 lentelė (*su užrašu*) 2 tabletė

tabular ['tæbjulə] *a* 1 plokščio paviršiaus 2 lentelių, tabelinis

tacit ['tæsɪt] *a* 1 nepasakytas; suprantamas be žodžių 2 tylus ~urn [-ə:n] *a* tylus, nešnekus

tack [tæk] *n* 1 maža vinis plačia galvute; smeigtukas 2 daigstymas, peltakiavimas 3 *jūr.* halsas 4 politinė kryptis *v* 1 prikalti vinimis (*down*) 2 daigstyti, peltakiuoti 3 pakeisti laivo kryptį (*vėjo atžvilgiu*) 4 pridėti, prijungti (*to* / *on*)

tackle ['tækl] *n* 1 (*laivo*) reikmenys, rykai, įrengimai 2 *jūr.* takelažas; taliai 3 *sport.* inventorius *v* 1 energingai imtis; užsiimti 2 pririšti, pritvirtinti, priveržti

tacky ['tækɪ] *a* 1 lipnus; tąsus 2 *amer.* neskanus

tact [tækt] *n* taktas ~ful *a* taktiškas ~ical [-tɪkəl] *a* 1 taktinis, taktikos 2 gudrus

tactics ['tæktɪks] *n pl* taktika

tactile ['tæktaɪl] *a* 1 lytėjimo 2 apčiuopiamas, juntamas

tadpole ['tædpəul] *n* buožgalvis

tag [tæg] *n* 1 metalinis galiukas; 2 kilpelė **3** etiketė 4 nuvalkiota frazė

tail [teɪl] *n* 1 uodega; eilė 2 atvirkščioji (*monetos*) pusė, reversas **3** (*plaukų*) kasa, kaselė 4 *sport.* (*komandos*) silpnesnė dalis *v* tęstis ilga juosta (*eitynėse ir pan.*); **to ~ after** neatsitraukiant vilktis, sekti (*paskui ką*); **to ~ away** atsilikti, išnykti, dingti

tail||-coat ['teɪlkəut] *n* frakas **~-light** [-laɪt] *n aut., glžk.* užpakalinis žibintas

tailor ['teɪlə] *n* siuvėjas

tailwind ['teɪlwɪnd] *n* palankus vėjas

taint [teɪnt] *n* 1 *prk.* žymė; (*gėdos*) dėmė 2 infekcija; gedimas *v* 1 už(si)krėsti 2 gesti; gadinti

take I [teɪk] *v* (**took; taken**) 1 imti; priimti 2 nugalėti, paimti **3** gaudyti (*žuvis*) 4 užimti (*vietą*) 5 manyti □ **to ~ aback** apstulbinti, nustebinti; užklupti; **to ~ across** perkelti, pergabenti; **to ~ after** būti panašiam į; **to ~ apart** išardyti, išmontuoti (*mechanizmą*); **to ~ away** paimti, nunešti, pašalinti; **to ~ for** palaikyti, apsirikti (*palaikius kitu*); **to ~ for granted** a) priimti kaip savaime suprantamą; b) laikyti ką įrodytu *arba* leistinu; **to ~ from** mažinti; atimti; **to ~ in** a) priimti (*svečią, gyventoją*); b) apgauti; **to ~ off** nu(si)imti; (su)mažinti; **to ~ on** a) prisiimti; b) pradėti *kar.* atidengti ugnį; c) tapti populiariam; **to ~ out** a) išimti; b) pakviesti, nuvesti (*į teatrą ir pan.*); **to ~ over** a) perimti (*pareigas ir pan.*); pakeisti; b) perkelti; pervežti; **to ~ to** a) aistringai pamėgti; b) imtis ko; **to ~ up** a) pakelti; b) sugerti, įsigerti; c) užimti; užpildyti (*vietas*

ir pan.); d) (ap)mokėti; e) ištaisyti (*klaidą*); f) sutaikyti (*besiginčijančius*); **to ~ up with** a) suartėti, įsimylėti; b) pasitenkinti, būti patenkintam △ **to ~ a back seat** *prk.* a) pasitraukti į antrą planą; b) užimti nežymią padėtį; **to ~ a drop** pasigerti; **to ~ advantage** pasinaudoti; **to ~ aim** taikyti; **to ~ a bus (train)** įsėsti į autobusą (traukinį); **to ~ breath** atsikvėpti, atgauti kvapą; **to ~ care of** rūpintis; **~ care!** būk atsargus!; **to ~ fire** užsidegti; **to ~ fright** išsigąsti; **to ~ hold of** pagriebti, pačiupti; **to ~ ill** įsižeisti, supykti; **to be ~n ill** susirgti; **to ~ liberties** perdaug familiariai elgtis; **to ~ leave of** atsisveikinti; **to ~ notes** užsirašinėti; **to ~ notice** pa(si)žymėti, atkreipti dėmesį; **to ~ pains** stengtis; **to ~ pity** pasigailėti; **to ~ place** įvykti; **to ~ pride in** didžiuotis; **it takes me 5 hours** užtrunku 5 valandas

take II *n* 1 (*žuvies ir pan.*) sugavimas 2 (*teatro*) pajamos, pelnas **3** *kin.* kadras; dublis

taken ['teɪkn] *pp žr.* take; **is this seat ~?** ar ši vieta užimta?

taking ['teɪkɪŋ] *a* 1 patrauklus 2 limpamas, užkrečiamas *n* 1 užėmimas, užgrobimas 2 *pl* pelnas, nauda

tale [teɪl] *n* 1 pasaka; pasakojimas 2 apysaka **3** prasimanymas, paskalos △ **to tell ~s** a) plepėti, leisti paskalas; b) pranešti, įskųsti

talent ['tælənt] *n* talentas **~ed** [-ɪd] *a* talentingas, gabus

talk [tɔːk] *n* 1 pasikalbėjimas, pokalbis 2 *pl* derybos *v* kalbėti □ **to ~ into** įkalbėti, įtikinti; **to ~ out of doing smth** atkalbėti; **to ~ up** kalbėti garsiai ir aiškiai △ **to ~ big** girti(s)

talkative ['tɔːkətɪv] *a* kalbus, šnekus, plepus

tall [tɔːl] *a* aukštas, didelio ūgio

tallow ['tæləu] *n* 1 taukai, lajus 2 ratų tepalas *v* tepti

tally ['tælɪ] *n* 1 žymėtinė lentelė; suženklintas pagaliukas 2 kvitas **3** etiketė *v* 1 atitikti, sutapti 2 priklijuoti etiketę talon [ˈtælən] n (*paukščio*) nagas

tambourine [ˌtæmbəˈriːn] n tambūrinas, būgnelis su žvangučiais

tame [teɪm] a 1 prijaukintas, jaukus 2 paklusnus 3 nuobodus; neįdomus v 1 prijaukinti 2 numalšinti, nuraminti

tamp [tæmp] v plūkti; (už)grūsti, kimšti

tamper [ˈtæmpə] v 1 kištis; liesti, gadinti 2 (su)klastoti 3 papirkti

tampon [ˈtæmpən] n tamponas

tan [tæn] n 1 nulupta ąžuolo žievė 2 rusvumas, įdegimas (*saulėje*) a gelsvai rudas v 1 rauginti (*odą*) 2 įdegti (*saulėje*)

tandem [ˈtændəm] a vienas paskui kitą; žąsele n dvivietis / daugiavietis dviratis

tang [tæŋ] n aštrus prieskonis; *prk.* aromatas

tangent [ˈtændʒənt] n 1 *mat.* liestinė 2 tangentas a liečiantis

tangerine [ˌtændʒəˈriːn] n mandarinas

tangible [ˈtændʒəbl] a 1 apčiuopiamas; materialus 2 *prk.* aiškus, realus

tangle [ˈtæŋgl] n painiava, raizginys v su(si)painioti; su(si)narplioti

tank [tæŋk] n 1 rezervuaras, bakas; ~ **truck** vagonas cisterna 2 tankas a tankų ~**age** [-ɪdʒ] n (*cisternos*) talpumas

tankard [ˈtæŋkəd] n aukštas puodelis; bokalas; didelė taurė

tanker [ˈtæŋkə] n 1 tanklaivis 2 autocisterna

tankman [ˈtæŋkmən] n tankistas

tannery [ˈtænərɪ] n odų gamykla

tantalize [ˈtæntəlaɪz] v kankinti

tantamount [ˈtæntəmaunt] a lygiareikšmis, tolygus, lygiavertis (*to*)

tantrum [ˈtæntrəm] n bloga nuotaika; staigus įniršimas

tap [tæp] I n 1 čiaupas 2 kamštis 3 (*vyno*) rūšis, markė v 1 įstatyti čiaupą, atidaryti statinę 2 pradurti, prapjauti 3 ištraukti, išgauti

tap II v barškinti, taukš(tel)ėti ~ -**dance** [-dɑːns] n stepas, čečiotka (*šokis*)

tape [teɪp] n 1 kaspinas, juosta, raištis △ **red** ~ kanceliarinis formalizmas, biurokratizmas 2 telegrafo, magnetofono juostelė ~-**recorder** [ˈteɪprɪkɔːdə] n magnetofonas

taper [ˈteɪpə] n plona žvakė a kūginis; nusmailintas v 1 smailinti 2 darytis smailiam (*off* / *down* / *away*)

tapestry [ˈtæpəstrɪ] n gobelenas v apmušti medžiaga

tapist [ˈteɪpɪst] n biurokratas, formalistas

tar [tɑː] n 1 degutas, derva 2 *šnek.* jūrininkas v ištepti degutu, derva

tardy [ˈtɑːdɪ] a vėlus, pavėlavęs

tare [teə] I n 1 *bot.* vikiai 2 *pl* piktžolės, svidrės

tare II n taros svoris; tara

target [ˈtɑːgɪt] n taikinys

tariff [ˈtærɪf] n tarifas

tarpaulin [tɑːˈpɔːlɪn] n brezentas

tarry I [ˈtɑːrɪ] a suteptas derva, degutuotas

tarry II [ˈtærɪ] v delsti, gaišti

tart [tɑːt] I a 1 aitrus, rūgštus 2 *prk.* aštrus, kandus

tart II n saldus pyragas, tortas

tartan [ˈtɑːtn] n languotas vilnonis audeklas

Tartar [ˈtɑːtə] n 1 totorius 2 totorių kalba a totorių, totoriškas

tartar [ˈtɑːtə] n vynakmenis

task [tɑːsk] n užduotas darbas, pamoka; uždavinys, darbas, pareiga; **to set a** ~ užsibrėžti tikslą, uždavinį (*before*) v 1 užduoti darbą 2 apsunkinti, apkrauti darbu

tassel [ˈtæsl] n spurgas, kutas (*pvz., staltiesės kampuose*)

taste [teɪst] n 1 skonis; ragavimas; ~s **differ** *priež.* dėl skonio nesiginčijama 2 palinkimas 3 mėgimas (*ko*) v 1 ragauti 2 turėti skonį ~**ful** a 1 skanus 2 skoningas ~**less** a beskonis; neskoningas

tasty [ˈteɪstɪ] a 1 skanus 2 *šnek.* skoningas

tatter [ˈtætə] n pl skarmalai, skutai

tattle [ˈtætl] v plepėti, liežuvauti

tattoo [təˈtuː] I n kar. signalas miegui (bū̃gnu, trı̃mı̃tu) v 1 būgnyti 2 barbenti pirštais į stalą

tattoo II n tatuiruotė v tatuiruoti

tatty [ˈtætı] a 1 apdriskęs 2 pigus

taught [tɔːt] past ir pp žr. teach

taunt [tɔːnt] n pajuoka v tyčiotis

taut [tɔːt] a 1 įtemptas, įveržtas 2 griežtas; tiksliai vykdantis savo pareigą

tavern [ˈtævən] n smuklė, taverna

tawdry [ˈtɔːdrı] a 1 menkas 2 neskoningai puošnus

tawny [ˈtɔːnı] a gelsvai rudas, rusvas

tax [tæks] n 1 mokestis; to levy ~es rinkti, imti mokesčius 2 našta, apsunkinimas, įtempimas v 1 apmokestinti 2 išmėginti, išbandyti 3 apkaltinti ~ation [tækˈseıʃn] n apmokestinimas ~-free [ˌtæksˈfriː] a atleistas nuo mokesčių

taxi [ˈtæksı] n taksi (amer. ~-cab)

tea [tiː] n arbata ~-break [-breık] n trumpa pertrauka (užkąsti darbe) ~cup [-kʌp] n puodukas arbatai

teach [tiːtʃ] v (taught) 1 mokyti, dėstyti 2 pripratinti 3 pamokyti, nubausti ~er n mokytojas; dėstytojas ~ing n 1 mokymas 2 doktrina, mokslas

team [tiːm] n 1 keli į vieną vežimą pakinkyti arkliai / jaučiai 2 sport. komanda 3 būrys; brigada ~-work [-wəːk] n 1 brigadinis / konvejerinis darbas 2 suderintas darbas

tea‖-party [ˈtiːpaːtı] n 1 kviestinė arbatėlė 2 pakviestieji arbatėlėn svečiai ~-pot [-pɔt] n arbatinukas (užplikymui)

tear I [tɛə] v (tore; torn) 1 plėšti, plėšyti 2 išplėšti, atimti 3 nusidėvėti; to ~ along bėgti, pulti, šokti n skylė, plyšys; ~ and wear nusidėvėjimas

tear II [tıə] n ašara; to burst into ~s pravirkti; to shed ~s lieti ašaras ~ful a apsiašarojęs, ašarotas; liūdnas, graudus ~-gas [ˈtıəgæs] n ašarinės dujos

tease [tiːz] v erzinti, pykinti; įkyrėti

tea‖-set [ˈtiːset] n arbatinis servizas ~ -spoon [-spuːn] n arbatinis šaukštelis

teat [tiːt] n 1 spenys, spenelis 2 žindukas

tea‖-things [ˈtiːθıŋz] n pl arbatinis servizas ~-urn [-əːn] n virtuvas; virdulys

techni‖c(al) [ˈteknık(l)] a techninis, techniškas ~cian [tekˈnıʃn] n technikas ~cs [-ks] n technika; technikos mokslai ~que [tekˈniːk] n technika (metodai ir įgūdžiai)

technology [tekˈnɔlədʒı] n 1 techniniai mokslai 2 technologija

teddy-bear [ˈtedıbɛə] n meškiukas (žaislas)

ted‖ious [ˈtiːdıəs] a nuobodus, varginantis ~ium [ˈtiːdıəm] n nuobodumas

teem [tiːm] v 1 knibždėti 2 būti vaisingam, derlingam 3 žliaugti (apie lietų)

teenager [ˈtiːneıdʒə] n paauglys

teens [tiːnz] n pl: in one's ~ nuo 13 iki 19 metų amžiaus

tee-shirt [ˈtiːʃəːt] n (teniso) marškinėliai

teeth [tiːθ] n pl žr. tooth

teethe [tiːð] v kaltis (apie dantis)

telecast [ˈtelıkaːst] v perdavinėti per televiziją n televizijos transliavimas

telegram [ˈtelıgræm] n telegrama

telegraph [ˈtelıgraːf] n 1 telegrafas 2 attr telegrafinis ~ist [tıˈlegrəfıst] n telegrafistas

telephone [ˈtelıfəun] n telefonas; ~ directory telefonų knyga v telefonuoti ~-booth [-buːð] n telefono būdelė

telescope [ˈtelıskəup] n teleskopas

teleview [ˈtelıvjuː] v žiūrėti televizijos laidą ~er n televizijos žiūrovas

televis‖e [ˈtelıvaız] v perdavinėti per televiziją ~ion [ˈtelıvıʒn] n televizija; ~ion set n televizorius

tell [ˈtel] v (told) 1 pasakoti; kalbėti 2 (pa)sakyti 3 paaiškinti, nurodyti 4 atskirti; išsiskirti 5 išduoti, išplepėti 6 įsakyti 7 skaičiuoti △ I'm ~ing you, I (can) ~ you, let me ~ you užtikrinu; to ~ one from the other atskirti vieną nuo kito; to ~ tales liežuvauti ~ing a 1 žymus, reikšmingas **2** ryškus ∼**tale** [-teɪl] *n* **1** skundikas **2** liežuvautojas *a* išdavikiškas

temper ['tempə] *v* **1** reguliuoti **2** grūdinti (*metalą*) **3** mažinti; švelninti *n* **1** nuotaika, kantrybė **2** būdas, charakteris **3** (*plieno*) užgrūdinimas, tvirtumas; *to lose one's* ∼ netekti kantrybės ∼**ament** [-rəmənt] *n* temperamentas ∼**ance** [-rəns] *n* saikingumas, nuosaikumas

temperature ['temprətʃə] *n* temperatūra

tempest ['tempɪst] *n* audra; vėtra ∼**uous** [tem'pestʃuəs] *a* audringas, šėlstantis

temple ['templ] I *n* šventykla, šventovė

temple II *n* smilkinys

tempor‖al ['tempərəl] *a* **1** laikinas; praeinantis **2** pasaulietinis ∼**ary** [-pərərɪ] *a* laikinas, nenuolatinis ∼**ize** [-pəraɪz] *v* **1** stengtis laimėti laiko; delsti **2** taikytis prie laiko ir sąlygų

tempt [tempt] *v* **1** gundyti, vilioti **2** (iš)bandyti **3** kėsintis ∼**ation** [temp'teɪʃn] *n* pagunda, gundymas

ten [ten] *num* dešimt

tenable ['tenəbl] *a* **1** patvarus, atsparus; tvirtas **2** tinkamas

tenaci‖ous [tɪ'neɪʃəs] *a* **1** stipriai besilaikantis; atkaklus, tvirtas **2** klampus, lipnus ∼**ty** [tɪ'næsətɪ] *n* **1** atkaklumas; tvirtumas **2** klampumas, lipnumas

tenant ['tenənt] *n* nuomininkas *v* nuomoti

tend [tend] I *v* **1** krypti; būti į ką linkusiam **2** siekti

tend II *v* **1** slaugyti **2** rūpintis kuo ∼**ance** [-əns] *n* **1** slaugymas **2** rūpinimasis

tenden‖cy ['tendənsɪ] *n* **1** tendencija; siekimas **2** palinkimas ∼**tious** [ten'denʃəs] *a* tendencingas

tender ['tendə] I *n* **1** slaugytojas, -a **2** (*jūr.*, *glžk.*) tenderis

tender II *a* **1** švelnus, jautrus **2** silpnas (*apie sveikatą*) **3** minkštas (*pvz.*,

apie *mėsą*) **4** švelnus, meilus **5** opus, delikatus, keblus (*klausimas*, *tema*)

tender III *v* **1** siūlyti (*pinigus*, *paslaugas*) **2** nusiųsti, pateikti (*pasiūlymą*, *paraišką*); *to* ∼ *one's resignation* prašyti atleisti iš tarnybos, atsistatydinti *n* pasiūlymas, paraiška

tenderfoot ['tendəfut] *n* šnek. naujokas

tendon ['tendən] *n* anat. sausgyslė

tendril ['tendrɪl] *n* augalo ūselis

tenement ['tenəmənt] *n* nuomojamas butas, kambarys, namas, žemė ir pan.

tenet ['tenɪt] *n* dogma; principas

tenfold ['tenfəuld] *adv* dešimt kartų *a* dešimteriopas

tenner ['tenə] *n* šnek. dešimties svarų sterlingų ar dolerių banknotas

tennis ['tenɪs] *n* tenisas; *lawn* ∼ lauko tenisas; *table* ∼ stalo tenisas

tenon ['tenən] *n* stat., tech. spyglys, dygis

tenor ['tenə] *n* **1** (*gyvenimo*) būdas **2** muz. tenoras **3** (*dokumento*, *kalbos*) turinys, bendra mintis

tense [tens] I *n* gram. laikas

tens‖e II *a* įtemptas; standus *v* įtempti ∼**ile** [-aɪl] *a* tąsus ∼**ion** ['tenʃn] *n* **1** įtempimas **2** el. įtampa

tent [tent] *n* palapinė

tentacle ['tentəkl] *n* zool. čiuptuvėlis

tentative ['tentətɪv] *a* bandomasis, eksperimentinis *n* bandymas

tenth [tenθ] *num* dešimtas *n* dešimtoji dalis

tenu‖ity [te'njuːətɪ] *n* **1** menkumas **2** plonumas; praretėjimas ∼**ous** ['tenjuəs] *a* **1** plonas; mažas; skystas **2** nežymus; subtilus

tenure ['tenjuə] *n* **1** valdymas **2** valdymo laikas; kadencija

tepid ['tepɪd] *a* drungnas, apyšiltis

term [təːm] *n* **1** tam tikras periodas; terminas **2** semestras **3** *pl* sąlygos **4** *pl* išraiška (*kuo*); terminai; *in* ∼*s of* išreiškiant (*kuo*); *in* ∼*s of money* piniginė išraiška **5** santykiai; *to be on good* (*bad*) ∼*s* būti geruose (bloguose) santykiuose **6** mat. dėmuo; narys

7 riba, ribos 8 (*teismo*) sesija *v* pava-
dinti, išreikšti, apibūdinti

termin‖al ['tə:mɪnl] *a* 1 galutinis, gali-
nis 2 semestrinis *n* galinis punktas,
stotis ~ate ['tə:mɪneɪt] *v* baigti(s)
~ation [ˌtə:mɪ'neɪʃn] *n* 1 galas, užbai-
gimas 2 *tech.* terminalas

terminology [ˌtə:mɪ'nɔlədʒɪ] *n* termi-
nologija

terminus ['tə:mɪnəs] *n glžk.* galutinė
stotis

terrace ['terəs] *n* terasa

terrain [te'reɪn] *n* vietovė, teritorija

terrestrial [tə'restrɪəl] *a* žemės, žemiš-
kas

terrible ['terəbl] *a* siaubingas, baisus

terrif‖ic [tə'nfɪk] *a* sukeliantis siaubą,
baisus ~y ['terɪfaɪ] *v* išgąsdinti, sukel-
ti siaubą

territor‖ial [ˌterɪ'tɔ:rɪəl] *a* žemės; teri-
torinis ~y ['terɪtərɪ] *n* teritorija

terror ['terə] *n* 1 siaubas 2 teroras ~ist
[-rɪst] *n* teroristas

terse [tə:s] *a* trumpas, glaustas, raiškus
(*apie stilių*)

test [test] *n* 1 mėginimas, bandymas,
tyrimas; to put to the ~ išbandyti;
išmėginti; to stand the ~ išlaikyti
bandymą 2 požymis; kriterijus 3 *med.*
analizė 4 kontrolė; (pa)tikrinimas *v*
bandyti, tikrinti

testament ['testəmənt] *n* testamentas

testify ['testɪfaɪ] *v* 1 liudyti, duoti par-
odymus 2 iškilmingai pareikšti

testily ['testɪlɪ] *adv* irzliai, susierzinus

testimon‖ial [ˌtestɪ'məʊnɪəl] *n* charak-
teristika; atestavimas ~y ['testɪmənɪ]
n 1 paliudijimas raštu 2 įrodymas; pa-
rodymas

test‖-paper ['testpeɪpə] *n* lakmuso po-
pierius ~-tube [-ttju:b] *n* mėgintuvė-
lis

testy ['testɪ], tetchy ['tetʃɪ] *a* staigus,
greit supykstantis, irzlus

tether ['teðə] *n* 1 saitas, virvė 2 *prk.*
ribos △ to come to the end of one's
~ pasiekti (*jėgų, lėšų*) ribą *v* pririšti
saitu

text [tekst] *n* 1 tekstas; advanced
~s sunkesni tekstai 2 tema 3 šriftas
~book [-buk] *n* vadovėlis

textile ['tekstaɪl] *a* tekstilės; audimo *n*
(*papr. pl*) audinys, tekstilė

than [ðæn, ðən] *cj* negu, kaip

thank [θæŋk] *v* dėkoti; ~ you dėkoju
~s! dėkui! ~ful *a* dėkingas

that [ðæt] *pron demonstr* (*pl those*)
anas, tas a) *apie toliau esantį daiktą
arba asmenį:* do you see ~ man
over the river? ar jūs matote
tą žmogų anapus upės?; b) *išreiškia
priešpriešą žodžiui* this: this wine
is better than ~ šis vynas geresnis
už aną; c) *vart. vietoj daiktavardžio,
siekiant išvengti kartojimo:* the cli-
mate here is like ~ of France
čia klimatas panašus į Prancūzijos;
pron relat [ðət] kuris, kas; the book
~ you have bought knyga, kurią
jūs pirkote *adv* [ðæt] taip, tokiu laip-
sniu; ~ far taip toli *conj* a) kad; tai,
kad (*prijungia sakinį*); b) kad; tam,
kad (*išreiškia tikslą*); we eat ~ we
may live valgome, kad gyventume;
c) kad (*išreiškia pasekmę*); d) todėl,
kad (*išreiškia priežastį*); so ~ taigi,
todėl; e) kai (*išreiškia laiką*) △ oh, ~
I knew the truth! o, jei aš žinočiau
tiesą!

thatch [θætʃ] *n* šiaudinis stogas *v* dengti
šiaudais

thaw [θɔ:] *v* tirpti, tirpdyti *n* atlydys

the [ðɪ, ðə] *žymimasis artikelis adv* juo;
all ~ better juo geriau; ~ more ~
better juo daugiau, juo geriau; I am
none ~ better for this nuo to man
nė kiek negeriau

theatre, *amer.* theater ['θɪətə] *n*
1 teatras 2 dramos veikalai, pjesės

thee [ði:] *pron poet.* tave, tau (*vardin.*
thou)

theft [θeft] *n* vagystė

their [ðeə] *pron* jų, savo ~s [ðeəz]
1 *pron predic* jų, savo; these books
are ~s, not ours šitos knygos yra jų,
ne mūsų 2 *pakeičia daiktavardį:* our

house is small, ~*s is larger* mūsų namas yra mažas, jų — didesnis

them [ðem, ðəm, ðm] *pron* juos, jas, jiems, joms

theme [θi:m] *n (pasikalbėjimo, rašinio)* tema

themselves [ðəm'selvz] *pron* 1 *atitinka lietuviškųjų sangrąžinių veiksmažodžių dalelytę* -si-; *they wash* ~ jie prausiasi 2 save, patys; *they saw* ~ *in the film* jie pamatė save filme 3 patys *(pabrėžimui reikšti); they have done it* ~ jie patys tai padarė △ *they were moving by* ~ jie savaime judėjo

then [ðen] *adv* tada; po to, paskui, tuo laiku; *now and* ~ kartais; kartkartėmis *a* tuolaikinis *conj* tokiu atveju, vadinasi

thence [ðens] *adv* iš ten; nuo tada; iš to ~**forth** [‚ðens'fɔ:θ], ~**forward** [‚ðens-'fɔ:wəd] *adv* nuo to laiko; toliau, ateityje

theor‖em ['θiərəm] *n* teorema ~**etic(al)** [θiə'retik(l)] *a* teorinis ~**ist** [-rist] *n* teoretikas ~**y** ['θiəri] *n* teorija

there [ðeə] *adv* 1 ten; į ten 2 čia, šioje vietoje 3 štai (ten) 4 *su veiksmažodžiu to be:* ~ *is,* ~ *are* esama *(ko),* yra

there‖about(s) ['ðeərəbaut(s)] *adv* netoliese; maždaug ~**after** [‚ðeər'a:ftə] *adv* nuo to laiko; atitinkamai ~**at** [‚ðeər'æt] *adv* 1 ten 2 tuo metu 3 dėl to ~**by** [‚ðeə'bai] *adv* tuo, tuo būdu ~**fore** ['ðeəfɔ:] *adv* dėl to, todėl; taigi ~**from** [‚ðeə'frɔm] *adv* iš ten ~**in** [‚ðeər'in] *adv* 1 *(apie vietą)* čia, tame, jame 2 tuo atveju, atžvilgiu ~**of** [‚ðeər'ɔv] *adv* teis. 1 to, šito 2 iš to ~**'s** [ðeəz] *sutr.* = there is, there has; ~**to** [‚ðeə'tu:] *adv* teis. 1 tam 2 be to; papildomai ~**under** [‚ðeər'ʌndə] *adv* žemiau; toliau (vadinamas) ~**upon** [‚ðeərə'pɔn] *adv* po to, paskui; dėl to ~**with** [‚ðeə'wið] *adv* teis. (su) šiuo; prie to

therm‖al ['θə:ml] *a* šiluminis, terminis ~**ic** [-mik] *a* šiluminis

thermometer [θə'mɔmitə] *n* termometras

thermos ['θə:mɔs] *n* termosas *(t.p.* ~ **flask)**

these [ði:z] *pl* žr. this

thesis ['θi:sis] *n (pl* theses [-i:z]) 1 tezė 2 disertacija

they [ðei] *pron* jie △ ~ *say* sakoma, sako

they'd [ðeid] *sutr.* = they had, they would

they'll [ðeil] *sutr.* = they will

they're [ðeə] *sutr.* = they are

they've [ðeiv] *sutr.* = they have

thick [θik] *a* 1 storas, drūtas; stambus 2 tirštas; tankus △ *in the* ~ *of smth* a) pačioje tirštymėje; b) pačiame įkarštyje ~**en** ['θikən] *v* 1 storėti; tirštėti 2 tirštinti, storinti ~**et** [-it] *n* tankumynas; tankmė ~**headed** [‚θik'hedid] *a* bukagalvis, kvailas ~ **-witted** [‚θik'witid] *a* kvailas, bukaprotis

thief [θi:f] *n (pl* ~**ves** [θi:vz]) vagis

thigh [θai] *n* šlaunis ~**-bone** [-bəun] *n* šlaunikaulis

thimble ['θimbl] *n* antpirštis, pirščiukas

thin [θin] *a* 1 plonas, liesas 2 skystas, retas ~ *as a lath* liesas kaip šakalys

thine [ðain] *pron pasen., poet.* tavo, savo

thing [θiŋ] *n* 1 daiktas, dalykas 2 faktas, aplinkybė, reikalas 3 *pl* reikmenys 4 būtybė △ *I am not quite the* ~ *today* aš šiandien negaluoju; *to make a good* ~ *of* turėti naudos; *first* ~ *in the morning* visų pirmiausia

think ['θiŋk] *v* (thought) 1 galvoti; manyti 2 būti nuomonės, laikyti; *to* ~ *over* aptarti, apsvarstyti; *to* ~ *no end of* būti apie ką nors labai geros nuomonės ~**ing** *a* mąstantis, išmintingas *n* 1 galvojimas, (susi)mąstymas 2 nuomonė; *to my* ~**ing** mano nuomone

third [θə:d] *num* trečias *n* 1 trečdalis 2 *muz.* tercija ~**ly** *adv* trečia thirst [θə:st] *n* troškulys *v* trokšti ~y [-tɪ] *a* ištroškęs

thirteen [ˌθə:ˈti:n] *num* trylika ~th [-θ] *num* tryliktasis *n* tryliktoji dalis

thirtieth [ˈθə:tɪəθ] *num* trisdešimtas *n* trisdešimta dalis

thirty [ˈθə:tɪ] *num* trisdešimt

this [ðɪs] *pron (pl* these*)* ši(ta)s, ši(ta); *long before* ~ daug laiko, gerokai prieš tai; *do it like* ~ darykite taip; ~ *much* tiek

thistl‖e [ˈθɪsl] *n* usnis ~y [-lɪ] *a* 1 usnėtas, apaugęs usnimis 2 dygus

thither [ˈðɪðə] *adv* ten

tholes [θəulz] *n pl* įkabos (*irklams įkabinti*), irklatrinkės

thong [θɔŋ] *n* diržas, botagas, rimbas

thorn [θɔ:n] *n* dyglys, dagys; spyglys

thorough [ˈθʌrə] *a* 1 visiškai atliktas 2 kruopštus, nuodugnus ~-bred [ˌθʌrəˈbred] *a* grynakraujis, grynaveislis ~fare [-feə] *n* 1 pravažiavimas, praėjimas 2 svarbiausia gatvė ~ -going [-gəuɪŋ] *a* beatodairiškas; bekompromisinis, radikalus ~ly *adv* pilnai, iki galo; pagrindinai ~-paced [ˌθʌrəˈpeɪst] *a* visiškas, išbaigtas

those [ðəuz] *pron pl žr.* that

thou [ðau] *pron pasen.*, *poet.* tu

though [ðəu] *adv* tačiau, vis dėlto; bet, priešingai *conj* 1 nors, nepaisant 2 net jeigu △ as ~ tarytum

thought [θɔ:t] I *past ir pp žr.* think

thought II *n* 1 mintis; mąstymas; *to take* ~ susimąstyti; *in* ~ susimąstęs; *upon second* ~s nuodugniai apgalvojęs 2 ketinimas 3 rūpestis, dėmesys ~ful *a* 1 susimąstęs 2 gilus 3 susirūpinęs, rūpestingas ~less *a* neapgalvotas; nerūpestingas

thousand [ˈθauznd] *num n* tūkstantis ~th [-znθ] *num* tūkstantasis *n* tūkstantoji dalis

thrash [θræʃ] *žr.* thresh

thread [θred] *n* 1 siūlas (*t.p.* *prk.*) 2 *tech.* sriegiai *v* verti siūlą, karolius

△ *to* ~ *one's way through* prasiskverbti, praeiti ~bare [-beə] *a* 1 nudėvėtas, apsitrynęs 2 nuvalkiotas (*posakis, argumentas ir pan.*)

threat [θret] *n* grasinimas ~en [-n] *v* grasinti (*with* – kuo, *to* – kam) ~ening [-tənɪŋ] *a* grasinamas, grėsmingas

three [θri:] *num* trys *n* trejukė

thresh [θreʃ] *v* 1 kulti 2 plakti, mušti ~er *n* kuliamoji (*mašina*)

threshold [ˈθreʃ(h)əuld] *n* slenkstis

threw [θru:] *past žr.* throw

thrice [θraɪs] *adv* triskart

thrift [θrɪft] *n* taupumas ~less *a* neekonomiškas, išlaidus ~y [-ɪ] *a* 1 taupus 2 *amer.* augantis, klestintis

thrill [θrɪl] *n* 1 šiurpulys, virpulys 2 jaudinimasis *v* 1 virpėti iš susijaudinimo 2 jaudinti(s) ~er *n* sensacingas filmas, romanas, pjesė ~ing *a* jaudinantis

thrive [θraɪv] *v* (throve [θrəuv]; thriven [ˈθrɪvn]) klestėti; tarpti

thro' [θru:] *sutr.* = through

throat [θrəut] *n* 1 gerklė; *to clear one's* ~ atsikosėti; *to cut one another's* ~s *prk.* nusmukdyti vienas kitą konkuruojant; *full to the* ~ labai sotus 2 siauras praėjimas

throb [θrɔb] *v* 1 tvinkčioti 2 jaudintis, drebėti *n* 1 (*širdies*) tvinkčiojimas, plakimas 2 drebėjimas

throes [θrəuz] *n* (*pl*) smarkūs skausmai, merdėjimas, agonija

throne [θrəun] *n* sostas

throng [θrɔŋ] *n* minia; grūstis; sambūris *v* rinktis miniomis; grūstis

throttle [ˈθrɔtl] *v* 1 (už)smaugti 2 *tech.* stabdyti *n tech.* reguliatorius; droselis

through (*amer. t.p.* thru) [θru:] *prep* 1 per; pro 2 dėka, dėl *adv* 1 visiškai; kiaurai 2 nuo pradžios iki galo; *to be* ~ (*with*) baigti *a* tiesioginis, be persėdimo

throughout [θru:ˈaut] *adv* visiškai; visur; ·visais atžvilgiais *prep* per (*visą veiklą ir pan.*)

throve [θrəuv] *past žr.* thrive

throw [θrəu] n mėtymas; metimas v (threw [θru:]; thrown [-n]) 1 mesti, sviesti; mėtyti 2 parmesti (imtynėse) 3 veršiuotis, kumeliuotis ir pan.

thru [θru:] amer. = through

thrum [θrʌm] v barškinti, barbenti; čirpinti n barškinimas, barbenimas

thrush [θrʌʃ] n 1 strazdas 2 med. pienligė, burnos išbėrimas

thrust [θrʌst]   (thrust) 1 stumti; įbrukti 2 durti n išpuolis; dūris; smūgis

thud [θʌd] n trinktelėjimas, bumbtelėjimas v trinktelėti, bumbtelėti

thug [θʌg] n plėšikas, galvažudys

thumb [θʌm] n nykštys v tepti pirštais (knygą) Δ under one's ~ visiškai kieno nors įtakoje, valdžioje; a rule of ~ a) praktinis metodas; b) apytikslis apskaičiavimas

thump [θʌmp] v kirsti smarkų smūgį (ypač kumščiu); mušti; daužytis n 1 duslus smūgis 2 trenksmas

thunder ['θʌndə] n griausmas, perkūnas v 1 griausti, dundėti 2 siausti; triuškinti; griaudėti, šaukti ~bolt [-bəult] n 1 žaibo blykstelėjimas, 2 prk. lietus giedroje, netikėta žinia ar įvykis ~clap [-klæp] n griaustinio trenksmas ~cloud [-klaud] n audros debesis ~ing [-rɪŋ] n griaustinis ~ous [-rəs] a 1 griaustinio 2 audringas, audros ~-peal [-pi:l] n griaustinio griaudėjimas, trenksmas ~-storm [-stɔ:m] n audra; perkūnija ~struck [strʌk] a 1 perkūno nutrenktas 2 apstulbintas

Thursday ['θə:zdɪ] n ketvirtadienis

thus [ðʌs] adv taip, tuo būdu; ~ and ~ taip ir taip; ~ far iki šiol, iki šios vietos; ~ much tiek, šitiek

thwack [θwæk] v mušti, pliekti

thwart [θwɔ:t] v 1 prieštarauti 2 (su)-trukdyti; (su)ardyti (planus)

thy [ðaɪ] pron pasen., poet. tavo

tick [tɪk] I n 1 tiksėjimas; to the ~ tiksliai, punktualiai 2 žymelė, paukščiukas v 1 tiksėti 2 padėti paukščiuką, paženklinti

tick II n zool. erkė

tick III n įmpilas; užvalkalas

tick IV n šnek. kreditas v imti / duoti kreditan

ticket ['tɪkɪt] n 1 bilietas 2 etiketė 3 skelbimas 4 liudijimas, lapelis, kortelė 5 amer. kandidatų sąrašas rinkimuose 6 prk. politinės partijos principai

tickle ['tɪkl] v 1 kutenti 2 linksminti, daryti malonumą

tide [taɪd] n 1 jūros potvynis ir atoslūgis 2 sezonas; metų laikas 3 srovė; to go with the ~ prk. plaukti pasroviui v: to ~ over pagelbėti (pernešti ką)

tidiness ['taɪdɪnɪs] n švarumas, tvarkingumas

tidings ['taɪdɪŋz] n pl juok. naujienos; žinios

tidy ['taɪdɪ] a tvarkingas, švarus v (su)tvarkyti

tie [taɪ] v (su)rišti, perrišti, (su)varstyti ☐ to ~ to pririšti; to ~ up to, to ~ up with amer. susijungti n 1 ryšys, sujungimas, skersinis; saitai 2 kaklaraištis

tier [tɪə] n eilė, aūkštas

tiff [tɪf] n apsipykimas; ginčas, nesusipratimas

tiger ['taɪgə] n tigras; American ~ jaguaras

tight [taɪt] a 1 tankus, standus, suspaustas 2 kompaktiškas 3 nepralaidus 4 ankštas, siauras 5 prk. sunkus adv 1 tvirtai; standžiai 2 ankštai ~en [-n] v su(si)traukti, suspausti ~-fisted [ˌtaɪt'fɪstɪd] a šykštus ~s [-s] n pl triko

tigress ['taɪgrɪs] n tigrė

tilde ['tɪld, 'tɪldə] n tildė, tildės ženklas (~)

tile [taɪl] n čerpėkoklis v dengti čerpėmis

till [tɪl] I prep iki, ligi; ~ now (then) iki šiol (tol) conj kol

till II n stalčius pinigams (prekystalyje); kasa

till III v 1 dirbti žemę, arti ~age [-ɪdʒ] n 1 žemės įdirbimas 2 ariamoji žemė, arimas

tilt [tɪlt] I *n* apdangalas, danga; tentas *v* uždengti

tilt II *n* pakrypimas; nuolaiduma *v* pakrypti; pakreipti

tilth [tɪlθ] *n* žemės įdirbimas, arimas

timber ['tɪmbə] *n* 1 statybinė miško medžiaga 2 rąstas; sija

timbre ['tæmbrə] *n* tembras

time [taɪm] *n* 1 laikas; *from ~ to ~* tarpais; *to have a good ~* gerai praleisti laiką; *in ~* laiku; *in no ~* labai greit; tuoj; *some ~ or other* kada nors; *at no ~* niekada; *take your ~!* neskubėkite!; *it is high ~* seniai laikas; *what ~ is it?*, *what is the ~?* kelinta valanda? 2 periodas, laikotarpis; metas 3 terminas; *~ is up* laikas pasibaigė 4 *pl* epocha 5 gyvenimas, amžius 6 kartas; *~ and again*, *many a ~* ne kartą, dažnai 7 *muz.* taktas *v* 1 parinkti, paskirti laiką 2 matuoti laiką (*chronometru*)

timely ['taɪmlɪ] *a* savalaikis; tinkamas *adv.* 1 laiku 2 anksti

times [taɪmz] *prep*: *five ~ two is* (*arba* *equals*) *ten* dukart penki — dešimt

time‖server ['taɪmsə:və] *n* prisitaikėlis, oportunistas **~table** [-teɪbl] *n* tvarkaraštis

timid ['tɪmɪd] *a* baugus, nedrąsus; drovus

tin [tɪn] *n* 1 alavas 2 skarda 3 *šnek.* pinigai; turtas 4 (*konservų*) dėžutė (*amer.* can) *v* 1 alavuoti 2 dėti į skardinę dėžutę; *~ned meat* mėsos konservai

tincture ['tɪŋktʃə] *n* 1 prieskonis 2 atspalvis 3 tinktūra *v* dažyti

ting [tɪŋ] *v* skambinti, žvanginti; skambėti

tinge [tɪndʒ] *n* atspalvis, tonas *v* duoti atspalvį, nudažyti

tingle ['tɪŋgl] *v* 1 spengti (*ausyse*) 2 gnybčioti, dygčioti, niežėti *ir t.t.* 3 virpėti

tinker ['tɪŋkə] *n* alavuotojas; katilius *v* alavuoti, cinuoti

tinkle ['tɪŋkl] *n* skambėjimas; skambinimas *v* skambėti, skambinti

tinned [tɪnd] *a* konservuotas (*apie produktus*)

tinsel ['tɪnsl] *n* blizgučiai, žibučiai

tint [tɪnt] *n* atspalvis, spalva *v* duoti, teikti atspalvį, paspalvinti

tiny ['taɪnɪ] *a* mažytis, smulkutis

tip [tɪp] I *n* (*plonas*) galiukas; (*kalno*) viršūnė

tip II *n* 1 arbatpinigiai 2 užuomina; patarimas *v* 1 duoti arbatpinigių 2 pranešinėti; *to ~ off* priminti; įspėti

tip III 1 apversti; pakreipti 2 lengvai suduoti, paliesti; *to ~ out* išvirsti; išversti *n* 1 lengvas stumtelėjimas 2 pasvirimas

tipple ['tɪpl] *v* girtuokliauti *n* svaiginamasis gėrimas

tipsy ['tɪpsɪ] *a* girtas, įkaušęs

tiptoe ['tɪptəu] *n*: *on ~* pirštų galais; pasistiebus

tiptop [,tɪp'tɔp] *šnek.* *a* puikus, pirmos rūšies *adv* puikiai

tirade [taɪ'reɪd] *n* tirada

tire ['taɪə] I *n* *amer.* 1 ratlankis 2 padanga

tire II *v* 1 (nu)varginti; pavargti 2 nusibosti; *I am ~d of* man nusibodo, įkyrėjo *~d* [-d] *a* pavargęs, išvargęs *~some* [-səm] *a* nuobodus, varginantis, įkyrus

tiro ['taɪərəu] *n* naujokas

'tis [tɪz] *sutr.* = it is

tissue ['tɪʃu:] *n* audeklas; audinys (*t.p. biol.*); *prk.* raizginys **~-paper** [-peɪpə] *n* plonas, minkštas, rūkomasis popierius

tit [tɪt] *n*: *~ for tat* *šnek.* atsilyginimas tuo pačiu; dantis už dantį

tit II *n* *anat.* spenys, spenelis

titanic [taɪ'tænɪk] *a* titaniškas, kolosalus

titbit ['tɪtbɪt] *n* 1 skanus kąsnelis 2 pikantiška naujiena

tithe [taɪð] *n* 1 dešimta dalis 2 *bažn.* dešimtinė

titillate ['tɪtɪleɪt] *v* kutenti

titivate ['tɪtɪveɪt] v pa(si)gražinti, pa-
(si)puošti

title ['taɪtl] n 1 titulas; vardas (pvz.,
čempiono); pavadinimas 2 antraštė v
pavadinti ~-page [-peɪdʒ] n titulinis
lapas

titmouse ['tɪtmaus] n (pl titmice) zool.
zylė

titter ['tɪtə] v kikenti, juoktis n kikeni-
mas, tylus juokas

tittle ['tɪtl] n maža dalelytė, trupinėlis;
to a ~ tiksliai, lygiai ~-tattle [-tætl]
n plepalai, gandai, paskalos

titular ['tɪtjulə] a nominalinis

to [tu:, tu, tə] prep 1 (parodo kryptį) į,
pas, prie; he went ~ the cinema jis
nuėjo į kiną 2 (atitinka liet. k. naudi-
ninko linksnį): a letter ~ a friend
laiškas draugui 3 palyginti, prieš; this
is nothing ~ what it might have
been tai niekis palyginti su tuo, kas
galėjo būti 4 iki (pažymi laiką, kiekį);
from six ~ nine nuo šeštos iki de-
vintos (valandos); five minutes ~
six be penkių minučių šešios △ ~
the left (right) į kairę (į dešinę); ~
all appearances (aiškiai) matyti; ~
arms! prie ginklų!; ~ my knowl-
edge kiek žinau; ~ perfection pil-
nai, visiškai tobulai; ~ my taste pa-
gal mano skonį; ~ the point į temą,
kaip tik adv: ~ and fro pirmyn ir
atgal, šen ir ten part (dalelytė prieš
bendratį): ~ be or not ~ be būti
ar nebūti; dalelytė prieš numanomą
bendratį: he meant to call but for-
got ~ jis ketino užeiti, bet pamiršo
(užeiti)

toad ['təud] n zool. rupūžė ~stool
[-stu:l] n šungrybis, nuodingas krem-
blys ~y [-ɪ] n palaižūnas, šunuode-
giautojas

toast ['təust] n 1 skrebutis, pakepin-
ta duonos riekė 2 tostas v 1 spirgin-
ti 2 šildytis, džiovintis 3 gerti į kieno
sveikatą ~-master [-ma:stə] n tostų
skelbėjas, pokylio tvarkdarys

tobacco [tə'bækəu] n tabakas ~nist
[tə'bækənɪst] n tabako pardavėjas

toboggan [tə'bɔgən] n sport. rogutės v
leistis rogutėmis

tocsin ['tɔksɪn] n 1 aliarminis skambi-
nimas varpais 2 aliarminis varpas

today, to-day [tə'deɪ] adv šiandien; šio-
mis dienomis

toddle ['tɔdl] v (apie kūdikį) netvirtai
žengti, strapinėti

to-do [tə'du:] n triukšmas, sąmyšis

toe [təu] n 1 kojos pirštas 2 (kojinės,
bato ir t.t.) galiukas, priešakys △
to turn up one's ~s šnek. mirti;
to tread on one's ~s prk. paliesti
jautrią vietą v 1 liesti ar spirti (bato)
galu 2 primegzti (kojinę, galus) △ to
~ the line išsirikiuoti, sustoti prie
starto linijos; prk. griežtai laikytis tai-
syklių

toff [tɔf] n šnek. turtingas dabita

toffee ['tɔfɪ] n saldainis

toggle ['tɔgl] n medinė saga (su kilpa)

together [tə'geðə] adv kartu, drauge

toil [tɔɪl] v 1 (sunkiai) dirbti, triūsti
2 sunkiai eiti n sunkus darbas, triūsas
~er n (sunkiai) dirbantysis

toilet ['tɔɪlɪt] n 1 tualetas 2 išvietė

toils [tɔɪlz] n pl tinklas

token ['təukən] n 1 ženklas 2 požymis;
žymė 3 dovana atminimui 4 žetonas
(automatui)

told [təuld] past ir pp žr. tell

toler‖able ['tɔlərəbl] a 1 pakenčiamas
2 pakankamas ~ance [-rəns] n pa-
kantumas, tolerancija ~ant [-rənt] a
tolerantiškas, pakantus ~ate [-əreɪt] v
1 (pa)kęsti 2 leisti 3 toleruoti ~ation
[ˌtɔlə'reɪʃn] n pakantumas, tolerancija

toll [təul] I n 1 muitas 2 rinkliava

toll II v lėtai ir ritmingai skambinti
(varpu) n varpo skambėjimas, gau-
dimas

tomahawk ['tɔməhɔ:k] n tomahaukas

tomato [tə'ma:təu] n pomidoras

tomb [tu:m] n 1 kapas 2 antkapis

tome [təum] n knyga (papr. labai sunki
ir didelė)

tomfool [ˌtɔm'fu:l] n 1 kvailys 2 attr
kvailas

Tommy ['tɔmɪ] n anglų kareivio pravardė

tommy||-gun ['tɔmɪgʌn] n kar. automatas ~-rot [-rɔt] n nesąmonė

tomorrow, to-morrow [tə'mɔrəu] adv rytoj n rytdiena

ton [tʌn] n tona; ~s of daugybė

tone [təun] n tonas

tongs [tɔŋz] n pl replės, žnyplės

tongue [tʌŋ] n 1 liežuvis 2 kalba; the native / mother ~ gimtoji kalba; to give ~ kalbėti, pasisakyti Δ to hold one's ~ tylėti ~-tied [-taɪd] a švebelda, šveplas

tonic ['tɔnɪk] a toninis; garsinis; stiprinantis n stiprinamieji vaistai

tonight, to-night [tə'naɪt] adv šiąnakt, šį vakarą

tonnage ['tʌnɪdʒ] n tonažas

tonsil ['tɔnsl] n migdolinė liauka ~litis [ˌtɔnsɪ'laɪtɪs] n angina

tonsure ['tɔnʃə] n (kunigų) tonzūra

too [tu:] adv 1 taip pat 2 per daug 3 labai

took [tuk] past žr. take

tool [tu:l] n 1 įrankis (t.p. prk.) 2 staklės (t.p. machine-tool)

toot [tu:t] v trimituoti

tooth [tu:θ] n (pl teeth) dantis; false ~ įdėtas dantis Δ in the teeth of prieš, priešingai, nepaisant; ~ and nail iš visų jėgų; energingai, atkakliai; to have a sweet ~ mėgti saldumynus ~ache [-eɪk] n dantų skaudėjimas ~-brush [-brʌʃ] n dantų šepetukas ~-paste [-peɪst] n dantų pasta ~some [-səm] a skanus

tootle ['tu:tl] v trimituoti

top [tɔp] I n 1 viršūnė, viršus 2 aukščiausia, pirmoji vieta; on the ~ of viršuje; virš Δ from ~ to toe nuo galvos iki kojų; the ~ of the class pirmas klasės mokinys; at the ~ of one's voice visu balsu; ~ secret visai slaptai v 1 uždengti 2 pralenkti, būti pranašesniam

top II n vilkutis (žaislas) Δ to sleep like a ~ kietai (kaip užmuštam) miegoti

top-boots ['tɔpbu:ts] n aukšti auliniai batai

topic ['tɔpɪk] n 1 tema 2 dalykas ~al [-l] a 1 vietinės / laikinos reikšmės 2 aktualus

topmost ['tɔpməust] a aukščiausias; svarbiausias

topple ['tɔpl] v 1 (ap)virsti, pulti žemyn 2 kaboti, griūvėti 3 apversti

topsy-turvy [ˌtɔpsɪ'tə:vɪ] adv aukštyn kojomis, netvarkingai

torch ['tɔ:tʃ] n 1 žibintuvas; electric ~ kišeninis žibintuvėlis 2 fakelas

tore [tɔ:] past žr. tear I

torment ['tɔ:mənt] n kankinimas, kančia v [tɔ:'ment] kankinti ~or [tɔ:'mentə] n kankintojas ~ress [tɔ:'mentrɪs] n kankintoja

torn [tɔ:n] pp žr. tear I

tornado [tɔ:'neɪdəu] n (pl -oes) viesulas; oro sūkurys; uraganas

torpedo [tɔ:'pi:dəu] n torpeda ~-boat [-bəut] n minininkas

torpid ['tɔ:pɪd] a 1 sustingęs, apmiręs 2 neveiklus, apatiškas

torrent ['tɔrənt] n srovė, srautas

torrid ['tɔrɪd] a kaitrus, karštas (t.p. prk.)

tortoise ['tɔ:təs] n vėžlys

tortuous ['tɔ:tʃuəs] a 1 vingiuotas 2 prk. suktas, nenuoširdus

torture ['tɔ:tʃə] n kančia, kankinimas v kankinti

Tory ['tɔ:rɪ] n toris, konservatorius

toss [tɔs] v 1 mėtyti aukštyn; sviesti; blaškyti(s) 2 purtyti, kratyti

tot [tɔt] n mažylis

total ['təutl] a pilnas, visas, visiškas n suma v 1 suskaičiuoti; susumuoti 2 siekti iki (apie sumą)

totter ['tɔtə] v 1 svyruoti; svyrinėti, svirduliuoti 2 netvirtai laikytis

touch [tʌtʃ] v 1 (pa)liesti; (pa)lytėti; to ~ one's hat to sveikintis pakeliant skrybėlę 2 jaudinti 3 šnek. gauti, įgyti (pinigų; dažnai apgaule); to ~

on trumpai paliesti (*pvz.*, *temą*, *klausimą*); **to** ~ **up** pataisyti (*piešinį ir pan.*) *n* 1 lietimas; lytėjimas 2 susilietimas; sąlytis 3 brūkšnys, pabraukimas △ *to keep in* ~ *with* palaikyti santykius, ryšį; ~-*and-go* [ˌtʌtʃənˈgəu] *n* rizikinga / netikra / pavojinga padėtis ~**ing** *a* graudingas; jaudinantis ~**y** [-ɪ] *a* jautrus, irzlus, lengvai įsižeidžiantis

tough [tʌf] *a* 1 tamprus, tąsus; diržingas 2 kietas, ištvermingas, tvirtas 3 atkaklus, nesukalbamas 4 *amer.* nusikalstamas, chuliganiškas

tour [tuə] *n* kelionė, turnė *v* keliauti ~**ist** [-rɪst] *n* keliautojas, turistas

tournament [ˈtɔːnəmənt] *n* turnyras, rungtynės

tousle [ˈtauzl] *v* taršyti, šiaušti

tout [taut] *v* 1 primygtinai siūlyti prekes 2 perpardavinėti bilietus

tow [təu] I *n* 1 (*linų*, *kanapių*) kuodelis 2 pakulos

tow II *n* 1 vilkimas, buksyravimas 2 buksyras (*laivas*, *lynas*) *v* vilkti, buksyruoti

toward(s) [təˈwɔːd(z)] *prep* 1 link; į 2 apie; ~ *noon* apie pusiaudienį

towel [ˈtauəl] *n* rankšluostis ~-**horse** [-hɔːs], ~-**rail** [-reɪl] *n* kabykla rankšluosčiams

tower [ˈtauə] *n* bokštas *v* 1 kyšoti, kilti 2 vyrauti ~**ing** [-rɪŋ] *a* 1 labai aukštas, aukštai iškilęs 2 baisus, nesuvaldomas

town [taun] *n* miestas, miestelis ~-**council** [ˌtaunˈkaunsl] *n* miesto taryba ~**hall** [ˌtaunˈhɔːl] *n* miesto tarybos rūmai, rotušė ~**sfolk** [-zfəuk] *n* *pl* miestiečiai, miesto gyventojai ~**ship** [-ʃɪp] *n* *amer.* miesto rajonas

toxic [ˈtɔksɪk] *a* nuodingas; toksiškas

toy [tɔɪ] *n* žaislas *v* 1 žaisti, išdykauti 2 nerimtai ką traktuoti ~**shop** [-ʃɔp] *n* žaislų krautuvė

trace [treɪs] *n* 1 pėdsakas 2 bruožas 3 *amer.* takelis 4 *pl* (*arklio*) pakinktai *v* 1 sekti; (iš)tirti 2 kopijuoti per kalkę; brėžti

tracing [ˈtreɪsɪŋ] *n* kopijavimas per kalkę ~-**paper** [-peɪpə] *n* kalkė

track [træk] *n* 1 vėžė, takas, pėdsakas; *glžk.* bėgiai 2 (*tanko*, *traktoriaus*) vikšras *v* (su)sekti

tract [trækt] *n* 1 (*žemės*, *miško*, *vandens*) ruožas, plotas 2 *anat.* traktas 3 traktatas, brošiūra

traction [ˈtrækʃn] *n* traukimas

tractor [ˈtræktə] *n* traktorius

trade [treɪd] *n* 1 amatas, profesija 2 prekyba; *home* ~ vidaus prekyba; *foreign* ~ užsienio prekyba ~**mark** [-mɑːk] *n* fabriko ženklas ~**sman** [-zmən] *n* 1 prekybininkas, krautuvininkas 2 amatininkas ~**s-woman** [-zwumən] *n* prekybininkė, krautuvininkė ~**union** [ˌtreɪdˈjuːnən] *n* 1 tredjunionas 2 profsąjunga

tradition [trəˈdɪʃn] *n* 1 tradicija 2 padavimas

traduce [trəˈdjuːs] *v* apšmeižti, apkalbėti

traffic [ˈtræfɪk] *n* 1 judėjimas; eismas; transportas; ~ *jam* susikimšimas, susigrūdimas gatvėje; eismo kamštis 2 prekyba *v* nelegaliai prekiauti (*in*) ~-**light** [-laɪt] *n* šviesoforas

trag‖edy [ˈtrædʒədɪ] *n* tragedija ~**ic-(al)** [-dʒɪk(l)] *a* tragiškas; baisus

trail [treɪl] *v* 1 vilkti(s); driektis 2 sekti pėdomis *n* 1 pėdsakas 2 takas, kelelis

train [treɪn] *v* 1 mokyti, auklėti 2 treniruoti 3 ruošti 4 dresiruoti *n* 1 traukinys, sąstatas; *by* ~ traukiniu; *through* ~ tiesioginio susisiekimo traukinys 2 palydovai, palyda 3 (*rūbo*) uodega, šleifas 4 (*įvykių*, *minčių*) eilė, grandinė 5 karavanas

train‖ed [ˈtreɪnd] *a* apmokytas; treniruotas; dresiruotas ~**ee** [treɪˈniː] *n* profesijai rengiamas asmuo ~**er** *n* treneris, instruktorius ~**ing** *n* 1 paruošimas, apmokymas; treniravimas 2 dresiravimas 3 *attr* mokomasis, treniruotės

trait [treɪt] *n* būdingas bruožas; štrichas

trait‖or ['treɪtə] *n* išdavikas ~**orous** ['treɪtərəs] *a* išdavikiškas, klastingas ~**ress** [-rɪs] *n* išdavikė

trajectory [trə'dʒektərɪ] *n* trajektorija

tram [træm] *n* 1 tramvajus (*amer.* streetcar) 2 vagonėlis

trammel ['træml] *n* 1 tinklas 2 kliūtis *v* kliudyti, trukdyti; sulaikyti

tramp [træmp] *v* 1 keliauti pėsčiam 2 bastytis 3 sunkiai žengti *n* 1 valkata 2 trepsėjimas, tapnojimas 3 kelionė pėsčiomis

trample ['træmpl] *v* (su)trypti; (su)mindžioti

tramway ['træmweɪ] *n* tramvajaus bėgiai

trance [trɑːns] *n* 1 ekstazė 2 *med.* transas

tranquil ['træŋkwɪl] *a* ramus, tylus ~**ity** [træŋ'kwɪlətɪ] *n* ramybė, tyla

trans- [trænz-] *pref* per-, už-, trans-

transact [træn'zækt] *v* sudaryti (*sandérį*); atlikti (*reĭkalus*) ~**ion** [-kʃn] *n* 1 prekybinis *ar* kitoks susitarimas; sandoris 2 *pl* (*mokslo draugĭjos*) darbai, protokolai

transatlantic [ˌtrænzət'læntɪk] *a* transatlantinis

transcend [træn'send] *v* 1 viršyti 2 peržengti (*ríbas*)

transcontinental [ˌtrænzkɔntɪ'nentl] *a* transkontinentinis, kertantis žemyną

transcri‖be [træn'skraɪb] *v* nurašinėti, nurašyti; transkribuoti ~**ption** [-'skrɪpʃn] *n* transkribavimas, transkripcija

transfer [træns'fə:] *v* perkelti; perleisti; perduoti *n* ['trænsfə:] 1 perkėlimas 2 perdavimas

transfigur‖ation [ˌtrænsfɪgə'reɪʃn] *n* vaizdo pakeitimas ~**e** [træns'fɪgə] *v* pakeisti vaizdą, pavidalą

transfix [træns'fɪks] *v* 1 perdurti, perverti, persmeigti 2 *pass* apstulbti (*iš baimės*)

transform [træns'fɔ:m] *v* pakeisti, pertvarkyti, transformuoti ~**ation**

[ˌtrænsfə'meɪʃn] *n* pakeitimas ~**er** *n* *el.* transformatorius

transfus‖e [træns'fju:z] *v* perpilti, perlieti; perduoti, įdiegti ~**ion** [-ʒn] *n* perpylimas, transfuzija

transgress [træns'gres] *v* 1 peržengti 2 pažeisti

transient ['trænzɪənt] *a* greitai (pra)slenkantis, trumpalaikis, pereinamas

transistor [træn'zɪstə] *n* 1 tranzistorius (*elementas*) 2 tranzistorinis radijo aparatas

transit ['trænzɪt] *n* 1 tranzitas 2 perėjimas; praėjimas, pravažiavimas

transit‖ion [træn'zɪʃn] *n* 1 perėjimas 2 pereinamasis laikotarpis ~**ional** [-ʃənl] *a* pereinamasis; tarpinis ~**ive** ['trænsətɪv] *a* *gram.* galininkinis (*veiksmažodis*) ~**ory** ['trænsɪtrɪ] *a* greitai praeinantis

translat‖e [trænz'leɪt] *v* (iš)versti (*from – into*) ~**ion** [-'leɪʃn] *n* vertimas ~**or** *n* vertėjas

translucent [trænz'lu:snt] *a* pusiau permatomas; peršviečiamas

transmi‖ssion [trænz'mɪʃn] *n* perdavimas; transmisija ~**t** [-'mɪt] *v* perduoti; nusiųsti; perleisti

transmute [trænz'mju:t] *v* pa(si)keisti, pertvarkyti

transom ['trænsəm] *n* skersinis; (*lango*) rėmai; *stat.* viršulangis

transparent [træns'pærənt] *a* 1 permatomas 2 *prk.* atviras 3 aiškus

transpir‖ation [ˌtrænspɪ'reɪʃn] *n* išgaravimas ~**e** [træns'paɪə] *v* 1 išgaruoti 2 prasisunkti 3 *prk.* iškilti aikštėn

transplant [træns'plɑ:nt] *v* persodinti

transport *v* [træns'pɔ:t] gabenti, pervežti, pernešti *n* ['trænspɔ:t] transportas; gabenimas, pervežimas ~**ation** [ˌtrænspɔ:'teɪʃn] *n* gabenimas, pervežimas, transportavimas

transpose [træns'pəuz] *v* perstatyti, perkelti

transvers‖al, ~**se** [trænz'və:sl, 'trænsvə:s] *a* skersas, skersinis

trap [træp] *n* 1 pinklės; spąstai, ža-
bangai 2 drenažo vamzdis *v* pagauti
spąstais ~-door [ˌtræpˈdɔ:] *n* liukas
trapezium [trəˈpi:ziəm] *n* *mat.* trape-
cija (*amer.* trapezoid [ˈtræpɪzɔɪd])
trappings [ˈtræpɪŋz] *n* *pl* 1 išoriniai
turtingumo požymiai 2 *šnek.* pa-
radinė uniforma
trash [træʃ] *n* šlamštas; šiukšlės
travel [ˈtrævl] *v* keliauti; vaikščioti; eiti;
važiuoti; kilnotis *n* kelionė ~ler [-ə] *n*
keleivis ~ling *a* 1 keliaujantis 2 ke-
lionės *n* keliavimas
traverse [ˈtrævə:s] *v* 1 perkirsti 2 *teis.*
neigti *n* 1 skersinis 2 *teis.* neigimas
travesty [ˈtrævəstɪ] *n* parodija *v* paro-
dijuoti
trawl [trɔ:l] *n* tinklas; tralas *v* žvejoti,
žuvauti (*tinklu*) ~er *n* traleris
tray [treɪ] *n* 1 padėklas 2 lovelis, gelda
treacher||ous [ˈtretʃərəs] *a* išdavikiškas
~y [-rɪ] *n* išdavystė; žodžio sulaužy-
mas
treacle [ˈtri:kl] *n* sirupas
tread [tred] *v* (trod; trodden) žengti;
minti □ to ~ down (nu)mindžioti;
(nu)slopinti; sutrypti; to ~ in įmin-
ti △ to ~ on air džiūgauti, nesitverti
džiaugsmu *n* 1 eisena 2 žingsnis 3 laip-
telis
treadle [ˈtredl] *n* kojinis pedalas
treason [ˈtri:zn] *n* išdavimas; high ~
valstybės išdavimas
treasur||e [ˈtreʒə] *n* 1 turtai 2 brange-
nybės; buried ~ lobis *v* 1 krauti tur-
tus; kaupti 2 labai vertinti; saugoti,
branginti ~er [-rə] *n* iždininkas ~y
[-rɪ] *n* 1 iždas 2 žinių lobynas (*apie
knygą*)
treat [tri:t] *v* 1 elgtis 2 traktuoti 3 gy-
dyti 4 vesti derybas 5 vaišinti *n* 1 ma-
lonumas, smagumas 2 vaišinimas, vai-
šės ~ise [-ɪz] *n* traktatas ~ment *n*
1 elgimasis; veikimo būdas 2 gydymas
3 apdirbimas, apdorojimas
treaty [ˈtri:tɪ] *n* sutartis

treble [ˈtrebl] *a* trigubas *v* patrigubinti;
patrigubėti
tree [tri:] *n* medis
trefoil [ˈtrefɔɪl] *n* *bot.* dobilas
trellis [ˈtrelɪs] *n* groteliai, pinučiai
tremble [ˈtrembl] *v* drebėti *n* drebė-
jimas, drebulys
tremendous [trɪˈmendəs] *a* 1 baisus
2 *šnek.* didžiulis, milžiniškas
tremor [ˈtremə] *n* drebėjimas, virpėji-
mas
tremulous [ˈtremjuləs] *a* 1 virpantis,
drebantis 2 nedrąsus, baimingas
trench [trentʃ] *v* 1 kasti griovius, apka-
sus 2 ribotis, prieiti *n* 1 apkasas 2 grio-
vys
trend [trend] *v* (nu)krypti *n* 1 tenden-
cija 2 kryptis, linkmė
trepidation [ˌtrepɪˈdeɪʃn] *n* 1 susijaudi-
nimas, sumišimas 2 drebėjimas
trespass [ˈtrespəs] *v* 1 peržengti ribas
2 nusikalsti, nusidėti 3 piktnaudžiauti
n 1 peržengimas 2 nusižengimas; nuo-
dėmė 3 piktnaudžiavimas ~er *n* 1 sie-
nos pažeidėjas; brakonierius 2 teisės
pažeidėjas
tress [tres] *n* kasa; ilgi palaidi plaukai
trestle [ˈtresl] *n* žirgės, ožys
trial [ˈtraɪəl] *n* 1 bandymas; išmėgi-
nimas; on ~ išbandymui, bandomas;
to give a ~ išbandyti 2 byla; teismo
procesas; to bring to ~, to put on
~ patraukti į teismą
triang||le [ˈtraɪæŋgl] *n* trikampis ~ular
[traɪˈæŋgjulə] *a* trikampis
trib||al [ˈtraɪbl] *a* padermių, genčių,
gentinis ~e [ˈtraɪb] *n* giminė, pa-
dermė, gentis, tautelė
tribulation [ˌtrɪbjuˈleɪʃn] *n* vargas, ne-
laimė; sunkus išmėginimas
tribunal [traɪbˈju:nl] *n* tribunolas; teis-
mas
tribune [ˈtrɪbju:n] *n* tribūna
tribut||ary [ˈtrɪbjutrɪ] *n* 1 mokantis
mokestį / duoklę; duoklininkas 2 in-
takas ~e [-ju:t] *n* mokestis, duoklė;
įnašas

trick [trɪk] *n* 1 gudrybė, apgaulė 2 pokštas, juokas 3 triukas, fokusas 4 įgudimas; būdas, metodas 5 *kort.* kirtis *v* apgauti ~ery [-ərɪ] *n* 1 apgaulė 2 gudrybė

trickle ['trɪkl] *v* varvėti, lašėti *n* varvėjimas, lašėjimas

tricolo(u)r ['trɪkələ] *a* trispalvis *n* (*the T.*) trispalvė vėliava

tricycle ['traɪsɪkl] *n* triratis

trident ['traɪdnt] *n* trišakis

triennial [traɪ'enɪəl] *a* trejų metų; trimetis *n* trimetis

trifl‖e ['traɪfl] *n* 1 niekai, mažmožis, niekniekiai 2 kukli dovanėlė; arbatpinigiai 3 vaisinis tortas; **a** ~ truputį, šiek tiek; palengvėle *v* 1 išdykauti 2 lengvabūdiškai elgtis; *he is not a man to* ~ *with* su juo menki juokai ~ing *a* menkos vertės

trig [trɪg] *a* 1 dailus, gražus, puošnus 2 tvirtas, sveikas *v* 1 puošti, dailinti 2 paremti, sustiprinti 3 stabdyti *n tech.* pleištinis padėklas

trigger ['trɪgə] *n* (*šautuvo*) gaidukas *v*: *to* ~ *off* sukelti

trigonometry [ˌtrɪgə'nɔmətrɪ] *n* trigonometrija

trill [trɪl] *n muz.* trelė

trillion ['trɪlɪən] *n* trilijonas; *amer.* bilijonas

trilogy ['trɪlədʒɪ] *n* trilogija

trim [trɪm] *a* 1 tvarkingas 2 puošnus, dailus *v* 1 (su)tvarkyti; dailinti 2 (pa)kirpti; papuošti; taisyti *n* gera tvarka ~mer [-ə] *n* prisitaikėlis ~ming [-ɪŋ] *n* 1 apsiuvai 2 dailinimas, tvarkymas

trinity ['trɪnətɪ] *n rel.* trejybė

trinket ['trɪŋkɪt] *n* dailės mažmožis, niekutis; papuošalas

trio ['triːəu] *n muz.* trio

trip [trɪp] *v* 1 eiti lengvai ir greitai 2 suklupti (*on / over*) 3 pakišti koją (*t.p. prk.*) 4 suklysti; sugauti meluojant 5 paleisti (*aparatą*); atleisti (*mygtuką*) *n* 1 ekskursija, kelionė; išvyka 2 suklupimas, klaida; liapsusas

tripartite [ˌtraɪ'pɑːtaɪt] *a* susidedantis iš trijų dalių

tripe [traɪp] *n* 1 žarnokai 2 *šnek.* šlamštas

triple ['trɪpl] *a* trigubas, trilinkas *v* trigubinti

triplet ['trɪplɪt] *n* 1 trejukė, trejetas 2 *pl* trynukai

triplicate ['trɪplɪkət] *a* trigubas *v* [-keɪt] 1 patrigubinti 2 sudaryti trimis egzemplioriais

tripod ['traɪpɔd] *n* trikojis (*staliukas*)

trite [traɪt] *a* banalus, nuvalkiotas

triumph ['traɪəmf] *n* triumfas ~ant [traɪ'ʌmfnt] *a* pergalingas, triumfuojantis; iškilmingas

trivet ['trɪvɪt] *n* trikojis (*virimui*)

trivial ['trɪvɪəl] *a* kasdieninis, paprastas, trivialus

trod [trɔd] *past žr.* **tread** I

trodden ['trɔdn] *pp žr.* **tread** I

trolley ['trɔlɪ] *n* 1 vežimėlis (*t.p. pirkiniams, bagažui*); vagonėlis 2 *amer.* tramvajus ~bus [-bʌs] *n* troleibusas

troop [truːp] *n* 1 minia 2 būrys 3 kavalerijos būrys; *amer.* eskadronas 4 *pl* kariuomenė *v* susiburti

trophy ['trəufɪ] *n* grobis, trofėjus

tropic ['trɔpɪk] *n* atogrąža ~al [-l] *a* tropinis

trot [trɔt] *n* greitas žingsnis; risčia *v* bėgti risčia ~ter [-ə] *n* ristūnas (*arklys*)

trouble ['trʌbl] *n* 1 neramybė, rūpesčiai; *it is too much* ~ čia per daug rūpesčių 2 vargas, bėda; *to be in* ~ būti bėdoje 3 liga 4 avarija, gedimas △ *to ask / look for* ~ neatsargiai elgtis *v* 1 nerimauti, rūpintis 2 prašyti; įkyrėti 3 kamuoti, skaudėti △ *may I* ~ *you for the salt* malonėkite man paduoti druską; *to fish in* ~*d waters* žvejoti drumstame vandenyje ~some [-səm] *a* neramus, nemalonus; varginantis; sunkus

tumble

trough [trɔf] *n* 1 lovys; gelda 2 latakas

trounce [trauns] *v* 1 (su)mušti; plakti; (nu)bausti 2 barti

troupe [tru:p] *n* trupė (*artistų*).

trousers ['trauzəz] *n pl* kelnės (*t.p.* **a pair of** ~)

ţrousseau ['tru:səu] *n* (*pl* ~s *arba* ~x [-səuz]) kraitis, dalis

trout [traut] *n* upėtakis (*žuvis*)

trowel ['trauəl] *n* 1 (*mūrininko*) mentė 2 (*sodininko*) kastuvėlis

truant ['tru:ənt] *n* 1 tinginys 2 mokinys, praleidinėjantis pamokas

truce [tru:s] *n* 1 paliaubos 2 galas; nustojimas; ~ **to jesting!** gana juokauti!

truck [trʌk] I *n* 1 vežimas; *amer.* sunkvežimis 2 platforma, vagonėlis

truck II *n amer.* daržovės ~-**farmer** [-fɑ:mə] *n* daržininkas

truckle ['trʌkl] *v* vergiškai lenktis, šunuodegiauti

truculent ['trʌkjulənt] *a* (*ypač apie elgesį*) įžūlus, šiurkštus, agresyvus

trudge [trʌdʒ] *v* kėblinti; su vargu eiti, kojas vilkti *n* ilga kelionė

true [tru:] *a* tikras; teisingas, teisus; ištikimas; **to come** ~ įvykti, išsipildyti

truly ['tru:lɪ] *adv* 1 ištikimai; lojaliai 2 tiksliai 3 tikrai, iš tikrųjų △ **Yours** ~ Jus gerbiantis (*laiško pabaigoje*)

trump [trʌmp] *n* 1 *kort.* švietalas, koziris 2 *šnek.* šaunuolis

trumpery ['trʌmpərɪ] *n* 1 niekniekiai, blizgučiai 2 šlamštas

trumpet ['trʌmpɪt] *n* trimitas *v* trimituoti

truncat‖e ['trʌŋkeɪt] *v* nukirsti, nukapoti, nupjauti ~**ed** [-tɪd] *a geom.* nupjautas, nupjautinis

truncheon ['trʌntʃən] *n* 1 lazda (*valdžios simbolis*) 2 policininko lazda; vėzdas

trundle ['trʌndl] *v* ridinti; risti; riedėti

trunk [trʌŋk] *n* 1 liemuo; kamienas 2 lagaminas 3 *pl sport.* trumpos kelnaitės; šortai ~-**call** [-kɔ:l] *n* užmiestinis pokalbis (*telefonu*; *amer.* long-distance call)

truss [trʌs] *n* 1 ryšulys; glėbys 2 *stat.* santvara, ferma 3 *med.* bandažas *v* 1 rišti 2 sudėti 3 suveržti

trust [trʌst] *n* 1 pa(si)tikėjimas 2 atsakomybė 3 viltis 4 kreditas 5 pareigų pavedimas 6 trestas *v* 1 pavesti, patikėti 2 kredituoti 3 tikėtis ~**ee** [trʌs'ti:] *n* globėjas; saugotojas ~**y** [-ɪ] *a* patikimas, ištikimas

truth [tru:θ] *n* (*pl* ~s [tru:ðz]) tiesa, teisybė; **to tell the** ~ a) pasakyti tiesą; b) tiesą sakant ~**ful** *a* 1 teisingas 2 tikras

try [traɪ] *v* 1 bandyti, mėginti 2 stengtis; **to** ~ **one's best** dėti pastangas 3 ilsinti, varginti 4 teisti □ **to** ~ **for** siekti, ieškoti (*darbo ir pan.*); **to** ~ **on** pamatuoti (*drabužį*), primatuoti *n* bandymas, mėginimas ~**ing** *a* sunkus; kenksmingas

tsar (*t.p.* **tzar, czar**) ['zɑ:] *n* caras ~**ina** (*t.p.* **tzarina, czarina**) [zɑ:'ri:nə], ~**itsa** [zɑ:'ri:tsə] *n* carienė

tub [tʌb] *n* kubilas, statinė

tube [tju:b] *n* 1 vamzdis, vamzdelis 2: (**T.**) metropolitenas (*Londone*) 3 (*radijo*) elektroninė lempa

tuberculosis [tju:ˌbə:kju'ləusɪs] *a med.* tuberkuliozė, džiova

tuck [tʌk] *n* klostė *v* 1 suklostyti; pakaišioti 2 atraitoti (*up*)

Tuesday ['tju:zdɪ] *n* antradienis

tuft [tʌft] *n* pluoštas, kuodas; kuokštas

tug [tʌg] *v* vilkti, tempti, traukti; buksyruoti *n* vilkimas, traukimas; buksyravimas

tuition [tju:'ɪʃn] *n* 1 mokymas, auklėjimas, priežiūra 2 mokestis už mokslą (*papr. koledže, universitete*)

tulip ['tju:lɪp] *n bot.* tulpė

tumble ['tʌmbl] *v* kristi, nubildėti; kūliais virsti, vartaliotis; perversti; mėtyti(s) □ **to** ~ **in** a) įkristi, įvirsti; b) *šnek.* eiti gulti; **to** ~ **out** iššokti *n* 1 kritimas, virtimas, puolimas 2 netvarka ~-**down** [-daun] *a* apgriuvęs, sugriuvęs

tumbler ['tʌmblə] *n* 1 akrobatas 2 bokalas, stiklinė

tumid ['tju:mɪd] *a* 1 sutinęs 2 pasipūtęs, pompastiškas

tummy ['tʌmɪ] *n šnek.* pilvas, pilvelis

tumo(u)r ['tju:mə] *n* auglys, navikas

tumult ['tju:mʌlt] *n* 1 triukšmas 2 sujūdimas ~**uous** [tju:'mʌltʃuəs] *a* 1 netvarkingas; pakrikęs 2 sujaudintas

tune [tju:n] *n* 1 melodija, gaida 2 tonas, garsas; *out of* ~ išsiderinęs; *to sing another* ~ *prk.* pakeisti toną *v* 1 derinti 2 skambėti, dainuoti □ *to* ~ *in rad.* nustatyti radiją; *to* ~ *up* suderinti ~**ful** *a* darnus, harmoningas; melodingas ~**less** *a* nemelodingas; neskambus ~**r** [-ə] *n* 1 derintojas 2 *rad.* tiuneris

tungsten ['tʌŋstən] *n chem.* volframas

tunic ['tju:nɪk] *n* tunika, apsiaustas

tunnel ['tʌnl] *n* tunelis *v* kasti tunelį

turbid ['tə:bɪd] *a* 1 sudrumstas 2 miglotas, supainiotas

turbine ['tə:bɪn] *n* turbina

turbulent ['tə:bjulənt] *a* neramus, audringas, triukšmingas

tureen [tju'ri:n] *n* dubuo (*sriubai*)

turf [tə:f] *n* (*pl* **turfs** *arba* **turves** [tə:vz]) 1 velėna; žolė 2 durpės

turgid ['tə:dʒɪd] *a* 1 patinęs; pakilęs 2 pompastiškas, išpūstas (*apie kalbą*)

Turk [tə:k] *n* turkas ~**ish** [-ɪʃ] *a* turkų, turkiškas *n* turkų kalba

turkey ['tə:kɪ] *n* kalakutas

Turk||man ['tə:kmən] *n* turkmėnas ~**men** [-mən] *a* turkmėnų ~**oman** [-kəmɑ:n] *n* turkmėnų kalba

turmoil ['tə:mɔɪl] *n* sumišimas, triukšmas

turn [tə:n] *v* 1 sukti(s); pa(si)sukti; (nu)kreipti 2 ap(si)sukti 3 tapti; pavirsti 4 imtis, griebtis 5 (pa)kisti 6 pakeisti, išversti 7 tekinti □ *to* ~ **about**

ap(si)sukti; *to* ~ **away** a) pašalinti, atleisti; b) nusigręžti; *to* ~ **down** atmesti; sumažinti (*šviesą*); *to* ~ **in** a) užeiti; b) *šnek.* eiti gulti; *to* ~ **into** pavirsti, paversti kuo; *to* ~ **off** a) užsukti (*čiaupą*); b) išjungti (*šviesą*); c) atleisti; *to* ~ **on** a) atsukti (*čiaupą, šliuzą*); b) įjungti (*šviesą*); *to* ~ **out** a) išvaryti, atleisti; b) paaiškėti; pasirodyti; c) išjungti, gesinti (*šviesą*); *to* ~ **over** a) apvirsti; b) perduoti; *to* ~ **round** a) apsisukti; b) *prk.* pakeisti pažiūras, politiką; *to* ~ **to** a) imtis darbo; b) kreiptis; c) privesti prie ko, būti rezultatu; *to* ~ **up** a) pakelti aukštyn; b) atsitikti, įvykti; staiga pasirodyti; *to* ~ **upon** a) priklausyti; b) *prk.* užpulti △ *to* ~ *a deaf ear to* atsisakyti klausyti; nekreipti dėmesio; *to* ~ *one's hand to* imtis ko; *to* ~ *loose* išleisti į laisvę; *to* ~ *the scales* būti sprendžiamam *n* 1 pasisukimas, posūkis; *to take a bad* ~ blogai susiklostyti; *to a* ~ tiksliai, kaip reikiant 2 apsisukimas 3 permaina; pakeitimas 4 eilė; *in* ~ iš eilės 5 palinkimas, gabumas 6 paslauga △ *to go for a* ~, *to take a* ~ pasivaikščioti

turncoat ['tə:nkəut] *n* renegatas, perbėgėlis

turner ['tə:nə] *n* tekintojas

turning ['tə:nɪŋ] *n* 1 sankryža; posūkis; vingis 2 tekintojo darbas, amatas ~-**point** [-pɔɪnt] *n* posūkio punktas; lemiamasis posūkis

turnip ['tə:nɪp] *n* ropė

turnkey ['tə:nki:] *n* kalėjimo prižiūrėtojas, sargas

turn-out ['tə:naut] *n* 1 rungtynių *ar* susirinkimo dalyviai 2 produkcijos išleidimas

turnover ['tə:nəuvə] *n* (*prekių, lėšų*) apyvarta; *labour* ~ darbo jėgos kaita

turpentine ['tə:p(ə)ntaɪn] *n* terpentinas

turpitude ['tə:pɪtju:d] *n* niekšybė, begėdiškumas

turret ['tʌrɪt] n 1 bokštelis 2 patrankos bokštelis

turtle ['tə:tl] I n zool. burkuolis (balandis)

turtle II n vėžlys

tusk [tʌsk] n iltis

tussle ['tʌsl] v grumtis, imtis n grumtynės

tut [tʌt] ínt nagi! (jaustukas, reiškiantis nekantrumą bei nepasitenkinimą)

tutor ['tju:tə] n globėjas, auklėtojas, mokytojas v globoti, auklėti, mokyti ~ess [-rɪs] n globėja ~ial [tju:'tɔ:rɪəl] a, n globos, globojamas; auklėtojo pamoka

tuxedo [tʌk'si:dəu] n amer. smokingas

twaddle ['twɔdl] n plepalai, tuščiažodžiavimas v plepėti, tuščiažodžiauti

twang [twæŋ] n (stygos) skambesys (tempiant ar atleidžiant) v 1 skambėti (apie tempiamą ar atleidžiamą stygą) 2 kalbėti pro nosį

'twas [twɔz] sutr. = it was

tweak [twi:k] v gnaibyti, žnybti n gnaibymas, įgnybimas

'tween [twi:n] šnek. sutr. = between

tweet [twi:t] v čiulbėti, čirenti n čiulbėjimas, čirenimas

tweezers ['twi:zəz] n pl pincetas

twel‖fth [twelfθ] num dvyliktas n dvyliktoji dalis ~ve [-v] num dvylika

twent‖ies ['twentɪz] n pl 1 trečiasis dešimtmetis 2 amžius nuo 20 iki 30 metų ~ieth [-tɪəθ] num dvidešimtas n ~y [-ɪ] num dvidešimt

'twere [twə:] sutr. = it were

twice [twaɪs] adv dukart

twiddle ['twɪdl] v sukinėti ką (pvz., žiedą ant piršto)

twig [twɪg] I n šakelė

twig II v šnek. (pa)stebėti, suvokti

twilight ['twaɪlaɪt] n sutemos, prieblanda

'twill [twɪl] sutr. = it will

twin [twɪn] n 1 dvynys, dvynukas 2 vienas iš poros (apie daiktą) a dvigubas

twine [twaɪn] n virvutė; raištis; virvėlaidis v vynioti(s), vyti; pinti ~r [-nə] n vijoklis

twinge [twɪndʒ] n aštrus skausmas; spazmas

twinkle ['twɪŋkl] v mirkčioti, mirktelėti; (su)žibsėti n 1 mirkčiojimas 2 mirgėjimas

twirl [twə:l] v 1 suktis 2 smarkiai pa-(si)sukti n sukimas(is)

twist [twɪst] v 1 sukti(s) 2 vyti 3 vingiuoti 4 iškraipyti n 1 (pa)sukimas 2 virvė 3 susuktas, suvyniotas daiktas ~er n sukėjas, vijikas

twit [twɪt] v priekaištauti

twitch [twɪtʃ] v 1 trukčioti 2 tampyti n 1 traukulys 2 timptelėjimas

twitter ['twɪtə] v čiulbėti, čirškėti

two [tu:] num du, dvi; in / by ~s poromis; po du; in ~ pusiau, į dvi dalis

twopence ['tʌpəns] n 1 du pensai 2 prk. skatikas

twopenny ['tʌpənɪ] a dviejų pensų (vertės)

tying ['taɪɪŋ] pres p žr. tie

type [taɪp] n 1 tipas 2 šriftas 3 pavyzdys; prototipas 4 simbolis v rašyti mašinėle ~-writer [-raɪtə] n rašomoji mašinėlė ~-writing [-raɪtɪŋ] n (per)rašymas mašinėle

typhoid ['taɪfɔɪd] n med. vidurių šiltinė a vidurių šiltinės

typhus ['taɪfəs] n dėmėtoji šiltinė

typi‖cal ['tɪpɪkl] a tipiškas ~fy ['tɪpɪfaɪ] v tikti tipiniu pavyzdžiu

typ‖ing ['taɪpɪŋ] n (per)rašymas mašinėle ~ist n mašininkė

tyran‖nical [tɪ'rænɪkl] a tironiškas ~ny ['tɪrənɪ] n 1 tironija; despotizmas 2 žiaurumas ~t ['taɪərənt] n tironas, despotas

tyre ['taɪə] žr. tire I

tyro ['taɪərəu] žr. tiro

tzar [za:] n žr. czar

U

U, u [ju:] *n dvidešimt pirmoji anglų abėcėlės raidė*

ubiquitous [ju:'bɪkwɪtəs] *a* visur esantis

U-boat ['ju:bəut] *n* povandeninis laivas

udder ['ʌdə] *n* tešmuo

ugh [ə:] *int* fu, fui

ugly ['ʌglɪ] *a* negražus, bjaurus, šlykštus

Ukrainian [ju:'kreɪnɪən] *n* 1 ukrainietis 2 ukrainiečių kalba *a* ukrainiečių, ukrainietiškas

ukulele [ˌju:kə'leɪlɪ] *n* havajiška gitara

ulcer ['ʌlsə] *n* opa, piktžaizdė

ulster ['ʌlstə] *n* ilgas, platus apsiaustas (*su diržu*)

ultimate ['ʌltɪmət] *a* 1 paskutinis; galutinis; galinis 2 pirminis, pagrindinis ~ly *adv* pagaliau

ultimat||um [ˌʌltɪ'meɪtəm] *n* (*pl* ~ums *arba* ~a [-tə]) ultimatumas

ultimo ['ʌltɪməu] *kom.* praėjusio mėnesio

ultra- ['ʌltrə-] *pref* ultra-, virš-

ultramarine [ˌʌltrəmə'ri:n] *a* ultramarino (*spalvos*)

ultra||sonic [ˌʌltrə'sɔnɪk] *a* viršgarsinis ~sound ['ʌltrəsaund] *n* ultragarsas

ultra-violet [ˌʌltrə'vaɪələt] *a* ultravioletinis

umber ['ʌmbə] *n* umbra (*dažai*) *a* tamsiai rudas

umbilicus [ʌm'bɪlɪkəs] *n* bamba

umbrage ['ʌmbrɪdʒ] I *n* įžeidimas; *to take* ~ įsižeisti

umbrage II *n poet.* šešėlis; pavėsis ~ous [ʌm'breɪdʒəs] *a* pavėsingas

umbrella [ʌm'brelə] *n* skėtis

umpire ['ʌmpaɪə] *n* 1 (*tretysis*) teisėjas, tarpininkas 2 *sport.* teisėjas

un- [ʌn-] *pref* ne-, be-, at-, iš-

unabashed [ˌʌnə'bæʃt] *a* nesumišęs, drąsus

unable [ʌn'eɪbl] *a* negalintis, nemokantis

unacceptable [ˌʌnək'septəbl] *a* nepriimtinas

unaccompanied [ˌʌnə'kʌmpənɪd] *a* 1 nelydimas 2 be akompanimento

unaccomplished [ˌʌnə'kɔmplɪʃt] *a* 1 nebaigtas 2 neaptašytas, neišauklėtas

unaccountable [ˌʌnə'kauntəbl] *a* nepaaiškinamas, keistas, nesuprantamas

unaccustomed [ˌʌnə'kʌstəmd] *a* 1 neįpratęs 2 nepaprastas

unacquainted [ˌʌnə'kweɪntɪd] *a* 1 nepažįstamas 2 nežinantis, nesusipažinęs

unadvised [ˌʌnəd'vaɪzd] *n* skubotas, neapdairus, neprotingas

unaffected [ˌʌnə'fektɪd] *a* 1 nuoširdus, paprastas 2 nepaliestas, nepakeistas

unaided [ˌʌn'eɪdɪd] *a* be pagalbos; savarankiškas

unalterable [ʌn'ɔːltərəbl] *a* nekintantis, nekintamas

unanim||ity [ˌju:nə'nɪmətɪ] *n* vieningumas ~ous [ju:'nænɪməs] *a* vieningas, vienbalsis

unannounced [ˌʌnə'naunst] *a* be pranešimo; nepaskelbtas

unanswerable [ˌʌn'ɑːnsərəbl] *a* 1 sunkiai atsakomas (*klausimas*) 2 nenuginčijamas

unappeasable [ˌʌnə'pi:zəbl] *a* nenumalšinamas, nenuraminamas

unapt [ˌʌn'æpt] *a* 1 netinkamas 2 nemokantis, nenusimanantis 3 nelinkęs

unarmed [ˌʌn'ɑːmd] *a* neginkluotas

unasked [ˌʌn'ɑːskt] *a* neprašomas, savanoriškas

unassailable [ˌʌnə'seɪləbl] *a* neprieinamas; nenuginčijamas, nesugriaunamas

unassuming [ˌʌnə'sju:mɪŋ] *a* 1 kuklus 2 padorus 3 nesididžiuojantis

unattainable [ˌʌnə'teɪnəbl] *a* nepasiekiamas

unattended [ˌʌnə'tendɪd] *a* 1 nelydimas 2 neprižiūrimas

unavail||able [ˌʌnə'veɪləbl] *a* be naudos; netinkamas ~ing [ʌnə'veɪlɪŋ] *a* be naudos, nenaudingas

unawar‖e [ˌʌnəˈweə] *a* nežinantis; neatidus; *to be* ∼ *of* nieko nežinoti apie ∼**es** [-z] *adv* 1 netikėtai, staiga 2 netyčia

unbalanced [ˌʌnˈbælənst] *a* nelygus, nevienodas, nenusistovėjęs (*charakteris*)

unbearable [ʌnˈbeərəbl] *a* nepakenčiamas, nepakeliamas

unbecoming [ˌʌnbɪˈkʌmɪŋ] *a* 1 nepadorus 2 netinkamas, netinkantis

unbeknown [ˌʌnbɪˈnəun]: ∼ *to* nežinant, be žinios

unbelie‖f [ˌʌnbɪˈliːf] *n* netikėjimas; nepatikėjimas ∼**vable** [-ˈliːvəbl] *a* neįtikimas ∼**ving** [-ˈliːvɪŋ] *a* netikintis

unbend [ˌʌnˈbend] *v* (**unbent** [-nt]) 1 · at(si)lenkti, at(si)leisti 2 ištiesinti; iš(si)lyginti 3 duoti poilsį ∼**ing** [ˌʌnˈbendɪŋ] *a* nepalenkiamas, tvirtas, griežtas

unbiassed [ˌʌnˈbaɪəst] *a* bešalis, bešališkas

unbidden [ˌʌnˈbɪdn] *a* nekviestas, neprašytas

unbind [ˌʌnˈbaɪnd] *v* (**unbound**) 1 atrišti, atleisti 2 išlaisvinti

unblemished [ˌʌnˈblemɪʃt] *a* nesuterštas, nepriekaištingas

unbound [ˌʌnˈbaund] *past ir pp žr.* **unbind**

unbounded [ʌnˈbaundɪd] *a* beribis, neribotas

unbridled [ˌʌnˈbraɪdld] *a* ne(pa)žabotas

unbroken [ˌʌnˈbrəukən] *a* 1 sveikas, nesudaužytas; ∼ *record* nesumuštas rekordas 2 ištesėtas (*pažadas, žodis*) 3 be pertraukos, nenutrūkstamas

unburden [ˌʌnˈbəːdn] *v* palengvinti naštą

unbutton [ˌʌnˈbʌtn] *v* atsegti

uncalled-for [ʌnˈkɔːldfɔː] *a* 1 neprašytas, nekviestas 2 netinkamas, ne vietoje

uncanny [ʌnˈkænɪ] *a* klaikus, šiurpus

uncared-for [ˌʌnˈkeədfɔː] *a* neprižiūrimas, apleistas

uncerimonious [ˌʌnˌserɪˈməunɪəs] *a* be ceremonijų; nemandagus

unceasing [ʌnˈsiːsɪŋ] *a* nesiliaujantis

uncertain [ʌnˈsəːtn] *a* 1 netikras; nepastovus 2 nepatikimas ∼**ty** [-tɪ] *n* netikrumas

unchain [ˌʌnˈtʃeɪn] *v* paleisti nuo grandinės; išlaisvinti

uncle [ˈʌŋkl] *n* dėdė △ *U. Sam* ˙dėdė Samas (*JAV ironiška pravardė*)

uncoil [ˌʌnˈkɔɪl] *v* iš(si)vynioti

uncomely [ˌʌnˈkʌmlɪ] *a* negražus; nepatrauklus

uncomfortabl‖e [ʌnˈkʌmftəbl] *a* nepatogus, nejaukus ∼**y** [-lɪ] *adv* 1 nepatogiai, nejaukiai 2 nepatenkintai

uncommon [ʌnˈkɔmən] *a* nepaprastas, nuostabus *adv šnek.* nuostabiai, puikiai

uncompromising [ʌnˈkɔmprəmaɪzɪŋ] *a* nenuolaidus, be kompromisų

unconcern [ˌʌnkənˈsəːn] *n* 1 abejingumas 2 nerūpestingumas ∼**ed** [-d] *a* 1 abejingas 2 nesusidomėjęs

unconditional [ˌʌnkənˈdɪʃənl] *a* besąlyginis

unconscious [ʌnˈkɔnʃəs] *a* 1 be sąmonės 2 nesąmoningas; nesuvokiantis, nežinantis ∼**ly** *adv* nesąmoningai ∼**ness** *n* nesąmoningumas

unconstitutional [ˌʌnˌkɔnstɪˈtjuːʃnl] *a* 1 nekonstitucinis 2 prieštaraujantis konstitucijai

uncork [ˌʌnˈkɔːk] *v* 1 atkimšti 2 *prk.* duoti valią (*jausmams*)

uncountable [ˌʌnˈkauntəbl] *a* ne(su)skaičiuojamas

uncouth [ʌnˈkuːθ] *a* 1 nerangus 2 keistas 3 šiurkštokas, nemandagus

uncover [ʌnˈkʌvə] *v* atidengti, atvožti

unctuous [ˈʌŋktjuəs] *a* (nenuoširdžiai) meilus

undaunted [ˌʌnˈdɔːntɪd] *a* bebaimis, drąsus, neišgąsdinamas

undeceive [ˌʌndɪˈsiːv] *v* atverti akis (*suklaidintam*)

undecided [ˌʌndɪˈsaɪdɪd] *a* 1 nenuspręstas; neišspręstas 2 neryžtingas

undeniable [ˌʌndɪˈnaɪəbl] a aiškus, neginčijamas, akivaizdus

under [ˈʌndə] prp 1 po, žemiau; apačioje 2 mažiau negu 3 valdant; ~ *Mindaugas* Mindaugui valdant 4 pagal, sutinkamai su; ~ *modern conditions* dabartinėmis sąlygomis Δ ~ *the rose* slaptai *adv* žemyn, apačion; *it is* ~ *repair* taisomas; ~ *the sun* žemėje; šiame pasaulyje; ~ *condition that ...* su sąlyga, kad ...; *to go* ~ a) nuskęsti; b) dingti; c) *amer. šnek.* mirti a 1 apatinis 2 žemesnis, žemutinis; pavaldus

under- [ˌʌnde(r)-] *pref* apatinis, požeminis; nepakankamas *ir kt.*

undercarriage [ˌʌndəˈkærɪdʒ] n av. šasi

under‖clothes [ˈʌndəkləʊðz], ~clothing [ˈʌndəkləʊðɪŋ] n apatiniai baltiniai

underestimate v [ˌʌndərˈestɪmeɪt] nepakankamai (į)vertinti n [-mət] nepakankamas (į)vertinimas

underfoot [ˌʌndəˈfut] adv po kojomis, ant žemės

undergo [ˌʌndəˈgəu] v (underwent; undergone) 1 pasiduoti kam nors; patekti 2 kentėti, nukentėti 3 patirti ~ne [ˌʌndəˈgɔn] pp žr. undergo

undergraduate [ˌʌndəˈgrædʒuət] n paskutinio kurso studentas

underground [ˈʌndəgraund] a 1 požeminis, požemio 2 prk. užkulisinis, pogrindinis n: the U. metropolitenas adv [ˌʌndəˈgraund] 1 po žeme 2 prk. slaptai, pogrindyje

underlie [ˌʌndəˈlaɪ] v (underlay [-ˈleɪ]; underlain [-ˈleɪn]) 1 gulėti (po kuo nors) 2 slypėti 3 sudaryti pagrindą

underline v [ˌʌndəˈlaɪn] pabraukti, pabrėžti

undermine [ˌʌndəˈmaɪn] v 1 minuoti 2 pa(si)kasti ~r [-nə] n slaptas priešas

undermost [ˈʌndəməust] a žemutinis; žemiausias

underneath [ˌʌndəˈniːθ] adv apačioje; žemiau; apačion prep po

underpay [ˌʌndəˈpeɪ] v (underpaid [-d]) mokėti mažiau, negu verta; menkai apmokėti

underproduction [ˌʌndəprəˈdʌkʃn] n nepakankama gamyba

underrate [ˌʌndəˈreɪt] v nepakankamai (į)vertinti

under-secretary [ˌʌndəˈsekrətrɪ] n viceministras; ministro pavaduotojas

undersign [ˌʌndəˈsaɪn] v pasirašyti ~ed [-nd] n (the ~ed) žemiau pasirašęs

undersized [ˌʌndəˈsaɪzd] a mažo matmens; nykštukinis

understand [ˌʌndəˈstænd] v (understood) 1 suprasti, žinoti 2 padaryti išvadą ~ing n 1 protas 2 supratimas, suvokimas 3 su(si)tarimas a suprantantis, išmintingas

understate [ˌʌndəˈsteɪt] v 1 sumažinti, sumenkinti 2 nutylėti ~ment [-mənt] n 1 sumenkinimas, sumažinimas 2 nutylėjimas

understood [ˌʌndəˈstud] past ir pp žr. understand

understudy [ˈʌndəstʌdɪ] n dubleris v dubliuoti, pavaduoti

undertak‖e [ˌʌndəˈteɪk] v (undertook; undertaken) 1 pradėti; imtis ko nors 2 įsipareigoti, prisižadėti ~en [-ən] pp žr. undertake; ~er n 1 įmonininkas 2 [ˈʌndəteɪkə] karstų dirbėjas, laidotojas ~ing n 1 įmonė 2 įsipareigojimas, pasižadėjimas; susitarimas 3 [ˈʌndəteɪkɪŋ] laidotuvių biuras

undertone [ˈʌndətəun] n 1 pustonis 2 prk. atspalvis 3 potekstė

undertook [ˌʌndəˈtuk] past žr. undertake

undervalue [ˌʌndəˈvæljuː] v nepakankamai įvertinti

underwear [ˈʌndəwɛə] n apatiniai baltiniai

underwent [ˌʌndəˈwent] past žr. undergo

underwood [ˈʌndəwud] n pomiškis, atžalynas

underworld ['ʌndəwə:ld] n 1 *mit.* (*the* ~) požemio karalystė; pragaras 2 nusikaltėlių pasaulis

underwrite ['ʌndəraɪt] v (underwrote [-rəut]; underwritten [-rɪtn]) 1 pa(si)rašyti 2 *jūr.* apdrausti (*laivus, prekes*)

undeservedly [ˌʌndɪ'zə:vɪdlɪ] adv nepelnytai

undesirable [ˌʌndɪ'zaɪərəbl] a 1 nepageidaujamas 2 netinkamas

undetermined [ˌʌndɪ'tə:mɪnd] a 1 neišspręstas 2 neryžtingas

undeveloped [ˌʌndɪ'veləpt] a neišvystytas, neišsivystęs

undid [ʌn'dɪd] *past* žr. undo

undistinguishable [ˌʌndɪs'tɪŋgwɪʃəbl] a neišskiriamas, neįžiūrimas

undo [ʌn'du:] v (undid; undone) 1 atrišti, atsegti 2 ardyti; žlugdyti; gadinti; panaikinti

undone [ˌʌn'dʌn] *pp* žr. undo a nepadarytas; sužlugdytas △ we are ~ mes žuvę

undoubted [ʌn'dautɪd] a neabejotinas, neginčijamas ~ly adv be abejo, tikrai

undreamd-of [ʌn'dri:mdɔv] a nelauktas, neįsivaizduojamas

undress [ˌʌn'dres] v nuvilkti, nurengti; nusirengti n naminis kostiumas

undue [ˌʌn'dju:] a 1 netinkamas 2 neteisingas; neteisėtas 3 per didelis, perdėtas

undying [ˌʌn'daɪɪŋ] a nemirtingas

unearth [ʌn'ə:θ] v 1 atkasti, iškasti 2 *prk.* iškelti aikštėn

unearthly [ʌn'ə:θlɪ] a nežemiškas, baisus; keistas, laukinis

uneas||iness [ʌn'i:zɪnɪs] n 1 nepatogumas 2 varžymasis 3 neramumas ~y [ʌn'i:zɪ] a 1 nepatogus 2 neramus 3 nesmagus, suvaržytas (*apie judesius ir pan.*); to feel ~y a) nepatogiai, nesmagiai jaustis; b) nerimauti

unemploy||ed [ˌʌnɪm'plɔɪd] n: the ~ bedarbiai a 1 be darbo; nenaudojamas 2 nepaleistas apyvarton (*kapitalas*) ~ment [ˌʌnɪm'plɔɪmənt] n nedarbas

unendurable [ˌʌnɪn'djuərəbl] a nepakenčiamas, nepakeliamas

unequal [ˌʌn'i:kwəl] a 1 nelygus; nevienodas 2 neteisingai parinktas

unequalled [ˌʌn'i:kwəld] a nepralenkiamas, neprilygstamas

unequivocal [ˌʌnɪ'kwɪvəkl] a 1 vienareikšmis, neabejotinas, aiškus

unerring [ˌʌn'ə:rɪŋ] a neklystamas, tikras

uneven [ˌʌn'i:vn] a nelygus, nelyginis

unexampled [ˌʌnɪg'zɑ:mpld] a neturintis pavyzdžio, neprilygstamas

unexpected [ˌʌnɪk'spektɪd] a 1 nelaukiamas, nelauktas 2 staigus

unexperienced [ˌʌnɪk'spɪərɪənst] a nepatyręs

unfailing [ʌn'feɪlɪŋ] a 1 neišsenkamas 2 tikras, patikimas; neklystantis

unfair [ˌʌn'feə] a neteisingas; nedoras, nesąžiningas

unfaithful [ˌʌn'feɪθfl] a neištikimas

unfaltering [ʌn'fɔ:ltərɪŋ] a tvirtas; ryžtingas

unfasten [ˌʌn'fɑ:sn] v 1 atrišti, atleisti 2 atsegioti, atsegti

unfit [ˌʌn'fɪt] a netinkamas v padaryti netinkamą, gadinti

unfold [ˌʌn'fəuld] v 1 atskleisti 2 išvynioti 3 išleisti (*iš tvarto*) 4 skleistis, pasirodyti

unforgettable [ˌʌnfə'getəbl] a neužmirštamas

unforgivable [ˌʌnfə'gɪvəbl] a nedovanotinas, neatleistinas

unfortunate [ʌn'fɔ:tʃunət] a 1 nelaimingas 2 nesėkmingas

unfounded [ˌʌn'faundɪd] a be pagrindo; niekuo nepagrįstas

ungainly [ʌn'geɪnlɪ] a nevikrus, nerangus

ungovernable [ʌn'gʌvənəbl] a 1 nesuvaldomas, nesulaikomas 2 pasileidęs; nepaklusnus

ungracious [ʌn'greɪʃəs] a 1 nemalonus 2 nepalankus

ungrateful [ʌn'greɪtfl] a nedėkingas

ungrounded [ˌʌnˈgraundɪd] *a* nepagrįstas

unguarded [ˌʌnˈgɑːdɪd] *a* 1 neginamas; neapsaugotas 2 neatsargus, nerūpestingas

unhappy [ʌnˈhæpɪ] *a* 1 nelaimingas 2 liūdnas 3 nepasisekęs

unhealthy [ʌnˈhelθɪ] *a* nesveikas, liguistas

unheard-of [ʌnˈhəːd ɔv] *a* negirdėtas

unholy [ʌnˈhəulɪ] *a rel* bedieviškas; nuodėmingas

unification [ˌjuːnɪfɪˈkeɪʃn] *n* 1 unifikacija 2 susivienijimas

uniform [ˈjuːnɪfɔːm] *n* uniforma *a* vienodas, vienarūšis ~ity [ˌjuːnɪˈfɔːmətɪ] *n* vienodumas

unify [ˈjuːnɪfaɪ] *v* suvienyti, unifikuoti

unilateral [ˌjuːnɪˈlætrəl] *a* vienašonis; vienpusi(ška)s

union [ˈjuːnɪən] *n* 1 sąjunga 2 vienybė 3 sutarimas; susivienijimas 4 profesinė sąjunga (*t.p.* labour ~) △ *U. Jack* Anglijos vėliava ~ist *n amer.* profsąjungos narys

unique [juːˈniːk] *a* unikalus, vienintelis savo rūšies *n* unikumas

unison [ˈjuːnɪsn] *n* unisonas, sutarimas

unit [ˈjuːnɪt] *n* 1 vienetas, elementas 2 matų vienetas 3 karinis dalinys

unite [juːˈnaɪt] *v* su(si)vienyti, su(si)-jungti ~d [-tɪd] *a* 1 jungtinis 2 sujungtas, suvienytas △ *the United Kingdom* Jungtinė Karalystė; *United Nations* Jungtinės Tautos

unity [ˈjuːnətɪ] *n* 1 vieningumas, vienybė 2 *mat.* vienetas

universal [ˌjuːnɪˈvəːsl] *a* visuotinis, pasaulinis, universalus ~ity [ˌjuːnɪvəːˈsælətɪ] *n* visuotinumas, universalumas

universe [ˈjuːnɪvəːs] *n* pasaulis, visata

university [ˌjuːnɪˈvəːsətɪ] *n* universitetas

unjust [ʌnˈdʒʌst] *a* neteisingas, neteisus

unkind [ʌnˈkaɪnd] *a* nemalonus; piktas

unknown [ˌʌnˈnəun] *a* nepažįstamas, nežinomas *n mat.* nežinomasis *adv* slaptai, nežinant; ~ *to* nežinant

unlace [ʌnˈleɪs] *v* atvarstyti (*apie batus*)

unlawful [ˌʌnˈlɔːfl] *a* neteisėtas; uždraustas

unleash [ʌnˈliːʃ] *v* paleisti nuo virvės △ *to* ~ *war* sukurstyti karą

unless [ənˈles] *conj* jei ne; išskyrus; ne bent

unlettered [ˌʌnˈletəd] *a* neišsilavinęs, beraštis

unlike [ˌʌnˈlaɪk] *a* 1 nepanašus 2 nevienodas 3 skirtingas *prep* skirtingai nuo

unlimited [ʌnˈlɪmɪtɪd] *a* beribis, neribotas

unload [ʌnˈləud] *v* 1 iškrauti 2 palengvinti 3 išimti šovinius (*iš šautuvo ir pan.*)

unlock [ˌʌnˈlɔk] *v* 1 atrakinti 2 *prk.* atverti (*širdį*)

unlooked-for [ʌnˈlukt fɔː] *a* nenumatytas, nelauktas

unlucky [ʌnˈlʌkɪ] *a* nelaimingas; nesėkmingas

unmanly [ʌnˈmænlɪ] *a* nevyriškas, bailus

unmannerly [ʌnˈmænəlɪ] *a* neišauklėtas, grubus

unmarried [ˌʌnˈmærɪd] *a* nevedęs; netekėjusi

unmask [ʌnˈmɑːsk] *v* 1 nu(si)imti kaukę 2 *prk.* demaskuoti

unmatched [ʌnˈmætʃt] *a* neprilygstamas, neturintis sau lygaus

unmeaning [ʌnˈmiːnɪŋ] *a* beprasmis, beprasmiškas

unmeasured [ʌnˈmeʒəd] *a* 1 neišmatuotas 2 neišmatuojamas

unmerciful [ʌnˈməːsɪfl] *a* negailestingas

unmistakable [ˌʌnmɪˈsteɪkəbl] *a* aiškus, neabejotinas

unnatural [ʌnˈnætʃrəl] *a* 1 nenatūralus 2 baisus, beširdis

unnecessary [ʌnˈnesəsrɪ] *a* nereikalingas

unnerve [ˌʌnˈnəːv] *v* atimti drąsą, pakirsti jėgas

unpack [ˌʌnˈpæk] *v* išpakuoti; iškrauti

unpaid [ˌʌnˈpeɪd] *a* 1 neapmokėtas; ~ *for* pirktas į kreditą 2 neapmokamas

unparalleled [ʌnˈpærəleld] *a* nepalyginamas; neturintis sau lygaus / panašaus

unpleasant [ʌnˈpleznt] *a* nemalonus

unpopular [ʌnˈpɔpjulə] *a* nepopuliarus

unprecedented [ʌnˈpresɪdəntɪd] *a* negirdėtas, neturintis precedento

unpredictable [ˌʌnprɪˈdɪktəbl] *a* nenuspėjamas, neprognozuojamas

unprejudiced [ʌnˈpredʒudɪst] *a* bešališkas, objektyvus

unpreten‖ding, ~tious [ˌʌnprɪˈtendɪŋ, -ʃəs] *a* be pretenzijų, kuklus, paprastas

unproductive [ˌʌnprəˈdʌktɪv] *a* 1 nevaisingas 2 bergždžias; neproduktyvus

unprofitable [ʌnˈprɔfɪtəbl] *a* 1 nenaudingas 2 nepelningas

unpromising [ʌnˈprɔmɪsɪŋ] *a* 1 nieko gero nežadantis 2 menkas, neteikiantis vilčių

unprovided [ˌʌnprəˈvaɪdɪd] *a* neaprūpintas; neparuoštas

unpublished [ʌnˈpʌblɪʃt] *a* nepaskelbtas, neišleistas

unqualified [ʌnˈkwɔlɪfaɪd] *a* 1 nekvalifikuotas 2 neapribotas (*sąlygomis ir pan.*) 3 kategoriškas, aiškus (*apie atsisakymą*)

unquenchable [ʌnˈkwentʃəbl] *a* nenuslopinamas, neužgesinamas; *prk.* nepasotinamas

unquestionable [ʌnˈkwestʃənəbl] *a* neginčijamas, neabejotinas

unquiet [ʌnˈkwaɪət] *a* neramus

unreal [ʌnˈrɪəl] *a* 1 netikras 2 nerealus; pramanytas

unreason‖able [ʌnˈriːznəbl] *a* 1 neprotingas, neišmintingas 2 nenuosaikus ~ed [ˌʌnˈriːznd] *a* neapgalvotas, nepagrįstas

unremitting [ˌʌnrɪˈmɪtɪŋ] *a* nesilpnėjantis; nuolatinis

unrest [ˌʌnˈrest] *n* 1 neramumas; nerimas 2 sąmyšis, maištas

unrestrained [ˌʌnrɪˈstreɪnd] *a* nesulaikomas; nesuvaržytas, ne(pa)žabotas

unrivalled [ʌnˈraɪvld] *a* neturintis sau lygaus, nepralenkiamas

unroll [ʌnˈrəul] *v* iš(si)vynioti

unruly [ʌnˈruːlɪ] *a* nesuvaldomas, nepaklusnus, maištingas

unsafe [ʌnˈseɪf] *a* pavojingas; nesaugus

unsaid [ˌʌnˈsed] *a* nepasakytas, neišreikštas

unsatisfactory [ʌnˌsætɪsˈfæktərɪ] *a* nepatenkinamas, nepakankamas

unsavoury [ʌnˈseɪvərɪ] *a* 1 negardus; neskanus 2 nepatrauklus, bjaurus, nemalonus

unscrew [ˌʌnˈskruː] *v* atsukti (*varžtą*); at(si)sukti

unscrupulous [ʌnˈskruːpjuləs] *a* 1 nesąžiningas, beprincipis 2 neskrupulingas

unseal [ˌʌnˈsiːl] *v* atidaryti, atplėšti (*voką*)

unseemly [ʌnˈsiːmlɪ] *a* nepadorus, netinkamas, neprideramas

unseen [ʌnˈsiːn] *a* 1 nematytas 2 nematomas

unselfish [ʌnˈselfɪʃ] *a* nesavanaudiškas, altruistinis

unsettl‖e [ˌʌnˈsetl] *v* 1 ardyti 2 sumaišyti; išjudinti ~ed [-d] *a* 1 nenustatytas, nenuspręstas 2 neapmokėtas 3 nenusistovėjęs 4 negyvenamas, neapgyvendintas

unshakable [ʌnˈʃeɪkəbl] *a* nepajudinamas, nepalaužiamas

unsightly [ʌnˈsaɪtlɪ] *a* 1 menkai atrodantis, skurdus, negražus 2 išsigimęs

unskil‖ful [ˌʌnˈskɪlfl] *a* 1 nepatyręs, neįgudęs 2 nevikrus; nerangus ~led *a* nekvalifikuotas

unsolved [ˌʌnˈsɔlvd] *a* neišspręstas

unsound [ˌʌnˈsaund] *a* 1 netvirtas; nesveikas; liguistas 2 nepagrįstas 3 pagadintas; supuvęs

unsparing [ʌnˈspeərɪŋ] *a* 1 dosnus; išlaidus 2 atkaklus; beatodairiškas

unspeakable [ʌnˈspiːkəbl] *a* neapsakomas, neišreiškiamas

unspotted [ˌʌnˈspɔtɪd] *a* nesuteptas, tyras

unsteady [ˌʌnˈstedɪ] *a* 1 netvirtas; svyruojantis 2 nepastovus; nenuolatinis

unstop [ˌʌnˈstɔp] *v* pašalinti užsikimšimą (*kriauklėje, vamzdyje ir pan.*)

unstressed [ˌʌnˈstrest] *a* nekirčiuotas (*skiemuo, garsas*)

unstudied [ˌʌnˈstʌdɪd] *a* natūralus, laisvas, nevaržomas

unsuit‖able [ˌʌnˈsjuːtəbl], ~ed [-ɪd] *a* netinkamas

untidy [ʌnˈtaɪdɪ] *a* nešvarus, netvarkingas

untie [ˌʌnˈtaɪ] *v* atrišti, paleisti

until [ənˈtɪl] *prep* iki *conj* kol

untimely [ʌnˈtaɪmlɪ] *adv* ne laiku *a* prieš laiką (*įvykęs*), nesavalaikis, netinkamas

unto [ˈʌntuː] *prep* = to *prep*

untold [ˌʌnˈtəuld] *a* 1 nepapasakotas, neišsakytas; neapsakomas 2 nesuskaičiuojamas

untrue [ʌnˈtruː] *a* 1 netikras, melagingas 2 neištikimas

unusual [ʌnˈjuːʒl] *a* 1 nepaprastas, neįprastas 2 nuostabus

unutterable [ʌnˈʌtərəbl] *a* neapsakomas; neišreiškiamas

unveil [ˌʌnˈveɪl] *v* 1 nuimti šydą 2 atskleisti (*paslaptį*) 3 atidengti (*paminklą*)

unwearying [ʌnˈwɪərɪɪŋ] *a* nenuilstamas, atkaklus

unwelcome [ʌnˈwelkəm] *a* nepageidaujamas; neprašytas

unwell [ˌʌnˈwel] *a* nesveikas

unwieldy [ʌnˈwiːldɪ] *a* sunkus, griozdiškas, nevikrus, nerangus

unwilling [ʌnˈwɪlɪŋ] *a* nenorintis, nelinkęs ~ly *adv* nenoromis

unwished [ˌʌnˈwɪʃt] *a* nepageidaujamas, nenorimas

unworthy [ʌnˈwə:ðɪ] *a* nevertas

unwrap [ˌʌnˈræp] *v* iš(si)vynioti

unwritten [ˌʌnˈrɪtn] *a* nerašytas; neparašytas; ~ law *teis.* paprotinė teisė

unyielding [ʌnˈjiːldɪŋ] *a* 1 atkaklus, nenuolaidus 2 tvirtas, nepalenkiamas

up [ʌp] *adv* (*prieveiksminė dalelytė*) 1 į viršų, aukštyn 2 *reiškia priartėjimą*: **the man came** ~ žmogus priėjo

3 *reiškia veiksmo galą, laiko pabaigą*: **time is** ~ laikas pasibaigė; **to save** ~ sutaupyti △ **what is** ~? koks reikalas?, kas yra?; ~ **to** ligi pat; ~ **to date** iki šios dienos *prep* aukštyn; ~ **the river** upe aukštyn *a* einantis aukštyn; ~ **train** traukinys, einantis į centrą / sostinę *n* pakilimas; ~**s and downs** *prk.* pakilimai ir nuosmukiai

upbraid [ˌʌpˈbreɪd] *v* prikaišioti; barti

upbringing [ˈʌpbrɪŋɪŋ] *n* auklėjimas

up-country [ˌʌpˈkʌntrɪ] *n* vidinė, vidurinė šalies dalis

update [ˌʌpˈdeɪt] *v* 1 sumoderninti 2 pateikti naujausią informaciją

upheaval [ˌʌpˈhiːvl] *n* 1 *geol.* išjūdis, dislokacija; (nuo)stūmis 2 *prk.* perversmas

upheld [ˌʌpˈheld] *past ir pp žr.* uphold

uphill [ˌʌpˈhɪl] *adv* į kalną *a* 1 einantis į kalną 2 *prk.* sunkus

uphold [ˌʌpˈhəuld] *v* (**upheld**) 1 palaikyti 2 laikytis (*pažiūrų ir pan.*)

upholster [ˌʌpˈhəulstə] *v* aptraukti baldus

upkeep [ˈʌpkiːp] *n* 1 remontas; tvarkingas išlaikymas 2 remonto / išlaikymo išlaidos

upland [ˈʌplənd] *a* įkalnus *n pl* kalnuota krašto dalis

uplift *v* [ˌʌpˈlɪft] iškelti, pakelti *n* [ˈʌplɪft] 1 iškėlimas 2 *prk.* dvasinis pakilimas

upon [əˈpɔn] *prep* = on

upper [ˈʌpə] *a* viršutinis; aukščiausias ~-hand [-hənd] *n* 1 pirmenybė; pranašumas 2 viršenybė; **to get / gain / have / take the** ~hand laimėti, nugalėti ~most [-məust] *a* aukščiausias

uppish [ˈʌpɪʃ] *a* išdidus, išpuikęs

upraise [ʌpˈreɪz] *v* kelti, pakelti, iškelti

upright [ˈʌpraɪt] *a* 1 tiesus, vertikalus 2 doras, sąžiningas; garbingas *adv* stačiai, vertikaliai

upris‖e [ˌʌpˈraɪz] *v* (**uprose** [-ˈrəuz]; **uprisen** [-ˈrɪzn]) 1 sukilti 2 pakilti ~ing [ˈʌpraɪzɪŋ] *n* 1 sukilimas, maištas 2 kilimas (*į viršų, kalną*) uproar [ˈʌprɔ:] *n* triukšmas, susijaudinimas ~ious [ʌpˈrɔ:rɪəs] *a* triukšmingas

uproot [ˌʌpˈru:t] *v* išrauti su šaknimis, išgyvendinti

uprose [ˌʌpˈrəuz] *past žr.* uprise

upset [ˌʌpˈset] *v* (upset) 1 ap(si)versti 2 nuliūdinti; prislėgti, sujaudinti *n* [ˈʌpset] 1 apvertimas; suvertimas; netvarka 2 ginčai, barniai

upshot [ˈʌpʃɔt] *n* (*papr.* the ~) atomazga, užbaiga, rezultatas

upside [ˈʌpsaɪd] *n* viršutinė pusė

upside-down [ˌʌpsaɪdˈdaun] *adv* aukštyn kojomis, netvarkingai

upstairs [ˌʌpˈstɛəz] *adv* (*laiptais*) aukštyn, viršun *a* viršuje, viršutiniame aukšte

upstanding [ˌʌpˈstændɪŋ] *a* 1 sveikas, stiprus 2 garbingas, garbus

upstart [ˈʌpstɑ:t] *n* išsišokėlis

upstream [ˌʌpˈstri:m] *adv* prieš srovę (*aukštyn*)

upsurge [ˈʌpsə:dʒ] *n* pakilimas (*t.p. prk.*); didėjimas, augimas

uptake [ˈʌpteɪk] *n*: quick (slow) on the ~ greitos (lėtos) orientacijos

up-to-date [ˌʌptəˈdeɪt] *a* 1 išsilaikęs iki šio laiko 2 šiuolaikinis, naujausias

uptown [ˌʌpˈtaun] *a*, *adv* miesto pakraščių; į miesto pakraščius

upturn [ʌpˈtə:n] *v* apversti

upward(s) [ˈʌpwəd(z)] *adv* viršun, aukštyn

urban [ˈə:bən] *a* miesto, miestiškas

urban‖e [ə:ˈbeɪn] *a* 1 mandagus 2 prašmatnus ~ity [ə:ˈbænəti] *n* 1 mandagumas 2 įmantrumas, rafinuotumas, prašmatnumas

urchin [ˈə:tʃɪn] *n* vaikėzas, vaikigalis

urg‖e [ə:dʒ] *v* 1 raginti 2 varyti 3 įtikinėti 4 reikalauti ~ency [-ənsɪ] *n* 1 būtinumas 2 primygtinumas ~ent [-ənt] *a* 1 primygtinis 2 būtinas, neatidėliotinas

urine [ˈjuərɪn] *a med.* šlapimas

urn [ə:n] *n* 1 urna 2 kavinukas; arbatinukas

us [ʌs, əs] *pers pron* mums, mus, mumis

usage [ˈju:zɪdʒ] *n* 1 vartojimas 2 paprotys, įprotis 3 elgesys

use *n* [ju:s] 1 nauda; to be of (*no*) ~ būti (ne)naudingam; is there any ~? ar apsimoka?; I have no ~ for it man tai visai nereikalinga 2 vartojimas, būdas; pritaikymas; in ~ vartojamas, vartojami; out of ~ ne(be)naudojamas; to be / fall out of ~ išeiti iš apyvartos; to make ~ of panaudoti *v* [ju:z] 1 vartoti, naudoti; may I ~ your name? ar galiu remtis jumis, jūsų pavarde? 2 elgtis (*su kuo nors*) 3 (~ed [ju:st]) turėti papratimą (*tik past*): (used to + veiksmaž. atitinka būtąjį dažninį laiką) I ~d to work there aš ten dirbdavau; to ~ up išeikvoti, išnaudoti

used *a* 1 [ju:st] įpratęs; įprastas; to be ~ to būti įpratusiam; to get ~ to įprasti 2 [ju:zd] *amer.* dėvėtas, senas

use‖ful [ˈju:sfl] *a* naudingas; to come in ~ a) pasirodyti laiku; b) praversti ~less *a* nenaudingas; netinkamas ~r [ˈju:zə] *n* vartotojas, naudotojas

usher [ˈʌʃə] *n* 1 tvarkos prižiūrėtojas (*teisme*); kapeldineris 2 šveicorius; durininkas *v* įvesti ir pasodinti į vietą

usual [ˈju:ʒl] *a* paprastas, įprastas ~ly [ˈju:ʒlɪ] *adv* paprastai

usurer [ˈju:ʒərə] *n* palūkininkas, lupikas

usurp [ju:ˈzə:p] *v* užvaldyti, uzurpuoti ~ation [ˌju:zə:ˈpeɪʃn] *n* uzurpacija ~er *n* uzurpatorius

usury [ˈju:ʒərɪ] *n* palūkininkavimas, lupikavimas

utensil [ju:ˈtensl] *n* 1 indas; rakandai 2 įrankis; *pl* reikmenys

uter‖ine [ˈju:tərain] *a anat.* gimdos, embrioninis ~us [-rəs] *n anat.* gimda

utilitarian [ju:ˌtɪlɪˈtɛərɪən] *n* utilitaristas *a* utilitarinis

utility [ju:ˈtɪlətɪ] *n* 1 nauda, naudingumas 2 *pl amer.* komunalinė įmonė; komunaliniai patarnavimai

util‖ization, ~isation [ˌjuːtɪlaɪˈzeɪʃn]
n panaudojimas ~ize [ˈjuːtɪlaɪz] v uti-
lizuoti, panaudoti
utmost [ˈʌtməust] a 1 (papr. the ~;
t.p. the uttermost) tolimiausias;
kraštutinis 2 didžiausias n visa, kas tik
įmanoma △ to do / try one's ~ pa-
daryti visa, kas tik įmanoma
utter I [ˈʌtə] a visiškas, absoliutus
utter II v (iš)tarti; prabilti; surėk-
ti ~ance [ˈʌtərəns] n 1 ištarimas,
išreiškimas 2 pa(si)sakymas; public
~ance viešas pareiškimas
utterly [ˈʌtəlɪ] adv labai, be galo; visiš-
kai
uttermost [ˈʌtəməust] a žr. utmost
uxorious [ʌkˈsɔːrɪəs] a labai, per daug
mylintis savo žmoną
Uzbek [uːzˈbek] n 1 uzbekas 2 uzbekų
kalba a uzbekų, uzbekiškas

V

V, v [viː] n dvidešimt antroji anglų abė-
cėlės raidė
vac‖ancy [ˈveɪkənsɪ] n 1 tuštuma 2 va-
kuojanti vieta; vakansija ~ant [-nt]
a 1 laisvas, vakuojantis 2 išsiblaškęs,
beprasmiškas ~ate [vəˈkeɪt] v apleisti,
palikti ~ation [vəˈkeɪʃn] n atostogos
vaccin‖ate [ˈvæksɪneɪt] v skiepyti
~ation [ˌvæksɪˈneɪʃn] n skiepijimas
~e [ˈvæksiːn] n med. vakcina
vacillat‖e [ˈvæsɪleɪt] v svyruoti, neap-
sispręsti ~ion [ˌvæsɪˈleɪʃn] n svyravi-
mas, nepastovumas
vacu‖ity [vəˈkjuːɪtɪ] n tuštuma ~ous
[ˈvækjuəs] a tuščias
vacuum [ˈvækjuəm] n (pl ~s arba vac-
uua [ˈvækjuə]) tuštuma; ~ cleaner
dulkių siurblys; ~ flask termosas ~
-tube [-tjuːb] n elektroninė lempa
vagabond [ˈvægəbɔnd] n valkata
vagary [ˈveɪgərɪ] n užgaida, įnoris
vagr‖ancy [ˈveɪgrənsɪ] n valkatavimas
~ant n valkata a klajojantis, besibas-
tantis

vague [veɪg] a neaiškus; miglotas
vain [veɪn] a 1 tuščias, bergždžias;
in ~ veltui, bergždžiai 2 trokštantis
garbės; išdidus; to be ~ didžiuotis
~glorious [ˌveɪnˈglɔːrɪəs] a pagyrū-
niškas, trokštantis garbės
valedictory [ˌvælɪˈdɪktərɪ] n atsisveiki-
nimo žodis a atsisveikinamasis, išlydi-
masis
valet [ˈvælɪt] n tarnas, kamerdineris
valiant [ˈvælɪənt] a šaunus, narsus
valid [ˈvælɪd] a teis. 1 turintis galią, ga-
liojantis 2 teisingas, pagrįstas 3 tvir-
tas, sveikas ~ity [væˈlɪdətɪ] n 1 galio-
jimas 2 pagrįstumas, svarumas
valise [vəˈliːz] n sakvojažas; lagaminas
valley [ˈvælɪ] n slėnys
valo‖rous [ˈvælərəs] a šaunus ~ur,
amer. ~r [ˈvælə] n šaunumas, narsa
valuable [ˈvæljuəbl] a vertingas, bran-
gus n pl vertybės, brangenybės
valuation [ˌvæljuˈeɪʃn] n 1 (turto) įver-
tinimas 2 kaina
value [ˈvæljuː] n 1 vertingumas 2 ekon.
vertė 3 įvertinimas 4 reikšmė 5 mat.
dydis v vertinti, įkainoti
valve [vælv] n 1 techn., anat. vožtuvas
2 rad. elektroninė lempa
vamp [væmp] n 1 bato viršus (be pado)
2 v muz. improvizuoti akompanimen-
tą
vampire [ˈvæmpaɪə] n vampyras; prk.
kraugerys
van [væn] I n (vanguard sutr.) avan-
gardas
van II n 1 dengtas vežimas, furgonas
2 prekinis vagonas
van III n vėtytuvas, arpas
vandal [ˈvændl] n vandalas; chuliganas
a barbariškas
vane [veɪn] n 1 vėtrungė, vėjarodis
2 (malūno ir pan.) sparnas; (propele-
rio ir pan.) mentė
vanguard [ˈvængɑːd] n avangardas
vanish [ˈvænɪʃ] v 1 dingti, pranykti
2 mat. artėti prie nulio; virsti nuliu

vanity ['vænətɪ] *n* **1** tuštybė **2** tuštumas, niekingumas; ~ *bag* / *case* rankinukas

vanquish ['væŋkwɪʃ] *v* nugalėti, laimėti; numalšinti

vapid ['væpɪd] *a* **1** neskanus, be skonio; išsikvėpęs **2** *prk.* neįdomus, blankus

vapo(u)r ['veɪpə] *n* garas; rūkas ~ize, ~ise [-raɪz] *v* garuoti; garinti ~ous [-rəs] *a* garų pavidalo; pilnas garų

variab||ility [ˌveərɪə'bɪlətɪ] *n* kintamumas, nepastovumas ~le ['veərɪəbl] *a* nepastovus, kintamas *n* *mat.* kintamasis

vari||ance ['veərɪəns] *n* **1** nesutarimas; kivirčas **2** pakeitimas, permaina ~ant [-nt] *a* skirtingas *n* variantas

variation [ˌveərɪ'eɪʃn] *n* **1** pakitimas, permaina **2** *muz.* variacija

varied ['veərɪd] *a* **1** įvairus **2** skirtingas; pakitęs

variegated ['veərɪgeɪtɪd] *a* margas

vari||ety [və'raɪətɪ] *n* **1** įvairumas **2** daugybė, eilė **3** *biol.* rūšis, atmaina ~ous ['veərɪəs] *a* **1** (*su daiktavardžio daugiskaita*) daugelis, įvairūs **2** skirtingas **3** įvairus

varnish ['vɑːnɪʃ] *n* **1** lakas **2** blizgesys; *v* lakuoti

varsity ['vɑːsətɪ] *n* *šnek.* universitetas

vary ['veərɪ] *v* **1** keistis, kitėti; įvairuoti **2** įvairinti **3** skirtis; nesutapti

vase [vɑːz] *n* vaza

vast [vɑːst] *a* platus; didžiulis ~ly *adv* *šnek.* labai

vat [væt] *n* **1** kubilas, statinė **2** bakas

vault [vɔːlt] I *n* **1** skliautas **2** pogrindis, požemis; rūsys

vault II *v* (per)šokti; šokinėti

vaulting-horse ['vɔːltɪŋhɔːs] *n* gimnastikos arklys

've [v] *sutr.* = have

veal [viːl] *n* veršiena

veer [vɪə] *v* keisti kryptį; nukrypti

veget||able ['vedʒtəbl] *n* daržovė ~arian [ˌvedʒɪ'teərɪən] *n* vegetaras ~ation [ˌvedʒɪ'teɪʃn] *n* **1** augmenija **2** *prk.* vegetavimas

vehem||ence ['viːəməns] *n* jėga, smarkumas, aistra ~ent [-nt] *a* smarkus, aistringas

vehicle ['viːɪkl] *n* **1** vežimas, ekipažas *pl* transporto priemonės **2** priemonė, įrankis **3** *chem.* tirpiklis

veil [veɪl] *n* **1** šydas, vualis **2** uždanga; priedanga *v* **1** uždengti šydu **2** *prk.* pridengti, nuslėpti, maskuoti

vein [veɪn] *n* **1** vena; kraujagyslė **2** *prk.* gyslelė

velocity [vɪ'lɔsətɪ] *n* greitumas

velvet ['velvɪt] *n* aksomas; aksominis ~y [-ɪ] *a* aksominis; *prk.* minkštas

venal ['viːnl] *a* išdavikiškas, paperkamas

vend [vend] *v* pardavinėti, prekiauti ~or *n* pardavėjas

veneer [və'nɪə] *n* **1** fanera **2** *prk.* išorinis blizgesys

vener||able ['venərəbl] *a* gerbiamas, garbingas ~ation [ˌvenə'reɪʃn] *n* gerbimas; garbinimas

venereal [vɪ'nɪərɪəl] *a* venerinis

venge||ance ['vendʒəns] *n* kerštas ~ful *a* kerštingas

venison ['venɪzn] *n* elniena

venom ['venəm] *n* (*gyvatės ir pan.*) nuodai; *prk.* pyktis, apmaudas ~ous [-əs] *a* nuodingas; kandus, geliantis

vent [vent] *n* **1** anga (*išeiti arba įeiti*) **2** or(a)laidė; garlaidė; *prk.* išėjimas; (*jausmų*) pasireiškimas; *to give* ~ duoti valią (*to*) **3** vožtuvas *v* išleisti; *prk.* išlieti, leisti pasireikšti (*apie jausmus*)

ventilat||e ['ventɪleɪt] *v* vėdinti, ventiliuoti ~ion [ˌventɪ'leɪʃn] *n* ventiliacija, vėdinimas

venture ['ventʃə] *n* rizikingas sumanymas; *at a* ~ kaip pakliūva, bandant laimę *v* **1** rizikuoti **2** išdrįsti (*on* / *upon*) ~r [-rə] *n* avantiūristas

veraci||ous [və'reɪʃəs] *a* **1** teisingas **2** tikras ~ty [və'ræsətɪ] *n* **1** teisingumas **2** tikrumas

verb [vəːb] *n* *gram.* veiksmažodis ~al [-əl] *a* **1** žodinis **2** pažodinis **3** veiksmažodinis **4** *dipl.* verbalinis ~iage [-ɪɪdʒ] *n* daugiažodžiavimas ~ose [vəː'bəus] *a* daugiažodis verd||ancy ['vɜ:dnsɪ] n žalumynai ~ant [-dnt] a 1 žalias, žaliuojantis 2 nesubrendęs, nepatyręs

verdict ['vɜ:dɪkt] n (teismo) nuosprendis

verdure ['vɜ:dʒəl n lit. žaluma, prk. šviežumas

verge [vɜ:dʒ] n kraštas; prk. riba; on the ~ of prie pat ribos v nusileisti, nulipti; to ~ on ribotis; to ~ to / towards (pri)artėti; būti prie ribos; būti artimam

verif||ication [ˌverɪfɪ'keɪʃn] n 1 patikrinimas 2 (pranašystės) išsipildymas ~y ['verɪfaɪ] v 1 patikrinti 2 patvirtinti

verit||able ['verɪtəbl] a tikras ~y ['verətɪ] n tiesa; teisingumas, tikrumas

vermilion [və'mɪlɪən] a ryški raudona spalva; cinoberis

vermin ['vɜ:mɪn] n ž.ū. 1 kenkėjai; parazitai 2 prk. padugnės ~ous [-nəs] a 1 parazitų sukeliamas 2 parazitų užkrėstas 3 prk. kenksmingas (visuomenei)

vermouth ['vɜ:məθ] n vermutas

vernacular [və'nækjulə] n 1 gimtoji kalba 2 vietinis dialektas

versatile ['vɜ:sətaɪl] a visapusiškas

verse ['vɜ:s] n 1 eilėraštis, poezija 2 eiliavimas; eilės; strofa

versed [vɜ:st] a nusimanantis, patyręs

version ['vɜ:ʃn] n 1 versija; variantas 2 vertimas 3 tekstas

versus ['vɜ:səs] prep lot. prieš

vertex ['vɜ:teks] n (pl vertices [-tɪsi:z]) viršūnė (t.p. mat.)

vertical ['vɜ:tɪkl] a vertikalus n vertikalioji linija, vertikalė

very ['verɪ] a 1 tikras; that is the ~ truth tai tikra tiesa 2 tas pats; that is the ~ one tai tas pats 3 vartojamas daiktavardžio ar būdvardžio sustiprinimui: at that ~ moment tuo pačiu momentu adv 1 labai; ~ well labai gerai; puikiai; ~ much labai, labai daug 2 vartojamas sustiprinimui: to the ~ last drop iki paskutinio lašo

vessel ['vesl] n 1 indas (t.p. anat.) 2 laivas

vest [vest] n liemenė v pavesti, patikėti (in)

vestige ['vestɪdʒ] n pėdsakas, ženklas

vestment ['vestmənt] n drabužiai (papr. bažnytiniai)

vet [vet] n žr. veterinary v (kruopščiai) tikrinti (kandidatų pareigoms ir pan.)

veteran ['vetərən] n veteranas

veterinary ['vətrɪnrɪ] n veterinaras a veterinarinis

veto ['vi:təu] n veto (teisė) v vetuoti

vex [veks] v erzinti; pykinti ~ation [vek'seɪʃn] n 1 suerzinimas, pyktis, įniršis 2 nemalonumas

via ['vaɪə] prep per

vibr||ant ['vaɪbrənt] a vibruojantis ~ate [vaɪ'breɪt] v 1 vibruoti 2 virpėti ~ation [vaɪ'breɪʃn] n vibracija

vicar ['vɪkə] n bažn. vikaras

vice [vaɪs] I n 1 yda 2 trūkumas 3 (arklio) nartas, nikis

vice II n tech. spaustuvas

vice- [vaɪs-] pref vice-

vice||-admiral [vaɪs'ædmərəl] n viceadmirolas ~-president [vaɪs'prezɪdənt] n viceprezidentas ~roy ['vaɪsrɔɪ] n vicekaralius

vice versa [ˌvaɪsɪ'vɜ:sə] adv priešingai, atvirkščiai

vicinity [vɪ'sɪnətɪ] n 1 apylinkės 2 kaimynystė, artuma

vicious ['vɪʃəs] a 1 klaidingas, nepagrįstas; bjaurus, ydingas 2 piktas, apmaudingas

vicissitude [vɪ'sɪsɪtju:d] n pl (likimo) staigmenos

victim ['vɪktɪm] n auka ~ize, ~ise [-aɪz] v 1 kankinti; persekioti 2 apgaudinėti

victor ['vɪktə] n 1 nugalėtojas 2 attr nugalėtojo; pergalingas

victor||ious [vɪk'tɔ:rɪəs] a pergalingas ~y ['vɪktərɪ] n pergalė

victuals ['vɪtlz] n pl maistas, maisto produktai

video ['vɪdɪəu] n (pl ~s) videoaparatūra; ~ recorder videomagnetofonas

vie [vaɪ] v lenktyniauti (with smb for smth)

Vietnamese [ˌvɪetnəˈmiːz] *n* 1 vietnamietis 2 vietnamiečių kalba *a* Vietnamo

view [ˈvjuː] *n* 1 vaizdas 2 požiūris, nuomonė 3 regėjimo laukas; *in ~ of* atsižvelgiant *v* apžiūrėti, peržiūrėti ~er *n* žiūrovas ~point [-pɔɪnt] *n* požiūris

vigil [ˈvɪdʒɪl] *n* budėjimas; nemiegojimas ~ance [-ləns] *n* budrumas ~ant [-lənt] *a* budrus

vigo(u)r [ˈvɪgə] *n* jėga, energija ~ous [-rəs] *a* stiprus, energingas, gyvas

vile [vaɪl] *a* 1 bjaurus 2 niekšiškas

village [ˈvɪlɪdʒ] *n* 1 kaimas 2 miestelis

villain [ˈvɪlən] *n* niekšas ~ous [-nəs] *a* 1 niekšiškas, žemas 2 *šnek.* atstumiantis ~y [-ɪ] *n* niekšiškumas

vindicat‖e [ˈvɪndɪkeɪt] *v* 1 ginti (*tiesą, reikalą*); palaikyti 2 pateisinti; išteisinti ~ion [ˌvɪndɪˈkeɪʃn] *n* 1 gynimas 2 išteisinimas

vindictive [vɪnˈdɪktɪv] *a* kerštingas

vine [vaɪn] *n* vynmedis

vinegar [ˈvɪnɪgə] *n* actas

vineyard [ˈvɪnjəd] *n* vynuogynas

vintage [ˈvɪntɪdʒ] *n* 1 vynuogių rinkimo sezonas 2 vynuogių derlius 3 (*vienų metų derliaus*) vynas 4 vyno darymas

violat‖e [ˈvaɪəleɪt] *v* 1 prievartauti 2 grubiai pažeisti (*teisę, įstatymą*) 3 sutrikdyti (*tylą*) 4 išniekinti (*kapus ir pan.*) ~ion [ˌvaɪəˈleɪʃn] *n* 1 prievartavimas 2 grubus pažeidimas (*teisės ir pan.*) 3 išniekinimas

viol‖ence [ˈvaɪələns] *n* 1 prievartavimas; smurtas 2 jėga; smarkumas ~ent *a* 1 stiprus, smarkus 2 įsiutęs, įtūžęs 3 smurtinis (*apie mirtį ir pan.*)

violet [ˈvaɪələt] *n* žibuoklė *a* violetinis

violin [ˌvaɪəˈlɪn] *n* smuikas ~ist *n* smuikininkas, -ė

violoncello [ˌvaɪələnˈtʃeləu] *n* violončelė

viper [ˈvaɪpə] *n* gyvatė

virago [vɪˈrɑːgəu] ˈn barninga moteris

virgin [ˈvəːdʒɪn] *n* nekalta mergaitė *a* skaistus, švarus; nepaliestas

viril‖e [ˈvɪraɪl] *a* vyriškas, drąsus ~ity [vɪˈrɪlətɪ] *n* vyriškumas

virtual [ˈvəːtjuəl] *a* tikras, faktinis

virtue [ˈvəːtju] *n* 1 dorybė 2 vertingumas, geroji ypatybė 3 jėga, efektyvumas △ *by ~ of, in ~ of smth* dėka, remiantis

virul‖ence [ˈvɪruləns] *n* 1 nuodingumas 2 *prk.* pyktis, tulžis ~ent [-lənt] *a* 1 nuodingas 2 piktas, kandus

visa [ˈviːzə] *n* viza

viscount [ˈvaɪkaunt] *n* vikontas (*titulas*)

viscous [ˈvɪskəs] *a* limpantis; tąsus; klampus

visib‖ility [ˌvɪzəˈbɪlətɪ] *n* matomumas, aiškumas ~le [ˈvɪzəbl] *a* matomas; aiškus

vision [ˈvɪʒn] *n* 1 regėjimas 2 vizija; svajonė 3 įžvalgumas, numatymas *a* 1 įžvalgus 2 nerealus; fantastiškas

visit [ˈvɪzɪt] *v* lankyti *n* aplankymas; vizitas; *to pay / make a ~* aplankyti; *to be on a ~* svečiuotis; *to come on a ~* atvykti į svečius ~or *n* 1 svečias 2 lankytojas

visor [ˈvaɪzə] *n* (*kepurės*) priekaktis, snapelis

visual [ˈvɪʒuəl] *a* 1 regėjimo 2 vaizdinė (*apie priemonę*) ~ize, ~ise [-aɪz] *v* (*aiškiai*) įsivaizduoti

vital [ˈvaɪtl] *a* 1 gyvybinis 2 esminis, svarbus ~ity [vaɪˈtælətɪ] *n* gyvybingumas; gajumas

vitamin [ˈvɪtəmɪn] *n* vitaminas

vitiate [ˈvɪʃɪeɪt] *v* gadinti

vitriol [ˈvɪtrɪəl] *n* vitriolis, sieros rūgštis

vituperat‖e [vɪˈtjuːpəreɪt] *v* plūsti, peikti ~ion [vɪˌtjuːpəˈreɪʃn] *n* plūdimas, peikimas

vivaci‖ous [vɪˈveɪʃəs] *a* gyvas, linksmas ~ty [vɪˈvæsətɪ] *n* gyvumas

vivid [ˈvɪvɪd] *a* gyvas; ryškus ~ness *n* gyvumas; ryškumas

vivify [ˈvɪvɪfaɪ] *v* atgaivinti, pagyvinti

vixen [ˈvɪksn] *n* 1 lapė (*patelė*) 2 pikta moteris, ragana

vizier [vɪˈzɪə] *n* viziris

vocabulary [vəˈkæbjulərɪ] *n* 1 žodynas 2 žodžių atsarga 3 žodyno sudėtis

vocal [ˈvəukl] *a* 1 balso 2 vokalinis

vocation [vəuˈkeɪʃn] *n* 1 pašaukimas 2 profesija ~al [-ʃənl] *a* profesinis

vocative [ˈvɔkətɪv] *n gram.* šauksmininkas

vociferous [vəˈsɪfərəs] a rėksmingas;
triukšmingas

vogue [vəug] n 1 mada 2 populiarumas

voice [vɔɪs] n 1 balsas 2 (*rinkimuose*)
balsavimo teisė 3 *gram.* rūšis v išreikš-
ti žodžiais ~d [vɔɪst] a skardus ~less
a 1 duslus 2 be balso 3 nebylus

void [vɔɪd] a tuščias; negaliojantis n
tuštuma v 1 ištuštinti 2 panaikinti
(*daryti negaliojantį*)

volatile [ˈvɔlətaɪl] a 1 lakus, (iš)garuo-
jantis 2 *prk.* lengvapėdis, nepastovus

volcan‖ic [vɔlˈkænɪk] a vulkaninis ~o
[vɔlˈkeɪnəu] n ugnikalnis

volition [vəˈlɪʃn] n 1 valios aktas 2 no-
ras; *by one's own* ~ savo noru

volley [ˈvɔlɪ] n salvė ~-ball [ˈvɔlɪbɔːl] n
tinklinis

volt [ˈvəult] n *el.* voltas

volte-face [ˌvɔltˈfɑːs] n staigus pakiti-
mas (*apie požiūrį, politiką*)

volub‖ility [ˌvɔljuˈbɪlətɪ] n plepumas
~le [ˈvɔljubl] a šnekus, plepus

volum‖e [ˈvɔljuːm] n 1 tomas, knyga
2 tūris, apimtis, masė 3 talpumas
4 (*garso*) stiprumas ~inous [vəˈljuː-
mɪnəs] a 1 daugiatomis 2 talpus; gau-
sus 3 (*apie rašytoją*) labai produkty-
vus

volunt‖ary [ˈvɔləntrɪ] a savanoriškas
~eer [ˌvɔlənˈtɪə] n savanoris v būti sa-
vanoriu; pasisiūlyti

voluptuous [vəˈlʌptʃuəs] a 1 teikiantis
pasitenkinimą 2 patrauklus (*ypač apie
moterį*)

vomit [ˈvɔmɪt] v 1 vemti 2 (*apie ugni-
kalnį*) išsiveržti n vėmimas

voraci‖ous [vəˈreɪʃəs] a 1 rajus, ėdrus
2 žingeidus ~ty [vəˈræsətɪ] n rajumas,
ėdrumas

vortex [ˈvɔːteks] n (*pl* vortices [-tɪsiːz])
sūkurys

vot‖e [vəut] n 1 balsavimas 2 (*papr.*
the ~) balsavimo teisė; balsai 3 rin-
kimų biuletenis v 1 balsuoti (*for,
against*) 2 pripažinti; to ~ down at-
mesti (*pasiūlymą*) balsuojant; to ~ in
išrinkti dauguma balsų ~er n rinkėjas
~ing n balsavimas, rinkimai

vouch [vautʃ] v laiduoti ~er n 1 pateisi-
namasis dokumentas; kvitas 2 laiduo-
tojas

vouchsafe [vautʃˈseɪf] v duoti, suteikti
(*kam dovaną, privilegiją*)

vow [vau] n įžadas, priesaika v padaryti
įžadą; prisiekti

vowel [ˈvauəl] n balsis; balsė

voyage [ˈvɔɪdʒ] n 1 kelionė (*jūra*)
2 skridimas (*lėktuvu*)

vulcan‖ite [ˈvʌlkənaɪt] n ebonitas, vul-
kanizuota guma ~ize [-naɪz] v vulka-
nizuoti

vulgar [ˈvʌlgə] a 1 neskoningas 2 vul-
garus △ ~ *fraction* paprastoji trup-
mena ~ity [vʌlˈgærətɪ] n šiurkštumas,
vulgarumas ~ize, ~ise [-raɪz] v vul-
garizuoti, subanalinti

vulnerab‖ility [ˌvʌlnərəˈbɪlətɪ] n sužei-
džiamumas ~le [ˈvʌlnərəbl] a sužei-
džiamas

vultur‖e [ˈvʌltʃə] n *zool.* 1 peslys,
maitvanagis 2 *prk.* grobuonis ~ous
[-tʃurəs] a grobuoniškas

W

W, w [ˈdʌblju:] n dvidešimt trečioji
anglų abėcėlės raidė

wad [wɔd] n 1 kuokštelis vatos / vil-
nos 2 dokumentų / banknotų pluoštas
~ding [-ɪŋ] n medžiaga kam užkimšti
(*vata, pakulos ir pan.*)

waddle [ˈwɔdl] v krypuliuoti, krypuoti

wad‖e [weɪd] v (per)bristi, braidžioti
~ers n *pl* batai braidyti po balas

wafer [ˈweɪfə] n vaflis

waft [wɔft] v lengvai nešti, skrieti (*oru,
vandeniu*) n dvelkimas

wag [wæg] v vizginti; mosuoti n 1 mos-
telėjimas 2 pokštininkas

wage [weɪdʒ] n alga, darbo užmokestis;
to cut / dock ~s sumažinti atlygi-
nimą; ~ *labour* samdomasis darbas;
living ~ pragyvenimo minimumas v:
to ~ *war* kariauti ~-cut [-kʌt] n
darbo užmokesčio sumažinimas

wager [ˈweɪdʒə] n 1 lažybos 2 (*lo-
šiant*) pastatytoji suma v 1 lažintis

2 rizikuoti

wag‖gery ['wægərı] *n* 1 išdaiga, išdykavimas 2 juokavimas ~**gish** ['wægıʃ] *a* išdykęs, linksmas

wag(g)on ['wægən] *n* 1 sunkus vežimas 2 vagonas-platforma

waif [weıf] *n* 1 daiktas / gyvulys be savininko 2 benamis vaikas, žmogus

wail [weıl] *v* 1 dejuoti 2 raudoti; apverkti

waist [weıst] *n* juosmuo, talija ~**coat** ['weıskəut] *n* liemenė

wait [weıt] *v* 1 laukti (*for*) 2: to ~ on / upon a) aptarnauti (*prie stalo*); b) padaryti vizitą ~**er** *n* padavėjas ~**ing-room** ['weıtıŋrum] *n* laukiamasis (*kambarys*) ~**ress** [-rıs] *n* padavėja

waive [weıv] *v teis.* atsisakyti (*nuo teisės*)

wake [weık] I *n* kilvateris; pėdsakas; *in the ~ of* pėdomis, pėdsakais; įkandin

wake II *v* (**woke, waked; woken, waked**) 1 pabusti 2 žadinti 3 sukelti, sužadinti ~**ful** *a* 1 budrus 2 nemiegantis ~**n** [-kən] *v* 1 prabusti 2 žadinti

walk [wɔ:k] *n* 1 ėjimas, žingsniavimas 2 žingsnis 3 eisena 4 pasivaikščiojimas; *to go for a ~* eiti pasivaikščioti 5 takas, alėja △ ~ *of life, ~ in life* visuomeninė padėtis; užsiėmimas, profesija *v* eiti pėsčiom, vaikščioti ◻ *to ~ out* (su)streikuoti; *to ~ over* a) peržengti; b) lengvai nugalėti; *to ~ up to* prieiti prie ko

walk-out ['wɔ:kaut] *n* 1 išstojimas (*iš partijos ir pan.*) 2 streikas

walk-over ['wɔ:kəuvə] *n* lengva pergalė

wall [wɔ:l] *n* 1 siena; *dead / blank ~* aklina siena 2 (*indo*) sienelė △ *to go to the ~* patirti nepasisekimą; subankrutuoti *v: to ~ up* užtaisyti skylę, užmūryti

wallet ['wɔlıt] *n* 1 piniginė (*popieriniams pinigams, dokumentams*)

wall-eye ['wɔ:laı] *n med.* giedravalkis

wallflower ['wɔ:lflauə] *n* 1 *bot.* geltonžiedė smalka 2 *iron.* mergina, neturinti partnerio (*šokiuose, baliuje*)

wallop ['wɔləp] *v šnek.* 1 mušti lazda 2 sumušti, nugalėti

wallow ['wɔləu] *v* 1 vartytis, voliotis 2 mėgautis; pertekti

wall-paper ['wɔ:lpeıpə] *n* tapetai

Wall Street ['wɔ:lstri:t] *n* 1 Volstrytas (*Niujorko gatvė, kurioje yra birža ir stambiausieji bankai*) 2 *prk.* Amerikos finansinis kapitalas

walnut ['wɔ:lnʌt] *n* 1 graikiškasis riešutas 2 riešutmedis

walrus ['wɔ:lrəs] *n zool.* jūrų vėplys

waltz [wɔ:ls] *n* valsas *v* šokti valsą

wan [wɔn] *a* išblyškęs, perblyškęs

wand [wɔnd] *n* 1 dirigento lazdelė 2 magiškoji lazdelė

wander ['wɔndə] *v* 1 klajoti, bastytis 2 kliedėti 3 būti išsiblaškiusiam 4 nukrypti nuo temos

wane [weın] *v* mažėti, nykti *n* 1 delčia (*apie mėnulį*) 2 mažėjimas, nykimas

wangle ['wæŋgl] *v šnek.* pasiekti, išpešti, išvilioti; išgauti gudrumu

want [wɔnt] *n* stoka, trūkumas; *for / through ~ of* dėl ... stokos *v* 1 norėti 2 reikėti, stokoti △ *he is ~ed by the police* policija jo ieško ~**ing** *a* 1 stokojantis 2 trūkstantis; nepakankamas *prep* be

wanton ['wɔntən] *a* 1 amoralus; nekuklus 2 lengvabūdiškas; betikslis; nereikalingas

war [wɔ:] *n* karas; *to be at ~* kariauti

warble ['wɔ:bl] *v* čiulbėti, čirškėti

ward [wɔ:d] *n* 1 apsauga, globa, globotinis 2 kvartalas 3 palata (*ligoninėje*) 4 kamera (*kalėjimo*) 5 saugojamasis, globojamasis *v* saugoti, ginti, sergėti ~**robe** [-rəub] *n* spinta drabužiams laikyti ~**room** [-rum] *n* laivo karininkų valgykla ~**ship** [-ʃıp] *n* globa

ware‖s [wɛəz] *n* 1 dirbiniai 2 prekės ~**house** *n* [-haus] sandėlis; prekių bazė

warfare ['wɔ:fɛə] *n* karas; kariavimas

warily ['wɛərəlı] *adv* atsargiai

warlike ['wɔ:laık] *a* karo, karingas

warm [wɔ:m] *a* 1 šiltas; *I am ~* man šilta 2 *prk.* karštas; širdingas *v* 1 šildyti; sušilti 2 susidomėti, pagyvėti

warmonger ['wɔːmʌŋgə] n karo kursty-
tojas

warmth [wɔːmθ] n 1 šiluma 2 įkarštis
3 nuoširdumas

warn [wɔːn] v įspėti, perspėti ~ing n
įspėjimas, perspėjimas

warp [wɔːp] v 1 riesti(s) 2 pakrypti, iš-
krypti 3 iškraipyti

warrant ['wɔrənt] n 1 įgaliojimas 2 ga-
rantija 3 įsakymas, orderis (ką nors
suimti) v 1 įgalioti 2 garantuoti

warrior ['wɔrɪə] n karys, kovotojas

warship ['wɔːʃɪp] n karo laivas

wart [wɔːt] n karpa

wary ['wɛərɪ] a atsargus

was [wɔz, wəz] past žr. be

wash [wɔʃ] n 1 mazgojimas; prausimas-
(is); to get / have a ~ nusiprausti
2 plovimas, skalbimas 3 šnek. skalbi-
niai, žlugtas 4 pamazgos (t.p. prk.)
5 med. skystis pavilgai 6 tualeti-
nis vanduo ~-day n skalbimo die-
na (papr. pirmadienis) v 1 mazgo-
ti, (iš)plauti; skalbti; praustis 2 ska-
lauti 3 paplauti (krantą) □ to ~
away išplauti; nuplauti, nunešti; to
~ down, to ~ off išplauti, nuplau-
ti; to ~ out a) nuplauti, išplauti;
b) šnek. atleisti; to ~ up suplauti
(indus)

washed-out [ˌwɔʃtˈaut] a 1 išblukęs
2 išsisėmęs, pervargęs (apie žmogų)

washing-machine ['wɔʃɪŋməʃiːn] n skal-
bimo mašina

wash-stand ['wɔʃstænd] n prausyklė

wasn't ['wɔznt] sutr. = was not

wasp [wɔsp] n vapsva

waste [weist] n 1 eikvojimas; nudėvė-
jimas 2 nuniokojimas 3 likučiai, at-
liekos 4 dykuma a 1 nereikalingas
2 tuščias, nedirbamas, negyvenamas
3 nuniokotas 4 netinkamas, išeikvotas
v 1 švaistyti, veltui leisti (pinigus,
laiką) 2 eikvoti 3 niokoti 4 išsekti,
džiūti, vysti ~ful a išlaidus ~-paper
basket [ˌweistˈpeipəbɑːskit] n popier-
dėžė ~-pipe [-paip] n nutekamasis
vamzdis

watch [wɔtʃ] I n (kišeninis ar rankinis)
laikrodis

watch II n 1 sargyba; to keep ~
būti sargyboje 2 budrumas, dėme-
sys v 1 sekti, stebėti; žiūrėti, budė-
ti 2 tykoti, laukti (pasislėpus) ~ful a
budrus ~-maker [-meikə] n laikrodi-
ninkas ~man [-mən] n (naktinis) sar-
gas ~word [-wəːd] n 1 šūkis, lozungas
2 slaptažodis

water ['wɔːtə] n 1 vanduo v 1 laistyti
2 girdyti (gyvulius) 3 ašaroti ~closet
[-klɔzit] n (WC sutr.) tualetas ~
-colour [-kʌlə] n akvarelė ~fall [-fɔːl]
n krioklys

watering‖-place ['wɔːtərɪŋpleis] n 1 gy-
domieji vandenys; kurortas 2 girdykla
~-pot [-pɔt] n laistytuvas

water‖line ['wɔːtəlain] n vaterlinija ~
-melon [-melən] n arbūzas ~-proof
[-pruːf] a vandens nepraleidžiantis n
neperšlampamas apsiaustas ~tight
[-tait] a nepraleidžiantis vandens ~-
tower [-tauə] n vandentiekio bokštas
~-works [-wəːks] n vandentiekio sto-
tis, įrengimai ~y [-rɪ] a 1 vandenin-
gas; pasruvęs 2 pabalęs, blyškus

watt [wɔt] n el. vatas

wattle ['wɔtl] n virbas; pinta tvora

wav‖e [weiv] n 1 banga; the ~es jūra;
tidal ~ didžiulė banga prk. nepa-
sitenkinimo banga 2 banguota linija
3 mojimas n 1 banguoti 2 mosuoti □
to ~ aside nusikratyti; to ~ away
atleisti, pasiųsti ką rankos pamojimu;
prk. atsikratyti; to ~ back pamoju-
ti atsakant ~e-length [-leŋθ] n rad.
bangos ilgis ~ing a 1 banguojantis
2 garbanotas ~y a banguotas

wax [wæks] I v 1 augti 2 juok. tapti,
darytis △ to ~ fat nutukti

wax II [wæks] n vaškas a vaškinis v
vaškuoti ~en [-n] a vaškinis

way [wei] n 1 kelias 2 kryptis; pusė
3 nuotolis 4 judėjimas priekin 5 me-
todas, būdas, priemonė 6 įprotis, pa-
protys 7 gyvenimo būdas 8 sritis, sfera
9 atžvilgis, santykis △ ~ out išeitis;
by the ~ tarp kitko; beje; to make /
push one's ~ praskinti sau kelią; ~
back amer. atgal; dar; in a ~ iki

tam tikro laipsnio; taip sakant; *by* ~
of siekiant; dėl ~**side** [-saɪd] *n* šalikelė
wayward [ˈweɪwəd] *a* aikštingas, užgai-
dus
we [wi:, wɪ] *pers pron* mes
weak [wi:k] *a* silpnas; *prk.* neryžtingas
~**en** [-ən] *v* 1 silpnėti 2 silpninti
~**ling** [-lɪŋ] *n* silpnas *arba* silpnavalis
žmogus ~**ly** *a* silpnas *adv* silpnai
~**ness** *n* silpnumas *prk.* silpnybė
weal [wi:l] *n* gerovė; *in* ~ *and woe*
laimėje ir nelaimėje
wealth [welθ] *n* 1 turtai; lobis 2 gausu-
mas ~**y** [-ɪ] *a* turtingas
weapon [ˈwepən] *n* ginklas
wear [weə] *v* (**wore; worn**) 1 nešioti,
dėvėti(s) 2 sudėvėti; pratrinti 3 *prk.*
issekinti, nuvarginti □ *to* ~ *away*
a) trinti(s); b) lėtai slinkti (*apie lai-
ką*); c) praleisti (*laiką*); *to* ~ *down*
a) nu(si)trinti, nu(si)nešioti; b) isse-
kinti; c) numalšinti (*sukilimą*); *to* ~
off nu(si)trinti, nudilti; *to* ~ *on* lėtai
slinkti (*apie laiką*); *to* ~ *out* issitrinti
iš(si)dėvėti; issekti *n* 1 dėvėjimas 2 su-
sidėvėjimas *out of* ~ ne madoje ne-
dėvimas 3 drabužiai △ ~ *and tear*
susidėvėjimas, amortizacija
wear‖ily [ˈwɪərəlɪ] *adv* 1 varginamai
2 išvargusiai, pailsusiai ~**y** [-rɪ] *a*
1 nuvargęs, nuvargintas (*of*) 2 vargi-
nantis, nuobodus *v* varginti(s); *to* ~**y**
for ilgėtis ko
weasel [ˈwi:zl] *n zool.* žebenkštis
weather [ˈweðə] *n* oras, oro stovis; *fine*
~ geras oras; *fair* ~ giedra; *set-*
tled ~ pastovus oras; *foul* ~ bjau-
rus, darganotas oras *v* 1 sėkmingai
išlaikyti audrą 2 ištverti 3 išdžiūti
~**-beaten** [-ˈbi:tn] *a* vėjo nugairin-
tas; užgrūdintas ~**-bureau** [-bjuərəu]
n orų prognozės biuras ~**cock** [-kɔk]
n vėtrungė *prk.* nepastovus žmogus
~**-forecast** [-fɔ:kɑ:st] *n* orų prognozė
~**proof** [-pru:f] *a* nepeřslampamas
weave [wi:v] *v* (**wove; woven**) 1 austi
2 pinti ~**r** [-ə] *n* audėjas
web [web] *n* 1 voratinklis 2 pelekas;
plėvė 3 spaustuvinio popieriaus riti-
nys 4 *prk.* (*melo, intrigų*) raizginys,

pinklės
we'd [wi:d] *sutr.* = we had; we
should, we would
wed [wed] *v* su(si)tuokti ~**ding** *n* ves-
tuvės
wedge [wedʒ] *n* pleištas *v* įkalti pleištą
wedlock [ˈwedlɔk] *n* santuoka
Wednesday [ˈwenzdɪ] *n* trečiadienis
wee [wi:] *a* mažytis, smulkutėlis *adv*
truputį, šiek tiek
weed [wi:d] *n* piktžolė *v* ravėti
weeds [wi:dz] *n pl* (*našlės*) gedulo dra-
bužis
weedy [ˈwi:dɪ] *a* piktžolių; apaugęs pikt-
žolėmis
week [wi:k] *n* savaitė; *in a* ~ po sa-
vaitės; *this day* ~ prieš savaitę, po
savaitės ~**-day** [-deɪ] *n* šiokiadienis
~**end** [ˌwi:kˈend] *n* savaitgalio poilsis,
savaitgalis ~**ly** *a* savaitinis *n* savaiti-
nis laikraštis *adv* kas savaitę; kartą per
savaitę
weep [wi:p] *v* (**wept**) verkti; apverkti
weigh [weɪ] *v* 1 pa(si)sverti, sverti 2 pa-
lyginti (*with / against*) 3 turėti reikš-
mę; įtaką □ *to* ~ *down* persverti *prk.*
apsunkinti; prislėgti; *to* ~ *out* svars-
tyti; *to* ~ *up* a) persverti, atsverti;
b) kelti (*svertu, dalba*); *to* ~ *upon*
slėgti, varginti; *to* ~ *with* a) paveik-
ti; b) vargintis
weight [weɪt] *n* 1 svoris 2 svarstis 3 *prk.*
našta 4 svarba, reikšmė; įtaka; *to*
carry ~ turėti įtakos; *to lay* ~ *on*,
to give ~ *to* teikti reikšmės △ *to*
put on ~ a) storėti, riebėti; b) sunkė-
ti; *to lose* ~ mesti svorį *v* apsunkinti
~**y** [-ɪ] *a* svarus, sunkokas
weir [wɪə] *n* užtvanka
weird [wɪəd] *a* 1 antgamtinis 2 keistas;
baisus
welcome [ˈwelkəm] *int* sveikas!, sveiki!
v 1 sveikinti 2 nuoširdžiai priimti *n*
1 sveikinimas; *to bid* ~ (pa)sveikinti;
sutikti 2 nuoširdus priėmimas *a* mielai
laukiamas; mielas; *you are* ~ a) ma-
lonu jus matyti; b) *šnek.* prašom!
(*t.p. atsakant į padėką*)
weld [weld] *v tech.* suvirinti

welfare ['welfeə] n 1 gerovė 2 amer. socialinis aprūpinimas (Anglijoje social security)

well [wel] I n 1 šulinys 2 prk. šaltinis v siūbtelėti, trykšte trykšti (up / out / from / forth)

well II adv (better; best) 1 gerai; very ~ labai gerai; puiku; ~ enough gana gerai, neblogai 2 kaip reikiant, gerokai 3 labai; žymiai △ as ~ be to; taip pat; as ~ as ir, bei; to come off ~ pasisekti; pavykti a 1 sveikas 2 geras int na!, taigi, ...; ~, who has done it? na, kas gi tai padarė?; ~ then! na ir kas gi!; ~ now! na ką gi, na! n 1 gera; gėris; I wish you ~ aš linkiu jums gero 2: the ~ sveikieji

well- [wel-] pref, reiškia: a) gerą kokybę: well-preserved gerai išsilaikęs; b) geranoriškumą: well-doer geradaris

we'll [wiːl] sutr. = we shall, we will

well‖-being [‚wel'biːɪŋ] n gerovė ~-bred [-'bred] a 1 (gerai) išauklėtas 2 geros veislės (gyvulys) ~-grounded [-'graundɪd] a pagrįstas ~-knit [-'nɪt] a gražaus sudėjimo prk. gerai apgalvotas, sukomponuotas ~-off [-'ɔːf] a pasiturintis; viskuo aprūpintas (for) ~-paid [-'peɪd] a gerai apmokamas ~-read [-'red] a apsiskaitęs ~-timed [-'taɪmd] a savalaikis ~-to-do [-tə-'duː] a pasiturintis, turtingas

Welsh [welʃ] n 1 velsietis, Velso gyventojas 2 velsiečių kalba a velsiečių, Velso

welt [welt] n (avalynės) apsiuvas, rantas

welter ['weltə] v voliotis; raitytis n chaosas, sąmyšis

wend [wend] v: to ~ one's way pasukti, keliauti, eiti

went [went] past žr. go

wept [wept] past ir pp žr. weep

were [wəː] past pl žr. be

we're [wɪə] sutr. = we are

weren't [wəːnt] sutr. = were not

west [west] n vakarai a vakarinis adv į vakarus

West End [‚west'end] n Vestendas (vakarinė, aristokratiška Londono dalis)

western ['westən] a vakarų n vesternas

Westminster ['wes(t)mɪnstə] n 1 Vestminsteris (Londono dalis) 2 prk. Anglijos parlamentas; ~ Abbey Vestminsterio abatija; ~ Palace Vestminsterio rūmai (Anglijos parlamento rūmai)

westward ['westwəd] a atkreiptas į vakarus adv į vakarus, vakarų kryptimi (t.p. ~s [-dz])

wet [wet] a 1 šlapias 2 lietingas v šlapinti; mirkyti n drėgmė ~-nurse [-nəːs] n auklė žindyvė

we've [wiːv] sutr. = we have

whack [wæk] n stiprus smūgis v mušti, kulti

whale [weɪl] n banginis ~-boat [-bəut] n laivas banginiams medžioti, velbotas ~-bone, ~-fin [-bəun, -fɪn] n banginio ūsas ~r [-lə] n laivas banginiams medžioti

wharf [wɔːf] n (pl wharves, ~s [wɔːvz, -s]) prieplauka ~age [-ɪdʒ] n prieplaukos mokestis

what [wɔt] pron 1 kas; ~ is it? kas čia (yra)?; ~ of it? kas iš to? 2 koks, kokia, kokie; ~ pencil do you take? kurį pieštuką jūs imate?; ~ is your sister? ką veikia jūsų sesuo? (kokia jos profesija?) 3 (eina jungtuku) kuris; tas, kuris; tai, ką; I will tell you ~ to do aš pasakysiu jums, ką reikia daryti △ what's ~ kas yra kas; ~ for? šnek. kam?; ~'s up? kas nutiko?

whate'er [wɔt'eə] sutr. = whatever

whatever [wɔt'evə] pron, a bet kuris, kas bebūtų

what's [wɔts] sutr. = what is

whatsoever [‚wɔtsəu'evə] = whatever

wheat [wiːt] n kviečiai

wheedle ['wiːdl] v 1 išvilioti (ką iš ko) 2 prisigerinti, įsiteikti

wheel [wiːl] n 1 ratas, tekinis 2 amer. dviratis 3 aparatas 4 vairas; šturvalas v 1 riedėti; ridenti 2 suktis; apsisukti ~barrow [-bærəu] n karutis

wheeze [wiːz] n sunkus alsavimas; švokštimas v švokšti; sunkiai alsuoti

whelp [welp] n šuniukas; jauniklis

when [wen] adv kada; kai conj kada, kai

whence [wens] *adv* iš kur

whenever [wen'evə] *adv* kada tik, kai tik

where [weə] *adv* kur, kame *pron* 1: ~ from? iš kur?; ~ to? (i) kur? 2 kur, kuriame; this is ~ I live štai kur aš gyvenu ~abouts ['weərə-bauts] *adv* kur, kurioje vietoje *n* buvimo vieta ~as [ˌweər'æz] *conj* tada, kai; tuo tarpu, kai ~by [ˌweə'baı] *adv* kuo; su kuo?; kokiu būdu?; kaip ~fore [ˌweə'fɔː] *adv* kodėl ~in [ˌweər'ın] *adv* kame, kur ~of [ˌweər'ɔv] *adv* 1 iš ko, iš kurio 2 apie ką, apie kurį ~ver [ˌweər'evə] *adv* bet kur, kur tik, kur bebūtų

whet [wet] *v* 1 galąsti 2 žadinti (*apetitą ir pan.*)

whether ['weðə] *conj* ar *pron* kuris iš dviejų, katras

whetstone ['wetstəun] *n* galąstuvas, budė

whey [weı] *n* išrūgos

which [wıtʃ] *pron*, *a* kuris ~ever [ˌwıtʃ-'evə] *pron* bet kuris

whiff [wıf] *n* 1 dvelkimas, pūtimas 2 įtraukimas, inhaliacija 3 blogas kvapas

whill‖e [waıl] *n* laikas; valandėlė; for a ~ valandėlei; in a little ~ greit, netrukus; once in a ~ retkarčiais; a long ~ ago senų senovėje *conj*, *adv* tuo metu, kai; kol; nepaisant to, kad *v*: to ~ away leisti laiką ~es [-z], ~st [-lst] *conj* kol

whim [wım] *n* užgaida, įnoris, įgeidis

whimper ['wımpə] *n* žliumbimas, verkšlenimas *v* žliumbti, verkšlenti

whimsical ['wımzıkl] *a* 1 keistas; prašmatnus 2 užgaidus; aikštingas

whine [waın] *n* verkšlenimas, inkštimas *v* verkšlenti, zurzėti, inkšti

whinny ['wını] *n* (*arklio*) tylus žvengimas *v* tyliai žvengti

whip [wıp] *n* 1 botagas *v* 1 čaižyti; rėžti, mušti (*botagu*) 2 raginti 3 suplakti (*pvz.*, *baltymus*) ~per-snapper [-ə-snæpə] *n* menkysta; perdaug savimi pasitikintis žmogus

whirl [wə:l] *n* 1 sukimas(is) 2 skriejimas *v* 1 (pa)sukti(s) 2 skrieti ~igig [-ıgıg] *n* 1 sukutis, vilkelis 2 karuselė ~pool [-puːl] *n* vandens sūkurys ~wind [-wınd] *n* viesulas, uraganas

whirr [wə:] *n* dūzgimas *v* dūzgenti, zvimbti, čirkšti

whisk [wısk] *n* 1 šluotelė 2 plaktuvas 3 mosavimas *v* 1 mosuoti 2 nudulkinti, nuvalyti 3 šmurkštelėti 4 (su)plakti ~ers [-əz] *n* 1 žandenos 2 katės ir pan. ūsai

whisky ['wıskı] *n* degtinė, viskis

whisper ['wıspə] *n* šnabždesys; kuždesys *v* šnabždėti, kuždėti

whistle ['wısl] *n* 1 švilpimas 2 švilpukas *v* švilpti

whit [wıt] *n* truputis; not a ~, no ~ visai ne, nė kiek

Whitsunday, Whit ['wıtsʌndı, wıt] Sekminės

white [waıt] *a* baltas *prk.* grynas, skaistus, nekaltas △ *W. House* Baltieji Rūmai

white‖n ['waıtn] *v* baltinti ~wash [-wɔʃ] *n* kalkės baltinimui *v* baltinti *prk.* teisinti

whittle ['wıtl] *v* drožinėti (*peiliu*)

whiz(z) [wız] *n* ūžimas; zvimbimas (*skrodžiant orą*) *v* ūžti; zvimbti

who [huː] *pron* kas; kuris ~ever [-'evə] *pron* kas / kuris bebūtų

whole [həul] *a* 1 visas, sveikas 2 nenukentėjęs, sveikas (*t.p.* ~ and sound); ~ number *mat.* sveikasis skaičius *n* 1 visetas, visuma 2 suma, rezultatas; balansas; on the ~ apskritai (paėmus) ~-hearted [ˌhəul-'haːtıd] *a* nuoširdus, iš visos širdies ~meal [-miːl] *n* nesijoti miltai ~sale [-seıl] *n* pardavimas urmu, didmeninė prekyba

wholly ['həulı] *adv* visiškai

whom [huːm] *pron* ką, kam; by ~ kieno; to ~ kam; with ~ su kuo, su kuriuo; of ~ apie ką, kurį

whoop [huːp] *n* nepertraukiamas kosulys

whortleberry ['wə:tlberı] *n* bot. mėlynė; bog ~ girtuoklė; red ~ bruknė

whose [hu:z] *pron* kieno, ko

why [waɪ] *adv* kodėl; kaip *int* na!, nagi!

wick [wɪk] *n* dagtis, knatas

wicked ['wɪkɪd] *a* 1 negeras; piktas 2 nedoras

wicker ['wɪkə] *n* karklo vytelė, rykštė ~-**work** [-wə:k] *n* pintiniai dirbiniai

wicket ['wɪkɪt] *n* 1 varteliai 2 užstumiamas langelis duryse

wide [waɪd] *a* erdvus; platus *adv* plačiai; visuotinai, visiškai △ ~ *from beeing* toli gražu ne ~-**awake** [ˌwaɪdə'weɪk] *a* 1 budrus, nemiegantis 2 apdairus; gudrus ~n [-n] *v* platinti; platėti

widow ['wɪdəu] *n* našlė ~**er** *n* našlys

width [wɪdθ] *n* 1 platumas 2 platuma

wife [waɪf] *n* (*pl* **wives**) žmona

wig [wɪg] *n* perukas

wigging ['wɪgɪŋ] *n* šnek. plūstami žodžiai

wiggle ['wɪgl] *v* kraipyti(s), krutėti

wild [waɪld] *a* 1 laukinis 2 negyvenamas 3 fantastiškas 4 smarkus, audringas 5 pasiutęs, pašėlęs 6 neapgalvotas △ *to be* ~ *about* žavėtis; eiti iš galvos

wilderness ['wɪldənɪs] *n* dykuma; tyrlaukis

wile [waɪl] *n pl* gudrybė, klasta *v* įvilioti, įmasinti; suvilioti, apsukti

wilful ['wɪlfl] *a* 1 užsispyręs, savavalis 2 apgalvotas, tyčinis

will [wɪl] I *n* 1 valia; noras; *free* ~ gera valia; *ill* ~ pikta valia; *of one's own* ~ savo valia, savo noru 2 valios jėga; *strong* ~ stipri valia 3 testamentas; *to make one's* ~ surašyti testamentą *v* (**willed**) 1 parodyti valią, norą 2 priversti, įkalbėti 3 surašyti testamentą

will II *v* (*past* **would**) 1 *pirmasis asmuo reiškia norą, ketinimą*: *I* ~ *do it* aš (tikrai) tai padarysiu; *I* ~ *help you* aš mielai jums padėsiu 2 *antrasis ir trečiasis asmenys padeda sudaryti būsimąjį laiką*: *you* ~ *write to us* jūs mums parašysite; *he* ~ *do it* jis tai padarys 3 *reiškia įprastą ar pasikartojantį veiksmą dabartyje*: *he* ~ *sit there for hours* jis sėdi ten ištisas valandas

willing ['wɪlɪŋ] *a* 1 pasiruošęs, norintis 2 savanoriškas ~**ness** *n* geranoriškumas

will-o'-the-wisp [ˌwɪləðə'wɪsp] *n* žaltvykslė, klystžvakė

willow ['wɪləu] *n* gluosnis, karklas ~**y** *a* apaugęs karklais

willy-nilly [ˌwɪlɪ'nɪlɪ] *adv* norom nenorom

wilt [wɪlt] *v* (nu)vysti, nykti

wily ['waɪlɪ] *a* apgaulingas, gudrus, suktas

win [wɪn] *v* (**won**) 1 išlošti; laimėti (*pagarbą, meilę*) 2 užkariauti; nugalėti; *to* ~ *the day* laimėti 3 pasiekti (*sunkiai*); *to* ~ *back* atgauti, atsilošti *n* laimėjimas (*žaidžiant*)

wince [wɪns] *n* krūptelėjimas *v* krūptelėti

winch [wɪntʃ] *n tech.* keltuvas, suktuvas

wind I [wɪnd, *poet.* waɪnd] *n* 1 vėjas; *adverse / contrary / head* ~ priešingas vėjas; *fair* ~ palankus vėjas; *wet* ~ vėjas su lietumi; *high / strong* ~ stiprus vėjas, vėtra; *down the* ~ pavėjui 2 oro srovė 3 kvėpavimas; *to get one's* ~ atsidusti, atsikvėpti; *to lose* ~ uždusti 4 kvapas *prk.* gandas, plepalai 5 (*papr.* the ~) *muz.* pučiamieji instrumentai 6 *med.* dujos △ *to get* ~ *of* suuosti; pajusti; *the four* ~s keturios pasaulio šalys *v* 1 uždusinti, nualsinti 2 leisti atsikvėpti; atgauti kvapą 3 užuosti

wind II [waɪnd] *v* (**wound**) 1 raitytis, rangytis 2 sukti(s) 3 užsukti (*laikrodį*) 4 apgręžti 5 pakelti gerve □ *to* ~ *around* ap(si)sukti; *to* ~ *off* iš-(si)vynioti; *to* ~ *up* a) užsukti (*laikrodį*); b) apvynioti; c) pakelti (*drausmę*); d) likviduoti (*įmonę*)

windfall ['wɪndfɑ:l] *n* vėjo nukrėstas vaisius *prk.* nelauktas pasisekimas

window ['wɪndəu] *n* langas ~-**pane** [-peɪn] *n* stiklas su rėmu ~-**sill** [-sɪl] *n* palangė

windpipe ['wɪndpaɪp] *n med.* gerklė, trachėja

windsurf ['wɪndsə:f] *n* burlentė *v* buriuoti burlente ~**er** *n* burlentininkas

windward ['wɪndwəd] *a* prieš vėją (*pusė, kryptis*) *adv* prieš vėją windy ['wɪndɪ] a 1 vėjuotas 2 vėjo pučiamas 3 tuščias, pagyrūniškas

wine [waɪn] n 1 vynas ~cup [-kʌp], ~glass [-glɑːs] n taurė, stiklinė

wing [wɪŋ] n 1 sparnas; to take ~ nuskristi, nulėkti 2 fligelis 3 kar. sparnas, flangas 4 pl teatr. kulisai v 1 skraidyti 2 suteikti sparnus

wink [wɪŋk] n mirkčiojimas v mirkčioti; to ~ at a) mirktelėti; b) prk. žiūrėti pro pirštus

winner ['wɪnə] n laimėtojas; nugalėtojas

winning ['wɪnɪŋ] a 1 patrauklus 2 laimintis ~s [-z] pl laimėjimas, išlošimas

winnow ['wɪnəu] v 1 sijoti (t.p. prk.) 2 vėtyti

winter ['wɪntə] n 1 žiema 2: attr žiemos, žieminis

wintry ['wɪntrɪ] a žiemos; atšiaurus

wipe [waɪp] v 1 šluostyti; valyti (dėmę) □ to ~ away / off nušluostyti, nubraukti, ištrinti; to ~ out a) nušluostyti; nuplauti; b) sunaikinti, nušluoti nuo žemės paviršiaus; to ~ up pašluostyti, iššluostyti

wire ['waɪə] n 1 viela 2 laidas; by ~ telegrafu, telefonu 3 amer. šnek. telegrama v 1 telegrafuoti 2 tiesti, montuoti laidus 3 surišti viela ~less n 1 radijas 2 radijo pranešimas a bevielis

wiring ['waɪərɪŋ] n el. tinklas, laidai

wiry ['waɪərɪ] a 1 ištvermingas, stiprus 2 gyslotas

wisdom ['wɪzdəm] n išmintis

wise [waɪz] a išmintingas; gudrus

wish [wɪʃ] n noras, pageidavimas; linkėjimas v norėti, pageidauti; linkėti

wishy-washy ['wɪʃɪwɔʃɪ] a šnek. skystas; bespalvis, blankus

wisp [wɪsp] n (šieno, šiaudų) kuokštas

wistful ['wɪstfl] a susimąstęs; ilgesingas

wit [wɪt] n 1 protas 2 pl sąmojis △ at one's ~s end nežinantis ką daryti, pasimetęs

witch [wɪtʃ] n ragana, burtininkė v užburti ~ery [-ərɪ] n burtai ~-hunt [-hʌnt] n prk. raganų medžioklė

with [wɪð] prep 1 su; kartu su; he will go ~ me jis eis (kartu) su manimi 2 (atitinka įnagininką): ~ a spoon / knife šaukštu, peiliu 3 (reiškia priežastį) iš, nuo; to tremble ~ fear drebėti iš baimės 4 (reiškia veiksmo būdą) su (t.p. verčiamas prieveiksmiu); ~ energy energingai 5 (su veiksmaž. argue, dispute, quarrel, fight ir pan.) su; we argued ~ him mes ginčijomės su juo

withdraw [wɪð'drɔː] v (withdrew [-'druː]; withdrawn [-n]) 1 atsiimti, atšaukti 2 atsitraukti; nueiti ~al [-əl] n 1 išėjimas, išvykimas; pasišalinimas 2 atitraukimas 3 atsiėmimas 4 atšaukimas 5 išėmimas

wither ['wɪðə] v (nu)vysti; (su)džiūti

withhold [wɪð'həuld] v (withheld [-'held]) 1 sulaikyti; sustabdyti 2 neduoti, neleisti 3 atsisakyti

within [wɪð'iːn] prep viduje; ribose; from ~ iš vidaus; ~ a year per metus; ~ call netoliese adv viduje

without [wɪð'aut] prep be; ~ food be maisto; to do / go ~ apsieiti be ko; it goes ~ saying savaime suprantama

withstand [wɪð'stænd] v (withstood [wɪð'stud]) priešintis, spirtis; išlaikyti

witless ['wɪtlɪs] a kvailas; nesupratingas

witness ['wɪtnɪs] n liudytojas; liudijimas; to bear ~ liudyti (to / of) v 1 būti (įvykio) liudytoju 2 (pa)liudyti (against / for)

witt||icism ['wɪtɪsɪzəm] n sąmojis ~y [-ɪ] a sąmojingas

wives [waɪvz] n pl žr. wife

wizard ['wɪzəd] n burtininkas, kerėtojas

wizened ['wɪznd] a 1 sudžiūvęs (augalas) 2 raukšlėtas (žmogus)

wobbl||e ['wɔbl] v 1 svyruoti (about / around) 2 klibėti (apie dantį) ~y [-ɪ] a klibantis

woe [wəu] n nelaimė, sielvartas ~begone [-bɪgɔn] a prislėgtas, nusiminęs ~ful a liūdnas, graudus

woke [wəuk] past ir pp žr. wake II; ~en ['wəukən] pp žr. wake II

wolf [wulf] n (pl wolves [-lvz]) vilkas v šnek. suryti; to ~ down praryti ~ish a vilkiškas

woman ['wumən] *n* (*pl* **women**) mote-
ris ~**hood** [-hud] *n* 1 moteriškumas 2
moterys ~**ly** *a* moteriškas
womb [wu:m] *n anat.* gimda
women ['wɪmɪn] *n pl žr.* **woman**;
~**folk** [-fəuk] *n šnek.* moterys
won [wʌn] *past ir pp žr.* **win**
wonder ['wʌndə] *n* 1 nustebimas; *no* ~
that ... nenuostabu, kad ... 2 stebuk-
las *v* 1 stebėtis (*t.p.* **to** ~ **at**) 2 norėti
žinoti; *I* ~ *where Tom is* įdomu
(žinoti), kur Tomas ~**ful** *a* nuostabus,
puikus
won't [wəunt] *sutr.* = **will not**
wont [wəunt] *a predic* pripratęs *n* įpro-
tis *v* būti įpratusiam ką daryti
woo [wu:] *v* pirštis; garbinti (*moterį*)
wood [wud] *n* 1 miškas 2 malkos
3 medis (*kaip medžiaga*) ~-**cut** [-kʌt]
n graviūra medyje ~-**cutter** [-kʌtə] *n*
1 medkirtys 2 medžio graveris ~**ed**
[-ɪd] *a* miškingas ~**en** [-n] *a* 1 me-
dinis 2 sustingęs, nejudrus, negy-
vas ~**pecker** [-pekə] *n zool.* genys
~**work** [-wə:k] *n* 1 (*pastato*) medinės
dalys 2 medžio dirbiniai
wool [wul] *n* vilna (*absorbent*) *cotton*
~ (higroskopinė) vata ~-**gathering**
[-gæðərɪŋ] *n* issiblaškymas; tuščios
svajonės *a* issiblaškęs ~**len** [-ɪn] *a*
vilnonis *n* vilnonė medžiaga ~**ly**
a 1 apaugęs vilnomis 2 vilnonis
3 miglotas, neaiškus
word [wə:d] *n* 1 žodis; *in a / one*
~ žodžiu, trumpai sakant; ~ *for* ~
žodis į žodį, pažodžiui 2 įsakymas
3 pranešimas 4 slaptažodis △ *by* ~
of mouth žodžiu; žodžiais; *to be*
as good as one's ~ ištesėti pažadą,
pateisinti pasitikėjimą; *to have* ~*s*
with susipykti, susiginčyti *v* 1 išreikš-
ti žodžiais 2 parinkti posakius
wore [wɔ:] *past žr.* **wear** *v*
work ['wə:k] *n* 1 darbas, veikimas,
veikla; *at* ~ darbe, dirbantis; *in*
~ turintis darbą; *out of* ~ bedar-
bis; *job* ~ vienetinis darbas; *warm*
~ pavojingas / sunkus darbas; *out-*
side ~ darbas lauke, ore; *to be*
hard at ~ įtemptai dirbti; *to set*

to ~ imtis darbo; *to do poor* ~
blogai dirbti; *to knock off* ~ nu-
traukti darbą; *to strike* ~ sustrei-
kuoti 2 veikalas kūrinys 3 *pl* įmonė,
dirbtuvė, gamykla 4 *pl* statybiniai
darbai 5 *kar. pl* įtvirtinimai 6 *pl* me-
chanizmas △ *repetition* ~ masinė
gamyba *v* (*pasen.* **wrought**) 1 dirbti
2 vairuoti (*mašiną*) 3 prasiskverbti
4 išdirbti □ *to* ~ *against* veikti
prieš; *to* ~ *away* toliau dirbti; *to*
~ *in* a) įstatyti, įvesti; b) atitikti; *to*
~ *off* a) išparduoti; b) nusikratyti,
išsivaduoti; c) atidirbti (*už skolą ir*
pan.); *to* ~ *against time* stengtis
užbaigti numatytu laiku; *to* ~ *out*
a) paruošti (*planus*); b) spręsti (*už-*
davinius); c) sudaryti, pasiekti (*kokį*
nors skaičių); *to* ~ *over* perdirbti;
to ~ *up* a) išdirbti; b) išbaigti, ap-
dailinti; c) sukelti, sukurstyti △ *to* ~
off one's bad temper išlieti ant ko
nors blogą nuotaiką
work||**day** ['wə:kdeɪ] *n* darbo diena;
darbadienis ~**er** ['wə:kə] *n* darbinin-
kas, darbuotojas; *skilled* ~**er** kvali-
fikuotas darbininkas; *office* ~**er** tar-
nautojas
working ['wə:kɪŋ] *a* dirbantis, darbo;
~ *capacity* darbingumas; ~ *capital*
apyvartos kapitalas *n* darbas
workmanship ['wə:kmənʃɪp] *n* meist-
riškumas, menas
workshop ['wə:kʃɔp] *n* cechas; dirbtuvė
world [wə:ld] *n* 1 pasaulis; ~ *outlook*
pasaulėžiūra 2 visuomenė 3 daugybė;
a ~ *of troubles* daugybė rūpesčių
4 *sustiprinti klausimui ar teigimui*:
what in the ~ *does it mean?* ką
tai pagaliau reiškia? △ *a* ~ *too* per,
per daug; *not for the* ~ nė už ką
pasaulyje; *to rock the* ~ sudrebinti
pasaulį ~**ly** *a* pasaulinis, pasaulietinis
žemiškas ~-**wide** [-waɪd] *a* pasaulinio
masto
worm [wə:m] *n* 1 kirmėlė 2 *tech.* sraig-
tas *v* 1 įsiskverbti 2 šliaužti; ropoti
to ~ *out* iškamantinėti; iškvosti
~**wood** [-wud] *n* metėlė
worn [wɔ:n] *pp žr.* **wear** *v*

worn-out [ˌwɔːnˈaut] *a* nudėvėtas; *prk.* išsisėmęs

worry [ˈwʌrɪ] *n* 1 nerimas; rūpestis 2 vargas *v* 1 nerimauti, rūpintis 2 varginti; įgristi 3 draskyti dantimis (*apie šunis*)

worse [wəːs] *a* (*comp žr.* **bad**) blogesnis; *he is* (*getting*) ~ jam (*darosi*) blogiau

worship [ˈwəːʃɪp] *n* garbinimas, dievinimas; *Your W.* Jūsų kilnybe *v* garbinti, dievinti; melstis

worst [wəːst] *a* blogiausias *adv* blogiausia *n* kas nors blogiausia; pati blogiausia padėtis; *at* (*the*) ~ blogiausiu atveju; *to get the* ~ *of it* būti nugalėtam *v* laimėti, nugalėti

worsted [ˈwustɪd] *a* vilnonis *n* vilna (*siūlai*)

worth [wəːθ] *n* vertė *a* vertas; nusipelnęs; *to be* ~ būti vertam, kainuoti ~**ily** [ˈwəːðɪlɪ] *adv* vertai ~**less** *a* nieko nevertas ~**while** [ˈwəːθwaɪl] *a* vertas ~**y** [ˈwəːðɪ] *a* 1 vertas, nusipelnęs 2 garbingas, vertas pagarbos *n* garbingas žmogus

would [wud] I *past žr.* **will** *v*; *they* ~ *not help him* jie nenorėjo jam padėti; *I* ~ *rather go* aš verčiau eisiu

would II *pagalbinis veiksmažodis, padedantis sudaryti:* a) *praeities būsimojo laiko antrąjį ir trečiąjį asmenis:* he *said he* ~ *come to us* jis sakė pas mus ateisiąs (kad pas mus ateis); b) *sąlyginę nuosaką: If he knew that, he* ~ *come to us* jei jis žinotų tai, jis pas mus ateitų; *If he had known that, he* ~ *have come to us* jei jis būtų žinojęs, jis būtų pas mus atėjęs

would-be [ˈwudbiː] *a* menamasis, tariamasis *adv* tariamai

wouldn't [ˈwudnt] *sutr.* = would not

wound I [wuːnd] *n* žaizda *v* (su)žeisti

wound II [waund] *past žr.* **wind** II

wove [wəuv] *past žr.* **weave**; ~**n** [-n] *pp žr.* **weave**

wow [wau] *int* vaje! (*reiškiant nuostabą*) *v amer.* kelti pasigėrėjimą

wraith [reɪθ] *n* šmėkla, vaiduoklis

wrangl‖e [ˈræŋgl] *n* ginčas, barnis *v* 1 bartis, ginčytis 2 *amer.* ganyti (*arklius*) ~**er** [-ə] *n* 1 ginčininkas 2 *amer.* kaubojus

wrap [ræp] *n* 1 skara 2 *pl* viršutinis drabužis, apsiaustas *v* ap(si)vynioti; ap(si)supti, susupti; *to* ~ *up* ap(si)siausti, ap(si)gaubti ~**per** [-ə] *n* 1 apsiaustas; chalatas 2 viršelis 3 banderolė 4 pakuotojas ~**ping** *n* vyniojamoji medžiaga; ~**ping paper** vyniojamasis popierius

wrath [rɔθ] *n* pyktis; įniršis

wreak [riːk] *v* išlieti (*kerštą, pyktį*)

wreath [riːθ] *n* 1 vainikas; girlianda 2 (*dūmų*) kamuolys ~**e** [riːð] *v* 1 apsiausti, apsupti 2 apsivynioti (*apie ką*) 3 verstis kamuoliais (*apie dūmus*)

wreck [rek] *n* 1 laivo, lėktuvo *ir pan.* sudužimas; avarija; *to go to* ~ suirti, sulūžti 2 sudužusio laivo, lėktuvo liekanos 3 griuvėsiai 4 (*apie žmogų*) sugriuvėlis *v* 1 sukelti avariją 2 sudaužyti lėktuvą, mašiną, laivą 3 sužlug(dy)ti 4 žūti ~**age** [-ɪdʒ] *n* sudužusio laivo, mašinos liekanos ~**er** [-ə] *n* kenkėjas

wrench [rentʃ] *n* 1 truktelėjimas, timptelėjimas; išplėšimas 2 išnirimas *v* 1 truktelėti, timptelėti; išplėšti 2 iš(si)narinti 3 *prk.* iškraipyti; *to* ~ *open* laužyti, išlaužti

wrest [rest] *v* 1 atimti ką iš ko (*prievarta*) 2 išplėšti (*pvz., pergalę, prisipažinimą*)

wrestle [ˈresl] *v* eiti imtynių, imtis *n* imtynės; grumtynės

wretch [retʃ] *n* 1 niekšas 2 vargšas, nelaimėlis ~**ed** [-ɪd] *a* 1 nelaimingas; apgailėtinas 2 blogas, bjaurus

wriggle [ˈrɪgl] *n* vingiai; raitymasis *v* vingiuoti; raitytis, rangytis; *prk.* išsisukinėti

wring [rɪŋ] *v* (**wrung**) 1 (nu)gręžti (*skalbinius*); grąžyti 2 (iš)spausti 3 išveržti, išplėšti *n* 1 (iš)gręžimas 2 (iš)spaudimas; *to give a* ~ išspausti

wrinkle [ˈrɪŋkl] *n* 1 raukšlė 2 *šnek.* naudingas patarimas *v* su(si)raukti, su(si)raukšlėti

wrist [ˈrɪst] *n* riešas ~**let** [-lɪt] *n* apyrankė

writ [rɪt] *n* 1 įsakymas; *teis.* šaukimas
2 raštas

writ‖e [raɪt] *v* (wrote; written) rašy-
ti □ to ~ down užrašyti; to ~ out
išrašyti; to ~ off nurašyti (*kaip ne-
tinkamą*); to ~ up a) rašyti ant sie-
nos; b) smulkiai aprašyti; c) recenzuo-
ti (*spaudoje*) ~er *n* rašytojas; rašan-
tysis; *feature* ~er feljetonistas

write-up ['raɪtʌp] *n* 1 laikraštinis pra-
nešimas (*apžvalga*) 2 teigiama recen-
zija (*laikraštyje*)

writhe [raɪð] *v* 1 raitytis (*iš skausmo*)
2 kankintis (*iš gėdos*)

writing ['raɪtɪŋ] *n* 1 rašymas 2 litera-
tūrinis kūrinys 3 dokumentas 4 *attr*
rašto, rašytinis ~-desk [-desk], ~
-table [-teɪbl] *n* rašomasis stalas

written ['ntn] *pp žr.* write

wrong [rɔŋ] *a* 1 neteisingas 2 netei-
sus; klaidingas 3 neatitinkantis, ne-
tinkamas; *I am* ~ aš neteisus; klys-
tu; *what is* ~? kas yra?, kas at-
sitiko? *adv* neteisingai; netikrai *n*
neteisybė; skriauda; *to be in the* ~
būti neteisiam, suklysti; *to right a*
~ atitaisyti klaidą, skriaudą *v* daryti
bloga; būti neteisingam

wrote [rəut] *past žr.* write

wrought [rɔ:t] *pasen. past ir pp žr.*
work; ~-up ['rɔ:tʌp] *a* įtemptas, su-
jaudintas

wrung [rʌŋ] *past ir pp žr.* wring

wry [raɪ] *a* 1 kreivas, iškreiptas 2 iro-
niškas (*apie veido išraišką*)

X

X, x [eks] I *n dvidešimt ketvirtoji anglų
abėcėlės raidė*

x II [eks] *n mat.* iksas, nežinomasis dy-
dis

Xerox ['zɪərɔks] *n* 1 elektrografija 2 kse-
roksas (*aparatas*)

Xmas ['krɪsməs] = Christmas

X-ray ['eksreɪ] *n pl* rentgeno spinduliai
v peršviesti rentgeno spinduliais

xylonite ['zaɪlənaɪt] *n* celiulioidas

xylophone ['zaɪləfəun] *n muz.* ksilofo-
nas

Y, y [waɪ] *n dvidešimt penktoji anglų
abėcėlės raidė*

yacht [jɔt] *n* jachta

Yankee, Yank ['jæŋkɪ, jæŋk] *n* jankis,
amerikietis (*pravardė*)

yap [jæp] *v* viauksėti, amsėti (*apie šunį*)
n amsėjimas

yard [jɑ:d] I *n* 1 jardas (= 91,44 *cm*)
2 *jūr.* rėja

yard II *n* kiemas

yarn [jɑ:n] *n* 1 verpalas; siūlai; gijos
2 *prk.* pasaka; anekdotas

yawl [jɔ:l] *n* valtis, jolas

yawn [jɔ:n] *v* 1 žiovauti 2 žiojėti *n* 1 žio-
vulys, žiovavimas 2 žiojėjimas

ye [ji:] *pron pasen., poet.* jūs

yea [jeɪ] *int.* taip (*t.p. šnek.* yeah [jɛə])

year [jə:] *n* 1 metai; *leap* ~ ke-
liamieji metai; *fiscal* ~ biudžetiniai
metai; *the New Y.* Naujieji metai;
A happy New Y.! laimingų Naujųjų
metų!; ~ *in* ~ *out* metai iš metų; *all
the* ~ *round* ištisus metus; *school*
~ mokslo metai ~-book [-buk] *n*
metraštis ~ly *a* kasmetinis *adv* kas-
met; kartą į metus

yearn [jə:n] *v* 1 kankintis, ilgėtis (*for /
after*) 2 siekti ko, trokšti (*to / towards*)

yeast [ji:st] *n* mielės

yell [jel] *n* šaukimas, rėksmas *v* šaukti,
rėkti

yellow ['jeləu] *a* 1 geltonas *prk.* pavy-
dus 2 bulvarinis 3 *šnek.* baikštus *n*
geltonumas; geltonis

yelp [jelp] *n* 1 spiegimas 2 viauksėjimas;
cypimas *v* viauksėti; cypti

yeoman ['jəumən] *n (pl* yeomen) *ist.*
jomenas, smulkus žemės savininkas
~ry [-rɪ] *n ist.* 1 jomenai 2 savanoriai
raiteliai (*Anglijoje*)

yes [jes] *n* tvirtinimas; *say* ~! sutiki-
te! *part* taip, taigi; ~? taip?, iš tiesų?
~-man [-mən] *n šnek.* žmogus, kuris
su viskuo sutinka

yesterday [ˈjestədɪ] n vakarykštė diena
adv vakar; the day before ~ užvakar
yet [jet] adv 1 dar; vis dar; as ~ iki
šiol; dar; not ~ dar ne; never ~ dar
niekada 2 jau; is he dead ~? ar jis
jau mirė? conj bet, betgi, tačiau, vis
dėlto
yield [jiːld] n 1 vaisių rinkimas; derlius
2 išleidimas, produkcija v 1 (pa)ga-
minti; duoti (derlių, pelną) 2 nusileis-
ti, pasiduoti
yippee [ˈjɪpɪ] int valio!
yoghurt (t.p. jogurt, joghourt) [ˈjɔ-
gət] n jogurtas; rūgštus pienas
yoke [jəuk] n 1 jungas; našta 2 pakinky-
ti jaučiai 3 naščiai v 1 pakinkyti 2 prk.
(su)vienyti
yolk [jəuk] n (kiaušinio) trynys
yonder [ˈjɔndə] adv ten, tenai, štai ten
a anas, ten matomas
yore [jɔː] adv senovėje, senais laikais; of
~ iš senų laikų, iš senovės
you [juː, ju] pron jūs, tu; jums, tau; jus,
tave; ~ never can tell niekad negali
pasakyti; kaip čia pasakius
you'd [juːd] sutr. = you had, you
would
you'll [juːl] sutr. = you will
young [jʌŋ] a 1 jaunas 2 nepatyręs
n: the ~ a) jaunikliai; b) jaunimas
~ster [-stə] n vaikas; paauglys; jau-
nuolis
your [jɔː] pron jūsų, tavo
you're [juə] sutr. = you are
yours [jɔːz] pron 1 predic jūsų, tavo,
tavasis; some pupils of ~ keletas jū-
sų mokinių 2 pakeičia daiktavardį: ~
is much better jūsiškis daug geresnis
yourself [jɔːˈself] pron (pl yourselves)
1 save, patys save; look at ~ pa-
žiūrėk(ite) į save 2 (pabrėžimui) pats,
patys, pats save; you have taken it
~ tu pats tai paėmei (jūs patys tai
paėmėte) 3 atitinka lietuvių sangrąži-
nę dalelytę -si-: and then you wash
~ ir tada tu nusiprausi (jūs nusiprau-
site); you came to ~ jūs atsigavo-
te; you are not ~ tu (jūs) lyg ne-

savas; do it by ~ padaryk(ite) tai
pats (patys)
yourselves [jɔːˈselvz] pl žr. yourself
youth [juːθ] n 1 jaunystė 2 jaunuolis
3 jaunimas ~ful a jaunas, jaunuoliš-
kas
you've [juːv] sutr. = you have
Yugoslav [ˈjuːgəuslɑːv] n jugoslavas a
jugoslavų, jugoslaviškas
yule [juːl] n Kalėdų šventės (t.p. yule-
tide)

Z

Z, z [zed] n dvidešimt šeštoji (paskuti-
nė) anglų abėcėlės raidė △ from A to
Z nuo A iki Z, nuo pradžios iki galo
zeal [ziːl] n uolumas, stropumas; užside-
gimas ~ous [ˈzeləs] a uolus, stropus;
karštas
zebra [ˈziːbrə] n zool. zebras
zenith [ˈzenɪθ] n zenitas
zephyr [ˈzefə] n 1 vakarų vėjas 2 leng-
vas, šiltas vėjelis, zefyras
zero [ˈzɪərəu] n 1 nulis 2 prk. niekas
3 nulis laipsnių (apie temperatūrą) △
~ hour kar. mūšio pradžios valanda
zest [zest] n 1 prieskonis; prk. pikantiš-
kumas 2 susidomėjimas; interesas
zigzag [ˈzɪgzæg] n zigzagas a zigzaginis
v daryti zigzagus
zinc [zɪŋk] n cinkas v cinkuoti
zip [zɪp] n 1 (krepšio, drabužio) už-
trauktukas 2 zvimbimas; čirkštelėji-
mas 3 veržlumas; energija v 1 už-
traukti / atitraukti užtrauktuką ~per
[ˈzɪpə] n užtrauktukas, užtraukiamasis
užsegimas
zodiak [ˈzəudɪæk] n astr. zodiakas
zone [zəun] n zona, juosta; sritis v (ap)-
juosti
Zoo [zuː] n zoologijos sodas (t.p. Zoo-
logical Gardens)
zoolog||ical [ˌzəuəˈlɔdʒɪkl] a zoologi-
jos ~ist [zəuˈɔlədʒɪst] n zoologas ~y
[zəuˈɔlədʒɪ] n zoologija

SUPPLEMENT: NOTES ON THE ALPHABET, PRONUNCIATION AND GRAMMAR OF LITHUANIAN

The dictionary is unchanged except for the insertion of these notes and the translation of the abbreviations. It began as a word-list expanded by useful phonetic transcriptions of the English headwords. In other words, it was aimed at native speakers of Lithuanian who were learning or using English. To convert it into a maximally useful dictionary would have required much work, which would have increased the cost of the dictionary enormously. It would have been necessary to insert diacritics on all words, thus providing information on accent, and to allocate each noun, adjective, pronoun and numeral to an accent class. Information on the present and past tenses of the verb, and on stress movement in the verb, would have been useful too. So, for example, the genitive case and gender of at least those nouns where the nominative case, the citation form, was not an unambiguous indicator of the declension pattern and gender, would have had to be inserted; for the verb at least the third person present and past would have had to be inserted; and it would have been useful to give an explicit indication of the cases governed by the prepositions.

It is a part of our aim in these notes to enhance the usability of the dictionary. As already mentioned, the main limitation concerns Lithuanian accent; where information is given in these notes, but it cannot be straightforwardly applied to all the dictionary entries. This is a drawback, but perhaps not too serious a one. Anyone learning Lithuanian will have access to that information, for a manageable number of words, in their textbook and its glossaries, and they will in any event probably acquire what they really need from the point of view of accent by going ahead and speaking the language. Essentially, the notes will help find almost any obscure word encountered in a text; provided, of course, that the word is in the dictionary. In addition, the notes provide a fairly comprehensive, but unavoidably incomplete, sketch of Lithuanian grammar. Meanings are on the whole not given.

THE ALPHABET AND PRONUNCIATION (Abėcėlė iř tartìs)

Letter		Name	Letter		Name
A	a	a	K	k	ka
Ą	ą	a nósinė	L	l	el
B	b	be	M	m	em
C	c	ce	N	n	en
Č	č	če	O	o	o
D	d	de	P	p	pe

Letter		Name	Letter		Name
E	e	e plačióji	R	r	er
Ę	ę	e nósinė	S	s	es
Ė	ė	e siauróji	Š	š	eš
F	f	ef	T	t	te
G	g	ge	U	u	u trumpóji
H	h	ha	Ų	ų	u nósinė
I	i	i trumpóji	Ū	ū	u ilgóji
Į	į	i nósinė	V	v	ve
Y	y	i ilgóji	Z	z	ze
J	j	jot	Ž	ž	že

Notes: *nósinė* 'nasal', *plačióji* 'broad', *siauróji* 'narrow', *trumpóji* 'short', *ilgóji* 'long' (these adjectives are in the nominative singular feminine long form); *c* = *ts* (as in *bits*), *č* = *ch* (as in *church*), *š* = *sh* (as in *ship*), *ž* = *z* (as in *azure*). The acute accent, which is not used in everyday writing but is restricted to grammars and linguistic works, denotes a long vowel emphasized on its beginning and giving the impression of a sharp, sudden pronunciation (also referred to as a falling intonation); there is also a *tilde*, which denotes a long vowel emphasized towards its end, thus more drawn-out (also referred to as a rising intonation), and a grave accent, referring to a short stressed vowel (also placed over the *i* or *u* in *il, ir, in, im, ul, ur, un, um* diphthongs with an emphasized first component or 'falling intonation'). Unless you are learning the Lithuanian language for linguistic reasons, you will never need to write the accents yourself. For most people it is enough to know that they indicate where the stress falls in a word.

In addition to the thirty-two letters of the alphabet (note especially the position of *y* and that the two *a*'s, three *e*'s, three *i*'s and three *u*'s are each brought together in the '*a*', '*e*', '*i*' and '*u*' sections of the dictionary), there are several digraphs which might be mentioned, namely *ch* (as in *loch*), *dz* (as in *adze*), *dž* (*g* as in *age*), *ie* (pronounced somewhat as *ye* in *yes*; preceded by [j] when absolute word-initial, e.g. *ieškóti*), and *uo* (pronounced somewhat as *wa* in *wand*). Then there are the diphthongs other than *ie* and *uo*, which are overall combinations of *a/e/o* + *i/u/r/l/m/n*, *i/u* + *r/l/m/n* and *u* + *i*. We exclude *i* + *u* because *i* after a consonant and before *a*, *ą*, *o*, *u*, *ų*, *ū* marks palatalization in the consonant (after a vowel or at the beginning of a word one would have *ju*, where *j* is a consonant).

It must be borne in mind that palatalized *t* and *d* before *a*, *ą*, *o*, *u*, *ų*, *ū* are respectively *č* and *dž*, thus *čia, čią, džio, džiu* etc. This is extremely important in declension and conjugation.

Notes on Lithuanian grammar

Vowels

The vowels may be long or short. The letters help us here to a large extent, since the spelling system of Lithuanian is extremely straightforward. Thus:

Long	Short	Long or Short
ą		a
ę		e
ė		
o		
y, į	i	
ū, ų	u	

When they are the first component of a diphthong, vowels, even *i* and *u*, are considered 'half-long'; but this should not worry you overmuch.

All the long vowels but *ę* are straightforward in pronunciation; they are clear, pure sounds, without any tailing-off, thus as in northern England English *father* (*ą*), *same* (*ė*), *seal* (*y, į*), *soon* (*ū, ų*). *Ę* is more like a long *a* as in a lengthened southern English *cat*. The short vowels are as in *sit* and northern England English *but*. Short *a* is as in northern England English *cat*, and *e* as in *bet*. Long *a* is as in *father*, and long *e* is identical to *ę*. The vowel *o* is long in native Lithuanian words, and short in borrowings from other languages, e.g., *sōdas* 'garden, orchard', *òpera* 'opera'. The two vowels which can be long or short tend to be short when final, whether stressed or not; otherwise they tend to be long when stressed, though there are exceptions, e.g. *màno* 'my, mine' – *mãno* 'he/she/they think(s)' (a useful example of the need to keep long and short vowels distinct, even if context usually helps out), *kàsti* 'to dig', *universitètas* 'university'. When unstressed, they are short. There follow a few examples.

Short vowels

alùs	gražùs	mùs	namù
lìnas	medìnis	akìs	manimì
màno	tàs	kasà	saldùs
bèt	manè	gerèsnis	Kaunè
Bonà	polìtika	òpera	tàvo

Long vowels

The unstressed vowels are short unless they occur only long.

výras	arklỹs	brólį	įvadas
gẽras	mẽtas	kẽpinti	ẽžeras
ẽglę	kę̃sti	dróbę	manę̃s
gìlė	tėvas	senėlė	aikštė̃

mãno	gãbalas	gamýbą	sájunga
sõdas	óda	nóras	kóks
sūnùs	sájūdis	lū́žti	rū́mas
pasių̃sti	výrų	seserų̃	ãčiū

Diphthongs

Lietuvà	víenas	skiẽpyti	ieškóti
dúona	juodúoti	ą́žuolas	obuolỹs
saũsas	siaũras	geriaũ	pãskui
baĩgti	vẽlaĩ	gražiaĩ	automobiliù
pìlnas	piȓkti	seseȓs	rudeñs
lángas	taȓti	siuñčia	saldùs
kambarỹs	rañkos	sémti	šìrdį

Consonants

Very little need be said about the Lithuanian consonants. Theirs is very close to the English pronunciation; one might just note that the puff of air which cannot but immediately follow *p, t,* and *k* is less salient in Lithuanian, much as in northern England English. An exception here is when they occur at the end of a word. What does have to be mentioned is that all the Lithuanian consonants also occur palatalized, which, simplifying considerably, means that they are very closely followed by a slight *y*-sound, which should be considered integral to the consonant. Palatalized consonants only occur in certain positions. First, before other palatalized consonants (the only exceptions are the velars *k, g,* which need to be in direct contact with the palatalizing vowel or *i* in *ia,* etc.). Secondly, before the front vowels, namely *i, y, į, e, ė* and *ę.* Palatalization here tends to happen whether one likes it or not; it will simply be a little more perceptible in *ę* and in long *e* because of their *a*-like pronunciation. So just let nature take its course. Thirdly, it occurs when a consonant is followed by an *i* which precedes a vowel other than those just listed, thus *ia, ią, io, iu, ių, iū.* Here the *i* is not to be pronounced as an *i*; it is simply an indicator of the palatalization of the preceding consonant (except after *p, b,* where this *i* has been replaced by *j* and is pronounced [j] and *p, b* remain hard: *pjauti, bjaurùs*). We can now give a few examples of the consonants.

Here are a few examples of palatalized consonants:

pėsčiomìs	výre	gyvénti	siaurì
užeĩti	širdžių̃	čià	bešiȓdis

And now for a few mixtures (note that palatalized consonants never come at the end of a word):

žódžių	baigiaũ	kambaryjè	lietùvių
pakláusti	rùdenį	Vìlnius	Klaĩpėdoje

Finally, a few accented names of cities and countries, most of which you will be able to recognize quite readily (those difficult or impossible to identify are, in column one, Germany, Finland, and Ireland, in column three, Poland, and in column four, France, Belarus, and Hungary; see if you can find them now, without using the list in the dictionary!). You might note that Lithuanians tend to adapt foreign words to their spelling system and, if possible, give them grammatical endings:

Parŷžius	Romà	Rygà	Tãlinas
Lòndonas	Maskvà	Niujòrkas	Monreãlis
Berlýnas	Víena	Vãšingtonas	Tòkijas
Otavà	Óslas	Stokhòlmas	Heĺsinkis
Kopenhagà	Tel Avìvas	Kìjevas	Briùselis
Sìdnėjus	Madrìdas	Lisabonà	Fránkfurtas priĕ
(or Sìdnis)			Máino
Mìnskas	Vìlnius	Bèrnas	Ciùrichas
Hagà	Ámsterdamas	Ženevà	Dùblinas

Škòtija	Austrãlija	Naujóji Zelándija	Olándija
Itãlija	Ispãnija	Beĺgija	Prancūzijà
Vokietijà	Rùsija	Ukrainà	Baltarùsija
Lãtvija	Lietuvà	Švèdija	Šveicãrija
Dãnija	Norvègija	Ánglija	Portugãlija
Bulgãrija	Rumùnija	Čèkija	Slovãkija
Súomija	Éstija	Lénkija	Veñgrija
Aĩrija	Áustrija	Kanadà	Japònija
Izraèlis	Amèrika	Jungtìnės Amèrikos	Valstìjos

GRAMMAR

Accent Types

Let us restate the position regarding Lithuanian accents. As we have seen from the notes on pronunciation, Lithuanian vowels (and diphthongs) may be stressed or unstressed, may be differentiated for length or shortness, and if long and stressed are differentiated for rising or falling intonation. In books on the Lithuanian language, short stressed vowels bear a grave accent, e.g. *šìtas*, long stressed vowels with rising pitch bear a circumflex accent, e.g. *nãmas*, and long stressed vowels with a falling pitch bear an acute accent, e.g. *výras*. When the diphthongs *i/u* + *r/l/m/n* have 'falling pitch', a grave is inserted on the *i/u*; if the first component is *a/e*, then it bears the acute. Where such diphthongal combinations have 'rising pitch', the tilde is placed over the second component.

Length and shortness need not be as difficult as it may seem. The vowels written *ą*, *ę*, *ė*, *į*, *y*, *o*, *ų*, *ū* are always long, and the vowels written *i*, *u* are always short (though a diphthong of which they are a component may be long). The vowels *a* and *e* may be long or short – when unstressed *a* and *e* will be short. The vowel *o* will be short in loanwords.

In the verb the stress, in the present and simple past (henceforth 'past') tenses, is *either* fixed *off* the ending throughout *or* fixed *on* the ending in the 'I' and 'thou' forms and *off* it in the other forms; in the other finite forms it is the infinitive stress which prevails. Lithuanian convention gives only the infinitive, third person present, and third person past in the dictionary entry (extra forms are given as necessary). It would be helpful if the mobile stress pattern was explicitly indicated by inclusion of, say, the first person present form; such information is given in some textbooks, e.g. Dambriūnas *et al.* 1966 and subsequent editions. However, the following rule can be given for verbal accentuation in the present and past:

- If the penultimate syllable of the present or past stem bears the falling intonation (an acute accent, or a grave in an *i/u* + *l/r/m/n* diphthong), or if any accent falls on any preceding syllable, then the stress position is fixed; consequently, if the penultimate syllable of the present or past stem bears a rising intonation (a tilde) or is short (bears a grave accent), then the stress is mobile. Exception: certain suffixed verbs in *-yti*, e.g. **kirmýti**, **kirmìja**, **kirmìjo**, with fixed stress.

  Many verbs may be prefixed; when this happens, the stress may transfer to the prefix. Prefixes include *ap(i)-*, *at(i)-*, *be-*, *į-*, *iš-*, *nu-*, *pa-*, *par-*, *pér-* (this one is always stressed), *pri-*, *su-*, *už-*, the negative particle *ne-* and the reflexive particle *-si-*.

Thus, present stems *móko*, *dìrba*, and past stem *prãtino* indicate respectively *mókau*, *dìrbu* and *prãtinau* while present stem *nẽša* and past stem *rãšė* indicate respectively *nešù* and *rašiaũ*. The two components of the rule should be applied separately, since although the vast majority of verbs have the same pattern in the present and the past, they will be different if appropriate. Thus, the very important groups of verbs in *-(i)áuti* and *-(i)úoti*, with present stems *-(i)áuja* and *-(i)úoja* but past stem *-(i)ãvo* (for both), have fixed stress in the present and mobile stress in the past. For example: *keliáuja* indicates *keliáuju*, while *keliãvo* indicates *keliavaũ*, and *organizúoja* indicates *organizúoju*, while *organizãvo* indicates *organizavaũ*.

It is the nouns, adjectives, pronouns and numerals which can seem to present an insurmountable obstacle. Basically, there are the following accent classes for nominal forms: 1, 2, 3, 3ᵃ/3⁴ᵃ, 3ᵇ/3⁴ᵇ, 4. Of these 3ᵃ/3⁴ᵃ and 3ᵇ/3⁴ᵇ are sub-groups of the third accent class, referring to three- and four-syllable words, the superscript 'a' indicating an acute initial syllable and the 'b' indicating a circumflex initial syllable when stressed ('3' on its own refers to two-syllable words). Class 1 has fixed stress, which is never on the ending; indeed, it is most often on the first syllable, though in three-or-more-syllable nominals it needn't be. Class 2 nominals have a stressed ending in the instrumental singular, locative singular (if the nominative singular is in *-as*), and accusative plural, and if the nominative singular ends in *-a*, it too is stressed. Otherwise the stress tends to be on the last-but-one syllable. Class 3 words are stressed off the ending in the singular, with the exception of the locative; nouns in *-us* have the stress on the end in the instrumental singular too. In the plural the ending is stressed, with the exception of the accusative plural. Class 4 nominals in the singular are like Class 3 nominals in *-us* and Class 2 nominals in *-a*, namely with the ending stressed. All the plural forms, except the nominative plural in *-os*, are stressed on the ending. Overall, we note that the dative singular tends not to be stressed on the ending, and that the accusative singular never is, with the exception of monosyllables, the word *kurìs* 'who, which', and a few isolated forms where the accusative singular has a different origin, e.g. *manè* 'me'. There are lots of examples in the tables. If it is any consolation, the accent classes are really known actively only by specialists. Moreover, with two exceptions it is clear from the spelling when a vowel is long or short, and all the vowels tend to be pronounced clearly – in other words, you are on the way to a good pronunciation even without the admittedly important information on accent.

Gender, Number, the Cases, Person and Tense

There are two genders in Lithuanian, namely masculine and feminine; gender is not realized in certain forms, e.g. the words for 'I, you, who, what' and many numerals. Adjectives also have an indeclinable genderless form, used to convey 'it is . . .'. There are two numbers, singular and plural, with remnants of dual forms in the numeral for '2'. There are seven cases: nominative (the citation form in the dictionary), vocative, accusative, genitive, dative, instrumental and locative. The nominative is typically the subject of a verb and used when one simply names or identifies something or someone, e.g. 'He is *a student*'. The vocative is the address form, used when you seek to attract someone's attention by calling them by name, and does not engage in any relations with other words in the sentence. The accusative is typically the case of the direct object of the verb, and is also very widely used in time 'during, on' expressions. The genitive, the 'of' or possessive case, is extremely common in Lithuanian, especially when it precedes a noun and then functions very much as an indeclinable adjective, e.g. *lietùvių kalbà* 'the Lithuanian language, lit. "of-the-Lithuanians language"'. It is also used after a large number of verbs, after all negative verbs which if positive would have the accusative, to convey the partitive, namely 'some', to convey an indefinite number of similar animates or inanimates (in which instance it may function as the subject of the sentence), and to convey 'aim' after verbs of motion and invitation, e.g. 'to go *for water*', 'to be invited *to lunch*'. The dative is the 'to, for' case ('to write something *to someone*', 'to bring something *for breakfast*' – associated with this 'aim' nuance is its use alongside the infinitive to convey, say, 'he wrote books to teach *children*'), and is very common in impersonal constructions, e.g. *Jám šálta* 'He is cold, lit. "to him it-is-cold"'. It is also used after a certain number of verbs, to convey the amount of time *for* which one goes to do something, and may be used in the 'dative absolute' construction along with the gerund. The instrumental is the case used to denote the means or instrument by which something is done, the route which is taken in going somewhere, the manner in which one does something, and the reason, say, why someone is ill or died. It too is used after a certain number of verbs. The locative conveys 'place in which' (not 'place *to* which'). In a few expressions it may convey a time during which or at which something happened, e.g. '*in* the future', '*in* olden days'. The accusative, genitive and instrumental are also used after prepositions. The other cases do not occur after prepositions, if one excludes a few set expressions.

In the verb there are three persons, the first ('I, we'), the second ('you'), and the third ('he/it, she/it, they'). In the tense forms the first person singular and plural and the second person singular and plural are differentiated. The third persons singular and plural, however, share a single form (they can be differentiated only in compound tenses, composed of the verb 'to be' as auxiliary and a participial form, the latter taking the nominative case of the singular or plural, masculine or feminine, as appropriate). The first and second person plural forms of the simple tenses are simply, with one exception (plus an inserted *i* in the future), the third person form with *-me* (first person plural) or *-te* (second person plural) added. The future and imperfect, or frequentative past, tenses, and the imperative and conditional (or 'subjunctive') moods are formed in a straightforward fashion from the infinitive, the only form cited in this dictionary. However, there is no such straightforward mapping between the infinitive and the two most common tenses, the present and the simple past. In the notes a strategy is outlined to help in determining the verb forms from the infinitive and for locating an infinitive where you have only another form. No further information is given here on the uses of the tenses, or on the category of aspect, which in Lithuanian is realized rather differently from the way in which it is realized in, say, Russian. The verb also counts a set of participles and gerunds, as well as reflexive forms and numerous prefixes which more or less greatly adapt the verb's meaning. To negate a verb, the particle *ne-* is prefixed to it. Thus, if we take the verb *sakýti*, the negative form of the third person simple past is *nesãkė*. It also occurs in numerous prefixed forms, e.g. *atsakýti*, in which case we have *neatsãkė*. It also occurs as a reflexive, *sakýtis*, thus giving *sãkėsi*. When negated, the reflexive particle shifts to the position between the negative particle and the verb and, if the prefixed verb is taken, to the position between the prefix and the verb, thus: *nesisãkė* and *neatsisãkė*. Two irregular negative verb forms are, first, the present of *búti* 'to be', namely *nesù*, *nesì* etc. for *ne* + *esù* etc. (but note the third person *nèrà* for *ne* + *yrà*), and the present tense of *eĩti* 'to go, walk', namely *neinù*, *neinì*, *neĩna* etc. for *ne* + *einù*, *ne* + *einì*, *ne* + *eĩna* etc.

Nouns

There are five declension types (I–V), sub-grouped into 1–3, 4–5, 6–8, 9–10 and 11–12. We give one example for each (plus extras as felt necessary), however great or small the number in each group. The tables are summary, and omit some variation. In spoken Lithuanian the locative ending in a vowel + *j* + *e* very often loses the *e*, the stress if necessary shifting to the preceding syllable, e.g. *Lietuvojè–Lietuvõj*, and the final *-s* of the dative plural may be lost.

The nominative case is sufficient to identify the declension type and sub-group of many nouns. Thus:

Nominative	Type/Sub-group	Gender	Genitive
-as	I/1	masculine	*-o*
-ias	I/2	masculine	*-io*
-ys/-is	I/3	masculine	*-io*
-us	II/4	masculine	*-aus*
-ius	II/5	masculine	*-iaus*
-a	III/6	feminine	*-os*
-ia/-i	III/7	feminine	*-ios*
-ė	III/8	feminine	*-ės*
-is	IV/9	feminine	*-ies*
-is	IV/10	masculine	*-ies*
-uo	V/11	masculine	*-(e)ns*
-uo/-ė	V/12	feminine	*-ers*

From this it is clear that I/3 in *-is* and IV need further specification, as do the nouns belonging to V.

In the case of the latter, of which there are very few examples, we might note that nouns following the V/11 pattern include *akmuõ, piemuõ, skaitmuõ* and *šuõ* (the last retains the *-u-* throughout, thus genitive *šuñs*). One may add *ménuo*, which has the extension *-es-*, but the endings of I/3, thus genitive *ménesio*. Nouns following the V/12 pattern are *sesuõ* and *dukté̃*.

As for I/3 and IV, since there are vastly more examples of the former, we need only to specify common examples of IV, identify them for gender – there are more feminine examples of IV than masculine – and specify which have the genitive ending *-ų* (historically, these nouns come from V) rather than the expected *-ių*. It will be noted that most such nouns are disyllabic in the nominative singular. A few examples of trisyllabic nouns, all feminine, are given immediately after the disyllabic feminines. All other nouns will be I/3. Thus (the list is not complete):

Feminine type IV noun	Genitive plural	Accent class
akìs	*-ių̃*	4
anglìs	*-ių̃*	4
ánkštis	*-(č)ių*	1
ántis	*-(č)ių*	1
ašìs	*-ių̃*	4
ausìs	*-ų̃*	4
avìs	*-ių̃*	4
dalìs	*-ių̃*	4
dùrys (plural only)	*-ų*	2
grìfidys (plural only)	*-ų̃*	4
kártis	*-(č)ių*	1
krósnis	*-ių*	1
liū́tis	*-(č)ių*	1
makštìs	*-(č)ių̃*	4
mintìs	*-(č)ių̃*	4
naktìs	*-ų̃*	4
nósis	*-ių*	1
obelìs	*-ų̃*	3[a]
pirtìs	*-(č)ių̃*	4
pušìs	*-ų̃*	4
rū́šis	*-ių*	1
svìrtis	*-(č)ių*	1
šaknìs	*-ų̃*	4
šalìs	*-ių̃*	4
šerdìs	*-(dž)ių̃*	3
širdìs	*-(dž)ių̃*	4
šlaunìs	*-ų̃*	3

tóšis	*-ių*	1
tulžìs	*-ių̃*	4
ugnìs	*-ių̃*	4
váltis	*-(č)ių*	1
vilnìs	*-ių̃*	4
viltìs	*-(č)ių̃*	3
vinìs	*-ių̃*	4
žąsìs	*-ų̃*	4
žuvìs	*-ų̃*	4
ateitìs	none	3[b]
atmintìs	*-(č)ių̃*	3[b]
bendratìs	*-(č)ių̃*	3[b]
dabartìs	none	3[b]
geležìs	*-ų̃*	3[b]
kẽpenys (plural only)	*-ų̃*	3[b]
kibirkštìs	*-(šč)ių̃*	3[b]
móteris	*-ų*	1
paslaptìs	*-(č)ių̃*	3[b]
pažastìs	*-ų̃*	3[b]
praeitìs	none	3[b]
priežastìs	*-(č)ių̃*	3[a]
smẽgenys (plural only)	*-ų̃*	3[b]
sutartìs	*-(č)ių̃*	3[b]

Móteris and *obelìs* have the alternative genitive singulars *móters* and *obel̃s*.

Masculine type IV noun	Genitive plural	Accent class
dantìs	*-ų̃*	4
debesìs	*-ų̃*	3[b]
deguonìs	none	3[b]
geluonìs	*-ių̃* (rare)	3[b]
vagìs	*-ių̃*	4
žvėrìs	*-ių̃*	3

One must note also the obscurity which may be created by the palatalization of *t* and *d* to *č* and *dž* in those nouns where the genitive ending, not to mention the nominative ending, begins with an *i* immediately preceding *a, ą, o, u, ų, ū* (the last may not occur). Thus: *mẽdis*, genitive *mẽdžio*, locative *medyjè*, *svė-čias*, genitive *svẽčio*, but locative *svetyjè*.

Needless to say, much more could be said about the declension of nouns, but this remains to be discovered through a textbook, course, reading or just using the language. It is perhaps sufficient to let the tables speak for themselves. 'Sing.' and 'Pl.' are abbreviations for 'singular' and 'plural', and the cases are reduced to their initial letter. Vocative forms are not always attested.

	I	I	I	I
	1	2	3	3
	výras (1)	*kḗlias* (4)	*arklỹs* (3)	*peĩlis* (2)
	'man'	'way'	'horse'	'knife'
Sing.				
N.	výras	kḗlias	arklỹs	peĩlis
G.	výro	kḗlio	árklio	peĩlio
D.	výrui	kḗliui	árkliui	peĩliui
A.	výrą	kḗlią	árklį	peĩlį
I.	výru	keliù	árkliu	peiliù
L.	výre	kelyjè	arklyjè	peĩlyje
V.	výre	–	arklỹ	peĩli
Pl.				
N./V.	výrai	keliaĩ	arkliaĩ	peĩliai
G.	výrų	kelių̃	arklių	peĩlių
D.	výrams	keliáms	arkliáms	peĩliams
A.	výrus	keliùs	árklius	peiliùs
I.	výrais	keliaĩs	arkliaĩs	peĩliais
L.	výruose	keliuosè	arkliuosè	peĩliuose

	II	II	III	III
	4	5	6	7
	sūnùs (3)	*korìdorius* (1)	*rankà* (2)	*žinià* (4)
	'son'	'corridor'	'hand, arm'	'item of news'
Sing.				
N.	sūnùs	korìdorius	rankà	žinià
G.	sūnaũs	korìdoriaus	rañkos	žiniõs
D.	sūnui	korìdoriui	rañkai	žìniai
A.	sūnų	korìdorių	rañką	žìnią
I.	sūnumì	korìdoriumi	rankà	žinià
L.	sūnujè	korìdoriuje	rañkoje	žiniojè
V.	sūnaũ	korìdoriau	rañka	žìnia
Pl.				
N./V.	sūnūs	korìdoriai	rañkos	žìnios
G.	sūnų̃	korìdorių	rañkų	žinių̃
D.	sūnùms	korìdoriams	rañkoms	žinióms
A.	sūnus	korìdorius	rankàs	žinìàs
I.	sūnumìs	korìdoriais	rañkomis	žiniomìs
L.	sūnuosè	korìdoriuose	rañkose	žiniosè

	III	III	IV	IV
	7	8	9	10
	martì (4)	*aikštė̃* (3)	*širdìs* (3; fem.)	*žvėrìs* (3; masc.)
	'daughter-in-law'	'square'	'heart'	'(wild) animal'

Sing.

N.	martì	aikštė̃	širdìs	žvėrìs
G.	marčiõs	aikštė̃s	širdiė̃s	žvėriė̃s
D.	mar̃čiai	áikštei	šìrdžiai	žvė́riui
A.	mar̃čią	áikštę	šìrdį	žvė́rį
I.	marčià	áikšte	širdimì	žvėrimì
L.	marčiojè	aikštėjè	širdyjè	žvėryjè
V.	martì	áikšte	širdiē	žvėriē

Pl.

N./V.	mar̃čios	áikštės	šìrdys	žvė́rys
G.	marčių̃	aikščių̃	širdžių̃	žvėrių̃
D.	marčióms	aikštė́ms	šìrdìms	žvėrìms
A.	marčiàs	áikštes	šìrdis	žvė́ris
I.	marčiomìs	aikštėmìs	širdimìs	žvėrimìs
L.	marčiosè	aikštėsè	širdysè	žvėrysè

	V	V	V	V
	11	11	12	12
	akmuõ (4; masc.)	*šuõ* (4; masc.)	*sesuõ* (3; fem.)	*duktė̃* (3; fem.)
	'stone'	'dog'	'sister'	'daughter'

Sing.

N.	akmuõ	šuõ	sesuõ	duktė̃
G.	akmeñs	šuñs	seseř̃s	dukteř̃s
D.	ãkmeniui	šùniui	sė̃seriai	dùkteriai
A.	ãkmenį	šùnį	sė̃serį	dùkterį
I.	ãkmeniu	šuniù	seserià	dùkteria
L.	akmenyjè	šunyjè	seseryjè	dukteryjè
V.	akmeniē	šuniē	seseriē	dukteriē

Pl.

N./V.	ãkmenys	šùnys	sė̃serys	dùkterys
G.	akmenų̃	šunų̃	seserų̃	dukterų̃
D.	akmenìms	šunìms	seserìms	dukterìms
A.	ãkmenis	šunìs	sė̃seris	dùkteris
I.	akmenimìs	šunimìs	seserimìs	dukterimìs
L.	akmenysè	šunysè	seserysè	dukterysè

Adjectives

Declension types I–III (except *-ius*) are found here, sub-grouped according to the ending of the nominative singular. Not all adjectives have the long, or pronominal, forms. The vocative is always identical with the nominative. There is also a genderless form, corresponding on its own to 'it is *x*', without the expression of the verb *bū́ti* in the present tense. This form is identical to the nominative singular masculine without the final *-s*, e.g. *šálta* 'it's cold'. It is not formed from adjectives in *-is*. 'Masc.' and 'Fem.' are abbreviations for respectively 'masculine' and 'feminine'. The roman numerals separated by an oblique line refer to the declensional classes of the masculine and feminine forms respectively.

I/III
laimìngas (1) 'happy'

	Sing.		*Pl.*	
	Masc.	*Fem.*	*Masc.*	*Fem.*
N./V.	laimìngas	laimìnga	laimìngi	laimìngos
G.	laimìngo	laimìngos	laimìngų	laimìngų
D.	laimìngam	laimìngai	laimìngiems	laimìngoms
A.	laimìngą	laimìngą	laimìngus	laimìngas
I.	laimìngu	laimìnga	laimìngais	laimìngomis
L.	laimìngame	laimìngoje	laimìnguose	laimìngose

I/III
geriáusias (1) 'best'

	Sing.		*Pl.*	
	Masc.	*Fem.*	*Masc.*	*Fem.*
N./V.	geriáusias	geriáusia	geriáusi	geriáusios
G.	geriáusio	geriáusios	geriáusių	geriáusių
D.	geriáusiam	geriáusiai	geriáusiems	geriáusioms
A.	geriáusią	geriáusią	geriáusius	geriáusias
I.	geriáusiu	geriáusia	geriáusiais	geriáusiomis
L.	geriáusiame	geriáusioje	geriáusiuose	geriáusiose

I/III
medìnis (2) 'wooden'

	Sing.		*Pl.*	
	Masc.	*Fem.*	*Masc.*	*Fem.*
N./V.	medìnis	medìnė	medìniai	medìnės
G.	medìnio	medìnės	medìnių	medìnių
D.	medìniam	medìnei	medìniams	medìnėms
A.	medìnį	medìnę	mediniùs	medìnės
I.	mediniù	medinè	medìniais	medìnėmis
L.	medìniame	medìnėje	medìniuose	medìnėse

II/III
gražùs (4) 'beautiful, handsome'

	Sing.		*Pl.*	
	Masc.	*Fem.*	*Masc.*	*Fem.*
N./V.	gražùs	gražì	grãžūs	grãžios
G.	gražaũs	gražiõs	gražių̃	gražių̃
D.	gražiám	grãžiai	gražíems	gražióms
A.	grãžų	grãžią	gražiùs	gražiàs
I.	gražiù	gražià	gražiaĩs	gražiomìs
L.	gražiamè	gražiojè	gražiuosè	gražiosè

I/III
baltàsis (3) (long/pronominal form) 'white'

	Sing. Masc.	Fem.	Pl. Masc.	Fem.
N./V.	baltàsis	baltóji	baltíeji	báltosios
G.	báltojo	baltõsios	baltū́jų	baltū́jų
D.	baltájam	báltajai	baltíesiems	baltósioms
A.	báltąjį	báltają	baltúosius	baltą́sias
I.	baltúoju	baltája	baltaĩsiais	baltõsiomis
L.	baltãjame	baltõjoje	baltuõsiuose	baltõsiose

II/III
gražùsis (4) (long/pronominal form) 'beautiful, handsome'

	Sing. Masc.	Fem.	Pl. Masc.	Fem.
N./V.	gražùsis	gražióji	grãžíeji	grãžiosios
G.	grãžiojo	gražiõsios	gražiū́jų	gražiū́jų
D.	gražiájam	grãžiajai	gražíesiems	gražiósioms
A.	grãžųjį	grãžiąją	gražiúosius	gražią́sias
I.	gražiùoju	gražiája	gražiaĩsiais	gražiõsiomis
L.	gražiãjame	gražiõjoje	gražiuõsiuose	gražiõsiose

Remember that the comparative and superlative forms are created by adding *-èsnis/-èsnė* and *-iáusias/-iáusia* respectively to the stem of the positive form.

See the *Verbs* section for full tables of the participles.

Pronouns

Personal pronouns

	'I'	'You (sing.; familiar)'	'we'	'You (pl.; formal)'	'self'
N.	aš	tù	mẽs	jū̃s	–
G.	manę̃s	tavę̃s	mū́sų	jū́sų	savę̃s
D.	mán	táu	mùms	jùms	sáu
A.	manè	tavè	mùs	jùs	savè
I.	manimì	tavimì	mumìs	jumìs	savimì
L.	manyjè	tavyjè	mumysè	jumysè	savyjè

The final *-ì* of the instrumental of *aš*, *tù*, and *sav-* may be lost in spoken Lithuanian, giving e.g. *manìm*. One might note that the genitives of *mẽs* and *jū̃s* are also used as possessive adjectives and pronouns, viz. 'our, ours, your, yours'. For *aš*, *tù* and *savę̃s* in this function, we have the special genitive forms *màno*, *tàvo* and *sàvo*. As we shall see below, this also applies to the personal pronouns of the third person. None of these possessives is declinable. Remember that *savę̃s* is used for any person, when it refers back to the subject of the clause.

	'He, it'	*'She, it'*	*'They (masc.)'*	*'They (fem.)'*
N.	jìs	jì	jiē	jõs
G.	jõ	jõs	jų̃	jų̃
D.	jám	jái	jíems	jóms
A.	jį̃	ją̃	juõs	jàs
I.	juõ	jà	jaĩs	jomìs
L.	jamè	jojè	juosè	josè

As mentioned above, the genitives are used as possessive adjectives and pronouns, all indeclinable: *jõ, jõs, jų̃*. Try not to confuse the plural forms with the forms of *jū̃s*. Declined like *jìs* are the demonstrative *šìs* 'this', and the relative *kurìs* 'who, which', each retaining -*i*- for -*j*-, except where we have *ji*-, in which case *j* is simply dropped, thus nominative plural masculine *šiē*, dative plural masculine *kuríems*, but nominative and dative plural feminine *šiõs, kurióms*.

Demonstrative pronouns

tàs 'that'

	Sing.		*Pl.*	
	Masc.	*Fem.*	*Masc.*	*Fem.*
N.	tàs	tà	tiē	tõs
G.	tõ	tõs	tų̃	tų̃
D.	tám	tái	tíems	tóms
A.	tą̃	tą̃	tuõs	tàs
I.	tuõ	tà	taĩs	tomìs
L.	tamè	tojè	tuosè	tosè

Declined in the same way are *šìtas* 'this' (the stress may be retained on the first syllable), *anàs* 'that (yonder)' (final stress), *katràs* 'which (of two)' (final stress), and *kàs* 'who, what' (singular forms only, though reference may be plural; alternative genitive *kienõ* 'whose').

Indefinite and 'other' pronouns

Declined like *víenas* 'one' (see the numbers section below) are *kìtas* '(an)other; next (in time expressions)', *vìsas* 'all', and *tìkras* '(a) certain'.

tóks 'such (a); "like that one"'

	Sing.		*Pl.*	
	Masc.	*Fem.*	*Masc.*	*Fem.*
N.	tóks	tokià	tokiē	tókios
G.	tókio	tokiõs	tokių̃	tokių̃
D.	tokiám	tókiai	tokíems	tokióms
A.	tókį	tókią	tókius	tókias

I.	tókiu	tókia	tokiaĩs	tokiomìs
L.	tokiamè	tokiojè	tokiuosè	tokiosè

Declined like *tóks* are *šióks*, *šìtoks* 'such (a); "like this one"', *anóks* 'such (a); "like that one (yonder)"', *kóks* 'what (sort of), which', *jóks* 'no, none, not a', *visóks* 'every sort of', *kitóks* 'another sort of', and *vienóks* 'similar; "of the same sort"'. In those with two syllables the stress is fixed as in the nominative singular masculine. Finally, the 'emphatic' pronoun:

pàts 'self'

	Sing.	*Pl.*
N.	pàts	pãtys
G.	patiẽs	pačiũ
D.	pačiám	patíems
A.	pãtį	pačiùs
I.	pačiù	pačiaĩs
L.	pačiamè	pačiuosè

Tàs pàts conveys 'the same'.

Numbers

Cardinal (a)	Cardinal (b)	Ordinal	numeral
víenas, vienà	*vienerì, víenerios*	*pìrmas, pirmà*	1
dù, dvì	*dvejì, dvẽjos*	*añtras, antrà*	2
abù, abì	*abejì, abẽjos*	–	'both'
trỹs	*trejì, trẽjos*	*trẽčias, trečià*	3
keturì, kẽturios	*ketverì, kẽtverios*	*ketvir̃tas, ketvirtà*	4
penkì, peñkios	*penkerì, peñkerios*	*peñktas, penktà*	5
šešì, šẽšios	*šešerì, šẽšerios*	*šẽštas, šeštà*	6
septynì, septýnios	*septynerì, septýnerios*	*septiñtas, septintà*	7
aštuonì, aštúonios	*aštuonerì, aštúonerios*	*aštuñtas, aštuntà*	8
devynì, devýnios	*devynerì, devýnerios*	*deviñtas, devintà*	9
dẽšimt	–	*dešim̃tas, dešimtà*	10
vienúolika	–	*vienúoliktas,*	
		vienúolikta	11
dvýlika	–	etc.	12
trýlika	–	...	13
keturiólika	–	...	14
penkiólika	–	...	15
šešiólika	–	...	16
septyniólika	–	...	17
aštuoniólika	–	...	18
devyniólika	–	...	19
dvìdešimt	–	*dvidešim̃tas,*	
		dvidešimtà	20

trìsdešimt	–	etc.	30
kėturiasdešimt	–	...	40
peñkiasdešimt	–	...	50
šėšiasdešimt	–	...	60
septýniasdešimt	–	...	70
aštúoniasdešimt	–	...	80
devýniasdešimt	–	...	90
šìmtas	–	usually definite	
		šimtàsis, šimtóji	100
dù šimtaĩ	–	(from here on rare)	200
trỹs šimtaĩ	–		300
keturì šimtaĩ	–		400
penkì šimtaĩ	–		500
šešì šimtaì	–		600
septynì šimtaĩ	–		700
aštuonì šimtaĩ	–		800
devynì šimtaĩ	–		900
tū́kstantis	–	tūkstantàsis,	
		tūkstantóji	1000
dù tū́kstančiai	–		2000
trỹs tū́kstančiai	–		3000
keturì tū́kstančiai	–		4000
...			
milijõnas	–		1,000,000

For the cardinal (a) forms, *víenas–devynì* agree in case and gender (and redundantly number) with the noun or noun phrase they qualify. The other cardinals are followed by the genitive plural. The 'tens' are indeclinable although one may come across declinable forms. In compound numbers the components are simply placed one after the other, without any conjunctions, and all the numbers which can decline do decline, with the final component determining the form of the noun or noun phrase counted, thus '21' is followed by a singular, '25' by a plural, etc. The cardinal (b) forms are used with nouns which occur only in the plural, even though they refer to single items, e.g. *mẽtai* 'year', and when referring to pairs, e.g. *penkerì bãtai* 'five pairs of shoes'.

The ordinals behave morphologically like adjectives, agreeing in case, number and gender; in compound ordinals only the final component has the ordinal form, as in English. They are very often found in their definite form, e.g. *trečiàsis výras* 'the third man', *devintóji pamokà* 'Lesson 9'.

Collectives (for groups of people/animals, and for approximation; followed by the genitive plural; fixed stress) are:

dvẽjetas, trẽjetas, kẽtvertas, peñketas, šẽšetas, septýnetas, aštúonetas, devý-netas

Fractions are formed by preceding the appropriate form of the feminine *de-finite* adjective by the number of parts. The feminine gender is chosen because of the feminine word for part, *daľs, -iẽs*. Thus: *vienà penktóji* 'one fifth', *šẽšios penkióliktosios* 'six fifteenths', *dẽšimt túkstantųjų* 'ten thousandths'. Needless to say, such forms are rare in everyday conversation. However, for those which are more widespread there are special words. Thus:

- *pùsė, -ės* (2) 'half', *ketviřtis, -čio* (2) 'quarter' (both declined as nouns as indicated)
- *trẽčdalis, -io* (1), *ketvirtãdalis* (1), *penktãdalis* (1), *šeštãdalis* (1), ... 'third, ...' (note how these fractions decline like the masculine noun *brólis*, not like the feminine noun *daľs*)
- *pusañtro* 'one and a half', *pustrẽčio* 'two and a half', *pusketviřto* 'three and a half', and so on (these forms are indeclinable, changing only for gender and number, namely fem. *pusantrõs*, pl. *pusantrų̃*. Thus: *pusšẽšto ľito* '5.50 lits (units of currency)', *pustrečiõs dienõs* 'two-and-a-half days', *pusantrų̃ mẽtų* 'eighteen months'.)

Overall, the fractions are followed by the genitive singular of the noun or noun phrase counted.

The ordinals have a special form, obtained by removing the final *-s* of the nominative singular masculine, without any effect on accentuation. It means 'first/in the first place, ...'. Thus: *pìrma, añtra, trẽčia, ...*

A few tables:

	víenas Masc.	Fem.	*dù, dvì* Masc./Fem.	*trỹs* Masc./Fem.
N./V.	víenas	vienà	dù/dvì	trỹs
G.	víeno	vienõs	dviejų̃	trijų̃
D.	vienám	víenai	dvíem	trìms
A.	víeną	víeną	dù/dvì	trìs
I.	víenu	víena	dviẽm	trimìs
L.	vienamè	vienojè	dviejuosè/dviejosè	trijuosè/trijosè

	keturì/kẽturios Masc.	Fem.	*septynì/septýnios* Masc.	Fem.
N./V.	keturì	kẽturios	septynì	septýnios
G.		keturių̃		septynių̃
D.	keturíems	keturióms	septyníems	septynióms
A.	kẽturis	kẽturias	septýnis	septýnias

| *I.* | keturiaĩs | keturiomìs | septyniaĩs | septyniomìs |
| *L.* | keturiuosè | keturiosè | septyniuosè | septyniosè |

The only problems with '4–9' concern accentuation. '5–6' have ending stress except for the nominative feminine; '8–9' are accented like *septynì/septýnios*.

The tens may be regarded as indeclinable. The teens (accent type 1) decline like feminine nouns in *-a*, with the exception that the accusative is identical to the nominative. *Šim̃tas* (accent type 4: short stressed ending in the instrumental and locative singular and accusative and locative plural, long acute ending in the dative plural, and long circumflex ending elsewhere in the plural) declines like a masculine noun in *-as*, as does *milijõnas* (accent type 2, i.e. short stressed ending in instrumental singular and accusative plural: *milijonù, milijonùs*), and *tū́kstantis, -čio* (accent type 1) declines like the masculine noun *brólis*.

The accent types of the plural numbers are *dvejì, trejì* (4), *abejì, ketverì, penkerì, šešerì* (3ᵇ), and *vienerì, septynerì, aštuonerì, devynerì* (3ᵃ). Examples:

	trejì/trẽjos		*penkerì/peñkerios*	
	Masc.	Fem.	Masc.	Fem.
N./V.	trejì	trẽjos	penkerì	peñkerios
G.		trejų̃		penkerių̃
D.	trejíems	trejóms	penkeríems	penkerióms
A.	trejùs	trejàs	peñkerius	peñkerias
I.	trejaĩs	trejomìs	penkeriaĩs	penkeriomìs
L.	trejuosè	trejosè	penkeriuosè	penkeriosè

	aštuonerì/aštúonerios	
	Masc.	Fem.
N./V.	aštuonerì	aštúonerios
G.		aštuonerių̃
D.	aštuoneríems	aštuonerióms
A.	aštúonerius	aštúonerias
I.	aštuoneriaĩs	aštuoneriomìs
L.	aštuoneriuosè	aštuoneriosè

Verbs

The forms of most Lithuanian verbs can be derived in a straightforward fashion once one knows the infinitive, which always ends in *-ti*, and the third person forms of the present and past tenses. Unfortunately, our dictionary gives only the infinitive, so a major purpose of this section will be to provide information useful in deriving the other forms from the infinitive alone.

According to the Lithuanian convention, a bar or double bar is inserted at an appropriate point in the dictionary entry (the infinitive) for the verb, and the present and past components from that point on are given after a hyphen. If this is not possible, full forms are given as necessary. Thus: *dìrb/ti, -a, -o, dainúo/ti, -úoja, -návo, grį̃ž/ti, -ta, -o, rašý/ti, rãšo, rãšė, turé/ti, tùri, -jo, liáutis, liáunasi, lióvėsi.* In the past tense entry it is clear that if the third person ending is *-ė*, then the first person singular ending will be *-iau* (with *-i-*). If the first person singulars *dìrbu, dìrbau, dainúoju, dainavaũ, grį̃žtù, grį̃žaũ, rašaũ, rašiaũ, liáunuosi–lióviausi* were explicitly given, even the accentuation problem would be less opaque; as is evident from the preceding examples, *both* first person singulars would be necessary for a verb like *dainúoti*, since the present has fixed stress and the past has mobile stress. However, as we saw in the section *Accent Types* at the beginning of this grammatical sketch, it is possible to formulate a simple rule to pinpoint whether the stress will be fixed or mobile without having to give the first person singular.

The future does not need to be given specially; one simply retains that the formant is *-s(i)-*, and that if the consonant *z* or *s* precedes it, the two coalesce as *s*, and that if the consonant *š* or *ž* precedes it, they coalesce as *š*, thus:

ràsti	ràs- + -s(i)-	ràsiu, …
vèžti	vèž- + -s(i)-	vèšiu, …

For the imperative, if the infinitive ending is preceded by *-g-* or *-k-*, then they coalesce with the imperative formant *-k(i)-* as *k*, e.g.

baĩgti	baĩg- + -k(i)-	baĩk!, …

Remember that the reflexive particle is appended to the verb except when the verb is negated or has a prefix, in which case it is inserted between the negative particle or prefix and the root. Prefixed and negative reflexive verbs may have a stress pattern different from that of the simple verb.

There are three conjugations, based on the themes *-a-, -i-* and *-o-*; the basic endings are approximately as follows (for each person the present is given in the first row and the past in the second; the slashes separate the conjugations, with the rider that for the third person past tense Conjugation I may have *-ė* too):

	Simple		*Reflexive*	
	Singular	*Plural*	*Singular*	*Plural*
1 p.	*-(i)u*	*-me*	*-(i)uosi/-(i)uosi/-ausi*	*-mės*
	-(i)au	*-me*	*-(i)ausi*	*-mės*
2 p.	*-i*	*-te*	*-iesi/-iesi/-aisi*	*-tės*
	-ai	*-te*	*-aisi*	*-tės*
	(if *-iau*, then *-ei*)		(if *-iausi*, then *-eisi*)	

3 p. *-(i)a/-i/-o*   *-a/-i/-o*   *-(i)asi/-isi/-osi*   *-asi/-isi/-osi*
    -o/-ėjo/-ė   *-o/-ėjo/-ė*   *-osi/-ėjosi/-ėsi*   *-osi/-ėjosi/-ėsi*

The third person endings are really the bare stem, but we give the actual
endings for the three conjugations. Note that the first and second person plural
endings are appended to the third person endings (there are slight changes in
the future and conditional), with the reflexive particle displaced to the end.
The final *-e* of the first and second person plural endings may be lost in spoken
Lithuanian. In the third person, and the first and second person singular, the
reflexive particle, when final, may be *-si* or *-s*.

There follow a few examples of the conjugation of first, second, and third
conjugation verbs. It might be seen as redundant to give the future, imperfect,
conditional and imperative, since their formation is very straightforward, but
we do this for clarity's sake:

Conjugation I (*-a-*): *dìrb/ti, -a, -o* 'work'

	Present	Past	Future	Imperfect	Conditional	Imperative
1 p.	dìrbu	dìrbau	dìrbsiu	dìrbdavau	dìrbčiau	–
2 p.	dìrbi	dìrbai	dìrbsi	dìrbdavai	dìrbtum	dìrbk!
3 p.	dìrba	dìrbo	dìr̃bs	dìrbdavo	dìrbtų	–
1 p.	dìrbame	dìrbome	dìrbsime	dìrbdavome	dìrbtume	dìrbkime!
					dìrbtumėme	
2 p.	dìrbate	dìrbote	dìrbsite	dìrbdavote	dìrbtute	dìrbkite!
					dìrbtumėte	
3 p.	dìrba	dìrbo	dìr̃bs	dìrbdavo	dìrbtų	–

Conjugation I (*-a-*): *susitìk/ti, susitiñka, -osi* 'meet (each other)' (reflexive)

	Present	Past	Future	Imperfect	Conditional	Imperative
1 p.	susitinkù	susitikaũ	susitìksiu	susitìkdavau	susitìkčiau	–
2 p.	susitinkì	susitikaĩ	susitìksi	susitìkdavai	susitìktum	susitìk!
3 p.	susitiñka	susitìko	susitìks	susitìkdavo	susitìktų	–
1 p.	susitiñkame	susitìkome	susitìksime	susitìkdavome	susitìktume	susitìkime!
					susitìktumėme	
2 p.	susitiñkate	susitìkote	susitìksite	susitìkdavote	susitìktute	susitìkite!
					susitìktumėte	
3 p.	susitiñka	susitìko	susitìks	susitìkdavo	susitìktų	–

Conjugation I (*-ia-*): *baĩg/ti, -ia, -ė* 'finish'

	Present	Past	Future	Imperfect	Conditional	Imperative
1 p.	baigiù	baigiaũ	baĩgsiu	baĩgdavau	baĩgčiau	–
2 p.	baigì	baigeĩ	baĩgsi	baĩgdavai	baĩgtum	baĩk!
3 p.	baĩgia	baĩgė	baĩgs	baĩgdavo	baĩgtų	–
1 p.	baĩgiame	baĩgėme	baĩgsime	baĩgdavome	baĩgtume	baĩkime!
					baĩgtumėme	
2 p.	baĩgiate	baĩgėte	baĩgsite	baĩgdavote	baĩgtute	baĩkite!
					baĩgtumėte	

3 p. baĩgia	baĩgė	baĩgs	baĩgdavo	baĩgtų	–

Conjugation II (*-i-*): *galė́/ti, gãli, -jo* 'be able, can'

	Present	Past	Future	Imperfect	Conditional	Imperative
1 p.	galiù	galė́jau	galė́siu	galė́davau	galė́čiau	–
2 p.	galì	galė́jai	galė́si	galė́davai	galė́tum	galė́k!
3 p.	gãli	galė́jo	galė̃s	galė́davo	galė́tų	–
1 p.	gãlime	galė́jome	galė́sime	galė́davome	galė́tume galė́tumėme	galė́kime!
2 p.	gãlite	galė́jote	galė́site	galė́davote	galė́tute galė́tumėme	galė́kite!
3 p.	gãli	galė́jo	galė̃s	galė́davo	galė́tų	–

Conjugation III (*-o-*): *mat/ýti, -o, -ė* 'see'

	Present	Past	Future	Imperfect	Conditional	Imperative
1 p.	mataũ	mačiaũ	matýsiu	matýdavau	matýčiau	–
2 p.	mataĩ	mateĩ	matýsi	matýdavai	matýtum	matýk!
3 p.	mãto	mãtė	matỹs	matýdavo	matýtų	–
1 p.	mãtome	mãtėme	matýsime	matýdavome	matýtume matýtumėme	matýkime!
2 p.	mãtote	mãtėte	matýsite	matýdavote	matýtute matýtumėte	matýkite!
3 p.	mãto	mãtė	matỹs	matýdavo	matýtų	–

Conjugation III (*-o-*): *mók/ytis, -osi, -ėsi* 'study, learn'

	Present	Past	Future	Imperfect	Conditional	Imperative
1 p.	mókausi	mókiausi	mókysiuosi	mókydavausi	mókyčiausi	–
2 p.	mókaisi	mókeisi	mókysiesi	mókydavaisi	mókytumsi	mókykis!
3 p.	mókosi	mókėsi	mókysis	mókydavosi	mókytųsi	–
1 p.	mókomės	mókėmės	mókysimės	mókydavomės	mókytumės mókytumėmės	mókykimės!
2 p.	mókotės	mókėtės	mókysitės	mókydavotės	mókytutės mókytumėtės	mókykitės!
3 p.	mókosi	mókėsi	mókysis	mókydavosi	mókytųsi	–

Conjugation III (*-o-*): *mók/ytis, -osi, -ėsi* 'study, learn' (negative, reflexive)

	Present	Past	Future	Imperfect	Conditional
1 p.	nesimókau	nesimókiau	nesimókysiu	nesimókydavau	nesimókyčiau
2 p.	nesimókai	nesimókei	nesimókysi	nesimókydavai	nesimókytum
3 p.	nesimóko	nesimókė	nesimókys	nesimókydavo	nesimókytų
1 p.	nesimókome	nesimókėme	nesimókysime	nesimókydavome	nesimókytume nesimókytumėme
2 p.	nesimókote	nesimókėte	nesimókysite	nesimókydavote	nesimókytute nesimókytumėte
3 p.	nesimóko	nesimókė	nesimókys	nesimókydavo	nesimókytų

Imp.: nesimókyk!, nesimókykime!, nesimókykite!

Irregular: *bū́ti, esù ..., bùvo* 'be'

	Present	Past	Future	Imperfect	Conditional	Imperative
1 p.	esù	buvaũ	bū́siu	bū́davau	bū́čiau	–
2 p.	esì	buvaĩ	bū́si	bū́davai	bū́tum	bū́k!
3 p.	yrà	bùvo	bùs	bū́davo	bū́tų	–
1 p.	ẽsame	bùvome	bū́sime	bū́davome	bū́tume	bū́kime!
					bū́tumème	
2 p.	ẽsate	bùvote	bū́site	bū́davote	bū́tute	bū́kite!
					bū́tumète	
3 p.	yrà	bùvo	bùs	bū́davo	bū́tų	–

Making the most of the infinitive

Our examples for Conjugation I had a consonant before the *-ti* of the infinitive, that for Conjugation II had *-ė-* before the *-ti*, and those for Conjugation III had *-y-* before the *-ti*. Unfortunately, things are not so simple. To start with, how would we predict the *-i-* before certain endings of Conjugation I *baĩgti*? In what follows, though it will involve a certain amount of listing, both of criteria and of actual verbs, we try to alleviate the situation.

Once we know the infinitive, third person present and third person past, we have access to all the forms of almost all verbs. The only overall gap is the information on the position of the stress in the first and second persons singular of the present and past, something we shall set aside here. In the other finite forms the stress is that of the infinitive. To make the best use of the dictionary, which gives only the infinitive, we need to be able to predict with reasonable confidence what the conjugation and endings of individual verbs will be, on the evidence of their infinitive, and, when looking up Lithuanian verbs on the evidence of some other form, we need to be able to make reasonably informed guesses as to the likely infinitive. It is useful to observe that under certain entries examples are given which help us establish the pattern, e.g. under *magėti* we have the example *Jam maga su jumis kalbėti*, which indicates that *magėti* belongs to Conjugation I (theme *-a-*), Group 1 ('hard endings'), sub-group 'd' (mixed); thus, in our classification below 'I/1d(iv)' (the final information in parentheses covers finer detail – see after the following summary table).

In the following listings it is also very important to note where the *t:č* and *d:dž* alternations occur. For example:

keĩsti:	present	*keičiù – keitì – keĩčia – keĩčiame – keĩčiate – keĩčia*
	past	*keičiaũ – keiteĩ – keĩtė – keĩtėme – keĩtėte – keĩtė*
žaĩsti:	present	*žaidžiù – žaidì – žaĩdžia – žaĩdžiame – žaĩdžiate – žaĩdžia*
	past	*žaidžiaũ – žaideĩ – žaĩdė – žaĩdėme – žaĩdėte – žaĩdė*

Note how in the second person singular present the two *i*'s conflate as one. From the conjugation tables it should be clear how to derive the remaining forms from the third person present and past.

　　And look carefully at the entries in the lists, seeing the three forms as one and noting relationships between them. First of all, a summary table:

Infinitive	Conjugation					
		I(-*a*-)			II (-*i*-)	III (-*o*-)
	hard	hard/soft	soft	soft/hard		
	(*1*)	(*2*)	(*3*)	(*4*)		
-*Cti*	I/1a(i)	I/2a(i)	I/3a(i)		none	none
	I/1a(ii)	I/2a(ii)	I/3a(ii)	I/4a(ii)		
	I/1a(iii)		I/3a(iii)			
	I/1b(i)	I/2b(i)	I/3b(i)			
	I/1b(ii)					
	I/1b(iii)	I/2b(iii)				
	I/1c(i)					
	I/1c(ii)		I/3c(ii)			
	I/1d(ii)					
	I/1d(iii)					
	I/1f	I/2f				
-*(i)auti*		I/2b			none	none
	I/1e(iii)					
-*(i)uoti*	I/1e(iii)				none	none
-*inti*	I/1e(iii)				none	none
-*enti*	I/1e(vi)				none	none
-*ėti*					IId(*ė*)	none
	I/1d(iv)			I/4d(iv)		
	I/1e(ii)					
-*oti*					none	IIId(*o*)
	I/1d(iv)					
	I/1e(ii)					
-*yti*	I/1b(iii)				none	
						IIId(*y*)
	I/1e(ii)					

In the table the letters 'C' stands for 'consonant', and 'a', 'b', 'c' represent root verbs, 'a' representing no vowel changes, 'b' representing various alternations in the root, and 'c' representing nasal infixes; 'd' represents mixed or part-suffixed verbs, the letters in parentheses representing the infinitive suffix in Conjugations II and III, and the roman numerals in parentheses the sub-groups in Conjugation I; 'e' represents the suffixal verbs, and 'f' represents irregular verbs. The roman numerals overall look at some significant vowel in the stem, and have the following references: (i) some arguably basic, simple, vowel; (ii) some other vowel; (iii) a diphthong; (iv) and (v) the mixed verbs with infinitive suffix *è, o.*

Since most of them occur very frequently, we might begin by mentioning those verbs which are considered *irregular*. Fortunately, in all but one case once we know the three magic forms we have access to the rest, just as with the 'regular' verbs. With this one exception of *búti*, we note that they are all Conjugation I verbs, some of them having 'hard endings' in the present and 'soft endings' in the past. This makes their allocation to groups within Conjugation I absolutely straightforward. So:

Infinitive	Third person present (or all present, as necessary)	Third person past
aũti	aũna	ãvė
búti	esù, esì, yrà, ēsame, ēsate, yrà	bùvo
déti	dēda	déjo
dúoti	dúoda	dãvė
eĩti	eĩna	ĕjo
gáuti	gáuna	gãvo
im̃ti	ìma	ĕmė
lìkti	lìĕka	lìko
mir̃ti	mìršta	mìrė
pùlti	púola	púolė
šlúoti	šlúoja	šlãvė*
vìrti	vérda	vìrė

*This verb has no separate entry in the dictionary, but is concealed in an example under the headword *šlúota* 'broom'.

On the basis of the summary table we note that verbs in Conjugations II and III are very restricted (though they are also both plentiful and include many very common verbs).

Conjugation II is composed entirely of verbs with an infinitive in *-éti*. We denote such verbs in Conjugation II as belonging to sub-group 'IId(è)', 'd' standing for so-called 'mixed' verbs, i.e. where a suffix plays a role in the derivation of some of the forms, and *è* representing the infinitive suffix of the conjugation. However, not all such verbs belong to Conjugation II (though most of them do), so we need to isolate all or a representative number of those which belong to Conjugation I or Conjugation III. It happens that Conjugation III does not contain any such verbs, but that Conjugation I contains three sub-groups in *-ėti*, which we class as 'I/1d(iv)', 'I/1e(ii)', and 'I/4d(iv)'. The rest will be Conjugation II.

Conjugation III too contains verbs where endings may be added directly on to the root, with either a suffixal *-y-* appearing in the infinitive, e.g. *raš-ý-ti–rašaū, rãšo–rašiaū, rãšė* (the 'IIId(*y*)' sub-group), or a suffixal *-o-* appearing there, giving an infinitive in *-oti*, with the endings of the present added directly on to the root, while those of the past are added on to the infinitive stem plus *-j-*, thus: *bij-ó-ti–bijaū, bìjo–bijójau, bijójo*. These two are classed here as 'IIId(*o*)'. Since verbs in *-yti* and *-oti* are also to be found in our remaining conjugation, Conjugation I (sub-groups 'I/1d(iv)', 'I/1e(ii)', 'I/1b(iii)', and 'I/1e(ii)'), which is beginning to seem to be the most complex of the three, the strategy again might be to isolate those belonging to that conjugation, and then to allocate the remaining verbs, the majority, by default to Conjugation III.

Conjugation I is indeed extremely complex. Essentially it is composed of verbs in *-a* or *-ia* in the present and respectively *-o* or *-ė* in the past, with a certain amount of crossover. We divide these into four groups, '1' representing hard endings, '3' representing soft endings, '2' representing hard endings in the present and soft in the past, and '4' representing soft endings in the present and hard in the past. Note that the terms 'hard' and 'soft' endings refer mainly to the palatalized character of the consonant preceding the ending and not to the ending itself; note too that the palatal consonant *j* is followed by 'hard' endings.

For *Group 1*, with hard endings, we may start with those with a basic *i, u* in the root (exceptions have soft endings in the past, e.g. *gùlti, mùšti*); these are 'I/1a(i)':

I/1a(i)

Infinitive	Present	Past
knìsti	knìsa	knìso
rìsti	rìta	rìto
rìšti	rìša	rìšo
brùkti	brùka	brùko
lùpti	lùpa	lùpo
sùpti	sùpa	sùpo

We might also note *bégti, sésti, šókti,* and *grústi,* whose root vowel would tend to place them in 'I/3a(ii)', but which because of their hard endings come under 'I/1a(ii)'.

I/1a(ii)

Infinitive	*Present*	*Past*
bégti	béga	bégo
sésti	séda	sédo
šókti	šóka	šóko
grústi	grúda	grúdo

And to 'I/1a(iii)', because of their root diphthong, we allocate:

I/1a(iii)

Infinitive	*Present*	*Past*
áugti	áuga	áugo
dìrbti	dìrba	dìrbo

There are many which have certain changes in the root vowel.

We may have lengthening of the root vowel in the present (in the case of the vowel *a*, it is long in the past too; the lengthening in the present reflects a former nasal consonant, now lost). These we allocate to 'I/1b(i)':

I/1b(i)

Infinitive	*Present*	*Past*
bìrti	bу̃ra	bìro
gùrti	gū́ra	gùro
ìrti	ỹra	ìro
kìlti	ký̃la	kìlo
pliùkšti	pliùška	pliùško
svìlti	svу̃la	svìlo
žìlti	žу̃la	žìlo
bálti	bą̃la	bãlo
šálti	šą̃la	šãlo
gèsti	gę̃sta	gẽso

And we have a short vowel in the past, with *v* or *j* before the ending (these are 'I/1b(iv)' – note those in *-yti,* the first of two groups which do not belong to Conjugation III):

I/1b(ii)

Infinitive	Present	Past
griúti	griúva	griùvo
kliúti	kliúva	kliùvo
púti	púva	pùvo
srúti	srúva	srùvo
žúti	žúva	žùvo
gýti	gỹja	gìjo
lýti	lỹja	lìjo
rýti	rỹja	rìjo
pašlýti	pašlỹja	pašlìjo

Exceptions include *siúti, siùva, siùvo,* with a short vowel in both the present and the past, *líeti, líeja, líejo,* with a long diphthong, and *výti, vėja, vìjo*. Note verbs like *liáutis, liáujasi, lióvėsi* ('I/2b(iii)').

We also have a contrast between *e + l/r/n/m* in the present and *i + l/r/n/m* in the past (allocated to 'I/1b(iii)'):

I/1b(iii)

Infinitive	Present	Past
til̃pti	tel̃pa	til̃po

and similarly *kim̃šti, kir̃pti, pir̃kti, riñkti, sir̃gti, sliñkti* and *vil̃kti*. But note the consonant underlying the *s* of the infinitive in (this feature is not restricted to this sub-group):

Infinitive	Present	Past
kir̃sti	ker̃ta	kir̃to
krim̃sti	krem̃ta	krim̃to

And *n* infixes before *k, g, t, d* or *m* before *p, b* in the present (= 'I/1c(i)'):

I/1c(i)

Infinitive	Present	Past
àkti	añka	ãko
kìbti	kim̃ba	kìbo

Similarly *sèkti, smùkti, snìgti, stìgti, tèkti, trùkti, žlùgti, dùbti, klùpti, lìpti, nustèbti, šlàpti* and *tàpti,* with *t* underlying *s* in *jùsti, kìsti, krìsti, mìsti, plìsti* and *švìsti,* e.g.

Infinitive	Present	Past
švìsti	šviñta	švìto

and *d* underlying *s* in *bùsti, gèsti, ràsti* and *sklìsti*, e.g.

Infinitive	*Present*	*Past*
gèsti	geñda	gḗdo

or the infix *n* before *t, d* in both the present and the past already mentioned above ('I/1c(ii)'), with the 'nasal' vowels before other consonants:

I/1c(ii)

Infinitive	*Present*	*Past*
galą́sti	galánda	galándo
ką́sti	kánda	kándo
lį̇̃sti	leñda	liñdo
žį́sti	žìnda	žìndo

Now we might mention verbs with the suffix or formant *-st-* in the present tense (= 'I/1d(ii)' and 'I/1d(iii)'):

I/1d(ii)

Infinitive	*Present*	*Past*
dýgti	dýgsta	dýgo
krỹpti	krỹpsta	krỹpo
mḗgti	mḗgsta	mḗgo
nỹkti	nỹksta	nỹko
pỹkti	pỹksta	pỹko
rū́kti	rū́ksta	rū́ko
sprógti	sprógsta	sprógo

I/1d(iii)

Infinitive	*Present*	*Past*
álkti	álksta	álko
aĩpti	aĩpsta	aĩpo
brángti	brángsta	brángo
diñgti	diñgsta	diñgo
klim̃pti	klim̃psta	klim̃po
leĩpti	leĩpsta	leĩpo
liñkti	liñksta	liñko
pamìlti	pamìlsta	pamìlo
rìmti	rìmsta	rìmo
sénti	sénsta	sḗno
témti	témsta	tḗmo
tìnti	tìnsta	tìno

tiřpti	tiřpsta	tiřpo
tólti	tólsta	tólo

Note the root change in *pažìnti, pažį́sta, pažìno*. Also note that where the root ends in *s, š, z, ž*, the suffix is *t*. (The original root-final consonant surfaces in the past tense.) For example, respectively 'I/1d(ii)' and 'I/1d(iii)':

Infinitive	*Present*	*Past*
klýsti	klýsta	klýdo
grį́žti	grį́žta	grį́žo
gaĩšti	gaĩšta	gaĩšo

Here might be the place for the verb *išsigą́sti*, with its present stem *išsigą́sta* and past stem *išsigañdo*. Note the exception *gìmti, gìmsta, gìmė*, which we might allocate to 'I/2d(iii)'.

For mixed verbs we may begin with those with an *-ė-* suffix in the infinitive, realized as *-ėj-* in the past. This first set of verbs in *-ėti* which do not belong to Conjugation II, and which we allocate to 'I/1d(iv)', may be exemplified by the following:

I/1d(iv)

Infinitive	*Present*	*Past*
bildéti	bìlda	bildéjo
drebéti	drẽba	drebéjo
judéti	jùda	judéjo

Similarly *kalbéti, krutéti, mirgéti, mokéti, skambéti, skaudéti, skubéti, sopéti, stenéti, šlaméti, šnekéti, tekéti* and *žadéti*. Compare the third set, namely the three verbs *kentéti, kvepéti* and *reikéti*, with 'soft endings' in the present (given below, as 'I/4d(iv)').

In this context we should mention the following three verbs (there are no more; we allocate them to 'I/1d(v)'), similar to *bildéti et al.*, but with the vowel *-o-*:

I/1d(iv)

Infinitive	*Present*	*Past*
giedóti	gíeda	giedójo
miegóti	miẽga	miegójo
raudóti	ráuda	raudójo

Somewhat similar to 'I/1b(ii)' are verbs with a *-j-* suffix in the present and the past, all of them with *-j-* preceded by the long vowel *ė* or *o* (both 'I/1e(ii)'):

I / 1e(ii)

Infinitive	Present	Past
akmenéti	akmenéja	akmenéjo
áuklèti	áuklèja	áuklèjo
gražéti	gražéja	gražéjo
mažéti	mažéja	mažéjo
pavasaréti	pavasaréja	pavasaréjo
séti	séja	séjo
siūléti	siūléja	siūléjo
spéti	spéja	spéjo
vaikéti	vaikéja	vaikéjo
galvóti	galvója	galvójo
jóti	jója	jójo
klóti	klója	klójo
lóti	lója	lójo
medžióti	medžiója	medžiójo
móti	mója	mójo
pláukioti	pláukioja	pláukiojo
plóti	plója	plójo
putóti	putója	putójo
stóti	stója	stójo
vedžióti	vedžiója	vedžiójo
žiemóti	žiemója	žiemójo

Those with *ė* constitute the second group of verbs in *-ėti* which do not belong to Conjugation II (note that several of them are formed from nouns or adjectives). Notable members of this group are the many verbs in *-inėti* and *-telėti*.

In addition to the above verbs with suffixes in *-ėti* and *-oti*, where the *ė* or *o* appears in the present and the past, as well as the infinitive, there are five other such suffixes, the first three of them as listed below very productive in the language. Thus:

I / 1e(iii)

-(i)auti (extremely productive)

Infinitive	Present	Past
draugáuti	draugáuja	draugãvo
keliáuti	keliáuja	keliãvo
riešutáuti	riešutáuja	riešutãvo
studentáuti	studentáuja	studentãvo
úžauti	úžauja	úžavo

Such verbs are formed from nouns and, with an 'intensive' nuance, from other verbs. Note that the latter, exemplified by *úžauti*, have a different stress pattern.

I/1e(iii)

-(i)uoti (extremely productive)

Infinitive	Present	Past
dainúoti	dainúoja	dainãvo
eiliúoti	eiliúoja	eiliãvo
miltúoti	miltúoja	miltãvo
registrúoti	registrúoja	registrãvo
važiúoti	važiúoja	važiãvo
žaliúoti	žaliúoja	žaliãvo

Many such verbs come from other languages. They are also often formed from adjectives.

I/1e(iii)

-inti

Infinitive	Present	Past
bárškinti	bárškina	bárškino
ìlginti	ìlgina	ìlgino
lēsinti	lēsina	lēsino
prãtinti	prãtina	prãtino
sodìnti	sodìna	sodìno
šlãpinti	šlãpina	šlãpino
šnēkinti	šnēkina	šnēkino

These verbs are often formed from adjectives.

I/1e(iii)

-enti

Infinitive	Present	Past
gyvénti	gyvēna	gyvēno
kedénti	kedēna	kedēno
kūrénti	kūrēna	kūrēno
purénti	purēna	purēno
ridénti	ridēna	ridēno
rusénti	rusēna	rusēno

I/1e(ii)

-yti (we note these as not being of Conjugation III)

Infinitive	Present	Past
akýti	akìja	akìjo

dalýti	dalìja	dalìjo
núodyti	núodija	núodijo
rūdýti	rūdìja	rūdìjo
skiĕpyti	skiĕpija	skiĕpijo
vilnýti	vilnìja	vilnìjo

Finally, we repeat the irregular verbs which seem to fit in quite well here, and which we allocate to 'I/1f':

I/1f

Infinitive	Present	Past
bǔti	esù, esì, yrà, ĕsame, ĕsate, yrà	bùvo
dė́ti	dĕda	dė́jo
eĩti	eĩna	ĕ̃jo
gáuti	gáuna	gãvo
lìkti	liĕka	lìko

Group 2, composed of verbs with *-a* in the present and *-ė* in the past, is quite restricted and thus useful and relatively easy to isolate. Very often these verbs have *a* or *e* in the root in our three basic forms. These can be allocated to 'I/2a(i)'. Examples are:

I/2a(i)

Infinitive	Present	Past
bárti	bãra	bãrė
dègti	dĕga	dĕgė
kàsti	kãsa	kãsė
vèsti	vĕda	vĕdė

The following verbs, with identical accent patterns, also belong to this group: *kálti, làkti, málti, mèsti, nèšti, pèšti, sègti, sèkti, tèpti* and *vèžti*. Note under 'I/3a(i)' below the following three exceptions: *árti, tar̃ti* and *žàgti*.

With different root vowels (sub-group 'I/2a(ii)') we have:

I/2a(ii)

Infinitive	Present	Past
ė́sti	ė́da	ė́dė
gul̃ti	gùla	gùlė
mùšti	mùša	mùšė

With lengthening of the root vowel *i* to *y* in the past tense we have (note the
-in-/-il- feature of the root; these constitute 'I/2b(i)' – the opposite lengthening
of 'I/1b(i)'):

I/2b(i)

Infinitive	Present	Past
gìnti	gìna	gỹnė
mìnti	mìna	mỹnė
pìlti	pìla	pỹlė
pìnti	pìna	pỹnė
skìnti	skìna	skỹnė
tìnti	tìna	tỹnė
trìnti	trìna	trỹnė

Two verbs only, but looking very like verbs of the preceding group, have the
root vowels *-e-* in the present and *-i-* in the past (these are 'I/2b(iii)'):

I/2b(iii)

Infinitive	Present	Past
giñti	gēna	gìnė
miñti	mēna	mìnė

or with *-(i)auna* or *-(i)auja* in the present as against *-(i)ovė* in the past, sharing
an infinitive in *-(i)áuti* (these are 'I/2b(iv)'):

I/2b(iv)

Infinitive	Present	Past
bliáuti	bliáuna	blióvė
bráutis	bráunasi	bróvėsi
džiáuti	džiáuna	džióvė
griáuti	griáuna	grióvė
kráuti	kráuna	króvė
liáutis	liáunasi*	lióvėsi
nukáuti	nukáuna	nukóvė
pjáuti	pjáuna	pjóvė
ráuti	ráuna	róvė
šáuti	šáuna	šóvė

*Or *liáujasi*.

And we might repeat the 'irregular' verbs which fit in here (allocated to 'I/2f'):

Infinitive	Present	Past
aũti	aũna	ãvė
dúoti	dúoda	dãvė
im̃ti	ìma	ė̃mė
mir̃ti	mìršta	mìrė
pùlti	púola	púolė
šlúoti	šlúoja	šlãvė
vìrti	vérda	vìrė

Group 3, with soft endings in both the present and the past, can start with the following three verbs (sub-group 'I/3a(i)'), exceptions to sub-group 'I/2a(i)':

I/3a(i)

Infinitive	Present	Past
árti	ãria	ãrė
tar̃ti	tãria	tãrė
žàgti	žãgia	žãgė

A certain number of Group 3 verbs have one of the long vowels *ė, y, o, ū, ę* in the root (these are 'I/3a(ii)' – note that the long vowels do not include *ą, į* or *ų*):

I/3a(ii)

Infinitive	Present	Past
glė́bti	glė́bia	glė́bė
plė́šti	plė́šia	plė́šė
trỹpti	trỹpia	trỹpė
žnýbti	žnýbia	žnýbė
dvõkti	dvõkia	dvõkė
võžti	võžia	võžė
triū̃sti	triū̃sia	triū̃sė
ū̃žti	ū̃žia	ū̃žė
grę̃žti	grę̃žia	grę̃žė

Exceptions are *bė́gti, sė́sti, šókti* and *grústi*, which are listed above under *Group 1* ('I/1a(ii)'). Others have diphthongs, including *l, r, m, n*-diphthongs, in the root (= 'I/3a(iii)'):

I/3a(iii)

Infinitive	Present	Past
baĩgti	baĩgia	baĩgė
žaĩsti	žaĩdžia	žaĩdė
spáusti	spáudžia	spáudė
šaũkti	šaũkia	šaũkė
keĩsti	keĩčia	keĩtė
steĩgti	steĩgia	steĩgė
díegti	díegia	díegė
liẽpti	liẽpia	liẽpė
kuõpti	kuõpia	kuõpė
sliuõgti	sliuõgia	sliuõgė
kuĩsti	kuĩčia	kuĩtė
deñgti	deñgia	deñgė
réngti	réngia	réngė
kařšti	kařšia	kařšė
čiřpti	čiřpia	čiřpė
iñkšti	iñkščia	iñkštė
dul̃kti	dul̃kia	dul̃kė

Exceptions include *áugti* and *dìrbti*, listed above in *Group 1* under I/1a(iii), and *léisti*, listed at the end of this section in sub-group 'I/4a(iii)'.

Or one may have a different vowel in the root (historically speaking, a short vowel, namely *a, e, u, i*, in the present and a long vowel, respectively *o, ė, ū, y*, in the past; in the case of *i:y*, this applies only before *l* and *r*). These are allocated to 'I/3b(i)', 'b' representing the vowel change in the root. Thus:

I/3b(i)

Infinitive	Present	Past
kárti	kãria	kõrė
võgti	vãgia	võgė
beřti	beria	běrė
gélti	gẽlia	gélė
lěkti	lěkia	lěkė
gìlti	gìlia	gýlė
gìrti	gìria	gýrė
ìrti	ìria	ýrė

spìrti	spìria	spýrė
bùrti	bùria	bū́rė
kùrti	kùria	kū́rė
pū̃sti	pùčia	pū̃tė

and similarly *skìrti, tìrti, dùmti, dùrti, grùmtis, kùlti, kùrti, stùmti, gélti, gérti, kélti, lémti, reñti, sémti, sveñti, šérti, treñti, vélti* and *žélti*. An exception is *pìlti, pìla, pýlė*, cited above as a member of the second group. Note how the infinitive may have *o, ė* or *ū*, i.e. the lengthened vowel of the past.

Some verbs in this group have an infix in both the present and the past (these may be allocated to 'I/3c(ii)', 'c' representing the infix):

I/3c(ii)

Infinitive	Present	Past
kę̃sti	keñčia	keñtė
švę̃sti	šveñčia	šveñtė
sprę́sti	spréndžia	spréndė
sių̃sti	siuñčia	siuñtė
skų́sti	skùndžia	skùndė

Notable exceptions are the following, which because of their hard endings we allocate to 'I/1c(ii)': *galą́sti, ką́sti, žį́sti* (see above).

Finally, *Group 4* and the three mixed verbs with present *-ia* and past *-o (-ėjo)* (which we can allocate to sub-group 'I/4d(iv)') and the one root verb with present *-ia* and past *-o* (which we allocate to sub-group 'I/4a(ii)'):

I/4d(iv)

Infinitive	Present	Past
kentéti	keñčia	kentéjo
kvepéti	kvẽpia	kvepéjo
reikéti	reĩkia	reikéjo

I/4a(ii)

Infinitive	Present	Past
léisti	léidžia	léido

The first three comprise the last of the three sub-groups in *-ėti* which do not belong to Conjugation II. There is no problem in simply noting the verb isolate *léisti*.

Notes on Lithuanian grammar

The participles and gerunds

Lithuanian is rich in participial forms, corresponding to English 'writing, who is writing, who was writing, who will be writing, having written, who has written, while she is/was writing', and so on. The participles proper are used when 'who/which does/did, etc.' is understood. They retain their verbal functions in the sense of governing objects, but decline in ways reminiscent of adjectives rather than conjugating like verbs. First, a concise table giving basic information, then some example paradigms.

Verb	Tense, etc.	3 p.	Participle	Notes
dìrbti	pres.act.	*dìrba*	*dirbą̃s*	Replace the 3 p. with *-(i)ąs, -įs, -ąs*, etc.
baĩgti	pres.act.	*baĩgia*	*baigią̃s*	
rašýti	pres.act.	*rãšo*	*rašą̃s*	
turė́ti	pres.act.	*tùri*	*turį̃s*	
dìrbti	fut.act.	*dìrbs*	*dìrbsiąs*	Add *-iąs*, etc. to the 3 p.
baĩgti	imperf. act.	*baĩgdavo*	*baĩgdavęs*	Replace *-o* with *-ęs*, etc.
dìrbti	p.act.	*dìrbo*	*dìrbęs*	Replace *-o* with *-ęs*, etc., and *-ė* with *-ęs/-ius-* (in which case, *-t-* and *-d-* become *-č-, -dž-*, resp.).
skaitýti	p.act.	*skaĩtė*	*skaĩtęs*	
turė́ti	p.act.	*turė́jo*	*turė́jęs*	
dìrbti	special act.	–	*dìrbdamas*	Replace *-ti* with *-damas*, etc.
rašýti	adv.[1] act.	–	*rãšant*	Remove *-i* from the nom.sg.fem. of the pres.pcple.act.
turė́ti	adv.[1] act.	–	*tùrint*	
skaitýti	adv.[2] act.	*skaĩtė*	*skaĩčius*	Replace final *-ė* with *-ius* (note *-č-, -dž-* from *-t-, -d-* resp.).
turė́ti	adv.[2] act.	*turė́jo*	*turė́jus*	Replace final *-o* with *-us*.
dìrbti	pres.pass.	*dìrba*	*dìrbamas*	Add *-mas*, etc., to the 3 p.
turė́ti	pres.pass.	*tùri*	*tùrimas*	
baĩgti	p.pass.	–	*baĩgtas*	Replace *-ti* with *-tas*, etc.
rašýti	p.pass.	–	*rašýtas*	

The reflexive forms are restricted, and basically add *-is* after masculine nominative singular, *-s* after feminine nominative singular, and otherwise *-si* after a vowel and *-is* after a consonant.

Only those tables are given where the declension is different from that of normal adjectives. The special active participle occurs only in the nominative, viz. *-as, -a, -i, -os*, and the two adverbial participles or gerunds, the first corresponding to simultaneous or overlapping actions and the second to anterior actions, are indeclinable.

dirbąs 'working' – present participle active
(the future and imperfect are identical in declension)

	Sing.		Pl.	
	Masc.	*Fem.*	*Masc.*	*Fem.*
N.	dirbąs	dìrbanti	dirbą	dìrbančios
G.	dìrbančio	dìrbančios	dìrbančių	dìrbančių
D.	dìrbančiam	dìrbančia	dìrbantiems	dìrbančioms
A.	dìrbantį	dìrbančią	dìrbančius	dìrbančias
I.	dìrbančiu	dìrbančia	dìrbančiais	dìrbančiomis
L.	dìrbančiame	dìrbančioje	dìrbančiuose	dìrbančiose

The nominative singular and plural masculine have the respective alternative forms *dìrbantis, dìrbantys* for when the participle is used as an adjective rather than a verb.

turéjęs 'having' – past active participle

	Sing.		Pl.	
	Masc.	*Fem.*	*Masc.*	*Fem.*
N.	turéjęs	turéjusi	turéję	turéjusios
G.	turéjusio	turéjusios	turéjusių	turéjusių
D.	turéjusiam	turéjusiai	turéjusiems	turéjusioms
A.	turéjusį	turéjusią	turéjusius	turéjusias
I.	turéjusiu	turéjusia	turéjusiais	turéjusiomis
L.	turéjusiame	turéjusioje	turéjusiuose	turéjusiose

skaĩtęs 'reading' – past active participle
(given to illustrate the effect of *-i-* on *-t-*, *-d-*)

	Sing.		Pl.	
	Masc.	*Fem.*	*Masc.*	*Fem.*
N.	skaĩtęs	skaĩčiusi	skaĩtę	skaĩčiusios
G.	skaĩčiusio	skaĩčiusio	skaĩčiusių	skaĩčiusių
D.	skaĩčiusiam	skaĩčiusiai	skaĩčiusiems	skaĩčiusioms
A.	skaĩčiusį	skaĩčiusią	skaĩčiusius	skaĩčiusias
I.	skaĩčiusiu	skaĩčiusia	skaĩčiusiais	skaĩčiusiomis
L.	skaĩčiusiame	skaĩčiusioje	skaĩčiusiuose	skaĩčiusiose

The special active participle (in Lithuanian known as the half-participle) and the two adverbial participles or gerunds are used typically to translate 'when someone is doing something'; the special participle is used when the subject of the main clause is identical with the subject of the participle, and the gerunds are used when the subjects are different (in which case its subject is in the dative) or there is no subject. The other active participles are used when 'who/ which does/did, etc.' is understood; they are also used with the auxiliary verb *bū́ti* in the creation of compound tenses, and they may stand on their own as 'finite verb forms'. The passive participles are used with the verb *bū́ti* to render the passive voice (the present passive participle may render 'action' while the past passive participle renders 'state'). A (rare) future passive may be formed by adding *-imas*, etc. to the third person future. By adding *-nas*, etc. to the infinitive one obtains a form roughly meaning 'to be done', known as a participle of necessity. Thus: *Šìtas dárbas yrà baĩgtinas* 'This work is to be finished'. This participle also has a genderless form, with a sense 'one is to/has to ...'.

Adverbs

kaĩp? 'how?'

Adverbs are formed from adjectives by replacing *-as* with *-ai*, and *-is* (rare) and *-us* with *-iai*, with *-t-* and *-d-* respectively becoming *-č-* and *-dž-* in the latter case. The same applies to the superlative; as for the comparative, it is formed by suffixing *-iau* to the simple form. Thus: *gēras–geraĩ, platùs–plačiaĩ, gražùs–gražiaĩ, gerèsnis–geriaũ, geriáusias–geriáusiai*. Associated with these are a whole host of Lithuanian adverbs with, or without, specialized meanings. For example: *labaĩ* 'very', *vìsiškai ne-* 'not at all ("quite" without the negative)', *būtinaĩ* 'absolutely, without fail, by all means', *mielaĩ* 'with pleasure', *at-sargiaĩ* 'carefully', *tikriáusiai* 'most probably', *Laimìngai!* 'Good luck!' (also *Sėkmė̃s!*), *lietùviškai* 'in Lithuanian' (you can extend this to all names of languages), *daũg* and *kuř kàs* + comparative 'much ...-er' (*negù* is the word for 'than').

There follow a few rather common adverbs: *taĩp* 'yes', *nè* 'no', *ãčiū* 'thank you', *prãšom* 'please (+ infinitive); here you are', *atsiprašaũ* 'excuse me', *gál* 'perhaps (also a mild interrogative particle)', *malonù* 'it's a pleasure ... (+ infinitive)', *kaĩp* 'how, as', *nè taĩp* 'not so ...', *tìk* 'only', *taĩp sáu* 'so-so, OK, not too bad', *gaĩla* 'it's a pit, too bad, unfortunately', *nèrà už ką̃* 'don't mention it' (in response to 'thank you'), *víen (tìk)* 'only, alone, on its own', *niẽko tókio* 'that's OK', *gãlima* 'that's possible', *tuomèt* 'then, in that case', *žìnoma* 'of course', *ganà* 'enough', *kartù* 'together', *trupùtį* 'a little', and *tur-búti* 'most probably'.

kadà? 'when?'

šiañdien	today	*vãkar*	yesterday
rýt/rytój	tomorrow	*porýt*	in two days
ùžvakar	two days ago	*rýtą*	in the morning
vakarè	in the evening	*diẽną*	in the daytime/afternoon
nāktį	during the night		

Several of these are accusative cases, and in fact the accusative is extremely useful in Lithuanian time expressions, as it is by far the case most frequently used to convey time during which things are done and certain rough points of time, e.g. 'on (day)', 'in (month)', 'in (season)'. To say '*this* morning', '*to-morrow* evening', '*yesterday* afternoon', etc., simply precede *rýtą, vakarè, nāktį* with *šiañdien, rytój, vãkar*. For 'this' one also finds the appropriate form of *šìs* 'this' (*šį̃, šią̃, šìtame*). Use this pattern also for the following expressions:

- 'next': the appropriate form of *kìtas*, 'every' that of *kiekvíenas* (you may also precede the appropriate noun with the indeclinable *kàs*, e.g. *kas rýtą*, or *kas-* may be prefixed to a stump form, e.g. *kasvãkar, kasrýt, kasmēt, kasžiẽm, kasnãkt, kasdiẽn*).
- 'all, the whole': the appropriate form of *vìsas*.
- 'last': the appropriate form of *pràeitas*.
- 'ago' is *priẽš* + acc.
- 'so many times a week, etc.' is the appropriate number of times, using *kar̃tas* 'time', in the accusative, followed by *peř* + acc., e.g. *dù/trìs kartùs peř saváitę* 'twice/three times a week'. Also: *paskutìnį kar̃tą* 'last time'.

The accusative is also used for clock time 'at'.

For 'years', however, one uses the instrumental of *mētai*, namely *mētais*, thus *šiaĩs mētais, praeitaĩs mētais, kitaĩs mētais, kiekvienaĩs mētais* (also used for 'in a particular year').

To convey 'in ten days', one uses *už* + gen.: *už dẽšimt dienų̃*.

Also useful are *ankstì* 'early', *ankščiaũ* 'earlier, formerly', *anksčiáusiai* 'earliest', *peř ankstì* 'too early', *vėlaĩ* 'late', *vėliaũ* 'later', *peř vėlaĩ* 'too late', *ilgaĩ* 'for a long time (French "pendant longtemps")', *seniaĩ* 'long ago, long since (French "depuis longtemps")', *greĩtai* or *netrùkus* 'soon', and *tuõj* 'soon, immediately'.

A few other time adverbs are: *dabař* 'now', *jaũ* 'already', *dár* 'still, yet', *kaĩp tìk* 'just', *niekadà* 'never' (obligatory *ne-* accompanies a verb), *ką̃ tìk* 'just now, just this moment', *retaĩ* 'seldom', *vẽl* 'again', *laikinaĩ* 'temporarily, for the time being', *kadà nórs* 'sometime, when it suits', *iš añksto* 'in advance', *tadà* 'then', *tuõ metù* 'then, at that time', *nuõ tadà* 'from that time, since then', *vìs, visadà, vìsàd, visuomèt* 'always', *nuõlat, nuolatõs* 'constantly', *nuõ pàt rýto* 'from the very morning' (extend *nuõ*, and the indeclinable *pàt*, from this expression), *lėtaĩ* 'slowly', *namiẽ* 'at home', *namõ* '(to) home', and *lýgiai* 'exactly, precisely'. 'Approximately' may be conveyed by the preposition *apiẽ* + accusative.

Here are the words for the days of the week, months and seasons, with the most common associated time expressions:

	Name	*'On, in . . .'*
Mon.	*pirmādienis*	*pirmādienį*
Tues.	*antrādienis*	*antrādienį*
Wed.	*trečiādienis*	*trečiādienį*
Thurs.	*ketvirtādienis*	*ketvirtādienį*
Fri.	*penktādienis*	*penktādienį*
Sat.	*šeštādienis*	*šeštādienį*
Sun.	*sekmādienis*	*sekmādienį*
Jan.	*saũsis* or *saũsio mėnuo*	*saũsio mėnesį*
Feb.	*vāsaris* or *vāsario mėnuo*	*vāsario mėnesį*
Mar.	*kóvas* or *kóvo mėnuo*	*kóvo mėnesį*
Apr.	*balañdis* or *balañdžio mėnuo*	*balañdžio mėnesį*
May	*gegužẽ* or *gegužẽs mėnuo*	*gegužẽs mėnesį*
Jun.	*biržēlis* or *biržēlio mėnuo*	*biržēlio mėnesį*
Jul.	*líepa* or *líepos mėnuo*	*líepos mėnesį*
Aug.	*rugpjútis* or *rugpjúčio mėnuo*	*rugpjúčio mėnesį*
Sept.	*rugsėjis* or *rugsėjo mėnuo*	*rugsėjo mėnesį*
Oct.	*spālis* or *spālio mėnuo*	*spālio mėnesį*
Nov.	*lāpkritis* or *lāpkričio mėnuo*	*lāpkričio mėnesį*
Dec.	*grúodis* or *grúodžio mėnuo*	*grúodžio mėnesį*
spring	*pavāsaris*	*pavāsarį*
summer	*vāsara*	*vāsarą*
autumn	*ruduõ*	*rùdenį*
winter	*žiemà*	*žiẽmą*

kuř? 'where?'

The basic words for 'here' and 'there' are respectively *čià* and *teñ*. They also serve for 'to here, hither' and 'to there, thither'. Moreover, *čià* is also an indeclinable pronoun after the manner of French *ce*, German *es/das*, and Italian *ci*, in that it means 'it, they'. Roughly synonymous is the more frequently encountered *taĩ*. Thus: *Kàs taĩ yrà?* 'What's that?'

Here we need to know *niēkur (ne-)* 'nowhere', *visuȓ* 'everywhere', *ìš kuȓ?* /*ìš teñ* /*ìš čià* 'from where?/from there/from here', *kituȓ* 'elsewhere', *tiēsiai* 'straight (on)', *štaĩ* /*štaĩ čià* 'here, right here', *kaĩ kuȓ* 'in some places', *kuȓ nórs* 'somewhere, in some place suits you', *netolíese* 'not far away', *artì* 'near(by)' (also used as a preposition + genitive), *į̃ kaĩrę* 'to the left', *kairėjè* 'on the left', *į̃ dēšinę* 'to the right', and *dešinėjè* 'on the right'.

kodēl? 'why?'

If you are answering a question which includes the word *kodēl*, any word for 'because' is often omitted. Thus: *Kodēl tù Vìlniuje? – Aš aplankaũ senēlę* 'Why are you in Vilnius?' – '(Because) I'm visiting my grandmother'. Two words one might use here are *kadángi* 'since, as, in view of the fact that', and *nès* 'for'. Words for 'therefore' include *todēl* and *tàd*.

Negatives

We have mentioned a few negatives above. Of course, not all are adverbs, but here is a small selection. Remember the need in Lithuanian, when a verb is involved, to have 'double negatives'. Thus: *neĩ ... neĩ ... (ne-)* 'neither ... nor ...', *niēkas (ne-)* 'nobody, nothing' (most common is *niēko ne-*), *neĩ víenas (ne-)* 'not a single ...', *niēkur (ne-)* 'nowhere', *niekad/niekadà/niekadõs/niekuomèt (ne-)* 'never'.

Prepositions

+ accusative

apiē	about, concerning
apliñk	around, alongside
į̃	to, into
pagãl	along, beside; according to
paleĩ	along, near
pàs	in the possession of, at the house of, with, etc.
pãskui	behind, after
peȓ	through, across; during, within (time)
priēš	ago; before; against
prõ	past

+ genitive

abìpus	on both sides (of)
anàpus	on that side (of)
anót	in the words (of)
añt	on
artì	near
aukščiaũ	above, higher (than)
bè	without
dė̃l	for (the sake of), because of, on account of
gretà	near, beside
ikì	until, till; up to, as far as
iš	from, out of
išilgaĩ	along
iš põ	from under
iš tar̃p	from between
ištrižaĩ	across (obliquely, slantwise)
iš ùž	from behind
l͂ig(i)	until, till; up to, as far as
liñk	towards, in the direction of
netolì	near
nuõ	from
pir̃m, pirmà	before, earlier (than), in front of
priė̃	near, at
šalià	near, alongside
šiàpus	on this side (of)
tar̃p	between
toliaũ	further (than), beyond
tolì nuõ	far from
vidùj	inside
viẽtoj	instead of
vir̃š, viršùj, viršuñ	above
žemiaũ	below, lower (than)

+ instrumental

sù	with
sul͂ig	according to; the size of
tiẽs	opposite; nearby; in front of

+ accusative and genitive

ùž	+ acc.	for, in return for
	+ gen.	in, within (a period of time); behind

+ accusative, genitive and instrumental

põ	+ acc.	in, through, about, around; distributive expressions
	+ gen.	after
	+ instr.	under

At least *põ* and *ìki* may be found with the dative in a few fixed expressions, e.g. *ikì šiám laĩkui* 'until now', *põ šiái diẽnai* 'up till this day'.

Conjunctions

A few co-ordinating conjunctions

'And':

beĩ	and (not to join sentences)
čià ... čià	now ... now ...
iȓ	and
iȓ ... iȓ ...	both ... and ...
neĩ	not even (with a negative verb)
neĩ ... neĩ ...	neither ... nor ... (with a negative verb)

'But':

bèt	but
bètgi	but, however
õ	but, and
tačiaũ	however
tìk(taĩ)	only, but
tuõ tárpu	while, whereas
užtàt, užtaĩ	but then, but on the other hand
vìs dėltõ	none the less
vìs tíek	none the less

One may place *õ* and *bèt* before *tačiaũ* and the last four.

'Or':

aȓ	or
aȓ ... aȓ ...	either ... or ...
arbà	or
arbà ... arbà ...	either ... or ...

Others:

bū́tent	namely
dẽstis, nelýgu	depending (on)
kaĩp antaĩ	(as) for example
taĩ(gi)	so, and so

taĩ yrà	that is, i.e.
todḗl	so, therefore, for that reason

A few subordinating conjunctions

dḗl tõ kàd	because, for the reason that
ìki, lĩg(i), kõl(ei)	while, until
ìki tìk	until
jéi, jéigu	if (*jéigu* is used with unreal as well as real conditions)
jéigu tìk	if only
jóg	that, in order that (see *kàd*)
juõ ... juõ ...	the (comparative) ... the (comparative) ... (also *juõ ... tuõ ... and kuõ ... tuõ ...*)
kàd (tìk)	that, in order that (with several senses in addition to the bare 'that'); also to balance preceding phrases with *tàs, tóks, taĩp, tíek*)
kadà, kaĩ	when
kadà/lĩg(i)/võs tìk	just as
kadángi	since, as
kàd iȓ, tegùl (iȓ)	even if, although
kaĩp	as (= 'like')
kaĩ tìk	as soon as
kõl tìk	while
lýg, taȓtum, taȓsi	as if (may be combined as *lýg taȓtum*; often followed by the conditional)
negù, nekaĩp	than
nès	for, because
nórs, nórint	although (may be balanced by *tačiaũ* or *õ*)
tàd	so that
tuõ tárpu kaĩ	while (also *kaĩ tuõ tárpu*)

The conjunction *taĩ* is often used together with many conjunctions, as a way of balancing the clauses, e.g. *jéi ..., taĩ ...* 'if ..., (then) ...'

REFERENCES AND SELECTED BIBLIOGRAPHY

*Ambrazas, V. (ed.) (1985), *Грамматика литовского языка*, Vilnius: Mokslas.

Baronas, J. (1967), *Rusų-lietuvių kalbų žodynas*, Vilnius: Mintis.

*Dambriūnas, L., A. Klimas, and W.R. Schmalstieg (1966), *Introduction to Modern Lithuanian*, Brooklyn, New York: Franciscan Fathers. (Fourth edition: 1990.)

Juodokas, A. (comp.) (1994), *Lithuania*, Kaunas: Spindulys.

Keinys, St. (1993), *Dabartinės lietuvių kalbos žodynas*, Vilnius: Mokslo ir enciklopedijų leidykla.

Lemchenas, Ch. (1968), *Trumpas mokyklinis rusų-lietuvių kalbų žodynas*, Kaunas: Šviesa.

*Lyberis, A. (1988), *Lietuvių-rusų kalbų žodynas*, Vilnius: Mintis.

*Orvidienė, E. (1968), *Lietuvių kalbos vadovėlis*, Vilnius: Mintis.

Sabaliauskas, A. (Schmalstieg, W. R. and R. Armentrout (translators)) (1973), *Noted Scholars of the Lithuanian Language*, Chicago: Akademinės skautijos leidykla and Dept. of Slavic Languages, Pennsylvania State University.

Schmalstieg, William R. (1982), 'The Lithuanian Language – Past and Present', *Lituanus. The Lithuanian Quarterly*, 28/1, Special Issue.

Tekorienė, D. (1990), *Lithuanian. Basic Grammar and Conversation*, Kaunas: Spindulys.

The courses by Dambriūnas *et al.* and Orvidienė remain extremely useful in many ways. They are traditional and full of fascinating information. Both are inevitably somewhat dated, the latter being heavily 'Soviet'. More up-to-date courses, one of them being due to appear in 1995, are:

Paulauskienė, A. and L. Valeika (1994), *Modern Lithuanian. A Textbook for Foreign Students*, Vilnius: Žodynas.

Ramonienė, M. and J.I. Press (1995), *Colloquial Lithuanian*, London and New York: Routledge. (Forthcoming.)

Tekorienė, D. (1990), *Lithuanian. Basic Grammar and Conversation*, Kaunas: Spindulys.

The asterisk marks works which were of considerable use in putting together these notes.

The author is very grateful to Meilutė Ramonienė for her comments on an earlier and less comprehensive version of these notes, to the authors of the dictionary, and to Claire Trocmé of Routledge, but is entirely responsible for their final content and would be very grateful for any comments.

March 1995
Ian Press
Professor of Slavonic and Comparative Linguistics
Queen Mary and Westfield College
University of London

LIETUVIŲ–ANGLŲ KALBŲ ŽODYNAS

LIETUVIŠKOJI ABĖCĖLĖ

A a (Ą ą) B b C c (Ch ch) Č č D d E e (Ę ę, Ė ė) F f

G g H h I i (Į į, Y y) J j K k L l M m N n O o

P p R r S s Š š T t U u (Ų ų, Ū ū) V v Z z Ž ž

A, Ą

à, ã (*nusistebėjimui, skausmui, baimei reikšti*) ah; oh

abat‖as ábbot ∼ija ábbey

abažūras lámpshàde, shade

abėcėl‖ė 1 (*raidynas*) álphabet; ABC *šnek.* 2 (*kurio nors mokslo pagrindai*) the ABC (*of*) ∼inis, ∼iškas àlphabétical ∼iškai in àlphabétical órder, àlphabétically

abej‖as: be ∼o withóut / beyónd doubt, ùndóubtedly

abej‖i, -os both

abejing‖ai with indífference, indífferently; a. žiūrėti į ką treat with indífference, be* indífferent (*to, towards*) ∼as indífferent (*to*) ∼umas indífference (*to*)

abej‖ojamas dóubtful, quéstionable ∼ojimas, ∼onė doubt [daut]; ∼ojimas kuo nors doubt as to smth; dėl to nėra ∼onės there is no doubt abóut that; nėra ∼onės, kad ... there can be no doubt that ...; nekelti ∼ojimo be* beyónd (ány) doubt ∼oti doubt; have* doubts (*of, as to*); galite neabejoti you may trust, you may relý (*upon*), you need not wórry (*about*) ∼otina it is dóubtful ∼otinas žr. abejojamas

abejos žr. abeji

abipus, ∼iai on both sides

abipus‖is, ∼iškas mútual; recíprocal; ∼ė priklausomybė ìnterdepéndance; ∼iškas sutikimas mútual consént ∼iškumas mùtuálity, rèciprócity

abisin‖as, -ė, ∼iškas Àbyssínian

abišalis žr. abipusis

abiturientas, -ė cándidate for the school léaving examinátion; hígh-school gráduate *amer.*

abonement‖as subscríption (*to, for*); (*daugkartinis bilietas į teatrą*) subscríption card; séason tícket (*t.p. į futbolo rungtynes ir pan.*); (*bibliotekos skyrius*) lénding depártment ∼inis subscríption *attr*

abonentas, -ė subscríber; telefono a. télephòne subscríber

abort‖as abórtion, miscárriage; padaryti ∼ą have* an abórtion

abrikos‖as 1 (*vaisius*) ápricòt 2 (*medis*) ápricòt(-tree) ∼inis ápricòt *attr.*

abscisė *mat.* àbscíssa (*pl* àbscíssas *arba* àbscíssae)

absoliučiai ábsolùtely; tai a. negalimas dalykas it is a sheer impòssibílity

absoliutin‖is ábsolùte; ∼ė dauguma ábsolùte majórity; ∼ė klausa *muz.* pérfect ear; ∼ė monarchija *polit.* ábsolùte mónarchy

absoliutizm‖as *polit.* ábsolùtism; ∼o šalininkas ábsolùtist

absoliutus žr. absoliutinis

absolventas gráduate

absorbuoti absórb

abstrahuoti àbstráct

abstrak‖cija àbstráction ∼tinis, ∼tus ábstràct

absurd‖as absúrdity ∼iškas absúrd ∼iškumas absúrdity

abu(du), abi(dvi) both

abzacas 1 (*pastraipos įtrauka*) indéntion, indèntátion; naujas a. a new páragràph 2 (*pastraipa*) páragràph

act‖as vínegar ∼inė vínegar-crùet

ačiū thanks; (*ačiū jums, tamstai*) thank you

adat‖a 1 néedle; ∼os skylutė eye (of a néedle) 2 *šnek.* (*injekcija*) injéction △ iš ∼os vežimą priskaldo *priež.* he makes móuntains out of móle-hìlls; sėdėti kaip ant ∼ų be* on pins and néedles ∼inė néedle-càse

ad‖iklis dárning néedle ∼yti darn

adjutantas àide-de-cámp (*pl* àides-de-cámp); áide *amer.*; vyresnysis a. ádjutant

administra‖cija àdminìstrátion; (*viešbučio, teatro*) mánagement ∼cinis,

~**tyvinis** admínistrative; ~*cine tvar-*
ka administratively, by admínistrative
órder ~**torius** admínistràtor; *teatr.*
búsiness mánager
admir‖alitetas The Ádmiralty ~**olas**
ádmiral
adres‖as addréss △ *kieno* ~u about
smb, concérning smb; *ne tuo* ~u
to the wrong quárter / pérson / place;
~*ų biuras* addréss búreau ~**atas**
àddrèssée ~**uoti** addréss / diréct (*to*)
advokat‖as (*teisme*) bárrister; (*gynė-*
jas) láwyer, solícitor; *prk.* ádvocàte;
tapti ~u be called to the bar ~**auti**
atténd the bar, be* a práctising
bárrister ~**ūra** 1 (*profesija*) légal
proféssion 2 (*kolektyvo prasme*) the
bar
aero‖dromas áirfield, áerodròme; áir-
dròme *amer.* ~**klubas** flýing club
~**portas** áirpòrt ~**statas** ballóon
afektas fit of pássion; *psichol., med.*
témporary insánity
afer‖a shády trànsáction; spèculátion
~**istas** swíndler, chèvalíer of índustry
afiš‖a bill, plácàrd, póster; *teatro a.*
pláybìll ~**uoti** paráde
afrikiet‖is, -ė, ~**iškas** Áfrican
ágent‖as 1 ágent; (*komisionierius, tar-*
pininkas) fáctor 2 (*šnipas*) énemy /
hóstìle ágent ~**ūra** 1 ágency; *tele-*
gramų ~**ūra** news / télegràph ágency
2 (*šnipai*) sécret sérvice
ageñtas *fiz., chem.* ágent
agit‖acija àgitátion, pròpagánda; *rin-*
kiminė a. eléction campáign ~**aci-**
nis pròpagánda *attr;* àgitátional
~**atorius,** -ė pròpagándist, ágitàtor;
(*agituojantis už kandidatą*) cánvasser
~**uoti** (*už, prieš*) campáign (*for,*
against); ágitàte (*for, against*)
agonija ágony; *mirties a.* ágony /
pangs of death
agrar‖inis agrárian; ~*inė reforma*
agrárian refórm
agrastas góoseberry
agregatas *tech.* únit, assémbly

agres‖ija aggréssion ~**yvus** aggréssive
~**orius** aggréssor
agronom‖as àgricúlturist; agrónomist
~**ija** àgricúlture; agrónomy ~**inis** àg-
ricúltural; àgronómical
aguona 1 (*augalas*) póppy 2 (*grūdas*)
póppy-seed
agurk‖as cúcumber ~**iniai** *bot.* cucùr-
bitáceae
agurotis *bot.* mélon, músk-mèlon
aha àhá
ái, aĩ *išt.* (*skausmui, baimei reikšti*) oh!
[əu], ah! [ɑː]
aibė 1 a lot (*of*); lots (*of*) *pl,* heaps (*of*)
pl; treméndous lot (*of*) 2 *mat.* set
aičioti moan, sigh
aid‖as échò ~**ėti** échò, resóund, ring
aikšt‖ė (*miesto ir pan.*) square; *fut-*
bolo a. fóotbàll field; *miško a.*
glade; cléaring △ *išeiti* ~**ėn** come*
out, come* to light, be* revéaled;
iškelti ~**ėn** bring* to light, revéal
aikštelė 1 ground; *sporto a.* sports
ground; pláying-field; *teniso a.*
ténnis court; *krepšinio a.* básket-
bàll pitch; *tinklinio a.* vólley-
bàll pitch; *vaikų a.* ópen-air
kíndergàrten; *nutūpimo a. av.*
lánding ground; *statybos a.* búilding
site 2 (*laiptų*) lánding
aikšt‖ingas whímsical, caprícious ~**is**
whim, capríce
aiman! woe is me!
aiman‖a, ~**avimas** làmentátion, móan-
ing ~**uoti** lamént, compláin, moan
ainis, -ė *žr.* palikuonis
air‖ė Írishwòman* ~**is** Írishman*
~**iškas** Írish
aistr‖a pássion (*for*) ~**ingas** pássion-
ate; impássioned; (*apie troškimą, no-*
rą) árdent, férvent; ~*ingai mylėti*
love smb pássionately
aišk‖ėti grow* clear ~**inamasis** ex-
plánatory ~**inimas** 1 èxplanátion
2 *fot.* devélopment ~**inti** 1 expláin
smth (*to*) 2 *fot.* devélop ~**intis**
expláin (ònesélf) ~**umas** cléarness;
(*stiliaus, kalbos ir pan.*) lùcídity
~**us** clear; (*apie stilių, kalbą ir pan.*)

lúcid; (*ryškus t.p.*) distínct; (*šviesus,
giedras, tyras*) clear △ ~u kalp dieną
it is as clear as day / nóonday

aitrėti turn / becóme* bítter; (*apie
riebalus*) turn / becóme* ráncid

aitr‖umas (*kartumas, gaižumas*) bít-
terness, tártness, crábbedness; ránkness,
rancídity ~us (*kartus, gaižus, gailus*)
bítter, tart, crábbed; rank, ráncid

aitvar‖as 1 *flk.* brównie 2 (*popierínis*)
kite; ~ą leisti fly* a kite

aižėti žr. eižėti

aižyti (*žirnius ir pan.*) hull, pod, shell

ajeras *bot.* swéet-flàg

ak! ah! [a:], oh! [əu]

akacija *bot.* acácia

akadem‖ija acádemy; Mokslų a.
Acádemy of Scíences ~ikas Mémber
of an Acádemy, acàdemícian ~inis,
~iškas acadèmic

akcent‖as áccent ~uoti (*pabrėžti*)
émphasìze, àccéntuàte, stress, ùnder-
líne

akc‖ija 1 *polit.* áction 2 *ekon.*
share; ~ijos krinta shares go down,
shares give way; ~ijos kyla shares
go up; spekuliavimas ~ijomis
stóck-jòbbing ~ininkas shárehòlder,
stóckhòlder ~inis jóint-stòck *attr;*
~inis kapitalas jóint-stòck cápital,
share cápital; ~inė bendrovė jóint-
stòck cómpany

akcizas éxcìse; éxcìse-dùty

akė‖čios hárrow *sg.* ~čvirbalis
hárrow-tooth

aketė íce-hòle

akėti hárrow

akiduobė *anat.* éyehole, éye-sòcket;
órbit

akyl‖ai vígilantly ~as 1 (*gerų akių*)
shàrp-síghted 2 (*budrus*) vígilant
~umas vígilance

aki‖mirka, ~mirksnis, ~mojis blink
(of an eye); ínstant, móment △ vienu
~mirksniu in the twínkling of an
eye; in an ínstant

akin‖iai (pair of) spéctacles; glásses;
specs *šnek.*; (*apsauginiai*) góggles; ne-
šioti ~ius wear* glásses ~iuotė (*gy-
vatė*) cóbra ~ti dázzle; blind

akiplėš‖a ímpudent féllow (*apie vy-
rą*); ímpudent wóman* (*apie mote-
rį*) ~iškas ímpudent, chéeky *šnek.*
~iškumas 1 (*savybė*) ímpudence,
ínsolence 2 (*ižūlybė*) sauce, check
šnek.

akipločiu at rándom

akiratis 1 (*horizontas*) horízon 2 *prk.*
horízon, méntal óutlook; jo a. pla-
tus (siauras) he is a broad-mínded
(nàrrow-mínded) pérson

ak‖is 1 eye [aɪ]; ~ies obuolys *anat.*
éyebàll 2 (*tinklo*) mesh 3 (*mezginio*)
stitch; nuleisti ~į drop a stitch
4 (*korio*) cell 5 (*kortų, žaidžiamųjų
kauliukų*) pip △ a. į ~į face to face;
a. už ~į an eye for an eye, tit
for tat *šnek.*; už ~ių behínd smb's
back; į ~is (*sakyti tiesą ir pan.*) to
one's face; žiūrėti kam į ~is look
smb in the face; žiūrėti ~is išpūtus
eye, stare (*at*); goggle (*at*); eiti, kur
~ys veda fóllow one's nose; išleisti
ką iš ~ių *prk.* forgét* smth; balmė
turi dideles akis fear takes mólehills
for móuntains nesudėti ~ių withóut
clósing one's eyes, withóut gétting a
wink of sleep; iš akių — ir iš širdies
prież. out of sight, out of mind; šalin
iš ~ių! out of my sight!; tamsu —
nors į ~į durk it is pìtch-dárk; jam
dar viskas prieš ~is his whole life
is befóre him, *arba* ahéad of him; ~is
dumti dupe, decéive swíndle

akistata *teis.* cònfròntátion

akyt‖as pórous ~umas pòrósity

akivaizd‖a présence; kieno ~oje in
smb's présence; visų ~oje in the
présence of all ~umas évidence,
màniféstness ~us óbvious, évident;
~us įrodymas ócular dèmonstrátion

akl‖as blind; visiškai a. stóne-blind;
~oji žarna *anat.* blind gut; cáecum;
(*mašinraščio*) ~oji sistema touch
sýstem; a. sekimas (pamėgdžiojí-
mas) blind ìmitátion ~asienė *stat.*

fíre-proof wall ~avietė blind álley, déadlòck

aklimatiz‖acija acclimatizátion ~uoti acclímatìze

akl‖inai tíght(ly), hèrmétically ~inas (*apie langą ir pan.*) blind; ~*ina siena* blank wall ~inėti walk gróping-ly, *arba* withóut séeing ~ys 1 blind man* 2 *zool.* gád-flỳ, hórse-flỳ

akmen‖auti colléct / pick up stones ~ėti 1 (*virsti akmeniu*) pétrifỳ 2 *prk.* (*žiaurėti, kietėti*) becóme* hárdened ~ynas place abóunding in stones, stóny land ~ingas stóny, rócky ~inis 1 stóny 2 *prk.* (*negailestingas, kietas*) hard, immóvable; ~*inė širdis* stóny heart, heart of stone ~skaldys stóne-crùsher ~tašys (stóne-)màson; stóne-cùtter

akm‖uo stone; rock *amer.* △ ~ens *anglis* coal; ~ens *amžius* the Stone Age; *kertinis* ~uo córner-stòne; *nepaliktI* ~ens *ant* ~ens raze to the ground

akompan‖iatorius accómpanist ~i-mentas accómpaniment ~uoti accómpany (*on*); *dainuoti kam* ~*uojant* sing* to the accómpaniment (*of*)

akord‖as chord; *baigiamasis a.* finále [-a:lı] ~eonas *muz.* accórdion

akordinis: *a. darbas* píece-wòrk

akredit‖yvas *fin.* létter of crédit ~uoti *dipl., fin.* accrédit

akrobat‖as ácrobàt ~ika àcrobátics; ~inis àcrobátic

aksioma áxiom; *tai a.* (*savaime aišku*) that is sèlf-évident / àxiomátic

aksom‖as vélvet ~inis vélvet *attr*; *prk.* vélvety

akstinas 1 (*dyglys*) thorn, prick 2 *prk.* stímulus (*pl* -lì)

akt‖as 1 (*veiksmas; poelgis; spektaklio dalis*) act 2 *teis.* deed; *kaltinamasis a.* (bill of) indíctment 3 (*dokumentas*) státement; *surašyti* ~ą draw* up a státement (of the case)

akti becóme* / grow* blind

aktyv‖as *fin.* ássèts *pl.*; *a. ir pasy-vas* ássèts and liabílities; *Įrašyti į* ~ą énter on the crédit side (of an accóunt)

aktyv‖ėti becóme* more áctive ~inti make* more áctive ~istas, -ė áctivist ~us áctive; ~us *balansas ekon.* fávourable bálance

aktor‖ė áctress ~ius áctor

aktual‖ėti becóme* more úrgent ~u-mas úrgency ~us of présent ínterest; úrgent; ~*i problema* tópical / tímely / úrgent próblem

akumuli‖atorius *tech.* báttery ~uoti accúmulàte

akuot‖as 1 *bot.* awn 2 (*ašaka*) físh-bòne ~uotas 1 *bot.* awned, béarded 2 (*apie žuvis*) bóny, full of bones

akusti‖ka acóustics ~nis acóustic

akušer‖ė mídwìfe* ~ija mídwìfery, obstétrics ~is àccouchéur [ˌæku:'ʃə:], òbstetrícian

akutė 1 *bot.* eye 2 (*mezginio*) stitch

akvarel‖ė wáter-còlour ~inis: ~*inis portretas* pórtrait in wáter-còlours ~istas, -ė wáter-còlour páinter, páinter in wáter-còlours, wáter-còlour-ist

akvariumas aquárium (*pl* -iums, -ia)

alav‖as tin ~inis tin *attr* ~uotas tinned ~uoti *tech.* tin ~uotojas tínsmìth, tínman*

alban‖as, -ė, ~iškas Àlbánian; ~ų *kalba* Àlbánian, the Àlbánian lán-guage

albumas álbum; (*piešiniams*) skétch-bòok; (*pašto ženklams*) stamp álbum

alebastr‖as álabàster ~inis álabàster *attr*

alegori‖ja állegory ~nis, ~škas àllegóric(al)

alėja ávenue; (*parke*) álley

alfa álpha △ *a. ir omega* Álpha and Ómega, the begínning and end

alfabet‖as, ~inis, ~iškas *žr.* abėcėlė, abėcėlinis

alga (*darbininkų*) wáges *pl*; (*tarnau-tojų*) pay, sálary ~lapis páy-sheet; páy-ròll *amer.*

algebr‖a álgebra ~inis, ~iškas àlge-
bráic(al)

aliarm‖as alárm, alért ~uoti give* /
sound / the alárm, raise an alárm

aliej‖inė óil-mìll ~inis: ~iniai dažai
óil-paint; óil-còlours ~us oil

alijošius álòe ['ælǝu]

alimentai álimony *sg*

alinė ále-house*; pub *šnek.*; bár-room
amer.

alinti exháust

alio! hulló, halló(a); helló! *amer.*

aliuminis àlumínium; alúminum *amer.*

aliuzija hint, allúsion

alyv‖a 1 oil; *mašininė a.* éngine oil
2. *bot.* (*vaisius*) ólive 3 (*alyvmedis*)
ólive(-tree) ~os *bot.* lílac *sg*

alk‖anas húngry Δ *a.* **kaip šuo**
húngry as a húnter ~is húnger

alkohol‖ikas àlcohólic; (*girtuoklis*)
drúnkard ~inis: ~inis **gėrimas**
strong drink; spírits *pl* ~is *chem.*
álcohòl

alksn‖ynas álder grove ~is *bot.* álder-
(-tree)

alkti stárve; fámish

alkūn‖ė 1 élbow 2 *tech.* élbow;
bend ~inis: *tech.* ~inis velenas
cránkshàft

alp‖ti faint (awáy), swoon ~ulys
fáinting fit; swoon; sýncope [-pɪ] *med.*

als‖avimas (héavy) bréathing, pant
~uoti breathe (héavily), pant

alsinti tíre, wéary

altana súmmer-house*, árbour, bówer,
pérgola

altas *muz.* 1 (*balsas*) áltò 2 (*styginis
instrumentas*) vióla

altorius áltar

aludaris bréwer

aludė *žr.* alinė

al‖us beer; *šviesus a.* pale beer, ale;
tamsus a. dark beer, pórter; ~aus
darykla bréwery

amalas I *bot.* místletòe

amalas II (*žaibas*) shéet-lìghtning,
súmmer-lìghtning

amat‖as trade, hándicràft; ~ų **moky-
kla** indústrial / trade / vocátional
school ~ininkas àrtisán, hándicràfts-
man*

amazonė 1 *mit.* Ámazon 2 (*rai-
tininkė*) hórsewòman* 3 (*drabužis*)
ríding-hàbit

ambasad‖a émbassy ~orius àmbássa-
dor; *nepaprastasis* ~orius àmbássa-
dor extraórdinary

ambic‖ija (*savimeilė*) sèlf-lóve, pride;
(*išdidumas, puikybė*) árrogance ~in-
gas proud, ambítious; ~ingas žmo-
gus árrogant man*

ambulator‖ija dispénsary; óut-pàtient
clínic / depártment ~inis: ~inis
(*vaikščiojantis*) **ligonis** óut-pàtient;
~inis **gydymas** óut-pàtient tréatment

amerik‖ietis, -ė Américan ~inis,
~ietiškas Américan

amfiteatras círcle, ámphitheatre;
partérre [pɑːr'teǝr] *amer.*

amnest‖ija ámnesty; free párdon; *vi-
suotinė a.* géneral ámnesty / párdon
~uoti ámnesty

amortiz‖acija 1 *ekon.* amòrtizátion 2
(*turto nusidėvėjimas*) wear and tear,
deprèciátion 3 *tech.* sprínging ~aci-
nis 1 *ekon., teis.* amòrtizátion *attr*
2 *tech.* shóck-absòrber *attr* ~uoti
amórtize

amperas *fiz.* ámpère

amplitudė ámplitùde

ampulė ámpoule, ámpùle

amput‖acija *med.* àmputátion ~uoti
ámputàte

amžin‖ai for ever; etérnally ~as
etérnal, èverlásting; (*nepertraukia-
mas, nenutrūkstamas*) perpétual Δ
~oji **plunksna** fóuntain-pèn ~ybė
etérnity ~inkas, -ė 1 (*to pat laiko
žmogus*) contémporary 2 *žr.* vienme-
tis, -ė

amž‖ius 1 (*šimtmetis*) céntury 2 (*epo-
cha*) age; *akmens a.* the Stone
Age; *vid`uriniai* ~iai the Míddle
Áges 3 (*metai, gyvenimas*) life; time;
lífetime; *baigti savo* ~ių be* líving
the rest of one's days, spend* the rest

of one's life △ *kiek jūs* ~*laus tu-rit?* how old are you?; *atgyventi savo* ~*ių (apie žmones)* have* had one's day; *(apie papročius)* go* out of fáshion / use; ~*ių* ~*iams* for éver; *niekad savo* ~*iuje* néver in my life

anądien the óther day, not long agó, récently; látely

anaiptol by no means; not at all

anąkart that time, then

analfabetas illíterate pérson

analit||ikas ánalyst ~**inis** ànalýtic(al)

analiz||ė análysis *(pl* análysès); *kraujo* **a.** blood exàminátion / test ~**inis** ànalýtic(al); ~*inė geometrija* ànalýtic geómetry ~**uoti** ánalýse

analog||ija análogy; *iš* ~*ijos* by análogy *(with)* ~**inis**, ~**iškas** ànalógic-(al) *(to)*

ananas||as *bot.* píne-àpple ~**inis** píne-àpple *attr*

anapus on that side; on the óther side; **a.** *gatvės, upės* acróss the street, the ríver

anarch||ija ánarchy; *gamybos* **a.** ánarchy in prodúction ~**istas**, -ė ánarchist ~**izmas** ánarchism

an||as, ~**a** that, that one; ~**ą** *kartą* that time, then

anąsyk *žr.* **anąkart**

anatom||ija anátomy ~**inis**, ~**iškas** ànatómical

ančdėl||is tax ~**inis**: ~*inis mokestis* asséssed tax

anč||iasnapis *zool.* dúck-bìll, plátypus ~**iukas** dúckling

andai not long agó, récently; látely; the óther day

anekdot||as fúnny stóry, ánecdòte ~**inis**, ~**iškas** ànecdótic

aneks||ija ànnexátion ~**uoti** annéx

anem||ija *med.* anáemia ~**iškas** anáemic

anestezuoti *med.* anáesthetìze

anga ópening; áperture; *(skylė)* hole

angel||as ángel ~**iškas** àngélic ~**iukas** chérub

angina *med.* tònsillítis

angis snake; *(stambi)* sérpent

angl||ai the Énglish ~**as** Énglishman* ~**ė** Énglishwòman*; ~**ų** *kalba* Énglish, the Énglish lánguage

anglia||degys chárcoal-bùrner ~**kasys** (cóal-)mìner, cóllier ~**rūgštė** *chem.* càrbónic ácid

angl||icizmas *lingv.* Ánglicism ~**iko-nas**, -ė Ánglican; ~*ikonų bažnyčia* Ánglican Church, Church of Éngland

angl||inis: **a.** *popierius* cárbon-pàper, cópying páper ~**is** 1 *(kuras)* coal; *akmens* ~**is** coal; *medžio* ~**is** chárcoal 2 *chem. (grynanglis)* cárbon

angl||istas, -ė spécialist in Énglish philólogy ~**istika** Énglish philólogy ~**osaksas** Ánglò-Sáxon ~**osaksiškas** Ánglò-Sáxon *attr*

anie||du, ~**dvi** *žr.* **anuodu**

anyta móther-in-law

anyžius *bot.* ánise

anket||a quèstionnáire, form; *užpil-dyti* ~**ą** fill in a form / quèstionnáire; compléte a form; ~*iniai duomenys* bìográphical partículars

anksčiau éarlier **a.** *ar vėliau* some time or óther, sóoner or láter

anksti éarly; **a.** *rytą* éarly in the mórning

ankst||inti 1 *(per anksti ką daryti)* húrry, hásten 2 *(apie laikrodį)* be* fast ~**yvas**: ~*yvosios daržovės* éarly végetables ~**okas** ráther éarly ~**umas** éarly / ùngódly hour ~**us** éarly

ankšt||as *(apie plotą)* crámped; *(apie gatvę, praėjimą ir t.t.)* nárrow; *(apie patalpą)* small; *(apie drabužį, avalynę ir t.t.)* tight ~**ėti** nárrow, get* / grow* nárrow; *(į galą)* táper ~**ybė** smállness; nárrowness; tíghtness

ankšt||inis *bot.* lègúminous; ~*iniai augalai* lègúminous plants ~**is** pod

anok||s, ~**ia** of that kind / type

anot accórding to; **a.** *kalbėtojo* accórding to the spéaker

ansamblis cómpany, ensémble

ant *prl.* on, upón

antai there; óver there; **kaip a.** as for ínstance / exámple

antakis éyebrow

antarktinis àntárctic

antauga growth; excréscence

antaus‖is (*smūgis*) slap in the face, box on the ear △ **skelti kam ∼į** slap smb in the face; cuff / box smb's ears

antena *rad.* áerial, ànténna

antgalis tip; point; **pieštuko a.** póint-protèctor

antgamtinis sùpernátural

antgerklis *anat.* èpiglóttis

ant‖idė dúck-house ∼iena dúck

anti‖demokratinis àntidèmocrátic ∼fašistinis ànti-fáscist ∼imperialistinis ànti-impérialistic

antikinis àntíque; **a.** *pasaulis* àntíquity

antikvar‖as (*senienų, senų paveikslų ir t.t. rinkėjas*) àntiquárian; (*senų knygų prekiautojas*) sécon-hànd bóoksèller ∼iatas cùriósity shop; (*senų knygų parduotuvė*) sécond-hànd bóokshòp ∼inis àntiquárian

antiliaudinis ànti-nátional

antilopė *zool.* ántelòpe

antinas drake

antipat‖ija antípathy (*for, to*), avérsion (*for, to*); dislíke (*for, to*); **jausti kam ∼iją** feel* an avérsion (*for*) ∼iškas àntipathétic (*to*)

antireliginis ànti-relígious

ántis I duck; **laukinė a.** wild duck; mállard (*džn. apie gaigalą*)

añtis II bósom

antisanitarinis insánitary

antisemit‖as ànti-Sémìte ∼inis ànti-Semític ∼izmas ànti-Sémitism

antkainis *kom.* addítion; íncrease of price

antkaklis (*šuns*) dóg-còllar

antkapis mónument; tómbstòne, grávestòne

antkelis *sport.* knée-càp

antklodė cóverlet; (*vilnonė*) blánket; (*dygsniuota*) quilt

antkrytis èpidémic

antkrūtinis 1 (*marškinių*) (false) shírtfrònt; dícky *šnek.* 2 (*šarvas*) bréastplàte

antkurpiai gáiters; (*vyriški, trumpi*) spats

antlėkis *žr.* antskrydis

antpelnis *ekon.* sùperprófit

antpetis *kar.* shóulder-stràp, shóulder-pìece

antpilas (*gėrimas*) kind of líquor, córdial; any drink póured upón bérries, herbs, *etc.*

antpirštis thímble

antplūdis flow, ínflùx; invásion, ínroad

antpuolis attáck, assáult

añtra in the sécond place; sécondly; **a. tiek** dóuble, twice; twice as much (*su daiktavardžio vnsk.*); twice as mány (*su daiktavardžio dgs.*); **a. vertus** on the óther hand

antracitas ánthracìte

antradien‖is Túesday; ∼iais on Túesdays, évery Túesday

antraeil‖is sécondary; **a.** *klausimas* mínor quéstion, a quéstion of mínor impórtance; ∼ės *pareigos* plúralism; hólding of more than one óffice

antrąkart a sécond time, for the sécond time

antraklas‖ė: **a.** *mokinė* sécond-fòrm girl ∼is: ∼*is mokinys* sécond-fòrm boy

antraklasis (*vidutiniškas, antros rūšies*) sècond-ráte

antrakursis: **a.** *studentas* sècond-year stúdent

antrametis, -ė (*mokinys, -ė*) púpil remáining for the sécond year in the same class, púpil fáiling to get his remóve

antrankiai (*kalinio*) hándcùffs

antrankovis (*užmova*) óversleeve

antrapus on the óther side, on that side; beyónd

antrarūšis sècond-quálity; sècond-gráde; sècond-ráte

antr‖as, -a sécond; (*mėnesio*) ~a diena the sécond (*of a month*); sausio ~oji the sécond of Jánuary, arba Jánuary the sécond

antrąsyk *žr.* antrąkart

antraš‖as inscríption ~tė títle, héading ~tinis: ~tinis puslapis títle-leaf*, títle-pàge

antratiek dóuble, twice; twice as much (*su daiktavardžio vns.*); twice as many (*su daiktavardžio dgs.*)

antrinink‖as 1 (*antros rūšies, vertės*) sécondary; mínor; àccéssory; *gram.* ~ės sakinio dalys sécondary parts of the séntence 2 *šnek.* (*padėjėjas*) súbstitùte, assístant; help 3 (*dublikatas*) dúplicate

antrin‖is 1 (*antrasis*) sécond 2 (*menkesnis, ne toks svarbus*) sécondary ~ti 1 *muz.* take* the sécond part 2 (*kartoti*) repéat

antrok‖as sécond-fòrm boy ~ė sécondfòrm girl

antsiuvas (*ant rankovės*) *kar.* stripe

antskrydis (*lėktuvų*) áir-raid

antsnuk‖is múzzle; užmauti ~į múzzle

antspaud‖as seal, stamp; valstybinis a. great / State seal; (pa)dėti ~ą stamp; set* / affíx a seal (*to*) ~uoti stamp

antstatas (*pastato*) súperstrùcture, addítional stórey

antstolis *teis.* báiliff

antvandenin‖is abòve-wáter; ~ė laivo dalis úpper works

antvožas cóver

antžeminis óverground; a. geležinkelis élevàted ráilway; élevàted ráilroad *amer.*

antžmog‖is súpermàn* ~iškas sùperhúman

anūk‖as grándsòn, grándchìld* ~ė gránd-daughter, grándchìld*

anul‖iavimas annúlment; (*skolos, nutarimo*) càncellátion; (*mandato ir pan.*) nùllificátion ~iuoti annúl;

(*skolą, nutarimą*) cáncel, (*mandatą ir pan.*) núllifỳ

anuodu, aniedvi they both; those two

anuokart that time, then

anuomet at that time ~inis of that time; of those times; the then

apač‖ia bóttom; iš ~ios from belów △ nuo viršaus ligi ~ios from top to bóttom; iš ~ios į viršų úpwards; į ~ią, ~ion down, dównwards ~ioje *prv.* belów; (*apie apatinį aukštą*) downstáirs

apak‖imas loss of sight ~inti blind; *prk.* dázzle ~ti get* blind; lose* one's sight

apalp‖imas fáinting fit; swoon; sýncope *med.* ~ti faint (awáy), swoon

aparat‖as 1 àpparátus; fotografijos a. cámera 2 (*įstaigos*) staff △ valstybės a. State machínery, machínery of the State ~ūra àpparátus

apaštal‖as *bažn.* apóstle ~iškas *bažn.* àpostólic

apat‖ija ápathy ~iškas àpathétic

apatinės (*kelnės*) dráwers, pants

apatin‖is lówer*; a. aukštas ground floor; ~iai baltiniai únderclòthes; únderwèar *sg* ~ukas pétticoat

apaugti becóme* / be* òvergrówn (*with*); becóme* / be* cóvered (*with*) △ a. taukais accúmulàte fat

ap‖auti put* a shoe, arba shoes, on *prk.* provide smb with shoes, boots, *etc.* ~avas fóot-wear

apčiulpti lick round

apčiuop‖iamas (*žymus*) appréciable ~omis gróping(ly) ~ti grope

apčiupinėti feel*

apdail‖a fínish; vidaus a. *stat.* intérior trim; *tech.* smóothing ~inti fínish, trim (up)

apdainuoti sing* (*of*), glórifỳ, célebràte

apdair‖a, ~umas cìrcumspéction ~us cìrcumspèct, wáry; ~iai elgtis act with cìrcumspéction, be* cìrcumspèct

apdang‖a 1 cóver(ing) 2 *anat.* intégument ~alas cóver; *prk.* cloak; sniego ~alas cóver of snow; snow cóver ~styti cóver (*with*), screen

apdarai 1 (*drabužiai*) clothes; clóthing *sg*; gárments; dress *sg* **2** (*knygos*) bínding, bóok-còver *sg*

apdaužyti (*primušti*) beat*; give* a thráshing to smb

apdeg∥inti burn*, scorch ~ti **1** (*pačiam*) be* scorched, be* burnt round **2** (*plytas ir pan.*) burn, bake; (*ypač plytas*) kiln

apdė∥jimas (*mokesčiais*) tàxátion, ráting ~lioti put* (round); (*kraštus*) edge (*with*)

apdengti cóver; (*apie stogą*) roof

apdėti: a. mokesčiais tax, asséss / impóse táxes (*upon*)

apdirbti work* (up); treat; (*žaliavas t.p.*) procéss; machíne; (*žemę*) till, cúltivàte

apdoroti (*pataisyti, pagerinti*) aménd, pólish; (*medžiagas*) prócess; (*staklėmis*) machíne

apdovano∥ti 1 (*ordinu, medaliu ir pan.*) décoràte (*with*); awárd (*to*); ~ti **ordinu** confér a dècorátion (*on, upon*) **2** *prk.* endów (*with*); **gamta jį ~jo dideliais gabumais** náture has endówed him with outstánding abílities

apdrabstyti bespátter (*with*), splash (*on, over*); **a. ką purvu** fling* / throw* mud at smb

apdraskyti scratch

apdrausti insúre (*against*)

apdr∥iksti be* torn to tátters ~iskęs rágged

apdriskėlis rágamùffin; rágged féllow

apdrožti 1 plane; (*peiliu*) whíttle **2** (*pieštuką*) point, shárpen

apdulk∥ėti becóme* dústy, be* cóvered with dust ~inti **1** (*apnešti dulkėmis*) cóver with dust, make* dústy **2** *bot.* póllinàte

apdumti cóver (*with*); (*sniegu*) snow up △ **a. akis** dupe; make* a fool (*of*); decéive; cheat; (*meluoti*) lie

apdžiovinti dry (*sómewhàt*)

apdžiūti dry, becóme* dry on the súrface

apeig∥inis rítual ~os rites, cérémonies

apeiti 1 round, go* / pass (round) **2** (*apie gydytoją, sargą, budintį ir pan.*) make* / go* one's round(s) **3** (*įstatymus, taisykles ir pan.*) eváde

apėjimas 1 (*lankstas, aplinkinis kelias*) róundabout way **2** (*apie gydytoją ir pan.*) round; (*apie sargybą*) beat **3** (*įstatymų, taisyklių ir pan.*) evásion

apeliaci∥ja *teis.* appéal ~nis: ~nis **teismas** Court of Appéal

apeliuoti appéal (*to*)

apelsin∥as (*vaisius*) órange; (*medis*) órange-tree ~inis órange *attr*

apendicitas *med.* appèndicítis

apėsti eat* / gnaw round

apetit∥as áppetìte △ **a. didėja bevalgant** the áppetìte comes with éating; the more one has the more one wants; **gero ~o!** bon appétit (*pr.*) [bɔŋ ape'tɪ] ~iškas áppetìzing, témpting

apgadinti spoil sómewhàt, *arba* a little

apgailest∥aujamas regréttable, lámentable, deplórable ~auti regrét (*smth*); píty (smb), be* sórry (*for smb*) ~avimas regrét (*of*); píty (*for*)

apgailėtinas *žr.* apgailestaujamas

apgalvoti consíder, think* óver

apgamas bírth-màrk, mole

apgaubti cóver (*with*); wrap up

apgaudinė∥jimas chéating, swíndle, tríckery ~ti decéive; cheat; swíndle ~tojas, -a decéiver, cheat, fraud; (*sukčius*) swíndler, knave

apgaul∥ė fraud, decéption ~ingas decéptive, delúsive ~ingumas delúsiveness ~ioti decéive; cheat; (*sukčiauti*) swíndle

apgauti decéive; cheat; (*sukčiauti*) swíndle

apgav∥ikas, -ė decéiver, cheat, fraud; (*sukčius*) swíndler ~ikiškas decéitful, knávish ~imas, ~ystė decéption, cheat, fraud

apgenėti prune (*down*), trim

apgesti be* spoiled sómewhàt, *arba* a líttle

apgynimas defénce; protéction

apginkluoti arm (*with*); *prk.* make* máster (*of*)

apginti defénd; (*apsaugoti*) protéct; (*žodžiu*) speak* in suppórt (*of*); *teis.* plead for; a. **disertaciją** defénd / maintáin a thésis / dìssertátion (*pl* thésès)

apgirdyti (*gyvulį*) give* too much to drink

apgyti (*apie žaizdą*) heal (sómewhàt)

apgyvendin||imas péopling; séttlement ~ti 1 pópulàte, séttle 2 (*įkurdinti*) séttle; lodge

apglėbti embráce; put* one's arms (round) *šnek.*

apglumti grow* stúpid

apgraibomis 1 (*paviršutiniškai*) sùper-fícially, perfúnctorily 2 (*apčiuopomis*) gróping(ly), fúmblingly; **ieškoti** a. grope (for); **eiti** a. grope one's way

apgraužti gnaw round; a. **kaulą** pick a bone

apgręžti turn

apgriūti crúmble, fall*

apgrobti rob

apgrubti (*apstingti*) becóme* numb (*with cold*)

apgul||a siege ~ti lay siege (*to*); besíege

apyaklis weak-síghted

apyaušr||is éarly dawn, dáy-break; ~iu at dawn, at dáybreak, in the éarly twílìght

apibarstyti strew*, bestréw*; a. **mil-tais** sprínkle with flour

apibarti give* a scólding to smb; scold a líttle

apibėgti run* (round)

apibendrin||imas gèneralizátion ~ti géneralìze

apiberti *žr.* apibarstyti

apibintuoti bándage

apybraiž||a 1 (*kontūras*) cóntour, óutlìne 2 *lit.* sketch, éssay ~ininkas éssayist

apibrėž||imas dèfiníton ~tas définite ~ti 1 detérmine; defíne 2 *mat.* de-scríbe 3 *mat.* círcumscrìbe

apibūdinti cháracterìze; descríbe

apie 1 abóut; of; **galvoti, kalbėti, skaityti, girdėti apie ką** think*, talk, read*, hear* of / abóut smb, of / abóut smth 2 (*žymint apytikriai*) abóut; a. **tris dienas** abóut three days 3 (*aplink*) aróund; abóut

apieškoti search / seek* (éverywhère)

apiforminti 1 (*apipavidalinti*) mount put* ínto shape 2 *žr.* įforminti

apygard||a région, dístrict; (*teismo ir pan.*) círcuit; **rinkiminė** a. eléctoral / eléction dístrict / área ~inis dístrict *attr*

apykaita: **medžiagų** a. *biol.* metáb-olism

apykaklė cóllar

apykanta tólerance

apykvailis sílly, dóltish; **jis** a. he is ráther stúpid / sílly

apylanka (*aplinkinis kelias, lankstas*) róundabout way

apylinkė 1 (*aplink esanti vietovė*) énvirons *pl* 2 (*Lietuvos administraci-nis vienetas*) cóuntry-sìde dístrict (*in Lithuania*) 3: **rinkimų** a. eléctoral / eléction dístrict / área, constítuency

apim||ti 1 (*rankomis*) clasp (round) 2 (*siekti, aptekti*) inclúde, embráce, cóver ~tis vólume

apynas||ris hálter; **užmauti** ~rį hálter

apynys *bot.* hop

apipavidalinti mount, put* ínto shape; (*knygas*) desígn; **gražiai** a. **knygą** get* a book up hándsomely [... -ns-]

apipilti 1 (*pvz., vandeniu*) pour (*over*); sluice (*over*) 2 *žr.* apiberti

apipjau||stymas 1 cútting, páring, trímming; (*lenty krašty*) édging 2 *bažn.* círcumcísion ~(sty)ti 1 clip, pare; (*knygą*) bével; (*keturkampiškai, lentas ir pan.*) square 2 *bažn.* círcumcìse

apiplauti wash, bathe

apiplėš||imas (*grobimas*) róbbery; (*įsi-laužus*) búrglary ~ti (*imti jėga, grob-ti*) rob; plúnder

apiplyšti becóme* rágged / shábby

apiprekinti supplý with goods

apipulti attáck smb from all sides

apipurkšti (be)sprínkle

apipūti get* rótten, rot (sómewhat)

apyrankė brácelet, bángle; ármlet

apyrašas ínventory; schédule

apyry‖tis time at dawn, éarly mórning; ~čiais, ~čiu at dawn; éarly in the mórning

apysaka nárrative, tale, stóry

apyskait‖a accóunt; *duoti kam* ~ą *iš ko* give* / rénder an account (*to smb of smth*); repórt (*smb on smth*) ~inis accóuntable

apytaka círcuit; *kraujo a.* círculátion of the blood

apytikris appróximate, rough; not quite exáct / precíse

apyvaras bást-shoe / sándal string / lace

apyvart‖a túrnòver; *pinigų a.* móney túrnòver; *prekių a.* commódity círculátion; *leisti į* ~ą put* ínto círculátion; *išimti iš* ~os withdráw* from use; (*pinigus*) withdráw* from círculátion; (*monetą*) immóbilìze ~i-nis: ~inis kapitalas wórking cápital

apyvoka tídying up, pútting in órder; dóing up (in a farm or house); *namų a.* hóusekeeping, hóusehold

apjoti ride* aróund (on hórsebàck)

apjuodinti 1 (*padaryti juodą*) blácken 2 *prk.* (*šmeižti, teršti vardą*) slánder; cast* (a) slur(s) (*upon*)

apjuosti (*diržu ir pan.*) gird*, begírd*, gírdle

apkaba 1 *tech.* íron ring 2 *kar.* (*šovinių*) chárger, cártridge clip

apkabin‖imas embráce, hug ~ti embráce; take* / clasp / fold in one's arms; put* one's arms (round) *šnek.*

apkaišyti (*gėlėmis*) trim / plant / décor-àte with flówers

apkala *stat.* bóarding; *jūr.* (*medinė*) plánking

apkalb‖a slánder ~(in)ėti slánder ~(in)ėtojas, -a slánderer

apkalti (*geležimi*) bind* (with íron)

apkaltin‖imas charge, àccùsátion; in-crìminátion ~ti 1 accúse (*of*), charge (*with*) 2 *teis.* prósecùte; incríminàte △ ~ti ką nusikaltus lay* the fault at smb's door

apkandžioti bite*; (*apie vabzdžius*) sting*; (*aplink*) bite* / gnaw round

apkapoti chop off, cut* off; lop off

apkarpy‖mas 1 cútting / shéaring-(round) 2 *prk.* (*sumažinimas*) cútting down ~ti 1 cut*; shear* 2 *prk.* (*sumažinti*) shórten, cùrtáil; dimínish; (*išlaidas ir pan.*) cut* down, redúce

apkarsti (*pasidaryti karčiam*) turn / becóme* bítter; (*apie riebalus*) turn / becóme* ráncid

apkarstyti hang* round (*with*)

apkas‖as *kar.* trench, entrénch-ment; (*kulkosvaidžiui*) machíne-gun emplácement; *kasti* ~us dig* trénches; trench ~ti dig* round

apkaupti *ž.ū.* hill, earth up

apkaustai (*langams, durims, vežimui*) bínding *sg*; (*lazdos, rankenos*) férrùle *sg*

apkeisti change; exchánge; repláce (*by*), súbstitùte (*for*)

apkeliauti trável all óver / acróss

apkepas *kul.* baked púdding

apkerėti fáscinàte, charm, bewítch

apkerpėti be* / becóme òvergrówn with moss

apkirpti (*plaukus*) cut*; (*trumpai*) crop

apklaus‖a, ~(inėj)imas ìnterrógatory, ínquèst; (*mokinių*) quéstioning, quiz ~(inė)ti 1 ìnterrógàte; exámine 2 (*liudytojus*) (cròss-)exámine (the wítnesses) 3 (*mokykloje ir pan.*) quéstion, quiz

apklijuoti paste óver (*with*); glue óver (*with*); *a. sienų apmušalais* páper (a room)

apklo‖tas 1 (*antklodė*) cóverlet 2 *prk.* (*apdangalas*) cóver ~ti cóver (*with*)

apkramtyti (*pvz., obuolį*) bite* / gnaw round, *arba* somewhat

apkrau‖ti: a. darbu òverwórk; *jis* ~tas darbais he is óver head and

ears, *arba* up to his neck, in work; he
is very búsy

apkrečiamas (*apie ligą*) inféctious,
contágious

apkrė‖sti 1 *žr.* **krėsti** 2 inféct
~**timas** inféction

apkrov‖imas (amóunt of) work △
nepilnas a. (*nepilna darbo diena*)
hàlf-tíme; *jis dirba pilnu* (*nepilnu*)
~**imu** he has got a fùll-tìme (hàlf-
tíme) job

apkulti 1 (*javus*) thrash, thresh 2 (*ap-
mušti*) beat*; give a thráshing (*to*)

apkūnus stout; fat; córpulent

apkūren‖imas héating ~**ti** heat

apkur‖sti becóme* / grow* deaf ~**tė-
lis** deaf person ~**tinti** déafen; (*smū-
giu*) stun

apkvaišti grow* stúpid

aplaid‖umas cárelessness, négligence
~**us** cáreless, négligent

aplaistyti 1 (*gėles*) wáter 2: **a. naują
daiktą** (*išgerti*) have* a wet in hón-
our, *arba* in cèlebrátion (*of*)

aplaižyti lick, lick all óver, *arba* some-
what

aplakstyti run* (all óver a place)

aplamdyti: a. kam šonus *šnek.* give*
smb a lícking, *arba* a sound thráshing;
thrash smb sóundly

aplank‖alas, ~**as** (*raštams*) file; case
for dócuments; páper-càse

aplank‖ymas vísit ~**yti** call on; vísit

aplauž(y)ti break* off △ **a. kam ra-
gus take*** smb down a peg or two

apledė‖jimas ice fòrmátion, ícing ~**ti**
becóme* cóvered with ice ~**jęs** íce-
còvered

apleisti 1 (*nesirūpinti*) negléct 2 (*pa-
likti*) leave*; abándon

aplėkti fly* round

aplenkti 1 (*būti greitesniam*) leave*
behínd, outdístance; outrún* òvertáke
2 (*išvengti*) avóid, leave* out 3: **a.
knygą** put* a páper-còver on a book

aplieti pour (*over*); sluice (*over*); (*su-
tepti*) spill (*on*); **a. knygą rašalu**
spill ink on a book

aplink 1 *prv.* round; *kar.* **a.!** abóut
turn!; (*aplinkui*) aróund 2 *prl.* round

aplinka surróundings *pl*; **socialinė a.**
sócial envíronment

aplinkyb‖ė 1 círcumstance ~**ės** (*pa-
dėtis*) situátion *sg*; **šiomis, tokio-
mis** ~**ėmis** únder the círcumstances;
susidėjusios ~**ės** còíncidence *sg*,
concúrrence of círcumstances 2 *gram.*:
laiko, vietos, būdo a. advérbial
módifier of time, place, mánner ~**inis**
gram. advérbial

aplinkinis 1 néighbouring 2 (*netiesus*)
róundabout (way)

aplinkraštis círcular

aplinku‖i 1 *prv.* aróund; (*iš visų
pusių*) all aróund 2 *prl.* round ~**ma**
žr. **aplinka**

aplipdyti stick* (round); paste all óver

aplodismentai appláuse *sg*

aplopyti *šnek.* patch up

aplošti beat*; win*

aplupti 1 peel; (*kiaušinį*) shell; (*žievę*)
bark 2 *prk.* (*primušti*) beat*; whip

apmaigyti press down

apmainyti exchánge (*for*); (*prekes*)
bárter (*for*)

apmalšinti 1 (*pvz., sukilimą*) suppréss
(sómewhàt); put* down (sómewhàt) 2
(*skausmą*) relíeve, assuáge (sómewhàt)

apmąstyti consíder, think* óver

apmatai 1 *tekst.* warp *sg* 2 (*eskizas ir
pan.*) sketch, draft; óutlìne *sg*

apmatuoti méasure

apmaud‖as vèxátion; annóyance ~**au-
ti** be* vexed / annóyed ~**ingas,** ~**us**
wícked, malícious

apmaut‖as (*baldų ir pan.*) cóver ~**i**
1 (*ką ant ko traukti, smaukti*) don
šnek., get* on; put* on; pull on
2 *šnek.* (*apgauti*) dupe, decéive;
swíndle

apmazgoti wash

apmesti 1 (*audžiant*) warp 2 (*škicuo-
ti*) sketch, óutlìne, draft; **a. planą**
óutlìne a plan

apmir‖ti (*alpti*) faint; **a. iš baimės**
be* struck with fear / hórror; **man
širdis iš baimės** ~**ė** my heart sank

apmok‖amas paid, requíring páyment;
a. darbas paid work ~ėjimas
páyment, pay; (*atsiteisimas*) repáy-
ment ~estinti tax; (*vietiniais mokes-
čiais*) rate ~ėti pay* (*for*); (*atsiteisti*)
repáy*, retúrn
apmoky‖mas instrúction, tráining ~ti
teach* (*smb smth*); train (*smb in
smth*)
apmovas *žr.* apmautas
apmuilinti soap △ **kam akis a.** make*
a fool (*of*), fool (*smb*)
apmuitinti impóse tax (*on*), tax
apmulkinti make* a fool (*of*), fool
apmuš‖alas ùphólstery; *stat.* (*lentų*)
bóarding; **sienų ~alai** wáll-pàper *sg*;
apklijuoti sienų ~alais páper ~ti
1 (*apkulti*) beat* (a little) 2 (*baldus
ir pan.*) ùphólster; (*lentomis*) plank;
(*kailinius ir pan. aptraukti*) cóver up
apnašos thin cóating *sg*; **dulkių a.**
thin cóating of dust
apneš‖ioti (*drabužius*) wear* out ~ti
1 (*aplink*) cárry round 2 (*pvz.,
dulkėmis*) cóver
apnikti (*apspisti*) surróund; besét*;
crowd / clúster (round); (*apipulti*)
attáck
apnuodyti póison, envénom
apnuoginti bare
apogėjus 1 *astr.* ápogee 2 *prk.*
(*viršūnė*) clímax, cùlminátion
apolit‖inis, ~iškas indífference to
pólitics ~iškumas indífference to
pólitics
apopleksija *med.* ápoplèxy
apostrofas (*ženklas*) apóstrophe
apraišioti tie (round)
apraiška phenómenon (*pl* -mena)
apraizgyti wind* (round)
apraminti calm; quíet; set* at rest /
ease, set* smb's mind at rest; (*kan-
čias, skausmą*) assuáge; (*pyktį*) ap-
péase
apranga clothes *pl*; clóthing; (*mundi-
ruotė*) únifòrm, óutfit
aprasoti 1 be* móistened with dew
2 (*apie stiklą*) becóme* / get* grow*
místed

apraš‖ymas 1 (*atvaizdavimas*) de-
scríption; **gyvenimo a.** biógraphy;
currículum vitae [kə͵rɪkjuləm ˈviːtaɪ] 2
teis. (*turto*) distráint ~yti 1 (*at-
vaizduoti*) descríbe; (*vaizdžiai, gyvai*)
depíct; pòrtráy; **to negalima ~yti**
this is beyónd descríption; it báffles all
description 2 *teis.* (*už skolas*) distráin
apraudoti mourn (óver), bemóan
aprei‖kšti annóunce; *bažn.* revéal
~škimas annóuncement; *bažn.* rève-
látion
aprėkti rate; shout (*at*)
aprengti dress; clothe
aprėpti 1 (*apimti*) embráce 2 *prk.* (*su-
vokti*) còmprehénd 3 (*akimis*) take* in
(at a glance)
apréžti 1 (*nupjauti*) cut* off 2 (*apri-
boti*) límit (*to*), restríct (*in*)
apribo‖jimas limitátion, restríction
~ti límit (*to*), restríct (*in*)
aprie‖ti bite*; **mane ~jo šuo** I was
bítten by a rábid / mad dog
aprimti calm / quíet / séttle down; (*apie
audrą, skausmą*) abáte; subsíde; (*apie
vėją*) fall*
aprišti tie (round); *med.* bándage
aprob‖acija, ~avimas (*pritarimas*)
àpprobátion ~uoti appróve (*of*)
aprūdyti grow* rústy
aprūk‖ęs smóky, sóoty ~yti fúmigàte
~ti be* / becóme* cóvered with soot
aprūpin‖imas 1 (*pragyvenimo prie-
monės*) máintenance; **socialinis a.**
sócial máintenance 2 (*tiekimas, pri-
statymas*) supplý / provísion (*with*),
províding (*with*) ~ti 1 (*materialiai*)
províde (*for*) 2 (*tiekti*) supplý (*with*),
fúrnish (*with*), províde (*with*)
apsaky‖mas 1 télling; (*įvykių atpasa-
kojimas*) accóunt 2 *lit.* stóry, tale ~ti
tell*, nàrráte; recóunt
apsamanoti be* òvergrówn with moss
apsaug‖a (*gynimas*) defénce; (*apsau-
gojimas*) protéction; **darbo a.** lábour
protéction; **sveikatos a.** care of
públic health; (*sargyba*) guard ~inis

protéctive; ~*lné spalva* (*slepiamoji*) zool. protéctive cölorátion

apsaugo‖jimas protéction, presèrvátion ~**ti** shélter; protéct; presérve

apsemti (*per potvynį*) flood

apsės‖ti take* seats all aróund; take* up / óccupỳ all the seats △ *velnio* ~*tas prk.* posséssed; obséssed; frénzied

apsėti seed (*with*)

apsiašaroti shed* a few tears

apsiaust‖as 1 cloak; (*neperšlampamas*) máckintòsh, wáterproof ráincoat 2 (*paltas*) (óver-)coat, tóp-coat ~**i** 1 (*apsupti*) surróund; *kar. t.p.* encírcle, round up; (*tvírtovę*) besíege (a fórtress), lay* siege (to a fórtress) 2 (*pvz., skara*) múffle (up), wrap up; (*antklode*) blánket ~**is** *kar.* siege

apsiauti put* on one's boots / shoes

apsiblausti 1 (*apie dangų*) gloom, lówer, lóur, be* óvercàst 2 (*apie žmogų*) becóme* sléepy, drówsy; (*susiraukti*) frown

apsidabinti dress up, smárten (ònesélf) up

apsidairyti look round

apsideginti burn* ònesélf

apsidengti cóver ònesélf

apsidirbti mánage; have* done (*with*), be* through (*with*)

apsidrabstyti bespátter ònesélf (*with*)

apsidraskyti scratch ònesélf

apsidrausti insúre one's life

apsidžiaugti be* glad

apsiei‖ti mánage (withóut), do* (withóut); *ir be tavo pagalbos* ~*siu* I'll mánage / do* withóut your help / assístance

apsiėsti òveréat*, górmandìze

apsiforminti (*darbe*) be* put on the staff

apsigalvoti (*pakeisti savo nusistatymą*) change one's mind, think* bétter of it

apsigauti be* disappóinted; bring* one's eggs / goods / hogs / pigs to a bad / wrong márket *idiom.*

apsigydyti ùndergó* cure / tréatment

apsigim‖ti (*su kokia nors ypatybe*) be* born with a cértain vírtue △ *jis* ~*ęs medžiotojas* he is a born húnter

apsigynimas defénce

apsiginkl‖avimas ármament ~**uoti** arm (ònesélf)

apsiginti defénd ònesélf; (*apsisaugoti*) protéct ònesélf

apsigyventi séttle, take* up one's résidence / quárters

apsigr‖ęžti, ~**įžti** turn (round / abóut); *staigiai a.* swing* round

apsiimti ùndertáke* to do (*smth*)

apsijuosti gird* ònesélf (*with*)

apsikabinti (*apglėbti kits kitą*) embráce, hug one anóther

apsikasti entrénch (ònesélf); dig* in

apsikeisti exchánge; **a.** *patyrimu* exchánge expérience

apsikirpti have* one's hair cut; get / have* a háircut

apsikloti cóver ònesélf

apsikrė‖sti (*liga*) catch* ~**timas** inféction

apsikrovęs: *jis a. darbu* he is up to his neck in work, he is swamped with work

apsilaižyti lick one's lips

apsilank‖ymas vísit ~**yti** call on; vísit

apsilei‖dėlis, -ė slóven; (*apie moterį t.p.*) sláttern ~**dimas** 1 (*nešvarumas*) ùntídiness; slóvenliness 2 (*netvarkingumas, nepareigingumas*) cárelessness ~**sti** becóme* / grow* cáreless

apsilenkti miss each óther; (*apie laiškus*) cross each óther

apsilieti pour / spill* óver ònesélf

apsimainyti exchánge

apsimauti pull on, get* on

apsimazgoti wash (ònesélf)

apsime‖sti preténd (to be); feign, símulàte, sham; *jis* ~*ta sergąs* he preténds to be ill, he feigns / shams íllness; *ji* ~*ta mieganti* she preténds to be sléeping, she shams sleep ~**tėlis,**

-ė 1 preténder; sham 2 (*apgavi-kas*, -*ė*) hýpocrite, disémbler ~timas sìmulátion, preténce, sham

apsimok‖ėti 1 *žr.* apmokėti 2 (*būti verta, naudinga*) be* worth; *tai* ~a *perskaltytl* it is (well) worth réading

apsinakvoti stay for the night, spend* the night (*at*)

apsiniaukti 1 (*apie žmogų*) frown 2 (*apie dangų*) becóme glóomy / òvercást

apsinuodyti póison ònesélf

apsinuoginti bare / ùncóver ònesélf

apsipilti (*vandeniu*) pour / spill óver ònesélf

apsipirkti do* one's shópping

apsiplikyti scald ònesélf

apsiprasti get* used (*to*); accústom / habítuàte òneself (*to*)

apsiprausti wash

apsipurkšti sprínkle ònesélf

apsipurvinti soil ònesélf, make* ònesélf dírty

apsiputoti foam, froth; (*apie arklį*) láther, becóme* cóvered with láther

apsiraminti calm / quíet / séttle down

apsirangyti wind* (round)

apsirengti dress (ònesélf); (*apsiaustu ir pan.*) put* on

apsirgti fall* ill (*with*), be* táken ill (*with*)

apsiriboti límit ònesélf

apsirij‖ėlis, -ė glútton ~imas glúttony

apsirik‖imas mistáke, érror ~ti make* a mistáke, be* mistáken; err, be* (in the) wrong, be* at fault

apsiriští tie round ònesélf

apsiryti *menk.* glut; gúzzle

apsiruošti put* in órder, tídy up, clean up

apsirūpinti províde ònesélf (*with*); lay* in, lay* in a supplý (*of*)

apsisaugo‖jimas precáution ~ti guard ònesélf, protéct ònesélf (*against*)

apsisiausti wrap ònesélf up; put* on, slip on

apsiskaičiuoti (*klaidą padaryti*) make* an érror in cóunting

apsiskait‖ymas èrudítion, schólarship, (knówledge acquíred by exténsive) réading ~yti 1 becóme* wèll-réad 2 *žr.* apsiskaičiuoti

apsiskusti shave*, have* a shave

apsisprendim‖as *polit.* sèlf-detèrminátion; ~o teisė the right to sèlf-detèrminátion

apsispręsti 1 decíde 2 *polit.* cónstitùte ònesélf

apsistoti (*viešbutyje*) put* up (*at*), stay (*at*)

apsisuk‖imas *tech.* rèvolútion ~ti turn (round); swing* round; *tech.* revólve

apsišarv‖uoti *prk.*: a. *kantrybe* arm ònesélf with pátience, be* pátient, have* pátience ~avęs armed (*with*)

apsišlapin‖ti: *vaikas* ~o *fam.* the báby is wet

apsišluostyti wipe ònesélf dry; dry ònesélf

apsišvarinti clean ònesélf

apsišvie‖sti becóme* / get* enlíghtened, becóme* / get* ìntelléctual ~tęs enlíghtened, ìntelléctual

apsitaisyti dress (ònesélf)

apsitaškyti bespátter ònesélf (*with*)

apsitraukti (*apie dangų*) grow* / get* òvercást; (*debesimis t.p.*) be* cóvered with clouds

apsitrinti 1 (*apie rankoves ir pan.*) becóme frayed; fray 2 *prk.* (*apie žmo-gų*) acquíre (políte) mánners; acquíre (a) pólish

apsitvarkyti: a. *kambarį* do*, *arba* tídy up, a room

apsitverti fence in; enclóse

apsi‖ūti 1 (*kraštus*) edge, border 2 (*visus, daugelį*) make* clothes (for smb); *ji* ~uva *visą šeimyną* she does all the séwing for the fámily

apsiuvas bórder, édging

apsivainikuoti be* / get* crowned; a. *pasisekimu* be* crowned with succéss

apsivaisinti get* / becóme* ímpregnàted

apsivalgyti òveréat* (ònesélf), òverféed*, glut oneself (*with*)

apsivalyti clean ònesélf

apsiverkti begín* to cry

apsiversti turn óver, òvertúrn; tip óver

apsiveršiuoti calve

apsivilkti dress (òneslf); (*apsiaustu ir pan.*) put* on

apsivynioti wind* round, twine òneslf round

apsivogti be* caught embézzling / stéaling

apsižiūrėti 1 (*apsižvalgyti*) look round / abóut **2** (*susigriebti*) bethínk* òneslf; rècolléct súddenly

apskaič‖iavimas càlculátion; còmputátion ~iuoti cálculàte; count up; *tech.* rate (*at*)

apskaita 1 *žr.* **apskaičiavimas 2** (*įtraukimas į sąrašus, registravimas*) règistrátion

apskri‖sti fly* (round); *Jis* ~*do aplink Vilnių* he flew round Vílnius

apskritai in géneral, génerally (spéaking); on the whole

apskritainis 1 (*pailgai apskritas*) óval **2** (*kukulis*) dóugh-boy, dúmpling **3** (*geom. figūra*) óval

apskrit‖as round ~imas *mat.* círcle ~is dístrict

apskundimas appéal; *teismo nuosprendžio* a. appéaling agáinst a séntence

apskùsti 1 (*plaukus*) shave*, shave* off **2** (*apgrandyti*) scrape

apskųsti bear* / lodge a compláint (*against*); *teis.* appéal (*against*)

apsnigti be* / get* cóvered with snow

apsodas (*šautuvo*) gun / rífle stock; (*kriaunos*) haft

apsodinti plant round (*with*)

apspjauti bespít*

apspisti surróund; crowd / clúster (round)

apstybė abúndance, plénty

apstatyti 1 (*baldais*) fúrnish (*with*); **a. butą** fúrnish an apártment **2** (*namais, pastatais ir pan.*) build*, eréct búildings (on a site, *etc.*)

apsto‖ti 1 *žr.* **apspisti 2** (*liautis*) cease; ~*jo dantį skaudėję* the tóothàche stopped / ceased

apstulb‖inti stun; stúpify ~ti be* dùmbfóunded, be* táken abáck

apstumdyti jóstle

apstus abúndant, pléntiful

apsukr‖umas (*vikrumas*) resóurcefulness ~us (*vikrus*) dódgy, resóurceful, shífty, néver at a loss; (*mitrus*) nímble; (*greitas*) quick; (*sumanus*) cléver, bright

apsukti 1 (*apgręžti*) turn; wind* / twist round **2** (*apgauti*) decéive, cheat △ **a. kam galvą** turn smb's head

apsunkinti búrden; give* / cause smb tróuble; *ar tai jūsų neapsunkins?* is it not too much tróuble for you?

apsup‖imas encírclement ~ti **1** (*apstoti, apsiausti*) surróund; *kar.* encírcle, round up **2** (*apgobti*) cóver (*with*); wrap up ~tis *žr.* **apsupimas**

apsvaig‖imas 1 (*įkaušimas*) intòxicátion **2** (*galvos sukimasis*) gíddiness, dízziness; **a. nuo laimėjimų** dízziness with succéss ~inti make* drunk; intóxicàte (*t.p. prk.*); *prk.* make* dízzy ~ti get* / grow* drunk / típsy; get* / grow* intóxicàted (*t.p. prk.*); *prk.* get* / grow* dízzy

apsvarst‖ymas discússion ~yti discúss; thrash the mátter out, talk óver *šnek.*; (*apgalvoti*) consíder

apsvil‖inti singe ~ti singe òneslf

apšalas glazed frost; íce-còvered / íce-crùsted ground

apšal‖dyti: *Jis* ~*dė rankas* his hands are fróst-bìtten ~ti freeze* all óver

apšarmoti becóme* / get* cóvered with hóar-fròst

apšarvuoti 1 (*pvz., laivą*) coat with ármour-plàtes **2** *prk.* (*apginkluoti*) arm (*with*)

apšaudy‖mas fíring; fíre ~ti fíre (*at, upòn*), céntre fíre (*on*); (*artilerijos ugnimi*) shell; (*kulkosvaidžiu*) machíne-gùn apšaukti 1 (*apskelbti, apgarsinti*) declâre, procláim 2 *žr.* apibarti; 3 (*apkalbéti*) defáme

apšepti 1 (*apaugti plaukais*) becóme* òvergrówn with hair, becóme* shággy 2 (*apíplyšti*) becóme* shábby

apšerkšnyti becóme* cóvered with hóar-fròst

apšerti òverféed*

apšil||dymas héating; **centrinis a.** céntral héating ~dyti heat ~ti grow* / get* wármer; warm òneself

apšlakstyti (be)sprínkle

apšlubti becóme* / grow* lame

apšluostyti wipe; wipe dry

apšluoti sweep* off

apšmeižti slánder; calúmniàte, defáme

apšnekéti *žr.* apkalbéti

apšvie||sti 1 (*pvz., kambarį*) light* up 2 (*žmogų*) enlíghten ~timas 1 líght-(ing) 2 enlíghtenment

aptais||as 1 (*drabužis*) dress 2 (*knygos*) bínding, bóok-còver ~yti 1 (*aprengti*) dress 2 (*knygą*) bind*

aptak||us *tech.* stréamlìned; ~i **forma** stréamlìned form; **suteikti ~ią formą** stréamlìne

aptarimas discússion

aptarn||auti atténd (*to*), serve; (*stakles ir pan.*) atténd, óperàte ~avimas atténdance; sérvice

aptarti discúss

aptašyti square; rough-héw

aptaškyti (be)sprínkle (*with*); splash (*on, over*), (be)spátter (*with*)

aptem||dymas dárkening; *kar.* blàck-óut; *prk.* obscúring ~dyti dárken; *kar.* black out; *prk.* obscúre ~ti grow* / get* / becóme* dark

aptepti coat

apties||alas cóver; (*lovai*) béd-spread, cóverlet ~ti cóver (*with*)

aptikti discóver, find* out; detéct

aptingti grow* lázy

aptinkuoti pláster; párget; róugh-càst

aptraukti 1 cóver 2 (*statinę lankais*) hoop

aptvaras fence

aptvarkyti (*pvz., suknelę*) put* in órder

aptvarstyti bándage; dress

aptverti fence in; enclóse

aptvilkyti scald

aptvindyti flood

apuokas *zool.* éagle owl

apuostyti sniff (*at*)

apvadas édging; píping

apvaikščioti *žr.* apeiti 1

apvainikuoti crown (*with*)

apvaisin||imas fēcundátion; ìmprègnátion ~ti fécundàte; ímprègnàte

apvaizda *bažn.* Próvidence

apvalainas, apvalainis óval

apvaldyti máster, assímilàte; cope (*with*)

apval||ymas cléaning ~yti clean

apvalinis round

apvalkalas 1 (*priegalviui*) píllow-càse, píllow-slìp 2 (*luobas, apdaras*) intégument

apval||umas róundedness ~us round

apvažinéti trável all óver

apvedžioti 1 lead* (round) 2 (*apsiuvinéti kraštus*) bórder (*with*), trim (*with*)

apverkti mourn (*over*), bemóan ~nas lámentable, deplórable

apversti turn óver; invért

apves||dinti márry ~ti (*ką aplink*) lead* (round)

apvijoti wind* (round); twine (round); entwíne

apvilkti dress, clóthe

apvilti dìsappóint (*in*); dìsappóint smb's hopes

apvynioti wind* (round); wrap up

apvirsti òvertúrn; tip óver; (*apie laivą*) càpsíze

apvyti (*siūlus ir pan.*) wind* (round)

apvogti rob

apžadas vow, prómise

apžel||dinti plant with vérdùre ~ti óvergrów (with grass or hair); be* / becóme* óvergrówn (*with*)

apžergti stráddle

apžioti mouth (up)

apžiūra reviéw ~ėjimas inspéction, súrvey, exàminátion ~ėti exámine, survéy, view; (parodą ir pan.) look round

apžvalg||a 1 súrvey 2 (straipsnis, pranešimas) reviéw ~ininkas reviéwer ~inis reviéw attr; ~inė paskaita reviéw lécture

apžvelgti 1 look óver, look round, exámine 2 prk. (spaudoje) reviéw

ar 1 dll. (bendruosiuose klausimuose; neverčiama) ar (tu) žinai? do you know?; ar buvai (esi buvęs) Vilniuje? have you been to Vílnius? 2 jng. whéther, if; or; jis neatsimena, ar ją matė he doesn't remémber whéther he has seen her; eik ir pažiūrėk, ar vaikai ten go and see if the children are there; lyja ar sninga whéther it rains or snows; dieną ar naktį by day or at night; šiaip ar taip in ány evént; in ány case

arab||as, -ė Árab, Arábian; ~ų kalba Árabic ~iškas Arábian, Árabic

aras (žemės ploto matas) are

arba or; arba ... arba éither ... or

arbat||a tea ~ėlė (vaišės) tea; téaparty; popietinė ~ėlė áfternoon / five-o'clóck tea ~inė téa-room ~inis tea attr; ~inis šaukštelis téa-spoon ~inukas téa-pòt ~pinigiai tip sg, gratúity sg; duoti ~pinigių tip, give a tip; duoti padavėjui penkiasdešimt pensų ~pinigių tip the wáiter fifty pence ~žolės tea sg; tea leaves

arbitr||as árbiter, árbitràtor ~ažas àrbitrátion

arbūzas wáter-mèlon

archaizmas lingv. árchàism

archeolog||as àrchaeólogist ~ija àrchaeólogy ~inis àrchaeológical

architekt||as árchitèct ~ūra árchitècture ~ūrinis àrchitéctural

archyv||aras árchivist ~as árchìves pl; atiduoti į ~ą prk. šnek. shelve

ard||ai, ~eliai (krosnies) fíre-gràte sg

ardyti 1 (siuvinį, mezginį) ùnríp, rip up, rip ópen; (namą ir pan.) pull

down; (mechanizmą) dìsmántle, dìsassémble, take* to píeces, dìsjóint 2 (griauti) destróy, demólish; a. sveikatą ruin one's health 3 (tvarką ir pan.) break*; distúrb

arena aréna; cirko a. círcus ring

arešt||as 1 arrést; 2 (turtui ir pan.) attáchment, sèquestrátion, séizure; uždėti ~ą attách, sequéster, sequéstràte, seize; nuimti ~ą reléase ~uoti arrést, put* únder arrést, take* ínto cústody

arf||a muz. harp ~ininkas, -ė hárpist, hárp-player

argi (klausiant): a. tai gali būti? réally?, is it póssible?; a. tai tiesa? can it réally be true?; jis ten buvo. — Argi? he was there. — Réally?; (dažnai neverčiama) a. jis atvažiavo? has he come?; a. tu nežinai? don't you know it?

argument||as árgument ~uoti árgue (that), réason (that)

ariam||as(is) árable; ~oji žemė árable land

arija muz. ária; air

arimas 1 (veiksmas) tíllage, plóughing 2 (išartas laukas) ploughed field

aristokrat||as áristocràt ~ija àristócracy ~iškas àristocrátic

aritmet||ika aríthmetic; ~ikos uždavinys sum; spręsti ~ikos uždavinius do* sums ~inis, ~iškas àrithmétical

aritmometras àrithmómeter

arklas wóoden plough

arklėnas zool. hínny

arklia||ganys, ~gonis hórsehèrd ~vagis hórse-stealer; hórse-lifter amer.

arkl||idė stáble ~iena hórse-flèsh ~ininkas groom, stáble-man* ~ininkystė hórse-brèeding

arkl||ys horse; sėsti ant ~io mount a horse; prižiūrėti ~į groom a horse

arktinis árctic

armatūra 1 (griaučiai) steel frámewòrk 2 (prietaisai) fíttings pl

armėn||as, -ė Àrménian; ~ų kalba Àrménian, the Àrménian lánguage

armija ármy; fórces *pl*; **veikiančioji a.** Ármy in the Field; Field Fórces *pl amer.*; **reguliarioji a.** régular / stánding ármy

armonik‖a *muz.* accórdion, còncertína [-'ti:nə] △ **paleisti ~ą** begin* to cry / weep*; **uždaryti ~ą** stop to cry / weep*

arogantiškas arrogant; provócative

arp‖as, ~uoti *žr.* **vėtyklė, vėtyti**

arsenalas ársenal; ármoury

arsenas *chem.* ársenic

aršus fúrious, víolent, fierce

arterija *anat.* (*t.p. prk.*) ártery

artėti 1 (*artintis*) appróach, draw* / come* néarer (*to*); near **2** (*sueiti į artimesnius santykius*) becóme* good* / close friends (*with*)

artezinis: a. šulinys àrtésian well

árti I plough, till

artì II **1** *prv.* near, close; néarly, close by; néar-bỳ; **a. gyventi** live near, live close by, live hard by **2** *prl.* near (*smb, smth*), close to (*smb, smth*); abóut; **a. šimto** abóut one / a húndred

artikelis *gram.* árticle; **žymimasis a.** définite árticle; **nežymimasis a.** indéfinite árticle

artiler‖ija àrtíllery; **toliašaudė a.** lóng-rànge àrtíllery / órdnance; **priešlėktuvinė a.** ànti-áircraft àrtíllery **~istas** àrtíllery-man*; gúnner

artim‖as near; (*apie vietą*) néighbouring; (*apie draugą*) íntimate, close **~umas 1** (*apie nuotolį, t.p. prk.*) néarness, clóseness, pròxímity; (*apie giminystę*) propínquity **2** (*apie santykius*) íntimacy

artyn néarer; clóser; **eiti a.** go* néarer; come* up

artin‖ti draw* néarer; bring* néarer **~tis** appróach, draw* / come* néarer (*to*); near

artipilnis álmòst / néarly full

artist‖as àrtíste; (*aktorius*) áctor; **dramos a.** áctor; **baleto a.** bállet-dàncer; **operos a.** ópera sìnger

~ė àrtíste; (*aktorė*) áctress **~iškas** àrtístic

artojas plóughman*

art‖umas néarness, clóseness, pròxímity **~us** near; close **~utinis** néarest; next; **~utinis kaimynas** nèxt-dóor néighbour

aruodas bin; córn-bìn

ąsa 1 (*ąsočio*) ear **2** (*adatos*) eye **3** (*bato aulo kilpelė, drabužio pakabėlė*) tab, tag **4** (*sagai segti*) bútton-hòle

asamblėja assémbly; **Jungtinių Tautų Organizacijos Generalinė A.** the Géneral Assémbly of the Ùníted Nátions Òrganìzátion

asbestas àsbéstòs

asfalt‖as ásphàlt, míneral pitch **~uoti** ásphàlt; lay* with ásphàlt

asign‖avimas àssignátion, àllocátion, appròpriátion, assígnment **~uoti** assígn (*for*); állocàte, apprópriàte

asil‖as dónkey, ass **~ė** shé-àss **~ėnas** mule **~iškas** dónkey, ass *attr*; ásinìne **moksl.**

asimil‖iacija assìmilátion **~iuoti** assìmilàte

asistentas, -ė assístant; (*profesoriaus*) assístant lécturer, proféssor's assístant

asiūklis *bot.* hórse-tail

asla dirt floor

asmen‖avimas *gram.* cònjugátion **~ybė** pèrsonálity; pérson **~inis** pérsonal; **~iniai įvardžiai** *gram.* pérsonal prónouns **~iškas** pérsonal **~uotė** *gram.* group / type / class of cònjugátion **~uoti** *gram.* cónjugàte

asmuo 1 pérson; **žymus a.** great pérson; pérson of high rank; big shot / wig / bug *šnek. iron.* **2** *gram.* pérson

asociacija assòciátion

asortimentas assórtment

ąsotis jug, pítcher; **pieno a.** mílk-jùg

aspirant‖as, -ė pòst-gráduate (stúdent) **~ūra** pòst-gráduate stúdentship, reséarch stúdentship; pòst-gráduate course

astma *med.* ásthma

astra *bot.* áster

astronom‖as astrónomer ~**ija** astró-
nomy ~**inis** àstronómic(al)

aš I; (*daiktavardiškai*) the I, the égò

ašak‖a (*smulkus žuvies kaulas*) físhbòne
~**otas** full of bones, bóny

ašar‖a tear; *lieti* ~**as** shed tears; *lie-
ti gallias* ~**as** cry bítterly; *juok-
tis pro* ~**as** (*linksmai*) smile through
tears; (*liūdnai*) laugh with one eye and
weep* with the óther △ *krokodilo*
~**os** *iron.* crócodìle tears ~**otas**
téar-stained; ~**otos akys** eyes red
with wéeping ~**oti** 1 (*tekėti ašaroms*)
wáter; **akys** ~**oja** the eyes are
wátering 2 (*verkti*) cry

ašigalis pole; *Šiaurės* **a.** North Pole

ašis 1 (*rato*) áxle 2 *tech.* áxle, spíndle;
pin 3 *mat.*, *fiz.* áxis (*pl* áxès); *Žemės*
a. áxis of the equátor

ašmenys edge, blade *sg*

aštrėti becóme* / grow* sharp; (*blogė-
ti*) becóme* ággravàted / strained

aštriadantis shàrp-tóothed, hàving
sharp teeth

aštrialiežuvis hàving a sharp tongue;
shàrp-tóngued

aštriaprotis kèen-wítted

aštr‖inti 1 shárpen, whet 2 *prk.* intén-
sifỳ; shárpen; **a. santykius** strain the
relátions ~**umas** shárpness; acúity;
(*regėjimo, klausos ir pan.*) kéenness;
(*pojūčių, kvapo*) púngency, póignancy
~**us** sharp, acúte; (*apie regėjimą,
klausą ir pan.*) keen; (*apie kvapą*)
púngent; strong; ~**us valgis** píquant
meal / dish △ *jis turi* ~**ų liežuvį** he
is shàrp-tóngued

aštuntadalis eighth (part), one eighth

aštunt‖as eighth ~**oji** (*dalis*) eighth
~**okas** éighth-fòrm boy ~**okė** éighth-
fòrm girl

aštuon‖akė the eight (*of*); *širdžių,
pikų ir t.t.* **a.** the eight of hearts,
spades, *etc.* ~**eri** eight ~**eriopas**
of eight types / sorts ~**etas** 1 eight
2 (*apytikris aštuonių skaičius*) abóut
eight; *turiu* ~**etą šimtų litų** I have

(got) abóut eight húndred lítas ~**i**
eight

aštuoniãkampis *mat.* óctagon

aštuoniakaṁpis òctágonal

aštuonmetis 1 (*apie laiko tarpą*) éight-
year *attr* 2 (*apie amžių*) èight-year-
óld; of eight (years); **a. berniukas**
boy of eight

aštuoniasdešimt éighty ~**as** éightieth

aštuon‖iese eight (togéther); *jie
buvo* **a.** there were eight of them
(togéther); *jie dirbo* **a.** the eight
of them worked togéther ~**iolika**
èightéen ~**ioliktas** èightéenth ~**kojis**
zool. octópus ~**linkas** éightfòld

ašutas hórse-hàir

atak‖a *kar.* attáck; (*pėstininkų*)
assáult ~**uoti** attáck; charge; (*apie
pėstininkus*) assáult

atak‖ti recóver one's sight ~**imas**
recóvery of sight

atamanas 1 *ist.* átaman (*Cossack
chieftain*) 2 (*gaujos vadas*) chíeftain

atardyti rip off

ataskait‖a accóunt; *duoti kam* ~**ą
apie ką nors** give* / rénder an ac-
cóunt to smb of smth; repórt to
smb on smth ~**inis** 1 repórt *attr*;
~**inis pranešimas** (súmmary) re-
pórt; ~**inis-rinkiminis susirinki-
mas** eléction méeting, méeting held
to hear repórts and eléct new offícials
2 (*apie laikotarpį*) cúrrent, accóunt-
able; ~**inis laikotarpis** périod únder
revíew

atašė *pr.* attaché

atatranka (*šaunamųjų ginklų*) recóil;
kick *šnek.*

ataudai *tekst.* weft *sg*, woof *sg*

ataug‖a *bot.* sprout, shoot ~**inti**
grow*; ~**inti plaukus** grow* one's
hair long ~**ti** grow* (again)

atauš‖inti cool (off); chill; *prk.* damp
~**ti** get* cool / cold; *prk.* cool (down)

atbaidyti fríghten / scare awáy

atbėgti come* rúnning

atbraila *archit.* córnice; (*lango*) ledge;
(*skrybėlės*) brim

atbristi come* wáding / fórding

atbuk‖ėlis dúllard, blóckhead, dolt; (*ypač apie mokinį*) dunce ~inti (*peilį ir pan.*) blunt; dull, take* the edge (off); *prk.* déaden, dull ~ti becóme* blunt / dull; *prk.* déaden, becóme* dull

atbul‖ai back to front; revérsedly ~as turned the wrong way; invérted, revérsed

atdaras ópen; *prk. t.p.* óvèrt

ateist‖as átheist ~inis, ~iškas àtheístic

atei‖ti come* ~tis the fúture ~tyje in the fúture; for the fúture ~vis, -ė néw-còmer, stránger

ateizmas átheism

atėj‖imas cóming, arríval ~ūnas, -ė *žr.* **ateivis**

ateljė (*dailininko, fotografo ir pan.*) stúdiò; (*siuvykla*) dréssmàking and táiloring estáblishment △ **madų a.** fáshion átelier / house*

atėmi‖mas 1 táking awáy; dèprivátion; **pilietinių teisių a.** dìsfránchisement; **laisvės a.** (*bausmė*) imprísonment 2 *mat.* subtráction ~nys *mat.* súbtrahènd

atentatas attémpt upón smb's life

atest‖acija 1 cèrtificátion 2 (*rekomendacija*) rècommèndátion ~atas 1 (*pažymėjimas*) certíficate; **brandos** ~atas schóol-leaving certíficate 2 (*tarnybinis*) tèstimónial ~uoti rècomménd

atgaben‖imas delívery ~ti bring*; delíver (*to*)

atgail‖a repéntance, pénitence; *bažn.* pénance ~auti repént (*of*); conféss; *bažn.* do* pénance

atgaivin‖imas enlívening, máking more lívely, reànimátion; revíving ~ti 1 revíve; (*teikti žvalumo*) enlíven, vívifỳ, revítalìze 2 (*apalpusį*) bring* smb to his sénses; bring* smb round *šnek.*

atgal back, báckwards; **grįžti a.** come* back △ **ten ir a.** to and fro; **nei pirmyn, nei a.** néither fórwards

nor báckwards, stóckstìll; **kelias a.** retúrn jóurney, way back

atgal‖ias *žr.* **atbulas;** ~inis *teis.* rètròáctive, rètròspéctive; (*apie įstatymą t.p.*) ex post fácto

atgalios *žr.* **atgal**

atgamin‖imas *ekon.* rèprodúction ~ti rèprodúce

atgarsis 1 (*aidas*) échò 2 *prk.* respónse; (*atsiliepimas*) cómmènt

atgauti 1 recéive / get* back 2: △ **a. kvapą** take* breath; **a. sąmonę** come* to ònesélf, come* to one's sénses; recóver / regáin cónsciousness; come* round *šnek.*; **a. sveikatą** recóver one's health

atgijimas 1 cóming to life; recóvery 2 *prk.* revíval

atgim‖imas revíval, rèbírth, renáscence; **Atgimimo epocha** *istor.* Renáissance, Renáscence ~ti revíve; (*sustiprėti ir pan.*) retúrn to life, be* restóred to life

atgiñti 1 (*atvaryti*) drive up (*to*), drive near (*to*) 2 (*nuvaryti*) drive awáy / off

atgyti 1 come* to life (agáin) 2 *prk.* revíve

atgyven‖a survíval ~ti (*pasenti*) becóme* óbsolète; (*apie madą, papročius ir pan.*) go* out of fáshion / use

atgniaužti (*kumštį*) ùnclénch, ùndó, ópen

atgrasinti discóurage (*from*), put* smb out of concéit

atgręžti turn

atgrubti becóme* numb (with cold)

atidary‖mas ópening; thrówing ópen ~ti ópen

atidavimas 1 (*grąžinimas*) gíving back, restitútion 2: **bagažo a.** régistering of lúggage

atidėjimas pòstpónement, deláy; (*mokėjimo*) réspìte; *teis.* adjóurnment, deférment

atidėlioti *žr.* **atidėti**

atideng‖imas (*paminklo*) ùnvéiling ~ti 1 take* off, ùncóver; ~ti **paminklą** ùnvéil a mónument 2 (*iškelti* *aikštėn, demaskuoti*) revéal, disclóse; (*apgavystę*) discóver

atidėti 1 (*į šalį*) put* / set* asíde; (*kaupti, taupyti*) lay* asíde / apárt, lay* / put* by 2 (*terminą*) put* off, pòstpóne, deláy; (*svarstymą ir pan.*) adjóurn, defér

atidirb||**ti** 1 (*atsilyginti darbu*) clear by wórking, work off 2 (*tam tikrą laiką*) work (*for*); *jis ~o penkias dienas* he worked for five days 3 (*baigti darbą*) fínish one's work

atidrėkti grow* wet / damp

atidumas atténtiveness

atidumti come* téaring alóng

atiduoti 1 (*grąžinti*) retúrn, give* back 2 (*perduoti, įteikti*) give*; hand (óver) (*to*); delíver (*to*) 3 (*parduodant*) let* smb have △ **a. pagarbą** *kar.* salúte

atidus atténtive; (*rūpestingas*) cáreful

atils||**inė** *žr.* **kelialapis;** ~**is** rest; **amžiną** ~**į** etérnal peace

atimti 1 take* awáy; take* (*from*); beréave* (*of*); **a. kam teises** depríve smb of rights 2 *mat.* subtráct ~**s** *mat.* subtráction

atitaisy||**mas** corréction ~**ti** corréct

atitarnauti 1 (*atlikti, baigti tarnybą*) serve one's time 2 (*apie daiktus*) be* worn out

atiteisti adjúdge (*to*)

atitekti fall* to one's lot / share

atitempti bring*, drag

atitiesti stráighten

atitik||**imas** accórdance, confórmity ~**muo** equívalent ~**ti** còrrespónd (*to, with*); confórm (*to*); be* in line (*with*)

atitinkam||**ai** accórdingly, còrrespóndingly, confórmably ~**as** còrrespónding (*to*); confórmable (*to*) ~**umas** accórdance, confórmity, còrrespóndence

atitol||**inti** remóve ~**ti** move awáy (*from*)

atitrauk||**ti** 1 (*dėmesį ir pan.*) distráct; divért, turn off; **a. ką nuo darbo** distúrb smb; (*trukdyti dirbti*) prevént smb from wórking; ~**iant**

nuo darbo work béing dìscontínued 2 (*kariuomenę*) draw* off, draw* back ~**tinis** ábstràct ~**tinumas** àbstráctness

atitrūk||**ti** 1 (*apie pririštą gyvulį*) break* loose; break* awáy 2 *prk.* (*netekti ryšių*) lose* touch (*with*)

atituštinti (*patalpą*) vacáte the prémises; clear out *šnek.*

atitverti fence off

atjaun||**ėti** becóme* young agáin ~**inti** rejúvenàte

atjausti sýmpathìze (*with*), feel* (*for*)

atjoti come* on hórsebàck

atkabinti ùnhóok; *glžk.* ùncóuple

atkakl||**umas** persístence, ùnyíeldingness; (*užsispyrimas*) óbstinacy, stúbbornness; pèrtinácity ~**us** persístent; (*užsispyręs*) stúbborn, pèrtinácious, refráctory

atkalb(in)ėti dissuáde (*smb from +* ger); put* smb off (+ *ger*); **ką a. nuo ko** talk smb out of (+ *ger*) *šnek.*

atkalėti serve one's time; serve a term of imprísonment

atkalnė móuntain-sìde, híll-sìde

atkampus seclúded

atkariauti 1 (*karu atgauti*) win* (*from*), win* óver (*from*) 2 (*baigti kariauti*) fínish fíghting

atkarpa 1 (*atraiža*) length; **a. suknelei** dress length 2 (*kuponas*) cóupòn 3 (*laikraščio dalis*) spécial árticle

atkarto||**jimas** rèpetítion; (*daugkartinis*) rèìterátion ~**ti** repéat; (*daug kartų*) rèìteràte

atkàsti dig* up; dìsintér; (*lavoną*) èxhúme, dìsentómb

atkąsti bite* off

atkeliauti arríve, come*

atkelti 1 cárry / trànsfér (from one place to anóther, sómewhère) 2: **a. vartus** ópen the gate

atkentėti súffer no more, have* súffered enóugh

atkerš||**ijimas** véngeance ~**yti** revénge ònesélf (*upon for*); take* véngeance (*on for*); avénge atkimšt‖i ùncórk ~ė, ~ukas córk-screw

atkirpti cut* off, snip off

atkirsti 1 chop / cut* off 2 (*griežtai atsakyti*) snap out 3 (*kelią ir pan.*) cut* off

atkirtis (*atkertamas atsakymas*) rebúff

atkišti 1 (*pvz., ranką*) stretch out 2 (*lūpas*) protrúde

atklijuoti ùnstíck*

atklysti come* (áfter rámbling abóut); come* by chance

atkovoti recápture, regáin; recónquer; win* (*from*)

atkrantė slope, descént

atkrapštyti pick off

atkreipti diréct (*at*); turn (*to*); (*ginklą*) lével (*at*); a. savo dėmesį į ką turn one's atténtion to; a. kieno dėmesį į ką call / draw* / diréct smb's atténtion to

atkr‖isti 1 (*nustoti galios, prasmės*) fall* awáy; klausimas ~inta the quéstion no lónger aríses 2 (*ligai atsinaujinti*) relápse ~ytis (*ligos atsinaujinimas*) relápse

atkurti 1 (*atgaivinti*) rè-crèáte 2 (*atstatyti*) rècónstitùte, rèconstrúct 3 (*atnaujinti*) renéw 4 (*atbėgti*) come* téaring alóng

atkusti (*stiprėti, taisytis*) get* well, recóver, be well agáin

atlaidai *bažn.* 1 (*šventė*) Church féstival 2 (*bausmės atleidimas*) indúlgence

atlaid‖umas indúlgence, lénience ~us (*lengvai dovanojantis / atleidžiantis*) indúlgent; lénient

atlaikyti 1 (*išlaikyti*) hold* out, withstánd* 2 *bažn.*: a. pamaldas hold* / perfórm the (divíne) sérvice

atlapas I (*drabužio*) lapél

atlapas II (*palaidas, atdaras*) ópen, wide ópen; (*nesusegtas*) ùnbúttoned

atlapoti throw* / fling* / thrust* ópen; a. apsiaustą throw* ópen one's coat

atlasas I (*geogr. ir pan.*) átlas

atlasas II (*audinys*) sátin

atlauža splínter, shíver

atlaužti 1 break* off 2: a. gaiduką raise the cock, cock the gun

atleidimas 1 (*išdavimas*) delívery, dìstribútion 2 (*iš darbo*) dischárge, dismíssal; sacking *šnek.*; fireing *amer.* 3 (*kaltės*) forgíveness, párdon

atleis‖ti 1 (*virvę, diržą*) slácken; loosen, turn loose 2 (*iš darbo*) dismíss, dischárge; (give* the) sack *šnek.*; fire *amer.* 3 (*dovanoti*) forgíve*, párdon; condóne; ~kite! excúse me!, I beg your párdon 4 (*nuo mokesčio ir pan.*) exémpt (*from*) 5 *bažn.* (*nuodėmes*) absólve 6 (*prekes*) supplý; (*parduotuvėje*) serve ~tinas (*dovanotinas*) párdonable, jùstifíable; excúsable

atlėkti 1 (*atskristi*) come* flýing 2 (*atbėgti*) come* rúnning

atlenkti ùnbénd*; (*peiliuką*) ùnclásp

atlet‖as áthlète ~ika àthlétics *pl*; lengvoji ~ika track and field àthlétic(s); sunkioji ~ika héavy àthlétics ~iškas àthlétic

atlydys thaw

atlieka *žr.* atliekos

atliekamas 1 (*laisvas*) spare 2 (*nereikalingas*) ùnnécessary

atliekos *tech.* waste (matérial) *sg*, scrap *sg*

atlygin‖imas 1 páyment, pay; (*alga*) pay, sálary; (*darbininkų*) wáges *pl*; vienetinis a. páyment by the piece; už (*nedidelį*) ~imą for a (small) consìderátion 2 (*nuostolių, išlaidų*) còmpensátion; rèimbúrsement; indémnity 3 (*atpildas, atmokestis*) rewárd, récompènse ~ti 1 (*už darbą ir pan.*) pay (*for*); 2 (*darbininkui ir pan.*) pay 3 (*nuostolius*) make* up (*for to*); cómpensàte (*for*); rèimbúrse

atlikti 1 (*pasilikti*) remáin; stay 2 (*įvykdyti*) cárry out, fulfíl; a. kelionę aplink pasaulį go* round the world 3 (*apie artistą ir pan.*) perfórm; a. vaidmenį act, play the role (*of*), take* the part (*of*); a. šokį do* a dance 4 (*bausmę*) serve 5 (*praktiką*) do* práctice; go* in for práctice ~nis *gram.* pérfect

atlyžti calm / quiét / séttle down

atloš‖as (*kėdės ir pan.*) back ~ti reclíne; bend* báck(wards)

atlupti tear* off, rip off

atmain‖a 1 (*oro ir pan.*) change 2 (*veislė*) varíety; spéciès (*sg ir pl*) ~ingas, ~us chángeable

atmat‖os 1 gárbage *sg*, réfuse [-s] *sg*; óffal *sg*; ~ų *duobė* réfuse / rúbbish pit 2 (*gamybos*) waste *sg* △ ví-suomenės a. dregs / scum of socíety

atmatuoti méasure off

atmegzti (*mazgą*) ùndó

atmerkti: a. akis ópen one's eyes

atmesti 1 (*į šalį*) throw* off, cast* awáy 2 (*galvą*) toss / throw* back one's head 3 (*nepriimti, nepatenkín-ti*) declíne 4 (*išbrokuoti*) rejéct as deféctive 5: **a. mintį** give* up an ìdéa; **a. teoriją** rejéct a théory

atmiešti dìlúte; **a. vandeniu** dìlúte with wáter

atminim‖as rècolléction, remémbrance; *padovanoti* ~ui give* as a kéepsàke

atmint‖i remémber; keep* in mind; *tam įvykiui a.* in mémory of that evént ~inai by heart, by rote ~inas mémorable; ~inas įvykis mémorable evént ~is mémory; *regimoji* ~is vísual mémory; *girdimoji* ~is áural mémory; *gera* ~is reténtive mémory; *bloga* ~is poor mémory; *iš* ~ies from mémory

atmirk‖yti (*vilgant atklijuoti*) ùnstíck by wétting; (*linus*) ret flax ~ti come* off; (*apie linus*) ret

atmosfer‖a átmosphère ~inis àtmos-phéric; ~iniai krituliai àtmosphéric precìpitátion *sg*

atmuš‖imas 1 (*puolimo ir pan.*) repúlse, párry; wárding off 2 (*šviesos ir pan.*) refléction, revèrberátion ~ti 1 (*atremti*) beat* off / back; repúlse, repél; ~ti *smūgį* párry a blow; ~ti *sviedinį* retúrn a ball 2 (*šviesą ir pan.*) refléct, revérberàte

atnaujin‖imas 1 renéwal; rènovátion 2 (*po pertraukos*) resúmption, rècom-méncement; (*pjesės*) revíval ~ti 1 (*pvz., baldus*) rénovàte; make* as good as new 2 (*vėl pradėti*) renéw; (*po pertraukos*) resúme, rècomménce; (*pjesę ir pan.*) revíve

atnešti bring*; fetch; *atgal a.* bring* back

atodair‖a: be ~os bėgti run* with-óut túrning one's head; show* a clean pair of heels *idiom.*; *dirbti be* ~os (*nerūpestingai*) work cárelessly / négligently

atodrėkis thaw

atodūs‖is 1 deep breath (*išreiškiant jausmus*) sigh 2 (*atvanga*): *dirbti be* ~io work withóut a móment's réspìte

atograž‖a trópic ~inis trópical; ~inis *klimatas* trópical clímate

atokait‖a: saulės ~oje in the véry sun, right in the sun

atok‖iai (ráther) far* (*from*), at some dístance ~us (ráther) far*; dístant, remóte

atólas *ž.ū.* áftermàth, áfter-gràss, fog, rówen

atom‖as átom ~inis atómic; ~inė *bomba* átom bomb, Á-bòmb; ~inė *energija* atómic énergy; ~inė *fizika* núclear phýsics; ~inė *elektrinė* atómic pówer státion

atomazga 1 (*dramos, romano*) dé-nouement *pr.* [dei'nu:màŋ] 2 (*baigtis, rezultatas*) óutcòme, íssue; úpshòt

atoslūgis ebb, ébb-tìde

atosmūgis *kar.* cóunter-blow

atostog‖auti have* one's hóliday; have* one's leave; be* on leave (of ábsence); have* one's fúrlough *kar.* ~autojas, -a hóliday-màker, pérson on leave ~os vacátion *sg*; hóliday *sg*; leave *sg*; (*dėl ligos*) síck-leave *sg*; (*mokykloje*) hólidays; recess *sg* *amer.*; fúrlough *kar.*; *dekretinės* ~os matérnity leave; *paimti* ~ų take* a hóliday; *paleisti* ~ų give*

a hóliday; give* leave (of áb-
sence); **kada mokinlai paleidžiaml
atostogų?** when does school break
up?

atošvai‖stė, ~**ta** refléction, gleam

atoveik‖is, ~**smis** *fiz.* reáction;
(*atostūmis*) repúlsion

atpalaid‖uoti: a. kam rankas ùntíe-
smb's hands; (*prk. t.p.*) leave* smb
free to act; **a. kam liežuvį** loose /
lóosen smb's tongue

atpančioti ùnfétter; **a. arklį** ùnhób-
ble a horse

atpasako‖jimas rètélling, narrátion
~**ti** rètéll*

atpažinti 1 (*identifikuoti*) ìdéntifÿ
2 (*pažinti*) know* (agáin) récognìze

atpenėti fátten

atpig‖inti redúce the price (*of*) ~**ti**
becóme* chéaper, chéapen, fall* in
price

atpildas rètribútion; requítal; némesis
(*bausmė*) púnishment; (*atlyginimas*)
rewárd, récompènse

atpilti 1 (*apie skysčius*) pour off
2 (*apie biralus*) pour out

atpirkti (*kaltę*) èxpiàte, atóne (*for*)

atpjauti cut* off; (*pjūklu*) saw* off

atpjova piece; ségment; cut

atplaiša splínter

atplaukti swim* up, come* swím-
ming; (*apie laivą ir pan.*) sail up

atplauti wash clean; wash off / awáy

atplėšti 1 tear* off / awáy, rip off
2 (*laišką*) ópen, ùnséal 3 (*paveržti,
atimti*) tear* awáy

atplyšti come* off, tear* off; rip off;
splínter

atplūduriuoti come* flóating / dríf-
ting

atplukdyti (*sielį*) float to a place

atplūsti come* up flówing; (*apie
žmones*) rush (*into*; *up*)

atpra‖sti grow* out (*of*), fall* out
(*of*); (*sąmoningai, pvz., nuo rūkymo*)
break* ònesélf of (a hábit) ~**tinti**
break* (*of*), wean (*from*)

atpulti fall* off

atrad‖ėjas discóverer ~**imas** discóv-
ery

atraišioti ùntíe, ùnbínd*

atrait‖as (*rankovės*) cuff; (*kelnių*)
túrn-ùp; (*bato*) top ~**yti** roll up

atraiža 1 (*ko dalis*) piece 2 (*audeklo*)
length; páttern *amer.*

atrajot‖i chew the cud; rúminàte;
~**ojas** rúminant (*ánimal*)

atrakinti ùnlóck; (*atidaryti*) ópen

atram‖a suppórt; prop; (*tilto*) pier,
(*krante*) abútment; ~**os taškas** *fiz.
ir prk.* fúlcrum (*pl* -ra); *tech. t.p.*
béaring

atranka seléction; **natūrali, gamtinė
a.** *biol.* nátural seléction

atraportuoti repórt

atrasti 1 find* 2 (*mokslo srityje*)
discóver

atraš‖as wrítten ánswer; ánswer to a
létter ~**yti** write in retúrn; ánswer a
létter

atremti 1 prop up 2 (*puolimą, kaltini-
mus*) repúlse

atrėplioti come* cráwling / créeping

atrėžti 1 cut off 2 (*tiesiai atsakyti,
drožti į akis*) snap out

atribo‖jimas delìmitátion ~**ti** delímit

atributas *fil., gram.* áttribùte

atriekti cut* off (bread)

atriesti ùnbénd*

atrink‖imas seléction ~**ti** choose*,
seléct, pick out

atristi roll near, roll up (*to*)

atrišti ùnbínd*, ùnfásten, ùntíe, loose;
(*gyvulius t.p.*) ùntéther

atritinti *žr.* atristi

atrod‖yti 1 (*turėti išvaizdą*) look
like; **jis gražiai** ~**o** he looks well
2 (*rodytis*) seem (*to*), appéar (*to*);
strike as *šnek.*; **jis** ~**o protingas** he
seems to be cléver, *arba* it seems that
he is cléver

atrūgos bélch(ing) *sg*, èrùctátion *sg*

atsagstyti ùnfásten, ùndó, ùnclásp;
(*apie sagas t.p.*) ùnbútton

atsajus ábstràct

atsak‖as, ~ymas 1 ánswer, replý, respónse 2: *neigiamas* ~*ymas* refúsal ~ingas 1 respónsible; ~*ingasis redaktorius* èditor-in-chíef; ~*ingas darbuotojas* exécutive 2 (*svarbus*) crúcial; ~*ingas uždavinys* main / prímary task

atsak‖yti 1 ánswer replý(*to*); **a.** *pamoką* say* / repéat one's lésson 2: **a.** *kam kambarį* give* one nótice to quit 3 (*už veiksmus*) ánswer (*for*); be* respónsible (*for*) ~omasis: ~*omasis egzaminas* óral / vérbal exàminátion

atsak‖omybė respònsibílity; *teis. t.p.* amènabílity ~*ovas, -ė teis.* deféndant, respóndent

atsarg‖a 1 (*atsargumas*) care, cáution, prúdence 2 (*santaupos*) stock, supplý; resérve; *prekių* a. stòck-in-tráde; *žinių* a. stock / fund of knówledge, èrudítion; *žodžių* a. stock of words, vocábulary 3 *kar.* resérve; *paleisti į* ~ą trànsfér to the resérve

atsarg‖inis 1 spare; resérve *attr*; **a.** *išėjimas* emérgency éxit; ~*inės dalys* spare parts, spares 2 *kar.* resérvist

atsargumas *žr.* atsarga 1

atsarg‖us cáreful; cáutious; wáry; ~*iai!* be cáreful!, take care!, look out / sharp!; ~*iai, dažyta!* wet / fresh paint!

atsėdėti (*kalėjime ir pan.*) serve one's time; serve a term of imprísonment

atsegti *žr.* atsagstyti

atseikėti méasure off

atseit so, then, well then

atsekti fóllow smb close, tread* on smb's heels; **a.** *kelią* find the way / road

atsėlinti steal* up (*to*), sneak up (*to*)

atsemti ládle out

atsibastyti come* rámbling / róaming / róving

atsibo‖sti: *Jam, jai ir pan.* ~*do* (+ *bendr.*) she, he, *etc.*, is tired (*of* + *ger*); she, he, *etc.*, is sick (*of* + *ger*) *šnek.*

atsidalyti séparàte

atsidaryti ópen

atsidav‖ęs devóted (*to*) ~*imas* devótion

atsidėj‖ęs (*stropus*) zéalous; díligent; assíduous ~*us*: ~*us dirbti* work with zeal / díligence; ~*us klausyti* lísten inténtly

atsidėkoti show* one's grátitùde; retúrn smb's kíndness

atsidėti (*atsiduoti, pasiskirti*) give* ònesélf up (*to*); devóte ònesélf (*to*)

atsiduoti 1 (*atsidėti, pasiaukoti*) give* ònesélf up (*to*); devóte ònesélf (*to*) 2 (*kvapą turėti*) smell* (*of*)

atsid‖urti find* ònesélf; get*; come*; *kaip jis ten* ~*ūrė?* how did he come* / get* there?

atsidus‖imas deep breath; (*išreiškiant jausmą*) sigh ~*ti* 1 (*atsikvėpti*) breathe; sigh; heave* a sigh 2 (*pailsėti*) rest, have* / take* a rest

atsidžiaugti: *negaliu tuo* a. I can't help enjóying it

atsiei‖ti cost*; come* to; *tai jums brangiai* ~*s* this will cost you a prétty pénny; *kiek tai* ~*s?* how much will it come to?

atsiėsti be* well fed; eat* one's fill

atsieti (*abstrahuoti*) àbstráct; ~*nis* àbstráct

atsigabenti bring* (with ònesélf)

atsigaivinti 1 (*atsipeikėti*) come* to life 2 (*pvz., gėrimu*) refrésh ònesélf

atsiganyti becóme* fat (on pásture); fátten (ònesélf)

atsigauti 1 (*atsitaisyti*) recóver 2 (*atsikvošėti*) come* to ònesélf, come* to one's sénses; come* round *šnek.*

atsigėrėti: *jis tuo negali* a. he is lost in àdmirátion of it

atsigerti have* a drink; have* smth to drink

atsiginti protéct ònesélf

atsigosti come* to ònesélf

atsigręžti, atsigrįžti 1 turn; swing*; **a.** *nugara (į)* turn one's back (*upon*) 2 (*atgal*) turn (back) to look at smth; glance back / behínd

atsigriebti (*apie sveikatą*) recóver; pick up *šnek.*

atsigrožėti *žr.* atsigėrėti

atsigulti lie* (down); (*eiti gulti*) go* to bed; turn in *šnek.*

atsiimti take* back

atsijoti sift

atsikabinti come* ùnhóoked; come* awáy

atsikalbinė||jimas excúse (*pretekstas*) prétèxt; *be ~jimų!* no excúses! ~ti excúse ònesélf; plead smth

atsikartoti recúr, repéat

atsikelti 1 get* up; rise* 2 (*atsikelti gyventi*) move / come* to this place

atsikir||sti (*atsakant*) retórt; snap out ~timas retórt

atsikišti bulge, stick* out

atsiklaupti kneel*; stand* on one's knees; (*prieš ką*) kneel* (*before*)

atsiklausti ask (*about*); make* inquíries (*about*)

atsiklijuoti come* ùnstúck; come* off

atsikloti ùncóver ònesélf

atsikosėti clear one's throat

atsikrankšti hawk (up the phlegm), expéctoràte

atsikratyti get* rid (*of*)

atsikraustyti come* to a new place (of résidence)

atsikūrimas rèstorátion

atsikurti be* restóred

atsikvėp||imas réspìte, bréathing-spàce ~ti 1 (*atsidusti*) take* breath 2 (*pailsėti*) rest; have* / take* a rest

atsikvošėti come* to ònesélf, come* to one's sénses; regáin cónsciousness

atsilaikyti (*mūšyje*) hold* one's ground, hold* out

atsilanky||mas vísit; vìsitátion ~ti call on; vísit; come* to see

atsilapoti 1 (*drabuži*) throw* ópen one's coat, jácket, *etc.* 2 (*savaime*) fly* ópen

atsilaužti 1 break* off for ònesélf 2 (*atlūžti*) break* off

atsileisti 1 (*apie virvę ir pan.*) slácken (ònesélf); turn (ònesélf) loose 2 (*atlyžti*) calm quíet / séttle down

atsiliep||imas 1 ánswer (to a call) 2 (*nuomonė*) opínion, réference; (*recenzija*) reviéw ~ti 1 ánswer; échò 2 (*įvertinti, išreikšti nuomonę*) speak (*of*) 3 (*daryti įtakos, veikti*) tell* (*upon, on*); **ilgas įtempimas ~ė jo sveikatai** the long strain was télling on his health

atsilyginti 1 (*pvz., už darbą*) pay* off 2 *prk.* (*atkeršyti*) be* quits, *arba* get* éven (*with*); réckon (*with*); (*atsidėkoti*) show* one's grátitude; retúrn smb's kíndness; **a. kam už paslaugą** repay smb for his sérvice

atsilik||ėlis, -ė báckward pérson ~imas báckwardness ~ti 1 fall* / drop behínd, lag behínd 2 *prk.* be* báckward, be* behínd; (*pvz., darbe*) be* behíndhànd; ~ti kìlometru be* a kìlomètre behínd; **neatsilikti nuo ko** keep* up with smb; **šis mokinys atsilieka** this púpil hangs back

atsilošti I (*kėdėje*) lean* back; (*fotelyje*) settle back

atsilošti II (*kortuojant ir pan.*) win* back

atsilsėti rest, have* / take* a rest

atsilupti come* off

atsimainyti (*pasikeisti*) change

atsimegzti get* / come* ùndóne, get* ùntíed

atsimerkti ópen one's eyes

atsime||sti 1 (*atgal*) lean back 2 (*nuo pažiūrų, religijos*) apóstatìze; dissént ~tėlis, -ė (*nuo religijos*) apóstate dissénter ~timas (*nuo religijos*) apóstasy; dissént

atsimin||imas 1 rècolléction, mémory, rèminíscence 2 *dgs. liter.* mémoirs, rèminíscences ~ti remémber, rècolléct, recáll, think* of

atsimokėti pay* back (*to*), repáy*, requíte; (*žr. t.p.* atsilyginti)

atsimušti 1 (*į ką*) strike* (*against*) 2 (*apie šviesą ir pan.*) refléct; revérberàte

atsinaujinti rècomménce

atsinešti bring* / take* with one

atsipalaiduoti 1 (*apie virvę ir pan.*) get* loose 2 (*nuo priešo*) break* awáy, break* cóntàct, break* off

atsipeikėti come* to òneself, regáin cónsciousness

atsipenėti fátten; be* well fed

atsipirkti (*iš nelaisvės*) buy* òneself out

atsipraš‖ymas apólogy, excúse ~yti apólogìze; ~au! excúse me!; (I am) sórry *šnek.*

atsipūsti 1 recóver one's breath; take* a breath 2 (*pailsėti*) rest, have* / take* a short rest

atsiradimas órigin, begínning, rise

atsirakinti ùnlóck; get* / becóme* ùnlócked

atsi‖rasti 1 be* found, turn up; ~*ras darbo visiems* there will be work for éverybody 2 appéar, show* up △ **a.** (*kaip tik*) *laiku* appéar, *arba* show* up, in the nick of time 3 (*kilti*) aríse*, spring* up

atsirašinė‖jimas ánswer wrítten for form ónly ~ti write* for form ónly

atsiremti lean* (*upon, against*)

atsiriboti dissóciàte / ísolàte òneself (*from*)

atsirišti come* ùntíed, get* loose

atsirūgti 1 belch 2 *prk.* (*atsiliepti*) tell* (*upon, on*)

atsisagstyti ùndó* / ùnbútton one's coat, *etc.*

atsisak‖ymas refúsal; rèpùdiátion ~yti refúse, declíne, repúdiàte; (*nuo valdžios*) ábdicàte; (*nuo teisės*) relínquish; ~*yti nuo tarnybos* give* up one's posítion / job, resígn one's posítion / post / óffice, retíre; ~*yti savo planų* abándon one's plans △ *neatsisakysiu* I won't say no

atsisegti *žr.* **atsisagstyti**

atsisėsti sit* down

atsiskait‖ymas séttling (*with*) ~yti séttle accóunts (*with*); réckon (*with*); settle up ~ytinai: *duoti pinigus ~ytinai* give* móney to be accóunted for ~omas(is): ~*omoji knygutė* páy-book

atsiskyrėlis hérmit, ánchorìte, reclúse

atsiskirti 1 séparàte 2 (*išvykstant*) part (*with*)

atsiskleisti ópen

atsismaukti (*rankoves*) roll up

atsispindėti be* reflécted; revérberàte

atsispirti 1 (*atsilaikyti*) withstánd*; stand* up (*against*); **a. pagundai** resíst the tèmptátion 2 (*priešintis*) oppóse, objéct (*to, against*); resíst; set* one's face (*against*)

atsistatydin‖imas rèsignátion ~ti resígn, retíre

atsistebėti: negaliu a. I cánnot stop wóndering (*at*); (*atsigėrėti*) I cánnòt admíre sufficiently

atsi‖stoti stand* up; ~*stok!* stand* up!

atsistumti ·push off

atsisukti (*į ką*) turn / twirl (*round, to*); (*apie varžtą*) ùnscréw

atsisveikin‖imas fàrewéll; párting; léave-tàking ~ti say* good-býe (*to*), take* one's leave (*of*); bid* fàrewéll; *pamojuoti ranka* ~*ant* wave good-býe

atsišaudyti fíre back, retúrn the fíre

atsišauk‖imas appéal; pròclamátion ~ti ánswer, échò

atsišlieti lean* / rest (*against*)

atsiteisti (*užmokėti*) pay* off; **už gerą geru a.** retúrn good for good

atsitiesti stráighten ìtsélf, becóme* straight; (*apie žmogų*) stráighten òneself, draw* òneself up

atsitik‖imas evént; íncident; *nelaimingas a.* áccident ~ti háppen, come* to pass; come* abóut; (*apie nelaimingą atsitikimą ir pan.*) befáll*; *kas* ~*o?* what has háppened?; what's up?; *ar kas nors* ~*o?* is ánything the mátter?; *jam* ~*o nelaimė* he has had a misfórtune ~*tinai* by chance; by áccident, àccidéntally; ~*tinai susitikti* (*su kuo*) háppen to meet smb ~*tinis* àccidéntal, cásual, fòrtúitous ~*tinumas* chance; fòrtúity

atsitolinti 1 move awáy (*from*) 2 *prk.* shun

atsitrauk‖imas *kar.* retréat ~ti 1
step back; recéde; (*iš baimės ir pan.*)
recóil 2 *kar.* retréat; withdráw*; fall*
back 3 (*liautis žiūrėti, dirbti*) tear*
ònesélf awáy (*from*); *jis negalėjo* ~*ti
nuo knygos* he could not tear hìmsélf
awáy from the book
atsitūpti (*apie paukščius*) sit*, perch;
(*apie muses, uodus ir pan.*) stand*;
(*apie žmogų*) squat
atsitverti fence ònesélf off
atsiųsti send*
atsivaryti (*gyvulius*) bring* home,
drive* home
atsiversti 1 (*kuo*) turn agáin (*into*);
change agáin (*into, to*) 2 *bažn.*
convért ònesélf 3 (*pvz., knygą*) ópen
atsiverti ópen
atsivėsinti refrésh ònesélf; cool ònesélf
atsivesti 1 bring* alóng with; bring*
2 (*apie gyvulius*) bring* forth young;
(*apie kiaules*) fárrow; (*apie karves*)
calve; (*apie kales*) whelp; (*apie kume-
les*) foal
atsivežti bring*
atsivilkti 1 (*ateiti*) drag ònesélf
2 (*sau*) drag for ònesélf
atsižadė‖jimas renùnciátion (*of*) ~ti
renóunce; ~ti savo žodžių retráct
one's word
atsižiūrėti 1 see* as much as one
wánted (*of*); see* enóugh 2: *aš ne-
galiu juo a.* I am néver tired of
lóoking at him
atsižvelg‖ti take* ínto accóunt /
consìderátion; take* accóunt (*of*),
allów (*for*); ~iant (*į*) táking ínto ac-
cóunt / cònsiderátion
atskait‖a dedúction; (*apie vekselį*)
discóunt ~ymas dedúction ~ingas
fin. accóuntable ~yti (*pinigus ir
pan.*) dedúct
atskal‖a 1 frágment, splínter 2 *prk.*
(*sekta*) sect ~ūnas, -ė héretic;
rénegade
atskelti chop off, split* off
atskiesti dìlúte; (*vyną vandeniu*)
quálifỳ; *a. vandeniu* dìlúte with
wáter

atskilti break* off; split* off; *prk.*
séparàte
atskir‖as séparate; indivídual; *a.
įėjimas* prívate éntrance ~iamasis
distínctive
atskyrimas sèparátion, sétting apárt;
ísolàting
atskyris 1 (*skirtumas*) dífference 2 cá-
tegory, rank; sort; *sport.* ráting, class
atskirti 1 séparàte, detách; disjóin;
a. užuolaida cúrtain off; *a. per-
tvara* pàrtítion off 2 (*nuo bažnyčios*)
èxcommúnicàte 3 (*skirtumą rasti*)
distínguish, discérn, tell* (*from*)
atskleisti 1 ópen 2 (*paslaptį*) disclóse,
divúlge, revéal; ùnvéil
atskliausti *mat.* ópen the bráckets
atskristi come* flýing; (*lėktuvu*) arríve
by air
atskubėti come* húrriedly / húrrying
atslinkti 1 move up; draw* near
2 (*atšliaužti*) creep* up, crawl up;
come* créeping / cráwling
atslūgti 1 fall* off / awáy 2 *prk.* calm
down; quíet down
atsmaukti *žr.* atsismaukti
atsodinti rèplánt
atspalvis nuánce, shade; (*spalvos t.p.*)
tint, hue; (*intonacijos*) infléction
atspar‖a 1 prop, suppórt 2 (*atsparu-
mas*) resìstibílity ~umas resìstibílity;
medžiagų ~umas *tech.* strength /
resístance of matérials ~us resístant,
óffering / pútting up resístance (*to*)
△ *ugniai* ~us *tech.* fíreproof,
refráctory; *ugniai* ~ios *plytos* fíre-
brìcks
atspau‖das 1 (ím)print, ímpress,
impréssion; *piršto a.* fínger-prìnt;
2 (*straipsnio*) reprìnt ~sdinti rèprínt;
(*daryti atspaudą*) imprínt ~sti print
atspė‖jamas free; *a. laikas* free time,
léisure ~ti guess
atspind‖ėti (*šviesą ir pan., t.p. prk.*)
refléct ~ys refléction; rèvèrberátion
atsriegti ùnscréw

atstat‖ymas 1 rèstorátion, rècon-strúction **2** (*pvz.*, *teisių*) rèhabili-tátion; renéwal ~**yti 1** restóre; réconstrúct, rèhabílitàte; (*atnaujinti*) renéw **2** (*krūtinę*) put* out, throw* out **3** (*iš pareigų*) dismíss; dischárge ~**omasis** rèstorátion *attr*

atstoti 1 (*nustoti įkyrėjus*) leave* / let* alóne **2** take* the place (*of*), serve (as súbstitùte) (*for*)

atstov‖as, -ė rèpreséntative ~**auti** rèpresént ~**avimas** rèpresèntátion ~**ybė 1** (*atstovavimas*) rèpresèntátion **2** (*diplomatinė įstaiga*) diplomátic rèpreséntatives *pl*; **prekybos** ~**ybė** Trade Dèlegátion

atstum‖as dístance; space; **tam tikru** ~**u** (*nuo*) at some / a dístance (*from*)

atstumti push awáy; *prk.* repúdiate

atsuk‖ti 1 (*sraigtą*) ùnscréw; (*pvz.*, *čiaupą*) turn on **2** (*atgręžti*) turn back **3: a. veidą** (*į*) turn one's face (tówards) △ **a. vandenį** turn on the wáter; **a. nugarą** turn one's back (*on*) ~**tuvas** scréw-drìver, túrnscrèw

atsvara cóunterbàlance, cóunterpòise; cóunterwèight; bálance weight; (*sieninio laikrodžio*) weight(s); **būti kaip a. kam** còunterbálance smth

atsverti 1 (*svarstyklėmis*) weigh out **2** (*būti kaip atsvara*) bálance; cóunterpoise; *prk.* counterbálance, cóuntervail

atšaka branch; **geležinkelio a.** branch line

atšal‖dyti cool (off); chill; *prk.* damp ~**imas** (*oro*) fall of témperature, cold snap; *prk.* cóolness ~**ti 1** (*apie orą*) get* cold **2** (*sušalti*): **jis** ~**o rankas** he has fróstbìtten hands, his hands are fróstbìtten **3** (*pasidaryti abejingam*) *prk.* becóme* / grow* cold; lose* ínterest

atšaukimas 1 (*ambasadoriaus ir pan.*) recáll **2** (*užsakymo*) càncellátion ~**ti 1** (*ambasadorių ir pan.*) recáll **2** (*užsakymą*) cáncel, cóuntermànd; (*įsakymą*) cáncel, cóuntermànd

atšauti 1 (*duris*) ùnbólt, ùnbár **2** *prk.* (*atsakant*) snap out

atšerti fátten

atšešėlis *žr.* atspalvis

atšiaur‖umas sevérity, stérnness, rígour ~**us** (*apie klimatą*) rígorous, inclément; (*apie žmogų*) sevére, stern

atšil‖dyti warm (up) ~**ti** grow* / get* warm

atšylis thaw; **prasidėjo a.** a thaw has set in

atšip‖inti blunt; dull; take* the edge (*of*) ~**ti** becóme* blunt / dull

atšlainis wing; óuthouse*, óutbùilding

atšlaitė slope

atšliaužti creep* up, crawl up; come* créeping / cráwling

atšokti 1 jump / spring* back / asíde / awáy **2** (*atsitrenkus*) rebóund; recóil

atšvaitas 1 (*atsispindėjimas*) refléc-tion, **2** (*reflektorius*) refléctor

atšvęsti 1 célebràte **2** fínish célebràting

atšvie‖sti shine* (*with*), gleam (*with*), show* a refléction (*of*); refléct ~**timas** refléction

atūžti *žr.* atšvilpti

atvaizd‖as pòrtráyal, pícture, ímage ~**avimas** rèpresèntátion; descríption ~**uoti** depíct, pícture, pòrtráy; (*pavaizduoti*) rèpresént, paint, expréss, refléct

atvanga rest, rèlàxátion, réspìte

atvaryti (*gyvulius*) bring* home, drive* home

atvartas lápel, flap; (*bato*) top

atvaž‖iavėlis néw-còmer, vísitor ~**iavimas** arríval, cóming ~**iuoti** arríve, come*

atvej‖is 1 case; **šiuo** ~**u** in this case **2** (*veiksmas, operacija*): **trimis** ~**ais** in three mótions / steps

atversti 1 (*pvz., knygą*) ópen **2** *bažn.* convért (*into*)

atverti ópen; **a. kam širdį** ópen one's heart to smb

atveržti slácken, turn loose

atvės‖imas fall of témperature; gétting cólder ~**inti** cool ~**ti** get* cold / cool

atvesti bring*

atvež‖**ti** bríng*; **a. čion** bring* óver here ~**tinis** (*iš užsienio*) impórted

atvyk‖**ėlis** néw-còmer; vísitor ~**imas** arríval, cóming ~**ti** arríve, come*; (*apie traukinį ir pan.*) get* in Δ **sveiki** ~**ę!** wélcome!

atvilioti lure, entíce, allúre, decóy (*smb to some place*)

atvilkti bring*, drag (to some place); (*varu*) haul

atvynioti ùnróll; ùnwínd*, ùnwráp

atvir‖**as** 1 ópen 2 (*tiesus, nuoširdus*) frank; (*aiškus t.p.*) ùndisguísed Δ **a. posėdis** públic sítting; **a. jūra** ópen sea; **išplaukti į** ~**ą jūrą** put* to sea; ~**ame ore, po** ~**u dangumi** in the ópen (air) ~**aširdis** òpen-héarted, frank, cándid, sincére

atvirinti boil

atvirkš‖**čiai** 1 (*atbulai, apverstai*) the wrong / óther way (round); **jis viską a. daro** he does éverything the óther way round 2 (*priešingai*) on the cóntrary *šnek.* ~**čias,** ~**tinis** revérse

atvirukas póstcàrd; (*paveiksluotas*) pícture póstcàrd

atvirumas fránkness; úprìghtness, plain déaling; straightfórwardness

atvyti (*atvaryti*) drive* home, bring* home

atžagar‖**ias** revérse ~**iai** the wrong / óther way (round); ~**iai atsisėdus** back to front

atžal‖**a** sprout, shoot ~**ynas** shoots *pl*; young wood

atžang‖**a** regréss ~**us** regréssive

atžel‖**dinti** gró́w* ~**ti** grow* (agáin)

atžydėti fade; fínish blóssoming; (*apie medį t.p.*) shed* its blóssoms

atžygiuoti come* márching

atžymėti 1 mark; (*ženklu*) mark off; (*ženkliuku*) tick off 2: **a. žygdarbius** recórd the feats (of arms)

atžingsniuoti come* alóng / near

atžvilg‖**is** respéct; **šiuo** ~**iu** in this respéct; **visais** ~**iais** in évery respéct; **kitais** ~**iais** in óther respécts

audėjas, -a wéaver ~**eklas** cloth, fábric, matérial, téxtile

audencij‖**a** áudience; **duoti** ~**ą** give* / grant an áudience (*to*); **gauti** ~**ą have*** an áudience (*with*)

audinė *zool.* mink

audinys 1 cloth, fábric, matérial, téxtile 2 *biol.* tíssue, téxture

auditorija 1 (*salė*) lécture-hàll, lécture-room 2 (*klausytojai*) áudience

audr‖**a** storm; (*smarki*) témpest; (*jūroje t.p.*) gale Δ **sveikinimų a.** storm of cheers ~**ašauklis** *zool.* stórm(y) pétrel ~**ingas** stórmy; (*apie jūrą t.p.*) rough, héavy; ~**ingas pasikalbėjimas** stórmy ínterview; ~**ingi plojimai** storm of appláuse *sg*; loud cheers ~**inti** ágitàte; stir

augal‖**as** plant; **vienmetis a.** ánnual; **daugiametis a.** perénnial; **dvimetis a.** biénnial; **vandens a.** wáter plant; aquátic plant *moksl.*; **vijoklinis a.** clímber; **šliaužiantysis a.** créeper; **besidriekiantis a.** tráiler ~**ija** 1 vàgetátion, vérdure 2 the végetable kíngdom ~**ininkas** plánt-gròwer; plánt-breeder ~**ininkystė** plánt-gròwing ~**inis** végetable; ~**inis maistas** végetable díet

augalotas tall, of good státure

augimas growth

augin‖**imas** (*augalų*) gró́wing, ráising, cúltivating; (*vaikų*) réaring, brínging up; (*gyvulių*) bréeding, ráising, réaring ~**ti** (*augalus*) grow*, ráise, cúltivate; (*vaikus*) rear, bring* up; (*gyvulius*) breed*, ráise, rear ~**tinis, -ė** adópted child*, fóster-chìld* ~**tojas(***augalų ir pan.***)** gró́wer; **gyvulių** ~**tojas** cáttlebreeder

augmenija vègetátion, vérdure; (*augalų pasaulis*) the végetable kíngdom

aug‖**ti** 1 grow* (*apie vaikus*) grow* up 2 (*didėti*) incréase 3 (*tobulėti*) advánce; **rašytojas** ~**a kiekvienu savo kūriniu** the wríter matúres / grows with évery work he prodúces

auka 1 sácrifice **2** (*nukentėjęs*) víctim **3** (*kas aukojama*) óffering; donátion

auklė (drý)-nùrse; **tarp dviejų auklių vaikas be galvos pat.** too mány cooks spoil the broth ~**jimas** èducátion; (*vaiko t.p.*) ùpbrìnging ~**ti** éducàte, bring* up ~**tinis, -ė 1** púpil **2** (*augintinis*) ward ~**toja** (*pedagogė*) téacher, místress; (*privati*) góverness ~**tojas** téacher, máster; éducàtor; (*privatus*) tútor

auko‖**ti** make* a donátion (*of smth to smb*); give* (*smth to smb*), sácrifice (*to*), óffer (*to*); **a. savo gyvybę tėvynei** give (*arba* óffer up, lay down) one's life for one's cóuntry ~**tis** sácrifice ònesélf

auksa‖**kalys** góldsmìth ~**kasys** gólddìgger ~**plaukis, -ė** *poet.* góldenhaired, góldilòcks *sg*

auks‖**as** gold; ~**o ieškotojas** góldprospèctor; (*kasėjas*) góld-dìgger; ~**o kasimas** góld-mìning △ ~**o amžius** the Gólden Age; ~**o rankos** cléver fíngers, hands of gold; ~**o vidurys** the gólden mean; **ne visa a., kas ~u žiba pat.** all is not gold that glítters ~**ingas** góld-bearing; auríferous *moksl.*; ~**ingasis smėlis** góld-dùst ~**inis** gold; gólden (*prk., poet.*) ~**uotas** gílded, gilt ~**uoti** gild

aukščiau 1 *prv.* hígher **2** *prl.* abóve; óver; **a. nulio** abóve zérò; **a. jūros lygio** abóve séa-lèvel

aukščiaus‖**ias 1** híghest; ~**ia rūšis** híghest quálity; (*apie prekes*) of sùpérior quálity **2** (*pagal padėtį*) sùpréme

aukšlė *zool.* bleak (*žuvis*)

aukštaitis, -ė Aukshtáitis, Aukshtáite; úplander (*of Lithuania*)

aukštakrosn‖**ė** blást-fùrnace ~**ininkas** blást-fùrnace wórker

aukšt‖**as I 1** (*namo*) floor, stórey; **pirmas a.** ground floor; **antras a.** first floor; **trečias a.** sécond floor; **keturių ~ų namas** fóur-stòrey house*; **viršutinio ~o kambariai** the tóp-floor rooms **2** (*antlubis*) gárret **3** *teatr.* círcle

áukšt‖**as II 1** high; (*apie žmogų*) tall; (*apie kalną, namą t.p.*) lófty; ~**à temperatūra** high témperature; **a. spaudimas** high préssure; **a. stilius** lófty / élevàted style; ~**os kokybės** of high quálity **2** (*apie balsą, garsą*) high, hìgh-pítched **3** (*gurbingas*) hónourable respéctable, éstimable △ ~**oji matematika** hígher màthemátics *pl*; ~**asis mokslas** hígher / ùnivérsity èducátion; ~**oji mokykla** hígher èducátional estáblishment; ùnivérsity

aukštenybė *žr.* **aukštybė**

aukšt‖**ėti** grow* hígher ~**ybė** height; (*titulas*) Híghness ~**ybės** *prk.* the realms of fancy ~**ielninkas: jis guli** ~**ielninkas** he is lýing on his back; **jis apvirto** ~**ielninkas** he fell on his back ~**yn** up, úpwards; **upe** ~**yn** (*prieš srovę*) ùp-stréam, up the ríver; **laiptais** ~**yn** ùpstáirs; **pakelti** ~**yn** lift up; **lipti** ~**yn** go* up; mount; **žiūrėti** ~**yn** look úpwards △ ~**yn kojomis** ùpsìde-dówn, tòpsytúrvy; head óver heels ~**inė** *mat.* áltitùde

aukšt‖**inti 1** make* hígher, héighten **2** (*garbinti, girti*) éulogìze, beláud, extól **3** (*tarnyboje*) advánce, promóte, prefér ~**is** height; (*virš žemės paviršiaus t.p.*) áltitùde; (*apie toną*) pitch; ~**is virš jūros lygio** height abóve sea lével; áltitùde; **100 m ~yje** at a height, *arba* an áltitùde, of one húndred métres ~**ys** *kort.* queen

aukšt‖**uma** éminence, hill; height ~**umos** híghlands ~**umas** height; áltitùde; (*apie toną*) pitch ~**uolis** gíant ~**uomenė** àristócracy, nobílity; fáshionable socíety / world ~**upys** úpper réaches *pl*; ríverhead ~**utinis** úpper; ~**utinė lentyna** top shelf*

aukuras crédence (*áltar*)

aūlas top (of a boot)

aūlas àúl (*village in the Caucasus*)

aure there, óver there; **a., ir jis ateina** there he is

aureolė hálò

ausdinti have* (*smth*) wóven

aus‖ylas háving a good* / keen ear, quìck-éared ~**inės 1** (*kepurės*) éar-tàbs, éar-làps, tabs **2** (*telefono ir pan.*) héad-phòne(s), éar-phòne(s) ~**inis** (*su ausimis*) eared, háving ears / tabs / tags

aus‖is 1 ear; **išorinė a.** áuricle; **vidinė a.** míddle ear **2** (*klausa*) ear, héaring; **dainuoti iš ~ies** sing* by ear **3** (*smūgis į ausį*) box on the ear; **duoti ~ų** cuff / box smb's ears **4** (*ąsa, auselė*) ear; (*bato*) tab, tag; ~**is pastačius / išpūtus klausyti(s)** lísten véry cárefully / atténtively, be all ears; **pro vieną ~į įėjo, pro kitą išėjo** in at one ear and out at the óther; **būti ligi ~ų įsimylėjusiam** be* óver head and ears in love (*with*) ~**ytas** eared, háving ears / tabs / tags

auskaras éarrìng, éar-rìng

austi weave* ~**nis** wóven

australietis, -ė Austrálian

áustras, -ė Áustrian

aūstrė *zool.* óyster

aušint‖i cool; cool off; chill; *prk.* damp △ **a. burną** wag one's tongue; clack, blab ~**uvas** *tech.* condénser

aušr‖a dawn, dáybreak ~**inė** (*žvaigždė*) mórning star

áušti I grow* / get* cool

aūšt‖i II dawn; ~**a** it is dáwning, day is bréaking; ~**ant** at dawn, at dáy break

autarkija *ekon.* áutarchy

áutas I (*sutr. automobilis*) car, áutomobìle *amer.*

áutas II *sport.* out

aūtas III (*skuduras kojoms*) fóot-clòth

autentiškas authéntic

aūti a) (*apauti*) put* on smb's boots, shoes (for smb); *prk.* provide smb with fóot-wear; b) (*nuauti*) take* off smb's boots, shoes ~**s** a) (*apsiauti*) put* on one's boots, shoes; b) (*nusiauti*) take* off one's boots, shoes

autobazė mótor dépot

autobiografi‖ja autobíography; currículum vítae [kə‚rıkjuləm 'vi:taı] ~**nis** áutobiográphic(al)

autobusas bus, mótor, ómnibus, mótor bus; áutobus *amer.*

autografas áutogràph

autokratija *polit.* autócracy

automašina mótor véhicle; **lengvoji a.** (mótor-)càr; (*sunkvežimis*) lórry; truck *amer.*

automat‖as 1 automátic machíne; (*monetinis*) (pénny-in-the-) slót-machíne; *prk.* (*apie žmogų*) automáton; **bilietų a.** automátic tícket machíne; **telefonas a.** públic télephòne; (*būdelė*) télephòne bòx, públic cáll-bòx; télephòne booth *amer.* **2** *kar.* sùb-machíne gun; tómmy gun *šnek.*; machíne cárbìne *amer.* ~**inis**, ~**iškas** automátic, sèlf-ácting; ~**inė telefono stotis** automátic télephòne exchánge ~**izavimas** automátion

automobil‖ininkas, -ė mótorist ~**is** (mótor-)càr; áutomobìle *amer.* (*Anglijoje retai vart.*); **šarvuotasis ~is** ármoured car; **lenktynių ~is** rácer, rácing car; **dvivietis ~is** twòséater; **sanitarinis ~is** ámbulance car; **važiuoti ~iu** go* by (mótor-)càr; **vairuoti ~į** drive* a (mótor-)càr ~**izmas** mótoring

autonom‖ija autónomy; sèlf-góvernment ~**inis**, ~**iškas** autónomous; ~**inė respublika** autónomous repúblic; ~**inė sritis** autónomous région

autor‖ė áuthoress ~**inis**: ~**inė teisė** cópyrìght; ~**inės teisės pažeidimas** píracy ~**ius** áuthor; (*literatūros veikalo t.p.*) wríter; (*muzikos kūrinio*) compóser

autoritet‖as authórity; **turėti ~ą** have* authórity (*óver, with*); cárry authórity (*with*); have* prèstíge (*with*); **neginčijamas a.** ìndispútable / ìncontéstable authórity ~**ingas 1** (*įsakomas*) authóritàtive **2** (*turintis autoriteto, nusimanantis*) cómpetent

autorizuoti áuthorìze

auto‖strada mótor híghway; súperhìghway *amer.* ~**transportas** mótor tránspòrt

avalyn‖ė fóotwear
avangardas 1 *kar.* advánce-guàrd, advánced guard, van 2 *prk.* vánguàrd, van
avans‖as advánce; *išmokėjimas* ~u páyment on accóunt; *išmokėti* ~u advánce, pay* on accóunt; *gauti* ~u recéive on accóunt ~uoti advánce
avantiūr‖a advénture, vénture; (*netinkamas, smerktinas sumanymas*) shády énterprìse; *leistis į* ~as seek* advéntures ~istas advénturer ~istė advénturess ~istinis advénturist ~izmas advénturism
avarij‖a wreck; *av.* crash; (*nelaimingas atsitikimas*) áccident; míshàp; (*mašinos sugedimas*) bréak-down; (*av. t.p.*) crash; (*laivo sudužimas*) shípwreck; *nukentėti per* ~ą meet* with an áccident, meet* with a míshàp; *nukentėjęs per* ~ą wrecked
avarin‖is 1 (*avarijai likviduoti*) repáir *attr* 2 (*atsarginis, įvykus avarijai*) emérgency *attr*
avėti wear*
aviaci‖ja àviátion; *civilinė a.* cívil àviátion
avidė shéep-fòld
aviena mútton
avie‖tė *bot.* ráspberry; ~čių *uogienė* ráspberry jam ~tynas ráspberry-cànes *pl* ~tinis (*apie spalvą*) crímson
avigalvis *šnek.* gawk, blóckhead, dolt
avi‖ganė shépherdess ~ganis shpépherd ~kailis shéepskìn
avil‖ynas ápiary, bée-gàrden ~ys (bée)hìve
avinas ram; (*kastruotas*) wéther
avinėlis lamb
avinink‖as, -ė (*avių augintojas, -a*) shéep-breeder ~ystė shéep-breeding
avi‖s sheep (*dgsk.* sheep); ~ų *banda* flock of sheep
aviž‖a *bot.* oat ~inis oat *attr;* ~inės *krupos* groațs, hulled oats; ~os oats; ~ų *košė* óatmeal pórridge

azart‖as (*smarkumas, staigumas, įsidegimas*) heat; (*jaudinimasis*) excítement; (*įsismaginimas, įsikarščiavimas, įsitraukimas*) árdour, pássion ~inis (*linkęs rizikuoti*) vénturesome; ~inis *žaidimas, lošimas* game of chánce / házard, gámbling game ~iškai récklessly; *žaisti* ~iškai gámble
azerbaidžanietis, -ė Àzèrbaijánian
azij‖ietis, -ė Àsiátic
azijinis Ásian; *pasen.* Àsiátic
azot‖as *chem.* nítrogen; ~o *rūgštis* nítric ácid ~inis nítric
ąžuol‖as óak(-tree); ~ų *giraitė* óak-gròve ~ynas óak-wood ~inis óaken, (made) of oak

B

babitas *tech.* bábbit
bacila bacíllus (*pl* -illi)
babsėti thud, tap
bad‖as 1 húnger; (*ilgai trunkantis*) stàrvátion; ~u *mirti* die of stàrvátion / húnger; starve to death; *marinti* ~u starve, starve to death 2 (*žmonių nelaimė*) fámine 3 (*stoka*) dearth; fámine; *knygų b.* dearth of books; *pinigų b.* móney fámine ~aujantieji stárving people; (*gyventojai*) stárving pòpulátion *sg* ~aujantis *bdv.* stárving, húngry, fámished; *dkt.* stárving man*; (*paskelbęs bado streiką*) húnger-strìker ~auti 1 starve, fámish; (*susilaikyti nuo valgio*) fast, go* withóut food 2 (*paskelbti bado streiką*) go* on a húnger-strìke ~avimas stàrvátion; (*susilaikymas nuo valgio*) fást(ing)
bad‖yti butt; (*su adata*) prick; (*smaigyti*) poke (*into*); stick* (*into*); jab (*at*) △ *akis b.* repróach (*with*), ùpbráid (*with, for*); *pirštais b.* poke one's fínger at smb ~ytis butt; (*vienas kitą*) butt each óther
bagaž‖as lúggage; bággage *amer.;* *rankinis b.* pérsonal / small / hand lúggage; *atiduoti (daiktus) į* ~ą

régister one's lúggage; have one's lúggage régistered; (**nu**)*slysti ką* ~*u* send* smth as héavy lúggage; **rankinio** ~*o pasaugos kamera* clóak-room; chéck-room; ~*o vagonas* lúggage van; bággage car *amer.* △ *žinių b.* store of knówledge ~*inė* lúggage cárrier, trunk rack

baidar‖ė *sport.* káyàk, canóe ~**ininkas,** -ė káyàk-pàddler, canóeist

baidy‖klė scárecrow, búgbear ~**yti** fríghten, scare; intímidàte ~**tis** (*apie arklį*) shy (*at*), take* fright (*of*)

baig‖iamasis fínal; clósing; conclúsive; *b. žodis* conclúding remárks *pl;* áfterwòrd; ~*iamieji egzaminai* fínals ~**imas** (*universiteto ir pan.*) gràduátion ~**mė** *sport.* fínish

baig‖ti end; fínish; (*universitetą ir pan.*) gráduàte (*from*) ~**tis** end, finish, come* to an end ~**tis** resúlt; óutcòme; *reikalo* ~*tis* the óutcòme of the affáir

baikšt‖inti fríghten, scare ~**umas** féarfulness; timídity; shýness ~**uolis** shy / tímid pérson; cóward ~**us** féarful; éasily fríghtened / scared; shy (*t.p. apie arklį*)

bail‖ė cóward, cówardly wóman* / girl ~**ys** cóward; *niekingas b.* míserable / ábjèct cóward; cráven ~**umas** cówardice; cówardliness ~**us** cówardly, cráven; (*baikštus*) tímid; *jis ne iš* ~*iųjų* he is no cóward / cráven; *jis* ~*okas* he is a bit of a cóward; *pasirodyti* ~*iam* betráy cówardice; show the white féather *idiom.*

baim‖ė 1 (*pavojaus bijojimas*) fear, fright; *mirties b.* fear / dread of death; *mirtina b.* mórtal fear; ~*ės apimtas* gripped / seized by fear; *iš* ~*ės* for fear of, out of fear, from fear of; *drebėti iš* ~*ės* quake with fear 2 (*būkštavimas*) àpprehénsion ~**ingas** tímid, tímorous, àpprehénsive

baimintis be* afráid (*of*); fear

bais‖enybė mónster ~**ėtis** be* térrified / hórrified ~**ybė** hórror ~**ingas**

térrible, hórrible, áwful ~**ūnas,** ~**uolis** mónstrous créature, mónster ~**us** térrible; fríghtful, féarful; dréadful

bajan‖as *muz.* accórdion ~**istas** accórdionist

bajor‖as *istor.* one belónging to the géntry; nóbleman*; *suteikti* ~*o vardą* ennóble; ~*o vardas* nobíliary rank; ~**ė** géntlewòman* ~**ija** nòbílity; nóbles *pl; smulkioji ir vidutinė* ~*ija* géntry

bakalėj‖a grócery; gróceries *pl* ~**ininkas** grócer

bakas cístern, tank

baklažanas *bot.* áubergìne, égg-plànt

baksnoti poke ínto; jab at; stick* ínto; (*pirštu į ką*) poke / stick* / shove one's fínger ínto smth; push; (*alkūnėmis*) élbow

bakst *išt.* prick! tick! ~**elėti** give* a nudge / prick *to*

bakteri‖ja bactérium (*pl* -ria) ~**ologas** bàctèriólogist ~**ologija** bàctèriólogy ~**ologinis** bàctèriológical

bala bog, moráss; swámp, marsh; *prk.* míre, slough

baladė 1 (*epinis kūrinėlis*) bállad 2 (*lyrinė daina*) bàlláde

balado‖jimas knócking; (*triukšmas*) noise; *b. į duris* knócking at the door ~**ti** knock; give* a tap / knock / rap ~**tis** knock; (*triukšmauti*) be* nóisy; kick up a row

balana splínter, spill

balanda *bot.* góose-foot

baland‖ėlė *šnek.* my dear; ~**ėlis** *šnek.* my dear féllow, my friend ~**ininkas** pígeon-fàncier ~**is** (*paukštis*) pígeon; *poet.* dove; *taikos* ~ the dove of peace; *pašto* ~*is* hóming pígeon; ~*žių mėgėjas* pígeon-fàncier

baland‖is (*mėnuo*) Ápril; *šių metų* ~*žio mėnesį* in Ápril; *praeitų metų* ~*žio mėnesį* last Ápril; *kitų / sekančių metų* ~*žio mėnesį* next Ápril △ ~*žio pirmoji* All Fool's Day, Ápril Fools' Day

balans||as *ekon.* bálance; *suvestí ~ą strike*[*] a bálance; bálance; *mokėjimų b.* bálance of páyment; *prekybos b.* bálance of trade; *pasyvusis b.* ùnfávourable / ádvèrse bálance *~uoti* 1 (*stengtis išlaikyti pusiausvyrą*) bálance, keep[*] one's bálance, bálance ònesélf 2 *ekon.* bálance

bal||as (*apie vėją*) wind scale númber; *6 ~ų vėjas* wind force 6

balastas (*krovinys*) bállast; *prk.* lúmber, wórthless stuff

bald||ai fúrniture *sg*; *kambariai su ~ais* fúrnished apártments *~ininkas, ~žius* fúrniture-màker

baldakimas cánopy

balerina bállet-dàncer, bàllerína [-'ri:-]; bállet-gìrl *papr. niek.*

balet||as bállet *~meisteris* bálletmàster; chòreógrapher

balynas márshlànd, fen

balin||is ball *attr*; *~ė suknelė* bálldrèss

balinti *žr.* baltinti

balionas ballóon; *deguonies b.* óxygen cýlinder

balius ball; (*kuklesnis*) dance, dáncing párty; *kaukių b.* fáncy-drèss ball

baliustrada bàlustráde; (*laiptai*) bánisters *pl*

balkis *žr.* sija

balkonas bálcony

balnadirbys *žr.* balnius

baln||as sáddle *~ius* sáddler, sáddlemàker *~oti* sáddle

balot||as bóggy, márshy, swámpy; *~a vietovė* márshlànd, fen

balotir||avimas 1 vote, bállot; poll; (*Anglijos parlamente*) divísion 2 (*veiksmas*) vóting, bálloting, pólling *~uoti* vote (*for*), bállot (*for*) *~uotis* be[*] a cándidate (*for*); run[*] for *šnek.*

bals||as 1 voice; *~u alóud*; *visu ~u* at the top of one's voice; *vienu ~u* (*vienbalsiai*) ùnánimously; with one accórd; *kelti ~ą* raise one's voice 2

muz. part; *daina dviem ~ams* twópàrt song **3** *polit.* vote; *sprendžiamasis b.* cásting-vòte; *patariamasis b.* delíberàtive vote; *~ų dauguma* by a majórity of votes; *atiduoti ~ą* (*už*) vote (*for*); *surinkti tiek ir tiek ~ų* colléct / poll so mány votes; *~ai "už" ir "prieš"* the ayes and the noes; *laimėti ~ų dauguma* outvóte

balsa||skylė *anat.* glóttis *~stygės* *anat.* vócal chords

balsavimas vóting; (*slaptas*) (sécret) bállot; (*viešas*) ópen bállot, vote by show of hands

balsė *lingv.* vówel létter

bals||as lóud(ly); (*balsu*) alóud *~ingas* 1 loud-vóiced 2 *lingv.* (*skardusis*) voiced *~inis* vócal *~is* *lingv.* vówel, vówel sound

balsuot||i 1 (*už*) vote (*for*) 2 (*spręsti, tarti*) put[*] to the vote, vote on *~oja* (*wóman*[*]) vóter *~ojas* vóter

baltagvardietis white guard

báltai the Balts (*the common name of Lithuanians, Letts and old Prussians*)

balta||odis, -ė (*apie rasę*) white man[*], white wóman[*] *~plaukis* white-háired *~rankė* *menk.* fine lády *~rankis* *menk.* fine géntleman

baltarus||is, -ė Byèlòrússian; *~ių kalba* Byèlòrússian, the Byèlòrússian lánguage *~iškas* Byèlòrússian

balt||as 1 (*sniego spalvos*) white; *~asis lokys* Pólar bear; *~oji karštinė med.* delírium trémens (*sutr.* D.T.) *~osios eilės lit.* blank verse *sg* 2 (*švarus*) clean

baltaveidis, -ė pale, white-fáced

bálti 1 becóme[*] white 2 (*apie veidą*) grow[*] pale

baltym||as 1 (*akies*) white (of the eye) 2 (*kiaušinio*) white (of egg), éggwhite **3** *biol., chem.* álbumen *~ingas* albúminous *~inis: ~inė medžiaga* álbumen

baltin||iai línen *sg*; (*skalbiniai*) wáshing *sg*; *apatiniai b.* ùnderclòthes; ùnderclòthing *sg*; únderwear *sg*; (*lovos*) béd-lìnen *sg*; béd-clòthes; *~ių parduotuvė* línen-dràpery shop

baltinti 1 whíten; (*patalpą ir pan.*) whítewàsh **2** (*drobę*) bleach

balt||uoti show* white ~**umas** whíteness

balzam||as bálsam ~**uoti** embálm

balzganas whítish

bamba nável ~**gyslė** *anat.* návelstrìng

bambal||as *žr.* **bimbalas**

bamb||eklis, -ė grúmbler ~**ėti** grúmble, be* péevish; múrmur, mútter; growl

bamblys (*apie vaiką*) tóddle(r), tot

bambukas *bot.* bàmbóo

banal||ybė cómmonplàce, plátitùde ~**umas** bànálity, tríteness ~**us** cómmonplàce; háckneyed, trite

bananas *bot.* banána

bánda I (*plėšikų*) band, gang

bandà II **1** (*galvijų*) herd; (*avių, ožkų*) flock **2** (*duonos, pyrago*) small loaf* (of bread)

bandelė roll

banderol||ė (*pašto siuntinys*) prínted mátter; **siųsti** ~**e** send* as prínted mátter, send* by bóok-pòst

bandymas 1 (*tyrimas, eksperimentas*) test, expériment; **jėgų b.** · trìal of fórces **2** (*mėginimas*) attémpt, endéavour

bandit||as thug; cút-throat; bándit; ~**ų gauja** gang of thugs / cút-throats; róbber band / gang ~**iškas** múrderous, brútal; gángster *attr* ~**izmas** bánditary

bandyti 1 (*eksperimentuoti*) expériment (*on, with*), make* an expériments (*on, with*) **2** (*tikrinti*) try; put* to the test **3** (*mėginti*) try, attémpt, make* an attémpt, endéavour

bandomasis 1 test *attr*, trìal *attr*; probátionary; **b. laikas** term of probátion **2** (*eksperimentinis*) expèriméntal

bang||a wave; (*didelė*) héavy wave; bíllow ~**avimas** (*jūroje*) rough / stórmy sea ~**inis** *zool.* whale ~**uotas** wávy ~**uoti** (*apie vandenį*) be* chóppy / ágitàted; (*nesmarkiai*) rípple; (*apie jūrą*) be* rough

bank||as 1 bank; ~**o kontora** bank; **valstybinis b.** the State Bank; **deponuoti pinigus** ~**e** depósit móney at a bank **2** (*kortuojant*) bank **3** (*toks kortų lošimas*) fárò ~**ininkas** bánker ~**inis** bánking *attr* ~**notas** bánknòte

banketas bánquet, dínner

bankrotas 1 (*asmuo*) bánkrùpt **2** (*bankrutavimas*) bánkrùptcy

bankrut||avimas bánkrùptcy, insólvency ~**uoti** becóme* bánkrùpt / insólvent; get* broke *šnek.*

barakas (témporary) wóoden bárrack; *kar.* hut

baras I bar; refréshment room; salóon *amer.*

baras II *fiz.* bar

baras III **1** (*ruožas, plotas*) part; séction **2** *prk.* (*veiklos sritis*) séction; field; **darbo b.** allótted work **3**: *kar.* **fronto b.** séctor of the front

baravykas *bot.* (édible) bòlétus

barbar||as bàrbárian ~**iškas** bàrbárian; *prk.* bárbarous ~**iškumas** bárbarism; (*žiaurumas*) barbárity

barbenti knóck; **b. į langą** (**duris**) knock at the window (door)

barbėti 1 jíngle; clink **2** (*bambėti*) mútter, múrmur

barbutė *zool.* lády-bìrd

bareljefas bás-relief

barikada bàrricáde

barimas scólding, abúse ~**is** wrángle, squábble

baris *chem.* bárium

baritonas *muz.* báritòne, bárytòne

barjeras bárrier; (*arklių lenktynėse*) húrdle

barnin||gas quárrelsome, péevish, shréwish; ~**ga moteris** shrew

barnis quárrel

barometras barómeter

baron||as báron ~**ienė** bároness

barstyti pour, strew*

barščiai beetroot and cabbage soup

baršk||alas (*tarškantis daiktas*) ráttle ~**ėti** (*apie vežimą ir pan.*) ráttle;

clátter ~inti (*belsti į ką*) knock (*at*) ~utis 1 ráttle 2 (*plepys*) chátter-bòx, chátterer, gás-bàg ~uolė (*gyvatė*) ráttlesnàke

barti scold; chide*; abúse; call names; (*prikaišioti*) repróve; blame for ~s 1 quárrel (*with*), fall* out (*with*); abúse one anóther, abúse each óther 2 (*plūstis, keiktis*) swear*

barzd||**a** 1 beard 2 (*paukščio*) wáttle ~yla, ~očius béarded man*; (*senis*) gréybeard ~otas béarded

barža barge

basakojis bàrefóot(ed)

basaminčia on (one's) bare feet

bas||**as** (*apie žmogų*) bàrefóoted; (*apie kojas*) bare; ~omis kojomis on (one's) bare feet

baseinas (*vandens saugykla*) réservoir; upės b. ríver bàsin; akmens anglies b. cóal bàsin; cóal-field; plaukymo b. swímming pool; (*esantis lauke*) ópen-air swímming pool

baslys stake, pícket

bastionas *kar., psn.* bástion

bast||**ytis** wánder, roam, rove; (*tiktai pėsčiom*) rámble; b. gatvėmis stroll abóut the streets; b. po pasaulį *šnek.* knock abóut the world ~ūnas tramp, vágrant; hóbò *amer.*; gyventi ~ūno gyvenimą be* on the tramp; hit* the trail *amer.*

batalionas *kar.* battálion; šaulių b. rífle battálion; ryšių b. sígnal battálion; pionierių b. fíeld-ènginéer battálion; cómbat battálion *amer.*; ~o vadas battálion commánder

batas boot; shoe; aulinis b. high shoe; (*virš kelio*) jack boot

baterija 1 *kar.* báttery 2: akumuliatorinė b. stórage báttery; sausoji b. dry báttery

batistas cámbric lawn

bat||**laižis** tóady, líck-spìttle ~raištis shóe-làce, shóe-strìng ~siuvys shóe-màker; bóotmàker ~uotas bóoted, in boots

baubas búgaboo, búgbear, bógy man*

baublys (*paukštis*) bíttèrn

baubti roar; béllow; howl

baud||**a** 1 fine, pénalty; užmokėti ~ą pay* a fine; *sport.* ~os aikštelė pénalty área; ~os smūgis pénalty 2 (*bausmė*) pénalty; púnishment ~inys *sport.* pénalty

baudžiam||**as** *teis.* púnishable; ~asis 1 (*pvz., būrys*) púnitive 2 *teis.* críminal; pénal; ~oji teisė críminal làw; ~asis kodeksas críminal code ~umas pùnishabílity

baudžiauninkas, -ė *ist.* serf

baudžiav||**a** *istor.* sérfdom, sérfage ~ininkas lándlord ádvocàting sérf-dom / sérf-ownership

baug||**inti** fríghten, scáre; intìmidáte ~umas féarfulness; timídity ~us féarful, éasily fríghtened / scared; shy (*t.p. apie arklį*)

baukštinti make* smb féarful / shy

baukštus *žr.* baikštus

bausmė púnishment; fizinė, arba kūno, b. córporal púnishment; aukščiausioji b. cápital púnishment; mirties b. death pénalty

bau||**sti** púnish; jis pats save ~džia he makes a rod for his own back; b. mirtimi éxecùte, put* to death

baz||**ė** 1 base; žaliavų b. source of raw matérials; ekonominė b. èconómic básis 2 *fil.* básis (*pl* -sės) ~uotis rest (*on, upón*); (*apie teoriją ir pan.*) be* based / fóunded / gróunded (*on, upon*)

bažnyčia church

be I *prl.* 1 (*žymi ko nebuvimą*) withóut; be išimties withóut excéption; be abejo withóut / beyónd a doubt; be trijų minučių dešimt three mínutes to ten △ be atodairos regárdlessly; be galo véry much, extrémely; be reikalo in vain, to no púrpose 2 (*žymi išskyrimą*) besídes; but, excépt; be to besídes (that); in addítion

be- II *priešd.*: tris centus beturiu I have ónly / but three cents

beakis éyeless

bealkoholinis nòn-àlcohólic; *b. gérimas* nòn-àlcohólic / témperance drink; soft drink *šnek.*

beasmenis *gram.* impérsonal

bebaim‖is, ~**iškas** ,féarless, intrépid ~**iškumas** féarlessness, intrepídity

bebalsis vóiceless

bebras *zool.* béaver

bėd‖a 1 (*nelaimė*) misfórtune 2 (*vargas, sunkumas*) tróuble 3 (*kaltė*) fault, guilt; *suversti kam* ~**ą** lay* / put* the blame on smb △ *kas tau b.!* what do you care (of)!; mind your own búsiness

bedantis tóothless

bedarb‖is ùnemplóyed; jóbless *amer.*; *būti* ~**iu** be* out of work

bediev‖ybė átheism, gódlessness ~**is,** -ė átheist; ~**iškas** gódless

bedugn‖ė précipice; abýss, gulf; chasm ~**is** bóttomless; ~**ė praraja** fáthomless pit

beduinas Bédouin ['beduin]

bedūmis smókeless

bedžioti 1 poke (*into*); stick* (*into*); prod (*with*) 2 (*kastuvu*) dig*, spade

beformis fórmless, shápeless

begal‖ė a huge númber (*of*); a heap (*of*); a world (*of*); a (treméndous) lot (*of*), a great deal (*of*); *b. darbų* a thóusand and one things to see to ~**ybė** 1 (*tolis be pabaigos*) éndlessness; infínity 2 (*daugybė*) a great númber; a huge númber ~**inis** éndless, ínfinite; intérminable, perpétual

begalvis héadless; (*kvailas*) bráinless

bėgč‖ia, ~**iomis** *žr.* **bėgte**

begėd‖ė shámeless wóman*; shámeless créature; shámeless girl ~**is** 1 shámeless man* / féllow; shámeless boy 2 *bdv.* shámeless, bárefaced ~**iškumas** shámelessness; ímpudence

begemotas *zool.* hìppopótamus (*pl t.p.* -mì)

bėg‖ikas, -ė rúnner ~**imas** 1 run, rúnning; *sport.* race; *trumpųjų distancijų* ~**imas** sprint 2 (*pabėgimas*)

flight; (*iš nelaisvės*) escápe; *paniškas* ~**imas** stàmpéde ~**inėti** run* abóut, run* to and fro

beginklis ùnármed; *prk.* defénceless

bėgio‖jimas rúnning abóut; fuss, bústle ~**ti** *žr.* **bėginėti**

bėg‖is 1 *glžk.* rail; *dgs.* rails, métals; *nuvirsti nuo* ~**ių** be* deráiled, run* off the rails 2 (*eiga*) course; *metų b.* the cóurse of years

bėglys, -ė fúgitive, rúnaway; (*iš nelaisvės*) príson-breaker; (*pabėgėlis*) rèfugée

beglob‖is stray child*; waif ~**iai** waifs and strays; (*benamis*) hómeless, stray

bėg‖omis, ~**te** rúnning; *kar.* at the dóuble, double-quíck

bėg‖ti 1 run*; *b. iš visų jėgų* run* as fast / quick as one can; run* for one's life*, run* at top speed; tear* alóng; *b. risčia* trot 2 (*skubėti*) húrry; *jis* ~**a į darbą** he is húrrying to his work 3 (*sprukti*) run* awáy, make* off, escápe; take* to one's heels / legs *šnek.*; *poet.* flee* (*from*) 4 (*slinkti*) pass, elápse, go*, go* by; (*nepastebimai*) slip by; (*greitai*) pass líghtly; *laikas greitai* ~**a** time flies, time slips by; *laikui* ~**ant** in time, in due course; evéntually; *dienos* ~**a pamažu** the days pass slówly by 5 (*tekėti*) flow*, run*; *upė* ~**a** the ríver flows; *jam kraujas* ~**a iš nosies** his nose is bléeding; *jo skruostais ašaros* ~**o** the tears streamed / ran down his cheeks

bei and; *tėvas b. motina* fáther and móther

beic‖as *tech.* (*dažant*) mórdant ~**uoti** (*dažant*) mórdant, treat with mórdant

beidėji‖nis, ~**škas** háving no prínciples or ìdéals ~**škumas** ábsence / lack of príncipies and ìdéals

bejausmis ùnféeling, cállous, harsh

beje by the way, by the by; *b., kaip jo sveikata?* how is he, by the way?

bejėgi‖s hélpless; (*silpnas*) féeble, weak; *prk.* pówerless ~škas (*pvz., pyktis*) ímpotent

bekilmis withóut kith or kin

bekirtis *lingv.* ùnàccénted, ùnstréssed

bekojis légless; (*vienakojis*) òne-légged

bekon‖as bácon ~iena bácon

bekraitė dówerless / pórtionless girl; girl withóut a dówry

bekraštis bóundless

bekrauj‖is blóodless; (*mažakraujis*) anáemic

belaikis ùntímely, prèmatúre, éarly

belaisvis, -ė slave; cáptive, prísoner; *karo b.* prísoner of war

belapis léafless

beldimas knock; (*tylus*) tap; *b. į duris* knock at the door

beletrist‖as fíction wrìter ~ika fíction

belgas, -ė Bélgian

belsti knock; ~i į duris knock at the door

bematant immédiàtely, présently, at once; *jis b.* *ateis* he'll be here présently

bemaž álmòst, néarly; *jis b.* *neparvirto* he néarly fell

bemiegis sléepless

bemokslis ùnéducàted, ùnléarned

bemotoris *av.* éngineless; *b. léktuvas* glíder

benamis hómeless; (*ypač apie gyvulius*) stray

bendra‖amžis, -ė of the same age ~autoris cò-áuthor; *dgs. t.p.* joint áuthors ~autorystė cò-áuthorship

bendrabutis hóstel, (*studentų t.p.*) hall of residence

bendradarb‖iauti colláboràte (*with*), cò-óperàte (*with*); (*laikraštyje*) contríbùte ~iavimas colláborátion, còòperátion; (*laikraštyje*) còntribútion ~is, -ė colláboràtor; (*įstaigoje ir pan.*) èmployée; wórker; *mokslinis ~is* research / scìentífic wórker; reséarch féllow; *laikraščio ~is* contríbùtor

bendra‖keleivis fèllow-tráveller ~mintis, -ė pérson who holds the same views ~nacionalinis cómmon nátional ~pavardis, -ė pérson béaring the same súrnàme

bendrai (*išvien*) togéther, jóintly; *veikti b.* make* cómmon cause (*with*)

bendr‖as I *bdv.* 1 géneral; (*visiems priklausomas, visų*) cómmon; *b. pažįstamas* mútual acquáintance; ~ais bruožais in géneral óutlìne 2 (*suvestinis*) joint, combíned; ~a suma sum tótal

bendras II *dkt.* friend

bendra‖savininkis *teis.* joint ówner / propríetor ~tautinis cómmon nátional

bendratis *gram.* infínitive

bendrauti assóciàte (*with*); keep cómpany

bendra‖valdis *teis.* joint ówner / propríetor ~vardis of the same name ~vimas íntercourse; *asmeninis ~vimas* pérsonal cóntàct ~žygis féllow-chámpion; assóciate

bendrin‖inkas partícipàtor; (*nusikaltimo b.*) accómplice ~is: ~is daiktavardis cómmon noun ~ti géneralize

bendr‖ovė *ekon.* cómpany; *akcinė b.* jóint-stòck cómpany ~umas commúnity; *interesų ~umas* commúnity of ínterests ~uomenė commúnity

bene: *pažiūrėk, b. pamatysi* look, perháps you will see it; *b. jis atėjo?* is it he who came?; *b. mažas vaikas esi?* well, you aren't a child, are you?

bent: *tai b. vyras!* he is a cápital / fine féllow!; *duok b. kiek pinigų* give me á450ny amóunt of móney; *jei ne jam, tai b. jo draugui* if not for him, at least for his friend; *kad b. jis ateitų!* if ónly he would come!

benzin‖as *chem.* bènzíne; (*automobilių*) pétrol; gásolìne; gas *amer.*; ~o bakas pétrol tank; gásolìne tank *amer.*

benzolas *chem.* bénzène, bénzòl

beor‖is áirless; ~ė erdvė fiz. vácuum (pl -ms, -cua)

bepigu: b. Jums kalbėti! it is all véry well for you to say!; it is éasy to say; it is éasier said than done

beplaukis háirless

beprasm‖ybė nónsense; (beprasmiškas poelgis) absúrdity ~is, ~iškas méaningless; ~is žvilgsnis vácant / vácuous stare; (tuščias, nenaudingas) sénseless; (pvz., pyktis) insénsàte; (kvailas) fóolish, ináne, sílly ~iškumas sénselessness; fóolishness; inánity, vácancy

beprincip‖is: b. žmogus man* of no scrúples; ùnpríncipled man* ~iškas (apie poelgį) ùnpríncipled, ùnscrúpulous ~iškumas ùnscrúpulousness

beprot‖ybė 1 (kvailybė, beprotiškumas) fólly 2 (pamišimas) mádness, insánity ~is mádman* ~iškai mádly; (labai) térribly, dréadfully ~iškas 1 (neapgalvotas) réckless; ~iškas poelgis mad / sénseless act, an act fólly / mádness 2 (baisus) térrible, dréadful

berankis 1 ármless; (vienarankis) òneármed 2 prk. (atgrubnagis) áwkward, clúmsy

bėras bay

berašt‖is illíterate pérson ~iškumas illíteracy

beregint immédiately, at once

bereikalingas ùnnécessary, néedless

bereikšmis of no signíficance / méaning / sense; (nesvarbus) of no impórtance / móment

beretė béret

bergž‖dumas 1 (gyvulių) bárrenness 2 prk. futílity, frúitlessness ~džiai in vain, váinly ~džias 1 (nevaisingas) bárren, stérìle 2 (be pieno) dry 3 prk. (tuščias) vain, fútìle, ùnaváiling; ~džias darbas lábour lost, frúitless / fútìle / úseless éffort(s)

beribis bóundless, límitless; ínfinite

bėris (arklys) bay (horse)

bern‖as 1 (vaikinas, jaunikaitis) féllow, lad, chap 2 (samdinys, tarnas) (farm) lábourer, fárm-hànd; hand; híred

man* amer. 3 prk. šnek. (storžievis) rude féllow, churl, boor ~auti work as a (farm) lábourer ~elis (dainose; mylimasis) dárling, belóved, swéetheart ~iukas 1 (vaikas) boy; lad 2 (jaunikaitis) féllow, lad, chap; 3 (kortų) knave, Jack ~iūkštis úrchin boy ~užėlis žr. bernelis

berods indéed, cértainly, of cóurse, súre(ly)

bert‖i 1 (pilti birų daiktą) pour, strew* 2 (spuogais versti) break* out 3 šnek. (sėti) sow* ~uvė 1 (vėtyklė) wínnowing-machìne, wínnowing fan 2 (samtis) scoop

berž‖as bot. birch; b. svyruoklis wéeping birch; △ ~o košė šnek. the birch; a whípping / bírching ~ynas birch grove

besaik‖is, ~iškas bóundless; ínfinite

besąlyg‖inis, ~iškas ùncondítional; ~inė kapituliacija ùncondítional surrénder

beskausm‖is páinless ~iškumas páinlessness

beskonis tásteless

besmegenis bráinless △ senis b. snów-màn*

besotis insátiable; prk. (gobšus) gréedy, grásping

bespalvis cólourless; prk. t.p. flat

besti (smeigti, durti) stick* (in, into); b. basli į žemę drive* a stake ínto the ground

bestuburis zool. invértebrate

besveikatis síckly

bešal‖is, ~iškas impártial, ùnbías(s)ed ~iškumas impàrtiálity

bešeimis withóut a fámily

bešird‖is, ~iškas héartless, hàrdhéarted; cállous ~iškumas héartlessness, hàrd-héartedness; cállousness

bet 1 jng. but 2 dll.: bet kada, bet kuomet at ány time; bet kurią dieną ány day; bet kaip sómehow; ányhow; bet kas whoéver; ánybody; ányone; whatéver; bet koks ány, ány kind of; wheréver; bet kiek ány númber / sum / amóunt

betarpiškas immédiàte, diréct

beteis||**is**, ~**iškas** withóut ány rights; depríved of cívil rights ~**iškumas** lack of rights

betgi still, nèverthéléss, for all that; all the same, howéver; **b. jis suklydo** he was mistáken, howéver

betikslis áimless

be to *žr.* be

beton||**as** cóncrète ~**avimas** cóncrèting ~**uoti** cóncrète

betur||**tis** *dkt.* índigent, poor ~**čiai** the poor; the háve-nòts *šnek.*

betvark||**is**, -**ė** cáreless / négligent pérson; (*apsileidęs, netvarkingas*) ùntídy / slóvenly pérson; (*vyras*) slóven; (*moteris*) sláttern, slut

beuodegis táilless

beūsis withóut moustáches

bevaik||**is**, -**ė** chíldless ~**ystė** chíldlessness

bevaisis, -**ė** bárren, stérìle; *prk.* frúitless, vain

bevald||**is** háving no pówer, withóut pówer ~**ystė** ánarchy

beval||**is**, -**ė** wéak-wìlled, báck-bòneless ~**iškumas** weak will, lack of will

bevard||**is**, -**ė** 1 námeless 2 *gram.:* ~**ė** giminė néuter (génder) 3 (*ketvirtasis pirštas*) third / ring fínger

beveik álmòst, néarly; **jis b. baigė savo darbą** he has álmòst fínished his work

bevertis wórthless; of líttle, *arba* of no, válue

bevielis wíreless; **b.** **telegrafas** wíreless

beviltišk||**as** hópeless; **b. atvejis** (*apie ligonį*) hópeless case; dýing man*; **ligonio padėtis** ~**a** the pátient's condítion is hópeless ~**umas** hópelessness

beždžion||**ė** mónkey; (*beuodegė*) ape ~**iškas** *prk.* ápe-lìke

bežemis lándless; **Jonas Bežemis** *ist.* John Láckland

biblija *bažn.* the Bíble; (*egzempliorius*) bíble

bibliotek||**a** líbrary ~**ininkas**, -**ė** lìbrárian

bičiul||**iautis** be* friends (*with*) ~**iavimasis** fríendship ~**is**, -**ė** friend; pal *šnek.* ~**ystė** fríendship, ámity ~**iškas** fríendly

bidonas can; **pleno b.** mílk-càn

bifšteksas *kul.* (béef)steak

bij||**ojimas** dread, fear ~**oti** be* afráid (*of*); (*labai*) dread; **nėra ko** ~**oti** you have nóthing to be afráid of, you need not be afráid △ ~**au pasakyti** I cánnot say for sure

bijūnas *bot.* péony

byl||**a** 1 (*teismo procesas*) case; **iškelti kam** ~**ą** bring* an áction agáinst smb; take* / ínstitùte procéedings agáinst smb; **vesti** ~**ą** plead / maintáin a cause 2 (*raštinės*) file; **asmens b.** pérsonal récòrd(s) / file

bild||**enimas** knock; tap ~**enti** (*į duris*) knock (at the door) ~**esys** knock; rúmble; **ratų** ~**esys** rúmble of wheels ~**ėti** rúmble.

biliard||**as** bílliards; ~**o partija** game of bílliards

biliet||**as** tícket; **geležinkelio** (*tramvajaus*) **b.** ráilway (tram) tícket; **b. ten ir atgal** retúrn tícket; **egzaminų b.** exàminátion pàper; ~**ų kontrolierius** tícket collèctor; ~**ų kasa** bóoking-òffice; (*teatruose*) bóx-òffice; **visi** ~**ai išparduoti** all seats (are) sold

bilijonas (= *milijardas*, 10^9) mílliard; bíllion *amer.*

bylinė||**jimasis** suit; láwsùit ~**tis** bring* a suit (*against*), lítigàte (*with*); be* at law (*with*)

byloti 1 say* (*to*); tell* (*smb smth*) 2 *prk.* (*rodyti, liudyti*) índicàte, point (*to*)

bimb||**alas** *zool.* gádflỳ ~**ti** hum, buzz; drone

binoklis bìnóculars; pair of glásses; (*lauko*) fíeld-glàss(es); (*teatro*) óperaglàss(es) (*pl*)

binomas *mat.* bìnómial; *Nlutono b.*
(Néwton's) bìnómial théorèm

bint‖as *med.* bándage ~uoti bándage

biochemi‖ja bìochémistry ~nis bìo-
chémical

biograf‖as bìógrapher ~ija bìógraphy
~inis bìográphic(al)

biral‖ai dry súbstances; ~ų *saikai* dry
méasures

bjaur‖ėjimasis avérsion, repúgnance,
disgúst; lóathing ~ėti *žr.* bjurti;
~ėtis have* an avérsion (*for*), loathe;
be* disgústed ~ybė 1 (*daiktas*)
abóminable / éxecrable stuff; lóath-
some / násty thing; muck 2 (*neti-
kėlis, nenaudėlis*) víllain, scóundrel;
lóathsome / foul / filthy créature; (*apie
moterį*) mean wóman* ~inti 1
make* úgly, make* hídeous; (*sužaloti*)
defórm; (*plūsti*) scold rail (*at*);
abúse; (*niekinti, teršti*) defíle; profáne
~oti make* foul / dírty ~umas (*ne-
gražumas*) úgliness; defórmity; (*blogu-
mas*) abòminátion ~us (*negražus*)
úgly; hídeous; defórmed; (*blogas*)
disgráceful; násty

birbynė pipe, réed(-pìpe); fife

birbti 1 (*birbyne dūduoti*) play a réed
(-pìpe) / fife; pipe; fife 2 (*zirzti, bimb-
ti*) buzz, hum

byr‖ėti fall*; pour run* out; *tinkas*
~a the pláster flakes off

birti *žr.* byrėti

birž‖a exchánge; *darbo b.* lábour
exchánge; *prekių b.* commódity
exchánge; *fondų b.* stock exchánge;
~os *makleris* stóck-bròker

biržė allótment; plot / lot (of land);
(wóod-)cùtting área

biržel‖is June; *šių metų* ~*io mė-
nesį* in June; *praėjusių metų* ~*io
mėnesį* last June; *ateinančių metų*
~*io mėnesį* next June

bis encóre

biskvitas spónge-càke; bíscuit

bisuoti (*pvz., apie smuikininką*) play
an encóre; (*apie dainininką*) sing an
encóre

bi‖tė bee; *b. darbininkė* wórker-
bèe; ~*čių avilys* (bée)hìve; ~*čių
spiečius* swarm of bees; ~*čių vaš-
kas* bées-wàx ~*tinas* queen ~*tyras*
bée-garden, ápiary ~*tininkas* bée-
màster, ápiarist ~*tininkystė* bée-
kèeping, ápiculture

biudžet‖as búdget; ~*o straipsnis*
ítèm in the búdget ~inis búdgetary;
~*iniai metai* físcal / búdget year

biuleten‖is 1 búlletin 2 (*rinkiminis*)
bállot-pàper 3 *šnek.* (*ligonio lapelis*)
médical certíficate; *jis turi* ~*į šnek.*
he is on síck-léave

biuras 1 (*įstaiga*) búreau; óffice; *in-
formacijos b.* inquíry óffice; *laido-
tuvių b.* úndertàker's óffice; *adresų
b.* addréss búreau; *civilinės būklės
aktų įrašų b.* régistry (óffice) 2 (*sta-
las*) búreau, secretáire

biurokrat‖as búreaucràt; rèd-tápist
~*iškas* bùreaucrátic ~*izmas* bùréau-
cratism; red tape

biustas bust

bizn‖ierius búsinessman* ~is búsi-
ness; (*užsiėmimas*) òccupátion

bizonas *zool.* bíson

bizūnas whip

bjurti grow* násty / bad, becóme*
worse

blaiv‖as, ~us sóber; ábstinent; ~*aus
proto žmogus* sòber-mínded; ~*iai
žiūrėti į ką* take* a sóber / sénsible
view of things, view / regárd things in
a sóber / sénsible light △ *ką b. gal-
voja, tą girtas iškloja prież.* what
the sóber man* thinks, the drúnkard
revéals ~ėti sóber; becóme* / grow*
sóber; (*apie dangų*) to clear up; to
grow* seréne ~ybė sóberness; (*sai-
kingumas*) témperance; (*būsena*) sob-
ríety; ábstinence ~inti sóber ~ytis
1 (*pagiriotis*) get* sóber 2 (*giedry-
tis*) clear ~umas sóberness; *proto*
~umas sóberness of mind

blakė bug; béd-bùg; chinch *amer.*

blakstiena éyelàsh

blank‖as form; *užpildyti* ~ą fill in,
arba compléte, a form

blank‖ti turn / grow* pale; **vísa taí**
~**sta príeš** ... all this pales befóre,
arba by the side of, ... ~us pale;
pállid; *prk.* insípid, cólourless

blaškyti throw*; cast*; (*staigiai*)
fling* ~s rush abóut; (*lovoje*) toss

blaustis 1 (*niauktis*) grow* clóudy
2 (*apie žmogų*) grow* sléepy; frown

blauzd‖a shin, shank; calf* (of the leg)
~ikaulis shín-bòne ~inės léggings

blefas bluff

blėsti go* out, die out; burn* down

bliauti 1 bleat, baa 2 (*verkti*) blúbber,
howl

blikčioti (*silpnai blikséti*) gleam

blykstelėti flash

blykšti turn / grow* pale

blynas flat páncàke

blindažas *kar.* shélter

blyškus 1 pale 2 *prk.* cólourless

bliuz‖elė, ~ė blouse

blizgė (*žuvims gaudyti*) spóon-bait

blizg‖ėjimas, ~esys lústre, brílliance,
glítter ~ėti shine*; (*apie metalą ir
pan.*) glítter; (*žėréti*) spárkle, glítter
~inti pólish ~utis 1 (*papuošalas*)
spángle 2 *zool.* glów-wòrm

blogai bád(ly)*; **b. jaustis** feel*
bad* / ùnwéll; **b. kvepėti** smell
bad*; **b. elgtis** beháve ill*; **b. elg-
tis** (*su kuo*) ìll-úse, ìll-tréat; **būti b.
nusiteíkusiam** be* in a bad* mood,
be* in low spírits, be* out of sorts

blog‖as bad*; ill*; (*piktas*) évil;
b. oras bad* / wrétched / násty
wéather; ~**a nuotaíka** poor / low
spírits; ~**a sveíkata** poor health;
jo reíkalaí ~**í** things are in a
bad* way with him ~ėti becóme* /
grow* worse, detérioràte, take* a
turn for the worse ~ybė évil ~inti
make* worse, wórsen, detérioràte ~ti
1 (*silpnéti*) wéaken, grow* weak /
féeble 2 (*lieséti*) lose* flesh, grow*
thin ~umas bádness ~uoju 1 (*pyks-
tantis*) in an ùnfríendly way; on bad*
terms 2 (*priverčiamai*) ìnvóluntarily

blokad‖a blòckáde; **paskelbtí** ~**ą**
decláre a blòckáde; **nutraukti** ~**ą**
raise the blòckáde

blokas I *polit.* bloc

blokas II 1 *tech.* púlley, (púlley-)block
2 (*didelis akmuo*) block 3 (*namų
grupė*) block

bloknotas nóte-book

blokšti throw*, cast*, fling*, hurl, toss

blokuoti *kar.* blòckáde ~s *polit.* form
a bloc (*with*)

blondin‖as fair-háired man*; **jís b.** he
is fair ~ė blonde; **jí** ~**ė** she is fair, she
is a blonde

blukti fade, lose* cólour

blusa flea

blužn‖is *anat.* spleen; ~**ies uždegí-
mas** *med.* splenítis

bob‖a 1 wóman* 2 (*žmona*) wife*
3 *prk.* (*apie vyrą*) mílksòp; mólly-
còddle, old wóman* △ ~ų vasara
Índian súmmer ~iškas wómen's
~utė 1 old wóman*, crone 2 (*sene-
lė*) grándmòther; (*priėméja*) mídwìfe*

bocmanas *jūr.* bóatswain

bodėtis have* an avérsion / repúgnance
(*to*); (*bjaurétis*) loathe

boikot‖as bóycott ~uoti bóycott, set*
up a bóycott agáinst smb

bokalas glass, góblet

boks‖as *sport.* bóxing ~ininkas bóxer
~uoti(s) box

bokštas tówer

bolšev‖ikas, -ė Bólshevik ~ikinis,
~ikiškas Bólshevist, Bólshevik ~iz-
mas Bólshevism

bomb‖a bomb; **atominé b.** átom
bomb ~ardavimas bòmbárdment;
(*iš léktuvo*) bómbing ~arduoti bòm-
bárd; (*iš léktuvo*) bomb ~onešis
bómber

bonai *fin.* cheques

boras *chem.* bóròn

bordo 1 (*vynas*) cláret 2 (*spalva*) cláret,
deep red

bort‖as 1 (*laivo*) side; **dešinysís b.**
stárboard side; **kairysís b.** port
side; **išmestí už** ~**o** throw* / heave*
óverboard; **už** ~**o** óverboard 2 (*pvz.,*

švarko) cóat-brèast 3 (*biliardo stalo*) cúshion

bos‖as *muz.* bass; *kalbėti* ~u speak* in a deep voice

botag‖as whip, lash; *mušti* ~u whip, lash; *pliaukšėti* ~u crack a whip

botai high óvershoes; high galóshes

botan‖ika bótany; ~*ikos sodas* botánical gárdens *pl* ~ikas bótanist

botkotis whíp-hàndle

braį‖dyti, ~džioti wade; *purvą b.* wade in / through mud

braiž‖yba dráwing ~ybinis dráwing *attr* ~ykla dráwing-óffice; dráughting room ~iklinė case of màthemátical / dráwing ínstruments ~iklis dráwing-pèn, rúling-pèn

braižyti I (*pvz.*, *brėžinį*) draw*; *b. planą* draw* a plan; *b. žemėlapį* make* a map

bráižyti II (*rėžyti*, *draskyti*) scratch

braižytojas dráughtsman*

brakonierius póacher

brand‖a rípeness, matúrity; cóming of age △ ~os *atestatas* schóol-leaving certíficate ~inti rípen; matúre ~umas rípeness ~uolinis núclear; ~*uolinė fizika* núclear phýsics ~uolys (*t.p. prk.*) kérnel; (*pvz.*, *lastelės*) núcleus (*pl* -lei); *prk.* (*pagrindinė grupė*) main bódy; *riešuto* ~uolys kérnel of a nut; *atomo* ~uolys *fiz.* atómic núcleus ~us ripe; matúre

brang‖akmenis gem, précious stone, jewel ~enybė jéwel; *prk.* tréasure ~ėti grow* expénsive / cóstly ~inti 1 (*brangiai prašyti*) ask a high price 2 (*vertinti*) válue; care (*for*) ~ti rise* in price; *pragyvenimas* ~sta the cost of líving is rísing ~umas déarness, expénsiveness; high príces *pl* ~us dear; (*apie kainą*) expénsive, cóstly; *ji jam* ~i she is dear to him; ~*us drauge!* dear friend! ~usis dárling

branktas (*vežimo*) swíngletree

brasta ford

brašk‖ė *bot.* gárden stráwberry; ~*ių uoglienė* stráwberry jam

braškė‖jimas cráckling ~ti cráckle, crack

braukyti 1 (*išbraukinėti*) cross (out) 2 (*šluostyti*) wipe; dry 3 (*skinti*) pluck; pick

braukt‖i 1 (*linus*) scutch, swíngle 2 (*šluoti*, *šluostyti*) brush awáy / off; (*pvz.*, *ašaras*) wipe, dry 3 (*išbraukinėti*) cross (out), strike* out 4 (*traukti su kuo nors per ką*, *liesti*) run* (*over*), pass (*over*); touch; *b. ranka per plaukus* run* / pass one's hand óver one's hair 5 (*greitai eiti*, *dumti*) go* véry quíckly; rush / speed / tear* alóng ~uvė (*linų*) swíngle, scútcher

brautis squeeze / make* / force one's way through

bravo brávò

bravoras *žr.* darykla (*alaus*)

brazdėti (*krabždėti*) rústle

brėkšt‖i 1 (*švisti*) dawn, break ~a it is dáwning, day is bréaking 2 (*temti*) get* dark ~a it is gétting dark, night is dráwing on, twílight has fallen

bręsti rípen, becóme ripe, matúre; (*apie įvykius*) becóme* ímminent; be* abóut to háppen

brezent‖as tàrpáulin ~inis tàrpáulin *attr*

brėž‖inys draught; draft; *amer.* ~ti 1 draw*; ~ti *planą* draw* a plan; ~ti *žemėlapį* make* a map 2 (*drėksti*) scratch

briauna edge, verge

brydė track, trace, trail (*left in a high grass or crop*)

bried‖is *zool.* elk ~iena élk-meat

brigad‖a *kar.* brigáde; team; *darbininkų b.* team of wórkers ~ininkas team-léader

brigzti becóme* frayed; fray

briliantas díamond; brílliant

brinkti swell*, bloat (out)

bristi ford; wade △ *b. į skolas* get* / run* ínto debt

brizgilas brídle

brok‖as spóilage; waste (*apie dirbinį*) wáster; réjects *pl* ~**darys** bad wórkman*, bódger ~**uotas** waste *attr*, deféctive, spoilt ~**uoti** rejéct as deféctive, sort out

brol‖elis bróther ~**ėnas** (first) cóusin ~**iautis** fráternìze (*with*) ~**iavimasis** fràternìzátion ~**iavaikis** néphew ~**ybė** brótherhood, fratérnity ~**ienė** bróther's wife*, síster-in-law ~**is** bróther ~**ystė** *žr.* **brolybė**; ~**iškas** brótherly; fratérnal; ~**iška meilė** brótherly love ~**iškumas** brótherhood, fratérnity ~**iuotis** fráternìze (*with*) ~**vaikis** néphew ~**žudys** frátricìde ~**žudiškas** fràtricídal

bromas *chem.* brómine

bronch‖ai *anat.* brónchi ~**ialinis**, ~**inis** brónchial ~**itas** brònchítis

bronz‖a 1 bronze 2 (*bronzinis meno dirbinys*) bronze △ ~**os amžius** the Bronze age ~**inis** *prk.* (*bronzos spalvos*) bronzed, tanned

brošiūr‖a bóoklet; pámphlet ~**uoti** stitch

brukn‖ė *bot.* cówberry, móuntain cránberry; red bílberry ~**ienė** cówberry, *arba* red bílberry, jam

brūkšn‖elis dash, short stroke; (*defisas*) hýphen ~**ys** 1 (*brėžis*) (light) stroke, touch; (*linija*) line 2 *gram.* dash ~**iuotė** (*žemėlapyje*) hàchúres *pl* ~**iuoti** shade, hatch

brukti 1 (*sprausti, kišti*) poke (*in, into*), thrust*, shove, slip; *b.* **ką į kišenę** thrust* / slip / tuck smth ínto one's pócket 2 (*įpiršti*) press / force; (*upon*) 3 (*pvz., linus*) scutch, swíngle ~**s**: ~**s per minią** force / push / élbow one's way through a crowd

brunet‖as dàrk(-háired) man* ~**ė** brunétte, dàrk(-háired) wóman*

bruož‖as 1 (*brūkšnys*) stroke, touch; (*liniją*) line 2 (*savybė, ypatybė*) trait; (*charakterio t.p.*) streak; **skiriamasis b.** distínctive féature; **tai paveldėtas b.** it runs in the fámily *idiom.* △ **veido ~ai** féatures;

bendrais ~ais róughly, in (géneral) óutlìne

brutal‖umas róughness, cóarseness ~**us** rough, coarse

brut(t)o: *b.* **pajamos** gross recéipts / income / tákings; *b.* **svoris** gross weight

bruzd‖ėjimas, ~**esys** 1 (*judėjimas*) bústle, fuss; (*triukšmas*) noise, rácket 2 *polit.* ríot, distúrbance ~**ėti** 1 (*judėti, krutėti*) bústle (abóut), húrry abóut, move abóut, fuss 2 (*brazdėti*) make* a noise 3 (*nerimauti, kilti*) be* in a state of férment; rise* (*against*)

bruzdinti *šnek.* 1 (*raginti*) drive* on, urge on, húrry 2 (*greitai nešti, vežti*) cárry (*smth*) húrriedly 3 make* a noise; fuss, bústle.

brūzgynas brúshwood, únderwood, copse, cóppice; brámbles

brūž‖yklė, ~**iklis** *tech.* file ~**inti** rub (*off*); grind* off, file (*off*)

buč‖inys kiss ~**iuoti** kiss, give* a kiss; ~**iuoti į lūpas** kiss smb's lips, kiss on the mouth; ~**iuoti į abu skruostus** kiss on both cheeks ~**iuotis** kiss (each other)

būda (*šuns*) kénnel

būd‖as 1 (*charakteris*) dìspozítion, témper; cháracter; **blogas b.** bad* témper; **sunkus b.** dífficult náture; **tvirto ~o žmogus** stróng-willed pérson 2 (*priemonė*) means, way; mode; (*metodas*) méthod △ **nieku ~u, jokiu ~u** by no means; **tuo ~u** thus, in this / that way; **vienu ar kitu ~u** in one way or (an)óther; **bet kuriuo ~u** by hook or by crook; **išmėginti visus ~us** try / test évery póssible means

būdelė 1 (*kioskas*) stall 2 (*sargo*) box, cábin; **suflerio b.** prómpt-bòx; *glžk.* ráilway guard's lodge; ráilway cábin; **telefono b.** télephòne box, públic cáll-bòx; télephòne booth *amer.*

budelis èxecútioner; hángman*; (prk. t.p.) bútcher

budě||jimas dúty; (prie ligonio) wátch(ing); ~jimo grafikas, tvarkaraštis róta; kar. róster ~ti be* on dúty; ~ti prie ligonio lovos watch by the pátient's bédslde; tai ivyko jam bebudint this háppened while he was on dúty ~tojas man* on dúty; (apie karininkạ) ófficer of the day; stotles ~tojas státion-màster on dúty; jis šiandien klasės, virtuvės ir pan. ~tojas he is on dúty in the clássroom, in the kítchen, etc., todáy

bũdingas chàracterístic; b. bruožas chàracterístic féature

budinti wake*, awáke(n)

budintis on dúty; b. gydytojas dóctor on dúty

bud||istas Búddhist ~izmas Búddhism

budr||umas vígilance, wátchfulness ~us vígilant, wátchful

buduaras bóudoir ['bu:dwa:]

bũdvard||inis gram. ádjective attr ~is gram. ádjective

bufer||inis (t.p. prk.) búffer attr; ~inė valstybė búffer State ~is búffer

bufet||as 1 (baldas) sídeboard 2 (restorane) refréshment room; búffet; (mokykloje, įstaigoje) cantéen ~ininkas bárman*; bártènder amer. ~ininkė bármaid

bũgn||as 1 drum; mušti ~ạ beat* the drum 2 tech. drum 3 kort. dgs. díamonds ~elis (ausies plėvelė) éardrùm; týmpanum (pl. -nums, -na) ~ijimas beat of the drum ~ininkas drúmmer ~yti drum, beat* the drum

buhalter||ija bóok-keeping; (patalpa) cóunting-house* ~is, -ė bóok-keeper; accóuntant; vyriausiasis ~is accóuntant géneral

buit||inis: b. reiškinys éveryday occúrrence; ~inės sạlygos condítions of life ~is mode of life

buivolas zool. búffalò

bukagalv||is, -ė númskùll, blóckhead, dúnderhead; dúllard ~iškumas stupídity, dúllness, obtúseness

bukaprot||is, -ė žr. bukagalvis; ~ystė, ~iškumas žr. bukagalviškumas

buk||as I 1 (apie peilį, pieštukạ ir pan.) blunt; (apie formạ) obtúse; b. kampas mat. obtúse angle 2 (apie žmogų) dull, obtúse, stúpid; slow-wítted; b. protas stúnted mind ~inti 1 (šipinti) blunt 2 prk. déaden, dull

bukas II bot. beech

bukietas žr. puokštė

bukinist||as sécond-hànd bóoksèller / déaler ~inis: ~inė parduotuvė sécond-hànd bóokshòp / bóoksèller's

būklė condítion; state

buklus (gabus, supratingas) sharp, keen-wítted

buksyr||as 1 (laivas) tug; túgboat, tów-boat 2 (virvė) tów(ing)-lìne; tów-(ing)-ròpe ~uoti tow, tug; have* in tow

buksmedis bot. box

buksuoti skid

buksva tech. áxle-bòx glžk.; (ivorė) bush, búshing

bũkšt||umas féarfulness; timídity ~us féarful, éasily fríghtened / scared; shy (t.p. apie arklį)

bukti (pvz., apie peilį) grow* / becóme* blunt; (apie atmintį) grow* dull

buldogas (šuo) búlldòg

bulgar||as, -ė Bùlgárian; ~ų kalba Bùlgárian, the Bùlgárian lánguage ~iškas Bùlgárian

bul||ius (pédigree) bull; ~ių kautynės búllfight △ sveikas kaip b. as strong as a horse

buljonas broth; jautienos b. béeftea; vištienos b. chícken-bròth

bulkutė roll

bulvar||as ávenue, bóulevard ~inis: ~inis romanas cheap nóvel; pénny dréadful šnek.; dime nóvel amer.; ~inis laikraštis rag; ~inė spauda gútter press

bulv‖ė 1 (*gumbas*) potátò ~ės potátòes; **keptos** ~ės fried potátòes; chips; **neluptos** ~ės potátòes in their skins / jáckets; ~*lų piurė* mashed potátòes, potátò mash; ~*lų lupenos* potátò péelings 2 (*augalas*) potátò plant ~**iakasė** *ž.ū.* potátò-dìgger; potátò-dìgging machíne ~**iakasis** séason when potátòes are dug out ~**iena** potátò-field ~**ienė** potátò-soup ~**ienojas** potátò tops *pl* ~**inis** potátò *attr*; ~*iniai miltai* potátò flour *sg*

bumbėti *žr.* **bambėti**

bumerangas bóomeràng

bunkeris *tech.* búnker

buožė 1 (*bumbulas*) knob 2 (*šautuvo*) butt, bútt-stòck

buožgalvis *zool.* tádpòle

burb‖ėti 1 (*neaiškiai kalbėti*) mútter; múmble; (*niurnėti*) grúmble 2 (*apie verdantį vandenį ir pan.*) búbble ~**telėti** growl out

burbul‖as búbble; **muilo b.** soap búbble; **leisti muilo** ~**us** blow* búbbles ~**iuoti** 1 búbble; (*verdant*) boil 2 (*apie teterviną, kalakutą*) útter máting-càlls; coo 3 (*neaiškiai kalbėti*) mútter, múmble

bur‖ė sail; **iškelti** ~**es** make* / set* sail; **plaukti iškėlus visas** ~**es** (in) full sail; with all sails set

būrel‖is circle, socíety; **literatūriniai** ~**iai** líterary socíeties

burgzti rúmble, roar, roll, buzz, sing*

buriavimas *sport.* yachting; sáiling (sport)

būrininkas *kar.* platóon commánder

burinis: b. laivas sáiling véssel, sáiler

būr‖ys 1 detáchment; detáched force; *prk.* vánguàrd; **priešakinis b.** advánced detáchment 2 (*pulkas, minia*) crowd; throng; múltitùde; (*paukščių*) flock, flight; (*žuvų*) run, school, shoal; (*vilkų, šunų*) pack 3 *kar.* platóon; (*anglų artilerijoje*) séction; (*anglų kavalerijoje*) troop 4 *zool.* (*giminiškų gyvulių šeimų grupė*) órder ~**iuotis**

crowd; (*apie didelę minią*) throng; (*rinktis grupėmis*) clúster

buriuo‖ti go* yachting ~**tojas** yáchtsman*

burkuoti 1 (*apie balandį*) coo 2 (*apie katę*) purr 3 *fam.* (*meiliai šnekučiuotis*) bill and coo

burlaivis sáiling véssel, sáiler

burn‖a 1 (*anga tarp lūpų*) mouth* 2 (*tuštuma už dantų*) óral cávity; **kvėpuoti per** ~**ą** breathe through the mouth; **kalbėti prikimšta** ~**a** talk with one's mouth full; **jo šeimoje šešios** ~**os** he has six mouths to feed in his fámily; **neimti į** ~**ą** not touch; **jis vyno nė į** ~**ą neima** he never tóuches wine 3 (*veidas*) face ~**oti** abúse; call names

burok‖as *bot.* beet, béetroot; **cukriniai** ~**ai** súgar-beet *sg*, white beet; **pašariniai** ~**ai** mángel-wùrzel ~**ėliai** red beet

burt‖as 1 (*sutartas ženklas*) lot; **mesti** ~**us** throw* / cast* lots; **traukti** ~**us** draw* lots 2 *dgs.* (*prietaruose*) sórcery *sg*; wítchcràft *sg*

burti I 1 (*mesti burtus*) throw* / cast* lots; (*traukti burtus*) draw* lots 2 (*kerėti, žavėti*) cónjure; práctise wítchcràft / sórcery 3 (*pranašauti*) tell* fórtunes

burti II (*telkti, vienyti*) ùníte, rálly

burtinink‖as sórcerer, magícian, wízard ~**ė** witch, sórceress

buržuazi‖ja bourgeoisíe; **smulkioji b.** pétty bourgeoisíe ~**nis** bóurgeois

būsena (*stovis, būvis*) state, condítion

būsimas fúture; ~*is laikas* *gram.* the fúture (tense)

būst‖as lódging, apártment, room; (*patalpos*) prémises *pl* ~**inė** abóde, résidence; **vyriausiojo kariuomenės vado** ~**inė** Géneral Headquárters

busti wake* up, awáke*

butaforija 1 *teatr.* próperties *pl*; props *pl šnek.*; (*pvz., vitrinoje*) dúmmies *pl* (*in shop window*) 2 *prk.* wíndow-drèssing, mere show; **tai vien tik b.** it is nóthing but wíndow-drèssing, it's all show

but‖as lódging; (kelių kambarių t.p.) apártments pl; (užimantis vieną aukštą) flat; išnuomojamas b. a flat is (apártments are) to let; b. ir maistas board and lódging; ~o nuomininkas, -ė lódger, ténant; ~o savininkas lándlòrd; ~o savininkė lándlàdy; ~o nuoma rent; turėti ~ą (gyventi) lodge

bùtelis bóttle

būtent námely; (prieš išskaičiavimą) to wit; vidélicèt [vı'di:lıset] (sutr. viz.); (tai yra) that is; kas b.? who exáctly?; kiek b.? how much exáctly?

buterbrodas slice of bread and bútter; (su dešra, sūriu ir pan.) sándwich; b. su kumpiu ham sándwich

būti 1 (egzistuoti) be*, exíst; yra (kur ko) there is, there are; yra nuomonė, kad ... there is / exísts an opínion that; yra žmonių, kurie ... there are people who; tada nebuvo laisvo laiko there was no free time then 2 (būti kur): kur yra informacijos biuras? where is the inquíry óffice? 3 (apie priežastį): tai buvo jo mirties priežastis that was the cause of his death; dalykas yra tas the thing is 4 (buvoti): vakarais jis yra namie he is at home in the évenings △ kas yra? what is the mátter?; tur būt próbably; gal būt máybè; perháps; buvo-nebuvo sink* or swim*; neck or nothing

būtybė créature

būtin‖ai withóut fail; cértainly; b. reikia baigti darbą laiku it is nécessary to fínish the work in time; jis b. pas jus užeis he will call on you withóut fail; he will cértainly, arba he is sure to, call on you ~as nécessary, indispénsable; ~as reikalas úrgency; ~a sąlyga indispénsable condítion ~a it is nécessary ~ybė, ~umas necéssity

būtis fil. béing, exístence

butpinigiai rent

buv‖einė (gyvenamoji vieta) abóde, résidence; nuolatinė b. pérmanent résidence ~ęs fórmer, late; ex-; ~ęs vedėjas fórmer / late mánager, èxmánager; ~ęs prezidentas èx-président ~imas 1 (gyvenimas, egzistavimas) exístence 2 (tam tikroje vietoje) locátion, the whéreabóuts

būv‖is (būtis, gyvenimas) exístence; kova dėl ~io strúggle for exístence

buvoti: b. kur nors go* to a place; be* / live sómetimes in a place

buza 1 (gyvuliams) swill mixed with meal 2 (prasta sriuba) slops sg; (skysta košė) thin pórridge

būžys žr. vabzdys

C

car‖as ist. czar, tsar, tzar ~aitė ist. czàrévna, tsàrévna (daughter of a czar) ~aitis ist. czárevitch, tsárevitch (son of a czar) ~ienė ist. czàrína, tsarína (wife of a czar; empress of Russia) ~inis czar's, tsar's; czárist, tsárist ~izmas ist. czárism, tsárism

cech‖as 1 (gamykloje) shop; depártment; ~o viršininkas shop sùperinténdent; surinkimo, montavimo c. assémbly shop / depártment 2 ist. guild, còrporátion

celė 1 (vienutė) cell 2 biol. cell

celiulioidas célluloid

celiuliozė céllulose

Celsij‖us Célsius; ~aus termometras céntigràde thermómeter; dešimt laipsnių ~aus ten degrées céntigràde

cement‖as cemént ~avimas cèmèntátion ~uoti cemént

centas (moneta) cent

centigramas céntigràmme

centimetras céntimètre

centneris (50 *kg*) céntner; (100 *kg*)
húndredweight

centraliz‖acija, ~**avimas** cèntralizá-
tion ~**mas** *polit.* céntralism ~**uo-
ti** céntralìze ~**uotis** céntralìze; get*
céntralìzed

centr‖as céntre; ~**o komitetas** céntral
commíttee; **svorio c.** céntre of
grávity; **prekybos c.** céntre of
trade; súpermàrket; **dèmesio** ~**e**
in the céntre of atténtion ~**inis**
céntral; ~**inė nervų sistema** céntral
nérvous sýstem; ~**inis šildymas**
céntral héating; ~**inė telefono sto-
tis** (céntral) télephòne exchánge

centrifuga *tech.* céntrifùge

centr‖istas *polit.* céntrist ~**izmas**
polit. céntrism

cenzas quàlificátion; **rinkiminis c.**
eléctoral quàlificátion; **mokslo c.**
èducátional quàlificátion; **turto c.**
próperty quàlificátion

cenz‖orius cénsor, lícenser of the
press ~**ūra** cénsorship; ~**ūros leista**
passed by cénsor; lícensed ~**ūruoti**
cénsor

cerat‖a óil-clòth ~**inis** óilskìn *attr*

ceremon‖ialas cèremónial ~**ija** cére-
mony; **be** ~**ijų** infórmally; **be toles-
nių** ~**ijų** withóut any fúrther fòrmál-
ities

cerkvė church

chalatas 1 (*dėvimas namie*) dréss-
ing-gown **2** (*maudymosi*) báth-ròbe
3 (*Rytų tautų drabužis*) òriéntal robe
4 (*darbui*) óveràlls *pl*; **gydytojo ch.**
dóctor's smock; **chirurgo ch.** óperàt-
ing / súrgical coat; **maskuojamasis
ch.** *kar.** càmouflàge cloak

chalva khàlvá (*paste of nuts, sugar and
oil*)

chameleonas *zool.* (*t.p. prk.*) chamé-
leon; túrncoat (*ypač prk.*)

chanas *ist.* khan

chao‖sas cháòs ~**tiškas** chàótic ~**tiš-
kumas** chàótic state; state of cháòs

charakering‖a: **tai jam ch.** this is
chàracterístic of him ~**as 1** (*būdin-
gas*) chàracterístic; ~**as bruožas** chà-
racterístic féature **2** *teatr.* (*apie vaid-
menį, šokį*) cháracter *attr;* ~**as šokis**
cháracter dance

charakter‖is 1 (*būdas*) dìsposítion,
témper; cháracter; **blogas ch.** bad*
témper; **sunkus ch.** dífficult ná-
ture; **tvirto** ~**io žmogus** stròng-wíl-
led pérson **2** (*daikto savybė, pobūdis*)
náture; **vietovės ch.** náture / chàrac-
terístics of the locálity ~**istika** (*api-
būdinimas*) chàracterístic; (*atsiliepi-
mas*) cháracter ~**izuoti** cháracterìze;
descríbe

chartija chárter

chem‖ija chémistry; **organinė ch.** òr-
gánic chémistry; **neorganinė ch.** ìn-
òrgánic chémistry; **fizinė ch.** phýsi-
cal chémistry; ~**ijos vadovėlis** hánd-
book / mánual of chémistry ~**ika-
lai** chémicals ~**ikas** chémist ~**inis**
chémical; ~**inis elementas** (chémi-
cal) élement; ~**inis pieštukas** in-
délible / ink péncil; ~**inis valymas**
(*drabužių*) drỳ-cléaning

chininas quiníne

chiromant‖as chìromántist; pálmist
~**ija** chíromàncy; pálmistry

chirurg‖as súrgeon ~**ija** súrgery ~**inis,**
~**iškas** súrgical

chlor‖as *chem.* chlórìne; ~**o kalkės**
chlórìde of lime; bléaching pówder

chlorofilas *bot.* chlórophyll

chloroformas *chem.* chlóroförm

choler‖a *med.* (Àsiátic, èpidémic,
malígnant) chólera; ~**os epidemija**
èpidémic of chólera

cholerikas chóleric

chor‖as chórus; (*bažnytinis*) chóir ~**is-
tas** mémber of a chórus; chórister
~**istė** chórister, chórus-gìrl ~**vedys**
teatr. condúctor; léader of a chórus

choreografi‖ja chòreógraphy ~**nis** chòreográphic

chorvat‖as, -**ė** Cróat; ~**ų kalba** the Cròátian lánguage

chrestomatija réader, réading-book

chrizantema chrysánthemum

chromas 1 *chem.* chrómium, chrome 2 (*oda*) bóx-càlf

chroniškas chrónic; *ch. susirgimas* chrónic diséase

chronolog‖as ~**ija** chronólogy ~**inis,** ~**iškas** chrònológical

chronometr‖as chronómeter ~**ažas** tímekeeping, tíming ~**inis,** ~**iškas** chrònométric

chuligan‖as hóoligan, rúffian; scóundrel, víllain ~**iškumas,** ~**izmas** hóoliganism; rúffianly beháviour

cigar‖as cigár ~**etė** cigarétte ~**inė** (*cigaretėms*) cigarétte-càse; (*cigarams*) cigár-càse

cikl‖as (*įv. reikšmėmis*) cýcle; *paskaitų, koncertų c.* a séries of léctures, cóncerts ~**inis,** ~**iškas** cýclic; cýclical

ciklonas (*viesulas*) cýclòne

cikorija chícory, súccory

cilindras 1 *mat., tech.* cýlinder; *tech. t.p.* drum 2 (*vyrų skrybėlė*) tóp-hàt; (high) silk hat 3 (*žibalinės lempos stiklas*) lámp-chìmney

cimbol‖ai *muz.* cýmbals ~**ininkas,** ~**istas** *muz.* cýmbalist

cinamonas cínnamon

cinas *žr.* alavas

cin‖ikas cýnic ~**iškas** cýnical ~**iškumas,** ~**izmas** cýnicism

cink‖as zinc; ~**o dažai** zinc paints / cólours ~**ografija** (*būdas*) zincógraphy

cinuot‖i *tech.* tin ~**ojas** tínsmìth, tínman*

cipenti walk with short steps, trep

cypimas *žr.* cypsėjimas

cyp‖sėjimas peep; chirp; (*pelių t.p.*) squeak; (*viščiukų t.p.*) cheep ~**sėti**

squeak; (*apie viščiukus ir pan.*) cheep, peep ~**telėti** give* a squeak

cypti *žr.* cypsėti

cirk‖as círcus; ~**o artistas** ácrobàt; círcus áctor

cirkul‖iacija circulátion; *kraujo c.* circulátion of blood; *pinigų c.* circulátion of móney ~**iuoti** círculàte

cisterna 1 (*rezervuaras*) cístern; tank 2 (*vagonas ar automobilis*) tánk-càr

cit! hush!, be sílent!; shut up! *šnek.*

citadelė cítadel; (*prk. t.p.*) strónghòld

cita‖ta quotátion, citátion ~**vimas** quóting, cíting

citra *muz.* zíther

citrina *bot.* 1 (*vaisius*) lémon; cítron; (*rūgščioji*) lime 2 (*citrinmedis*) cítron / lémon tree

cituoti quote, cite

civil‖inis cívil; ~**inė teisė** cívil law; *c. kodeksas* cívil code; ~**inės būklės aktų įrašų biuras** régistry óffice; ~**iniai rūbai** órdinary clothes; cívvies *šnek.*; (*apie kariškius t.p.*) múfti *sg*, plain clothes ~**is** civílian

civiliz‖acija civilizátion ~**uotas** cívilìzed

cokolis *archit.* sócle, plinth

col‖inis one inch *attr*; (*colio storio*) one inch thick; (*colio ilgio*) one inch long; (*colio pločio*) one inch broad / wide ~**is** inch

cukr‖ainė conféctionery, conféctioner's (shop); pástry cook's *šnek.* ~**aligė** diabétès [-i:z] ~**anendrė** súgar-càne

cukr‖inė súgar-bàsin ~**ingas** súgary ~**inis** súgar *attr*; sáccharìne *moksl.*; ~**iniai runkeliai** súgar-beet, white beet *sg* ~**uotis** becóme* súgared ~**us** súgar; *smulkusis ~us* gránulàted súgar; ~**aus pudra** cástor súgar; ~**aus fabrikas** súgar-wòrks, súgar-refìnery

Č ||

čaiž||yti lash, switch, whip; beat* (*against*); *lietus ~o langą* the rain is béating agáinst the window-pànes; *lietus ~o mūsų veidus* the rain is béating in our fáces *~us* bíting, trénchant, láshing

čartist||as *ist.* chártist; *~ų judėjimas* chártist móvement

ček||as Czech; *~ų kalba* Czéch(ish), the Czéch(ish) lánguage *~ė* Czech wóman* *~iškas* Czéch(ish)

ček||is 1 (*pvz.*, *bankui*) cheque, check; *mokėti pagal ~į* meet* a cheque; *išrašyti ~į* draw* a cheque; *~ių knygelė* chéque / check-book 2 (*kasos kvitas parduotuvėje*) check

čemodanas *žr.* lagaminas

čempė (*knitted*) slípper

čempion||as *sport.* chámpion; títle-hòlder; *pasaulio č.* chámpion of the world *~atas* chámpionship (tóurnament)

čepsėti champ; smack one's lips

čerp||ė tile; *~ėmis dengtas* tiled; *~ių stogas* tiled roof, tíling

čerškėti 1 (*apie geležis*) tínkle 2 (*apie paukščius*) chirp, twítter

česnakas *bot.* gárlic

čežėti rústle

čia here; *čia pat* in the same place; *iš čia* from here; *čia ..., čia ...* now ..., now ...; sómetìmes ..., sómetìmes ...; at one móment ..., at anóther ...; *kas čia?* who is there? *~buvis* nátive, índigène

čiaud||ėti sneeze *~ėjimas* sneeze, snéezing

čiaudulys sneeze, snéezing

čiaup||as (*kranas*) tap, (stóp)còck; fáucet *amer.*; *vandentiekio č.* tap, fáucet *~ti*: *~ti lūpas* press one's lips togéther

čiaušk||ėjimas, *~esys* 1 (*kalbėjimas*) chátter 2 (*čirškėjimas, čiulbėjimas*) chírp(ing) *~ėti* 1 (*kalbėti*) chátter 2 (*čirškėti, čiulbėti*) chirp

čigon||as, *-ė* Gípsy; *~ų kalba* Gípsy, the Gípsy lánguage; Rómany

čiobrelis *bot.* thyme

čion, *~ai* here; *eikite č.* come here; (*nurodant kelią*) come this way; *prašau č.* (step) this way, please

čionykštis *žr.* čiabuvis

čiren||imas chírp(ing), twíttering *~ti* chirp; twítter

čirkšti 1 (*apie paukščius*) chirp 2 (*trykšti*) spout, spurt 3 (*keptuvėje*) frízzle

čirpinti: *č. smuiką* scrape on a víolin

čirškėti 1 (*apie paukščius*) chirp, twítter 2 (*keptuvėje*) frízzle

čirškinti 1 *žr.* čirpinti 2 (*keptuvėje*) frízzle

čyruoti 1 (*prastai griežti smuiku*) scrape on a víolin 2 (*čirenti, čiulbėti*) chirp; twítter, wárble

čiulb||ėjimas, *~esys* chírp(ing), twítter(ing), wárble; sínging *~ėti* chirp, twítter, wárble, sing* *~uonėlis* wárbler

čiulpai (*kaulų smegenys*) márrow *sg*

čiulpt||i suck *~ukas* sóother, báby's dúmmy *~uvas*, *~uvėlis* (*vabzdžio*) probóscis

čiuož||ėjas, *-a*, *~ikas*, *-ė* skáter *~ykla* skáting-rink *~imas* skáting; *~imo varžybos* skáting cóntest *sg* *~ti* (*pačiūžomis*) skate; go* skáting

čiupinėti feel*, touch

čiupti grasp, seize; gripe; catch*

čiur||enti *žr.* čiurlenti; *~kšlė* stream, jet *~kšti* spout, spurt *~lenimas* rípple, purl, bábble; múrmur *~lenti* rípple, purl, bábble; múrmur *~lys* (*paukštis*) márlet

čiurti (*teptis*) becóme* dírty

čiustyti dress up / out

čiuž||esys rústle, rústling *~ėti* rústle

čiužinys (straw) máttress

čyžti whip; beat*

D

dabar now; at présent; *tik d.* just, just now; *nuo d.* hénceforth, hénceforward ~**tinis** présent ~**tis** the présent

dab‖ínti adórn, béautifỳ; décoràte, órnamènt; *d.* **vėliavomis** décoràte with flags; *d.* **gėlėmis** beflówer, décoràte with flówers ~**iše** fáshionable / smart wóman* ~**išius**, ~**ita** dándy

daboklė guárd-room, guárd-house*

dagys *bot.* thistle

dag‖tis (*žvakės, lempos*) wick ~**us** 1 (*kuris greitai, gerai dega*) combústible 2 (*dygus, badus*) príckly

daig‖as 1 sprout, shoot 2 *dgs.* (*augalai*) séedlings; *kopūstų* ~**ai** cábbage-sprouts; *sodinti* ~**us** prick off / out séedlings **3** *dgs. prk.* (*užuomazgos*) rúdiments ~**ynas** séed-plòt; hótbèd ~**ínti** grow* (smth), cúltivàte (smth) ~**umas** gérminàting pówer ~**us** gérminable

daikt‖as thing; óbject; *būtiniausi* ~**ai** the nécessaries (of life) △ *galimas d.* it is póssible; it may be, it is not ùnlíkely; póssibly, perháps; *didelio čia* ~**o!** it does not mátter in the least, it is of no cónsequence; *suprantamas d.* it is quite nátural; náturally; of course; ùndóubtedly

daiktavard‖inis noun *attr*, súbstantive *attr* ~**is** *gram.* noun; súbstantive; *tikrinis* ~**is** *gram.* próper noun; *bendrinis* ~**is** *gram.* cómmon noun

daikt‖inis, ~**iškas** matérial; ~**inis įrodymas** matérial évidence

dail‖ė art; fíne arts; *taikomoji d.* applied art(s) (*pl*); *Dailės akademija* Acádemy of Arts ~**ėti** becóme* / grow* more béautiful ~**idė** cárpenter ~**ininkas, -ė** páinter, ártist ~**inti** (*puošti*) béautifỳ, décoràte, órnamènt; (*daryti dailų*) fínish, trim (up); *tech.*

smooth ~**yraštis** callígraphy ~**umas** refínement, élegance, grace ~**us** refíned, élegant, gráceful

dain‖a song; (*linksma*) cárol; (*su priedainiu*) róundelay; *liaudies d.* folk / pópular song ~**elė** song; (*trumpa*) dítty ~**ynas** book of songs ~**ininkas, -ė** sínger ~**ius** sínger, póet; bard ~**uoti** 1 sing*; ~**uoti teisingai, neteisingai** sing* in tune, out of tune 2 (*apdainuoti*) sing* (*of*)

dair‖ytis look round ~**umas** circumspéction; círcumspèctness; (*atsargumas*) care, cáution ~**us** círcumspèct, wáry; (*atsargus*) cáreful; cáutious

daktar‖as 1 (*laipsnis*) dóctor (*sutr.* Dr.); ~**o laipsnis** dóctor's degrée, dóctorate 2 (*gydytojas*) dóctor, physícian; médical pràctítioner ~**ė** lády-dòctor

dalba léver; crów-bàr

dalel‖ė, ~**ytė** 1 fráction, (líttle) part 2 *gram., fiz.* párticle

dalg‖iakotis scýthe-hàndle, hándle of a scythe ~**is** scythe; *pustyti* ~**į** whet a scythe

dalia fate, lot

dalyb‖a 1 *mat.* divísion 2 *dgs.* (*turto*) sháring, divísion; pàrtítion; dìstribútion; *turto* ~**os tarp bendrasavininkių** pàrtítion of próperty betwéen joint ówners

dalij‖amasis *mat.* dívidènd ~**imas** divísion

dalyk‖as thing; óbject; *dėstomasis d.* súbject; (*reikalas*) mátter; *skonio d.* mátter of taste; ~**o esmė** the éssence of the mátter, the main point; *d. tas, kad ...* the fact / thing is that ... △ *aiškus d.* it is clear as day / nóonday ~**inis**: ~**inė rodyklė** índex (*pl t.p.* -exes, -icès) ~**iškas** sénsible, réasonable; ~**iškas požiūris** búsiness-lìke / wórkmanlìke appróach

daliklis *mat.* divísor

dalinai pártly

dalin‖inkas pàrtícipant, pàrtícipàtor ~**is** pártial; ~**is užtemimas** *astr.*

pártial eclípse ~ys *kar.* sùbúnit; small únit

dal‖is 1 (*visumos*) part; (*procentinė*) share; pórtion; **didžioji d.** the gréater / most part; **mažesnioji d.** the lésser part; *kūno* ~ys parts of the bódy ~imis in parts; *mokėti* ~imis pay* by instálments; *pasaulio* ~ys *geogr.* parts of the world; *kalbos* ~ys *gram.* parts of speech; *sakinio* **d.** *gram.* part of the séntence; **atsarginės** ~ys spare parts 2 (*kraitis*) dówry; (*palikimas*) pórtion 3 (*lemtis*) fate, lot 4 *kar.* únit △ **iš** ~**ies** pártly

dalyt‖i divíde (*tarp daugelio* amóng, *tarp dviejų* betwéen); **d. į dalis** (grupes) divíde ínto parts (groups); **d. iš** (tam tikro) **skaičiaus** divíde by a númber; **d. dvidešimt iš penkių** divíde twénty by five; **d. pusiau** halve ~is: ~**is perpus** go* halves *šnek.*; (tik *piniginiuose reikaluose*) go* fifty-fifty *šnek.*; ~**is su kuo** share with smb ~ojas, -a distríbùtor, dispénser

dalyv‖auti 1 take* part (*in*), pàrtícipàte (*in*); (*pvz., linksminantis, valgant*) partáke* (*in, of*); be* (*in*); **d. rinkimuose** take* part in the eléction; **d. sąmoksle** be* in the plot 2 (*būti kur*) be* présent (*at*) ~avimas pàrtìcipátion ~is 1 pàrtícipant, pàrtícipàtor; (*pajuje*) shárer; (*nusikaltimo*) accómplice; (*varžybų*) còmpetítioner; (*žaidimo*) pártner; (*suvažiavimo*) mémber 2 *gram.* párticiple; **esamojo laiko** ~**is** *gram.* présent párticiple; **būtojo laiko** ~**is** past párticiple

dalmuo *mat.* quótient

dal‖umas divìsibílity ~us divísible

dama 1 lády 2 (*šokiuose*) pártner 3 *kort.* queen; **pikų d.** queen of spades

dan‖as, -ė Dane; ~ų *kalba* Dánish, the Dánish lánguage

danga (*apdangalas*) cóver; *tech.* coat, cóating

danginti cárry sómewhère else; trànsport, convéy; remóve from one place to anóther

dangiškas 1 celéstial, héavenly 2 (*apie spalvą*) skỳ-blúe, ázure

dangoraižis skýscràper

dangst‖yti cóver (*with*); *prk.* (*maskuoti, neišduoti, slėpti*) concéal; screen; **d. neveiklumą skambiomis frazėmis** use long words as a cóver for one's ìnàctívity ~ytis cóver (ònesélf) (*with*); **jis** ~**osi savo nežinojimu** he úses his ígnorance as a cóver, he takes réfùge in his ígnorance

dangtis lid; cóver

dang‖us 1 (*matoma erdvė*) sky 2 *bažn.* héaven △ **po atviru** ~**umi** in the ópen (air); **tarp** ~**aus ir žemės** betwéen héaven and earth

danielius *zool.* fállow deer*; (*patelė*) doe

dant‖enos gum *sg* ~ingas 1 háving mány teeth 2 *prk.* shàrp-tóngued, quìcktóngued ~inis déntal ~iraštis *ist.* cúneifòrm ~is 1 (*burnoje*) tooth*; *krūminis* ~**is** mólar; **proto** ~**is** wísdom tooth*; **pieniniai** ~**ys** mílkteeth; **iltiniai** ~**is** éye-tooth*, cáníne (tooth*); **priekiniai** ~**ys** cútting teeth, incísors; ~**į ištraukti** pull out a tooth*; (*pas gydytoją*) have* a tooth* out; ~**ų gydytojas** déntist; ~**ų skaudėjimas** tóoth-àche; ~**ų šepetėlis** tóoth-brùsh; ~**ų milteliai** tóoth-powder; ~**ų pasta** tóoth-pàste; ~**ų akmenys** tártar, scale *sg* 2 *tech.* (*pvz., rato*) tooth*, cog; (*šakių*) prong △ ~**į ant ko galąsti** have* a grudge agáinst smb, bear* smb ill will; ~**is už** ~**į** tit for tat *šnek.*; **iki** ~**ų ginkluotas** armed to the teeth; **per** ~**is ką traukti** mock, jeer (*at*), scoff (*at*), gibe (*at*) ~**istas**, -ė déntist ~**ytas**, ~**uotas** toothed ~**yti** tooth ~**ratis** *tech.* ráck-wheel, cóg-wheel, pínion

dar still; (*neigiant*) yet; **lapai dar žali** the leaves are still green; **jis dar nesenas** he is not old yet; **ar skaitei šią knygą? – Dar ne** have you read

this book? – Not yet; *lietus vis dar
lyja* it is still ráining; *važiuosime
dar šiandien* it is todáy that we
start; we start todáy, withóut fail; *dar
1925 metais* as far back as 1925; *dar
vakar* ónly yésterday; (*daugiau*) some
more; *duok man dar pinigų* give me
some more móney; *dar kartą* once
agáin; *dar daugiau* still more; *dar
tiek* as mány agáin (*su daiktavardžio
dgs.*); as much agáin (*su daiktavardžio
vns.*); *dar vienas, du ir pan.* one,
two, *etc.*, more

darb||**as** 1 (*įv. reikšmėmis*) work;
lábour; (*veiksmas*) wórking; *imtis
~o set* to work, start wórking; *fizi-
nis d.* mánual lábour; *protinis d.*
méntal work; *daug ~o reikalau-
jantis* lábour-consùming; *bendras
d.* collàborátion; *visuomeninis d.*
públic / sócial work; *~o užmokestis
(darbininkų)* wáges (*pl*), (*tarnautojų*)
pay, sálary; *~o jėga* mán-power;
(*darbininkai*) hands *pl*; *~o žmogus*
wórker; *~o žmonės* wórkers, work
people, wórking-people; *~o diena*
wórking day; *~o apsauga* lábour
protéction 2 (*tarnyba*) work, job; *at-
sitiktinis d.* odd job(s) (*pl*) *šnek.*;
ieškoti ~o look for work; look for
a job *šnek.*; *būti be ~o* be* out
of work 3 (*darbo vaisius*) work; *ra-
šomasis d.* (*pvz., per egzaminą*)
tést-pàper; *namų d.* hóme-assìgn-
ment; hóme-task; hómewòrk; *mokslo
d.* scientífic work 4 (*užsiėmimas, pro-
fesija*) òccupátion; proféssion △ *kas
tau ~o!* what do you care!; *nenu-
trauklant ~o* withóut díscontínuing
work, without drópping, *arba* gíving
up, work; *nutrauklant ~ą* work
béing díscontínued

darb||**avietė** wórking place, place for
wórking *~avimasis* àctívities *pl*; àc-
tívity; work, búsiness *~davys* em-
plóyer

darbymetis hard work (dúring hárvest-
tìme); búsy séason

darbing||**as** àble-bódied; cápable of
wórking, áble to work *~umas* abíl-
ity to work, wórking-capàcity, capá-
city for work; efficiency; *nepaprastas
~umas* márvellous capácity for work

darbinink||**as** wórker, wórkman*,
wórking man*; lábourer; *samdo-
mas d.* híred wórker; *gamyk-
los d.* fáctory-wòrker; *žemės ūkio
d.* àgricúltural wórker; fárm-hànd;
sunkiai dirbantis d. tóiler; *~ai
ir tarnautojai* indústrial, óffice and
proféssional wórkers; (*t.p. įmonės*)
mánual and óffice wórkers *~ė* wórker;
wóman-wòrker; *namų ~ė* (doméstic)
sérvant; house-maid; help *amer.*

darb||**inis** work *attr*; *~iniai dra-
bužiai* wórking clothes *~otvarkė*
agénda; órder / búsiness of the day /
méeting

darbovietė *žr.* **darbavietė**

darbšt||**umas** índustry, díligence *~uo-
lis*, *-ė* indústrious / díligent pérson
~us indústrious, díligent

darbuot||**is** work *~ojas, -a* wórker;
atsakingasis ~ojas exécutive; *ūki-
nis ~ojas* búsiness exécutive

dardėti ráttle; clátter

dargan||**a** bad* / ráiny / foul / inclément
wéather *~otas* ráiny, bad*, foul,
inclément

dargi éven; *jis d. negalėjo įsivaiz-
duoti, kad taip buvo* he couldn't
éven imágine that it was so

daryb||**a** fòrmátion; *žodžių d. lingv.*
wórd-bùilding *~inis*: *~inis veiks-
mažodis gram.* tránsitive verb

darykla: *alaus d.* bréwery

darinėti 1 (*dirbinėti*) make*; do*
2 (*mėsinėti*) dìsembówel, clean; (*paukš-
tį*) draw* 3 (*varstyti*) shut and ópen
repéatedly

dar||**yti** 1 (*dirbti, veikti*) do*; make*;
(*gaminti*) prodúce; (*taisyti*) repáir;
cárry out repáirs; *d. skrybėles*
make* hats; *d. pranešimą* make*
a repórt; *d. rytmetinę mankštą*
do* one's mórning éxercìses; *nebu-
vo ką d.* there was nóthing to be

done; **ką man d.?** what am I to
do?; **d. įspūdį** make* / prodúce an
impréssion (*on, upon*), impréss, have*
an efféct (*on*); **d. rašybos klaidas**
mìs-spéll* 2 (*verti duris*) shut; ópen;
~**yk duris!** shut the door! 3 (*alų*)
brew ~**ytis** becóme*, get*, grow*;
háppen; **kas čia** ~**osi?** what is
góing on there?; **akyse tamsu** ~**osi**
éverything went dark befóre my eyes
darkyti 1 (*bjauroti, gadinti*) spoíl*;
mar; (*iškraipyti*) distórt; twist; pervért
2 (*niekinti, plūsti, šmeižti*) abúse,
defáme ~**s** 1 (*siausti, išdykauti*) play
pranks, be* up to míschief 2 (*gri-
masas daryti*) make* / pull fáces
darn‖umas 1 (*harmonija*) hármony;
cóncòrd 2 (*gražus sudėjimas*) shápeli-
ness, just propórtion ~**us** 1 hàrmóni-
ous; (*pvz., pranešimas*) wèll-compósed
2 (*gražaus sudėjimo*) slénder; (*apie
pastatą*) wèll-propórtioned
darvin‖istas, -ė Dàrwínian ~**izmas**
Dárwinism
darž‖as kítchen-gàrden ~**elis** flówer
gárden; pàrtérre; flówerbèd; **vaikų**
~**elis** kíndergàrten ~**inė** barn; mow
~**ininkas** márket-gàrdener; trúck-
fàrmer *amer.* ~**ininkystė** már-
ket-gàrdening; trúck-fàrming *amer.*
~**ovės** végetables; ~**ovių parduo-
tuvė** gréengròcery ~**ovių** végetable
(*attr*)
data date
datulė *bot.* 1 (*vaisius*) date 2 (*medis*)
date, dáte-pàlm
datuoti date
dauba ravíne
daug (*su daiktavardžio vns.*) much*,
plénty of; a lot of *šnek.*; (*su daik-
tavardžio dgs.*) mány*, plénty of; a
lot of *šnek.*; **d. laiko** much*, *arba*
plénty of, time; **d. metų** mány*
years; **tiek d.** so much; so mány; **d.
žinoti** know* much*; know* a great
deal; know* a lot; **d. geriau** much /
far bétter; bétter by far; **d. kur** in
mány* pláces; **d. kas** mány ~**iau**

more; **kuo** ~**iau** as much as póssible
(*su daiktavardžio vns.*); as mány as
póssible (*su daiktavardžio dgs.*); **daug**
~**iau** much more (*su daiktavardžio
vns.*); mány more (*su daiktavardžio
dgs.*); **truputį** ~**iau** a little more;
dar ~**iau** ... and what is more ...;
~**iau ar mažiau** more or less; ~**iau
kaip** more than; ~**iau kaip trisde-
šimt vyrų** óver thírty men ~**iau-
sia** chíefly, máinly, príncipally; for the
most part, móstly
daugėjimas íncrease; augmèntátion
daug‖elis mány; ~**eliu atžvilgių** in
mány respécts; ~**elis galvoja, kad**
... mány (people) think that ..., mány
are of the opínion that ... ~**eriopas**
váried, mùltifórm
daugėti incréase; rise*; (*kauptis*) accú-
mulàte
daugia‖aukštis màny-stóried, mùlti-
stóry ~**balsis** 1 màny-vóiced 2 *muz.*
pòlyphónic
daugiakampis *mat.* pólygon
daugiakampis *mat.* pòlýgonal, mùl-
tángular
daugiakovė *sport.* round evénts
daugialauk‖is *ž.ū.:* ~**ė sistema** four,
five (or more) field sýstem; fóur- / fíve-
course ròtátion
daugia‖metis 1 of mány years; of
séveral years' stánding 2 *bot.* perénnial
~**nacionalinis** mùltinátional; consís-
ting of mány nàtionálities
daugianaris mùltinómial, pòlynómial
daugia‖prasmis *lingv.* pòlysemántic
~**pusiškas** màny-síded, vérsatìle
daugiasienis *mat.* pòlyhédron
daugiasienis *mat.* pòlyhédral
daugia‖skiemenis *lingv.* pòlysyllábic;
d. žodis pólysyllable ~**spalvis**
màny-cóloured; mùlti-cóloured ~**šei-
mis** háving / with a large fámily
~**tautis** *žr.* daugianacionalinis;
~**tūkstantinis** of mány thóusands
daugiau(sia) *žr.* daug

daugiavaikis, -ė: ~ė šeima large fámily; ~ė motina móther of mány (chíldren); móther of a large fámily

daugiaženklis mat. mùlticíphered; d. skaičius númber expréssed by séveral fígures

daug‖yba mat. mùltiplicátion; ~ybos lentelė mùltiplicátion táble ~ybė a great númber; ~ybė vargų a great deal, arba a pack, of tróuble ~iklis mat. múltiplìer, fáctor ~inamasis mat. mùltiplicánd

dauginti 1 múltiplỳ; (dokumentą t.p.) mánifòld, dúplicàte; (elektrografu) eléctrogràph 2 mat. (atlikti daugybos veiksmą) múltiplỳ ~s (veistis) biol. própagàte ìtsélf; (apie gyvulius t.p.) breed*; (apie žuvis, varles) spawn

daug‖iskaita gram. plúral (númber); ~kartinis repéated, rèíteràted; rèíteràtive; múltiple ~oka a bit too much, a bit too thick ~syk mány* times

daugpatystė polýgamy

daug‖taškis gram. dots pl ~uma majórity; ~uma žmonių most people; balsų ~uma majórity of votes; a majórity vote; žymi ~uma large majórity; vast majórity ~umas great númber ~vyrystė pólyàndry

dausos 1 (padangė) the skies 2 (atogrą-žos) the trópics 3 (rojus) páradìse

daužėti (sproginėti, trūkinėti) crack; (apie rankas ir pan.) chap

daužyti 1 (skaldyti į gabalus) break*, crush; (apie mašiną, lėktuvą) smash 2 (trankyti, blaškyti) shake*; throw* ~s (bastytis) lounge abóut, roam, loaf; ídle abóut; ~s po pasaulį knock abóut the world

daužti strike*, hit*; (skelti) cleave*; split*; (trenkti) bang, slam

davatk‖a bígot, hýpocrite ~iškas bígoted, sànctimónious ~iškumas bígotry, sánctimony, hypócrisy

davėjas, -a gíver; (išdavėjas) dispénser; įkalto d. depósitor

davin‖ėti give* (to); (išdavinėti) dispénse (amóng), serve out (to) ~ys (porcija) rátion

daž‖ai paint sg; (pvz., audiniams) dye sg; akvareliniai d. wáter-còlour sg; aliejiniai d. óil-còlour sg; óil-paint sg ~ykla dýe-house*, dýe-wòrks pl ~yti 1 (mirkyti) dip (in, ínto) 2 (spal-voti) cólour; paint; (audinius) dye; (medį, stiklą) stain; (lūpas, skruos-tus) paint, rouge; ~yti plaukus dye one's hair; ~yti blakstienas paint one's éye-làshes ~ytis (veidą, lūpas) make* up; paint (one's lips, one's cheeks) ~ytojas, -a 1 dýer 2 (pvz., kambarių) páinter, hóuse-painter; whítewàsher

dažn‖ai óften, fréquently; d. ma-tytis, susitikinėti su kuo meet* smb fréquently; see* a lot of smb šnek. ~iausiai móstly, in most cáses / ínstances, in the majórity of cases, for the most part ~as fréquent ~ėti becóme* more fréquent ~inis lingv. frequéntative ~inti make* more fréquent, incréase the fréquency (of) ~okas ráther / prétty fréquent ~umas fréquency, fréquent rèpetí-tion

debatai debáte sg, dìscússion sg

debes‖ėlis small cloud, clóudlet ~ėtas clóudy, nébulous ~is 1 (ore) cloud 2 prk. (aibė, daugybė) swarm, host, cloud ~uotas clóudy ~uotis be-cóme* clóudy ~uotumas clóudiness, nèbulósity

deb‖etas ekon. débit ~etuoti débit ~itorius débtor

debiut‖antas débutant pr. ~antė dé-butante pr. ~as 1 début pr. 2 šachm. (chess) ópening ~uoti make* one's début pr.

decentraliz‖acija, ~avimas dècèntra-lìzátion ~uoti decéntralìze

decimetras décimètre

dėdė uncle

dedervin‖ė med. hérpès [-pi:z] ~ėtas, ~iuotas affécted with herpétic erúp-tion

dėdienė aunt

dedik||**acija** dèdicátion ~**uotí** dédicàte (*to*)

defekt||**as** deféct, blémish ~**yvinis**, ~**yvus** deféctive; impérfect, fáulty

deficit||**as** 1 *ekon.* déficit 2 (*trūkumas*) deficiency ~**inis** (*apie prekes*) scarce; crítical *amer.*; ~**inės prekės** commódities in short supplý, scarce goods; crítical commódities *amer.*

definicija dèfinítion

degalai 1 (*degamasis daiktas*) fúel *sg* 2 (*skystasis kuras*) fúel (oil) *sg*

degaz||**avimas** degássing, dècontàminátion ~**uoti** degás, décontáminàte

degener||**acija** degènerátion ~**atas** degénerate ~**uoti** degéneràte

degės||**iai** site áfter a fíre *sg* ~**is** charred log

deg||**imas** búrning; (*sudegimas*) combústion; **vidaus** ~**imo variklis** intérnal combústion éngine ~**inys** *chem.* óxìde; **geležies** ~**inys** férric óxìde ~**inti** 1 burn*; **saulė** ~**ina** the sun burns; (*krematoriume*) cremáte; (*svilinti*) scorch 2 (*rūgštimi*) etch

deglas I (*fakelas*) torch

deglas II (*margas – apie kiaulę*) mótley

degrad||**acija** dègradátion ~**uoti** degráde

deg||**ti** 1 burn*; **namas** ~**a** the house* is on fire 2 (*pvz., plytas*) burn*, bake; kiln 3 (*žiebti*) light*; **d. šviesą** put* / turn on the light; **d. degtuką** strike* a match

degtin||**daris** hómebrew-màker ~**ė** whísky; brándy

degtu||**kas** match ~**vas** *tech.* búrner

deg||**umas** combùstibílity; (*lengvas užsidegimas*) inflàmmabílity ~**uonis** *chem.* óxygen ~**us** combústible, (*lengvai užsidegantis*) inflámmable

degut||**as** tar ~**inis** tar (*attr*); ~**inis mullas** cóal-tàr soap ~**uotas** cóvered, *arba* besméared, with tar ~**uoti** (cóver with) tar

deimantas díamond

deivė góddess

deja *įst.* ùnfórtunately; alás!

dej||**avimas**, ~**onė** móaning ~**uoti** moan; lamént

dėka thanks to; ówing to; **jo darbo d.** thanks to his work

dekabristas *ist.* Decémbrist

dekada (10 *dienų*) tén-day périod

dekadent||**as**, **-ė** décadent ~**izmas** décadence

dekalitras décalìtre

dekametras décamètre

dekan||**as** dean ~**atas** dean's óffice

dėking||**as** gráteful, thánkful △ **d. darbas** grátifÿing lábour; wórthwhìle lábour *šnek.* ~**umas** grátitùde

deklam||**acija**, ~**avimas** rècitátion, dèclamátion ~**uoti** recíte, decláim ~**uotojas, -a** recíter

deklar||**acija** dèclarátion ~**uoti** decláre

dėklas (*revolverio*) hólster; (*akinių*) case

deklasuot||**as** declássed; déclassé *pr.* [deιklɑ:'seι] ~**is** decláss; grow* / becóme* declássed

dekoltė décolleté *pr.* [deι'kɔlteι]

dekor||**acija** scénery; wíndow-drèssing *prk.* ~**atyvinis** décoràtive ~**atorius** scéne-páinter ~**uoti** décoràte

dėko||**ti** thank; ~**ju jums** thank you

dėkui thanks; **d. jums** thank you; **labai d.** mány thanks; thank you véry much, *arba* ever so much

dėl 1 (*priežasties santykiui žymėti*) through; becáuse of; **d. ligos** through íllness; **d. kieno kaltės** through smb's fault; **dėl jo** becáuse of him; **d. audros** becáuse of the storm; **d. to, kad** becáuse, for, as, ówing to, on accóunt of 2 (*tikslui, paskirčiai žymėti*) for; **kovoti d. laisvės** fight* for fréedom; **d. manęs** as to me, for my part, as far as I am concérned; **dėl to** becáuse; that is why, that's why; **dėl to jis ir neatėjo** that's why he did not come △ **dėl visa ko** (just) in case, at all evénts

delčia wane

dėlė *zool.* leech

deleg||**acija** dèlegátion ~**atas, -ė** délegate ~**uoti** délegàte dėlei žr. dėl

delfīnas zool. dólphin

delikat‖esas dáinty; délicacy ~esai délicacies; dèlicatéssen amer. ~umas délicacy; (taktas) tact ~us délicate; (taktiškas t.p.) consíderate, táctful

dėlioti put*, place, set*; lay* out

deln‖as palm; ploti ~ais clap one's hands △ (matyti) kaip ant ~o be* spread befóre the eyes

dels‖pinigiai fine sg ~ti línger; lóiter; tárry, dálly; be* slow (in + ger); deláy ~us slúggish, slow; ~us žmogus slówcoach, lággard

delta délta

dėlto: vis d. for all that, still, nèverthéléss; all the same

demagog‖as démagògue ~ija démagògy ~inis, ~iškas dèmagógic

demarkacij‖a: ~os linija line of dèmàrcátion

demask‖avimas ùnmásking, disclósure; (apie apgavystę ir pan.) expósure ~uoti disclóse; (apgavystę ir pan.) ùnmásk, expóse, lay* bare

demblys (pintas danglis) mat; (šiaudinis) straw mát(ting)

dėm‖ė spot (t.p. prk.); patch; blot, stain (t.p. prk.); (apie reputaciją t.p.) blémish; gėdos d. stígma; išimti ~es remóve, arba take* out, stains

dėmes‖ingas atténtive; cáreful ~ys atténtion; nótice, note; kreipti ~į pay* atténtion (to), take* nótice (of); take* heed (of); atkreipti kieno ~į į ką call / draw* / diréct smb's atténtion to smth; patraukti kieno ~į attráct / arrést / draw* smb's atténtion △ ~io! atténtion!

dėmė‖tas (nešvarus) stained, blótted; (su žymėmis) spótted; (veidas) blótchy; ~toji šiltinė med. týphus, spótted féver ~ti stain, blòt, spot

demilitariz‖acija, ~avimas dèmìlitarizátion ~uoti dèmílitarize

demisezoninis: d. paltas spring / áutumn óvercòat

demobiliz‖acija, ~avimas dèmòbilìzátion; reléase ~uoti dèmóbilìze; demób šnek.

demokrat‖as, -ė démocràt ~ėti grow* / becóme* (more) dèmocrátic ~ija demócracy ~inis, ~iškas dèmocrátic ~inti demócratìze ~inimas, ~izavimas demòcratìzátion ~izmas démócratism

demon‖as démon ~iškas dèmónic, dèmoníacal

demonstr‖acija (jv. reikšmėmis) dèmonstrátion ~antas, -ė pàrtícipant in a dèmonstrátion; dèmonstrátor; márcher ~atyvus demónstrative ~avimas démonstràting; dèmonstrátion ~uoti (rodyti) démonstràte

demoraliz‖acija, ~avimas demòralizátion ~uoti demóralìze

dempingas ekon. dúmping

dėmuo mat. term

dėmus žr. dėmesingas

denacifik‖acija denàzificátion ~uoti denázifỳ

denatūratas méthylàted spírit(s) (pl); dènátured álcohòl

deng‖ėjas, ~ikas (stogdengys) róofer ~iklis lid ~ti 1 (kloti, tiesti) cóver 2 (stiegti) roof; (šiaudais) thatch; (čerpėmis) tile 3 (rengti) clothe; dress 4 (dėti stalą) lay* the table 5 (saugoti) cóver, protéct, shélter; (nuo saulės) shade; (slėpti, maskuoti) concéal, screen ~tis cóver (ònesélf) (with); (rengtis) dress (ònesélf); (maskuotis) screen ònesélf (behínd); use as a cóver, take* réfùge (in)

denis deck

dentinas anat. déntìne [-i:n]

departamentas depártment

depas dépòt; (gaisrinė) fíre-stàtion garvežių d. róund-house*

depo‖nentas fin. depósitor ~nuoti fin., ekon. depósit ~zitas fin. depósit

depresija (jv. reikšmėmis) depréssion; (ekon. t.p.) slump, declíne, dówntùrn in èconómic àctívity

deputa‖cija dèputátion ~tas députy

der‖ėti I 1 (*lygti*) bárgain (*with*); hággle (*with*) 2 (*lažintis*) bet, lay* a bet (*to*) 3 (*būti tinkamam*) be* fítted / súited (*for*); *jam ~a būti mokytoju* he is fítted / súited for a téacher, he is fit / súited to be a téacher 4 (*tikti, pritikti, būti naudingam*) be* fit (*for*); serve; do*; becóme*(+ to *inf*); befít (+ to *inf*) △ *taip elgtis nedera* it doesn't becóme one to beháve this way; that is not the way to beháve / act

derėti II (*augti, duoti vaisių*) grow* / do* well, come* up_nícely; give* a rich / héavy hárvest / crop / yield

derėtis 1 (*lygauti*) bárgain (*with*); hággle (*with*) 2 (*vesti derybas*) negótiàte (*with*); cárry on negòtiátions (*with*)

dergti 1 (*teršti, bjauroti*) soil, dírty; make* dírty; lítter; make* foul 2 *prk.* (*žodžiais bjauroti, šmeižti*) defáme; disgráce; slánder; cast* a slur (*upon*); calúmnìàte, aspérse

derybos 1 (*tarimasis*) negòtiátions; *kar.* párley *sg* 2 (*lygimas, derėjimasis*) bárgain, hággle

derin‖ys còmbinátion ~ti 1 confórm (*to*); coórdinate (*with*) 2 *gram.* make* agrée (*with*) 3 *muz.* tune; tune up, attúne

derling‖as fértìle, fécund; ~a *dirva* rich / fértìle soil; ~*i metai* good year for the crops, prodúctive year, búmper-cròp year ~umas pròductívity, crop, capácity; frúitfulness; ~*umo kėlimas* incréasing the crop capácity

derl‖ius hárvest, yield, crop; *gausus d.* rich / héavy hárvest / crop / yield; *nuimti* ~*ių* gáther in, *arba* reap, the hárvest

derv‖a résin; (*skysta*) pitch, tar ~ingas résinous ~ininkas tár-bùrner; pítch-màker ~uoti résin, tar, pitch

desantas 1 (*išlaipinimas*) lánding; (*jūrų t.p.*) descént 2 (*kariuomenės*) lánding párty / fórce

desert‖as dessért ~inis dessért *attr*; ~*inis šaukštelis* dessért-spoon; ~*inis vynas* sweet wine

dėsn‖ingas nátural, régular; *d. reiškinys* nátural phenómenon (*pl* -ena); *d. vystymasis* nátural devélopment, devélopment in confórmity with nátural laws ~ingumas confórmity with a law, règulárity ~is law; *gamtos* ~*is* law of náture; *visuomenės vystymosi* ~*iai* the laws of sócial devélopment

despot‖as déspòt ~iškas dèspótic ~izmas déspotism

destil‖iacija dìstillátion ~iuoti distíl

dėsty‖mas téaching; lécturing; èxposítion ~ti 1 (*perteikti žinias*) teach* (*to*); lécture 2 (*dėlioti*) put*, place; lay* out ~tojas téacher, lécturer

dešifr‖avimas decíphering; decípherment ~uoti decípher

dešimt ten ~ádalis tenth (part), óneténth ~adienis tén-day périod ~ainis décimal; ~*ainė trupmena* décimal (fráction) ~akė (*korta*) ten ~as tenth; *rugpjūčio* ~*oji* the tenth of Áugust, Áugust the tenth ~eriopai ten times ~inė 1 *psn.* (*ploto matavimo vienetas*) dèssiatína [-'ti:-] (*Russian measure of surface* = 2.7 *acres*) 2 *ist.* tithe [taɪð] ~ininkas fóreman* ~is ten; *jis pradėjo šeštają* ~*į* (*metų*) he is past fífty

dešimtmetis I (*laiko tarpas*) décade; ten years *pl*; decénnium (*pl* -ia)) *knyg.*; (*metinės*) tenth ànnivérsary

dešimtmėtis II (*apie amžių*) tén-yearóld; of ten; *d. berniukas* a boy of ten, tén-year-óld boy

dešin‖ė 1 (*d. pusė*) right side, off side; ~*ėn, į* ~*ę* to the right; *iš* ~*ės* to the right (*of*); *į* ~*ę nuo jo* to his right, on his right, on his right hand; ~*ėje* on the right; ~*ėn! kar.* right turn! 2 (*dešinė ranka*) right hand △ *jis jo d. ranka* he is his right hand ~ėti *polit.* becóme* more consérvative ~ys, ~inis right; rìghthànd (*attr*)

dešr‖a sáusage; *kraujínė d.* blóodpùdding, black púdding ~elė sáusage; hot dog *šnek.*

detal‖ė détail; *mašinų* ~*ės* machíne compónents, machíne élements ~*iai* in détail ~*izuoti* détail ~us détailed, minúte

dė‖ti 1 (*guldyti, padėti*) lay* (down); put* (down); place; *kur jis* ~*jo mano knygą?* where did he put my book?, what has he done with my book? 2 (*valgant sau ko dėti*) help ònesélf (*to*); *kitam ko d.* (*valgant*) help smb (*to*) 3 (*spausdinti*) print 4 (*apie kirtį, ženklą, antspaudą ir pan.*) put*; set* △ *d. visas pastangas* exért / make* / strain évery éffort; *d. galvą* a) (*gyvybę aukoti*) sácrifice ònesélf; b) (*garantuoti*) guàrantée, vouch; *kuo jis čia* ~*tas?* what has he to do with it?, what is his fault?; how is he to blame?; *tavo dėtas* in your place, if I were you

dėtis 1 (*apsimesti*) preténd (to be); feign 2 (*jungtis*) join 3 (*vykti*) háppen, occúr; *kas čia dedasi?* what is góing on here? 4 (*dingti*): *ji neturi kur d.* she has nówhère to go

devalvacija dèvàluátion, deprèciátion

dėvėti wear*

devyn‖akė (*kortų*) nine ~eri nine ~etas nine; set of nine ~i nine △ ~*ios galybės* múltitùdes (*of*), huge númbers (*of*); *suk tave* ~*ios!* go to hell!; go to the dévil!

devyniasdešimt nínety ~as nínetieth

devyniese nine (togéther); *jie d. tai padarė* nine péople, *arba* nine of them, did it

devyniolik‖a nìnetéen ~tas nìnetéenth

devint‖adalis ninth (part), one ninth ~as ninth

devizas móttò

dezertyr‖as desérter ~avimas desértion ~uoti desért

dezinfek‖cija dìsinféction ~uoti dìsinféct

dezorganiz‖acija disòrganìzátion ~atorius disórganìzer ~uojantis disórganìzing ~uoti disórganìze

dezorient‖acija disòrièntátion ~uoti disórièntátion

dėž‖ė box; chest; *rinkiminė d.* bállotbòx; *pašto* ~uté létter-bòx; *šlukšlių d.* dúst-bìn; *degtukų* ~uté a) box of mátches; b) (*pati dėžutė*) mátch-bòx

dežur‖avimas 1 dúty; ~avimo grafikas róta 2 (*budėjimas prie ligonio*) wátch(ing); *naktinis d.* níghtwátch ~uoti be* on dúty; *jis šiandien* ~uoja he is on dúty todáy; ~uoti *prie ligonio lovos* wátch by the pátient's bédsìde ~uojantis on dúty; ~uojantis gydytojas dóctor on dúty ~uotojas man* on dúty

diagnoz‖ė dìagnósis (*pl*); *nustatyti* ~ę díagnòse

diagonalė *mat., tekst.* dìágonal

diagrama graph, díagràm

dialekt‖as *lingv.* díalèct ~ika dìaléctics ~inis 1 *lingv.* díalèct *attr*, dìaléctal 2 *fil.* dìaléctical ~izmas dìalécticism ~ologas dìalèctólogist ~ologija dìalèctólogy

dialog‖as díalògue ~inis díalògue *attr*.; dìalógic

didėjimas íncrease; growth; augmèntátion; (*išsiplėtimas*) exténsion, expánsion

didel‖is 1 big; (*apie negyvus daiktus t.p.*) large; *d. berniukas* big boy; ~*ė salė* big / large hall 2 (*gausus*) large; númerous 3 (*stiprus*) strong 4 (*įžymus, garsus*) great 5 (*svarbus*) impórtant △ ~*i ir maži* the young and the old

didenybė *psn.* (*titulavimas*) májesty

did‖ėti incréase; (*augti*) grow*, rise* ~ybė 1 (*didingumas*) májesty; grándeur, sublímity 2 (*puikybė, išdidumas*) háughtiness, árrogance, sùpercíliousness 3 (*didenybė*) *psn.* májesty ~ikas nóble(man*); dígnitary

didin‖amasis mágnifying; *d. stiklas* mágnifying lens / glass; mágnifier ~gas majéstic, grand, sublíme ~gumas mágesty, grándeur, sublímity

~**imas** (*optiniu prietaisu*) màgnificátion; *fot.* enlárgement ~**ti** incréase; (*praplėsti*, *išplėsti*) enlárge, exténd; (*optiniu stiklu*) mágnifў; *fot.* enlárge ~**tuvas** *fot.* enlárger

didis (*nepaprastas*, *įžymus*, *garsus*) great; **didžioji raidė** cápital létter

dydis 1 (*apimtis*, *didumas*) size 2 *mat.* quántity, mágnitùde

didmeistris (*šachmatų*) grand (chéss-) máster

didmen‖inis whólesàle ~**ininkas** whólesàle déaler; whólesàler ~**ų** *žr.* **didmeninis**

did‖miestis cíty; (*sostinė*) cápital (cíty) ~**okas** ráther / fáirly / prétty big / large ~**umas** size ~**uomenė** àristócracy, nobílity

didvyr‖is hérò ~**iškas** heróic ~**iškumas** héròism

didžiadvas‖is màgnánimous, génerous ~**iškumas** gènerósity, màgnanímity

didžiarus‖is Great Rússian ~**iškas** Great Rússian

didžiai véry; gréatly; extrémely; útterly; *d.* **gerbiamas** (*kreipinys*) dear

didžiausias the gréatest; the lárgest; **bendrasis d. daliklis** *mat.* the gréatest cómmon méasure

didžiavalstybinis great-pówer *attr*

didžiavimasis háughtiness, árrogance

didž‖iulis enórmous; vast; huge ~**iuotis** 1 be* proud (*of*), take* pride (*in*); pride ònesélf (*upon*) 2 (*pūstis*) put* on háughty airs, look háughty; mount / ride* the high horse *idiom.*

dieg‖as *žr.* **daigas**; ~**lys** (*skausmas*) stitch; cólic pains *pl*, gripes *pl* ~**ti** 1 (*sodinti*) plant 2 *prk.* (*skleisti*) spread*; (*idėjas*) implánt, ingráft 3 (*skaudėti*) ache; hurt*; have* a pain; *jam* ~**ia šoną** he has a stitch in his side

dien‖a 1 (*metas nuo ryto iki vakaro*) day ~**ą** in the dáy-time, by day; (*popiet*) in the àfternóon; **ištisą** ~**ą** the whole day; all the day (long); **sekančią** ~**ą** next day; **vieną gražią**

~**ą** one fine day; *darbo d.* wórking day; *šiokia d.* wéek-day; *poilsio d.* rést-day, day of rest; day off; ~**os uždarbis** dáily éarnings *pl*; ~**os spektaklis** matinée *pr.* 2 (*švitimo pradžia, aušra*) dáybreak, dawn; *jau netoli d.* day is bréaking, it is dáwning 3 (*para*) day, twénty-four hours 4 (*laikas, amžius*) time, life; *jis gyvena paskutines savo* ~**as** he is líving the rest of his days; *mūsų* ~**oms užteks** it will last our time; *mūsų* ~**ų literatūra** contémporary / módern líterature 5 (*kalendorinė data*): *gimimo d.* bírthday; *kelinta šiandien* (*diena*)? what date is it todáy?, what is the date? △ *šiomis* ~**omis** (*apie praeitį*) the óther day; (*apie ateitį*) one of these days; *iš mažų* ~**ų** from (one's) chíldhood, from a child; *d. iš* ~**os** day by day, day áfter day, from day to day, évery day; *laba d.!, labą* ~**ą** (*rytą*)! good mórning!; (*popiet*) good àfternóon; *juodai* (*alkanai*) ~**ai** agáinst a ráiny day; *perduokit jam labų* ~**ų** give him my regárds

dien‖daržis cáttle-yàrd ~**ynas** díary ~**inis** day *attr*, dáily

dieno‖raštis díary; jóurnal; *rašyti* ~**raštį** keep* a díary ~**ti** (*aušti*): ~**ja** day is dáwning / bréaking; it is dáwning ~**tvarkė** the dáily routíne

dien‖pinigiai dáily allówance *sg* ~**raštis** dáily (páper)

diet‖a díet; *laikytis* ~**os** keep* to a díet ~**inis** dietétic, díetary

dievagotis swear*

diev‖aitė góddess ~**aitis** god; (*stabas*) (small) ídol / ímage ~**as** God △ *ačiū* ~**ui!** thank God!; thank góodness; ~**e gink** God forbíd; ~**as žino** góodness knows!; God knows! ~**aži!** réally!; réally and trúly!

dieveris bróther-in-law (*husband's brother*)

diev‖ybė déity ~**inti** ídolìze, wórship; adóre ~**iškas** divíne

dievobaiming‖as Gód-fearing, féaring
God ~umas fear of God
dievotas devóut, píous
difteritas *med.* diphthéria
diftongas *lingv.* díphthòng
dygl‖ė (*žuvis*) stícklebàck, títtle-bàt̞
~ys príckle, spine; thorn ~iuotas
príckly; thórny, spíny
dygsn‖is stitch ~iuoti quilt, stitch
dyg‖ti spring*, sprout ~us 1 (*durian-
tis, aštrus*) príckly 2 *prk.* (*pašaipus,
aštrus*) cáustic, bíting; ~*i pajuoka*
bíting / cáustic remárk
dykaduon‖iauti be* a drone / pára-
sìte / spónger ~is, -ė drone, párasìte,
spónger ~iavimas párasìtism; spóng-
ing
dyk‖ai (*nemokamai*) free of charge,
grátis; *biljetas d.* free / complimén-
tary tícket, free pass ~as 1 (*tuščias*)
émpty; hóllow; ~*os kišenės* émpty
póckets 2 (*beprasmis, nereikšmingas*)
ídle; ~*a kalba* idle talk 3 (*nemoka-
mas*) free (of charge) 4 (*laisvas, be
darbo*) free, ídle
dikcija díction
dykinė‖jimas ídleness, lóafing ~ti
ídle, loaf ~tojas, -a ídler, lóafer;
shírker; slácker; (*mokinys, pralei-
džiantis pamokas*) trúant; (*tinginys*)
lázy-bònes *šnek.*
diktantas dictátion
diktat‖as díctàte ~oriškas dìctatórial
~orius dictátor ~ūra dictátorship
dykti (*apie vaikus*) becóme* / get*
spoilt
dikt‖orius annóuncer ~uoti díctáte
dykuma désert, waste, wíldemess
dild‖ė *tech.* file ~yti file
dilema dilémma
diletantas ámateur, dábbler *šnek.*
dilg‖ė, ~ėlė *bot.* (stínging-)nèttle
~ėlinė *med.* néttle-ràsh; hives *pl*
~ynas place óvergrówn with néttles
~inti sting*, néttle
dil‖inti use up (by rúbbing) ~ti 1
(*trintis*) becóme* / grow* used up (by
rúbbing) 2 *prk.* (*nykti*) dìsappéar,

vánish; ~*ti iš atminties* be* blótted
out of one's mémory
dinamit‖as dýnamìte; *sprogdinti* ~u
dýnamìte
dinastija dýnasty, house*
ding‖imas dìsappéarance ~stis (*pre-
tekstas*) prétèxt; (*proga*) occásion
~telėti occúr (*to*), strike*; come ínto
smb's mind, cross smb's mind; *jam
~telėjo mintis* it occúrred to him
that, it came ínto his mind that, it
cróssed his mind that; an ìdéa flàshed
acróss his mind ~ti dìsappéar, vánish;
nežinia kur ~*ti* be* míssing
diplom‖as diplóma; (*universiteto t.p.*)
degrée ~inis diplóma *attr*; ~inis
darbas diplóma / gràduátion thésis,
diplóma páper / work; ~inis pro-
jektas gràduátion / diplóma desígn
~uotas cértified, with a diploma
diplomat‖as díplomàt; diplómatist
~ija diplómacy ~inis, ~iškas dìplo-
mátic; ~iniai santykiai dìplomátic
relátions
dirbi‖mas (*žemės*) tíllage, cùltivátion
~nys (*mànufáctured*) árticle; na-
minės gamybos ~niai hándicràft
wares, hànd-máde goods; kerami-
kos ~niai éarthenwàre *sg*; gele-
žies ~niai hárdware *sg*, írommòngery,
íronwàre
dirb‖ti 1 (*atlikti kokį nors darbą*) work;
do*, perfórm; (*sunkiai*) toil, lábour;
fag *šnek.*; *kas nedirba, tas nevalgo*
he who does not work, néither shall
he eat; *įtemptai d.* work hard; work
tooth and nail *idiom*; *d. dviem,
trimis pamainomis* work in two,
three shifts; (*daryti*) make*, (*gamín-
ti*) mànufácture, prodúce 2 (*apie že-
mę*) till; cùltivàte 3 (*apie odą*) dress,
cúrry 4 (*veikti*) be* ópen; *bibliote-
ka* ~*a iki 5 val.* the líbrary is
ópen till 5 o'clóck 5 (*gadinti*) spoil*
6 (*teršti*) dírty, make* dírty 7 (*plūsti*)
scold, abúse ~tinai àrtifícially ~ti-
nis àrtifícial; ~tinės gėlės àrtifícial
flówers; ~tiniai dantys false teeth;

~*tinis Žemės palydovas* àrtifícial Earth sátellìte; Spútnik; Bleep *šnek.* ~**tinumas** àrtificiálity ~**tuvė** wórkshòp

direkcija board (of diréctors), mánagement

direktyv‖**a** instrúctions *pl,* diréctions *pl* ~**inis** diréctive, diréctory; ~*iniai* **nurodymai** instrúctions, diréctions

direktor‖**ė** head místress ~**iauti** be* a diréctor / mánager; (*mokykloje*) be* head / príncipal, (*apie vyrą t.p.*) be* head máster, (*apie moterį t.p.*) be* head místress

direktorius diréctor, (*įmonės t.p.*) mánager; (*mokyklos*) head (máster), príncipal

dirg‖**iklis** *fiziol.* írritant ~**inimas** ìrritátion ~**inti** írritàte ~**lumas** ìrritabílity ~**lus** írritable

dirig‖**entas** condúctor, léader; (*pučiamųjų orkestro*) bánd-màster; ~**ento lazdelė** (condúctor's) báton ~**uoti** condúct

dirsčioti dart / shoot* glánces (*at*), fling* one's eyes (*at*)

dirsė *bot.* brome (grass)

dirstelė‖**jimas** glance ~**ti** dart / shoot* a glance (*at*); fling* one's eyes (*at*)

dirv‖**a** 1 soil; ground (*t.p. prk.*); field, árable land △ **ruošti** ~**ą kam** pave the way for 2 *prk.* (*veikimo sritis*) field, sphére, próvince ~**onas** new / vírgin soil ~**onuoti** lie* fállow, remáin ùntílled / ùncúltivàted

dirvožemis 1 (*dirva*) field, árable land 2 (*dirbamas žemės sluoksnis*) soil; ground; **derlingas d.** rich / fértìle soil

diržas 1 (*susijuosti*) belt, gírdle; sash; *kar.* (wáist-)bèlt 2 strap, thong; (*šautuvo*) rífle sling; (*mašinai varyti*) béltdrìve

disciplin‖**a** 1 (*mokslo šaka*) branch of scíence; subject 2 (*drausmė*) díscipline; **griežta d.** strict / firm díscipline ~**uotas** dísciplined

disertacij‖**a** thésis (*pl* thésès), dìssertátion; **apginti** ~**ą** defénd / maintáin a thésis

disharmonija dìshármony, dìscórdance

disimiliacija *lingv.* dìssimilátion

disk‖**as** disk, disc; *sport.* díscus; ~**o metimas** díscus-throwing

diskont‖**as** *fin.* discóunt ~**uoti** discóunt

disku‖**sija** discússion, debáte ~**sinis** debátable ~**tuoti** discúss, debáte

dislokacija 1 *kar.* (péace-tìme) dìstribútion of troops 2 *geol.* displácement (of stráta), dìslocátion

disonansas *muz.* díssonance, díscòrd

dispanseris *med.* dispénsary, health centre

dispon‖**avimas** dìsposítion, arrángement ~**uoti** dispóse (*of*); have* aváilable

dispozicij‖**a**: **turėti savo** ~**oje** have* at one's dispósal / commánd

distil‖**iacija** dìstillátion ~**iuoti** distíl

ditiramb‖**as**: **giedoti** ~**us** *iron.* sing* the praises (*of*)

divers‖**antas** sàbotéur ~**ija** 1 *kar.* dìvérsion 2 (*kenkiamas aktas*) sábotàge

dividendas dívidènd

divizija *kar.* divísion

divizionas *kar.*: **artilerijos d.** báttery

dyzelis *tech.* Díesel éngine

dizenterija *med.* dýsentery

dobil‖**as** *bot.* clóver △ ~**ėli** (*maloninis kreipimasis*) my swéetheart, my dárling

dobti beat*, hit*; kill

docentas assóciate proféssor; Réader (*in university*), ùnivérsity lécturer

dogas (*šuo*) Dane, Great Dane

dogm‖**a** dógma (*pl* -ta), ténèt ~**atinis**, ~**atiškas** dògmátic ~**atizmas** dógmatism

doktrina dóctrine, téaching, ténèt

dokument‖**acija** dòcumèntátion ~**as** 1 dócument; (*ko nors perdavimui*) deed; *teis.* ínstrument; **pateisinamasis** ~**as** vóucher 2 (*aktas, ataskaita, rašytinis įrodymas*) státement 3 (*asmenybei įrodyti*) pásspòrt ~**alus**, ~**inis** dòcuméntary

doleris dóllar

domė‖jimasis ínterest ~tis be* ínterested (*in*), care (*for*)

dominas (*žaidimas*) dóminòes *pl*

dominija domínion

dominti ínterest

dominuo‖ti prevái1 (*over*); predóminàte (*over*) ~jantis dóminàting

domkratas *tech.* jack

donoras (blóod-)dònor

dor‖a mórals *pl*; hónesty ~as 1 hónest 2 móral ~ybė mórals *pl*; vírtue ~ingas móral; hónest; vírtuous; fair

doroti 1 (*tvarkyti*) put* in (good) órder 2 (*valyti, imti nuo lauko*) gáther in, *arba* reap (the hárvest)

dorov‖ė mórals *pl* ~inis móral

dorumas hónesty; mórals

dosn‖umas gènerósity; lìberálity ~us génerous, lìberal; ~ia ranka with an ópen hand, òpen-hándedly, lávishly, ùnstíntingly

dotacija grant, súbsidy

dovan‖a 1 présent; gauti ~ą recéive as a présent 2 (*igimtas gabumas, talentas*) gift (*of*); tálent ~ojimas (*bausmės*) párdon; forgíveness ~otas gift *attr*; recéived as a gift; ~otam arkliui nežiūrėk į dantis! (*patarlė*) néver look a gift horse in the mouth! ~oti 1 (*dovanų duoti*) make* a présent (*to*) 2 (*atleisti*) forgíve*, párdon; condóne ~okit(e)! excúse me!, (I beg your) párdon ~otinas párdonable, excúsable ~otojas dónor, grántor

doz‖ė dose; (*apie skystus vaistus t.p.*) draught, pótion; per didelė d. óverdòse; per maža d. únderdòse; duoti per didelę ~ę óverdòse; duoti per mažą ~ę únderdòse ~uoti dose (out); divíde ínto dóses

drabstyti (be)sprínkle (*with*); splash (*on, over*), (be)spátter (*with*)

drabuž‖inė clóak-room ~inis: ~inis šepetys clóthes-brùsh ~is 1 a piece of clothes ~iai clothes, clóthing; gárments *pl*; gatavi ~iai réady-màde

clothes 2 (*audeklas*) clóth, fábric, matérial, téxtìle

dragūn‖as *kar.* dragóon; ~ų pulkas dragóon régiment

draik‖yti entángle; mat; tóusle; scátter ~ytis spread*; (*apie debesis, miglas ir pan.*) float, drift; dūmai ~osi pažemiais the smoke hangs low

dram‖a dráma ~atinis, ~atiškas dramátic ~atizmas *tea.* dramátic efféct; dramátic quálities *pl*; *prk.* dramátic náture; ténsity ~aturgas pláywrìght, drámatist

drambl‖ė ców-èlephant, élephant cow, shé-èlephant ~ys 1 élephant; ~io iltis tusk; ~io kaulas ívory 2 *prk. menk.* (*nerangus žmogus*) clúmsy / lúmbering / áwkward pérson △ iš musės ~į padaryti make* móuntains out of móle-hìlls ~iukas élephant calf* ~otas clúmsy, lúmbering, áwkward

drapanos clothes; clóthing *sg*; gárments

drapas thick cloth

dras‖a cóurage, bóldness; audácity *poez.*; parodyti ~ą show* / displáy cóurage ~ėti grow* bólder ~iai bóldly; (*narsiai*) brávely, féarlessly; galiu ~iai pasakyti I may say with cónfidence, I can sáfely say ~iau! (pluck up your) cóurage! ~inti encóurage, héarten, cheer up, rèassúre

draskyti 1 (*į dalis plėšyti*) tear*; rend* 2 (*braižyti, krapštyti*) scratch

dras‖umas cóurage, bóldness; dáring ~uolis bold spírit; dáre-dèvil ~us bold, courágeous; dáring; audácious *poez.*

drau‖dėjas insúrer ~dimas 1 (*neleidimas*) pròhibítion; ìnterdíction 2 (*pvz., nuo ugnies*) insúrance; socialinis ~dimas sócial insúrance; namų turto ~dimas doméstic próperty insúrance ~džiama it is prohíbited ~džiamas forbídden; ~džiamoji zona restrícted área; įėjimas ~džiamas no admíttance; rūkyti ~džiama no smóking

draug‖as 1 friend; **artImas** d. íntimate / close friend; cróny; bósomfriend; chum, pal *šnek.*; **taI Jo labaI artImas** d. he is hànd-in-glóve with him *idíom.*; **vaIkystės** d. friend of one's chíldhood, pláyfellow, pláymàte; **klasės** d. cláss-màte; **mokyklos** d. schóolfrìend, schóolfellow; **gInklo** d. compánion-in-àrms, bróther-in-àrms; **keIlonės** d. compánion 2 (*kurio nors kolektyvo, savos aplinkos narys*) cómrade; cólleague ~**auti** be* friends (*with*); be* on friendly terms (*with*) ~**e** 1 togéther; with; in cómmon, jóintly **2** (*vienu metu*) sìmultáneously; at the same time

draug‖ė 1 (fémàle) friend; (*vaikystės*) pláymàte 2 *žr.* **draugas** 2; ~**èn** togéther ~**Ija** 1 cómpany; círcle, socíety; **2** (*organizacija*) assòciátion ~**ystė** fríendship; ámity *knyg.* ~**iškai** in a fríendly way ~**iškas** fríendly, ámicable ~**iškumas** fríendliness, àmicabílity ~**ovė** únit

drausm‖ė díscipline ~**ingas** dísciplined ~**ingumas** díscipline ~**inis** dísciplinary; ~**inė nuobauda** dísciplinary púnishment ~**inti** díscipline

drau‖sti 1 (*neleisti*) forbíd*; *ofic.* prohíbit; ban **2** (*turtą*) insúre (*against*) ~**stinis** rèservátion, resé; (*apie miško*) fórest resérve

drebė‖jimas trémbling; quívering; (*balso*) quáver; trémor; **žemės** d. éarthquàke ~**ti** quíver; trémble; shake*; (*apie balsą*) quáver, trémble; ~**ti Iš džIaugsmo** thrill with joy; ~**ti nuo šalčIo** shíver with cold; ~**ti Iš baImės** shúdder, shake* with fear; **JIs vIsas dreba** he is trémbling all óver

drebInti shake*

drèbti 1 (*mesti, sviesti*) throw*; hurl, chuck; d. **purvaIs** spátter with mud / dirt 2 (*pvz., iš molio*) build* of mud / clay **3** *prk.* (*aštriai, nemandagiai ką sakyti, atsikirsti*) retórt, replý; retúrn;

rejóin; blurt out **4** (*mušti, smogti, trenkti*) strike*, hit*; beat*

drebučiai *kul.* 1 (*šaltiena*) gálantìne, méat-jèlly 2 (*želė*) jélly

drebul‖ė asp △ **jIs dreba kaIp** ~**ės lapas** he is trémbling like an áspen leaf ~**ynas** asp grove / wood ~**Inis** áspen

drėg‖mė dámpness ~**nas** damp; ~**nas oras** damp wéather ~**numas** dámpness

drėkin‖Imas ìrrigátion; ~**Imo sistema** ìrrigátion sýstem; ~**Imo kanalas** ìrrigátion canál ~**ti** írrigàte

drėkstI scratch

drėktI grow* / becóme* damp

dren‖ažas *tech.* dráinage ~**uoti** *tech.* drain

dresir‖avimas tráining ~**uoti** train ~**uotojas** tráiner

dresūra tráining

drev‖ė hóllow ~**ėtas** hóllowed

dribsniai: **avIžų** d. rolled oats, pórridge oats, Quáker oats; **kukurūzų** d. córnflàkes

drybsoti lie* áwkwardly / clúmsily / ídly / slóthfully

dribti 1 (*kristi, pulti*) fall*; drop **2** (*gulti, griūti*) lie* down, fall* down **3** (*glebti, tižti*) grow* / flábby / fláccid

driektis stretch, exténd; spread*; (*pvz., apie rūką*) float, drift; d. **žeme** (*apie augalus*) creep*

driežas *zool.* lízard

driksti (*apie drabužius ir pan.*) tear*, grow* torn

drioksėti, drioskėti thúnder

driskius rágamùffin; rágged féllow

drįs‖ti dare*; make* bold / free; ~**tu sakytI** I make bold to say; I dare (to) say

dryž‖as striped; strípy ~**is** (*juosta, brūkšnys*) stripe ~**uotas** *žr.* **dryžas**

drob‖ė (*audeklas*) línen; **lamstuota** d. díaper-clòth △ **nubalęs kaIp** d. white as a sheet, pale as a ghost ~**Inis** línen ~**ulė** (*paklodė*) sheet, béd-sheet; (*ant pečių siaučiamoji skara*) shawl

drov||ėtis (*varžytis*) feel* shy; be* díffident; (*gėdytis*) be* ashámed (of smth); *jis* ~*isi jums pasakyti* he is ashámed to tell you ~umas shýness; díffidence; báshfulness ~us shy; díffident; (*ypač apie vyrą*) báshful

drož||ėjas cútter, cárver ~inys cárving, carved work ~lė(s) sháving(s) (*pl*) ~ti 1 (*drožtuvu*) plane, shave* 2 (*pvz., su peiliu*) cut* out; (*pieštuką*) point, shárpen 3 (*raižyti meno dalyką*) carve 4 (*smarkiai eiti ir pan.*) húrry, make* haste, hásten 5 *prk.* (*sakyti, rėžti*): ~ti *tiesą į akis* speak* the truth bóldly 6 (*mušti, kirsti*) strike*; whip ~tukas (*pieštukams*) péncil-pointer, péncil-shárpener ~tuvas *tech.* plane

dručk||ė stout / fat / plump wóman*, girl; fátty *snek.* ~is stout / fat / córpulent man*; (*apie jaunuolį, berniuką*) fat boy*; squab *šnek.*

drugys 1 (*liga*) féver 2 (*peteliškė*) bútterflỳ

drums||tas 1 (*negiedras*) túrbid 2 (*apsiniaukęs*) clóudy ~ti 1 (*skystį*) stir up 2 *prk.* (*kelti neramumą*) distúrb ~tumas tùrbídity

drumzl||ės lees; dregs ~ėtas, ~inas túrbid

drungnas 1 (*truputį šiltas*) wármish, tépid, lúkewàrm 2 (*vėsokas*) fresh; cool; chílly

drusk||a salt; *valgomoji d.* táble-sàlt; *akmens d.* róck-sàlt; ~os *kasykla* sált-mìne; ~os *rūgštis* hýdrochlóric ácid ~inė sált-cèllar ~ingas sálìne ~ožemis sált-màrsh

drūt||as 1 (*storas*) thick 2 (*stiprus, tvirtas*) strong, firm; *d. vyras* a man* of vígorous / stúrdy / strong cònstitútion; a man* of square / stúrdy build; *d. senis* hale old man* 3 *prk.* (*negabus*): *jis* ~os *galvos* he is slow-wítted ~ėti 1 (*storėti*) thícken; grow* fat / stout; put* on flesh 2 (*stiprėti*) get* strónger ~galys butt, bútt-ènd

du, dvi two △ *nei vienas, nei du* (*nei šis, nei tas*) néither one thing nor the óther

dubliavimas (*filmo*) dúbbing

dublikatas dúplicate

dubliuoti 1 (*daryti ką dviem egzemplioriais*) dúplicàte 2 (*vaidinti rolę pasikeičiant su kitu*) únderstùdy a part 3 (*filmą*) dub

dub||ti (*darytis dubiam*) becóme* hóllow / súnken ~uo 1 (*indas*) turéen, dish, bowl 2 *anat.* pélvis ~urys (*kelio*) pit ~uriuotas búmpy ~us hóllow, cóncàve

dūd||a pipe; fife; ~ų *orkestras* brass band △ *paleisti* ~*as* (*imti verkti*) snível, slóbber, whímper ~uoti pipe, fife

duetas *muz.* dúèt

dugn||as (*apačia*) bóttom; (*jūros t.p.*) ground; *prk. išgerti iki* ~o drink* to the dregs

dūgzti hum; buzz; drone

duj||inis *fiz.* gáseous, gásifòrm; ~inis *apšildymas* gás-heating; ~inis *apšvietimas* gás(-lìght) ~okaukė gásmàsk ~os gas *sg*; ~ų *viryklė* gás cooker, gás rànge

dukart twice, dóuble; *d. daugiau* twice as much (*su daiktavardžio vns.*); twice as mány (*su daiktavardžio dgs.*); *d. mažiau* half; *d. brangiau* dóuble the price

duknos féather-bèd *sg*

dukr||a dáughter ~aitė gránd-daughter; grándchìld ~elė little dáughter

dukt||ė dáughter ~erėčia niece

dūkti 1 (*vadėtis, nykti kvapui*) lose* the frágrance / smell; (*apie vyną*) becóme* flat 2 (*niršti*) rage, be* frántic / fúrious; get* / fly* ínto a rage, get* fúrious 3 (*išdykauti*) romp, frólic, gámbol

dūlėti 1 (*virsti dulkėmis, pūti*) rot, decáy, pútrefỳ; móulder 2 (*smilkti*) smóulder

dūlinti drag ònesélf alóng; walk slówly

dulk||ė speck of dust ~ės 1 dust *sg*; ~ių *siurblys* vácuum cléaner

2 *bot.* póllen ~ètas dústy ~èti
1 (*dulkėmis aptekti*) get* / becóme*
dústy 2 (*smarkiai bėgti ir pan.*) rush /
speed / tear* alóng, whirl awáy 3
(*smulkiai lyti*) drízzle ~inas dústy
~inti 1 (*kelti dulkes*) raise dust, fill
the air with dust 2 (*valyti nuo dulkių*)
beat* the dust out of smth; ~inti
paltą ir pan. beat* out a coat, *etc.*
3 *bot.* póllinàte
dulksno‖ti, dulkti drízzle; ~ja *smul-*
kus lietus it is drízzling; it drízzles
dūm‖ai smoke *sg*; ~ų *uždanga*
smóke-screen; *leisti* ~us puff smoke
~inis smoke *attr*; ~inė *pirkia* hut
withóut a chímney to its fíre-plàce
dumbl‖as silt ~inas cóvered with silt
dūmyti smoke
dumplės béllows
dumti 1 (*pūsti*) blow* 2 (*rūkyti*) smoke;
(*smarkiai bėgti*) rush / speed / tear*
alóng △ *kam akis d.* húmbùg smb,
throw* dust in smb's eyes; dupe /
fool / gull smb
dūmtraukis chímney
dundė‖jimas crásh(ing); (*perkūno*)
rólling; (*tolimas*) rúmble, rúmbling
~ti crash; (*apie perkūną t.p.*) peal,
roll; (*apie tolimą perkūną*) rúmble;
(*apie mašinas, patrankas*) roar; (*apie*
patrankas t.p.) thúnder
dunksoti loom, appéar ìndistínctly;
show* blue; rise* / heave* in the
dístance
duob‖ė 1 (*iškasta vieta*) pit; *šiukšlių*
d. dúst-hòle; réfuse pit; *oro d.* áir-
pòcket; *skruosto* ~utė dímple 2 (*ke-*
lio) pit 3 *prk.* (*kapas*) grave △ *nekask*
kitam ~ės, *pats įkrisi pat.* he
that míschief hátches, míschief cátches
~ètas búmpy ~kasys gráve-dìgger,
séxton
duoklė tríbùte, còntribútion
duomen‖ys dáta, facts; ìnformátion
sg; *statistiniai d.* statístical dáta;
tam yra visi d. we have all the dáta
to go upón; *pagal visus turimus*

~is accórding to all aváilable dáta /
ìnformátion
duon‖a 1 bread; *juoda d.* brown
bread, rýe-bread; *balta d.* white
bread, wheat bread; *sužiedėju-*
si d. stale bread; *šviežia d.*
frésh-bàked / néwly-bàked bread; ~os
kepalas loaf*; ~os *parduotuvė*
báker's (shop) 2 (*duoniniai javai*)
corn; céreals; (*grūdai*) grain 3 (*mais-*
tas, pramitimas) líving, means of
subsístence, dáily bread; *užsidirb-*
ti ~ą make* one's bread; earn
one's líving; *atimti kam* ~os *kąsnį*
take* the bread out of smb's mouth
~inis: ~*iniai javai* céreals ~ku-
bilis knéading-trough, dóugh-trough
~medis *bot.* bréad-tree ~eliauti
beg, go* bégging, live by bégging
duoti 1 give* 2 (*leisti, įgalinti*) let*
(*smb + inf*), allów (*smb + to inf*);
jam nedavė kalbėti they didn't let
him speak; *d. suprasti* give* to
ùnderstánd 3 (*mušti, lupti, kirsti*)
strike*, hit*; *d. kam per veidą* slap
smb in the face; *d. kam į ausį* cuff /
box smb's ears △ *d. pradžią* give*
rise to smth; *d. parodymus* give*
évidence / téstimony (*to*); *d. žodį*
give* / pledge one's word; *d. valią*
give* vent to smth; *d. naudą* be* of
use / bénefit; *d. kam ataskaitą apie*
ką nors give* / rénder an accóunt to
smb of smth; repórt smb on smth;
jam negalima d. daugiau kaip
10 metų he does not look more than
ten years old; *d. telegramą* send* a
télegràm, wire; cáble
dur‖ininkas (hall) pórter, dóor-keeper
~ininkė dóor-keeper, pórtress ~ys
door △ *prie uždarų* ~ų with closed
doors
dūris 1 (*dūrimas*) prick 2 (*dygsnis*)
stitch
durkl‖as 1 (*iešmas*) spit 2 (*ginklas*)
dágger; póniard; *nudurti* ~u stab
with a dágger, póniard
durp‖ės peat *sg*; ~ių *briketas* péat-
blòck; ~ių *kraikas* peat lítter; ~ių

pramonė peat índustry ~ynas péat-bòg ~ingas péaty

dur‖ti 1 (*smeigti, besti, verti*) thrust*, stab; (*adata*) prick 2 (*skaudėti*) ache; hurt*; have* a pain; *jam šoną* ~*ia* he has a stitch in his side ~tuvas *kar.* báyonet

dūsauti sigh, heave* a sigh

dusyk twice

dusin‖ti choke; súffocàte; (*ugnį*) smóther; *jį* ~*a kosulys* his cough is chóking / súffocàting him, he is súffocàted by his cough, he has a súffocàting cough

dusl‖inti múffle, déaden ~intuvas *tech.* sílencer; múffler ~umas hóllowness (of sound) ~us hóllow; tóneless; ~usis priebalsis *lingv.* vóiceless / breath cónsonant

dusti choke, súffocàte; (*sunkiai kvėpuoti*) pant (*with*); gasp (for breath)

dusul‖ingas shòrt-wínded ~ys short breath / wind; ~*iu sirgti* be* shòrt-wínded

dūsuoti 1 (*kvėpuoti*) breathe 2 *prk.* (*dejuoti*) sigh, heave* a sigh

dūzgėti (*pvz., apie stakles*) ráttle, clátter; (*pvz., apie bites*) hum, buzz, drone

dušas shówer(-bàth*); (*t.p. med.*) douche

dūzginti make* a (loud and) rúmbling noise

dušenos bréakage *sg*

dūžis blow; stroke

dūžtamas bríttle, bréakable

duž‖ti 1 (*skilti, trūkti, trupėti*) break*, get* / be* bróken 2 *prk.* (*apie planus*) be* destróyed, fall* to the ground ~us bríttle, bréakable

dvar‖as estáte, lánded próperty; mánor ~ininkas lándowner, lánd-lòrd; lord of the mánor ~ininkė lándlàdy; lády of the mánor ~iškis 1 *istor.* (*baudžiauninkas*) ménial; mánor serf 2 (*rūmininkas*) bútler; cóurtier

dvas‖ia 1 (*kvapas, oras iš burnos*) breath 2 (*psichinės jėgos*) spírit,

cóurage, heart; **kelti** ~*ią* stíffen the spírit **3** (*vėlė*) soul; **nėra nė gyvos** ~*ios* there is no líving soul, there is not a (líving) soul **4** (*vaiduoklis, šmėkla*) spéctre, ghost ~ingas inspíred, súblimàted ~ingumas spirituálity ~ininkas priest; ecclèsiástic ~ininkija clérgy, príesthood ~inis spíritual

dveigys (*apie gyvulį*) two-year-óld

dvej‖aip in two ways ~etas two; ~etas arklių pair of hórses ~etukas two ~i, -os two ~ybinis: ~ybinė buhalterija *fin.* dóuble éntry bóokkeeping ~inti dóuble, redóuble; ~inti eiles *kar.* form fours ~intis: *jam akyse* ~*inasi* he sees dóuble ~ojimas hèsitátion, wávering, vàccilátion ~opas of two kinds; dóuble ~oti (*svyruoti, abejoti*) hésitàte, wáver

dvelk‖imas (*vėjo*) bréathing, blówing; whiff, puff ~telėti begín* to blow; blow* sóftly ~ti 1 (*pamažu pūsti*) blow* 2 (*kvepėti*) smell* (*of*) △ ~*ia pavasariu* it smells of spring, spring is in the air

dvės‖ena cárrion ~imas (*gyvulių*) èpizoòtic, múrrain ~ti (*stipti, galą gauti*) die; croak *šnek.*

dvi two ~akė *kort.* two, deuce ~aukštis two-stóreyed, two-stóried

dvibals‖ė *lingv.* dígraph ~is *lingv.* díphthòng

dvideginis *chem.*: **anglies d.** càrbónic ácid (gas)

dvidešimt twénty ~as(is) twéntieth; ~as skyrius chápter twénty; *jam* ~*i metai* he is in his twéntieth year; ~oslos metinės twéntieth ànnivérsary ~metis (20 *metų laikotarpis*) twénty years

dvidienis of two days, twò-dáy

dvieilis twò-rówed, dòuble-rówed; (*pvz., švarkas*) dòuble-bréasted

dviese two (togéther); (*mes*) **dviese** the two of us (togéther); *jie dirbo d.* the two of them worked togéther dvi‖galvis twò-héaded; *d. erelis ist.* double-héaded éagle ~garsis *lingv.* díphthòng

dvigub‖ai dóuble; dóubly; *užmokėti d.* pay* dóuble ~as dóuble; twófòld ~inti dóuble, redóuble

dvi‖gulis: ~ė *lova* dóuble bed ~kinkis twò-hórse *attr* ~kojis twò-légged; bípèd, bípèdal *moksl.*; ~kojis gyvis bípèd

dvi‖kova dúel; *iššaukti į* ~kovą chállenge to a dúel, call out; *kautis* ~kovoje fight* a dúel; dúel ~kupris twò-húmped; ~kupris kupranugaris Báctrian cámel

dvylik‖a twelve ~apirštis: ~apirštė *žarna anat.* dùodénum ~tas twelfth; *viena* ~toji òne-twélfth

dvilinkas dóuble; twófòld; twó-plỳ

dvi‖lypis 1 (*iš dviejų sulipęs, suaugęs*) twófòld 2 *prk.* (*veidmainingas*) double-déaling, double-fáced ~metis 1 (*apie laiką*) of two years; twó-year *attr* biénnial *knyg.* 2 (*apie vaiką*) twò-year-óld 3 *bot.* biénnial

dvinaris I *mat.* binómial
dvìnaris II *mat.* binómial

dvyn‖iai twins ~ys, ~ukas twin

dvi‖patystė bígamy ~prasmybė àmbigúity ~prasmis, ~prasmiškas àmbíguous, equívocal ~prasmiškumas àmbigúity ~pusis double-síded

dvira‖čiai (*vežimas*) cart *sg* ~tininkas, -ė cýclist

dvìra‖tis I bícycle; cýcle, bike *šnek.*; ~čių sportas cýcle rácing; ~čių lenktynės cýcle race; *važiuoti* ~čiu ride* a bícycle

dviratis II twò-whéeled

dvi‖savaitinis fórtnìghtly; *d. žurnalas* fórtnìghtly màgazíne ~skaita *gram.* dúal númber ~skiemenis *lingv.* disyllábic, twó-sỳllabled; twó-sỳllable *attr*; ~skiemenis žodis disýllable ~spalvis twò-cóloured, of two cólours

dvisti (*pradėti dusti / dvokti*) begín* to stink*; have* a bad* / násty smell

dvistiebis twò-másted; *d. laivas* twó-màster

dvi‖šalis: ~šalis susitarimas bìláteral agréement ~taškis *gram.* cólon ~vagis with two plóughshàres, twó-shàre(d), twìn-shàred ~valdystė dúal pówer ~vamzdis double-bárrelled ~veidis double-déaler ~veidiškas double-fáced ~veidiškumas double-fácedness, dùplícity; *polit.* double-déaling ~vietis twò-séater *attr*; ~vietis automobilis, lėktuvas *ir pan.* twò-séater ~ženklis twò-dígit

dvok‖imas stink, stench; bad* smell ~ti stink* (*of*); smell* bad* / násty; have* a foul / fétid / pútrid smell

džiaug‖smas joy, gládness; *su* ~smu with joy; *verkti iš* ~smo cry / weep* for / with joy ~smingai with joy ~smingas glad, jóyous, jóyful; ~sminga žinia glad / háppy news, glad / háppy tídings *pl* ~tis be* glad / háppy; rejóice (*at*); *jis* ~iasi *jus vėl sveiką matydamas* he is glad to see you well agáin; ~tis kieno laime rejóice at smb's háppiness △ *širdis* ~iasi the heart fills with joy

džiauti (*kabinti*) hang* (up) (for drýing)

džiazas jázz(-bànd)

džiov‖a *med.* consúmption; *greitoji d.* gálloping consúmption ~ykla drýing-room ~ininkas, -ė consúmptive ~ininkiškas: ~ininkiškas veido raudonumas héctic flush / cólour ~inti dry; ~inti skalbinius air / dry the línen; ~inti šieną dry the hay ~intuvas drýing àpparátus, drýer

džiūg‖auti rejóice, tríumph ~avimas rejóicing, tríumph

džiug‖inti make* glad / háppy; cause joy (*to*), gládden; *tai jį* ~ina it makes him glad / háppy ~us chéerful, jóyous, buóyant

džiunglės júngle *sg*

džiūti dry; get* / grow* dry

džiuvėsis dried crust; (*saldus*) rusk

E, E

ėd‖alas (hóg-)wash, mash; swill ~**esys** fórage, feed, próvender; (*sausas*) fódder ~**rumas** glúttony ~(r)**ūnas**, ~(r)**ūnė** glútton ~(r)**us** glúttonous ~**us** cáustic; (*apie dūmus*) púngent, ácrid

ėdžios (*lovys*) (féeding-)trougl *sg*; (*sausam pašarui*) (féeding-)ràck *sg*; crib *sg*; mánger *sg*

efekt‖as 1 efféct 2 *dgs.* *teatr.* effécts ~**ingas** efféctive; spèctácular; stríking ~**ingumas** efféctiveness ~**yvumas** efficiency ~**yvus** efféctive, efficient

egiptie‖tis, -ė Egýptian ~**tiškas** Egýptian

egl‖ė fír(-tree); *Kanados e.* sprúce (-fír); (*lentoms gaminti*) deal; (*prekybinis terminas*) whítewood; (*mediena*) white spruce; *Kalėdų* ~**utė** Christmas-tree ~**ynas** fír-gròve, sprúce-gròve ~**inis** fir *attr* ~**išakė** fir / spruce branch, fír-twìg

ėgl‖is *bot.* júniper ~**inis** júniper *attr*

eglutė *žr.* **eglė**

ego‖istas, -ė égòist ~**istinis**, ~**istiškas** sélfish, ègòístic(al) ~**izmas** sélfishness, égòism

egzamin‖as exàminátion; exám *šnek.*; *prk.* (*bandymas*) test; *e.* **raštu** wrítten exàminátion (*in*); *e.* **žodžiu** óral exàminátion; *laikyti* ~**ą** go* in for an exàminátion; take* an exàminátion; *išlaikyti* ~**ą** pass an exàminátion; *susikirsti per* ~**ą** fail at an exàminátion; *be* plucked *šnek.*; *neišlaikyti fizikos* ~**o** fail in phýsics; *stojamasis e.* éntrance exàminátion; *konkursiniai* ~**ai** compétitive exàminátions; *baigiamasis e.* final(s) (*pl*); (*mokykloje t.p.*) schóol-leaving exàminátion; *brandos atestato* ~**ai** exàminátions for the schóol-lèaving certíficate ~**atorius** exáminer ~**uojamasis** exàminée ~**uoti** exámine; ~**uoti ką iš fizikos** exámine smb in phýsics ~**uotis** go* in for an exàminátion, take* an exàminátion ~**uotojas**, -a exáminer

egzekucija èxecútion

egzema *med.* éczema

egzemplior‖ius (*pvz., knygų, žurnalų*) cópy; *dviem* ~**iais** in dúplicate; *trimis* ~**iais** in tríplicate; *retas augalo ir pan. e.* rare spécimen of a plant, *etc.*

egzist‖avimas, ~**encija** exístence ~**uoti** exíst; be*

egzot‖ika èxótic cháracter ~**inis**, ~**iškas** èxótic

ei! helló!, I say!, look here!; *jūr.* ahóy!

eib‖ė (*žala*) dámage; loss; détriment; *pridaryti* ~**ių** cause / do* dámage (*to*)

eig‖a mótion, run; (*pvz., įvykių, ligos*) course; ~**os veikslas** *gram.* impérfective áspèct ~**ulys** fórest-guàrd, fórester ~**uva** séctor of a fórest-guàrd

eikl‖umas (*greitumas*) swíftness; nímbleness; quíckness, rapídity ~**us** swíft-fóoted, nìmble(-fóoted)

eikš come here, come up

eikvo‖jimas dìssipátion, squándering; waste of smth ~**ti** díssipàte, waste; ~**ti pinigus** squánder móney ~**tojas**, -a squánderer, spéndthrìft; wáster

eil‖ė 1 (*virtinė, vora*) row; line; *e. po* ~**ės** row upón row; *kar.* (*rikiuotéje*) file 2 (*ko nors sekimo, darymo tvarka*) turn; *sekantis iš* ~**ės** next (in turn); *iš* ~**ės** in turn; in rotátion; *be* ~**ės** out of one's turn; ~**ės numeris** cúrrent númber 3 (*norint ką pirkti, gauti ar pan.*) queue; line *amer.*; *stovėti* ~**ėje** (*ko nors*) stand* in a queue (*for*); stand* in line (*for*); queue up (*for*) 4 *dgs. lit.* verse; *baltosios* ~**ės** blank vérses

eilėdara prósody

eilėrašt‖inis wrítten / expréssed in verse ~is póem; (*trumpas*) rhyme, rime, verse

eilia‖dirbys, ~kalys rhýmer, rhýmester; vérse-mònger ~vimas (*paverčiant prozą eilėmis*) vèrsificátion

eilinis I 1 (*sekantis*) next (in turn) 2 (*paprastas, nerinktinis*) órdinary, cómmon

eilin‖is II (*kareivis*) prívate (sóldier), man*; ~iai *kar.* rank and file *sg*

eiliuo‖tas rhymed ~ti 1 (*rikiuoti*) form (up); draw up 2 (*rašyti eiles*) write* póetry; (*paversti prozą eilėmis*) vérsifỳ

eilutė 1 (*knygoje, eilėraščio*) line 2 (*kostiumas*) cóstùme, dress; (*vyriška*) suit

eime let us go

einam‖asis 1 (*dabartinis*) cúrrent; (*šiandieninis*) prèsent-dáy; to-day's; ~ieji reikalai cúrrent affáirs; *e.* momentas the présent sìtuátion; ~oji sąskaita accóunt cúrrent 2: *e.* vidaus vietininkas *gram.* lócative (case) of diréction

eis‖ena walk, gait, step; lengva *e.* light step; greita *e.* rápid gait; lėta *e.* slow gait ~mas tráffic; ~mo taisyklės dríving / tráffic règulátions; híghway code *sg*

ei‖ti 1 (*įvairios reikšmės*) go*; (*pėsčiam*) walk; jis ~na į darbą šita gatve he goes to his work alóng this street; *e.* pirmyn ir atgal walk to and fro; *e.* už parankės walk àrm-in-árm 2: *e.* pas ką vísit; go* to see* smb; *e.* į mokyklą go* to school; (*mokytis mokykloje*) atténd school; *e.* apsipirkti go* shópping 3 (*apie laikrodį*) go* 4 (*žaidžiant*) lead*, play; *šachm.* move; *kort.* *e.* su dama play a queen; *e.* su koziriu lead* a trump; jums *e.* your lead; *šachm.* *e.* karalium move the king 5 (*apie traukinius, automobilius ir pan.*) run*; traukiniai ~na visomis kryptimis trains run

in all diréctions; šiandien traukiniai neina there are no trains todáy, there is no train sérvice todáy 6 (*priartėti*) come; ~k(ite) šen! come here 7 (*apie dūmus, vandenį ir pan.*) come out; kraujas ~na iš žaizdos blood is cóming from the wound; the wound is bleeding 8 (*tįsoti, tęstis*) go*; stretch 9 (*vykti*) procéed, go* on; ~na derybos negotiátions are procéeding / góing on; pamokos ~na (*vyksta*) clásses are held; ~na mūšis a báttle is béing fought; ~na pasiruošimai sėjai prèparátions for sówing are in prógrèss 10 (*apie prekes*) sell*; tos prekės gerai ~na these goods sell well 11 (*apie spektaklį*) be* on 12 (*apie laiką*) go* by; ėjo metai years went by; *e.* pirmyn advánce △ kiti posakiai su eiti: *e.* paskui ką fóllow smb; *e.* už ko (*už vyro*) márry smb; traukinys ~na penktą (*valandą*) the train leaves at five (o'clóck); ~na gandas it is rúmoured; ~na gandai rúmours are afóot; there are rúmours; *e.* kaip iš pypkės go* swímmingly; *e.* į ataką go* ínto the attáck; *e.* į mūšį march ínto the attáck; *e.* į kovą march ínto báttle; *e.* prieš ką oppóse smb; *e.* prieš savo sąžinę act agáinst one's cónscience; *e.* savo vaga take its nórmal course; reikalai ~na gerai (*blogai*) affáirs are in a good* (sad) state; užmokestis jam ~na nuo vasario 1 d. his wáges run from Fébruary 1st; *e.* iš proto go* mad; go* off one's head; *e.* pareigas atténd to one's dúties; *e.* pavyzdžiu be* an exámple (*for*); *e.* geryn impróve, amélioràte; *e.* blogyn becóme* / grow* worse, take* a turn to the worse; kelintus metus ~ni? how old are you?; ~kite dešinėn! turn to the right!; ~k šalin! go awáy!, be off!, awáy / off with you!

eitynės 1 (*ėjimo varžybos*) pedéstrian cóntèst 2 (*demonstracija*) dèmonstrátion; procéssion

eižėti crack; (*apie odą, rankas ir pan.*) chap

ėji‖**kas** wálker; *būti geru* ~*ku* be* a good wálker, walk fast ~mas góing; wálking △ *pareigų* ~*mas* dischárge

eketė *žr.* aketė

ekipà *sport.* team; *futbolo e.* fóotbàll team

ekipažas 1 (*vežimas*) cárriage 2 (*laivo ir pan. įgula*) crew; *jūr.* ófficers and crew; *lėktuvo e.* air crew

ekonom‖**ija** 1 ècónomy; *laiko, pinigų ir pan. e.* sáving time, móney, *etc.*; *politinė e.* polítical ècónomy 2 *ist.* (*dvaras*) estáte ~ika 1 (*mokslas*) èconómics 2 (*ūkinė santvarka*) èconómic strúcture; èconómic státus ~inis èconómic; ~*inė politika* èconómic pólicy ~istas èconómist ~iškas èconómic; (*taupus*) thrífty ~iškumas ècónomy; (*taupumas*) thrift

ekranas screen

ekscelencija (*titulavimas*) éxcellency

ekscentri‖**kas** 1 (*asmuo, linkęs į kraštutinumus*) eccéntric 2 (*cirko artistas*) clown 3 *tech.* eccéntric ~nis, ~škas eccéntric

ekscesas excéss

ekskavatorius éxcavàtor; *žingsniuojantis e.* wálking éxcavàtor

ekskurs‖**antas**, -ė excúrsionist ~ija excúrsion, trip; ~*ijos vadovas* (excúrsion) guide ~uoti go* on a trip; go* on an excúrsion

ekspansija expánsion

ekspedi‖**cija** 1 èxpedítion; *mokslinė e.* scientífic èxpedítion, reséarch èxpedítion; *gelbėjimo e.* réscue párty 2 (*įstaiga*) dispátch óffice ~cinis èxpedítionary ~torius fórwarding ágent, fórwarder

eksperiment‖**as** expériment ~inis èxpèriméntal ~uoti expérimènt (*on, with*)

ekspert‖**as** éxpèrt ~izė exàminátion

eksploat‖**acija**, ~avimas 1 èxploitátion 2 *kaln.* wórking, èxploitátion 3 (*pvz., geležinkelių, mechanizmų*) èxploitátion, explóiting; òperátion, rúnning ~atoriškas explóiter *attr* ~atorius explóiter ~uoti 1 (*išnaudoti*) explóit 2 *kaln.* work

ekspon‖**atas** exhíbit; ~*atai* the exhíbit *sg,* the displáys ~uoti 1 (*parodoje*) exhíbit 2 *fot.* expóse

eksport‖**as** éxpòrt ~avimas èxpòrtátion ~eris, ~ininkas èxpórter ~inis éxpòrt *attr*; ~*inės prekės* éxpòrt goods ~uoti èxpórt

ekspozicija (*įv. reikšmėmis*) èxposítion; (*fot. t.p.*) expósure

ekspresas expréss

ekspres‖**ija** expréssion ~yvus expréssive

ekspromt‖**as** imprómptù; ~*u* imprómptù, èxtémpore; óff-hànd

ekspropri‖**acija** èxpròpriátion ~atorius èxpròpriàtor ~juoti èxprópriàte, dìsposséss

ekstaz‖**ė** écstasy; *patekti į* ~*ę* get* / go* ínto écstasies

ekstensyv‖**umas** exténsiveness ~us, ~inis exténsive

ekstern‖**as** éxtèrnal stúdent; *laikyti egzaminus* ~*u* pass exàminátions withóut atténding léctures

ekstraktas (*įv. reikšmėmis*) éxtràct

ekvatorius *geogr.* equátor

ekvilibrist‖**as**, -ė rópe-wàlker, èquílibrist ~ika rópe-wàlking

ekvivalentas equívalent

elast‖**ingas**, ~iškas elástic ~ingumas, ~iškumas èlàstícity

elegan‖**cija** élegance ~tiškas élegant ~tiškumas élegance

elegi‖**ja** *lit., muz.* élegy ~nis, ~škas *lit.* èlegíac; *prk.* sèntiméntal

elektr‖**a** elèctrícity; ~*os šviesa* elèctric light; ~*os srovė* elèctríc cúrrent; ~*os tinklas* wíring / eléctric sýstem; ~*os lemputė* eléctric bulb ~ifikacija elèctrificátion ~ifikuoti eléctrifý ~ikas *žr.* elektrotechnikas; ~inė

eléctric pówer státion ~inis eléctric-
(al); ~iniai (šildymo) prietaisai
eléctric (héating) appliances; ~inis
trauklnys eléctric train ~inti 1 fiz.
eléctrifý 2 prk. (jaudinti) excíte
~izacija fiz., med. elèctrizátion
~izuoti 1 fiz. eléctrifý 2 med.
eléctrìze
elektro||dinamika fiz. elèctròdýnámics
~magnetas elèctròmágnet ~me-
chanika elèctròmechánics ~moto-
ras elèctròmótor ~nas fiz. eléc-
tròn ~technika eléctrical ènginéer-
ing ~technikas elèctrícian; (inžinie-
rius) eléctrical ènginéer ~terapija
med. elèctròthérapy, elèctróthèrapéu-
tics ~vara: ~varos jéga elèctròmó-
tive force ~vežis eléctric lócomòtive
element||arinis, ~arus èleméntary;
~arios žinios èlements, rúdiments
~as (įv. reikšmėmis) èlement; el.
cell; periodinė ~ų sistema the
pèriódic sýstem of èlements; galvani-
nis ~as gàlvánic pile; nusikalstami
~ai críminals ~orius ABC book
elevatorius tech. élevàtor
elgesys cónduct, beháviour; blogas
e.́ bad* beháviour, mìsbeháviour,
mìscónduct
elget||a béggar ~auti beg, go* bégging
~iškas béggarly
elgimasis cónduct, beháviour
elg||sena žr. elgimasis; ~tis condúct
ònesélf, beháve; blogai ~tis (džn.
apie vaiką) mìsbehàve; gerai ~tis
(džn. apie vaiką) behàve (ònesélf); (su
kuo) treat (smb); gerai su kuo ~tis
treat smb kíndly, be* nice to smb;
blogai su kuo ~tis treat smb bád-
ly* / ùnkíndly
elipsė geom., lit. ellípsis
eln||ė zool. doe ~ias zool. deer*;
šiaurinis ~ias réindeer*; ~io ragai
ántlers ~iena vénison ~ininkas, -ė
réindeer-breeder ~ininkystė réindeer-
breeding
emal||inis enámel attr; enámelled ~is
enámel; dantų e. anat. enámel
~iuotas enámelled ~iuoti enámel

emblema émblem
embrion||as biol. émbryò ~inis
èmbryónic ~iškas in émbryò
emigr||acija 1 (persikėlimas) èmigrá-
tion 2 (emigrantų visuma) émigrants
pl; èmigrés pl ~acinis èmigrátory
[-grei-] ~antas émigrant ~antė ém-
igrant ~avimas žr. emigracija 1;
~uoti émigràte
emiras èmír
emisija fiz., ekon. emíssion
emoci||ja emótion ~nis emótional
emulsija chem. emúlsion
enciklopedi||ja èncýclòpáedia ~nis,
~iškas èncýclòpáedic ~stas 1 (visa-
pusiškai išsilavinęs žmogus) érùdìte 2
ist. èncýclòpáedist
energ||etika ènergétics ~etinis pówer
attr ~ija (įv. reikšmėmis) énergy
~ingas ènergétic
eng||ėjas oppréssor ~ėjiškas oppréssive
~iamasis oppréssed ~imas opprés-
sion ~ti oppréss
entuzia||stas, -ė enthúsiàst ~stingas,
~stiškas enthúsiástic; rápturous
~zmas enthúsiàsm; rodyti ~zmą
show enthúsiàsm; be* enthùsiástic
epas lit. épòs
epidemi||ja èpidémic ~nis, ~škas
èpidémic; ~nė liga èpidémic
epigrama lit. épigràm
epilep||sija med. épilèpsy ~tikas, -ė
med. èpiléptic
epilogas épilògue
epi||nis, ~škas épic
epitetas épithèt
epizod||as épisòde ~inis, ~iškas
èpisódic(al)
epoch||a épòch, age; éra ~inis épòchal,
épòch-màking
epopėja lit. épòpee
epušė žr. drebulė
era éra; 372 mūsų eros m. A. D. 372
[ˌeiˈdi:...]; 425 m. prieš mūsų erą
425 B. C. [... ˌbi:ˈsi:]
erdv||ė space; oro e. áir-spàce; beorė
e. fiz. vácuum (pl -ms, -cua) ~umas
spáciousness ~us spácious, róomy;

(*apie drabužius*) loose, wide; ~*i salė* spácious hall, hall of génerous propórtions

erel‖is éagle; *kalnų* e. móuntain éagle, éagle of the heights ~*iškas* éagle *attr*; *t.p.* áquilìne; ~*iškas žvilgsnis* éagle eye; ~*iška nosis* áquilìne nose ~*iukas* éaglet

érenà lámbskin

ere‖tikas héretic ~*tiškas* herétical ~*zija* héresy

ėr‖iena lamb ~*iukas* lamb ~*iuotis* lamb, yean

erkė *zool.* tick; *niežinė* e. ítch-mìte

eroti‖ka erótic ~*nis*, ~*škas* erótic

erškėčiuotas thórny, príckly

eršketas *zool.* stúrgeon

erškė‖tis *bot.* bláckthorn, sloe △ ~*čių takas* thórny path; ~*čių vainikas* crown of thorns ~*trožė bot.* sweet bríer / bríar, églantìne ~*tuogė* sloe

ertmė space; *anat.* cávity

erudi‖cija ėrudítion ~*tas* érudìte

erzin‖imas 1 (*dirginimas*) ìrritátion 2 (*kiršinimas*) téasing ~*ti* 1 (*dirginti*) ìrritàte 2 (*kiršinti*) tease; irk, annóy, vex, exásperàte

eržil‖as stállion; (*iki ketverių metų*) colt ~*iukas* foal

esą (*netiesioginėje kalboje*) it seems that, appárently; *esą jis.išvažiavęs* it seems that he has gone awáy, he has gone awáy it seems *arba* appárently

esamas aváilable; exísting, béing; ~*is laikas gram.* the présent tense

esantis aváilable; exísting, béing

ėsdinti 1 (*šerti*) feed* 2 (*rūgštimis metalą ir pan.*) etch

esencija éssence

esybė *žr.* būtybė

eskadr‖a *jūr.* squádron ~*ilė av.* (air) squádron; *naikintuvų* ~*ilė* fíghter squádron ~*onas kar.* (cávalry) squádron; (cávalry) troop *amer.*

eskalatorius éscalàtor, móving stáircàse / stáirway

eskim‖as Éskimò ~*ė* Éskimòwóman*; ~*ų* Éskimò *attr*

eskizas 1 *tap.* sketch; stúdy; càrtóon 2 (*teksto*) óutlìne

esm‖ė éssence; main point; *dalyko* e. the point / éssence of the mátter; the main point; *iš* ~*ės* a) in éssence; vírtually; at the bóttom, in the main; b) (*iš esmės kalbant*) as a mátter of fact; práctically spéaking ~*ingas*, ~*inis* esséntial; matérial; ~*inių pakitimų neįvyko* no matérial change (in the sìtuátion)

esperant‖ininkas Èsperántist ~*o* Èsperántò

estafet‖ė *sport.* 1 (*lazdelė*) báton; *perduoti* ~*ę* (*kam*) hand / pass on the báton (*to*) 2 (*bėgimas*) reláy(-ràce) ~*inis*: ~*inis bėgimas* reláy(-ràce)

est‖as, -ė Estónian; ~*ų kalba* Estónian, the Estónian lánguage

estet‖as áesthète ~*ika* aesthétics ~*inis*, ~*iškas* aesthétic(al)

esti (*yra*) is; are; (*būna*) (there) is / are sómetimes; *esti, kad* it happens that

ėsti 1 eat* (*speaking of animals*) 2 (*ryti, sprogti*) devóur, gorge; gúzzle 3 (*kąsti, kirsti — apie vabzdžius*) sting* 4 (*apie dūmus ir pan.*) make* smart; *dūmai akis ėda* smoke makes one's eyes smart 5 (*chemiškai graužti*) eat* awáy, corróde

estrad‖a 1 (*pakiluma*) stage, plátfòrm 2 (*menas*) varíety art; ~*os artistas* (*artistė*) varíety áctor (áctress) ~*inis* varíety *attr*, váudeville *attr*

ešelonas 1 *kar.* line, wave, échelòn 2 (*traukinys*) train; (*karinis traukinys*) troop train

ešerys *zool.* perch

etalonas stándard; *metro* e. stándard métre

etapas 1 (*stadija*) stage 2 *ist.* hálting place (*for transported convicts*)

etat‖ai staff *sg*; estáblishment *sg*; ~*ų mažinimas* redúction of the staff ~*inis* régular; on the staff / estáblisment; ~*inis tarnautojas* mémber of the staff, pérmanent èmployée; ~*inis mokytojas* téacher on the staff

etažerė (*knygoms*) bóok-stànd; (*dailės mažmožiams*) whát-nòt
eter||**is** (*įv. reikšmėmis*) éther ~**inis** éther *attr*; ethéric; ~*inis allejus* esséntial / vólatìle oil
etik||**a** éthics *pl* ~**etas** ètiquétte ~**etė** lábel; *priklijuoti* ~**etę** (*prie ko nors*) attách a lábel (*to*), lábel
etimologi||**ja** *lingv.* ètymólogy ~**nis** *lingv.* ètymológical; ~*nis žodynas* ètymológical díctionary
et||**inis**, ~**iškas** éthic
etiudas 1 *lit.*, *men.* stúdy, sketch 2 *muz.*, *šachm.* etúde, éxercìse
etmonas *ist.* hétman
etni||**nis**, ~**škas** éthnic
etnograf||**as** èthnógrapher ~**ija** èthnógraphy ~**inis** èthnográphic(al)
eufemizmas *lingv.* éuphemism
eukaliptas *bot.* èucalýptus
europiet||**is**, **-ė** Èuropéan ~**inis**, ~**iškas** Èuropéan
evak||**avimas**, ~**uacija** evàcuátion ~**uacinis**: ~*uacinis punktas kar.* evàcuátion céntre, cásualty-clearing státion ~**uojamasis**, ~**uotasis** (*apie asmenj*) evàcuée ~**uoti** evácuàte ~**uotis** evácuàte
evangelija *bažn.* góspel
eventualus evéntual, póssible
evoliuci||**ja** èvolútion ~**inis** èvolútional, èvolútionary
ežer||**as** lake ~**ingas** abóunding in lakes ~**inis** lake *attr*; lacústrìne
ežia 1 (*riba*) bóundary, bound 2 (*lysvė*) bed
ežys *zool.* hédgehòg

F

fabrik||**antas** mànufácturer, míll-òwner, fáctory ówner ~**as** fáctory, mill; plant; *poplerlaus* ~**as** pápermill; *verpimo* ~**as** spínning-mìll, spínning-fàctory; ~**o** *darbininkas* fáctory wórker; ~**o** *ženklas* trade

mark ~**atas** fínished / mànufáctured próduct ~**avimas** (*t.p. prk.*) fàbrìcátion ~**inis** indústrial, mànufácturing ~**uoti** (*klastoti, falsifikuoti*) fábricàte, forge
fabula *lit.* plot; stóry
fagot||**as** *muz.* bassóon ~**istas** *muz.* bassóonist
fajans||**as** 1 (*medžiaga*) faiénce [faɪ-'ɑ:ns]; póttery 2 (*indai*) glazed éarthenwàre, faiénce [faɪ'ɑ:ns], délf(t)-wàre ~**inis** éarthenwàre *attr*
fakelas torch
fakyras fákir
faksimilė fàcsímile
fakt||**as** fact; *tikras* f. estáblished fact; cértainty; *visiems žinomas* f. notórious fact; *pateikti* ~**ų** méntion fàcts *iškelti* ~**ą** point to a fact; *įrodyti* ~**ais** show* proofs, prove by facts △ *tai* f.! it's a fact!; *gryni* ~**ai** bare / náked facts ~**inis**, ~**iškas** áctual, real, fáctual; vírtual; ~*inė reikalų padėtis* the áctual state of affáirs; ~*inė medžiaga*, ~*iniai duomenys* the facts ~**iškai** práctically; (*iš esmės*) in fact, vírtually
faktorius fáctor
faktūra 1 *kom.* ínvoice, bill 2 *muz.*, *tap.* téxture, mánner of èxecútion
fakultatyvus óptional; f. *dėstomasis dalykas* óptional súbject; eléctive course
fakultet||**as** fáculty, depártment; *medicinos* f. médical fáculty / depártment; *teisės mokslų* f. fáculty / depártment of law; *istorijos-filologijos* f. histórical and philològical fáculty / depártment; *studijuoti teisės mokslų* ~**e** be* a stúdent of the fáculty of law
falcetas *muz.* fàlséttò
falsifik||**acija** fàlsificátion, fórgery; dúffing *šnek.* ~**atas** cóunterfeit ~**atorius** adúlteràtor; dúffer *šnek.* ~**uotas** cóunterfeited, forged; adúlteràted; ~**uotas** *sviestas* adúlteràted bútter ~**uoti** forge, adúlteràte; duff *šnek.*

familiar||iai ùncèremóniously, withóut céremony; f. elgtis su kuo take* líberties (with); hóbnòb (with); ~umas líberties pl; ùncèremóniousness △ nesileisti su kuo į ~umą keep* smb at arm's length, arba at a dístance ~us ùncèremónious, famíliar

fanaberija šnek. árrogance; snóbbishness

fanati||kas, -ė fanátic ~škas fanátic(al) ~škumas, ~zmas fanáticism

faner||a (vieno sluoksnio) venéer; (klijuota) plýwood; ~os lakštas sheet of plýwood ~inis venéer attr ~uoti venéer

fanfara 1 muz. (signalas) fánfàre 2 muz. (trimitas) trúmpet, búgle

fant||as fórfeit; žaisti ~ais play fórfeits

fanta||stas, -ė vísionary ~stinis, ~stiškas fàntástic(al); (neįtikimas t.p.) fábulous ~stiškumas ìrreálity; fàntástic náture ~zija 1 fántasy, fáncy; (vaizduotė t.p.) imàginátion 2 (prasimanymas, kas nors neįtikima) fib 3 muz. fàntásia [-'tɑ:zɪə] ~zuoti 1 dream*; let* one's imàginátion run awáy with one šnek. 2 (pramanyti) fib ~zuotojas, -a dréamer, vísionary

fantomas (vaiduoklis) phántom

faraonas ist. Pháraon

fariziej||iškas Phàrisáical, hỳpocrítical ~iškumas Phárisàism ~us ist. (t.p. prk.) Phárisee

farmac||eutas, -ė phármacist ~ija phármacy ~ininkas žr. farmaceutas; ~inis phàrmacéutical

farsas (t.p. prk.) farce

farš||as kul. stúffing; mėsos f. fórcemeat; (dešroms) sáusage-meat ~iruotas stuffed ~iruoti stuff

fasadas facáde [-'sɑ:d], front; priekinis f. fróntage

fasonas fáshion, style; (suknelės t.p.) cut

fas||avimas pácking; ~avimo cechas pácking depártment ~uoti (prekes) pack up

fašist||as, -ė fáscist ~inis, ~iškas fáscist attr

fašizmas fáscism

fatal||istas fátalist ~istinis, ~iškas fàtalístic ~izmas fátalism ~umas fatálity ~us fátal

fauna fáuna

favoritas, -ė fávourite

fazanas zool. phéasant

fazė phase; (laikotarpis) périod; ménulio ~s astr. pháses of the moon

fecht||avimas(is) féncing ~uoti(s) fence ~uotojas, -a féncer, máster of féncing

federa||cija fèderátion ~cinis, ~tyvinis féderative, féderal ~listas féderalist ~listinis fèderalístic ~lizmas féderalism

fėja fáiry

felčeris, -ė súrgeon's / dóctor's assístant

feldmaršal||as kar. Fíeld-Màrshal; ~o lazda Fíeld-Màrshal's báton

feljeton||as féuilleton ['fə:ɪtɔ:ŋ] ~istas, -ė néwspàper / tópical sátirist, wríter of féuilletons

fenomen||alus phenómenal ~as phenómenon (pl -ena)

feodal||as ist. féudal lord; féudalist ~inis féudal ~izmas féudalism

ferma 1 farm; gyvulininkystės f. líve-stòck farm; paukštininkystės f. póultry farm 2 stat. gírder; truss

ferment||acija biol., chem. fèrmèntátion ~as biol., chem. férmènt ~uoti biol., chem. fèrmént.

fermeris fármer

festivalis féstival; fête [feɪt]

fetiš||as fétish ~istas fétishist ~izmas fétishism

fetr||as felt ~inis felt attr; ~inė skrybėlė felt hat

fiasko fiáscò

fig||a bot. 1 (vaisius) fig 2 (medis) fíg-tree; ~os lapelis prk. fíg-lèaf*

figūr||a 1 (įv. reikšmėmis) fígure; jo graži f. he has a fine / wèll-devéloped fígure; geometrinė f. geométrical fígure 2 (šokant) step 3 šachm. chéss-màn*, piece △

stambi f. òutstánding fígure ~inis fígured; shaped; ~*inis čluožimas* fígure skáting ~uoti fígure (*as*)

fikcija fíction

fiksažas *fot.* fíxing ágent

fiks||**uoti** (*jv. reikšmėmis*) fix; (*apie posėdžių dienas*) fix / state the days of the méetings, fix cónference dates ~avimas *bot.* fíxing

fiktyv||**inis** fictítious; fake, sham ~umas fictítious náture ~us *žr.* **fiktyvinis**

filantrop||**as** philánthropist ~ija phì lánthropy ~inis, ~iškas phìlanthrópic(al)

filateli||**ja** philátely ~stas, -ė philátelist, stamp colléctor

filharmonija Phìlhàrmónic Socíety

filialas branch (óffice), subsídiary

film||**as** (*jv. reikšmėmis*) film; movies *pl amer.*; **negarsinis** f. sílent film; **garsinis** f. sound film; tálkie *šnek.*; **spalvotas** f. cólour film; **dokumentinis** f. dòcuméntary; **trumpametražis** f. short; **plačiaekranis** f. wìde-sréen ~uoti film, make* / shoot* a film

filolog||**as**, -ė philólogist ~ija philólogy; ~*ijos fakultetas* philológical fáculty / depártment ~inis philológical

filosof||**as**, -ė philósopher ~ija philósophy ~inis, ~iškas phìlosóphical ~uoti philósophìze; be* phìlosóphical

filtr||**acija** filtrátion ~as fílter; stráiner; (*radijo*) sífter ~atas fíltrate ~uojamas fíltering; stráining ~inis fílter *attr*; ~*inis popierius* fílter pàper ~uoti fílter; strain

final||**as** 1 (*pvz., pjesės, dramos*) finále 2 *sport.* fínal ~inis fínal; ~*inės rungtynės* (*sporte*) fínals

finans||**ai** 1 *ekon.* fináncès; ~ų **skyrius** fínánce depártment 2 (*pinigai*) móney *sg*; (*piniginiai reikalai*) fináncial posítion *sg* ~avimas fináncing ~ininkas, ~istas fináncier ~inis fináncial; ~*inis kapitalas* fináncial cápital ~uoti fináncе

finiš||**as** *sport.* fínish; (*arklių lenktynėse*) wínning post; ~o **juostelė** fínishing tape ~uoti fínish

fiordas *geogr.* fiórd, fjord

firma firm

fisharmonija *muz.* hàrmónium

fizik||**a** phýsics ~as phýsicist

fizin||**is** phýsical; f. **darbas** mánual lábour; ~*io darbo darbininkas* mánual wóker; ~*ė jėga* phýsical strength; ~*ė kultūra* phýsical cúlture

fiziolog||**as** phỳsiólogist ~ija phỳsiólogy ~inis phỳsiólógical

fizionomija phỳsiógnomy; phiz *šnek.*

fiziškas phýsical

flakonas bóttle; f. **kvepalų** bóttle of pérfùme / scent

flamand||**as**, -ė Fléming; ~ų **kalba** Flémish, the Flémish lánguage ~iškas Flémish

flanel||**ė** flánnel ~inis flánnel *attr*; ~*inė vilna* flánnel-wool; wool for flánnels

flangas *kar.* flank, wing

flegmati||**kas**, -ė phlègmátic pérson ~škas phlègmátic

fleit||**a** *muz.* flute; **groti** ~**a** play the flute ~istas, -ė flútist, flúte-plàyer

fleksi||**ja** *lingv.* infléxion; **vidinė** f. intérnal infléxion ~nis *lingv.* inflécted; ~*nės kalbos lingv.* inflécted lánguages

fligelis *stat.* wing; óuthòuse*, óutbuìlding

flirt||**as** flìrtátion ~uoti flirt (*with*)

flora flóra

flotilė flotílla, fleet; **upės** f. ríver flotílla

fojė fóyer; lóbby; crúsh-room *šnek.*

fokstrotas (*šokis*) fóxtròt

fokusas I *fiz.* (*ir prk.: centras*) fócus

fokus||**as** II (*pokštas*) (cónjuring) trick; f. **su kortomis** júggling with cards; **rodyti** ~us júggle; cónjure, do* cónjuring tricks △ **be** ~ų! none of your tricks! ~ininkas cónjurer; júggler

folklor‖as fólklòre ~**ininkas, -ė,** ~**is-tas, -ė** spécialist in fólklòre ~**inis** fólklòre *attr*

fon‖as (*įv. reikšmėmis*) báckground; **šviesiame** ~**e** agáinst / on a light báckground; on a light gróundwòrk

fond‖as 1 (*pinigai; ir prk.*) fund; (*at-sarga*) stock; **pagrindinis žodyni-nis f.** *lingv.* básic stock of words, básic wórd stòck; **žemės f.** the lands *pl*; the stock of land; **gyvenamųjų namų f.** hóusing resóurces *pl*; **aukso f.** gold fund, fund / stock of gold; *prk.* cápital, most váluable posséssion 2 *dgs.* (*vertybiniai popieriai*) funds, stocks ~**inis** fund *attr*; stock *attr*

fone‖ma *lingv.* phónème ~**minis,** ~**mos** phònémic ~**tika** *lingv.* phònét-ics ~**tinis,** ~**tiškas** phònétic; ~**tinė transkripcija** phònétic trànscríption ~**tistas, -ė** phònetícian

fontan‖as fóuntain; **trykšti** ~**u** gush, spring* forth

form‖a 1 shape; form; **rutulio** ~**os** in the form of a globe; báll-shàped; **valdymo f.** form of góvernment 2 *fil., gram.* form; **turinys ir f.** form and cóntents; **gramatinės** ~**os** grammát-ical forms 3 *tech.* (*liejimo*) mould

formacija *polit., geol.* fòrmátion

formal‖inis fórmal ~**istas, -ė** fórmalist ~**izmas** fòrmalism ~**umas** fòrmálity; **tuščias** ~**umas** mere fòrmálity ~**us** fórmal; ~**i pažiūra** (*į reikalą*) fórmal áttitùde, lack of interest; ~**ioji logika** fórmal lógic

formatas (*dydis*) size

formul‖avimas fórmulàting, fòrmulá-tion ~**ė** fórmula (*pl* -las, -lae); **iš-reikšti** ~**e** expréss by a fórmula, fórmulàte ~**iaras** (*bibliotekos ir pan. kortelė*) tícket, card ~**uotė** fórmula (*pl* -las, -lae), wórding; **nauja** ~**uotė** fresh wórding ~**uoti** fórmulàte; ~**uo-ti savo reikalavimus** fórmulàte one's demánds, séttle one's requíre-ments in définite terms

formuo‖tė *kar.* únit ~**ti** (*įv. reikš-mėmis*) form; shape; *kar. t.p.* raise; (*suteikti formą*) mould ~**tis** shape; devélop into ~**tojas** *tech.* móulder

forpostas *kar.* advánced post, óutpòst

fors‖avimas 1 fórcing; (*greitinimas*) spéeding up 2 *kar.:* **upės f.** forced cróssing ~**uoti** 1 (*greitinti*) speed up 2 *kar.:* ~**uoti upę** force a cróssing (óver a ríver)

fortas *kar.* fort

fortepijon‖as *muz.* (grànd) piánò; **skambinti** ~**u** play the piánò

forumas fórum

fosfor‖as *chem.* phósphorus ~**inis** phòsphóric; phósphorus *attr*

fotelis ármchair

foto‖aparatas (phòtográphic) cámera ~**grafas** phòtographer ~**grafija** 1 (*atvaizdo gavimas*) photógraphy; **spal-vota** ~**grafija** cólour photógraphy; **verstis** ~**grafija** take* up pho-tógraphy; go* in for photógraphy 2 (*nuotrauka*) phótogràph, phótò 3 (*dirbtuvė, ateljė*) phòtográpher's (stúdiò) ~**grafuoti** phótogràph; ta-ke* a phótogràph (*of*) ~**grafuotis** have* one's phótò táken, be* phó-togràphed ~**nuotrauka** phótogràph, phótò

fragment‖as frágment ~**inis** frágmen-tary

frakas dréss-còat, táil-còat; swállow-tail(s) (*pl*), évening dress

frakci‖ja *polit.* fáction; ~**jų kova** strúggle betwéen fáctions, fáctional cónflit ~**nis** *polit.* fáctional; fáctious

frankas (*piniginis vienetas*) franc

frant‖as dándy ~**ė** fáshionable / smart wóman* ~**iškumas** smártness, dándyism

fraz‖ė (*įv. reikšmėmis*) phrase; (*gram. t.p.*) séntence; **tuščios** ~**ės** mere words / phráses ~**eologija** 1 *lingv.* phràseólogy 2 *prk.* (*tuščiažodžiavimas*) mere vérbiage ~**eologinis** *lingv.* phràseológical

fregata *jūr.* frígate

freska *tap.* fréscò

frez‖**as** *tech.* cútter, mill, mílling cùtter ~**avimas** mílling; ~**avimo staklės** mílling machìne ~**uoti** cut, mill ~**uotojas,** -**a** mílling-machìne óperàtor

frizuoti wave; curl; frízzle

front‖**as** (*įv. reikšmėmis*) front; *platus f.* wide / exténded front; *būti* ~*e* be* at the front; *išvykti į* ~*ą* go* to the front; *kova dviem* ~*ais* fight on two fronts ~**alinis** fróntal ~**ininkas** front fíghter ~**inis** front

frontonas *archit.* pédiment

fuga *muz.* fugue

funikulierius fùnícular (ráilway)

funkc‖**ija** (*įv. reikšmėmis*) fúnction; *atlikti kieno nors* ~*ijas* perfórm the dúties of smb ~**ionavimas** fúnctioning ~**ionuoti** fúnction

furija 1 *mit.* fúry 2 *prk.* (*pikta moteris*) fúry, virágò

furor‖**as** furóre; *sukelti* ~*ą* crèáte a furóre

furunkulas *med.* fúrùncle

futbol‖**as** 1 fóotbàll ['fut-], sóccer; *žaisti* ~*ą* play fóotbàll; ~*o komanda* fóotbàll team 2 (*kamuolys*) fóotbàll ~**ininkas,** ~**istas** fóotbàll-player, sóccer-player, fóotbàller

futliaras case; (*mažas t.p.*) ètuí [e'twi:]; *Instrumento f.* ìnstrument-càse

futuri‖**stas** fúturist ~**stinis,** fùturístic ~**zmas** fúturism

G

gabal‖**as** piece; (*mažas*) bit; (*cukraus*) lump; (*muilo*) cake; (*duonos*) slice; *sudaužyti į* ~*us* break to píeces ~**inis** lump *attr;* ~*inis cukrus* lump súgar

gabana ármful

gaben‖**imas** convéyance, tránspòrt, trànspòrtátion; cárrying óver ~**ti** trànspórt; (*pvz., baldus*) remóve; cárry

sómewhère else, cárry from one place to anóther, *etc.*

gab‖**umas** abílity (*for*); áptitùde (*for*); fáculty (*of, for*); *g. muzikai* áptitùde / tálent for músic; *dideliǔ* ~*umǔ žmogus* pérson of great abílities ~**us** gífted (*for*), cléver (*at*); ~*us muzikai* gífted for músic

gadynė *psn.* time; times; épòch

gadin‖**imas** spóiling; dámage ~**ti** spoil*; ~*ti apetitą* spoil* one's áppetite △ ~*ti sau nervus* take* smth to heart; wórry; fret

gag‖**enti,** ~**ėti** (*apie žąsį*) cáckle

gaida *muz.* 1 (*nata, ženklas*) note 2 (*melodija*) mélody, tune

gaidgyst‖**ė**: *keltis* ~*ėje* rise* at cóck-crow

gaid‖**ys** cock; ~*žiǔ peštynės* cóck-fight(ing) △ *keltis su pirmais* ~*žiais* rise* at cóck-crow; *paleisti raudoną* ~*į* set* fíre ~**ukas** 1 *zool.* cóckerel 2 (*šautuvo*) trígger

gaigalas *zool.* drake

gail‖**a** 1 *apie asmenį — verčiamas veiksmažodžiais* píty (*smb*), be* sórry (*for smb*); *jam jo g.* he píties him, he is sórry for him; *man g. žiūrėti į jį* it grieves me to look at him 2 *apie daiktą — verčiamas veiksmažodžiu* grudge (*smth*); *jam duonos kąsnio g.* he grúdges a bit of bread 3: *g., kad...* it is a píty (that)...; *jam g., kad...* he is sórry that...; *kaip g.!* what a píty!; *labai g.* it's a great píty ~**ėjimasis** (*ko*) píty (*for*) ~**esys** píty

gailes‖**tingas** pítiful; compássionate; ~*tingoji sesuo* (*hóspital*) nurse, trained nurse ~**tingumas** compássion ~**tis** píty; *iš* ~*čio* (*kam*) out of píty (*for*)

gailėti 1 (*pvz., nelaimingo*) feel* sórry (*for*), píty 2 (*šykštėti*) grudge ~**s** (*graužti ką padarius*) regrét, repént

gailiašird‖**is** tènder-héarted, compássionate ~**iškumas** tènder-héartedness; compássion

gail‖**us** 1 (*graudus*) sórrowful, móurnful; (*gailingas*) pítiful; compássionate; *g.*

balsas sad / pláintive voice; ~*ios* a-*šaros* bítter tears 2 (*aštrus*) cáustic; (*apie dūmus*) púngeant

gainioti drive* ~s chase, pursúe

gairė stake; (*t.p. prk.*) lándmàrk

gaisr‖**as** fíre; (*didelis t.p.*) cònflagrá-tion ~**asienė** *stat.* fíreproof wall ~**avietė** site áfter a fíre ~**inė** fíre státion ~**ininkas** fíreman*; ~*ininkų* **komanda** fíre-brigàde

gaišatis (*gaišimas*) deláy, pròcràstinátion

gaišena cárrion

gaiš‖**imas** *tr.* gaištis; ~**inti** (*laiką*) waste; (*trukdyti ką*) detáin, deláy; draw* smb awáy from his work ~**ti** 1 (*trukti, delsti*) lóiter, línger; tárry; be* slow (in + *ger*) 2 (*apie gyvulius*) die ~**tis** waste of time; deláy ~**us** slúg-gish, slow; ~**us žmogus** slów-coach, lággard

gaival‖**as** élement ~**ingas**, ~**inis**, ~**iškas** èleméntal; spòntáneous; ~**inė nelaimė** nátural calámity; ~**inga jė-ga** èleméntal / prìmórdial force; ~**iš-kas judėjimas** spòntáneous móve-ment ~**iškumas** spòntanéity

gaivinam‖**as(is)** refréshing; ~**ieji gė-rimai** refréshing drinks, refréshers

gaiv‖**inantis** vívifỳing, lífe-gìving ~**in-ti** 1 (*pvz. vėsiu gėrimu*) fréshen, refrésh 2 (*padaryti gyvą*) enlíven, vívifỳ ~**umas** 1 (*gaivingumas*) frésh-ness; 2 (*gajumas*) vìtálity, tenácity of lífe, vìabílity ~**us** 1 (*gaivinantis*) fresh; vívifỳing, lífe-gìving 2 (*gajus*) of great vìtálity, tenácious of life

gaiž‖**ulys**, ~**umas** ránkness, ràncídity ~**us** 1 (*aitrus, kartus*) rank, ráncid 2 (*apie žmogų*) grúmbling, péevish, quérulous; grúmpy *šnek.*

gaj‖**umas** vìabílity, vìtálity, tenácity of life ~**us** of great vìtálity, tenácious of life; ~**us kaip katė** he has nine lives like a cat

gal, gal būt máybè; perháps; gal būt, jis išvyko máybè / perháps he has left; he may have left

galabyti kill, slay

galamaišis 1 a piece of sáckclòth 2 líttle quántity of smth in a sack

galanterij‖**a** háberdàshery; ~**jos par-duotuvė** háberdàsher's (shop), fáncy-gòods store *amer.*

gal‖**as** (*įv. reikšmėmis*) end; plonasis g. tip; aštrusis g. point; drūta-sis g. butt (end); (*kelio*) dístance / way from one place to anóther; eiti į ~ą come* to an end; iki sezono ~o for the rest of the séason; į vieną ~ą one way; į abu ~us there and back; pirštų ~ais on típtòe △ ~ų ~e in the end, áfter all; padaryti iki ~o cárry through, cárry to its conclúsion; sudurti ~ą su ~u make* both ends meet; lazdos du ~ai it cuts both ways; padaryti kam nors ~ą put* an end to smth; kam ~ą daryti (*žu-dyti*) kill; ~ą gauti die; kuriems ~ams? for what púrpose?; kuris čia g.? what is the mátter?; be ~o ex-trémely; útterly; visi jie vieno ~o (they are) birds of a féather; (they are) tarred with the same brush; g. žino! góodness (ónly) knows! tegul ji g.! let him go to hell!; eik po ~ais! go to hell!

galąst‖**i** shárpen; (*peilį, kirvį ir pan. t.p.*) grind; (*galąstuvą*) whet; (*skus-tuvą*) strop ~**uvas** whétstòne

galerija (*įv. reikšmėmis*) gállery

gal‖**ėti** 1 (*įstengti*) be* able; jis ~i tai padaryti he can do it; vakar jis negalėjo ateiti he could not come yésterday 2 (*turėti teisę, būti leidžia-mam*): ar ~i jis ten vykti? may he go there? △ ~i būti máybè; perháps; póssibly; it is póssible

gal‖**ia** 1 (*jėga, galybė*) pówer, might; perkamoji g. púrchasing pówer / ca-pácity 2 (*dokumento*) valídity; (*įstaty-mo*) vírtue, òperátion; nustoti ~**ios** be* vóided

galiaus‖**ias** the last ~**iai** in the end, áfter all

galyb‖**ė** 1 (*jėga*) pówer, might 2 *prk.* (*daugybė*) great númber △ **devynios**

~**ės** great númber; lots (*of*), clouds (*of*), host (*of*)

galima (+ *bendr.*; *apie galimybę*) one can (+ *inf*); (*leidžiama*) one may (+ *inf*); **tai g. perskaityti** one can read it; **čia g. rūkyti** one may smoke here; **tai g. padaryti** it can be done; one can do it; **g. pridurti** it may be ádded; **jei g.** if it is póssible; **jeigu g. taip pasakyti** if one may put it that way; **ar g. įeiti?** may I / we come in?; **kiek g.** as far as póssible; **padaryti visa, kas g.** do* one's best ~**s** póssible; ~**s daiktas** it is póssible; it may be, it is not ùnlíkely; **labai** ~**s** quite póssible, véry líkely

galim‖ybė, ~**umas** pòssibílity; (*proga*) chance, òpportúnity

galynėtis wréstle

galing‖as pówerful, míghty ~**umas** pówer; might

galinink‖as *gram.* accúsative (case) ~**inis** *gram.* tránsitive

galin‖is fínal, last; end *attr*; ~**ė stotis** términal; términus (*pl* -ni)

galionas lace; (*auksu austa juostelė*) gold lace; (*sidabru austa juostelė*) sílver lace

galio‖jimas válidity ~**ti** be* válid; (*apie įstatymus, taisykles t.p.*) be* in force, be* in òperátion; **bilietas** ~**ja tris paras** the tícket is válid for three days; **nuomos sutartis** ~**ja dvejus metus** the lease runs for two years

galiūn‖as míghty man*; gíant ~**ai** the míghty

galop towárds the end; fínally; **eiti g.** come* / draw* to an end; (*apie laiką t.p.*) run* out

galulaukė the part of a field which is the most remóte from the fárm-house

galūn‖ė 1 (*galas, viršūnė*) tip, point; end 2 *anat.* limb; extrémity **3** *gram.* énding; (*kaitoma*) infléxion ~**inis** *gram.* énding *attr*; infléxional

galutin‖ai fínally ~**is** fínal, definitive

galv‖a 1 head; ~**os apdangalas** héad-drèss; hat; **cukraus g.** súgar-loaf

2 (*vyresnysis, vadovas*) head; chief *džn. šnek.*; **vyriausybės g.** head of the Góvernment; **šeimos g.** head of the fámily **3** *prk.* (*protas, išmanymas*) mind; (*smegenys*) brains *pl*; **mintis šovė man į** ~**ą** a thought has struck me, *arba* has occúrred to me, *arba* has come* ínto my mind △ **žmogus su g.** a man* with brains, a man* of sense; **tuščia g.** émpty pate; **gera g.** cléver brain, wise head; **guldyti** ~**ą** stake one's head / life; wáger / lay* one's life; **laiduoti savo** ~**a už ką nors** ánswer / vouch for smb as for òneself; **būti visa** ~**a už ką nors aukštesniam / pranašesniam** be* far sùpérior to smb; stand* head and shóulders abóve smb; **įkalti kam į** ~**ą** hámmer ínto smb's head; **apsiginklavęs nuo** ~**os iki kojų** armed to the teeth, armed cap-à-pie [...,kæpə'pi:]; **dėtis į** ~**ą** keep* in mind; **turėti** ~**oje** take* ínto consìderátion / accóunt; bear* in mind; **laužyti, sukti (sau)** ~**ą** púzzle (*over*); rack / cúdgel one's brains (*over*); **jam tai iš** ~**os išėjo** he clean forgót it; it quite escáped him; **netekti** ~**os, pamesti** ~**ą** lose* one's head / wits; **išeiti iš** ~**os** go* mad; go* out of one's head; **man** ~**a svaigsta / sukasi** a) (*tiesiogine prasme*) I feel gíddy; b) *prk.* I am dízzy (*with*); my head is in a whirl; **eik nuo mano** ~**os!** leave me alóne!; **iki gyvos** ~**os** lífelòng; ~**omis eiti** be* náughty

galvan‖inis *fiz.* gàlvánic ~**zacija** *fiz.* gàlvanìzátion ~**izuoti** *fiz.* gálvanìze

galvažudys kíller; múrderer

galvi‖dė cáttle-shèd, ców-house* ~**jas** neat; (*apie žmogų*) brute ~**jai** cáttle *sg*, líve-stòck, neat *sg* ~**jiena** cáttle meat ~**jinis** cáttle *attr* ~**jiškas** *prk.* béstial, béastly, brútal, brútish

galvo‖čius wíseàcre [-eikə] *iron.* ~**jimas** thínking, thought ~**sena** way

of thínking; mèntálity ~sūkls púz-
zler; púzzle ~tas (išmíntingas, gu-
drus) wise, sage; (protíngas, gabus)
sénsible, intélligent; jis ~tas žmo-
gus he has a head on his shóul-
ders ~ti think* (of, about); neil-
gai ~damas withóut thínking twice,
withóut gíving it a sécond thought
~trūkčiais like mad, at bréaknèck
speed; lėkti ~trūkčiais run* like a
lámp-lìghter arba like a deer
galvūgalis béd-head
gama muz. scale
gamyb‖a prodúction, mànufácture;
~os priemonės means of prodúction;
~os įrankiai ímplements of prodúc-
tion ~os procesas prócèss of prodúc-
tion; mašininė g. mechánical pro-
dúction; mašinų g. prodúction of
machínes; avalynės g. mànufácture
of shoes; ~os kaštai the cost of
prodúction ~ininkas, -ė indústrial
wórker ~inis prodúction attr; indús-
trial; ~iniai santykiai relátions of
prodúction; ~inė praktika indústri-
al práctice; ~inė užduotis óutpùt
prógràm; ~inis pasitarimas prodúc-
tion méeting, cónference on prodúc-
tion
gamykl‖a works; fáctory, mill; plant
~inis fáctory attr
gamin‖ys (mànufáctured) árticle; fí-
nished / mànufáctured próduct ~ti 1
(produkuoti) mànufácture; prodúce,
make* 2 (valgį) prepáre; cook ~to-
jas, -a mànufácturer; prodúcer, má-
ker
gamt‖a náture; ~os turtai nátural
resóurces; ~os dėsniai law of náture;
~os mokslai nátural scíences ~inin-
kas, -ė nátural scíentist; náturalist
~inis nátural; ~inė atranka biol.
nátural seléction ~ovaizdis lándscàpe
gana 1 (su būdvardžiais ir prieveiks-
miais) ráther; fáirly; prétty; enóugh
(po būdvardžio ar prieveiksmio); g.
gerai it is ráther / prétty good, it
is good enóugh 2: g.! (liaukitės)

enóugh!; (užteks) it is enóugh!; that
will do!
gand‖as rúmour; héarsay; cómmon
talk; eina g. it is rúmoured that; ~us
skleisti set* rúmours abróad / aflóat
gandra‖lizdis nest of a stork ~s stork
ganėtinas sufficient
gangrena med. gángrène
gan‖iava pásturage ~ykla pásture
~ymas pásturage ~yti graze, pásture;
(avis t.p.) shépher; ~yti galvijus
graze / pásture cattle, tend grázing
cattle ~ytis graze, pásture ~ytojas
1 žr. piemuo 2 bažn. pástor
garai 1 fumes; nuodingieji g. miásma
sg 2 (smalkės) cárbon mónoxide
garant‖ija guàrantée, secúrity; (prekės
ir pan.) wárranty ~uoti guàrantée,
vouch (for) ~uotojas guàrantór,
vóucher
gar‖as steam, vápour; ~o mašina
stéam-èngine Δ duoti ~o give* a
ráting; gauti ~o get* a scólding; get*
ínto hot wáter; get* it hot idiom.
~avimas evàporátion, èxhalátion
garažas gáràge
garban‖a a curl, lock, rínglet ~otas
cúrly; (apie smulkias garbanas) frízzly
~oti wave; curl; frízzle
garb‖ė 1 (garsas, šlovė) hónour;
kieno, ko nors ~ei in hónour of
smb, smth; turiu ~ę I have the
hónour; neturiu ~ės Jūsų pažinti
I have not had the hónour of knówing
you; laikyti ~e consíder it an
honour; ~ės troškimas ambítion;
~ės žodis! upón my word!;
upón my hónour!; hónestly!; hónour
bright! šnek.; plėšti ~ę disgráce,
dishónour; bring* dishónour (on)
2 (pagarba) hónour; ~ės prezi-
diumas hónorary presídium; ~ės
narys hónorary mémber; ~ės var-
das hónorary títle; ~ės sargyba
guard of hónour ~ėtroška àmbítious
man*, man* of great àmbítion
garbing‖as hónourabe; respéctable;
éstimable; ~a taika peace with
hónour ~ai hónourably

garbin‖imas 1 (*gerbimas*) hónouring; respéct, estéem 2 (*aukštinimas, šlovinimas*) glòrificátion 3 (*nusilenkimas*) àdmirátion (*for*), wórship; (*kultas*) réverence, wórship; *stabų g.* ìdólatry ~**ti** 1 (*gerbti*) hónour; respect, estéem 2 (*aukštinti, šlovinti*) glórifỳ 3 (*nusilenkti*) admìre; wórship; *stabus* ~**ti** ìdollze ~**tojas, -a** admírer, wórshipper

gardas (*užtverta vieta gyvuliams*) pen; fence, enclósure

gard‖ėsis dáinty, délicacy ~**ėti** becóme* / grow* tásty / sávoury ~**inti** flávour ~**umas** delìcious taste, delíciousness ~**umynas** dáinty, délicacy ~**us** 1 (*skanus*) (véry) good*, delícious; nice *šnek.*; tásty, pálatable, sávoury (*papr. ne apie tai, kas saldu*); ~**us valgis** tásty / sávoury / pálatable dish; nice dish *šnek.* 2 (*apie malonų kvapą*) frágrant, sweet, swéet-scènted, àromátic; ~**us kvapas** frágrance, pérfùme, sweet smell; ~**žlai kvepėti** be* frágrant, smell sweet; ~**žlai juoktis** laugh jóyfully / héartily

gardž‖iakvapis frágrant, àromátic ~**iuotis** sávour; rélish

gargaliuoti 1 (*skalaujant gerklę*) gárgle 2 (*knarkti*) snore

gargažė slag; dross

gargėti 1 *žr.* gargaliuoti 1; 2 (*apie žąsis*) cáckle

garin‖ė vént-hòle, dráught-hòle ~**is** steam *attr* ~**ti** eváporàte ~**tuvas** *tech.* eváporàtor, váporìzer

garlai‖dė vént-hòle, dráught-hòle ~**vis** stéamer

garmėti 1 (*būriu*) flock, throng (nóisily); come* in flocks / crowds (nóisily) 2 (*grimzti, skęsti*) sink* (into), plunge (*into*)

garnyr‖as *kul.* gárnish; *su* ~**u** gárnished (*with smth*)

garnys *zool.* héron

garnizonas gárrison

gars‖as 1 sound; ~**o banga** *fiz.* sound wave 2 (*gandas*) rúmour 3 (*garbė*) glóry, fame ~**enybė** celébrity ~**ėti** 1

(*skambėti*) sound louder 2 (*pasižymėti*) be* / becóme* fámous (*for*) ~**iai** lóud(ly); alóud; *kalbėkite* ~**iau!** speak lóud(er)!, speak up! ~**iakalbis** (*radijo*) loudspéaker ~**ynas** sound sýstem ~**ingas** 1 (*garsus, skambus*) loud; sonórous 2 (*išgarsėjęs*) fámous, célebràted ~**inis** sound *attr*; ~**inis filmas** sóund-film; tálkie *šnek.* ~**inti** 1 *žr.* ìgarsinti 2 (*daryti garsų, žinomą*) make* known / fámous 3 (*skelbti*) annóunce; procláim; hérald ['he-] ~**intis** decláre / annóunce ònesélf to be ~**intuvas** *tech.* mégaphòne.

garsty‖čia *bot.* mústard ~**čios** mústard *sg*

gars‖umas 1 (*skambus*) sonórousness, sonórity 2 (*žinomumas*) rèputátion, fame ~**us** 1 (*skambus*) sonórous, loud 2 (*žinomas, pagarsėjęs*) wèll-knówn; fámous, célebràted

garuoti eváporàte

garvež‖inė éngine-shèd, éngine-house* ~**ys** éngine, stéam-èngine, ráilway éngine; lócomòtive *amer.*

gastrol‖ės tour; *išvažiuoti* ~**ių** go* on tour ~**ierius** guest ártist / áctor, ártist / áctor on tour; *prk.* cháncecòmer ~**inis:** ~**inis spektaklis** guest perfórmance ~**iuoti** (*vaidinti*) perfórm / play on tour; (*būti gastrolėse*) tour; *prk.* call in from time to time *šnek.*

gastronom‖as (*parduotuvė*) grócery and provísion shop; *amer.* food store ~**ija** (*valgomi produktai*) gróceries and provísions *pl* ~**inis** gàstronómical

gašl‖umas volúptùousness; sènsuálity ~**us** volúptùous; sénsual

gatav‖as (*užbaigtas*) fínished; (*apie rūbus*) rèady-máde; *darbas g.* work is done / fínished; ~**i drabužiai** rèady-màde clothes

gatv‖ė street; *jis gyvena Laisvės* ~**ėje Nr. 10** he lives at number 10 Laisvės Street △ *atsidurti* ~**ėje** find* ònesélf in the street; get* /

have* the key of the street *idiom.*
~elė bý-street; (*siaura*) lane, álley

gaublys globe

gaubtas I (*apvaliai lenktas*) cónvèx

gaub‖tas II 1 (*lempos*) lámp-shàde 2 (*vaura*) hood ~ti 1 (*dengti*) cóver, put* on 2 (*lenkti, riesti*) bend* / turn óut(wards), make* cónvéx ~tuvas (*vaura*) hood

gaud‖esys, ~imas drone; (*mašinų*) din; (*balsų*) hum, buzz

gaudiklis *tech.*: kibirkščių g. spárk-càtcher, spárk-arrèster

gaud‖ymas cátching, húnting; žuvų g. físhing, físhery ~ynės (*žmonių*) róund-ùp *sg* ~yti catch*; ~yti žuvį fish; ~yti paukščius fowl △ ~yti kiekvieną žodį devóur évery word

gauja 1 (*žmonių*) band, gang 2 (*šunų, vilkų*)·pack

gaunamasis: g. raštas *ofic.* íncòming páper

gaur‖ai shag(s) ~uotas shággy

gaus‖a abúndance, plénty ~ėti incréase ~ybė abúndance, plénty ~ingas abúndant, pléntiful; númerous ~inti incréase; àugmént; múltiplỳ ~umas abúndance, plénty ~us abúndant, pléntiful; ~us derlius rich hárvest, búmper crop, héavy crop

gaus‖mas drone; (*mašinų*) din; (*balsų*) hum, buzz ~ti buzz; (*žemu tonu*) drone

gauti recéive, get*; (*žinias, duomenis ir pan.*) obtáin; g. įsakymą recéive an órder; g. koksą iš akmens anglies obtáin coke from coal; g. slogą catch* a cold △ galą g. dic; kick the búcket, turn up one's toes *šnek.*

gavėjas, -a recéiver; recípient

gavė‖nia *bažn.* lent; fast ~ti fast, keep* the fast

gavyba extráction; *kaln.* míning

gebėti (*mokėti, galėti*) be* áble (+ to *inf*), know* (how + to *inf*); can (+ *inf*)

gėd‖a shame; man g. I am ashámed; kaip jums ne gėda! you ought to be ashámed (of yòursélf)!; for shame!; degti iš ~os burn* with shame; kam ~ą padaryti disgráce smb; ~os stulpas píllory; pastatyti prie ~os stulpo put* in the píllory; píllory

gedėti grieve (*about, over*), mourn (*for, over*)

gedimas detèriorátion; (*apie vaisius, žuvį ir pan.*) spóiling (*t.p. prk.*); (*puvimas*) rótting; (*pvz., mašinos*) dámage; (*moralinis*) corrúption

gėd‖ingas (*pilnas gėdos*) disgráceful; shámeful ~ingumas shámefulness ~inti, ~yti shame; put* to shame; ~ykis! you ought to be ashámed (of yòursélf)!, for shame!

gedul‖as móurning ~ingas móurning *attr*; ~ingas maršas fúneral / dead march; ~inga procesija fúneral (procéssion); ~ingos pamaldos *bažn.* réquièm *sg*

gegnė *stat.* ráfter, truss

gegu‖tė *zool.* cúckoo ~žė 1 *žr.* ge-gutė 2 (*mėnuo*) May ~žėtas (*straz-danotas*) fréckled ~žinė May párty ~žinis May *attr* ~žis May

geidul‖ingas volúptuous ~ingumas volúptuousness ~ys lust; pássion; pássionate lónging (*for*)

geidžiam‖as desíred, desírable; long wished for; ~oji nuosaka *gram.* óptative (mood)

geis‖mas (*troškimas*) lónging (*for*), húnger (*for*); (*noras*) wish, desíre ~ti long / crave (*for*); wish, desíre

geiša géisha

geizeris géyser

gėlas fresh, sweet

gelb‖ėjimas réscuing, lífe-sàving; hélp-ing ~ėti save, réscue ~ėtis save ònesélf ~ėtojas, -a réscuer, sáver

geld‖a (*indas*) trough ~elė, ~utė *zool.* shell

gėl‖ė flówer; laukų ~ės field / flówers; kambarinės ~ės wíndow-plànts, índoor-plànts; gyvos ~ės cut / fresh flówers; dirbtinės ~ės

àrtifícial flówers ~ètas flówery, flów-
ered; (*apie audinį*) díapered, fígured
gelež||**galys** piece of íron ~ingas
fèrríferous ~inis íron *attr.*; ~inė
valía íron will
geležinkel||**ininkas** ráilway man*; ráil-
roadman*, ráilroader *amer.* ~is
ráilway, ráilroad *amer.*; ~io stotis
(ráilway) státion; dépot *amer.*
gelež||**is** íron; ~ies rūda íron-òre △
kalk ~į, kol ji karšta strike* while
the íron is hot; make* hay while the
sun shines
geležtė (*ašmenys*) blade
gėl||**iauti** gáther / pick flówers ~ynas
pàrtérre ~ininkas flórist ~ininkė
flówer-woman*; flówer-gìrl ~inin-
kystė flóricùlture
gelm||**ė** depth; žemės ~ės éntrails of
the earth; jūros g. the deep
gels||**ti** (turn) yéllow ~vas yéllowish,
yéllowy; (*apie veido spalvą*) sállow
~vėti turn / grow* yéllow ~vinti
yéllow
gelta žr. **geltligė**
gelti 1 (*skaudėti*) ache 2 (*apie vabzdžius*)
sting*; (*apie gyvatę*) bite*
geltligė (yéllow) yáundice, ícterus
gelton||**as** yéllow △ ~asis drugys
yéllow féver; ~oji spauda yéllow
press ~uoti show* yéllow ~veidis
yèllow-fáced
gelumb||**ė** cloth ~inis cloth *attr*
geluonis sting
gelžbeton||**inis** fèrro-cóncrète *attr*;
~iniai dirbiniai rèinfórced cóncrète
constrúction *sg*; ~inių konstrukci-
jų gamykla fèrro-cóncrète strúctures
and parts prodúction plant ~is
rèinfórced cóncrète, fèrro-cóncrète
gemal||**as** émbryò, germ; *zool.* fóetus
~inis èmbryónic
genas *biol.* gene
genealogi||**ja** gèneálogy ~nis gènealóg-
ic(al)
generacija gènerátion
generalgubernatorius gòvernor-gén-
eral

generali||**nis** géneral; ~nė repeticija
dress rehéarsal ~tetas the génerals
pl; the géneral ófficers *pl*
generatorius géneràtor; kintamosios
srovės g. àltèrnàtor
generolas géneral; armijos g. Géneral
of the Ármy
genėti (*pjaustyti šakas*) lop (*papr. off,
away*), prune (*papr. down*), trim
(*papr. off, away*)
geneti||**ka** *biol.* genétics ~nis genétic
genezė .génesis, órigin; (*apie idėjų,
filosofijos ir pan.*) orìginátion
genial||**umas** (*žmogaus*) génius; (*kūri-
nio ir pan.*) gréatness ~us (*apie žmo-
gų*) of génius; (*apie kūrinį ir pan.*)
great; (*puikus*) brílliant; tai ~us kū-
rinys this is a work of génius; ~i
mintis stroke of génius, brílliant ìdéa
genijus (*jv. reikšmėmis*) génius (*pl
géniuses; mit. génii*)
genys *zool.* wóodpècker
gentain||**ė** kínswoman* ~is relátion,
rélative; kínsman*
gent||**inis** tríbal ~is tribe
geodezi||**ja** gèódesy ~ninkas gèódesist
~nis gèodésic, gèodétic
geograf||**as** geógrapher ~ija geógraphy
~inis geográphic(al); ~inė padėtis
geográphical locátion
geolog||**as** geólogist ~ija geólogy ~inis
geológical
geometr||**ija** geómetry ~inis geomét-
ric(al)
geradar||**ybė** bénefáction, benéficence;
good deed; boon ~ė bénefàctress ~ys
bénefàctor ~ystė žr. **geradarybė**;
~iškas benéficient
ger||**ai** well*; g. pasakyta well* said;
g. padarysi, jei ateisi you would
do well to come; g. atsiliepti apie
ką nors speak* well* / híghly of smb,
smth; g., g.! well, well!; labai g.
véry well △ g.! (*sutinku*) véry well!,
all right!, agréed!; òkáy, O. K. *amer.*
šnek.; ~iau būtų, jeigu jis išeitų he
had bétter go awáy; jam ~iau he is
bétter; tuo ~iau so much the bétter,

all the bétter; ~*iau neklausk* bétter not ask, don't ask

gèralas 1 (*gyvuliams*) swill, mash; (*kiaulėms*) hóg-wàsh **2** (*gėrimas*) drink, béverage

geranor‖is, -ė wéll-wìsher ~**iškas** benévolent, wéll-wìshing ~**iškumas** benévolence, kíndness, goodwíll

ger‖as I *bdv.* 1 (*teigiamas, toks kaip reikia*) good*; **g. maistas** good* food; **g. oras** good* / fine wéather; ~**os kokybės** hìgh-quálity *attr* 2 (*malonus, gailestingas, nepiktas*) kind; **būk toks g.** would you be so kind (as + to *inf*) *arba* be so kind (as + to *inf*); **jis jums ~a linki** he wíshes you well; **jis jai padarė daug ~o** he was véry good to her **3** (*sveikas*): **ligonis jau ~esnis** the pátient is alréady bétter △ **viso ~o** good-býe; all the best!; so long!; **kas ~o?** what news?; ~**os klotiės!** good luck!; **ne prieš ~a** it is a bad ómèn / sign; **tu irgi g.!** *iron.* you are a nice one, to be sure!; **g. vardas** good* fame / rèpùtátion; ~**oji pusė** (*audinio*) the right side (*of the material*); **ko ~o** ... I am afráid that ...; may... for all I know; **jis ko ~o pavėluos** he may be late for all I know; ~**a valia** (*geruoju*) vóluntarily, of one's own accórd, of one's own free will; ~**a tau kalbėti** it is all véry well for you to say; ~**iausiu atveju** at best; **nėr to blogo, kur į ~a neišeitų** évery cloud has a sílver líning

geras II (*turtas, lobis*) próperty; wealth

gerašird‖is, ~iškas good-nátured, kìnd-héarted ~**iškumas** good náture, kìnd-héartedness

geravalis, -ė pérson of good will

gerb‖ėjas, -a admírer, wórshipper ~**iamas** hónourable, respéctable; éstimable; **didžiai ~iamas** (*kreipiantis laiške*) dear ~**iamasis, -oji** (*kreipiantis*) dear ~**imas** respéct, estéem ~**ti** hónour, respéct, estéem; wórship;

have* respéct for; **labai ~ti** hold* in (high) respéct / estéem; **save ~ti** have* sèlf-respéct

gerėti 1 (*eiti geryn*) grow* / becóme* bétter, change for the bétter, impróve **2** recóver

gėrė‖jimasis àdmirátion; delíght ~**tis** admíre; be* cárried awáy (*by*), be* delíghted (*with*); drink* in *idiom.*

geriamas drínkable; **g. vanduo** drínking wáter

gerybė góodness; kíndness

gėrybė: materialinės ~s matérial wealth *sg*; **žemės ~s** éarthly bléssings

gerybinis *med.* benígn, nònmalígnant

gėrimas drink, béverage; **svaiginamasis g.** strong drink

gerinti impróve, make* bétter, amélioràte; (*veislę*) grade up ~**s** (*meilintis*) fawn (*upon*), court, make* up (*to*); cúrry fávour (*with*)

gėris 1 (*gerumas*) góodness, kíndness **2** (*visa, kas gera, dora*) good **3** (*gėrybė, turtas*) the good (things)

gerkl‖ė throat; **kvėpuojamoji g.** *anat.* wíndpìpe; **jai skauda ~ę** she has a sore throat; **jam kutena ~ę** his throat tíckles, he has a tíckling sensátion in his throat; ~**ės džiova** tubèrculósis of the throat △ **griebti už visos ~ės** catch* / take* by the throat; **paleisti ~ę** bawl, yell; **rėkti iš visos ~ės** shout / yell at the top of one's voice; **užkišti kam ~ę** shut* smb up ~**inis: ~inis balsas** gúttural voice ~**os** *anat.* lárynx *sg*

german‖as *ist.* Téuton ~**istas** Gèrmánic philólogist ~**istika** Gèrmánic philólogy ~**izmas** *lingv.* Gérmanism

gernora wéll-wìsher

gerok‖ai ráther ~**as 1** (*apygeris*) ráther / prétty good, consíderable; sízable ~**ovė** wealth; wélfare; prospérity, wèll-béing

gerti 1 drink*; take*; (*mažais gurkšneliais*) sip; (*godžiai*) gulp (down); **g. arbatą** (*kavą ir pan.*) drink* / take* tea (cóffee, *etc*); **g. į kieno sveikatą** drink* to smb's health, drink* to smb; give[*] smb a toast; *g.* **valstus** take[*] (*one's*) médicine 2 (*mégti svaiginamuosius gérimus*) drink[*] hard / deep, típple 3 (*siurbti*) absórb, imbíbe ~s soak (in); be[*] absórbed (*into, in*)

ger‖ulis, -ė good-nátured pérson, good soul ~uma 1 kíndness, góodness 2 (*geroji kokybė*) high quálity ~umu, ~uoju 1 (*nesipykstant*) in a fríendly way, on good terms 2 (*be prievartos*) vóluntarily, of one's own accórd, of one's own free will

gerv‖ė 1 *zool.* crane 2 (*kibirui ištraukti*) (well) sweep 3 *tech.* winch ~uogė *bot.* 1 (*uoga*) bláckberry 2 (*augalas*) brámble

gesint‖i 1 (*pvz., ugnį, šviesą*) put[*] out; (*elektros šviesą t.p.*) turn / switch off; (*gaisrą*) extínguish, *arba* put[*] out; ~ti **kalkes** slake / slack lime ~tuvas *tech.* fíre-extínguisher

gestas gésture; **gražus** (**kilnus**) **g.** *prk.* fìne gésture; beau geste

gesti I (*irti, trìkti; prastéti*) spoil; detérioràte, go[*] bad; becóme[*] worse; (*moraliai*) becóme[*] corrúpt / demóralìzed; (*apie dantis*) decáy; (*pūti*) rot; (*apie vaisius, žuvis*) spoil; **jam genda nuotaika** he is lósing his good spírits

gesti II (*netekti šviesumo, blésti*) go[*] out, die out; becóme[*] dim; sink[*] *prk.*

gestikul‖iacija gèstìculátion ~iuoti gèstìculàte; saw[*] the air *juok.*

getas ghéttò

getrai gáiters; léggings; (*trumpi vyriški*) spats

gi *dll.*: **kada gi tu pasiruoši?** whènéver will you be réady?; **kalbėk gi!** áren't you góing to speak?

gidas guide

gydy‖kla (*ligoninė*) hóspital, núrsing-hòme; (*sanatorija*) sànatórium (*pl* -ria), héalth-resòrt; **purvo g.** múdcùre home ~mas (médical) tréatment ~masis ùndergóing tréatment / cure ~ti treat, cure ~tis ùndergó[*] a tréatment / cure ~toja wòmandóctor ~tojas physícian, dóctor;

karo ~tojas médical ófficer; ármy súrgeon *amer.*; **vidaus ligų** ~**tojas** thèrapéutist; **dantų** ~**tojas** déntist; **pakviesti** ~**toją** call for a dóctor

gydomas(is) mèdícinal; cúrative

giedo‖jimas sínging; (*paukščių*) song, pipe; (*apie gaidį*) (cock's) crow ~ti 1 (*bažnytinės giesmės*) chant; (*apie paukščius t.p.*) pipe; wárble; (*apie gaidį*) crow[*] △ **seną giesmę** ~**ti** tell the same old stóry ~tojas (*bažnyčios choristas*) chórister; chóir-boy, chóir-gìrl

giedr‖a fine wéather ~as clear; seréne; ~**as dangus** clear / seréne sky; ~**a šypsena** seréne smile △ **kaip perkūnas iš** ~**o dangaus** like a bolt from the blue ~ėti, ~intis, ~ytis 1 (*apie veidą, nuotaiką*) bríghten up 2 (*apie orą*) clear (up, awáy)

giesm‖ė song △ **savo** ~**ę giedoti** harp on one string ~ynas book of songs ~ininkas sóngster; **paukštis** ~**ininkas** sóng-bìrd, wárbler ~**ininkė** sóngstress

gigant‖as gíant; **gamykla g.** gíant fáctory ~iškas gìgántic; *prk.* tìtánic

gija (*siūlas*) thread △ **eiti raudona g.** stand[*] out; **ši mintis eina raudona g. per visą knygą** this thought runs all through the book

gildija guild

gil‖ė 1 (*ąžuolo*) ácòrn 2 *kort.*: ~**ės** clubs

gil‖ėti déepen, becóme[*] / grow[*] déeper ~ai: ~**ai įsišaknijęs** déep-rooted ~**iaspaudė** *poligr.* deep print ~**iavandenis** déep-wàter *attr*

gilyn deep down

gilint‖i 1 (*daryti gilesnį*) déepen, make[*] déep(er) 2 *prk.* (*plèsti*) exténd; **g. savo žinias** exténd one's knówledge ~is go[*] deep (*into*); ~**is į dalyko esmę** inquíre / go[*] ínto the heart of the mátter

gylis depth

gylys 1 (*geluonis*) sting 2 (*vabzdys*) gád-flỳ

giljotin‖a guìllotíne ~uoti guìllotíne

gilti (*leisti gylį*) sting*; (*apie gyvatę*) bite*

giltinė sýmbol of death (*skeleton with a scythe*); death

gil‖uma (*šalies, miško ir pan.*) heart △ *sielos* ~umoje at heart, in one's heart of hearts ~umas depth; (*minties*) profúndity; (*jausmo*) inténsity ~uminis: ~*uminė bomba* dépth-chàrge ~us deep; (*prk. t.p.*) profóund; ~*us liūdesys* deep sórrow; ~*us miegas* sound / deep sleep △ *ramioji kiaulė ~ią šaknį knisa* still wáters run deep

gilžė 1 (*šovinio*) cártridge-càse 2 (*papiroso*) cìgarétte-wràpper

gimda *anat.* úterus; womb

gimd‖ymas chíld-bìrth, lỳing-ín, chíld-bèd, delívery; ~*ymo namai* matérnity / lỳing-ín home / hóspital ~yti give* birth (*to*); bear*; *prk.* give* rise (*to*); raise, engénder ~ytoja móther ~ytojai párents ~ytojas fáther ~yvė (*gimdanti*) wóman* in chíld-bìrth; (*pagimdžiusi*) wóman* récently confíned

gim‖ęs born; *negyvas g.* stíllbòrn ~imas birth; ~*imo jis lietuvis* he is a Lìthuánian by órigin / birth; ~*imo liudijimas* bírth-certìficate; ~*imo diena* bírthday; ~*imo vieta* bírthplàce

gimin‖ė relátion; kínswoman* ~aitis relátion, rélative; kínsman*; *artima ~aitė, artimas ~aitis* near relátion / rélative; *tolima ~aitė, tolimas ~aitis* dístant relátion / rélative ~è 1 (*grupė žmonių, turinčių bendrus netolimus protėvius*) fámily, kin; (*giminaičiai*) relátions *pl*, rélatives *pl*; kínsfolk *pl* 2 *gram.* génder; *vyriškoji, moteriškoji, bevardė (niekatroji) g.* másculine, féminine, néuter (génder) ~ingas 1 (*pagrįstas giminyste*) kíndred, reláted 2 (*artimas kilmės / dvasios / turinio atžvilgiu*) kíndred; allíed; ~ingos

tautos kíndred nátions ~ingumas relátionship, kíndred, kínship; *prk.* allíance, análogy, congèniálity ~ystė relátionship, kíndred, kínship; ~*ystės ryšiai* ties of relátionship / blood ~iuotis be* reláted (*with*)

gymis (*veidas, išvaizda*) face, cóuntenance; féatures

gimnast‖as gýmnast ~ika gymnástics; (*mokyklinė t.p.*) drill; ~*ikos salė* gymnásium (*pl* ~siums, ~sia); gym *šnek.*

gimnazi‖ja sécondary school; high schòol; *mergaičių g.* girls' school *amer.* ~istas sécondary-schoolboy; hígh-schoolboy ~istė sécondary-schóolgirl; hígh-schóolgirl

gimt‖as(is) nátive; ~*oji šalis,* ~*oji žemė,* ~*asis kraštas* nátive land; ~*oji kalba* móther tongue; vernácular *moksl.* ~i 1 be* born 2 *prk.* come* ínto béing; aríse*, occúr, spring* up ~inė nátive land; móther cóuntry; home, hómelànd; mótherlànd

ginč‖as árgument, àrgumèntátion; *karštas g.* héated árgument, héated / hot discússion; *beprasmiškas g.* úseless árgument, mere árguing; *pradėti ~ą* start an árgument ~ijamas quéstionable; dispútable; debátable; moot; at íssue; ~*ijamas klausimas* íssue, moot point; vexed quéstion ~yti dispúte; call in quéstion ~ytis 1 árgue (*about, against*), dispúte (*about, against*); have* an árgument (*about, against*); árgue (*with*), dispúte (*with*); ~*ytis dėl žodžių* quíbble óver words 2 (*diskutuoti*) debáte, discúss △ *dėl skonio nesiginčijama* tastes díffer

gyn‖ėjas 1 defénder, protéctor 2 *teis.* cóunsel for the defénce 3 (*futbole*) back; fúll-bàck ~yba defénce ~ybinis defénce *attr*; defénsive ~imas defénding; defénce; protéction ~imasis defénce

ginkl‖akalys gúnsmith, ármourer ~anešys ármour-bearer, swórd-bearer ~as, ~ai wéapon(s) arms; *imtis* ~o take* (up) arms; *padéti* ~ą lay* down one's arms; *šaltasis* ~as blank wéapon(s); *šaunamasis* ~as fíreàrm(s); *prie* ~ų! to arms! ~avima-ı s(is) ármament ~uotas armed; ~uotosios pajégos armed fórces; ~uotas sukilimas armed revólt / rísing; ~uotas susidūrimas armed cónflict △ ~uotas iki dantų armed to the teeth ~uotė ármament ~uoti arm ~uotis arm (oneself)

gintar‖as ámber ~inis ámber *attr*; (*apie spalvą*) ámber-còloured

giñti I drive*; *g. į ganyklą* drive* to the pásture, take* to graze

ginti II 1 (*saugoti*) defénd, protéct 2 (*žodžiais*) speak* in suppórt (*of*); *teis.* plead for; *g. disertaciją* defénd / maintáin a thésis (*pl* thésès) 3 (*drausti*) forbíd* ~s defénd ònesélf; protéct ònesélf

gips‖as 1 *min.* gýps(um) 2 (*chirurgijoje, skulptūroje*) plástęr (of Páris) 3 (*skulptūra*) pláster-càst ~inis 1 *min.* gýpseous 2 pláster *attr* ~uoti gýps(um); pláster; ~uoti sulaužytą ranką put* the bróken arm in pláster, *arba* in a pláster cast

gira kind of sóur drink; (*rusiška*) kvass

giraitė grove

gird‖ėti hear*; *kas g.?* what's the news?; *g. kaip musé skrenda* you might have heard a pin fall ~ėtis be* heard ~i (*įterptinis žodis*) he says, they say *ir t.t.* ~imas distínct, áudible ~imasis áuditory, acóustic; ~imasis nervas acóustic / áuditory nerve

gird‖ykla wátering-plàce; (*gyvulių t.p.*) pond; (*arklių t.p.*) hórse-pònd ~ymas máking smb drink; (*apie gyvulius*) wátering ~yti 1 (*duoti gerti*) give* to drink; (*gyvulius*) wáter 2 (*skandinti*) drown ~ytis drown ònesélf

girgèti (*apie žąsis*) cáckle

girgžd‖ėjimas, ~esys squeak, creak; (*pvz., sniego*) crunch ~ėti squeak,

creak; (*apie sniegą ir pan.*) crunch; ~ančios durys squéaking / squéaky / créaking door *sg*; ~antis balsas rásping voice ~inti make* smth sequak / creak / crunch

girgztelèti give* a squeak / creak

giria fórest, wood(s); (*tanki*) dense / vírgin fórest

gyrim‖as práising, praise ~asis bóasting, brágging, vainglèry

girinink‖as fórester, wóodward ~ija fórestry

girkšnoti sip

girlianda gárland

girn‖a (*malamasis akmuo*) míll-stòne, gríndstòne ~elė: *kelio* ~elė knéecàp, knée-pàn

girt‖as drunk, típsy; intóxicàted; tight *šnek.*; *jis g.* he is drunk; he is véry much on; *visiškai g.* dead drunk *šnek.* △ ~auti drink* hard / deep, típple, tope; drink* like a fish ~avimas hard drínking; drúnkenness ~ybė, ~umas intòxicátion

gir‖ti praise, comménd (*for*) △ *gera prekė pati save* ~ia good wine needs no bush ~tinas práisewòrthy, láudable, comméndable ~tis boast (*of*), swágger (*about*), brag (*of, about*)

girtuokl‖ė *bot.* (*uoga*) bog whórtlebèrry ~iauti *šr.* girtauti; ~iavimas *šr.* girtavimas; ~is, -ė drúnkard, tóper, típpler

gysl‖a vein △ *jumoro* ~elė vein of húmour ~otas sínewy, stríngy; ~otos rankos sínewy / knótty hands ~otis *bot.* plántain

gitar‖a guitár ~istas guitárist

gyti 1 (*sveikti*) get* bétter, recóver; cònvalésce, be* cònvaléscent 2 (*apie žaizdą*) heal, close; (*apsitraukti oda*) skin óver

gyvanašl‖ė grass wídow ~is grass wídower

gyvaplauki‖s fine short hair ~ai down *sg*; apžėlęs ~ais dówny

gyv‖as 1 live, lìving *attr*; alíve *predìc*; *išlikti* ~am survíve; come* through *šnek.* 2 (*judrus*) spórtive, frísky; pláyful; vivácious, lívely; ánimàted, brisk △ *sveikas ir g.* safe and sound; *vos g.* (*pvz., iš baimės*) more dead than alíve; *nė ~os dvasios* (*nėra*) not a líving soul; *~os gėlės* nátural flówers; *~asis inventorius* líve-stòck; *~asis sidabras* mércury, quícksìlver; *~os akys* bright / spárkling eyes; *~oji kalba* líving lánguage; *kol g.* as long as I live; *kaip g.* néver, as long as one lives; néver in one's born days; *g. reikalas* úrgency; *~i pinigai* cash *sg*, réady móney *sg*; *nieku / jokiu ~u* by no means; *g. kelmas* (*labai daug ko nors*) plénty (*of*), lots (*of*); *įgristi kam iki ~o kaulo* bore smb to death; be* fed up with smth; *sveikas g.!* how you do! hèllô!; hi! *amer.*

gyvastis *žr.* **gyvybė**

gyvatė snake; sérpent; (*t.p. prk.*) víper; *g. barškuolė* ráttlesnàke

gyvatvorė hédge(ròw), quícksèt / green hedge

gyven‖amas(is) 1 dwélling *attr*; *g. namas* dwélling-house*; *g. plotas* líving space; flóor-spàce; *~amoji vieta* résidence; dómicìle, dwélling; (*adresas*) addréss 2 (*apgyventas*) pópulàted, inhábited *~imas* (*egzistavimas*) life; *~imo būdas* mánner / way / mode of life; *visuomeninis g.* públic life △ *niekada ~ime* néver in one's life, néver in one's born days

gyv‖enti 1 live; *g. kukliai* live in a small way; *g. pasiturimai* live in éasy círcumstances; live a wèll-to-dó life; *g. skurdžiai* live in pénury; just keep* bódy and soul togéther *idiom.*; *jis neturi iš ko g.* he has nóthing to live on; *g. kaip šuniui su kate* lead* a càt-and-dóg life 2 (*gyvam būti, egzistuoti*) live 3 (*turėti buveinę*) resíde; dwell*; (*laikinai*) stay, sojóurn △ *kartą ~eno* (once upón a time) there was *~entojai* pòpulátion *sg*; inhábitants *~entojas, -a* inhábitant,

résident, dwéller; *miesto ~entojas* tównsman*; tówn-dwèller; *dgs.* tównsfolk, tównspeople; *kaimo ~entojas* cóuntryman*; víllager; *dgs.* cóuntryfolk, cóuntrypèople; *vietinis ~entojas* nátive, índigène *~envietė* séttlement *~ėti* becóme* ánimàted

gyvyb‖ė life ; *išgelbėti kam ~ę* réscue; *atiduoti ~ę* give* up one's life* *~ingas* of great vìtálity *~ingumas* vìtálity, vítal capácity *~inis, ~iškas* vítal; *~iškai svarbus klausimas* vítal quéstion, a quéstion of vítal impórtance *~iškumas* vìtálity, vítal pówer

gyv‖inti enlíven, vívifỳ; bríghten up *~is* (*padaras*) líving béing *~sidabris* mércury, quícksìlver

gyvul‖ija fáuna, the ánimal kíngdom *~ininkystė* (*gyvulių auginimas*) cáttle-brèeding, cáttle-rearing; *~ininkystės ferma* cáttle-bréeding farm *~inis* ánimal *attr* *~iniai taukai* ánimal fat *~ys* 1 (*keturkojis*) ánimal *~iai* cáttle *sg*, líve-stòck *sg* 2 *prk.* (*žmogus*) brute, beast *~iškas* brútal, brútish, béstial *~iškumas* brùtálity, bèstiálity

gyv‖umas spórtiveness, frískiness, pláyfulness; vivácity, ànimátion, líveliness *~ūnas* líving béing, ánimal *~ūnija* fáuna, the ánimal kíngdom *~uoti* be*, exìst △ *kaip ~uoji?* how are you gétting on?; *tegyvuoja taika!* long live peace!

gižti 1 (*pradėti rūgti*) turn / grow* sóurish (*spéaking of milk, soup, etc.*) 2 (*darytis piktam, irzti*) becóme* / grow* nérvous; sóur

gladiatorius *ist.* gládiàtor

glaist‖as pútty *~yti* pútty

glajus *kul.* ícing

glamonė‖jimas caréss *~ti* caréss, fóndle, pet *~tis* embráce, hug one anóther

glamžyti rúmple; crúmple *~s* crúmple; be* crúmpled (éasily)

glanda *anat.* tónsil

glaud‖ės slips, báthing dráwers; shorts, trunks ~**umas** solidárity; únity, cohésion ~**us** sérried, sólid, close; ~**us ryšys** close connéction

glaus‖ti 1 (*eiles*) close 2 (*spausti*) clasp (*to*); *g.* **prie krūtinės** clasp / press to one's breast / bósom ~**tis** 1 (*telktis, burtis*) ùníte, rálly 2 (*prie ko*) press ònesélf (*to*); (*meiliai*) snúggle up (*to*), cúddle up (*to*), néstle up (*to*); ~**tis prie sienos** flátten ònesélf agáinst the wall

glazūr‖a glaze ~**uoti** glaze

glėbesčiuoti *žr.* **glamonėti**

glėb‖ys 1 (*rankomis apkabinimas*) embráce; arms *pl*; **imti į** ~**į** take* in one's arms; **pulti kam į** ~**į** fall* in smb's arms 2 (*kas rankomis apkabinama*): *g.* **šieno** ármful of hay

glebti grow* / becóme* flábby; fade, droop, wíther

glėbti embráce, clasp; clench, grápple

gleiv‖ės 1 *fiziol.* múcus, múcilage *sg* 2 slime *sg* ~**ėtas** múcous, mùciláginous, slímy ~**inė** *anat.* múcous mémbràne

glemžti take* posséssion (*of*), seize, cápture

gležn‖as délicate; flábby, síckly, púny; frail, weak, féeble; ~**a sveikata** délicate health ~**umas** délicacy; slíckliness, púpiness

gliaudyti (*riešutus*) crack; (*žirnius*) pod, hull

glicerinas glýcerìne

glinda nit

glitus (*slidus*) slíppery; (*lipnus*) víscous, stícky

gliukozė *chem.* glúcòse, grápe-sùgar

glob‖a guárdianship; wárdship; (*turto priežiūra*) trùsteeship; **būti kieno** ~**oje** be* únder the wárdship / guárdianship of smb ~**ėjas, -a** guárdian; *teis.* (*nepilnamečio*) tútor (~**ėja** tútoress); (*turto*) trùstée ~**ojimas** care ~**oti** be* guárdian (*to*), be* wárden (*to*), have* the wárdship (*of*); *prk.* watch (*over*); take* care

(*of*) ~**otinis, -ė** ward ~**otojas, -a** guárdian; (*nepilnamečio*) tútor

globti 1 (*siausti, supti*) wrap up; cóver (*with*) 2 (*apkabinti*) embráce

glod‖inti smooth (out); (*plaukus t.p.*) sleek; (*šveisti*) pólish ~**us** smooth; (*apie plaukus t.p.*) sleek

glostyti 1 (*ranka braukyti*) stroke 2 (*lyginti ranka braukiant*) smooth △ **akimis ką** *g.* feast one's eyes (*upon*)

glotnus smooth; (*pvz., apie plaukus*) sleek

glūd‖ėti (*būti, slypėti*) be*, be* contáined; lie*; be* concéaleded; *jo* **žodžiuose** ~**i grasinimas** there is a hídden threat in his words

gludinti (*šlifuoti*) pólish; grind

glūdum‖a: **nakties** ~**oje** at the dead of night

gludus smooth

gluodenas *zool.* blínd-wòrm, slów-wòrm

gluosnis *bot.* wíllow; *g.* **svyruoklis** wéeping wíllow

gnaiby‖ti pinch, nip; tweak ~**tis** pinch

gniaužyti squeeze; rúmple (*maigyti*) crúmple

gniauž‖tas 1 *žr.* **kumštis** 2 *dgs. prk.:* **ko nors** ~**tuose** in the grip / clútches of smth ~**ti** (*spausti*) squeeze; clutch; **man širdį** ~**ia** my heart aches

gnyb‖is pinch, nip ~**ti** pinch, nip; (*apie šaltį*) bite* ~**tuvai** píncers, (pair of) tongs

gniutulas páckage; bale; (*popierių*) stack

gniužinti crush; squash

gniūžtė clod; (*pvz., šiaudų*) wisp; **sniego** *g.* snówbàll

gniuž‖ti shrink* / shrível (up); contráct; (*apie žemę ir pan.*) subsíde ~**ulas** *žr.* **gniūžtė**

gnomas *mit.* (*t.p. prk.*) gnome (*dwarf*)

gnoseologija *fil.* gnòsiólogy

gobš‖as, -ė gréedy pérson ~**auti** be* gréedy ~**ybė, ~umas** gréed(iness), avídity, cóvetousness ~**uolis, -ė** *žr.* **gobšas, -ė;** ~**us** gréedy, ávid, cóvetous

gobt‖i cóver ~**uvas** (*vaura*) hoor, crowl

godu‖lys, ~**umas** cóvetousness, gréediness, avídity ~**us** cóvetous, gréedy, ávid

gojus *psn. žr.* **giraitė**

gomur‖inis 1 *anat.* pálatìne; of the pálate 2 *lingv.* pálatal; ~**iniai priebalsiai** pálatal cónsonants ~**ys** *anat.* pálate; **kietasis** ~**ys** hard pálate; **minkštasis** ~**ys** soft pálate

gondola 1 (*valtis*) góndola 2 *av.* (ballóon-)car; (ballóon-)bàsket; (*dirižablio*) góndola, car, nàcélle [na:'sel]

gongas gong

gontas *žr.* **malksna**

gorila *zool.* gorílla

gõšti (*stelbti, apie augalus*) grow* óver

grabalioti grope (*for, after*), feel* abóut (*for*)

grab‖as cóffin; grave *poet.*; **iki** ~**o lentos** to the grave; till death ~**dirbys** cóffin-màker

grac‖ija grace ~**ingas** gráceful

grafa (*skiltis*) cólumn

graf‖as earl; (*ne anglų kilmės*) count ~**ienė** cóuntess

grafik‖a dráwing ~**as** 1 (*grafikos menininkas*) dráwer 2 (*diagrama*) graph, díagram; (*tvarkaraštis*) tíme-tàble, schédùle

grafinas (*vandeniui*) wáter-bòttle, caráfe; (*pvz., vynui*) decánter

graf‖inis, ~**iškas** gráphic

grafystė cóunty

grafitas 1 *min.* gráphìte, plùmbágò, black lead 2 (*pieštuko*) lead

grafuoti rule (*in squares, columns, etc.*)

graib‖yti 1 (*čiupinėti*) feel*, touch 2 (*nuo paviršiaus griebti*) take* off; **grietinę g.** cream / skim the milk, take* off the cream ~**ytis** (*patamsyje*) grope (*for*) ~**styti** snatch awáy; (*prekes*) buy* up

graik‖as Greek; ~**ų kalba** Greek, the Greek lánguage ~**ė** Greek wóman*

~**iškas** Greek; (*apie architektūrą, šukuoseną*) Grécian

graižtv‖a (*šautuvo*) rífling ~**inis** rífled; ~**inis šautuvas** rífle

grakšt‖umas élegance, grace ~**us** gráceful, refíned, élegant

gramas gramme, gram

gramati‖ka grámmar ~**nis** grammátical

gramdyti scrape

gramofonas grámophòne

gramzdinti tip (*in, into*), sùbmérge (*in, into*); duck (*into*); plunge (*in, into; t.p. prk.*)

granata *kar.* grenáde; **prieštankinė g.** ànti-tánk bomb

granatas I *min.* gárnet

granatas II *bot.* (*granatmedžio vaisius*) pómegrànate

grand‖yklė, ~**iklis** scráper, scráping tool; (*arkliui valyti*) cúrry-còmb, hórse-còmb

grandin‖ė 1 (*tiesiog.* **ir** *prk.*) chain 2: **kalnų g.** chain / range of móuntains, móuntain-chain, móuntain-rànge 3: **elektros g.** círcuit ~**ėlė** chain; **laikrodžio** ~**ėlė** wátch-chain ~**ės** *prk.* chains, bonds, fétters; **sukaustytas** ~**ėmis** sháckled ~**is** *kar.* lànce-córporal; private 1st class *amer.*

grandioz‖inis, ~**iškas** míghty, grándiòse, grand

grandis 1 (*metalinis žiedas*) ring; (*grandinės*) link (*of a chain*) 2 *prk.* link 3 (*grupė, brigada*) team group

grandyti scrape

granit‖as gránite ~**inis** gránite *attr*; grànític *moksl.*

grasin‖imas thréat; ménace ~**ti,** thréaten; ~**ti pirštu** shake* one's fínger (*at*); ~**ti kumščiu** shake* one's first (*at*)

grasus 1 (*grasinantis*) thréatening, ménacing 2 (*nuobodus, įkyrus*) bóring, írksome, bóthersome, bóthering, tíresome; pésky *šnek.* 3 (*šlykštus, nemalonus*) násty

graš‖is a coin of líttle válue, small coin; *prk.* pénny, fárthing △ **sulūžusio** ~**io nevertas** it is not worth a brass fárthing *arba* a pénny

grauden‖ti touch; move ~**tis** be* touched / moved

graudin‖gas tóuching, móving; dóleful, sad ~**ti** touch, move; grieve ~**tis** (*gailėtis*) regrét (that), be* sórry (*that*)

graud‖ulys, ~**umas** ténder emótion ~**us** tóuching; móving; (*liūdnas*) dóleful, sad; ~**žios ašaros** bítter tears; ~**šiai verkti** cry bítterly

grauž‖as (*žvyras*) grável ~**ikas** *zool.* ródent; gnáwer ~**imas**: **sąžinės** ~**imas** remórse; pangs / pricks of cónscience ~**imasis** grief, sórrow ~**tas**, ~**tukas**: **obuolio** ~**tas** core (of an apple)

grauž‖ti 1 (*dantimis*) gnaw; (*mažais kąsneliais*) nibble; **g. džiūvėsius** eat* / níbble rusks; **g. kaulą** (*apie gyvulį, žvėrį*) gnaw a bone; (*apie žmogų*) pick a bone **2** *prk.* (*kamuoti*) nag (*at*); **graužte g.** make* life a búrden (*to*) △ **mane sąžinė** ~**ia** I have* pangs / pricks of cónscience ~**tis** eat* one's heart out, grieve; be* pained; **nesigraužk!** cheer up!

grav‖eris engráver; (*medžio*) wóod-cùtter, wóod-engràver; (*akmens*) lápidary; (*plieno*) stéel-cùtter ~**iruoti** engráve; ~**iruoti medyje** (*varyje*) engráve on / in / upón wood (cópper) ~**iūra** engráving

grąž‖a change; **penki litai** ~**os** five lit(a)s change; **duoti** (*gauti*) **penkis litus** ~**os** give* (get*) five lits change

gražbyl‖ys 1 (*oratorius*) òrátor **2** *prk.* (*tuščiakalbis*) gás-bàg, rhètorícian ~**ystė 1** (*iškalbingumas*) éloquence, óratory **2** (*tuščia kalba*) gift of the gab

graž‖ėti grow* prétty; grow* préttier, grow* bètter-lóoking ~**iakalbis** éloquent

gražinti béautif‿y, adórn; órnament

grąžinti retúrn, give* back; (*siųsti atgal*) send* back; (*pinigus*) repáy*, pay* back; (*turtą*) restóre; (*teises*) réhabílitàte; **g. išlaidas** rèimbúrse; **g. kam regėjimą** restóre smb's éyesìght

grąžyti 1 (*skyles*) bore, drill **2** (*rankas*) wring* one's hands **3** (*skalbinius*) wring

gražiuoju in a fríendly way

grąžtas *tech.* bórer, drill, pérforàtor; gímlet; (*stambus*) áuger

graž‖umas béauty ~**uolė** béauty; (*apie merginą*) prétty girl; (*apie moterį*) prétty wóman* ~**uolis** hándsome, *arba* véry good-lóoking, man* ~**us** béautiful; hándsome; ~**us oras** good* / fine wéather △ ~**i istorija!** a prétty kettle of fish *idiom.*; ~**us dalykas!** a nice how-d'ye-dó! *idiom*; **na dabar** ~**ių** ~**iausia!** that's!, here's!, there's!; **toli** ~**u** far from béing; not at all

grėbl‖iadantis rake tooth* ~**iakotis** ráke hàndle ~**ys** rake

grėb‖styti, ~**ti** rake

greičiau (*panašiau, tikriau*) ráther, sóoner ~**siai** (most) próbably, véry líkely, must (+ *inf*); **jis** ~**siai čia** he must be here; most próbably / líkely he is here

greit‖ai 1 (*sparčiai*) quíckly, fast, rápidly, with speed; **jis g. bėga** he runs quíckly; **jis g. suvokia** he is quìck-wítted; he is as sharp as a néedle *idiom.*; **kuo greičiau** as quíckly as póssible, as fast as one can **2** (*netrukus*) befóre long, shórtly; soon; **jis g. (su)grįš** he will come soon ~**akojis** swift-fóoted, nímble (-fóoted) ~**as 1** (*smarkiai einantis ar bėgantis*) quick, rápid, fast **2** (*spėrus*) prompt, spéedy **3** (*netrukus įvyksiantis*) near △ ~**asis traukinys** fast train; ~**oji pagalba** first aid; **iki** ~**o pasimatymo!** see you soon! ~**ėjimas** àccèlerátion ~**ėti** quícken; àccéleráte ~**inimas** àccèlerátion ~**inti** hásten, quícken; èxpedíte; *tech. t.p.* àccéleráte; (*vykdymą*) speed* up; ~**inti žingsnius** mend* / speed* one's pace, quícken one's steps; ~**inti tempą** gáther speed, incréase the speed ~**is** speed; rate; *fiz., tech.* velócity; ~**is didėja** the speed is béing incréased ~omis, ~osiomis hástily, húrriedly; slápdàsh *šnek.*; (*nerūpestingai*) cárelessly; *darytì ką ~omis* do* things hástily / cárelessly, *arba* in a slápdàsh way / mánner ~umas quíckness, rapídity; speed; *žaibo ~umu* with líghtning speed ~uoju *žr.* greitomis

gremėzdas *žr.* griozdas

gremž||ti scrape ~tukas scráper

grenadierius *kar.* grènadíer

grendymas thréshing-flòor

grės||mė threat, ménace; *karo g.* ménace of war ~mingas thréatening, ménacing ~ti thréaten (*with*); *jam gresia pavojus* dánger thréatens him, he is thréatened by dánger

gret||a I (*eilė*) file, rank; *glaustomis ~omis* in close files; *suglaustì ~as* close ranks; *dviem ~omis* in / on two ranks

greta II 1 *prv.* side by side; besíde; by (smb's side); *g. sėdėti* sit* side by side; *jis gyvena g.* (*gretimais*) he lives next door, he lives close by 2 *prl.* near, by, besíde; *sėsti g. ko* sit* down by smb, *arba* by smb's side

gretasienis *mat.* pàrallèlépipèd

gretim||as adjácent; contíguous (*to*); néighbouring, next; ~os *valstybės* contíguous states; *g. kambarys* next / adjácent room ~umas còntigúity

gret||inti compáre (*to, with*), confrónt (*with*) ~utinis adjácent; contiguous; ~*utiniai kampai* adjácent ángles

gręž||ikas bórer, dríller ~inys bore, bóre-hòle, bóring, well ~ioti *žr.* gręžti; ~ti 1 *tech.* bore, drill, pérforàte 2 (*baltinius*) wring* 3 (*sukti, pasukti*) turn swing*

griaučiai 1 (*skeletas*) skéleton *sg* 2 *prk.* (*pagrindinės dalys*) frame *sg*; frámewòrk *sg*

griaudė||ti thúnder; *perkūnija ~ja* it thúnders, it is thúndering; (*apie patrankas*) thúnder, roar; *jis ~ja* (*barasi*) he is máking a noise / din

griaunam||asis destrúctive, destróying △ ~*oji laiko jėga* wear and tear of time

griausm||as thúnder ~ingas *prk.* thúnderous; ~*ingas balsas* thúnde-rous / stèntórian voice

griau||sti thúnder; ~*džia* it thúnders, it is thúndering; *patrankos ~džia* the guns thúnder / roar ~stinis thún-der; ~*stinio dundėjimas* rólling / peal of thúnder

griauti 1 (*ardyti, naikinti*) destróy, demólish; tear down; *g. iki pamatų* rase / raze (to the ground) 2 (*gul-dyti, versti*) bring* down, throw* down, òverthrów 3 *prk.* (*žlugdyti*) ùndermíne, sap

griaužti *žr.* graužti

gryb||as fúngus (*pl* -es, fúngi); (*valgo-masis*) múshroom; (*nevalgomasasis*) tóadstool ~auti gáther múshrooms; múshroom ~autojas, -a one who gáthers múshrooms ~avimas gáthe-ring múshrooms; góing for múshrooms

gryčia *žr.* troba; cóttage, hut, péasant house*

grieb||ti 1 (*čiupti, stverti*) snatch, seize, catch* hold (*of*); grasp; grap; (*dantimis*) snap (*at*); *g. ką už rankos* grasp smb by the hand 2 (*paviršių griebti*): *g. grietinę nuo pieno* cream / skim the milk, take* the cream off ~tis 1 (*taisytis, stiprėti*) get* well; recóver 2 (*imti ką veikti*) set* (*to*); take* (*to*); take* up; begín* (+ to *inf arba ger*), start (+ to *inf arba ger*); ~*tis skaityti* begín* to red; begín* / start réading; ~*tis darbo* set* to work, get* / go* down to work, séttle to (one's) work △ ~*tis už šiaudo* cluch / catch* at a straw; ~*tis priemonių* take* méasures; make* arrángements

grietin||ė sóur cream ~člė 1 cream; *kava su ~ėle* cóffee with cream; *plakta ~ėlė* whipped cream 2 *prk.*: *visuomenės ~ėlė* cream of socíety ~inis cream *attr*; créamy; ~*iniai ledai* ìce-créam

griež‖ėjas, -a, ~ikas, -ė víolinist; (*gatvės*) fíddler ~iklis bow, fíddlestìck ~imas 1 (*smuiku*) pláy(ing) 2 (*dantimis*) gnáshing / grítting of teeth ~lė (*paukštis*) córn-cràke, lándrail

griežt‖as strict; sevére, stern; *g.* **mokytojas** strict téacher; *g.* **papeikimas** sevére réprimànd; ~*a* **drausmė** strict díscipline; ~*a* **kritika** sevére críticism; *g.* **atsakymas** strict ánswer; *g.* **įsakymas** strict órders *pl*; ~*a* **dieta** strict díet; ~*o-je paslaptyje* in strict cónfidence; ~*i veido bruožai* sharp féatures; ~*os priemonės* strong / drástic méasures

griežti 1: *g.* **smuiku** play the víolín 2: *g.* **dantimis** grit the teeth, grind* / gnash / grift one's teeth △ *g.* **pirmuoju smuiku** play first víolín; *dantį ant ko g.* have* a grudge agáinst smb

griežtis *bot.* swede, Swédish túrnip

griežtumas stríctness, sevérity; stríngency; austérity

grik‖iai búckwheat *sg*; ~*ių* **kruopos** búckwheat *sg*; ~*ių* **košė** búckwheat pórridge ~inis búckwheat *attr*

grikšėti crunch, cráckle; *g.* **dantyse** crunch on one's teeth

grimas (stage) máke-ùp; (*dažai veidui*) gréase-paint

grimas‖a grimáce; *daryti* ~*as* make* / pull fáces; *padaryti* ~*ą* grimáce, pull a grimáce, pull a wry face

grim‖avimas máke-ùp ~uoti make* up ~uotis make* ònesélf up (*as smb*) ~uotojas, -a máke-ùp; (*teatre grimuotojas t.p.*) máke-ùp man*

grimzlė 1 (*laivo gramzda, įgrimzdimas*) draught 2 *dgs.* lees, dregs; sédiment *sg*

grimzti 1 sink* (*into*), plunge (*into*); (*apie povandeninį laivą*) submérge, dive; (*skęsti, apie laivą*) sink*; go* down, séttle down 2 *prk.* be* plunged (*in*), be* absórbed (*in*), be* lost / búried (*in*)

gryn‖akraujis púre-blooded, thórough-brèd; *g.* **arklys** thórough-brèd horse ~anglis *chem.* cárbon

gryn‖as 1 (*be priemaišų*) pure; *g.* **auksas** pure gold; *g.* **oras** clear / pure air; ~*asis svoris* net weight; ~*asis pelnas* clear prófit; *turėti šimtą litų* ~*o pelno* a clear húndred lit(a)s 2 *gram.*: ~*asis tarinys* símple prédicate 3 (*doras, tyras*) pure; ~*a teisybė* símple truth 4 *prk.* (*tikras*): *g.* **sutapimas** mere / pure cóincidence; *g.* **nesusipratimas** pure mísùnderstánding 5 (*tuščias*): *g.* **laukas** ópen cóuntry 6: *mokėti* ~*ais* (*pinigais*) pay* in cash △ ~*ame ore* in the ópen (air) ~aveislis pùre-blóoded, thórough-brèd

grind‖ėjas páver ~imas páving; *prk.* básing ~inys 1 (*kelias*) róadway, cárriage-way; *asfalto* ~*inys* ásphàlt road; *akmenų* ~*inys* cóbble-stòne road 2 (*tilto*) décking, bridge floor ~ys floor *sg*

grynėti grow* / becóme* púrer / cléaner

gryn‖ieji (*pinigai*) cash; *mokėti* ~*aisiais* pay* (in) cash

gryn‖inti make* pure; *chem.* púrifỳ; réctifỳ; *tech.* refíne ~raštis clean / fair cópy ~umas 1 (*priemaišų nebuvimas*) púrity; *oro* ~*umas* cléarness / clárity / púrity of air; *stiliaus* ~*umas* púrity of style 2 *prk.* (*dorumas*) púrity

griov‖ėjas, -a, ~ikas, -ė destróyer ~imas (*ardymas, naikinimas*) destrúction, dèmolítion ~iakasys návvy ~ys ditch; *nutekamasis* ~*ys* gútter

griozd‖as búlky / cúmbersome piece of fúrniture ~inti pile / heap up ~iškas búlky, cúmbersome, cúmbrous, ùnwíeldy

grip‖as *med.* ìnfluénza, grippe; flu *šnek.*; *jis serga* ~*u* he has ìnfluénza, he has got the flu

grįsti 1 (*grindis*) flóor; (*gatvę*) pave; (*akmenimis*) cóbble 2 (*tvirtinimus*) ground base; substántiàte

grisus bóring

grytelė *žr.* **trobelė**

griū‖ti fall* (down); crash down, túmble down; collápse ~tis: *sniego* ~*tis* snów-slìp, ávalànche

griuv‖ėsiai rúins ~imas fáll(ing), crúmbling; *sienos* ~*imas* collápse of a wall

griuvinėti 1 fall* down (ráther fréquently) **2** (*svirduliuoti, svyrinėti*) reel, stágger

grįž‖imas retúrn (*dažnas*) recúrrence; *g. namo, į tėvynę* hóme-còming, retúrn home ~**ratis** *geogr.* trópic

grįžt‖amas retúrn *attr*; recúrrent; ~*amoji šiltinė med.* relápsing / recúrring féver; ~*amasis kelias* way back; ~*amasis bilietas* retúrn tícket

grįžt‖i retúrn, go* / come* back; *g. namo* come* home; *g. prie klausimo* retúrn / revért to the quéstion; *aš noriu, kad jis* ~ų I want him back agáin; I want him to come back; (*mintyse, pokalbyje*) recúr; (*pvz., apie viltį*) revíve

Grįžul‖as *astr.*: *Didieji* ~*o Ratai* the Great Bear, Úrsa Májor, Chárles's Wain, the Wain, the (Big)Dípper; *Mažieji* ~*o Ratai* the Little / Lésser Bear, Úrsa Mínor, the Líttle Dípper

grob‖ikas, ùsúrper; inváder; plúnderer, spóiler ~**ikiškas** prédatory; ~*ikiškas karas* prédatory war ~**imas** séizure, cápture; ùsùrpátion ~**is** bóoty; plúnder; (*kare*) spoil(s); loot; (*jūrų kare*) prize; (*plėšraus žvéries*) prey; (*medžiotojo, žvejo*) bag, catch

grobst‖ymas (*plėšimas, vaginėjimas*) plúnder ~**yti 1** *žr.* **grobti; 2** (*plėšti, vaginėti*) plúnder ~**ytojas** plúnderer

grobti 1 (*griebti, stverti*) snatch, seize, catch* hold (*of*); grasp; grab; *g. ką už rankos* seize / grasp smb by the hand **2** (*plėšti*) plúnder, spoil

grobuon‖is (*žmogus*) plúnderer; spóiler; (*žvėris*) beast of prey, prédatory ánimal; (*paukštis*) bird of prey, prédatory bird ~**iškas** rapácious, prédatory; (*apie žvėrį, paukštį t.p.*) ràptórial ~**iškumas** rapáciousness, prédatoriness

grotai *žr.* **grotos**

grotel‖ės, ~**iai** gráting *sg*; láttice *sg*; (*židinio*) fénder *sg*, fíreguàrd *sg*

groteskas grotésque

groti play

grot‖os ráiling, grille *sg*; (*lengvos, medinės*) tréllis *sg*; *su geležinėmis* ~*omis* íron-bàrred △ *už* ~ų (*į kalėjimą*) ínto príson; (*kalėjime*) in prison, behínd bars

grož‖ėjimasis àdmirátion; delíght ~**ėtis** admíre; be* cárried awáy (*by*), be* delíghted (*with*) ~**ybė** béauty ~**inis:** ~*inė literatūra* bèlles-léttres *pl*, fíction ~**is** béauty

grublėt‖as 1 (*apie kelią*) ùnéven, not smooth **2** (*apie odą ir pan.*) coarse, rough; ~*os rankos* cóarsened / cállous / tóil-wòrn hands

grub‖ti (*nuo šalčio*) becóme* numb (with cold); hárden, becóme* stiff **2** (*darytis grublėtam*) become* rough / cóarsened; cóarsen ~**umas 1** róughness; cóarseness **2** (*nemandagumas*) rúdeness ~**us 1** (*įv. reikšmėmis*) rough, coarse **2** (*nemandagus*) rude **3** (*apie kelią*) ùnéven

grūd‖as grain, corn ~**ai** grain *sg*, corn *sg*; ~ų *valymo mašina* grain cléaner; ~ų *džiovykla* grain drýer; ~ų *sandėlis* gránary △ *tiesos* ~*elis* grain of truth ~**ėtas 1** (*grūdinės struktūros*) gránular **2** (*su grūdais*) gráiny ~**ingas** gráiny

grūdinimas hárdening, chílling

grūdin‖is: ~*ės kultūros* céreals

grūdin‖ti (*metalą*) témper, hárden, steel; *prk.* hárden; *g. valią* stréngthen / témper one's will ~**tis** becóme* témpered; *prk.* hárden

grūmo‖jimas threat, ménace ~**ti** thréaten (*with*), ménace (*with*)

grumst‖as clod (of earth) ~**uotas** cóvered with clods / lumps

grumtynės fight *sg*; strúggle, báttle *sg*

grumtis (*kautis*) fight* (*with, against; for*); strággle (*with, against; for*)

grumul‖as lump; (*sniego*) ball; (*žemės, molio*) clod

grunt‖as 1 (*dirva*) soil; (*tvirtas upės ir pan. dugnas*) ground, bóttom 2 *tap.* ground, príming ~**avimas** *tap.* príming, prime cóating ~**uoti** *tap.* prime

gruodas róughly frózen earth

gruodis Decémber

grup‖ė (*įv. prasmės*) group; (*apie žmones ar daiktus, esančius vienas greta kito t.p.*) clúster; (*apie medžius, krūmus t.p.*) clump; *g.* **salų, žiūrovų** clúster of íslands, of spèctátors ~**inis** group *attr;* ~**inė nuotrauka** group phótogràph; ~**iniai užsiėmimai** group stúdy / léssons ~**uotė** group ~**uoti** group ~**uotis** group

grūst‖i 1 (*smulkinti*) pound 2 (*kišti*) push (*in, into*), cram (*in, into*) 3 (*varyti*) press ~**is** push / jóstle one anóther; crowd; **nesigrūskit!** don't push! ~**is** crush; squash ~**uvas** 1 péstle; póunder 2 (*šautuvo vamzdžiui valyti*) rámròd, cléaning rod ~**uvė** mórtar ~**uvėlis** péstle, póunder

gruzd‖ėti 1 (*smilkti*) smóulder 2 (*trupėti*) crúmble ~**us** (*trupus, birus*) crúmbly

gruzin‖as, -ė Géorgian; ~**ų kalba** Géorgian, the Géorgian lánguage ~**iškas** Géorgian

gruzti smóulder

gruž‖as, ~ė, ~lys (*žuvelė*) gúdgeon

guba shock

gubern‖atorius góvernor ~**ija** *istor.* próvince; góvernment

gūbrys 1 (*kalno*) crest 2 (*stogo*) ridge

gudobelė *bot.* háwthòrn

gudragalv‖iauti philósophìze; súbtilìze ['sʌtɪ-] ~**ė** cléver girl / wóman*; wóman* of sense; clear head ~**is** clever man*; man* of sense; clear head

gudr‖auti use cúnning, be* cúnning / cráfty ~**ėti** grow* wíser ~**ybė** ruse; cúnning ~**umas** cúnning, slýness; ~**umu laimėti** win* by ruse ~**uolė** 1 (*protinga mergaitė*) cléver girl;

(*protinga moteris*) cléver wóman*; wóman* of sense; clear head 2 (*sukta mergaitė*) sly / cúnning girl; (*sukta moteris*) sly / cúnning wóman* ~**uolis** 1 (*protingas*) cléver man*; man* of sense; clear head 2 (*suktas*) a sly / cúnning one; slýboots *juok.* ~**us** 1 (*protingas*) cléver, intélligent; sénsible 2 (*suktas*) sly, cúnning; ártful

gūd‖uma, ~umas: **nakties g.** dead of night ~**us** dréary; glóomy, sómbre

guga (*gumbas*) bump (*nuo sumušimo*); (*antauga*) growth; (*balno*) pómmel; (*kupra*) hump; (*arklio*) wíthers *pl*

guit‖i 1 (*varyti*) drive*; turn out; *g.* **iš namų** drive* / turn out of the house 2 (*uiti, skriausti*) màltréat; oppréss

gulb‖ė swan; (*patelė*) pen △ ~**ės giesmė** swán-sòng ~**inas** cob

guldenas (*moneta*) gúlden; (*olandų*) guílder

guldyti lay* (down)

gul‖ėti 1 lie*; (*apie ligonį t.p.*) keep* one's bed; (*apie daiktus t.p.*) be*; **jis ~i lovoje** he lies in bed; **gydytojas jam liepė g.** the dóctor told him to keep his bed; **knyga ~i ant stalo** the book is on the táble 2 (*sirgti*) be* laid up

guliašas *kul.* góulàsh

gulom(is) lýing down; in a lýing posítion

guls‖čias 1 (*gulintis*) lýing, recúmbent; ~**čioji padėtis** recúmbency 2 (*horizontalus*) hòrizóntal ~**čioji** (*tiesė*) hòrizóntal, hòrizóntal line ~**čiukas, ~tainis** *tech.* lével

gultai plánk-bèd *sg*

gulti 1 lie* (down); **eiti g.** (*į lovą*) go* to bed; turn in *šnek.*; *g.* **į ligoninę** go* to hóspital; **neiti g.** stay up 2 (*sirgti*) be* laid up

guma rúbber

gumb‖as 1 (*nuo sumušimo*) bump 2 (*antauga, navikas*) lump, knob; growth; *med.* túmour, excréscence 3 (*vidurių skausmai*) stómach-àche ~**uotas** knóbby, cóvered with knobs

gumin‖is rúbber *attr;* ~**iai batai** rúbber boots; gúmboots *šnek.*

gumulas lump; (*dūmų*) puff

gund‖ymas tèmptátion; sedúcement ~yti entíce (+ to *inf*), allúre (+ to *inf*), tempt (+ to *inf*); (*vilioti, suvedžioti*) sedúce ~ytoja témptress ~ytojas témpter; (*suvedžiotojas*) sēdúcer

gūnia (*arkliui*) hórse-clòth; (*po balnu*) sáddlecloth; shábràck

guoba *bot.* elm

guod‖ėjas, -a cómforter, consóler ~imas cómfort, cònsolátion ~imasis làmèntátion, compláint

guolis 1 (*lova, patalas*) bed, couch **2** (*žvéries*) lair, den **3** *tech.* béaring; **rutulinis g.** bàll-béaring

guost‖i cómfort, consóle ~is (*skystis*) compláin

gurbas (*šuns*) kénnel; (*galvijams*) cáttle-shèd; (*karvéms*)ców-house*; (*avims*) shéep-còt(e); (*kiaulėms*) pígstỹ

gurėti crúmble

gurg‖ėti, ~uliuoti 1 (*apie vandenį*) purl, bábble, rípple; múrmur **2** (*apie vidurius*) grúmble, rúmble

gurgti (*apie balsą, vidurius*) grúmble, rúmble

gurguolė 1 string of carts; string of slédges **2** *kar.* (únit) tránspòrt; train *amer.*

gurgutis *bot.* cone; (*eglés*) fírcòne

gur‖inys crumb △ **tèvo ir ~inius surinkęs** he is the véry ímage of his fáther ~inti (*trupinti*) crúmble; crumb

gūrinti walk stóopingly, *arba* in a stooped mánner / way

gurklys 1 (*paukščio*) crop, craw **2** (*butelio*) neck **3** (*žmogaus pasmakré*) dóuble chin

gurkš‖čioti, ~ėti sip ~nis drink, móuthfùl; (*mažas*) sip; (*didelis*) gulp; **vienu ~niu** at a draught, at one gulp ~noti sip ~telėti take* a sip (*of*)

gursti 1 (*menkéti, silpnėti*) grow* weak; grow* síckly **2** (*stipti*) die **3** (*gaišti*) lóiter, línger, tárry

gur‖ti crúmble ~us (*apie duoną ir pan.*) short; (*apie žemę*) loose, light

gūsis (*véjo*) gust, rush

gusti *žr.* **įgusti**

guvernantė góverness

guv‖inti make* quick / prompt / swift / ágìle / déxterous / nímble ~umas (*greitumas*) quíckness, prómptness, swíftness; (*vikrumas, apsukrumas*) agílity, dèxtérity ~us (*greitas*) quick, prompt, swift, èxpedítious; (*vikrus*) ágìle, adróit, déxterous, nímble

guzas *žr.* **gumbas 1**

gūžčioti: pečíais g. shrug one's shóulders

gūžė: kopūsto g. cábbage-head, head of cábbage

gužėti flock; come* rúnning; gáther

gūž‖ynès 1 (*pasilinksminimas*) évening párty *sg*; èntertáinment *sg* **2** (*žaidimas*) blìnd-màn's-búff *sg* ~inėti (*lauminéti žaidžiant*) play blìnd-màn's-búff

gūžinti walk in a stooped mánner / way

gūžys (*paukščio*) crop, craw

gūžt‖a nest; (*plėšriųjų paukščių*) áerie; *prk.* nest; **sukti ~ą** build* a nest; (*apie plėšriuosius paukščius*) build* its áerie

gūžtelėti: pečíais g. shrug one's shóulders; **užuot atsakius g. pečíais** shrug off the quéstion

gūžtis (*tūptis*) cówer

gvaizdikas *žr.* **gvazdikas**

gvard‖ietis guárdsman* ~ija Guards *pl*; ~ijos majoras Guards májor

gvazdik‖as *bot.* pink; (*raudonasis*) càrnátion; (*turkiškasis*) sweet-wílliam ~ėliai *kul.* (*prieskonis*) clove *sg*

gvėra gawk, bóoby, fool

gver‖inti shake* loose ~ti get* loose; (*apie baldus*) get* / becóme* ríckety

gvilden‖imas 1 (*riešutų*) crácking **2** (*nagrinėjimas*) análysis (*pl* -ses); exàminátion; cònsiderátion, scrútiny ~ti **1** (*riešutus*) crack; (*pvz., žirnius*) pod **2** (*svarstyti, spręsti*) consíder; exámine, discúss; talk óver *šnek.*

H

halė 1 (*patalpa*) hall 2 (*prekyvietė*) cóvered márket

hallucinacija hallùcinátion

hamakas hámmock

haremas hárèm

harmon‖ija hármony; cóncòrd ~**ingas** 1 hàrmónious 2 *muz.*, *mat.* hàrmónic ~**izavimas** hàrmonìzátion ~**izuoti** hármonìze

haubica *kar.* hówitzer

hebrajų: *h.* *kalba* Hébrew

hegemon‖as predóminant / hègemónic pérson ~**ija** hègémony

hegzametras *lit.* hèxámeter

hektaras héctàre

hektolitras héctolìtre

helis *chem.* hélium

hemoglobinas *fiziol.* hàemoglóbin

hemorojus *med.* piles *pl*; háemorrhoids *pl*

heraldi‖ka héraldry ~**nis** hèráldic

herbar‖as, ~**iumas** hèrbárium; *rinkti / sudaryti* ~**ą** hérborìze

herb‖as arms *pl*, còat of árms; àrmórial béarings *pl*; *valstybinis h.* State Émblem ~**inis**: ~**inis** *popierius* stamped páper

hercas *el.* hertz, cýcle per sécond

hercog‖as duke ~**ienė** dúchess ~**ystė** dúkedom; (*apie valstybę t.p.*) dúchy

hermetišk‖as hèrmétic; ~**ai** *uždaryti* seal hèrmétically

heroi‖ka heróic ~**zmas** héròism

herojė héroine

heroj‖inis, ~**iškas** heróic; ~**inė** *poema* heróic póem; ~**iškas** *žygis* heróic deed ~**iškumas** héròism ~**us** 1 hérò 2 (*personažas*) cháracter, hérò

hiacintas 1 *bot.* hýacinth 2 (*brangakmenis*) jácinth

hiatas *lingv.* hìátus

hibrid‖as hýbrid ~**izacija** hỳbridìzátion

hidra *zool.*, *mit.* hýdra

hidraul‖ika hỳdráulics ~**inis** hỳdráulic; ~**inis** *presas* hỳdráulic press; ~**inis** *variklis* hỳdráulic éngine

hidrodinamika *fiz.* hỳdrodýnámics

hidro‖elektrinė hýdrò-eléctric pówer státion ~**elektrinis** hýdrò-eléctric

hidroplanas *av.* hýdroplàne

hidrotechni‖ka hỳdrotéchnical ènginéering ~**kas** hýròtèchnícian ~**nis** hỳdròtéchnical

hiena *zool.* hýéna

hierarchija híeràrchy

hieroglifas híeroglyph

higien‖a hýgiene ~**iškas** hỳgíenic(al)

higroskop‖as *fiz.* hýgroscòpe ~**inis** hỳgroscópic; ~**inė** *vata* hỳgroscópic / absórbent cótton wool

himnas hymn; ánthem; *valstybinis h.* nátional ánthem

hiperbol‖ė 1 *mat.* hỳpérbola 2 *lit.* hýpérbole ~**inis** *mat.* hỳperbólic ~**iškas** *liter.* hỳperbólical

hipnotiz‖mas hýpnotism, mésmerism ~**uoti** hýpnotìze, mésmerìze; *būti* ~**uotam** be* in a state of hýpnotism, be* in a hypnótic state; be* mésmerìzed ~**uotojas** hýpnotìzer, mésmerist

hipnoz‖ė (*būvis*) hypnósis; mésmerism; (*itaigos jėga*) hýpnotism; mésmerism; *gydyti* ~**e** treat by hýpnotism ~**inis** hypnótic, mèsméric

hipodromas rácecourse

hipopotamas *zool.* hìppopótamus (*pl* -uses, -mi); híppò *šnek.*

hipotez‖ė hỳpóthesis (*pl* -sès); *kurti* ~**es** frame / form hỳpóthesès; hỳpóthesìze

homeopat‖as hòmoeópathist ~**ija** hòmoeópathy ~**inis** hòmoeopáthic

homogeninis *biol.* hòmogéneous

homonimas *lingv.* hómonym

honoraras fee; *autorinis h.* áuthor's emóluments; (*nuo tiražo*) róyalties *pl*

horizont‖alė hòrizóntal, hòrizóntal line; (*žemėlapyje*) cóntour line ~**aliai**

(*kryžiažodyje*) acróss ~**alinis** hòri-
zóntal ~**alumas** hòrizontálity ~**alus**
žr. **horizontalinis;** ~**as** 1 horízon
(*t.p. prk.*) 2 (*vandens aukštis*) lével;
vandens ~**as** wáter-lèvel
hormonas *fiziol.* hórmòne
human‖istas, -ė húmanist ~**iškas**
hùmáne ~**iškumas** hùmánity, hù-
máneness
humanitar‖as humànitárian ~**inis**
humànitárian; ~**iniai mokslai** the
hùmánities; (*Anglijos universitetuose
t.p.*) arts
humanizmas húmanism
humor‖as húmour; ~**o jausmas**
sense of húmour ~**eska** húmorous
sketch / tale ~**istas** (*jv. reikšmė-
mis*) húmo(u)rist ~**istika** hùmourís-
tics ~**istinis** húmorous, cómic; (*juo-
kingas*) húmorous; ~**istinis žurnalas**
cómic páper / màgazíne ~**istiškas** *žr.*
humoristinis
husaras *kar.* hussár

I, Į, Y

į *prl.* 1 (*veiksmo krypčiai, vietai
žymėti*) in; ínto; to; **jis rašo į
sąsiuvinį** he writes ínto his cópy-
book; **į Vilnių** to Vílniùs; **į šiaurę**
to the North; **eiti į mokyklą** go* to
school; **kreiptis į policiją** apply to
the police; **išvykti į Vilnių** leave*
for Vílniùs; **jeiti į salę** énter the hall;
atvykti į Kauną arríve at Káunas;
įstoti į klubą join the club 2 (*apy-
tikriam laikui, skaičiui, kiekiui žymė-
ti*) abóut, néarly; by; **į pavasarį** by
spring; **jų buvo į tūkstantį** there
were abóut a thóusand of them 3
(*veikimo būdui žymėti*) ínto; **pavirsti
į dulkes** turn / change ínto dust; **su-
draskyti į gabalus** tear* to bits /
píeces 4 (*veikimo tikslui, siekimui
žymėti*) for; to; **prašytis į nakvynę**
ask for lódging (for the night), seek*

shélter for the night 5 (*pažyminio gru-
pėje*): **teisė į darbą** the right to
work / lábour △ **ką gerai į nagą
paimti** take* smb in hand; **petys
į petį** shóulder to shóulder; **išeiti į
žmones** make* one's way (in life),
rise*, **arba** come up, in the world
įamžin‖imas perpètuátion, immòrtal-
ìzátion ~**ti** perpétuàte, immórtalìze
įasmenin‖imas persònificátion; líving
pícture; (*įkūnijimas*) embódiment ~**ti**
persónify; (*įkūnyti*) embódy
įaug‖ti 1 grow* in 2 (*pasidaryti stam-
biam, išaugti*) grow* up
įausti ìnterwéave*
įbaidyti intímidàte, cow
įbarstyti *žr.* **įberti**
įbaugin‖ti intímidàte, cow
įbėgti come* rúnning (*into*); (*greitai*)
come* rúshing (*into*); (*apie skystį*)
flow* (*into*)
įberti pour [pɔ:] (*into*)
įbest‖i run* / stick* (*in, into*); (*sun-
kiai*) drive* (*in, into*); **į. baslį į žemę**
drive* a stake ínto the ground △ **akis
į. į ką** fix one's gaze on smb, stare at
smb; **kaip** ~**as** róoted to the ground /
spot; (*išsigandus ir pan.*) pétrified,
trànsfíxed; **jis sustojo kaip** ~**as** he
stopped dead
įbrėžti 1 scratch; **į. degtuką** strike*
a match 2 *mat.* inscríbe ~**nis** *mat.*
inscríbed
įbristi wade (*in, into*), ford (*in, into*)
įbrolis stép-bròther
įbrukti shove ín(to), push ín(to); (*įsiū-
lyti*) foist / palm off on smth, smb;
put* off smth upón smb
įcentrin‖is *tech.* cèntrípetal; ~**ė jėga**
cèntrípetal force
yda (*klaida, trūkumas*) vice, deféct;
flaw; **širdies y.** *med.* héart diséase
įdainuoti: **į. plokštelę** have* one's
sínging recórded
idant in órder to (+ to *inf*), in órder that
įdaras *kul.* fílling, stúffing
įdarbinti give* smb a job / sìtuátion
įdaryti stuff / fill (*with*)

įdauž‖a dent, dint; (kelyje) pót-hòle ~ti make* a hole / dent; make* / give* a crack / split / rift

įdav‖ikas (įskundėjas) denúnciàtor, infórmer; sneak (šnek. mokinių tarpe) ~inėti 1 (įskundinėti) denóunce (to), infórm (against), repórt (on smb to) 2 (įduoti, įteikti) hand (óver) (to); delíver (to)

ideal‖as ìdéal ~istas, -ė ìdéalist ~istinis ìdealístic(al) ~izacija, ~izavimas ìdealizátion ~izmas ìdéalism ~izuoti idéalìze ~umas ìdeálity ~us ìdéal; (tobulas, puikus t.p.) pérfect

įdeg‖imas (nuo saulės) súnbùrn, tan, sún-tàn ~ti 1 (apie ugnį) kíndle, enkíndle 2 (saulėje) becóme* tanned / súnbùrnt / brown, bake in the sun; tan

idėj‖a ìdéa; (sąvoka) nótion; cóncèpt; geniali i. brílliant ìdéa; kovoti dėl ~os fight* for an ìdéa; ~os žmogus hìgh-príncipled man*, man* of prínciple; romano i. the ìdéa, arba the púrpose, of the nóvel

įdėjimas (lėšų) ekon. invéstment

idėj‖inis 1 ìdeológical 2 (apie literatūrą ir pan.) élevàted; lófty 3 (veikiantis dėl idėjos) (hìgh-)príncipled ~iškas (ypač apie meną) high

įdėm‖umas atténtiveness ~us atténtive

identifik‖acija, ~avimas ìdèntificátion ~uoti ìdéntifỳ

identiškas ìdéntical

ideolog‖as ìdeólogist ~ija ìdeólogy ~inis ìdeológical

įdėtė case; (maža t.p.) ètuí [e'twi:]

įdėti 1 put* in; insért (in, into); (į makštis) sheathe; į. į voką enclóse 2 (įmokėti) pay* in 3 (straipsnį laikraštyje) insért

įdiegti spread*; (idėjas t.p.) implánt, ingráft; própagàte (kultūrą ir pan.); ínculcàte (upon); instíl (into)

idil‖ė lit. ídyll ~iškas ìdýllic

ydingas deféctive

idioma ídiom ~tika ìdiomátics; the ìdiomátic expréssions pl

idiot‖as (silpnaprotis) ídiot, ímbecìle; (kvailys) dolt, dunce ~iškas ìdiótic, ímbecìle ~izmas ídiocy, ìmbecílity

įdirbti (žemę) till, cúltivàte

įdom‖umas ínterest ~us ínteresting; (apie žmogų) prèposséssing; ~i / žavi moteris attráctive wóman*

įdrėksti scratch; (audeklą) tear* slíghtly

įdrėskimas scratch

įdribti túmble (in, into)

įdriksti tear* (slíghtly), becóme* / get* torn (slíghtly)

įdristi grow* / becóme* bólder

įdrožti 1 (įpjauti) cut* in; make* an incísion (on); cut* slíghtly 2 (greitai įeiti) rush (into); burst* (in, into)

įdub‖a, ~imas, ~is hóllow, cávity; (apie vietovę t.p.) depréssion ~ti sink* in, becóme* hóllow / súnken / depréssed ~us hóllow, depréssed

įdukra fóster-daughter, adópted dáughter

įdukrinti adópt (a girl)

įdūkti (įniršti) rage, becóme* frántic / fúrious; get* / fly* ínto a rage, get* fúrious

įduoti 1 (įteikti) hand (in / óver) (to); delíver (to) 2 (įskųsti) denóunce (to), infórm (against), repórt (on smb to)

įdūrimas prick

įdurti prick; (įbesti) thrust (into)

įdužimas crack, split, rift

įdužti crack / split slíghtly

įdvasin‖imas (veiksmas) spìritualizátion; (dvasingumas) spìrituálity ~ti spíritualìze, súblimàte

įeiti énter; go* in, come* in; go* (ínto), come* (ínto)

įėjimas éntrance, éntry

įelektrinti eléctrifỳ

iena shaft

įerzinti tease up

ieškinys teis. áction, suit; civilinis i. cívil áction

ieško‖jimas search(ing) (for); quest (of) poet. ~ti 1 look (for), search (áfter, for); seek* (áfter) *poez.*; ∼*tį* **pagalbos** seek* (for) help; ∼*tį* **tarnybos** seek* (for) a sìtuátion; look for a job *šnek.* 2 *teis.* claim (dámages, lósses, *etc.*) (from) △ **ko akimis** ∼*tį* try to catch sight of smb ∼**tojas**, -a séeker; **nuotykių** ∼**tojas** advénturer; **nuotykių** ∼**toja** advénturess ∼**vas** pláintiff; prósecùtor; (*skyrybų byloje*) petítioner ∼**vė** pláintiff

 iešm‖**as** 1 spit (*for roasting*) 2 *glžk.* ráilway point, switch ∼**ininkas** *glžk.* swítchman*; póintsman*

iet‖**is** spear, lance; *ist.* (*pėstininko*) pike; ∼**ies metimas** *sport.* jávelin thrówing; **kautis** ∼**imis** *ist.* tilt, joust

ieva *bot.* bírd-chèrry tree

įformin‖**imas** (*formalumų atlikimas*) official règistrátion ∼*tį* régister offícially, make* offícial; ∼*tį* **dokumentą** draw* up a dócument; ∼*tį* **kieno dokumentus** put* smb's pápers in órder

įgabenti take* / cárry ín(to), bring* ín(to)

įgal‖**inti** enáble* ∼**iojimas** 1 (*raštas*) létter / wárrant / pówer of attórney; **gauti pinigus pagal** ∼**iojimą** get* móney by wárrant, *arba* by pówer of attórney 2 (*veiksmas*) àuthorizátion, empówering ∼**ioti** áuthorìze (+ to *inf*), empówer (+ to *inf*); (*pavesti*) commít (to) ∼**iotinis** commíssioner, áuthorìzed ágent; (*patikėtinis*) cònfidéntial pérson / ágent; (*atstovas*) rèpreséntative, próxy ∼**iotojas**, -a príncipal

įgarsinti (*pvz., filmą*) score for sound

įgąsdinti intímidàte

įgaub‖**a**, ∼**imas** còncávity; ∼**tas**, ∼**tinis** còncáve ∼**ti** curve / bend* ínwards

įgauti take*; *į.* **ko formą** take* the shape of smth; *į.* **reikšmę** rise* in impórtance

įgeidis whim, capríce, whímsy

įgėlimas sting

įgelti sting*; (*apie gyvatę*) bite*; *prk.* (*žodžiais*) sting*, bite*, wound

įgiji‖**mas** (*veiksmas*) àcquisítion

įgimtas innáte, ìnbórn; (*apie ligas ir pan.*) congénital

įgyti 1 get*, acquíre, gain; *į.* **blogą vardą** acquíre a bad* rèputátion; fall* ínto dìsrepúte; *į.* **kieno palankumą** win* / gain smb's fávour; obtáin smb's good gráces 2 (*pirkti*) buy*, púrchase

įgyvendin‖**imas** rèalìzátion, pútting ínto práctice; (*įvykdymas*) condúcting, cárrying out; èxecútion ∼*tį* réalìze, put* ínto práctice; (*įvykdyti*) fulfíl, accómplish

įgnybti pinch, nip; tweak

ignor‖**avimas** ignóring ∼**uoti** ignóre; (*nepaisyti*) dìsregárd

įgrimzti sink* (ínto), plunge (ínto)

įgris‖**ti** péster (*with*), bóther (*with*), bore (*with*); **jis man baisiai** ∼**o** he bores me to death

įgriūti come* down; túmble (in, ínto) *šnek.*; (*įsiveržti*) burst* (in, ínto)

įgroti: *į* **plokštelę** have* some músic recórded

įgrūsti push (ínto); shove (ínto); hústle (ínto)

įgud‖**ęs** (*miklus, sumanus*) skílful; (*prityręs*) expérienced ∼**imas** *žr.* įgūdis

įgūd‖**is** skill; hábit, práctice; **darbo** *į.* hábit of work; **įgyti** *į.* acquíre a hábit / skill

įgula *kar.* gárrison; (*laivo, lėktuvo ir pan.*) crew

įgusti acquíre a hábit; becóme* profícient (in + *ger*); grow* / get* accústomed / used (to + *ger*); **jis jau įgudo į tai** he has àlréady got accústomed, *arba* he is àlréady used, to this

įgužėti come* (quíckly) in crowd(s) (ínto)

įjoti ride* (in, ínto)

įjung‖**iklis** switch ∼**imas** *tech.* (*pvz., mechanizmo*) engáging; (*srovės*) swítching on; (*dujų*) túrning on ∼**ti** *tech.* (*mechanizmą*) engáge; (*srovę*) switch on; (*paleisti*) start; (*dujas*) turn on

įkaino‖jimas èstimátion; éstimàte; (*turto*) vàluátion ~ti fix the price (*of*); éstimàte, eváluàte; (*pripažinti vertę*) appréciàte

įkaisti becóme* héated; get* hot

įkaitas 1 (*daiktas*) pledge, pawn **2** (*žmogus*) hóstage

įkaitinti heat enóugh; (*raudonai*) heat rèd-hót; (*baltai*) heat whìte-hót

įkalbė‖jimas 1 persuásion **2** (*įtaiga*) persuásion; suggéstion; ~ti persuáde (+ to *inf*); (*įteigti*) suggést; indúce (+ to *inf*); talk (ínto *ger*); (*įtikinti*) bring* home (*to*); (*apie plokštelę, juostą*) have* one's speech, *etc.*, recórded

įkalbinė‖jimas trýing to persuáde, persuásion ~ti (try) to persuáde smb (+ to *inf*)

įkalin‖imas imprísonment ~ti impríson, put* ínto príson, jail

įkalnė slope, híll-sìde

įkalti (*vinį ir pan.*) drive* in, hámmer in △ į. kam į galvą hámmer ínto smb's head

įkandimas bite; (*vabzdžio*) sting

įkandin: eiti į. ko fóllow smb close, tread* on smb's heels

įkapės shroud, cérement

įkarpa notch, incísion

įkaršt‖is clímax; ~yje in full swing; ginčo ~yje at the height of the dispúte, in the heat / blaze of the árgument; kovos ~yje in the tíghtest point of the strúggle, in the thick of the fight, at the height of fíghting

įkàsti dig* in / ínto

įkásti bite*; (*apie vabzdį*) sting*

įkauš‖imas intòxicátion ~ti get* / becóme* drunk / típsy / intóxicàted ~ęs intóxicàted, inébriate; drunk, típsy

įkei‖sti pawn; (*nekilnojamąjį turtą*) mórtgage ~tėjas, -a mòrtgagór ~timas (*veiksmas*) páwning; (*nekilnojamojo turto*) mórtgaging; ~timo raštas mórtgage

iki 1 *prl.* to; (*galutiniam judėjimo punktui žymėti*) as far as; (*galutinei laiko ribai žymėti*) till; untíl (*papr. sakinio pradžioje*); iki galo to the end; iki paskutinio lašo to the last drop; iki stoties toli it is far, *arba* a long way, to the státion; nuo vieno iki dešimt from one to ten; važiuoti iki Vilniaus go* as far as Vílnius; iki dešimt dienų no more than ten days; vaikai iki šešiolikos metų chíldren únder 16 **2** *jng.* (*ligi*) untíl, till; palauk, iki jis ateis wait till he comes **3** *prv.*: iki čia up to here; iki šiol up to now, till now; hìthertó △ iki pasimatymo good-bye

įkibti seize, lay* hold (*of*), grasp, cling* (*to*)

ikimokyklinis prè-schóol

įkimšti push (in, ínto), cram (in, ínto)

įkinkyti hárness (*to*), put (*to*)

įkyp‖ai 1 *prv.* oblíquely **2** *prv., prl.* aslánt ~as slánting; skew, oblíque

įkyr‖ėti péster (*with*), bóther (*with*), bore (*with*); wórry (*with*); plague (*with*); jis, ji ir t.t. man ~ėjo iki gyvo kaulo he, she, *etc.*, bores / pésters me to death; jam, jai ir t.t. ~ėjo (+ bendr.) he, she, *etc.*, is tíred (of *ger*); he, she, *etc.*, is sick (of + *ger*) *šnek.*

įkirpti make* an incísion (*on*); cut* slíghtly with scíssors

įkirsti 1 hew in, notch; cut* slíghtly **2** (*rykščių*) thrash (*smb*), give* (*smb*) a thráshing **3** (*apie gyvatę*) bite*; (*apie vabzdžius*) sting*

įkyr‖uolis, -ė bore, núisance ~us bóring, írksome, bóthersome, bóthering, tíresome; pésky *amer. šnek.*

ikišiolinis up to now

įkišti put* (ínto, in), shove (ínto, in)

įklij‖a ínsèt ~uoti paste in

įklimpti stick* (in), sink* (in, ínto); į. į purvą stick* in the mud △ į. į skolas be* over head and ears in debt

įkliūti be* caught; get* (in, ínto)

įklot‖as (apie avalynę) ínsòle; ínner sole; sock ~į put* in

įknibti: į. į knygas búry ònesélf in books

įkopti climb up, clámber (up)

ikraĩ 1 (žuvies viduriuose) (hàrd-)róe sg; (išneršti kiaušinéliai) spawn sg 2 (užkandžiams) cáviàr(e) sg; grūdìniaĩ į. soft cáviàr(e); juodiejį į. pressed cáviàr(e); raudoniejį į. red cáviàr(e); (baklažaną, grybų ir pan.) paste

įkrauti load (in)

įkrėsti 1 (pvz., šiaudų) scátter (in, ínto); (pvz., košės) put* (in, ínto); pour (ínto) 2 prk. (mušti) thrash (smb), give* (smb) a thráshing

ikringas roed

įkristi fall* / sink* ínto

įkrova 1 (tai, kas įkrauta) load; (laivo) cárgò (pl cárgòes); shípment 2 el. charge

įkūn‖ijimas ìncàrnátion, embódiment ~yti ìncàrnàte, embódy; jis ~ytas šykštumas he is méanness pèrsónified / incárnate

įkurdin‖imas séttling ~ti séttle

įkūr‖ėjas fóunder; (teorijos ir pan. t.p.) oríginàtor ~imas fòundátion, fòrmátion

įkurt‖i 1 (pvz., miestą, organizaciją) found; form; órganìze 2 (ugnį) make* up the fíre ~uvès hóuse-wàrming sg; keltì ~uves give* a hóuse-wàrming

įkvėp‖ėjas inspírer ~imas 1 (kūrybinis dvasios pakilimas) ìnspirátion 2 (oro) ìnhalátion ~ti 1 (dvasinį pakilimą) inspíre (smb with smth) 2 (oro) inhále, breathe in

yl‖a awl △ ~os maiše nepaslėpsi múrder will out

įlaipinti: į. ką į laivą embárk smb

įlanka bay; gulf

įlašinti put* / pour some drops (in, ínto); į. vaistų drop, arba pour out, some médicine

įlaužti break* slíghtly, break* (through); make* an ópening

įlei‖dimas 1 (pro duris) admíttance, admíssion 2 (vaistų) injéction; poodìnis ~dimas hỳpodérmic injéction ~sti 1 (pro duris) let* in, admít; neįleiskite jo keep him out, don't let him in 2 (vaistus) injéct 3 (pvz., alaus) pour in

įlėkti fly* (in, ínto); į. pro langą fly* in through the wíndow

įlenkti curve / bend* ínwards; incúrve

ilga‖amžis lásting; lòng-líved ~ausis lòng-éared ~barzdis lòng-béarded

ilgainiui in time; in due course; evéntually; láter (on); áfterwards

ilga‖kaklis lòng-nécked ~kojis lòng-légged; lòng-shánked fam.; (apie žmogų t.p.) lánky, léggy ~laikis of long dùrátion, lásting; kar. pérmanent; ~laikis įtvirtinimas pérmanent work ~metis of mány years (stánding); ~metė draugystė a friendship of mány years stánding ~nosis lòng-nósed ~plaukis lòng-háired

ilg‖as 1 (erdvės atžvilgiu) long 2 (laiko atžvilgiu) long; dúrable; prolónged ~ai (for) a long time ~am for a long time △ jo į. liežuvis he has a long tongue, he is a bábbler

ilga‖skvernis lòng-lápped ~uodegis lòng-táiled

ilg‖ėjimasis, ~esys lónging (for), yéarning (for); grief (for); tévynés ~esys hómesìckness; nòstálgia; (apie mylinčio, įsimylėjusio žmogaus ilgėjimąsi) pangs of love

ilgėti léngthen, becóme* / grow* lónger; (apie laiką) becóme* prolónged

ilg‖ėtis long / pine (for); miss; į. tévynès be* hóme-sìck; jis labai ~isi draugų he mísses his friends bádly

ilg‖inti léngthen, make* lónger, prolóng ~is length; į ~į léngthwìse, lóngwìse; per visą ~į at full length; išsitiesti visu ~iu méasure one's length ~ti becóme* / grow* lónger

ilgu it is dull / tédious / bóring; man į. I am lónging for ...; I am bored

ilg‖uma *geogr.* lóngitùde ~umas length; (*apie laiką*) dùrátion ~ūnė̃liai: *línai* ~ūnė̃liai lóng-fìbre flax *sg*

įlydėti see* smb ínto, accómpany smb (in, ínto)

įlydyti fuse in; (*ką į ką*) fuse (ínto)

įliedinti *tr.* **įlydyti**

įlie‖jimas infúsion ~ti infúse; pour in

įlink‖as còncáve ~imas, ~is bend ~ti curve / bend* ínwards; grow* / becóme* curved

įlip‖dyti, ~inti paste (in, ínto)

įlip‖imas (*į laivą*) èmbàrkátion; (*į lėktuvą, traukinį*) bóarding ~ti (*į traukinį*) get* (ínto); (*pvz., į medį*) climb (up)

įlįsti get* (in, ínto)

įlituoti sólder in

iliumin‖acija illùminátion ~uoti illùmináte

iliustr‖acija ìllustrátion ~atorius ìllustràtor ~avimas ìllustrátion ~uotas ìllustràted; ~uotas žurnalas ìllustràted màgazíne, pictórial ~uoti ìllustràte ~uotojas ìllustràtor

iliuz‖ija illúsion ~inis illúsive, illúsory

ils‖ėjimasis rest ~ėti(s) rest, take* / have* a rest ~inti (*varginti*) tíre, wéary ~ti get* tíred ~us (*varginantis*) tíresome, tíring, wéaring, wéarisome

ilt‖inis (*apie dantį*) cánìne ~is fang

įlūž‖imas, ~is frácture, break* ~ti be* / becóme* fráctured, crack

įmagnetinti mágnetìze

įmaiš‖yti 1 mix in 2 *prk.* (*įpainioti*) mix up (*in*), ímplicàte (*in*); invólve (smb in smth) 3 (*apie duoną ir pan.*) mix; ~yti tešlą knead dough / paste

įman‖yti 1 (*įstengti, galėti*) be* áble; *dìrbsiu kiek* ~ydamas I shall work hard; I shall do / try my best *šnek.* 2 (*suprasti*) ùnderstánd*; *ne(be)įmanau, ką daryti* I don't know what is to be done ~omas 1 (*galimas*) póssible 2 (*suprantamas*) intélligible; (*aiškus*) clear

įmantr‖ybė, ~umas fáncifulness; preténtiousness ~us fánciful, preténtious; (*apie stilių*) bizárre

įmau‖tė (*futliaras*) case ~ti put* (in, ínto)

imbier‖as *bot.* gínger ~inis gínger *attr*

įmegzti knit* in, ìntertwíne (*with*), ìnterláce (*with*)

įmesti throw* (ínto); drop (ínto); *į. laišką* drop a létter

įmėžti manúre, dung

įmiešti mix in

įmygis deep / sound sleep

įmigti fall* asléep

imigr‖acija ìmmigrátion ~antas, -ė ímmigrant ~uoti ímmigràte

įminėti take* (at times)

įminimas (*mįslės*) answer to, *arba* solútion of, a ríddle

įminti I (*mįslę*) guess

įminti II (*įtrypti, įmindžioti*) trámple down

įmirk‖yti wet thóroughly, drench, soak; ímprègnàte (*with*) ~ti becóme* / get* wet

imit‖acija (*įvairios reikšmės*) ìmitátion ~avimas ìmitátion ~uoti ìmitáte

iml‖umas 1 capácity 2 (*receptyvumas*) recéptìvity; susceptibílity ~us 1 capácious 2 recéptive, suscéptible

įmok‖a páyment, fee, due; (*mokant dalimis*) instálment ~ėjimas páyment ~ėti pay* in

įmok‖yti ínstigàte (*to*, + to *inf*), put* up, incíte (*to*, + to *inf*); *jis ~ė ją tai padaryti* he ínstigàted / incíted her to do this

įmon‖ė ùndertáking, énterprìse; *metalurgijos į.* mètallúrgical works ~ininkas fáctory-owner, míll-owner; ówner (of búsiness, of a firm); emplóyer

įmontuoti mount (in), assémble, fit (in)

įmotė fóster-mòther

įmova case [-s], (*baldams*) cóver; (*instrumentams*) ínstrument-càse

imperator‖ienė émpress ~inis, ~iškas émperor *attr*, impérial ~ius émperor imperi‖alistas impérialist ~alistinis impèrialístic ~alizmas impérialism ~ja émpìre

impilas tick

imponuoti commánd (smb's) respéct, impréss (smb), impóse (on smb)

import‖as ímpòrt ~avimas ìmpòrtá-tion ~inis impórted; ~inės prekės ímpòrts ~uoti impórt ~uotojas im-pórter

impregn‖avimas ìmpregnátion ~uo-ti ímpregnàte (with), soak / steep (in)

improviz‖acija ìmprovìsátion ~uoti ímprovìse, extémporìze

im‖ti 1 (tverti, čiupti) take* 2 (derlių) hárvest, gáther in 3 (vesti) márry 4: peilis, dalgis ir pan. ìma the knife*, the scythe, etc., cuts 5 (pra-dėti) begín* (+ to inf); vaikas ~a verkti the child* begíns to cry 6 (pvz., mokesčius) lévy, colléct; (ypač apie mokesčius) raise 7 (griebti, apie abstrakčius dalykus): jį baimė ~a he feels fear; mane juokas ~a I am seized / òvercóme with láughter △ i. į nelaisvę take* prísoner; i. į galvą take* / lay* to heart; gaidą i. sing* a note; (grojant) play a note; i. viršų take* / gain the úpper hand (over); preváil (over); i. žodį take* the floor; i. iš ko pavyzdį fóllow smb's exámple; i. į savo rankas take* in hand, take* ínto one's own hands; apskri-tai ~ant in géneral ~tinai inclúsive; nuo sausio 1 iki 10 dienos ~tinai from the 1st to the 10th of Jánuary inclúsive ~tynės sport. wréstling sg; eiti ~tynių sport. wréstle ~tynininkas sport. wréstler ~tis set* to, take* to; ùndertáke; ~tis darbo set* to work, get* / go* down to work; ~tis priemonių take* méasures ~tis dktv. mat. sámple ~tuvas wíreless (set), recéiver; radi-jo ~tuvas rádiò(-recéiving) set

įmuilinti rub / cóver with soap, soap

imunitetas immúnity

įmūryti brick ínto / up

įmušti drive* in; (įkalti) hámmer in; į. įvartį sport. score a goal

įnagininkas (linksnis) ìnstruméntal case

įnagis (įrankis) ínstrument; tool

įnam‖ys lódger ~iauti lodge

įnašas 1 còntribútion; į. į kultūrą còntribútion to cúlture 2 depósit; invéstment

incidentas íncident

ind‖ai plates and díshes; fajansiniai i. éarthenwàre, cróckery sg; porce-lianiniai i. chína sg; virtuviniai i. kítchen uténsils ~as plate; véssel; dish; ~ų parduotuvė chína-shòp, cróckery shop ~auja drésser

indas, -ė Hìndú, Hìndóo

indėlininkas, -ė depósitor; smulkus i. small depósitor

indėl‖is 1 (įdėti pinigai) depósit; invéstment; neterminuotas i. de-pósit at / on call; terminuotas i. tíme-depòsit; įnešti ~į depósit móney; išimti ~į withdráw a depósit 2 prk. còntribútion; vertingas i. į mokslą váluable còntribútion to scíence

indėn‖as, -ė (Américan / Red) Índian ~iškas (Américan / Red) Índian

individas ìndivídual

individual‖ybė ìndivìduálity ~inis ìndivídual ~izmas ìndivídualism ~umas ìndivìduálity ~us ìndivídual

indoeuropiečių Ìndò-Européan

industr‖ializacija, ~ializavimas in-dùstrializátion ~ija índustry; leng-voji ~ija light índustry; sunkioji ~ija héavy índustry ~inis indústrial ~izuoti indústrialìze

inerci‖ja inértia; moméntum; iš ~jos únder one's own moméntum; mechánically, automátically

įnerti dive (in, into)

inert‖iškas inért; slúggish (t.p. prk.) ~iškumas inértness; slúggishness, sloth (t.p. prk.)

įnešti bring* in, cárry in

infekc‖ija inféction, contágion ~inis inféctious; zỳmótic; contágious; ~inis susírgimas inféctious diséase

infliacija *ekon.* inflátion

inform‖acija ìnformátion; réference; ~acijos biuras ìnformátion bùréau; inquíry óffice ~atorius infórmer ~uoti infórm

inicialai inítials

iniciat‖yva inítiative; savo ~yva on one's own inítiative; paimti ~yvą į savo rankas take* the inítiative ~orius inítiàtor

įnikti applỳ ònesélf (to); work with a will (on); į. į knygą be* deep / absórbed in a book

įnirš‖ęs fúrious, enráged ~imas fúry; rage ~inti enráge, make* fúrious; drive* wild ~is fúry, rage ~ti becóme* fúrious; get* wild; fly* ínto a rage

įnirt‖imas fúry, rage ~ingas fúrious, fierce, bítter; hárdened; (smarkus) víolent; ~inga kova víolent/bítter fight/strúggle ~ingai with bítterness

injekcij‖a *med.* injéction; padaryti ~ą make* an injéction (of); injéct

inkar‖as ánchor; išmesti ~ą cast* ánchor; stovéti išmetus ~ą be* / lie* / ride* at ánchor; pakelti ~ą weigh ánchor

inkas‖avimas colléction ~uoti colléct

inkilas nésting-bòx, small wóoden box (for birds)

inkognito incógnitò

inkorpor‖avimas incòrporátion ~uoti incórporàte

inkrimin‖acija, ~avimas incrìminátion ~uoti incríminàte

inkrust‖acija inláid work, inláy ~uoti encrúst, inláy*

inkst‖as kídney; ~ų uždegimas nèphrítis

inkšti squeal, screech; (apie kūdikį) squall; (apie šunį) yelp

inkštir‖as bláckhead; pímple, blotch ~uotas pímpled, pímply, blótchy

inkuba‖cinis ìncubàtive; i. periodas ìncubátion ~torius ìncubàtor

inkvizi‖cija ìnquisítion ~cinis inquìsitórial ~torius inquísitor

įnor‖ingas whímsical, caprícious ~ingumas whìmsicálity, capríciousness ~is whim, capríce, whímsy, fáncy

įnosės *vet., med.* glánders

insceniz‖avimas 1 (scenai) dràmaṭizátion; stáging 2 *prk.* (pvz., teismo proceso) fràme-úp ~uoti 1 (veikalą) drámatìze; stage 2 *prk.* (pvz., teismo procesą) frame up

inspekcija inspéction; inspéctorate

inspekt‖as hótbèd, séed-bèd, fórcing bed / pit ~inis hótbèd attr, hóthouse attr; ~iniai augalai hóthouse plants

inspekt‖avimas ìnspéction ~orius inspéctor ~uoti inspéct

instancija ínstance

instinkt‖as ínstinct ~yvus instínctive; ~yvus judesys instínctive móvement

institutas 1 (mokslinė įstaiga) ìnstitùte; mokslinis-tiriamasis i. (scièntífic-)reséarch ìnstitute 2 (teisinių normų visuma) ìnstitútion

instruk‖cija diréctions *pl*, instrúctions *pl* ~tažas instrúcting ~tyvinis contáining / gíving ìnstrúctions; instrúctional; instrúctive ~torė instrúctress ~torius instrúctor ~tuoti instrúct, advíse

instrument‖as ínstrument; (darbo įrankis) tool ~inis *muz.* ìnstruméntal

intakas (upės) tríbutary, áffluent

intarpas 1 insértion 2 *gram.* ínfix

integra‖cija ìntegrátion ~las íntegral ~lumas entírety; intégrity ~lus íntegral

intelekt‖as íntellèct ~ualinis, ~ualus ìntelléctual

inteligen‖cija cúlture ~tas, -ė ìntelléctual ~tija ìntelléctuals, *pl*; intèlligéntsia ~tiškas cúltured, éducàted

intencija inténtion

intendant‖as *kar.* cómmissary ~ūra còmmissáriat

intensyv‖inti inténsify ∼umas inténsity ∼us inténsive

interes‖antas vísitor, cáller ∼as ínterest; jūsų ∼ais it is (to) your ínterest; it is to your bénefit ∼uoti ínterest ∼uotis be* ínterested (in)

Internacionalas (himnas) the Internátionale

internacional‖inis internátional ∼izmas internátionalism

intern‖atas (mokykla) bóarding-school ∼uoti intérn; ∼uotas asmuo internée

intervalas (įv. reikšmėmis) space, ínterval; gap

interven‖cija intervéntion ∼tas intervéntionist

interviu ínterview

intym‖umas intímity ∼us íntimate

inton‖acija (įv. reikšmėmis) intonátion ∼uoti intóne

intrig‖a intrígue, plot ∼antas intrigánt, intríguer, plótter ∼antė intrigántė, plótter ∼uoti 1 (intrigas daryti) cárry on an intrígue; intrígue 2 (kelti smalsumą) intrígue

intuicija intuítion

invalid‖as ínvalid; karo i. disábled sóldier; darbo i. disábled wórker ∼umas disáblement

invazija invásion, ínroad

inventor‖ius 1 (sąrašas) ínventory 2 (įrengimai) stock; gyvasis i. live stock; negyvasis i. dead stock; žemės ūkio i. àgricúltural ímplements ∼izacija máking ínventory; kom. stóck-tàking ∼izuoti ínventory; (be papildinio t.p.) take* stock

inversija lingv., mat. invérsion

invest‖avimas, ∼icija ekon. invéstment ∼uoti invést

inžinerija èng인éering

inžinierius ènginéer

ypač, ∼iai espécially; particularly

įpainioti entángle; (prk. t.p.) invólve, ímplicàte

įpak‖avimas páckage, pácking; kaina be ∼avimo pácking not inclúded ∼uoti pack (up)

įpareigo‖jimas obligátion ∼ti óbligàte, bind*

ypat‖ybė peculiárity ∼ingas (e)spécial, partícular, pecúliar △ nieko ∼ingo nóthing in partícular, nóthing out of the way; nóthing much šnek.; nóthing to write home abóut idiom. ∼ingumas, ∼umas peculiárity

įpėdin‖ė héiress ∼is 1 heir; lègatée 2 prk. (tęsėjas) succéssor ∼ystė inhéritance, légacy; ∼ystės keliu by right of succéssion

įperkam‖as móderate in price, cheap ∼umas móderate price, chéapness

įpiečiau more sóuthward, fárther to the south

įpyk‖dyti, ∼inti make* ángry; get* / raise smb's dánder up idiom. ∼ti get* ángry (with)

įpylimas infúsion; póuring (in, into)

įpil‖as zr. impilas; ∼ti pour in; pour (into)

įpinti plait (into)

įpiršti 1 (kalbinti vesti arba tekėti) match 2 (įsiūlyti) foist / palm smth off on smb; put* off smth upón smb

įpjauti cut* slíghtly; make* an incísion (on); j. pjūklu make* an incísion by sáwing (in)

įpjov‖a, ∼imas cut, incísion; (pjūklu) sáw-cùt

įplauk‖os (pajamos) íncome sg; recéipts ∼ti sail in; steam in; (apie plaukiką) swim* in

įplėšti tear* slíghtly

įpliekti thrash smb, give* smb a thráshing

įplyšti becóme* torn slíghtly

ipoteka ekon. mórtgage

įprasminti give* a sense / méaning

įprast‖as úsual, órdinary; į. reiškinys a úsual thing; ∼u laiku at the úsual time, at the úsual hour; į. judesys habítual móvement △ tai jam ∼a it is the cústom with him ∼i get* accústomed / used (to + ger); accústom ònesélf (to) ∼inis žr. įprastas įprašyti ask (smb) in(to), entréat / beg / beséech* (smb) in(to)

įprat‖imas hábit ~inti train (to); school (to)

įpro‖tis hábit; turéti ~tį be* in the hábit (of), be* given (to), be* accústomed (to); pasidarytį ~čiu becóme* / grow* a hábit / cústom with smb

įpuséti (padarytį pusę darbo) do* a half of some work; (pasiekti pusę) reach (arba come to) the míddle

įpūsti 1 blow* ínto 2 (ugnį) fan; (pvz., dumplémis) blow* (t.p. prk.)

ir jng. and; and then; and so; tu ir aš you and I / me; ... ir jis išvažiavo and then he left; jis rengési perskaitytį ir perskaité he thought he would read it and so he did △ ir taip toliau et cétera (sutr. etc.) and so forth, and so on; ir štai and now

įraiža cut, incísion

įrank‖is (t.p. prk.) ínstrument; ímplement; tool; gamybos ~iai ímplements of prodúction; darbo ~iai tools / ínstruments

įranta notch, cut, mark, incísion

įrašas 1 récòrd; éntry (t.p. buhalterijoje) 2 (pvz., paminkle) inscríption; (monetoje) légend

įraš‖ymas (į sąrašą) enlísting, éntry; (į protokolą) enrégistering; insértion ~yti (į sąrašą ir pan.) énter; inscríbe (in, on), insért (in)

įregistruoti régister; į. pasą régister / vísa a pásspòrt; į. į namų knygą régister

įréminti set* in a frame; frame

įremti rest (against), set* (against)

įreng‖imai equípment, óutfit sg; (apie mašinas) machínery ~imas (veiksmas) equípment, tech. móunting, ìnstallátion; (apie aparatą, prietaisą) sétting ~ti arránge, equíp; fit* out

įréplioti crawl (in, into; on, up)

įréžti cut* in; make* an incísion (on); cut* slíghtly

irgi álsò, as well, too; jis į. eis he is álsò góing; he is góing as well, arba too; aš buvau ten, mano brolis į. buvo I was there, my bróther was there álsò, arba so was my bróther

įryčiau more éastwards, fárther to the east

įriedéti roll in

irigacija ìrrigátion

yri‖kas rówer, óarsman* ~mas(is) rówing

irimas 1 disìntegrátion; bréak-up; prk. collápse 2 chem. decáy, dissòciátion

įrioglinti drag (in, into)

įristi roll in

įriš‖éjas: knygų į. bóok-bìnder ~imas (knygos) 1 (veiksmas) bínding 2 (kietviršis) bínding, bóok-còver ~ti 1 knit* in, tie up 2 (knygas) bind*

įritinti roll in

irkl‖as oar; pá·ldle; (trumpas) scull ~uoti row, pull, scull, páddle ~uotojas rówer, óarsman*; geras ~uotojas a good oar; jis geras ~uotojas he pulls a good oar

įrod‖ymas 1 proof évidence; árgument; daiktinis į. matérial évidence 2 demonstrátion ~yti prove, démonstràte; tai ~o jo kaltę this árgues / proves / shows his fault; tai ir reikéjo ~yti which was to be proved / shown

iron‖ija írony ~iškas ìrónical ~izuoti speak* ìrónically (of)

įropoti crawl in / ínto

irti I (ardytis) 1 come* ùndóne; (leistis iš siūlų) rip; get* ùnstítched / ùnpícked 2 (trupéti) disíntegràte, fall* to píeces, break* down (into), come* apárt/asúnder; decáy; prk. break* up; collápse 3 chem. dissóciàte 4 (apie sveikatą) becóme* worse

ir‖ti II (irkluoti) row ~tis row, pull, scull, páddle

įrūgti sour, turn sour

irus fríable; crúmb(l)y

irzl‖umas ìrritabílity, shórtness of témper ~us írritable, short of témper, shòrt-témpered, pétulant; jis labai ~us he is véry írritable įsakas 1 decrée, édict 2 órder

įsak‖ymas 1 órder; commánd; *kieno nors* ~*ymu* by the órder of smb; *duoti* ~*ymą* give* the órder; *gauti* ~*ymą* be* órdered 2 *bažn.* commándment ~*inėti* give* órders ~*yti* órder (+ to *inf*), commánd (+ to *inf*), diréct (+ to *inf*); *jis* ~*ė jai eiti ten* he órdered / commánded that she should go there ~*ytinis (apie vekselį)* draft; *teis.* (*testamento*) exécutor (of smb's will) ~mus définite, precise ~omasis ímperative

įsčios womb

įsegti fásten

įsėlinti steal* in / ínto, slip in / ínto

įsėlis *žemd.* addítional seed sown ínto céreal crops

įseserė stép-sìster

įsėti sow* in

įsiausti múffle, wrap up

įsibėgė‖jimas rúnning start ~ti make* one's run, run* up (*to jump, dive, etc.*); *šokti* ~*jus* take* a rúnning jump

įsibesti 1 (*sau*) run* (*in, into*), stick* (*in, into*) 2 (*savaime*) run* / stick* òneself (*in, into*)

įsibr‖auti 1 (*į šalį*) inváde; *prk.* encróach (*upon*), break* (*in, into*) 2 (*apie klaidą*) steal* in, slip in ~*ovimas* (*į šalį*) invásion (*of*); *prk.* encróachment (*upon*); intrúsion (into, upon)

įsidainuoti get* warmed up (to sínging); *jis dar neįsidainavo* he has not yet got warmed up

įsidanginti move (*into*), take* up one's abóde (*in*), instáll òneself (*in*)

įsideg‖ti flame up, flare up; *laužas* ~*ė* the fire flamed up

įsidėmėti 1 pay atténtion (*to*), take* nótice (*of*) 2 take* heed (*of*), give* / pay* heed (*to*), take* smth ínto consìderátion

įsidėti put* in; put* in smth for òneself

įsidilginti néttle òneself

įsidirbti get* used / accústomed to work

įsidrąsinti grow* bólder, take* heart (+ to *inf*)

įsidrė‖ksti scratch òneself; *į. smeigtuku* scratch òneself on a pin ~*skimas* scratch

įsidūrimas prick

įsidurti prick òneself

įsigabenti bring* (*smth*) in for òneself; impórt

įsigalė‖jimas becóming strónger; consòlidátion ~*ti* 1 (*sustiprėti*) stréngthen òneself, inténsify; gain strength, becóme* consólidàted / strónger 2 (*apie paprotius, nuomonę ir pan.*) take* / strike* root

įsigalioti come* ínto force / efféct

įsigei‖sti want, like, fáncy; *jūs galite valgyti ką tik* ~*site* you may eat ánything you fáncy

įsigerinti insínuàte òneself, whéedle; worm òneself ínto the fávour, *arba* ínto good gráces, of; worm òneself ínto smb's cónfidence, ingrátiàte òneself with smb

įsigerti soak (*into*), be* absórbed (*by*), be* absórbed (*in, into*)

įsigijimas 1 (*veiksmas*) àcquisítion 2 (*pirkinys*) púrchase

įsigilinti go* deep (*into*); *reikia į šį dalyką į.* the mátter must be thóroughly invéstigated / exámined / scrútinìzed, the mátter must be gone ínto; *į. į knygą, į dalyką* be* deep / absórbed in a book, in a súbject

įsigyti 1 acquíre, gain; *į. kieno nors palankumą* win* / gain smb's góodwíll, obtáin smb's good gráces 2 (*pirkti*) púrchase

įsigyventi (*apsiprasti begyvenant*) make òneself at home; feel* at home; get* used (*to*)

įsigrūsti push òneself (*into*), shove òneself (*into*), hústle (*into*), squeeze òneself (*into*)

įsigudrinti contríve (+ to *inf*), mánage (+ to *inf*)

įsijungti join (*in*), take* part (*in*)

įsikabinti seize, lay* hold (of), grasp; cling* (to); catch* hold (of)

įsikalbėti 1 (įteigti sau ką nors) take* smth into one's head, inspíre ònesélf (with) 2 (įsitraukti į pokalbį) get* ínto cònversátion (with); warm up to one's tópic

įsikalti 1 hammer (smth) for ònesélf 2 prk. get* ínto one's head

įsikaršč||iavimas férvour, heat, excítement, árdour ~iuoti flush with, becóme* excíted, grow* héated

įsikasti búry ònesélf (into); kar. dig* in

įsikąsti 1 bite* (into) 2 (laikyti tarp dantų) take* smth into one's teeth

įsikelti move (into), take* up one's abóde (in); instáll ònesélf (in)

įsikeroti take* / strike* root

įsikibti seize, catch* hold of, grasp; į. kam į plaukus seize smb by the hair

įsikinkyti hárness ònesélf

įsikiš||imas ìnterférence; (nepageidaujamas) méddling, ìntervéntion ~ti 1 ìnterfére (with), ìntervéne (in) 2 (nepageidaujamai) méddle (with)

įsiklausyti lísten atténtively (to); lend* an (atténtive) ear (to), lend* one's ear (to)

įsikniaubti búry ònesélf (in), hide* (one's face) (in); į. į knygą búry ònesélf in a book; į. galva į priegalvį búry one's head in one's píllow

įsikopti climb (up)

įsikosėti have* a fit of cóughing

įsikraustyti move (into), take* up one's abóde (in), instáll ònesélf (in)

įsikūn||ijimas ìncárnátion, embódiment, pèrsònificátion, rèalìzátion; jis — šykštumo į. he is méanness pèrsónified / incárnate ~yti be* incárnàted / embódied, be* pèrsónified

įsikurénti (apie laužą) flame up; flare up; burn*; (apie krosnį) becóme* hot enóugh

įsikūrimas séttling; ìnstallátion

įsikurti séttle, take* up one's quárters / résidence, instáll ònesélf

įsilauž||ėlis búrglar, hóusebrèaker ~iamasis: ~iamoji vagystė búrglary ~imas bréaking in / ópen ~ti break in

įsileisti 1: į. į kalbas warm up to one's tópic 2 (pvz., svečią) let* in, admít

įsiliepsnoti flare up, blaze up, break* / burst* ínto flame, take* fíre

įsilieti 1 flow ínto 2 prk. (į kokią nors organizaciją) join the ranks (of)

įsilinksminti cheer up, bríghten

įsimaišyti (įsikišti) ìnterfére (with), ìntervéne (in); cut* in; (nepageidaujamai) méddle (with)

įsimeilinti worm ònesélf ínto the fávour, arba ínto good gráces, of

įsime||sti 1 (sau ko nors) throw* in / ínto; jis ~tė kelis pagalius į vežimą he threw (arba put) some logs ínto his cart 2 (apie ligą) seize

įsimylė||jėlis lóver ~jęs: bùti ~jusiam be* in love (with); be* enámoured (of); porelė ~jusiųjų lóving couple; pair of lóvers / swéethearts ~ti fall* in love (with); lose* one's heart (into)

įsiminti mémorìze; be* retáined in smb's mémory; stick* in smb's mémory šnek.

įsimuilinti soap ònesélf

įsinorėti want (+ to inf); like (+ to inf); fáncy (+ to inf)

įsipainioti be* / get* mixed up (in)

įsipareigo||jimas òbligátion; engágement; vykdyti ~jimus meet* one's engágements; prisiimti ~jimą padaryti ką nors pledge ònesélf to do smth, take* upón òneself to do smth; bind* òneself to do smth; dgs. (pasižadėjimai) teis. liabílities ~ti pledge òneself

įsipenėti fátten (òneself)

įsipyk||ti (įgristi, įkyrėti, įsiėsti) péster (with), bóther (with); bore (with); wórry (with) △ jis man ~o iki gyvo kaulo he bores me to death

įsipilti pour in (for òneself), pour (into)

įsipinti 1 (į plaukus) plait (into) 2 prk. get* mixed up (in); get* invólved (in)

įsipiršti (*įsiūlyti, įsiprašyti*) thrust* ònesélf (*upon*); **į. kam į draugus** force one's fríendship upón smb; **į. eiti kartu** force one's cómpany upón smb

įsip||jauti cut*; **jis ~jovė pirštą** he cut his fínger

įsipjovimas cut

įsiprašyti thrust* ònesélf (*upon*); **į. eiti kartu** force one's cómpany upón smb

įsipratinti accústom ònesélf (*to*)

įsirangyti crawl (*in, into; on, up*)

įsirašyti 1 régister / énter one's name 2 (*įstoti, įsijungti*) join

įsiregistruoti régister ònesélf; get* régistered

įsirėkti start shóuting, raise a cry

įsiremti rest (*against*), set* (*against*)

įsirėžti cut* (*into*); be* engráved (*on*)

įsirioglinti 1 (*į viršų*) clámber up 2 (*į kambarį*) burst* (*in, into*)

įsiristi roll in; *prk.* run* in

įsisąmoninti réalize

įsisavin||imas mástering, cóping (*with*), assimilátion (*of*); **naujų metodų į.** mástering / assímilàting of new méthods **~ti** (*žinias*) máster; **~ti patyrimą** assímilàte the expérience; (*maistą*) assímilàte

įsisenė||jimas *teis.* prescríption; **~jimo teisė** prescríptive right **~ti** be* / becóme* cáncelled by the státute of limitátion

įsisiautė||ti 1 (*apie audrą*) ráge, blúster; (*apie jūrą*) run* high; **jūra ~jo** the sea ran high; it was a rough sea; **~jusi stichija** ráging élement 2 (*apie žmogų*) becóme* enráged

įsisiūbuoti 1 (*sūpyne*) swing*; rock ònesélf to and fro; sway 2 (*apie bangas*) run* high

įsisiūlyti thrust* ònesélf (*upon*) **į. pietums** invíte ónesèlf to dínner; **į. kam į draugus** force one's fríendship upón smb; **į. eiti kartu** force one's cómpany upón smb

įsisiurbti soak (*in*); (*apie dėlę*) bite* (*into*)

įsiskaityti read* cárefully; try and grasp the méaning (*of*)

įsiskolin||ęs in debt **~imas** debts *pl*; (*apie mokesčius ir pan.*) arréars *pl*; **padengti ~imą** pay* / clear off one's debts **~ti** be* in debt; run* ínto debt; owe (*smb, smth*)

įsiskverb||imas pènetrátion **~ti** pénetràte (*into*)

įsismaginti cheer up, grow* mérry

įsismarkauti (*apie audrą ir pan.*) rage, blúster; (*apie jūrą*) run* high; (*apie žmogų*) fly* ínto a témper; lose* one's sèlf-contról; becóme* enráged

įsismeigti pierce, go* ínto

įsispausti press (*in*), squeeze (*in, into*), squeeze ònesélf (*in, into*)

įsisprausti squeeze (*in, into*), squeeze ònesélf (*in, into*)

įsisteigti be* fóunded / estáblished, be* set up

įsistiprinti (*apie valdžią, padėtį ir pan.*) consólidàte; *kar.* fórtifỳ one's posítion

įsistverti catch / lay* hold (*of*), grasp

įsisukti (*įsigauti*) steal* (in/ínto), slip in / ínto, creep* (in/ínto)

įsisunkti soak; (*pro ką nors*) fílter; (*lašeliais*) tríckle (*through*)

įsisupti 1 (*įsivynioti*) cóver / wrap / múffle ònesélf up 2 (*sūpyne*) swing*, rock ònesélf to and fro, sway

įsisvajoti give* òneśelf up to dreams, lose* òneśelf in dreams, be* dáydreaming, be* lost / sunk in réverie

įsišaknyti take* / strike* root

įsišnekėti (*pradėti pokalbį*) get* ínto cònversátion (*with*) 2 (*noriai kalbėti*) warm up to one's tópic

įsitaisyti (*įsigyti ką*) acquíre, províde òneśelf (*with*); buy*, púrchase

įsiteikti worm òneśelf ínto the fávour, *arba* good gráces, of; ingrátiàte òneśelf with smb

įsitemp||imas strain; éffort; exértion **~ti** 1 (*stengtis*) strain òneśelf; exért òneśelf 2 (*įsitraukti, pvz., į vidų*) pull (*in, into*), draw* (*in, into*)

įsiterpti ìnterfére (*with*); ìntervéne (*in*); (*apie nepageidaujamą įsikišimą*) méddle (*with*); *į. į pokalbį* ìnterfére in the cònversátion

įsitikin‖ęs assúred, sure, cónfident; pósitive; cértain; *būti ~uslam* be* sure / pósitive *~imas* cónfidence (*in*); cértitùde (*in*); belíef, persuásion, convíction; *su ~imu* with cónfidence; *veikti pagal ~imus* act accórding to one's convíctions; *pakeisti ~imus* take* a dífferent view of things *~ti* make* sure / cértain (*of arba* that); be* convínced (*of*); sátisfy ònesélf (*that*)

įsitraukti 1 (*į karą*) becóme* invólved (in fíghting, in war) **2** (*pamégti*) becóme* keen (*on*); be* cárried awáy **3** (*įsitempti pas save*) pull (*in, into*), draw* (*in, into*)

įsitverti *žr.* **įsistverti**

įsitvirtinti (*apie valdžią, padėtį ir pan.*) consólidàte; *kar.* fórtifỳ one's posítion

įsiūbuoti swing*; move

įsiūlyti (*kam ką*) *šnek.* foist / palm smth off on smb, put* off smth upón smb; press (*on*), thrust* (*on*)

įsiurbti suck in; soak up / in; absórb

įsiusti get* / fly* ínto a rage, get* / fúrious; go* mad

įsiutęs frénzied, fúrious

įsiūti sew* (*in*)

įsiut‖imas frénzied state; rage *~inti* enráge, make* fúrious; drive* wild

įsiuv‖as (*drabužio*) gore, gússet; (*suknelės*) ínsèt *~inèti* sew* (*in*)

įsivaizduo‖jamas imáginary *~ti* **1** imágine; fáncy **2** (*dingotis, mintis*) think* too much of ònesélf △ *įsivaizduok!* fáncy!

įsiveis‖ti 1 (*sodą*) grow* up, lay* out **2**: *kambaryje ~ė blakės* there are bugs in the room

įsivelti be* / get* mixed up (*in*); méddle in (*with*)

įsiverž‖ėlis inváder *~imas* invásion (*of*); encróachment (*upon*), intrúsion (*into, upon*) *~ti* inváde; encróach (*upon*), break* (*in, into*); intrúde (*upon*)

įsivežti impórt

įsiviešpat‖auti set* in, be* estáblished; *~avo tyla* sílence fell

įsiviloti entíce in, lure in; (*apgaule*) decóy in

įsivilkti 1 (*apsirengti*) clothe ònesélf (*in*), dress ònesélf (*in*) **2** (*sunkiai įeiti*) drag ònesélf (*in, into*)

įsivynioti 1 (*pačiam į ką*) wrap ònesélf up **2** (*sau ką nors*) wrap up

įsivyr‖auti becóme* predóminant / prévalent *~avimas* predóminance, prévalence

įsižeisti take* offénce

įsižiūrėti 1 (*įsistebėti*) scrútinìze, take* a good look (*at*); peer (*at*); obsérve clósely **2** (*įsimylėti*) fall* in love (*with*); lose* one's heart (*to*)

įskait‖a 1 (*aukštosiose mokyklose ir pan.*) course crédit test (*in*); *laikyti ko ~ą* take a course crédit test (*in*); *gauti ~ą* get a pass (*in*); *pasirašyti kam ~ą* pass smb (*in*) **2** (*įskaitymas, įtraukimas į sqrašus*) inclúsion; insértion **3** (*registracija*) règistrátion *~ant* inclúding, with the inclúsion (*of*) *~yti* **1** (*įskaitą*) pass; *dėstytojas ~ė mano darbą* the téacher has accépted my páper **2** (*įtraukti, įrašyti*) inclúde (*in*); inscríbe (*in, on*), insért (*in*); régister **3** (*sugebėti perskaityti*) make* out *~ytinai* inclúsive; *nuo penktosios dienos iki penkioliktosios dienos ~ytinai* from the 5th to the 15th inclúsive *~omas* légible *~omumas* lègibílity

įskaudinti harm; do* harm (*to*); give* pain (*to*)

įskelti 1 cleave* / split slíghtly **2** (*ugnį*) strike* fíre (*from*)

įskiep‖ijimas inòculátion *~is* *bot.* scíon, graft *~yti* **1** inóculàte (*with*) **2** *prk.* ìncùlcàte (*upon*), impárt (*to*)

įskilti split* slíghtly, splínter; becóme* split

įskristi fly* ín(to); į. pro langą fly* in through the wíndow

įskubėti rush in / ínto

įskund‖ėjas denúnciàtor; sneak ~imas denùnciátion

įskųsti denóunce (to), infórm (against), repórt (on to)

islamas Íslàm

island‖as, -ė Ícelander; ~ų kalba Ìcelándic, the Ìcelándic lánguage ~iškas Íceland attr

įslinkti crawl in / ínto

įslysti slip / slide* in / ínto

įsmeigti stick* in; (akis) fix; į. akis į ką nors fix one's gaze on smb

įsmig‖ti pierce, go* ínto 2 prk. (į šir- dį, į atmintį) sink* déeply; jo žodžiai man ~o giliai į širdį his words were imprínted in my mind

įsmukti 1 (įkristi) fall* ín(to); sink* ínto 2 (pralįsti kur nors) whisk ín(to); slip / dart ín(to)

įsodinti 1 (augalą) plant 2 (į laivą) embárk, board

ispan‖as, -ė Spániard; ~ų kalba Spánish, the Spánish lánguage ~iškas Spánish

įspaudas stamp, mark, brand

įspausti press in; (įspaudą) stamp, brand

įspė‖jamasis precáutionary ~jimas 1 wárning 2 (mįslės ir pan.) ánswer (to), solútion (of) ~ti 1 let* know befórehànd (of, about); warn (of, about) 2 (mįslę ir pan.) guess

įspirti 1 kick 2 (įremti) rest (against), set* (against)

įsprausti squeeze in / ín(to); cram in / ín(to)

įsprukti steal* ín(to), creep* ín(to), slip ín(to)

įspūding‖as impósing, impréssive ~umas impréssiveness; efféctiveness

įspūd‖is impréssion; effect; padaryti kam ~į make* / prodúce an impréssion (on / upon smb), impréss

įstab‖umas žr. nuostabumas; ~us žr. nuostabus

įstaiga ìnstitútion; estáblishment; val- stybinė į. State ìnstitútion

įstang‖a éffort; ~os kartotiniai veiksmažodžiai gram. verbs exprés- sing repéated éffort

įstatai règulátions, státutes; JTO į. UNO Chárter

įstatym‖as law; státute; ~o vardu in the name of the law; ~ų leidimas lègislátion ~inis légal; legítimate

įstatyti put* ín(to); fix; (dantis) have* a set of teeth, arba a dénture, made; į. dantys àrtifícial / false teeth

įsteig‖ėjas fóunder ~imas fóunding, estáblishment, sétting up ~ti found; estáblish; set* up

įsteng‖ti be* able; jis viską ~ia padaryti he can do ánything

ister‖ija med. hystéria ~ika hystérics ~ikė hystérical wóman* ~iškas hystérical

įstiklinti glaze

įstoj‖amasis éntrance; ~amieji egza- minai éntrance exàminátions; ~ama- sis mokestis éntrance fee ~imas éntry (into)

istor‖ija 1 hístory 2 (pasakojimas) stóry 3 (atsitikimas) evént △ na ir ~ijėlė! there's a prétty kéttle of fish! ~ikas histórian ~inis, ~iškas 1 histórical 2 (žymus) históric; ~inė data históric day / date

įstoti énter; į. į klubą join the club; į. į mokyklą énter school

įstrig‖ti stick* △ žodžiai ~o jam gerklėje the words stuck in his throat; į. į širdį be* imprínted in one's mind; į. į atmintį stick* in smb's mémory šnek.

įstriž‖ainė dìágonal ~ainis dìágonal ~as slánting; oblíque ~ai slántwìse; oblíquely

įstumti push ín(to); shove ín(to)

įsūdyti salt; (mėsą) corn

įsukti screw (into)

įsūn‖ijimas adóption ~is adópted son, fóster-sòn ~yti adópt ~ytojas adópter, adóptive fáther, fóster-fàther įsupti 1 (įvynioti) múffle; wrap up; (į antklodę) tuck up 2 (supyne) swing* up

iš 1 (vietai žymėti) from: atvykti iš Londono come* from Lóndon; out of: išimti iš kišenės take* out of one's pócket 2 (laikui žymėti) from: iš mažens from a child; in: iš ryto in the mórning 3 (žymėti medžiagai, iš kurios padarytas daiktas) of, out of; iš plieno of steel 4 (priežasčiai žymėti) for, out of 5 (būdui žymėti) with: iš visų jėgų with all one's might 6 (visumos daliai žymėti) of; vienas iš jo draugų one of his friends 7 (dalijant, dauginant) by; 10 padalyti iš 2 ten divíde by two △ iš galvos eiti go* mad; go* off one's head, go* crázy (with); iš anksto befórehànd; iš anksto apgalvotas premédituated; sumokėti iš anksto pay* in advánce; džiaugtis iš anksto look fórward (to smth); iš esmės in éssence; esséntially; virtually; at the bóttom, in the main; iš prigimties by náture; riktelėti iš džiaugsmo, iš baimės cry out for joy, for fear; drebėti iš baimės trémble with fear

išaiškin‖imas elùcidátion, cléaring up ~ti 1 elúcidàte, clear up; expláin (to); (įstatymą ir pan.) intérprete (to); (nustatyti, ištirti) àscertáin, find* out; (susekti, atidengti) expóse, ùnmásk, show* up 2 fot. devélop

išaižyti husk (up)

išakėti hárrow (up)

išalkti get* / grow* húngry

įšalti freeze* in

išanalizuoti ánalỳse

išankstinis 1 prelíminary; advánce attr 2 (pvz., nuomonė) prèconcéived, bíassed

išard‖ymas disjóinting, táking to píeces ~yti 1 (siūlę) ùnríp, rip up 2 disjóin, take* to píeces 3 (sugriauti) destróy, demólish

išarti plough up, till

išasmenuoti cónjugàte

išaug‖a med. growth, excréscence ~inti 1 (vaikus) rear, bring* up; (gyvulius) rear, raise, breed*; (augalus) grow*, raise, cúltivàte 2 (kadrus) train; prepáre, form ~ti 1 grow*; (apie vaiką) grow* up; (drabužį ir pan.) grow* out of; (padidėti) incréase 2 (tapti kuo) grow* (into); devélop (into)

išauklė‖jimas bréeding, good tráining ~ti éducàte; bring* up; train

išaukštinti extól; exált

išausti weave*

išauš‖ti: ~o it is (dáy)lìght; visai ~o it is broad dáylìght; (apie pavasarį) set* in

išavėti (batus) get* cómfortable in use

išbad‖auti húnger, starve (for some time) ~ėti feel* / get* / grow* húngry

išbadyti prick out

išbaidyti scare / fríghten awáy

išbaigti (atsargas ir pan.) end; fínish

išbal‖ėlis a pale pérson ~ęs pale ~imas pállor, páleness ~ti 1 (apie veidą) turn / grow* pale 2 (darytis baltam) becóme* white, whíten ~tinti whíten; (patalpą) whítewàsh; (audinį) bleach

išband‖ymas test, tríal; (prk. t.p.) òrdéal ~ytas tried, (wèll-)tríed; ~yta priemonė tésted, expédient ~ytas vaistas tried rémedy / médicine ~yti try, test; put* to the test; ~yti motorą test an éngine, arba a mótor; ~yti savo jėgas try one's strength

išbarimas repróof

išbarstyti spill*, scátter, strew*

išbarti give* smb a scolding, rail (at); abúse; prk. críticìze

išbėg‖ioti scátter ~ti 1 run* out 2 (apie skystį) flow out

išbėrimas (kūno) rash, erúption

išberti 1 (apie kūno išbėrimą) break* out; jam veidą išbėrė the rash broke out on his face 2 (apie grūdus ir pan.) émpty, pour out; (netyčia) spill

išbyrėti, išbirti pour out, spill* out

išbjauroti profáne; pollúte, defíle

išblaiv||**ėti** get* sóber ~**inti** sóber

išblankti fade; grow* dim

išblaškyti 1 scátter 2 *prk.* dispél, díssipàte

išblėsti go* out, die out; be* out

išblykšti (*apie veidą*) turn / grow* pale

išblukti fade

išbraižyti draw*; trace

išbraukti 1 cross out; (*iš sąrašo*) strike* off 2 (*linus*) swíngle up, clean up, scutch (the flax)

išbrėžti *žr.* **išbraižyti**

išbrink||**imas** swélling ~**ti** swell

išbristi get* out; ford (*out of*)

išbrokuoti rejéct / condémn as deféctive

išbrukti 1 push out; throw* out 2 (*linus*) swíngle up, scutch up

išbučiuoti cóver with kísses

išbudėti be* on dúty (*for some time*)

išbudinti wake*, awáke(n)

išbujoti grow* ránkly / lùxúriantly

išbūti stay, remáin (*for some time*)

iščementuoti cemént up

iščentrin||**is** cèntrífugal; ~**ė jėga** cèntrífugal force

iščiulpti suck out; suck dry △ *l.* **visus syvus** exháust smb, wear* smb out

išdabinti décoràte, adórn

išdaga 1 site áfter a fíre 2 *dgs.* (*gargažė*) cínder; slag; dross

išdaig||**a** trick; (*išdykėliška*) prank; (*akiplėšiška*) èscapáde ~**ininkas** wag; jóker, jéster

išdailinti fínish (*up*), trim (*up*)

išdainuoti sing*; (*kurį laiką*) have* sung (*for some time*)

išdal||**ijimas** dìstribútion, dìspènsátion ~**yti** distríbùte (*to, among*), give* out (*to*), dispénse (*among*)

išdanginti remóve, take* out

išdar||**inėti,** ~**yti** 1 (*išmėsinėti*) dìsembówel, clean*; (*paukštį*) draw* 2 *šnek.* be* up (*to*), do; *l.* **kvailystes** fool, do fóolish things, be* up to all sorts of nónsense

išdarkyti spoil up

išdaužyti *žr.* **išdaužti**

išdaužti knock out, break* out

išdava resúlt, óutcome

išdav||**ikas** tráitor ~**ikė** tráitress ~**ikiškas** tráitorous, tréacherous ~**imas** 1 tréachery, betráyal 2 (*apie prekes ir pan.*) delívery ~**inėti** 1 (*nusikaltėlius*) delíver up, give* up 2 hand, give*; (*paskirstyti*) dìstribùte; ~**inėti produktus** (**prekes**) íssue supplíes

išdažyti paint, give* smth a painting

išdeg||**inti** burn* out; (*apie saulę*) scorch; *l.* **žymę** brand ~**ti** burn* down, burn* awáy

išdėlioti lay* out, spread* out

išderėti get* a redúction / abátement; *l.* **penkis litus** get* an abátement of five lit(a)s

išdėstym||**as** 1 (*minčių ir pan.*) èxposítion 2 (*dalimis*) appórtionment, allótment; (*mokesčių ir pan.*) instal(l)ment 3 (*eksponatų, daiktų*) láying out ~**yti** 1 lay* out, spread* out 2 (*žinias*) set* forth; (*prašymą, skundą*) tell 3 (*dalimis*) appórtion, allót; ~**yti terminais** (*mokėjimus ir pan.*) arránge on the instál(l)ment

išdėti lay* out, spread* out

išdėv||**ėti** 1 wear* (*out*); **jis** ~**ėjo tą apsiaustą trejus metus** he has worn the coat for three years

išdid||**umas** háughtiness; árrogance, pride ~**us** háughty, árrogant, proud

išdygti spring*, sprout

išdyk||**auti** play pranks; be* náughty, romp △ **neišdykauk!** don't be naughty! ~**avimas** prank ~**ėlė** náughty / míschievous girl ~**ėlis** náughty / mís chievous boy ~**ęs** náughty, míschievous; spoilt ~**inti** spoil* ~**ti** become* / get* spoilt

išdil||**dyti** 1 redúce by grínding, grind* up 2 (*iš atminties*) blot out of one's mémory ~**inti** grind* up ~**ti** 1 becóme* ground up 2 (*išnykti*) dìsappéar, vánish 3 (*iš atminties*) be* blótted out of one's mémory

išdirb||i(ma)s 1 (*produkcija*) óut-pùt 2 (*produkcijos kokybė*) make; **gero** ~**io** of good* make, wèll-máde ~**inėti** make* ~**ti** 1 (*tam tikrą laiką*) work, spend* (*the time*) wórking; *jis ten* ~*o dvejus metus* he has worked there for two years 2 (*išplūsti, iškritikuoti*) give* a dréssing-down; críticize sevérely 3 (*odą*) dress, cúrry 4: ~**ti** (*kam*) **kailį** thrash / flog smb

išdrabstyti spátter / splash about

išdraikyti 1 strew* abóut, scátter abóut 2 (*apie plaukus*) tóusle

išdraskyti 1 scratch out; **kam akis** **i.** scratch smb's eyes out 2 (*lizdą*) rávage

išdrėbti 1 throw* out (*a dense, viscous mass, paste*) 2 (*atsikirsti*) snap out; **viską i.** (*į akis*) speak* the truth bóldly

išdrėksti tear* out, scratch out

išdresiruoti train

išdribti fall* out, túmble out

išdrįsti dare*, make* bold / free

išdroža *tech.* slot, groove

išdrožti 1 cut* out, engráve, carve 2 (*greitai išeiti*) speed* out △ **i.** **tiesą** speak the truth bóldly; **i.** **pamokslą** read* smb a lésson; read* a sérmon to smb

išdulkė||ti run* awáy; **tai jam visai** ~**jo iš galvos** it went clean out of his mind

išdulkinti dust (out)

išdumti run* out, fly* out

išduoti 1 hand, give* 2 (*paslaptį, nusikaltėlį ir pan.*) give awáy, betráy

išdurti prick out; **kam akis i.** put* out smb's eyes

išdvėsti die

išdžiaustyti hang* to dry

išdžiovinti dry (up)

išdžiū||ti get* dry, dry up ~**vėlis,** ~**vęs** wízened

išėdos léavings

išegzaminuoti exámine

išeig||a 1 (*išėjimas, anga*) óutlèt, mouth 2 *ekon.* yield, óutpùt ~**inis** (*pvz., drabužis*) hóliday *attr*

išeikvo||jimas embézzlement, pèculá-tion; dèfàlcátion ~**ti** spend*, díssipà-te, embézzle, péculàte ~**tojas** embéz-zler, péculàtor

išeinam||asis: ~**oji** (*vieta*) latríne, lávatory, retíring room; wáter-clòset (*sutr.* WC)

išei||ti 1 (*iš namų ir pan.*) go* out; leave* 2 (*iš spaudos*) be* out, be* públished, appéar 3 (*apie traukinį*) leave*, depárt 4 (*apie mokymosi kursą*) compléte 5 (*apie aritm. uždavinį*) come* out; **uždavinys neišėjo** the sum has not come out 6 (*būti, pasirodyti*): **iš to nieko neišeis** nóthing will come out of it; **išeina, kad** ... it seems, it appéars, it fóllows (that); ~**na, kad jis buvo neteisus** it seems he was wrong, he seems to have been wrong △ ~**ti aikštėn** come* to light; be* revéaled; ~**ti nieko nepešus** go* awáy èmpty-hánded, *arba* háving achíeved nóthing; get* nóthing for one's pains ~**tis** way out; ~**tis iš padėties** way out of a situátion ~**vis** émigrant

išėjimas 1 (*veiksmas*) góing out **i.** **į atsargą** rèsignátion 2 (*knygos*) appéarance, pùblicátion 3 way out; (*salėje*) éxit; óutlèt 4 (*traukinio*) depárture

įšėlti rage, be* frántic / fúrious; get* / fly* ínto a rage, get* fúrious

išės||dinti (*metale*) etch; corróde ~**ti** 1 eat* awáy, corróde 2 *šnek.* drive* out, make* the place too hot to hold

išformuoti disbánd, break* up, dìsem-bódy

išgabenti take* out, èxpórt, cárry out

išgainioti drive* awáy

išgaišti 1 (*dingti, išnykti*) dìsappéar; vánish 2 (*apie gyvulį*) die

išgalabyti kill, sláughter, slay*

išgaląsti edge; *t.p. žr.* **galąsti**

išgal||ės (*turėjimas jėgų*) pówers; **tai** **ne pagal mano** ~**es** it is beyónd my pówers; **pagal** ~**es** as far as póssible

išgalvoti invént; (*meluoti*) make* up, concóct, fábricàte

išgama degénerate
išgan||ymas *bažn.* sàlvátion ~ingas sálutary ~yti 1 graze (*for some time*) 2 *bažn.* save ~ytojas *bažn.* the Sáviour
išgaravimas evàporátion, èxhalátion
išgarbinti 1 éulogìze, extól, beláud, glórifỳ 2 *prk.* (*išplůsti*) scold, give* a dréssing
išgarinti eváporàte
išgarmèti (*bůriu*) flock / throng out (nóisily)
išgars||ėti becóme* fámous (*for*) ~inti 1 (*viešai paskelbti*) make* públic 2 glórifỳ, make* fámous / illústrious
išgaruoti eváporàte, èxhále, turn ínto vápour, váporìze
išgas||dinti frighten, scare ~tis fright, scare, shock
išgaub||a, ~imas protúberance, *tech.* cónvéxity ~tas sálient, protúberant, búlging; *tech.* cónvèx; ~tas *stiklas* cónvèx glass ~ti bend*, make* cónvèx
išgau||dyti catch*, get* out, fish out ~ti get* (*from*), procúre, obtáin
išgėdinti shame, put* to shame, make* smb ashámed of smth
išgelbė||jimas 1 (*veiksmas*) réscuing, sáving 2 réscue, escápe; *prk.* sàlvátion; repríeve; delíverance (*from*); ~ti save (*from*), réscue, delíver (*from*) ~tojas réscuer, líberàtor, delíverer; redéemer
išgert||i drink* off; *l.* *puoduką arbatos* have* / take* a cup of tea; *l.* *valstus* take* one's médicine; *l.* *vienu mauku* toss off, toss down; drink* off ~uvès drínkingbout, caróuse
išgyd||ymas cure, tréatment ~yti cure ~omas cúrable
išgyjimas recóvery
išgin||imas (*ištrėmimas*) bánishment ~ti bánish; (*gyvulius*) drive* out / away
išgirsti hear*
išgirti lávish / shówer praise (*on, upon*)

išgyti get* bétter, recóver, cònvalésce, be* cònvaléscent; *l.* *po gripo* get* óver the grippe / flu
išgyven||dinti 1 (*iš namų*) evíct 2 (*trůkumus*) òvercóme (grádually), get* rid (*of*) ~ti 1: *jis nė metų neišgyvens* he won't last / live a year 2 (*patirti*) go* through, expérience
išgliaudyti hull (up), pod (up), shell (up)
išgrafuoti rule (*make parallel lines*)
išgraib||yti snatch out ~styti (*prekes*) buy* up
išgrandyti scrape off, scrape / scratch out
išgrauž||a gúlly; ravíne ~ti 1 gnaw out 2 (*apie dujas*) eat awáy 3 (*apie vandenį*) wash awáy
išgraž||ėti becóme* préttier, becóme* bètter-lóoking ~inti adórn, béautifỳ; décoràte, ornamènt
išgrėbti rake out
išgręžti 1 drill, bore 2 (*baltinius*) wring (out)
išgriauti 1 pull down, break* down 2 (*sunaikinti*) destróy, demólish
išgriebti get* out, fish out
išgriovimas destrúction, dèmolítion
išgristi pave (up)
išgriůti 1 (*iškristi*) fall* out, túmble out 2 (*sugriůti, suirti*) túmble down; *prk.* go* / fall* to píeces
išgrob||stymas plúnder ~styti plúnder ~ti steal*
išgrůsti force out, push out, chuck out
išgudrėti grow* wíser
išguiti drive* awáy; turn out
išgujimas expúlsion; (*iš šalies*) proscríption; (*iš tėvynės*) èxpàtriátion
išgulė||ti lie*; spend* the time lýing; remáin; *jis ~jo visą dieną* he spent the whole day lýing; he spent the whole day (lýing) in bed; *sniegas ~jo tris mėnesius* snow has lain / remáined for three months
išgver||inti shake* loose; (*baldus*) rénder ríckety ~ti get* loose; (*apie baldus*) get* / becóme* ríckety

išgvildenti análỳse; (*ištirti*) exámine; invéstigàte

įšiauriau more nórthward, fárther to the north

išieško‖jimas (*mokesčių, skolų*) exáction ~ti 1 (*prievarta išreikalauti*) exáct (*from, of*); recóver (*from*); ~ti skolą recóver a debt 2 (*išgriozti ieškant*) search / seek* éverywhère

įšildyti warm up

išilg‖ai alóng; léngthways, léngthwìse △ skersai ir į. far and wide ~as, ~inis lòngitúdinal; léngthwìse

įšilti warm, grow* warm

išimt‖i take* out; pull out; extráct; draw; withdráw*; exémpt; *į. iš apyvartos* withdráw* from use; *į. iš cirkuliacijos* withdráw* from cìrculátion ~inai (*vien tik*) exclúsively, sólely ~inis excéptional ~is excéption; be ~ies withóut excéption; ~ies kellu by way of (an) excéption

išir‖as ùnrípped, ripped up, ripped ópen ~imas disìntegrátion, bréak-ùp; *prk.* collápse

įšir‖dinti ánger, make* ángry ~sti becóme* / get* / wax ángry (*with*)

iširti 1 (*apie siūlę*) rip 2 (*apie planus*) fall* to the ground

išjoti ride* out

išjudinti *šnek.* move, stir; *prk.* shake* up; stir up; rouse

išjung‖iklis switch ~imas 1 *tech.* túrning-òff; cútting-òff; stóppage; shútting-òff 2 (*elektros*) cóntact bréaking, swítching-òff ~ti 1 (*dujas ir pan.*) túrn off; (*elektrą*) swítch off 2 (*nutraukti naudojimąsi dujomis, telefonu ir kt.*) stop; cut* off; (*elektrą*) switch off the cúrrent

išjuodinti blácken

išjuok‖imas móckery, derísion ~ti rídicùle; make* fun (*of*); deríde

iškab‖a sign, sígnbòard ~ėti hang* (*for some time*); paveikslas ~ėjo penkerius metus the pícture has

hung for five years ~inti hang* out; (*skelbimą ir pan.*) put up, post up

iškalb‖a éloquence, óratory ~ingumas, ~umas éloquence ~us éloquent

iškal‖ėti be* imprísoned (*for some time*) ~inti keep* smb in príson (*for some time*)

iškalti 1 (*iš metalo*) forge; (*iš akmens*) hew* 2 (*mechaniškai išmokti*) cram, con; learn* by heart

iškamantinėti elícit (*smth from smb*); extórt (*smth from smb*); force smb to tell smth; try to make* smb tell smth, try to get (*smth out of smb*)

iškamša (*gyvulio*) stuffed ánimal; (*paukščio*) stuffed bird

iškamuoti tíre out; exháust

iškankinti tíre out; exháust

iškapoti (*kirviu*) hew* out; (*snapu*) peck out; (*mišką, medžius*) cut* down

iškapstyti scratch up

iškarp‖a (*laikraščio*) cútting, clípping; laikraščių, žurnalų ir pan. ~os préss-cùttings ~yti cut* out

iškarstyti hang* (all óver)

iškaršti (*vilnas*) card

iškáršti (*baigti amžių, būti silpnam*) becóme* / grow* decrépit

iškas‖a (*žemėje*) èxcavátion ~ena fóssil ~imas extráction ~ti (*duobę*) dig*; (*ką nors*) dig* up; dig* out; (*anglius, rūdas*) mine*, extráct

iškąsti bite* out

iškaulyti (*ką iš ko*) obtáin / get* by incéssant bégging (*smth out of smb*); beg and get* (*smth out of smb*)

iškedenti (*vilnas ir pan.*) pick

iškeikti scold; rail (*at*); abúse; curse; damn

iškei‖sti exchánge ~timas exchánge; pinigų ~timas chánging of móney

iškeliauti set* off / out, start, leave*, go* (*to*), make* (*for*), betáke ònesélf

iškėlimas ráising; (*tarnyboje, padėtyje*) promótion; (*gyventojų iškraustymas*) evíction; expúlsion; (*aikštėn*) rèvelátion

iškelti lift, raise; (*iškraustyti*) evíct; move (*from*); (*bures*) make* / set* sail; (*véliavą*) hoist (*a flag*); (*balių*) give* (*a ball*); (*vestuves ir pan.*) arránge; (*aikštėn*) revéal, bring* to light; show* up; (*aikštėn faktus*) elícit

iškentėti ùndergó*, bear*; súffer, endúre

iškepti bake

iškeroti spread* out grówing; stretch out (*speaking of a plant*)

iškęsti ùndergó, bear*; súffer, endúre

iškyl‖a pícnic; trip ~auti pícnic

iškil‖as sálient, protúberant, próminent, búlging; *tech.* cónvèx ~imas (*veiksmas*) rise

iškilm‖ė féstival, fête [feɪt] ~ės cèlebrátions, fèstívities ~ingas sólemn; pòrténtous ~inġumas solémnity

iškilti 1 (*keltis aukštyn*) rise*; (*tarnyboje*) advánce 2 (*į paviršių*) come* to the súrface; emérge

iškil‖uma(s) sálience, protúberance; próminence ~us (*iškilęs*) high, élevàted; lófty *poet.*

iškimšti stuff (*with*), pack (*with*); fill (*with*)

iškinkyti ùnhárness

iškirpimas cútting out

iškirp‖tė décolleté *pr* [deɪˈkɔlteɪ], low neck; *suknelė su gilia* ~te décolleté dress, lòw-nécked dress ~ti cut* out

iškirsti (*mišką, medžius ir pan.*) cut* down, hew* out; fell; (*dalį iš ko nors*) cut* out; (*snapu*) peck out

iškišti put* out, thrust* out; *į. liežuvį* put* out one's tóngue

iškyšulys 1 *geogr.* cape, prómontory 2 (*kranto*) próminence

išklaidžio‖ti wánder; rove, roam; *jis ~jo miške visą naktį* he wándered / roved / roamed in the fórest the whole night

išklaipyti (*batus*) run* / wear* one's boots down on one side

išklajoti *žr.* išklaidžioti

išklaus(inė)ti quéstion; make* inquíries (*about*)

išklausyti listen (*to*); (*iki galo*) hear* out; *med.* (*auskultuoti*) sound; (*ataskaitą, pranešimą*) hear*

iškleipti *žr.* išklaipyti

išklerti get* loose; (*apie daiktus*) get* / becóme* ríckety; (*apie nervus*) get* / becóme* sháttered / impáired

išklib‖inti shake* loose; (*apie daiktus*) make* ríckety ~ti get* loose; (*apie daiktus*) get* / becóme* ríckety

išklijuoti (*afišas ir pan.*) stick*; post / paste up

išklypti get* / becóme* run down; (*apie batus t.p.*) get* worn down on one side

išklysti (*iš kelio*) lose* one's way; go* astráy

iškloti 1 (*padengti*) cóver; (*plokštėmis*) flag; (*iš vidaus*) line 2 *prk.* (*išdėstyti, pasakyti*) tell*

išknaisioti, išknisti 1 dig* up; ùnéarth; turn up smth with the snout 2 (*sujaukti*) *šnek.* ránsàck, rúmmage

iškoneveikti *šnek.* give* a sharp scólding, give* a dréssing down; scold shárply

iškopti (*išlipti*) come* out, climb out; scrámble out; get* out

iškošti fílter; *į.* **pro** *sietelį* pass through a sieve, sieve

iškovo‖jimas achíevement, gain; *politinės valdžios į.* cónquèst of political power ~ti cónquer; win*; gain; (*pasiekti*) achíeve; earn

iškraipy‖mas (*faktų*) mìsrèpresentátion, distórtion; mùtilátion ~ti (*faktus*) mìsrèprésént, distórt; mútilàte

iškrapštyti pick out, pluck out

iškratyti 1 (*iškreikti*) strew* 2 (*iškrėsti, išpurtyti*) shake* out 3 (*padaryti kratą*) search; (*patalpą t.p.*) condúct a search (*at a place*)

iškrau‖stymas 1 (*prekių ir pan.*) ùnlóading 2 (*iš buto*) evíction ~styti 1 (*prekes ir pan.*) ùnlóad, ùnláde 2 (*iš buto*) evíct ~ti (*prekes ir pan.*) ùnlóad, ùnláde

iškreikti strew*

iškreip‖imas (*žodžių, faktų*) distórtion, mùtilátion ∼ti 1 (*faktus*) distórt, twist; pervért; mútilàte; ∼ti tiesą distórt the truth 2 (*padaryti kreivą*) crook, bend

iškreivinti bend*, crook

iškrèsti 1 shake* out 2 (*kratą padaryti*) search; (*patalpą t.p.*) condúct a search (at a place) Δ *i. išdaigą* (*šposą*) *fam.* play a trick on smb, play smb a trick

iškrikti dispérse, scátter

iškrimsti bite* out, gnaw out

iškryp‖imas 1 bend, crook; *prk.* distórtion, pervérsion; *stuburo i.* cúrvature of the spine ∼ti 1 bend*, crook; becóme* cróoked / bent / wry 2 déviàte; *prk.* (*iš teisingo kelio*) go* astráy

iškri‖sti fall* out; ∼to daug sniego there has been a héavy fall of snow, there has been a héavy snówfàll ∼timas fall; (*apie dantis*) fálling out, shédding

iškritikuoti críticìze sevérely

iškrovimas ùnlóading; (*laivo*) ùnshípping

iškruvinti stain with blood

iškulti 1 (*javus*) thresh 2 (*langą*) break*, smash

iškuopti clean out, émpty

iškūrenti heat

iškvėp‖imas èxpirátion ∼ti breathe out, expíre

iškviesti call; send* (*for*); *i. iš kambario* call out of the room; *i. telefonu* call up on the phone, ring* up; *i. gydytoją* send* for the dóctor

iškvosti inquíre (*about*); elícit (*smth from smb*); (*prievarta*) extórt (*smth from smb*); force smb to tell smth

išlaidyti (*laidyne*) íron out

išlaid‖os expénditure *sg*; expénse *sg*; óutlay *sg*; expénses ∼umas extrávagance, wástefulness ∼us extrávagant, wásteful, spéndthrìft

išlaik‖ymas 1 (*aprūpinimas*) máintenance, kéeping, úpkeep 2 *fot.* expósure ∼yti 1 (*aprūpinti*) maintáin

(*smb*), sùppórt / keep (*smb*) 2 (*pakélus; t.p. prk.*) bear*, sustáin; endúre 3: ∼yti egzaminą pass an exàminátion 4 (*kurį laiką*) hold* (*for a while*) 5 *fot.* expóse 6 (*atmintyje ir pan.*) keep* ∼ytinis, -ė depéndent

išlaipin‖imas (*į krantą*) dèbàrkátion, dìsèmbàrkátion; (*desanto*) lánding ∼ti (*į krantą*) put* ashóre; dìsembárk; ∼ti desantą land troops, make* a lánding

išlaistyti spill

išlaisvin‖imas lìberátion; emàncipátion; reléase ∼ti líberàte; emáncipàte; (*paleisti*) set* free, reléase ∼tojas líberàtor

išlaižyti lick clean

išlakstyti (*apie grupę, minią ir pan.*) fly* awáy, scátter, fly* asúnder

išlakti lap up

išlakus (*apie medį*) tall

išlamdyti crúmple

išlaš‖ėti drip out ∼inti drip out (all the liquid)

išlaukinis óutward, óuter

išlaukti wait (*for some time*)

išlauž‖a 1 breach, gap 2 (*apie medžius*) wínd-fàllen wood ∼ti break* ópen Δ ∼ti iš piršto fábricàte, make* up, concóct

išlavin‖imas devélopment; tráining ∼ti devélop; train

išleidimas (*apie pinigus, akcijas*) íssue, emíssion; (*apie gaminius*) óutpùt

išleidžiamasis: *i. egzaminas* fínal; fínals *pl*; schóol-léaving exàminátion

išleist‖i 1 let* out; *i. iš rankų* let* go 2 (*gaminti*) turn out 3 (*už vyro*) give* smb in márriage to smb 4 (*spausdinį*) públish; íssue; (*įstatymą*) prómulgàte 5 (*pinigus*) spend* ∼uvės seeing off

išlėkti (*apie paukščius*) fly* out; (*apie lėktuvą*) start, leave*; (*apie žmogų*) dash out, rush out

išlenkti 1 bend*; *i. nugarą* arch the back 2: *i. burnelę* drink*

išlep‖ėlis pet; mólly-còddle ∼inti spoil*

išleptl becóme* / get* spoilt; get* soft; (*apie vyrą t.p.*) becóme* efféminate

išlestl peck up

įšliaužti crawl (*in, into*)

išlydėtl see* off

išlydyti smelt

išlíetl (*vandenį ir pan.*) pour out

išlyg‖a rèservátion, stìpulátion ~**inti** 1 (make*) lével 2 (*laidyne*) smooth out / down, íron

išlikti (*sveikam ir pan.*) be* left whole, remáin whole

išlinki(ma)s curve; cúrvature

išlinksniuoti declíne

išlinkti bend*, get* bent

išlipti climb out; get* out; (*iš traukinio*) alíght (*from*); (*iš laivo*) land

išlįsti come* out; (*gulomis*) crawl out

išloš‖i(ma)s (*išlošti pinigai*) wínnings *pl*; (*loterijoje ir pan.*) prize ~**ti** win; gain; ~**ti loterijoje** win* at a lóttery; ~**ti kortomis** win* at cards

išlukštenti husk; (*apie riešutą*) shell

išlupti pull out; tear* out △ *i.* **kam kailį** flog smb

išmagnetinti dèmágnetìze

išmainyti bárter (*for*); change; swop (*for*) *šnek.*

išmaišyti mix up

išmaitinti keep*, maintáin, províde (*for*); (*tam tikrą laiką*) feed* (*for some time*)

išmald‖a alms, chárity; *prašyti* ~**os** beg; *duoti* ~**ą** give* alms

išman‖ymas sense ~**ingas** quìck-wítted, sharp, bright ~**ingumas** quick wits *pl*; quíckness of wit ~**yti** ùnderstánd*

išmankštinti train

išmarginti spéckle, spot, móttle; make* gay / mùlticóloured

išmarinti extérminàte

išmatavimas méasuring, méasurement; (*žemės*) súrvey; (*jūros gylio ir pan.*) sóunding, fáthoming; (*temperatūros*) táking

išmatos fáecès, éxcrement *sg*; (*mėšlas*) dung *sg*

išmatuoti méasure; *i.* **temperatūrą** take* smb's témperature; *i.* **jūros gylį** *jūr.* sound, fáthom; plumb

išmaudyti give* a bath, bathe

išmauktl toss off, drink* off

išmauti (*išbėgti, pasprukti*) make* off, run* awáy; bolt

išmazgoti wash

iš mažens from one's chíldhood; from a child

išmėgin‖imas test, tríal; òrdéal ~**ti** try, test; put* to the test

išmel‖sti beg (*for*), implóre (+ to *inf*); get* / obtáin (by one's entréaties / práyers); *Jis* ~**dė sau atleidimą** he begged succéssfully for párdon; his entréaties for párdon were not in vain

išmelžti milk dry

išmėsinėti dìsembówel, evísceràte; clean; (*paukštį*) draw*

išmesti 1 throw* out 2 drop, let* fall △ *i.* **burnelę** have* a drop (of líquor)

išmėtyti throw* abóut

išmiegoti sleep*; *i.* **tris valandas** sleep for three hours; *i.* **gerai** (*blogai*) have* a good (bad) sleep

išmilžis yield of milk

išminčius sage; wise man*; man* of wísdom

išmind‖yti, ~žioti trámple

išminkyti knead

išmìnti 1 trámple 2 (*linus*) brake, dress

išmint‖ingas wise, réasonable, sénsible; rátional; prúdent ~**ingumas** sense, wísdom ~**is** réason

išmir‖ęs extínct; died out ~**imas** extínction

išmirk‖yti soak; steep ~**ti** be* steeped, be* soaked

išmirti die out, becóme* extínct

išmisti subsíst (*on*), live (*on*)

išmok‖a páyment ~**ėjimas** páyment ~**ėti** pay* off ~**ėtinai** by instálments

išmokyti teach*

išmokslin‖imas gíving smb èducátion ~**tas** éducàted ~**ti** give* smb èducátion

išmokti learn*; (*įvaldyti*) máster

išmon‖ė (išmanymas, supratimas)
quick wits pl, quíckness of wit ~ingas
quìck-wítted, sharp, bright
išmuilinti soap
išmūryti máson; lay* bricks; build* of
bricks / stones
išmurzinti smear (with); besméar
(with), dírty (with); soil
išmuš‖alai (sienų) wáll-pàper sg ~ti 1
(sienas) páper 2 (pvz., priešq) dislódge
(the enemy) 3 (apie prakaitą) stand*
out 4 (apie laikrodį) strike* △ ~ti iš
vėžių ùpsét, ùnséttle
išnagrinėti (reikalą) look (ínto), in-
véstigàte; consíder; (sakinį — kal-
bos dalimis) parse, (sakinio dalimis)
ánalÿse
išnaikin‖imas destrúction, annìhilá-
tion ~ti destróy, make* awáy (with);
anníhilàte
išnarinti díslocàte, put* out (of joint);
į. koją sprain one's foot*
išnarplioti (vírvę, siūlą ir pan.) ùn-
tángle, ùntwíne; (prk. t.p.) dìsen-
tángle, ùnrável; púzzle out
išnarsty‖mas táking to píeces ~ti
take* to píeces
išnaša (teksto apačioje) fóot-nòte; note
išnaudo‖jimas 1 ùtilìzátion, use 2
(eksploatavimas, eksploatacija) èx-
ploitátion ~ti 1 útilìze, make* (good)
use 2 (eksploatuoti) explóit ~tojas
explóiter ~tojiškas explóiter attr
įšnekėti try to convínce (of), try
to persuáde (in); make* smb belíeve
(that)
išnerti 1 (iš vandens) dive out, emérge
2 (sąnarį) díslocàte, put out (of joint)
išnešio‖jamas(is): ~jamoji prekyba
stréet-hawking ~jimas delívery ~ti
1 (laiškus, siuntas) delíver 2 (avalynę)
wear* to a cómfortable fit ~tojas
(vaikščiojantis prekiautojas) háwker,
stréet-pèdlar
išnešti cárry out, take* out ~nai for
consúmption off the prémises
išniekin‖imas óutràge; pròfanátion,
dèsecrátion, defílement ~ti óutràge,

profáne, désecràte, defíle; (nuplėšti
garbę) dishónour, disgráce ~tojas
profáner, defíler
išnykti dìsappéar; vánish; į. iš akių
vánish from sight
išnir‖imas dìslocátion ~ti becóme*
díslocàted; (apie sąnarį) becóme* put
out
išnuomo‖jimas lease; gránting on
lease ~ti let*, let* out, híre out; (butą
ir pan.) let*, rent; lease; grant on
lease; rent
įšokti jump (ínto)
išor‖ė extérior; (išvaizda) appéarance;
look(s) (pl); pagal ~ę by appéarances
~inis óutward, èxtérnal; óuter*
išpaikinti spoil*
išpainioti dìsentángle, dìsengáge, éx-
tricàte
išpakuoti ùnpáck, ùndó; (iš dėžių)
únbóx
išpampti swell*
išpard‖avimas cléarance sale ~avinė-
ti, ~uoti sell* off / out
išpasako‖ti tell*, narráte; recóunt; į.
savo vargus confíde one's sórrow
(to); jis jam viską ~jo he told him
éverything
išpažin‖ti (kaltę) conféss; (tikėjimą)
proféss ~tis conféssion
išpeikti defáme; repróve; rebúke
išper‖a: velnio į. spawn of hell ~ėti
(viščiukus; t.p. prk.) hatch
išperkamasis: į. mokestis (apie
pašto siuntas) cash on delívery (sutr.
COD)
išperti: △ kailį į. (rykštėmis) flog;
(botagu) whip
išpešti 1 pull out 2 (laimėti) extórt
(from), wring* (from), get* (smb +
to inf), force (smb + to inf)
išpildy‖mas èxecútion; fulfílment;
cárrying out ~ti cárry out; éxecùte;
(pažadą ir pan.) fulfíl
išpilti (skystį) pour out; (ištuštinti)
émpty; (netyčia išlieti) spill* △ jį
prakaitas išpylė the sweat stood out
on his face

išpinti (*kasas*) ùnpláit; (*vírvę ir pan.*) ùntwíne, ùndó

išpirk‖a (*suma*) ránsom; **reikalauti** ~*os* hold* smb to ránsom ~**imas 1** (*veiksmas*) redémption, redéeming; (*belaisvio t.p.*) ránsom **2** (*kaltės*) èxpiátion, atónement, redémption

išpirkti 1 redéem, ránsom **2** (*prekes*) buy* up **3** (*kaltę*) èxpiàte, atóne (*for*)

išpiršti match (*for*), make* a match (*for*); ask in márriage (*for*)

išpjausty‖mas cútting out, cárving; engráving; *med.* èxcísion ~ti **1** cut* out; *med. t.p.* èxcíse **2** (*graviruoti*) engráve, carve, cut* out

išpjauti 1 (*peiliu*) cut* out; (*med. t. p.*) èxcíse **2** (*pjūklu*) saw*, cut* out **3** (*dalgiu*) mow*

išpjov‖a cut ~imas **1** (*peiliu*) cútting out **2** (*pjūklu*) sáwing out

išplakti 1 (*dalgi*) whet **2** (*kam kailį*) give* smb a thráshing

išplan‖avimas plánning; (*sodo, parko ir pan.*) lay-óut ~uoti plan

išplatin‖imas spréading ~ti spread*; ~*ti laikraščius* colléct subscríptions to néwspàpers

išplauk‖ti swim* out; (*į paviršių*) come* to the súrface, emérge; *į. į jūrą* put* to sea △ *iš to* ~*ia, kad* it fóllows / resúlts / ensúes from this that

išplauti 1 (*skalbinius*) wash, rinse out; (*indus*) wash **2** (*krantą*) hóllow out **3** (*dėmes*) wash off / awáy

išplepėti let* out, blab out, give* awáy; *į. paslaptį* blab out, *arba* give* awáy, a sécret

išplėst‖i (*praplatinti*) enlárge, wíden; expánd, dilàte; *į. įtakos sferą* exténd the sphere of ínfluence ~inis **1** bróadened **2** *gram.*: ~*inis sakinys* exténded séntence **3** *ekon.*: ~*inė reprodukcija* rèprodúction on a large scale

išplėšti 1 (*pvz., sąsiuvinio lapą*) tear* out (*of*); (*iš rankų*) snatch smth out of, *arba* from, smb's hands **2** (*pagrobti*

turtą) rob smth out of smb; ránsàck, plúnder, píllage

išplėt‖imas bróadening, exténsion; (*apie pramonę, prekybą ir pan.*) expánsion; **paséllų plotų í.** exténsion of the área / ácreage únder crop ~oti (*išvystyti*) devélop

išpliekti (*rykštėmis*) give* a flógging; (*botagu*) whip

išplikyti steam

išplisti 1 becóme* bróader; wíden; exténd **2** (*paplisti, pasklisti*) spread*

išplyšti be* torn out

išplov‖a 1 (*vandens išplauta vieta, išgrauža*) pool, gúlly **2** *dgs.* (*vanduo, pamazgos*) slops (*pl*) ~imas wáshing (out); *med. skilvio* ~*imas* lávement of the stómach

išplūsti (*išbarti*) scold, rail (*at*); abúse

iš po from únder; *iš po stalo* from únder the table

išprakaituoti perspíre fréely, sweat thóroughly

išpranašauti fòretéll*; (*moksliškai*) predíct; prognósticàte; (*ypač orą*) fórecàst

išprašyti 1 (*dovaną*) get* (smth out of smb); get* (smb) to give one (smth) **2** (*lauk; išvyti, išvaryti*) send* pácking, send* abóut one's búsiness, get* rid (*of*)

išprausti wash, give* smb a wash

išprievartauti rape, víolàte, rávish

išprotavimas (*logikoj*) conclúsion, dedúction

išprotė‖ti go* mad, go* cràzy (*with*); go* off one's head; *ar jūs* ~*jote?* are you out of your sénses?

išprovokuoti provóke

išprus‖inti train, devélop; éducàte ~ti becóme* trained / devéloped / éducàted

išpudruoti pówder

išpuik‖ėlė árrogant / háughty / lófty / concéited wóman* ~ėlis árrogant / háughty / lófty / concéited man* ~**imas** árrogance, háughtiness, lóftiness; concéit ~ti get* puffed up, give* ònesélf airs; think* no small beer of ònesélf *idiom.*

išpuol‖is 1 *kar.* sálly, sórtìe; *padarytì* ~*į* sálly, make* a sórtìe 2 *prk.* (*priešiškas pasisakymas, issišokimas*) attáck

išpuoselėti chérish; fóster, tend cárefully

išpuošti adórn, béautifỳ; décoràte, órnamènt; *ì.* **gėlėmis** décoràte with flówers, beflówer; (*drabužiais*) dress up / out, deck out, smárten (up)

išpurenti lóosen; make* light; (*kauptuku*) hoe

išpurtyti shake* out; *ì.* **kilimą** shake* out a cárpet

išpurvinti soil, dírty; make* dírty

išpusti swell*

išpūs‖ti 1 (*apie vėją*) blow* out; **visą šilumą iš kambario išpūtė** all the warmth has escáped; *ì.* **žandus** blow* out one's cheeks 2 *tech.* blow*; 3 *prk.* (*padidinti, perdėti*) exággeràte △ **akis ì.** open one's eyes wide, stare, góggle ~**tas** 1 *prk.* exággeràted; ~*tos* **kainos** infláted príces; fáncy príces *šnek.* 2 (*apie stilių ir pan.*) bòmbástic, hìgh-flówn ~**tumas** (*apie stilių, kalbą*) pòmpósity, bómbàst

išpustyti (*skustuvą ir pan.*) strop; shárpen

išpūti becóme* rótten; rot; (*apie dantis*) decáy; becóme* cárious *moksl.*

išrad‖ėja invéntress ~**ėjas** invéntor ~**imas** invéntion ~**ingas** invéntive ~**ingumas** invéntiveness

išraišk‖a expréssion; **veldo ì.** expréssion, look ~**ingas** expréssive ~**ingumas,** ~**umas** expréssiveness ~**us** expréssive

išraižyti engráve (*on*), carve (*on*), cut* out; (*įvairios reikšmės*) cut* up

išrank‖ioti choose*; (*atrinkti*) seléct; pick out ~**us** fàstídious, squéamish

išrasti invént

išraš‖as éxtràct, éxcèrpt ~**ymas** extráction; cópying; wríting out; (*iš*

ligoninės) dischárge ~**yti** 1 (*iš knygos ir pan.*) extráct; write* out 2 (*išbraukti*) strike* off the list 3 (*visą sąsiuvinį, lapą ir t.t.*) cóver with wríting 4 (*iš ligoninės*) dischárge from hóspital

išrausti I (*pasidaryti raudonam*) becóme* / get* red in the face; (*nuo šalčio t.p.*) rédden; (*iš susijaudinimo*) blush (*with*); flush

išrausti II (*iškasti, išknisti, išversti*) dig* up; grub; turn up

išrauti (*su šaknimis; t.p. prk.*) root out / up; tear* up by the roots, ùpróot, erádicàte, éxtìrpàte

išravėti (*lysvę ir pan.*) weed; (*piktžoles*) weed out, pull up

išregistr‖avimas remóval from the régister ~**uoti** strike* / cross off the régister

išreikalauti demánd and obtáin

išreikšti expréss; *ì.* **nuomonę** expréss / útter an opínion; *ì.* **žodžiais** put* ínto words; *ì.* **pasitikėjimą vyriausybe** pass a vote of cónfidence in the góvernment

išreklamuoti ádvertìse; boost *šnek.*; públicìze

išrengti 1 (*į kelionę ir pan.*) equíp smb (*for*), fit out / up; get* smb réady (*for*) 2 (*nurengti*) ùndréss

išretinti *ž.ū.* thin out

išrėžti cut* out

išriedėti 1 (*apie sviedinį ir pan.*) roll out 2 (*iš kiaušinio*) hatch

išriesti bend*; arch

išrik‖iavimas *kar.* fórming two deep ~**iuoti** (*eilėmis*) draw* up, márshal; *kar.* form, paráde

išrinkti 1 choose (out); (*atrinkti*) seléct; pick out 2 (*balsavimu*) eléct

išristi roll out

išryšk‖ėti come* to light, stand* expósed, be* revéaled, mánifèst ìtsélf ~**inti** 1 (*išaiškinti, iškelti aikštėn*) expóse, revéal, bring* to light 2 *fot.* devélop

išrišti ùntíe, ùnbínd

išryti devóur, gorge, gúzzle

išritinti roll out

išrūgos whey *sg*

išrūkyti 1 (*pypkę̇ ir pan.*) smoke 2 (*mėsą*) smoke, cure with smoke

išrūkti 1 (*apie mėsą*) get* / becóme* smoked, *arba* cured in smoke 2 (*apie dūmus ir pan.*) smoke out 3 *prk.* (*greitai išbėgti*) rush out; vánish *šnek.*

išrūpinti obtáin / get* áfter much tróuble

išrūšiuoti sort out

išsakyti say*, tell*; speak* up; *l. kas slegia krūtinę̇* ease / umbúrden one's mind

išsamus exháustive; còmprehénsive; *l. paaiškinimas* exháustive èxplanátion

išsaugo‖jimas prèservátion; cònservátion; (*apie teises*) rèservátion; *talkos l.* prèservátion / maintáining of peace ~ti sáfeguàrd / guard (*against*); keep*; presérve (*from*), retáin; (*taiką, tvarką*) maintáin; ~ti sveikatą iki senatvės presérve one's health to the old age; ~ti vaiką nuo peršalimo guard the child* agáinst cátching cold

išsėdė‖ti (*iki pabaigos; pvz., paskaitoje, spektaklyje*) sit* out (a lécture, a perfórmance, etc.); (*namie, vienoje vietoje ir pan.*) remáin, stay; *jis ~jo tris dienas namie* he has remáined / stayed at home for three days

išsekti I (*apie vandenį*) run* low / dry; run* short; dry up; (*apie jėgas*) be* exháusted

išsekti II (*paskui*) fóllow; go* (*after*)

išsėlinti go* áfter smb stéalthily, slink*

išsemti 1 (*šulinį, šaltinį*) exháust; (*turinį*) scoop out; take* out; (*vandenį iš valties*) bail out 2 *prk.* use up; *l. visas priemones* use évery póssible means

išsėti sow* (out)

išsiaiškinti (*sau*) clear up, elúcidàte

išsiausti weave* (for ònesélf)

išsiavėti (*apie batus*) get* loose, get* cómfortable in use

išsibaigti come* to an end, be* at an end; be* all gone

išsibaltinti 1 (*sienas ir pan.*) whítewàsh (for ònesélf); (*audinį*) bleach (for ònesélf) 2 (*susitepti*) whíten ònesélf

išsiblaivyti 1 (*apie orą*) clear up / awáy 2 (*apie girtą*) sóber; becóme* sóber

išsiblašk‖ėlis, -ė àbsent-mínded pérson ~ę̇s (*žmogus*) àbsent-mínded ~ymas (*apie žmogų*) àbsent-míndedness, distráction ~yti 1 (*issisklaidyti*) dispérse; (*apie baimę̇*) díssipàte; (*apie dūmus, rūką t.p.*) clear awáy 2 (*pasilinksminti, prasiblaškyti*) dìvért / distráct ònesélf

išsidabinti décoràte ònesélf, adórn ònesélf

išsidalyti share (smth with smb); (*tarp dviejų*) divíde smth (*between*); (*tarp kelių*) divíde smth (*among*)

išsidanginti move; (*issinešdinti*) clear off; beat* it

išsidažyti (*veidą*) make* up, paint (one's lips, one's cheeks); (*audinį, plaukus*) dye (for ònesélf); have* smth dyed

išsiderėti (*apie kainą*) bárgain / hággle abóut a redúction / abátement (*of*); *prk.* mánage to get; (*gauti nuolaidą*) get* a redúction, *arba* an abátement; *l. dešimt litų* get* an abátement of ten lít(a)s

išsiderinti *muz.* come* / get* out of tune

išsidėsty‖mas (*padėtis*) sìtuátion; locátion; (*kar. t.p.*) posítion ~ti *kar.* arránge, dispóse

išsidriekti stretch out; spread* out

išsiduoti give* ònesélf awáy

išsidurti prick out; *jis išsidūrė akį̇* he pricked out his eye

išsieikvoti waste up ònesélf; dwíndle

išsigabenti 1 move; *l. į naują butą* move to a new house 2 (*sau*) take* (for ònesélf)

išsigalėti be* able (+ to *inf*); affórd

išsigą̃sti be* / get* fríghtened / stártled (*with*)

išsigelbė‖jimas 1 (*veiksmas*) réscuing, sáving 2 (*rezultatas*) réscue; escápe; *prk.* sàlvátion, repríeve; *tai mūsų vienintelis i.* that is our ónly sàlvátion ~**ti** save ònesélf; escápe; *jis vos ~jo* he had a nárrow escápe

išsigerti drink*, have* a drink (*of*); be* a bit tight

išsigydyti be* cured (*of*), recóver (*from*)

išsigiedrinti (*apie orą*) clear up / awáy

išsigim‖ėlis degénerate ~**imas** degènerátion, degéneracy ~**ti** degéneràte

išsiginti: *i. savo žodžių* retráct one's word

išsigudrinti contríve (+ to *inf*), shift

išsiguléti (*lovoje*) have* had a compléte rest in bed; lie* enóugh

išsiilgti miss; *i. vaikų* miss one's chíldren; *i. ko belaukiant* wéary for smb to come; pine (*for, after*)

išsiimti take* out

išsi‖joti sift; bolt; (*pro rėtį, sietą*) screen ~**jos** síftings; bran *sg*

išsijudinti 1 bestír (ònesélf) *šnek.* 2 *prk.* becóme áctive

išsijungti *el.* get* dìsconnécted

išsijuos‖ti: *dirbti ~us* work ìndefátigably; ~*ęs valgo* he is éating his fill

išsyk at once; (*tuo pat momentu*) right awáy

išsikalti (*iš kiaušinio*) hatch

išsikasti dig* out (for ònesélf)

išsikelti 1 (*kitur gyventi*) move, mìgráte; *i. į naują butą* move to a new house* / flat; change one's lódgings 2 (*į krantą*) land, dìsembárk

išsikepti bake (for ònesélf); (*keptuvėje*) fry; (*ant ugnies, orkaitėje*) roast; (*ant ugnies t.p.*) broil; (*spirginti*) frízzle

išsikeroti spread* out; *prk.* wíden, expánd

išsikišti lean* out; protrúde, projéct, jut out, run* out

išsikovoti win*; *i. laisvę* win* / gain one's fréedom

išsikrapštyti 1: *i. dantis* pick one's teeth 2 *prk.* (*iš bėdos, keblios padėties*) get* out (*of*), éxtricàte ònesélf

išsikraustyti move; *i. į naują butą* move to a new house* / flat; *iš proto, iš galvos i.* go* mad; go* off one's head

išsikrauti *el.* run* down

išsikulti: *i. kviečius* thresh (all) one's wheat

išsikvėpti lose* the frágrance / smell; (*apie vyną*) becóme* flat

išsikviesti call smb to come* (to smb); send* (for); call out; *i. iš kambario* call smb out of the room

išsilaik‖yti 1 (*pozicijose ir pan.*) hold* out, stand* 2 (*ant kojų*) keep* one's feet; *i. balne* keep* in the sáddle 3: *pastatas gerai ~ė* the building is in good repáir, *arba* in a good state

išsilaipinti land, dìsembárk

išsilaisvinti get* / becóme* free; make* ònesélf free

išsilakstyti scátter

išsilaužti break* out (for ònesélf)

išsilavin‖ęs wèll-devéloped ~**imas** devélopment; intélligence ~**ti** becóme* devéloped / intélligent; devélop

išsilenkti bend*, curve

išsilie‖ti 1 run* out; pour out (*t.p. prk.*); *i. per kraštus* òverflów 2 (*netyčia*) spill* 3 (*pasklisti*) spread*

išsilygin‖ti 1 get* / becóme* équal 2 (*apie paviršių*) get* éven / smooth; smooth down; *raukšlės jo kaktoje ~o* the wrinkles on his fórehead smoothed down

išsimaudyti bathe; (*vonioje*) take* a bath

išsimazgoti wash (ònesélf)

išsimėtyti be* scáttered (abóut)

išsimiegoti 1 (*pailsėti miegant*) have* a good sleep; *jis dar neišsimiegojo* he hasn't had enóugh sleep yet 2 (*atsimiegoti*) sleep* off; make* up for lost sleep; have* a long sleep; (*naktį*) have* a good night's rest

išsimiklinti becóme* profícient (*in* + *ger*)

išsimok‖ėjimas páyment; *skolų* *l.* páyment / l̃quidátion of a debt; *l.* *dalimls* páyment by instálments ~**ėti** 1 pay*; *skolą* ~**ėtí** pay* off, *arba* líquidàte, a debt; acquít ònesélf of a debt; ~**ėti** *dalimls* pay* by instálments 2 (*apsimokėti*) be* worth; *tai* ~**a** it is àdvantágeous (+ to *inf*), it is prófitable (+ to *inf*); it pays (+ to *inf*) *šnek.* ~**ėtinai** by / in instálments

išsimokyti learn*; *l. skaityti* learn* to read

išsimokslin‖ęs (wéll-)éducàted; ~**ęs** *žmogus* a man* of èducátion ~**imas** èducátion ~**ti** be* éducàted

išsimurzinti make* òneself dírty; besméar / dírty òneself

išsinarinti díslocàte, put* out (of joint); *koją l.* sprain one's foot*

išsinarplioti (*iš bėdos*) pull through

išsinešdin‖ti clear off; beat* it △ ~**k!** awáy with you!, be off!, get awáy!

išsinešti cárry out; take* out; take* awáy

išsinuomoti (*pvz., butą*) rent

išsipagirioti *šnek.* take* a drink "the mórning-àfter"; take* a hair of the dog that bit you *idiom.*

išsipainioti (*iš bėdos*) pull through

išsiperėti hatch

išsipildyti come* true

išsipilti 1 (*apie skysčius*) run* out; pour out (*t.p. prk.*); *per viršų l.* òverflów; (*netyčia*) spill*, be* spilt 2 (*apie biralus*) pour out

išsiplauti wash / come* off; *tai neišsiplauna* it will not come off

išsiplė‖sti 1·wíden 2 *fiz.* dilàte 3 *prk.* spread* ~**timas** 1 exténsion 2 *fiz.* expánsion 3 *med.* dilátion, disténsion; *širdies* ~**timas** dilátion / dìlatátion of the heart; *venų* ~**timas** váricòse veins

išsiprašyti get* leave; ask for leave

išsiprausti wash, wash ònesélf

išsipudruoti pówder òneslf, pówder one's face

išsipuošti décoràte òneslf, adórn òneslf; (*puošniai apsirengti*) dress up, smárten (òneslf) up

išsipurvinti make* òneslf múddy / dírty

išsipūsti be* blown, swell*

išsirašyti 1 (*laikraštį ir pan.*) subscríbe (*to*) 2: *l. iš ligoninės* be* dischárged from hóspital

išsiregistruoti (*iš namų knygos*) strike* one's name off the list of ténants

išsirei‖kšti expréss òneslf ~**škimas** expréssion

išsirengti 1 (*kitur vykti*) prepáre, *arba* make* all réady, for a jóurney 2 (*drabužius nusirengti*) ùndréss; strip; *nuogai l.* strip whólly, strip òneslf (*stark*) náked

išsirgti have* been ill (*for some time*)

išsirikiuoti (*gretomis*) draw* up, form; (*viena linija*) line up

išsirinkti choose*; *l. patogų momentą* choose* the right time

išsiristi 1 roll out 2 (*iš kiaušinio*) hatch

išsirp‖ęs ripe ~**ti** rípen

išsiruošti (*kur vykti*) prepáre, *arba* make* réady, for a jóurney

išsirūpinti obtáin / get* áfter much tróuble

išsisaugoti guard òneslf, protéct òneslf

išsisemti becóme* / be* exhá:sted; dwíndle

išsiskėsti move apárt

išsiskyrėl‖ė divòrcée ~**is** divòrcée

išsiskyręs: *jie išsiskyrę* they are divórced

išsiskyrimas 1 (*sulčių ir pan.*) secrétion; *chem.* ìsolátion 2 (*atsisveikinant*) párting 3 (*santuokinis*) divórce

išsiskirsty‖mas (*svečių ir pan.*) depárture; (*apie minią, susirinkimą ir pan.*) bréaking up ~**ti** go* awáy; (*į skirtingas puses*) dispérse; (*apie minią, susirinkimą*) break* up; (*apie du-tris asmenis*) part, séparàte

išsiskirti 1 be* distínguished (*by*), be* nótable (*for*); stand* out (*for*) 2 (*atsisveikinant*) séparàte, part 3 (*apie santuokinį*) divórce, be* divórced (*from*); *į. su žmona, vyru* divórce one's wife, húsband

išsisklaid‖yti 1 dispérse; (*apie debesis ir pan.*) díssipàte; (*apie dūmus, rūką t. p.*) clear awáy; *rūkas ~ė* the mist / fog has lífted, *arba* has cleared awáy 2 (*apie minią ir pan.*) dispérse, scátter

išsiskleisti 1 ópen 2 (*apie géles*) ópen, blóssom out

išsislapstyti 1 hide* (*ònesélf*) (*from*), concéal ònesélf 2 (*tam tikrą laiką*) have* hídden (*ònesélf*) (for some time), concéal ònesélf (for some time)

išsisukinė‖jimas súbterfùge, dodge, evásion, shift *~ti* dodge, shirk, elúde, eváde; try to get out (*of doing smth*)

išsisukti 1 (*apie sraigtą*) come* únscréwed; *prk.* éxtricàte / clear ònesélf; *į. iš bėdos* get* out of a scrape 2 (*išsinarinti*) díslocàte, put* out; *į. koją* sprain one's foot* 3 (*vengti*) dodge, shirk, elúde, eváde

išsišakoti rámifỳ; branch; (*apie kelią t.p.*) fork, divíde

išsišerti 1 (*apie gyvulių plaukus*) shed* its hair 2 (*savo gyvulius*) be* able to feed

išsišnekėti 1 (*iki valiai*) speak* to the full 2 (*įsišnekėti*) get* ínto cònversátion (*with*)

išsišok‖ėlis, -ė (*karštuolis, -ė*) hótspùr; úpstàrt *~imas* trick; (*nelauktas, keistas*) freak, èscapáde

išsitarnauti: *į. pensiją* quálifỳ for a pénsion

išsitarti let* out a sécret; blab (out, forth) *šnek.*; let* the cat out of the bag *idiom.*

išsitaukuoti 1 dírty ònesélf with fat 2 (*tyčia*) rub ònesélf with fat

išsiteisinti jústifỳ ònesélf; (*prieš ką*) set* / put* ònesélf right with smb

išsitekti go* in; *verčiamas t.p. posakiu* there is room for

išsitemp‖imas ténsion; *sausgyslių į.* sprained múscles *~ti* 1 stretch; *guma ~ė* the elástic has stretched 2: *stovėti ~us kar.* stand* at atténtion

išsitepti make* ònesélf dírty; besméar / dírty ònesélf

išsitęsti stretch

išsitiesti 1 (*išsilyginti*) stráighten ìtsélf, becóme* straight; (*apie žmogų*) stand* eréct, draw ònesélf up 2 stretch ònesélf, sprawl; (*pargriuvus*) go* spráwling; méasure one's length *idiom.*

išsitobulinti perféct ònesélf (*in*)

išsitraukti draw* out; pull out; get* out; (*išsiimti*) take* out

išsitr‖inti 1 (*save*) rub ònesélf (*with*) 2 rub awáy; *įrašas ~ynė* the inscríption (has) got oblíteràted

išsituokti (*apie sutuoktinius*) divórce, be* divórced (*from*); *į. su žmona, vyru* divórce one's wife, húsband

išsiunti‖mas 1 (*paštu ir pan.*) dispátch, sénding 2 (*baudžiant*) bánishment, éxile; trànsportátion; (*už šalies ribų*) dèpòrtátion

išsiųsti 1 (*paštu*) send* 2 (*baudžiant*) bánish, éxile; trànspórt; (*už šalies ribų*) depórt

išsiūti 1 embróider 2 (*tam tikrą laiką*) sew* / work as a séwer (for some time)

išsiuvi‖mas, *~nėjimas* embróidery, néedle-wòrk *~nėti* embróider

išsivad‖avimas lìberátion; emàncipátion; delíverance; *~avimo kova* lìberátion / emàncipátion struggle / fight *~uoti* get* / becóme* free; make* ònesélf free

išsivaikščioti go* awáy; (*įvairiomis kryptimis*) dispérse; (*apie minią, susirinkimą ir pan.*) break* up

išsivalyti 1 (*sau*) (have* smth) cleaned; (*šepečiu*) brush 2 (*save*) clean ònesélf, brush ònesélf

išsivėdinti be* aired, be* véntilàted

išsiversti 1 (*išvirkščiai*) turn (insíde) out **2** (*tekstą*) tránsláte (*from into*) **3** (*pasitenkinti*) mánage / do* (*with*); make* / do* (*with*) **4** (*be ko nors*) mánage / do* (*without*)

išsiveržti 1 (*ištrūkti*) tear* ònesélf awáy (*from*); (*išsilaisvinti*) break* awáy (*from*), escápe **2** (*apie ugnikalnį ir pan.*) erúpt, be* in erúption

išsivesti take* out / awáy; lead* out / awáy

išsivežti take* out / awáy; remóve

išsiviepti 1 (*daryti grimasą*) pull a wry face **2** (*išsižioti*) ópen one's mouth

išsivilkti 1 (*drabužius*) ùndréss; strip; (*paltą*) take* off one's coat; (*nuogai*) strip whólly, strip ònesélf (stark) náked **2** (*išeiti*) drag out; clear off; beat* it

išsivynioti 1 (*savaime*) get* / becóme* ùnwrápped **2** (*sau*) ùnwráp (for òne-sélf)

išsivysty‖mas devélopment ~ti devélop

išsižadė‖jimas renùnciátion (*of*); (*sosto*) àbdicátion ~ti renóunce; dìs-avów; (*sosto*) ábdicàte

išsižergti stráddle

išsižio‖jėlis, -ė gawk ~ti ópen one's mouth

išskaič‖iavimas càlculátion ~iuoti cálculàte, récon up, compúte

išskait‖ymas dedúction ~yti **1** (*sužinoti ką skaitant*) find* (in a book, etc.) **2** (*rašyseną*) make* out **3** (*iš užmokesčio*) dedúct; keep* back ~omas (*apie rašyseną*) légible

išskalauti rinse, rinse out; *i.* burną rinse one's mouth; *i.* gerklę gárgle

išskalbti wash, have* smth washed

išskėsti 1 move / slide* apárt; spread* wide **2** (*sparnus*) spread* △ *i.* rankas lift one's hands (in dismáy)

išskinti 1 (*mišką, medžius*) cut* down, hew* out; (*tik apie medžius*) fell **2** (*gėles*) pick, pluck (all)

išskyros *med.* secrétion *sg*

išskirsty‖mas appórtionment, allótment; dìstribútion ~ti (*tarp*) distríbute (*to, among*); (*lėšas*) appórtion, allót

išsk‖irti 1 (*atrinkti*) pick out, choose*; (*iš kitų*) síngle out; *i.* kableliu put* a cómma **2** (*kaip išimtį*) exclúde; excépt **3** *poligr.*: *i.* kursyvu print in itálics, itáliclze ~iriant, ~yrus excépt, excépting; with the excéption (*of*) ~irtinis ísolàted, stánding apárt; ~irtinės sakinio dalys loose / detáched parts of the séntence

išsklaidyti dispérse; (*baimę, abejonę ir pan.*) dispél, díssipàte; (*minią ir pan.*) dispérse, scátter

išskleisti stretch out

išskolinti lend* out

išskr‖idimas (*paukščio*) flight; (*lėktuvo*) start; take off ~isti (*apie paukštį, vabalą ir pan.*) fly* out; (*apie lėktuvą*) start, leave*; ~isti pro langą fly* out of the window

išskrosti 1 cut*, cut* out **2** (*žuvį*) disembówel, clean

išskubėti go* out, *arba* leave*, húrriedly

išskusti (*skustuvu*) shave

išslinkti move out; (*išslysti*) slip out; (*apie plaukus*) come* out

išslysti slip out

išsmukti slip off / awáy; (*slapta išeiti*) steal* (awáy)

išspaudos óil-càke *sg*; (*sėmenų*) línseed-càke *sg*

išspausdinti print

išspausti 1 squeeze out, press out; *prk.* force **2** (*išspausdinti*) print

išspirti kick out

išspjauti spit* out

išspręsti (*klausimą, uždavinį ir pan.*) solve

išsprogdinti blow* up; (*dinamitu*) dýnamìte; (*uolą ir pan.*) blast

išsprogti (*apie pumpurus*) ópen, blóssom out

išspruk‖ti slip off / awáy; (*pabėgti*) skip awáy / off; escápe smb, smth; give* smb the slip; **Jam ~o žodis** a word escáped his lips, a word escáped him

išsprūsti slip out; slip off / awáy

išstatyti 1 (*kandidatą*) propóse, *arba* put* fórward smb's cándidature, propóse smb as a cándidate; nóminàte smb 2 (*daiktus*) displáy, set* out; lay* out; (*parodoje*) expóse, exhíbit

išstip||ti die; **visi gyvuliai** ~o all the cáttle have died

išsto||jimas léaving; drópping out (*of*); secéssion (*from*) ~ti (*iš organizacijos ir pan.*) leave*, drop out (*of*), ceàse to be a mémber (*of*)

išsto||vėti (*kurį laiką*) have* stood (for some time); spend* *the time* stánding; **jis ten ~vėjo dvi valandas** he has been standing there for two hours, he spent two hours stánding there

išstudijuoti stúdy; (*įvaldyti*) máster

išstumti 1 force out, ejéct; *kar.* dislódge; *prk.* oust; exclúde; (*užimti kito vietą*) supplánt 2 (*už durų*) push out

išsukti (*sraigtą*) ùnscréw

išsunkti (*išspausti skystį*) squeeze out

išsvajoti (*tam tikrą laiką*) dream* (*of*) (*for some time*)

iššal||dyti freeze* out ~ti (*žūti nuo šalčio*) be* destróyed by frost

iššauk||imas call; (*reikalavimas atvykti*) súmmons; (*teismo šaukimas t.p.*) subpóena ~ti 1 call; send* for; ~ti iš **kambario** call out of the room; ~ti **telefonu** call up on the phone, ring* up; (*mokinį atsakinėti*) call out, call to the bláckbòard 2 (*į dvikovą, lenktynes*) chállenge, call out 3 (*įsakyti atvykti*) súmmon

iššauti fíre a shot; shoot* off, fíre off

iššerti 1 (*tam tikrą laiką*) feed* (*for some time*) 2 (*išgalėti šerti*) be* able to feed*

iššiepti (*dantis*) show* / bare one's teeth

iššifruoti decípher; *prk.* intérpret

iššliaužti creep* out, crawl out

iššluostyti wipe; (*sausai*) dry, wipe dry; *i.* **indus** wipe up the cróckery

iššluoti (*kambarį, gatvę ir pan.*) sweep*; (*šiukšles*) sweep* out

iššnipinėti 1 (*atsekti*) trace, track 2 (*išgauti žinių*) nose out, smell* out

iššok||ti 1 jump out; leap* out 2 dance (*for some time*); **jis ~o tris valandas** he has been dáncing for three hours

iššūk||is chállenge (*to*); **mesti ~į** defý, bid* defíance (*to*), set* at defíance, chállenge; throw* down the gáuntlet *idiom.*; **priimti ~į** accépt a chállenge; take* up the gáuntlet *idiom.*

iššutinti 1 (*skalbinius*) steam 2 (*daržoves*) boil

iššvaistyti 1 throw* abóut 2 *prk.* squánder

iššveisti (*puodą ir pan.*) clean; (*šepečiu*) brush; (*grindis ir pan.*) pólish

ištaig||a cómfort ~ingas cómfortable

ištaisy||mas 1 (*veiksmas*) corréction, corrécting 2 (*išdava*) corréction ~ti corréct; (*ištiesinti*) stráighten

ištaka (*pradžia, šaltinis*) source, origin

ištampyti stretch; make* lónger or lóoser by dráwing or púlling

ištardyti hold* an ínquest

ištarimas (*garsų*) pronùnciátion; (*artikuliacija*) àrtìculátion

ištarna||uti (*kurį laiką*) work, serve, be* in sérvice (*for some time*); **jis ~vo trejus metus** he has worked, *arba* has been in sérvice, for three years

ištarti pronóunce, útter; (*artikuliuoti*) artículàte

ištaškyti spill*; splash; (*smulkiais lašeliais*) spray

ištaukuoti smear with fat

išteisin||imas *teis.* acquíttal, dischárge ~ti acquít

ištekė||jusi márried ~ti 1 (*apie moterį*) márry smb 2 (*apie skysčius*) flow out, escápe, run* out; (*lašas po lašo*) drip out 3 (*apie upę*) have* its source

ištekinti 1 (*skystį*) let* smth out (*of smth*) **2** (*staklėmis*) turn

ištek‖**liai** resérves ~**lius** stock, supplý ~**ti** have* smth enóugh

ištempti stretch

ištepti smear (*with*); (*taukais*) grease; (*alyva*) oil

išterlioti daub, soil; dírty *šnek.*; *i.* **dažais** get* paint (on), stain smth with paint; *i.* **rašalu** make* smth ínky

ištesėti: *i.* **žodį, pažadą** keep* one's word, prómise; be* as good as one's word *idiom.*

ištęs‖**tas** (*apie apysaką ir pan.*) lòng-wínded, lòng-dráwn, prólix ~**ti** (*apysaką ir pan.*) make* lòng-wínded; (*žodį*) drawl ~**tumas** (*apysakos ir pan.*) prolíxity, lòng-wíndedness

ištiesti 1 (*sparnus*) exténd **2** (*vielą*) stráighten **3** (*ranką*) hold* / stretch out, *arba* exténd, one's hand

ištikim‖**as** fáithful (*to*), lóyal (*to*), true (*to*); (*atsidavęs*)ͨ devóted (*to*) ~**ybė** fáithfulness, lóyalty, fidélity; (*atsida-vimas*) devótion

ištik‖**ti** (*apie nelaimę, bėdą*) strike*, òvertáke*, befáll*; *jį* ~**o nelaimė** misfórtune òvertóok / beféll him

ištiktukas *gram.* ònomatopóeic ìnterjéction

ištinkuoti pláster; párget

ištin‖**imas** swélling; *med.* túmour ~**ti** swell* up / out (*with*), bloat out (*with*)

ištyrimas invèstigátion; (*ligonio*) exàminátion; (*mokslinis*) reséarch, análysis (*pl* análysès); (*šalies ir pan.*) èxplòrátion

ištyrinėti (*mokslinę problemą*) reséarch (*into*), invéstigàte; (*ligonį*) exámine

ištirp‖**dyti** smelt, melt (down), found, fuse ~**ti** melt; thaw

ištirti invéstigàte, reséarch (*into*); (*šalį, rajoną*) explóre; (*ligonį*) exámine; *i.* **kraują** anályse the blood

ištis‖**ai** complétely, entírely ~**as** whole, entíre; ~**ą dieną, ~as dienas**

all day long; ~**ą valandą** a whole hóur ~**inis 1** contínuous; entíre; (*apie masę, uolieną*) sólid, compáct **2** *gram.* (*sakinys*) símple

ištįs‖**ti** stretch; léngthen out; (*išaugti*) shoot* up, grow* △ *jo* **veidas** ~**o** he pulled a long face; his face fell

ištiž‖**ėlis, -ė** irrésolùte pérson, mílksòp, sófty; hélpless / ùnpráctical pérson ~**ti 1** becóme* slack / lánguid / irrésolute / slúggish / limp / inért **2** (*apie žemę ir pan.*) sóften, becóme* soft / drenched

ištobul‖**ėti** perféct ònesélf (*in*) ~**inimas** perféction; impróvement ~**inti** perféct; impróve

ištrauka éxtract; éxcèrpt; (*citata*) quòtátion; (*fragmentas*) éxtràct; pássage

ištrauk‖**iamas** (*stalčius ir pan.*) slíding; *tech.* tèlescópic ~**ti** (*kamštį ir pan.*) take* out; (*išvilkti*) drag out; púll out; (*kulką, rakštį ir pan.*) extráct; (*iš vandens*) fish out; (*į krantą*) land; (*stalčių*) ópen (*a drawer*); (*kardą*) ùnshéath, draw* △ **ką** *iš* **bėdos** ~**ti** help smb out of tróuble

ištrėmimas éxìle; bánishment; trànspòrtátion, dèpòrtátion

ištrem‖**ti** éxìle; bánish; trànspórt; depórt ~**tis** *žr.* **ištrėmimas**

ištrykšti gush out, spurt out

ištrinkti (*galvą*) wash △ *i.* **galvą** give* smb a good scólding *šnek.*; haul smb óver the coals *idiom.*

ištrinti wipe (off); (*sausai*) wipe dry; (*nuvalyti*) clean; (*tai, kas parašyta*) eráse, blot out, rub out

ištro‖**kšti** becóme* / get* thírsty (*for, after*) ~**škęs** thírsty

ištrūkti 1 tear* ònesélf awáy (*from*); (*išsilaisvinti*) break* awáy (*from*), escápe **2** (*apie sagą ir pan.*) be* torn out

ištrup‖**ėti** crúmble awáy, *arba* to píeces ~**inti** crúmble; (*apie duoną t.p.*) crumb

ištuok‖**a** divórce ~**ti** divórce

išturėti bear*; stand*

ištušt‖ėti becóme* émpty; (*tapti ne-apgyventam*) becóme* desérted ~ínti émpty; (*geriant*) toss off (at a draught)

ištverm‖ė tenácity; stáying pówer, endúrance ~ìngas hárdy; of great endúrance; *jis labai* ~*ìngas* he is cápable of great endúrance; he is a great stáyer *šnek.* ~ingumas endúrance; stáying pówer

ištverti bear*, stand*; endúre; ùndergó; *jis vos ištvėrė* he could hárdly bear it; he could hárdly contáin hìmsélf

ištvirk‖auti lead* a depráved life; indúlge in lust ~avìmas léwdness, deprávity ~ėlis, -ė dèbauchée, líbertìne, prófligate ~ęs lewd, debáuched, prófligate ~imas léwdness, deprávity ~ìnti debáuch, corrúpt, depráve; spoil ~ti grow* / becóme* corrúpted, grow* / becóme* depráved, grow* / becóme* prófligate

išugdyti 1 (*auginti*) rear, bring* up; (*kadrus*) train, prepáre, form 2 *prk.* (*jausmus, sugebėjimus*) fóster, cúltivàte

išuostinėti (*iššnipinėti, iššvalgyti*) smell* out, nose out

išvad‖a dedúction; conclúsion, ínference; (*pa*)*daryti* ~ą draw* a conclúsion; conclúde; *prieiti* ~ą come* to the conclúsion

išvadavimas lìberátion, delíverance

išvadin‖ti 1 (*pvz., iš kambario*) call out 2 (*kuo*) call; *jis* ~*o jį kiaule* he called him a pig

išvaduo‖jamasis líberàtory; emàncipátion *attr*; delíverance *attr*; ~ti líberàte; emáncipàte; free; rid* ~tojas líberàtor

išvago‖ti cóver with fúrrows; *raukšlės* ~*jo jo veidą* his face is fúrrowed with wrínkles

išvaikyti drive* awáy; (*minią ir pan.*) dispérse

išvaikščioti 1 (*visur*) go* / walk / stroll all óver 2 (*tam tikrą laiką*) walk / stroll (*for some time*)

išvaizda 1 appéarance; look(s) *pl* 2 (*išorinė pusė*) èxtérior

išvakarės eve *sg*; ~*e* on the eve (*of*)

išvalyti clean; (*šepečiu*) brush; (*rūpestingai*) cleanse thóroughly

išvanoti (*pirtyje*) wash smb with brúshwood / bírch-ròds in a báth-house* △ *kam kailį / šonus i.* (*rykštėmis*) flóg, (*botagu*) whip

išvard‖yti enúmeràte; name; *mokinys* ~*ijo visus didžiuosius miestus* the púpil named all the cíties

išvarg‖ęs tíred, exháusted ~ìnti tíre out; exháust ~ti be* tíred out, be* exháusted

išvaryti drive* out; expél; *i. iš namų* turn out of the house*

išvart‖a wìnd-fàllen wood ~yti turn ùpsìde-dówn, (*medžius*) ùpróot

išvarv‖ėti drip / tríckle / dríbble / drop out ~ìnti let* tríckle; dríbble, drip, drop

išvaržyti sell* by áuction

išvaškuoti wax; pólish with wax

išvaž‖iavimas 1 depárture 2 (*vieta, pro kurią išvažiuoja*) éxit; égrèss ~ìnėti trável all óver; ~ìnėti pasaulį trável the whole world óver ~iuoti leave*; *jis* ~*iavo iš Vilniaus* he left Vìlniùs

išvedimas wìthdráwal

išvėdinti air; (*patalpą t.p.*) véntilàte

išvedžioti 1 take* out; lead* out 2 (*daryti išvadas*) conclúde

išvemti vómit; throw* up

išvengti avóid; shun; (*išsigelbėti*) elúde; *i. bausmės, baudos ir pan.* escápe / eváde pénalty, *etc.*; *i. pasikartojimo* refráin from rèpetítion

išverkti 1 (*išprašyti*) obtáin by wéeping; get* by dint of one's tears 2 (*kurį laiką*) weep* (*for some time*)

išversti 1 (*stulpą ir pan.*) pull down, knock down, tópple down, òvertúrn 2 (*pvz., rankovę*) turn (insíde) out; (*drabužį*) turn 3 (*į kitą kalbą*) trànsláte (*from ínto*); (*žodžiu*) intérpret (*from to*) 4 (*indą ir pan.*) òvertúrn

išvest‖i 1 take* out; lead* out; (*padėti kam išeiti*) help out; (*priversti ką išeiti*) make* smb go out, turn out; (*apie kariuomenę*) withdráw*, call awáy 2: *i.* formulę dedúce a fórmula 3 (*išauginti*) grow*, raise △ *i.* iš teisingo kelio lead* astráy; *i.* iš kantrybės try smb's pátience, exásperàte smb ~inis *gram.* derívative

išvež‖amasis éxpòrt *attr* ~imas 1 táking out, remóval 2 *ekon.* éxpòrt ~ti 1 take* out; remóve; drive* / take* awáy 2 (*prekes*) expórt

išvidinis insíde, intérior, ínner, intérnal; *prk.* ínward, ínner

išvien togéther; in cómmon, jóintly

išvietė lávatory, w.c.; tóilet *amer.*; (*gatvės t.p.*) chálet ['ʃæleɪ]

išvyk‖a excúrsion, trip; óuting ~imas depárture ~ti depárt (*from*), leave* (*for*); go* awáy (*from to*); have* left (*for*); ~ti iš čia, iš tenai leave* here, there; (*į kelionę*) set* off / out; start (*on a journey*)

išvilioti (*ką gauti meilikavimu, gudrumu*) coax (*out of*), whéedle (out of)

išvilkti drag out; pull out

išvynioti ùnróll; ùnwínd*; (*supakuotą daiktą*) ùnwráp

išvirinti boil

išvirkš‖čias insíde out; išversti ~čią turn insíde out; ~čia pusė the wrong side

išvirkš‖ti injéct ~timas injéction

išvirsti 1 (*išgriūti*) fall* out; (*apie medį ir pan.*) fall* down; (*apie žmogų*) túmble out 2 (*apvirsti*) òvertúrn, tip óver

išviršinis óutward, èxtérnal

išvir‖ti 1 (*košę, sriubą ir pan.*) cook; sriuba ~ė the soup is cooked 2 boil; bulvės ~ė the potátoes are boiled

išvy‖sti see*; kai tik jį ~dau the móment I set my eyes on him

išvysty‖mas devélopment ~ti 1 devélop; ~ti greitį gáther, *arba* pick up, speed 2 (*kūdikį*) ùnwráp

išvyti 1 drive* out, drive* awáy 2 (*virvę*) ùntwíst, ùntwíne, ùndó; (*siūlus*) ùnréel

išvogti steal*

išžaboti ùnbrídle

išžerti (*žarijas*) rake out

išžygiuoti *kar.* set* out

išžiūrėti 1 (*visur*) look all óver (for smth) 2 (*kurį laiką*) have* been looking (*for some time*)

išžudyti kill (all, éverybody)

išžvejoti 1 fish out (*t.p. prk.*) 2 (*kurį laiką*) have* been fishing (*for some time*)

it like; as if; stovi it stulpas he is standing like a pole, *arba* as if he were a pole

įtaig‖a suggéstion ~us impréssive, suggéstive

įtais‖as méchanism; equípment ~yti fit* (in, ínto); fix (in, ínto)

įtak‖a ínfluence (*with, over*); daryti kam ~ą ínfluence, exért ínfluence (*upon, over, on*); būti kieno ~oje be* únder the ínfluence / ascéndancy (*of*); pasiduoti kieno ~ai come* / fall* únder smb's ínfluence, submít to the ínfluence of smb ~ingas influéntial ~ingumas ínfluence (*with, over*)

ital‖as, -ė Itálian; ~ų kalba Itálian; the Itálian lánguage ~iškas Itálian

įtampa *el.* ténsion; (*jėgų*) strain

įtar‖iamas suspícious; súspèct; (*abejojamas*) shády; fishy *šnek.* ~iamumas suspíciousness ~imas suspícion ~(inė)ti suspéct (*of*) ~tinas *žr.* įtariamas; ~tinumas suspíciousness ~us suspícious, mistrústful

įteigti suggést, inspíre (*with*); fill (*with*)

įteik‖ėjas, -a (*laiško*) béarer; (*prašymo*) petítioner ~imas hánding in (*to*), delívery (*of to*), sérving (*to*) ~ti hand in óver (*to*); delíver (*to*); kam ordiną ~ti invést smb with an órder; ~ti

raginimą į teismą serve a subpóena (on)

įteisin‖imas lègalizátion, legìtimátion ~**ti** légalìze, legítimàte

įtekėti flow ínto, dischárge ínto, fall* ínto

įtempimas ténsion, ténsity; *prk.* stíffness; (*jėgų*) éffort, strain

įtemp‖as tense; tight; (*apie darbą*) strénuous; hard; *prk.* strained; ~**i santykiai** strained relátions ~**i 1** strain; (*lyną*) stretch; (*stygą*) string* **2** (*ką į vidų*) pull in / ínto, draw* in / ínto, drag ínto **3** (*jėgas*) strain

įterp‖imas (*tekste ir pan.*) insértion ~**ti** put* in / ínto; (*tekste*) insért (*into*), ìntrodúce (*into*); ~**ti žodelį** put* in a word ~**tinis** *gram.* (*žodis, sakinys*) pàrenthétic

įtėv‖iai fóster-pàrents ~**is** fóster-fàther

įtiesti lay* in / ínto

įtikėti 1 (*kuo*) belíeve (*in*) **2** (*pranešti kam ką*) confíde a thing to a pérson; *į. kam savo paslaptis* take* smb ínto one's cónfidence

įtikim‖as trústwòrthy ~**umas** trústwòrthiness

įtikinam‖as convíncing, persuásive ~**umas** convíncingness, persuásiveness

įtikinė‖jimas assúrance; persuásion ~**ti** try to convínce (*of*), try to persuáde (*in*)

įtikinti persuáde (smb + to *inf*), convínce (*of*); make* smb belíeve (that)

įtikti please; *jam neįtiksi* he is hard to please, there is no pléasing him △ *norėti į. ir vieniems, ir kitiems* run* with the hare and hunt with the hounds

įtilp‖ti go* in; *verčiama t.p. posakiu there is room for*; *ąsotyje ~o penki litrai* five litres went in the jug

įtin espécially; partícularly; (*su veiksmažodžiais*) véry much; (*su būdv. ir prieveiksmiais*) véry

įtrauka (*tekste*) indéntion, ìndèntátion

įtraukti 1 (*daryti dalyviu*) draw* in; get*, *arba* indúce, to pàrtícipàte (*in*) **2** (*į vidų*) pull in / ínto, draw* in / ínto **3** (*į programą*) inclúde (*in*); (*į sąrašą*) inscríbe (*in*, *on*), insért (*in*)

įtręšti fértilìze; (*mėšlu*) manúre, dung

įtrynimas (*vaistų*) rúbbing in

įtrinti rub in / ínto

įtrūk‖i(ma)s crack, split, rift ~**ti** crack, split, rift

įtūž‖ęs fúrious, víolent, fierce; infúriàted ~**imas** fúry, rage ~**ti** becóme* / get* fúrious

įtvaras sétting; móunting; cásing

įtvirtin‖imas *kar.* fòrtificátion ~**ti** *kar.* fórtifỳ; (*pritvirtinti*) fix

įvad‖as ìntrodúction ~**inis** ìntrodúctory

įvaik‖inti adópt ~**is** adópted child*, fóster-chìld*

įvairenybės mìscellánea *pl*

įvairia‖lytis várious, dìvérse ~**pusi(ška)s** màny-síded, vérsatìle ~**reikšmis** of várious méanings ~**rūšis** hèteŕogéneous ~**spalvis** párti-còloured, mány-còloured, váriegàted

įvair‖inti dìvérsifỳ, váry ~**umas** varíety, dìvérsity; *dėl ~umo* just for a change ~**uoti** váry ~**us** várious, dìvérse

įvakariau more wéstward, fárther to the west

įvaldyti máster; *į. technìką* máster the techníque

įvardis *gram.* prónoun

įvardyti (*pavadinti*) name

įvardžiuotinis *gram.* pronóminal

įvaryti drive* in / into; *į. kam baimės* put* the fear of God ínto smb; *į. pleištą* (*tiesiog. ir prk.*) drive* a wedge

įvart‖is *sport.* goal; *įmušti ~į* score a goal

įvarv‖ėti fall* in / by drops, drip in / ínto ~**inti** instíl(l), *arba* pour / put* in, by drops

įvaž‖iavimas éntrance, éntry ~**iuoti** énter; (*vežimu*) drive* in / ínto

įveikti òvercóme*; (apie kliūtis t.p.) get* óver, surmóunt; (nugalėti) gain / win* a víctory

įveisti (paukščius, gyvulius) breed*, rear; (augalus) cúltivàte; (sodą, parką ir pan.) plant, lay* out

įvelti (į kokią nemalonią istoriją ir pan.) invólve, ímplicàte, entángle

įverti: į. siūlą į adatą thread a néedle

įvertin‖imas èstimátion; éstimate; (aukštas, teigiamas) apprèciátion ~ti (pripažinti reikšmę, vertę) appréciàte; (apskaičiuojant) éstimàte

įvesti (įv. reikšmėmis) introdúce; lead* / bring in / ínto

įvež‖amasis impórted ~imas 1 ímpòrt, ìmpòrtátion 2 (įvežamų prekių visuma) ímpòrt(s) (pl) ~ti impórt ~tinis žr. įvežamasis

įvij‖a spíral ~as (like a) spíral

įvykd‖ymas (plano) fulfílment; càrrying-óut; (įgyvendinimas) realìzátion ~yti cárry out; éxecùte; (apie pažadą ir pan.) fulfíl; (įgyvendinti) accómplish, réalìze, cárry ínto efféct; ~yti įsakymą obéy / éxecùte / fulfíl, arba cárry out, an órder ~omas éxecùtable, accómplishable; féasible, prácticable, réalìzable

įvyk‖is evént; ~io veikslas gram. pèrféctive áspèct ~ti 1 (apie nelaimingą atsitikimą ir pan.) háppen, occúr; (apie koncertą, susirinkimą ir pan.) take* place 2 (apie svajonę, norą ir pan.) come* true, be* fulfílled

įvilioti lure in / ínto; draw* in / ínto

įvilkti drag in / ínto; pull in / ínto, draw* in / ínto

įvynioti wrap up

įvirsti 1 (pvz., į duobę) túmble down 2 (įsiveržti) burst* in / ínto

įvorė (rato ir pan.) búshing, nave, hub; glžk. áxle-bòx

izol‖iacija ìsolátion; tech. t.p. ìnsulátion; med. t.p. quárantìne ~iuoti ísolàte; tech. t.p. ínsulàte; med. t.p. quárantìne

įžadas vow, pledge, sólemn prómise

įžamb‖iai oblíquely, aslánt ~inė mat. hỳpótenùse ~us slánting; skew, oblíque

įžang‖a (knygos ir pan.) ìntrodúction; muzikoje t.p. prélùde; (kalboje) prèámble; ópening / ìntrodúctory remárks pl ~inis ìntrodúctory; ~inis žodis ópening addréss; ~inis straipsnis (laikraštyje) léading árticle, léader; èditórial amer.

ižas (upėje) sludge

ìžd‖as exchéquer, tréasury; valstybės į. fisc ~inė Tréasury, exchéquer ~ininkas, -ė tréasurer

įžeid‖ėjas, -a insúlter ~imas ínsùlt; (šiurkštus) óutràge ~inėti insúlt; (šiurkščiai) óutràge

įžeisti insúlt; (šiurkščiai) óutràge

įžemin‖imas tech. 1 (įtaisas) earth / ground connéction; ground 2 (veiksmas) éarth(ing), gróund(ing) ~ti tech. earth, ground

įžengti énter; (apie kariuomenę) march in / ínto; į. į sostą ascénd the throne

įžiebti (šviesą) light*

įžygiuoti march in / ínto

įžym‖ybė celébrity ~us (pagarsėjęs) fámous, célebràted, illústrious; (žymus) óutstànding, remárkable; (tik apie žmogų) éminent

įžiūr‖ėti 1: jis tame ~i įžeidimą he regárds / takes it as an ínsùlt 2 (tamsoje) discérn, descrý; make* out; tamsoje buvo sunku į. jo veidą it was dífficult to see his face in the dárkness ~imas vísible

įžnybti pinch, nip, tweak

ižti (apie ledą) crack, split

įžūlėti becóme* / grow* ímpudent, becóme* / grow* ínsolent

įžulnus slánting; skew; oblíque

įžūl‖umas ímpudence, ínsolence, impértinence, èffróntery; sauce, cheek šnek. ~us ímpudent, ínsolent, impértinent, brázen-fàced; sáucy, chéeky šnek.

įžvalg‖umas sagácity, pèrspicácity, ínsìght; acúmen ~us sagácious; pèrspicácious

įžvelgti percéive (in); į. skriaudą feel* offénded (by smth, smb)

J

jacht‖a yacht ~**klubas** *sport.* yácht-clùb

jaguaras *zool.* jáguàr

jakut‖as, -ė Yàkút [jɑ:ˈku:t] ~**ų** Yà-kút; ~**ų kalba** Yàkút, the Yàkút lánguage

jambas *lit.* ìámbus

japon‖as, -ė Jàpanése; ~**ų** Jàpanése; ~**ų kalba** Jàpanése, the Jàpanése lánguage

jau àlréady; (*neiginyje*) no lónger; *Jau seniai* long since, it is a long time since; *jis jau ne vaikas* he is no lónger a child; *jo jau nebéra (gyvųjų tarpe)* he is no more

jaudin‖imasis àgitátion, emótion; ex-cítement ~**ti** ágitàte; tróuble; excíte; (*kelti nerimą*) distúrb; wórry; alárm ~**tis** be* ágitàted; be* in àgitátion; (*nerimauti*) be* distúrbed, be* wórried, be* ùnéasy; (*nervintis*) be* nérvous, get* / be* excíted; ~**tis dėl ko nors** wórry abóut smth, fret ònesélf abóut smth

jaudr‖umas excìtabílity ~**us** excítable

jauja barn (*for storing crops*), thréshing barn

jauk‖as bait, lure, entícement ~**inti** tame; subdúe; (*apie gyvulius t.p.*) dométicàte

jaukti lump togéther; confúse, throw* / put* ìnto disórder

jauk‖umas cósiness; cómfort ~**us** cómfortable; cósy; ~**us kambarys** cómfortable / cósy room

jaunamartė bride

jaun‖as young; yóuthful; ~**ai atrodyti** (*pagal savo amžių*) look young for one's age ~**asis** brídegroom ~**atis** new moon ~**atvė** youth ~**atviš-kas** yóuthful ~**avedė** bride ~**ave-dys** brídegroom ~**avedžiai** néwly-màrried cóuple *sg*; the young cóuple ~**ėlis** the yóungest one ~**ėti** grow* young agáin ~**ieji** the young couple *sg* ~**ikaitis** young man* ~**ikis** brídeg-room ~**ikliai** (*apie gyvulius*) yóunger ánimals; (*žvėrys zoologijos sode*) cubs ~**imas** youth; young people *pl* ~**inti** make* smb look yóunger ~**intis** try to look yóunger than one's age ~**ys-tė** youth; *antroji* ~**ystė** *prk.* re-jùvenátion; *ne pirmos* ~**ystės** not in one's first youth ~**oji** *žr.* jaunave-dė; ~**umas** youth ~**uolė** girl ~**uo-lis** youth* ~**uomenė** youth; young péople *pl*

jausm‖as sense; *atsakomybės j.* sense of respònsibílity; *saiko j.* sense of propórtion; *pasitenkinimo j.* sense / féeling of sàtisfáction ~**ingas** sénsitive; ténder ~**ingumas** sén-sitiveness; (*sentimentalumas*) sènti-mèntálity

jaust‖i feel*; have* a sènsátion (*of*); *j. alkį, troškulį, nuovargį* feel* / be* húngry, thírsty, tired ~**is**: *blo-gai* ~**is** feel* / be* ùnwéll / ill; ~**is nuskriaustam** feel* hurt; *kaip jau-čiatės?* how are you? ~**ukas** *gram.* ìnterjéction

jautena óx-hìde

jaut‖iena beef ~**is** ox*, búllock △ *tvirtas kaip* ~**is** as strong as a horse ~**ukas** steer (*young ox*)

jautr‖umas sénsitiveness; *prk.* déli-cacy, táctfulness ~**us** sénsitive; *prk.* délicate, táctful

jav‖ai (*lauke*) corn *sg*; (*grūdai*) grain *sg*; *vasariniai j.* spring crops; *žieminiai j.* wínter crops ~**apjovė** réaping / hárvesting machíne ~**apjūtė** réaping

jazminas *bot.* jásmin(e), jéssamin(e)

jėg‖a 1 strength, force; *iš visų* ~**ų** with all one's strength / might; *tai viršija mano* ~**as** it is beyónd my pówers 2 *tech., fiz.* pówer, force; *arklio j.* hórse-pòwer ~**ainė** pówer-plànt; pówer-stàtion

jei, jeigu if; *jei ne lietus, jis būtų ėjęs pasivaikščioti* if it were not ráining, he would have gone for a walk;

jeï ne unléss; *jeï nenorï, neïk* don't go unléss you want

Jerubė *zool.* házel-hèn; házel-grouse

Ji she; *objective case* her; *jì patì* she hèrsélf; (*apie gyvulį, neskiriant giminės*) it; (*apie daiktus dažniausiai*) it; (*personifikuojant, ypač šalis ir laivus*) she

jie they; *obj.* them

jiedvi they both (*about women*)

jinai *žr.* **ji**

jis he; *obj.* him; *jìs pats* he hìmsélf; (*apie gyvulį, neskiriant giminės*) it; (*apie daiktus dažniausiai*) it

jisai *žr.* **jis**

jodas *chem.* íodìne

jog that

joji‖kas hórseman*; ríder ~kė hórsewòman*; (*cirke*) círcus ríder

jok‖s no (...whàtéver); (*be daiktavardžio*) none (whàtéver) (*kitas neiginys* ne- *neverčiamas*); ~*ios kliūtys negalėjo jo sustabdyti* no óbstacles (whàtéver) could stop him △ ~*iu būdu* by no means

jon‖as *fiz.* íon ~**izacija** lonìzátion

jonvabalis *zool.* glów-wòrm

joti go* / ride* on hórsebàck

jovalas 1 (*kiaulėms*) swill 2 *prk.* (*netvarka*) mess; médley; disórder

jovaras *bot.* sýcamòre (máple)

jubil‖iatas, -ė hérò of an ànnivérsary, hérò of the day / of the évening ~**iejínis** ànnivérsary *attr* júbilee *attr* ~**iejus** ànnivérsary, júbilee

juchtas (*oda*) yuft; Rússia(n) léather

judam‖as móbìle ~**umas** mòbílity

jud‖ėjimas 1 mótion 2 (*sąjūdis*) móvement; *revoliucinis j.* rèvolútionary móvement 3 (*gatvėje*) tráffic ~**esys** mótion; móvement; *rankos* ~**esys** mótion, gésture, móvement of a hand ~**ėti** move; (*į priekį*) advánce ~**inti** move, stir; ~*inti ranką, koją* stir / move one's hand, leg

judr‖umas líveliness ~**us** lívely, áctive, ágìle

jūdu, jūdvi botð of you, you two, you both

juk 1 (*ar ne tiesa?*) *verčiamas klausimais* is it not?, will you not? *ir pan.*; (*neigiant*) is it?, will you? *ir pan.*: *juk taì tiesa?* it is the truth, is it not? (isn't it? *šnek.*); *juk taì netiesa?* it is not true, is it?; *juk jis eis?* he will go, will he not? (won't he? *šnek.*); *juk jis ne vaikas* he is not a child*, is he? 2 (*sustiprinant*) *gali būti verčiamas posakiais* you see, you know; *juk jis mokovas* he is an éxpert, you see, *arba* you know; *bet juk jis jums taì pasakė* but he told you; *juk taì jis!* why, it is he!

jung‖as yoke; *nusimesti* ~**ą** shake* / throw* off the yoke

jung‖iamasis connécting; *anat.* connéctive ~**iklis** *tech.* switch ~**imas** jóining, jûnction ~**inys** 1 còmbinátion (*t.p. chem.*) 2 *kar.* formátion ~**ti** 1 join, · ùníte; (*rišti*) connéct; (*telefonu*) put* through; (*derinti*) combíne (*with*); ~*ti teoriją su praktika* combíne théory with práctice 2 *chem.* combíne ~**tinis** ùníted, joint ~**tis** ùníte (*with*); *chem.* combíne; *jame* ~*iasi dvi savybės* he combínes two quálities

jungt‖is *gram.* cópula; *veiksmažodisj.* línk-vèrb ~**ukas** 1 *gram.* conjúnction 2 *tech.* switch ~**uvės** márriage

junkyti wean (*from*); *j. kūdikį* wean a child from the breast

juntam‖as percéptible; tángible; pálpable ~**umas** percèptibílity

juo: *juo ... juo, juo ... tuo* the ... the; *juo daugiau, juo geriau* the more the bétter

juoda‖akis blàck-éyed ~**darbis** ùnskílled wórkman* / wórker

juodalksnis black álder(-tree)

juoda‖odis black; cóloured man* *amer.* ~**plaukis** blàck-háired

juod‖as black; ~*a duona* brown bread, rýe-bread; *j., kaip derva* jètbláck; ~*ieji metalai* férrous métals; ~*os mintys* glóomy thoughts; *j.*

(*nekvalifikuotas*) **darbas** ùnskílled lábour △ ~**ai** (*alkanai*) **dienai** agáinst / for a ráiny day

juod‖**bėris** dárk-bay (horse) ~**bruvas** dàrk-bró̇wed ~**bruvys** dàrk(-háired) man* ~**bruvė** brunétte, dàrk(-háired) wóman*

juodėti turn / becóme* / grow* black; blácken

juodgalvis blàck-héaded

juod‖**ymas** black part, black place △ **nė per nago** ~**ymą** not a bit; not at all, not in the least ~**inti** 1 blácken 2 (*šmeižti*) slánder; cast* slurs (*upon*); soil ~**is**, -ė black (ánimal)

juod‖**margis** (*apie galvijus*) blàck-chécked (*cow or bull*) ~**medis** ébony ~**raštis** (*metmeninis raštas*) rough cópy; (*sąsiuvinis*) rough nótebook

juodu they both (*about men*)

juod‖**ulys** black spot / patch / blot / stain ~**umas** bláckness

juod‖**uoti** 1 (*tolumoje*) show* black; **tolumoje** ~**avo miškas** the fórest showed black in the dístance; **tolumoje kažkas** ~**avo** smth black loomed in the dístance, there was a black spot in the dístance 2 *žr.* **juosti II**

juod‖**varnis** ráven ~**žemis** black soil / earth

juodvi they both (*about women*)

juok‖**as** 1 láughter, laugh; **jis** ~**ais nesitveria** he can't help láughing; ~**ais leipti** split* / burst* one's sides with láughter, choke with láughter; ~**ais pratrūkti** burst* out láughing 2 *dgs.* jokes; jests; **tai ne** ~**ai** it is no joke, it is not a láughing mátter △ **be** ~**o** jóking apárt; **laikyti ką ant** ~**o** make* fun of smb; ~**us krėsti** joke; jest; ~**ais** in jest

juok‖**auti** 1 joke; jest; **mėgti j.** be* fond of a joke 2 (*nerimtai kalbėti*) be* in jest; be* fúnny *šnek.* ~**darys**, -ė fool; jéster; (*ist. t.p.*) man* of mótley ~**ingas** láughable, ridículous,

lúdicrous ~**ingumas** láughableness, ridículousness

juok‖**inti** make* smb laugh ~**tis** 1 laugh; (*tyliai*) chúckle; ~**tis ligi ašarų** laugh untíl one cries 2 (*iš ko*) laugh (*at*), mock (*at*); make* fun (*of*) △ **tas** ~**sis, kas** ~**sis paskutinis** he laughs best who laughs last

juos‖**ėti**: **j. diržu** wear* a belt / gírdle ~**muo** waist; loins *pl*, small of the back; **žolė iki** ~**mens** waisthígh grass; **iki** ~**mens sniege** waistdéep in snow ~**ta** 1 wóven sash, wáistbànd 2 (*kaspinas*) ríbbon; band **3** *geogr.* zone; (*juodžemio, miškų ir pan.*) région, zone; belt △ **laumės** ~**ta** ráinbow

juosti I (*diržu ir pan.*) gird*, begírd*, gírdle; (*supti*) surróund; engírd(le)

juos‖**ti** II turn / grow* black; blácken ~**vas** bláckish

jūr‖**a** sea; **išplaukti į** ~**ą** put* to sea; **plaukti** (*keliauti*) ~**a** go* by sea; ~**os kiaulytė** *zool.* guínea-pìg; ~**os liga** séasìckness; ~**os liūtas** *zool.* sea líon ~**eivis** séaman*, sáilor ~**eivystė** nàvigátion, séafàring

jurginas *bot.* dáhlia

jurid‖**inis**, ~**iškas** jùrídical; légal; jùrístic(al)

jūrinink‖**as** sáilor; návigàtor, séafàrer ~**ystė** nàvigátion, séafàring

jūrinis (*pvz., klimatas*) sea *attr*

juris‖**konsultas** légal advíser, júrist ~**prudencija** júrisprùdence, (scíence of) law ~**tas** láwyer; júrist

jūr‖**ligė** séasìckness ~**mylė** gèográphical / náutical / sea mile ~**varnis** *zool.* córmorant, nóddy

jūs you ~**iškai** in, *arba* accórding to, your opínion; to your mind / thínking ~**iškis**, -ė (*prieš dkt.*) your; (*be dkt.*) yours

jus‖**lė** órgan of sense ~**ti** feel* (*t.p. prk.*); have* a sènsátion (*of*); ~**ti alkį, troškulį, nuovargį** feel* / be* húngry, thírsty, tíred

jūsų (*prieš dkt.*) your; (*be dkt.*) yours; **tai j.** kepurė it is your cap; **ši kepurė yra j.** this cap is yours

jutim||as sènsátion; ~**o organai** órgans of sense

juvelyr||as jéweller ~**inis** jéwelry *attr*; ~**inė parduotuvė** jéweller's; ~**iniai dirbiniai** jéwelry

K

kabė hook

kabeklis hook; *jūr.* bóat-hook

kabelis cáble

kab||ėti hang*; (*būti pakabintam*) be* suspénded ~**ykla** pég-board, rack, stand; (*prieškambaryje*) háll-stànd

kabin||a booth; (*nusirengimo*) báthing-hùt, dréssing-bòx; **lakūno k.** cóckpit; **lifto k.** car ~**etas** 1 (*studijoms, mokymuisi*) stúdy 2 (*gydytojo*) consúlting-room; (*dantų gydytojo*) déntal súrgery **3** *polit.* cábinet

kabinė||ti hang* ~**tis** clench, grápple; (*griebtis*) clutch (*at*); *prk.* cling* (*to*)

kabin||ti 1 hang*; suspénd 2 (*prie ko*) hitch, hook; *glžk.* cóuple; (*sagę ir pan.*) pin, fásten, tack, tag ~**tis** 1 (*kam ant kaklo*) run* áfter smb 2 clench, grápple; (*griebtis*) clutch (*at*) **3** (*prie ko*) find* fault (*with*), cávil (*at*), carp (*at*); nag (*at*), pick (*at*) *šnek.*

kab||elis 1 hook 2 *gram.* cómma; ~**lataškis** *gram.* sèmicólon ~**ys** hook ~**iukas** hook; (*meškerės*) físh-hook

kab||oti hang*; be* suspénded ~**utės** *gram.* invérted cómmas; (*citatoje*) quatátion marks

kačiukas kítten

kad 1 that; *dažnai neverčiamas; jis sakė, kad ji ateis* he said (that) she would come 2 (*su tariamąja nuosaka*) that; *reikia, kad jis tai padarytų* it is nécessary that he should do this; (*jei*) if; *kad turėčiau šią knygą ...* if I had this book ... **3**: kad ir (*nors*

ir*) though, àlthóugh 4: **kad ir kaip jūs stengtumėtės** howéver hard you may try **5**: **kad ne ...** lest

kada 1 *jng.* when; while; as; *kai jie išvyko ...* when they left ...; *kai jie dirbdavo kartu ...* while they were wórking togéther 2 *prv.* when; some day or óther; **k. sugrįši?** when will you come back?; **gal k. ateisiu** perhaps I'll come some day or óther; **kada nors** (*ateityje*) some time, some day; (*klausiamajame ir sąlygos sakiniuose*) éver; **ar matėte jį k. nors?** have you éver seen him?

kadag||ynas júniper búshes ~**inis** júniper *attr* ~**ys** *bot.* júniper

kadaise once (*upón a time*); sómetìme; fórmerly

kada-ne-kada sómetìmes, from time to time, now and then

kadangi as, since, becáuse; *jis negali ateiti, k. jis jau išvyko* he can't come as / since he has alréady left; *aš nedalyvavau, kadangi sirgau* I was ábsent becáuse I was ill

kadaroti dángle; (*apie rūbus ir pan.*) hang* lóosely

kad||rai pèrsonnél *sg*; ~**rų skyrius** pèrsonnél / staff depártment

kadrilis (*šokis*) quadrílle

kai *jng.* when; (*tuo metu, kai*) while; (*būtajame laike t.p.*) as; **kai kada** sómetìmes; **kai kas** sómebody, some people; sómething; **kai koks** some; a cértain (*pl* cértain); **kai kur** here and there; **kai kuris** some

kailiadirbys fúrrier; fúr-drèsser

kailin||ėliai, ~ukai shéep-skìn coat *sg* ~**iai** fúr-coat *sg*

kailin||inkas fúrrier; fúr-drèsser ~**is**: ~**is paltas** fúr-coat; ~**ė apykaklė** fúr-còllar; ~**is žvėris** fúr-bèaring ánimal ~**iuotas** fúr-coated

kail||is (*oda*) skin, hide; (*plaukuotas*) fell; fur; *švelniaplaukiai* ~**iai** furs; fúr-skìns; péltry *sg*; **dirti** (*lupti*) ~**į** flay, skin △ **iš** ~**io nertis** lay* ònesélf out; **nesitverti savame** ~**yje** fret

kaim‖as (*gyvenvietė*) víllage; (*priešingai miestui*) cóuntry, cóuntrysìde ~**elis** hámlet, small víllage

kaimenė herd; (*avių, ožkų*) flock

kaimietis cóuntryman*, víllager (*pl* cóuntryfòlk, cóuntrypeople)

kaimyn‖as néighbour ~**inis** néighbouring; next, adjácent; néighbour *attr;* néar-bỳ ~**ystė** néighbourhood; vicínity ~**iškas** néighbourly

kaimiškas rúral, víllage *attr;* cóuntry *attr*

kain‖a price; cost; (*prk. t.p.*) worth; *rinkos k.* márket price; *bet kuria k.* at ány price / cost ~**oraštis** prícelìst ~**oti** (*nustatyti kainą*) éstimàte, evàluàte *~***uoti** cost*

kaip 1 *prv.* (*klausiant*) how; what; *k. tu ten patekai?* how did you get there?; *k. tu manai?* what do you think? 2 (*palyginimui, požymiui, būdui žymėti*) like; as; *baltas k. sniegas* white like snow, as white as snow; *jis žinomas k. geras darbininkas* he is known as a good wórker; *jis kalba k. anglas* he speaks like an Énglishman* 3 *jng.* how; *pasakyk, k. tau sekasi* tell me how are you gétting on △ *k. antai* for exámple (*sutr.* e.g.), as for ínstance; *kaipgi!* oh, yes!; *k. mat* immédiately, at once; *k. nors* sómehow; *k. tik* just, exáctly; *k. tik tai, ko man reikia* just what I want, the véry thing I want

kair‖ė 1 (*kairioji ranka*) left hand 2 (*kairioji pusė*) léft-hànd side ~**ėje,** ~**ėn** to the left (*of*); *iš* ~**ės** to / at / from / on the left (*of*) ~**ėti** *polit.* becóme* more rádical ~**iarankis, -ė** lèft-hánder ~**inis** left; léft-hànd *attr* ~**ys, -ė** lèft-hánder ~**uoliškas** *polit.* léftist *attr*

kaisti I (*puodą*) set* a pot on the fíre

kaisti II 1 (*raudonai*) becóme* héated, ìncàndésce 2 (*šilti*) get* warm 3 (*prakaituoti*) sweat, perspírce 4 (*iš pykčio*) rédden; (*iš gėdos*) blush

kaistuvas pan, stéw-pàn, stéwing-pàn, sáucepàn

kaišioti poke, thrust*, shove; slip; push in / ínto; thrust* in / ínto

kaišyti set* (*with*); (*žalumynais*) décoràte (*with*)

kaišti scrape

kaištis 1 (*ašies*) (línch)pìn 2 (*kamštukas*) plug, spígot

kaištuvas scráper

kaita 1 change, chánging 2 *lingv.:* *priebalsių k.* ínterchànge of cónsonants; *balsių k.* vówel gradátion

kaitalio‖jimas(is) àltèrnátion, ínterchànge ~**ti** áltèrnàte ~**tis** áltèrnàte; (*pasivaduoti*) take* turns

kaity‖ba *lingv.* infléxion; *žodžių k.* wórd-chànging ~**mas** change; *lingv.* infléxion

kaitin‖imas 1 (*ligi paraustant*) ìncàndéscing 2 (*šildymas*) héating, ráising the témperature (*of*) ~**ti** 1 (*raudonai*) ìncàndésce, heat rèd-hót; (*baltai*) heat whìte-hót 2 (*šildyti*) warm, heat; ~**amoji lempa** *tech.* ìncàndéscent / glow lamp ~**tis** (*saulėje*) bake / bask in the sun, tan

kaityti *lingv.* infléct

kaitr‖a, ~**umas** heat, inténse heat; ~**us** hot, búrning (*t.p. prk.*)

kajutė room, cábin

kakarin‖ė *menk.* throat △ *paleisti* ~**ę** bawl, yell; shout / yell at the top of one's voice

kakav‖à 1 (*gėrimas*) cócoa 2 (*sėklos*) cacáò ~**medis** cacáò(-tree)

kaklaraištis tie, nécktìe

kakl‖as neck ~**elis,** ~**iukas** small / líttle neck; (*butelio*) neck; (*indo*) mouth

kakta fórehead; brow *poet.*

kakti set* off / out; start; go* (*to a place*)

kaktusas *bot.* cáctus

kalafioras *bot.* cáuliflower.

kalakut‖as túrkey(-còck) ~**ė** túrkey (-hèn) ~**tiena** túrkey(-flèsh)

kalavij‖as sword ~**uotis** *istor.* Swórdbearer, Bróther / Knight of the Sword

kalb∥a 1 lánguage, tongue; *lietuvių k.* Lìthuánian, the Lìthuánian lánguage; *literatūrinė k.* líterary lánguage; *gimtoji k.* móther tongue; vernácular *moksl.*; *šnekamoji k.* spóken lánguage; éveryday lánguage 2 (*sugebėjimas*) speech; ~*os padargai* órgans of speech **3** (*viešas pasisakymas, prakalba*) speech, orátion; *sveikinamoji k.* salútatory addréss, speech of wélcome 4 *gram.* speech; *tiesioginė, netiesioginė k.* diréct, ìndiréct speech; ~*os dalys* parts of speech **5** (*pokalbis*) talk, cònversátion; *be jokių ~ų, daryk kaip tau liepta* I dón't want to hear ánything abóut it, do as you are told; *be ~ų!* enóugh of tálking!

kalb∥ėti speak*, talk △ *aplamai* (*apskritai*) ~*ant* génerally spéaking; *atvirai* ~*ant* fránkly spéaking; to be cándid ~*ėtis* talk (*to, with*), speak* (*to, with*); convérse (*with*) ~*ėtojas,* -*a* órator, (públic) spéaker

kalbininkas, -ė línguist

kalbinis linguístic

kalbinti speak* (*to smb*); addréss (*smb*); accóst (*smb*)

kalb∥otyra linguístics ~*us* tálkative, gárrulous

kalcis *chem.* cálcium

kalė bitch

Kalėd∥os *bažn.* Chrístmas, *sutr.* Xmas *sg.* ~*oti* (*elgetauti*) go* bégging; colléct alms

kalėjimas 1 príson; jail 2 (*buvimas kalėjime*) imprísonment

kalendorius cálendar

kalen∥ti 1 (*dantimis*) chátter (with one's teeth); *jis ~a dantimis* his teeth chátter 2 (*apie paukštį*) peck

kalėti be* imprísoned; serve a term of imprísonment, do* time

kaliaūsė (*paukščių baidyklė*) scárecròw

kalibras *tech.* gauge; *kar.* cálibre

kaligraf∥as callígrapher, callígraphist ~*ija* callígraphy ~*inis* càlligráphic

kal∥ikas, -ė crámmer ~*ykla* (*monetų*) mint ~*imas* 1. (*kalvėje*) fórging 2 (*pinigų*) cóinage **3** (*kuolo, vinies*) dríving in, hámmering in 4 (*mechaniškas mokymasis*) crámming, cónning

kalin∥imas imprísonment; confínement; deténtion; *k. iki gyvos galvos* imprísonment for life ~*ys,* -ė prísoner; cónvict ~*ti* detáin in príson

kalioš∥ai rúbbers; galóshes ~*as* galósh, golósh

kalkakmenis límestòne

kalkė 1 (*anglinis popierius*) cárbon-pàper, cópying-pàper 2 (*permatomas popierius*) trácing-pàper

kalk∥ės lime *sg*; calx *sg*; *gesintos k.* slaked / slack lime; *negesintos k.* quícklìme, burnt lime ~*inti* *ž.ū.* chalk

kalkul∥iacija càlculátion ~*iatorius* cálculàtor ~*iuoti* cálculàte

kalnagūbris móuntain ridge / range

kalnakas∥yba míning índustry ~*ys* míner

kaln∥as 1 móuntain; (*neaukštas*) hill; *eiti į ~ą* go* ùphíll; *eiti nuo ~o* go* dòwnhíll 2 *prk.* (*daugybė*) a lot of; heap; pile △ *aukso ~us žadėti* prómise wónders; *jam kaip k. nuo pečių nuslinko* a load has been táken off his mind; *ne už ~ų* not far dístant, at hand ~*elis* híllock, knoll ~*ietis,* -ė mountainéer ~*ynas* móuntain chain; chain / range of móuntains ~*uotas* móuntainous, hílly, cóvered with móuntains

kalorija *fiz.* cálorie

káltas I (*įrankis*) chísel

kalt∥as II (*kuo, dėl ko*) guílty (*of*); *būti kam nors ~u* be* guílty tówards smb; *aš k.* it is my fault, I am to blame; *kuo jis k.?* what is his fault?, how is he to blame?; *k. be kaltės* guílty though guíltless ~*ė* fault; guilt; *per kieno· nors ~ę* through smb's fault; *tai ne per jo ~ę* it is through no fault of his; *suversti ~ę kam nors* lay* / put* the blame on smb; *išpirkti savo ~ę* redéem one's fault; *prisiimti sau ~ę* take* the blame upón ònesélf, shóulder the blame; **Jūsų** ~**ė** you are to blame, it is (it's *šnek.*) your fault

kal‖ti 1 (*geležį*) forge; ~**k geležį, kol jī karšta** *pat.* strike* while the íron is hot 2 (*pínigus*) mint, coin **3** (*vínis*) hámmer (*ín*); drive (*ín*) **4** (*kalénti*) peck **5** (*mechaniškai mokytis*) cram, con **6** *prk.*: **k. kam nors į galvą** hámmer ínto smb's head

kaltin‖amasis 1 accúsatory; **k. aktas** (bill of) indíctment **2** (*patrauktasis teismo atsakomybén baudžiamojoje byloje*) accúsed ~**imas** charge, àccùsátion

kaltininkas, -ė cúlprit; pérpetràtor / commítter of a crime; **iškilmių k.** hérò of the fèstívities

kaltint‖i accúse (*of*); charge (*with*); *teis.* prósecùte; indíct ~**ojas, -a** accúser; *teis.* prósecùtor

kal‖tis 1 (*iš kiaušínio*) hatch, come* out of the egg **2** (*apie dantis*) cut*; erúpt; **kūdíkiui** ~**asi dantys** the child* is cútting teeth, the child* is téething

kaltūnas *med.* plíca (polónica)

kalv‖a hill ~**elė** híllock; knoll

kalv‖ė smíthy; forge, fárriey *amer.* ~**is** (bláck) smìth; hámmersmìth; fárrier

kalvotas hílly

kam 1 *prv.* (*kuriam tikslui*) what for **2** *įv. žr.* **kas**

kamanos brídle *sg*

kamantinėti elícit (informátion from smb)

kamara (*maistui*) lárder, pántry; (*daiktams*) stóre-room; bóx-room; lúmberroom

kambar‖inė hóusemàid; (*viešbutyje ir pan.*) chámbermaid; (*garlaivyje*) stéwardess ~**inis** índoor *attr;* ~**iniai augalai** índoor plants; ~**inis šuniukas** láp-dòg ~**ys** room; **vonios** ~**ys** báthroom; **aptvarkyti** ~**į** do* / tídy a room

kame where; **k. nors** sómewhère; (*klausiamajame sakinyje*) ánywhère; **k.-ne-k.** here and there

kamer‖a 1 cell; chámber; **kalėjimo k.** ward; **pasaugos k.** *glžk.* clóakroom; **dezinfekcinė k.** dìsinféction chámber **2** *tech.* chámber; **kino / video k.** cámera ~**inis** *muz.* chámber *attr;* ~**inė muzika** chámber músic ~**tonas** *muz.* túning fork

kamienas 1 (*medžio*) trunk, stem; bole **2** *lingv.* stem

kamin‖as chímney ~**krėtys** chímneysweep; **juodas kaip** ~**krėtys** black as a sweep

kamp‖ainis *tech.* (trý-)squàre; back square ~**amatis** *tech.* gòniómeter

kampanij‖a *kar., polit.* càmpáign; **pradėti** ~**ą** *kar.* take* the field; start / ópen a càmpáign

kamparas cámphor

kamp‖as 1 córner; **ant** ~**o** at the córner; ~**e** in the córner; **užlenkti knygos** ~**ai** dóg-eared pages; **už** ~**o** round the corner **2** *mat., fiz.* ángle; **statusis k.** right ángle; **smailusis k.** acúte ángle; **bukasis k.** obtúse ángle; **kritimo k.** ángle of íncidence **3** (*pastogė*) home; **turėti savo** ~**ą** have* a home of one's own ~**ininkas, -ė** lódger ~**inis** 1 (*apie namą, kambarį ir pan.*) córner *attr* **2** *mat., fiz.* ángular **3** *dkt. sport.* córner

kampuot‖as ángular ~**umas** àngulárity

kamš‖alas pádding, pácking; (*valgyje*) fílling, stúffing ~**alynė,** ~**atis** crush

kamščia‖medis córk-tree, córk-oak ~**traukis** córk-scrèw

kamšyti 1 (*čiužinį*) fill (*with*); (*valgį*) stuff (*with*) **2** (*plyšius*) stop up (*with*); plug (*with*)

kamštis 1 (*medžiaga*) cork **2** (*buteliams ir pan.*) cork; (*stiklinis*) stópper; (*medinis, metalinis*) plug

kamuolys 1 ball; **futbolo k.** fóotball **2** (*siūlų*) clew **3** (*dūmų*) puff of smoke; (*dulkių*) dúst-cloud, cloud of dust

kamuoti tòrmént, tórture; wéary, tíre

kanal‖as canál; (*jūros*) chánnel ~**izacija** séwerage

kanap‖**ė** *bot.* hemp ~**ėtas** spéckled ~**inis** hemp *attr*; (*kanapių pluošto*) hémpen

kanarėlė *zool.* canáry (bird)

kanceliari‖**ja** óffice ~**nis**, ~**škas** óffice *attr*

kančia súffering, pain; tórmènt, tórture; pangs *pl*

kandidat‖**as**, -**ė** cándidate ~**ūra** cándidature; cándidacy *amer.*

kandiklis (*cigaretėms*) cigarétte-hòlder; (*cigarams*) cigár-hòlder

kand‖**is** (clóthes-)mòth ~**us** *prk.* cáustic, bíting

kandžioti bite*; (*apie vabzdžius t. p.*) sting*; (*mažais kąsneliais*) níbble

kankynė tórture, tórmènt; ánguish

kankin‖**imas** tórture, tórmènt ~**ys**, -**ė** mártyr ~**ti** tórture, tòrmént ~**tojas**, -**a** tòrméntor, tórturer

kankl‖**ės** *muz.* Lìthuánian psáltery *sg* ~**ininkas**, -**ė** pláyer on the Lithuánian psáltery

kankorėžis *bot.* cóne

kanopa hoof

kantas édging

kantata *muz.* càntáta

kantr‖**ybė** pátience; **netekti** ~**ybės** lose* pátience ~**umas** pátience ~**us** pátient

kapa thréescore

kap‖**ai** cémetery, búrial-gròund, gráve-yàrd *sg*; (*prie bažnyčios*) chúrchyàrd *sg*; ~**ų** *tyla* dead sìlence, déath-lìke sìlence

kapanoti move convúlsively / impétuously, jerk, sprawl abóut ~**s** (*vandenyje ir pan.*) flóunder (abóut)

kapas grave

kapeika cópèck, kópèck

kapinės *žr.* **kapai**

kapital‖**as** cápital ~**inis** cápital ~**istas** cápitalist ~**istinis** cápitalist *attr*, càpitalístic ~**izmas** cápitalism

kapitonas cáptain

kapitul‖**iacija** capìtulátion; surrénder ~**iantas** capítulàtor ~**iuoti** capítulàte, surrender

kaplys 1 (blunt) axe 2 (*dantis*) incísor, cútting tooth

kapo‖**jai** *ž.ū.* (*pašaras*) chaff, chopped straw *sg* ~**jinė** *žemd.* cháff-cùtter ~**ti** 1 (*malkas*) hew, hack; (*kopūstus, mėsą ir pan.*) chop, chop (up) 2 (*rykšte*) flog 3 (*snapu*) peck

kaprizas whim; capríce

kapstyti 1 dispérse / scátter 2 (*apie vištas*) scratch (*in*) the gróund

kapsulė cápsùle

karakulis àstrakhán

karal‖**aitė** princéss ~**aitis** prince ~**iauti** reign ~**ienė** queen ~**ystė** kíngdom, realm

karal‖**iškas** king's, róyal; régal; kíngly ~**ius** king

kar‖**as** war; (*kariavimas*) wárfàre; ~**o laivas** wárship; màn-of-wár (*pl* mèn-); ~**o laukas** báttle-field

karavanas càraván

karbolis càrbólic

karceris lóck-ùp (room)

karčiai mane *sg*

kard‖**as** sword; sábre; sáber *amer.* △ **pakelti** ~**ą** (*pradėti karą*) draw* the sword

kardinolas cárdinal

kareiv‖**a** *iron.* wárrior ~**iauti** serve in the ármy ~**inės** bárracks ~**is** sóldier ~**iškas** sóldier's

karelas, -**ė** Karelian

kar‖**iauna** sóldiery; mílitarists *pl*, military clíque ~**iauti** 1 be* at war (*with*); fight* (*against, with*); make* war (*upon*) 2 (*ginčytis, pyktis*) quárrel (*with*), war (*with*) ~**iautojas**, -**a** wárrior; sóldier ~**yba** mílitary affáirs / concérns

karieta coach

karikatūra càricatúre; (*politinė*) càrtóon

karikatūr‖**ininkas**, -**ė**, ~**istas**, -**ė** càricatúrist; càrtóonist

karing‖**as** mártial; wárlìke, béllicòse (*t.p. prk.*); *k.* **tonas**, ~**a išvaizda** wárlìke / béllicòse tone, air ~**umas** bèllicósity, wárlìke cháracter

karinink‖as (commíssioned) ófficer; mílitary ófficer; *jūrų k.* nával ófficer ~**ija** the ófficers *pl*

kar‖inis mílitary; ~**inė** tarnyba mílitary sérvice; ~**inė** prievolė mílitary dúty ~**ys** wárrior; sóldier; sérviceman*; mílitary man* ~**iškas** mílitary ~**iškis** sóldier; sérviceman* ~**iuomenė** ármy; fórces *pl*

karjer‖a caréer; *darytl* ~**ą** make* one's caréer; make* one's way up *šnek.* ~**istas** caréerist; pláce-hùnter, clímber *šnek.*

karklas wíllow

karkti cluck

karkvabalis *zool.* máy-bùg, cóck-chàfer

karna bast, bass

karnavalas cárnival

karnizas *archit.* córnice; (*lango*) ledge

karoliai beads

karosas *zool.* crúcian

karoti hang*

karpa wart

karpis carp

karst‖adirbys, -ė cóffinmàker ~**as** cóffin

karst‖elėti turn / becóme* slíghtly bítter ~**i** turn / becóme* bítter; (*apie taukus*) turn / becóme* ráncid

karstyti hang* (up); *ką nors ant virvės k.* hang* smth on / upón a line ~**s** (*laipioti, lipinėti*) climb, swarm up

karšatis old / great age

karšč‖iavimas féverishness ~**iavimasis** excítement ~**iuoti** be* in a féver, be* féverish ~**iuotis** get* excíted

karšinti take* care / charge (of) (*old people*)

karšis *zool.* bream

karštakraujis *žr.* karštuolis

karštas 1 hot (*valgis, diena*) 2 (*smarkus, ūmus*) hòt-héaded, pássionate

karštėti grow* / turn / becóme* hot

karšti I (*vilnas*) card; comb

káršti II (*senėti, baigti amžių*) grow* decrépit; be* líving the rest of one's days; spend* the rest of one's life

karšt‖imas (*valgis*) hot course / dish ~**ymetis** (inténse / búrning) heat (of súmmer) ~**inė** féver; *baltoji* ~**inė** delírium trémens (*sutr.* D.T.) ~**is** 1 (*oras*) (inténse) heat 2 (*ligonio*) féver ~**ligė** féver ~**ligiškas** féverish (*t.p. prk.*) ~**umas** (*tiesiog. ir prk.*) heat; (*prk. t.p.*) árdour, árdency; férvency, pássion ~**uolis,** -ė hòt-témpered / pássionate pérson, hótspur

karštuvai cómbing-machìne

kart‖a gènerátion; *iš* ~**os** *į* ~**ą** from gènerátion to gènerátion

kartais sómetìmes

kart‖as time; *šį* ~**ą** this time; *antrą, trečią* ~**ą** for the sécond, third, *etc.*, time; *dar* ~**ą** once more, once agáin; *paskutinį* ~**ą** for the last time; ~**ą** *per metus* once a year; *kiekvieną* ~**ą** évery time, each time; *kiekvieną* ~**ą, kai** whènéver; *kitą* ~**ą** anóther time, some óther time; (*pasakose*) once upón a time; *du* ~**us** twice; *nė* ~**o** not once; néver; *ne* ~**ą** more than once; *iš* ~**o** right awáy

kartėlis 1 (*pyktis, apmaudas*) bítterness 2 (*kartus skonis*) bítter taste

karti 1 (*kartuvėse*) hang 2 (*džiauti, kabinti ant virvės ir pan.*) hang* smth on / upón the line, *etc.*

kartinti make* bítter

kártis I *vksm.* hang ònesélf △ *kam ant kaklo k.* run* áfter smb; fling / throw* ònesélf at smb's head

kártis II *dkt.* perch, pole

kartis III (*gyvulio*) mane

kartis IV (*kartumas*) bítter taste

kartkarčiais at times, from time to time, (évery) now and then, now and agáin

kartojimas rèpetítion; (*daugkartinis*) rèìterátion

kartonas pásteboard, cárdboard

kartoteka card índèx

karto‖ti (*antrą kartą ką daryti*) repéat; (*daug kartų*) rèìteràte ~**tinis** repéated

kartu togéther; in cómmon, jóintly

kartumas (*kartus skonis*) bítter taste

kartūn‖as cótton (print); cálicò (print) ~**inis** cótton *attr*; cálicò *attr*

kartus bítter

kartuvės gállows, gíbbet *sg*

karūn‖a crown ~**ėlė** (*danties*) crown ~**uoti** crown

karuselė róundabout, mérry-go-round

karvė cow

karvedys géneral, cáptain

karvel‖idė pígeonry, dóve-còt(e) ~**ie-na** pígeon meat ~**is** pígeon; dove *poet.*; **pašto** ~**is** hóming pígeon, cárrier-pìgeon

karvidėców-shèd

karžyg‖ė héròine ~**inis** heróic ~**ys** hé-rò ~**iškas** heróic ~**iškumas** héròism

kas *įv.* 1 (*klausiamasis* — *apie asmenį*) who, *obj.* whom; (*apie daiktą*) what; **kas ten kalba?** who is spéaking there?; **ką jūs skaitote?** what are you réading?; **ko tu nori?** what do you want? 2 (*santykinis*) who, *obj.* whom; that: **nebuvo, kas jam padėtų** there was nóbody to help him; **kas nedirba, tas nevalgo** he who does not work, néither shall he eat 3 (*nežymimasis*) some; **kas rašė, kas skaitė** some were wríting, some réading 4 (*klausiant*) ánybody (*apie asmenį*); ánything (*apie daiktą*); **ar yra kas viduje?** is ánybody (ánything) in?; **kas nors** (*apie asmenį*) sómebody, sómeòne; (*klau-siant*) ánybody, ányòne; (*apie daiktą*) sómething; (*klausiant*) ánything △ **tai kas kita** that is quite a dífferent mátter; **kas-ne-kas** (*apie asmenį*) sómebody; some péople; (*apie daiktą*) sómething; **kur kas** much, far; **kur kas geriau** much/far bétter; bétter by far; **kas per naktis!** what a night!; **kas rytą** évery mórning; **kas yra?** what is the mátter?; **kas tau yra?** what is the mátter with you?

kasa I (*plaukų*) plait, tress, braid

kasa II 1 (*parduotuvėje*) cáshdesk; (*stalčius*) till; (*kasos aparatas*) cásh règister; (*bilietų*) bóoking-òffice; (*teat-ro*) bóx-òffice 2 (*pinigų kiekis įstaigoje*) cash 3: **savišalpos k.** mútual insúrance / bénefit fund, mútual aid fund; **taupomoji k.** sávings bànk

kasa III *anat.* páncreàs

kasac‖ija *teis.* càssátion ~**inis** càssátion *attr*; ~**inis skundas** appéal

kasdien dáily; évery day ~**ybė** prósiness, cómmonness ~**inis** dáily; éveryday ~**is**, ~**iškas** órdinary; cómmonplàce ~**iškumas** *žr.* **kasdienybė**

kas‖ėjas, -a, ~**ikas, -ė** dígger; návvy ~**ykla** mine; **anglies** ~**yklos** cóal-mìnes, cóal-pìts; cólliery *sg*; **rūdos** ~**yklos** mine, pit *sg*; **aukso** ~**yklos** góld-mìne(s); góld-field(s) ~**inėjimai** (*archeologiniai*) èxcavátions

kasinėti 1 (*žemę ir pan.*) dig* out; ùnéarth 2 *geol.* éxcavàte

kasininkas, -ė càshíer

kasyti scratch

kas‖kart évery time, each time ~**met** yéarly, évery year ~**metinis** ánnual, yéarly ~**nakt** évery night, níghtly

kąsn‖is piece; bit ~**oti** eat* véry slówly; níbble

kaspin‖as ríbbon; bow; (*plaukams*) fíl-let; (*skrybėlės*) hátbànd ~**uotis** *zool.* tápewòrm

kas‖ryt évery mórning ~**savaitinis** wéekly

kàs‖ti dig*; (*po žemėmis*) mine; **bul-ves k.** dig* up / out potátòes, lift potátòes ~**tuvas** spade

kąsti 1 (*žeisti*) bite*; (*apie vabzdžius t.p.*) sting*; (*kąsnį*) bite* off; (*kąsnelį*) níbble 2 (*valgyti*) *prk.* eat*, have*, take*

kasuoti *teis.* annúl, revérse

kas‖vakar évery évening ~**valandinis** hóurly

kašalotas *zool.* cáchalòt

kaštonas chéstnùt

katalik‖as, -ė (Róman) Cátholic ~**ybė** (Róman) Cathólicism ~**iškas** (Róman) Cátholic

katalog‖as cátàlògue ~**uoti** cátàlògue

kataras *med.* catárrh

katastrof‖a catástrophe; áccident ~**iš-kas** càtastróphic(al)

katė cat

katedra 1 (*paaukštinta vieta lektoriui*) chair **2** (*aukštojoje mokykloje — mokslo šaka*) chair, depártment **3** (*vyskupo bažnyčia*) cathédral

kategori‖ja cátegory ~**škas** càtegórical

katekizmas *bažn.* cátechism

kateris (*laivas*) cútter

ką tik just; just now

katil‖as 1 cópper, cá(u)ldron **2** *tech.* bóiler ~**ėlis** *bot.* blúebèll, campánula ~**inė** bóiler-room, bóiler-house* ~**ius** bóiler-màker

katinas tóm-càt

katodas *fiz.* cáthòde

katorg‖a 1 pénal sérvitùde **2** *prk.* (*labai sunkios gyvenimo sąlygos*) hard / ùnbéarable life ~**ininkas** cónvict ~**inis** *prk.* ùnbéarable, véry hard

katras which (of the two)

katu‖tės appláuse *sg*; clápping *sg šnek.*; **ploti** ~**čių** appláud, cheer; clap one's hands

kaubur‖ys híllock, knoll ~**iuotas** hílly

kaučiukas (*India*) rúbber, cáoutchouc ['kautʃuk]

kaukas góblin

kaukaz‖ietis Caucásian ~**iškas** Caucásian

kauk‖ė mask △ **nusiimesti** ~**ę** throw* off the disguíse; **nuplėšti kam** ~**ę** ùnmásk smb; expóse smb

kauk‖imas howl, hówling; (*vėjo*) wail (of the wind); (*sirenos ir pan.*) hóoting

kaukolė skull; death's head

kauksmas howl, hówling; (*vėjo*) wail

kaukšėti tap (*on*), pátter (*on*)

kaukštelėti knock; give* a knock / tap / rap

kaukti (*apie vilką*) howl; (*apie vėją*) wail; (*apie sireną*) hoot

kaul‖as bone; **dramblio** ~**as** ívory ~**ėtas** bóny ~**ėti** óssify ~**ingas** bóny ~**inis** bone *attr* ~**iukas** (*vaisiaus*) stone

kaulyti beg (*for*)

kaup‖as heap, pile; **su** ~**u** óver the full mèasure ~**imas 1** *ž.ū.* éarthing

up **2** (*kapitalo*) accùmulátion ~**ti 1** *ž.ū.* hill (up), earth up; hoe **2** (*kapitalą*) accúmulàte ~**tukas** híller; hoe, máttock

kaustyti (*arklį*) shoe* (a horse)

kaušas scoop; (*žemsemės*) búcket

kaušti get* / grow* drunk / típsy

kaut‖i kill ~**ynės** battle *sg* ~**is** fight*

kav‖a cóffee; ~**os pupelės** cóffeebeans

kavaler‖ija cávalry ~**istas** cávalryman*

kavalierius 1 càvalíer; (*šokiuose*) pártner **2** (*apdovanotas ordinu*) béarer of the órder

kavamedis cóffee tree

kavin‖ė café *pr.*; cóffee-house* *psn.* ~**ukas** cóffee-pot

kazach‖as Kàzákh; ~**ų kalba** Kàzákh, the Kàzákh lánguage

kazlėkas (*grybas*) édible mùshroom; Bolétus lúteus *moksl.*

kazokas Cóssàck

kažin scárcely, hárdly; **k. ar jis ateis** he will scárcely / hárdly come, I doubt whéther he will come; **k. kada 1** (*praeityje*) once (upón a time); sómetìme; fórmely **2** (*ateityje*): **k. kada jis ateis** we may have to wait long for him; **k. kaip** sómehow; **k. kas** (*apie žmogų*) sómebody; (*apie daiktą*) sómething; **k. kiek** góodness knows how much (*su daiktavardžio vns.*), how mány (*su daiktavardžio dgs.*); **k. kodėl** for some réason; **k. koks** some; **k. kur** sómewhère; **k. kuris** some

kaž‖kada, ~**kaip**, ~**kas** ... *žr.* **kažin kada**, **kažin kaip**, **kažin kas** ...

kėblinti drag ònesélf alóng; walk slówly

kebl‖umas dífficulty ~**us** dífficult; ~**i padėtis** dífficulties *pl*, embárrassing sìtuátion; **būti** ~**ioje padėtyje** be* in great dífficulties *pl*; **išsipainioti iš** ~**ios padėties** get* out of a dífficulty

kėbulas (*vežimo, automašinos*) bódy

kėdė chair; **minkšta k.** pádded chair; **sudedamoji k.** fólding chair

kedenti 1 (*vilnas ir pan.*) pick **2** (*plau-kus*) tóusle

kedras *bot.* cédar; *Sibiro k.* Sìbérian cédar

kefyras kéfir

kėgl‖is skíttle; *žaisti* ∼iais play at skíttles

keik‖imas cúrsing, swéaring ∼smas abúse; bad lánguage, swéaring ∼sma-žodis curse, oath*, swéar-wòrd

keikti scold, rail (*at*); abúse; call names *šnek.* ∼s **1** swear*, curse, use bad lánguage, call names **2** (*tarp savęs*) abúse each óther, *arba* one anóther, swear* at each óther

keist‖as strange; queer, odd; fúnny ∼enybė wónder, strange / fúnny thing

keisti change; *k. pinigus* change one's móney; *k. drabužius* change (one's clothes); *k. pažiūrą* change one's view

keist‖okas sómewhàt / ráther strange; sómewhàt / ráther odd / queer ∼umas strángeness; quéerness, óddness ∼uolė óddity, eccéntric wóman*; *kokia ji ∼uolė!* what a fúnny wóman*, girl she is! ∼uolis eccéntric (man*); *koks jis ∼uolis!* what a fúnny man* he is!

keitim‖as exchánge; *pinigų k.* cháng-ing of móney ∼asis change; *oro ∼asis* change / break in the wéather

kekė clúster; *vynuogių k.* bunch of grapes; *augti ∼mis* clúster

kėkštas *zool.* jay

keleiv‖inis pássenger *attr*; *k. trauki-nys* pássenger train ∼is, -ė pássenger

keler‖i séveral, some ∼iopas of séveral types / sorts / kinds

keletas séveral, some; a few; *žr. t.p.* **keli**

kel‖i séveral, some; a few; *k. žmonės* séveral péople; *k. geri žmonės* a few (*arba* some) good péople; ∼ios kny-gos séveral books; (*kelios iš tam tikro knygų skaičiaus*) some (*arba* a few) of the books; *prieš ∼ias dienas* some (a few) days ago, the óther day; ∼is kartus séveral times

keliaklupsč‖ias knéeling; stánding on one's knees ∼iauti (*vergiškai pa-taikauti*) cringe (*to*), fáwn (*upon*), gróvel (*before, to*) ∼iautojas gróvell-er, tóady ∼iavimas obséquiousness, servílity; tóadyism

kelialap‖is pass; *k. į sanatoriją* accòmmodátion in a sànatórium

keliam‖asis 1 (*apie mechanizmą*) lífting, hóisting; *k. kranas* crane, jénny **2**: *k. egzaminas* ènd-of-yéar exàminátion △ ∼ieji metai léap-year *sg*

keliaraištis gárter; (*vyriškas*) suspénder

kel(ia)rodis guíde-pòst, sígnpòst

kel‖ias 1 road, way; path* △ *išklysti iš ∼io* lose* / miss one's / the way; *pastoti kam ∼ią* bar the way (*to*); *nueiti tiesiu ∼iu į* take* the straight road of; *skersai ∼io kam atsis-toti* cross a pérson's path / púrpose; *stovėti kam ant ∼io* be* / stand* in smb's way; *kito ∼io nėra prk.* there are no two ways abóut it **2** (*kelionė*) jóurney **3** (*būdas*) means, way

keliasdešimt dózens / scores of

keliaut‖i trável; (*jūra*) vóyage ∼ojas, -a tráveller

keliese 1 (*klausiant*) how mány?; *k. jie dirbo?* how mány of them were wórking there? **2** (*keli*) some / a few / séveral (togéther); *jie ten dirbo k.* there were a few / séveral of them wórking there togéther

kėl‖iklis *tech.* jack ∼imas **1** (*į viršų*) ráising; rise **2** *prk.*: *darbo našumo ∼imas* ráising the pròductívity of lábour **3** (*per upę*) pútting acróss **4** (*į kitą vietą*) tránsference; displácement **5** *gram.* divísion ínto sýllables

kėlinys *sport.* hàlf-tíme

kelint‖as which; ∼a šiandien diena? (*mėnesio*) what day of the month is it?; ∼a valanda? what is the time?; ∼ą valandą? (at) what time? ∼inis órdinal; ∼iniai skaitvardžiai *gram.* órdinal númerals

keliolik∥a some (*between* 11 *and* 19) ~**tas** which (*between* 11 *and* 19)

kelion∥ė jóurney; (*jūra*) vóyage; (*pramoginė*) trip; **leistis į** ~**ę** start on a jóurney; ~**ės draugas** fèllow-tráveller; ~**ės išlaidos** trávelling expénses ~**inis** trávelling ~**pinigiai** trávelling allówance *sg*

kel∥is knee; **klūpoti ant** ~**ių**, **atsiklaupti ant** ~**ių** kneel*; stand on one's knees; (*prieš ką nors*) kneel* (*to*); **motina su kūdikiu ant** ~**ių** a móther with a child* in her lap; **iki** ~**ių** up to one's knees, knee-déep

keliskart 1 (*klausiant*) how mány times? 2 séveral times; **k. daugiau** some / séveral times more

kelmarovė *tech.* stúbbing machíne

kelm∥as 1 stump, stub 2 *menk.* áwkward féllow, búmpkin ~**ynas**, ~**ynė** stúbby place, place abóunding in stubs ~**uotas** stúbby ~**utis** *bot.* hóney ágaric

kelnaitės (*sportinės*) shorts; (*maudymosi*) slips, báthing trunks / dráwers

kelneris wáiter

kelnės tróusers; (*trumpos ir plačios*) kníckerbòckers; **apatinės k.** dráwers, pants; **jodinėjimui skirtos k.** brééches; *kar.* ríding-breeches

kelt∥as (*per upę keltis*) férry(-boat), raft; **perkelti ką** ~**u** férry (*smb*); **persikelti** ~**u** férry ~**i** 1 (*į viršų*) lift; raise (*t.p. prk.*); ~**i bures** make* / set* sail; ~**i vėliavą** hoist a flag 2 (*našumą, klausimą*) raise 3 (*mokslą, kultūrą*) advánce, fúrther 4 (*iš miego*) wake*, awáke(n) 5 (*vartus*) ópen (*atidaryti*); shut (*uždaryti*) 6 (*keltu per upę*) férry; (*į kitą vietą*) trànsfér / move sómewhère else 7 (*vaišes*) arránge, make* up 8 (*jausmus*) excíte, rouse, stir; ~**i apetitą** provóke / stímulàte / shárpen / whet the áppetìte; ~**i smalsumą** excíte / stir / provóke cùrió sity △ ~**i aikštėn** revéal; ~**i aliarmą** give* / sound

the alárm, raise an alárm ~**ininkas** férryman* ~**is** 1 (*liftu ir pan.*) go* up 2 (*iš miego*) get* up 3 (*keltu per upę*) férry acróss 4 (*į kitą vietą*) move ~**uvas** (*sunkumams kelti*) crane, jénny, winch

kempinė 1 *bot.* fúngus (*pl t.p.* fúngi) 2 (*plovimui*) sponge

kems∥ynas, -**ynė** place abóunding in mounds

kengūra *zool.* kàngaróo

kenk∥ėjas, -**a** 1 *ž.ū.* vérmin 2 *polit.* wrécker, sàbotéur ~**ėjiškas** of sábotàge; ~**ėjiškas darbas, veiksmas** act of sábotàge ~**imas** wrécking, sábotàge ~**smingas** hármful, bad*, dèletérious, injúrious; (*sveikatai*) ùnhéalthy ~**smingumas** hármfulness ~**ti** ínjure, harm, hurt*, be* injúrious (*to*); ~**ti sveikatai** be* injúrious to health; ~**ti kieno interesams** dámage / préjudice the ínterests of smb; **tai jums nekenks** it will do you no harm

kentė∥jimas súffering ~**ti** súffer, endúre, ùndergó*; ~**ti skausmą** súffer pain; ~**ti skurdą** súffer prìvátions, ùndergó* hárdships; ~**ti šaltį** endúre cold

kepalas loaf*

kepėjas, -**a** báker

kepen∥inis líver *attr*; ~**inė dešra** líver sáusage ~**ys** líver *sg*

kep∥ykla bákery, báke-house*, báker's shop ~**iniai** báker's (*arba* baked) ware / goods; (*smulkių miltų*) fáncybread *sg*; (*saldūs*) pástry *sg*; (*sausi*) bíscuits ~**inti** 1 (*keptuvėje*) fry; (*orkaitėje*) roast 2 (*apie saulę*) be* hot, be* scórching / búrning; **saulė** ~**ina** the sun is ráther hot, is scórching / búrning ~**intis** (*saulėje*) bask in the sun ~**snys** roast (meat); **kiaulienos** ~**snys** roast pork ~**ti** (*krosnyje*) bake; (*keptuvėje*) fry; (*orkaitėje*) roast ~**tuvė** frýing-pàn

kepur∥aitė little cap; **Raudonoji Kepuraitė** (*pasakoje*) (Little) Red

Ríding Hood ~ė cap; *kailinė* ~ė fúrcàp; (*su snapeliu*) (péak-)càp, (*kariška*) sérvice cap △ *vagie*, ~ė *dega!* a guílty mind is néver at ease ~ėtas with a cap on ~ininkas, -ė (*kepurių siuvėjas*, -a) cáp-màker

kepurnėtis flóunder

kerai sórcery *sg*, spell *sg*, wítchcràft *sg*, charms

keramika cerámics *pl*

keras bush, shrub

kerdžius (old) hérdsman*

kerėpla clúmsy / áwkward pérson

kerė‖ti (*burti*, *žavėti*) cónjure ~toja sórceress, witch; enchántress ~tojas magícian, sórcerer; wízard

kergti (*gyvulius*) cóuple (*with*), pair (*with*)

keroti 1 (*apie augalus*) grow* (broad), spread*, branch out; rámifỳ 2 *prk.* (*įsigalėti*) take* / strike* root

kerp‖ė *bot.* líchèn ~ėtas cóvered / óvergrówn with líchèn ~ėti becóme* cóvered / óvergrówn with líchèn

keršas píebàld, dápple

kerš‖ijimas véngeance, revénge ~yti revénge ònesélf (*upon for*); take* véngeance (*on for*); avénge ~ytoja avéngeress ~ytojas avénger ~tas véngeance; revénge; *kraujo* ~tas blood feud, vendétta ~tauti bear* málice (*to*) ~tingas revéngeful, vindíctive ~tingumas revéngefulness, vindíctiveness

kertamoji *ž.ū.* hárvester, réaping / hárvesting machíne

kertė córner

kertinis córner *attr*; *k. akmuo* córnerstòne, foundátion-stòne

kėsin‖imasis attémpt (*at*), encróachment (*on*, *upon*) ~tis attémpt, encróach (*on*, *upon*); ~tis *prieš kieno nors gyvybę* attémpt the life of smb

kėsl‖as évil / malícious intént / inténtion / plan ~auti plan; inténd; cóntèmplàte; plot

kęsti súffer, endúre, ùndergó*; *k. skurdą* súffer prìvátions; *k. šaltį* endúre cold

ketera 1 (*arklio*) wíthers *pl*; crest 2 (*kalno*) crest

ketin‖imas inténtion, púrpose ~ti inténd (+ to *inf*), be* abóut to (+ *inf*)

ketinis cást-ìron *attr*

ketur‖akė (*korty*) four; *čirvų k.* the four of hearts ~aukštis fòurstórey(ed) ~gubas fóurfòld ~gubai four times

ketur‖i, ~ios four; *visomis* ~iomis on all fours

keturias‖dešimt fórty ~dešimtas fórtieth

keturiese four (togéther); *jie dirbo k.* the four of them wórked togéther

keturiolik‖a fòurtéen ~tas fòurtéenth

ketùrkampis I quádràngle

keturkaṁpis II quàdrángular

keturkojis 1 *bdv.* four-fóoted, fourlégged; quàdrúpedal *moksl.* 2 *dktv.* quádrùpèd

ketùr‖linkas fóurfòld; fóurplỳ ~mėtis fòur-year-óld; ~mėtis *vaikas* fóuryear-òld child*, child* of four (years)

keturpėsčias on all fours

ketur‖skiemenis *gram.* fòur-sýllable *attr*; tètrasyllábic *moksl.* ~vietis fòur-séated; ~vietis *automobilis*, *lėktuvas ir pan.* four-séater ~ženklis fòur-dígit

ketus cast íron

ketvergis (*apie gyvulius*) fòur-year-óld

ketveri four

ketveriopas of four (dífferent) kinds

ketvert‖as four ~ukas (*pažymys*) four

ketvirta‖dalis a quárter ~dienis Thúrsday; ~dieniais on Thúrsdays, évery Thúrsday

ketvirtainis quàdrángular

ketvirt‖as fourth; *k. numeris* númber four ~inis quárter, quárterly ~is a quárter, a fourth; *mokslo metų* ~is term; (*metų*) three months; ~is *valandos* a quárter of an hour

kevalas shell; (*riešuto*) nútshèll

keverz‖a *menk.* áwkward / clúmsy pérson ~oti (*rašant*) scríbble, scrawl

kiauksėti (*apie šunytį*) yelp, yap

kiaulė pig, swine; hog; sow (*patelė*); boar (*patinas*)

kiauliaganys, -ė swíne-hèrd

kiaul‖idė pígstỳ, píggery, hógstỳ, hóg-pèn ~iena pork ~ikė 1 líttle pig, píggy 2 *med.* mumps *pl*

kiaulinink‖as, -ė píg-tènder ~ystė píg-breeding, swíne-breeding; hóg-breeding

kiaul‖inti call smb a pig; abúse ~ystė píggishness, swínishness; iškrės-ti kam ~ystę play a dírty / mean trick on / upón smb ~iškas píggish, swínish ~ytė: jūros ~ytė *zool.* guínea-pìg

kiaulpienė *bot.* dándelìon

kiaunė *zool.* márten

kiaur‖ai through (and through); **k. permirkti** get* wet through △ **ką k. pažinti (matyti)** see* through smb ~as full of holes, hóley; ~ą nak-tį all night; ~ą dieną all day long, the whole day, all the day (lóng); the lívelòng day ~ymė (*bedugnė*) précipice; abýss; gulf

kiaušas skull; cránium (*pl* -nia) *moksl.*

kiaušin‖is egg; minkštai išvirtas k. sóft-boiled / líghtly-boiled egg; kietai išvirtas k. hárd-boiled egg △ k. viš-tą moko you teach your grándmòt-her to suck eggs ~ienė ómelet(te); plakta ~ienė scrámbled eggs *pl*; ne-plakta ~ienė fried eggs *pl*

kiautas shell

kibernetika cýbernétics

kibinti tease; búlly; distúrb, tróuble

kibir‖as búcket, pail; pilnas k. a páilfùl

kibirkš‖čiuoti spárkle, scíntillàte ~tis spark

kyboti hang*; ore k. be* in the air

kib‖ti 1 (*kabintis, segtis prie ko*) stick* (*to*), cling* (*to*) 2 (*apie žuvis*) bite* 3 (*priekabių ieškoti*) find* fault with, cávil (*at*), carp (*at*); nag (*at*), pick

(*at*) šnek.; (*įkyriai*) impórtùne (*with*); wórry (*with*); bádger (*with*); **k. prie kiekvieno žodžio** cávil at évery word ~us 1 stícking, adhésive 2 (*apie ligą*) cátching

kiek 1 (*kiausiant*) how much *sg*; how mány *pl*; **k. tai kainuoja?** how much does it cost?; **k. turi knygų?** how mány books have you? 2 (*truputį, šiek tiek*) a líttle; sómewhàt, slíghtly; jis buvo k. nustebęs he was slíghtly / sómewhàt surprísed; 3 (*santykiškai*) as far as, so far as; **k. man žinoma** as far as I know

kiek‖ybė quántity, amóunt; ~ybės perėjimas į kokybę *fil.* trànsítion from quántity to quáliṭy ~ybinis quántitative ~inis quántitative; ~i-niai skaitvardžiai *gram.* cárdinal númerals ~is quántity, amóunt; númber ~vienas 1 (*kaip įv.*) each, évery; ~vieną dieną every day; ~viename žingsnyje at évery step 2 (*kaip dkt.*) éveryòne

kielė *zool.* wágtail

kiem‖as 1 court, yard, cóurtyàrd 2 (*atskira kaimo sodyba*) fármstead; (péasant) hóusehòld ~sargis yárd-keeper

kieno whose

kieta‖galvis, ~protis 1 stúpid, dull, obtúse 2 númskùll, blóckhead, dún-derhead

kiet‖as 1 (*ne minkštas*) hard; (*ne skys-tas*) sólid; **k. kūnas** *fiz.* sólid 2: ~asis vagonas hárd-seated cárriage 3 (*apie miegą*) sound 4 (*apie protą*) dull, obtúse, slow-wítted 5 (*kiaušinis*) hárd-boiled 6 (*vanduo*) hard 7 (*mėsa*) tough 8: ~os širdies hàrd-héarted, héartless

kieta‖sparnis *zool.* còleópterous ~sprandis óbstinate, stúbborn; re-fráctory ~širdis hàrd-héarted, crúel

kiet‖ėti hárden; becóme* hard ~inti hárden; make* hard

kiet‖umas hárdness; solídity; (*prk.*) fírmness, stéadfastness

kikenti gíggle, títter, chúckle, snígger

kikilis *zool.* finch

kildinti *lingv.* deríve (*from*)

kìlimas I cárpet; (*nedidelis*) rug

kilìmas II 1 (*didėjimas, gerėjimas*) rise 2 (*atsiradimas*) órigin, begínning, rise 3 (*tarnyboje*) promótion, adváncement, preférment 4 (*priklausymas savo gimimu*) birth, descént; extráction

kilm‖ė 1 (*atsiradimas*) órigin, próvenance; *žodžių k.* órigin of words 2 (*priklausymas savo gimimu*) birth, párentage, descént; extráction ~**ingas** of high descént; nóble ~**ininkas** *gram.* génitive case

kilnia‖dvasis, ~**širdis** màgnánimous, génerous

kilnyb‖ė nobílity, nóbleness ~**inti** ennóble

kilno‖jamas 1 (*vežiojamas*) itínerant, móbìle; ~**jamasis kinas** pórtable (film) projéctor 2 (*apie turtą*) móvable ~**jimas** móvement ~**ti** 1 move; shift 2 (*pakartotinai kelti*) lift, raise; heave* ~**tis** (*apie krūtinę ir pan.*) heave* ~**tojas**: *sunkumų* ~**tojas** *sport.* wéight-lìfter

kiln‖umas gènerósity; nobílity, nóbleness ~**us** génerous; nóble

kilo‖gramas kílogràm(me) ~**metras** kílomètre ~**vatas** kílowàtt ~**vatvalandė** kílowàtt-hour

kilp‖a 1 loop; (*sagai susegti*) búttonhòle; (*mezginio*) stitch 2 (*balno*) stírrup △ *užsinerti* ~**ą** *ant kaklo* attách / hang* a míllstone abóut one's neck

kil‖stelėti raise (a little, slíghtly), lift (a little, slíghtly) ~**ti** 1 (*keltis aukštyn*) rise*; *temperatūra kyla* the témperature ríses; *kainos kyla* príces go* up 2 (*prasidėti, rastis*) aríse*, spring* up; (*staiga*) crop up; *jam* ~*o mintis* it has occúrred to him; ~*o klausimas* the quéstion aróse; ~*o ginčas* there was a quárrel; *kyla nauji miestai* new towns are sprínging up, *arba* cóming ínto béing 3 (*gimti, gauti kilmę*) be* descénded (*from*), descénd (*from*), come* (*of*)

kimšti 1 (*kišti, grūsti*) cram (in, ínto, down); stuff (*with*) 2 (*daug valgyti*) devóur, gorge, gùzzle

kim‖ti becóme* / get* hoarse ~**us** hoarse; ráucous

kin‖as I Chìnése, Chínaman* ~**ė** Chìnése wóman*, girl; ~**ų kalba** Chìnése; the Chìnése lánguage ~**iškas** Chìnése

kinas II cínema, tálkies *pl šnek.*; móvies *amer.*

kinematograf‖as cínema, cìnemátogràph ~**ija** cìnematógraphy ~**ijos**, ~**iškas** cìnemàtográphic

kink‖a thigh, haunch △ *jam* ~*os dreba* he is sháking in his shoes, he is quáking and quívering

kinkyti hárness, put* (*to*), set (*to*)

kino‖aparatas 1 (*kino nuotraukoms daryti*) cámera 2 (*filmams rodyti*) film / móvies projéctor ~**filmas** film, mótion pícture ~**mechanikas** cínema óperàtor ~**režisierius** mótion pícture prodúcer ~**seansas** cínema show ~**teatras** cínema, (móving-)pícture pálace / house*; móvie house* *amer.*

kintam‖as chángeable; váriable; ~**asis kapitalas** *ekon.* váriable cápital; ~**asis dydis** *mat.* váriable (quántity); ~**oji srovė** *el.* àlternáting cúrrent ~**umas** chàngeabílity

kioskas kiósk, booth; *laikraščių k.* néws-stàll, néws-stànd

kiparisas *bot.* cýpress

kipšas dévil, deuce

kirč‖iavimas stréssing; stress ~**iuotas** stressed ~**iuotė** stress páradìgm ~**iuoti** stress; àccént; put* / lay* stress (*on, upon*)

kirgiz‖as, -**ė** Kirghíz; ~**ų kalba** Kirghíz, the Kirghíz lánguage ~**iškas** Kirghíz

kirkinti tease

kirkšnis *anat.* groin

kirm‖ėlė worm ~**ėlėtas** wórm-èaten, wórmy ~**inas** worm ~**yti** becóme* wórmy kirp‖ėja háirdrèsser ~ėjas (vyrų) bárber; (vyrų ir moterų) háirdrèsser ~ykla (vyrų) bárber's; bárber's shop; (vyrų ir moterų) háirdrèssing sálòn; háirdrèsser's ~imas 1 (plaukų) háircùtting 2 (avies) shéaring ~inys páttern ~ti (plaukus) cut*, clip (nagus) cut*; (drabužį) cut*, cut* out, (avis) shear*, clip ~tis (pačiam) cut* one's hair; (kirpykloje) have* one's hair cut

kirsti 1 (medžius) fell 2 (javus) reap; mow* (down); cut* 3 (gelti) sting* 4 (smogti) hit*, strike* 5 (snapu) peck 6 (kelią) cross; (liniją) cut*; interséct 7 (daug valgyti) gorge; gúzzle △ lažybų k. bet; lay* a bet (to); kertu lažybų, kad ... I bet that ... ~nė mat. sécant

kiršin‖imas instigátion, incítement, sétting-òn ~ti incíte (to), ínstigàte (to), set* (on) ~tojas, -a ínstigàtor; fíre-brànd šnek.

kirt‖avietė 1 (miške) (wóod-)cùtting área; glade, cleared space 2 (šachtoje) face, slope ~ėjas, -a, ~ikas, -ė (medžių) wóod-cùtter ~iklis pick

kirtis 1 (smūgis) blow; stróke; (kirviu) chop 2 lingv. stress, áccent 3 kort. trick

kirva‖kotis áxe-hàndle, axe helve ~pentė butt, bútt-ènd (of an axe)

kirv‖is axe ~ukas hátchet

kisielius pap, paste, jélly made with potátò flóur

kisti change

kišen‖ė pócket; užpakalinė k. (kelnėse) híp-pòcket △ ne jo ~ei he can't afford it ~inis pócket attr; ~inis žodynas pócket díctionary; ~inis laikrodis watch ~vagis píck-pòcket

kišimasis ìnterférence; (tik nedraugiškas) méddling; ìntervéntion (t.p. polit.)

kyšininnk‖as, -ė bríbe-tàker; gráfter amer. ~auti take* / accépt bribes ~avimas bríbery

kyš‖is bribe; graft amer.; pálmoil šnek.; (už tylėjimą) húsh-mòney; duoti 'kam ~į bribe smb; grease smb's palm šnek.

kiška (blauzda) thigh, haunch

kišk‖ė dóe-hàre ~iena háre-meat ~is hare △ vienu šūviu du ~ius nušauti kill two birds with one stone; ~io kopūstai, ~io rūgštynės wood sórrel

kišlakas kishlák (village in Central Asia)

kyšoti jut out, protrúde; (aukštyn) stick* up; (į lauko pusę) stick* out

kiš‖ti poke (in / ínto); thrust*, shove; slip; k. ką į kišenes thrust* / slip / tuck smth ínto one's póckets △ k. savo nosį poke one's nose, pry; núzzle ~tis šnek. butt (in); poke one's nose (ínto); méddle (with), interfére (with, in) △ ~tis ne į savo reikalus méddle with / in óther péople's búsiness ~tukas tech. plug

kitada, kitados once, once upón a time; sómetìme; fórmerly, in fórmer times, in the old days

kitaip 1 (kitoniškai) dífferently, ótherwìse; k. sakant in óther words 2 (priešingu atveju) or (else); skubėkite, k. pavėluosite húrry up or (else) you will be late

kitąkart 1 anóther time, some óther time 2 (kitados) once, fórmerly, in fórmer times, once upón a time

kit‖as I 1 (ne tas) óther 2 (kitoniškas) dífferent; tai visai k. reikalas, dalykas that is anóther mátter; that is quite dífferent; vienas po ~o one áfter anóther; ~i (likę) mokiniai óther púpils; ~i žmonės the óthers; ~ais žodžiais in óther words; niekas k. none óther; ~a tiek (su daiktavardžiu vns.) as much agáin; (su daiktavardžių dgs.) as mány agáin; tarp ~a ko by the way; ~ą kartą 1 anóther time, some óther time 2 (kitados) once; fórmerly, in fórmer times, once upón a time

kitas II (glaistas) pútty

kitąsyk žr. kitąkart

kitatautis a pérson belónging to anóther nátion; stránger, fóreigner

kitimas change; (*dalinis*) àlterátion

kitkas anóther, óther, dífferent; *tai k.* this is anóther mátter; *tarp kitko* by the way

kito‖ks, ~niškas dífferent; of dífferent kind / sort; anóther

kituoti pútty; *k. langus* seal up the wíndows, pútty the wíndows

kitur élsewhère, sómewhère else

kiurti tear*; get* holes, becóme* / grow* hóley; (*apie drabužį*) wear* through

kiūtinti drag ònesélf alóng; walk slówly

kiūtoti sit* (*arba* lie*) mótionlessly; hide*

kiužti (*dužti*) break, get* / be* bróken

kivirč‖as díscòrd, strife, cónflict, dis-sénsion; quárrel, wrángle; árgument, àrgumentátion ~ytis quárrel (*with*), fall* out (*with*)

klaid‖a mistáke; érror; **per** ~ą by mistáke; erróneously ~ingas (*su klaidomis*) erróneous; (*neteisingas*) wrong ~ingumas erróneousness ~inti lead smb astráy, lead* smb ínto érror, misléad* smb

klaidžioti roam, wánder; (*po mišką ir pan.*) rámble; not to find* one's way; (*akimis*) rove; (*mintimis*) wánder; *k. po pasaulį* rove / roam abóut the world

klaik‖uma 1 (*vieta*) térrible / dréadful place **2** (*laikas*) térrible / dréadful time ~us térrible; dréadful; hórrid, fríghtful; ùncánny

klaipyti (*batus*) run* one's boots down on one side

klaj‖oklis, -ė nómad; ~oklių tauta nomádic péople △ *nervas k. anat.* vágus (nerve); pneumogástic (nerve) ~okliškas nómad *attr*, nomádic; ~okliškas gyvenimas nómad life ~onė róaming, wándering; róving ~oti **1** (*gyventi klajoklio gyvenimą*) be* a nómad; lead* a nómad's life **2** (*klaidžioti, bastytis*) roam, wánder;

~oti *po pasaulį* rove / roam / knock abóut the world; rove; (*po mišką ir pan.*) rámble ~ūnas wánderer

klamp‖ynė swamp, marsh ~oti wade through / in mud ~us bóggy, márshy, swámpy; (*apie dirvą*) bóggy, márshy; (*apie upės, ežero dugną ir pan.*) míry, óozy

klanas púddle, pool

klarnetas *muz.* clàrinét

klasė 1 class **2** (*mokykloje*) class; form; (*kambarys*) cláss-room, schóolroom

klasifik‖acija, ~avimas clàssificátion; *augalų k.* clàssificátion of plants ~uoti clássifỳ

klasik‖as clássic ~inis clássic(al); ~inė muzika clássical músic

klast‖a pérfidy, insídiousness ~ingas insídious, perfídious, cráfty ~ingumas insídiousness ~oti cóunterfeit, fálsifỳ; duff; (*dokumentą, parašą t.p.*) forge, fábricàte ~ūnas, -ė insídious / perfídious / cráfty pérson

klaupti(s) kneel*

klaus‖a ear, héaring; *aštri k.* keen ear; ~os *organas* ear; *gera k.* good* ear; *absoliuti k.* pérfect ear; *dainuoti* (*groti*) *iš* ~os sing*, play by ear; ne-turintis muzikinės ~os tòne-déaf; *įtempti* ~ą be* all ears

klausiamas ìnterrógative; (*apie žvilgsnį, toną ir pan.*) inquíring, quéstioning; of inquíry ~is: ~is *sakinys gram.* ìnterrógative séntence; ~is *įvardis gram.* ìnterrógative prónoun

klausim‖as quéstion; (*reikalas, problema t.p.*) mátter; *užduoti* ~ą ask / put* a quéstion; *atsakyti į* ~ą ánswer a quéstion; *ginčijamas k.* íssue, moot point; vexed quéstion; *kyla k.* the quéstion / próblem is; *iškelti* ~ą raise a quéstion

klausymas lístening (*to*); (*paskaitų*) atténding; (*paklusnumas*) subòrdinátion, subjéction

klausinėti quéstion; (*apie ką*) make* inquíries (*about*); (*mokinį ir pan.*) exámine

klaus||yti 1 lísten (*to*) 2 (*paskaitų*) atténd **3** (*paklusti*) lísten (*to*), obéy Δ ~**au!** a) (*kalbant telefonu*) hulló!; b) *kar.* Yes!; ~**ykite!** look here! ~**ytojas, -a** 1 héarer, lístener 2 (*studentas*) stúdent

klaus||ti ask (*about*); (*teirautis*) inquíre (*of smb*; *about / after / for smth*) ~**tukas** *gram.* quéstion-màrk, note / mark of intèrrogátion

klav||iatūra kéyboard ~**išas** key

kleb||enti shake*; jog ~**ěti** be* / get* loose

klěbinti shake*, jog

klebon||as *bažn.* vícar, réctor; párson; párish priest ~**auti** be* a párish priest; be* a párson ~**ija** pársonage

kleg||ėjimas, ~**esys** hum, buzz, noíse; húbbùb; (*žąsų*) cáckling ~**ěti** hum, buzz; make* a noise / húbbùb; (*apie žąsis*) cáckle

kleipti (*batus*) run* one's boots down on one side

kleivas bòw-légged, bàndy-légged

klejoti be* delírious, ráve

kleketuoti (*apie plėšriuosius paukščius*) scream

klerikal||as clérical ~**izmas** cléricalism

klerti get* loose; (*apie baldus*) get* / becóme* ríckety; (*apie nervus*) get* / becóme* sháttered / impáired

klestě||jimas pròspérity, wèll-béing, flóurishing ~**ti** prósper, flóurish; thrive*

klě||tis gránary; gárner; *supilti į* ~**tį** gárner

klevas máple

kliautis (*pasitikėti*) relý (*on / upon*)

kliběti (*apie dantį, vinį ir pan.*) be* / get* loose

klibinti shake* loose

klibti (*apie vinį, dantį ir pan.*) get* loose; (*apie baldus*) get* / becóme* unstéady / ríckety

klied||ėjimas, ~**esys** delírium; *prk.* gíbberish; *beprotčio* ~**ėjimai** rávings of a mádman* ~**ěti** be* delírious, rave

klient||as, -ě clíent; (*pirkėjas t.p.*) cústomer, pátron ~**ūra** clientèle [ˌkliːənˈtel] *pr.*; (*pirkėjai*) cústomers

klij||ai glue *sg*; (*iš miltų*) paste; (*stalių*) jóiner's glue (*augaliniai*) gum ~**uoti** glue; (*miltelių klijais*) paste; (*augaliniais klijais*) gum

klika clíque, fáction, cabál, gang

klykti scream, yell

klimat||as clímate ~**inis** clìmátic

klimpti stick* (*in*), sink* (in the mud, *etc.*); *prk.* get* tied up (*in*)

klinik||a clínic ~**inis** clínical

klintis límestòne

klypti becóme* / get* cróoked / bent / lòp-síded / ùnéven / òne-síded / wry; (*apie batų užkulnius*) becóme* run down on one side

klysti make* mistákes; be* mistáken; err, be* wrong, be* at fault

klišas ín-toed

klišě *poligr.* cliché [ˈkliːʃeɪ]

kliudyti 1 (*liesti*) touch 2 (*trukdyti*) prevént (*from*), hínder (*from*)

kliūti 1 (*už ko kabintis*) touch, skim; brush (*against*); be* caught (*in*) 2 (*pataikyti*) hit* Δ **tau klius!** you will catch it!, you will get it hot! **3** (*būti kliūtimi*) prevént (*from* + *ger*), hínder (*from*)

kliūtis, kliuvinys óbstacle, impédiment, híndrance

klodas láyer; *geol.* strátum (*pl* -ta), depósit, bed; *akmens anglies k.* cóal-bèd, cóal-field

klojimas 1 (*grendymas*) thréshing-floor 2 (*kluonas*) (thréshing-)bàrn

klónis válley, vale, dale *poez.*

klost||ě (*drabužio*) pleat; fold ~**yti** 1 (*drabužį*) pleat 2 (*kloti*) spread* (out), lay*; cóver (*with, over*); tuck up

klo||ti (*lovą*) make* the bed ~**tis** 1 (*apsikloti*) cóver ònesélf with smth 2: *kaip* ~**jasi?** how are you gétting on?

klo||tis succéss; (good) luck *šnek.* Δ *geros* ~**ies!** good luck!

klubas club; (*patalpa*) clúb-house*

klumpě wóoden shoe, sábot

kluonas 1 (*grendymas*) thréshing-floor 2 (*trobesys javams krauti*) (tl.résh-ing-)barn

klupdyti bring* / force smb to the knees

klūp‖oti kneel*; stand* on one's knees ~sčias knéeling

klupti 1 stúmble (*over*); trip (*on, over*) 2 *prk.* (*klysti*) make* a mistáke, be* mistáken, stúmble

klusn‖umas obédience ~us obédient, dútiful

kmynas 1 (*augalas*) cáraway 2 (*sėklos*) cáraway-seed

knaisioti núzzle, root up ~s (*ieškoti*) ránsàck, rúmmage

knark‖imas snore, snóring ~ti snore

knebinėti pick

kniaukti mew, miáow

knibinėti *žr.* knebinėti

knibžd‖ėti swarm (*with*), teem (*with*) ~ynas swárming / téeming heap (of people, *etc.*)

knied‖ė *tech.* rívet, clínch(er) ~yti rívet; clinch

knie‖sti: *Jam ~čia pakalbėti su Ju-mis* he is ánxious to speak to you ~tėti 1 (*niežėti*) itch 2 *žr.* kniesti

knyg‖a book △ *telefonų k.* télephòne diréctory; *namų k.* hóuserègister; *skundų k.* book of compláints ~ynas 1 bóokshop 2 (*biblioteka*) líbrary ~inis bóokish, book *attr* ~nešys, -ė bóok-hawker ~rišykla bíndery, bóok-bìnder's shop ~rišys, -ė bóok-bìnder

knyslė (*kiaulės*) snout

knis‖ti núzzle, root up ~tis (*ieškoti*) rúmmage; ránsàck; (*archyve ir pan.*) búrrow

kniūbsčias prone

kniubti kneel* with one's face dównwards

knóti bark

ko 1 what; (*apie asmenį*) who; whom; *ko tu nori?* what do you want? *ko nėra?* who is absent? *ko nepažįsti?* whom do you not know? 2 (*kodėl*) why; *ko tu liūdi?* why are you sad? 3 (*apie tikslą*) what for; *ko tu atėjai?* what have you come for? 4 (*prie aukštesniojo ir aukščiausiojo laipsnio būdvardžių ir prieveiksmių*): *ko geriausias* the best; *ko greičiausiai* as quíckly as póssible

kobinys hook

koč‖ėlas (*skalbiniams*) mángle; (*tešlai*) rólling-pìn ~ioti (*tešlą*) roll (out); (*skalbinius*) mángle

kodeksas code

kodėl why; *kodėl (mums) nenuvykti rytoj?* why not go there tomórrow?

koeficientas còefficient, fáctor; *naudingumo, naudingo veikimo k.* *tech.* efficiency

koj‖a 1 (*pėda*) foot*; (*iki pėdos*) leg 2 (*stalo, kėdės*) leg ~inė stócking ~inis: ~inė siuvamoji mašina tréadle séwing-machìne ~ūgalis the foot* of the bed ~ūgalyje at the foot* of the bed ~ūkas stilt

koket‖ė còquétte ~iškas coquét(tish) ~uoti flirt (*with*), còquét(te) (*with*)

kokyb‖ė quálity ~inis, ~iškas quálitative

kokl‖is tile; glazed / Dútch tile; dalle [dæl], stone tile ~inis tiled

kokliušas *med.* (w)hóoping-cough

koks what; *k. oras?* what is the wéather like?; *k. nors* ány; some; *k. bebūtų* ány; *ar yra k. nors peilis ant stalo?* is there ány knife on the table? *k. keistas žmogus!* what a fúnny man*!

koksas *tech.* coke

koktus násty; disgústing; náuseous

kol, kolei 1 (*pakol, iki*) while; *reikia su juo pakalbėti, kol jis ten* we must speak to him while he is there 2 (*tol, kol*) till, untíl; *skaitykite, kol baigsite* read till you fínish it; *jis negali parašyti, kol nesužinos adreso* he cánnòt write untíl he finds out, *arba* gets, the addréss; *iki k.?* till what time?; till when? *k. kas* in the méanwhìle; so far; so long

koldūnai *kul.* meat dúmplings

koleg||a, -ė cólleague ~**ija** board; *advokatų* ~**ija** Cóllege of Bárristers

kolekc||ija colléction ~**ionierius,** -ė colléctor ~**ionuoti** colléct

kolektyv||as colléctive (bódy); assòciátion ~**inis** colléctive; ~**inė sutartis** colléctive agréement ~**us** colléctive

kolenkoras cálicò

kolona cólumn; (*archit. t.p.*) píllar

koloni||ja 1 cólony 2 (*gyvenvietė, bendrabutis*) séttlement ~**jinis** colónial ~**zacija,** ~**zavimas** còlonìzátion ~**zatorius,** -ė cólonìzer ~**zuoti** cólonìze

koloritas cólouring, cólour

kolosalus huge, treméndous; colóssal

kolūkis colléctive fárm; kòlkhóz

komand||a 1 (*įsakymas*) órder 2 *kar.* (*būrys*) párty, detáchment, crew 3 (*laivo*) (ship's) crew, ship's cómpany 4 *sport.* team 5: *gaisrininkų* k. fíre-brigàde ~**avimas** commánd

komandir||avimas sénding on a míssion; ~**avimo pažymėjimas** credéntial (íssued to people sent on an official míssion) ~**uotė** míssion, búsiness trip ~**uoti** send* on búsiness, *arba* on a míssion ~**uotpinigiai** trávelling allówance *sg*

komanduoti give* órders; *kar.* commánd

kombain||as ž.ū. cómbìne ~**ininkas,** -ė cómbìne óperàtor

kombin||acija còmbinátion ~**atas** group of énterprìses; *buitinio aptarnavimo* ~**atas** pérsonal sérvice shop ~**uoti** combíne

komed||ija cómedy; *vaidinti* ~**iją** *prk.* try to fool smb ~**iantas,** -ė comédian; múmmer; *prk.* preténder, hýpocrite, dissémbler ~**ininkas,** -ė comédian, cómedy áctor; múmmer

komendant||as 1 (*tvirtovės*) còmmandánt; (*miesto*) town májor; còmmandánt 2 (*pastato*) sùperinténdent, official in charge of quárters ~**ūra** còmmandánt's / tówn-màjor's óffice

koment||aras cómmentary ~**uoti** cómmènt (*upon*)

komer||cija cómmerce, trade ~**cinis** commércial ~**santas** mérchant; búsiness-man*

kometa *astr.* cómet

komfortas cómfort

kom||iai, ~**is,** ~**ė** Kòmi; ~**ių kalba** Kómi, the Kómi lánguage

komikas, -ė 1 (*aktorius*) cómic áctor 2 *prk.* fúnny / cómical féllow

komisar||as còmmissár ~**iatas** còmmissáriat

komis||as (*komercijoje*) commíssion; ~**o parduotuvė** shop where sècond-hánd goods are sold on commíssion

komisija commíssion; commíttee; *rinkiminė* k. eléction commíttee; *gydytojų* k. médical board; *egzaminų* k. board of exáminers, exámining board

komiškas cómic; bùrlésque

komitetas commíttee

komoda chest of dráwers; (*aukšta t.p.*) tállboy

kompan||ija cómpany ~**ionas,** -ė 1 (*draugas, bendrakeleivis*) compánion 2 *kom.* pártner

kompartija Cómmunist Párty

kompasas cómpass

kompens||acija còmpènsátion ~**uoti** cómpènsàte; make* up (*for*); indémnify (*for*)

kompeten||cija cómpetence ~**tingas** cómpetent

kompil||iacija còmpilátion ~**iuoti** compíle; quilt *šnek.*

komplekt||as compléte set ~**uoti** 1 compléte, replénish 2 *kar.* recrúit, (rè)mán

komplik||acija còmplicátion ~**uoti** cómplicàte

komponuoti arránge

kompostas ž.ū. cómpòst

komposteruoti (*bilietus*) punch

kompotas stewed fruit, cómpòte

kompozi||cija còmposítion ~**torius,** -ė compóser

kompresas *med.* cómprèss

kompromis‖as cómpromìse ~inis in the náture of a cómpromìse; séttled / achíeved by mútual concéssion

kompromituoti cómpromìse

komun‖a cómmùne; *Paryžiaus Komuna* ist. the Cómmùne (of Páris) ~alinis mùnícipal; cómmunal

komunika‖cija commùnicátion; *kar.* line of commùnicátion ~tas communiqué *pr.*

komunist‖as, -ė cómmunist; ~ų partija Cómmunist Párty ~inis, ~iškas cómmunist

komunizmas cómmunism

komutatorius *el.* cómmutàtor, swítchboard

koncentr‖acija còncèntrátion ~uoti cóncèntràte; *kar.* mass

koncert‖as cóncèrt; (*vieno artisto, atlikėjo t.p.*) recítal ~uoti give* a cóncert; give* cóncerts

kondensuoti condénse

konditeri‖ja conféctionery, conféctioner's (shop); pástry-cook's *šnek.* ~nis: ~niai gaminiai conféctionery *sg*

konduktorius, -ė (*autobuso*) condúctor; clíppie *šnek.*; (*tramvajaus*) condúctor; (*geležinkelio*) guard

konè néarly, álmòst

koneveikti scold, rail (*at*); abúse; defáme

konferencija cónference

konfiskuoti cónfiscàte, seize

konflikt‖as cónflict; ~ų komisija cónflict commíttee

kongresas cóngrèss

konjakas cógnàc, French brandy

konjunktūra conjúncture, júncture

konkretizuoti cóncrètize; rénder cóncrète, give* cóncrète expréssion to; objéctify

konkretus cóncrète, specífic

konkur‖encija còmpetítion ~entas, -ė compétitor; ríval ~sas còmpetítion ~sinis compétitive ~uoti compéte (*with*); ríval

konserv‖ai tinned / pótted / canned food *sg*; ~ų dėžutė (*skardinė*) tin;

can *amer.*; *mėsos k.* canned meat *sg*; ~ų fabrikas cánnery

konserv‖atyvus consérvative ~atizmas consérvatism

konservatorija consérvatoire

konserv‖atorius, -ė consérvative ~uoti presérve; (*skardiniuose induose*) tin; can *amer.*; (*stikliniuose induose*) bóttle

konspekt‖as súmmary, synópsis (*pl* -sès [-si:z]), ábstràct ~yvus concíse, rècapítulative ~uoti make* an ábstràct (*of*); (*užsirašinėti*) make* notes

konspir‖acija conspíracy ~acinis sécret; ~acinis butas sécret addréss ~atorius conspírer, conspírator ~uoti conspíre

konstatuoti state; àscertáin; *k. mirtį* cértify death

konstituc‖ija Cònstitútion ~inis cònstitútional

konstruk‖cija constrúction ~tyvus constrúction *attr*, constrúctive; constrúctional ~torius, -ė desígner, constrúctor

konstruoti 1 constrúct 2 (*projektuoti*) desígn

konsul‖as cónsul ~atas cónsulate

konsult‖acija 1 (*veiksmas*) cònsultátion; (*universitete*) tutórial 2 (*įstaiga*) cònsultátion óffice ~antas consúltant; (*universitete*) tútor; (*gydytojas*) consúlting physícian ~uoti 1 (*tartis*) consúlt 2 (*duoti konsultacijas*) advíse

kontakt‖as cóntàct; *sueiti su kuo į* ~ą get* ínto cóntàct, *arba* in touch, with smb; *palaikyti* ~ą *su kuo* keep* in touch with smb

kontekstas cóntèxt

kontinent‖as cóntinent ~inis (*pvz., klimatas*) còntinéntal

kontingentas contíngent

kontora óffice, búreau

kontraband‖a smúggling; cóntràbànd ~ininkas, -ė smúggler; cóntrabàndist

kontraktas cóntràct, agréement

kontrast‖as' cóntràst ~uoti contrást (*with*)

kontrol‖ė contról ~ierius, -ė contról-ler, inspéctor; (*geležinkelyje, teatre ir pan.*) tícket-collèctor ~iuoti contról, check

kontrrevoliuc‖ija còunter-rèvolútion ~ionierius, -ė còunter-rèvolútionary

kontūras cóntour, óutlìne

kontuz‖ija contúsion; (*sprogstant svie-díniui*) shéll-shòck ~yti contúse; shéll-shòck

konvojus éscòrt; *jūr.* cónvoy

koopera‖cija 1 (*bendradarbiavimas*) cò-óperátion 2 (*visuomeninė organi-zacija*) cò-óperative socíeties *pl*; cò-òperative sýstem; *žemės ūkio k.* àgricúltural cò-óperative socíeties *pl* ~tininkas, -ė còóperàtor ~tinis cò-óperative ~tyvas (*organizacija*) cò-óperative socíety; (*krautuvė*) cò-óperative store

koordinuoti cò-órdinàte (*with*)

kopa dune

kopėčios ládder *sg*

kopij‖a cópy; (*antras egzempliorius*) dúplicate; (*apie paveikslą*) réplica; *prk.* ímage ~uoti cópy; (*pamėgdžioti t.p.*) ímitàte; mímic

kopimas (*į kalną*) ascént, clímbing

kopinėti *žr.* kópti

koplyčia chápel

kopti 1 (*aukštyn*) climb, clámber (on); (*laiptais*) scale 2 (*bites*) take* hóney out of a béehìve

kopūst‖ai (*sriuba*) cábbage soup *sg* ~as (*daržovė*) cábbage

koral‖as córal ~inis córal *attr*; córallìne

koreg‖avimas (*korektūros*) próof-read-ing ~uoti (*korektūrą*) read* / corréct the proofs

korėjie‖tis, -ė Koréan; ~čių *kalba* Koréan, the Koréan lánguage

korektiškas corréct, próper

korekt‖orius, -ė próof-reader, corréctor of the press ~ūra 1 (*veiksmas*) próof-reading 2 (*nuotrauka*) proof, próof-sheet

koresponden‖cija còrrespóndence; mail ~tas, -ė còrrespóndent

koridorius córridòr, pássage

korifėjus còrypháeus; léading fígure

korikas hángman*

kor‖ys hóneycòmb ~ytas pórous, spóngy ~yti grow* / becóme* pórous / spóngy

korpusas 1 (*kūnas, liemuo*) bódy 2 (*laivo, tanko*) hull 3 (*pastatas*) buílding 4 *kar.* corps*; *tankų k.* ármoured corps 5 *tech.* frame; case, bódy △ *diplomatinis k.* dìplomátic corps

kort‖a (*lošimo*) (pláying-)càrd; ~ų *malka* (*kaladė*) pack of cards ~elė card ~uoti play cards

koscioti have* / give* a slight cough (*from time to time*)

kosėti cough

kosm‖osas cósmòs ~inis cósmic; ~inė *raketa* space rócket

kostiumas cóstùme, dress; (*vyriškas t.p.*) suit

kosulys cough

koš‖ė pórridge; gruel △ *privirti* ~ės *šnek.* make* a mess; stir up tróuble; *kad privirei* ~ės, *tai ir valgyk!* you made the broth, now sup it! *beržinė k.* the birch; a whípping, Bírching Lane

koš‖ti strain; (*filtruoti t.p.*) fìlter ~tuvas stráiner, fìlter

kot‖as 1 hándle; grip; (*peilio t.p.*) haft; (*kirvio*) helve; (*ginklo*) hilt 2 (*lapo*) cútting, graft 3 (*ieties*) shaft, píkestàff; (*vėliavos*) cólour staff / pike ~elis (*plunksnos*) pénhòlder

kotletas cútlet, chop; ríssòle

kova strúggle, fight; *k.* už *būvį* strúggle for exístence

kov‖as 1 (*paukštis*) rook 2 (*mėnuo*) March; *šių metų* ~o *mėnesį* this March; *praeitųjų metų* ~o *mėnesį* last March

koving‖as efficient ~umas fíghting efficiency / abílity / capácity

kovinis báttle. *attr*, fíghting

kovo‖ti fight* (*smth, smb, arba with, against; for*), conténd (*with, against;*

for), strúggle (*with, against; for*); strive* (*with, against; for*) *knyg.* ~**tojas, -a** fíghter (*for*), chámpion (*of*); (*karys*) fíghter; wárrior; (*eilinis, kareivis*) man*; ~**tojas už taiką** peace fíghter, chámpion of peace

krabždėti rústle; (*apie pelę*) scratch

kraigas (*stogo*) ridge; súmmit of a roof

kraik||**as** (*gyvuliams*) lítter ~**yti** (*šiaudus, šieną*) scátter, strew*; spread*

kraipyti 1 (*galvą*) turn abóut 2 (*uodegą*) wag 3 (*faktus*) distórt; twist, pervért; (*neteisingai perteikti t.p.*) mìsrèpresént; (*apie muzikos, literatūros kūrinį*) bútcher *šnek.*

kraitė básket

kraitis dówry; (*drabužiai, baltiniai*) tróusseau; (*naujagimiui*) layétte

krakmol||**as** starch ~**yti** starch; ~**yta apykaklė** stiff cóllar

kramsnoti gnaw; (*mažais kąsneliais*) níbble

kramtyti chew; másticàte; (*lūpas*) bite* △ *k. nagus* bite* one's nails

kramtom||**asis:** *k. tabakas* chéwing tobáccò; ~**oji guma** chéwing; gum

kranas I (*čiaupas*) tap, stópcòck, fáucet *amer.*; *vandentiekio k.* tap, fáucet

kranas II (*keliamasis*) crane

kranklys (*varnas*) ráven

krankséti croak, caw

krankšti spit*; (*kuo*) èxpéctoràte, spit*

krankti croak, caw

krant||**as** (*upės, ežero*) bank; (*jūros*) séashòre; *ant upės* ~**o** on the ríversìde; *uolotas jūros k.* cliffs *pl*; *išlipti į* ~**ą** go* ashóre; *pasiekti* ~**ą** reach land; *link* ~**o** shóreward, lándward; towards shore; *ant* ~**o** ashóre, on shore ~**inė** embánkment, quay

krapai *bot.* fénnel *sg*, dill *sg*

krapšt||**yti** peck, pick; (*nagais*) claw, scratch; *k. nosį* pick one's nose; *k. dantis* pick one's teeth ~**ytis** scratch; (*ilgai ruoštis*) dáwdle ~**ukas** (*dantims iškrapštyti*) tóoth-pìck

krašt||**as** 1 (*kraštelis, pakraštys*) edge; verge; bórder; (*indo*) brim; (*bedugnės ir pan.*) brink; (*šaligatvio*) curb; *ant pat* ~**o** on the véry brink; *lietis per* ~**us** flow / run* óver the edge 2 (*šalis*) land; *gimtasis k.* nátive land 3 (*sritis*) térritory ~**inė** *mat.* line ~**inis** extréme; (*paskutinis*) the last

krašto||**tyra** study of lócal lore; ~**tyros muziejus** Muséum of Lócal Lore, Muséum of Régional Stúdies ~**vaizdis** lándscàpe, scénery

kraštutin||**ybė,** ~**umas** extréme; *nukrypti į* ~**ybes** run* to extrémes; *pulti iš vieno* ~**umo į kitą** go * from one extréme to anóther; fall* out of one extréme ínto anóther ~**is** extréme; (*visiškas*) útter*

krat||**a** search; pèrquisítion; *padaryti kur nors* ~**ą** search a place ~**inys** 1 (*gyvuliams*) míxture of straw and hay 2 *prk.* médley, hótchpòtch; *žodžių* ~**inys** mere vérbiage ~**yti** 1 (*purtyti*) shake*, jolt; ~**yti galvą** shake* / toss one's head; *autobusas* ~**o** the bus jolts 2 (*daryti kratą*) search; (*apie patalpą t.p.*) condúct a search (at a place) ~**ytis** 1 jolt 2 (*stengtis ko nors išvengti*) try to get* rid (*of*) ~**us** jólty; (*apie kelią*) búmpy

krauger||**ys** blóod-sùcker; extórtioner ~**iškas** blóod-thìrsty; bloody-mínded; sánguinary

krauj||**agyslė** blóod-vèssel ~**as** blood; ~**o priplūdimas** rush of blood; *sustabdyti* ~**ą iš žaizdos** stop a wound; *perpilti* ~**ą** trànsfúse blood; ~**u pasruvusios akys** blóodshòt eyes; ~**o praliejimas** blóodshèd ~**avimas** *med.* háemorrhage; èxtràvasátion ~**inis:** ~**inė dešra** blóodpùdding, black púdding

kraujo||**plūdis** bléeding; háemorrhage; *k. iš nosies* bléeding at the nose ~**spūdis** blood préssure ~**taka** cìrculátion of the blood

kraujuo||**tas** blóod-stained; blóody ~**ti** bleed*

kraupus (*nejaukus, baidantis*) térrible, hórrible; frightful; féarful; dréadful

kraust||**yti** 1 (*stalą*) clear (the táble); 2 (*iš buto*) evíct, eject ~**ytis**: ~**ytis į kitą butą** move to a new place (of résidence), change one's lódgings △ ~**ytis iš galvos** go* off one's head, go* mad

krauti 1 (*į krūvą*) pile, heap 2 (*laivą*) lade* / ship / load / put* (smth on board ship, *arba* abóard); (*į traukinį ir pan.*) load (*on*) 3 (*akumuliatorių*) charge 4 (*lizdą*) build* (a nest)

krautuv||**ė** shop; store *amer.*; *žr.* parduotuvė; ~**ininkas, -ė** shóp-keeper; rètáiler

krèditas I *buh.* crédit; *k. ir debetas* crédit and débit

kredit||**as** II crédit ~**an** on crédit; **atidaryti** ~**ą** give* crédit; ópen an accóunt; **ilgalaikis k.** lóng(-tèrm) crédit; **trumpalaikis k.** shórt(-tèrm) crédit ~**orius** créditor

kregžd||**ė** swállow; **langinė k.** mártin ~**utė**: **šuolis į vandenį** ~**ute** swállow-dìve

kreida chalk; **rašyti k.** chalk

kreikti (*kloti, skleisti*) scátter, strew, spread*

kreip||**imasis** addréss (*to*); (*atsišaukimas, raginimas*) appéal; (*laiške*) sàlutátion ~**inys** *gram.* addréss

kreip||**ti** diréct (*at*); turn (*to*) △ **k. dėmesį** pay* atténtion (*to*); take* nótice (*of*); turn one's atténtion (*to*); **k. kieno nors dėmesį** call / draw* / diréct smb's atténtion (*to*) ~**tis** 1 applý (*to*); addréss smb; (*užkalbinti*) accóst 2 (*raginant, prašant*) appéal to smb; ~**tis į gydytoją** take* médical advíce; ~**tis į juristą** take* légal advíce

kreiseris crúiser

kreiva||**kojis** bòw-légged; bàndy-légged ~**nosis** wrỳ-nósed

kreiv||**as** 1 cróoked; curved; wry 2 (*neteisingas*) wrong; false; ùnfáir △ ~**a šypsena** wry smile; forced smile; **k. veidrodis** distórting mírror ~**ė** *mat.* (*linija*) curve ~**inti** bend*; distórt ~**omis** slántwìse; oblíquely; aslánt; askéw, asquínt; **žiūrėti** ~**omis** look aslánt / askéw ~**umas** cúrvature; cróokedness

krekenos (*ką tik apsiveršiavusios karvės pienas*) béestings, colóstrum *sg*

krekėti (*apie pieną*) cúrdle; (*apie kraują*) còágulàte

krem||**as** cream ~**inis** (*apie spalvą*) créam-còloured

kremblys fúngus (*pl* -es, fúngì); **valgomas k.** múshroom; **nuodingas k.** tóadstool

kremzl||**ė** *anat.* cártilage, grístle ~**ėtas** càrtiláginous, grístly

krėn||**a**, ~**elė** (*ant pieno*) skin; **nugriebti** ~**ą** skim

krepš||**ininkas, -ė** *sport.* básket-bàll pláyer ~**inis** *sport.* básket-bàll ~**ys** 1 bag; ~**ys pirkiniams** shópping bàg 2 (*pintas ir sport.*) básket

krėslas árm-chair, éasy-chair

kresnas thícksèt, stúmpy, stócky

krės||**telėti** give* a jolt ~**ti** 1 shake*; **jį drugys krečia** he is shívering with féver 2 (*kratą daryti*) search △ **juokus** ~**ti** make* fun; joke; jest

kreš||**ėti** (*apie kraują*) còágulàte ~**ulys**: **kraujo** ~**ulys** clot of blood

krėtimas sháking, jólting

kriauklė 1 (*kiautas*) shell 2 (*vandentiekio*) sink

kriaukšlys (*duonos*) crust

kriaunos (*peilio*) hándle *sg*, haft *sg*

kriaušė (*vaisius*) pear; (*medis*) péar-tree

krienas *bot.* hórse-ràdish

krikščion||**ybė** Chrìstiánity ~**is, -ė** Chrístian ~**iškas** Chrístian

krikšta||**duktė** *bažn.* gódchìld*, gód-daughter ~**motė** gódmòther

krikštas *bažn.* báptism; (*apeigos t.p.*) chrístening

krikšta||**sūnis** gódchìld*, gódsòn ~**tėvis** gódfàther

krykš||**tauti**, ~**ti** exult, shout / yell chéerfully / exúltingly

krikšty‖nos *bažn.* chrístening *sg*; (*vaišės, pokylis*) chrístening párty *sg* ~ti *bažn.* bàptíze; chrísten

krikti (*apie minią ir pan.*) dispérse, scátter

krykti (*apie antį*) quack

kriminalinis críminal

krims‖ti 1: **k. riešutus** eat* nuts; **k. obuolius, džiūvėsius** eat* / níbble ápples, rusks 2 (*barti, graužti*) nag (*smb / at*) ~tis (*sielotis*) be* pained, grieve; tòrmént ònesélf, súffer tórmènts, be* in tórmènt / tórture; **nesikrimskit!** cheer up!

kriokimas roar; (*vandens, bangų t.p.*) noise

krioklys wáterfàll; falls *pl*, cátaràct; (*nedidelis*) càscáde

kriokti roar

kryp‖ti bow, bend*; *prk.* tend (*to*), be* aimed (*at*);. (*keisti kryptį*) turn, swing*; *prk.* (*apie pokalbį ir pan.*) be* changed ~tis 1 diréction 2: **literatūrinė** ~tis líterary school ~uoti wáddle

krislas mote; speck of dust

kristal‖as crýstal ~inis crýstallne, crýstal *attr* ~izuotis crýstallìze

kristi 1 fall*; (*greitai*) drop; (*staigiai*) slump; (*mažėti*) dimínish 2 (*apie gyvulius*) pérish, die △ **barometras krinta** the barómeter is fálling / sínking; **k. į akį** be* stríking, strike* smb, stare one in the face, arrést atténtion

krištol‖as 1 (*stiklo rūšis*) cút-glàss, crýstal 2 (*indai*) cút-glàss ware △ **kalnų k.** *min.* (rock) crýstal ~inis crýstal; cút-glàss *attr*

kriterijus critérion (*pl* critéria)

kritik‖a 1 críticism; 2 (*literatūrinis žanras*) critíque ~as, -ė crític ~uoti críticìze

kritimas 1 fall; (*sumažėjimas*) drop, sínking; **kalnų k.** a slump in príces 2 (*gyvulių*) èpizòótic, èpizòóty, múrrain

krit‖inis crítical ~iškas crítical; ~*iškas momentas* crítical / crúcial móment

krituliai (*atmosferiniai*) precìpitátion *sg*

kriuksėti grunt

krizė crísis (*pl* crísès)

kryžiažodis cróss-wòrd *pl*, cróss-wòrd púzzle

kryž‖iuoti 1 cross 2 (*ant kryžiaus*) crúcifỳ ~iuotis *ist.* Cróss-bearer, Bróther of the Cross

kryž‖ius 1 cross 2: ~iai *kort.* clubs △ **Raudonasis k.** Red Cross ~kaulis *anat.* sácrum (*pl* -rums, -ra) ~kelė cróss-road(s), cróssing

kryžm‖as cróss-shàped; crúcifòrm ~ai cròsswìse ~inis cross *attr*; ~inė **ugnis** *kar.* cróss-fìre ~inti *biol.* cross, ìnterbréed* ~uo *anat.* sácrum (*pl* -rums, -ra)

krokodilas crócodìle

kronika 1 (*metraštis*) chrónicle 2 (*dienos įvykių aprašymas*) chrónicle 3 (*laikraščių skyrius*) news ítèms *pl* 4 (*filmas*) néwsreel

krosn‖ininkas stóve-sètter; stóve-man*, stóve-màker ~is stove; *tech.* fúrnace

krov‖ėjas, ~ikas lóader; (*uosto*) stévedòre, lóngshòre man* ~imas 1 lóading; (*į laivą*) shípment 2 (*akumuliatoriaus*) chárging ~ininis cárgò *attr*; cárgò-càrrying ~inys load ~iniai (*geležinkelio*) goods; (*laivo*) freight *sg*; cárgò (*pl* cárgòes); láding *sg*

krūm‖as bush, shrub; ~ai (*sodiniai*) shrúbbery *sg* ~inis: ~*inis dantis* mólar, grínder ~okšnis small bush / shrub

krumpl‖iaratis *tech.* ráck-wheel, toothed / cogged wheel, cóg-wheel, pínion ~ys tooth*

kruop‖a, ~elė grain ~ienė, ~os (*sriuba*) fine-ground bárley soup, óatmeal soup *etc.* ~os (*susmulkinti grūdai*) groats (*džn. avižinės*); **manų** ~os sèmolína *sg*; **grikių** ~os búckwheat *sg*; **miežių** ~os fine-ground bárley *sg*; **avižinės** ~os óatmeal *sg*

kruopštus thórough, cáreful; (*apie žmogų t.p.*) páinstàking; *k. darbas* thórough / cáreful / áccurate work

krūp‖čioti start; *iš baimės k.* start with fright / hórror; (*iš skausmo*) flinch, wince ~**telėti give*** a start

krustelėti stir (súddenly), move (súddenly)

kruša hail; (*prk. t.p.*) rain, shówer; (*klausimų, pastabų*) vólley

krutėti stir, move

krūtin‖ė breast; bósom; ~**ės ląsta** chest; *anat.* thóràx ~**kaulis** *anat.* bréast-bòne; stérnum (*pl* -na) *moksl.*

krutinti stir; move

krūt‖is breast; *duoti kūdikiui* ~**į** give* a báby the breast

krūva heap, pile; (*daugybė*) heaps (*of*) *pl*; lots (*of*) *pl*

kruvin‖as blóody ~**oji** *med.* blóoddy flux; dýsentery ~**ti** stain with blood

krūvis 1 (*elektros*) charge 2 load

kub‖as cube; *pakelti* ~**u** cube, raise to the third pówer

kubil‖as vat, tub; (*alui daryti*) tun ~**ius** cóoper

kubinis cúbic

kudakinti cáckle

kūdik‖is báby, ínfant; *žindomas k.* báby, ínfant in arms ~**ystė** ínfancy, bábyhood ~**iškas** ínfantìle

kūdra pond

kūgis 1 (*pvz., šieno*) rick, stack 2 *mat.* cone

kugžd‖ėjimas, ~**esys** whísper ~**ėti** whísper; ~**ėti kam į ausį** whísper in smb's ear

kuilys boar

kuinas jade

kūjis hámmer

kūkčioti sob

kukl‖umas módesty ~**us** módest; *dėtis* ~**iu** put* on a módest air; belíttle ònesélf

kukulis *kul.* dóugh-boy, dúmpling

kukuoti (cry) cúckoo

kukurūz‖as, ~**ai** maize, índian corn; corn *amer.*

kūl‖ė (*kūlimas*) thráshing, thréshing ~**ėjas, -a**, ~**ikas, -ė** thrésher

kūlės *bot.* smut, blight, rust (*plant disease*) *sg*; (*kviečių t.p.*) brand *sg*

kuliamoji thréshing-machìne, thrésher

kūliavirsčia tòpsy-túrvy; *kristi k.* fall* head óver heels

kūlimas thráshing, thréshing

kulinar‖as, -ė cúlinary spécialist, cook ~**ija** cóokery ~**inis** cúlinary

kūlys (*šiaudų*) búndle (of straw)

kulka búllet, prójectìle

kulkosvaid‖ininkas, -ė machíne-gùnner ~**is** machíne-gùn; *sunkusis* ~**is** (médium) machíne-gùn; héavy machíne-gùn *amer.*

kuln‖as heel △ *lipti kam ant* ~**ų** fóllow on smb's heels; tread* on smb's heels; ~**us raityti** (*bėgti*) show* a clean pair of heels, take* to one's heels ~**is** heel

kult‖as cult, wórship; ~**o tarnas** mínister of relígious wórship

kulti 1 (*javus*) thrash, thresh 2 (*mušti*) beat*; thrash, drub

kultiv‖atorius *ž.ū* cúltivàtor ~**uoti** (*tiesiog. ir prk.*) cúltivàte

kultūr‖a 1 cúlture 2 *ž.ū.* cúlture; *grūdinės* ~**os** céreal crops; *pašarinės* ~**os** fórage crops; *techninės* ~**os** téchnical crops ~**ėti** becóme more cúltured / cívilìzed / éducàted ~**ingas** éducàted, cúltured; cúltivàted; ~**ingas žmogus** a pérson of cúlture ~**ingumas** cúlture ~**inis** cúltural ~**inti** make* more cúltured / cívilized / éducàted; (*žemę, augalus*) cúltivate, impróve

kultuv‖as (*spragilas*) flail ~**ė** (*velėti*) báttledòre, dólly, béetle, bátlet (*wooden beater for laundrywork*)

kūm‖a (*krikšto motina*) gódmòther of one's child* ~**as** (*krikšto tėvas*) gódfàther of one's child*

kumel‖ė mare ~**inga** (*apie kumelę*) mare in foal ~**ys** stállion ~**iukas** foal; (*iki 4 metų*) colt ~**iuotis** foal

kumetis (farm) lábourer, fárm-hànd;
híred man* *amer.*

kump‖anosis hook-nósed ~**as** hooked,
bent, curved; ~*a nosis* hooked nose,
áquilìne nose

kumpis ham; gámmon

kumščiuoti box

kumšt‖elėti jóstle (with fist) ~**ynės**
físticùffs ~**is** fist

kūn‖as bódy; *kietasis k. fiz.* sólid;
drebėti visu ~*u* trémble all óver;
~*o kultūra* phýsical cúlture ~**elis**
1 small bódy **2** *biol.* córpùscle

kunigaikšt‖is prince; *didysis k. istor.*
grand duke ~**ystė** prìncipálity ~**ytė**
princéss

kunig‖as priest (*Roman Catholic*)
~**auti** be* a priest ~**iškas** príestly,
sàcerdótal, ecclèsiástical

kūn‖ingas (*apie žmogų*) thìck-sét;
sólid; stout, córpulent; (*apie moterį
t.p.*) plump ~**iškas** còrpóreal

kunkul‖as búbble ~**iuoti** búbble;
(*prk. t.p.*) boil

kuo: *kuo tu, jis ir t.t. vardu?* what
is your, his, *etc.* name? *kuo* (*ko*) *ge-
riausias* the best; *kuo ... tuo* the ...
the

kuod‖as (*paukščio*) crest; (*žmogaus*)
tópknòt, tuft of hair; fórelòck ~**elis**
(*linų*) tow ~**uotas** crésted, túfted

kuoja (*žuvis*) roach

kuok‖a blúdgeon, cúdgel, club ~**elis**
bot. stámèn

kuokštas (*plaukų, žolės*) tuft; (*vilnų*)
flock; (*šieno, šiaudų*) wisp

kuol‖as stake, pícket △ *nors jam* ~*ą
ant galvos tašyk* he is pìg-héaded
~**elis**, ~**iukas** peg

kuomet (*klausiant*) when; *k. sugrįši?*
when are you cóming back? *ar esi k.
buvęs Vilniuje?* have you éver been
in / to Vílnius?

kuone *žr.* **kone**

kuop‖a *kar.* cómpany ~**inis:** ~*inis
skaitvardis gram.* colléctive númeral

kuopti (*pvz., šulinį*) clean out, clear
out; (*mišku*) remóve

kuosa *zool.* jáckdaw, daw

kupė compártment

kupeta rick, stack, cock

kupinas full; *jėgų k.* full of strength

kuplet‖as verse, cóuplet; ~*ai* tópical /
satíric songs ~**istas** sínger of tópical /
satíric songs

kupr‖a hump ~**anugaris** cámel; *vie-
nakupris* ~**anugaris** òne-húmped /
Arábian cámel; *dvikupris* ~**anuga-
ris** twò-húmped / Báctrian cámel

kuprinė (*kareivio*) háversàck; knápsàck;
(*moksleivio*) sátchel

kūprinti (*eiti susilenkus*) go* / walk
stóoping / with the body bent fórward

kupr‖ys, -ė húmpbàck, húnch-bàck
~**otas** hùmp-bácked; hùnch-bácked;
humped

kupst‖as mound ~**uotas** abóunding
in, *arba* cóvered with, mounds

kur (*klausiant*) where; which way;
whíther *knyg., poet.*; *kur jis beeitų*
whèréver he may go; *namas, kuria-
me jis gyveno* the house he lived in;
the house where he lived; *kad ir kur
tai būtų* no mátter where; *kur kas*
much, far; *kur kas geriau* much /
far bétter; bétter by far; *kur-ne-kur*
here and there; *kur nors* sómewhère;
(*klaus. sakiniuose*) ánywhère; *gal
matėte jį kur nors?* have you seen
him ánywhère?

kurantai chime (of bells) *sg*

kurapka *zool.* pártridge

kuras fúel; fíring; *skystas k.* oil fúel

kurč‖ias deaf ~**nebylis, -ė 1** *bdv.*
dèaf-and-dúmb **2** *dkt.* deaf-múte
~**nebylystė** dèaf-and-dúmbness

kūrėjas, -a crèátor; (*autorius*) áuthor;
(*mokslo, teorijos*) fóunder, oríginàtor

kūrenti heat

kūryb‖a crèátive work; crèátion; (*lite-
ratūriniai kūriniai*) works *pl* ~**ingas,**
~**inis,** ~**iškas** crèátive

kūrikas stóker, fíreman*

kūri‖mas crèátion ~**nys** work, prodúc-
tion; *meno* ~**nys** work of art;
muzikos ~**nys** músical còmposítion

kuriozas queer thing

kur‖is, -i *jv.* 1 (*klausiamasis*) which; ~*i knyga?* which book?; ~*i valanda?* what is the time? ~*ią valandą?* (at) what time? 2 (*santykinis*) which (*apie negyvuosius daiktus*); who (*apie žmones*); that (*abiem atvejais*); **plunksna,** ~*i guli ant suolo* the pen which / that lies on the desk; **vyras,** *k.* **vakar atėjo** the man* who / that came yésterday; ~*į laiką* for some time, for a while; *kurie-ne-kurie* (*kai kurie*) some; some people; **bet kuris** ány; (*kiekvienas*) évery

kurkti (*apie varlę*) croak

kurlink in which diréction; which / what way; whither *knyg., poet.*

kurm‖iarausis móle-hill ~is *zool.* mole

kurort‖as health resórt ~ininkas héalth-resòrt vísitòr ~inis héalth-resòrt *attr*

kurpalis (*batų*) bóot-tree, last

kurp‖ė shoe ~ius shóemàker; bóotmàker

kurs‖antas, -ė stúdent ~as 1 course; (*prk. t.p.*) pólicy; **paskaitų** ~as course of léctures; **užsienio kalbų** ~ai cóurses of fóreign lánguages; **baigti universiteto** ~ą gráduàte at the ùnivérsity; **pirmojo** *ir t.t.* ~o **studentas** fírst-year *etc.*, stúdent; **jis trečiajame** ~e he is in his third year; **pereiti į ketvirtąjį** ~ą to pass to the fourth year 2 (*valiutos, akcijų*) rate of exchánge 3 (*laivo*): ~as **į šiaurę** héading for the North; **laivo** ~as **tiesiog į pietus** the ship is stánding due South; **keisti** ~ą change one's course

kursty‖mas ìnstigátion, incítement, sétting-òn ~ti 1 (*ugnį*) make* up / light* / kíndle the fíre 2 incíte (*to*), ínstigàte (*to*), set* (*on*) △ **karą** ~ti fan (the flames of) war ~tojas, -a ínstigàtor; fíre-brànd *šnek.*; **karo** ~tojas ínstigàtor of war, wár-mònger; fòménter of war

kursuoti (*tarp; pagal maršrutą*) ply (between); run*

kurtas '(*šuo*) gréyhound

kurti 1 (*ugnį*) make* up / light* / kíndle the fíre 2 (*meno kūrinius*) crèáte; (*mokslą, teoriją*) found, oríginàte 3 (*steigti, organizuoti*) found; órganìze 4 (*greitai bėgti*) rush / speed / tear* alóng

kurtinys *zool.* càpercáilye, wóod-grouse

kurt‖inti déafen; *prk.* stun ~umas déafness

kušetė couch

kutai fringe *sg*

kut‖enimas tíckling; **bijoti** ~enimo be* tícklish ~enti tíckle; **mane** ~ena it tickles me ~ulys tíckling

kužd‖ėjimas, ~esys whísper ~ėti whísper; ~ėti **kam į ausį** whísper in smb's ear ~omis in a whísper, únder / belów one's breath

kvadrat‖as *mat.* square; **pakelti** ~u square, raise to the sécond pówer ~inis square ~ūra *mat.* quádrature

kvail‖as fóolish, stúpid, sílly; (*apie veido išraišką*) ináne ~ė (*apie moterį*) fool, fóolish / sílly wóman; (*apie merginą, mergaitę*) fóolish / sílly girl ~ėti becóme* / grow* stúpid / fóolish ~ybė *žr.* kvailystė; ~inti fool, dupe, make* a fool (*of*) ~ioti fool (abóut), play the fool ~ys fool; blóckhead, dolt ~ystė 1 (*kvailas elgesys*) fóolishness, nónsense, fólly 2 (*kvailas poelgis, darbas*) fóolish / stúpid thing; fólly 3 (*nesąmonė*) nónsense, rúbbish ~okas sílly, dóltish ~umas stùpídity; ìmbecílity; fóolishness; fólly

kvais‖ti: jam galva ~ta he is / feels gíddy

kvaiša (*gáping*) fool, bóoby

kvaitulys gíddiness; dízziness

kvakšė (*višta*) bróod-hèn

kvalifik‖acija quàlificátion ~uotas skilled, trained ~uoti quàlifý

kvap‖as 1 (*kvepėjimas*) smell; ódour; (*malonus*) scent 2 (*kvėpavimas*) breath, bréathing, rèspirátion; **sulaikęs ∼ą** with báted breath; **užimti ∼ą** take* one's breath awáy **∼us** ódorous; (*gardžiakvapis*) frágrant, sweet-scénted

kvark‖sėti, ∼ti (*apie varlę*) croak; (*apie vištą*) cluck

kvaršinti (*galvą*) péster; bóther; bore; plague

kvartetas *muz.* quàrtét(te)

kvato‖jimas (loud) láughter **∼ti** laugh (loud, bóisterously); shout with láughter

kvepalai pérfùme *sg*, scent *sg*

kvėpavimas bréathing, rèspirátion

kvepė‖jimas frágrance, pérfùme, sweet smell **∼ti** smell* (*of*); (*gardžiai*) be* frágrant, smell* sweet

kvepinti, kvėpinti (*kvepalais*) scent, perfúme **∼s** use scent, perfúme ònesélf

kvėptelėti take* a breath; breathe

kvėpti 1 inhále, breathe in 2 (*jausmą, mintį*) inspíre (smb with smth)

kvėpuoti breathe, respíre; **sunkiai k.** gasp, blow*, puff, pant

kviečiamasis (*apie svečią*) invíted guest; (*pvz., raštas*) ìnvitátion *attr*

kvieslys invíter (*one who invites guests to a wedding*)

kvie‖sti 1 invíte, ask 2 (*gydytoją*) call **∼timas** 1 ìnvitátion; call 2 (*raštas*) ìnvitátion card

kvie‖tinis whéaten; **∼tinė duona** white bread; **∼tinių miltų duonos kepalas** whéaten loaf **∼tys** wheat; **vasariniai ∼čiai** súmmer whéat *sg*; **žieminiai ∼čiai** wínter wheat *sg*

kvitas recéipt, acknówledg(e)ment; **bagažo k.** lúggage / bággage tícket

kvorumas quórum

kvo‖sti quéstion; intérrogàte; exámine; *teis.* (*tardyti*) hold* an ìnquest **∼ta** *teis.* ìnquèst; (*teisme*) invèstigátion

L

lab‖ai véry (*su daiktavardžiais ir prieveiksmiais*); véry much (*su veiksmažodžiais*); gréatly, vástly, lárgely, híghly; **l. šaltas** véry cold; **ateiti l. vėlai** come* véry late; **l. daug** a great mány *pl*; **jis buvo l. suinteresuotas** he was véry much ínterested (*in*); **jis l. nustebintas** he is gréatly surprísed; **jam tai l. patiko** he liked it véry much; **l. jums dėkoju** thank you véry much; **nel.** not véry; *arba perteikiama neiginiu su veiksmažodžiu* + véry, véry much; **nel. šaltas** not véry cold; **nel. patenkintas** not véry pleased; **jis dainuoja nel. gerai** he doesn't sing véry well; **jam tai nel. patinka** he doesn't like it véry much **∼iau** more △ **juo ∼iau** all the more **∼iausiai** most; most of all; espécially, partícularly

labanakt(is)! good night!

lab‖as I 1: **l. rytas!, ∼ą rytą!** good mórning! **l. vakaras!, ∼ą vakarą!** good évening! **∼a diena!, ∼ą dieną!** góod afternoon! **l.!** (*sveikinantis*) good mórning! (*rytą*); good áfternóon! (*dienos metu*); good évening! (*vakare*); how do you do? (*pirmąkart susipažįstant*); hulló! *fam.*; hi! helló! *amer. fam.*; **viso ∼o!** (*atsisveikinant*) good-býe!; all the best!; so long! *šnek.*; **perduokit jam ∼ų dienų** give* him my (kind) regárds △ **viso ∼o** (*iš viso*) in all, àltogéther, sum tótal

lab‖as II: **tėvynės ∼ui** for the sake of one's mótherlànd; **žmonijos ∼ui** for the wélfàre, *arba* the good, of mànkínd

labdar‖a, ∼ybė, ∼ingumas chárity, philánthropy **∼ingas** cháritable, phìlanthrópic **∼ys, -ė** philánthropist

labirintas lábyrinth, maze

laborantas, -ė labóratory assístant

laborator‖ija labóratory **∼inis** labòratórial

lagaminas trunk; (*nedidelis*) súitcàse

laib‖akojis thìn-légged ~as thin; (*pvz.*, *apie figūrą*) slénder, slim; délicate ~ėti becóme* / grow* thin / slénder / slim

laida 1 (*saulės*) súnsèt 2 (*laikraščio*) íssue 3 (*studentų, kursantų*) gráduates *pl*; (*moksleivių*) púpils fínishing school, *arba* recéiving schóol-leaving certíficates

laid‖as 1 (*garantija*) guarantée; pledge (*t.p. prk.*) 2 *tech.* wíre, lead, condúctor ~avimas guàrantéeing; guáranty, wárrant(y)

laidynė (*prosas*) (flat) íron, smóothing-íron; (*siuvėjo*) góoses

laidininkas *fiz.* condúctor

laidyti 1 (*mėtyti*) throw*, hurl, fling; cast* 2 (*lyginti*) íron △ gerklę *l.* bawl, yell

laido‖ti búry ~tuvès búrial *sg*; fúneral *sg*; ~tuvių biuras úndertàker's óffice; ~tuvių maršas dead march; ~tuvių varpai (fúneral) knell

laidumas *fiz.* còndùctívity

laiduoti wárrant (*smth*), quàrantée (*smth*); cértifỳ (*smth*)

laidus *tech.* condúctive

laik‖as 1 time; bet kuriuo ~u at ány time; daug ~o a long time / while; much, *arba* plénty of, time; apie tą ~ą by that time; kiek ~o? (*kelinta valanda?*) what is the time? (*kaip ilgai?*) how long? aš neturiu ~o I have no time; turėti maža ~o be* pressed for time; neturint ~o for lack of time 2 (*epocha*) time; times *pl*; visais ~ais at all times; mūsų ~ais in our time, nówadays 3 (*metų*) séason; keturi metų ~ai the four séasons 4 *gram.* tense △ *l.* nuo ~o at times, from time to time, (évery) now and then, now and agáin; laisvu ~u at léisure, in one's spare time; visą ~ą álways; be ~o ùntímely; po ~o too late; prieš ~ą, pirm ~o prèmatúrely; greitu ~u shórtly, in a short time, befóre long; šiuo ~u now, at présent; pats *l.* it is high time; ~ui bėgant in due course; in course

of time; visiems ~ams for éver; šių ~ų módern; ùp-to-dáte; nuo neatmenamų ~ų from time ìmmemórial, time out of mind

laikiklis *tech.* contrívance for hólding smth, hólder

laikymas 1: švaros *l.* kéeping clean; tvarkos *l.* kéeping in órder 2: egzamino *l.* góing in for, *arba* táking, an exàminátion 3 (*pvz., maisto, daiktų*) kéeping, cústody; (*prekių*) stóring, stórage ~is (*pvz., įstatymų*) obsérvance; (*tvarkos*) máintenance

laikin‖ai témporarily, provísionally ~as témporary; (*apie priemones ir pan.*) provísional; (*apie pareigūnus*) ácting

laikysena 1 cárriage, béaring 2 (*jojant*) seat

laik‖yti 1 hold*; keep*; už rankos ką *l.* hold* smb by the hand; *l.* paslaptyje keep* a sécret 2: *l.* švarų keep* clean 3 (*kuo*) consíder, think*; jis ~o jį sąžiningu žmogumi he considers / thinks him an hónest man; jis ~omas protingu he is repúted to be a man* of sense; *l.* ką savo pareiga consíder / deem smth one's duty 4 (*egzaminus*) take*, go* in (*for*) ~ytis 1: ~ytis rankomis už ko hold* smb, smth 2 (*ko*) hold* (*on*); hold (*by, to*); stick (*to*) *šnek.*; ~ytis nuomonės, kad hold* that, be* of the opínion that; ~ytis tvarkos keep* órder; (*pvz., įstatymų, papročių*) obsérve △ kurso ~ytis head (for)

laikotarpis 1 périod (*trumpas t.p.*) spell 2 *geol.* age

laikrašt‖ininkas jóurnalist; préssman* ~inis: ~inis stilius jòurnalése; ~inis popierius néws-prìnt ~is néwspàper; páper *šnek.*

laikro‖dininkas wátchmàker ~dis (*stalinis, sieninis*) clock; (*kišeninis, rankinis*) watch; (*rankinis t.p.*) wríst-wàtch; (*žadintuvas*) alárm-clòck; nustatyti ~dį set* a watch, a clock; prisukti ~dį wind* a watch, a clock;

~dis ankstina(si) the watch, clock is fast; ~dis vėluoja the watch, clock is slow; pagal mano ~dį šešios (valandos) it is six (o'clóck) by my watch; ~dis muša penkias the clock is stríking five; ~dšio mechanizmas clóck-wòrk; ~dšio spyruoklė máinsprìng; ~dšio rodyklė hand; ~dšio rodyklės kryptimi clóckwìse; prieš ~dšio rodyklę cóunter clóckwìse; ~dšlų parduotuvė wátchmàker's (shop)

laiku in time; in due course

laim||ė 1 háppiness 2 (sėkmė, pasisekimas) luck; good fórtune, a piece of good fórtune / luck; palinkėti ~ės wish good luck; ~ei, mūsų ~ei lúckily, fórtunately, lúckily for us, to our good fórtune

laimė||jimas 1 (pvz., loterijoje) prize; (išlošti pinigai) wínnings pl 2 (pasiekimas) achíevement; attáinment; gain ~ti 1 win*; gain; lengvai ~ti (rungtynes) win* éasily; win* hands down šnek. 2 (pasiekti) win*; earn; ~ti kieno nors pasitikėjimą win* smb's cónfidence; ~ti pergalę gain the víctory, cárry the day; ~ti pergalę (prieš) gain / win* a víctory (over) ~tojas, -a wínner

laim||ikis (laimėtas daiktas) prize; (kas užgrobta) bóoty; (grobis t.p.) plúnder; (karo) spoil(s); loot; (jūrų kare) prize; (grobuonies; t.p. prk.) prey; (žvejo, medžiotojo) bag, catch ~ingas 1 háppy 2 (sėkmingas) fórtunate, lúcky; (apie atvykimą) safe △ ~ingos kelionės! háppy jóurney! ~ingai! good luck!

laiminti bless

laipinti set* down; (į krantą) put* ashóre; l. desantą land troops, make* a lánding; l. ką iš autobuso make* smb get out of, arba get* off, a bus

laipioti (po kalnus) climb, clámber (on); (siena, skardžiu) scale; (laiptais — aukštyn) go ùpstáirs; (žemyn) go dòwnstáirs

laipsn||iavimas gram. compárison ~is 1 degrée; extént; tam tikru ~iu to some extént; to a cértain extént / degrée 2 (mokslinis) (àcadémic) degrée 3 gram. degree; nelyginamasis, aukštesnysis, aukščiausiasis ~is pósitive, compárative, supérlative degrée 4 mat. pówer; pakelti trečiu ~iu raise to the third pówer 5 (temperatūros) degrée; šiandien dešimt ~ių šalčio there are ten degrées below zero todáy; šiandien dešimt laipsnių šilumos the témperature is ten degrées abóve zérò todáy, arba 10° céntigrade, arba 10° C 6 (karinis) rank △ pirmojo, antrojo ~io (apie ordiną) First, Sécond Class ~iškas grádual, progréssive ~iuoti gram. compáre, form compárative and supérlative degrées

laipt||ai stairs; stáircàse sg; lipti ~ais (aukštyn) go* ùpstáirs; leistis ~ais go* downstáirs ~as step; fóotstèp ~uotas stepped

laisty||ti pour (on, upon); (vandeniu t.p.) wáter; (gumine žarna) hóse(-pìpe) ~tuvas wátering-pòt

laisvalaik||is léisure ~iu at léisure

laisvaman||is, -ė free-thínker ~ybė free-thínking

laisvanor||is vòluntéer ~iškas vóluntary; free-wíll attr; ~iškoji draugija vóluntary socíety

laisv||as 1 free 2 (nevaržomas įstatymais ir pan.) ùnrestrícted 3 (apie elgesį) free, famíliar, ímpudent; l. elgesys (netinkamas) ímpudent behá-viour 4 (neužimtas) vácant; (apie žmogų) free 5 (apie drabužį) loose; l. laikas free time, léisure; l. pusvalandis spare half hour; ~os valandos off / free / léisure hours; ~u laiku in one's spare time; at odd móments △ l. vertimas free trànslátion; ~a profesija free proféssion; ~ai! kar. stand éasy! ~ė fréedom, líberty; žodžio, spaudos ~ė fréedom of speech, of the press;

są̃žinės ~ė líberty of cónscience ~inti líberàte; emáncipàte; (paleisti) set* free; reléase ~umas fréedom; ùnconstráint, ùnrestráint; manierų ~umas free and éasy way / mánner laišk‖anešys póstman*; létter-càrrier ~as 1 létter; registruotas ~as régistered létter; įvertintas ~as régistered létter (with státement of válue); jis senial negauna iš jos ~ų he has not heard from her for a long time 2 (pvz., svogūno) leaf* ~ininkas póstmàn*; létter-càrrier

laiv‖as ship, véssel, craft; karo l. màn-of-wár (pl mèn-), wárship; keleivinis l. pássenger-shìp, líner; prekybinis l. mérchant ship / véssel; įlipti į ~ą go* on board ship ~elis boat; irstytis ~eliu go* bóating ~yba nàvigátion ~ynas fleet; karinis jūrų ~ynas návy; oro ~ynas air fleet; air force ~ininkystė nàvigátion

laižyt‖i lick ~is lick one's lips; (gerintis, pataikauti) flátter, coax, cajóle, make* up (to)

lājus súet; (žvaktaukiai) tállow lakas 1 (dažai) várnish, lácquer; japoniškas l. black japán 2 (antspaudams) séaling-wàx

lakioti 1 (skraidyti) fly*; (apie peteliškę) flútter 2 žr. lakstyti 1

lakonišk‖as lacónic, shòrt-spóken ~umas lacónicism

lakstyti 1 run* abóut 2 (skraidyti) fly* abóut

lakšt‖as (popieriaus) leaf*, sheet ~inis: ~inis metalas sheet metal

lakšt‖avimas wárbling / song of the níghtingàle ~ingala níghtingàle ~uoti wárble / sing* ~utė níghtingàle

lakta (vištoms) roost, perch lakti lap; swill lakūnas, -ė pílot, áviàtor lakuo‖tas várnished, lácquered; ~ta oda pátent léather ~ti várnish, lácquer; (japonišku laku) japán lak‖us quick, fast; swìft-fóoted, nìmble-(-fóoted); rúnning (abóut);

~usis smėlis drífting / shífting sands pl; quícksand(s) (pl); ~i vaizduotė lívely imàginátion

lamdyti 1 (lankstyti glamžant) rúmple; crúmple 2 (mokyti) drill, díscipline

land‖a hole; prk. lóop-hòle ~ynė 1 den (of thieves, etc.); haunt 2 (skylė) hole ~yti creep* abóut; creep* in (arba out); crawl abóut ~us 1 (prilendantis) insínuàting (into) 2 (įkyrus) obtrúsive, intrúsive; impórtunate

landžioti creep* abóut; creep* in (arba out); crawl abóut

lang‖as window; cásement-wìndow ~elis 1 small window 2 (geležinkelio kasos) bóoking-òffice, tícket-òffice, tícket-wìndow; atiduoti ~elyje (pašte) post at the cóunter 3 (orlaidė) small hinged wíndow-pàne used for vèntilátion 4 (audinyje) check, chéckwòrk; (popieriuje) square; ~eliais (pvz., audeklas) checked, chéquered ~inė shútter ~uotas (pvz., audeklas) checked, chéquered; ~uotos medžiagos checks

lanka flood plain, wáter-meadow lank‖as 1 (kinkomasis) sháft-bow 2 (statinės) hoop; užkalti ~us ant statinės hoop a cask 3 (šaunamasis) bow 4: spaudos l. quíre; prínter's sheet

lank‖ymas vísit; vìsitátion; (paskaitų ir pan.) atténdance ~yti call on; vísit (t.p. prk.); (paskaitas ir pan.) atténd; dažnai ~yti frequént; resórt (to) ~ytojas, -a vísitor, cáller; dažnas ~ytojas frequénter ~omumas atténdance

lankst‖as bend, curve; wínding; (apie kelią) róundabout way ~yti 1 bend*; crook, curve 2 (popierių) fold ~umas flèxibílity; súppleness; (proto) vèrsatílity ~us fléxible; plíant; (apie kūną) lithe, líssom; (prk. t.p.) súpple; (apie protą) vérsatìle

lanktis (siūlams) reel

lap‖as (*augalo*) leaf*; (*popieriaus ir pan.*) leaf*, sheet; (*metalo*) sheet, plate △ *groti iš* ~*o muz.* play at sight ~elis 1: *ligonio* ~elis médical certíficate 2 (*reklaminis, agitacinis*) léaflet

lap‖ė fox; (*patelė*) víxen, shé-fòx ~inas hé-fòx ~iukas young fox, fóx-cùb

lap‖ienė soup of leaves ~ija fóliage; léafage *poet.* ~inė súmmer-house*; (*papuošta augmenija*) árbour, pérgola

lapkri‖tis Novémber; *šių metų* ~*čio mėnesį* this Novémber; *praeitųjų metų* ~*čio mėnesį* last Novémber

lap‖oti (*augti į lapus*) leaf, come* ínto leaf, put* forth leaves ~uotas léafy; fóliate; ~uotis (*medis*) léaf-bearing tree; decíduous tree *moksl.*

ląst‖a: *krūtinės l.* chest; *anat.* thóràx ~elė *biol.* cell

laš‖as 1 drop; ~ai (*vaistai*) drops 2 (*truputis*) bit, grain; *nė* ~*o* not a bit, not an ounce △ *panašūs kaip du vandens* ~*ai* as like as two peas; *iki paskutinio* ~*o* to the last drop; *kautis iki paskutinio kraujo* ~*o* fight* to the last; *l. jūroje* a drop in the ócean, *arba* in the búcket ~ėti drip, dríbble, drop; fall* (in drops)

lašin‖iai (*kiaulės*) bácon *sg*; ~*ių paltis* flitch of bácon

lašinti pour / put* drop by drop

lašiša *zool.* sálmon

lašno‖ti (*apie lietų*) drízzle ~ja it drízzles, it is drízzling

laštelėti drop

latakas 1 (*lovelis, griovelis*) chute; shoot; (*vandeniui nutekėti*) gútter 2 *anat.* duct; *ašarų l.* láchrymal duct

latv‖is, -ė Lett; ~ių *kalba* Léttish, the Léttish lánguage ~iškas Léttish

lauk! awáy!, get awáy! *l. iš čia!* get out (of here)!, clear out! an: *eik* ~*an!* go out! *eikime* ~*an* let* us go* out

lauk‖as I (*vieta*) field; *kautynių l.* báttle-field; *elektromagnetinis l.*

fiz. elèctròmàgnétic field; ~*e* out of doors, outsíde; *iš* ~*o* from the outsíde

laukas II (*apie gyvulius*) with a white spot on the fórehead; *l. arklys* horse with a blaze

laukiamasis wáiting-room

laukimas wáiting, èxpectátion

laukinink‖as tíller ~ystė fiéldcròp cùltivátion

laukin‖is wild; (*necivilizuotas*) sávage ~ukas (*medelis*) *bot.* wílding

lauk‖ti wait (*for*) ~tuvės (*dovanos*) présent *sg*; présents

laum‖ė witch; (*apie negražią moterį*) hag △ ~ės *juosta* ráinbow ~žirgis *zool.* drágon-flỳ

laupyti (*plutas*) tear*, pluck out

laur‖as *bot.* láurel; (*medis t.p.*) báy-(-tree) △ ~*ų vainikas* crown of láurels; láurels *pl*; bays *pl*; *skinti* ~*us* reap / win* láurels; *ilsėtis ant* ~*ų* rest on one's láurels ~eatas láureate

lauž‖as 1 (*ugnis*) bónfire; (*stovyklos*) cámp-fire; *pakurti* ~*ą* make* a (bón)fire 2 (*sulaužyti daiktai*) scrap; frágments *pl*; *geležies l.* scráp-ìron 3 (*statybinis*) débris, (pláster) rúbbish ~ymas 1 (*veiksmas*) bréaking (*t.p. prk.*) 2 (*rezultatas*) breach ~yti 1 break* 2 (*spausluvinį rinkinį*) impóse, make* up 3 *prk.* (*įstatymą*) break*, infrínge (*upon*), trànsgréss, víolàte △ *žodį* ~*yti* break* one's word, fail to keep* one's word; go* back on one's word; *rankas* ~*yti* wring* one's hands; ~*yti sau dėl ko galvą* púzzle óver smth; rack / cúdgel one's brains óver smth ~ytojas, -a (*įstatymo*) bréaker, infrínger, trànsgréssor ~ti 1 break* 2 *fiz.* (*šviesos spindulius*) refráct 3: ~*ti šautuvo gaiduką* raise the cock, cock the gun ~tinė (*linija*) bróken line ~tinis bróken; ~*tiniai skliausteliai* square bráckets ~tuvas (*įrankis*) crow, crów-bàr

lav‖a (*ugnikalnio*) láva; (*sukietėjusi t.p.*) clínker; ~*os srautas* láva-stream, láva-flow

lavin‖imas(is) devélopment; *proti-nis, fizinis l.* méntal, phýsical devélopment ~ti devélop; ~ti atmintį devélop one's mémory

laviruoti tack; *prk.* manóeuvre

lavon‖as corpse, dead bódy; *(gyvulio)* cárcass ~inė mórtuary, déad-house*

lazd‖a stick; *(pasivaikščiojimui)* wálking-stick, cane; *(kaip valdžios simbolis)* staff* △ **gauti** ~ų get* a thráshing; **duoti** ~ų give* smb a thráshing; thrash smb ~ynas nút-tree

lažas *ist.* corvée

lažyb‖os bet *sg; eiti, kirsti* ~ų bet, lay* a bet *(to); einu (kertu)* ~ų, *kad ...* I bet that ...

lažintis bet, lay* a bet (to)

lėbau‖ti be* on the spree ~tojas, -a dèbauchée

led‖ai 1 *(kruša)* hail *sg* 2 *(valgomieji)* íce-cream *sg;* ~ų porcija an ice; ~ų pardavėjas íceman* ~ainė íce-house*, íce-cèllar, íce-pìt ~as ice ~ėti turn ínto ice, freeze*, congéal ~ynas *geol.* glácier ~inis *(tiesiog. ir prk.)* ícy; glácial; *(prk. t.p.)* ícecòld, chílling ~inuotas: *Šiaurės Ledinuotasis vandenynas* the Árctic Ócean

led‖kalnis ícebèrg ~laužis íce-breaker; íce-boat

legal‖izuoti legalìze ~izuotis becóme* légalized ~us légal

legend‖a légend ~inis légendary

legion‖as légion ~ierius légionary

leid‖ėjas, -a públisher; *įstatymų l.* législàtor, láw-gìver, láw-màker; *įstatymų* ~ėja législàtress ~yba: *įstatymų* ~yba *teis.* lègislátion ~ybinis públishing ~ykla públishing house* ~imas 1 edítion; *(knygos)* antras ~imas sécond edítion 2 *(teisė)* permíssion, pérmit; *(raštu)* pérmit, authorizátion ~imasis *(saulės)* súnsèt ~inys pùblicátion; edítion

leidžiam‖as permíssible ~asis: *įstatymų* ~asis législàtive; *įstatymų*

~oji *valdžia* législàtive pówer ~umas permìssibílity

leipti faint (awáy), swoon (awáy) △ *juokais l.* die with láughter; split* / burst* one's sides with láughter, roll with láughter

leisgyvis hàlf-déad; more dead than alíve

leisti 1 *(duoti sutikimą, galimumą)* let*, allów, permít; *l. vaikams žaisti* let* the chíldren play; allów the chíldren to play 2: *l. ką atostogų* let* smb go on leave, give smb leave (of ábsence); *l. kam įeiti* let* smb in 3 *(pvz., motorą, mašiną)* start, put* in áction; *(apie mašiną t.p.)* set* in mótion; *l. vandenį, dujas* turn on wáter, gas; *l. aitvarą* fly* a kite 4 *(mesti)* throw*; shy 5 *(šaudyti) (strėlę, kulką)* shoot* 6 *(pvz., knygas)* públish 7 *(pinigus)* spend*; *(laiką t.p.)* pass 8 *bot. (daigus)* put* forth; *(ūgius)* shoot*, sprout; *l. šaknis (t.p. prk.)* take* root 9 *(pvz., kibirą)* sink* 10: *injekcijas l.* make* injéctions *(of);* injéct

leistin‖as permíssible ~umas permìssibílity

leistis 1 start, set* out; *l. bėgti* start, *arba* set* out, rúnning; *l. į kelionę* start on a jóurney; 2 *(žemyn)* go* / come* down, descénd; *(kristi)* fall*; *(apie saulę)* set* 3: *l. į smulkmenas* go* ínto détail(s)

leistuvas *(oblius)* jóinter plane; bench plane; jóining plane

leitenantas lieuténant; *jaunesnysis, vyresnysis l.* júnior, sénior lieuténant

lėkimas flight, flýing

leksik‖a *lingv.* vocábulary ~onas díctionary, léxicon

lėkščiuoti *ž.ū.* disk

lėkšt‖as flat; *(apie paviršių t.p.)* plane; *(prk. t.p.)* trívial ~ė plate ~elė sáucer; *(uogienei)* jam plate ~ėti flátten, grow* / becóme* flat ~inis: ~inės akėčios *ž.ū.* disk hárrow

lėkti 1 *(skristi)* fly* 2 *(bėgti, dumti)* run*, sweep* lektor‖ius, -è lécturer, réader ~iumas lécturing buréau

lèktuv‖as áircràft, áeroplàne; áirplàne, plane; *žvalgomasis l.* recónnaissance áircràft; scout plane ~nešis áircràft cárrier

lèl‖è doll; ~*ių teatras* púppet-show

lelija (*gėlė*) líly; *vandens l.* wáter-lìly

lèlytè 1 dólly 2 *zool.* chrýsalis (*pl* -ices, -idès), púpa 3 (*akies*) púpil (of the eye)

lemiamas decísive; *l. veiksnys* detérminant

lemp‖a lamp; (*radijo*) valve ~utè: *elektros* ~*utė* eléctric bulb

lem‖tas good*; (*doras*) hónest; *l. žmogus* hónest man* ~ti (*reikalą*) decíde, séttle; (*apie likimą*) prèdetérmine; prèdéstine; doom ~tingas fátal ~tis fate; (*dalia*) déstiny; fórtune; (*sunki*) doom

lengvaatletis (track and field) áthlète

lengvabūd‖is, ~iškas light, líght-mínded, líght-héaded; thóughtless; gíddy, flíppant ~iškumas líghtness, líght-míndedness; thóughtlessness, gíddiness, flíppancy, lévity

lengvapėd‖is *žr.* lengvabūdis; ~iškumas *žr.* lengvabūdiškumas

lengv‖as 1 (*svoriu*) light 2 (*nesudėtingas*) éasy 3 (*nežymus, menkas, silpnas*) light, slight; ~*a bausmė* light pénalty; *l. peršalimas* slight cold; ~*oji atletika sport.* field and track àthlétic(s) (*pl*); ~*oji pramonė* light índustry ~asvoris light ~ata prívilege, advántage ~atikis crédulous, gúllible ~ėti líghten, grow* líghter ~inti 1 facílitàte, make* éasier / éasy 2 (*apie darbą, naštą*) líghten; (*apie kančias ir pan.*) alléviàte ~umas líghtness; éasiness

lenk‖as, -è Pole; ~*ų kalba* Pólish, the Pólish lánguage ~inti pólonìze ~iškas Pólish

lenkti 1 bend*; crook, curve; bow; *l. galvą* inclíne one's head 2 (*apeiti*) pass óver 3 (*siūlus*) wind*, reel

lenktyn‖ès 1 (*arklių*) the ráces; hórseràce; *automobilių, dviračių l.* mótor, cýcle race *sg* 2 còmpetítion, èmulátion ~iauti compéte (*with in*), émulàte (*in*) ~iautojas, -a còmpetítioner ~iavimas còmpetítion, èmulátion

lenktin‖is: *l. peilis* clásp-knìfe*; ~*iai skliaustai* bráckets; round bráckets, parénthesès

lenktis 1 bend* (down); (*apie žmogų*) bow (down); stoop 2 (*vengti*) avóid each óther, shun each óther

lent‖a board; (*storesnė*) plank; *klasės l.* bláckboard; *šachmatų l.* chéssboard ~elė 1 plate; (*medinė*) small board / plank; (*ant durų*) dóor-plàte 2: *daugybos* ~*elė* mùltiplicátion táble ~yna shelf*; *knygų* ~*yna* bóokshèlf* ~inis (made) of planks / boards

lentpjūvè sáw-mìll

lepinti spoil (by too much ténderness or by brínging up in luxúrious ways), indúlge, pámper, códdle

lepšis 1 (*grybas*) a sort of múshroom 2 (*žmogus*) slack / slúggish pérson; níncompoop, nínny

lep‖ti becóme* / get* spoilt / indúlged / pámpered / códdled ~umas fàstídiousness, squéamishness; whìmsicálity, capríciousness ~us fàstídious, squéamish; whímsical, caprícious; pámpered, códdled

les‖alas food for birds and póultry ~inti feed* birds and póultry ~ti peck

lęš‖ienè léntil-soup ~is 1 *bot.* léntil; ~*ių košė* léntil pórridge 2 *fiz.* lens ~iukas (*akies*) crýstallìne lens

lėšos meaus; cápital

lètas slow; *l. žmogus* slów-coach, lággard

letena paw; (*šuns, lapès, kiškio t.p.*) pad

lèt‖èti slow down, slácken, becóme* / get* slówer ~inti slow down; redúce speed ~umas slówness liaud‖is péople; nátion; ~ies ūkis nátional ècónomy; ~ies švietimas pópular èducátion; ~ies daina folk / pópular song ~iškas pópular; folk attr

liauka anat. gland; skydinė l. thýroid gland; migdolinė l. tónsil

liaupsinti éulogìze, beláud, praise; extól, exált

liautis stop; (pamažu) cease

liberal‖as líberal ~izmas líberalism ~us líberal

lydeka zool. pike

lyderis léader

lydėti accómpany; see* off; l. ką namo see* smb home; l. akimis fóllow with one's eyes; l. numirėlį atténd a fúneral

lydymas mélting, fúsion, fúsing

lydimasis accómpanying

lyd‖inys tech. álloy; (sulydyta masė) fúsion ~yti (pvz., vašką) melt; (metalą) melt; smelt; (esant aukštai temperatūrai) fuse

lydraštis cóvering létter

liej‖ikas, -ė (metalo) fóunder, cáster, smélter ~ykla fóundry; smélting-house*; plieno ~ykla steel mill / fóundry / works ~imas (metalo) cásting, móulding, fóunding ~inys cast, móulding, íngot

liekana 1 remáinder, rest; (apie medžiagą) rémnant 2 (kas liko iš praeities) survíval

lieknas slénder; slim

liemen‖ė wáistcoat; vest ~ingas with a slénder trunk; vígorous, ròbúst

liemuo 1 (žmogaus, gyvulio) bódy; trunk 2 (medžio) trunk, stem; bole

liep‖a 1 (medis) líme(-tree), línden; ~os žiedai líme-blòssom; ~ų medus líme-blòssom hóney 2 (mėnuo) Jùlý

liepiam‖asis: ~oji nuosaka gram. impérative mood

liepynas líme-gròve

liepsn‖a flame, flare; (šviesi, skaisti) blaze ~ingas fláming, fíery; prk.

árdent, fláming ~osvaidis kar. fláme-thrower ~oti flame, blaze; prk. burn* (with)

lieptas fóot-brìdge

liep‖ti órder (+ to inf), tell* (+ to inf); bid*; jis man ~ė ateiti he órdered / told me to come here

lies‖as lean, thin ~ėti lose* flesh, grow* thin

lies‖ti touch; (klausimą) touch (upon); broach; tai jo neliečia it doesn't concérn him; it has nóthing to do with him ~tinė mat. tángent ~tis be* contíguous (to)

liesumas léanness, thínness

liẽti I (vandenį) pour △ ašaras l. shed* tears (over); kraują l. shed* one's blood (for)

liẽti II (iš metalo) found, (cast* in a) mould

lietim‖as touch ~asis còntigúity

liet‖ingas ráiny, wet ~paltis ráincoat; máckintòsh ~us rain; ~us lyja it is ráining, it rains; ~us purkščia it is drízzling; ~us pila it is póuring (with rain); the rain is cóming down in tórrents; it is ráining cats and dogs idiom. šnek.; ~uje in the rain

lietuv‖aitė Lìthuánian girl ~ybė Lìthuánianism ~inti 1 Líthuanìze 2 trànsláte ínto Lìthuánian (from) ~is, -ė Lìthuánian; ~ių kalba Lìthuánian, the Lìthuánian lánguage ~iškai in Lìthuánian ~iškas Lìthuánian

liežuv‖auti menk. góssip, títtle-tàttle, tell* tales; (piktavališkai) talk scándal ~autojas, -a góssip; tále-tèller, tále-bearer; (piktavališkas) scándal-mònger ~avimas, ~iai (apkalba) góssip, títtle-tàttle; (piktavališkas) piece of scándal

liežuv‖is tongue; apsinešęs, apželęs l. med. cóated / furred tongue △ ~į už dantų laikyti keep* one's tongue betwéen one's teeth, hold* one's tongue

lift‖as lift; élevàtor amer. ~ininkas lift óperàtor; élevàtor boy amer.

lig, ligi 1 *prl.* (*žymint laiką, ribą, laipsnį, nuotolį*) to (*t.p.* down to, up to); (*žymint galutinį judėjimo punktą*) as far as; (*galutinę laiko ribą*) till; until (*paprastai sakinio pradžioje*): *l. pabaigos* to the end; *nuo trijų l. penkių* from three to five; *važiuoti l. Vilniaus* go* as far as Vílnius; *laukti l. vakaro* wait till the évening; *l. mūsų laikų* to our time, to this day 2 (*apytikriai*) abóut; some; *mūsų buvo l. šimto žmonių* we were some húndred in all; *jis turi l. tūkstančio knygų* he has (got) abóut a thóusand books 3 *jng.* untíl, till; *neišeik, l. gausi atsakymą* don't go* out till you get an ánswer; *l. saulė patekės, jie bus jau toli* untíl the sun ríses they will be far awáy 4 *prv.*: *l. kol(ei)?* (*apie vietą*) up to whére?; up to what place?; (*apie laiką*) till what time?, till when?; *l. pat galo* to the véry end; *l. pat Vilniaus* as far as Vílnius; *l. šiol(ei)* up to now, till now; híthertó; (*vis dar*) still; *l. tol(ei)* (*apie laiką*) till then; *l. tik* as soon as; *l. tik jis įėjo* as soon as he came in, no sóoner had he come in △ *l. soties* to one's heart's contént; *privalgyti l. soties* be* sátisfied, eat* one's fill

lyg (*palyginant*) like; as; (*tarytum*) as if; *jis dainuoja l. lakštingala* he sings like a níghtingàle; *platus l. jūra* wide as the sea; *l. jis žinotų* as if he knew

liga íllness; (*tam tikra*) diséase; (*negalavimas*) áilment, málady; *užkrečiamoji l.* inféctious / contágious diséase △ *jūros l.* séasìckness

lygia‖gretainis *mat.* pàrallélogràm ~**gretė** párallèl ~**gretės** *sport.* párallel bars ~**gretis**, ~**gretus** párallèl ~**grečiai** in párallèl

lygiai 1 (*vienodai tiesiai*) équally; évenly; stráightly 2 (*tiksliai*) sharp, exáctly; *l. dvidešimt litų* twénty lit(a)s exáctly; *l. penktą valandą*

(at) five (o'clóck) sharp; *l. prieš metus* just a year agó 3: *šis l. gražus kaip ir anas* this is as prétty as that one

lygia‖kampis *mat.* èquiángùlar ~**kraštis** *mat.* èquiláteral ~**reikšmis** equívalent, èquipóllent ~**teisis** équal in rights; posséssing / enjóying équal rights ~**teisiškumas** èquálity (of rights) ~**vertis** equívalent; of équal worth / válue

lygiava wáge-lèvelling

lygyb‖ė èquálity; *teisių l.* èquálity (of rights); ~**ės ženklas** *mat.* the sign of èquálity

lyginam‖asis 1 compárative; ~**oji gramatika** compárative grámmar 2 *fiz.*: *l. svoris* specífic weight / grávity

lyginis: *l. skaičius* éven númber

lygint‖i 1 (*du dalykus, dydžius*) compáre (*to, with*) 2 (*kelią*) éven, smooth (*the road*); make* (*the road*) smooth / éven 3 (*laidyne*) íron 4 (*teises*) équalìze 5 (*originalą su kopija*) còlláte (*with*) ~**is** touch (*in*); come* up (*with in*); compéte (*with*); *niekas su juo negali ~is* nóbody can compéte with him; he is withóut a ríval; he has no équal; there is no one to touch him ~**uvas** *el.* réctifier; (*drabužiams*) iron

lygiomis: *sužaisti l.* draw*; *baigtis l.* be* drawn, end in a draw

lyg‖is 1 lével; *vandens l.* wáter-lèvel; *aukščiau jūros ~io* abóve séalèvel 2 (*pvz., ekonominis, kultūrinis*) stándard ~**luoti** (*rikiuotėje*) dress, alígn; ~**luok!** dress!

lygmuo 1 ábsolùte líkeness 2 *žr.* **lygis** 1

ligninas lígnin(e)

ligon‖inė hóspital; *gulti į ~inę* go* to hóspital; *gulėti ~inėje* be* in hóspital; *išleisti iš ~inės* dischárge from hóspital ~**is** pátient; *chroniškas ~is* chrónic ínvalìd

ligot‖as (*silpnos sveikatos*) áiling, síckly; (*nesveikas*) ùnhéalthy ~**umas** síckliness

ligšiolinis hìthertó exísting / preváiling

lygti 1 (*darytis lygiam*) grow* / becóme* équal **2** (*derèti*) bárgain (*over*), hággle (*over*)

lygt‖inai: *nuteisti ką l.* séntence smb on probátion ~**inis**: ~*inis nuteisimas* suspénded séntence ~**is** *mat.* equátion

liguist‖as 1 (*nesveikas*) áiling, síckly **2** *prk.* (*nenormalus*) mórbid ~**umas 1** (*ligotumas*) síckliness **2** *prk.* (*nenormalumas*) mórbidness

lyg‖uma plain ~**umas 1** évenness; smóothness **2** (*dydžių, teisių*) èquálity ~**us 1** flat, éven; ~**us** *kelias* éven / lével road; ~**us** *paviršius* plane súrface **2** (*dydžiu, reikšme, kokybe*) équal

lijundra 1 (*šaltas lietus*) ícy rain **2** (*apšalas*) glazed frost, block frost; íce-còvered / íce-crùsted ground

likeris liquéur

likimas fate; (*dalia*) déstiny; fórtune

lik‖ti remáin; (*užtrukti*) stay; (*būti paliktam*) be* left; *knyga* ~*o namie* the book remáined, *arba* was left, at home; *l. Vilniuje savaitei* stay in Vílniùs for a week; *l. namie* stay at home △ *l. antriems metams* (*klasèje*) fail to get* one's remóve; *l. be galvos* lose* one's head / wits; *lik sveikas!* good-býe!; fàrewéll!

likutis remáinder, rest; (*apie audeklą*) rémnant

likvid‖acija lìquidátion; (*laipsniška*) elìminátion ~**atorius,** -**è** *polit.* liquidàtor; quítter *šnek.* ~**uoti** líquidàte; abólish; do* awáy (*with*); (*palaipsniui*) elíminàte; (*trūkumus*) make* good

limfa lymph

limit‖as límit ~**uoti** límit

limonadas lèmonáde

limpam‖as (*apie ligas*) inféctious; cátching *šnek.*

lina‖minè fláx-bràke ~**rovè** fláx pùller ~**s** *bot.* flax ~**i** flax; *ilgapluoščiai* ~**i** fíbre-flàx *sg*

lynas I (*virvè*) rope; *plieninis l.* stéel-ròpe

lynas II (*žuvis*) tench

linč‖as: ~**o** *teismas* Lynch law

linčiuoti lynch

lind‖èti stick*; be* / keep* in híding ~**ynè 1** (*vagių ir t.t.*) den (*of thieves, etc.*) **2** (*menkas kambarys, butas*) hole

lingè spring

linguoti 1 (*supti*) rock, swing*; (*kūdikį ant rankų*) dándle **2** (*suptis*) rock, swing*

lingvist‖as, -**è** línguist ~**ika** linguístics ~**inis** linguístic

linij‖a line ~**inis** line *attr*; ~**inis** *laivas* báttleshìp

linininkystè cùltivátion / g53% of flax

lininis fláxen; (*apie medžiagą*) línen

lin‖iuotas (*popierius*) lined, ruled ~**iuotè** rúler ~**iuoti** rule

link towárds

linkčioti bow (time and agáin); (*galvą*) nod (one's head); (*sutinkant su kuo*) nod assént

linkè‖jimas wish, desíre; *geriausi* ~*jimai* best wíshes; *perduokite jam mano* ~*jimus* give him my cómpliments, give him my kind regárds ~**ti** wish (smb smth); *linkiu jums sèkmès!* I wish you évery succéss!; good luck to you! *šnek.*

linkęs inclíned (+ to *inf*); dispósed (to; + to *inf*); *jis l. galvoti* he is prone to think; *jis šiandien l. dirbti* he is dispósed to work todáy; *jis l. į muziką* he has an inclinátion, *arba* a bent, for músic; (*į ligą*) suscéptible (to íllness)

linkmè diréction

linksèti (*galvą*) nod

linksm‖as mérry, gay, lívely; jólly *šnek.*; jóyfull (*guvus*) chéerful ~**èti** grow* / becóme* mérry / chéerful / gay / jólly; cheer up ~**ybè** mérriment, mirth, gáiety

linksm‖inimas amúsement, èntertáinment; dìvérsion ~**inti** amúse, èntertáin, dìvért ~**intis** enjóy ònesélf, make*

mérry; have* a good time ~umas
gáiety; jòviálity; líveliness

linksn‖is gram. case; ~lo galūnė
case infléxion ~iavimas, ~iuotė
declénsion, infléxion ~iuoti declíne,
infléct

linktelė‖jimas (galva) nod; (nusilenki-
mas) bow ~ti (galvą) nod; (sveiki-
nantis) bow

link‖ti 1 (lenktis) bend*; (apie žmogų)
stoop; medžiai ~sta nuo vėjo
trees bend únder the wind, trees are
bowed down by the wind 2 (turėti
patraukimą): l. į meną have* an
inclinátion / a bend / a gift for art

linmarka pit (arba place) for rétting
flax, rétting pool

linoleumas linóleum; lino raižinys
líno-cùt

lynoti drízzle

linotip‖as tech. línotype ~ininkas, -ė
línotype óperàtor

linzė fiz. lens

liokaj‖us 1 fóotman*, mánsèrvant;
prk. menk. láckey, flúnkey

lipdy‖ba módelling ~ti 1 (klijuoti)
glue, stick*, paste 2 (pvz., iš molio)
módel, scúlpture

lipšn‖umas (meilumas) afféctionateness,
ténderness, swéetness ~us (meilus)
afféctionate, ténder, sweet

lipti I (kopti) climb, clámber (on);
(siena, į skardį) scale; (virve, kartimi)
swarm up; l. laiptais (aukštyn) go*
ùpstáirs; (žemyn) go* downstáirs

lip‖ti II (pvz., apie klijus) stick* (to)
~umas stíckiness ~us stícky

lyra muz. lýre

lyr‖ika lýric póetry; (kūrinių visu-
ma) lýrics pl; prk. lýricism ~inis,
~iškas 1 lýric 2 (apie nuotaiką) lýri-
cal ~iškumas, ~izmas lýricism

lįsti 1 get* (in / ínto) 2 (įkyrėti) bóth-
er (with); thrust* ònesélf (upon; with);
be* impórtunate

lysvė bed

litavimas sóldering; (kietu lydmetaliu)
brázing

lytėjimas touch

literat‖as, -ė wríter, man* of létters
~ūra líterature ~ūrinis líterary

lytėti touch

ly‖ti rain; ~ja it is ráining, it rains

lytin‖is séxual; sex attr; l. subren-
dimas púberty; ~ė negalia med.
ímpotence

lyt‖is I 1 biol. sex; vyriškosios ~ies
male; moteriškosios ~ies fémàle;
~ies organai génitals △ gražioji l.
the fair (sex) 2 gram. form; gra-
matinės ~ys grammátical forms

lytis II (ledo) block of ice, íce-flòe

litograf‖ija 1 (atspaudas) líthogràph
2 (spausdinimo būdas) lithógraphy
~inis, ~iškas líthográphic

litr‖as lítre ~inis lítre attr; ~inis
butelis bóttle of one lítre capácity,
lítre bóttle

lituan‖istas spécialist in Lìthuánian
philólogy ~istika Lìthuánian philólogy
~izmas Lìthuánianism

lituo‖klis tech. sóldering-ìron ~ti sól-
der; (minkštu lydmetaliu) sóftsòlder,
sweat; (kietu lydmetaliu) braze ~to-
jas tínman*, tínsmìth, tínker

liucerna bot. lùcérne, àlfálfa

liūd‖ėjimas, ~esys mélancholy, sád-
ness; grief, sórrow ~ėti grieve, be*
sad; be* mélancholy; long / yearn
(for)

liud‖ijimas 1 (veiksmas) évidence 2
(dokumentas) certíficate, lícence; gi-
mimo l. bírth-certìficate; sveikatos
l. certíficate of health ~ininkas, -ė
wítness

liūd‖inti grieve, sádden ~nas sad,
mélancholy, móurnful; wístful; (ap-
gailėtinas) gríevous; ~na pabaiga
dísmal end

liudyt‖i 1 (teisme) appéar as wítness,
be* a wítness (of), wítness 2 (patvir-
tinti) téstifỳ (that), bear* téstimony /
wítness (to) ~ojas, -a wítness

liuksus‖as lúxury ~inis lùxúrious,
súmptuous

liūliuoti lull

liūnas quag, quágmìre

liuobti (*gyvulius*) feed*, give* food (*to*); províde with fódder; take* care (*of*)

liuok‖čioti, ~sėti hop, skip, jump, leap*; bob (up and down)

liurbis lout; búmpkin; áwkward, slúggish pérson; slúggard; bóoby

liūt‖as líon ~ė líoness

liuteronas, -ė Lútheran

liūtis héavy shówer, dównpour, clóud-bùrst

lizdas 1 nest; (*plėšriųjų paukščių*) áerie 2 *tech.* sócket 3 *knyv.* fámily

ližė peel, óven, peel; báker's peel

lyžtelėti lick (but once)

lob‖ynas tréasure-house*, depósitory; (*prk. t.p.*) tréasury, stórehouse*; *ži-nių l.* depósitory of léarning; *meno, literatūros l.* tréasure-house* of art, líterature ~is tréasure ~ti grow* rich

lodyti make* the dogs bark

logaritm‖as *mat.* lógarithm; log ~inis *mat.* lògaríthmic; ~inė li-niuotė slíde-rùle

log‖ika lógic ~inis, ~iškas lógical

lojal‖umas lóyalty ~us lóyal

lojimas bárk(ing)

lokaliz‖acija, ~avimas lòcalizátion ~uoti lócalìze ~uotis becóme* lóca-lìzed

lokautas *polit.* lóck-out

lok‖ė shé-bear ~iena bear's flesh ~ys bear

lokomotyvas lócomòtive

loma hóllow, low / sunk / hóllow place, depréssion; válley

lombardas páwnshòp; hóck-shòp *amer.*

lop‖as, ~inys patch ~iniuotas pat-ched; *visas ~iniuotas* pátches all óver ~ytas patched ~yti patch (up)

lopš‖elis (small) crádle; *vaikų l.* crèche (*pr.*); (day) núrsery ~inė lúllabỳ ~ys crádle

loš‖ėjas, -a, ~ikas, -ė pláyer; (*azar-tiniame lošime*) gámbler; *kortų l.* cárd-player ~imas pláy(ing); game; *kortų ~imas* cárd-playing, game of cards; *azartinis ~imas* game of chance / házard; gámbling game

~ti 1 (*žaisti*) play ~ti kortomis play cards 2 (*kraginti, kelti*) bend* báck(wards), recúrve, reclíne; (*galvą*) toss up, fling* back

lota (*stogo*) lath

loterija lóttery

loti bark; (*apie skaliką*) bay

lotyn‖as, -ė Látin; ~ų *kalba* Látin, the Látin lánguage ~istas, -ė Látinist ~iškas Látin; ~iškoji abė-cėlė Róman álphabet

lov‖a bédstead; (*su patalu*) bed; *vai-kiška ~utė* cot, crib; *sulankstomo-ji l.* fólding bed ~adengtė, ~atiesė béd-spread, cóverlet, cóunterpàne

lovys trough

lozungas slógan, cátchwòrd; wátch-wòrd

ložė *teatr.* box

lubinas *bot.* lúpin(e)

lubos céiling *sg*

luitas lump; (*žemės, molio*) clod

lūkestis èxpèctátion; hope; àspirátion

lukšt‖as husk; *klausinio l.* égg-shèll ~enti (*saulėgrąžas*) níbble; (*kukurū-zus*) husk; (*žirnius ir pan.*) hull, pod, shell

luktelėti wait a líttle, *arba* for a while, for a móment

lūkuriuoti wait pátiently (*for*), tárry

lunatikas, -ė sléep-wàlker; sòmnámbu-list *med.*

luobas (*medžio*) bast

luom‖as estáte; *bajorų l.* the nobílity ~inis class *attr*

luoš‖as crípple ~inti crípple, lame; mútilàte, maim ~ys, -ė crípple ~umas lámeness, críppleness, máim-edness

luotas boat; skiff; canóe

lūp‖a lip; *patempti ~ą* pout one's lips; *pleštukas ~oms* líp-stìck

lupen‖a péel(ing); *bulvių ~os* potátò péelings

lupik‖as, -ė úsurer ~auti práctice úsury ~autojas, -a úsurer ~avimas úsury ~iškas ùsúrious

lūpin‖is *anat.*, *lingv.* lábial; *l.*
príebalsis lábial (cónsonant); ~ė **ar-**
monikėlė móuth-òrgan, harmónica
lup‖ti 1 (*medžio žievę*) bark; (*bul-*
ves, vaisius) peel; (*kailį, odą*) skin;
strip off; (*pvz., šašus*) scratch (off) 2
(*mušti*) beat*, thrash, flog
lūšis *zool.* lynx
lūšna hut; hóvel; shánty; shack
lūž‖enos bréakage, débris, wréckage
sg ~**imas** 1 bréaking; bréakage 2
fiz. refráction 3 *med.*· (*kaulo*) frác-
ture ~**is** 1 break, bréaking 2 *fiz.*
refráction 3 *med.* (*kaulo*) frácture 4
prk. (*griežtas pasikeitimas*) súdden
change; (*posūkio taškas*) túrning point
~**ti** break*; (*nuo ko*) burst* (*with*
smth); *lentynos* ~**a** *nuo knygų* the
shelves are crammed with books

M

ma *išt.*: *ma jį šimtas / galas!* deuce
take it!
machinacijos plótting; màchinátions
mačas *sport.* match; cóntèst, còmpetítion
mad‖a fáshion; vogue; *rengtis pagal*
~**ą** be* fáshionably dressed
madingas fáshionable, stýlish
magaryčios 1 (*priedas*) addítion, gift 2
èntertáinment (*on making a good bar-*
gain)
magazinas *tech.* màgazíne
mag‖ėti want, like; *jam* ~**a** *su jumis*
kalbėti he wants (*arba* would like) to
speak to you
magija mágic art
maginti 1 (*vilioti*) fáscinàte, cáptivàte;
allúre; enthráll 2 (*žadinti norą valgy-*
ti) provóke / stímulàte / shárpen / whet
the áppetìte
magistralė híghway; *geležinkelio m.*
main line; *vandentiekio m.* wáter
main
magiškas mágic(al)

magnet‖as mágnet ~**inis** màgnétic(al)
~**inti** mágnetìze ~**ofonas** tápe-
recòrder; ~**ofono juostelė** recórding
tape
mahometonas, -ė Mohámmedan
maigyti rúmple; crúmple
mailius *zool.* fry, young fish
main‖ai exchánge; (*savitarpio*) ínter-
chànge; *prekių m. ekon.* bárter
sg ~**ais** in exchánge ~**ikauti** bárter,
truck ~**ininkas, -ė** one who exchánges;
ekon. bárterer; (*pinigų keitėjas, -a*)
móney-chànger ~**yti** exchánge (*smth*
for) ~**ytis** change
maist‖as 1 fóod; ~**o** *pramonė*
food índustry 2 (*maisto produktai*)
fóod-stùffs *pl*; ~**o** *sandėlis* food
stórehouse*; *kar.* rátion / provísion
dépòt; (*lauko*) rátion dump ~**ingas**
nóurishing, nùtrítious ~**ingumas**
nùtrítiousness ~**pinigiai** móney al-
lówance(s) for food
maiš‖as bag; (*didelis*) sack △ *kiauras*
m. (*bcsotis*) glútton; *katę* ~**e** *pirkti*
buy* a pig in a poke
maiš‖atis confúsion, múddle, mess;
míshmàsh, disórder ~**iklis** míxer,
stírrer
maiš‖yti 1 (*maišikliu ir pan.*) stir,
ágitàte; *kortas m.* shúffle the cards
2 (*daryti mišinį*) mix (*with*), blend
(*with*) 3 (*trukdyti*) hínder, hámper,
impéde ~**ytis** (*kištis*) méddle (*with*),
ìnterfére (*with, in*)
maišt‖as mútiny; revólt; ríot ~**auti**
rebél, revólt; rise* in rebéllion,
rise* in revólt; *kar.* mútiny ~**in-**
gas rebéllious, insúrgent; mútinuous
~**ininkas, -ė** rébel, insúrgent; *kar.*
mùtinéer; ríoter
maita cárrion
maitin‖imas féeding; nóurishment,
nùtrítion; *dirbtinis kūdikio m.*
bóttle-feeding ~**ti** feed*; nóurish
~**tis** feed* (*on*); *gerai, blogai* ~**tis**
have* good*, bad* food ~**tojas, -a**
(*šeimoje*) bréad-wìnner
maitoti (*dergti, profanuoti*) defíle;
profáne
maitvanagis *zool.* gríffon

maivytis *šnek.* pose, mince; give* ònesélf airs; put* on airs; look coquéttish; (*duryti grimasas*) grimáce, make* / pull fáces

majonezas mayonnáise

majoras *kar.* májor

makal‖ynė *šnek.* confúsion, múddle ~uoti (*uodega*) wag; (*maišyti*) stir round

makaronai màcaróni

makaulė *menk.* nóddle, pate; skull

maketas módel; móck-up

makleris bróker

maklinėti longe / stroll / sáunter / rámble abóut (áimlessly)

maknoti: *m. po purvą* wade through mud, walk in mud

maksim‖alus máximum; híghest póssible ~umas máximum (*pl* ima); úpper límit

makštis (*akiniams ir pan.*) case; (*instrumento*) ínstrument-càse; (*kardo*) scábbard, sheath*

mald‖a *bažn.* práyer; (*prieš valgį ir po valgio t.p.*) grace ~aknygė práyerbook ~auti emplóre, beg; entréat (*smb + to inf*), implóre (*smb + to inf*); beséech* (*smb + to inf*) ~avimas entréaty, sùpplicátion ~ykla méetinghouse*, chápel ~ingas devóut, píous ~ingumas devótion, píety ~ininkas, -ė pílgrim ~yti 1 (*raminti*) quíet; calm, soothe 2 *žr.* maldauti

maliarija *med.* malária

malimas 1 (*grūdai*) grist 2 (*veiksmas*) grínding, milling

malk‖inė wóod-shèd ~os fírewood *sg*; ~ų sandėlis wóod-yàrd ~sna shíngle (*for roofing*)

malon‖ė 1 (*palankumas*) fávour, grace; įsigyti kieno ~ę (*įsiteikiant*) ingrátiàte ònesélf with smb, get* ínto fávour with smb; būti kieno ~ėje be* in smb's good gráces 2 (*paslauga*) fávour; kam ~ę padaryti do* smb a fávour 3 (*geradarybė, gailestingumas*) mércy, chárity; iš ~ės out of chárity; ~ės prašymas appéal

for a repríeve ~ėti: ~ėkite ... be so kind as ... ~ingas grácious, kind ~inis: ~inis žodis term of endéarment; ~inis vardas pet name ~umas 1 (*jausmas*) pléasure; su ~umu with pléasure 2 (*pramoga*) amúsement ~us pléasant, pléasing, agréeable, wélcome; ~aus skonio pálatable; ~i žinia wélcome news

malšin‖ti 1 (*sukilimą*) supréss, put* down 2 (*pvz., pyktį*) calm; appéase 3 (*troškulį*) slake; (*alkį*) sátisfỳ, appéase 4 (*skausmą*) lull, soothe, allévi ate ~tojas, -a (*pvz., sukilimo*) suppréssor

mal‖ti grind*, mill △ liežuviu m. chátter; jábber ~tinis a flat cake of minced meat fried in a pan

malūn‖as mill ~ininkas míller ~sparnis *av.* hélicòpter

malži yíelding / gíving much milk; *m. karvė* good* mílker, good* milch cow

man me, to me; for me; duok m. knygą give me the book, give the book to me; jis m. pirko dovaną he bought a présent for me; m. šalta I am cold, I feel cold ~aip in my mánner / way

mana *bibl.* mánna

manai (*kruopos*) sèmolína

mandag‖umas políteness, cóurtesy, civílity ~us políte; cóurteous, cívil

mandarinas 1 (*medis*) tàngeríne-tree 2 (*vaisius*) tàngeríne, mándarin, màndaríne

mandat‖as mándàte, wárrant ~inis mándàte *attr*; wárrant *attr*; ~inė komisija Mándàte Commíssion; Credéntials Commíttee; ~inė teritorija mándàtéd térritory

mandolin‖a *muz.* mándolin, màndolíne

mane me; manęs: ar manęs nepažįsti? don't you know me?; tai manęs nejaudina it leaves me ùnmóved, it doesn't wórry / tróuble me; tai manęs neliečia it is no búsiness of mine, it is none of my búsiness

manevr‖as manóeuvre ~**inis** manóeuvre *attr*, manóeuvring ~**uoti** manóeuvre; make* èvolútions; *glžk.* shunt

maniera mánner

maniežas (*dengtas*) ríding-hàll; (*cirke*) aréna

manifest‖acija dèmonstrátion ~**antas**, -ė démonstrant ~**as** màniféstò

manym‖as (*nuomonė*) opínion; *mano* ~**u** in my opínion; to my mind

manišk‖ė mine; (*mano žmona*) my wife ~**is** mine; (*apie gíminç*) a rélative of mine; (*mano vyras*) my húsband; ~**iai** my fámily / péople; my péople at home

man‖yti 1 (*galvoti, mąstyti*) think* (*of, about*); *ką tu* ~**ai** *apie jį?* what do you think abóut / of him? 2 (*ketinti*) have* the inténtion (+ to *inf*, of *ger*), plan

mankyti (*glamžyti*) rúmple, crúmple

mankšt‖a gymnástics *pl*; gymnástic éxercìses *pl*; drill; *rytinė m.* mórning éxercìses *pl* ~**inimas(is)** éxercìse, tráining ~**inti** (*lavinti*) éxercìse, train ~**intis do*** éxercìses, train (ònesélf)

mano my (*su daiktavardžiu*); mine (*be daiktavardžio*); *tai m. knyga* this is my book; *ši knyga yra m.* this book is mine

mant‖a próperty; belóngings *pl*; things *pl*; *susikrauti visą savo* ~**ą** pack up; *su visa m.* with bag and bággage

manufaktūra 1 *ekon.* mànufáctory; fáctory 2 (*audiniai*) téxtìles *pl*; drápery; dréss-matèrials *pl*

maras plague, black death

margarinas màrgaríne; marge *šnek.*

marg‖as mótley, váriegàted, of mány cólours, párticòloured; (*prk. įvairus*) mixed ~**inys** mótley cloth ~**inti** spéckle (*with*), móttle (*with*); (*pvz., rašinį*) mark all óver (*with*); (*audinį*) dye in mány cólours ~**is**, -ė spéckled / píebàld / spótted ánimal

margum‖as dìvérsity of cólours; *prk.* mixed cháracter

marg‖uoti show* / appéar párticòloured / màny-cóloured; *tolumoje* ~**avo** *véliavos* flags showed cólourfully in the dístance ~**utis** Éaster egg (*painted in many colours*)

marinatas màrináde

marinti 1 (*būti prie mirštančio*) atténd a dýing pérson 2 (*pvz., muses*) extérminàte; (*badu*) starve 3 (*teis. bylą*) stop 4 (*nervq*) destróy

marinuoti 1 (*konservuoti*) pickle 2 (*atidėlioti*) deláy, shelve

marionet‖ė màrionétte; púppet (*t.p. prk.*); ~**inis**: ~**inė vyriausybė** púppet góvernment

marios 1 sea *sg* 2 *geogr.* lagóon; lándlòcked bay

marka (*linų*) pit, *arba* place, for rétting flax, rétting pool / pit

markė 1 (*piniginis vienetas*) mark 2 *šnek.* (*pašto ženklas*) (póstage-) stàmp 3 (*prekyženklis*) mark, sign; brand 4 (*rūšis, kokybė*) grade, sort

marksist‖as, -ė Márxist ~**inis** Márxian, Márxist

marksizmas Márxism

marlė gauze; chéese-clòth

marmal‖ynė swamp, marsh, bog, quag; quágmìre ~**iuoti** 1 (*murmėti*) mútter; múmble 2 (*skçsti*) sink*

marmeladas mármalàde

marmėti 1 (*grimzti purve, klampynėje*) stick* / sink* (in the mud) 2 (*murmėti*) mútter; (*neaiškiai*) múmble 3 (*kunkuliuoti*) búbble

marmur‖as márble ~**inis** 1 márble, *attr*, made of márble 2 (*panašus į marmurą*) màrmoráceous

maršalas *kar.* márshal

marš‖as march ~**iruoti** march

marška 1 (*paklodė*) sheet, béd-sheet 2 (*staltiesė*) táble-clòth

marškin‖iai (*vyriški*) shirt *sg*; (*moteriški*) chemíse *sg*; *naktiniai m.* (*vyriški*) níght-shìrt; (*moteriški, vaikiški*) níght-gown; níght drèss; *apatiniai m.* úndershìrt

marškonis línen

maršrutas route, ìtínerary

marti 1 (*sūnaus pati*) dáughter-in-law (*pl* dáughters-...) 2 bride; *žr.* **brolienė**

marus 1 éasily dýing; of líttle vìabílity 2 (*mirštamas*) mórtal; (*apie nuodus*) déadly; (*apie ligą*) fátal

masaž||**as** mássàge ~**istas** màsséur [-'sə:] ~**istė** màsséuse [-'sə:z] ~**uoti** mássàge [-sɑ:ʒ], rub

mas||**ė** 1 (*įv. reikšmėmis*) mass; ~**ės** (*liaudis*) the másses; **plačiosios darbo žmonių** ~**ės** the vast / broad másses of wórking péople 2 (*beformė medžiaga, pvz., tešla*) paste; **popieriaus m.** páper-pùlp 3 (*daugybė*) mass, a large amóunt, a lot; ~**ės žmonių** a great mány péople, crowds of péople ~**inis**, ~**iškas** mass *attr*; ~**inė gamyba** mass / quántity prodúction

masin||**ti** attráct; cárry awáy; (*vilioti*) lure; entíce, allúre

masyv||**as** mássif; **kalnų m.** móuntain-màss; **miško m.** large fórest ~**us** mássive

maskaradas màsqueráde, fáncy-(-drèss) ball

maskatuoti dángle; **kojomis m.** dángle one's legs; (*apie drabužius*) hang* lóosely

maskuoti 1 mask, disguíse 2 *kar.* cámoufláge

maskvietis, -ė Múscovìte, inhábitant of Móscow

mast||**as** 1 *žr.* **mastelis** 2 (*dydis*) diménsion 3 *prk.* scale; **pasauliniu** ~**u** on a world scale; **pasaulinio** ~**o mokslininkas** a scíentist of world impórtance, *arba* of wórld-wìde fame; **dideliu, mažu** ~**u** on a large, small scale ~**elis** (*žemėlapio*) scale

masty||**mas** thínking, thought ~**ti** think* (*of, about*), refléct (*on, upon*), méditàte (*on, upon*)

mašalas *zool.* midge

mašin||**a** 1 machíne; (*variklis*) éngine; *prk.* méchanism; **garo m.** stéam-èngine; **siuvamoji m.** séwing machìne;

~**ų gamyba** mechánical ènginéering; ènginéering índustry 2 (*automobilis*) car ~**ėlė** (*rašomoji*) týpewrìter; (*kirpimo*) clípper(s) *pl* ~**inkas** týpist ~**inkė** (gìrl-)tỳpist ~**istas** machínist, èginéer; (*garvežio*) énginedrìver, èginéer *amer.* ~**raštis** týpewrìting

mat 1 *tšt.*: **mat, koks jis** so that is what he is like 2 *dll.*: **mat jį galas!** let him go to hell! △ **kaip m.** présently; at once; in a móment, ínstantly

mat||**as** I (*matavimo vienetas*) méasure; **ilgio** ~**ai** línear méasures

mat||**as** II *šachm.* chéckmàte, mate; **duoti** ~**ą** mate

matavimas méasuring, méasurement; (*žemės*) súrvey; (*jūros gylio ir pan.*) sóunding, fáthoming; (*temperatūros*) táking; **kampų m.** ángle méasurement

matemat||**ika** màthemátics; *šnek.* maths; **aukštoji m.** hígher màthemátics ~**ikas, -ė** màthematícian ~**inis**, ~**iškas** màthemátical

material||**inis** matérial; (*turto, piniginis t.p.*) pecúniary; ~**inė padėtis** matérial / èconómic / fínancial condítions *pl*; ~**inė pagalba** pecúniary aid ~**istas, -ė** matérialist ~**istinis** matèrialíst(ic) ~**izmas** matérialism ~**us** matérial

materija *fil.* mátter

matymas vísion, sight

matininkas lánd-sùrveyor

matinis I *mat.*: **m. skaičius** cóncrète númber

matinis II (*blausus, neblizgantis*) mat; dull, lústreless; **m. paviršius** dead súrface; **m. stiklas** frósted glass

matyti 1 see*; **tolumoje buvo m. miškas** a fórest could be seen in the dístance 2 (*įterptinis žodis; papr.* matyt) évidently, óbviously, appárently, to all appéarence

matlankis *tech.* protráctor

matmuo *mat.* diménsion

matomas vísible

matracas máttress

matrica mátrix (*pl* mátrices)

matuo‖klis *tech.* méasuring ínstrument, gauge ~**ti** méasure; ~**ti** *gylį júr.* sound, fáthom; plumb; *kam temperatūrą* ~**ti** take* smb's témperàture

maud‖ykla (*prie upės*) ríver-bàth ~**ymas(is)** báthing; ~**ymosi** *kostiumas* báthing suit ~**yti** bath, bathe; (*vonioje*) bath, give* a bath ~**ytis** bathe; (*vonioje*) take* a bath

maudulys 1 (*gėlimas*) pain 2 (*liūdesys*) sádness, mélancholy, depréssion

mauk‖as gulp, drink; móuthful; *vienu* ~**u** at a draught, at one gulp

maukti 1 (*žievę*) bark 2 (*kepurę*) pull óver one's eyes 3 (*godžiai gerti*) gulp, lap; (*pvz., degtinę*) drink* hard

maumedis *bot.* larch

mau‖sti (*sopėti*) ache; *jam ranką* ~**džia** his arm aches; *jam širdį* ~**džia** he is sick at heart, his heart is héavy

mauti 1 put* on, don 2 (*bėgti*) rush, dash, tear* alóng 3 (*smogti*) strike*; give* / deal* smb a blow, *arba* a knock; *m. kam į sprandą* slap smb's nape

mauzoliejus màusoléum

mazg‖as knot; (*júr. t.p.*) bend, hitch; *kelių m.* road júnction ~**inis:** ~**inė geležinkelio stotis** (ráilway) júnction ~**yti:** *mazgus* ~**yti** tie / make* knots

mazgo‖tė 1 rag; (*grindims*) hóuseflànnel 2 (*apie žmogų*) mílksòp; báckbòneless créature ~**ti** wash; (*indus*) wash up; (*šepečiu*) scrub; (*kempine*) sponge

maž‖a líttle* (*su dkt. vns.*); few (*su dkt. dgs.*) ~**ai** líttle*

mažakrauj‖is anáemic ~**ystė** anáemia

maža‖metis (*jaunas*) young; júvenìle ~**metystė** ínfancy ~**mokslis** of líttle èducátion ~**protis** weak-héaded;

weak-bráined, weak-mínded, ímbecìle ~**raštis** sèmi-líterate, álmòst illíterate

maž‖as small, líttle*; (*ūgiu*) short △ *iš* ~**ų dienų** from chíldhood

maža‖šeimis háving / with à small fámily ~**ūgis** ùndersízed, dwárfish, stúnted ~**vertis** of little válue, not váluable ~**žemis** péasant háving líttle (árable) land

maždaug appróximàtely, róughly

mažė‖jimas dìminútion, décrease, léssening; (*pvz., kainų*) redúction; (*skausmo*) abátement ~**ti** dimínish, decréase; (*apie kainas*) léssen; be* redúced; (*apie skausmą*) abáte; (*apie išlaidas*) be* cut down; (*apie greitį*) slow down

mažiausia the least; *mažų m.* at least

mažybinis *gram.* dimínutive; *m. daiktavardis* dimínutive

mažylis 1 (*kūdikis*) báby 2 (*mažasis rankos pirštas*) the líttle fínger; (*mažasis kojos pirštas*) the líttle toe

mažyn decréasingly

mažin‖imas dìminútion, décrease, léssening; (*pvz., kainų*) redúction; price reduction; (*pvz., skausmo*) abátement; *greičio m.* dècèlerátion ~**ti** dimínish, decréase, léssen; (*pvz., kainų*) redúce; (*pvz., skausmą*) abáte; (*išlaidas*) cut* down; ~**ti greitį** redúce the speed, slow down

maž‖ytis, ~**iukas** tíny, wee

mažmen‖a small things / árticles *pl*; ~**ų prekyba** rétail trade ~**inis** rétail *attr*; ~**inė kaina** rétail price

mažmožis trífle; small point; bàgatélle

mažne néarly, álmòst; *jis m. nukrito* he néarly fell

mažti dimínish, decréase

maž‖uma mìnórity; *balsų m.* mìnórity (of votes) ~**utis** tíny, wee

mechan‖ika mechánics ~**ikas, -ė** ènginéer, mechánic, mèchanícian; ~**inis**, ~**iškas** mechánical; powerdríven

mechaniz‖acija, ~**avimas** mèchanìzátion ~**mas** méchanism; géar(ing); ~**mai** machínery *sg*; *laikrodžio* ~**mas** clóck-wòrk; *keliamasis*

~mas hóisting / lífting gear ~uotas méchanlzed ~uoti méchanlze

mečetė mosque

medal||is médal; **atvirkščioji ~io pusė** *prk.* the dark side of the pícture, the séamy side (of the búsiness)

medelynas núrsery-gàrden, àrborétum

medicin||a médicine; **~os fakultetas** médical fáculty / depártment; **~os sesuo** (hóspital) nurse **~inis, ~iškas** médical; **~inė pagalba** médical aid / sérvice

mediena wood, tímber

medikas 1 (*specialistas*) médical man*, physícian **2** (*studentas*) médical stúdent

medinis wóoden (*t.p. prk.*); made of wood; lígneous *moksl.*

me||dis 1 (*augalas*) tree **2** (*medžiaga*) wood; **~džio apdirbimo pramonė** wóodwòrking índustry; **~džio anglis** chárcoal

medunešis séason when bees gáther hóney

med||uolis hóney-cake **~us** hóney △ **~aus mėnuo** hóney-moon

medviln||ė (*augalas*) cótton(-plànt); (*žaliava*) raw cótton; cótton-wool; (*audeklas*) cótton fábric; **~ės pramonė** cótton índustry **~inis** cótton

medžiag||a 1 matérial; stuff; **statybinės ~os** búilding matérials; **miško m.** tímber; **sprogstamoji m.** explósive; **m. filmui** stuff for a film **2** *fil.* mátter **3** *chem. biol.* súbstance, mátter **4** (*audeklas*) matérial, cloth, fábric, stuff; **m. kostiumui** súiting; **m. kelnėms** tróusering; **m. marškiniams** shírting **~inis, ~iškas** (*įvairios reikšmės*) matérial; (*piniginis, turto t.p.*) pecúniary

medžio||klė hunt, húnting; chase; (*su šautuvu t.p.*) (gáme-)shooting, sport; (*paukščių*) fówling **~klinis** húnting; shóoting; spórting; **~klinis šautuvas** fówling-piece; spórting gun; **~klinis šuo** hound **~klis** húnter; spórtsman* **~ti 1** hunt; (*su šautuvu*) shoot* **2** *prk.*

(*rinkti, gaudyti*) hunt (*for*) **~toja** húntress **~tojas** húnter, spórtsman*

mėgdžio||jimas imitátion **~ti** imitàte

mėgėj||as, -a 1 (*ne profesionalas*) ámateur, dilettánte **2** (*kas ką mėgsta*) lóver (*of*); fan *šnek.*; **jis didelis gėlių m.** he is véry fond of flówers **~iškas** àmatéurish

mėgin||imas trýing, àttempt, endéavour **~ti** attémpt / try (+ to *inf*); essáy (+ to *inf*), endéavour (+ to *inf*) *knyg.*; **jis ~o tai padaryti** he attémpted / tried to do it **~tuvėlis** tést-tùbe

mėg||stamas fávourite; **~ti** (*pvz., valgi, sportą*) like, be* fond (*of*); **bulvės ~sta smėlėtą dirvą** potátòes requíre, *arba* thrive in, sándy ground

megzt||i 1 (*mazgą*) knot **2** (*mezginį*) knit*; (*kabliuku*) cróchet **3** (*darytis vaisius*) set*

megztinis *bdv.* (*megztas virbalais*) knítted; (*kabliuku*) crócheted

megzt||inis, ~ukas (*apdaras*) swéater; júmper, púllòver

meil||ė love; **m. tėvynei** love for one's cóuntry; **m. vaikams** love of chíldren; **motinos m.** matérnal love; **daryti ką su ~e** do* smth with enthúsiàsm; **iš ~ės** for the love of, for (the) sake of

meilik||auti flátter, ádulàte **~autojas, -a** flátterer, ádulàtor **~avimas** fláttery, cajólery; àdulátion

meilin||gas afféctionate, ténder, sweet; lóvely; ámiable **~tis** caréss; fóndle; (*apie šunį*) fawn (*upon*)

meil||umas friéndliness; àmiabílity; lóveliness; afféctionateness, ténderness, swéetness **~us** friéndly, kind; afféctionate, ténder, sweet **~užė** místress, páramour **~užis** lóver; páramour

meistr||as 1 (*gamykloje*) fóreman* **2** (*amatininkas*) máster **3** (*žinovas, mokovas*) èxpèrt; **sporto m.** máster óf sport(s) **~iškas** másterly **~iškumas** skill, mástery; mástership

meitėlis hog, bárrow

meken‖imas 1 (*bliovimas*) bléat(ing)
2 (*mikčiojimas*) stútter(ing) ~ti 1
(*bliauti*) bleat 2 (*mikčioti*) stútter

mekšras *zool.* roach

melag‖ingas lýing, ùntrúthful, mèn-
dácious; (*apgaulingas*) false, decéitful
~ingumas fálsity, mèndácity ~is, -ė
líar ~ystė lie; fálsehood

melanchol‖ija mélancholy, spleen
~iškas mélancholy, mèlanchólic

melas lie; fálsehood

meld‖as *bot.* (búl)rùsh

meldimas práying, bégging, entréaty,
sùpplicátion

mėlyn‖akis blùe-éyed ~as blue ~ė 1
(*ant kūno*) bruise; ~ė paakyje blàck-
éye 2 (*uoga*) bílberry 3: dangaus ~ė
the blue of the sky ~uoti 1 (*dary-
tis mėlynam*) turn / grow* / becóme*
blue 2 (*matytis mėlynam*) show* blue;
tolumoje ~uoja jūra the sea shows
(deep) blue in the dístance, the (deep)
blue sea is seen in the dístance

meliora‖cija *ž.ū.* lánd-rèclamàtion,
lánd-impròvement ~torius spécialist
in lánd-rèclamàtion

melod‖ija mélody, tune ~ingas meló-
dious, túneful ~ingumas mélody,
melódiousness, túnefulness

mels‖ti pray (*for*), entréat (*for*), súp-
plicàte (*for*), implóre (*for*); m. ma-
lonės cry / ask for mércy; ask for
quárter, cry quárter ~tis pray (*for*),
óffer práyers (*for*)

melsvas blúish

meluo‖ti lie, tell* lies △ ~ji! it's a
lie!, stuff and nónsense!

melžėja mílkmaid

melž‖iamas milch; ~iama karvė
mílch cow ~ti milk ~tuvė milk pail

memorandumas mèmorándum (*pl
-da*)

memuarai *lit.* mémoirs

menamas: m. skaičius *mat.* imági-
nary quántity

menas 1 art; vaizduojamasis m.
fine art 2 (*meistriškumas*) skill, pro-
fíciency, cráftsmanship

mėnes‖iena 1 (*šviesa*) móonlight 2
(*naktis*) móonlit night ~inis mónthly

men‖ininkas, -ė ártist; (*tapyto-
jas t.p.*) páinter ~inis, ~iškas
àrtístic; ~inė saviveikla ámateur
art àctívities ~iškumas high àrtístic
válue

menk‖as 1 (*prastas*) poor; m. spe-
cialistas poor spécialist; m. mo-
kinys bad* / báckward púpil 2 (*silp-
nas*) weak; (*apie garsą, šviesą*) faint;
(*glėžnas*) féeble; m. argumentas
lame árgument 3 (*mažas*) small; slight
~avertis of little válue, not váluable

menkė *zool.* cod

menk‖ėti grow* wéak(er) / féeble /
síckly; lose* flesh; grow* thin ~in-
ti belíttle, dérogàte (*from*), dépréciàte
~ystė 1 (*pvz., dvasios*) wéakness;
póverty 2 (*apie žmogų*) nònéntity,
a nóbody ~niekis trífle, trìviálity,
futílity; ginčytis dėl ~niekio split*
hairs, péttifòg △ ~niekis! it's nóth-
ing!; (*nesvarbu!*) néver mind! ~ti
grow* wéak(er) / féeble; grow* thin
~umas insigníficance; nègligibílity

men‖tė 1 *anat. žr.* mentikaulis;
2 (*mūrininko*) trówel 3 (*turbinos*)
blade ~tikaulis *anat.* shóulder-blàde
△ paguldyti ant ~čių throw* (in
wréstling)

mėnul‖is moon; ~io šviesa móon-
light; ~io užtemimas lúnar eclípse

mėnuo 1 month; šis m. the cúrrent
month; (*sutr. inst. — oficialiai
susirašinėjant*); praeitas m. last
month (*sutr. ult. — oficialiai su-
sirašinėjant*); sekantis m. next
month (*sutr. prox. — oficialiai
susirašinėjant*); kovo m. (the month
of) March; sausio m. ir t.t. January,
etc. △ medaus m. hóney-moon 2 *žr.*
mėnulis

merd‖ėjimas ágony ~ėti ágonìze, be*
in ágony; be* dýing / móribùnd

merg‖a 1 girl; maid, máiden 2
(*samdinė*) (farm) lábourer; fárm-
hànd; farm girl *amer.* ~aitė 1

girl; (*mažytė*) líttle girl; gírlie, kíd-dy (*maloninis pavadinimas*) 2 (*ne-tekėjusi moteris*) ùnmárried wóman* ~auti 1 (*būti netekėjusiai*) be* / live ùnmárried 2 (*tarnauti*) work as a (farm) lábourer ~elė *žr.* mergina; ~ina girl; lass *poet.* ~ininkas gállant, ládies' man* ~iotė girl ~ytė, ~užėlė girl; gírlie; lass *poet.*

mefkti I (*linus*) ret; (*skalbinius*) soak, steep

mérkti II 1 (*akis*) shut* / close one's eyes 2 (*duoti ženklą akimis*) wink (*at*), give* a wink (*at*)

mes we; *obj.* us

mės||a 1 flesh; (*valgis*) meat; vírta m. boiled meat; *kapota* m. minced meat; *troškinta* m. stew 2 (*vaisiaus*) pulp △ patrankų m. cánnon fódder ~ėdis càrnívorous ~inė bútcher's (shop) ~inėti dìsembówel; clean; (*apie paukštį*) draw* ~ingas 1 fléshy; méaty; béefy 2 (*apie vaisius*) púlpy ~ininkas bútcher ~iškas meat *attr;* ~iškas maistas ánimal food; ~iškas sultinys béef-tea, broth

mes||ti 1 throw*; (*sviesti*) hurl, chuck; *prk.* cast*, dart, fling*, hurl; m. žvilgsnį cast* a glance (*at*); (*apie staigų žvilgsnį*) dart / shoot* a glance (*at*) 2 (*nustoti ką daryti*) give* up (+ *ger*), leave* off (+ *ger*); m. rūkyti give* up, *arba* leave* off, smóking 3 (*pvz., lapus*) shed*; (*plunksnas t.p.*) moult 4 (*siūlus*) warp 5 (*kariuomenę*) send* 6: m. burtus throw* / cast* lots ~tis throw* ònesélf (*on, upon*); precípitàte ònesélf (*upon, against*); rush (*at*); arklys metėsi į šalį the horse shied, *arba* stárted súddenly, asíde ~tuvai reel *sg*

meška *žr.* lokys

meškėnas *zool.* rac(c)óon; coon *amer.*

mešker||ė físhing-ròd, rod; *pakliūti* ant ~ės *prk.* take* the bait; bite*; go* / fall* ínto a trap ~(y)kotis físhing-ròd, rod ~ioti fish, ángle ~iotojas, -a ángler

mėšl||as dung, manúre; dróppings *pl*; (*išmatos*) éxcrement; ~u tręšti manúre, dung ~avežis séason of táking manúre to fields, séason of manúring fields ~avežys pérson who takes / drives manure / dung, one who manúres the fields; manúrer ~idė place where dung / manúre is kept ~inas dúngy; soiled / cóvered with dung ~ynas 1 place where dung is kept 2 lítter

mėšlung||is cramp, convúlsion ~iškas convúlsive

mėšluotas dúngy; soiled, cóvered with dung

mėta *bot.* mint

metafiz||ika mètaphýsics ~inis mèta-phýsical

metafor||a *lit.* métaphor ~inis, ~iškas *lit.* mètaphórical, fígurative; trópical

met||ai year *sg*; jis dešimtus ~us eina he is in his tenth year; jam trisdešimt dveji m. he is thìrty-twó (years old); jis uždirba de-šimt tūkstančių litų per ~us he earns ten thóusand lit(a)s a year, *arba* per ánnum; šiais ~ais this year; sekančiais ~ais next year; praeitais ~ais last year; jau daugiau kaip devyneri m. it is now more than nine years since; prieš trejus ~us three years agó; po trejų ~ų in three years' time; three years láter; three years hence (*nuo šios dienos*); jie nesimatė daug ~ų they have not seen each óther for years, it is years since they last met; 1990 m. níneteen húndred and ninety; nìnetéen nínety *šnek.*; šie m. cúrrent year; ìštisus ~us the whole year round, all the year round; iš ~ų į ~us year in, year out; year by year; keliamieji m. léap-year; mokslo m. school year; finansiniai m. físcal year; der-lingi m. good* year for the crops, prodúctive year, búmper crop year; nederlingi m. year of bad* hárvest, year of dearth △ Naujieji m. New

Year; (*šventė*) New Year's Day; *lai-mingų Naujųjų ~ų!* a háppy New Year!

metal||as métal; *spalvotieji ~ai* nòn-férrous métals *~inis* metállic; métal *attr ~urgas, -ė* métallùrgist *~urgija* métallùrgy

met||as time; *ryto ~ą* in the mórning; *m. keltis* it is time to get up; *šiuo ~u* at présent; todáy; *vasaros ~u* in súmmer, in súmmer time; *vienu ~u* simultáneously; at the same time

meteoras *astr.* méteor

mėtyklė sling

metin||ės ànnivérsary *sg ~is* ánnual, yéarly; *~ė apyskaita / ataskaita* ánnual repórt

mėtin||is: *~iai saldainiai* péppermints, péppermint lózenges

mėtyti 1 throw*; cast*, fling*; *m. ietį* throw* the jávelin 2 (*pinigus*) squánder / waste

metmenys 1 (*audeklo*) warp 2 *prk.* sketch *sg*, draft *sg*; óutlïne *sg*

metod||as méthod, way; mode *~ika* méthod(s) (*pl*) *~inis* methódic(al) *~ininkas, -ė* mèthodólogist *~iškas* órderly, methódic(al)

metras métre; *kubinis m.* cúbic métre

metrašt||ininkas, -ė chrónicler, ánnalist *~is* chrónicle; ánnals *pl*

metrika I *lit.* métrics

metrika II: *gimimo m.* bírth-certïficate *~acija* régistry

metrin||is I métric; *~ė sistema* métric sýstem; *m. pagalys* (*metro ilgio*) a métre (long) log

metrinis II *lit.* métrical; *m. eiliavimas* métrical vèrsificátion

metro, metropolitenas the únderground; súbway *amer.*; (*pvz., Maskvoje*) métrò; (*Londone t.p.*) tube

mezg||ėjas, -a knítter *~inys* knïtting; (*kabliuku*) cróchet(-wòrk)

mėžti (*dirvą*) manúre, dung

miaukti mew, mìáou, mìáow [mi:'au]

midus mead

mieg||alius, -ė sléepy-head; drówsy-head *~amasis* (*kambarys*) bédroom

mieg||as sleep; (*ramus*) slúmber (*t.p. prk.*); *kietas m.* sound sleep; *noriu ~o* I want to sleep, I am / feel sléepy *~oti* sleep*, be* asléep; slúmber; *eiti ~oti* go* to bed; turn in *šnek.*; *kietai m.* sleep* sóundly, be* fast asléep

mieguist||as sléepy, drówsy, slúmberous *~umas* sléepiness, drówsiness; sómnolence, sómnolency *moksl.*

miel||as 1 (*malonus*) nice, sweet 2 (*brangus, t.p. kreipiantis*) dear; *su ~u noru, ~ai* with (the gréatest) pléasure; réadily, gládly, (most) wíllingly

mielės yeast *sg*; léaven *sg*

miesčion||is, -ė *menk.* Phílistïne *~iškas menk.* Phílistïne *attr*; nàrrow-mínded, vúlgar *~iškumas* Phílistinism, nàrrow-míndedness

miest||as town; cíty (*angl. tik apie didmiestį; amer. apie kiekvieną miestą*) *~elis* small town, bórough *~ietė* tówn-dwèller *~ietis* tównsman*; (*apie moterį*) tównswòman; tówn-dwèller *~ietiškas* town *attr*, úrban

miešti dìlúte

mietas stake, pícket

mież||iai bárley *sg ~inis* bárley *attr; ~inės kruopos* fïne-ground bárley; *~is* 1 grain of bárley 2 (*ant akies*) sty

migd||yti lull to sleep; (*dainuojant, skaitant ir pan.*) sing*, read*, *etc.*, to sleep *~omasis* sòporífic; sómnolent; *~omasis vaistas* sòporífic

migdol||as 1 *bot.* (*medis*) álmond-tree *~ai* (*vaisiai*) álmonds 2 *anat.* tónsil

migis 1 (*gyvulio*) lair, den 2 *žr.* kiaulidė

migl||a haze; mist; fog; *matyti ką lyg pro ~as* see* smth through a mist *~otas* 1 házy; místy; fóggy 2 (*pvz., supratimas*) házy, vague, obscúre *~otumas* háziness; vágueness, obscúrity

migrena *med.* mígraine, mégrim, sevére héadàche

migti fall* asléep

myg‖ti press, squeeze; (*mygtukᶐ*) push ~**tukas** *el.* bútton

mik‖čioti stútter, stámmer ~**čius** stútterer, stámmerer

mikl‖ėti (*darytis lankstesniam*) grow* lithe / líssom / súpple; (*darytis vikresniam*) grow* adróit / déxt(e)rous / deft ~**inti** (*daryti lankstᶐ*) make* fléxible / lithe / líssom; (*daryti vikrᶐ*) éxercìse; train; cúltivàte, make* dódgy; ~**inti protᶐ, atmintį** shárpen / cúltivàte the mind, the mémory ~**umas** 1 (*lankstumas*) flèxibílity, súppleness; (*proto*) vèrsatílity; kéenness 2 (*vikrumas*) adróitness, dèxtérity, déftness ~**us** 1 (*lankstus*) fléxible (*pvz., rykštė*); lithe, líssom, súpple (*apie kūnᶐ*); vérsatìle (*apie protᶐ*) 2 (*vikrus*) adróit; déxterous, deft

mikn‖ius stútterer, stámmerer ~**oti** stútter, stámmer

mikrofonas mícrophòne; mike *šnek.*

mikroskop‖as mícroscòpe ~**ija** mìcróscopy ~**inis, ~iškas** 1 (*vykdomas su mikroskopo pagalba*) mìcroscópic 2 (*labai mažas*) mìcroscópical

mykti low, moo; béllow; *prk.* be* ìnàrtículate, múmble

milas rough (hóme-màde) fúll-wool cloth; rough péasant hóme-màde cloth

mylė‖ti 1 love; *m.* **tėvynę** love one's cóuntry 2 *prk.* (*vaišinti*) treat (*to*); regále (*with*) ~**tojas, -a** lóver

mylia mile; **jūrų** *m.* náutical / sea mile; **geografìnė** *m.* geográphical mile; **anglų** *m.* státùte mile, Brítish mile

milic‖ija milítia ~**ininkas** milítiaman*

milijard‖as mílliàrd; bíllion *amer.* ~**ierius, -ė** mùltimillionáire

milijon‖as míllion ~**ierius, -ė** mìllionáire ~**inis** (*milijonų vertas*) worth míllions; (*skaičiuojamas milijonais*) míllion strong

mylim‖as dear; loved; belóved ~**asis, -oji** swéetheart, belóved

milimetras míllimètre

milinė gréatcoat; óvercoat *amer.*

militar‖istas, -ė mílitarist ~**izavimas** mìlitarizátion ~**izmas** mílitarism ~**izuoti** mílitarìze

milt‖ai meal *sg*; (*kvietiniai*) flóur *sg* △ **sutrinti į** ~**us** grind* to dust; deféat útterly; rout ~**eliai** pówder *sg*; **dantų** ~**eliai** tóoth-powder ~**ingas** mèaly, fàrináceous ~**uotas** cóvered / sprínkled with meal / flóur

myluoti caréss, fóndle, pet

milžin‖as 1 gíant 2 (*trobesys, statula*) colóssus (*pl* -sì) ~**iškas** gìgántic, huge, treméndous; colóssal, enórmous; vast; ~**iškos galimybės** vast pòssibílities; ~**iškas uždavinys** colóssal task ~**kapis** bárrow, búrial-mound, gráve-mound; túmulus (*pl* -lì)

mina I (*veido išraiška*) cóuntenance, expréssion, mien

min‖a II *kar.* mine; **dėti** ~**as** mine; lay* / plant mines; **susprogdinti** ~**ᶐ** spring* / fìre a mine

min‖dyti, ~džioti 1 (*pvz., žolę*) trámple down 2 *prk.*: **kojomis** *m.* tread* únder foot*; **kieno teises** *m.* víolàte the rights (*of*)

minėjimas 1 méntion, méntioning 2 (*šventės, datos*) cèlebrátion

mineral‖as míneral ~**inis** míneral; ~**inės trąšos** míneral fértilìzers; ~**iniai vandenys** míneral wáters

minė‖ti 1 (*kieno vardą*) méntion; refér (*to*) 2 (*neužmiršti*) remémber 3 (*pvz., sukaktį*) célebràte ~**tinas** mémorable

minia crowd; (*didelė t.p.*) throng

minim‖alinis, ~alus mínimum *attr* ~**umas** mínimum; **pragyvenimo** ~**umas** líving-wàge; **techninių žinių** ~**umas** mínimum of téchnical knówledge

minininkas *kar.* 1 (*specialistas*) míner; *jūr.* tòrpédò-man* 2 (*laivas*) tòrpédò-boat; **eskadrinis** *m.* destróyer minist‖erlja mínistry; board, óffice; depártment *amer.*; *švietlmo m.* Mínistry of Èducátion; Board of Èducátion (*Anglijoje*); *užsienlo relkalų m.* Mínistry of Fóreign Affáirs; Fóreign Óffice (*Anglijoje*); State Depártment (*JAV*); *finansų m.* Mínistry of Fìnánce; Exchéquer (*Anglijoje*); Tréasury (*JAV*); *Vldaus relkalų m.* Mínistry of Intérnal Affáirs; Home Óffice (*Anglijoje*); Depártment of the Intérior (*JAV*) ~ras (Cábinet) Mínister, Sécretary; Sécretary of State (*Anglijoje*); ~ro pavaduotojas députy mínister; Únder Sécretary (*Anglijoje*); ~ras plrminínkas Prime Mínister, prémier

minkyti knead, work

minkštakūnis spíneless

minkšt‖as 1 soft; ~asls vagonas sòft-séated cárriage / car; ~l baldal ùphólstered fúrniture *sg*; *m.* krèslas èasycháir; *m.* vanduo soft wáter; *m.* (~al lšvlrtas) klaušlnls sòft-bóiled / lìghtly-bóiled egg; ~asls prlebalsls pálatalìzed cónsonant 2 *prk.* mild, géntlę; *m.* charakterls mìld / géntle dìspositíon

minkšt‖ètl sóftȩȩ becóme* soft; grow* sófter; *prk* apie širdj relént ~lmas (*vaisiaus*) pulp; (*mésos*) flesh; ~lntl sóften; ~lnˌl prlebalsļ *gram.* pálatalìze a cónsonant; *prk.* (*žmogу*) móllifȳ ~umas sóftness; *prk.* míldness, géntleness

minosvaid‖lninkas *kar.* mórtarman ~ls *kar.* mórtar, trénch-mòrtar

mìntl I 1 (*pvz.*, žolç) tread / trámple down 2 (*linus, kanapes*) brake; dress

miñti II 1 (*neužmiršti*) recáll; remémber 2: *m.* mļsles (*užminti*) ask ríddles; (*įminti*) solve ríddles

mintinis: *m.* skalčlavimas méntaľ aríthmetic

mintis thought; refléction; ídea; pulki *m.* brílliant / cápital ìdéa; stalga jam į galvą atèjo *m.* a thought occúrred to him, *arba* struck him; jam

dingtelèjo *m.* an ìdéa fláshed acróss his mind

mintuvai fláx-bràke *sg*

minuoti *kar.* mine

minusas 1 *mat.* mínus 2 (*trūkumas*) deféct, dráwbàck

minut‖è mínute; be dvldešlmt mlnučlų keturlos twénty mínutes to four; dešlmt mlnučlų po keturlų ten mínutes past four; ~èlę! (*palaukite!*) just a móment!

mirg‖èjlmas, ~esys twínkling, shímmering, glímmer; flícker; spárklıng, glítter(ing) ~èti 1 (*pvz.*, apie žvaigždes) twínkle, shímmer, glímmer, flícker; spárkle, glítter 2 (*marguoti, raibuliuoti*) flícker; jam akyse ~a it dánces / glítters befóre his eyes, his eyes are swímming

mirguliuo‖tl spárkle, twínkle; man akyse ~ja it dánces / glítters befóre my eyes

mirimas dýing; death; demíse

mirkčloti 1 (*apie žvaigždes, šviesą*) twínkle 2 (*akimis*) blink, wink; kam *m.* wink at smb; blink an eye at smb

mirkyti soak; (*apie linus*) ret

mirk‖sètl 1. (*apie šviesą*) twínkle 2 (*akimis*) blink ~snls: vienu akles ~snlu in a twínkling, in a móment ~telètl give* a wink (*at*)

mirktl soak; *m.* lletuje be* out in the rain

mirštam‖as mórtal; déadly; (*apie žaizdą*) fátal ~umas mòrtálity

mirta *bot.* mýrtle

mir‖tl die; pass awáy; depárt *ofic.*; (*pvz., apie jausmus*) die (away, down, off); (*nuo ligos, senatvès*) die (*of*); *m.* badų starve to death, die of starvátion / húnger; (*už ką*) die (*for*); jls ~è he is dead; he is gone; stalga *m.* die of a súdden deatⱨ die in one's boots *šnek.* △ *m.* lš nuobodullo be* bored to death ~tinas mórtal; déadly; ~tinas prlešas déadly énemy

mirt‖lngas mórtal ~ingumas mòrtálity, déath-ràte ~lninkas prísoner séntenced to death ~inis mórtal; déadly; ~inis priešas déadly énemy ~is death; decéase (*t.p.* teis.); mirti didvyrio ~imi die the death of a hérò; ~ies liudijimas death certíficate; ~ies nuosprendis séntence of death; prk. déath-wàrrant; ~ies bausmé cápital púnishment, death pénalty

misa (*alaus*) mash

misi||ja míssion ~onierius míssionary

misl||ė ríddle; púzzle ~ingas mystérious; ènigmátic *knyg.*

misti feed* (*on*), nóurish ònesélf; eat*

misti||cizmas mýsticism ~ka mýsticism ~kas mýstic ~nis, ~škas mýstic(al)

mišinys míxture; menk. (*kratinys, makalynė*) médley

mišios bažn. Mass *sg*

mišk||as fórest, wood(s); spygliuočių m. còníferous fórest; lapuočių m. decíduous woods *pl*, fóliage fórest; ~o medžiaga tímber; lúmber *amer.* ~ingas wóoded, wóody ~ininkas, -ė cúltivàtor of woods, fórester; sýlvicùlturist ~ininkystė fórestry; sýlvicùlture ~inis 1 *bdv.* fórest *attr*, wood *attr* 2 *dkt. mit.* sýlvan spírit ~uotas wóoded; wóody

mišrainė *kul.* sálad

mišr||ūnas hýbrid ~us mixed; ~usis skaičius *mat.* mixed númber

mišti 1 mix 2 (*eiti iš proto*) grow* mad

mit||as myth ~inis mýthic(al)

mityba nóurishment, nùtrítion

mitingas méeting

mitolog||ija mythólogy ~nis mythológical

mitr||umas quíckness, prómptness, swíftness; (*vikrumas*) agílity, dèxtérity ~us quick, prompt, swift; (*vikrus*) ágile, adróit, déxterous, nímble; (*lankstus*) fléxible

mobiliz||acija, ~avimas mòbilizátion ~uoti móbilize

moč||ia móther ~iutė 1 (*mama*) móther 2 (*senelė*) gránny

modelis módel, páttern

modern||inti módernìze ~izmas módernism ~us módern; ùp-to-dáte

modifik||acija, ~avimas mòdificátion ~uoti módify

modistė mílliner, mòdíste [-'di:st]

mojuoti (*pvz., ranka, skarele*) wave

mokamasis pay *attr*; requíring páyment

mokėjimas I (*pvz., mokesčių*) páyment

mokėjimas II (*sugebėjimas*) abílity, skill; (*žinojimas*) knówledge

mokes||tis 1 (*valstybei*) tax; ~čių mokétojas táxpayer; pajamų m. íncome-tàx 2: nario m. mémbership dues *pl*; įstojamasis m. éntrance fee

mokė||ti I (*duoti pinigus*) pay*; m. grynais pay* in cash, pay* in réady móney; m. didžiulius pinigus pay* through the nose (*for*) *idiom.* ~tojas, -a páyer

mok||ėti II 1 (*sugebėti*) be* áble (+ to *inf*), know* (*how* + to *inf*); can (+ *inf*); jis ~a skaityti, rašyti ir *t.t.* he can read, write, *etc.* 2 (*žinoti*) know*, have* a knowledge (*of*)

mokykl||a school; (*trobesys t.p.*) schóolhouse*; pradinė m. èleméntary / prímary school; vidurinė m. sécondary school; *amer.* high school; devynmetė m. níne-year school; aukštoji m. hígher school; ùnivérsity; vakarinė m. évening / night clásses *pl*; ~os mokytoja schóolmìstress; ~os mokytojas schóol-teacher, schóolmàster; schóolman* *amer.*

mokym||as 1 téaching; tráining, instrúction; *kar.* éxercìse; drill; bendras berniukų ir mergaičių m. còèducátion 2 *fil.* téaching, dóctrine ~asis léarning; stúdies *pl*; tráining; (*amato*) apprénticeship

mokinys, -ė 1 (*mokykloje*) púpil; pirmas m. klasėje the top of the class; (*amatininko*) appréntice 2 (*pasekėjas*) discíple

moky||tas léarned, érudìte ~ti teach*, instrúct; ~ti ką ko teach* smb smth

~tis learn*, stúdy; (pas ką amato) be* apprénticed (to)
mokytoj‖as, -a téacher; (namų) tútor; anglų kalbos m. Énglish téacher; matematikos m. màthemátics téacher; dainavimo m. sínging-màster ~auti be* a téacher ~avimas dúties of a téacher pl
mokomasis: m. laivas tráining ship; m. šaudymas (fíring) práctice
mokovas, -ė éxpèrt, cònnoisséur
mokslapinigiai schóolfees
moksl‖as 1 scíence, stúdy, knówledge; humanitariniai ~ai the humánities; tiksliejį ~ai exáct scíences; gamtos m. (nátural) scíence; ~o žmonės men of scíence; schólars 2 (išsimokslinimas) èducátion; pradinis m. prímary / èleméntary èducátion; vidurinis m. sécondary èducátion; aukštasis m. hígher èducátion, ùnivérsity èducátion; visuotinis privalomasis m. ùnivérsal compúlsory èducátion 3 (mokymasis) léarning, stúdies pl; tráining; (amato) apprénticeship Δ eiti ~us stúdy, learn*; ~o metai schóol-year
moksleiv‖ė schóolgirl, púpil ~is schóolboy, púpil ~ija schóolchìldren
moksl‖ininkas, -ė scíentist; léarned pérson; schólar ~inis scìentífic; àcadémic; ~inis darbas scìentífic work; ~inė taryba àcadémic board; ~inis laipsnis àcadémic degrée ~inti enlíghten; teach* ~iškas scìentífic ~iškumas scìentífic cháracter
molas pier, bréakwàter, jétty
moldav‖as, -ė Mòldávian; ~ų kalba Mòldávian, the Mòldávian lánguage ~iškas Mòldávian
molekul‖ė mólecùle ~inis molécular; ~inis svoris molécular weight
mol‖ėtas cláyey; àrgilláceous moksl.; ~ėta žemė loam; cláyey soil ~ynas 1 (molio žemė) loam; alúmina 2 (molduobė) lóam-pìt, cláy-pìt ~inis made of clay, clay attr; (apie indus) éarthenwàre attr; ~iai indai éarthenwàre

cróckery sg ~is clay; ~io žemė loam, cláyey soil; ~io dirbiniai póttery sg, éarthenwàre sg
moliūgas bot. púmpkin
moliuo‖tas soiled / cóvered with clay ~ti clay; smear / cóver / soil with clay
molžemis ž.ū. alúmina
momentas 1 (akimirksnis) móment; ínstant 2 (aplinkybė) féature 3 fiz. móment; einamasis, dabartinis m. the présent sìtuátion
monarch‖ija mónarchy ~inis mónarchist attr, mònárchic(al); monárchal ~istas mónarchist ~izmas mónarchism
moneta coin
mongol‖as, -ė Mòngól(ian); ~ų kalba Mòngólian; the Mòngólian lánguage ~iškas Mòngólian
monoklis (síngle) éye-glàss; mónòcle
monolit‖as mónòlith ~inis mònolíthic; prk. pówerful, impréssive, mássive
monologas mónològue, solíloquy
monopol‖ija monópoly ~inis mònopolístic, exclúsive ~is monópoly ~istas monópolist ~istinis mònòpolístic ~izuoti monópolìze
monotonišk‖as monótonous ~umas monótony
montažas 1 tech. assémbling, móunting, eréction, instálling 2 (mene) móunting; operos m. radijui arrángement of an ópera for the wíreless
mont‖eris, -ė 1 fítter 2 (elektros) elèctrícian ~uoti assémble, fit; mount
monument‖alus mònuméntal ~as mónument
mopsas (šuo) púg-dòg
moral‖ė 1 (mokslas) móral philósophy, éthics pl 2 (dorovės taisyklės) mórals pl 3 prk. (išvada) móral ~inis móral, éthical ~izuoti móralìze ~us žr. moralinis
morfijus mórphia; mórphìne
morfolog‖ija mòrphólogy ~inis mòrphológical

mork‖a cárrot; ~ų **sunka** cárrot juice

mosikuoti, mostaguoti wave; swing*; (*uodega*) wag; (*kardu, lazda*) brándish; (*gestikuliuoti*) gèstículàte; saw* the air *idiom*.

mostas gésture; **gražus** m. (*pasiel-gimas*) finc gésture, beau geste [bju: 'dʒest]

mosteléti wave; (*ranka kam*) wave one's hand (*to*), béckon

mosuoti *žr.* **mosikuoti**

moša síster-in-law (*pl* sísters-...) (*husband's sister*)

moter‖is wóman*; **ištekėjusi** m. márried wóman; (*valstiečių tarpe*) wench; **barninga** m. shrew ~ystė mátrimony, cònjugálity ~iškai in a féminine way ~iškas 1 fémàle; (*budingas moteriai*) wómanlìke, wómanly, féminine; *niek.* wómanish 2: ~iškoji giminė *gram.* féminine génder 3 (*moterims*) wómen's, ládies' ~iškė wóman* ~iškumas feminínity, wómanhood; *niek.* efféminacy

moti 1 (*ranka*) wave; (*kam*) wave one's hand (*to*) 2 (*galva*) mótion (*to*)

motiejukas *bot.* tímothy(-gràss)

motin‖a móther; ~os meilė matérnal love; **bičių** m. queen ~ystė matérnity, · mótherhood ~iškas matérnal; mótherly

motyv‖as 1 (*priežastis, pagrindas*) mótive, cause, ground 2 (*siužeto dalis*) mòtíf **3** *muz.* tune ~avimas mòtivátion, réason; jùstificátion ~uoti give* réasons (*for*), jústify; mótivàte

motocikl‖as mótor cỳcle ~ininkas, -ė, ~istas, -ė mótor-cỳclist

motor‖as mótor; éngine ~inis 1 mótor *attr;* ~inė **valtis** mótor boat 2 *fiziol.* mótive; mótor *attr* ~izuotas mótorìzed ~laivis mótor ship / véssel ~oleris (mótor-)scóoter

mot‖ulė, ~užė, ~utė múmmy

mova 1 *tech.* cóupling, clutch, muff; sleeve; **kabelinė** m. box 2 (*rankoms šildyti*) muff

mozaika mosáic, ínlay

mudu, mudvi both of us, we two

mugė fair

muil‖as soap; **skalbiamasis** m. láundry soap; **tualetinis** m. tóilet soap; ~o **gamyba** sóap-boiling; ~o **gamykla** sóap-wòrks ~inas sóapy ~inė sóap-bòx; sóap-hòlder; sóap-dìsh, sóap-tray ~ingas éasy láthering, sóapy ~inti (*ką*) soap; (*paversti muilų putomis*) láther △ akis ~inti fool, dupe, make* a fool (*of smb*)

muistytis 1 (*pvz., apie arklį*) shake* / toss one's head; stir, move 2 *prk.* (*spirtis*) jib, kick, balk

muit‖as dúty; cústoms *pl*; **įvežamasis** m. ímpòrt dúty; **apsauginis** m. protéctive dúty ~inė cústom-house* ~ininkas cústom-house ófficer; cústoms offícial ~inis cústom(s) *attr*

mūkti low, moo

mulas *zool.* mule

mulatas, -ė mùláttò

mulk‖inti fool, dupe, make* a fool (*of*) ~is fool, blóckhead, dolt; (*nevykėlis*) dúffer, nínny, dunce

mūras 1 (*siena*) stone wall; brick wall 2 (*namas*) house* built of stone, stone house*; brick búilding

murdyti 1 (*nardyti*) dip (*into*), plunge (*into*) 2 (*kišti, grūsti*) poke

mūr‖ininkas (stóne-)màson, brícklayer ~inis stone *attr* brick *attr;* ~yti build* (*of stone, bricks*); lay* bricks

murkti 1 (*apie katę*) purr 2 (*neaiškiai kalbėti*) mútter; múmble

murm‖ėjimas, ~esys 1 (*neaiškus kalbėjimas*) mútter(ing); múmble, múmbling 2 (*niurzgėjimas*) múrmur; grúmble ~eklis, -ė mútterer; múmbler ~ėti 1 (*neaiškiai kalbėti*) mútter; múmble 2 (*reikšti nepasitenkinimą*) múrmur; grúmble

murz‖inas grímy; dírty ~inti soil; dírty, grime ~ius, -ė dírty créature; (*apie vyrą t.p.*) dírty féllow; (*apie moterį t.p.*) slut

mus‖ė fly ~ėgaudis flý-pàper

mūsišk‖ai áfter our mánner / style; accórding to our cústom ~as like ours ~iai our (own) péople / folk ~is, -ė our (own), *pvz.*, our (own) boy, girl *etc.*

musmirė *bot.* flý-àgaric; déath-cùp

mūsų (*prieš daiktavardį*) our; (*be daiktavardžio*) ours; **tai m. knyga** it is our book; **ši knyga yra m.** this book is ours

musulmon‖as Múslim, Móslem ~ė Móslim-wòman* ~ystė Muhámmadanism, Islám

muš‖eika pugnácious féllow / boy; *jis didelis m.* he is álways réady to fight, he is álways réady for a fight; *jis toks m.!* he is álways spóiling for a fight; (*apie mergaitę*) pùgnácious girl ~imas béating; (*sviesto*) chúrning

mūš‖is báttle; ~io laukas báttlefield, field of áction

muš‖ti 1 beat*; thrash, drub; (*botagu*) whip 2 (*priešą*) deféat, inflíct a deféat (*of*); rout, put to rout 3 (*daužti, kirsti*) hit*, strike*; *būgną m.* ·drum, beat* the drum 4 (*apie vandenį*) gush (out), flow 5 (*apie laikrodį*) strike*; *laikrodis ~a valandas* the clock strikes 6 (*pvz., apie šautuvą*) shoot* ~tynės scúffle, fight; (*vartojant ginklą*) fray ~tis 1 (*peštis*) scúffle; fight 2 (*kautis, kovoti*) fight* (*with*); strúggle (*against*) 3 (*veržtis*) fight one's way through

muštr‖as drill ~uoti drill, díscipline

muštuvis churn

mutinys (*valgis*) soup of wáter, bread and súgar

muturiuoti wind* (round)

mūvėti: *m. pirštines, žiedą* wear* gloves, a ring

mūza muse

muziej‖us mùséum; ~inė retenybė rárity

muzik‖a músic ~alumas mùsicálity, músicalness; (*žmogaus*) músical tálent ~alus músical ~antas, -ė, ~as, -ė mùsícian ~inis músical; ~inė klausa an ear for músic; ~inė drama músical dráma

N

na now; well; come; *na, greičiau!* húrry up now!; *na, ir kas gi toliau?* well, and what then / next?; *na, na, nesijaudinkite!* come, come, don't be nérvous!; *na, o kaip gi aš?* well, and what abóut me?

nacija nátion, péople

nacional‖inis nátional ~istas nátionalist ~izacija, ~izavimas nàtionalizátion ~izmas nátionalism ~izuoti nátionalìze

naft‖a oil, petróleum; ~os pramonė óil-ìndustry ~ingas óil-bearing ~otiekis pípelìne

naga hoof

nag‖as nail; (*žvéries*) claw; (*plėšriojo paukščio*) tálon △ *jis turi ilgus ~us* he is a pilferer; *pakliūti į kieno ~us* fall* ínto smb's clútches / hands

nagi well, well then; come now

nagrinė‖jimas 1 exàminátion; análysis 2 *gram.* pársing; análysis ~ti 1 exámine, look (*into*); (*klausimą, bylą ir pan.*) invéstigàte 2 *gram.* parse [pɑːz]; (*sakinio dalimis t.p.*) análȳse

naikin‖imas destrúction, annìhilátion ~ti destróy; ~ti priešą annìhilàte the énemy; ~ti blogį extérminàte the évil ~tojas destróyer ~tuvas *av.* fíghter; pursúit plane *amer.*

naiv‖umas nàïveté *pr.*, naívety ~us nàïve, naíve

nakčia by night

nakti‖balda *šnek.* níght-bìrd ~gultas lódging for the night; *ieškoti ~gulto* seek* lódging / shélter for the night

naktin‖is night *attr*; ~iai marškiniai (*vyrų*) níght-shìrt *sg*; (*moterų*) níghtgòwn *sg*, níght-drèss *sg*; ~ė pamaina night shift; *n. sargas* nìght-wátchman*; *n. puodas* (chámber-)pòt

nakt‖**is** night; *vìsą* ~*į* all night; *vėlaĩ*
~*į* late at night; ~*ies glūdumoje* in
the dead of night △ *dieną* ~*į* night
and day; *labos* ~*ies!* good night!

nakvyn‖**ė** lódging for the night ~**pi-
nigiai** páyment for a night's lódging
sg

nakvo‖**jimas** spénding / pássing the
night ~**ti** pass / spend* the night; *lìk-
ti* ~*ti* stay the night, stay òverníght

nam‖**as** 1 house*; *gyvenamasis n.*
dwélling-house* 2 *dgs.* (*namų ži-
dinys*) home *sg*; ~*uose* at home
3 *dgs.* (*įstaiga*): *mokytojų* ~*ai*
téachers' club *sg*; *poilsio* ~*ai* hóli-
day / rest céntre / home *sg*; *vaikų*
~*ai* chíldren's home *sg* 4 *dgs.* (*na-
mų ūkis*) house* *sg*, hóusehòld *sg*; ~*ų
šeimininkė* hóusewìfe

namie at home; *ar jìs n.?* is he at
home?, is he in?; *jo nėra n.* he is not
at home, he is out; *jaustìs kaĩp n.*
feel* at home

naminis house [-s] *attr*, home *attr*; (*na-
mų darbo*) hóme-màde; (*namie aus-
tas*) hómespùn; *n. gyvulys* doméstic
ánimal

namisėda stáy-at-hòme

namišk‖**iai** hóusehòld *sg* ~**is**, ~**ė**
mémber of the hóusehòld / fámily

namo home; (*namų kryptimi t.p.*)
hómeward(s); *jìs jau parėjo n.* he
has come home

naras 1 díver, plúnger 2 *zool.* díver

narcizas *bot.* nàrcíssus, dáffodil

nardyti dive, plunge, duck

nar‖**ys** 1 mémber; (*mokslo draugi-
jos, tarybos t.p.*) féllow; *seimo n.*
mémber of the seym; *profsąjungos
n.* mémber of a tráde-ùnion; ~*io
bilietas* mémbership card 2 *anat.*
joint 3 *mat.*: *proporcijos n.* term
of a propórtion; propórtional

narkoman‖**as** (drug) áddict ~**ija**
drug addíction

narko‖**tikas** nàrcótic ~**zė** nàrcósis,
ànaesthésia

narplioti 1 (*painioti*) tángle 2 (*išpai-
nioti*) ùntángle, dìsentángle

nars‖**a**, ~**ybė** cóurage, brávery

narstyti (*mechanizmą ir pan.*) dis-
mántle

nars‖**umas** cóurage, brávery, válour
~**uolis** brave / cóurageous man* ~**us**
courágeous, brave, váliant

naršas (*žuvų*) spawn

narv‖**as**, ~**elis** cage; (*triušiams*) (ráb-
bit-)hùtch

nasrai jaws; mouth* (of ánimal) *sg*

nasturta *bot.* nastúrtium

naščiai yoke *sg*

našlaitė *bot.* pánsy

našl‖**aitis**, -ė órphan ~**ys** wídower;
~**ė** wídow ~**ystė** wídowhood; (*vyro*)
wídowerhood

našta 1 búrden 2 *prk.* (*sunkumas*)
weight, load, búrden; *metų n.* the
weight of years; *rūpesčių n.* load of
cares

naš‖**umas** 1 (*žemės*) fèrtílity 2 (*pro-
duktyvumas*) pròductívity; *darbo n.*
pròductívity of lábour ~**us** 1 (*apie že-
mę*) fértìle 2 (*produktyvus*) prodúctive

nata *muz.* note

natiurmortas *tap.* still life*

natris *chem.* nátrium, sódium

natūr‖**a** náture; *plèšti iš* ~**os** draw*
from náture / life; *apmokėjimas* ~**a**
páyment in kind ~**alinis** nátural
~**alistas** náturalist ~**alizmas** nátu-
ralism ~**alus** nátural

naud‖**a** use; *visuomeninė n.* públic
bénefit; *kieno* ~**ai** in smb's fávour;
du – nulis „Žalgirio" ~**ai** two to nil
to "Žalgiris"; *duoti* ~**ą** be* of use /
bénefit (*to*) ~**ingas** úseful; (*sveikatai*)
héalthy ~**ingumas** úsefulness

naudininkas *gram.* dátive case

naudo‖**jimasis** use ~**ti** use, make*
use (*of*) ~**tis** make* use (*of*); ~**tis
proga** take* an òpportúnity

naujadaras *lingv.* neólogism

naujagimis néw-bòrn child*

naujaip in a new fáshion

nauja‖**kurys** (new) séttler ~**madis**
néw-fáshioned, módern

nauj‖as new; (*dabartìnis*) módern; ~ų̃jų amžių ìstorìja módern hístory; **Naujíeji metaì** New Year *sg*; *n.* **žurnalo numerìs** fresh íssùe of a màgazíne; **kas ~o?** what news? △ **ìš ~o** agáin, anéw ~(en)ybė nóvelty, ìnnovátion

nauj‖íena 1 (*žinia*) news; tídings *pl knyg.* 2 (*naujybė*) nóvelty ~ìntelis bránd-néw ~ìntì rénovàte ~okas *dkt.* 1 nóvice; begínner 2 *kar.* recrúit ~ovė *žr.* nauj(en)ybė; ~oviškas néw-fáshioned, módern; néw-fángled *menk., juok.* ~utėlis *žr.* naujìntelis

navigacìja nàvigátion

navìkas *med.* growth, excréscence, túmour

ne not; no; **taì jos knyga, o ne mano** it is her book and not mine; **netolì, bet ne visaì artì** not far, but not quite near; **jìs ne kvaïlys** he is no fool; **ne kas kìtas kaïp** none óther than

nè (*prieš dkt. vns., prieš žodį* vienas) not a; **nè žìngsnio toliaù!** not a step fúrther!; **nè vienas ìš šìmto** not one in a húndred; **nè vienas žmogus to nepadarys** no man will do that; *žr.* **dar nè kiek**

neabejo‖jamas *žr.* ~tinas; ~tinaì ùndóubtedly, dóubtless ~tinas ùndóubted; indúbitable, ùnquéstionable

neaišk‖umas vágueness, obscúrity ~us vague; obscúre, ìndistínct; ~ì **kalba** obscúre speech; ~ì **prasmė** vague méaning

neakivaizdin‖ìnkas èxtramúral stúdent ~ìs: ~ìs **mokymas** tùítion by còrrespóndence; ~aì **kursaì** còrrespóndence cóurses

neapčiuopìamas impálpable, intángible

neapgalvotas thóughtless, rash, násty

neapibrėžt‖as 1 indéfinite, ìndetérminate; ~oji **lygtìs** *mat.* ìndetérminate equátion 2 (*netìkslus, neaìškus*) vague, ùncértain

neapykanta hátred

neapimamas *žr.* neapmatomas

neapkenčìamas háted, háteful

neapkęsti hate; (*bjaurétis*) detést, abhór

neapmatomas bóundless, imménse, ínfinite, vast

neapmokamas (*apie darbą*) ùnpáid

neaprašomas ìndescríbable

neaprėpìamas *žr.* neapmatomas

neaprėžtas ùnlímited

neapsakomas ùnspéakable, inéffable, ìnexpréssible

neapsìžiūrė‖jimas óversìght; per ~jìmą by an óversìght ~tì 1 (*nepastebėti*) òverlóok 2 (*neatkreìpti dėmesìo*) not take* care (*of*)

neatidėlio‖jamas, ~tinas úrgent, préssing ~jant withóut deláy

neatimam‖as inálienable; ~a **dalìs** an íntegral part (*of*)

neatitaisomas ìrretriévable, irréparable

neatleistìnas ùnpárdonable, ìnexcúsable

neatlyginamas gratúitous; (*apie darbą*) ùnpáid

neatmenam‖as ìmmemórial; **nuo ~ų laìkų** from time ìmmemórial

neatpažįstamas ùnrécognìzable

neatsaking‖as ìrrespónsible ~umas ìrrespònsibílity

neatsargus cáreless; imprúdent

neatskiriamas inséparable

nebe no more / lónger; not... ány more / lónger; **jìs n. vaïkas** he is no lónger a child

nebent (*jei bent*) unléss; (*išskyrus gal*) excépt / save perháps; **niekas to nežìno, n. jìs** nóbody knows it unléss he does

nebėra there is / are no more

nebylys, -ė dumb pérson; mute

nebūt‖as 1 (*anksčiau nebuvęs*) ùnprécedented 2 (*išgalvotas*) fàntástic ~ì **be*** ábsent

nebuvimas ábsence

nedalìa bad luck; misfórtune

nedal‖ìjamas ìndivísible ~us *mat.* prime

nedarbas ùnemplóyment

nedarbing||as disábled, ínvalìd ~umas dìsabílity; ìnvalídity

nedaug (*bent kíek*) a líttle; (*maža*) líttle; few; *n.* **vandens** a líttle wáter; *n.* **laíko** líttle time; *n.* **žmonių** few péople ~elis few, not mány

nedegamas fíreproòf

nedelsiant withóut deláy; immédiately

nederlius bad hárvest, poor crop

nedoras immóral, wícked; dishónest

nedrąs||umas báshfulness, timídity ~us báshful, tímid

nedūžtamas ùnbréakable

neetatinis sùpernúmerary; *n.* **darbuotojas** sùpernúmerary

negailestingas pítiless, mérciless; (*žiaurus*) rúthless

negaištant *žr.* **nedelsiant**

negalavimas ìndisposítion, áilment

negalim||as impóssible; ~a a) (*neįmanoma*) impóssible; **ten** ~a **kvėpuoti** it is impóssible to breathe there; b) (*draudžiama*) it is not allówed, it is prohíbited / forbídden

negaluoti be* ìndispósed / ùnwéll, not feel* quite well

negarb||ė dishónour, disgráce, ínfamy, ígnominy ~ingas dishónourable, ínfamous, ìgnomínious

negatyvas *fot.* négative

negerovė (*blogybė*) évil

negęstamas ìnextínguishable

negilus not deep, shállow

neginčijamas (*apie faktą, teisę*) ùndeníable, ùnquéstionable; (*apie išvadą*) ìndispútable

negird||ėtas ùnhéard of / ùnprécedented ~omis: ~omis **nuleísti** give* no ear (*to*), take* no heed (*of*)

negyv||ai to death ~as 1 dead 2 (*lėtas*) dull; lífeless ~ėlis dead man*

negyvenam||as ùninhábited; ~a **sala** désert ísland

negras, -ė Négrò; black

negrąžinamas ìrretríevable, irrévocable

negu than; *ši knyga geresnė n.* **ana** this book is bétter than that one

nei 1: *nei jis, nei ji* néither he nor she 2 (*negu*) than

neįbauginamas ùndáunted, féarless; intrépid *knyg.*

neigiam||ai négatively; **atsakyti** *n.* ánswer in the négative ~as négative; (*nepalankus*) ùnfávourable; ~as **atsakymas** négative ánswer

neig||imas deníal ~inys *gram.* négative ~ti dený

neįgyvendinamas imprácticable, ùnrealízable

neįkainojamas inváluable, inéstimable, príceless

neilg||ai not long; *jis gyveno n.* he did not live long; *n.* **trukus** befóre long ~am *prv.* for a short while

neįmanomas ìnconcéivable; impóssible

neįpra||stas ùnwónted, ùnúsual ~timas want of hábit; *iš* ~timo for want of hábit / práctice

neįsivaizduojamas ìnconcéivable, ùnimáginable

neįskaitomas illégible, ùnréadable

neišauklėtas íll-bréd, íll-mánnered

neišbrendamas: *n.* **purvas** impássable mire / mud

neišdildomas indélible; *n.* **įspūdis** indélible / lásting impréssion

neišgydomas incúrable

neišman||ėlis símpleton, ìgnorámus ~ymas ígnorance

neišmatuojamas imméasurable

neišreiškiamas ìnexpréssible, beyónd expréssion

neiš||semiamas, ~senkamas ìnexháustible

neišsigalįs (*apie skolíninką*) insólvent

neišsprendžiamas insóluble

neištikimas ùnfáithful, fáithless, dislóyal

neišvažiuojamas (*apie kelią*) impássable

neišvengiam||as inévitable, ùnavóidable ~umas inèvitabílity

neįtikimas incrédible, ùnbelíevable

neįveikiamas insúperable, ìnsùrmóuntable; ùncónquerable

neįvertinamas žr. neįkainojamas

neįvykdomas žr. neįgyvendinamas

neįžengiamas impássable

neįžiūrimas indiscérnible

nejau(gi) (klausiant) réally? [ˈnə-], is it póssible?; n. tai tiesa? can it réally be true?; you don't say so? šnek.

nejuč‖ia, ~iomis impercéptibly

nejudamas žr. nekilnojamas

nejudrus slow, slúggish

nekaip jng. žr. negu prv. (prastai, menkai) póorly; jis n. jaučiasi he doesn't feel véry well

nekalt‖as 1 ínnocent, guíltless; teis. not guílty 2 (skaistus) chaste, vírgin ~ybė (skaistybė) chástity, virgínity ~umas ínnocence, guíltlessness

nekantr‖auti be* impátient ~umas impátience ~us impátient

nekenčiamas háteful, háted

nekenksmingas hármless; n. vaistas innócuous médicine

nekęsti hate, detést

ne kiek not véry much

nė kiek not in the least; not a bit; šiandien nė kiek nešalta it is not a bit cold todáy; jam šiandien nė kiek ne geriau he is no bétter, arba not ány, bétter todáy

nekilnojamas immóvable; n. turtas immóvable próperty; immóvables pl, real estáte

nekintamas inváriable

nekirčiuotas lingv. unstréssed

neklaidingas infállible, fáultless

neklau‖symas disobédience ~žada disobédient pérson; (apie vaiką) náughty child*

ne koks not of the best quálity, bad; ne koks pažiūrėti plain, uncómely

nekrologas obítuary (nótice)

nelaim‖ė misfórtune; disáster; (didelė) calámity ~ingas unháppy, unfórtunate, míserable

nelaisv‖ė captívity; būti ~ėje be* in captívity; laikyti ką ~ėje hold* smb cáptive; patekti į ~ę be* táken prísoner

nelauk‖iamas, ~tas unexpécted

neleisti 1 (uždrausti) prohíbit, not allów 2 (trukdyti) prevént ~nas inadmíssible

nelemtas ill-fáted, ill-stárred

neliečiam‖as invíolable ~ybė, ~umas invìolabílity

nelyg‖ybė inequálity ~inamasis: ~inamasis laipsnis gram. pósitive degrée ~inant jng. like ~inis odd ~us 1 unéqual; ~i vietovė rough cóuntry 2 (apie paviršių) unéven

nemalon‖ė disgráce; patekti į ~ę fall* ínto disgráce ~umas annóyance, núisance; tróuble ~us unpléasant, disagréable

nemandagus rude, impolíte

nemarus žr. nemirtingas

nematytas unséen; prk. unprécedented

nėmaž not in the least; not at all; s. nebijau I am not afráid at all

nemaža 1 (su dkt.) not a líttle, much (prieš vns.); not a few, mány (prieš dgs.) 2 (su vksm.) a great deal

nemėgti dislíke

nemiga insómnia, sléeplessness

nemirštam‖as, nemirtingas immórtal; (apie garbę ir pan.) undýing ~umas immòrtálity

nemokam‖ai free (of charge); grátis ~as free (of charge)

nemokš‖a ignorámus ~iškas ígnorant ~iškumas ígnorance

nenaud‖ėlis góod-for-nòthing ~ingas úseless, unprófitable

nendrė bot. reed; cane

nenor‖as relúctance, unwíllingness ~intis relúctant ~om(is) unwíllingly; with relúctance

nenugalimas 1 invíncible, uncónquerable 2 prk. irresístible

nenuginčijamas indispútable

nenugirsti mishéar*

nenuilstamas untíring, unwéarying, tíreless; indefátigable knyg.

nenukrypstamas stéady

nenumaldomas inéxorable, implácable

nenumatytas ùnfòreséen

nenuorama fídget; fídgety / réstless pérson

nenuoseklus incónsequent

nenuoširdus ìnsincére, false

nenutrūkstamas contínuous, ùninterrúpted

neologizmas *lingv.* nèólogism

neorganinis ìnòrgánic

nepabaigiamas éndless, infínite

nepadorus indécent, impróper

nepagaunamas elúsive, dífficult to catch

nepageidaujamas 1 ùndesírable (*to*) 2 (*nemalonus*) objéctionable

nepagydomas incúrable

nepagrįstas gróundless, ùnfóunded, ùngróunded

nepaguodžiamas ìnconsólable, discónsolate

nepailstamas *žr.* nenuilstamas

nepaisant regárdless of; in spite of; *n. nieko* in spite of éverything

nepajudinamas fìrm, stéadfast, ùnshákable

nepakaltinamas *teis.* ìrrespónsible

nepakankamas ìnsuffícient, inádequate

nepakeičiamas 1 ìrrepláceable 2 (*labai reikalingas*) ìndispénsable

nepakeliamas 1 beyónd one's strength 2 (*neištveriamas*) intólerable, ùnbéarable; *n. skausmas* excrúciàting pain

nepakenčiamas ùnbéarable, intólerable, insúfferable

nepaklusnus dìsobédient, refráctory; (*apie vaiką*) náughty

nepalankus ùnfávourable

nepalaužiamas ùnshákable, fìrm, stéadfast

nepalenkiamas infléxible, inéxorable; (*tvirtas*) ùnbénding

nepaliaujamas contínuous, céaseless, incéssant

nepalygin||amas incómparable, mátchless ~ti *įterp.* far, by far; ~ti *geriau* far bétter

nepamirštamas ùnforgéttable

nepanašus ùnlíke, dìssímilar

nepaperkamas ìncorrúptible

nepaprast||as ùnúsual, extraórdinary; ~asis *pasiuntinys* àmbássador extraórdinary ~umas sìngulárity, ùncómmonness

nepartinis *bdv.* nòn-párty *attr*

nepasiekiamas ùnattáinable; (*neprieinamas*) ìnaccéssible

nepasisek||imas fáilure ~ti fail, fall* through, miscárry

nepasitenkinimas dìssàtisfáction, dìscontént, displéasure

nepasitikė||jimas distrúst, mistrúst ~ti distrúst, mistrúst

nepasiturintis néedy, bádly off

nepaslankus slúggish; clúmsy

nepasotinamas insátiable

nepastebimas ìmpercéptible; ìnconspícuous

nepastov||umas ìnstabílity; incónstancy ~us ùnstáble; (*apie žmogų*) incónstant; (*apie orą ir pan.*) chángeable

nepataiky||mas miss ~ti miss, miss the mark

nepataisomas ìrremédiable, ìrréparable; (*apie žmogų*) incórrigible

nepatenkinamas ùnsàtisfáctory

nepatikimas ùnrelíable; (*nesaugus*) ìnsecúre

nepatyrimas ìnexpérience

nepatog||umas ìnconvénience, discómfort ~us ùncómfortable; ìnconvénient; ~i *padėtis* áwkward posítion; ~u it is áwkward (*morališkai*); it is ìnconvénient (*apie laiką*); it is ùncómfortable (*fiziškai*)

nepavydėtinas ùnénviable

nepavyk||ęs ùnsuccéssful ~imas fáilure ~ti fail

nepavojingas safe

nepažabotas ùnbrídled, ùnrúly

nepažang||umas (*moksle*) poor prógrèss ~us báckward; lágging

nepažįstam||as ùnknówn; (*svetimas*) strange; *būti* ~am *su kuo* not know* smb, not be* acquáinted with smb

nepeiktinas ìrrepróachable

nepermaldaujamas inéxorable; implácable

nepermatomas òpáque; impénetrable

neperskiriamas inséparable

neperšlampamas wáterproof; impérmeable; **n. apsiaustas** wáterproof, máckintòsh

nepertraukiamas contínuous, ùninterrúpted

nepilnamet‖is *bdv.* ùnder-áge *dkt.* mínor ~ystė mìnórity

nepilnas ìncompléte; (*nepakankamas*) impérfect, short; not full *predìc*; **n. svoris** short weight

nepraeinamas impássable

nepratęs ùnaccústomed, ùnúsed

nepraustaburnis *niek.* fóul-móuthed

nepribrendęs ùnrípe; (*prk. t.p.*) ìmmatúre

neprieinam‖as ìnaccéssible; imprégnable; *ši knyga vaikams* ~a this book is too dífficult for chíldren

nepriekaištingas ìrrepróachable, ùnimpéachable

nepriemoka arréars *pl*

neprigirdėti be* hard of héaring

nepriimtinas ùnaccéptable; (*neleistinas*) ìnadmíssable

nepriklausom‖ai ìndepéndently; (*nuo*) ìrrespéctive (*of*) ~as ìndepéndent ~ybė ìndepéndence

neprilygstamas *žr.* nepalyginamas

nepritaikomas inápplicable

nepriteklius lack (*of*), shórtage (*of*), defíciency (*in*)

neprityręs ìnexpérienced, ùnprácticed

nepuolim‖as *polìt.* nònaggréssion; ~o *paktas* nònaggréssion pact

nėra there is / are no; **n. abejonės** there is no doubt; *čia n. knygų* there are no books here; **n. kada** there is no time; *jo n. namuose* he is not at home; *tų knygų n. lentynoje* the books are not on the shelf △ **n. už ką** (*dėkoti*) don't méntion it!, that's all right!, not at all!

neram‖umai distúrbance *sg* ~umas ànxíety, ùnéasiness ~us 1 ánxious, ùnéasy 2 (*nerimstąs*) réstless

nerang‖umas slówness ~us 1 (*lėtas*) slow, slúggish 2 (*nevikrus*) clúmsy, áwkward

nerašting‖as illíterate ~umas illíteracy

nereg‖ėtas ùnprécedented ~ìmas invísible ~ys blind man*

nereik‖alingas ùnnécessary, néedless ~ėti be* not nécessary; ~ia it is not nécessary; *jam* ~ia he does not want

neribotas ùnlímited, ùnbóunded; (*apie valdžią*) ábsolùte

nerikiuotės nòncómbatant; **n. tarnyba** nòncómbatant sérvice

nerim‖as *žr.* neramumas; ~auti wórry; be* ánxious / ùnéasy / wórried (*about*); tróuble

nėrinys lace

neryžting‖as irrésolùte, ìndecísive; (*apie balsą, atsakymą*) hálf-héarted ~umas ìndecísion, irrèsolútion

nerš‖imas, ~tas spáwning

nerti I 1 (*į vandenį*) dive, plunge 2 (*dumti, mauti*) scud, rush

nert‖i II 1 (*megzti*) knìt* 2 (*kilpą*) noose ~inis *bdv.* knítted *dkt.* knítted work (jérsey, swéater, júmper) ~is: *iš kailio* ~is lay* ònesélf out

nerūpestingas cáreless, háppy-gòlùcky

nerv‖as nerve; ~ų *liga* nérvous diséase ~ingas nérvous ~inti make* (*smb*) nérvous ~intis be* / feel* nérvous

nes for, as, becáuse

nesąmon‖ė nónsense; absúrdity ~ingas ùncónscious

nesant in the ábsence (*of*); *man / jam* **n.** in my / his ábsence

nesantaik‖a, nesantarvė díscòrd, dìsagréement, disséntion; ~os *obuolys* ápple of díscòrd

nesantis ábsent

nesavanaudiškas disínterested

nesavas not ònesélf; *jis pats n.* he is not himsélf

nesąžiningas ùnscrúpulous, úncònsci-
éntious [-nʃɪ-]; dishónest

nesėkm‖ė fáilure, íll succéss ~**ingas**
ùnsuccéssful

neseniai not long agó, récently; látely;
n. **atvykęs** néwly arríved

nesibaigiąs *žr.* **nepabaigiamas**

nesikišimas *polit.* nònìntervéntion,
nònìnterférence

nesiliaujamas contínual, incéssant

nesinor‖ėti not want; not feel* like;
man ~**i** I don't feel like it

nesirūpinimas negléct

nesivaldymas lack of restráint

nesivarž‖antis free and éasy ~**ymas**
ease ~**yti** be* at ease

neskau‖dus, ~**smingas** páinless

nesklandumai tróuble *sg*

nesti *žr.* **nėra**

nesubrendęs ìmmatúre

nesuderinam‖as ìncompátible
~**umas** íncompàtibílity

nesudėting‖as símple; not cómplicàted
~**umas** simplícity

nesugrąžinamas *žr.* **negrąžinamas**

nesugriaunamas ìndestrúctible

nesukalbamas ìntráctable

nesulaikomas ìrrepréssible; ùnre-
stráined; *n.* **juokas** ìrrepréssible
láughter

nesuprantamas ìncòmprehénsible,
ùnintélligible

nesusilaikymas *žr.* **nesivaldymas**

nesusipratimas mìsùnderstánding

nesusitvardymas, **nesusivaldymas**
lack of sèlf-contról, incóntinence

nesuskai‖čiuojamas ~**tomas** ìncál-
culable; (*gausus*) innúmerable

nesutaikomas irréconcìlable

nesutar‖imas, **nesutik‖imas** dìsa-
gréement, díscòrd ~**ti** dìsagrée

nesutvardomas, **nesuvaldomas** indó-
mitable

nesuvokiamas inscrútable, ìnconcéiv-
able

nesvarus impónderable; wéightless

nesveik‖as ùnhéalthy; (*apie žmogų*)
ùnwéll, ill*; **psichiškai** *n.* méntally
diséased, insáne ~**ata** ill health;
ìndisposítion ~**uoti** feel* ùnwéll

nėščia *bdv.* prégnant

neš‖dintis *šnek.* clear off; ~**dinkis
lauk!** awáy with you!, get awáy!
~**ėjas**, ~**ikas** pórter, cárrier ~**ioji-
mas** 1 cárrying 2 (*drabužių, avalynės*)
wéaring

nešioti 1 cárry; *n.* **vaiką ant rankų**
cárry a child in one's arms 2 (*dėvėti*)
wear* [weə]; *n.* **ilgus plaukus** wear*
one's hair long

nešti cárry; bear*

nėštumas prégnancy

neš‖tuvai strétcher *sg* ~**ulys** pack;
páckage

nešvankus obscéne; fílthy

nešvar‖umai séwage *sg* ~**umas**
dírtiness ~**us** ùncléan, dírty; (*ne-
grynas*) impúre; ~**i sąžinė** guílty
cónscience

net(gi) *dll.* éven; **dirbo visi,** *n.*
vaikai everyòne was wórking, éven the
chíldren

netaisyklingas irrégular; anómalous;
n. **veiksmažodis** *gram.* irrégular
verb

neteisėtas illégal, ìllegítimate

neteis‖ybė 1 injústice, ùnfáirness 2
(*netiesa*) ùntrúth, fálsehood ~**ingas**
1 (*neteisus*) ùnjúst, ùnfáir 2 ìncorréct;
(*melagingas*) false

netek‖imas loss; **darbingumo** *n.*
disáblement ~**ti** lose*; ~**ti teisių**
fórfeit one's rights

netyč‖ia, ~**iomis** ùninténtionally

netiesa *žr.* **neteisybė** 2

netiesioginis ìndiréct; *n.* **papildinys**
gram. ìndiréct óbject

netikėjimas ùnbelíef, dìsbelíef

netikęs ùnfít; góod-for-nòthing

netikėt‖as ùnexpécted; (*staigus*) súdden
~**inas** incrédible; ùnbelíevable ~**umas**
ùnexpéctedness; (*staigmena*) surpríse;
(*staigumas*) súddenness

netikint‖is ínfidel ~**ysis** ùnbelíever

netikras 1 ùntrúe; (*neteisingas*) ìncorréct **2** (*dirbtinis*) àrtifícial, false; (*apie dokumentus*) forged **3** (*kuo*) ùncértain (*of*)

netiksl‖umas ináccuracy ~us ináccurate, ìnexáct

netinkamas ùnfít; ùnsúitable; *n.* **vartoti** ùnfít for use [... ju:s]; *n.* **karo tarnybai** inéligible / ùnfít for (mílitary) sérvice

neto net

netobulas impérfect, ìncompléte

netol‖i *prv.* not far; **tai visai** *n.* it is quite near *prl.* **1** near, close to **2** (*apie*) aboút; **dešimt metrų ar** *n.* **to** ten métres or théreabouts ~iese not far off ~imas **1** near, not far off; ~imoje praeityje not long agó **2** (*trumpas*) short

netrukus soon (áfter), shórtly áfter

neturė‖jimas lack ~ti: ~damas for lack / want (*of*)

neturiningas píthless, émpty; (*lėkštas*) insípid; vápid

neturt‖as *žr.* neturtingumas; ~ingas poor ~ingumas póverty, póorness

netvark‖a disórder; (*maišatis*) confúsion ~ingas **1** disórderly **2** (*apsileidęs*) slóvenly ['slʌ-], ùntídy; slípshòd

neuralgija *med.* neùrálgia

neurastenija *med.* neùrasthénia

neurozė *med.* neùrósis

neutral‖itetas neùtrálity ~izuoti neútralìse ~umas neùtrálity ~us neútral

neutronas *fiz.* neútròn

neūžauga dwarf, pýgmy

neužimtas ùnóccupìed, vácant; (*apie žmogų*) free

neužmiršt‖amas ùnforgéttable ~uolė *bot.* forgét-me-nòt

neva as if, as though; *n.* **juokais** as if in jest

nevaisingas bárren, stérile; *prk.* frúitless

nevalg‖ius on an émpty stómach ~omas inédible, ùnéatable

nevalià it is not allówed; it is prohíbited

nevalingas invóluntary

neval‖yvas, ~us ùntídy; slóvenly

nevartojamas not in use *predic*; (*nesutinkamas*) not cúrrent

nevaržomas free; free and éasy

nevedęs ùnmárried, síngle

neveikiam‖asis: ~oji rūšis *gram.* pássive voice

neveik‖imas, ~lumas ináction, ìnactívity ~lus ináctive, pássive ~ti be* ináctive, do* nóthing; (*apie mašiną ir pan.*) not work

neveltui 1 (*ne be pagrindo*) not withóut réason; *n.* **sakoma** not withóut réason it is said **2** (*ne be tikslo*) not in vain; **jis** *n.* **taip toli keliavo** he did not trável so far in vain

nevert‖as (*ko*) ùnwórthy (*of*), wórthless; ~a it is not worth (while)

neviešas prívate; sécret

nevyk‖ėlis, -ė ùnlúcky wretch, fáilure ~ęs ùnsuccéssful, ùnfórtunate; bad*

neviltis despáir

nevirškinamas ìndigéstible

nevyst‖amas, ~antis ùnfáding; ~ama šlovė èverlásting glóry

nežabotas ùnbrídled; (*prk. t.p.*) ùnrestráined

nežemiškas ùnéarthly

nežymimasis *gram.* indéfinite

nežymus 1 (*nesvarbus*) ìnsigníficant, ùnimpórtant **2** (*nedidelis*) small, slight; **labai** *n.* ìmpercéptible

nežin‖ia *prv.* it is not known; *n.* **kur** no one knows where ~iomis ùnknówingly ~omas ùnknówn ~omasis *mat.* ùnknówn quántity ~oti not know*; be* ùnawáre (*of*); ~antis ùnawáre; ígnorant

nežmonišk‖as inhúman, brútal ~umas ìnhumánity, brùtálity

niauktis grow* clóudy; gloom

niaurus *žr.* niūrus

ničniek‖as nóbody, no one; nóthing whàtéver *arba* at all; **aš negaliu** ~o matyti I cannot see ányone / ánything whàtéver ~ur nówhère (whàtéver)

niekad||(a), ~**os** néver; (*prie neig.*
veiksnio) éver; **niekas** *n.* **ten ne-**
buvo nóbody has éver been there;
beveik *n.* (+ **ne-**) hárdly éver
niekaip in no way; by no means
niekalas spóilage; waste, rejécts *pl*
niek||**as** *įv.* 1 (*joks žmogus*) nóbody; no
one; *n.* **iš jų** none of them 2 (*joks*
daiktas) nóthing; ~**o** *ypatingo*
nóthing spécial; ~**o aš negaliu jums**
padėti there is nóthing I can do for
you △ **tai** ~**o nereiškia!** *šnek.* (*nes-*
varbu) it does not mátter!; ~**o!** *šnek.*
it's nóthing!; it's all right!; ~**am**
vertas / tikęs véry bad, wórthless;
góod-for-nòthing *predic*; ~**u būdu /**
gyvu by no means *dkt.* 1 nóthing;
(*mažmožis t.p.*) trífle; **užsiiminėti**
~**ais** waste one's time on trífles 2 *dgs.*
(*nesąmonė*) nónsense *sg*, rúbbish *sg*;
~**us taukšti** talk nónsense △ ~**u**
versti set* at nought
niekatr||**asis:** ~**oji giminė** *gram.*
neúter (génder)
niekieno nóbody's, no one's; *n.* **žemė**
no man's land
niekin||**amas** disdáinful, scórnful ~**gas**
déspicable, contémptible; wórthless
~**ti** 1 despíse, scorn; disdáin 2 (*teršti*
vardą) defíle
niek||**is** nóthing; *n.!* it's nóthing!; (*ne-*
svarbu) néver mind! ~**niekis** trífle
niekš||**as** scóundrel, víllain ~**ybė**
méanness, báseness ~**iškas** vile,
mean, base
niekuomet *žr.* niekada
niekur nówhère; not... ánywhère △
kaip *n.* **nieko** as though nóthing
were the mátter; *n.* **netinka** won't
do, is no good at all
niež||**ai** *med.* itch *sg*, scábies ~**ėjimas**
itch ~**ėti** itch △ **jam liežuvį** ~**ti** his
tongue ítches to say it ~**uotas** scábby
nihil||**istas** níhilist ~**izmas** níhilism
nikel||**is** *chem.* níckel ~**iuoti** plate
with níckel, níckel

nykimas 1 dìsappéarance 2 (*smukí-*
mas) decáy
nikotinas nícotìne
nikstelėti (*patempti*) sprain
nykštys thumb
nykštukas *žr.* neužauga
nykti 1 (*dingti*) dìsappéar, vánish
2 (*silpti*) pine; (*smukti*) fall* into
decáy 3 (*gaišti*) becóme* extínct
nykus grim, dísmal, dréary
nimfa *mit.* nymph
niokoti dévastàte; lay* · waste, rávage
nirš||**inti** enráge, incénse, infúriàte ~**ti**
rage
nirti 1 (*apie sąnarius*) be* díslocàted
2 *žr.* nerti I 2
nirt||**inti** excíte / provóke ánger; make*
fúrious ~**ulingas** fierce
niša niche; recéss
nitratas *chem.* nítrate
niuansas nuánce; shade
niuks||**as** punch, cuff ~**ėti** (*duoti*
niuksą) punch, cuff
niūksoti 1 (*būti apsiniaukusiam, su-*
niurusiam) be* glóomy 2 (*stūksoti*)
loom
niūniuoti hum, croon
niurkyti crúmple, rúmple
niurn||**a** grúmbler ~**ėti** grúmble; growl
niurti grow* glóomy
niūrus 1 (*apsiniaukęs*) glóomy 2 (*nelinks-*
mas) dísmal, grim
niurzg||**ėti** growl; grúmble ~**us** grúmpy
nivel||**iacija** lévelling ~**yras** lével
~**iuoti** lével
nokaut||**as** *sport.* knóckout ~**uoti**
knock out
nok||**inti** rípen ~**ti** rípen
noktiurnas *muz.* nóctùrne
nomenklatūra nòménclature
nominal||**inis,** ~**us** nóminal; ~**inė**
kaina nóminal price
noragas *ž.ū.* plóughshàre
nor||**as** 1 wish, desíre; **degti** ~**u** burn
with the desíre, be* éager 2 (*valia*)
will; **savo** ~**u** of one's own (free) will
△ **su mielu** ~**u** wíllingly, réadily
~**ėti** 1 want; like; (*geisti*) wish,
desíre; ~**ėti, kad jis** (*ji ir t.t.*) want /

wish him (her *etc.*) (+ to *inf*); **kaip**
~ite! just as you like! 2 (*ketinti*) be*
abóut (+ to *inf*); mean;* **ką jūs ~ite**
tuo pasakyti? what do you mean by
that?; **jis ką tik ~ėjo eiti pas jus**
he was just abóut to go and see you
~imas desírable
norma 1 stándard, norm 2 *ekon.*
(*nustatytas kiekis*) rate; **išdirbio n.**
·óutpùt quóta, rate of óutpùt
normal‖izacija, ~izavimas nòrmal-
ìzátion, stàndardìzátion **~izuoti** nór-
malìze **~us** nórmal; (*psichiškai svei-*
kas t.p.) sane
normuot‖i nórmalìze; (*produktus, pre-*
kes) rátion
norom(is) *prv.* wíllingly, réadily; *n.*
nenorom(is) wìlly-nílly
nors *jng.* though; àlthóugh; *n.* **ir**
vėlu, jis vis dėlto ateis late as it
is he is sure to come *dll.* 1 (*bent*)
at least; **jei ne dėl jo, tai n. dėl**
jo draugo if not for him, at least for
his friend 2 (*jei norite*) if you like; *n.*
ir mėnesiui for a month, if you like
3 (*net*) éven
norveg‖as, -ė, ~iškas Nòrwégian;
~ų kalba Nòrwégian, the Nòrwégian
lánguage
nosin‖ė hándkerchief **~is** *lingv.* násal
nos‖is 1 nose; **jam kraujas teka iš**
~ies his nose bleeds; **kalbėti per ~į**
speak* through the nose 2 (*gyvulio*)
snout △ **kaišioti savo ~į** *šnek.*
poke / thrust one's nose; (**už**)**riesti**
~į *šnek.* cock one's nose; **nuleisti ~į**
šnek. be* créstfàllen, be* discóura-
ged; **po ~im** near, at hand
nota *dipl.* note
notar‖as nótary **~inis** nòtárial; **~inė**
kontora nótary óffice
novatorius ínnovàtor
novel‖ė *liter.* short stóry **~istas** *liter.*
shórt-stòry wríter
nu *išt.* (*stebintis*) well; what; **nu ir**
oras! what wéather! [...'we-]
nū *jst.* (*raginant arklį*) gee-úp!

nualinti exháust; *n.* **žemę** exháust /
impóverish the soil
nualpti faint (awáy), swoon
nuardyti (*nuplėšti*) rip off; (*rankovę,*
apykaklę) ùnpíck
nuasmeninti (*atimti individualias sa-*
vybes) depríve of ìndivìduálity, dèpér-
sonalìze
nuauti take* off smb's shoes
nubaidyti fríghten / scare awáy
nubalsuoti vote; take* a vote
nubal‖ti turn pale **~tinti** whítewàsh
nubau‖dimas púnishment;   pénalty
~sti púnish; (*piniginė bauda*) fine
nubėgti 1 run*; (*žemyn*) run* down; *n.*
laiptais run* dòwnstáirs 2 (*ligi*) run*
(*to; as far as*) 3 (*nuotolį*) cóver, run*
nublankti 1 (*išbalti*) turn pale 2 (*prieš*)
pale (*before*)
nublukti fade, lose* cólour
nubraižyti, nubrėžti draw*; trace
nubusti wake* up, awáke*
nučiuožti slide* down / off
nučiupti catch*, seize
nudailinti fínish; fínish off / up
nudaryti, nudažyti *žr.* **dažyti** 2
nudeg‖imas 1 burn 2 (*nuo saulės*)
súnbùrn,   (sún-)tàn   **~inti** burn*,
scorch **~ti** 1 be* burnt off, be*
scorched 2 (*saulėje*) tan;   becóme*
tanned / súnbùrnt / brown
nudelbti (*akis*) cast* down
nudengti ùncóver
nuderėti get* a redúction *arba* an
abátement; *n.* **dešimt centų** get*
an abátement of ten cents
nudėti 1 (*užmušti*) kill 2 (*pamesti*)
mìsláy*; mìspláce
nudiegt‖i: ~ šoną have* a stitch in
one's side △ **jis sustojo kaip ~as** he
stopped dead
nudobti kill
nudraskyti strip off; tear* off
nudrožti whíttle off / down; (*pieštuką*)
shárpen
nudulkinti dust
nudumti *šnek.* whirl awáy
nudurti kill; stab to death

nudužti break* off

nudvėsti die; *badu* n. starve

nudžiauti *šnek. (pavogti)* pinch

nudžiug||inti make* glad / háppy; rejóice ∼ti be* glad

nudžiūti dry off; *(išdžiūti)* dry up; *(apdžiūti)* becóme* dry on the súrface

nueiti 1 *(kur)* go* *(to)*; *(tolyn)* go* awáy; *(žemyn)* go* down 2 *(nuo)* leave*; *n. nuo scenos* leave* the stage 3 *(nuotolj)* cóveŗ, do* △ *n. niekais* come* to naught

nuėmimas 1 táking down 2 *(derliaus)* hárvesting, gáthering in

nufilmuoti film; shoot* (a film)

nufotografuoti phótogràph

nugabenti cárry *(to)*, take* *(to)*; *(nuvežti)* trànspórt *(to)*

nugaišti die

nugalė||jimas víctory ∼ti 1 *(jveikti)* òvercóme; *(nukariauti)* cónquer; *(sumušti)* deféat 2 *sport.* win* ∼tojas, -a 1 cónqueror; víctor 2 *sport.* wínner

nugar||a back; *už kieno* ∼os behínd smb's back ∼ėlė *(knygos)* back ∼inė *kul.* sírloin, fíllet ∼inis spínal ∼kaulis *anat.* báckbòne

nugarmėti crash down; fall* through

nugąsdinti fríghten, scare

nugi *žr.* nagi

nugirdyti make* drunk

nugirsti òverhéar*; hear*

nugrandyti scrape off / awáy

nugriauti take* / pull / knock down; *n. pastatą* pull / tear* down a building

nugrieb||ti *(grietinę, putą)* skim; ∼tas *pienas* skim milk; *nenugriebtas pienas* whole / ùnskímmed milk

nugrimzti sink* *(into)*

nugriūti fall* down; *(apie žmogų)* collápse

nugrūsti 1 *(nuvaryti)* drive* off / awáy 2 *(nukišti)* put* (awáy)

nugul||ėti: *jis* ∼ėjo *ranką* his arm has got quite stiff ∼ti òverlíe*

nuilsti be* / get* tíred

nuimti 1 take* off, remóve; *(iš viršaus)* take* down 2 *(derlių)* gáther in, reap

nujau||sti fòrebóde, have* a preséntiment / fòrebóding *(of, about)*; *n. ką nors blogą* smell* a rat *idiom.* ∼timas *(ypač blogas)* preséntiment, fòrebóding

nujuosti *(diržą)* ùngírdle

nukab||inėti hang* *(with)* ∼inti ùnháng*; *(nuimti žemyn)* take* down; *(nuo kablio)* ùnhóok ∼ti hang* down

nukalti 1 forge 2 *(pinigus, naujus žodžius)* coin

nukamuoti *(nuvarginti)* tíre out

nukankinti tórture, tòrmént; *n. mirtinai* tórture to death

nukariaut||i cónquer ∼ojas cónqueror

nukariavimas cónquèst

nukarpyti clip / cut* awáy / off; lop off

nukarš||ęs decrépit ∼ti grow* decrépit

nukarti *(nukabti)* lop; hang* down

nukasti dig* off; *(bulves)* dig* up

nukąsti bite* off

nukauti kill; slay* *knyg.*

nukeliauti 1 *(kur)* trável *(to)* 2 *(atstumą)* cóver, do*

nukelti 1 move / trànsfér (sómewhère else) 2 *(atidėti)* put* off, pòstpóne 3: *n. kortas* cut* the cards

nukentėti *(nuo)* súffer *(from)*; *(už)* súffer *(for)*, smart *(for)*

nukinkyti ùnhárness

nukirpti cut* (off); *(plaukus trumpai)* crop; *(avis)* shear* (off)

nukirsti cut* off / down; chop off; *galvą n.* behéad

nuklijuoti *(kuo)* paste / glue óver *(with)*

nukloti 1 *(kuo)* cóver *(with)*; *(kelią ir pan.)* pave *(with)* 2 *(atidengti)* ùncóver

nukonkuruoti òutríval; *(išstumti)* oust

nukrapštyti scratch off; pick (off)

nukrat||yti shake* off △ *šiurpas* ∼o it makes smb's flesh creep, it gives one the creeps

nukraustyti: *n. stalą* clear the táble

nukreipti 1 *(j)* diréct *(at)*, turn *(to)*; *n. žvilgsnj (j)* turn one's eyes *(on)*; *n. dėmesj* diréct atténtion *(to, at)* 2 *(j*

šalį) turn aside; divért, avért; (smū̃-
gį ir pan.) párry 3 (ginklą) lével (at,
against)
nukryp‖imas 1 (nuo temos) digréssion
2 dèviátion; kairysis n. polit. léft-
wing dèviátion 3 fiz. defléction; dèc-
linátion ~ti divérge (from); déviàte
(from); (nuo temos) digréss (from)
nukristi fall* (down); fall* off
nukryžiuoti relig. crúcifỳ
nukurti rush / dash off
nulaižyti lick off
nulauž(y)ti break* off
nuleisti 1 (žemyn) let* down, lówer;
(apie užuolaidas ir pan.) draw* / pull
down; n. vėliavą lówer a flag; n.
galvą hang* one's head; n. akis
cast* down one's eyes 2 (laivą į van-
denį) launch 3 (akį, inkarą, statmenį)
drop 4 (kainą) take* off, lówer △ n.
juokais turn into a joke
nulėkti fly* awáy / off
nulemti (iš anksto) prèdetérmine; prè-
déstine
nulenkti bend*, incline; n. galvą bow
one's head
nuliē̃(din)ti (apie metalą) sound, cast*
nulyginti lével off; make* lével
nulinis zérò attr
nulinkti bend* (down); droop
nulipti come* / get* down (from); (nuo
arklio, dviračio) dismóunt
nulis nought, zérò; nil
nuliū̃‖dęs sad, sórrowful ~dimas
sórrow, sádness ~dinti grieve, sádden
~sti grieve; be* sad, be* in low spírits
nulupti 1 strip (off) 2 (vaisius, bulves)
peel; (kiaušinį) shell
nulūžti break* off
numaldyti appéase; (skausmą) assuá-
ge
numalšin‖imas (sukilimo ir pan.)
suppréssion ~ti 1 (troškulį) quench,
slake; (alkį) sátisfỳ; (skausmą) assuá-
ge, soothe 2 (užgniaužti) suppréss
numanyti 1 (nuvokti) implý; ùnder-
stánd* 2 (žinoti) know*

numarinti 1 (nervą ir pan.) destróy
2 (badu) starve (to death)
numaty‖mas fóresight, prèvísion ~ti
fòresée*, fòreknów*; províde
numauti take* / pull off; n. kailį skin,
strip off the skin
numer‖acija nùmerátion; (daiktų žy-
mėjimas numeriais t.p.) númbering
~is 1 númber 2 (drabužių, batų) size
3 (laikraščio) íssue, númber 4 (vieš-
butyje) room 5 (koncerto ir kt. pro-
gramos dalis) ítem, turn ~iukas tálly
~uoti númber; ~uoti puslapius
páginàte, númber the páges
numesti 1 throw* / cast* off; (žemyn)
throw* down, drop; n. toli throw* far
awáy 2 prk. (nuversti) throw* down /
off
numigti take* / have* a nap
numylėt‖as(is) belóved, dárling ~inis,
-ė dkt. swéetheart [-ha:t], belóved
numinti tread* (upon, on); n. kam
koją tread* / step on smb's foot
numir‖ėlis the decéased; dead pérson
~ti die
numušti 1 bring* down; n. lėk-
tuvą bring* / shoot* down a plane
2 (sumažinti) beat* down; n. kainą
beat* / knock down the price 3 (nuo-
taiką) discóurage
nuneš‖ioti (drabužį) wear* out / awáy /
down ~ti take* / cárry (awáy)
nuniokot‖as dévastàted, waste ~i
dévastàte, rávage, lay* waste
nunuodyti póison
nunuoginti 1 bare, strip 2 prk. (de-
maskuoti) lay* bare, expóse
nuo 1 (žymint vietą) from; off; (žemyn)
down; nukristi n. stogo fall*
from the roof; numesti n. stalo
throw* off / from the táble; toli n.
miesto far (awáy) from the town;
į šiaurę n. miesto to the north
of the town 2 (žymint laiką) from;
(kalbant apie praeitį) since; (kalbant
apie ateitį) begínning with; (žymint
metus, mėnesius) in; (žymint dienas)
on; (žymint valandas) at; n. gegužės

iki liepos from May to Julý; *jis ne-
matė jos n.* *praeitų metų* he has
not seen her since last year 3 (*žymint
priežastį*) from, of, with; *kentėti n.
karščio* súffer from heat; *mirti n.
bado* die of húnger 4 (*iš*) from; *jis
gavo laišką n. jos* he recéived a let-
ter from her 5 (*žymint paskirtį*) for;
vaistai n. *galvos skausmo* rémedy
for héadache

nuobauda pénalty

nuobod‖okas dúllish; sómehàt bóring /
tédious ~ulys, ~umas bóredom;
wéariness; tédium ~us dull, bóring,
tédious; tíresome

nuobodžiauti be* bored, have* a
tédious time

nuodai póison *sg*; (*gyvatės t.p.*) vénom
sg

nuodėgulys (fíre)brànd

nuodėm‖ė 1 *bažn.* sin 2 (*nusižengimas*)
tréspass ~ingas sínful; (*apie mintis
ir pan.*) guílty ~klausys *bažn.*
conféssor

nuod‖ijimas póisoning ~ingas pói-
sonous tóxic; (*apie gyvatę ir pan.*;
t.p. prk.) vénomous ~ingumas pói-
sonousness; tòxícity; (*gyvatės ir pan.*)
vénomousness ~yti (*ir prk.*) póison;
envénom ~ytis póison ònesélf

nuodugnus thórough, sound

nuog‖as 1 náked, bare (*t.p. prk.*);
nude; ~i *medžiai* (*faktai*) bare /
náked trees (facts)

nuogąst‖auti fear, be* àpprehénsive
~is fear, àpprehénsion

nuog‖ybė núdity, nákedness ~inti
bare; strip

nuogird‖os héarsay *sg*; *iš* ~ų by
héarsay

nuograuža gnawed bit; *obuolio n.*
core of an ápple, gnawed ápple

nuogrimzdos sédiment *sg*

nuogumas núdity, nákedness

nuojauta flair, féeling; preséntiment

nuokaln‖ė slope, slant ~us slóping,
slánting

nuolaid‖a 1 (*kainos*) discóunt, rébàte
2 concéssion ~umas complíance,
plìabílity ~us 1 yíelding, pliant,
complíant 2 (*nuožulnus*) slóping,
slánting

nuolaidžiauti make* concéssions (*to*);
conníve (*at*)

nuolank‖umas submíssiveness (*to*);
méekness ~us submíssive (*to*), meek

nuolat cónstantly, contínually ~inis
cónstant; contínual; (*nekintamas*)
pérmanent; ~inis *lankytojas* régu-
lar vísitor

nuolauža frágment; (*skeveldra*) splín-
ter, shíver

nuolupos (*bulvių*) péelings; (*grūdų*)
husks

nuom‖a 1 lease; ~os *sutartis* lease;
paimti ~on rent; lease 2 (*mokestis*)
rent

nuometas márried wóman's héaddress
[...'hed-]

nuom‖ininkas léasehòlder, lèssée; (*buto,
kambario*) ténant ~ojamas to let, on
híre ~ojimas létting, híre

nuomon‖ė opínion; *viešoji n.* públic
opínion; *būti geros* (*blogos*) ~ės
apie ką have* a high (low) opínion
of smb; *mano* ~e in my opínion; *aš
tos* ~ės, *kad...* I am of the opínion
that...

nuom‖oti(s) (*butą ir pan.*) rent; (*imti
nuomon*) híre, rent ~pinigiai rent *sg*

nuopeln‖as mérit, desért; *pagal* ~us
accórding to one's desérts

nuopjova 1 piece, cut; *dgs. t.p.* ends 2
mat. ségment

nuoraš‖as cópy (*antrasis egzemplio-
rius*) dúplicate; *padaryti ko* ~ą
make* a cópy of smth, cópy smth

nuoroda réference (*to*)

nuorūka cìgarétte-ènd, cìgarétte-bùt

nuosaik‖umas mòderátion; témperan-
ce ~us móderate; témperate

nuosaka *gram.* mood

nuosav‖as own ~ybė próperty; ówner-
ship; *valstybinė* ~ybė state próperty

nuosėdos sédiment *sg*, dèposítion *sg*; (*vyno*) lees; dregs

nuosekl‖umas consístency ~us consístent, cónsequent

nuoslanka lándslìde, lándslìp

nuospauda corn

nuosprend‖is *teis.* séntence, júdgement; (*nutarimas*) decrée; **padaryti** ~į pass séntence (*on*); **įvykdyti** ~į éxecùte the séntence

nuostab‖a astónishment, amázement, wónder ~us wónderful; astónishing, surprísing, stríking, amázing

nuostatai règulátions; státùte *sg*; **rinkimų** *n.* státùte of eléctions

nuostol‖ingas dètriméntal ~is loss; (*žala*) détriment, dámage; **grynas** ~is dead loss; **turėti** ~ių incúr lósses

nuosvoris short weight

nuošal‖iai alóof, apárt; **laikytis** *n.* keep* / hold* alóof ~us seclúded, lónely, sólitary

nuošimtis *žr.* procentas

nuošird‖umas sincérity ~us sincére, héarty, córdial; (*atviras*) ópen-héarted, frank

nuošliauža *žr.* nuoslanka

nuotaik‖a mood, húmour; **būti geros** ~os be* in a good / chéerful mood, be* in high / good spírits; **būti blogos** ~os be* out of húmour, be* in low spírits; be* out of sorts *šnek.* ~ingas, ~us chéerful

nuotak‖a bride ~as (*upės*) (ríver) básin ~umas ìnclinátion ~us inclíned, slóping

nuotėkis (*nutekėjimas*) flów(ing); (*dujų*) escápe

nuotyk‖ingas rich in advéntures ~is advénture; ~ių **ieškotojas** advénturer; ~ių **romanas** advénture nóvel

nuotol‖is dístance; space; **penkių kilometrų** ~iu (*nuo*) at five kílomètres' dístance (*from*)

nuotrauka 1 phóto(gràph); **rentgeno** *n.* rádiogràph, roentgénogràm 2 *poligr.* (*korektūrinė*) impréssion

nuotrupa 1 (*duonos*) crumb 2 (*veikalo, pašnekesio*) frágment

nuovada políce-òffice, políce-stàtion

nuovargis tíredness, wéariness; fatígue

nuovarta (*sniego*) ávalànche

nuovok‖a 1 (*nuvokimas*) ùnderstánding 2 (*sąmonė*) cónsciousness; **gulėti be** ~os be* ùncónscious ~us bright, quíck-wítted

nuožiūr‖a discrétion; **pagal kieno** ~ą at smb's discrétion; **veikti savo** ~a use one's own discrétion

nuožm‖umas fíerceness, ferócity ~us fierce, ferócious; trúculent

nuožuln‖umas declívity ~us slóping; ~ioji **plokštuma** inclíned plane

nupenėti fátten (up)

nupešti pluck (off)

nupilti pour off

nupinti weave*; *n.* **vainiką** make* a wreath*

nupirkti buy*, púrchase

nupjauti 1 cut* off / awáy; (*pjūklu*) saw off 2 (*javus*) reap; (*žolę*) mow* down

nuplaukti 1 (*apie žmones, gyvulius*) swim* awáy / off 2 (*laivu*) sail / steam awáy 3 (*apie daiktus*) float awáy 4 (*nuotolį*) cóver

nuplauti 1 wash off 2 (*nunešti*) wash awáy / down

nuplėš‖iamas(is) téar-òff *attr*; *n.* **kalendorius** téar-òff cálendar ~ti 1 tear* off / down; rip off; strip (off); ~ti **kam kaukę** ùnmásk smb; tear* the mask off smb 2 (*sudėvėti*) wear* out

nuplik‖ęs bald ~yti scald ~ti 1 go* bald 2 *šnek.* (*nuskursti*) be* impóverished

nuplyš‖ėlis rágamùffin ~ęs rágged; shábby ~ti be* torn to tátters, be* in tátters; be* (all) torn

nuplukdyti float; *n.* **sielius** raft

nuprasti *žr.* atprasti

nupulti túmble / fall* (down) (*from*)

nupurtyti shake* down / off

nupūsti blow* awáy / off

nuraminti quíet, calm (down), soothe; (*pyktį*) appéase

nurašyti 1 cópy (*from*) **2** (*skolą*) write* off

nuraškyti, nurėkšti pluck (off), pick (off)

nurausti (*apie veidą*) flush; (*susigėdus*) blush

nuravėti weed up

nurengti ùndréss

nuriedėti roll off / awáy; (*žemyn*) roll down

nurim‖ti becóme* calm / quíet; quíet down; ~**kite!** compóse yoursélf!

nurinkti pick, gáther

nuristi, nuritinti roll awáy; (*į šalį*) roll asíde; (*žemyn*) roll down

nuryti swállow; (*sunkiai*) choke down

nurody‖mas 1 ìndicátion; réference **2** (*instrukcija*) diréction ~**ti 1** índicàte; point (*to, at*); *prk.* point out; (*paaiškinti*) expláin; ~**ti trūkumus** point out the defécts **2** refér (*to*), diréct (*to*)

nurungti 1 òvercóme*; beat* **2** (*nukonkuruoti*) outríval

nusakyti 1 (*apibrėžti*) defíne **2** (*vaizdingai nupasakoti*) depíct

nusaugoti (*nuo*) guard (*from, against*)

nusausin‖imas dráinage ~**ti** dry (up); (*nuleidžiant vandenį*) drain

nusavin‖imas *teis.* àlienátion ~**ti** álienàte

nusėd‖ėti 1 make* dumb by sítting **2** (*vietoje*) keep* one's place / seat; *sunku buvo n. vietoje* it was hard to keep* one's place / seat; *jis nenusėdi nė minutės* he can't keep still for éven a mínute ~**imas** séttling

nusegti ùnfásten

nusekti (*apie vandenį*) abáte; becóme* shállow

nusemti scoop off; (*nugriebti*) skim

nusen‖ęs áged; advánced in years ~**ti** grow* old

nusėsti 1 séttle; subsíde **2** (*apie saulę*) set* **3** (*nulipti*) dismóunt

nusėti (*kuo*) stud (*with*), strew (*with*)

nusiaubti dévastàte, rávage

nusiauti take* off one's shoes

nusibaigti croak, pop off

nusiblaivyti (*apie orą*) clear up

nusibo‖sti bore, bóther; *jam* (*jai ir t.t.*) ~**do** (+ *inf*) he (she, *etc.*) is tíred (*of*), *arba* is bored (*with*)

nusičiaudėti sneeze

nusidažyti 1 be* / get* cóloured; turn / becóme* (a cértain cólour) **2** (*veidą*) make* up

nusideginti burn* (ònesélf)

nusidė‖jėlis, -ė *bažn.* sínner ~**jimas** sin; trànsgréssion ~**ti** (*kam*) sin (*against*), trespass (*against*), trànsgréss; be* guílty (*of*); *kuo jis* ~**jo?** what is he guílty of?, what has he done?

nusidėvė‖jimas wear; *tech.* wear and tear ~**ti** wear* out

nusidirb‖imas òverwórk ~**ti 1** òverwórk ònesélf

nusidriekti stretch (out / away), exténd

nusidurti stab ònesélf to death

nusifotografuoti have* one's phóto táken

nusigandimas fright, scare

nusigąsti be* frightened / stártled

nusigėrimas intòxicátion

nusigerti get* drunk; get* tight *šnek.*

nusigiedr‖inti, ~yti clear (up)

nusiginkl‖avimas disármament ~**uoti** disárm

nusigyven‖imas impóverishment; *visiškas n.* rúin ~**ti** becóme* impóverished; rúin ònesélf

nusigręžti turn awáy (*from*)

nusiimti take* awáy / off

nusikalstam‖as críminal ~**umas** crìminálity; delínquency

nusikal‖sti commít a crime; tréspass; *įstatymui n.* trànsgréss / víolàte / break* the law ~**tėlis, -ė** críminal; *teis.* félon ~**tęs** guílty; delínquent ~**timas** crime; *teis.* félony; *kriminalinis* ~**timas** críminal offénce

nusikamuoti be* fagged / worn out

nusikirpti cut* one's hair; (*kirpykloje*) have* one's hair cut

nusiklausyti éavesdròp; òverhéar*

nusikratyti shake* off (*ir prk.*); (*atsikratyti t.p.*) get* rid (*of*); *n. įpročio* shake* off a hábit

nusikraustyti move (*to*)

nusikvatoti burst* out láughing; (*garsiai*) roar with láughter

nusilei‖dimas 1 (*nuo aukštumos*) descént 2 (*léktuvo*) lánding 3: **saulės n.** súnsèt 4 *žr.* **nuolaida** ~sti 1 descénd; come* down; (*laiptais*) go* / come* dòwnstáirs 2 (*apie léktuvą*) land 3 (*apie saulę*) set* 4 (*sutikti*) yield (*to*), submít (*to*)

nusilenk‖imas bow; stoop ~ti bend* (down), stoop; bow (*to*)

nusilp‖imas (*procesas*) wéakening; (*būsena*) wéakness ~ninti wéaken ~ti wéaken, becóme* weak

nusilupti come* off

nusimany‖mas ùnderstánding ~ti ùnderstánd*; be* a good judge (*in*)

nusimin‖ęs dispírited, dejécted, despóndent ~imas gloom, dejéction, despóndency ~ti be* / becóme* dispírited / despóndent / glóomy; lose* heart

nusineš‖ioti wear* out ~ti take* (awáy) with one

nusinuod‖ijimas póisoning ~yti póison ò25nesélf

nusipeln‖ęs desérving, desérved; wórthy ~yti desérve; be* wórthy (*of*)

nusiprausti wash (ònesélf)

nusipurtyti shake* ònesélf

nusiramin‖imas cálming, quíeting ~ti calm / quíet / séttle down; **nenusiraminti tuo, kas pasiekta** néver rest contént with what has been achíeved

nusirašyti (*nuo*) cópy (down / off) (*from*); crib (off) (*from*) *šnek.*

nusireng‖ti ùndréss, strip

nusiristi *žr.* **nuriedėti**

nusirpti rípen, becóme* júicy

nusisek‖ęs succéssful; good ~ti turn out well; be* a succéss

nusiskandinti drown ònesélf

nusisk‖undimas compláint ~ųsti compláin (*of*)

nusispjauti spit* △ **jam viskas n.** he doesn't care a fig for ánything

nusistat‖ymas áttitùde (*to*) ~yti (*apsispręsti*) resólve

nusistebė‖jimas astónishment, surpríse, amázement ~ti be* astónished / surprísed / amázed (*at*)

nusistoti (*apie drumzles*) séttle

nusisukti turn awáy (*from*), avért one's face (*from*)

nusišalinti keep* awáy (*from*), keep* / hold* alóof (*from*)

nusišauti shoot* ònesélf; blow* out one's brains *idiom.*

nusišerti 1 (*apie gyvulius, paukščius*) moult; (*tik apie gyvulius*) shed* its hair 2 (*blukti*) fade

nusišypsoti smile, give* a smile

nusišluostyti wipe (ònesélf); dry ònesélf; **n. nosį** wipe one's nose

nusišnypšti, nusišniurkšti blow* one's nose

nusišutinti scald (ònesélf)

nusiteik‖ęs dispósed; **jis nenusiteikęs padėti** he does not feel dispósed to help; **gerai n.** in a good* / chéerful mood, in (good*) spírits; in mérry pin *idiom.*; **blogai n.** out of spírits; in the blues ~imas mood, húmour ~ti be* dispósed

nusitęs‖ti 1 (*užtrukti*) last; **susirinkimas ~ė iki vienuoliktos valandos** the méeting lásted till eléven o'clóck 2 (*nusitiesti*) exténd, stretch

nusitraukti *šnek.* (*nusifotografuoti*) have* one's phótò táken

nusitrinti be* effáced / oblíteràted

nusitverti catch* hold (*of*), grasp (*at*); **n. už turéklų** grip / grasp the (hánd)-rail

nusiųsti send* (off / awáy)

nusivaikščioti get* tíred with wálking abóut

nusivalyti clean (ònesélf) up

nusivaryti 1 drive* awáy 2 (*nuvargti*) be* dèad-béat △ *n. nuo kojų* walk one's legs off

nusiv‖ylimas dìsappóintment; dìsillúsion ~**ilti** be* dìsappóintéd (*in*)

nusivokti ùnderstánd*; grasp

nusiżemin‖ęs húmble ~**imas** humìliátion, humílity ~**ti** abáse / húmble òneself; eat* húmble pie *idiom.*

nusiżeng‖imas offénce (*against*); tréspass; fault ~**ti** be* at fault; (*įstatymui ir pan.*) commít an offénce (*against*), offend, trànsgréss

nusiżiūrė‖ti 1 (*išširinkti*) pick out, seléct (for òneself) 2 (*sekti kuo*) ímitàte; take* / fóllow (*smb's*) exámple; ~**jus** (*į*) in ìmitátion (*of*)

nusiżud‖èlis, -ė súicìde ~**ymas** súicìde ~**yti** commít súicìde

nuskandinti sink*; (*żmogų, gyvulį*) drown

nuskausmin‖imas *med.* àuaesthetìzátion ~**ti** anáesthetìze

nuskęsti sink*, go* down; drown

nuskinti pick, pluck (off)

nuskriausti hurt*, wrcng

nuskristi fly* awáy; fly* forth / off; (*żemyn*) fly* down

nuskur‖dèlis índigent / poor man* ~**dęs** impóverished ~**dimas**, ~**dinimas** impóverishment ~**dinti** impóverish; páuperìze ~**sti** grow* poor, becóme* a páuper, becóme* impóverished

nuskur‖ėlis rágamùffin ~**ęs** rágged

nuskusti 1 shave* (off) 2 (*nugrandyti*) scrape off; (*żievę*) peel; (*bulves t.p.*) pare (off / awáy)

nuslėpti hide*, concéal; *n. ką nuo ko* keep* smth from smb

nuslinkti 1 (*żemyn*) slip down 2 (*apie plaukus*) fall* out

nuslysti slide* down / off

nuslopinti 1 (*maiśtą ir pan.*) suppréss, put* down, représs 2 (*dusinti*) stífle; (*garsą*) múffle

nuslūgti abáte; (*apie vandenį*) becóme* lówer, subsíde

nusmélkti *żr.* smelkti

nusmuk‖dyti bring* to ruin ~**ti** (*sużlugti*) fall* ínto decáy; *żr. dar* smukti

nusnūsti take* / have* a nap

nuspausti press (down)

nuspręsti decíde (+ to *inf*, on + *ger*), detérmine (+ to *inf*, on + *ger*)

nustaty‖mas 1 detèrminátion 2 estáblishment, àscertáinment ~**tas** 1 (*apibrėżtas*) définite; (*įstatymu*) set; ~**toji** tvarka estáblished órder 2 (*paskirtas*) fixed, appóinted; ~**ta valanda** appóinted / fixed hour ~**ti** 1 (*apibrėżti*) defíne, detérmine; fix; set* 2 (*iśaiśkinti*) estáblish, àscertáin; ~**ti ligą** díagnòse a diséase; ~**ti faktus** estáblish facts

nusteb‖imas surpríse, astónishment, wónder ~**inti** surpríse, astónish, amáze ~**ti** be* astónished / surprísed / amázed (*at*)

nustelbti 1 (*augalus*) choke 2 (*garsą*) múffle 3 *prk.* smóther

nustèrti be* stúpified

nustoti 1 (*netekti*) lose* 2 (*liautis*) stop; (*pamażu*) cease

nustumti (*į śalį, tolyn*) push off / awáy

nusukti 1 (*pasukti*) turn 2 (*apsukti*) cheat; (*besveriant*) cheat in wéighing; (*bematuojant*) cheat in méasuring △ *n. kam sprandą* wring* smb's neck

nususti (*apie gyvulius*) becóme* mángy; (*apie augalus*) grow* stúnted / síckly

nusverti outwéigh, outbálance, òverbálance

nusviesti fling* awáy; throw* off

nusvil‖inti singe ~**ti** be* singed

nusvirti hang* down, droop (*over*)

nuśaldyti (*augalus*) frost

nuśalinti remóve

nuśal‖ti 1: *jis ~o rankas (ausis)* his hands (ears) are frózen / fróstbìtten, he has fróstbìtten hands (ears) 2 (*perśalti*) catch* cold

nuśaś‖ęs scábby, mángy ~**ti** becóme* scábby / mángy

nušauti shoot* (down)

nušliaužti 1 creep* / crawl awáy 2 (*nu-slinkti žemyn*) slip / work down

nušluo‖styti wipe (off); clean (down) ~**ti** sweep* off / awáy △ ~**ti nuo žemės paviršiaus** sweep* out of exístence

nušokti (*nuo*) jump off / down (*from*)

nušu‖sti be* scálded ~**tinti** scald

nušveisti (*nublizginti*) pólish; (*nuvalyti*) clean

nušviesti 1 light* (up) 2 *prk.* (*klausimą*) elúcidàte, illúminàte

nušvilpti 1 hiss (off), cátcàll; **n. artistą** hiss an áctor off the stage 2 (*nulėkti*) whirl awáy

nušvisti (*apie saulę ir prk.*) bríghten up; (*pradėti šviesti*) begín* to shine

nutaikyti 1 aim (*at*) 2 catch*; **n. momentą** catch* a móment

nutar‖imas decísion, rèsolútion ~**ti** 1 (*paskelbti nutarimą*) enáct, decrée 2 (*nuspręsti*) decíde; ~**ti balsų dauguma** resólve by a majórity vote ~**tis** *teis.* decísion

nutau‖sti, ~**tėti** be* dènátionalìzed

nuteikti (*ką prieš*) incíte (*smb against*); **liūdnai ką n.** make* smb mélancholy; **palankiai n.** prèposséss

nuteisti convíct; séntence (*to*), condémn (*to*)

nutekėti 1 flow (down), stream down 2 (*už vyro*) márry

nutempti drag / pull awáy / asíde

nutiesti 1 (*kelią ir pan.*) build*; **n. elektros laidus** instáll eléctrical equípment; **n. vandentiekį** lay* on wáter 2 (*ištempti*) stretch

nutik‖imas íncident; (*nuotykis*) advénture ~**ti** 1 (*atsitikti*) háppen, occúr 2 (*pavykti*) turn out well; be* a succéss

nutykoti be* on the watch, watch

nutildyti sílence; still

nutylėti pass óver in sílence, hush up; (*nuslėpti*) suppréss

nutilti (*apie žmogų*) fall* / becóme* sílent; lapse ínto sílence; (*apie garsus*) stop, die awáy

nutirpti 1 melt awáy 2 (*apie sąnarius*) becóme* / grow* numb

nutįsti exténd, stretch

nutol‖ęs dístant, remóte ~**imas** remóteness; *prk.* estrángement ~**ti** 1 move awáy / off (*from*) 2 *prk.* shun 3 (*nuo temos*) dìgréss

nutrauk‖imas 1 rúpture 2 (*sustabdymas*) cèssátion; **mokėjimų n.** suspénsion of páyments ~**ti** 1 (*santykius ir pan.*) break* (off); ~**ti pasikalbėjimą** break* off the cònversátion 2 (*nustoti*) cease, dìscontínue; ~**ti darbą** leave* off, *arba* cease, work; ~**ti diskusijas** close the debáte 3 (*nutempti*) pull off / awáy 4 *šnek.* (*nufotografuoti*) phótò

nutremt‖asis . éxìle ~**i** éxìle, bánish, depórt

nutrinti 1 (*kas parašyta*) eráse, rub out / off 2 (*koją ir pan.*) rub sore; **man nutrynė koją** I have rubbed my foot sore

nutrūk‖imas 1 break; rúpture 2 (*sustojimas*) stópping, cèssátion ~**tgalvis** mádcàp ~**ti** 1 break*; (*apie sagą ir pan.*) come* off 2 (*liautis*) cease

nutuk‖ęs òbése ~**imas** òbésity ~**ti** grow* fat; put* on weight; (*apie gyvulius*) fátten

nutūp‖imas (*lėktuvo*) lánding ~**ti** 1 (*apie paukštį*) perch 2 (*apie lėktuvą*) land, touch down

nutverti seize; catch*; **n. nusikaltimo vietoje** catch* rèd-hánded

nuūžti whirl awáy

nuvaikyti drive* awáy / off

nuvainikuoti dethróne

nuvalyti 1 clean off; (*šepečiu*) brush (off) 2 (*derlių*) hárvest, gáther in

nuvalkiot‖as trite, háckneyed ~**i** 1 make* cómmon / trite / háckneyed

nuvarg‖ęs tíred, wéary ~**imas** tíredness, wéariness; fatígue ~**inti** tíre, wéary; fatígue ~**ti** get* tíred

nuvaryti 1 drive* (awáy) 2 (*arklį*) òverdríve*, òverríde*

nuvažiuoti 1 (*kur*) go* (awáy) (*to*), depárt (*to*); (*vežimu*) get* (*to a place*) in a cárriage 2 (*atstumą*) make*, cóver; *n.* *50 kilometrų per valandą* make* fífty kílomètres an hóur

nuveikti 1 (*atlikti*) do*; perfórm, accómplish 2 (*nugalėti*) fight* down; òvercóme*

nuver‖sti 1 throw* down / off 2 (*atimti valdžią*) òverthrów* ~**timas** óverthrow, subvérsion

nuvertinti depréciàte

nuvesti take* / lead* awáy; (*kur*) take* (*to*), lead* (*to*)

nuvež‖ti drive* / take* awáy; ~*k Jį į Kauną* take him to Káunas

nuvykti (*kur*) go* (*to a place*), make* (*for a place*)

nuvilk‖inti deláy, drag out; (*atidėlioti*) keep* pútting off ~**ti** 1 (*nurengti*) ùndréss; ~*ti paltą* take* off smb's coat 2 (*nutempti*) drag / pull off

nuvilti dìssappóint (smb's hopes)

nuvynioti wind* off

nuvirsti fall* (down)

nuvy‖sti fade, wíther ~**tęs** wíthered

nuvyti drive* awáy / off

nuvokti ùnderstánd*, concéive

nužydėti cease / fínish blóssoming

nužymėti 1 (*ženklais*) mark (off) (*with*) 2 (*nustatyti*) set*

nužiūrėti 1 (*pastebėti*) nótice; (*išrinkti*) seléct 2 (*numatyti*) fòresée*

nužudy‖mas múrder; (*iš pasalų*) assàssinátion ~**ti** kill; (*sąmoningai*) múrder; (*klastingai*) assássinàte

O

o *jng.* and; (*bet*) but *jst.* oh!, ah!

oazė òásis

obelis ápple(-tree)

obeliskas óbelisk

obertonas *muz.* óvertòne

objekt‖as óbject ~**yvas** òbjéctive, óbject-glàss ~**yvumas** òbjèctívity

~**yvus** òbjéctive; (*bešališkas t.p.*) ùnbíassed

obligacija bond; *paskolos o.* Státe-(-loan) bond

obl‖iuoti plane ~**ius** plane

obojus *muz.* háutboy, óbòe

observatorija obsérvatory

obuol‖iauti gáther ápples ~**ienė** (*košė*) ápple jam ~**ys** ápple Δ ~**ys nuo obels netoli krinta** like fáther like son ~**mušys** (*arklys*) dàpple-gréy (horse)

od‖a 1 (*gyvulio, žmogaus*) skin; (*stambių gyvulių t.p.*) hide; ~**os liga** skin diséase 2 (*išdirbta*) léather Δ *o. ir kaulai* bag of bones

odė *lit.* ode

odekolonas èau-de-cológne

odin‖inkas cúrrier, tánner ~**is** léather(n)

oficl‖alus offícial; *o. vizitas* dúty call, offícial vísit ~**antas** wáiter ~**antė** wáitress

ogi *dll.* why, yes; súrely; (*štai*) why; *o. jis žinovas* he is an éxpèrt, you see / know; *o. jis tau sakė* but he told you; *o. kaip* yes, indéed

oho *jst.* òhó!; ah!

oi *jst.* o!; oh!

oje *jst.* dear me!, oh!

okeanas óceaɪ̈

oksid‖acija *chem.* òxidátion ~**as** *chem.* óxìde ~**uoti(s)** óxidìze

oktava *muz., liter.* óctave

okuliaras *fiz.* éyepìece, ócular

okup‖acija òccupátion ~**acinis** òccupátion *attr*; ~**acinė kariuomenė** òccupátion ármy ~**antas** inváder ~**uoti** óccupỳ

ola hole, cave, cávern

oland‖as Dútchman* ~**ė** Dútchwòman*; ~**ai** the Dutch ~**iškas** Dutch; ~**iškas sūris** Dutch cheese

oligarchija óligàrchy

olimp‖iada (*žaidynės*) Olýmpic games *pl* ~**inis** Olýmpic

omaras *zool.* lóbster

omas *el.* ohm

omenyje: turėti o. mean*; (*neužmiršti*) bear* in mind

omletas *kul.* ómelette

op, opa *išt.* hop!, hup!

opa úlcer, sore

oper‖a ópera; ~**os teatras** ópera-house*

opera‖cija òperátion ~**cinis** óperàting; òperátional ~**torius** 1 óperàtor 2 *kin.*, *tel.* cámeraman

operetė músical cómedy; òperétta

operuoti 1 *med.* óperàte 2 (*nau-dotis svarstant / įrodinėjant*) óperàte (*with*), use

opiumas ópium

oponentas oppónent, crític

oportun‖istas tíme-sèrver, ópportùnist ~**izmas** tíme-sèrving, ópportùnism

opozic‖ija òpposítion ~**inis** òpposítion *attr*; ~**inė partija** párty in òpposítion

opšrus *zool.* bádger

optika óptics ~**s** optícian

optim‖istas óptimist ~**istinis**, ~**is-tiškas** òptimístic, sánguine ~**izmas** óptimism

optinis óptical

optuoti *teis.* choose*, opt (*for*)

opus 1 (*lepus*) délicate 2 (*svarbus*) sore; **o. klausimas** sore súbject

orangutangas *zool.* òràng-oután(g)

oranž‖erija hóthouse*, gréenhouse*, consérvatory ~**inis** órange

or‖as 1 air; **sunkus o.** close air; **pakvėpuoti grynu** ~**u** take* / have* / get* a breath of fresh air 2 wéather; **geras (blogas) o.** good / fine (bad) wéather ~**o prognozė** wéather fórecàst △ **iš** ~**o pusės** from withóut

oratorius órator, (públic) spéaker

orbita órbit

orderis wárrant, órder

ordin‖as I (*apdovanojimo ženklas*) órder; **gauti** ~**ą** be* décoràted with the órder (*of*); **apdovanoti** ~**u**

décoràte with an órder, awárd an órder (*to*)

ordinas II (*organizacija*) órder; **Jėzuitų o.** órder of the Jésuits; **kryžiuočių o.** órder of the Knights of the Cross

oreivystė àeronáutics

organ‖as *biol.*, *polit.* órgan; **valdžios** ~**ai** órgans of góvernment ~**inis**, ~**iškas** òrgánic; ~**inė chemija** òrgánic chémistry

organiz‖acija òrganìzàtion ~**acinis** òrganìzátion *attr* ~**atorius** órganìzer ~**mas** órganism ~**uoti** órganìze

orgija órgy

orial with dígnity

orient‖acija òrientátion ~**acinis** (*apy-tikris*) téntative; rough ~**uotis** óriènt ònesélf; find* one's béarings

original‖as 1 oríginal 2 *šnek.* (*apie žmogų*) oríginal, eccéntric (pérson); **jis didelis o.** he is véry eccéntric ~**umas** orìginálity ~**us** oríginal

or‖inis (*oro*) air *attr*, áerial ~**kaitė** óven

orkestr‖antas mémber of an órchestra ~**as** órchestra; (*dūdų*) band ~**uoti** órchestràte

orlaidė vèntilátion pane

ornament‖as òrnaméntal páttern / desígn; órnament ~**inis** òrnaméntal ~**uoti** órnamènt

orto‖doksinis órthodòx ~**epija** *lingv.* órthòèpy ~**grafija** òrthógraphy, spéll-ing

or‖umas dígnity ~**us** dígnified

ošti rústle; drone

ovacija òvátion

oval‖as óval ~**us** óval

ozon‖as *chem.* ózòne ~**uoti** ózonìze

ož‖ys 1 hé-goat, (bílly-)goat 2 *šnek.* (*užsispyrimas*) freak; capríce 3 (*sto-vas*) tréstle △ **atpirkimo o.** scápe-goat ~**iškas** (*užsispyręs*) stúbborn ~**iukas** kid ~**iuotis** *šnek.* be* caprícious

ožka goat, shé-goat

P

paaiškėti turn out; be* cleared up

paaiškin‖imas èxplanátion ~ti expláin; expóund

paaštr‖ėti 1 becóme* sharp 2 (*pablogėti*) becóme* ággravàted; *padėtis ~ėjo* the sìtuátion has becóme ággravàted ~inti 1 shárpen 2 (*pabloginti*) ággravàte; ~*inti santykius* strain the relátions

paaug‖lys, -ė júvenìle; téenàger; (*apie mergaitę t.p.*) flápper *šnek.* ~lystė àdoléscence ~ti grow* up

paauks‖avimas gílding, gilt ~uotas gílded, gilt ~uoti gíld

paaukšt‖ėti rise* ~inimas 1 rise 2 (*tarnyboje*) adváncement, promótion ~inti 1 raise 2 (*tarnyboje*) advánce, promóte

pabaig‖a end; conclúsion ~ti 1 end, fínish 2 (*aukštąjų mokyklą*) gráduàte (*from*)

pabaisa mónster

pabal‖imas pállor, páleness ~ti 1 turn white 2 (*išblykšti*) turn pale ~tinti whítewàsh

pabarbenti tap (*on, at*); knock (*at*)

pabaud‖a fine, pénalty; *uždėti* ~ą set* / impóse a fine (*upon*)

pabėg‖ėlis, -ė 1 fúgitive, rúnaway; (*karo pabėgėlis, emigrantas*) rèfugée; (*iš kalėjimo*) príson-brèaker 2 (*dezertyras*) desérter ~ėti run* à líttle ~imas flight; (*iš kalėjimo ir pan.*) escápe ~ioti run* for a while ~is *glžk.* sléeper; tie *amer.* ~ti 1 run* awáy*, make* off; (*išsigelbėti*) escápe, flee*; ~*ti iš kalėjimo* break* out of príson, escápe from príson 2 (*dezertyruoti*) desért

pabelsti knock (*at*), rap (*at, on*)

paberti spill*; strew*

pabirti spill*; (*išsibarstyti*) scátter

pablankti fade; get* fáded

pablog‖ėjimas (*ligos, padėties*) wórsening, change for the worse ~ėti becóme* / grow* worse; detérioràte ~inti make* worse, wórsen, detérioràte

pabrang‖imas rise in príce(s) ~ti rise* in price, go* up (in price); becóme* déarer

pabraukti 1 ùnderlíne 2 (*per ką*) run* (*over*), pass (*over*)

pabrėžti 1 ùnderlíne 2 (*akcentuoti*) émphasìze, lay* stress / émphasis (*on*)

pabuč‖iavimas kiss ~iuoti kiss, give* a kiss

pabūgti be* fríghtened (*with*)

pabūkl‖as *kar.* piece of órdnance, gun; ~ai órdnance *sg*

pabusti wake* (up), awáke*

pabūti stay (*for a while*); *Jis pabuvo pas mane dvi dienas* he stayed with me (for) two days

pabuvo‖ti be*, vísit; *Jis ~jo visur* he has been éverywhère

pacientas, -ė pátient

pacif‖istas, -ė pácifist ~izmas pácifism

pačiupti catch*; seize

pačiūža *sport.* skate

padainuoti give* a song, sing* (*for a while*)

padal‖a (*knygos ir pan.*) séction ~ijimas divísion ~yti divíde (*in, into*) ~yvis *gram.* vérbal ádvèrb

padanga týre; tíre *amer.*

padangė the skies *pl*

padaras 1 crèátion, work 2 (*gyva būtybė*) béing, créature

padarg‖as 1 ínstrument; ímplement; *žemės ūkio* ~ai àgricúltural ímplements 2: *kalbos* ~ai órgans of speech

padar‖ymas accómplishment, fulfílment ~inys cónsequence, resúlt, séquel ~yti make*, do*; ~*yti įspūdį* make* an impréssion (*on, upon*); ~*yti įtaką* ínfluence; ~*yti nuostolių* do* / cause dámage (*to*)

padas sole

padaug‖ėjimas íncrease ~ėti incréase ~inimas 1 íncrease 2 *mat.* mùltiplicátion ~inti incréase; múltiplỳ (*t.p.*

mat.); *du* ~*intl lš trljų* múltiplỳ two by three

padauža scápegràce

padav‖ėjas, -a 1 (*kelneris*) wáiter; (*kelnerė*) wáitress ~**imas** 1 (*pareiškimo ir pan.*) presénting 2 (*legenda*) légend **3** (*kamuolio*) serve

padaž‖as sauce; (*mėsos*) grávy; (*salotoms ir pan.*) dréssing ~**yti** 1 (*nesmarkiai nudažyti*) tint 2 (*pavilgyti*) dip

padeg‖ėjas incéndiary ~**imas** sétting fíre (*to*); árson ~**ti** set* fíre (*to*), set* on fíre

padėj‖ėjas, -a assístant; help; *viršininko p.* assístant chief ~**imas** 1 help, assístance 2 (*padėtis*) condítion, state **3** (*pamato*) láying

padėka thanks *pl*; grátitùde

padėklas tray

padėkoti thank

pademonstruoti show*, displáy

padeng‖imas (*skolų ir pan.*) dischárge, páyment; *išlaidų p.* defráyment / defráyal of expénses ~**ti** (*apmokėti*) meet*, pay* off; ~**ti išlaidas** defráy expénses

padėt‖i 1 lay* / put* (down); place; *p. į vietą* repláce, put* in its place; *p. ne į vietą* misláy* 2 (*po kuo*) lay* (*under*) **3** (*pagelbėti*) help, assíst, aid ~**is** 1 (*vieta*) posítion; locátion 2 (*būklė*) condítion, state; *nepatogi* ~**is** áwkward sìtuátion

padidė‖jimas íncrease; (*priaugimas*) àugmèntátion ~**ti** incréase

padidin‖imas 1 íncrease 2 *fot.* enlárgement ~**ti** 1 incréase 2 (*optiniu stiklu*) mágnifỳ; *fot.* enlárge

padien‖ininkas wórkman* híred by the day, dáy-làbourer ~**is** dáily, by the day; ~**is darbas** work by the day, dáy-làbour; ~**ė darbininkė** wóman* híred by the day ~**iui** (*kas antrą dieną*) évery óther day

padykti becóme* / get* spoilt

padilbomis *prv.*: *žiūrėti p.* (*į*) scowl (*at*), lóur (*at*)

padirb‖ėti work; do* some work; *čia dar reikia p.* one will have to work at it ~**imas** 1 (*suklastojimas*) fórgery, fàlsificátion 2 (*atlikimas*) fulfílment ~**tas** (*suklastotas*) false, cóunterfeit; (*apie dokumentą, parašą*) forged ~**ti** (*suklastoti*) cóunterfeit; fálsifỳ

padlaižis fáwner, whéedler

pador‖umas décency, propríety ~**us** décent, próper; (*prideramas*) séemly, décorous

padrąs‖ėti grow* bólder ~**inimas** encóuragement ~**inti** encóurage; embólden; héarten (up)

padriosketi (*griūti*) crash (down)

padugnės 1 (*nuosėdos*) sédiment *sg*; dregs; grounds; (*vyno*) less 2 *prk.* ríff-ràff *sg*, scum *sg*; *visuomenės p.* dregs of socíety

padūk‖ęs mad; fúrious ~**imas** 1 (*gyvulių liga*) rábies 2 fúry, rage ~**ti** 1 go* mad 2 *prk.* (*įniršti*) get* / fly* ínto a rage

paduoti 1 give*; *p. ranką* hold* out one's hand (*to*) 2 (*nešti į stalą*) serve **3** (*įteikti*) hand; *p. pareiškimą* hand in an àpplicátion; *p. skundą* make* a compláint (*to smb, about smth*)

padvelk‖ti blow* sóftly; ~**ė vėsuma** there came a breath of fresh air

padvėsti die; *niek.* croak

padvigub‖ėti, ~inti (re)dóuble

padžiovinti dry a líttle

padžiūti dry a líttle

paeiliui one áfter anóther, in succéssion; in turn

paeiti 1 (*paėjėti*) go* (*a little*) 2 be* áble to walk

paėmimas táking; séizure; *p. į nelaisvę* cápture

paežerė lákesìde

pagadin‖imas dámage; spóiling ~**ti** dámage; spoil

pagaikštis (*žarsteklis*) póker

pagailėti 1 (*ko*) be* / feel* sórry (*for*), píty (*smb*) 2 spare

pagal 1 (*žymint vietą*) alóng 2 (*sutinkamai su kuo*) accórding to; by; *p.*

įsakymą by órder; **p. sutartį** ac-córding to a tréaty

pagalb‖a help, assístance, aid; **suteikti** ~ą give* help; rénder assístance; **greitoji p.** emérgency médical sérvice; **pirmoji p.** first aid ~ininkas help, assístant ~inis subsídiary; auxíliary; ~inis veiksmažodis gram. auxíliary verb

pagaliau prv. at last; fínally dll. (juk) áfter all

pagalys stick

pagalv‖ė (lovos) píllow ~ėlė (sofos) cúshion

pagalvoti think* (a little, for a while)

pagamin‖imas mànufácture, máking ~ti mànufácture; prodúce

pagarb‖a respéct, eștéem; hónour; **reikšti kam** ~ą hónour smb; treat smb with respéct; **su** ~a (laiške) respéctfully yours ~umas respéct, respéctfulness ~us respéctful, dèferén-tial

pagars‖ėti becóme* fámous (for) ~inti 1 make* lóuder 2 (paskelbti) annóun-ce; (atskleisti) dìvúlge

pagausėti grow* in númber, incréase

pag‖auti catch*, seize (t.p. prk.); snatch; **jį baimė** ~avo he was seized with térror; **lietus** ~avo **bevažiuojant** on the way he was caught in the rain ~avimas cátching; cápture

pagedęs žr. sugedęs

pageid‖aujamas desírable ~auti wish, desíre ~avimas wish, desíre

pagelbėti help, assíst, aid

pagerb‖imas hómage, hónour ~ti do* hómage (to); hónour

pager‖ėjimas, ~inimas impróvement; amèliorátion ~ėti, ~inti impróve; amèliioràte

pagesti 1 spoil*, get* spoiled 2 (pablo-gėti) detérioràte; go* bad; (morališ-kai) becóme* deprável

pagyd‖yti cure ~omas cúrable

pagieža spite, ráncour

pagijimas recóvery

pagil‖ėti déepen, becóme* déeper ~inimas déepening ~inti 1 déepen, make* déeper 2 prk. exténd; ~inti žinias exténd one's knówledge

pagimdyti 1 give* birth (to); bear* 2 prk. give* rise (to)

pagyr‖a praise △ ~ų puodas, ~ų maišas bóaster, brággart

pagirdyti give* (smb) to drink; (gyvu-lius) wáter

pagyrimas praise

pagir‖ios hángòver sg; the mórning áfter sg ~ioti have* a hángòver

pagirys bórder / edge of a fórest / wood

pagirt‖i praise; (už) comménd (for) ~inas práisewòrthy, láudable, com-méndable

pagyrūnas, -ė bóaster, brággart

pagyti get* bétter, recóver; **jis jau pa-gijo** he is quite recóvered now, he is well now

pagyv‖ėjimas enlívining; ànimátion ~enęs élderly ~enti live, stay △ ~ensim — pamatysim we shall see what we shall see ~ėti bríghten up, becóme* ánimàted ~inti enlíven, bríghten up

paglemž‖imas séizure ~ti seize

paglostyti stroke

pagon‖is, ~iškas héathen, págan

pagraž‖ėti becóme* préttier / bètter-lóoking ~inimas embéllishment; (daik-tas) adórnment ~inti (kalbą) embéllish

pagreit‖ėjimas, ~inimas accèlerátion ~ėti quícken, be* accéleràted ~inti 1 speed* up; quícken, accéleràte 2 (paankstinti) hásten; ~inti kieno mirtį hásten smb's death

pagriebti snatch; grip, seize

pagrind‖as 1 foundátion; base (t.p. mat.) 2 (kuo kas remiasi) base, básis; grounds pl; kuriuo ~u? on what grounds? 3 dgs. (principai) fùndaméntals △ **priimti** ~u assúme as a básis ~imas (nuomonės) sub-stàntiátion ~inai prv. thóroughly ~inis fùndaméntal, básic, príncipal; ~inė reikšmė prímary méaning; ~inis sakinys gram. príncipal clause

pagrįs‖tas wèll-fóunded, (wèll-)gróunded ~ti ground, base

pagrob‖ėjas (*žmonių*) kídnàpper ~imas séizure; (*žmonių*) kídnàpping ~ti seize; (*žmones*) kídnàp; (*lėktuvą*) híjàck

pagul‖dyti lay*; **p. į patalą** put* to bed ~ėti lie* (down) (*for a while*)

pagund‖a tèmptátion; **pasiduoti ~ai** be* témpted; yield to tèmptátion ~yti tempt; entíce

paguo‖da cómfort, cònsolátion ~sti cómfort, consóle

pagurklis dóuble chin; (*gyvulių*) déwlàp

paieško‖ti look (*for*); **~k geriau, gal surasi** have a bétter look, you may find it

paik‖as sílly, fóolish, ímbecìle ~ėti grow* fóolish ~ybė fólly ~inti (*lepinti*) spoil* ~ioti make* a fool of ònesélf; be* fóolish

pailg‖as òblòng ~ėjimas, ~inimas léngthening ~ėti léngthen, becóme* lónger ~inti léngthen, make* lónger

pails‖ęs tíred, wéary; fatígued ~ti get* tíred / fatígued

paimti take*; **p. į nelaisvę** take* prísoner △ **p. viršų** take* / gain the úpper hand (*over*)

pain‖iava 1 tángle; cómplicacy, íntricacy **2** confúsion ~ioti 1 (*siūlus ir pan.*) tángle **2** (*maišyti*) confúse **3** (*komplikuoti*) cómplicàte ~iotis (*apie mintis*) get* confúsed ~umas còmplicátion ~us íntricate, cómplicàted

pairti 1 (*apie tvarką*) be* ùnséttled / sháken **2** (*apie sveikatą*) collápse, break* down

páisyti heed, pay* attèntion (*to*); mind

paiš‖ai soot *sg* ~inas sóoty ~inti smut, soot ~yti žr. piešti

paįvairin‖imas vàriátion ~ti dìvérsifỳ, váry

pajacas clown, buffóon

pajamingas prófitable, lúcrative

pajam‖os recéipts; (*pelnas*) íncome *sg*; **p. ir išlaidos** íncome and expénditure *sg*; **~ų mokestis** íncome tax ~uoti *buh.* crédit

pajaun‖ėti look yóunger; rejùvenáte ~ys (*pirmasis*) best man*; brídesman*

pajausti feel*

pajėg‖os *kar.* fórce(s); **ginkluotosios p.** armed fórces ~ti be* áble ~umas pówer; capácity ~us áble; (*galingas*) pówerful, míghty

pajininkas *ekon.* shárehòlder

pajojėti ride* a líttle (on hórsebàck)

pajud‖ėti, ~inti move, stir △ **jis nė piršto nepajudins** he won't stir a finger

pajung‖imas subjéction, sùbjugátion ~ti subjéct; súbjugàte, subdúe

pajuok‖a móckery; (*pašaipa*) sneer, gibe; **~os objektas** láughing-stòck ~iamasis mócking, derísive ~imas derísion, rídicùle ~ti rídicùle; deríde; (*pašiepti*) mock (*at*), gibe (*at*)

pajūris séasìde; (*jūros pakrantė*) séacòast, séa-shòre; líttoral

pajus share; **stojamasis p.** inítial shares *pl*

pajusti feel*; have* a sènsátion (*of*)

pakab‖a tab, hánger ~as (*kabykla*) rack, peg; (*prieškambaryje*) háll-stànd ~inti hang* up, suspénd ~ti hang* down (*over*)

pakait‖a (*pakeitimas*) change; replácement ~alas, ~as súbstitùte; equívalent ~omis by turns, àltérnately

pakak‖ti suffíce, be* sufficient / enóugh; **jam ~o laiko** (+ *inf*) he had time enóugh (+ to *inf*); **man ~s** that will do for me, that's enóugh for me; **jam to ~s mėnesiui** it will last him for a month; **pakanka!** that will do!; (*nustokite*) enóugh (of that)!

pakalbėti (*su, apie*) have* a talk (*with about*)

pakalikas flúnkey, hànger-ón

pakaln‖ė (*šlaitas*) híllsìde, slope; **nuo ~ės** dòwnhíll ~iui dòwnhíll ~utė *bot.* líly of the válley

pakalti (*avalynę*) sole, fix on

pakamp‖ė, ~is bý-còrner; córner, nook

pakankam‖as suffícient ~umas suffíciency

pakarp‖a *šnek.* scruff; *paímti ką už* ~os take* smb by the scruff of the neck

pakart‖as hanged ~i hang

pakarto‖jimas rèpetítion ~ti 1 repéat 2 (*išeitą medžiagą*) go* óver ~tinai repéatedly ~tinis repéated

pakaruoklis hanged man*

pakasti 1 (*iš apačios*) ùndermíne, sap 2 (*truputį*) dig* (*a little*) 3 (*užkasti*) búry

pakaušis back of the head

pakaustyti shoe

pakavimas pácking

pakei‖sti 1 change; *p.* *pažiūras* change one's oútlook 2 (*darbininką ir pan.*) repláce, súbstitùte (*for*); *nėra kam jį p.* there is no one to take his place, *arba* to repláce him ~timas 1 change; sùbstitútion 2 (*iškeitimas*) exchánge

pakel‖ė wáysìde, róadsìde ~eivis 1 tráveller, wáyfàrer 2 (*einantis pakeliui*) fèllow-tráveller

pakėlimas ráising; raise; lift

pakeliui: *man su jumis p.* we go the same way; *jam (jai ir t.t.) p. su jumis (mumis ir t.t.)* he (she, *etc.*) goes your way (our way, *etc.*)

pakelti 1 lift (up), raise; (*ką nors sunkaus*) heave*; *p.* *ranką* raise one's hand; *p.* *ranką prieš ką* lift up one's hand agáinst smb; *p.* *vėliavą* hoist a flag; *p.* *gyvenimo lygį* raise the líving stándard 2 (*tarnyboje*) advánce, promóte 3 (*pakęsti*) bear*, endúre, stand*

pakenčiamas tólerable; fáirly good

pakenk‖imas harm, ínjury ~ti harm, ínjure; dámage

pakentėti 1 (*turėti kantrybės*) be* pátient, keep* one's pátience 2 (*kurį laiką*) súffer (*for a while*)

pakęsti bear*, endúre

paketas párcel; pácket

pakibti (*virš*) hang* (*over*); (*apie pavojų*) impénd (*over*); óverhàng*

pakil‖imas 1 rise; (*lipimas*) ascénsion; ascént 2 (*išaugimas*) devélopment 3 (*įkvėpimas*) enthúsiàsm 4 (*lėktuvo*) climb; (*nuo žemės*) tákeòff ~ti 1 rise* 2 (*užlipti; t.p. apie kainas*) go* up; (*į kalną*) climb, ascénd 3 (*tarnyboje*) be* promóted ~uma, ~umas (*vieta*) éminence; rísing ground ~us high, élevàted; *prk.* elated; *būti ~ios nuotaikos* be* in high spírits

pakink‖yti hárness ~tai hárness *sg*

pakirsti 1 (*kirviu*) hew, hack 2 *prk.* ùndermíne, sap; *p.* *kieno pasitikėjimą kuo* shake* / sap smb's faith in smb

pakišti put* (*under*); *p.* *kam koją* (*ir prk.*) trip smb up

pakitė‖jimas, ~ti change

paklaid‖a érror, mistáke ~inti misléad*; lead* astráy

paklaus‖a *ekon.* demánd ~imas inquíry ~inėti inquíre (*of smb about*); intérrogàte ~ti ask; ìnquíre

pakly‖dėlis, ~dęs stray ~sti lose* one's way, get* lost, stray

pakliū‖ti be* caught; (*į*) get* (*into*); fall* (*into*); (*atsidurti*) find* ònesélf; *kaip* ~va ányhòw; (*be tvarkos*) hèlter-skélter; *kur* ~va ánywhère; *pirmas pakliuvęs* the first cómer, ánybòdy

paklo‖dė sheet, bèd-sheet ~tas *dkt.* bédding ~tė lítter ~ti 1 spread*; ~ti *lovą* make* the bed 2 (*apačioje*) stretch (*under*), lay* (*under*)

paklusn‖umas obédience ~us obédient, dútiful

paklusti obéy; (*nusileisti*) submít (*to*)

pakoj‖a, ~is 1 (*pedalas*) tréadle, pédal 2 (*pamina kojoms pasidėti*) fóotboard, foot

pakol(ei) 1 (*kol*) as long as, while; *p.* *gyvas* as long as I live; *reikia su juo pakalbėti, p.* *jis ten* we must speak to him while he is there 2 (*iki*) untíl,

till; *skambinkit, p. atsakys* ring till
you get an ánswer

pakomisė súbcommìttee

pakopa 1 step; fóotstèp 2 *prk.* stage

pakorimas hánging

pakraik‖as lítter ~**yti** lítter (down)

pakraip‖a a trend, téndency ~**yti** turn
this way and that; ~**yti galvą** shake*
one's head

pakrantė coast, séaboard, líttoral

pakraštys 1 (*miesto, miško*) óutskìrts
pl 2 (*jūros*) coast 3 (*knygos*) márgin

pakrat‖ai lítter *sg* ~**yti** 1 (*šiaudus*)
lítter 2 (*supurtyti*) shake* (*a little*) 3
(*apieškoti*) search

pakrauti load (*on*); *p. prekes į
vagonus* load goods on trucks

pakreipti turn (*ir prk.*)

pakriaušė foot of a bluff

pakrik‖imas bréakdown; collápse ~**ti**
1 break* up 2 (*išsklisti*) dispérse

pakryp‖imas tilt; túrn(ing), bend ~**ti**
turn; *prk.* turn out

pakrovimas lóading; (*į laivus*) shíp-
ment

paktas *polit.* pact

pakulos tow *sg*

pakuot‖i pack ~**is** pack (up); do*
one's pácking ~**ojas** pácker

pakur‖ai kíndling *sg* ~**ti** (*krosnį*)
make* / kíndle the fire (in a stove)

pakužd‖ėti whísper ~**omis** in a
whísper

pakvaiš‖ėlis mádman* ~**ėlė** mád-
wòman* ~**ti** go* crázy / mad; be-
cóme* stúpid

pakvėp‖inti scent, smell ~**uoti** breathe;
~**uoti grynu oru** take* / have* a
breath of fresh air

pakvie‖sti invíte, ask ~**timas** ìnvitátion

pakvipti begín* to smell (*of*)

pakvit‖avimas recéipt ~**uoti** give* a
recéipt

palaid‖as 1 loose; (*nepririštas*) ùntíed;
~**i plaukai** loose hair 2 (*nedoras*) dís-
solùte; fast *šnek.* ~**inė** túnic; field
shirt ~**inukė** blouse

palaidoti búry

palaidūnas dèbauchée, líbertìne

palaik‖ai 1 (*palikimas*) légacy *sg* 2
(*lavonas*) remáins; rélics ~**ymas** 1
bácking, suppórting; séconding 2
máintenance ~**yti** 1 hold* (*for some
time*) 2 (*paremti*) suppórt; (*kandi-
datūrą, nuomonę ir pan.*) back (up),
sécond 3 (*kuo*) take* (*for*) 4 (*neleisti
išnykti*) keep* up, maintáin; ~**yti
ryšius** keep* in touch (*with*)

palaim‖a bliss; bléssing; felícity ~**ini-
mas** 1 bléssing 2 *bažn.* bènedíction
~**inti** bless

palaipsniui grádually, líttle by líttle

palaiž‖a, ~**ūnas** *niek.* líckspìttle,
tóady ~**yti** lick (*a little*)

palangė (*lango apačia*) wíndowsìll

palank‖umas benévolence, gòod-wíll,
fávour; *rodyti kam* ~**umą** fávour
smb ~**us** 1 (*pritariantis*) benévolent
2 (*tinkamas*) fávourable, propítious;
auspícious

palapinė tent

palata ward

palatali‖nis *lingv.* pálatal ~**zacija**
lingv. pàlatalizátion

palaukti wait (*for*)

palaužti 1 break* (pártly) 2 *prk.*
break* down; *p. sveikatą* ùndermíne
(*smb's*) health; *p. kieno pasiprieší-
nimą* break* (down) smb's resístance

palei 1 by, near 2 (*pagal*) alóng

palei‖dimas 1 (*iš kur*) reléase, dismíssal
2 (*parlamento*) dìssolútion 3 (*mašinos*)
sétting in mótion 4: *p. atostogų
(mokinių)* bréaking up for the hólidays
~**sti** 1 let* go / slip; (*atrišti*) lóosen 2
(*duoti laisvę*) set* free; reléase 3 (*klau-
sytojus ir pan.*) dismíss; *p. atostogų*
let* go on leave (of ábsence), give* a
hóliday; (*mokinius*) break* up; ~**sti
susirinkimą** dismíss a méeting; ~**sti
parlamentą** dissólve párliament 4 (*į
darbą*) start, set* góing; (*mašiną*) set*
in mótion; (*gamyklą*) set* wórking
5 (*paskleisti*) spread*; ~**sti gandą**
spread* a rúmour 6 (*mesti*) throw*

paleistuv‖auti lead* a depráved life ~avimas, ~ybė debáuchery ~is, -ė dèbauchée, líbertìne, prófligate

palengv‖a, ~ėle slów(ly); líttle by líttle ~ėti 1 becóme* éasier; (apie svorį) becóme* líghter 2 (pasidaryti geriau) feel* bétter ~inimas relíef; facìlitátion ~inti 1 (skausmą) relíeve; (kančiss) alléviàte 2 (darbą) facílitàte

palenkti 1 bend*; (žemyn) bow, inclíne (t.p. prk.) 2 prk. (pajungti) subjéct

palėpė lóft

pales‖inti feed* (birds) ~ti pick, peck

paliaubos ármistice sg, truce sg

palyd‖a rétinùe, éscòrt; train ~ėti accómpany; (išvykstantį) see* off; ~ėti ką namo see* smb home ~ovas 1 atténdant; (traukinio) guard; condúctor amer. 2 astr. sátellìte

palieg‖ėlis síckly pérson ~ti fall* ill, be* táken ill; (sumenkti) becóme* féeble

paliep‖imas, ~ti órder, commánd

paliest‖i 1 touch; p. klausimą touch upón a súbject 2 (paveikti) afféct; jo plaučiai ~i his lungs are affécted

palygin‖amas cómparable ~imas 1 compárison 2 liter. símile ~ti 1 (su) compáre (with, to); líken (to) 2 įterp. compáratively

palik‖imas (turtas) inhéritance; légacy; kultūrinis p. cúltural héritage ~ti leave*; ~ti ramybėje leave* alóne 2 (apleisti) abándon, forsáke* 3 (testamentu) bequéath (to), leave* in one's will ~uonis descéndant, óffspring

palink‖ėti wish ~imas 1 léan(ing) 2 (polinkis) ìnclinátion (to, for) ~ti 1 bend* (down), lean*; stoop 2 (į ką) inclíne (to)

paliov‖a: be ~os ùncéasingly

palįsti (po) creep* (under)

paliudyti wítness, téstify

palmė bot. pálm(-tree)

palovis (place / space) únder the bed

palšas light grey

paltas (óver)còat, tópcòat

palūk‖anos ínterest sg; (lupikiškos) úsury sg; ~anų dydis rate ~ininkas úsurer

palūž‖ti 1 be* fráctured, break* 2 (nusilpti) wéaken; jo jėgos ~o his strength gave way

pamain‖a 1 change, replácement 2 (fabrike ir pan.) shift ~yti 1 change 2 (kuo) exchánge ~om(is) by turns

pamaišyti stir (a little, for a while); (sumaišyti) mix (a little)

pamald‖os bažn. church sérvice sg, públic práyer sg ~umas píety; devótion ~us devóut, píous

pamarys žr. pajūris

pamat‖as base, foundátion, gróundwòrk ~uotas (wèll-)gróunded, wèll-fóunded ~uoti (pagrįsti) base (on), ground (on)

pamazg‖os rínsings, slops; ~ų kibiras slóp-pail

pamaž‖ėti, ~inti dimínish, decréase ~u líttle by líttle, grádually; slówly

pamečiui 1 (kasmet) yéarly 2 (kas antri metai) évery sécond year

pamėgdžio‖jamas ímitàtive ~jimas ìmitátion ~ti ímitàte; mímic ~tojas ímitàtor; mímic

pamėg‖imas líking (for) ~inimas attémpt, endéavour ~inti 1 attémpt, try 2 (paragauti) try ~ti grow* fond (of); take* a líking (to)

pamėlyn‖uoti turn / grow* / becóme* blue; ~avęs iš šalčio blue with cold

pameluoti lie, tell* a lie

pamėnesiui (kas mėnesį) mónthly; (pvz., mokėti) by the month

pamergė brídesmaid

pamérkti I give* a wink (at), wink (at)

pamerkti II soak, steep

pamest‖i 1 (po) throw* (under) 2 (prarasti) lose* 3 (palikti) abándon, forsáke; p. šeimą desért one's fámily ~inukas fóundling

pametimas (praradimas) loss

pamfletas liter. làmpóon, pámphlet

pamylėti 1 love (for a while) 2 (pavaišinti) treat (to)

pamilti come* to love, grow* fond (*of*); (*įsimylėti*) fall* in love (*with*)

pamyluoti fóndle, caréss

pamina 1 (*pedalas*) tréadle 2 (*suolelis kojoms*) fóotstool

paminė‖jimas 1 méntion(ing) 2 (*metinių ir pan.*) commèmorátion ~ti 1 méntion; (*užsiminti*) refér (*to*) 2 commémoràte; (*tam įvykiui*) ~ti in commèmorátion (of the evént)

paminkl‖as mónument; memórial ~i-nis memórial; ~inė lenta memórial plate

pamint‖i 1 tread*; *p.* **po kojų** tread* únder foot* **2** *prk.* víolàte; *p.* **teises** víolàte the rights (*of*)

pamiršti forgét*

pamiš‖ėlis mádman* ~ėlė mádwòman* ~ęs mad, crázy, insáne ~imas mádness, insánity ~ti go* mad / crázy

pamiškė *žr.* **pagirys**

pamok‖a (*ir prk.*) lésson; (*laikas*) class; **tai bus tau p.** let that be a lésson to you; **imti** ~as take* léssons; **ruošti** ~as do* one's léssons; **po** ~ų áfter school / clásses ~y-mas précèpt; (*moralas*) lécture ~y-ti teach*, instrúct ~omas instrúctive ~slas sérmon (*t.p. prk.*) ~ininkas préacher

pamotė stépmòther

pamp‖ti swell*, bloat ~utys *kul.* dóughnùt, puff

pamuš‖alas líning; **įdėti paltui** ~ą line a coat ~ti 1 line (*with*); ~ti vata pad, line with wádding 2 (*truputį*) beat* (*a little, slightly*)

panaikin‖imas àbolítion, abólishment; (*pvz., įstatymo*) àbrogátion ~ti 1 abólish, do* awáy (*with*) 2 (*įstatymą*) ábrogàte, repéal; (*anuliuoti*) annúl

panardinti (*į*) immérse (*in*), dip

panaš‖auti* resémble; be* like (*smb*) ~iai like; ~iai kaip like, just as; **ir** ~iai and the like ~umas líkeness; resémblance ~us resémbling; alíke predíc; (*į ką*) like (*smth, smb*), símilar

(*to*) △ **nieko** ~aus nóthing of the kind

panaudo‖jimas use, ùtilizátion; emplóyment ~ti make* use (*of*), útilìze; emplóy

panaujin‖imas renéwal; rènovátion ~ti renéw; rénovàte

panč‖iai 1 *žr.* **pantis** 2 (*grandinės; t.p. prk.*) fétters, chains ~ioti fétter, sháckle

panegirika pànegýric, eúlogy

paneig‖imas deníal; negátion ~ti dený; discláim

panelė 1 young lády 2 (*kreipiantis*) miss

panerti dip; dive, plunge

paneš‖ioti 1 (*kurį laiką ir pan.*) cárry (*for a while, etc.*) 2 (*padėvėti*) wear* (*for a while*) ~ti 1 *žr.* **panešioti** 1 2 be* áble to cárry

paniek‖a contémpt, scorn, disdáin ~inamas contémptuous, scórnful, disdáinful ~inimas *žr.* **panieka** ~inti 1 disdáin, scorn 2 (*nepaisyti*) dìsregárd, defý

pan‖ika pánic, scare; **pulti į** ~iką becóme* pánic-strìcken ~ikierius pánic-mònger ~iškas pánic; (*pasiduodantis panikai*) pánicky

paniur‖ęs glóomy, súllen ~ti gloom; frown

panorama pànoráma

panos‖ė (*place*) únder the nose; **iš pat** ~ės from únder one's véry nose; ~ėje *šnek.* near, at hand

pantera *zool.* pánther

pantis (*gyvulio*) hóbble; *žr.* *dar* **pančiai** △ **tinginių p.** lázybònes

pantomima *teatr.* pántomìme, dumb show

papartis *bot.* fern, brake

papėd‖ė 1 (*kalno*) foot; **kalno** ~ėje at the foot of a hill / móuntain 2 (*paminklo*) sócle 3 (*pakopa*) fóotstèp

papeik‖imas réprimànd; cénsure; (*priekaištas*) blame, repróof; **pareikšti viešą** ~imą admínister a públic cénsure ~ti cénsure, réprimànd; (*prikaišioti*) repróach, repróve, rebúke

papenėti feed* up

paperkamas brîbable; corrúpt

papletauti have* (one's) dínner

papyktî becóme* / get* ángry

papiktin‖amas revólting, outrágeous ~tī revólt; rouse the ìndignátion (of)

papild‖ymas súpplement; addítion ~inys gram. óbject ~yti 1 fill up 2 (pridéti) add, súpplemènt ~omai in addítion ~omas addítional, sùppleméntary

papil‖nėti (pastoréti) put* on weight / flesh, gain flesh ~tī pour; (netyčia) spill*

papirk‖imas brîbery, sùbòrnátion ~tī bribe, ʒubórn

papjauti 1 (žolę ìr pan.) cut*, mow 2 (paskersti) bútcher; sláughter; kill; vilkas papjovė avį the wolf killed a sheep

paplavos slops, rínsings

papli‖sti spread*; diffúse ~tęs wídespread ~timas spréading; diffúsion

papliūp‖a vólley ~ėti (šauti) begín* to fíre (in) vólleys; ir. dar papliupti

papliup‖ti gush out, spout; kraujas ~o iš žaizdos blood gushed from the wound; ~o lyti the rain came down in tórrents

paplokščias flat; fláttened (out); (priplotas) compréssed

paplot‖ėlis flat cake; scone ~i 1 flátten 2 (delnais) clap one's hands

paplū‖dimys beach ~sti (apie skystį) gush out, spout

paprast‖ai 1 símply; p. apsirengęs símply dressed 2 (dažniausiai) úsually; kaip p. as úsual ~as 1 úsual 2 (eilinis) órdinary, cómmon 3 (nesudėtingas) símple ~i be* / get* accústomed / used (to) ~umas simplícity

paprašyti (kų ko) ask (smb for smth) ir. dar prašyti

papratim‖as hábit; iš ~o by force of hábit; turėti ~ą be* in the hábit (of)

paprotys cústom

papsėti suck (at one's pipe)

papūga zool. párrot

papulkininkis kar. lieuténant-cólonel

papulti ir. pakliūti

papunkčiui páragràph áfter páragràph, ítem áfter ítem

papuoš‖alas adórnment, dècorátion, órnament ~imas 1 (veiksmas) adórning, òrnamèntátion, dècorátion 2 ir. papuošalas; ~ti adórn; décoràte, órnamènt; ~ti gėlėmis décoràte with flówers

papurtyti shake*; give* a shake

papusryčiauti (have*) bréakfast

para twénty-four hóurs pl

paradas paráde; kar. reviéw

paradigma gram. páradìgm

paradin‖is ~ė uniforma full dress / úniform; p. įėjimas main éntrance; ~ės durys front door sg

paradoks‖alus pàradóxical ~inis páradòx

parafinas chem., tech. páraffin

parafraz‖ė, ~uoti páraphràse

paragin‖imas incítement; encóuragement ~ti urge

paragrafas páragràph

parai‖dinis líteral ~džiui 1 létter for létter 2 (pagal abėcėlę) in àlphabétical órder, àlphabétically

paraiška claim (for), demánd (for)

parait‖yti, ~oti (rankoves) tuck up

parak‖as pówder, gúnpowder △ kvepia ~u there is a smell of gúnpowder in the air ~inė pówder-flàsk

paralel‖ė párallèl; nubrėžti ~ę prk. draw* a párallèl (between) ~iai in párallèls ~inis párallèl ~izmas párallèlism

paralyž‖iuoti (ir prk.) páralỳse ~ius parálysis, pálsy

parama suppórt, máintenance

parank‖ė: imti kų už ~ės take* smb's arm; eiti už ~ės walk àrm-inárm (with) ~inis, -ė dkt. assístant ~inis bdv. at hand ~us hándy; tai man ~u that suits me to a T

parap‖ija bažn. párish ~(ij)inis paróchial; párish attr

parašas sígnature

parašiut‖as párachùte ~ininkas párachùte júmper; párachùtist; (*kar. t.p.*) páratrooper

paraštė márgin

parau‖dimas (*iš susijaudinimo*) blush ~donuoti, ~sti becóme* red; (*susijaudinus*) blush

parazit‖as 1 *biol.* párasìte 2 (*apie žmogų*) párasìte, spónger ~inis, ~iškas pàrasític(al) ~izmas párasìtism

parbėgti retúrn home (rúnning)

parblokšti strike* / throw* down

parcel‖iacija, ~iavimas *ekon.*, *ž.ū.* párcelling

pardav‖ėjas séller; (*krautuvėje*) sálesman*, shóp-assìstant ~ėja séller; (*krautuvėje*) sáleswòman*, sálesgìrl, shóp-assìstant ~imas sale, sélling; *bilietų* ~imas bóoking; ~imas didmenomis whólesàle

parduot‖i (*ir prk.*) sell*; *p. didmenomis* sell* by whólesàle; *p. mažmenomis* sell* by rétail, rétail; *brangiai p.* sell* dear, sell* at a high price; *pigiai p.* sell* cheap ~uvė shop; store *amer.*

pareig‖a 1 dúty; *atlikti* ~ą do* one's dúty 2 *dgs.*: *eiti kieno* ~as act as / for smb, work as smb ~ingas dútiful ~ingumas dútifulness ~ūnas offícial, ófficer

pareikal‖auti (*iš*) demánd (*of, from*); claim (*from*) ~avimas 1 demánd; requést 2 (*dokumentas*) órder; rèquisítion △ *iki* ~avimo poste réstànte

pareikšti decláre, state; annóunce; *p. teises* (*į*) claim rights (*to*); lay* claim (*to*); *p. norą* annóunce a desíre; *p. reikalavimą kam* make* a demánd on smb; *p. ieškinį* bring* a suit (*against*)

pareiškim‖as 1 àpplicátion; *paduoti* ~ą hand in an àpplicátion 2 (*oficialus pranešimas*) státement, dèclarátion

parei‖ti 1 retúrn, come* back; *p. namo* come* / retúrn home 2 (*tilpti*) go* in; *į spintą* ~na 50 knygų there is room for fífty books in the bóokcàse

3 (*priklausyti*) depénd (*on*); *tai* ~na *nuo jo* it lies with him

parėjimas retúrn (home)

paremti suppórt; prop up; (*nuomonę, kandidatūrą t.p.*) back (up), sécond

pareng‖iamasis prepáratory; prelíminary ~imas prèparátion; (*mokymas*) tráining ~ti prepáre ~tis réadiness; prepáredness

parfumerij‖a perfúmery; ~os *parduotuvė* perfúmer's shop

pargabenti bring* back

pargriauti bring* down

pargriūti fall* down

pariedėti (*po*) roll (*under*); *p. truputį* roll a líttle

pariesti 1 turn up; bend* (*a little*) 2 (*kojas*) tuck; *sėdėti parietus kojas* sit* cróss-lègged

parink‖imas seléction ~ti seléct, choose*; ~ti *ką pagal spalvą* choose* smth to match (the cólour of)

paritęt‖as párity; ~o *pagrindais* on a par (*with*)

parkas 1 park 2 (*transporto priemonių visetas*) stock; fleet

parkeris fóuntain-pèn

parket‖as párquet ~inis: ~inės *grindys* párquet(ed) floor *sg*

parklupdyti bring* / force (*smb*) to his / her knees

parkristi fall* down

parlament‖aras pàrliamentárian ~as párliament ~inis pàrliaméntary

parlėkti 1 come* back flýing 2 (*pardumti*) come* flýing / húrrying

parmesti throw* / bring* down

parnešti bring* back

paroda 1 èxhibítion; show; *žemės ūkio p.* àgricúltural èxhibítion 2 (*parduotuvėje ir pan.*) displáy

parodij‖a párody ~uoti párody

parody‖mas 1 shów(ing) 2 (*liudytojo*) évidence, téstimony ~ti 1 show* 2 (*atskleisti*) displáy, show*, exhíbit 3 (*paliudyti*) téstifỳ, give* évidence (*of*) 4 (*nurodyti į*) point (*at, to*)

parodom‖asis dèmonstrátion *attr*; **p. įvardis** *gram.* demónstrative prónoun; **~oji pamoka** dèmonstrátion lésson

parsidavėl‖is, -ė *niek.* mércenary / vénal créature **~iškas** mércenary, vénal

parsiduoti (*apie žmogų*) sell* ònesélf (*to*)

parskristi come* back / home flýing; (*lėktuvu*) arríve (home) by air

parskubėti come* home / back húrrying; húrry back / home

parš‖as pig; (*paršiukas*) súcking-pìg **~inga: ~inga kiaulė** sow with young, sow in fárrow **~iuotis** fárrow

parteris *teatr.* the pit; (*pirmosios eilės*) the stalls *pl*

partietis, -ė párty mémber

partija 1 *polit.* párty 2 (*būrys*) párty; detáchment 3 (*žaidimo*) game 4 (*prekių kiekis*) batch, lot 5 *muz.* part

part‖inis *bdv.* párty *attr*; **p. bilietas** párty(-mémbership) card **~iškumas** párty-mémbership

partitūra *muz.* score

partizan‖as, ~inis pàrtisán, guer(r)ílla; **~inis karas** pàrtisán / guer(r)ílla wárfàre

partneris pártner

partrenkti knock / bring* down

paruoša stócking up; stórage

paruoš‖iamasis prepáratory, prelíminary **~imas** prèparátion; (*mokymas*) tráining **~tas** prepáred, réady **~ti** prepáre

parūpin‖imas supplý, provísion **~ti** supplý (*with*), províde (*with*)

parūp‖ti: man (*jam ir t. t.*) **~o** I (he, *etc.*) was / becáme ánxious

parvaryti drive* back / home

parvaž‖iavimas cóming home / back **~iuoti** come* home / back

parversti knock / bring* down

parvesti, parvežti bring* home / back

parvirsti fall* down

pas 1 (*prie, šalia*) by; **jis sėdėjo p. krosnį** he sat by the stove 2 (*žymint*

kryptį) to; **aš einu p. kaimyną** I go to the néighbour 3 (*su*) with; **jis gyvena p. savo sūnų** he lives with his son *arba* at his son's; **p. mus** a) with us; (*namuose*) at our place; b) (*krašte*) in our cóuntry

pasaga (hórse)shòe

pasak accórding to; **p. jo** accórding to his words

pasak‖a fáiry-tàle; tale; **nepasakok man ~ų!** don't tell me tales! **~ėčia** fáble **~inėti** prompt **~ininkas** táletèller, stóry-tèller **~iškas** fábulous, fantástic; **~iškas greitis** incrédible speed

pasakyt‖i say* (*to*), tell*; **lengviau p. negu padaryti** éasier said than done; **sunku p.** it is hard to say; there is no sáying; **~a — padaryta** no sóoner said than done

pasako‖jamasis nárrative **~jimas** narrátion, nárrative, stóry **~ti** narráte (*about*), reláte; tell* (*of*) **~tojas** narrátor, (stóry-)tèller

pasal‖a *kar.* ámbùsh; **būti ~oje** lie* / be* in ámbùsh; **iš ~ų, ~omis** fúrtively **~us** sùrreptítious

pasaldinti swéeten, súgar

pasamdyti híre; (*darbui*) engáge

pasąmon‖ė sùbcónsciousness **~inis** sùbcónscious

pasas I 1 pásspòrt 2 (*mašinos ir pan.*) certíficate

pasas II *kort.* pass

pasas III *sport.* pass

pasatai tráde-wìnd *sg*

pasaugoti watch (*over*); (*prižiūrėti*) take* care (*of*), look (*after*); (*palaikyti*) keep*

pasaulėžiūra world óutlook

pasaul‖ietinis wórldly, sécular **~ietis** láyman* **~inis** world *attr*; (*visuotinis*) ùnivérsal; **~inis karas** world war; **~inio masto** wórld-wìde; **~iniu mastu** on a world scale **~is** world; (*visata*) ùnivèrse; **augalų ~is** the végetable kíngdom; **gyvulių ~is** ánimal world; **mokslo ~is** the scìentífic world; **po visą ~į** all óver the world; **anas** ~**is** the next / óther world △ **labiau už viską** ~**yje** abóve all / éverything; **né už ką** ~**yje** not for the world

pasavaičiui 1 (*kas savaitę*) by the week; wéekly **2** (*kas antrą savaitę*) évery óther week

pasėdėti sit* (*for a while*)

pasek‖**ėjas** fóllower; adhérent ~**mė** cónsequence, séquel; efféct

pasėliai *dgs.* crops

pasemti draw* (up), scoop (up)

pasen‖**ėti,** ~**ti 1** grow* old, age; **dešimčia metų p.** put* on ten years **2** (*tik pasenti; apie pažiūras ir pan.*) becóme* / grow* òld(-fáshioned) / ántiquàted; (*apie žodžius*) becóme* óbsolète

pasė‖**ti** sow* (*ir prk.*) △ **ką** ~**si, tą ir pjausi** you must reap what you have sown

pasiaiškin‖**imas** èxplanátion ~**ti** expláin ònesélf; **pareikalauti** ~**ti** call to accóunt

pasiauko‖**jimas** sèlf-sácrifice, sèlf-deníal ~**ti** sácrifice ònesélf

pasibaig‖**ti** come* to an end; (*kuo*) end (*in*); (*apie laiką, terminą*) expíre; **tuo viskas ir** ~**ė** and that was the end of it

pasibaisė‖**jimas** térror, hórror; **sukelti** ~**jimą** térrify ~**ti** be* térrified / hórrified

pasibarti (*su*) have* a quárrel (*with*); have* words (*with*) *šnek.*

pasibjaurė‖**jimas** avérsion, disgúst, repúgnance ~**ti** loathe, have* an avérsion (*for*), abhór, abóminàte

pasidairyti look round

pasidalyti 1 divíde **2** (*įspūdžiais, patyrimu*) share (*with*)

pasidarbuoti work, do* some work

pasidar‖**yti 1** (*atsitikti*) háppen; **kas** ~**ė?** what (has) háppened? **2** (*sau ką*) make* / do* (*smth*) for ònesélf **3** (*tapti*) becóme*, get*

pasidavimas 1 surrénder; capìtulátion **2** (*nusileidimas*) submíssion

pasiderėti bárgain (*a little, for a while*); **jums reikėjo p.** you should have bárgained

pasidė‖**ti 1** (*sau*) put* / place (for ònesélf) **2** (*kur*) get* to; (*dingti*) dìsappéar; **kur jis** ~**jo?** what has becóme of him?; **kur jis dabar** ~**s?** where is he to go now?

pasididž‖**iavimas** pride ~**iuoti** be* proud (*of*); pride òneself (*upon*)

pasiduoti surrénder (*to*); yield (*to*); give* way (*to*); **p. į nelaisvę** yield òneself prísoner

pasiek‖**iamas 1** réachable, accéssible **2** *prk.* attáinable, achíevable ~**imas** achíevement, attáinment ~**ti 1** reach **2** *prk.* attáin, achíeve; ~**ti savo tikslą** achíeve / gain / attáin one's óbject / end

pasielg‖**imas** áction, act, deed ~**ti** act; (*su*) treat (*smb*)

pasien‖**ininkas** fróntier-guàrd ~**is** fróntier; bórder; ~**io zona** bórderlànd

pasigailė‖**jimas 1** mércy; píty; **iš** ~**jimo** out of píty (*for*) **2** (*atleidimas*) párdon ~**ti 1** take* / have* píty (*on*); ~**kite manęs** spare me; **prašyti** ~**ti** cry for mércy, ask for quárter **2** (*dovanoti*) párdon, forgíve* ~**tinas** pítiful, pítiable; míserable

pasigardž‖**iavimas** rélish, sávour ~**iuoti** rélish, sávour; ~**iuodamas** with rélish / gùstò

pasigėrė‖**jimas** àdmirátion, delíght ~**ti** admíre, be* delíghted

pasigėr‖**ęs** intóxicàted, drunk; tight *šnek.* ~**imas** intòxicátion

pasigerti get* drunk; get* tight *šnek.*

pasige‖**sti** miss; nótice the ábsence (*of*); **jo** ~**do** he was missed

pasiginčyti árgue (*for a while, a little*)

pasigyrimas bóasting, brág(ging), vainglóry

pasigir‖**sti** be* heard; **jam** ~**do** he thought he heard; he seemed to hear

pasigirti brag (*of*), boast (*of*)

pasigrožė‖**jimas** àdmirátion ~**ti** admíre, feast one's eyes (*upon*)

pasiguosti consóle ònesélf

pasiilgti miss; pine (*for*), long (*for*)

pasi‖imti 1 (*prisiimti*) take* upón ònesélf; ùndertáke*; *jis* ~*ėmė tą darbą* he ùndertóok the work 2 take* (for ònesélf); (*su savimi*) take* with ònesélf

pasijudinti move; (*neigiamuose sakiniuose t.p.*) budge

pasijusti feel*; *p. geriau* (*blogiau*) feel* bétter (worse); *p. įžeistam* feel* hurt

pasikalbė‖jimas talk, cònversátion ~ti have* a talk (*with about*); talk (*with about*)

pasikamuoti, pasikankinti súffer (*for a while*)

pasikarti hang ònesélf

pasikasti (*po kuo*) sap, ùndermíne

pasikei‖sti 1 change; *p. į gerąją* (*blogąją*) *pusę* change for the bétter (for the worse); ~*sdami* in turn, àltérnately 2 (*apsikeisti*) exchánge ~*timas* change

pasikelti rise*; get* up; (*atsistoti*) stand* up

pasikėsin‖imas attémpt; (*į kieno teises*) encróachment (*on*); *p. į kieno gyvybę* attémpt upón smb's life* ~ti make* an attémpt (*on*), attémpt; encróach (*on, upon*); ~*ti į svetimas žemes* encróach on smb's térritory

pasiklaus‖yti lísten (*for a while*) (*to*) ~ti 1 inquíre (*of smb*) 2 (*pasiprašyti*) ask (*smb's*) permíssion

pasikliauti (*kuo*) relý (*on*), count (*on, upon*); depénd (*upon*)

pasilaikyti keep* / resérve (for ònesélf)

pasilei‖dėlis díssolùte pérson; líbertìne ~**dęs** díssolùte, díssipàted, prófligate ~**dimas** díssolùteness, dìssipátion ~**sti** 1 (*atsipalaiduoti*) let* ònesélf go 2 (*ištvirkti*) becóme* díssolùte / díssipàted 3 (*pradėti*) start; ~*sti bėgti* start, *arba* set* out, rúnning; ~*sti juoktis* burst* out láughing

pasilenkti stoop; (*sveikinantis, dėkojant*) bow

pasilikti 1 stay, remáin 2 *tr.* pasilaikyti

pasilinksmin‖imas èntertáinment; amúsement ~ti have* a nice / good time, amúse ònesélf

pasilsė‖jimas rest; relàxátion ~ti have* / take* a rest, rest

pasimaty‖mas appóintment, réndezvous; date *šnek.*; *paskirti* ~*mą* make* an appóintment; *ateiti* (*neateiti*) *į* ~*mą* keep* (break*) an appóintment *arba* a date; *iki* ~*mo!* gòod-býe! ~ti see* each óther

pasimaudyti (*upėje ir pan.*) have* a swim / bathe; (*vonioje*) have* / take* a bath

pasimesti be* / get* lost

pasimirti die; be* dead

pasinaudoti make* use (*of*); aváil ònesélf (*of*), take* advántage (*of*), prófit (*by*)

pasinerti dive, plunge

pasipainioti (*pasitaikyti*) turn up

pasipasakoti tell* (*smb about oneself*); (*paslaptį*) confíde (*to*)

pasipeln‖ymas gain, prófit ~yti prófit (*by*); make* (quite) a fórtune

pasipiktin‖ęs indígnant (*at*) ~**imas** ìndignátion ~ti becóme*' indígnant (*at*), be* filled with ìndignátion (*at*)

pasip‖ilti 1 begín* to pour (down) 2 *prk.* pour, rain; ~*ylė smūgiai* blows rained / fell thick and fast

pasipiršti (*kam*) propóse (*to*)

pasipjauti cut* one's throat

pasipriešin‖imas resístance; òpposítion ~ti resíst, oppóse (*to, against*)

pasipuošti adórn ònesélf; dress up, smárten (ònesélf) up

pasipurtyti shake* ònesélf

pasipū‖sti (*išpuikti*) puff / swell* up, becóme* infláted with pride ~**tėlis** púffed-ùp / concéited pérson ~**tęs** 1 púffed-ùp 2 (*patinęs*) swóllen

pasiraityti roll / tuck up

pasiraivyti stretch ònesélf

pasiraš‖ymas 1 sígning 2 subscríption; *paskolos p.* subscríption to a loan

~yti 1 subscríbe (*for, to*) 2 (*padėti parašą*) sign

pasirausti sap, ùndermíne

pasirei‖kšti 1 be* displáyed, show* 2 (*pasižymėti*) show* one's worth ~škimas displáy, mànifestátion

pasirėmimas (*kuo*) réference (*to*)

pasiremti (*kuo*) 1 lean* (*on, upon*) 2 *prk.* refér (*to*)

pasireng‖ęs réady, prepáred ~imas réadiness, prepáredness ~ti prepáre (*for*), get* réady (*for*)

pasirink‖imas choice ~ti choose* / pick (for òneself) ~tinai at choice

pasiristi (*po*) roll (*under*)

pasiryž‖ęs detérmined ~imas rèsolútion, detèrminátion ~ti make* up one's mind, decíde, detérmine

pasirod‖ymas appéarance; emérgence ~yti 1 appéar, show* òneself; (*paviršiuje*) emérge; ~ytl kalp tik laiku appéar, *ar* show* up, in the nick of time; ašaros ~ė akyse the tears stárted to one's eyes 2 (*paaiškėti*) prove (to be), turn out to be

pasiruoš‖ęs prepáred, réady ~imas prèparátion; réadiness ~ti (*kam*) prepáre (*for*), get* réady (*for*)

pasirūpinti (*kuo*) take* care (*of*), look (*after*)

pasisaky‖mas útterance; (*kalba*) speech ~ti 1 speak* (out); expréss one's opínion, have* / say* one's say; ~tl (*kokiu*) klausimu speak* on the quéstion (*of*) 2 (*už, prieš*) decláre (*for, against*), speak* (*for, against*)

pasisaugoti take* care of òneself

pasisavin‖imas appròpriátion ~ti apprópriàte

pasisek‖imas succéss; good luck ~ti 1 be* a succéss; turn out well, work well; tai ne visada ~a it does not álways work 2 *beasm.* succéed; jam ~ė tai surasti he succéeded in fínding it, he mánaged to find it

pasisiūdinti have* / get* (*smth*) made

pasisiūlyti vòluntéer, óffer

pasiskelbti (*kuo*) decláre / annóunce òneself to be

pasiskolinti bórrow

pasiskųsti (*kam kuo*) make* a compláint (*to against*), compláin (*to of*)

pasislėpti híde* (òneself)(*from*); (*nuo bausmės*) abscónd (*from*)

pasislinkti move (*a little*)

pasisotin‖imas sàtiátion ~ti have* had enóugh, be* sáted

pasisten‖gti make* éfforts; do* one's best; ~klt see if you can

pasistiprinti (*valgiu*) fórtifỳ / refrésh òneself

pasistumti move; (*pirmyn*) advánce

pasisuk‖imas túrn(ing) ~ti turn

pasisvečiuoti (*pas*) stay (*for a while*) (*with*); be* on a short vísit

pasisveikin‖imas gréeting, salúte; (*nusilenkimas*) bow ~ti greet, hail; (*nusilenkti*) bow (*to, before*)

pasisverti weigh òneself

pasišalin‖imas góing awáy / off; ábsence ~ti retíre (*from*); absént òneself (*from*); (*išeiti*) go* awáy / off

pasišiauš‖ęs brístling, dishévelled ~ti brístle (up), stand* on end

pasišlykštė‖jimas lóathing; avérsion ~ti loathe, have* an avérsion (*for*)

pasi‖šventimas devótion ~švęsti devóte òneself (*to*)

pasitaikyti 1 háppen 2 (*būti aptinkamam*) be* found, be* met (*with*)

pasitaisy‖mas 1 corréction 2 (*ligonio*) recóvery ~ti 1 corréct òneself 2 (*pasveikti*) get* well*, recóver 3 (*apie reikalus ir pan.*) impróve △ ~ti niekuomet nevėlu it is néver too late to mend

pasitar‖imas cónference; méeting; cònsultátion ~ti consúlt; ask the advíce (*of*); (*tarpusavy*) take* cóunsel togéther

pasiteir‖auti inquíre, ask (*after, about*) ~avimas inquíry

pasiteisin‖imas excúse ~ti jústifỳ òneself; (*kam*) set* / put* òneself right (*with*)

pasitenkin‖imas sàtisfáction; *p. sa-vimi* sélf-sàtisfáction, smúgness, complácency ~ti be* sátisfied (*with*); contént (ònesélf) (*with*)

pasityčio‖jimas móckery ~ti scoff (*at*), mock (*at*)

pasitik‖ėjimas cónfidence, relíance; *vertas ~ėjimo* trústwòrthy ~ėti relý (*on, upon*), trust, confíde (*in*) ~*intis* cónfident; ~*intis savimi* sèlf-cónfident

pasitikti meet*; be* met

pasitobulin‖imas perféction, impróvement ~ti perféct / impróve ònesélf

pasitrauk‖imas 1 withdráwal, retréat (*t.p. kar.*) 2 (*iš pareigų*) rèsignátion ~ti 1 (*į šalį*) stand* / step asíde; (*atgal*) draw* back 2 (*iš pareigų*) retíre (*from*), resígn (*from*); retréat (*t.p. kar.*)

pasiturin‖čiai in éasy círcumstances ~tis wèll-to-dó, wèll-óff

pasitvirtin‖imas cònfirmátion ~ti be* confírmed / corróboràted

pasiūl‖a *ekon.* supplý; *p. ir paklausa* supplý and demánd ~ymas óffer; suggéstion; propósal (*t.p. vedybų*); (*susirinkime*) mótion ~yti 1 óffer 2 (*svarstymui*) propóse, suggést

pasiuntin‖ybė émbassy ~ys 1 méssenger 2 (*valstybės atstovas*) énvoy, mínister

pasiusti 1 go* mad; becóme* rábid 2 *prk.* (*apie žmogų*) fly* ínto a rage, get* fúrious

pasiųsti send*; dispátch; (*ko*) send* (*for*); *p. paštu* (send* by) post, mail

pasiut‖ėlis mádcàp ~ęs mad, rábid ~imas 1 (*liga*) rábies 2 (*įtūžimas*) frénzy ~iškas fúrious; ~iškas greitis fúrious / bréaknèck speed

pasivadinti call ònesélf; assúme the name

pasivaiden‖ti seem (*to*), appéar (*to*); *jam ~o* he fáncied he saw

pasivaikščio‖jimas walk, stroll ~ti take* a walk / stroll; pròmenáde; *eiti ~ti* go* for a walk / stroll

pasivartyti (*lovoje*) indúlge (ònesélf in lýing) in bed

pasyvas 1 *buh.* l̀iabílities *pl* 2 *gram.* pássive voice

pasivažinė‖jimas drive ~ti take* a drive, go* for a drive

pasivėl‖inti, ~uoti be* late; (*į ką*) be* late (*for*)

pasiver‖sti (*kuo*) turn (*into*) ~timas convérsion

pasivyti òvertáke*, catch* up (*with*)

pasyv‖umas pássiveness, pàssívity ~us pássive

pasižadė‖jimas prómise, engágement; *įvykdyti ~jimą* meet* one's engágement ~ti engáge, ùndertáke*; pledge (one's word)

pasižymė‖jimas distínction ~ti 1 (*išsiskirti*) distínguish ònesélf 2 (*užsirašyti*) put* down; take* / make* notes

pasižinti know* each óther; be* acquáinted (*with*)

paskait‖a lécture (*on, about*); *skaityti ~ą* lécture, delíver a lécture ~ininkas lécturer ~yti 1 read* (*a little, for a while*) 2 be* áble to read

paskalos góssip *sg*, títtle-tàttle *sg*, scándal *sg*

paskambinti 1 ring*; (*telefonu*) ring* (*smb*) up 2 (*muzikos instrumentu*) play (*a little*)

paskandinti sink*; (*žmones*) drown

paskaninti flávour

paskat‖a indúcement, incéntive ~inimas stìmulátion; encóuragement ~inti 1 indúce, impél, prompt 2 stímulàte, encóurage

paskelb‖imas dèclarátion; pùblicátion, procláiming ~ti decláre; (*spaudoje*) públish; procláim; (*įstatymą*) prómulgàte

paskenduolis, -ė drowned pérson

paskersti (*kiaulę*) sláughter / kill (a pig)

paskesnis súbsequent, fóllowing

paskęsti sink*; go* down; (*apie žmogų, gyvūną*) be* drowned

paskiau 1 (*kiek véliau*) (a líttle) láter; láter on 2 (*kiek toliau*) (a líttle) fúrther ~**sias** last; látest

paskyr‖a wárrant ~**imas** appóintment; nòminátion

paskir‖as séparate ~**stymas** dìstribútion, allótment ~**styti** allót; distríbùte ~**ti** 1 (*į darbą*; *datą ir pan.*) appóint, nóminàte 2 (*duoti*) allót; grant 3 (*jėgas*, *laiką*, *veikalą*; *kam*) dédicàte (*to*) ~**tis** púrpose; dèstinátion

paskleisti spread* (out); (*pažiūras*, *mokslą ir pan.*) própagàte, diffúse, dissémináte

pasklisti spread*

paskol‖a loan; *duoti kam* ~**ą** accómmodàte smb with a loan; grant a loan to smb ~**inti** lend*

paskub‖ėti, ~**inti** hásten, húrry; *jūs turite* ~**ėti** you must make haste, you must húrry up ~**omis** 1 in a húrry, húrriedly 2 (*nerūpestingai*) in a slípshòd mánner

paskučiausias last (of all)

paskuĩ áfter, áfterwards

pãskui *prv.* behínd *prl.* áfter; *eĩti p. ką* fóllow smb

paskutin‖is 1 last; ~**į kartą** for the last time 2 (*naujausias*) látest; ~**ės žinios** látest news 3 (*prasčiausias*) lówest, worst; ~**ė rūšis** the worst kind 4 (*užpakalinis — apie galūnes*) hind; (*apie ratus*) rear △ *stengtis iš* ~**io / ** ~**iųjų** try one's best

paskvilis líbel, làmpóon; (*trumpas*) squib

paslank‖umas 1 mòbílity 2 (*žmogaus*) agílity, nímbleness ~**us** 1 móbìle 2 (*apie žmogų*) ágìle, nímble

paslapč‖ia, ~**iom(is)** *prv.* sécretly, in sécret, sùrreptítiously, by stealth; *išeĩti p.* steal* awáy / out

paslapt‖ingas mystérious ~**is** 1 mýstery 2 (*kas slepiama*) sécret; *išduoti* ~**į** betráy / revéal a sécret; *išlaikyti* ~**į** keep* a sécret

paslaug‖a sérvice; good turn *šnek.*; *bloga p.* ill turn; *padaryti kam*

~**ą** *do* / rénder smb a sérvice; *do* smb a good turn *šnek.* ~**us** oblíging, compláisant

paslėpt‖as hídden; látent ~**i** hide*, concéal; cóver

paslikas hálf-déad

paslysti slip

pasmaginti amúse, èntertáin (*for a while, a little*)

pasmark‖ėti becóme* strónger, inténsify ~**inti** inténsify; stréngthen

pasmaug‖imas stràngulátion ~**ti** strángle, thróttle

pasmerk‖imas còndemnátion, doom ~**ti** condémn, doom

pasnausti have* a (short) nap; take* a short sleep; doze for a while

pasnink‖as *bažn.* fast ~**auti** fast, keep* the fast

pasodinti 1 (*žmogų*) seat; *p. į kalėjimą* put* ínto príson, impríson 2 (*augalą*) plant

pasotinti sátiàte (*with*), sate (*with*)

paspartinti quícken; speed* up; *p. žingsnį* put* on pace, quícken one's steps

paspau‖dimas 1 préssure 2 (*rankos*) hándshàke ~**sti** 1 press; ~**sti mygtuką** press / push the bútton; ~**sti kam ranką** squeeze smb's hand 2 *prk.* put* préssure (*upon*)

paspęsti set* a trap

paspirt‖i 1 (*koja*) kick 2 (*paremti*) prop up ~**is** stay, suppórt

paspringti choke (*with*)

pasprukti *šnek.* make* off, take* to one's heels

pasta paste

pastab‖a 1 remárk, òbservátion 2 (*teksto paaiškinimas*) note; (*puslapio apačioje*) fóotnòte ~**umas** òbservátion ~**us** obsérvant

pastang‖a éffort; *visos jų* ~**os nuėjo niekais** all their éfforts were ùnaváiling; *dėti visas* ~**as** try one's best

pastar‖as(is) látter; ~**uoju metu** látely, of late, látterly

pastarnokas *bot.* pársnip

pastat‖as buílding, strúcture ~ymas
1 buílding, constrúction; eréction 2
teatr. stáging ~yti 1 build*, con-
strúct; eréct; ~*yti paminklą* eréct,
arba put* up, a mónument 2 (*padėti*)
set*, put* **3** *teatr.* stage

pasteb‖ėti nótice, remárk, obsérve;
(*atkreipti dėmesį*) take* nótice (*of*),
mark ~imas nóticeable; percéptible

pastiprinimas 1 stréngthening 2 *kar.*
rèinfórce

pastipti (*apie gyvulius*) die

pastog‖ė 1 gárret 2 (*prieglobstis*)
home, shélter; *be* ~*ės* hómeless

pastol‖iai scáffold *sg*, scáffolding *sg*
~is stand

pastorius *bažn.* mínister, pástor

pastoti 1 block up, bar 2 (*tapti nėščiai*)
becóme* prégnant

pastov‖as stand ~umas cónstancy;
stabílity, stéadiness ~us cónstant;
stáble, stéady; ~*us oras* séttled
wéather; ~*i srovė el.* contínuous /
diréct cúrrent; ~*i valiuta* stáble cúr-
rency

pastraip‖a páragràph ~sniui by pára-
gràphs

pastumti, pastūmėti push, give* a
push

pasuk‖imas túrn(ing) ~ti turn; swing*

pasveik‖imas recóvery ~inimas 1
gréeting, salúte 2 congràtulátion ~in-
ti 1 greet, salúte, wélcome 2 (*kokia
nors proga*) congrátulàte (*on*); ~*inti
ką su Naujaisiais metais* wish smb
a háppy New Year ~ti recóver, get*
bétter

pasverti weigh

pasvirti give* a lurch, lurch; lean*; *p.
į šalį* (*apie stulpą ir pan.*) lean* on
one side

pašaip‖a móckery; sneer ~uolis scóf-
fer ~us gíven to mócking

pašakn‖ys: △ *iš* ~*lų* rádically

pašal‖as frózen ground ~dyti freeze*;
(*atvėsinti*) cool

pašalin‖imas remóval; (*iš mokyk-
los, organizacijos*) expúlsion ~is *bdv.*

strange *dkt.* stránger; òutsíder;
~*iams įeiti draudžiama* no admít-
tance ~ti 1 remóve; expél; (*panaikin-
ti*) eilíminàte 2 (*priversti išeiti*) make*
(*smb*) leave, send* awáy

pašalpa relíef; (*dotacija*) súbsidy,
grant

pašalti freeze* (slíghtly)

pašar‖as fódder, fórage; próvender
~inis fódder, fórage *attr*

pašauk‖imas vocátion, cálling ~ti
call; (*į kariuomenę*) call up (for míl-
itary sérvice)

pašauti wound (by a shot)

pašėl‖ęs wild, fúrious; mad ~imas
rage, fúry; mádness ~ti get* fúrious;
fly* ínto a rage

pašiep‖iamas(is) mócking, derísive
~imas jéering (*at*), móckery (*of*),
scóffing (*at*) ~ti mock, jeer (*at*), scoff
(*at*)

pašildyti warm up

pašinas splínter

pašyti 1 (*kedenti*) pull (*at*); tug (*at*) 2
(*kortas*) shúffle

pašiūrė shed, pénthouse*

pašlyti 1 (*pakrypti į šoną*) lean* on
one side; *be* */ get* awrý / aslánt 2
(*pablogėti*) be* sháken

pašluo‖stė dúster ~styti wipe (up)
~ti sweep*

pašnabžd‖ėti whísper ~om(is) in a
whísper, únder one's breath

pašnek‖esys talk, cònversátion; *drau-
giškas p.* fríendly chat ~ėti (*su apie*)
have* a talk (*with about*); talk (*with
about*) ~ovas ìnterlócutor

pašnibžd‖ėti, ~om(is) *žr.* **pašnabž-
dėti, pašnabždomis**

pašok‖ti 1 jump (up), leap* (up) 2
(*šokį*) have* a dance; dance (*for a
while*) **3** *prk.* jump; *kainos* ~*o* príces
went up

pašt‖as 1 post; (*korespondencija t.p.*)
mail; ~u by post; *oro p.* air mail
2 (*įstaiga*) póst(-òffice); *centrinis p.*
géneral póst-òffice

paštetas *kul.* meat pie

patiekalas

paštininkas èmployée of the póst-òf-
fice
pašvaistė glow △ šiaurės p. nórthern
lights pl
pašventinti, pašvęsti bažn. cónse-
cràte, sánctifỳ
pašvies‖ėti bríghten (up) ~ti 1 shine*
(for a while) 2 (kam) hold* the light
(for); ~ti kam kelią light the way for
smb
pat dll.: čia p. (right) here, close to; in
the same place; ten p. there; in the
same place; taip p. a) in the same
way; b) (irgi) álsò; tas p., toks p.
the same; tuojau p. right now
pataik‖auti (kam) 1 (nuolaidžiauti)
indúlge (smb), show* indúlgence (to-
wards) 2 (stengtis įtikti) tóady (to),
make* up (to); (gerinti) ingrátiàte
ònesélf (with), cúrry fávour (with)
~avimas 1 (nuolaidžiavimas) indúl-
gence 2 (stengimasis įtikti) tóadyism,
fáwning
pataiky‖mas hit ~ti hit*
pataikūnas, -ė tóady, fáwner
patais‖a 1 (pataisymas) repáiring; cor-
réction 2 (projekte ir pan.) aménd-
ment ~ymas 1 corréction 2 repáiring;
(avalynės, drabužių) ménding ~yti
1 mend; repáir 2 (klaidą) corréct
~omas córrigible; repáirable
patal‖as 1 bed; mirties ~e on one's
déathbèd 2 dgs. féather-bèd sg ~ynė
bédding
patalp‖a (gyvenamoji) lódging, room;
(įstaigos ir pan.) prémises pl ~inti
place, locáte
patams‖ėjimas dárkening; (akyse)
dímness ~ėti get* / becóme* dárker
~iais prv. in the dark ~inti dárken
~is dárkness, dark
patar‖ėjas, -a advíser, cóunsellor
~iamasis consúltative, delíberative;
~iamasis balsas delíberative vote
~imas advíce; cóunsel; (teisininko)
opínion; jis man davė gerą ~imą
he gave me a piece of good* advíce;
paklausykite mano ~imo take my

advíce; jūsų ~imu accórding to your
advíce
patarlė próverb, sáying
patarn‖auti do* / rénder a sérvice;
do* a good turn ~avimas sérvice;
(good) turn; komunaliniai ~avimai
públic utílities
patart‖i advíse; cóunsel; ~ina it is
advísable / rècomménded
patas šachm. stálemàte
patefonas grámophòne
pateikti presént; (parodyti) prodúce;
(faktų) addúce
pateisin‖amasis (apie priežastį) válid;
good; p. dokumentas vóucher
~imas 1 jùstificátion 2 (priežastis)
excúse ~ti 1 jústifỳ; ~ti kieno pa-
sitikėjimą jústifỳ smb's cónfidence
2 (atleisti) excúse
patek‖ėjimas (saulės) súnrìse ~ėti
rise*
patekti get* (into); (atsidurti) find*
ònesélf; p. į bėdą get* ínto tróuble;
get* ínto a scrape; p. į kieno įtaką
fall* únder smb's ínfluence
patelė fémàle; (su gyvulio pavadinimu
t.p.) she-
patempti pull, draw* △ p. lūpas
šnek. pout (one's lips)
patenkin‖amas sàtisfáctory ~imas
sàtisfáction ~tas sátisfied; (kuo) con-
tént (with), pleased (with) ~ti sátisfỳ,
contént; ~ti prašymą complỳ with
smb's requést
patent‖as pátent (for, of) ~uotas
pátent attr
patepti 1 spread* (on); (riebalais, te-
palu) grease; (aliejumi) oil; (maši-
ną) lúbricàte 2 (duoti kyšį) lúbricàte,
grease the wheels (of) 3 bažn. anóint
patetiškas pássionate, férvent
patėvis stépfàther
pati 1 wife* 2 žr. pats
patyčios jeer sg, sneer sg
patiek‖alas dish; (pietų ir pan. dalis)
course; trijų ~alų pietūs thrée-
course dínner, dínner of three cóurses
~ti 1 (aprūpinti) supplỳ, stock 2 (ga-
minti) prodúce 3 (valgį) cook

paties‖alas cárpet; (*nedídelis*) rug ~**ti spread***

patikė‖ti (*kuo*) trust (*smb*); (*kam*) entrúst (*to*) ~**tinis** *dkt.* attórney

patikim‖as relíable; trústy, trústwòrthy ~**ybė**, ~**umas** trústwòrthiness; relìabílity

patikl‖umas credúlity ~**us** crédulous

patykom(is) stéalthily, on the sly

patikrin‖amasis vérifỳing, chécking ~**imas** 1 vèrificátion; chéck-ùp, contról 2 (*žinių*, *sveikatos*) exàminátion ~**ti** 1 vérifỳ, check 2 (*ištirti*) exámine; ~**ti laikrodį** set* the clock to the corréct time

patikslinti spécifỳ; make* more exáct / precíse; defíne more exáctly / precísely

patikti please; **jai** (**jam** *ir pan.*) **patinka** she (he, *etc.*) likes

patyl‖ėti be* sílent (*for a while*) ~**iais**, ~**om(is)** sílently, sóft(ly), nóiselessly; (*apie kalbą*) in a low voice

patinas male; mate; (*su gyvulio pavadinimu*) he-

patin‖imas swélling ~**ti** swell*

patyr‖ęs expérienced ~**imas** expérience; **gyvenimo** ~**imas** knówledge of life

patirt‖i expérience; súffer ~**is** *žr.* **patyrimas**

patobulinti perféct; impróve

patog‖umas convénience; (*įstaiga*) cómfort; **butas su visais** ~**umais** flat with évery convénience ~**us** convénient; cómfortable; (*apie įrankį ir pan.*) hándy; ~**i kėdė** cómfortable / cósy chair; ~**us momentas** convénient móment; **jeigu jam** ~**u** if (it is) convénient for him; **ar** ~**u ateiti taip vėlai?** is it próper to come so late?

patosas páthos

patranka *kar.* gun, cánnon, piece of órdnance

patrauk‖imas bent (*for*), ìnclinátion (*for*) ~**yti**: ~**yti pečiais** shrug

one's shóulders ~**lumas** attráctiveness ~**lus** attráctive, wínning, invíting ~**ti** 1 draw*, pull 2 (*dėmesį*; *vilioti*) attráct; ~**ti į savo pusę** win* óver / round 3: ~**ti tieson** (= **į teismą**) bring* to tríal; ~**ti atsakomybėn** make* (*smb*) ánswer (*for*)

patriarch‖alinis, ~**ališkas** pàtriárchal ~**as** pátriàrch

patrigub‖ėti, ~**inti** tréble, tríple

patriot‖as pátriot ~**inis**, ~**iškas** pàtriótic ~**izmas** pátriotism

patrònas I 1 *kar.* cártridge 2 *el.* lámpsòcket, lámp-hòlder

pátron‖as II (*globėjas*) pátron ~**uoti** pátronìze

patrūkti rúpture

patrulis *kar.* patról

patrupinti crúmble, crumb

pat‖s *įv.* 1 a) *sg* mỳsélf; *pl* oursélves; b) *sg* yoursélf; *pl* yoursélves; c) *sg* himsélf, hersélf, itsélf; *pl* themsélves 2 (*kaip tik*) the véry; right; **pačiame gale** at the véry end; **iki pačių namų** right home, all the way home; **iki** ~**ies vakaro** untíl night; **p. ilgiausias** the lóngest 3: **tas p.** the same; **toje pačioje vietoje, kur...** in the same place where...; **tuo pačiu laiku, kada...** just when...

paturėti hold* (*for a while*)

patvarky‖mas órder; diréction ~**ti** órder; see* (*that*)

patvar‖umas 1 stéadfastness; stéadiness 2 endúrance ~**us** 1 stéadfast, stéady 2 (*ištvermingas*) of great endúrance

patvinti flood

patvirk‖ėlis, ~**imas**, ~**ti** *žr.* **ìštvirkėlis, ìštvirkimas, ìštvirkti**

patvirtin‖imas cònfirmátion; (*teorijos*) corròborátion ~**ti** 1 confírm; corróboràte; (*sutartį, paktą*) rátifỳ; ~**ti ko gavimą** acknówledge the recéipt of smth 2 (*pritarti*) appróve

paūgėti grow* up (*a little*)

paukšt‖elis néstling, flédgeling ~**iena** fowl; game ~**ininkystė** póultry ráising / fárming ~**inis** bird *attr*, bird's

paukšt‖is bird; **p.** *giesmininkas* sóng-bìrd, wárbler; *naminis p.* (*t.p. dgs.*) fowl; póultry; *vandens p.* wáterfowl △ **Paukščių Takas** *astr.* Mílky Way **~ytis** *žr.* **paukštelis; ~vanagis** spárrow-hawk

paunksn‖ė, ~is shade

paupys ríversìde

pauškėti crack

pauz‖ė pause; ínterval; (*muz. t.p.*) rest; *daryti* **~ę** pause

pavadavimas sùbstitútion

pavadin‖imas 1 name; denòminátion 2 (*knygos*) títle **~ti** 1 (*duoti vardą*) name 2 (*pašaukti*) call

pavadis rein

pavaduot‖i act (*as, for*); súbstitùte (*for*) **~ojas** súbstitùte, próxy, députy; *direktoriaus* **~ojas** députy / assístant diréctor; (*einąs direktoriaus pareigas*) ácting diréctor; *pirmininko* **~ojas** vìce-président; vìce-cháirman*

pavaišinti treat (*to*); regále (*with*)

pavaizd‖avimas rèpresèntátion **~uoti** depíct; (*kuo*) rèpresént (*as*) **~us** gráphic

pavakar‖ė éventìde; *į* **~ę** towárds évening

pavald‖umas subòrdinátion **~us** (*esantis kieno žinioje*) subórdinate (*to*); depéndent (*on*), withín the jùrisdíction (*of*)

pavalgy‖dinti give* (*smb*) to eat; (*ligonį, kūdikį*) feed* **~ti** eat*, have*

pavalkai (hórse-)còllar *sg*

pavandeniui: *plaukti p.* go* with the stream

pavara *tech.* géar(ing), drive; *dantinė p.* train of gears; *diržinė p.* belt drive

pavardė (súr)nàme, fámily name; *kaip jo p.?* what is his (súr)nàme?

pavarg‖ėlis poor man* **~ęs** tíred, wéary **~ti** be* tíred (*of*); get* tíred (*with*)

pavaryti 1 (*šalin*) drive* awáy 2 (*iš darbo*) dismíss; fíre *šnek.*

pavartoti use, emplóy; applý; **p.** *smurtą* use víolence

pavasar‖inis spring *attr* **~is** spring, spríng-tìme **~iškas** sprínglìke

pavaž‖inėti drive* abóut; (*ką*) take* (*smb*) for a drive **~iuoti** (*truputį*) drive* (*a little*)

pavedim‖as commíssion, érrand; *kieno* **~u** on the instrúctions of smb

paveiksl‖as 1 pícture; páinting, cánvas 2 *liter.* ímage **~uotas** íllustràted

paveikti ínfluence, afféct

pavėjui with / down / befóre the wind

pavėlavimas béing / cóming late

paveldė‖jimas inhéritance **~tas** heréditary **~ti** inhérit **~tojas** inhéritor; heir **~toja** héiress

paveldim‖as(is) heréditary; (in)héritable **~umas** herédity; inhéritance; *biol.* herèditabílity

pavėl‖inti be* late **~uotas** beláted **~uoti** (*į*) be* late (*for*)

pavėnė árbour; súmmer-house*

paverg‖ėjas ensláver **~imas** enslávement, sùbjugátion **~ti** 1 ensláve 2 *prk.* enthrál(l)

paverkti cry, weep* (*for a while, a little*), shed* a few tears

paver‖sti (*kuo*) turn (*to, into*), convért (*into*); redúce (*to, into*) **~timas** convérsion; redúction

paverž‖ėjas ùsúrper **~imas** ùsùrpátion; séizure **~ti** seize, ùsúrp; win* óver

pavės‖ingas shády **~is** shády place; shade

pavest‖i (*kam ką*) charge (*smb with*), commíssion (*smb with*); entrúst (*smb with*); *man* **~a** (+ *inf*) I have been instrúcted (+ to *inf*)

pavėž‖ėti, ~inti give* a lift; *prašyti* **p.** ask for a lift

pavežti 1 *žr.* **pavėžėti** 2 (*galėti pavežti*) be* áble to cárry

pavidalas form; shape

pavyd‖as 1 énvy 2 (*dėl meilės*) jéalousy **~ėti** 1 énvy 2 be* jéalous (*of*) **~ėtinas** énviable **~uliauti** be* jéalous (of) ~uliautojas, -a jéalous pérson ~ulingas jéalous ~uolis, -ė énvier, énvious pérson ~us 1 énvious 2 jéalous

pavien‖ečiui *prv.* by the piece ~is (*atskiras*) síngle, sólitary; ~*iai* atve*jai* sólitary ínstances ~iui *prv.* síngly; one by one

pavyk‖ti 1 turn out well; be* a succéss; *tai ne visada* ~*sta* it does not álways work 2 *beasm.* succéed, mánage; *jam* ~*o tai surasti* he succéeded in fínding it; he mánaged to find it; *jam nepavyko to rasti* he failed to find it

pavilgyti móisten

pavilioti entíce, allúre, attráct

paviljonas pavílion

pavirsti (*į*) turn (*into*), change (*into, to*)

pavirš(ium) on / alóng the súrface

pavirš‖ius súrface; sùperfíciès ~utinis, ~utiniškas *prk.* sùperfícial; perfúnctory

pavyti catch* up (*with*); òvertáke*; (*bėgantį*) run* down

pavyzd‖ingas exémplary, módel *attr*; ~*inga tvarka* pérfect órder ~inis módel *attr*, stándard *attr* ~ys 1 ínstance, exámple; *imti* ~*į iš ko* fóllow smb's exámple; *būti* ~*žiu* set* an exámple 2 (*modelis*) stándard, módel; (*medžiagos*) páttern; (*prekių*) sámple, spécimen ~žiui *įterp.* for exámple (*sutr.* e.g.), for ínstance

pavog‖imas theft ~ti steal*; (*smulkius daiktus*) pílfer, filch

pavoj‖ingas dángerous; périlous ~us dánger; péril

pažaboti curb, brídle (*ir prk.*)

pažad‖as, ~ėjimas prómise; *ištesėti* ~*ą* keep* a prómise ~ėti prómise

pažadinti wake*; awáke(n)

pažaisti play (*a little*)

pažang‖a prógrèss ~umas progréssiveness; (*mokinių*) prógrèss, adváncement ~us progréssive; advánced

pažastis ármpit

pažei‖dėjas, -a (*tvarkos*) distúrber; (*įstatymo*) trànsgréssor, infrínger; (*sienos*) tréspasser ~dimas (*įstatymo*) vìolátion, infríngement, trànsgréssion; *tvarkos* ~*dimas* vìolátion of órder; distúrbance ~sti (*tvarką, įstatymą ir pan.*) break*; infrínge (*upon*), trànsgréss, vìolàte

pažemin‖imas 1 lówering 2 (*tarnyboje*) dègradátion 3 (*moralinis*) abásement, humìliátion ~ti 1 lówer 2 (*tarnyboje*) demóte; degráde 3 (*paniekinti*) humíliàte, abáse

pažengti 1 (*moksle*) make* prógrèss (*in*), advánce (*in*) 2 move / step forward

pаženklinti mark (out) (*with*)

pažiba 1 órnament 2 (*apie žmogų*) celébrity

pažym‖ėjimas certíficate; *sveikatos* p. health certíficate ~ėti 1 (*paženklinti*) mark, désignàte 2 (*paliudyti*) cértifỳ, attést ~ėtinas nótewòrthy ~imasis: ~*imasis įvardis gram.* définite prónoun ~inys *gram.* áttribùte ~ys 1 (*žymė*) sign, ìndicátion 2 (*įvertinimas*) mark

pažin‖imas knówledge; *filos.* cògnítion ~oti know*; ~*ojau,* ~*ojai ir t.t.* I, you, *etc.*, used to know ~ti 1 know*; be* acquáinted (*with*) 2 (*atpažinti*) récognìze; ~*ti ką iš balso* récognìze smb by his / her voice ~tis acquáintance; *užmegzti* ~*tį* set* up an acquáintance (*with*)

pažįstamas *bdv.* famíliar; (*susipažinęs*) acquáinted (*with*) *dkt.* acquáintance; (*artimas*) friend

pažiūr‖a 1 (*požiūris, nuomonė*) view, óutlook; (*nusistatymas*) áttitùde 2: *iš* ~*os* by appéarance ~ėjimas look ~ėti look (*at*), have* / take* a look (*at*); ~*ėti ji nėra graži* she does not look béautiful

pažo‖dinis word for word; líteral; p. *vertimas* wórd-for-wòrd trànslátion, líteral trànslátion ~džiui *prv.* word by word; líterally

pažvelgti look (*at*), cast* a glance (*at*)
peč‖**iai** shóulders; *už(si)dėti ant ~ių* shóulder; *traukyti ~iais, patraukti ~iais* shrug one's shóulders △ *turėti galvą ant ~ių* have* a good head on one's shóulders
pėd‖**a** 1 foot* 2 fóotstèp; *eiti kieno ~omis* fóllow in smb's fóotstèps
pedagog‖**as** téacher; pédagògue *~ika* pédagògy, pèdagógics *~inis* pèdagógic(al)
pedalas pédal; *tech. t.p.* tréadle
pedant‖**as** pédant; prig *~iškas* pedántic, pùnctílious *~iškumas* pédantry, pùnctíliousness
pėdas sheaf*
pėd‖**sakas** 1 track; (*žmogaus t.p.*) fóotprint, fóotstèp 2 *prk.* trace, sign; *darbo ~sakai* signs of lábour *~sekys* (*šuo*) sléuth(-hound), blóod-hound
peikėtis recóver one's sénses
peikt‖**i** blame, rèprehénd *~inas* blámewòrthy, rèprehénsible
peil‖**is** knife*; (*lenktinis*) clásp-knìfe* *~iukas* pénknìfe*
peizaž‖**as** lándscàpe *~istas* lándscàpe páinter
pelai *ž.ū.* chaff *sg*
pelargonija *bot.* pèlargónium
pel‖**ė** *zool.* mouse* *~ėda zool.* owl
pelekas fin; (*banginio*) flípper
pelėkautai móusetràp *sg*
pelen‖**ai** áshes; *paversti ~ais* burn* to áshes *~ė flk.* Cìnderélla *~inė* áshtray *~inis* áshy
pelė‖**siai** mould *sg ~ti* grow* móuldy / músty, mould
peliauti mouse, catch* mice
pelikanas *zool.* pélican
pelyti *žr.* pelėti
pelk‖**ė** bog, swamp, marsh *~ėtas* bóggy, márshy, swámpy
peln‖**as** prófit(s) (*pl*); gain; retúrn; *grynas p.* net prófit; *gauti ~ą* (*iš*) prófit (*by*) *~ingas* prófitable, lúcrative; *~inga įmonė* prófitable énterprìse *~ingumas* prófitableness,

lúcrativeness *~ytai prv.* desérvedly, accórding to one's desérts *~ytas* mérited *~yti(s)* 1 (*už(si)dirbti*) earn 2 (*užsitarnauti*) desérve
pempė *zool.* pé(e)wit, lápwing
penalas péncil-càse
penas food; *dvasios p.* spirítual nóurishment
penėti 1 feed*; (*kūdikį*) nurse 2 (*tukinti*) fátten
penkakė (*korty*) five
penker‖**i** five *~iopai, ~iopas* fívefòld
penket‖**as, ~ukas** five
penk‖**i** five; *p. šimtai* five húndred; *~is kartus* five times
penkia‖**aukštis** fíve-stòried *~gubas* fívefòld *~kampis* fíve-còrnered; *mat.* pentágonal; *~kampė žvaigždė* fíve-pòinted star *~kovė sport.* pèntáthlon *~metis* fíve-year-óld
penkiasdešimt fífty *~as* fíftieth
penkiese five (togéther); *mes* (*jie ir pan.*) *p.* five of us (them, *etc.*) (togéther)
penkiolik‖**a** fiftéen *~ametis* fiftéen-year-óld *~tas* fiftéenth; *sausio ~ta* the fiftéenth of Jánuary; *~tas puslapis* page fiftéen
penkmetis (*laikotarpis*) five years *pl*; fíve-year périod
penkta‖**dalis** the fifth part; one fifth *~dienis* Fríday
penkt‖**as** fifth; *sausio ~a* the fifth of Jánuary; *p. numeris* númber five; *~a valanda* past four; after four; *~ą valandą* at five (o'clóck) △ *~oji kolona polit.* Fifth Cólumn
pensi‖**ja** pénsion; *invalidumo p.* dìsabílity pénsion; *išeiti į ~ją* be* pénsioned off; *paskirti ~ją* grant a pénsion (*to*); pénsion *~ninkas, -ė* pénsioner
pensionas 1 (*mokykla*) bóarding school 2 (*viešbutis*) bóarding-house* 3 (*išlaikymas*) board and lódging
pentin‖**as** spur; *kirsti ~ais* spur
pentis (*kirvio*) butt
pepsinas *fiziol.* pépsin

per 1 (*žymint vietą*) through, acróss; óver; **šoktí p. tvorą** jump óver the fence; **žengtí p. slenkstí** step acróss the thréshòld; **eítí p. mìšką** walk through the fórest **2** (*žymint laiką*) in, withín; dúring; **jìs taí padarys p. dvì dìenas** he will do it in / withín two days; **p. karą** dúring the war **3** (*žymint priežastį*) becáuse of **4** (*žymint būdą*) by; through **5** (*virš saiko*) too; **p. šaltas** too cold; **p. daug** (**maža**) too much / mány (líttle) △ **taí jau p. daug!** that's too much!, that's a bit / líttle too thick!

peralkti becóme* véry húngry; be* fámished

peras egg; (*perìmas kiaušìnis*) hatch egg

peraugti 1 òvergrów*; outgrów* **2** *prk.* (*pereiti*) devélop (*into*), grow* (*into*)

perauklė‖jimas rèeducátion ~**ti** rèeducàte

perbėg‖ėlis, -ė desérter ~**imas** cróssing; *kar.* bound ~**ti 1** cross (rúnning); ~**ti gatvę** cross the street (rúnning); ~**ti ką akìmìs** *prk.* run* the eyes óver smth **2** *prk.* (*į prìešo pùsę*) change sides

perberti pour (*dry substance*) ínto anóther contáiner / place

perbraukti 1 cross (through) **2** (*ranka*) run* (*over*), pass (*over*)

perbrendęs òverrípe

perbręsti get* / grow* òverrípe

perbristi wade (*through*), ford

percepcija *fil.* percéption

perdal‖ijimas 1 divísion; sèparátion **2** (*iš naujo*) rèpàrtítion; rèdivísion ~**yti 1** divíde (in two); (*perskìrti*) séparàte, part **2** (*iš naujo*) divíde agáin

perdar‖as pàrtítion; screen ~**yti 1** do* anéw **2** (*pertverti*) pàrtítion off

perdaužti break*

perdavimas trànsmíssion; (*turtą valdyti*) tránsfer

perdažyti rècólour; rèpáint; (*medžiagą, plaukus*) dye agáin / anéw

perdeg‖inti burn* through ~**ti** (*apie elektros lemputę*) burn* out, fuse

perdėjimas exàggerátion, òverstátement

perdėm *prv.* throughóut; **p. supuvęs** rótten throughóut, rótten out and out

perdėti 1 exàggeràte, òverstáte **2** (*dėti skersai*) put* / lay* acróss; (*į kìtą vietą*) put* / place sómewhère else

perdien *šnek.* all the day (long)

perdirb‖imas 1 rèmáking **2** prócèssing ~**ti 1** rèmáke*; (*į ką*) make* (*into*) **2** *tech.* (*į*) prócèss (*into*)

perduoti 1 pass, give* (óver); (*įteikti*) hand (óver) **2** (*pranešti*) tell*; (*naujieną*) commúnicàte; **p. linkėjimus** give* / send* one's (best) regárds **3** (*teisę, turtą*) trànsmít, trànsfér **4** (*duoti per daug*) give* / pay* too much

perdurti pierce, trànsfíx; (*ginklu*) run* through

perdžiovinti, perdžiūti òverdrý

pereikvo‖jimas 1 òverexpénditure **2** *fin.* óverdràft ~**ti 1** spend* too much (*of*) **2** *fin.* òverdráw*

pereinam‖as(is) 1 (*tarpìnis*) trànsítional; **p. laikotarpis** trànsítion(al) périod **2** (*kuris pereina iš rankų į rankas*) chállenge *attr*; ~**oji taurė** *sport.* chállenge cup **3** (*kuriuo pereinama*) commúnicàting

pereiti 1 (*per ką*) get* acróss; cross **2** (*prie ko*) pass on (*to*); (*keisti darbą, vietą ir pan.*) pass; **p. prie kìto klausìmo** go* on to the next quéstion; **p. į puolìmą** take* / assúme the offénsive

perėja pass

perėjimas pássage, trànsítion; (*gatvės ir pan.*) cróssing

perėjimas ìncubátion, bróoding

perėjūnas *menk.* vágabond, vágrant

perekšlė bróod-hèn

perėmėjas (*valdžios*) succéssor

perėt‖i hatch; (*perėtuve*) íncubàte ~**uvas** íncubàtor

perforatorius *tech.* pérforàtor

perfrazuoti páraphràse

pergabenti trànspórt; remóve

pergal‖ė víctory; **pasiekti** ~ę gain / win* (the) víctory; cárry the day ~**ingas** victórious, triúmphant

pergalvoti (*pakeisti nuomonę*) change one's mind

pergamentas párchment

perginčyti outárgue

perginkluoti reárm

pergyven‖imas expérience ~ti 1 (*patirti*) expérience; go* through 2 (*gyventi ilgiau*) outlíve, outlást; survíve

pergraužti gnaw through

pergręžti bore, drill, pérforàte

pergrupuoti regróup

periferija períphery

perifrazė *liter.*, *muz.* períphrasis

perykla íncubàtor house

perimetras *mat.* perímeter

perimti 1 (*patyrimą*) adópt, take*; (*pareigas*) take* óver 2 (*žinias, laišką*) intercépt 3 (*pereiti per visą kūną*) go* right through; **Jį perėmė šaltis** the cold pierced him

period‖as périod ~**inis**, ~**iškas** periódic(al); ~**inis reiškinys** recúrrent phenómenon; ~**inė trupmena** *mat.* recúrring décimal; ~**inė elementų sistema** *chem.* periódic sýstem ~**izacija** division ínto périods

perjung‖iklis *tech.* switch ~**imas** *tech.* swítching ~**ti** *tech.* switch

perkabinti (*kitur*) hang* / move sómewhère else

perkaino‖jimas reValuátion, reappráisal ~**ti** reVálue, reappráise

perkalbė‖ti make* (*smb*) change one's mind; **jis ją ~jo** he made her change her mind

perkalti hámmer / beat* agáin, refórge

perkam‖as sáleable, márketable ~**asis** *ekon.* púrchase *attr*; púrchasing; ~**asis pajėgumas** púrchasing pówer ~**umas** demánd (*for*)

perkar‖ęs fámished ~**ti** be* fámished

perkas‖as canál ~**ti** (*iš naujo*) dig* óver agáin

perkąsti 1 bite* / cut* through; (*riešutą*) crack 2 *šnek.* (*užkąsti*) take* a bite / snack

perkaustyti reshóe

perkeisti change

perkeliamas tránsférable

perkėlimas 1 tránsfer(ence), shift; (*perkraustymas*) remóval 2 (*žodžio*) division of a word

perkelt‖as: ~**ieji asmenys** *polit.* displáced pérsons ~**i** 1 (*įstaigą ir pan.*) tránsfér, move 2 (*į kitą eilutę*) divíde ínto sýllables 3 (*per*) take* / put* acróss ~**inis** *lingv.* (*apie reikšmę*) fíguraTive

perkep(in)ti (*duoną*) overbáke; (*mėsą, žuvį*) òverdó*

perkinkyti rehárness

perkirpti (*pusiau*) cut* (in two)

perkirsti 1 cut* (ínto two, asúnder); (*rąstą*) chop (ínto two) 2 (*einant*) cross, interséct 3 (*kalboje*) cut* short; interrúpt

perklausti (*visus*) ask (all); (*dar kartą*) ask agáin; (*prašyti pakartoti*) ask to repéat

perkopti climb / get* óver

perkrau‖styti move ~**ti** 1 load sómewhère else 2 (*per daug*) òverlóad 3 *prk.* òverbúrden

perkreipti (*pvz. veidą*) distórt

perkrimsti *žr.* perkąsti

perkrov‖a, ~**imas** 1 relóading 2 (*per didelis apkrovimas*) óverlòad(ing); *prk.* (*darbu*) òverbúrdening

perkūn‖as 1 *mit.* the Thúnderer (*god of thunder and lightning among Lithuanians*) 2 thúnder; ~**o nutrenktas** thúnderstrùck △ **kaip p. iš giedro dangaus** a bolt from the blue; ~**o ožells** *zool.* snipe ~**ija** thúnderstòrm ~**inis** thúnder *attr* ~**iškas** thúnderous ~**sargis** líghtning condùctor / rod

perlaida remíttance; **pašto p.** póstal órder

perlamutras mòther-of-péarl

perlas pearl

perlaužti break* in two

perlei‖sti 1 (*per*) let* / pass through 2 (*atiduoti*) let* (*smb*) have; *jis ~do man knygą už šešiasdešimt centų* he let me have the book for sìxtéen cents

perlèkti 1 fly* óver / acróss; run* óver 2 (*į kitą vietą*) fly* sómewhère else

perlenk‖imas bend, twist ~ti bend* △ ~ti lazdą go* too far

perlieti 1 (*perliedinti*) rècást* 2 žr. **perpilti**

perlin‖is: ~ės kruopos pèarl-bárley sg

perlipti climb / get* óver

permain‖a change ~ingas chángeable ~yti change

permaldauti appéase; make* (*smb*) relént (by entréaties)

permanentinis pérmanent

permat‖yti see* through ~omas tràns-párent; límpid ~omumas tràns-párence, trànspárency; limpídity

permatuoti rèméasure

permazgoti (*indus*) wash up agáin

permerkti wet thóroughly, soak

permesti 1 throw* óver / acróss 2 (*pvz. kariuomenę*) trànsfér 3 (*akimis*) run* / look through, skim

permirk‖ti get* wet / soaked; *p. iki kaulų* get* drenched / wet to the skin

permok‖a, ~ėjimas súrplus páyment ~ėti òverpáy* (*to*)

pernai last year

pernakt all night (long)

pernakvoti spend* the night

pernelyg too; too much

perneš‖imas tránsference, trànspòrtá-tion; cárrying óver ~ti cárry (óver); (*į kitą vietą*) cárry sómewhère else; trànspórt, trànsfér

perniek in vain

pernykštis last year's; of last year

pernok‖ęs òverrípe ~ti get* òverrípe

peroksidas *chem.* peróxìde

peronas *glžk.* plátfòrm

perpetė 1 *kar.* (*diržas*) shóulder-bèlt 2 *dgs.* (*raiščiai*) shóulder-knòt sg

perpyk‖is ánger; rage ~ti becóme* ángry; fly* ínto a rage

perpil‖dyti òverfíll; (*patalpą*) òver-crówd ~ti 1 (*kitur*) pour sómewhère else; ~ti kraują *med.* trànsfúse blood 2 (*per kraštus*) let* òverflów

perpirkėjas, -a sécond-hànd déaler

perpjauti cut*; (*pjūklu*) saw in two; (*pusiau*) biséct

perplanuoti rèplán

perplaukti swim* acróss; (*valtimi*) row acróss; (*laivu*) sail acróss; (*keltu*) férry acróss

perplauti wash up agáin

perplėšti tear* (up)

perplyšti tear*, be* torn

perprasti còmprehénd

perprodukcija *ekon.* òverprodúction

perpumpuoti pump óver

perpus *prv.* in two, hàlf-and-hálf; *da-lyti p.* divíde in two / half, halve

perpūsti blow* through

perpūti rot through

perraš‖ymas, ~inėjimas cópying; (*mašinėle*) týping ~inėtojas cópyist ~yti rèwríte*; (*mašinėle*) rètýpe; rè-cópy

perregim‖as, ~umas žr. **permato-mas**, **permatomumas**

perregistr‖avimas rèrègistrátion ~uo-ti rèrégister

perrėkti outvóice; shout down; *vaikai stengėsi vienas kitą p.* the chíldren tried to shout one anóther down

perrengti change (*smb's*) clothes

perrikiuoti rèfórm

perrink‖imas 1 (*pvz., valdybos*) rèeléc-tion 2 (*bulvių, uogų*) sórting (out) ~ti 1 rèeléct 2 (*bulves ir pan.*) sort (out)

perriš‖imas (*žaizdos*) bándage, dréss-ing ~ti 1 (*ryšulį*) tie up; (*virve*) cord 2 (*žaizdą*) bándage, dress

perrūgti turn sóur

persaldinti put* too much súgar (*into*); make* too sweet

persėdimas change (of cárriage / train)

persekio||jimas 1 pèrsecútion 2 (*viji-masis*) pursúit; *jūr.* chase ~ti 1 pér-secùte; (*teismo keliu*) prósecùte 2 (*vy-tis*) pursúe; chase ~tojas pérsecùtor

persėsti 1 change one's seat; exchánge seats 2 *glžk.* change cárriages / trains

persiauti change one's shoes, boots, etc.

persidirb||imas óverwòrk ~ti òver-wórk (òneséIf)

persiduoti be* inhérited; *p. iš kar-tos į kartą* run* in one's fámily; pass from one gènerátion to anóther

persigabenti move, mìgráte

persigąsti get* a fright, get* / be* fríghtened

persigerti 1 drink* too much; get* drunk 2 (*praleisti vandenį*) let* wáter through; get* wet through

persiginkluoti reàrm

persigrupuoti règróup

persikas peach

persikėlimas move, remóval; mìgrá-tion; *p. per upę* ríver cróssing

persikelti 1 move, remóve; mìgráte, tránsmìgràte 2 (*per upę*) cross

persikraustyti move; *p. į naują bu-tą* move to a new place (of résidence), change one's lódgings

persikreip||ti warp, be* warped; *jo veidas ~ė* he made a wry face; his face was distórted

persilauž||imas (súdden) change; (*po-sūkis*) túrning-point; (*ligos*) crísis ~ti (*ranką ir pan.*) break*

persilei||dimas miscárriage ~sti have* a miscárriage, miscárry

persilenkti (*per*) lean* (*over*)

persimainyti change

persimesti 1 throw* (*over*); *p. per pečius* fling* óver one's shóulders 2 (*žodžiais, žvilgsniais*) bándy 3 (*pereiti į kitą pusę*) go* óver (*to*)

persipil||dyti òverfíll; (*apie patalpą*) be* òvercrówded ~ti (*per kraštus*) òverflów, run* óver

persiregistruoti rèrégister

persireng||imas 1 chánging clothes 2 (*maskuojantis*) disguíse ~ti 1 change (one's clothes) 2 (*maskuojantis*) dis-guíse òneséIf (*as*)

persirgti: *p. tymais (plaučių už-degimu)* have* had méasles (pneu-mónia)

persirijimas glúttony

persirikiuoti *kar.* rèfórm

persiristi (*persiversti*) roll óver

persirišti (*žaizdą*) bándage òneséIf, dress one's wound

persirpęs òverrípe

persiskirti 1 (*apie sutuoktinius*) di-vórce, be* divórced (*from*) 2 (*su*) part (*with*); (*į*) divíde (*into*)

persisotin||ęs sátiàted, súrfeited ~imas satíety, súrfeit ~ti súrfeit, have* had a súrfeit (*of*)

persistengti òverdó* it

persisunkti be* imbúed (*with*)

persišald||ymas cold, chill ~yti catch* cold; take* / catch* a chill

persitvarkyti refórm; rèstrúcture

persiuntimas sénding; *prekių p.* cárriage; *pinigų p.* remíttance; *ne-mokamas p. paštu* post free

persiųsti send*; (*pinigus*) remít

persiūti 1 sew* 2 (*pertaisyti*) álter; (*persiūdinti*) have* (*smth*) áltered

persivalg||ymas súrfeit ~yti òveréat*; (*ko*) súrfeit (*on*)

persiversti turn (óver); *p. ant kito šono* turn (from one side) to anóther side

persivilk||imas, ~ti *žr.* persirengi-mas, persirengti

perskaičiuoti 1 count agáin; (*balsus rinkimuose*) rècóunt 2 (*kitais viene-tais*) evàlùate (*in*)

perskait||ymas réading; perúsal *knyg.* ~yti read* through / óver; *p. iš naujo* rèréad*

perskalbti wash agáin

perskelti, perskilti cleave*, split*

perskyrimas 1 sèparátion 2 (*knygoje*) séction

perskirti séparàte, part; disjóin

perskristi fly* óver / acróss

persmeigti pierce, trànsfíx

persodin‖imas ž. ū., med. trànsplàntátion ~ti ž. ū., med. trànsplánt

person‖a pérson; prk. pérsonage ~alas pèrsonnél, staff ~alinis pérsonal ~ažas liter. cháracter, pérsonage

personifīk‖acija liter. pèrsònificátion ~uoti pèrsónifỳ

perspausdinti rèprínt; (mašinéle) type; (iš naujo) rètýpe; p. draudžiama cópyrìght (resérved)

perspausti (riešutą) crack

perspėjimas wárning

perspektyv‖a 1 perspéctive; vísta 2 (ko laukiama, tikimasi) próspèct(s); óutlook ~inis perspéctive

perspėti warn (against), cáution (against); put* on one's guard (against)

persprogti burst*; crack

perstatyti 1 (perkelti) move, shift 2 (pastatą) rèbuíld* 3 (raides, žodžius) trànspóse

persto‖jis cèssátion; break; be ~jo withóut a break, contínuously ~ti cease

persūdyti 1 put* too much salt (into) 2 prk. òverdó* it; go* too far

persukti (spyruoklę, rodyklę) òverwínd*

persunk‖tas imprégnate ~ti steep (in); ímprègnàte (with)

persvar‖a (pranašumas) prepónderance; balsų p. majórity of votes ~stymas rèconsìderátion ~styti (nutarimą) rèconsíder

persverti 1 (iš naujo) weigh agáin 2 (nusverti) outwéigh

persviesti throw* acróss / óver

peršal‖dyti let* (smb) catch cold ~imas cold, chill ~ti catch* cold; take* / catch* a chill

peršauti shoot* through

peršėti itch

peršildyti òverhéat

peršlapti get* wet / soaked; p. iki kaulų get* drenched / wet to the skin

peršliaužti crawl / creep* óver

peršokti 1 jump óver / acróss 2 (skaitant) skip; p. nuo vienos temos prie kitos skip from one súbject / tópic to anóther

peršvie‖sti med. X-ráy ~timas med. X-ráy; ràdióscopy

pertaisyti (perdaryti) do* anéw; (ištaisyti) corréct

pertaras býwòrd

pertek‖ęs ópulent, wéalthy ~lius súrplus, sùperflúity; abúndance ~tinai abúndantly, in plénty

pertempti 1 (į kitą vietą) pull / draw* sómewhère else 2 (per) draw* (through, across)

perti (lupti) flog, lash

pertrauk‖a ínterval; break, intermíssion; pietų p. dínner hour ~imas ìnterrúption; break ~ti 1 break* (off); ìnterrúpt; mus ~ė we were ìnterrúpted 2 (pertempti per) draw* (through, across)

pertrūk‖is break, ìnterrúption; (darbe) stóppage ~ti break*

pertvara pàrtítion

pertvark‖ymas rèòrganìzátion; rèconstrúction ~yti refórm, rèòrganìze; (struktūrą) rèstrúcture

pertverti pàrtítion (off)

perukas wig

pervalgydinti òverféed*

pervargti be* / get* òvertíred

pervar‖ymas (gyvulių) dríving ~yti (per) drive* (across, over); (kitur) drive* (sómewhère else)

pervasar dúring / throughóut the súmmer

pervaž‖a glžk. cróssing ~iavimas pássage ~iuoti 1 cross 2 (suvažinėti) run* óver

pervedimas 1 (pinigų) remíttance 2 fin. tránsference; (suma) tránsfer

pervers‖mas rèvolútion; óvertùrn; socialinis p. sócial ùphéaval; rūmų p. pálace rèvolútion ~ti turn (over), túmble; invért

perverti pierce; trànsfíx; run* through

pervertin‖imas óverèstimátion ~ti òveréstimàte, òverráte

pervesti 1 take* acróss **2** (*pínigus ir pan.*) remít, send* through the bank

perveš‖imas trànspòrtátion, convéyance ~ti **1** trànspórt, convéy **2** (*per upę*) put* acróss

pervilkti 1 drag óver **2** change (*smb's*) clothes

pervirinti 1 (*iš naujo*) cook / boil agáin **2** (*per daug*) òverdó*; spoil* by òverdóing

perviřš 1 (*virš normos*) excéssivelý; too much **2** (*per virřų*) óver the edge ~ijimas, ~is excéeding, excéss; *valdžios* ~ijimas excéeding one's authórity ~yti excéed

pervirti 1 boil (too long); be* òverdóne **2** (*iš naujo*) boil / cook agáin

peřeng‖ėjas, ~imas *žr.* **pažeidėjas**, **pažeidimas**; ~ti **1** (*per*) step (*over*), òverstép; ~ti (*per*) **slenkstį** cross the thréshòld **2** *žr.* **pažeisti 3** (*viršyti*) excéed; ~ti **ribas** *prk.* excéed the límits

peřydėti shed* its blóssoms

peřiemoti wínter; spend* the wínter

peřiūr‖a (*filmo, spektaklio*) reviéw ~ėjimas **1** (*teksto*) revísion **2** (*nuosprendžio*) reviéw ~ėti look óver / through; (*kokį nors tekstą*) go* óver agáin; revíse; (*nuosprendį*) reviéw

peřvelgti glance / run* óver

pės‖čias pedéstrian; *mes ėjom* ~ti we went on foot ~čiomis on foot; *kelionė* ~čiomis pedéstrian jóurney; wálking tour

pesim‖istas péssimist ~istinis, ~istiškas pèssimístic(al) ~izmas péssimism

pėstinink‖as 1 *kar.* ínfantryman*, foot sóldier; ~ai ínfantry *sg* **2** *šachm.* pawn

pešt‖i pull; (*plunksnas*) pluck △ *nieko nepešti* get* nóthing for one's pains ~ynės scúffle *sg*, scrímmage *sg* ~is scúffle, fight ~ukas scúffler; búlly

peteliškė bútterflỳ

peticija petítion

pet‖ingas bróad-shóuldered ~ys shóulder; ~ys į ~į shóulder to shóulder; *žr. dar* **pečiai**; ~nešos bráces; suspénders *amer.*

petražolė *bot.* pársley

piani‖nas piánò; *skambinti* ~nu play the piánò ~stas, -ė píanist

piemuo shépherd; (*skerdžius*) hérdsman*; cówboy *amer.*

pien‖as milk; *nugriebtas p.* skim milk; *rūgštus p.* sóur milk; ~o *produktai* dáiry próduce *sg* △ *dar p. jam nuo lūpų nenudžiūvo* he is too young / green ~burnis *niek.* gréenhòrn ~ai (*žuvų*) soft roe *sg* ~inė créamery, dáiry ~ingas yíelding / gíving much milk; ~inga *karvė* good* mílker ~ininkas (*pieno pardavėjas*) mílkman*; (*pieninės darbuotojas*) dáiryman*; ~ininkė dáirymaid, mílk-maid ~ininkystė dáirying ~inis, ~iškas milk *attr*; mílky; ~iška *dieta* milk díet; ~iniai *dantys* mílk-teeth, báby-teeth

piestelė *bot.* pístil

piestu *prv.*: *p.* **stoti(s)** rear (up), prance

pieš‖ėjas, -a gráphic ártist ~imas, ~inys dráwing ~ti **1** draw* **2** (*vaizduoti*) depíct ~tukas péncil; *spalvotas* ~tukas cóloured péncil; cráyon

piet‖auti have* one's dínner; dine ~ietis, -ė sóutherner ~inis south *attr*, sóuthern ~ys south (wind) ~ryčiai sòuth-éast *sg* ~ūs **1** dínner *sg*; *kviesti ką* ~ų ask smb to dínner **2** south *sg*; *į* ~us south; (*pietų kryptimi*) sóuthward(s) ~vakariai sòuthwést *sg*; ~vakarių *vėjas* sòuthwéster

piev‖a méadow ~ininkystė cùltivátion of méadows

piginti redúce the price (*of*); chéapen

pigment‖acija *biol.* pìgmentátion ~as pígment

pig‖ti fall* in price, chéapen ~umas chéapness; low príces *pl* ~us cheap; (*apie kainas*) low; ~us *pasisekimas* cheap succéss; ~ia *kaina* at a low price

pikai *dgs. kort.* spades

pikantišk‖**as** píquant, sávoury ~u-
mas píquancy, sávour, zest

pikčiurna malícious créature; (*apie
moterį t.p.*) shrew

pyk‖**dyti**, ~**inti** ánger; (*erzinti*) vex

piket‖**as**, ~**ininkas** pícket

pikiruoti *av.* dive, swoop

pik‖**is**, ~**iuoti** *žr.* derva, dervuoti

pykšėti crack; bang

piktadar‖**ybė** mìsdéed, crime ~**ys**, -**ė**
èvil-dóer; málefàctor *knyg.* ~**iškas**
víllainous

pikt‖**as** 1 (*supykęs*) ángry 2 (*pikto
būdo*) cross, wícked 3 (*blogas*) évil;
vícious, malícious; ~**i liežuviai** évil
tongues

piktavališkas évil-mínded, ìll-intén-
tioned; malícious

piktdžiug‖**a** malícious / malígnant joy
~**iauti** gloat óver, *arba* rejóice at,
óthers' misfórtune

pik‖**tėti** grow* / get* ángry / cross

pyk‖**ti** be* ángry / cross (*with*); be* in
a bad témper △ **man širdis** ~**sta** I
feel sick

pikt‖**ybė** 1 évil; míschief 2 *žr.* **piktu-
mas**; ~**ybinis** *med.* malígnant ~**in-
ti** revólt; rouse the ìndignátion (*of*),
make* indígnant ~**intis** (*kuo*) be* in-
dígnant (*at*), be* exásperàted (*by*)

pyktis spite, málice; ánger; **p. jį ima**
he feels annóyed / vexed

piktnaudž‖**iauti** abúse; **p. kieno
pasitikėjimu** abúse smb's cónfidence
~**iavimas** abúse, mìsúse; ~**iavimas
pasitikėjimu** breach of trust / cónfi-
dence

pikt‖**umas** málice; ìll-náturedness; **jį
p. ima** he feels wild ~**uoju** *prv.*
1 (*per prievartą*) through víolence
2 (*piktai*) malíciously ~**votė** boil
~**žaizdė** 1 úlcer, sore 2 *prk.* (*blogis*)
pest

piktžodž‖**iauti** say* spíteful things;
(*keikti*) curse ~**iavimas** malígnant
góssip; slánder

piktžolė weed

pildyt‖**i** 1 fill 2 (*vykdyti*) fulfíl ~**is** be*
fulfílled; come* true

piliakalnis mound

piliet‖**ybė** cítizenship; **priimti Lie-
tuvos** ~**ybę** becóme* a Lithuánian
cítizen ~**inis** cívil; cívic; ~**inės
teisės** cívic / cívil rights; ~**inis karas**
cívil war ~**is**, -**ė** cítizen

pýlimas embánkment; bank; (*tvir-
tovės*) rámpàrt

pilis cástle

piliulė pill

pilkapis búrial mound; túmulus (*pl* -lì)

pilk‖**as** grey; (*prk. t.p.*) dull
~**ėti** grow* / turn grey, grey ~**okas**,
~**švas** gréyish ~**uoti** show* grey

pilnakraujis fúll-blóoded

pilnas 1 full 2 (*apkūnus*) stout; (*apie
vaiką, moterį t.p.*) plump 3 (*visas*)
compléte; **p. raštų rinkinys**
compléte works

piln‖**ateisis** enjóying full rights; *teis.*
cómpetent ~**atis** full moon ~**avertis**
of full válue ~**ėti** 1 becóme* / get*
full 2 (*storėti*) grow* stout ~**utėlis**
full (*of*); (*sklidinas*) brímful; (*žmonių*)
òvercrówded ~**umas** fúllness ~**uti-
nai** fúlly ~**utinis** compléte, full

pilot‖**as** pílot ~**ažas** pílotage

pilstyti pour out; (*į butelius*) bóttle

pil‖**ti** 1 pour 2 (*lyti, lietis*): ~**a kaip
iš kibiro** it is póuring (with rain); it
is ráining cats and dogs *idiom.*; **jį šal-
tas prakaitas** ~**a** he is drípping with
sweat 3 (*mušti*) beat*, whip; (*smog-
ti*) strike* ~**tis** pour; flow ~**tuvas**,
~**tuvėlis** fúnnel

pilv‖**as** stómach, bélly; ábdomen *anat.*;
(*didelis*) paunch; **jam skauda** ~**ą** he
has a stómachàche △ **kvailas per
visą** ~**ą** *šnek.* útter fool ~**inis**
abdóminal ~**otas** bíg-béllied ~**ūzas**
menk. pótbèlly

pincetas píncers *pl*; twéezers *pl*

pingvinas *zool.* pénguin

pinig‖**as** 1 (*moneta*) coin; **smulkūs**
~**ai** small change / coin *sg* 2 *dgs.*
móney *sg*; **grynais** ~**ais** in cash, in
réady móney; ~**ų reforma** cúrrency

refórm △ **už jokius** ~**us** not for ánything; **priimti už gryną** ~**ą** take* at its face válue; take* in all good faith ~**inė** purse; wállet ~**ingas** móneyed ~**inis** móney *attr*; mónetary; pecúniary; ~**inė bauda** fine

pinkl‖**ės** trap *sg*, snare *sg*; (*prk. t.p.*) intrígues ~**us** íntricate, cómplicàted

pint‖**i 1** weave*; (*kasas*) braid, plait; *p*. **vainiką** weave* a gárland; twine a wreath* **2** (*pinučių tvorą*) wáttle ~**inė** (*wícker*) básket ~**inis** wícker *attr*, wáttled ~**is** (*po kojų*) be* in the way

pinučiai 1 (*tvora*) wáttle *sg*, húrdle *sg* **2** (*grotelės*) láttice *sg*, gráting *sg*

pionierius, -ė piònéer

pipetė pipétte, drópper

pypynė whístle, pipe

pipir‖**as** pépper; **dėti** ~**ų** pépper △ **duoti kam** ~**ų** give* it smb hot ~**inė 1** pépper-bòx **2** (*degtinė*) pépper-bràndy ~**mėtė** *bot.* péppermint

pypk‖**ė** pipe △ **viskas eina kaip iš** ~**ės** things are góing swímmingly; *po* **šimts** ~**ių!** deuce take it!

pyp‖**sėti,** ~**ti** cheep

pyrag‖**aitis** pástry ~**as** pie, cake ~**ėlis** pátty

piramidė pýramid

piratas pírate

pirk‖**ėjas, -a,** ~**ikas, -ė** buýer, púrchaser; (*nuolatinis*) cústomer, clíent ~**imas** buýing, púrchasing; ~**imo aktas** deed of púrchase ~**inys** púrchase

pirkl‖**iauti** be* engáged in cómmèrce ~**ys** tráder, déaler; *stambus* ~**ys** (whólesàle) mérchant

pirkt‖**i** buy*; púrchase ~**inis** púrchased, bought

pirm‖**(a) prl.** befóre; (*žymint vietą t.p.*) in front of; *p*. **visko** first of all, to begín with ~**a prv. 1** (*žymint laiką*) first; (*pirmiau, anksčiau*) befóre; fórmerly; ~**a paklausyk, paskui kalbėk** first lísten and then say **2**

(*išskaičiuojant*) fírstly ~**iausia** first of all; first and fóremòst

pirma‖**dienis** Mónday ~**eilis** immédiate; páramount; ~**eilis uždavinys** immédiate task ~**gimis** fírst-bòrn ~**kart** *prv.* for the first time; first ~**klasis** *bdv.* fírst-cláss, fírst-ráte ~**kursis** fírst-year stúdent / man*, fréshman* ~**kursė** fírst-year stúdent / girl ~**laikis 1** (*ankstyvas*) prèmatúre, ùntímely **2** (*prieš terminą*) ahead of time *po dkt.* ~**pradis** prímary; oríginal ~**rūšis** of the best quálity; fírst-cláss

pirm‖**as** first; **jis** *p*. **atėjo** he was the first to come; ~**ą valandą** at one (o'clóck); *p*. **aukštas** ground floor; *p*. **mokinys** the first / best púpil; *iš* ~**o karto** from the first; *iš* ~**o žvilgsnio** at first sight; *iš* ~**ų ranku** at first hand ~**asis** first; (*iš paminėtų*) fórmer; ~**ieji vaisiai** fírst-frùits, fírstlings; ~**oji pagalba** first aid △ *p*. **žingsnis sunkus** it is the first step that counts

pirm‖**aujantis** advánced ~**auti** have* / take* the precédence / priórity ~**avimas** (*vyravimas*) prévalence ~**enybė 1** préference; advántage; **duoti** ~**enybę** show* préference (*to*) **2** *dgs. sport.* chámpionship *sg* ~**esnis** prévious ~**ykštis** prímitive; primórdial *knyg.* ~**yn** fórward; **eiti** ~**yn** advánce ~**ininkas** cháirman; président ~**ininkauti** (*susirinkime*) be* in the chair; presíde (at / óver a méeting) ~**inis** prímary; (*pradinis*) inítial; ~**iniai skaičiai** *mat.* prime númbers ~**okas, -ė** fírst-fòrmer

pirmtakas prédecèssor; fòrerúnner; precúrsor *knyg.*

pirm‖**uonys** *zool.* pròtozóa [prəutə'zəuə] *sg* ~**utinis** first; ~**utinės kojos** fórelègs, fórefeet

pirščiukas (*siuvamasis*) thímble

pirš‖**imas(is),** ~**lybos** mátchmàking ~**lys, -ė** mátchmàker

piršt‖**as** fínger; (*kojos*) toe; **didysis /** **vidurinis** *p*. míddle / third fínger;

bevardis p. fourth fínger; **mažasis p.** líttle fínger △ pro ~us į ką žiūrėti turn a blind eye to smth; žinoti ką kaip penkis ~us have* smth at one's fíngertips; nė ~o nepajudinti not stir a fínger

piršti 1 (ką kam) propóse (smb to smb) as wife / húsband 2 (siūlyti) óffer

pirštin||ė glove; (kumštinė) mítt(en) ~ėtas gloved

pirštis 1 ask (smb) to márry one; woo knyg., juok.; (pasipiršti) propóse (to) 2 (siūlytis) thrust* ònesélf (upon)

pirt||is baths pl; (pastatas) báthhouse* △ pakurti / pakelti kam ~į give* smb a good scólding; give* it smb hot

pistoletas pístol

piupitras desk; réading-dèsk, réadingstànd; (gaidoms) músic-stànd

pižama pyjámas pl

pjaust||yti 1 (peiliu) cut*; shred* 2 (raižyti) carve (on) ~ytinis carved ~ytojas cútter; cárver

pjaut||i 1 cut*; (mėsą) carve 2 (pjūklu) saw* 3 (šieną) mow* 4 (javus) reap 5 (žudyti) kill; sláughter 6 (ką sti) sting* ~is 1 (nesutikti) squábble; be* at dággers drawn idiom. 2 (apie spalvas) not match / go* (with); (apie balsus) discórd; jar ~uvas síckle, réapinghook; kūjis ir ~uvas síckle and hámmer

pjedestalas pédestal

pjesė 1 liter. play 2 muz. piece

pjov||ėjas, -a (javų) réaper; (šieno) mówer ~imas 1 cútting 2 (javų) réaping; (šieno) mówing 3 (malkų, lentų) sáwing 4 (gyvulių) sláughter

pjudyti hound; p. šunimis set* dogs (on)

pjūklas saw; rankinis p. hándsaw; skersinis p. cróss-cùt saw; juostinis p. bánd-saw

pjūtis réaping; hárvest

pjuvenos sáwdùst sg

pjūvis séction; (įpjovimas) cut; skersinis p. cróss-sèction

plac||darmas 1 kar. jùmping-óff ground 2 polit. base ~kartė resérved seat tícket

plačiai wide, wídely; (prk. t.p.) bróadly; p. paplitęs wídespread [-ed] △ p. gyventi live grándly

plačiapetis bróad-shóuldered [-'ʃəu-]

plagiat||as plágiarism ~orius plágiarist

plakatas plácàrd; póster, bill

plak||imas 1 (mušimas) flógging, thráshing 2 (širdies) pàlpitátion 3 prk. (ydų, trūkumų) càstigátion ~ti 1 (mušti) flog, thrash, lash; (botagu) whip; (diržu) strap 2 (apie širdį) pálpitàte, pùlsáte; (smarkiai) beat*, throb 3 (ydas) cástigàte △ liežuviu tik ~ti talk nónsense / rot ~tukas hámmer

plan||as plan; (projektas) scheme; (miesto) map; mokomasis p. stúdy / school plan; currículum; sudaryti ~us plan, make* plans ~avimas plánning

planet||a plánet ~ariumas plànetárium

plan||ingas sỳstemátic; planned ~ingumas sỳstemátic / planned cháracter ~inis planned ~iruoti av. glide (down)

planta||cija plàntátion ~torius plánter

planuoti plan

plasnoti flap, flútter

plast||ika 1 (lipdybos menas) plástic art 2 (plastiškumas) the plástic ~inis, ~iškas plástic ~masė plástic

plaštaka hand

plaštakė bútterflỳ; moth

platėti wíden, bróaden

platforma 1 (peronas) plátfòrm 2 (prekinis vagonas) truck; flátcàr amer. 3 polit. plátfòrm

platybė (wide) expánse; wide ópen space

platina chem. plátinum

platin||imas 1 wídening, bróadening 2 (skleidimas) spréading; (idėjų, mokslo ir pan.) dissèminátion ~ti 1 wíden, bróaden 2 (*skleisti*) spread*; (*idėjas, mokslą ìr pan.*) disséminàte ~tojas, -a spréader

platoniškas Platónic(al)

plat‖uma 1 *ir.* platumas 2 *geogr.* látitùde ~umas width, breadth; *du metraí ~umo* two métres wide ~us wide; (*didelis, erdvus*) broad, exténsive; *plačíu mastu* on a large / broad scale; ~*usis geležinkelis* broad gauge ráilway; *plačiąja prasme* in the broad sense

plauč‖iai 1 *anat.* lungs; ~*ių uždegimas* pneùmónia 2 (*skerdienos dalis*) lights ~kepeniai pluck *sg*

plauk‖as 1 hair; *žili ~ai* grey hair *sg* 2 (*laikrodžio*) háir-spring 3 (*gyvulio spalva*) cólour (of the hair) △ *per ~ą* (*nuo*) withín a hair (*of*); *nė per ~ą* not a grain ~eliai (*audinio*) pile *sg*, nap *sg*

plaukėti ear

plauk‖ikas swímmer ~iojamas(is) swímming; ~*iojamoji pūslė* (*žuvų*) swímming-blàdder ~iojimas 1 swim, swímming 2 (*laivų*) navigátion, sáil-(ing) ~ioti, ~yti, ~ti 1 (*apie žmogų, gyvulį*) swim* 2 (*laivu*) sail, návigàte; (*valtimi*) boat 3 (*apie daiktus*) float, drift

plaukuotas háiry, haired

plaustas *ir.* keltas

plauš‖ai bast *sg* ~inė 1 (wisp / piece of) bast 2 (*patiesalas*) bast mat / mátting ~oti séparàte ínto fíbres

plaut‖i rinse, wash; swill; (*gerklę*) gárgle ~is wash (ònesélf)

plaũtis *ir.* plaučiai

plautuvė slóp-bàsin

plazd‖enti flap; flítter, flútter ~ėti (*apie širdį*) throb; flútter

plebiscitas *polit.* plébiscite

pleiskanos dándruff *sg*, scurf *sg*

pleišėti crack; (*apie odą*) chap

pleišyti wedge, fásten with a wedge

pleišt‖as wedge ~inis wédge-shàped

plejada Pléiad ['plaıəd]; gálaxy

plekš‖enti, ~ėti 1 (*ranka*) pat 2 (*apie bangas*) lap

plekšnė *zool.* flóunder

plekš‖noti (*ranka*) pat; clap ~telėti splash

plėkti grow* móuldy / músty

plenarinis plénary

plentas híghway; macádam (road)

plenumas plénum, plénary séssion

plep‖alas táttle, chátter; (*paskalos*) títtle-tàttle ~ėjimas jábber; chátter ~ėti chátter, twáddle, práttle; (*neaiškiai*) bábble ~ys, -ė chátterer, blab; (*ypač apie vaiką*) chátterbòx; (*liežuvautojas*) góssip, táttler ~umas gàrrúlity ~us gárrulous, tálkative; (*kas neišlaiko paslapties*) ìndiscréet, blábbing

plėst‖i 1 wíden; expánd; *p. akiratį* ópen the mind, bróaden the óutlook; *p. įtakos sferą* exténd the sphere of ínfluence 2 (*vystyti*) devélop ~is 1 wíden 2 (*plisti*) spread* 3 *fiz.* dìláte

plėšik‖as róbber; plúnderer; (*kuris įsilaužia*) búrglar, brígand ~auti rob, plúnder; loot ~avimas róbbery ~iškas prédatory; (*apie kainas*) extórtionate

plėš‖imas (*grobimas*) plúnder(ing); róbbery ~yti 1 tear* 2 *prk.* (*širdį*) rend* ~ytis (*labai stengtis*) exért ònesélf to the útmòst

plėšk‖ėti (*apie degančias malkas*) cráckle; crack ~inti (*deginti*) burn*

plėšr‖umas rapácity ~us prédatory, ràptórial; ~*us paukštis* bird of prey; ~*us žvėris* beast of prey

plėšti 1 tear*; rend* 2 (*grobti*) rob; plúnder, píllage; ránsàck, loot 3: *p. dirvoną* plough new land △ *garbę / šlovę p.* disgráce

plėt‖imas(is) 1 bróadening, exténsion; spréading; (*pramonės, prekybos, t.p. fiz.*) expánsion 2 (*vystymas*) devélopment 3 *med.* dìlátion; *širdies p.* dìlátion of the heart ~ojimas(is), ~otė devélopment ~oti devélop

pleur‖a *anat.* pleúra ~itas *med.* pleúrisy

plėv‖ė 1 *anat.* mémbràne; (*anties, šikšnosparnio ir pan.*) web 2 (*ant skysčių*) film ~elė péllicle; film

plev‖enti (*apie paukščius*) soar, flutter; (*apie žvaigždes*) twínkle ~ėsa scápegràce; flíghty pérson ~ėsuoti fly*, flútter

plėvoti flame, blaze

pliaukš‖ėti 1 (*botagu*) crack; (*delnais*) clap; (*pirštais*) snap 2 (*apie bangas*) swash, lap ~ti talk nónsense, drível

pliauska bíllet

pliaukšėti žr. pliaukšėti, pliaukšti

pliažas beach

pliekti žr. plakti

plien‖as steel ~inis steel *attr*

plik‖as 1 (*be plaukų*) bald 2 (*nuogas*) náked, nude, bare; ~os kojos bare legs; *p.* kūnas náked bódy △ ~a akimi with the náked eye

plik‖ė bald pate / spot ~is *dkt.* báldhead ~yti scald ~ti grow* bald ~umas 1 núdity, nákedness 2 (*galvos*) báldness

plisti spread*

plyš‖ys crack, chink; (*ilgas, siauras*) slit ~iuotas chínky ~ti 1 tėar* 2 (*skilti*) split*; (*sprogti*) burst* △ jo širdis ~ta his heart is búrsting; ~ti juoku burst* (one's sides) with láughter

plyt‖a 1 brick; degta *p.* burnt / baked brick 2 žr. viryklė; ~elė (*šokolado ir pan.*) bar, brick ~galys bríckbàt ~inė bríckyàrd, bríckwòrks ~inis brick *attr*

pliumptelėti plop, flop; *p.* į vandenį fall* plop ínto the wáter; plop into the wáter

pliupti (*veržtis srove*) gush

pliusas 1 *mat.* plus 2 *prk.* plus; (*pirmenybė*) advántage

pliuš‖as plush ~inis plush *attr*

plojimas 1 appláuse, clápping 2 *tech.* (*metalo*) fláttening

plokščia‖dugnis flát-bóttomed ~kalnis pláteau, táblelànd ~replės *tech.* plíers

plokšč‖ias flat (*t.p. prk.*); plane; ~ia krūtinė flat chest

plokšt‖ė slab, plate, flag ~elė 1 plate; (*grindims, sienoms ir pan.*) tile 2 (*patefono*) récòrd ~inti flátten ~uma plane súrface; plane ~umas flátness

plomb‖a 1 (*prie užraktų ir pan.*) seal, lead, stamp 2 *med.* stópping ~uoti 1 (*užraktus ir pan.*) seal 2 *med.* stop, fill

plon‖as thin; (*apie audinius*) fine; (*laibas*) slénder, slim; ~i siūlai thin / fine thread *sg*; *p.* balsas thin voice ~avilnis fíne-flèeced ~ėti becóme* / get* thin, make* thin(ner) ~is, ~umas thínness; (*siūlų, audinio*) fíneness

plot‖as área (*t.p. mat.*); gyvenamasis *p.* líving space; pasėlių *p.* área / land únder crops; sown área ~i 1 flátten 2 (*delnais*) appláud; clap (one's hands) ~is *dkt.* width, breadth ~is *vksm.* becóme* / get* flat ~mė plane

plovimas wásh(ing); rinse, rínsing; (*gerklės*) gárgling

plūdė 1 float 2 *bot.* póndweed

plūdimas 1 (*apie skysčius*) flow; gush; *med.* (*kraujo*) blééding, h(a)émorrhage 2 (*keikimas*) abúse

plūdur‖as *jūr.* buoy ~iuojantis flóating, flóatable ~iuoti float

plūgas plough

plukd‖ymas float ~yti 1 (*medžius*) float; ~yti sielius raft 2 (*maudyti*) bathe ~omas flóatable

plunksn‖a 1 (*paukščio*) féather; (*papuošalas t.p.*) plume 2 (*rašomoji*) pen; griebtis ~os take* up the pen 3 (*laikrodžio*) háirsprìng ~agraužys *menk.* scríbbler ~akotis pénhòlder ~uotas féathered, féathery

pluoštas 1 (*linų ir pan.*) fíbre; fílament 2 (*plaukų, žolių*) tuft; spindulių *p.* *fiz.* péncil (of rays) 3 (*daug*) heaps (*of*), a lot (*of*)

plūst‖amasis abúsive ~i 1 (*keikti*) abúse, revíle; call names *šnek.* 2 (*lietis*) flow; (*apie ašaras, kraują t.p.*) rush **3** (*gausiai eiti*) flock

pluš(ė)ti toil, lábour; fag *šnek.*

plut‖a, ~elė crust; *žemės p.* (éarth-) crùst; **apsitraukti p.** crust, get* crústed óver

plutokrat‖as plútocràt ~ija plùtócracy

pneumati‖ka *fiz.* pneùmátics ~nis *tech.* pneùmátic

po 1 (*žymint vietą*) in; on; (*apačioj*) únder; **vaikščioti po laukus** walk in the fields; **vaikščioti po žolę** walk on the grass; **sėdėti po medžiu** sit* únder a tree; **keliauti po visą kraštą** trável all óver the cóuntry; **eik po dešinei** (*po kairei*) go to the right (to the left) 2 (*žymint laiką*) áfter; in; **po pietų** áfter dínner; **po kurio laiko** áfter a while; **po mėnesio kito ir pavasaris** in a month or so spring begíns; **po šiai dienai** down to the présent day; untíl todáy **3** (*žymint kiekį*) in, by; **po du** in twos; **po dešimt** in tens; **po penkis centus kiekvienas** at five cents each; **po du obuolius** (*asmeniui*) two ápples apíece

pobūdis náture, cháracter

pobūvis párty; sócial *šnek.*; èntertáinment

podagra *med.* gout

podėlis 1 lárder, pántry 2 (*kiaušinis*) nést-ègg

podirvis súbsoil

podukra stépdaughter

poelgis act, deed, áction

poema póem; *lyrinė p.* lýric (póem)

poet‖as, -ė póet; (*apie moteris t.p.*) póetess ~ika *liter.* pòètics; théory of póetry ~inis, ~iškas pòétic(al)

poezija póetry

pogrind‖ininkas, -ė mémber of an únderground òrganizátion ~inis únderground *attr*, sécret; ~inė *veikla* sécret / únderground actívity ~is 1

(*rūsys*) céllar (únder the floor) 2 *polit.* sécret / únderground work / àctívity; **nueiti į** ~į go* únderground

pogrupis (*sistematikoje*) súbgroup

pogulis mídday nap

poils‖iauti 1 rest 2 (*atostogauti*) be* on hóliday ~iautojas hóliday-màker ~is rest; rèlàxátion

pojūtis sènsátion; *regėjimo p.* vísual sènsátion

pokalb‖ininkas, -ė ìnterlócutor ~is cònversátion, talk; (*keitimasis nuomonėmis*) discússion

pokarinis póstwár

pokeris póker

pokyl‖iauti, ~is feast, bánquet

poklasis *biol.* súbclàss

pokšėti bang; crack

pokšt‖as trick; prank, joke; *negražus p.* dírty trick; *krėsti* ~us play tricks / pranks

polėkis flight; *minties p.* flight of thought

polem‖ika cóntrovèrsy, polémic(s) ~inis, ~iškas còntrovérsial, polémic(al) ~izuoti cárry on polémics (*with*)

poliarin‖inkas pólar explórer; mémber of a pólar èxpedítion ~is árctic, pólar; ~ė *ekspedicija* pólar / árctic èxpedítion

polic‖ija políce ~ininkas políceman*, políce ófficer

poligonas *kar.* fíring ground

poligraf‖ija prínting trades *pl* ~inis pòlygráphic

poliklinika óutpàtient (pòly)clínic

polinkis bent (*for*), turn (*for*); *p. į kalbas* gift for lánguages

poliruoti pólish; (*metalą*) búrnish

polis *tech.* (*tilto*) pile

polisas (*draudimo*) insúrance pólicy

politechninis pòlytéchnic(al)

polit‖ika pólitics *pl*; (*kursas*) pólicy; *taikos p.* peace pólicy; *kalbėti apie* ~iką talk pólitics ~ikas pòlitícian ~inis, ~iškas polítical; ~inis *kalinys* polítical prísoner

politūra pólish, várnish

pol‖ius pole; *Šiaurės p.* North Pole;
du ~iai prk. two poles

polka pólka

polonezas pòlonáise

pomėgis 1 (*malonumas*) pléasure 2
(*pamėgimas*) líking (*for*); prèdiléction
(*for*) *knyg.*

pomidoras tomátò

pomirtinis 1 pósthumous 2 *bažn.: p.
gyvenimas* the fúture life, the next
world

pompa I (*iškilmingumas*) pomp

pompa II (*siurblys*) pump

pompastišk‖as pómpous ~umas pòm-
pósity

pon‖aitis young géntleman*; *niek.*
óver-dainty géntleman* ~as 1 (*krei-
piantis*) sir; (*prie pavardės*) Mr.; ~e
prezidente Mr. Président; *ponios ir
~ai!* ládies and géntlemen! 2 (*privi-
legijuoto luomo žmogus*) géntleman*;
(*šeimininkas*) máster **3** *prk. niek.*
lord; grand géntleman* ~auti live
like a lord

pon‖ia 1 (*kreipiantis*) my (dear) lády;
mádam(e) (*sutr.* Mme); (*prie pavar-
dės*) Mrs. 2 (*privilegijuoto luomo mo-
teris*) lády; (*šeimininkė*) místress **3**
prk. niek. (grand) lády, fine lády
~ybė, ~ija nòbílity ~iškas lórdly
~iškumas lórdliness

ponton‖as, ~inis pòntóon; ~inis til-
tas pòntóon-bridge

poodinis hỳpodérmic, sùbcùtáneous

popas *bažn.* pope, (Rússian) priest

popier‖galis piece / bit of páper ~inis
páper *attr*; ~iniai pinigai páper cúr-
rency / móney *sg* ~ius 1 páper; *lan-
guotas* ~ius squared páper 2 (*doku-
mentas*) páper

popiet in the àfternóon

popiet‖ė àfternóon ~inis áfter-dìnner;
áfternòon

popiežius Pope

populiar‖ėti becóme* pópular ~inti
pópularìze ~izacija pòpularìzátion
~umas pòpulárity ~us pópular

popuri *muz.* pòt-póurri, médley

por‖a I 1 pair; cóuple; *batų p.* pair
of boots / shoes; *p. ančių* brace of
ducks; ~omis in pairs, two and two;
~ai žodžių *šnek.* for a few words 2
šnek. (*kam*) match (*for*); *jis tau ne
p.* he is no match for you

pora II *anat., fiz.* pore

porcelianas 1 chína, pórcelain 2 (*dir-
biniai*) chína(-wàre)

porcij‖a pórtion; (*valgio*) hélping; *dvi
(trys)* ~os salotų sálad for two
(three); two (three) hélpings of sálad

poreik‖is need, want; *dvasiniai* ~iai
spíritual ínterests

porinis 1 éven; *p. skaičius* éven
númber 2 (*sudarantis porą*) twin,
pair; (*apie vežimą, roges*) páir-hòrse
attr, twó-hòrse *attr*

poryt the day àfter tomórrow

pornograf‖ija pòrnógraphy ~inis,
~iškas pòrnográphic

portatyvus pórtable

porteris (*alus*) pórter; (*stiprus*) stout

portfelis bríefcàse; bag; pòrtfóliò

portikas *archit.* pórticò

portjera (dóor-)cùrtain

portret‖as pórtrait; *tapyti kieno* ~ą
paint smb's pórtrait ~istas pórtrait-
pàinter, pórtraitist

portsigaras cìgarétte-càse

portugal‖as, -ė Pòrtuguése (*t.p. pl*);
~ų *kalba* Pòrtuguése, the Pòrtu-
guése lánguage ~iškas Pòrtuguése

poruot‖i cóuple, pair ~is cóuple; (*apie
gyvulius*) cópulàte

porūšis *bot.* súbspècies *sg ir pl*

posakis expréssion; locútion; (*frazė*)
phrase

posėd‖is sítting; (*susirinkimas*) méet-
ing; (*pasitarimas*) cónference; (*teismo*)
séssion; *uždaras p.* closed méeting;
plenarinis p. plénary méeting /
séssion; *pradėti* ~į ópen the méeting;
baigti ~į close, *arba* break* up, the
méeting

posėdžiauti sit*; meet*; take* part in
a cónference

poskiepis *bot.* stock

poskyris séction, sùbdivísion

poslinkis change for the bétter; (*darbe, moksle ir pan.*) impróvement

posmas 1 *liter.* stánza; stróphe 2 (*siūlų*) skein

postamentas pédestal, base

post||as post; *palikti savo* ~ą desért one's post; *užimti* ~ą hold* a post

postulatas *filos.* póstulate

postūmis 1 push 2 *prk.* (*akstinas*) incéntive, stímulus

posūk||is túrn(ing); túrning-point; *ties upės* (*kelio*) ~*iu* at the bend of the ríver (road)

posūnis stépsòn; stépchìld*

pošeimis *biol.* súbfàmily

pošk||ėti, ~inti crack; pop

potekstė ùndercúrrent

potenc||ialas poténtial ~ija pótency

poter||iai *bažn.* prayer *sg*; (*prieš valgį ir po valgio*) grace *sg* ~iauti say* / óffer one's prayers

potrauk||is ìnclinátion (*for*), bent (*for*); *jausti* ~*į* (*į*) feel* drawn (*to*)

potroškis cráving; lónging

potvarkis decrée; (*įsakymas*) órder

potvynis 1 flood, ìnundátion 2 (*jūros*) flow, rísing tide

povaikis stépchìld*

povandenin||is súbmarìne; ~ė *uola* rock, reef; *p. laivas* súbmarìne

pov||as *zool.* péacòck ~ė *zool.* péahèn

poveik||is ínfluence (*upon, on, over*); *daryti* ~*į* have* / exért an ínfluence (*upon*), afféct

poza pose; pósture, áttitùde

pozicij||a posítion; *patogios* ~os advántage ground *sg*; *priešakinės* ~os front line *sg*

pozityvas *fot.* pósitive

pozityv||inis, ~us pósitive

pozuoti (*kam*) sit* (*to*), pose; *p. portretui* sit* for one's pórtrait

požem||inis únderground; sùbterránean *knyg.* ~is 1 vault 2 (*kalėjimas*) dúngeon

požymis sign, ìndicátion; *ligos p.* sýmptom

požiūris stándpoint; point of view

praaugti *žr.* peraugti

praba stándard; assáy

prabang||a lúxury; (*išorinė*) spléndour ~us lùxúrious, súmptuous; (*puikus*) spléndid

prabėg||om(is) in pássing ~ti pass (rúnning), run* by

prabilti (*begín* to) speak*

prablaivėti 1 (*pragiedrėti*) clear up 2 (*išsipagirioti*) becóme* / get* sóber

prabuot||i assáy ~ojas assáyer

prabūti stay, remáin

pradalg||ė, ~ys swath

pradar||as ajár; hálf-ópen ~yti hálf-ópen, ópen slíghtly

pradas *žr.* pradmuo

pradaužti break* through

pradedant (*nuo*) begínning (*with*) ~ysis begínner

pradeg||inti burn* (through); *p. skylę kame* burn* a hole in smth ~ti burn* through

pradėti begín*, start; comménce; *p. viską iš pradžių* begín* all óver agáin; *p. nuo ko* begín* / start with smth; *p. gerti* take* to drink

pradieniui évery óther / sécond day

pradin||inkas inítiàtor ~is inítial; èleméntary; ~ė *mokykla* èleméntary / prímary school; ~is *mokslas* prímary / èleméntary èducátion

pradmė *sport.* start

pradmuo órigin, rúdiment

pradumti (*pro*) tear* (*by, past*), sweep* (*by, past*)

pradurti pierce, prick

pradž||ia 1 begínning; comméncement; *iš* ~*ių* (*pradžioje*) at first, in the begínning; *iš pat* ~*ių* / ~*ios* from the (véry) óutsèt, from the first; *liepos* ~*ioje* in the begínning of Julý, éarly in Julý; ~*iai* to start / begín* with 2 órigin, source ~*iamokslis* ABC book, prímer

pradžiug||inti make* glad / háppy, rejóice ~ti be* glad

pradžiūti get* dry, dry up

praeitas past; (*paskutinis*) last

praei‖ti 1 pass; go* by / past; **p. tíltu** cross a bridge; **dar ir metai nepraėjo** a year has not yet passed / elápsed; **terminas dar nepraėjo** the term has not yet expíred 2 (*baigtis*) be* óver; **vasara greit ~s** súmmer will soon be óver 3 (*įvykti*) go* off; **spektaklis praėjo gerai** the play went off well **~tis** the past; **tolima ~tis** remóte past; **netolimoje ~tyje** not long agó, in récent times **~vis** pàsser-bý (*pl* pàssers-bý)

praėj‖ęs past; (*paskutinis*) last **~imas** 1 pássage; pass 2 (*vieta*) pássageway; (*tarp eilių*) gángway

pragaišt‖i 1 línger 2 (*prapulti*) dìsappéar **~ingas** destrúctive; disástrous, pèrnícious **~is** rúin

pragar‖as 1 hell; inférnò 2 (*kančia*) ánguish **~iškas** héllish

pragerti spend* / squánder on drink; drink* (awáy); **p. balsą** rùin one's voice by drink

pragiedr‖ėti clear (up, awáy) **~ulis** 1 clear space / gap 2 *prk.* ray / flash (of hope)

pragysti begín* to sing; (*apie gaidį*) begín* to crow

pragyven‖imas líving, lívelihood; **pinigai ~imul** móney for líving expénses **~ti** 1 (*išsimaitinti*) make* a líving / lívelihood; **jie negali iš to ~ti** they cánnot make* a líving out of that 2 (*išgyventi*) live; **jis ~o šitame mieste dešimt metų** he spent ten years in this town

pragmatizmas *filos.* prágmatism

pragraužti 1 gnaw through 2 (*apie vandenį*) wash

pragręžti bore, pérforàte, drill

pragulėti lie* (*for some time*); spend* the time lýing

prajuokinti make* (*smb*) laugh, set* (*smb*) láughing

prakait‖as, ~avimas sweat, pèrspirátion **~uotas** swéaty, damp with pèrspirátion; **~uotos rankos** clámmy hands **~uoti** 1 sweat, perspíre 2

prk. (*su prakaitu dirbti*) sweat (*over*), toil (*at*)

prakalas *tech.* punch

prakalb‖a 1 speech, orátion 2 (*pratarmė*) préface; fórewòrd **~ėti** begín* to speak; (*pratarti*) útter **~inti** speak* (*to*)

prakalti make* a hole (*in*); (*kaltu*) chísel through

prakasti dig* (through)

prakąsti bite* through; (*ragaujant*) bite* (*at*)

prakeik‖iantis ímprecàtory **~imas** curse; imprecátion, màledíction; dàmnátion; **~imas!** damn it!, dàmnátion! **~tas** cúrsed, damned **~ti** curse, damn

prakiln‖ybė 1 *žr.* prakilnumas 2 (*titulas*) éxcellency **~umas** nóbleness **~us** nóble

prakirsti hack / cut* through; **p. ledą** break* the ice

prakišti 1 push through / in 2 *šnek.* (*pralaimėti*) lose*

prakiur‖dyti make* a hole (*in*), hole **~ti** 1 get* holed, leak 2 (*susidėvėti*) wear* through

prakrapštyti scratch through; pick / make* a hole (*in*); **p. akis** *šnek.* rub one's eyes (ópen)

prakti‖ka práctice **~kantas, -ė** trainée **~kas** práctical wórker; pràctícian **~kuoti** práctise **~nis, ~škas** práctical **~škumas** prácticalness, pràcticálity

prakurai kíndling *sg*

pralaidus pérmeable, pérvious

pralaimė‖jimas loss; deféat; **patirti ~jimą** súffer a deféat **~ti** lose*; (*kovą ir pan.*) be* deféated

pralanka *glžk.* síding

pralauž‖imas breach, break; *kar.* bréak-through **~ti** break* (through)

praleidimas 1 (*pvz. pro vartus*) létting by / through; leave to pass 2 (*spragos, trūkumo palikimas*) omíssion 3 (*laiko*) pástìme 4 (*pvz. paskaitų*) ábsence praleisti 1 (*leisti praeiti*) let* (*smb*) go past; let* (*smb*) pass 2 (*nepaminėti*; *pvz. raidę, žodį*) omít, leave* out; (*skaitant*) skip 3 (*susirinkimą ir pan.*) miss; (*progą ir pan. t.p.*) let* (*smth*) slip; *p. paskaltą* (*tyčia*) cut* a lécture 4 (*būti pralaidžiam*) let* through; let* pass; *p. vandenį* be* pérvious to wáter, leak; *nepraleisti vandens* be* impérvious to wáter, be* wáterproof 5 (*laiką*) spend* 6 (*turtą ir pan.*) squánder

pralėkti 1 fly* (by, past, through) 2 *prk.* pass rápidly 3 (*apie laiką*) go* / fly* by

pralenkti 1 leave* behínd; outstríp; (*bėgant*) outrún*; (*einant*) outwálk 2 (*būti pranašesniam*) excél, surpáss

pralie||jimas: *kraujo p.* blóodshèd ~ti spill*; ~ti *kraują* shed* / spill* blood (*for*); ~ti *ašaras* shed* tears (*over*)

pralinksm||ėti, ~inti cheer up, bríghten

pralob||imas enríchment ~ti becóme* / grow* rich

praloš||imas loss ~ti lose*; ~ti *kortomis* lose* at cards

pramerkti: *p. akis* ópen one's eyes

pramiegoti, pramigti òverslèep* (ònesélf); *šnek.* (*praleisti*) miss

pramiñti I name; súrnàme; (*duoti pravardę*) nícknàme

pramìnti II beat*; trail

pramog||a amúsement; pástìme, sport; (*pasilinksminimas*) èntertáinment ~ auti have* a nice / good time; amúse ònesélf

pramokti learn* a líttle

pramon||ė índustry; *sunkioji p.* héavy índustry ~ingas indústrial ~ininkas mànufácturer ~inis indústrial; ~inės prekės mànufáctured goods

pramušt||galvis mádcàp ~i break* through; (*skylę*) make* / punch a hole (*in*); (*apie kulką ir pan.*) pierce, go* (through); (*statinę, laivelį*) stave in

pranaš||as *bažn.* próphet ~auti fòretéll*, próphesy, prognósticàte ~autojas, -a fòretéller, sóothsayer; hérald ~avimas próphecy, óracle ~iškas prophétic(al), òrácular

pranaš||umas advántage; sùperiórity ~us supérior

prancūz||as Frénchman* ~ė Frénchwòman*; ~ai the French; ~ų *kalba* French, the French lánguage ~iškas French

praneš||ėjas, -a lécturer; spéaker ~imas 1 (*žinių*) repórt, ìnformátion 2 (*mokslinis*) lécture (*on*); *jis padarys ~imą* (*apie*) he will addréss the méeting (*on*), he will give a talk (*on*) 3 (*kvietimas, raginimas*) nòtificátion, nótice ~ti 1 (*kam ką*) let* (*smb*) know (*of*), commúnicàte (*smth to*); *ofic.* repórt (*smth to*); infórm (*smb of*); ~ti *žinią* impárt the news 2 (*viršyti*) excél (*in*)

pranykti dìsappéar, vánish

prapjauti cut* ópen; cut* (through); (*išilgai*) slit*; *p. skylę* cut* a hole

praplaukti 1 (*apie gyvus daiktus*) swim* (by, past, through) 2 (*apie laivą*) sail (by, past, through); (*apie daiktą*) float / drift (by, past, through)

praplepėti waste time cháttering

praplėsti 1 (*ribas*) bróaden, wíden; *p. akiratį* bróaden the óutlook 2 (*padidinti*) enlárge, exténd

praplėšti rip / tear* ópen, tear* (holes) (*in*) △ *akis p.* tear* one's eyes ópen

praplyšti tear*, *arba* be* worn, ínto holes; break*

prapliup||ti 1 gush (out), spout; *lietus ~o* the rain came down in tórrents 2 burst* (out), break* (*into*); *p. juoktis* burst* out láughing; *p. verkti* burst* ínto tears; *p. plūsti* break* ínto abúse

prapul||dyti lose* ~ti 1 (*dingti*) dìsappéar, vánish; (*pasimesti*) be* lost 2 (*pražūti*) pérish, die; *aš prapuoliau!* I am lost!; I am a lost man*! ~tis (*pražūtis*) rúin

praradimas loss; dèprivátion

praraja précipice; abýss, gulf

prarasti lose*; be* depríved (of); p. **regė́jimą** lose* one's sight; p. **kalbą** be* depríved of speech

praregė́ti 1 recóver one's sight 2 prk. (begín* to) see* cléarly

praretinti 1 (daigus, mišką) thin out 2 (orą) rárefy

praryti swállow (up); (godžiai) gulp down; (suėsti) devóur

prasėdėti 1 wear* out the seat (of); wear* ínto holes by sítting 2 (kurį laiką) sit*; spend* (a certain time) sítting

prasiblaivyti 1 (apie orą) clear (up, awáy) 2 (išsipagirioti) get* sóber

prasibr‖auti, ~ukti squeeze / make* / force one's way (through)

prasidaryti ópen slíghtly; hálf-ópen

prasidė‖jimas (pradžia) begínning; (atėjimas) cóming ~ti 1 begín*, start; set* in; ~jo žiema wínter set in 2 (turėti su kuo reikalų) have* to do (with); **neprasidė́k su juo šnek.** don't have ánything to do with him

prasigyventi 1 get* rich 2 (įsigyti) procúre, get* (móney, etc.)

prasigrūsti force / push / élbow / shóulder one's way (through)

prasikalsti commít a crime

prasikal‖ti 1 (apie dantis) cut*, erúpt; **vaikui ~a dantys** the child* is cútting teeth, the child* is téething 2 (iš lukšto) hatch

prasikišti stick* / jut out; protrúde

prasilauž‖imas bréakthrough, breach ~ti break* (through)

prasilenkti miss each óther; (apie laiškus) cross each óther

prasilošti lose* all one's móney (at gámbling); gámble awáy

prasimaitinti subsíst (on), live (on)

prasiman‖ėlis invéntor; líar ~ymas invéntion, fíction; (melas) fib ~yti invént; fib

prasimušti (kelią) fight* / force / make* one's way through; **p. iš apsupimo** break* out, cut* one's way back / out

prasiskinti (kelią) žr. **prasimušti**

prasiskverb‖imas pènetrátion ~ti 1 (į ką) pénetràte (smth, into); (pro) pénetràte (through), pass (through) 2 (prasibrauti) scrape / force one's way through

prasisprausti, prasistumti žr. **prasigrūsti**

prasisunkti (į paviršių) leak (out); ooze; (į vidų) soak (through)

prasitarti let* / blurt it out

prasitrinti wear* through, wear* to holes, get* frayed

prasivėdinti take* an áiring

prasiverž‖imas break; kar. bréakthrough ~ti force / cut* one's way (through); kar. break* (through), pénetràte

prasiženg‖imas offénce, trànsgréssion ~ti offénd, trànsgréss

prasižioti ópen one's mouth*

praskalbti rinse, wash

praskelti break* through

praskėsti part, bring* / pull apárt; (pirštus) spread* (ópen)

praskiesti dìlúte; atténuàte

praskinti clear awáy; p. **kelią** prk. pave the way

praskirti part, bring* / pull apárt; p. **šakas** part the bránches

praskristi fly* (by, past, through)

praslinkti pass, go* by; (apie laiką t. p.) elápse; (nepastebimai) slip awáy

prasm‖ė sense; méaning; (tikslas t. p.) púrport; **tiesioginė (perkeltinė)** p. líteral (mètaphórical / fígurative) sense; **neturėti (jokios)** ~ės make* no sense (at all); **gyvenimo p.** méaning / púrport of life; **nėra** ~ės **ten eiti** there is no point in góing there

prasmeg‖ti 1 fall* through; come* down 2 (dingti) dìsappéar △ p. **kiaurai žemę** dìsappéar withóut léaving a trace; vánish ínto thin air; **kad jis** ~tų! the deuce take him!

prasmin‖gas full of sense ~is: ~iai **atspalviai** shades of méaning

prasmukti steal* (by), slip (by)

prasnausti *žr.* **pramiegoti**

prasprukti *žr.* **prasmukti**

prast‖**as** 1 símple, cómmon, plain; ~i žmonės cómmon / órdinary péople; plain / hómely péople 2 (*blogas*) bad*; poor ~ėti 1 get* símplified 2 (*blogėti*) becóme* / grow* worse ~inti 1 símplifỹ 2 (*bloginti*) make* worse, wórsen

prastov‖**a** ídle time; stánding ídle ~ėti 1 stand* ídle 2 (*kurį laiką*) stand* (*for a certain time*)

prastumas órdinariness

prastumti 1 push / press through 2 *prk.* push fórward / on

praš‖**ymas** 1 requést; **aš turiu** ~**ymą į jus** I have a fávour to ask you; **kreiptis su** ~**ymu** make* a requést (*for*); **kieno** ~**ymu** at smb's requést 2 (*raštu*) àpplicátion, petítion ~**yti** 1 (*ką ko*) ask (*smb for smth*), beg (*smb for smth*); ~**yti leidimo** ask permíssion; ~**yti atleidimo** beg smb's párdon, apólogìze to smb; ~**yti patarimo** ask for advíce 2 (*kviesti*) invíte; ~**yti prie stalo** call to táble; ~**ome nerūkyti!** no smóking, please! ~**ytis** ask; ~**ytis atostogų** ask / applý for leave ~**ytojas, -a** ápplicant; *teis.* petítioner

prašmatnus smart, chic; (*puikus*) spléndid; swágger, swell *šnek.*

prašnek‖**ėti,** ~**inti** *žr.* **prakalbėti, prakalbinti**

prašokti (*pralenkti*) sùrpáss; (*skaičiumi*) outnúmber

prašom *jst.* 1 please 2 (*atsakant į „ačiū", „dėkui"*) don't méntion it, not at all

prašviesėti clear up; *prk.* bríghten up

prašvilpti 1 (*pralėkti*) whizz / whístle (past); sweep* / tear* (by, past); *p.* **strėle** dart by 2 (*pinigus, turtą*) squánder, díssipàte

prašvi‖**sti** dawn; (*visai*) ~**to** it is (broad) dáylìght

pratarmė préface, fórewòrd

pratarti say*, útter

pratempti 1 pull through; (*sunkiai*) drag (through / alóng) 2 *prk.* force through; (*skubotai*) rush

pratęs (*įgudęs*) expérienced; (*įpratęs*) used (*to*)

pratęs‖**imas** pròlòngátion, exténsion; **atostogų p.** exténsion of leave ~**ti** prolóng, exténd; ~**ti terminą** prolóng the term

pratimas éxercìse

pratint‖**i** train (*smb to*); accústom (*smb to*); **p. ką prie tvarkos** train smb to be órderly ~**is** accústom ònesélf (*to*)

pratisas dráwling; dráwn-out

pratrinti (*drabužius*) wear* through; (*skylę*) rub a hole (*in*)

pratrūkti burst*, break*; *p.* **juokais** burst* ínto láughter

praturt‖**ėti** becóme* rich; (*kuo*) be* enríched (*by, with*) ~**inti** enrích

praus‖**ykla** lávatory; wásh-room *amer.* ~**yklė** wáshstànd, wáshing-stànd ~**imas(is)** wásh(ing) ~**ti(s)** wash (ònesélf) ~**tuvė** wáshstànd, wáshbàsin

praūžti 1 (*pralėkti*) tear* / sweep* (by, past, through) 2 (*pinigus, turtą*) díssipàte, squánder

pravalgyti spend* on food

pravard‖**ė,** ~**žiuoti** nícknàme

pravart‖**us** úseful; fit (*for*); **tas žodynas man** ~**u** the díctionary is of use to me

pravaž‖**iavimas** pássage, thóroughfàre ~**iuoti** pass by; (*mašina, autobusu*) go* / drive* (by, through); (*dviračiu*) ride* (by, past, through)

pravėdinti air; (*patalpą t. p.*) véntilàte

praversti (*kam*) prove úseful (*to*), come* in hándy / úseful (*to*), be* of use (*to*)

praverti hálf-ópen, ópen slíghtly

pravesti (*padėti praeiti*) take*, lead*, condúct

praveža rut

pravežti convéy / cárry past

praviras hálf-ópen; (*apie duris t. p.*) ajár

pravirk‖dyti make* (*smb*) cry ~**ti** (begín* to) cry / weep*

pražydėti begin* to bloom / blóssom; blóssom (out)

pražygiuoti march past

pražil‖ęs grízzled, grey ~**ti** grow* / turn grey

pražiopsoti miss, let* slip; *p. progą* miss an òpportúnity

pražysti *žr.* **pražydėti**

pražiurti begín* to see

pražudyti 1 rúin; be* the ùndóing (*of*) 2 (*prarasti*) lose*

pražūt‖i pérish; (*prapulti*) be* lost ~**ingas** rúinous, pernícious; disástrous; ~**inga politika** rúinous / disástrous pólicy ~**is** rúin

pražuvimas (*dingimas*) loss

precedentas précedent

prefekt‖as préfect ~**ūra** préfecture

preferansas préference (*card game*)

prefiksas *gram.* préfix

prek‖ė goods *pl*, wares *pl*; *ekon.* commódity; **užversti** ~**ėmis** òverstóck with goods; **plataus vartojimo** ~**ės** consúmer' goods ~**iauti** deal* (*in*); (*su kuo*) trade (*with*); (*verstis prekyba*) be* engáged in cómmèrce ~**iautojas** mérchant, déaler ~**yba** trade; cómmèrce; **vidaus** ~**yba** home trade ~**ybininkas** trádesman*, mérchant ~**ybinis** commércial; trade *attr* ~**ymetis** fair ~**ininkas**, -ė pétty tráder; retáiler ~**inis** goods *attr*, commódity *attr*; ~**inė gamyba** commódity prodúction ~**ystalis** cóunter ~**yvietė** márket(-plàce) ~**yženklis** trádemàrk

prelatas *bažn.* prélate

preliminarinis prelíminary

preliudija *muz.* prélùde (*ir prk.*)

premij‖a prémium; (*tik piniginė*) bónus; (*skatinamoji*) bóunty; (*prizas*) prize ~**avimas** awárding of a bónus / prémium ~**uoti** give* / awárd a bónus / bóunty / prémium; awárd a prize

premjer‖a *teatr.* first / ópening night, prémiere *pr.* ~**as** 1 *polit.* prime

minister, prémier 2 *teatr.* léading áctor / man* ~**ė** léading lády / áctress

prenumer‖ata subscríption ~**atorius**, -ė subscríber ~**uojamas(is)** subscríption *attr*; ~**uojamasis leidinys** subscríption edítion ~**uoti** subscríbe (*to*)

prepar‖atas prèparátion ~**uoti** prepáre, make* a prèparátion (*of*)

prerijos *dgs. geogr.* práiries

pres‖as, ~**uoti** press

prestižas prèstíge

pretekstas prétèxt

pretend‖entas, -ė preténder, cláimant ~**uoti** (*į*) preténd (*to*), lay* claim (*to*), claim (*smth*)

pretenz‖ija claim; preténsion; *turėti* ~**iją** lay* claim (*to*); *žmogus su* ~**ijomis** man* of preténtions, preténtious man* ~**ingas** preténtious, assúming

preventyvinis prevéntive, precáutionary

prezident‖as président; ~**o rinkimai** prèsidéntial eléctions ~**ūra** présidency

prezidiumas presídium

priart‖ėti appróach, come* / draw* néarer (*to*) ~**inti** bring* néarer

priaug‖imas growth; íncrease, àccrétion, íncrement ~**ti** 1 grow* (up) 2 (*padidėti*) incréase, augmént; (*ypač apie palūkanas*) accrúe

priausti weave* (*a quantity of*)

pribaigti fínish off

pribėg‖ti (*ką*) run* (*to*); (*prie*) run* up (*to*); *kibiras iš karto* ~**o pilnas vandens** the pail was at once brímful of wáter

priberti (*daug*) strew* (*a lot of*)

pribręsti 1 rípen, becóme* ripe, matúre 2 *prk.* becóme* ímminent; *klausimas pribrendo* the quéstion is ripe; the quéstion cánnot be put off *šnek.*

pribuvėja mídwìfe

pridar‖yti 1 make* / get* réady (*a quantity of*); *p. klaidų* make* a lot of mistákes 2 (*sukelti, atlikti*) do*,

give*, cause (*a lot of*); **p.** **kvai-
lysčių** commít fóllies; **p.** **kam bėdos**
give* smb (*a lot of*) tróuble **p.** **žalos**
do* much harm; **ką tu ~ei!** what
have you done!, what a mess you
have made! **3** (*priverti*) shut* / close
sóftly / líghtly
pridedam‖as 1 (*prie laiško ir pan.*)
enclósed **2** (*papildomas*) addítional
~**asis** *ekon.* súrplus; ~**asis produk-
tas** súrplus próduct
prideg‖ęs burnt ~**inti 1** burn* (*a lit-
tle*) **2** *med.* cáuterìze ~**ti** be* / get*
burnt
pridėjimas addítion
pridengti 1 cóver; screen; (*nuo saulės*)
shade **2** (*paslėpti*) veil
prider‖amas próper, becóming; **užimti**
~**amą vietą** take* the right stand
~**ėti** (*kam*) becóme* (*smb*), befít
(*smb*); **nepridera taip elgtis** it is not
fítting to beháve like that ~**inti** (*prie*)
fit (*to*); (*spalva*) match (*smth*)
pridėt‖i 1 add (*t.p. mat.*); (*prijungti*)
appénd; adjóin, enclóse **2** (*daug*) put*,
lay* (*a quantity of*) ~**inis** addítional,
sùppleméntary
pridirbti *žr.* **pridaryti 1, 2**
pridrabstyti spátter
pridulk‖ėti becóme* dústy; be* cóvered
with dust ~**inti** raise dust, fill the air
with dust
priduoti (*daug*) give* (*a lot of*); **p.**
jėgų give* strength (*to*); **p.** **drąsos**
encóurage; embólden
pridurti (*pridėti*) add, appénd
pridžiūti dry (*to*)
prie 1 (*žymint vietą*) at, by; **p.** **durų**
at the door; **jis stovėjo p.** **pat
durų** he stood close to the door; **p.**
stalo at táble; **sėdėti p.** **lango** sit*
by the wíndow; **p.** **stoties** near the
státion **2** (*žymint kryptį ir pan.*) to;
eiti p. **namo** go* to the house*;
p. **trijų pridėti penkis** add five
to / and three **3** (*su*) with; **gyventi p.**
tėvų live with one's párents
prieangis porch

prieauglis yóunger ánimals *pl*
priebals‖ė cónsonant (letter) ~**is**
cónsonant (sound)
priebland‖a twílight, dusk; ~**oje** at
twílight
priebutis porch
priedainis refráin, búrden
priedang‖a cóver; (*prieglobstis*) shélter;
~**oje** únder cóver (*of*); únder the
shélter (*of*)
pried‖as 1 addítion **2** (*žurnalo, kny-
gos*) appéndix, súpplement ~**ėlis**
gram. àpposítion
priedermė *knyg.* dúty
priegaidė *lingv.* áccent; ìntonátion;
tvirtagalė p. fálling áccent; **tvirta-
pradė p.** rísing áccent
priegalvis píllow
prieglauda 1 asýlum; **našlaičių p.** ór-
phanage, órphan-asýlum **2** *žr.* **prie-
globstis**
prieglobst‖is shélter, réfùge; **rasti ~į**
find* shélter / réfùge (*in*); **duoti ~į**
shélter, give* réfùge
prieiga appróach
prieinam‖as àccéssible, appróacha-
ble; ~**os kainos** réasonable príces
~**umas** àccessibílity
priei‖ti 1 (*prie*) come* up (*to*),
appróach (*smth, smb*); **prie jo ne-
galima p.** he is ìnaccéssible; **p.**
prie klausimo appróach a quéstion **2**
(*siekti*) reach; **laukas ~na prie eže-
ro** the field réaches the lake **3** (*pri-
bręsti*) rípen
priėjimas appróach, áccèss; **individu-
alus p.** ìndivídual appróach; **teisin-
gas p.** the right méthod of appróach
priekaba tráiler
priekab‖ė cávil; cáptious objéction;
(*amžinos*) ~**ės** (etérnal) fáult-fínd-
ing / cárping *sg*; ~**ių ieškoti** cávil
(*at*), carp (*at*) ~**us** cáptious, fáult-
fínding, cárping; ~**us žmogus** cávil-
ler, cáptious féllow, fáultfínder
priekaišt‖as repróach, repróof ~**auti**
(*dėl ko*) repróach (*with*) ~**ingas** re-
próachful

priekaktis 662

priekaktis (*kepurės*) peak
priekalas ánvil
priek‖inis front; fóremòst; ~*iné koja*
(*gyvulio*) fórefoot*, fórelèg ~is front,
fórepàrt; ~*yje* in front; (*pirmoje
vietoje*) to the fore; *į* ~*į* (*pirmyn*)
fórward; *iš* ~*io* from / at the front
prielaida prémise; presúmption, sùpposí-
tion, assúmption
prielinksnis *gram.* prèposítion
priemaiša admíxture; dash
priėmėjas, -a recéiving clerk
priemenė pássage; (*prieangis*) porch
priemiest‖inis subúrban; *p. trauki-
nys* lócal train ~is súbùrb
priėmim‖as 1 recéiving, recéption; ~*o
punktas* recéption céntre 2 (*svečių,
lankytojų*) recéption; *nuoširdus p.*
héarty / córdial wélcome / recéption 3
(*į partiją ir pan.*) admíssion (*to*),
enrólment (*in*)
priemoka súrcharge, éxtra
priemon‖ė 1 means *sg ir pl: susisie-
kimo* ~*ės* means of commùnicátion;
ryšių ~*ės* means of intercommùnicá-
tion 2 (*būdas kam nors atlikti*) méas-
ure; *griežtos* ~*ės* drástic méasures;
imtis ~*ių* take* méasures; *išmėgin-
ti visas* ~*es* try all ways and means;
leave no stone ùntúrned *idiom.*
prieplauka lánding-stàge, pier; dock
amer.; (*krovinių*) wharf*
priepuolis fit; attáck; *nervų p.* fit /
attáck of the nerves, nérvous fit
prierašas addítion; (*laiške*) póstscrìpt
['pəussk-] (*sutr.* P.S.)
priesaga *gram.* súffix
priesaik‖a vow, oath*; *duoti* ~*ą
make* / take* an oath*; *sulaužyti*
~*ą break* one's oath*; *melaginga
p.* pérjury
priesakas précèpt; (*rinkėjų*) mándàte
priesalis *teatr.* fóyer
prieskaita (*priskaitomoji suma*) éxtra
charge
prieskon‖is spice; ~*iai* spícery *sg*
priespauda oppréssion; (*jungas*) yoke
priestatas ánnèx; léan-tò

priėsti eat* one's fill
prieš I *prl.* 1 (*žymint vietą*) befóre, in
front of; (*priešais*) ópposite (to); *kė-
dė stovi p. stalą* the chair stands
befóre, *arba* in front of, the táble; *p.
mūsų namus* ópposite our house* 2
(*žymint laiką*) befóre; (*praeityje t. p.*)
agó; *p. pietus* befóre dínner; *p.
dvejus metus* two years agó 3 (*pa-
lyginti su*) as compáred to; to; *jie
niekas p. jį* they are nóthing as
compáred to him 4 (*žymint priešin-
gumą*) agáinst; *kovoti p. ką* fight*
agáinst smth
prieš II *prv.* 1 (*žymint laiką*) befóre
(+ *ger*); *p. išeidamas / išei-
nant iš namų* befóre góing out (of
the house*) 2 (*žymint priešingumą*)
agáinst; *už ir p.* for and agáinst; pro
and con; *aš neturiu nieko p.* I have
nóthing agáinst it, I do not mind
priešais I *prl. žr.* prieš I 1
priešais II *prv.* in front; (*priešingoje
pusėje*) ópposite; (*gatvės, kelio*) acróss
the street / road / way; *eiti kam p.*
go* / come* to meet smb; *p. važiavo
mašina* a car was cóming (in the óp-
posite diréction)
priešak‖inis front, fore(-); *p. dan-
tis* fore tooth*; ~*inė dalis* fórepàrt;
~*inės pozicijos* front (line) *sg* ~*ys*
front, fórepàrt; ~*yje* in front (*of*);
(*kaip vadas ir pan.*) at the head (*of*);
eiti visų ~*yje* go* in advánce of all,
go* ahéad of all; *jo dar visas gyve-
nimas* ~*yje* his whole life is befóre
him, *arba* ahéad of, him; *iš* ~*io* at /
from the front
priešas énemy; foe *knyg.*; *pikčiausias
p.* worst / bítterest énemy
priešdėlis *gram.* préfix
prieš‖dujinis ànti-gás; gás-defénce
attr ~*gaisrinis* fíre-prevèntion *attr*;
~*gaisrinės priemonės* fíre-prevèn-
tion méasures
priešybė ópposite
priešing‖ai 1 the óther way (round);
(*kam*) cóntrary (*to*); *jis viską daro
p.* he does éverything the óther way

round; *p.* **tam, ko** *jis laukė* cóntrary to his èxpectátions **2** *įterp.* on the cóntrary **~as 1** (*esantis prieš kitą*) ópposite; **~oji pusė** the ópposite párty **2** (*prieštaraujantis*) cóntrary, oppósed; **~a nuomonė** cóntrary opínion; **~u atveju** ótherwìse **~ybė, ~umas** cóntràst, òpposítion

priešin||imasis resístance, òpposítion **~inkas, -ė 1** oppónent, àntágonist **2** (*priešas*) énemy **~is** ópposite; **~is vėjas** cóntrary wind **~tis** oppóse; resíst

priešistorinis prèhistóric

priešišk||as hóstìle, inímical **~umas** énmity, hòstílity; (*asmeniškas*) ànimósity

prieš||kambaris ántechàmber, ánteroom **~karinis** préwár **~laikinis** prèmatúre, ùntímely **~lėktuvinis** ànti-áircràft; áir-defènce *attr* **~mirtinis** death(-), dýing; **~mirtinė agonija** déath-àgony **~nuodis** *med.* ántidòte **~paskutinis** last but one; **~paskutiniame susirinkime** at the last méeting but one

priešpie||čiai 1 (*priešpietinis užkandis*) lunch *sg* **2** (*laikas*) fórenoon *sg* **~t** befóre dínner; in the fórenoon **~tinis** befóre-dìnner *attr* **~tis** fórenoon

priešpriešinis *gram.* advérsative

prieš||puolis *kar.* cóunterattàck **~šventinis** hóliday *attr*

prieštar||aujantis discrépant; còntradíctory, conflícting **~auti 1** còntradíct; gainsáy* **2** (*pasisakyti prieš*) objéct (*to*) **~avimas 1** còntradíction **2** (*nesutikimas*) objéction **~ingas** *žr.* **prieštaraujantis; ~ingumas** discrépancy

prieštvaninis (*ir prk.*) àntedilúvian

prietaisas àpparátus, devíce; ínstrument

prietar||as sùperstítion; préjudice **~ingas** sùperstítious

prietema dusk; twílìght

prievart||a compúlsion, còértion; **per ~ą** únder compúlsion **~auti 1**

compél, còérce **2** (*smurtauti*) víolàte **~inis** fórcible

prieveiksmis *gram.* ádvèrb

prievolė sérvice; (*pareiga*) dúty

priežast||ingas cáusal, cáusative **~ingumas** causálity **~inis** *žr.* **priežastingas; ~is** cause, réason; **be jokios ~ies** for no éarthly réason, withóut rhyme or réason *idiom.*; **svarbi ~is** válid réason; good excúse

priežiūr||a sùperinténdence, sùpervísion; (*vaikų, gėlių ir pan.*) care; **sanitarinė p.** sánitary inspéction; **kieno ~oje** únder smb's care / sùpervísion; (*policijos*) únder survéillance

priežodis 1 próverb, sáying **2** (*pertaras*) býwòrd

prigaminti 1 make*, prodúce (*a quantity of*) **2** (*privirti*) cook (*a quantity of*)

prigąsdinti fríghten

prigaudyti catch* (*a quantity of*)

prigauti decéive; cheat

prigerti 1 (*nuskęsti*) drown **2** (*atsigerti*) drink* one's fill

prigim||imas, ~tis náture; **iš ~ties** by náture, náturally

prigirdyti 1 drown **2** (*nugirdyti*) make* (*smb*) drunk; fill up *šnek.*

prigyti 1 (*apie skiepus*) take* **2** (*apie posakį*) becóme* estáblished

prigyventi (*iki*) live (*till*); **p. žilą senatvę** reach a great age

priglausti 1 cúddle (*to*), snúggle (*to*); **p. prie širdies** clasp / press to one's heart; **p. galvą** lay* one's head **2** (*priglobti*) shélter, give* réfùge; (*laikinai apgyvendinti*) lodge

prigrasinti thréaten

prigriozdinti pile / heap up

prigriūti *šnek.* (*apie žmones*) come* in crowds

prigrūsti (*ko*) stuff (*with*)

prigulti 1 lie* down (*for a while*); (*snūstelėti*) take* a nap **2** (*apie drabužius ir pan.*) fit clósely

priilsti get* tíred

priimamasis *dkt.* recéption-room

priim||ti 1 (*imti*) take* 2 (*įsileisti*)
admít, accépt; *p. į partiją* admít
to / ínto the párty; *p. į darbą* take*
on; accépt for a job; *p. į mokyk-
lą* admít to school 3 (*pritarti*) accépt;
p. pasiūlymą accépt an óffer 4 (*pa-
tvirtinti*) pass; adópt (*t.p. mokymą,
religiją*); *p. rezoliuciją* pass a rès-
olútion 5 (*svečius*) recéive; *nuoŝir-
dŝiai / graŝiai p.* wélcome ~tinas
accéptable; (*leistinas*) admíssible
prijaukin||tas tame ~ti tame; (*gyvu-
lius t. p.*) domést…te
prijausti sympathìze (*with*), feel* (*for*)
prijoti ride* up (*to*)
prijung||iamasis: *p. sakinys* gram.
subórdinate clause ~imas 1 (*pridėji-
mas*) addítion 2 (*teritorijos*) ànnèxá-
tion 3 *el.* connéction 4 *gram.* sub-
òrdinátion ~ti 1 attách; (*pridėti*) add
2 (*teritoriją*) annéx 3 *el.* connéct 4
gram. subórdinàte
prijuostė ápron; pínafòre
prikabinti 1 hang* up, suspénd; (*pri-
tvirtinti*) hitch; (*kabliuku ir pan.*)
hook 2 *glŝk.* (*vagoną*) cóuple
prikaist||i set to the fíre ~uvis sáu-
cepàn
prikaišioti 1 (*prismaigstyti*) stick* in
(*a quantity of*) 2 (*priekaištauti kam
dėl ko*) repróach (*smb with*), ùpbráid
(*smb with*)
prikalb||ėti 1 say* a lot (*of*) 2 (*pri-
kalbinti*) persuáde (*smb + to inf*);
talk (*smb into + ger*) ~inėti try to
persuáde (*smb + inf*)
prikalti nail (down) (*to*); *p. prie
sienos* nail to the wall
prikamuoti, prikankinti tórture, tòr-
mént; wear* out
prikąsti bite*; *p. liežuvį* a) bite*
one's tongue; b) *prk.* hold* one's
tongue, keep* one's mouth shut
prikaustyti 1 chain 2 (*dėmesį, ŝvilgsnį*)
rívet
prikelti 1 wake* up 2 (*iŝ numirusių*)
raise from the dead; rèsurréct

prikentėti *ŝnek.* have* súffered much,
have* gone through much
prikepti 1 (*prie*) be* baked / róasted
(*to*); (*prisvilti*) be* burnt (*to*) 2 (*daug*)
bake, roast (*a quantity of*)
prikibti 1 stick* (*to*), cling* (*to*);
adhére (*to*) 2 (*priekabių ieškoti*) cávil
(*at*), find* fault (*at*) 3 (*praŝant*)
impórtùne (*with*); wórry (*with*), péster
(*with*)
prikimŝti stuff (*with*), pack (*with*);
cram (*with*)
prikyŝtė ápron
prikirsti 1 (*malkų*) chop (*a quantity of*)
2 (*privalgyti*) eat* one's fill
prikiŝti 1 stick* (*to*); put* (*to*); (*pri-
liesti*) touch 2 *ŝr.* prikaiŝioti 2 3 *ŝr.*
prikimŝti
priklaus||ymas belónging (*to*); (*par-
tijai ir pan.*) mémbership (*of*) ~yti
1 (*kam*) belóng (*to*); ~yti par-
tijai be* a mémber of a párty 2
(*nuo*) depénd (*on*); *kiek tai* ~o
nuo manęs as far as it depénds on
me; *tai* ~o *nuo jo* it lies with
him 3 (*uŝ darbą ir pan.*) be* due
~omai (*nuo*) depénding (*on*) ~omas
depéndent ~omybė, ~omumas 1
(*nuo*) depéndence, depéndency 2
(*pavaldumas*) subòrdinátion
priklijuoti stick*, paste, glue
prikopti climb (*to*); (*pasiekti*) get* (*to*)
prikrauti (*ko*) load (*with*); *p. pilną
veŝimą* heap a cart (*of*); load a cártful
(*of*)
prikūrenti heat up / well
prilaikyti hold* (back)
prilauŝ(y)ti break* (off) (*a quantity of*)
prileisti 1 (*ko*) fill (*with*); *p. kambarį
dūmų* fill the room with smoke 2 (*ką
prie egzamino ir pan.*) admít (*smb to*)
prilėkti 1 fly* up (*to*) 2 *prk.* (*paskubom
prieiti*) run* / rush up (*to*) 3 (*daug*)
fly* in (*in large numbers*)
prilenkti bend* down (*to*), bow (*to*)
prilieti 1 spill* 2 (*pripilti ko*) fill (*with*)
prilyg||inti 1 put* / place on the same
fóoting (*as*) 2 (*palyginti*) líken (*to*)
~ti (*kam kuo*) touch (*smb in*), come*
up (*with in*); *jam niekas negali* ~ti
he has no équal
prilinkti bend* down

prilip‖dyti, ~inti 1 stick* (*to*), paste (*to*) 2 (*daug*) stick* (*a quantity of*); (*iš molio ir pan.*) módel (*a quantity of*)

prilipti I 1 stick* (*to*); adhére (*to*) 2 (*apie ligą*) catch*; (*nuo*) be* passed on (*to*)

prilipti II 1 climb (*to*); (*pasiekti*) get* (*to*); reach 2 (*daug*) get* in / on (*in large numbers*)

prilįsti 1 come* close (*to*); creep* (*to*) 2 (*daug*) get* in (*in large numbers*)

prilupti thrash; give* a thráshing / híding (*to*)

primaišyti add, admíx

primatuoti fit (on), try on

primeluoti tell* (*a lot of*) lies

primelžti: *p. pilną kibirą* milk a páilful

primérkti: *p. akis* screw up one's eyes

primesti 1 throw*, cast* (*full, a quantity of*) 2 (*pridėti*) throw* in, add 3 (*primėtyti*) throw* abóut 4 (*užkarti kam*) thrust* (*on*); press (*on*); (*kaltę ir pan.*) impúte (*to*)

primygt‖i press / weigh down ~inai úrgently ~inis úrgent, préssing ~inumas úrgency

primiñti I (*kam ką*) remínd (*smb of*)

primínti II 1 (*koja*) tread* down 2: *p. grindis* make* the floor dírty; track up the floor

primirkti get* wet, be* soaked

primiršti forgét* a líttle

primityvus prímitive

primok‖ėjimas éxtra, addítional páyment; *glžk.* excéss fare ~ėti pay* in addítion; pay* the éxtra

primok‖yti prompt; egg on, put* up (*to*); *jis ~ė mane sakyti tai* he prómpted me to say this, he egged me on to say / sáying this, he put me up to it

primušti 1 beat*, give* a béating 2 (*lentą ir pan.*) nail (*to*)

princ‖as prince ~esė princéss

princip‖as prínciple; *iš ~o* in prínciple; (*iš įsitikinimo*) on prínciple ~ingas, ~inis, ~iškas of prínciple;

príncipled; ~ingas žmogus man* of prínciple; *tas klausimas turi ~inę reikšmę* this quéstion is a mátter of prínciple; ~inis sutikimas consént in prínciple

prinešti 1 bring* (*a quantity of*); *p. statinę vandens* bring* enóugh wáter to fill a cask 2 (*sniego ir pan.*) drift

prinok‖ęs ripe; matúre ~ti rípen; matúre

prioritetas prìórity

pripainioti 1 *žr.* painioti 2 *prk. šnek.* get* (*smth*) all wrong; make* a mess / hash (*of smth*)

pripažin‖imas acknówledgement, rècognítion ~ti 1 acknówledge, récognìze; ~ti savo klaidą admít / acknówledge one's fault / mistáke 2 (*laikyti*) vote, consíder; ~ti nekaltu teis. bring* in a vérdict of not guílty; ~ti negaliojančiu núllify; ~ti netinkamu karo tarnybai pronóunce ùnfít for áctive sérvice 3 (*paskirti*) awárd; *jam ~o pirmąją premiją* he was awárded first prize

pripildy‖mas fílling; (*aerostato*) inflátion ~ti fill; (*dujomis*) infláte

pripilti fill (*with*); pour out; *p. puodelį arbatos* pour (out) a cup of tea

pripirkti (*dar*) buy* (some more); *p. (dar) cukraus* buy* some more súgar

pripiršti *žr.* piršti

priplaukti swim* up; come* swímming; (*apie laivą ir pan.*) sail up; *p. prie kranto* reach the shore

priplepėti talk / prate a lot of nónsense

priplėšti (*prigrobti*) amáss / get* by róbbery / plúnder

priprasti get* accústomed / used (*to*); *jis jau prie to priprato* he has àlréady got accústomed, *arba* he is àlréady used, to this

priprat‖imas (*įprotis*) hábit ~inti accústom (*to*); train (*to*); ~inti ką prie tvarkos train smb to be órderly

pripumpuoti pump full; fill by púmping; *p. padangą* infláte a týre

pripusti (*prisiryti*) *šnek.* gorge ònesélf (*with*)

pripūsti infláte; blow* up

pripustyti drift (*a quantity of*)

prirakin‖ti (*grandìne*) chain; (*prk. t.p.*) rível; **būti ~tam prie patalo** be* confíned to bed

prirašyti 1 (*pridėti*) add 2 (*daug*) write* (*a quantity of*)

prireik‖ti: jam (*jiems ir pan.*) **gali to p.** he (they, *etc.*) may need it, *arba* may be in need of it, *arba* may have need of it **~us** in case of need

prirėžti (*pridėti*) add; **p. gabalą žemės** throw* in a plot of land

pririnkti gáther, colléct

pririšti tie (*to*), attách (*to*); fásten (*to*); **p. arklį** tie a horse

priryti gorge ònesélf (*with*)

prirūkyt‖i fill (*a place*) with smoke; **kaip čia ~a!** how smóky it is here!

prisaik(d)inti admínister the oath (*to*), swear* (in)

prisaky‖mas órder, commánd; *bažn.* commándment **~ti** 1 órder, commánd 2 (*daug*) say*, talk (*a lot of*)

prisegti pin; fásten (with a pin, néedle, *etc.*)

prisėlinti steal* / sneak up (*to*)

prisėsti 1 (*trumpam*) sit* down (*for a while*) 2 (*kq*) sit* down (*upon*)

prisėti sow* (*a quantity of*)

prisiartinti (*prie*) appróach (*smb, smth*)

prisibadauti be* (half) stárved

prisibėg‖inėti, ~ioti be* tíred with rúnning abóut

prisibelsti (*pas kq*) knock till one is heard

prisibijoti (*šiek tiek*) be* ráther / sómewhàt afráid

prisidengti 1 cóver (ònesélf) (*with*) 2 *prk.* screen ònesélf (*behind*)

prisiderinti (*prie*) confórm (*to*); adjúst / adápt ònesélf (*to*)

prisidėti 1 (*prisijungti*) join; **p. prie kompanijos** join the cómpany 2 (*padaugėti*) incréase 3 (*padėti*) fúrther

prisidirbti have* worked enóugh, have* done a lot of work

prisiek‖dinti (*kq*) swear* (*smb*) in **~ti** take* / swear* an oath*; (*kam*) swear* (*to*) **~tinai** on oath **~usysis teis.: ~usysis advokatas** bárrister; **~usiųjų teismas** júry

prisigerinti whéedle; worm ònesélf ínto (*smb's*) fávour

prisigerti 1 (*prisisunkti*) becóme* / get* sáturàted / ímprègnàted 2 (*pasigerti*) get* drunk; get* tight *šnek.*

prisigirdyti drown òneself

prisiglausti 1 (*meiliai*) snúggle / cúddle up (*to*); **p. prie sienos** flátten òneself agáinst a wall 2 (*rasti prieglaudq*) find* / take* shélter

prisigretinti move up, draw* near

prisiimti (*kq*) take* (*smth*) upón òneself, assúme (*smth*)

prisijungti join

prisijuokti have* had a good laugh

prisikabinti *žr.* prikibti

prisi‖kamuoti, ~kankinti be* worn out, be* dèad-béat; have* had a hard time

prisikasti 1 (*iki*) dig* (*to*) 2 (*prikasti sau*) dig* up (*a quantity of*) for òneself 3 *prk.* (*prieiti*) get* (*to*)

prisikėlimas *bažn.* rèsurréction

prisikelti rise* from the dead; *bažn.* rèsurréct

prisiklausyti have* heard plénty *arba* a lot (*of*)

prisikviesti invíte (*a lot of guests*)

prisilaikyti (*ko*) hold* (on) (*to*), keep* (*to*)

prisilakstyti *žr.* prisibėgioti

prisileisti allów (*smb*) to appróach *arba* to come (near)

prisilenkti bend* down, bow; (*apie žmogų t. p.*) stoop

prisilie‖sti, ~timas touch

prisilytėti touch

prisimatuoti try on

prisimin‖imas remémbrance **~ti** remémber; recáll

prisipažin‖imas conféssion; **kaltės p.** avówal of guilt **~ti** conféss, own,

avów; ~ti *mylint* make* a dèclará-
tion of love

prisipil‖dyti (*ko*) fill (*with*) ~ti 1 pour
out (for ònesélf) 2 (*prisipildyti*) fill
(*with*)

prisiplakti *menk.* stick* (*to*), hang* on
(*to*)

prisiriš‖ęs *prk.* attáched (*to*); (*prierai-
šus*) afféctionate ~imas attáchment
(*to, for*); (*meilė*) afféction (*towards,
for*) ~ti 1 becóme* / get* / be* at-
táched (*to*) 2 (*arklį ir pan.*) tie (up)

prisirpti rípen, becóme* júicy

prisisėdėti sit* for a long time; sit*
long enóugh; *p. namie* spend* a long
time ìndóors

prisiskait‖ėlis ùncrítical réader, dógma-
tist ~yti 1 have* read much 2 (*pa-
vargti skaityti*) be* tíred of réading

prisiskambinti ring* till one gets an
ánswer; (*prie durų*) go* on rínging till
the door is ópened; (*telefonu*) get*
(*smb*) on the phone

prisistatyti (*susipažįstant*) ìntrodúce
ònesélf (*to*)

prisisunkti (*prisigerti*) becóme* / get*
sáturàted / ìmprègnàted / soaked (*with*)

prisišaukti shout till one is heard

prisišlieti adjóin; (*atsišlieti*) lean*
(*against*); rest (*against*)

prisitaik‖ėlis *menk.* tímesèrver ~ėliš-
kas tímesèrving ~ymas àdaptátion,
accòmmodátion ~yti adjúst / adápt
ònesélf (*to*); accómmodàte ònesélf (*to*)

prisiųsti send* (*a quantity of*)

prisiūti sew* (*on, to*)

prisiversti bring* ònesélf (+ to *inf*)

prisivyti òvertáke*, catch* up (*with*)

prisižiūrėti (*daug ko*) see* (*a lot of*);
(*pakankamai*) see* enóugh

priskaityti *fin.* charge éxtra; (*pridėti*)
add (on)

priskalbti wash (*a quantity of*)

priskaldyti (*malkų*) chop (*a quantity
of*)

priskinti pick (*a quantity of*)

priskir‖ti 1 (*savybės ir pan.*) ascríbe
(*to*), attríbùte (*to*); (*ką nors blogo*)

impúte (*to*) 2 (*prie*) réckon (*among,
in*), númber (*among*); aš ~lu Jį *prie
savo draugų* I númber / réckon him
amóng my friends 3 (*organizacijai*) at-
tách (*to*)

priskristi *žr.* prilėkti

prislėgt‖as depréssed, dispírited; ~a
nuotaika depréssion ~i 1 press
down; ~i *akmeniu* press down
únder / with a stone 2 *prk.* depréss

prislinkti 1 (*prišliaužti*) creep* / crawl
up; come* cráwling / créeping 2 (*pri-
artėti*) move up, draw* near

prismeigti pin; fásten / attách with a
pin

prisnig‖ti *beasm.*: *daug sniego* ~o
there are másses of snow; there was a
heavy fall of snow

prisodinti 1 (*augalų*) plant (*a quantity
of*) 2 (*žmonių*) sit* (*a number of*)

prisotin‖imas 1 sàtiátion, replétion 2
chem. sàturátion ~ti 1 fill sátiàte
(*with*), sate (*with*) 2 *chem.* sáturàte

prispaud‖ėjas oppréssor ~imas 1
(*engimas*) oppréssion 2 préssing

prispausti 1 (*prie*) press (*to*); clasp (*to*)
2 (*išnaudojant*) oppréss 3 (*antspaudą*)
stamp

pritaisyti attách (*to*), fix (*to*); *p. spy-
ną / užraktą prie durų* fit / put* a
lock in the door

pritapti (*prisijungti*) join

pritar‖iamas appróving ~imas appróv-
al ~ti 1 appróve (*of*) 2 (*akompanuoti
kam kuo*) accómpany (*smb on*)

priteisti (*ką kam*) adjúdge (*smth to*);
(*kalėti ir pan.*) séntence (*smb to*)

pritikti suit, becóme*, befít

prityr‖ęs expérienced ~imas expérience

pritraukti 1 draw*; attráct; *p. kieno
dėmesį* attráct smb's atténtion 2
(*apie arbatą*) infúse

pritrenkti stun

pritrūkti not be* enóugh, lack

pritūpti squat; (*iš baimės*) cówer

priturėti hold* (back)

pritvinkti swell*; fill; *p. ašarų* fill,
arba be* suffúsed, with tears

pritvirtin‖imas fástening, attáchment ~ti fix (to), fásten (to), attách (to)

prival‖ėti 1 must (+ inf); have* (+ to inf); p. ką daryti be* oblíged / bound to do smth 2 (ko) need ~omas oblígatory, compúlsory; ~omas mokslas compúlsory èducátion

privalgyti eat* / take* one's fill

privalus nécessary; ìndispénsable

privarg‖inti tíre, wéary ~ti get* tíred

privat‖ininkas (pétty) prívate tráder ~inis, ~us prívate; ~us kapitalas prívate cápital; ~inė nuosavybė prívate próperty

privaž‖iavimas dríve(way) ~iuoti 1 drive* up (to) 2 (daug) come*, arríve (in large numbers)

priveikti 1 òvercóme* 2 (susidoroti) mánage, cope (with)

privengti be* ráther afráid (of)

priverčiam‖as(is) compúlsory; ~ieji darbai forced / hard lábour sg

priversti 1 compél, force, constráin; p. bėgti put* to flight 2 (krūvą) heap ~nai by force; únder compúlsion ~nis compúlsory, còércive; ~nis nusileidimas forced lánding

priverti 1 (duris ir pan.) hálf-clòse; p. pirštą durimis jam / pinch one's finger in the door 2 (ant siūlo) string*, thread

privertimas compúlsion, còércion

privesti 1 bring* (to); lead* (to) 2 (daug) bring* in (a quantity of)

privežti 1 (prie) take* (to), bring* (to) 2 (daug) bring* / cart in (a quantity of)

privilegij‖a prívilege ~uotas prívileged

privilioti lure, entíce, allúre

privilkti 1 (prie) drag (up) (to), bring* (to) 2 drag, bring* (a quantity of)

privir‖inti (geležį) weld on (to) ~ti cook, boil (a quantity of)

privisti breed*

privyti òvertáke*, catch up (with)

priz‖as prize; gauti ~ą win* a prize ~ininkas sport. prízewìnner, prízeman*

prizmė prism

prižad‖ėjimas prómise ~ėti prómise ~inti wake, call up

prižiūrė‖jimas care, ténding, lóoking áfter; sùpervísion ~ti 1 look (after) 2 (stebėti) keep* an eye (on); súpervìse; ~ti darbą òversée* / sùperinténd the work ~tojas, -a óverseer, súpervìsor; (kalėjimo) jáiler

prižvejoti catch* (a quantity of) fish

pro 1 through; p. skylę through a hole 2 (šalia) by; jì praėjo p. mane she passed by me; lėktuvas praskrido p. miestą N the plane flew by the town N; p. šalį by, past

proanūkis grèat-grándsòn; -ė grèat-gránddaughter

problem‖a próblem ~atika próblems pl ~inis próblem attr ~iškas pròblemátic(al)

procedūra procédure; teismìnė p. procéedings pl

procent‖as 1 per cent; (procentinis santykis) percéntage, rate; vienas p. (du ~ai ir t.t.) one (two, etc.) per cent 2 žr. palūkanos ~inis percéntage; ~inė paskola ínterest-bèaring loan; ~inės obligacijos ínterest-bèaring bonds

proces‖as 1 prócèss; darbo ~e in the prócèss of work 2 teis. tríal; légal procéedings pl; (civilinė byla) láwsùit

procesija procéssion; laidotuvių p. fúneral (procésion)

produkcija prodúction, pródùce, óutpùt

produkt‖as 1 próduct, pródùce 2 dgs. (valgomi gaminiai) provísions, fóodstùffs; pieno ~ai dáiry pródùce sg ~yvus prodúctive

profan‖acija pròfanátion ~as ìgnorámus; láyman*

profes‖ija proféssion, trade; (užsiėmimas) òccupátion; iš ~ijos by proféssion / trade ~inis proféssional; ~inė liga òccupátional / proféssional disease; ~inis lavinimas vocátional tráining ~ionalas proféssional profesor‖iškas pròfessórial ~ius proféssor

profesūra 1 (*vardas*) proféssorship 2 (*visi profesoriai*) proféssors *pl*

profilaktinis pròphyláctic, prevéntive

profilis 1 prófile; (*vaizdas iš šono*) sídeview 2 (*specialus pobūdis*) type; *mokyklos p.* type of school

prog‖a occásion, chance; òpportúnity; *pasinaudoti* ~a seize an òpportúnity; *praleisti* ~ą miss the òpportúnity, lose* the chance; ~*ai pasitaikius* on occásion

prognozė prògnósis (*pl* -sès) fórecàst; *oro p.* wéather fórecàst

program‖a 1 prógràm(me) 2 (*mokomojo dalyko*) sýllabus (of instrúction); currículum *amer.* 3 (*sportinių varžybų*) fíxture list, fíxtures *pl* 4 *teatr.* pláybìll ~inis prógràm(me) *attr*

progres‖as prógrèss ~ija *mat.* progréssion ~yvinis, ~yvus progréssive ~uoti progréss, make* prógrèss

projek‖cija projéction ~tas 1 prójèct, desígn, scheme 2 (*dokumento*) draft; *rezoliucijos* ~tas draft rèsolútion ~tuoti projéct, plan, desígn

prokalbė *lingv.* párent lánguage

proklamacija 1 pròclamátion 2 (*lapelis*) léaflet

prokur‖atūra (*įstaiga*) públic prósecùtor's óffice ~oras públic prósecùtor; *Generalinis* ~oras Prócuràtor Géneral

proletar‖as, -ė pròletárian ~iatas pròletáriat(e) ~inis, ~iškas pròletárian

prologas prólògue

propagand‖a pròpagánda ~ininkas, -ė, ~istas, -ė pròpagándist

propaguoti própagàte; ádvocàte

propeleris propéller

proporc‖ija propórtion, rátiò ~ingas, ~ionalus propórtional, propórtionate

prorektorius vìce-réctor; prò-réctor

prosen‖elis, ~olis grèat-grándfàther ~elė, ~olė grèat-gràndmòther; ~*eliai*, ~*oliai* áncestors, fórefàthers

prospektas I (*gatvė*) ávenùe

prospektas II (*leidinio*) prospéctus (*of*)

prostitu‖cija pròstitútion ~tė próstitùte, stréetwàlker

prošvaistė 1 (*ir prk.*) gleam, ray; *vilties p.* ray / gleam / flash of hope; *sąmonės* ~s signs of cónsciousness 2 (*tarpas miške*) glade

protarpis ínterval, gap, space

prot‖as mind; intélligence, wit; íntellèct; *didelio* ~o *žmogus* man* of great íntellèct, véry cléver man* Δ *ateiti į* ~ą come* to one's sénses, cóme* to réason; *viso* ~o in one's sénses, in one's right mind; *ne viso* ~o not right in one's head; not quite all there; *iš* ~o *išeiti* go* mad; go* off one's head ~auti réason ~autojas thínker ~avimas réasoning, thínking

protekcija protéction; pátronage

protėkis leak

protestant‖as, -ė *bažn.* Prótestant ~izmas *bažn.* Prótestantism

protest‖as prótèst; remónstrance; *pareikšti* ~ą make* a prótèst (*against*), remónstràte (*against*); ~o *šūkiai* óutcrìes ~uoti protést (*against*), objéct (*to*, *against*), remónstràte (*against*); (*šūkaujant*) óutcrỳ

protėvis fórefàther, áncestor

protezas pròsthétic appliance; (*kojos, rankos*) àrtifícial limb

proting‖as intélligent, cléver; sénsible; *p. žmogus* cléver man*, man* of sense; ~*i žodžiai* réasonable words ~umas cléverness, intélligence; prúdence

protinis méntal, ìntelléctual; *p. darbas* méntal work, bráinwòrk

protokol‖as 1 mínutes *pl*; (*teismo posėdžio*) récòrd (of procéedings / évidence); (*parlamento posėdžių*) the jóurnals *pl*; *rašyti* ~ą récòrd / take* the mínutes 2 (*pažeidimo aktas*) repórt ~uoti keep* the mínutes, recórd

protonas *fiz.* prótòn

protoplazma *biol.* prótoplàsm, plásm(a)

provincialas, -ė províncial

provincija próvince

provok‖acija pròvocátion ~acinis provócative ~atorius (àgént) provocatéur [a:ˈʒaːŋprɔvɔkəˈtəː] *pr.*; stóol-pìgeon *šnek.* ~uoti provóke

proz‖a prose ~aikas, -ė, ~ininkas, -ė próse-wrìter ~inis, ~iškas prosáic; (*apie žmones t.p.*) màtter-of-fáct; ~inis veikalas prose work

prožektorius séarchlìght

prunkšti 1 snort, sniff 2 (*juoktis*) snícker, snígger

prūs‖as, -ė, ~inis Prússian

psalmė *bažn.* psalm

pseudomokslinis pseùdò-scìentífic

pseudonimas pseúdonym; (*literatūrinis*) pén-nàme

psichiatr‖as psỳchíatrist ~ija *med.* psỳchíatry ~inis *med.* psỳchiátric(al); ~inė ligoninė méntal hóspital

psich‖ika mèntálity ~inis, ~iškas psýchic(al), méntal; ~inė liga méntal diséase

psicholog‖as, -ė psỳchólogist ~ija psỳchólogy ~inis, ~iškas psỳchológic(al)

psichozė *med.* psỳchósis [saɪˈk-], méntal diséase Δ karo p. war hystéria

publicist‖as, -ė públicist ~ika pùblicístic wríting

publika públic; (*teatre ir pan. t.p.*) áudience

pučas *polit.* putsh

pučiam‖asis: p. instrumentas wínd-ìnstrument; ~ųjų orkestras brass band

pudelis póodle

pūdym‖as *ž.ū.* fállow ~auti, ~uoti lie* fállow

pudingas *kul.* púdding

pūdyti rot; let* rot

pudr‖a pówder ~uoti pówder ~uotis pówder (ònesélf), pówder one's face

pūga snów-stòrm, blízzard

pūgžlys *zool.* ruff

puik‖auti(s) put* on airs, give* ònesélf airs ~ybė, ~umas 1 spléndour, màgníficence 2 (*išdidumas*) pride ~uolis, -ė fop, cóxcomb ~uoti *žr.* puikauti(s); ~us 1 spléndid, màgníficent; (*nuostabus*) wónderful; (*labai geras*) éxcellent, fine 2 (*išdidus*) proud

pūk‖as down ~elis fluff, pile ~inė (*antklodė*) féather bed ~uotas dówny, flúffy

pūl‖iai pus *sg*; màtter *sg šnek.* ~ingas púrulent; ~inga žaizda féstering / wound ~inys féster ~iuoti súppuràte; féster

pulk‖as 1 *kar.* régiment 2 (*paukščių*) flock, flight; (*žmonių*) crowd ~ininkas cólonel ~uoti(s) crowd; (*rinktis grupėmis*) clúster

puls‖acija pùlsátion, pulse ~as pulse; skaičiuoti ~ą take* the pulse ~uoti pulse, pùlsáte

pultas desk, stand; valdymo p. contról pánel / desk

pulti 1 (*priešą*) attáck, assáult 2 (*prie ko*) fall* (*upon*); (*staiga mestis*) rush (*at*), pounce (*on, upon*); p. prie valgio fall* / pounce upón food; šuo puolė prie jo the dog rushed at, *arba* fell upón, him 3 (*kristi žemyn; ir prk.*) fall* 4 (*dvėsti*) pérish, die 5 (*mažėti*) dimínish; sink*

pulverizatorius púlverìzer

pumpuoti pump

pumpur‖as, ~uoti *bot.* bud

punkt‖as 1 point 2 (*organizacinis centras*) céntre; státion; šaukimo p. recrúting céntre 3 (*paragrafas*) páragràph, ítem ~yras dótted line; brėžti ~yrą dot ~uacija *lingv.* pùnctuátion

punktual‖iai púnctually ~umas pùnctuálity ~us púnctual

punšas punch

puod‖as pot; (*prikaistuvis*) sáucepàn Δ juokiasi p., kad katilas juodas the pot calls the kéttle black ~elis,

~ukas cup; mug; (*molínis*) pípkin ~ynė éarthenwàre pot

puodžius pótter

puokštė bunch (of flówers); bóuquet

puol‖amasis offénsive ~ėjas, -a, ~ikas, -ė attácker; *sport.* fórward ~imas 1 attáck, assáult 2 (*kritímas*) fall

puoselėti chérish, fóster; *p.* viltį chérish a hope

puoš‖mena, ~muo adórnment, dècorátion, órnament ~nus smart, wéll-dréssed ~ti(s) 1 adórn, décoràte, órnamènt 2 (*rengti(s)*) dress up, smárten

puot‖a feast, bánquet; (*balius*) ball ~auti feast, bánquet; (*triukšmingai*) caróuse

pup‖a field bean ~elė 1 (*augalas*) háricòt 2 *dgs.* háricòt / kídney beans

pūpsoti be* / lie* puffed; bulge

purenti lóosen

purkšt‖i 1 (*vandeniu ir pan.*) (be)- sprínkle (*with*), spray (*with*) 2 (*apie katę*) spit* ~uvas sprínkler, spráyer

purpur‖as, ~inis púrple

purslai spray *sg*, spátter *sg*

purt‖yti 1 shake*; *p.* galvą shake* / toss one's head 2: šaltis jį ~o he is shívering with cold; balmė mane ~o I am trémbling with fear ~ytis shake* ònesélf

purus fríable; (*apie duoną*) crúmb(l)y; (*apie žemę*) loose, light

purv‖as mud; (*nešvarumai*) dirt, filth; drabstyti ~ais throw* dirt (*at*) ~inas dírty, fílthy; (*apie kelią, gatvę ir pan.*) múddy ~ynas, ~ynė mud; (*skystas*) slush; neišbrendamas ~ynas impássable / thick mud; brìsti per ~ynus wade through mud; walk in the mud ~inti soil, dírty, make* dírty ~intis becóme* dírty / soiled

pusaklis wéak-síghted

pusantro one and a half, one / a(n)... and a half; *p.* šimto one / a húndred

and a half; *p.* karto daugiau half as much agáin (*as*)

pusaštunto séven and a half

pusbadž‖iai, ~iu hálf-stárving; gyventi p. live in want; misti p. ùnderféed*, be* hálf-stárving

pusbals‖is *lingv.* sémivòwel ~iu *prv.* in an úndertòne, in a low voice

pus‖brolis (first) cóusin ~dalyvis *gram.* hálf-párticiple

pusdevinto eight and a half

pusdienis (*laikas*) mídday, noon

pusdykiai for a (mere) trífle; for a song *idiom.* šnek

pus‖ė 1 half*; *p.* antros half past one 2 (*šalis*) side; iš dešinės (kairės) ~ės on the right (left) side △ iš mano ~ės for my part; iš vienos ~ės ..., iš kitos ~ės on the one hand ..., on the óther hand

pusėtin‖ai míddling, só-sò; gyventi p. live só-sò ~as mèdiòcre; míddling

pus‖fabrikatis hálf-fínished pródùct ~finalis *sport.* sèmifínal ~galvis hálf-wìtted pérson ~girtis típsy; half drunk ~gyvis hálf-déad ~iasalis península

pusiau in two, hàlf-and-hálf; half-; dalyti p. divíde ín two; halve

pusiaudienis mídday, noon

pusiaujas 1 *geogr.* equátor 2 (*juosmuo*) waist

pusiau‖kelė hálfwáy ~naktis mídnìght; ~naktį at mídnìght ~svyra (*ir prk.*) èquilíbrium, bálance; politinė ~svyra bálance of pówer; dvasinė ~svyra méntal èquilíbrium; sutrikdyti ~svyrą, išmušti iš ~svyros distúrb the èquilíbrium (*of*); išlaikyti ~svyrą keep* one's bálance

pusinis half

pus‖kailiniai hálf-lèngth shéepskin coat *sg* ~karininkis nòncommíssioned ófficer ~kepalis half a loaf* (of bread) ~ketvirto three and a half ~kilometris half a kílomètre ~kojinė sock ~kvailis hálf-wítted ~laikis *sport.* half ~lapis page

pūsl‖ė 1 (*po oda*) blíster 2 (*burbulas*) búbble 3 *anat.* bládder; *šlapímo* **p.** úrinary bládder; *plaukiamoji* (*žuvies*) **p.** swímming-blàdder ~**ėtas** blístered

pus‖mėnulis hàlf-móon; (*pjautuvas*) créscent ~**metinis** hàlf-yéarly, sèmiánnual ~**metis** half year ~**miris** hálf-déad; (*iš baimės*) more dead than alíve

pusnis snówdrìft

pus‖nuogis hálf-náked ~**padis** sole ~**penkto** four and a half ~**protis** hálf-wítted ~**ratis** sémicìrcle

pusryč‖iai bréakfast *sg* ~**iauti** (have*) bréakfast

pus‖rutulis hémisphère; *pietų* (*šiaurės*) **p.** sóuthern (nórthern) hémisphère ~**septinto** six and a half ~**seserė** (first) cóusin ~**skritulis** sémicìrcle ~**šešto** five and a half ~**šimtis** fífty

pustaktis *muz.* half a bar

pūstelė‖jimas ~**ti** puff, whiff

pusti (*tinti*) swell*

pūsti blow*; puff ~**s** swell*; (*didžiuotis t.p.*) put* on airs

pustyti 1 (*skustuvą*) strap, strop; (*dalgį*) whet 2 (*sniegą*) drift; *pusto* there is a snówstòrm

pustrečio two and a half

pusvalandis half an hóur

pus‖velčiui for a (mere) trífle; for a song *šnek.* ~**vilnonis** hálf-wóolen

puš‖ynas pine fórest ~**inis** pine *attr*; (*iš pušies*) pínewood *attr* ~**is** píne(-tree)

put‖a foam; (*verdančio vandens*) scum, spume; (*alaus, vyno*) froth, head; *mulio* ~**os** sóapsùds; láther *sg*; *nugraibyti* ~**as** remóve scum (*from*)

pūti (*ir prk.*) rot; pútrefỳ, dècompóse; (*apie dantis*) decáy

pūtimas (*vėjo*) blówing, bréathing

putinas *bot.* snówbàll-tree

putlus (*minkštas*) plump; (*apie veidą*) chúbby

putot‖as fóamy; (*apie alų*) fróthy; (*apie arklį*) in a láther ~**i** foam; (*pvz. apie alų*) froth

putpelė *zool.* (fémàle) quail

puvėsiai rótten stuff *sg*, rot *sg*

puvimas (*ir prk.*) rótting, decáy; (*irimas*) dècompozítion, pùtrefáction

pūzras piece of rótten wood

R

rabarbaras *bot.* rhúbàrb

rachitas *med.* ràchítis, ríckets

racional‖izacija ràtionalìzátion ~**izacinis** ràtionalìzátion *attr*, for rátionalìzing the prócèss of work; ~**izacinis pasiūlymas** ràtionalìzátion propósal ~**izatorius** rátionalìzer ~**izmas** *filos.* rátionalism ~**izuoti** rátionalìze; stréamlìne ~**us** rátional

radiacija *fiz.* ràdiátion

radiatorius rádiàtor

radybos rewárd (for retúrning a found thing) *sg*

radij‖as rádiò, wíreless; *per* ~**ą** by rádiò; *perduoti per* ~**ą** bróadcàst; ~**o aparatas** rádiò set; ~**o klausytojas** rádiò lístener; ~**o lempa** valve; ~**o mazgas** bróadcàsting / rádiò céntre; ~**o stotis** wíreless / rádiò státion; ~**o ryšys** wíreless / rádiò commùnicátion / cóntàct; *klausyti* ~**o** lísten in, lísten to the rádiò

radikalas I *mat., chem.* rádical

radikal‖as II *polit.* rádical ~**us** 1 *polit.* rádical 2 (*griežtas*) rádical, drástic; *imtis* ~**ių priemonių** take* drástic méasures

rad‖imas fínding ~**inys** find

radioaktyv‖umas ràdiòactívity ~**us** *chem:, fiz.* ràdiòáctive

radiofik‖acija ìnstallátion of wíreless / rádiò ~**uoti** instáll rádiò (*in*)

radio‖grama rádiògràm; wíreless (méssage) ~**lokacija** ràdiòlòcátion, rádàr ~**technika** rádiò ènginéering ~**technikas** wíreless / rádiò mechánic ~**telegrafas** wíreless; ràdiòtélegràph

radis *chem.* rádium

radistas wíreless / rádiò óperàtor; rádiò-man[*]

radiusas rádius (*pl* -dìi)

rafīn‖adas refíned súgar ~uotas refíned; fine; ~*uotas skonis* refíned taste ~uoti refíne

ragaišis (hómemàde) bárley / wheat bread

ragan‖a 1 *flk.* witch, sórceress 2 *prk.* (*pikta moteris*) víxen; térmagant; (*sena*) hag ~auti práctice wítchcràft ~ius *flk.* sórcerer, magícian, wízard

rag‖anosis *zool.* rhìnóceros ~as 1 horn; (*briedžio*) ántler 2 (*muzikos instrumentas*) búgle; horn; *pūsti* ~ą blow[*] the horn 3 *geogr.* cape; prómontory △ *suriesti / suvaryti ką į ožio* ~ą make[*] (*smb*) knúckle únder / down; *gausybės* ~as còrnucópia, horn of plénty

rag‖auti, ~avimas taste

ragel‖is 1 small horn, hórnlet 2 (*telefono*) recéiver; *pakabinti* ~į hang[*] up the recéiver

raginimas 1 incíting, úrging 2 (*atvykti į teismą*) súmmons *pl*, subpóena

raginti 1 incíte, urge; (*skatinti*) encóurage 2 (*skubinti*) speed[*] / drive[*] on

raguočiai (horned) cáttle

raguolis roll

raguot‖as horned ~is horned ánimal

raib‖as mótley, spéckled ~inti 1 make[*] gáudy / fláshy; (*vandenį ir pan.*) rípple ~ti: *jam akys* ~*sta* he is dázzled ~uliai 1 (*vandenyje*) rípples 2 (*akyse*) dázzling *sg* ~umas dìvérsity of cólours ~uoti show[*] párticòloured

raičioti(s) roll

raida devélopment, èvolútion

raid‖ė létter; *didžioji* (*mažoji*) *r.* cápital (small) létter ~ynas álphabet; ABC ~iškas líteral

raikyti slice, cut[*] ínto slíces

rain‖as streaked, striped; (*dryžuotas*) stréaky ~elė *anat.* (*akies*) íris

raistas marsh, bog, fen, swamp (*with growing trees or bushes*)

raišas lame, límping

raišk‖ingas, ~us expréssive

raištis band, bándage; (*batų*) lace

raišuoti limp

rait‖as on hórsebàck ~elis, ~ininkas 1 ríder, hórseman[*] 2 (*kavaleristas*) cávalryman[*]; ~*ininkai* cávalry *sg*, the horse *sg*

rait‖yti 1 roll, turn up 2 (*plaukus*) curl; (*smulkiai*) frízzle ~ytis 1 (*apie gyvatę, virvę ir pan.*) coil; (*apie kirmėlę*) wríggle; (*iš skausmo*) writhe 2 (*vingiuotis*) twist, wind[*] ~oti (*rankoves*) roll up

raivytis (*rąžytis*) stretch ònesélf

raizgyt‖i tángle ~is ìnterláce

raiž‖inys cárving, frétwòrk ~yti 1 (*medyje*) carve (on), engráve (on); (*stiklą*) cut[*] 2 *prk.*: *skausmas jam* ~*o vidurius* he has gríping pains in the stómach ~ytojas cárver, engráver ~us harsh, sharp

rajonas (*vietovė*) région, área; dístrict

raj‖umas glúttony; vorácity ~us glúttonous; vorácious

rakandai 1 hóusehòld ùténsils 2 (*seni baldai*) rámshàckle fúrniture *sg*

raketa rócket; *trijų pakopų r.* thrée-stàge rócket; *valdoma r.* *kar.* guíded míssile

raketė *sport.* rácket

raketinis rócket(-powered); *r. variklis* rócket éngine

rakinti (*duris*) lock; (*atidarant*) ùnlóck

rakštis splínter

rakt‖as 1 key; (*prk. t.p.*) clue; *veržlinis r.* spánner, wrench 2 *muz.* clef; *boso r.* bass clef; *smuiko r.* tréble clef ~ažolė *bot.* prímròse

rambus slúggish, lázy

ramdyti 1 calm, quíet; soothe 2 (*malšinti*) subdúe 3 (*žvéris*) tame

ramentas crutch

ramyb‖ė peace, rest; *neturėti* ~*ės* have[*] no peace; *neduoti kam* ~*ės* give[*] smb no rest; *duoti* ~*ę* leave[*] alóne

ramin‖amas, ~**antis** cálming, quíeting, sóothing; ~**ančios žinios** rèassúring news ~**ti** 1 calm, quíet(en) 2 (*skausmą*) soothe 3 (*guosti*) consóle ~**tis** calm / consóle ònesélf

rampa fóotlĭghts *pl*

ramsči(u)oti prop up

ramst‖is 1 prop, suppórt 2 *prk.* (*tvirtovė*) búlwark ~**yti** prop

ramumas calm(ness); quíet

ramun‖ė, ~**ėlė** *bot.* cámomìle

ram‖us calm, quíet, tránquil; (*išlaikantis pusiausvyrą*) compósed; (*taikus*) péaceful, plácid; *r.* **oras** calm wéather; *r.* **vaikas** quíet child*; *r.* **gyvenimas** péaceful / quíet life; ~**ia sąžine** with a clear cónscience

randas scar

rang‖a: ~**os sutartis** cóntràct

rángas class, rank

rangyti(s) *žr.* **raityti(s)**

rank‖a 1 (*plaštaka*) hand; (*nuo plaštakos iki peties*) arm; **imti ant** ~**ų** take* in one's arms; **nešioti ant** ~**ų** a) cárry in one's arms; b) *prk.* make* much (*of*); **vesti už** ~**os** lead* by the hand; **mo(juo)ti** ~**a** wave one's hand; **perrašyti** ~**a** cópy by hand; **spausti** ~**ą** shake* hands; ~**as aukštyn!** hands up!; **liesti / imti** ~**omis** hándle; ~**omis neliesti!** please, do not touch! 2 *prk.* (*rašysena*) hand 3 *prk.* (*pusė*): **po dešinei** (**kairei**) ~**ai** at the right (left) hand 4 *prk.* (*valdžia, valia*) hand; **laikyti savo** ~**ose** have* / keep* in one's hands; **pakliūti į kieno** ~**as** fall* ínto smb's hands 5: **pažadėti** ~**ą** óffer one's hand; **prašyti** ~**os** ask smb's hand △ *r.* ~**on** hand in hand; **būti kieno dešine** ~**a** be* smb's right hand; **iš pirmų** (**antrų**) ~**ų** at first (sécond) hand; **numoti** ~**a į ką** give* smth / smb up as lost / hópeless; **kirsti** ~**omis** strike* a bárgain; **po** ~**a** (near) at hand; *r.* ~**ą mazgoja** you

scratch my back and I scratch yours; one good turn desérves anóther; **nusiplauti** ~**as** wash one's hands of it; **su ginklu** ~**ose** up in arms

rankdarbis néedlewòrk

rank‖ena hándle, grip; (*peilio*) haft ~**inis** *bdv.* hand *attr dkt. sport.* hándbàll ~**inukas** hándbàg ~**ogalis** cuff ~**ovė** sleeve ~**pinigiai** éarnest (móney) *sg* ~**raštis** mánuscript ~**šluostis** tówel

rant‖as 1 notch, nick 2 (*batų*) welt ~**yti** notch, nick

rapyra ¯foil, rápier

raportas repórt

rapsas *bot.* rape

rapsodija *muz.* rhápsody

rasa dew; *r.* **krinta** the dew is fálling

ras‖ė race ~**inis** rácial; race *attr*

rasot‖as déwy ~**i** 1 becóme* déwy; be* cóvered with dew 2 (*apie langų stiklus*) becóme* / be* damp / místy, be* cóvered with steam

rąstas log; (*sienojas*) tímber

rast‖i find*; (*atskleisti*) discóver; *r.* **pasitenkinimą kame** find* / take* pléasure in smth; *r.* **paguodą** find* cómfort ~**inis** found ~**inukas** fóundling ~**is** 1 (*darytis*) háppen 2 (*rodytis*) appéar; be* found

rašal‖as ink ~**inė** ínkpòt ~**inis** ink *attr* ~**uotas** ínky, stained with ink

raš‖eiva *niek.* scríbbler ~**yba** spélling, òrthógraphy; **daryti** ~**ybos klaidų** mìsspéll* ~**ymas** wríting ~**inys** wrítten work; còmposítion ~**ysena** hánd(wrìting); **jo graži** (**negraži**) ~**ysena** he writes a good (bad) hand

rašyt‖i write*; *r.* **išskaitomai / aiškiai** write* plain, write* a good hand; *r.* **mašinėle** type ~**inis** wrítten ~**is** sign ~**ojas** wríter, áuthor ~**oja** wríter, áuthoress

raškyti gáther, pick

rašmuo létter, cháracter

rašomasis *bdv.* 1 wríting; *r.* **stalas** wríting-tàble, desk; *r.* **popierius** wríting-pàper 2 (*kas rašoma*) wrítten; *r.* **darbas** wrítten work *dkt.* wrítten

work; (*egzaminų, kontrolinis*) tést-
pàper
rašt‖**as** 1 wríting; ∼**u** in wrítten form,
in wríting 2 (*oficialus*) (offícial) létter;
páper 3 (*rašysena*) (hánd)wrìting
4 *dgs.* works; wrítings; **rínk-
tiniai** ∼**ai** selécted works 5 (*au-
dinio*) páttern ∼**elis** note ∼**ija** the
wrítten lánguage; líterature ∼**inė**
óffice ∼**ingas** líterate ∼**ingumas**
líteracy ∼**ininkas** clerk ∼**iškas** wrítten
∼**uotas** pátterned
raštved‖**yba** clérical work; óffice-wòrk
∼**ys** sécretary, clerk
rat‖**ai** cart *sg*; véhicle *sg* ∼**as** 1 wheel
2 (*lankas*) círcle; ∼**ą sukti** (*ore*)
círcle round; *sustoti* ∼**u** form a ring
3 *sport.* (*turas*) round △ **užburtas**
∼**as** vícious círcle ∼**elis** 1 small wheel
2 (*verpimo*) spínning-wheel 3 (*žaidi-
mas*) round, róundelày
ratifik‖**acija** *polit.* ràtificátion ∼**uoti**
polit. rátifỳ
rat‖**lankis** rim; (*geležinė juosta*) týre;
tíre *amer.* ∼**ukai** small / light cart
sg; (*rankiniai*) hándcàrt *sg* ∼**ukas** *žr.*
ratelis 1, 3
raud‖**a** lamént, wail ∼**ojimas** làmen-
tátion, sób(bing)
raudon‖**as** red; ∼**i dažai** (*vei-
dui*) rouge *sg* ∼**ėti** rédden, grow* /
turn red ∼**inti** rédden ∼**is** rédness;
(*veido*) blush ∼**kepuraitė** (*pasakose*)
Líttle Red Rídding Hood ∼**medis**
mahógany ∼**okas** réddish ∼**plaukis**
réd-háired ∼**-skruostis** réd-chéeked
∼**umas** rédness ∼**uoti** 1 rédden
2 *prk.* (*gėdytis*) blush
raud‖**oti** 1 sob, weep* 2 (*garbstyti mi-
rusį*) lamént (*for, over*); mourn (*for,
over*) ∼**otojas, -a** móurner, wéeper
∼**ulys** sóbbing, wéeping
raugas férmènt; (*tešlai*) léaven
raug‖**ėti** belch ∼**inti** 1 (*daryti rūgštų*)
make* sour 2 (*odas*) tan ∼**ti** 1 (*dar-
žoves*) pickle 2 (*duoną, girą*) léaven
∼**ulys** belch

raukytis (*būti nepatenkintam*) frown;
(*rūsčiai*) scowl
raukšl‖**ė** 1 wrínkle 2 (*drabužio*)
crease; (*klostė*) fold ∼**ėtas** wrínkled,
púckered; ∼**ėtas veidas** wrínkled
face ∼**ėti(s)** crease; púcker
raukt‖**i** wrínkle; *r.* **kaktą** knit* one's
brow; *r.* **nosį** wrínkle one's nose ∼**is**
1 (*apie dangų*) gloom, lówer 2 (*apie
žmogų*) frown
raum‖**enynas** múscles *pl*, sínews *pl*
∼**eningas** sínewy, bráwny ∼**eninis**
múscular ∼**uo** 1 múscle 2 (*mėsa*)
lean meat
raup‖**ai**, ∼**lės** smállpòx *sg* ∼**sai**
léprosy *sg* ∼**suotas** léprous ∼**suota-
sis** léper ∼**uotas** póckmàrked
rausti I 1 rédden, .grow* / turn red
2 (*iš gėdos ir pan.*) blush; *r.* **iš gėdos**
blush with shame
rausti II dig*; (*knisti*) núzzle ∼**s** 1 dig*
2 (*archyve ir pan.*) búrrow (*in*); (*daik-
tuose*) rúmmage (*in*)
rausv‖**as** réddish, rúddy ∼**ėti** grow*
red / réddish ∼**inti** paint red / rúddy
rauti 1 pull (up); *r.* **linus** pull flax; *r.*
kelmus stub (up) 2 *prk.* (*naikinti*)
erádicàte, root out
ravė‖**ti** weed ∼**tuvas** *ž.ū.* cúltivàtor
razina ráisin
raž‖**as** 1 (*sausas virbas*) dry twig
2 (*šluota*) scrub ∼**iena** stúbble(-field)
ražytis stretch ònesélf
reabilit‖**acija** rèhabìlitátion ∼**uoti**
rèhabílitàte
reaguoti 1 reáct (*to*) 2 *prk.* respónd
(*to*)
reakc‖**ija** *polit., chem.* reáction (*ir
prk.*) ∼**ingas**, ∼**inis** reáctionary
∼**ionierius** reáctionary
reaktyv‖**as** *chem.* rèágent ∼**inis**
1 *chem.* reáctive 2 *fiz.* jet; ∼**inis
lėktuvas** jet plane / áircràft
real‖**ybė** reálity ∼**istas** réalist ∼**is-
tinis** realístic ∼**izacija** rèalizátion
∼**izmas** réalism ∼**izuoti** reálìze
∼**us** 1 (*tikras*) real 2 (*įvykdomas*)
prácticable 3 (*atitinkantis tikrąją*

padėtį) práctical; ~*i politika* práctical pólitics; ~*usis darbo užmokestis* real wáges *pl*

rebusas rébus

recenz‖entas reviéwer; réader ~**ija** reviéw ~**uoti** crític̄ize, reviéw; ~*uojama knyga* the book únder reviéw

receptas récipe (*ir prk.*); (*gydytojo*) prescríption

recidyv‖as relápse ~**istas, -ė** *teis.* recídivist

rėčka tub

redag‖avimas éditing ~**uoti** édit

redak‖cija 1 (*redagavimas*) éditorship **2** (*apdorotas tekstas*) wórding **3** (*redaktorių kolektyvas*) èditórial staff **4** (*patalpa*) èditórial óffice ~**cinis** èditórial; ~*cinė kolegija* èditórial board ~**torius** éditor; *vyriausiasis* ~*torius* éditor-in-chíef

reduk‖cija redúction ~**uotas** *lingv.* redúced ~**uoti** redúce

refer‖atas páper, éssay ~**endumas** rèferéndum ~**entas** réader, reviéwer ~**uoti** read*, repórt

reflek‖sas réflèx; *sąlyginis r.* condítioned réflèx ~**torius** refléctor

reform‖a refórm; *žemės r.* land refórm ~**atorius** refórmer ~**uoti** refórm

refrenas refráin, búrden

regbis *sport.* Rúgby (fóotbàll)

regėjimas (éye)s̀ight

regentas régent

regė‖ti see* △ *nei r., nei girdėti* nóthing has been heard (*of*) ~**tis** *be-asm.* seem; *regis, bus lietaus* it seems that it will rain, it looks like rain; ~*josi, jog viskas vyksta gerai* all seemed to be góing well

regim‖as vísible ~**asis** vísual, óptic; ~*oji atmintis* vísual / eye mémory ~**umas** v̀isibílity

reginys sight, spéctacle

registr‖acija règistrátion ~**as** régister ~**atorius, -ė** règistrár, régistering clerk ~**atūra** régistry ~**uoti** régister,

recórd; ~*uotas laiškas* régistered létter

reglament‖as 1 (*susirinkimo ir pan.*) time-l̀imit; *nustatyti* ~*ą* fix a time-l̀imit; *laikytis* ~*o* stick* to the time-l̀imit **2** (*įstatai*) règulátions *pl*

regres‖as régrèss ~**yvinis,** ~**yvus** regréssive ~**uoti** regréss

regul‖iarumas règulárity ~**iarus** régular ~**iatorius** régulàtor ~**iavimas** règulátion ~**iuoti** régulàte, adjúst

regzti weave*, knit*; *r. tinklą* net

reikal‖as 1 affáir; búsiness; *asmeninis r.* prívate affáir; *tai mano r.* that is my affáir / búsiness; *su* ~*ais* on búsiness; *pereikime prie* ~*o* let's get* down to búsiness; *visuomeniniai* ~*ai* públic affáirs; *jis turi daug* ~*ų* he has mány* things to do **2** (*tikslas*) cause; *taikos r.* the cause of peace **3** (*dalykas*) mátter; *koks r.?* what is the mátter? **4** (*būtinumas*) necéssity, need; *be* ~*o* withóut necéssity; *prk.* to no púrpose; *nėra* ~*o* (+ *inf*) there is no need (+ to *inf*); *nėra* ~*o kalbėti* there is no need to talk; ~*ui esant* in case of need **5** *papr. dgs.* (*padėtis, aplinkybės*) things; ~*ai gerėja* things are impróving; *kaip jo* ~*ai?* how is he gétting on?

reikal‖auti 1 demánd (*of, from*); (*primygtinai*) urge (*from*); insíst (on + *ger*) **2** (*laukti iš ko*) expéct (*from*) **3** (*iškviesti*) súmmon; call; *jūsų* ~*auja direktorius* the diréctor wants to see you ~**avimas 1** demánd; (*prašymas*) requést; (*pretenzija*) claim; *kelti kam didelius* ~*avimus* make* great demánds of smb, demánd much of smb **2** *papr. dgs.* (*normos, reikmė*) requírements **3** (*dokumentas*) órder ~**ingas** nécessary; *būtinai* ~*ingas* indispénsable; *pasakyk jam, kad jis* ~*ingas čia* tell him (that) he is wánted here; *man ir t.t.* ~*inga* I, *etc.*, need ~**ingumas** need, necéssity

reik‖ėti *beasm.* need, requíre; ∼*ia* (+ *inf*; *kad*) it is nécessary (+ to *inf*; *that... should*); *jai* ∼*ia ten važiuoti* it is nécessary for her to go there; *tai* ∼*ia padaryti* it must be, *arba* has to be, done; ∼*ia būti atsargiam* one / you should be, *arba* ought to be, cáreful; ∼*ėjo sėsti į autobusą* you should have táken a bus; *jums* ∼*ėtų kreiptis į gydytoją* you should, *arba* ought to, consúlt a dóctor; *jam ir t.t. nereikia* (+ *inf*; *galima ne*) he, *etc.*, need not (+ *inf*); (*neturi*) he, *etc.*, should not (+ *inf*); *jam* ∼*ia šimto dolerių* he needs a húndred dóllars; *kaip* ∼*iant šnek.* well, próperly; *pailsėjau kaip* ∼*iant* I had a good rest ∼*iamas* nécessary

reikl‖umas exáctingness ∼us exácting; (*griežtas*) strict

reikm‖ė want, necéssity, need ∼uo *papr. dgs.* accéssories; táckle *sg*; ra*šymo* ∼*enys* wríting-matèrials; *plataus vartojimo* ∼*enys* consúmer(s') goods

reikšm‖ė 1 méaning, sense; *perkeltinė r.* fígurative sense / méaning 2 (*svarba*) impórtance; *turėti didelę* (*ypatingą*) ∼*ę* be* of great (partícular) impórtance ∼*ingas* signíficant; (*svarbus*) impórtant ∼*ingumas* signíficance, impórtance

rei‖kšti 1 mean*, sígnifỳ; *ką tai* ∼*škia?* what does it mean? 2 (*žodžiais*) expréss ∼*kštis* show*; be* expréssed / mánifèsted 3 (*turėti reikšmės*) be* of impórtance, mátter

reikti *žr.* **reikėti**

reisas trip, run; (*jūr. t.p.*) vóyage, pássage

reišk‖ėjas (*nuomonės ir pan.*) spókesman*, móuthpìece ∼*imas* expréssion ∼*inys* phenómenon (*pl* -na); *gamtos* ∼*inys* nátural phenómenon; *kasdieninis* ∼*inys* éveryday occúrrence

rėkauti shout; yell

reklam‖a advértisement; publícity ∼*uoti* ádvertìse; boost *šnek.*; públicìze

rekomend‖acija rècommèndátion ∼*uoti* rècomménd

rekonstr‖ukcija rèconstrúction ∼*uoti* rèconstrúct

rekord‖as récòrd; *viršyti* ∼*ą* break* / cut* a récòrd; *pasiekti* ∼*ą* set* up, *arba* estáblish, a récòrd ∼*ininkas, -ė* récòrd-hòlder ∼*inis* récòrd

rėketas rácket ∼*ininkas* ràcketéer

rėksm‖as cry ∼*ingas* loud; vòcíferous

rėksnys, -ė báwler; (*verksnys*) crý-bàby

rėkšti pluck, pick

rėkti 1 cry, shout; (*spiegiamai*) scream, yell; (*labai garsiai*) bawl 2 (*barti*) shout (*at*)

rektorius réctor

rekviz‖icija rèquisítion ∼*uoti* rèquisítion; impréss

reliatyv‖umas rèlatívity ∼*us* rélative

relig‖ija relígion ∼*ingas* relígious ∼*ingumas* relígiousness, relìgiósity ∼*inis* relígious

relikvija rélic

reljefas relíef

rėm‖ai frame *sg*; *dėti į* ∼*us* frame; *lango r.* wíndow-fràme *sg*; sash *sg*

remarka *teatr.* stage diréction

rėmėjas, -a suppórter; spónsor

rėmim‖as suppórt(ing) ∼*asis* réference (*to*)

remont‖as repáir(s) (*pl*); máintenance; *kapitalinis r.* óverhaul, májor repáirs *pl* ∼*ininkas* repáirer; repáir-man* ∼*uoti* repáir, refít

remt‖i 1 (*palaikyti*) suppórt; (*kandidatūrą, nuomonę ir pan. t.p.*) back (up), sécond 2 (*dėti ramstį*) prop (up), shore up ∼*is* (*ir prk.*) lean* (*upon, on*); refér (*to*); *remiantis tuo* on that ground

rėmuo héartbùrn

renegatas, -ė rénegàde

renesansas the Renáissance

reng‖ėjas, -a órganìzer ∼*iamasis* prepáratory ∼*imas(is)* prèparátion (*for*)

rengt‖i 1 prepáre; *r. mokinį egzaminams* coach a púpil for exàminátions;

r. iškylą órganìze a pícnic 2 (*vilkti*) clothe, dress ∼is 1 prepáre (*for*) 2 (*vilktis*) dress (ònesélf)

renkam‖as(is) eléctive; ∼*oJi tarnyba* eléctive óffice ∼umas elèctívity

renta *ekon.* rent; *žemės r.* gróund-rènt; *kasmetinė r.* annúity

rentabil‖umas *ekon.* prófitableness ∼us *ekon.* prófitable, páying

rentgenas X-ráys *pl; fiz.* róentgen

reorganiz‖acija rèòrganìzátion ∼uoti rèórganìze

reparacijos *dgs.* rèparátions

repatr‖iacija rèpàtriátion ∼iantas, -ė rèpátriate ∼ijuoti rèpàtriàte

repečk‖enti, ∼oti crawl; (*lipti*) clámber ∼omis on all fours

repertuaras *teatr.* répertoire *pr.*, répertory

repet‖icija rehéarsal ∼itorius coach ∼uoti 1 *teatr.* rehéarse 2 (*mokinį*) coach

replės tongs; (*plokščiosios*) plíers

replika 1 replý; (*atsikirtimas*) retórt, rejóinder 2 *teatr.* cue

rèpl‖inti, ∼ioti crawl, creep* ∼om(is) cráwling; on all fours

report‖ažas repórting; rèpòrtáge *pr.* ∼eris repórter

repres‖ija représsion ∼inis représsive

reproduk‖cija rèprodúction ∼torius 1 lòudspéaker 2 (*apie gyvulius*) síre

reputacija rèputátion

respublik‖a repúblic ∼inis repúblican ∼onas repúblican

restaur‖acija rèstorátion ∼uoti restóre

restoranas réstaurant

resursai resóurces

ret‖as 1 (*nedažnas*) rare, scarce 2 (*netankus*) thin, sparse ∼enybė rárity, cùriósity ∼ėti thin; get* thín(ner) ∼inti 1 make* rare 2 *ž.ū.* thin out

rėtis screen, sieve; ríddle

retkarčiais now and then; from time to time

retor‖ika rhétoric (*ir prk.*) ∼inis, ∼iškas rhetórical

retumas rárity, scárceness

retušuoti rètóuch

reumat‖as rheùmátics *pl* ∼ikas rheùmátic ∼izmas rheúmatism

revanš‖as 1 revénge 2 *sport.* retúrn game / match ∼istas revánchist [-ˈvɑːnʃ-] *pr.*

reverans‖as cúrtsy; (*pa*)*daryti* ∼ą cúrtsy, drop / make* a cúrtsy

reviz‖ija 1 (*patikrinimas*) inspéction 2 (*peržiūrėjimas*) revísion ∼ionizmas *polit.* revísionism ∼orius inspéctor ∼uoti inspéct

revoliuc‖ija rèvolútion; *technikos r.* rèvolútion in tèchníque ∼ingas rèvolútionary ∼ingumas rèvolútionism ∼inis rèvolútionary ∼ionierius, -ė rèvolútionary

revolveris revólver

rezerv‖as resérve(s) (*pl*) ∼atas rèservátion, resérve ∼inis resérve *attr* ∼uaras réservoir ∼uoti resérve

rezg‖amasis knítting ∼ėjas knítter

rezidencija résidence

rezium‖ė súmmary, résumé *pr.* ∼uoti sum up, súmmarìze

rezoliucija rèsolútion

rezon‖ansas 1 résonance 2 *prk.* (*atgarsis*) échò ∼atorius résonàtor ∼uoti résonàte; resóund

rezultatas resúlt; óutcòme

rėžiklis cútter

režimas 1 *polit.* règíme 2 *med.* régimen; *maitinimosi r.* díet

rėž‖inys cárving ∼is 1 (*įraiža*) incísion; notch 2 (*atrėžtas gabalas*) strip; stripe 3 (*žemės juosta*) patch, strip

režis‖ierius (artístic) diréctor, stágemànager ∼uoti prodúce, stage

rėžt‖as: *eiti savo* ∼u take* its nórmal course ∼i 1 cut* 2 (*skersti*) kill 3 (*labai skaudėti*): *Jam vidurius rėžia* he has gríping pains in the stómach 4 (*daryti nemalonų įspūdį*): ∼*i akis* írritàte the eyes 5 (*tiesiai sakyti*) say* blúntly; *ji rėžė jam viską į akis* she said éverything right to his face

rėžtis exért ònesélf

rėžtuvas cútter

riaumoti roar, béllow

riaušės *polit.* distúrbance(s)

riba límit; (*siena*) bound; **vìskam yra r.** there is a límit to éverything

ribėti spárkle; twínkle

ribot‖as 1 límited 2 (*apie žmogų*) nárrow(-mínded) ~i límit, restríct; ~i **kalbėtojui laiką** set* the spéaker a tíme-lìmit ~is (*su*) bórder (*upon*) ~umas 1 scántiness 2 (*apie žmogų*) nárrow-míndedness

ricina cástor oil

ridenti roll, bowl

ridik‖as rádish ~ėlis (gárden) rádish

ridin‖ėti, ~ti roll (abóut)

riebal‖ai fat *sg*; (*taukai*) grease *sg*; **gyvùliniai r.** ánimal fat *sg* ~inis grease *attr*; ádipòse; ~inė dėmė grease stain; ~inis audinys ádipòse tíssue ~uotas fátty, gréasy ~uoti grease

rieb‖ėti grow* fat; (*storėti*) put* on weight; (*apie gyvulius*) fátten ~us 1 fat; (*apie žmogų t.p.*) obése 2 (*apie valgį*) rich 3 (*apie žemę*) fat, rich

ried‖ėti 1 roll; trúndle 2 (*apie viščiukus*) hatch ~menys glžk. rólling-stòck *sg*

riek‖ė slice ~ti slice

riest‖ainis rĭng-shàped roll ~anosis snúb-nósed ~as turned up ~i 1 curve, bend*; (*aukštyn*) turn up 2 (*audeklą*) warp ~inis: ~inis skliaustelis brace ~is 1 (*iš skausmo*) writhe 2 (*aukštyn*) turn up

riešas wrist

rieškučios hándful *sg*; **r. riešutų** a hándful of nuts

riešut‖as nut; **kokoso r.** cóconùt; **graikiškas r.** wálnùt ~auti gáther nuts; **eiti ~auti** go* nútting ~inis nut *attr*; ~inės spalvõs nút-brown ~medis wálnùt

riet‖enos squábble *sg* ~is 1 squábble, bícker 2 (*apie šunis*) fight*

riet‖imas (*drobės*) roll ~uvė (*malkų*) stack (of fírewood); pile (of logs)

rievė (*medžio*) ring

rifas reef

rijūnas, -ė glútton

rikė shock

rikis *šachm.* bíshop

rikiuot‖ė kar. fòrmátion △ **išvesti iš ~ės** put* out of áction; **įvesti į ~ę** put* ínto sérvice / òperátion ~i form, line / draw* up ~is *kar.* draw* up*, form

rykl‖ė 1 phárynx 2 *šnek.* (*gerklė*) gúllet, throat ~ys *zool.* shark

riklus confúsing

rikošetas rícochèt, rebóund

riksmas cry; (*spiegiantis*) scream

rykštė 1 rod, birch 2 *prk.* (*nelaimė*) scourge

rimas *liter.* rhyme

rimbas whip, lash

rymoti rest (*on*), remáin léaning (*on*)

rimt‖as sérious, éarnest; (*svarus*) grave ~ėti grow* éarnest ~i be* quíet ~is calm, peace; **laikytis ~ies** keep* quíet, make* no noise ~umas sériousness, éarnestness; (*svarba*) grávity

rimuoti rhyme

ringas *sport.* ring

ring‖ė bend; crook ~iuoti (*apie gyvatę ir pan.*) coil; (*apie upelį, kelią*) twist, wind*

rinka márket

rink‖ėjas, -a 1 (*rinkimuose*) eléctor; vóter 2 (*kas ką nors renka*) colléctor, gátherer ~imas 1 colléction; (*vaisių, uogų*) gáthering, pícking; **mokesčių ~imas** colléction / ráising of táxes 2 *papr. dgs.* eléction; ~imų kampanija eléction càmpáign; ~imų sistema eléctoral sýstem; ~imų teisė súffrage ~iminis eléctoral, eléction *attr*; ~iminis biuletenis vóting-pàper ~inys colléction; **įstatymų ~inys** code of laws ~liava lévy; **muitų ~liava** cústoms dúty

rinkt‖i 1 (*uogas, grybus, žoles ir pan.*) gáther, pick; (*pinigus, žinias*) colléct 2 (*ieškoti tinkamo*) choose*, seléct

3 (*balsuojant*) eléct ∼inė 1 *sport.*
combíned team; (*šalies*) nátional team
2 (*rašty*) selécted works *pl* ∼inis
seléct(ed), choice ∼is 1 choose*, pick,
seléct **2** (*kur nors*) gáther (togéther);
assémble **3** (*kauptis*) accúmulàte

riogsoti stand* néedless; *r. kur nors
visą dieną* stick*, *arba* hang* abóut,
sómewhère for a whole day

ris‖čia *dkt.* trot *prv.* at a trot; *bėgti /
joti r.* trot ∼**tas:** ∼*tas žirgas*
trótter ∼**tele** *prv.* at a jógtròt

rist‖i roll ∼is 1 roll 2 (*imtis*) wréstle
3 (*apie viščiukus*) hatch ∼**ūnas**
trótter

ryšelis bunch

riš‖ykla bíndery, bóokbìnder's shop
∼**imas** bínding

ryš‖iai (*susisiekimo*) commùnicátions
∼**ys** 1 tie, link, bond; **drau-
gystės** ∼*iai* ties / bonds of fríendship
2 connéction, relátion; *loginis* ∼*ys*
lógical connéction; **turėti** ∼*į* (*su*)
bear* a relátion (*to*) **3** (*ryšulys*)
búndle, sheaf ∼**ium:** ∼*ium su tuo*
in this connéction; ∼*ium su in*
connéction with

ryšk‖ėti becóme* appárent ∼**inti**
fot. devélop ∼**us** 1 distínct; (*švie-
sus*) bright **2** (*gyvas*) vívid; ∼*us
pavyzdys* stríking / vívid exámple /
ínstance

rišl‖umas connéctedness, còhérency
∼**us** connécted, còhérent

rišti 1 bind*, tie (up); *r. į ryšulį*
búndle; *r. arklį* (*prie*) tie a horse (*to*)
2 (*knygas*) bind*

ryšulys pácket, párcel; búndle

ryt tomórrow; *r. rytą* tomórrow
mórning ∼**ai** the east *sg; į* ∼**us** to the
east, éast(wards) ∼**as** mórning; *į* ∼**ą**
towards mórning; (*auštant*) at dawn;
∼**ą** in the mórning; *kitą* ∼**ą** the next
mórning ∼**diena** tomórrow

ritė (*špūlė*) spool, reel

riter‖is knight ∼**iškas** kníghtly;
chívalrous

ryti 1 swállow; (*godžiai*) gulp; (*godžiai
ir garsiai*) góbble **2** (*godžiai valgyti*)
gorge, devóur (*t.p. prk.*)

rytietiškas (*apie kultūrą, papročius*)
òriéntal

rytinis 1 éast(ern), éasterly; *r. vėjas*
east / éasterly wind **2** (*ryto*) mórning
attr

ritin‖ys roll ∼**ti** roll

rytys east wind, the East

ritmas rhythm

rytmet‖inis mórning *attr* ∼**ys** mórning

ritm‖ika rhýthmic(s) ∼**ingas,** ∼**inis,**
∼**iškas** rhýthmic(al)

rytoj tomórrow ∼**us** tomórrow; ∼**aus
dienai** for tomórrow

ritual‖as, ∼**inis** rítual

ritul‖ininkas: *ledo r. sport.* hóckey-
plàyer ∼**ys** 1 *sport.* puck; *ledo* ∼**ys**
hóckey **2** (*ritinys*) roll

rizik‖a risk; házard; *savo* ∼**a** at one's
own risk ∼**ingas** rísky, vénturesome
∼**uoti** risk; run* / take* the risk (*of*);
vénture; ∼**uoti gyvybe** risk / stake
one's life; ∼**uodamas gyvybe** at the
risk / péril of one's life

ryžiai rice *sg*

ryžt‖as rèsolútion; *pilnas* ∼**o** firm;
detérmined ∼**ingas** rèsolùte; firm,
decíded ∼**ingumas** rèsolútion, réso-
lùteness ∼**is** decíde, make* up one's
mind

rod‖yklė 1 póinter; (*laikrodžio*) hand,
fínger; *kompaso r.* cómpass néedle
2 (*strėlė*) árrow **3** (*indeksas*) índex
∼**iklis** 1 índex; índicàtor **2** *mat.*
èxpónent ∼**yti** show*; índicàte; point
(*at, to*) ∼**ytis** 1 show* ònesélf, appéar
2 *beasm.: man* ∼**os, kad**... it seems
to me that ...; ∼**ėsi, jog**... it seemed
that...; *jis,* ∼**os, dirba fabrike** he
seems to work at a fáctory; ∼**os, bus
lietaus** it looks like rain

rog‖ės sledge *sg*, sleigh *sg* ∼**utės**
(hand) sled(ge) *sg*; tobóggan *sg*

rojalis (grand) piánò

roj‖us páradìse; ∼**aus paukštis** *zool.*
bird of páradìse

rokas *muz.* rock

rokiruot‖ė *šachm.* cástling ∼**i** *šachm.* cástle

rol‖ė role, part; (*rolės tekstas*) lines *pl*; **vaidinti Hamleto** ∼**ę** play / act Hámlet

roman‖as 1 nóvel; (*riterių*) románce 2 (*meilės santykiai*) love affáir; (*meilės nuotykis*) románce ∼**istas** (*autorius*) nóvelist ∼**sas** song, románce **romant‖ika** románce ∼**ikas, -ė,** ∼**iškas** romántic ∼**izmas** románticism

romas rum

romb‖as *mat.* rhómb(us) ∼**inis,** ∼**iškas** díamond-shàped *attr*

romėn‖as, -ė *ist.* Róman ∼**iškas:** ∼**iškieji skaitmenys** Róman númerals

rom‖yti *šnek.* geld*, càstráte ∼**us** géntle, meek

ropė *bot.* túrnip

rop‖lys *zool.* réptíle ∼(l)**omis** cráwling; on all fours ∼(l)**oti** creep*, crawl

rotatorius rótary press

rovimas púlling (up); (*medžių*) ùpróoting; (*kelmų*) stúbbing

rozetė 1 rosétte [-ˈzet] 2 *el.* sócket

rož‖ė 1 rose 2 *med.* èrysípelas ∼**inis** rósy; (*šviesiai*) pink

rūbai clothes; clóthing *sg*, garb *sg*; (*tautiniai*) cóstùme *sg*

rubinas rúby

rūbin‖ė clóakroom ∼**inkas, -ė** clóakroom atténdant

rublis róuble

rubrika 1 rúbric, héading 2 (*skiltis*) rúbric, cólumn

rubuilis plump child*

rūda ore

rud‖abarzdis réd-béarded ∼**aplaukis** réd-háired ∼**as** brown; red; rúddy

ruden‖inis áutumn *attr*; áutumnal ∼**iop** towárds áutumn

rudiment‖as rúdiment ∼**inis** rùdiméntary

rūd‖ys rust *sg*; (*bot. t.p.*) blight *sg* ∼**yti** rust

rud‖mėsė *bot.* sáffron mílk-càp ∼**okas** bbrównish; réddish, rúst-còloured

rud‖uo áutumn; fall *amer.*; ∼**eni** in áutumn ∼**uoti** grow* brown / rústy, turn réddish

rug‖iagėlė córnflower ∼**iapjūtė** hárvest(-time) ∼**iena,** ∼**ienojai** rye stúbble ∼**inis** rye *attr*; ∼**inė duona** rýe-bread; ∼**iniai miltai** rýe-flour ∼**ys** *papr. dgs.* rye

rug‖pjūtis Áugust ∼**sėjis** Septémber

rūgšt‖elėti turn sóurish ∼**ynė** *bot.* sórrel ∼**ingas** acídic ∼**ingumas** acídity ∼**inti** make* sóur; acídifỳ ∼**is** 1 (*rūgštumas*) sóurness 2 *chem.* ácid ∼**okas** sóurish; acídulous ∼**umas** sóurness; acídity ∼**us** 1 (*ir prk.*) sóur; **padaryti** ∼**ų veidą** pull / make* a wry face 2 *chem.* ácid

rūg‖ti grow* / turn sóur; (*apie skysčius*) fermént; (*apie pieną*) sóur ∼**usis:** ∼**usis pienas** cúrdled milk, kéfir

ruja 1 *biol.* heat (*of animals*) 2 (*šunų, vilkų būrys*) pack (*of hounds, wolves*)

rūk‖alai tobácco *sg* ∼**alius,** ∼**antysis** smóker ∼**as** mist; (*tankus*) fog; ∼**as akyse** a mist befóre one's eyes ∼**ykla** (*mėsai*) smókehòuse* ∼**ymas** smóking ∼**ytas** smoked; ∼**yta silkė** red hérring, blóater ∼**yti** 1 smoke; **daug** ∼**yti** be* a héavy smóker 2 (*mėsą*) smoke, cure in smoke ∼**ytojas, -a** smóker ∼**omasis** smóking *attr*; ∼**omasis kambarys** smóking-ròom

rūkti 1 smoke; (*apie papirosą ir pan.*) burn* 2 *šnek.* (*dumti*) rush, scud

ruletas *kul.* roll

ruletė 1 *tech.* tápe-mèasure, tápe-lìne 2 (*žaidimas*) roulétte [ru-]

rulonas roll

rūmai 1 (*puošnūs namai*) pálace *sg*, mánsion *sg* 2 (*tam tikros įstaigos*) chámber *sg*; **knygų r.** Book Chámber *sg*; **lordų r.** House of Lords *sg*; **bendruomenių r.** House of Cómmons *sg*

rumbas scar; (*nuo rimbo*) weal

rumun‖as, -ė, ∼**iškas** Rumánian

rungtyn‖ės cóntèst *sg*; còmpetítion *sg* ∼**iauti** compéte (*with in*), conténd (*with for*) ~iautojas, -a compétitor, conténder

rùngtis conténd, contést

runkel‖is beet; **pašariniai** ~*iai* mángel(-wùrzel) *sg*

ruon‖ena (*ruonio kailis*) séalskin ~is *zool.* seal

ruoš‖a 1: **namų r.** hóusekeeping 2 prèparátion ~iamasis prepáratory ~imas(is) prèparátion ~ti 1 (*rengti*) prepáre; (*tvarkyti*) do*, (*organizuoti*) órganize; ~*ti* **patalą** make* the bed 2 (*mokyti*) quálify, train; ~*ti* **medicinos seseris** train núrses ~tis 1 (*eiti namų apyvoką*) keep* house; (*tvarkyti*) tídy up 2 (*rengtis*) prepáre (*for*), make* / get* réady (*for*)

ruož‖as stripe; (*siauras*) strip ~tas: **savo** ~tu in one's turn

rūpesting‖as cáreful; thóughtful ~u-mas care; thóughtfulness, solícitùde

rūp‖estis 1 care (*for, of*); **be** ~esčių cárefree 2 (*susirūpinimas*) ànxíety (*for*) ~èti be* ánxious (*at*), be* concérned (*with*); **man** ~*i* I am ánxious (*about*) / ínterested (*in*); **kas jam** ~*i šnek.* what does he care?

rūpin‖imasis care (*for, of*) ~ti cause ànxíety (*to*), wórry ~tis look (*after*), take* care (*of*); (*nerimauti*) wórry, tróuble (*about*)

ruporas 1 (spéaking-)trùmpet, méga-phòne 2 *prk.* móuthpìece

rupšnoti níbble

rupus coarse

rupūžė *zool.* toad

rus‖as, -ė Rússian; ~ų *kalba* Rússian, the Rússian lánguage

rusenti smóulder

rūsys céllar

rusišk‖ai in Rússian; Rússian; **tai pa-rašyta r.** it is wrítten in Rússian; **ji kalba r.** she speaks Rússian ~as Rússian

rūstauti be* wráthful / ángry (*with*)

rūst‖ybė wrath *knyg.*; reséntment ~inti ánger ~intis be* ángry (*with*)

~us 1 wráthful; ángry 2 (*griežtas*) stern, rigorous, austére

rusvas (light) brown; (*apie akis*) házel

rūš‖iavimas assórtment, sórting ~inis *biol.* specific; ~*inis skirtumas* dífference of form; specífic dífference ~is 1 (*pobūdis*) sort, kind 2 (*kokybė*) quálity, grade; **aukščiausioji** ~*is* híghest / best quálity / grade; **pirma** ~*is, pirmos* ~*ies* fírst-ràte 3 *biol.* spéciès 4 *gram.* voice

rūšiuot‖i assórt, sort; (*pagal dydį*) size ~ojas, -a sórter

rūškan‖as, ~otas glóomy

rūta *bot.* rue

rutina routíne; rut, groove

rutul‖inis ball *attr* ~ioti(s) devélop ~ys 1 ball; **Žemės** ~ys sphere, globe 2 *sport.* shot ~iukas small ball, bead; glóbùle *moksl.*

S

sabalas *zool.* sáble

sabot‖ažas sábotàge ~ažininkas, -ė sàbotéur ~uoti sábotàge

sacharinas sáccharin

sad‖istas sádist ~izmas sádism

saga I (*sakmė*) sága

sag‖a II bútton ~ė brooch ~styti bútton (up) ~stytis búckle, clasp

saik‖as 1 méasure 2 (*nuosaikumas*) mòderátion; **su** ~u móderately; **be** ~o immóderately; **žinoti** ~ą be* móderate ~ingas móderate; àbstémious ~ingumas mòderátion; ábstinence ~uoti méasure ~us móderate

sai‖styti 1 (*įpareigoti*) bind* 2 *žr.* sie-ti ~tas 1 tie; (*šuniui*) leash; (*be-siganančiam gyvuliui*) téther 2 *papr. dgs.* (*ryšiai*) ties, bonds

sajūdis móvement

sajung‖a 1 (*susivienijimas*) únion, allíance 2 (*organizacija*) únion, league; **profesinė s.** trade únion 3 (*val-stybių*) allíance; **sudaryti** ~ą conclúde an allíance ~ininkas, -ė állÿ ~inis állied

sakai résin *sg*

sakalas fálcon

sak‖ykla *bažn.* púlpit ~**inys** séntence; clause; **šalutinis** ~**inys** subórdinate clause; **prijungiamasis** ~**inys** cómplèx séntence ~**yti say*** (*to*); (*pranešti, pasakoti*) **tell***; **jis** ~**o, kad** ... he says that ...; ~**yti tiesą** tell* / speak* the truth; ~**o**(**ma**), (**kad**) ... it is said ..., they say ...; **nesakęs nė žodžio** withóut (sáying) a word; ~**ykime**, ~**ysime** let us suppóse / assúme; **taip** ~**ant** so to say* / speak* ~**ytinis** vérbal, óral ~**mė** stóry, légend ~**omasis** óral

sakramentas *bažn.* sácrament

saksofonas sáxophòne

sakuoti résin, tar

sala ísland; isle *poet.*

sald‖ainis swéetmeat; sweet, cándy ~**ėsiai** sweet stuff *sg* ~**ybė** swéetness ~**inti** swéeten ~**liežuvauti** flátter

sald‖okas swéetish ~**umas** swéetness ~**umynai** sweet stuff *sg*; sweets ~**us** sweet; ~**us miegas** sweet sleep; ~**i šypsena** súgary smile

saldž‖iai swéetly; **s. miegoti** be* fast asléep; **s. nusišypsoti** give* a súgary smile ~**ialiežuvis** *menk.* flátterer

salė hall; **aktų s.** assémbly / school hall; **teismo s.** cóurtroom; **šokių s.** dánce-hàll

salieras *bot.* célery

salietra *chem.* sáltpètre, nítre; **kalio s.** potássium nítràte

sąlyg‖a condítion; term; **gyvenimo** ~**os** condítions of life; **sutarties** ~**os** terms of the tréaty; **su** ~**a, kad** ... on condítion that...; **províded** ...; **dabartinėmis palankiomis** ~**omis** únder exísting fávourable condítions ~**inis**, ~**iškas** condítional; convéntional; ~**inis sutikimas** candítional consént ~**oti** 1 condítion; stípulàte (*by*) 2 (*būti priežastimi*) cause

salyklas malt

salynas àrchipélagò

sąlyt‖is cóntàct; **sueiti į** ~**į su kuo** come* ínto cóntàct with smb

saliut‖as salúte ~**uoti** salúte

salonas 1 (*svetainė*) dráwing-room; sálòn 2 (*lėktuve, laive*) salóon

salota 1 *bot.* léttuce 2 *dgs.* (*valgis*) sálad *sg*

salti 1 grow* sweet; (*apie salyklą*) malt 2 (*apie širdį*) melt (*with*)

salv‖ė *kar.* sálvò, vólley; **šaudyti** ~**ėmis** fire (in) vólleys

saman‖a moss; **apaugti** ~**omis** be* òvergrówn with moss ~**otas** móssy; móss-gròwn ~**oti** (*kamšyti samanomis*) caulk (*with moss*)

sąmat‖a *fin.* éstimate; **sudaryti** ~**ą** éstimàte

sambrūzdis fuss, adó

sambūris gáthering

sambūvis còexístence

samd‖a, ~**ymas** híre ~**inys**, -**ė** 1 híred wórker; (*žemės ūkyje*) híred lábourer, fárm-hànd 2 *prk. niek.* híreling ~**yti** 1 híre, emplóy 2 *šnek.* (*nuomoti*) rent ~**ytojas** emplóyer ~**omas**(**is**) híred; ~**omasis darbas** híred lábour

sąmyšis confúsion

sąmoj‖ingas wítty, smart ~**ingumas**, ~**is** wit, wittiness

sąmoksl‖as plot, conspíracy; **rengti** ~**ą** hatch a plot; conspíre ~**ininkas** conspírator, plótter

sąmon‖ė cónsciousness; **netekti** ~**ės** lose* cónsciousness; faint; **atgauti** ~**ę** recóver / regáin cónsciousness; **gulėti be** ~**ės** lie* ùncónscious ~**ingas** 1 cónscious; ~**inga pažiūra** (*į*) réasoned / ìntélligent áttitùde (*towards*) 2 (*apgalvotas*) delíberate; ~**ingas poelgis** delíberate act ~**ingumas** cónsciousness

samplaika còmbinátion; **žodžių s.** *lingv.* còmbinátion of words

samprot‖auti réason ~**avimas** réasoning

sam‖styti scoop, ládle ~**tis** 1 ládle, scoop 2 (*žuvims gaudyti*) net

sąnar‖ys joint, àrtículátion; ~**ių uždegimas** *med.* rheùmátic féver

sąnašos depósits

sanatorija sànatórium (*pl* -ria)

sandal‖ai sándals ~**medis** *bot.* sándal(wood)

sandar‖a strúcture ~**us** hèrmétic

sandas *lingv.* compónent

sandauga *mat.* próduct

sandėl‖ininkas, -ė stórekeeper ~**is** (*prekių*) store; (*pastatas*) stórehouse*, wárehouse*; (*patalpa*) stóre-room; (*maisto*) lárder, pántry

sandėr‖is trànsáction, bárgain, deal; **daryti** ~**į su kuo** strike* a bárgain with smb

sandūra júnction; joint

sangrąž‖a: ~**os dalelytė** *gram.* refléxive párticle ~**inis** *gram.* refléxive; ~**inis įvardis** refléxive prónoun

sangvin‖ikas, -ė sánguine pérson ~**iškas** sánguine

sanitar‖as hóspital atténdant / órderly ~**ė** (*slaugė*) nurse ~**ija** sànitátion ~**inis** sánitary

sankaba cramp; *glžk.* cóupling; (*mechanizmas*) clutch

sankasa (*kelio*) róadbèd; *glžk.* pérmanent way

sankaupa accùmulátion

sankc‖ija 1 (*patvirtinimas*) appróval; (*vyriausybės*) sánction 2 *dgs.* (*baudimo priemonės*) sánctions ~**ionuoti** sánction

sankryža cróssroad, cróssing

santaika cóncòrd; hármony

santaka cónfluence

santarvė accórd; *žr. dar* **santaika**

santaupos sávings; ecónomies

santechnikas plúmber

santyk‖iauti 1 córrelàte (*with*) 2 (*bendrauti*) keep* íntercourse (*with*) 3 *mat.* be*; **trys** ~**iauja su keturiais kaip šeši su aštuoniais** three is to four as six is to eight ~**iavimas** 1 còrrelátion 2 (*bendravimas*) íntercourse ~**inis** rélative; ~**inis įvardis** *gram.* rélative prónoun

~**is** 1 *papr. dgs.* relátions; íntercourse *sg*; **lytiniai** ~**iai** séxual íntercourse *sg*; **turėti gerus** (*blogus*) ~**ius** be* on good* (bad*) terms (*with*) 2 *mat.* rátiò ~**iuoti** *žr.* **santykiauti**

santrauka súmmary

santuok‖a márriage; mátrimony ~**inis** márriage *attr*, cónjugal

santūr‖umas restráint, resérve ~**us** restráined, resérved

santvarka 1 sýstem; **valstybės s.** state sýstem 2 (*sutvarkymas*) strúcture

sapn‖as dream; **kaip** ~**e** as if dréaming ~**uoti(s)** dream* (*about; that*); **jis** (*jam*) ~**avo(si), kad** ... he dreamt that ...

sąraš‖as list; **sudaryti** ~**ą** make* a list; **rinkėjų s.** régister of vóters; poll; **kare žuvusiųjų s.** roll of hónour

sardinė *zool.* pílchard, sàrdíne

sarg‖as wátch(man*); **kalėjimo s.** wárder ~**yba** wátch, guard; **būti** ~**yboje** keep* watch; **eiti** ~**ybą** be* on guard ~**ybinis** *dkt.* séntry; séntinel *bdv.* watch *attr*, guard *attr* ~**ienė** 1 (*sargo žmona*) wátchman's wife* 2 (*sargė*) wátchwòman* ~**inė** lodge; guárdroom ~**inis** watch *attr*; ~**inis šuo** wátchdòg ~**us** wátchful; ~**us šuo** shárp-èared dog

sąryšis connéction; **priežastinis s.** cáusal relátionship

sark‖astiškas sàrcástic ~**azmas** sárcàsm

sartas light bay

sąsaga fástening; (*rankogalių*) cúff-lìnk

sąsiauris *geogr.* strait(s) (*pl*)

sąsiuvinis wríting-book; (*mokyklinis*) éxercìsebook; **piešimo s.** dráwing-book

sąskait‖a 1 (*už prekes, darbą*) bill, accóunt; **mokėti pagal** ~**ą** séttle the accóunt 2 *papr. dgs.* (*tarpusavio pretenzijos*) accóunts, scores; **suvesti** ~**as su kuo** séttle a score with smb ~**ininkas**, -ė accóuntant

sąskambis accórd, cónsonance

sąskrydis rálly

sąsmauka *geogr.* ísthmus

sąstatas *glžk.* train

sąšlavos swéepings

satelitas sátellìte

satinas *tekst.* satéen

satyr‖a sátìre ~ikas, -ė sátirist ~inis, ~iškas satíric(al)

sau *žr.* savęs △ *nieko sau* not so bad

saug‖as *sport.* hálfbàck ~ykla stórage, depósitory, repósitory ~iklis sáfety lock / catch / devíce; protéctor; *elektros* ~iklis sáfety fuse, cút-out ~ojamasis protéctive; prevéntive ~ojimas 1 (*laikymas*) kéeping, cústody; (*prekių*) stóring 2 (*gynimas*) protéction ~oti 1 (*laikyti*) keep*; presérve; ~oti *paslaptį* keep* a sécret 2 (*ginti*) protéct; (*sergėti*) take* care (*of*) ~otojas custódian, kéeper ~umas sáfety; secúrity; *valstybės* ~umas state / nátional secúrity; *eismo* ~umas road / tráffic sáfety ~us safe

sauja one's cupped hand; (*kiekis*) hándful

saul‖ė sun; *šildytis* ~ėje bask in the sun, sun ònesélf; *s. patekėjo* (*nusileido*) the sun has rísen (has set); ~ės *vainikas astr.* coróna

saulė‖grąža *bot.* súnflower ~grįža *astr.* sólstice ~kaita: ~*kaitoj* right in the sun ~lydis súnsèt ~tas súnny ~tekis súnrìse

saulutė *bot.* dáisy

saus‖ainis bíscuit, crácker, (*džiūvėsis*) rusk ~akimšas packed, crammed, cràm-fúll; *ten žmonių* ~*akimša* it is crammed with péople there ~as dry; (*be lietaus*) árid; ~*as klimatas* dry clímate; ~*as kosulys* dry cough ~ėti dry ~gyslė *anat.* téndon, sínew

sausin‖imas (*laukų*) dráinage ~ti 1 (*laukus*) drain 2 (*džiovinti*) dry

saus‖is Jánuary ~okas drýish ~ra drought ~ringas dróughty ~ti dry ~uma (dry) land ~umas drýness; àrídity ~vėjis hot dry wind

savaeigis *tech.* sèlf-propélled

savaim‖e by himsélf / hersélf / itsélf; *juda s.* it moves by itsélf; *s. suprantama* it goes withóut sáying ~ingas spòntáneous

savaip in one's own way

savait‖ė week; *per* ~ę withín a week; *dvi* ~ės two weeks, fórtnìght ~galis wèekénd ~inis, ~raštis wéekly

savalaik‖is tímely, ópportùne ~iškumas tímeliness

savamokslis sèlf-táught / sèlf-éducàted pérson

savanaud‖is sélfish / sèlf-ínterested pérson ~iškas sélf-séeking; sélfish ~iškumas sèlf-ínterest, sélfishness

savanor‖is vòluntéer ~iškas vóluntary; frée-wìll *attr*

savarankišk‖as ìndepéndent, sèlf-depéndent ~umas ìndepéndence, sèlf-depéndence

sąvartynas dump

sąvarž‖a cramp, brace ~ėlė *tech.* clip; (*popieriaus*) (páper-)fàstener

sav‖as one's own; *eiti pas* ~*uosius* go* to see one's péople; *čia visi* ~*i* no strángers here; *jis ten s. žmogus* he is quite at home there

savaval‖iauti act wílfully ~iavimas lícence ~iškas sèlf-wílled, wílful ~iškumas sèlf-wíll

save *žr.* savęs

sąveika ìnteráction

savęs 1 *sg* mỳsélf; *pl* òursélves 2 *sg* yoursélf; *pl* yoursélves 3 *sg* himsélf, hersélf, itsélf; *pl* themsélves

savyb‖ė chàracterístic; quálity; (*daiktų*) próperty ~ingas pecúliar (*to*), próper (*to*) ~inis *gram.* posséssive; ~inis *įvardis* posséssive prónoun

savieig‖a drift; *palikti* ~*ai* let* (*smth*) drift

savi‖garba sèlf-respéct ~gyna sèlf-defénce ~jauta: *jo gera* (*bloga*) ~*jauta* he feels well* (bad* / ill*); *kokia tavo* ~*jauta?* how do you feel? ~*kaina* cost; cost price; *parduoti pagal* ~*kainą* sell* at cost price ~kritika sèlf-críticism

~meilė, ~myla sèlf-lóve ~monė (sèlf-)cónsciousness

savin‖imasis appròpriátion ~inkas propríetor, ówner ~inkė propríetress ~inkiškas propríetary, posséssive ~tis apprópriàte;- *neteisėtai* ~tis misapprópriàte

savi‖sauga sèlf-prèservátion ~staba *psichol.* introspéction ~šalpa mútual aid

savišk‖ai in one's own way ~as pecúliar ~is one's own

savi‖švieta sèlf-èducátion ~taiga àuto-suggéstion [-'dʒestʃn]

savitarpinis mútual

savit‖as distínctive, original; pecúliar ~umas orìginálity; pecùliárity

savi‖tikslis end in itsélf ~tvarda sèlf-contról, sèlf-posséssion ~valda sèlf-góvernment ~valdybė lócal admìnistrátion ~valdus sèlf-góverning ~valė sèlf-wìll

saviveikl‖a ámateur tálent àctívities *pl* ~ininkas, -ė ámateur perfórmer

savižud‖ybė, ~is, -ė súicìde; *baigti gyvenimą* ~ybe commít súicìde

savo 1 *sg* my; *pl* our 2 *sg pl* your 3 *sg* (*apie žmogų*) his, her; (*apie gyvius, negyvus daiktus*) its; *pl* their; (*neapibrėžto asmens*) one's; (*nuosavas*) my own, our own *ir t.t.*; *reikia pripažinti s. trūkumus* one should acknówledge one's faults; *jis gyvena s. name* he lives in his own house △ *s. laiku* a) (*laiku*) in due time; b) (*kadaise*) at one time

sąvoka nótion, cóncept; concéption

savotišk‖as original; pecúliar ~umas orìginálity; pecùliárity

savumas pecùliárity; (*kokybė*) quálity

sąžin‖ė cónscience; *gryna s.* good / clear cónscience; *jausti ~ės graužimą* be* cónscience-strìcken ~ingas hónest, cònsciéntious ~ingumas hónesty, cònsciéntiousness

scen‖a 1 stage 2 (*veiksmo dalis; kūrinio epizodas*) scene ~arijus scenárià [-'nɑ:-] ~inis stage *attr*, scénic

schem‖a scheme; díagràm ~inis, ~iškas schemátic, dìagrammátic ~(at)iškumas skétchiness

scholast‖as scholástic ~ika scholásticism ~inis, ~iškas scholástic

seansas (*spiritizmo*) séanse; (*pozavimo*) sítting; *pirmas kino s.* first house

sėd‖ėjimas sítting ~ėti 1 sit*; ~ėti už stalo sit* at a táble 2 (*būti kokioje padėtyje / vietoje*) be*; ~ėti kalėjime be* in príson, be* imprísoned; ~ėti be pinigų be* withóut móney; ~ėti naktimis sit* up ~imas(is) sítting, sedentary ~ynė seat ~menys búttocks ~om(is) in sítting pósture

segmentas *mat., biol.* ségment

segt‖i fásten, do* (up); (*sagomis*) bútton; (*kabliukais t.p.*) hook; (*sagtimi t.p.*) clasp, búckle; (*segtuku t.p.*) pin ~is (*kibti*) stick* (*to*), cling* (*to*) ~ukas 1 pin 2 (*sąvaržėlė*) clip

segutis (*rankogalių*) cúff-lìnk; (*apykaklės*) stud, cóllar-bùtton

seifas safe

seikėti méasure

seil‖ės salíva *sg*; slóbber *sg*; *jam ~ės bėga* he dríbbles ~ėtas slóbbery ~ėti 1 (*seilėms bėgti*) slóbber, dríbble 2 (*seilėmis šlapinti*) sláver; wet with salíva ~inis sálivary; ~inė liauka sálivary gland ~inti *žr.* seilėti 2; ~ius dríveller, sláverer

seimas *polit.* Seym

sėj‖a sówing ~amoji séeding-machìne; séeder ~ėjas sówer ~ikas *zool.* plóver ~imas sówing ~inukas *ž.ū.* séedling ~omaina crop rotátion / àlternátion

sek‖a succéssion, séquence ~antis 1 next, fóllowing; ~ančią dieną (the) next day; ~antis! (*iššaukiant*) next, please! 2 (*vienas po kito*) séquent, succéssive

sekcija séction

sėkl‖a 1 seed; (*sėjamieji grūdai*) séed-corn 2 *fiziol.* sémèn, sperm

seklėti grow* shállow, shállow, shoal

sėklin‖gas séedy ~**inkystė** seed grówing ~**is** seed *attr*

seklys detéctive

sekl‖uma shoal ~**us** shállow

sekmadien‖is Súnday; ~**iais** on Súndays, évery Súnday

sėkm‖ė succéss; *turėti* ~**ę** have* luck ~**ingas** succéssful

sekrecija *fiziol.* secrétion

sekretor‖iatas sècretáriat(e) ~**iauti** be* a sécretary ~**ius**, -ė sécretary

seksual‖inis, ~**us** séxual

sekt‖a sect ~**antas** sèctárian

sek‖ti I 1 (*paskui ką, kuo*) fóllow; *s. kieno pavyzdžiu* fóllow smb's exámple 2 (*panašauti*) take* (*after*); *sūnus* ~**a** *tėvu* the son takes áfter his fáther 3 (*stebėti*) watch; track; (*dométis*) keep* up; *s. politiką* keep* up with pólitics 4: *s pasaką* tell* a tale ~**tis** go* well; be* lúcky / succéssful; *jam visada* ~**asi** he is álways lúcky; *kaip* ~**asi?** how are you gétting on?

sekti II 1 (*apie vandenį*) becóme* lówer, sink* 2 *prk.* be* exháusted, be* dráined out

sektorius séctor

sekundantas, -ė sécond (*in a duel*)

sekund‖ė sécond ~**ininkas** sécond-hànd ~**ometras** stópwàtch

selekci‖ja seléction ~**ninkas** plant bréeder ~**nis** seléction *attr*

sėlenos bran *sg*

sėlinti steal*, slink*, sneak

semaforas *glžk., jūr.* sémaphòre

semant‖ika *lingv.* semántics ~**inis** *lingv.* semántic

sėmen‖ys línseed *sg*, fláx-seed *sg*; ~**ų** *aliejus* línseed oil

semestras term; seméster

seminar‖as séminàr ~**ija** séminary ~**istas** sèminárian

semt‖i draw*; (*samčiu*) scoop (up), ládle (out) ~**is** (*ir prk.*) draw*; ~**is** *žinių* get* knówledge ~**ukas** scoop

sen‖as 1 old; (*pagyvenęs*) áged; *jauni ir* ~**i** the young and the old 2 (*buvęs anksčiau, prieš ką nors*) prévious, fórmer; ~**ais** *laikais* in old days, in fórmer times; *iš* ~**o** of old; *jis čia gyvena nuo* ~**o** he has been líving here for a long time; △ ~**a** *pasaka* 'tis an old stóry

senat‖as sénate ~**orius** sénator

sen‖atvė old age; senílity; *sulaukti žilos* ~**atvės** live to a vénerable age ~**atviškas** sénile ~**bernis** old báchelor ~**buvis** old résident; òld-tímer ~**dinti** make* (*smb*) (look) old ~**ė** old wóman* ~**elė** (*močiutė*) grándmòther, grándmà; gránny *šnek.* ~**elis** 1 grándfàther; grándpà *šnek.*; *dgs.* grándpàrents 2 (*senas žmogus*) old man* △ *Kalėdų* ~**elis** Sánta Claus, Fáther Chrístmas ~**ėti** grow* old; age ~**iai** long agó; (*ilgai*) for a long time; ~**iau** fórmerly; in fórmer times ~**ybinis** áncient, old ~**iena** àntíque; *dgs. t.p.* àntíquities ~**is** old man*; ~**iai** old péople

seniūnas 1 mónitor 2 élder, héadman*

senyvas élderly

sen‖mergė old maid, spínster ~**okas** prétty old, óldish ~**olis** *žr.* **senelis**

senov‖ė óld(en) times *pl*; àntíquity; ~**ėje** in áncient times ~**inis**, ~**iškas** áncient, àntíque, old; ~**inė** *pilis* áncient cástle; ~**iniai** *baldai* àntíque fúrniture *sg*; ~**iškas** *žmogus* óld-fàshioned man*

sensac‖ija sènsátion ~**ingas** sènsátional; ~**ingas** *įvykis* sènsátional / stártling evént

sentencija máxim

sen‖tėvis áncestor, fórefàther ~**ti** get* / grow* old

sentimental‖umas sèntimentálity ~**us** sèntiméntal

sen‖umas old age; óldness ~**utis** líttle old man* ~**utė** líttle wóman*

separat‖inis séparate ~**istas** *polit.* séparatist

septyn‖akė, ~**eri**, ~**etas**, ~**i** séven ~**eriopas** sévenfòld

septyn(ia)- (*sudurt. žodžiuose*) of séven, séven-; **septyniagalvis** sévenhéaded

septyniasdešimt séventy ~**as** séventieth

septyniese séven (togéther); *jie dirbo s.* the séven of them worked togéther

septyniolik‖a sèventéen ~**tas** sèventéenth

septynmētis 1 (*apie laiką*) séven-year *attr* 2 (*apie amžių*) séven-year-óld, of séven; *s. vaikas* séven-year-òld child*, child* of séven

septintas séventh; *s. numeris* númber séven

serbas Serb, Sérbian

serbentas cúrrant

serenada sèrenáde

sergantis sick

sergėt‖i guard, watch (*over*) ~**ojas** guard, wátchman*

serij‖a sériès ~**inis** sérial

serumas *med.* sérum

servet‖ė, ~**ėlė** nápkin, sèrviétte

servizas sérvice, set

seržantas sérgeant

ses‖ė síster ~**erėčia** 1 (*pusseserė*) cóusin 2 (*sesers duktė*) niece

sesija séssion

sėsl‖umas séttled (way of) life ~**us** séttled

sės‖ti 1 sit* down; ~**k(itės)!** sit down!; take a seat! 2 (*į traukinį, garlaivį ir pan.*) take*, board 3 (*apie saulę*) set* 4 (*apie dulkes*) séttle

sesuo 1 síster 2 *med.* (trained) nurse

sėti sow*

sezon‖as séason ~**inis** séasonal

sfer‖a sphere; (*sritis t.p.*) realm, field; *įtakos s.* sphere of ínfluence ~**inis** sphérical

siaub‖as térror, hórror; *sukelti* ~**ą** hórrify, térrify; **apimtas** ~**o** térrorstrùck, hórror-strùck; *koks s.!* how térrible / hórrible! ~**ingas** térrible, hórrible; ~**ingas reginys** áwful sight ~**ti** rávage

siaura‖bėgis: *s. geležinkelis* nárrowgauge ráilway ~**kaktis,** ~**protis,** ~**protiškas** nárrow-mínded

siaur‖as 1 (*ir prk.*) nárrow; ~**os pažiūros** nárrow views; *s. žmogus* nárrow(-mínded) man*; ~**a specialybė** partícular spèciálity 2 (*apie drabužį, avalynę*) tight ~**ėti** nárrow; **get* / grow*** nárrow ~**inti** 1 nárrow 2 (*apriboti*) límit, restríct ~**okas** sómewhàt nárrow, nárrowish ~**ukalnė** gorge, nárrow pass

siausti 1 (*skara ir pan.*) wrap (up) 2 (*supti*) surróund 3 (*šėlti*) rage, storm 4 (*smarkauti*) róister, blúster; (*išdykauti*) romp

siautė‖jimas fúry, rage ~**ti** 1 rage, rave 2 (*išdykauti*) romp

sibir‖ietis, -ė, ~**iškas** Sìbérian

sidabr‖as sílver ~**inis** sílver *attr*; sílvery; ~**iniai indai** sílver (plate) *sg* ~**inti,** ~**uoti** sílver; ~**uotas** sílverpláted

siek‖dinti swear* in ~**imas** àspirátion (*to*) ~**ti** 1 (*stengtis paliesti*) try to reach / touch 2 (*veržtis į ką*) aspíre (*to*), aim (*at*); strive* (*for*); ~**ti pergalės** strive* for víctory

siel‖a soul; *būti (kieno) s.* be* the (life and) soul (*of*); ~**oje** at heart

siel‖ininkas ráfter, ráftsman* ~**is** raft

sielotis (*kankintis*) tòrmént ònesélf

sielvart‖as grief, héartbreak; woe *poet.* ~**auti** grieve ~**ingas** wóeful, héartbròken

sien‖a 1 wall 2 (*riba*) bórder; (*valstybės*) fróntier ~**inis** wall *attr*, múral; ~**inė spinta** wáll-cùpboard ~**laikraštis** wall néwspàper ~**ojas** tímber, log ~**popieriai** wáll-pàper *sg*

sier‖a 1 *chem.* súlpher; ~**os rūgštis** sùlphúric ácid 2 *med.* (*ausies*) éarwàx ~**ingas** sùlphúreous

siet‖as sieve ~**elis** pércolàtor

siet‖i link, bind* ~**is** be* linked / bound

sietynas 1 (**P.**) *astr.* Pléiadès ['plaɪədi:z] *pl* 2 (*liustra*) lústre, chàndelíer

sifil‖is *med.* sýphilis ~**itikas** sỳphilític

sifonas síphon

signal‖as sígnal ~izacija sígnalling ~izuoti give* a sígnal (to), sígnal (to)

sija beam, joist; (tilto) gírder

sijonas skirt

sijoti sift, bolt

syk‖is time; dar ~į once agáin; paskutinį ~į for the last time; ~į per metus once a year; du ~ius twice; ne ~į time and agáin, more than once; nė ~io not once; vieną ~į once, one day; iš ~io at once; ~iu togéther; visi ~iu all togéther; kitą ~į anóther time

silk‖ė hérring △ kaip ~ės statinėje (packed) like sàrdínes

silogizmas sýllogism

silos‖as sílò; (pašaras) sílage ~avimas sílòing ~uoti sílò

silpna‖dvasis wéak-pírited, fáinthéarted ~jėgis weak, féeble ~protis ímbecíle, wéak-mínded ~protiškumas ìmbecílity, wéak-míndedness

silpn‖as 1 weak; púny; (apie garsą, šviesą) faint; (ligotas) féeble; s. vaikas weak / féeble child*; s. balsas weak / small voice; ~os akys weak eyes; ~a sveikata weak / délicate health; s. alus weak / thin beer 2 (prastas) poor; s. mokinys bad* / báckward púpil; s. argumentas lame árgùment △ ~oji vieta weak point / spot place

silpnaval‖is weak of will; s. žmogus wéakling ~iškumas weak will

silpn‖ėjimas wéakening; sláckening ~ėti wéaken, grow* wéak(er); (apie garsą, šviesą) fade; (apie vėją, audrą ir pan.) slácken ~ybė 1 (trūkumas) weak point; (būdo) fóible 2 (palinkimas į ką) wéakness (for) ~inti wéaken; slácken ~okas sómewhàt weak; (blogokas) ráther bad ~umas wéakness ~uolis, -ė wéakling

silpti žr. silpnėti

siluetas sìlhouétte

simbol‖ika sýmbolism; symbólics ~inis symbólic(al) ~is sýmbol ~iškas symbólic(al) ~izmas sýmbolism ~izuoti sýmbolìze

simetr‖ija sýmmetry ~inis, ~iškas symmétric(al)

simfon‖ija sýmphony ~inis symphónic; ~inis koncertas sýmphony cóncert

simpat‖ija líking, sýmpathy ~ingas, ~iškas lík(e)able, táking

simptom‖as sýmptom ~inis, ~iškas sỳmptomátic

simul‖iacija sìmulátion ~iantas, -ė símulàtor; (ligos) malíngerer ~iuoti símulàte, feign; ~iuoti ligą feign síckness

sinagoga sýnagògue

sindikatas sýndicate

sinkopė sýncope

sinonim‖as lingv. sýnonym ~iškas lingv. synónymous

sintaks‖ė sýntàx ~inis syntáctic(al)

sinte‖tinis synthétic(al) ~zė sýnthesis (pl -theses)

sinusas mat. sine

sirena síren

sirg‖imas áilment; málady ~ti be* ill (with); be* down (with) šnek.; jis serga plaučių uždegimu he is ill with pneumónia ~uliuoti be* áiling / síckly

sirpti rípen

sirupas sýrup

sistem‖a sýstem; nervų s. nérvous sýstem; saulės s. sólar sýstem ~atika sỳstematìzátion ~(at)inis, ~ingas sỳstemátic ~inti sýstematìze

situacija sìtuátion

siūb‖avimas swing ~uoti swing*

siūdinti(s) have* / get* (smth) made

siuita suite

siūl‖as thread; įverti ~ą į adatą thread a néedle △ peršlapti lig paskutinio ~elio get* wet to the skin ~ė seam ~ėtas séamy ~ėti hem

siūl‖ymas óffer, suggéstion ~yti 1 óffer; (pinigus, paslaugas) ténder 2 (svarstymui ir pan.) suggést; ~yti kieno kandidatūrą propóse smb for eléction; ~yti naują planą suggést a new plan (*to*); ~*yti kainą* bid*; *jis* ~*ė jai eiti ten* he suggésted her góing there, *arba* that she should go there

siunčiam‖asis: ~*ieji raštai* óutgòing pápers

siundyti (*ir prk.*) set* (*on*), hound (*at*)

siunt‖ėjas sénder ~*imas* sénding; (*kurjerio, pašto*) dispátch ~*inys* párcel; *pasiųsti* ~*inį* post / send* a párcel

siurbčioti sip

siurb‖ėlė leech ~*imas* súction ~*lys* pump; *oro* ~*lys* áir-pùmp ~*ti* suck; (*sugerti*) soak (in) ~*tis* soak in

siurprizas surprise

siusti 1 (*apie gyvulį*) go* mad; becóme* rábid 2 *prk.* (*šélti* — *apie žmogų*) rage, be* frántic / fúrious

siųst‖i send*; dispátch; *s. paštu* (send* by) post; mail ~*uvas rad., tel.* trànsmítter

siūti sew*; *s. mašina* sew* on a machíne

siut‖inti enráge, make* fúrious ~*ulys* rage, fúry

siuv‖amasis séwing *attr;* ~*amoji mašina* séwing machíne ~*ėjas* táilor ~*ėja* dréssmàker; séamstress ~*ykla* táilor('s) shop ~*imas* séwing; néedlewòrk

siuvin‖ėjimas, ~*ys* embróidery, néedlewòrk ~*ėti* embróider

siužetas súbject; (*fabula*) plot

syvai sap *sg,* juice *sg*

skab‖enti, ~*yti* 1 (*žolę*) níbble 2 (*skinti*) pick, pluck

skaičiavimas 1 cóunting 2 (*mokomasis dalykas*) aríthmetic

skaičiuot‖ė nùmerátion ~*i* count; réckon

skaič‖ius númber; (*mat. t.p.*) quántity; *trupmeninis s.* fráctional númber; *lyginis s.* éven númber; *nelyginis s.* odd númber; *be* ~*iaus* withóut númber

skaidyti 1 séparàte; (*dalyti*) párcel; *mat.* expánd 2 *chem.* dècompóse

skaidr‖ėti clear (up / awáy) ~*ybė žr.* **skaidrumas;** ~*inti* cláriFỳ ~*intis* clear ~*umas* limpídity; (*giedrumas*) cléarness ~*us* límpid; clear; (*permatomas*) trànspárent

skaidula fíbre

skaist‖ėti bríghten (up) ~*ybė* chástity ~*ykla bažn.* púrgatory ~*umas* bríghtness ~*us* 1 bright; ~*us protas* lúcid mind 2 (*nekaltas*) chaste; vírgin(al)

skaitykla réading-room

skaitiklis 1 *mat.* númeràtor 2 (*elektros*) méter

skait‖ymas réading ~*yti* 1 read*; ~*yti garsiai / balsu* read* alóud; ~*yti paraidžiui* spell*; ~*yti pranešimą* read* a páper 2 *žr.* **skaičiuoti;** ~*ytis* (*su*) consíder; take* ínto consìderátion; *su juo néra ko* ~*ytis* he may be sáfely ignóred; *su juo* ~*osi* his opínion is táken ínto consìderátion; *tai nesiskaito* that does not count ~*ytojas, -a* réader ~*ytuvai* ábacus *sg* (*pl* -ci), cóunting frame *sg*

skaitm‖eninis nùmérical; ~*eniniai duomenys* fígures ~*uo* númeral, fígure; (*arabiškas*) cípher

skaitvardis *gram.* númeral

skala 1 splínter 2 *stat.* lath

skalauti rinse; swill; (*gerklę*) gárgle

skalb‖ėja láundress ~*ykla* láundry ~*imas* wásh(ing); láundering ~*iniai* wáshing *sg* ~*ti* wash; láunder

skald‖a road métal ~*ykla* (*akmenų*) quárry ~*yti* 1 split* (*ir prk.*); ~*yti malkas* chop / split* wood 2 *šnek.* (*mušti*) strike* (*on*); ~*yti antausius* box the ears 3 *chem.* (*skaidyti*) dècompóse

skalė scale

skal‖ikas hound ~*yti* yelp, bay

skalsus lóng-lásting

skalus físsile, cléavable

skamb‖alas bell ~*ėjimas* sóund(ing); (*varpų*) peal ~*esys* ring; clang, jíngle ~*ėti* 1 sound, ring* (*ir prk.*); (*aidėti*) resóund; (*žvangėti*) jíngle 2 (*apie įstatymą*) read*; (*apie dokumentą, tekstą*) run* ~inti 1 ring* 2 (*telefonu*) ring* / call up, phone **3** (*pianinu*) play ~telėti jíngle, clink ~umas sonórousness, sonórity ~us sonórous; rínging; ~us *juokas* rínging láughter ~utis bell; *telefono* ~utis télephòne call

skandal||as scándal ~ingas scándalous ~istas, -ė bráwler ~yti brawl

skandinavas, -ė Scàndinávian

skandin||ti 1 sink* 2 (*žmogų, gyvulį*) drown ~is drown ònesélf

skan||ėstas délicacy; dáinty ~inti rélish; (*prieskoniais*) spice ~umas tástefulness ~umynas dáinty, tídbit ~us (*véry*) good*, delícious; nice *šnek.*; tásty

skaptuoti hóllow; scoop

skara wrap, shawl

skarda tin; *cinkuota s.* white métal

skard||as échò ~enti (*pripildyti garsais*) fill; *jo daina ~eno mišką* his song filled the fórest ~ėti resóund (*with*); *miškas ~ėjo nuo dainų* the wood resóunded with songs

skardin||ė tin, can ~inkas tínman*, tínsmith

skardis steep slope, précipice

skard||us I (*garsus*) sonórous, resóunding; ~ieji priebalsiai *gram.* voiced cónsonants

skardus II (*status*) steep, precípitous

skarelė kérchief

skarlatina *med.* scárlet féver

skarmal||as 1 (*suplyšęs drabužis*) rag 2 (*skuduras dulkėms*) dúster; (*grindims*) flóor-cloth ~ius *menk.* rágamùffin ~uotas rágged

skatik||as: *neturėti nė* ~o not have* a pénny to one's name; ~o *nevertas šnek.* (it is) not worth a pénny / fárthing

skatin||amasis incéntive, stímulàting ~imas stìmulátion ~ti indúce, prompt, stímulàte

skatulys incéntive

skaud||ė boil, fúrùncle ~ėjimas ache ~ėti ache, hurt*; (*jausti skausmą kur nors*) have* a pain; *kur jums* ~a? where does it hurt?; *jam* ~a *koją* his foot* hurts; *man* ~a *galvą* my head aches, I have a héadàche; *jam* ~a *gerklę* he has a sore throat; *jam* ~a *akis* his eyes ache; *jam širdį* ~a *prk.* he is sick at heart; his heart bleeds (*for, over*); ~a it is páinful ~inti hurt*; pain

skaudul||ingas páinful ~ys 1 (*skaudėjimas*) pain 2 (*votis*) sore

skaud||us sore; páinful; (*aštrus*) sevére; *s. smūgis* térrible blow; ~*i žinia* distréssing news; *s. nusivylimas* sore dìsappóintment

skausm||as pain; (*staigus, aštrus*) pang; (*smarkus*) smart; *galvos s.* héadàche; *dantų s.* tóothàche; *su* ~u *širdyje* with a héavy heart. ~ingas páinful

skelb||ėjas (*pažiūrų*) préacher ~imas 1 (*veiksmas*) annóuncement; (*teorijos, pažiūrų*) préaching 2 (*tekstas*) annóuncement; (*iškabintas*) nótice; (*periodiniame leidinyje*) advértisement ~ti 1 annóunce; procláim; (*reklamuoti*) advértise; (*viešai*) públish 2 (*skleisti pažiūras*) preach

skeldėti 1 crack 2 (*apie odą*) chap

skeletas skéleton

skelti 1 cleave*; split* 2 *šnek.* (*mušti*) hit* (*on*)

skend||ėti 1 be* submérged 2 *prk.* be* steeped (*in*) ~imas sínking ~uolis drowned man*

skepeta kérchief

skept||icizmas scépticism ~ikas scéptic ~iškas scéptic(al)

skeptras scéptre

skerd||ėjas, -a, ~ikas, -ė sláughterer, bútcher ~ena cárcass ~ykla sláughter-house* ~imas sláughter ~ynės sláughter *sg*, bútchery *sg*, cárnage *sg*

skėrys *zool.* lócust

skers||ai *prl., prv.* acróss; *perpjauti ką s.* cut* smth acróss; *s. gatvės* acróss the street; *s. ir išilgai* far and

wide ~**akiuoti** look askánce ~**as** 1
cross, trànsvérsal 2 (*priešingas*) ádvèrse ~**gatvis** bý-street; (*siauras*)
lane ~**inis** *dkt.* cróss-piece; (*durų, lango*) tránsom *bdv.* trànsvérsal, cross; ~**inis pjūvis** cróss-sèction ~**muo** dlámeter ~**om**(**is**) aslánt,
askéw

skersti kill, sláughter

skers‖uoti (*žiūrėti skersom*) look
askánce / askéw ~**vėjis** draught

skės‖čioti (*rankas*) throw* up one's
hands ~**ti**(**s**) (*plėstis*) wíden; move
apárt

skęsti 1 sink* 2 *prk.* be* lost / steeped
(*in*); *s.* **žalumynuose** be* búrried in
vérdure

skėtis ùmbrélla; (*nuo saulės*) pàrasól

skeveldra splínter, frágment

skiaut‖ė scrap, shred ~**erė** comb;
crest

skyd‖as shield ~**inis** *anat.* thýroid
[ˈθaɪ-]; ~**inė liauka** thýroid gland

skiedinys 1 *chem.* solútion 2 *stat.*:
kalkių s. mórtar, whìte-líme; **molio
s.** clay mórtar

skiedra chip, slíver

skiemuo *gram.* sýllable

skiep‖as *bot.* graft, scíon ~**ijimas** 1
med. inòculátion; (*nuo raupų*) vàccinátion 2 *bot.* (en)gráfting ~**yti** 1
med. inóculàte (*with*); (*ypač nuo raupų*) váccinàte (*with*) 2 *bot.* (en)gráft
3 *prk.* implánt (*in*); engráft (*in*)

skiesti dìlúte; *s.* **vandeniu** dìlúte with
wáter

skilandis kind of Lìthuánian sáusage
(*the belly of a pig stuffed with minced
meat*)

skyl‖ė hole (*ir prk.*); **užkimšti** ~**ę**
stop a gap / hole; ~**ėtas** full of holes
~**ėti** hole ~**utė** (*odoje, lapuose ir
pan.*) pore

skilimas split; (*pusiau*) divísion

skylmuša punch

skilt‖i 1 cleave*, split* 2 (*trūkti*) crack;
(*plaišioti*) chap ~**is** 1 *bot.* lobe

2 (*atpjauta dalis*) slice 3 *poligr.* slip
4 (*grafa; teksto stulpelis*) cólumn

skilv‖elis *anat.* véntricle ~**is** *žr.*
skrandis

skýnimas (*miške*) cléaring

skynìmas (*medžių*) cútting, félling

skinti 1 (*raškyti*) pluck, pick 2 (*kirsti*)
cut*, fell; (*mišką*) clear (awáy) △ *s.*
kelią pave the way; *s.* **laurus** reap
láurels

skiriamasis 1 (*būdingas*) distínctive 2
(*kuris skiria*) divíding, séparàting; *s.*
jungtukas *gram.* disjúnctive conjúnction

skyr‖yba 1 *gram.* pùnctuátion 2
dgs. divórce *sg* ~**imas** 1 sèparátion;
(*dalinimas*) divísion 2 (*tarnyboje*) appóintment ~**ininkas** *kar.* séction /
squad léader ~**ium** séparately ~**ius** 1
(*įstaigos ir kt. dalis*) depártment; séction 2 (*knygos*) chápter 3 *kar.* séction;
squad *amer.*

skirsnis séction; páragràph

skirst‖ymas dìstribútion ~**yti** distríbùte; (*dalyti*) appórtion, allót ~**ytis**
dispérse; (*apie minią, susirinkimą*)
break* up; **debesys jau** ~**osi** the
clouds are alréady dispérsing ~**ytuvas** *tech.* distríbutor ~**omasis**
distríbutive; ~**omoji lenta** *tech.*
swítchboard

skirt‖i 1 séparàte; (*dalyti*) divíde 2
(*daryti skirtumą*) distínguish, discérn
3 (*teikti*) allót; *s.* **kam** (*didelę*) **reikšmę** attách great impórtance
to smth 4 (*pašvęsti*) devóte (*to*);
(*knygą ir pan.*) dédicàte (*to*) 5 (*į
tarnybą*) appóint ~**ingas** 1 (*nevienodas*) dífferent 2 (*įvairus*) dìvérse,
várious ~**is** 1 (*būti nepanašiam; nuo
kuo*) díffer (*from*, *in*) 2 (*su draugais ir pan.*) part (*with*); (*su gimtine, namais*) leave* 3 (*irti*) come*
off 4 (*apie sutuoktinius*) get* / be*
divórced ~**ukas** *gram.* pùnctuátion
mark ~**umas** dífference; dispárity;
~**umas tas, kad ...** the dífference is
that ...; **amžiaus** ~**umas** dispárity in
age △ *be* ~**umo** (*be išimties*) withóut
excéption

skyst‖as 1 líquid; flúid 2 (*vandenin-gas*) wátery; (*apie košę, sriubą*) thin ~ėti grow* thin, thin ~imas, ~is líquid; fluid ~inti thin, rárifỳ

sklaidyt‖i 1 dispérse, scátter 2 (*apie vėją*) blow* abóut; (*debesis; prk. abe-jones, baimę*) dispél 3 (*knygą*) turn óver the páges (*of*), leaf ~is 1 dispérse 2 (*apie dūmus, rūką*) clear (awáy)

skland‖ymas *av.* glide, glíding ~yti hóver; *av.* glide ~ytojas glíder-pìlot ~ytuvas glíder ~umas smóothness; (*kalbos*) flúency, facílity ~us smooth; ~*i kalba* flúent / flówing speech

sklast‖as, ~ymas párting

skląstis bolt; bar

skleid‖ėjas, -a spréader ~imas spréad-(ing); (*idėjų, mokslo ir pan.*) dissèmi-nátion

skleist‖i spread*; diffúse; (*mokslą, pa-žiūras ir pan.*) dissémináte; *s. gan-dus* spread* rúmours; *s. kvapą* diffúse a smell; *s. žemėlapį* ùnfóld a map ~is 1 spread* 2 (*apie gėles*) ópen

sklendė (dóor)bòlt, bar

sklerozė *med.* sclerósis

sklęsti 1 (*oru*) soar, glide 2 (*duris*) bolt, bar

skliaust‖as, ~elis brácket ~i 1 (*imti į skliaustus*) put* in / betwéen bráckets, brácket 2 (*daryti skliautą*) arch, vault

skliautas arch, vault

sklidinas full to the brim; brímful

sklindis scon(e); (*blynas*) páncàke

sklypas - lot, plot

sklisti 1 spread* 2 (*skirstytis*) dispérse

skobti (*skaptuoti*) hóllow, gouge

skol‖a debt; *mokėti ~ą* pay* a debt; *imti į ~ą* bórrow; ~*on* on crédit / trust; *duoti ~on* lend*

skol‖ingas ówing; indébted (*to*); *būti ~ingam* owe; *jis man s. dešimt litų* he owes me ten lits; *nepa-silikti ~ingam* not leave* (*smth*) ùnánswered ~ininkas débtor; *ne-išsigalįs ~ininkas* insólvent ~inis:

~*inis pasižadėjimas* prómissory note ~*inys* (*žodis*) lóanwòrd

skolint‖i lend* ~*inai* on crédit, as a loan ~is bórrow ~ojas créditor; lénder

skon‖ingas tásteful ~is taste; *be ~io* tásteless; *jo blogas ~is* he shows bad* taste; *rengtis su ~iu* dress tástefully; *tai (ne) pagal mano ~į* that is (not) to my taste; *žmogus su ~iu* man* of taste

skorbutas *med.* scúrvy

skorpionas *zool.* scórpion

skraid‖ymas flýing ~yti fly*

skraidžioti fly* (abóut, to and fro)

skraistė cloak, mántle (*ir prk.*)

skrajoti flútter; (*greit, iš vienos vietos į kitą*) flit; (*skristi*) fly*

skrandis stómach

skrebėti scrape; (*traškėti*) crácle

skrebučiai *kul.* toasts; (*sriubai*) síppets

skrepl‖iai *med.* phlegm *sg* ~iuoti cough up phlegm; (*spjaudyti*) spit*

skriaud‖a 1 offénce 2 (*žala*) ínjury ~ėjas, -a, ~ikas, -ė offénder

skriausti harm; wrong

skrybėl‖ė hat; *be ~ės* hátless ~ėtas with one's hat on

skridimas flight; *s. rūke* fog flýing

skridinys 1 (*skritulys*) disk 2 *anat.* knée-càp 3 *tech.* (*skriemulys*) púlley

skrie‖stuvas (pair of) cómpasses *pl* ~ti 1 (*suktis*) revólve; círcle 2 (*skristi*) fly*

skrynia chest

skristi 1 fly* 2 *prk.* tear* / rush alóng

skritul‖ys círcle ~iukas róller

skro‖dimas *med.* disséction; *teis.* pòst-mórtem (exàminátion) ~sti 1 *med.* disséct; *teis.* make* a pòst-mórtem (exàminátion) 2 (*vidurius imti*) gut 3 (*pjauti*) cut*

skruost‖as cheek ~ikaulis chéek-bòne

skrupul‖as 1 scrúple 2 *med.* scrófula ~ingas scrúpulous

skruzd‖ė, ~ėlė ant ~ėda *zool.* ánt-eater ~(ėl)ynas ánthill

skub‖a 1 (*skubėjimas*) húrry, haste **2** (*greitis*) speed ~ėti **1** húrry, make* haste; speed*; *jl amžinai* ~a she is álways in a húrry; *neskubėdamas* léisurely **2** (*apie laikrodį*) be* fast ~inti húrry, hásten ~intis be* in a húrry, húrry ~omis in haste, hástily ~otas hásty ~otumas, ~umas haste, húrry ~us **1** (*neatidėliotinas*) úrgent, préssing; ~us *reikalas* úrgent mátter **2** (*greitas*) hásty, húrried; ~ūs *žingsniai* hásty steps; *tai neskubù* it is not úrgent / préssing

skudučiai *muz.* pánpìpes

skuduras rag

skuja *bot.* (*spyglys*) néedle

skulpt‖orius scúlptor ~orė scúlptress ~ūra scúlpture ~ūrinis scúlptural

skund‖as compláint; *paduoti* ~ą make* a compláint ~eiva, ~ėjas, -a, ~ikas, -ė sneak, télltàle

skurd‖as póverty, want; mísery ~inti impóverish; make* poor ~us **1** poor; (*menkas*) scánty; (*neturtingas*) méagre **2** (*liūdnas*) sórrowful, pláintive

skurdžius páuper, poor féllow; *dgs.* the déstitùte

skursti 1 be* poor; live in póverty **2** (*apie augalus*) be* / grow* síckly

skust‖i 1 shave* **2** (*grandyti*) scrape; (*lupti žievę*) peel **3** (*kas parašyta*) rub out, eráse ~is shave* ~uvas rázor

skųst‖i make* a compláint ~is (*kam kuo*) compláin (*to of*); ~is *galvos skausmu* compláin of a héadàche

skut‖as scrap ~ena (*vaisių*) peel; *bulvių* ~enos potátò péelings ~imas(is) **1** sháving **2** (*grandymas*) scráping; (*lupimas*) péeling **3** (*parašyto*) rúbbing out; (*dokumente*) erásure

skvarbus píercing; (*įžvalgus*) shrewd; *s. žvilgsnis* píercing look

skveras públic gárden

skverb‖imasis pènetrátion ~tis pénetràte (*into*); (*veržtis*) work one's way; strúggle (*through*)

skvernas skirt, lap

slampinėti lounge (abóut), loaf; *s. be darbo* ídle abóut

slanka *zool.* wóodcòck

slank‖iklis *tech.* slíde-blòck ~ioti **1** (*vaikščioti*) lounge (abóut), loaf **2** *tech.* (*slidinėti*) slide* (abóut) ~stelis *anat.* (*stuburo*) vértebra

slap‖čia, ~čiom(is) sécretly, in sécret; on the sly; *išeiti s.* steal* awáy / out ~yvardis pseúdonym; (*literatūrinis*) pénnàme ~stytis hide* ~ta(i) *prv.* sécretly; on the quíet

slapt‖as sécret; cònfidéntial; *s. įsakymas* sécret órder; ~a *santuoka* clàndéstine / sécret márriage; *s. balsavimas* (sécret) bállot ~ažodis pásswòrd, paróle ~ingas sécret ~om(is) sécretly, in sécret ~umas sécrecy

slap‖umas resérved cháracter, réticence ~us secrétive, resérved, réticent

slaug‖ė nurse ~ymas núrsing, care (*of*) ~yti nurse, tend ~ytoja nurse

slav‖as, -ė, ~iškas Slav

slegiantis oppréssive

slėg‖imas, ~is préssure; (*prk. t.p.*) oppréssion

slėgti press; oppréss (*t.p. prk.*)

slėnys válley

slenkstis 1 thréshòld, dóorstèp **2** (*upės; papr. dgs.*) rápids

slėnus low; lówlýing ['ləu-]

slėp‖ynė 1 híding-place **2** *dgs.* (*žaidimas*) hìde-and-séek *sg* ~iningas mystérious ~iningumas, ~inys mýstery

slėpt‖i hide*, concéal ~is **1** hide* (ònesélf) (*from*) **2** (*lindėti pasislėpus*) skulk, lie* in híding ~uvė **1** híding (-plàce) **2** *kar.* shélter

slibinas drágon

slid‖ės ski(s) (*pl*) ~inėti **1** (*čiuožinėti*) slide* **2** (*slidėmis*) ski ~ininkas, -ė skíer ~us slíppery

sliekas éarthwòrm

slinkti 1 (*apie laiką*) slip, pass **2** (*judėti*) move; *s. į priekį* advánce **3** (*apie plaukus*) come* out

slyp‖ėti be* hídden / concéaled; *jo širdyje* ~ėjo *baimė* there was a hídden fear in his heart slysti slide*, slip

slyva plum; (*medis*) plúm-tree

slog‖a *med.* (head) cold ~uoti have* a cold ~us oppréssive ~utis níghtmàre

slop‖inti 1 smóther, stífle 2 (*garsą*) múffle, déaden 3 *prk.* suppréss, représs ~ti (*nuo*) choke (*with*), súffocàte (*with*)

slovakas, -ė Slóvàk

slovėnas, -ė Slóvène ['sləu-]

slūg‖imas subsídence ~ti 1 subsíde 2 (*apie patinimą*) go* down

sluoksn‖is 1 láyer 2 (*papr.* *dgs.*) *prk.* stráta; *platieji gyventojų ~iai* várious stráta of socíety

smag‖iai 1 (*linksmai*) chéerfully, brískly; (*maloniai*) pléasantly 2 *žr.* smarkiai; ~inti amúse, èntertáin

smagratis *tech.* flýwheel

smagur‖iauti have* a sweet tooth ~iautojas, ~is sweet tooth

smag‖us 1 (*malonus*) pléasant, pléasing; (*linksmas*) chéerful; lívely; ~*i mergaitė* jólly girl; ~*i nuotaika* mérry mood 2 (*jaukus*) snug

smaig‖alys point, spike; (*ieties*; *ir prk.*) spéarhead ~as perch, pole ~(st)yti stick*; jab (*at*, *into*)

smail‖ėti becóme* póinted ~ianosis shárp-nósed ~inti shárpen ~us (*ir prk.*) sharp, póinted, acúte; *jo ~us liežuvis* he has a sharp tongue

smakras chin

smaliž‖iauti *žr.* smaguriauti; ~ius (*pirštas*) fórefìnger

smalka (*lakas*) séaling-wàx

smalk‖ės (chárcoal) fumes ~inti fume ~us fúmy

smals‖auti be* cúrious; pry ~umas cùriósity ~uolis cúrious pérson ~us cúrious; inquísitive

smaragdas émerald

smark‖auti rave, rage ~ėti becóme* strónger, inténsifỳ ~iai héavily, hard; ~*iai kirsti* hit* hard, strike* with force; ~*iai gerti* drink* hard ~umas strength; might ~us 1 strong, víolent;

(*apie lietų*, *audrą*, *smūgį*) héavy 2 (*griežtas*) sevére

smarvė stink, stench

smaug‖imas stràngulátion ~lys *zool.* bóa ~ti strángle, stífle, thróttle (*ir prk.*)

smegenys (*galvos*; *ir prk.*) brain *sg*; cérebrum *sg moksl.*; *stuburo s.* spínal cord *sg*; *kaulų s.* márrow *sg*; *dantų s.* gum *sg*

smegti sink*; go* down

smeigt‖i 1 (*į*) stick* (*into*) 2 (*durklu ir pan.*) thrust ~ukas dráwing-pìn

smėl‖ėtas sándy ~ynas sands *pl* ~inis sándy; ~inis laikrodis sándglàss ~is, ~ys sand

smélk‖ti (*skaudėti*): *man ir pan. ~ia šoną* I have, *etc.*, a stitch in my, *etc.*, side

smelkti (*stelbti*) grow* óver

smerkt‖i 1 condémn, cénsure 2 (*kaltinti*) blame ~inas blámewòrthy, rèprehénsible

smydras *bot.* aspáragus

smigti 1 pierce, go* (*into*) 2 *av.* dive

smilga *bot.* bent (grass)

smil‖iauti have* a sweet tooth ~ius (*pirštas*) fórefìnger

smilk‖alas íncense ~yklė cénser

smilkinys *anat.* témple

smilk‖yti íncense ~ytuvas cénser ~ti smóulder; fume

smilt‖ainis sándstòne ~ynas sands *pl* ~ingas, ~inis sándy ~is sand

smirdėti stink* (*of*); have* a foul / fétid smell

smog‖iamasis 1 *tech.* percússive; percússion *attr* 2 *kar.* shock *attr* ~ti strike*, hit*; smite*; ~*ti smūgį* strike* / deal* a blow

smokingas dínner-jàcket

smūg‖is 1 blow; (*prk. t.p.*) shock; (*kar. t.p.*) thrust; (*koja*) kick; (*kumščiu*) cuff; *vienu ~iu* at one blow / stroke; *mirtinas s.* déathblow; *atremti ~į* párry a blow 2 *med.* (àpopléctic) stroke; *saulės s.* súnstròke

smuik‖as violín; fíddle *šnek.* △ *griežti pirmuoju ~u* play first fíddle ~ininkas, -ė víolinist; (gatvės) fíddler ~uoti play the víolín

smuk‖dyti rúin ~imas declíne; (literatūros, meno ir pan.) décadence

smukl‖ė psn. inn; távern ~ininkas, -ė psn. ínnkeeper

smukti 1 (kristi) slip / fall* down 2 (leistis žemyn) sink*; subsíde 3 (menkėti) declíne 4 šnek. (bėgti) slip off / awáy

smulk‖ėti becóme* / grow* smáll(er) ~inti 1 make* small / fine; (kaulus) splínter 2 (į mažesnius vienetus) break* up ínto smáller únits; ~inti metrus centimętrais fráction métres ínto céntimètres ~intis šnek. becóme* pétty

smulkmen‖a trífle; détail; įsileisti į ~as go* ínto détail ~iškas 1 (pedantiškas) pétty, smáll-mínded 2 (detalus) détailed

smulk‖us (nestambus) small, fine; (nežymus) pétty; (detalus) détailed; (plonas) thin; ~ios išlaidos pétty expénses; s. lietus fine / drízzling rain, drízzle; ~usis ūkis small / pétty fárming; ~ioji gamyba small / smáll-scàle prodúction

smurt‖as víolence; ~u by force ~ininkas, -ė víolàtor ~inis víolent

snaig‖ė, ~uolė snówflàke

snaiperis sníper

snap‖as beak; (silpnesnis) bill ~elis 1 (kepurės) peak 2 (ąsočio) spout

snau‖dulys doze, drowse ~džiantis sómnolent, drówsy ~sti doze, drowse; (sėdint) nod

snieg‖as snow; tirpstantis s. slush; padengtas ~u snów-còvered; (apie kalnus) snów-càpped; mėtytis ~ais play snówbàlls, snówbàll; baltas kaip s. snówy

snieg‖inas snów-còvered, snówclàd ~ingas snówy ~inis snow attr ~uolė snówflàke ~uolė bot. snówdròp ~uotas snów-còvered

snigti beasm. snow; sninga it is snówing, it snows; sniegas sninga snow is fálling

snob‖as snob ~izmas snóbbery

snūduriuoti žr. snausti

snukis 1 múzzle; snout 2 vulg. (veidas) (úgly) face; mug

snūstelėti šnek. take* a nap

socialdemokrat‖as Sócial Démocràt ~ija Sócial Demócracy

socialin‖is sócial; ~ė padėtis sócial státus

socialist‖as, ~inis sócialist

socializmas sócialism

sociolog‖as sòciólogist ~ija sòciólogy

soda chem. sóda

sod‖as gárden; vaisių s. órchard; zoologijos s. zòológical gárdens pl; zoo šnek. ~yba fármstead ~ybinis: ~ybinis sklypas small hólding; plot (of land adjóining the farm / house*) ~ietis, -ė víllager

sod‖inamasis, ~inimas ž.ū. plánting ~ininkas, -ė gárdener ~ininkystė gárdening ~inti 1 (augalus) plant 2 (žmones) seat; (siūlyti sėstis) óffer a seat; ~inti į kalėjimą put* ínto príson; jail amer.

sodrus (apie augalus) lùxúriant

sodžius víllage

sofa sófa

sofist‖as sóphist ~ika sóphistry ~iškas sophístic(al)

solidar‖izuotis idéntifỳ ònesélf (with) ~umas sòlidárity ~us sólidary (with)

solidus 1 (tvirtas) sólid; strong 2 prk. (patikimas) relíable, sólid

sol‖istas, -ė sólòist ~o muz. sólò

son‖ata muz. sonáta [-'na:-] ~etas lit. sónnet

sop‖ėjimas pain ~ėti ache, hurt*; jam dantį ~a he has a tóothàche

sopranas muz. sopránò

sopul‖ingas páinful ~ys pain; ache

sora bot. míllet

sost‖as throne; įžengti į ~ą ascénd the throne; nuversti nuo ~o dethróne ~inė cápital

sot‖inti 1 (kuo) sátiàte (with), sate (with) 2 chem. sáturàte (with) ~is, ~umas satíety; iki ~ies to

one's heart's contént; *prisìvalgy-
ti ìki* ~*ies* eat* one's fill ~us 1
sátiàted, repléte 2 (*apie valgį; skalsus*)
nóurishing

spalis 1 (*mėnuo*) Òctóber 2 (*linų*) boon

spalv||**a** cólour; *raudona s.* red
cólour; *apsauginė s. zool.* pro-
téctive còlorátion ~**ingas** cólourful
~**inti** paint; cólour ~**otas** cóloured;
cólour *attr*; ~*otas* **fìlmas** cólour film;
~*otojl* **televizija** cólour tèlevísion
~**oti** *žr.* **spalvinti**

spanguolė *bot.* cránberry

spardyti(s) kick

sparn||**as** wing; (*kar. t.p.*) flank; (*vė-
jinio malūno t.p.*) sail; (*automobilio
t.p.*) fénder; *plasnoti* ~*ais* flap its
wings ~**uočiai** birds ~**uotas** winged

spart||**inti** quícken; speed* (up)
~**umas** speed; spéediness; (*greitu-
mas*) quíckness ~**us** spéedy; quick

sparva *zool.* hórseflỳ, gádflỳ, breeze

spąst||**ai** snare *sg*, trap *sg*; (*prk.
t.p.*) pítfàll *sg*; *pagauti* ~*ais*
(en)tráp, (en)snáre; *pakliūti į* ~**us**
be* entrápped

spaud||**a** 1 (*spausdinimas*) prínt(ing);
~*os* **klaida** mísprint 2 (*leidiniai*)
the press ~**as** stamp ~**imas** (*ir
prk.*) préssure; *kraujo* ~*imas* blood
préssure; *daryti kam* ~*imą* put*
préssure upón smb ~**inys** prínting;
prínted mátter ~**muo** print, type;
stambūs (*smulkūs*) ~*menys* large
(small) print *sg* ~**uoti** stamp

spausdin||**imas** prínting ~**ti** print;
(*mašinėle*) type ~**tinis** prínted

spaust||**i** press, squeeze; (*smarkiai*)
wring*; *s. kam ranką* squeeze
smb's hand; *s. uogų sultis* press
the juice out of bérries 2 (*apie ava-
lynę*) pinch **3** (*versti*) press (hard),
force **4** (*spausdinti*) print ~**is** 1
(*prie*) press close (*to*), draw* clóser
(*to*); (*į krūvą*) húddle (up / togéther)
2 (*grūstis*) press, squeeze ~**ukai**
(*riešutams*) nútcràckers ~**uvas** press

spaustuv||**ė** prínting-house* ~**inin-
kas**, -ė prínter

spazm||**as** spasm ~**inis**, ~**iškas** spàs-
módic

special||**ybė** spèciálity ~**istas** spécialist
(*in*); éxpèrt (*in*) ~**izacija** spècial-
ìzátion ~**izuotis** spèciàlìze (*in*) ~**us**
spécial, espécial

specif||**ika** specífic cháracter ~**ikuoti**
spécifỳ ~**inis**, ~**iškas** specífic

speig||**as** hard frost ~**ratis** *geogr.*
pólar círcle ~**uotas** frósty

spėj||**amas** suppósed, presúmptive
~**imas** 1 guess 2 (*manymas*) presúmp-
tion, conjécture

spektaklis play, perfórmance

spektras *fiz.* spéctrum (*pl* -ra)

spekul||**iacija** pròfitéering; spèculá-
tion ~**iacinis** spéculative ~**iantas**,
-ė spéculàtor; pròfitéer ~**iuoti** spéc-
ulàte (*in*); pròfitéer

spėlio||**jimas** sùpposítion, guésswòrk
~**ti** guess; conjécture

speng||**esys** rínging ~**ti** ring*; *man
~ia ausyse* there is a rínging in my
ears

spenys *anat.* nípple, teat

spęsti set* traps

spėti 1 guess 2 (*manyti*) suppóse,
conjécture **3** (*suskubti*) have* time; *s.
pietums šnek.* be* in time for dínner;
s. su kuo eiti keep* pace with smb

spiečius swarm

spieg||**iamas** shrill ~**imas**, ~**ti** squeal,
screech; (*apie vaiką*) squall

spiesti(s) (*apie bites; ir prk.*) swarm

spiginti 1 (*labai šalti*) freeze* hard **2**
(*apie saulę*) glare △ *s. tiesą į akis*
speak* the truth bóldly

spygl||**ys** 1 (*medžio*) néedle 2 *bot.*,
zool. (*dyglys*) spine ~**iuočiai** cónifers
~**iuotas** 1 cóniferous; ~**iuotas me-
dis** cónifer 2 (*dygliuotas*) spíny

spyna lock (*t.p. kar.*); *kabanti s.*
pádlòck

spind||**ėjimas**, ~**esys** shine, rádiance;
(*blizgesys*) brílliance ~**ėti** shine*;
beam; (*akinamai*) glare; *saulė* ~*i* the
sun shines; ~*ėti iš džiaugsmo* beam
with joy

spindul||ingas rádiant ~inis rádiàtion *attr* ~ys 1 ray, beam (*ir prk.*); *viltles* ~ys ray / flash of hope 2 *geom., anat.* rádius (*pl* -diǔ) ~iuoti rádiàte

spingsėti glímmer; (*apie žvaigždes*) twínkle

spinta cúpboard; *drabužių s.* wárdròbe; *knygų s.* bóokcàse; *indų s.* drésser; *nedegamoji s.* safe

spiral||ė, ~inis, ~iškas spíral

spirg||ai crácklings ~ėti, ~inti fry; frízzle

spyr||is kick ~ys prop

spirit||as álcohòl, spírit(s) (*pl*); ~o *varymas* distillátion; ~o *varykla* distíllery ~inis àlcohólic; ~inis gérimas (àlcohólic) líquor

spirt||i 1 (*koja*) kick 2 (*versti*) press (*to*) 3 (*remti*) suppórt, prop ~is (*priešintis*) resíst

spyruokl||ė spring ~inis spring *attr* ~iškas spríngy ~iuoti be* elástic / spríngy

spjaudyklė spittóon

spjaudyti, spjauti spit*

spjūvis spít(tle)

spoksoti gape (*at*), stare (*at*)

spor||a *biol.* spore ~adinis, ~adiškas sporádic(al)

sport||as sport; sports *pl*; *vandens s.* aquátics *pl*; *slidžių s.* skíing ~ininkas spórtsman*; áthlète ~ininkė spórtswòman* ~inis sports *attr*; spórting ~iškas spórtsmanlìke ~uoti go* in for sports

sprag||a 1 breach, gap; *pralaužti* ~ą breach, make* a breach (*in*) 2 (*trūkumas*) flaw, gap

sprag(s)ėti cráckle, spútter

sprand||as nape; (*arklio*) wíthers *pl* Δ *gauti per* ~ą get* it in the neck; *nusisukti* ~ą break* one's neck; *sėdėti kam ant* ~o be* a búrden to smb, be* on smb's hands

spraust||i squeeze (*in, into*), thrust (*in, into*) ~is squeeze (*in, into*), squeeze ònesélf (*into*); (*pro*) squeeze (*past, through*)

spren||dimas 1 (*nutarimas*) decísion (*teismo*) júdg(e)ment; vérdict 2 (*klausimo, uždavinio*) solútion 3 (*pasiryžimas*) detèrminátion ~džiamas decísive; (*galutinis*) conclúsive; *turėti* ~*džiamąjį balsą* have* a decíding vote

spręsti 1 judge; (*nutarti*) decíde; *s. iš išorės* judge by appéarances 2 (*uždavinį, klausimą*) solve 3 (*svarstyti*) discúss

sprigt||as fíllip; *duoti* ~ą give* a fíllip

sprindis span

springti choke (*with*); *juokais s.* choke with láughter

sprinteris *sport.* sprínter

sprogdin||amasis blásting; *s. užtaisas* blásting charge ~imas blásting ~ti blow* up; (*akmenį ir pan.*) blast

sprog||imas explósion; *prk.* óutbùrst, burst ~inėti 1 burst* 2 (*trūkinėti*) crack ~menys explósives ~stamasis explósive ~ti 1 burst*; blow* up; (*apie užtaisą, dujas ir pan.*) explóde 2 (*skilti*) split* 3 (*apie pumpurus, lapus*) ópen, blóssom out 4 *menk.* (*godžiai ryti*) góbble 5 *menk.* (*dvėsti*) croak

sprukti *šnek.* make* off, run* awáy; take* to one's heels

spuog||as pímple ~uotas pímpled

spurdėti (*apie žuvį*) flóunder; (*apie paukštį*) flútter

spurga *kul.* dóughnùt

spurgas 1 (*apynio*) cone (*of the hop*) 2 *šnek.* (*pumpuras*) bud 3 (*kutas*) fringe; tássel

spurti fray

spūstis crush, press

sraigė *zool.* snail

sraigt||as screw; *įsukti* ~ą, *priveržti* ~ais screw ~inis, ~iškas screw *attr*; spíral; ~iniai laiptai wínding / spíral stáircàse *sg* ~uoti screw

sraunus rápid, swift

srautas stream, tórrent (*ir prk.*)

srėb||čioti sip ~ti (*su garsu*) slurp; (*godžiai*) gulp

srieg‖is (scréw-)thread ~ti 1 (*sraig-tą sukti*) screw up 2 (*sriegius daryti*) thread

srit‖inis régional ~is 1 région, próvince; dístrict 2 (*veikimo sfera*) field, sphere

sriuba soup

srov‖ė 1 cúrrent, stream: (*tekėjimas*) flow; *jūros s.* (sea) cúrrent; *oro s.* air cúrrent; *eiti / plaukti prieš ~ę* go* agáinst the stream; *įjungti elektros ~ę* switch on the cúrrent 2 (*mokslo, politikos, meno kryptis*) cúrrent, trend ~enti run*, stream; flow ~ingas, ~us fléeting

sruoga skein, hank

srutos séwage *sg*; dúngwàsh *sg*

sruventi *žr.* sroventi

stabas 1 ídol 2 *šnek.* (*paralyžius*) parálysis, pálsy

stabd‖ys 1 brake 2 *prk.* (*kliūtis*) híndrance (*to*) ~yti 1 stop; (*stabdžiais*) brake 2 *prk.* (*kliudyti*) impéde, hínder

stabil‖izacija, ~izavimas(is) stàbilizátion ~izuoti stábilize ~us stáble

stabligė *med.* tétanus

stabmeld‖ys ìdólater ~ystė ìdólatry ~iškas ìdólatrous

stabtelė‖jimas pause ~ti pause

stacionar‖as ín-pàtient depártment ~inis 1 ín-pàtient *attr* 2 *tech.* státionary

stačiakampis *dkt.* réctàngle *bdv.* rèctángular

stač‖ias (*vertikalus*) ùpríght; eréct; stánding stánd-ùp; ~ia *apykaklė* stánd-ùp cóllar

stačiatikis *bažn.* órthodòx belíever

stačiok‖as rude féllow; ~ė rude wóman*; (*apie mergaitę*) rude girl ~iškas rude

stačiom(is) stánding; ùpríght

stadija stage

stadionas *sport.* stádium

stagaras (dry) stalk

staig‖a súddenly, all of a súdden ~mena surpríse ~us 1 súdden; *prk.* pássionate 2 (*status*) steep

staklės 1 machíne-tool *sg*; machíne *sg* 2 (*audimo*) loom *sg*

stakta jamb; dóorpòst

stal‖as táble; *už ~o* at táble; *sėstis prie ~o* sit* down to táble ~čius dráwer

stalgus fond (*of*); (*godus*) gréedy (*of*)

stal‖inis táble *attr*, desk *attr*; ~inė *lempa* désk-làmp ~ius jóiner ~tiesė tábleclòth

stamantrus stiff, rígid

stamb‖inti enlárge ~us 1 large; big; ~ios *jėgos kar.* large fórces; ~ioji *pramonė* lárge-scàle índustry 2 (*storas*) stout, thick

standart‖as, ~inis stándard ~izuoti stándardìze

standus stiff, rígid

stang(r)us elástic, resílient

starta *zool.* búnting

start‖as start ~eris *sport., tech.* stárter ~uoti start

statyb‖a buílding; constrúction; *laivų s.* shíp-building ~ininkas, -ė buílder; *inžinierius ~ininkas* cívil ènginéer ~inis buílding *attr*, constrúction *attr*; ~inė *medžiaga* buílding matérial; (*miško*) tímber

statykla: *laivų s.* shípyàrd

statymas 1 buílding; *namų s.* hóuse-building 2 (*tiekimas*) supplý(ing)

statin‖ė bárrel, cask ~is (*tvoros*) pale, páling; ~ių *tvora* páling ~ys buílding, constrúction

statist‖ika statístics ~ikas, -ė stàtistícian ~inis statístic(al)

statyt‖i 1 (*dėti*) put*, set*, place; (*kad stovėtų*) stand*; *s. ąsotį ant stalo* stand* the jug on the táble 2 (*pastatą ir pan.*) build*; constrúct; *s. paminklą* eréct, *arba* put* up, a mónument 3 (*spektaklį ir pan.*) stage, prodúce 4 (*tiekti*) supplý 5 (*lošiant*) stake; *s. viską ant kortos prk.* stake one's all ~inis hénchman* ~ojas, -a buílder

statm‖enas vértical ~eniškas, ~uo pèrpendícular

statul‖a státùe ~ėlė stàtuétte

status 1 (apie kalną, krantą) steep, precípitous 2 (grubus) rude

statutas státùte

staug‖esys, ~ìmas howl, hówling ~ti howl; wail; vėjas ~ia the wind wails / howls

staž‖as (tarnyboje) length of sérvice ~istas, -ė probátioner ~uoti work on probátion

stebė‖jimas òbservátion ~ti 1 obsérve; (sekti t.p.) watch 2 (prižiūrėti) súpervìse ~tis wónder (at), be* astónished / surprísed (at) ~tojas, -a obsérver

stebinti astónish, surpríse, amáze

stebukl‖adarys wónder-wòrker ~as míracle; (prk. t.p.) wónder ~ingas 1 miráculous, wónder-wòrking 2 (nuostabus) márvellous, wónderful

stebulė hub

steig‖ėjas fóunder ~ėja fóundress ~iamasis constítuent ~ti found; estáblish, set* up

stelbti 1 (užaugti) grow* óver 2 (slopinti) smóther

stemplė gúllet

stendas stand

stenė‖jimas, ~ti moan, groan

steng‖imasis endéavour ~tis endéavour; strive*, seek*

stenograf‖ija stènógraphy, shórthànd ~inis, ~iškas stènográphic(al); shórthànd attr ~uoti take* down in shórthànd

stenograma shórthànd récòrd / repórt

sterblė 1 lap 2 (gyvulių) pouch

stereo‖metrija stèreómetry ~skopas stéreoscòpe ~tipas, ~tipinis, ~tipiškas stéreotỳpe

steril‖izacija stèrilìzátion ~izuoti stérilìze ~us stérile

sterling‖as stérlìng; svaras ~ų pound stérling

stich‖ija élement ~inis, ~iškas 1 èleméntal; ~inė nelaimė nátural calámity 2 spòntáneous; ~inis judėjimas spòntáneous móvement

stiebas 1 bot. stem, stalk 2 (laivo) mast

stiebtis, stieptis 1 (stotis ant pirštų galų) stand* on típtòe 2 (augti) shoot* up, grow*

styg‖a string; balso ~os vócal chords ~inis stringed; ~inis instrumentas stringed ínstrument; ~iniai instrumentai the strings

stigti lack; ko jums stinga? what do you lack?; jiems stinga drąsos they lack cóurage; jam stinga pinigų he is short of móney; he has not got móney enóugh

stikl‖ainis jar, pot ~as glass; lango ~as wíndow-pàne; laikrodžio ~as wátch-glàss; ~o fabrikas gláss-wòrks; priekinis ~as aut. wíndscreen ~elis wíneglàss, (liquéur-)glàss ~ėti becóme* glássy ~inė glass ~inis glass attr; ~inės durys glass door; ~inės akys prk. glássy eyes ~iukas žr. stiklelis; ~ius glázier, glásscùtter

stil‖ingas stýlish ~istika stỳlístics ~istinis stỳlístic ~ius style

stimul‖as stímulus (pl -lì), incéntive ~iuoti stímulàte

stingti 1 hárden 2 (nuo šalčio) congéal, freeze*

stypčioti típtòe, walk on típtòe

stipend‖ija schólarship, grant ~ininkas, -ė gránthòlder; gránt-áided stúdent / ùndergráduate

stipinas spoke

stipr‖ėti becóme* strónger ~ybė strength ~inamasis: ~inamieji vaistai tónic sg ~inimas 1 stréngthening, rèinfórcement 2 el., rad. àmplificátion ~inti 1 stréngthen; rèinfórce, fórtifỳ (ir kar.) 2 (garsą, srovę) ámplifỳ ~intis (valgiu, gérimu) fórtifỳ / refrésh ònesélf ~intuvas rad. ámplifier

stipr‖umas strength; fírmness ~uolis strong man* ~us 1 strong; (tvírtas) firm; (galingas) pówerful; ~us organizmas vígorous / stúrdy cònstitútion; ~i sveikata robúst health; ~i arbata strong tea; ~i valia strong

will **2** (*apie šaltį, smūgį*) hard; (*apie norą, jausmą*) inténse, víolent **3** (*nusimanąs*) good (*at*); ~us matematíkas good at màthemátics
stipti **1** (*dvėsti*) die; croak *šnek.* **2** (*šalti*) freeze*
stirn‖a *zool.* roe ~iena vénison
stirt‖a stack, rick; **krauti į** ~as stack, rick
stirti **1** becóme* stiff **2** (*šalti*) freeze*; grow* numb (with cold)
stog‖(a)dengys róofer ~as roof; *šiaudų* ~as thatch; *čerpių* ~as tíling, tiled roof; **skardinis** ~as íron roof; **dengti** ~ą roof; (*šiaudais*) thatch; (*čerpėmis*) tile ~inė shed; (*šienui*) háylòft ~inis róofing *attr;* ~inė **skiedra** shíngle ~langis dórmer
stoi‖kas, ~škas *filos.* stóic
stoj‖amasis éntrance *attr; s.* **mokestis** éntrance fee ~imas **1** (*į partiją, draugiją ir pan.*) jóining **2** (*į mokyklą*) éntrance
stok‖a lack (*of*), shórtage (*of*); **dėl laiko** (*pinigų*) ~os for lack of time (móney) ~oti lack; be* short (*of*)
storaodis thíck-skínned
stor‖as **1** thick; (*apie medžiagą t.p.*) héavy; *s.* **kilimas** héavy / thick cárpet **2** (*apie žmogų*) fat, córpulent **3** (*apie balsą*) deep ~ėti **1** thícken **2** (*pilnėti*) grow* fat, plump (out) ~ybė *žr.* storumas; ~inti thícken ~ulis, -ė *šnek.* fátty ~umas thíckness; (*žmogaus*) córpulence
storžiev‖is churl, boor ~iškas chúrlish; rude
stoti **1** stand*; *s.* **į eilę** stand* in a queue / line **2** (*įstoti*) join, énter; *s.* **į darbą** go* to work; *s.* **į univérsitetą** join / énter the ùnivérsity; *s.* **į partiją** join the párty **3** (*ką ginti*) rise*; *s.* **už ką** stand* up for smb, take* smb's side **4** (*prasidėti*) set* in, begín* **5** (*sustoti*) stop; **stok!** halt!
stot‖is station; **prekių** *s. glžk.* góods-stàtion; ~ies **viršininkas** státion-màster; **bandymų** *s. ž.ū.* expèrimén-tal stàtion; **telefonų** *s.* télephòne exchánge

stótis stand* up; (*keltis*) get* up, rise*
stov‖as stand; (*ramstis*) stánchion ~ėjimas stánding ~ėti **1** stand*; ~ėti **kieno kelyje** stand* in smb's way **2** (*būti kur*) be*; be* sítuàted; **miestas** ~i **ant upės kranto** the town is sítuàted on the bank of the ríver **3** (*nejudėti*) stop; (*neveikti*) be* at a stándstìll; **traukinys** ~i **dešimt minučių** the train stops (for) ten mínutes; **laikrodis** ~i the watch has stopped; **darbas** ~i the work has come to a stop
stovykl‖a (*ir prk.*) camp; **kariuomenės** *s.* armed camp ~auti camp, be* encámped
stovis state; condítion; **sveikatos** *s.* state of health
straipsnis **1** árticle; **įžanginis** *s.* léading árticle, léader; èditórial **2** (*dokumento*) clause
strateg‖as strátegist ~ija strátegy ~inis, ~iškas stratégic(al)
stratosfera strátosphère
straublys *zool.* trunk, probóscis
strazdan‖a fréckle ~otas fréckled
strazdas thrush, óuzel
streik‖as strike; **visuotinis** *s.* géneral strike; **sužlugdyti** ~ą break* the strike ~ininkas, -ė stríker ~laužys stríke-breaker; blácklèg, scab *šnek.* ~uoti strike*, go* on strike, come* out
strėl‖ė árrow ~inė quíver ~inis árrow-shàped
strėnos loins
strigti stick* △ *s.* **kam į širdį** sink* déeply ínto smb's soul
strykas bow, fíddlestìck
striuk‖as short; **jam ten** ~a *prk.* he has a bad / hard time there ~ė jácket ~inti shórten
strofa *liter.* stánza; stróphe
strop‖umas díligence, índustry ~us díligent; (*moksle*) stúdious; (*darbštus*) indústrious
struktūra strúcture

strutis *zool.* óstrich

stubur‖as spínal / vértebral cólumn; báckbòne ~**inis** vértebral; ~*iniai* (*gyvuliai*) vértebrates

student‖as, -ė stúdent ~**ija** the stúdents *pl* ~**iškas** stúdent; ~*iškas kolektyvas* stúdent bódy

studij‖a stúdiò ~**avimas** stúdy ~**os** stúdies ~**uoti** stúdy

stūgauti howl

stuksenti rap, tap; (*apie lietaus lašus*) pátter

stūksoti (*matytis*) be* seen; (*neaiškiai*) loom

stulbinti stun

stulpas 1 post, pole, píllar; *telegrafo s.* télegràph-pòle 2 (*vandens, ugnies ir pan.*) cólumn △ *gėdos s.* píllory

stūma (*skląstis*) bolt

stumd‖ymasis jóstle ~**yti** push, shove ~**ytis** jóstle; push each óther; (*alkūnėmis*) élbow (one anóther)

stūmoklis *tech.* píston; (*siurblio*) súcker

stumt‖elėti give* a push / shove; push slíghtly; (*alkūne*) nudge ~**i** push; thrust*; shove ~**is** (*į priekį*) move / push fórward

stuobrys 1 trunk of a dry tree 2 *menk.* blóckhead, lúbber

stuom‖eningas wéll-knít ~**uo** státure

stvert‖i snatch, catch* hold (*of*) ~**is** 1 snatch (*at*), catch* (*at*) 2 (*darbo*) take* up

su with; (*ir*) and; *su draugais* with friends; *su šypsena* with a smile; *su malonumu* with pléasure; *brolis su seserimi išėjo* bróther and síster went awáy; *keltis su aušra* get* up with the dawn; *siūti su adata* sew with a néedle

suabejoti doubt, feel* some doubts (*about*)

suagituoti *šnek.* gain / win* óver

suaidėti (begín* to) resóund

suaimanuoti (begín* to) groan

suakmenė‖jęs pétrified; fóssilized ~**jimas** 1 pètrifáction 2 (*suakmenėjęs gyvis, augalas*) fóssil ~**ti** 1 pétrify 2 *prk.* hárden

suaktyvin‖imas máking more áctive, stírring up ~**ti** make* more áctive, stir up

suanglėti be* / becóme* charred, char

suapval‖ėti becóme* róunded ~**inti** round off

suardyti 1 (*planus ir pan.*) frùstráte, blast; *s. sveikatą* rúin one's health 2 (*tvarką*) break*; (*ramybę, taiką*) distúrb

suart‖ėti 1 (*priartėti*) draw* togéther; appróach 2 (*tapti draugais*) becóme* íntimate (*with*), becóme* good friends (*with*) ~**inti** draw* / bring* togéther

suaug‖ęs ádùlt; *s. žmogus* the ádùlt, the grówn-ùp ~**ti** 1 grow* togéther; còalésce; (*apie kaulą*) knit* 2 (*subręsti*) grow* up

subadyti 1 (*ragais*) gore; (*mirtinai*) butt to death 2 (*durti*) pierce; (*segtuku ir pan.*) prick all óver

subanal‖ėti becóme* trite / háckneyed ~**inti** make* trite

subanguoti get* rough; rise* in bíllows

subankrutuoti becóme* bánkrùpt; go* / get* broke *šnek.*

subarškėti (begín* to) ráttle

subarti scold, give* a scólding

subėgti 1 come* rúnning; gáther 2 (*apie vandenį*) flow togéther

subelsti give* a knock / rap; (begín* to) knock, rap

suberti pour

subildenti *žr.* subelsti, subarškėti

subyrėti, subirti go* to píeces

subiurokratėti becóme* a búreaucràt

subjaur‖inti, ~**oti** 1 make* (look) úgly; (*veidą*) disfígure 2 (*sutepti*) soil, besméar

subjekt‖as 1 *filos., gram.* súbject 2 *šnek.* (*apie žmogų*) féllow ~**yvinis**, ~**yvus** subjéctive

subliauti give* a bleat

subligzti flash

sublim‖atas *chem.* súblimate ~uoti *chem.* súblimàte, sublíme

sublog‖inti (*suliesinti*) make* lean ~ti get* / grow* thin / lean

subnuom‖a súblèase ~ininkas, -è sùblèssée

subobėti *šnek.* 1 (*apie vyrą*) becóme* wómanish / efféminate 2 (*apie moterį*) let* ònesélf slide

subombarduoti destróy by bómbing; bomb out

subordin‖acija subòrdinátion ~uoti subórdinàte (*to*)

subraižyti scratch all óver

subraškėti (begín* to) cráck(le)

subraukyti (*knygą ir pan.*) cóver with lines

subrend‖ęs 1 matúre 2 (*prinokęs*) ripe ~imas 1 matúrity; *lytinis* ~*imas* púberty 2 rípeness

subręsti 1 matúre 2 (*sunokti*) rípen

subruzti bústle; bestír ònesélf

subsidij‖a grant, súbsidy ~uoti súbsidìze

substancija *filos.* súbstance

subtil‖umas súbtlety ~us súbtle

subtrop‖ikai sùbtrópics ~inis sùbtrópical

suburti ùníte, rálly

sucypti give* a squeak; (begín* to) squeak

sučiaupti compréss

sučiulb(ė)ti (begín* to) twítter / chirp

sučiupti catch*, seize; grip, grab

sudar‖ymas 1 fòrmátion 2 (*pagaminimas*) máking; còmposítion; (*žodyno*) compíling 3 (*sutarties*) conclúsion ~yti 1 form; make*; ~*yti komisiją* set* up a commíttee 2 (*būti autoriumi*) compóse; compíle 3 (*planą, projektą ir pan.*) draw* up, work out 4 (*sutartį*) conclúde ~ytojas, -a fórmer, máker

sudarkyti mar, disfígure, defáce

sudauginti *mat.* múltiplỳ

sudaužyti 1 break*, smash; (*mašiną, lėktuvą*) crash 2 (*primušti*) beat*

sudedamas(is) fólding

sudeg‖inti burn* (down / out); (*krematoriume*) crematé ~ti burn* (down / out); *namas* ~*é* the house was burnt down

sudėjimas 1 (*kūno*) cònstitútion, build 2 (*sukrovimas*) stówage; píling

sudejuoti give* / útter a groan

sudemokratinti demócratìze

suderėti agrée (*upon*); conclúde a bárgain

suderinti 1 còórdinàte (*with*); confórm (*to*) 2 get* agréement (*on smth with*) 3 (*sutaikyti*) réconcìle 4 *gram.* make* (*smth*) agrée (*with*) 5 *muz.* tune

sudėstyti *žr.* sudėti

sudešinėti *polit.* becóme* more consérvative

sudė‖ti 1 put* / lay* (togéther) 2 (*į krūvą*) pile (up), heap 3 (*sulenkti*) fold (up) 4 *mat.* add (up), sum up 5 (*sukurti*) make* (up), compóse △ *ránkas* ~*jus sėdėti* sit* ídle ~tingas cómplicàted, cómplèx ~tingumas còmplicátion, compléxity ~tinis cómpound, cómposite; ~*tinis sakinys gram.* cómposite séntence; ~*tinis skaičius mat.* cómpound númber ~tis 1 *mat.* addítion 2 (*struktūra*) strúcture; *visos* ~*ties* in a bódy

sudėvėti wear* out

sudie(u) gòod-býe!; fàrewéll!

sudygti gérminàte

sudil‖dyti, ~inti use up (by rúbbing) ~ti be* / becóme* used up (by rúbbing)

sūd‖ymas sálting; (*atsargai*) píckling ~yti salt; (*atsargai*) píckle; (*mėsą*) corn; ~*yta mėsa* salt meat ~omasis: ~*omoji druska* (cómmon) salt

sudominti ínterest (*in*); cause (*smb*) to take ínterest, excíte the cùriósity (*of*)

sudoroti 1 (*įveikti*) mánage; get* the bétter (*of*) 2 (*derlių*) hárvest, gáther in

sudraikyti mat; (*plaukus t.p.*) tóusle

sudraskyti tear*; shred*; *s. į gabalus* tear* to píeces / shreds

sudrausti call (*smb*) to órder; (*subarti*) give* a scólding

sudreb‖ėti (begín* to) trémble ~intl shake*; concúss

sudrėk‖inti 1 móisten, damp 2 *ž.ū.* ír- rigàte ~ti becóme* moist / damp

sudribti 1 (*kristi*) fall* down, túmble 2 (*suglebti*) becóme* flábby / limp

sudriksti tear*, get* / be* torn

sudrožti 1 (*peiliu kokį nors daiktą*) whíttle awáy 2 (*sušerti*) lash

sudrumsti 1 (*vandenį*) roil, make* túrbid 2 *prk.* (*trikdyti*) distúrb

sudūlėti rot, decáy, be* redúced to dust

sudulk‖ėti becóme* dústy, be* cóvered with dust ~inti make* dústy, cóver with dust

sudundėti (begín* to) rúmble / ráttle; (*apie perkūną*) thúnder

suduoti strike*, hit*; *s. per veidą* give* a slap in the face

sudurt‖i 1 put* togéther; (*sujungti*) join; (*susiūti*) sew togéther 2 (*susmeigti*) stick* togéther ~inis cóm- pound; ~inis žodis (*tarinys*) *gram.* cómpound word (prédicate)

suduž‖imas wreck, rúin; *laivo s.* shíp- wrèck ~ti 1 break*, get* / be* bróken 2 (*apie laivą, ir prk.*) be* wrecked; (*apie lėktuvą*) crash

sudvasinti spíritualìze ['spɪ-]

sudžiūti 1 dry up; wíther 2 (*perdžiūvus susitraukti*) shrível

sueiga gáthering, rálly

suei‖ti 1 (*susirinkti*) gáther, çome* togéther 2 (*sutikti, sutekti*) meet*; *s. pažįstamą* meet* an acquáintance; *diržas nesueina* the belt won't meet 3 (*apie metus*) be*; *jam suėjo de- šimt metų* he is ten years of age, he was ten last bírthday 4 (*ribotis*) bórder (*upon*), be* contíguous (*to*)

sueižė‖jęs crácky ~ti chap; crack

suėmimas arrést

suerzin‖imas ìrritátion; annóyance ~ti írritàte; annóy

suėsti eat* (up)

sufiksas *gram.* súffix

sufler‖is prómpter ~uoti prompt

sugadin‖imas spóiling ~ti spoil; (*ma- šiną ir pan.*) dámage; (*subjaurinti*) mar; (*morališkai*) corrúpt

sugaišt‖i waste time awáy ~is waste of time; deláy

sugalvoti think (*of*), devíse, invént

sugarbanoti curl; (*smulkiai*) frízzle

sugaruoti be* póisoned by (chárcoal) fumes

sugau‖dyti, ~ti catch* △ ~ti galvą *žr.* **sugaruoti**

sugavimas cátch(ing); *s. nusikalti- mo vietoje* cátching in the act

sugebė‖jimas abílity, càpabílity ~ti be* áble / cápable

suged‖ęs spoiled, spoilt, gone bad; (*apie produktus*) rótten ~imas spóil- ing; (*mašinos ir pan.*) dámage

sugėdinti put* to shame, make* ashámed (*of*)

suger‖iamas(is) absórbent; absórbable; *s. popierius* blótting-pàper ~ti ab- sórb, imbíbe

suge‖sti be* spoiled; go* bad; *mano laikrodis ~do* my watch is out of órder

suginti drive* (*into*); round up

sugirgždėti creak, give* a creak

sugyti get* bétter, recóver

sugyven‖amas éasy to live with ~imas (*sutikimas*) gétting on ~ti 1 (*sutarti kartu gyvenant*) get* on (*with*) 2: *jie ~o daug vaikų* they had mány chíldren

sugiž‖ti turn sóur(ish); *pienas ~o* the milk has turned (sóur)

suglaust‖as condénsed; (*trumpas*) concíse ~i 1 put* close togéther 2 (*su- vienyti*) únite, rálly; close; ~i eiles *kar.* close the ranks

sugleb‖ęs limp, flábby ~ti becóme* limp / flábby

suglostyti sleek, make* smooth

sugniaužti clasp, grip; (*kumštį*) clench; *s. ką rankoje* clasp / close smth in one's hand

sugnybti pinch, jam

sugraudinti afflíct, move (to tears)

sugrąžinti retúrn; give* back; (*pinigus*) pay* back; rèfúnd

sugrėbti rake up / togéther

sugretin‖imas collátion, compárison ~ti colláte (*with*), compáre (*to, with*); (*statyti priešpriešiais*) confrónt (*with*), contrást (*with*)

sugriausti (begín* to) thúnder

sugriauti 1 destróy, demólish; (*iki pamatų*) raze 2 (*nuomonę, argumentus*) refúte; (*planus, viltį ir pan.*) rúin, wreck

sugriebti žr. **pagriebti**

sugriežti 1 (*dantimis*) grit / gnash / grind* (one's teeth) 2 (*pradėti groti smuiku*) begín* to fíddle

sugriovimas destrúction, dèmolítion

sugriūti 1 fall* (down); túmble down 2 prk. (*sužlugti*) collápse, fall* to the ground

sugrįž‖imas retúrn; s. *namo, į gimtinę* hóme-còming, retúrn home ~ti retúrn; go* / come* back; (*į buvusią padėtį*) revért (*to*); (*pokalbio metu prie to paties dalyko*) recúr (*to*)

sugrubti becóme* numb / stiff (with cold)

sugrūsti 1 pound, grind* 2 (*sukimšti*) cram (*in, into*), thrust* (*in, into*)

sugulti lie* down; (*kartu*) lie* togéther

sugundyti sedúce; tempt

suieškoti find*, search / seek* out

suimti 1 (*areštuoti*) arrést; àpprehénd *knyg.* 2 (*derlių*) gáther in

suinteresuot‖as ínterested (*in*); s. *asmuo* pérson concérned ~i ínterest (*in*), cause (*smb*) to take ínterest ~umas (pérsonal) ínterest (*in*)

suir‖ti 1 (*į dalis*) disíntegràte, fall* to píeces 2 (*žlugti*) go* to rúin; (*apie planus ir pan.*) break* down; fall* to the ground ~utė rúin; (*netvarka*) disórder, distúrbance

sužūlėti becóme* ínsolent / ímpudent

sujaudin‖amas excítable ~ti move, excíte

sujud‖ėti (begín* to) move; (*sukrutėti*) stir ~inti 1 move; put* in mótion 2 (*sukelti*) stir up

sujung‖iamas(is) connécting; ~*iamieji sakiniai* gram. cómpound séntences ~imas jóining, connéction (*ir tech.*); còmbinátion; ~*imo vieta* joint, júnction ~ti 1 connéct, link (up); (*telefonu*) put* through; (*sukabinti*) cóuple 2 prk. join, ùníte

sujusti 1 (begín* to) move 2 (*pradėti*) start, set* abóut

sukabinti cóuple; sháckle; (*kabliuku*) hook togéther

sukak‖ti be*, turn; (*praeiti*) pass; *jai ~o dešimt metų* she is ten years of age, she was ten last bírthday; *rytoj jai ~s dešimt metų* she will be* / turn ten tomórrow ~tis, ~tuvės ànnivérsary; júbilee; *švęsti ~tį* célebràte an ànnivérsary ~tuvininkas, -ė héró of the day

sukalb‖amas complíant, tráctable ~ėti 1 (*sutarti*) arránge things (*with*); come* to an arrángement / agréement (*with*) 2 say*; (*prakalbėti*) (begín* to) speak*

sukalti hámmer / knock togéther; s. *dėžę iš lentų* knock up a box out of planks

sukamasis ròtátory

sukandžioti bite* bádly (all óver); (*apie vabzdžius*) sting* bádly (all óver)

sukapoti chop (up); hack; (*mėsą*) mince

sukarpyti clip to píeces

sukąsti: s. *dantis* clench one's teeth; s. *liežuvį (lūpas)* bite* one's tongue (lips)

sukaukti (begín* to) howl; give* a howl; (*apie sireną*) (begín* to) hoot

sukaulė‖jimas òssificátion ~ti óssifỳ

sukaup‖imas accùmulátion; còncentrátion ~ti cóncentràte; (*atsargas*) pile up, accúmulàte sukaust‖ytas in fétters; (apie judesi) constráined ~yti chain, fétter; (padengti ledu) lock (up); šaltis ~ė upę the ríver is frózen óver

sukč‖iauti, ~iavimas swíndle; cheat ~ius swíndler, cheat; (juokaujant) rogue

sukeisti change

sukėl‖ėjas (ligos ir pan.) ágent ~imas (jausmų) èxcitátion

sukelti 1 raise; s. dulkes raise dust; s. visus ant kojų raise a géneral alárm 2 (būti priežastimi) cause, provóke, give* rise (to); (jausmus) rouse, aróuse, stir; s. įtarimą aróuse suspícion; s. apetitą provóke / stímulàte the áppetìte; s. visuotinį susidomėjimą make* a stir; s. skausmą inflíct pain

sukergti cóuple (with); pair (with)

sukil‖ėlis rébel, insúrgent ~imas rísing, rebéllion, ìnsurréction; ginkluotas ~imas armed revólt / rísing ~ti rise* (against, on); (padaryti sukilimą) rise* in rebéllion (against)

sukimasis 1 rèvolútion, ròtátion 2: galvos s. gíddiness, dízziness

sukimšti cram (in, into), stuff (in, into)

sukin‖ėti turn abóut; (be tikslo) twíddle ~ėtis 1 turn (round); círcle 2 (bendrauti) move (among) ~ys turn

sukirmijęs wórmy

sukirp‖ėjas, -a cútter ~imas cut ~ti cut*

sukirsti (per egzaminą) šnek. plough (at the exám)

sukiršinti stir up; set* (against)

sukišti 1 stick* / push / thrust in 2 prk. (pinigus) lay* out (in)

suklaidinti misléad*, lead* ínto érror

suklasto‖tas forged, cóunterfeit ~jimas fórgery ~ti forge, cóunterfeit

suklestė‖jimas pròspérity; héyday; meno s. the flówering of art; literatūros (kultūros ir pan.) s. gólden age of líterature (cúlture, etc.) ~ti prósper, flóurish

suklijuoti glue / paste togéther

suklysti make* a mistáke, mistáke*; err

sukliudyti prevént, hínder (from)

suklupti stúmble (over)

suknarkti give* a snore; snore

suknelė dress, gown, frock

sukniaukti (begín* to) mew

sukniedyti rívet

sukolektyvinti colléctivìze

sukomplektuoti compléte; s. (įstaigos) personalą / kadrus make* up the staff (of)

sukoncentruoti cóncentràte

sukosėti give* a cough; cough

sukramtyti chew (up), másticàte

sukraujuoti stain with blood

sukrauti (į krūvą) pile / heap (up); s. lizdą build* a nest; s. turtą amáss a fórtune

sukrė‖sti shake*; prk. shake* (up); ~timas prk. shock

sukrešėti còágulàte; cúrdle

sukristi fall* (down)

sukritikuoti críticìze sevérely

sukryžiuoti cross; s. kojas cross one's legs

sukrusti 1 (begín* to) stir / move 2 (suskasti) bústle up

sukrut‖ėti move slíghtly; stir ~inti move, stir (up)

sukruvinti blóody; (sutepti krauju) stain with blood

sukt‖as 1 (apie žmogų) sly; ártful 2 twísted ~i 1 twist, twirl; ~i siūlus twist thread; s. ūsus twirl one's moustáche 2 (kreipti) turn 3 (ratu) turn round; (apie ašį) revólve, ròtáte; ~i filmą shoot* 4 (vynioti) roll; ~i lizdą build* / make* a nest 5 (mušti sviestą) churn 6 (apgaudinėti) cheat ~ybė swíndle ~is 1 turn; twist; (apie siūlus ir pan.) spin*; (ratu) gỳráte; go* round; (apie dulkes ir pan.) whirl 2 (apie ašį) revólve, ròtáte 3 (apie paukščius) círcle 4 (svaigti): man sukasi galva I am / feel gíddy ~ukas scréwdrìver ~uvas 1 *tech.* wíndlass 2 scréwdrìver

sukulti break* to píeces

sukūr‖ėjas creátor ~imas creátion, máking

sūkur‖ys vórtèx (*ir prk.*); whírlpool; (*mažas*) éddy; oro s. (*viesulas*) whírlwind; **įvykių ~yje** in the vórtèx of evénts ~iuoti whirl

sukur‖styti (*sukelti*) ínstigàte; s. karą ínstigàte / kíndle a war ~ti (*ką nors naujo*) creáte, make*

sukutis (*žaislas*) top, whírlgig

sukuždėti (begín* to) whísper

sukvatoti break* out ínto a laugh; (*žiurkščiai*) (begín* to) gufeáw

sula sap

sulaikyti 1 (*suturėti*) hold* (back), hold* up; keep* (off); (*juoką, žiovulį ir pan.*) suppréss, check 2 (*nuo*) keep* (*from*), hold* (*from*) 3 (*sutrukdyti*) detáin, deláy 4 (*sustabdyti*) stop, withhóld* 5 (*suimti*) arrést

sulakstyti *šnek.* run* there and back (agáin) in no time

sulamdyti crúmple (up); crush

sulankstyti fold (up)

sulauk‖ti 1 (*kol*) wait (*till*); **pagaliau mes ~ėm jo ateinant** at last he came 2 (*išgyventi iki*) live (*till*); live to see

sulauž‖ymas (*įsipareigojimo, sutarties ir pan.*) breach ~yti 1 break* 2 (*įstatymą ir pan.*) break*, infrínge

suleisti 1 (*kur*) let* in 2 (*lentas*) joint

sulėkti fly* togéther

sulenk‖imas 1 bent 2 *anat.* fléxion ~tas cróoked, bent ~ti 1 bend*; crook 2 (*dvilinką*) fold (up)

sulėt‖ėti slow down, slácken ~inti slow down; ~inti tempą slácken the pace; ~inti žingsnius slow down the pace, walk slówer

sulf‖atas *chem.* súlphàte ~itas *chem.* súlphìte

sulydyti, suliedinti fuse, melt; (*metalus*) allóy

suliepsnoti flare up (*ir prk.*); break* / burst* ínto flame

sullėti (*sujungti*) fuse

sulig 1 up to; s. keliais up to the knees 2 (*didumo*) the size of; didumo s. manimi (abóut) my size; s. namo didumo the size of a house 3 (*žymint laiką*) from; (*apie praeitį*) since; s. ta diena since that day

sulygin‖imas (*teisių ir pan.*) èqualìzátion ~ti 1 équallìze; equáte; ~ti teises équallìze in rights; give* équal rights 2 (*išlyginti*) make* éven, éven (up); smooth 3 (*sugretinti*) colláte, compáre △ ~ti su žeme raze to the ground

sulygti come* to an agréement (*with smb about smth*)

suliniuoti rule

sulinkti bend* (down); (*sukumpti*) stoop

sulip‖dyti, ~inti, ~ti stick* togéther

sulys‖ęs gaunt, méagre ~ti becóme* gaunt / méagre / thin

sulituoti *tech.* sólder

suloti (begín* to) bark

sult‖ingas júicy; súcculent; s. obuolys júicy ápple; ~inga žolė rich / súcculent grass ~inys broth ~ys juice *sg*; (*augalų t.p.*) sap *sg*; vaisių ~ys fruit júices

suluošinti crípple, mútilàte

sulūžti break*; get* bróken

suma 1 sum 2 *bažn.* mass

sumaigyti crúmple, rúmple

sumaišyti 1 mix (up); s. dažus blend / merge cólours 2 (*suardyti tvarką*) lump togéther; (*supainioti*) confúse, mix up 3 (*kortas*) shúfle

suman‖ymas próject, plan; (*meno kūrinio*) concéption ~yti plan; concéive the ìdéa (*of*); desígn ~us intélligent, quíck-wítted; (*nagingas*) skíllful

sumaž‖ėjimas décrease; abátement ~ėti decréase, dimínish; (*apie skausmą, audrą ir pan.*) abáte ~inimas décrease, dìminútion, léssening; (*kainų, etatų ir pan.*) redúction; (*skausmo ir pan.*) abátement ~inti

dimínish, decréase, léssen; (*kainas,
greitį ir pan.*) redúce; (*kainas, iš-
laidas*) cut* down; (*skausmą*) abáte;
(*kaltę*) exténuàte

sumegzti (*mazgą*) tie / make* a knot

sumenk‖éti wéaken, becóme* wéak-
(er); dimínish ∼inti 1 wéaken; dimín-
ish 2 (*reikšmę, vertę*) belíttle, detráct
(*from*)

sumérkti: *s. akis* close one's eyes; *ne-
sumerkti akių* not sleep* a wink

sume‖sti 1 (*į*) throw* (*into*); (*į krūvą*)
pile, heap 2 *šnek.* (*suprasti*) ùnder-
stánd*; *greit s.* grasp quíckly 3
(*pinigų*) club togéther; (*per rinklia-
vą*) gáther; make* gáthers △ *s. kaltę*
shift the blame (*on*) ∼timas réason;
consìderátion

sumindžioti trámple (down); (*sutraiš-
kyti*) crush

suminkšt‖éti 1 sóften, becóme* soft
2 (*apie žmogų*) relént 3 (*apie orą*)
grow* mìld(er) ∼inti sóften; (*nura-
minti*) móllifỳ

suminti trámple (down); trámple
únderfoot

sumirk‖yti, ∼ti soak (through)

sumiš‖ęs confúsed ∼imas 1 con-
fúsion 2 (*neramumas*) túrmòil; (*sąmy-
šis*) commótion ∼ti 1 becóme* / be*
confúsed 2 (*susimaišyti*) get* mixed
up

sumokė‖jimas páyment, páying ∼ti
pay*

sumontuoti assémble; (*įtaisyti*) mount

sumuoti sum up; (*prk. t.p.*) súmma-
rìze

sumušt‖i 1 beat* (up); beat* (ùn-
mércifully) 2 (*kūno dalį*) hurt*, con-
túse; (*iki mėlynės*) bruise 3 (*nugalė-
ti*) deféat 4 (*sudaužyti*) break*, smash
∼inis sándwich

sunaikin‖imas destrúction; annìhilá-
tion ∼ti destróy; (*visai*) wipe out,
anníhilàte; ∼*ti priešą* anníhilàte the
énemy

sūnaitis grándsòn

sunaudoti útilìze; make* use (*of*)

sūnėnas néphew

suneraminti wórry; make* ánxious

sunerimti becóme* / be* ánxious
(*about*), wórry (*about*)

sunerti ìnterlóck, join

suneš‖ioti (*drabužius*) wear* out ∼ti
bring* togéther; (*tam tikrą kiekį*)
bring* (*a quantity of*)

suniekinti *šnek.* (*atkalbéti*) tell* (*smb*)
out of (+ *ger*); dissuáde

sunyk‖imas declíne, decáy ∼ti 1 (*nu-
silpti*) lánguish, pine awáy 2 (*nusmuk-
ti*) fall* ínto decáy 3 (*nusigyventi*)
becóme* poor / impóverished

suniokoti *žr.* nuniokoti

sunka juice

sunk‖enybė (*našta*) búrden ∼ėti
grow* héavy; (*apie ligą*) becóme*
worse ∼iasvoris *sport.* héavyweight
∼ybė héaviness

sunkin‖antis: ∼*ančios aplìnky-
bės* ággravàting círcumstances ∼ti
búrden; ággravàte

sunkt‖i 1 (*košti*) strain 2 (*išspausti*)
squeeze / press (out) ∼is ooze; exúde;
(*vidun*) soak

sunkumas 1 héaviness; (*svoris*) weight
2 (*kas sunku padaryti*) dífficulty;
(*našta*) búrden

sunk‖us 1 (*daug sveriąs*) héavy 2
(*nelengvas atlikti*) hard, dífficult; *s.
darbas* hard work; *s. klausimas*
dífficult próblem; *s. kvėpavimas*
héavy bréathing; *s. maistas* héavy
food 3 (*rimtas*) sérious, grave; ∼*i
liga* sérious íllness; ∼*i padėtis* grave
condítion / sìtuátion; *s. nusikalti-
mas* grave crime 4 (*griežtas*) héavy,
sevére; ∼*i bausmė* sevére púnish-
ment 5 (*slegiantis*) páinful; hard;
∼*ios mintys* páinful thoughts; ∼*ūs
laikai* hard times; *jis* ∼*aus bū-
do žmogus* he is a dífficult man*
∼*vežimis* lórry; truck *amer.*

sunok‖inti rípen ∼ti rípen; *prk.*
matúre; *obuoliai* ∼*o* the ápples are
ripe

sunorm‖alėti becóme* nórmal ~uoti nórmalìze.

sūnus son

suodin‖as sóoty ~ti soot, smut

suodžiai soot *sg*, smut *sg*

suokti (*apie lakštingalą*) jug

suolas bench; (*mokyklinis*) desk; *kaltinamųjų s. teis.* dock

suom‖is, -ė Finn; ~ių *kalba* Fínnish, the Fínnish lánguage ~iškas Fínnish

supainio‖tas in a tángle; íntricate ~ti 1 (*siūlus ir pan.*) (en)tángle 2 (*sutrikdyti*) confúse; perpléx

supakuoti pack (up)

supančioti 1 (*arklį*) hóbble 2 (*sukaustyti*) fétter

supažindinti 1 introdúce (*to*) 2 (*suteikti žinių*) acquáint (*with*)

supel‖ėjęs músty ~ėti, ~yti grow* móuldy / músty

superfosfatas *chem.* sùperphósphàte

supyk‖dyti, ~inti ánger, make* ángry ~ęs ángry ~ti becóme* / get* ángry (*with*)

supilti 1 (*kartu*) pour togéther; (*kur*) pour (*into*) 2 (*atsargai*) lay* in a store (*of*)

sūpynės swing *sg*

supinti interláce; (*kasas*) plait

supirk‖ėjas, -a buýer-ùp ~imas buýing up (*of*) ~ti buy* up; (*turint tikslą pakelti prekėms kainas*) córner

supjau‖styti, ~ti 1 cut* up, cut* (to píeces) 2 (*pjūklu*) saw up

supjovimas cútting; sáwing

supjudyti 1 (*šunis*) set* on to fight 2 *prk.* set* at váriance

suplakti 1 beat* up; (*skystį*) shake* up 2 (*botagu ir pan.*) whip, lash 3 (*apie širdį*) begín* to beat / thump 4 *prk.* (*sumaišyti*) confúse

suplaukti 1 flow togéther 2 (*apie žmones*) gáther, throng

supleišėti crack; (*apie odą*) chap

suplėšyti tear* up

suplevėsuoti (*apie vėliavas*) go* up, be* raised

supliekti strike*; lash, give* a lash; (*rykšte*) switch

suplyšti (*apie drabužius*) tear*, be* torn; (*apie batus*) burst*

suploti 1 (*delnais*) (begín* to) clap 2 (*padaryti plong*) flátten

supramoninti indústrialìze

suprantamas ùnderstándable; intélligible; (*aiškus*) clear

suprastėti get* símplifíed

supra‖sti ùnderstánd*; réalìze; (*suvokti*) còmprehénd; ~ntu!, ~tau! I see!; aš jus ~ntu I see your point; ~skite mane don't mìsùnderstánd me

suprast‖inimas 1 sìmplificátion 2 *mat.* càncellátion ~inti 1 símplifỳ 2 *mat.* cáncel (out)

supra‖timas ùnderstánding, còmprehénsion; (*pažiūra*) concéption; neturėti ~timo apie ką have* no ìdéa / nótion of smth; mano ~timu as I see it ~tingas quick; jis ~tingas he is quick, he cátches on quíckly

supt‖i 1 (*skara ir pan.*) múffle (in), wrap (in) 2 (*apsupti*) surróund 3 (*sūpuoti*) rock, swing*; (*vaiką ant rankų*) dándle ~is 1 (*vyniotis*) múffle / wrap ònesélf (in) 2 (*sūpuotis*) rock, swing*

supulti 1 fall* (in) 2 (*sutapti*) còincíde (*with*)

sūpuoklės swing *sg*

supuolimas (*sutapimas*) còincidence

sūpuoti sway, rock (géntly)

supurvinti soil, make* dírty, dírty

supūti rot, decáy

supuv‖ęs rótten (*ir prk.*), pútrid ~imas pùtrídity; decáy

surakinti 1 chain, fétter 2 (*ledu padengti*) lock up

surasti find*

suraš‖ymas (*gyventojų*) cénsus ~yti 1 write* / put* / take* down; ~yti visus take* down éverybody's names 2 (*sudaryti sąrašą*) draw* / make* a list (*of*); (*statistikai*) make* a cénsus (*of*) 3 (*aktą, protokolą*) draw* up

surembėti 1 (*apie žaizdą*) scar óver 2 (*tapti nerangiam*) becóme* slúggish / tórpid

surengti arránge, órganìze, hold*

suriesti curl (up); (*sulenkti*) bend*, curve, crook

surikti útter a scream / shriek

sūrymas 1 brine 2 *kul.* píckle

surink‖imas *tech.* assémblage ~ti 1 colléct, gáther 2 (*mašiną ir pan.*) assémble

sūris cheese

surišti tie (togéther / up); bind* (*ir prk.*)

surogatas súbstitùte

sūrokas sáltish, sálty

surūd‖ijęs rústy ~yti rust (up), becóme* / get* rústy

surūg‖ęs sóur, sóurish ~ti turn sóur, sóur

sūrumas sáltness

suruošti 1 prepáre 2 arránge

sūrus salt, sálty; *s. vanduo* salt wáter

surūšiuoti sort out

susegti bútton up, do* up; (*kabliukais*) hook up; (*sagtimi*) clasp

susekti 1 track (down) 2 (*išaiškinti*) detéct, revéal

susėsti take* seats, sit* down

susiaur‖ėjimas, ~inimas nárrowing ~ėti, ~inti nárrow

susiavėti wear* out

susibarti have* a quárrel (*with*), have* words (*with*)

susibičiuliauti make* friends (*with*)

susibroliauti fráternìze (*with*)

susibūrimas (*žmonių*) gáthering; (*susitelkimas*) rállying

susiburti gáther; (*susitelkti*) ùníte, rálly

susidar‖ymas fòrmátion ~yti 1 form 2 (*susidėti*) consíst (*of*)

susidė‖ti 1 (*apie aplinkybes*) aríse*; *aplinkybės ~jo palankiai* the círcumstances are fávourable; *aplinkybės ~jo nepalankiai* the círcumstances took an ùnfávourable turn; *~jusios aplinkybės* concúrrence of círcumstances 2 (*susidaryti iš ko*) consíst (*of*) 3 (*sueiti į santykius*) have* to do (*with*); keep* cómpany (*with*)

susidėvė‖ljęs thréadbàre, shábby ~jimas wear; *tech.* wear and tear ~ti wear* out

susidomė‖ljimas ínterest ~ti becóme* / grow* ínterested (*in*); take* an ínterest (*in*)

susidoro‖ljimas víolence, harsh tréatment; *kruvinas s.* mássacre ~ti 1 (*pajėgti atlikti*) cope (*with*) 2 (*panaudoti smurtą*) deal* (*with*); make* short work (*of*) *šnek.*

susidraikyti becóme* tángled

susidraugauti make* friends (*with*)

susidulkinti becóme* dústy, be* cóvered with dust

susiduoti (*į*) hit* (*against, upon*), strike* (*against*)

susidūrimas collísion; clash; *traukinių s.* collísion of trains; *interesų s.* clash of ínterests; collísion; *ginkluotas s.* armed cónflict

susidurti 1 (*susitrenkti*) collíde (*with*), come* ínto collísion (*with*); (*sueiti į konfliktą*) conflíct (*with*), clash (*with*) 2 (*susitikti*) meet*; come* (*across*); *jums ne sykį teks s. su šiuo reiškiniu* you'll come acróss this phenómenon more than once 3 (*ribotis*) bórder (*upon*), be* contíguous (*with*)

susierzin‖imas ìrritátion, chafe ~ti get* írritàted, chafe

susieti reláte, connéct

susigaudyti 1 catch* (for ònesélf) 2 *prk. šnek.* make* out

susigerinti be* réconcìled (*with*); make* it up (*with*)

susigerti 1 (*įsisunkti*) soak (*into*), be* absórbed 2 (*gerti į vienas kito sveikatą*) drink* to each óther

susigėsti feel* / becóme* ashámed

susigiminiuoti becóme* reláted (*with*); (*per vedybas*) ìntermárry

susiginčyti begín* to árgue (*about*)

susigyventi *šnek.* 1 (*priprasti*) get* used / accústomed (*to*) 2 get* on / alóng (*with*)

susiglamžyti get* / becóme* creased; crúmple

susiglausti close (up)

susigraudinti be* (déeply) moved

susigraužti get* distréssed, grieve

susigriebti *šnek.* think* / remémber (súddenly)

susigrūdimas crush; (*eismo*) congéstion

susigrumti grápple (*with*)

susigrūsti crowd

susigundyti be* témpted / allúred

susigūžti shrink*; (*iš baimės ir pan.*) cówer

susijaudin||ęs ágitàted, excíted ~imas excítement; àgitátion ~ti becóme* / be* excíted / ágitàted

susijęs connécted, reláted, bound

susijung||imas 1 júnction 2 (*įmonių ir pan.*) amàlgamátion; mérger **3** *chem.* còmbinátion ~ti 1 (con)jóin 2 (*susivienyti*) ùníte, be* ùníted; (*susilieti*) merge **3** *chem.* combíne

susijuokti burst* out láughing, give* a laugh

susikabinti 1 ìnterlóck; *s.* **rankomis** join hands 2 *žr.* **susikibti**

susikalbėti ùnderstánd* each óther; (*susitarti*) come* to an ùnderstánding (*with*); agrée (*with*)

susikaup||imas còncentrátion; conglòmerátion ~ti cóncentràte (*on, upon*); colléct one's thoughts

susikibti 1 (ìnter)lóck 2 (*grumtiantis*) grápple (*with*)

susikimšti jam; (*apie žmones*) crowd (togéther)

susikirsti 1 cross 2 (*apie interesus*) clash **3** (*per egzaminą*) *šnek.* fail; be* ploughed

susiklostyti *žr.* **susidėti** 1

susikrauti 1 pack (up) 2 (*apie pumpurus*) bud; (*apie žiedus*) set*

susikrimsti grieve (*for, over*)

susikryž||iavimas cróssing ~iuoti cross

susilaik||antis ábstinent ~ymas absténtion (*from*) ~yti abstáin (*from*), refráin (*from*); fòrbéar* (*from*); ~yti **nuo balsavimo** abstáin from vóting; **jis negalėjo** ~yti **nepadaręs pastabos** he could not help máking a remárk

susilenkti bend*; (*susikūprinti*) stoop

susiliesti (*būti greta*) be* contíguous (*to*); adjóin

susilieti 1 blend, merge 2 (*apie upes ir pan.*) flow togéther

susilietimas touch; cóntàct

susilyginti touch (*with smb in smth*), come* up (*with smb in smth*); **niekas negali su juo s.** he has no équal

susilpn||ėjimas 1 wéakening; sláckening 2 (*dėmesio, drausmės*) rèlàxátion ~ėti 1 becóme* wéak(er) 2 slácken, reláx ~inti 1 wéaken, enféeble 2 (*sumažinti įtempimą*) reláx

susimaišyti mix; ìntermíngle

susimąst||ęs thóughtful; lost in thought ~ymas thóughtfulness, pénsiveness, músing ~yti fall* to thínking, becóme* thóughtful

susimesti 1 (*į krūvą*) heap / píle up, bunch 2 (*pinigy*) club togéther

susimylėti come* to love each óther

susimušti 1 have* a fight; begín* a fight (*with*); come* to blows 2 (*sudužti*) break* **3** (*susižaloti*) hurt* ònesélf (bádly)

susipainioti 1 (*apie siūlus ir pan.*) becóme* (en)tángled 2 *prk.* becóme confúsed

susipažinti make* (*smb's*) acquáintance; becóme* acquáinted (*with*)

susipykti fall* out (*with*); becóme* ángry with each óther; (*truputį*) tiff

susipinti ìntertwíne, ìnterláce; (*apie siūlus ir pan.*) becóme* (en)tángled

susiplėšyti tear* to píeces

susiploti becóme* flat

susipra||sti (*susiprotėti*) come* to réason ~tęs cónscious ~timas (*są-moningumas*) cónsciousness

susipurvinti make* ònesélf dírty, becóme* dírty

susiraityti, susirangyti coil / roll (up); curl up

susiraš‖inėjimas còrrespóndence ∼inėti, ∼yti be* in còrrespóndence (*with*); exchánge létters (*with*)

susiraukšlėti shrível, shrink*

susiraukti 1 wrínkle; (*rūsčiai*) scowl 2 (*paniurti*) frown

susirėmimas skírmish, close fight; **ginkluotas s.** armed cónflict

susiremti grápple (*with*); skírmish (*with*)

susirg‖imas fálling ill ∼ti fall* ill (*with*), be* táken ill (*with*)

susiriesti curl up; (*iš baimės*) cówer; (*apie augalus*) shrível

susirink‖imas 1 méeting; gáthering 2 (*valstybinis organas*) assémbly ∼ti gáther / meet* (togéther), assémble; **mes ∼sime rytoj** we shall meet tomórrow; **daug žmonių ∼o** mány people gáthered

susiruošti get* / make* réady (*for*); **s. kelionei** prepáre, *arba* make* all réady, for a jóurney

susirūpin‖ęs ánxious ∼imas wórry; ànxíety (*for*) ∼ti becóme* ánxious / ùnéasy (*about*)

susisiek‖imas commùnicátion; **s. traukiniais** ráilway commùnicátion / sérvice ∼ti 1 be* in commùnicátion (*with*), commúnicàte 2 (*ribotis*) bórder; adjóin

susisieloti grow* sórrowful

susiskaldyti split* up, be* split up, break* to píeces

susisukti 1 (*spirale, ratu*) coil 2 (*apie galvą*) be* in a whirl; feel* gíddy

susisupti múffle / wrap ònesélf up

susišaud‖ymas fíring; skírmish ∼yti fíre (at each óther)

susišukuoti do* / dress one's hair; comb one's hair

susitaik‖ymas rèconciliátion ∼yti 1 be* réconcìled (*with smb*); make* it

up (*with smb*) 2 (*su esančia padėtimi ir pan.*) réconcìle ònesélf (*to smth*); put* up (*with*)

susitar‖imas agréement, ùnderstánding; **pasiekti ∼imą** come* to an agréement; **savitarpio ∼imu** by mútual agréement / consént; **pagal ∼imą su kuo** in agréement with smb ∼ti (*dėl*) arránge (*about, for*), agrée (*about*); ∼ti susitikti arránge to meet; ∼ti dėl kainos agrée abóut the price

susitelkti ùníte, rálly (*round*)

susitepti, susiteršti make* ònesélf / dírty; (be)sméar ònesélf

susitik‖imas 1 méeting 2 *sport.* match ∼ti meet* (*smb, with*); (*atsitiktinai*) come* (*across*); (*susidurti*) encóunter

susitraukti 1 shrink* 2 *fiziol.* contráct

susituokti (*su*) márry (*smb*); get* márried (*to*)

susitvardyti check / contról ònesélf

susiūti sew* togéther; stitch up

susivald‖ymas restráint; sèlf-contról ∼yti restráin / contról ònesélf

susiv‖ėlęs dishévelled, mátted; entángled ∼elti becóme* mátted; becóme entángled

susiveržti tíghten; (*apie mazgą*) be* tíghtened

susivien‖ijimas 1 ùnificátion 2 (*sąjunga*) únion ∼yti ùníte (*with*)

susivilioti becóme* / be* attrácted; (*susigundyti*) becóme* / be* témpted

susivok‖ti grasp; (*susigaudyti ką sakyti / daryti*) find* the right word to say, find* the right thing to do; **jis ∼ė ką atsakyti** he was quick to ánswer

susižavėti be* fáscinàted / cáptivàted (*by*)

susižeisti wound ònesélf

susižieduoti becóme* engáged (*to*); (*sumainyti žiedus*) exchánge rings in betróthal (*with*)

susižinoti commúnicàte (*with*); (*tarpusavy*) ìntercommúnicàte

susižvalgyti exchánge glánces (*with*)

suskaičiuoti count (up)

suskaldyti 1 break* to píeces 2 (*į su-dėtínes dalis*) disíntegràte; *chem.* dè-compóse
suskaldyti 1 *žr.* **skaldyti** 1 2 (*kraštą ir pan.*) pàrtítion, dismémber
suskamb||**ėti** 1 ring* (out); sound 2 (*pradėti skambėti*) begín* to sound ~**ínti** (begín* to) ring*
suskasti set* ònesélf (+ *to inf,* + *ger*), set* (*about*)
suskau||**dėti,** ~**sti** ache; *jam* ~*do ...* he has ... ache; *jam* ~*do gerklę* he has a sore throat
suskeldėti crack, be* cracked
suskilti *žr.* **skilti**
suskirstyti distríbùte
suskristi fly* togéther
suskubti (*spėti*) have* time; (*laiku ateiti*) be* in time
susmukti 1 (*nusėsti*) sink*, subsíde 2 *prk.* (*sužlugti*) coilápse 3 (*greitai su-bėgti kur nors*) fly* in
súspau||**dimas** 1 (*skysčio, dujų*) com-préssion 2 (*ranka*) grasp, grip ~**sti** 1 press, squeeze; (*ranka*) grip 2 (*skys-tį, dujas*) compréss 3 (*suvaržyti*) tíghten; (*krūtinę*) constríct
suspė||**ti** have* time; *jis* ~*jo baigti* he had time to fínish; *s. pietums* be* in time for dínner
suspiegti set* up a squeal
suspiesti (*dėmesį ir pan.*) cóncentràte, fócus
suspindėti, suspįsti (begín* to) shine* / beam
susprog||**dinti,** ~**inėti,** ~**ti** *žr.* **sprog-dinti, sproginėti, sprogti**
sustabdyti 1 bring* to a stop, stop; (*automobilį*) pull up 2 (*kuriam laikui*) hold* up, check; (*nutraukti*) stop, cease
sustat||**ymas** (*iš dalių*) còmposítion; *sąstato s. glžk.* máking up a train ~**yti** set* (up); (*kartu*) put* togéther; ~**yti traukinį glžk.** make* up a train
sustaugti raise a howl, howl

susting||**ęs** numb, tórpid ~**imas** 1 tor-pídity; númbness; stúpor 2 *prk.* stàg-nátion; *pramonės s.* indústrial stàg-nátion ~**ti** 1 (*kietėti*) hárden; set*; *drebučiai* ~*o* the jélly has set; *lava* ~*o* the láva has hárdened 2 (*nuo šalčio*) be* / get* stiff (with cold); *jam kraujas* ~*o iš baimės* his blood cúrdled with hórror 3 *prk.* (*sustoti*) stágnàte
sustipr||**ėjimas** stréngthening, intèn-sificátion ~**ėti** 1 becóme* strónger; inténsifỳ 2 (*apie sveikatą*) gain strength ~**inti** 1 stréngthen, rèinfórce; inténsifỳ 2 (*padėtį, valdžią*) consólidàte
sustipti, sustirti *žr.* **sustingti** 2
susto||**jimas** stop, halt; stóppage ~**ti** 1 stop, come* to a stop; (*laiki-nai*) pause; *darbas* ~*jo* the work has come to a stóp(page); *laikrodis* ~*jo* the watch / clock has stopped 2 (*kalbant ir pan.; ties, prie*) dwell (*on*)
susupti wrap up; (*antklode*) tuck up (in bed)
susvyruoti becóme* ùnstéady, (begín* to) hésitàte / wáver
sušal||**ęs** frózen ~**ti** freeze*
sušaud||**ymas** (mílitary) èxecútion; (*minios*) fùsilláde ~**yti** shoot* (dead); (*minią*) fùsilláde
sušauk||**imas** cálling, cònvocátion ~**ti** call (togéther); (*parlamentą ir pan.*) convóke
sušelpti dole out; súbsidìze
sušil||**dyti** warm, heat ~**ti** warm up; grow* / get* warm
sušlaměti (begín* to) rústle
sušlap||**inti** móisten, wet ~**ti** get* / becóme* wet
sušluoti sweep* up / togéther; (*į krūvą*) sweep* ínto a heap
sušnabždėti, sušnibždėti (begín* to) whísper
sušukavimas (*šukuosena*) háirdò; (háir-)wàve; *pusmetinis s.* pérma-nent wave
sušukti excláim; cry out, give* a shout / cry
sušukuoti do* / dress (*smb's*) hair; (*šukomis*) comb (*smb's*) hair

sušveln‖ėti sóften; (apie žmogų) relént ~inti sóften; (nuraminti, pvz., įpykusį) móllify; ~inti bausmę mítigàte a púnishment; ~inti skausmą alléviàte pain

sušvilpti (give* a) whístle

sušvisti (begín* to) shine*; light* up

sutaikinti réconcìle

sutaisyti repáir, mend

sutalpinti find* room; get* in

sutana cássock

sutap‖atinti ìdéntifỳ ~imas còìncidence ~ti 1 còincíde (with); concúr (with) 2 mat., tech. be* matched, match

sutarimas agréement; accórdance

sutart‖as agréed, fixed ~i 1 (sukalbėti) arránge (with smb + to inf); agrée (with smb + to inf); ~i susitìkti arránge to meet; reikia galutinai ~i we must get it séttled 2 (sutikti) get* on (with), agrée (with); (gyventi santaikoje) live in cóncòrd (with) ~inai in hármony, in accórd ~inis 1 convéntional; ~inis ženklas convéntional sign 2 (darnus) concórdant, hàrmónious ~is agréement; cóntràct; tréaty; taikos ~is peace tréaty; sudaryti ~į conclúde a tréaty (with)

sutaupyti save (up); put* asíde

suteik‖imas grant; (įgaliojimų ir pan.) invéstment (with); (kredito ir pan.) àllocátion ~ti 1 (duoti) give*; (teises ir pan.) grant; ~ti įgaliojimus invést with authórity 2 (pagalbą ir pan.) rénder, lend

sutekti meet*; diržas nesutenka the belt won't búckle / meet

sutelkti cóncentràte; rálly

sutem‖a, ~os twílight, dusk ~ti get* / becóme* dark

sutep‖imas (dėmė) blot, stain ~ti (be)dáub, (be)sméar, (be)smírch

sutešti 1 (be)sméar, soil 2 prk. (bjauroti) pollúte; defíle

sutik‖imas 1 méeting; (priėmimas) recéption; draugiškas / nuoširdus

s. wélcome 2 (pritarimas) consént, assént; duoti ~imą give* one's consént; visų ~imu by cómmon consént 3 (sutarimas) accórd, cóncòrd 4 (atitikimas) accórdance, complíance

sutikrinti colláte (with)

sutikt‖i 1 meet*; (priimti) recéive; s. su džiaugsmu wélcome 2 (su nuomone, su žmogum) agrée (to smth, with smb); (tarpusavyje) agrée 3 (sugyventi) live in cóncòrd 4 (sutapti) concúr (with) ~uvės: Naujųjų metų ~uvės Néw Year's párty

sutilpti fit / get* in; (apie žmones) find* room

sutinkamai in accórdance / confórmity (with)

sutiršt‖ėti, ~inti thícken; condénse

sutraiškyti squash, crush

sutramdyti tame; (numalšinti) suppréss, restráin

sutra‖škėti, ~tėti crack, cráckle; begín* to cráck(le)

sutrauk‖yti tear*; (pančius) burst* ~ti 1 contráct; (suveržti) tíghten 2 (sutelkti) gáther; draw* up 3 (rankas, kojas): jam koją ~ė he has cramp in his leg ~tinis contrácted; (trumpas) brief

sutrik‖dymas distúrbance; darbo s. derángement of work ~dyti 1 (ramybę, tylą) break*, distúrb; víolàte 2 (darbą) deránge ~imas derángement; skrandžio ~imas stómach disórder, ìndigéstion ~ti 1 (suirti) break* down; be* / get* distúrbed / deránged 2 (skaičiuojant) be* put out

sutrinti 1 (į miltelius, dulkes) grind* 2 (pūsles, nuospaudas) rub sore

sutrypti trámple, tread* down

sutriuškin‖imas, ~ti rout, smash

sutrukdyti 1 prevént, hínder, impéde 2 (sudrumsti ramybę) distúrb; tróuble

sutrump‖ėti shórten, grow* shórt(er) ~inimas 1 shórtening 2 (žodžio) abbrèviátion 3 (sumažinimas) cútting down; cùrtáilment ~inti 1 shórten

2 cùrtáil, cut* (down) **3** (*žodį*) ab-bréviàte; (*tekstą, kalbą*) abrídge

sutrup‖ėti, ∼inti crúmble, break* to píeces

sutuokt‖i márry ∼uvės wédding *sg*; márriage *sg*

suturėti (*sulaikyti*) keep* back, hold* in; (*ašaras ir pan.*) représs

sutvard‖ymas restráint ∼yti restráin

sutvark‖ymas pútting in órder; (*reikalų*) arrángement; (*darbo*) òrganìzátion ∼yti put* in (good) órder; (*reikalus ir pan. t.p.*) arránge, séttle

sutvarstyti bándage (up); (*žaizdą t.p.*) dress

sutvėrimas *psn.* (*padaras*) créature

sutvirtėti becóme* strónger; (*apie valdžią ir pan.*) consólidàte ∼inimas *kar.* fòrtificátion ∼inti **1** stréngthen **2** (*valdžią, padėtį ir pan.*) consólidàte **3** (*surišant, suspaudžiant ir pan.*) fásten

suuosti 1 smell*, sniff **2** *šnek.* (*susekti*) smell* / nose out

suvaikė‖jimas dótage ∼ti becóme* a dótard, dote

suvaikyti *šnek.* (*suprasti*) make* (*of*)

suvaldyti (*jausmus ir pan.*) hold* in, contról, suppréss

suvalgyti eat* up

suvalstybinti nátionalìze

suvaryti drive* (togéther)

suvarto‖jimas consúmption ∼ti consúme, use up

suvarž‖antis restríctive ∼ytas (*apie judesius ir pan.*) ùnéasy, constráined ∼yti restráin, constráin

suvaž‖iavimas cóngrèss; convéntion ∼inėti run* óver; *jį traukinys* ∼inėjo he was run óver by a train ∼iuoti assémble, come* togéther

suvedžiot‖i sedúce ∼ojas, -a sedúcer

suvenyras sóuvenir

suveren‖itetas, ∼umas sóvereignty ∼us sóvereign

suversti (*laužą, šukšles*) shoot*, dump; (*į krūvą*) heap up

suverti (*karolius ir pan.*) string*, thread

suveržti tíghten; constríct; (*virvele ir pan.*) tie up

suvest‖i bring* / lead* togéther △ *galą su galu s.* make* both ends meet ∼inė súmmary ∼inis súmmary; ∼inė lentelė súmmary táble; ∼inis *papildinys gram.* cómplèx óbject

suvežti bring* (togéther)

suvienyti ùníte; únifỳ; (*teritorijas, įmones*) consólidàte

suvilioti tempt, entíce; sedúce

suvilkti drag togéther

suvynioti roll / wrap (up)

suvyrinti *tech.* weld

suvirp(ė)ti (*begín* to*) trémble

suvirsti fall* / túmble down

suviřškin‖amas digéstible ∼ti digést

suvisuomenin‖imas sòcialìzátion ∼ti rénder cómmon próperty, sócialìze

suvok‖imas *filos.* percéptioṅ ∼ti percéive; àpprehénd; grasp

suvulgarinti vúlgarìze

suzirzti, suzysti (*begín* to*) drone / buzz

sužadėt‖inis fiancé *pr.* ∼inė fiancée ∼uvės betróthal *sg*, engágement *sg*

sužadinti (a)róuse, (a)wáken

sužal‖iuoti turn green; *medžiai* ∼iavo the trees broke ínto young leaf

sužaloti ínjure; mútilàte

sužavėti charm, fáscinàte

sužei‖dimas wóund(ing); ínjury ∼stasis ínjured / wóunded pérson ∼sti hurt*, ínjure; (*padaryti žaizdą*) wound

sužibėti becóme* shíny; (*imti žibėti*) begín* to spárkle

sužiedė‖jęs (*apie duoną*) stale ∼ti get* stale

sužieduot‖i betróth ∼uvės betróthal *sg*

sužinoti 1 (*naujienas ir pan.*) learn*; get* to know **2** (*išsiaiškinti*) find* out

sužysti break* out ínto blóssom

sužiurti diréct one's eyes (*to*)

sužlug‖dyti rúin; *s.* *reĭkalą* rúin a búsiness ~imas fáilure; fiáscò ~ti (*apìe sumanymą, planą*) fail

sužvangėti (begín* to) jíngle

svaĭčio‖jimas (*ligonio*) delírium; *prk.* gíbberish ~ti 1 (*niekus kalbėti*) talk nónsense 2 (*kliedėti*) be* delírious, rave

svaĭdyti cast*, fling*, throw*

svaĭg‖alaĭ strong drinks ~imas intòxicátion; *galvos* ~*imas* gíddiness, dízziness ~inamas(is), ~inantis intóxicàting; dízzy ~inti 1 intóxicàte 2 *prk.* make* dízzy ~ti get* / grow* intóxicàted; (*nuo*) be* dízzy (*with*) ~ulys dízziness, gíddiness ~us intóxicàting; (*stiprus*) héady; ~*ieji gėralaĭ* strong drinks

svaĭn‖ė síster-in-law (*pl* sísters-...) ~is bróther-in-law (*pl* bróthers-...)

svaj‖a dream ~ingas dréamy ~ingumas dréaminess, réverie ~onė dream, fáncy; ~*onės* réverie *sg* ~oti dream* (*of*) ~otojas, -a, dréamer, vísionary

svambalas *tech.* plumb, plúmmet

svaras 1 weight 2 (*svorio . vienetas*) pound

svarb‖a impórtance; signíficance ~umas impórtance ~us impórtant; signíficant; (*apìe priežastį*) válid; ~*iausias* main, chief; príncipal; ~*iausia* chíefly; príncipally; (*pradžioje sakinio*) the chief / main thing is; *visų* ~*iausia* abóve all

svarmuo 1 weight 2 (*gimnastikai*) dúmb-bèll

svarstyklės bálance *sg*; scales; *spyruoklinės s.* spríng-bálance *sg*

svarst‖ymas (*aptarimas*) discússion; (*projekto, pasiūlymo*) consìderátion ~is weight ~yti 1 consíder; discúss 2 (*sverti*) weigh ~ytuvaĭ (*rankinės svarstyklės*) stéelyàrd *sg*

svarus 1 wéighty; *s. žodis* wéighty útterance 2 (*sunkus*) héavy

sveč‖ias vísitor, guest; *eĭti į* ~*ius* pay* a vísit; go* on a vísit (*to*); *būti*

~*iuose* be* on a vísit (*to*); *priĭmti* ~*ius* recéive vísitors / guests ~*iuotis* stay (*with*), be* on a vísit (*to*)

sveĭk‖as 1 héalthy; sound (*ir prk.*); (*tvirtas*) robúst; *jo* ~*a išvaizda* he looks strong / héalthy; *s. kaĭp ridikas* as sound as a bell 2 (*naudingas*) whólesome, héalthy; *s. maĭstas* whólesome food; *s. klimatas* héalthy clímate 3 (*nepaliestas*) intáct; (*nesugedęs*) safe; *s. ĭr gyvas* safe and sound; ~*ieji skaĭčiaĭ mat.* whole númbers; *s. protas* cómmon sense; *med.* sánity △ *būk s.!* (*geriant*) to your health!, chèerió!; *lĭk s.!* gòodbýe!; *s.!*, ~*!* *šnek.* helló!, hail!; how do you do!; ~*ą kaĭlĭ išneštĭ* escápe

sveĭkat‖a health; *gertĭ į kieno* ~*ą* drink* smb's health; drink* to smb ~ingas héalthy

sveĭkin‖amasis congràtulátory, còmpliméntary ~imas gréeting; salúte; sàlutátion *knyg.* ~ti 1 greet; salúte; wélcome; ~*ti kieno vardu* greet / wélcome on behálf of smb 2 (*kokia nors proga*) congrátulàte (*on, upon*); ~*ti ką gimimo dienos proga* congrátulàte smb on his bírthday; ~*ti ką su Naujaĭsiaĭs metaĭs* wish smb a háppy New Year; ~*u gimimo dienos proga* (I wish you) mány háppy retúrns of the day ~tis greet, hail

sveĭk‖stantis cònvaléscent ~ti get* bétter; cònvalésce; *jis* ~*sta* he is gétting bétter, he is cònvaléscent / impróving ~umas héalthiness; sóundness

sverdėti stágger, reel

svėrėjas, -a wéigher

svert‖as léver; *pakeĭti* ~u léver (up) ~i weigh ònesélf ~inai by weight ~is weight ~uvas stéelyàrd

svetaĭnė sítting-room; dráwing-room

svetim‖as 1 (*priklausantis kitam*) smb élse's, anóther's; ~*a sąskaĭta* at smb élse's expénse; *taĭ* ~*a knyga* it is

smb élse's book; ~u **vardu** únder
an assúmed name **2** (*ne iš savųjų*)
strange; (*apie šalis, kalbas, valiutą*)
fóreign; *į* ~**as rankas** ínto strange
hands **3** (*tolimas savo pažiūromis ir
pan.*) álien (*to*); **tai man** ~**a** it
is álien to me; **jam** ~**os intri-
gos** he is a stránger to schéming
~**ybė** *lingv.* fóreign word; bárbarism
~**kūnis** fóreign súbstance / bódy
svetimoter‖iauti commít adúltery
~**iautojas** adúlterer ~**iavimas** adúl-
tery
svetimšalis, -ė fóreigner
svetimžodis fóreign word; bárbarism
sveting‖as hóspitable ~**umas** hòspi-
tálity
svetur in fóreign parts; abróad
sviedin‖ys 1 ball; **žaisti** ~**iu** play
with a ball **2** *kar.* prójectìle; (*arti-
lerijos t.p.*) shell
sviest‖as bútter; **tepti** ~**u** bútter △
eina kaip ~**u patepta** *šnek.* things
are góing swímmingly
sviesti fling*, throw*; (*su jėga*) hurl,
sling*
sviest‖inė bútterdish ~**uotas** bút-
tered; besméared with bútter ~**uoti**
bútter
svilinti 1 scorch **2** (*kiaulę, žąsį*) singe
svilti burn* a líttle
svyravimas 1 flùctuátion; **tempera-
tūros s.** flùctuátion of the témpera-
ture **2** (*abejojimas*) hèsitátion
svirduliuoti reel, stágger
svirnas gránary, barn
svirplys *zool.* crícket
svirti (*į ką*) bend* (*to*); (*apie me-
džių šakas*) hang* (down); (*palinkti*)
inclíne
svirtis 1 (*šulinio*) (well) sweep **2** (*sver-
tas*) léver
svyruo‖klis: beržas s. wéeping birch
~**ti 1** sway, swing* **2** (*eiti svyruo-
jant*) reel, stágger **3** (*abejoti*) hésitàte,
wáver; **nesvyruodamas** ùnhésitàt-
ingly
svita suite

svogūnas *bot.* ónion; (*tulpės ir pan.*)
bulb
svor‖is weight; **atominis s.** atómic
weight; **dviejų kilogramų** ~**io**
wéighing two kílogràmmes; **priaugti**
~**io** put* on weight

Š̆

šablon‖as 1 páttern; (*piešiniui*) sténcil
2 *tech.* témplet; (*forma*) mould **3** *prk.*
cómmonplàce ~**iškas** trite
šachas 1 (*titulas*) shah **2** *šachm.* check;
š. ir matas chéckmàte
šachmat‖ai chess *sg*; ~**ų partija**
game of chess; **žaisti** ~**ais** play chess
~**ininkas, -ė** chéss-player ~**inis:**
~**ine tvarka** in chéss-board órder
šacht‖a mine, pit ~**ininkas, -ė** míner
šachuoti check, give* check
šaip‖ymasis móckery (*of*), jéering
(*at*), scóffing (*at*) ~**ytis** mock, sneer
(*at*), jeer (*at*), scoff (*at*)
šaižus sharp; harsh
šaka 1 branch, bough; (*šakelė*) twig **2**
(*atšaka*) branch; (*kelio t.p.*) fork **3**
(*sritis*) branch, field
šakalas *zool.* jáckàl
šakalys splínter; **liesas kaip š.** thin
as a lath
šakės fork *sg*; (*ilgu kotu*) pítchfòrk *sg*
šaknelė 1 róotlet **2** (*kvito*) cóunterfoil
šaknia‖gumbis túber ~**pjovė** *ž. ū.*
róot-cùtting machíne ~**vaisis** root
šakn‖ingas róoty ~**inis** root *attr* ~**is**
róot; **kvadratinė** ~**is** *mat.* square
root; **kubinė** ~**is** *mat.* cúbic root;
~**ies ženklas** *mat.* rádical sign; **blo-
gio** ~**is** root of all évil; **žodžio** ~**is**
root of the word ~**ytis** take* / strike*
root
šak‖ojimasis bránching; (*kelio t.p.*)
fórking ~**otas** bránchy ~**otis** branch
(awáy / out), rámifỳ; (*apie kelią, upę*)

fork ~uma(s) (*medžio*) forked head / crown ~utės (*valgomosios*) fork *sg*

šalavijas *bot.* sage

šald||yti 1 freeze*, congéal 2 (*vėsinti*) make* cold, chill ~ytuvas fridge; refrígerátor ~omasis refrígeràting

šalia *prl.* by, near, next to; *š.* manęs by / near me; by my side, besíde me *prv.* near / close by; *sėdėti š.* sit* side by side

šaligatvis pávement; sídewàlk *amer.*

šalikas scarf*; shawl

šali||kelė wáysìde ~mais *žr.* šalia 2

šalin awáy, off; *eik š.!* go awáy!, be off!; *š. iš mano akių!* get out of my sight!; *š. fašizmą!* down with fáshism!; *š. rankas!* hands off!

šalin||inkas pàrtisán, hénchman*; (*aktyvus rėmėjas*) suppórter ~ti remóve; (*naikinti t.p.*) elíminàte ~tis (*ko*) hold* alóof (*from*); (*vengti*) avóid, shun

šal||is 1 side; *į ~į* asíde; (*nu*)*vesti ką į ~į* take* smb asíde; *pasukti į ~į* turn asíde; *nukrypti į ~į* déviàte; *praeiti pro ~į* pass by; go* past; *pro ~į!* miss(ed)!; *šauti pro ~į* miss; *žiūrėti iš ~ies* take* a detáched view 2 (*procese, ginče*) párty; *teis.* side 3 (*kraštas*) land, cóuntry; *svetima š.* fóreign cóuntry 4 (*pusė*) part; *aš iš savo ~ies ...* for my part I ... 5: *keturios pasaulio ~ys* four cárdinal points △ *ne pro ~į* it is not òut-of-pláce (+ *to inf*); *būtų ne pro ~į* it wouldn't be amíss; *sužinoti ką iš ~ies* know* smth by héarsay

šališk||as pártial ~umas pàrtiálity

šalmas hélmet

šalna frost

šaltakrauj||ai, ~is *zool.* còld-blóoded ~is (*apie žmogų*), ~iškas còld-blóoded; (*prk. t.p.*) cool ~iškumas cóolness, èquanímity, compósure

šalt||as (*ir prk.*) cold; (*vėsus*) cool; (*apie drabužius*) light; *š. patiekalas* cold dish; *aplieti ~u vandeniu* throw* cold wáter; *š. priėmimas*

cold recéption; ~a diena cold day; (*labai šalta*) frósty day; ~oji juosta *geogr.* frígid zone ~asis karas cold war

šalt||ekšnis *bot.* black álder ~ėti grow* cold; get* cold ~i freeze*; (*stingti, kietėti nuo šalčio t.p.*) congéal; *šąla* it fréezes; it is fréezing ~ybė cóld(ness) ~iena *kul.* meat jélly ~inis 1 spring 2 *prk.* source; *elektros srovės ~inis* cúrrent source ~is 1 cold; chill; (*speigas*) frost; *10 laipsnių šalčio* ten degrées belów zéro, *arba* of frost 2 (*drebulys*) shíver

šaltkalv||is lócksmìth; *š. mechanikas* fitter ~ystė lócksmìth's trade / búsiness

šalt||mėtė *bot.* péppermint ~okas chílly ~umas 1 cóldness 2 (*šaltas protas*) cóolness, compósure; *neprarasti ~umo* keep* cool, keep* one's head

šalutinis sécondary, colláteral

šampanas chàmpágne; fizz *šnek.*

šans||as chance; *turėti daug ~ų* have* a good / fair chance; *neturėti jokių ~ų laimėti* be* quite out of the rúnning

šantaž||as bláckmail ~istas bláckmailer ~uoti bláckmail

šap||as, ~elis blade; (*šiaudelis*) straw; (*kruslelis*) mote

šarada charáde

šarka *zool.* mágpìe

šarlatanas chárlatan, quack

šarma hóarfròst; rime *poet.*

šarm||as 1 álkalìne solútion; (*pelenų*) lye 2 *chem.* álkalì ~ingas, ~inis álkalìne

šarv||ai, ~as *kar., zool.* ármour

šarvoti lay* out a corpse

šarvuot||as(is) 1 ármoured; *š. automobilis* ármoured car 2 *prk.* (*mokslu ir pan.*) armed (*with*) ~i ármour ~is ármoured car; (*laivas*) ármoured wárship

šarž||as càrtóon, grotésque ~uoti òveráct, òverdó*

šašas scab

šaškė 1 dráughtsman* 2 *dgs.* (*žaidimas*) draughts; chéckers *amer.*

šaš‖ti grow* scábby ~uotas scábby

šaud‖ykla shóoting-ránge; shóoting-gàllefy ~yklė (*audėjo*) shúttle ~ymas shóot(ing), fíring ~yti shoot* (*at*), fíre (*at*); ~yti iš šautuvo ír pan. fíre a rífle, *etc.*; ~yti antis shoot* duck Δ ~yti akimis make* eyes (*at*) ~menys àmmuní́tion *sg*

šaukiamasis 1 èxclámatory 2 cáll-ùp *attr*; ~is amžius *kar.* cáll-ùp / mílitary age **3** *dkt. kar.* man* called up for mílitary sérvice; selèctée *amer.*

šauk‖imas 1 cáll(ing) 2 (*į teismą*) súmmons **3** *kar.* cáll-ùp; lévy; seléction *amer.* ~lys hérald ~smas call, cry, shout ~smininkas *gram.* vócative (case)

šaukšt‖as, ~elis spoon; *š. ko* (*kiekis*) spóonful of smth; arbatinis ~elis téaspoon

šaukt‖i 1 cry, shout 2 (*kviesti*) call; `*š. ką namo* call smb home; *š. į pagalbą* call for help **3** *kar.* call up, conscrípt 4 (*į teismą*) súmmon ~is call upón (*to*); ~is pagalbos cry for help ~ukas *gram.* èxclamátion mark, note of èxclamátion

šaulys shot; *kar.* rífleman*; *puikus š.* èxpèrt shot / rífleman*

šaunamas(is): *š. ginklas* fíre-àrm(s)

šaun‖umas válour, prówess ~us váliant; (*apie žmones*) dáshing; gállant; ~us darbas váliant lábour

šaut‖i shoot* (*at*), fíre (*at*); *š. iš šautuvo ír pan.* fíre a rífle, *etc.* ~inis: ~inė žaizda búllet wound ~uvas rífle; gun; *medžioklinis ~uvas* fówling-pìece

še (*imk*) here, take it Δ *še tau!* well, well!; well, to be sure!; well, I néver! *šnek.*

šedevras másterpìece

šef‖as 1 (*vadovas*) chief, boss 2 (*globėjas*) pátron ~avimas pátronage

~uoti be* pátron (*of*), have* the pátronage (*of*)

šeim‖a fámily ~yna 1 (*visi namų žmonės*) hóusehòld 2 (*šeima*) fámily ~yninis doméstic; fámily *attr*, home *attr*

šeiminink‖as máster; boss; (*valdytojas*) ówner; (*buto, viešbučio*) lándlòrd; (*svečių atžvilgiu*) host; *jis geras š.* he is thrífty and indústrious; *padėties š.* máster of the situátion; , *be ~o* (*likęs*) ùnówned; ównerless ~ė místress; (*buto, viešbučio*) lándlàdy; (*svečių atžvilgiu*) hóstess; *namų ~ė* hóusewìfe* ~auti 1 (*vesti ūkį*) keep* house, mánage a hóusehòld 2 *prk.* boss it, play the máster

šeim‖inis, ~yniškas doméstic; fámily *attr*; ~inė padėtis fámily státus; ~yniškas gyvenimas doméstic / fámily life

šeiv‖a bóbbin ~amedis *bot.* élder

šėlimas fúry, ráging

šelm‖is *šnek.* rogue, ráscal ~ystė róguery ~iškas róguish

šelmuo ridge (of a roof)

šelpti aid; (*remti*) suppórt

šėlti rage, rave

šėmas áshy

šen here; *eik š.* come here; *š. ir ten* here and there; híther and thíther

šepet‖ėlis, ~ukas 1 (*dantų*) tóothbrùsh 2 (*arklio riešo plaukai*) fétlòck ~ys brush; (*drabužių*) clóthesbrùsh; (*plaukų*) háirbrùsh; *valyti šepečiu* brush

šerdis 1 (*augalo*) pith, heart 2 *tech.* core

šerifas shériff

šėri‖kas, -ė cáttle-fàrm / cáttle-yàrd wórker ~mas féeding

šer‖ys brístle Δ ~ius statyti brístle (up) ~iuotas brístly, brístling

šerkšn‖as hóarfròst ~yti be* cóvered with hóarfròst

šermenys fúneral repást / bánquet *sg*

šermukšnis 1 *bot.* móuntain ash, rówan-tree 2 (*uoga*) áshberry

šerm‖uo, ~**uonėlis** *zool.* (*žiemos kaileliu*) érmine; (*vasaros*) stoat

šern‖as wild boar ~**ė** wild sow

šerpė (*šalikas*) scarf

šert‖i 1 (*gyvulius*) feed* 2 (*kirsti*) strike*; (*botagu*) whip ~**is** 1 (*blukti*) fade, lose* cólour 2 (*apie gyvulius*) shed* hair; (*apie paukščius*) moult, shed* / cast* féathers

šešakė *kort.* six; **pikų š.** the six of spades

šešėl‖is (*ir prk.*) shade, shádow; **praeities** ~**iai** shades of the past; **iš jo š. teliko** he is but a shádow of his fórmer self; **nė** ~**io abejonės** not a shádow of doubt; **mesti** ~**į ant ko** cast* aspérsions on smb ~**iuotas** shády

šeš‖eri six ~**eriopas** síxfòld ~**etas** six ~**i** six ~**iakampis** *mat. dkt.* héxagon *bdv.* hèxágonal ~**iametis** sìx-year-óld

šešiasdešimt síxty; **jam apie š. metų** he is abóut síxty ~**as** síxtieth

šešiese six (togéther); **ėjome š.** the six of us walked togéther

šešiolik‖a síxtéen ~**(a)metis** síxtèen-year-óld ~**tas** sìxtéenth; ~**tas puslapis** page sìxtéen; **gegužės** ~**ta** the sìxteenth of May; May, the sìxteenth

šeškas *zool.* pólecàt

šešt‖adalis one sixth ~**adienis** Sáturday ~**as** sixth; **jau** ~**a valanda** it is six (o'clóck) now

šešuras fáther-in-law

šėton‖as Sátan ~**iškas** satánic

šiaip 1 so; in this way; **ir š. ir taip** this way and that; **š. sau** só-sò; **š. taip** sómehow; **š. ar taip** in ány case; (*ir šuo ir kitu atveju*) in éither evént 2 (*be to*) else; óther; (*apskritai*) in géneral; **buvo ir š. žmonių** there were óther péople

šiąnakt toníght, this night

šiandien todáy ~**ykštis**, ~**inis** todáy's; (*dabartinis*) présent

šiapus on this side (*of*)

šiaud‖as straw ~**inis** straw *attr;* ~**inė skrybėlė** straw hat; ~**inis stogas** thatch

šiaur‖ė north; **į** ~**ę** nórthward, north; **į** ~**ę** (*nuo*) (to the) north (*of*); **iš** ~**ės** (*pusės*) on the north; ~**ės rytai** nòrthéast *sg;* ~**ės vakarai** nòrthwést; ~**ės vėjas** north, nórthern wind ~**ietis**, -**ė** nórtherner ~**inė** the North Star ~**inis** north, nórthern ~**ys** north ~**rytinis** nòrthéastern ~**vakariai** nòrthwést

šiaušt‖i rúffle, dishével ~**is** (*apie plaukus*) stand* on end; brístle (*ir prk.*)

šičia here, in this place

šydas veil

šiek: š. tiek a líttle; some; **š. tiek vandens** a líttle wáter; **š. tiek panašus** sómething like; **aš š. tiek negaluoju** I don't feel véry well, sómehow

šiemet this year

šien‖apjūtė háy-màking ~**as** hay; **vartyti** ~**ą** ted the hay; ~**o kūgis** háyrìck, háystàck ~**aujamas(is)** háying ~**auti** mow*, hay ~**inis** hay *attr* ~**pjovys** mówer ~**šakės** háy-fork *sg*

šieptis grin, show* one's teeth

šifer‖is slate; **dengti** ~**iu** slate

šifr‖as 1 (*slaptarašačio*) cípher 2 (*bibliotekos*) préssmàrk ~**uotas** cíphered; cípher *attr* ~**uoti** cípher

šįkart *šnek.* for (this) once, this time

šykšt‖auti, ~**ėti** be* stíngy / níggardly; stint; **š. žodžių** be* spáring of words ~**ybė**, ~**umas** stínginess, níggardliness ~**okas** near with one's móney ~**ūnas**, ~**uolis** míser, níggard ~**us** stíngy, níggardly, míserly

šilas pine fórest

šild‖ymas wárning; (*kūrenimas*) héating ~**yti** 1 (*skleisti šilumą*) give* out warmth; **krosnis blogai** ~**o** the stove gives out véry líttle warmth 2 warm; heat ~**ytis** warm ònesélf; ~**ytis**

saulėje bask in the sun ~ytuvas (*kambariui*) héater ~omasis héating; ~omasis kompresas cómprèss

šilingas (*moneta*) shílling

šilk||as silk; dirbtinis š. ráyòn, àr-tifícial silk; su ~o pamušalu sílk-līned, lined with silk △ švelnus kaip š. as meek as a lamb ~inis 1 silk *attr*; ~inis audeklas silk fábric 2 *prk.* sílky ~medis *bot.* múlberry(-tree)

šilt||adaržis *žr.* šiltnamis; ~akrau-jis *zool.* wárm-blooded ~as 1 warm; (*apie orą t.p.*) mild 2 *prk.* warm, córdial; ~as priėmimas héarty / córdial wélcome; ~i žodžiai kínd-ly / warm words △ ~os spalvos warm cólours; ~a vietelė *šnek.* soft job ~ėti, ~i grow* / get* warm ~inė *med.* týphus; vi-durių ~inė týphoid / èntéric féver; dėmėtoji ~inė týphus, spótted féver ~lysvė hótbèd, séedbèd ~na-mis hóthouse*, gréenhouse* ~okas wármish, tépid ~umas warmth

šilum||a 1 (*ir prk.*) warmth; dva-sinė š. wàrm-héartedness 2 *fiz.* (*energija*) heat ~inis thérmal; heat *attr*; ~inė centrinė (dístrict) héat-ing plant; ~iniai spinduliai héating rays

šįmet this year

šimpanzė *zool.* chìmpanzée

šimtąkart a húndred times, húndredfòld

šimtametis húndred-year-óld, cènte-nárian

šimt||as (a) húndred; du ~ai vie-nas ir *t.t.* two húndred and one, *etc.* ~asis húndredth; (vie-na) ~oji one húndredth ~eriopai, ~eriopas húndredfòld; at(si)lygin-ti ~eriopai retúrn a húndredfòld (*to*) ~inė a húndred ~metis 1 (*metinės*) cènténary 2 (*amžius*) céntury

šiokiadien||is *dkt.* (*ne poilsio diena*) wéekday *bdv.* (*kasdieninis*) éveryday; ~ė suknelė éveryday dress

šiok||s, ~ia such △ ~ia diena wéekday; nei š., nei toks néither good nor bad; (*keistas*) queer; š. toks some

šiol(ei): ligi / iki š. (*apie erdvę*) úp to here; (*apie laiką*) up to now, till now; (*dar vis*) still; jis ligi š. teberašo he is still wríting; nuo š. from now on; hénceforth *knyg.*

šipinti blunt, dull the edge (*of*)

šyps||ena, ~nys smile; su patenkinta ~ena veide (with) a pleased smile upón one's face ~oti(s) smile

šipti grow* blunt / dull

šipul||ys splínter; į ~ius ínto smìthe-réens; sudaužyti į ~ius smash ínto / to smìtheréens; shátter

šird||gėla héartache; (*sielvartas t.p.*) héartbreak ~ingas wàrm-héarted, héarty, córdial ~inis heart *attr* ~inti make* ángry, ánger

šird||is (*ir prk.*) heart; ~ies liga heart diséase; ~ies stimuliatorius pácemàker; gera / jautri š. kind / ténder heart; ~yje at heart; iš visos ~ies from the bóttom of one's heart; visa ~imi with all one's heart (and soul); glausti ką prie ~ies press smb to one's heart; imti ką į ~į take* smth to heart; kiek š. nori tò one's heart's contént; jam š. atlyžo he felt relíeved; pridėjus ranką prie ~ies in all sincérity; man š. pyksta I feel sick

šįryt this mórning

širma screen; sudedama š. fólding screen

širm||as (*apie arklį*) grey; (*obuolmušis*) dápple-gréy ~is grey (horse)

širsti grow* ángry / vexed

širšė *zool.* hórnet

šis this (*pl* these); ši knyga mano this book is mine; ligi šios dienos up till now; ligi šios vietos up to here, up to this point; šios dienos (*apie laikraštį ir pan.*) todáy's; šių metų of this year; šio mėnesio of this month; inst. sutr.; šio mėnesio penktą dieną

on the 5th inst.; **šiuo siunčiame** we
send you herewíth; **šiuo būdu** in the
fóllowing way △ **šis tas** sómething;
nei šis, nei tas néither fish, flesh, nor
good red hérring *idíom*.

šįsyk for (this) once, this time

šit, ~**ai** 1 (*štai*) here; (*antai*) there;
šit ką this / that is what; **šit kur** ...
this / that is where ... 2 (*šitaip*) so
~**aip** so, thus, like this ~**as** this (*pl*
these) ~**iek** so much; (*su dkt. dgs.*)
so mány ~**oks** such, like this

šiugžd||**ėjimas**, ~**esys** rústling, rústle
~**ėti** rústle

šiukšl||**ės** swéepings ~**ėtas**, ~**inas**
cóvered with swéepings ~**ynas** dúst-
heap ~**ininkas** réfùse colléctor, dúst-
man* ~**inti** lítter

šiumet||**inis**, ~**is** of this, *arba* the
présent, year

šiuo||**laikinis**, ~**metinis** contémpor-
ary; módern, ùp-to-dáte; ~**laikinė li-
teratūra** contémporary / módern lít-
erature ~**syk** this time

šiupinys hótchpòtch; médley

šiurkšt||**ėti** róughen, cóarsen ~**umas**
róughness, cóarseness ~**us** rough;
coarse; (*nemandagus*) rude; (*vulga-
rus*) gross; ~**i oda** coarse / rough
skin; ~**us audeklas** coarse matérial;
~**us balsas** harsh / rough voice; ~**us
žodis** rude word; ~**us žmogus** rude
man*

šiurp||**as** shúdder, shíver; **mane š.
krato / ima** (*nuo*) I shíver / shúdder
(*with*); **vien pagalvojus, š. ji ima**
he shúdders at the (mere) thought of it
~**ti** shúdder, shíver ~**ulingas**, ~**us**
hórrible; (*keliantis šiurpą*) horrífic;
~**us oras** térrible / násty wéather

šiūruoti scrub

šįvakar this évening

škicas sketch

škiperis skípper, (shíp)màster

škotas Scot, Scótsman*; Scótchman*
šnek.

šlaitas slope

šlakas I 1 (*dėmė*) spot 2 (*strazdana*)
fréckle 3 (*lašas*) drop

šlakas II (*metalo*) dross; (*gargažė*) slag;
cínder

šlak||**styti** sprínkle ~**uotas** 1 (*laš-
kuotas*) spótted; (*apie arklį*) dáppled
2 (*strazdanotas*) fréckled

šlam||**ėjimas**, ~**esys** rústle, rústling
~**ėti** rústle

šlamštas rúbbish, trash

šlap||**draba** sleet ~**ias** wet, moist
~**imas** úrine; wáter; ~**imo išsiskyr-
imas** ùrinátion; ~**imo ir lyties** (*or-
ganų*) anat. ùrino-génital ~**inti** wet
~**intis** úrinàte; make* wáter *šnek.*
~**okas** moist, wéttish ~**ti** becóme*
wet; ~**ti lietuje** be* out in the rain
~**umas** wétness; móisture

šlaun||**ikaulis** anat. thígh-bòne ~**is**
thigh; (*viršutinė dalis*) hip

šlav||**ėjas**, -**a**, ~**ikas**, -**ė** swéeper;
gatvės š. scávenger ~**imas** swéeping

šleikšt||**okas** máwkish ~**ulys** náusea
~**us** síckening, náuseàting; **jam** ~**u**
he feels sick

šleivas bándy-lègged

šlep||**etė** slípper ~**etuoti**, ~**sėti** shúf-
fle (abóut); ~**etuoti / ~sėti per
purvą** splash through the mud

šliauž||**ioti** 1 (*keliaklupsčiauti*) gróvel
(*before*) 2 *žr.* **šliaužti**; ~**ti** creep*,
crawl ~**te** cráwling; on all fours

šlieti(s) lean* (*against*), rest (*against*)

šlifuoti grind; pólish

šlykšt||**ėtis** have* an avérsion (*for*),
be* disgústed (*at*) ~**ybė**, ~**ynė**
filth; (*šlykštus dalykas*) lóathsome /
násty thing ~**umas** abòminátion,
disgúst ~**us** detéstable, abóminable;
disgústing

šliuožti crawl / creep* alóng

šliurė slípper

šliuzas sluice; lock

šliužas *zool.* slug

šlov||**ė** glóry; **š. didvyriams!** glóry
to the héròes! ~**ingas** glórious ~**inti**
glórify

šlub‖as lame, límping ~čioti, ~ikš-
čiuoti limp, hóbble ~is, -ė lame
pérson ~umas lámeness, límping
~uoti 1 limp; ~uoti dešine koja
be* lame in the right leg 2 (būti
nevykusiam) be* poor, leave* much to
be desíred

šluost‖as, -ė dúster ~yti wipe; (sau-
sai) wipe dry; ~yti dulkes dust
~ytis wipe / dry ònesélf; ~ytis kak-
tą wipe one's fórehead

šluot‖a broom; bésom Δ nauja š.
gražiai šluoja a new broom sweeps
clean ~elė whisk ~i sweep* ~kotis
bróomstick

šmaikštus 1 (lankstus) fléxible 2 prk.
(vikrus) nímble 3 prk. (sąmojingas)
wítty

šmeiž‖ikas, -ė slánderer ~ikiškas
slánderous, calúmnious, defámatory;
~ikiški kaltinimai slánderous àc-
cusátions ~tas slánder, cálumny;
(spaudoje) líbel ~ti calúmniàte, slán-
der

šmėkla ghost, spéctre; (mirusio žmo-
gaus) àpparítion; spook šnek.

šmėkščioti flash, appéar for a móment;
loom

šnabžd‖ėjimas, ~esys whísper ~ėti
whísper; (šlamėti) rústle ~ėtis whís-
per ~omis in a whísper

šnair‖ai, ~om(is) aslánt, askéw ~uo-
ti look askánce / askéw; (pykstant)
look with an ùnfávourable eye

šnarėti rústle

šnarpšti 1 snúffle, sniff 2 (knarkti mie-
gant) snore

šnek‖a talk; chat ~amasis collóquial;
~amoji kalba collóquial / spóken
lánguage ~ėti speak*, talk ~ėtis
talk (to, with), speak* (to, with)
~inti speak* (to), addréss (smb)
(first) ~ta 1 talk 2 lingv. díalèct
~telėti have* a talk; talk (a little)
(to) ~učiuoti 1 talk, have* a talk /
chat 2 prk. (čiauškėti) chátter ~us
tálkative, loquácious ~utis tálker

šnervė nóstril

šniauk(š)ti (tabaką) snuff

šnibžd‖ėjimas, ~esys, ~ėti(s) whís-
per ~omis in a whísper

šnicelis kul. schnítzel (fillet of veal or
pork)

šniokšti 1 (apie jūrą, audrą) roar; (apie
medžius, upelį) múrmur 2 (garsiai
kvėpuoti) wheeze, snort

šnipas I (kiaulės) snout

šnip‖as II spy ~inėjimas éspionàge
~inėti spy

šnypšt‖i (apie gyvatę, žąsį) hiss; (apie
žalias malkas) spútter; (apie riebalus
keptuvėje) sízzle; (apie gėrimus) fizz
~is žr. šnirpšti 1

šnirpšti 1 (valyti nosį) blow* one's nose
2 (apie arklį) snort

šniukštinėti 1 (uostinėti) sniff 2 (ieš-
koti ko) rúmmage / poke abóut

šniurkšti blow* one's nose

šoferis cháuffeur, (mótorcàr) dríver

šokas med. shock

šok‖ėjas, -a, ~ikas, -ė 1 dáncer 2 (kas
šuolį šoka) júmper; léaper ~inėti
jump, skip, cáper ~inti 1 leap*
2 (vesti šokti) ask to dance ~is
1 dance; dgs. dance, dáncing; eiti į
~ius go* to a dance; ~ių muzika
dance músic 2 žr. šuolis

šokoladas chócolate

šok‖ti 1 jump, leap*; (apie varlę) hop;
š. su kartimi sport. póle-jùmp
2 (mestis) spring*, rush (to); kraujas
~o jam į galvą the blood rushed to
his head; š. bėgti take* to one's heels
3 (šokį) dance ~uoti hop

šon‖as, ~inė side ~u sídeways ~inis
side attr; láteral knyg. ~kaulis rib

šova 1 (medžio) hóllow 2 (skląstis) bolt

šovinys eártridge

šovinist‖as cháuvinist ~inis chau-
vinístic

šovinizmas cháuvinism

špaga sword

špagatas string, cord; ž.ū. (bínder-)-
twìne

šparagas *bot.* aspáragus

špyg‖a *fam.* fig; **parodyti kam ~ą**
give* smb the fig

špinatas *bot.* spínach

špionažas éspionàge

šprotai sprats

špunt‖as, ~uoti groove, rábbeι

šrapnelis *kar.* shrápnel (shell)

šratai (small) shot *sg*, péllets *dgs.*

šriftas print, type; **Juodas / riebus š.**
fat / bold type; bold face *amer.*

štabas *kar.* staff, héadquàrters *pl*

štabelis stack, pile

štai here; **š. ir aš** here I am; **š. kur**
... this is where ...; **š. kas** ... this is
what ...; **š. kaip** in the fóllowing way

štamp‖as 1 *tech.* punch 2 (*antspau-
das*) stamp 3 (*šablonas*) cliché ['kli:ʃeɪ]
~uoti ι *tech.* punch 2 (*antspauduoti*)
stamp

štanga 1 bar, rod 2 *sport.* weight

šturmanas stéersman*, návigàtor

šturm‖as *kar.* assáult, storm; **imti ~u**
take* by storm ~avimas 1 *av.* lów-
flỳing attáck 2 *šnek.* rush / fítful work
~uoti storm, assáult

šūkauti cry out; vocíferàte, bawl *niek.*

šuk‖ė frágment; shíver *papr.*   *pl*;
(*išmušta vieta*) chipped place / spot
~ėtas chipped

šūkis 1 (*lozungas*) slógan, cátchwòrd
2 (*šauksmas*) call

šukos comb *sg*; **tankios š.** tóothcòmb
sg

šukuo‖sena (*vyro*) háircùt; (*moters*)
coiffúre; háirdò ~ti comb; (*plaukus*;
šepečiu) brush ~tis dress / do* one's
hair; comb one's hair *amer.*

šul‖as 1 (*statinės*) stave 2 *prk.* píllar;
visuomenės ~ai píllars of socíety △
jam trūksta vieno ~o he has got a
screw loose

šun‖daktaris *niek.*   quack, chárla-
tan ~elis líttle dog, dóggie ~gry-
bis tóadstool ~ybė dírty / mean trick
~idė kénnel ~iškas dóggish; cánìne
knyg.; ~iškas gyvenimas dog's life

~iukas 1 púp(py); whelp 2 (*šunelis*)
dóggie ~kelis 1 cóuntry road 2 *prk.*
býway ~snukis *niek.* dírty dog ~ta-
kis býpàth*

šuntas *fiz.* shunt

šunuodeg‖iauti *niek.* fawn ~iauto-
jas, ~is tóady; sýcophant

šunvotė *med.* boil, fúruncle

šuo dog; **kiemo š.** wátchdòg; cur;
medžioklinis š. gun dog; (*skalikas*)
hound; (*pėdsekys*) sléuth(-hound) △
sutikti kaip šuniui su kate live a
cát-and-dòg life; **turėti šuns akis**
be* brázen-fàced / ímpudent

šuol‖iais 1 at a gállop, at full gállop;
joti š. gállop 2 (*netolygiai*) by leaps
and bounds ~is 1 jump, bound, leap;
~is į vandenį *sport.* héader, dive;
~is į tolį *sport.* broad jump 2 *filos.*
leap ~iuoti gállop

šūsnis stack, pile

šusti 1 (*virti*) stew 2 (*pūti*) rot 3 (*pra-
kaituoti*) sweat

šutin‖ys (*ragu*) rágout ~ti 1 (*uždara-
me inde*) stew 2 (*plikyti*) scald 3 (*apie
orą*): ~a it is súltry

šūv‖is shot; **paleisti ~į** fíre a shot

švaistyt‖i 1 (*pinigus ir pan.*) squán-
der, waste 2 (*blaškyti*) scátter, throw*
(abóut) ~is 1 (*blaškytis*) flounce;
fling* / toss abóut 2 *žr.* švaistyti 1

švankus décent; políte

švar‖a, ~ybė cléanness; néatness
~inti clean

švark‖as coat, jácket; **be ~o** in one's
shírt-slèeves

švar‖raštis clean / fair cópy ~umas
(*valyvumas*) cléanliness ['kle-]; néat-
ness ~us 1 clean; (*valyvas*) cléanly
['kle-]; (*tvarkingas*) neat, tídy; ~ios
rankos clean hands; ~us darbas
neat job 2 (*be priemaišų, grynas*; *ir
prk.*) pure; clear; ~us vanduo pure
wáter

švebel‖duoti, ~džiuoti lisp

šved‖as, -ė Swede; ~ų kalba Swédish
~iškas Swédish

šveicar‖as, -ė, ~iškas Swiss
šveicorius pórter, dóor-keeper
šveisti 1 scóur; (*grandyti*) scrub; (*blizginti*) fúrbish; *š. indus* scrub / scóur díshes 2 *prk.* (*mušti*) strike*, hit* 3 (*valgyti*) góbble
šveln‖ėti grow* sóft(er) ~inti sóften; (*skausmą ir pan.*) assuáge, mítigàte, allévìàte ~umas sóftness; ténderness, délicacy ~us 1 soft; (*lygus*) smooth 2 (*meilus*) ténder, délicate; ~us *būdas* mild / géntle dìsposítion; ~us *klimatas* mild clímate
šventadien‖is, ~iškas hóliday *attr*
švent‖as sácred, hóly; (*prieš vardą*) saint; ~*a pareiga* sácred dúty; ~*oji dvasia bažn.* the Hóly Spírit / Ghost ~asis *dkt. bažn.* saint ~è hóliday, feast; (*iškilmės*) féstival △ *su* ~*émis!* best wíshes of the séason! ~eiva *iron.* sànctimónious pérson, hýpocrite ~eiviškas sànctimónious ~enybė sácred / hóly thing ~ybė sánctity ~ikas priest ~ykla shrine, sánctuary; témple ~imas cèlebrátion ~inis hóliday *attr*, féstal, féstive ~inti sánctifỳ, cónsecràte ~iškas féstal, féstive ~orius chúrchyàrd ~ovė *žr.* šventykla; ~raštis *bažn.* Hóly Writ / Scrípture ~umas hóliness, sánctity ~uolis, -ė *žr.* šventeiva
šventvag‖ystė sácrilege ~iškas sàcrilégious
švepl‖as lísping ~enti, ~iuoti lisp
švęsti cèlebràte
šviečiamasis 1 light *attr* 2 èducátional
švies‖a (*ir prk.*) light; *dienos š.* dáylìght; ~*oje* by the light (*of*); *mėnulio* ~*oje* by móonlìght; *mokslo* (*teorijos*) ~*oje* in the light of scíence (théory) ~ėti bríghten, líghten; (*apie dangų*) clear up ~iaplaukis blond, fáir(-hàired) ~inis light *attr*; lúminous ~mėlynis light blue

šviest‖i 1 shine* 2 (*kam*) give* (*smb*) a light, hold* a light (*for*) 3 (*mokyti*) enlíghten ~is (*giedrėti*) clear up
švies‖ulys (*dangaus*) lúminary ~umas 1 bríghtness 2 cléarness ~us 1 light; bright; ~us *kambarys* light room; ~*i diena* bright day 2 (*aiškus, blaivus*) lúcid, clear; ~us *protas* lúcid mind 3 (*apie žmogų*) enlíghtened
šviet‖alas (*kortų*) trump ~ėjas, -a enlíghtener ~imas (*mokymas*) enlíghtenment; èducátion
šviež‖ias fresh ~iena fresh meat
švilp‖auti whístle; (*apie paukščius*) pipe ~esys, ~imas whístle, whístling; (*paukščių*) píping; (*vėjo, kulkų*) sínging ~ynė whístle ~ti whístle; (*skrodžiant orą*) whiz; ~*ti švilpyne* blow* a whístle ~(t)ukas whístle; (*dūdelė*) pipe
švin‖as lead ~inis léaden (*ir prk.*); lead *attr*
švinkti go* bad, becóme* rótten
švirkš‖lys 1 squirt 2 (*gaisrininkų*) sýringe ~tas *med.* sýringe ~ti 1 (*vaistus*) injéct, sýringe 2 (*tekėti čiurkšle*) squirt
švystelėti flash
švisti 1 (*aušti*) dawn; *švinta* day is bréaking, it is dáwning; *švintant* at dawn / dáybreak; *prieš švintant* befóre dawn / dáybreak 2 *prk.* (*linksmėti*) shine*
švyt‖ėti shine*, glow; *jos akys linksmai* ~*ėjo* her eyes shone with joy ~inti irrádiàte; ~*inti ultravioletiniais spinduliais* treat with ùltravíolet rays
švitr‖as émery ~inis: ~*inis popierius* émery páper
švytuo‖klė péndulum ~ti 1 (*blykčioti; apie žvaigždes*) twínkle; (*apie žaibą, akis*) flash; spárkle 2 (*apie švytuoklę*) swing*
švyturys líghthouse*; béacon (*ir prk.*)
švokšti 1 (*apie medžius*) múrmur; rústle 2 (*sunkiai kvėpuoti*) snort, wheeze

T

tabak||**as** tobáccò; **uostomasis** t. snuff ~**inė** snúffbòx

tabletė táblet

taburetė stool

tačiau howéver; but; **t. jis neatėjo** howéver, he did not come; **t. jis suklydo** he was mistáken, howéver; **jis buvo ten, t. jų nematė** he was there, but did not see them

tad so, thérefòre

tada then; (*tuo metu t.p.*) at that time

tadžikas Tàdjík [ta:ˈdʒɪk]

tai 1 it; (*apie toliau esantį daiktą ir pan.*) that; (*apie netolimą daiktą ir pan.*) this; **tai mano knyga** that / this is my book; **aš tai matau** I can see that; **tai buvo taip netikėta** it was all so súdden; **kas tai?** (*apie daiktą*) what is that?; (*apie asmenį*) who is that?; **tai jo sesuo** that / it is his síster; **tai buvo jis** it was he 2: **tai ..., tai ...** now ..., now ... △ **tai yra** (*sutr.* t.y.) that is (*sutr.* i.e.)

taigi thus, so; **t. t.** that's it!; exáctly!

taik||**a** peace ~**oje** at peace; **sudaryti** ~**ą** make* peace

taikiklis (*šaunamojo ginklo*) bácksìght; rear sight *amer.*; (*pabūklo*) (gun) sight

taik||**ymas** 1 áiming 2 *kar.* láying 3 (*naudojimas*) àpplicátion ~**inamasis** conciliatory, pacíficatory ~**ingas** péaceful, péaceable ~**inys** tárget ~**inti** (*susiginčijusius*) réconcìle

taikyt||**i** 1 aim (*at*) 2 (*pabūklą*) lay* / point a gun 3 (*naudoti*) applý 4 (*priderinti*) fit (*to*), adjúst (*to*) ~**is** accómmodàte / adjúst / adápt ònesélf (*to*)

taikl||**umas** 1 (*šaudymo*) áccuracy; (*šaulio*) márksmanship 2 *prk.* áptness ~**us** 1 (*apie kulką, smūgį ir pan.*) wéll-áimed; (*apie šaudymą*) áccurate; ~**us šaulys** good* shot, márksman*;

~**i akis** keen eye 2 *prk.* apt; ~**i pastaba** apt / póinted remárk

taikomasis (*apie mokslą*) applíed

taikst||**ymasis** spírit of cómpromìse / conciliátion ~**ytis** put* up (*with*) ~**ytojas** concíliàtor

taikus péaceful; péaceable

taip 1 (*atsakymuose*) yes 2 so; (*tuo būdu t.p.*) thus, like this, this way; **padarykite t., kad ...** do it so that ...; **padarykite t.!** do it like this!; **jis kalbėjo t., lyg ...** he spoke as though ...; **jis t. kalbėjo, kad ...** he spoke in such a way that ...; **tegu lieka t.** let it remáin as it is; **t. išeiti negalima** you cánnot go out like that; **jis atsakė t.** he ánswered thus, *arba* as fóllows; **ar aš t. kalbu (darau ir t.t.)?** am I sáying (dóing, *etc.*) right?; **kaip tik t.** just so; **jis t. ir neatėjo** he néver came; **jis t. ir nepadarė (nepasakė)** he left it ùndóne (ùnsáid); **aš t. ir nesužinojau** I could néver learn 3: **t. pat** álsò; too (*po dkt. ir pan.*); (*neigiamuose sakiniuose*) éither (*pasakymo gale*); **jis t. pat važiuos į Vilnių** he will álsò go to Vílnius; he, too, will go to Vílnius; **jis t. pat nevažiuos į Vilnių** he will not go to Vílnius éither

taisykl||**ė** rule; *dgs. t.p.* règulátions; **laikytis** ~**ių** keep* the rules / règulátions ~**ingas** régular; (*be klaidų*) corréct; ~**ingi veido bruožai** régular féatures

tais||**ymas** (*gedimų, trūkumų*) ménding, repáiring; (*klaidų*) corréction; **teksto t.** aménding (of) the text ~**yti** mend, repáir; ~**yti klaidą** corréct a mistáke; set* / put* right a mistáke

tak||**as**, ~**elis** 1 path* 2 *sport.* track ~**oskyra** *geogr.* wátershèd

taksėti (*apie laikrodį*) tick

taktas I *muz.* time

takt||**as** II (*apie elgimąsi*) tact ~**ika** táctics ~**inis** táctical ~**iškas** táctful; **būti** ~**iškam** be* táctful, have* tact

talent||as tálent (*for*), gift (*for*); *jis
turi didelį* ~ą he is véry gífted
~ingas gífted, tálented

talka (colléctive) assístance, help

talkinink||as assístant, hélper ~auti
give* / rénder assístance (*to*)

talonas cóupòn, check

talp||a capácity; (*cisternos, bako*)
tánkage ~ykla recéptacle; *vandens*
~ykla réservoir ~umas capácity;
(*erdvumas*) capáciousness ~us capá-
cious

talžyti flog, lash; (*ranka*) slap

tampyti 1 stretch; (*traukyti*) pull
2 (*nešulius*) cárry

tampr||a, ~umas èlàstícity, resíliency
~us elástic, resílient

tams||a dark, dárkness; ~oje in
the dark ~ėti grow* / get* / becóme*
dárk(er); (*apie spalvas, dangų*) dárken
~iaplaukis dárk(-hàired); (*apie mo-
terį t.p.*) brunétte ~ybė 1 dark,
dárkness 2 *prk.* ígnorance, (ìntel-
léctual) dárkness

tamsinti dárken

tamsta you; sir (*kreipiantis į vyrą*);
mádam (*kreipiantis į ištekėjusią mo-
terį*); miss (*kreipiantis į merginą*)

tams||uma dark place ~umas dárk-
ness ~uolis, -ė ígnorant / ùnen-
líghtened pérson ~us dark (*apie spal-
vą t.p.*) deep; (*apie odą*) swárthy

tank||as *kar.* tank ~etė *kar.* tànkétte
~istas tánkman*; tánker *amer.*

tank||ėti 1 (*dažnėti*) becóme* more
fréquent 2 (*darytis tankesniam*)
thícken, becóme* / grow* dénser /
thíck(er) ~ynė, ~mė thícket

tank||inti (*dažninti*) make* more fré-
quent ~umas 1 (*dažnumas*) fréquency
2 thíckness; dénsity; *gyventojų*
~umas dénsity of pòpulátion ~umy-
nas thícket ~us 1 (*dažnas*) fréquent
2 dénse, thick; ~ūs plaukai thick
hair *sg*

tapat||ybė, ~ingumas ìdéntity, sáme-
ness ~ingas, ~us ìdéntical, (one
and) the same ~inti ìdéntifỳ

tap||yba páinting ~yti paint ~ytojas,
-a páinter

tapti becóme*, get*, grow*; *t. moky-
toju* becóme* a téacher

tarakonas cóckroach

tard||ymas *teis.* ínquest, invèstigátion;
parengtinis t. prelíminary in-
vèstigátion ~yti hold* an ínquèst;
exámine ~ytojas inquírer, invèstigà-
tor

tariam||as séeming, osténsible; *t. ligo-
nis* imáginary ínvalìd; ~oji nuosaka
gram. subjúnctive mood

taryba cóuncil; *Ministrų T.* Cóuncil
of Mínisters; *Saugumo T.* Secúrity
Cóuncil

tar||imas pronùnciátion ~inys *gram.*
prédicate ~ytum *jng.* as if / though
prv. (*lyg, kaip*) like; *jis dainuoja
~ytum lakštingala* he sings like a
níghtingàle

tarm||ė *lingv.* díalèct ~ybė, ~išku-
mas *lingv.* dìalécticism ~inis díalèct
attr, dìaléctal

tarnaitė sérvant; máidsèrvant, maid

tarn||as sérvant ~auti serve ~autojas
èmployée; óffice wórker ~avimas
sérvice

tarnyb||a sérvice, work, job ~inis
offícial; óffice *attr*; ~inė paslaptis
offícial sécrecy / sécret

tarp betwéen; (*tarp daugelio*) amóng; *t.
lango ir durų* betwéen the wíndow
and the door △ *t. mūsų kalbant*
betwéen oursélves; betwéen you and
me

tarp||ais *prv.* at íntervals; at times,
from time to time ~as ínterval, space,
span △ *tuo* ~u a) méanwhìle, in the
méanwhìle; b) (*kol kas*) so far

tarpeklis (*kalnų*) (móuntain-)gorge,
ravíne; cányon

tarpinink||as 1 médiàtor, ìntermédiary
2 *kom.* míddlemàn* ~auti médiàte;
(*užtariant*) ìntercéde (*for*); ~aujant
through the mèdiátion (*of*) ~avimas
mèdiátion; (*užtarimas*) ìntercéssion

tarp||inis ìntermédiate, ìntervéning
~miestinis ìntertówn, ìnterúrban

~planetinis ìnterplánetary ~tautinis ìnternátional

tarpti thrive*, prósper, flóurish

tarpu‖kalnė gorge, cányon ~**savis** mútual, recíprocal; ~**savyje suslję** ìnterdepéndent; ~**savio ryšys** ìnterrelátion ~**stotė** *glžk.* stage

tarsena pronùnciátion

tarsi *žr.* **tarytum 2**

taršyti: *plaukus t.* tóusle the hair

taršk‖alas ráttle ~**ėjimas** cláttetr, ráttle ~**ėti** ráttle, cláttetr ~**utis** ráttle

tart‖i 1 pronóunce; àrtículàte **2** (*sakyti*) útter, say* **3** (*manyti*) suppóse; think* ~**is 1** (*dėl*) consúlt (*on, about*), hold* a cònsultátion (*on*) **2** (*su*) consúlt (*smb*); ask advíce (*of*); take* cóunsel (*with*) **3** (*vesti derybas dėl*) negótiàte (*about*) **4** (*manyti apie save*) consíder / belíeve ònesélf (to be) ~**is** pronùnciátion ~**tum** *žr.* **tarytum 2**

tas, ta that (*pl* those); (*šitas*) this (*pl* these)

tąs‖yti pull / drag (alóng); *t. ką už plaukų* pull smb's hair; pull smb by the hair ~**umas** tènsílity ~**us** ténsìle

taš‖as squared beam / tímber ~**yti** square; ròugh-héw; trim

tašk‖as 1 point; (*dėmelė*) dot, spot **2** (*skyrybos ženklas*) full stop ~**yti** splash; (*nesmarkiai*) sprínkle; (*purvu*) spátter

tat, tatai *žr.* **tai**

taukai (*ánimal*) fat *sg*, grease *sg*

taukš‖ėti knóck; (*plaktuku*) hámmer ~**telėti** give* a knock / tap

taukšti táttle, jábber

taukuotas gréasy

taup‖yti save; lay* up, put* asíde ~**omasis** sáving; ~**omasis bankas** sávings-bànk ~**umas** thrift, ecónomy ~**us** thrífty, èconómical

taur‖ė 1 góblet; glass; cup (*t.p. sport.*) **2** *med.* cúpping-glàss; *statyti ~es* applý cúpping-glàsses (*to*), cup (*smb*)

taur‖inti ennóble ~**umas** nòbílity, nóbleness ~**us** nóble

tausoti 1 save; (*rūpintis*) take* care (*of*) **2** (*žmones, jausmus*) consíder; (*gailėti*) spare

taušk‖alas 1 (*plepalas*) chátter; twáddle **2** (*plepys*) chátterer ~**ėti 1** knock; cláttetr **2** (*plepėti*) chátter, jábber

taut‖a péople; nátion ~**ybė** nàtionálity ~**ietis** (fèllow-)cóuntryman* ~**ietė** (fèllow-)cóuntrywòman* ~**inis, ~iškas** nátional

tautosaka fólklòre

tauzyti talk nónsense / rúbbish

tav‖as(is) your; yours ~**iškiai** your péople

tavo (*su dkt.*) your; (*be dkt.*) yours; *tai t. pieštukas* this is your péncil; *tai t.* this is yours; *man t. nieko nereikia* I don't want ánything of yours

te! here!; *te, imk(ite)!* here, take it; here you are!

tebe- (*su vksm.*) still; *tebelyja* it is still ráining

techn‖ika 1 (*atlikimo būdas*) tèchníque(s) (*pl*), téchnics **2** (*veiklos sritis*) ènginéering **3** (*įrengimai*) (téchnical) equípment ~**ikas** technícian ~**inis, ~iškas** téchnical; tèchnológical

technolog‖as tèchnólogist ~**ija** tèchnólogy

tegu(l) let (*smb + inf*); *t. jis eina* let him go

teigiam‖as affírmative; *t. atsakymas* affírmative ánswer / replý ~**ybė** (*gera savybė*) quálity, mérit

teig‖imas assértion, àffirmátion; (*nepagrįstas, be įrodymų*) àllegátion ~**inys** pròposítion; prínciple ~**ti** affírm, maintáin, assért; insíst (that); (*nepagrįstai*) allége

teik‖ti 1 (*duoti*) give*; (*pagalbą ir pan.*) rénder, lend*; *t. malonumo* give* pléasure; *t. paramą* lend* / rénder suppórt **2** (*reikšmę*) attách **3** (*svarstymui*) presént ~**tis** *iron.* deign (+ to *inf*), be* so kind as (+ to *inf*)

teirautis (*apie*) ask (*after, about*); make* inquíries (*about*)

teis‖ė 1 right; *balsavimo t.* the vote, súffrage; *atimti kam ~ę* deprive smb of his right 2 (*mokslas*) law; ~*ės* **fakultetas** fáculty / depártment of law **3** *dgs.* (*liudijimas*) lícence ~**ėjas** 1 judge 2 *sport.* rèferée, úmpìre ~**ėtai** láwfully, by right ~**ėtas** ríghtful, láwful; légal; legítimate ~**ėtumas** láwfulness, legálity ~**iamasis** the accúsed ~**ybė** 1 truth 2 (*teisingumas*) jústice ~**ingas** 1 just; *būti* ~**ingam** be* just / fair (*to*) 2 (*apie atsakymą ir pan.*) corréct, right ~**ingumas** jústice; fáirness; ríghtness; (*teisybė*) truth; ~**ingumo ministerija** Ministry of Jústice

teisin‖**inkas** láwyer, júrist ~**ti** jústify; víndicàte ~**tis** jústifỳ ònesélf; (*atsiprašinėti*) make* excúses

teism‖**as** 1 (láw)-court; *Aukščiausiasis t.* Sùpréme Court 2 (*procesas*) tríal ~**ingas** *teis.* cógnizable, withín / únder the jùrisdíction (*of*) ~**inis** judícial; forénsic

teisn‖**umas** *teis.* (légal) capácity ~**us** *teis.* cápable

teis‖**ti** try; *būti* ~**iamam** be* on tríal ~**tumas** prévious convíction

teis‖**umas** ríghtness ~**us** right; *jis* ~**us** he is right

tekamas (*apie vandenį*) flówing, rúnning

tekėjimas 1 (*skysčio*) flow 2 (*prakiurus*) leak 3 (*saulės*) súnrìse

tekėlas gríndstòne

tekėti 1 (*apie skystį*) flow, run* 2 (*prakiurus*) leak, be* léaking 3 (*apie dangaus šviesulius*) rise* 4 (*už vyro*) márry

tekinas at a run, rúnning

tekinim‖**as** 1 (*galąstuvu*) grínding 2 (*staklėmis*) túrning; ~*o staklės* lathe *sg*

tekin‖**ti** 1 grind*; (*staklėmis*) turn 2 (*leisti tekėti*) let* flow ~**tojas, -a** túrner

tekis 1 boar 2 (*avinas*) ram

tėkmė flow, stream

tekstas 1 text 2 (*muzikai*) words *pl*

tekstilė téxtìles *pl*, téxtìle fábrics *pl*

tėkštelėti (*vandeniu*) splash

tėkšti 1 splash 2 (*suduoti*) slap, smack

tek‖**ti** 1 (*pasidalijant ir pan.*) fall* (*to, on*); *tai* ~*o jam* it fell to his lot 2 *beasm.* (*prireikti*): *man* (*jam ir t.t.*) ~*o* (+ *inf*) I (he, *etc.*) had (+ to *inf*); *jam* ~*s palaukti* he'll have to wait

telefon‖**as** télephòne; phone *šnek.*; *kalbėti* ~*u* speak* on the télephòne / phóne; *skambinti kam* ~*u* télephòne / phone smb, ring* smb up; *ar turite* ~*ą?* are you on the, *arba* have you a, télephòne at home? ~**inis** télephòne *attr* ~**ininkas, -ė** télephòne óperàtor, teléphonist ~**uoti** télephòne; phone *šnek.*

telegraf‖**as** télegràph; ~*u* by télegràph ~**ininkas, -ė** telégraphist; telégrapher *amer.* ~**uoti** télegràph, wíre; (*kabeliu*) cáble; ~**uokite man** wíre me, let me know by wíre

telegrama télegràm; wíre *šnek.*; (*kablograma*) cáble

televizij‖**a** télevision; TV *šnek.*; ~**os** *žiūrovas* télevìewer

televizorius télevìsion set; TV set

telyčia héifer

teliūskuoti shake*; *t. butelį* shake* the bóttle ~**s** swash

telk‖**imas** (*darbininkų*) recrúitment ~**inys** *geol.* bed, depósit

telkšoti lie* (*stágnant*)

telk‖**ti** (*darbininkus ir pan.*) recrúit ~**tis** come* / flock togéther; rálly

tem‖**a** súbject, theme; (*pokalbio, straipsnio t.p.*) tópic; *nukrypti nuo* ~**os** wánder / déviàte from the súbject; dìgréss ~**atika** súbjects *pl*; themes *pl*

temdyti dárken; *prk.* obscúre

temp‖**as** 1 rate, speed, pace; *augimo t.* rate of growth; *pašėlęs t.* fúrious / bréaknèck speed / pace; *sulėtinti* ~*ą* slácken the pace, slow down 2 *muz.* témpò, time

temperatūra témperature

tempiklis *tech.* strétcher, ténsion devíce

tempti 1 (*daryti, kad tįstų*) stretch **2** (*vilkti*) drag; (*traukti*) pull, draw*

tem‖ti *beasm.* grow* / get* dark; ~*sta* it is gétting dark

ten, tenai there

tenykš‖tis of that place, of those pláces; ~*čiai gyventojai* the inhábitants there, the inhábitants of that place

tenis‖as ténnis; *lauko t.* lawn ténnis ~*ininkas,* -*ė* ténnis-player

tenkinti sátisfỳ; meet*; *t. poreikius* sátisfỳ the requírements; *t. prašymą* complý with a requést

tenor‖as ténor; *dainuoti* ~u sing* ténor, have* a ténor voice

teor‖etikas théorist ~*ija* théory; *reliatyvumo* ~*ija* (théory of) rèlatívity ~*inis,* ~*iškas* theorétical

tepal‖as 1 grease; (*skystas*) oil; *batų t.* blácking **2** *farm.* óintment; (*skystas*) líniment ~*inė* *tech.* lúbricàtor, óiler, óilcàn

teplioti (*prastai piešti*) daub

tep‖ti 1 (*tepalu*) oil, grease; (*mašinų*) lúbricàte **2** (*dėti sluoksnį*) smear (*with*); spread* (*on*); *t. sviestą* spread* bútter (*on*), bútter ~*tukas* (*little*) brush ~*tuvėlis* (*skutimuisi*) sháving-brùsh

tėra there is / are ónly

terapeutas *med.* thèrapeútist

teritori‖ja térritory ~*nis* tèrritórial

terkšti ráttle, clátter

terl‖enti, ~*ioti* dírty, soil ~*iotis šnek.* (*nerimtai dirbti*) mess abóut (*with*); pótter (*with*)

termin‖as 1 (*laikas*) term; date; *paskutinis t.* the last term / date; *mokėjimo t.* date / term of páyment **2** (*žodis*) term ~*ija,* ~*ologija* tèrminólogy ~*uotas* fíxed-dàte *attr*

termometras thermómeter; *Celsijaus t.* cèntigràde (thermómeter)

terpentinas *chem.* túrpentìne

teršti soil (*ir prk.*); make* dírty; (*vandenį ir pan.*) pollúte; *t.* (*gerą*) *vardą* spoil one's rèputátion

tęsėjas, -*a* continuer

tesėti (*laikytis*) keep*; *t. žodį* keep* one's word; be* as good as one's word *idiom.*

tęsinys contìnuátion; séquel

testamentas will, téstament

tęs‖ti 1 contínue, go* on; cárry on **2** (*traukti*) pull, drag (alóng) **3** (*vilkinti*) protráct, deláy **4** (*ilgiau tarti*) drawl, drag out ~*tis 1* (*tįsėti*) stretch, exténd; *tolumoje* ~*iasi kalnai* there is a móuntain range in the dístance **2** (*užtrukti*) last; contínue, go* on; *liga* ~*iasi jau du mėnesius* the íllness has been drágging on for two months

tešla (*duonos*) dough; (*pyragaičių*) paste

tešmuo údder

teta aunt

tėtė, tėtis dad, dáddy

tetervinas *zool.* blóckcòck

tėv‖ai párents; ~*ų ir vaikų problema* gènerátion gap ~*as* fáther

tėvynain‖is compátriot, cóuntryman* ~*ė* cóuntrywòman*

tėvynė nátive land, móther cóuntry, mótherlànd, fátherlànd

tėvišk‖as fátherly; patérnal ~*ė* nátive land / cóuntry; home

tezė thésis (*pl* thésès)

tyč‖ia, ~*iomis 1* púrposely, on púrpose **2** (*juokais*) for fun △ *lyg t.* as ill luck would have it ~*iojimasis* móckery (*of*) ~*iotis* scoff (*at*), mock (*at*)

tiek so much (*su dkt. vns.*); so mány (*su dkt. dgs.*); *t. laiko* so much time; *t. knygų* so mány books; *t. pat kiek ...* as much / mány as ... △ *t. to* enóugh of that!, let's drop it!

tiek‖ėjas supplíer, províder; cáterer ~*imas* supplý(ing); provísion ~*ti* supplý (*with*), fúrnish (*with*); províde (*with*)

ties (*prie*) by; (*virš*) óver

ties‖a truth; *tai t.* it is true; ~*ą sakant* to tell* the truth; *iš* ~*ų* réally, indéed ~*ė* *mat.* straight line ~*iog*

1 right, straight 2 réal(ly); **aš** ~**log
nustebintas** I am réally astónished
~**loginis** diréct; ~**loginial rinkimai**
diréct eléctions; ~**loginis mokestis**
diréct tax; ~**loginė nuosaka** *gram.*
indícative mood; ~**logine prasme** in
the líteral sense; ~**loginis susisie-
kimas (traukinys)** through sérvice
(train) ~**ioji** *mat.* straight (line)

ties||**ti** 1 (*tiesinti*) stráighten 2 (*kelią*)
build* **3** (*ranką ir pan.*) stretch ~**tis**
stretch (ònesélf); exténd ~**us** straight
(*prk. t.p.*) stràightfórward; ~**us
žmogus** stràightfórward pérson

tigr||**as** tíger ~**ė** tígress

tik ónly, mérely; (*vien tik, tiktai, išim-
tinai*) sólely; *jis* **tik norėjo sužinoti**
he ónly / mérely wánted to know; *jūs
matote tik ...* all you can see is
...; **tik todėl, kad ...** just / mérely
becáuse ...; **tik paskutini momen-
tą** not till the last móment; **tik vė-
lai vakare** it was not until late in the
évening; **dabar tik antra valanda** it
is ónly two o'clóck now; **ką tik** just,
just now; **kad tik** if ónly; **kad tik ne-
susirgčiau** if ónly I did not fall ill

tikė||**jimas** faith (*ir bažn.*); belíef ~**ti**
belíeve; **aš tuo (juo ir t.t.) netikiu**
I do not belíeve it (him, *etc.*); ~**ti
Dievą** belíeve in God ~**tis** hope (*for*;
+ to *inf*); **tikiuosi, kad taip** I hope
so; **tikiuosi jus šiandien pamatyti**
I hope to see you todáy ~**tinas** prób-
able, líkely

tikyb||**a** (*relígious*) faith, relígion ~**inis**
relígious

tikimybė pròbabílity

tikinti try to convínce / persuáde (*of*)

tykoti be* on the watch (*for*); lie* in
wait / ámbush (*for*)

tikrai súre(ly), for sure; trúly △ **t.
sakant** próperly / stríctly spéaking

tikr||**as** 1 true; (*ne dirbtinis*) real;
t. deimantas real / pure díamond;
~**oji dalykų padėtis** the true
state of afáirs; ~**oji trupmena**
mat. próper fráction; **t. draugas**

real / true friend 2 (*neabejotinas*) sure,
cértain; **esu t.** I'm sure △ **tam t.**
some; (*specialus*) spécial; **tam** ~**ą
laiką** some time; **tam** ~**ais atve-
jais** in cértain cáses; **iš** ~**ųjų, iš** ~**o**
réally; indéed; as a mátter of fact
~**enybė** reálity

tikrin||**amasis** verifÿing, chécking
~**imas** vèrificátion; chéck(ing); chéck-
ùp *šnek.* ~**ti** verifÿ, check (up)

tikrov||**ė** reálity; ~**ėje** in reálity / fact

tikrumas (*įsitikinimas*) cértainty; (*kuo*)
cónfidence (*in*), cértitùde (*in*)

tiksėti tick

tiksl||**as** aim, goal, óbject, end, púrpose;
kuriuo ~**u?** for what púrpose?;
siekti ~**o** pursúe one's óbject, have*
for an óbject; **užsibrėžti** ~**ą** set*
ònesélf the task (of dóing smth); **galu-
tinis t.** últimate end / púrpose

tiksling||**as** expédient ~**umas** expédi-
ency

tiksl||**inti** make* more exáct / precíse /
áccurate; (*tiksliai apibrėžti*) spéci-
fÿ, defíne more exáctly / precísely /
áccurately ~**umas** exáctness, preci-
sion; (*teisingumas*) áccuracy; **ver-
timo** ~**umas** fáithfulness / áccuracy
of a trànslátion ~**us** exáct, precíse;
(*teisingas*) áccurate; ~**us vertimas**
exáct / áccurate / fáithful trànslátion;
~**us laikas** exáct time

tiktai *žr.* tik

tik||**ti** 1 be* fit (*for*), serve, do* (*for*);
(*apie žmogų t.p.*) be* fítted / súited
(*for*); **švarkas jam netinka** the jáck-
et doesn't suit him; **šis popierius
niekam** ~**ęs** this páper will not do
(at all); this páper is no good (at all)
2 (*patikti*): **jam (jai ir pan.) tinka**
he (she, *etc*) likes

tykus quíet, sílent; géntle

tyla quíet, sílence, still

tildyti sílence, still, calm

tyl||**ėjimas** sílence ~**ėti** keep* sílent /
sílence, be* sílent; ~**ėk(ite)!** shut up!
šnek. ~**iai, ~omis** sílently; ~**omis
nuleisti** pass (*smth*) óver in sílence;
kalbėti ~**iai** speak* in a low voice

tilpti (*apie žmones*) find* room; (*apie daiktus*) go* / fit* in; **ąsotyje telpa trys litrai** three litres go in the jug, the jug holds three litres; **spintoje telpa penkiasdešimt knygų** there is room for fifty books in the bookcàse

tilt‖as bridge; **pakeliamasis t.** dráwbridge; **nutiesti ~ą** build* a bridge; **nutiesti ~ą per upę** throw* a bridge acróss a river; span a river with a bridge

tilti grow* quiet; (*apie triukšmą, garsus*) cease, die awáy; (*apie audrą*) abáte

tyl‖umas 1 quietness, stillness 2 (*žmogaus*) réticence ~us 1 (*negarsiai skambantis*) quiet; still; low (*ypač apie balsą*); **~iu balsu** in a low voice / tone; **~us miškas** silent fórest; **~i naktis** still night; **t.   oras** calm wéather; **~i gatvė** quiet street 2 (*nekalbus*) tácitùrn, silent

tymai *dgs. med.* méasles

timp‖a (*lanko*) bówstring ~čioti, ~sėti, ~telėti jerk, pull; **~čioti ką už rankovės** pull smb's sleeve

ting‖ėjimas láziness, idleness, sloth ~ėti be* lázy / idle **~iniauti** be* idle; idle; (*slankioti*) loaf **~iniavimas** idleness; lóaf(ing) ~inys, -ė lázy pérson, idler, slúggard ~us lázy, indolent, slóthful

tinkam‖as 1 good (*for*), fit (*for*), súitable (*to, for*) 2 (*prideramas*) próper, right **~umas** fitness, súitableness

tinkas pláster

tinklainė *anat.* rétina

tinkl‖as 1 net 2 (*ko sistema*) nétwòrk **~ininkas, -ė** vólleybàiler, vólleybàll pláyer **~inis** *dkt. sport.* vólleybàll

tink‖uoti pláster, stúccò **~uotojas, -a** plásterer

tinti (*nuo ligos*) swell* (out)

tip‖as 1 type; **laivo t.** class of ship 2 *šnek.* féllow; (*keistuolis*) cháracter **~ingas** týpical; (*men. t.p.*) rèpreséntative **~inis** type *attr*; módel *attr*, stándard *attr*; **~inė sutartis** módel

agréement **~iškas** týpical, chàracterístic

tyrai (*dykuma*) waste *sg*, wilderness *sg*

tyras (*grynas, skaidrus*) pure (*ir prk.*); clear; **t. vanduo** pure wáter; **t. oras** clear / pure air

tiražas 1 (*knygos*) printing, edition (*of so many copies*); (*periodinio leidinio*) circulátion 2 (*paskolos, loterijos*) dráwing

tyrė pórridge

tiriamas séarching; **t.   žvilgsnis** séarching look **~is** reséarch *attr*; **~is darbas** reséarch (work)

tyrimas reséarch, invèstigátion, análysis (*pl -sès*); **kraujo t.** blood análysis

tyrinė‖jimas invèstigátion, reséarch; stúdy; (*krašto ir pan.*) èxplorátion **~ti** invéstigàte, reséarch; (*kraštą*) explóre **~tojas, -a** reséarcher, invèstigàtor; (*krašto*) explórer

tiron‖as týrant **~iškas** tyránnical

tirp‖alas *chem.* solútion **~dyti** 1 (*riebalus ir pan.*) melt 2 (*skystyje*) dissólve **~ti** 1 (*skystyje*) dissólve 2 (*apie sniegą, ledą*) thaw 3 (*lydytis*) melt 4 (*apie rankq, koją*) grow* numb **~us** 1 mélting; fúsible 2 *chem.* sóluble

tirščiai (*sriubos*) the thick; (*kavos*) grounds

tiršt‖ai thick(ly); **t.   gyvenamas** dénsely pópulàted, pópulous **~as** thick, dense **~ėti** thícken; get* / grow* thíck(er) **~imai** *žr.* tirščiai; **~inti** thícken; (*kondensuoti*) condénse **~is, ~umas** thíckness, dénsity

tirti invéstigàte, stúdy, exámine

tyrumas púrity

tįsėti (*driektis*) stretch, exténd

tysoti sprawl, lie* stretched out

tįsti (*apie gumą ir pan.*) stretch

titnagas *min.* flint

titul‖as títle **~inis** *poligr.* títle *attr*; **~inis lapas** títle-pàge **~uoti** títle; style

tyvuliuoti lie*; stretch

t̓.ižti 1 (*apie žmogų*) becóme* / grow* slúggish / slóthful 2 (*apie žemę* ir *pan.*) becóme* / grow* slúshy

tobul‖as pérfect ~ėti grow* pérfect; impróve ~ybė, ~inimas perféction; *pasiekti* ~ybę attáin perféction ~inti perféct; impróve ~intis perféct ònesélf (*in*) ~umas perféction

todėl thérefòre; so; that is why

tok‖s, -ia such; (*tik prieš būdvardį t.p.*) so; t. *sunkus uždavinys* such a dífficult task, so dífficult a task; *tai t. malonumas!* it is such a plésasure!; ~ios *gilios mintys* thoughts so profóund; t. pat (*kaip*) the same (as); t. *pat didelis, kaip* ... as big as; ~iu būdu thus; in that way; *kas jūs t.?* who are you?

tol, tolei untíl, till; *skambinkite tol, kol atsakys* ring till you get an ánswer

toleruoti tóleràte

tol‖esnis fúrther (*erdvės atžvilgiu t.p.*) fárther; (*paskesnis*) súbsequent; t. *vystymasis* súbsequent devélopment ~i far (off); in the dístance; (*nuo*) far* (*from*); a greаt dístance awáy (*from*); *iš* ~i from far (awáy), from afár; from a dístance

toliareg‖is 1 lóngsíghted, fársíghted 2 *prk.* fárséeing, fársíghted ~ystė, ~iškumas 1 long sight 2 *prk.* (*įžvalgumas*) fóresìght

tolybė (long) dístance; *tokia* (*kelio*) t. such a long way off

toliau 1 fúrther; (*apie nuotolį t.p.*) fárther 2 (*tęsiant tai, kas pradėta*) fúrther (+ to *inf*); contínue (+ *ger*, + to *inf*), go* / keep* on (*with*, + *ger*); *jis toliau dirbo savo darbą* he contínued, *arba* procéeded with, his work, he went on with his work, *arba* wórking △ *ir taip t.* and so on / forth (*sutr. etc*)

tolyg‖inis 1 éven 2 *fiz., tech.* únifòrm ~umas 1 évenness 2 ùnifórmity ~us 1 équal; éven 2 (*toks pat*) ìdéntical, the same

tol‖imas dístant, remóte; far* (awáy) ~yn (*plaukti, eiti*) fárther ~is dístance

tol‖ti move awáy (*from*) ~uma dístance; ~umoje in the dístance, far off; *žvelgti* ~umon look ínto the dístance ~umas dístance ~us far; dístant

tomas vólume

ton‖a ton ~ažas tónnage

ton‖as tone; *duoti* ~ą set* the tone; (*prk. t.p.*) set* the fáshion

tortas cake

tost‖as toast; (*į kieno sveikatą*) health; *pakelti* ~ą toast, drink* (*to*); (*pa*)- *siūlyti* ~ą propóse a toast

totorius, -ė Tátar ['tɑ:-]

tradic‖ija tradítion ~inis tradítional

tragedija trágedy

trag‖ikas 1 (*aktorius*) tragédian, trágic áctor 2 (*rašytojas*) tragédian ~iškas trágic(al) ~izmas trágedy

traiškan‖os pus (*from the eye*) *sg* ~oti dischárge pus

traiškyti squash, crush; (*spausti*) press

traktor‖ininkas, -ė tráctor-drìver ~ius tráctor

tramd‖yti 1 tame 2 (*malšinti*) suppréss ~ytojas, -a támer

tramvajus 1 trámway, tram; street ráilway *amer.* 2 (*vagonas*) tram, trámcàr; stréet-càr *amer.*

tranas drone

trank‖yti (*daužyti*) knock; (*važiuojant*) jolt ~ytis (*bastytis*) roam; ~ytis *po pasaulį* knock abóut all óver the world ~us 1 (*apie vežimą*) jólty 2 (*apie kelią*) búmpy

transl‖iacija, ~iavimas bróadcàst(ing); reláy ~iuoti bróadcàst; (*iš teatro* ir *pan.*) reláy

transport‖as 1 tránspòrt; *geležinkelio* t. ráil(way) tránspòrt; *oro* t. air tránspòrt; ~o *priemonės* means of trànspòrt 2 *kar.* (*gurguolė*) tránspòrt, train

trapecija 1 *mat.* trapézium 2 *sport.* trapéze

trap‖umas 1 bríttleness 2 (*gležnumas*) fráilty, délicacy ~**us** 1 (*lūžus*) bríttle 2 (*glėžnas*) frágile, frail, délicate

trasa route; *oro t.* áir-ròute, áirway

trąša fértilìzer

trašk‖ėjimas, ~**esys** cráckle, cráckling ~**ėti** cráckle; (*apie ledą*) crack

trąšus (*apie žemę*) rich, fértile

tratėti (*barškėti*) crack, cráckle; (*apie būgną ir pan.*) ráttle

trauka 1 *fiz.* attráction; *žemės t.* attráction of grávity 2 (*traukiamoji jėga*) tráction

traukinys train; *prekinis t.* goods train; freight train *amer.; t. jau išėjo* the train is off

trauk‖yti 1 pull, tug (*at*); (*iminėti iš kur traukiant*) draw* / pull out; extráct 2 (*traukuliui tampyti*) twitch; cramp; convúlse; *jį visą* ~**o** his whole bódy twítches; *man pirštą* ~**o** I have twínges in my finger

trauk‖ti 1 (*tempti*) pull, draw*; (*vilkti*) drag; (*apie garvežį ir pan.*) haul; (*iš kur*) draw* (out), pull out 2 (*pūsti skersvėjui*) draw*; *čia* ~**ia** there is a draught here 3 (*į sąrašą*) énter (*in*) 4 (*vilioti, masinti*) draw*, attráct 5 (*eiti, važiuoti*) move; make* (*for*), make* one's way (*to, towards, for*) 6 *žr.* traukyti 2 △ *t. ką at-sakomybėn* make* smb ánswer (*for*); make* smb ánswerable (*for*) ~**tis** 1 (*atgal*) pull / draw* back; *kar.* retréat 2 (*apie audinį*) shrink* △ ~**tis iš kelio** step asíde

traukulys cramp, spasm

trečdalis a / one third

trečia‖dienis Wédnesday; ~**dieniais** on Wédnesdays, évery Wédnesday ~**eilis** thírd-ráte; (*nesvarbus*) ìnsig-níficant ~**rūšis** thírd-quálity, thírd-ráte

treč‖ias third; ~**ias(is) asmuo** *gram.* third pérson; ~**iuoju asmeniu** in the third pérson; *viena* ~**ioji** one third △ *iš* ~**iųjų rankų** ìndiréctly

trejaip in three (dífferent) ways, in a thréefòld mánner

trejet‖as three ~**ukas** (*pažymys*) three; *jis gavo* ~(**uk**)**ą iš istorijos** he got three for hístory

trej‖i three ~**opas** of three (dífferent) kinds

trėkšti 1 (*išspausti*) press / squeeze (out) 2 (*uogą, kirminą*) squash, crush

trempti (*žolę; ir prk.*) trámple (down)

tremt‖i éxìle, bánish ~**inys** éxìle, dèportée

treneris tráiner; (*komandos*) coach

treniruo‖tė tráining: (*sport. t.p.*) cóaching ~**ti** train; coach

trenksm‖as crash, bang ~**ingas** thún-derous

trenkti 1 crash; bang; (*apie griaustinį ir pan.*) strike* 2 (*mesti*) fling*, throw* víolently 3 (*turėti kvapą*) smell* (*of*)

trep‖enti, ~**sėti** stamp (one's feet)

trestas *ekon.* trust

treškėti cráckle; (*apie ledą*) crack

trešnė (sweet) chérry

tręšti fértilìze; (*mėšlu*) manúre, dung

triaukštis thrée-stórey(ed) [-rɪd]

tribūna 1 plátfòrm; tríbùne 2 (*žiūro-vams*) stand

tribunolas tribúnal

trigonometrija trìgonómetry

trigub‖as thréefòld, tríple ~**ėti,** ~**inti** tréble, tríple

trikampis I tríàngle

trikampis II thrée-córnered; triángular

trikdyti distúrb, break*

trikojis trípòd

trikotažas 1 (*audinys*) stòckinét, knít-ted fábric 2 (*gaminiai*) knítting, knítwear

trykšti gush, spout; (*čiurkšle*) spurt out; *jai ašaros tryško iš akių* tears gushed from her eyes

trikti 1 (*apie tvarką*) be* / get* bróken 2 (*klysti*) make* mistákes

trylik‖a thírteen ~**ametis** thírtéen-year-óld ~**tas** thìrtéenth; ~**tas pus-lapis** page thìrtéen; *sausio* ~**toji** the thìrtéenth of Jánuary, Jánuary the thìrtéenth

trilinkas thréefòld

trilypis consísting of three, tríple

trìmetis I (périod of) three years

trimĕtis II 1 thrée-year *attr* 2 (*apie amžių*) thrée-year-óld

trimit‖as trúmpet ~uoti trúmpet; blow* / sound the trúmpet

trinaris *dkt., bdv. mat.* trìnómial

trynys (*kiaušinio*) yolk

trinkti (*galvą, plaukus*) shàmpóo, wash one's head / hair

trin‖ti 1 rub 2 (*smulkinti*) grind*; (*trintuve*) grate 3 (*sukelti skausmą*) rub sore, chafe ~tìs fríction ~tukas eráser, rúbber ~tuvė gráter

trynukai tríplets

triokštelĕti crack, snap

trypčioti stamp

trypti (*ir prk.*) trámple; *t. kojomis iš pykčio* stamp one's foot with ánger

trys three

trisdeš‖imt thírty; *jam apie t. metų* he is abóut thírty; *jam daugiau kaip t. metų* he is óver thírty; *t. kilometrų* (*nuo*) thírty kílomètres (*from*) ~imtas thírtieth; *sausio* ~imtoji Jánuary the thírtieth, the thírtieth of Jánuary; ~imtas puslapis page thírty

trise the three of them / us / you (togéther)

tris‖kart, ~syk three times

tri‖skiemenis *gram.* trìsyllábic ~spalvis thrée-còlour(ed); of three cólours *po dkt.*; (*apie véliavą ir pan.*) trícòlour ~šalis, ~šonis thrée-sìded; trìláteral

triukšmadarys, -ė bráwler

triukšm‖as noise; (*sujudimas*) úpròar; (*su*)*kelti* ~ą make* a noise ~auti make* a noise; be* nóisy; *vaikai* ~auja the chíldren are making a lot of noise; the chíldren are nóisy ~ingas nóisy; loud; (*entuziastiškas*) ùpróarious

triumf‖ališkai trìúmphantly; in tríumph ~as tríumph ~uoti tríumph

triūs‖as lábour, work ~ti lábour, work; fag; ~ti prie ko toil / lábour at smth

triuš‖‖ena rábbit-skìn ~iena rábbit ~is rábbit

triuškin‖‖amas sháttering; *t. smūgis* crúshing blow ~ti 1 crush, smash; *t. priešą* òverwhélm / rout the énemy 2 (*kaulą*) crunch

trivietis thrée-sèater, with three seats

trob‖‖a cóttage, (fárm-)house* ~elė cábin, hut, shack ~esys búilding, house*

trofėj‖‖inis tróphy *attr*, cáptured ~us tróphy; *dgs. kar.* spoils of war

trokšti 1 (*norėti gerti*) be* / feel* thírsty 2 (*dusti*) choke, súffocàte 3 (*geisti*) desíre, wish; (*smarkiai*) thirst (*for, after*), crave (*for*), long (*for*); hánker (*after*)

troleibusas trólleybùs; trólley *amer.*

trošk‖‖imas wish (*for*), desíre (*for*); (*didelis*) thirst (*for*); lónging (*for*); húnger (*for*); *garbės t.* àmbítion; *valdžios t.* love of pówer; *jo* ~imai *išsipildė* his wíshes have been fulfílled ~inti 1 (*neduoti gerti*) cause to súffer from thirst, depríve of drink 2 (*norėtis gerti*) be* thírsty 3 *kul.* stew ~ulys thirst ~us súffocàting; (*tvankus*) stífling, stúffy

trūkčioti jerk, twitch; draw* (ìntermittently / ìnterrúptedly)

trukd‖‖ymas híndrance; (*gaišinimas*) deláy ~yti hínder, hámper, impéde; (*neduoti ramybės*) distúrb; (*gaišinti*) deláy

trūkinėti (*apie odą ir pan.*) chap

trūkis *med.* rúpture; hérnia *moksl.*

trukmė length; durátion

trūkstamas míssing, lácking

trukti last, contínue

trūk‖‖ti 1 (*stigti*) lack; *ko jums* ~sta? what do you lack?; *mums* ~sta *darbininkų* we lack wórkers; *jam* ~sta *žodžių* he cánnòt find words; *jam* ~sta *pinigų* he is short of móney, he has not got móney enóugh; ~stant *ko* for want of smth 2 (*plyšti, sprogti*) burst*; (*apie virvę, siūlą*) break* △ *juokais t.* split* / burst* one's sides with láughter, burst* with láughter; ~s *plyš* at ány price, at all costs; *jam galvoje* ~*sta* he has a screw loose

trūkum‖**as** 1 (*stoka, nepriteklius*) lack (*of*), shórtage (*of*), defíciency (*in*); *pinigų t.* want of móney 2 (*yda*) fault, shórtcòming; (*netobulumas*) imperféction; *turéti rimtų* ~*ų* súffer from great shórtcòmings; *kūno t.* córporal / bódily deféct

trumpalaik‖**is** shórt-térm; ~*ė paskola* shórt(-tèrm) loan

trumpareg‖**is** shórtsíghted, néarsíghted; mỳópic *med.* ~*ystė,* ~*iškumas* 1 short / near sight; mỳópia *med.* 2 *prk.* shòrt-síghtedness

trump‖**as** short; brief; ~*osios bangos rad.* short waves; ~*asis sujungimas el.* short círcuit; ~*a atmintis* short mémory ~*ėti* shórten, grow* shórt(er) ~*ikė* 1 blouse 2 *dgs.* shorts ~*inti* 1 shórten 2 (*žodį*) abbréviate; (*knygą ir pan.*) abrídge

trūn‖**yti** rot, decáy ~*us* périshable

trupė troupe; cómpany (*of actors, acrobats, etc.*)

trup‖**ėti** crúmble ~*inys* crumb

trup‖**inti** crúmble, crumb ~*mena mat.* fráction ~*us* crúmbly; (*apie pyragaitį*) short; (*apie metalą*) brittle

truput‖**is** a líttle, a trífle, some, a bit; *po* ~*į* a líttle (at a time); (*pamažu*) líttle by líttle

tu you; *tai tu* it is you; *pas tave atėjo draugai* some friends have come to see you △ *kur tau!* (*visai ne!*) nóthing of the sort!

tuberkuliozė *med.* tubèrculósis; *plaučių t.* consúmption, púlmonary tubèrculósis

tučtuojau immédiately, diréctly, ínstantly; *t. po* immédiately áfter

tūkstantadalis one thóusandth, a thóusandth part

tūkstant‖**as** thóusandth ~*eriopas* thóusandfòld ~*inis* of mány thóusands; ~*inė minia* a crowd of mány

thóusands ~*is* a thóusand; *penki tūkstančiai* five thóusand; *tūkstančiai žmonių* thóusands of péople ~*metis* a thóusand years; millénnium

tukti grow* fat, put* on weight; (*apie paukštį*) grow* plum; (*apie gyvulį*) fátten

tulpė *bot.* túlip

tulž‖**is** bile (*ir prk.*); (*gyvulius*) gall; ~*ies akmuo med.* gáll-stòne; ~*ies pūslė* gáll-blàdder; ~*į išlieti* give* vent to one's bile

tumul‖**as** lump; *sniegas* ~*ais drebia* snow is fálling in flakes

tundra túndra

tunelis túnnel

tūnoti stick* (*in*); (*pasislėpus*) hide* and stay / remáin (sómewhère)

tuodu, tiedvi those two; both

tuoj, tuojau immédiately, at once; *t. pat* on the spot, présently, diréctly; *jis t. ateis* he'll be here présently, he'll soon be here; he won't be long *šnek.; t.!* in a mínute!

tuokti(s) márry; régister a márriage

tuolaikinis of that time *po dkt.*

tuomet at that time ~*inis* of / at that time *po dkt.*

tuopa *bot.* póplar

tūpčioti 1 squat 2 *prk.* dance atténdance; (*pataikauti*) fawn (*upon*) △ *t. vietoje* mark time, make* no héadway

tupdyti 1 (*paukščius*) perch, sit*; *t. vištą ant kiaušinių* set* a hen on eggs 2: *t. į kalėjimą šnek.* put* ínto príson; jail *amer.*

tupėti 1 (*apie paukščius*) be* perched 2 (*apie žmogų*) squat

tupinėti *žr.* tūpčioti

tūpti 1 (*apie paukščius*) perch 2 (*apie žmogų*) squat 3 (*apie lėktuvą*) land

turbūt próbably, véry líkely; ought (+ to *inf*) must (+ *inf*); *jis t. ten* he is próbably there; *jis t. čia* he must be here; *jis t. ateis* he will próbably, *arba* he is líkely to, come; *jis t. išvyko* he must have gone; *jūs* *t. girdėjote apie tai* you must have heard of it

turbina *tech.* túrbine

turėklai ráil(ing) *sg*; (*laiptų t.p.*) hándrail *sg*; (*viduje namo*) bánisters

turė‖ti 1 have*; have* got *šnek.*; posséss; *t. teisę* have* / posséss the right; *t. talentą* posséss a tálent; *t. reikšmę* mátter; *neturėti reikšmės* be* of no impórtance; *t. reikalų su kuo* have* to do with smb, deal* with smb 2 (*privalėti*) must (+ *inf*), ought (+ to *inf*); have* (+ to *inf*); *jis turi jam parašyti* he must write to him, he has to write to him 3 (*laikyti rankoje ir pan.*) hold*; keep* 4 (*t. savyje; susidėti*) have*, hold*, contáin; *ši rūda turi daug geležies* the ore contáins much íron; *gegužis turi trisdešimt vieną dieną* May has thírty one days *~tojas, -a* posséssor; hólder

turgavietė márket(-plàce)

turgus márket

turin‖ingas píthy; full of méaning *~ys* 1 (*esmė*) cóntènt, mátter; *laiško ir pan. ~ys* cóntènts of a létter, *etc.*; *knygos ~ys* súbject-màtter of a book; *trumpas ~ys* súmmary, ábstràct 2 (*antraščių sąrašas*) (táble of) cóntènts *pl* 3 (*butelio, indo*) cóntènts *pl*

tūris vólume

turi‖stas, -ė tóurist *~zmas* tóurism, tóuring

turk‖as, -ė Turk; *~ų kalba* Túrkish, the Túrkish lánguage *~iškas* Túrkish

turkmėnas, -ė Túrkmen

turnyras tóurnament

turt‖as 1 (*vertybės, lobis*) ríches *pl*, wealth 2 (*nuosavybė*) próperty *~ėti* grow* rich *~ingas* rich; (*apie žmogų, valstybę ir pan. t.p.*) wéalthy; *~ingas ko* rich in smth *~ingumas* ríchness *~inti* enrích; *~inti savo patyrimą* enrích one's expérience

~uolis, -ė rich pérson; *~uoliai* the rich

tušas I Índian ink

tušas II *muz.* flóurish

tuščiagalvis, -ė émpty-hèaded / ráttle-bràined pérson

tuščiakalbis, -ė ídle tálker; wíndbàg *šnek.*

tuš‖čias 1 émpty; (*neprirašytas*) blank 2 (*be turinio*) ídle; (*nerimtas*) hóllow, shállow; *~čia kalba* ídle talk; *~čios svajonės* cástles in the air; *~ti žodžiai* mere words 3 (*bergždžias*) vain, fútile; *~čios viltys* vain hopes; *~čios pastangos* fútile éfforts △ *~čia jo!* damn him! *~čiaviduris* hóllow *~čiomis* émpty-hánded

tušt‖ėti (becóme*) émpty *~ybė* 1 (*tuštumas*) émptiness 2 (*niekybė*) vánity *~inti* 1 (*išgerti*) toss off, drain at a dràught 2 émpty; (*patalpą ir pan.*) vacáte *~intis* *fiziol.* evácuàte (one's bówels) *~umas* 1 émptiness 2 (*pastangų*) futílity 3 (*niekybė*) vánity

tušuoti shade (with Índian ink)

tūt‖a, ~elė (*šovinio*) cártridge-càse

tūzas (*korta*) ace

tuzinas dózen △ *velnio t.* báker's dózen

tūžti grow* fúrious / sávage

tvaikas (*smarvė*) stink, stench

tvaks‖ėti (*apie širdį, pulsą*) beat*; *širdis smarkiai ~i* the heart is thróbbing / thúmping / béating

tvanas délùge

tvank‖umas 1 clóseness, stúffiness 2 (*kaitra*) súltriness, swélter *~us* 1 close, stúffy 2 (*kaitrus*) súltry

tvardytis restráin / contról / check òne-sélf; *jis negali t.* he has no commánd / contról óver himsélf

tvark‖a órder *~araštis* tímetàble; schédùle; *traukinių ~araštis* train schédùle; *pagal ~araštį* accórding to tímetàble / schédùle *~darys, -ė* pérson who maintáins órder *~ingas* órderly; (*švarus*) tídy, neat *~yti* 1 put* in (good) órder; régulàte

2 (*reikalus*) mánage; kéep* 3 (*kambarį*) tídy (up), do* ~ytojas, -a mánager

tvarst||**is** bándage, dréssing ~yti bándage, dress ~omasis dréssing *attr*; ~*omoji medžiaga* dréssing

tvartas (*galvijams*) cáttle-shèd, cówhouse*; *arklių* t. stáble; *kiaulių* t. pígstỳ

tvenk||**inys** pond ~ti pond, dam (up)

tverti 1 (*griebti*) seize, grab; *t. kam už rankos* seize / grab smb by the hand 2 (*būti patvariam, laikytis — apie drabužį*) last 3 (*kęsti*) bear*, endúre 4 (*tvorą*) fence, enclóse 5 (*žaizdą*) bándage, dress

tvykstelėti flare (up); (*žybtelėti*) flash

tvindyti flood; índundàte

tvink||**čioti**, ~**sėti** béat*, pùlsáte; (*smarkiai*) throb ~**snis** stroke (of the pulse)

tvinkti 1 (*apie votį*) gáther 2 swell*

tvinti (*kilti vandeniui*) rise*, swell*

tvirkin||**ti** debáuch, corrúpt, depráve ~**tojas**, -**a** debáucher

tvirkti grow* / becóme* corrúpted / depráved

tvirt||**as** strong, firm; *t. organizmas* stúrdy / strong cònstitútion; ~**a sveikata** robúst health; *t. žmogus* strong man*; *t. įsitikinimas* firm belief; ~**os žinios** sound knówledge *sg*; ~**os kainos** stáble príces ~**ėti** get* / becóme* strónger ~**ybė** strength

tvirtin||**imas** (*teigimas*) assértion, státement, àffirmátion; (*nepagrįstas*) àllegátion ~**ti** 1 (*teigti*) affírm, maintáin, assért; (*nepagrįstai*) allége 2 (*sankcionuoti*) appróve; confírm 3 (*parašą*) wítness 4 (*padėtį*) consólidàte; *kar.* fórtifỳ

tvirt||**ovė** 1 *kar.* fórtress 2 *prk.* strónghòld; búlwark ~**umas** strength; fírmness; solídity

tviskėti shine*; (*apie žvaigždes*) twínkle

tvora fence

tvoti strike*; (*su dusliu garsu*) thump, thud; *t. lazda* drub / strike* with a stick

---

U

ugdyti 1 bríng* up, rear; (*kadrus*) train 2 (*vystyti*) devélop 3 (*žadinti*) fóster, cúltivàte

ūgis height; státure; *jis mano ūgio* he is my height; *aukšto ūgio* tall, of a large státure; *mažo ūgio* short, of a small státure; *pagal ūgį* accórding to height

ugniagesys fíreman*

ugniakuras fíreplàce

ugnikalnis vòlcánò; *veikiantis* u. áctive vòlcánò; *užgesęs* u. extínct vòlcánò

ugningas fíery

ugn||**is** fíre; *sukurti* ~**į** make* a fíre; *atsparus* ~**iai** fíreproof; *paleisti* ~**į** *kar.* ópen fire

uiti (*varyti*) drive* (out / awáy)

ūkan||**a** mist; (*tanki*) fog ~**otas** místy; fóggy ~**oti(s)** becóme* / grow* místy / házy

ūkinink||**as**, -**ė** fármer ~**auti** mánage a farm, be* a fármer

ūk||**inis** èconómic; ~**inės prekės** hóusehòld goods ~**is** 1 ecónomy; *tautos* ~**is** nátional ecónomy; *namų* ~**is** hóusekeeping 2 *ž.ū.* farm

ūkišk||**as** (*apie žmogų*) thrífty, èconómical ~**umas** ecónomy

ukrainie||**tis**, -**ė** Ùkráinian; ~**čių kalba** Ùkráinian, the Ùkráinian lánguage

ūkti (*apie pelėdą*) hoot

ūkvedys mánager; stéward -**ė** hóusekeeper

ulb||**auti**, ~**ėti** (*apie karvelį*) coo

ultimatumas ùltimátum

ūmėdė (*grybas*) rússùle

ūmus (*apie žmogų*) quíck-témpered; (*apie charakterį*) péppery

undinė wáter-nýmph, mérmaid

ungurys *zool.* eel; grig

uniform‖a únifòrm; (*kar. t.p.*) dress ~uotas únifòrmed, in únifòrm

universal‖inis, ~us ùnivérsal; ~inė **parduotuvė** depártment / géneral store

universitetas ùnivérsity

uodas gnat, mosquítò

uodeg‖a tail; (*lapės*) brush; (*triušio, elnio*) scut △ **vilktis** ~oje lag / drag behínd

uog‖a bérry ~auti pick bérries ~autojas, -a bérry-pìcker ~ienė jam ~ienojas bérry stalk

uoksas (*medžio*) hóllow

uol‖a rock; (*pajū̃ryje*) cliff ~iena rock ~otas rócky

uol‖umas zeal; díligence, àssidúity ~us zéalous; díligent, assíduous

uosis *bot.* ásh(-tree)

uoslė 1 (sense of) smell; (*gyvulių t.p.*) scent 2 *prk.* flair, scent; **kalbos** u. linguístic féeling

uostamiestis séaport (town)

uostas port; hárbour

uost‖i smell*, sniff; scent ~inėti sniff (*at*), smell* (*at*); smell* / nose abóut ~yti smell*, sniff; nose; **tabaką** ~yti take* snuff

uošv‖ė, ~ienė móther-in-law ~is fáther-in-law

ūpas (*nuotaika*) mood; spírits *pl*

up‖ė ríver, stream ~eivis, -ė ríver tránspòrt wórker ~ėtakis trout ~ynas ríver-bàsin ~okšnis brook; creek *amer.*

uraganas húrricane, tòrnádò

urgzti growl, snarl

urna urn; **rinkiminė** u. bállot-bòx

urvas cave, búrrow; (*didelis*) cávern

ūs‖as, ~elis 1 moustáche 2 (*gyvulio*) whísker 3 *bot.* téndril

usnis thístle

utėl‖ė louse* ~ėtas lóusy

uzbek‖as, -ė Úzbèk; ~ų **kalba** Úzbèk, the Úzbèk lánguage

už 1 (*užpakaly*) behínd; (*anapus*) beyónd; **už spintos** behínd the

wárdròbe; **už vartų** beyónd, *arba* the óther side of, the gate 2 (*už ribų, išorėje*) óutsíde, out of; **už miesto** óutsìde the town 3 (*reiškiant daiktą, už kurio imama, laikoma ir pan.*) by; **vestì ką už rankos** lead* smb by the hand 4 (*kieno naudai, labui*) for; **balsuoti už pasiūlymą** vote for the propósal; **kovoti už tėvynę** fight* for one's cóuntry 5 (*palyginimuose*) than; **ši knyga geresnė už aną** this book is bétter than that one 6 (*žymint atstumą*) at; (*žymint laiką*) in; **už penkių kilometrų nuo** ... at five kílomètres' dístance from ...; **už dviejų valandų** in two hours; **už metų** in a year

užakti be* stopped, be* blocked up

užantspauduoti seal (up)

užarti plough (down)

užaštrinti shárpen, make* sharp

užauginti raise; (*vaikus*) rear, bring* up; (*gyvulius t.p.*) rear, breed*

užaugti 1 (*apie vaiką*) grow* (up) 2 (*žolė ir pan.*) òvergrów*, be* òvergrówn (*with*)

ūžau‖ti 1 make* a noise; **vaikai** ~ja the chíldren make* a great noise; the chíldren are nóisy 2 (*apie jūrą, vėją*) roar 3 (*puotauti*) rével, caróuse

užbaigti fínish (up), end; compléte; (*kuo*) conclúde (*with*)

užbaltinti: u. **sriubą pienu** (*grietine*) put* milk (cream) ínto one's soup; add milk (cream) to the soup

užbarstyti strew*, cóver (*with*)

užbėg‖ti 1 (*pakeliui*) drop in 2 (*pvz., ant kalno*) run* up 3 (*susidurti*) run* (*into, against*) △ u. **už akių** fòrestáll; (*pasakojant*) fòrestáll the end of one's stóry; u. **įvykiams už akių** fòrestáll evénts; **aš norėjau jums tai padaryti, bet jis man** ~o **už akių** I wánted to do it for you, but he àntícipàted / fòrestálled me, *arba* got ahéad of me

užberti (*užpilti*) pour (*upon, over*); (*paviršium*) strew*, cóver; (*duobę*) fill (up)

užbraukti cross / strike* out

užbrėžti scratch

užbrukti (*už*) shove (*behind*), thrust* (*behind*)

užburti bewítch, enchánt

uždainuoti begín* to sing; u. **dainą** break* ínto a song

uždang||a 1 cúrtain; **pakelti** ~**ą** raise the cúrtain; **nuleisti** ~**ą** drop the cúrtain 2 *prk.* veil, screen; *dūmų* u. smókescreen ~**alas** 1 (*langų*) cúrtain 2 (*dangtis*) lid; cóver ~**styti** cóver

uždaras I *kul.* séasoning, rélish

uždar||as II closed; ~**ose patalpose** índóors △ ~**omis durimis** behínd closed doors; in prívate

uždarb||iauti earn ~**is** éarnings *pl*; **lengvas** ~**is** éasy móney

uždaryti 1 (*duris, langą*) shut*, close 2 (*nutraukti veikimą*) close / shut* down 3 (*į kalėjimą*) impríson 4 (*valgį*) dress, séason

uždavin||ynas (*aritmetikos*) book of próblems (in aríthmetic) ~**ys** 1 próblem (*ir mat.*); **išspręsti** ~**į** solve a próblem; (*aritmetikos*) do* a sum; 2 (*tikslas*) task; óbject; **artimiausias** ~**ys** immédiate task

uždegimas 1 *med.* ìnflammátion 2 *tech.* ìgnítion

uždegti 1 (*šviesą*) light (up); u. **degtuką** strike* a match; u. (*elektros*) **šviesą** turn / switch on the light 2 (*padegti*) set* fíre (*to*) 3 *prk.* (*sukelti*) kíndle, fíre; (*sukelti entuziazmą*) fill / inspíre with enthúsiàsm

uždengti cóver (up); u. **dangčiu** put* the lid on; u. **langą užuolaida** cúrtain the wíndow

užderė||ti crop; give* a crop; **šiemet geral** ~**jo kviečiai** there is a good wheat crop this year

uždėti 1 put* / lay* (on); u. **vainiką ant kapo** lay* a wreath* on a grave 2 (*pritvirtinti*) fix; (*pridėti*) affíx

uždirbti earn; gain; u. **daug pinigų** make* much* móney

uždrausti forbíd*; *cfic.* prohíbit; ban; (*knygą, laikraštį*) suppréss

uždulkinti raise dust, fill the air with dust

užduot||i give*, set*; u. **kam klausimą** ask smb a quéstion; put* a quéstion to smb; **kas** ~**a?** what is the hómework? u. **kam darbą** set* a task to smb, set* smb a task ~**is** task; tárget

uždus||inti stífle, smóther, súffocàte ~**ti** choke, súffocàte

užeiti 1 (*pas ką*) call (*on*), drop in (*at*); **jis turi u. -į parduotuvę** he must look in at the shop 2 (*už ko*) go* behínd 3 (*apie laiką*) cóme*; (*prasidėti*) begín*; **užėjo naktis** night came / fell 4 (*užtikti*) come* (*across*), háppen (*upon*)

ūžesys noise; sound, múrmur

užfiksuoti fix

užfrontė *kar.* rear

užgaid||a(s) whim, capríce, whímsy, fáncy ~**auti** be* caprícious ~**us** caprícious, whímsical

užgaišti be* deláyed; (*kur nors*) stay too long; línger

užgaul||ė ínsùlt ~**ioti** insúlt, offénd ~**us** insúlting, abúsive

užgauti 1 (*sumušti*) hurt* 2 (*įžeisti*) insúlt, offénd, hurt*; u. **kieno savimeilę** offénd / wound smb's sèlf-estéem

Užgavėnės Shróvetìde *sg*, cárnival *sg*

užgavimas (*įžeidimas*) ínsùlt

užgesinti put* out; extínquish; u. **šviesą** put* out the light

užges||ti go* out; **ugnis** ~**o** the fire is out

užgydyti heal (up); u. **žaizdas** (*ir prk.*) heal the wounds

užgiedoti begín* to sing

užginti *žr.* uždrausti

užgyti (*apie žaizdą*) close / heal (up)

užglaistyti pútty (up)

užgniaužti 1 clutch, squeeze 2 *prk.* keep* down; suppréss; u. **kritiką**

suppréss the críticism; *u. iniciatyvą* kill / curb inítiative

užgriauti (*užversti*) fill up (*with*)

užgriozdinti clútter up, encúmber; (*kelią*) block up

užgriūti 1 fall* (*over, on*) 2 *šnek.* (*užeiti*) turn up (*at*), descénd (*upon*) **3** (*apie bėdas, rūpesčius*) befáll*, descénd (*upon*)

užgrobti seize, cápture; (*teritoriją*) óccupy; *u. valdžią* seize pówer

užgroti (*muzikos instrumentu*) begín* to play

užgrūdinti témper, hárden, steel

užguitas (*apie žmogų*) oppréssed, dówn-tròdden

užgulti 1 lie* (*upon*) 2 (*palinkti*) lean* (on)

užhipnotizuoti hýpnotìze

ūžimas noise; sound; múrmur

užimti óccupy, take* (up); *u. daug vietos* óccupy, *arba* take* up, much room

užjau‖sti sýmpathìze (*with*), feel* (*for*) ~**timas** sýmpathy (*with*)

užjoti come* in on hórsebàck

užjūr‖is óversea cóuntry; *iš ~io* from óversea cóuntries; ~*yje* òverséa(s), óver / beyónd the sea

užkabas hook

užkabin(ė)ti 1 fásten (*on, to*), hook 2 (*ant kaklo, kablio*) hang* **3** (*prie-kabių ieškoti, kibti prie ko*) cávil (*at*), nag (*at*)

užkaisti I (*vandenį, puodą*) put* (*smth*) on (to boil)

užkaisti II 1 (*įšilti*) get* warm / hot 2 (*apie veidą*) flush up

užkalbėti (*skausmą, ligą*) charm awáy

užkalbinti speak* (*to*); addréss (first); (*gatvėje*) accóst

užkalti (*lentomis*) board up; (*vinimis*) nail down / up

užkampis óut-of-the-way place; *prk.* gódforsàken hole

užkamšyti (*plyšius*) caulk

užkamuoti *žr.* **užkankinti**

užkandinė snáck-bàr, lúnch-room

užkan‖dis snack; refréshments *pl* ~**džiauti** have* a snack

užkankinti (*mirtinai*) tórture to death

užkapoti 1 slash / cut* to death 2 (*snapu*) peck to death

užkar‖iauti 1 cónquer 2 *prk.* win* ~**iautojas, -a** cónqueror ~**iavimas** cónquèst

užkasti 1 búry 2 (*duobę*) fill up

užkąsti (*valgyti*) have* a snack / bite; *greitomis u.* have* a quick snack, snatch a hásty bite

užkeikti enchánt, bewítch; lay* / put* a spell (*upon*)

užkelti 1 (*vartus*) close 2 raise / lift (up); *u. maišą ant pečių* shóulder a sack

užkerėti *žr.* **užkeikti**

užkietėjęs 1 (*apie vidurius*) cónstipà-ted 2 (*apie melagį, rūkorių ir pan.*) hárdened, invéterate

užkim‖ęs hoarse ~**imas** hóarseness ~**ti** grow* / becóme* hoarse

užkimšti (*skylę, kiaurymę*) stop / stuff up; (*kaištuku*) plug (up); *u. butelį kamščiu* cork (up) a bóttle

užkirsti (*kelią*) bar / stop / block (up); *tam reikia u. kelią* this must be stopped

užkišti 1 *žr.* **užkimšti** 2 (*nukišti*) thrust*, shove; (*už*) stick* (*behind*), thrust* (*behind*)

užklijuoti stick* (on), paste up / on; *u. langų rėmus* seal the wíndow-fràmes; *u. voką* stick* down an énvelòpe

užklysti 1 (*pametus kelią*) wánder in 2 (*atsitiktinai užeiti*) drop in

užkl‖iudyti catch* (*on*); (*paliesti*) touch; *u. koja akmenį* knock one's foot agáinst a stone ~**iūti** catch*, be* caught; (*suklumpant*) stúmble

užkloti cóver, spread*

užklup‖ti catch*; *u. netikėtai* take* by surpríse, catch* / take* ùnawáres; *mus ~o perkūnija* we were òvertáken / caught by a storm

užkopti climb (up); clámber (up); *u.*
ant *kalno* climb up a hill, climb to
the top of a hill

užkrauti 1 (*užgriozdoti*) pile / heap
up; (*užkimšti*) cram, fill **2** (*pakrauti*)
load (*ir prk.*); *u.* *kam* *visą* *darbą*
load smb with all the work

užkrečiamas inféctious, contágious

užkrėsti (*liga*; *ir prk.*) inféct

užkri‖sti 1 (*už ko*) fall* (*behind*)
2 *beasm.*: *jam ausys* ~*to* his ears
are stuffed

užkulas *kul.* séasoning, rélish

užkulis‖inis báckstàge *attr*, báck-
stàir(s) *attr*; *u.* *sandėris* báckstàge
deal; *u.* *derybos* sécret negòtiátions
~*is* the place behínd the scenes

užkulnis heel

užkurti (*krosnį*) make* / kíndle the fire
(in a stove)

užlaužti 1 (*užsukti*) twist; *u.* *kam*
rankas *už* *nugaros* twist smb's arms
behínd his / her back **2** (*ne visai nu-
laužti*) break* pártly bénding

užleisti 1 (*kam ką*) let* (*smb*) have
(*smth*); (*teritoriją*) cede (*to*) **2** (*užuo-
laidą*) cúrtain; *u.* *langą* cúrtain a
wíndow **3** (*darbą*) negléct **4** (*šunis*)
set*

užlėkti 1 (*užskristi*) fly* up **2** *šnek.*
(*užbėgti*) run* up **3** (*susidurti*) run*
(*into*)

užlenkti (*į viršų*) turn up; (*žemyn*)
turn down

užlieti (*užtvindyti*) flood, òverflów

užlyginti lével, éven up; *u.* *duobę*
éven / fill up a hole

užlinkti (*į viršų*) turn up; (*žemyn*) turn
down

užlipdyti seal up; (*užklijuoti*) stick* /
glue up

užlipti climb (up); get* (*on*); *u.* *ant*
stogo climb / get* on to the roof

užlįsti creep* (*behind*), get* (*behind*)

užlyti (*ką*) rain (*upon*)

užliūliuoti lull / rock (to sleep)

užlopyti patch (up), mend up

užlūžti break* (slíghtly / pártly)

užmač‖ia desígn, scheme; *tamsios*
~*ios* évil inténts

užmaišyti mix

užmarš‖inti búry in oblívion ~*tis*
oblívion ~*us* forgétful; oblívious

užmauti put* on; (*užtempti*) pull on

užmegsti 1 knot; *u.* *mazgą* tie /
make* a knot **2** (*pradėti*) start; *u.*
kalbą start a cònversátion (*with*); *u.*
ryšius énter ínto relátions

užmérkti (*akis*) close (one's eyes)

užmesti 1 throw* on / óver; (*už*)
throw* (*behind*) **2** (*nebetęsti*) throw* /
give* up

užmiest‖inis óut-of-town *attr* ~*is*
cóuntry; ~*yje* out of town

užmig‖dyti 1 lull to sleep **2** *prk.* lull
~*ti* fall* asléep

užminkyti: *u.* *tešlą* knead dough

užminti I tread* (*upon*); *u.* *kam* *ant*
kojos tread* / step on smb's foot

užminti II: *u.* *mįslę* set* a ríddle

užmirš‖ti 1 forgét*; *jis tai visai* ~*o*
he forgót all abóut it, it went clean
out of his mind **2** (*palikti kur*) leave*
behínd ~*tis* oblívion

užmojis scope, range

užmok‖estis pay; (*darbininkų*) wáges
pl ~*ėti* pay*; *gyvybe* ~*ėti* *už ką*
pay* for smth with one's life

užmokyklinis óut-of-schóol, óut-of-
cláss

užmuš‖ėjas, *-a* kíller; múrderer;
múrderess (*tik apie moterį*) ~*imas*
kílling; múrder(ing) ~*ti* kill; do* (*for*)
šnek.; (*nužudyti*) múrder

užnerti: *u.* *kilpą* put* a noose on; *u.*
kam *virvę* *ant* *kaklo* put* a rope
abóut smb's neck

užnešti bring* / cárry / take* up

užnugaris *kar.* rear

užnuodyti (*ir prk.*) póison

užpakal‖inis back; hínder*; ~*inės*
kojos hind legs; *u.* *įėjimas* back
éntrance ~*is* **1** back; ~*yje* behínd;
iš ~*io* from behínd **2** *šnek.* báckside

užpereit‖as befóre last; ~*ais metais*
the year befóre last

užpern‖ai the year befóre last ~ykštis of the year befóre last

užpyk‖dyti, ~inti ánger, make* ángry ~ti becóme* / get* / wax ángry (*with*)

užpilas infúsion; kind, of liqueúr

užpildyti fill (up); (*įrašant*) fill in

užpilti 1 (*užtvindyti*) flood **2** (*smėliu, žemėmis*) strew* (*on*); (*duobę*) fill up

užpjudyti set* (*on*), hound (*at*)

užplakti (*negyvai*) flog to death

užplaukti: *u. ant seklumos* run* agróund, *arba* on the shoal

užpleiš‖yti, ~tuoti wedge, fásten with a wedge

užplombuoti 1 (*užantspauduoti*) seal **2:** *u. dantį* stop / fill a tooth*

užplūsti 1 (*ir prk.*) flood **2** (*apie minią*) surge, throng; flock

užporyt in three days

užpraeit‖as befóre last; ~ais metais the year befóre last

užprašyti 1 (*brangiai*) òverchárge; *u. per didelę kainą* ask an exórbitant price **2** (*pakviesti*) invíte, ask

užprenumeruoti subscríbe (*to*)

užprotestuoti protést (*against*), raise a prótèst (*against*)

užpulti attáck, assáult

užpuol‖ėjas, -a, ~ikas, -ė attácker, assáilant ~imas attáck, assáult; (*agresija*) aggréssion

užpūsti (*žiburį*) blow* out

užpust‖yti cóver up; *visi keliai ~yti* all the roads are cóvered with (deep) snow, all the roads are snowed up; *vėjas ~ė kelius sniegu* the wind has blocked up the roads with (drífted) snow

užrait‖yti, ~oti (*rankovę*) roll up

užrakinti lock (up)

užrakt‖as lock; *po ~u* únder lock and key

užraš‖as 1 note; inscríption **2** *dgs.* notes; *kelionės ~ai* ìtínerary notes; ~ų knygelė nóte-book, pócket-book ~yti **1** write* / put* / take* down; note (down); (*paskubomis*) jot down;

(*į protokolą*) recórd **2** (*ant ko*) sùperscríbe, inscríbe; ~yti adresą ant voko addréss an énvelòpe **3** (*testamentu*) bequéath; (*nekilnojamąjį turtą*) devíse

užraugti fèrmént

užregistruoti régister

užribis *sport.* out

užriesti 1 (*aukštyn*) turn up; (*žemyn*) turn down **2:** *u. galvą* throw* back ·one's head; cock one's head

užrišti tie (up); (*virvele*) string*

užritinti (*ant ko*) roll (*on*)

užropoti creep* (*on*); crawl (*on*)

užrūkyti light* up a cìgarétte / pipe

užrūstinti make* ángry / wráthful

užsagstyti fásten / do* up; (*sagas t.p.*) bútton up

užsak‖ymas órder; pagal ~ymą to órder; pagal ~ymą pasiūtas švarkas coat made to méasure ~yti órder; book ~ytinai to órder; (*apie drabužį, avalynę*) to méasure ~ytinis made to órder; made to méasure ~ytojas, -a, ~ovas, -ė clíent, cústomer

užsegti bútton up; do* up, fásten (up); (*sagtimi*) clasp, búckle

užsėti (*kuo*) sow* (*with*)

užsėsti 1 sit* down (*on*); get (*on*) **2** (*užsipulti*) fall* (*upon*); (*prašymais*) bádger (*with*), impórtùne (*with*)

užsibrėžti (*iš anksto paskirti*) plan, fix; go* in (*for*)

užsibūti stay too long (*at smb's place*); (*neišeiti*) stay véry late

užsidar‖ėlis, -ė ùnsóciable / resérved pérson ~ės (*savyje*) resérved, ùnsóciable ~ymas (*nešnekumas*) réticence; (*savyje*) resérve ~yti **1** close, shut*, be* closed / shut **2** (*savyje*) becóme* / be* resérved; ~yti savyje retíre / shrink* ìnto ònesélf

užsideg‖imas 1 catching fíre; *tech.* ignítion **2** (*entuziazmas*) árdour, enthúsiàsm; ìnspirátion ~ti **1** light* up; take* / catch* fíre **2** *prk.* (*užsiplieksti*) blaze / flame / flare up; ~ti pykčiu be* inflámed with ánger

užsidengti (*kuo*) cóver ònesélf (up) (*with*)

užsidėti put* on (*one's hat, glasses, etc.*)

užsidirbti earn; **u.** *pragyvenimui* make* / earn a líving / livelihood

užsiėmimas òccupátion; (*darbas*) emplóyment, pursúit

užsien‖ietis, -ė fóreigner ~inis fóreign ~is fóreign cóuntries *pl*; ~io *politika* fóreign pólicy; ~io *prekyba* fóreign trade; *į* ~*į*, ~*yje* abróad; *iš* ~*io* from abróad

užsigauti 1 hurt* (òneself), hit*, strike* 2 (*įsižeisti*) be* / feel* hurt, take* offénce (*at*)

užsigeisti (begín* to) long / crave (*for*)

užsiginti dený

užsigrūdinti be* / becóme* hárdened

užsigulėti lie* too long; (*apie prekes*) find* no márket

užsigulti lean* (*on*); (*visu svoriu*) lean* one's weight (*upon*)

užsiim‖inėti, ~ti be* óccupied (*with*), be* engáged (*in*); **u.** *sportu* go* in for sports

užsikabinti (*užkliūti*) catch* (*on*)

užsikalbėti talk too long; forgét* one's time in cònversátion

užsikimšti *v* 1: **u.** *ausis* stop (up) one's ears 2 (*apie vamzdį*) be* / becóme* obstrúcted (*with*)

užsiklijuoti stick*

užsikloti cóver òneself (up)

užsikniaubti 1 búry òneself (*in*), hide* (one's face) (*in*) 2 (*užsikvempti*) lean* (*on, upon*)

užsikosėti have* a fit of cóughing

užsikrauti búrden òneself (*with*); (*ant pečių*) shóulder

užsikrė‖sti catch*; be* infécted (*with*); **u.** *gripu nuo ko* catch* the flue from smb ~timas inféction; contágion

užsilenkti (*į viršų*) turn up; (*žemyn*) turn down

užsilipti climb / clámber up

užsimanyti set* one's mind / heart; take* it ínto one's head *idiom.*

užsimaskuoti 1 (*dėtis kuo*) disguíse òneself (*as*) 2 *kar.* cámouflàge

užsimauti put* on; (*užsitempti*) pull on

užsimegzti 1 (*prasidėti*) begin*, start 2 (*apie vaisių*) set*

užsimerkti close one's eyes

užsimesti throw* on

užsimin‖imas méntion(ing) ~ti hint, allúde (*to*); (*paminėti*) méntion, refér (*to*); ~*ti tarp kitko* méntion in pássing, make* cásual méntion (*of*)

užsimirš‖imas oblívion ~ti (*užmiršti*) forgét*; *jis nori* ~*ti* he seeks oblívion

užsimokėti pay* for òneself, pay* one's share

užsimoti I: **u.** *ranka* swing* one's arm / hand; raise / lift up one's hand (*against*)

užsimoti II (*sumanyti*) be* abóut (+ to *inf*), inténd (+ to *inf*)

užsimušti be* killed; lose* one's life

užsiplepėti have* a long chat (*with*); forgét* the time in chátting (*with*)

užsiprašyti *žr.* **užprašyti** 1

užsiprenumeruoti subscríbe (*to*)

užsipulti attáck, jump (*on*), fly* (*at*)

užsirait‖yti, ~oti (*rankoves*) roll up

užsirakinti lock òneself in / up; (*apie duris, spyną*) lock

užsirašyti 1 put* one's name down (*for*); règister / énter one's name; **u.** *į būrelį* join a círcle 2 (*adresą ir pan.*) note / take* / put* down

užsiregistruoti get* régistered; régister òneself; **u.** *pas gydytoją* make* an appóintment at the dóctor's

užsiriesti turn / curl up

užsirioglinti clámber (*up, upon*)

užsirišti tie (up); (*apie virvę, mazgą ir pan.*) be* / get* tied up; **u.** *batus* do* / lace one's shoes

užsirūstinti get* ángry / wráthful (*with*)

užsisagstyti bútton òneself up

užsisakyti órder / book (for òneself)

užsisėdėti sit* / stay too long

užsisegti do* / bútton òneself up

užsislėpti hide* ònesélf; be* hídden

užsispyr‖ėlis, -ė óbstinate / stúbborn pérson ~**ęs** óbstinate, stúbborn; refráctory ~**imas** óbstinacy, stúbbornness

užsispirti be* óbstinate; (*atkakliai nesutikti*) stúbbornly refúse

užsistoti ìntercéde (*for*); (*palaikyti*) stand* up (*for*)

užsistovėti stand* too long

užsisvečiuoti òverstáy one's time; stay too long (*at smb's place*)

užsišnekėti have* a long talk / chat (*with*); forgét* the time in cònversátion

užsitęsti last; be* dragged out

užsitraukti 1 draw* upón ònesélf; incúr; **u. gėdą** draw* down disgráce upón ònesélf, disgráce ònesélf 2 (*apie žaizdą*) skin óver

užsitrenk‖ti slam to, be* slammed; close with a bang; **durys** ~**ė už jų** the door slammed behínd them

užsitverti (*tvora*) fence / bar ònesélf in

užsiundyti set* (*on*), hound (*at*)

užsiūti sew* up

užsiverti (*apie duris ir pan.*) close, shut*

užsivilkti (*drabužius*) put* on

užsivož‖ti: dangtis ~**ė** the lid fell, the lid came down

užsižiopsoti gape (*at*), stand* gáping (*at*)

užsklanda 1 (*skląstis, velkė*) bolt; **durų u.** dóorbòlt 2 *poligr.* (*po teksto*) táilpiece

užskleisti (*knygą*) close

užsklęsti bolt, bar

užskristi fly* up; (*ant ko*) fly* (*on, over*)

užslink‖ti 1: ~**o naktis** night fell 2 (*apie tvenkinį ir pan.*) be* / get* choked / filled úp with sand / silt

užsmaukti (*kepurę*) pull (on)

užsnigti snow up / únder

užsnūsti dozè off, fall* ínto a (light) slúmber

užsodinti 1 (*augalais*) plant (*with*) 2: **u. ką ant arklio** set* smb on hórsebàck; help smb mount a horse

užspausti clutch, squeeze up; (*kad netekėtų ir pan.*) stop up; **u. rankoje** grip, close one's hand (*over*)

užspringti choke (*with, over*)

užstatas pawn; pledge; depósit

užstatyti 1 (*praėjimą ir pan.*) block up 2 (*sklypą*) build* (*on*), put* up búildings (*on a site, etc.*) 3 (*užstatą*) pawn

užstoti 1 ìntercéde (*for*); (*palaikyti*) stand* up (*for*); stick* up (*for*) *šnek.* 2: **u. kam šviesą** stand* in smb's light

užstumti 1 push (behind) 2 (*duris*) bolt, bar

užsukti 1 (*čiaupą*) turn tight; (*išjungti*) turn off 2 (*sraigtą, veržlę*) srew up 3 (*laikrodį*) wind* up 4 (*užeiti*) turn / drop in (*at a place*)

užšaldyti freeze*; refrígeràte

užšal‖imas fréezing; ~**imo taškas** fréezing-point ~**ti** freeze*; **upė** ~**o** the ríver is / has frózen up

užšauti (*duris*) bolt, bar

užšnekinti speak* (*to*), addréss (first); (*gatvėje*) accóst

užšokti jump (*on*)

užtais‖as (*šovinio*) charge ~**yti** 1 (*ginklą*) load, charge 2 (*spragą, skylę*) stop up

užtar‖ėjas intercéssor; (*globėjas*) pátron ~**imas** ìntercéssion ~**ti** ìntercéde (*for*); take* (*smb's*) part, stand* up (*for*); stick* up (*for*) *šnek.*

užtat that's why, thérefòre

užtek‖ti suffíce, be* sufficient / enóugh; **šito** ~**s** this will suffíce, this will be sufficient / enóugh; **jam** ~**o drąsos** ... he had the cóurage (+ *to inf*); **jam** ~**o laiko** ... he had time enóugh (+ *to inf*), he had the time (+ *to inf*); **šito jam** ~**s mėnesiui** it will last him a month; **man** ~**s** that's enóugh for me, that will do for me; **užtenka!**, ~**s!** that will do ~**tinai** sufficiently; enóugh

užtem‖dyti 1 dárken 2 *prk.* òvershádow, outshíne* ~**imas** *astr.* eclípse; **saulės** (*ménulio*) ~**imas** sólar (lúnar) eclípse ~**ti** becóme*ˑdark

užtempti cárry / drag / haul up.

užtenkamas suffícient

užtepti spread* (*on*); **u. sviesto ant duonos** spread* bútter on bread

užterš‖imas sóiling, máking dírty / ùntídy; (*vandens ir pan.*) pollútion ~**ti** soil, make* dírty; (*prišiukšlinti*) lítter; (*vandenį ir pan.*) pollúte

užtęsti deláy, drag out

ūžti 1 (*apie jūrą, mišką*) múrmur; (*apie vėją*) blúster 2 (*puotauti*) spree, rével

užties‖alas cloth, spread; (*lovos*) bédspread, cóunterpàne ~**ti** cóver; spread*; ~**ti stalą staltiese** spread* a cloth on the táble

užtikrin‖imas (*patikinimas*) assúrance ~**ti** 1 (*patikinti*) assúre 2 (*garantuoti*) secúre, ensúre

užtikti 1 (*rasti*) find* (àccidéntally) 2 (*užklupti*) catch* (out); surpríse

užtraukti 1 pull / draw* (on / óver) 2 (*užveržti*) tíghten 3 (*bėdą ir pan.*) bring* (on) 4 (*dainą*) strike* up △ **u. paskolą** raise a loan

užtrenkti (*duris*) slam, bang

užtrinti 1 rub óver 2 *prk.* slur óver

užtro‖kšti choke, súffocàte ~**škinti** súffocàte, smóther, stífle

užtruk‖imas deláy ~**ti** 1 (*sugaišti*) deláy; (*tyčia*) línger 2 (*tęstis*) last; (*ilgai*) be* dragged out, drag on

užtušuoti 1 shade 2 *prk.* (*nuslėpti*) stífle, smóther; (*nutylėti*) slur óver

užtvanka dam; weir; dike, dyke

užtvara 1 fence, enclósure 2 (*kliūtis*) bárrier

užtvenkti dam (up); dike

užtverti 1 (*tvorą*) fence in, enclóse; shut* in 2 (*užkirsti*) bar, block up; **u. kam kelią** stand* in smb's way

užtvin‖dymas flood (*ir prk.*) ~**ti** be* flóoded, òverflów

užugdyti (*vaikus*) rear, bring* up

užui‖tas dówntròdden, cowed ~**ti** búlly

užuojaut‖a sýmpathy (*with*); **pareikšti** ~**ą** expréss sýmpathy (*with*), presént one's condólences (*to*)

užuolaida cúrtain; (*stora*) blind

užuolank‖a (*lankstas*) róundabout (way), détour; **darytí** ~**ą** make* a détour

užuomarša (*žmogus*) forgétful pérson

užuomazga (*literatūros veikalo*) plot

užuomin‖a hint, allúsion; **padaryti** ~**ą** drop / give* a hint; **suprasti** ~**ą** take* a hint

užuosti 1 (*pajusti kvapą*) smell*, scent 2 *prk.* (*nujausti*) smell* / nose (out)

užuot instéad of (+*ger*); **u. kalbėjęs, pats ten nueitum** you'd bétter go there yoursélf instéad of tálking abóut it

užuovėja place shéltered from the wind

užupis part of town, *etc.*, on the óther side of the ríver

užutėkis báckwàter, creek

užvakar the day befóre yésterday ~**ykštis** of the day befóre yésterday

užvald‖ymas (*užgrobimas*) séizure; táking posséssion / hold (*of*) ~**yti** seize; take* posséssion / hold (*of*)

užvalgyti (*užkąsti*) have* a snack / bite

užvalk‖alas, ~**as** píllow-càse, píllowslìp

užvaryti drive* up; (*ant ko*) drive* (*on*)

užvarstyti (*batus*) lace (up)

užvažiuoti 1 (*apsilankyti*) call in, call on the way (*on smb, at a place*) 2 (*susidurti*) run* (*into*); (*ant nejudamo daikto*) drive* (*into*), ride* (*into*); (*aukštyn*) drive* / ride* up

užverbuoti recrúit

užversti 1 (*duobę*) fill up 2 (*užkrauti*) heap up; (*kelią ir pan.*) block up 3 *prk.* òverlóad 4 (*knygą*) close, shut*

užverti 1 (*duris, langą*) shut*, close 2 (*ant siūlo*) thread, string*

užvesti 1 lead*, take*, bring*; (*pakeliui*) take* (*smb*) on one's way 2 (*pradėti, paleisti*) start; (*kalbą ir pan.*) lead* off; **u. motorą** start a mótor

užvežti (*pakeliui*) drop (*smb*) on the way

užvilkinti deláy; drag out

užvilkti 1 put* on; get* on **2** (*užtempti aukštyn*) draw* / drag up

užvynioti wind* up (*on*)

užvirinti boil

užvirsti fall* (*on, over*)

užvirti (*begín* to) boil, boil up, be* on the boil; (*ant lėtos ugnies*) símmer

užvis (*labiausiai*) most of all; (*ypatingai*) spécially, in partícular, (more) partícularly

užvyti drive* up; (*ant ko*) drive* (*on*)

užvožti shut*, close; (*indą*) cóver; (*dangčiu*) put* the lid on

užželti get* òvergrówn (*with*)

užžibinti, užžiebti light* (up); **u. šviesą** (*elektros*) switch / turn on the light

---

V

va (*ten*) there; (*čia*) here; **va kur jis** there / here he is

vabal‖as béetle; **Kolorado v.** Còlorádò béetle; **mėšlinis v.** dúng-beetle **~ėlis** small béetle; gnat, (small) ínsèct

vabz‖dys ínsèct **~džiaėdis** ìnsèctívorous

vadas 1 léader **2** *kar.* commánder; (*laivo*) cáptain, commánding ófficer; **armijos v.** Ármy commánder; Commánder-in-Chíef; **fronto kariuomenės v.** ármy group commánder; **laivyno v.** Commánder-in-Chíef of the Fleet

vadeiva *menk.* poor léader; ríngleader; boss

vadelės reins

vadyba 1 mánagement **2** *psn.* depártment

vadin‖ti 1 (*vardu*) call **2** (*prašyti, kviesti*) invíte, ask **~tis** be* called /

named; **knyga ~asi „Karas ir taika"** the títle of the book is "War and Peace" △ *įterp.* **~as(i)** so, then, well then

vadov‖as I, -ė 1 léader; guide **2** (*vedėjas, -a*) chief, head

vadovas II (*knyga*) **1** (*pvz., po miestą*) guíde-book, itínerary **2** (*žinynas*) réference book

vadov‖aujantis léading; **~aujantieji organai** authórities **~auti** lead*, guide; diréct; (*kam*); **~aujant** únder the léadership / guídance (*of*) **~autis** fóllow **~avimas** guídance; **operatyvus ~avimas** óperàtive mánagement **~ėlis** téxt-book, mánual; (*elementorius*) prímer; **chemijos, fizikos ir t.t. ~ėlis** course / mánual of chémistry, phýsics, *etc.* **~ybė** (*vadovai*) the léaders / chiefs *pl*; góverning bódy diréction

vaduot‖i (*laisvę kam nešti*) líberàte **~ojas, -a** líberàtor

vadžios reins

vaga 1 (*ariant*) fúrrow **2** (*upės*) (ríver-) bèd, chánnel

vagiliauti pílfer; filch, pinch *šnek.*

vag‖inėti steal* **~inti** call (*smb*) a thief, take* (*smb*) for a thief **~is** thief* **~ystė** theft; lárceny **~išius, -ė** pílferer, pétty thief

vagon‖as *glžk.* (*keleivinis*) cárriage, coach; (*tramvajaus, amer. t.p. glžk. keleivinis ir prekinis*) car; **minkštasis, kietasis v.** sòft-séated, hàrd-séated cárriage; **miegamasis v.** sléeping-càr; sléeper *šnek.*; **bagažo v.** lúggage van; bággage car *amer.*; **prekinis v.** goods wágon / van; freight car *amer.*; **pašto v.** mail van; mail car *amer.*; **v. cisterna** tank car; **v. restoranas** díning-càr, réstaurant-càr; **tramvajaus v.** trámcàr; stréet-càr, trólley *amer.* **~ėlis, ~etė** trólley, truck

vagoti fúrrow

vai ah!, oh!

vaid‖as quárrel **~ai** díscòrd *sg*, dissénsion, strife *sg* vaĩden‖tis: *jam ~asi* he seems to see; it seems to him that; *tai jai tik ~osi* it was ónly her imàginátion; she fáncied she saw

vaidyba ácting, perfórmance

vaidil‖a *ist.* (sénior) priest (*in heathern Lithuania*) *~utė ist.* príestess

vaidin‖imas play, perfórmance *~ti* 1 (*scenoje*) act, perfórm 2 (*dėtis*) preténd to be; sham; fígure (*as*), make* ònesélf out to be

vaidytis quárrel (*with*), fall* out (*with*)

vaidm‖uo rôle, part; *vaidinti Hamleto ~enį* play / act Hámlet, take* the part of Hámlet; *vaidinti svarbiausią ~enį* play the léading part; *tai nevaidina jokio ~ens* it is of no impórtance, it does not sígnify

vaiduoklis ghost; spéctre, àpparítion

vaikai‖tė gránd-daughter; gránd-chìld* *~tis* grándson; grándchìld*

vaik‖as 1 (*berniukas ar mergaitė*) child*; *~ų darželis* kíndergàrten, núrsery school; *~ų namai* chíldren's home 2 (*berniukas*) boy; lad △ *~ų ~ai* grándchìldren; descéndants *~ėti* grow* chíldish

vaik‖ėzas úrchin, street árab *~inas* féllow, lad, chap; *geras, puikus ~inas* nice féllow / chap *~iškas* chíldish; púerìle *~ystė* chíldhood

vaik‖yti drive* (awáy) *~ytis* seek* (áfter), strive* (for); *~ytis garbės* seek* after fame / hónours *~palaikis* úrchin, bad / náughty / míschievous boy

vaikščio‖jimas 1 (*pramoga*) walk; (*trumpas*) stroll 2 wálking, pácing *~ti* 1 (*pasivaikščioti*) go* for a walk, take* a walk; *jis ~ja parke* he is táking / háving a walk in the park 2 (*dažnai eiti*) go*, atténd

vaikšt‖ynės óutdoor fête [... feit] *~inėti* stroll abóut, walk abóut

vaikuotis (*apie gyvulius*) bring* forth the young

vainik‖as 1 (*nupintas*) wreath*, gárland; *laurų v.* crown of láurels; láurels *pl*; bays *pl* 2 (*karaliaus*) crown *~avimas* còronátion, crówning *~ėlis bot.* corólla *~uoti* crown

vaipy‖masis grimácing *~tis* (*daryti grimasas*) grimáce

vair‖as (*laivo*) rúdder; helm (*t.p. prk.*); (*automobilio*) (stéering-)wheel; (*dviračio*) stéering-bàr; hándle-bàr *~avimas* (*pvz., automobilio*) stéering *~ininkas* hélmsman*, man* at the wheel; quárter-màster *amer.* *~uoti* 1 (*pvz., automobilį*) drive*, steer 2 (*vadovauti*) be* at the helm; góvern *~uotojas, -a* (*automobilio*) dríver; *autobuso ~uotojas, -a* bús-drìver; *taksi ~uotojas, -a* táxi-drìver

vaising‖as frúit-bearing, frúitful, fértìle; prodúctive *~umas* frúitfulness; pròdùctívity, effíciency

vaisinis fruit *attr*

vais‖inti (*pvz., gyvulius*) fécùndàte; ímprègnàte *~ius* (*tiesiog. ir prk.*) fruit *~iai* fruit *sg* *~krūmis* frúit-bearing shrub *~medis* frúit-tree

vaist‖as médicine, rémedy; *v. nuo kosulio* cough médicine; *paskirti ~ą* prescríbe a médicine; *imti ~ą* take* médicine; *v. paveikė* the médicine has táken efféct *~ažolė* (medícinal) herb *~inė* chémist's (shop); phármacy; drúg-stòre *amer.*; *~inė žolė žr.* vaistažolė; *~ininkas, -ė* chémist; drúggist *~inis* medícinal

vais‖vandenis fruit drink *~vynis* fruit wine; (*obuolių*) cíder

vaiš‖ės (*iškilmės*) treat; èntertáinment *sg*; recéption; párty *~ingas* hóspitable *~ingumas* hòspitálity *~inimas* tréating (*to*); regáling (*with*) *~inti* treat (*to*); give* (smb) a párty *~intis* treat onesélf (*to*)

vaitoti moan, groan

vaivorykštė ráinbow

vaizd‖as 1 (*vietovė, reginys*) view; *jūros v.* view of the sea; *gamtos v.* lándscàpe, view 2 (*ko nors įsivaizdavimas*) ímage, pícture; *praeities ~ai* the píctures of the past *~avimas* rèpresèntátion ~**ingas** fígurative; pìcturésque; ímage-bearing; (*pavaizdus*) gráphic; ~*ingas* **posakis** fígure of speech; ímage-bearing expréssion; ~*ingas* **aprašymas** gráphic descríption; ~*ingas* **stilius** pictórial / gráphic / fígurative style ~**ingumas** fígurativeness, pìcturésqueness ~**inis** vísual; ~*inis* **mokymas** vísual méthods of téaching *pl*; ~*inès* **mokymo priemonès** vísual aids ~**inys** ímage, ìdéa; nótion ~**umas** (*aiškumas*) cléarness, óbviousness; ~**umo principas** (*pedagogikoje*) príncíple of vìsualìzátion, vísual presénting (in téaching)

vaizd‖**uojamasis**: *v.* **menas** ímitative / fíne arts *pl* ~**uotè** imàginátion; *būti* **turtingos, plačios** ~**uotès** be* (híghly) imáginative, have* a great pówer of imàginátion ~**uoti** depíct, pícture; pòrtráy; rèpresént, paint ~**uotis** imágine smth, take* smth ínto one's head, fáncy smth ~**us** 1 vísual; gráphic 2 picturésque, pictórial

vaje oh!, ah!

vajus (*kampanija*) càmpáign

vakar yésterday; *v.* ~**e** last évening / night; yésterday évening; *v.* **dienos** yésterday's ~**as** 1 évening ~**e**, ~**ą** in the évening ~**ais** in the évenings, évery évening; *šokių* ~*as* a dance, dáncing-pàrty 2: ~**ai** west *sg* ~**ų** west, wéstern*; *į* ~*us* **nuo** wést(wards) (*of*); *jūr. t.p.* to the wéstward (*of*) ~**uose** in the west ~**è-lis** (*pobūvis*) évening-pàrty

vakarie‖**nè** súpper ~**niauti** take* / have súpper

vakarietis, -è wésterner

vakarykštis yésterday's, of yésterday

vakarin‖**is** 1 évening *attr*; ~**è žara** évening-glow; súnsèt; *v.* **laikraštis** évening páper; ~*iai* **kursai** évening / night clásses 2 (*apie kryptį*) west, wésterly; *v.* **vèjas** wést(erly) wind

vakar‖**is** *žr.* **vakarinis** 2: *v.* **vèjas** wést(erly) wind; ~**op** towárds évening ~**oti** 1 work in the évening 2 take* part in an évening pàrty / gàthering

valand‖**a** 1 (*paros dalis*) hóur; *pusantros* ~*os* an hóur and a half; *po* ~*os* in an hóur; *tam reikia dviejų* ~*ų* it will take two hóurs; *apie* ~*ą* abóut an hóur; *važiuoti šimto kilometrų per* ~*ą* **greičiu** trável at the rate of one húndred kílomètres an hóur; *ištisas* ~*as* for hóurs 2 (*laikas pagal laikrodį*): *dvylika* ~*ų* twelve o'clóck; *dvyliktą* ~*ą* at twelve o'clóck; *dvylikta v.* **dienos** noon; *dvylikta v.* **nakties** mídnìght; *pirma* ~*a* **dienos** one (o'clóck) in the áfternóon; 1 p.m. *ofic.*; *pirma v.* **nakties** one (o'clóck) in the mórning; 1 a.m. *ofic.*; *pirmą* ~*ą* **nakties** at one (o'clóck) in the mórning; at 1 a.m. *ofic.*; *kelinta v.?* what is the time?; what's the time?; *šešios* ~*os* **vakaro** six (o'clóck) in the áfternóon; 6 p.m. *ofic.*; **priėmimo** ~*os* recéption hours; (*gydytojo*) còncultátion hóurs △ **akademinè v.** acadèmic hóur; teaching / school périod ~**èlè** 1 a short time, a (líttle) while; móment, ínstant; (*lukterèkit*) ~*èlę* wait a mínute!, just a móment! 2 (*radijo*) (spécial) bróadcast ~**inis** by the hóur; ~*inis* **apmokèjimas** pay by the hóur

valc‖**ai** *tech.* rolls, rólling-machìne ~**avimas** *tech.* rólling ~**uoti** *tech.* roll; ~*uotasis* **metalas** rólled métal

vald‖**a** posséssion; (*žemès*) domáin, estáte ~**yba** board (of admìnistrátion); *būti* ~*ybos* **nariu** be* on the board; *vyriausioji* ~*yba* céntral board

vald‖**ymas** 1 (*valstybès, t.p. gram.*) góvernment 2 (*turèjimas nuosavybéje*) ówning 3 (*gebèjimas naudotis*) béing áble to use (*smth*); (*ginklo*) wíelding 4 (*tvardymas*) contrólling ~**yti** 1 (*šalį, valstybę, t.p. gram.*) góvern; *jis kojų nevaldo, vèl valdo kojas* he has lost, recóvered, the use of his legs 2 (*apie nuosavybę*) own; have*; posséss ~ytis (*tvardytis*) contról / góvern ònesélf, be* sèlf-contrólled; pull ònesélf togéther ~ytojas, -a 1 (*administratorius*) mánager 2 (*savininkas*) ówner, propríetor, hólder ~ovas lord, rúler, sóvereign ~ovė sóvereign; místress; (*šachmatų*) queen valdš||ia pówer; authórity; (*viešpatavimas*) rule; valstybinė v. State pówer, State authórity; vykdomoji v. exécutive pówer; exécutive; įstatymų leidžiamoji v. législàtive pówer; aukščiausioji v. sùpréme / sóvereign pówer, sóvereignty; būti ~ioje hold* pówer, be* in pówer; ateiti į ~ią come* ínto / to pówer; atėjimas į ~ią ádvent / àccéssion to pówer; kieno ~ioje únder the domínion of smb; ~ios viršijimas excéeding one's commíssion

valgiaraštis ménù, bill of fare

valgydinti feed*; give* smb to eat*

valgykla díning-room(s) (*pl*); réstaurant; (*gamykloje, mokykloje*) càntéen

valgis (*valgomas dalykas*) food; (*patiekalas*) dish; (*veiksmas*) éating, meal

valg||yti eat*; have*, take*; prašom v. paštetą please, have some pie; prieš ~ant befóre táking a meal ~ytojas, -a éater; bóarder

valg||omasis I 1 édible; ~omieji grybai édible múshrooms 2 táble attr; ~omasis šaukštas táble-spoon, sóup-spoon

valgomasis II (*kambarys*) díning-room

valgus háving an áppetìte, *arba* a good áppetìte, for éating

val||ia I will; tvirta v. strong will; gera v. goodwíll; pikta v. ìll-wíll; gera v. (*savo noru*) vóluntarily, of one's own accórd, of one's own free will; geros ~ios žmonės péople of goodwíll

valia II (*galima, leidžiama*) it is allówed

val||ykla cléaner's ~iklis devíce for cléaning smth; *kar.* cléaning rod ~ymas 1 cléaning 2 (*javų nuėmimas*) hárvesting, gáthering in

valing||as 1 (*tvirtos valios*) stròngwílled, résolùte, detérmined 2 (*atliekamas, veikiant valiai*) volítional ~umas wíll-power

valio! hurráh!, hurráy!

valyt||i 1 (*švarinti*) clean; (*šepečiu*) brush 2 (*derlių, javus*) hárvest, gáther in ~ojas, -a óffice-cleaner; (*valytoja viešbutyje*) maid ~uvas cléaner; contrívance, *arba* applíance, for cléaning; sniego ~uvas snów-plough stiklo ~uvas wíper

valiuta cúrrency; užsienio v. fóreign cúrrency

valyv||as neat, tídy ~umas néatness, tídiness

valkat||a tramp, vágrant; hóbò *amer.* ~auti be* on the tramp; hit* the trail *amer.* ~avimas vágabondage, vágabondism, vágrancy

valkio||jimasis róaming, lóafing ~ti drag, haul ~tis hang* abóut, lounge abóut, roam, loaf, rove

valsas waltz

valsčius (small rúral) dístrict

valstyb||ė State; ~ės sutvarkymas State òrganizátion; pólity; ~ės išdavimas high tréason ~ingumas State sýstem, State òrganìzátion ~ininkas státesman*; (*apie moterį*) státeswòman* ~inis State attr; ~inė santvarka regíme; ~inė valdžia State pówer, State authórity; ~inė teisė públic law ~inė prekyba State trade

valstiet||ė péasant-wòman* ~ija péasantry, the péasants *pl* ~is péasant; individualinis ~is indivídual fármer ~iškas péasant attr

valstija state

valt||ininkas bóatman* ~is boat; dviirklė ~is páir-oar; motorinė ~is mótor boat, pówer-boat

vampyras (*jv. reikšmėmis*) vámpìre

vamz||dis 1 pipe; vandentiekio v. wáter-pìpe 2 (*pvz., šautuvo*) bárrel; (*pabūklo*) gun tube

vanagas hawk

vandenilis *chem.* hýdrogen

vanden‖ynas ócean ~ingas (upė)
deep; (šaltinis) abóunding in wáter
(bulvės) wátery ~ingumas abúndance
of wáter ~inis wáter attr; (apie au-
galus, gyvulius — moksl.) aquátic;
~inis augalas wáter plant; aquátic
plant moksl.; ~iniai paukščiai
aquátic birds; (medžiojami) wáter-
fowl sg

vanden‖semė wáter-èngine ~tiekis
wáter-pìpe, wáter-lìne, wáter-pìping;
(magistralė) wáter-main; (miesto)
(úrban) wáter-supplỳ; namas su
~tiekiu house* with rúnning wáter
~vežys wáter-càrrier

vand‖uo wáter; geriamasis v. drínk-
ing wàter; gėlas v. fresh / sweet
wáter; mineralinis v. míneral
wáter; gydomieji ~enys (kurortas)
wátering-plàce sg, spa sg ~enys (van-
dens plotai) wáters; vidaus ~enys
ínland wáters; prieš ~enį agáinst
the cúrrent / stream △ kaip du ~ens
lašai as like as two peas; daug ~ens
nubėgo much wáter has flowed únder
the bridge(s)

vangus ídle, lázy, slúggish, limp, slack,
dull, slow

vanoti 1 (pirtyje) whip with a brúsh-
wood (in a bath) 2 prk. (plakti) whip,
flog

vanta báthing brúshwood

vapalioti, vapėti bábble; práttle

vapsva zool. wasp

vardadienis náme-day

vard‖as 1 name; tėvo v. pàtronýmic;
kuo tamsta ~u? what is your
name?; žmogus, ~u Algirdas a
man* named Algirdas, arba Algirdas
by name; jis žinomas kitu ~u he
goes únder / by anóther name; laiškas
ir pan. ... ~u a létter, etc., addrés-
sed (to); kieno ~u on behálf (of);
mano, tavo ir pan. ~u on my, your,
etc., behálf 2 (pavadinimas) name;
àppèllátion 3: garbės v. hónoràry
títle ~iklis mat. denóminàtor ~inės

náme-day sg ~ininkas gram. nó-
minative case ~inis nóminal; ~inis
sąrašas nóminal list / roll, list of
names

varg‖as 1 (vargimas) hárdship; mísery;
índigence; ~ą vargti live in mísery,
lead* a wrétched life 2 (bėda)
grief, sórrow; (nelaimė) misfórtune;
~ais negalais with much tróuble /
difficulty ~dienė poor wóman* ~die-
nis, ~eta poor man* ~ingas (su-
skurdęs) poor; (sunkus, vargus) hard,
difficult; tíresome; tíring; abóminable
~inti (kamuoti) tòrmént; (ilsinti)
wéary, tíre; fatígue; ~inti savo akis
tíre one's eyes

vargon‖ai muz. órgan sg ~ininkas
muz. órganist ~ininkauti be* an
órganist

varg‖šas 1 (vargstantis) poor man*
2 (pasigailėtinas) poor féllow / boy /
thing; (apie suaugusį vyrą t.p.) poor
dévil ~šė 1 (vargstanti) poor wóman
2 (pasigailėtina) poor thing; (apie
merginą arba mergaitę t.p.) poor girl;
(apie suaugusią moterį t.p.) poor
wóman* ~ti 1 (vargą kęsti) live in
póverty 2 (sunkiai ką daryti) take*
pains / tróuble (over); tòrmént ònesélf
(over); ~uolė poor wóman* ~uolis
poor man* ~uomenė the poor ~us
hard, difficult; tíresome, tíring ~iai
with tróuble / difficulty; hárdly; ~u
ar ... hárdly / scárcely; ~u ar jis
ateis I doubt whéther he will come*,
he will hárdly / scárcely come*

var‖ykla 1 (gyvulių) lane (for driv-
ing cattle to a pasture) 2: spirito
v. distíllery ~iklis mótor; éngine;
vidaus degimo ~iklis intèrnal-
combústion éngine

varymas 1 dríving 2 chem., tech.
dìstillátion; spirito, degtinės v.
dìstillátion

varinėti drive* from one place to
anóther, arba from place to place,
arba there and back; (raginti, sku-
binti) drive* on; urge on, húrry on

var‖inis (pagamintas iš vario) cópper;
~iniai pinigai cópper móney sg;

cópper *sg*; ~**ínis pínigas**, ~**lokas** cópper coin, cópper ~**is** cópper

varyti 1 (*vytí*, *gíntí*) drive* 2 *chem.*, *tech.* distíl 3 *prk.* (*vykdytí*) cárry on; **v. propagandą** cárry on pròpagánda 4 (*mechanizmą*) set* / put* in mótion

varl||ė frog ~**iauti** catch frogs; hunt / seek* áfter frogs ~**iūkštis** young frog ~**ožis** *zool.* tádpòle

varn||a crow ~**alėša** *bot.* búrdòck ~**as** ráven ~**ėnas** stárling ~**iukas** young crow; young ráven

var||omasis móving; ~**omoji jėga** mótive pówer ~**ovas** dríver, (*medžiioklėje*) téamster; **kupranugarių** ~**ovas** càmeléer

varpa ear; **rugio v.** ear of rye; **kviečio v.** whéat-ear

varp||as bell; **skambínti** ~**u** ring* the bell ~**elis** hándbèll, bell ~**inė** church / bell tówer; bélfry ~**ininkas** béll-rìnger

varpiniai *bot.* céreals

varpyti (*apie kirmínus*) eat* / gnaw awáy / through, gnaw; make* holes, *arba* a hole (*in*)

várputis *bot.* (*paprastasis*) cóuch-gràss; quíck-gràss; (*šunínis*) dóg-gràss

varstas (*ílgio matas*) *psn.* verst (*about* 1.067 *km*)

varstis (*vírvelė*, *pynelė*) lace; string, cord

varstyti 1 (*pvz.*, *karolius*) string*, thread 2 (*batus*) lace up 3 (*duris*, *langus*) shut* and ópen repéatedly

varškė curd, curds *pl* ~**tis** curd / cheese páncàke, cúrd-frìtter, cheese dúmpling

vart||ai gate *sg*, gates; *sport.* goal *sg* ~**ininkas** 1 (*sargas*) dóor-keeper, gáte-keeper, pórter 2 *sport.* góalkeeper

vartalioti turn óver; **v. akis** roll one's eyes

vartyti 1 (*pvz.*, *akmenis*) turn, turn óver 2 (*pvz.*, *popierius*) look óver through; (*knygą*) leaf

vartojam||as cómmon, génerally used; **plačiai** ~**i posakiai** expréssions in cómmon use ~**umas** use, úsualness

varto||jimas 1 use, úsage; (*panaudojimas*) àpplicátion; ~**jimo būdas** (*užrašas*) diréctions for use *pl*; **išeiti iš** ~**jimo** get* out of use; be* no lónger in use, fall* ínto disúse 2 consúmption, use; ~**jimo reikmenys** óbjects of consúmption; **plataus** ~**jimo reikmenys**, **prekės** consúmer(s') goods; árticles of géneral consúmption ~**sena** úsage; mánner / mode / way of úsing smth ~**ti** use, make* use (of); (*pvz.*, *vaistus*) take*, applý; ~**tas** sècond-hánd ~**tojas**, -a consúmer, úser; ~**tojų kooperacija** consúmer cò-óperative sòcieties *pl*; ~**tojų bendrovė** consúmers society

varu by force; únder compúlsion

varveklis ícicle

varv||ėti drip, dríbble, drop, fall* in drops ~**inti** drip, let* tríckle, let* fall* in drops; pour out drop by drop

várža I (*žuvims gaudyti*) creel

varžà II *el.* rèsistívity

varžybos *sport.* cóntèst *sg*

varžy||mas lìmitátion; restríction ~**masis** ùnéasiness; (*drovumas*) shýness ~**ti** límit (*to*), restríct (*in*); ~**ti kieno teises** límit smb's rights, restríct smb in his rights ~**tynės** áuction *sg*; **parduoti iš** ~**tynių** sell* by áuction ~**tininkas**, -ė bídder in an áuction ~**tis** 1 (*drovėtis*) feel* shy (*befóre smb*); **prašom nesivaržyti!** don't stand on céremony!; don't feel shy / ashámed; make* yoursélf at home! 2 (*rungtyniauti*) compéte (*with in*)

varžovas, -ė 1 ríval 2 *sport.* còmpetítioner

varžt||as 1 *tech.* bolt; **sriegiuotas v.** scréw-bòlt 2 *prk.*: **ko nors** ~**uose** in the grip / clútches of smth

vasar||a súmmer; ~**ą** in súmmer Δ **bobų v.** Índian súmmer, St. Mártin's súmmer, St. Luke's súmmer ~**drungnis** móderately warm, wármish, tépid, lúkewàrm ~**inė** cóttage (in the oóuntry), country-cóttage; súmmer cóttage; (*didelė*) country-hóuse* ~inis súmmer *attr*, súmmer's, of a súmmer

vasar‖is: ~*lo mėnuo* Fébruary; *šių metų* ~*io mėnesį* in Fébruary; *praėjusių metų* ~*io mėnesį* last Fébruary; *kitų metų* ~*io mėnesį* next Fébruary

vasār‖iškas súmmerly ~metis súmmer time ~namis cóttage (in the oóuntry), country-cóttage, súmmer cóttage; (*didelis*) country-hóuse* ~ojus spring crops *dgs*, súmmer-còrn ~op towards súmmer ~oti spend* one's súmmer in some place ~otojas, -a súmmer résident, hóliday-màker ~šiltis móderately / slíghtly warm, wármish, tépid, lúkewàrm ~vidis mídsùmmer ~vietė health resórt

vašas hook

vašk‖as wax, bées-wàx; *v. grindims* pólish for floors; *kalnų v. min.* míneral wax, ozócerite [əuˈzɔkərıt] ~inis wax *attr*; *prk.* wáxen; ~inis *veidas* wáxen compléxion ~uotė óil-clòth ~uoti wax, rub with wax, coat / treat with wax ~uotas waxed ~uotojas (*grindų*) pólisher / wáxer of floors

vat‖a (*į drabužius dėti*) wádding; (*žaizdoms tverti ir pan.*) cótton wool; *higroskopinė v.* hỳgroscópic / absórbent cótton wool ~inis (*su vata*) wádded, quílted; ~inis *paltas* wádded coat; ~inė *antklodė* quilt ~inukas quílted jácket

vaura hood

vaza (*aukšta*) vase; (*taurės pavidalo*) bowl; *v. gėlėms* flówer bowl, flówer vase; *v. vaisiams* fruit bowl

vazelinas váselìne

vazonas flówer-pòt

važi‖avimas drive*, dríving ~nėti drive* / ride* (abóut, aróund); *Jis nuolat* ~*nėja* he is álways on the move ~nėtis (*vežimu, automobiliu ir pan.*) go* for a drive; (*dviračiu*)

bícycle, cýcle ~uoti go*; ride*; (*ekipažu, automobiliu t.p.*) drive*; (*dviračiu, autobusu t.p.*) ride*; (*sausuma*) trável, jóurney; ~uoti *dviračiu* cýcle; ~uoti *traukiniu* go* / trável by train; ~uoti *į komandiruotę* make*, *arba* go* for, a búsiness trip; ~uoti *į užsienį* go* abróad

važta load; lúggage; bággage; (*geležinkelio*) goods *pl*; (*laivo*) freight; cárgò (*pl* cárgòes); láding ~pinigai chárges for tránspòrt / cárriage; fréight(age); cárriage, cártage ~raštis ínvoice, wáy-bìll

vedamasis (*straipsnis*) léading árticle, léader; èditórial *amer.*

vėdaras kind of sáusage (*made of grated potatoes, stuffed into entrails and baked in the oven*)

vedėjas, -a mánager; (*viršininkas*) chief, head; *skyriaus v.* sùperinténdent / head of a depártment; depàrtméntal chief; *kanceliarijos v.* héadclèrk; exécutive *amer.*; *parduotuvės v.* shop mánager; *mokymo dalies v.* assístant príncipal, head of the téaching / currículum depártment; diréctor of stúdies

ved‖ęs márried ~ybinis márriage *attr*, cónjugal ~ybos márriage *sg* ~imas (*reikalų*) mánagement (of the affáirs) ~inys *lingv.* derívative

vėd‖inti (*pvz., kambarį*) air, véntilàte ~uoklė fan; *vėdintis su* ~uokle fan ònesélf

vedžioti lead*; *akimis v.* let* one's eyes rove; *už nosies v.* make* a fool (*of*), fool

vėgėlė *zool.* búrbot, éel-pout

vegetar‖as, -ė vègetárian ~inis vègetárian

veid‖as 1 (*t.p. prk.*) face; ~o *bruožai* féatures; *pažinti iš* ~o know* by sight; *parodyti* (*tikrąjį*) *savo* ~ą show* one's real worth 2 *dgs.* (*skruostai*) cheeks ~mainiauti play the hýpocrite, dissémble ~mainiavimas, ~mainystė hypócrisy, dissìmulátion, dissémbling ~mainys, -ė hýpocrite, dissémbler ~mainiškas hỳpocrítical ~mainiškumas hypócrisy, dissìmulátion

veidrodis lóoking-glàss; mírror

veik‖alas work, prodúction; *meno v.* work of art; *muzikos v.* músical còmposítion; *puikus v.* másterpìece; *literatūros v.* work of líterature, líterary prodúction; *Cvírkos ~alai* works by Cvírka ~ėjas 1: *valstybės ~ėjas* státesman*; *visuomenės ~ėjas* públic man*; *politinis ~ėjas* pòlitícian; *mokslo ~ėjas* scíentist, man* of scíence; *kultūros ~ėjas* cúltural wórker 2 *teatr., lit.* pérsonage; cháracter ~ėjai *teatr.* drámatis pèrsónae [ˌdræmətɪs pə:'səunaɪ], cháracters in the play; ~iamesis: ~iamoji rūšis *gram.* áctive voice ~imas (*poveikis*) efféct

veiki‖a àctívities *pl*; àctívity; work; *praktinė v.* práctical àctívities; *visuomeninė v.* públic / sócial work ~umas àctívity ~us áctive, ènergétic

veiks‖las *gram.* áspèct ~mas áction, òperátion ~mažodis *gram.* verb ~mingas effícient; (*vaistas*) èfficácious; (*priemonė*) efféctual ~mingumas éfficacy, efficiency ~nys 1 (*faktorius*) fáctor 2 *gram.* súbject ~numas (légal) capácity ~nus *teis.* cápable

veik‖ti 1 act; (*dirbti*) work; (*apie mašiną*) run*; *telefonas neveikia* the télephòne is out of órder; ~iantis įstatymas ácting law; ~iančioji kariuomenė Ármy in the Field; Field Fórces *pl amer.* 2 (*turėti padarinių, turėti įtakos*) have* an efféct (*upon*), act (*on*); *v. nervus* get* on smb's nerves; *raminamai v.* have* a sóothing efféct; *vaistas jau ~ia* the médicine is óperating, the médicine is táking efféct; *vaistas gerai ~ia* the médicine is véry èfficácious

veis‖imas (*gyvulių*) bréeding, réaring; (*augalų*) cùltivátion ~imasis *biol.* rèprodúction; *lytinis ~imasis* séxual

rèprodúction; *nelytinis ~imasis* aséxual rèprodúction ~lė (*gyvulių, augalų*) race, breed, spéciès; ~lei for bréeding ~linis pédigree *attr*; ~liniai gyvuliai pédigree cáttle, blóodstòck ~lus prolífic; frúitful; fécund ~ti (*gyvulius, paukščius*) breed*, rear; (*augalus*) cúltivàte; (*pvz., sodus, parkus*) grow* up, lay* out ~tis (*apie gyvulius, augalus*) múltiplỳ, própagàte; rèprodúce; (*apie žuvis, varles*) spawn

veja 1 (*žolė*) grass 2 (*pievelė*) grássplòt, lawn, sward

vėjaraupiai chícken-pòx

vėj‖as wind; (*silpnas*) breeze; *palankus v.* fair wind; táil-wìnd; *smarkus v.* strong wind; *silpnas v.* géntle breeze; *v. pakilo, nurimo* the wind has rísen, has fállen; *prieš ~ą* agáinst the wind; in the wind's eye *idiom.*, in the teeth of the wind *idiom.*; near / close to the wind *idiom.* ~avaikis, -ė frívolous / flíghty créature, èmptyhéaded pérson ~inis wind *attr*; ~inis malūnas wíndmìll

veksel‖is *fin.* prómissory note, note of hand; *įsakytinis v.* bill of exchánge, draft; *apmokėti ~į* pay* / meet* a bill

vėl agáin, once agáin, óver agáin, anéw, afrésh; (*su veiksmažodžiais t.p.*) ré-, rè-; *vėl pradėti* begín* óver agáin; *jis vėl su mumis* he is agáin with us; *vėl pasakoti* rè-téll*; *vėl prašnekti* speak* agáin; *vėl atsisėsti* resúme one's seat

vėl‖ai late; *v. naktį* late at night; ~iau láter; *jis ateis ~iau* he will come láter; *jie tuo pasirūpins ~iau* they will atténd to this láter on ~avimas(is) béing / cóming late

vėlė soul; ghost

vėlėn‖a turf; (*gabalais*) sods, turfs; turves; *iškloti ~omis* lay* with turf; turf

velen‖as *tech.* shaft; *varomasis v.* dríving shaft; *alkūninis*

v. cránkshàft ~ėlis *tech.* róller, cýlinder; (*rašomasios mašinėlės*) pláten ['plætn]

velėti (*skalbinius*) wash with a báttledòre / wáshing-beetle

vėliav||a bánner; flag; *valstybinė* **v.** national flag; (*pulko*; *pėstininkų*) cólours *pl*; cólor *amer.*; (*kavalerijos*) stándard; *iškelti, pakelti* ~ą hoist a flag; *jūr.* make* the cólours; *tiesiog. tr prk.* raise the bánner; *nuleisti* ~ą lówer the flag; *su* ~a únder the bánner ~ininkas, ~nešys cólourbearer, stándard-bearer

Velykos *bažn.* Éaster *sg*

Vėlinės the day for commémoràting the dead (*usually on All Saints' Day*)

vėlin||ti(s) 1 (*vėluoti*) be* late 2 (*apie laikrodį*) be* slow; *laikrodis* ~a *penkias minutes* the watch / clock is five mínutes slow; (*apie traukinį t.p.*) be* óverdùe

velionis, -ė the decéased

vėlyv||as late; **v.** *ruduo* late áutumn; *iki* ~o *vakaro* till late in the évening

veln||ias dévil, deuce △ *eik po* ~ių! go to the dévil!, hand you!; *po* ~ių! deuce take it! *gyvas* **v.** (*labai daug*) the dévil and all ~iava dévilry ~iop! to the dévil!, damned! hang it! *viskas eina* ~iop éverything is góing to the dogs ~iškai déucedly; *jis* ~iškai *skuba* he is in a deuced húrry; *jis* ~škai *išalkęs* he is áwfully húngry, he is símply stárving; ~iškai *karšta* it is damned hot ~iškas dévillish, deuced; ~iškas *darbas* deuced hard work; ~iška *gudrybė* dévilish cúnning ~iūkštis líttle dévil; imp

veltėd||ys, -ė drone, párasìte, spónger ~ystė párasìtism, spónging

velt||i 1 (*pvz., veltinius*) felt; full; **v.** *skrybėles* make* felt hats 2 (*pvz., siūlus*) entángle; (*plaukus*) tóusle, dìsarránge 3 (*drabužius*) crúmple, crease ~inis felt *attr* ~iniai (*batai*)

felt boots, kind of felt boots ~inys (*veltinė medžiaga*) thick felt

veltui 1 úselessly; (*be reikalo*) in vain, to no púrpose 2 (*nemokamai*) for nóthing, free (of charge), grátis

vėl||uoti be* late; be* òverdùe; (*apie laikrodį*) be* slow; *laikrodis* ~uoja *penkias minutes* the watch / clock is five mínutes slow ~us late; ~u, ~ai late; ~iausiai at the látest; *kiek* ~iau a little láter

vemti vómit; throw* up

vengti avóid; shun; (*išsisukinėti*) shirk; try to get out (*of doing smth*); **v.** *atsakymo* eváde a quéstion; párry a quéstion; **v.** *mūšio kar.* avóid áction; **v.** *atsakomybės* dodge the respònsibílity

vengr||as Hùngárian ~ė Hùngárian, (wóman*); ~ų *kalba* Hùngárian, the Hùngárian lánguage ~iškas Húngárian

ventiliatorius véntilàtor; (*su besisukančiomis mentėmis*) fan

vėpl||a, ~ys gawk, áwkward pérson; *jūros* ~ys *zool.* wálrus

vėpsoti (*žiopsoti*) gape (abóut)

veranda (*terasa*) verándah

verbuoti recrúit; *prk.* win* óver to one's side

verg||as slave, bónd(s)man*; ~ų *savininkas* sláve-hòlder, sláve-owner ~avimas sérvitùde, slávery; thráldom ['θrɔ:l-] ~ė slave, bóndmaid, bóndwòman ~ija, ~ystė sérvitùde, slávery ~iškas slave *attr*; sérvìle ~iškumas sèrvílity, crínging ~ovė *žr.* vergija; ~ovinis sláve-hòlding; ~ovinė *santvarka* the slave sýstem ~valdys, -ė sláve-hòlder, sláve-owner ~valdystė the slave sýstem

vėrinys string of pearls, beads, *etc.*

verks||mas crýing, wéeping ~mingas whíning; lámentable ~nys, -ė crýbàby; wéeper ~nus inclíned to weep; ~nus *vaikas* crý-bàby

verk||šlenti sob, snível ~ti 1 cry, weep*; *graudžiai* ~ti weep* bítterly, cry one's heart out; ~ti *balsu*, *kūkčiojant* sob; ~ti *iš džiaugsmo*

cry / weep* with / for joy 2 (*skystis*)
lamént, deplóre
verp‖alai yarn *sg* ~ėjas, -a spínner
verpetas whírlpool
verp‖ykla spínning mill / fáctory /
works *pl* ~imas spínning ~stas,
~stė spíndle ~ti spin* ~tuvas spín-
ning machíne / frame
versl‖as (*užsiėmimas*) trade, búsiness;
pagalbinis *v.* bý-wòrk ~ininkas,
-ė búsinessman*; trádesman* *amer.*;
(*apie moterį*) búsiness wòman* ~inin-
kystė: **laisvoji** ~ininkystė free
énterprìse ~inis: ~inė koope-
racija prodúcers' cò-òperátion ~us
énterprìsing
versmė (*vandens*) spring; spout; *prk.*
source
vers‖ti 1 turn; turn óver; (*medžius*)
pull up 2 (*drabužį*) turn 3 (*kuo*) turn
(*to, into*) 4 (*į kitą kalbą*) trànsláte
(*from into*); (*žodžiu*) intérpret (*from
to*); *v.* iš lietuvių kalbos į anglų
kalbą trànsláte from Lìthuánian ínto
Énglish 5 (*vartoti prievartą*) force,
compél, make* (*smb + inf*); *v.* tylėti
redúce to sìlence; sìlence 6 (*atimti
valdžią*) throw* down; òverthrów*
△ viena vertus on the one hand;
antra vertus on the óther hand ~tis
1 (*pvz., nuo aukšto*) fall* 2 (*pvz.,
ant kito šono*) turn óver 3 (*gyventi,
manytis*) earn one's lìving (*by*); be*
engáged (*in*); cárry on; ~tis prekyba
run* a trade, a búsiness
verš‖idė cálf-house*, cálf-shèd ~iena
veal; ~ienos kepsnys roast veal
~inga: ~inga karvė cow in / with
calf ~is, ~iukas calf*; (*buliukas*) bull
calf* ~iuotis calve
vert‖as desérving, wórthy (*of*), worth;
v. dėmesio desérving atténtion /
consìderátion, wórthy of note, worth
nótice; *v.* pagyrimo práisewòrthy;
būti ~am desérve, be* wórthy
(*of*); jis tos aukos nevertas
he is not worth this sácrifìce ~ė
1 *ekon.* válue; vartojamoji ~ė

use válue; mainomoji ~ė exchánge
válue; pridedamoji ~ė súrplus
válue 2 (*kaina*): nominalinė ~ė
fáce-vàlue; bendros šimto dolerių
vertės to a tótal válue of húndred
dollars 3 (*ypatybė, vertybė*) válue; tai
didelės ~ės dalykas it is of great
válue
verteiva *menk.* smart déaler
vertėjas, -a (*raštu*) trànslátor; (*žodžiu*)
intérpreter
vertelga *žr.* verteiva
vert‖ėti be* (well) worth; tai ~a per-
skaityti it is (well) worth réading
verti 1 (*durti*) pierce, run* through
2: *v.* siūlą į adatą thread a néedle
3 (*pvz., karolius*) string*, thread
4 (*duris, langą*) (*atidaryti*) ópen;
(*uždaryti*) shut*
vertyb‖ė 1 válue; váluable thing;
~ės (*brangenybės*) váluables 2 *prk.*
(*vertė*) worth; válue ~inis: ~iniai
popieriai secúrities
vertikal‖inis, ~us vértical line, pèr-
pendícular
vertim‖as 1 (*į kitą kalbą*) trànslátion;
vérsion; (*žodžiu*) intèrpretátion; *v.* iš
lietuvių kalbos į anglų kalbą tràns-
látion from Lìthuánian ínto Énglish
2 (*prievarta*) compúlsion, constráint,
còércion ~asis work, emplóyment,
búsiness
verting‖as váluable, précious; labai *v.*
of great válue (*t.p. prk.*) ~umas
válue, worth
vertin‖imas (*nuomonė*) appráisal; ap-
prèciátion ~ti value; éstimàte; (*pripa-
žinti vertę, reikšmę*) appráise; appré-
ciàte
veržimasis 1 (*priešo*) ónslaught, ónsèt
2 (*didelis noras*) àspirátion (*for*)
strìving (*for*)
veržlė (scréw-)nùt, (fémàle) screw
verž‖umas swíftness, impètuósity,
dash ~us impétuous, rash; swift
verž‖ti tíghten; (*veržle*) screw ~tis
1 (*kur, į ką*) strain (*after*); strive*
(*for*) 2 (*spraustis, brautis*) fight* /
force / make* one's way through;

break* / win* / strike* through; ~*tis
pro **minią** make* / force / fight* /
élbow one's way through a crowd;
~*tis į šalį* inváde

vėsa the cool, cóolness; **vakaro** v.
évening fréshness / cool, the cool of
évening

vesdin‖ti 1 (*leisti už vyro*) márry smb
to smb, give* smb in márriage to smb
2 (*versti eiti*) force to go, make* go

vėsinti cool (off)

vesti 1 (*padėti eiti ir pan.*) lead*; guide
2 (*tvarkyti*) condúct, diréct; mánage
3: v. **karą** wage war; fight* a war;
v. **mūšį** fight* an áction / báttle, be*
engáged in báttle 4: v. **derybas**
negótiàte (*with*), cárry on negòtiátions
(*with*) 5 (*imti pačią*) márry (smb),
get* márried to smb, take* a wife
6 (*jauniklius*) bring* forth young 7: v.
vaisius yield fruit; bear* fruit 8 (*tele-
foną, elektrą*) install

vėsti (*aušti*) cool, get* cóld(er)

vestuv‖ės wédding *sg*; **kelti** ~es cé-
lebràte one's wédding

vės‖uma cool wéather ~umas the
cool, cóolness; fréshness ~us fresh;
cool; chílly

vešėti 1 (*tarpiai augti*) grow* vígorously,
thrive* 2 (*klestėti*) prósper, flóurish;
thrive*

vešlus (*apie augalus*) lùxúriant

veteranas véteran

veterinar‖as véterinary, véterinary
súrgeon; vet *sutr. šnek.* ~ija
véterinary scíence / médicine ~inis
véterinary

vėt‖yklė *ž.ū.* wínnowing-machìne,
wínnowing fan ~ymas *ž.ū.* wínno-
wing ~yti (*javus*) wínnow, fan ~ytu-
vas *žr.* **vėtyklė**

vėtra storm, témpest ~lauža (*medžiai*)
wínd-fàllen wood

vėzdas blúdgeon, cúdgel, club

vėž‖ė 1 (*ratų, pavažų*) rut; track 2
prk. path, road, track △ *įeiti į* ~es
séttle down; *išmušti iš* ~ių ùnséttle;

išmuštas iš ~ių ùnséttled, off the
rails

vežė‖čios (*vežimas*) túmbrel, (dúng-)
càrt ~jas dríver, carter, cóachman*

vėžiauti catch* cráwfish

vež‖ikas (*vežantis keleivius*) cabman*;
cábby *šnek.*; (*vežantis krovinius*)
cárter, dráyman*; *žr. t.p.* **vežėjas**;
~ikauti (*būti vežiku*) be* a cárter /
coachman* (by trade) ~imas 1 (*ratai*)
cart; **dviràtis** ~imas dóg-càrt,
cart; **vaikų** ~imėlis perámbulàtor;
pram *šnek.* 2 (*veiksmas*) cárrying;
convéying ~ioti cárry, convéy,
trànspórt; (*ratais*) cart

vėžys 1 *zool.* cráwfìsh, cráyfish 2 *med.*
cáncer

vėžl‖inti, ~ioti go* / walk clúmsily /
áwkwardly ~ys tórtoise; (*jūrų*) túrtle

vežti cárry, convéy; take*; (*ratais*) cart

vibždėti swarm (*with*), teem (*with*)

vidin‖is ìnsíde, intérior, ínner, intérnal;
prk. ínward, ínner; (*būdingas*)
inhérent, intrínsic; ~ės **durys** ínner
door; ~ė **prasmė** ìnhérent / intrínsic
méaning

vidpadis ínsòle; ínner sole; sock

vidu‖dienis noon; mídday ~giris
míddle of the fórest / wood ~j(e)
ìnsíde; withín; **esantis šalies** ~je
ínland; **valstybės** ~je withín the
State ~jinis *žr.* **vidinis**; ~naktis
mídnìght

vidur‖amžiai the Míddle Áges; ~am-
žių mèdiéval ~amžiškas mèdiéval
~dienis noon; mídday; ~dienį at
noon

vidur‖iai *anat.* intérnal órgans; ìnsíde
sg šnek.; (*žarnos*) éntrails, intéstines;
~ių **šiltinė** týphoid (féver), èntéric
féver; **kieti** v. *med.* cònstipátion; **pa-
laidi** v. *med.* dìarrh(ó)ea ~iavimas
med. dìarrh(ó)ea

vidur‖inis 1 míddle; ~inė **ausis** *anat.*
míddle ear; ~iniai **amžiai** the Mid-
dle Áges; ~inė **mokykla** sécondary
school; high school *amer.* 2 (*esantis
viduryje*) míddle, mean, céntral ~ys
míddle; nsídt; **aukso** ~ys the gólden
mean; ~yje in the míddle; **pačiame**
~yje in the véry míddle

viduriuoti have* diarrh(ó)ea, súffer from diarrh(ó)ea

vidurkis 1 (*vidurys*) míddle; céntre **2** áverage; (*pvz., skaičius*) mean númber; **aritmetinis v.** àrithmétical mean

vidur‖naktis mídnìght; ~**nakti** at mídnìght ~**vasaris** mídsùmmer; ~**vasari** in the middle / height of súmmer ~**žiemis** mídwìnter

vid‖us intérior, insíde; ~**aus** insíde, intérior, ìnner, intérnal; *prk.* ínward, ínner; **Vidaus reikalų ministerija** Mínistry of Intérnal Affáirs; Home Óffice (*Anglijoje*); Depártment of the Intérior (*JAV*); ~**aus ligos** intérnal diséases; ~**uje** insíde; withín; **iš** ~**aus** from withín / insíde; **durys uždarytos iš** ~**aus** the door is locked on the insíde; **į** ~**ų** in; insíde; **jis įėjo į** ~**ų** he went in

viela wíre; **spygliuotoji v.** barbed wíre

vien ónly, mérely; sólely; **v. tik** sólely

vien(a)‖akis òne-éyed, sìngle-éyed; monócular *moksl.* ~**aukštis** òne-stóreyed ~**dienis** óne-day *attr*

vienaip in one way / mánner

vienąkart once, one day

vien(a)‖klasis clássmàte ~**laikis** sìmultáneous; sýnchronous ~**laikiškumas** sìmultanéity ~**lytis** hòmogéneous, únifòrm ~**lytiškumas** hòmogenéity, ùnifórmity

vienānaris I *mat.* monómial

vienanāris II *mat.* monómial

viena‖reikšmis (*turintis tik vieną reikšmę*) háving one méaning; (*tos pat reikšmės*) synónymous ~**rūšis** of the same kind; ~**rūšės sakinio dalys** homógéneous parts of the séntence

vien‖as 1 one; *bdv.* alone; **v. iš šimto** one in húndred, one (out) of a húndred; **v. (iš) jo draugų** one of his friends; **v. (iš) jų** one of them; **v. po kito** one áfter anóther; (*apie du*) one áfter the óther; **visi ligi** ~**o** to a man; **ten nebuvo né** ~**o žmogaus** not a

soul was there; **v. pincetas** one pair of twéezers; ~**i su juo sutiko, o kiti ne** some agréed with him and óthers did not; **po** ~**ą** (*kiekvienas atskirai*) one by one; (*viena eile*) in síngle file; **atėjo po** ~**ą ir po du** came by one and twos; **v. dalykas buvo jam aiškus** one thing was clear to him; (*be kitų*) alóne; **jis buvo visai v.** he was quite alóne, *arba* quite by hìmsélf; (*tik*) ónly; **tik jis v. tegali tai padaryti** he alóne, *arba* ónly he, *arba* he ónly, can do it **2** (*kažkoks*) some; a cértain (*pl* cértain); **tavęs klausia v. žmogus** someone is ásking for you; there is a man* ásking for you; **jam tai pasakė v. žmogus** a (cértain) man told him abóut it; **jis sutiko** ~**ą savo draugą** he met a friend of his; **tai atsitiko** ~**ame kaime pietuose** it háppened in a víllage in the south △ **v. kitas** some; some people; **kas jis per v.?** who is he?; ~**u laiku** sìmultáneously; at the same time; ~**u du** in prívate, prívately; únder four eyes *idiom.* *šnek.* ~**ąsyk** once, one day ~**askaita** *gram.* síngular (númber)

vienašal‖is, ~**iškas** (*tiesiog. ir prk.*) òne-síded; ~**iškas atsisakymas nuo sutarties** ùniláteral denùnciátion of a tréaty; ~**iškas auklėjimas** òne-síded èducátion ~**iškumas** òne-sídedness

vienatvė sólitùde, lóneliness

vienbalsiai ùnánimously; **priimta v.** adópted / cárried ùnánimously

vienbals‖is, ~**iškas** ùnánimous ~**iškumas** ùnanímity

vien‖eri one; **v. metai** one year ~**eriopas** of the same kind ~**erios** one (pair); ~**erios replės, žirklės** one pair of tongs, of scíssors; ~**erios rogės** one sledge *sg*

vienet‖as 1 (*skaitmuo*) one; (*pastovus dydis*) unit; *mat.* únity **2** (*gabalas*) piece ~**inis** by the job; job *attr*; piece *attr*; ~**inis atlyginimas** piece wage, páyment by the piece

viengung‖ė ùnmárried / síngle wóman*, spínster **~is** ùnmárried / síngle man*, báchelor; **būti ~iu** be* single **~iškas: ~iškas gyvenimas** ùnmárried / single life

vien‖ybė únity **~ingas** ùníted; ùnánimous; **~ingas frontas** ùníted front **~ingumas** únity; ùnanímity

vienintelis ónly; sole; **v. sūnus** ónly son

vienišas 1 (*atsiskyręs*) sólitary; lónely 2 (*be šeimos*) síngle

vien‖yti ùníte **~ytis** ùníte (*with*); *šnek.* join hands (*with*)

vienkartin‖is síngle; háppening (but) once; gránted / gíven but once; **~ė pašalpa** extraórdinary grant / allówance; **v. bilietas** síngle tícket

vien‖kiemis fárm(-stead); individual farm **~marškinis** in a shirt ónly; in (one's) shirt only **~metis** 1 *bdv.* one-year old; lásting one year; *bot.* ánnual; **~metis augalas** ánnual 2 *dkt.* (*apie žmones*): **mudu su juo ~mečiai** we are of the same age

vienod‖as (*toks pat*) the same (as); (*be įvairumo*) monótonous; (*vienokios rūšies*) únifòrm; hòmogéneous **~ėti** becóme* / get* / grow* únifòrm **~inti** équal (*with*); make* únifòrm **~umas** monótony; ùnifórmity, hòmogenéity

vienoks the same (as); of the same kind

vienpatystė mònógamy

vien‖plaukis bàre-héaded; wéaring no cap (*arba* hat) **~pusis, ~pusiškas** òne-síded

vientis‖as, ~inis 1 (*iš vienos masės*) sólid, compáct 2 (*audeklas*) síngle 3: **~inis sakinys** *gram.* símple séntence

vien‖turtė: v. duktė ónly dáughter **~turtis: ~turtis sūnus** ónly son; **~ui vienas** quite alóne **~uma** (*vienatvė*) sólitùde, lóneliness **~umas** únity, whóleness; intégrity

vienuol‖ė nun; **tapti ~e** take* the veil

vienuolik‖a eléven **~tas** eléventh; **gegužės, birželio ir pan. ~ta** the eléventh of May, June, *etc.*; May, June, *etc.*, the eléventh; **~tas numeris** númber eléven; **~tas puslapis** page eléven **~tinis: važiuoti ~tiniu traukiniu** take* the eléven (o'clóck) train

vienuol‖ynas clóister; (*katalikų*) ábbey; (*vyrų*) mónastery, fríary; (*moterų*) núnnery, cónvènt; **uždaryti į ~yną** clóister **~is** monk; **tapti ~iu** take* the monástic vows **~iškas** monástic, clóistral, cònvéntual

vienur in one place; **v. kitur** here and there

vienutė (*kalėjime*) sólitary (confinement) cell, óne-màn cell; (*vienuolyne*) cell

viesulas whírlwìnd; (*vandens*) wáterspout; (*smėlio*) sándstòrm; (*sniego*) snówstòrm, blízzard

vieš‖as 1 (*visiems skirtas*) públic; **~oji biblioteka** públic líbrary 2 (*atviras*): **v. balsavimas** ópen bállot, vote by show of hands; **v. posėdis** públic sítting; **~ai paskelbti** annóunce; procláim △ **~ieji namai** bróthel, báwdy-house*, house* of ill fame; párlor house* *amer.*

vieš‖butis hòtél **~ėti** stay (*with*), be* on a vísit (*to*) **~kelis** high road; híghway **~nia** vísitor, guest

viešpat‖auti 1 (*turėti valdžią*) rule, rule (óver), have* domínion (óver); sway; **~aujančioji klasė** rúling class; (*vyrauti*) preváil, predóminàte 2 (*būti įsigalėjusiam*) reign; **~avo tamsa** dárkness was réigning 3 (*karaliauti*) reign; **Mindaugui ~aujant** in / dúring the reign of Míndaugas **~avimas** suprémacy; rule, sway (*tik politinis*); (*kam*) dòminátion / domínion / ascéndency (*over*); **pasaulinis ~avimas** world suprémacy; (*vyravimas*) prévalence, predóminance **~ija, ~ystė** (*karalystė, valstybė; t.p. prk.: sritis, sfera*) kíngdom, realm

viešpats (*valdovas*) lord, rúler, sóvereign; **padėties v.** máster of the situátion

vieš‖uma(s) pùblícity; *iškelti* ~umon give* pùblícity (*to*), make* públic / known, bring* (*smth*) to light; públish
viet‖a 1 place; (*kuo nors išskiriama*) spot; (*sodui įveisti, statybai ir pan.*) site; (*vietovė*) locálity; *užleisti kam* ~ą give* up one's place to smb; *toji* v. that partícular spot; *ta pati v.*, *kur ...* the precíse spot where ...; *gera v. namui* a good* site for a house*; *gimimo v.* birth-plàce; *gyvenamoji v.* place of résidence; *į (savo)* ~as! to your pláces!; *kar.* stand to!; *darbo v.* wórking place; *stovėjimo v.* (*automobilių*) párking; (*vežikų*) cáb-stànd; (*taksi*) táxi-stànd; *įkalinimo v. teis.* place of confínement; *tuščia v.* blank (space) 2 (*pvz., teatre*) seat; (*miegamoji vieta vagone, laive*) berth 3 (*tuščia erdvė*) room; space; *nėra* ~os there is no room; *čia daug* ~os there is plénty of room here 4 (*tarnyba*) job, post, óffice; (*pvz., namų darbininkės*) sìtuátion; *neturėti* ~os be* out of work, be* ùnemplóyed; *ieškoti* ~os seek* (for) a sìtuátion; look for a job 5 (*teksto dalis*) pássage 6: ~os aplinkybė *gram.* advérbial módifier of place △ *jūsų* ~oje in your place, if I were you; *silpnoji v.* weak spot / point / place; *rasti silpnąją* ~ą find* the joint in the ármour *idiom.*; ~os nerasti (*pvz., ką skaudant, esant pavojui*) fret; *ne* ~oje out of place; ~oje on the spot; *užmušti* ~oje kill on the spot; *užklupti nusikaltimo* ~oje catch* in the act; catch* rèd-hánded
viet‖ininkas *gram.* lócative (case) ~inis lócal; ~inis gyventojas lócal, inhábitant; ~inė šnekta lócal díalèct; ~inė narkozė *med.* lócal ànaesthésia
vietoj (*ko*) instéad of
vieto‖vaizdis view, lándscàpe ~vardis name of a place / locálity ~vė locálity, dístrict; *kaimo* ~vė cóuntry-sìde

vieversys *zool.* (ský)làrk, fíeld-làrk; *miškinis v.* wood lark; *kuoduotasis v.* crésted lark
vijimasis pursúit, chase
vij‖oklis *bot.* convólvulus ~ūnas *zool.* loach (*žuvis*)
vykd‖ymas (*pvz., darbo, įsakymo*) èxecútion; (*pvz., noro*) fulfílment; realìzátion ~yti cárry out, fulfíl, execùte, accómplish; réalìze; ~yti *taikos politiką* pursúe a pólicy of peace ~ytojas, -a exécutor; *teismo* ~ytojas báiliff ~omasis exécutive; ~omasis komitetas exécutive commíttee
vykęs succéssful; *v. bandymas* succéssful attémpt; (*apie posakį, eilėraštį ir pan.*) well turned; *v. vertimas* good* / felícitous trànslátion; *v. pasakymas, išsireiškimas* apt / felícitous expréssion
vikis *bot.* vetch
vikr‖umas nímbleness, dèxtérity, déftness, agílity; quíckness, swíftness, prómptness ~us nímble, ágìle, swift; deft, déxtrous, skílful
vyksmas prócèss
viksva *bot.* sedge, cárèx
vikšr‖as 1 *zool.* cáterpillar 2 *tech.* (cáterpìllar) track ~inis 1 cáterpillar *attr* 2 *tech.* cáterpillar *attr*; tráck-laying, fùll-tráck; ~inis traktorius cáterpillar tráctor
vyk‖ti 1 (*eiti, leistis į kelionę*) go*; make* (*for*); make* one's way (*to, towards, into*); set* off; wend one's way (to) *poet.* 2 (*sektis*) be* a succéss; work well; succéed (in *ger*); mánage (+ to *inf*) 3 (*dėtis, darytis*) háppen, occúr; take* place; be* góing on; go* on; *kas čia* ~sta? what is góing on here?; *ten* ~sta keisti dalykai there are queer goings-ón there; *veiksmas* ~sta Vilniuje the scene is laid in Vilniùs, the áction takes place in Vílniùs
vila vílla
vilgyti móisten, damp, wet

vyling‖**as** insídious, perfídious, cráfty; sly; (*gudrus*) decéptive, cúnning, delúsive ~**umas** delúsiveness; slýness, pérfidy

vilioti (*kviesti*) béckon, wave (*to*); attráct; allúre; entíce awáy; (*apgaule*) decóy

vylius fraud, decéption; insídiousness, pérfidy

vilk‖**as** wolf* ~**ė** shé-wòlf* ~**ena** wólfskin

vilkėti wear*

vilkikas (*traktorius*) tráctor; prime móver *amer.*; (*laivas*) tug; túgboat, tów-boat

vilkinti deláy, drag out, protráct; pròcrástinàte

vilk‖**iukas**, ~**iūkštis** wólf-cùb ~**šunis** wólfhound

vilkstinė file, row, line; *vežimų v.* string / train of cárriages, cáravàn; *laivų v.* cáravàn / cónvoy of ships

vilk‖**ti** 1 (*traukti, tempti*) drag, pull; haul; (*sunkų daiktą*) lug, tug 2 (*drabužiais*) dress, clothe ~**tis** 1 (*apsirengti*) dress (ònesélf) 2 (*pamažu, sunkiai eiti*) drag ònesélf alóng; walk slówly; *jis vos bepasivelka* he can hárdly walk, *arba* drag hìmsélf, alóng

vilna wool; *gryna v.* full wool

viln‖**is** wave; (*didelė*) bíllow ~**yti** rípple; (*apie jūrą*) be* rough / chóppy, surge, bíllow

vilnon‖**is** wóollen; ~**ė** *medžiaga* wóollen stuff; ~**iai** *drabužiai* wóollens

vìl‖**tis** (*tikėtis ko*) hope (*for*; + to *inf*) ~**tìs** hope; *turėti* (*puoselėti*) ~**tį** chérish a hope (*for*); *nė mažiausios* ~**ties** not a glímmer of hope; *aš nenustoju* ~**ties** I don't lose hope, I am not ùnhópeful; *dėti* ~**tis į ką** set* one's hopes on, repóse one's hopes in; *prarasti, pamesti* ~**tį** give* up hope; *tuščios* ~**tys** vain hopes

vynai *kort.* spades

vynas wine

ving‖**is** bend, curve, sìnuósity; wínding, meánder ~**iuotas** wínding, sínuous, tórtuous; (*apie upę*) meándering, meándrous ~**iuoti** twíst, wind*; meánder *knyg.*

vynynink‖**as**, -**ė** wíne-màker ~**ystė** wíne-màking

vynio‖**jamasis** wrápping, pácking; ~**jamasis popierius** wrápping / brown páper ~**ti** wrap up

vinis nail; (*vinelė plačia galvute*) tack

vinkšna *bot.* élm(-tree)

vynuog‖**ė** grape ~**ienojas** vine ~**ynas** víneyard

violetinis víolet

violončel‖**ė** vìoloncéllò [-'tʃe-]; céllò ['tʃe-] *sutr.* ~**ininkas**, -**ė**, ~**istas**, -**ė** vìoloncéllist; 'céllist *sutr.*

viral‖**as** soup; broth; pap *menk.* ~**inė** lárder, pántry

vyr‖**as** 1 man*, male 2 (*sutuoktinis*) húsband △ *v. esi!* (*pagiriant*) well done! ~**auti** preváil, predóminàte

virb‖**alas** 1 (*megzti*) knítting néedle 2 *tech.* pívot 3 (*akėtvirbalio*) tooth* ~**as** rod; (*šakelė*) twig

virdulys téa-kèttle

virėjas, -**a** cook

vyresn‖**ybė** authórities *pl*; admìnistrátion ~**is** 1 (*pagal metus*) ólder; élder; ~**ysis brolis** élder bróther 2 (*pagal padėtį tarnyboje*) sénior; ~**ysis leitenantas** sénior lieuténant

vyriaus‖**ias** 1 head; ~**iasis gydytojas** head physícian / doctor; *kar.* chief médical ófficer; ~**iasis inžinierius** chief ènginéer; èngineer-in-chíef; ~**iasis buhalteris** accóuntant géneral; ~**ioji būstinė** *kar.* géneral headquárters *pl* 2 (*amžiumi*) óldest, éldest, sénior; *v. sūnus* éldest son ~**ybė** góvernment ~**ybinis** gòvernméntal; góvernment *attr*

viryk‖**la:** *mulio v.* sóap-wòrks; (*virtuvėje*) (kítchen)-rànge; *dujų v.* gásstòve

virin‖**ti** boil; ~**tas vanduo** boiled wáter

vyris *žr.* **vyrius**

vyrišk‖as 1 másculine; (*vyriškosios lyties*) male; ~*i rūbai* men's clothes; ~*oji lytis* male sex; ~*asis rimas liter.* síngle / male / másculine rhyme; ~*oji giminė gram.* másculine (génder) 2 *prk.* mánly, mánful; vírile; résolùte; brave 3 (*panašus į vyrą*) mánlìke; mánnish, másculine; mánly ~*is* man*, male; géntleman* ~*umas* mánliness, mánhood; (*drąsumas*) cóurage, fórtitùde, brávery

vyrius hinge

virkdyti make* smb cry

virp‖ėjimas, ~**esys** trémbling; quívering; (*balso*) quáver; trémor; *fiz.* òscillátion, vìbrátion; *nervinis* v. thrill, nérvous trémor ~**ėti** 1 *fiz.* óscillàte 2 (*drebėti*) trémble; quíver; shake*; *jis visas virpa* he trémbles all óver; ~**ėti iš džiaugsmo** thrill with joy 3 (*apie balsą, garsą*) quáver, trémble ~**inti** make* trémble, quíver; (*stygas*) make* vìbráte; (*balsą*) make* quáver

vir‖sti 1 (*krypti, griūti*) fall*; òvertúrn; tip óver; túmble; ùpsét*; *jis* ~**sta iš kojų** he is fálling off his feet 2 (*eiti būriu*) come* in flocks / crowds 3 (*veržtis*): *dūmai* ~**sta iš kamino** clouds of smoke are póuring out of the chímney 4 (*kuo*) turn (*into*); change (*into, to*); *minutės* ~**to valandomis** the mínutes passed / stretched ínto hóurs

virš óver; *skraidyti v. miesto* fly* óver the town ~**aitis** chief of a (rúral) dístrict ~**aus** besídes; in addition (*to*) ~**elis** (*dangtelis*) lid; (*pvz., knygos*) cóver ~**esnis** supérior to smb ~**etatinis** sùpernúmerary ~**ijimas** (*plano*) òverfulfílment ~**ila** *kar.* wárrant ófficer; first sérgeant *amer.*

viršininik‖as, -ė head, chief; supérior; *tiesioginis* v. immédiate supérior; *stoties* v. státion-màster; *štabo* v. chief of staff; *sargybos* v. commánder of the guard ~**auti** commánd

viršyti 1 (*būti pranašesniam*) excél (*in*) 2 (*planą*) excéed; *v. planą dvidešimt procentų* excéed the plan by twénty per cent

virškin‖amas digéstive; digéstion *attr*; *blogai* v. ìndigéstible ~**amumas** digèstibílity ~**imas** digéstion; ~**imo sutrikimas** ìndigéstion ~**ti** digést

virš‖norminis óvertìme *attr*; v. *darbas* óvertìme work ~**planinis** óver and abóve the plan; ~**planinė prodúkcija** prodúction abóve the plan ~**ugalvis** *anat.* vértèx; (*galvoviršis*) crown / top of the head ~**uj** abóve; (*ko*) óver; (*iš paviršiaus*) on / alóng the súrface; (*viršutiniame aukšte*) ùpstáirs ~**ukalnė** súmmit / top / crest / peak of a móuntain ~**ukelė** pass, pássage through móuntains

viršum óver

virš‖ūnė (*kalno*) súmmit; top; peak; (*medžio*) top ~**us** 1 (*viršutinė dalis*) top; head; úpper part; (*namų*) úpper stórey; *į* ~**y,** ~**un** up, úpward; (*laiptais*) ùpstáirs; (*ko nors*) on top; ~**uje** on top, abóve; *iš* ~**aus** from above; *su* ~**um** odd; *dvidešimt metų su* ~**um** twénty odd years; (*viršutiniame aukšte*) ùpstáirs ~**aus** besídes; in addítion (*to*); *gauti* ~**ų** gain the úpper hand (*over*), preváil (*over*); tríumph (*over*) 2 (*dangtis*) cóver(ing); lid 3 (*išorinė dalis*) outsíde; (*pvz., apsiausto*) cóver, top ~**utinis** úpper*

viršvalan‖džiai óvertìme *sg*; *dirbti* ~**džius** do* / make* / work óvertìme ~**dinis** óvertìme *attr*

virti 1 (*kunkuliuoti*) boil, búbble, seethe; *darbas verda* work is in full swing 2 (*virinti*) boil; (*gaminti*) cook; *v. sriubą* cook soup; *v. pietus* cook / make* dínner

virtinė (*karavanas*) cáravàn; (*grybų*) string

virtinis *kul.* (cúrd-)dùmpling

virtuolis wíndfallen tree

virtuoz‖as vìrtuósò ~**iškas** másterly ~**iškumas** vìrtuósity

virtuvė kítchen

virv‖ė (*stora*) rope; (*plonesnė*) cord; (*plona*) string; **v. skalbiniams** clóthes-lìne; **surišti** ~e rope, cord, tie up (*with a rope, cord, etc.*); **padžiauti skalbinius ant** ~ės hang* (up) clothes on the line

viržis I 1 (*prie pakinktų*) trace 2 *med.* band, cord, streak

viržis II *bot.* héather

vis álways; **vis dėlto** howéver, still, nèvertheléss, all the same, for all that; **vis tiek, vis viena** it is all the same, it makes no dífference; **jam vis tiek, ar ji eis ar ne** it is all the same to him whéther she goes or not; **jis vis vien ateis** he will come all the same

visad‖a, ~os *prv.* álways; **kaip v.** as éver, as álways

visagalis, -ė òmnípotent, àlmíghty

visai quite, entírely, ábsolùtely, tótally, útterly; (*su neiginiu*) not ... at all; **v. teisinga(i)** quite so, quite right, quite true; **tu v. teisus** you are pérfectly / quite right; **v. nepažįstamas žmogus** tótal / pérfect stránger; **v. nuogas** quite / stark náked; **jis v. jaunas** he is quite a young man; **v. ne tas** nóthing of the kind; **jis v. nusigyveno** he is entírely rúined; **jis manęs v. nepažįsta** he dóesn't know me at all; **aš to v. nesakiau** I did not say that at all; I néver said that; **v. ne** not at all, not in the least; **man tai v. nepatinka** I don't like it a bit; **v. beprotis** stark mad; **jis v. neišdidus** he is by no means proud

visaip in évery póssible way, in évery way póssible

visaliaudinis nátional

visapusišk‖as (*universalus*) ùnivérsal, àll-róund ~umas (*universalumas*) ùnivèrsálity

vis‖as all; whole, entíre; ~ą dieną all day long; **v. Vilnius** all Vílniùs; **po ~ą miestą** all óver the town; **v. miestas** the whole cíty / town; ~u balsu at the top of one's voice; **iš ~o** (*visas skaičius, visa suma*) in all,

sum tótal, all togéther; ~am laikui, ~iems laikams for éver; for good; ~iems žinomas wèll-knówn; ~iems prieinamas (*suprantamas*) pópular; ~ų pirma first of all, to begín* with; first and fóremòst; ~ų didžiausias the gréatest; the lárgest; ~ų geriausias best of all △ ~o gero! (*atsisveikinant*) gòod-býe!, all the best!; dėl ~a ko, dėl ~o pikto (just) in case, at all evénts; **be ~o to** mòreóver; nepaisant ~o to for all that; iš ~ų jėgų with all one's strength / might; with all one's might and main; iš ~os širdies with all one's heart, with one's whole heart

visata the únivèrse

visažinis, -ė *iron.* know-áll

visetas the whole

visgi still, nèvertheléss, all the same, for all that, howéver

visišk‖ai quite, entírely, ábsolùtely, tótally, útterly; **v. saugiai** in pérfect secúrity; *žr. t.p.* visai; ~as full; ábsolùte; pérfect; ~a laisvė full fréedom, full líberty; ~a ramybė ábsolùte rest; ~as nemokšiškumas ábsolùte ígnorance; ~as nusigyvenimas / nuskurdimas útter rúin; jis ~as našlaitis he has néither fáther nor móther, both his párents are dead he is a compléte órphan

viskas éverything; all (*dažniausiai frazeologiniuose posakiuose*)

vyskup‖as *bažn.* bíshop ~ija see, díocese ['daɪəsɪs]; bíshopric ~ystė 1 (*sritis*) *žr.* vyskupija 2 (*laipsnis*) bíshopric, epíscopate

vislus quíckly múltiplỳing; híghly génerative / rèprodúctive

visokeriop‖ai in évery póssible way, in évery way póssible; **v. padėti** rénder évery kind of assístance ~as (of) évery kind; all and évery

visoks all sorts / kinds of

visraktis máster-key; skéleton-key

visti própagàte, múltiplỳ

vysti fade, droop, wíther

vystyklai swáddling clothes

vyst‖ymas 1 (pvz., pramonės) devélop-ment 2 (vaiko) swáddling ~ymasis devélopment; pramonės ~ymasis devélopment / úpgrowth of índustry ~yti 1 (pvz., pramonę) devélop 2 (vaiką) swáddle ~ytis (pvz., pramonei) devélop

visuma the whole

visuomen‖ė socíety; pirmykštė v. prímitive socíety; plačioji v. géneral / broad públic; ~ės mokslas sócial scíence ~ininkas, -ė públic / sócial wórker ~inis públic; sócial; ~inė nuosavybė públic / sócial próperty; ~inė santvarka sócial sýstem; ~inis darbas públic / sócial work / actívities; ~inis maitinimas públic cátering ~inti sócialìze

visuomet álways; kaip v. as éver, as álways

visuotin‖is ùnivérsal, géneral; v. privalomas mokslas ùnivérsal compúlsory èducátion; v. susirinkimas géneral méeting ~umas ùnivèrsálity

visur éverywhère; v. kur high and low; iš v. from éverywhère, from évery quárter ~eigis cròss-cóuntry

viščiukas chícken; chick, poult

vyšn‖ia 1 (vaismedis) chérry-tree 2 (vaisius) chérry ~ynas chérry grove ~inė (antpilas) chérry liquéur / brándy

višt‖a hen; fowl; chícken amer. ~akumas med. níght-blìndness, nỳctalópia ~idė hén-coop, hén-house* ~iena chícken(-meat), fowl ~ininkystė póultry-breeding ~vanagis hén-hawk, góshawk

vitamin‖as biol. vítamin ~ingas biol. vìtáminous ~inis vítamin attr

vyti 1 (varyti) drive* (awáy), chase (awáy); (priešą) put* to flight 2 (pvz., virvę) twist

výtis I istor. 1 (raitas pasiuntinys) dispátch ríder 2 (karžygys) knight 3 (herbas) Výtis (State emblem of Lithuania)

vytìs II 1 (vytinė, rykštė) switch 2 (medžio šaka) twig; (karklo) withe, wíthy

vitrina 1 (langas) wíndow; (parduotuvės) (shóp)wìndow 2 (įstiklinta dėžė) shów-càse, gláss-càse

vyturas (tvarstis) bándage

vyturys zool. (ský)làrk, fíeld-làrk

vyturiuoti I (pvz., žaizdą) bándage

vyturiuoti II (čivíriuoti) sing*, wárble

viza vísa

vyzdys púpil (of the eye)

vizginti (uodegą) wag

vizit‖as vísit; (trumpas) call; padaryti kam ~ą pay* smb a vísit / call ~inis vísiting; ~inė kortelė vísiting-càrd ~uoti (apie gydytoją) make* / go* one's round(s)

vyž‖a bast sándal / shoe ~otas wéaring bast shoes

vog‖čia, ~čiomis by stealth, stéalthily, fúrtively ~ti steal*; (apie smulkias vagystes) pílfer

vokalinis muz. vócal

vokas 1 (akies) éyelid 2 (laiškui) énvelòpe, cóver

vokie‖tė Gérman (wóman*) ~tis Gérman; ~čių kalba Gérman, the Gérman lánguage ~tybė lingv. Gérmanism ~tinti Gérmanìze

vokišk‖as Gérman; ~ai (in) Gérman

volas 1 ž.ū. róller 2 tech. shaft

vol‖ė (medinis kamštis) tap, plug, spígot ~ioti(s) roll

volt‖as el. volt ~ažas vóltage

volungė zool. óriòle

von‖ia (indas, maudymasis) bath*; saulės v. sún-bàth*; oro v. áirbàth*; imti ~ią have* / take* a bath

vora file, row, line

vor‖as spíder ~atinklis cóbwèb, spíder's web, web; (ore besidraikantis) góssamer

vos hárdly; jis vos tai pakėlė he could hárdly lift it; jis vos kvėpuoja he can hárdly breathe; iš čia vos matyti it can hárdly be seen from here; jis vos išsigelbėjo he had a nárrow escápe; vos pastebima šypsena a ghost of a smile; vos tik as soon as; vos tik jis įėjo as soon as he came in;

vos tik jis išvažiavo, kaip he had scárcely gone awáy when, no sóoner had he gone awáy when, no sóoner had he gone awáy than; **vos-ne-vos** hárdly; **jis vos-ne-vos judėjo** he hárdly moved

votis úlcer

vover‖ė, ~is squírrel

vož‖ti 1 shut*, close; (*dangčiu*) put* the lid / cóver (on) **2** (*kirsti*) give* (*smb*) a slap **~tuvas** valve; **širdies ~tuvas** mítral valve

vualis veil

vulgar‖inti vùlgarìze **~umas** vùlgárity **~us** vúlgar

Z

zakristi‖ja *bažn.* sácristy, véstry **~jonas** *bažn.* séxton, sácristan

zaun‖a 1 (*tuščia kalba*) (ídle) talk **2** *žr.* zaunius; **~yti** (*niekus kalbėti*) drível, talk rúbbish **~ius, -ė** chátterer, tálker, gás-bàg

zebras *zool.* zébra

zefyras 1 *poet.* (*vėjas*) Zéphyr **2** (*audinys, vilna*) zéphyr

zenit‖as (*ir prk.*) zénith **~inis** 1 *astr.* zénithal **2** *kar.* ànti-áircraft *attr*; **~inė artilerija** ànti-áircraft àrtíllery

zigzagas zígzàg

zylė *zool.* (blue) títmouse*

zylioti run* abóut (mádly) (*about cattle stung by gadflies*)

zirz‖ėjimas, ~esys hum, buzz, drone **~enti, ~ėti** hum, buzz, drone **~inti: smuiką ~inti** scrape on a vìolín **~lys, -ė** whíner, sníveller **~ti** 1 (*apie vabzdžius*) hum, buzz, drone **2** (*būti nepatenkintam, verkšlenti*) whine, snível, be* péevish; (*būti nepatenkintam*) grúmble, múrmur

zlotas zlóty

zomš‖a chámois (léather), shámmy; suede **~inis: ~inės pirštinės** chámois / suede gloves

zona zone; **neutralioji z.** néutral zone; **laisvosios prekybos z.** frée-tràde zone

zond‖as *med.* probe; *spec.* sound **~uoti** 1 *med.* probe **2** (*tiesiog. ir prk.*) sound; **~uoti dirvą** explóre the ground

zoolog‖as, -ė zòólogist **~ija** zòólogy **~inis, ~iškas** zòológical

zootechnik‖a zòotéchnics **~as** zòotèchnícian

zuik‖ė dóe-hàre **~is** hàre **~iukas** young hare

zuiti scúrry (abóut the place), húrry and scúrry

zulinti rub; cut* with a dull tool

zuperis *chem.* sùperphósphàte

zvimbti 1 (*apie vabzdžius*) hum, buzz, drone; (*apie kulką*) sing* **2** (*verkšlenti*) whine, snível

---

Ž

žabal‖as blind **~ė** blind wóman **~is** blind man*

žabang‖ai, ~os noose *sg*, snare *sg*

žab‖as (long) switch, (long) dry branch **~ai, ~ynas** brúshwood

žab‖oklės, ~okliai bit *sg* **~oti** (*arklį*) brídle; *prk.* curb; restráin; brídle

žad‖as speech; **netekti ~o** be* depríved of speech; **be ~o** ùncónscious; out of breath

žadė‖jimas prómise **~ti** prómise

žadin‖ti 1 (*budinti*) wake* up, awáke(n); **jį ~a septintą valandą** he is waked / awáked / awákened / called at séven o'clóck; they wake / awáke(n) / call him at séven **2** *prk.* (*kelti*) awóke, aróuse **~tuvas** 1 alárm-clòck **2** *tech.* excíter

žagar‖as (long) switch, (long) dry branch **~ynas** brúshwood

žagrė 1 (*arklys*) wóoden plóugh **2** (*noragas*) plóughshàre

žagsė‖jimas híccùp, híccough ~ti
híccùp, híccough

žagsulys žr. **žagsėjimas**

žaib‖as líghtning; ~o telegrama
expréss-tèlegràm; ~o greitumu with
líghtning speed ~iškas (quick as)
líghtning ~olaidis líghtning condùc-
tor / rod ~uoti (apie žaibą) flash;
(švysčioti) spárkle

žaid‖ėjas, -a, ~ikas, -ė pláyer ~imas
game ~ynės: Olimpinės ~ynės the
Olýmpic Games

žaislas toy, pláythìng

žais‖mas: žodžių ž. play on
words, pun ~mingas pláyful ~ti
play; sport; ~ti tenisą play ténnis

žaizd‖a wound ~otas cóvered with
wounds

žaizdras tech. fúrnace, hearth; (kal-
vėje) forge, fórging fúrnace

žala harm

žalas brown (apie galvìjus)

žalgiris green / pine fórest / wood

žalias 1 (žolės spalvos) green 2 (apie
mėsą) raw 3 (apie vaisius, uogas)
green, ùnrípe

žaliav‖a raw matérial / stuff; raw
matérials pl; ~inis, ~ų: ~ų ištek-
liai source of raw matérials sg

žalienin‖is ž.ū.: ~ė sistema grásslànd
ágricùlture

žaling‖as hármful, bad*, injúrious,
dèletérious; ž. sveikatai ùnhéalthy;
~i vaistai hármful / injúrious médi-
cine sg

žal‖itvorė hedge (row), quícksèt /
green hedge ~iūkas héalthy / robúst /
lústy féllow ~iuoti (darytis žaliam)
grow* / turn green; (bùti matomam)
show* green

žalmargis rèd spótted; dun

žalo‖jimas dámage, ínjury ~ti
1 dámage 2 (pvz., koją, ranką)
ínjury, hurt*, crípple, maim, lame
3 (moraliai) spoil

žalsv‖as gréenish ~umas gréenishness

žaltys zool. gráss-snàke

žalumynai 1 (žolės, gėlės, lapai)
vérdure sg 2 (daržovės) greens;
végetables

žalvaris brass; bronze

žalvarnis zool. róller

žand‖as (skruostas) cheek; (žandikau-
lis) jaw ~enos whískers, sídewhìskers
~ikaulis anat. jaw; màxílla (pl -ae)
moksl.; viršutinis ~ikaulis úpper
jaw; apatinis ~ikaulis lówer jaw
~uoti šnek. devóur gréedily, gúzzle,
gorge

žara glow; ryto ž. dáybreak, dawn;
vakaro ž. évening-glow

žard‖as grate for drýing fláx ~iena,
~is enclósure; pen

žarij‖a live coal; ~os live coals, émbers

žarn‖a 1 anat. gut, intéstine; akloji
ž. blind gut; moksl. cáecum 2 (gais-
rui gesinti) hose ~ynas anat. bówels
pl; intéstine (papr. pl) ~okai óffal sg,
pluck sg

žarst‖eklis póker ~yti rake up; (žari-
jas) bank (up), poke

žąs‖idė góosery, góose-pèn ~iena
góose(-flèsh) ~igonis, -ė góose-hèrd
~inas gánder ~inis goose attr ~is
goose* ~ytis, ~iukas gósling

žąslai bit sg

žav‖a charm, fàscinátion ~ėjimasis
àdmirátion, delíght ~esys charm
~ėti charm, fáscinàte ~ėtis be*
charmed / táken (with) ~ingas, ~us
chárming, fáscinàting, delíghtful, rá-
vishing ~ingumas, ~umas charm,
fàscinátion

žebenkštis zool. wéasel

žeberklas físh-spear, hàrpóon

žegnoti(s) bažn. cross (ònesélf)

žeisti ínjure, wound

želdinti (plaukus) grow*; (medžiais,
krūmais) plant trees

želm‖enys (corn) shoots ~uo sprout,
shoot

želti sprout, be* / becóme* / óvergrówn
(with)

žemai low; below

žemait‖ė Lówlander (*in Lithuania*);
Žèmáitė (*of a woman*) ∼is Lówlander,
Žèmáitis (*of a man*)

žem‖as 1 low; ∼o ūgio (of) short
(státure); ùndersízed; **ž.** balsas deep
voice 2 (*niekšiškas*) base, mean, low
3 geogr. lówlýing

žemaūgis ùndersízed, dwárfish, shór-
tish

žemažiūr‖is shòrt-síghted, near-
síghted; mỳópic med. ∼iškas:
∼iška politika shórt-sìghted pólicy
∼iškumas short / near sight; mỳópia
med.

žemčiūg‖as pearl; ∼ų karoliai pearl
nécklace

žemdirb‖ys fármer, cúltivàtor, àgri-
cúlturist ∼ystė ágricùlture

žem‖ė 1 earth; ∼ės drebėjimas
éarthquàke 2 (*šalis, kraštas, sausuma*)
land **3** (*dirva*) soil 4 (*paviršius*)
ground; ∼ės sklypas plot of land;
∼ės ūkis àgricùlture, fárming; ∼ės
ūkio darbai àgricúltural work sg

žemėlapis geogr. map; (*jūros*) (sea)
chart

žemė‖tas soiled with earth ∼ti 1 (*eiti
žemyn*) go* down, fall* 2 (*purvinti*)
soil (with earth), dírty

žemė‖tvarka ekon. òrganìzátion
of land èxploitátion ∼valda lánd-
ownership

žemiau lówer, belów; **ž.** jūros lygio
belów séa-lèvel

žemiet‖ė (fèllow-)cóuntrywòman* ∼is
(fèllow-)cóuntryman*

žemyn down, dównwards

žemynas máinland, cóntinent

žeminė dúg-out

žemin‖imas humìliátion, abásement
∼ti 1 (*leisti žemyn*) lówer 2 (*niekinti*)
húmble, hùmíliàte, abáse

žemys kort. knave, Jack

žem‖iškas éarthly; moksl. terréstial
∼kasys návvy

žem‖semė tech. drédger, dredge
éxcavàtor ∼uma geogr. lówland,
depréssion ∼umas lówness, básin;

prk. méanness ∼uogė (wild) stráw-
berry ∼upys the lówer réaches of a
ríver ∼utinis lówer ∼valdys lánd-
owner, lándhòlder

žengti step; walk; tread*; (*dideliais
žingsniais*) stride*; **ž.** marš! quick
march!

ženkl‖as 1 sign; tóken; sígnal 2 (*žymė*)
mark; pasižymėjimo **ž.** dècorátion,
médal; pašto **ž.** (póstage) stàmp;
fabriko **ž.** trádemàrk; kelio **ž.**
lándmàrk ∼elis žr. ženkliukas;
∼inti mark (*with*) ∼iukas badge

žentas són-in-law (*pl* sóns-in-law)

žėrėti spárkle, twínkle; glítter

žergti 1 (*kojas*) spread* one's legs wide
2 (*žengti*) stride*

žerti (*pvz., žarijas*) rake out; (*smėlį*)
strew* △ **ž.** tiesą į akis speak* the
truth bóldly

žėr‖uoti shine*; glítter; spárkle ∼utis
min. míca

žiaukčioti 1 (*žagsėti*) híccùp, híccough
2 (*raugėti*) belch

žiaunos gills; moksl. bránchia(e)

žiaur‖ėti becóme* crúel ∼ybė crúelty;
brùtálity ∼inti make* crúel ∼umas
crúelty; brùtálity ∼us brútal

žibal‖as kérosène ∼inis kérosène attr;
∼inė lempa kérosène / oil lamp

žybčioti gleam, flash

žibė‖jimas lústre, glítter ∼ti shine*;
spárkle, twínkle; glítter

žibint‖as, ∼uvas lántern; lamp

žibinti 1 (*šviesti*) give* some light
2 (*šviesą*) keep* light **3** (*blizginti*) pól-
ish

žybs‖ėti flash (now and then) ∼nis
flash

žybtelėti flash, flash up / out

žibuoklė bot. víolet

žibur‖ys (small) light ∼iuoti shine*;
spárkle, twínkle

žibut‖ė žr. žibuoklė; ∼is spárkle,
spárklet

žyd‖as Jew ∼ė Jéwess; Jéwish wóman*
/ girl

žyd‖ėjimas 1 bot. flówering, blóssom,
flòréscence 2 prk. pròspérity; pačiame

~**ėjime** in the flówer of one's age, in full bloom, in the prime of life ~**ėti** flówer, bloom, blóssom, be* in blóssom / flówer; (*klestėti*) prósper, flóurish; **rožės** ~**i** the róses are flówering / blóssoming / blóoming, the roses are in flówer / blóssom / bloom; **obelys** ~**i** the ápple-trees are in blóssom

židinys 1 (*tiesiog. ir prk.*) hearth; **namų ž.** home; the fíreside 2 fíreplàce 3 (*šaltinis*) hótbèd; fócus, céntre

židiškas Jéwish

žydr‖as blue, light / pale blue, skỳblúe; ázure ~**ynė**, ~**uma** ázure, skỳblúe

žieb‖ti (*šviesą*) light* ~**tuvėlis** cígarètte-lìghter

žiedas I *bot.* blóssom

žiedas II (*papuošalas*) ring

žied‖ėti (*apie duoną*) get* / grow* stale ~**ynas** *bot.* ràcéme ~**uoti** ring, fúrnish / fit with rings, *arba* a ring ~**uotis** becóme* engaged (*to*), exchánge rings in betróthal (*with*) ~**uotuvės** betróthal *sg*

žiem‖a wínter; **ateina ž.** wínter is cóming; ~**os sportas** wínter spórts *pl* ~**ą** in wínter ~**iai** (*šiaurė*) north *sg* ~**inis** wínter, wíntry; ~**iniai rugiai** wínter rye; ~**inė kultūra** wínter crop ~**ys** north, nórthern / nórtherly wind

žiem‖kenčiai (*javai*) wínter crops ~**ojimas** wíntering, wínter stay ~**oti** wínter, pass / spend* the wínter; **pasilikti** ~**oti** stay for the wínter

žiest‖i make* cláy pòts ~**uvas** pótter's wheel, curve piece

žievė bark; (*pluta*) crust; *bot.* córtèx; (*vaisių*) peel, rind

žiežirb‖a spark △ **jam** ~**os iš akių pasipylė** he saw stars

žiežula (*ragana*) witch (*in folk tales*)

žyg‖darbis deed, éxploit, feat; great / heróic deed; (*kario*) feat of arms, mílitary deed, wárlike deed; ~**is**

1 (*judėjimas*) march; trek; (*ekskursija*) walking tour / trip 2 (*kampanija, karo veiksmai*) càmpáign 3 (*priemonė*) méasure, arrángement; **imtis** ~**ių** take* méasures, make* arrángements ~**iuoti** march; move; (*į priekį, pirmyn*) advánce; go*, walk

žila‖barzdis grey-béarded ~**galvis** grey-héaded ~**plaukis** grey-háired

žil‖as grey △ ~**a senovė** hóary àntíquity; **the dawn of history** ~**ė** grey hair ~**ti** go* / grow* / turn grey; (*apie plaukus t.p.*) be* touched with grey

žilvitis *bot.* ósier, wíllow(-tree)

žym‖ė note, mark; sign ~**ėti** mark (*with*) ~**us** 1 considerable; ~**us nuostolis** héavy loss ~**iai** márkedly, consíderably, to a consíderable extént 2 (*puikus*) remárkable, distínguished; (*apie žmogų*) éminent 3 (*matomas*) nóticeable

žind‖yti nurse ~**ytoja**, ~**yvė** súckling móther ~**uklis** (*žindomas gyvulys*) súckling, súcker ~**uolis** *zool.* mámmal (*dgs. t.p.* màmmália)

žingin‖ė: važiuoti ~**e** go* slówly, go* at a slow pace

žingsn‖is step; (*ilgas*) stride ~**iuoti** walk; (*dideliais žingsniais*) stride; march

žin‖ia I 1 (*pranešimas, informacija*) news; ìnformátion; **mano** ~**iomis** to my knówledge 2 *dgs.* knówledge *sg*; **įsigyti** ~**ių** acquíre knówledge △ **turėti savo** ~**ioje** have* at one's dispósal / commánd

žinia II *žr.* **žinoma**

žin‖iaraštis list, régister ~**yba** depártment ~**ynas** réference book

žyn‖ė sórceress; wise wóman ~**ys** sórcerer, wise man*

žinojimas knówledge

žinoma cértainly, to be sure; súrely; of course; sure *amer. šnek.*

žinomas wèll-knówn

žinoti know*; **ž. iš nuogirdų** know* by héarsay

žinovas, -ė éxpèrt, cònnoisséur

žiog‖as grásshòpper ~elis (spyruokli-
nis segtukas) sáfety pin

žiomuo mouth* (of ánimal) sg; jaws

žiopčioti gasp, pant

žiopl‖a, ~ys, ~ė gáper, gawk,
blóckhead ~iškas gáwky, slow-
(-wítted)

žiopsoti ɡape (at, about)

žio‖ti ópen one's mouth ~tys
1 (žvéries) mouth* sg 2 (upės)
mouth* sg; óutfàll, íssue sg

žiov‖auti yawn ~ulys yáwning

žirafa zool. giráffe

žirg‖as horse; steed poet.; kovos
ž.   chárger ~ynas stúd(-fàrm)
~ininkas hórse-breeder ~ininkystė
hórse-breeding

žirginys bot. cátkin; améntum

žirklės scíssors, pair of scíssors;
(didelės) shears

žirn‖ienė péa-soup ~ienojas péase-
straw, péase-stùbble ~is (augalas)
pea; (ankštis) pea pod; ~iai (grūdai)
peas ~elis a) pea b) (piliulė) pill

žįsti suck

žiupsnis pinch; (mažas kiekis) a bit

žiūr‖ėti 1 look; (į) look (at); ž. akis
įsmeigus look fíxedly / inténtly (at);
stare (at), gaze (at); ž. pro langą
look out of the wíndow; ž. tvarkos
keep* órder 2 (turėti kokią nuomonę)
take* (smth), regárd; draugiškai į
ką ž.   regárd smb with fávour
~inėti 1 (atidžiai žiūrėti) exámine,
look (at) 2 (žvilgčioti) look (at smth /
smb) from time to time, arba now and
then, (at); peep

žiurk‖ė rat ~ėkautai rát-tràp sg
~iauti catch* rats

žiūr‖onas spýglàss, télescòpe; pair
of glásses; lauko ž. fíeld-glàss(es)
~ovas, -ė spèctátor, ónlooker; dgs.
t.p. áudience sg; (teatre t.p.) house
sg; būti ~ovu look on

žiužis (pynė) plait

žlėgtainis kul. chop, béef-steak

žlembti žr. žliumbti

žlepsėti (čepsėti) smack one's lips
(when eating)

žlibas wéak-sìghted

žliūgė bot. chíckweed

žliumbti whímper, snível, sob

žlug‖dyti frùstráte (a plan); rénder
(a plan) abórtive; rúin ~imas
fall, dównfàll; rúin; fáilure ~ti
(apie planą, sumanymą) fail, prove
abórtive, fall* through

žmogėdra cánnibal, mán-eater

žmog‖iškas húman ~iškumas humán-
ness ~us man*; pérson; darbo
~us wórker, wórking man*; eili-
nis, paprastas ~us órdinary /
áverage man*; layman*; įžymus ~us
éminent pérson; prityręs ~us man*
of expérience; mokytas ~us érudìte

žmogžud‖ė múrderess ~ys múrderer
~ystė múrder

žmona wife*

žmon‖ės péople; daug ~ių mány
péople, a large númber, arba plénty,
of péople; aikštėje pilna ~ių the
square is crówded △ išeiti į ~es
(iškilti) make* one's way (in life)
~ėtis (have*) íntercourse with peo-
ple; stay (with), be* on a vísit (to); ką
ž. pasakys? What will Mrs. Grúndy
say? ~ija humánity, mànkínd

žmonišk‖as humáne ~umas humáne-
ness, humánity

žnaibyti, žnybti pinch, nip; tweak

žnyplės 1 tech. (pair of tongs), píncers,
níppers, cútting plíers 2 (vėžio) claws,
níppers

žod‖ynas díctionary; (žodžių atsar-
ga) vocábulary ~ynininkas, -ė
lèxicógrapher ~ingas rich in words;
wórdy ~ingumas wórdiness ~inis
vérbal, óral; wórdy

žod‖is 1 word; (pažadas) prómise;
ištesėti ~į keep* one's word, be*
as good as one's word; sulaužyti ~į
break* one's word, go* back upón /
from one's word; garbės ~is word
of hónour; garbés ~is! upón my
word!; hónour bright! šnek.; duoti
(garbės) ~į give* / pledge one's word

(of hónour); *Jis nė ~žio nepasakė*
he didn't say / útter a word, he néver
said / úttered a word; *turiu pasakyti
jums porą ~žių* I want a word with
you; *tuštì ~žiai* mere words; *jis
nerado ~žių (pasipiktinęs ir pan.)*
words failed him; *~is į ~į* word for
word; *vienu ~žiu* in a / one word;
in short; *~žių žaismas* play on
words, pun; *nė ~žio* not a word,
not a sýllable; *jo ~žiais* accórding
to him; *~is po ~žio* líttle by líttle;
one word led to anóther 2 *(kalba)*
speech, addréss; *~žio laisvė* fréedom
of speech; *gimtasis ž.* móther
tongue; *prašyti ~žio* ask for the
floor; *duoti ~į* give* the floor; *gauti
~į* take* the floor; *~is priklauso
jam* he takes the floor; *baigiamasis
~is* conclúding remárks *pl*

žol||**ė** grass; *vaistìnės ~ės* (mèdícinal)
herbs ~elė, ~ytė blade; *nė vienos
~elės* not a blade of grass *~ėdis*
hèrbívorous; *~ėdžiai gyvuliai*
hèrbívourous ánimals *~ėtas (žolė-
mis apaugęs)* òvergrówn with grass
~iauti gáther grass *~ynas* 1 plant,
herb; *(gėlė)* flówer 2 *(vieta, kur žo-
lės auga)* gráss-plòt 3 *(žolių rinki-
nys)* hèrbárium *~ingas* rich in grass,
grássy, gràss-cóvered *~inis* grass *attr;*
grássy; *~iniai augalai* grásses, herbs

žud||**ikas** kíller; *(tyčia nužudęs)* múr-
derer *~ikė* kíller; múrderess *~ynės*
sláughter, mássacre; pogróm *~yti*
1 *(užmušti)* kill; múrder 2 *(varginti,
kankinti)* tòrmént; wear* out, exháust

žūkl||**auti** be* engáged in físhery; fish
~ė físhery

žuolis *glžk.* sléeper, tie

žurnal||**as** 1 *(periodinis leidinys)* pèri-
ódical; màgazíne; jóurnal; *mėnesinis
ž.* mónthly; *dvisavaitinis ž.*
fórtnìghtly; *savaitinis ž.* wéekly;
~o numeris íssue, númber 2 *(knyga
užrašams)* jóurnal, díary, régister
~istas jóurnalist, préssman*

žūt *būt* at any price / sácrifìce, at all
costs, cost what it may, whatéver it
may cost

žūtbūtinis *(mūšis)* internécìne; *(reika-
las)* úrgent

žūti 1 *(pvz., mūšyje)* pérish, fall; die; *aš
žuvęs!* I am lost!, I am done for!, I am
a lost man*!, it is all óver with me!;
laivas žuvo the ship is lost 2 *(būti
pamestam, dingti)* be* lost

žūtis destrúction; rúin; *(dingimas)* loss;
(tik apie laivą) wreck

žuv||**auti** fish *~autojas* físher, físher-
man*; *(meškeriotojas)* ángler *~ėdra*
(séa-)gùll, tern

žuvimas death; vánishing, périshing;
(dingimas) loss; *prk.* rúin; *(laivo)*
wreck ·

žuving||**as** abóunding in fish *~umas*
abúndance of fish

žuvinink||**as** 1 *(gaudytojas)* físher;
físherman* 2 *(žuvivaisininkas)* písci-
cùlturist 3 *(pardavinėtojas)* físhmòn-
ger *~ystė* 1 *(žvejyba)* físhery 2 *(žuvi-
vaisa)* pìscicùlture 3 *(žuvies pramonė)*
físhing índustry

žuv||**is** fish; *(pl* fish *arba* físhes);
~ies pramonė físhing índustry;
~ų konservai tinned / canned fish;
~ies taukai cód-lìver oil *sg ~ivaisa*
pìscicùlture

žvaigžd||**ė** star *(t.p. apie aktorių ir
pan.); krintanti ž. astr.* shóoting
star; fálling star; *kino ž.* film star
△ *jūros ž. zool.* stárfìsh *~ėtas*
stárry; *~ėtas dangus* stárry sky;
~ėta naktis stárlit night *~ynas*
cònstellátion

žvair||**akis**, -ė squìnt-éyed / cròss-éyed
pérson *~as* squint, squínting; *(žmo-
gus)* squìnt-éyed, cròss-éyed *~omis*
askánce, askéw; aslánt *~uoti* look
askánce / askéw / asquínt; *(dėbčioti
akimis)* cast* súllen looks

žvak||**ė** 1 cándle; *(deganti t.p.)* light;
(plona) táper; *uždegti, užgesìn-
ti ~ę* light*, put* out a cándle
2 *tech.* plug *~idė* cándlestìck *~igalis*
cándle-ènd *~taukiai* tállow *sg*

žvalg‖as *kar.* scout, rèconnóitrer; intélligence ófficer ~yba sécret sérvice; intélligence sérvice ~ybininkas intélligencer; sécret ágent ~ymas 1 *kar.* (*vietovės*) recónnaissance 2 *geol.* próspèct, prospécting ~yti 1 *kar.* rèconnóitre; rèconnóiter *amer.* 2 *geol.* prospéct (*for smth*) ~ytis 1 (*aplinkui*) look round 2 (*vienas į kitą*) exchánge glánces (*with*)

žval‖umas chéerfulness, líveliness ~us chéerful; brisk; *jìs vìsuomet* ~us he is álways bright and chéerful

žvang‖ėjimas, ~esys clank, clang ~ėti (*skambėti*) ring*, clang, clank ~inimas: ~inimas ginklais sábreràttling ~inti (*pvz., raktais*) jíngle, chrink; ~inti ginklais ráttle the sábre

žvarbus (*apie vėją*) sharp, bíting, cútting

žvej‖yba físhery ~ys físherman* ~ojimas físhing ~oti fish ~otojas, -a (*meškere*) ángler

žvelgti look (*at*), cast* a glance (*at, on*)

žveng‖imas neigh(ing) ~ti neigh

žvėr‖ėti grow* / becóme* brútalized ~iauti catch* (wild) beasts ~iena game ~ynas menágerie; (*zoologijos sodas*) zoo ~inti brútalìze ~is 1 (*laukinis gyvulys*) (wild) beast 2 (*žiaurus žmogus*) brute, beast ~iškas brútal, béstial; (*panašus į žvėrį*) béastlìke; béstial; atrócious;

aš turìu ~išką apetìtą I am áwfully húngry ~iškumas brùtálity; bèstiálity; atrócity

žvieg‖imas squeal, screech ~ti squeal, screech; shriek

žvygauti be* scréaming / scréeching

žvilgčioti cast* looks (*on*); glance (*on, upon, at*); look from time to time (*at*)

žvilg‖ėjimas, ~esys gloss, lústre, brílliance, brílliancy ~ėti shine*; be* glóssy; (*apie metalą ir pan.*) glítter ~inti pólish, gloss

žvilg‖snis look; (*įsmeigtas*) gaze; stare; fixed / intént look; (*greitas*) glance; (*ilgas ir nedraugiškas*) glare; *mestì* ~snį glance (*at*), cast* a glance / look (*at*); (*greitą*) dart / shoot* a glance (*at*), fling* one's eyes (*at, over*); *nukreìpti* ~snį į diréct one's eyes to, turn one's eyes on; *įsmeigti* ~snį fix one's eyes (*on*) ~telėti have* a look (*at*), cast* a glance, *arba* one's eyes (*at, on*)

žvyn‖as scale; ~ai scales ~uotas scály

žvynė rat

žvingauti (*žvengti*) neigh

žvyras grável

žvirblis spárrow △ *senas ž.* old bird; dówny bird; old stáger

žvirgžd‖as thick / rough sand; (*žvyras*) grável ~uotas grávelled

žvyruo‖tas grávelled ~ti grável

žvitr‖us quick, brisk, smart; ~ios akys bright / spárkling eyes

NETAISYKLINGAI KAITOMŲ ŽODŽIŲ,

lietuvių–anglų kalbų žodyno dalyje pažymėtų žvaigždute *,

SĄRAŠAS

I. Daiktavardžiai:

daugiskaitos sudarymas (daugiskaitos formos duodamos po dvitaškio).

bath vonia: baths [-ðz]
calf [kɑ:f] veršis: calves [kɑ:vz]
child vaikas: chíldren
corps [kɔ:] korpusas *kar.*: corps [kɔ:z]
deer elnias: deer
foot [fut] koja; pėda: feet
goose [gu:s] žąsis: geese
half [hɑ:f] pusė: halves [hɑ:vz]
house [-s] namas: hóuses [-zɪz]
knife peilis: knives
lath lentjuostė: laths [-ðz]
leaf lapas: leaves
life gyvenimas: lives
loaf kepalas: loaves
louse [-s] utėlė: lice
man vyras, žmogus: men
mouse [-s] pelė: mice
mouth burna: mouths [-ðz]

oath priesaika: oaths [-ðz]
ox jautis: óxen
path takas: paths [-ðz]
scarf šalikas: scarves/scarfs
sheaf pėdas: sheaves
sheath makštis: sheaths [-ðz]
sheep avis: sheep
shelf lentyna: shelves
swine kiaulė: swine
thief [θi:f] vagis: thieves [θi:vz]
tooth dantis: teeth
wharf prieplauka: wharves/wharfs
wife žmona: wives
wolf [wu-] vilkas: wolves [wu-]
wóman ['wu-] · moteris: wómen ['wɪmɪn]
wreath vainikas: wreaths [-ðz]
youth [ju:θ] jaunuolis: youths [ju:ðz]

II. Būdvardžiai ir prieveiksmiai:

aukštesniojo ir *aukščiausiojo* laipsnių sudarymas (tų laipsnių formos duodamos po dvitaškio).

bad blogas: worse; worst
bád(ly) blogai: worse; worst
far tolimas *ir* far toli: fárther/fúrther [-ðə/ -ðə]; fárthest/fúrthest [-ð-/ -ð-] (*prk. prasme tik* fúrther)
good geras: bétter; best
ill blogas; nesveikas *ir* ill blogai: worse; worst

líttle mažai; mãža: less; least; — *kai* líttle *eina vardíne tarínio dalimi,* aukštesn. *ir* aukšč. *laipsniais varto- jami atitinkami bdv.* small *laipsniai:* smáller; smállest
mány daug *pl:* more; most
much daug *sg:* more; most
well gerai: bétter; best

III. Veiksmažodžiai:

po dvitaškio duodami netaisyklingųjų veiksmažodžių **būtasis laikas** (*past tense*) ir II **dalyvis** (*participle* II, *past participle*). Kitos visų veiksmažodžių vientisinės formos sudaromos taisyklingai. Nukrypimai nuo bendrų taisyklių pažymėti atskirai.

aríse kilti, atsirasti: aróse; arísen

awáke žadinti; pabusti: awóke; awáked *ir rečiau* awóken

be būti (*pres* am, is, are): was, were; been

bear nešti; gimdyti: bore; borne *ir* born; *forma* born *vartojama junginyje* be born gimti *ir savarankiškai reikšme* gimęs (*bet*: borne by her jos pagimdytas)

beat mušti: beat; béaten

becóme tapti: becáme; becóme

befáll atsitikti: beféll; befállen

begín pradėti: begán; begún

bend lenkti(s): bent; bent

beréave atimti: beréft / beréaved; beréft / beréaved

beséech maldauti: besóught; besóught

besét apnikti: besét; besét

bespít apspjauti: bespát; bespát

bestríde sėsti *arba* sėdėti apžargomis *ir pan.*: bestróde; bestrídden

bid liepti: bad(e) / bid; bíd(den); siūlyti (*kainą*): bid; bid

bind rišti: bound; bound

bite kąsti: bit; bít(ten)

bleed kraujuoti: bled; bled

blow pūsti: blew; blown

break laužti: broke; bróken

breed veisti: bred; bred

bring atnešti: brought; brought

build [bɪld] statyti: built [bɪlt]; built

burn deg(in)ti: burnt; burnt

burst trūkti, sprogti: burst; burst

buy pirkti: bought; bought

can *pres* galiu: could

cast mesti: cast; cast

catch gaudyti: caught; caught

chide barti: chid; chíd(den)

choose (pasi)rinkti: chose; chósen

cleave perskelti, perskilti: clove / cleaved; cleaved / clóven / cleft

cling kibti: clung; clung

come ateiti: came; come

cost kainuoti: cost; cost

creep šliaužti: crept; crept

cut pjauti: cut; cut

dare (iš)drįsti (*pres* 3. *sg* dares *ir* dare; *klaus. ir neig. formos* dare I?, dare he?, dare not *ir t.t.*; *bet t.p. ir taisyklingai*): *past* dared

deal turėti reikalą: dealt [de-]; dealt

dig kasti: dug; dug

do daryti (*pres* 3. *sg* does): did; done

draw traukti; piešti: drew; drawn

dream sapnuoti, svajoti: dreamt / dreamed; dreamt / dreamed

drink gerti: drank; drunk

drive varyti; važiuoti: drove; dríven [-ɪv-]

dwell gyventi: dwelt; dwelt

eat valgyti: ate [et, eɪt]; éaten

fall kristi: fell; fállen

feed maitinti: fed; fed

feel jausti: felt; felt

fight kovoti: fought; fought

find rasti: found; found

flee (pa)bėgti: fled; fled

fling mesti: flung; flung

fly skristi: flew; flown [-əun]

forbéar [-ɛə] susilaikyti: forbóre; forbórne

forbíd uždrausti: forbád(e) [-æd]; forbídden

forgét [-'g-] užmiršti: forgót; forgótten

forgíve [-'gɪv] atleisti: forgáve; forgíven [-'gɪvn]

forsáke palikti: forsóok; forsáken

freeze šalti: froze; frózen

get gauti; tapti *ir pan.*: got; got (gótten *amer.*)

gird apjuosti: gírded / girt; gírded / girt

give duoti: gave; gíven

go eiti: went; gone [gɔn]

grind malti: galąsti: ground; ground

grow augti: grew; grown

hang kabėti; karti: hung; hung; *reikšme* karti (*bausti*): hanged; hanged

have turėti (*pres* 3. *sg* has): had; had

hear girdėti: heard; heard

hide slėpti: hid; híd(den)

hit smogti; pataikyti: hit; hit

hold laikyti: held; held

hurt sužeisti: hurt; hurt

ìnterwéave įausti: ìnterwóve; ìnterwóven

keep laikyti: kept; kept

kneel klauptis(s): knelt; knelt

knit megzti: knít(ted); knít(ted)

know žinoti: knew; known

lay dėti: laid; laid

lead vesti: led; led

lean palinkti, atsiremti: leant / leaned; leant / leaned

leap šokti: leapt / leaped; leapt / leaped

learn [lə:n] mokytis: learnt / learned; learnt / learned

leave palikti: left; left

lend (pa)skolinti: lent; lent

let leisti: let; let

lie gulėti: lay; lain

light apšviesti: lit / líghted; lit / líghted

lose pamesti: lost; lost

make daryti: made; made

may *pres* galiu: might

mean reikšti: meant; meant

meet su(si)tikti: met; met

mishéar nenugirsti: mishéard; mishéard

misláy padėti ne į savo vietą: misláid; misláid

misléad klaidinti: misléd; misléd

misspéll daryti rašybos klaidas: misspélled / misspélt; misspélled / misspélt

mistáke suklysti: mistóok; mistáken

now pjauti: mowed; mowed / mown

must *pres* privalau

need reikėti; (*klaus. ir neig. formos* need I?, need he?, need not *ir* pan.): *būtojo laiko ir dalyvio* II *formos* (néeded) *nevartojamos*

ought *pres* turėčiau

partáke dalyvauti: partóok; partáken

pay mokėti: paid; paid

put dėti, statyti: put; put

read skaityti: read [red]; read [red]

rebuíld perstatyti: rebuílt; rebuílt — *t.p. kaip* build *statyti; panašiai ir kiti veiksmažodžiai su priešdėliu* re- *kaitomi taip pat, kaip atitinkami veiksmažodžiai be priešdėlio*

rend *psn.* draskyti: rent; rent

rid išvaduoti: ríd(ded); ríd(ded)

ride joti: rode; rídden

ring skambėti, skambinti: rang; rung

rise kilti: rose; rísen

run bėgti: ran; run

saw pjauti: sawed; sawn / sawed

say sakyti (*pres* 3. *sg* says): said; said

see matyti: saw; seen

seek ieškoti: sought; sought

sell parduoti: sold; sold

send siųsti: sent; sent

set (nu)statyti, dėti: set; set

sew siūti: sewed; sewn / sewed

shake kratyti: shook; sháken

shall *pres* turi: should

shear kirpti: sheared; shorn / sheared

shed (pra)lieti: shed; shed

shine šviesti: shone; shone

shoe apauti; kaustyti: shod; shod

shoot šauti: shot; shot

show rodyti: showed; shown

shrink susitraukti: shrank; shrunk

shut uždaryti: shut; shut

sing dainuoti: sang; sung

sink skęsti: sank; sunk

sit sėdėti: sat; sat

slay užmušti: slew; slain

sleep miegoti: slept; slept

slide slysti: slid; slid

sling sviesti: slung; slung

slink sėlinti: slunk; slunk

slit prapjauti: slit; slit

smell kvepėti; uostyti: smelt; smelt

smite smogti: smote; smítten

sow sėti: sowed; sowed / sown

speak kalbėti: spoke; spóken

speed skubėti; greitinti: sped / spéeded; sped / spéeded

spell sudaryti (*žodį*) iš raidžių: spelt / spelled; spelt / spelled

spend (iš)leisti: spent; spent

spill išpilti: spilt / spilled; spilt / spilled

spin verpti; suktis: spun; spun

spit spjauti: spat; spat

split skilti: split; split

spoil gadinti: spoilt / spoiled; spoilt / spoiled

spread plisti: spread; spread

spring šokti; kilti: sprang; sprung

stand stovėti: stood; stood

steal vogti; sėlinti: stole; stólen

stick įsmeigti; priklijuoti: stuck; stuck

sting (į)gelti: stung; stung

stink dvokti: stank; stunk

strew barstyti: strewed; strewn / strewed

stride žengti (*dideliais žingsniais*): strode; strídden

strike mušti: struck; struck

string įtempti; užrišti; verti: strung; strung

strive stengtis; kovoti: strove; stríven

swear prisiekti: swore; sworn

sweep šluoti; lėkti: swept; swept

swell tinti: swelled; swóllen / swelled

swim plaukti: swam; swum

swing suptis: swung; swung

take imti: took; táken

teach mokyti: taught; taught

tear plėšti: tore; torn

tell pasakoti; sakyti: told; told

think galvoti: thought; thought

thrive klestėti: throve; thríven

throw mesti: threw; thrown

thrust stumti: thrust; thrust

tread žengti: trod; tródden

unbénd atlenkti *ir pan.*; unbént; unbént — *taip pat, kaip* bend lenkti(s); *panašiai ir kiti veiksmažodžiai su priešdėliu* un- *kaitomi taip pat, kaip atitinkami veiksmažodžiai be priešdėlio*

understánd suprasti: understóod; understóod

undertáke imtis (*ko nors*): undertóok; undertáken

upsét nuliūdinti: upsét; upsét

wake pabusti; žadinti: woke / waked; waked / wóken

wear dėvėti: wore; worn

weave austi: wove; wóven

weep verkti: wept; wept

will *pres* noriu: would

win laimėti: won; won

wind raitytis *ir pan.*: wound; wound

withdráw atsitraukti: withdréw; withdráwn

withhóld sulaikyti: withhéld; withhéld

withstánd atsispirti: withstóod; withstóod

wring gręžti, spausti: wrung; wrung

write rašyti: wrote; wrítten

GEOGRAPHICAL NAMES

Adriatic [ˌeɪdrɪ'ætɪk]: the ~ Sea Adrijos jūra

Aegean [i:'dʒi:ən]: the ~ (Sea) Egėjo jūra

Afghanistan [æf'gænɪstæn] Afganistanas

Africa ['æfrɪkə] Afrika

Alaska [ə'læskə] Aliaska

Albania [æl'beɪnɪə] Albanija

Aleutian [ə'lu:ʃɪən]: ~ Islands Aleutų salos

Algeria [æl'dʒɪərɪə] Alžyras (šalis)

Algiers [æl'dʒɪəz] Alžyras (miestas)

Alma-Ata [ˌɑ:lmɑːɑ:'tɑ:] Alma Ata

Alps [ælps]: the ~ Alpės

Altai [æl'taɪ]: the ~ Altajus

Amazon ['æməzən] Amazonė

America [ə'merɪkə] Amerika; North ~ Šiaurės Amerika; South ~ Pietų Amerika

Amsterdam [ˌæmstə'dæm] Amsterdamas

Amur [ə'muə] Amūras (upė)

Andes ['ændi:z] Andai

Angola [æŋ'gəulə] Angola

Ankara ['æŋkərə] Ankara

Antarctica [æn'tɑ:ktɪkə] Antarktika

Antilles [æn'tɪli:z] Antilų salos

Apennines ['æpɪnaɪnz] Apeninai

Arabia [ə'reɪbɪə] Arabija

Aral ['ɑ:rəl]: the ~ Sea Aralo jūra

Ararat ['ærəræt] Araratas

Arctic ['ɑ:ktɪk]: the ~ Arktis

Argentina [ˌɑ:dʒən'ti:nə] Argentina

Argentine ['ɑ:dʒəntaɪn]: the ~ žr. Argentina

Arizona [ˌærɪ'zəunə] Arizona

Arkansas ['ɑ:kənsɔ:] Arkanzasas (JAV valstija); [ɑ:'kænzəs] (miestas)

Armenia [ɑ:'mi:nɪə] Armėnija

Ashkhabad [ˌɑ:ʃhɑ:'bɑ:d] Aščabadas

Asia ['eɪʃə] Azija

Athens ['æθɪnz] Atėnai

Atlantic [ət'læntɪk]: the ~ (Ocean) Atlanto vandenynas

Australia [ɔ'streɪlɪə] Australija

Austria ['ɔstrɪə] Austrija

Azerbaijan [ɑːˌʒɑ:baɪ'dʒɑ:n] Azerbaidžanas

Azores [ə'zɔ:z] Azorų salos

Azov [ɑ:'zɔf]: the Sea of ~ Azovo jūra

Bag(h)dad [bæg'dæd] Bagdadas

Bahamas [bə'hɑ:məz]: the ~ Bahamų salos

Baikal [baɪ'kɑ:l] Baikalas

Baku [bʌ'ku:] Baku

Balkans ['bɔ:lkənz]: the ~ Balkanai

Baltic ['bɔ:ltɪk]: the ~ (Sea) Baltijos jūra

Bangladesh [ˌbæŋglə'deʃ] Bangladešas

Barents ['bɑ:rənts]: the ~ Sea Barenco jūra

Bavaria [bə'veərɪə] Bavarija

Beirut [beɪ'ru:t] Beirutas

Belarus [ˌbelə'rus] Baltarusija

Belfast [ˌbel'fɑ:st] Belfastas

Belgium ['beldʒəm] Belgija

Belgrade [bel'greɪd] Belgradas

Bering ['berɪŋ]: the ~ Sea Beringo jūra; the ~ Straits Beringo sąsiauris

Berlin [bə:'lɪn] Berlynas

Bermudas [bə:'mju:dəz] Bermudų salos

Bern(e) [bə:n] Bernas

Birmingham ['bə:mɪŋəm] Birmingamas

Biscay ['bɪskeɪ] Biskaja (įlanka)

Black Sea ['blæk 'si:] Juodoji jūra

Bolivia [bə'lɪvɪə] Bolivija

Bombay [ˌbɔm'beɪ] Bombėjus

Bosnia ['bɔznɪə] Bosnija

Bosporus ['bɔspərəs] Bosforas

Boston ['bɔstən] Bostonas

Botswana [bɔts'wɑ:nə] Botsvana (*šalis*)
Bratislava [ˌbrætɪ'slɑ:və] Bratislava
Brazil [brə'zɪl] Brazilija
Bristol ['brɪstl] Bristolis
Britain ['brɪtn] Britanija; **Great** ~ Didžioji Britanija
British Isles ['brɪtɪʃ 'aɪlz] Britų salos
Brussels ['brʌslz] Briuselis
Bucharest ['bju:kərest] Bukareštas
Budapest ['bju:dəpest] Budapeštas
Buenos Aires [ˌbwenəs 'aɪərɪz] Buenos Airės
Bulgaria [bʌl'geərɪə] Bulgarija
Burma ['bə:mə] Birma
Burundi [bu'rundɪ] Burundis

Cairo ['kaɪərəu] Kairas
Calcutta [kæl'kʌtə] Kalkuta
California [ˌkælɪ'fɔ:nɪə] Kalifornija
Cambodia [kəm'bəudɪə] Kambodža
Cambridge ['keɪmbrɪdʒ] Kembridžas
Cameroun ['kæməru:n] Kamerunas
Canada ['kænədə] Kanada
Canary [kə'neərɪ]: ~ **Islands** Kanarų salos
Canberra ['kænbərə] Kanbera
Cannes [kæn] Kanai (*miestas*)
Caribbean [ˌkærɪ'bɪən]: **the** ~ **(Sea)** Karibų jūra
Carolines ['kærəlaɪnz] Karolinų salos
Carpathians [kɑ:'peɪθɪənz]: **the** ~ Karpatai
Caspian ['kæspɪən]: **the** ~ **(Sea)** Kaspijos jūra
Caucasus ['kɔ:kəsəs]: **the** ~ Kaukazas
Ceylon [sɪ'lɔn] Ceilonas
Chad [tʃæd] Čadas
Chicago [ʃɪ'kɑ:gəu] Čikaga
Chile ['tʃɪlɪ] Čilė
China ['tʃaɪnə] Kinija
Chomolungma [ˌtʃəuməu'luŋmə] Džomolungma
Cleveland ['kli:vlənd] Klivlendas
Cologne [kə'ləun] Kelnas
Colombia [kə'lʌmbɪə] Kolumbija (*šalis*)
Congo ['kɔŋgəu] Kongas
Connecticut [kə'netɪkət] Konektikutas

Copenhagen [ˌkəupn'heɪgən] Kopenhaga
Cordillera [ˌkɔ:dɪ'ljeərə]: **the** ~ Kordiljerai
Cornwall ['kɔ:nwəl] Kornvalis
Corsica ['kɔ:sɪkə] Korsika
Costa Rica ['kɔstə 'ri:kə] Kosta Rika
Coventry ['kɔvəntrɪ] Koventris
Crete [kri:t] Kreta
Crimea [kraɪ'nɪə]: **the** ~ Krymas
Croatia [krəu'eɪʃɪə] Kroatija
Cuba ['kju:bə] Kuba
Cyprus ['saɪprəs] Kipras
Czechia ['tʃekɪə] Čekija

Damascus [də'mɑ:skəs] Damaskas
Danube ['dænju:b] Dunojus
Dardanelles [ˌdɑ:də'nelz]: **the** ~ Dardanelai
Delhi ['delɪ] Delis
Denmark ['denmɑ:k] Danija
Detroit [də'trɔɪt] Detroitas
Djakarta [dʒə'kɑ:tə] Džakarta
Dnieper ['dnɪ:pə] Dnepras
Dominican [də'nɪnɪkən]: ~ **Republic** Dominikos Respublika
Don [dɔn] Donas
Dover ['dəuvə] Duvras (*Anglijos miestas*)
Dublin ['dʌblɪn] Dublinas

Ecuador ['ekwədɔ:] Ekvadoras
Edinburgh ['edɪnbərə] Edinburgas
Egypt ['i:dʒɪpt] Egiptas
Elba ['elbə] Elba (*sala*)
Elbe [elb] Elbė (*upė*)
Elbrus ['elbru:s] Elbrusas
England ['ɪŋglənd] Anglija
English Channel ['ɪŋglɪʃ 'tʃænl] Lamanšas
Erevan [ˌere'vɑ:n] = **Yerevan**
Estonia [e'stəunɪə] Estija
Ethiopia [ˌi:θɪ'əupɪə] Etiopija
Etna ['etnə] Etna (*ugnikalnis*)
Eurasia [juə'reɪʒə] Eurazija
Europe ['juərəp] Europa
Everest ['evərəst] Everestas; *dabar* Chomolungma

Faeroes ['fɛərəuz], Faeroe Islands Farerų salos
Falkland ['fɔ:klənd]: ~ Islands Folklendų salos
Fiji [fi:'dʒi:] Fidži
Finland ['finlənd] Suomija
Florida ['flɔrɪdə] Florida
France [fra:ns] Prancūzija

Gambia ['gæmbɪə] Gambija
Ganges ['gændʒi:z] Gangas (upė)
Geneva [dʒɪ'ni:və] Ženeva
Georgetown ['dʒɔ:dʒtaun] Džordžtaunas
Georgia ['dʒɔ:dʒɪə] 1 Džordžija (JAV valstija) 2 Gruzija
Germany ['dʒə:mənɪ] Vokietija
Ghana ['ga:nə] Gana
Gibraltar [dʒɪ'brɔ:ltə] Gibraltaras
Glasgow ['gla:sgəu] Glazgas
Gotland ['gɔθlənd] Gotlandas (sala)
Great Britain [greɪt 'brɪtn] Didžioji Britanija
Greece [gri:s] Graikija
Greenland ['gri:nlənd] Grenlandija
Greenwich ['grɪnɪdʒ] Grinvičas
Grenada [grə'neɪdə] Grenada
Guadeloupe [ˌgwa:də'lu:p] Gvadelupa
Guatemala [ˌgwætɪ'ma:lə] Gvatemala
Guiana [gɪ'a:nə]: British ~ Britų Gvijana; žr. Guyana
Guinea ['gɪnɪ] Gvinėja
Guyana [gaɪ'ænə] Gajana

Hague [heɪg]: the ~ Haga
Haiti ['heɪtɪ] Haitis (sala ir šalis)
Hamburg ['hæmbə:g] Hamburgas
Hanoi [hæ'nɔɪ] Hanojus
Havana [hə'vænə] Havana
Hawaii [hə'waɪɪ] Havajai
Hebrides ['hebrɪdi:z] Hebridų salos
Helsinki ['helsɪŋkɪ] Helsinkis
Himalaya(s) [ˌhɪmə'leɪə(z)] Himalajai
Hindustan [ˌhɪndu'sta:n] Indostanas
Hiroshima [hɪ'rɔʃɪmə] Hirosima
Holland ['hɔlənd] Olandija
Honduras [hɔn'djuərəs] Honduras

Hongkong, Hong Kong [hɔŋ'kɔŋ] Honkongas
Hungary ['hʌŋgərɪ] Vengrija

Iceland ['aɪslənd] Islandija
Illinois [ˌɪlɪ'nɔɪ(s)] Ilinojus (JAV valstija)
India ['ɪndɪə] Indija
Indian ['ɪndɪən]: the ~ Ocean Indijos vandenynas
Indiana [ˌɪndɪ'ænə] Indiana
Indonesia [ˌɪndəu'ni:ʒə] Indonezija
Iowa ['aɪəuə] Ajova (JAV valstija)
Iran [ɪ'ra:n] Iranas
Iraq [ɪ'ra:k] Irakas
Ireland ['aɪələnd] Airija
Israel ['ɪzreɪəl] Izraelis
Italy ['ɪtəlɪ] Italija
Ivory Coast ['aɪvərɪ 'kəust] Dramblio Kaulo Krantas (šalis)

Jamaica [dʒə'meɪkə] Jamaika
Japan [dʒə'pæn] Japonija
Java ['dʒa:və] Java (sala)
Jerusalem [dʒə'ru:sələm] Jeruzalė
Jordan ['dʒɔ:dn] 1 Jordanas (upė) 2 Jordanija
Jutland ['dʒʌtlənd] Jutlandija (pusiasalis)

Kabul ['ka:bul] Kabulas
Kaliningrad [kə'li:nɪŋgra:d] Kaliningradas
Kamchatka [kæm'tʃa:tkə] Kamčiatka
Kansas ['kænzəs] Kanzasas (JAV valstija)
Karachi [kə'ra:tʃɪ] Karačis
Karelia [kə'ri:lɪə] Karelija
Kashmir [kæʃ'mɪə] Kašmyras
Kattegat ['kætɪgæt] Kategatas (sąsiauris)
Kaunas ['kaunəs] Kaunas
Kazakhstan [ˌka:za:k'sta:n] Kazachstanas
Kentucky [ken'tʌkɪ] Kentukis (JAV valstija)
Kenya ['kenjə] Kenija
Kiev ['ki:ef] Kijevas

Kilimanjaro [ˌkɪlɪmənˈdʒɑːrəu] Kili-
mandžaras
Kirghizstan [ˌkəːgiːzˈstɑːn] Kirgizs-
tanas
Kishinev [kɪʃɪˈnjɔf] Kišiniovas
Klaipeda [ˈklaɪpedə] Klaipėda
Klondike [ˈklɔndaɪk] Klondaikas
Korea [kəˈnə] Korėja
Kuril(e) [kuˈriːl]: ~ Islands Kurilų sa-
los
Kuwait [kuˈweɪt] Kuveitas

Laos [ˈlɑːɔs] Laosas
Latvia [ˈlætvɪə] Latvija
Lebanon [ˈlebənən] Libanas
Leeds [liːdz] Lidsas
Lesotho [ləˈsəutəu] Lesotas (šalis)
Liberia [laɪˈbɪərɪə] Liberija
Libya [ˈlɪbɪə] Libija
Lima [ˈliːmə] Lima
Lisbon [ˈlɪzbən] Lisabona
Lithuania [ˌlɪθjuˈeɪnɪə] Lietuva
Liverpool [ˈlɪvəpuːl] Liverpulis
London [ˈlʌndən] Londonas
Los Angeles [lɔs ˈændʒəliːz] Los
Andželas
Luxemb(o)urg [ˈlʌksəmbəːg] Liuksem-
burgas

Macedonia [ˌmæsɪˈdəunɪə] Makedonija
Madagascar [ˌmædəˈgæskə] Madagas-
karas
Madeira [məˈdɪərə] Madera
Madrid [məˈdrɪd] Madridas
Malagasy [ˌmæləˈgæsɪ]: ~ Republic
Malagasijos Respublika
Malay [məˈleɪ] Malajai
Malaya [məˈleɪə] Malaja (salynas, pu-
siasalis)
Malaysia [məˈleɪʒə] Malaizija
Mali [ˈmɑːlɪ] Malis (šalis)
Malta [ˈmɔːltə] Malta
Man [mæn]: the Isle of ~ Meno sala
Managua [məˈnɑːgwə] Managva
Manchester [ˈmæntʃɪstə] Mančesteris
Manchuria [mænˈtʃuərɪə] Mandžiūrija
Manhattan [mænˈhætn] Manhatanas

Marmara, Marmora [ˈmɑːmərə]: the
Sea of ~ Marmuro jūra
Maryland [ˈmerɪlənd] Merilendas (JAV
valstija)
Massachusetts [ˌmæsəˈtʃuːsɪts] Masa-
čiusetsas (JAV valstija)
Mauritania [ˌmɔrɪˈteɪnɪə] Mauritanija
(šalis)
Mecca [ˈmekə] Meka
Medina [məˈdiːnə] Medina
Mediterranean [ˌmedɪtəˈreɪnɪən]: the
~ Sea Viduržemio jūra
Melbourne [ˈmelbən] Melburnas
Mexico [ˈmeksɪkəu] Meksika; ~ (City)
Meksikas; the Gulf of ~ Meksikos
įlanka
Miami [maɪˈæmɪ] Majamis (miestas)
Michigan [ˈnuʃɪgən] Mičiganas (ežeras
ir JAV valstija)
Minnesota [ˌmɪnɪˈsəutə] Minesota (JAV
valstija)
Minsk [mɪnsk] Minskas
Mississippi [ˌmɪsɪˈsɪpɪ] Misisipė (JAV
valstija ir upė)
Missouri [mɪˈzuərɪ] Misuris (JAV vals-
tija ir upė)
Mogadiscio [ˌmɔgəˈdɪʃɪəu] Mogadišas
(miestas)
Moldova [mɔlˈdɔvə] Moldova
Monaco [ˈmɔnəkəu] Monakas
Mongolia [mɔŋˈgəulɪə] Mongolija
Mont Blanc [ˌmɔːŋ ˈblɑːŋ] Monblanas
Montenegro [ˌmɔntɪˈniːgrəu] Juodkalnija
Montevideo [ˌmɔntɪvɪˈdeɪəu] Montevi-
dėjas
Montreal [ˌmɔntrɪˈɔːl] Monrealis
Morocco [məˈrɔkəu] Marokas
Moscow [ˈmɔskəu] Maskva
Mozambique [ˌməuzəmˈbiːk] Mozam-
bikas
Munich [ˈmjuːnɪk] Miunchenas

Nagasaki [ˌnægəˈsɑːkɪ] Nagasakis
Namibia [ˈnæmɪbɪə] Namibija
Nanking [nænˈkɪŋ] Nankinas
Naples [ˈneɪplz] Neapolis
Nemunas [ˈnemunəs]: the ~ Nemunas
Nepal [nʊˈpɔːl] Nepalas

Netherlands [ˈneðələndz] Nyderlandai

Nevada [nəˈvɑːdə] Nevada

Newfoundland [ˈnjuːfəndlənd] Niufaundlendas

New Guinea [ˌnjuː ˈgɪnɪ] Naujoji Gvinėja

New Hebrides [ˌnjuː ˈhebrɪdiːz] Naujieji Hebridai (*salynas*)

New Jersey [ˌnjuː ˈdʒəːzɪ] Niu Džersis (*JAV valstija*)

New Mexico [ˌnjuː ˈmeksɪkəu] Niu Meksika (*JAV valstija*)

New York [ˌnjuː ˈjɔːk] Niujorkas

New Zealand [ˌnjuː ˈziːlənd] Naujoji Zelandija

Niagara [naɪˈægərə] Niagara (*upė*); ~ Falls Niagaros krioklys

Nicaragua [ˌnɪkəˈrɑːgwə] Nikaragva

Nicosia [ˌnɪkəuˈsiːə] Nikosija (*miestas*)

Niger [ˈnaɪdʒə] Nigeris (*upė ir šalis*)

Nigeria [naɪˈdʒɪərɪə] Nigerija

Nile [naɪl] Nilas

Normandy [ˈnɔːməndɪ] Normandija

Northern Ireland [ˈnɔːðən ˈaɪələnd] Šiaurės Airija

North Sea [ˈnɔːθ ˈsiː] Šiaurės jūra

Norway [ˈnɔːweɪ] Norvegija

Oceania [ˌəuʃɪˈeɪnɪə] Okeanija

Ohio [əuˈhaɪəu] Ohajas (*upė ir JAV valstija*)

Okhotsk [əuˈkɔtsk]: the Sea of ~ Ochotsko jūra

Oklahoma [ˌəukləˈhəumə] Oklahoma (*JAV valstija*)

Orkneys [ˈɔːknɪz] Orknių salos

Oslo [ˈɔzləu] Oslas

Ottawa [ˈɔtəwə] Otava

Oxford [ˈɔksfəd] Oksfordas

Pacific [pəˈsɪfɪk]: the ~ Ocean Ramusis vandenynas

Pakistan [ˌpɑːkɪˈstɑːn] Pakistanas

Palestine [ˈpælɪstaɪn] Palestina

Pamirs [pəˈmɪəz]: the ~ Pamyras

Panama [ˌpænəˈmɑː] Panama

Paraguay [ˈpærəgwaɪ] Paragvajus

Paris [ˈpærɪs] Paryžius

Peking [piːˈkɪŋ] Pekinas

Pennsylvania [ˌpensɪlˈveɪnɪə] Pensilvanija (*JAV valstija*)

Persia [ˈpəːʃə] Persija

Peru [pəˈruː] Peru

Philadelphia [ˌfɪləˈdelfɪə] Filadelfija

Philippine [ˈfɪlɪpiːn]: ~ Islands Filipinų salos; ~s Filipinai

Philippines [ˈfɪlɪpiːnz]: the ~ Filipinai (*šalis*)

Poland [ˈpəulənd] Lenkija

Polynesia [ˌpɔlɪˈniːzɪə] Polinezija

Portugal [ˈpɔːtʃugl] Portugalija

Prague [prɑːg] Praha

Pretoria [prɪˈtɔːrɪə] Pretorija (*miestas*)

Prussia [ˈprʌʃə] Prūsija

Puerto Rico [ˌpwəːtəu ˈriːkəu] Puerto Rikas

Pyongyang [ˈpjəːŋˈjɑːŋ] Pchenjanas

Pyrenees [ˌpɪrəˈniːz] Pirėnai

Quebec [kwɪˈbek] Kvebekas

Quito [ˈkiːtəu] Kitas (*miestas*)

Red Sea [ˈred ˈsiː] Raudonoji jūra

Reykjavik [ˈreɪkjəviːk] Reikjavikas

Rhine [raɪn] Reinas

Rhode [rəud]: ~ Island Rod Ailendas (*JAV valstija*)

Rhodes [rəudz] Rodo sala

Riga [ˈriːgə] Ryga

Rio de Janeiro [ˈriːəu də dʒəˈnɪərəu] Rio de Žaneiras

Rockies [ˈrɔkɪz] = Rocky Mountains

Rocky [ˈrɔkɪ]: ~ Mountains Uoliniai kalnai

Rome [rəum] Roma

Ro(u)mania [ruːˈmeɪnɪə] Rumunija

Russia [ˈrʌʃə] Rusija

Sahara [səˈhɑːrə]: the ~ Sachara

Saint Helena [ˌsentɪˈliːnə] Šv. Elenos sala

Sakhalin [ˌsækəˈliːn] Sachalinas

San Francisco [ˌsæn frənˈsɪskəu] San Franciskas

San Marino [ˌsænmə'riːnəu] San Marinas

Santiago [ˌsæntɪ'ɑːgəu] Santjagas

Sardinia [sɑːˈdɪnɪə] Sardinija

Saudi Arabia [ˌsaudɪ ə'reɪbɪə] Saudo Arabija

Saxony [ˈsæksnɪ] Saksonija

Scandinavia [ˌskændɪ'neɪvɪə] Skandinavija

Scotland [ˈskɔtlənd] Škotija

Seine [seɪn] Sena (*upė*)

Senegal [ˌsenɪ'gɔːl] Senegalas (*šalis ir upė*)

Seoul [səul] Seulas

Serbia [ˈsəːbɪə] Serbija

Severn [ˈsevən] Severnas (*upė*)

Seychelles [seɪ'ʃelz]: the ~ Seišelių salos

Shanghai [ˌʃæŋ'haɪ] Šanchajus

Shetland [ˈʃetlənd]: ~ Islands Šetlendų salos

Siberia [saɪ'bɪərɪə] Sibiras

Sicily [ˈsɪsɪlɪ] Sicilija

Sierra Leone [ˌsɪərəlɪ'əun] Siera Leonė (*šalis*)

Silesia [saɪ'liːzɪə] Silezija

Sinai [ˈsaɪnaɪ] Sinajus (*pusiasalis*)

Singapore [ˌsɪŋgə'pɔː] Singapūras

Skagerrak [ˈskægəræk] Skagerakas (*sąsiauris*)

Slovakia [sləu'vækɪə] Slovakija

Slovenia [sləu'viːnɪə] Slovėnija

Sofia [ˈsəufɪə] Sofija (*miestas*)

Somalia [səu'mɑːlɪə] Somalis

South Africa [ˈsauθ 'æfrɪkə] Pietų Afrika (*šalis*)

Spain [speɪn] Ispanija

Spitsbergen [ˈspɪtsbəːgn] Špicbergenas

Sri Lanka [ˌsrɪ 'læŋkə] Šri Lanka

Stambul [stæm'buːl] Stambulas

Stockholm [ˈstɔkhəum] Stokholmas

St. Petersburg [snt'piːtəzbəːg] Sankt Peterburgas

Straits of Dover [ˈstreɪts əv 'dəuvə] Pa de Kalė

Strasb(o)urg [ˈstræzbəːg] Strasburas

Stratford-on-Avon [ˌstrætfədɔn'eɪvən] Stratfordas prie Eivono

Sudan [suːˈdɑːn]: the ~ Sudanas

Suez [ˈsuɪz] Suecas; the ~ Canal Sueco kanalas

Sumatra [su'mɑːtrə] Sumatra

Sweden [ˈswiːdn] Švedija

Switzerland [ˈswɪtsələnd] Šveicarija

Sydney [ˈsɪdnɪ] Sidnėjus, Sidnis

Syria [ˈsɪrɪə] Sirija

Ta(d)jikistan [tɑːˌdʒɪkɪ'stɑːn] Tadžikistanas

Taiwan [taɪ'wɑːn] Taivanis

Tallin(n) [ˈtɑːlɪn] Talinas

Tanganyika [ˌtæŋgə'njiːkə] Tanganika (*šalis ir ežeras*)

Tanzania [ˌtænzə'nɪə] Tanzanija

Tashkent [tæʃ'kent] Taškentas

Tasmania [tæz'meɪnɪə] Tasmanija

Tbilisi [tbɪ'lɪsɪ] Tbilisis

Teh(e)ran [tɪə'rɑːn] Teheranas

Tel Aviv [ˈtel ə'viːv] Tel Avivas

Texas [ˈteksəs] Teksasas (*JAV valstija*)

Thailand [ˈtaɪlænd] Tailandas

Thames [temz] Temzė

Tibet [tɪ'bet] Tibetas

Tien Shan [ˌtjen 'ʃɑːn] Tian Šanis

Tigris [ˈtaɪgrɪs] Tigras (*upė*)

Tirana [tɪ'rɑːnɑː] Tirana

Tobago [tə'beɪgəu] Tobagas (*sala*)

Togo [ˈtəugəu] Togas (*šalis*)

Tokyo [ˈtəukɪəu] Tokijas

Toronto [tə'rɔntəu] Torontas

Trinidad [ˈtrɪnɪdæd] Trinidadas (*sala*)

Tunis [ˈtjuːnɪs] Tunisas (*miestas*)

Tunisia [tjuː'nɪzɪə] Tunisas (*šalis*)

Turkey [ˈtəːkɪ] Turkija

Turkmenistan [ˌtəːkmenɪ'stɑːn] Turkmėnistanas

Uganda [juː'gændə] Uganda

Ukraine [juː'kreɪn]: the ~ Ukraina

Ulan Bator [ˈuːlɑːn 'bɑːtɔː] Ulan Batoras

Ulster [ˈʌlstə] Olsteris

United Arab Emirates [juː'naɪtɪd 'ærəb e'muərəts] Jungtiniai Arabų Emyratai

United Kingdom of Great Britain
and Northern Ireland [juˈnaɪtɪd
ˈkɪŋdəm əv ˈgreɪt ˈbrɪtn ənd ˈnɔːðən
ˈaɪələnd] Didžiosios Britanijos ir Šiau-
rės Airijos Jungtinė Karalystė
United States of America [juˈnaɪtɪd
ˈsteɪts əv əˈmerɪkə] Jungtinės Ameri-
kos Valstijos
Upper Volta [ˈʌpə ˈvɔltə] Aukštutinė
Volta
Urals [ˈjuərəlz]: the ~ Uralas
Uruguay [ˈjuərugwaɪ] Urugvajus
Uzbekistan [uzˌbekɪˈstɑːn] Uzbekistanas

Vatican [ˈvætɪkən] Vatikanas
Venezuela [ˌvenəˈzweɪlə] Venesuela
Venice [ˈvenɪs] Venecija
Versailles [veəˈsaɪ] Versalis
Vesuvius [vɪˈsuːvɪəs] Vezuvijus
Vienna [vɪˈenə] Viena
Vientiane [ˌvjæŋˈtjɑːn] Vientianas
Vietnam [ˌvjetˈnæm] Vietnamas
Vilnius [ˈvɪlnɪus] Vilnius
Vistula [ˈvɪstjulə] Visla
Vladivostok [ˌvlædɪvɔˈstɔk] Vladivos-
tokas
Volga [ˈvɔlgə] Volga

Wales [weɪlz] Velsas
Warsaw [ˈwɔːsɔː] Varšuva
Washington [ˈwɔʃɪŋtən] Vašingtonas
Wellington [ˈwelɪŋtən] Velingtonas (mies-
tas)
White Sea [ˈwaɪt ˈsiː] Baltoji jūra
Wight [waɪt]: the Isle of ~ Vaito sala
Wrocław [ˈvrɔtslɑːf] Vroclavas

Yalta [ˈjæltə] Jalta (miestas)
Yangtze(kiang) [ˈjæŋtsɪ(ˈkjæŋ)] Jangtsė
(upė)
Yellow Sea [ˈjeləu ˈsiː] Geltonoji jūra
Yemen [ˈjemən] Jemenas
Yenisei [ˌjenɪˈseɪ] Jenisejus
Yerevan [ˌjerəˈvɑːn] Jerevanas
Yugoslavia [ˌjuːgəuˈslɑːvɪə] Jugoslavija

Zagreb [ˈzɑːgreb] Zagrebas
Zaire [zɑːˈɪə] Zairas
Zambia [ˈzæmbɪə] Zambija
Zanzibar [ˌzænzɪˈbɑː] Zanzibaras
Zealand [ˈziːlənd] Zelandija (sala)
Zurich [ˈzjuərɪk] Ciurichas

GEOGRAFINIAI VARDAI

ež. – ežeras
kl. – kalnas
m. – miestas

sl. – sala
up. – upė

Adrijos jūra the Àdriátic Sea
Afganistanas Àfghánistàn
Afrika África
Airija Íreland ['aɪə-]
Albanija Àlbánia
Aleutų salos Aleútian Íslands [... 'aɪl-]
Aliaska Aláska
Alma Ata *m.* Àlma-Atá [ˌaːlmaːaːˈtaː]
Alpės the Alps
Altajus the Altái [... ælˈtaɪ]
Alžyras 1 (*šalis*) Àlgéria **2** *m.* Àlgíers [-ˈdʒɪəz]
Amazonė *up.* the Ámazon
Amerika América
Amsterdamas *m.* Ámsterdàm
Amūras *up.* the Amúr [... əˈmuə]
Anglija Éngland ['ɪŋg-]
Andai the Ándes [... -diːz]
Ankara *m.* Ánkara
Antarktika, Antarktis the Àntárctica
Antilų salos the Àntílles [... -liːz]
Apeninai the Ápennìnes
Arabija Arábia
Aralo jūra the Áral Sea [... 'aː- ...]
Araratas *kl.* Áraràt
Ardėnai *kl.* the Àrdénnes [... -'den]
Argentina Àrgentína [-'tiːnə]
Arktika, Arktis the Árctic
Armėnija Àrménia
Artimieji Rytai Near East
Aschabadas *m.* Àshkhabád [ˌaːʃhaːˈbaːd]
Atėnai *m.* Áthens [-nz]
Atlanto vandenynas the Atlántic Ócean [... 'əuʃn]
Australija Austrália

Austrija Áustria
Azerbaidžanas Azèrbaiján [aːˌzə-baɪˈdʒaːn]
Azija Ásia ['eɪʃə]
Azovo jūra the Sea of Ázov [... aːˈzɔf]

Bagdadas *m.* Bàg(h)dád
Baikalas *ež.* the Baikál [... baɪˈkaːl]
Baku *m.* Bakú [bʌˈkuː]
Balkanų kalnai the Bálkan Móuntains, the Bálkans; **Balkanų pusiasalis** the Bálkan Península
Baltarusija Bèlarús
Baltijos jūra the Báltic (Sea)
Baltoji jūra the White Sea
Bangladešas Bàngladésh
Barenco jūra the Bárents Sea [... 'baː- ...]
Beirutas *m.* Beirút [-ˈruːt]
Belgija Bélgium
Belgradas *m.* Bèlgráde
Beringo jūra the Béring Sea [... 'be-...]; **Beringo sąsiauris** the Béring Straits
Berlynas *m.* Bèrlín
Bernas *m.* Bern(e)
Birma Búrma(h); *dabar* Miangma
Birmingamas *m.* Bírmingham [-mɪŋəm]
Biskajos įlanka the Bay of Bíscày
Biškekas Bishkéck
Bolivija Bolívia
Bombėjus *m.* Bòmbáy
Borneo *sl.* Bórneò
Bosforas the Bósporus
Bosnija Bósnia [-zn-]
Bostonas *m.* Bóston

Botsvana Botswána [-a:nə]
Braitonas m. Brígliton
Bratislava m. Bràtisláva [-'sla:və]
Brazilija Brazíl
Briuselis m. Brússels ['brʌslz]
Budapeštas m. Búdapèst ['bju:də-]
Buenos Airès m. Buènos Áires [ˌbwe-nəs 'aıərız]
Bukareštas m. Búcharèst ['bju:kə-]
Bulgarija Bùlgária

Ceilonas sl. Ceylón [sı-]
Ciurichas m. Zúrich ['zjuərık]

Čekija Czéchia ['tʃekıə]
Čikaga m. Chicágò [ʃı'ka:-]
Čilė Chíle ['tʃılı]

Damaskas m. Damáscus
Danija Dénmàrk
Dardanelai, Dardanelų sąsiauris
the Dàrdanélles [... -'nèlz]
Delis m. Délhi [-lı]
Detroitas m. Detróit
Didysis (Ramusis) vandenynas the Pacífic Ócean [... 'əuʃn]
Didžioji Britanija Great Brítain [greıt 'brıtn]
Dnepras up. the Dníeper [... 'dni:pə]
Dnestras up. the Dníester [... 'dni:stə]
Donas up. the Don
Dublinas m. Dúblin ['dʌ-]
Dunojus up. the Dánùbe
Dušanbė m. Dyushámbe [dju:'ʃa:mbe]
Duvras m. Dóver
Džakarta m. Djakárta [-'ka:tə]
Džomolungma kl.   Chòmolúngma [ˌtʃəuməu'luŋmə]

Edinburgas m. Édinburgh [-bərə]
Egėjo jūra the Aegéan (Sea) [... i:'dʒi:-ən ...]
Egiptas Égypt
Ekvadoras Écuadòr ['ekwə-]
Elba sl. Élba
Elbė up. the Elbe [... elb]
Elbrusas kl. Élbrus [-ru:s]
Estija Èstónia

Etiopija Èthiópia [ˌi:-]
Etna kl. Étna
Europa Eúrope
Everestas kl. Éverest; dabar Džomo-lungma

Farerų salos the Fá(e)roes [... 'feərəuz]
Filadelfija m. Phìladélphia
Filipinai (šalis) the Phílippines [-pi:nz]; sl. the Phílippine Íslands [... -pi:n 'aı-]
Florida Flórida (JAV valstija ir pusia-salis)

Gana Ghánà ['ga:nə]
Gangas up. the Gánges [... -ndʒi:z]
Gibraltaras Gibráltar
Glazgas m. Glásgow ['gla:s-]
Golfo srovė the Gulf Stream
Graikija Greece
Grenlandija sl. Gréenland
Grinvičas m. Gréenwich ['grınıdʒ]
Gruzija Geórgia ['dʒɔ:-]
Gvinėja Guínea ['gını]

Haga m. the Hague [... heıg]
Hamburgas m. Hámbùrg
Havajų salos the Hawáiian Íslands [... hə'wanən 'aıl-]
Helsinkis m. Hélsinki
Himalajai kl. the Hìmaláya(s)
Hirosima m. Hiróshima
Honkongas m. Hong Kong

Indija Índia
Indijos vandenynas the Índian Ócean [... 'əuʃn]
Indonezija Ìndonésia [-dəu'ni:ʒə]
Irakas Iráq [-a:k]
Iranas Irán [-a:n]
Islandija Íceland ['aıs-]
Ispanija Spain
Italija Ítaly
Izraelis Ísrael ['ızreıəl]

Jalta m. Yálta ['jæltə]
Japonija Japán
Java sl. Jáva ['dʒa:-]
Jenisejus up. the Yèniséi [... ˌjenı'seı]
Jerevanas m. Yèreván [ˌjere'va:n]

Jeruzalė m. Jerúsalem
Jugoslavija Yùgoslávia [‚ju:gəu'sla:-]
Jungtinės Amerikos Valstijos the Ùníted States of América
Juodoji jūra the Black Sea

Kabulas m. Kábul ['ka:bul]
Kairas m. Cáirò ['kaɪə-]
Kalifornija Càlifórnia
Kaliningradas m. Kalíningràd
Kalkuta m. Càlcútta
Kamčiatka Kàmchátka
Kanada Cánada
Karakumai the Kàra Kúm [... ‚ka: ra:-'ku:m]
Karelija Karélia
Karpatai kl. the Càrpáthians [... -'peɪ-], the Càrpáthian Móuntains
Kaspijos jūra the Cáspian Sea
Kaukazas the Cáucasus
Kaunas m. Káunas ['kaunəs]
Kazachstanas Kàzakhstán [‚ka:zza:k-'sta:n]
Kembridžas m. Cámbridge ['keɪm-]
Kentukis Kèntúcky
Kijevas m. Kíev ['ki:ef]
Kinija Chína
Kirgizstanas Kìrghizstán [-gi:z'sta:n]
Kišiniovas m. Kìshinév [-'njɔf]
Klaipėda m. Kláipèda ['klaɪpe-]
Klondaikas the Klóndìke
Kolumbija Colómbia [-'lʌ-]
Kongas Cóngò; up. the Cóngò
Kopenhaga m. Còpenhágen [‚kəupn-'heɪgən]
Kordiljerai kl. the Còrdilléra [... -'ljeə-rə]
Korėja Koréa [-'nə]; Pietų (Šiaurės) K. South (North) Koréa
Koventris m. Cóventry
Kreta sl. Crete
Krymas the Criméa [... kraɪ'nɪə]
Kroatija Cròátia
Kuba sl. Cúba
Kurilų salos the Kuríl Íslands [... ku-'ri:l 'aɪl-]
Kvebekas m. Quebéc
50—642

Lamanšas the Énglish Chánnel [... 'ɪŋg- ...]
Latvija Látvia
Lena up. the Léna [... 'leɪ-]
Lenkija Póland
Libanas Lébanon
Libija Líbya
Lidsas m. Leeds
Lietuva Lìthùánia
Lisabona m. Lísbon ['lɪz-]
Liuksemburgas Lúxembùrg
Liverpulis m. Líverpool
Lodzė m. Lodz [lɔ:dz]
Londonas m. Lóndon ['lʌn-]
Los Andželas m. Los Ángeles [... 'ænd-ʒəli:z]
Lvovas m. Lvov [lj'vɔf]

Madagaskaras sl. Màdagáscar
Madera sl. Madéira [-'dɪərə]
Madridas m. Madríd
Makedonija Màcedónia
Malaizija Maláysia [-'leɪʒə]
Malaja Maláya [mə'leɪə]
Mančesteris m. Mánchester
Marmuro jūra the Sea of Mármora / Mármara
Marokas Moróccò
Masačiusetsas Màssachúsetts [‚mæsə-'tʃu:sɪts]
Maskva m. Móscow
Mauritanija Màuritánia
Medina m. Medína [-'di:-]
Meka m. Mécca
Meksika Méxicò
Melburnas m. Mélbourne
Mičiganas Míchigan [... -ʃ-]
Minskas m. Minsk
Misisipė the Mìssissíppi
Misuris the Missóuri [... -'zuə-]
Miunchenas m. Múnich ['mju:nɪk]
Moldova Moldóva
Monblanas kl. Mont Blanc [‚mɔ:ŋ 'bla:ŋ]
Monakas Mónacò
Mongolija Mòngólia
Monrealis m. Mòntreál [-trɪ'ɔ:l]
Montevidėjas m. Mòntevidéo [-'deɪəu]
Mozambikas Mòzambíque [-'bi:k]

Nagasakis *m.* Nagasáki [ˌnægəˈsɑːkɪ]
Namibija Namíbia
Nankinas *m.* Nànkíng
Naujoji Gvinėja *sl.* New Guínea [... ˈgɪnɪ]
Naujoji Zelandija New Zéaland
Negyvoji jūra the Dead Sea [... ded ...]
Neapolis *m.* Náples
Nemunas *up.* the Némunas [... ˈne-]
Neva *up.* the Néva [... ˈneɪ-]
Nepalas Nepál [nɪˈpɔːl]
Neris *up.* the Néris [... ˈne-]
Niagara *up.* the Nìágara
Nyderlandai the Nétherlands
Nigerija Nigéria [naɪ-]
Nikaragva Nìcarágua [-ˈrɑ:-]
Nilas *up.* the Nile
Niujorkas *m.* New York
Normandija Nórmandy
Norvegija Nórwày

Obė *up.* the Ob
Ochotsko jūra the Sea of Òkhótsk
Okeanija Òceánia [ˌəuʃɪˈeɪnɪə]
Oksfordas *m.* Óxford
Olandija Hólland
Olsteris Úlster
Orknių salos the Órkney Íslands [... ˈaɪ-]
Oslas *m.* Óslò
Otava *m.* Óttawa

Pa de Kalė (*sqsiauris*) the Straits of Dóver
Pakistanas Pàkistán
Palestina Pálestìne
Pamyras the Pamírs [... -ˈnuəz]
Panama Pànamá [-ˈmɑ:]; Panamos kanalas the Pànamá Canál
Paragvajus Páraguay [-gwaɪ]
Paryžius *m.* Páris
Pchenjanas *m.* Pyóngyáng [ˈpjə:ŋˈja:ŋ]
Pekinas *m.* Pèkíng [ˌpi:ˈkɪŋ]
Persija Pérsia [ˈpə:ʃə]; Persijos įlanka the Pérsian Gulf
Peru Perú [-ˈru:]
Pietų Afrika South África (*šalis*)

Pietų Amerika South América
Pirėnai the Pyrenées [... ˌpɪrəˈni:z]
Polinezija Pòlynésia [-zɪə]
Portugalija Pórtugal
Praga *m.* Prague [prɑ:g]
Prancūzija France
Prūsija Prússia [-ʃə]
Puerto Rikas *sl.* Puèrto Ríco [ˌpwə:təu ˈri:kəu]

Ramusis (Didysis) vandenynas the Pacífic Ócean [... ˈəuʃn]
Raudonoji jūra the Red Sea
Reikjavikas *m.* Réykjavik [ˈreɪkjəvi:k]
Reinas *up.* the Rhine
Ryga *m.* Ríga [ˈri:-]; Rygos įlanka the Gulf of Ríga
Rio de Žaneiras *m.* Rìo de Janéiro [ˌri:əu də dʒəˈneɪrəu]
Roma *m.* Rome
Rumunija Románia
Rusija Rússia [-ʃə]

Sachalinas *sl.* Sàkhalín [ˌsækəˈli:n]
Sachara the Sahára [... -ˈhɑ:-]
Saksonija Sáxony
San Franciskas *m.* San Francíscò
Sankt Peterburgas St. Pétersbùrg
Sardinija *sl.* Sàrdínia [-ˈdɪ-]
Saudo Arabija Sàudi Arábia [ˌsau- ...]
Sena *up.* the Seine [... seɪn]
Senegalas Sènegál [-ˈgɔ:l]
Serbija Sérbia
Seulas *m.* Seoul [səul]
Sibiras Sibéria [saɪˈbɪərɪə]
Sicilija *sl.* Sícily
Silezija Silésia
Singapūras Sìngapóre
Sirija Sýria [ˈsɪ-]
Skandinavija Scàndinávia
Slovakija Slòvákia
Slovėnija Slòvénia
Sofija *m.* Sófia
Somalis Somália [-ˈmɑ:-]
Stambulas *m.* Stàmbúl [-ˈbu:l]
Stokholmas *m.* Stóckholm [-həum]
Strasburas *m.* Strásb(o)urg [-zbə:g]
Sudanas the Sudán [... su:ˈdɑ:n]

Suecas Súez [ˈsuɪz]; **Sueco kanalas** the Súez Canál

Suomija Fínland [ˈfɪn-]

Šanchajus *m.* Shànghái [ˌʃæŋˈhaɪ]
Šiaurės Airija Nórthern Íreland [... ˈaɪə-]
Šiaurės Amerika North América
Šiaurės jūra the North Sea
Škotija Scótland
Špicbergenas *sl.* Spítsbèrgen
Šri Lanka Sri Lánka [ˌsrɪ ...]
Švedija Swéden
Šveicarija Swítzerland

Tadžikistanas Tàdjìkistàn [tɑ:ˌdʒɪkɪ-ˈstɑ:n]
Tailandas Tháilànd [ˈtaɪ-]
Taivanis *sl.* Tàiwán [taɪˈwɑ:n]
Talinas *m.* Tállinn [ˈtɑ:-]
Tanzanija Tànzaɪ́ia [-ˈnɪə]
Tasmanija *sl.* Tàsmánia [-z-]
Taškentas *m.* Tàshként
Tbilisis *m.* Tbilísi [-ˈli-]
Teheranas *m.* Teh(e)rán [tɪəˈrɑ:n]
Tel Avivas *m.* Tél Avív [ˈtel əˈvi:v]
Temzė *up.* the Thames [... temz]
Tian Šanis *kl.* Tièn Shán [... ˈʃɑ:n]
Tibetas Tibét
Tirana *m.* Tirána [-ˈrɑ:na:]
Togas Tógò
Tokijas *m.* Tókyò
Torontas *m.* Toróntò
Tunisas (*šalis*) Tùnísia [-ˈnɪzɪə]; *m.* Túnis [ˈtju:-]
Turkija Túrkey

Turkmėnistanas Tùrkmènistán [-ˈstɑ:n]

Uganda Ùgánda
Ukraina the Ùkráine [... ju:ˈkreɪn]
Ulan Batoras *m.* Úlàn Bátòr [ˈu:lɑ:n ˈba:-]
Uoliniai kalnai the Rócky Móuntains
Uralas the Úrals
Urugvajus Úruguay [ˈjuərugwaɪ]
Uzbekistanas Uzbèkistán

Vaito sala the Isle of Wight [... aɪl ...]
Varšuva *m.* Wársaw
Vašingtonas *m.* Wáshington
Vatikanas Vátican
Velsas Wales
Venecija *m.* Vénice
Venesuela Vènezuéla [-ˈzweɪlə]
Vengrija Húngary
Versalis *m.* Versaílles [veəˈsaɪ]
Viduržemio jūra the Mèditerránear (Sea)
Viena *m.* Viénna
Vietnamas Viètnám [ˌvjetˈnæm]
Vilnius *m.* Vílnius [-nɪus]
Visla *up.* the Vístula
Vladivostokas *m.* Vlàdivòstók
Vokietija Gérmany
Volga *up.* the Vólga
Vroclavas *m.* Wróclaw [ˈvrɔtslɑ:f]

Zagrebas *m.* Zágreb [ˈzɑ:greb]
Zairas Zaíre [zɑ:ˈɪə]
Zambija Zámbia

Ženeva *m.* Genéva

DAŽNIAUSIAI VARTOJAMOS SANTRUMPOS

Gramatinių sutrumpinimų sąrašą žr. 14 psl.

Didžiosios ir mažosios raidės atspindi labiau paplitusią vartoseną, bet kai kurias santrumpas galima rašyti abejaip.

Santrumpose dažnai vartojami taškai, bet jie šiandieninėje vartosenoje (ypač Didžiojoje Britanijoje) paprastai praleidžiami.

Nurodomas dažnesnių santrumpų ar sunkesnių atvejų tarimas. Šiaipgi santrumpa skaitoma paraidžiui arba kaip nesutrumpintas žodis.

Santrumpos (*DB*) ir (*JAV*) atitinkamai rodo, kad sąvoka atspindi Didžiosios Britanijos ar Jungtinių Amerikos Valstijų realijas.

A 1 *Academy* akademija 2 *America* Amerika **3** *Artillery* artilerija

a *acre* akras (= 4047 m^2)

A1 1 *first-class* pirmaklasis, pirmos klasės 2 *šnek.* *first rate*; *capital* pirmos rūšies, puikus

AA 1 *anti-aircraft* zenitinis, priešlėktuvinis 2 *Alcoholics Anonymous* anonimiai alkoholikai **3** *Automobile Association* Automobilininkų asociacija

AAS *American Academy of Science* Amerikos Mokslų akademija

AB 1 *Able Seaman* pirmos kategorijos jūrininkas (*DB*) **2** *Bachelor of Arts* humanitarinių mokslų bakalauras (*JAV*)

abbr, abbrev 1 *abbreviated* sutrumpinta 2 *abbreviation* sutrumpinimas

ABC *alphabet* abėcėlė, alfabetas

A-bomb *atomic bomb* atominė bomba

Abp *archbishop* arkivyskupas

AC 1 *ante Christum* *lot.* prieš mūsų erą 2 *alternating current* kintamoji srovė

a/c *account (current)* (einamoji) sąskaita

AD [ˌeiˈdiː] *Anno Domini* *lot.* mūsų eros; po Kristaus gimimo

ad, advt *advertisement* skelbimas

ADC *aide-de-camp* adjutantas

Afr *Africa(n)* Afrika, Afrikos

Age *agency* valdyba; agentūra

a.h. *ampere-hour* ampervalanda

AGM *Annual General Meeting* metinis visuotinis susirinkimas

AIDS, Aids *Acquired Immune Deficiency Syndrome* Įgytojo imunodeficito sindromas (AIDS)

AK *Alaska* Aliaska (*JAV valstija*)

AL *Alabama* Alabama (*JAV valstija*)

A-level *advanced level* (*egzamino, atestato*) aukštesnysis lygis

AM *Master of Arts* meno magistras

am [ˌeiˈem] *ante meridiem* *lot.* *before noon* priešpiet

AP *Associated Press* „Asošieitid pres" agentūra

app *appendix* priedas

approx *approximately* apytikriai

Apr *April* balandis (*mėnuo*)

AR *Arkansas* Arkanzasas (*JAV valstija*)

asap *as soon as possible* kiek galima greičiau

AS *Anglo-Saxon* anglosaksų

assoc *association* asociacija, draugija

asst *assistant* asistentas

Aug *August* rugpjūčio mėnuo

AV *Audio Visual* 1 audiovizualinis 2 *Authorised Version* (*of the Bible*) autorizuotas (Biblijos) vertimas

Av(e) *Avenue* alėja

AZ *Arizona* Arizona (*JAV valstija*)

BA 1 *Bachelor of Arts* meno bakalauras (*DB*) 2 *British Academy* Britanijos akademija **3** *British Airways* Britanijos oro linijos

b&b *bed and breakfast* nakvynė ir pusryčiai (*gyventojui*)

Barr *Barrister* advokatas

BBC *British Broadcasting Corporation* Britanijos radijo transliacijos korporacija

BC [ˌbiː'siː] *before Christ* prieš mūsų erą, prieš Kristaus gimimą

BE 1 *British Empire* Britanijos imperija 2 *Bank of England* Anglijos bankas

bk *book* knyga

BM 1 *Bachelor of Medicine* medicinos bakalauras 2 *British Museum* Britų muziejus

BN *bank-note* banknotas

BOT *Board of Trade* prekybos ministerija

bot 1 *botanical* botanikos 2 *bottle* butelis

Br *Brother* brolis (*brolijos narys*)

Brig *Brigadier* brigados generolas

Brit *British* britų

Bro(s) *brother(s)* broliai

BS [ˌbiː'es] *Bachelor of Science* (tiksliųjų) mokslų bakalauras (*JAV*)

BSc [ˌbiːes'siː] *BC Bachelor of Science* (tiksliųjų) mokslų bakalauras (*DB*)

bsh *bushel* bušelis (*saikas*)

BST *British Summer Time* Didžiosios Britanijos vasaros laikas

Bt *Baronet* baronetas

C 1 *cape* iškyšulys, ragas 2 *centigrade* Celsijaus (skalės laipsnis) 3 *Conservative* konservatorius

c 1 *cent* centas 2 *century* amžius, šimtmetis 3 *chapter* skyrius 4 *city* miestas 5 *cubic* kubinis 6 *circa lot. about* apie

ca *circa lot. about* apie, apytikriai

CA *California* Kalifornija (*JAV valstija*)

Can *Canada* Kanada

Cantab *Cantabrigian lot.* Kembridžo

caps *capital letters* didžiosios raidės

Capt *Captain* kapitonas

CC 1 *Central Committee* centro komitetas 2 *cash credit* kreditas grynaisiais

cc *cubic centimetre(s)* kubiniai centimetrai

CD 1 *Civil Defence* civilinė gynyba 2 *Corps Diplomatique pr.* diplomatinis korpusas

CE 1 *Church of England* Anglijos (*anglikonų*) bažnyčia 2 *Civil Engineer* inžinierius statybininkas

Cent *Centigrade* Celsijaus skalės laipsnis

cert 1 *certificate* pažymėjimas 2 *certified* pažymima, tvirtinama

cf [ˌsiː'ef] *confer lot. compare* palygink

ch *central heating* centrinis šildymas

cg *centigram* miligramas

ch(ap) *chapter* skyrius

Chq *cheque* čekis

CID 1 *Criminal Investigation Department* kriminalinių nusikaltimų tyrimo departamentas 2 *Committee of Imperial Defence* Imperijos gynybos komitetas

cif *cost, insurance, freight* (*krovinio*) kaina, įskaitant draudimą ir pervežimą

C-in-C *Commander-in-Chief* vyriausiasis kariuomenės vadas

CIS *Commonwealth of Independent States* Nepriklausomų Valstybių Sandrauga

CJ *Chief Justice* aukščiausiasis teisėjas

cl 1 *class* klasė 2 *centilitre* centilitras

cm *centimetre* centimetras

CO 1 *Colorado* Koloradas (*JAV valstija*) 2 *Colonial Office* kolonijų ministerija 3 *commanding officer* dalies vadas

Co 1 *Company* kompanija, bendrovė 2 *county* grafystė

COD *cash on delivery* išperkamasis mokestis

C of E *Church of England* Anglijos (*anglikonų*) bažnyčia

Col *Colonel* pulkininkas

Coll *College* koledžas

Cons *Conservative* konservatorius

cont 1 *contents* turinys 2 *continued* bus daugiau

Co-op ['kəuɔp] kooperacija

Corn *Cornwall* Kornvalis

Corp *Corporation* korporacija

Coy *company kar.* kuopa

CP *Communist Party* Komunistų partija

cp *compare* palygink(ite)

Cpl *Corporal* kapralas

cps *cycles per second* virpesiai per sekundę (Hz)

CS *Civil Service* civilinė (*valstybinė*) tarnyba

CSE *Certificate of Secondary Education* vidurinio mokslo baigimo atestatas

CT *Connecticut* Konektikutas (*JAV valstija*)

CU *Cambridge University* Kembridžo universitetas

cu *cubic* kubinis

Cumb *Cumberland* Kumberlendas

cwt *hundredweight* centneris (*DB* — 50,8 *kg*, *JAV* — 45,3 *kg*)

D *Democratic* demokratas

d 1 *daughter* duktė 2 *day* diena 3 *denarius lot.* pensas 4 *died* mirė 5 *date* data

DA *District Attorney* srities prokuroras (*JAV*)

dbl *double* dvigubas

DC *District of Columbia* Kolumbijos apygarda (*JAV*)

dc *direct current* pastovioji srovė

DCL *Doctor of Civil Law* civilinės teisės daktaras

DDT DDT (*chemikalas*)

DE *Delaware* Delaveras (*JAV valstija*)

Dec *December* gruodis

dec *decreased* sumažėjęs

deg *degree* laipsnis

Dem *Democrat* demokratas

dep 1 *departs* išvyksta 2 *departure* išvykimas 3 *deputy* deputatas; pavaduotojas

Dept *department* departamentas, skyrius, valdyba; ministerija

DG 1 *Dei Gratia lot.* ačiū Dievui 2 *Director General* generalinis direktorius

diag *diagram* diagrama

diff 1 *difference* skirtumas 2 *different* skirtingas

Dip *diploma* diplomas

Dip Ed [ˌdɪpˈed] *Diploma in Education* mokyklos baigimo diplomas

DM 1 *Doctor of Medicine* medicinos mokslų daktaras 2 *Deutschmark* [ˈdɔɪtʃmɑːk] Vokietijos markė

dol *dollar* doleris

doz *dozen* tuzinas

DP *displaced person* perkeltasis asmuo

D Phil [ˌdiːˈfɪl] *Doctor of Philosophy* filosofijos daktaras

Dr 1 *debtor* skolininkas 2 *doctor* daktaras

D Sc [ˌdiːesˈsiː] *Doctor of Science* tiksliųjų (gamtos) mokslų daktaras

D T [ˌdiːˈtiː]; (the) **d ts** [ˌdiːˈtiːz] *delirium tremens lot.* baltoji karštinė

dupl *duplicate* dublikatas

E 1 *East* rytai 2 *English* anglų, angliškas

EB *Encyclopaedia Britannica lot.* Britų enciklopedija

EC *Executive Committee* vykdomasis komitetas

Ed 1 *editor* redaktorius 2 *edition* leidinys

EEC *European Economic Community* (*the Common Market*) Europos Ekonominė Bendrija (Bendroji rinka)

eg [ˌiːˈdʒiː] *exempli gratia lot. for example / instance* pavyzdžiui

enc(l) *enclosed* (į vidų) įdėta

ENE *east northeast* rytų šiaurės rytų

Eng 1 *England* Anglija 2 *English* anglų kalba 3 *Engineer* inžinierius 4 *Engineering* inžinerija

EP *extended-playing* (*record*) ilgai grojanti (plokštelė)

esp *especially* ypatingai

Esq *esquire* eskvairas

e t a *estimated time of arrival* prognozuojamas atvykimo laikas

et al [ˌetˈæl] 1 *et alii lot. and other people* ir kiti (žmonės) 2 *et alia lot. and other things* ir kita

etc [ˌetˈsetrə] *et cetera lot. and the rest* ir taip toliau

excl *excluding* išskyrus

ext *exterior, external* išorinis

F 1 *Fahrenheit* Farenheito skalė 2 *Fellow* draugijos narys

f 1 *foot, feet* pėda (*ilgio matas*) 2 *female* moteris 3 *feminine* moteriškoji giminė 4 *following* kitas, sekantis

FBA *Fellow of the British Academy* Britanijos Akademijos narys

FBI *Federal Bureau of Investigation* Federalinis tyrimų biuras

FC *football club* futbolo klubas

Feb *February* vasaris

Fed *Federal* federalinis

fem 1 *female* moteris 2 *feminine* moteriškoji giminė

fig 1 *figurative* perkeltine prasme 2 *figure* paveikslas (*tekste*)

FL *Florida* Florida (*JAV valstija*)

FM *Field Marshal* feldmaršalas

FO *Foreign Office* užsienio reikalų ministerija (*DB*)

for *foreign* užsienio

Fr 1 *French* prancūzų, prancūziškas 2 *Father* tėvas

Fri *Friday* penktadienis

FRS *Fellow of the Royal Society* Karališkosios draugijos narys

ft *foot* pėda (*ilgio matas*)

furn *furnished* įrengtas; pateiktas

fwd *forward* į priekį, pirmyn

g *gram* gramas

GA *Georgia* Džordžija (*JAV valstija*)

gal *gallon* galonas

GB *Great Britain* Didžioji Britanija

GCE *General Certificate of Education* vidurinės mokyklos baigimo atestatas

Gdn(s) *Garden(s)* Parkas, Sodas (Parkai, Sodai)

Gen *General* generolas

Ger *German(y)* vokiečių, vokiškas; Vokietija

GHQ *General Headquarters* vyriausiojo kariuomenės vado būstinė (*štabas*)

GI *enlisted soldier* pašauktasis į kariuomenę (*JAV*)

Gib *Gibraltar* Gibraltaras

Gk *Greek* graikų, graikiškas

GM *General Manager* generalinis direktorius

gm *gram* gramas

GMT *Greenwich Mean Time* Grinvičo laikas

GNP *Gross National Product* bendrasis nacionalinis produktas

Gov *Governor* gubernatorius

gov(t) *government* vyriausybė

GPO *General Post Office* centrinis paštas

gr 1 *group* grupė 2 *grade* laipsnis 3 *gross* bruto; didmeninis

grad *graduate(d)* absolventas; baigęs (*mokyklą*)

GS *General Staff* generalinis štabas

gt *great* didysis, didžioji

h 1 *hour* valanda 2 *height* aukštis

ha *hectare* hektaras

H-bomb *Hydrogen bomb* vandenilinė bomba

HC *House of Commons* parlamento žemieji rūmai

HE 1 *His / Her Excellency* Jo(s) Ekscelencija, Jo(s) Didenybė 2 *high explosive* lengvai sprogstantis

HF *High Frequency* aukštieji dažniai

HH *His Holiness* Jo Šventenybė

HI *Hawaii* Havajai (*JAV valstija*)

HL *House of Lords* lordų rūmai

HM *His / Her Majesty* Jo(s) Didenybė

HMS *His / Her Majesty's Ship* Jo(s) Didenybės (karo) laivas

HO 1 *Head Office* (vyriausioji) valdyba 2 *Home Office* Vidaus reikalų ministerija

Hon *Honorary, Honourable* garbės

hosp *hospital* ligoninė

HP 1 *horse-power* arklio galia 2 *high pressure* didelis slėgis

HQ *Headquarters* štabas

HR *House of Representatives* Atstovų rūmai

hr *hour* valanda

HRH *His / Her Royal Highness* Jo(s) Karališkoji Didenybė

I *Island* sala
IA *Iowa* Ajova (*JAV valstija*)
ib, ibid [ˈɪbɪdem] *ibidem lot. in the same place* ten pat
i/c *in charge* einantis pareigas
ICBM *Inter-Continental Ballistic Missile* tarpžemyninė balistinė raketa
ID 1 *Intelligence Department* žvalgybos valdyba 2 *Idaho* Aidahas (*JAV valstija*)
id [ˈaɪdem] *idem lot.* tas pats
ie [ˌaɪˈiː] *id est lot. which is to say, in other words* t.y., tai yra
IHS *Jesus Christ* Jėsus Kristus
IL *Illinois* Ilinojus (*JAV valstija*)
ILO *International Labour Organization* Tarptautinė darbo organizacija
IMF *International Monetary Fund* Tarptautinis valiutos fondas
IN *Indiana* Indiana (*JAV valstija*)
Ind *Indian* indų; Indijos
in *inch* colis
inc *incorporated* legalus (*apie bendrovę*)
incl *including, included* įskaitant
INRI *Jesus of Nazareth, King of the Jews* Jėzus Nazarietis, žydų karalius
inst 1 *instant lot.* šio mėnesio 2 *institute* institutas
int 1 *interior* vidinis 2 *international* tarptautinis
IOU *I owe you* aš jums skolingas (*skolos raštelio forma*)
IRA *Irish Republican Army* Airių respublikonų armija
Ire *Ireland* Airija
It *Italian, Italy* italų, Italija
ital *italics* kursyvas
ITV *independent television* nepriklausoma televizija

Jan *January* sausis
JC *Jesus Christ* Jėzus Kristus
JP *Justice of the Peace* taikos teisėjas
Jr, Jnr *Junior* jaunesnysis

Jul *July* liepa (*mėnuo*)
Jun 1 *June* birželis 2 *Junior* jaunesnysis

KC *King's Counsel* karaliaus advokatas
KG *Knight of the Garter* Raiščio ordino kavalierius
kg *kilogram(me)* kilogramas
km *kilometre* kilometras
KO *knock-out* nokautas
kph *kilometres per hour* kilometrų per valandą
KS *Kansas* Kanzasas (*JAV valstija*)
kts *knots jūr.* mazgai
kw *kilowatt(s)* kilovatai
KY *Kentucky* Kentukis (*JAV valstija*)

L 1 *libra lot. pound* svaras (*sterlingų*) 2 *lake* ežeras 3 *liberal* liberalai (*partija*)
l 1 *left* kairysis 2 *line* eilutė 3 *litre* litras 4 *length* ilgis
LA *Louisiana* Luiziana (*JAV valstija*)
Lancs *Lancashire* Lankaširas
Lat *Latin* lotynų
lat *latitude* (*geografinė*) platuma
lb *libra lot. pound* svaras (*svorio matas*)
Ld *Lord* lordas
lect *lecture* paskaita
ll *lines* eilutės
LLD *Doctor of Law* teisės mokslų daktaras
loc cit [ˌlɒkˈsɪt] *loco citato lot. in the place mentioned* minėtoje vietoje
long *longitude* (*geografinė*) ilguma
LP 1 *Labour Party* Leiboristų partija 2 *long-playing* (*record*) ilgai grojanti (plokštelė)
£sd [ˌelesˈdiː] *librae, solidi, denarii lot. pounds, shillings, pence* svarai (sterlingų), šilingai, pensai (*ankstesnė Didžiosios Britanijos pinigų sistema*); *šnek.* pinigai
LST *Local Standard Time* vietinis standartinis laikas (*JAV*)
Lt *Lieutenant* leitenantas

Ltd *Limited* ribotos atsakomybės (*apie bendrovę*)

lux *luxury* prabanga, prabangus

M 1 *Member* narys 2 *Master* magistras 3 *Monsieur* pranc. ponas

m 1 *male* vyras 2 *masculine* vyriškoji giminė 3 *married* vedęs; ištekėjusi 4 *metre* metras 5 *mile* mylia 6 *million* milijonas

MA 1 *Master of Arts* meno magistras 2 *Massachusetts* Masačiusetas (*JAV valstija*)

Maj *Major* majoras

Mar *March* kovas (*mėnuo*)

masc *masculine* vyriškoji giminė

max *maximum* maksimumas

MC 1 *Member of Congress* Kongreso narys (*JAV*) 2 *Military Cross* kryžius už karinius nuopelnus 3 *Marine Corps* jūrininkų korpusas (*JAV*) 4 *Master of Ceremonies* ceremonimeisteris

MD 1 *Doctor of Medicine* medicinos mokslų daktaras 2 *Maryland* Merilendas (*JAV valstija*)

ME *Maine* Meinas (*JAV valstija*)

Med(it) *Mediterranean* Viduržemio jūra

Messrs *Messieurs* pranc ponai

mg 1 *miligram* miligramas 2 *machine gun* kulkosvaidis

MHR *Member of the House of Representatives* Atstovų rūmų narys

MI *Michigan* Mičiganas (*JAV valstija*)

mil *military* karo, karinis

min *minimum* minimumas

Min Plen *Minister Plenipotentiary* įgaliotasis pasiuntinys

misc *miscellaneous* įvairus

mkt *market* rinka

ml 1 *mile* mylia 2 *mililitre* mililitras

mm *milimetre* milimetras

MN *Minnesota* Minesota (*JAV valstija*)

MO 1 *Mail Order* prekių užsakymas paštu 2 karo gydytojas 3 pašto perlaida 4 *Missouri* Misuris (*JAV valstija*)

mo *month* mėnuo

mod 1 *moderate* kuklus, santūrus 2 *modern* šiuolaikinis, modernus

mod cons [ˌmɔdˈkɔnz] *modern conveniences* šiuolaikiniai patogumai

Mon *Monday* pirmadienis

mos *months* mėnesiai

MP 1 *Member of Parliament* parlamento narys 2 *Military Police* karo policija 3 *Mounted Police* raitoji policija

mph *miles per hour* mylios per valandą

Mr *Mister* misteris, ponas

Mrs *Mistress* misis, ponia

MS *Mississippi* Misisipė (*JAV valstija*)

Ms [muz] kreipiantis raštu į moterį (*tiek ištekėjusią, tiek ir neištekėjusią*)

MSc [ˌemesˈsiː] *Master of Science* tiksliųjų mokslų magistras

MS(S) *manuscript(s)* rankraštis (-čiai)

MT *Montana* Montana (*JAV valstija*)

Mt *mountain* kalnas

N *North* šiaurė

n 1 *neuter* bevardė giminė 2 *nominative* vardininkas 3 *noon* vidudienis 4 *normal* normalus 5 *noun* daiktavardis

NA *North America* Šiaurės Amerika

nat 1 *national* nacionalinis 2 *native* vietinis; čiabuvis 3 *natural* natūralus

NATO [ˈneɪtəu] *North Atlantic Treaty Organization* Šiaurės Atlanto sąjunga

naut *nautical* jūrų, jūrinis

nav *naval* karinio jūrų laivyno

NB *nota bene* lot. *take special note of* gerai įsidėmėk

NC *North Carolina* Šiaurės Karolina (*JAV valstija*)

NCO *non-commissioned officer* puskarininkis

ND *North Dakota* Šiaurės Dakota (*JAV valstija*)

nd *no date* be datos

NE 1 *New England* Naujoji Anglija (*JAV dalis, apimanti 6 valstijas*)

2 *northeast* šiaurės rytai **3** *Nebraska* Nebraska (*JAV valstija*)

NH *New Hampshire* Niu Hampšyras (*JAV valstija*)

NHS *National Health Service* Nacionalinė sveikatos apsaugos tarnyba

NJ *New Jersey* Niu Džersis (*JAV valstija*)

NM *New Mexico* Niu Meksikas (*JAV valstija*)

No, no *number* numeris

non-com *žr.* **NCO**

non-U [ˌnɔnˈjuː] *not upper class* ne aukštuomenės, vulgarus

Nos, nos *numbers* numeriai

Nov *November* lapkritis (*mėnuo*)

NV *Nevada* Nevada (*JAV valstija*)

NY *New York* Niujorkas (*JAV valstija*)

NZ *New Zealand* Naujoji Zelandija

O **1** *Old* senasis **2** *Order* ordinas

OAP *old-age pensioner* gaunantis senatvės pensiją

ob *obiit lot. died* miręs

obs *obsolete* pasenęs

Oct *October* spalis (*mėnuo*)

OH *Ohio* Ohajas (*JAV valstija*)

OHMS *On Her / His Majesty's Service* Jo(s) Didenybės tarnyboje

OK **1** *all correct* viskas tvarkoje; gerai; puiku; tvirtinu (*parašu*) **2** *Oklahoma* Oklahoma (*JAV valstija*)

O-level *Ordinary level* (*examination*) normalaus lygio (egzaminas)

ono *or nearest offer* arba visai panašus pasiūlymas

op **1** *out of print* leidinys išparduotas **2** *opus* opera **3** *operation* operacija

op cit [ˌɔpˈsɪt] *opere citato lot. in the work mentioned* minėtame veikale

opp *opposite* priešingas, priešingai

OR *Oregon* Oregonas (*JAV valstija*)

OT *Old Testament* Senasis testamentas

OU *Oxford University* Oksfordo universitetas

Oxon *Oxoniensis lot. of Oxford University* Oksfordo universiteto

oz *ounce(s)* uncijos

P **1** *Parking* (*car park*) automobilių stovėjimo vieta **2** *pedestrian crossing* pėsčiųjų perėja

p *page* puslapis

PA **1** *Personal Assistant* padėjėjas **2** *Press Association* Spaudos asociacija **3** *Public Address* (*System*) adresų biuras **4** *Pennsylvania* Pensilvanija (*JAV valstija*).

p a *per annum lot. per year* kasmet, per / į metus

para(s) *paragraph(s)* paragrafas (-ai)

Parl *Parliament* parlamentas

PC **1** *post card* pašto atvirukas **2** *Police Constable* (*policijos*) konsteblis **3** *Privy Council* slaptoji taryba **4** *Privy Councillor* slaptosios tarybos narys **5** *Peace Corps* Taikos Korpusas

pc *per cent* nuošimčių, procentų (%)

pd *paid* sumokėta

per an *žr.* **p a**

phr *phrase* frazė

PE *physical education* fizinis lavinimas

PEN [pen] *International Association of Writers, Poets, Playwrights, Essayists, Editors and Novelists Club* Tarptautinė rašytojų asociacija (PEN-klubas)

Ph D [ˌpiːeɪtʃˈdiː] *philosophiae doctor lot. Doctor of Philosophy* filosofijos daktaras

Pk *Park* parkas

pkt *packet* paketas

pl *plural* daugiskaita

PM **1** *Prime Minister* ministras pirmininkas **2** *Postmaster* pašto viršininkas

pm [ˌpiːˈem] **1** *post meridiem lot. after noon* popiet **2** *post mortem lot.* (*lavono*) skrodimas **3** *per month* kas / į mėnesį

PO **1** *Postal Order* pašto perlaida **2** *Post Office* pašto skyrius **3** *Personnel Officer* kadrų skyriaus darbuotojas **4** *Petty Officer* aukšto rango (*laivyno*) karininkas

POB *Post Office Box* pašto dėžutė

POE *Port of Entry* atvykimo į šalį (aero)uostas

pol *political* politinis

pop 1 *popular* populiarus; liaudies 2 *population* gyventojai

POW *Prisoner of War* karo belaisvis

pp *pages* puslapiai

pr 1 *pair* pora 2 *price* kaina

Pref *Preface* pratarmė, įžanga

Pres *President* prezidentas

pro [prəu] *professional* profesionalas

Prof *Professor* profesorius

PS [ˌpiːˈes] *Postcript* prierašas, post-skriptas

PT *Physical Training* fizinis lavinimas

pt 1 *part* dalis 2 *payment* mokėjimas 3 *pint* pinta (= 0,57 *litro*) 4 *point* taškas; punktas

Pte *Private (soldier)* eilinis (kareivis) (*DB*)

PTO *please turn over* prašom versti

Pvt *Private (soldier)* eilinis (*kareivis*) (*JAV*)

pw *per week* per / į savaitę

Q *question* klausimas

QC *Queen's Counsel* karalienės advokatas

QED [ˌqjuːiːˈdiː] *quod erat demonstrandum lot. which had to be proved* ką ir reikėjo įrodyti

qt 1 *quart* ketvirtis, kvorta (*saikas, lygus* 1,14 *l*) 2 (*on the*) *quiet* slaptai

Qu 1 *Queen* karalienė 2 *question* klausimas

Que *Quebec* Kvebekas (*Kanados provincija*)

quot *quotation* citata

R 1 *railway* geležinkelis 2 *Reaumur* pagal Reomiuro skalę 3 *river* upė 4 *Road* kelias

r 1 *right* dešinysis 2 *radius* spindulys

RA 1 *Rear-Admiral* kontradmirolas 2 *Royal Academy* Karališkoji (dailės) akademija

RAF *Royal Air Force* Karališkasis oro laivynas

RC 1 *Red Cross* Raudonasis kryžius 2 *Roman Catholic* Romos katalikų

Rd *Road* kelias

rec *receipt* pakvitavimas

recd *received* gauta

Regt 1 *regiment* pulkas 2 *registered* registruotas

Rep 1 [rep] *Representative* kongresmenas (*JAV*) 2 *Republic* respublika 3 [rep] *Repertory* repertuarinis teatras (*su pastovia trupe ir repertuaru*)

resp *respectively* atitinkamai

ret, retd *retired* išėjęs į atsargą; pensininkas

Rev, Revd *Reverend* kunigas, dvasios tėvas (*dvasininko titulas*)

RF *radio frequency* radijo dažnis

RFR *Russian Federative Republic* Rusijos Federacinė Respublika

RI *Rhode Island* Rod Ailendas (*JAV valstija*)

riv *river* upė

RN 1 *Royal Navy* karališkasis (*karinis jūrų*) laivynas 2 *registered nurse* diplomuota medicinos sesuo

RP *reply paid* atsakymas apmokėtas

rpm *revolutions per minute* apsisukimų per minutę

Rt Hon *Right Honourable* didžiai gerbiamas

Russ *Russian* rusų; rusiškas

Rwy, Ry *railway* geležinkelis

S *South* pietūs

$ *dollar* doleris

s 1 *secondary* antrinis 2 *second* sekundė 3 *see* žiūrėk 4 *singular* vienaskaita 5 *son* sūnus

SA 1 *South Africa* Pietų Afrika 2 *South America* Pietų Amerika 3 *Salvation Army* Gelbėjimo armija

Sat *Saturday* šeštadienis

SB *Bachelor of Science* (tiksliųjų) mokslų bakalauras

SC 1 *South Carolina* Pietų Karolina (*JAV valstija*) 2 *Security Council of the UN* Jungtinių Tautų Saugumo taryba 3 *Supreme Court* Aukščiausiasis Teismas

Sc   *Scots, Scotch, Scottish* škotai, ško-
tų, škotiškas

ScD   *Doctor of Science* (tiksliųjų)
mokslų daktaras

SD   1 *South Dakota* Pietų Dakota
(*JAV valstija*) 2 *special delivery*
skubus (*korespondencijos*) pristaty-
mas

SE   1 *southeast* pietryčiai 2 *Stock Ex-
change* fondų birža

Sec, Sec'y   *secretary* sekretorius

sec   1 *second* sekundė 2 *secondary*
antraeilis, antrinis 3 *secretary* sekre-
torius; ministras

Sen   1 *Senate* Senatas 2 *Senior* vyres-
nysis

Sept   *September* rugsėjis

ser   *serial* serialas; serija

Sergt   *sergeant* seržantas

SF   *Science Fiction* mokslo populiari-
nimo

sgd   *signed* pasirašyta

shf   *superhigh frequency* superaukštas
dažnis

Sn(r)   *Senior* vyresnysis

soph   *sophomore* antrojo kurso studen-
tas

SOS   *save our souls* nelaimės signalas,
SOS

SS   1 *Secretary of State* valsty-
bės sekretorius 2 *steamship* garlaivis
3 *sunday school* sekmadienio mokykla

Sp   *Spain* Ispanija

sp   1 *special* specialus 2 *species*
rūšis; 3 *specimen* pavyzdys, bandinys
4 *spelling* rašyba

spt   *seaport* uostas

St   [semt, snt] *Saint* šventas, šventasis

St   *street* gatvė

sub   1 *subaltern* jaunesnysis karininkas
2 *submarine boat* povandeninis laivas
3 *substitute* pakaitalas

Sun   *Sunday* sekmadienis

sup   1 *superior* aukščiausios rūšies
2 *supplement* priedas

SW   1 *southwest* pietvakariai 2 *short
waves* trumposios bangos

Sw   *Sweden* Švedija

Switz   *Switzerland* Šveicarija

SYd   *Scotland Yard* Skotlandjardas

T   1 *temperature* temperatūra 2 *terri-
tory* teritorija 3 *town* miestas 4 *ten-
sion* įtampa

t   1 *time* laikas 2 *ton(s)* tonos

TB, Tb   *tuberculosis* tuberkuliozė

Tech   [tek] *Technical* (*College*) tech-
nikos koledžas

tech   *technical* techninis

tel   *telephone* telefonas

Temp   1 *temperature* temperatūra
2 [temp] *temporary* (*secretary*) laiki-
nasis sekretorius

Ter(r)   1 *Terrace* terasa 2 *Territory*
teritorija

thr   *through* per, pro

Thurs   *Thursday* ketvirtadienis

TN   *Tennessee* Tenesis (*JAV valstija*)

TO   1 *Telegraph* (*Telephone*) Of-
fice telegrafas (telefonas) 2 *turn over*
versk(ite)

trans   *translated* versta, išvertė

treas   *treasurer* iždininkas

TU   *Trade Union* Profesinė sąjunga

TUC   *Trades Union Congress* Profsą-
jungų kongresas

Tues   *Tuesday* antradienis

TV   *television* televizija

TX   *Texas* Teksas (*JAV valstija*)

U   1 *University* universitetas 2 *Union*
sąjunga 3 *upper class* aukščiausios
klasės; labai madingas / mandagus

u   *upper* viršutinis

UFO   [ˌjuːefˈəu, ˈjuːfəu] *unindentified
flying object* neatpažintas skraidantis
objektas

UHF   *ultra high frequency* ultraaukštas
dažnis

UK   *United Kingdom* Jungtinė Kara-
lystė

ult   [ˈʌltɪməu] *ultimo lot.* praėjusio
mėnesio

UN   *United Nations* Jungtinės Tautos
(JT)

UNESCO   [juːˈneskəu] *United Na-
tions Educational, Scientific and Cul-
tural Organization* Jungtinių Tautų

švietimo, mokslo ir kultūros organizacija

Univ *University* universitetas

UNO *United Nations Organization* Jungtinių Tautų Organizacija, JTO

U of SA *Union of South Africa* Pietų Afrikos Sąjunga

UP *United Press* „Junaited Pres" agentūra

US *United States* Jungtinės Valstijos

USA 1 *United States of America* Jungtinės Amerikos Valstijos 2 *United States Army* JAV armija

USAF *United States Air Force* JAV karinis oro laivynas

USN *United States Navy* JAV karinis jūrų laivynas

USS 1 *United States Senate* JAV Senatas 2 *United States ship* JAV (karo) laivas

USSR *Union of Soviet Socialist Republics* TSRS, Tarybų Socialistinių Respublikų Sąjunga

usu *usual, usually* paprastas, paprastai

UT *Utah* Juta (*JAV valstija*)

V 1 *Victory* pergalė 2 *Volt* voltas

v 1 *žr.* vs 2 *very* labai 3 *vide lot. see* žiūrėk

VA 1 *Vice-Admiral* viceadmirolas 2 *Virginia* Virdžinija (*JAV valstija*)

vac [væk] *vacation* atostogos

VC 1 *Vice-Chancellor* vicekancleris 2 *Victoria Cross* Viktorijos kryžius (*aukščiausias karinis apdovanojimas*)

VD *Venereal Disease* venerinė liga

V-Day *Victory Day* Pergalės diena

VE-Day *Victory in Europe Day* Antrojo pasaulinio karo pergalės diena Europoje

VIP *very important person* labai svarbus asmuo

viz [vɪz] *videlicet lot. namely* būtent

vocab *vocabulary* žodynas

vol *volume* tomas

VP(res) *Vice-President* viceprezidentas

VS *Veterinary Surgeon* veterinarijos (karo) gydytojas (*JAV*)

vs *versus* priešingas, priešingai

VT *Vermont* Vermontas (*JAV valstija*)

W 1 *Wales* Velsas 2 *West* vakarai

w 1 *weight* svoris 2 *with* su 3 *watt* vatas 4 *week* savaitė 5 *width* plotis

WA *Washington* Vašingtonas (*JAV valstija*)

WC *water closet* tualetas

Wed *Wednesday* trečiadienis

WHO ([ˌdʌblju:eɪtʃ'əu, hu:]) *World Health Organization* Pasaulinė sveikatos organizacija

WI 1 *West Indies* Vest-Indija 2 *Wisconsin* Viskonsinas (*JAV valstija*)

wk 1 *week* savaitė 2 *work* darbas

WNW *west-northwest* vakarų-šiaurės vakarų

WO *Warrant Officer* aukščiausiojo rango karininkas

wpb *waste paper basket* popierdėžė

wpm *words per minute* žodžiai per minutę

WT *wireless telegraphy* radijo telegrafas

wt *weight* svoris

WV *West Virginia* Vakarų Virdžinija (*JAV valstija*)

WW I *World War I* Pirmasis pasaulinis karas

WW II *World War II* Antrasis pasaulinis karas

WY *Wyoming* Vajomingas (*JAV valstija*)

X 1 *a kiss* pabučiavimas (*laiško gale*) 2 *an unknown number, name etc.* nežinomas skaičius, vardas ir t.t.

Xmas *Christmas* Kalėdos

YB *yearbook* metraštis

yd *yard* jardas

YHA *Youth Hostels Association* Jaunimo turistinių bazių asociacija

yr 1 *year* (*vieneri*) metai 2 *your* jūsų, tavo

yrs 1 *years* (*keleri*) metai 2 *yours* jūsų, tavo

Z, z 1 *zone* zona 2 *zero* nulis

MEASURES, WEIGHTS, TEMPERATURE
ILGIO IR SVORIO MATAI, TEMPERATŪRA

Measures of Length
Ilgio matai

English Lietuviškai	inch (in) colis	foot (ft) pėda	yard (yd) jardas	mile (ml) mylia	centimetre (cm) centimetras	metre (m) metras	kilometre (km) kilometras
1 inch =					2,54		
1 foot =	12				30,5	0,305	
1 yard =	36	3			91,44	0,9144	
1 mile =			1760				1,609
1 centimetre =	0,394						
1 metre =	39,4	3,28	1,094		100		
1 kilometre =			1094	0,6		1000	

Weight Measures
Svorio matai

English Lietuviškai	ounce (oz) uncija	pound (lb) svaras	gram (g) gramas	kilogram (kg) kilogramas	tonne (t) tona
1 ounce =			28,3		
1 pound =	16		454	0,454	
1 gram =	0,35				
1 kilogram =		2,2046	1000		0,001
1 tonne =		2204,6		1000	

Temperature
Temperatūra

	Fahrenheit (F)	Centigrade, or Celsius (C)
	Pagal Fahrenheitą (F)	Pagal Celsijų (C)
Boiling-point Virimo taškas	212°	100°
	194°	90°
	176°	80°
	158°	70°
	140°	60°
	122°	50°
	104°	40°
	86°	30°
	68°	20°
	50°	10°
Freezing-point Užšalimo taškas	32°	0°
	14°	−10°
	0°	−17.8°
Absolute Zero Absoliutusis nulis	−459.67°	−273.15°

Verčiant F° į C°, taikoma formulė
To convert F° to C°, one applies the formula

$$C = \frac{(F - 32) \cdot 5}{9}.$$

Verčiant C° į F°, taikoma formulė
To convert C° to F°, one applies the formula

$$F = \frac{C \cdot 9}{5} + 32.$$